置法……………………………………30 99

人事院規則14-7（政治的行為）……18 48
人事訴訟法［人訴法］…………………71 423
す
ストーカー行為等の規制等に関す
　る法律………………………………80 479
せ
生活保護法……………………………90 592
請願法……………………………………8 19
製造物責任法［PL法］………………60 256
性的指向及びジェンダーアイデン
　ティティの多様性に関する国民
　の理解の増進に関する法律……34 102
性同一性障害者の性別の取扱いの
　特例に関する法律………………35 102
政党助成法……………………………12 37
世界人権宣言…………………………97 655
選挙法　→公職選挙法（28）
そ
組織的な犯罪の処罰及び犯罪収益の規制
　等に関する法律　→組織的犯罪処罰法（477）
組織的犯罪処罰法……………………77 477
た
大日本帝国憲法［明治憲法，旧憲法］
　………………………………………3 11
男女雇用機会均等法　→雇用の分野
　における男女の均等な機会及び待遇の
　確保等に関する法律（586）
ち
地方公務員法…………………………21 70
地方自治法［自治法］…………………20 49
著作権法………………………………94 618
て
手形法…………………………………66 348
電子消費者契約に関する民法の特
　例に関する法律［電子消費者契約民
　法特例法］……………………………55 234
と
動産及び債権の譲渡の対抗要件に関す
　る民法の特例等に関する法律［動産
　債権譲渡特例法］……………………51 227
独占禁止法　→私的独占の禁止及び公
　正取引の確保に関する法律（596）
特定商取引に関する法律……………56 234
特定秘密の保護に関する法律［特定
　秘密保護法］…………………………19 49

都市計画法……………………………42 106
特許法…………………………………93 611
な
内閣法…………………………………15 42
に
日本国憲法……………………………2 5
日本国憲法の改正手続に関する法
　律［国民投票法］……………………4 13
入管法…………………………………37 103
任意後見契約に関する法律…………62 257
は
廃棄物の処理及び清掃に関する法
　律……………………………………46 114
破壊活動防止法………………………33 101
破産法…………………………………73 437
犯罪被害者等基本法…………………84 582
ひ
PL法　→製造物責任法（256）
ふ
不公正な……

ヘイト……

法の……
保険法…………………………………65 345
本邦外……に対する不当な差別的言
　動の解消に向けた取組の推進に関す
　る法律　→ヘイトスピーチ解消法（103）
み
民事再生法……………………………74 447
民事執行法……………………………72 426
民事訴訟規則［民訴規則］……………70 421
民事訴訟法［民訴法］…………………69 363
民　法…………………………………48 117
民法施行法……………………………49 222
め
明治憲法　→大日本帝国憲法（11）
り
利息制限法……………………………52 229
ろ
労働関係調整法………………………88 589
労働基準法［労基法］…………………85 584
労働組合法［労組法］…………………87 587
労働契約法……………………………89 591

法学六法

24

編集代表

池田真朗　　宮島　司
安冨　潔　　三上威彦
三木浩一　　小山　剛
北澤安紀

信山社

5754-01011

は し が き

2023年は，約3年間続いた世界的な新型コロナウイルスの蔓延がほぼ終息し，大学教育も対面での実施が再開された．ただ，世界はコロナ前に戻ったのではなく，新たな変革の時代に突入したようである．法律は，時代の後追いになる面もあるが，時代を映しだすものでもある．「六法」は，その時代の変遷に沿った法令情報を的確に提供するという新たな使命を帯びるに至っている．

一方，時代の変遷の中でも，初学者への法学教育には不変の課題がある．それは，法の使い手となりまた適用対象となる一般市民に，どうわかりやすく「生活の中の法」を理解させるか，という課題と，これから法曹すなわち職業法律家となることを目指す人々に，どう効果的に「紛争解決手段としての法」を教授するか，という課題を，いかにして二つながらに達成できるかというものである．この困難な問いに，ひとつの解答を与えようとするのが，この『法学六法』である．

法律学の教育においては，判例も重要であるし，学説もそれなりの意味を持つ．しかし，大陸法系の成文法主義の国家にあっては，まず学ぶべき最重要のものは，条文すなわち法律そのものであることは疑いがない．その意味では，たとえば大学1年生に対する『法学』などの科目において，六法なしで授業が行われるのはやはり正しい状況ではない．けれども，昨今市販されてきた六法は，最も小規模なものであっても，かなりのヴォリュームがあり，決して初学者の学習に適しているとはいえない．そこで私たちは，「学習段階を踏む六法」があってもよい，と考えた．まずは，法令情報を取捨選択し，入門段階の初学者が授業を受けつつ参照するのに最適な六法を作ろうと思ったのである．

そのために，私たちは，それぞれの専門分野での入門授業のノウハウを提示しあい，さらに各種の法学教科書等を精査して，そこで用いられる法律さらにはその具体的な条文までを数え上げて，初学者にとって必要十分な情報量の六法を探求した．

いわゆる『法学』『法学入門』『法の基礎』等の名称の科目については，本書収録の範囲のみで，法令に関して講義上の不都合はまずないはずと考える．また，たとえばオムニバス形式で法学部の1年生に全法体系の概略を講じるような科目にも対応しうるように，主要な各法分野のそれぞれから最低1つの法令や条約を収録することにも配慮した．

幸い本書は，2008年の初版以来，利用者の好評を博し，「どこでも使える極薄型六法」として，一定の地位を確立しつつある．その実績は，IT化・DX化の時代にも，紙媒体の六法が法の体系的な理解に強みを持つことの証明ともいえよう．画面スクロールよりも，見開き2頁で得られる情報のほうが，法律の構成を理解する一覧性に優れるといえるようである．いくつかの大学や法科大学院においては，期末試験や入学試験用にも採用されている．

しかし上述のように，時代の変化が加速すれば，法の動きも増え，初学者に与えるべき情報も変化する．そこで今年度版では，新規収録法令として①LGBT理解増進法（正式名称：性的指向及びジェンダーアイデンティティの多様性に関する国民の理解の増進に関する法律），②性同一性障害者特例法（同：性同一性障害者の性別の取扱いの特例に関する法律），③入管法（同：出入国管理及び難民認定法）を加え，掲載法令は99法令となった．主要法令の中でも大きな改正があったのは，①「民法」における女性の再婚禁止期間の廃止，再婚後の夫の子の推定規定の改正等，②「刑法」における性犯罪規定の見直しと，それに合わせた③「刑事訴訟法」の改正（保釈中の被告にGPSを装着させる制度等）である．これらを反映して，今年度版も社会の変化進展に十分に対処しえたと考える．

「まず条文から親しませる」ことが，市民の法教育にも，法律専門家の養成にも，等しく肝要であることに疑いはない．私たちの意図が，全国の法学教員に，そして何よりも初めて法学を学ぶ学生諸君や社会人の方々に，広く受け入れられ，本書が「初めての六法」として，また「類例のない便利な六法」として活用されることを願ってやまない．

2023年8月

編集代表
池田真朗　宮島　司　安冨　潔　三上威彦
三木浩一　小山　剛　北澤安紀

◆目　　次◆

① 法の適用に関する通則法 ……………………………………………………… 1

Ⅰ　憲法・行政法

② 日本国憲法 ……………………………………………………………………… 5
③ 大日本帝国憲法 [明治憲法] ………………………………………………… 11
④ 日本国憲法の改正手続に関する法律 [国民投票法] (抄) …………………… 13
⑤ 皇室典範 ……………………………………………………………………… 16
⑥ 国旗及び国歌に関する法律 [国旗・国歌法] ……………………………… 18
⑦ 国籍法 ………………………………………………………………………… 18
⑧ 請願法 ………………………………………………………………………… 19
⑨ 国会法 (抄) …………………………………………………………………… 19
⑩ 議院における証人の宣誓及び証言等に関する法律 [議院証言法] (抄) … 27
⑪ 公職選挙法 [公選法] (抄) …………………………………………………… 28
⑫ 政党助成法 (抄) ……………………………………………………………… 37
⑬ 裁判員の参加する刑事裁判に関する法律 [裁判員法] (抄) ……………… 37
⑭ 裁判所法 (抄) ………………………………………………………………… 41
⑮ 内閣法 (抄) …………………………………………………………………… 42
⑯ 国家行政組織法 (抄) ………………………………………………………… 43
⑰ 国家公務員法 [国公法] (抄) ………………………………………………… 43
⑱ 人事院規則14-7 (政治的行為) ……………………………………………… 48
⑲ 特定秘密の保護に関する法律 [特定秘密保護法] (抄) …………………… 49
⑳ 地方自治法 [自治法] (抄) …………………………………………………… 49
㉑ 地方公務員法 (抄) …………………………………………………………… 70
㉒ 行政手続法 …………………………………………………………………… 70
㉓ 行政代執行法 ………………………………………………………………… 78
㉔ 行政不服審査法 (抄) ………………………………………………………… 78
㉕ 行政事件訴訟法 [行訴法] …………………………………………………… 84
㉖ 国家賠償法 [国賠法] ………………………………………………………… 90
㉗ 公文書等の管理に関する法律 [公文書管理法] (抄) ……………………… 90
㉘ 行政機関の保有する情報の公開に関する法律 [情報公開法] (抄) … 91
㉙ 個人情報の保護に関する法律 [個人情報保護法] (抄) …………………… 94
㉚ 新型インフルエンザ等対策特別措置法 [新型インフル特措法] (抄) … 99
㉛ 警察法 (抄) …………………………………………………………………… 100
㉜ 警察官職務執行法 (抄) ……………………………………………………… 101
㉝ 破壊活動防止法 (抄) ………………………………………………………… 101
㉞ 性的指向及びジェンダーアイデンティティの多様性に
　する国民の理解の増進に関する法律 [LGBT 理解増進法] (抄) ………… 102
㉟ 性同一性障害者の性別の取扱いの特例に関する法律
　[性同一性障害者特例法] (抄) ……………………………………………… 102

36　本邦外出身者に対する不当な差別的言動の解消に向けた取
　　組の推進に関する法律 ［ヘイトスピーチ解消法］（抄）……………… *103*
37　出入国管理及び難民認定法 ［入管法］（抄）…………………………… *103*
38　国際平和共同対処事態に際して我が国が実施する諸外国の
　　軍隊等に対する協力支援活動等に関する法律 ［国際平和支援法］（抄）… *105*
39　サイバーセキュリティ基本法（抄）……………………………………… *105*
40　経済施策を一体的に講ずることによる安全保障の確保の
　　推進に関する法律 ［経済安全保障推進法］（抄）……………………… *105*
41　重要施設周辺及び国境離島等における土地等の利用状況
　　の調査及び利用の規制等に関する法律 ［重要土地等調査法］（抄）…… *106*
42　都市計画法（抄）…………………………………………………………… *106*
43　建築基準法（抄）…………………………………………………………… *107*
44　環境基本法（抄）…………………………………………………………… *109*
45　原子力基本法 ……………………………………………………………… *112*
46　廃棄物の処理及び清掃に関する法律 ［廃棄物処理法］（抄）………… *114*
47　教育基本法 ………………………………………………………………… *115*

Ⅱ　民　事　法

48　民　　法 …………………………………………………………………… *117*
49　民法施行法（抄）…………………………………………………………… *222*
50　一般社団法人及び一般財団法人に関する法律（抄）………………… *223*
51　動産及び債権の譲渡の対抗要件に関する民法の特例等に
　　関する法律 ［動産債権譲渡特例法］（抄）……………………………… *227*
52　利息制限法（抄）…………………………………………………………… *229*
53　貸金業法（抄）……………………………………………………………… *229*
54　消費者契約法（抄）………………………………………………………… *230*
55　電子消費者契約に関する民法の特例に関する法律
　　［電子消費者契約民法特例法］ ………………………………………… *234*
56　特定商取引に関する法律（抄）…………………………………………… *234*
57　割賦販売法（抄）…………………………………………………………… *242*
58　借地借家法（抄）…………………………………………………………… *251*
59　失火ノ責任ニ関スル法律 ［失火責任法］ ……………………………… *256*
60　製造物責任法 ［PL法］ …………………………………………………… *256*
61　自動車損害賠償保障法 ［自賠法］（抄）………………………………… *256*
62　任意後見契約に関する法律（抄）………………………………………… *257*

Ⅲ　商　事　法

63　商　　法（抄）……………………………………………………………… *258*
64　会　社　法（抄）…………………………………………………………… *261*
65　保　険　法（抄）…………………………………………………………… *345*
66　手　形　法（抄）…………………………………………………………… *348*
67　小　切　手　法（抄）……………………………………………………… *350*
68　金融商品取引法（抄）……………………………………………………… *350*

Ⅳ　民事手続法

69　民事訴訟法 [民訴法] ……………………………………… 363
70　民事訴訟規則 [民訴規則] (抄) …………………………… 421
71　人事訴訟法 [人訴法] (抄) ………………………………… 423
72　民事執行法 (抄) …………………………………………… 426
73　破　産　法 (抄) …………………………………………… 437
74　民事再生法 (抄) …………………………………………… 447

Ⅴ　刑　事　法

75　刑　　法 ……………………………………………………… 453
76　自動車の運転により人を死傷させる行為等の処罰に関する法律
　　[自動車運転死傷行為処罰法] ……………………………… 476
77　組織的な犯罪の処罰及び犯罪収益の規制等に関する法律
　　[組織的犯罪処罰法] (抄) …………………………………… 477
78　覚醒剤取締法 (抄) ………………………………………… 478
79　軽犯罪法 (抄) ……………………………………………… 478
80　ストーカー行為等の規制等に関する法律 (抄) ………… 479
81　刑事訴訟法 [刑訴法] ……………………………………… 480
82　刑事訴訟規則 [刑訴規則] (抄) …………………………… 571
83　少　年　法 (抄) …………………………………………… 573
84　犯罪被害者等基本法 (抄) ………………………………… 582

Ⅵ　社　会　法

85　労働基準法 [労基法] (抄) ………………………………… 584
86　雇用の分野における男女の均等な機会及び待遇の確保等に
　　関する法律 [男女雇用機会均等法] (抄) ………………… 586
87　労働組合法 [労組法] (抄) ………………………………… 587
88　労働関係調整法 (抄) ……………………………………… 589
89　労働契約法 (抄) …………………………………………… 591
90　生活保護法 (抄) …………………………………………… 592

Ⅶ　経　済　法

91　私的独占の禁止及び公正取引の確保に関する法律 [独占禁止法] (抄) … 596
92　不公正な取引方法 …………………………………………… 611
93　特　許　法 (抄) …………………………………………… 611
94　著　作　権　法 (抄) ……………………………………… 618

Ⅷ　国　際　法

95　国際連合憲章 [国連憲章] (抄) …………………………… 645
96　国際司法裁判所規程 (抄) ………………………………… 652
97　世界人権宣言 (抄) ………………………………………… 655
98　経済的, 社会的及び文化的権利に関する国際規約 [A規約] (抄) … 657
99　市民的及び政治的権利に関する国際規約 [B規約] (抄) ………… 658

〔　　〕内は略称. ［　　］内は, 本文中で〔　〕を付し優先表示した.

凡　　例

1　編　集　方　針
　法律学の初学者に必要とされる法律を厳選し，かつ重要な法律であっても入門段階で不要と思われる部分は抄録した．一方で，法体系の全体を見渡せるよう，各主要分野で最低ひとつは法令・条約等を収録することとした．いわゆる『法学』『法学入門』『法の基礎』などといった科目の指定六法として過不足のないことを第1の目的としている．

2　法令等の基準日および改正
　① 基準日は2023(令和5)年7月15日現在．
　② 制定後の改正経過については，最終改正日のみを表記した．
　③ 公布された改正法令については，条文に改正内容を反映した．ただし，特に注記のないものを除き，施行日が2024(令和6)年4月2日以降のものについては，1)枠囲みで施行までの条文を掲記，または，2)改正箇所に下線を付して，〔　〕内に，その施行日を付記した．

3　法令の収録
　① 官報および総務省行政管理局による提供データをもとにした．
　② 基本法(商法・会社法以外)は，活字を大きくした．
　③ 収録法令は，厳選99件．

4　法令等の表記
　① 横組みとし，条文の条・項等については，漢字は算用数字にかえ，「第1条」，「②」(項)，「1」(号) とした．
　② 条文内が2項以上あるものには，「①, ②, ③, …」を付した．

5　法令中の一部省略
　① 法令名が長いものは略称を〔　〕内に前記し，正式名称は小活字とした．
　② タテの柱書き (法令名) は長い場合，〔略称〕で掲記した．
　③ 収録法令中において，一部省略したものについては，法令名の後に「(抄)」を付した．
　④ 附則については，大略，省略することとした．

6　法令名索引 (五十音順)は，正式名称および略称(通称)を併記した．

7　巻末に事項索引および法令名略語を付した．

8　本書の特色
　① 講義に必要な法令・条文を厳選して抄録
　② コンパクトでハンディ
　③ 毎年の最新情報で充実した普及版

1 法の適用に関する通則法

（平 18·6·21 法律第 78 号, 平 19·1·1 施行）

［目　次］
第1章　総　則（第1条）
第2章　法律に関する通則（第2条·第3条）
第3章　準拠法に関する通則
　第1節　人（第4条-第6条）
　第2節　法律行為（第7条-第12条）
　第3節　物権等（第13条）
　第4節　債　権（第14条-第23条）
　第5節　親　族（第24条-第35条）
　第6節　相　続（第36条·第37条）
　第7節　補　則（第38条-第43条）

第1章　総　則

（趣　旨）

第1条　この法律は,法の適用に関する通則について定めるものとする.

第2章　法律に関する通則

（法律の施行期日）

第2条　法律は,公布の日から起算して20日を経過した日から施行する.ただし,法律でこれと異なる施行期日を定めたときは,その定めによる.

（法律と同一の効力を有する慣習）

第3条　公の秩序又は善良の風俗に反しない慣習は,法令の規定により認められたもの又は法令に規定されていない事項に関するものに限り,法律と同一の効力を有する.

第3章　準拠法に関する通則

第1節　人
（人の行為能力）

第4条　① 人の行為能力は,その本国法によって定める.

② 法律行為をした者がその本国法によれば行為能力の制限を受けた者となるときであっても行為地法によれば行為能力者となるべきときは,当該法律行為の当時そのすべての当事者が法を同じくする地に在った場合に限り,当該法律行為をした者は,前項の規定にかかわらず,行為能力者とみなす.

③ 前項の規定は,親族法又は相続法の規定によるべき法律行為及び行為地と法を異にする地に在る不動産に関する法律行為については,適用しない.

（後見開始の審判等）

第5条　裁判所は,成年被後見人,被保佐人又は被補助人となるべき者が日本に住所若しくは居所を有するとき又は日本の国籍を有するときは,日本法により,後見開始,保佐開始又は補助開始の審判（以下「後見開始の審判等」と総称する.）をすることができる.

（失踪の宣告）

第6条　① 裁判所は,不在者が生存していたと認められる最後の時点において,不在者が日本に住所を有していたとき又は日本の国籍を有していたときは,日本法により,失踪の宣告をすることができる.

② 前項に規定する場合に該当しないときであっても,裁判所は,不在者の財産が日本に在るときはその財産についてのみ,不在者に関する法律関係が日本法によるべきときその他法律関係の性質,当事者の住所又は国籍その他の事情に照らして日本に関係があるときはその法律関係についてのみ,日本法により,失踪の宣告をすることができる.

第2節　法律行為
（当事者による準拠法の選択）

第7条　法律行為の成立及び効力は,当事者が当該法律行為の当時に選択した地の法による.

（当事者による準拠法の選択がない場合）

第8条　① 前条の規定による選択がないときは,法律行為の成立及び効力は,当該法律行為の当時において当該法律行為に最も密接な関係がある地の法による.

② 前項の場合において,法律行為において特徴的な給付を当事者の一方のみが行うものであるときは,その給付を行う当事者の常居所地法（その当事者が当該法律行為に関係する事業所を有する場合にあっては当該事業所の所在地の法,その当事者が当該法律行為に関係する二以上の事業所で法を異にする地に所在するものを有する場合にあってはその主たる事業所の所在地の法）を当該法律行為に最も密接な関係がある地の法と推定する.

③ 第1項の場合において,不動産を目的物とする法律行為については,前項の規定にかかわらず,その不動産の所在地法を当該法律行為に最も密接な関係がある地の法と推定する.

（当事者による準拠法の変更）

第9条　当事者は,法律行為の成立及び効力について適用すべき法を変更することができる.ただし,第三者の権利を害することとなるときは,その変更をその第三者に対抗することができない.

（法律行為の方式）

第10条　① 法律行為の方式は,当該法律行為の成立について適用すべき法（当該法律行為の後に前条の規定による変更がされた場合にあっては,その変更前の法）による.

② 前項の規定にかかわらず,行為地法に適合する方式は,有効とする.

③ 法を異にする地に在る者に対してされた意思表示については,前項の規定の適用に当たっては,その通知を発した地を行為地とみなす.

④ 法を異にする地に在る者の間で締結された契約の方式については,前2項の規定は,適用しない.この場合においては,第1項の規定にかかわらず,申込みの通知を発した地の法又は承諾の通知を発した地の法のいずれかに適合する契約の方式は,有効とする.

⑤ 前3項の規定は,動産又は不動産に関する物権及びその他の登記をすべき権利を設定し又は処分する法律行為の方式については,適用しない.

（消費者契約の特例）

第11条　① 消費者（個人（事業として又は事業のために契約の当事者となる場合におけるものを除く.）をいう.以下この条において同じ.）と事業者（法人その他の社団又は財団及び事業として又

は事業のために契約の当事者となる場合における個人をいう。以下この条において同じ。）との間で締結される契約（労働契約を除く。次条において「消費者契約」という。）の成立及び効力について第7条又は第9条の規定による選択又は変更により適用すべき法が消費者契約の常居所地法以外の法である場合であっても、消費者がその常居所地法中の特定の強行規定を適用すべき旨の意思を事業者に対し表示したときは、当該消費者契約の成立及び効力に関しその特定の強行規定の定める事項については、その強行規定をも適用する。

② 消費者契約の成立及び効力について第7条の規定による選択がないときは、第8条の規定にかかわらず、当該消費者契約の成立及び効力は、消費者の常居所地法による。

③ 消費者契約の成立について第7条の規定により消費者の常居所地法以外の法が選択された場合であっても、当該消費者契約の方式について消費者がその常居所地法中の特定の強行規定を適用すべき旨の意思を事業者に対し表示したときは、前条第1項、第2項及び第4項の規定にかかわらず、当該消費者契約の方式に関しその特定の強行規定の定める事項については、専らその強行規定を適用する。

④ 消費者契約の成立について第7条の規定により消費者の常居所地法が選択された場合において、当該消費者契約の方式について消費者がその常居所地法によるべき旨の意思を事業者に対し表示したときは、前条第2項及び第4項の規定にかかわらず、当該消費者契約の方式は、専ら消費者の常居所地法による。

⑤ 消費者契約の成立について第七条の規定による選択がないときは、前条第1項、第2項及び第4項の規定にかかわらず、当該消費者契約の方式は、消費者の常居所地法による。

⑥ 前各項の規定は、次のいずれかに該当する場合には、適用しない。

1　事業者の事業所で消費者契約に関係するものが消費者の常居所地と法を異にする地に所在した場合であって、消費者が当該事業所の所在地と法を同じくする地に赴いて当該消費者契約を締結したとき。ただし、消費者が、当該事業者から、当該事業所の所在地と法を同じくする地において消費者契約を締結することについての勧誘をその常居所地において受けていたときを除く。

2　事業者の事業所で消費者契約に関係するものが消費者の常居所地と法を異にする地に所在した場合であって、消費者が当該事業所の所在地と法を同じくする地において当該消費者契約に基づく債務の全部の履行を受けたとき、又は受けることとされていたとき。ただし、消費者が、当該事業者から、当該事業所の所在地と法を同じくする地において債務の全部の履行を受けることについての勧誘をその常居所地において受けていたときを除く。

3　消費者契約の締結の当時、事業者が、消費者の常居所を知らず、かつ、知らなかったことについて相当の理由があるとき。

4　消費者契約の締結の当時、事業者が、その相手方が消費者でないと誤認し、かつ、誤認したことについて相当の理由があるとき。

（労働契約の特例）

第12条 ① 労働契約の成立及び効力について第7条又は第9条の規定による選択又は変更により適用すべき法が当該労働契約に最も密接な関係がある地の法以外の法である場合であっても、労働者が当該労働契約に最も密接な関係がある地の法中の特定の強行規定を適用すべき旨の意思を使用者に対し表示したときは、当該労働契約の成立及び効力に関しその特定の強行規定の定める事項については、その強行規定をも適用する。

② 前項の規定の適用に当たっては、当該労働契約において労務を提供すべき地の法（その労務を提供すべき地を特定することができない場合にあっては、当該労働者を雇い入れた事業所の所在地の法。次項において同じ。）を当該労働契約に最も密接な関係がある地の法と推定する。

③ 労働契約の成立及び効力について第7条の規定による選択がないときは、当該労働契約の成立及び効力については、第8条第2項の規定にかかわらず、当該労働契約において労務を提供すべき地の法を当該労働契約に最も密接な関係がある地の法と推定する。

第3節　物権等

（物権及びその他の登記をすべき権利）

第13条 ① 動産又は不動産に関する物権及びその他の登記をすべき権利は、その目的物の所在地法による。

② 前項の規定にかかわらず、同項に規定する権利の得喪は、その原因となる事実が完成した当時におけるその目的物の所在地法による。

第4節　債権

（事務管理及び不当利得）

第14条 事務管理又は不当利得によって生ずる債権の成立及び効力は、その原因となる事実が発生した地の法による。

（明らかにより密接な関係がある地がある場合の例外）

第15条 前条の規定にかかわらず、事務管理又は不当利得によって生ずる債権の成立及び効力は、その原因となる事実が発生した当時において当事者が法を同じくする地に常居所を有していたこと、当事者間の契約に関連して事務管理が行われ又は不当利得が生じたことその他の事情に照らして、明らかに同条の規定により適用すべき法の属する地よりも密接な関係がある他の地があるときは、当該他の地の法による。

（当事者による準拠法の変更）

第16条 事務管理又は不当利得の当事者は、その原因となる事実が発生した後において、事務管理又は不当利得によって生ずる債権の成立及び効力について適用すべき法を変更することができる。ただし、第三者の権利を害することとなるときは、その変更をその第三者に対抗することができない。

（不法行為）

第17条 不法行為によって生ずる債権の成立及び効力は、加害行為の結果が発生した地の法による。ただし、その地における結果の発生が通常予見することのできないものであったときは、加害行為が行われた地の法による。

（生産物責任の特例）

第18条 前条の規定にかかわらず、生産物（生産さ

れ又は加工された物をいう．以下この条において同じ．）で引渡しがされたものの瑕疵により他人の生命，身体又は財産を侵害する不法行為によって生ずる生産業者（生産物を業として生産し，加工し，輸入し，輸出し，流通させ，又は販売した者をいう．以下この条において同じ．）又は生産物にその生産業者と認めることができる表示をした者（以下この条において「生産業者等」と総称する．）に対する債権の成立及び効力は，被害者が生産物の引渡しを受けた地の法による．ただし，その地における生産物の引渡しが通常予見することのできないものであったときは，生産業者等の主たる事業所の所在地の法（生産業者等が事業所を有しない場合にあっては，その常居所地法）による．

（名誉又は信用の毀損の特例）

第19条 第17条の規定にかかわらず，他人の名誉又は信用を毀損する不法行為によって生ずる債権の成立及び効力は，被害者の常居所地法（被害者が法人その他の社団又は財団である場合にあっては，その主たる事業所の所在地法）による．

（明らかにより密接な関係がある地がある場合の例外）

第20条 前3条の規定にかかわらず，不法行為によって生ずる債権の成立及び効力は，不法行為の当時において当事者が法を同じくする地に常居所を有していたこと，当事者間の契約に基づく義務に違反して不法行為が行われたことその他の事情に照らして，明らかに前3条の規定により適用すべき法の属する地よりも密接な関係がある他の地があるときは，当該他の地の法による．

（当事者による準拠法の変更）

第21条 不法行為の当事者は，不法行為の後において，不法行為によって生ずる債権の成立及び効力について適用すべき法を変更することができる．ただし，第三者の権利を害することとなるときは，その変更をその第三者に対抗することができない．

（不法行為についての公序による制限）

第22条 ① 不法行為について外国法によるべき場合において，当該外国法を適用すべき事実が日本法によれば不法とならないときは，当該外国法に基づく損害賠償その他の処分の請求は，することができない．

② 不法行為について外国法によるべき場合において，当該外国法を適用すべき事実が当該外国法及び日本法により不法となるときであっても，被害者は，日本法により認められる損害賠償その他の処分でなければ請求することができない．

（債権の譲渡）

第23条 債権の譲渡の債務者その他の第三者に対する効力は，譲渡に係る債権について適用すべき法による．

第5節　親　族

（婚姻の成立及び方式）

第24条 ① 婚姻の成立は，各当事者につき，その本国法による．

② 婚姻の方式は，婚姻挙行地の法による．

③ 前項の規定にかかわらず，当事者の一方の本国法に適合する方式は，有効とする．ただし，日本において婚姻が挙行された場合において，当事者の一方が日本人であるときは，この限りでない．

（婚姻の効力）

第25条 婚姻の効力は，夫婦の本国法が同一であるときはその法により，その法がない場合において夫婦の常居所地法が同一であるときはその法により，そのいずれの法もないときは夫婦に最も密接な関係がある地の法による．

（夫婦財産制）

第26条 ① 前条の規定は，夫婦財産制について準用する．

② 前項の規定にかかわらず，夫婦が，その署名した書面で日付を記載したものにより，次に掲げる法のうちいずれの法によるべきかを定めたときは，夫婦財産制は，その法による．この場合において，その定めは，将来に向かってのみその効力を生ずる．

1　夫婦の一方が国籍を有する国の法
2　夫婦の一方の常居所地法
3　不動産に関する夫婦財産制については，その不動産の所在地法

③ 前2項の規定により外国法を適用すべき夫婦財産制は，日本においてされた法律行為及び日本に在る財産については，善意の第三者に対抗することができない．この場合において，その第三者との間の関係については，夫婦財産制は，日本法による．

④ 前項の規定にかかわらず，第1項又は第2項の規定により適用すべき外国法に基づいてされた夫婦財産契約は，日本においてこれを登記したときは，第三者に対抗することができる．

（離　婚）

第27条 第25条の規定は，離婚について準用する．ただし，夫婦の一方が日本に常居所を有する日本人であるときは，離婚は，日本法による．

（嫡出である子の親子関係の成立）

第28条 ① 夫婦の一方の本国法で子の出生の当時におけるものにより子が嫡出となるべきときは，その子は，嫡出である子とする．

② 夫が子の出生前に死亡したときは，その死亡の当時における夫の本国法を前項の夫の本国法とみなす．

（嫡出でない子の親子関係の成立）

第29条 ① 嫡出でない子の親子関係の成立は，父との間の親子関係については子の出生の当時における父の本国法により，母との間の親子関係については子の出生の当時における母の本国法による．この場合において，子の認知による親子関係の成立については，認知の当時における認知する子の本国法によればその子又は第三者の承諾又は同意があることが認知の要件であるときは，その要件をも備えなければならない．

② 子の認知は，前項前段の規定により適用すべき法によるほか，認知の当時における認知する者又は子の本国法による．この場合において，認知する者の本国法によるときは，同項後段の規定を準用する．

③ 父が子の出生前に死亡したときは，その死亡の当時における父の本国法を第1項の父の本国法とみなす．前項に規定する者が認知前に死亡したときは，その死亡の当時におけるその者の本国法を同項のその者の本国法とみなす．

（準　正）

第30条 ① 子は，準正の要件である事実が完成した当時における父若しくは母又は子の本国法により準正が成立するときは，嫡出子の身分を取得する．

② 前項に規定する者が準正の要件である事実の完

成前に死亡したときは，その死亡の当時におけるその者の本国法を同項のその者の本国法とみなす．

（養子縁組）
第31条　① 養子縁組は，縁組の当時における養親となるべき者の本国法による．この場合において，養子となるべき者の本国法によればその者若しくは第三者の承諾若しくは同意又は公的機関の許可その他の処分があることが養子縁組の成立の要件であるときは，その要件をも備えなければならない．
② 養子とその実方の血族との親族関係の終了及び離縁は，前項前段の規定により適用すべき法による．

（親子間の法律関係）
第32条　親子間の法律関係は，子の本国法が父又は母の本国法（父母の一方が死亡し，又は知れない場合にあっては，他の一方の本国法）と同一である場合には子の本国法により，その他の場合には子の常居所地法による．

（その他の親族関係等）
第33条　第24条から前条までに規定するもののほか，親族関係及びこれによって生ずる権利義務は，当事者の本国法によって定める．

（親族関係についての法律行為の方式）
第34条　① 第25条から前条までに規定する親族関係についての法律行為の方式は，当該法律行為の成立について適用すべき法による．
② 前項の規定にかかわらず，行為地法に適合する方式は，有効とする．

（後見等）
第35条　① 後見，保佐又は補助（以下「後見等」と総称する．）は，被後見人，被保佐人又は被補助人（次項において「被後見人等」と総称する．）の本国法による．
② 前項の規定にかかわらず，外国人が被後見人等である場合であって，次に掲げるときは，後見人，保佐人又は補助人の選任の審判その他の後見等に関する審判については，日本法による．
1　当該外国人の本国法によればその者について後見等が開始する原因がある場合であって，日本における後見等の事務を行う者がないとき．
2　日本において当該外国人について後見開始の審判等があったとき．

　第6節　相　続
（相　続）
第36条　相続は，被相続人の本国法による．

（遺言）
第37条　① 遺言の成立及び効力は，その成立の当時における遺言者の本国法による．
② 遺言の取消しは，その当時における遺言者の本国法による．

　第7節　補　則
（本国法）
第38条　① 当事者が2以上の国籍を有する場合には，その国籍を有する国のうちに当事者が常居所を有する国があるときはその国の法を，その国籍を有する国のうちに当事者が常居所を有する国がないときは当事者に最も密接な関係がある国の法を当事者の本国法とする．ただし，その国籍のうちのい

ずれかが日本の国籍であるときは，日本法を当事者の本国法とする．
② 当事者の本国法によるべき場合において，当事者が国籍を有しないときは，その常居所地法による．ただし，第25条（第26条第1項及び第27条において準用する場合を含む．）及び第32条の規定の適用については，この限りでない．
③ 当事者が地域により法を異にする国の国籍を有する場合には，その国の規則に従い指定される法（そのような規則がない場合にあっては，当事者に最も密接な関係がある地域の法）を当事者の本国法とする．

（常居所地法）
第39条　当事者の常居所地法によるべき場合において，その常居所が知れないときは，その居所地法による．ただし，第25条（第26条第1項及び第27条において準用する場合を含む．）の規定の適用については，この限りでない．

（人的に法を異にする国又は地の法）
第40条　① 当事者が人的に法を異にする国の国籍を有する場合には，その国の規則に従い指定される法（そのような規則がない場合にあっては，当事者に最も密接な関係がある法）を当事者の本国法とする．
② 前項の規定は，当事者の常居所地が人的に法を異にする場合における当事者の常居所地法で第25条（第26条第1項及び第27条において準用する場合を含む．），第26条第2項第2号，第32条又は第38条第2項の規定により適用されるもの及び夫婦に最も密接な関係がある地が人的に法を異にする場合における夫婦に最も密接な関係がある地の法について準用する．

（反　致）
第41条　当事者の本国法によるべき場合において，その国の法に従えば日本法によるべきときは，日本法による．ただし，第25条（第26条第1項及び第27条において準用する場合を含む．）又は第32条の規定により当事者の本国法によるべき場合は，この限りでない．

（公　序）
第42条　外国法によるべき場合において，その規定の適用が公の秩序又は善良の風俗に反するときは，これを適用しない．

（適用除外）
第43条　① この章の規定は，夫婦，親子その他の親族関係から生ずる扶養の義務については，適用しない．ただし，第39条本文の規定の適用については，この限りでない．
② この章の規定は，遺言の方式については，適用しない．ただし，第38条第2項本文，第39条本文及び第40条の規定の適用については，この限りでない．

附　則（抄）
（施行期日）
第1条　この法律は，公布の日から起算して1年を超えない範囲内において政令で定める日から施行する．

Ⅰ　憲法・行政法

2　日本国憲法

（昭21・11・3公布, 昭22・5・3施行）

〔目　次〕
　第1章　天　　皇（第1条-第8条）
　第2章　戦争の放棄（第9条）
　第3章　国民の権利及び義務（第10条-第40条）
　第4章　国　　会（第41条-第64条）
　第5章　内　　閣（第65条-第75条）
　第6章　司　　法（第76条-第82条）
　第7章　財　　政（第83条-第91条）
　第8章　地方自治（第92条-第95条）
　第9章　改　　正（第96条）
　第10章　最高法規（第97条-第99条）
　第11章　補　　則（第100条-第103条）

〔前文〕

　日本国民は, 正当に選挙された国会における代表者を通じて行動し, われらとわれらの子孫のために, 諸国民との協和による成果と, わが国全土にわたつて自由のもたらす恵沢を確保し, 政府の行為によつて再び戦争の惨禍が起ることのないやうにすることを決意し, ここに主権が国民に存することを宣言し, この憲法を確定する. そもそも国政は, 国民の厳粛な信託によるものであつて, その権威は国民に由来し, その権力は国民の代表者がこれを行使し, その福利は国民がこれを享受する. これは人類普遍の原理であり, この憲法は, かかる原理に基くものである. われらは, これに反する一切の憲法, 法令及び詔勅を排除する.

　日本国民は, 恒久の平和を念願し, 人間相互の関係を支配する崇高な理想を深く自覚するのであつて, 平和を愛する諸国民の公正と信義に信頼して, われらの安全と生存を保持しようと決意した. われらは, 平和を維持し, 専制と隷従, 圧迫と偏狭を地上から永遠に除去しようと努めてゐる国際社会において, 名誉ある地位を占めたいと思ふ. われらは, 全世界の国民が, ひとしく恐怖と欠乏から免かれ, 平和のうちに生存する権利を有することを確認する.

　われらは, いづれの国家も, 自国のことのみに専念して他国を無視してはならないのであつて, 政治道徳の法則は, 普遍的なものであり, この法則に従ふことは, 自国の主権を維持し, 他国と対等関係に立たうとする各国の責務であると信ずる.

　日本国民は, 国家の名誉にかけ, 全力をあげてこの崇高な理想と目的を達成することを誓ふ.

第1章　天　皇

第1条〔天皇の地位・国民主権〕天皇は, 日本国の象徴であり日本国民統合の象徴であつて, この地位は, 主権の存する日本国民の総意に基く.

第2条〔皇位の世襲と継承〕皇位は, 世襲のものであつて, 国会の議決した皇室典範の定めるところにより, これを継承する.

第3条〔天皇の国事行為に対する内閣の助言・承認〕天皇の国事に関するすべての行為には, 内閣の助言と承認を必要とし, 内閣が, その責任を負ふ.

第4条〔天皇の権能の限界, 天皇の国事行為の委任〕① 天皇は, この憲法の定める国事に関する行為のみを行ひ, 国政に関する権能を有しない.

② 天皇は, 法律の定めるところにより, その国事に関する行為を委任することができる.

第5条〔摂政〕皇室典範の定めるところにより摂政を置くときは, 摂政は, 天皇の名でその国事に関する行為を行ふ. この場合には, 前条第1項の規定を準用する.

第6条〔天皇の任命権〕① 天皇は, 国会の指名に基いて, 内閣総理大臣を任命する.

② 天皇は, 内閣の指名に基いて, 最高裁判所の長たる裁判官を任命する.

第7条〔天皇の国事行為〕天皇は, 内閣の助言と承認により, 国民のために, 左の国事に関する行為を行ふ.

1　憲法改正, 法律, 政令及び条約を公布すること.

2　国会を召集すること.

3　衆議院を解散すること.

4　国会議員の総選挙の施行を公示すること.

5　国務大臣及び法律の定めるその他の官吏の任免並びに全権委任状及び大使及び公使の信任状を認証すること.

6　大赦, 特赦, 減刑, 刑の執行の免除及び復権を認証すること.

7　栄典を授与すること.

8　批准書及び法律の定めるその他の外交文書を認証すること.

9　外国の大使及び公使を接受すること.

10　儀式を行ふこと.

第8条〔皇室の財産授受〕皇室に財産を譲り渡し, 又は皇室が, 財産を譲り受け, 若しくは賜与することは, 国会の議決に基かなければならない.

第2章　戦争の放棄

第9条〔戦争の放棄, 戦力及び交戦権の否認〕① 日本国民は, 正義と秩序を基調とする国際平和を誠実に希求し, 国権の発動たる戦争と,

武力による威嚇又は武力の行使は、国際紛争を解決する手段としては、永久にこれを放棄する。
② 前項の目的を達するため、陸海空軍その他の戦力は、これを保持しない。国の交戦権は、これを認めない。

第3章　国民の権利及び義務

第10条〔国民の要件〕日本国民たる要件は、法律でこれを定める。

第11条〔基本的人権の享有と不可侵〕国民は、すべての基本的人権の享有を妨げられない。この憲法が国民に保障する基本的人権は、侵すことのできない永久の権利として、現在及び将来の国民に与へられる。

第12条〔自由及び権利の保持の責任と濫用の禁止〕この憲法が国民に保障する自由及び権利は、国民の不断の努力によつて、これを保持しなければならない。又、国民は、これを濫用してはならないのであつて、常に公共の福祉のためにこれを利用する責任を負ふ。

第13条〔個人の尊重・幸福追求権・公共の福祉〕すべて国民は、個人として尊重される。生命、自由及び幸福追求に対する国民の権利については、公共の福祉に反しない限り、立法その他の国政の上で、最大の尊重を必要とする。

第14条〔法の下の平等、貴族制度の禁止、栄典の限界〕① すべて国民は、法の下に平等であつて、人種、信条、性別、社会的身分又は門地により、政治的、経済的又は社会的関係において、差別されない。
② 華族その他の貴族の制度は、これを認めない。
③ 栄誉、勲章その他の栄典の授与は、いかなる特権も伴はない。栄典の授与は、現にこれを有し、又は将来これを受ける者の一代に限り、その効力を有する。

第15条〔公務員の選定罷免権、全体の奉仕者性、普通選挙・秘密投票の保障〕① 公務員を選定し、及びこれを罷免することは、国民固有の権利である。
② すべて公務員は、全体の奉仕者であつて、一部の奉仕者ではない。
③ 公務員の選挙については、成年者による普通選挙を保障する。
④ すべて選挙における投票の秘密は、これを侵してはならない。選挙人は、その選択に関し公的にも私的にも責任を問はれない。

第16条〔請願権〕何人も、損害の救済、公務員の罷免、法律、命令又は規則の制定、廃止又は改正その他の事項に関し、平穏に請願する権利を有し、何人も、かかる請願をしたためにいかなる差別待遇も受けない。

第17条〔国及び公共団体の賠償責任〕何人も、公務員の不法行為により、損害を受けたときは、法律の定めるところにより、国又は公共団体に、その賠償を求めることができる。

第18条〔奴隷的拘束及び苦役からの自由〕何人も、いかなる奴隷的拘束も受けない。又、犯罪に因る処罰の場合を除いては、その意に反する苦役に服させられない。

第19条〔思想及び良心の自由〕思想及び良心の自由は、これを侵してはならない。

第20条〔信教の自由、政教分離〕① 信教の自由は、何人に対してもこれを保障する。いかなる宗教団体も、国から特権を受け、又は政治上の権力を行使してはならない。
② 何人も、宗教上の行為、祝典、儀式又は行事に参加することを強制されない。
③ 国及びその機関は、宗教教育その他いかなる宗教的活動もしてはならない。

第21条〔集会・結社・表現の自由、検閲の禁止、通信の秘密〕① 集会、結社及び言論、出版その他一切の表現の自由は、これを保障する。
② 検閲は、これをしてはならない。通信の秘密は、これを侵してはならない。

第22条〔居住・移転・職業選択の自由、外国移住・国籍離脱の自由〕① 何人も、公共の福祉に反しない限り、居住、移転及び職業選択の自由を有する。
② 何人も、外国に移住し、又は国籍を離脱する自由を侵されない。

第23条〔学問の自由〕学問の自由は、これを保障する。

第24条〔家族生活における個人の尊厳と両性の平等〕① 婚姻は、両性の合意のみに基いて成立し、夫婦が同等の権利を有することを基本として、相互の協力により、維持されなければならない。
② 配偶者の選択、財産権、相続、住居の選定、離婚並びに婚姻及び家族に関するその他の事項に関しては、法律は、個人の尊厳と両性の本質的平等に立脚して、制定されなければならない。

第25条〔生存権、国の社会福祉及び社会保障等の向上及び増進の努力義務〕① すべて国民は、健康で文化的な最低限度の生活を営む権利を有する。
② 国は、すべての生活部面について、社会福祉、社会保障及び公衆衛生の向上及び増進に努めなければならない。

第26条〔教育を受ける権利、教育の義務〕① すべて国民は、法律の定めるところにより、その能力に応じて、ひとしく教育を受ける権利を有する。

② すべて国民は、法律の定めるところにより、その保護する子女に普通教育を受けさせる義務を負ふ．義務教育は、これを無償とする．

第27条〔勤労の権利及び義務，勤労条件の基準，児童酷使の禁止〕① すべて国民は、勤労の権利を有し、義務を負ふ．

② 賃金、就業時間、休息その他の勤労条件に関する基準は、法律でこれを定める．

③ 児童は、これを酷使してはならない．

第28条〔労働基本権〕 勤労者の団結する権利及び団体交渉その他の団体行動をする権利は、これを保障する．

第29条〔財産権〕① 財産権は、これを侵してはならない．

② 財産権の内容は、公共の福祉に適合するやうに、法律でこれを定める．

③ 私有財産は、正当な補償の下に、これを公共のために用ひることができる．

第30条〔納税の義務〕 国民は、法律の定めるところにより、納税の義務を負ふ．

第31条〔法定手続の保障〕 何人も、法律の定める手続によらなければ、その生命若しくは自由を奪はれ、又はその他の刑罰を科せられない．

第32条〔裁判を受ける権利〕 何人も、裁判所において裁判を受ける権利を奪はれない．

第33条〔逮捕の要件〕 何人も、現行犯として逮捕される場合を除いては、権限を有する司法官憲が発し、且つ理由となつてゐる犯罪を明示する令状によらなければ、逮捕されない．

第34条〔抑留・拘禁の要件、不当拘禁の禁止〕 何人も、理由を直ちに告げられ、且つ、直ちに弁護人に依頼する権利を与へられなければ、抑留又は拘禁されない．又、何人も、正当な理由がなければ、拘禁されず、要求があれば、その理由は、直ちに本人及びその弁護人の出席する公開の法廷で示されなければならない．

第35条〔住居の不可侵、捜索・押収の要件〕① 何人も、その住居、書類及び所持品について、侵入、捜索及び押収を受けることのない権利は、第33条の場合を除いては、正当な理由に基いて発せられ、且つ捜索する場所及び押収する物を明示する令状がなければ、侵されない．

② 捜索又は押収は、権限を有する司法官憲が発する各別の令状により、これを行ふ．

第36条〔拷問及び残虐な刑罰の禁止〕 公務員による拷問及び残虐な刑罰は、絶対にこれを禁ずる．

第37条〔刑事被告人の諸権利〕① すべて刑事事件においては、被告人は、公平な裁判所の迅速な公開裁判を受ける権利を有する．

② 刑事被告人は、すべての証人に対して審問

する機会を充分に与へられ、又、公費で自己のために強制的手続により証人を求める権利を有する．

③ 刑事被告人は、いかなる場合にも、資格を有する弁護人を依頼することができる．被告人が自らこれを依頼することができないときは、国でこれを附する．

第38条〔不利益な供述強要の禁止、自白の証拠能力〕① 何人も、自己に不利益な供述を強要されない．

② 強制、拷問若しくは脅迫による自白又は不当に長く抑留若しくは拘禁された後の自白は、これを証拠とすることができない．

③ 何人も、自己に不利益な唯一の証拠が本人の自白である場合には、有罪とされ、又は刑罰を科せられない．

第39条〔遡及処罰の禁止・一事不再理〕 何人も、実行の時に適法であつた行為又は既に無罪とされた行為については、刑事上の責任を問はれない．又、同一の犯罪について、重ねて刑事上の責任を問はれない．

第40条〔刑事補償〕 何人も、抑留又は拘禁された後、無罪の裁判を受けたときは、法律の定めるところにより、国にその補償を求めることができる．

第4章　国会

第41条〔国会の地位・立法権〕 国会は、国権の最高機関であつて、国の唯一の立法機関である．

第42条〔両院制〕 国会は、衆議院及び参議院の両議院でこれを構成する．

第43条〔両議院の組織〕① 両議院は、全国民を代表する選挙された議員でこれを組織する．

② 両議院の議員の定数は、法律でこれを定める．

第44条〔議員及び選挙人の資格〕 両議院の議員及びその選挙人の資格は、法律でこれを定める．但し、人種、信条、性別、社会的身分、門地、教育、財産又は収入によつて差別してはならない．

第45条〔衆議院議員の任期〕 衆議院議員の任期は、4年とする．但し、衆議院解散の場合には、その期間満了前に終了する．

第46条〔参議院議員の任期〕 参議院議員の任期は、6年とし、3年ごとに議員の半数を改選する．

第47条〔選挙に関する事項の法定〕 選挙区、投票の方法その他両議院の議員の選挙に関する事項は、法律でこれを定める．

第48条〔両議院議員兼職の禁止〕 何人も、同時に両議院の議員たることはできない．

第49条〔議員の歳費〕 両議院の議員は、法律の定めるところにより、国庫から相当額の歳費

を受ける.

第50条〔議員の不逮捕特権〕両議院の議員は,法律の定める場合を除いては,国会の会期中逮捕されず,会期前に逮捕された議員は,その議院の要求があれば,会期中これを釈放しなければならない.

第51条〔議員の免責特権〕両議院の議員は,議院で行つた演説,討論又は表決について,院外で責任を問はれない.

第52条〔常会〕国会の常会は,毎年1回これを召集する.

第53条〔臨時会〕内閣は,国会の臨時会の召集を決定することができる.いづれかの議院の総議員の4分の1以上の要求があれば,内閣は,その召集を決定しなければならない.

第54条〔衆議院の解散と特別会,参議院の緊急集会〕① 衆議院が解散されたときは,解散の日から40日以内に,衆議院議員の総選挙を行ひ,その選挙の日から30日以内に,国会を召集しなければならない.

② 衆議院が解散されたときは,参議院は,同時に閉会となる.但し,内閣は,国に緊急の必要があるときは,参議院の緊急集会を求めることができる.

③ 前項但書の緊急集会において採られた措置は,臨時のものであつて,次の国会開会の後10日以内に,衆議院の同意がない場合には,その効力を失ふ.

第55条〔議員の資格争訟〕両議院は,各々その議員の資格に関する争訟を裁判する.但し,議員の議席を失はせるには,出席議員の3分の2以上の多数による議決を必要とする.

第56条〔定足数,表決数〕① 両議院は,各々その総議員の3分の1以上の出席がなければ,議事を開き議決することができない.

② 両議院の議事は,この憲法に特別の定のある場合を除いては,出席議員の過半数でこれを決し,可否同数のときは,議長の決するところによる.

第57条〔会議の公開と秘密会,会議録の公開,表決の会議録への記載〕① 両議院の会議は,公開とする.但し,出席議員の3分の2以上の多数で議決したときは,秘密会を開くことができる.

② 両議院は,各々その会議の記録を保存し,秘密会の記録の中で特に秘密を要すると認められるもの以外は,これを公表し,且つ一般に頒布しなければならない.

③ 出席議員の5分の1以上の要求があれば,各議員の表決は,これを会議録に記載しなければならない.

第58条〔役員の選任,議院規則・懲罰〕① 両議院は,各々その議長その他の役員を選任する.

② 両議院は,各々その会議その他の手続及び内部の規律に関する規則を定め,又,院内の秩序をみだした議員を懲罰することができる.但し,議員を除名するには,出席議員の3分の2以上の多数による議決を必要とする.

第59条〔法律案の議決,衆議院の優越〕① 法律案は,この憲法に特別の定のある場合を除いては,両議院で可決したとき法律となる.

② 衆議院で可決し,参議院でこれと異なつた議決をした法律案は,衆議院で出席議員の3分の2以上の多数で再び可決したときは,法律となる.

③ 前項の規定は,法律の定めるところにより,衆議院が,両議院の協議会を開くことを求めることを妨げない.

④ 参議院が,衆議院の可決した法律案を受け取つた後,国会休会中の期間を除いて60日以内に,議決しないときは,衆議院は,参議院がその法律案を否決したものとみなすことができる.

第60条〔衆議院の予算先議と優越〕① 予算は,さきに衆議院に提出しなければならない.

② 予算について,参議院で衆議院と異なつた議決をした場合に,法律の定めるところにより,両議院の協議会を開いても意見が一致しないとき,又は参議院が,衆議院の可決した予算を受け取つた後,国会休会中の期間を除いて30日以内に,議決しないときは,衆議院の議決を国会の議決とする.

第61条〔条約の承認と衆議院の優越〕条約の締結に必要な国会の承認については,前条第2項の規定を準用する.

第62条〔議院の国政調査権〕両議院は,各々国政に関する調査を行ひ,これに関して,証人の出頭及び証言並びに記録の提出を要求することができる.

第63条〔国務大臣の議院出席の権利及び義務〕内閣総理大臣その他の国務大臣は,両議院の一に議席を有すると有しないとにかかはらず,何時でも議案について発言するため議院に出席することができる.又,答弁又は説明のため出席を求められたときは,出席しなければならない.

第64条〔弾劾裁判所〕① 国会は,罷免の訴追を受けた裁判官を裁判するため,両議院の議員で組織する弾劾裁判所を設ける.

② 弾劾に関する事項は,法律でこれを定める.

第5章　内　閣

第65条〔行政権と内閣〕行政権は,内閣に属する.

第66条〔内閣の組織,文民資格,連帯責任〕① 内閣は,法律の定めるところにより,その首長た

る内閣総理大臣及びその他の国務大臣でこれを組織する.

② 内閣総理大臣その他の国務大臣は, 文民でなければならない.

③ 内閣は, 行政権の行使について, 国会に対し連帯して責任を負ふ.

第67条〔内閣総理大臣の指名, 衆議院の優越〕

① 内閣総理大臣は, 国会議員の中から国会の議決で, これを指名する. この指名は, 他のすべての案件に先だつて, これを行ふ.

② 衆議院と参議院とが異なつた指名の議決をした場合に, 法律の定めるところにより, 両議院の協議会を開いても意見が一致しないとき, 又は衆議院が指名の議決をした後, 国会休会中の期間を除いて10日以内に, 参議院が, 指名の議決をしないときは, 衆議院の議決を国会の議決とする.

第68条〔国務大臣の任命及び罷免〕① 内閣総理大臣は, 国務大臣を任命する. 但し, その過半数は, 国会議員の中から選ばれなければならない.

② 内閣総理大臣は, 任意に国務大臣を罷免することができる.

第69条〔衆議院の内閣不信任と解散又は内閣総辞職〕内閣は, 衆議院で不信任の決議案を可決し, 又は信任の決議案を否決したときは, 10日以内に衆議院が解散されない限り, 総辞職をしなければならない.

第70条〔内閣総理大臣の欠缺又は総選挙と内閣総辞職〕内閣総理大臣が欠けたとき, 又は衆議院議員総選挙の後に初めて国会の召集があつたときは, 内閣は, 総辞職をしなければならない.

第71条〔総辞職後の内閣による職務執行〕前2条の場合には, 内閣は, あらたに内閣総理大臣が任命されるまで引き続きその職務を行ふ.

第72条〔内閣総理大臣の職務〕内閣総理大臣は, 内閣を代表して議案を国会に提出し, 一般国務及び外交関係について国会に報告し, 並びに行政各部を指揮監督する.

第73条〔内閣の職権〕内閣は, 他の一般行政事務の外, 左の事務を行ふ.

1 法律を誠実に執行し, 国務を総理すること.

2 外交関係を処理すること.

3 条約を締結すること. 但し, 事前に, 時宜によつては事後に, 国会の承認を経ることを必要とする.

4 法律の定める基準に従ひ, 官吏に関する事務を掌理すること.

5 予算を作成して国会に提出すること.

6 この憲法及び法律の規定を実施するために, 政令を制定すること. 但し, 政令には, 特にその法律の委任がある場合を除いては, 罰則を設けることができない.

7 大赦, 特赦, 減刑, 刑の執行の免除及び復権を決定すること.

第74条〔法律・政令の署名・連署〕法律及び政令には, すべて主任の国務大臣が署名し, 内閣総理大臣が連署することを必要とする.

第75条〔国務大臣の訴追〕国務大臣は, その在任中, 内閣総理大臣の同意がなければ, 訴追されない. 但し, これがため, 訴追の権利は, 害されない.

第6章　司　法

第76条〔司法権・裁判所, 特別裁判所の禁止, 裁判官の独立〕① すべて司法権は, 最高裁判所及び法律の定めるところにより設置する下級裁判所に属する.

② 特別裁判所は, これを設置することができない. 行政機関は, 終審として裁判を行ふことができない.

③ すべて裁判官は, その良心に従ひ独立してその職権を行ひ, この憲法及び法律にのみ拘束される.

第77条〔最高裁判所の規則制定権〕① 最高裁判所は, 訴訟に関する手続, 弁護士, 裁判所の内部規律及び司法事務処理に関する事項について, 規則を定める権限を有する.

② 検察官は, 最高裁判所の定める規則に従はなければならない.

③ 最高裁判所は, 下級裁判所に関する規則を定める権限を, 下級裁判所に委任することができる.

第78条〔裁判官の身分保障〕裁判官は, 裁判により, 心身の故障のために職務を執ることができないと決定された場合を除いては, 公の弾劾によらなければ罷免されない. 裁判官の懲戒処分は, 行政機関がこれを行ふことはできない.

第79条〔最高裁判所の構成, 国民審査, 定年, 報酬〕① 最高裁判所は, その長たる裁判官及び法律の定める員数のその他の裁判官でこれを構成し, その長たる裁判官以外の裁判官は, 内閣でこれを任命する.

② 最高裁判所の裁判官の任命は, その任命後初めて行はれる衆議院議員総選挙の際国民の審査に付し, その後10年を経過した後初めて行はれる衆議院議員総選挙の際更に審査に付し, その後も同様とする.

③ 前項の場合において, 投票者の多数が裁判官の罷免を可とするときは, その裁判官は, 罷免される.

④ 審査に関する事項は, 法律でこれを定める.

2 日本国憲法（67条～79条）

憲法

憲法

⑤ 最高裁判所の裁判官は, 法律の定める年齢に達した時に退官する.

⑥ 最高裁判所の裁判官は, すべて定期に相当額の報酬を受ける. この報酬は, 在任中, これを減額することができない.

第80条〔下級裁判所の裁判官・任期・定年, 報酬〕① 下級裁判所の裁判官は, 最高裁判所の指名した者の名簿によつて, 内閣でこれを任命する. その裁判官は, 任期を10年とし, 再任されることができる. 但し, 法律の定める年齢に達した時には退官する.

② 下級裁判所の裁判官は, すべて定期に相当額の報酬を受ける. この報酬は, 在任中, これを減額することができない.

第81条〔違憲審査制〕最高裁判所は, 一切の法律, 命令, 規則又は処分が憲法に適合するかしないかを決定する権限を有する終審裁判所である.

第82条〔裁判の公開〕① 裁判の対審及び判決は, 公開法廷でこれを行ふ.

② 裁判所が裁判官の全員一致で, 公の秩序又は善良の風俗を害する虞があると決した場合には, 対審は, 公開しないでこれを行ふことができる. 但し, 政治犯罪, 出版に関する犯罪又はこの憲法第3章で保障する国民の権利が問題となつてゐる事件の対審は, 常にこれを公開しなければならない.

第7章 財 政

第83条〔財政処理の基本原則〕国の財政を処理する権限は, 国会の議決に基いて, これを行使しなければならない.

第84条〔租税法律主義〕あらたに租税を課し, 又は現行の租税を変更するには, 法律又は法律の定める条件によることを必要とする.

第85条〔国費の支出及び国の債務負担〕国費を支出し, 又は国が債務を負担するには, 国会の議決に基くことを必要とする.

第86条〔予算の作成と議決〕内閣は, 毎会計年度の予算を作成し, 国会に提出して, その審議を受け議決を経なければならない.

第87条〔予備費〕① 予見し難い予算の不足に充てるため, 国会の議決に基いて予備費を設け, 内閣の責任でこれを支出することができる.

② すべて予備費の支出については, 内閣は, 事後に国会の承諾を得なければならない.

第88条〔皇室財産・皇室費用〕すべて皇室財産は, 国に属する. すべて皇室の費用は, 予算に計上して国会の議決を経なければならない.

第89条〔公の財産の支出・利用提供の制限〕公金その他の公の財産は, 宗教上の組織若しくは団体の使用, 便益若しくは維持のため, 又は公の支配に属しない慈善, 教育若しくは博愛の事業に対し, これを支出し, 又はその利用に供してはならない.

第90条〔決算検査, 会計検査院〕① 国の収入支出の決算は, すべて毎年会計検査院がこれを検査し, 内閣は, 次の年度に, その検査報告とともに, これを国会に提出しなければならない.

② 会計検査院の組織及び権限は, 法律でこれを定める.

第91条〔財政状況の報告〕内閣は, 国会及び国民に対し, 定期に, 少くとも毎年1回, 国の財政状況について報告しなければならない.

第8章 地方自治

第92条〔地方自治の基本原則〕地方公共団体の組織及び運営に関する事項は, 地方自治の本旨に基いて, 法律でこれを定める.

第93条〔地方公共団体の議会の設置, 長・議員等の直接選挙〕① 地方公共団体には, 法律の定めるところにより, その議事機関として議会を設置する.

② 地方公共団体の長, その議会の議員及び法律の定めるその他の吏員は, その地方公共団体の住民が, 直接これを選挙する.

第94条〔地方公共団体の権能, 条例制定権〕地方公共団体は, その財産を管理し, 事務を処理し, 及び行政を執行する権能を有し, 法律の範囲内で条例を制定することができる.

第95条〔特別法の住民投票〕一の地方公共団体のみに適用される特別法は, 法律の定めるところにより, その地方公共団体の住民の投票においてその過半数の同意を得なければ, 国会は, これを制定することができない.

第9章 改 正

第96条〔憲法改正の手続, その公布〕① この憲法の改正は, 各議院の総議員の3分の2以上の賛成で, 国会が, これを発議し, 国民に提案してその承認を経なければならない. この承認には, 特別の国民投票又は国会の定める選挙の際行はれる投票において, その過半数の賛成を必要とする.

② 憲法改正について前項の承認を経たときは, 天皇は, 国民の名で, この憲法と一体を成すものとして, 直ちにこれを公布する.

第10章 最高法規

第97条〔基本的人権の本質〕この憲法が日本国民に保障する基本的人権は, 人類の多年にわたる自由獲得の努力の成果であつて, これらの

権利は,過去幾多の試錬に堪へ,現在及び将来の国民に対し,侵すことのできない永久の権利として信託されたものである.

第98条〔憲法の最高法規性,条約及び国際法規の遵守〕① この憲法は,国の最高法規であつて,その条規に反する法律,命令,詔勅及び国務に関するその他の行為の全部又は一部は,その効力を有しない.

② 日本国が締結した条約及び確立された国際法規は,これを誠実に遵守することを必要とする.

第99条〔憲法尊重擁護の義務〕天皇又は摂政及び国務大臣,国会議員,裁判官その他の公務員は,この憲法を尊重し擁護する義務を負ふ.

第 11 章 補 則

第100条〔施行期日,施行の準備〕① この憲法は,公布の日から起算して6箇月を経過した日から,これを施行する.

② この憲法を施行するために必要な法律の制定,参議院議員の選挙及び国会召集の手続並びにこの憲法を施行するために必要な準備手続は,前項の期日よりも前に,これを行ふことができる.

第101条〔経過規定―参議院未成立の間の国会〕この憲法施行の際,参議院がまだ成立してゐないときは,その成立するまでの間,衆議院は,国会としての権限を行ふ.

第102条〔経過規定―第1期の参議院議員の任期〕この憲法による第1期の参議院議員のうち,その半数の者の任期は,これを3年とする. その議員は,法律の定めるところにより,これを定める.

第103条〔経過規定―憲法施行の際の公務員の地位〕この憲法施行の際現に在職する国務大臣,衆議院議員及び裁判官並びにその他の公務員で,その地位に相応する地位がこの憲法で認められてゐる者は,法律で特別の定をした場合を除いては,この憲法施行のため,当然にはその地位を失ふことはない. 但し,この憲法によつて,後任者が選挙又は任命されたときは,当然その地位を失ふ.

③ 大日本帝国憲法

(明22・2・11公布,明23・11・29施行)

告 文
皇朕レ謹ミ畏ミ
皇祖
皇宗ノ神霊ニ誥ケ白サク皇朕レ天壌無窮ノ宏謨ニ循

ヒ惟神ノ宝祚ヲ承継シ旧図ヲ保持シテ敢テ失墜スルコト無ク顧ミルニ世局ノ進運ニ膺リ人文ノ発達ニ随ヒ宜ク
皇祖
皇宗ノ遺訓ヲ明徴ニシ典憲ヲ成立シ条章ヲ昭示シ内ハ以テ子孫ノ率由スル所ト為シ外ハ以テ臣民翼賛ノ道ヲ広メ永遠ニ遵行セシメ益々国家ノ丕基ヲ鞏固ニシ八洲民生ノ慶福ヲ増進スヘシ茲ニ皇室典範及憲法ヲ制定ス惟フニ此レ皆
皇祖
皇宗ノ後裔ニ貽シタマヘル統治ノ洪範ヲ紹述スルニ外ナラス而シテ朕力躬ニ逮テ時ト倶ニ挙行スルコトヲ得ルハ洵ニ
皇祖
皇宗及我カ
皇考ノ威霊ニ倚藉スルニ由ラサルハ無シ皇朕レ仰テ
皇祖
皇宗及
皇考ノ神祐ヲ祷リ併セテ朕カ現在及将来ニ臣民ニ率先シ此ノ憲章ヲ履行シテ愆ラサラムコトヲ誓フ庶幾クハ
神霊此レヲ鑒ミタマヘ

憲法発布勅語
朕国家ノ隆昌ト臣民ノ慶福トヲ以テ中心ノ欣栄トシ朕力祖宗ニ承クルノ大権ニ依リ現在及将来ノ臣民ニ対シ此ノ不磨ノ大典ヲ宣布ス
惟フニ我力祖我力宗ハ我カ臣民祖先ノ協力輔翼ニ倚リ我力帝国ヲ肇造シ以テ無窮ニ垂レタリ此レ我力神聖ナル祖宗ノ威徳ト並ニ臣民ノ忠実勇武ニシテ国ヲ愛シ公ニ殉ヒ以テ此ノ光輝アル国史ノ成跡ヲ貽シタルナリ朕我力臣民ハ即チ祖宗ノ忠良ナル臣民ノ子孫ナルヲ回想シ其ノ朕カ意ヲ奉体シ朕ヲ事キ趨順シ相与ニ和衷協同シ益々我力帝国ノ光栄ヲ中外ニ宣揚シ祖宗ノ遺業ヲ永久ニ鞏固ナラシムルノ希望ヲ同クシ此ノ負担ヲ分ツニ堪フルコトヲ疑ハサルナリ
朕ハ我力臣民ノ権利及財産ノ安全ヲ貴重シ及之ヲ保護シ此ノ憲法及法律ノ範囲内ニ於テ其ノ享有ヲ完全ナラシムヘキコトヲ宣言ス帝国議会ハ明治23年ヲ以テ之ヲ召集シ議会開会ノ時(明治23年11月29日)ヲ以テ此ノ憲法ヲシテ有効ナラシムルノ期トスヘシ
将来若此ノ憲法ノ或ル条章ヲ改定スルノ必要ナル時宜ヲ見ルニ至ラハ朕及朕カ継続ノ子孫ハ発議ノ権ヲ執リ之ヲ議会ニ付シ議会ハ此ノ憲法ニ定メタル要件ニ依リ之ヲ議決スルノ外朕カ子孫及臣民ハ敢テ之ヲ紛更ヲ試ミルコトヲ得サルヘシ
朕ハ在廷ノ大臣ハ朕カ為ニ此ノ憲法ヲ施行スルノ責ニ任スヘク朕カ現在及将来ノ臣民ハ此ノ憲法ニ対シ永遠ニ従順ノ義務ヲ負フヘシ

③ 大日本帝国憲法（1条〜53条）

憲法

第1章　天　皇

第1条　大日本帝国ハ万世一系ノ天皇之ヲ統治ス

第2条　皇位ハ皇室典範ノ定ムル所ニ依リ皇男子孫之ヲ継承ス

第3条　天皇ハ神聖ニシテ侵スヘカラス

第4条　天皇ハ国ノ元首ニシテ統治権ヲ総攬シ此ノ憲法ノ条規ニ依リ之ヲ行フ

第5条　天皇ハ帝国議会ノ協賛ヲ以テ立法権ヲ行フ

第6条　天皇ハ法律ヲ裁可シ其ノ公布及執行ヲ命ス

第7条　天皇ハ帝国議会ヲ召集シ其ノ開会閉会停会及衆議院ノ解散ヲ命ス

第8条　① 天皇ハ公共ノ安全ヲ保持シ又ハ其ノ災厄ヲ避ケル為緊急ノ必要ニ由リ帝国議会閉会ノ場合ニ於テ法律ニ代ルヘキ勅令ヲ発ス

② 此ノ勅令ハ次ノ会期ニ於テ帝国議会ニ提出スヘシ若議会ニ於テ承諾セサルトキハ政府ハ将来ニ向テ其ノ効力ヲ失フコトヲ公布スヘシ

第9条　天皇ハ法律ヲ執行スル為ニ又ハ公共ノ安寧秩序ヲ保持シ及臣民ノ幸福ヲ増進スルニ必要ナル命令ヲ発シ又ハ発セシム但シ命令ヲ以テ法律ヲ変更スルコトヲ得ス

第10条　天皇ハ行政各部ノ官制及文武官ノ俸給ヲ定メ及文武官ヲ任免ス但シ此ノ憲法又ハ他ノ法律ニ特例ヲ掲ケタルモノハ各々其ノ条項ニ依ル

第11条　天皇ハ陸海軍ヲ統帥ス

第12条　天皇ハ陸海軍ノ編制及常備兵額ヲ定ム

第13条　天皇ハ戦ヲ宣シ和ヲ講シ及諸般ノ条約ヲ締結ス

第14条　① 天皇ハ戒厳ヲ宣告ス

② 戒厳ノ要件及効力ハ法律ヲ以テ之ヲ定ム

第15条　天皇ハ爵位勲章及其ノ他ノ栄典ヲ授与ス

第16条　天皇ハ大赦特赦減刑及復権ヲ命ス

第17条　① 摂政ヲ置クハ皇室典範ノ定ムル所ニ依ル

② 摂政ハ天皇ノ名ニ於テ大権ヲ行フ

第2章　臣民権利義務

第18条　日本臣民タルノ要件ハ法律ノ定ムル所ニ依ル

第19条　日本臣民ハ法律命令ノ定ムル所ノ資格ニ応シ均ク文武官ニ任セラレ及其ノ他ノ公務ニ就クコトヲ得

第20条　日本臣民ハ法律ノ定ムル所ニ従ヒ兵役ノ義務ヲ有ス

第21条　日本臣民ハ法律ノ定ムル所ニ従ヒ納税ノ義務ヲ有ス

第22条　日本臣民ハ法律ノ範囲内ニ於テ居住及移転ノ自由ヲ有ス

第23条　日本臣民ハ法律ニ依ルニ非スシテ逮捕監禁審問処罰ヲ受クルコトナシ

第24条　日本臣民ハ法律ニ定メタル裁判官ノ裁判ヲ受クルノ権ヲ奪ハル、コトナシ

第25条　日本臣民ハ法律ニ定メタル場合ヲ除ク外其ノ許諾ナクシテ住所ニ侵入セラレ及捜索セラル、コトナシ

第26条　日本臣民ハ法律ニ定メタル場合ヲ除ク外信書ノ秘密ヲ侵サル、コトナシ

第27条　① 日本臣民ハ其ノ所有権ヲ侵サル、コトナシ

② 公益ノ為必要ナル処分ハ法律ノ定ムル所ニ依ル

第28条　日本臣民ハ安寧秩序ヲ妨ケス及臣民タル

ノ義務ニ背カサル限ニ於テ信教ノ自由ヲ有ス

第29条　日本臣民ハ法律ノ範囲内ニ於テ言論著作印行集会及結社ノ自由ヲ有ス

第30条　日本臣民ハ相当ノ敬礼ヲ守リ別ニ定ムル所ノ規程ニ従ヒ請願ヲ為スコトヲ得

第31条　本章ニ掲ケタル条規ハ国家事変ノ場合ニ於テ天皇大権ノ施行ヲ妨クルコトナシ

第32条　本章ニ掲ケタル条規ハ陸海軍ノ法令又ハ紀律ニ牴触セサルモノニ限リ軍人ニ準行ス

第3章　帝国議会

第33条　帝国議会ハ貴族院衆議院ノ両院ヲ以テ成立ス

第34条　貴族院ハ貴族院令ノ定ムル所ニ依リ皇族華族及勅任セラレタル議員ヲ以テ組織ス

第35条　衆議院ハ選挙法ノ定ムル所ニ依リ公選セラレタル議員ヲ以テ組織ス

第36条　何人モ同時ニ両議院ノ議員タルコトヲ得ス

第37条　凡テ法律ハ帝国議会ノ協賛ヲ経ルヲ要ス

第38条　両議院ハ政府ノ提出スル法律案ヲ議決シ及各々法律案ヲ提出スルコトヲ得

第39条　両議院ノ一ニ於テ否決シタル法律案ハ同会期中ニ於テ再ヒ提出スルコトヲ得ス

第40条　両議院ハ法律又ハ其ノ他ノ事件ニ付各々其ノ意見ヲ政府ニ建議スルコトヲ得但シ其ノ採納ヲ得サルモノハ同会期中ニ於テ再ヒ建議スルコトヲ得ス

第41条　帝国議会ハ毎年之ヲ召集ス

第42条　帝国議会ハ3箇月ヲ以テ会期トス必要アル場合ニ於テハ勅命ヲ以テ之ヲ延長スルコトアルヘシ

第43条　① 臨時緊急ノ必要アル場合ニ於テ常会ノ外臨時会ヲ召集スヘシ

② 臨時会ノ会期ヲ定ムルハ勅命ニ依ル

第44条　① 帝国議会ノ開会閉会会期ノ延長及停会ハ両院同時ニ之ヲ行フヘシ

② 衆議院解散ヲ命セラレタルトキハ貴族院ハ同時ニ停会セラルヘシ

第45条　衆議院解散ヲ命セラレタルトキハ勅命ヲ以テ新ニ議員ヲ選挙セシメ解散ノ日ヨリ5箇月以内ニ之ヲ召集スヘシ

第46条　両議院ハ各々其ノ総議員3分ノ1以上出席スルニ非サレハ議事ヲ開キ議決ヲ為スコトヲ得ス

第47条　両議院ノ議事ハ過半数ヲ以テ決ス可否同数ナルトキハ議長ノ決スル所ニ依ル

第48条　両議院ノ会議ハ公開ス但シ政府ノ要求又ハ其ノ院ノ決議ニ依リ秘密会ト為スコトヲ得

第49条　両議院ハ各々天皇ニ上奏スルコトヲ得

第50条　両議院ハ臣民ヨリ呈出スル請願書ヲ受クルコトヲ得

第51条　両議院ハ此ノ憲法及議院法ニ掲クルモノ、外内部ノ整理ニ必要ナル諸規則ヲ定ムルコトヲ得

第52条　両議院ノ議員ハ議院ニ於テ発言シタル意見及表決ニ付院外ニ於テ責ヲ負フコトナシ但シ議員自ラ其ノ言論ヲ演説刊行筆記又ハ其ノ他ノ方法ヲ以テ公布シタルトキハ一般ノ法律ニ依リ処分セラルヘシ

第53条　両議院ノ議員ハ現行犯罪又ハ内乱外患ニ関ル罪ヲ除ク外会期中其ノ院ノ許諾ナクシテ逮捕セラル、コトナシ

第54条　国務大臣及政府委員ハ何時タリトモ各議院ニ出席シ及発言スルコトヲ得

第4章　国務大臣及枢密顧問

第55条　① 国務各大臣ハ天皇ヲ輔弼シ其ノ責ニ任ス
② 凡テ法律勅令其ノ他国務ニ関ル詔勅ハ国務大臣ノ副署ヲ要ス
第56条　枢密顧問ハ枢密院官制ノ定ムル所ニ依リ天皇ノ諮詢ニ応ヘ重要ノ国務ヲ審議ス

第5章　司　法

第57条　① 司法権ハ天皇ノ名ニ於テ法律ニ依リ裁判所之ヲ行フ
② 裁判所ノ構成ハ法律ヲ以テ之ヲ定ム
第58条　① 裁判官ハ法律ニ定メタル資格ヲ具フル者ヲ以テ之ニ任ス
② 裁判官ハ刑法ノ宣告又ハ懲戒ノ処分ニ由ルノ外其ノ職ヲ免セラルヽコトナシ
③ 懲戒ノ条規ハ法律ヲ以テ之ヲ定ム
第59条　裁判ノ対審判決ハ之ヲ公開ス但シ安寧秩序又ハ風俗ヲ害スルノ虞アルトキハ法律ニ依リ又ハ裁判所ノ決議ヲ以テ対審ノ公開ヲ停ムルコトヲ得
第60条　特別裁判所ノ管轄ニ属スヘキモノハ別ニ法律ヲ以テ之ヲ定ム
第61条　行政官庁ノ違法処分ニ由リ権利ヲ傷害セラレタリトスルノ訴訟ニシテ別ニ法律ヲ以テ定メタル行政裁判所ノ裁判ニ属スヘキモノハ司法裁判所ニ於テ受理スルノ限ニ在ラス

第6章　会　計

第62条　① 新ニ租税ヲ課シ及税率ヲ変更スルハ法律ヲ以テ之ヲ定ムヘシ
② 但シ報償ニ属スル行政上ノ手数料及其ノ他ノ収納金ハ前項ノ限ニ在ラス
③ 国債ヲ起シ及予算ニ定メタルモノヲ除ク外国庫ノ負担トナルヘキ契約ヲ為スハ帝国議会ノ協賛ヲ経ヘシ
第63条　現行ノ租税ハ更ニ法律ヲ以テ之ヲ改メサル限ハ旧ニ依リ之ヲ徴収ス
第64条　① 国家ノ歳出歳入ハ毎年予算ヲ以テ帝国議会ノ協賛ヲ経ヘシ
② 予算ノ款項ニ超過シ又ハ予算ノ外ニ生シタル支出アルトキハ後日帝国議会ノ承諾ヲ求ムルコトヲ要ス
第65条　予算ハ前ニ衆議院ニ提出スヘシ
第66条　皇室経費ハ現在ノ定額ニ依リ毎年国庫ヨリ之ヲ支出シ将来増額ヲ要スル場合ヲ除ク外帝国議会ノ協賛ヲ要セス
第67条　憲法上ノ大権ニ基ツケル既定ノ歳出及法律ノ結果ニ由リ又ハ法律上政府ノ義務ニ属スル歳出ハ政府ノ同意ナクシテ帝国議会之ヲ廃除シ又ハ削減スルコトヲ得ス
第68条　特別ノ須要ニ因リ政府ハ予メ年限ヲ定メ継続費トシテ帝国議会ノ協賛ヲ求ムルコトヲ得
第69条　避クヘカラサル予算ノ不足ヲ補フ為ニ又ハ予算ノ外ニ生シタル必要ノ費用ニ充ツル為ニ予備費ヲ設クヘシ
第70条　① 公共ノ安全ヲ保持スル為緊急ノ需用ノ場合ニ於テ内外ノ情形ニ因リ政府ハ帝国議会ヲ召集スルコト能ハサルトキハ勅令ニ依リ財政上必要ノ処分ヲ為スコトヲ得

② 前項ノ場合ニ於テハ次ノ会期ニ於テ帝国議会ニ提出シ其ノ承諾ヲ求ムルヲ要ス
第71条　帝国議会ニ於テ予算ヲ議定セス又ハ予算成立ニ至ラサルトキハ政府ハ前年度ノ予算ヲ施行スヘシ
第72条　① 国家ノ歳出歳入ノ決算ハ会計検査院之ヲ検査確定シ政府ハ其ノ検査報告ト倶ニ之ヲ帝国議会ニ提出スヘシ
② 会計検査院ノ組織及職権ハ法律ヲ以テ之ヲ定ム

第7章　補　則

第73条　① 将来此ノ憲法ノ条項ヲ改正スルノ必要アルトキハ勅命ヲ以テ議案ヲ帝国議会ノ議ニ付スヘシ
② 此ノ場合ニ於テ両議院ハ各々其ノ総員3分ノ2以上出席スルニ非サレハ議事ヲ開クコトヲ得ス出席議員3分ノ2以上ノ多数ヲ得ルニ非サレハ改正ノ議決ヲ為スコトヲ得ス
第74条　① 皇室典範ノ改正ハ帝国議会ノ議ヲ経ルヲ要セス
② 皇室典範ヲ以テ此ノ憲法ノ条規ヲ変更スルコトヲ得ス
第75条　憲法及皇室典範ハ摂政ヲ置クノ間之ヲ変更スルコトヲ得ス
第76条　① 法律規則命令又ハ何等ノ名称ヲ用キタルニ拘ラス此ノ憲法ニ矛盾セサル現行ノ法令ハ総テ遵由ノ効力ヲ有ス
② 歳出上政府ノ義務ニ係ル現在ノ契約又ハ命令ハ総テ第67条ノ例ニ依ル

4　〔国民投票法〕日本国憲法の改正手続に関する法律（抄）

（平19・5・18法律第51号，平22・5・18施行，最終改正：令4・6・17法律第68号）

第1章　総　則

（趣　旨）
第1条　この法律は，日本国憲法第96条に定める日本国憲法の改正（以下「憲法改正」という。）について，国民の承認に係る投票（以下「国民投票」という。）に関する手続を定めるとともに，あわせて憲法改正の発議に係る手続の整備を行うものとする。

第2章　国民投票の実施

第1節　総　則
（国民投票の期日）
第2条　① 国民投票は，国会が憲法改正を発議した日（国会法（昭和22年法律第79号）第68条の5第1項の規定により国会が日本国憲法第96条第1項に定める日本国憲法の改正の発議をし，国民に提案したものとされる日をいう。第100条の2において同じ。）から起算して60日以後180日以内において，国会の議決した期日に行う。
② 内閣は，国会法第65条第1項の規定により国民投票の期日に係る議案の送付を受けたときは，速やかに，総務大臣を経由して，当該国民投票の期日を中央選挙管理会に通知しなければならない。

③ 中央選挙管理会は、前項の通知があったときは、速やかに、国民投票の期日を官報で告示しなければならない。

（投票権）
第3条 日本国民で年齢満18年以上の者は、国民投票の投票権を有する。

第4条及び第5条 削除

（国民投票を行う区域）
第6条 国民投票は、全都道府県の区域を通じて行う。

（投票区及び開票区）
第7条 公職選挙法（昭和25年法律第100号）第17条及び第18条の規定は、国民投票の投票区及び開票区について準用する。

（国民投票の執行に関する事務の管理）
第8条 ① 国民投票の執行に関する事務は、この法律に特別の定めがある場合を除くほか、中央選挙管理会が管理する。
② 公職選挙法第5条の3から第5条の5までの規定は、国民投票の執行に関する事務について準用する。

（国民投票取締りの公正確保）
第9条 公職選挙法第7条の規定は、国民投票の取締りに関する規定の執行について準用する。

（特定地域に関する特例）
第10条 交通至難の島その他の地において、この法律の規定を適用し難い事項については、政令で特別の規定を設けることができる。

第7節 国民投票運動

（適用上の注意）
第100条 この節及び次節の規定の適用に当たっては、表現の自由、学問の自由及び政治活動の自由その他の日本国憲法の保障する国民の自由と権利を不当に侵害しないように留意しなければならない。

（公務員の政治的行為の制限に関する特例）
第100条の2 公務員（日本銀行法（平成9年法律第89号）第26条第1項に規定する役員をいう。）を含み、第102条各号に掲げる者を除く、以下この条において同じ。）は、公務員の政治的目的をもって行われる政治的行為又は積極的な政治運動若しくは政治活動その他の行為（以下この条において単に「政治的行為」という。）を禁止する他の法令の規定（以下この条において「政治的行為禁止規定」という。）にかかわらず、国会が憲法改正を発議した日から国民投票の期日までの間、国民投票運動（憲法改正案に対し賛成又は反対の投票をしようとし又はしないよう勧誘する行為をいう。以下同じ。）及び憲法改正に関する意見の表明をすることができる。ただし、政治的行為禁止規定により禁止されている他の政治的行為を伴う場合は、この限りでない。

（投票事務関係者の国民投票運動の禁止）
第101条 ① 投票管理者、開票管理者、国民投票分会長及び国民投票長は、在職中、その関係区域内において、国民投票運動をすることができない。
② 第61条の規定による投票に関し、不在者投票管理者は、その者の業務上の地位を利用して国民投票運動をすることができない。

（特定公務員の国民投票運動の禁止）
第102条 次に掲げる者は、在職中、国民投票運動をすることができない。
1 中央選挙管理会の委員及び中央選挙管理会の庶務に従事する総務省の職員並びに選挙管理委員会の委員及び職員

2 国民投票広報協議会事務局の職員
3 裁判官
4 検察官
5 国家公安委員会又は都道府県公安委員会若しくは方面公安委員会の委員
6 警察官

（公務員等及び教育者の地位利用による国民投票運動の禁止）
第103条 ① 国若しくは地方公共団体の公務員若しくは行政執行法人（独立行政法人通則法（平成11年法律第103号）第2条第4項に規定する行政執行法人をいう。第111条において同じ。）若しくは特定地方独立行政法人（地方独立行政法人法（平成15年法律第118号）第2条第2項に規定する特定地方独立行政法人をいう。第111条において同じ。）の役員若しくは職員又は公職選挙法第136条の2第1項第2号に規定する公庫の役職員は、その地位にあるために特に国民投票運動を効果的に行い得る影響力又は便益を利用して、国民投票運動をすることができない。
② 教育者（学校教育法（昭和22年法律第26号）に規定する学校及び就学前の子どもに関する教育、保育等の総合的な提供の推進に関する法律（平成18年法律第77号）に規定する幼保連携型認定こども園の長及び教員をいう。）は、学校の児童、生徒及び学生に対する教育上の地位にあるために特に国民投票運動を効果的に行い得る影響力又は便益を利用して、国民投票運動をすることができない。

（国民投票に関する放送についての留意）
第104条 放送事業者（放送法（昭和25年法律第132号）第2条第26号に規定する放送事業者をいい、日本放送協会及び放送大学学園（放送大学学園法（平成14年法律第156号）第3条に規定する放送大学学園をいう。第106条第1項において同じ。）を除く、次条において同じ。）は、国民投票に関する放送については、放送法第4条第1項の規定の趣旨に留意するものとする。

（投票日前の国民投票運動のための広告放送の制限）
第105条 何人も、国民投票の期日前14日に当たる日から国民投票の期日までの間においては、放送事業者の放送設備を使用して、国民投票運動のための広告放送をし、又はさせることができない。

（国民投票広報協議会及び政党等による放送）
第106条 ① 国民投票広報協議会は、両議院の議長が協議して定めるところにより、日本放送協会及び基幹放送事業者（放送法第2条第23号に規定する基幹放送事業者をいい、日本放送協会及び放送大学学園を除く。第4項及び第8項において同じ。）のラジオ放送又はテレビジョン放送（同条第16号に規定するラジオ放送及び同条第18号に規定するテレビジョン放送をいう。）の放送設備により、憲法改正案の広報のための放送をするものとする。
② 前項の放送は、国民投票広報協議会が憲法改正案及びその要旨その他参考となるべき事項の放送並びに憲法改正案に対する賛成の政党等（1人以上の衆議院議員又は参議院議員が所属する政党その他の政治団体であって両議院の議長が協議して定めるところにより国民投票広報協議会に届け出たものをいう。以下この条及び次条において同じ。）及び反対の政党等が行う意見の広告からなる

ものとする.

③ 第1項の放送において, 国民投票広報協議会は, 憲法改正案及びその要旨その他参考となるべき事項の広報を客観的かつ中立的に行うものとする.

④ 第1項の放送において, 政党等は, 両議院の議長が協議して定めるところにより, 憲法改正案に対する賛成又は反対の意見を無料で放送することができる. この場合において, 日本放送協会及び基幹放送事業者は, 政党等が録音し, 又は録画した意見をそのまま放送しなければならない.

⑤ 政党等は, 両議院の議長が協議して定めるところにより, 両議院の議長が協議して定める額の範囲内で, 前項の意見の放送のための録音又は録画を無料ですることができる.

⑥ 第1項の放送に関しては, 憲法改正案に対する賛成の政党等及び反対の政党等の双方に対して同一の時間数及び同等の時間帯を与える等同等の利便を提供しなければならない.

⑦ 第1項の放送において意見の放送をすることができる政党等は, 両議院の議長が協議して定めるところにより, 当該放送の一部を, その指名する団体に行わせることができる.

⑧ 第1項の放送の回数及び日時は, 国民投票広報協議会が日本放送協会及び当該放送を行う基幹放送事業者と協議の上, 定める.

(国民投票広報協議会及び政党等による新聞広告)

第107条 ① 国民投票広報協議会は, 両議院の議長が協議して定めるところにより, 新聞に, 憲法改正案の広報のための広告をするものとする.

② 前項の広告は, 国民投票広報協議会が行う憲法改正案及びその要旨その他参考となるべき事項の広報並びに憲法改正案に対する賛成の政党等及び反対の政党等が行う意見の広告からなるものとする.

③ 第1項の広告において, 国民投票広報協議会は, 憲法改正案及びその要旨その他参考となるべき事項の広報を客観的かつ中立的に行うものとする.

④ 第1項の広告において, 政党等は, 両議院の議長が協議して定めるところにより, 無料で, 憲法改正案に対する賛成又は反対の意見の広告をすることができる.

⑤ 第1項の広告に関しては, 憲法改正案に対する賛成の政党等及び反対の政党等の双方に対して同一の寸法及び回数を与える等同等の利便を提供しなければならない.

⑥ 第1項の広告において意見の広告をすることができる政党等は, 両議院の議長が協議して定めるところにより, 当該広告の一部を, その指名する団体に行わせることができる.

(公職選挙法による政治活動の規制との調整)

第108条 公職選挙法第201条の5から第201条の9までの規定は, これらの条に掲げる選挙が行われる場合において, 政党その他の政治活動を行う団体が, 国民投票運動を行うことを妨げるものではない.

第3章　国民投票の効果

第126条 ① 国民投票において, 憲法改正案に対する賛成の投票の数が第98条第2項に規定する投票総数の2分の1を超えた場合は, 当該憲法改正について日本国憲法第96条第1項の国民の承認があったものとする.

② 内閣総理大臣は, 第98条第2項の規定により, 憲法改正案に対する賛成の投票の数が同項に規定する投票総数の2分の1を超える旨の通知を受けたときは, 直ちに当該憲法改正の公布のための手続を執らなければならない.

第4章　国民投票無効の訴訟等

第1節　国民投票無効の訴訟

(国民投票無効の訴訟)

第127条 国民投票に関し異議がある投票人は, 中央選挙管理会を被告として, 第98条第2項の規定による告示の日から30日以内に, 東京高等裁判所に訴訟を提起することができる.

(国民投票無効の判決)

第128条 ① 前条の規定による訴訟の提起があった場合において, 次に掲げる事項があり, そのために憲法改正案に係る国民投票の結果 (憲法改正案に対する賛成の投票の数が第98条第2項に規定する投票総数の2分の1を超えること又は超えないことをいう. 第135条において同じ.) に異動を及ぼすおそれがあるときは, 裁判所は, その国民投票の全部又は一部の無効を判決しなければならない.

1　国民投票の管理執行に当たる機関が国民投票の管理執行につき遵守すべき手続に関する規定に違反したこと.

2　第101条, 第102条, 第109条及び第111条から第113条までの規定に係る国民投票について, 多数の投票人が一般にその自由な判断による投票を妨げられたといえる重大な違反があったこと.

3　憲法改正案に対する賛成の投票の数又は反対の投票の数の確定に関する判断に誤りがあったこと.

② 前項第1号の国民投票の管理執行に当たる機関には, 国民投票広報協議会を含まないものとする.

(国民投票無効の訴訟の処理)

第129条 ① 第127条の規定による訴訟については, 裁判所は, 他の訴訟の順序にかかわらず速やかにその裁判をしなければならない.

② 当事者, 代理人その他の者は, 前項の趣旨を踏まえ, 充実した審理を特に迅速に行うことができるよう, 裁判所に協力しなければならない.

(国民投票無効の訴訟の提起と国民投票の効力)

第130条 第127条の規定による訴訟の提起があっても, 憲法改正案に係る国民投票の効力は, 停止しない.

(国民投票無効の訴訟に対する訴訟法規の適用)

第131条 第127条の規定による訴訟については, 行政事件訴訟法 (昭和37年法律第139号) 第43条の規定にかかわらず, 同法第13条, 第19条から第21条まで, 第25条から第29条まで, 第31条及び第34条の規定は, 準用せず, また, 同法第16条から第18条までの規定は, 第127条の規定による憲法改正案に係る国民投票の無効を求める数個の請求に関してのみ準用する.

(国民投票無効の訴訟についての通知及び電子判決書記録事項証明書の送付)

第132条 ① 第127条の規定による訴訟が提起されたときは, 裁判所の長は, その旨を, 総務大臣及び中央選挙管理会に通知しなければならない. その訴訟が係属しなくなったときも, また同様とする.

② 第127条の規定による訴訟につき判決が確定したときは, 裁判所の長は, その電子判決書記録事項

証明書を, 総務大臣及び中央選挙管理会並びに衆議院議長及び参議院議長に送付しなければならない.

〔令4法48, 施行4年内〕

（憲法改正の効果の発生の停止）

第133条 ① 憲法改正が無効とされることにより生ずる重大な支障を避けるため緊急の必要があるときは, 裁判所は, 申立てにより, 決定をもって, 憲法改正の効果の発生の全部又は一部の停止をするものとする. ただし, 本案について理由がないとみえるときは, この限りでない.

② 前項の規定による憲法改正の効果の発生を停止する決定が確定したときは, 憲法改正の効果の発生は, 本案に係る判決が確定するまでの間, 停止する.

③ 第1項の決定は, 第三者に対しても効力を有する.

④ 第1項の決定の管轄裁判所は, 本案の係属する裁判所とする.

⑤ 第1項の決定は, 疎明に基づいてする.

⑥ 第1項の決定は, 口頭弁論を経ないですることができる. ただし, あらかじめ, 当事者の意見を聴かなければならない.

（国民投票無効の告示等）

第134条 ① 第127条の規定による訴訟の結果憲法改正に係る国民投票を無効とする判決が確定したとき又は前条第1項の規定による憲法改正の効果の発生を停止する決定が確定したとき若しくはその決定が効力を失ったときは, 中央選挙管理会は, 直ちにその旨を官報で告示するとともに, 総務大臣を通じ内閣総理大臣に通知しなければならない.

② 内閣総理大臣は, 前項の通知を受けたときは, 直ちにこれを衆議院議長及び参議院議長に通知しなければならない.

第2節 再投票及び更正決定

第135条 ① 第127条の規定による訴訟の結果, 憲法改正案に係る国民投票の全部又は一部が無効となったとき（第6項の規定により憲法改正案に係る国民投票の結果を定める場合を除く.）においては, 更に国民投票を行わなければならない.

② 第127条の規定による訴訟を提起することができる期間又は同条の規定による訴訟が裁判所に係属している間は, 前項の規定による国民投票を行うことができない.

③ 第1項の規定による国民投票は, これを行うべき事由が生じた日から起算して60日以後180日以内において, 国会の議決した期日に行う.

④ 内閣は, 法第65条第1項の規定により国民投票の再投票の期日に係る議案の送付を受けたときは, 速やかに, 総務大臣を経由して, 当該国民投票の再投票の期日を中央選挙管理会に通知しなければならない.

⑤ 中央選挙管理会は, 前項の通知があったときは, 速やかに, 国民投票の再投票の期日を官報で告示しなければならない.

⑥ 第127条の規定による訴訟の結果, 憲法改正案に係る国民投票の全部又は一部が無効となった場合において, 更に国民投票を行わないで当該憲法改正案に係る国民投票の結果を定めることができるときは, 国民投票会を開き, これを定めなければならない. この場合においては, 国民投票長は, 国民投票録の写しを添えて, 直ちにその憲法改正案に係る国民投票の結果を中央選挙管理会に報告しなければならない.

---

5 皇室典範

（昭22·1·16法律第3号, 昭22·5·3施行, 最終改正:平29·6·16法律第63号）

第1章 皇位継承

第1条 皇位は, 皇統に属する男系の男子が, これを継承する.

第2条 ① 皇位は, 左の順序により, 皇族に, これを伝える.

1 皇長子
2 皇長孫
3 その他の皇長子の子孫
4 皇次子及びその子孫
5 その他の皇子孫
6 皇兄弟及びその子孫
7 皇伯叔父及びその子孫

② 前項各号の皇族がないときは, 皇位は, それ以上で, 最近親の系統の皇族に, これを伝える.

③ 前2項の場合においては, 長系を先にし, 同等内では, 長を先にする.

第3条 皇嗣に, 精神若しくは身体の不治の重患があり, 又は重大な事故があるときは, 皇室会議の議により, 前条に定める順序に従って, 皇位継承の順序を変えることができる.

第4条 天皇が崩じたときは, 皇嗣が, 直ちに即位する.

第2章 皇族

第5条 皇后, 太皇太后, 皇太后, 親王, 親王妃, 内親王, 王, 王妃及び女王を皇族とする.

第6条 嫡出の皇子及び嫡男系嫡出の皇孫は, 男を親王, 女を内親王とし, 3世以下の嫡男系嫡出の子孫は, 男を王, 女を女王とする.

第7条 王が皇位を継承したときは, その兄弟姉妹たる王及び女王は, 特にこれを親王及び内親王とする.

第8条 皇嗣たる皇子を皇太子という. 皇太子のないときは, 皇嗣たる皇孫を皇太孫という.

第9条 天皇及び皇族は, 養子をすることができない.

第10条 立后及び皇族男子の婚姻は, 皇室会議の議を経ることを要する.

第11条 ① 年齢15年以上の内親王, 王及び女王は, その意思に基き, 皇室会議の議により, 皇族の身分を離れる.

② 親王（皇太子及び皇太孫を除く.）, 内親王, 王及び女王は, 前項の場合の外, やむを得ない特別の事由があるときは, 皇室会議の議により, 皇族の身分を離れる.

第12条 皇族女子は, 天皇及び皇族以外の者と婚姻したときは, 皇族の身分を離れる.

第13条 皇族の身分を離れる親王又は王の妃並びに直系卑属及びその妃は, 他の皇族と婚姻した女子及びその直系卑属を除き, 同時に皇族の身分を離れる. 但し, 直系卑属及びその妃については, 皇室会議の議により, 皇族の身分を離れないものとすることができる.

第14条 ① 皇族以外の女子で親王妃又は王妃となった者が, その夫を失ったときは, その意思により, 皇族の身分を離れることができる.

② 前項の者が,その夫を失つたときは,同項による場合の外,やむを得ない特別の事由があるときは,皇室会議の議により,皇族の身分を離れる.

③ 第1項の者は,離婚したときは,皇族の身分を離れる.

④ 第1項及び前項の規定は,前条の他の皇族と婚姻した女子に,これを準用する.

第15条 皇族以外の者及びその子孫は,女子が皇后となる場合及び皇族男子と婚姻する場合を除いては,皇族となることがない.

第3章　摂政

第16条 ① 天皇が成年に達しないときは,摂政を置く.

② 天皇が,精神若しくは身体の重患又は重大な事故により,国事に関する行為をみずからすることができないときは,皇室会議の議により,摂政を置く.

第17条 ① 摂政は,左の順序により,成年に達した皇族が,これに就任する.

　1　皇太子又は皇太孫

　2　親王及び王

　3　皇后

　4　皇太后

　5　太皇太后

　6　内親王及び女王

② 前項第2号の場合においては,皇位継承の順序に従い,同項第6号の場合においては,皇位継承の順序に準ずる.

第18条 摂政又は摂政となる順位にあたる者に,精神若しくは身体の重患があり,又は重大な事故があるときは,皇室会議の議により,前条に定める順序に従つて,摂政又は摂政となる順序を変えることができる.

第19条 摂政となる順位にあたる者が,成年に達しないとき,又は前条の故障があるために,他の皇族が,摂政となつたときは,先順位にあたつていた皇族が,成年に達し,又は故障がなくなつたときでも,皇太子又は皇太孫に対する場合を除いては,摂政の任を譲ることがない.

第20条 第16条第2項の故障がなくなつたときは,皇室会議の議により,摂政を廃する.

第21条 摂政は,その在任中,訴追されない.但し,これがため,訴追の権利は,害されない.

第4章　成年,敬称,即位の礼,大喪の礼,皇統譜及び陵墓

第22条 天皇,皇太子及び皇太孫の成年は,18年とする.

第23条 ① 天皇,皇后,太皇太后及び皇太后の敬称は,陛下とする.

② 前項の皇族以外の皇族の敬称は,殿下とする.

第24条 皇位の継承があつたときは,即位の礼を行う.

第25条 天皇が崩じたときは,大喪の礼を行う.

第26条 天皇及び皇族の身分に関する事項は,これを皇統譜に登録する.

第27条 天皇,皇后,太皇太后及び皇太后を葬る所を陵,その他の皇族を葬る所を墓とし,陵及び墓に関する事項は,これを陵籍及び墓籍に登録する.

第5章　皇室会議

第28条 ① 皇室会議は,議員10人でこれを組織する.

② 議員は,皇族2人,衆議院及び参議院の議長及び副議長,内閣総理大臣,宮内庁の長並びに最高裁判所の長たる裁判官及びその他の裁判官1人を以て,これに充てる.

③ 議員となる皇族及び最高裁判所の長たる裁判官以外の裁判官は,各々成年に達した皇族又は最高裁判所の長たる裁判官以外の裁判官の互選による.

第29条 内閣総理大臣たる議員は,皇室会議の議長となる.

第30条 ① 皇室会議に,予備議員10人を置く.

② 皇族及び最高裁判所の裁判官たる議員の予備議員については,第28条第3項の規定を準用する.

③ 衆議院及び参議院の議長及び副議長たる議員の予備議員は,各々衆議院又は参議院の議員の互選による.

④ 前2項の予備議員の員数は,各々その議員の員数と同数とし,その職務を行う順序は,互選の際,これを定める.

⑤ 内閣総理大臣たる議員の予備議員は,内閣法の規定により臨時に内閣総理大臣の職務を行う者として指定された国務大臣を以て,これに充てる.

⑥ 宮内庁の長たる議員の予備議員は,内閣総理大臣の指定する宮内庁の官史を以て,これに充てる.

⑦ 議員に事故のあるとき,又は議員が欠けたときは,予備議員が,その職務を行う.

第31条 第28条及び前条において,衆議院の議長,副議長又は議員とあるのは,衆議院が解散されたときは,後任者の定まるまでは,各々解散の際衆議院の議長,副議長又は議員であつた者とする.

第32条 皇族及び最高裁判所の長たる裁判官以外の裁判官たる議員及び予備議員の任期は,4年とする.

第33条 ① 皇室会議は,議長が,これを招集する.

② 皇室会議は,第3条,第16条第2項,第18条及び第20条の場合には,4人以上の議員の要求があるときは,これを招集することを要する.

第34条 皇室会議は,6人以上の議員の出席がなければ,議事を開き議決することができない.

第35条 ① 皇室会議の議事は,第3条,第16条第2項,第18条及び第20条の場合には,出席した議員の3分の2以上の多数でこれを決し,その他の場合には,過半数でこれを決する.

② 前項後段の場合において,可否同数のときは,議長の決するところによる.

第36条 議員は,自分の利害に特別の関係のある議事には,参与することができない.

第37条 皇室会議は,この法律及び他の法律に基く権限のみを行う.

附　則

① この法律は,日本国憲法施行の日から,これを施行する.

② 現在の皇族は,この法律による皇族とし,第6条の規定の適用については,これを嫡男系嫡出の者とする.

③ 現在の陵及び墓は,これを第27条の陵及び墓とする.

④ この法律の特例として天皇の退位について定める天皇の退位等に関する皇室典範特例法（平成29年法律第63号）は,この法律と一体を成すものである.

⑥　国旗及び国歌に関する法律

（平 11・8・13 法律第 127 号，平 11・8・13 施行）

（国　旗）
第1条　① 国旗は，日章旗とする．
② 日章旗の制式は，別記第1のとおりとする．
（国　歌）
第2条　① 国歌は，君が代とする．
② 君が代の歌詞及び楽曲は，別記第2のとおりとする．
附　則（抄）

⑦　国　籍　法

（昭 25・5・4 法律第 147 号，昭 25・7・1 施行，
最終改正：令 4・12・16 法律第 102 号）

（この法律の目的）
第1条　日本国民たる要件は，この法律の定めるところによる．
（出生による国籍の取得）
第2条　子は，次の場合には，日本国民とする．
1　出生の時に父又は母が日本国民であるとき．
2　出生前に死亡した父が死亡の時に日本国民であつたとき．
3　日本で生まれた場合において，父母がともに知れないとき，又は国籍を有しないとき．
（認知された子の国籍の取得）
第3条　① 父又は母が認知した子で 18 歳未満のもの（日本国民であつた者を除く．）は，認知をした父又は母が子の出生の時に日本国民であつた場合において，その父又は母が現に日本国民であるとき，又はその死亡の時に日本国民であつたときは，法務大臣に届け出ることによつて，日本の国籍を取得することができる．
② 前項の規定による届出をした者は，その届出の時に日本の国籍を取得する．
③　前2項の規定は，認知について反対の事実があるときは，適用しない．　　〔令 4 法 102，令 6・4・1 施行〕
（帰　化）
第4条　① 日本国民でない者（以下「外国人」という．）は，帰化によつて，日本の国籍を取得することができる．
② 帰化をするには，法務大臣の許可を得なければならない．
第5条　① 法務大臣は，次の条件を備える外国人でなければ，その帰化を許可することができない．
1　引き続き 5 年以上日本に住所を有すること．
2　18 歳以上で本国法によつて行為能力を有すること．
3　素行が善良であること．
4　自己又は生計を一にする配偶者その他の親族の資産又は技能によつて生計を営むことができること．
5　国籍を有せず，又は日本の国籍の取得によつてその国籍を失うべきこと．
6　日本国憲法施行の日以後において，日本国憲法又はその下に成立した政府を暴力で破壊することを企て，若しくは主張し，又はこれを企て，若しくは主張する政党その他の団体を結成し，若しくは

これに加入したことがないこと．
② 法務大臣は，外国人がその意思にかかわらずその国籍を失うことができない場合において，日本国民との親族関係又は境遇につき特別の事情があると認めるときは，その者が前項第 5 号に掲げる条件を備えないときでも，帰化を許可することができる．
第6条　次の各号の一に該当する外国人で現に日本に住所を有するものについては，法務大臣は，その者が前条第 1 項第 1 号に掲げる条件を備えるときも，帰化を許可することができる．
1　日本国民であつた者の子（養子を除く．）で引き続き 3 年以上日本に住所又は居所を有するもの
2　日本で生まれた者で引き続き 3 年以上日本に住所若しくは居所を有し，又はその父若しくは母（養父母を除く．）が日本で生まれたもの
3　引き続き 10 年以上日本に居所を有する者
第7条　日本国民の配偶者たる外国人で引き続き 3 年以上日本に住所又は居所を有し，かつ，現に日本に住所を有するものについては，法務大臣は，その者が第 5 条第 1 項第 1 号及び第 2 号の条件を備えないときでも，帰化を許可することができる．日本国民の配偶者たる外国人で婚姻の日から 3 年を経過し，かつ，引き続き 1 年以上日本に住所を有するものについても，同様とする．
第8条　次の各号の一に該当する外国人については，法務大臣は，その者が第 5 条第 1 項第 1 号，第 2 号及び第 4 号の条件を備えないときでも，帰化を許可することができる．
1　日本国民の子（養子を除く．）で日本に住所を有するもの
2　日本国民の養子で引き続き 1 年以上日本に住所を有し，かつ，縁組の時本国法により未成年であつたもの
3　日本の国籍を失つた者（日本に帰化した後日本の国籍を失つた者を除く．）で日本に住所を有するもの
4　日本で生まれ，かつ，出生の時から国籍を有しない者でその時から引き続き 3 年以上日本に住所を有するもの
第9条　日本に特別の功労のある外国人については，法務大臣は，第 5 条第 1 項の規定にかかわらず，国会の承認を得て，その帰化を許可することができる．
第10条　① 法務大臣は，帰化を許可したときは，官報にその旨を告示しなければならない．
② 帰化は，前項の告示の日から効力を生ずる．
（国籍の喪失）
第11条　① 日本国民は，自己の志望によつて外国の国籍を取得したときは，日本の国籍を失う．
② 外国の国籍を有する日本国民は，その外国の法令によりその国の国籍を選択したときは，日本の国籍を失う．
第12条　出生により外国の国籍を取得した日本国民で国外で生まれたものは，戸籍法（昭和 22 年法律第 224 号）の定めるところにより日本の国籍を留保する意思を表示しなければ，その出生の時にさかのぼつて日本の国籍を失う．
第13条　① 外国の国籍を有する日本国民は，法務大臣に届け出ることによつて，日本の国籍を離脱することができる．
② 前項の規定による届出をした者は，その届出の時に日本の国籍を失う．
（国籍の選択）

第14条 ① 外国の国籍を有する日本国民は,外国及び日本の国籍を有することとなつた時が18歳に達する以前であるときは20歳に達するまでに,その時が18歳に達した後であるときはその時から2年以内に,いずれかの国籍を選択しなければならない.
② 日本の国籍の選択は,外国の国籍を離脱することによるほかは,戸籍法の定めるところにより,日本の国籍を選択し,かつ,外国の国籍を放棄する旨の宣言(以下「選択の宣言」という.)をすることによつてする.

第15条 ① 法務大臣は,外国の国籍を有する日本国民で前条第1項に定める期限内に日本の国籍の選択をしないものに対して,書面により,国籍の選択をすべきことを催告することができる.
② 前項に規定する催告は,これを受けるべき者の所在を知ることができないときその他書面によつてすることができないやむを得ない事情があるときは,催告すべき事項を官報に掲載してすることができる.この場合における催告は,官報に掲載された日の翌日に到達したものとみなす.
③ 前2項の規定による催告を受けた者は,催告を受けた日から1月以内に日本の国籍の選択をしなければ,その期間が経過した時に日本の国籍を失う.ただし,その者が天災その他その責めに帰することができない事由によつてその期間内に日本の国籍の選択をすることができない場合において,その選択をすることができるに至つた時から2週間以内にこれをしたときは,この限りでない.

第16条 ① 選択の宣言をした日本国民は,外国の国籍の離脱に努めなければならない.
② 法務大臣は,選択の宣言をした日本国民で外国の国籍を失つていないものが自己の志望によりその外国の公務員の職(その国の国籍を有しない者であつても就任することができる職を除く.)に就任した場合において,その就任が日本の国籍を選択した趣旨に著しく反すると認めるときは,その者に対し日本の国籍の喪失の宣告をすることができる.
③ 前項の宣告に係る聴聞の期日における審理は,公開により行わなければならない.
④ 第2項の宣告は,官報に告示してしなければならない.
⑤ 第2項の宣告を受けた者は,前項の告示の日に日本の国籍を失う.

　　(国籍の再取得)
第17条 ① 第12条の規定により日本の国籍を失つた者で18歳未満のものは,日本に住所を有するときは,法務大臣に届け出ることによつて,日本の国籍を取得することができる.
② 第15条第2項の規定による催告を受けて同条第3項の規定により日本の国籍を失つた者は,第5条第1項第5号に掲げる条件を備えるときは,日本の国籍を失つたことを知つた時から1年以内に法務大臣に届け出ることによつて,日本の国籍を取得することができる.ただし,天災その他その者の責めに帰することができない事由によつてその期間内に届け出ることができないときは,その期間は,これをすることができるに至つた時から1月とする.
③ 前2項の規定による届出をした者は,その届出の時に日本の国籍を取得する.

　　(法定代理人がする届出等)
第18条 第3条第1項若しくは前条第1項の規定による国籍取得の届出,帰化の許可の申請,選択の

宣言又は国籍離脱の届出は,国籍の取得,選択又は離脱をしようとする者が15歳未満であるときは,法定代理人が代わつてする.

　　(行政手続法の適用除外)
第18条の2 第15条第1項の規定による催告については,行政手続法(平成5年法律第88号)第36条の3の規定は,適用しない.

　　(省令への委任)
第19条 この法律に定めるもののほか,国籍の取得及び離脱に関する手続その他この法律の施行に関し必要な事項は,法務省令で定める.

　　(罰則)
第20条 ① 第3条第1項の規定による届出をする場合において,虚偽の届出をした者は,1年以下の拘禁刑又は20万円以下の罰金に処する.
② 前項の罪は,刑法(明治40年法律第45号)第2条の例に従う. 〔令4法68,施行3年内〕

　　附則(抄)
① この法律は,昭和25年7月1日から施行する.
② 国籍法(明治32年法律第66号)は,廃止する.

---

8 請願法

(昭22・3・13法律第13号,昭22・5・3施行)

第1条 請願については,別に法律の定める場合を除いては,この法律の定めるところによる.
第2条 請願者の氏名(法人の場合はその名称)及び住所(住所のない場合は居所)を記載し,文書でこれをしなければならない.
第3条 ① 請願書は,請願の事項を所管する官公署にこれを提出しなければならない.天皇に対する請願書は,内閣にこれを提出しなければならない.
② 請願の事項を所管する官公署が明らかでないときは,請願書は,これを内閣に提出すればよい.
第4条 請願書が誤つて前条に規定する官公署以外の官公署に提出されたときは,その官公署は,請願者に正当な官公署を指示し,又は正当な官公署にその請願書を送付しなければならない.
第5条 この法律に適合する請願は,官公署において,これを受理し誠実に処理しなければならない.
第6条 何人も,請願をしたためにいかなる差別待遇も受けない.

---

9 国会法(抄)

(昭22・4・30法律第79号,昭22・5・3施行,
最終改正:令4・4・22法律第29号)

第1章　国会の召集及び開会式

第1条 ① 国会の召集詔書は,集会の期日を定めて,これを公布する.
② 常会の召集詔書は,少なくとも10日前にこれを公布しなければならない.
③ 臨時会及び特別会(日本国憲法第54条により召集された国会をいう)の召集詔書の公布は,前項に

よることを要しない.

第2条 常会は, 毎年1月中に召集するのを常例とする.

第2条の2 特別会は, 常会と併せてこれを召集することができる.

第2条の3 ① 衆議院議員の任期満了による総選挙が行われたときは, その任期が始まる日から30日以内に臨時会を召集しなければならない. 但し, その期間内に常会が召集された場合又はその期間が参議院議員の通常選挙を行うべき期間にかかる場合は, この限りでない.

② 参議院議員の通常選挙が行われたときは, その任期が始まる日から30日以内に臨時会を召集しなければならない. 但し, その期間内に常会若しくは特別会が召集された場合又はその期間が衆議院議員の任期満了による総選挙を行うべき期間にかかる場合は, この限りでない.

第3条 臨時会の召集の決定を要求するには, いずれかの議院の総議員の4分の1以上の議員が連名で, 議長を経由して内閣に要求書を提出しなければならない.

第4条 削除

第5条 議員は, 召集詔書に指定された期日に, 各議院に集会しなければならない.

第6条 各議院において, 召集の当日に議長若しくは副議長がないとき, 又は議長及び副議長が共にないときは, その選挙を行わなければならない.

第7条 議長及び副議長が選挙されるまでは, 事務総長が, 議長の職務を行う.

第8条 国会の開会式は, 会期の始めにこれを行う.

第9条 ① 開会式は, 衆議院議長が主宰する.

② 衆議院議長に事故があるときは, 参議院議長が, 主宰する.

第2章　国会の会期及び休会

第10条 常会の会期は, 150日間とする. 但し, 会期中に議員の任期が満限に達する場合には, その満限の日をもつて, 会期は終了するものとする.

第11条 臨時会及び特別会の会期は, 両議院一致の議決で, これを定める.

第12条 ① 国会の会期は, 両議院一致の議決で, これを延長することができる.

② 会期の延長は, 常会にあつては1回, 特別会及び臨時会にあつては2回を超えてはならない.

第13条 前2条の場合において, 両議院の議決が一致しないとき, 又は参議院が議決しないときは, 衆議院の議決したところによる.

第14条 国会の会期は, 召集の当日からこれを起算する.

第15条 ① 国会の休会は, 両議院一致の議決を必要とする.

② 国会の休会中, 各議院は, 議長において緊急の必要があると認めたとき, 又は総議員の4分の1以上の議員から要求があつたときは, 他の院の議長と協議の上, 会議を開くことができる.

③ 前項の場合における会議の日数は, 日本国憲法及び法律に定める休会の期間にこれを算入する.

④ 各議院は, 10日以内においてその院の休会を議決することができる.

第3章　役員及び経費

第16条 各議院の役員は, 左の通りとする.

1 議長
2 副議長
3 仮議長
4 常任委員長
5 事務総長

第17条 各議院の議長及び副議長は, 各々1人とする.

第18条 各議院の議長及び副議長の任期は, 各々議員としての任期による.

第19条 各議院の議長は, その院の秩序を保持し, 議事を整理し, 議院の事務を監督し, 議院を代表する.

第4章　議　員

第33条 各議院の議員は, 院外における現行犯罪の場合を除いては, 会期中その院の許諾がなければ逮捕されない.

第34条 各議院の議員の逮捕につきその院の許諾を求めるには, 内閣は, 所轄裁判所又は裁判官が令状を発する前に内閣へ提出した要求書の受理後速かに, その要求書の写を添えて, これを求めなければならない.

第34条の2 ① 内閣は, 会期前に逮捕された議員があるときは, 会期の始めに, その議員の属する議院の議長に, 令状の写を添えてその氏名を通知しなければならない.

② 内閣は, 会期前に逮捕された議員について, 会期中に勾留期間の延長の裁判があつたときは, その議員の属する議院の議長にその旨を通知しなければならない.

第34条の3 議員が, 会期前に逮捕された議員の釈放の要求を発議するには, 議員20人以上の連名で, その理由を附した要求書をその院の議長に提出しなければならない.

第35条 議員は, 一般職の国家公務員の最高の給与額（地域手当等の手当を除く.）より少くない歳費を受ける.

第36条 議員は, 別に定めるところにより, 退職金を受けることができる.

第37条 削除

第38条 議員は, 国政に関する調査研究, 広報, 国民との交流, 滞在等の議員活動を行うため, 別に定めるところにより手当を受ける.

第39条 議員は, 内閣総理大臣その他の国務大臣, 内閣官房副長官, 内閣総理大臣補佐官, 副大臣, 大臣政務官, 大臣補佐官及び別に法律で定めた場合を除いては, その任期中国又は地方公共団体の公務員と兼ねることができない. ただし, 両議院一致の議決に基づき, その任期中内閣行政各部における各種の委員, 顧問, 参与その他これらに準ずる職に就く場合は, この限りでない.

第5章　委員会及び委員

第40条 各議院の委員会は, 常任委員会及び特別委員会の2種とする.

第41条 ① 常任委員会は, その部門に属する議案（決議案を含む.）, 請願等を審査する.

② 衆議院の常任委員会は, 次のとおりとする.

1　内閣委員会
2　総務委員会
3　法務委員会
4　外務委員会
5　財務金融委員会
6　文部科学委員会
7　厚生労働委員会
8　農林水産委員会
9　経済産業委員会
10　国土交通委員会
11　環境委員会
12　安全保障委員会
13　国家基本政策委員会
14　予算委員会
15　決算行政監視委員会
16　議院運営委員会
17　懲罰委員会

③　参議院の常任委員会は，次のとおりとする．

1　内閣委員会
2　総務委員会
3　法務委員会
4　外交防衛委員会
5　財政金融委員会
6　文教科学委員会
7　厚生労働委員会
8　農林水産委員会
9　経済産業委員会
10　国土交通委員会
11　環境委員会
12　国家基本政策委員会
13　予算委員会
14　決算委員会
15　行政監視委員会
16　議院運営委員会
17　懲罰委員会

第42条　① 常任委員は，会期の始めに議院において選任し，議員の任期中その任にあるものとする．

② 議員は，少なくとも1箇の常任委員となる．ただし，議長，副議長，内閣総理大臣その他の国務大臣，内閣官房副長官，内閣総理大臣補佐官，副大臣，大臣政務官又は大臣補佐官は，その割り当てられた常任委員を辞することができる．

③ 前項但書の規定により常任委員を辞した者があるときは，その者が属する会派の議員は，その委員を兼ねることができる．

第43条　常任委員会には，専門の知識を有する職員（これを専門員という）及び調査員を置くことができる．

第44条　各議院の常任委員会は，他の議院の常任委員会と協議して合同審査会を開くことができる．

第45条　① 各議院は，その院において特に必要があると認めた案件又は常任委員会の所管に属しない特定の案件を審査するため，特別委員会を設けることができる．

② 特別委員は，議院において選任し，その委員会に付託された案件がその院で議決されるまで，その任にあるものとする．

③ 特別委員長は，委員会においてその委員がこれを互選する．

第46条　① 常任委員及び特別委員は，各会派の所属議員数の比率により，これを各会派に割り当て選任する．

② 前項の規定により委員が選任された後，各会派の所属議員数に異動があつたため，委員の各会派割当数を変更する必要があるときは，議長は，第42条第1項及び前条第2項の規定にかかわらず，議院運営委員会の議を経て委員を変更することができる．

第47条　① 常任委員会及び特別委員会は，会期中に限り，付託された案件を審査する．

② 常任委員会及び特別委員会は，各議院の議決で特に付託された案件（懲罰事犯の件を含む．）については，閉会中もなお，これを審査することができる．

③ 前項の規定により懲罰事犯の件を閉会中審査に付する場合においては，その会期中に生じた事犯にかかるものでなければならない．

④ 第2項の規定により閉会中もなお審査することに決したときは，その院の議長から，その旨を他の議院及び内閣に通知する．

第48条　委員長は，委員会の議事を整理し，秩序を保持する．

第49条　委員会は，その委員の半数以上の出席がなければ，議事を開き議決することができない．

第50条　委員会の議事は，出席委員の過半数でこれを決し，可否同数のときは，委員長の決するところによる．

第50条の2　① 委員会は，その所管に属する事項に関し，法律案を提出することができる．

② 前項の法律案については，委員長をもつて提出者とする．

第51条　① 委員会は，一般的関心及び目的を有する重要な案件について，公聴会を開き，真に利害関係を有する者又は学識経験者等から意見を聴くことができる．

② 総予算及び重要な歳入法案については，前項の公聴会を開かなければならない．但し，すでに公聴会を開いた案件と同一の内容のものについては，この限りでない．

第52条　① 委員会は，議員の外傍聴を許さない．但し，報道の任務にあたる者その他の者で委員長の許可を得たものについては，この限りでない．

② 委員会は，その決議により秘密会とすることができる．

③ 委員長は，秩序保持のため，傍聴人の退場を命ずることができる．

第53条　委員長は，委員会の経過及び結果を議院に報告しなければならない．

第54条　① 委員会において廃棄された少数意見で，出席委員の10分の1以上の賛成があるものは，委員長の報告に次いで，少数意見者がこれを議院に報告することができる．この場合においては，少数意見者は，その賛成者と連名で簡明な少数意見の報告書を議長に提出しなければならない．

② 議長は，少数意見の報告につき，時間を制限することができる．

③ 第1項後段の報告書は，委員会の報告書と共にこれを会議録に掲載する．

第5章の2　参議院の調査会

第54条の2　① 参議院は，国政の基本的事項に関し，長期的かつ総合的な調査を行うため，調査会を設けることができる．

② 調査会は，参議院議員の半数の任期満了の日まで存続する．

③ 調査会の名称，調査事項及び委員の数は，参議院の議決でこれを定める．

第54条の3 ① 調査会の委員は，議院において選任し，調査会が存続する間，その任にあるものとする．

② 調査会の委員は，各会派の所属議員数の比率により，これを各会派に割り当て選任する．

③ 前項の規定により委員が選任された後，各会派の所属議員数に異動があつたため，委員の各会派割当数を変更する必要があるときは，議長は，第1項の規定にかかわらず，議院運営委員会の議を経て委員を変更することができる．

④ 調査会長は，調査会においてその委員がこれを互選する．

第54条の4 ① 調査会については，第20条，第47条第1項，第2項及び第4項，第48条から第50条の2まで，第51条第1項，第52条，第60条，第69条から第73条まで，第104条から第105条まで，第120条，第121条第2項並びに第124条の規定を準用する．

② 前項において準用する第50条の2第1項の規定により調査会が提出する法律案については，第57条の3の規定を準用する．

第6章 会 議

第55条 ① 各議院の議長は，議事日程を定め，予めこれを議院に報告する．

② 議長は，特に緊急の必要があると認めたときは，会議の日時だけを議員に通知して会議を開くことができる．

第55条の2 ① 議長は，議事の順序その他必要と認める事項につき，議院運営委員長及び議院運営委員会が選任する議事協議員と協議することができる．この場合において，その意見が一致しないときは，議長は，これを裁定することができる．

② 議長は，議事協議会の主宰を議院運営委員長に委任することができる．

③ 議長は，会期中であると閉会中であるとを問わず，何時でも議事協議会を開くことができる．

第56条 ① 議員が議案を発議するには，衆議院においては議員20人以上，参議院においては議員10人以上の賛成を要する．但し，予算を伴う法律案を発議するには，衆議院においては議員50人以上，参議院においては議員20人以上の賛成を要する．

② 議案が発議又は提出されたときは，議長は，これを適当の委員会に付託し，その審査を経て会議に付する．但し，特に緊急を要するものは，発議者又は提出者の要求に基き，院議の決定で委員会の審査を省略することができる．

③ 委員会において，院議の会議に付するを要しないと決定した議案は，これを会議に付さない．但し，委員会の決定の日から休会中の期間を除いて7日以内に議員20人以上の要求があるものは，これを会議に付さなければならない．

④ 前項但書の要求がないときは，その議案は廃案となる．

⑤ 前2項の規定は，他の議院から送付された議案については，これを適用しない．

第56条の2 各議院は発議又は提出された議案につき，議院運営委員会が特にその必要を認めた場合は，議院の会議において，その議案の趣旨の説明を聴取することができる．

第56条の3 ① 各議院は，委員会の審査中の案件について特に必要があるときは，中間報告を求めることができる．

② 前項の中間報告があつた案件について，議院が特に緊急を要すると認めたときは，委員会の審査に期限を附け又は議院の会議において審議することができる．

③ 委員会の審査に期限を附けた場合，その期間内に審査を終らなかつたときは，院議の会議においてこれを審議するものとする．但し，院議は，委員会の要求により，審査期間を延長することができる．

第56条の4 各議院は，他の議院から送付又は提出された議案と同一の議案を審議することができない．

第57条 議案につき議院の会議で修正の動議を議題とするには，衆議院においては議員20人以上，参議院においては議員10人以上の賛成を要する．但し，法律案に対する修正の動議で，予算の増額を伴うもの又は予算を伴うこととなるものについては，衆議院においては議員50人以上，参議院においては議員20人以上の賛成を要する．

第57条の2 予算につき議院の会議で修正の動議を議題とするには，衆議院においては議員50人以上，参議院においては議員20人以上の賛成を要する．

第57条の3 各議院の委員会は，予算総額の増額修正，委員会の提出若しくは議員の発議にかかる予算を伴う法律案又は法律案に対する修正で，予算の増額を伴うもの若しくは予算を伴うこととなるものについては，内閣に対して，意見を述べる機会を与えなければならない．

第58条 内閣は，一の議院に議案を提出したときは，予備審査のため，提出の日から5日以内に他の議院に同一の案を送付しなければならない．

第59条 内閣が，各議院の会議又は委員会において議題となつた議案を修正し，又は撤回するには，その院の承諾を要する．但し，一の議院で議決した後は，修正し，又は撤回することはできない．

第60条 各議院が提出した議案については，その委員長（その代理者を含む）又は発議者は，他の議院において，提案の理由を説明することができる．

第61条 ① 各議院の議長は，質疑，討論その他の発言につき，予め議院の議決があつた場合を除いて，時間を制限することができる．

② 議長の定めた時間制限に対して，出席議員の5分の1以上から異議を申し立てたときは，議長は，討論を用いないで，議院に諮らなければならない．

③ 議員が時間制限のため発言を終らなかつた部分につき特に議院の議決があつた場合を除いては，議長の認める範囲内において，これを会議録に掲載する．

第62条 各議院の会議は，議長又は議員10人以上の発議により，出席議員の3分の2以上の議決があつたときは，公開を停めることができる．

第63条 秘密会議の記録中，特に秘密を要するものとその院において議決した部分は，これを公表しないことができる．

第64条 議長は，内閣総理大臣が欠けたとき，又は辞表を提出したときは，直ちにその旨を両議院に通知しなければならない．

第65条 ① 国会の議決を要する議案について，最後の議決があつた院はその院の議長から，衆議院の議決が国会の議決となつた場合には衆議院議長から，その公布を要するものは，これを内閣を経由して奏上し，その他のものは，これを内閣に送付する．

② 内閣総理大臣の指名については,衆議院議長から,内閣を経由してこれを奏上する.

第66条 法律は,奏上の日から30日以内にこれを公布しなければならない.

第67条 一の地方公共団体のみに適用される特別法については,国会において最後の可決があつた場合は,別に法律で定めるところにより,その地方公共団体の住民の投票に付し,その過半数の同意を得たときに,さきの国会の議決が,確定して法律となる.

第68条 会期中に議決に至らなかつた案件は,後会に継続しない. 但し,第47条第2項の規定により閉会中審査した議案及び懲罰事犯の件は,後会に継続する.

第6章の2　日本国憲法の改正の発議

第68条の2 議員が日本国憲法の改正案(以下「憲法改正案」という。)の原案(以下「憲法改正原案」という。)を発議するには,第56条第1項の規定にかかわらず,衆議院においては議員100人以上,参議院においては議員50人以上の賛成を要する.

第68条の3 前条の憲法改正原案の発議に当たつては,内容において関連する事項ごとに区分して行うものとする.

第68条の4 憲法改正原案につき議院の会議で修正の動議を議題とするには,第57条の規定にかかわらず,衆議院においては議員100人以上,参議院においては議員50人以上の賛成を要する.

第68条の5 ① 憲法改正原案について国会において最後の可決があつた場合には,その可決をもつて,国会が日本国憲法第96条第1項に定める日本国憲法の改正(以下「憲法改正」という。)の発議をし,国民に提案したものとする. この場合において,両議院の議長は,憲法改正の発議をした旨及び発議に係る憲法改正案を官報に公示する.

② 憲法改正原案について前項の最後の可決があつた場合には,第65条第1項の規定にかかわらず,その院の議長から,内閣に対し,その旨を通知するとともに,これを送付する.

第68条の6 憲法改正の発議に係る国民投票の期日は,当該発議後速やかに,国会の議決でこれを定める.

第7章　国務大臣等の出席等

第69条 ① 内閣官房副長官,副大臣及び大臣政務官は,内閣総理大臣その他の国務大臣を補佐するため,議院の会議又は委員会に出席することができる.

② 内閣は,国会において内閣総理大臣その他の国務大臣を補佐するため,両議院の議長の承認を得て,人事院総裁,内閣法制局長官,公正取引委員会委員長,原子力規制委員会委員長及び公害等調整委員会委員長を政府特別補佐人として議院の会議又は委員会に出席させることができる.

第70条 内閣総理大臣その他の国務大臣並びに内閣官房副長官,副大臣及び大臣政務官並びに政府特別補佐人が,議院の会議又は委員会において発言しようとするときは,議長又は委員長に通告しなければならない.

第71条 委員会は,議長を経由して内閣総理大臣その他の国務大臣並びに内閣官房副長官,副大臣及び大臣政務官並びに政府特別補佐人の出席を求めることができる.

第8章　質　問

第74条 ① 各議院の議員が,内閣に質問しようとするときは,議長の承認を要する.

② 質問は,簡明な主意書を作り,これを議長に提出しなければならない.

③ 議長の承認しなかつた質問について,その議員から異議を申し立てたときは,議長は,討論を用いないで,議院に諮らなければならない.

④ 議長又は議院の承認しなかつた質問について,その議員から要求があつたときは,議長は,その主意書を会議録に掲載する.

第75条 ① 議長又は議院の承認した質問については,議長がその主意書を内閣に転送する.

② 内閣は,質問主意書を受け取つた日から7日以内に答弁をしなければならない. その期間内に答弁をすることができないときは,その理由及び答弁をすることができる期限を明示することを要する.

第76条 質問が,緊急を要するときは,議院の議決により口頭で質問することができる.

第77条及び第78条 削除

第9章　請　願(略)

第10章　両議院関係

第83条 ① 国会の議決を要する議案を甲議院において可決し,これを乙議院に送付し,否決したときは,その旨を乙議院に通知する.

② 乙議院において甲議院の送付案に同意し,又はこれを否決したときは,その旨を甲議院に通知する.

③ 乙議院において甲議院の送付案を修正したときは,これを甲議院に回付する.

④ 甲議院において乙議院の回付案に同意し,又は同意しなかつたときは,その旨を乙議院に通知する.

第83条の2 ① 参議院は,法律案について,衆議院の送付案を否決したときは,その議案を衆議院に返付する.

② 参議院は,法律案について,衆議院の回付案に同意しないで,両院協議会を求めたが衆議院がこれを拒んだとき,又は両院協議会を求めないときは,その議案を衆議院に返付する.

③ 参議院は,予算又は衆議院先議の条約を否決したときは,これを衆議院に返付する. 衆議院は,参議院先議の条約を否決したときは,これを参議院に返付する.

第83条の3 ① 衆議院は,日本国憲法第59条第4項の規定により,参議院が法律案を否決したものとみなしたときは,その旨を参議院に通知する.

② 衆議院は,予算及び条約について,日本国憲法第60条第2項又は第61条の規定により衆議院の議決が国会の議決となつたときは,その旨を参議院に通知する.

③ 前2項の通知があつたときは,参議院は,直ちに衆議院の送付案又は回付案を衆議院に返付する.

第83条の4 ① 憲法改正原案について,甲議院の送付案を乙議院が否決したときは,その議案を甲議院に返付する.

② 憲法改正原案について,甲議院は,乙議院の回付

案に同意しなかつた場合において両院協議会を求めないときは，その議案を乙議院に返付する．

第83条の5　甲議院の送付案を，乙議院において継続審査し後の会期で議決したときは，第83条による．

第84条　① 法律案について，衆議院において参議院の回付案に同意しなかつたとき，又は参議院において衆議院の送付案を否決し及び衆議院の回付案に同意しなかつたときは，衆議院は，両院協議会を求めることができる．

② 参議院は，衆議院の回付案に同意しなかつたときに限り前項の規定にかかわらず，その通知と同時に両院協議会を求めることができる．但し，衆議院は，この両院協議会の請求を拒むことができる．

第85条　① 予算及び衆議院先議の条約について，衆議院において参議院の回付案に同意しなかつたとき，又は参議院において衆議院の送付案を否決したときは，衆議院は，両院協議会を求めなければならない．

② 参議院先議の条約について，参議院において衆議院の回付案に同意しなかつたとき，又は衆議院において参議院の送付案を否決したときは，参議院は，両院協議会を求めなければならない．

第86条　① 各議院において，内閣総理大臣の指名を議決したときは，これを他の議院に通知する．

② 内閣総理大臣の指名について，両議院の議決が一致しないときは，参議院は，両院協議会を求めなければならない．

第86条の2　① 憲法改正原案について，甲議院において乙議院の回付案に同意しなかつたとき，又は乙議院において甲議院の送付案を否決したときは，甲議院は，両院協議会を求めることができる．

② 憲法改正原案について，甲議院が，乙議院の回付案に同意しなかつた場合において両院協議会を求めなかつたときは，乙議院は，両院協議会を求めることができる．

第87条　① 法律案，予算，条約及び憲法改正原案を除いて，国会の議決を要する案件について，後議の議院が先議の議院の議決に同意しないときは，その旨の通知と共にこれを先議の議院に返付する．

② 前項の場合において，先議の議院は，両院協議会を求めることができる．

第88条　第84条第2項但書の場合を除いては，一の議院から両院協議会を求められたときは，他の議院は，これを拒むことができない．

第89条　両院協議会は，各議院において選挙された各々10人の委員でこれを組織する．

第90条　両院協議会の議長には，各議院の協議委員において夫々互選された議長が，毎会更代してこれに当る．その初会の議長は，くじでこれを定める．

第91条　両院協議会は，各議院の協議委員の各々3分の2以上の出席がなければ，議事を開き議決することができない．

第91条の2　① 協議委員が，正当な理由がなくて欠席し，又は両院協議会の議長から再度の出席要求があつてもなお出席しないときは，その協議委員の属する議院の議長は，当該協議委員は辞任したものとみなす．

② 前項の場合において，その協議委員の属する議院は，直ちにその補欠選挙を行わなければならない．

第92条　① 両院協議会においては，協議案が出席協議委員の3分の2以上の多数で議決されたとき成案となる．

② 両院協議会の議事は，前項の場合を除いては，出席協議委員の過半数でこれを決し，可否同数のときは，議長の決するところによる．

第93条　① 両院協議会の成案は，両院協議会を求めた議院において先ずこれを議し，他の議院にこれを送付する．

② 成案については，更に修正することができない．

第94条　両院協議会において，成案を得なかつたときは，各議院の協議委員議長は，各々その旨を議院に報告しなければならない．

第95条　各議院の議長は，両院協議会に出席して意見を述べることができる．

第96条　両院協議会は，内閣総理大臣その他の国務大臣並びに内閣官房副長官，副大臣及び大臣政務官並びに政府特別補佐人の出席を要求することができる．

第97条　両院協議会は，傍聴を許さない．

第98条　この法律に定めるものの外，両院協議会に関する規程は，両議院の議決によりこれを定める．

第11章　参議院の緊急集会

第99条　① 内閣が参議院の緊急集会を求めるには，内閣総理大臣から，集会の期日を定め，案件を示して，参議院議長にこれを請求しなければならない．

② 前項の規定による請求があつたときは，参議院議長は，これを各議院に通知し，議員は，前項の指定された集会の期日に参議院に集会しなければならない．

第100条　① 参議院の緊急集会中，参議院の議員は，院外における現行犯罪の場合を除いては，参議院の許諾がなければ逮捕されない．

② 内閣は，参議院の緊急集会前に逮捕された参議院の議員があるときは，集会の期日の前日までに，参議院議長に，令状の写を添えてその氏名を通知しなければならない．

③ 内閣は，参議院の緊急集会前に逮捕された参議院の議員について，緊急集会中に勾留期間の延長の裁判があつたときは，参議院議長にその旨を通知しなければならない．

④ 参議院の緊急集会前に逮捕された参議院の議員は，参議院の要求があれば，緊急集会中これを釈放しなければならない．

⑤ 議員が，参議院の緊急集会前に逮捕された議員の釈放の要求を発議するには，議員20人以上の連名で，その理由を附した要求書を参議院議長に提出しなければならない．

第101条　参議院の緊急集会においては，議員は，第99条第1項の規定により示された案件に関連のあるものに限り，議案を発議することができる．

第102条　参議院の緊急集会においては，請願は，第99条第1項の規定により示された案件に関連のあるものに限り，これをすることができる．

第102条の2　緊急の案件がすべて議決されたときは，議長は，緊急集会が終つたことを宣告する．

第102条の3　参議院の緊急集会において案件が可決された場合には，参議院議長から，その公布を要するものは，これを内閣を経由して奏上し，その他のものは，これを内閣に送付する．

第102条の4　参議院の緊急集会において採られた措置に対する衆議院の同意については，その案件を内閣から提出する．

第102条の5　第6条，第47条第1項，第67条及び

第69条第2項の規定の適用については,これらの規定中「召集」とあるのは「集会」と,「会期中」とあるのは「緊急集会中」と,「国会において最後の可決があつた場合」とあるのは「参議院の緊急集会において可決した場合」と,「国会」とあるのは「参議院の緊急集会」と,「両議院」とあるのは「参議院」と読み替え,第121条の2の規定の適用については,「会期の終了日又はその前日」とあるのは「参議院の緊急集会の終了日又はその前日」と,「閉会中審査の議決に至らなかつたもの」とあるのは「委員会の審査を終了しなかつたもの」と,「前の国会の会期」とあるのは「前の国会の会期終了後の参議院の緊急集会」と読み替えるものとする.

第11章の2　憲法審査会

第102条の6　日本国憲法及び日本国憲法に密接に関連する基本法制について広範かつ総合的に調査を行い,憲法改正原案,日本国憲法に係る改正の発議又は国民投票に関する法律案等を審査するため,各議院に憲法審査会を設ける.

第102条の7　① 憲法審査会は,憲法改正原案及び日本国憲法に係る改正の発議又は国民投票に関する法律案を提出することができる.この場合における憲法改正原案の提出については,第68条の3の規定を準用する.

② 前項の憲法改正原案及び日本国憲法に係る改正の発議又は国民投票に関する法律案については,憲法審査会の会長をもつて提出者とする.

第102条の8　① 各議院の憲法審査会は,憲法改正原案に関し,他の議院の憲法審査会と協議して合同審査会を開くことができる.

② 前項の合同審査会は,憲法改正原案に関し,各議院の憲法審査会に勧告することができる.

③ 前2項に定めるもののほか,第1項の合同審査会に関する事項は,両議院の議決によりこれを定める.

第102条の9　① 第53条,第54条,第56条第2項本文,第60条及び第80条の規定は憲法審査会について,第47条(第3項を除く.),第56条第3項から第五項まで,第57条の3及び第7章の規定は日本国憲法に係る改正の発議又は国民投票に関する法律案に係る憲法審査会について準用する.

② 憲法審査会に付託された案件についての第68条の規定の適用については,同条ただし書中「第47条第2項の規定により閉会中審査した議案」とあるのは,「憲法改正原案,第47条第2項の規定により閉会中審査した議案」とする.

第102条の10　第102条の6から前条までに定めるもののほか,憲法審査会に関する事項は,各議院の議決によりこれを定める.

第11章の3　国民投票広報協議会(略)

第11章の4　情報監視審査会(略)

第12章　議院と国民及び官庁との関係

第103条　各議院は,議案その他の審査若しくは国政に関する調査のために又は議院において必要と認めた場合に,議員を派遣することができる.

第104条　① 各議院又は各議院の委員会から審査又は調査のため,内閣,官公署その他に対し,必要な報告又は記録の提出を求めたときは,その求めに応じなければならない.

② 内閣又は官公署が前項の求めに応じないときは,その理由を疎明しなければならない.その理由を受諾し得る場合には,内閣又は官公署は,その報告又は記録の提出をする必要がない.

③ 前項の理由を受諾することができない場合は,その議院又は委員会は,更にその報告又は記録の提出が国家の重大な利益に悪影響を及ぼす旨の内閣の声明を要求することができる.その声明があつた場合は,内閣又は官公署は,その報告又は記録の提出をする必要がない.

④ 前項の要求後10日以内に,内閣がその声明を出さないときは,内閣又は官公署は,先に求められた報告又は記録の提出をしなければならない.

第105条　各議院又は各議院の委員会は,審査又は調査のため必要があるときは,会計検査院に対し,特定の事項について会計検査を行い,その結果を報告するよう求めることができる.

第106条　各議院は,審査又は調査のため,証人又は参考人が出頭し,又は陳述したときは,別に定めるところにより旅費及び日当を支給する.

第13章　辞職,退職,補欠及び資格争訟

第107条　各議院は,その議員の辞職を許可することができる.但し,閉会中は,議長においてこれを許可することができる.

第108条　各議院の議員が,他の議院の議員となつたときは,退職者となる.

第109条　各議院の議員が,法律に定めた被選の資格を失つたときは,退職者となる.

第109条の2　① 衆議院の比例代表選出議員が,議員となつた日以後において,当該議員が衆議院名簿登載者(公職選挙法(昭和25年法律第100号)第86条の2第1項に規定する衆議院名簿登載者をいう.以下この項において同じ.)であつた衆議院名簿届出政党等(同条第1項の規定による届出をした政党その他の政治団体をいう.以下この項において同じ.)以外の政党その他の政治団体で,当該議員が選出された選挙における衆議院名簿届出党等であるもの(当該議員が衆議院名簿登載者であつた衆議院名簿届出政党等(当該衆議院名簿届出政党等に係る合併又は分割(二以上の政党その他の政治団体の設立を目的として一の政党その他の政治団体が解散し,当該二以上の政党その他の政治団体が設立されることをいう.次項において同じ.)が行われた場合における当該合併後に存続する政党その他の政治団体若しくは当該合併により設立された政党その他の政治団体又は当該分割により設立された政党その他の政治団体を含む.)を含む二以上の政党その他の政治団体の合併により当該合併後に存続するものを含む.)に所属する者となつたとき(議員となつた日において所属する者である場合を含む.)は,退職者となる.

② 参議院の比例代表選出議員が,議員となつた日以後において,当該議員が参議院名簿登載者(公職選挙法第86条の3第1項に規定する参議院名簿登載者をいう.以下この項において同じ.)であつた参議院名簿届出政党等(同条第1項の規定による届

⑨ 国会法（110条〜124条の2）

出をした政党その他の政治団体をいう．以下この項において同じ．）以外の政党その他の政治団体で，当該議員が選出された選挙における参議院名簿届出政党等であるもの（当該議員が参議院名簿登載者であつた参議院名簿届出政党等（当該参議院名簿届出政党等に係る合併又は分割が行われた場合における当該合併後に存続する政党その他の政治団体若しくは当該合併により設立された政党その他の政治団体又は当該分割により設立された政党その他の政治団体を含む二以上の政党その他の政治団体の合併により当該合併後に存続するものを除く．）に所属する者となつたとき（議員となつた日において所属する者である場合を含む．）は，退職者となる．

第110条 各議院の議員に欠員が生じたときは，その院の議長は，内閣総理大臣に通知しなければならない．

第111条 ① 各議院において，その議員の資格につき争訟があるときは，委員会の審査を経た後これを議決する．

② 前項の争訟は，その院の議員から文書でこれを議長に提起しなければならない．

第112条 ① 資格争訟を提起された議員は，2人以内の弁護人を依頼することができる．

② 前項の弁護人の中1人の費用は，国費でこれを支弁する．

第113条 議員は，その資格のないことが証明されるまで，議院において議員としての地位及び権能を失わない．但し，自己の資格争訟に関する会議において弁明はできるが，その表決に加わることができない．

第14章　紀律及び警察

第114条 国会の会期中各議院の紀律を保持するため，内部警察の権は，この法律及び各議院の定める規則に従い，議長が，これを行う．閉会中もまた，同様とする．

第115条 各議院において必要とする警察官は，議長の要求により内閣がこれを派出し，議長の指揮を受ける．

第116条 会議中議員がこの法律又は議事規則に違いその他議場の秩序をみだし又は議院の品位を傷けるときは，議長は，これを警戒し，又は制止し，又は発言を取り消させ，命に従わないときは，議長は，当日の会議を終るまで，又は議事が翌日に継続した場合はその議事を終るまで，発言を禁止し，又は議場の外に退去させることができる．

第117条 議長は，議場を整理し難いときは，休憩を宣告し，又は散会することができる．

第118条 ① 傍聴人が議場の妨害をするときは，議長は，これを退場させ，必要な場合は，これを警察官庁に引渡すことができる．

② 傍聴席が騒がしいときは，議長は，すべての傍聴人を退場させることができる．

第118条の2 議員以外の者が議院内部において秩序をみだしたときは，議長は，これを院外に退去させ，必要な場合は，これを警察官庁に引渡すことができる．

第119条 各議院において，無礼の言を用い，又は他人の私生活にわたる言論をしてはならない．

第120条 議院の会議又は委員会において，侮辱を

被つた議員は，これを議院に訴えて処分を求めることができる．

第15章　懲　罰

第121条 ① 各議院において懲罰事犯があるときは，議長は，先ずこれを懲罰委員会に付し審査させ，議院の議を経てこれを宣告する．

② 委員長は，懲罰事犯があるときは，委員長は，これを議長に報告し処分を求めなければならない．

③ 議員は，衆議院においては40人以上，参議院においては20人以上の賛成で懲罰の動議を提出することができる．この動議は，事犯があつた日から3日以内にこれを提出しなければならない．

第121条の2 ① 会期の終了日又はその前日に生じた懲罰事犯で，議長が懲罰委員会に付することができなかつたもの並びに懲罰委員会に付され，閉会中審査の議決に至らなかつたもの及び委員会の審査を終了し議院の議決に至らなかつたものについては，次の国会の召集の日から3日以内にこれを懲罰委員会に付することができる．

② 議員は，会期の終了日又はその前日に生じた事犯で，懲罰の動議を提出するいとまがなかつたもの及び動議が提出され議決に至らなかつたもの並びに懲罰委員会に付され，閉会中審査の議決に至らなかつたもの及び委員会の審査を終了し議院の議決に至らなかつたものについては，前条第3項に規定する定数の議員の賛成で，次の国会の召集の日から3日以内に懲罰の動議を提出することができる．

③ 前2項の規定は，衆議院にあつては衆議院議員の総選挙の後最初に召集される国会において，参議院にあつては参議院議員の通常選挙の後最初に召集される国会において，前の国会の会期の終了日又はその前日に生じた懲罰事犯については，それぞれこれを適用しない．

第121条の3 ① 閉会中，委員会その他院内部において懲罰事犯があるときは，議長は，次の国会の召集の日から3日以内にこれを懲罰委員会に付することができる．

② 議員は，閉会中，委員会その他院内部において生じた事犯で，前条第121条第3項に規定する定数の議員の賛成で，次の国会の召集の日から3日以内に懲罰の動議を提出することができる．

第122条 懲罰は，左の通りとする．

1　公開議場における戒告
2　公開議場における陳謝
3　一定期間の登院停止
4　除名

第123条 両議院は，除名された議員で再び当選した者を拒むことができない．

第124条 議員が正当な理由がなくて召集日から7日以内に召集に応じないため，又は正当な理由がなくて会議又は委員会に欠席したため，若しくは請暇の期限を過ぎたため，議長が，特に招状を発し，その招状を受け取つた日から7日以内に，なお，故なく出席しない者は，議長が，これを懲罰委員会に付する．

第15章の2　政治倫理

第124条の2 議員は，各議院の議決により定める政治倫理綱領及びこれにのつとり各議院の議決により定める行為規範を遵守しなければならない．

第16章　弾劾裁判所

第125条　① 裁判官の弾劾は，各議院においてその議員の中から選挙された同数の裁判員で組織する弾劾裁判所がこれを行う.

② 弾劾裁判所の裁判長は，裁判員がこれを互選する.

第126条　① 裁判官の罷免の訴追は，各議院においてその議員の中から選挙された同数の訴追委員で組織する訴追委員会がこれを行う.

② 訴追委員会の委員長は，その委員がこれを互選する.

第127条　弾劾裁判所の裁判員は，同時に訴追委員となることができない.

第128条　訴追委員は，裁判員又は訴追委員を選挙する際，その予備員を選挙する.

第129条　この法律に定めるものの外，弾劾裁判所及び訴追委員会に関する事項は，別に法律でこれを定める.

第17章　国立国会図書館，法制局，議員秘書及び議員会館

第130条　議員の調査研究に資するため，別に定める法律により，国会に国立国会図書館を置く.

第131条　① 議員の法制に関する立案に資するため，各議院に法制局を置く.

② 各法制局に，法制局長1人，参事その他必要な職員を置く.

③ 法制局長は，議長が議院の承認を得てこれを任免する. 但し，閉会中は，議長においてその辞任を許可することができる.

④ 法制局長は，議長の監督の下に，法制局の事務を統理する.

⑤ 法制局の参事その他の職員は，法制局長が議長の同意及び議院運営委員会の承認を得てこれを任免する.

⑥ 法制局の参事は，法制局長の命を受け事務を掌理する.

第132条　① 各議員に，その職務の遂行を補佐する秘書2人を付する.

② 前項に定めるもののほか，主として議員の政策立案及び立法活動を補佐する秘書1人を付することができる.

10 〔議院証言法〕議院における証人の宣誓及び証言等に関する法律（抄）

（昭22・12・23法律第225号，昭22・12・23施行，最終改正：令4・6・17法律第68号）

第1条　各議院から，議案その他の審査又は国政に関する調査のため，証人として出頭及び証言又は書類の提出（提示を含むものとする. 以下同じ.）を求められたときは，この法律に別段の定めのある場合を除いて，何人でも，これに応じなければならない.

第1条の2　① 各議院は，疾病その他の理由により証人として証言することが困難な場合であつて，議案その他の審査又は国政に関する調査のため証言を求めることが特に必要なときに限り，証人として議院外の指定する場所に出頭すべき旨の要求をし，又は証人としてその現在場所において証言すべき旨の要求をすることができる.

② 前項の場合には，各議院若しくは委員会又は両議院の合同審査会の決定に基づき，その指名する2人以上の議員又は委員（以下「派遣議員等」という.）を派遣し，証人に証言を求めるものとする.

第1条の3　① 各議院は，証人として出頭すべき旨の要求をするときは，出頭すべき日（証人としてその現在場所において証言すべき旨の要求をするときは，証言すべき日）の5日（外国にある者については，10日）前までに，証人に対してその旨を通知するものとする. ただし，特別の事情がある場合において証人の同意があるときは，この限りでない.

② 各議院は，前項の通知をする場合には，具体的に記載された証言を求める事項及び正当の理由がなくて出頭しないときは刑罰に処せられる旨（証人としてその現在場所において証言すべき旨の要求をする場合には，正当の理由がなくてその要求を拒んだときは刑罰に処せられる旨）を併せて通知するものとする.

③ 各議院は，証人として書類の提出を求めるときは，次に掲げる事項を通知するものとする.

1　第4条第1項に規定する者が刑事訴追を受け，又は有罪判決を受けるおそれのあるときは，書類の提出を拒むことができること.

2　第4条第2項本文に規定する者が業務上委託を受けたため知り得た事実で他人の秘密に関するものについては，書類の提出を拒むことができること.

3　正当の理由がなくて書類を提出しないときは刑罰に処せられること.

第1条の4　① 証人は，各議院の議長若しくは委員長又は両議院の合同審査会の会長の許可を得て，補佐人を選任することができる.

② 補佐人は，弁護士のうちから選任するようにするものとする.

③ 補佐人は，証人の求めに応じ，宣誓及び証言の拒絶に関する事項に関し，助言することができる.

第1条の5　証人には，宣誓前に，次に掲げる事項を告げなければならない.

1　第4条第1項に規定する者が刑事訴追を受け，又は有罪判決を受けるおそれのあるときは，宣誓又は証言を拒むことができること.

2　第4条第2項本文に規定する者が業務上委託を受けたため知り得た事実で他人の秘密に関するものについては，宣誓又は証言を拒むことができること.

3　正当の理由がなくて宣誓又は証言を拒んだときは刑罰に処せられること.

4　虚偽の陳述をしたときは刑罰に処せられること.

第4条　① 証人は，自己又は次に掲げる者が刑事訴追を受け，又は有罪判決を受けるおそれのあるときは，宣誓，証言又は書類の提出を拒むことができる.

1　自己の配偶者，三親等内の血族若しくは二親等内の姻族又は自己とこれらの親族関係があつた者

2　自己の後見人，後見監督人又は保佐人

3　自己を後見人，後見監督人又は保佐人とする者

② 医師，歯科医師，薬剤師，助産師，看護師，弁護士（外国法事務弁護士を含む.），公証人，宗教の職にある者又はこれらの職にあつた者は，業務上委託を受けたため知り得た事実で他人の秘密に関するものについては，宣誓，証言又は書類の提出を拒むことができる. ただし，本人が承諾した場合は，この限りでない.

③ 証人は,宣誓,証言又は書類の提出を拒むときは,その事由を示さなければならない.

第5条 ① 各議院若しくは委員会又は両議院の合同審査会は,証人が公務員（国務大臣,内閣官房副長官,内閣総理大臣補佐官,副大臣,大臣政務官及び大臣補佐官以外の国会議員を除く.以下同じ.）である場合又は公務員であつた場合その者が知り得た事実について,本人又は当該公務所から職務上の秘密に関するものであることを申し立てたときは,当該公務所又はその監督庁の承認がなければ,証言又は書類の提出を求めることができない.

② 当該公務所又はその監督庁が前項の承認を拒むときは,その理由を疎明しなければならない.その理由を右の議院若しくは委員会又は合同審査会において受諾し得る場合には,証人は証言又は書類を提出する必要がない.

③ 前項の理由を受諾することができない場合は,その院若しくは委員会又は合同審査会は,更にその証言又は書類の提出が国家の重大な利益に悪影響を及ぼす旨の内閣の声明を要求することができる.その声明があつた場合は,証人は証言又は書類を提出する必要がない.

④ 前項の要求後10日以内に,内閣がその声明を出さないときは,証人は,先に要求された証言をし,又は書類を提出しなければならない.

第5条の2 各議院若しくは各議院の委員会又は両議院の合同審査会が第1条の規定によりその内容に特定秘密（特定秘密の保護に関する法律（平成25年法律第108号.以下「特定秘密保護法」という.）第3条第1項に規定する特定秘密をいう.以下同じ.）である情報が含まれる証言又は特定秘密である情報を記録する書類の提出を公務員である証人又は公務員であつた証人に求めた場合において,これらの証言又は書類に係る特定秘密の指定（同項の規定による指定をいう.）をした行政機関の長（同項に規定する行政機関の長をいう.以下この条及び次条において同じ.）が前条第2項の規定により理由を疎明して同条第1項の承認を拒んだときは,その議院若しくは委員会又は両議院の合同審査会は,同条第3項の規定により内閣の声明を要求することに代えて,その議院（両議院の合同審査会に係るものにあつては,その各院の会長が属する議院）の情報監視審査会に対し,行政機関の長が同条第1項の承認を拒んだことについて審査を求め,又はこれを要請することができる.

第5条の6 各議院の議長若しくは委員長又は両議院の合同審査会の会長は,議員又は委員の証人に対する尋問が,証言を求める事項と無関係な尋問,威嚇的又は侮辱的な尋問その他適切でない尋問と認めるときは,これを制限することができる.

第7条 ① 正当の理由がなくて,証人が出頭せず,現在処所において証言すべきことの要求を拒み,若しくは要求された書類を提出しないとき,又は証人が宣誓若しくは証言を拒んだときは,1年以下の拘禁刑又は10万円以下の罰金に処する.

② 前項の罪を犯した者には,情状により,拘禁刑及び罰金を併科することができる.

〔令4法68,施行3年内〕

11 公職選挙法（抄）

（昭25・4・15法律第100号,昭25・5・1施行,
　最終改正：令4・11・28法律第89号）

第1章 総 則

（この法律の目的）
第1条 この法律は,日本国憲法の精神に則り,衆議院議員,参議院議員並びに地方公共団体の議会の議員及び長を公選する選挙制度を確立し,その選挙が選挙人の自由に表明せる意思によつて公明且つ適正に行われることを確保し,もつて民主政治の健全な発達を期することを目的とする.

（この法律の適用範囲）
第2条 この法律は,衆議院議員,参議院議員並びに地方公共団体の議会の議員及び長の選挙について,適用する.

（公職の定義）
第3条 この法律において「公職」とは,衆議院議員,参議院議員並びに地方公共団体の議会の議員及び長の職をいう.

（議員の定数）
第4条 ① 衆議院議員の定数は,465人とし,そのうち,289人を小選挙区選出議員,176人を比例代表選出議員とする.

② 参議院議員の定数は248人とし,そのうち,100人を比例代表選出議員,148人を選挙区選出議員とする.

③ 地方公共団体の議会の議員の定数は,地方自治法（昭和22年法律第67号）の定めるところによる.

（選挙事務の管理）
第5条 この法律において選挙に関する事務は,特別の定めがある場合を除くほか,衆議院（比例代表選出）議員又は参議院（比例代表選出）議員の選挙については中央選挙管理会が管理し,衆議院（小選挙区選出）議員,参議院（選挙区選出）議員,都道府県の議会の議員又は都道府県知事の選挙については都道府県の選挙管理委員会が管理し,市町村の議会の議員又は市町村長の選挙については市町村の選挙管理委員会が管理する.

（中央選挙管理会）
第5条の2 ① 中央選挙管理会は,委員5人をもつて組織する.

② 委員は,国会議員以外の者で参議院議員の被選挙権を有する者の中から国会の議決による指名に基いて,内閣総理大臣が任命する.

③ 前項の指名に当つては,同一の政党その他の政治団体に属する者が,3人以上とならないようにしなければならない.

④ 内閣総理大臣は,委員が次の各号のいずれかに該当するに至つた場合は,その委員を罷免するものとする.ただし,第2号及び第3号の場合においては,国会の同意を得なければならない.

1 参議院議員の被選挙権を有しなくなつた場合
2 心身の故障のため,職務を執行することができない場合
3 職務上の義務に違反し,その他委員たるに適しない非行があつた場合

⑤ 委員のうち同一の政党その他の政治団体に属す

る者が3人以上となつた場合においては、内閣総理大臣は、くじで定める2人以外の委員を罷免するものとする。

第2章 選挙権及び被選挙権

（選挙権）

第9条 ① 日本国民で年齢満18年以上の者は、衆議院議員及び参議院議員の選挙権を有する。

② 日本国民たる年齢満18年以上の者で引き続き3箇月以上市町村の区域内に住所を有する者は、その属する地方公共団体の議会の議員及び長の選挙権を有する。

③ 日本国民たる年齢満18年以上の者でその属する市町村を包括する都道府県の区域内の一の市町村の区域内に引き続き3箇月以上住所を有していたことがあり、かつ、その後も引き続き当該都道府県の区域内に住所を有するものは、前項に規定する住所に関する要件にかかわらず、当該都道府県の議会の議員及び長の選挙権を有する。

④ 前2項の市町村には、その区域の全部又は一部が廃置分合により当該市町村の区域の全部又は一部となつた市町村であつて、当該廃置分合により消滅した市町村（この項の規定により当該消滅した市町村に含むものとされた市町村を含む。）を含むものとする。

⑤ 第2項及び第3項の3箇月の期間は、市町村の廃置分合又は境界変更のため中断されることがない。

（被選挙権）

第10条 ① 日本国民は、左の各号の区分に従い、それぞれ当該議員又は長の被選挙権を有する。

1 衆議院議員については年齢満25年以上の者

2 参議院議員については年齢満30年以上の者

3 都道府県の議会の議員についてはその選挙権を有する者で年齢満25年以上のもの

4 都道府県知事については年齢満30年以上の者

5 市町村の議会の議員についてはその選挙権を有する者で年齢満25年以上の者

6 市町村長については年齢満25年以上の者

② 前項各号の年齢は、選挙の期日により算定する。

（選挙権及び被選挙権を有しない者）

第11条 ① 次に掲げる者は、選挙権及び被選挙権を有しない。

1 削除

2 禁錮以上の刑に処せられその執行を終わるまでの者

3 禁錮以上の刑に処せられその執行を受けることがなくなるまでの者（刑の執行猶予中の者を除く。）

4 公職にある間に犯した刑法（明治40年法律第45号）第197条から第197条の4までの罪又は公職にある者等のあつせん行為による利得等の処罰に関する法律（平成12年法律第130号）第1条の罪により刑に処せられ、その執行を終わり若しくはその執行の免除を受けた者でその執行を終わり若しくはその執行の免除を受けた日から5年を経過しないもの又はその刑の執行猶予中の者

5 法律で定めるところにより行われる選挙、投票及び国民審査に関する犯罪により禁錮以上に処せられその刑の執行猶予中の者

② この法律の定める選挙に関する犯罪により選挙権及び被選挙権を有しない者については、第252条

の定めるところによる。

③ 市町村長は、その市町村に本籍を有する者で他の市町村に住所を有するもの又は他の市町村において第30条の6の規定による在外選挙人名簿の登録がされているものについて、第1項又は第252条の規定により選挙権及び被選挙権を有しなくなるべき事由が生じたこと又はその事由がなくなつたことを知つたときは、遅滞なくその旨を当該他の市町村の選挙管理委員会に通知しなければならない。

〔令4法68、施行3年内〕

（被選挙権を有しない者）

第11条の2 公職にある間に犯した前条第1項第4号に規定する罪により刑に処せられ、その執行を終わり又はその執行の免除を受けた者でその執行を終わり又はその執行の免除を受けた日から5年を経過したものは、当該5年を経過した日から5年間、被選挙権を有しない。

第3章 選挙に関する区域

（選挙の単位）

第12条 ① 衆議院（小選挙区選出）議員、衆議院（比例代表選出）議員、参議院（選挙区選出）議員及び都道府県の議会の議員は、それぞれ各選挙区において、選挙する。

② 参議院（比例代表選出）議員は、全都道府県の区域を通じて、選挙する。

③ 都道府県知事及び市町村長は、当該地方公共団体の区域において、選挙する。

④ 市町村の議会の議員は、選挙区がある場合にあつては、各選挙区において、選挙区がない場合にあつてはその市町村の区域において、選挙する。

（衆議院議員の選挙区）

第13条 ① 衆議院（小選挙区選出）議員の選挙区は、別表第1で定め、各選挙区において選挙すべき議員の数は、1人とする。

② 衆議院（比例代表選出）議員の選挙区及び各選挙区において選挙すべき議員の数は、別表第2で定める。

③ 別表第1に掲げる行政区画その他の区域に変更があつても、衆議院（小選挙区選出）議員の選挙区は、なお従前の区域による。ただし、2以上の選挙区にわたつて市町村の境界変更があつたときは、この限りでない。

④ 前項ただし書の場合において、当該市町村の境界変更に係る区域の新たに属することとなつた市町村が2以上の選挙区に分かれているときは、当該区域の選挙区の所属については、政令で定める。

⑤ 衆議院（比例代表選出）議員の2以上の選挙区にわたつて市町村の廃置分合が行われたときは、第2項の規定にかかわらず、別表第1が最初に更正されるまでの間は、衆議院（比例代表選出）議員の選挙区は、なお従前の区域による。

⑥ 地方自治法第6条の2第1項の規定による都道府県の廃置分合があつても、衆議院（比例代表選出）議員の選挙区は、なお従前の区域による。

⑦ 別表第2は、国勢調査（統計法（平成19年法律第53号）第5条第2項本文の規定により10年ごとに行われる国勢調査に限る。以下この項において同じ。）の結果によつて、更正することを例とする。この場合において、各選挙区の議員数は、各選挙区の人口（最近の国勢調査の結果による日本国

民の人口をいう．以下この項において同じ．）を比例代表基準除数（その除数で各選挙区の人口を除して得た数（1未満の端数が生じたときは，これを1に切り上げるものとする．）の合計数が第4条第1項に規定する衆議院比例代表選出議員の定数に相当する数と合致することとなる除数をいう．）で除して得た数（1未満の端数が生じたときは，これを1に切り上げるものとする．）とする．

（参議院選挙区選出議員の選挙区）

第14条 ① 参議院（選挙区選出）議員の選挙区及び各選挙区において選挙すべき議員の数は，別表第3で定める．

② 地方自治法第6条の2第1項の規定による都道府県の廃置分合があつても，参議院（選挙区選出）議員の選挙区及び各選挙区において選挙すべき議員の数は，なお従前の例による．

第4章　選挙人名簿

（永久選挙人名簿）

第19条 ① 選挙人名簿は，永久に据え置くものとし，かつ，各選挙を通じて一の名簿とする．

② 市町村の選挙管理委員会は，選挙人名簿の調製及び保管の任に当たるものとし，毎年3月，6月，9月及び12月（第22条及び第24条第1項において「登録月」という．）並びに選挙を行う場合に，選挙人名簿の登録を行うものとする．

③ 選挙人名簿は，政令で定めるところにより，磁気ディスク（これに準ずる方法により一定の事項を確実に記録しておくことができる物を含む．以下同じ．）をもつて調製することができる．

④ 選挙を行う場合において必要があるときは，選挙人名簿の抄本（前項の規定により磁気ディスクをもつて選挙人名簿を調製している市町村の選挙管理委員会にあつては，当該選挙人名簿に記録されている全部若しくは一部の事項又は当該事項を記載した書類．以下同じ．）を用いることができる．

（選挙人名簿の記載事項等）

第20条 ① 選挙人名簿には，選挙人の氏名，住所（次条第2項に規定する者にあつては，その者が当該市町村の区域内から住所を移す直前に住民票に記載されていた住所），性別及び生年月日等の記載（前条第3項の規定により磁気ディスクをもつて調製する選挙人名簿にあつては，記録）をしなければならない．

② 選挙人名簿は，市町村の区域を分けて数投票区を設けた場合には，その投票区ごとに編製しなければならない．

③ 前2項に規定するもののほか，選挙人名簿の様式その他必要な事項は，政令で定める．

（被登録資格等）

第21条 ① 選挙人名簿の登録は，当該市町村の区域内に住所を有する年齢満18年以上の日本国民（第11条第1項若しくは第252条又は政治資金規正法（昭和23年法律第194号）第28条の規定により選挙権を有しない者を除く．次項において同じ．）で，その者に係る登録市町村等（当該市町村及び消滅市町村（その区域の全部又は一部が廃置分合により当該市町村の区域の全部又は一部となつた市町村であつて，当該廃置分合により消滅した市町村をいう．第3項において同じ．）をいう．以下この項及び次項において同じ．）の住民票が作成された日

（他の市町村から登録市町村等の区域内に住所を移した者で住民基本台帳法（昭和42年法律第81号）第22条の規定により届出をしたものについては，当該届出をした日．次項において同じ．）から引き続き3箇月以上登録市町村等の住民基本台帳に記録されている者について行う．

② 選挙人名簿の登録は，前項の規定によるほか，当該市町村の区域内から住所を移した年齢満18年以上の日本国民のうち，その者に係る登録市町村等の住民票が作成された日から引き続き3箇月以上登録市町村等の住民基本台帳に記録されていた者であつて，登録市町村等の区域内に住所を有しなくなつた日後4箇月を経過しないものについて行う．

③ 第1項の消滅市町村には，当該区域の全部又は一部が廃置分合により当該消滅市町村の区域の全部又は一部となつた市町村であつて，当該廃置分合により消滅した市町村（この項の規定により当該消滅した市町村に含むものとされた市町村を含む．）を含むものとする．

④ 第1項及び第2項の住民基本台帳に記録されている期間は，市町村の廃置分合又は境界変更のため中断されることがない．

⑤ 市町村の選挙管理委員会は，政令で定めるところにより，当該市町村の選挙人名簿に登録される資格を有する者を調査し，その者を選挙人名簿に登録するための整理をしておかなければならない．

第4章の2　在外選挙人名簿

（在外選挙人名簿）

第30条の2 ① 市町村の選挙管理委員会は，選挙人名簿のほか，在外選挙人名簿の調製及び保管を行う．

② 在外選挙人名簿は，永久に据え置くものとし，かつ，衆議院議員及び参議院議員の選挙を通じて一の名簿とする．

③ 市町村の選挙管理委員会は，第30条の5第1項の規定による申請に基づき在外選挙人名簿の登録を行い，及び同条第4項の申請に基づき在外選挙人名簿への登録の移転（選挙人名簿から抹消すると同時に在外選挙人名簿の登録を行うことをいう．以下同じ．）を行うものとする．

④ 在外選挙人名簿は，政令で定めるところにより，磁気ディスクをもつて調製することができる．

⑤ 選挙を行う場合において必要があるときは，在外選挙人名簿の抄本（前項の規定により磁気ディスクをもつて在外選挙人名簿を調製している市町村の選挙管理委員会にあつては，当該在外選挙人名簿に記録されている全部若しくは一部の事項又は当該事項を記載した書類．第255条の4第1項第1号及び第270条第1項第3号において同じ．）を用いることができる．

（在外選挙人名簿の記載事項等）

第30条の3 ① 在外選挙人名簿には，選挙人の氏名，最終住所（選挙人が国外へ住所を移す直前に住民票に記載されていた住所をいう．以下同じ．）又は申請の時（選挙人が第30条の5第1項の規定による申請書を同条第2項に規定する領事官又は同項に規定する総務省令・外務省令で定める者に提出した時をいう．同条第1項及び第3項において同じ．）における本籍，性別及び生年月日等の記載（前条第4項の規定により磁気ディスクをもつて調製する在外選挙人名簿にあつては，記録）をしなけ

ればならない.

② 市町村の選挙管理委員会は, 市町村の区域を分けて数投票所区を設けた場合には, 政令で定めるところにより, 在外選挙人名簿を編製する一以上の投票区(以下「指定在外選挙投票区」という.)を指定しなければならない.

③ 前2項に規定するもののほか, 在外選挙人名簿の様式その他必要な事項は, 政令で定める.

(在外選挙人名簿の被登録資格等)

第30条の4　① 在外選挙人名簿の登録(在外選挙人名簿への登録の移転に係るものを除く. 以下同じ.)は, 在外選挙人名簿に登録されていない年齢満18年以上の日本国民(第11条第1項若しくは第252条又は政治資金規正法第28条の規定により選挙権を有しない者を除く. 次項及び次条において同じ.)で, 同条第1項の規定による申請がされ, かつ, 在外選挙人名簿に関する事務についてその者の住所を管轄する領事官(領事官の職務を行う大使館若しくは公使館の長又はその事務を代理する者を含む. 以下同じ.)の管轄区域(在外選挙人名簿に関する事務についての領事官の管轄区域として総務省令・外務省令で定める区域をいう. 同項及び同条第3項第2号において同じ.)内に引き続き3箇月以上住所を有するものについて行う.

② 在外選挙人名簿への登録の移転は, 在外選挙人名簿に登録されていない年齢満18年以上の日本国民で最終住所の所在地の市町村の選挙人名簿に登録されている者のうち, 次条第4項の規定による申請がされ, かつ, 国外に住所を有するものについて行う.

第5章　選挙期日

(総選挙)

第31条　① 衆院院議員の任期満了に因る総選挙は, 議員の任期が終る日の前30日以内に行う.

② 前項の規定により総選挙を行うべき期間が国会開会中又は国会閉会の日から23日以内にかかる場合においては, その総選挙は, 国会閉会の日から24日以後30日以内に行う.

③ 衆議院の解散に因る衆議院議員の総選挙は, 解散の日から40日以内に行う.

④ 総選挙の期日は, 少なくとも12日前に公示しなければならない.

⑤ 衆議院議員の任期満了に因る総選挙の期日の公示がなされた後その期日前に衆議院が解散されたときは, 任期満了に因る総選挙の公示は, その効力を失う.

(通常選挙)

第32条　① 参議院議員の通常選挙は, 議員の任期が終る日の前30日以内に行う.

② 前項の規定により通常選挙を行うべき期間が参議院開会中又は参議院閉会の日から23日以内にかかる場合においては, 通常選挙は, 参議院閉会の日から24日以後30日以内に行う.

③ 通常選挙の期日は, 少なくとも17日前に公示しなければならない.

第6章　投　票

(選挙の方法)

第35条　選挙は, 投票により行う.

(1人1票)

第36条　投票は, 各選挙につき, 1人1票に限る. ただし, 衆議院議員の選挙については小選挙区選出議員及び比例代表選出議員ごとに, 参議院議員の選挙については選挙区選出議員及び比例代表選出議員ごとに1人1票とする.

第7章　開　票

(開票管理者)

第61条　① 各選挙ごとに, 開票管理者を置く.

(開票の場合の投票の効力の決定)

第67条　投票の効力は, 開票立会人の意見を聴き, 開票管理者が決定しなければならない. その決定に当つては, 第68条の規定に反しない限りにおいて, その投票した選挙人の意思が明白であれば, その投票を有効とするようにしなければならない.

第8章　選挙会及び選挙分会(略)

第9章　公職の候補者

(衆議院小選挙区選出議員の選挙における候補者の立候補の届出等)

第86条　① 衆議院(小選挙区選出)議員の選挙において, 次の各号のいずれかに該当する政党その他の政治団体は, 当該政党その他の政治団体に所属する者を候補者としようとするときは, 当該選挙の期日の公示又は告示があつた日に, 郵便等によることなく, 文書でその旨を当該選挙長に届け出なければならない.

1　当該政党その他の政治団体に所属する衆議院議員は少数議員を5人以上有すること.

2　直近において行われた衆議院議員の総選挙における小選挙区選出議員の選挙若しくは比例代表選出議員の選挙又は参議院議員の通常選挙における比例代表選出議員の選挙若しくは選挙区選出議員の選挙における当該政党その他の政治団体の得票総数が当該選挙における有効投票の総数の100分の2以上であること.

② 衆議院(小選挙区選出)議員の候補者となろうとする者は, 前項の公示又は告示があつた日に, 郵便等によることなく, 文書でその旨を当該選挙長に届け出なければならない.

③ 選挙人名簿に登録された者が他人を衆議院(小選挙区選出)議員の候補者としようとするときは, 本人の承諾を得て, 第1項の公示又は告示があつた日に, 郵便等によることなく, 文書で当該選挙長にその推薦の届出をすることができる.

(衆議院比例代表選出議員の選挙における名簿による立候補の届出等)

第86条の2　① 衆議院(比例代表選出)議員の選挙においては, 次の各号のいずれかに該当する政党その他の政治団体は, 当該政党その他の政治団体の名称(一の略称を含む.)並びにその所属する者の氏名及びそれらの者の間における当選人となるべき順位を記載した文書(以下「衆議院名簿」という.)を当該選挙長に届け出ることにより, その衆議院名簿に記載されている者(以下「衆議院名簿登載者」という.)を当該選挙における候補者とすることができる.

1　当該政党その他の政治団体に所属する衆議院議員又は参議院議員を5人以上有すること.

2　直近において行われた衆議院議員の総選挙における小選挙区選出議員の選挙若しくは比例代表選出議員の選挙又は参議院議員の通常選挙における比例代表選出議員の選挙若しくは選挙区選出議員の選挙における当該政党その他の政治団体の得票総数が当該選挙における有効投票の総数の100分の2以上であること.

3　当該選挙において,この項の規定による届出をすることにより候補者となる衆議院名簿登載者の数が当該選挙区における議員の定数の10分の2以上であること.

（供　託）

第92条　① 第86条第1項から第3項まで若しくは第8項又は第86条の4第1項,第2項,第5項,第6項若しくは第8項の規定により公職の候補者の届出をしようとするものは,公職の候補者1人につき,次の各号の区分による金額又はこれに相当する額面の国債証書（その権利の帰属が社債,株式等の振替に関する法律（平成13年法律第75号）の規定による振替口座簿の記載又は記録により定まるものとされるものを含む.以下この条において同じ.）を供託しなければならない.

1　衆議院（小選挙区選出）議員の選挙　300万円
2　参議院（選挙区選出）議員の選挙　300万円
3　都道府県の議会の議員の選挙　60万円
4　都道府県知事の選挙　300万円
5　指定都市の議会の議員の選挙　50万円
6　指定都市の長の選挙　240万円
7　指定都市以外の市の議会の議員の選挙　30万円
8　指定都市以外の市の長の選挙　100万円
9　町村の議会の議員の選挙　15万円
10　町村長の選挙　50万円

第10章　当選人

（衆議院比例代表選出議員又は参議院比例代表選出議員の選挙以外の選挙における当選人）

第95条　① 衆議院（比例代表選出）議員又は参議院（比例代表選出）議員の選挙以外の選挙においては,有効投票の最多数を得た者をもつて当選人とする.ただし,次の各号の区分による得票がなければならない.

1　衆議院（小選挙区選出）議員の選挙
　　有効投票の総数の6分の1以上の得票
2　参議院（選挙区選出）議員の選挙
　　通常選挙における当該選挙区内の議員の定数をもつて有効投票の総数を除して得た数の6分の1以上の得票.ただし,選挙すべき議員の数が通常選挙における当該選挙区内の議員の定数を超える場合においては,その選挙すべき議員の数をもつて有効投票の総数を除して得た数の6分の1以上の得票
3　地方公共団体の議会の議員の選挙
　　当該選挙区内の議員の定数（選挙区がないときは,議員の定数）をもつて有効投票の総数を除して得た数の4分の1以上の得票
4　地方公共団体の長の選挙
　　有効投票の総数の4分の1以上の得票

② 当選人を定めるに当り得票数が同じであるときは,選挙会において,選挙長がくじで定める.

（衆議院比例代表選出議員の選挙における当選人の数及び当選人）

第95条の2　① 衆議院（比例代表選出）議員の選挙においては,各衆議院名簿届出政党等の得票数を一から当該衆議院名簿届出政党等に係る衆議院名簿登載者（当該選挙の期日において公職の候補者たる者に限る.第103条第4項を除き,以下この章及び次章において同じ.）の数に相当する数までの各整数で順次除して得たすべての商のうち,その数値の最も大きいものから順次に数えて当該選挙において選挙すべき議員の数に相当する数になるまでにある商で各衆議院名簿届出政党等の得票数に係るものの個数をもつて,それぞれの衆議院名簿届出政党等の当選人の数とする.

② 前項の場合において,二以上の商が同一の数値であるため同項の規定によつてはそれぞれの衆議院名簿届出政党等に係る当選人の数を定めることができないときは,それらの商のうち,当該選挙において選挙すべき議員の数に相当する数になるまでにあるべき商を,選挙会において,選挙長がくじで定める.

③ 衆議院名簿において,第86条の2第6項の規定により2人以上の衆議院名簿登載者について当選人となるべき順位が同一のものとされているときは,当該当選人となるべき順位が同一のものとされた者の間における当選人となるべき順位は,当該選挙と同時に行われた衆議院（小選挙区選出）議員の選挙における得票数の当該選挙区における有効投票の最多数を得た者に係る得票数に対する割合の最も大きい者から順次に定める.この場合において,当選人となるべき順位が同一のものとされた衆議院名簿登載者のうち,当該割合が同じであるものがあるときは,それらの者の間における当選人となるべき順位は,選挙会において,選挙長がくじで定める.

④ 衆議院（比例代表選出）議員の選挙においては,各衆議院名簿届出政党等の届出に係る衆議院名簿登載者のうち,それらの者の間における当選人となるべき順位に従い,第1項及び第2項の規定により定められた当該衆議院名簿届出政党等の当選人の数に相当する数の衆議院名簿登載者を,当選人とする.

⑤ 第1項,第2項及び前項の場合において,当該選挙と同時に行われた衆議院（小選挙区選出）議員の選挙の当選人とされた衆議院名簿登載者があるときは,当該衆議院名簿登載者は,衆議院名簿に記載されていないものとみなして,これらの規定を適用する.

⑥ 第1項,第2項及び第4項の場合において,当該選挙と同時に行われた衆議院（小選挙区選出）議員の選挙においてその得票数が第93条第1項第1号に規定する数に達しなかつた衆議院名簿登載者があるときは,当該衆議院名簿登載者は,衆議院名簿に記載されていないものとみなして,これらの規定を適用する.

（参議院比例代表選出議員の選挙における当選人の数及び当選人となるべき順位並びに当選人）

第95条の3　① 参議院（比例代表選出）議員の選挙においては,各参議院名簿届出政党等の得票数（当該参議院名簿届出政党等に係る各参議院名簿登載者（当該選挙の期日において公職の候補者たる者に限る.第103条第4項を除き,以下この章及び次章において同じ.）の得票数を含むものをいう.）を

一から当該参議院名簿届出政党等に係る参議院名簿登載者の数に相当する数までの各整数で順次除して得たすべての商のうち，その数値の最も大きいものから順次に数えて当該選挙において選挙すべき議員の数に相当する数になるまでにある商で各参議院名簿届出政党等の得票数（当該参議院名簿届出政党等に係る各参議院名簿登載者の得票数を含むものをいう．）に係るものの個数をもつて，それぞれの参議院名簿届出政党等の当選人の数とする．

（衆議院比例代表選出議員又は参議院比例代表選出議員の選挙における所属政党等の移動による当選人の失格）

第99条の2 ① 衆議院（比例代表選出）議員の選挙における当選人（第96条，第97条の2第1項又は第112条第2項の規定により当選人と定められた者を除く．以下この項から第4項までにおいて同じ．）は，その選挙の期日以後において，当該当選人が衆議院名簿登載者であつた衆議院名簿届出政党等以外の政党その他の政治団体で，当該選挙における衆議院名簿届出政党等であるもの（当該当選人が衆議院名簿登載者であつた衆議院名簿届出政党等（当該衆議院名簿届出政党等に係る合併又は分割（二以上の政党その他の政治団体の設立を目的として一の政党その他の政治団体が解散し，当該二以上の政党その他の政治団体が設立されることをいう．）が行われた場合における当選合併後に存続する政党その他の政治団体若しくは当該合併により設立された政党その他の政治団体又は当該分割により設立された政党その他の政治団体を含む．）を含む二以上の政党その他の政治団体の合併により当該合併後に存続する政党その他の政治団体（第4項において「他の衆議院名簿届出政党等」という．）に所属する者となつたときは，当選を失う．

第11章　特別選挙（略）

第12章　選挙を同時に行うための特例（略）

第13章　選挙運動

（選挙運動の期間）

第129条 選挙運動は，各選挙につき，それぞれ第86条第1項から第3項まで若しくは第8項の規定による候補者の届出，第86条の2第1項の規定による候補者の届出，第86条の3第1項の規定による参議院名簿の届出（同条第2項において準用する第86条の2第9項の規定による届出に係る候補者については，当選届出）又は第86条の4第1項，第2項，第5項，第6項若しくは第8項の規定による公職の候補者の届出のあつた日から当該選挙の期日の前日まででなければ，することができない．

（選挙事務関係者の選挙運動の禁止）

第135条 ① 第88条に掲げる者は，在職中，その関係区域内において，選挙運動をすることができない．

② 不在者投票管理者は，不在者投票に関し，その者の業務上の地位を利用して選挙運動をすることができない．

（特定公務員の選挙運動の禁止）

第136条 次に掲げる者は，在職中，選挙運動をすることができない．

1 中央選挙管理会の委員及び中央選挙管理会の庶務に従事する総務省の職員，参議院合同選挙区選

挙管理委員会の職員並びに選挙管理委員会の委員及び職員

2 裁判官

3 検察官

4 会計検査官

5 公安委員会の委員

6 警察官

7 収税官吏及び徴税の吏員

（公務員等の地位利用による選挙運動の禁止）

第136条の2 ① 次の各号のいずれかに該当する者は，その地位を利用して選挙運動をすることができない．

1 国若しくは地方公共団体の公務員又は行政執行法人若しくは特定地方独立行政法人の役員若しくは職員

2 沖縄振興開発金融公庫の役員又は職員（以下「公庫の役職員」という．）

② 前項各号に掲げる者が公職の候補者若しくは公職の候補者となろうとする者（公職にある者を含む．）を推薦し，支持し，若しくはこれに反対する目的をもつてする次の各号に掲げる行為又は公職の候補者若しくは公職の候補者となろうとする者（公職にある者を含む．）である同項各号に掲げる者が公職の候補者として推薦され，若しくは支持される目的をもつてする次の各号に掲げる行為は，同項に規定する禁止行為に該当するものとみなす．

1 その地位を利用して，公職の候補者の推薦に関与し，若しくは関与することを援助し，又は他人をしてこれらの行為をさせること．

2 その地位を利用して，投票の周旋勧誘，演説会の開催その他の選挙運動の企画に関与し，その企画の実施について指示し，若しくは指導し，又は他人をしてこれらの行為をさせること．

3 その地位を利用して，第199条の5第1項に規定する後援団体を結成し，その結成の準備に関与し，同項に規定する後援団体の構成員となることを勧誘し，若しくはこれらの行為を援助し，又は他人をしてこれらの行為をさせること．

4 その地位を利用して，新聞その他の刊行物を発行し，文書図画を掲示し，若しくは頒布し，若しくはこれらの行為を援助し，又は他人をしてこれらの行為をさせること．

5 公職の候補者又は公職の候補者となろうとする者（公職にある者を含む．）を推薦し，支持し，若しくはこれに反対することを申しいで，又は約束した者に対し，その代償として，その職務の執行に当たり，当該申しいで，又は約束した者に係る利益を供与し，又は供与することを約束すること．

（教育者の地位利用の選挙運動の禁止）

第137条 教育者（学校教育法（昭和22年法律第26号）に規定する学校及び就学前の子どもに関する教育，保育等の総合的な提供の推進に関する法律（平成18年法律第77号）に規定する幼保連携型認定こども園の長及び教員をいう．）は，学校の児童，生徒及び学生に対する教育上の地位を利用して選挙運動をすることができない．

（年齢満18年未満の者の選挙運動の禁止）

第137条の2 ① 年齢満18年未満の者は，選挙運動をすることができない．

② 何人も，年齢満18年未満の者を使用して選挙運動をすることができない．ただし，選挙運動のための労務に使用する場合は，この限りでない．

（選挙権及び被選挙権を有しない者の選挙運動の

禁止）

第137条の3　第252条又は政治資金規正法第28条の規定により選挙権及び被選挙権を有しない者は，選挙運動をすることができない．

（戸別訪問）

第138条　① 何人も，選挙に関し，投票を得若しくは得しめ又は得しめない目的をもつて戸別訪問をすることができない．

② いかなる方法をもつてするを問わず，選挙運動のため，戸別に，演説会の開催若しくは演説を行うことについて告知をする行為又は特定の候補者の氏名若しくは政党その他の政治団体の名称を言いあるく行為は，前項に規定する禁止行為に該当するものとみなす．

（署名運動の禁止）

第138条の2　何人も，選挙に関し，投票を得若しくは得しめ又は得しめない目的をもつて選挙人に対し署名運動をすることができない．

（人気投票の公表の禁止）

第138条の3　何人も，選挙に関し，公職に就くべき者（衆議院比例代表選出議員の選挙にあつては政党その他の政治団体に係る公職に就くべき者又はその数，参議院比例代表選出議員の選挙にあつては政党その他の政治団体に係る公職に就くべき者又はその数若しくは公職に就くべき順位）を予想する人気投票の経過又は結果を公表してはならない．

（文書図画の頒布）

第142条　① 衆議院（比例代表選出）議員の選挙以外の選挙においては，選挙運動のために使用する文書図画は，次の各号に規定する通常葉書及びビラのほかは，頒布することができない．この場合において，ビラについては，散布することができない．

1　衆議院（小選挙区選出）議員の選挙にあつては，候補者1人について，通常葉書 3万5,000枚，当該選挙に関する事務を管理する選挙管理委員会に届け出た2種類以内のビラ 7万枚

1の2　参議院（比例代表選出）議員の選挙にあつては，公職の候補者たる参議院名簿登載者（第86条の3第1項後段の規定により優先的に当選人となるべき候補者としてその氏名及び当選人となるべき順位が参議院名簿に記載されている者を除く．）1人について，通常葉書 15万枚，中央選挙管理会に届け出た2種類以内のビラ 25万枚

2　参議院（選挙区選出）議員の選挙にあつては，候補者1人について，当該選挙区の区域内の衆議院（小選挙区選出）議員の選挙区の数が一である場合には，通常葉書 3万5,000枚，当該選挙に関する事務を管理する選挙管理委員会（参議院合同選挙区選挙については，当該選挙に関する事務を管理する参議院合同選挙区選挙管理委員会．以下この号において同じ．）に届け出た2種類以内のビラ 10万枚，当該選挙区の区域内の衆議院（小選挙区選出）議員の選挙区の数が一を超える場合には，その一を増すごとに，通常葉書 2,500枚を3万5,000枚に加えた数，当該選挙に関する事務を管理する選挙管理委員会に届け出た2種類以内のビラ 1万5,000枚を10万枚に加えた数（その数が30万枚を超える場合には，30万枚）

3　都道府県知事の選挙にあつては，候補者1人について，当該都道府県の区域内の衆議院（小選挙区選出）議員の選挙区の数が一である場合には，通常葉書 3万5,000枚，当該選挙に関する事務を

管理する選挙管理委員会に届け出た2種類以内のビラ 10万枚，当該都道府県の区域内の衆議院（小選挙区選出）議員の選挙区の数が一を超える場合には，その一を増すごとに，通常葉書 2,500枚を3万5,000枚に加えた数，当該選挙に関する事務を管理する選挙管理委員会に届け出た2種類以内のビラ 1万5,000枚を10万枚に加えた数（その数が30万枚を超える場合には，30万枚）

4　都道府県の議会の議員の選挙にあつては，候補者1人について，通常葉書 8,000枚，当該選挙に関する事務を管理する選挙管理委員会に届け出た2種類以内のビラ 1万6,000枚

5　指定都市の選挙にあつては，長の選挙の場合には，候補者1人について，通常葉書 3万5,000枚，当該選挙に関する事務を管理する選挙管理委員会に届け出た2種類以内のビラ 7万枚，議会の議員の選挙の場合には，候補者1人について，通常葉書 4,000枚，当該選挙に関する事務を管理する選挙管理委員会に届け出た2種類以内のビラ 8,000枚

6　指定都市以外の市の選挙にあつては，長の選挙の場合には，候補者1人について，通常葉書 8,000枚，当該選挙に関する事務を管理する選挙管理委員会に届け出た2種類以内のビラ 1万6,000枚，議会の議員の選挙の場合には，候補者1人について，通常葉書 2,000枚，当該選挙に関する事務を管理する選挙管理委員会に届け出た2種類以内のビラ 4,000枚

7　町村の選挙にあつては，長の選挙の場合には，候補者1人について，通常葉書 2,500枚，当該選挙に関する事務を管理する選挙管理委員会に届け出た2種類以内のビラ 5,000枚，議会の議員の選挙の場合には，候補者1人について，通常葉書 800枚，当該選挙に関する事務を管理する選挙管理委員会に届け出た2種類以内のビラ 1600枚

② 前項の規定にかかわらず，衆議院（小選挙区選出）議員の選挙においては，候補者届出政党は，その届け出た候補者に係る選挙区を包括する都道府県ごとに，2万枚に当該都道府県における当該候補者届出政党の届出候補者の数を乗じて得た数以内の通常葉書及び4万枚に当該都道府県における当該候補者届出政党の届出候補者の数を乗じて得た数以内のビラを，選挙運動のために頒布（散布を除く．）することができる．ただし，ビラについては，その届け出た候補者に係る選挙区ごとに4万枚以内のものを頒布するほかは，頒布することができない．

③ 衆議院（比例代表選出）議員の選挙においては，衆議院名簿届出政党等は，その届け出た衆議院名簿に係る選挙区ごとに，中央選挙管理会に届け出た2種類以内のビラを，選挙運動のために頒布（散布を除く．）することができる．

④ 衆議院（比例代表選出）議員の選挙においては，選挙運動のために使用する文書図画は，前項の規定により衆議院名簿届出政党等が頒布することができるビラのほかは，頒布することができない．

⑤ 第1項の通常葉書は無料とし，第2項の通常葉書は有料とし，いずれも，その表面に，日本郵便株式会社において選挙用である旨の表示をしたものでなければならない．

⑥ 第1項から第3項までのビラは，新聞折込みその他政令で定める方法によらなければ，頒布することができない．

⑦ 第1項及び第2項のビラは，当該選挙に関する事

務を管理する選挙管理委員会（参議院比例代表選出議員の選挙については中央選挙管理会，参議院合同選挙区選挙については当該選挙に関する事務を管理する参議院合同選挙区選挙管理委員会。以下この項において同じ。）の定めるところにより，当該選挙に関する事務を管理する選挙管理委員会の交付する証紙を貼らなければ頒布することができない。この場合において，第2項のビラについて当該選挙に関する事務を管理する選挙管理委員会の交付する証紙は，当該選挙の選挙区ごとに区分しなければならない。

（文書図画の頒布又は掲示につき禁止を免れる行為の制限）

第146条　① 何人も，選挙運動の期間中は，著述，演芸等の広告その他いかなる名義をもつてするを問わず，第142条又は第143条の禁止を免れる行為として，公職の候補者の氏名若しくはシンボル・マーク，政党その他の政治団体の名称又は公職の候補者を推薦し，支持し若しくは反対する者の名を表示する文書図画を頒布し又は掲示することができない。

② 前項の規定の適用については，選挙運動の期間中，公職の候補者の氏名，政党その他の政治団体の名称又は公職の候補者の推薦届出者その他選挙運動に従事する者若しくは公職の候補者と同一戸籍内に在る者の氏名を表示した年賀状，寒中見舞状，暑中見舞状その他これに類似する挨拶状を当該公職の候補者の選挙区（選挙区がないときは選挙の区域）内に頒布し又は掲示する行為は，第142条又は第143条の禁止を免れる行為とみなす。

（公営施設使用の個人演説会等）

第161条　① 公職の候補者（衆議院比例代表選出議員の選挙における候補者で当該選挙と同時に行われる衆議院小選挙区選出議員の選挙における候補者である者及びその並びに参議院比例代表選出議員の選挙における候補者たる参議院名簿登載者で第86条の3第1項後段の規定により優先的に当選人となるべき候補者としての氏名及び当選人となるべき順位が参議院名簿に記載されているものを除く。次条から第164条の3までにおいて同じ。），候補者届出政党及び衆議院名簿届出政党等は，次に掲げる施設（候補者届出政党にあつてはその届け出た候補者に係る選挙区を包括する都道府県の区域内にあるもの，衆議院名簿届出政党等にあつてはその届け出た衆議院名簿に係る選挙区の区域内にあるものに限る。）を使用して，個人演説会，政党演説会又は政党等演説会を開催することができる。

1　学校及び公民館（社会教育法（昭和24年法律第207号）第21条に規定する公民館をいう。）

2　地方公共団体の管理に属する公会堂

3　前2号のほか，市町村の選挙管理委員会の指定する施設

（公営施設以外の施設使用の個人演説会等）

第161条の2　公職の候補者，候補者届出政党及び衆議院名簿届出政党等は，前条第1項に規定する施設以外の施設（建物の外の施設の構内を含むものとし，候補者届出政党にあつてはその届け出た候補者に係る選挙区を包括する都道府県の区域内にあるもの，衆議院名簿届出政党等にあつてはその届け出た衆議院名簿に係る選挙区の区域内にあるものに限る。）を使用して，個人演説会，政党演説会又は政党等演説会を開催することができる。

（個人演説会等における演説）

第162条　① 個人演説会においては，当該公職の候補者は，その選挙運動のための演説をすることができる。

② 個人演説会においては，当該公職の候補者以外の者も当該公職の候補者の選挙運動のための演説をすることができる。

③ 候補者届出政党が開催する政党演説会においては，演説者は，当該候補者届出政党が届け出た候補者の選挙運動のための演説をすることができる。

④ 衆議院名簿届出政党等が開催する政党等演説会においては，演説者は，当該衆議院名簿届出政党等の選挙運動のための演説をすることができる。

第14章　選挙運動に関する収入及び支出並びに寄附(略)

第14章の2　参議院（選挙区選出）議員の選挙の特例(略)

第14章の3　政党その他の政治団体などの選挙における政治活動(略)

第15章　争　訟

（地方公共団体の議会の議員及び長の選挙の効力に関する異議の申出及び審査の申立て）

第202条　① 地方公共団体の議会の議員及び長の選挙において，その選挙の効力に関し不服がある選挙人又は公職の候補者は，当該選挙の日から14日以内に，文書で当該選挙に関する事務を管理する選挙管理委員会に対して異議を申し出ることができる。

② 前項の規定により市町村の選挙管理委員会に対して異議を申し出た場合において，その決定に不服がある者は，その決定書の交付を受けた日又は第215条の規定による告示の日から21日以内に，文書で当該都道府県の選挙管理委員会に審査を申し立てることができる。

（地方公共団体の議会の議員及び長の選挙の効力に関する訴訟）

第203条　① 地方公共団体の議会の議員及び長の選挙において，前条第1項の異議の申出若しくは同条第2項の審査の申立てに対する都道府県の選挙管理委員会の決定又は裁決に不服がある者は，当該都道府県の選挙管理委員会を被告とし，その決定書若しくは裁決書の交付を受けた日又は第215条の規定による告示の日から30日以内に，高等裁判所に訴訟を提起することができる。

② 地方公共団体の議会の議員及び長の選挙の効力に関する訴訟は，前条第1項又は第2項の規定による異議の申出又は審査の申立てに対する都道府県の選挙管理委員会の決定又は裁決に対してのみ提起することができる。

（衆議院議員又は参議院議員の選挙の効力に関する訴訟）

第204条　衆議院議員又は参議院議員の選挙において，その選挙の効力に関し異議がある選挙人又は公職の候補者（衆議院小選挙区選出議員の選挙にあつては候補者届出政党，衆議院比例代表選出議員の選挙にあつては衆議院名簿届出政党等，参議院比例代表選出議員の選挙にあつては参議院名簿届出政党等又は参議院名簿登載者（第86条の

3 第1項後段の規定により優先的に当選人となるべき候補者としてその氏名及び当選人となるべき順位が参議院名簿に記載されている者を除く。））は，衆議院（小選挙区選出）議員又は参議院（選挙区選出）議員の選挙にあつては当該選挙に関する事務を管理する都道府県の選挙管理委員会（参議院合同選挙区選出については，当該選挙に関する事務を管理する参議院合同選挙区選挙管理委員会）を，衆議院（比例代表選出）議員又は参議院（比例代表選出）議員の選挙にあつては中央選挙管理会を被告とし，当該選挙の日から30日以内に，高等裁判所に訴訟を提起することができる。

（選挙の無効の決定，裁決又は判決）

第205条 ① 選挙の効力に関し異議の申出，審査の申立て又は訴訟の提起があつた場合において，選挙の規定に違反することがあるときは選挙の結果に異動を及ぼす虞がある場合に限り，当該選挙管理委員会又は裁判所は，その選挙の全部又は一部の無効を決定し，裁決し又は判決しなければならない。

② 前項の規定により当該選挙管理委員会又は裁判所がその選挙の一部の無効を決定し，裁決し又は判決する場合において，当選に異動を生ずる虞のない者を区分することができるときは，その者に限り当選を失わない旨をあわせて決定し，裁決し又は判決しなければならない。

③ 前項の場合において，当選に異動を生ずる虞の有無につき判断を受ける者（以下本条中「当選候補者」という。）の得票数（一部無効に係る区域以外の区域における得票数をいう。以下本条中同じ。）から左に掲げる各得票数を各別に差し引いて得た各数の合計数が，選挙の一部無効に係る区域における選挙人の数より多いときは，当該候補者は，当選に異動を生ずる虞のないものとする。

1 得票数の最も多い者から順次に数えて，当該選挙において選挙すべき議員の数に相当する数に至る順位の次の順位にある候補者の得票数

2 得票数が前号の候補者より多く，当該候補者より少い各候補者のそれぞれの得票数

（地方公共団体の議会の議員又は長の当選の効力に関する異議の申出及び審査の申立て）

第206条 ① 地方公共団体の議会の議員又は長の選挙においてその当選の効力に関し不服がある選挙人又は公職の候補者は，第101条の3第2項又は第106条第2項の規定による告示の日から14日以内に，文書で当該選挙に関する事務を管理する選挙管理委員会に対して異議を申し出ることができる。

② 前項の規定により市町村の選挙管理委員会に対して異議を申し出た場合において，その決定に不服がある者は，その決定書の交付を受けた日又は第215条の規定による告示の日から21日以内に，文書で当該都道府県の選挙管理委員会に審査を申し立てることができる。

（地方公共団体の議会の議員及び長の当選の効力に関する訴訟）

第207条 地方公共団体の議会の議員及び長の選挙において，前条第1項の異議の申出若しくは同条第2項の審査の申立てに対する都道府県の選挙管理委員会の決定又は裁決に不服がある者は，当該都道府県の選挙管理委員会を被告とし，その決定書若しくは裁決書の交付を受けた日又は第215条の規定による告示の日から30日以内に，高等裁判所に訴訟を提起することができる。

② 第203条第2項の規定は，地方公共団体の議会の議員及び長の当選の効力に関する訴訟を提起する場合に，準用する。

（衆議院議員又は参議院議員の当選の効力に関する訴訟）

第208条 ① 衆議院議員又は参議院議員の選挙において，当選をしなかつた者（衆議院小選挙区選出議員の選挙にあつては候補者届出政党，衆議院比例代表選出議員の選挙にあつては衆議院名簿届出政党等，参議院比例代表選出議員の選挙にあつては参議院名簿届出政党等を含む。）で当選の効力に関し不服があるものは，衆議院（小選挙区選出）議員又は参議院（選挙区選出）議員の選挙にあつては当該選挙に関する事務を管理する都道府県の選挙管理委員会（参議院合同選挙区選挙については，当該選挙に関する事務を管理する参議院合同選挙区選挙管理委員会）を，衆議院（比例代表選出）議員又は参議院（比例代表選出）議員の選挙にあつては中央選挙管理会を被告とし，第101条第2項，第101条の2第2項，第101条の2の2第2項若しくは第101条の3第2項又は第106条第2項の規定による告示の日から30日以内に，高等裁判所に訴訟を提起することができる。ただし，衆議院（比例代表選出）議員の選挙においては，当該選挙と同時に行われた衆議院（小選挙区選出）議員の選挙における選挙又は当選の効力に関する事由を理由とし，当該選挙の効力に関する訴訟を提起することができない。

② 衆議院（比例代表選出）議員の当選の効力に関し訴訟の提起があつた場合において，衆議院名簿届出政党等に係る当選人の数の決定に過誤があるときは，裁判所は，当該衆議院名簿届出政党等に係る当選人の数の決定の無効を判決しなければならない。この場合においては，当該衆議院名簿届出政党等につき失われることのない当選人の数を併せて判決するものとする。

③ 前項の規定は，参議院（比例代表選出）議員の選挙の当選の効力に関する訴訟の提起があつた場合について準用する。この場合において，同項中「衆議院名簿届出政党等」とあるのは，「参議院名簿届出政党等」と読み替えるものとする。

（当選の効力に関する争訟における選挙の無効の決定，裁決又は判決）

第209条 ① 前3条の規定による当選の効力に関する異議の申出，審査の申立て又は訴訟の提起があつた場合においても，その選挙が第205条第1項の場合に該当するときは，当該選挙管理委員会又は裁判所は，その選挙の全部又は一部の無効を決定し，裁決し又は判決しなければならない。

② 第205条第2項から第5項までの規定は，前項の場合に準用する。

第16章　罰　則（略）

第17章　補　則（略）

12　政党助成法（抄）

（平6・2・4法律第5号，平7・1・1施行，
最終改正：令4・6・17法律第68号）

第1章　総　則

（目　的）
第1条　この法律は，議会制民主政治における政党の機能の重要性にかんがみ，国が政党に対し政党交付金による助成を行うこととし，このために必要な政党の要件，政党の届出その他政党交付金の交付に関する手続を定めるとともに，その使途の報告その他必要な措置を講ずることにより，政党の政治活動の健全な発達の促進及びその公明と公正の確保を図り，もって民主政治の健全な発展に寄与することを目的とする。

（政党の定義）
第2条　① この法律において「政党」とは，政治団体（政治資金規正法（昭和23年法律第194号）第3条第1項に規定する政治団体をいう。以下同じ。）のうち，次の各号のいずれかに該当するものをいう。
1　当該政治団体に所属する衆議院議員又は参議院議員を5人以上有するもの
2　前号の規定に該当する政治団体に所属していない衆議院議員又は参議院議員を有するもので，直近において行われた衆議院議員の総選挙（以下単に「総選挙」という。）における小選挙区選出議員の選挙若しくは比例代表選出議員の選挙又は直近において行われた参議院議員の通常選挙（以下単に「通常選挙」という。）若しくは当該通常選挙の直近において行われた通常選挙における比例代表選出議員の選挙若しくは選挙区選出議員の選挙における当該政治団体の得票総数が当該選挙における有効投票の総数の100分の2以上であるもの
② 前項各号の規定は，他の政党（政治資金規正法第6条第1項（同条第5項において準用する場合を含む。）の規定により政党である旨の届出をした政党に限る。）に所属している衆議院議員又は参議院議員が所属している政治団体については，適用しない。

（政党に対する政党交付金の交付等）
第3条　① 国は，この法律の定めるところにより，政党交付金の交付を受ける政党等に対する法人格の付与に関する法律（平成6年法律第106号。以下「法人格付与法」という。）第4条第1項の規定による法人である政党に対して，政党交付金を交付する。
② 政党交付金は，議員数割（政党に所属する衆議院議員及び参議院議員の数に応じて交付される政党交付金をいう。以下同じ。）及び得票数割（総選挙の小選挙区選出議員の選挙及び比例代表選出議員の選挙並びに通常選挙の比例代表選出議員の選挙及び選挙区選出議員の選挙における政党の得票総数に応じて交付される政党交付金をいう。以下同じ。）とする。

13　〔裁判員法〕裁判員の参加する刑事裁判に関する法律（抄）

（平16・5・28法律第63号，平21・5・21施行，
最終改正：令5・5・17法律第28号）

第1章　総　則

（趣　旨）
第1条　この法律は，国民の中から選任された裁判員が裁判官と共に刑事訴訟手続に関与することが司法に対する国民の理解の増進とその信頼の向上に資することにかんがみ，裁判員の参加する刑事裁判に関し，裁判所法（昭和22年法律第59号）及び刑事訴訟法（昭和23年法律第131号）の特則その他の必要な事項を定めるものとする。

（対象事件及び合議体の構成）
第2条　① 地方裁判所は，次に掲げる事件については，次条又は第3条の2の決定があった場合を除き，この法律の定めるところにより裁判員の参加する合議体が構成された後は，裁判所法第26条の規定にかかわらず，裁判員の参加する合議体でこれを取り扱う。
1　死刑又は無期拘禁刑に当たる罪に係る事件
2　裁判所法第26条第2項第2号に掲げる事件であって，故意の犯罪行為により被害者を死亡させた罪に係るもの（前号に該当するものを除く。）
② 前項の合議体の裁判官の員数は3人，裁判員の員数は6人とし，裁判官のうち1人を裁判長とする。ただし，次項の決定があったときは，裁判官の員数は1人，裁判員の員数は4人とし，裁判官を裁判長とする。
③ 第1項の規定により同項の合議体で取り扱うべき事件（以下「対象事件」という。）のうち，公判前整理手続による争点及び証拠の整理において公訴事実について争いがないと認められ，事件の内容その他の事情を考慮して適当と認められるものについては，裁判所は，裁判官1人及び裁判員4人から成る合議体を構成して審理及び裁判をする旨の決定をすることができる。
④ 裁判所は，前項の決定をするには，公判前整理手続において，検察官，被告人及び弁護人に異議のないことを確認しなければならない。
⑤ 第3項の決定は，第27条第1項に規定する裁判員等選任手続の期日までにしなければならない。
⑥ 地方裁判所は，第3項の決定があったときは，裁判所法第26条第2項の規定にかかわらず，当該決定の時から第3項に規定する合議体が構成されるまでの間，1人の裁判官で事件を取り扱う。
⑦ 裁判所は，被告人の主張，審理の状況その他の事情を考慮して，事件を第3項に規定する合議体で取り扱うことが適当でないと認めたときは，決定で，同項の決定を取り消すことができる。
〔令4法68，施行3年内〕

（対象事件からの除外）
第3条　① 地方裁判所は，前条第1項各号に掲げる事件について，被告人の言動，被告人がその構成員である団体の主張若しくは当該団体の他の構成員の言動又は現に裁判員候補者若しくは裁判員に対する加害若しくはその告知が行われたことその他

の事情により，裁判員候補者，裁判員若しくは裁判員であった者若しくはその親族若しくはこれに準ずる者の生命，身体若しくは財産に危害が加えられるおそれ又はこれらの者の生活の平穏が著しく侵害されるおそれがあり，そのため裁判員候補者又は裁判員が畏怖し，裁判員候補者の出頭を確保することが困難な状況にあり又は裁判員の職務の遂行ができずこれに代わる裁判員の選任も困難であると認めるときは，検察官，被告人若しくは弁護人の請求により又は職権で，これを裁判官の合議体で取り扱う決定をしなければならない．

② 前項の決定又は同項の請求を却下する決定は，合議体でしなければならない．ただし，当該前条第1項各号に掲げる事件の審判に関与している裁判官は，その決定に関与することはできない．

③ 第1項の決定又は同項の請求を却下する決定をするには，最高裁判所規則で定めるところにより，あらかじめ，検察官及び被告人又は弁護人の意見を聴かなければならない．

④ 前条第1項の合議体が構成された後は，職権で第1項の決定をするには，あらかじめ，当該合議体の裁判長の意見を聴かなければならない．

⑤ 刑事訴訟法第43条第3項及び第4項並びに第44条第1項の規定は，第1項の決定及び同項の請求を却下する決定について準用する．

⑥ 第1項の決定又は同項の請求を却下する決定に対しては，即時抗告をすることができる．この場合においては，即時抗告に関する刑事訴訟法の規定を準用する．

（裁判官及び裁判員の権限）

第6条 ① 第2条第1項の合議体で事件を取り扱う場合において，刑事訴訟法第333条の規定による刑の言渡しの判決，同法第334条の規定による刑の免除の判決若しくは同法第336条の規定による無罪の判決又は少年法（昭和23年法律第168号）第55条の規定による家庭裁判所への移送の決定に係る裁判所の判断（次項第1号及び第2号に掲げるものを除く．）のうち次に掲げるもの（以下「裁判員の関与する判断」という．）は，第2条第1項の合議体の構成員である裁判官（以下「構成裁判官」という．）及び裁判員の合議による．

1　事実の認定
2　法令の適用
3　刑の量定

② 前項に規定する場合において，次に掲げる裁判所の判断は，構成裁判官の合議による．

1　法令の解釈に係る判断
2　訴訟手続に関する判断（少年法第55条の決定を除く．）
3　その他裁判員の関与する判断以外の判断

③ 裁判員の関与する判断をするための審理は構成裁判官及び裁判員で行い，それ以外の審理は構成裁判官のみで行う．

第7条 第2条第3項の決定があった場合において，構成裁判官の合議によるべき判断は，構成裁判官が行う．

第2章　裁判員

第1節　総　則
（裁判員の職権行使の独立）
第8条 裁判員は，独立してその職権を行う．

（裁判員の義務）

第9条 ① 裁判員は，法令に従い公平誠実にその職務を行わなければならない．

② 裁判員は，第70条第1項に規定する評議の秘密その他の職務上知り得た秘密を漏らしてはならない．

③ 裁判員は，裁判の公正さに対する信頼を損なうおそれのある行為をしてはならない．

④ 裁判員は，その品位を害するような行為をしてはならない．

（補充裁判員）

第10条 ① 裁判所は，審判の期間その他の事情を考慮して必要があると認めるときは，補充裁判員を置くことができる．ただし，補充裁判員の員数は，合議体を構成する裁判員の員数を超えることはできない．

② 補充裁判員は，裁判員の関与する判断をするための審理に立ち会い，第2条第1項の合議体を構成する裁判員の員数に不足が生じた場合に，あらかじめ定める順序に従い，これに代わって，裁判員に選任される．

③ 補充裁判員は，訴訟に関する書類及び証拠物を閲覧することができる．

④ 前条の規定は，補充裁判員について準用する．

（旅費，日当及び宿泊料）

第11条 裁判員及び補充裁判員には，最高裁判所規則で定めるところにより，旅費，日当及び宿泊料を支給する．

第2節　選　任
（裁判員の選任資格）

第13条 裁判員は，衆議院議員の選挙権を有する者の中から，この節の定めるところにより，選任するものとする．

（欠格事由）

第14条 国家公務員法（昭和22年法律第120号）第38条の規定に該当する場合のほか，次の各号のいずれかに該当する者は，裁判員となることができない．

1　学校教育法（昭和22年法律第26号）に定める義務教育を終了しない者．ただし，義務教育を終了した者と同等以上の学識を有する者は，この限りでない．

2　禁錮以上の刑に処せられた者

3　心身の故障のため裁判員の職務の遂行に著しい支障がある者　　　　〔令4法68，施行3年内〕

（就職禁止事由）

第15条 ① 次の各号のいずれかに該当する者は，裁判員の職務に就くことができない．

1　国会議員
2　国務大臣
3　次のいずれかに該当する国の行政機関の職員
イ　一般職の職員の給与に関する法律（昭和25年法律第95号）別表第11指定職俸給表の適用を受ける職員（ニに掲げる職を除く．）
ロ　一般職の任期付職員の採用及び給与の特例に関する法律（平成12年法律第125号）第7条第1項に規定する俸給表の適用を受ける職員であって，同表7号俸の俸給月額以上の俸給を受けるもの
ハ　特別職の職員の給与に関する法律（昭和24年法律第252号）別表第1及び別表第2の適用を受ける職員
ニ　防衛省の職員の給与等に関する法律（昭和27年法律第266号．以下「防衛省職員給与法」という．）第4条第1項の規定により一般職の職員

の給与に関する法律別表第11指定職俸給表の適用を受ける職員，防衛省職員給与法第4条第2項の規定により一般職の任期付職員の採用及び給与の特例に関する法律第7条第1項の俸給表に定める額の俸給（同表7号俸の俸給月額以上のものに限る．）を受ける職員及び防衛省職員給与法第4条第5項の規定の適用を受ける職員

4　裁判官及び裁判官であった者

5　検察官及び検察官であった者

6　弁護士（外国法事務弁護士を含む．以下この項において同じ．）及び弁護士であった者

7　弁理士

8　司法書士

9　公証人

10　司法警察職員としての職務を行う者

11　裁判所の職員（非常勤の者を除く．）

12　法務省の職員（非常勤の者を除く．）

13　国家公安委員会委員及び都道府県公安委員会委員並びに警察職員（非常勤の者を除く．）

14　判事，判事補，検事又は弁護士となる資格を有する者

15　学校教育法に定める大学の学部，専攻科又は大学院の法律学の教授又は准教授

16　司法修習生

17　都道府県知事及び市町村（特別区を含む．以下同じ．）の長

18　自衛官

② 次のいずれかに該当する者も，前項と同様とする．

1　拘禁刑以上の刑に当たる罪につき起訴され，その被告事件の終結に至らない者

2　逮捕又は勾留されている者

〔令4法68，施行3年内〕

（辞退事由）

第16条　次の各号のいずれかに該当する者は，裁判員となることについて辞退の申立てをすることができる．

1　年齢70年以上の者

2　地方公共団体の議会の議員（会期中の者に限る．）

3　学校教育法第1条，第124条又は第134条の学校の学生又は生徒（常時通学を要する課程に在学する者に限る．）

4　過去5年以内に裁判員又は補充裁判員の職にあった者

5　過去3年以内に選任予定裁判員であった者

6　過去1年以内に裁判員候補者として第27条第1項に規定する裁判員等選任手続の期日に出頭したことがある者（第34条第7項（第38条第2項（第46条第2項において準用する場合を含む．），第47条第2項及び第92条第2項において準用する場合を含む．第26条第3項において同じ．）の規定による不選任の決定があった者を除く．）

7　過去5年以内に検察審査会法（昭和23年法律第147号）の規定による検察審査員又は補充員の職にあった者

8　次に掲げる事由その他政令で定めるやむを得ない事由があり，裁判員の職務を行うこと又は裁判員候補者として第27条第1項に規定する裁判員等選任手続の期日に出頭することが困難な者

イ　重い疾病又は傷害により裁判所に出頭することが困難であること．

ロ　介護又は養育が行われなければ日常生活を営むのに支障がある同居の親族の介護又は養育を行う必要があること．

ハ　その従事する事業における重要な用務であって自らがこれを処理しなければ当該事業に著しい損害が生じるおそれがあるものがあること．

ニ　父母の葬式への出席その他の社会生活上の重要な用務であって他の期日に行うことができないものがあること．

ホ　重大な災害により生活基盤に著しい被害を受け，その生活の再建のための用務を行う必要があること．

（事件に関連する不適格事由）

第17条　次の各号のいずれかに該当する者は，当該事件について裁判員となることができない．

1　被告人又は被害者

2　被告人又は被害者の親族又は親族であった者

3　被告人又は被害者の法定代理人，後見監督人，保佐人，保佐監督人，補助人又は補助監督人

4　被告人又は被害者の同居人又は被用者

5　事件について告発又は請求をした者

6　事件について証人又は鑑定人になった者

7　事件について被告人の代理人，弁護人又は補佐人になった者

8　事件について検察官又は司法警察職員として職務を行った者

9　事件について検察審査員又は審査補助員として職務を行い，又は補充員として検察審査会議を傍聴した者

10　事件について刑事訴訟法第266条第2号の決定，略式命令，同法第398条から第400条まで，第412条若しくは第413条の規定により差し戻し，若しくは移送された場合における原判決又はこれらの裁判の基礎となった取調べに関与した者．ただし，受託裁判官として関与した場合は，この限りでない．

（その他の不適格事由）

第18条　前条のほか，裁判所がこの法律の定めるところにより不公平な裁判をするおそれがあると認めた者は，当該事件について裁判員となることができない．

（裁判員候補者への通知）

第25条　地方裁判所は，第23条第1項（前条第2項において読み替えて準用する場合を含む．）の規定による裁判員候補者名簿の調製をしたときは，当該裁判員候補者名簿に記載をされた者にその旨を通知しなければならない．

（呼び出すべき裁判員候補者の選定）

第26条　① 対象事件につき第1回の公判期日が定まったときは，裁判所は，必要な員数の補充裁判員を置く決定又は補充裁判員を置かない決定をしなければならない．

② 裁判所は，前項の決定をしたときは，審判に要すると見込まれる期間その他の事情を考慮して，呼び出すべき裁判員候補者の員数を定めなければならない．

③ 地方裁判所は，裁判員候補者名簿に記載をされた裁判員候補者の中から前項の規定により定められた員数の呼び出すべき裁判員候補者をくじで選定しなければならない．ただし，裁判所の呼出しに応じて次条第1項に規定する裁判員等選任手続の期日に出頭した裁判員候補者（第34条第7項の規定による不選任の決定があった者を除く．）については，その年において再度選定することはできない．

④ 地方裁判所は, 検察官及び弁護人に対し前項のくじに立ち会う機会を与えなければならない.

（裁判員候補者の呼出し）

第27条 ① 裁判所は, 裁判員及び補充裁判員の選任のための手続（以下「裁判員等選任手続」という.）を行う期日を定めて, 前条第3項の規定により選定された裁判員候補者を呼び出さなければならない. ただし, 裁判員等選任手続を行う期日から裁判員の職務が終了すると見込まれる日までの間（以下「職務従事予定期間」という.）において次の各号に掲げるいずれかの事由があると認められる裁判員候補者については, この限りでない.

1 第13条に規定する者に該当しないこと.

2 第14条の規定により裁判員となることができない者であること.

3 第15条第1項各号若しくは第2項各号又は第17条各号に掲げる事由に該当すること.

4 第16条の規定により裁判員となることについて辞退の申立てがあった裁判員候補者について同条各号に掲げる事由に該当すること.

② 前項の呼出しは, 呼出状の送達によってする.

③ 呼出状には, 出頭すべき日時, 場所, 呼出しに応じないときは過料に処せられることがある旨その他最高裁判所規則で定める事項を記載しなければならない.

④ 裁判員等選任手続の期日と裁判員候補者に対する呼出状の送達までの間には, 最高裁判所規則で定める猶予期間を置かなければならない.

⑤ 裁判所は, 第1項の規定による呼出し後その出頭すべき日時までの間に, 職務従事予定期間において同項各号に掲げるいずれかの事由があると認められるに至った裁判員候補者については, 直ちにその呼出しを取り消さなければならない.

⑥ 裁判所は, 前項の規定により呼出しを取り消したときは, 速やかに当該裁判員候補者にその旨を通知しなければならない.

（裁判員候補者の追加呼出し）

第28条 ① 裁判所は, 裁判員等選任手続において裁判員及び必要な員数の補充裁判員を選任するために必要があると認めるときは, 追加して必要な員数の裁判員候補者を呼び出すことができる.

② 第26条第3項及び第4項, 第27条第1項ただし書及び第2項から第6項まで並びに前条の規定は, 前項の場合に準用する. この場合において, 第26条第3項中「前項の規定により定められた員数」とあるのは, 「裁判所が必要と認めた員数」と読み替えるものとする.

（裁判員候補者の出頭義務, 旅費等）

第29条 ① 呼出しを受けた裁判員候補者は, 裁判員等選任手続の期日に出頭しなければならない.

② 裁判所の呼出しに応じて裁判員等選任手続の期日に出頭した裁判員候補者には, 最高裁判所規則で定めるところにより, 旅費, 日当及び宿泊料を支給する.

③ 地方裁判所は, 裁判所の呼出しに応じて裁判員等選任手続の期日に出頭した裁判員候補者については, 最高裁判所規則で定めるところにより, 裁判員候補者名簿から消除しなければならない. ただし, 第34条第7項の規定による不選任の決定があった裁判員候補者については, この限りでない.

（裁判員等選任手続の列席者等）

第32条 ① 裁判員等選任手続は, 裁判官及び裁判所書記官が列席し, かつ, 検察官及び弁護人が出席して行うものとする.

② 裁判所は, 必要と認めるときは, 裁判員等選任手続に被告人を出席させることができる.

（裁判員等選任手続の方式）

第33条 ① 裁判員等選任手続は, 公開しない.

② 裁判員等選任手続の指揮は, 裁判長が行う.

③ 裁判員等選任手続は, 第34条第4項及び第36条第1項の規定による不選任の決定の請求が裁判員候補者の面前において行われないようにするとともに, その他裁判員候補者の心情に十分配慮して, これを行わなければならない.

④ 裁判所は, 裁判員等選任手続の続行のため, 新たな期日を定めることができる. この場合において, 裁判員等選任手続の期日に出頭した裁判員候補者に対し当該新たな期日を通知したときは, 呼出状の送達があった場合と同一の効力を有する.

（理由を示さない不選任の請求）

第36条 ① 検察官及び被告人は, 裁判員候補者について, それぞれ, 4人（第2条第3項の決定があった場合は, 3人）を限度として理由を示さずに不選任の決定の請求（以下「理由を示さない不選任の請求」という.）をすることができる.

② 前項の規定にかかわらず, 補充裁判員を置くときは, 検察官及び被告人が理由を示さない不選任の請求をすることができる員数は, それぞれ, 同項の員数にその選任すべき補充裁判員の員数が1人又は2人のときは1人, 3人又は4人のときは2人, 5人又は6人のときは3人を加えた員数とする.

③ 理由を示さない不選任の請求があったときは, 裁判所は, 当該理由を示さない不選任の請求に係る裁判員候補者について不選任の決定をする.

④ 刑事訴訟法第21条第2項の規定は, 理由を示さない不選任の請求について準用する.

（選任決定）

第37条 ① 裁判所は, くじその他の作為が加わらない方法として最高裁判所規則で定める方法に従い, 裁判員等選任手続の期日に出頭した裁判員候補者で不選任の決定がされなかったものから, 第2条第2項に規定する員数（当該裁判員候補者の員数がこれに満たないときは, その員数）の裁判員を選任する決定をしなければならない.

② 裁判所は, 補充裁判員を置くときは, 前項の規定により裁判員を選任する決定をした後, 同項に規定する方法に従い, その余の不選任の決定がされなかった裁判員候補者から, 第26条第1項の規定により決定した員数（当該裁判員候補者の員数がこれに満たないときは, その員数）の補充裁判員を裁判員に選任されるべき順序を定めて選任する決定をしなければならない.

③ 裁判所は, 前2項の規定により裁判員又は補充裁判員に選任された者以外の不選任の決定がされなかった裁判員候補者については, 不選任の決定をするものとする.

（裁判員が不足する場合の措置）

第38条 ① 裁判所は, 前条第1項の規定により選任された裁判員の員数が選任すべき裁判員の員数に満たないときは, 不足する員数の裁判員を選任しなければならない. この場合において, 裁判所は, 併せて必要と認める員数の補充裁判員を選任することができる.

② 第26条（第1項を除く.）から前条までの規定

は, 前項の規定による裁判員及び補充裁判員の選任について準用する. この場合において, 第36条第1項中「4人 (第2条第3項の決定があった場合は, 3人)」とあるのは「選任すべき裁判員の員数が1人又は2人のときは1人, 3人又は4人のときは2人, 5人又は6人のときは3人」と, 前条第1項中「第2条第2項に規定する員数」とあるのは「選任すべき裁判員の員数」と読み替えるものとする.

(宣誓等)

第39条 ① 裁判長は, 裁判員及び補充裁判員に対し, 最高裁判所規則で定めるところにより, 裁判員及び補充裁判員の権限, 義務その他必要な事項を説明するものとする.

② 裁判員及び補充裁判員は, 最高裁判所規則で定めるところにより, 法令に従い公平誠実にその職務を行うことを誓う旨の宣誓をしなければならない.

(最高裁判所規則への委任)

第40条 第32条から前条までに定めるもののほか, 裁判員等選任手続に関し必要な事項は, 最高裁判所規則で定める.

　第3節 解任等

(裁判員等の任務の終了)

第48条 裁判員及び補充裁判員の任務は, 次のいずれかに該当するときに終了する.

1 終局裁判を告知したとき.

2 第3条第1項, 第3条の2第1項又は第5条ただし書の決定により, 第2条第1項の合議体が取り扱っている事件又は同項の合議体で取り扱うべき事件の全てを1人の裁判官又は裁判官の合議体で取り扱うこととなったとき.

14 裁判所法 (抄)

(昭22・4・16法律第59号, 昭22・5・3施行,
最終改正：令5・6・14法律第53号)

◆ 第1編　総則 ◆

第1条 (この法律の趣旨) 日本国憲法に定める最高裁判所及び下級裁判所については, この法律の定めるところによる.

第2条 (下級裁判所) ① 下級裁判所は, 高等裁判所, 地方裁判所, 家庭裁判所及び簡易裁判所とする.

② 下級裁判所の設立, 廃止及び管轄区域は, 別に法律でこれを定める.

第3条 (裁判所の権限) ① 裁判所は, 日本国憲法に特別の定のある場合を除いて一切の法律上の争訟を裁判し, その他法律において特に定める権限を有する.

② 前項の規定は, 行政機関が前審として審判することを妨げない.

③ この法律の規定は, 刑事について, 別に法律で陪審の制度を設けることを妨げない.

第4条 (上級審の裁判の拘束力) 上級審の裁判所の裁判における判断は, その事件について下級審の裁判所を拘束する.

第5条 (裁判官) ① 最高裁判所の裁判官は, その長たる裁判官を最高裁判所長官とし, その他の裁判官を最高裁判所判事とする.

② 下級裁判所の裁判官は, 高等裁判所の長たる裁判官を高等裁判所長官とし, その他の裁判官を判事, 判事補及び簡易裁判所判事とする.

③ 最高裁判所判事の員数は, 14人とし, 下級裁判所の裁判官の員数は, 別に法律でこれを定める.

◆ 第2編　最高裁判所 ◆

第6条 (所在地) 最高裁判所は, これを東京都に置く.

第7条 (裁判権) 最高裁判所は, 左の事項について裁判権を有する.

1 上告

2 訴訟法において特に定める抗告

第8条 (その他の権限) 最高裁判所は, この法律に定めるものの外, 他の法律において特に定める権限を有する.

第9条 (大法廷・小法廷) ① 最高裁判所は, 大法廷又は小法廷で審理及び裁判をする.

② 大法廷は, 全員の裁判官の, 小法廷は, 最高裁判所の定める員数の裁判官の合議体とする. 但し, 小法廷の裁判官の員数は, 3人以上でなければならない.

③ 各合議体の裁判官のうち1人を裁判長とする.

④ 各合議体では, 最高裁判所の定める員数の裁判官が出席すれば, 審理及び裁判をすることができる.

第10条 (大法廷及び小法廷の審判) 事件を大法廷又は小法廷のいずれで取り扱うかについては, 最高裁判所の定めるところによる. 但し, 左の場合においては, 小法廷では裁判をすることができない.

1 当事者の主張に基いて, 法律, 命令, 規則又は処分が憲法に適合するかしないかを判断するとき. (意見が前に大法廷でした, その法律, 命令, 規則又は処分が憲法に適合するとの裁判と同じであるときを除く.)

2 前号の場合を除いて, 法律, 命令, 規則又は処分が憲法に適合しないと認めるとき.

3 憲法その他の法令の解釈適用について, 意見が前に最高裁判所のした裁判に反するとき.

第11条 (裁判官の意見の表示) 裁判書又は電子裁判書 (裁判所が他の者の定めるところにより作成した裁判の内容を記録した電磁的記録 (電子的方式, 磁気的方式その他人の知覚によつては認識することができない方式で作られる記録であつて, 電子計算機による情報処理の用に供されるものをいう. 第60条において同じ.) をいう.) には, 各裁判官の意見を表示しなければならない.

〔令5法53, 令8・5・24までに施行〕

第12条 (司法行政事務) ① 最高裁判所が司法行政事務を行うのは, 裁判官会議の議によるものとし, 最高裁判所長官が, これを総括する.

② 裁判官会議は, 全員の裁判官でこれを組織し, 最高裁判所長官が, その議長となる.

第13条 (事務総局) 最高裁判所の庶務を掌らせるため, 最高裁判所に事務総局を置く.

第14条 (司法研修所) 裁判官の研究及び修養並びに司法修習生の修習に関する事務を取り扱わせるため, 最高裁判所に司法研修所を置く.

第14条の2 (裁判所職員総合研修所) 裁判所書記官, 家庭裁判所調査官その他の裁判官以外の裁判所の職員の研究及び修養に関する事務を取り扱わせるため, 最高裁判所に裁判所職員総合研修所を置く.

第14条の3 (最高裁判所図書館) 最高裁判所に国立国会図書館の支部図書館として, 最高裁判所図書館を置く.

◆　第3編　　下級裁判所　◆

第2章　　地方裁判所

第24条（裁判権）地方裁判所は，次の事項について裁判権を有する．

1　第33条第1項第1号の請求以外の請求に係る訴訟（第31条の3第1項第2号の人事訴訟を除く．）及び第33条第1項第1号の請求に係る訴訟のうち不動産に関する訴訟の第1審

2　第16条第4号の罪及び罰金以下の刑に当たる罪以外の罪に係る訴訟の第1審

3　第16条第1号の控訴を除いて，簡易裁判所の判決に対する控訴

4　第7条第2号及び第16条第2号の抗告を除いて，簡易裁判所の決定及び命令に対する抗告

第4章　　簡易裁判所

第33条（裁判権）①　簡易裁判所は，次の事項について第1審の裁判権を有する．

1　訴訟の目的の価額が140万円を超えない請求（行政事件訴訟に係る請求を除く．）

2　罰金以下の刑に当たる罪，選択刑として罰金が定められている罪は刑法第186条，第252条若しくは第256条の罪に係る訴訟

②　簡易裁判所は，拘禁刑以上の刑を科することができない．ただし，刑法第130条の罪若しくはその未遂罪，同法第186条の罪，同法第235条の罪若しくはその未遂罪，同法第252条，第254条若しくは第256条の罪，古物営業法（昭和24年法律第108号）第31条から第33条までの罪若しくは質屋営業法（昭和25年法律第158号）第30条から第32条までの罪に係る事件又はこれらの罪と他の罪とにつき刑法第54条第1項の規定によりこれらの罪の刑をもつて処断すべき事件においては，3年以下の拘禁刑を科することができる．

③　簡易裁判所は，前項の制限を超える刑を科するのを相当と認めるときは，訴訟法の定めるところにより事件を地方裁判所に移さなければならない．

〔令4法68，施行3年内〕

15　内　閣　法（抄）

（昭22・1・16法律第5号，昭22・5・3施行，
最終改正：令5・4・28法律第14号）

第1条①　内閣は，国民主権の理念にのつとり，日本国憲法第73条その他日本国憲法に定める職権を行う．

②　内閣は，行政権の行使について，全国民を代表する議員からなる国会に対し連帯して責任を負う．

第2条①　内閣は，国会の指名に基づいて任命された首長たる内閣総理大臣及び内閣総理大臣により任命せられた国務大臣をもつて，これを組織する．

②　前項の国務大臣の数は，14人以内とする．ただし，特別に必要がある場合においては，3人を限度にその数を増加し，17人以内とすることができる．

第3条①　各大臣は，別に法律の定めるところによ

り，主任の大臣として，行政事務を分担管理する．

②　前項の規定は，行政事務を分担管理しない大臣の存することを妨げるものではない．

第4条①　内閣がその職権を行うのは，閣議によるものとする．

②　閣議は，内閣総理大臣がこれを主宰する．この場合において，内閣総理大臣は，内閣の重要政策に関する基本的な方針その他の案件を発議することができる．

③　各大臣は，案件の如何を問わず，内閣総理大臣に提出して，閣議を求めることができる．

第5条　内閣総理大臣は，内閣を代表して内閣提出の法律案，予算その他の議案を国会に提出し，一般国務及び外交関係について国会に報告する．

第6条　内閣総理大臣は，閣議にかけて決定した方針に基いて，行政各部を指揮監督する．

第7条　主任の大臣の間における権限についての疑義は，内閣総理大臣が，閣議にかけて，これを裁定する．

第8条　内閣総理大臣は，行政各部の処分又は命令を中止せしめ，内閣の処置を待つことができる．

第9条　内閣総理大臣に事故のあるとき，又は内閣総理大臣が欠けたときは，その予め指定する国務大臣が，臨時に，内閣総理大臣の職務を行う．

第10条　主任の国務大臣に事故のあるとき，又は主任の国務大臣が欠けたときは，内閣総理大臣又はその指定する国務大臣が，臨時に，その主任の国務大臣の職務を行う．

第11条　政令には，法律の委任がなければ，義務を課し，又は権利を制限する規定を設けることができない．

第12条①　内閣に，内閣官房を置く．

②　内閣官房は，次に掲げる事務をつかさどる．

1　閣議事項の整理その他内閣の庶務

2　内閣の重要政策に関する基本的な方針に関する企画及び立案並びに総合調整に関する事務

3　閣議に係る重要事項に関する企画及び立案並びに総合調整に関する事務

4　行政各部の施策の統一を図るために必要となる企画及び立案並びに総合調整に関する事務

5　前3号に掲げるもののほか，行政各部の施策に関するその統一保持上必要な企画及び立案並びに総合調整に関する事務

6　内閣の重要政策に関する情報の収集調査に関する事務

7　国家公務員に関する制度の企画及び立案に関する事務

8　国家公務員法（昭和22年法律第120号）第18条の2（独立行政法人通則法（平成11年法律第103号）第54条第1項において準用する場合を含む．）に規定する事務に関する事務

9　国家公務員の退職手当制度に関する事務

10　特別職の国家公務員の給与制度に関する事務

11　国家公務員の総人件費の基本方針及び人件費予算の配分の方針の企画及び立案並びに調整に関する事務

12　前7号から前号までに掲げるもののほか，国家公務員の人事行政に関する事務（他の行政機関の所掌に属するものを除く．）

13　行政機関の機構及び定員に関する企画及び立案並びに機構及び定員に関する審査を行う事務

14　各行政機関の機構の新設，改正及び廃止並びに定員の設置，増減及び廃止に関する審査を行う事務

15　前各号に掲げるもののほか，法律（法律に基づ

く命令を含む.）に基づき，内閣官房に属させられた事務

③ 前項の外，内閣官房は，政令の定めるところにより，内閣の事務を助ける．

④ 内閣官房の外，内閣に，別に法律の定めるところにより，必要な機関を置き，内閣の事務を助けしめることができる．

第13条 ① 内閣官房に内閣官房長官1人を置く．

② 内閣官房長官は，国務大臣をもつて充てる．

③ 内閣官房長官は，内閣官房の事務を統轄し，所部の職員の服務につき，これを統督する．

16　国家行政組織法（抄）

（昭23・7・10法律第120号，昭24・6・1施行，
最終改正：令3・5・19法律第36号）

（目的）
第1条　この法律は，内閣の統轄の下における行政機関で内閣府及びデジタル庁以外のもの（以下「国の行政機関」という．）の組織の基準を定め，もつて国の行政事務の能率的な遂行のために必要な国家行政組織を整えることを目的とする．

（組織の構成）
第2条 ① 国家行政組織は，内閣の統轄の下に，内閣府及びデジタル庁の組織と共に，任務及びこれを達成するため必要となる明確な範囲の所掌事務を有する行政機関の全体によつて，系統的に構成されなければならない．

② 国の行政機関は，内閣の統轄の下に，その政策について，自ら評価し，企画及び立案を行い，並びに国の行政機関相互の調整を図るとともに，その相互の連絡を図り，全て，一体として，行政機能を発揮するようにしなければならない．内閣府及びデジタル庁との政策についての調整及び連絡についても，同様とする．

（行政機関の設置，廃止，任務及び所掌事務）
第3条 ① 国の行政機関の組織は，この法律でこれを定めるものとする．

② 行政組織のため置かれる国の行政機関は，省，委員会及び庁とし，その設置及び廃止は，別に法律の定めるところによる．

③ 省は，内閣の統轄の下に第5条第1項の規定により各省大臣の分担管理する行政事務及び同条第2項の規定により当該大臣が掌理する行政事務をつかさどる機関として置かれるものとし，委員会及び庁は，省に，その外局として置かれるものとする．

④ 第2項の国の行政機関として置かれるものは，別表第1にこれを掲げる．

第4条　前条の国の行政機関の任務及びこれを達成するため必要となる所掌事務の範囲は，別に法律でこれを定める．

（行政機関の長）
第5条 ① 各省の長は，それぞれ各省大臣とし，内閣法（昭和22年法律第5号）にいう主任の大臣として，それぞれ行政事務を分担管理する．

② 各省大臣は，前項の規定により行政事務を分担管理するほか，それぞれ，その分担管理する行政事務に係る各省の任務に関連する特定の内閣の重要政策について，当該重要政策に関して閣議において決

定された基本的な方針に基づいて，行政各部の施策の統一を図るために必要となる企画及び立案並びに総合調整に関する事務を掌理する．

③ 各省大臣は，国務大臣のうちから，内閣総理大臣が命ずる．ただし，内閣総理大臣が，自ら当たることを妨げない．

第6条　委員会の長は，委員長とし，庁の長は，長官とする．

（行政機関の長の権限）
第10条　各省大臣，各委員会の委員長及び各庁の長官は，その機関の事務を統括し，職員の服務について，これを統督する．

第11条　各省大臣は，主任の行政事務について，法律又は政令の制定，改正又は廃止を必要と認めるときは，案をそなえて，内閣総理大臣に提出して，閣議を求めなければならない．

第12条 ① 各省大臣は，主任の行政事務について，法律若しくは政令を施行するため，又は法律若しくは政令の特別の委任に基づいて，それぞれその機関の命令として省令を発することができる．

② 各外局の長は，その機関の所掌事務について，それぞれ主任の各省大臣に対し，案をそなえて，省令を発することを求めることができる．

③ 省令には，法律の委任がなければ，罰則を設け，又は義務を課し，若しくは国民の権利を制限する規定を設けることができない．

第13条 ① 各委員会及び各庁の長官は，別に法律の定めるところにより，政令及び省令以外の規則その他の特別の命令を自ら発することができる．

② 前条第3項の規定は，前項の命令に，これを準用する．

第14条 ① 各省大臣，各委員会及び各庁の長官は，その機関の所掌事務について，公示を必要とする場合においては，告示を発することができる．

② 各省大臣，各委員会及び各庁の長官は，その機関の所掌事務について，命令又は示達をするため，所管の諸機関及び職員に対し，訓令又は通達を発することができる．

第15条　各省大臣，各委員会及び各庁の長官は，その機関の任務（各省にあつては，各省大臣が主任の大臣として分担管理する行政事務に係るものに限る．）を遂行するため政策について行政機関相互の調整を図る必要があると認めるときは，その必要性を明らかにした上で，関係行政機関の長に対し，必要な資料の提出及び説明を求め，並びに当該関係行政機関の政策に関し意見を述べることができる．

17　国家公務員法（抄）

（昭22・10・21法律第120号，昭23・7・1施行，
最終改正：令4・6・17法律第68号）

第1章　総則

（この法律の目的及び効力）
第1条 ① この法律は，国家公務員たる職員について適用すべき各般の根本基準（職員の福祉及び利益を保護するための適切な措置を含む．）を確立し，職員がその職務の遂行に当り，最大の能率を発揮し得るように，民主的な方法で，選択され，且つ，指導

さるべきことを定め，以て国民に対し，公務の民主的且つ能率的な運営を保障することを目的とする．

② この法律は，もつぱら日本国憲法第73条にいう官吏に関する事務を掌理する基準を定めるものである．

③ 何人も，故意に，この法律又はこの法律に基づく命令に違反し，又は違反を企て若しくは共謀してはならない．又，何人も，故意に，この法律又はこの法律に基づく命令の施行に関し，虚偽行為をなし，若しくはなそうと企て，又はその施行を妨げてはならない．

④ この法律のある規定が，効力を失い，又はその適用が無効とされても，この法律の他の規定又は他の関係における適用は，その影響を受けることがない．

⑤ この法律の規定が，従前の法律又はこれに基く法令と矛盾し又はてい触する場合には，この法律の規定が，優先する．

（一般職及び特別職）
第2条 ① 国家公務員の職は，これを一般職と特別職とに分つ．

② 一般職は，特別職に属する職以外の国家公務員の一切の職を包含する．

③ 特別職は，次に掲げる職員の職とする．
1　内閣総理大臣
2　国務大臣
3　人事官及び検査官
4　内閣法制局長官
5　内閣官房副長官
5の2　内閣危機管理監
5の3　国家安全保障局長
5の4　内閣官房副長官補，内閣広報官及び内閣情報官
6　内閣総理大臣補佐官
7　副大臣
7の2　大臣政務官
7の3　大臣補佐官
7の4　デジタル監
8　内閣総理大臣秘書官及び国務大臣秘書官並びに特別職たる機関の長の秘書官のうち人事院規則で指定するもの
9　就任について選挙によることを必要とし，あるいは国会の両院又は一院の議決又は同意によることを必要とする職員
10　宮内庁長官，侍従長，東宮大夫，式部官長及び侍従次長並びに法律又は人事院規則で指定する宮内庁のその他の職員
11　特命全権大使，特命全権公使，特派大使，政府代表，全権委員，全権委員の代理並びに特派大使，政府代表又は全権委員の顧問及び随員
11の2　日本ユネスコ国内委員会の委員
12　日本学士院会員
12の2　日本学術会議会員
13　裁判官及びその他の裁判所職員
14　国会職員
15　国会議員の秘書
16　防衛省の職員（防衛省に置かれる合議制の機関で防衛省設置法（昭和29年法律第164号）第41条の政令で定める委員及び同法第4条第1項第24号又は第25号に掲げる事務に従事する職員で同法第41条の政令で定めるもののうち，人事院規則で指定するものを除く．）
17　独立行政法人通則法（平成11年法律第103号）

第2条第4項に規定する行政執行法人（以下「行政執行法人」という．）の役員

④ この法律の規定は，一般職に属するすべての職（以下その職を官職といい，その職を占める者を職員という．）に，これを適用する．人事院は，ある職が，国家公務員の職に属するかどうか及び本条に規定する一般職に属するか特別職に属するかを決定する権限を有する．

⑤ この法律の規定は，この法律の改正法律により，別段の定がなされない限り，特別職に属する職には，これを適用しない．

⑥ 政府は，一般職又は特別職以外の勤務者を置いてその勤務に対し俸給，給料その他の給与を支払つてはならない．

⑦ 前項の規定は，政府又はその機関と外国人の間に，個人的基礎においてなされる勤務の契約には適用されない．

第2章　中央人事行政機関

（人事院）
第3条 ① 内閣の所轄の下に人事院を置く．人事院は，この法律に定める基準に従つて，内閣に報告しなければならない．

② 人事院は，法律の定めるところに従い，給与その他の勤務条件の改善及び人事行政の改善に関する勧告，採用試験（採用試験の対象官職及び種類並びに採用試験により確保すべき人材に関する事項を除く．），任免（標準職務遂行能力，採用昇任等基本方針，幹部職員の任用等に係る特例及び幹部候補育成課程に関する事項（第33条第1項に規定する根本基準の実施につき必要な事項であつて，行政需要の変化に対応するために行う優れた人材の養成及び活用の確保に関するものを含む．）を除く．），給与（一般職の職員の給与に関する法律（昭和25年法律第95号）第6条の2第1項の規定による指定職俸給表の適用を受ける職員の号俸の決定の方法並びに同法第8条第1項の規定による職務の級の定数の設定及び改定に関する事項を除く．），研修（第70条の6第1項第1号に掲げる観点に係るものに限る．）の計画の樹立及び実施並びに当該研修に係る調査研究，分限，懲戒，苦情の処理，職務に係る倫理の保持その他職員に関する人事行政の公正の確保及び職員の利益の保護等に関する事務をつかさどる．

③ 法律により，人事院が処置する権限を与えられている部門においては，人事院の決定及び処分は，人事院によつてのみ審査される．

④ 前項の規定は，法律問題につき裁判所に出訴する権利に影響を及ぼすものではない．

（国家公務員倫理審査会）
第3条の2 ① 前条第2項の所掌事務のうち職務に係る倫理の保持に関する事務を所掌させるため，人事院に国家公務員倫理審査会を置く．

② 国家公務員倫理審査会に関しては，この法律に定めるもののほか，国家公務員倫理法（平成11年法律第129号）の定めるところによる．

（職　員）
第4条 ① 人事院は，人事官3人をもつて，これを組織する．

② 人事官のうち1人は，総裁として命ぜられる．

③ 人事院は，事務総長及び予算の範囲内においてそ

の職務を適切に行うため必要とする職員を任命する.

④　人事院は, その内部機構を管理する. 国家行政組織法 (昭和23年法律第120号) は, 人事院には適用されない.

（人事官）

第5条　①　人事官は, 人格が高潔で, 民主的な統治組織と成績本位の原則による能率的な事務の処理に理解があり, かつ, 人事行政に関し識見を有する年齢35年以上の者のうちから両議院の同意を経て, 内閣が任命する.

②　人事官の任免は, 天皇が認証する.

③　次の各号のいずれかに該当する者は, 人事官となることができない.

1　破産手続開始の決定を受けて復権を得ない者

2　拘禁刑以上の刑に処せられた者又は第4章に規定する罪を犯し, 刑に処せられた者

3　第38条第2号又は第4号に該当する者

④　任命の日以前5年間において, 政党の役員, 政治的顧問その他これらと同様な政治的影響力を有する政党員であつた者又は任命の日以前5年間において, 公選による国若しくは都道府県の公職の候補者となつた者は, 人事院規則で定めるところにより, 人事官となることができない.

⑤　人事官の任命については, そのうちの2人が, 同一の政党に属し, 又は同一の大学学部を卒業した者となることとなつてはならない.

〔令4法68, 施行3年内〕

（内閣総理大臣の調査）

第18条の3　①　内閣総理大臣は, 職員の退職管理に関する事項 (第106条の2から第106条の4までに規定するものに限る.) に関し調査することができる.

②　第17条第2項から第5項までの規定は, 前項の規定による調査について準用する. この場合において, 同条第2項中「人事院又は前項の規定により指名された者は, 同項」とあるのは「内閣総理大臣は, 第18条の3第1項」と, 同条第3項中「第1項の調査 (職員の職務に係る倫理の保持に関して行われるものに限る.)」とあるのは「第18条の3第1項の調査」と, 「対象である職員」とあるのは「対象である職員且有しくは職員であつた者」と, 「同項の規定により指名された者に, 当該職員」とあるのは「当該職員」と, 「立ち入らせ」とあるのは「立ち入り」と, 「検査させ, 又は関係者に質問させる」とあるのは「検査し, 若しくは関係者に質問する」と読み替えるものとする.

（再就職等監視委員会への権限の委任）

第18条の4　内閣総理大臣は, 前条の規定による権限を再就職等監視委員会に委任する.

（内閣総理大臣の援助等）

第18条の5　①　内閣総理大臣は, 職員の離職に際しての離職後の就職の援助を行う.

②　内閣総理大臣は, 官民の人材交流 (国と民間企業との間の人事交流に関する法律 (平成11年法律第224号) 第2条第3項に規定する交流派遣又は民間企業に現に雇用され, 又は雇用されていた者の職員への第36条ただし書の規定による採用その他これらに準ずるものとして政令で定めるものをいう. 第54条第2項第7号において同じ.) の円滑な実施のための支援を行う.

（官民人材交流センターへの事務の委任）

第18条の6　①　内閣総理大臣は, 前条に規定する事務を官民人材交流センターに委任する.

②　内閣総理大臣は, 前項の規定により委任する事務について, その運営に関する指針を定め, これを公表する.

（官民人材交流センター）

第18条の7　①　内閣府に, 官民人材交流センターを置く.

②　官民人材交流センターは, この法律及び他の法律の規定によりその権限に属させられた事項を処理する.

③　官民人材交流センターの長は, 官民人材交流センター長とし, 内閣官房長官をもつて充てる.

④　官民人材交流センター長は, 官民人材交流センターの事務を統括する.

⑤　官民人材交流センター長は, 官民人材交流センターの所掌事務を遂行するために必要があると認めるときは, 関係行政機関の長に対し, 資料の提出, 意見の開陳, 説明その他必要な協力を求め, 又は意見を述べることができる.

⑥　官民人材交流センターに, 官民人材交流副センター長を置く.

⑦　官民人材交流副センター長は, 官民人材交流センター長の職務を助ける.

⑧　官民人材交流センターに, 所要の職員を置く.

⑨　内閣総理大臣は, 官民人材交流センターの所掌事務の全部又は一部を分掌させるため, 所要の地に, 官民人材交流センターの支所を置くことができる.

⑩　第3項から前項までに定めるもののほか, 官民人材交流センターの組織に関し必要な事項は, 政令で定める.

第3章　職員に適用される基準

第1節　通　則

（平等取扱いの原則）

第27条　全て国民は, この法律の適用について, 平等に取り扱われ, 人種, 信条, 性別, 社会的身分, 門地又は第38条第4号に該当する場合を除くほか政治的意見若しくは政治的所属関係によつて, 差別されてはならない.

（情勢適応の原則）

第28条　①　この法律及び他の法律に基づいて定められる職員の給与, 勤務時間その他勤務条件に関する基礎事項は, 国会により社会一般の情勢に適応するように, 随時これを変更することができる. その変更に関しては, 人事院においてこれを勧告することを怠つてはならない.

②　人事院は, 毎年, 少くとも1回, 俸給表が適当であるかどうかについて国会及び内閣に同時に報告しなければならない. 給与を決定する諸条件の変化により, 俸給表に定める給与を100分の5以上増減する必要が生じたと認められるときは, 人事院は, その報告にあわせて, 国会及び内閣に適当な勧告をしなければならない.

第29条〜第32条　削除

第2節　採用試験及び任免

（任免の根本基準）

第33条　①　職員の任用は, この法律の定めるところにより, その者の受験成績, 人事評価又はその他の能力の実証に基づいて行わなければならない.

②　前項に規定する根本基準の実施に当たつては, 次に掲げる事項が確保されなければならない.

1　職員の公正な任用
2　行政需要の変化に対応するために行う優れた人材の養成及び活用
③　職員の免職は、法律に定める事由に基づいてこれを行わなければならない。
④　第1項に規定する根本基準の実施につき必要な事項であつて第2項第1号に掲げる事項の確保に関するもの及び前項に規定する根本基準の実施につき必要な事項は、この法律に定めのあるものを除いては、人事院規則でこれを定める。

第6節　分限、懲戒及び保障
第2款　懲戒
（懲戒の場合）
第82条　①　職員が次の各号のいずれかに該当する場合には、当該職員に対し、懲戒処分として、免職、停職、減給又は戒告の処分をすることができる。
　1　この法律若しくは国家公務員倫理法又はこれらの法律に基づく命令（国家公務員倫理法第5条第3項の規定に基づく訓令及び同条第4項の規定に基づく規則を含む。）に違反した場合
　2　職務上の義務に違反し、又は職務を怠つた場合
　3　国民全体の奉仕者たるにふさわしくない非行のあつた場合
②　職員が、任命権者の要請に応じ特別職に属する国家公務員、地方公務員又は沖縄振興開発金融公庫その他その業務が国の事務若しくは事業と密接な関連を有するものとして人事院規則で定めるものに使用される者（以下この項において「特別職国家公務員等」という。）となるため退職し、引き続き特別職国家公務員等として在職した後、引き続き当該退職を前提として職員として採用された場合（一の特別職国家公務員等として在職した後、引き続き一以上の特別職国家公務員等として在職し、引き続き当該退職を前提として職員として採用された場合を含む。）において、当該退職までの引き続く職員としての在職期間（当該退職前に同様の退職（以下この項において「先の退職」という。）、特別職国家公務員等としての在職及び職員の採用がある場合には、当該先の退職までの引き続く職員としての在職期間を含む。以下この項において「要請に応じた退職前の在職期間」という。）中に前項各号のいずれかに該当したときは、当該職員に対し、同項に規定する懲戒処分を行うことができる。定年前再任用短時間勤務職員が、年齢60年以上退職者となつた日までの引き続く職員としての在職期間（要請に応じた退職前の在職期間を含む。）又は第60条の2第1項の規定によりかつて採用されて定年前再任用短時間勤務職員として在職していた期間中に前項各号のいずれかに該当したときも、同様とする。
（懲戒の効果）
第83条　①　停職の期間は、1年をこえない範囲内において、人事院規則でこれを定める。
②　停職者は、職員としての身分を保有するが、その職務に従事しない。停職者は、第92条の規定による場合の外、停職の期間中給与を受けることができない。
（懲戒権者）
第84条　①　懲戒処分は、任命権者が、これを行う。
②　人事院は、この法律に規定された調査を経て職員を懲戒手続に付することができる。
（国家公務員倫理審査会への権限の委任）

第84条の2　人事院は、前条第2項の規定による権限（国家公務員倫理法又はこれに基づく命令（国家公務員倫理法第5条第3項の規定に基づく訓令及び同条第4項の規定に基づく規則を含む。）に違反する行為に関して行われるものに限る。）を国家公務員倫理審査会に委任する。
（刑事裁判との関係）
第85条　懲戒に付せらるべき事件が、刑事裁判所に係属する間においても、人事院又は人事院の承認を経て任命権者は、同一事件について、適宜に、懲戒手続を進めることができる。この法律による懲戒処分は、当該職員が、同一又は関連の事件に関し、重ねて刑事上の訴追を受けることを妨げない。
第3款　保障
第1目　勤務条件に関する行政措置の要求
（勤務条件に関する行政措置の要求）
第86条　職員は、俸給、給料その他あらゆる勤務条件に関し、人事院に対して、人事院若しくは内閣総理大臣又はその職員の所轄庁の長により、適当な行政上の措置が行われることを要求することができる。
（事案の審査及び判定）
第87条　前条に規定する要求のあつたときは、人事院は、必要と認める調査、口頭審理その他の事実審査を行い、一般国民及び関係者に公平なように、且つ、職員の能率を発揮し、及び増進する見地において、事案を判定しなければならない。
（判定の結果採るべき措置）
第88条　人事院は、前条に規定する判定に基き、勤務条件に関し一定の措置を必要と認めるときは、その権限に属する事項については、自らこれを実行し、その他の事項については、内閣総理大臣又はその職員の所轄庁の長に対し、その実行を勧告しなければならない。
第2目　職員の意に反する不利益な処分に関する審査
（審査請求と訴訟との関係）
第92条の2　第89条第1項に規定する処分であつて人事院に対して審査請求をすることができるものの取消しの訴えは、審査請求に対する人事院の裁決を経た後でなければ、提起することができない。
第7節　服務
（服務の根本基準）
第96条　①　すべて職員は、国民全体の奉仕者として、公共の利益のために勤務し、且つ、職務の遂行に当つては、全力を挙げてこれに専念しなければならない。
②　前項に規定する根本基準の実施に関し必要な事項は、この法律又は国家公務員倫理法に定めるものを除いては、人事院規則でこれを定める。
（服務の宣誓）
第97条　職員は、政令の定めるところにより、服務の宣誓をしなければならない。
（法令及び上司の命令に従う義務並びに争議行為等の禁止）
第98条　①　職員は、その職務を遂行するについて、法令に従い、且つ、上司の職務上の命令に忠実に従わなければならない。
②　職員は、政府が代表する使用者としての公衆に対して同盟罷業、怠業その他の争議行為をなし、又は政府の活動能率を低下させる怠業的行為をしてはならない。又、何人も、このような違法な行為を企て、又はその遂行を共謀し、そそのかし、若しくはあおつてはならない。

③ 職員で同盟罷業その他前項の規定に違反する行為をした者は，その行為の開始とともに，国に対し，法令に基いて保有する任命又は雇用上の権利をもつて，対抗することができない。

（信用失墜行為の禁止）

第99条　職員は，その官職の信用を傷つけ，又は官職全体の不名誉となるような行為をしてはならない。

（秘密を守る義務）

第100条　① 職員は，職務上知ることのできた秘密を漏らしてはならない。その職を退いた後といえども同様とする。

② 法令による証人，鑑定人等となり，職務上の秘密に属する事項を発表するには，所轄庁の長（退職者については，その退職した官職又はこれに相当する官職の所轄庁の長）の許可を要する。

③ 前項の許可は，法律又は政令の定める条件及び手続に係る場合を除いては，これを拒むことができない。

④ 前三項の規定は，人事院で扱われる調査又は審理の際人事院から求められる情報に関しては，これを適用しない。何人も，人事院の権限によつて行われる調査又は審理に際して，秘密の又は公表を制限された情報を陳述し又は証言することを人事院から求められた場合には，何人からも許可を受ける必要がない。何人も，人事院が正式に要求した情報について，人事院に対して，陳述及び証言を行わなかつた者は，この法律の罰則の適用を受けなければならない。

⑤ 前項の規定は，第18条の4の規定に基く任命の委任を受けた再就職等監視委員会が行う調査について準用する。この場合において，同項中「人事院」とあるのは「再就職等監視委員会」と，「調査又は審理」とあるのは「調査」と読み替えるものとする。

（職務に専念する義務）

第101条　① 職員は，法律又は命令の定める場合を除いては，その勤務時間及び職務上の注意力のすべてをその職責遂行のために用い，政府がなすべき責を有する職務にのみ従事しなければならない。職員は，法律又は命令の定める場合を除いては，官職を兼ねてはならない。職員は，官職を兼ねる場合においても，それに対して給与を受けてはならない。

② 前項の規定は，地震，火災，水害その他重大な災害に際し，当該官庁が職員を本職以外の業務に従事させることを妨げない。

（政治的行為の制限）

第102条　① 職員は，政党又は政治的目的のために，寄附金その他の利益を求め，若しくは受領し，又は何らの方法を以てするを問わず，これらの行為に関与し，あるいは選挙権の行使を除く外，人事院規則で定める政治的行為をしてはならない。

② 職員は，公選による公職の候補者となることができない。

③ 職員は，政党その他の政治的団体の役員，政治的顧問，その他これらと同様な役割をもつ構成員となることができない。

（私企業からの隔離）

第103条　① 職員は，商業，工業又は金融業その他営利を目的とする私企業（以下営利企業という。）を営むことを目的とする会社その他の団体の役員，顧問若しくは評議員の職を兼ね，又は自ら営利企業を営んではならない。

② 前項の規定は，人事院規則の定めるところにより，所轄庁の長の申出により人事院の承認を得た場合には，これを適用しない。

③ 営利企業について，株式所有の関係その他の関係により，当該企業の経営に参加し得る地位にある職員に対し，人事院は，人事院規則の定めるところにより，株式所有の関係その他の関係について報告を徴することができる。

④ 人事院は，人事院規則の定めるところにより，前項の報告に基き，企業に対する関係の全部又は一部の存続が，その職員の職務遂行上適当でないと認めるときは，その旨を当該職員に通知することができる。

⑤ 前項の通知を受けた職員は，その通知の内容について不服があるときは，その通知を受領した日の翌日から起算して3月以内に，人事院に審査請求をすることができる。

⑥ 第90条第3項並びに第91条第2項及び第3項の規定は前項の審査請求のあつた場合について，第92条の2は第4項の通知の取消しの訴えについて，それぞれ準用する。

⑦ 第5項の審査請求をしなかつた職員及び人事院が同項の審査請求について調査した結果，通知の内容が正当であると裁決された職員は，人事院規則の定めるところにより，人事院規則の定める期間内に，その企業に対する関係の全部若しくは一部を絶つか，又はその官職を退かなければならない。

（他の事業又は事務の関与制限）

第104条　職員が報酬を得て，営利企業以外の事業の団体の役員，顧問若しくは評議員の職を兼ね，その他いかなる事業に従事し，若しくは事務を行うにも，内閣総理大臣及びその職員の所轄庁の長の許可を要する。

（職員の職務の範囲）

第105条　職員は，職員としては，法律，命令，規則又は指令による職務を担当する以外の義務を負わない。

（勤務条件）

第106条　① 職員の勤務条件その他職員の服務に関し必要な事項は，人事院規則でこれを定めることができる。

② 前項の人事院規則は，この法律の規定の趣旨に沿うものでなければならない。

　第10節　職員団体

第108条の2　① この法律において「職員団体」とは，職員がその勤務条件の維持改善を図ることを目的として組織する団体又はその連合体をいう。

② 前項の「職員」とは，第5項に規定する職員以外の職員をいう。

③ 職員は，職員団体を結成し，若しくは結成せず，又はこれに加入し，若しくは加入しないことができる。ただし，重要な行政上の決定を行う職員，重要な行政上の決定に参画する管理的地位にある職員，職員の任免に関して直接の権限を持つ監督的地位にある職員，職員の任免，分限，懲戒若しくは服務，職員の給与その他の勤務条件又は職員団体との関係についての当局の計画及び方針に関する機密の事項に接し，そのためにその職務上の義務と責任とが直接に抵触すると認められる監督的地位にある職員その他職員団体との関係において当局の立場に立つて遂行すべき職務を担当する職員（以下「管理職員等」という。）と管理職員等以外の職員とは，同一の職員団体を組織することができず，管理職員等と管理職員等以外の職員とが組織する団体は，この法律に

いう「職員団体」ではない．

④ 前項ただし書に規定する管理職員等の範囲は，人事院規則で定める．

⑤ 警察職員及び海上保安庁又は刑事施設において勤務する職員は，職員の勤務条件の維持改善を図ることを目的とし，かつ，当局と交渉する団体を結成し，又はこれに加入してはならない．

（交　渉）

第108条の5 ① 当局は，登録された職員団体から，職員の給与，勤務時間その他の勤務条件に関し，及びこれに附帯して，社交的又は厚生的活動を含む適法な活動に係る事項に関し，適法な交渉の申入れがあつた場合においては，その申入れに応ずべき地位に立つものとする．

② 職員団体と当局との交渉は，団体協約を締結する権利を含まないものとする．

③ 国の事務の管理及び運営に関する事項は，交渉の対象とすることができない．

④ 職員団体が交渉することのできる当局は，交渉事項について適法に管理し，又は決定することのできる当局とする．

⑤ 交渉は，職員団体と当局があらかじめ取り決めた員数の範囲内で，職員団体がその役員の中から指名する者と当局の指名する者との間において行なわなければならない．交渉に当たつては，職員団体と当局との間において，議題，時間，場所その他必要な事項をあらかじめ取り決めて行なうものとする．

⑥ 前項の場合において，特別の事情があるときは，職員団体は，役員以外の者を指名することができるものとする．ただし，その指名する者は，当該交渉の対象である特定の事項について交渉する適法な委任を当該職員団体の執行機関から受けたことを文書によつて証明できる者でなければならない．

⑦ 交渉は，前2項の規定に適合しないこととなつたとき，又は他の職員の職務の遂行を妨げ，若しくは国の事務の正常な運営を阻害することとなつたときは，これを打ち切ることができる．

⑧ 本条に規定する交渉は，勤務時間中においても行なうことができるものとする．

⑨ 職員は，職員団体に属していないという理由で，第1項に規定する事項に関し，不満を表明し，又は意見を申し出る自由を否定されないものとする．

（職員団体のための職員の行為の制限）

第108条の6 ① 職員は，職員団体の業務にもつぱら従事することができない．ただし，所轄庁の長の許可を受けて，登録された職員団体の役員としてもつぱら従事する場合は，この限りでない．

② 前項ただし書の許可は，所轄庁の長が相当と認める場合に与えることができるものとし，これを与える場合においては，所轄庁の長は，その許可の有効期間を定めるものとする．

③ 第1項ただし書の規定により登録された職員団体の役員として専ら従事する期間は，職員としての在職期間を通じて5年（行政執行法人の労働関係に関する法律（昭和23年法律第257号）第2条第2号の職員として同法第7条第1項ただし書の規定により労働組合の業務に専ら従事したことがある職員については，5年からその専ら従事した期間を控除した期間）を超えることができない．

④ 第1項ただし書の許可は，当該許可を受けた職員が登録された職員団体の役員として当該職員団体の業務にもつぱら従事する者でなくなつたときは，

取り消されるものとする．

⑤ 第1項ただし書の許可を受けた職員は，その許可が効力を有する間は，休職者とする．

⑥ 職員は，人事院規則で定める場合を除き，給与を受けながら，職員団体のためその業務を行ない，又は活動してはならない．

（不利益取扱いの禁止）

第108条の7 職員は，職員団体の構成員であること，これを結成しようとしたこと，若しくはこれに加入しようとしたこと，又はその職員団体における正当な行為をしたことのために不利益な取扱いを受けない．

18　人事院規則14-7（政治的行為）

（昭24・9・19人事院規則14-7，昭24・9・19施行，最終改正：令4・2・18人事院規則1-79）

人事院は，国家公務員法に基き，政治的行為に関し次の人事院規則を制定する．

（適用の範囲）

① 法及び規則中政治的行為の禁止又は制限に関する規定は，臨時的任用として勤務する者，条件付任用期間の者，休職，休職又は停職中の者及びその他理由のいかんを問わず一時的に勤務しない者をも含む全ての一般職に属する職員に適用する．ただし，顧問，参与，委員その他人事院の指定すると同様な諮問的な非常勤の職員（法第60条の2第1項に規定する短時間勤務の官職を占める職員を除く．）が他の法令に規定する禁止又は制限に触れることなしにする行為には適用しない．

② 法又は規則によつて禁止又は制限される職員の政治的行為は，すべて，職員が，公然又は内密に，職員以外の者と共同して行う場合においても，禁止又は制限される．

③ 法又は規則によつて職員が自ら行うことを禁止又は制限される政治的行為は，すべて，職員が自ら選んだ又は自己の管理に属する代理人，使用人その他の者を通じて間接に行う場合においても，禁止又は制限される．

④ 法又は規則によつて禁止又は制限される職員の政治的行為は，第6項第16号に定めるものを除いては，職員が勤務時間外において行う場合においても，禁止される．

（政治的目的の定義）

⑤ 法及び規則中政治的目的とは，次に掲げるものをいう．政治的目的をもつてなされる行為であつても，第6項に定める政治的行為に含まれない限り，法第102条第1項の規定に違反するものではない．

1　規則14-5に定める公選による公職の選挙において，特定の候補者を支持し又はこれに反対すること．

2　最高裁判所の裁判官の任命に関する国民審査に際し，特定の裁判官を支持し又はこれに反対すること．

3　特定の政党その他の政治的団体を支持し又はこれに反対すること．

4　特定の内閣を支持し又はこれに反対すること．

5　政治の方向に影響を与える意図で特定の政策を主張し又はこれに反対すること．

6　国の機関又は公の機関において決定した政策

（法令，規則又は条例に包含されたものを含む。）の実施を妨害すること。

7　地方自治法（昭和22年法律第67号）に基く地方公共団体の条例の制定若しくは改廃又は事務監査の請求に関する署名を成立させ又は成立させないこと。

8　地方自治法に基く地方公共団体の議会の解散又は法律に基く公務員の解職の請求に関する署名を成立させ若しくは成立させず又はこれらの請求に基く解散若しくは解職に賛成し若しくは反対すること。

（政治的行為の定義）

⑥　法第102条第1項の規定する政治的行為とは，次に掲げるものをいう。

1　政治的目的のために職名，職権又はその他の公私の影響力を利用すること。

2　政治的目的のために寄附金その他の利益を提供し又は提供せずその他政治的目的をもつなんらかの行為をなし又はなさないことに対する代償又は報復として，任用，職務，給与その他職員の地位に関してなんらかの利益を得若しくは得ようと企て又は得させようとすることあるいは不利益を与え，与えようと企て又は与えようとおびやかすこと。

3　政治的目的をもつて，賦課金，寄附金，会費又はその他の金品を求め若しくは受領し又はなんらの方法をもつてするを問わずこれらの行為に関与すること。

4　政治的目的をもつて，前号に定める金品を国家公務員に与え又は支払うこと。

5　政党その他の政治的団体の結成を企画し，結成に参与し若しくはこれらの行為を援助し又はそれらの団体の役員，政治的顧問その他これらと同様な役割をもつ構成員となること。

6　特定の政党その他の政治的団体の構成員となるように又はならないように勧誘運動をすること。

7　政党その他の政治的団体の機関紙たる新聞その他の刊行物を発行し，編集し，配布し又はこれらの行為を援助すること。

8　政治的目的をもつて，第5項第1号に定める選挙，同項第2号に定める国民審査の投票又は同項第8号に定める解散若しくは解職の投票において，投票するように又はしないように勧誘運動をすること。

9　政治的目的のために署名運動を企画し，主宰し又は指導しその他これに積極的に参与すること。

10　政治的目的をもつて，多数の人の行進その他の示威運動を企画し，組織し若しくは指導し又はこれらの行為を援助すること。

11　集会その他多数の人に接し得る場所で又は拡声器，ラジオその他の手段を利用して，公に政治的目的を有する意見を述べること。

12　政治的目的を有する文書又は図画を国又は行政執行法人の庁舎（行政執行法人にあつては，事務所。以下同じ。）施設等に掲示し又は掲示させその他政治的目的を有する文書，図画，施設，資材又は資金を利用し又は利用させること。

13　政治的目的を有する署名又は無署名の文書，図画，音盤又は形象を発行し，回覧に供し，掲示し若しくは配布し又は多数の人に対して朗読し若しくは聴取させ，あるいはこれらの用に供するために著作し又は編集すること。

14　政治的目的を有する演劇を演出し若しくは主宰

し又はこれらの行為を援助すること。

15　政治的目的をもつて，政治上の主義主張又は政党その他の政治的団体の表示に用いられる旗，腕章，記章，えり章，服飾その他これらに類するものを製作し又は配布すること。

16　政治的目的をもつて，勤務時間中において，前号に掲げるものを着用し又は表示すること。

17　なんらの名義又は形式をもつてするを問わず，前各号の禁止又は制限を免れる行為をすること。

⑦　この規定のいかなる規定も，職員が本来の職務を遂行するため当然行うべき行為を禁止又は制限するものではない。

⑧　各省各庁の長及び行政執行法人の長は，法又は規則に定める政治的行為の禁止又は制限に違反する行為又は事実があつたことを知つたときは，直ちに人事院に通知するとともに，違反行為の防止又は矯正のために適切な措置をとらなければならない。

19　〔特定秘密保護法〕特定秘密の保護に関する法律（抄）

（平25・12・13法律第108号，平26・12・10施行，最終改正：令4・6・17法律第68号）

第1章　総　　則

（目的）

第1条　この法律は，国際情勢の複雑化に伴い我が国及び国民の安全の確保に係る情報の重要性が増大するとともに，デジタル社会の発展に伴いその漏えいの危険性が懸念される中で，我が国の安全保障（国の存立に関わる外部からの侵略等に対して国家及び国民の安全を保障することをいう。以下同じ。）に関する情報のうち特に秘匿することが必要であるものについて，これを適確に保護する体制を確立した上で収集し，整理し，及び活用することが重要であることに鑑み，当該情報の保護に関し，特定秘密の指定及び取扱者の制限その他の必要な事項を定めることにより，その漏えいの防止を図り，もって我が国及び国民の安全の確保に資することを目的とする。

20　地方自治法（抄）

（昭22・4・17法律第67号，昭22・5・3施行，最終改正：令5・6・16法律第63号）

◆　第1編　総　　則　◆

第1条　この法律は，地方自治の本旨に基いて，地方公共団体の区分並びに地方公共団体の組織及び運営に関する事項の大綱を定め，併せて国と地方公共団体との間の基本的関係を確立することにより，地方公共団体における民主的にして能率的な行政の確保を図るとともに，地方公共団体の健全な発達を保障することを目的とする。

第1条の2　①　地方公共団体は，住民の福祉の増進を図ることを基本として，地域における行政を自主的

（1条の3～6条）

20 地方自治法

かつ総合的に実施する役割を広く担うものとする．

② 国は，前項の規定の趣旨を達成するため，国においては国際社会における国家としての存立にかかわる事務，全国的に統一して定めることが望ましい国民の諸活動若しくは地方自治に関する基本的な準則に関する事務又は全国的な規模で若しくは全国的な視点に立つて行わなければならない施策及び事業の実施その他の国が本来果たすべき役割を重点的に担い，住民に身近な行政はできる限り地方公共団体にゆだねることを基本として，地方公共団体との間で適切に役割を分担するとともに，地方公共団体に関する制度の策定及び施策の実施に当つて，地方公共団体の自主性及び自立性が十分に発揮されるようにしなければならない．

第1条の3 ① 地方公共団体は，普通地方公共団体及び特別地方公共団体とする．

② 普通地方公共団体は，都道府県及び市町村とする．

③ 特別地方公共団体は，特別区，地方公共団体の組合及び財産区とする．

第2条 ① 地方公共団体は，法人とする．

② 普通地方公共団体は，地域における事務及びその他の事務で法律又はこれに基づく政令により処理することとされるものを処理する．

③ 市町村は，基礎的な地方公共団体として，第5項において都道府県が処理するものとされているものを除き，一般的に，前項の事務を処理するものとする．

④ 市町村は，前項の規定にかかわらず，次項に規定する事務のうち，その規模又は性質において一般の市町村が処理することが適当でないと認められるものについては，当該市町村の規模及び能力に応じて，これを処理することができる．

⑤ 都道府県は，市町村を包括する広域の地方公共団体として，第2項の事務で，広域にわたるもの，市町村に関する連絡調整に関するもの及びその規模又は性質において一般の市町村が処理することが適当でないと認められるものを処理するものとする．

⑥ 都道府県及び市町村は，その事務を処理するに当つては，相互に競合しないようにしなければならない．

⑦ 特別地方公共団体は，この法律の定めるところにより，その事務を処理する．

⑧ この法律において「自治事務」とは，地方公共団体が処理する事務のうち，法定受託事務以外のものをいう．

⑨ この法律において「法定受託事務」とは，次に掲げる事務をいう．

1 法律又はこれに基づく政令により都道府県，市町村又は特別区が処理することとされる事務のうち，国が本来果たすべき役割に係るものであつて，国においてその適正な処理を特に確保する必要があるものとして法律又はこれに基づく政令に特に定めるもの（以下「第1号法定受託事務」という．）

2 法律又はこれに基づく政令により市町村又は特別区が処理することとされる事務のうち，都道府県が本来果たすべき役割に係るものであつて，都道府県においてその適正な処理を特に確保する必要があるものとして法律又はこれに基づく政令に特に定めるもの（以下「第2号法定受託事務」という．）

⑩ この法律又はこれに基づく政令に規定するもののほか，法律に定める法定受託事務は第1号法定受託事務にあつては別表第1の上欄に掲げる法律についてそれぞれ同表の下欄に，第2号法定受託事務にあつては別表第2の上欄に掲げる法律についてそれぞれ同表の下欄に掲げるとおりであり，政令に定める法定受託事務はこの法律に基づく政令に示すとおりである．

⑪ 地方公共団体に関する法令の規定は，地方自治の本旨に基づき，かつ，国と地方公共団体との適切な役割分担を踏まえたものでなければならない．

⑫ 地方公共団体に関する法令の規定は，地方自治の本旨に基づいて，かつ，国と地方公共団体との適切な役割分担を踏まえて，これを解釈し，及び運用するようにしなければならない．この場合において，特別地方公共団体に関する法令の規定は，この法律に定める特別地方公共団体の特性にも照応するように，これを解釈し，及び運用しなければならない．

⑬ 法律又はこれに基づく政令により地方公共団体が処理することとされる事務が自治事務である場合においては，国は，地方公共団体が地域の特性に応じて当該事務を処理することができるよう特に配慮しなければならない．

⑭ 地方公共団体は，その事務を処理するに当つては，住民の福祉の増進に努めるとともに，最少の経費で最大の効果を挙げるようにしなければならない．

⑮ 地方公共団体は，常にその組織及び運営の合理化に努めるとともに，他の地方公共団体に協力を求めてその規模の適正化を図らなければならない．

⑯ 地方公共団体は，法令に違反してその事務を処理してはならない．なお，市町村及び特別区は，当該都道府県の条例に違反してその事務を処理してはならない．

⑰ 前項の規定に違反して行つた地方公共団体の行為は，これを無効とする．

第3条 ① 地方公共団体の名称は，従来の名称による．

② 都道府県の名称を変更しようとするときは，法律でこれを定める．

③ 都道府県以外の地方公共団体の名称を変更しようとするときは，この法律に特別の定めのあるものを除くほか，条例でこれを定める．

④ 地方公共団体の長は，前項の規定により当該地方公共団体の名称を変更しようとするときは，あらかじめ都道府県知事に協議しなければならない．

⑤ 地方公共団体の長は，第3項の規定により条例を制定し又は改廃したときは，直ちに都道府県知事に当該地方公共団体の変更後の名称及び名称を変更する日を報告しなければならない．

⑥ 都道府県知事は，前項の規定による報告があつたときは，直ちにその旨を総務大臣に通知しなければならない．

⑦ 前項の規定による通知を受けたときは，総務大臣は，直ちにその旨を告示するとともに，これを国の関係行政機関の長に通知しなければならない．

◆ **第2編　普通地方公共団体** ◆

第1章　通　則

第5条 ① 普通地方公共団体の区域は，従来の区域による．

② 都道府県は，市町村を包括する．

第6条 ① 都道府県の廃置分合又は境界変更をしようとするときは，法律でこれを定める．

② 都道府県の境界にわたつて市町村の設置又は境

界の変更があつたときは,都道府県の境界も,また,自ら変更する. 従来地方公共団体の区域に属しなかつた地域を市町村の区域に編入したときも,また,同様とする.

③ 前2項の場合において財産処分を必要とするときは,関係地方公共団体が協議してこれを定める. 但し,法律に特別の定があるときは,この限りでない.

④ 前項の協議については,関係地方公共団体の議会の議決を経なければならない.

第8条 ① 市となるべき普通地方公共団体は,左に掲げる要件を具えていなければならない.

1 人口5万以上を有すること.

2 当該普通地方公共団体の中心の市街地を形成している区域内に在る戸数が,全戸数の6割以上であること.

3 商工業その他の都市的業態に従事する者及びその者と同一世帯に属する者の数が,全人口の6割以上であること.

4 前各号に定めるものの外,当該都道府県の条例で定める都市的施設その他の都市としての要件を具えていること.

② 町となるべき普通地方公共団体は,当該都道府県の条例で定める町としての要件を具えていなければならない.

③ 町村を市とし又は市を町村とする処分は第7条第1項,第2項及び第6項から第8項までの例により,村を町とし又は町を村とする処分は同条第1項及び第6項から第8項までの例により,これを行うものとする.

第2章　住　民

第10条 ① 市町村の区域内に住所を有する者は,当該市町村及びこれを包括する都道府県の住民とする.

② 住民は,法律の定めるところにより,その属する普通地方公共団体の役務の提供をひとしく受ける権利を有し,その負担を分任する義務を負う.

第11条 日本国民たる普通地方公共団体の住民は,この法律の定めるところにより,その属する普通地方公共団体の選挙に参与する権利を有する.

第12条 ① 日本国民たる普通地方公共団体の住民は,この法律の定めるところにより,その属する普通地方公共団体の条例(地方税の賦課徴収並びに分担金,使用料及び手数料の徴収に関するものを除く.)の制定又は改廃を請求する権利を有する.

② 日本国民たる普通地方公共団体の住民は,この法律の定めるところにより,その属する普通地方公共団体の事務の監査を請求する権利を有する.

第13条 ① 日本国民たる普通地方公共団体の住民は,この法律の定めるところにより,その属する普通地方公共団体の議会の解散を請求する権利を有する.

② 日本国民たる普通地方公共団体の住民は,この法律の定めるところにより,その属する普通地方公共団体の議会の議員,長,副知事若しくは副市町村長,第252条の19第1項に規定する指定都市の総合区長,選挙管理委員若しくは監査委員又は公安委員会の委員の解職を請求する権利を有する.

③ 日本国民たる普通地方公共団体の住民は,法律の定めるところにより,その属する普通地方公共団体

の教育委員会の教育長又は委員の解職を請求する権利を有する.

第13条の2 市町村は,別に法律の定めるところにより,その住民につき,住民たる地位に関する正確な記録を常に整備しておかなければならない.

第3章　条例及び規則

第14条 ① 普通地方公共団体は,法令に違反しない限りにおいて第2条第2項の事務に関し,条例を制定することができる.

② 普通地方公共団体は,義務を課し,又は権利を制限するには,法令に特別の定めがある場合を除くほか,条例によらなければならない.

③ 普通地方公共団体は,法令に特別の定めがあるものを除くほか,その条例中に,条例に違反した者に対し,2年以下の拘禁刑,100万円以下の罰金,拘留,科料若しくは没収の刑又は5万円以下の過料を科する旨の規定を設けることができる.

〔令4法68,施行3年内〕

第15条 ① 普通地方公共団体の長は,法令に違反しない限りにおいて,その権限に属する事務に関し,規則を制定することができる.

② 普通地方公共団体の長は,法令に特別の定めがあるものを除くほか,普通地方公共団体の規則中に,規則に違反した者に対し,5万円以下の過料を科する旨の規定を設けることができる.

第16条 ① 普通地方公共団体の議会の議長は,条例の制定又は改廃の議決があつたときは,その日から3日以内にこれを当該普通地方公共団体の長に送付しなければならない.

② 普通地方公共団体の長は,前項の規定により条例の送付を受けた場合は,その日から20日以内にこれを公布しなければならない. ただし,再議その他の措置を講じた場合は,この限りでない.

③ 条例は,条例に特別の定があるものを除く外,公布の日から起算して10日を経過した日から,これを施行する.

④ 当該普通地方公共団体の長の署名,施行期日の特例その他条例の公布に関し必要な事項は,条例でこれを定めなければならない.

⑤ 前2項の規定は,普通地方公共団体の規則並びにその機関の定める規則及びその他の規程で公表を要するものにこれを準用する. 但し,法令又は条例に特別の定があるときは,この限りでない.

第4章　選　挙

第17条 普通地方公共団体の議会の議員及び長は,別に法律の定めるところにより,選挙人が投票によりこれを選挙する.

第18条 日本国民たる年齢満18年以上の者で引き続き3箇月以上市町村の区域内に住所を有するものは,別に法律の定めるところにより,その属する普通地方公共団体の議会の議員及び長の選挙権を有する.

第19条 ① 普通地方公共団体の議会の議員の選挙権を有する者で年齢満25年以上のものは,別に法律の定めるところにより,普通地方公共団体の議会の議員の被選挙権を有する.

② 日本国民で年齢満30年以上のものは,別に法律の定めるところにより,都道府県知事の被選挙権を

有する.

③ 日本国民で年齢満 25 年以上のものは,別に法律の定めるところにより,市町村長の被選挙権を有する.

第5章　直接請求

第1節　条例の制定及び監査の請求

第74条 ① 普通地方公共団体の議会の議員及び長の選挙権を有する者（以下この編において「選挙権を有する者」という.）は,政令で定めるところにより,その総数の 50 分の 1 以上の者の連署をもつて,その代表者から,普通地方公共団体の長に対し,条例（地方税の賦課徴収並びに分担金,使用料及び手数料の徴収に関するものを除く.）の制定又は改廃の請求をすることができる.

② 前項の請求があつたときは,当該普通地方公共団体の長は,直ちに請求の要旨を公表しなければならない.

③ 普通地方公共団体の長は,第1項の請求を受理した日から 20 日以内に議会を招集し,意見を付してこれを議会に付議し,その結果を同項の代表者（以下この条において「代表者」という.）に通知するとともに,これを公表しなければならない.

④ 議会は,前項の規定により付議された事件の審議を行うに当たつては,政令で定めるところにより,代表者に意見を述べる機会を与えなければならない.

⑤ 第1項の選挙権を有する者は,公職選挙法（昭和 25 年法律第 100 号）第 22 条第1項又は第3項の規定による選挙人名簿の登録が行われた日において選挙人名簿に登録されている者とし,その総数の 50 分の 1 の数は,当該普通地方公共団体の選挙管理委員会において,その登録が行われた日後直ちに告示しなければならない.

⑥ 選挙権を有する者のうち次に掲げるものは,代表者となり,又は代表者であることができない.

1　公職選挙法第 27 条第1項又は第2項の規定により選挙人名簿にこれらの項の表示をされている者（都道府県に係る請求にあつては,同法第9条第3項の規定により当該都道府県の議会の議員及び長の選挙権を有するものとされた者（同法第 11 条第1項若しくは第 252 条又は政治資金規正法（昭和 23 年法律第 194 号）第 28 条の規定により選挙権を有しなくなつた旨の表示をされている者を除く.）を除く.）

2　前項の選挙人名簿の登録が行われた日以後に公職選挙法第 28 条の規定により選挙人名簿から抹消された者

3　第1項の請求に係る普通地方公共団体（当該普通地方公共団体が,都道府県である場合には当該都道府県の区域内の市町村並びに第 252 条の 19 第1項に規定する指定都市（以下この号において「指定都市」という.）の区及び総合区を含み,指定都市である場合には当該市の区及び総合区を含む.）の選挙管理委員会の委員又は職員である者

⑦ 第1項の請求に係る普通地方公共団体の区域内で衆議院議員,参議院議員又は地方公共団体の議会の議員若しくは長の選挙が行われることとなるときは,政令で定める期間,当該選挙が行われる区域内においては請求のための署名を求めることができない.

第75条 ① 選挙権を有する者（道の方面公安委員会については,当該方面公安委員会の管理する方面

本部の管轄区域内において選挙権を有する者）は,政令で定めるところにより,その総数の 50 分の 1 以上の者の連署をもつて,その代表者から,普通地方公共団体の監査委員に対し,当該普通地方公共団体の事務の執行に関し,監査の請求をすることができる.

② 前項の請求があつたときは,監査委員は,直ちに当該請求の要旨を公表しなければならない.

③ 監査委員は,第1項の請求に係る事項につき監査し,監査の結果に関する報告を決定し,これを同項の代表者（第5項及び第6項において「代表者」という.）に送付し,かつ,公表するとともに,これを当該普通地方公共団体の議会及び長並びに関係のある教育委員会,選挙管理委員会,人事委員会若しくは公平委員会,公安委員会,労働委員会,農業委員会その他法律に基づく委員会又は委員に提出しなければならない.

④ 前項の規定による監査の結果に関する報告の決定は,監査委員の合議によるものとする.

⑤ 監査委員は,第3項の規定による監査の結果に関する報告の決定について,各監査委員の意見が一致しないことにより,前項の合議により決定することができない事項がある場合には,その旨及び当該事項についての各監査委員の意見を代表者に送付し,かつ,公表するとともに,これらを当該普通地方公共団体の議会及び長並びに関係のある教育委員会,選挙管理委員会,人事委員会若しくは公平委員会,公安委員会,労働委員会,農業委員会その他法律に基づく委員会又は委員に提出しなければならない.

⑥ 第 74 条第5項の規定は第1項の選挙権を有する者及びその総数の 50 分の 1 の数について,同条第6項の規定は代表者について,同条第7項から第9項まで及び第 74 条の2から前条までの規定は第1項の規定による請求者の署名について,それぞれ準用する.この場合において,第 74 条第6項第3号中「区域内」とあるのは,「区域内（道の方面公安委員会に係る請求については,当該方面公安委員会の管理する方面本部の管轄区域内）」と読み替えるものとする.

第2節　解散及び解職の請求

第76条 ① 選挙権を有する者は,政令の定めるところにより,その総数の3分の1（その総数が 40 万を超え 80 万以下の場合にあつては 40 万を超える数に6分の1を乗じて得た数と 40 万に3分の1を乗じて得た数とを合算して得た数,その総数が 80 万を超える場合にあつてはその 80 万を超える数に8分の1を乗じて得た数と 40 万に6分の1を乗じて得た数と 40 万に3分の1を乗じて得た数とを合算して得た数）以上の者の連署をもつて,その代表者から,普通地方公共団体の選挙管理委員会に対し,当該普通地方公共団体の議会の解散の請求をすることができる.

② 前項の請求があつたときは,委員会は,直ちに請求の要旨を公表しなければならない.

③ 第1項の請求があつたとき,委員会は,これを選挙人の投票に付さなければならない.

④ 第 74 条第5項の規定は第1項の選挙権を有する者及びその総数の3分の1の数（その総数が 40 万を超え 80 万以下の場合にあつてはその 40 万を超える数に6分の1を乗じて得た数と 40 万に3分の1を乗じて得た数とを合算して得た数,その総数が 80 万を超える場合にあつてはその 80 万を超える数に8分の1を乗じて得た数と 40 万に6分の1を乗じ

得た数と40万に3分の1を乗じて得た数とを合算して得た数）の代表者について、同条第6項の規定は第1項の代表者について、同条第7項から第9項まで及び第74条の2から第74条の4までの規定は第1項の規定による請求者の署名について準用する。

第77条 解散の投票の結果が判明したときは、選挙管理委員会は、直ちにこれを前条第1項の代表者及び当該普通地方公共団体の議会の議長に通知し、かつ、これを公表するとともに、都道府県にあつては都道府県知事に、市町村にあつては市町村長に報告しなければならない。その投票の結果が確定したときも、また、同様とする。

第78条 普通地方公共団体の議会は、第76条第3項の規定による解散の投票において過半数の同意があつたときは、解散するものとする。

第79条 第76条第1項の規定による普通地方公共団体の議会の解散の請求は、その議会の議員の一般選挙のあつた日から1年間及び同条第3項の規定による解散の投票のあつた日から1年間は、これをすることができない。

第80条 ① 選挙権を有する者は、政令の定めるところにより、所属の選挙区におけるその総数の3分の1（その総数が40万を超え80万以下の場合にあつてはその40万を超える数に6分の1を乗じて得た数と40万に3分の1を乗じて得た数とを合算して得た数、その総数が80万を超える場合にあつてはその80万を超える数に8分の1を乗じて得た数と40万に6分の1を乗じて得た数と40万に3分の1を乗じて得た数とを合算して得た数）以上の者の連署をもつて、その代表者から、普通地方公共団体の選挙管理委員会に対し、当該選挙区に属する普通地方公共団体の議会の議員の解職の請求をすることができる。この場合において選挙区がないときは、選挙権を有する者の総数の3分の1（その総数が40万を超え80万以下の場合にあつてはその40万を超える数に6分の1を乗じて得た数と40万に3分の1を乗じて得た数とを合算して得た数、その総数が80万を超える場合にあつてはその80万を超える数に8分の1を乗じて得た数と40万に6分の1を乗じて得た数と40万に3分の1を乗じて得た数とを合算して得た数）以上の者の連署をもつて、議員の解職の請求をすることができる。

② 前項の請求があつたときは、委員会は、直ちに請求の要旨を関係区域内に公表しなければならない。

③ 第1項の請求があつたときは、委員会は、これを当該選挙区の選挙人の投票に付さなければならない。この場合において選挙区がないときは、すべての選挙人の投票に付さなければならない。

④ 第74条第5項の規定は第1項の選挙権を有する者及びその総数の3分の1の数（その総数が40万を超え80万以下の場合にあつてはその40万を超える数に6分の1を乗じて得た数と40万に3分の1を乗じて得た数、その総数が80万を超える場合にあつてはその80万を超える数に8分の1を乗じて得た数と40万に6分の1を乗じて得た数と40万に3分の1を乗じて得た数とを合算して得た数）について、同条第6項の規定は第1項の代表者について、同条第7項から第9項まで及び第74条の2から第74条の4までの規定は第1項の規定による請求者の署名について準用する。この場合において、第74条第6項第3号中「都道府県の区域内の」とあり、及び「市の」とあるのは、

「選挙区の区域の全部又は一部が含まれる」と読み替えるものとする。

第81条 ① 選挙権を有する者は、政令の定めるところにより、その総数の3分の1（その総数が40万を超え80万以下の場合にあつてはその40万を超える数に6分の1を乗じて得た数と40万に3分の1を乗じて得た数とを合算して得た数、その総数が80万を超える場合にあつてはその80万を超える数に8分の1を乗じて得た数と40万に6分の1を乗じて得た数と40万に3分の1を乗じて得た数とを合算して得た数）以上の者の連署をもつて、その代表者から、普通地方公共団体の選挙管理委員会に対し、当該普通地方公共団体の長の解職の請求をすることができる。

② 第74条第5項の規定は前項の選挙権を有する者及びその総数の3分の1の数（その総数が40万を超え80万以下の場合にあつてはその40万を超える数に6分の1を乗じて得た数と40万に3分の1を乗じて得た数とを合算して得た数、その総数が80万を超える場合にあつてはその80万を超える数に8分の1を乗じて得た数と40万に6分の1を乗じて得た数と40万に3分の1を乗じて得た数とを合算して得た数）について、同条第6項の規定は前項の代表者について、同条第7項から第9項まで及び第74条の2から第74条の4までの規定は前項の規定による請求者の署名について、第76条第2項及び第3項の規定は前項の請求について準用する。

第83条 普通地方公共団体の議会の議員又は長は、第80条第3項又は第81条第2項の規定による解職の投票において、過半数の同意があつたときは、その職を失う。

第6章 議 会

第1節 組織

第89条 ① 普通地方公共団体に、その議事機関として、当該普通地方公共団体の住民が選挙した議員をもつて組織される議会を置く。

② 普通地方公共団体の議会は、この法律の定めるところにより当該普通地方公共団体の重要な意思決定に関する事件を議決し、並びにこの法律に定める検査及び調査その他の権限を行使する。

③ 前項に規定する議会の権限の適切な行使に資するため、普通地方公共団体の議会の議員は、住民の負託を受け、誠実にその職務を行わなければならない。

第90条 ① 都道府県の議会の議員の定数は、条例で定める。

第91条 ① 市町村の議会の議員の定数は、条例で定める。

第92条 ① 普通地方公共団体の議会の議員は、衆議院議員又は参議院議員と兼ねることができない。

② 普通地方公共団体の議会の議員は、地方公共団体の議会の議員並びに常勤の職員及び地方公務員法（昭和25年法律第261号）第22条の4第1項に規定する短時間勤務の職を占める職員（以下「短時間勤務職員」という。）と兼ねることができない。

第92条の2 普通地方公共団体の議会の議員は、当該普通地方公共団体に対し請負（業として行う工事の完成若しくは作業その他の役務の給付又は物件の納入その他の取引で当該普通地方公共団体が対価の支払をすべきものをいう。以下この条、第

142条，第180条の5第6項及び第252条の28第3項第10号において同じ．）をする者（各会計年度において支払を受ける当該請負の対価の総額が普通地方公共団体の議会の適正な運営の確保のための環境の整備を図る観点から政令で定める額を超えない者を除く．）及びその支配人又は主として同一の行為をする法人の無限責任社員，取締役，執行役若しくは監査役若しくはこれらに準ずべき者，支配人又は清算人たることができない．

第93条　① 普通地方公共団体の議会の議員の任期は，4年とする．

② 前項の任期の起算，補欠議員の在任期間及び議員の定数に異動を生じたためあらたに選挙された議員の在任期間については，公職選挙法第258条及び第260条の定めるところによる．

第94条　町村は，条例で，第89条第1項の規定にかかわらず，議会を置かず，選挙権を有する者の総会を設けることができる．

第2節　権　限

第96条　① 普通地方公共団体の議会は，次に掲げる事件を議決しなければならない．

1　条例を設け又は改廃すること．
2　予算を定めること．
3　決算を認定すること．
4　法律又はこれに基づく政令に規定するものを除くほか，地方税の賦課徴収又は分担金，使用料，加入金若しくは手数料の徴収に関すること．
5　その種類及び金額について政令で定める基準に従い条例で定める契約を締結すること．
6　条例で定める場合を除くほか，財産を交換し，出資の目的とし，若しくは支払手段として使用し，又は適正な対価なくしてこれを譲渡し，若しくは貸し付けること．
7　不動産を信託すること．
8　前2号に定めるものを除くほか，その種類及び金額について政令で定める基準に従い条例で定める財産の取得又は処分をすること．
9　負担付きの寄附又は贈与を受けること．
10　法律若しくはこれに基づく政令又は条例に特別の定めがある場合を除くほか，権利を放棄すること．
11　条例で定める重要な公の施設につき条例で定める長期かつ独占的な利用をさせること．
12　普通地方公共団体がその当事者である審査請求その他の不服申立て，訴えの提起（普通地方公共団体の行政庁の処分又は裁決（行政事件訴訟法第3条第2項に規定する処分又は同条第3項に規定する裁決をいう．以下この号，第105条の2，第192条及び第199条の3第3項において同じ．）に係る同法第11条第1項（同法第38条第1項（同法第43条第2項において準用する場合を含む．）又は同法第43条第1項において準用する場合を含む．）の規定による普通地方公共団体を被告とする訴訟（以下この号，第105条の2，第192条及び第199条の3第3項において「普通地方公共団体を被告とする訴訟」という．）を除く．），和解（普通地方公共団体の行政庁の処分又は裁決に係る普通地方公共団体を被告とする訴訟に係るものを除く．），あつせん，調停及び仲裁に関すること．
13　法律上その義務に属する損害賠償の額を定めること．
14　普通地方公共団体の区域内の公共的団体等の活

動の総合調整に関すること．
15　その他法律又はこれに基づく政令（これらに基づく条例を含む．）により議会の権限に属する事項
② 前項に定めるものを除くほか，普通地方公共団体は，条例で普通地方公共団体に関する事件（法定受託事務に係るものに限る．）につき議会の議決すべきものとすることが適当でないものとして政令で定めるものを除く．）につき議会の議決すべきものを定めることができる．

第97条　① 普通地方公共団体の議会は，法律又はこれに基く政令によりその権限に属する選挙を行わなければならない．

② 議会は，予算について，増額してこれを議決することを妨げない．但し，普通地方公共団体の長の予算の提出の権限を侵すことはできない．

第98条　① 普通地方公共団体の議会は，当該普通地方公共団体の事務（自治事務にあつては労働委員会及び収用委員会の権限に属する事務で政令で定めるものを除き，法定受託事務にあつては国の安全を害するおそれがあることその他の事由により議会の検査の対象とすることが適当でないものとして政令で定めるものを除く．）に関する書類及び計算書を検閲し，当該普通地方公共団体の長，教育委員会，選挙管理委員会，人事委員会若しくは公平委員会，公安委員会，労働委員会，農業委員会又は監査委員その他法律に基づく委員会又は委員の報告を請求して，当該事務の管理，議決の執行及び出納を検査することができる．

② 議会は，監査委員に対し，当該普通地方公共団体の事務（自治事務にあつては労働委員会及び収用委員会の権限に属する事務で政令で定めるものを除き，法定受託事務にあつては国の安全を害するおそれがあることその他の事由により本項の監査の対象とすることが適当でないものとして政令で定めるものを除く．）に関する監査を求め，監査の結果に関する報告を請求することができる．この場合における監査の実施については，第199条第2項後段の規定を準用する．

第100条　① 普通地方公共団体の議会は，当該普通地方公共団体の事務（自治事務にあつては労働委員会及び収用委員会の権限に属する事務で政令で定めるものを除き，法定受託事務にあつては国の安全を害するおそれがあることその他の事由により議会の調査の対象とすることが適当でないものとして政令で定めるものを除く．次項において同じ．）に関する調査を行うことができる．この場合において，当該調査を行うため特に必要があると認めるときは，選挙人その他の関係人の出頭及び証言並びに記録の提出を請求することができる．

② 民事訴訟に関する法令の規定中証人の尋問に関する規定（過料，罰金，拘留又は勾引に関する規定を除く．）は，この法律に特別の定めがあるものを除くほか，前項後段の規定により議会が当該普通地方公共団体の事務に関する調査のため選挙人その他の関係人の証言を請求する場合に，これを準用する．この場合において，民事訴訟法第205条第2項中「，最高裁判所規則で」とあるのは「，議会が」と，「最高裁判所規則により電子情報処理組織を使用してファイルに記録し，又は当該書面に記載すべき事項に係る電磁的記録を記録した記録媒体を提出する」とあるのは「電磁的方法（電子情報処

理組織を使用する方法その他の情報通信の技術を利用する方法をいう。）により提供する」と、同条第3項中「ファイルに記録された事項若しくは同項の記録媒体に記録された」とあるのは「提供された」と読み替えるものとする。

〔令4法48,施行4年内〕

③　第1項後段の規定により出頭又は記録の提出の請求を受けた選挙人その他の関係人が,正当な理由がないのに,議会に出頭せず若しくは記録を提出しないとき又は証言を拒んだときは,6箇月以下の拘禁刑又は10万円以下の罰金に処する。

〔令4法68,施行3年内〕

⑬　議会は,議案の審査又は当該普通地方公共団体の事務に関する調査のためその他議会において必要があると認めるときは,会議規則の定めるところにより,議員を派遣することができる。

⑭　普通地方公共団体は,条例の定めるところにより,その議会の議員の調査研究その他の活動に資するため必要な経費の一部として,その議会における会派又は議員に対し,政務活動費を交付することができる。この場合において,当該政務活動費の交付の対象,額及び交付の方法並びに当該政務活動費を充てることができる経費の範囲は,条例で定めなければならない。

⑮　前項の政務活動費の交付を受けた会派又は議員は,条例の定めるところにより,当該政務活動費に係る収入及び支出の状況を書面又は電磁的記録（電子的方式,磁気的方式その他人の知覚によっては認識することができない方式で作られる記録であつて,電子計算機による情報処理の用に供されるものをいう。以下同じ。）をもつて議長に報告するものとする。

第3節　招集及び会期

第101条　①　普通地方公共団体の議会は,普通地方公共団体の長がこれを招集する。

②　議長は,議会運営委員会の議決を経て,当該普通地方公共団体の長に対し,会議に付議すべき事件を示して臨時会の招集を請求することができる。

③　議員の定数の4分の1以上の者は,当該普通地方公共団体の長に対し,会議に付議すべき事件を示して臨時会の招集を請求することができる。

④　前2項の規定による請求があつたときは,当該普通地方公共団体の長は,請求のあつた日から20日以内に臨時会を招集しなければならない。

⑤　第2項の規定による請求のあつた日から20日以内に当該普通地方公共団体の長が臨時会を招集しないときは,第1項の規定にかかわらず,議長は,臨時会を招集することができる。

⑥　第3項の規定による請求のあつた日から20日以内に当該普通地方公共団体の長が臨時会を招集しないときは,第1項の規定にかかわらず,議長は,第3項の規定による請求をした者の申出に基づき,当該申出のあつた日から,都道府県及び市にあつては10日以内,町村にあつては6日以内に臨時会を招集しなければならない。

⑦　招集は,開会の日前,都道府県及び市にあつては7日,町村にあつては3日までにこれを告示しなければならない。ただし,緊急を要する場合は,この限りでない。

⑧　前項の規定による招集の告示をした後に当該招集に係る開会の日に会議を開くことが災害その他やむを得ない事由により困難であると認めるとき

は,当該告示をした者は,当該招集に係る開会の日の変更をすることができる。この場合においては,変更後の開会の日及び変更の理由を告示しなければならない。

第102条　①　普通地方公共団体の議会は,定例会及び臨時会とする。

②　定例会は,毎年,条例で定める回数これを招集しなければならない。

③　臨時会は,必要がある場合において,その事件に限りこれを招集する。

④　臨時会に付議すべき事件は,普通地方公共団体の長があらかじめこれを告示しなければならない。

⑤　前条第5項又は第6項の規定にかかわらず,議長が,同条第2項又は第3項の規定による請求において示された会議に付議すべき事件を臨時会に付議すべき事件として,あらかじめ告示しなければならない。

⑥　臨時会の開会中に緊急を要する事件があるときは,前3項の規定にかかわらず,直ちにこれを会議に付議することができる。

⑦　普通地方公共団体の議会の会期及びその延長並びにその開閉に関する事項は,議会がこれを定める。

第102条の2　①　普通地方公共団体の議会は,前条の規定にかかわらず,条例で定めるところにより,定例会及び臨時会とせず,毎年,条例で定める日から翌年の当該日の前日までを会期とすることができる。

②　前項の議会は,第4項の規定により招集しなければならないものとされる場合を除き,前項の条例で定める日の到来をもつて,普通地方公共団体の長が当該日にこれを招集したものとみなす。

③　第1項の会期中において,議員の任期が満了したとき,議会が解散されたとき又は議員が全てなくなつたときは,同項の規定にかかわらず,その任期満了の日,その解散の日又はその議員が全てなくなつた日をもつて,会期は終了するものとする。

④　前項の規定により会期が終了した場合には,普通地方公共団体の長は,同項に規定する事由により行われた一般選挙により選出された議員の任期が始まる日から30日以内に議会を招集しなければならない。この場合においては,その招集の日から同日後の最初の第1項の条例で定める日の前日までを会期とするものとする。

⑤　第3項の規定は,前項後段に規定する会期について準用する。

⑥　第1項の議会は,条例で,定期的に会議を開く日（以下「定例日」という。）を定めなければならない。

⑦　普通地方公共団体の長は,第1項の議会の議長に対し,会議に付議すべき事件を示して定例日以外の日において会議を開くことを請求することができる。この場合において,議長は,当該請求のあつた日から,都道府県及び市にあつては7日以内,町村にあつては3日以内に会議を開かなければならない。

⑧　第1項の場合における第74条第3項,第121条第1項,第243条の3第2項及び第3項並びに第252条の39第4項の規定の適用については,第74条第3項中「20日以内に議会を招集し,」とあるのは「20日以内に」と,第121条第1項中「議会の審議」とあるのは「定例日に開かれる会議の審議又は議案の審議」と,第243条の3第2項及び第3

項中「次の議会」とあるのは「次の定例日に開かれる会議」と、第252条の39第4項中「20日以内に議会を招集し」とあるのは「20日以内に」とする.

第4節　議長及び副議長

第103条　① 普通地方公共団体の議会は、議員の中から議長及び副議長1人を選挙しなければならない.

② 議長及び副議長の任期は、議員の任期による.

第6節　会　議

第112条　① 普通地方公共団体の議会の議員は、議会の議決すべき事件につき、議会に議案を提出することができる. 但し、予算については、この限りでない.

② 前項の規定により議案を提出するに当たつては、議員の定数の12分の1以上の者の賛成がなければならない.

③ 第1項の規定による議案の提出は、文書を以てこれをしなければならない.

第115条　① 普通地方公共団体の議会の会議は、これを公開する. 但し、議長又は議員3人以上の発議により、出席議員の3分の2以上の多数で議決したときは、秘密会を開くことができる.

② 前項但書の議長又は議員の発議は、討論を行わないでその可否を決しなければならない.

第115条の2　① 普通地方公共団体の議会は、会議において、予算その他重要な議案、請願等について公聴会を開き、真に利害関係を有する者又は学識経験を有する者等から意見を聴くことができる.

② 普通地方公共団体の議会は、会議において、当該普通地方公共団体の事務に関する調査又は審査のため必要があると認めるときは、参考人の出頭を求め、その意見を聴くことができる.

第115条の3　普通地方公共団体の議会が議案に対する修正の動議を議題とするに当たつては、議員の定数の12分の1以上の者の発議によらなければならない.

第116条　① この法律に特別の定がある場合を除く外、普通地方公共団体の議会の議事は、出席議員の過半数でこれを決し、可否同数のときは、議長の決するところによる.

② 前項の場合においては、議長は、議員として議決に加わる権利を有しない.

第7節　請　願

第124条　普通地方公共団体の議会に請願しようとする者は、議員の紹介により請願書を提出しなければならない.

第8節　議員の辞職及び資格の決定

第126条　普通地方公共団体の議会の議員は、議会の許可を得て辞職することができる. 但し、閉会中においては、議長の許可を得て辞職することができる.

第10節　懲　罰

第134条　① 普通地方公共団体の議会は、この法律並びに会議規則及び委員会に関する条例に違反した議員に対し、議決により懲罰を科することができる.

第7章　執行機関

第1節　通　則

第138条の2の2　普通地方公共団体の執行機関は、当該普通地方公共団体の条例、予算その他の議会の議決に基づく事務及び法令、規則その他の規程に基づく当該普通地方公共団体の事務を、自らの判断と

責任において、誠実に管理し及び執行する義務を負う.

第138条の3　① 普通地方公共団体の執行機関の組織は、普通地方公共団体の長の所轄の下に、それぞれ明確な範囲の所掌事務と権限を有する執行機関によつて、系統的にこれを構成しなければならない.

② 普通地方公共団体の執行機関は、普通地方公共団体の長の所轄の下に、執行機関相互の連絡を図り、すべて、一体として、行政機能を発揮するようにしなければならない.

③ 普通地方公共団体の長は、当該普通地方公共団体の執行機関相互の間にその権限につき疑義が生じたときは、これを調整するように努めなければならない.

第138条の4　① 普通地方公共団体にその執行機関として普通地方公共団体の長の外、法律の定めるところにより、委員会又は委員を置く.

② 普通地方公共団体の委員会は、法律の定めるところにより、法令又は普通地方公共団体の条例若しくは規則に違反しない限りにおいて、その権限に属する事務に関し、規則その他の規程を定めることができる.

③ 普通地方公共団体は、法律又は条例の定めるところにより、執行機関の附属機関として自治紛争処理委員、審査会、審議会、調査会その他の調停、審査、諮問又は調査のための機関を置くことができる. ただし、政令で定める執行機関については、この限りでない.

第2節　普通地方公共団体の長

第1款　地　位

第139条　① 都道府県に知事を置く.

② 市町村に市町村長を置く.

第140条　① 普通地方公共団体の長の任期は、4年とする.

② 前項の任期の起算については、公職選挙法第259条及び第259条の2の定めるところによる.

第2款　権　限

第149条　普通地方公共団体の長は、概ね左に掲げる事務を担任する.

1　普通地方公共団体の議会の議決を経べき事件につき議案を提出すること.

2　予算を調製し、及びこれを執行すること.

3　地方税を賦課徴収し、分担金、使用料、加入金又は手数料を徴収し、及び過料を科すること.

4　決算を普通地方公共団体の議会の認定に付すること.

5　会計を監督すること.

6　財産を取得し、管理し、及び処分すること.

7　公の施設を設定し、管理し、及び廃止すること.

8　証書及び公文書類を保管すること.

9　前各号に定めるものを除く外、当該普通地方公共団体の事務を執行すること.

第152条　① 普通地方公共団体の長に事故があるとき、又は長が欠けたときは、副知事又は副市町村長がその職務を代理する. この場合において副知事又は副市町村長が2人以上あるときは、あらかじめ当該普通地方公共団体の長が定めた順序、又はその定めがないときは席次の上下により、席次の上下が明らかでないときは年齢の多少により、年齢が同じであるときはくじにより定めた順序で、その職務を代理する.

第153条　① 普通地方公共団体の長は、その権限に

属する事務の一部をその補助機関である職員に委任し、又はこれに臨時に代理させることができる。

② 普通地方公共団体の長は、その権限に属する事務の一部をその管理に属する行政庁に委任することができる。

第154条　普通地方公共団体の長は、その補助機関である職員を指揮監督する。

第3款　補助機関

第161条　① 都道府県に副知事を、市町村に副市町村長を置く。ただし、条例で置かないことができる。

② 副知事及び副市町村長の定数は、条例で定める。

第162条　副知事及び副市町村長は、普通地方公共団体の長が議会の同意を得てこれを選任する。

第163条　副知事及び副市町村長の任期は、4年とする。ただし、普通地方公共団体の長は、任期中においてもこれを解職することができる。

第167条　① 副知事及び副市町村長は、普通地方公共団体の長を補佐し、普通地方公共団体の長の命を受け政策及び企画をつかさどり、その補助機関である職員の担任する事務を監督し、別に定めるところにより、普通地方公共団体の長の職務を代理する。

② 前項に定めるもののほか、副知事及び副市町村長は、普通地方公共団体の長の権限に属する事務の一部について、第153条第1項の規定により委任を受け、その事務を執行する。

③ 前項の場合においては、普通地方公共団体の長は、直ちに、その旨を告示しなければならない。

第168条　① 普通地方公共団体に会計管理者1人を置く。

② 会計管理者は、普通地方公共団体の長の補助機関である職員のうちから、普通地方公共団体の長が命ずる。

第4款　議会との関係

第176条　① 普通地方公共団体の議会の議決について異議があるときは、当該普通地方公共団体の長は、この法律に特別の定めがあるものを除くほか、その議決の日（条例の制定若しくは改廃又は予算に関する議決については、その送付を受けた日）から10日以内に理由を示してこれを再議に付することができる。

② 前項の規定による議会の議決が再議に付された議決と同じ議決であるときは、その議決は、確定する。

③ 前項の規定による議決のうち条例の制定若しくは改廃又は予算に関するものについては、出席議員の3分の2以上の者の同意がなければならない。

④ 普通地方公共団体の議会の議決又は選挙がその権限を超え又は法令若しくは会議規則に違反すると認めるときは、当該普通地方公共団体の長は、理由を示してこれを再議に付し又は再選挙を行わせなければならない。

⑤ 前項の規定による議会の議決又は選挙がなおその権限を超え又は法令若しくは会議規則に違反すると認めるときは、都道府県知事にあつては総務大臣、市町村長にあつては都道府県知事に対し、当該議決又は選挙があつた日から21日以内に、審査を申し立てることができる。

⑥ 前項の規定による申立てがあつた場合において、総務大臣又は都道府県知事は、審査の結果、議会の議決又は選挙がその権限を超え又は法令若しくは会議規則に違反すると認めるときは、当該議決又は選挙を取り消す旨の裁定をすることができる。

⑦ 前項の裁定に不服があるときは、普通地方公共団体の議会又は長は、裁定のあつた日から60日以内に、裁判所に出訴することができる。

⑧ 前項の訴えのうち第4項の規定による議会の議決又は選挙の取消しを求めるものは、当該議会を被告として提起しなければならない。

第177条　① 普通地方公共団体の議会において次に掲げる経費を削除し又は減額する議決をしたときは、その経費及びこれに伴う収入について、当該普通地方公共団体の長は、理由を示してこれを再議に付さなければならない。

1　法令により負担する経費、法律の規定に基づき当該行政庁の職権により命ずる経費その他の普通地方公共団体の義務に属する経費

2　非常の災害による応急若しくは復旧の施設のために必要な経費又は感染症予防のために必要な経費

② 前項第1号の場合において、議会の議決がなお同号に掲げる経費を削除し又は減額したときは、当該普通地方公共団体の長は、その経費及びこれに伴う収入を予算に計上してその経費を支出することができる。

③ 第1項第2号の場合において、議会の議決がなお同号に掲げる経費を削除し又は減額したときは、当該普通地方公共団体の長は、その議決を不信任の議決とみなすことができる。

第178条　① 普通地方公共団体の議会において、当該普通地方公共団体の長の不信任の議決をしたときは、直ちに議長からその旨を当該普通地方公共団体の長に通知しなければならない。この場合においては、普通地方公共団体の長は、その通知を受けた日から10日以内に議会を解散することができる。

② 議会において当該普通地方公共団体の長の不信任の議決をした場合において、前項の期間内に議会を解散しないとき、又はその解散後初めて招集された議会において再び不信任の議決があり、議長から当該普通地方公共団体の長に対しその旨の通知があつたときは、普通地方公共団体の長は、同項の期間が経過した日又は議長から通知があつた日においてその職を失う。

③ 前2項の規定による不信任の議決については、議員数の3分の2以上の者が出席し、第1項の場合においては4分の3以上の者の、前項の場合においてはその過半数の者の同意がなければならない。

第179条　① 普通地方公共団体の議会が成立しないとき、第113条ただし書の場合においてなお会議を開くことができないとき、普通地方公共団体の長において議会の議決すべき事件について特に緊急を要するため議会を招集する時間的余裕がないことが明らかであると認めるとき、又は議会において議決すべき事件を議決しないときは、当該普通地方公共団体の長は、その議決すべき事件を処分することができる。ただし、第162条の規定による副知事又は副市町村長の選任の同意及び第252条の20の2第4項の規定による第252条の19第1項に規定する指定都市の総合区長の選任の同意については、この限りでない。

② 議会の決定すべき事件に関しては、前項の例による。

③ 前2項の規定による処置については、普通地方公共団体の長は、次の会議においてこれを議会に報告し、その承認を求めなければならない。

④ 前項の場合において、条例の制定若しくは改廃又は予算に関する処置について承認を求める議案が否決されたときは、普通地方公共団体の長は、速や

かに, 当該処置に関して必要と認める措置を講ずるとともに, その旨を議会に報告しなければならない.

第3節　委員会及び委員
第1款　通　則

第180条の5 ① 執行機関として法律の定めるところにより普通地方公共団体に置かなければならない委員会及び委員は, 左の通りである.
1　教育委員会
2　選挙管理委員会
3　人事委員会又は人事委員会を置かない普通地方公共団体にあつては公平委員会
4　監査委員

② 前項に掲げるもののほか, 執行機関として法律の定めるところにより都道府県に置かなければならない委員会は, 次のとおりである.
1　公安委員会
2　労働委員会
3　収用委員会
4　海区漁業調整委員会
5　内水面漁場管理委員会

③ 第1項に掲げるものの外, 執行機関として法律の定めるところにより市町村に置かなければならない委員会は, 左の通りである.
1　農業委員会
2　固定資産評価審査委員会

④ 前3項の委員会若しくは委員の事務局又は委員会の管理に属する事務を掌る機関で法律により設けられなければならないものとされているものの組織を定めるに当たつては, 当該普通地方公共団体の長が第158条第1項の規定により設けるその内部組織との間に権衡を失しないようにしなければならない.

⑤ 普通地方公共団体の委員会の委員又は委員は, 法律に特別の定があるものを除く外, 非常勤とする.

⑥ 普通地方公共団体の委員会の委員 (教育委員会にあつては, 教育長及び委員) 又は委員は, 当該普通地方公共団体に対しその職務に関し請負をする者及びその支配人若しくは主として同一の行為をする法人 (当該普通地方公共団体が出資している法人で政令で定めるものを除く.) の無限責任社員, 取締役, 執行役若しくは監査役若しくはこれらに準ずべき者, 支配人及び清算人たることができない.

⑦ 法律に特別の定めがあるものを除くほか, 普通地方公共団体の委員会の委員 (教育委員会にあつては, 教育長及び委員) 又は委員が前項の規定に該当するときは, その職を失う. その同項の規定に該当するかどうかは, その選任権者がこれを決定しなければならない.

⑧ 第143条第2項から第4項までの規定は, 前項の場合にこれを準用する.

第180条の6 普通地方公共団体の委員会又は委員は, 左に掲げる権限を有しない. 但し, 法律に特別の定があるものは, この限りでない.
1　普通地方公共団体の予算を調製し, 及びこれを執行すること.
2　普通地方公共団体の議会の議決を経べき事件につきその議案を提出すること.
3　地方税を賦課徴収し, 分担金若しくは加入金を徴収し, 又は過料を科すること.
4　普通地方公共団体の決算を議会の認定に付すること.

第2款　教育委員会

第180条の8 教育委員会は, 別に法律の定めるところにより, 学校その他の教育機関を管理し, 学校の組織編制, 教育課程, 教科書その他の教材の取扱及び教育職員の身分取扱に関する事務を行い, 並びに社会教育その他教育, 学術及び文化に関する事務を管理し及びこれを執行する.

第3款　公安委員会

第180条の9 ① 公安委員会は, 別に法律の定めるところにより, 都道府県警察を管理する.

② 都道府県警察に, 別に法律の定めるところにより, 地方警察官, 地方警察官以外の警察官その他の職員を置く.

第4款　選挙管理委員会

第181条 ① 普通地方公共団体に選挙管理委員会を置く.

② 選挙管理委員会は, 4人の選挙管理委員を以てこれを組織する.

第5款　監査委員

第195条 ① 普通地方公共団体に監査委員を置く.

② 監査委員の定数は, 都道府県及び政令で定める市にあつては4人とし, その他の市及び町村にあつては2人とする. ただし, 条例でその定数を増加することができる.

第6款　人事委員会, 公平委員会, 労働委員会, 農業委員会その他の委員会

第202条の2 ① 人事委員会は, 別に法律の定めるところにより, 人事行政に関する調査, 研究, 企画, 立案, 勧告等を行い, 職員の競争試験及び選考を実施し, 並びに職員の勤務条件に関する措置の要求及び職員に対する不利益処分を審査し, 並びにこれについて必要な措置を講ずる.

② 公平委員会は, 別に法律の定めるところにより, 職員の勤務条件に関する措置の要求及び職員に対する不利益処分を審査し, 並びにこれについて必要な措置を講ずる.

③ 労働委員会は, 別に法律の定めるところにより, 労働組合の資格の立証を受け及び証明を行い, 並びに不当労働行為に関し調査し, 審問し, 命令を発し及び和解を勧め, 労働争議のあつせん, 調停及び仲裁を行い, その他労働関係に関する事務を執行する.

④ 農業委員会は, 別に法律の定めるところにより, 農地等の利用関係の調整, 農地の交換分合その他農地に関する事務を執行する.

⑤ 収用委員会は別に法律の定めるところにより土地の収用に関する裁決その他の事務を行い, 海区漁業調整委員会又は内水面漁場管理委員会は別に法律の定めるところにより漁業調整のため必要な指示その他の事務を行い, 固定資産評価審査委員会は別に法律の定めるところにより固定資産税台帳に登録された価格に関する不服の審査決定その他の事務を行う.

第7款　附属機関

第202条の3 ① 普通地方公共団体の執行機関の附属機関は, 法律若しくはこれに基く政令又は条例の定めるところにより, その担任する事項について調停, 審査, 審議又は調査等を行う機関とする.

② 附属機関を組織する委員その他の構成員は, 非常勤とする.

③ 附属機関の庶務は, 法律又はこれに基く政令に特別の定があるものを除く外, その属する執行機関において掌るものとする.

第9章 財務

第1節 会計年度及び会計の区分
（会計年度及びその独立の原則）

第208条 ① 普通地方公共団体の会計年度は，毎年4月1日に始まり，翌年3月31日に終わるものとする．

② 各会計年度における歳出は，その年度の歳入をもつて，これに充てなければならない．

（会計の区分）

第209条 ① 普通地方公共団体の会計は，一般会計及び特別会計とする．

② 特別会計は，普通地方公共団体が特定の事業を行なう場合その他特定の歳入をもつて特定の歳出に充て一般の歳入歳出と区分して経理する必要がある場合において，条例でこれを設置することができる．

第2節 予算
（総計予算主義の原則）

第210条 一会計年度における一切の収入及び支出は，すべてこれを歳入歳出予算に編入しなければならない．

第3節 収入
（地方税）

第223条 普通地方公共団体は，法律の定めるところにより，地方税を賦課徴収することができる．

（分担金）

第224条 普通地方公共団体は，政令で定める場合を除くほか，数人又は普通地方公共団体の一部に対し利益のある事件に関し，その必要な費用に充てるため，当該事件により特に利益を受ける者から，その受益の限度において，分担金を徴収することができる．

（使用料）

第225条 普通地方公共団体は，第238条の4第7項の規定による許可を受けてする行政財産の使用又は公の施設の利用につき使用料を徴収することができる．

（手数料）

第227条 普通地方公共団体は，当該普通地方公共団体の事務で特定の者のためにするものにつき，手数料を徴収することができる．

（地方債）

第230条 ① 普通地方公共団体は，別に法律で定める場合において，予算の定めるところにより，地方債を起こすことができる．

② 前項の場合において，地方債の起債の目的，限度額，起債の方法，利率及び償還の方法は，予算でこれを定めなければならない．

（督促，滞納処分等）

第231条の3 ① 分担金，使用料，加入金，手数料，過料その他の普通地方公共団体の歳入を納期限までに納付しない者があるときは，普通地方公共団体の長は，期限を指定してこれを督促しなければならない．

② 普通地方公共団体の長は，前項の歳入について同項の規定による督促をした場合には，条例で定めるところにより，手数料及び延滞金を徴収することができる．

③ 普通地方公共団体の長は，分担金，加入金，過料又は法律で定める使用料その他の普通地方公共団体の歳入（以下この項及び次条第1項において「分

担金等」という．）につき第1項の規定による督促を受けた者が同항の規定により指定された期限までにその納付すべき金額を納付しないときは，当該分担金等並びに当該分担金等に係る前項の手数料及び延滞金について，地方税の滞納処分の例により処分することができる．この場合におけるこれらの徴収金の先取特権の順位は，国税及び地方税に次ぐものとする．

第4節 支出
（経費の支弁等）

第232条 ① 普通地方公共団体は，当該普通地方公共団体の事務を処理するために必要な経費その他法律又はこれに基づく政令により当該普通地方公共団体の負担に属する経費を支弁するものとする．

② 法律又はこれに基づく政令により普通地方公共団体に対し事務の処理を義務付ける場合において，国は，そのために要する経費の財源につき必要な措置を講じなければならない．

第5節 決算
（決算）

第233条 ① 会計管理者は，毎会計年度，政令で定めるところにより，決算を調製し，出納の閉鎖後3箇月以内に，証書類その他政令で定める書類と併せて，普通地方公共団体の長に提出しなければならない．

第6節 契約
（契約の締結）

第234条 ① 売買，貸借，請負その他の契約は，一般競争入札，指名競争入札，随意契約又はせり売りの方法により締結するものとする．

② 前項の指名競争入札，随意契約又はせり売りは，政令で定める場合に該当するときに限り，これによることができる．

第8節 時効
（金銭債権の消滅時効）

第236条 ① 金銭の給付を目的とする普通地方公共団体の権利は，時効に関し他の法律に定めがあるものを除くほか，これを行使することができる時から5年間行使しないときは，時効によつて消滅する．普通地方公共団体に対する権利で，金銭の給付を目的とするものについても，また同様とする．

② 金銭の給付を目的とする普通地方公共団体の権利の時効による消滅については，法律に特別の定めがある場合を除くほか，時効の援用を要せず，また，その利益を放棄することができないものとする．普通地方公共団体に対する権利で，金銭の給付を目的とするものについても，また同様とする．

③ 金銭の給付を目的とする普通地方公共団体の権利について，消滅時効の完成猶予，更新その他の事項（前項に規定する事項を除く．）に関し，適用すべき法律の規定がないときは，民法（明治29年法律第89号）の規定を準用する．普通地方公共団体に対する権利で，金銭の給付を目的とするものについても，また同様とする．

④ 法令の規定により普通地方公共団体がする納入の通知及び督促は，時効の更新の効力を有する．

第9節 財産
（財産の管理及び処分）

第237条 ① この法律において「財産」とは，公有財産，物品及び債権並びに基金をいう．

② 第238条の4第1項の規定の適用がある場合を除き，普通地方公共団体の財産は，条例又は議会の議決による場合でなければ，これを交換し，出資の

目的とし，若しくは支払手段として使用し，又は適正な対価なくしてこれを譲渡し，若しくは貸し付けてはならない．

③ 普通地方公共団体の財産は，第238条の5第2項の規定の適用がある場合で議会の議決によるとき又は同条第3項の規定の適用がある場合でなければ，これを信託してはならない．

第1款　公有財産
（公有財産の範囲及び分類）

第238条 ① この法律において「公有財産」とは，普通地方公共団体の所有に属する財産のうち次に掲げるもの（基金に属するものを除く．）をいう．

1　不動産
2　船舶，浮標，浮桟橋及び浮ドック並びに航空機
3　前2号に掲げる不動産及び動産の従物
4　地上権，地役権，鉱業権その他これらに準ずる権利
5　特許権，著作権，商標権，実用新案権その他これらに準ずる権利
6　株式，社債（特別の法律により設立された法人の発行する債券に表示されるべき権利を含み，短期社債等を除く．），地方債及び国債その他これらに準ずる権利
7　出資による権利
8　財産の信託の受益権

② 前項第6号の「短期社債等」とは，次に掲げるものをいう．

1　社債，株式等の振替に関する法律（平成13年法律第75号）第66条第1号に規定する短期社債
2　投資信託及び投資法人に関する法律（昭和26年法律第198号）第139条の12第1項に規定する短期投資法人債
3　信用金庫法（昭和26年法律第238号）第54条の4第1項に規定する短期債
4　保険業法（平成7年法律第105号）第61条の10第1項に規定する短期社債
5　資産の流動化に関する法律（平成10年法律第105号）第2条第8項に規定する特定短期社債
6　農林中央金庫法（平成13年法律第93号）第62条の2第1項に規定する短期農林債

③ 公有財産は，これを行政財産と普通財産とに分類する．

④ 行政財産とは，普通地方公共団体において公用又は公共用に供し，又は供することと決定した財産をいい，普通財産とは，行政財産以外の一切の公有財産をいう．

（行政財産の管理及び処分）

第238条の4 ① 行政財産は，次項から第4項までに定めるものを除くほか，これを貸し付け，交換し，売り払い，譲与し，出資の目的とし，若しくは信託し，又はこれに私権を設定することができない．

② 行政財産は，次に掲げる場合には，その用途又は目的を妨げない限度において，貸し付け，又は私権を設定することができる．

1　当該普通地方公共団体以外の者が行政財産である土地の上に政令で定める堅固な建物その他の土地に定着する工作物であつて当該行政財産である土地の供用の目的を効果的に達成することに資すると認められるものを所有し，又は所有しようとする場合（当該普通地方公共団体と1棟の建物を区分して所有する場合を除く．）において，その者（当該行政財産を管理する普通地方公共団体が当該行政財産の適正な方法による管理を行う上で適

当と認める者に限る．）に当該土地を貸し付ける場合

2　普通地方公共団体が国，他の地方公共団体又は政令で定める法人と行政財産である土地の上に1棟の建物を区分して所有するためその者に当該土地を貸し付ける場合

3　普通地方公共団体が行政財産である土地及びその隣接地の上に当該普通地方公共団体以外の者と1棟の建物を区分して所有するためその者（当該建物のうち行政財産である部分を管理する普通地方公共団体が当該行政財産の適正な方法による管理を行う上で適当と認める者に限る．）に当該土地を貸し付ける場合

4　行政財産のうち庁舎その他の建物及びその附帯施設並びにこれらの敷地（以下この号において「庁舎等」という．）についてその床面積又は敷地に余裕がある場合として政令で定める場合において，当該普通地方公共団体以外の者（当該庁舎等を管理する普通地方公共団体が当該庁舎等の適正な方法による管理を行う上で適当と認める者に限る．）に当該余裕がある部分を貸し付けるとき（前3号に掲げる場合に該当する場合を除く．）．

5　行政財産である土地を国，他の地方公共団体又は政令で定める法人の経営する鉄道，道路その他政令で定める施設の用に供する場合において，その者のために当該土地に地上権を設定するとき．

6　行政財産である土地を国，他の地方公共団体又は政令で定める法人の使用する電線路その他政令で定める施設の用に供する場合において，その者のために当該土地に地役権を設定するとき．

③ 前項第2号に掲げる場合において，当該行政財産である土地の貸付けを受けた者が当該土地の上に所有する1棟の建物の一部（以下この項及び次項において「特定施設」という．）を当該普通地方公共団体以外の者に譲渡しようとするときは，当該特定施設を譲り受けようとする者（当該行政財産を管理する普通地方公共団体が当該行政財産の適正な方法による管理を行う上で適当と認める者に限る．）に当該土地を貸し付けることができる．

④ 前項の規定は，同項（この項において準用する場合を含む．）の規定により行政財産である土地の貸付けを受けた者が当該特定施設を譲渡しようとする場合について準用する．

⑤ 前3項の場合においては，次条第4項及び第5項の規定を準用する．

⑥ 第1項の規定に違反する行為は，これを無効とする．

⑦ 行政財産は，その用途又は目的を妨げない限度においてその使用を許可することができる．

⑧ 前項の規定による許可を受けてする行政財産の使用については，借地借家法（平成3年法律第90号）の規定は，これを適用しない．

⑨ 第7項の規定により行政財産の使用を許可した場合において，公用若しくは公共用に供するため必要を生じたとき，又は許可の条件に違反する行為があると認めるときは，普通地方公共団体の長又は委員会は，その許可を取り消すことができる．

（普通財産の管理及び処分）

第238条の5 ① 普通財産は，これを貸し付け，交換し，売り払い，譲与し，若しくは出資の目的とし，又はこれに私権を設定することができる．

② 普通財産である土地（その土地の定着物を含む．）は，当該普通地方公共団体を受益者として政

令で定める信託の目的により、これを信託すること
ができる。

③ 普通財産のうち国債その他の政令で定める有価
証券（以下この項において「国債等」という。）は、
当該普通地方公共団体を受益者として、指定金融機
関その他の確実な金融機関に国債等をその価額に
相当する担保の提供を受けて貸し付ける方法によ
り当該国債等を運用することを信託の目的とする
場合に限り、信託することができる。

④ 普通財産を貸し付けた場合において、その貸付期
間中に国、地方公共団体その他公共団体において公
用又は公共用に供するため必要を生じたときは、普
通地方公共団体の長は、その契約を解除することが
できる。

⑤ 前項の規定により契約を解除した場合において
は、借受人は、これによつて生じた損失につきその
補償を求めることができる。

⑥ 普通地方公共団体の長が一定の用途並びにその
用途に供しなければならない期日及び期間を指定
して普通財産を貸し付けた場合において、借受人が
指定された期日を経過してもなおこれをその用途
に供せず、又はこれをその用途に供した後指定された
期間内にその用途を廃止したときは、当該普通地方
公共団体の長は、その契約を解除することができる。

⑦ 第4項及び第5項の規定は貸し付け以外の方法に
より普通財産を使用させる場合に、前項の規定は普
通財産を売り払い、又は譲与する場合に準用する。

⑧ 第4項から第6項までの規定は、普通財産である
土地（その土地の定着物を含む。）を信託する場合
に準用する。

⑨ 第7項に定めるもののほか普通財産の売払いに
関し必要な事項及び普通財産の交換に関し必要な
事項は、政令でこれを定める。

第3款　債権
（債権）
第240条 ① この章において「債権」とは、金銭の
給付を目的とする普通地方公共団体の権利をいう。

② 普通地方公共団体の長は、債権について、政令の
定めるところにより、その督促、強制執行その他そ
の保全及び取立てに関し必要な措置をとらなけれ
ばならない。

③ 普通地方公共団体の長は、債権について、政令の定
めるところにより、その徴収停止、履行期限の延長又
は当該債権に係る債務の免除をすることができる。

④ 前2項の規定は、次の各号に掲げる債権について
は、これを適用しない。
1　地方税法の規定に基づく徴収金に係る債権
2　過料に係る債権
3　証券に化体されている債権（国債に関する法律
（明治39年法律第34号）の規定により登録され
たもの及び社債、株式等の振替に関する法律の規
定により振替口座簿に記載され、又は記録された
ものを含む。）
4　電子記録債権法（平成19年法律第102号）第
2条第1項に規定する電子記録債権
5　預金に係る債権
6　歳入歳出外現金となるべき金銭の給付を目的と
する債権
7　寄附金に係る債権
8　基金に属する債権

第10節　住民による監査請求及び訴訟
（住民監査請求）

第242条 ① 普通地方公共団体の住民は、当該普通
地方公共団体の長若しくは委員会若しくは委員又
は当該普通地方公共団体の職員について、違法若し
くは不当な公金の支出、財産の取得、管理若しくは
処分、契約の締結若しくは履行若しくは債務その他
の義務の負担があると認めるとき（当該行為がなされることが
相当の確実さをもつて予測される場合を含む。）と
認めるとき、又は違法若しくは不当に公金の賦課若
しくは徴収若しくは財産の管理を怠る事実（以下
「怠る事実」という。）があると認めるときは、これ
らを証する書面を添え、監査委員に対し、監査を求
め、当該行為を防止し、若しくは是正し、若しくは当
該怠る事実を改め、又は当該行為若しくは怠る事実
によつて当該普通地方公共団体の被つた損害を補
塡するために必要な措置を講ずべきことを請求す
ることができる。

② 前項の規定による請求は、当該行為のあつた日又
は終わつた日から1年を経過したときは、これをす
ることができない。ただし、正当な理由があるとき
は、この限りでない。

③ 第1項の規定による請求があつたときは、監査委
員は、直ちに当該請求の要旨を当該普通地方公共団
体の議会及び長に通知しなければならない。

④ 第1項の規定による請求があつた場合において、
当該行為が違法であると思料するに足りる相当な
理由があり、当該行為により当該普通地方公共団体
に生ずる回復の困難な損害を避けるため緊急の必
要があり、かつ、当該行為を停止することによつて
人の生命又は身体に対する重大な危害の発生の防
止その他公共の福祉を著しく阻害するおそれがな
いと認めるときは、監査委員は当該普通地方公共
団体の長その他の執行機関又は職員に対し、理由を
付して次項の手続が終了するまでの間当該行為を
停止すべきことを勧告することができる。この場
合において、監査委員は、当該勧告の内容を第1項
の規定による請求人（以下この条において「請求
人」という。）に通知するとともに、これを公表し
なければならない。

⑤ 第1項の規定による請求があつた場合には、監査
委員は、監査を行い、当該請求に理由がないと認め
るときは、理由を付してその旨を書面により請求人
に通知するとともに、これを公表し、当該請求に理
由があると認めるときは、当該普通地方公共団体の
議会、長その他の執行機関又は職員に対し期間を示
して必要な措置を講ずべきことを勧告するととも
に、当該勧告の内容を請求人に通知し、かつ、これを
公表しなければならない。

⑥ 前項の規定による監査委員の監査及び勧告は、第
1項の規定による請求があつた日から60日以内に
行わなければならない。

⑦ 監査委員は、第5項の規定による監査を行うに当
つては、請求人に証拠の提出及び陳述の機会を与
えなければならない。

⑧ 監査委員は、前項の規定による陳述の聴取を行う
場合又は関係のある当該普通地方公共団体の長そ
の他の執行機関若しくは職員の陳述の聴取を行う
場合において、必要があると認めるときは、関係の
ある当該普通地方公共団体の長その他の執行機関
若しくは職員又は請求人を立ち会わせることがで
きる。

⑨ 第5項の規定による監査委員の勧告があつたと
きは、当該勧告を受けた議会、長その他の執行機関

又は職員は，当該勧告に示された期間内に必要な措置を講ずるとともに，その旨を監査委員に通知しなければならない．この場合において，監査委員は，当該通知に係る事項を請求人に通知するとともに，これを公表しなければならない．

⑩　普通地方公共団体の議会は，第1項の規定による請求があつた後に，当該請求に係る行為又は怠る事実に関する損害賠償又は不当利得返還の請求権その他の権利の放棄に関する議決をしようとするときは，あらかじめ監査委員の意見を聴かなければならない．

⑪　第4項の規定による勧告，第5項の規定による監査及び勧告並びに前項の規定による意見についての決定は，監査委員の合議によるものとする．

（住民訴訟）

第242条の2　①　普通地方公共団体の住民は，前条第1項の規定による請求をした場合において，同条第5項の規定による監査委員の監査の結果若しくは勧告若しくは同条第9項の規定による普通地方公共団体の議会，長その他の執行機関若しくは職員の措置に不服があるとき，又は監査委員が同条第5項の規定による監査若しくは勧告を同条第6項の期間内に行わないとき，若しくは議会，長その他の執行機関若しくは職員が同条第9項の規定による措置を講じないときは，裁判所に対し，同条第1項の請求に係る違法な行為又は怠る事実につき，訴えをもつて次に掲げる請求をすることができる．

1　当該執行機関又は職員に対する当該行為の全部又は一部の差止めの請求

2　行政処分たる当該行為の取消し又は無効確認の請求

3　当該執行機関又は職員に対する当該怠る事実の違法確認の請求

4　当該行為若しくは怠る事実に係る相手方に損害賠償又は不当利得返還の請求をすることを当該普通地方公共団体の執行機関又は職員に対して求める請求．ただし，当該職員又は当該行為若しくは怠る事実に係る相手方が第243条の2の8第3項の規定による賠償の命令の対象となる者である場合には，当該賠償の命令をすることを求める請求

②　前項の規定による訴訟は，次の各号に掲げる場合の区分に応じ，当該各号に定める期間内に提起しなければならない．

1　監査委員の監査の結果又は勧告に不服がある場合　当該監査の結果又は当該勧告の内容の通知があつた日から30日以内

2　監査委員の勧告を受けた議会，長その他の執行機関又は職員の措置に不服がある場合　当該措置に係る監査委員の通知があつた日から30日以内

3　監査委員が請求をした日から60日を経過しても監査又は勧告を行わない場合　当該60日を経過した日から30日以内

4　監査委員の勧告を受けた議会，長その他の執行機関又は職員が措置を講じない場合　当該勧告に示された期間を経過した日から30日以内

┌─────────────────────────┐
│　　　第10章　公の施設　　　│
└─────────────────────────┘

（公の施設）

第244条　①　普通地方公共団体は，住民の福祉を増進する目的をもつてその利用に供するための施設（これを公の施設という．）を設けるものとする．

②　普通地方公共団体（次条第3項に規定する指定管理者を含む，次項において同じ．）は，正当な理由がない限り，住民が公の施設を利用することを拒んではならない．

③　普通地方公共団体は，住民が公の施設を利用することについて，不当な差別的取扱いをしてはならない．

（公の施設の設置，管理及び廃止）

第244条の2　①　普通地方公共団体は，法律又はこれに基づく政令に特別の定めがあるものを除くほか，公の施設の設置及びその管理に関する事項は，条例でこれを定めなければならない．

②　普通地方公共団体は，条例で定める重要な公の施設のうち条例で定める特に重要なものについて，これを廃止し，又は条例で定める長期かつ独占的な利用をさせようとするときは，議会において出席議員の3分の2以上の者の同意を得なければならない．

③　普通地方公共団体は，公の施設の設置の目的を効果的に達成するため必要があると認めるときは，条例の定めるところにより，法人その他の団体であつて当該普通地方公共団体が指定するもの（以下本条及び第244条の4において「指定管理者」という．）に，当該公の施設の管理を行わせることができる．

④　前項の条例には，指定管理者の指定の手続，指定管理者が行う管理の基準及び業務の範囲その他必要な事項を定めるものとする．

⑤　指定管理者の指定は，期間を定めて行うものとする．

⑥　普通地方公共団体は，指定管理者の指定をしようとするときは，あらかじめ，当該普通地方公共団体の議会の議決を経なければならない．

⑦　指定管理者は，毎年度終了後，その管理する公の施設の管理の業務に関し事業報告書を作成し，当該公の施設を設置する普通地方公共団体に提出しなければならない．

⑧　普通地方公共団体は，適当と認めるときは，指定管理者にその管理する公の施設の利用に係る料金（次項において「利用料金」という．）を当該指定管理者の収入として収受させることができる．

⑨　前項の場合における利用料金は，公益上必要があると認める場合を除くほか，条例の定めるところにより，指定管理者が定めるものとする．この場合において，指定管理者は，あらかじめ当該利用料金について当該普通地方公共団体の承認を受けなければならない．

⑩　普通地方公共団体の長又は委員会は，指定管理者の管理する公の施設の管理の適正を期するため，指定管理者に対して，当該管理の業務又は経理の状況に関し報告を求め，実地について調査し，又は必要な指示をすることができる．

⑪　普通地方公共団体は，指定管理者が前項の指示に従わないときその他当該指定管理者による管理を継続することが適当でないと認めるときは，その指定を取り消し，又は期間を定めて管理の業務の全部又は一部の停止を命ずることができる．

┌─────────────────────────────────┐
│　第11章　国と普通地方公共団体との関係及│
│　び普通地方公共団体相互間の関係　　　　　│
└─────────────────────────────────┘

第1節　普通地方公共団体に対する国又は都道府県の関与等

　第1款　普通地方公共団体に対する国又は都道

府県の関与等
（関与の意義）

第245条　本章において「普通地方公共団体に対する国又は都道府県の関与」とは、普通地方公共団体の事務の処理に関し、国の行政機関（内閣府設置法（平成11年法律第89号）第4条第3項に規定する事務をつかさどる機関たる内閣府、宮内庁、同法第49条第1項若しくは第2項に規定する機関、デジタル庁設置法（令和3年法律第36号）第4条第2項に規定する事務をつかさどる機関たるデジタル庁、国家行政組織法（昭和23年法律第120号）第3条第2項に規定する機関、法律の規定に基づき内閣の所轄の下に置かれる機関又はこれらに置かれる機関をいう。以下本章において同じ。）又は都道府県の機関が行う次に掲げる行為（普通地方公共団体がその固有の資格において当該行為の名あて人となるものに限り、国又は都道府県の普通地方公共団体に対する支出金の交付及び返還に係るものを除く。）をいう。

1　普通地方公共団体に対する次に掲げる行為
イ　助言又は勧告
ロ　資料の提出の要求
ハ　是正の要求（普通地方公共団体の事務の処理が法令の規定に違反しているとき又は著しく適正を欠き、かつ、明らかに公益を害しているときに当該普通地方公共団体に対して行われる当該違反の是正又は改善のため必要な措置を講ずべきことの求めであつて、当該求めを受けた普通地方公共団体がその違反の是正又は改善のため必要な措置を講じなければならないものをいう。）
ニ　同意
ホ　許可、認可又は承認
ヘ　指示
ト　代執行（普通地方公共団体の事務の処理が法令の規定に違反しているとき又は当該普通地方公共団体がその事務の処理を怠つているときに、その是正のための措置を当該普通地方公共団体に代わつて行うことをいう。）
2　普通地方公共団体との協議
3　前2号に掲げる行為のほか、一定の行政目的を実現するため普通地方公共団体に対して具体的かつ個別的に関わる行為（相反する利害を有する者の間の利害の調整を目的としてされる裁定その他の行為（その双方を名あて人とするものに限る。）及び審査請求その他の不服申立てに対する裁決、決定その他の行為を除く。）

（関与の法定主義）

第245条の2　普通地方公共団体は、その事務の処理に関し、法律又はこれに基づく政令によらなければ、普通地方公共団体に対する国又は都道府県の関与を受け、又は要することとされることはない。

（関与の基本原則）

第245条の3　① 国は、普通地方公共団体が、その事務の処理に関し、普通地方公共団体に対する国又は都道府県の関与を受け、又は要することとする場合には、その目的を達成するために必要な最小限度のものとするとともに、普通地方公共団体の自主性及び自立性に配慮しなければならない。
② 国は、できる限り、普通地方公共団体が、自治事務の処理に関しては普通地方公共団体に対する国又は都道府県の関与のうち第245条第1号ト及び第3号に規定する行為を、法定受託事務の処理に関し

ては普通地方公共団体に対する国又は都道府県の関与のうち同号トに規定する行為を受け、又は要することとすることのないようにしなければならない。
③ 国は、国又は都道府県の計画と普通地方公共団体の計画との調和を保つ必要がある場合等国又は都道府県の施策と普通地方公共団体の施策との間の調整が必要な場合を除き、普通地方公共団体の事務の処理に関し、普通地方公共団体が、普通地方公共団体に対する国又は都道府県の関与のうち第245条第2号に規定する行為を要することとすることのないようにしなければならない。
④ 国は、法令に基づき国がその内容について財政上又は税制上の特例措置を講ずるものとされている計画を普通地方公共団体が作成する場合等国又は都道府県の施策と普通地方公共団体の施策との整合性を確保しなければこれらの施策の実施に重大な支障が生ずると認められる場合を除き、自治事務の処理に関し、普通地方公共団体が、普通地方公共団体に対する国又は都道府県の関与のうち第245条第1号ニに規定する行為を要することとすることのないようにしなければならない。
⑤ 国は、普通地方公共団体が特別の法律により法人を設立する場合等自治事務の処理について国の行政機関又は都道府県の機関の許可、認可又は承認を要することとすること以外の方法によつてその処理の適正を確保することが困難であると認められる場合を除き、自治事務の処理に関し、普通地方公共団体が、普通地方公共団体に対する国又は都道府県の関与のうち第245条第1号ホに規定する行為を要することとすることのないようにしなければならない。
⑥ 国は、国民の生命、身体又は財産の保護のため緊急に自治事務の適確な処理を確保する必要がある場合等特に必要と認められる場合を除き、自治事務の処理に関し、普通地方公共団体が、普通地方公共団体に対する国又は都道府県の関与のうち第245条第1号ヘに規定する行為に従わなければならないとすることのないようにしなければならない。

（技術的な助言及び勧告並びに資料の提出の要求）

第245条の4　① 各大臣（内閣府設置法第4条第3項若しくはデジタル庁設置法第4条第2項に規定する事務を分担管理する大臣たる内閣総理大臣又は国家行政組織法第5条第1項に規定する各省大臣をいう。以下本章、次章及び第14章において同じ。）又は都道府県知事その他の都道府県の執行機関は、その担任する事務に関し、普通地方公共団体に対し、普通地方公共団体の事務の運営その他の事項について適切と認める技術的な助言若しくは勧告をし、又は当該助言若しくは勧告をするため若しくは普通地方公共団体の事務の適正な処理に関する情報を提供するため必要な資料の提出を求めることができる。
② 各大臣は、その担任する事務に関し、都道府県知事その他の都道府県の執行機関に対し、前項の規定による市町村に対する助言若しくは勧告又は資料の提出の求めに関し、必要な指示をすることができる。
③ 普通地方公共団体の長その他の執行機関は、各大臣又は都道府県知事その他の都道府県の執行機関に対し、その担任する事務の管理及び執行について技術的な助言若しくは勧告又は必要な情報の提供を求めることができる。

（是正の要求）

第245条の5 ① 各大臣は，その担任する事務に関し，都道府県の自治事務の処理が法令の規定に違反していると認めるとき，又は著しく適正を欠き，かつ，明らかに公益を害していると認めるときは，当該都道府県に対し，当該自治事務の処理について違反の是正又は改善のため必要な措置を講ずべきことを求めることができる。

② 各大臣は，その担任する事務に関し，市町村の次の各号に掲げる事務の処理が法令の規定に違反していると認めるとき，又は著しく適正を欠き，かつ，明らかに公益を害していると認めるときは，当該各号に定める都道府県の執行機関に対し，当該市町村の処理について違反の是正又は改善のため必要な措置を講ずべきことを当該市町村に求めるよう指示をすることができる。

1 市町村の市町村の執行機関（教育委員会及び選挙管理委員会を除く。）の担任する事務（第1号法定受託事務を除く，次号及び第3号において同じ。）都道府県知事

2 市町村教育委員会の担任する事務 都道府県教育委員会

3 市町村選挙管理委員会の担任する事務 都道府県選挙管理委員会

③ 前項の指示を受けた都道府県の執行機関は，当該市町村に対し，当該事務の処理について違反の是正又は改善のため必要な措置を講ずべきことを求めなければならない。

④ 各大臣は，第2項の規定によるほか，その担任する事務に関し，市町村の事務（第1号法定受託事務を除く。）の処理が法令の規定に違反していると認める場合，又は著しく適正を欠き，かつ，明らかに公益を害していると認める場合において，緊急を要するときその他特に必要があると認めるときは，自ら当該市町村に対し，当該事務の処理について違反の是正又は改善のため必要な措置を講ずべきことを求めることができる。

⑤ 普通地方公共団体は，第1項，第3項又は前項の規定による求めを受けたときは，当該事務の処理について違反の是正又は改善のための必要な措置を講じなければならない。

（是正の勧告）

第245条の6 次の各号に掲げる都道府県の執行機関は，市町村の当該各号に定める自治事務の処理が法令の規定に違反していると認めるとき，又は著しく適正を欠き，かつ，明らかに公益を害していると認めるときは，当該市町村に対し，当該自治事務の処理について違反の是正又は改善のため必要な措置を講ずべきことを勧告することができる。

1 都道府県知事 市町村長その他の市町村の執行機関（教育委員会及び選挙管理委員会を除く。）の担任する自治事務

2 都道府県教育委員会 市町村教育委員会の担任する自治事務

3 都道府県選挙管理委員会 市町村選挙管理委員会の担任する自治事務

（是正の指示）

第245条の7 ① 各大臣は，その所管する法律又はこれに基づく政令に係る都道府県の自治事務の処理が法令の規定に違反していると認めるとき，又は著しく適正を欠き，かつ，明らかに公益を害していると認めるときは，当該都道府県に対し，当該自治事務の処理について違反の是正又は改善

のため講ずべき措置に関し，必要な指示をすることができる。

② 次の各号に掲げる都道府県の執行機関は，市町村の当該各号に定める法定受託事務の処理が法令の規定に違反しているとき，又は著しく適正を欠き，かつ，明らかに公益を害していると認めるときは，当該市町村に対し，当該法定受託事務の処理について違反の是正又は改善のため講ずべき措置に関し，必要な指示をすることができる。

1 都道府県知事 市町村長その他の市町村の執行機関（教育委員会及び選挙管理委員会を除く。）の担任する法定受託事務

2 都道府県教育委員会 市町村教育委員会の担任する法定受託事務

3 都道府県選挙管理委員会 市町村選挙管理委員会の担任する法定受託事務

③ 各大臣は，その所管する法律又はこれに基づく政令に係る市町村の第1号法定受託事務の処理について，前項各号に掲げる都道府県の執行機関に対し，同項の規定による市町村に対する指示に関し，必要な指示をすることができる。

④ 各大臣は，前項の規定によるほか，その所管する法律又はこれに基づく政令に係る市町村の第1号法定受託事務の処理が法令の規定に違反していると認める場合，又は著しく適正を欠き，かつ，明らかに公益を害していると認める場合において，緊急を要するときその他特に必要があると認めるときは，自ら当該市町村に対し，当該第1号法定受託事務の処理について違反の是正又は改善のため講ずべき措置に関し，必要な指示をすることができる。

（代執行等）

第245条の8 ① 各大臣は，その所管する法律若しくはこれに基づく政令に係る都道府県知事の法定受託事務の管理若しくは執行が法令の規定若しくは当該各大臣の処分に違反するものがある場合又は当該法定受託事務の管理若しくは執行を怠るものがある場合において，本項から第8項までに規定する措置以外の方法によつてその是正を図ることが困難であり，かつ，それを放置することにより著しく公益を害することが明らかであるときは，文書により，当該都道府県知事に対して，その旨を指摘し，期限を定めて，当該違反を是正し，又は当該怠る法定受託事務の管理若しくは執行を改めるべきことを勧告することができる。

② 各大臣は，都道府県知事が前項の期限までに同項の規定による勧告に係る事項を行わないときは，文書により，当該都道府県知事に対し，期限を定めて当該事項を行うべきことを指示することができる。

③ 各大臣は，都道府県知事が前項の期限までに当該事項を行わないときは，高等裁判所に対し，訴えをもつて，当該事項を行うべきことを命ずる旨の裁判を請求することができる。

④ 各大臣は，高等裁判所に対し前項の規定により訴えを提起したときは，直ちに，文書により，その旨を当該都道府県知事に通告するとともに，当該高等裁判所に対し，その通告をした日時，場所及び方法を通知しなければならない。

⑤ 当該高等裁判所は，第3項の規定により訴えが提起されたときは，速やかに口頭弁論の期日を定め，当事者を呼び出さなければならない。その期日は，同項の訴えの提起があつた日から15日以内の日とする。

⑥ 当該高等裁判所は，各大臣の請求に理由があると認めるときは，当該都道府県知事に対し，期限を定めて当該事項を行うべきことを命ずる旨の裁判をしなければならない．

⑦ 第3項の訴えは，当該都道府県の区域を管轄する高等裁判所の専属管轄とする．

⑧ 各大臣は，都道府県知事が第6項の裁判に従い同項の期限までに，なお，当該事項を行わないときは，当該都道府県知事に代わつて当該事項を行うことができる．この場合においては，各大臣は，あらかじめ当該都道府県知事に対し，当該事項を行う日時，場所及び方法を通知しなければならない．

⑨ 第3項の訴えに係る高等裁判所の判決に対する上告の期間は，1週間とする．

⑩ 前項の上告は，執行停止の効力を有しない．

⑪ 各大臣の請求に理由がない旨の判決が確定した場合において，既に第8項の規定に基づき第2項の規定による指示に係る事項が行われているときは，都道府県知事は，当該判決の確定後3月以内にその処分を取り消し，又は原状の回復その他必要な措置を執ることができる．

⑫ 前各項の規定は，市町村長の法定受託事務の管理若しくは執行が法令の規定若しくは各大臣若しくは都道府県知事の処分に違反するものがある場合又は当該法定受託事務の管理若しくは執行を怠るものがある場合において，本項に規定する措置以外の方法によつてその是正を図ることが困難であり，かつ，それを放置することにより著しく公益を害することが明らかであるときについて準用する．この場合においては，前各項の規定中「各大臣」とあるのは「都道府県知事」と，「都道府県知事」とあるのは「市町村長」と，「当該都道府県の区域」とあるのは「当該市町村の区域」と読み替えるものとする．

⑬ 各大臣は，その所管する法律又はこれに基づく政令に係る市町村長の第1号法定受託事務の管理又は執行について，都道府県知事に対し，前項において準用する第1項から第8項までの規定による措置に関し，必要な指示をすることができる．

⑭ 第3項（第12項において準用する場合を含む．次項において同じ．）の訴えについては，行政事件訴訟法第43条第3項の規定にかかわらず，同法第41条第2項の規定は，準用しない．

⑮ 前各項に定めるもののほか，第3項の訴えについては，主張及び証拠の申出の時期の制限その他審理の促進に関し必要な事項は，最高裁判所規則で定める．

（処理基準）

第245条の9 ① 各大臣は，その所管する法律又はこれに基づく政令に係る都道府県の法定受託事務の処理について，都道府県が当該法定受託事務を処理するに当たりよるべき基準を定めることができる．

② 次の各号に掲げる都道府県の執行機関は，市町村の当該各号に定める法定受託事務の処理について，市町村が当該法定受託事務を処理するに当たりよるべき基準を定めることができる．この場合において，都道府県の執行機関の定める基準は，次項の規定により各大臣の定める基準に抵触するものであつてはならない．

1 都道府県知事　市町村長その他の市町村の執行機関（教育委員会及び選挙管理委員会を除く．）の担任する法定受託事務

2 都道府県教育委員会　市町村教育委員会の担任

する法定受託事務

3 都道府県選挙管理委員会　市町村選挙管理委員会の担任する法定受託事務

③ 各大臣は，必要があると認めるときは，その所管する法律又はこれに基づく政令に係る市町村の第1号法定受託事務の処理について，市町村が当該第1号法定受託事務を処理するに当たりよるべき基準を定めることができる．

④ 各大臣は，その所管する法律又はこれに基づく政令に係る市町村の第1号法定受託事務の処理について，第2項各号に掲げる都道府県の執行機関に対し，同項の規定により定める基準に関し，必要な指示をすることができる．

⑤ 第1項から第3項までの規定により定める基準は，その目的を達成するために必要な最小限度のものでなければならない．

　第2節　国と普通地方公共団体との間並びに普通地方公共団体相互間及び普通地方公共団体の機関相互間の紛争処理

　　第1款　国地方係争処理委員会

　　　（設置及び権限）

第250条の7 ① 総務省に，国地方係争処理委員会（以下本節において「委員会」という．）を置く．

② 委員会は，普通地方公共団体に対する国又は都道府県の関与のうち国の行政機関が行うもの（以下本節において「国の関与」という．）に関する審査の申出につき，この法律の規定によりその権限に属させられた事項を処理する．

　　第2款　国地方係争処理委員会による審査の手続

　　　（国の関与に関する審査の申出）

第250条の13 ① 普通地方公共団体の長その他の執行機関は，その担任する事務に関する国の関与のうち是正の要求，許可の拒否その他の処分その他公権力の行使に当たるもの（次に掲げるものを除く．）に不服があるときは，委員会に対し，当該国の関与を行つた国の行政庁を相手方として，文書で，審査の申出をすることができる．

1 第245条の8第2項及び第13項の規定による指示

2 第245条の8第8項の規定に基づき都道府県知事に代わつて同条第2項の規定による指示に係る事項を行うこと

3 第252条の17の4第2項の規定により読み替えて適用する第245条の8第12項において準用する同条第2項の規定による指示

4 第252条の17の4第2項の規定により読み替えて適用する第245条の8第12項において準用する同条第8項の規定に基づき市町村長に代わつて前号の指示に係る事項を行うこと

② 普通地方公共団体の長その他の執行機関は，その担任する事務に関する国の不作為（国の行政庁が，申請等が行われた場合において，相当の期間内に何らかの国の関与のうち許可その他の処分その他公権力の行使に当たるものをすべきにかかわらず，これをしないことをいう．以下本節において同じ．）に不服があるときは，委員会に対し，当該国の不作為に係る国の行政庁を相手方として，文書で，審査の申出をすることができる．

③ 普通地方公共団体の長その他の執行機関は，その担任する事務に関する当該普通地方公共団体の法令に基づく協議の申出が国の行政庁に対して行われた場合において，当該協議に係る当該普通地方公

共同体の義務を果たしたと認めるにもかかわらず当該協議が調わないときは、委員会に対し、当該協議の相手方である国の行政庁を相手方として、文書で、審査の申出をすることができる。

④ 第1項の規定による審査の申出は、当該国の関与があつた日から30日以内にしなければならない。ただし、天災その他同項の規定による審査の申出をしなかつたことについてやむを得ない理由があるときは、この限りでない。

⑤ 前項ただし書の場合における第1項の規定による審査の申出は、その理由がやんだ日から1週間以内にしなければならない。

⑥ 第1項の規定による審査の申出に係る文書を郵便又は民間事業者による信書の送達に関する法律（平成14年法律第99号）第2条第6項に規定する一般信書便事業者若しくは同条第9項に規定する特定信書便事業者による同条第2項に規定する信書便（第260条の2第12項において「信書便」という。）で提出した場合における前2項の期間の計算については、送付に要した日数は、算入しない。

⑦ 普通地方公共団体の長その他の執行機関は、第1項から第3項までの規定による審査の申出（以下本款において「国の関与に関する審査の申出」という。）をしようとするときは、相手方となるべき国の行政庁に対し、その旨をあらかじめ通知しなければならない。

（審査及び勧告）

第250条の14 ① 委員会は、自治事務に関する国の関与について前条第1項の規定による審査の申出があつた場合においては、審査を行い、相手方である国の行政庁の行つた国の関与が違法でなく、かつ、普通地方公共団体の自主性及び自立性を尊重する観点から不当でないと認めるときは、理由を付してその旨を当該審査の申出をした普通地方公共団体の長その他の執行機関及び当該国の行政庁に通知するとともに、これを公表し、当該国の行政庁の行つた国の関与が違法又は普通地方公共団体の自主性及び自立性を尊重する観点から不当であると認めるときは、当該国の行政庁に対し、理由を付し、かつ、期間を示して、必要な措置を講ずべきことを勧告するとともに、当該勧告の内容を当該普通地方公共団体の長その他の執行機関に通知し、かつ、これを公表しなければならない。

② 委員会は、法定受託事務に関する国の関与について前条第1項の規定による審査の申出があつた場合においては、審査を行い、相手方である国の行政庁の行つた国の関与が違法でないと認めるときは、理由を付してその旨を当該審査の申出をした普通地方公共団体の長その他の執行機関及び当該国の行政庁に通知するとともに、これを公表し、当該国の行政庁の行つた国の関与が違法であると認めるときは、当該国の行政庁に対し、理由を付し、かつ、期間を示して、必要な措置を講ずべきことを勧告するとともに、当該勧告の内容を当該普通地方公共団体の長その他の執行機関に通知し、かつ、これを公表しなければならない。

③ 委員会は、前条第2項の規定による審査の申出があつた場合においては、審査を行い、当該審査の申出に理由がないと認めるときは、理由を付してその旨を当該審査の申出をした普通地方公共団体の長その他の執行機関及び相手方である国の行政庁に通知するとともに、これを公表し、当該審査の申出

に理由があると認めるときは、当該国の行政庁に対し、理由を付し、かつ、期間を示して、必要な措置を講ずべきことを勧告するとともに、当該勧告の内容を当該普通地方公共団体の長その他の執行機関に通知し、かつ、これを公表しなければならない。

④ 委員会は、前条第3項の規定による審査の申出があつたときは、当該審査の申出に係る協議について当該協議に係る普通地方公共団体がその義務を果たしているかどうかを審査し、理由を付してその結果を当該審査の申出をした普通地方公共団体の長その他の執行機関及び相手方である国の行政庁に通知するとともに、これを公表しなければならない。

⑤ 前各項の規定による審査及び勧告は、審査の申出があつた日から90日以内に行わなければならない。

第3款　自治紛争処理委員

（自治紛争処理委員）

第251条 ① 自治紛争処理委員は、この法律の定めるところにより、普通地方公共団体相互の間又は普通地方公共団体の機関相互の間の紛争の調停、普通地方公共団体に対する国又は都道府県の関与のうち都道府県の機関が行うもの（以下この節において「都道府県の関与」という。）に関する審査、第252条の2第1項に規定する連携協約に係る紛争を処理するための方策の提示及び第143条第3項（第180条の5第8項及び第184条第2項において準用する場合を含む。）の審査請求又はこの法律の規定による審査の申立て若しくは審決の申請に係る事務を処理する。

② 自治紛争処理委員は、3人とし、事件ごとに、優れた識見を有する者のうちから、総務大臣又は都道府県知事がそれぞれ任命する。この場合においては、総務大臣又は都道府県知事は、あらかじめ当該事件に関係のある事務を担任する各大臣又は都道府県の委員会若しくは委員に協議するものとする。

第4款　自治紛争処理委員による調停、審査及び処理方策の提示の手続

（審査及び勧告）

第251条の3 ① 総務大臣は、市町村長その他の市町村の執行機関が担任する事務に関する都道府県の関与のうち是正の要求、許可の拒否その他の処分その他公権力の行使に当たるもの（次に掲げるものを除く。）に不服があり、文書により、自治紛争処理委員の審査に付することを求める旨の申出をしたときは、速やかに、第251条第2項の規定により自治紛争処理委員を任命し、当該申出に係る事件をその審査に付さなければならない。

1　第245条の8第12項において準用する同条第2項の規定による指示

2　第245条の8第12項において準用する同条第8項の規定に基づき市町村長に代わつて前号の指示に係る事項を行うこと。

② 総務大臣は、市町村長その他の市町村の執行機関が、その担任する事務に関する都道府県の不作為（都道府県の行政庁が、申請等が行われた場合において、相当の期間内に何らかの都道府県の関与のうち許可その他の処分その他公権力の行使に当たるものをすべきにかかわらず、これをしないことをいう。以下本節において同じ。）に不服があり、文書により、自治紛争処理委員の審査に付することを求める旨の申出をしたときは、速やかに、第251条第2項の規定により自治紛争処理委員を任命し、当該申出に係る事件をその審査に付さなければならない。

③ 総務大臣は, 市町村長その他の市町村の執行機関が, その担任する事務に関する当該市町村の法令に基づく協議の申出が都道府県の行政庁に対して行われた場合において, 当該協議に係る当該市町村の義務を果たしたと認めるにもかかわらず当該協議が調わないことについて, 文書により, 自治紛争処理委員の審査に付することを求める旨の申出をしたときは, 速やかに, 第251条第2項の規定により自治紛争処理委員を任命し, 当該申出に係る事件をその審査に付さなければならない.

第5款　普通地方公共団体に対する国又は都道府県の関与に関する訴え
(国の関与に関する訴えの提起)

第251条の5 ① 第250条の13第1項又は第2項の規定による審査の申出をした普通地方公共団体の長その他の執行機関は, 次の各号のいずれかに該当するときは, 高等裁判所に対し, 当該審査の申出の相手方となつた国の行政庁 (国の関与があつた後又は申請等が行われた後に当該行政庁の権限が他の行政庁に承継されたときは, 当該他の行政庁) を被告として, 違法な国の関与の取消し又は当該審査の申出に係る違法な国の不作為の違法の確認を求めることができる. ただし, 違法な国の関与の取消しを求める訴えを提起する場合において, 被告とすべき行政庁がないときは, 当該訴えは, 国を被告として提起しなければならない.

1 第250条の14第1項から第3項までの規定による委員会の審査の結果又は勧告に不服があるとき.
2 第250条の18第1項の規定による国の行政庁の措置に不服があるとき.
3 当該審査の申出をした日から90日を経過しても, 委員会が第250条の14第1項から第3項までの規定による審査又は勧告を行わないとき.
4 国の行政庁が第250条の18第1項の規定による措置を講じないとき.

② 前項の訴えは, 次に掲げる期間内に提起しなければならない.

1 前項第1号の場合は, 第250条の14第1項から第3項までの規定による委員会の審査の結果又は勧告の内容の通知があつた日から30日以内
2 前項第2号の場合は, 第250条の18第1項の規定による委員会の通知があつた日から30日以内
3 前項第3号の場合は, 当該審査の申出をした日から90日を経過した日から30日以内
4 前項第4号の場合は, 第250条の14第1項から第3項までの規定による委員会の勧告に示された期間を経過した日から30日以内

(都道府県の関与に関する訴えの提起)

第251条の6 ① 第251条の3第1項又は第2項の規定による申出をした市町村長その他の市町村の執行機関は, 次の各号のいずれかに該当するときは, 高等裁判所に対し, 当該申出の相手方となつた都道府県の行政庁 (都道府県の関与があつた後又は申請等が行われた後に当該行政庁の権限が他の行政庁に承継されたときは, 当該他の行政庁) を被告として, 訴えをもつて当該申出に係る違法な都道府県の関与の取消し又は当該申出に係る都道府県の不作為の違法の確認を求めることができる. ただし, 違法な都道府県の関与の取消しを求める訴えを提起する場合において, 被告とすべき行政庁がないときは, 当該訴えは, 当該都道府県を被告として提起

しなければならない.

1 第251条の3第5項において準用する第250条の14第1項若しくは第2項又は第251条の3第6項において準用する第250条の14第3項の規定による自治紛争処理委員の審査の結果又は勧告に不服があるとき.
2 第251条の3第9項の規定による都道府県の行政庁の措置に不服があるとき.
3 当該申出をした日から90日を経過しても, 自治紛争処理委員が第251条の3第5項において準用する第250条の14第1項若しくは第2項又は第251条の3第6項において準用する第250条の14第3項の規定による審査又は勧告を行わないとき.
4 都道府県の行政庁が第251条の3第9項の規定による措置を講じないとき.

第3節　普通地方公共団体相互間の協力
第1款　連携協約
(連携協約)

第252条の2 ① 普通地方公共団体は, 当該普通地方公共団体及び他の普通地方公共団体の区域における当該普通地方公共団体及び当該他の普通地方公共団体の事務の処理に当たつての当該他の普通地方公共団体との連携を図るため, 協議により, 当該普通地方公共団体及び当該他の普通地方公共団体が連携して事務を処理するに当たつての基本的な方針及び役割分担を定める協約 (以下「連携協約」という.) を当該他の普通地方公共団体と締結することができる.

② 普通地方公共団体は, 連携協約を締結したときは, その旨及び当該連携協約を告示するとともに, 都道府県が締結したものにあつては総務大臣, その他のものにあつては都道府県知事に届け出なければならない.

③ 第1項の協議については, 関係普通地方公共団体の議会の議決を経なければならない.

④ 普通地方公共団体は, 連携協約を変更し, 又は連携協約を廃止しようとするときは, 前3項の例によりこれを行わなければならない.

⑤ 公益上必要がある場合においては, 都道府県が締結するものについては総務大臣, その他のものについては都道府県知事は, 関係のある普通地方公共団体に対し, 連携協約を締結すべきことを勧告することができる.

⑥ 連携協約を締結した普通地方公共団体は, 当該連携協約に基づいて, 当該連携協約を締結した他の普通地方公共団体と連携して事務を処理するに当たつて当該普通地方公共団体が分担すべき役割を果たすため必要な措置を執るようにしなければならない.

⑦ 連携協約を締結した普通地方公共団体相互の間に連携協約に係る紛争があるときは, 当事者である普通地方公共団体は, 都道府県が当事者となる紛争にあつては総務大臣, その他の紛争にあつては都道府県知事に対し, 文書により, 自治紛争処理委員による当該紛争を処理するための方策の提示を求める旨の申請をすることができる.

第2款　協議会
(協議会の設置)

第252条の2の2 ① 普通地方公共団体は, 普通地方公共団体の事務の一部を共同して管理及び執行し, 若しくは普通地方公共団体の事務の管理及び執行について連絡調整を図り, 又は広域にわたる総

合的な計画を共同して作成するため，協議により規約を定め，普通地方公共団体の協議会を設けることができる．

第3款 機関等の共同設置
（機関等の共同設置）

第252条の7 ① 普通地方公共団体は，協議により規約を定め，共同して，第138条第1項若しくは第2項に規定する事務局若しくはその内部組織（次項及び第252条の13において「議会事務局」という．），第138条の4第1項に規定する委員会若しくは委員，同条第3項に規定する附属機関，第156条第1項に規定する行政機関，第158条第1項に規定する内部組織，委員会若しくは委員の事務局若しくは内部組織（次項及び第252条の13において「委員会事務局」という．），普通地方公共団体の議会，長，委員会若しくは委員の事務を補助する職員，第174条第1項に規定する専門委員又は第200条の2第1項に規定する監査専門委員を置くことができる．ただし，政令で定める委員会については，この限りでない．

② 前項の規定による議会事務局，執行機関，附属機関，行政機関，内部組織，委員会事務局若しくは職員を共同設置する普通地方公共団体の数を増減し，若しくはこれらの議会事務局，執行機関，附属機関，行政機関，内部組織，委員会事務局若しくは職員の共同設置に関する規約を変更し，又はこれらの執行機関，附属機関若しくは職員の共同設置を廃止しようとするときは，関係普通地方公共団体は，同項の例により，協議してこれを行わなければならない．

③ 第252条の2の2第2項及び第3項本文の規定は前2項の場合について，同条第4項の規定は第1項の場合について，それぞれ準用する．

第4款 事務の委託
（事務の委託）

第252条の14 ① 普通地方公共団体は，協議により規約を定め，普通地方公共団体の事務の一部を，他の普通地方公共団体に委託して，当該他の普通地方公共団体の長又は同種の委員会若しくは委員をして管理し及び執行させることができる．

第4節 条例による事務処理の特例
（条例による事務処理の特例）

第252条の17の2 ① 都道府県は，都道府県知事の権限に属する事務の一部を，条例の定めるところにより，市町村が処理することとすることができる．この場合においては，当該市町村が処理することとされた事務は，当該市町村の長が管理し及び執行するものとする．

② 前項の条例（同項の規定により都道府県の規則に基づく事務を市町村が処理することとする場合で，同項の条例の定めるところにより，規則に委任して当該事務の範囲を定めるときは，当該規則を含む．以下本節において同じ．）を制定し又は改廃する場合においては，都道府県知事は，あらかじめ，その権限に属する事務の一部を処理し又は処理することとなる市町村の長に協議しなければならない．

③ 市町村の長は，その議会の議決を経て，都道府県知事に対し，第1項の規定によりその権限に属する事務の一部を当該市町村が処理することとするよう要請することができる．

④ 前項の規定による要請があつたときは，都道府県知事は，速やかに，当該市町村の長と協議しなければならない．

第12章 大都市等に関する特例

第1節 大都市に関する特例
（指定都市の権能）

第252条の19 ① 政令で指定する人口50万以上の市（以下「指定都市」という．）は，次に掲げる事務のうち都道府県が法律又はこれに基づく政令の定めるところにより処理することとされているものの全部又は一部で政令で定めるものを，政令で定めるところにより，処理することができる．

1 児童福祉に関する事務
2 民生委員に関する事務
3 身体障害者の福祉に関する事務
4 生活保護に関する事務
5 行旅病人及び行旅死亡人の取扱に関する事務
5の2 社会福祉事業に関する事務
5の3 知的障害者の福祉に関する事務
6 母子家庭及び父子家庭並びに寡婦の福祉に関する事務
6の2 老人福祉に関する事務
7 母子保健に関する事務
7の2 介護保険に関する事務
8 障害者の自立支援に関する事務
8の2 生活困窮者の自立支援に関する事務
9 食品衛生に関する事務
9の2 医療に関する事務
10 精神保健及び精神障害者の福祉に関する事務
11 結核の予防に関する事務
11の2 難病の患者に対する医療等に関する事務
12 土地区画整理事業に関する事務
13 屋外広告物の規制に関する事務

② 指定都市がその事務を処理するに当たつて，法律又はこれに基づく政令の定めるところにより都道府県知事若しくは都道府県の委員会の許可，認可，承認その他これらに類する処分を要し，又はその事務の処理について都道府県知事若しくは都道府県の委員会の改善，停止，制限，禁止その他これらに類する指示その他の命令を受けるものとされている事項で政令で定めるものについては，政令の定めるところにより，これらの許可，認可等の処分を要せず，若しくはこれらの指示その他の命令に係る法令の規定を適用せず，又は都道府県知事若しくは都道府県の委員会の許可，認可等の処分若しくは指示その他の命令に代えて，各大臣の許可，認可等の処分を要するものとし，若しくは各大臣の指示その他の命令を受けるものとする．

（区の設置）

第252条の20 ① 指定都市は，市長の権限に属する事務を分掌させるため，条例で，その区域を分けて区を設け，区の事務所又は必要があると認めるときはその出張所を置くものとする．

② 区の事務所又はその出張所の位置，名称及び所管区域並びに区の事務所が分掌する事務は，条例でこれを定めなければならない．

③ 区にその事務所の長として区長を置く．

④ 区長又は区の事務所の長は，当該普通地方公共団体の長の補助機関である職員をもつて充てる．

⑤ 区に選挙管理委員会を置く．

⑥ 第4条第2項の規定は第2項の区の事務所又はその出張所の位置及び所管区域に，第175条第2項

の規定は区長又は第4項の区の事務所の出張所の長に, 第2編第7章第3節中市の選挙管理委員会に関する規定は前項の選挙管理委員会について, これを準用する.

⑦ 指定都市は, 必要と認めるときは, 条例で, 区ごとに区地域協議会を置くことができる. この場合において, その区域内に地域自治区が設けられる区には, 区地域協議会を設けないことができる.

⑧ 第202条の5第2項から第5項まで及び第202条の6から第202条の9までの規定は, 区地域協議会に準用する.

⑨ 指定都市は, 地域自治区を設けるときは, その区域は, 区の区域を分けて定めなければならない.

⑩ 第7項の規定に基づき, 区に区地域協議会を置く指定都市は, 第202条の4第1項の規定にかかわらず, その一部の区の区域に地域自治区を設けることができる.

⑪ 前各項に定めるもののほか, 指定都市の区に関し必要な事項は, 政令でこれを定める.

(総合区の設置)
第252条の20の2 ① 指定都市は, その行政の円滑な運営を確保するため必要があると認めるときは, 前条第1項の規定にかかわらず, 市長の権限に属する事務のうち特定の区の区域内に関するものを第8項の規定により総合区長に執行させるため, 条例で, 当該区に代えて総合区を設け, 総合区の事務所又は必要があると認めるときはその出張所を置くことができる.

② 総合区の事務所又はその出張所の位置, 名称及び所管区域並びに総合区の事務所が分掌する事務は, 条例でこれを定めなければならない.

③ 総合区にその事務所の長として総合区長を置く.

④ 総合区長は, 市長が議会の同意を得てこれを選任する.

⑤ 総合区長の任期は, 4年とする. ただし, 市長は, 任期中においてもこれを解職することができる.

⑥ 総合区の事務所の職員のうち, 総合区長があらかじめ指定する者は, 総合区長に事故があるとき又は総合区長が欠けたときは, その職務を代理する.

⑦ 第141条, 第142条, 第159条, 第164条, 第165条第2項, 第166条第1項及び第3項並びに第175条第2項の規定は, 総合区長について準用する.

⑧ 総合区長は, 総合区の区域に係る政策及び企画をつかさどるほか, 法律若しくはこれに基づく政令又は条例により総合区長が執行することとされた事務及び市長の権限に属する事務のうち主として総合区の区域内に関するもので次に掲げるものを執行し, これらの事務の執行について当該指定都市を代表する. ただし, 法律又はこれに基づく政令に特別の定めがある場合は, この限りでない.
　1　総合区の区域に住所を有する者の意見を反映させて総合区の区域のまちづくりを推進する事務 (法律若しくはこれに基づく政令又は条例により市長が執行することとされたものを除く.)
　2　総合区の区域に住所を有する者相互間の交流を促進するための事務 (法律若しくはこれに基づく政令又は条例により市長が執行することとされたものを除く.)
　3　社会福祉及び保健衛生に関する事務のうち総合区の区域に住所を有する者に対して直接提供される役務に関する事務 (法律若しくはこれに基づく政令又は条例により市長が執行することとされた

ものを除く.)
　4　前3号に掲げるもののほか, 主として総合区の区域内に関する事務で条例で定めるもの

⑨ 総合区長は, 総合区の事務所又はその出張所の職員 (政令で定めるものを除く.) を任免する. ただし, 指定都市の規則で定める主要な職員を任免する場合においては, あらかじめ, 市長の同意を得なければならない.

⑩ 総合区長は, 歳入歳出予算のうち総合区長が執行する事務に係る部分に関し必要があると認めるときは, 市長に対し意見を述べることができる.

⑪ 総合区に選挙管理委員会を置く.

⑫ 第4条第2項の規定は第2項の総合区の事務所又はその出張所の位置及び所管区域について, 第175条第2項の規定は総合区の事務所の出張所の長について, 第2編第7章第3節中市の選挙管理委員会に関する規定は前項の選挙管理委員会について準用する.

⑬ 前条第7項から第10項までの規定は, 総合区について準用する.

⑭ 前各項に定めるもののほか, 指定都市の総合区に関し必要な事項は, 政令でこれを定める.

(指定都市都道府県調整会議)
第252条の21の2 ① 指定都市及び当該指定都市を包括する都道府県 (以下この条から第252条の21の4までにおいて「包括都道府県」という.) は, 指定都市及び包括都道府県の事務の処理について必要な協議を行うため, 指定都市都道府県調整会議を設ける.

② 指定都市都道府県調整会議は, 次に掲げる者をもつて構成する.
　1　指定都市の市長
　2　包括都道府県の知事

③ 指定都市の市長及び包括都道府県の知事は, 必要と認めるときは, 協議して, 指定都市都道府県調整会議に, 次に掲げる者を構成員として加えることができる.
　1　指定都市の市長以外の指定都市の執行機関が当該執行機関の委員長 (教育委員会にあつては, 教育長), 委員若しくは当該執行機関の事務を補助する職員又は当該執行機関の管理に属する機関の職員のうちから選任した者
　2　指定都市の市長がその補助機関である職員のうちから選任した者
　3　指定都市の議会が当該指定都市の議会の議員のうちから選挙により選出した者
　4　包括都道府県の知事以外の包括都道府県の執行機関が当該執行機関の委員長 (教育委員会にあつては, 教育長), 委員若しくは当該執行機関の事務を補助する職員又は当該執行機関の管理に属する機関の職員のうちから選任した者
　5　包括都道府県の知事がその補助機関である職員のうちから選任した者
　6　包括都道府県の議会が当該包括都道府県の議会の議員のうちから選挙により選出した者
　7　学識経験を有する者

④ 指定都市の市長又は包括都道府県の知事は, 指定都市の市長又は包括都道府県の知事以外の執行機関の権限に属する事務の処理について, 指定都市都道府県調整会議における協議を行う場合には, 指定都市都道府県調整会議に, 当該執行機関が当該執行機関の委員長 (教育委員会にあつては, 教育長), 委

行政

員若しくは当該執行機関の事務を補助する職員又は当該執行機関の管理に属する機関の職員のうちから選任した者を構成員として加えるものとする。

⑤ 指定都市の市長又は包括都道府県の知事は、第2条第6項又は第14項の規定の趣旨を達成するため必要があると認めるときは、指定都市の市長にあつては包括都道府県の事務に関し当該包括都道府県の知事に対して、包括都道府県の知事にあつては指定都市の事務に関し当該指定都市の市長に対して、指定都市都道府県調整会議において協議を行うことを求めることができる。

⑥ 前項の規定による求めを受けた指定都市の市長又は包括都道府県の知事は、当該求めに係る協議に応じなければならない。

⑦ 前各項に定めるもののほか、指定都市都道府県調整会議に関し必要な事項は、指定都市都道府県調整会議が定める。

（指定都市と包括都道府県の間の協議に係る勧告）

第252条の21の3 ① 指定都市の市長又は包括都道府県の知事は、前条第5項の規定による求めに係る協議を調えるため必要があると認めるときは、総務大臣に対し、文書で、当該指定都市及び包括都道府県の事務の処理に関し当該協議を調えるため必要な勧告を行うことを求めることができる。

② 指定都市の市長又は包括都道府県の知事は、前項の規定による勧告の求め（以下この条及び次条において「勧告の求め」という。）をしようとするときは、あらかじめ、当該指定都市又は包括都道府県の議会の議決を経なければならない。

③ 指定都市の市長又は包括都道府県の知事は、勧告の求めをしようとするときは、指定都市の市長にあつては包括都道府県の知事、包括都道府県の知事にあつては指定都市の市長に対し、その旨をあらかじめ通知しなければならない。

④ 勧告の求めをした指定都市の市長又は包括都道府県の知事は、総務大臣の同意を得て、当該勧告の求めを取り下げることができる。

⑤ 総務大臣は、勧告の求めがあつた場合においては、これを国の関係行政機関の長に通知するとともに、次条第2項の規定により指定都市都道府県勧告調整委員を任命し、当該勧告の求めに係る総務大臣の勧告について意見を求めなければならない。

⑥ 前項の規定により通知を受けた国の関係行政機関の長は、総務大臣に対し、文書で、当該勧告の求めについて意見を申し出ることができる。

⑦ 総務大臣は、前項の意見の申出があつたときは、当該意見を指定都市都道府県勧告調整委員に通知するものとする。

⑧ 総務大臣は、指定都市都道府県勧告調整委員から意見が述べられたときは、遅滞なく、指定都市の市長及び包括都道府県の知事に対し、第2条第6項又は第14項の規定の趣旨を達成するため必要な勧告をするとともに、当該勧告の内容を国の関係行政機関の長に通知し、かつ、これを公表しなければならない。

　第2節　中核市に関する特例

（中核市の権能）

第252条の22 ① 政令で指定する人口20万以上の市（以下「中核市」という。）は、第252条の19第1項の規定により指定都市が処理することができる事務のうち、都道府県がその区域にわたり一体的に処理することが中核市が処理することに比して効率的な事務その他の中核市において処理することが適当でない事務以外の事務で政令で定めるものを、政令で定めるところにより、処理することができる。

② 中核市がその事務を処理するに当たつて、法律又はこれに基づく政令の定めるところにより都道府県知事の改善、停止、制限、禁止その他これらに類する指示その他の命令を受けるものとされている事項で政令で定めるものについては、政令の定めるところにより、これらの指示その他の命令に関する法令の規定を適用せず、又は都道府県知事の指示その他の命令に代えて、各大臣の指示その他の命令を受けるものとする。

（中核市の指定に係る手続）

第252条の24 ① 総務大臣は、第252条の22第1項の中核市の指定に係る政令の立案をしようとするときは、関係市からの申出に基づき、これを行うものとする。

② 前項の規定による申出をしようとするときは、関係市は、あらかじめ、当該市の議会の議決を経て、都道府県の同意を得なければならない。

③ 前項の同意については、当該都道府県の議会の議決を経なければならない。

第13章　外部監査契約に基づく監査 (略)

第14章　補　則 (略)

◆　第3編　特別地方公共団体 (略)　◆

21　地方公務員法 (抄)

(昭25・12・13法律第261号、昭26・2・13施行、最終改正：令4・6・17法律第68号)

第1章　総　則

（この法律の目的）

第1条　この法律は、地方公共団体の人事機関並びに地方公務員の任用、人事評価、給与、勤務時間その他の勤務条件、休業、分限及び懲戒、服務、退職管理、研修、福祉及び利益の保護並びに団体等人事行政に関する根本基準を確立することにより、地方公共団体の行政の民主的かつ能率的な運営並びに特定地方独立行政法人の事務及び事業の確実な実施を保障し、もつて地方自治の本旨の実現に資することを目的とする。

22　行政手続法

(平5・11・12法律第88号、平6・10・1施行、最終改正：令5・6・16法律第63号)

第1章　総　則

（目的等）

第1条 ① この法律は、処分、行政指導及び届出に関

する手続並びに命令等を定める手続に関し，共通する事項を定めることによって，行政運営における公正の確保と透明性（行政上の意思決定について，その内容及び過程が国民にとって明らかであることをいう。第46条において同じ。）の向上を図り，もって国民の権利利益の保護に資することを目的とする。

② 処分，行政指導及び届出に関する手続並びに命令等を定める手続に関しこの法律に規定する事項について，他の法律に特別の定めがある場合は，その定めるところによる。

（定　義）

第2条 この法律において，次の各号に掲げる用語の意義は，当該各号に定めるところによる。

1　法令　法律，法律に基づく命令（告示を含む。），条例及び地方公共団体の執行機関の規則（規程を含む。以下「規則」という。）をいう。

2　処分　行政庁の処分その他公権力の行使に当たる行為をいう。

3　申請　法令に基づき，行政庁の許可，認可，免許その他の自己に対し何らかの利益を付与する処分（以下「許認可等」という。）を求める行為であって，当該行為に対して行政庁が諾否の応答をすべきこととされているものをいう。

4　不利益処分　行政庁が，法令に基づき，特定の者を名あて人として，直接に，これに義務を課し，又はその権利を制限する処分をいう。ただし，次のいずれかに該当するものを除く。

イ　事実上の行為及び事実上の行為をするに当たりその範囲，時期等を明らかにするために法令上必要とされている手続としての処分

ロ　申請により求められた許認可等を拒否する処分その他申請に基づき当該申請をした者を名あて人としてされる処分

ハ　名あて人となるべき者の同意の下にすることとされている処分

ニ　許認可等の効力を失わせる処分であって，当該許認可等の基礎となった事実が消滅した旨の届出があったことを理由としてされるもの

5　行政機関　次に掲げる機関をいう。

イ　法律の規定に基づき内閣に置かれる機関若しくは内閣の所轄の下に置かれる機関，宮内庁，内閣府設置法（平成11年法律第89号）第49条第1項若しくは第2項に規定する機関，国家行政組織法（昭和23年法律第120号）第3条第2項に規定する機関，会計検査院若しくはこれらに置かれる機関又はこれらの機関の職員であって法律上独立に権限を行使することを認められた職員

ロ　地方公共団体の機関（議会を除く。）

6　行政指導　行政機関がその任務又は所掌事務の範囲内において一定の行政目的を実現するため特定の者に一定の作為又は不作為を求める指導，勧告，助言その他の行為であって処分に該当しないものをいう。

7　届出　行政庁に対し一定の事項の通知をする行為（申請に該当するものを除く。）であって，法令により直接に当該通知が義務付けられているもの（自己の期待する一定の法律上の効果を発生させるためには当該通知をすべきこととされているものを含む。）をいう。

8　命令等　内閣又は行政機関が定める次に掲げるものをいう。

イ　法律に基づく命令（処分の要件を定める告示を含む。次条第2項において単に「命令」という。）又は規則

ロ　審査基準（申請により求められた許認可等をするかどうかをその法令の定めに従って判断するために必要とされる基準をいう。以下同じ。）

ハ　処分基準（不利益処分をするかどうか又はどのような不利益処分とするかについてその法令の定めに従って判断するために必要とされる基準をいう。以下同じ。）

ニ　行政指導指針（同一の行政目的を実現するため一定の条件に該当する複数の者に対し行政指導をしようとするときにこれらの行政指導に共通してその内容となるべき事項をいう。以下同じ。）

（適用除外）

第3条 ① 次に掲げる処分及び行政指導については，次条から第4章の2までの規定は，適用しない。

1　国会の両院若しくは一院又は議会の議決によってされる処分

2　裁判所若しくは裁判官の裁判により，又は裁判の執行としてされる処分

3　国会の両院若しくは一院若しくは議会の議決を経て，又はこれらの同意若しくは承認を得た上でされるべきものとされている処分

4　検査官会議で決すべきものとされている処分及び会計検査の際にされる行政指導

5　刑事事件に関する法令に基づいて検察官，検察事務官又は司法警察職員がする処分及び行政指導

6　国税又は地方税の犯則事件に関する法令（他の法令において準用する場合を含む。）に基づいて国税庁長官，国税局長，税務署長，国税庁，国税局若しくは税務署の当該職員，税関長，税関職員又は徴税吏員（他の法令の規定に基づいてこれらの職員の職務を行う者を含む。）がする処分及び行政指導並びに金融商品取引の犯則事件に関する法令（他の法令において準用する場合を含む。）に基づいて証券取引等監視委員会，その職員（当該法令においてその職員とみなされる者を含む。），財務局長又は財務支局長がする処分及び行政指導

7　学校，講習所，訓練所又は研修所において，教育，講習，訓練又は研修の目的を達成するために，学生，生徒，児童若しくは幼児又はこれらの保護者，講習生，訓練生又は研修生に対してされる処分及び行政指導

8　刑務所，少年刑務所，拘置所，留置施設，海上保安留置施設，少年院又は少年鑑別所において，収容の目的を達成するためにされる処分及び行政指導

9　公務員（国家公務員法（昭和22年法律第120号）第2条第1項に規定する国家公務員及び地方公務員法（昭和25年法律第261号）第3条第1項に規定する地方公務員をいう。以下同じ。）又は公務員であった者に対してその職務又は身分に関してされる処分及び行政指導

10　外国人の出入国，出入国管理及び難民認定法（昭和26年政令第319号）第61条の2第1項に規定する難民の認定，同条第2項に規定する補完的保護対象者の認定又は帰化に関する処分及び行政指導

11　専ら人の学識技能に関する試験又は検定の結果についての処分

12　相反する利害を有する者の間の利害の調整を目的として法令の規定に基づいてされる裁定その他

の処分（その双方を名宛人とするものに限る。）及び行政指導

13　公衆衛生，環境保全，防疫，保安その他の公益に関わる事象が発生し又は発生する可能性のある現場において警察官若しくは海上保安官又はこれらの公益を確保するために行使すべき権限を法律上直接に与えられたその他の職員によってされる処分及び行政指導

14　報告又は物件の提出を命ずる処分その他その職務の遂行上必要な情報の収集を直接の目的としてされる処分及び行政指導

15　審査請求，再調査の請求その他の不服申立てに対する行政庁の裁決，決定その他の処分

16　前号に規定する処分の手続又は第3章に規定する聴聞若しくは弁明の機会の付与の手続その他の意見陳述のための手続において法令に基づいてされる処分及び行政指導

② 次に掲げる命令等を定める行為については，第6章の規定は，適用しない。

1　法律の施行期日について定める政令

2　恩赦に関する命令

3　命令又は規則を定める行為が処分に該当する場合における当該命令又は規則

4　法律の規定に基づく施設，区間，地域その他これらに類するものを指定する命令又は規則

5　公務員の給与，勤務時間その他の勤務条件について定める命令等

6　審査基準，処分基準又は行政指導指針であって，法令の規定により若しくは慣行として，又は命令等を定める機関の判断により公にされるもの以外のもの

③ 第1項第6号及び前項各号に掲げるもののほか，地方公共団体の機関がする処分（その根拠となる規定が条例又は規則に置かれているものに限る。）及び行政指導，地方公共団体の機関に対する届出（前条第7号の通知の根拠となる規定が条例又は規則に置かれているものに限る。）並びに地方公共団体の機関が命令等を定める行為については，次章から第6章までの規定は，適用しない。

（国の機関等に対する処分等の適用除外）
第4条 ① 国の機関又は地方公共団体若しくはその機関に対する処分（これらの機関又は団体がその固有の資格において当該処分の名宛て人となるものに限る。）及び行政指導並びにこれらの機関又は団体がする届出（これらの機関又は団体がその固有の資格においてすべきこととされているものに限る。）については，この法律の規定は，適用しない。

② 次の各号のいずれかに該当する法人に対する処分であって，当該法人の監督に関する法律の特別の規定に基づいてされるもの（当該法人の解散を命じ，若しくは設立に関する認可を取り消す処分又は当該法人の役員若しくは当該法人の業務に従事する者の解任を命ずる処分を除く。）については，次章及び第3章の規定は，適用しない。

1　法律により直接に設立された法人又は特別の法律により特別の設立行為をもって設立された法人

2　特別の法律により設立され，かつ，その設立に関し行政庁の認可を要する法人のうち，その行う業務が国又は地方公共団体の行政運営と密接な関連を有するものとして政令で定める法人

③ 行政庁が法律の規定に基づく試験，検査，検定，登録その他の行政上の事務について当該法律に基づ

きその全部又は一部を行わせる者を指定した場合において，その指定を受けた者（その者が法人である場合にあっては，その役員）又は職員その他の者が当該事務に従事することに関し公務に従事する職員とみなされるときは，その指定を受けた者に対し当該法律に基づいて当該事務に関し監督をする処分（当該指定を取り消す処分，その指定を受けた者が法人である場合におけるその役員の解任を命ずる処分又はその指定を受けた者の当該事務に従事する者の解任を命ずる処分を除く。）については，次章及び第3章の規定は，適用しない。

④ 次に掲げる命令等を定める行為については，第6章の規定は，適用しない。

1　国又は地方公共団体の機関の設置，所掌事務の範囲その他の組織について定める命令等

2　皇室典範（昭和22年法律第3号）第26条の皇統譜について定める命令等

3　公務員の礼式，服制，研修，教育訓練，表彰及び報償並びに公務員の間における競争試験について定める命令等

4　国又は地方公共団体の予算，決算及び会計について定める命令等（入札の参加者の資格，入札保証金その他の国又は地方公共団体の契約の相手方又は相手方になろうとする者に係る事項を定める命令等を除く。）並びに国又は地方公共団体の財産及び物品の管理について定める命令等（国又は地方公共団体が財産及び物品を貸し付け，交換し，売り払い，譲与し，信託し，若しくは出資の目的とし，又はこれらに私権を設定することについて定める命令等であって，これらの行為の相手方又は相手方になろうとする者に係る事項を定めるものを除く。）

5　会計検査について定める命令等

6　国の機関相互間の関係について定める命令等並びに地方自治法（昭和22年法律第67号）第2編第11章に規定する国と普通地方公共団体との関係及び普通地方公共団体相互間の関係その他の国と地方公共団体との関係及び普通地方公共団体相互間の関係について定める命令等（第1項の規定によりこの法律の規定を適用しないこととされる処分に係る命令等を含む。）

7　第2項第2号に規定する法人の役員及び職員，業務の範囲，財務及び会計その他の組織，運営及び管理について定める命令等（これらの法人に対する処分であって，これらの法人の解散を命じ，若しくは設立に関する認可を取り消す処分又はこれらの法人の役員若しくはこれらの法人の業務に従事する者の解任を命ずる処分に係る命令等を除く。）

第2章　申請に対する処分

（審査基準）
第5条 ① 行政庁は，審査基準を定めるものとする。

② 行政庁は，審査基準を定めるに当たっては，許認可等の性質に照らしてできる限り具体的なものとしなければならない。

③ 行政庁は，行政上特別の支障があるときを除き，法令により申請の提出先とされている機関の事務所における備付けその他の適当な方法により審査基準を公にしておかなければならない。

（標準処理期間）
第6条 　行政庁は，申請がその事務所に到達してか

ら当該申請に対する処分をするまでに通常要すべき標準的な期間（法令により当該行政庁と異なる機関が当該申請の提出先とされている場合は、併せて、当該申請が当該提出先とされている機関の事務所に到達してから当該行政庁の事務所に到達するまでに通常要すべき標準的な期間）を定めるよう努めるとともに、これを定めたときは、これらの当該申請の提出先とされている機関の事務所における備付けその他の適当な方法により公にしておかなければならない。

（申請に対する審査、応答）

第7条　行政庁は、申請がその事務所に到達したときは遅滞なく当該申請の審査を開始しなければならず、かつ、申請書の記載事項に不備がないこと、申請書に必要な書類が添付されていること、申請をすることができる期間内にされたものであることその他の法令に定められた申請の形式上の要件に適合しない申請については、速やかに、申請をした者（以下「申請者」という。）に対し相当の期間を定めて当該申請の補正を求め、又は当該申請により求められた許認可等を拒否しなければならない。

（理由の提示）

第8条　① 行政庁は、申請により求められた許認可等を拒否する処分をする場合は、申請者に対し、同時に、当該処分の理由を示さなければならない。ただし、法令に定められた許認可等の要件又は公にされた審査基準が数量的指標その他の客観的な指標により明確に定められている場合であって、当該申請がこれらに適合しないことが申請書の記載又は添付書類その他の申請の内容から明らかであるときは、申請者の求めがあったときにこれを示せば足りる。

② 前項本文に規定する処分を書面でするときは、同項の理由は、書面により示さなければならない。

（情報の提供）

第9条　① 行政庁は、申請者の求めに応じ、当該申請に係る審査の進行状況及び当該申請に対する処分の時期の見通しを示すよう努めなければならない。

② 行政庁は、申請をしようとする者又は申請者の求めに応じ、申請書の記載及び添付書類に関する事項その他の申請に必要な情報の提供に努めなければならない。

（公聴会の開催等）

第10条　行政庁は、申請に対する処分であって、申請者以外の者の利害を考慮すべきことが当該法令において許認可等の要件とされているものを行う場合には、必要に応じ、公聴会の開催その他の適当な方法により当該申請者以外の者の意見を聴く機会を設けるよう努めなければならない。

（複数の行政庁が関与する処分）

第11条　① 行政庁は、申請の処理をするに当たり、他の行政庁において同一の申請者からされた関連する複数の申請が審査中であることをもって当該許認可等をするかどうかについての審査又は判断を殊更に遅延させるようなことをしてはならない。

② 一の申請又は同一の申請者からされた相互に関連する複数の申請に対する処分について複数の行政庁が関与する場合においては、当該複数の行政庁は、必要に応じ、相互に連絡をとり、当該申請者からの説明の聴取を共同して行う等により審査の促進に努めるものとする。

第3章　不利益処分

第1節　通則

（処分の基準）

第12条　① 行政庁は、処分基準を定め、かつ、これを公にしておくよう努めなければならない。

② 行政庁は、処分基準を定めるに当たっては、不利益処分の性質に照らしてできる限り具体的なものとしなければならない。

（不利益処分をしようとする場合の手続）

第13条　① 行政庁は、不利益処分をしようとする場合には、次の各号の区分に従い、この章の定めるところにより、当該不利益処分の名あて人となるべき者について、当該各号に定める意見陳述のための手続を執らなければならない。

1　次のいずれかに該当するとき　聴聞

イ　許認可等を取り消す不利益処分をしようとするとき。

ロ　イに規定するもののほか、名あて人の資格又は地位を直接にはく奪する不利益処分をしようとするとき。

ハ　名あて人が法人である場合におけるその役員の解任を命ずる不利益処分、名あて人の業務に従事する者の解任を命ずる不利益処分又は名あて人の会員である者の除名を命ずる不利益処分をしようとするとき。

ニ　イからハまでに掲げる場合以外の場合であって行政庁が相当と認めるとき。

2　前号イからニまでのいずれにも該当しないとき　弁明の機会の付与

② 次の各号のいずれかに該当するときは、前項の規定は、適用しない。

1　公益上、緊急に不利益処分をする必要があるため、前項に規定する意見陳述のための手続を執ることができないとき。

2　法令上必要とされる資格がなかったこと又は失われるに至ったことが判明した場合に必ずすることとされている不利益処分であって、その資格の不存在又は喪失の事実が裁判所の判決書又は決定書、一定の職に就いたことを証する当該任命権者の書類その他の客観的な資料により直接証明されたものをしようとするとき。

3　施設若しくは設備の設置、維持若しくは管理又は物の製造、販売その他の取扱いについて遵守すべき事項が法令において技術的な基準をもって明確にされている場合において、専ら当該基準が充足されていないことを理由として当該基準に従うべきことを命ずる不利益処分であってその不充足の事実が計測、実験その他客観的な認定方法によって確認されたものをしようとするとき。

4　納付すべき金銭の額を確定し、一定の額の金銭の納付を命じ、又は金銭の給付決定の取消しその他の金銭の給付を制限する不利益処分をしようとするとき。

5　当該不利益処分の性質上、それによって課される義務の内容が著しく軽微なものであるため名あて人となるべき者の意見をあらかじめ聴くことを要しないものとして政令で定める処分をしようとするとき。

（不利益処分の理由の提示）

第14条　① 行政庁は、不利益処分をする場合には、

その名あて人に対し，同時に，当該不利益処分の理由を示さなければならない．ただし，当該理由を示さないで処分をすべき差し迫った必要がある場合は，この限りでない．

② 行政庁は，前項ただし書の場合においては，当該名あて人の所在が判明しなくなったときその他処分後において理由を示すことが困難な事情があるときを除き，処分後相当の期間内に，同項の理由を示さなければならない．

③ 不利益処分を書面でするときは，前2項の理由は，書面により示さなければならない．

第2節　聴聞

（聴聞の通知の方式）

第15条 ① 行政庁は，聴聞を行うに当たっては，聴聞を行うべき期日までに相当な期間をおいて，不利益処分の<u>名宛人</u>となるべき者に対し，次に掲げる事項を書面により通知しなければならない．

1　予定される不利益処分の内容及び根拠となる法令の条項

2　不利益処分の原因となる事実

3　聴聞の期日及び場所

4　聴聞に関する事務を所掌する組織の名称及び所在地

② 前項の書面においては，次に掲げる事項を教示しなければならない．

1　聴聞の期日に出頭して意見を述べ，及び証拠書類又は証拠物（以下「証拠書類等」という．）を提出し，又は聴聞の期日への出頭に代えて陳述書及び証拠書類等を提出することができること．

2　聴聞が終結する時までの間，当該不利益処分の原因となる事実を証する資料の閲覧を求めることができること．

③ 行政庁は，不利益処分の<u>名宛人</u>となるべき者の所在が判明しない場合においては，第1項の規定による通知を，<u>公示の方法</u>によって行うことができる．

④ <u>前項の公示の方法による通知は，不利益処分の名宛人となるべき者の氏名，第1項第3号及び第4号に掲げる事項並びに当該行政庁が同項各号に掲げる事項を記載した書面をいつでもその者に交付する旨（以下この項において「公示事項」という．）を総務省令で定める方法により不特定多数の者が閲覧することができる状態に置くとともに，公示事項が記載された書面を当該行政庁の事務所の掲示場に掲示し，又は公示事項を当該事務所に設置した電子計算機の映像面に表示したものの閲覧をすることができる状態に置く措置をとることによって行うものとする．この場合においては，当該措置を開始した日から2週間を経過したときに，当該通知がその者に到達したものとみなす．</u>〔令5法63, 施行3年内〕

（代理人）

第16条 ① 前条第1項の通知を受けた者（同条第<u>4項</u>後段の規定により当該通知が到達したものとみなされる者を含む．以下「当事者」という．）は，代理人を選任することができる．

② 代理人は，各自，当事者のために，聴聞に関する一切の行為をすることができる．

③ 代理人の資格は，書面で証明しなければならない．

④ 代理人がその資格を失ったときは，当該代理人を選任した当事者は，書面でその旨を行政庁に届け出なければならない．〔令5法63, 施行3年内〕

（参加人）

第17条 ① 第19条の規定により聴聞を主宰する者（以下「主宰者」という．）は，必要があると認めるときは，当事者以外の者であって当該不利益処分の根拠となる法令に照らし当該不利益処分につき利害関係を有するものと認められる者（同条第2項第6号において「関係人」という．）に対し，当該聴聞に関する手続に参加することを求め，又は当該聴聞に関する手続に参加することを許可することができる．

② 前項の規定により当該聴聞に関する手続に参加する者（以下「参加人」という．）は，代理人を選任することができる．

③ 前条第2項から第4項までの規定は，前項の代理人について準用する．この場合において，同条第2項及び第4項中「当事者」とあるのは，「参加人」と読み替えるものとする．

（文書等の閲覧）

第18条 ① 当事者及び当該不利益処分がされた場合に自己の利益を害されることとなる参加人（以下この条及び第24条第3項において「当事者等」という．）は，聴聞の通知があった時から聴聞が終結する時までの間，行政庁に対し，当該事案についてした調査の結果に係る調書その他の当該不利益処分の原因となる事実を証する資料の閲覧を求めることができる．この場合において，行政庁は，第三者の利益を害するおそれがあるときその他正当な理由があるときでなければ，その閲覧を拒むことができない．

② 前項の規定は，当事者等が聴聞の期日における審理の進行に応じて必要となった資料の閲覧を更に求めることを妨げない．

③ 行政庁は，前2項の閲覧について日時及び場所を指定することができる．

（聴聞の主宰）

第19条 ① 聴聞は，行政庁が指名する職員その他政令で定める者が主宰する．

② 次の各号のいずれかに該当する者は，聴聞を主宰することができない．

1　当該聴聞の当事者又は参加人

2　前号に規定する者の配偶者，四親等内の親族又は同居の親族

3　第1号に規定する者の代理人又は次条第3項に規定する補佐人

4　前3号に規定する者であった者

5　第1号に規定する者の後見人，後見監督人，保佐人，保佐監督人，補助人又は補助監督人

6　参加人以外の関係人

（聴聞の期日における審理の方式）

第20条 ① 主宰者は，最初の聴聞の期日の冒頭において，行政庁の職員に，予定される不利益処分の内容及び根拠となる法令の条項並びにその原因となる事実を聴聞の期日に出頭した者に対し説明させなければならない．

② 当事者又は参加人は，聴聞の期日に出頭して，意見を述べ，及び証拠書類等を提出し，並びに主宰者の許可を得て行政庁の職員に対し質問を発することができる．

③ 前項の場合において，当事者又は参加人は，主宰者の許可を得て，補佐人とともに出頭することができる．

④ 主宰者は，聴聞の期日において必要があると認めるときは，当事者若しくは参加人に対し質問を発し，

意見の陳述若しくは証拠書類等の提出を促し,又は行政庁の職員に対し説明を求めることができる.

⑤ 主宰者は,当事者又は参加人の一部が出頭しないときであっても,聴聞の期日における審理を行うことができる.

⑥ 聴聞の期日における審理は,行政庁が公開することを相当と認めるときを除き,公開しない.

(陳述書等の提出)

第21条 ① 当事者又は参加人は,聴聞の期日への出頭に代えて,主宰者に対し,聴聞の期日までに陳述書及び証拠書類等を提出することができる.

② 主宰者は,聴聞の期日に出頭した者に対し,その求めに応じて,前項の陳述書及び証拠書類等を示すことができる.

(続行期日の指定)

第22条 ① 主宰者は,聴聞の期日における審理の結果,なお聴聞を続行する必要があると認めるときは,さらに新たな期日を定めることができる.

② 前項の場合においては,当事者及び参加人に対し,あらかじめ,次回の聴聞の期日及び場所を書面により通知しなければならない.ただし,聴聞の期日に出頭した当事者及び参加人に対しては,当該聴聞の期日においてこれを告知すれば足りる.

③ 第15条第3項及び第4項の規定は,前項本文の場合において,当事者又は参加人の所在が判明しないときにおける通知の方法について準用する.この場合において,同条第3項及び第4項中「不利益処分の名宛人となるべき者」とあるのは「当事者又は参加人」と,同項中「とき」とあるのは「とき(同一の当事者又は参加人に対する2回目以降の通知にあっては,当該措置を開始した日の翌日)」と読み替えるものとする.　　〔令5法63,施行3年内〕

(当事者の不出頭等の場合における聴聞の終結)

第23条 ① 主宰者は,当事者の全部若しくは一部が正当な理由なく聴聞の期日に出頭せず,かつ,第21条第1項に規定する陳述書若しくは証拠書類等を提出しない場合,又は参加人の全部若しくは一部が聴聞の期日に出頭しない場合には,これらの者に対し改めて意見を述べ,及び証拠書類等を提出する機会を与えることなく,聴聞を終結することができる.

② 主宰者は,前項に規定する場合のほか,当事者の全部若しくは一部が聴聞の期日に出頭せず,かつ,第21条第1項に規定する陳述書又は証拠書類等を提出しない場合において,これらの者の聴聞の期日への出頭が相当期間引き続き見込めないときは,これらの者に対し,期限を定めて陳述書及び証拠書類等の提出を求め,当該期限が到来したときに聴聞を終結することとすることができる.

(聴聞調書及び報告書)

第24条 ① 主宰者は,聴聞の審理の経過を記載した調書を作成し,当該調書において,不利益処分の原因となる事実に対する当事者及び参加人の陳述の要旨を明らかにしておかなければならない.

② 前項の調書は,聴聞の期日における審理が行われた場合には各期日ごとに,当該審理が行われなかった場合には聴聞の終結後速やかに作成しなければならない.

③ 主宰者は,聴聞の終結後速やかに,不利益処分の原因となる事実に対する当事者等の主張に理由があるかどうかについての意見を記載した報告書を作成し,第1項の調書とともに行政庁に提出しなければならない.

④ 当事者又は参加人は,第1項の調書及び前項の報告書の閲覧を求めることができる.

(聴聞の再開)

第25条 行政庁は,聴聞の終結後に生じた事情にかんがみ必要があると認めるときは,主宰者に対し,前条第3項の規定により提出された報告書を返戻して聴聞の再開を命ずることができる.第22条第2項本文及び第3項の規定は,この場合について準用する.

(聴聞を経てされる不利益処分の決定)

第26条 行政庁は,不利益処分の決定をするときは,第24条第1項の調書の内容及び同条第3項の報告書に記載された主宰者の意見を十分に参酌してこれをしなければならない.

(審査請求の制限)

第27条 この節の規定に基づく処分又はその不作為については,審査請求をすることができない.

(役員等の解任等を命ずる不利益処分をしようとする場合の聴聞等の特例)

第28条 ① 第13条第1項第1号ハに該当する不利益処分に係る聴聞において第15条第1項の通知があった場合におけるこの節の規定の適用については,名あて人である法人の役員,名あて人の業務に従事する者又は名あて人の会員である者(当該処分において解任し又は除名すべきこととされている者に限る.)は,同項の通知を受けた者とみなす.

② 前項の不利益処分のうち名あて人である法人の役員又は名あて人の業務に従事する者(以下この項において「役員等」という.)の解任を命ずるものに係る聴聞が行われた場合においては,当該処分がその名あて人が従わないことを理由として法令の規定によりされる当該役員等を解任する不利益処分については,第13条第1項の規定にかかわらず,行政庁は,当該役員等について聴聞を行うことを要しない.

第3節　弁明の機会の付与

(弁明の機会の付与の方式)

第29条 ① 弁明は,行政庁が口頭ですることを認めたときを除き,弁明を記載した書面(以下「弁明書」という.)を提出してするものとする.

② 弁明をするときは,証拠書類等を提出することができる.

(弁明の機会の付与の通知の方式)

第30条 行政庁は,弁明書の提出期限(口頭による弁明の機会の付与を行う場合には,その日時)までに相当な期間をおいて,不利益処分の名あて人となるべき者に対し,次に掲げる事項を書面により通知しなければならない.

1 予定される不利益処分の内容及び根拠となる法令の条項

2 不利益処分の原因となる事実

3 弁明書の提出先及び提出期限(口頭による弁明の機会の付与を行う場合には,その旨並びに出頭すべき日時及び場所)

(聴聞に関する手続の準用)

第31条 第15条第3項及び第4項並びに第16条の規定は,弁明の機会の付与について準用する.この場合において,第15条第3項中「第1項」とあるのは「第30条」と,同条第4項中「第1項第3号及び第4号」とあるのは「第30条第3号」と,第16条第1項中「前条第1項」とあるのは「第30条」と,「同条第4項後段」とあるのは「第31

条において準用する第15条第4項後段」と読み替えるものとする。　　　　　〔令5法63,施行3年内〕

第4章　行政指導

（行政指導の一般原則）

第32条　① 行政指導にあっては,行政指導に携わる者は,いやしくも当該行政機関の任務又は所掌事務の範囲を逸脱してはならないこと及び行政指導の内容があくまでも相手方の任意の協力によってのみ実現されるものであることに留意しなければならない。

② 行政指導に携わる者は,その相手方が行政指導に従わなかったことを理由として,不利益な取扱いをしてはならない。

（申請に関連する行政指導）

第33条　申請の取下げ又は内容の変更を求める行政指導にあっては,行政指導に携わる者は,申請者が当該行政指導に従う意思がない旨を表明したにもかかわらず当該行政指導を継続すること等により当該申請者の権利の行使を妨げるようなことをしてはならない。

（許認可等の権限に関連する行政指導）

第34条　許認可等をする権限又は許認可等に基づく処分をする権限を有する行政機関が,当該権限を行使することができない場合又は行使する意思がない場合においてする行政指導にあっては,行政指導に携わる者は,当該権限を行使し得る旨を殊更に示すことにより相手方に当該行政指導に従うことを余儀なくさせるようなことをしてはならない。

（行政指導の方式）

第35条　① 行政指導に携わる者は,その相手方に対して,当該行政指導の趣旨及び内容並びに責任者を明確に示さなければならない。

② 行政指導に携わる者は,当該行政指導をする際に,行政機関が許認可等をする権限又は許認可等に基づく処分をする権限を行使し得る旨を示すときは,その相手方に対して,次に掲げる事項を示さなければならない。

1　当該権限を行使し得る根拠となる法令の条項

2　前号の条項に規定する要件

3　当該権限の行使が前号の要件に適合する理由

③ 行政指導が口頭でされた場合において,その相手方から前2項に規定する事項を記載した書面の交付を求められたときは,当該行政指導に携わる者は,行政上特別の支障がない限り,これを交付しなければならない。

④ 前項の規定は,次に掲げる行政指導については,適用しない。

1　相手方に対しその場において完了する行為を求めるもの

2　既に文書（前項の書面を含む。）又は電磁的記録（電子的方式,磁気的方式その他人の知覚によっては認識することができない方式で作られる記録であって,電子計算機による情報処理の用に供されるものをいう。）によりその相手方に通知されている事項と同一の内容を求めるもの

（複数の者を対象とする行政指導）

第36条　同一の行政目的を実現するため一定の条件に該当する複数の者に対し行政指導をしようとするときは,行政機関は,あらかじめ,事案に応じ,行政指導指針を定め,かつ,行政上特別の支障がない限り,これを公表しなければならない。

（行政指導の中止等の求め）

第36条の2　① 法令に違反する行為の是正を求める行政指導（その根拠となる規定が法律に置かれているものに限る。）の相手方は,当該行政指導が当該法律に規定する要件に適合しないと思料するときは,当該行政指導をした行政機関に対し,その旨を申し出て,当該行政指導の中止その他必要な措置をとることを求めることができる。ただし,当該行政指導がその相手方について弁明その他意見陳述のための手続を経てされたものであるときは,この限りでない。

② 前項の申出は,次に掲げる事項を記載した申出書を提出してしなければならない。

1　申出をする者の氏名又は名称及び住所又は居所

2　当該行政指導の内容

3　当該行政指導がその根拠とする法律の条項

4　前号の条項に規定する要件

5　当該行政指導が前号の要件に適合しないと思料する理由

6　その他参考となる事項

③ 当該行政機関は,第1項の規定による申出があったときは,必要な調査を行い,当該行政指導が当該法律に規定する要件に適合しないと認めるときは,当該行政指導の中止その他必要な措置をとらなければならない。

第4章の2　処分等の求め

第36条の3　① 何人も,法令に違反する事実がある場合において,その是正のためにされるべき処分又は行政指導（その根拠となる規定が法律に置かれているものに限る。）がされていないと思料するときは,当該処分をする権限を有する行政庁又は当該行政指導をする権限を有する行政機関に対し,その旨を申し出て,当該処分又は行政指導をすることを求めることができる。

② 前項の申出は,次に掲げる事項を記載した申出書を提出してしなければならない。

1　申出をする者の氏名又は名称及び住所又は居所

2　法令に違反する事実の内容

3　当該処分又は行政指導の内容

4　当該処分又は行政指導の根拠となる法令の条項

5　当該処分又は行政指導がされるべきであると思料する理由

6　その他参考となる事項

③ 当該行政庁又は行政機関は,第1項の規定による申出があったときは,必要な調査を行い,その結果に基づき必要があると認めるときは,当該処分又は行政指導をしなければならない。

第5章　届　出

（届　出）

第37条　届出が届出書の記載事項に不備がないこと,届出書に必要な書類が添付されていることその他の法令に定められた届出の形式上の要件に適合している場合は,当該届出が法令により当該届出の提出先とされている機関の事務所に到達したときに,当該届出をすべき手続上の義務が履行されたものとする。

第6章　意見公募手続等

（命令等を定める場合の一般原則）
第38条 ① 命令等を定める機関（閣議の決定により命令等が定められる場合にあっては、当該命令等の立案をする各大臣。以下「命令等制定機関」という。）は、命令等を定めるに当たっては、当該命令等がこれを定める根拠となる法令の趣旨に適合するものとなるようにしなければならない。
② 命令等制定機関は、命令等を定めた後においても、当該命令等の規定の実施状況、社会経済情勢の変化等を勘案し、必要に応じ、当該命令等の内容について検討を加え、その適正を確保するよう努めなければならない。

（意見公募手続）
第39条 ① 命令等制定機関は、命令等を定めようとする場合には、当該命令等の案（命令等で定めようとする内容を示すものをいう。以下同じ。）及びこれに関連する資料をあらかじめ公示し、意見（情報を含む。）の提出先及び意見の提出のための期間（以下「意見提出期間」という。）を定めて広く一般の意見を求めなければならない。
② 前項の規定により公示する命令等の案は、具体的かつ明確な内容のものであって、かつ、当該命令等の題名及び当該命令等を定める根拠となる法令の条項が明示されたものでなければならない。
③ 第1項の規定により定める意見提出期間は、同項の公示の日から起算して30日以上でなければならない。
④ 次の各号のいずれかに該当するときは、第1項の規定は、適用しない。
　1 公益上、緊急に命令等を定める必要があるため、第1項の規定による手続（以下「意見公募手続」という。）を実施することが困難なとき。
　2 納付すべき金銭について定める法律の制定又は改正により必要となる当該金銭の額の算定の基礎となるべき金額及び率並びに算定方法についての命令等その他当該法律の施行に関し必要な事項を定める命令等を定めようとするとき。
　3 予算の定めるところにより金銭の給付決定を行うために必要となる当該金銭の額の算定の基礎となるべき金額及び率並びに算定方法その他の事項を定める命令等を定めようとするとき。
　4 法律の規定により、内閣府設置法第49条第1項若しくは第2項若しくは国家行政組織法第3条第2項に規定する委員会又は内閣府設置法第37条若しくは第54条若しくは国家行政組織法第8条に規定する機関（以下「委員会等」という。）の議を経て定めることとされている命令であって、相反する利害を有する者の間の利害の調整を目的として、法律又は政令の規定により、これらの者又は公益をそれぞれ代表する委員をもって組織される委員会等において審議を行うこととされているものとして政令で定める命令等を定めようとするとき。
　5 他の行政機関が意見公募手続を実施して定めた命令等と実質的に同一の命令等を定めるとき。
　6 法律の規定に基づき法令の規定の適用又は準用について必要な技術的読替えを定める命令等を定めようとするとき。

　7 命令等を定める根拠となる法令の規定の削除に伴い当然必要とされる当該命令等の廃止をしようとするとき。
　8 他の法令の制定又は改廃に伴い当然必要とされる規定の整理その他の意見公募手続を実施することを要しない軽微な変更として政令で定めるものを内容とする命令等を定めようとするとき。

（意見公募手続の特例）
第40条 ① 命令等制定機関は、命令等を定めようとする場合において、30日以上の意見提出期間を定めることができないやむを得ない理由があるときは、前条第3項の規定にかかわらず、30日を下回る意見提出期間を定めることができる。この場合においては、当該命令等の案の公示の際その理由を明らかにしなければならない。
② 命令等制定機関は、委員会等の議を経て命令等を定めようとする場合（前条第4項第4号に該当する場合を除く。）において、当該委員会等が意見公募手続に準じた手続を実施したときは、同条第1項の規定にかかわらず、自ら意見公募手続を実施することを要しない。

（意見公募手続の周知等）
第41条 命令等制定機関は、意見公募手続を実施して命令等を定めるに当たっては、必要に応じ、当該意見公募手続の実施について周知するよう努めるとともに、当該意見公募手続の実施に関連する情報の提供に努めるものとする。

（提出意見の考慮）
第42条 命令等制定機関は、意見公募手続を実施して命令等を定める場合には、意見提出期間内に当該命令等制定機関に対し提出された当該命令等の案についての意見（以下「提出意見」という。）を十分に考慮しなければならない。

（結果の公示等）
第43条 ① 命令等制定機関は、意見公募手続を実施して命令等を定めた場合には、当該命令等の公布（公布をしないものにあっては、公にする行為。第5項において同じ。）と同時期に、次に掲げる事項を公示しなければならない。
　1 命令等の題名
　2 命令等の案の公示の日
　3 提出意見（提出意見がなかった場合にあっては、その旨）
　4 提出意見を考慮した結果（意見公募手続を実施した命令等の案と定めた命令等との差異を含む。）及びその理由
② 命令等制定機関は、前項の規定にかかわらず、必要に応じ、同項第3号の提出意見に代えて、当該提出意見を整理又は要約したものを公示することができる。この場合においては、当該公示の後遅滞なく、当該提出意見を当該命令等制定機関の事務所における備付けその他の適当な方法により公にしなければならない。
③ 命令等制定機関は、前2項の規定により提出意見を公示し又は公にすることにより第三者の利益を害するおそれがあるとき、その他正当な理由があるときは、当該提出意見の全部又は一部を除くことができる。
④ 命令等制定機関は、意見公募手続を実施したにもかかわらず命令等を定めないこととした場合には、その旨（別の命令等の案について改めて意見公募手続を実施しようとする場合にあっては、その旨を

含む.）並びに第1項第1号及び第2号に掲げる事項を速やかに公示しなければならない.

⑤ 命令等制定機関は，第39条第4項各号のいずれかに該当することにより意見公募手続を実施しないで命令等を定めた場合には，当該命令等の公布と同時期に，次に掲げる事項を公示しなければならない. ただし，第1号に掲げる事項のうち命令等の趣旨については，同項第1号から第4号までのいずれかに該当することにより意見公募手続を実施しなかった場合において，当該命令等自体から明らかでないときに限る.

1　命令等の題名及び趣旨
2　意見公募手続を実施しなかった旨及びその理由

（準用）
第44条　第42条の規定は第40条第2項に該当することにより命令等制定機関が自ら意見公募手続を実施しないで命令等を定める場合について，前条第1項から第3項までの規定は第40条第2項に該当することにより命令等制定機関が自ら意見公募手続を実施しないで命令等を定めた場合について，前条第4項の規定は第40条第2項に該当することにより命令等制定機関が自ら意見公募手続を実施しないで命令等を定めないこととした場合について準用する. この場合において，第42条中「当該命令等制定機関」とあるのは「委員会等」と，前条第1項第2号中「命令等の案の公示の日」とあるのは「委員会等が命令等の案について公示に準じた手続を実施した日」と，同項第4号中「意見公募手続を実施した」とあるのは「委員会等が意見公募手続に準じた手続を実施した」と読み替えるものとする.

（公示の方法）
第45条　① 第39条第1項並びに第43条第1項（前条において読み替えて準用する場合を含む.），第4項（前条において準用する場合を含む.）及び第5項の規定による公示は，電子情報処理組織を使用する方法その他の情報通信の技術を利用する方法により行うものとする.
② 前項の公示に関し必要な事項は，総務大臣が定める.

第7章　補　則

（地方公共団体の措置）
第46条　地方公共団体は，第3条第3項において第2章から前章までの規定を適用しないこととされた処分，行政指導及び届出並びに命令等を定める行為に関する手続について，この法律の規定の趣旨にのっとり，行政運営における公正の確保と透明性の向上を図るため必要な措置を講ずるよう努めなければならない.

23　行政代執行法

（昭23・5・15法律第43号，昭23・6・14施行，
最終改正：昭37・9・15法律第161号）

第1条　行政上の義務の履行確保に関しては，別に法律で定めるものを除いては，この法律の定めるところによる.
第2条　法律（法律の委任に基づく命令，規則及び条例を含む. 以下同じ.）により直接に命ぜられ，又は法律に基き行政庁により命ぜられた行為（他人が代つてなすことのできる行為に限る.）について義務者がこれを履行しない場合，他の手段によつてその履行を確保することが困難であり，且つその不履行を放置することが著しく公益に反すると認められるときは，当該行政庁は，自ら義務者のなすべき行為をなし，又は第三者をしてこれをなさしめ，その費用を義務者から徴収することができる.
第3条　① 前条の規定による処分（代執行）をなすには，相当の履行期限を定め，その期限までに履行がなされないときは，代執行をなすべき旨を，予め文書で戒告しなければならない.
② 義務者が，前項の戒告を受けて，指定の期限までにその義務を履行しないときは，当該行政庁は，代執行令書をもつて，代執行をなすべき時期，代執行のために派遣する執行責任者の氏名及び代執行に要する費用の概算による見積額を義務者に通知する.
③ 非常の場合又は危険切迫の場合において，当該行為の急速な実施について緊急の必要があり，前2項に規定する手続をとる暇がないときは，その手続を経ないで代執行をすることができる.
第4条　代執行のために現場に派遣される執行責任者は，その者が執行責任者たる本人であることを示すべき証票を携帯し，要求があるときは，何時でもこれを呈示しなければならない.
第5条　代執行に要した費用の徴収については，実際に要した費用の額及びその納期日を定め，義務者に対し，文書をもつてその納付を命じなければならない.
第6条　① 代執行に要した費用は，国税滞納処分の例により，これを徴収することができる.
② 代執行に要した費用については，行政庁は，国税及び地方税に次ぐ順位の先取特権を有する.
③ 代執行に要した費用を徴収したときは，その徴収金は，事務費の所属に従い，国庫又は地方公共団体の経済の収入となる.

24　行政不服審査法（抄）

（平26・6・13法律第68号，平28・4・1施行，
最終改正：令5・6・16法律第63号）

行政不服審査法（昭和37年法律第160号）の全部を改正する.

第1章　総　則

（目的等）
第1条　① この法律は，行政庁の違法又は不当な処分その他公権力の行使に当たる行為に関し，国民が簡易迅速かつ公正な手続の下で広く行政庁に対する不服申立てをすることができるための制度を定めることにより，国民の権利利益の救済を図るとともに，行政の適正な運営を確保することを目的とする.
② 行政庁の処分その他公権力の行使に当たる行為（以下単に「処分」という.）に関する不服申立てについては，他の法律に特別の定めがある場合を除くほか，この法律の定めるところによる.

（処分についての審査請求）

第2条　行政庁の処分に不服がある者は、第4条及び第5条第2項の定めるところにより、審査請求をすることができる。

（不作為についての審査請求）

第3条　法令に基づき行政庁に対して処分についての申請をした者は、当該申請から相当の期間が経過したにもかかわらず、行政庁の不作為（法令に基づく申請に対して何らの処分をもしないことをいう。以下同じ。）がある場合には、次条の定めるところにより、当該不作為についての審査請求をすることができる。

審査請求をすべき行政庁

第4条　審査請求は、法律（条例に基づく処分については、条例）に特別の定めがある場合を除くほか、次の各号に掲げる場合の区分に応じ、当該各号に定める行政庁に対してするものとする。

1　処分庁等（処分をした行政庁（以下「処分庁」という。）又は不作為に係る行政庁（以下「不作為庁」という。）をいう。以下同じ。）に上級行政庁がない場合又は処分庁等が主任の大臣若しくは宮内庁長官若しくは内閣府設置法（平成11年法律第89号）第49条第1項若しくは第2項若しくは国家行政組織法（昭和23年法律第120号）第3条第2項に規定する庁の長である場合　当該処分庁等

2　宮内庁長官又は内閣府設置法第49条第1項若しくは第2項若しくは国家行政組織法第3条第2項に規定する庁の長が処分庁等の上級行政庁である場合　宮内庁長官又は当該庁の長

3　主任の大臣が処分庁等の上級行政庁である場合（前2号に掲げる場合を除く。）　当該主任の大臣

4　前3号に掲げる場合以外の場合　当該処分庁等の最上級行政庁

（再調査の請求）

第5条　①　行政庁の処分につき処分庁以外の行政庁に対して審査請求をすることができる場合において、法律に再調査の請求をすることができる旨の定めがあるときは、当該処分に不服がある者は、処分庁に対して再調査の請求をすることができる。ただし、当該処分について第2条の規定により審査請求をしたときは、この限りでない。

②　前項本文の規定により再調査の請求をしたときは、当該再調査の請求についての決定を経た後でなければ、審査請求をすることができない。ただし、次の各号のいずれかに該当する場合は、この限りでない。

1　当該処分につき再調査の請求をした日（第61条において読み替えて準用する第23条の規定により不備を補正すべきことを命じられた場合にあっては、当該不備を補正した日）の翌日から起算して3月を経過しても、処分庁が当該再調査の請求につき決定をしない場合

2　その他再調査の請求についての決定を経ないことにつき正当な理由がある場合

（再審査請求）

第6条　①　行政庁の処分につき法律に再審査請求をすることができる旨の定めがある場合には、当該処分についての審査請求の裁決に不服がある者は、再審査請求をすることができる。

②　再審査請求は、原裁決（再審査請求をすることができる処分についての審査請求の裁決をいう。以下同じ。）又は当該処分（以下「原裁決等」という。）を対象として、前項の法律に定める行政庁に対してするものとする。

（適用除外）

第7条　①　次に掲げる処分及びその不作為については、第2条及び第3条の規定は、適用しない。

1　国会の両院若しくは一院又は議会の議決によってされる処分

2　裁判所若しくは裁判官の裁判により、又は裁判の執行としてされる処分

3　国会の両院若しくは一院若しくは議会の議決を経て、又はこれらの同意若しくは承認を得た上でされるべきものとされている処分

4　検査官会議で決すべきものとされている処分

5　当事者間の法律関係を確認し、又は形成する処分で、法令の規定により当該処分に関する訴えにおいてその法律関係の当事者の一方を被告とすべきものと定められているもの

6　刑事事件に関する法令に基づいて検察官、検察事務官又は司法警察職員がする処分

7　国税又は地方税の犯則事件に関する法令（他の法令において準用する場合を含む。）に基づいて国税庁長官、国税局長、税務署長、国税庁、国税局長若しくは税務署の当該職員、税関長、税関職員又は徴税吏員（他の法令の規定に基づいてこれらの職員の職務を行う者を含む。）がする処分及び金融商品取引の犯則事件に関する法令（他の法令において準用する場合を含む。）に基づいて証券取引等監視委員会、その職員（当該法令においてその職員とみなされる者を含む。）、財務局長又は財務支局長がする処分

8　学校、講習所、訓練所又は研修所において、教育、講習、訓練又は研修の目的を達成するために、学生、生徒、児童若しくは幼児又はこれらの保護者、講習生、訓練生又は研修生に対してされる処分

9　刑務所、少年刑務所、拘置所、留置施設、海上保安留置施設、少年院又は少年鑑別所において、収容の目的を達成するためにされる処分

10　外国人の出入国又は帰化に関する処分

11　専ら人の学識技能に関する試験又は検定の結果についての処分

12　この法律に基づく処分（第5章第1節第1款の規定に基づく処分を除く。）

②　国の機関又は地方公共団体その他の公共団体若しくはその機関に対する処分で、これらの機関又は団体がその固有の資格において当該処分の相手方となるもの及びその不作為については、この法律の規定は、適用しない。

第2章　審査請求

第1節　審査庁及び審理関係人

（審理員）

第9条　①　第4条又は他の法律若しくは条例の規定により審査請求がされた行政庁（第14条の規定により引継ぎを受けた行政庁を含む。以下「審査庁」という。）は、審査庁に所属する職員（第17条に規定する名簿を作成した場合にあっては、当該名簿に記載されているもの）のうちから第3節に規定する審理手続（この節に規定する手続を含む。）を行う者を指名するとともに、その旨を審査請求人及び処分庁等（審査庁以外の処分庁等に限る。）に通知し

なければならない．ただし，次の各号のいずれかに掲げる機関が審査庁である場合若しくは条例に基づく処分について条例に特別の定めがある場合又は第24条の規定により当該審査請求を却下する場合は，この限りでない．

1　内閣府設置法第49条第1項若しくは第2項又は国家行政組織法第3条第2項に規定する委員会

2　内閣府設置法第37条若しくは第54条又は国家行政組織法第8条に規定する機関

3　地方自治法（昭和22年法律第67号）第138条の4第1項に規定する委員会若しくは委員又は同条第3項に規定する機関

② 審査庁が前項の規定により指名する者は，次に掲げる者以外の者でなければならない．

1　審査請求に係る処分若しくは当該処分に係る再調査の請求についての決定に関与した者又は審査請求に係る不作為に関与し，若しくは関与することとなる者

2　審査請求人

3　審査請求人の配偶者，四親等内の親族又は同居の親族

4　審査請求人の代理人

5　前2号に掲げる者であった者

6　審査請求人の後見人，後見監督人，保佐人，保佐監督人，補助人又は補助監督人

7　第13条第1項に規定する利害関係人

③ 審査庁が第1項各号に掲げる機関である場合又は同項ただし書の特別の定めがある場合において，別表第一の上欄に掲げる規定の適用については，これらの規定中同表の中欄に掲げる字句は，それぞれ同表の下欄に掲げる字句に読み替えるものとし，第17条，第40条，第42条及び第50条第2項の規定は，適用しない．

④ 前項に規定する場合において，審査庁は，必要があると認めるときは，その職員（第2項各号（第1項各号に掲げる機関の構成員にあっては，第1号を除く．）に掲げる者以外の者に限る．）に，前項において読み替えて適用する第31条第1項の規定による審査請求人若しくは第13条第4項に規定する参加人の意見の陳述を聴かせ，前項において読み替えて適用する第34条の規定による参考人の陳述を聴かせ，同項において読み替えて適用する第35条第1項の規定による検証をさせ，前項において読み替えて適用する第36条の規定による第28条に規定する審理関係人に対する質問をさせ，前項において読み替えて適用する第37条第1項若しくは第2項の規定による意見の聴取を行わせることができる．

（標準審理期間）

第16条　第4条又は他の法律若しくは条例の規定により審査庁となるべき行政庁（以下「審査庁となるべき行政庁」という．）は，審査請求がその事務所に到達してから当該審査請求に対する裁決をするまでに通常要すべき標準的な期間を定めるよう努めるとともに，これを定めたときは，当該審査庁となるべき行政庁及び関係処分庁（当該審査請求の対象となるべき処分の権限を有する行政庁であって当該審査庁となるべき行政庁以外のものをいう．次条において同じ．）の事務所における備付けその他の適当な方法により公にしておかなければならない．

第2節　審査請求の手続

（審査請求期間）

第18条　① 処分についての審査請求は，処分があったことを知った日の翌日から起算して3月（当該処分について再調査の請求をしたときは，当該再調査の請求についての決定があったことを知った日の翌日から起算して1月）を経過したときは，することができない．ただし，正当な理由があるときは，この限りでない．

② 処分についての審査請求は，処分（当該処分について再調査の請求をしたときは，当該再調査の請求についての決定）があった日の翌日から起算して1年を経過したときは，することができない．ただし，正当な理由があるときは，この限りでない．

③ 次条に規定する審査請求書を郵便又は民間事業者による信書の送達に関する法律（平成14年法律第99号）第2条第6項に規定する一般信書便事業者若しくは同条第9項に規定する特定信書便事業者による同条第2項に規定する信書便で提出した場合における前2項に規定する期間（以下「審査請求期間」という．）の計算については，送付に要した日数は，算入しない．

（審査請求書の提出）

第19条　① 審査請求は，他の法律（条例に基づく処分については，条例）に口頭ですることができる旨の定めがある場合を除き，政令で定めるところにより，審査請求書を提出してしなければならない．

② 処分についての審査請求書には，次に掲げる事項を記載しなければならない．

1　審査請求人の氏名又は名称及び住所又は居所

2　審査請求に係る処分の内容

3　審査請求に係る処分（当該処分について再調査の請求についての決定を経たときは，当該決定）があったことを知った年月日

4　審査請求の趣旨及び理由

5　処分庁の教示の有無及びその内容

6　審査請求の年月日

③ 不作為についての審査請求書には，次に掲げる事項を記載しなければならない．

1　審査請求人の氏名又は名称及び住所又は居所

2　当該不作為に係る処分についての申請の内容及び年月日

3　審査請求の年月日

④ 審査請求人が，法人その他の社団若しくは財団である場合，総代を互選した場合又は代理人によって審査請求をする場合には，審査請求書には，第2項各号又は前項各号に掲げる事項のほか，その代表者若しくは管理人，総代又は代理人の氏名及び住所又は居所を記載しなければならない．

⑤ 処分についての審査請求書には，第2項及び前項に規定する事項のほか，次の各号に掲げる場合においては，当該各号に定める事項を記載しなければならない．

1　第5条第2項第1号の規定により再調査の請求についての決定を経ないで審査請求をする場合　再調査の請求をした年月日

2　第5条第2項第2号の規定により再調査の請求についての決定を経ないで審査請求をする場合　その決定を経ないことについての正当な理由

3　審査請求期間の経過後において審査請求をする場合　前条第1項ただし書又は第2項ただし書に規定する正当な理由

（誤った教示をした場合の救済）

第22条　① 審査請求をすることができる処分につき，処分庁が誤って審査請求をすべき行政庁でない行政庁を審査請求をすべき行政庁として教示した場合において，その教示された行政庁に書面で審査請求があったときは，当該行政庁は，速やかに，審査請求書を処分庁又は審査庁となるべき行政庁に送付し，かつ，その旨を審査請求人に通知しなければならない．

② 前項の規定により処分庁に審査請求書が送付されたときは，処分庁は，速やかに，これを審査庁となるべき行政庁に送付し，かつ，その旨を審査請求人に通知しなければならない．

③ 第1項の処分のうち，再調査の請求をすることができる処分につき，処分庁が誤って再調査の請求をすることができる旨を教示した場合において，当該処分庁に再調査の請求がされたときは，処分庁は，速やかに，再調査の請求書（第61条において読み替えて準用する第19条に規定する再調査の請求書をいう．以下この条において同じ．）又は再調査の請求録取書（第61条において準用する第20条後段の規定により陳述の内容を録取した書面をいう．以下この条において同じ．）を審査庁となるべき行政庁に送付し，かつ，その旨を再調査の請求人に通知しなければならない．

④ 再調査の請求をすることができる処分につき，処分庁が誤って審査請求をすることができる旨を教示しなかった場合において，当該処分庁に再調査の請求がされた場合であって，再調査の請求人から申立てがあったときは，処分庁は，速やかに，再調査の請求書又は再調査の請求録取書及び関係書類その他の物件を審査庁となるべき行政庁に送付しなければならない．この場合において，その送付を受けた行政庁は，速やかに，その旨を再調査の請求人及び第61条において読み替えて準用する第13条第1項又は第2項の規定により当該再調査の請求に参加する者に通知しなければならない．

⑤ 前各項の規定により審査請求書又は再調査の請求書若しくは再調査の請求録取書が審査庁となるべき行政庁に送付されたときは，初めから審査庁となるべき行政庁に審査請求がされたものとみなす．

（審査請求書の補正）

第23条　審査請求書が第19条の規定に違反する場合には，審査庁は，相当の期間を定め，その期間内に不備を補正すべきことを命じなければならない．

（執行停止）

第25条　① 審査請求は，処分の効力，処分の執行又は手続の続行を妨げない．

② 処分庁の上級行政庁又は処分庁である審査庁は，必要があると認める場合には，審査請求人の申立てにより又は職権で，処分の効力，処分の執行又は手続の続行の全部又は一部の停止その他の措置（以下「執行停止」という．）をとることができる．

③ 処分庁の上級行政庁又は処分庁のいずれでもない審査庁は，必要があると認める場合には，審査請求人の申立てにより，処分庁の意見を聴取した上，執行停止をすることができる．ただし，処分の効力，処分の執行又は手続の続行の全部又は一部の停止以外の措置をとることはできない．

④ 前2項の規定による審査請求人の申立てがあった場合において，処分，処分の執行又は手続の続行により生ずる重大な損害を避けるために緊急の必要があると認めるときは，審査庁は，執行停止をしなければならない．ただし，公共の福祉に重大な影響を及ぼすおそれがあるとき，又は本案について理由がないとみえるときは，この限りでない．

⑤ 審査庁は，前項に規定する重大な損害を生ずるか否かを判断するに当たっては，損害の回復の困難の程度を考慮するものとし，損害の性質及び程度並びに処分の内容及び性質をも勘案するものとする．

⑥ 第2項から第4項までの場合において，処分の効力の停止は，処分の効力の停止以外の措置によって目的を達することができるときは，することができない．

⑦ 執行停止の申立てがあったとき，又は審理員から第40条に規定する執行停止をすべき旨の意見書が提出されたときは，審査庁は，速やかに，執行停止をするかどうかを決定しなければならない．

第3節　審理手続

（弁明書の提出）

第29条　① 審理員は，審査庁から指名されたときは，直ちに，審査請求書又は審査請求録取書の写しを処分庁等に送付しなければならない．ただし，処分庁等が審査庁である場合には，この限りでない．

② 審理員は，相当の期間を定めて，処分庁等に対し，弁明書の提出を求めるものとする．

（反論書等の提出）

第30条　① 審査請求人は，前条第5項の規定により送付された弁明書に記載された事項に対する反論を記載した書面（以下「反論書」という．）を提出することができる．この場合において，審理員が，反論書を提出すべき相当の期間を定めたときは，その期間内にこれを提出しなければならない．

② 参加人は，審査請求に係る事件に関する意見を記載した書面（第40条及び第42条第1項を除き，以下「意見書」という．）を提出することができる．この場合において，審理員が，意見書を提出すべき相当の期間を定めたときは，その期間内にこれを提出しなければならない．

③ 審理員は，審査請求人から反論書の提出があったときはこれを参加人及び処分庁等に，参加人から意見書の提出があったときはこれを審査請求人及び処分庁等に，それぞれ送付しなければならない．

（口頭意見陳述）

第31条　① 審査請求人又は参加人の申立てがあった場合には，審理員は，当該申立てをした者（以下この条及び第41条第2項第2号において「申立人」という．）に口頭で審査請求に係る事件に関する意見を述べる機会を与えなければならない．ただし，当該申立人の所在その他の事情により当該意見を述べる機会を与えることが困難であると認められる場合には，この限りでない．

（審査請求人等による提出書類等の閲覧等）

第38条　① 審査請求人又は参加人は，第41条第1項又は第2項の規定により審理手続が終結するまでの間，審理員に対し，提出書類等（第29条第4項各号に掲げる書面若しくは第32条第1項若しくは第2項若しくは第33条の規定により提出された書類その他の物件をいう．次項において同じ．）の閲覧（電磁的記録（電子的方式，磁気的方式その他人の知覚によっては認識することができない方式で作られる記録であって，電子計算機による情報処理の用に供されるものをいう．以下同じ．）にあっては，記録された事項を審査庁が定める方法により表示

したものの閲覧）又は当該書面若しくは当該書類の写し若しくは当該電磁的記録に記載された事項を記載した書面の交付を求めることができる．この場合において，審理員は，第三者の利益を害するおそれがあると認めるとき，その他正当な理由があるときでなければ，その閲覧又は交付を拒むことができない．

② 審理員は，前項の規定による閲覧をさせ，又は同項の規定による交付をしようとするときは，当該閲覧又は交付に係る提出書類等の提出人の意見を聴かなければならない．ただし，審理員が，その必要がないと認めるときは，この限りでない．

③ 審理員は，第1項の規定による閲覧について，日時及び場所を指定することができる．

④ 第1項の規定による交付を受ける審査請求人又は参加人は，政令で定めるところにより，実費の範囲内において政令で定める額の手数料を納めなければならない．

⑤ 審理員は，経済的困難その他特別の理由があると認めるときは，政令で定めるところにより，前項の手数料を減額し，又は免除することができる．

⑥ 地方公共団体（都道府県，市町村及び特別区並びに地方公共団体の組合に限る．以下同じ．）に所属する行政庁が審査庁である場合における前2項の規定の適用については，これらの規定中「政令」とあるのは，「条例」とし，国又は地方公共団体に所属しない行政庁が審査庁である場合におけるこれらの規定の適用については，これらの規定中「政令で」とあるのは，「審査庁が」とする．

（審理員意見書）
第42条 ① 審理員は，審理手続を終結したときは，遅滞なく，審査庁がすべき裁決に関する意見書（以下「審理員意見書」という．）を作成しなければならない．

② 審理員は，審理員意見書を作成したときは，速やかに，これを事件記録とともに，審査庁に提出しなければならない．

第4節 行政不服審査会等への諮問
第43条 ① 審査庁は，審理員意見書の提出を受けたときは，次の各号のいずれかに該当する場合を除き，審査庁が主任の大臣又は宮内庁長官若しくは内閣府設置法第49条第1項若しくは第2項若しくは国家行政組織法第3条第2項に規定する庁の長である場合にあっては行政不服審査会に，審査庁が地方公共団体の長（地方公共団体の組合にあっては，長，管理者又は理事会）である場合にあっては第81条第1項又は第2項の機関に，それぞれ諮問しなければならない．

1 審査請求に係る処分をしようとするときに他の法律又は政令（条例に基づく処分については，条例）に第9条第1項各号に掲げる機関若しくは地方公共団体の議会又はこれらの機関に類するものとして政令で定めるもの（以下「審議会等」という．）の議を経るべき旨又は経ることができる旨の定めがあり，かつ，当該議を経て当該処分がされた場合

2 裁決をしようとするときに他の法律又は政令（条例に基づく処分については，条例）に第9条第1項各号に掲げる機関若しくは地方公共団体の議会又はこれらの機関に類するものとして政令で定めるものの議を経るべき旨又は経ることができる旨の定めがあり，かつ，当該議を経て裁決をしよう

とする場合

3 第46条第3項又は第49条第4項の規定により審議会等の議を経て裁決をしようとする場合

4 審査請求人から，行政不服審査会又は第81条第1項若しくは第2項の機関（以下「行政不服審査会等」という．）に諮問しないことを希望する旨の申出がされている場合（参加人から，行政不服審査会等に諮問しないことについて反対する旨の申出がされている場合を除く．）

5 審査請求が，行政不服審査会等によって，国民の権利利益及び行政の運営に対する影響の程度その他当該事件の性質を勘案して，諮問を要しないものと認められたものである場合

6 審査請求が不適法であり，却下する場合

7 第46条第1項の規定により審査請求に係る処分（法令に基づく申請を却下し，又は棄却する処分を除く．）の全部を取り消し，又は第47条第1号若しくは第2号の規定により審査請求に係る事実上の行為の全部を撤廃すべき旨を命じ，若しくは撤廃することとする場合（当該処分の全部を取り消すこと又は当該事実上の行為の全部を撤廃すべき旨を命じ，若しくは撤廃することについて反対する旨の意見書が提出されている場合及び口頭意見陳述においてその旨の意見が述べられている場合を除く．）

8 第46条第2項各号又は第49条第3項各号に定める措置（法令に基づく申請の全部を認容すべき旨を命じ，又は認容するものに限る．）をとることとする場合（当該申請の全部を認容することについて反対する旨の意見書が提出されている場合及び口頭意見陳述においてその旨の意見が述べられている場合を除く．）

② 前項の規定による諮問は，審理員意見書及び事件記録の写しを添えてしなければならない．

③ 第1項の規定により諮問をした審査庁は，審理関係人（処分庁等が審査庁である場合にあっては，審査請求人及び参加人）に対し，当該諮問をした旨を通知するとともに，審理員意見書の写しを送付しなければならない．

第5節 裁 決
（裁決の時期）
第44条 審査庁は，行政不服審査会等から諮問に対する答申を受けたとき（前条第1項の規定による諮問を要しない場合（同項第2号又は第3号に該当する場合を除く．）にあっては審理員意見書が提出されたとき，同項第2号又は第3号に該当する場合にあっては同項第2号又は第3号に規定する議を経たとき）は，遅滞なく，裁決をしなければならない．

（処分についての審査請求の却下又は棄却）
第45条 ① 処分についての審査請求が法定の期間経過後にされたものである場合その他不適法である場合には，審査庁は，裁決で，当該審査請求を却下する．

② 処分についての審査請求が理由がない場合には，審査庁は，裁決で，当該審査請求を棄却する．

③ 審査請求に係る処分が違法又は不当ではあるが，これを取り消し，又は撤廃することにより公の利益に著しい障害を生ずる場合において，審査請求人の受ける損害の程度，その損害の賠償又は防止の程度及び方法その他一切の事情を考慮した上，処分を取り消し，又は撤廃することが公共の福祉に適合しな

いと認めるときは, 審査庁は, 裁決で, 当該審査請求を棄却することができる. この場合には, 審査庁は, 裁決の主文で, 当該処分が違法又は不当であることを宣言しなければならない.

(処分についての審査請求の認容)

第46条 ① 処分 (事実上の行為を除く. 以下この条及び第48条において同じ.) についての審査請求が理由がある場合 (前条第3項の規定の適用がある場合を除く.) には, 審査庁は, 裁決で, 当該処分の全部若しくは一部を取り消し, 又はこれを変更する. ただし, 審査庁が処分庁の上級行政庁又は処分庁のいずれでもない場合には, 当該処分を変更することができない.

② 前項の規定により法令に基づく申請を却下し, 又は棄却する処分の全部又は一部を取り消す場合において, 次の各号に掲げる審査庁は, 当該申請に対して一定の処分をすべきものと認めるときは, 当該各号に定める措置をとる.

1 処分庁の上級行政庁である審査庁　当該処分庁に対し, 当該処分をすべき旨を命ずること.

2 処分庁である審査庁　当該処分をすること.

③ 前項に規定する一定の処分に関し, 第43条第1項第1号に規定する議を経るべき旨の定めがある場合において, 当該各号に定める措置をとるために必要があると認めるときは, 審査庁は, 当該定めに係る審議会等の議を経ることができる.

④ 前項に規定する定めがある場合のほか, 第2項に規定する一定の処分に関し, 他の法令に関係行政機関との協議の実施その他の手続をとるべき旨の定めがある場合において, 審査庁が同項各号に定める措置をとるために必要があると認めるときは, 審査庁は, 当該手続をとることができる.

(不作為についての審査請求の裁決)

第49条 ① 不作為についての審査請求が当該不作為に係る処分についての申請から相当の期間が経過しないでされたものである場合その他不適法である場合には, 審査庁は, 裁決で, 当該審査請求を却下する.

② 不作為についての審査請求が理由がない場合には, 審査庁は, 裁決で, 当該審査請求を棄却する.

③ 不作為についての審査請求が理由がある場合には, 審査庁は, 裁決で, 当該不作為が違法又は不当である旨を宣言する. この場合において, 次の各号に掲げる審査庁は, 当該申請に対して一定の処分をすべきものと認めるときは, 当該各号に定める措置をとる.

1 不作為庁の上級行政庁である審査庁　当該不作為庁に対し, 当該処分をすべき旨を命ずること.

2 不作為庁である審査庁　当該処分をすること.

④ 審査請求に係る不作為に係る処分に関し, 第43条第1項第1号に規定する議を経るべき旨の定めがある場合において, 審査庁が前項各号に定める措置をとるために必要があると認めるときは, 審査庁は, 当該定めに係る審議会等の議を経ることができる.

⑤ 前項に規定する定めがある場合のほか, 審査請求に係る不作為に係る処分に関し, 他の法令に関係行政機関との協議の実施その他の手続をとるべき旨の定めがある場合において, 審査庁が前項各号に定める措置をとるために必要があると認めるときは, 審査庁は, 当該手続をとることができる.

(裁決の効力発生)

第51条 ① 裁決は, 審査請求人 (当該審査請求が処分の相手方以外の者のした者である場合における第46条第1項及び第47条の規定による裁決にあっては, 審査請求人及び処分の相手方) に送達された時に, その効力を生ずる.

② 裁決の送達は, 送達を受けるべき者に裁決書の謄本を送付することによってする. ただし, 送達を受けるべき者の所在が知れない場合その他裁決書の謄本を送付することができない場合には, 公示の方法によってすることができる.

③ 公示の方法による送達は, 審査庁が裁決書の謄本を保管し, いつでもその送達を受けるべき者に交付する旨を総務省令で定める方法により不特定多数の者が閲覧することができる状態に置くとともに, その旨が記載された書面を当該審査庁の事務所の掲示場に掲示し, 又はその旨を当該事務所に設置した電子計算機の映像面に表示したものの閲覧をすることができる状態に置く措置をとることにより行うものとする. この場合において, 当該措置を開始した日の翌日から起算して2週間を経過した時に裁決書の謄本の送付があったものとみなす.

④ 審査庁は, 裁決書の謄本を参加人及び処分庁等 (審査庁以外の処分庁等に限る.) に送付しなければならない.　〔令5法63, 施行3年内〕

(裁決の拘束力)

第52条 ① 裁決は, 関係行政庁を拘束する.

② 申請に基づいてした処分が手続の違法若しくは不当を理由として裁決で取り消され, 又は申請を却下し, 若しくは棄却した処分が裁決で取り消された場合には, 処分庁は, 裁決の趣旨に従い, 改めて申請に対する処分をしなければならない.

③ 法令の規定により公示された処分が裁決で取り消され, 又は変更された場合には, 処分庁は, 当該処分が取り消され, 又は変更された旨を公示しなければならない.

④ 法令の規定により処分の相手方以外の利害関係人に通知された処分が裁決で取り消され, 又は変更された場合には, 処分庁は, その通知を受けた者 (審査請求人及び参加人を除く.) に, 当該処分が取り消され, 又は変更された旨を通知しなければならない.

第5章 行政不服審査会等

第1節 行政不服審査会

第1款 設置及び組織

(設置)

第67条 ① 総務省に, 行政不服審査会 (以下「審査会」という.) を置く.

② 審査会は, この法律の規定によりその権限に属せられた事項を処理する.

第2款 審査会の調査審議の手続

(審査会の調査権限)

第74条 審査会は, 必要があると認める場合には, 審査請求に係る事件に関し, 審査請求人, 参加人又は第43条第1項の規定により審査会に諮問をした審査庁 (以下この款において「審査関係人」という.) にその主張を記載した書面 (以下この款において「主張書面」という.) 又は資料の提出を求めること, 適当と認める者にその知っている事実の陳述又は鑑定を求めることその他必要な調査をすることができる.

㉕

（意見の陳述）
第75条 ① 審査会は，審査関係人の申立てがあった場合には，当該審査関係人に口頭で意見を述べる機会を与えなければならない．ただし，審査会が，その必要がないと認める場合には，この限りでない．
② 前項本文の場合において，審査請求人又は参加人は，審査会の許可を得て，補佐人とともに出頭することができる．

（主張書面等の提出）
第76条 審査関係人は，審査会に対し，主張書面又は資料を提出することができる．この場合において，審査会が，主張書面又は資料を提出すべき相当の期間を定めたときは，その期間内にこれを提出しなければならない．

（答申書の送付等）
第79条 審査会は，諮問に対する答申をしたときは，答申書の写しを審査請求人及び参加人に送付するとともに，答申の内容を公表するものとする．

第6章　補　則

（不服申立てをすべき行政庁等の教示）
第82条 ① 行政庁は，審査請求若しくは再調査の請求又は他の法令に基づく不服申立て（以下この条において「不服申立て」と総称する．）をすることができる処分をする場合には，処分の相手方に対し，当該処分につき不服申立てをすることができる旨並びに不服申立てをすべき行政庁及び不服申立てをすることができる期間を書面で教示しなければならない．ただし，当該処分を口頭でする場合は，この限りでない．
② 行政庁は，利害関係人から，当該処分が不服申立てをすることができる処分であるかどうか並びに当該処分につき不服申立てをすることができる場合における不服申立てをすべき行政庁及び不服申立てをすることができる期間につき教示を求められたときは，当該事項を教示しなければならない．
③ 前項の場合において，教示を求めた者が書面による教示を求めたときは，当該教示は，書面でしなければならない．

（教示をしなかった場合の不服申立て）
第83条 ① 行政庁が前条の規定による教示をしなかった場合には，当該処分について不服がある者は，当該行政庁に不服申立書を提出することができる．
② 第19条（第5項第1号及び第2号を除く．）の規定は，前項の不服申立書について準用する．
③ 第1項の規定により不服申立書が提出された場合において，当該処分が処分庁以外の行政庁に対し審査請求をすることができる処分であるときは，処分庁は，速やかに，当該不服申立書を当該行政庁に送付しなければならない．当該処分が法令に基づき，処分庁以外の行政庁に不服申立てをすることができる処分であるときも，同様とする．
④ 前項の規定により不服申立書が送付されたときは，初めから当該行政庁に審査請求又は当該法令に基づく不服申立てがされたものとみなす．
⑤ 第3項の場合を除くほか，第1項の規定により不服申立書が提出されたときは，初めから当該処分庁に審査請求又は当該法令に基づく不服申立てがされたものとみなす．

25　行政事件訴訟法

（昭37・5・16法律第139号，昭37・10・1施行，最終改正：令5・6・7法律第47号）

第1章　総　則

（この法律の趣旨）
第1条 行政事件訴訟については，他の法律に特別の定めがある場合を除くほか，この法律の定めるところによる．

（行政事件訴訟）
第2条 この法律において「行政事件訴訟」とは，抗告訴訟，当事者訴訟，民衆訴訟及び機関訴訟をいう．

（抗告訴訟）
第3条 ① この法律において「抗告訴訟」とは，行政庁の公権力の行使に関する不服の訴訟をいう．
② この法律において「処分の取消しの訴え」とは，行政庁の処分その他公権力の行使に当たる行為（次項に規定する裁決，決定その他の行為を除く．以下単に「処分」という．）の取消しを求める訴訟をいう．
③ この法律において「裁決の取消しの訴え」とは，審査請求その他の不服申立て（以下単に「審査請求」という．）に対する行政庁の裁決，決定その他の行為（以下単に「裁決」という．）の取消しを求める訴訟をいう．
④ この法律において「無効等確認の訴え」とは，処分若しくは裁決の存否又はその効力の有無の確認を求める訴訟をいう．
⑤ この法律において「不作為の違法確認の訴え」とは，行政庁が法令に基づく申請に対し，相当の期間内に何らかの処分又は裁決をすべきであるにかかわらず，これをしないことについての違法の確認を求める訴訟をいう．
⑥ この法律において「義務付けの訴え」とは，次に掲げる場合において，行政庁がその処分又は裁決をすべき旨を命ずることを求める訴訟をいう．
1　行政庁が一定の処分をすべきであるにかかわらずこれがされないとき（次号に掲げる場合を除く．）．
2　行政庁に対し一定の処分又は裁決を求める旨の法令に基づく申請又は審査請求がされた場合において，当該行政庁がその処分又は裁決をすべきであるにかかわらずこれがされないとき．
⑦ この法律において「差止めの訴え」とは，行政庁が一定の処分又は裁決をすべきでないにかかわらずこれがされようとしている場合において，行政庁がその処分又は裁決をしてはならない旨を命ずることを求める訴訟をいう．

（当事者訴訟）
第4条 この法律において「当事者訴訟」とは，当事者間の法律関係を確認し又は形成する処分又は裁決に関する訴訟で法令の規定によりその法律関係の当事者の一方を被告とするもの及び公法上の法律関係に関する確認の訴えその他の公法上の法律関係に関する訴訟をいう．

（民衆訴訟）
第5条 この法律において「民衆訴訟」とは，国又は公共団体の機関の法規に適合しない行為の是正を求める訴訟で，選挙人たる資格その他自己の法律

上の利益にかかわらない資格で提起するものをいう.

(機関訴訟)

第6条 この法律において「機関訴訟」とは,国又は公共団体の機関相互間における権限の存否又はその行使に関する紛争についての訴訟をいう.

(この法律に定めがない事項)

第7条 行政事件訴訟に関し,この法律に定めがない事項については,民事訴訟の例による.

第2章　抗告訴訟

第1節　取消訴訟

(処分の取消しの訴えと審査請求との関係)

第8条 ① 処分の取消しの訴えは,当該処分につき法令の規定により審査請求をすることができる場合においても,直ちに提起することを妨げない.ただし,法律に当該処分についての審査請求に対する裁決を経た後でなければ処分の取消しの訴えを提起することができない旨の定めがあるときは,この限りでない.

② 前項ただし書の場合においても,次の各号の一に該当するときは,裁決を経ないで,処分の取消しの訴えを提起することができる.

1 審査請求があつた日から3箇月を経過しても裁決がないとき.

2 処分,処分の執行又は手続の続行により生ずる著しい損害を避けるため緊急の必要があるとき.

3 その他裁決を経ないことにつき正当な理由があるとき.

③ 第1項本文の場合において,当該処分につき審査請求がされているときは,裁判所は,その審査請求に対する裁決があるまで(審査請求があつた日から3箇月を経過しても裁決がないときは,その期間を経過するまで),訴訟手続を中止することができる.

(原告適格)

第9条 ① 処分の取消しの訴え及び裁決の取消しの訴え(以下「取消訴訟」という.)は,当該処分又は裁決の取消しを求めるにつき法律上の利益を有する者(処分又は裁決の効果が期間の経過その他の理由によりなくなつた後においてもなお処分又は裁決の取消しによつて回復すべき法律上の利益を有する者を含む.)に限り,提起することができる.

② 裁判所は,処分又は裁決の相手方以外の者について前項に規定する法律上の利益の有無を判断するに当たつては,当該処分又は裁決の根拠となる法令の規定の文言のみによることなく,当該法令の趣旨及び目的並びに当該処分において考慮されるべき利益の内容及び性質を考慮するものとする.この場合において,当該法令の趣旨及び目的を考慮するに当たつては,当該法令と目的を共通にする関係法令があるときはその趣旨及び目的をも参酌するものとし,当該利益の内容及び性質を考慮するに当たつては,当該処分又は裁決がその根拠となる法令に違反してされた場合に害されることとなる利益の内容及び性質並びにこれが害される態様及び程度をも勘案するものとする.

(取消しの理由の制限)

第10条 ① 取消訴訟においては,自己の法律上の利益に関係のない違法を理由として取消しを求めることができない.

② 処分の取消しの訴えとその処分についての審査請求を棄却した裁決の取消しの訴えとを提起することができる場合には,裁決の取消しの訴えにおいては,処分の違法を理由として取消しを求めることができない.

(被告適格等)

第11条 ① 処分又は裁決をした行政庁(処分又は裁決があつた後に当該行政庁の権限が他の行政庁に承継されたときは,当該他の行政庁.以下同じ.)が国又は公共団体に所属する場合には,取消訴訟は,次の各号に掲げる訴えの区分に応じてそれぞれ当該各号に定める者を被告として提起しなければならない.

1 処分の取消しの訴え　当該処分をした行政庁の所属する国又は公共団体

2 裁決の取消しの訴え　当該裁決をした行政庁の所属する国又は公共団体

② 処分又は裁決をした行政庁が国又は公共団体に所属しない場合には,取消訴訟は,当該行政庁を被告として提起しなければならない.

③ 前2項の規定により被告とすべき国若しくは公共団体又は行政庁がない場合には,取消訴訟は,当該処分又は裁決に係る事務の帰属する国又は公共団体を被告として提起しなければならない.

④ 第1項又は前項の規定により国又は公共団体を被告として取消訴訟を提起する場合には,訴状には,民事訴訟の例により記載すべき事項のほか,次の各号に掲げる訴えの区分に応じてそれぞれ当該各号に定める行政庁を記載するものとする.

1 処分の取消しの訴え　当該処分をした行政庁

2 裁決の取消しの訴え　当該裁決をした行政庁

⑤ 第1項又は第3項の規定により国又は公共団体を被告として取消訴訟が提起された場合には,被告は,遅滞なく,裁判所に対し,前項各号に掲げる訴えの区分に応じてそれぞれ当該各号に定める行政庁を明らかにしなければならない.

⑥ 処分又は裁決をした行政庁は,当該処分又は裁決に係る第1項の規定による国又は公共団体を被告とする訴訟について,裁判上の一切の行為をする権限を有する.

(管　轄)

第12条 ① 取消訴訟は,被告の普通裁判籍の所在地を管轄する裁判所又は処分若しくは裁決をした行政庁の所在地を管轄する裁判所の管轄に属する.

② 土地の収用,鉱業権の設定その他不動産又は特定の場所に係る処分又は裁決についての取消訴訟は,その不動産又は場所の所在地の裁判所にも,提起することができる.

③ 取消訴訟は,当該処分又は裁決に関し事案の処理に当たつた下級行政機関の所在地の裁判所にも,提起することができる.

④ 国又は独立行政法人通則法(平成11年法律第103号)第2条第1項に規定する独立行政法人若しくは別表に掲げる法人を被告とする取消訴訟は,原告の普通裁判籍の所在地を管轄する高等裁判所の所在地を管轄する地方裁判所(次項において「特定管轄裁判所」という.)にも,提起することができる.

⑤ 前項の規定により特定管轄裁判所に同項の取消訴訟が提起された場合であつて,他の裁判所に事実上及び法律上同一の原因に基づいてされた処分又は裁決に係る抗告訴訟が係属している場合においては,当該特定管轄裁判所は,当事者の住所又は所在地,尋問を受けるべき証人の住所,争点又は証拠

の共通性その他の事情を考慮して，相当と認めるときは，申立てにより又は職権で，訴訟の全部又は一部について，当該他の裁判所又は第1項から第3項までに定める裁判所に移送することができる。

（関連請求に係る訴訟の移送）

第13条　取消訴訟と次の各号の一に該当する請求（以下「関連請求」という。）に係る訴訟とが各別の裁判所に係属する場合において，相当と認めるときは，関連請求に係る訴訟の係属する裁判所は，申立てにより又は職権で，その訴訟を取消訴訟の係属する裁判所に移送することができる。ただし，取消訴訟又は関連請求に係る訴訟の係属する裁判所が高等裁判所であるときは，この限りでない。

1　当該処分又は裁決に関連する原状回復又は損害賠償の請求

2　当該処分とともに1個の手続を構成する他の処分の取消しの請求

3　当該処分に係る裁決の取消しの請求

4　当該裁決に係る処分の取消しの請求

5　当該処分又は裁決の取消しを求める他の請求

6　その他当該処分又は裁決の取消しの請求と関連する請求

（出訴期間）

第14条　① 取消訴訟は，処分又は裁決があつたことを知つた日から6箇月を経過したときは，提起することができない。ただし，正当な理由があるときは，この限りでない。

② 取消訴訟は，処分又は裁決の日から1年を経過したときは，提起することができない。ただし，正当な理由があるときは，この限りでない。

③ 処分又は裁決につき審査請求をすることができる場合又は行政庁が誤つて審査請求をすることができる旨を教示した場合において，審査請求があつたときは，処分又は裁決に係る取消訴訟は，その審査請求をした者については，前2項の規定にかかわらず，これに対する裁決があつたことを知つた日から6箇月を経過したとき又は当該裁決の日から1年を経過したときは，提起することができない。ただし，正当な理由があるときは，この限りでない。

（被告を誤つた訴えの救済）

第15条　① 取消訴訟において，原告が故意又は重大な過失によらないで被告とすべき者を誤つたときは，裁判所は，原告の申立てにより，決定をもつて，被告を変更することを許すことができる。

② 前項の決定は，電子決定書（民事訴訟法（平成8年法律第109号）第122条において準用する同法第252条第1項の規定により作成された電磁的記録（電子的方式，磁気的方式その他人の知覚によつては認識することができない方式で作られる記録であつて，電子計算機による情報処理の用に供されるものをいう。）をいう。以下この項において同じ。）を作成してするものとし，その電子決定書（同法第122条において準用する同法第253条第2項の規定により裁判所の使用に係る電子計算機（入出力装置を含む。）に備えられたファイルに記録されたものに限る。）を新たな被告に送達しなければならない。

③ 第1項の決定があつたときは，出訴期間の遵守については，新たな被告に対する訴えは，最初に訴えを提起した時に提起されたものとみなす。

④ 第1項の決定があつたときは，従前の被告に対しては，訴えの取下げがあつたものとみなす。

⑤ 第1項の決定に対しては，不服を申し立てることができない。

⑥ 第1項の申立てを却下する決定に対しては，即時抗告をすることができる。

⑦ 上訴審において第1項の決定をしたときは，裁判所は，その決定を管轄裁判所に移送しなければならない。〔令4法48，施行4年内〕

（請求の客観的併合）

第16条　① 取消訴訟には，関連請求に係る訴えを併合することができる。

② 前項の規定により訴えを併合する場合において，取消訴訟の第一審裁判所が高等裁判所であるときは，関連請求に係る訴えの被告の同意を得なければならない。被告が異議を述べないで，本案について弁論をし，又は弁論準備手続において申述をしたときは，同意したものとみなす。

（共同訴訟）

第17条　① 数人は，その数人の請求又はその数人に対する請求が処分又は裁決の取消しの請求と関連請求である場合に限り，共同訴訟人として訴え，又は訴えられることができる。

② 前項の場合には，前条第2項の規定を準用する。

（第三者による請求の追加的併合）

第18条　第三者は，取消訴訟の口頭弁論の終結に至るまで，その訴訟の当事者の一方を被告として，関連請求に係る訴えをこれに併合して提起することができる。この場合において，当該取消訴訟が高等裁判所に係属しているときは，第16条第2項の規定を準用する。

（原告による請求の追加的併合）

第19条　① 原告は，取消訴訟の口頭弁論の終結に至るまで，関連請求に係る訴えをこれに併合して提起することができる。この場合において，当該取消訴訟が高等裁判所に係属しているときは，第16条第2項の規定を準用する。

② 前項の規定は，取消訴訟について民事訴訟法（平成8年法律第109号）第143条の規定の例によることを妨げない。〔令4法48，＝箇所:削除，施行4年内〕

第20条　前条第1項前段の規定により，処分の取消しの訴えをその処分についての審査請求を棄却した裁決の取消しの訴えに併合して提起する場合には，同項後段において準用する第16条第2項の規定にかかわらず，処分の取消しの訴えの被告の同意を得ることを要せず，また，その提起があつたときは，出訴期間の遵守については，処分の取消しの訴えは，裁決の取消しの訴えを提起した時に提起されたものとみなす。

（国又は公共団体に対する請求への訴えの変更）

第21条　① 裁判所は，取消訴訟の目的たる請求を当該処分又は裁決に係る事務の帰属する国又は公共団体に対する損害賠償その他の請求に変更することが相当であると認めるときは，請求の基礎に変更がない限り，口頭弁論の終結に至るまで，原告の申立てにより，決定をもつて，訴えの変更を許すことができる。

② 前項の決定には，第15条第2項の規定を準用する。

③ 裁判所は，第1項の規定により訴えの変更を許す決定をするには，あらかじめ，当事者及び損害賠償その他の請求に係る訴えの被告の意見をきかなければならない。

④ 訴えの変更を許す決定に対しては，即時抗告をすることができる。

⑤ 訴えの変更を許さない決定に対しては,不服を申し立てることができない.

（第三者の訴訟参加）

第22条　① 裁判所は,訴訟の結果により権利を害される第三者があるときは,当事者若しくはその第三者の申立てにより又は職権で,決定をもつて,その第三者を訴訟に参加させることができる.

② 裁判所は,前項の決定をするには,あらかじめ,当事者及び第三者の意見をきかなければならない.

③ 第1項の申立てをした第三者は,その申立てを却下する決定に対して即時抗告をすることができる.

④ 第1項の規定により訴訟に参加した第三者については,民事訴訟法第40条第1項から第3項までの規定を準用する.

⑤ 第1項の規定により第三者が参加の申立てをした場合には,民事訴訟法第45条第3項及び第4項の規定を準用する.

（行政庁の訴訟参加）

第23条　① 裁判所は,処分又は裁決をした行政庁以外の行政庁を訴訟に参加させることが必要であると認めるときは,当事者若しくはその行政庁の申立てにより又は職権で,決定をもつて,その行政庁を訴訟に参加させることができる.

② 裁判所は,前項の決定をするには,あらかじめ,当事者及び当該行政庁の意見をきかなければならない.

③ 第1項の規定により訴訟に参加した行政庁については,民事訴訟法第45条第1項及び第2項の規定を準用する.

（釈明処分の特則）

第23条の2　① 裁判所は,訴訟関係を明瞭にするため,必要があると認めるときは,次に掲げる処分をすることができる.

1 被告である国若しくは公共団体に所属する行政庁又は被告である行政庁に対し,処分又は裁決の内容,処分又は裁決の根拠となる法令の条項,処分又は裁決の原因となる事実その他処分又は裁決の理由を明らかにする資料（次項に規定する審査請求に係る事件の記録を除く.）であつて当該行政庁が保有するものの全部又は一部の提出を求めること.

2 前号に規定する行政庁以外の行政庁に対し,同号に規定する資料であつて当該行政庁が保有するものの全部又は一部の送付を嘱託すること.

② 裁判所は,処分についての審査請求に対する裁決を経た後に取消訴訟の提起があつたときは,次に掲げる処分をすることができる.

1 被告である国若しくは公共団体に所属する行政庁又は被告である行政庁に対し,当該審査請求に係る事件の記録であつて当該行政庁が保有するものの全部又は一部の提出を求めること.

2 前号に規定する行政庁以外の行政庁に対し,同号に規定する事件の記録であつて当該行政庁が保有するものの全部又は一部の送付を嘱託すること.

（職権証拠調べ）

第24条　裁判所は,必要があると認めるときは,職権で,証拠調べをすることができる. ただし,その証拠調べの結果について,当事者の意見をきかなければならない.

（執行停止）

第25条　① 処分の取消しの訴えの提起は,処分の効力,処分の執行又は手続の続行を妨げない.

② 処分の取消しの訴えの提起があつた場合において,処分,処分の執行又は手続の続行により生ずる重大な損害を避けるため緊急の必要があるときは,裁判所は,申立てにより,決定をもつて,処分の効力,処分の執行又は手続の続行の全部又は一部の停止（以下「執行停止」という.）をすることができる. ただし,処分の効力の停止は,処分の執行又は手続の続行の停止によつて目的を達することができる場合には,することができない.

③ 裁判所は,前項に規定する重大な損害を生ずるか否かを判断するに当たつては,損害の回復の困難の程度を考慮するものとし,損害の性質及び程度並びに処分の内容及び性質をも勘案するものとする.

④ 執行停止は,公共の福祉に重大な影響を及ぼすおそれがあるとき,又は本案について理由がないとみえるときは,することができない.

⑤ 第2項の決定は,疎明に基づいてする.

⑥ 第2項の決定は,口頭弁論を経ないですることができる. ただし,あらかじめ,当事者の意見をきかなければならない.

⑦ 第2項の申立てに対する決定に対しては,即時抗告をすることができる.

⑧ 第2項の決定に対する即時抗告は,その決定の執行を停止する効力を有しない.

（事情変更による執行停止の取消し）

第26条　① 執行停止の決定が確定した後に,その理由が消滅し,その他事情が変更したときは,裁判所は,相手方の申立てにより,決定をもつて,執行停止の決定を取り消すことができる.

② 前項の申立てに対する決定及びこれに対する不服については,前条第5項から第8項までの規定を準用する.

（内閣総理大臣の異議）

第27条　① 第25条第2項の申立てがあつた場合には,内閣総理大臣は,裁判所に対し,異議を述べることができる. 執行停止の決定があつた後においても,同様とする.

② 前項の異議には,理由を附さなければならない.

③ 前項の異議の理由においては,内閣総理大臣は,処分の効力を存続し,処分を執行し,又は手続を続行しなければ,公共の福祉に重大な影響を及ぼすおそれのある事情を示すものとする.

④ 第1項の異議があつたときは,裁判所は,執行停止をすることができず,また,すでに執行停止の決定をしているときは,これを取り消さなければならない.

⑤ 第1項後段の異議は,執行停止の決定をした裁判所に対して述べなければならない. ただし,その決定に対する抗告が抗告裁判所に係属しているときは,抗告裁判所に対して述べなければならない.

⑥ 内閣総理大臣は,やむをえない場合でなければ,第1項の異議を述べてはならず,また,異議を述べたときは,次の常会において国会にこれを報告しなければならない.

（執行停止等の管轄裁判所）

第28条　執行停止又はその決定の取消しの申立ての管轄裁判所は,本案の係属する裁判所とする.

（執行停止に関する規定の準用）

第29条　前4条の規定は,裁決の取消しの訴えの提起があつた場合における執行停止に関する事項について準用する.

（裁量処分の取消し）

第30条　行政庁の裁量処分については,裁量権の範

囲をこえ又はその濫用があつた場合に限り，裁判所は，その処分を取り消すことができる．

（特別の事情による請求の棄却）

第31条　① 取消訴訟については，処分又は裁決が違法ではあるが，これを取り消すことにより公の利益に著しい障害を生ずる場合において，原告の受ける損害の程度，その損害の賠償又は防止の程度及び方法その他一切の事情を考慮したうえ，処分又は裁決を取り消すことが公共の福祉に適合しないと認めるときは，裁判所は，請求を棄却することができる．この場合には，当該判決の主文において，処分又は裁決が違法であることを宣言しなければならない．

② 裁判所は，相当と認めるときは，終局判決前に，判決をもつて，処分又は裁決が違法であることを宣言することができる．

③ 終局判決に事実及び理由を記載するには，前項の判決を引用することができる．

（取消判決等の効力）

第32条　① 処分又は裁決を取り消す判決は，第三者に対しても効力を有する．

② 前項の規定は，執行停止の決定又はこれを取り消す決定に準用する．

第33条　① 処分又は裁決を取り消す判決は，その事件について，処分又は裁決をした行政庁その他の関係行政庁を拘束する．

② 申請を却下し若しくは棄却した処分又は審査請求を却下し若しくは棄却した裁決が判決により取り消されたときは，その処分又は裁決をした行政庁は，判決の趣旨に従い，改めて申請に対する処分又は審査請求に対する裁決をしなければならない．

③ 前項の規定は，申請に基づいてした処分又は審査請求を認容した裁決が判決により手続に違法があることを理由として取り消された場合に準用する．

④ 第1項の規定は，執行停止の決定に準用する．

（第三者の再審の訴え）

第34条　① 処分又は裁決を取り消す判決により権利を害された第三者で，自己の責めに帰することができない理由により訴訟に参加することができなかつたため判決に影響を及ぼすべき攻撃又は防御の方法を提出することができなかつたものは，これを理由として，確定の終局判決に対し，再審の訴えをもつて，不服の申立てをすることができる．

② 前項の訴えは，確定判決を知つた日から30日以内に提起しなければならない．

③ 前項の期間は，不変期間とする．

④ 第1項の訴えは，判決が確定した日から1年を経過したときは，提起することができない．

（訴訟費用の裁判の効力）

第35条　国又は公共団体に所属する行政庁が当事者又は参加人である訴訟における確定した訴訟費用の裁判は，当該行政庁が所属する国又は公共団体に対し，又はそれらの者のために，効力を有する．

第2節　その他の抗告訴訟

（無効等確認の訴えの原告適格）

第36条　無効等確認の訴えは，当該処分又は裁決に続く処分により損害を受けるおそれのある者その他当該処分又は裁決の無効等の確認を求めるにつき法律上の利益を有する者で，当該処分若しくは裁決の存否又はその効力の有無を前提とする現在の法律関係に関する訴えによつて目的を達することができないものに限り，提起することができる．

（不作為の違法確認の訴えの原告適格）

第37条　不作為の違法確認の訴えは，処分又は裁決についての申請をした者に限り，提起することができる．

（義務付けの訴えの要件等）

第37条の2　① 第3条第6項第1号に掲げる場合において，義務付けの訴えは，一定の処分がされないことにより重大な損害を生ずるおそれがあり，かつ，その損害を避けるため他に適当な方法がないときに限り，提起することができる．

② 裁判所は，前項に規定する重大な損害を生ずるか否かを判断するに当たつては，損害の回復の困難な程度を考慮するものとし，損害の性質及び程度並びに処分の内容及び性質をも勘案するものとする．

③ 第1項の義務付けの訴えは，行政庁が一定の処分をすべき旨を命ずることを求めるにつき法律上の利益を有する者に限り，提起することができる．

④ 前項に規定する法律上の利益の有無の判断については，第9条第2項の規定を準用する．

⑤ 義務付けの訴えが第1項及び第3項に規定する要件に該当する場合において，その義務付けの訴えに係る処分につき，行政庁がその処分をすべきであることがその処分の根拠となる法令の規定から明らかであると認められ又は行政庁がその処分をしないことがその裁量権の範囲を超え若しくはその濫用となると認められるときは，裁判所は，行政庁がその処分をすべき旨を命ずる判決をする．

第37条の3　① 第3条第6項第2号に掲げる場合において，義務付けの訴えは，次の各号に掲げる要件のいずれかに該当するときに限り，提起することができる．

1　当該法令に基づく申請又は審査請求に対し相当の期間内に何らの処分又は裁決がされないこと．

2　当該法令に基づく申請又は審査請求を却下し又は棄却する旨の処分又は裁決がされた場合において，当該処分又は裁決が取り消されるべきものであり，又は無効若しくは不存在であること．

② 前項の義務付けの訴えは，同項各号に規定する法令に基づく申請又は審査請求をした者に限り，提起することができる．

③ 第1項の義務付けの訴えを提起するときは，次の各号に掲げる区分に応じてそれぞれ当該各号に定める訴えをその義務付けの訴えに併合して提起しなければならない．この場合において，当該各号に定める訴えに係る訴訟の管轄について他の法律に特別の定めがあるときは，当該義務付けの訴えに係る訴訟の管轄は，第38条第1項において準用する第12条の規定にかかわらず，その定めに従う．

1　第1項第1号に掲げる要件に該当する場合　同号に規定する処分又は裁決に係る不作為の違法確認の訴え

2　第1項第2号に掲げる要件に該当する場合　同号に規定する処分又は裁決に係る取消訴訟又は無効等確認の訴え

④ 前項の規定により併合して提起された義務付けの訴え及び同項各号に定める訴えに係る弁論及び裁判は，分離しないでしなければならない．

⑤ 義務付けの訴えが第1項から第3項までに規定する要件に該当する場合において，同項各号に定める訴えに係る請求に理由があると認められ，かつ，その義務付けの訴えに係る処分又は裁決につき，行政庁がその処分若しくは裁決をすべきであることがその処分若しくは裁決の根拠となる法令の規定

から明らかであると認められ又は行政庁がその処分若しくは裁決をしないことがその裁量権の範囲を超え若しくはその濫用となると認められるときは,裁判所は,その義務付けの訴えに係る処分又は裁決をすべき旨を命ずる判決をする.

⑥ 第4項の規定にかかわらず,裁判所は,審理の状況その他の事情を考慮して,第3項各号に定める訴えについてのみ終局判決をすることがより迅速な争訟の解決に資すると認めるときは,当該訴えについてのみ終局判決をすることができる.この場合において,裁判所は,当該訴えについてのみ終局判決をしたときは,当事者の意見を聴いて,当該訴えに係る訴訟手続が完結するまでの間,義務付けの訴えに係る訴訟手続を中止することができる.

⑦ 第1項の義務付けの訴えのうち,行政庁が一定の裁決をすべき旨を命ずることを求めるものは,処分についての審査請求がされた場合において,当該処分に係る処分の取消しの訴え又は無効等確認の訴えを提起することができないときに限り,提起することができる.

（差止めの訴えの要件）

第37条の4 ① 差止めの訴えは,一定の処分又は裁決がされることにより重大な損害を生ずるおそれがある場合に限り,提起することができる.ただし,その損害を避けるため他に適当な方法があるときは,この限りでない.

② 裁判所は,前項に規定する重大な損害を生ずるか否かを判断するに当たつては,損害の回復の困難の程度を考慮するものとし,損害の性質及び程度並びに処分又は裁決の内容及び性質をも勘案するものとする.

③ 差止めの訴えは,行政庁が一定の処分又は裁決をしてはならない旨を命ずることを求めるにつき法律上の利益を有する者に限り,提起することができる.

④ 前項に規定する法律上の利益の有無の判断については,第9条第2項の規定を準用する.

⑤ 差止めの訴えが第1項及び第3項に規定する要件に該当する場合において,その差止めの訴えに係る処分又は裁決につき,行政庁がその処分若しくは裁決をすべきでないことがその処分若しくは裁決の根拠となる法令の規定から明らかであると認められる又は行政庁がその処分若しくは裁決をすることがその裁量権の範囲を超え若しくはその濫用となると認められるときは,裁判所は,行政庁がその処分又は裁決をしてはならない旨を命ずる判決をする.

（仮の義務付け及び仮の差止め）

第37条の5 ① 義務付けの訴えの提起があつた場合において,その義務付けの訴えに係る処分又は裁決がされないことにより生ずる償うことのできない損害を避けるため緊急の必要があり,かつ,本案について理由があるとみえるときは,裁判所は,申立てにより,決定をもつて,仮に行政庁がその処分又は裁決をすべき旨を命ずること（以下この条において「仮の義務付け」という.）ができる.

② 差止めの訴えの提起があつた場合において,その差止めの訴えに係る処分又は裁決がされることにより生ずる償うことのできない損害を避けるため緊急の必要があり,かつ,本案について理由があるとみえるときは,裁判所は,申立てにより,決定をもつて,仮に行政庁がその処分又は裁決をしてはならない旨を命ずること（以下この条において「仮の

差止め」という.）ができる.

③ 仮の義務付け又は仮の差止めは,公共の福祉に重大な影響を及ぼすおそれがあるときは,することができない.

④ 第25条第5項から第8項まで,第26条から第28条まで及び第33条第1項の規定は,仮の義務付け又は仮の差止めに関する事項について準用する.

⑤ 前項において準用する第25条第7項の即時抗告についての裁判又は前項において準用する第26条第1項の決定により仮の義務付けの決定が取り消されたときは,当該行政庁は,当該仮の義務付けの決定に基づいてした処分又は裁決を取り消さなければならない.

（取消訴訟に関する規定の準用）

第38条 ① 第11条から第13条まで,第16条から第19条まで,第21条から第23条まで,第24条,第33条及び第35条の規定は,取消訴訟以外の抗告訴訟について準用する.

② 第10条第2項の規定は,処分の無効等確認の訴えとその処分についての審査請求を棄却した裁決に係る抗告訴訟とを提起することができる場合に,第20条の規定は,処分の無効等確認の訴えをその処分についての審査請求を棄却した裁決に係る抗告訴訟に併合して提起する場合に準用する.

③ 第23条の2,第25条から第29条まで及び第32条第2項の規定は,無効等確認の訴えについて準用する.

④ 第8条及び第10条第2項の規定は,不作為の違法確認の訴えに準用する.

第3章　当事者訴訟

（出訴の通知）

第39条 当事者間の法律関係を確認し又は形成する処分又は裁決に関する訴訟で,法令の規定によりその法律関係の当事者の一方を被告とするものが提起されたときは,裁判所は,当該処分又は裁決をした行政庁にその旨を通知するものとする.

（出訴期間の定めがある当事者訴訟）

第40条 ① 法令に出訴期間の定めがある当事者訴訟は,その法令に別段の定めがある場合を除き,正当な理由があるときは,その期間を経過した後であつても,これを提起することができる.

② 第15条の規定は,法令に出訴期間の定めがある当事者訴訟について準用する.

（抗告訴訟に関する規定の準用）

第41条 ① 第23条,第24条,第33条第1項及び第35条の規定は当事者訴訟について,第23条の2の規定は当事者訴訟における処分又は裁決の理由を明らかにする資料の提出について準用する.

② 第13条の規定は,当事者訴訟とその目的たる請求と関連請求の関係にある請求とが各別の裁判所に係属する場合における移送に,第16条から第19条までの規定は,これらの訴えの併合について準用する.

第4章　民衆訴訟及び機関訴訟

（訴えの提起）

第42条 民衆訴訟及び機関訴訟は,法律に定める場合において,法律に定める者に限り,提起することができる.

（抗告訴訟又は当事者訴訟に関する規定の準用）

第43条 ① 民衆訴訟又は機関訴訟で，処分又は裁決の取消しを求めるものについては，第9条及び第10条第1項の規定を除き，取消訴訟に関する規定を準用する．

② 民衆訴訟又は機関訴訟で，処分又は裁決の無効の確認を求めるものについては，第36条の規定を除き，無効等確認の訴えに関する規定を準用する．

③ 民衆訴訟又は機関訴訟で，前2項に規定する訴訟以外のものについては，第39条及び第40条第1項の規定を除き，当事者訴訟に関する規定を準用する．

第5章 補 則

（仮処分の排除）

第44条 行政庁の処分その他公権力の行使に当たる行為については，民事保全法（平成元年法律第91号）に規定する仮処分をすることができない．

（処分の効力等を争点とする訴訟）

第45条 ① 私法上の法律関係に関する訴訟において，処分若しくは裁決の存否又はその効力の有無が争われている場合には，第23条第1項及び第2項並びに第39条の規定を準用する．

② 前項の規定により行政庁が訴訟に参加した場合には，民事訴訟法第45条第1項及び第2項の規定を準用する．ただし，攻撃又は防御の方法は，当該処分若しくは裁決の存否又はその効力の有無に関するものに限り，提出することができる．

③ 第1項の規定により行政庁が訴訟に参加した後において，処分若しくは裁決の存否又はその効力の有無に関する争いがなくなったときは，裁判所は，参加の決定を取り消すことができる．

④ 第1項の場合には，当該争点について第23条の2及び第24条の規定を，訴訟費用の裁判について第35条の規定を準用する．

（取消訴訟等の提起に関する事項の教示）

第46条 ① 行政庁は，取消訴訟を提起することができる処分又は裁決をする場合には，当該処分又は裁決の相手方に対し，次に掲げる事項を書面で教示しなければならない．ただし，当該処分を口頭でする場合は，この限りでない．

1 当該処分又は裁決に係る取消訴訟の被告とすべき者

2 当該処分又は裁決に係る取消訴訟の出訴期間

3 法律に当該処分についての審査請求に対する裁決を経た後でなければ処分の取消しの訴えを提起することができない旨の定めがあるときは，その旨

② 行政庁は，法律に処分についての審査請求に対する裁決に対してのみ取消訴訟を提起することができる旨の定めがある場合において，当該処分をするときは，当該処分の相手方に対し，法律にその定めがある旨を書面で教示しなければならない．ただし，当該処分を口頭でする場合は，この限りでない．

③ 行政庁は，当事者間の法律関係を確認し又は形成する処分又は裁決に関する法令の規定によりその法律関係の当事者の一方を被告とするものを提起することができる処分又は裁決をする場合には，当該処分又は裁決の相手方に対し，次に掲げる事項を書面で教示しなければならない．ただし，当該処分を口頭でする場合は，この限りでない．

1 当該訴訟の被告とすべき者

2 当該訴訟の出訴期間

附 則 （抄）

（行政事件訴訟特例法の廃止）

第2条 行政事件訴訟特例法（昭和23年法律第81号，以下「旧法」という．）は，廃止する．

26 国家賠償法

（昭22・10・27法律第125号，昭22・10・27施行）

第1条 ① 国又は公共団体の公権力の行使に当る公務員が，その職務を行うについて，故意又は過失によつて違法に他人に損害を加えたときは，国又は公共団体が，これを賠償する責に任ずる．

② 前項の場合において，公務員に故意又は重大な過失があつたときは，国又は公共団体は，その公務員に対して求償権を有する．

第2条 ① 道路，河川その他の公の営造物の設置又は管理に瑕疵があつたために他人に損害を生じたときは，国又は公共団体は，これを賠償する責に任ずる．

② 前項の場合において，他に損害の原因について責に任ずべき者があるときは，国又は公共団体は，これに対して求償権を有する．

第3条 ① 前2条の規定によつて国又は公共団体が損害を賠償する責に任ずる場合において，公務員の選任若しくは監督又は公の営造物の設置若しくは管理に当る者と公務員の俸給，給与その他の費用又は公の営造物の設置若しくは管理の費用を負担する者とが異なるときは，費用を負担する者もまた，その損害を賠償する責に任ずる．

② 前項の場合において，損害を賠償した者は，内部関係でその損害を賠償する責任ある者に対して求償権を有する．

第4条 国又は公共団体の損害賠償の責任については，前3条の規定によるの外，民法の規定による．

第5条 国又は公共団体の損害賠償の責任について民法以外の他の法律に別段の定めがあるときは，その定めるところによる．

第6条 この法律は，外国人が被害者である場合には，相互の保証があるときに限り，これを適用する．

附 則 （抄）

① この法律は，公布の日から，これを施行する．

27 〔公文書管理法〕公文書等の管理に関する法律（抄）

（平21・7・1法律第66号，平23・4・1施行，最終改正：令5・6・7法律第47号）

第1章 総 則

（目 的）

第1条 この法律は，国及び独立行政法人等の諸活動や歴史的事実の記録である公文書等が，健全な民主主義の根幹を支える国民共有の知的資源として，主権者である国民が主体的に利用し得るものであることにかんがみ，国民主権の理念にのっとり，公

文書等の管理に関する基本的事項を定めること等により，行政文書等の適正な管理，歴史公文書等の適切な保存及び利用等を図り，もって行政が適正かつ効率的に運営されるようにするとともに，国及び独立行政法人等の有するその諸活動を現在及び将来の国民に説明する責務が全うされるようにすることを目的とする．

第2章　行政文書の管理

第1節　文書の作成

第4条　行政機関の職員は，第1条の目的の達成に資するため，当該行政機関における経緯も含めた意思決定に至る過程並びに当該行政機関の事務及び事業の実績を合理的に跡付け，又は検証することができるよう，処理に係る事案が軽微なものである場合を除き，次に掲げる事項その他の事項について，文書を作成しなければならない．

1　法令の制定又は改廃及びその経緯
2　前号に定めるもののほか，閣議，関係行政機関の長で構成される会議又は省議（これらに準ずるものを含む．）の決定又は了解及びその経緯
3　複数の行政機関による申合せ又は他の行政機関若しくは地方公共団体に対して示す基準の設定及びその経緯
4　個人又は法人の権利義務の得喪及びその経緯
5　職員の人事に関する事項

第2節　行政文書の整理等

（整理）
第5条　① 行政機関の職員が行政文書を作成し，又は取得したときは，当該行政機関の長は，政令で定めるところにより，当該行政文書について分類し，名称を付するとともに，保存期間及び保存期間の満了する日を設定しなければならない．
② 行政機関の長は，能率的な事務又は事業の処理及び行政文書の適切な保存に資するよう，単独で管理することが適当であると認める行政文書を除き，適時に，相互に密接な関連を有する行政文書（保存期間を同じくすることが適当であるものに限る．）を一の集合物（以下「行政文書ファイル」という．）にまとめなければならない．
③ 前項の場合において，行政機関の長は，政令で定めるところにより，当該行政文書ファイルについて分類し，名称を付するとともに，保存期間及び保存期間の満了する日を設定しなければならない．
④ 行政機関の長は，第1項及び前項の規定により設定した保存期間及び保存期間の満了する日を，政令で定めるところにより，延長することができる．
⑤ 行政機関の長は，行政文書ファイル及び単独で管理している行政文書（以下「行政文書ファイル等」という．）について，保存期間（延長された場合にあっては，延長後の保存期間）の満了前のできる限り早い時期に，保存期間が満了したときの措置として，歴史公文書等に該当するものにあっては政令で定めるところにより国立公文書館等への移管の措置を，それ以外のものにあっては廃棄の措置をとるべきことを定めなければならない．

28　〔情報公開法〕行政機関の保有する情報の公開に関する法律（抄）

（平11·5·14法律第42号，平13·4·1施行，最終改正：令3·5·19法律第37号）

第1章　総則

（目的）
第1条　この法律は，国民主権の理念にのっとり，行政文書の開示を請求する権利につき定めること等により，行政機関の保有する情報の一層の公開を図り，もって政府の有するその諸活動を国民に説明する責務が全うされるようにするとともに，国民の的確な理解と批判の下にある公正で民主的な行政の推進に資することを目的とする．

（定義）
第2条　① この法律において「行政機関」とは，次に掲げる機関をいう．

1　法律の規定に基づき内閣に置かれる機関（内閣府を除く．）及び内閣の所轄の下に置かれる機関
2　内閣府，宮内庁並びに内閣府設置法（平成11年法律第89号）第49条第1項及び第2項に規定する機関（これらの機関のうち第4号の政令で定める機関が置かれる機関にあっては，当該政令で定める機関を除く．）
3　国家行政組織法（昭和23年法律第120号）第3条第2項に規定する機関（第5号の政令で定める機関が置かれる機関にあっては，当該政令で定める機関を除く．）
4　内閣府設置法第39条及び第55条並びに宮内庁法（昭和22年法律第70号）第16条第2項の機関並びに内閣府設置法第40条及び第56条（宮内庁法第18条第1項において準用する場合を含む．）の特別の機関で，政令で定めるもの
5　国家行政組織法第8条の2の施設等機関及び同法第8条の3の特別の機関で，政令で定めるもの
6　会計検査院
② この法律において「行政文書」とは，行政機関の職員が職務上作成し，又は取得した文書，図画及び電磁的記録（電子的方式，磁気的方式その他人の知覚によっては認識することができない方式で作られた記録をいう．以下同じ．）であって，当該行政機関の職員が組織的に用いるものとして，当該行政機関が保有しているものをいう．ただし，次に掲げるものを除く．

1　官報，白書，新聞，雑誌，書籍その他不特定多数の者に販売することを目的として発行されるもの
2　公文書等の管理に関する法律（平成21年法律第66号）第2条第7項に規定する特定歴史公文書等
3　政令で定める研究所その他の施設において，政令で定めるところにより，歴史的若しくは文化的な資料又は学術研究用の資料として特別の管理がされているもの（前号に掲げるものを除く．）

第2章　行政文書の開示

（開示請求権）
第3条　何人も，この法律の定めるところにより，行

政機関の長（前条第1項第4号及び第5号の政令で定める機関にあっては、その機関ごとに政令で定める者をいう。以下同じ。）に対し、当該行政機関の保有する行政文書の開示を請求することができる。

（開示請求の手続）

第4条 ① 前条の規定による開示の請求（以下「開示請求」という。）は、次に掲げる事項を記載した書面（以下「開示請求書」という。）を行政機関の長に提出してしなければならない。

1 開示請求をする者の氏名又は名称及び住所又は居所並びに法人その他の団体にあっては代表者の氏名

2 行政文書の名称その他の開示請求に係る行政文書を特定するに足りる事項

② 行政機関の長は、開示請求書に形式上の不備があると認めるときは、開示請求をした者（以下「開示請求者」という。）に対し、相当の期間を定めて、その補正を求めることができる。この場合において、行政機関の長は、開示請求者に対し、補正の参考となる情報を提供するよう努めなければならない。

（行政文書の開示義務）

第5条 行政機関の長は、開示請求があったときは、開示請求に係る行政文書に次の各号に掲げる情報（以下「不開示情報」という。）のいずれかが記録されている場合を除き、開示請求者に対し、当該行政文書を開示しなければならない。

1 個人に関する情報（事業を営む個人の当該事業に関する情報を除く。）であって、当該情報に含まれる氏名、生年月日その他の記述等（文書、図画若しくは電磁的記録に記載され、若しくは記録され、又は音声、動作その他の方法を用いて表された一切の事項をいう。次条第2項において同じ。）により特定の個人を識別することができるもの（他の情報と照合することにより、特定の個人を識別することができることとなるものを含む。）又は特定の個人を識別することはできないが、公にすることにより、なお個人の権利利益を害するおそれがあるもの。ただし、次に掲げる情報を除く。

イ 法令の規定により又は慣行として公にされ、又は公にすることが予定されている情報

ロ 人の生命、健康、生活又は財産を保護するため、公にすることが必要であると認められる情報

ハ 当該個人が公務員等（国家公務員法（昭和22年法律第120号）第2条第1項に規定する国家公務員（独立行政法人通則法（平成11年法律第103号）第2条第4項に規定する行政執行法人の役員及び職員を除く。）、独立行政法人等（独立行政法人等の保有する情報の公開に関する法律（平成13年法律第140号。以下「独立行政法人等情報公開法」という。）第2条第1項に規定する独立行政法人等をいう。以下同じ。）の役員及び職員、地方公務員法（昭和25年法律第261号）第2条に規定する地方公務員並びに地方独立行政法人（地方独立行政法人法（平成15年法律第118号）第2条第1項に規定する地方独立行政法人をいう。以下同じ。）の役員及び職員をいう。）である場合において、当該情報がその職務の遂行に係る情報であるときは、当該情報のうち、当該公務員等の職及び当該職務遂行の内容に係る部分

1の2 個人情報の保護に関する法律（平成15年法律第57号）第60条第3項に規定する行政機関等匿名加工情報（同条第4項に規定する行政機関

等匿名加工情報ファイルを構成するものに限る。以下この号において「行政機関等匿名加工情報」という。）又は行政機関等匿名加工情報の作成に用いた同条第1項に規定する保有個人情報から削除した同法第2条第1項第1号に規定する記述等若しくは同条第2項に規定する個人識別符号

2 法人その他の団体（国、独立行政法人等、地方公共団体及び地方独立行政法人を除く。以下「法人等」という。）に関する情報又は事業を営む個人の当該事業に関する情報であって、次に掲げるもの。ただし、人の生命、健康、生活又は財産を保護するため、公にすることが必要であると認められる情報を除く。

イ 公にすることにより、当該法人等又は当該個人の権利、競争上の地位その他正当な利益を害するおそれがあるもの

ロ 行政機関の要請を受けて、公にしないとの条件で任意に提供されたものであって、法人等又は個人における通例として公にしないこととされているものその他の当該条件を付することが当該情報の性質、当時の状況等に照らして合理的であると認められるもの

3 公にすることにより、国の安全が害されるおそれ、他国若しくは国際機関との信頼関係が損なわれるおそれ又は他国若しくは国際機関との交渉上不利益を被るおそれがあると行政機関の長が認めることにつき相当の理由がある情報

4 公にすることにより、犯罪の予防、鎮圧又は捜査、公訴の維持、刑の執行その他の公共の安全と秩序の維持に支障を及ぼすおそれがあると行政機関の長が認めることにつき相当の理由がある情報

5 国の機関、独立行政法人等、地方公共団体及び地方独立行政法人の内部又は相互間における審議、検討又は協議に関する情報であって、公にすることにより、率直な意見の交換若しくは意思決定の中立性が不当に損なわれるおそれ、不当に国民の間に混乱を生じさせるおそれ又は特定の者に不当に利益を与え若しくは不利益を及ぼすおそれがあるもの

6 国の機関、独立行政法人等、地方公共団体又は地方独立行政法人が行う事務又は事業に関する情報であって、公にすることにより、次に掲げるおそれその他当該事務又は事業の性質上、当該事務又は事業の適正な遂行に支障を及ぼすおそれがあるもの

イ 監査、検査、取締り、試験又は租税の賦課若しくは徴収に係る事務に関し、正確な事実の把握を困難にするおそれ又は違法若しくは不当な行為を容易にし、若しくはその発見を困難にするおそれ

ロ 契約、交渉又は争訟に係る事務に関し、国、独立行政法人等、地方公共団体又は地方独立行政法人の財産上の利益又は当事者としての地位を不当に害するおそれ

ハ 調査研究に係る事務に関し、その公正かつ能率的な遂行を不当に阻害するおそれ

ニ 人事管理に係る事務に関し、公正かつ円滑な人事の確保に支障を及ぼすおそれ

ホ 独立行政法人等、地方公共団体が経営する企業又は地方独立行政法人に係る事業に関し、その企業経営上の正当な利益を害するおそれ

（部分開示）

第6条 ① 行政機関の長は、開示請求に係る行政文書の一部に不開示情報が記録されている場合におい

て，不開示情報が記録されている部分を容易に区分して除くことができるときは，開示請求者に対し，当該部分を除いた部分につき開示しなければならない．ただし，当該部分を除いた部分に有意の情報が記録されていないと認められるときは，この限りでない．

② 開示請求に係る行政文書に前条第1号の情報（特定の個人を識別することができるものに限る．）が記録されている場合において，当該情報のうち，氏名，生年月日その他の特定の個人を識別することができることとなる記述等の部分を除くことにより，公にしても，個人の権利利益が害されるおそれがないと認められるときは，当該部分を除いた部分は，同号の情報に含まれないものとみなして，前項の規定を適用する．

（公益上の理由による裁量的開示）
第7条 行政機関の長は，開示請求に係る行政文書に不開示情報（第5条第1号の2に掲げる情報を除く．）が記録されている場合であっても，公益上特に必要があると認めるときは，開示請求者に対し，当該行政文書を開示することができる．

（行政文書の存否に関する情報）
第8条 開示請求に対し，当該開示請求に係る行政文書が存在しているか否かを答えるだけで，不開示情報を開示することとなるときは，行政機関の長は，当該行政文書の存否を明らかにしないで，当該開示請求を拒否することができる．

（開示請求に対する措置）
第9条 ① 行政機関の長は，開示請求に係る行政文書の全部又は一部を開示するときは，その旨の決定をし，開示請求者に対し，その旨及び開示の実施に関し政令で定める事項を書面により通知しなければならない．

② 行政機関の長は，開示請求に係る行政文書の全部を開示しないとき（前条の規定により開示請求を拒否するとき及び開示請求に係る行政文書を保有していないときを含む．）は，開示をしない旨の決定をし，開示請求者に対し，その旨を書面により通知しなければならない．

（開示決定等の期限）
第10条 ① 前条各項の決定（以下「開示決定等」という．）は，開示請求があった日から30日以内にしなければならない．ただし，第4条第2項の規定により補正を求めた場合にあっては，当該補正に要した日数は，当該期間に算入しない．

② 前項の規定にかかわらず，行政機関の長は，事務処理上の困難その他正当な理由があるときは，同項に規定する期間を30日以内に限り延長することができる．この場合において，行政機関の長は，開示請求者に対し，遅滞なく，延長後の期間及び延長の理由を書面により通知しなければならない．

（第三者に対する意見書提出の機会の付与等）
第13条 ① 開示請求に係る行政文書に国，独立行政法人等，地方公共団体，地方独立行政法人及び開示請求者以外の者（以下この条，第19条第2項及び第20条第1項において「第三者」という．）に関する情報が記録されているときは，行政機関の長は，開示決定等をするに当たって，当該情報に係る第三者に対し，開示請求に係る行政文書の表示その他政令で定める事項を通知して，意見書を提出する機会を与えることができる．

② 行政機関の長は，次の各号のいずれかに該当するときは，開示決定に先立ち，当該第三者に対し，開示請求に係る行政文書の表示その他政令で定める事項を書面により通知して，意見書を提出する機会を与えなければならない．ただし，当該第三者の所在が判明しない場合は，この限りでない．
　1　第三者に関する情報が記録されている行政文書を開示しようとする場合であって，当該情報が第5条第1号ロ又は同条第2号ただし書に規定する情報に該当すると認められるとき．
　2　第三者に関する情報が記録されている行政文書を第7条の規定により開示しようとするとき．

③ 行政機関の長は，前2項の規定により意見書の提出の機会を与えられた第三者が当該行政文書の開示に反対の意思を表示した意見書を提出した場合において，開示決定をするときは，開示決定の日と開示を実施する日との間に少なくとも2週間を置かなければならない．この場合において，行政機関の長は，開示決定後直ちに，当該意見書（第19条において「反対意見書」という．）を提出した第三者に対し，開示決定をした旨及びその理由並びに開示を実施する日を書面により通知しなければならない．

（開示の実施）
第14条 ① 行政文書の開示は，文書又は図画については閲覧又は写しの交付により，電磁的記録についてはその種別，情報化の進展状況等を勘案して政令で定める方法により行う．ただし，閲覧の方法による行政文書の開示にあっては，行政機関の長は，当該行政文書の保存に支障を生ずるおそれがあると認めるときその他正当な理由があるときは，その写しにより，これを行うことができる．

② 開示決定に基づき行政文書の開示を受ける者は，政令で定めるところにより，当該開示決定をした行政機関の長に対し，その求める開示の実施の方法その他の政令で定める事項を申し出なければならない．

③ 前項の規定による申出は，第9条第1項に規定する通知があった日から30日以内にしなければならない．ただし，当該期間内に当該申出をすることができないことにつき正当な理由があるときは，この限りでない．

④ 開示決定に基づき行政文書の開示を受けた者は，最初に開示を受けた日から30日以内に限り，行政機関の長に対し，更に開示を受ける旨を申し出ることができる．この場合においては，前項ただし書の規定を準用する．

第3章　審査請求等

（審査員による審理手続に関する規定の適用除外等）
第18条 ① 開示決定等又は開示請求に係る不作為に係る審査請求については，行政不服審査法（平成26年法律第68号）第9条，第17条，第24条，第2章第3節及び第4節並びに第50条第2項の規定は，適用しない．

（審査会への諮問）
第19条 ① 開示決定等又は開示請求に係る不作為について審査請求があったときは，当該審査請求に対する裁決をすべき行政機関の長は，次の各号のいずれかに該当する場合を除き，情報公開・個人情報保護審査会（審査請求に対する裁決をすべき行政機関の長が会計検査院の長である場合にあっては，別に法律で定める審査会）に諮問しなければなら

ない．
1　審査請求が不適法であり，却下する場合
2　裁決で，審査請求の全部を認容し，当該審査請求に係る行政文書の全部を開示することとする場合（当該行政文書の開示について反対意見書が提出されている場合を除く．）
② 前項の規定により諮問をした行政機関の長は，次に掲げる者に対し，諮問をした旨を通知しなければならない．
1　審査請求人及び参加人（行政不服審査法第13条第4項に規定する参加人をいう．以下この項及び次条第1項第2号において同じ．）
2　開示請求者（開示請求者が審査請求人又は参加人である場合を除く．）
3　当該審査請求に係る行政文書の開示について反対意見書を提出した第三者（当該第三者が審査請求人又は参加人である場合を除く．）

第4章　補　則（略）

29　〔個人情報保護法〕
個人情報の保護に関する法律（抄）

（平15・5・30法律第57号，平15・5・30施行，
最終改正：令5・6・7法律第47号）

第1章　総　則

（目　的）
第1条　この法律は，デジタル社会の進展に伴い個人情報の利用が著しく拡大していることに鑑み，個人情報の適正な取扱いに関し，基本理念及び政府による基本方針の作成その他の個人情報の保護に関する施策の基本となる事項を定め，国及び地方公共団体の責務等を明らかにし，個人情報を取り扱う事業者及び行政機関等についてこれらの特性に応じて遵守すべき義務等を定めるとともに，個人情報保護委員会を設置することにより，行政機関等の事務及び事業の適正かつ円滑な運営を図り，並びに個人情報の適正かつ効果的な活用が新たな産業の創出並びに活力ある経済社会及び豊かな国民生活の実現に資するものであることその他の個人情報の有用性に配慮しつつ，個人の権利利益を保護することを目的とする．

（定　義）
第2条　① この法律において「個人情報」とは，生存する個人に関する情報であって，次の各号のいずれかに該当するものをいう．
1　当該情報に含まれる氏名，生年月日その他の記述等（文書，図画若しくは電磁的記録（電磁的方式（電子的方式，磁気的方式その他人の知覚によっては認識することができない方式をいう．次項第2号において同じ．）で作られる記録をいう．以下同じ．）に記載され，若しくは記録され，又は音声，動作その他の方法を用いて表された一切の事項（個人識別符号を除く．）をいう．以下同じ．）により特定の個人を識別することができるもの（他の情報と容易に照合することができ，それにより特定の個人を識別することができることとなるものを含む．）

2　個人識別符号が含まれるもの
② この法律において「個人識別符号」とは，次の各号のいずれかに該当する文字，番号，記号その他の符号のうち，政令で定めるものをいう．
1　特定の個人の身体の一部の特徴を電子計算機の用に供するために変換した文字，番号，記号その他の符号であって，当該特定の個人を識別することができるもの
2　個人に提供される役務の利用若しくは個人に販売される商品の購入に関し割り当てられ，又は個人に発行されるカードその他の書類に記載され，若しくは電磁的方式により記録された文字，番号，記号その他の符号であって，その利用者若しくは購入者又は発行を受ける者ごとに異なるものとなるように割り当てられ，又は記載され，若しくは記録されることにより，特定の利用者若しくは購入者又は発行を受ける者を識別することができるもの
③ この法律において「要配慮個人情報」とは，本人の人種，信条，社会的身分，病歴，犯罪の経歴，犯罪により害を被った事実その他本人に対する不当な差別，偏見その他の不利益が生じないようにその取扱いに特に配慮を要するものとして政令で定める記述等が含まれる個人情報をいう．
④ この法律において個人情報について「本人」とは，個人情報によって識別される特定の個人をいう．
⑤ この法律において「仮名加工情報」とは，次の各号に掲げる個人情報の区分に応じて当該各号に定める措置を講じて他の情報と照合しない限り特定の個人を識別することができないように個人情報を加工して得られる個人に関する情報をいう．
1　第1項第1号に該当する個人情報　当該個人情報に含まれる記述等の一部を削除すること（当該一部の記述等を復元することのできる規則性を有しない方法により他の記述等に置き換えることを含む．）．
2　第1項第2号に該当する個人情報　当該個人情報に含まれる個人識別符号の全部を削除すること（当該個人識別符号を復元することのできる規則性を有しない方法により他の記述等に置き換えることを含む．）．
⑥ この法律において「匿名加工情報」とは，次の各号に掲げる個人情報の区分に応じて当該各号に定める措置を講じて特定の個人を識別することができないように個人情報を加工して得られる個人に関する情報であって，当該個人情報を復元することができないようにしたものをいう．
1　第1項第1号に該当する個人情報　当該個人情報に含まれる記述等の一部を削除すること（当該一部の記述等を復元することのできる規則性を有しない方法により他の記述等に置き換えることを含む．）．
2　第1項第2号に該当する個人情報　当該個人情報に含まれる個人識別符号の全部を削除すること（当該個人識別符号を復元することのできる規則性を有しない方法により他の記述等に置き換えることを含む．）．
⑦ この法律において「個人関連情報」とは，生存する個人に関する情報であって，個人情報，仮名加工情報及び匿名加工情報のいずれにも該当しないものをいう．
⑧ この法律において「行政機関」とは，次に掲げる

機関をいう.
1 法律の規定に基づき内閣に置かれる機関（内閣府を含む.）及び内閣の所轄の下に置かれる機関
2 内閣府, 宮内庁並びに内閣府設置法（平成11年法律第89号）第49条第1項及び第2項に規定する機関（これらの機関のうち第4号の政令で定める機関が置かれる機関にあっては, 当該政令で定める機関を除く.）
3 国家行政組織法（昭和23年法律第120号）第3条第2項に規定する機関（第5号の政令で定める機関が置かれる機関にあっては, 当該政令で定める機関を除く.）
4 内閣府設置法第39条及び第55条並びに宮内庁法（昭和22年法律第70号）第16条第2項の機関並びに内閣府設置法第40条及び第56条（宮内庁法第18条第1項において準用する場合を含む.）の特別の機関で, 政令で定めるもの
5 国家行政組織法第8条の2の施設等機関及び同法第8条の3の特別の機関で, 政令で定めるもの
6 会計検査院
⑨ この法律において「独立行政法人等」とは, 独立行政法人通則法（平成11年法律第103号）第2条第1項に規定する独立行政法人及び別表第1に掲げる法人をいう.
⑩ この法律において「地方独立行政法人」とは, 地方独立行政法人法（平成15年法律第118号）第2条第1項に規定する地方独立行政法人をいう.
⑪ この法律において「行政機関等」とは, 次に掲げる機関をいう.
1 行政機関
2 地方公共団体の機関（議会を除く. 次章, 第3章及び第69条第2項第3号を除き, 以下同じ.）
3 独立行政法人等（別表第2に掲げる法人を除く. 第16条第2項第3号, 第63条, 第78条第1項第7号イ及びロ, 第89条第4項から第6項まで, 第119条第5項から第7項まで並びに第125条第2項において同じ.）
4 地方独立行政法人（地方独立行政法人法第21条第1号に掲げる業務を主たる目的とするもの又は同条第2項若しくは第3号（チに係る部分に限る.）に掲げる業務を目的とするものを除く. 第16条第2項第4号, 第63条, 第78条第1項第7号イ及びロ, 第89条第7項から第9項まで, 第119条第8項から第10項まで並びに第125条第2項において同じ.）

（基本理念）
第3条 個人情報は, 個人の人格尊重の理念の下に慎重に取り扱われるべきものであることに鑑み, その適正な取扱いが図られなければならない.

| 第2章 | 国及び地方公共団体の責務等(略) |

| 第3章 | 個人情報の保護に関する施策等(略) |

| 第4章 | 個人情報取扱事業者等の義務等(略) |

第6節　雑則
（適用除外）
第57条 ① 個人情報取扱事業者等及び個人関連情報取扱事業者のうち次の各号に掲げる者については, その個人情報等及び個人関連情報を取り扱う目

的の全部又は一部がそれぞれ当該各号に規定する目的であるときは, この章の規定は, 適用しない.
1 放送機関, 新聞社, 通信社その他の報道機関（報道を業として行う個人を含む.）　報道の用に供する目的
2 著述を業として行う者　著述の用に供する目的
3 宗教団体　宗教活動（これに付随する活動を含む.）の用に供する目的
4 政治団体　政治活動（これに付随する活動を含む.）の用に供する目的
② 前項第1号に規定する「報道」とは, 不特定かつ多数の者に対して客観的事実を事実として知らせること（これに基づいて意見又は見解を述べることを含む.）をいう.
③ 第1項各号に掲げる個人情報取扱事業者等は, 個人データ, 仮名加工情報又は匿名加工情報の安全管理のために必要かつ適切な措置, 個人情報等の取扱いに関する苦情の処理その他の個人情報等の適正な取扱いを確保するために必要な措置を自ら講じ, かつ, 当該措置の内容を公表するよう努めなければならない.

（学術研究機関等の責務）
第59条 個人情報取扱事業者である学術研究機関等は, 学術研究目的で行う個人情報の取扱いについて, この法律の規定を遵守するとともに, その適正を確保するために必要な措置を自ら講じ, かつ, 当該措置の内容を公表するよう努めなければならない.

第5章　行政機関等の義務等

第1節　総則
（定義）
第60条 ① この章及び第8章において「保有個人情報」とは, 行政機関等の職員（独立行政法人等及び地方独立行政法人にあっては, その役員を含む. 以下この章及び第8章において同じ.）が職務上作成し, 又は取得した個人情報であって, 当該行政機関等の職員が組織的に利用するものとして, 当該行政機関等が保有しているものをいう. ただし, 行政文書（行政機関の保有する情報の公開に関する法律（平成11年法律第42号. 以下この章において「行政機関情報公開法」という.）第2条第2項に規定する行政文書をいう.）, 法人文書（独立行政法人等の保有する情報の公開に関する法律（平成13年法律第140号. 以下この章において「独立行政法人等情報公開法」という.）第2条第2項に規定する法人文書（同項第4号に掲げるものを含む.）をいう.）又は地方公共団体等行政文書（地方公共団体の機関又は地方独立行政法人の職員が職務上作成し, 又は取得した文書, 図画及び電磁的記録であって, 当該地方公共団体の機関又は地方独立行政法人の職員が組織的に用いるものとして, 当該地方公共団体の機関又は地方独立行政法人が保有しているもの（行政機関情報公開法第2条第2項各号に掲げるものに相当するものとして条例で定めるものを除く.）をいう.）（以下この章において「行政文書等」という.）に記録されているものに限る.
② この章及び第8章において「個人情報ファイル」とは, 保有個人情報を含む情報の集合物であって, 次に掲げるものをいう.
1 一定の事務の目的を達成するために特定の保有

個人情報を電子計算機を用いて検索することができるように体系的に構成したもの

2 前号に掲げるもののほか、一定の事務の目的を達成するために氏名、生年月日、その他の記述等により特定の保有個人情報を容易に検索することができるように体系的に構成したもの

③ この章において「行政機関等匿名加工情報」とは、次の各号のいずれにも該当する個人情報ファイルを構成する保有個人情報の全部又は一部（これらの一部に行政機関情報公開法第5条に規定する不開示情報（同条第1号に掲げる情報を除き、同条第2号ただし書に規定する情報を含む。以下この項において同じ。）、独立行政法人等情報公開法第5条に規定する不開示情報（同条第1号に掲げる情報を除き、同条第2号ただし書に規定する情報を含む。）又は地方公共団体の情報公開条例（地方公共団体の機関又は地方独立行政法人の保有する情報の公開を請求する住民等の権利について定める地方公共団体の条例をいう。以下この章において同じ。）に規定する不開示情報（行政機関情報公開法第5条に規定する不開示情報に相当するものをいう。）が含まれているときは、これらの不開示情報に該当する部分を除く。）を加工して得られる匿名加工情報をいう。

1 第75条第2項各号のいずれかに該当するもの又は同条第3項の規定により同条第1項に規定する個人情報ファイル簿に掲載しないこととされるものでないこと。

2 行政機関情報公開法第3条に規定する行政機関の長、独立行政法人等情報公開法第2条第1項に規定する独立行政法人等、地方公共団体の機関又は地方独立行政法人に対し、当該個人情報ファイルを構成する保有個人情報が記録されている行政文書等の開示の請求（行政機関情報公開法第3条、独立行政法人等情報公開法第3条又は情報公開条例の規定による開示の請求をいう。）があったとしたならば、これらの者が次のいずれかを行うこととなるものであること。

イ 当該行政文書等に記録されている保有個人情報の全部又は一部を開示する旨の決定をすること。

ロ 行政機関情報公開法第13条第1項若しくは第2項、独立行政法人等情報公開法第14条第1項若しくは第2項又は情報公開条例（行政機関情報公開法第13条第1項又は第2項に相当する規定を設けているものに限る。）の規定により意見書の提出の機会を与えること。

3 行政機関等の事務及び事業の適正かつ円滑な運営に支障のない範囲内で、第116条第1項の基準に従い、当該個人情報ファイルを構成する保有個人情報を加工して匿名加工情報を作成することができるものであること。

④ この章において「行政機関等匿名加工情報ファイル」とは、行政機関等匿名加工情報を含む情報の集合物であって、次に掲げるものをいう。

1 特定の行政機関等匿名加工情報を電子計算機を用いて検索することができるように体系的に構成したもの

2 前号に掲げるもののほか、特定の行政機関等匿名加工情報を容易に検索することができるように体系的に構成したものとして政令で定めるもの

⑤ この章において「条例要配慮個人情報」とは、地方公共団体の機関又は地方独立行政法人が保有する個人情報（要配慮個人情報を除く。）のうち、地域の特性その他の事情に応じて、本人に対する不当な差別、偏見その他の不利益が生じないようにその取扱いに特に配慮を要するものとして地方公共団体が条例で定める記述等が含まれる個人情報をいう。

第2節 行政機関等における個人情報等の取扱い

（個人情報の保有の制限等）

第61条 ① 行政機関等は、個人情報を保有するに当たっては、法令（条例を含む。第66条第2項第3号及び第4号、第69条第2項第2号及び第3号並びに第4節において同じ。）の定める所掌事務又は業務を遂行するため必要な場合に限り、かつ、その利用目的をできる限り特定しなければならない。

② 行政機関等は、前項の規定により特定された利用目的の達成に必要な範囲を超えて、個人情報を保有してはならない。

③ 行政機関等は、利用目的を変更する場合には、変更前の利用目的と相当の関連性を有すると合理的に認められる範囲を超えて行ってはならない。

（利用目的の明示）

第62条 行政機関等は、本人から直接書面（電磁的記録を含む。）に記録された当該本人の個人情報を取得するときは、次に掲げる場合を除き、あらかじめ、本人に対し、その利用目的を明示しなければならない。

1 人の生命、身体又は財産の保護のために緊急に必要があるとき。

2 利用目的を本人に明示することにより、本人又は第三者の生命、身体、財産その他の権利利益を害するおそれがあるとき。

3 利用目的を本人に明示することにより、国の機関、独立行政法人等、地方公共団体又は地方独立行政法人が行う事務又は事業の適正な遂行に支障を及ぼすおそれがあるとき。

4 取得の状況からみて利用目的が明らかであると認められるとき。

（正確性の確保）

第65条 行政機関の長等は、利用目的の達成に必要な範囲内で、保有個人情報が過去又は現在の事実と合致するよう努めなければならない。

（安全管理措置）

第66条 ① 行政機関の長等は、保有個人情報の漏えい、滅失又は毀損の防止その他の保有個人情報の安全管理のために必要かつ適切な措置を講じなければならない。

② 前項の規定は、次の各号に掲げる者が当該各号に定める業務を行う場合における個人情報の取扱いについて準用する。

1 行政機関等から個人情報の取扱いの委託を受けた者 当該委託を受けた業務

2 指定管理者（地方自治法（昭和22年法律第67号）第244条の2第3項に規定する指定管理者をいう。）公の施設（同法第244条第1項に規定する公の施設をいう。）の管理の業務

3 第58条第1項各号に掲げる者 法令に基づき行う業務であって政令で定めるもの

4 第58条第2項各号に掲げる者 同項各号に定める業務のうち法令に基づき行う業務であって政令で定めるもの

5 前各号に掲げる者から当該各号に定める業務の委託（二以上の段階にわたる委託を含む。）を受

けた者　当該委託を受けた業務

(従事者の義務)

第67条　個人情報の取扱いに従事する行政機関等の職員若しくは職員であった者,前条第2項各号に定める業務に従事している者若しくは従事していた者又は行政機関等において個人情報の取扱いに従事している派遣労働者(労働者派遣事業の適正な運営の確保及び派遣労働者の保護等に関する法律(昭和60年法律第88号)第2条第2号に規定する派遣労働者をいう。以下この章及び第176条において同じ。)若しくは従事していた派遣労働者は,その業務に関して知り得た個人情報の内容をみだりに他人に知らせ,又は不当な目的に利用してはならない。

(利用及び提供の制限)

第69条　① 行政機関の長等は,法令に基づく場合を除き,利用目的以外の目的のために保有個人情報を自ら利用し,又は提供してはならない。
② 前項の規定にかかわらず,行政機関の長等は,次の各号のいずれかに該当すると認めるときは,利用目的以外の目的のために保有個人情報を自ら利用し,又は提供することができる。ただし,保有個人情報を利用目的以外の目的のために自ら利用し,又は提供することによって,本人又は第三者の権利利益を不当に侵害するおそれがあると認められるときは,この限りでない。
　1　本人の同意があるとき,又は本人に提供するとき。
　2　行政機関等が法令の定める所掌事務又は業務の遂行に必要な限度で保有個人情報を内部で利用する場合であって,当該保有個人情報を利用することについて相当の理由があるとき。
　3　他の行政機関,独立行政法人等,地方公共団体の機関又は地方独立行政法人に保有個人情報を提供する場合において,保有個人情報の提供を受ける者が,法令の定める事務又は業務の遂行に必要な限度で提供に係る個人情報を利用し,かつ,当該個人情報を利用することについて相当の理由があるとき。
　4　前3号に掲げる場合のほか,専ら統計の作成又は学術研究の目的のために保有個人情報を提供するとき,本人以外の者に提供することが明らかに本人の利益になるとき,その他保有個人情報を提供することについて特別の理由があるとき。
③ 前項の規定は,保有個人情報の利用又は提供を制限する他の法令の規定の適用を妨げるものではない。
④ 行政機関の長等は,個人の権利利益を保護するため特に必要があると認めるときは,保有個人情報の利用目的以外の目的のための行政機関等の内部における利用を特定の部局若しくは機関又は職員に限るものとする。

(保有個人情報の提供を受ける者に対する措置要求)

第70条　行政機関の長等は,利用目的のために又は前条第2項第3号若しくは第4号の規定に基づき,保有個人情報を提供する場合において,必要があると認めるときは,保有個人情報の提供を受ける者に対し,提供に係る個人情報について,その利用の目的若しくは方法の制限その他必要な制限を付し,又はその漏えいの防止その他の個人情報の適切な管理のために必要な措置を講ずることを求めるものとする。

第4節　開示,訂正及び利用停止
第1款　開示
(開示請求権)

第76条　① 何人も,この法律の定めるところにより,行政機関の長等に対し,当該行政機関の長等の属する行政機関等の保有する自己を本人とする保有個人情報の開示を請求することができる。
② 未成年者若しくは成年被後見人の法定代理人又は本人の委任による代理人(以下この節において「代理人」と総称する。)は,本人に代わって前項の規定による開示の請求(以下この節及び第127条において「開示請求」という。)をすることができる。

(保有個人情報の開示義務)

第78条　① 行政機関の長等は,開示請求があったときは,開示請求に係る保有個人情報に次の各号に掲げる情報(以下この節において「不開示情報」という。)のいずれかが含まれている場合を除き,開示請求者に対し,当該保有個人情報を開示しなければならない。
　1　開示請求者(第76条第2項の規定により代理人が本人に代わって開示請求をする場合にあっては,当該本人をいう。次号及び第3号,次条第2項並びに第86条第1項において同じ。)の生命,健康,生活又は財産を害するおそれがある情報
　2　開示請求者以外の個人に関する情報(事業を営む個人の当該事業に関する情報を除く。)であって,当該情報に含まれる氏名,生年月日その他の記述等により開示請求者以外の特定の個人を識別することができるもの(他の情報と照合することにより,開示請求者以外の特定の個人を識別することができることとなるものを含む。)若しくは個人識別符号が含まれるもの又は開示請求者以外の特定の個人を識別することはできないが,開示することにより,なお開示請求者以外の個人の権利利益を害するおそれがあるもの。ただし,次に掲げる情報を除く。
　イ　法令の規定により又は慣行として開示請求者が知ることができ,又は知ることが予定されている情報
　ロ　人の生命,健康,生活又は財産を保護するため,開示することが必要であると認められる情報
　ハ　当該個人が公務員等(国家公務員法(昭和22年法律第120号)第2条第1項に規定する国家公務員(独立行政法人通則法第2条第4項に規定する行政執行法人の職員を除く。),独立行政法人等の職員,地方公務員法(昭和25年法律第261号)第2条に規定する地方公務員及び地方独立行政法人の職員をいう。)である場合において,当該情報がその職務の遂行に係る情報であるときは,当該情報のうち,当該公務員等の職及び当該職務遂行の内容に係る部分
　3　法人その他の団体(国,独立行政法人等,地方公共団体及び地方独立行政法人を除く。以下この号において「法人等」という。)に関する情報又は開示請求者以外の事業を営む個人の当該事業に関する情報であって,次に掲げるもの。ただし,人の生命,健康,生活又は財産を保護するため,開示することが必要であると認められる情報を除く。
　イ　開示することにより,当該法人等又は当該個人の権利,競争上の地位その他正当な利益を害するおそれがあるもの
　ロ　行政機関等の要請を受けて,開示しないとの条

件で任意に提供されたものであって，法人等又は個人における通例として開示しないこととされているものその他の当該条件を付することが当該情報の性質，当時の状況等に照らして合理的であると認められるもの

4　行政機関の長が第82条各項の決定（以下この節において「開示決定等」という．）をする場合において，開示することにより，国の安全が害されるおそれ，他国若しくは国際機関との信頼関係が損なわれるおそれ又は他国若しくは国際機関との交渉上不利益を被るおそれがあると当該行政機関の長が認めることにつき相当の理由がある情報

5　行政機関の長又は地方公共団体の機関（都道府県の機関に限る．）が開示決定等をする場合において，開示することにより，犯罪の予防，鎮圧又は捜査，公訴の維持，刑の執行その他の公共の安全と秩序の維持に支障を及ぼすおそれがあると当該行政機関の長又は地方公共団体の機関が認めることにつき相当の理由がある情報

6　国の機関，独立行政法人等，地方公共団体及び地方独立行政法人の内部又は相互間における審議，検討又は協議に関する情報であって，開示することにより，率直な意見の交換若しくは意思決定の中立性が不当に損なわれるおそれ，不当に国民の間に混乱を生じさせるおそれ又は特定の者に不当に利益を与え若しくは不利益を及ぼすおそれがあるもの

7　国の機関，独立行政法人等，地方公共団体又は地方独立行政法人が行う事務又は事業に関する情報であって，開示することにより，次に掲げるおそれその他当該事務又は事業の性質上，当該事務又は事業の適正な遂行に支障を及ぼすおそれがあるもの

イ　独立行政法人等，地方公共団体の機関又は地方独立行政法人が開示決定等をする場合において，国の安全が害されるおそれ，他国若しくは国際機関との信頼関係が損なわれるおそれ又は他国若しくは国際機関との交渉上不利益を被るおそれ

ロ　独立行政法人等，地方公共団体の機関（都道府県の機関を除く．）又は地方独立行政法人が開示決定等をする場合において，犯罪の予防，鎮圧又は捜査その他の公共の安全と秩序の維持に支障を及ぼすおそれ

ハ　監査，検査，取締り，試験又は租税の賦課若しくは徴収に係る事務に関し，正確な事実の把握を困難にするおそれ又は違法若しくは不当な行為を容易にし，若しくはその発見を困難にするおそれ

ニ　契約，交渉又は争訟に係る事務に関し，国，独立行政法人等，地方公共団体又は地方独立行政法人の財産上の利益又は当事者としての地位を不当に害するおそれ

ホ　調査研究に係る事務に関し，その公正かつ能率的な遂行を不当に阻害するおそれ

ヘ　人事管理に係る事務に関し，公正かつ円滑な人事の確保に支障を及ぼすおそれ

ト　独立行政法人等，地方公共団体が経営する企業又は地方独立行政法人に係る事業に関し，その企業経営上の正当な利益を害するおそれ

②　地方公共団体の機関又は地方独立行政法人についての前項の規定の適用については，同項中「掲げる情報（」とあるのは，「掲げる情報（情報公開条例の規定により開示することとされている情報と

して条例で定めるものを除く．）又は行政機関情報公開法第5条に規定する不開示情報に準ずる情報であって情報公開条例において開示しないこととされているもののうち当該情報公開条例との整合性を確保するために不開示とする必要があるものとして条例で定めるもの（」とする．

第2款　訂　正
（訂正請求権）

第90条　① 何人も，自己を本人とする保有個人情報（次に掲げるものに限る．第98条第1項において同じ．）の内容が事実でないと思料するときは，この法律の定めるところにより，当該保有個人情報を保有する行政機関の長等に対し，当該保有個人情報の訂正（追加又は削除を含む．以下この節において同じ．）を請求することができる．ただし，当該保有個人情報の訂正に関して他の法令の規定により特別の手続が定められているときは，この限りでない．

1　開示決定に基づき開示を受けた保有個人情報

2　開示決定に係る保有個人情報であって，第88条第1項の他の法令の規定により開示を受けたもの

②　代理人は，本人に代わって前項の規定による訂正の請求（以下この節及び第127条において「訂正請求」という．）をすることができる．

③　訂正請求は，保有個人情報の開示を受けた日から90日以内にしなければならない．

（保有個人情報の訂正義務）

第92条　行政機関の長等は，訂正請求があった場合において，当該訂正請求に理由があると認めるときは，当該訂正請求に係る保有個人情報の利用目的の達成に必要な範囲内で，当該保有個人情報の訂正をしなければならない．

（訂正請求に対する措置）

第93条　① 行政機関の長等は，訂正請求に係る保有個人情報の訂正をするときは，その旨の決定をし，訂正請求者に対し，その旨を書面により通知しなければならない．

②　行政機関の長等は，訂正請求に係る保有個人情報の訂正をしないときは，その旨の決定をし，訂正請求者に対し，その旨を書面により通知しなければならない．

（訂正決定等の期限）

第94条　① 前条各項の決定（以下この節において「訂正決定等」という．）は，訂正請求があった日から30日以内にしなければならない．ただし，第91条第3項の規定により補正を求めた場合にあっては，当該補正に要した日数は，当該期間に算入しない．

②　前項の規定にかかわらず，行政機関の長等は，事務処理上の困難その他正当な理由があるときは，同項に規定する期間を30日以内に限り延長することができる．この場合において，行政機関の長等は，訂正請求者に対し，遅滞なく，延長後の期間及び延長の理由を書面により通知しなければならない．

第3款　利用停止
（利用停止請求権）

第98条　① 何人も，自己を本人とする保有個人情報が次の各号のいずれかに該当すると思料するときは，この法律の定めるところにより，当該保有個人情報を保有する行政機関の長等に対し，当該各号に定める措置を請求することができる．ただし，当該保有個人情報の利用の停止，消去又は提供の停止

（以下この節において「利用停止」という。）に関して他の法令の規定により特別の手続が定められているときは、この限りでない。

1　第61条第2項の規定に違反して保有されているとき、第63条の規定に違反して取り扱われているとき、第64条の規定に違反して取得されたものであるとき、又は第69条第1項及び第2項の規定に違反して利用されているとき　当該保有個人情報の利用の停止又は消去

2　第69条第1項及び第2項又は第71条第1項の規定に違反して提供されているとき　当該保有個人情報の提供の停止

② 代理人は、本人に代わって前項の規定による利用停止の請求（以下この節及び第127条において「利用停止請求」という。）をすることができる。

③ 利用停止請求は、保有個人情報の開示を受けた日から90日以内にしなければならない。

（保有個人情報の利用停止義務）

第100条　行政機関の長等は、利用停止請求があった場合において、当該利用停止請求に理由があると認めるときは、当該行政機関の長等の属する行政機関等における個人情報の適正な取扱いを確保するために必要な限度で、当該利用停止請求に係る保有個人情報の利用停止をしなければならない。ただし、当該保有個人情報の利用停止をすることにより、当該保有個人情報の利用目的に係る事務又は事業の性質上、当該事務又は事業の適正な遂行に著しい支障を及ぼすおそれがあると認められるときは、この限りでない。

（利用停止請求に対する措置）

第101条　① 行政機関の長等は、利用停止請求に係る保有個人情報の利用停止をするときは、その旨の決定をし、利用停止請求者に対し、その旨を書面により通知しなければならない。

② 行政機関の長等は、利用停止請求に係る保有個人情報の利用停止をしないときは、その旨の決定をし、利用停止請求者に対し、その旨を書面により通知しなければならない。

（利用停止決定等の期限）

第102条　① 前条各項の決定（以下この節において「利用停止決定等」という。）は、利用停止請求があった日から30日以内にしなければならない。ただし、第99条第3項の規定により補正を求めた場合にあっては、当該補正に要した日数は、当該期間に算入しない。

② 前項の規定にかかわらず、行政機関の長等は、事務処理上の困難その他正当な理由があるときは、同項に規定する期間を30日以内に限り延長することができる。この場合において、行政機関の長等は、利用停止請求者に対し、遅滞なく、延長後の期間及び延長の理由を書面により通知しなければならない。

第5節　行政機関等匿名加工情報の提供等（略）
第6節　雑　則

（適用除外等）

第124条　① 第4節の規定は、刑事事件若しくは少年の保護事件に係る裁判、検察官、検察事務官若しくは司法警察職員が行う処分、刑若しくは保護処分の執行、更生緊急保護又は恩赦に係る事項（当該裁判、処分若しくは執行を受けた者、更生緊急保護の申出をした者又は恩赦の上申があった者に係るものに限る。）については、適用しない。

② 保有個人情報（行政機関情報公開法第5条、独立行政法人等情報公開法第5条又は情報公開条例に規定する不開示情報を専ら記録する行政文書等に記録されているものに限る。）のうち、まだ分類その他の整理が行われていないもので、同一の利用目的に係るものが著しく大量にあるためその中から特定の保有個人情報を検索することが著しく困難であるものは、第4節（第4款を除く。）の規定の適用については、行政機関等に保有されていないものとみなす。

第6章　個人情報保護委員会

第1節　設置等
（設置）

第130条　① 内閣府設置法第49条第3項の規定に基づいて、個人情報保護委員会（以下「委員会」という。）を置く。

② 委員会は、内閣総理大臣の所轄に属する。

（任務）

第131条　委員会は、行政機関等の事務及び事業の適正かつ円滑な運営を図り、並びに個人情報の適正かつ効果的な活用が新たな産業の創出並びに活力ある経済社会及び豊かな国民生活の実現に資するものであることその他の個人情報の有用性に配慮しつつ、個人の権利利益を保護するため、個人情報の適正な取扱いの確保を図ること（個人番号利用事務等実施者（行政手続における特定の個人を識別するための番号の利用等に関する法律（平成25年法律第27号。以下「番号利用法」という。）第12条に規定する個人番号利用事務等実施者をいう。）に対する指導及び助言その他の措置を講ずることを含む。）を任務とする。

第7章　雑　則（略）

第8章　罰　則（略）

30　新型インフルエンザ等対策特別措置法（抄）

（平24・5・11法律第31号、平25・4・13施行、最終改正：令5・6・7法律第47号）

第1章　総　則

（目的）

第1条　この法律は、国民の大部分が現在その免疫を獲得していないこと等から、新型インフルエンザ等が全国的かつ急速にまん延し、かつ、これにかかった場合の病状の程度が重篤となるおそれがあり、また、国民生活及び国民経済に重大な影響を及ぼすおそれがあることに鑑み、新型インフルエンザ等対策の実施に関する計画、新型インフルエンザ等の発生時における措置、新型インフルエンザ等まん延防止等重点措置、新型インフルエンザ等緊急事態措置その他新型インフルエンザ等に関する事項について特別の措置を定めることにより、感染症の予

防及び感染症の患者に対する医療に関する法律（平成10年法律第114号。以下「感染症法」という。）その他新型インフルエンザ等の発生の予防及びまん延の防止に関する法律と相まって、新型インフルエンザ等に対する対策の強化を図り、もって新型インフルエンザ等の発生時において国民の生命及び健康を保護し、並びに国民生活及び国民経済に及ぼす影響が最小となるようにすることを目的とする。

第4章　新型インフルエンザ等緊急事態措置

第1節　通　則
（新型インフルエンザ等緊急事態宣言等）

第32条　① 政府対策本部長は、新型インフルエンザ等が国内で発生し、その全国的かつ急速なまん延により国民生活及び国民経済に甚大な影響を及ぼし、又はそのおそれがあるものとして政令で定める要件に該当する事態（以下「新型インフルエンザ等緊急事態」という。）が発生したと認めるときは、新型インフルエンザ等緊急事態が発生した旨及び次に掲げる事項の公示（第5項及び第34条第1項において「新型インフルエンザ等緊急事態宣言」という。）をし、並びにその旨を当該事項を国会に報告するものとする。
1　新型インフルエンザ等緊急事態措置を実施すべき期間
2　新型インフルエンザ等緊急事態措置を実施すべき区域
3　新型インフルエンザ等緊急事態の概要
② 前項第1号に掲げる期間は、2年を超えてはならない。
③ 政府対策本部長は、新型インフルエンザ等のまん延の状況並びに国民生活及び国民経済の状況を勘案して第1項第1号に掲げる期間を延長し、又は同項第2号に掲げる区域を変更することが必要であると認めるときは、当該期間を延長する旨又は当該区域を変更する旨の公示をし、及びこれを国会に報告するものとする。
④ 前項の規定により延長する期間は、1年を超えてはならない。
⑤ 政府対策本部長は、新型インフルエンザ等緊急事態宣言をした後、新型インフルエンザ等緊急事態措置を実施する必要がなくなったと認めるときは、速やかに、新型インフルエンザ等緊急事態解除宣言（新型インフルエンザ等緊急事態が終了した旨の公示をいう。）をし、及び国会に報告するものとする。
⑥ 政府対策本部長は、第1項又は第3項の公示をしたときは、基本的対処方針を変更し、第18条第2項第3号に掲げる事項として当該公示の後に必要とされる新型インフルエンザ等緊急事態措置の実施に関する重要な事項を定めなければならない。

第2節　まん延の防止に関する措置
（感染を防止するための協力要請等）

第45条　① 特定都道府県の知事（以下「特定都道府県知事」という。）は、新型インフルエンザ等緊急事態において、新型インフルエンザ等のまん延を防止し、国民の生命及び健康を保護し、並びに国民生活及び国民経済の混乱を回避するため必要があると認めるときは、当該特定都道府県の住民に対し、新型インフルエンザ等の潜伏期間及び治癒までの

期間並びに発生の状況を考慮して当該特定都道府県知事が定める期間及び区域において、生活の維持に必要な場合を除きみだりに当該者の居宅又はこれに相当する場所から外出しないことその他の新型インフルエンザ等の感染の防止に必要な協力を要請することができる。
② 特定都道府県知事は、新型インフルエンザ等緊急事態において、新型インフルエンザ等のまん延を防止し、国民の生命及び健康を保護し、並びに国民生活及び国民経済の混乱を回避するため必要があると認めるときは、新型インフルエンザ等の潜伏期間及び治癒までの期間並びに発生の状況を考慮して当該特定都道府県知事が定める期間において、学校、社会福祉施設（通所又は短期間の入所により利用されるものに限る。）、興行場（興行場法（昭和23年法律第137号）第1条第1項に規定する興行場をいう。）その他の政令で定める多数の者が利用する施設を管理する者又は当該施設を使用して催物を開催する者（次項及び第72条第2項において「施設管理者等」という。）に対し、当該施設の使用の制限若しくは停止又は催物の開催の制限若しくは停止その他政令で定める措置を講ずるよう要請することができる。
③ 施設管理者等が正当な理由がないのに前項の規定による要請に応じないときは、特定都道府県知事は、新型インフルエンザ等のまん延を防止し、国民の生命及び健康を保護し、並びに国民生活及び国民経済の混乱を回避するため、政令で定める事項を勘案して特に必要があると認めるときに限り、当該施設管理者等に対し、当該要請に係る措置を講ずべきことを命ずることができる。
④ 特定都道府県知事は、第1項若しくは第2項の規定による要請又は前項の規定による命令を行う必要があるか否かを判断するに当たっては、あらかじめ、感染症に関する専門的な知識を有する者その他の学識経験者の意見を聴かなければならない。
⑤ 特定都道府県知事は、第2項の規定による要請又は第3項の規定による命令をしたときは、その旨を公表することができる。

31　警　察　法(抄)

（昭29・6・8法律第162号，昭29・7・1施行，
最終改正：令4・12・9法律第97号）

第1章　総　則

（この法律の目的）

第1条　この法律は、個人の権利と自由を保護し、公共の安全と秩序を維持するため、民主的理念を基調とする警察の管理と運営を保障し、且つ、能率的にその任務を遂行するに足る警察の組織を定めることを目的とする。
（警察の責務）

第2条　① 警察は、個人の生命、身体及び財産の保護に任じ、犯罪の予防、鎮圧及び捜査、被疑者の逮捕、交通の取締その他公共の安全と秩序の維持に当ることをもつてその責務とする。

② 警察の活動は，厳格に前項の責務の範囲に限られるべきものであつて，その責務の遂行に当つては，不偏不党且つ公平中正を旨とし，いやしくも日本国憲法の保障する個人の権利及び自由の干渉にわたる等その権限を濫用することがあつてはならない．

（服務の宣誓の内容）

第3条 この法律により警察の職務を行うすべての職員は，日本国憲法及び法律を擁護し，不偏不党且つ公平中正にその職務を遂行する旨の服務の宣誓を行うものとする．

32　警察官職務執行法（抄）

（昭23・7・12法律第136号，昭23・7・12施行，最終改正：令4・6・17法律第68号）

（この法律の目的）

第1条 ① この法律は，警察官が警察法（昭和29年法律第162号）に規定する個人の生命，身体及び財産の保護，犯罪の予防，公安の維持並びに他の法令の執行等の職権職務を忠実に遂行するために，必要な手段を定めることを目的とする．

② この法律に規定する手段は，前項の目的のため必要な最小の限度において用いるべきものであつて，いやしくもその濫用にわたるようなことがあつてはならない．

（質　問）

第2条 ① 警察官は，異常な挙動その他周囲の事情から合理的に判断して何らかの犯罪を犯し，若しくは犯そうとしていると疑うに足りる相当な理由のある者又は既に行われた犯罪について，若しくは犯罪が行われようとしていることについて知つていると認められる者を停止させて質問することができる．

② その場で前項の質問をすることが本人に対して不利であり，又は交通の妨害になると認められる場合においては，質問するため，その者に附近の警察署，派出所又は駐在所に同行することを求めることができる．

③ 前2項に規定する者は，刑事訴訟に関する法律の規定によらない限り，身柄を拘束され，又はその意に反して警察署，派出所若しくは駐在所に連行され，若しくは答弁を強要されることはない．

④ 警察官は，刑事訴訟に関する法律により逮捕されている者については，その身体について凶器を所持しているかどうかを調べることができる．

（保　護）

第3条 ① 警察官は，異常な挙動その他周囲の事情から合理的に判断して次の各号のいずれかに該当することが明らかであり，かつ，応急の救護を要すると信ずるに足りる相当な理由のある者を発見したときは，取りあえず警察署，病院，救護施設等の適当な場所において，これを保護しなければならない．

　1　精神錯乱又は泥酔のため，自己又は他人の生命，身体又は財産に危害を及ぼすおそれのある者

　2　迷い子，病人，負傷者等で適当な保護者を伴わず，応急の救護を要すると認められる者（本人がこれを拒んだ場合を除く．）

② 前項の措置をとつた場合においては，警察官は，できるだけすみやかに，その者の家族，知人その他

の関係者にこれを通知し，その者の引取方について必要な手配をしなければならない．責任ある家族，知人等が見つからないときは，すみやかにその事件を適当な公衆保健若しくは公共福祉のための機関又はこの種の者の処置について法令により責任を負う他の公の機関に，その事件を引き継がなければならない．

③ 第1項の規定による警察の保護は，24時間をこえてはならない．但し，引き続き保護することを承認する簡易裁判所（当該保護をした警察官の属する警察署所在地を管轄する簡易裁判所をいう．以下同じ．）の裁判官の許可状のある場合は，この限りでない．

④ 前項但書の許可状は，警察官の請求に基き，裁判官において已むを得ない事情があると認めた場合に限り，これを発するものとし，その延長に係る期間は，通じて5日をこえてはならない．この許可状には已むを得ないと認められる事情を明記しなければならない．

⑤ 警察官は，第1項の規定により警察で保護をした者の氏名，住所，保護の理由，保護及び引渡の時日並びに引渡先を毎週簡易裁判所に通知しなければならない．

（立　入）

第6条 ① 警察官は，前2条に規定する危険な事態が発生し，人の生命，身体又は財産に対し危害が切迫した場合において，その危害を予防し，損害の拡大を防ぎ，又は被害者を救助するため，已むを得ないと認めるときは，合理的に必要と判断される限度において他人の土地，建物又は船車の中に立ち入ることができる．

② 興行場，旅館，料理屋，駅その他多数の客の来集する場所の管理者又はこれに準ずる者は，その公開時間中において，警察官が犯罪の予防又は人の生命，身体若しくは財産に対する危害予防のため，その場所に立ち入ることを要求した場合においては，正当の理由なくして，これを拒むことができない．

③ 警察官は，前2項の規定による立入に際しては，みだりに関係者の正当な業務を妨害してはならない．

④ 警察官は，第1項又は第2項の規定による立入に際して，その場所の管理者又はこれに準ずる者から要求された場合には，その理由を告げ，且つ，その身分を示す証票を呈示しなければならない．

33　破壊活動防止法（抄）

（昭27・7・21法律第240号，昭27・7・21施行，最終改正：令4・6・17法律第68号）

| 第1章　総　則 |

（この法律の目的）

第1条 この法律は，団体の活動として暴力主義的破壊活動を行つた団体に対する必要な規制措置を定めるとともに，暴力主義的破壊活動に関する刑罰規定を補整し，もつて，公共の安全の確保に寄与することを目的とする．

第2章　破壊的団体の規制

（団体活動の制限）
第5条　① 公安審査委員会は，団体の活動として暴力主義的破壊活動を行つた団体に対して，当該団体が継続又は反覆して将来さらに団体の活動として暴力主義的破壊活動を行う明らかなおそれがあると認めるに足りる十分な理由があるときは，左に掲げる処分を行うことができる．但し，その処分は，そのおそれを除去するために必要且つ相当な限度をこえてはならない．
1　当該暴力主義的破壊活動が集団示威運動，集団行進又は公開の集会において行われたものである場合においては，6月をこえない期間及び地域を定めて，それぞれ，集団示威運動，集団行進又は公開の集会を行うことを禁止すること．
2　当該暴力主義的破壊活動が機関誌紙（団体がその目的，主義，方針等を主張し，通報し，又は宣伝するために継続的に刊行する出版物をいう．）によつて行われたものである場合においては，6月をこえない期間を定めて，当該機関誌紙を続けて印刷し，又は頒布することを禁止すること．
3　6月をこえない期間を定めて，当該暴力主義的破壊活動に関与した特定の役職員（代表者，主幹者その他名称のいかんを問わず当該団体の事務に従事する者をいう．以下同じ．）又は構成員に当該団体のためにする行為をさせることを禁止すること．
② 前項の処分が効力を生じた後は，何人も，当該団体の役職員又は構成員として，その処分の趣旨に反する行為をしてはならない．但し，同項第3号の処分が効力を生じた場合において，当該役職員又は構成員が当該処分の効力に関する訴訟に通常必要とされる行為をすることは，この限りでない．
（解散の指定）
第7条　公安審査委員会は，左に掲げる団体が継続又は反覆して将来さらに団体の活動として暴力主義的破壊活動を行う明らかなおそれがあると認めるに足りる十分な理由があり，且つ，第5条第1項の処分によつては，そのおそれを有効に除去することができないと認められるときは，当該団体に対して，解散の指定を行うことができる．
1　団体の活動として第4条第1項第1号に掲げる暴力主義的破壊活動を行つた団体
2　団体の活動として第4条第1項第2号イからリまでに掲げる暴力主義的破壊活動を行い，若しくはその実行に着手してこれを遂げず，又は人を教唆し，若しくはこれを実行させる目的をもつて人をせん動して，これを行わせた団体
3　第5条第1項の処分を受け，さらに団体の活動として暴力主義的破壊活動を行つた団体

34 〔LGBT理解増進法〕
性的指向及びジェンダーアイデンティティの多様性に関する国民の理解の増進に関する法律（抄）

（令5・6・23法律第68号，令5・6・23施行）

（目 的）
第1条　この法律は，性的指向及びジェンダーアイデンティティの多様性に関する国民の理解が必ずしも十分でない現状に鑑み，性的指向及びジェンダーアイデンティティの多様性に関する国民の理解の増進に関する施策の推進に関し，基本理念を定め，並びに国及び地方公共団体の役割等を明らかにするとともに，基本計画の策定その他の必要な事項を定めることにより，性的指向及びジェンダーアイデンティティの多様性を受け入れる精神を涵養し，もって性的指向及びジェンダーアイデンティティの多様性に寛容な社会の実現に資することを目的とする．

35 〔性同一性障害者特例法〕
性同一性障害者の性別の取扱いの特例に関する法律（抄）

（平15・7・16法律第111号，平16・7・16施行，最終改正：平30・6・20法律第59号）

（定 義）
第2条　この法律において「性同一性障害者」とは，生物学的には性別が明らかであるにもかかわらず，心理的にはそれとは別の性別（以下「他の性別」という．）であるとの持続的な確信を持ち，かつ，自己を身体的及び社会的に他の性別に適合させようとする意思を有する者であって，そのことについてその診断を的確に行うために必要な知識及び経験を有する2人以上の医師の一般に認められている医学的知見に基づき行う診断が一致しているものをいう．
（性別の取扱いの変更の審判）
第3条　① 家庭裁判所は，性同一性障害者であって次の各号のいずれにも該当するものについて，その者の請求により，性別の取扱いの変更の審判をすることができる．
1　18歳以上であること．
2　現に婚姻をしていないこと．
3　現に未成年の子がいないこと．
4　生殖腺がないこと又は生殖腺の機能を永続的に欠く状態にあること．
5　その身体について他の性別に係る身体の性器に係る部分に近似する外観を備えていること．
② 前項の請求をするには，同項の性同一性障害者に係る前条の診断の結果並びに治療の経過及び結果その他の厚生労働省令で定める事項が記載された医師の診断書を提出しなければならない．

36 〔ヘイトスピーチ解消法〕
本邦外出身者に対する不当な差別的言動の解消に向けた取組の推進に関する法律(抄)

(平・28・6・3法律第68号,平・28・6・3施行)

第1章 総 則

(目 的)

第1条 この法律は,本邦外出身者に対する不当な差別的言動の解消が喫緊の課題であることに鑑み,その解消に向けた取組について,基本理念を定め,及び国等の責務を明らかにするとともに,基本的施策を定め,これを推進することを目的とする.

37 〔入管法〕
出入国管理及び難民認定法(抄)

(昭26・10・4政令第319号,昭26・11・1施行,
最終改正:令5・6・16法律第63号)

第1章 総 則

(目 的)

第1条 出入国管理及び難民認定法は,本邦に入国し,又は本邦から出国する全ての人の出入国及び本邦に在留する全ての外国人の在留の公正な管理を図るとともに,難民の認定手続を整備することを目的とする.

(定 義)

第2条 出入国管理及び難民認定法及びこれに基づく命令において,次の各号に掲げる用語の意義は,それぞれ当該各号に定めるところによる.

1 外国人 日本の国籍を有しない者をいう.

2 乗員 船舶又は航空機(以下「船舶等」という.)の乗組員をいう.

3 難民 難民の地位に関する条約(以下「難民条約」という.)第1条の規定又は難民の地位に関する議定書第1条の規定により難民条約の適用を受ける難民をいう.

3の2 補完的保護対象者 難民以外の者であって,難民条約の適用を受ける難民の要件のうち迫害を受けるおそれがある理由が難民条約第1条A(2)に規定する理由であること以外の要件を満たすものをいう.

第7章の2 難民の認定等

(難民の認定等)

第61条の2 ① 法務大臣は,本邦にある外国人から法務省令で定める手続により難民である旨の認定の申請があつたときは,その提出した資料に基づき,その者が難民である旨の認定(以下「難民の認定」という.)を行うことができる.

② 法務大臣は,本邦にある外国人から法務省令で定める手続により補完的保護対象者である旨の認定の申請があつたときは,その提出した資料に基づき,その者が補完的保護対象者である旨の認定(以下「補完的保護対象者の認定」という.)を行うことができる.

③ 法務大臣は,第1項の申請をした外国人について,難民の認定をしない処分をする場合において,当該外国人が補完的保護対象者の認定に該当すると認めるときは,補完的保護対象者の認定を行うことができる.

④ 法務大臣は,第1項の申請をした外国人について,難民の認定をしたときは,法務省令で定める手続により,当該外国人に対し,難民認定証明書を交付し,その認定をしない処分をしたときは,当該外国人に対し,理由を付した書面をもつて,その旨を通知する.

⑤ 法務大臣は,第1項又は第2項の申請をした外国人について,補完的保護対象者の認定をしたときは,法務省令で定める手続により,当該外国人に対し,補完的保護対象者認定証明書を交付し,同項の申請があつた場合においてその認定をしない処分をしたときは,当該外国人に対し,理由を付した書面をもつて,その旨を通知する.

(審査請求)

第61条の2の12 ① 次に掲げる処分又は不作為についての審査請求は,法務大臣に対し,法務省令で定める事項を記載した審査請求書を提出してしなければならない.

1 難民の認定をしない処分

2 第61条の2第1項の申請に係る不作為

3 第61条の2の10第1項の規定による難民の認定の取消し

4 補完的保護対象者の認定をしない処分(難民の認定を受けていない場合に限る.)

5 第61条の2第2項の申請に係る不作為

6 第61条の2の10第2項の規定による補完的保護対象者の認定をしない処分

② 前項各号(第2号及び第5号を除く.)に掲げる処分についての審査請求に関する行政不服審査法第18条第1項本文の期間は,第61条の2第4項若しくは第5項又は第61条の2の10第3項の規定による通知を受けた日から7日とする.

③ 法務大臣は,第1項の審査請求に対する裁決に当たつては,法務省令で定めるところにより,難民審査参与員の意見を聴かなければならない.

④ 法務大臣は,第1項の審査請求について行政不服審査法第45条第1項若しくは第2項又は第49条第1項若しくは第2項の規定による裁決をする場合には,当該裁決に付する理由において,前項の難民審査参与員の意見の要旨を明らかにしなければならない.

⑤ 難民審査参与員については,行政不服審査法第11条第2項に規定する審理員とみなして,同法の規定を適用する.

⑥ 第1項の審査請求については,行政不服審査法第9条第1項,第14条,第17条,第19条,第29条,第41条第3項(第1号イに係る部分に限る.),第2章第4節及び第50条第2項の規定は適用しないものとし,同法の他の規定の適用については,次の表の上欄に掲げる同法の規定中同表の中欄に掲げる字句は,同表の下欄に掲げる字句とするほか,必要な技術的読替えは,政令で定める.

読み替えられる行政不服審査法の規定	読み替えられる字句	読み替える字句
第18条第3項	次条	出入国管理及び難民認定法（昭和26年政令第319号。以下「入管法」という。）第61条の2の12第1項
第23条	第19条	入管法第61条の2の12第1項
第30条第1項	前条第5項の規定により送付された弁明書に記載された事項に対する反論を記載した書面（以下「反論書」という。）	入管法第61条の2の12第1項各号に掲げる処分又は不作為に対する意見その他の審査請求人の主張を記載した書面（以下「申述書」という。）
	反論書を	申述書を
第30条第3項	反論書	申述書
第31条第1項ただし書	場合	場合又は申述書に記載された事実その他の申立人の主張に係る事実が真実であっても，何らの難民若しくは補完的保護対象者となる事由を包含していないことその他の事情により当該意見を述べる機会を与えることが適当でないと認められる場合
第31条第2項	審理員が期日及び場所を指定し，全ての審理関係人を招集してさせるものとする.	審理員が，あらかじめ審査請求に係る事件に関する処分庁等に対する質問の有無及びその内容について申立人から聴取した上で，期日及び場所を指定し，全ての審理関係人を招集してさせるものとする．ただし，次の各号のいずれかに該当する場合には，処分庁等を招集することを要しない. 1 申立人から処分庁等の招集を要しない旨の意思の表明があったとき. 2 前号に掲げる場合のほか，当該聴取の結果，処分庁等を招集することを要しないと認めるとき.
第41条第2項第1号ロ	反論書	申述書
第44条	行政不服審査会等から諮問に対する答申を受けたとき（前条第1項の規定による諮問を要しない場合（同項第2号又は第3号に該当する場合を除く．）にあっては審理員意見書が提出されたとき，同項第2号又は第3号に該当する場合にあっては同項第2号又は第3号に規定する議を経たとき）	審理員意見書が提出されたとき
第50条第1項第4号	審理員意見書又は行政不服審査会等若しくは審議会等の答申書	審理員意見書
第83条第2項	第19条（第5項第1号及び第2号を除く．）	入管法第61条の2の12第1項

〔令5法56, 施行1年内〕

参考 難民の地位に関する条約（抄）（昭56·10·15 条約第21号）

第1章 一般規定

第1条（「難民」の定義）A この条約の適用上，「難民」とは，次の者をいう.

(2) 1951年1月1日前に生じた事件の結果として，かつ，人種，宗教，国籍若しくは特定の社会的集団の構成員であること又は政治的意見を理由に迫害を受けるおそれがあるという十分に理由のある恐怖を有するために，国籍国の外にいる者であって，その国籍国の保護を受けることができないもの又はそのような恐怖を有するためにその国籍国の保護を受けることを望まないもの及びこれらの事件の結果として常居所を有していた国の外にいる無国籍者であって，当該常居所を有していた国に帰ることができないもの又はそのような恐怖を有するために当該常居所を有していた国に帰ることを望まないもの

38 〔国際平和支援法〕
国際平和共同対処事態に際して我が国が実施する諸外国の軍隊等に対する協力支援活動等に関する法律（抄）

（平27・9・30法律第77号，平28・3・29施行）

第1章 総 則

（目 的）
第1条　この法律は，国際社会の平和及び安全を脅かす事態であって，その脅威を除去するために国際社会が国際連合憲章の目的に従い共同して対処する活動を行い，かつ，我が国が国際社会の一員としてこれに主体的かつ積極的に寄与する必要があるもの（以下「国際平和共同対処事態」という。）に際し，当該活動を行う諸外国の軍隊等に対する協力支援活動等を行うことにより，国際社会の平和及び安全の確保に資することを目的とする．

39 サイバーセキュリティ基本法（抄）

（平26・11・12法律第104号，平26・11・12施行，最終改正：令4・6・17法律第68号）

第1章 総 則

（目 的）
第1条　この法律は，インターネットその他の高度情報通信ネットワークの整備及びデジタル社会形成基本法（令和3年法律第35号）第2条に規定する情報通信技術（以下「情報通信技術」という。）の活用の進展に伴って世界的規模で生じているサイバーセキュリティに対する脅威の深刻化その他の内外の諸情勢の変化に伴い，情報の自由な流通を確保しつつ，サイバーセキュリティの確保を図ることが喫緊の課題となっている状況に鑑み，我が国のサイバーセキュリティに関する施策に関し，基本理念を定め，国及び地方公共団体の責務等を明らかにし，並びにサイバーセキュリティ戦略の策定その他サイバーセキュリティに関する施策の基本となる事項を定めるとともに，サイバーセキュリティ戦略本部を設置すること等により，同法と相まって，サイバーセキュリティに関する施策を総合的かつ効果的に推進し，もって経済社会の活力の向上及び持続的発展並びに国民が安全で安心して暮らせる社会の実現を図るとともに，国際社会の平和及び安全の確保並びに我が国の安全保障に寄与することを目的とする．

（定 義）
第2条　この法律において「サイバーセキュリティ」とは，電子的方式，磁気的方式その他人の知覚によっては認識することができない方式（次条において「電磁的方式」という。）により記録され，又は発信され，伝送され，若しくは受信される情報の漏えい，滅失又は毀損の防止その他の当該情報の安全管理のために必要な措置並びに情報シ

ステム及び情報通信ネットワークの安全性及び信頼性の確保のために必要な措置（情報通信ネットワーク又は電磁的方式で作られた記録に係る記録媒体（以下「電磁的記録媒体」という。）を通じた電子計算機に対する不正な活動による被害の防止のために必要な措置を含む。）が講じられ，その状態が適切に維持管理されていることをいう．

（基本理念）
第3条　① サイバーセキュリティに関する施策の推進は，インターネットその他の高度情報通信ネットワークの整備及び情報通信技術の活用による情報の自由な流通の確保が，これを通じた表現の自由の享有，イノベーションの創出，経済社会の活力の向上等にとって重要であることに鑑み，サイバーセキュリティに対する脅威に対して，国，地方公共団体，重要社会基盤事業者（国民生活及び経済活動の基盤であって，その機能が停止し，又は低下した場合に国民生活又は経済活動に多大な影響を及ぼすおそれが生ずるものに関する事業を行う者をいう。以下同じ。）等の多様な主体の連携により，積極的に対応することを旨として，行われなければならない．

② サイバーセキュリティに関する施策の推進は，国民一人一人のサイバーセキュリティに関する認識を深め，自発的に対応することを促すとともに，サイバーセキュリティに対する脅威による被害を防ぎ，かつ，被害から迅速に復旧できる強靭な体制を構築するための取組を積極的に推進することを旨として，行われなければならない．

③ サイバーセキュリティに関する施策の推進は，インターネットその他の高度情報通信ネットワークの整備及び情報通信技術の活用による活力ある経済社会を構築するための取組を積極的に推進することを旨として，行われなければならない．

④ サイバーセキュリティに関する施策の推進は，サイバーセキュリティに対する脅威への対応が国際社会にとって共通の課題であり，かつ，我が国の経済社会が国際的な密接な相互依存関係の中で営まれていることに鑑み，サイバーセキュリティに関する国際的な秩序の形成及び発展のために先導的な役割を担うことを旨として，国際的協調の下に行われなければならない．

⑤ サイバーセキュリティに関する施策の推進は，デジタル社会形成基本法の基本理念に配慮して行われなければならない．

⑥ サイバーセキュリティに関する施策の推進に当たっては，国民の権利を不当に侵害しないように留意しなければならない．

40 〔経済安全保障推進法〕
経済施策を一体的に講ずることによる安全保障の確保の推進に関する法律（抄）

（令4・5・18法律第43号，施行6月内，最終改正：令5・5・12法律第24号）

第1章 総 則

（目 的）

第1条　この法律は，国際情勢の複雑化，社会経済構造の変化等に伴い，安全保障を確保するためには，経済活動に関して行われる国家及び国民の安全を害する行為を未然に防止する重要性が増大していることに鑑み，経済施策を一体的に講ずることによる安全保障の確保の推進に関する基本的な方針を策定するとともに，安全保障の確保に関する経済施策として，特定重要物資の安定的な供給の確保及び特定社会基盤役務の安定的な提供の確保に関する制度並びに特定重要技術の開発支援及び特許出願の非公開に関する制度を創設することにより，安全保障の確保に関する経済施策を総合的かつ効果的に推進することを目的とする．

41〔重要土地等調査法〕
重要施設周辺及び国境離島等における土地等の利用状況の調査及び利用の規制等に関する法律（抄）

（令3・6・23法律第84号，令4・6・1施行，最終改正：令4・6・17法律第68号）

第1章　総　則

（目　的）

第1条　この法律は，重要施設の周辺の区域内及び国境離島等の区域内にある土地等が重要施設又は国境離島等の機能を阻害する行為の用に供されることを防止するため，基本方針の策定，注視区域及び特別注視区域の指定，注視区域内にある土地等の利用状況の調査，当該土地等の利用の規制，特別注視区域内にある土地等に係る契約の届出等の措置について定め，もって国民生活の基盤の維持並びに我が国の領海等の保全及び安全保障に寄与することを目的とする．

42　都市計画法（抄）

（昭・43・6・15法律第100号，昭44・6・14施行，最終改正：令4・11・18法律第87号）

第1章　総　則

（目　的）

第1条　この法律は，都市計画の内容及びその決定手続，都市計画制限，都市計画事業その他都市計画に関し必要な事項を定めることにより，都市の健全な発展と秩序ある整備を図り，もつて国土の均衡ある発展と公共の福祉の増進に寄与することを目的とする．

（都市計画の基本理念）

第2条　都市計画は，農林漁業との健全な調和を図りつつ，健康で文化的な都市生活及び機能的な都市活動を確保すべきこと並びにこのためには適正な制限のもとに土地の合理的な利用が図られるべきことを基本理念として定めるものとする．

（定　義）

第4条　① この法律において「都市計画」とは，都市の健全な発展と秩序ある整備を図るための土地利用，都市施設の整備及び市街地開発事業に関する計画で，次章の規定に従い定められたものをいう．

第3章　都市計画制限等

第1節　開発行為等の規制

（開発行為の許可）

第29条　① 都市計画区域又は準都市計画区域内において開発行為をしようとする者は，あらかじめ，国土交通省令で定めるところにより，都道府県知事（地方自治法（昭和22年法律第67号）第252条の19第1項の指定都市又は同法第252条の22第1項の中核市（以下「指定都市等」という．）の区域内にあつては，当該指定都市等の長．以下この節において同じ．）の許可を受けなければならない．ただし，次に掲げる開発行為については，この限りでない．

（公共施設の管理者の同意等）

第32条　① 開発許可を申請しようとする者は，あらかじめ，開発行為に関係がある公共施設の管理者と協議し，その同意を得なければならない．

（開発許可の基準）

第33条　① 都道府県知事は，開発許可の申請があつた場合において，当該申請に係る開発行為が，次に掲げる基準（第4項及び第5項の条例が定められているときは，当該条例で定める制限を含む．）に適合しており，かつ，その申請の手続がこの法律又はこの法律に基づく命令の規定に違反していないと認めるときは，開発許可をしなければならない．

第36条　① 開発許可を受けた者は，当該開発区域（開発区域を工区に分けたときは，工区）の全部について当該開発行為に関する工事（当該開発行為に関する工事のうち公共施設に関する工事については，当該公共施設に関する工事）を完了したときは，国土交通省令で定めるところにより，その旨を都道府県知事に届け出なければならない．

② 都道府県知事は，前項の規定による届出があつたときは，遅滞なく，当該工事が開発許可の内容に適合しているかどうかについて検査し，その検査の結果当該工事が当該開発許可の内容に適合していると認めたときは，国土交通省令で定める様式の検査済証を当該開発許可を受けた者に交付しなければならない．

第2節　都市計画施設等の区域内における建築等の規制

（建築の許可）

第53条　① 都市計画施設の区域又は市街地開発事業の施行区域内において建築物の建築をしようとする者は，国土交通省令で定めるところにより，都道府県知事等の許可を受けなければならない．ただし，次に掲げる行為については，この限りでない．

1　政令で定める軽易な行為
2　非常災害のため必要な応急措置として行う行為
3　都市計画事業の施行として行う行為又はこれに準ずる行為として政令で定める行為
4　第11条第3項後段の規定により離隔距離の最小限度及び載荷重の最大限度が定められている都市計画施設の区域内において行う行為であつて，

当該離隔距離の最小限度及び載荷重の最大限度に適合するもの

5　第12条の11に規定する道路（都市計画施設であるものに限る。）の区域のうち建築物等の敷地として併せて利用すべき区域内において行う行為であって、当該道路を整備する上で著しい支障を及ぼすおそれがないものとして政令で定めるもの

第8章　雑　則

（監督処分等）

第81条　① 国土交通大臣、都道府県知事又は市町村長は、次の各号のいずれかに該当する者に対して、都市計画上必要な限度において、この法律の規定によってした許可、認可若しくは承認を取り消し、変更し、その効力を停止し、その条件を変更し、若しくは新たに条件を付し、又は工事その他の行為の停止を命じ、若しくは相当の期限を定めて、建築物その他の工作物若しくは物件（以下この条において「工作物等」という。）の改築、移転若しくは除却その他違反を是正するため必要な措置をとることを命ずることができる。

1　この法律若しくはこの法律に基づく命令の規定若しくはこれらの規定に基づく処分に違反した者又は当該違反の事実を知って、当該違反に係る土地若しくは工作物等を譲り受け、若しくは賃貸借その他により当該違反に係る土地若しくは工作物等を使用する権利を取得した者

2　この法律若しくはこの法律に基づく命令の規定若しくはこれらの規定に基づく処分に違反した工事の注文主若しくは請負人（請負工事の下請人を含む。）又は請負契約によらないで自らその工事をしている者若しくはした者

3　この法律の規定による許可、認可又は承認に付した条件に違反している者

4　詐欺その他不正な手段により、この法律の規定による許可、認可又は承認を受けた者

43　建築基準法（抄）

（昭25・5・24法律第201号、昭25・11・23施行、最終改正：令5・6・16法律第63号）

第1章　総　則

（目　的）

第1条　この法律は、建築物の敷地、構造、設備及び用途に関する最低の基準を定めて、国民の生命、健康及び財産の保護を図り、もつて公共の福祉の増進に資することを目的とする。

（建築物の建築等に関する申請及び確認）

第6条　① 建築主は、<u>第1号若しくは第2号</u>に掲げる建築物を建築しようとする場合（増築しようとする場合においては、建築物が増築後において第1号<u>又は第2号に規定する規模</u>のものとなる場合を含む。）、これらの建築物の大規模の修繕若しくは大規模の模様替をしようとする場合又は<u>第3号</u>に掲げる建築物を建築しようとする場合においては、当該工事に着手する前に、その計画が建築基準関係規

定（この法律並びにこれに基づく命令及び条例の規定（以下「建築基準法令の規定」という。）その他建築物の敷地、構造又は建築設備に関する法律並びにこれに基づく命令及び条例の規定で政令で定めるものをいう。以下同じ。）に適合するものであることについて、<u>確認の申請書を提出して建築主事又は建築副主事（以下「建築主事等」という。）の確認</u>（建築副主事の確認にあつては、大規模建築物以外の建築物に係るものに限る。この項においても同じ。）を受け、確認済証の交付を受けなければならない。当該確認を受けた建築物の計画の変更（国土交通省令で定める軽微な変更を除く。）をして、<u>第1号若しくは第2号</u>に掲げる建築物を建築しようとする場合（増築しようとする場合においては、建築物が増築後において<u>第1号又は第2号に規定する規模</u>のものとなる場合を含む。）、これらの建築物の大規模の修繕若しくは大規模の模様替をしようとする場合又は<u>第3号</u>に掲げる建築物を建築しようとする場合も、同様とする。

1　別表第1（い）欄に掲げる用途に供する特殊建築物で、その用途に供する部分の床面積の合計が200平方メートルを超えるもの

2　<u>前号に掲げる建築物を除くほか、2以上の階数を有し、又は延べ面積が200平方メートルを超える建築物</u>

3　<u>前2号に掲げる建築物を除くほか、都市計画区域若しくは準都市計画区域</u>（いずれも都道府県知事が都道府県都市計画審議会の意見を聴いて指定する区域を除く。）<u>若しくは景観法</u>（平成16年法律第110号）<u>第74条第1項の準景観地区</u>（市町村長が指定する区域を除く。）<u>内又は都道府県知事が関係市町村の意見を聴いてその区域の全部若しくは一部について指定する区域内における建築物</u>

② 前項の規定は、防火地域及び準防火地域外において建築物を増築し、改築し、又は移転しようとする場合で、その増築、改築又は移転に係る部分の床面積の合計が10平方メートル以内であるときについては、適用しない。

③ <u>建築主事等</u>は、第1項の申請書が提出された場合において、その計画が次の各号のいずれかに該当するときは、当該申請書を受理することができない。

1　建築士法第3条第1項、第3条の2第1項、第3条の3第1項、第20条の2第1項若しくは第20条の3第1項の規定又は同法第3条の2第3項の規定に基づく条例の規定に違反するとき。

2　構造設計一級建築士以外の一級建築士が建築士法第20条の2第1項の建築物の構造設計を行つた場合において、当該建築物が構造関係規定に適合することを構造設計一級建築士が確認した構造設計によるものでないとき。

3　設備設計一級建築士以外の一級建築士が建築士法第20条の3第1項の建築物の設備設計を行つた場合において、当該建築物が設備関係規定に適合することを設備設計一級建築士が確認した設備設計によるものでないとき。

④ <u>建築主事等</u>は、第1項の申請書を受理した場合においては、同項第1号<u>又は第2号</u>に係るものにあつてはその受理した日から35日以内に、同項第<u>3</u>号に係るものにあつてはその受理した日から7日以内に、申請に係る建築物の計画が建築基準関係規定に適合するかどうかを審査し、審査の結果に基づい

43
建
築
基
準
法
（
9
条
〜
42
条
）

て建築基準関係規定に適合することを確認したときは、当該申請者に確認済証を交付しなければならない。

⑤　建築主事等は、前項の場合において、申請に係る建築物の計画が第6条の3第1項の構造計算適合性判定を要するものであるときは、建築主から同条第7項の適合判定通知書又はその写しの提出を受けた場合に限り、第1項の規定による確認をすることができる。

⑥　建築主事等は、第4項の場合（申請に係る建築物の計画が第6条の3第1項本文に規定する特定構造計算基準（第20条第1項第2号イの政令で定める基準に従つた構造計算で同号イに規定する方法によるものによつて確かめられる安全性を有することに係る部分に限る。）に適合するかどうかを審査する場合その他国土交通省令で定める場合に限る。）において、第4項の期間内に当該申請者に第1項の確認済証を交付することができない合理的な理由があるときは、35日の範囲内において、第4項の期間を延長することができる。この場合においては、その旨及びその延長する期間並びにその期間を延長する理由を記載した通知書を同項の期間内に当該申請者に交付しなければならない。

⑦　建築主事等は、第4項の場合において、申請に係る建築物の計画が建築基準関係規定に適合しないことを認めたとき、又は建築基準関係規定に適合するかどうかを決定することができない正当な理由があるときは、その旨及びその理由を記載した通知書を同項の期間（前項の規定により第4項の期間を延長した場合にあつては、当該延長後の期間）内に当該申請者に交付しなければならない。

⑧　第1項の確認済証の交付を受けた後でなければ、同項の建築物の建築、大規模の修繕又は大規模の模様替の工事は、することができない。

⑨　第1項の規定による確認の申請書、同項の確認済証並びに第6項及び第7項の通知書の様式は、国土交通省令で定める。〔一箇所=令4法69、施行3年内。=箇所=令5法58、施行1年内〕

（違反建築物に対する措置）

第9条　①　特定行政庁は、建築基準法令の規定又はこの法律の規定に基づく許可に付した条件に違反した建築物又は建築物の敷地については、当該建築物の建築主、当該建築物に関する工事の請負人（請負工事の下請人を含む。）若しくは現場管理者又は当該建築物若しくは建築物の敷地の所有者、管理者若しくは占有者に対して、当該工事の施工の停止を命じ、又は、相当の猶予期限を付けて、当該建築物の除却、移転、改築、増築、修繕、模様替、使用禁止、使用制限その他これらの規定又は条件に対する違反を是正するために必要な措置をとることを命ずることができる。

第3章　都市計画区域等における建築物の敷地、構造、建築設備及び用途

第1節　総則

（道路の定義）

第42条　①　この章の規定において「道路」とは、次の各号のいずれかに該当する幅員4メートル（特定行政庁がその地方の気候若しくは風土の特殊性又は土地の状況により必要と認めて都道府県都市

計画審議会の議を経て指定する区域内においては、6メートル。次項及び第3項において同じ。）以上のもの（地下におけるものを除く。）をいう。

1　道路法（昭和27年法律第180号）による道路

2　都市計画法、土地区画整理法（昭和29年法律第119号）、旧住宅地造成事業に関する法律（昭和39年法律第160号）、都市再開発法（昭和44年法律第38号）、新都市基盤整備法（昭和47年法律第86号）、大都市地域における住宅及び住宅地の供給の促進に関する特別措置法（昭和51年法律第67号）又は密集市街地整備法（第6章に限る。以下この項において同じ。）による道路

3　都市計画区域若しくは準都市計画区域の指定若しくは変更又は第68条の9第1項の規定に基づく条例の制定若しくは改正によりこの章の規定が適用されるに至つた際に現に存在する道

4　都市計画法、土地区画整理法、都市再開発法、新都市基盤整備法、大都市地域における住宅及び住宅地の供給の促進に関する特別措置法又は密集市街地整備法による新設又は変更の事業計画のある道路で、2年以内にその事業が執行される予定のものとして特定行政庁が指定したもの

5　土地を建築物の敷地として利用するため、道路法、都市計画法、土地区画整理法、都市再開発法、新都市基盤整備法、大都市地域における住宅及び住宅地の供給の促進に関する特別措置法又は密集市街地整備法によらないで築造する政令で定める基準に適合する道で、これを築造しようとする者が特定行政庁からその位置の指定を受けたもの

②　都市計画区域若しくは準都市計画区域の指定若しくは変更又は第68条の9第1項の規定に基づく条例の制定若しくは改正によりこの章の規定が適用されるに至つた際現に建築物が立ち並んでいる幅員4メートル未満の道で、特定行政庁の指定したものは、前項の規定にかかわらず、同項の道路とみなし、その中心線からの水平距離2メートル（同項の規定により指定された区域内においては、3メートル（特定行政庁が周囲の状況により避難及び通行の安全上支障がないと認める場合は、2メートル）。以下この項及び次項において同じ。）の線をその道路の境界線とみなす。ただし、当該道がその中心線からの水平距離2メートル未満で崖地、川、線路敷地その他これらに類するものに沿う場合においては、当該崖地等の道の側の境界線及びその境界線から道の側に水平距離4メートルの線をその道路の境界線とみなす。

③　特定行政庁は、土地の状況に因りやむを得ない場合においては、前項の規定にかかわらず、同項に規定する中心線からの水平距離については2メートル未満1.35メートル以上の範囲内において、同項に規定するがけ地等の境界線からの水平距離については4メートル未満2.7メートル以上の範囲内において、別にその水平距離を指定することができる。

④　第1項の区域内の幅員6メートル未満の道（第1号又は第2号に該当する道にあつては、幅員4メートル以上のものに限る。）で、特定行政庁が次の各号の一に該当すると認めて指定したものは、同項の規定にかかわらず、同項の道路とみなす。

1　周囲の状況により避難及び通行の安全上支障がないと認められる道

2　地区計画等に定められた道の配置及び規模又はその区域に即して築造される道

3 第1項の区域が指定された際現に道路とされて
いた道

⑤ 前項第3号に該当すると認めて特定行政庁が指
定した幅員4メートル未満の道については,第2項
の規定にかかわらず,第1項の区域が指定された際
道路の境界線とみなされていた線をその道路の境
界線とみなす.

⑥ 特定行政庁は,第2項の規定により幅員1.8メー
トル未満の道を指定する場合又は第3項の規定に
より別に水平距離を指定する場合においては,あら
かじめ,建築審査会の同意を得なければならない.

44　環境基本法 (抄)

（平5・11・19法律第91号,平5・11・19施行,
最終改正:令3・5・19法律第36号）

第1章 総 則

（目 的）

第1条 この法律は,環境の保全について,基本理念
を定め,並びに国,地方公共団体,事業者及び国民の
責務を明らかにするとともに,環境の保全に関する
施策の基本となる事項を定めることにより,環境の
保全に関する施策を総合的かつ計画的に推進し,
もって現在及び将来の国民の健康で文化的な生活
の確保に寄与するとともに人類の福祉に貢献する
ことを目的とする.

（定 義）

第2条 ① この法律において「環境への負荷」とは,
人の活動により環境に加えられる影響であって,環
境の保全上の支障の原因となるおそれのあるもの
をいう.

② この法律において「地球環境保全」とは,人の活
動による地球全体の温暖化又はオゾン層の破壊の
進行,海洋の汚染,野生生物の種の減少その他の地
球の全体又はその広範な部分の環境に影響を及ぼ
す事態に係る環境の保全であって,人類の福祉に貢
献するとともに国民の健康で文化的な生活の確保
に寄与するものをいう.

③ この法律において「公害」とは,環境の保全上の
支障のうち,事業活動その他の人の活動に伴って生
ずる相当範囲にわたる大気の汚染,水質の汚濁（水
質以外の水の状態又は水底の底質が悪化すること
を含む.第21条第1項第1号において同じ.）,土
壌の汚染,騒音,振動,地盤の沈下（鉱物の掘採のた
めの土地の掘削によるものを除く.以下同じ.）及
び悪臭によって,人の健康又は生活環境（人の生活
に密接な関係のある財産並びに人の生活に密接な
関係のある動植物及びその生育環境を含む.以下
同じ.）に係る被害が生ずることをいう.

（環境の恵沢の享受と継承等）

第3条 環境の保全は,環境を健全で恵み豊かなも
のとして維持することが人間の健康で文化的な生
活に欠くことのできないものであること及び生態
系が微妙な均衡を保つことによって成り立っており
人類の存続の基盤である限りある環境が,人間の
活動による環境への負荷によって損なわれるおそ
れが生じてきていることにかんがみ,現在及び将来

の世代の人間が健全で恵み豊かな環境の恵沢を享
受するとともに人類の存続の基盤である環境が将
来にわたって維持されるように適切に行われなけ
ればならない.

（環境への負荷の少ない持続的発展が可能な社会
の構築等）

第4条 環境の保全は,社会経済活動その他の活動
による環境への負荷をできる限り低減することそ
の他の環境の保全に関する行動がすべての者の公
平な役割分担の下に自主的かつ積極的に行われる
ようになることによって,健全で恵み豊かな環境を
維持しつつ,環境への負荷の少ない健全な経済の発
展を図りながら持続的に発展することができる社
会が構築されることを旨とし,及び科学的知見の充
実の下に環境の保全上の支障が未然に防がれるこ
とを旨として,行われなければならない.

（国際的協調による地球環境保全の積極的推進）

第5条 地球環境保全が人類共通の課題であるとと
もに国民の健康で文化的な生活を将来にわたって
確保する上での課題であること及び我が国の経済
社会が国際的な密接な相互依存関係の中で営まれ
ていることにかんがみ,地球環境保全は,我が国の
能力を生かして,及び国際社会において我が国の占
める地位に応じて,国際的協調の下に積極的に推進
されなければならない.

（国の責務）

第6条 国は,前3条に定める環境の保全について
の基本理念（以下「基本理念」という.）にのっと
り,環境の保全に関する基本的かつ総合的な施策を
策定し,及び実施する責務を有する.

（地方公共団体の責務）

第7条 地方公共団体は,基本理念にのっとり,環境
の保全に関し,国の施策に準じた施策及びその他の
その地方公共団体の区域の自然的社会的条件に応
じた施策を策定し,及び実施する責務を有する.

（事業者の責務）

第8条 ① 事業者は,基本理念にのっとり,その事業
活動を行うに当たっては,これに伴って生ずるばい
煙,汚水,廃棄物等の処理その他の公害を防止し,又
は自然環境を適正に保全するために必要な措置を
講ずる責務を有する.

② 事業者は,基本理念にのっとり,環境の保全上の
支障を防止するため,物の製造,加工又は販売その
他の事業活動を行うに当たって,その事業活動に係
る製品その他の物が廃棄物となった場合にその適
正な処理が図られることとなるように必要な措置
を講ずる責務を有する.

③ 前2項に定めるもののほか,事業者は,基本理念
にのっとり,環境の保全上の支障を防止するため,
物の製造,加工又は販売その他の事業活動を行うに
当たって,その事業活動に係る製品その他の物が使
用され又は廃棄されることによる環境への負荷の
低減に資するように努めるとともに,その事業活動
において,再生資源その他の環境への負荷の低減に
資する原材料,役務等を利用するように努めなけれ
ばならない.

④ 前3項に定めるもののほか,事業者は,基本理念
にのっとり,その事業活動に関し,これに伴う環境
への負荷の低減その他の環境の保全に自ら努める
とともに,国又は地方公共団体が実施する環境の保
全に関する施策に協力する責務を有する.

（国民の責務）

第9条 ① 国民は、基本理念にのっとり、環境の保全上の支障を防止するため、その日常生活に伴う環境への負荷の低減に努めなければならない。

② 前項に定めるもののほか、国民は、基本理念にのっとり、環境の保全に自ら努めるとともに、国又は地方公共団体が実施する環境の保全に関する施策に協力する責務を有する。

（環境の日）

第10条 ① 事業者及び国民の間に広く環境の保全についての関心と理解を深めるとともに、積極的に環境の保全に関する活動を行う意欲を高めるため、環境の日を設ける。

② 環境の日は、6月5日とする。

③ 国及び地方公共団体は、環境の日の趣旨にふさわしい事業を実施するように努めなければならない。

（法制上の措置等）

第11条 政府は、環境の保全に関する施策を実施するため必要な法制上又は財政上の措置その他の措置を講じなければならない。

（年次報告等）

第12条 ① 政府は、毎年、国会に、環境の状況及び政府が環境の保全に関して講じた施策に関する報告を提出しなければならない。

② 政府は、毎年、前項の報告に係る環境の状況を考慮して講じようとする施策を明らかにした文書を作成し、これを国会に提出しなければならない。

（放射性物質による大気の汚染等の防止）

第13条 削除

第2章　環境の保全に関する基本的施策

第1節　施策の策定等に係る指針

第14条 この章に定める環境の保全に関する施策の策定及び実施は、基本理念にのっとり、次に掲げる事項の確保を旨として、各種の施策相互の有機的な連携を図りつつ総合的かつ計画的に行わなければならない。

1　人の健康が保護され、及び生活環境が保全され、並びに自然環境が適正に保全されるよう、大気、水、土壌その他の環境の自然的構成要素が良好な状態に保持されること。

2　生態系の多様性の確保、野生生物の種の保存その他の生物の多様性の確保が図られるとともに、森林、農地、水辺地等における多様な自然環境が地域の自然的社会的条件に応じて体系的に保全されること。

3　人と自然との豊かな触れ合いが保たれること。

第2節　環境基本計画

第15条 ① 政府は、環境の保全に関する施策の総合的かつ計画的な推進を図るため、環境の保全に関する基本的な計画（以下「環境基本計画」という。）を定めなければならない。

② 環境基本計画は、次に掲げる事項について定めるものとする。

1　環境の保全に関する総合的かつ長期的な施策の大綱

2　前号に掲げるもののほか、環境の保全に関する施策を総合的かつ計画的に推進するために必要な事項

③ 環境大臣は、中央環境審議会の意見を聴いて、環境基本計画の案を作成し、閣議の決定を求めなければならない。

④ 環境大臣は、前項の規定による閣議の決定があったときは、遅滞なく、環境基本計画を公表しなければならない。

⑤ 前2項の規定は、環境基本計画の変更について準用する。

第3節　環境基準

第16条 ① 政府は、大気の汚染、水質の汚濁、土壌の汚染及び騒音に係る環境上の条件について、それぞれ、人の健康を保護し、及び生活環境を保全する上で維持されることが望ましい基準を定めるものとする。

② 前項の基準が、二以上の類型を設け、かつ、それぞれの類型を当てはめる地域又は水域を指定すべきものとして定められる場合には、その地域又は水域の指定に関する事務は、次の各号に掲げる地域又は水域の区分に応じ、当該各号に定める者が行うものとする。

1　二以上の都道府県の区域にわたる地域又は水域であって政令で定めるもの　政府

2　前号に掲げる地域又は水域以外の地域又は水域　次のイ又はロに掲げる地域又は水域の区分に応じ、当該イ又はロに定める者

イ　騒音に係る基準（航空機の騒音に係る基準及び新幹線鉄道の列車の騒音に係る基準を除く。）の類型を当てはめる地域であって市に属するもの　その地域が属する市の長

ロ　イに掲げる地域以外の地域又は水域　その地域又は水域が属する都道府県の知事

③ 第1項の基準については、常に適切な科学的判断が加えられ、必要な改定がなされなければならない。

④ 政府は、この章に定める施策であって公害の防止に関係するもの（以下「公害の防止に関する施策」という。）を総合的かつ有効適切に講ずることにより、第1項の基準が確保されるように努めなければならない。

第4節　特定地域における公害の防止

（公害防止計画の作成）

第17条 都道府県知事は、次のいずれかに該当する地域について、環境基本計画を基本として、当該地域において実施する公害の防止に関する施策に係る計画（以下「公害防止計画」という。）を作成することができる。

1　現に公害が著しく、かつ、公害の防止に関する施策を総合的に講じなければ公害の防止を図ることが著しく困難であると認められる地域

2　人口及び産業の急速な集中その他の事情により公害が著しくなるおそれがあり、かつ、公害の防止に関する施策を総合的に講じなければ公害の防止を図ることが著しく困難になると認められる地域

（公害防止計画の達成の推進）

第18条 国及び地方公共団体は、公害防止計画の達成に必要な措置を講ずるように努めるものとする。

第5節　国が講ずる環境の保全のための施策等

（国の施策の策定等に当たっての配慮）

第19条 国は、環境に影響を及ぼすと認められる施策を策定し、及び実施するに当たっては、環境の保全について配慮しなければならない。

（環境影響評価の推進）

第20条 国は、土地の形状の変更、工作物の新設その他これらに類する事業を行う事業者が、その事業の実施に当たりあらかじめその事業に係る環境への影響について自ら適正に調査、予測又は評価を行

い，その結果に基づき，その事業に係る環境の保全について適正に配慮することを推進するため，必要な措置を講ずるものとする。

（環境の保全上の支障を防止するための規制）
第21条 ① 国は，環境の保全上の支障を防止するため，次に掲げる規制の措置を講じなければならない。
1　大気の汚染，水質の汚濁，土壌の汚染又は悪臭の原因となる物質の排出，騒音又は振動の発生，地盤の沈下の原因となる地下水の採取その他の行為に関し，事業者等の遵守すべき基準を定めること等により行う公害を防止するために必要な規制の措置
2　土地利用に関し公害を防止するために必要な規制の措置及び公害が著しく，又は著しくなるおそれがある地域における公害の原因となる施設の設置に関し公害を防止するために必要な規制の措置
3　自然環境を保全することが特に必要な区域における土地の形状の変更，工作物の新設，木竹の伐採その他の自然環境の適正な保全に支障を及ぼすおそれがある行為に関し，その支障を防止するために必要な規制の措置
4　採捕，損傷その他の行為であって，保護することが必要な野生生物，地形若しくは地質又は温泉源その他の自然環境の適正な保護に支障を及ぼすおそれがあるものに関し，その支障を防止するために必要な規制の措置
5　公害及び自然環境の保全上の支障が共に生ずるか又は生ずるおそれがある場合にこれらを共に防止するために必要な規制の措置
② 前項に定めるもののほか，国は，人の健康又は生活環境に係る環境の支障を防止するため，同項第1号又は第2号に掲げる措置に準じて必要な規制の措置を講ずるように努めなければならない。

（環境の保全上の支障を防止するための経済的措置）
第22条 ① 国は，環境への負荷を生じさせる活動又は生じさせる原因となる活動（以下この条において「負荷活動」という。）を行う者がその負荷活動に係る環境への負荷の低減のための施設の整備その他の適切な措置をとることを助長することにより環境の保全上の支障を防止するため，その負荷活動を行う者にその者の経済的な状況等を勘案しつつ必要かつ適正な経済的な助成を行うために必要な措置を講ずるように努めるものとする。
② 国は，負荷活動を行う者に対し適正かつ公平な経済的な負担を課すことによりその者が自らその負荷活動に係る環境への負荷の低減に努めることとなるように誘導することを目的とする施策が，環境の保全上の支障を防止するための有効性を期待され，国際的にも推奨されていることにかんがみ，その施策に関し，これに係る措置を講じた場合における環境の保全上の支障の防止に係る効果，我が国の経済に与える影響等を適切に調査し及び研究するとともに，その措置を講ずる必要がある場合には，その措置に係る施策を活用して環境の保全上の支障を防止することについて国民の理解と協力を得るように努めるものとする。この場合において，その措置が地球環境保全のための施策に係るものであるときは，その効果が適切に確保されるようにするとともに，国際的な連携に配慮するものとする。

（環境の保全に関する施設の整備その他の事業の推進）
第23条 ① 国は，緩衝地帯その他の環境の保全上の

支障を防止するための公共的施設の整備及び汚泥のしゅんせつ，絶滅のおそれのある野生動植物の保護増殖その他の環境の保全上の支障を防止するための事業を推進するため，必要な措置を講ずるものとする。
② 国は，下水道，廃棄物の公共的な処理施設，環境への負荷の低減に資する交通施設（移動施設を含む。）その他の環境の保全上の支障の防止に資する公共的施設の整備及び森林の整備その他の環境の保全上の支障の防止に資する事業を推進するため，必要な措置を講ずるものとする。
③ 国は，公園，緑地その他の公共的施設の整備及びその自然環境の適正な整備及び健全な利用のための事業を推進するため，必要な措置を講ずるものとする。
④ 国は，前2項に定める公共的施設の適切な利用を促進するための措置その他のこれらの施設に係る環境の保全上の効果が増進されるために必要な措置を講ずるものとする。

（環境への負荷の低減に資する製品等の利用の促進）
第24条 ① 国は，事業者に対し，物の製造，加工又は販売その他の事業活動に際して，あらかじめ，その事業活動に係る製品その他の物が使用され又は廃棄されることによる環境への負荷について事業者が自ら評価することにより，その物に係る環境への負荷の低減について適正に配慮することができるように技術的支援等を行うため，必要な措置を講ずるものとする。
② 国は，再生資源その他の環境への負荷の低減に資する原材料，製品，役務等の利用が促進されるように，必要な措置を講ずるものとする。

（調査の実施）
第28条 国は，環境の状況の把握，環境の変化の予測又は環境の変化による影響の予測に関する調査その他の環境を保全するための施策の策定に必要な調査を実施するものとする。

（監視等の体制の整備）
第29条 国は，環境の状況を把握し，及び環境の保全に関する施策を適正に実施するために必要な監視，巡視，観察，測定，試験及び検査の体制の整備に努めるものとする。

（公害に係る紛争の処理及び被害の救済）
第31条 ① 国は，公害に係る紛争に関するあっせん，調停その他の措置を効果的に実施し，その他公害に係る紛争の円滑な処理を図るため，必要な措置を講じなければならない。
② 国は，公害に係る被害の救済のための措置の円滑な実施を図るため，必要な措置を講じなければならない。

第8節　費用負担等
（原因者負担）
第37条 国及び地方公共団体は，公害又は自然環境の保全上の支障（以下この条において「公害等に係る支障」という。）を防止するために国若しくは地方公共団体又はこれらに準ずる者（以下この条において「公的事業主体」という。）により実施されることが公害等に係る支障の防止の必要性，事業の規模その他の事情を勘案して必要かつ適切であると認められる事業が公的事業主体により実施される場合において，その事業の必要を生じさせた者の活動により生ずる公害等に係る支障の程

度及びその活動がその公害等に係る支障の原因となると認められる程度を勘案してその事業の必要を生じさせた者にその事業の実施に要する費用を負担させることが適当であると認められるものについて，その事業の必要を生じさせた者にその事業の必要を生じさせた限度においてその事業の実施に要する費用の全部又は一部を適正かつ公平に負担させるために必要な措置を講ずるものとする．

45 原子力基本法

（昭 30・12・19 法律第 186 号，昭 31・1・1 施行，
最終改正：令 5・6・7 法律第 44 号）

第1章 総 則

（目 的）
第1条 この法律は，原子力の研究，開発及び利用（以下「原子力利用」という．）を推進することによつて，将来におけるエネルギー資源を確保し，並びに学術の進歩，産業の振興及び地球温暖化の防止を図り，もつて人類社会の福祉と国民生活の水準向上とに寄与することを目的とする．

（基本方針）
第2条 ① 原子力利用は，平和の目的に限り，安全の確保を旨として，民主的な運営の下に，自主的にこれを行うものとし，その成果を公開し，進んで国際協力に資するものとする．

② 前項の安全の確保については，確立された国際的な基準を踏まえ，国民の生命，健康及び財産の保護，環境の保全並びに我が国の安全保障に資することを目的として，行うものとする．

③ エネルギーとしての原子力利用は，国及び原子力事業者（原子力発電に係る事業を行う者をいう．第2条の3及び第2条の4において同じ．）が安全神話に陥り，平成23年3月11日に発生した東北地方太平洋沖地震に伴う東京電力株式会社福島第一原子力発電所の事故を防止することができなかつたことを真摯に反省した上で，原子力事故（原子力損害の賠償に関する法律（昭和36年法律第147号）第2条第1項に規定する原子炉の運転等に起因する事故をいう．以下同じ．）の発生を常に想定し，その防止に最善かつ最大の努力をしなければならないという認識に立つて，これを行うものとする．

（国の責務）
第2条の2 ① 国は，エネルギーとしての原子力利用に当たつては，原子力発電を電源の選択肢の一つとして活用することによる電気の安定供給の確保，我が国における脱炭素社会（地球温暖化対策の推進に関する法律（平成10年法律第117号）第2条の2に規定する脱炭素社会をいう．第16条の2第2項において同じ．）の実現に向けた発電事業における非化石エネルギー源（エネルギー供給事業者によるエネルギー源の環境適合利用及び化石エネルギー原料の有効な利用に関する法律（平成21年法律第72号）第2条第2項に規定する非化石エネルギー源をいう．第16条の2第2項において同じ．）の利用の促進及びエネルギーの供給に係る自律性の向上に資することができるよう，必要

な措置を講ずる責務を有する．

② 国は，エネルギーとしての原子力利用に当たつては，原子力施設（核原料物質，核燃料物質及び原子炉の規制に関する法律（昭和32年法律第166号．次条第4項及び第2条の4第1項において「原子炉等規制法」という．）第2条第7項に規定する原子力施設をいう．以下同じ．）の安全性の向上に不断に取り組むこと等によりその安全性を確保することを前提として，原子力事故による災害の防止に関し万全の措置を講じつつ，原子力施設が立地する地域及び電力の大消費地である都市の住民をはじめとする国民の原子力発電に対する信頼を確保し，その理解と協力を得るために必要な取組並びに地域振興その他の原子力施設が立地する地域の課題の解決に向けた取組を推進する責務を有する．

（原子力利用に関する基本的施策）
第2条の3 国は，原子力発電を適切に活用することができるよう，原子力施設の安全性を確保することを前提として，次に掲げる施策その他の必要な施策を講ずるものとする．

1 原子力発電に係る高度な技術の維持及び開発を促進し，これらを行う人材の育成及び確保を図り，並びに当該技術の維持及び開発のために必要な産業基盤を維持し，及び強化するための施策

2 原子力に関する研究及び開発に取り組む事業者，国立研究開発法人日本原子力研究開発機構その他の関係者の相互の連携並びに当該研究及び開発に関する国際的な連携を強化するための施策その他の当該研究及び開発の推進並びにこれらの成果の円滑な実用化を図るための施策

3 電気事業に係る制度の抜本的な改革が実施された状況においても，原子力事業者が原子力施設の安全性を確保するために必要な投資を行うことその他の安定的に当該事業を行うことができる事業環境を整備するための施策

4 原子力発電における使用済燃料の再処理等の実施及び廃炉の推進に関する法律（平成17年法律第48号）第2条第4項に規定する再処理等，同条第1項に規定する使用済燃料に係るその貯蔵能力の増加その他の対策及び原子炉等規制法第43条の3の33第1項に規定する廃止措置の円滑かつ着実な実施を図るための関係地方公共団体との調整その他の必要な施策

5 最終処分（特定放射性廃棄物の最終処分に関する法律（平成12年法律第117号）第2条第2項に規定する最終処分をいう．以下この号において同じ．）に関する国民の理解を促進するための施策，最終処分の計画的な実施に向けた地方公共団体その他の関係者に対する主体的な働き掛け，同法第6条第2項に規定する文献調査対象地区又は同法第3条第2項第2号に規定する概要調査地区等をその区域に含む地方公共団体，最終処分に理解と関心を有する地方公共団体その他の関係者に対する関係府省の連携による支援，最終処分に関する研究開発の推進を図るための国際的な連携並びに原子力発電環境整備機構及び原子力事業者との連携の強化その他の最終処分の円滑かつ着実な実施を図るための必要な施策

（原子力事業者の責務）
第2条の4 ① 原子力事業者は，エネルギーとしての原子力利用に当たつては，原子力事故の発生の防止及び原子炉等規制法第2条第6項に規定する特

定核燃料物質の防護のために必要な措置を講じ，並びにその内容を不断に見直し，その他原子力施設の安全性の向上を図るための態勢を充実強化し，並びに関係地方公共団体その他の関係機関と連携しながら原子力事故に対処するための防災の態勢を充実強化するために必要な措置を講ずる責務を有する.

② 原子力事業者は，原子力施設が立地する地域の原子力発電に対する信頼を確保し，その理解を得ることがその事業の円滑な実施を図る上で極めて重要であることに鑑み，そのために必要な取組を推進しながら，国又は地方公共団体が実施する地域振興その他の原子力施設が立地する地域の課題の解決に向けた取組に協力する責務を有する.

（定　義）

第3条　この法律において次に掲げる用語は，次の定義に従うものとする.

1 「原子力」とは，原子核変換の過程において原子核から放出されるすべての種類のエネルギーをいう.

2 「核燃料物質」とは，ウラン，トリウム等原子核分裂の過程において高エネルギーを放出する物質であつて，政令で定めるものをいう.

3 「核原料物質」とは，ウラン鉱，トリウム鉱その他核燃料物質の原料となる物質であつて，政令で定めるものをいう.

4 「原子炉」とは，核燃料物質を燃料として使用する装置をいう. ただし，政令で定めるものを除く.

5 「放射線」とは，電磁波又は粒子線のうち，直接又は間接に空気を電離する能力をもつもので，政令で定めるものをいう.

第1章の2　原子力規制委員会

第3条の2　原子力利用における安全の確保を図るため，別に法律で定めるところにより，環境省の外局として，原子力規制委員会を置く.

第1章の3　原子力防災会議

（設　置）

第3条の3　内閣に，原子力防災会議（以下「会議」という.）を置く.

（所掌事務）

第3条の4　会議は，次に掲げる事務をつかさどる.

1 原子力災害対策指針（原子力災害対策特別措置法（平成11年法律第156号）第6条の2第1項に規定する原子力災害対策指針をいう.）に基づく施策の実施の推進その他の原子力事故が発生した場合に備えた政府の総合的な取組を確保するための施策の実施の推進

2 原子力事故が発生した場合において多数の関係者による長期にわたる総合的な取組が必要となる施策の実施の推進

（組　織）

第3条の5　① 会議は，議長，副議長及び議員をもつて組織する.

② 議長は，内閣総理大臣をもつて充てる.

③ 副議長は，内閣官房長官，環境大臣，内閣官房長官及び環境大臣以外の国務大臣のうちから内閣総理大臣が指名する者並びに原子力規制委員会委員長をもつて充てる.

④ 議員は，次に掲げる者をもつて充てる.

1 議長及び副議長以外の全ての国務大臣並びに内閣危機管理監

2 内閣官房副長官，環境副大臣若しくは関係府省の副大臣，環境大臣政務官若しくは関係府省の大臣政務官又は国務大臣以外の関係行政機関の長のうちから，内閣総理大臣が任命する者

（事務局）

第3条の6　① 会議に，その事務を処理させるため，事務局を置く.

② 事務局に，事務局長その他の職員を置く.

③ 事務局長は，環境大臣をもつて充てる.

④ 事務局長は，議長の命を受け，命を受けた内閣官房副長官補及び内閣府設置法（平成11年法律第89号）第4条第3項に規定する事務を分担管理する大臣たる内閣総理大臣の協力を得て，局務を掌理する.

（政令への委任）

第3条の7　この法律に定めるもののほか，会議に関し必要な事項は，政令で定める.

第2章　原子力委員会

（設　置）

第4条　原子力利用に関する国の施策を計画的に遂行し，原子力行政の民主的な運営を図るため，内閣府に原子力委員会を置く.

（任　務）

第5条　原子力委員会は，原子力利用に関する事項（安全の確保のうちその実施に関するものを除く.）について企画し，審議し，及び決定する.

（組織，運営及び権限）

第6条　原子力委員会の組織，運営及び権限については，別に法律で定める.

第3章　原子力の開発機関

（国立研究開発法人日本原子力研究開発機構）

第7条　原子力に関する基礎的研究及び応用の研究並びに核燃料サイクルを確立するための高速増殖炉及びこれに必要な核燃料物質の開発並びに核燃料物質の再処理等に関する技術の開発並びにこれらの成果の普及等は，第2条に規定する基本方針に基づき，国立研究開発法人日本原子力研究開発機構において行うものとする.

第4章　原子力に関する鉱物の開発取得

（鉱業法の特例）

第8条　核原料物質に関する鉱業権又は租鉱権に関しては，別に法律をもつて，鉱業法（昭和25年法律第289号）の特例を定めるものとする.

（買取命令及び譲渡命令）

第9条　政府は，別に法律で定めるところにより，その指定する者に対し，核原料物質を買い取るべきことを命じ，又は核原料物質の生産者若しくは所有者若しくは管理者に対し，政府の指定する者に核原料物質を譲渡すべきことを命ずることができる.

（核原料物質の管理）

第10条　核原料物質の輸入，輸出，譲渡，譲受及び精錬は，別に法律で定めるところにより，政府の指定する者に限つてこれを行わしめるものとする.

（奨励金等）

第11条 政府は,核原料物質の開発に寄与する者に対し,予算の範囲内において奨励金又は賞金を交付することができる.

第5章 核燃料物質の管理

(核燃料物質に関する規制)
第12条 核燃料物質を生産し,輸入し,輸出し,所有し,所持し,譲渡し,譲り受け,使用し,又は輸送しようとする者は,別に法律で定めるところにより政府の行う規制に従わなければならない.

(核燃料物質の譲渡命令)
第13条 政府は,前条に規定する規制を行う場合において,別に法律で定めるところにより,核燃料物質を所有し,又は所持する者に対し,譲渡先及び価格を指示してこれを譲渡すべきことを命ずることができる.

第6章 原子炉の管理

(原子炉の建設等の規制)
第14条 原子炉を建設しようとする者は,別に法律で定めるところにより政府の行う規制に従わなければならない.これを改造し,又は移動しようとする者も,同様とする.
第15条 原子炉を譲渡し,又は譲り受けようとする者は,別に法律で定めるところにより政府の行う規制に従わなければならない.
第16条 前2条に規定する規制に従つて原子炉を建設し,改造し,移動し,又は譲り受けた者は,別に法律で定めるところにより,操作開始前に運転計画を定めて,政府の認可を受けなければならない.
第16条の2 ① 原子力発電の用に供する原子炉を運転する者は,別に法律で定めるところにより政府の行う運転期間に係る規制に従わなければならない.
② 前項の運転期間に係る規制は,我が国において,脱炭素社会の実現に向けた発電事業における非化石エネルギー源の利用の促進を図りつつ,電気の安定供給を確保するため,エネルギーとしての原子力の安定的な利用を図る観点から措置するものとする. 〔令5法44,施行2年内〕

第7章 特許発明等に対する措置

(特許法による措置)
第17条 政府は,原子力に関する特許発明につき,公益上必要があると認めるときは,特許法(昭和34年法律第121号)第93条の規定により措置するものとする.

(譲渡制限)
第18条 原子力に関する特許発明,技術等の国外流出に係る契約の締結は,別に法律で定めるところにより政府の行う規制に従わなければならない.

(奨励金等)
第19条 政府は,原子力に関する特許出願に係る発明又は特許発明に関し,予算の範囲内において奨励金又は賞金を交付することができる.

第8章 放射線による障害の防止

(放射線による障害の防止措置)
第20条 放射線による障害を防止し,公共の安全を確保するため,放射性物質及び放射線発生装置に係る製造,販売,使用,測定等に対する規制その他保安及び保健上の措置に関しては,別に法律で定める.

第9章 補償

(補償)
第21条 政府又は政府の指定する者は,この法律及びこの法律を施行する法律に基き,核原料物質の開発のためその権限を行う場合において,土地に関する権利,鉱業権又は租鉱権その他の権利に関し,権利者及び関係人に損失を与えた場合においては,それぞれ法律で定めるところにより,正当な補償を行わなければならない.

46 廃棄物の処理及び清掃に関する法律(抄)

(昭45・12・25法律第137号,昭46・9・24施行,最終改正:令4・6・17法律第68号)

第1章 総則

(目的)
第1条 この法律は,廃棄物の排出を抑制し,及び廃棄物の適正な分別,保管,収集,運搬,再生,処分等の処理をし,並びに生活環境を清潔にすることにより,生活環境の保全及び公衆衛生の向上を図ることを目的とする.

(定義)
第2条 ① この法律において「廃棄物」とは,ごみ,粗大ごみ,燃え殻,汚泥,ふん尿,廃油,廃酸,廃アルカリ,動物の死体その他の汚物又は不要物であつて,固形状又は液状のもの(放射性物質及びこれによつて汚染された物を除く.)をいう.
② この法律において「一般廃棄物」とは,産業廃棄物以外の廃棄物をいう.
④ この法律において「産業廃棄物」とは,次に掲げる廃棄物をいう.
1 事業活動に伴つて生じた廃棄物のうち,燃え殻,汚泥,廃油,廃酸,廃アルカリ,廃プラスチック類その他政令で定める廃棄物
2 輸入された廃棄物(前号に掲げる廃棄物,船舶及び航空機の航行に伴い生ずる廃棄物(政令で定めるものに限る.第15条の4の5第1項において「航行廃棄物」という.)並びに本邦に入国する者が携帯する廃棄物(政令で定めるものに限る.同項において「携帯廃棄物」という.)を除く.)

(国民の責務)
第2条の4 国民は,廃棄物の排出を抑制し,再生品の使用等により廃棄物の再生利用を図り,廃棄物を分別して排出し,その生じた廃棄物をなるべく自ら処分すること等により,廃棄物の減量その他その適正な処理に関し国及び地方公共団体の施策に協力しなければならない.

第2章 一般廃棄物

第1節 一般廃棄物の処理
(一般廃棄物処理計画)

第6条 ① 市町村は,当該市町村の区域内の一般廃棄物の処理に関する計画(以下「一般廃棄物処理計画」という.)を定めなければならない.

第2節 一般廃棄物処理業
(一般廃棄物処理業)
第7条 ① 一般廃棄物の収集又は運搬を業として行おうとする者は,当該業を行おうとする区域(運搬のみを業として行う場合にあつては,一般廃棄物の積卸しを行う区域に限る.)を管轄する市町村長の許可を受けなければならない.ただし,事業者(自らその一般廃棄物を運搬する場合に限る.),専ら再生利用の目的となる一般廃棄物のみの収集又は運搬を業として行う者その他環境省令で定める者については,この限りでない.

第3節 一般廃棄物処理施設
(一般廃棄物処理施設の許可)
第8条 ① 一般廃棄物処理施設(ごみ処理施設で政令で定めるもの(以下単に「ごみ処理施設」という.),し尿処理施設(浄化槽法第2条第1号に規定する浄化槽を除く.以下同じ.)及び一般廃棄物の最終処分場で政令で定めるものをいう.以下同じ.)を設置しようとする者(第6条の2第1項の規定により一般廃棄物を処分するために一般廃棄物処理施設を設置しようとする市町村を除く.)は,当該一般廃棄物処理施設を設置しようとする地を管轄する都道府県知事の許可を受けなければならない.

第3章 産業廃棄物

第3節 産業廃棄物処理業
(産業廃棄物処理業)
第14条 ① 産業廃棄物(特別管理産業廃棄物を除く.以下この条から第14条の3の3まで,第15条の4の2,第15条の4の3第3項及び第15条の4の4第3項において同じ.)の収集又は運搬を業として行おうとする者は,当該業を行おうとする区域(運搬のみを業として行う場合にあつては,産業廃棄物の積卸しを行う区域に限る.)を管轄する都道府県知事の許可を受けなければならない.ただし,事業者(自らその産業廃棄物を運搬する場合に限る.),専ら再生利用の目的となる産業廃棄物のみの収集又は運搬を業として行う者その他環境省令で定める者については,この限りでない.

第5節 産業廃棄物処理施設
(産業廃棄物処理施設)
第15条 ① 産業廃棄物処理施設(廃プラスチック類処理施設,産業廃棄物の最終処分場その他の産業廃棄物の処理施設で政令で定めるものをいう.以下同じ.)を設置しようとする者は,当該産業廃棄物処理施設を設置しようとする地を管轄する都道府県知事の許可を受けなければならない.

47 教育基本法

(平18・12・22法律第120号,平18・12・22施行)

我々日本国民は,たゆまぬ努力によって築いてきた民主的で文化的な国家を更に発展させるとともに,世界の平和と人類の福祉の向上に貢献することを願うものである.

我々は,この理想を実現するため,個人の尊厳を重んじ,真理と正義を希求し,公共の精神を尊び,豊かな人間性と創造性を備えた人間の育成を期するとともに,伝統を継承し,新しい文化の創造を目指す教育を推進する.

ここに,我々は,日本国憲法の精神にのっとり,我が国の未来を切り拓く教育の基本を確立し,その振興を図るため,この法律を制定する.

第1章 教育の目的及び理念

(教育の目的)
第1条 教育は,人格の完成を目指し,平和で民主的な国家及び社会の形成者として必要な資質を備えた心身ともに健康な国民の育成を期して行われなければならない.
(教育の目標)
第2条 教育は,その目的を実現するため,学問の自由を尊重しつつ,次に掲げる目標を達成するよう行われるものとする.
1 幅広い知識と教養を身に付け,真理を求める態度を養い,豊かな情操と道徳心を培うとともに,健やかな身体を養うこと.
2 個人の価値を尊重して,その能力を伸ばし,創造性を培い,自主及び自律の精神を養うとともに,職業及び生活との関連を重視し,勤労を重んずる態度を養うこと.
3 正義と責任,男女の平等,自他の敬愛と協力を重んずるとともに,公共の精神に基づき,主体的に社会の形成に参画し,その発展に寄与する態度を養うこと.
4 生命を尊び,自然を大切にし,環境の保全に寄与する態度を養うこと.
5 伝統と文化を尊重し,それらをはぐくんできた我が国と郷土を愛するとともに,他国を尊重し,国際社会の平和と発展に寄与する態度を養うこと.
(生涯学習の理念)
第3条 国民一人一人が,自己の人格を磨き,豊かな人生を送ることができるよう,その生涯にわたって,あらゆる機会に,あらゆる場所において学習することができ,その成果を適切に生かすことのできる社会の実現が図られなければならない.
(教育の機会均等)
第4条 ① すべて国民は,ひとしく,その能力に応じた教育を受ける機会を与えられなければならず,人種,信条,性別,社会的身分,経済的地位又は門地によって,教育上差別されない.
② 国及び地方公共団体は,障害のある者が,その障害の状態に応じ,十分な教育を受けられるよう,教育上必要な支援を講じなければならない.
③ 国及び地方公共団体は,能力があるにもかかわらず,経済的理由によって修学が困難な者に対して,奨学の措置を講じなければならない.

第2章 教育の実施に関する基本

(義務教育)
第5条 ① 国民は,その保護する子に,別に法律で定めるところにより,普通教育を受けさせる義務を負う.
② 義務教育として行われる普通教育は,各個人の有

する能力を伸ばしつつ社会において自立的に生きる基礎を培い，また，国家及び社会の形成者として必要とされる基本的な資質を養うことを目的として行われるものとする．

③ 国及び地方公共団体は，義務教育の機会を保障し，その水準を確保するため，適切な役割分担及び相互の協力の下，その実施に責任を負う．

④ 国又は地方公共団体の設置する学校における義務教育については，授業料を徴収しない．

（学校教育）

第6条 ① 法律に定める学校は，公の性質を有するものであって，国，地方公共団体及び法律に定める法人のみが，これを設置することができる．

② 前項の学校においては，教育の目標が達成されるよう，教育を受ける者の心身の発達に応じて，体系的な教育が組織的に行われなければならない．この場合において，教育を受ける者が，学校生活を営む上で必要な規律を重んずるとともに，自ら進んで学習に取り組む意欲を高めることを重視して行われなければならない．

（大　学）

第7条 ① 大学は，学術の中心として，高い教養と専門的能力を培うとともに，深く真理を探究して新たな知見を創造し，これらの成果を広く社会に提供することにより，社会の発展に寄与するものとする．

② 大学については，自主性，自律性その他の大学における教育及び研究の特性が尊重されなければならない．

（私立学校）

第8条 私立学校の有する公の性質及び学校教育において果たす重要な役割にかんがみ，国及び地方公共団体は，その自主性を尊重しつつ，助成その他の適当な方法によって私立学校教育の振興に努めなければならない．

（教　員）

第9条 ① 法律に定める学校の教員は，自己の崇高な使命を深く自覚し，絶えず研究と修養に励み，その職責の遂行に努めなければならない．

② 前項の教員については，その使命と職責の重要性にかんがみ，その身分は尊重され，待遇の適正が期せられるとともに，養成と研修の充実が図られなければならない．

（家庭教育）

第10条 ① 父母その他の保護者は，子の教育について第一義的責任を有するものであって，生活のために必要な習慣を身に付けさせるとともに，自立心を育成し，心身の調和のとれた発達を図るよう努めるものとする．

② 国及び地方公共団体は，家庭教育の自主性を尊重しつつ，保護者に対する学習の機会及び情報の提供その他の家庭教育を支援するために必要な施策を講ずるよう努めなければならない．

（幼児期の教育）

第11条 幼児期の教育は，生涯にわたる人格形成の基礎を培う重要なものであることにかんがみ，国及び地方公共団体は，幼児の健やかな成長に資する良好な環境の整備その他適当な方法によって，その振興に努めなければならない．

（社会教育）

第12条 ① 個人の要望や社会の要請にこたえ，社会において行われる教育は，国及び地方公共団体によって奨励されなければならない．

② 国及び地方公共団体は，図書館，博物館，公民館その他の社会教育施設の設置，学校の施設の利用，学習の機会及び情報の提供その他の適当な方法によって社会教育の振興に努めなければならない．

（学校，家庭及び地域住民等の相互の連携協力）

第13条 学校，家庭及び地域住民その他の関係者は，教育におけるそれぞれの役割と責任を自覚するとともに，相互の連携及び協力に努めるものとする．

（政治教育）

第14条 ① 良識ある公民として必要な政治的教養は，教育上尊重されなければならない．

② 法律に定める学校は，特定の政党を支持し，又はこれに反対するための政治教育その他政治的活動をしてはならない．

（宗教教育）

第15条 ① 宗教に関する寛容の態度，宗教に関する一般的な教養及び宗教の社会生活における地位は，教育上尊重されなければならない．

② 国及び地方公共団体が設置する学校は，特定の宗教のための宗教教育その他宗教的活動をしてはならない．

第3章　教育行政

（教育行政）

第16条 ① 教育は，不当な支配に服することなく，この法律及び他の法律の定めるところにより行われるべきものであり，教育行政は，国と地方公共団体との適切な役割分担及び相互の協力の下，公正かつ適正に行われなければならない．

② 国は，全国的な教育の機会均等と教育水準の維持向上を図るため，教育に関する施策を総合的に策定し，実施しなければならない．

③ 地方公共団体は，その地域における教育の振興を図るため，その実情に応じた教育に関する施策を策定し，実施しなければならない．

④ 国及び地方公共団体は，教育が円滑かつ継続的に実施されるよう，必要な財政上の措置を講じなければならない．

（教育振興基本計画）

第17条 ① 政府は，教育の振興に関する施策の総合的かつ計画的な推進を図るため，教育の振興に関する施策についての基本的な方針及び講ずべき施策その他必要な事項について，基本的な計画を定め，これを国会に報告するとともに，公表しなければならない．

② 地方公共団体は，前項の計画を参酌し，その地域の実情に応じ，当該地方公共団体における教育の振興のための施策に関する基本的な計画を定めるよう努めなければならない．

第4章　法令の制定

第18条 この法律に規定する諸条項を実施するため，必要な法令が制定されなければならない．

Ⅱ 民 事 法

48 民 法

（明 29・4・27 法律第 89 号，明 31・7・16 施行，
最終改正：令 5・6・14 法律第 53 号）

［目 次］
第1編 総 則
　第1章 通 則（第1条・第2条）
　第2章 人
　　第1節 権利能力（第3条）
　　第2節 意思能力（第3条の2）
　　第3節 行為能力（第4条-第21条）
　　第4節 住所（第22条-第24条）
　　第5節 不在者の財産の管理及び失踪の宣告（第25
　　　　　条-第32条）
　　第6節 同時死亡の推定（第32条の2）
　第3章 法 人（第33条-第84条）
　第4章 物（第85条-第89条）
　第5章 法律行為
　　第1節 総 則（第90条-第92条）
　　第2節 意思表示（第93条-第98条の2）
　　第3節 代 理（第99条-第118条）
　　第4節 無効及び取消し（第119条-第126条）
　　第5節 条件及び期限（第127条-第137条）
　第6章 期間の計算（第138条-第143条）
　第7章 時 効
　　第1節 総 則（第144条-第161条）
　　第2節 取得時効（第162条-第165条）
　　第3節 消滅時効（第166条-第174条）
第2編 物 権
　第1章 総 則（第175条-第179条）
　第2章 占有権
　　第1節 占有権の取得（第180条-第187条）
　　第2節 占有権の効力（第188条-第202条）
　　第3節 占有権の消滅（第203条・第204条）
　　第4節 準占有（第205条）
　第3章 所有権
　　第1節 所有権の限界
　　　第1款 所有権の内容及び範囲（第206条-第208条）
　　　第2款 相隣関係（第209条-第238条）
　　第2節 所有権の取得（第239条-第248条）
　　第3節 共 有（第249条-第264条）
　　第4節 所有者不明土地管理命令及び所有者不明建物
　　　　　管理命令（第264条の2-第264条の8）
　　第5節 管理不全土地管理命令及び管理不全建物管理
　　　　　命令（第264条の9-第264条の14）
　第4章 地上権（第265条-第269条の2）
　第5章 永小作権（第270条-第279条）
　第6章 地役権（第280条-第294条）
　第7章 留置権（第295条-第302条）
　第8章 先取特権
　　第1節 総 則（第303条-第305条）
　　第2節 先取特権の種類
　　　第1款 一般の先取特権（第306条-第310条）
　　　第2款 動産の先取特権（第311条-第324条）
　　　第3款 不動産の先取特権（第325条-第328条）
　　第3節 先取特権の順位（第329条-第332条）
　　第4節 先取特権の効力（第333条-第341条）
　第9章 質 権
　　第1節 総 則（第342条-第351条）
　　第2節 動産質（第352条-第355条）
　　第3節 不動産質（第356条-第361条）
　　第4節 権利質（第362条-第368条）
　第10章 抵当権
　　第1節 総 則（第369条-第372条）
　　第2節 抵当権の効力（第373条-第395条）
　　第3節 抵当権の消滅（第396条-第398条）
　　第4節 根抵当（第398条の2-第398条の22）
第3編 債 権
　第1章 総 則
　　第1節 債権の目的（第399条-第411条）
　　第2節 債権の効力
　　　第1款 債務不履行の責任等（第412条-第422条
　　　　　　の2）
　　　第2款 債権者代位権（第423条-第423条の7）
　　　第3款 詐害行為取消権
　　　　第1目 詐害行為取消権の要件（第424条-第
　　　　　　　424条の5）
　　　　第2目 詐害行為取消権の行使の方法等（第424
　　　　　　　条の6-第424条の9）
　　　　第3目 詐害行為取消権の行使の効果（第425条
　　　　　　　-第425条の4）
　　　　第4目 詐害行為取消権の期間の制限（第426
　　　　　　　条）
　　第3節 多数当事者の債権及び債務
　　　第1款 総 則（第427条）
　　　第2款 不可分債権及び不可分債務（第428条-第
　　　　　　431条）
　　　第3款 連帯債権（第432条-第435条の2）
　　　第4款 連帯債務（第436条-第445条）
　　　第5款 保証債務
　　　　第1目 総 則（第446条-第465条）
　　　　第2目 個人根保証契約（第465条の2-第465
　　　　　　　条の5）
　　　　第3目 事業に係る債務についての保証契約の特
　　　　　　　則（第465条の6-第465条の10）
　　第4節 債権の譲渡（第466条-第469条）
　　第5節 債務の引受け
　　　第1款 併存的債務引受（第470条・第471条）
　　　第2款 免責的債務引受（第472条-第472条の4）
　　第6節 債権の消滅
　　　第1款 弁 済
　　　　第1目 総 則（第473条-第493条）
　　　　第2目 弁済の目的物の供託（第494条-第498
　　　　　　　条）
　　　　第3目 弁済による代位（第499条-第504条）
　　　第2款 相殺（第505条-第512条の2）
　　　第3款 更 改（第513条-第518条）
　　　第4款 免 除（第519条）
　　　第5款 混 同（第520条）
　　第7節 有価証券
　　　第1款 指図証券（第520条の2-第520条の12）
　　　第2款 記名式所持人払証券（第520条の13-第
　　　　　　520条の18）
　　　第3款 その他の記名証券（第520条の19）
　　　第4款 無記名証券（第520条の20）
　第2章 契 約
　　第1節 総 則
　　　第1款 契約の成立（第521条-第532条）
　　　第2款 契約の効力（第533条-第539条）
　　　第3款 契約上の地位の移転（第539条の2）
　　　第4款 契約の解除（第540条-第548条）
　　　第5款 定型約款（第548条の2-第548条の4）
　　第2節 贈 与（第549条-第554条）
　　第3節 売 買
　　　第1款 総 則（第555条-第559条）
　　　第2款 売買の効力（第560条-第578条）
　　　第3款 買戻し（第579条-第585条）
　　第4節 交 換（第586条）
　　第5節 消費貸借（第587条-第592条）
　　第6節 使用貸借（第593条-第600条）
　　第7節 賃貸借
　　　第1款 総 則（第601条-第604条）
　　　第2款 賃貸借の効力（第605条-第616条）
　　　第3款 賃貸借の終了（第616条の2-第622条）
　　　第4款 敷金（第622条の2）
　　第8節 雇 用（第623条-第631条）
　　第9節 請 負（第632条-第642条）

48
民
法

民
法

第10節　委　任（第643条–第656条）
第11節　寄　託（第657条–第666条）
第12節　組　合（第667条–第688条）
第13節　終身定期金（第689条–第694条）
第14節　和　解（第695条・第696条）
第3章　事務管理（第697条–第702条）
第4章　不当利得（第703条–第708条）
第5章　不法行為（第709条–第724条の2）
第4編　親　族
第1章　総　則（第725条–第730条）
第2章　婚　姻
　第1節　婚姻の成立
　　第1款　婚姻の要件（第731条–第741条）
　　第2款　婚姻の無効及び取消し（第742条–第749条）
　第2節　婚姻の効力（第750条–第754条）
　第3節　夫婦財産制
　　第1款　総　則（第755条–第759条）
　　第2款　法定財産制（第760条–第762条）
　第4節　離　婚
　　第1款　協議上の離婚（第763条–第769条）
　　第2款　裁判上の離婚（第770条・第771条）
第3章　親　子
　第1節　実　子（第772条–第791条）
　第2節　養　子
　　第1款　縁組の要件（第792条–第801条）
　　第2款　縁組の無効及び取消し（第802条–第808条）
　　第3款　縁組の効力（第809条–第810条）
　　第4款　離　縁（第811条–第817条）
　　第5款　特別養子（第817条の2–第817条の11）
第4章　親　権
　第1節　総　則（第818条・第819条）
　第2節　親権の効力（第820条–第833条）
　第3節　親権の喪失（第834条–第837条）
第5章　後　見
　第1節　後見の開始（第838条）
　第2節　後見の機関
　　第1款　後見人（第839条–第847条）
　　第2款　後見監督人（第848条–第852条）
　第3節　後見の事務（第853条–第869条）
　第4節　後見の終了（第870条–第875条）
第6章　保佐及び補助
　第1節　保　佐（第876条–第876条の5）
　第2節　補　助（第876条の6–第876条の10）
第7章　扶　養（第877条–第881条）
第5編　相　続
第1章　総　則（第882条–第885条）
第2章　相続人（第886条–第895条）
第3章　相続の効力
　第1節　総　則（第896条–第899条の2）
　第2節　相続分（第900条–第905条）
　第3節　遺産の分割（第906条–第914条）
第4章　相続の承認及び放棄
　第1節　総　則（第915条–第919条）
　第2節　相続の承認
　　第1款　単純承認（第920条・第921条）
　　第2款　限定承認（第922条–第937条）
　第3節　相続の放棄（第938条–第940条）
第5章　財産分離（第941条–第950条）
第6章　相続人の不存在（第951条–第959条）
第7章　遺　言
　第1節　総　則（第960条–第966条）
　第2節　遺言の方式
　　第1款　普通の方式（第967条–第975条）
　　第2款　特別の方式（第976条–第984条）
　第3節　遺言の効力（第985条–第1003条）
　第4節　遺言の執行（第1004条–第1021条）
　第5節　遺言の撤回及び取消し（第1022条–第1027条）
第8章　配偶者の居住の権利
　第1節　配偶者居住権（第1028条–第1036条）
　第2節　配偶者短期居住権（第1037条–第1041条）
第9章　遺留分（第1042条–第1049条）
第10章　特別の寄与（第1050条）

◆◆ 第1編　総　則 ◆◆

第1章　通　則

（基本原則）

第1条 ① 私権は，公共の福祉に適合しなければならない．

② 権利の行使及び義務の履行は，信義に従い誠実に行わなければならない．

③ 権利の濫用は，これを許さない．

（解釈の基準）

第2条 この法律は，個人の尊厳と両性の本質的平等を旨として，解釈しなければならない．

第2章　人

第1節　権利能力

第3条 ① 私権の享有は，出生に始まる．

② 外国人は，法令又は条約の規定により禁止される場合を除き，私権を享有する．

第2節　意思能力

第3条の2 法律行為の当事者が意思表示をした時に意思能力を有しなかったときは，その法律行為は，無効とする．

第3節　行為能力

（成　年）

第4条 年齢18歳をもって，成年とする．

（未成年者の法律行為）

第5条 ① 未成年者が法律行為をするには，その法定代理人の同意を得なければならない．ただし，単に権利を得，又は義務を免れる法律行為については，この限りでない．

② 前項の規定に反する法律行為は，取り消すことができる．

③ 第1項の規定にかかわらず，法定代理人が目的を定めて処分を許した財産は，その目的の範囲内において，未成年者が自由に処分することができる．目的を定めないで処分を許した財産を処分するときも，同様とする．

（未成年者の営業の許可）

第6条 ① 1種又は数種の営業を許された未成年者は，その営業に関しては，成年者と同一の行為能力を有する．

② 前項の場合において，未成年者がその営業に堪えることができない事由があるときは，その法定代理人は，第4編（親族）の規定に従い，その許可を取り消し，又はこれを制限することができる．

（後見開始の審判）

第7条 精神上の障害により事理を弁識する能力を欠く常況にある者については，家庭裁判所は，本人，配偶者，四親等内の親族，未成年後

見人, 未成年後見監督人, 保佐人, 保佐監督人, 補助人, 補助監督人又は検察官の請求により, 後見開始の審判をすることができる.

（成年被後見人及び成年後見人）

第8条　後見開始の審判を受けた者は, 成年被後見人とし, これに成年後見人を付する.

（成年被後見人の法律行為）

第9条　成年被後見人の法律行為は, 取り消すことができる. ただし, 日用品の購入その他日常生活に関する行為については, この限りでない.

（後見開始の審判の取消し）

第10条　第7条に規定する原因が消滅したときは, 家庭裁判所は, 本人, 配偶者, 四親等内の親族, 後見人（未成年後見人及び成年後見人をいう. 以下同じ.）, 後見監督人（未成年後見監督人及び成年後見監督人をいう. 以下同じ.）又は検察官の請求により, 後見開始の審判を取り消さなければならない.

（保佐開始の審判）

第11条　精神上の障害により事理を弁識する能力が著しく不十分である者については, 家庭裁判所は, 本人, 配偶者, 四親等内の親族, 後見人, 後見監督人, 補助人, 補助監督人又は検察官の請求により, 保佐開始の審判をすることができる. ただし, 第7条に規定する原因がある者については, この限りでない.

（被保佐人及び保佐人）

第12条　保佐開始の審判を受けた者は, 被保佐人とし, これに保佐人を付する.

（保佐人の同意を要する行為等）

第13条　① 被保佐人が次に掲げる行為をするには, その保佐人の同意を得なければならない. ただし, 第9条ただし書に規定する行為については, この限りでない.

1　元本を領収し, 又は利用すること.
2　借財又は保証をすること.
3　不動産その他重要な財産に関する権利の得喪を目的とする行為をすること.
4　訴訟行為をすること.
5　贈与, 和解又は仲裁合意（仲裁法（平成15年法律第138号）第2条第1項に規定する仲裁合意をいう.）をすること.
6　相続の承認若しくは放棄又は遺産の分割をすること.
7　贈与の申込みを拒絶し, 遺贈を放棄し, 負担付贈与の申込みを承諾し, 又は負担付遺贈を承認すること.
8　新築, 改築, 増築又は大修繕をすること.
9　第602条に定める期間を超える賃貸借をすること.
10　前各号に掲げる行為を制限行為能力者

（未成年者, 成年被後見人, 被保佐人及び第17条第1項の審判を受けた被補助人をいう. 以下同じ.）の法定代理人としてすること.

② 家庭裁判所は, 第11条本文に規定する者又は保佐人若しくは保佐監督人の請求により, 被保佐人が前項各号に掲げる行為以外の行為をする場合であってもその保佐人の同意を得なければならない旨の審判をすることができる. ただし, 第9条ただし書に規定する行為については, この限りでない.

③ 保佐人の同意を得なければならない行為について, 保佐人が被保佐人の利益を害するおそれがないにもかかわらず同意をしないときは, 家庭裁判所は, 被保佐人の請求により, 保佐人の同意に代わる許可を与えることができる.

④ 保佐人の同意を得なければならない行為であって, その同意又はこれに代わる許可を得ないでしたものは, 取り消すことができる.

（保佐開始の審判等の取消し）

第14条　① 第11条本文に規定する原因が消滅したときは, 家庭裁判所は, 本人, 配偶者, 四親等内の親族, 未成年後見人, 未成年後見監督人, 保佐人, 保佐監督人又は検察官の請求により, 保佐開始の審判を取り消さなければならない.

② 家庭裁判所は, 前項に規定する者の請求により, 前条第2項の審判の全部又は一部を取り消すことができる.

（補助開始の審判）

第15条　① 精神上の障害により事理を弁識する能力が不十分である者については, 家庭裁判所は, 本人, 配偶者, 四親等内の親族, 後見人, 後見監督人, 保佐人, 保佐監督人又は検察官の請求により, 補助開始の審判をすることができる. ただし, 第7条又は第11条本文に規定する原因がある者については, この限りでない.

② 本人以外の者の請求により補助開始の審判をするには, 本人の同意がなければならない.

③ 補助開始の審判は, 第17条第1項の審判又は第876条の9第1項の審判とともにしなければならない.

（被補助人及び補助人）

第16条　補助開始の審判を受けた者は, 被補助人とし, これに補助人を付する.

（補助人の同意を要する旨の審判等）

第17条　① 家庭裁判所は, 第15条第1項本文に規定する者又は補助人若しくは補助監督人の請求により, 被補助人が特定の法律行為をするにはその補助人の同意を得なければならない旨の審判をすることができる. ただし, その審判によりその同意を得なければならないものとすることができる行為は, 第13条第1項

に規定する行為の一部に限る.

② 本人以外の者の請求により前項の審判をするには,本人の同意がなければならない.

③ 補助人の同意を得なければならない行為について,補助人が被補助人の利益を害するおそれがないにもかかわらず同意をしないときは,家庭裁判所は,被補助人の請求により,補助人の同意に代わる許可を与えることができる.

④ 補助人の同意を得なければならない行為であって,その同意又はこれに代わる許可を得ないでしたものは,取り消すことができる.

（補助開始の審判等の取消し）

第18条 ① 第15条第1項本文に規定する原因が消滅したときは,家庭裁判所は,本人,配偶者,四親等内の親族,未成年後見人,未成年後見監督人,補助人,補助監督人又は検察官の請求により,補助開始の審判を取り消さなければならない.

② 家庭裁判所は,前項に規定する者の請求により,前条第1項の審判の全部又は一部を取り消すことができる.

③ 前条第1項の審判及び第876条の9第1項の審判をすべて取り消す場合には,家庭裁判所は,補助開始の審判を取り消さなければならない.

（審判相互の関係）

第19条 ① 後見開始の審判をする場合において,本人が被保佐人又は被補助人であるときは,家庭裁判所は,その本人に係る保佐開始又は補助開始の審判を取り消さなければならない.

② 前項の規定は,保佐開始の審判をする場合において本人が成年被後見人若しくは被補助人であるとき,又は補助開始の審判をする場合において本人が成年被後見人若しくは被保佐人であるときについて準用する.

（制限行為能力者の相手方の催告権）

第20条 ① 制限行為能力者の相手方は,その制限行為能力者が行為能力者（行為能力の制限を受けない者をいう. 以下同じ.）となった後,その者に対し,1箇月以上の期間を定めて,その期間内にその取り消すことができる行為を追認するかどうかを確答すべき旨の催告をすることができる. この場合において,その者がその期間内に確答を発しないときは,その行為を追認したものとみなす.

② 制限行為能力者の相手方が,制限行為能力者が行為能力者とならない間に,その法定代理人,保佐人又は補助人に対し,その権限内の行為について前項に規定する催告をした場合において,これらの者が同項の期間内に確答を発しないときも,同項後段と同様とする.

③ 特別の方式を要する行為については,前2項の期間内にその方式を具備した旨の通知を発しないときは,その行為を取り消したものとみなす.

④ 制限行為能力者の相手方は,被保佐人又は第17条第1項の審判を受けた被補助人に対しては,第1項の期間内にその保佐人又は補助人の追認を得るべき旨の催告をすることができる. この場合において,その被保佐人又は被補助人がその期間内にその追認を得た旨の通知を発しないときは,その行為を取り消したものとみなす.

（制限行為能力者の詐術）

第21条 制限行為能力者が行為能力者であることを信じさせるため詐術を用いたときは,その行為を取り消すことができない.

**　第4節　住　所**

（住　所）

第22条 各人の生活の本拠をその者の住所とする.

（居　所）

第23条 ① 住所が知れない場合には,居所を住所とみなす.

② 日本に住所を有しない者は,その者が日本人又は外国人のいずれであるかを問わず,日本における居所をその者の住所とみなす. ただし,準拠法を定める法律に従いその者の住所地法によるべき場合は,この限りでない.

（仮住所）

第24条 ある行為について仮住所を選定したときは,その行為に関しては,その仮住所を住所とみなす.

**　第5節　不在者の財産の管理及び失踪の宣告**

（不在者の財産の管理）

第25条 ① 従来の住所又は居所を去った者（以下「不在者」という.）がその財産の管理人（以下この節において単に「管理人」という.）を置かなかったときは,家庭裁判所は,利害関係人又は検察官の請求により,その財産の管理について必要な処分を命ずることができる. 本人の不在中に管理人の権限が消滅したときも,同様とする.

② 前項の規定による命令後,本人が管理人を置いたときは,家庭裁判所は,その管理人,利害関係人又は検察官の請求により,その命令を取り消さなければならない.

（管理人の改任）

第26条 不在者が管理人を置いた場合において,その不在者の生死が明らかでないときは,家庭裁判所は,利害関係人又は検察官の請求により,管理人を改任することができる.

（管理人の職務）

第27条 ① 前2条の規定により家庭裁判所が選任した管理人は,その管理すべき財産の目録を作成しなければならない. この場合において,その費用は,不在者の財産の中から支弁する.

② 不在者の生死が明らかでない場合において,利害関係人又は検察官の請求があるときは,家庭裁判所は,不在者が置いた管理人にも,前項の目録の作成を命ずることができる.

③ 前2項に定めるもののほか,家庭裁判所は,管理人に対し,不在者の財産の保存に必要と認める処分を命ずることができる.

（管理人の権限）

第28条 管理人は,第103条に規定する権限を超える行為を必要とするときは,家庭裁判所の許可を得て,その行為をすることができる. 不在者の生死が明らかでない場合において,その管理人が不在者が定めた権限を超える行為を必要とするときも,同様とする.

（管理人の担保提供及び報酬）

第29条 ① 家庭裁判所は,管理人に財産の管理及び返還について相当の担保を立てさせることができる.

② 家庭裁判所は,管理人と不在者との関係その他の事情により,不在者の財産の中から,相当な報酬を管理人に与えることができる.

（失踪の宣告）

第30条 ① 不在者の生死が7年間明らかでないときは,家庭裁判所は,利害関係人の請求により,失踪の宣告をすることができる.

② 戦地に臨んだ者,沈没した船舶の中に在った者その他死亡の原因となるべき危難に遭遇した者の生死が,それぞれ,戦争が止んだ後,船舶が沈没した後又はその他の危難が去った後1年間明らかでないときも,前項と同様とする.

（失踪の宣告の効力）

第31条 前条第1項の規定により失踪の宣告を受けた者は同項の期間が満了した時に,同条第2項の規定により失踪の宣告を受けた者はその危難が去った時に,死亡したものとみなす.

（失踪の宣告の取消し）

第32条 ① 失踪者が生存すること又は前条に規定する時と異なる時に死亡したことの証明があったときは,家庭裁判所は,本人又は利害関係人の請求により,失踪の宣告を取り消さなければならない. この場合において,その取消しは,失踪の宣告後その取消し前に善意でした行為の効力に影響を及ぼさない.

② 失踪の宣告によって財産を得た者は,その取消しによって権利を失う. ただし,現に利益を受けている限度においてのみ,その財産を返還する義務を負う.

第6節 同時死亡の推定

第32条の2 数人の者が死亡した場合において,そのうちの1人が他の者の死亡後になお生存していたことが明らかでないときは,これらの者は,同時に死亡したものと推定する.

第3章 法 人

（法人の成立等）

第33条 ① 法人は,この法律その他の法律の規定によらなければ,成立しない.

② 学術,技芸,慈善,祭祀,宗教その他の公益を目的とする法人,営利事業を営むことを目的とする法人その他の法人の設立,組織,運営及び管理については,この法律その他の法律の定めるところによる.

（法人の能力）

第34条 法人は,法令の規定に従い,定款その他の基本約款で定められた目的の範囲内において,権利を有し,義務を負う.

（外国法人）

第35条 ① 外国法人は,国,国の行政区画及び外国会社を除き,その成立を認許しない. ただし,法律又は条約の規定により認許された外国法人は,この限りでない.

② 前項の規定により認許された外国法人は,日本において成立する同種の法人と同一の私権を有する. ただし,外国人が享有することのできない権利及び法律又は条約中に特別の規定がある権利については,この限りでない.

（登 記）

第36条 法人及び外国法人は,この法律その他の法令の定めるところにより,登記をするものとする.

（外国法人の登記）

第37条 ① 外国法人（第35条第1項ただし書に規定する外国法人に限る. 以下この条において同じ.）が日本に事務所を設けたときは,3週間以内に,その事務所の所在地において,次に掲げる事項を登記しなければならない.

1 外国法人の設立の準拠法
2 目的
3 名称
4 事務所の所在場所
5 存続期間を定めたときは,その定め
6 代表者の氏名及び住所

② 前項各号に掲げる事項に変更を生じたときは,3週間以内に,変更の登記をしなければならない. この場合において,登記前にあっては,その変更をもって第三者に対抗することができない.

③ 代表者の職務の執行を停止し,若しくはその職務を代行する者を選任する仮処分命令又

はその仮処分命令を変更し,若しくは取り消す決定がされたときは,その登記をしなければならない.この場合において,前項後段の規定を準用する.

④ 前2項の規定により登記すべき事項が外国において生じたときは,登記の期間は,その通知が到達した日から起算する.

⑤ 外国法人が初めて日本に事務所を設けたときは,その事務所の所在地において登記するまでは,第三者は,その法人の成立を否認することができる.

⑥ 外国法人が事務所を移転したときは,旧所在地においては3週間以内に移転の登記をし,新所在地においては4週間以内に第1項各号に掲げる事項を登記しなければならない.

⑦ 同一の登記所の管轄区域内において事務所を移転したときは,その移転を登記すれば足りる.

⑧ 外国法人の代表者が,この条に規定する登記を怠ったときは,50万円以下の過料に処する.

第38条〜第84条 削除

第4章 物

（定 義）
第85条 この法律において「物」とは,有体物をいう.

（不動産及び動産）
第86条 ① 土地及びその定着物は,不動産とする.
② 不動産以外の物は,すべて動産とする.

（主物及び従物）
第87条 ① 物の所有者が,その物の常用に供するため,自己の所有に属する他の物をこれに附属させたときは,その附属させた物を従物とする.
② 従物は,主物の処分に従う.

（天然果実及び法定果実）
第88条 ① 物の用法に従い収取する産出物を天然果実とする.
② 物の使用の対価として受けるべき金銭その他の物を法定果実とする.

（果実の帰属）
第89条 ① 天然果実は,その元物から分離する時に,これを収取する権利を有する者に帰属する.
② 法定果実は,これを収取する権利の存続期間に応じて,日割計算によりこれを取得する.

第5章 法律行為

第1節 総則
（公序良俗）
第90条 公の秩序又は善良の風俗に反する法律行為は,無効とする.

（任意規定と異なる意思表示）
第91条 法律行為の当事者が法令中の公の秩序に関しない規定と異なる意思を表示したときは,その意思に従う.

（任意規定と異なる慣習）
第92条 法令中の公の秩序に関しない規定と異なる慣習がある場合において,法律行為の当事者がその慣習による意思を有しているものと認められるときは,その慣習に従う.

第2節 意思表示
（心裡留保）
第93条 ① 意思表示は,表意者がその真意ではないことを知ってしたときであっても,そのためにその効力を妨げられない.ただし,相手方がその意思表示が表意者の真意ではないことを知り,又は知ることができたときは,その意思表示は,無効とする.
② 前項ただし書の規定による意思表示の無効は,善意の第三者に対抗することができない.

（虚偽表示）
第94条 ① 相手方と通じてした虚偽の意思表示は,無効とする.
② 前項の規定による意思表示の無効は,善意の第三者に対抗することができない.

（錯 誤）
第95条 ① 意思表示は,次に掲げる錯誤に基づくものであって,その錯誤が法律行為の目的及び取引上の社会通念に照らして重要なものであるときは,取り消すことができる.
1 意思表示に対応する意思を欠く錯誤
2 表意者が法律行為の基礎とした事情についてのその認識が真実に反する錯誤
② 前項第2号の規定による意思表示の取消しは,その事情が法律行為の基礎とされていることが表示されていたときに限り,することができる.
③ 錯誤が表意者の重大な過失によるものであった場合には,次に掲げる場合を除き,第1項の規定による意思表示の取消しをすることができない.
1 相手方が表意者に錯誤があることを知り,又は重大な過失によって知らなかったとき.
2 相手方が表意者と同一の錯誤に陥っていたとき.
④ 第1項の規定による意思表示の取消しは,善意でかつ過失がない第三者に対抗することができない.

（詐欺又は強迫）
第96条 ① 詐欺又は強迫による意思表示は,取り消すことができる.
② 相手方に対する意思表示について第三者が

詐欺を行った場合においては，相手方がその事実を知り，又は知ることができたときに限り，その意思表示を取り消すことができる．

③ 前2項の規定による詐欺による意思表示の取消しは，善意でかつ過失がない第三者に対抗することができない．

（意思表示の効力発生時期等）

第97条 ① 意思表示は，その通知が相手方に到達した時からその効力を生ずる．

② 相手方が正当な理由なく意思表示の通知が到達することを妨げたときは，その通知は，通常到達すべきであった時に到達したものとみなす．

③ 意思表示は，表意者が通知を発した後に死亡し，意思能力を喪失し，又は行為能力の制限を受けたときであっても，そのためにその効力を妨げられない．

（公示による意思表示）

第98条 ① 意思表示は，表意者が相手方を知ることができず，又はその所在を知ることができないときは，公示の方法によってすることができる．

② 前項の公示は，公示送達に関する民事訴訟法（平成8年法律第109号）の規定に従い，次の各号に掲げる区分に応じ，それぞれ当該各号に定める事項を不特定多数の者が閲覧することができる状態に置くとともに，当該事項が記載された書面を裁判所の掲示場に掲示し，又は当該事項を裁判所に設置した電子計算機（入出力装置を含む．以下この項において同じ．）の映像面に表示したものの閲覧をすることができる状態に置く措置をとり，かつ，その措置がとられたことを官報に少なくとも1回掲載して行う．ただし，裁判所は，相当と認めるときは，官報への掲載に代えて，市役所，区役所，町村役場又はこれらに準ずる施設の掲示場に掲示すべきことを命ずることができる．

1 書類の公示による意思表示　裁判所書記官が意思表示を記載した書類を保管し，いつでも相手方に交付すべきこと．

2 電磁的記録（電子的方式，磁気的方式その他人の知覚によっては認識することができない方式で作られる記録であって，電子計算機による情報処理の用に供されるものをいう．以下同じ．）の公示による意思表示　裁判所書記官が，裁判所の使用に係る電子計算機に備えられたファイルに記録された電磁的記録に記録されている意思表示に係る事項につき，いつでも相手方にその事項を出力することにより作成した書面を交付し，又は閲覧若しくは記録をすることができる措置をとるととも

に，相手方に対し，裁判所の使用に係る電子計算機と相手方の使用に係る電子計算機とを電気通信回線で接続した電子情報処理組織を使用して当該措置がとられた旨の通知を発すべきこと．

③ 公示による意思表示は，最後に官報に掲載した日又はその掲載に代わる掲示を始めた日から2週間を経過した時に，相手方に到達したものとみなす．ただし，表意者が相手方を知らないこと又はその所在を知らないことについて過失があったときは，到達の効力を生じない．

④ 公示に関する手続は，相手方を知ることができない場合には表意者の住所地の，相手方の所在を知ることができない場合には相手方の最後の住所地の簡易裁判所の管轄に属する．

⑤ 裁判所は，表意者に，公示に関する費用を予納させなければならない．

〔令5法53，施行5年内〕

（意思表示の受領能力）

第98条の2 意思表示の相手方がその意思表示を受けた時に意思能力を有しなかったとき又は未成年者若しくは成年被後見人であったときは，その意思表示をもってその相手方に対抗することができない．ただし，次に掲げる者がその意思表示を知った後は，この限りでない．

1 相手方の法定代理人

2 意思能力を回復し，又は行為能力者となった相手方

第3節 代 理

（代理行為の要件及び効果）

第99条 ① 代理人がその権限内において本人のためにすることを示してした意思表示は，本人に対して直接にその効力を生ずる．

② 前項の規定は，第三者が代理人に対してした意思表示について準用する．

（本人のためにすることを示さない意思表示）

第100条 代理人が本人のためにすることを示さないでした意思表示は，自己のためにしたものとみなす．ただし，相手方が，代理人が本人のためにすることを知り，又は知ることができたときは，前条第1項の規定を準用する．

（代理行為の瑕疵）

第101条 ① 代理人が相手方に対してした意思表示の効力が意思の不存在，錯誤，詐欺，強迫又はある事情を知っていたこと若しくは知らなかったことにつき過失があったことによって影響を受けるべき場合には，その事実の有無は，代理人について決するものとする．

② 相手方が代理人に対してした意思表示の効力が意思表示を受けた者がある事情を知っていたこと又は知らなかったことにつき過失が

あったことによって影響を受けるべき場合には，その事実の有無は，代理人について決するものとする．

③ 特定の法律行為をすることを委託された代理人がその行為をしたときは，本人は，自ら知っていた事情について代理人が知らなかったことを主張することができない．本人が過失によって知らなかった事情についても，同様とする．

（代理人の行為能力）

第102条 制限行為能力者が代理人としてした行為は，行為能力の制限によっては取り消すことができない．ただし，制限行為能力者が他の制限行為能力者の法定代理人としてした行為については，この限りでない．

（権限の定めのない代理人の権限）

第103条 権限の定めのない代理人は，次に掲げる行為のみをする権限を有する．

1 保存行為

2 代理の目的である物又は権利の性質を変えない範囲内において，その利用又は改良を目的とする行為

（任意代理人による復代理人の選任）

第104条 委任による代理人は，本人の許諾を得たとき，又はやむを得ない事由があるときでなければ，復代理人を選任することができない．

（法定代理人による復代理人の選任）

第105条 法定代理人は，自己の責任で復代理人を選任することができる．この場合において，やむを得ない事由があるときは，本人に対してその選任及び監督についての責任のみを負う．

（復代理人の権限等）

第106条 ① 復代理人は，その権限内の行為について，本人を代表する．

② 復代理人は，本人及び第三者に対して，その権限の範囲内において，代理人と同一の権利を有し，義務を負う．

（代理権の濫用）

第107条 代理人が自己又は第三者の利益を図る目的で代理権の範囲内の行為をした場合において，相手方がその目的を知り，又は知ることができたときは，その行為は，代理権を有しない者がした行為とみなす．

（自己契約及び双方代理等）

第108条 ① 同一の法律行為について，相手方の代理人として，又は当事者双方の代理人としてした行為は，代理権を有しない者がした行為とみなす．ただし，債務の履行及び本人があらかじめ許諾した行為については，この限りでない．

② 前項本文に規定するもののほか，代理人と本人との利益が相反する行為については，代理権を有しない者がした行為とみなす．ただし，本人があらかじめ許諾した行為については，この限りでない．

（代理権授与の表示による表見代理等）

第109条 ① 第三者に対して他人に代理権を与えた旨を表示した者は，その代理権の範囲内においてその他人が第三者との間でした行為について，その責任を負う．ただし，第三者が，その他人が代理権を与えられていないことを知り，又は過失によって知らなかったときは，この限りでない．

② 第三者に対して他人に代理権を与えた旨を表示した者は，その代理権の範囲内においてその他人が第三者との間で行為をしたとすれば前項の規定によりその責任を負うべき場合において，その他人が第三者との間でその代理権の範囲外の行為をしたときは，第三者がその行為についてその他人の代理権があると信ずべき正当な理由があるときに限り，その行為についての責任を負う．

（権限外の行為の表見代理）

第110条 前条第1項本文の規定は，代理人がその権限外の行為をした場合において，第三者が代理人の権限があると信ずべき正当な理由があるときについて準用する．

（代理権の消滅事由）

第111条 ① 代理権は，次に掲げる事由によって消滅する．

1 本人の死亡

2 代理人の死亡又は代理人が破産手続開始の決定若しくは後見開始の審判を受けたこと．

② 委任による代理権は，前項各号に掲げる事由のほか，委任の終了によって消滅する．

（代理権消滅後の表見代理等）

第112条 ① 他人に代理権を与えた者は，代理権の消滅後にその代理権の範囲内においてその他人が第三者との間でした行為について，代理権の消滅の事実を知らなかった第三者に対してその責任を負う．ただし，第三者が過失によってその事実を知らなかったときは，この限りでない．

② 他人に代理権を与えた者は，代理権の消滅後に，その代理権の範囲内においてその他人が第三者との間で行為をしたとすれば前項の規定によりその責任を負うべき場合において，その他人が第三者との間でその代理権の範囲外の行為をしたときは，第三者がその行為についてその他人の代理権があると信ずべき正当な理由があるときに限り，その行為についての責

任を負う．
（無権代理）
第113条 ① 代理権を有しない者が他人の代理人としてした契約は，本人がその追認をしなければ，本人に対してその効力を生じない．
② 追認又はその拒絶は，相手方に対してしなければ，その相手方に対抗することができない．ただし，相手方がその事実を知ったときは，この限りでない．
（無権代理の相手方の催告権）
第114条 前条の場合において，相手方は，本人に対し，相当の期間を定めて，その期間内に追認をするかどうかを確答すべき旨の催告をすることができる．この場合において，本人がその期間内に確答をしないときは，追認を拒絶したものとみなす．
（無権代理の相手方の取消権）
第115条 代理権を有しない者がした契約は，本人が追認をしない間は，相手方が取り消すことができる．ただし，契約の時において代理権を有しないことを相手方が知っていたときは，この限りでない．
（無権代理行為の追認）
第116条 追認は，別段の意思表示がないときは，契約の時にさかのぼってその効力を生ずる．ただし，第三者の権利を害することはできない．
（無権代理人の責任）
第117条 ① 他人の代理人として契約をした者は，自己の代理権を証明したとき，又は本人の追認を得たときを除き，相手方の選択に従い，相手方に対して履行又は損害賠償の責任を負う．
② 前項の規定は，次に掲げる場合には，適用しない．
　1 他人の代理人として契約をした者が代理権を有しないことを相手方が知っていたとき．
　2 他人の代理人として契約をした者が代理権を有しないことを相手方が過失によって知らなかったとき．ただし，他人の代理人として契約をした者が自己に代理権がないことを知っていたときは，この限りでない．
　3 他人の代理人として契約をした者が行為能力の制限を受けていたとき．
（単独行為の無権代理）
第118条 単独行為については，その行為の時において，相手方が，代理人と称する者が代理権を有しないで行為をすることに同意し，又はその代理権を争わなかったときに限り，第113条から前条までの規定を準用する．代理権を有しない者に対しその同意を得て単独行為をしたときも，同様とする．

第4節　無効及び取消し
（無効な行為の追認）
第119条 無効な行為は，追認によっても，その効力を生じない．ただし，当事者がその行為の無効であることを知って追認をしたときは，新たな行為をしたものとみなす．
（取消権者）
第120条 ① 行為能力の制限によって取り消すことができる行為は，制限行為能力者（他の制限行為能力者の法定代理人としてした行為にあっては，当該他の制限行為能力者を含む．）又はその代理人，承継人若しくは同意をすることができる者に限り，取り消すことができる．
② 錯誤，詐欺又は強迫によって取り消すことができる行為は，瑕疵ある意思表示をした者又はその代理人若しくは承継人に限り，取り消すことができる．
（取消しの効果）
第121条 取り消された行為は，初めから無効であったものとみなす．
（原状回復の義務）
第121条の2 ① 無効な行為に基づく債務の履行として給付を受けた者は，相手方を原状に復させる義務を負う．
② 前項の規定にかかわらず，無効な無償行為に基づく債務の履行として給付を受けた者は，給付を受けた当時その行為が無効であること（給付を受けた後に前条の規定により初めから無効であったものとみなされた行為にあっては，給付を受けた当時その行為が取り消すことができるものであること）を知らなかったときは，その行為によって現に利益を受けている限度において，返還の義務を負う．
③ 第1項の規定にかかわらず，行為の時に意思能力を有しなかった者は，その行為によって現に利益を受けている限度において，返還の義務を負う．行為の時に制限行為能力者であった者についても，同様とする．
（取り消すことができる行為の追認）
第122条 取り消すことができる行為は，第120条に規定する者が追認したときは，以後，取り消すことができない．
（取消し及び追認の方法）
第123条 取り消すことができる行為の相手方が確定している場合には，その取消し又は追認は，相手方に対する意思表示によってする．
（追認の要件）
第124条 ① 取り消すことができる行為の追認は，取消しの原因となっていた状況が消滅し，かつ，取消権を有することを知った後にしなければ，その効力を生じない．

② 次に掲げる場合には、前項の追認は、取消しの原因となっていた状況が消滅した後にすることを要しない。

1 法定代理人又は制限行為能力者の保佐人若しくは補助人が追認をするとき。

2 制限行為能力者（成年被後見人を除く。）が法定代理人、保佐人又は補助人の同意を得て追認をするとき。

（法定追認）

第125条　追認をすることができる時以後に、取り消すことができる行為について次に掲げる事実があったときは、追認をしたものとみなす。ただし、異議をとどめたときは、この限りでない。

1 全部又は一部の履行

2 履行の請求

3 更改

4 担保の供与

5 取り消すことができる行為によって取得した権利の全部又は一部の譲渡

6 強制執行

（取消権の期間の制限）

第126条　取消権は、追認をすることができる時から5年間行使しないときは、時効によって消滅する。行為の時から20年を経過したときも、同様とする。

第5節　条件及び期限

（条件が成就した場合の効果）

第127条　① 停止条件付法律行為は、停止条件が成就した時からその効力を生ずる。

② 解除条件付法律行為は、解除条件が成就した時からその効力を失う。

③ 当事者が条件が成就した場合の効果をその成就した時以前にさかのぼらせる意思を表示したときは、その意思に従う。

（条件の成否未定の間における相手方の利益の侵害の禁止）

第128条　条件付法律行為の各当事者は、条件の成否が未定である間は、条件が成就した場合にその法律行為から生ずべき相手方の利益を害することができない。

（条件の成否未定の間における権利の処分等）

第129条　条件の成否が未定である間における当事者の権利義務は、一般の規定に従い、処分し、相続し、若しくは保存し、又はそのために担保を供することができる。

（条件の成就の妨害等）

第130条　① 条件が成就することによって不利益を受ける当事者が故意にその条件の成就を妨げたときは、相手方は、その条件が成就したものとみなすことができる。

② 条件が成就することによって利益を受ける当事者が不正にその条件を成就させたときは、相手方は、その条件が成就しなかったものとみなすことができる。

（既成条件）

第131条　① 条件が法律行為の時に既に成就していた場合において、その条件が停止条件であるときはその法律行為は無条件とし、その条件が解除条件であるときはその法律行為は無効とする。

② 条件が成就しないことが法律行為の時に既に確定していた場合において、その条件が停止条件であるときはその法律行為は無効とし、その条件が解除条件であるときはその法律行為は無条件とする。

③ 前2項に規定する場合において、当事者が条件が成就したこと又は成就しなかったことを知らない間は、第128条及び第129条の規定を準用する。

（不法条件）

第132条　不法な条件を付した法律行為は、無効とする。不法な行為をしないことを条件とするものも、同様とする。

（不能条件）

第133条　① 不能の停止条件を付した法律行為は、無効とする。

② 不能の解除条件を付した法律行為は、無条件とする。

（随意条件）

第134条　停止条件付法律行為は、その条件が単に債務者の意思のみに係るときは、無効とする。

（期限の到来の効果）

第135条　① 法律行為に始期を付したときは、その法律行為の履行は、期限が到来するまで、これを請求することができない。

② 法律行為に終期を付したときは、その法律行為の効力は、期限が到来した時に消滅する。

（期限の利益及びその放棄）

第136条　① 期限は、債務者の利益のために定めたものと推定する。

② 期限の利益は、放棄することができる。ただし、これによって相手方の利益を害することはできない。

（期限の利益の喪失）

第137条　次に掲げる場合には、債務者は、期限の利益を主張することができない。

1 債務者が破産手続開始の決定を受けたとき。

2 債務者が担保を減失させ、損傷させ、又は減少させたとき。

3 債務者が担保を供する義務を負う場合において、これを供しないとき。

第6章　期間の計算

（期間の計算の通則）

第138条　期間の計算方法は，法令若しくは裁判上の命令に特別の定めがある場合又は法律行為に別段の定めがある場合を除き，この章の規定に従う．

（期間の起算）

第139条　時間によって期間を定めたときは，その期間は，即時から起算する．

第140条　日，週，月又は年によって期間を定めたときは，期間の初日は，算入しない．ただし，その期間が午前0時から始まるときは，この限りでない．

（期間の満了）

第141条　前条の場合には，期間は，その末日の終了をもって満了する．

第142条　期間の末日が日曜日，国民の祝日に関する法律（昭和23年法律第178号）に規定する休日その他の休日に当たるときは，その日に取引をしない慣習がある場合に限り，期間は，その翌日に満了する．

（暦による期間の計算）

第143条　① 週，月又は年によって期間を定めたときは，その期間は，暦に従って計算する．

② 週，月又は年の初めから期間を起算しないときは，その期間は，最後の週，月又は年においてその起算日に応当する日の前日に満了する．ただし，月又は年によって期間を定めた場合において，最後の月に応当する日がないときは，その月の末日に満了する．

第7章　時　効

第1節　総　則

（時効の効力）

第144条　時効の効力は，その起算日にさかのぼる．

（時効の援用）

第145条　時効は，当事者（消滅時効にあっては，保証人，物上保証人，第三取得者その他権利の消滅について正当な利益を有する者を含む．）が援用しなければ，裁判所がこれによって裁判をすることができない．

（時効の利益の放棄）

第146条　時効の利益は，あらかじめ放棄することができない．

（裁判上の請求等による時効の完成猶予及び更新）

第147条　① 次に掲げる事由がある場合には，その事由が終了する（確定判決又は確定判決と同一の効力を有するものによって権利が確定することなくその事由が終了した場合にあっては，その終了の時から6箇月を経過する）までの間は，時効は，完成しない．

1　裁判上の請求

2　支払督促

3　民事訴訟法第275条第1項の和解又は民事調停法（昭和26年法律第222号）若しくは家事事件手続法（平成23年法律第52号）による調停

4　破産手続参加，再生手続参加又は更生手続参加

② 前項の場合において，確定判決又は確定判決と同一の効力を有するものによって権利が確定したときは，時効は，同項各号に掲げる事由が終了した時から新たにその進行を始める．

（強制執行等による時効の完成猶予及び更新）

第148条　① 次に掲げる事由がある場合には，その事由が終了する（申立ての取下げ又は法律の規定に従わないことによる取消しによってその事由が終了した場合にあっては，その終了の時から6箇月を経過する）までの間は，時効は，完成しない．

1　強制執行

2　担保権の実行

3　民事執行法（昭和54年法律第4号）第195条に規定する担保権の実行としての競売の例による競売

4　民事執行法第196条に規定する財産開示手続又は同法第204条に規定する第三者からの情報取得手続

② 前項の場合には，時効は，同項各号に掲げる事由が終了した時から新たにその進行を始める．ただし，申立ての取下げ又は法律の規定に従わないことによる取消しによってその事由が終了した場合は，この限りでない．

（仮差押え等による時効の完成猶予）

第149条　次に掲げる事由がある場合には，その事由が終了した時から6箇月を経過するまでの間は，時効は，完成しない．

1　仮差押え

2　仮処分

（催告による時効の完成猶予）

第150条　① 催告があったときは，その時から6箇月を経過するまでの間は，時効は，完成しない．

② 催告によって時効の完成が猶予されている間にされた再度の催告は，前項の規定による時効の完成猶予の効力を有しない．

（協議を行う旨の合意による時効の完成猶予）

第151条　① 権利についての協議を行う旨の合意が書面でされたときは，次に掲げる時効のい

ずれか早い時までの間は,時効は,完成しない.

1　その合意があった時から1年を経過した時

2　その合意において当事者が協議を行う期間（1年に満たないものに限る.）を定めたときは,その期間を経過した時

3　当事者の一方から相手方に対して協議の続行を拒絶する旨の通知が書面でされたときは,その通知の時から6箇月を経過した時

② 前項の規定により時効の完成が猶予されている間にされた再度の同項の合意は,同項の規定による時効の完成猶予の効力を有する.ただし,その効力は,時効の完成が猶予されなかったとすれば時効が完成すべき時から通じて5年を超えることができない.

③ 催告によって時効の完成が猶予されている間にされた第1項の合意は,同項の規定による時効の完成猶予の効力を有しない.同項の規定により時効の完成が猶予されている間にされた催告についても,同様とする.

④ 第1項の合意がその内容を記録した電磁的記録（<u>電子的方式,磁気的方式その他人の知覚によっては認識することができない方式で作られる記録であって,電子計算機による情報処理の用に供されるものをいう.以下同じ.</u>）によってされたときは,その合意は,書面によってされたものとみなして,前3項の規定を適用する.

⑤ 前項の規定は,第1項第3号の通知について準用する.

〔＝箇所：削除,令5法53,施行5年内〕

（承認による時効の更新）

第152条 ① 時効は,権利の承認があったときは,その時から新たにその進行を始める.

② 前項の承認をするには,相手方の権利についての処分につき行為能力の制限を受けていないこと又は権限があることを要しない.

（時効の完成猶予又は更新の効力が及ぶ者の範囲）

第153条 ① 第147条又は第148条の規定による時効の完成猶予又は更新は,完成猶予又は更新の事由が生じた当事者及びその承継人の間においてのみ,その効力を有する.

② 第149条から第151条までの規定による時効の完成猶予は,完成猶予の事由が生じた当事者及びその承継人の間においてのみ,その効力を有する.

③ 前条の規定による時効の更新は,更新の事由が生じた当事者及びその承継人の間においてのみ,その効力を有する.

第154条 第148条第1項各号又は第149条

各号に掲げる事由に係る手続は,時効の利益を受ける者に対してしないときは,その者に通知をした後でなければ,第148条又は第149条の規定による時効の完成猶予又は更新の効力を生じない.

第155条　削除

第156条　削除

第157条　削除

（未成年者又は成年被後見人と時効の完成猶予）

第158条 ① 時効の期間の満了前6箇月以内の間に未成年者又は成年被後見人に法定代理人がないときは,その未成年者若しくは成年被後見人が行為能力者となった時又は法定代理人が就職した時から6箇月を経過するまでの間は,その未成年者又は成年被後見人に対して,時効は,完成しない.

② 未成年者又は成年被後見人がその財産を管理する父,母又は後見人に対して権利を有するときは,その未成年者若しくは成年被後見人が行為能力者となった時又は後任の法定代理人が就職した時から6箇月を経過するまでの間は,その権利について,時効は,完成しない.

（夫婦間の権利の時効の完成猶予）

第159条　夫婦の一方が他の一方に対して有する権利については,婚姻の解消の時から6箇月を経過するまでの間は,時効は,完成しない.

（相続財産に関する時効の完成猶予）

第160条　相続財産に関しては,相続人が確定した時,管理人が選任された時又は破産手続開始の決定があった時から6箇月を経過するまでの間は,時効は,完成しない.

（天災等による時効の完成猶予）

第161条　時効の期間の満了の時に当たり,天災その他避けることのできない事変のため第147条第1項各号又は第148条第1項各号に掲げる事由に係る手続を行うことができないときは,その障害が消滅した時から3箇月を経過するまでの間は,時効は,完成しない.

第2節　取得時効

（所有権の取得時効）

第162条 ① 20年間,所有の意思をもって,平穏に,かつ,公然と他人の物を占有した者は,その所有権を取得する.

② 10年間,所有の意思をもって,平穏に,かつ,公然と他人の物を占有した者は,その占有の開始の時に,善意であり,かつ,過失がなかったときは,その所有権を取得する.

（所有権以外の財産権の取得時効）

第163条　所有権以外の財産権を,自己のため

にする意思をもって，平穏に，かつ，公然と行使する者は，前条の区別に従い 20 年又は 10 年を経過した後，その権利を取得する．

（占有の中止等による取得時効の中断）

第 164 条　第 162 条の規定による時効は，占有者が任意にその占有を中止し，又は他人によってその占有を奪われたときは，中断する．

第 165 条　前条の規定は，第 163 条の場合について準用する．

　第 3 節　消滅時効

（債権等の消滅時効）

第 166 条　① 債権は，次に掲げる場合には，時効によって消滅する．

1　債権者が権利を行使することができることを知った時から 5 年間行使しないとき．

2　権利を行使することができる時から 10 年間行使しないとき．

② 債権又は所有権以外の財産権は，権利を行使することができる時から 20 年間行使しないときは，時効によって消滅する．

③ 前 2 項の規定は，始期付権利又は停止条件付権利の目的物を占有する第三者のために，その占有の開始の時から取得時効が進行することを妨げない．ただし，権利者は，その時効を更新するため，いつでも占有者の承認を求めることができる．

（人の生命又は身体の侵害による損害賠償請求権の消滅時効）

第 167 条　人の生命又は身体の侵害による損害賠償請求権の消滅時効についての前条第 1 項第 2 号の規定の適用については，同号中「10 年間」とあるのは，「20 年間」とする．

（定期金債権の消滅時効）

第 168 条　① 定期金の債権は，次に掲げる場合には，時効によって消滅する．

1　債権者が定期金の債権から生ずる金銭その他の物の給付を目的とする各債権を行使することができることを知った時から 10 年間行使しないとき．

2　前号に規定する各債権を行使することができる時から 20 年間行使しないとき．

② 定期金の債権者は，時効の更新の証拠を得るため，いつでも，その債務者に対して承認書の交付を求めることができる．

（判決で確定した権利の消滅時効）

第 169 条　① 確定判決又は確定判決と同一の効力を有するものによって確定した権利については，10 年より短い時効期間の定めがあるものであっても，その時効期間は，10 年とする．

② 前項の規定は，確定の時に弁済期の到来していない債権については，適用しない．

第 170 条　削除
第 171 条　削除
第 172 条　削除
第 173 条　削除
第 174 条　削除

◆ 第 2 編　物　権 ◆

第 1 章　総　則

（物権の創設）

第 175 条　物権は，この法律その他の法律に定めるもののほか，創設することができない．

（物権の設定及び移転）

第 176 条　物権の設定及び移転は，当事者の意思表示のみによって，その効力を生ずる．

（不動産に関する物権の変動の対抗要件）

第 177 条　不動産に関する物権の得喪及び変更は，不動産登記法（平成 16 年法律第 123 号）その他の登記に関する法律の定めるところに従いその登記をしなければ，第三者に対抗することができない．

（動産に関する物権の譲渡の対抗要件）

第 178 条　動産に関する物権の譲渡は，その動産の引渡しがなければ，第三者に対抗することができない．

（混　同）

第 179 条　① 同一物について所有権及び他の物権が同一人に帰属したときは，当該他の物権は，消滅する．ただし，その物又は当該他の物権が第三者の権利の目的であるときは，この限りでない．

② 所有権以外の物権及びこれを目的とする他の権利が同一人に帰属したときは，当該他の権利は，消滅する．この場合においては，前項ただし書の規定を準用する．

③ 前 2 項の規定は，占有権については，適用しない．

第 2 章　占有権

第 1 節　占有権の取得

（占有権の取得）

第 180 条　占有権は，自己のためにする意思をもって物を所持することによって取得する．

（代理占有）

第 181 条　占有権は，代理人によって取得することができる．

（現実の引渡し及び簡易の引渡し）

第 182 条　① 占有権の譲渡は，占有物の引渡しによってする．

② 譲受人又はその代理人が現に占有物を所持する場合には，占有権の譲渡は，当事者の意思

表示のみによってすることができる.
　（占有改定）
第183条　代理人が自己の占有物を以後本人のために占有する意思を表示したときは,本人は,これによって占有権を取得する.
　（指図による占有移転）
第184条　代理人によって占有をする場合において,本人がその代理人に対して以後第三者のためにその物を占有することを命じ,その第三者がこれを承諾したときは,その第三者は,占有権を取得する.
　（占有の性質の変更）
第185条　権原の性質上占有者に所有の意思がないものとされる場合には,その占有者が,自己に占有をさせた者に対して所有の意思があることを表示し,又は新たな権原により更に所有の意思をもって占有を始めるのでなければ,占有の性質は,変わらない.
　（占有の態様等に関する推定）
第186条　① 占有者は,所有の意思をもって,善意で,平穏に,かつ,公然と占有をするものと推定する.
② 前後の両時点において占有をした証拠があるときは,占有は,その間継続したものと推定する.
　（占有の承継）
第187条　① 占有者の承継人は,その選択に従い,自己の占有のみを主張し,又は自己の占有に前の占有者の占有を併せて主張することができる.
② 前の占有者の占有を併せて主張する場合には,その瑕疵をも承継する.
　第2節　占有権の効力
　（占有物について行使する権利の適法の推定）
第188条　占有者が占有物について行使する権利は,適法に有するものと推定する.
　（善意の占有者による果実の取得等）
第189条　① 善意の占有者は,占有物から生ずる果実を取得する.
② 善意の占有者が本権の訴えにおいて敗訴したときは,その訴えの提起の時から悪意の占有者とみなす.
　（悪意の占有者による果実の返還等）
第190条　① 悪意の占有者は,果実を返還し,かつ,既に消費し,過失によって損傷し,又は収取を怠った果実の代価を償還する義務を負う.
② 前項の規定は,暴行若しくは強迫又は隠匿によって占有をしている者について準用する.
　（占有者による損害賠償）
第191条　占有物が占有者の責めに帰すべき事由によって滅失し,又は損傷したときは,その

回復者に対し,悪意の占有者はその損害の全部の賠償をする義務を負い,善意の占有者はその滅失又は損傷によって現に利益を受けている限度において賠償をする義務を負う.ただし,所有の意思のない占有者は,善意であるときであっても,全部の賠償をしなければならない.
　（即時取得）
第192条　取引行為によって,平穏に,かつ,公然と動産の占有を始めた者は,善意であり,かつ,過失がないときは,即時にその動産について行使する権利を取得する.
　（盗品又は遺失物の回復）
第193条　前条の場合において,占有物が盗品又は遺失物であるときは,被害者又は遺失者は,盗難又は遺失の時から2年間,占有者に対してその物の回復を請求することができる.
第194条　占有者が,盗品又は遺失物を,競売若しくは公の市場において,又はその物と同種の物を販売する商人から,善意で買い受けたときは,被害者又は遺失者は,占有者が支払った代価を弁償しなければ,その物を回復することができない.
　（動物の占有による権利の取得）
第195条　家畜以外の動物で他人が飼育していたものを占有する者は,その占有の開始の時に善意であり,かつ,その動物が飼主の占有を離れた時から1箇月以内に飼主から回復の請求を受けなかったときは,その動物について行使する権利を取得する.
　（占有者による費用の償還請求）
第196条　① 占有者が占有物を返還する場合には,その物の保存のために支出した金額その他の必要費を回復者から償還させることができる.ただし,占有者が果実を取得したときは,通常の必要費は,占有者の負担に帰する.
② 占有者が占有物の改良のために支出した金額その他の有益費については,その価格の増加が現存する場合に限り,回復者の選択に従い,その支出した金額又は増価額を償還させることができる.ただし,悪意の占有者に対しては,裁判所は,回復者の請求により,その償還について相当の期限を許与することができる.
　（占有の訴え）
第197条　占有者は,次条から第202条までの規定に従い,占有の訴えを提起することができる.他人のために占有をする者も,同様とする.
　（占有保持の訴え）
第198条　占有者がその占有を妨害されたときは,占有保持の訴えにより,その妨害の停止及び損害の賠償を請求することができる.
　（占有保全の訴え）

第199条　占有者がその占有を妨害されるおそれがあるときは，占有保全の訴えにより，その妨害の予防又は損害賠償の担保を請求することができる.

（占有回収の訴え）

第200条　① 占有者がその占有を奪われたときは，占有回収の訴えにより，その物の返還及び損害の賠償を請求することができる.

② 占有回収の訴えは，占有を侵奪した者の特定承継人に対して提起することができない. ただし，その承継人が侵奪の事実を知っていたときは，この限りでない.

（占有の訴えの提起期間）

第201条　① 占有保持の訴えは，妨害の存する間又はその消滅した後1年以内に提起しなければならない. ただし，工事により占有物に損害を生じた場合において，その工事に着手した時から1年を経過し，又はその工事が完成したときは，これを提起することができない.

② 占有保全の訴えは，妨害の危険の存する間は，提起することができる. この場合において，工事により占有物に損害を生ずるおそれがあるときは，前項ただし書の規定を準用する.

③ 占有回収の訴えは，占有を奪われた時から1年以内に提起しなければならない.

（本権の訴えとの関係）

第202条　① 占有の訴えは本権の訴えを妨げず，また，本権の訴えは占有の訴えを妨げない.

② 占有の訴えについては，本権に関する理由に基づいて裁判をすることができない.

第3節　占有権の消滅

（占有権の消滅事由）

第203条　占有権は，占有者が占有の意思を放棄し，又は占有物の所持を失うことによって消滅する. ただし，占有者が占有回収の訴えを提起したときは，この限りでない.

（代理占有権の消滅事由）

第204条　① 代理人によって占有をする場合には，占有権は，次に掲げる事由によって消滅する.

1　本人が代理人に占有をさせる意思を放棄したこと.

2　代理人が本人に対して以後自己又は第三者のために占有物を所持する意思を表示したこと.

3　代理人が占有物の所持を失ったこと.

② 占有権は，代理権の消滅のみによっては，消滅しない.

第4節　準占有

第205条　この章の規定は，自己のためにする意思をもって財産権の行使をする場合について準用する.

第3章　所有権

第1節　所有権の限界

第1款　所有権の内容及び範囲

（所有権の内容）

第206条　所有者は，法令の制限内において，自由にその所有物の使用，収益及び処分をする権利を有する.

（土地所有権の範囲）

第207条　土地の所有権は，法令の制限内において，その土地の上下に及ぶ.

第208条　削除

第2款　相隣関係

（隣地の使用）

第209条　① 土地の所有者は，次に掲げる目的のため必要な範囲内で，隣地を使用することができる. ただし，住家については，その居住者の承諾がなければ，立ち入ることはできない.

1　境界又はその付近における障壁，建物その他の工作物の築造，収去又は修繕

2　境界標の調査又は境界に関する測量

3　第233条第3項の規定による枝の切取り

② 前項の場合には，使用の日時，場所及び方法は，隣地の所有者及び隣地を現に使用している者（以下この条において「隣地使用者」という.）のために損害が最も少ないものを選ばなければならない.

③ 第1項の規定により隣地を使用する者は，あらかじめ，その目的，日時，場所及び方法を隣地の所有者及び隣地使用者に通知しなければならない. ただし，あらかじめ通知することが困難なときは，使用を開始した後，遅滞なく，通知することをもって足りる.

④ 第1項の場合において，隣地の所有者又は隣地使用者が損害を受けたときは，その償金を請求することができる.

（公道に至るための他の土地の通行権）

第210条　① 他の土地に囲まれて公道に通じない土地の所有者は，公道に至るため，その土地を囲んでいる他の土地を通行することができる.

② 池沼，河川，水路若しくは海を通らなければ公道に至ることができないとき，又は崖があって土地と公道とに著しい高低差があるときも，前項と同様とする.

第211条　① 前条の場合には，通行の場所及び方法は，同条の規定による通行権を有する者のために必要であり，かつ，他の土地のために損害が最も少ないものを選ばなければならない.

② 前条の規定による通行権を有する者は，必要があるときは，通路を開設することができる.

第212条　第210条の規定による通行権を有する者は，その通行する他の土地の損害に対して償金を支払わなければならない．ただし，通路の開設のために生じた損害に対するものを除き，1年ごとにその償金を支払うことができる．

第213条　① 分割によって公道に通じない土地が生じたときは，その土地の所有者は，公道に至るため，他の分割者の所有地のみを通行することができる．この場合においては，償金を支払うことを要しない．

② 前項の規定は，土地の所有者がその土地の一部を譲り渡した場合について準用する．

　　（継続的給付を受けるための設備の設置権等）

第213条の2　① 土地の所有者は，他の土地に設備を設置し，又は他人が所有する設備を使用しなければ電気，ガス又は水道水の供給その他これらに類する継続的給付（以下この項及び次条第1項において「継続的給付」という．）を受けることができないときは，継続的給付を受けるため必要な範囲内で，他の土地に設備を設置し，又は他人が所有する設備を使用することができる．

② 前項の場合には，設備の設置又は使用の場所及び方法は，他の土地又は他人が所有する設備（次項において「他の土地等」という．）のために損害が最も少ないものを選ばなければならない．

③ 第1項の規定により他の土地に設備を設置し，又は他人が所有する設備を使用する者は，あらかじめ，その目的，場所及び方法を他の土地等の所有者及び他の土地を現に使用している者に通知しなければならない．

④ 第1項の規定による権利を有する者は，同項の規定により他の土地に設備を設置し，又は他人が所有する設備を使用するために当該他の土地又は当該他人が所有する設備がある土地を使用することができる．この場合においては，第209条第1項ただし書及び第2項から第4項までの規定を準用する．

⑤ 第1項の規定により他の土地に設備を設置する者は，その土地の損害（前項において準用する第209条第4項に規定する損害を除く．）に対して償金を支払わなければならない．ただし，1年ごとにその償金を支払うことができる．

⑥ 第1項の規定により他人が所有する設備を使用する者は，その設備の使用を開始するために生じた損害に対して償金を支払わなければならない．

⑦ 第1項の規定により他人が所有する設備を使用する者は，その利益を受ける割合に応じて，

その設置，改築，修繕及び維持に要する費用を負担しなければならない．

第213条の3　① 分割によって他の土地に設備を設置しなければ継続的給付を受けることができない土地が生じたときは，その土地の所有者は，継続的給付を受けるため，他の分割者の所有地のみに設備を設置することができる．この場合においては，前条第5項の規定は，適用しない．

② 前項の規定は，土地の所有者がその土地の一部を譲り渡した場合について準用する．

　　（自然水流に対する妨害の禁止）

第214条　土地の所有者は，隣地から水が自然に流れて来るのを妨げてはならない．

　　（水流の障害の除去）

第215条　水流が天災その他避けることのできない事変により低地において閉塞したときは，高地の所有者は，自己の費用で，水流の障害を除去するため必要な工事をすることができる．

　　（水流に関する工作物の修繕等）

第216条　他の土地に貯水，排水又は引水のために設けられた工作物の破壊又は閉塞により，自己の土地に損害が及び，又は及ぶおそれがある場合には，その土地の所有者は，当該他の土地の所有者に，工作物の修繕若しくは障害の除去をさせ，又は必要があるときは予防工事をさせることができる．

　　（費用の負担についての慣習）

第217条　前2条の場合において，費用の負担について別段の慣習があるときは，その慣習に従う．

　　（雨水を隣地に注ぐ工作物の設置の禁止）

第218条　土地の所有者は，直接に雨水を隣地に注ぐ構造の屋根その他の工作物を設けてはならない．

　　（水流の変更）

第219条　① 溝，堀その他の水流地の所有者は，対岸の土地が他人の所有に属するときは，その水路又は幅員を変更してはならない．

② 両岸の土地が水流地の所有者に属するときは，その所有者は，水路及び幅員を変更することができる．ただし，水流が隣地と交わる地点において，自然の水路に戻さなければならない．

③ 前2項の規定と異なる慣習があるときは，その慣習に従う．

　　（排水のための低地の通水）

第220条　高地の所有者は，その高地が浸水した場合にこれを乾かすため，又は自家用若しくは農工業用の余水を排出するため，公の水流又は下水道に至るまで，低地に水を通過させることができる．この場合においては，低地のため

に損害が最も少ない場所及び方法を選ばなければならない.

（通水用工作物の使用）

第221条 ① 土地の所有者は,その所有地の水を通過させるため,高地又は低地の所有者が設けた工作物を使用することができる.

② 前項の場合には,他人の工作物を使用する者は,その利益を受ける割合に応じて,工作物の設置及び保存の費用を分担しなければならない.

（堰の設置及び使用）

第222条 ① 水流地の所有者は,堰を設ける必要がある場合には,対岸の土地が他人の所有に属するときであっても,その堰を対岸に付着させて設けることができる. ただし,これによって生じた損害に対して償金を支払わなければならない.

② 対岸の土地の所有者は,水流地の一部がその所有に属するときは,前項の堰を使用することができる.

③ 前条第2項の規定は,前項の場合について準用する.

（境界標の設置）

第223条 土地の所有者は,隣地の所有者と共同の費用で,境界標を設けることができる.

（境界標の設置及び保存の費用）

第224条 境界標の設置及び保存の費用は,相隣者が等しい割合で負担する. ただし,測量の費用は,その土地の広狭に応じて分担する.

（囲障の設置）

第225条 ① 2棟の建物がその所有者を異にし,かつ,その間に空地があるときは,各所有者は,他の所有者と共同の費用で,その境界に囲障を設けることができる.

② 当事者間に協議が調わないときは,前項の囲障は,板塀又は竹垣その他これらに類する材料のものであって,かつ,高さ2メートルのものでなければならない.

（囲障の設置及び保存の費用）

第226条 前条の囲障の設置及び保存の費用は,相隣者が等しい割合で負担する.

（相隣者の1人による囲障の設置）

第227条 相隣者の1人は,第225条第2項に規定する材料より良好なものを用い,又は同項に規定する高さを増して囲障を設けることができる. ただし,これによって生ずる費用の増加額を負担しなければならない.

（囲障の設置等に関する慣習）

第228条 前3条の規定と異なる慣習があるときは,その慣習に従う.

（境界標等の共有の推定）

第229条 境界線上に設けた境界標,囲障,障壁,溝及び堀は,相隣者の共有に属するものと推定する.

第230条 ① 1棟の建物の一部を構成する境界線上の障壁については,前条の規定は,適用しない.

② 高さの異なる2棟の隣接する建物を隔てる障壁の高さが,低い建物の高さを超えるときは,その障壁のうち低い建物を超える部分については,前項と同様とする. ただし,防火障壁については,この限りでない.

（共有の障壁の高さを増す工事）

第231条 ① 相隣者の1人は,共有の障壁の高さを増すことができる. ただし,その障壁がその工事に耐えないときは,自己の費用で,必要な工作を加え,又はその障壁を改築しなければならない.

② 前項の規定により障壁の高さを増したときは,その高さを増した部分は,その工事をした者の単独の所有に属する.

第232条 前条の場合において,隣人が損害を受けたときは,その償金を請求することができる.

（竹木の枝の切除及び根の切取り）

第233条 ① 土地の所有者は,隣地の竹木の枝が境界線を越えるときは,その竹木の所有者に,その枝を切除させることができる.

② 前項の場合において,竹木が数人の共有に属するときは,各共有者は,その枝を切り取ることができる.

③ 第1項の場合において,次に掲げるときは,土地の所有者は,その枝を切り取ることができる.

1 竹木の所有者に枝を切除するよう催告したにもかかわらず,竹木の所有者が相当の期間内に切除しないとき.

2 竹木の所有者を知ることができず,又はその所在を知ることができないとき.

3 急迫の事情があるとき.

④ 隣地の竹木の根が境界線を越えるときは,その根を切り取ることができる.

（境界線付近の建築の制限）

第234条 ① 建物を築造するには,境界線から50センチメートル以上の距離を保たなければならない.

② 前項の規定に違反して建築をしようとする者があるときは,隣地の所有者は,その建築を中止させ,又は変更させることができる. ただし,建築に着手した時から1年を経過し,又はその建物が完成した後は,損害賠償の請求のみをすることができる.

第235条 ① 境界線から1メートル未満の距

離において他人の宅地を見通すことのできる窓又は縁側（ベランダを含む．次項において同じ．）を設ける者は，目隠しを付けなければならない．

② 前項の距離は，窓又は縁側の最も隣地に近い点から垂直線によって境界線に至るまでを測定して算出する．

（境界線付近の建築に関する慣習）

第236条 前2条の規定と異なる慣習があるときは，その慣習に従う．

（境界線付近の掘削の制限）

第237条 ① 井戸，用水だめ，下水だめ又は肥料だめを掘るには境界線から2メートル以上，池，穴蔵又はし尿だめを掘るには境界線から1メートル以上の距離を保たなければならない．

② 導水管を埋め，又は溝若しくは堀を掘るには，境界線からその深さの2分の1以上の距離を保たなければならない．ただし，1メートルを超えることを要しない．

（境界線付近の掘削に関する注意義務）

第238条 境界線の付近において前条の工事をするときは，土砂の崩壊又は水若しくは汚液の漏出を防ぐため必要な注意をしなければならない．

第2節　所有権の取得

（無主物の帰属）

第239条 ① 所有者のない動産は，所有の意思をもって占有することによって，その所有権を取得する．

② 所有者のない不動産は，国庫に帰属する．

（遺失物の拾得）

第240条 遺失物は，遺失物法（平成18年法律第73号）の定めるところに従い公告をした後3箇月以内にその所有者が判明しないときは，これを拾得した者がその所有権を取得する．

（埋蔵物の発見）

第241条 埋蔵物は，遺失物法の定めるところに従い公告をした後6箇月以内にその所有者が判明しないときは，これを発見した者がその所有権を取得する．ただし，他人の所有する物の中から発見された埋蔵物については，これを発見した者及びその他人が等しい割合でその所有権を取得する．

（不動産の付合）

第242条 不動産の所有者は，その不動産に従として付合した物の所有権を取得する．ただし，権原によってその物を附属させた他人の権利を妨げない．

（動産の付合）

第243条 所有者を異にする数個の動産が，付合により，損傷しなければ分離することができ

なくなったときは，その合成物の所有権は，主たる動産の所有者に帰属する．分離するのに過分の費用を要するときも，同様とする．

第244条 付合した動産について主従の区別をすることができないときは，各動産の所有者は，その付合の時における価格の割合に応じてその合成物を共有する．

（混　和）

第245条 前2条の規定は，所有者を異にする物が混和して識別することができなくなった場合について準用する．

（加　工）

第246条 ① 他人の動産に工作を加えた者（以下この条において「加工者」という．）があるときは，その加工物の所有権は，材料の所有者に帰属する．ただし，工作によって生じた価格が材料の価格を著しく超えるときは，加工者がその加工物の所有権を取得する．

② 前項に規定する場合において，加工者が材料の一部を供したときは，その価格に工作によって生じた価格を加えたものが他人の材料の価格を超えるときに限り，加工者がその加工物の所有権を取得する．

（付合，混和又は加工の効果）

第247条 ① 第242条から前条までの規定により物の所有権が消滅したときは，その物について存する他の権利も，消滅する．

② 前項に規定する場合において，物の所有者が，合成物，混和物又は加工物（以下この項において「合成物等」という．）の単独所有者となったときは，その物について存する他の権利は以後その合成物等について存し，物の所有者が合成物等の共有者となったときは，その物について存する他の権利は以後その持分について存する．

（付合，混和又は加工に伴う償金の請求）

第248条 第242条から前条までの規定の適用によって損失を受けた者は，第703条及び第704条の規定に従い，その償金を請求することができる．

第3節　共　有

（共有物の使用）

第249条 ① 各共有者は，共有物の全部について，その持分に応じた使用をすることができる．

② 共有物を使用する共有者は，別段の合意がある場合を除き，他の共有者に対し，自己の持分を超える使用の対価を償還する義務を負う．

③ 共有者は，善良な管理者の注意をもって，共有物の使用をしなければならない．

（共有持分の割合の推定）

第250条 各共有者の持分は，相等しいものと

推定する.

（共有物の変更）

第251条 ① 各共有者は,他の共有者の同意を得なければ,共有物に変更（その形状又は効用の著しい変更を伴わないものを除く.次項において同じ.）を加えることができない.

② 共有者が他の共有者を知ることができず,又はその所在を知ることができないときは,裁判所は,共有者の請求により,当該他の共有者以外の他の共有者の同意を得て共有物に変更を加えることができる旨の裁判をすることができる.

（共有物の管理）

第252条 ① 共有物の管理に関する事項（次条第1項に規定する共有物の管理者の選任及び解任を含み,共有物に前条第1項に規定する変更を加えるものを除く.次項において同じ.）は,各共有者の持分の価格に従い,その過半数で決する.共有物を使用する共有者があるときも,同様とする.

② 裁判所は,次の各号に掲げるときは,当該各号に規定する他の共有者以外の共有者の請求により,当該他の共有者以外の共有者の持分の価格に従い,その過半数で共有物の管理に関する事項を決することができる旨の裁判をすることができる.

1 共有者が他の共有者を知ることができず,又はその所在を知ることができないとき.

2 共有者が他の共有者に対し相当の期間を定めて共有物の管理に関する事項を決することについて賛否を明らかにすべき旨を催告した場合において,当該他の共有者がその期間内に賛否を明らかにしないとき.

③ 前2項の規定による決定が,共有者間の決定に基づいて共有物を使用する共有者に特別の影響を及ぼすべきときは,その承諾を得なければならない.

④ 共有者は,前3項の規定により,共有物に,次の各号に掲げる賃借権その他の使用及び収益を目的とする権利（以下この項において「賃借権等」という.）であって,当該各号に定める期間を超えないものを設定することができる.

1 樹木の栽植又は伐採を目的とする山林の賃借権等　10年

2 前号に掲げる賃借権等以外の土地の賃借権等　5年

3 建物の賃借権等　3年

4 動産の賃借権等　6箇月

⑤ 各共有者は,前各項の規定にかかわらず,保存行為をすることができる.

（共有物の管理者）

第252条の2 ① 共有物の管理者は,共有物の管理に関する行為をすることができる.ただし,共有者の全員の同意を得なければ,共有物に変更（その形状又は効用の著しい変更を伴わないものを除く.次項において同じ.）を加えることができない.

② 共有物の管理者が共有者を知ることができず,又はその所在を知ることができないときは,裁判所は,共有物の管理者の請求により,当該共有者以外の共有者の同意を得て共有物に変更を加えることができる旨の裁判をすることができる.

③ 共有物の管理者は,共有者が共有物の管理に関する事項を決した場合には,これに従ってその職務を行わなければならない.

④ 前項の規定に違反して行った共有物の管理者の行為は,共有者に対してその効力を生じない.ただし,共有者は,これをもって善意の第三者に対抗することができない.

（共有物に関する負担）

第253条 ① 各共有者は,その持分に応じ,管理の費用を支払い,その他共有物に関する負担を負う.

② 共有者が1年以内に前項の義務を履行しないときは,他の共有者は,相当の償金を支払ってその者の持分を取得することができる.

（共有物についての債権）

第254条 共有者の1人が共有物について他の共有者に対して有する債権は,その特定承継人に対しても行使することができる.

（持分の放棄及び共有者の死亡）

第255条 共有者の1人が,その持分を放棄したとき,又は死亡して相続人がないときは,その持分は,他の共有者に帰属する.

（共有物の分割請求）

第256条 ① 各共有者は,いつでも共有物の分割を請求することができる.ただし,5年を超えない期間内は分割をしない旨の契約をすることを妨げない.

② 前項ただし書の契約は,更新することができる.ただし,その期間は,更新の時から5年を超えることができない.

第257条 前条の規定は,第229条に規定する共有物については,適用しない.

（裁判による共有物の分割）

第258条 ① 共有物の分割について共有者間に協議が調わないとき,又は協議をすることができないときは,その分割を裁判所に請求することができる.

② 裁判所は,次に掲げる方法により,共有物の

分割を命ずることができる．
1　共有物の現物を分割する方法
2　共有者に債務を負担させて，他の共有者の持分の全部又は一部を取得させる方法
③　前項に規定する方法により共有物を分割することができないとき，又は分割によってその価格を著しく減少させるおそれがあるときは，裁判所は，その競売を命ずることができる．
④　裁判所は，共有物の分割の裁判において，当事者に対して，金銭の支払，物の引渡し，登記義務の履行その他の給付を命ずることができる．
第258条の2　①　共有物の全部又はその持分が相続財産に属する場合において，共同相続人間で当該共有物の全部又はその持分について遺産の分割をすべきときは，当該共有物又はその持分について前条の規定による分割をすることができない．
②　共有物の持分が相続財産に属する場合において，相続開始の時から10年を経過したときは，前項の規定にかかわらず，相続財産に属する共有物の持分について前条の規定による分割をすることができる．ただし，当該共有物の持分について遺産の分割の請求があった場合において，相続人が当該共有物の持分について同条の規定による分割をすることに異議の申出をしたときは，この限りでない．
③　相続人が前項ただし書の申出をする場合には，当該申出は，当該相続人が前条第1項の規定による請求を受けた裁判所から当該請求があった旨の通知を受けた日から2箇月以内に当該裁判所にしなければならない．

（共有に関する債権の弁済）
第259条　①　共有者の1人が他の共有者に対して共有に関する債権を有するときは，分割に際し，債務者に帰属すべき共有物の部分をもって，その弁済に充てることができる．
②　債権者は，前項の弁済を受けるため債務者に帰属すべき共有物の部分を売却する必要があるときは，その売却を請求することができる．

（共有物の分割への参加）
第260条　①　共有物について権利を有する者及び各共有者の債権者は，自己の費用で，分割に参加することができる．
②　前項の規定による参加の請求があったにもかかわらず，その請求をした者を参加させないで分割をしたときは，その分割は，その請求をした者に対抗することができない．

（分割における共有者の担保責任）
第261条　各共有者は，他の共有者が分割によって取得した物について，売主と同じく，その持分に応じて担保の責任を負う．

（共有物に関する証書）
第262条　①　分割が完了したときは，各分割者は，その取得した物に関する証書を保存しなければならない．
②　共有者の全員又はそのうちの数人に分割した物に関する証書は，その物の最大の部分を取得した者が保存しなければならない．
③　前項の場合において，最大の部分を取得した者がないときは，分割者間の協議で証書の保存者を定める．協議が調わないときは，裁判所が，これを指定する．
④　証書の保存者は，他の分割者の請求に応じて，その証書を使用させなければならない．

（所在等不明共有者の持分の取得）
第262条の2　①　不動産が数人の共有に属する場合において，共有者が他の共有者を知ることができず，又はその所在を知ることができないときは，裁判所は，共有者の請求により，その共有者に，当該他の共有者（以下この条において「所在等不明共有者」という．）の持分を取得させる旨の裁判をすることができる．この場合において，請求をした共有者が2人以上あるときは，請求をした各共有者に，所在等不明共有者の持分を，請求をした各共有者の持分の割合で按分してそれぞれ取得させる．
②　前項の請求があった持分に係る不動産について第258条第1項の規定による請求又は遺産の分割の請求があり，かつ，所在等不明共有者以外の共有者が前項の請求を受けた裁判所に同項の裁判をすることについて異議がある旨の届出をしたときは，裁判所は，同項の裁判をすることができない．
③　所在等不明共有者の持分が相続財産に属する場合（共同相続人間で遺産の分割をすべき場合に限る．）において，相続開始の時から10年を経過していないときは，裁判所は，第1項の裁判をすることができない．
④　第1項の規定により共有者が所在等不明共有者の持分を取得したときは，所在等不明共有者は，当該共有者に対し，当該共有者が取得した持分の時価相当額の支払を請求することができる．
⑤　前各項の規定は，不動産の使用又は収益をする権利（所有権を除く．）が数人の共有に属する場合について準用する．

（所在等不明共有者の持分の譲渡）
第262条の3　①　不動産が数人の共有に属する場合において，共有者が他の共有者を知ることができず，又はその所在を知ることができないときは，裁判所は，共有者の請求により，その共有者に，当該他の共有者（以下この条において

「所在等不明共有者」という.）以外の共有者の全員が特定の者に対してその有する持分の全部を譲渡することを停止条件として所在等不明共有者の持分を当該特定の者に譲渡する権限を付与する旨の裁判をすることができる.

② 所在等不明共有者の持分が相続財産に属する場合（共同相続人間で遺産の分割をすべき場合に限る.）において, 相続開始の時から10年を経過していないときは, 裁判所は, 前項の裁判をすることができない.

③ 第1項の裁判により付与された権限に基づき共有者が所在等不明共有者の持分を第三者に譲渡したときは, 所在等不明共有者は, 当該譲渡をした共有者に対し, 不動産の時価相当額を所在等不明共有者の持分に応じて按分して得た額の支払を請求することができる.

④ 前3項の規定は, 不動産の使用又は収益をする権利（所有権を除く.）が数人の共有に属する場合について準用する.

（共有の性質を有する入会権）

第263条　共有の性質を有する入会権については, 各地方の慣習に従うほか, この節の規定を適用する.

（準共有）

第264条　この節（第262条の2及び第262条の3を除く.）の規定は, 数人で所有権以外の財産権を有する場合について準用する. ただし, 法令に特別の定めがあるときは, この限りでない.

第4節　所有者不明土地管理命令及び所有者不明建物管理命令

（所有者不明土地管理命令）

第264条の2　① 裁判所は, 所有者を知ることができず, 又はその所在を知ることができない土地（土地が数人の共有に属する場合にあっては, 共有者を知ることができず, 又はその所在を知ることができない土地の共有持分）について, 必要があると認めるときは, 利害関係人の請求により, その請求に係る土地又は共有持分を対象として, 所有者不明土地管理人（第4項に規定する所有者不明土地管理人をいう. 以下同じ.）による管理を命ずる処分（以下「所有者不明土地管理命令」という.）をすることができる.

② 所有者不明土地管理命令の効力は, 当該所有者不明土地管理命令の対象とされた土地（共有持分を対象として所有者不明土地管理命令が発せられた場合にあっては, 共有物である土地）にある動産（当該所有者不明土地管理命令の対象とされた土地の所有者又は共有持分を有する者が所有するものに限る.）に及ぶ,

③ 所有者不明土地管理命令は, 所有者不明土地管理命令が発せられた後に当該所有者不明土地管理命令が取り消された場合において, 当該所有者不明土地管理命令の対象とされた土地又は共有持分及び当該所有者不明土地管理命令の効力が及ぶ動産の管理, 処分その他の事由により所有者不明土地管理人が得た財産について, 必要があると認めるときも, することができる.

④ 裁判所は, 所有者不明土地管理命令をする場合には, 当該所有者不明土地管理命令において, 所有者不明土地管理人を選任しなければならない.

（所有者不明土地管理人の権限）

第264条の3　① 前条第4項の規定により所有者不明土地管理人が選任された場合には, 所有者不明土地管理命令の対象とされた土地又は共有持分及び所有者不明土地管理命令の効力が及ぶ動産並びにその管理, 処分その他の事由により所有者不明土地管理人が得た財産（以下「所有者不明土地等」という.）の管理及び処分をする権利は, 所有者不明土地管理人に専属する.

② 所有者不明土地管理人が次に掲げる行為の範囲を超える行為をするには, 裁判所の許可を得なければならない. ただし, この許可がないことをもって善意の第三者に対抗することはできない.

1 保存行為

2 所有者不明土地等の性質を変えない範囲内において, その利用又は改良を目的とする行為

（所有者不明土地等に関する訴えの取扱い）

第264条の4　所有者不明土地管理命令が発せられた場合には, 所有者不明土地等に関する訴えについては, 所有者不明土地管理人を原告又は被告とする.

（所有者不明土地管理人の義務）

第264条の5　① 所有者不明土地管理人は, 所有者不明土地等の所有者（その共有持分を有する者を含む.）のために, 善良な管理者の注意をもって, その権限を行使しなければならない.

② 数人の者の共有持分を対象として所有者不明土地管理命令が発せられたときは, 所有者不明土地管理人は, 当該所有者不明土地管理命令の対象とされた共有持分を有する者全員のために, 誠実かつ公平にその権限を行使しなければならない.

（所有者不明土地管理人の解任及び辞任）

第264条の6　① 所有者不明土地管理人がその

任務に違反して所有者不明土地等に著しい損害を与えたことその他重要な事由があるときは，裁判所は，利害関係人の請求により，所有者不明土地管理人を解任することができる．

② 所有者不明土地管理人は，正当な事由があるときは，裁判所の許可を得て，辞任することができる．

（所有者不明土地管理人の報酬等）

第264条の7 ① 所有者不明土地管理人は，所有者不明土地等から裁判所が定める額の費用の前払及び報酬を受けることができる．

② 所有者不明土地管理人による所有者不明土地等の管理に必要な費用及び報酬は，所有者不明土地等の所有者（その共有持分を有する者を含む．）の負担とする．

（所有者不明建物管理命令）

第264条の8 ① 裁判所は，所有者を知ることができず，又はその所在を知ることができない建物（建物が数人の共有に属する場合にあっては，共有者を知ることができず，又はその所在を知ることができない建物の共有持分）について，必要があると認めるときは，利害関係人の請求により，その請求に係る建物又は共有持分を対象として，所有者不明建物管理人（第4項に規定する所有者不明建物管理人をいう．以下この条において同じ．）による管理を命ずる処分（以下この条において「所有者不明建物管理命令」という．）をすることができる．

② 所有者不明建物管理命令の効力は，当該所有者不明建物管理命令の対象とされた建物（共有持分を対象として所有者不明建物管理命令が発せられた場合にあっては，共有物である建物）にある動産（当該所有者不明建物管理命令の対象とされた建物の所有者又は共有持分を有する者が所有するものに限る．）及び当該建物を所有し，又は当該建物の共有持分を有するための建物の敷地に関する権利（賃借権その他の使用及び収益を目的とする権利（所有権を除く．）であって，当該所有者不明建物管理命令の対象とされた建物の所有者又は共有持分を有する者が有するものに限る．）に及ぶ．

③ 所有者不明建物管理命令は，所有者不明建物管理命令が発せられた後に当該所有者不明建物管理命令が取り消された場合において，当該所有者不明建物管理命令の対象とされた建物又は共有持分並びに当該所有者不明建物管理命令の効力が及ぶ動産及び建物の敷地に関する権利の管理，処分その他の事由により所有者不明建物管理人が得た財産について，必要があると認めるときも，することができる．

④ 裁判所は，所有者不明建物管理命令をする場合には，当該所有者不明建物管理命令において，所有者不明建物管理人を選任しなければならない．

⑤ 第264条の3から前条までの規定は，所有者不明建物管理命令及び所有者不明建物管理人について準用する．

第5節　管理不全土地管理命令及び管理不全建物管理命令

（管理不全土地管理命令）

第264条の9 ① 裁判所は，所有者による土地の管理が不適当であることによって他人の権利又は法律上保護される利益が侵害され，又は侵害されるおそれがある場合において，必要があると認めるときは，利害関係人の請求により，当該土地を対象として，管理不全土地管理人（第3項に規定する管理不全土地管理人をいう．以下同じ．）による管理を命ずる処分（以下「管理不全土地管理命令」という．）をすることができる．

② 管理不全土地管理命令の効力は，当該管理不全土地管理命令の対象とされた土地にある動産（当該管理不全土地管理命令の対象とされた土地の所有者又はその共有持分を有する者が所有するものに限る．）に及ぶ．

③ 裁判所は，管理不全土地管理命令をする場合には，当該管理不全土地管理命令において，管理不全土地管理人を選任しなければならない．

（管理不全土地管理人の権限）

第264条の10 ① 管理不全土地管理人は，管理不全土地管理命令の対象とされた土地及び管理不全土地管理命令の効力が及ぶ動産並びにその管理，処分その他の事由により管理不全土地管理人が得た財産（以下「管理不全土地等」という．）の管理及び処分をする権限を有する．

② 管理不全土地管理人が次に掲げる行為の範囲を超える行為をするには，裁判所の許可を得なければならない．ただし，この許可がないことをもって善意でかつ過失がない第三者に対抗することはできない．

1 保存行為

2 管理不全土地等の性質を変えない範囲内において，その利用又は改良を目的とする行為

③ 管理不全土地管理命令の対象とされた土地の処分についての前項の許可をするには，その所有者の同意がなければならない．

（管理不全土地管理人の義務）

第264条の11 ① 管理不全土地管理人は，管理不全土地等の所有者のために，善良な管理者の

注意をもって,その権限を行使しなければならない.

② 管理不全土地等が数人の共有に属する場合には,管理不全土地管理人は,その共有持分を有する者全員のために,誠実かつ公平にその権限を行使しなければならない.

(管理不全土地管理人の解任及び辞任)

第264条の12 ① 管理不全土地管理人がその任務に違反して管理不全土地等に著しい損害を与えたことその他重要な事由があるときは,裁判所は,利害関係人の請求により,管理不全土地管理人を解任することができる.

② 管理不全土地管理人は,正当な事由があるときは,裁判所の許可を得て,辞任することができる.

(管理不全土地管理人の報酬等)

第264条の13 ① 管理不全土地管理人は,管理不全土地等から裁判所が定める額の費用の前払及び報酬を受けることができる.

② 管理不全土地管理人による管理不全土地等の管理に必要な費用及び報酬は,管理不全土地等の所有者の負担とする.

(管理不全建物管理命令)

第264条の14 ① 裁判所は,所有者による建物の管理が不適当であることによって他人の権利又は法律上保護される利益が侵害され,又は侵害されるおそれがある場合において,必要があると認めるときは,利害関係人の請求により,当該建物を対象として,管理不全建物管理人(第3項に規定する管理不全建物管理人をいう.第4項において同じ.)による管理を命ずる処分(以下この条において「管理不全建物管理命令」という.)をすることができる.

② 管理不全建物管理命令は,当該管理不全建物管理命令の対象とされた建物にある動産(当該管理不全建物管理命令の対象とされた建物の所有者又はその共有持分を有する者が所有するものに限る.)及び当該建物を所有するための建物の敷地に関する権利(賃借権その他の使用及び収益を目的とする権利(所有権を除く.)であって,当該管理不全建物管理命令の対象とされた建物の所有者又はその共有持分を有する者が有するものに限る.)に及ぶ.

③ 裁判所は,管理不全建物管理命令をする場合には,当該管理不全建物管理命令において,管理不全建物管理人を選任しなければならない.

④ 第264条の10から前条までの規定は,管理不全建物管理命令及び管理不全建物管理人について準用する.

第4章　地上権

(地上権の内容)

第265条 地上権者は,他人の土地において工作物又は竹木を所有するため,その土地を使用する権利を有する.

(地代)

第266条 ① 第274条から第276条までの規定は,地上権者が土地の所有者に定期の地代を支払わなければならない場合について準用する.

② 地代については,前項に規定するもののほか,その性質に反しない限り,賃貸借に関する規定を準用する.

(相隣関係の規定の準用)

第267条 前章第1節第2款(相隣関係)の規定は,地上権者間又は地上権者と土地の所有者との間について準用する.ただし,第229条の規定は,境界線上の工作物が地上権の設定後に設けられた場合に限り,地上権者について準用する.

(地上権の存続期間)

第268条 ① 設定行為で地上権の存続期間を定めなかった場合において,別段の慣習がないときは,地上権者は,いつでもその権利を放棄することができる.ただし,地代を支払うべきときは,1年前に予告をし,又は期限の到来していない1年分の地代を支払わなければならない.

② 地上権者が前項の規定によりその権利を放棄しないときは,裁判所は,当事者の請求により,20年以上50年以下の範囲内において,工作物又は竹木の種類及び状況その他地上権の設定当時の事情を考慮して,その存続期間を定める.

(工作物等の収去等)

第269条 ① 地上権者は,その権利が消滅した時に,土地を原状に復してその工作物及び竹木を収去することができる.ただし,土地の所有者が時価相当額を提供してこれを買い取る旨を通知したときは,地上権者は,正当な理由がなければ,これを拒むことができない.

② 前項の規定と異なる慣習があるときは,その慣習に従う.

(地下又は空間を目的とする地上権)

第269条の2 ① 地下又は空間は,工作物を所有するため,上下の範囲を定めて地上権の目的とすることができる.この場合においては,設定行為で,地上権の行使のためにその土地の使用に制限を加えることができる.

② 前項の地上権は,第三者がその土地の使用又は収益をする権利を有する場合においても,

その権利又はこれを目的とする権利を有するすべての者の承諾があるときは，設定することができる．この場合において，土地の使用又は収益をする権利を有する者は，その地上権の行使を妨げることができない．

第5章　永小作権

（永小作権の内容）

第270条　永小作人は，小作料を支払って他人の土地において耕作又は牧畜をする権利を有する．

（永小作人による土地の変更の制限）

第271条　永小作人は，土地に対して，回復することのできない損害を生ずべき変更を加えることができない．

（永小作権の譲渡又は土地の賃貸）

第272条　永小作人は，その権利を他人に譲り渡し，又はその権利の存続期間内において耕作若しくは牧畜のため土地を賃貸することができる．ただし，設定行為で禁じたときは，この限りでない．

（賃貸借に関する規定の準用）

第273条　永小作人の義務については，この章の規定及び設定行為で定めるもののほか，その性質に反しない限り，賃貸借に関する規定を準用する．

（小作料の減免）

第274条　永小作人は，不可抗力により収益について損失を受けたときであっても，小作料の免除又は減額を請求することができない．

（永小作権の放棄）

第275条　永小作人は，不可抗力によって，引き続き3年以上全く収益を得ず，又は5年以上小作料より少ない収益を得たときは，その権利を放棄することができる．

（永小作権の消滅請求）

第276条　永小作人が引き続き2年以上小作料の支払を怠ったときは，土地の所有者は，永小作権の消滅を請求することができる．

（永小作権に関する慣習）

第277条　第271条から前条までの規定と異なる慣習があるときは，その慣習に従う．

（永小作権の存続期間）

第278条　① 永小作権の存続期間は，20年以上50年以下とする．設定行為で50年より長い期間を定めたときであっても，その期間は，50年とする．

② 永小作権の設定は，更新することができる．ただし，その存続期間は，更新の時から50年を超えることができない．

③ 設定行為で永小作権の存続期間を定めな

かったときは，その期間は，別段の慣習がある場合を除き，30年とする．

（工作物等の収去等）

第279条　第269条の規定は，永小作権について準用する．

第6章　地役権

（地役権の内容）

第280条　地役権者は，設定行為で定めた目的に従い，他人の土地を自己の土地の便益に供する権利を有する．ただし，第3章第1節（所有権の限界）の規定（公の秩序に関するものに限る．）に違反しないものでなければならない．

（地役権の付従性）

第281条　① 地役権は，要役地（地役権者の土地であって，他人の土地から便益を受けるものをいう．以下同じ．）の所有権に従たるものとして，その所有権とともに移転し，又は要役地について存する他の権利の目的となるものとする．ただし，設定行為に別段の定めがあるときは，この限りでない．

② 地役権は，要役地から分離して譲り渡し，又は他の権利の目的とすることができない．

（地役権の不可分性）

第282条　① 土地の共有者の1人は，その持分につき，その土地のために又はその土地について存する地役権を消滅させることができない．

② 土地の分割又はその一部の譲渡の場合には，地役権は，その各部のために又はその各部について存する．ただし，地役権がその性質により土地の一部のみに関するときは，この限りでない．

（地役権の時効取得）

第283条　地役権は，継続的に行使され，かつ，外形上認識することができるものに限り，時効によって取得することができる．

第284条　① 土地の共有者の1人が時効によって地役権を取得したときは，他の共有者も，これを取得する．

② 共有者に対する時効の更新は，地役権を行使する各共有者に対してしなければ，その効力を生じない．

③ 地役権を行使する共有者が数人ある場合には，その1人について時効の完成猶予の事由があっても，時効は，各共有者のために進行する．

（用水地役権）

第285条　① 用水地役権の承役地（地役権者以外の者の土地であって，要役地の便益に供されるものをいう．以下同じ．）において，水が要役地及び承役地の需要に比して不足するときは，その各土地の需要に応じて，まずこれを

生活用に供し，その残余を他の用途に供するものとする．ただし，設定行為に別段の定めがあるときは，この限りでない．

② 同一の承役地について数個の用水地役権を設定したときは，後の地役権者は，前の地役権者の水の使用を妨げてはならない．

（承役地の所有者の工作物の設置義務等）

第286条　設定行為又は設定後の契約により，承役地の所有者が自己の費用で地役権の行使のために工作物を設け，又はその修繕をする義務を負担したときは，承役地の所有者の特定承継人も，その義務を負担する．

第287条　承役地の所有者は，いつでも，地役権に必要な土地の部分の所有権を放棄して地役権者に移転し，これにより前条の義務を免れることができる．

（承役地の所有者の工作物の使用）

第288条　① 承役地の所有者は，地役権の行使を妨げない範囲内において，その行使のために承役地の上に設けられた工作物を使用することができる．

② 前項の場合には，承役地の所有者は，その利益を受ける割合に応じて，工作物の設置及び保存の費用を分担しなければならない．

（承役地の時効取得による地役権の消滅）

第289条　承役地の占有者が取得時効に必要な要件を具備する占有をしたときは，地役権は，これによって消滅する．

第290条　前条の規定による地役権の消滅時効は，地役権者がその権利を行使することによって中断する．

（地役権の消滅時効）

第291条　第166条第2項に規定する消滅時効の期間は，継続的でなく行使される地役権については最後の行使の時から起算し，継続的に行使される地役権についてはその行使を妨げる事実が生じた時から起算する．

第292条　要役地が数人の共有に属する場合において，その1人のために時効の完成猶予又は更新があるときは，その完成猶予又は更新は，他の共有者のためにも，その効力を生ずる．

第293条　地役権者がその権利の一部を行使しないときは，その部分のみが時効によって消滅する．

（共有の性質を有しない入会権）

第294条　共有の性質を有しない入会権については，各地方の慣習に従うほか，この章の規定を準用する．

第7章　留置権

（留置権の内容）

第295条　① 他人の物の占有者は，その物に関して生じた債権を有するときは，その債権の弁済を受けるまで，その物を留置することができる．ただし，その債権が弁済期にないときは，この限りでない．

② 前項の規定は，占有が不法行為によって始まった場合には，適用しない．

（留置権の不可分性）

第296条　留置権者は，債権の全部の弁済を受けるまでは，留置物の全部についてその権利を行使することができる．

（留置権者による果実の収取）

第297条　① 留置権者は，留置物から生ずる果実を収取し，他の債権者に先立って，これを自己の債権の弁済に充当することができる．

② 前項の果実は，まず債権の利息に充当し，なお残余があるときは元本に充当しなければならない．

（留置権者による留置物の保管等）

第298条　① 留置権者は，善良な管理者の注意をもって，留置物を占有しなければならない．

② 留置権者は，債務者の承諾を得なければ，留置物を使用し，賃貸し，又は担保に供することができない．ただし，その物の保存に必要な使用をすることは，この限りでない．

③ 留置権者が前2項の規定に違反したときは，債務者は，留置権の消滅を請求することができる．

（留置権者による費用の償還請求）

第299条　① 留置権者は，留置物について必要費を支出したときは，所有者にその償還をさせることができる．

② 留置権者は，留置物について有益費を支出したときは，これによる価格の増加が現存する場合に限り，所有者の選択に従い，その支出した金額又は増価額を償還させることができる．ただし，裁判所は，所有者の請求により，その償還について相当の期限を許与することができる．

（留置権の行使と債権の消滅時効）

第300条　留置権の行使は，債権の消滅時効の進行を妨げない．

（担保の供与による留置権の消滅）

第301条　債務者は，相当の担保を供して，留置権の消滅を請求することができる．

（占有の喪失による留置権の消滅）

第302条　留置権は，留置権者が留置物の占有を失うことによって，消滅する．ただし，第298条第2項の規定により留置物を賃貸し，又は質権の目的としたときは，この限りでない．

第8章　先取特権

第1節　総則

（先取特権の内容）

第303条　先取特権者は,この法律その他の法律の規定に従い,その債務者の財産について,他の債権者に先立って自己の債権の弁済を受ける権利を有する.

（物上代位）

第304条　① 先取特権は,その目的物の売却,賃貸,滅失又は損傷によって債務者が受けるべき金銭その他の物に対しても,行使することができる. ただし,先取特権者は,その払渡し又は引渡しの前に差押えをしなければならない.

② 債務者が先取特権の目的物につき設定した物権の対価についても,前項と同様とする.

（先取特権の不可分性）

第305条　第296条の規定は,先取特権について準用する.

第2節　先取特権の種類

第1款　一般の先取特権

（一般の先取特権）

第306条　次に掲げる原因によって生じた債権を有する者は,債務者の総財産について先取特権を有する.

1　共益の費用
2　雇用関係
3　葬式の費用
4　日用品の供給

（共益費用の先取特権）

第307条　① 共益の費用の先取特権は,各債権者の共同の利益のためにされた債務者の財産の保存,清算又は配当に関する費用について存在する.

② 前項の費用のうちすべての債権者に有益でなかったものについては,先取特権は,その費用によって利益を受けた債権者に対してのみ存在する.

（雇用関係の先取特権）

第308条　雇用関係の先取特権は,給料その他債務者と使用人との間の雇用関係に基づいて生じた債権について存在する.

（葬式費用の先取特権）

第309条　① 葬式の費用の先取特権は,債務者のためにされた葬式の費用のうち相当な額について存在する.

② 前項の先取特権は,債務者がその扶養すべき親族のためにした葬式の費用のうち相当な額についても存在する.

（日用品供給の先取特権）

第310条　日用品の供給の先取特権は,債務者又はその扶養すべき同居の親族及びその家事使用人の生活に必要な最後の6箇月間の飲食料品,燃料及び電気の供給について存在する.

第2款　動産の先取特権

（動産の先取特権）

第311条　次に掲げる原因によって生じた債権を有する者は,債務者の特定の動産について先取特権を有する.

1　不動産の賃貸借
2　旅館の宿泊
3　旅客又は荷物の運輸
4　動産の保存
5　動産の売買
6　種苗又は肥料（蚕種又は蚕の飼養に供した桑葉を含む. 以下同じ.）の供給
7　農業の労務
8　工業の労務

（不動産賃貸の先取特権）

第312条　不動産の賃貸の先取特権は,その不動産の賃料その他の賃貸借関係から生じた賃借人の債務に関し,賃借人の動産について存在する.

（不動産賃貸の先取特権の目的物の範囲）

第313条　① 土地の賃貸人の先取特権は,その土地又はその利用のための建物に備え付けられた動産,その土地の利用に供された動産及び賃借人が占有するその土地の果実について存在する.

② 建物の賃貸人の先取特権は,賃借人がその建物に備え付けた動産について存在する.

第314条　賃借権の譲渡又は転貸の場合には,賃貸人の先取特権は,譲受人又は転借人の動産にも及ぶ. 譲渡人又は転貸人が受けるべき金銭についても,同様とする.

（不動産賃貸の先取特権の被担保債権の範囲）

第315条　賃借人の財産のすべてを清算する場合には,賃貸人の先取特権は,前期,当期及び次期の賃料その他の債務並びに前期及び当期に生じた損害の賠償債務についてのみ存在する.

第316条　賃貸人は,第622条の2第1項に規定する敷金を受け取っている場合には,その敷金で弁済を受けない債権の部分についてのみ先取特権を有する.

（旅館宿泊の先取特権）

第317条　旅館の宿泊の先取特権は,宿泊客が負担すべき宿泊料及び飲食料に関し,その旅館に在るその宿泊客の手荷物について存在する.

（運輸の先取特権）

第318条　運輸の先取特権は,旅客又は荷物の運送賃及び付随の費用に関し,運送人の占有する荷物について存在する.

（即時取得の規定の準用）

第319条　第192条から第195条までの規定は，第312条から前条までの規定による先取特権について準用する．

（動産保存の先取特権）

第320条　動産の保存の先取特権は，動産の保存のために要した費用又は動産に関する権利の保存，承認若しくは実行のために要した費用に関し，その動産について存在する．

（動産売買の先取特権）

第321条　動産の売買の先取特権は，動産の代価及びその利息に関し，その動産について存在する．

（種苗又は肥料の供給の先取特権）

第322条　種苗又は肥料の供給の先取特権は，種苗又は肥料の代価及びその利息に関し，その種苗又は肥料を用いた後1年以内にこれを用いた土地から生じた果実（蚕種又は蚕の飼養に供した桑葉の使用によって生じた物を含む．）について存在する．

（農業労務の先取特権）

第323条　農業の労務の先取特権は，その労務に従事する者の最後の1年間の賃金に関し，その労務によって生じた果実について存在する．

（工業労務の先取特権）

第324条　工業の労務の先取特権は，その労務に従事する者の最後の3箇月間の賃金に関し，その労務によって生じた製作物について存在する．

第3款　不動産の先取特権

（不動産の先取特権）

第325条　次に掲げる原因によって生じた債権を有する者は，債務者の特定の不動産について先取特権を有する．

1　不動産の保存
2　不動産の工事
3　不動産の売買

（不動産保存の先取特権）

第326条　不動産の保存の先取特権は，不動産の保存のために要した費用又は不動産に関する権利の保存，承認若しくは実行のために要した費用に関し，その不動産について存在する．

（不動産工事の先取特権）

第327条　① 不動産の工事の先取特権は，工事の設計，施工又は監理をする者が債務者の不動産に関してした工事の費用に関し，その不動産について存在する．

② 前項の先取特権は，工事によって生じた不動産の価格の増加が現存する場合に限り，その増価額についてのみ存在する．

（不動産売買の先取特権）

第328条　不動産の売買の先取特権は，不動産の代価及びその利息に関し，その不動産について存在する．

第3節　先取特権の順位

（一般の先取特権の順位）

第329条　① 一般の先取特権が互いに競合する場合には，その優先権の順位は，第306条各号に掲げる順序に従う．

② 一般の先取特権と特別の先取特権とが競合する場合には，特別の先取特権は，一般の先取特権に優先する．ただし，共益の費用の先取特権は，その利益を受けたすべての債権者に対して優先する効力を有する．

（動産の先取特権の順位）

第330条　① 同一の動産について特別の先取特権が互いに競合する場合には，その優先権の順位は，次に掲げる順序に従う．この場合において，第2号に掲げる動産の保存の先取特権について数人の保存者があるときは，後の保存者が前の保存者に優先する．

1　不動産の賃貸，旅館の宿泊及び運輸の先取特権
2　動産の保存の先取特権
3　動産の売買，種苗又は肥料の供給，農業の労務及び工業の労務の先取特権

② 前項の場合において，第1順位の先取特権者は，その債権取得の時において第2順位又は第3順位の先取特権者があることを知っていたときは，これらの者に対して優先権を行使することができない．第1順位の先取特権者のために物を保存した者に対しても，同様とする．

③ 果実に関しては，第1の順位は農業の労務に従事する者に，第2の順位は種苗又は肥料の供給者に，第3の順位は土地の賃貸人に属する．

（不動産の先取特権の順位）

第331条　① 同一の不動産について特別の先取特権が互いに競合する場合には，その優先権の順位は，第325条各号に掲げる順序に従う．

② 同一の不動産について売買が順次された場合には，売主相互間における不動産売買の先取特権の優先権の順位は，売買の前後による．

（同一順位の先取特権）

第332条　同一の目的物について同一順位の先取特権者が数人あるときは，各先取特権者は，その債権額の割合に応じて弁済を受ける．

第4節　先取特権の効力

（先取特権と第三取得者）

第333条　先取特権は，債務者がその目的である動産をその第三取得者に引き渡した後は，その動産について行使することができない．

（先取特権と動産質権との競合）

第334条　先取特権と動産質権とが競合する場合には,動産質権者は,第330条の規定による第1順位の先取特権者と同一の権利を有する.

（一般の先取特権の効力）

第335条　① 一般の先取特権者は,まず不動産以外の財産から弁済を受け,なお不足があるのでなければ,不動産から弁済を受けることができない.

② 一般の先取特権者は,不動産については,まず特別担保の目的とされていないものから弁済を受けなければならない.

③ 一般の先取特権者は,前2項の規定に従って配当に加入することを怠ったときは,その配当加入をしたならば弁済を受けることができた額については,登記をした第三者に対してその先取特権を行使することができない.

④ 前3項の規定は,不動産以外の財産の代価に先立って不動産の代価を配当し,又は他の不動産の代価に先立って特別担保の目的である不動産の代価を配当する場合には,適用しない.

（一般の先取特権の対抗力）

第336条　一般の先取特権は,不動産について登記をしなくても,特別担保を有しない債権者に対抗することができる. ただし,登記をした第三者に対しては,この限りでない.

（不動産保存の先取特権の登記）

第337条　不動産の保存の先取特権の効力を保存するためには,保存行為が完了した後直ちに登記をしなければならない.

（不動産工事の先取特権の登記）

第338条　① 不動産の工事の先取特権の効力を保存するためには,工事を始める前にその費用の予算額を登記しなければならない. この場合において,工事の費用が予算額を超えるときは,先取特権は,その超過額については存在しない.

② 工事によって生じた不動産の増価額は,配当加入の時に,裁判所が選任した鑑定人に評価させなければならない.

（登記をした不動産保存又は不動産工事の先取特権）

第339条　前2条の規定に従って登記をした先取特権は,抵当権に先立って行使することができる.

（不動産売買の先取特権の登記）

第340条　不動産の売買の先取特権の効力を保存するためには,売買契約と同時に,不動産の代価又はその利息の弁済がされていない旨を登記しなければならない.

（抵当権に関する規定の準用）

第341条　先取特権の効力については,この節に定めるもののほか,その性質に反しない限り,抵当権に関する規定を準用する.

第9章　質　権

第1節　総　則

（質権の内容）

第342条　質権者は,その債権の担保として債務者又は第三者から受け取った物を占有し,かつ,その物について他の債権者に先立って自己の債権の弁済を受ける権利を有する.

（質権の目的）

第343条　質権は,譲り渡すことができない物をその目的とすることができない.

（質権の設定）

第344条　質権の設定は,債権者にその目的物を引き渡すことによって,その効力を生ずる.

（質権設定者による代理占有の禁止）

第345条　質権者は,質権設定者に,自己に代わって質物の占有をさせることができない.

（質権の被担保債権の範囲）

第346条　質権は,元本,利息,違約金,質権の実行の費用,質物の保存の費用及び債務の不履行又は質物の隠れた瑕疵によって生じた損害の賠償を担保する. ただし,設定行為に別段の定めがあるときは,この限りでない.

（質物の留置）

第347条　質権者は,前条に規定する債権の弁済を受けるまでは,質物を留置することができる. ただし,この権利は,自己に対して優先権を有する債権者に対抗することができない.

（転　質）

第348条　質権者は,その権利の存続期間内において,自己の責任で,質物について,転質をすることができる. この場合において,転質をしたことによって生じた損失については,不可抗力によるものであっても,その責任を負う.

（契約による質物の処分の禁止）

第349条　質権設定者は,設定行為又は債務の弁済期前の契約において,質権者に弁済として質物の所有権を取得させ,その他法律に定める方法によらないで質物を処分させることを約することができない.

（留置権及び先取特権の規定の準用）

第350条　第296条から第300条まで及び第304条の規定は,質権について準用する.

（物上保証人の求償権）

第351条　他人の債務を担保するため質権を設定した者は,その債務を弁済し,又は質権の実行によって質物の所有権を失ったときは,保証債務に関する規定に従い,債務者に対して求償権を有する.

第2節　動産質

（動産質の対抗要件）

第352条　動産質権者は，継続して質物を占有しなければ，その質権をもって第三者に対抗することができない．

（質物の占有の回復）

第353条　動産質権者は，質物の占有を奪われたときは，占有回収の訴えによってのみ，その質物を回復することができる．

（動産質権の実行）

第354条　動産質権者は，その債権の弁済を受けないときは，正当な理由がある場合に限り，鑑定人の評価に従い質物をもって直ちに弁済に充てることを裁判所に請求することができる．この場合において，動産質権者は，あらかじめ，その請求をする旨を債務者に通知しなければならない．

（動産質権の順位）

第355条　同一の動産について数個の質権が設定されたときは，その質権の順位は，設定の前後による．

第3節　不動産質

（不動産質権者による使用及び収益）

第356条　不動産質権者は，質権の目的である不動産の用法に従い，その使用及び収益をすることができる．

（不動産質権者による管理の費用等の負担）

第357条　不動産質権者は，管理の費用を支払い，その他不動産に関する負担を負う．

（不動産質権者による利息の請求の禁止）

第358条　不動産質権者は，その債権の利息を請求することができない．

（設定行為に別段の定めがある場合等）

第359条　前3条の規定は，設定行為に別段の定めがあるとき，又は担保不動産収益執行（民事執行法第180条第2号に規定する担保不動産収益執行をいう．以下同じ．）の開始があったときは，適用しない．

（不動産質権の存続期間）

第360条　① 不動産質権の存続期間は，10年を超えることができない．設定行為でこれより長い期間を定めたときであっても，その期間は，10年とする．

② 不動産質権の設定は，更新することができる．ただし，その存続期間は，更新の時から10年を超えることができない．

（抵当権の規定の準用）

第361条　不動産質権については，この節に定めるもののほか，その性質に反しない限り，次章（抵当権）の規定を準用する．

第4節　権利質

（権利質の目的等）

第362条　① 質権は，財産権をその目的とすることができる．

② 前項の質権については，この節に定めるもののほか，その性質に反しない限り，前3節（総則，動産質及び不動産質）の規定を準用する．

第363条　削除

（債権を目的とする質権の対抗要件）

第364条　債権を目的とする質権の設定（現に発生していない債権を目的とするものを含む．）は，第467条の規定に従い，第三債務者にその質権の設定を通知し，又は第三債務者がこれを承諾しなければ，これをもって第三債務者その他の第三者に対抗することができない．

第365条　削除

（質権者による債権の取立て等）

第366条　① 質権者は，質権の目的である債権を直接に取り立てることができる．

② 債権の目的物が金銭であるときは，質権者は，自己の債権額に対応する部分に限り，これを取り立てることができる．

③ 前項の債権の弁済期が質権者の債権の弁済期前に到来したときは，質権者は，第三債務者にその弁済をすべき金額を供託させることができる．この場合において，質権は，その供託金について存在する．

④ 債権の目的物が金銭でないときは，質権者は，弁済として受けた物について質権を有する．

第367条　削除

第368条　削除

第10章　抵当権

第1節　総則

（抵当権の内容）

第369条　① 抵当権者は，債務者又は第三者が占有を移転しないで債務の担保に供した不動産について，他の債権者に先立って自己の債権の弁済を受ける権利を有する．

② 地上権及び永小作権も，抵当権の目的とすることができる．この場合においては，この章の規定を準用する．

（抵当権の効力の及ぶ範囲）

第370条　抵当権は，抵当地の上に存する建物を除き，その目的である不動産（以下「抵当不動産」という．）に付加して一体となっている物に及ぶ．ただし，設定行為に別段の定めがある場合及び債務者の行為について第424条第3項に規定する詐害行為取消請求をすることができる場合は，この限りでない．

第371条　抵当権は，その担保する債権につい

て不履行があったときは,その後に生じた抵当不動産の果実に及ぶ.

（留置権等の規定の準用）

第372条 第296条,第304条及び第351条の規定は,抵当権について準用する.

第2節 抵当権の効力

（抵当権の順位）

第373条 同一の不動産について数個の抵当権が設定されたときは,その抵当権の順位は,登記の前後による.

（抵当権の順位の変更）

第374条 ① 抵当権の順位は,各抵当権者の合意によって変更することができる. ただし,利害関係を有する者があるときは,その承諾を得なければならない.

② 前項の規定による順位の変更は,その登記をしなければ,その効力を生じない.

（抵当権の被担保債権の範囲）

第375条 ① 抵当権者は,利息その他の定期金を請求する権利を有するときは,その満期となった最後の2年分についてのみ,その抵当権を行使することができる. ただし,それ以前の定期金についても,満期後に特別の登記をしたときは,その登記の時からその抵当権を行使することを妨げない.

② 前項の規定は,抵当権者が債務の不履行によって生じた損害の賠償を請求する権利を有する場合における,その最後の2年分についても適用する. ただし,利息その他の定期金と通算して2年分を超えることができない.

（抵当権の処分）

第376条 ① 抵当権者は,その抵当権を他の債権の担保とし,又は同一の債務者に対する他の債権者の利益のためにその抵当権若しくはその順位を譲渡し,若しくは放棄することができる.

② 前項の場合において,抵当権者が数人のためにその抵当権の処分をしたときは,その処分の利益を受ける者の権利の順位は,抵当権の登記にした付記の前後による.

（抵当権の処分の対抗要件）

第377条 ① 前条の場合には,第467条の規定に従い,主たる債務者に抵当権の処分を通知し,又は主たる債務者がこれを承諾しなければ,これをもって主たる債務者,保証人,抵当権設定者及びこれらの者の承継人に対抗することができない.

② 主たる債務者が前項の規定により通知を受け,又は承諾をしたときは,抵当権の処分の利益を受ける者の承諾を得ないでした弁済は,その受益者に対抗することができない.

（代価弁済）

第378条 抵当不動産について所有権又は地上権を買い受けた第三者が,抵当権者の請求に応じてその抵当権者にその代価を弁済したときは,抵当権は,その第三者のために消滅する.

（抵当権消滅請求）

第379条 抵当不動産の第三取得者は,第383条の定めるところにより,抵当権消滅請求をすることができる.

第380条 主たる債務者,保証人及びこれらの者の承継人は,抵当権消滅請求をすることができない.

第381条 抵当不動産の停止条件付第三取得者は,その停止条件の成否が未定である間は,抵当権消滅請求をすることができない.

（抵当権消滅請求の時期）

第382条 抵当不動産の第三取得者は,抵当権の実行としての競売による差押えの効力が発生する前に,抵当権消滅請求をしなければならない.

（抵当権消滅請求の手続）

第383条 抵当不動産の第三取得者は,抵当権消滅請求をするときは,登記をした各債権者に対し,次に掲げる書面を送付しなければならない.

1 取得の原因及び年月日,譲渡人及び取得者の氏名及び住所並びに抵当不動産の性質,所在及び代価その他取得者の負担を記載した書面

2 抵当不動産に関する登記事項証明書（現に効力を有する登記事項のすべてを証明したものに限る.）

3 債権者が2箇月以内に抵当権を実行して競売の申立てをしないときは,抵当不動産の第三取得者が第1号に規定する代価又は特に指定した金額を債権の順位に従って弁済し又は供託すべき旨を記載した書面

（債権者のみなし承諾）

第384条 次に掲げる場合には,前条各号に掲げる書面の送付を受けた債権者は,抵当不動産の第三取得者が同条第3号に掲げる書面に記載したところにより提供した同号の代価又は金額を承諾したものとみなす.

1 その債権者が前条各号に掲げる書面の送付を受けた後2箇月以内に抵当権を実行して競売の申立てをしないとき.

2 その債権者が前号の申立てを取り下げたとき.

3 第1号の申立てを却下する旨の決定が確定したとき.

4 第1号の申立てに基づく競売の手続を取り消す旨の決定（民事執行法第188条において準用する同法第63条第3項若しくは第68条の3第3項の規定又は同法第183条第1項第2号ニに掲げる文書若しくは記録事項

証明書が提出された場合における同条第2項の規定による決定を除く.）が確定したとき.〔＝箇所:令5法53,施行2年6月内, －箇所:令4法48,施行4年内〕

（競売の申立ての通知）
第385条 第383条各号に掲げる書面の送付を受けた債権者は,前条第1号の申立てをするときは,同号の期間内に,債務者及び抵当不動産の譲渡人にその旨を通知しなければならない.

（抵当権消滅請求の効果）
第386条 登記をしたすべての債権者が抵当不動産の第三取得者の提供した代価又は金額を承諾し,かつ,抵当不動産の第三取得者がその承諾を得た代価又は金額を払い渡し又は供託したときは,抵当権は,消滅する.

（抵当権者の同意の登記がある場合の賃貸借の対抗力）
第387条 ① 登記をした賃貸借は,その登記前に登記をした抵当権を有するすべての者が同意をし,かつ,その同意の登記があるときは,その同意をした抵当権者に対抗することができる.
② 抵当権者が前項の同意をするには,その抵当権を目的とする権利を有する者その他抵当権者の同意によって不利益を受けるべき者の承諾を得なければならない.

（法定地上権）
第388条 土地及びその上に存する建物が同一の所有者に属する場合において,その土地又は建物につき抵当権が設定され,その実行により所有者を異にするに至ったときは,その建物について,地上権が設定されたものとみなす.この場合において,地代は,当事者の請求により,裁判所が定める.

（抵当地の上の建物の競売）
第389条 ① 抵当権の設定後に抵当地に建物が築造されたときは,抵当権者は,土地とともにその建物を競売することができる.ただし,その優先権は,土地の代価についてのみ行使することができる.
② 前項の規定は,その建物の所有者が抵当地を占有するについて抵当権者に対抗することができる権利を有する場合には,適用しない.

（抵当不動産の第三取得者による買受け）
第390条 抵当不動産の第三取得者は,その競売において買受人となることができる.

（抵当不動産の第三取得者による費用の償還請求）
第391条 抵当不動産の第三取得者は,抵当不動産について必要費又は有益費を支出したときは,第196条の区別に従い,抵当不動産の代価から,他の債権者より先にその償還を受けることができる.

（共同抵当における代価の配当）
第392条 ① 債権者が同一の債権の担保として数個の不動産の担保につき抵当権を有する場合において,同時にその代価を配当すべきときは,その各不動産の価額に応じて,その債権の負担を按分する.
② 債権者が同一の債権の担保として数個の不動産につき抵当権を有する場合において,ある不動産の代価のみを配当すべきときは,抵当権者は,その代価から債権の全部の弁済を受けることができる.この場合において,次順位の抵当権者は,その弁済を受ける抵当権者が前項の規定に従い他の不動産の代価から弁済を受けるべき金額を限度として,その抵当権者に代位して抵当権を行使することができる.

（共同抵当における代位の付記登記）
第393条 前条第2項後段の規定により代位によって抵当権を行使する者は,その抵当権の登記にその代位を付記することができる.

（抵当不動産以外の財産からの弁済）
第394条 ① 抵当権者は,抵当不動産の代価から弁済を受けない債権の部分についてのみ,他の財産から弁済を受けることができる.
② 前項の規定は,抵当不動産の代価に先立って他の財産の代価を配当すべき場合には,適用しない.この場合において,他の各債権者は,抵当権者に同項の規定による弁済を受けさせるため,抵当権者に配当すべき金額の供託を請求することができる.

（抵当建物使用者の引渡しの猶予）
第395条 ① 抵当権者に対抗することができない賃貸借により抵当権の目的である建物の使用又は収益をする者であって次に掲げるもの（次項において「抵当建物使用者」という.）は,その建物の競売における買受人の買受けの時から6箇月を経過するまでは,その建物を買受人に引き渡すことを要しない.
1 競売手続の開始前から使用又は収益をする者
2 強制管理又は担保不動産収益執行の管理人が競売手続の開始後にした賃貸借により使用又は収益をする者
② 前項の規定は,買受人の買受けの時より後に同項の建物の使用をしたことの対価について,買受人が抵当建物使用者に対し相当の期間を定めてその1箇月分以上の支払の催告をし,その相当の期間内に履行がない場合には,適用しない.

第3節　抵当権の消滅
（抵当権の消滅時効）
第396条 抵当権は,債務者及び抵当権設定者

に対しては，その担保する債権と同時でなければ，時効によって消滅しない．

（抵当不動産の時効取得による抵当権の消滅）

第397条　債務者又は抵当権設定者でない者が抵当不動産について取得時効に必要な要件を具備する占有をしたときは，抵当権は，これによって消滅する．

（抵当権の目的である地上権等の放棄）

第398条　地上権又は永小作権を抵当権の目的とした地上権者又は永小作人は，その権利を放棄しても，これをもって抵当権者に対抗することができない．

第4節　根抵当

（根抵当権）

第398条の2　① 抵当権は，設定行為で定めるところにより，一定の範囲に属する不特定の債権を極度額の限度において担保するためにも設定することができる．

② 前項の規定による抵当権（以下「根抵当権」という．）の担保すべき不特定の債権の範囲は，債務者との特定の継続的取引契約によって生ずるものその他債務者との一定の種類の取引によって生ずるものに限定して，定めなければならない．

③ 特定の原因に基づいて債務者との間に継続して生ずる債権，手形上若しくは小切手上の請求権又は電子記録債権（電子記録債権法（平成19年法律第102号）第2条第1項に規定する電子記録債権をいう．次条第2項において同じ．）は，前項の規定にかかわらず，根抵当権の担保すべき債権とすることができる．

（根抵当権の被担保債権の範囲）

第398条の3　① 根抵当権者は，確定した元本並びに利息その他の定期金及び債務の不履行によって生じた損害の賠償の全部について，極度額を限度として，その根抵当権を行使することができる．

② 債務者との取引によらないで取得する手形上若しくは小切手上の請求権又は電子記録債権を根抵当権の担保すべき債権とした場合において，次に掲げる事由があったときは，その前に取得したものについてのみ，その根抵当権を行使することができる．ただし，その後に取得したものであっても，その事由を知らないで取得したものについては，これを行使することを妨げない．

1　債務者の支払の停止

2　債務者についての破産手続開始，再生手続開始，更生手続開始又は特別清算開始の申立て

3　抵当不動産に対する競売の申立て又は滞納処分による差押え

（根抵当権の被担保債権の範囲及び債務者の変更）

第398条の4　① 元本の確定前においては，根抵当権の担保すべき債権の範囲の変更をすることができる．債務者の変更についても，同様とする．

② 前項の変更をするには，後順位の抵当権者その他の第三者の承諾を得ることを要しない．

③ 第1項の変更について元本の確定前に登記をしなかったときは，その変更をしなかったものとみなす．

（根抵当権の極度額の変更）

第398条の5　根抵当権の極度額の変更は，利害関係を有する者の承諾を得なければ，することができない．

（根抵当権の元本確定期日の定め）

第398条の6　① 根抵当権の担保すべき元本については，その確定すべき期日を定め又は変更することができる．

② 第398条の4第2項の規定は，前項の場合について準用する．

③ 第1項の期日は，これを定め又は変更した日から5年以内でなければならない．

④ 第1項の期日の変更についてその変更前の期日より前に登記をしなかったときは，担保すべき元本は，その変更前の期日に確定する．

（根抵当権の被担保債権の譲渡等）

第398条の7　① 元本の確定前に根抵当権者から債権を取得した者は，その債権について根抵当権を行使することができない．元本の確定前に債務者のために又は債務者に代わって弁済をした者も，同様とする．

② 元本の確定前に債務の引受けがあったときは，根抵当権者は，引受人の債務について，その根抵当権を行使することができない．

③ 元本の確定前に免責的債務引受があった場合における債権者は，第472条の4第1項の規定にかかわらず，根抵当権を引受人が負担する債務に移すことができない．

④ 元本の確定前に債権者の交替による更改があった場合における更改前の債権者は，第518条第1項の規定にかかわらず，根抵当権を更改後の債務に移すことができない．元本の確定前に債務者の交替による更改があった場合における債権者も，同様とする．

（根抵当権者又は債務者の相続）

第398条の8　① 元本の確定前に根抵当権者について相続が開始したときは，根抵当権は，相続開始の時に存する債権のほか，相続人と根抵当権設定者との合意により定めた相続人が相続の開始後に取得する債権を担保する．

② 元本の確定前にその債務者について相続が開始したときは、根抵当権は、相続開始の時に存する債務のほか、根抵当権者と根抵当権設定者との合意により定めた相続人が相続の開始後に負担する債務を担保する。

③ 第398条の4第2項の規定は、前2項の合意をする場合について準用する。

④ 第1項及び第2項の合意について相続の開始後6箇月以内に登記をしないときは、担保すべき元本は、相続開始の時に確定したものとみなす。

（根抵当権者又は債務者の合併）

第398条の9 ① 元本の確定前に根抵当権者について合併があったときは、根抵当権は、合併の時に存する債権のほか、合併後存続する法人又は合併によって設立された法人が合併後に取得する債権を担保する。

② 元本の確定前にその債務者について合併があったときは、根抵当権は、合併の時に存する債務のほか、合併後存続する法人又は合併によって設立された法人が合併後に負担する債務を担保する。

③ 前2項の場合には、根抵当権設定者は、担保すべき元本の確定を請求することができる。ただし、前項の場合において、その債務者が根抵当権設定者であるときは、この限りでない。

④ 前項の規定による請求があったときは、担保すべき元本は、合併の時に確定したものとみなす。

⑤ 第3項の規定による請求は、根抵当権設定者が合併のあったことを知った日から2週間を経過したときは、することができない。合併の日から1箇月を経過したときも、同様とする。

（根抵当権者又は債務者の会社分割）

第398条の10 ① 元本の確定前に根抵当権者を分割をする会社とする分割があったときは、根抵当権は、分割の時に存する債権のほか、分割をした会社及び分割により設立された会社又は当該分割をした会社がその事業に関して有する権利義務の全部又は一部を当該会社から承継した会社が分割後に取得する債権を担保する。

② 元本の確定前にその債務者を分割をする会社とする分割があったときは、根抵当権は、分割の時に存する債務のほか、分割をした会社及び分割により設立された会社又は当該分割をした会社がその事業に関して有する権利義務の全部又は一部を当該会社から承継した会社が分割後に負担する債務を担保する。

③ 前条第3項から第5項までの規定は、前2項の場合について準用する。

（根抵当権の処分）

第398条の11 ① 元本の確定前においては、根抵当権者は、第376条第1項の規定による根抵当権の処分をすることができない。ただし、その根抵当権を他の債権の担保とすることを妨げない。

② 第377条第2項の規定は、前項ただし書の場合において元本の確定前にした弁済については、適用しない。

（根抵当権の譲渡）

第398条の12 ① 元本の確定前においては、根抵当権者は、根抵当権設定者の承諾を得て、その根抵当権を譲り渡すことができる。

② 根抵当権者は、その根抵当権を2個の根抵当権に分割して、その一方を前項の規定により譲り渡すことができる。この場合において、その根抵当権を目的とする権利は、譲り渡した根抵当権について消滅する。

③ 前項の規定による譲渡をするには、その根抵当権を目的とする権利を有する者の承諾を得なければならない。

（根抵当権の一部譲渡）

第398条の13 元本の確定前においては、根抵当権者は、根抵当権設定者の承諾を得て、その根抵当権の一部譲渡（譲渡人が譲受人と根抵当権を共有するため、これを分割しないで譲り渡すことをいう。以下この節において同じ。）をすることができる。

（根抵当権の共有）

第398条の14 ① 根抵当権の共有者は、それぞれその債権額の割合に応じて弁済を受ける。ただし、元本の確定前に、これと異なる割合を定め、又はある者が他の者に先立って弁済を受けるべきことを定めたときは、その定めに従う。

② 根抵当権の共有者は、他の共有者の同意を得て、第398条の12第1項の規定によりその権利を譲り渡すことができる。

（抵当権の順位の譲渡又は放棄と根抵当権の譲渡又は一部譲渡）

第398条の15 抵当権の順位の譲渡又は放棄を受けた根抵当権者が、その根抵当権の譲渡又は一部譲渡をしたときは、譲受人は、その順位の譲渡又は放棄の利益を受ける。

（共同根抵当）

第398条の16 第392条及び第393条の規定は、根抵当権については、その設定と同時に同一の債権の担保として数個の不動産につき根抵当権が設定された旨の登記をした場合に限り、適用する。

（共同根抵当の変更等）

第398条の17 ① 前条の登記がされている根抵当権の担保すべき債権の範囲、債務者若しく

は極度額の変更又はその譲渡若しくは一部譲渡は，その根抵当権が設定されているすべての不動産について登記をしなければ，その効力を生じない．

② 前条の登記がされている根抵当権の担保すべき元本は，1個の不動産についてのみ確定すべき事由が生じた場合においても，確定する．

（累積根抵当）

第398条の18　数個の不動産につき根抵当権を有する者は，第398条の16の場合を除き，各不動産の代価について，各極度額に至るまで優先権を行使することができる．

（根抵当権の元本の確定請求）

第398条の19　① 根抵当権設定者は，根抵当権の設定の時から3年を経過したときは，担保すべき元本の確定を請求することができる．この場合において，担保すべき元本は，その請求の時から2週間を経過することによって確定する．

② 根抵当権者は，いつでも，担保すべき元本の確定を請求することができる．この場合において，担保すべき元本は，その請求の時に確定する．

③ 前2項の規定は，担保すべき元本の確定すべき期日の定めがあるときは，適用しない．

（根抵当権の元本の確定事由）

第398条の20　① 次に掲げる場合には，根抵当権の担保すべき元本は，確定する．

1　根抵当権者が抵当不動産について競売若しくは担保不動産収益執行又は第372条において準用する第304条の規定による差押えを申し立てたとき．ただし，競売手続若しくは担保不動産収益執行手続の開始又は差押えがあったときに限る．

2　根抵当権者が抵当不動産に対して滞納処分による差押えをしたとき．

3　根抵当権者が抵当不動産に対する競売手続の開始又は滞納処分による差押えがあったことを知った時から2週間を経過したとき．

4　債務者又は根抵当権設定者が破産手続開始の決定を受けたとき．

② 前項第3号の競売手続の開始若しくは差押え又は同項第4号の破産手続開始の決定の効力が消滅したときは，担保すべき元本は確定しなかったものとみなす．ただし，元本が確定したものとしてその根抵当権又はこれを目的とする権利を取得した者があるときは，この限りでない．

（根抵当権の極度額の減額請求）

第398条の21　① 元本の確定後においては，根抵当権設定者は，その根抵当権の極度額を，現に存する債務の額と以後2年間に生ずべき利息その他の定期金及び債務の不履行による損害賠償の額とを加えた額に減額することを請求することができる．

② 第398条の16の登記がされている根抵当権の極度額の減額については，前項の規定による請求は，そのうちの1個の不動産についてすれば足りる．

（根抵当権の消滅請求）

第398条の22　① 元本の確定後において現に存する債務の額が根抵当権の極度額を超えるときは，他人の債務を担保するためその根抵当権を設定した者又は抵当不動産について所有権，地上権，永小作権若しくは第三者に対抗することができる賃借権を取得した第三者は，その極度額に相当する金額を払い渡し又は供託して，その根抵当権の消滅請求をすることができる．この場合において，その払渡し又は供託は，弁済の効力を有する．

② 第398条の16の登記がされている根抵当権は，1個の不動産について前項の消滅請求があったときは，消滅する．

③ 第380条及び第381条の規定は，第1項の消滅請求について準用する．

◆ **第3編　債　権** ◆

第1章　総　則

第1節　債権の目的
（債権の目的）

第399条　債権は，金銭に見積もることができないものであっても，その目的とすることができる．

（特定物の引渡しの場合の注意義務）

第400条　債権の目的が特定物の引渡しであるときは，債務者は，その引渡しをするまで，契約その他の債権の発生原因及び取引上の社会通念に照らして定まる善良な管理者の注意をもって，その物を保存しなければならない．

（種類債権）

第401条　① 債権の目的物を種類のみで指定した場合において，法律行為の性質又は当事者の意思によってその品質を定めることができないときは，債務者は，中等の品質を有する物を給付しなければならない．

② 前項の場合において，債務者が物の給付をするのに必要な行為を完了し，又は債権者の同意を得てその給付すべき物を指定したときは，以後その物を債権の目的物とする．

（金銭債権）

第402条　① 債権の目的物が金銭であるとき

は,債務者は,その選択に従い,各種の通貨で弁済をすることができる. ただし,特定の種類の通貨の給付を債権の目的としたときは,この限りでない.

② 債権の目的物である特定の種類の通貨が弁済期に強制通用の効力を失っているときは,債務者は,他の通貨で弁済をしなければならない.

③ 前2項の規定は,外国の通貨の給付を債権の目的とした場合について準用する.

第403条 外国の通貨で債権額を指定したときは,債務者は,履行地における為替相場により,日本の通貨で弁済をすることができる.

（法定利率）

第404条 ① 利息を生ずべき債権について別段の意思表示がないときは,その利率は,その利息が生じた最初の時点における法定利率による.

② 法定利率は,年3パーセントとする.

③ 前項の規定にかかわらず,法定利率は,法務省令で定めるところにより,3年を1期とし,1期ごとに,次項の規定により変動するものとする.

④ 各期における法定利率は,この項の規定により法定利率に変動があった期のうち直近のもの（以下この項において「直近変動期」という.）における基準割合と当期における基準割合との差に相当する割合（その割合に1パーセント未満の端数があるときは,これを切り捨てる.）を直近変動期における法定利率に加算し,又は減算した割合とする.

⑤ 前項に規定する「基準割合」とは,法務省令で定めるところにより,各期の初日の属する年の6年前の年の1月から前々年の12月までの各月における短期貸付けの平均利率（当該各月において銀行が新たに行った貸付け（貸付期間が1年未満のものに限る.）に係る利率の平均をいう.）の合計を60で除して計算した割合（その割合に0.1パーセント未満の端数があるときは,これを切り捨てる.）として法務大臣が告示するものをいう.

（利息の元本への組入れ）

第405条 利息の支払が1年分以上延滞した場合において,債権者が催告をしても,債務者がその利息を支払わないときは,債権者は,これを元本に組み入れることができる.

（選択債権における選択権の帰属）

第406条 債権の目的が数個の給付の中から選択によって定まるときは,その選択権は,債務者に属する.

（選択権の行使）

第407条 ① 前条の選択権は,相手方に対する

意思表示によって行使する.

② 前項の意思表示は,相手方の承諾を得なければ,撤回することができない.

（選択権の移転）

第408条 債権が弁済期にある場合において,相手方から相当の期間を定めて催告をしても,選択権を有する当事者がその期間内に選択をしないときは,その選択権は,相手方に移転する.

（第三者の選択権）

第409条 ① 第三者が選択をすべき場合には,その選択は,債権者又は債務者に対する意思表示によってする.

② 前項に規定する場合において,第三者が選択をすることができず,又は選択をする意思を有しないときは,選択権は,債務者に移転する.

（不能による選択債権の特定）

第410条 債権の目的である給付の中に不能のものがある場合において,その不能が選択権を有する者の過失によるものであるときは,債権は,その残存するものについて存在する.

（選択の効力）

第411条 選択は,債権の発生の時にさかのぼってその効力を生ずる. ただし,第三者の権利を害することはできない.

　第2節　債権の効力

　　第1款　債務不履行の責任等

（履行期と履行遅滞）

第412条 ① 債務の履行について確定期限があるときは,債務者は,その期限の到来した時から遅滞の責任を負う.

② 債務の履行について不確定期限があるときは,債務者は,その期限の到来した後に履行の請求を受けた時又はその期限の到来したことを知った時のいずれか早い時から遅滞の責任を負う.

③ 債務の履行について期限を定めなかったときは,債務者は,履行の請求を受けた時から遅滞の責任を負う.

（履行不能）

第412条の2 ① 債務の履行が契約その他の債務の発生原因及び取引上の社会通念に照らして不能であるときは,債権者は,その債務の履行を請求することができない.

② 契約に基づく債務の履行がその契約の成立の時に不能であったことは,第415条の規定によりその履行の不能によって生じた損害の賠償を請求することを妨げない.

（受領遅滞）

第413条 ① 債権者が債務の履行を受けることを拒み,又は受けることができない場合において,その債務の目的が特定物の引渡しである

ときは,債務者は,履行の提供をした時からその引渡しをするまで,自己の財産に対するのと同一の注意をもって,その物を保存すれば足りる.

② 債権者が債務の履行を受けることを拒み,又は受けることができないことによって,その履行の費用が増加したときは,その増加額は,債権者の負担とする.

（履行遅滞中又は受領遅滞中の履行不能と帰責事由）

第413条の2 ① 債務者がその債務について遅滞の責任を負っている間に当事者双方の責めに帰することができない事由によってその債務の履行が不能となったときは,その履行の不能は,債務者の責めに帰すべき事由によるものとみなす.

② 債権者が債務の履行を受けることを拒み,又は受けることができない場合において,履行の提供があった時以後に当事者双方の責めに帰することができない事由によってその債務の履行が不能となったときは,その履行の不能は,債権者の責めに帰すべき事由によるものとみなす.

（履行の強制）

第414条 ① 債務者が任意に債務の履行をしないときは,債権者は,民事執行法その他強制執行の手続に関する法令の規定に従い,直接強制,代替執行,間接強制その他の方法による履行の強制を裁判所に請求することができる.ただし,債務の性質がこれを許さないときは,この限りでない.

② 前項の規定は,損害賠償の請求を妨げない.

（債務不履行による損害賠償）

第415条 ① 債務者がその債務の本旨に従った履行をしないとき又は債務の履行が不能であるときは,債権者は,これによって生じた損害の賠償を請求することができる.ただし,その債務の不履行が契約その他の債務の発生原因及び取引上の社会通念に照らして債務者の責めに帰することができない事由によるものであるときは,この限りでない.

② 前項の規定により損害賠償の請求をすることができる場合において,債権者は,次に掲げるときは,債務の履行に代わる損害賠償の請求をすることができる.

1 債務の履行が不能であるとき.

2 債務者がその債務の履行を拒絶する意思を明確に表示したとき.

3 債務が契約によって生じたものである場合において,その契約が解除され,又は債務の不履行による契約の解除権が発生したとき.

（損害賠償の範囲）

第416条 ① 債務の不履行に対する損害賠償の請求は,これによって通常生ずべき損害の賠償をさせることをその目的とする.

② 特別の事情によって生じた損害であっても,当事者がその事情を予見すべきであったときは,債権者は,その賠償を請求することができる.

（損害賠償の方法）

第417条 損害賠償は,別段の意思表示がないときは,金銭をもってその額を定める.

（中間利息の控除）

第417条の2 ① 将来において取得すべき利益についての損害賠償の額を定める場合において,その利益を取得すべき時までの利息相当額を控除するときは,その損害賠償の請求権が生じた時点における法定利率により,これをする.

② 将来において負担すべき費用についての損害賠償の額を定める場合において,その費用を負担すべき時までの利息相当額を控除するときも,前項と同様とする.

（過失相殺）

第418条 債務の不履行又はこれによる損害の発生若しくは拡大に関して債権者に過失があったときは,裁判所は,これを考慮して,損害賠償の責任及びその額を定める.

（金銭債務の特則）

第419条 ① 金銭の給付を目的とする債務の不履行については,その損害賠償の額は,債務者が遅滞の責任を負った最初の時点における法定利率によって定める.ただし,約定利率が法定利率を超えるときは,約定利率による.

② 前項の損害賠償については,債権者は,損害の証明をすることを要しない.

③ 第1項の損害賠償については,債務者は,不可抗力をもって抗弁とすることができない.

（賠償額の予定）

第420条 ① 当事者は,債務の不履行について損害賠償の額を予定することができる.

② 賠償額の予定は,履行の請求又は解除権の行使を妨げない.

③ 違約金は,賠償額の予定と推定する.

第421条 前条の規定は,当事者が金銭でないものを損害の賠償に充てるべき旨を予定した場合について準用する.

（損害賠償による代位）

第422条 債権者が,損害賠償として,その債権の目的である物又は権利の価額の全部の支払を受けたときは,債務者は,その物又は権利について当然に債権者に代位する.

（代償請求権）

第422条の2　債務者が, その債務の履行が不能となったのと同一の原因により債務の目的物の代償である権利又は利益を取得したときは, 債権者は, その受けた損害の額の限度において, 債務者に対し, その権利の移転又はその利益の償還を請求することができる.

第2款　債権者代位権

（債権者代位権の要件）

第423条　① 債権者は, 自己の債権を保全するため必要があるときは, 債務者に属する権利（以下「被代位権利」という.）を行使することができる. ただし, 債務者の一身に専属する権利及び差押えを禁じられた権利は, この限りでない.

② 債権者は, その債権の期限が到来しない間は, 被代位権利を行使することができない. ただし, 保存行為は, この限りでない.

③ 債権者は, その債権が強制執行により実現することのできないものであるときは, 被代位権利を行使することができない.

（代位行使の範囲）

第423条の2　債権者は, 被代位権利を行使する場合において, 被代位権利の目的が可分であるときは, 自己の債権の額の限度においてのみ, 被代位権利を行使することができる.

（債権者への支払又は引渡し）

第423条の3　債権者は, 被代位権利を行使する場合において, 被代位権利が金銭の支払又は動産の引渡しを目的とするものであるときは, 相手方に対し, その支払又は引渡しを自己に対してすることを求めることができる. この場合において, 相手方が債権者に対してその支払又は引渡しをしたときは, 被代位権利は, これによって消滅する.

（相手方の抗弁）

第423条の4　債権者が被代位権利を行使したときは, 相手方は, 債務者に対して主張することができる抗弁をもって, 債権者に対抗することができる.

（債務者の取立てその他の処分の権限等）

第423条の5　債権者が被代位権利を行使した場合であっても, 債務者は, 被代位権利について, 自ら取立てその他の処分をすることを妨げられない. この場合においては, 相手方も, 被代位権利について, 債務者に対して履行をすることを妨げられない.

（被代位権利の行使に係る訴えを提起した場合の訴訟告知）

第423条の6　債権者は, 被代位権利の行使に係る訴えを提起したときは, 遅滞なく, 債務者に対し, 訴訟告知をしなければならない.

（登記又は登録の請求権を保全するための債権者代位権）

第423条の7　登記又は登録をしなければ権利の得喪及び変更を第三者に対抗することができない財産を譲り受けた者は, その譲渡人が第三者に対して有する登記手続又は登録手続をすべきことを請求する権利を行使しないときは, その権利を行使することができる. この場合においては, 前3条の規定を準用する.

第3款　詐害行為取消権

第1目　詐害行為取消権の要件

（詐害行為取消請求）

第424条　① 債権者は, 債務者が債権者を害することを知ってした行為の取消しを裁判所に請求することができる. ただし, その行為によって利益を受けた者（以下この款において「受益者」という.）がその行為の時において債権者を害することを知らなかったときは, この限りでない.

② 前項の規定は, 財産権を目的としない行為については, 適用しない.

③ 債権者は, その債権が第1項に規定する行為の前の原因に基づいて生じたものである場合に限り, 同項の規定による請求（以下「詐害行為取消請求」という.）をすることができる.

④ 債権者は, その債権が強制執行により実現することのできないものであるときは, 詐害行為取消請求をすることができない.

（相当の対価を得てした財産の処分行為の特則）

第424条の2　債務者が, その有する財産を処分する行為をした場合において, 受益者から相当の対価を取得しているときは, 債権者は, 次に掲げる要件のいずれにも該当する場合に限り, その行為について, 詐害行為取消請求をすることができる.

1　その行為が, 不動産の金銭への換価その他の当該処分による財産の種類の変更により, 債務者において隠匿, 無償の供与その他の債権者を害することとなる処分（以下この条において「隠匿等の処分」という.）をするおそれを現に生じさせるものであること.

2　債務者が, その行為の当時, 対価として取得した金銭その他の財産について, 隠匿等の処分をする意思を有していたこと.

3　受益者が, その行為の当時, 債務者が隠匿等の処分をする意思を有していたことを知っていたこと.

（特定の債権者に対する担保の供与等の特則）

第424条の3　① 債務者がした既存の債務についての担保の供与又は債務の消滅に関する行

為について，債権者は，次に掲げる要件のいずれにも該当する場合に限り，詐害行為取消請求をすることができる．

1　その行為が，債務者が支払不能（債務者が，支払能力を欠くために，その債務のうち弁済期にあるものにつき，一般的かつ継続的に弁済することができない状態をいう．次項第1号において同じ．）の時に行われたものであること．

2　その行為が，債務者と受益者とが通謀して他の債権者を害する意図をもって行われたものであること．

② 前項に規定する行為が，債務者の義務に属せず，又はその時期が債務者の義務に属しないものである場合において，次に掲げる要件のいずれにも該当するときは，債権者は，同項の規定にかかわらず，その行為について，詐害行為取消請求をすることができる．

1　その行為が，債務者が支払不能になる前30日以内に行われたものであること．

2　その行為が，債務者と受益者とが通謀して他の債権者を害する意図をもって行われたものであること．

（過大な代物弁済等の特則）

第424条の4　債務者がした債務の消滅に関する行為であって，受益者の受けた給付の価額がその行為によって消滅した債務の額より過大であるものについて，第424条に規定する要件に該当するときは，債権者は，前条第1項の規定にかかわらず，その消滅した債務の額に相当する部分以外の部分については，詐害行為取消請求をすることができる．

（転得者に対する詐害行為取消請求）

第424条の5　債権者は，受益者に対して詐害行為取消請求をすることができる場合において，受益者に移転した財産を転得した者があるときは，次の各号に掲げる区分に応じ，それぞれ当該各号に定める場合に限り，その転得者に対しても，詐害行為取消請求をすることができる．

1　その転得者が受益者から転得した者である場合　その転得者が，転得の当時，債務者がした行為が債権者を害することを知っていたとき．

2　その転得者が他の転得者から転得した者である場合　その転得者及びその前に転得した全ての転得者が，それぞれの転得の当時，債務者がした行為が債権者を害することを知っていたとき．

第2目　詐害行為取消権の行使の方法等

（財産の返還又は価額の償還の請求）

第424条の6　① 債権者は，受益者に対する詐害行為取消請求において，債務者がした行為の取消しとともに，その行為によって受益者に移転した財産の返還を請求することができる．受益者がその財産の返還をすることが困難であるときは，債権者は，その価額の償還を請求することができる．

② 債権者は，転得者に対する詐害行為取消請求において，債務者がした行為の取消しとともに，転得者が転得した財産の返還を請求することができる．転得者がその財産の返還をすることが困難であるときは，債権者は，その価額の償還を請求することができる．

（被告及び訴訟告知）

第424条の7　① 詐害行為取消請求に係る訴えについては，次の各号に掲げる区分に応じ，それぞれ当該各号に定める者を被告とする．

1　受益者に対する詐害行為取消請求に係る訴え　受益者

2　転得者に対する詐害行為取消請求に係る訴え　その詐害行為取消請求の相手方である転得者

② 債権者は，詐害行為取消請求に係る訴えを提起したときは，遅滞なく，債務者に対し，訴訟告知をしなければならない．

（詐害行為の取消しの範囲）

第424条の8　① 債権者は，詐害行為取消請求をする場合において，債務者がした行為の目的が可分であるときは，自己の債権の額の限度においてのみ，その行為の取消しを請求することができる．

② 債権者が第424条の6第1項後段又は第2項後段の規定により価額の償還を請求する場合についても，前項と同様とする．

（債権者への支払又は引渡し）

第424条の9　① 債権者は，第424条の6第1項前段又は第2項前段の規定により受益者又は転得者に対して財産の返還を請求する場合において，その返還の請求が金銭の支払又は動産の引渡しを求めるものであるときは，受益者に対してその支払又は引渡しを，転得者に対してその引渡しを，自己に対してすることを求めることができる．この場合において，受益者又は転得者は，債権者に対してその支払又は引渡しをしたときは，債務者に対してその支払又は引渡しをすることを要しない．

② 債権者が第424条の6第1項後段又は第2項後段の規定により受益者又は転得者に対して価額の償還を請求する場合についても，前項と同様とする．

第3目　詐害行為取消権の行使の効果
（認容判決の効力が及ぶ者の範囲）

第425条　詐害行為取消請求を認容する確定判決は，債務者及びその全ての債権者に対してもその効力を有する．

（債務者の受けた反対給付に関する受益者の権利）

第425条の2　債務者がした財産の処分に関する行為（債務の消滅に関する行為を除く．）が取り消されたときは，受益者は，債務者に対し，その財産を取得するためにした反対給付の返還を請求することができる．債務者がその反対給付の返還をすることが困難であるときは，受益者は，その価額の償還を請求することができる．

（受益者の債権の回復）

第425条の3　債務者がした債務の消滅に関する行為が取り消された場合（第424条の4の規定により取り消された場合を除く．）において，受益者が債務者から受けた給付を返還し，又はその価額を償還したときは，受益者の債務者に対する債権は，これによって原状に復する．

（詐害行為取消請求を受けた転得者の権利）

第425条の4　債務者がした行為が転得者に対する詐害行為取消請求によって取り消されたときは，その転得者は，次の各号に掲げる区分に応じ，それぞれ当該各号に定める権利を行使することができる．ただし，その転得者がその前者から財産を取得するためにした反対給付又はその前者から財産を取得することによって消滅した債権の価額を限度とする．

1　第425条の2に規定する行為が取り消された場合　その行為が受益者に対する詐害行為取消請求によって取り消されたとすれば同条の規定により生ずべき受益者の債務者に対する反対給付の返還請求権又はその価額の償還請求権

2　前条に規定する行為が取り消された場合（第424条の4の規定により取り消された場合を除く．）　その行為が受益者に対する詐害行為取消請求によって取り消されたとすれば前条の規定により回復すべき受益者の債務者に対する債権

第4目　詐害行為取消権の期間の制限

第426条　詐害行為取消請求に係る訴えは，債務者が債権者を害することを知って行為をしたことを債権者が知った時から2年を経過したときは，提起することができない．行為の時から10年を経過したときも，同様とする．

第3節　多数当事者の債権及び債務
第1款　総　則

（分割債権及び分割債務）

第427条　数人の債権者又は債務者がある場合において，別段の意思表示がないときは，各債権者又は各債務者は，それぞれ等しい割合で権利を有し，又は義務を負う．

第2款　不可分債権及び不可分債務
（不可分債権）

第428条　次款（連帯債権）の規定（第433条及び第435条の規定を除く．）は，債権の目的がその性質上不可分である場合において，数人の債権者があるときについて準用する．

（不可分債権者の1人との間の更改又は免除）

第429条　不可分債権者の1人と債務者との間に更改又は免除があった場合においても，他の不可分債権者は，債務の全部の履行を請求することができる．この場合においては，その1人の不可分債権者がその権利を失わなければ分与されるべき利益を債務者に償還しなければならない．

（不可分債務）

第430条　第4款（連帯債務）の規定（第440条の規定を除く．）は，債務の目的がその性質上不可分である場合において，数人の債務者があるときについて準用する．

（可分債権又は可分債務への変更）

第431条　不可分債権が可分債権となったときは，各債権者は自己が権利を有する部分についてのみ履行を請求することができ，不可分債務が可分債務となったときは，各債務者はその負担部分についてのみ履行の責任を負う．

第3款　連帯債権
（連帯債権者による履行の請求等）

第432条　債権の目的がその性質上可分である場合において，法令の規定又は当事者の意思表示によって数人が連帯して債権を有するときは，各債権者は，全ての債権者のために全部又は一部の履行を請求することができ，債務者は，全ての債権者のために各債権者に対して履行をすることができる．

（連帯債権者の1人との間の更改又は免除）

第433条　連帯債権者の1人と債務者との間に更改又は免除があったときは，その連帯債権者がその権利を失わなければ分与されるべき利益に係る部分については，他の連帯債権者は，履行を請求することができない．

（連帯債権者の1人との間の相殺）

第434条　債務者が連帯債権者の1人に対して債権を有する場合において，その債務者が相殺を援用したときは，その相殺は，他の連帯債権者に対しても，その効力を生ずる．

（連帯債権者の1人との間の混同）

48 民法（425条〜434条）債権

民法

48
民
法
(
435
条
〜
444
条
)
債
権

第435条　連帯債権者の1人と債務者との間に混同があったときは，債務者は，弁済をしたものとみなす.

（相対的効力の原則）

第435条の2　第432条から前条までに規定する場合を除き，連帯債権者の1人の行為又は1人について生じた事由は，他の連帯債権者に対してその効力を生じない．ただし，他の連帯債権者の1人及び債務者が別段の意思を表示したときは，当該他の連帯債権者に対する効力は，その意思に従う．

　　第4款　連帯債務

（連帯債務者に対する履行の請求）

第436条　債務の目的がその性質上可分である場合において，法令の規定又は当事者の意思表示によって数人が連帯して債務を負担するときは，債権者は，その連帯債務者の1人に対し，又は同時に若しくは順次に全ての連帯債務者に対し，全部又は一部の履行を請求することができる．

（連帯債務者の1人についての法律行為の無効等）

第437条　連帯債務者の1人について法律行為の無効又は取消しの原因があっても，他の連帯債務者の債務は，その効力を妨げられない.

（連帯債務者の1人との間の更改）

第438条　連帯債務者の1人と債権者との間に更改があったときは，債権は，全ての連帯債務者の利益のために消滅する．

（連帯債務者の1人による相殺等）

第439条　① 連帯債務者の1人が債権者に対して債権を有する場合において，その連帯債務者が相殺を援用したときは，債権は，全ての連帯債務者の利益のために消滅する．

② 前項の債権を有する連帯債務者が相殺を援用しない間は，その連帯債務者の負担部分の限度において，他の連帯債務者は，債権者に対して債務の履行を拒むことができる．

（連帯債務者の1人との間の混同）

第440条　連帯債務者の1人と債権者との間に混同があったときは，その連帯債務者は，弁済をしたものとみなす．

（相対的効力の原則）

第441条　第438条，第439条第1項及び前条に規定する場合を除き，連帯債務者の1人について生じた事由は，他の連帯債務者に対してその効力を生じない．ただし，債権者及び他の連帯債務者の1人が別段の意思を表示したときは，当該他の連帯債務者に対する効力は，その意思に従う．

（連帯債務者間の求償権）

第442条　① 連帯債務者の1人が弁済をし，その他自己の財産をもって共同の免責を得たときは，その連帯債務者は，その免責を得た額が自己の負担部分を超えるかどうかにかかわらず，他の連帯債務者に対し，その免責を得るために支出した財産の額（その財産の額が共同の免責を得た額を超える場合にあっては，その免責を得た額）のうち各自の負担部分に応じた額の求償権を有する．

② 前項の規定による求償は，弁済その他免責があった日以後の法定利息及び避けることができなかった費用その他の損害の賠償を包含する．

（通知を怠った連帯債務者の求償の制限）

第443条　① 他の連帯債務者があることを知りながら，連帯債務者の1人が共同の免責を得ることを他の連帯債務者に通知しないで弁済をし，その他自己の財産をもって共同の免責を得た場合において，他の連帯債務者は，債権者に対抗することができる事由を有していたときは，その負担部分について，その事由をもってその免責を得た連帯債務者に対抗することができる．この場合において，相殺をもってその免責を得た連帯債務者に対抗したときは，その連帯債務者は，債権者に対し，相殺によって消滅すべきであった債務の履行を請求することができる．

② 弁済をし，その他自己の財産をもって共同の免責を得た連帯債務者が，他の連帯債務者があることを知りながらその免責を得たことを他の連帯債務者に通知することを怠ったため，他の連帯債務者が善意で弁済その他自己の財産をもって免責を得るための行為をしたときは，当該他の連帯債務者は，その免責を得るための行為を有効であったものとみなすことができる．

（償還をする資力のない者の負担部分の分担）

第444条　① 連帯債務者の中に償還をする資力のない者があるときは，その償還をすることができない部分は，求償者及び他の資力のある者の間で，各自の負担部分に応じて分割して負担する．

② 前項に規定する場合において，求償者及び他の資力のある者がいずれも負担部分を有しない者であるときは，その償還をすることができない部分は，求償者及び他の資力のある者の間で，等しい割合で分割して負担する．

③ 前2項の規定にかかわらず，償還を受けることができないことについて求償者に過失があるときは，他の連帯債務者に対して分担を請求することができない．

民
法

（連帯債務者の1人との間の免除等と求償権）

第445条　連帯債務者の1人に対して債務の免除がされ，又は連帯債務者の1人のために時効が完成した場合においても，他の連帯債務者は，その1人の連帯債務者に対し，第442条第1項の求償権を行使することができる．

第5款　保証債務
第1目　総則
（保証人の責任等）

第446条　① 保証人は，主たる債務者がその債務を履行しないときに，その履行をする責任を負う．

② 保証契約は，書面でしなければ，その効力を生じない．

③ 保証契約がその内容を記録した電磁的記録によってされたときは，その保証契約は，書面によってされたものとみなして，前項の規定を適用する．

（保証債務の範囲）

第447条　① 保証債務は，主たる債務に関する利息，違約金，損害賠償その他その債務に従たるすべてのものを包含する．

② 保証人は，その保証債務についてのみ，違約金又は損害賠償の額を約定することができる．

（保証人の負担と主たる債務の目的又は態様）

第448条　① 保証人の負担が債務の目的又は態様において主たる債務より重いときは，これを主たる債務の限度に減縮する．

② 主たる債務の目的又は態様が保証契約の締結後に加重されたときであっても，保証人の負担は加重されない．

（取り消すことができる債務の保証）

第449条　行為能力の制限によって取り消すことができる債務を保証した者は，保証契約の時においてその取消しの原因を知っていたときは，主たる債務の不履行の場合又はその債務の取消しの場合においてこれと同一の目的を有する独立の債務を負担したものと推定する．

（保証人の要件）

第450条　① 債務者が保証人を立てる義務を負う場合には，その保証人は，次に掲げる要件を具備する者でなければならない．

1　行為能力者であること．

2　弁済をする資力を有すること．

② 保証人が前項第2号に掲げる要件を欠くに至ったときは，債権者は，同項各号に掲げる要件を具備する者をもってこれに代えることを請求することができる．

③ 前2項の規定は，債権者が保証人を指名した場合には，適用しない．

（他の担保の供与）

第451条　債務者は，前条第1項各号に掲げる要件を具備する保証人を立てることができないときは，他の担保を供してこれに代えることができる．

（催告の抗弁）

第452条　債権者が保証人に債務の履行を請求したときは，保証人は，まず主たる債務者に催告をすべき旨を請求することができる．ただし，主たる債務者が破産手続開始の決定を受けたとき，又はその行方が知れないときは，この限りでない．

（検索の抗弁）

第453条　債権者が前条の規定に従い主たる債務者に催告をした後であっても，保証人が主たる債務者に弁済をする資力があり，かつ，執行が容易であることを証明したときは，債権者は，まず主たる債務者の財産について執行をしなければならない．

（連帯保証の場合の特則）

第454条　保証人は，主たる債務者と連帯して債務を負担したときは，前2条の権利を有しない．

（催告の抗弁及び検索の抗弁の効果）

第455条　第452条又は第453条の規定により保証人の請求又は証明があったにもかかわらず，債権者が催告又は執行をすることを怠ったために主たる債務者から全部の弁済を得られなかったときは，保証人は，債権者が直ちに催告又は執行をすれば弁済を得ることができた限度において，その義務を免れる．

（数人の保証人がある場合）

第456条　数人の保証人がある場合には，それらの保証人が各別の行為により債務を負担したときであっても，第427条の規定を適用する．

（主たる債務者について生じた事由の効力）

第457条　① 主たる債務者に対する履行の請求その他の事由による時効の完成猶予及び更新は，保証人に対しても，その効力を生ずる．

② 保証人は，主たる債務者が主張することができる抗弁をもって債権者に対抗することができる．

③ 主たる債務者が債権者に対して相殺権，取消権又は解除権を有するときは，これらの権利の行使によって主たる債務者がその債務を免れるべき限度において，保証人は，債権者に対して債務の履行を拒むことができる．

（連帯保証人について生じた事由の効力）

第458条　第438条，第439条第1項，第440条及び第441条の規定は，主たる債務者と連帯して債務を負担する保証人について生じた事由について準用する．

（主たる債務の履行状況に関する情報の提供

義務）

第458条の2 保証人が主たる債務者の委託を受けて保証をした場合において，保証人の請求があったときは，債権者は，保証人に対し，遅滞なく，主たる債務の元本及び主たる債務に関する利息，違約金，損害賠償その他その債務に従たる全てのものについての不履行の有無並びにこれらの残額及びそのうち弁済期が到来しているものの額に関する情報を提供しなければならない．

（主たる債務者が期限の利益を喪失した場合における情報の提供義務）

第458条の3 ① 主たる債務者が期限の利益を有する場合において，その利益を喪失したときは，債権者は，保証人に対し，その利益の喪失を知った時から2箇月以内に，その旨を通知しなければならない．

② 前項の期間内に同項の通知をしなかったときは，債権者は，保証人に対し，主たる債務者が期限の利益を喪失した時から同項の通知を現にするまでに生じた遅延損害金（期限の利益を喪失しなかったとしても生ずべきものを除く．）に係る保証債務の履行を請求することができない．

③ 前2項の規定は，保証人が法人である場合には，適用しない．

（委託を受けた保証人の求償権）

第459条 ① 保証人が主たる債務者の委託を受けて保証をした場合において，主たる債務者に代わって弁済その他自己の財産をもって債務を消滅させる行為（以下「債務の消滅行為」という．）をしたときは，その保証人は，主たる債務者に対し，そのために支出した財産の額（その財産の額がその債務の消滅行為によって消滅した主たる債務の額を超える場合にあっては，その消滅した額）の求償権を有する．

② 第442条第2項の規定は，前項の場合について準用する．

（委託を受けた保証人が弁済期前に弁済等をした場合の求償権）

第459条の2 ① 保証人が主たる債務者の委託を受けて保証をした場合において，主たる債務の弁済期前に債務の消滅行為をしたときは，その保証人は，主たる債務者に対し，主たる債務者がその当時利益を受けた限度において求償権を有する．この場合において，主たる債務者が債務の消滅行為の日以前に相殺の原因を有していたことを主張するときは，保証人は，債権者に対し，その相殺によって消滅すべきであった債務の履行を請求することができる．

② 前項の規定による求償は，主たる債務の弁済期以後の法定利息及びその弁済期以後に債務の消滅行為をしたとしても避けることができなかった費用その他の損害の賠償を包含する．

③ 第1項の求償権は，主たる債務の弁済期以後でなければ，これを行使することができない．

（委託を受けた保証人の事前の求償権）

第460条 保証人は，主たる債務者の委託を受けて保証をした場合において，次に掲げるときは，主たる債務者に対して，あらかじめ，求償権を行使することができる．

1 主たる債務者が破産手続開始の決定を受け，かつ，債権者がその破産財団の配当に加入しないとき．

2 債務が弁済期にあるとき．ただし，保証契約の後に債権者が主たる債務者に許与した期限は，保証人に対抗することができない．

3 保証人が過失なく債権者に弁済をすべき旨の裁判の言渡しを受けたとき．

（主たる債務者が保証人に対して償還をする場合）

第461条 ① 前条の規定により主たる債務者が保証人に対して償還をする場合において，債権者が全部の弁済を受けない間は，主たる債務者は，保証人に担保を供させ，又は保証人に対して自己に免責を得させることを請求することができる．

② 前項に規定する場合において，主たる債務者は，供託をし，担保を供し，又は保証人に免責を得させて，その償還の義務を免れることができる．

（委託を受けない保証人の求償権）

第462条 ① 第459条の2第1項の規定は，主たる債務者の委託を受けないで保証をした者が債務の消滅行為をした場合について準用する．

② 主たる債務者の意思に反して保証をした者は，主たる債務者が現に利益を受けている限度においてのみ求償権を有する．この場合において，主たる債務者が求償の日以前に相殺の原因を有していたことを主張するときは，保証人は，債権者に対し，その相殺によって消滅すべきであった債務の履行を請求することができる．

③ 第459条の2第3項の規定は，前2項に規定する保証人が主たる債務の弁済期前に債務の消滅行為をした場合における求償権の行使について準用する．

（通知を怠った保証人の求償の制限等）

第463条 ① 保証人が主たる債務者の委託を受けて保証をした場合において，主たる債務者

にあらかじめ通知しないで債務の消滅行為をしたときは、主たる債務者は、債権者に対抗することができた事由をもってその保証人に対抗することができる。この場合において、相殺をもってその保証人に対抗したときは、保証人は、債権者に対し、相殺によって消滅すべきであった債務の履行を請求することができる。

② 保証人が主たる債務者の委託を受けて保証をした場合において、主たる債務者が債務の消滅行為をしたことを保証人に通知することを怠ったため、その保証人が善意で債務の消滅行為をしたときは、その保証人は、その債務の消滅行為を有効であったものとみなすことができる。

③ 保証人が債務の消滅行為をした後に主たる債務者が債務の消滅行為をした場合においては、保証人が主たる債務者の意思に反して保証をしたときのほか、保証人が債務の消滅行為をしたことを主たる債務者に通知することを怠ったため、主たる債務者が善意で債務の消滅行為をしたときも、主たる債務者は、その債務の消滅行為を有効であったものとみなすことができる。

（連帯債務又は不可分債務の保証人の求償権）
第464条 連帯債務者又は不可分債務者の1人のために保証をした者は、他の債務者に対し、その負担部分のみについて求償権を有する。

（共同保証人間の求償権）
第465条 ① 第442条から第444条までの規定は、数人の保証人がある場合において、そのうちの1人の保証人が、主たる債務が不可分であるため又は各保証人が全額を弁済すべき旨の特約があるため、その全額又は自己の負担部分を超える額を弁済したときについて準用する。

② 第462条の規定は、前項に規定する場合を除き、互いに連帯しない保証人の1人が全額又は自己の負担部分を超える額を弁済したときについて準用する。

第2目　個人根保証契約
（個人根保証契約の保証人の責任等）
第465条の2 ① 一定の範囲に属する不特定の債務を主たる債務とする保証契約（以下「根保証契約」という。）であって保証人が法人でないもの（以下「個人根保証契約」という。）の保証人は、主たる債務の元本、主たる債務に関する利息、違約金、損害賠償その他その債務に従たる全てのもの及びその保証債務について約定された違約金又は損害賠償の額について、その全部に係る極度額を限度として、その

履行をする責任を負う。

② 個人根保証契約は、前項に規定する極度額を定めなければ、その効力を生じない。

③ 第446条第2項及び第3項の規定は、個人根保証契約における第1項に規定する極度額の定めについて準用する。

（個人貸金等根保証契約の元本確定期日）
第465条の3 ① 個人根保証契約であってその主たる債務の範囲に金銭の貸渡し又は手形の割引を受けることによって負担する債務（以下「貸金等債務」という。）が含まれるもの（以下「個人貸金等根保証契約」という。）において主たる債務の元本の確定すべき期日（以下「元本確定期日」という。）の定めがある場合において、その元本確定期日がその個人貸金等根保証契約の締結の日から5年を経過する日より後の日と定められているときは、その元本確定期日の定めは、その効力を生じない。

② 個人貸金等根保証契約において元本確定期日の定めがない場合（前項の規定により元本確定期日の定めがその効力を生じない場合を含む。）には、その元本確定期日は、その個人貸金等根保証契約の締結の日から3年を経過する日とする。

③ 個人貸金等根保証契約における元本確定期日の変更をする場合において、変更後の元本確定期日がその変更をした日から5年を経過する日より後の日となるときは、その元本確定期日の変更は、その効力を生じない。ただし、元本確定期日の前2箇月以内に元本確定期日の変更をする場合において、変更後の元本確定期日が変更前の元本確定期日から5年以内の日となるときは、この限りでない。

④ 第446条第2項及び第3項の規定は、個人貸金等根保証契約における元本確定期日の定め及びその変更（その個人貸金等根保証契約の締結の日から3年以内の日を元本確定期日とする旨の定め及び元本確定期日より前の日を変更後の元本確定期日とする変更を除く。）について準用する。

（個人根保証契約の元本の確定事由）
第465条の4 ① 次に掲げる場合には、個人根保証契約における主たる債務の元本は、確定する。ただし、第1号に掲げる場合にあっては、強制執行又は担保権の実行の手続の開始があったときに限る。

1 債権者が、保証人の財産について、金銭の支払を目的とする債権についての強制執行又は担保権の実行を申し立てたとき。

2 保証人が破産手続開始の決定を受けたとき。

3　主たる債務者又は保証人が死亡したとき．

② 前項に規定する場合のほか，個人貸金等根保証契約における主たる債務の元本は，次に掲げる場合にも確定する．ただし，第1号に掲げる場合にあっては，強制執行又は担保権の実行の手続の開始があったときに限る．

1　債権者が，主たる債務者の財産について，金銭の支払を目的とする債権についての強制執行又は担保権の実行を申し立てたとき．

2　主たる債務者が破産手続開始の決定を受けたとき．

（保証人が法人である根保証契約の求償権）

第465条の5 ① 保証人が法人である根保証契約において，第465条の2第1項に規定する極度額の定めがないときは，その根保証契約の保証人の主たる債務者に対する求償権に係る債務を主たる債務とする保証契約は，その効力を生じない．

② 保証人が法人である根保証契約であってその主たる債務の範囲に貸金等債務が含まれるものにおいて，元本確定期日の定めがないとき，又は元本確定期日の定め若しくはその変更が第465条の3第1項若しくは第3項の規定を適用するとすればその効力を生じないものであるときは，その根保証契約の保証人の主たる債務者に対する求償権に係る債務を主たる債務とする保証契約は，その効力を生じない．主たる債務の範囲にその求償権に係る債務が含まれる根保証契約も，同様とする．

③ 前2項の規定は，求償権に係る債務を主たる債務とする保証契約又は主たる債務の範囲に求償権に係る債務が含まれる根保証契約の保証人が法人である場合には，適用しない．

第3目　事業に係る債務についての保証契約の特則

（公正証書の作成と保証の効力）

第465条の6 ① 事業のために負担した貸金等債務を主たる債務とする保証契約又は主たる債務の範囲に事業のために負担する貸金等債務が含まれる根保証契約は，その契約の締結に先立ち，その締結の日前1箇月以内に作成された公正証書で保証人になろうとする者が保証債務を履行する意思を表示していなければ，その効力を生じない．

② 前項の公正証書を作成するには，次に掲げる方式に従わなければならない．

1　保証人になろうとする者が，次のイ又はロに掲げる契約の区分に応じ，それぞれ当該イ又はロに定める事項を公証人に口授すること．

イ　保証契約（ロに掲げるものを除く．）主たる債務の債権者及び債務者，主たる債務の元本，主たる債務に関する利息，違約金，損害賠償その他その債務に従たる全てのものの定めの有無及びその内容並びに主たる債務者がその債務を履行しないときには，その債務の全額について履行する意思（保証人になろうとする者が主たる債務者と連帯して債務を負担しようとするものである場合には，債権者が主たる債務者に対して催告をしたかどうか，主たる債務者がその債務を履行することができるかどうか，又は他に保証人があるかどうかにかかわらず，その全額について履行する意思）を有していること．

ロ　根保証契約　主たる債務の債権者及び債務者，主たる債務の範囲，根保証契約における極度額，元本確定期日の定めの有無及びその内容並びに主たる債務者がその債務を履行しないときには，極度額の限度において元本確定期日又は第465条の4第1項各号若しくは第2項各号に掲げる事由その他の元本を確定すべき事由が生ずる時までに生ずべき主たる債務の元本及び主たる債務に関する利息，違約金，損害賠償その他その債務に従たる全てのものの全額について履行する意思（保証人になろうとする者が主たる債務者と連帯して債務を負担しようとするものである場合には，債権者が主たる債務者に対して催告をしたかどうか，主たる債務者がその債務を履行することができるかどうか，又は他に保証人があるかどうかにかかわらず，その全額について履行する意思）を有していること．

2　公証人が，保証人になろうとする者の口述を筆記し，これを保証人になろうとする者に読み聞かせ，又は閲覧させること．

3　保証人になろうとする者が，筆記の正確なことを承認した後，署名し，印を押すこと．ただし，保証人になろうとする者が署名することができない場合は，公証人がその事由を付記して，署名に代えることができる．

4　公証人が，その証書は前3号に掲げる方式に従って作ったものである旨を付記して，これに署名し，印を押すこと．

③ 前2項の規定は，保証人になろうとする者が法人である場合には，適用しない．

（保証に係る公正証書の方式の特則）

第465条の7 ① 前条第1項の保証契約又は根保証契約の保証人になろうとする者が口がきけない者である場合には，公証人の前で，同条第2項第1号イ又はロに掲げる契約の区分に応じ，それぞれ当該イ又はロに定める事項を通訳人の通訳により申述し，又は自書して，同号

の口授に代えなければならない．この場合における同項第2号の規定の適用については，同号中「口述」とあるのは，「通訳人の通訳による申述又は自書」とする．

② 前条第1項の保証契約又は根保証契約の保証人になろうとする者が耳が聞こえない者である場合には，公証人は，同条第2項第2号に規定する筆記した内容を通訳人の通訳により保証人になろうとする者に伝えて，同号の読み聞かせに代えることができる．

③ 公証人は，前2項に定める方式に従って公正証書を作ったときは，その旨をその証書に付記しなければならない．

　（公正証書の作成と求償権についての保証の効力）

第465条の8 ① 第465条の6第1項及び第2項並びに前条の規定は，事業のために負担した貸金等債務を主たる債務とする保証契約又は主たる債務の範囲に事業のために負担する貸金等債務が含まれる根保証契約の保証人の主たる債務者に対する求償権に係る債務を主たる債務とする保証契約について準用する．主たる債務の範囲にその求償権に係る債務が含まれる根保証契約も，同様とする．

② 前項の規定は，保証人になろうとする者が法人である場合には，適用しない．

　（公正証書の作成と保証の効力に関する規定の適用除外）

第465条の9 前3条の規定は，保証人になろうとする者が次に掲げる者である保証契約については，適用しない．

1 主たる債務者が法人である場合のその理事，取締役，執行役又はこれらに準ずる者

2 主たる債務者が法人である場合の次に掲げる者

　イ 主たる債務者の総株主の議決権（株主総会において決議をすることができる事項の全部につき議決権を行使することができない株式についての議決権を除く．以下この号において同じ．）の過半数を有する者

　ロ 主たる債務者の総株主の議決権の過半数を他の株式会社が有する場合における当該他の株式会社の総株主の議決権の過半数を有する者

　ハ 主たる債務者の総株主の議決権の過半数を他の株式会社及び当該他の株式会社の総株主の議決権の過半数を有する者が有する場合における当該他の株式会社の総株主の議決権の過半数を有する者

　ニ 株式会社以外の法人が主たる債務者である場合におけるイ，ロ又はハに掲げる者に準

ずる者

3 主たる債務者（法人であるものを除く．以下この号において同じ．）と共同して事業を行う者又は主たる債務者が行う事業に現に従事している主たる債務者の配偶者

　（契約締結時の情報の提供義務）

第465条の10 ① 主たる債務者は，事業のために負担する債務を主たる債務とする保証又は主たる債務の範囲に事業のために負担する債務が含まれる根保証の委託をするときは，委託を受ける者に対し，次に掲げる事項に関する情報を提供しなければならない．

1 財産及び収支の状況

2 主たる債務以外に負担している債務の有無並びにその額及び履行状況

3 主たる債務の担保として他に提供し，又は提供しようとするものがあるときは，その旨及びその内容

② 主たる債務者が前項各号に掲げる事項に関して情報を提供せず，又は事実と異なる情報を提供したために委託を受けた者がその事項について誤認をし，それによって保証契約の申込み又はその承諾の意思表示をした場合において，主たる債務者がその事項に関して情報を提供せず又は事実と異なる情報を提供したことを債権者が知り又は知ることができたときは，保証人は，保証契約を取り消すことができる．

③ 前2項の規定は，保証をする者が法人である場合には，適用しない．

　第4節 債権の譲渡

　（債権の譲渡性）

第466条 ① 債権は，譲り渡すことができる．ただし，その性質がこれを許さないときは，この限りでない．

② 当事者が債権の譲渡を禁止し，又は制限する旨の意思表示（以下「譲渡制限の意思表示」という．）をしたときであっても，債権の譲渡は，その効力を妨げられない．

③ 前項に規定する場合には，譲渡制限の意思表示がされたことを知り，又は重大な過失によって知らなかった譲受人その他の第三者に対しては，債務者は，その債務の履行を拒むことができ，かつ，譲渡人に対する弁済その他の債務を消滅させる事由をもってその第三者に対抗することができる．

④ 前項の規定は，債務者が債務を履行しない場合において，同項に規定する第三者が相当の期間を定めて譲渡人への履行の催告をし，その期間内に履行がないときは，その債務者については，適用しない．

　（譲渡制限の意思表示がされた債権に係る債

務者の供託)

第466条の2 ① 債務者は,譲渡制限の意思表示がされた金銭の給付を目的とする債権が譲渡されたときは,その債権の全額に相当する金銭を債務の履行地(債務の履行地が債権者の現在の住所により定まる場合にあっては,譲受人の現在の住所を含む。次条において同じ。)の供託所に供託することができる.

② 前項の規定により供託をした債務者は,遅滞なく,譲渡人及び譲受人に供託の通知をしなければならない.

③ 第1項の規定により供託をした金銭は,譲受人に限り,還付を請求することができる.

第466条の3 前条第1項に規定する場合において,譲渡人について破産手続開始の決定があったときは,譲受人(同項の債権の全額を譲り受けた者であって,その債権の譲渡を債務者その他の第三者に対抗することができるものに限る。)は,譲渡制限の意思表示がされたことを知り,又は重大な過失によって知らなかったときであっても,債務者にその債権の全額に相当する金銭を債務の履行地の供託所に供託させることができる.この場合においては,同条第2項及び第3項の規定を準用する.

(譲渡制限の意思表示がされた債権の差押え)

第466条の4 ① 第466条第3項の規定は,譲渡制限の意思表示がされた債権に対する強制執行をした差押債権者に対しては,適用しない.

② 前項の規定にかかわらず,譲受人その他の第三者が譲渡制限の意思表示がされたことを知り,又は重大な過失によって知らなかった場合において,その債権者が同項の債権に対する強制執行をしたときは,債務者は,その債務の履行を拒むことができ,かつ,譲渡人に対する弁済その他の債務を消滅させる事由をもって差押債権者に対抗することができる.

(預金債権又は貯金債権に係る譲渡制限の意思表示の効力)

第466条の5 ① 預金口座又は貯金口座に係る預金又は貯金に係る債権(以下「預貯金債権」という。)について当事者がした譲渡制限の意思表示は,第466条第2項の規定にかかわらず,その譲渡制限の意思表示がされたことを知り,又は重大な過失によって知らなかった譲受人その他の第三者に対抗することができる.

② 前項の規定は,譲渡制限の意思表示がされた預貯金債権に対する強制執行をした差押債権者に対しては,適用しない.

(将来債権の譲渡性)

第466条の6 ① 債権の譲渡は,その意思表示の時に債権が現に発生していることを要しな

い.

② 債権が譲渡された場合において,その意思表示の時に債権が現に発生していないときは,譲受人は,発生した債権を当然に取得する.

③ 前項に規定する場合において,譲渡人が次条の規定による通知をし,又は債務者が同条の規定による承諾をした時(以下「対抗要件具備時」という。)までに譲渡制限の意思表示がされたときは,譲受人その他の第三者がそのことを知っていたものとみなして,第466条第3項(譲渡制限の意思表示がされた債権が預貯金債権の場合にあっては,前条第1項)の規定を適用する.

(債権の譲渡の対抗要件)

第467条 ① 債権の譲渡(現に発生していない債権の譲渡を含む。)は,譲渡人が債務者に通知をし,又は債務者が承諾をしなければ,債務者その他の第三者に対抗することができない.

② 前項の通知又は承諾は,確定日付のある証書によってしなければ,債務者以外の第三者に対抗することができない.

(債権の譲渡における債務者の抗弁)

第468条 ① 債務者は,対抗要件具備時までに譲渡人に対して生じた事由をもって譲受人に対抗することができる.

② 第466条第4項の場合における前項の規定の適用については,同項中「対抗要件具備時」とあるのは,「第466条第4項の相当の期間を経過した時」とし,第466条の3の場合における同項の規定の適用については,同項中「対抗要件具備時」とあるのは,「第466条の3の規定により同条の譲受人から供託の請求を受けた時」とする.

(債権の譲渡における相殺権)

第469条 ① 債務者は,対抗要件具備時より前に取得した譲渡人に対する債権による相殺をもって譲受人に対抗することができる.

② 債務者が対抗要件具備時より後に取得した譲渡人に対する債権であっても,その債権が次に掲げるものであるときは,前項と同様とする.ただし,債務者が対抗要件具備時より後に他人の債権を取得したときは,この限りでない.

1 対抗要件具備時より前の原因に基づいて生じた債権

2 前号に掲げるもののほか,譲受人の取得した債権の発生原因である契約に基づいて生じた債権

③ 第466条第4項の場合における前2項の規定の適用については,これらの規定中「対抗要件具備時」とあるのは,「第466条第4項の

相当の期間を経過した時」とし，第466条の3の場合におけるこれらの規定の適用については，これらの規定中「対抗要件具備時」とあるのは，「第466条の3の規定により同条の譲受人から供託の請求を受けた時」とする．

第5節 債務の引受け
第1款 併存的債務引受
（併存的債務引受の要件及び効果）

第470条 ① 併存的債務引受の引受人は，債務者と連帯して，債務者が債権者に対して負担する債務と同一の内容の債務を負担する．

② 併存的債務引受は，債権者と引受人となる者との契約によってすることができる．

③ 併存的債務引受は，債務者と引受人となる者との契約によってもすることができる．この場合において，併存的債務引受は，債権者が引受人となる者に対して承諾をした時に，その効力を生ずる．

④ 前項の規定によってする併存的債務引受は，第三者のためにする契約に関する規定に従う．

（併存的債務引受における引受人の抗弁等）

第471条 ① 引受人は，併存的債務引受により負担した自己の債務について，その効力が生じた時に債務者が主張することができた抗弁をもって債権者に対抗することができる．

② 債務者が債権者に対して取消権又は解除権を有するときは，引受人は，これらの権利の行使によって債務者がその債務を免れるべき限度において，債権者に対して債務の履行を拒むことができる．

第2款 免責的債務引受
（免責的債務引受の要件及び効果）

第472条 ① 免責的債務引受の引受人は債務者が債権者に対して負担する債務と同一の内容の債務を負担し，債務者は自己の債務を免れる．

② 免責的債務引受は，債権者と引受人となる者との契約によってすることができる．この場合において，免責的債務引受は，債権者が債務者に対してその契約をした旨を通知した時に，その効力を生ずる．

③ 免責的債務引受は，債務者と引受人となる者が契約をし，債権者が引受人となる者に対して承諾をすることによってもすることができる．

（免責的債務引受における引受人の抗弁等）

第472条の2 ① 引受人は，免責的債務引受により負担した自己の債務について，その効力が生じた時に債務者が主張することができた抗弁をもって債権者に対抗することができる．

② 債務者が債権者に対して取消権又は解除権

を有するときは，引受人は，免責的債務引受がなければこれらの権利の行使によって債務者がその債務を免れることができた限度において，債権者に対して債務の履行を拒むことができる．

（免責的債務引受における引受人の求償権）

第472条の3 免責的債務引受の引受人は，債務者に対して求償権を取得しない．

（免責的債務引受による担保の移転）

第472条の4 ① 債権者は，第472条第1項の規定により債務者が免れる債務の担保として設定された担保権を引受人が負担する債務に移すことができる．ただし，引受人以外の者がこれを設定した場合には，その承諾を得なければならない．

② 前項の規定による担保権の移転は，あらかじめ又は同時に引受人に対してする意思表示によってしなければならない．

③ 前2項の規定は，第472条第1項の規定により債務者が免れる債務の保証をした者があるときについて準用する．

④ 前項の場合において，同項において準用する第1項の承諾は，書面でしなければ，その効力を生じない．

⑤ 前項の承諾がその内容を記録した電磁的記録によってされたときは，その承諾は，書面によってされたものとみなして，同項の規定を適用する．

第6節 債権の消滅
第1款 弁済
第1目 総則
（弁済）

第473条 債務者が債権者に対して債務の弁済をしたときは，その債権は，消滅する．

（第三者の弁済）

第474条 ① 債務の弁済は，第三者もすることができる．

② 弁済をするについて正当な利益を有する者でない第三者は，債務者の意思に反して弁済をすることができない．ただし，債務者の意思に反することを債権者が知らなかったときは，この限りでない．

③ 前項に規定する第三者は，債権者の意思に反して弁済をすることができない．ただし，その第三者が債務者の委託を受けて弁済をする場合において，そのことを債権者が知っていたときは，この限りでない．

④ 前3項の規定は，その債務の性質が第三者の弁済を許さないとき，又は当事者が第三者の弁済を禁止し，若しくは制限する旨の意思表示をしたときは，適用しない．

（弁済として引き渡した物の取戻し）
第475条　弁済をした者が弁済として他人の物を引き渡したときは，その弁済をした者は，更に有効な弁済をしなければ，その物を取り戻すことができない．

（弁済として引き渡した物の消費又は譲渡がされた場合の弁済の効力等）
第476条　前条の場合において，債権者が弁済として受領した物を善意で消費し，又は譲り渡したときは，その弁済は，有効とする．この場合において，債権者が第三者から賠償の請求を受けたときは，弁済をした者に対して求償をすることを妨げない．

（預金又は貯金の口座に対する払込みによる弁済）
第477条　債権者の預金又は貯金の口座に対する払込みによってする弁済は，債権者がその預金又は貯金に係る債権の債務者に対してその払込みに係る金額の払戻しを請求する権利を取得した時に，その効力を生ずる．

（受領権者としての外観を有する者に対する弁済）
第478条　受領権者（債権者及び法令の規定又は当事者の意思表示によって弁済を受領する権限を付与された第三者をいう．以下同じ．）以外の者であって取引上の社会通念に照らして受領権者としての外観を有するものに対してした弁済は，その弁済をした者が善意であり，かつ，過失がなかったときに限り，その効力を有する．

（受領権者以外の者に対する弁済）
第479条　前条の場合を除き，受領権者以外の者に対してした弁済は，債権者がこれによって利益を受けた限度においてのみ，その効力を有する．

第480条　削除

（差押えを受けた債権の第三債務者の弁済）
第481条　①　差押えを受けた債権の第三債務者が自己の債権者に弁済をしたときは，差押債権者は，その受けた損害の限度において更に弁済をすべき旨を第三債務者に請求することができる．
②　前項の規定は，第三債務者からその債権者に対する求償権の行使を妨げない．

（代物弁済）
第482条　弁済をすることができる者（以下「弁済者」という．）が，債権者との間で，債務者の負担した給付に代えて他の給付をすることにより債務を消滅させる旨の契約をした場合において，その弁済者が当該他の給付をしたときは，その給付は，弁済と同一の効力を有する．

（特定物の現状による引渡し）
第483条　債権の目的が特定物の引渡しである場合において，契約その他の債権の発生原因及び取引上の社会通念に照らしてその引渡しをすべき時の品質を定めることができないときは，弁済をする者は，その引渡しをすべき時の現状でその物を引き渡さなければならない．

（弁済の場所及び時間）
第484条　①　弁済をすべき場所について別段の意思表示がないときは，特定物の引渡しは債権発生の時にその物が存在した場所において，その他の弁済は債権者の現在の住所において，それぞれしなければならない．
②　法令又は慣習により取引時間の定めがあるときは，その取引時間内に限り，弁済をし，又は弁済の請求をすることができる．

（弁済の費用）
第485条　弁済の費用について別段の意思表示がないときは，その費用は，債務者の負担とする．ただし，債権者が住所の移転その他の行為によって弁済の費用を増加させたときは，その増加額は，債権者の負担とする．

（受取証書の交付請求等）
第486条　①　弁済をする者は，弁済と引換えに，弁済を受領する者に対して受取証書の交付を請求することができる．
②　弁済をする者は，前項の受取証書の交付に代えて，その内容を記録した電磁的記録の提供を請求することができる．ただし，弁済を受領する者に不相当な負担を課するものであるときは，この限りでない．

（債権証書の返還請求）
第487条　債権に関する証書がある場合において，弁済をした者が全部の弁済をしたときは，その証書の返還を請求することができる．

（同種の給付を目的とする数個の債務がある場合の充当）
第488条　①　債務者が同一の債権者に対して同種の給付を目的とする数個の債務を負担する場合において，弁済として提供した給付が全ての債務を消滅させるのに足りないとき（次条第1項に規定する場合を除く．）は，弁済をする者は，給付の時に，その弁済を充当すべき債務を指定することができる．
②　弁済をする者が前項の規定による指定をしないときは，弁済を受領する者は，その受領の時に，その弁済を充当すべき債務を指定することができる．ただし，弁済をする者がその充当に対して直ちに異議を述べたときは，この限りでない．

③ 前２項の場合における弁済の充当の指定は, 相手方に対する意思表示によってする.

④ 弁済をする者及び弁済を受領する者がいずれも第１項又は第２項の規定による指定をしないときは, 次の各号の定めるところに従い, その弁済を充当する.

1 債務の中に弁済期にあるものと弁済期にないものとがあるときは, 弁済期にあるものに先に充当する.

2 全ての債務が弁済期にあるとき, 又は弁済期にないときは, 債務者のために弁済の利益が多いものに先に充当する.

3 債務者のために弁済の利益が相等しいときは, 弁済期が先に到来したもの又は先に到来すべきものに先に充当する.

4 前２号に掲げる事項が相等しい債務の弁済は, 各債務の額に応じて充当する.

（元本, 利息及び費用を支払うべき場合の充当）

第489条　① 債務者が１個又は数個の債務について元本のほか利息及び費用を支払うべき場合（債務者が数個の債務を負担する場合にあっては, 同一の債権者に対して同種の給付を目的とする数個の債務を負担するときに限る.）において, 弁済をする者がその債務の全部を消滅させるのに足りない給付をしたときは, これを順次に費用, 利息及び元本に充当しなければならない.

② 前条の規定は, 前項の場合において, 費用, 利息又は元本のいずれかの全てを消滅させるのに足りない給付をしたときについて準用する.

（合意による弁済の充当）

第490条　前２条の規定にかかわらず, 弁済をする者と弁済を受領する者との間に弁済の充当の順序に関する合意があるときは, その順序に従い, その弁済を充当する.

（数個の給付をすべき場合の充当）

第491条　１個の債務の弁済として数個の給付をすべき場合において, 弁済をする者がその債務の全部を消滅させるのに足りない給付をしたときは, 前３条の規定を準用する.

（弁済の提供の効果）

第492条　債務者は, 弁済の提供の時から, 債務を履行しないことによって生ずべき責任を免れる.

（弁済の提供の方法）

第493条　弁済の提供は, 債務の本旨に従って現実にしなければならない. ただし, 債権者があらかじめその受領を拒み, 又は債務の履行について債権者の行為を要するときは, 弁済の準

備をしたことを通知してその受領の催告をすれば足りる.

第２目　弁済の目的物の供託

（供　託）

第494条　① 弁済者は, 次に掲げる場合には, 債権者のために弁済の目的物を供託することができる. この場合においては, 弁済者が供託をした時に, その債権は, 消滅する.

1 弁済の提供をした場合において, 債権者がその受領を拒んだとき.

2 債権者が弁済を受領することができないとき.

② 弁済者が債権者を確知することができないときも, 前項と同様とする. ただし, 弁済者に過失があるときは, この限りでない.

（供託の方法）

第495条　① 前条の規定による供託は, 債務の履行地の供託所にしなければならない.

② 供託所について法令に特別の定めがない場合には, 裁判所は, 弁済者の請求により, 供託所の指定及び供託物の保管者の選任をしなければならない.

③ 前条の規定により供託をした者は, 遅滞なく, 債権者に供託の通知をしなければならない.

（供託物の取戻し）

第496条　① 債権者が供託を受諾せず, 又は供託を有効と宣告した判決が確定しない間は, 弁済者は, 供託物を取り戻すことができる. この場合においては, 供託をしなかったものとみなす.

② 前項の規定は, 供託によって質権又は抵当権が消滅した場合には, 適用しない.

（供託に適しない物等）

第497条　弁済者は, 次に掲げる場合には, 裁判所の許可を得て, 弁済の目的物を競売に付し, その代金を供託することができる.

1 その物が供託に適しないとき.

2 その物について滅失, 損傷その他の事由による価格の低落のおそれがあるとき.

3 その物の保存について過分の費用を要するとき.

4 前３号に掲げる場合のほか, その物を供託することが困難な事情があるとき.

（供託物の還付請求等）

第498条　① 弁済の目的物又は前条の代金が供託された場合には, 債権者は, 供託物の還付を請求することができる.

② 債務者が債権者の給付に対して弁済をすべき場合には, 債権者は, その給付をしなければ, 供託物を受け取ることができない.

第３目　弁済による代位

（弁済による代位の要件）

第499条 債務者のために弁済をした者は,債権者に代位する.

第500条 第467条の規定は,前条の場合(弁済をするについて正当な利益を有する者が債権者に代位する場合を除く.)について準用する.

(弁済による代位の効果)

第501条 ① 前2条の規定により債権者に代位した者は,債権の効力及び担保としてその債権者が有していた一切の権利を行使することができる.

② 前項の規定による権利の行使は,債権者に代位した者が自己の権利に基づいて債務者に対して求償をすることができる範囲内(保証人の1人が他の保証人に対して債権者に代位する場合には,自己の権利に基づいて当該他の保証人に対して求償をすることができる範囲内)に限り,することができる.

③ 第1項の場合には,前項の規定によるほか,次に掲げるところによる.

1 第三取得者(債務者から担保の目的となっている財産を譲り受けた者をいう.以下この項において同じ.)は,保証人及び物上保証人に対して債権者に代位しない.

2 第三取得者の1人は,各財産の価格に応じて,他の第三取得者に対して債権者に代位する.

3 前号の規定は,物上保証人の1人が他の物上保証人に対して債権者に代位する場合について準用する.

4 保証人と物上保証人との間においては,その数に応じて,債権者に代位する.ただし,物上保証人が数人あるときは,保証人の負担部分を除いた残額について,各財産の価格に応じて,債権者に代位する.

5 第三取得者から担保の目的となっている財産を譲り受けた者は,第三取得者とみなして第1号及び第2号の規定を適用し,物上保証人から担保の目的となっている財産を譲り受けた者は,物上保証人とみなして第1号,第3号及び前号の規定を適用する.

(一部弁済による代位)

第502条 ① 債権の一部について代位弁済があったときは,代位者は,債権者の同意を得て,その弁済をした価額に応じて,債権者とともにその権利を行使することができる.

② 前項の場合であっても,債権者は,単独でその権利を行使することができる.

③ 前2項の場合に債権者が行使する権利は,その債権の担保の目的となっている財産の売却代金その他の当該権利の行使によって得られる金銭について,代位者が行使する権利に優先する.

④ 第1項の場合において,債務の不履行による契約の解除は,債権者のみがすることができる.この場合においては,代位者に対し,その弁済をした価額及びその利息を償還しなければならない.

(債権者による債権証書の交付等)

第503条 ① 代位弁済によって全部の弁済を受けた債権者は,債権に関する証書及び自己の占有する担保物を代位者に交付しなければならない.

② 債権の一部について代位弁済があった場合には,債権者は,債権に関する証書にその代位を記入し,かつ,自己の占有する担保物の保存を代位者に監督させなければならない.

(債権者による担保の喪失等)

第504条 ① 弁済をするについて正当な利益を有する者(以下この項において「代位権者」という.)がある場合において,債権者が故意又は過失によってその担保を喪失し,又は減少させたときは,その代位権者は,代位をするに当たって担保の喪失又は減少によって償還を受けることができなくなる限度において,その責任を免れる.その代位権者が物上保証人である場合において,その代位権者から担保の目的となる財産を譲り受けた第三者及びその特定承継人についても,同様とする.

② 前項の規定は,債権者が担保を喪失し,又は減少させたことについて取引上の社会通念に照らして合理的な理由があると認められるときは,適用しない.

第2款 相 殺

(相殺の要件等)

第505条 ① 2人が互いに同種の目的を有する債務を負担する場合において,双方の債務が弁済期にあるときは,各債務者は,その対当額について相殺によってその債務を免れることができる.ただし,債務の性質がこれを許さないときは,この限りでない.

② 前項の規定にかかわらず,当事者が相殺を禁止し,又は制限する旨の意思表示をした場合には,その意思表示は,第三者がこれを知り,又は重大な過失によって知らなかったときに限り,その第三者に対抗することができる.

(相殺の方法及び効力)

第506条 ① 相殺は,当事者の一方から相手方に対する意思表示によってする.この場合において,その意思表示には,条件又は期限を付することができない.

② 前項の意思表示は,双方の債務が互いに相

殺に適するようになった時にさかのぼってその効力を生ずる.

（履行地の異なる債務の相殺）

第507条　相殺は,双方の債務の履行地が異なるときであっても,することができる.この場合において,相殺をする当事者は,相手方に対し,これによって生じた損害を賠償しなければならない.

（時効により消滅した債権を自働債権とする相殺）

第508条　時効によって消滅した債権がその消滅以前に相殺に適するようになっていた場合には,その債権者は,相殺をすることができる.

（不法行為等により生じた債権を受働債権とする相殺の禁止）

第509条　次に掲げる債務の債務者は,相殺をもって債権者に対抗することができない.ただし,その債権者がその債務に係る債権を他人から譲り受けたときは,この限りでない.

1　悪意による不法行為に基づく損害賠償の債務

2　人の生命又は身体の侵害による損害賠償の債務（前号に掲げるものを除く.）

（差押禁止債権を受働債権とする相殺の禁止）

第510条　債権が差押えを禁じたものであるときは,その債務者は,相殺をもって債権者に対抗することができない.

（差押えを受けた債権を受働債権とする相殺の禁止）

第511条　① 差押えを受けた債権の第三債務者は,差押え後に取得した債権による相殺をもって差押債権者に対抗することはできないが,差押え前に取得した債権による相殺をもって対抗することができる.

② 前項の規定にかかわらず,差押え後に取得した債権が差押え前の原因に基づいて生じたものであるときは,その第三債務者は,その債権による相殺をもって差押債権者に対抗することができる.ただし,第三債務者が差押え後に他人の債権を取得したときは,この限りでない.

（相殺の充当）

第512条　① 債権者が債務者に対して有する1個又は数個の債権と,債権者が債務者に対して負担する1個又は数個の債務について,債権者が相殺の意思表示をした場合において,当事者が別段の合意をしなかったときは,債権者の有する債権とその負担する債務は,相殺に適するようになった時期の順序に従って,その対当額について相殺によって消滅する.

② 前項の場合において,相殺をする債権者の有する債権がその負担する債務の全部を消滅させるのに足りないときであって,当事者が別段の合意をしなかったときは,次に掲げるところによる.

1　債権者が数個の債務を負担するとき（次号に規定する場合を除く.）は,第488条第4項第2号から第4号までの規定を準用する.

2　債権者が負担する1個又は数個の債務について元本のほか利息及び費用を支払うべきときは,第489条の規定を準用する.この場合において,同条第2項中「前条」とあるのは,「前条第4項第2号から第4号まで」と読み替えるものとする.

③ 第1項の場合において,相殺をする債権者の負担する債務がその有する債権の全部を消滅させるのに足りないときは,前項の規定を準用する.

第512条の2　債権者が債務者に対して有する債権に,1個の債権の弁済として数個の給付をすべきものがある場合における相殺については,前条の規定を準用する.債権者が債務者に対して負担する債務に,1個の債務の弁済として数個の給付をすべきものがある場合における相殺についても,同様とする.

第3款　更　改

（更　改）

第513条　当事者が従前の債務に代えて,新たな債務であって次に掲げるものを発生させる契約をしたときは,従前の債務は,更改によって消滅する.

1　従前の給付の内容について重要な変更をするもの

2　従前の債務者が第三者と交替するもの

3　従前の債権者が第三者と交替するもの

（債務者の交替による更改）

第514条　① 債務者の交替による更改は,債権者と更改後に債務者となる者との契約によってすることができる.この場合において,更改は,債権者が更改前の債務者に対してその契約をした旨を通知した時に,その効力を生ずる.

② 債務者の交替による更改後の債務者は,更改前の債務者に対して求償権を取得しない.

（債権者の交替による更改）

第515条　① 債権者の交替による更改は,更改前の債権者,更改後に債権者となる者及び債務者の契約によってすることができる.

② 債権者の交替による更改は,確定日付のある証書によってしなければ,第三者に対抗することができない.

第516条　削除

第517条　削除

（更改後の債務への担保の移転）

第518条　① 債権者（債権者の交替による更改にあっては，更改前の債権者）は，更改前の債務の目的の限度において，その債務の担保として設定された質権又は抵当権を更改後の債務に移すことができる．ただし，第三者がこれを設定した場合には，その承諾を得なければならない．

② 前項の質権又は抵当権の移転は，あらかじめ又は同時に更改の相手方（債権者の交替による更改にあっては，債務者）に対してする意思表示によってしなければならない．

####　第4款　免除

第519条　債権者が債務者に対して債務を免除する意思を表示したときは，その債権は，消滅する．

####　第5款　混同

第520条　債権及び債務が同一人に帰属したときは，その債権は，消滅する．ただし，その債権が第三者の権利の目的であるときは，この限りでない．

###　第7節　有価証券

####　第1款　指図証券

（指図証券の譲渡）

第520条の2　指図証券の譲渡は，その証券に譲渡の裏書をして譲受人に交付しなければ，その効力を生じない．

（指図証券の裏書の方式）

第520条の3　指図証券の譲渡については，その指図証券の性質に応じ，手形法（昭和7年法律第20号）中裏書の方式に関する規定を準用する．

（指図証券の所持人の権利の推定）

第520条の4　指図証券の所持人が裏書の連続によりその権利を証明するときは，その所持人は，証券上の権利を適法に有するものと推定する．

（指図証券の善意取得）

第520条の5　何らかの事由により指図証券の占有を失った者がある場合において，その所持人が前条の規定によりその権利を証明するときは，その所持人は，その証券を返還する義務を負わない．ただし，その所持人が悪意又は重大な過失によりその証券を取得したときは，この限りでない．

（指図証券の譲渡における債務者の抗弁の制限）

第520条の6　指図証券の債務者は，その証券に記載した事項及びその証券の性質から当然に生ずる結果を除き，その指図証券の譲渡前の債権者に対抗することができた事由をもって善意の譲受人に対抗することができない．

（指図証券の質入れ）

第520条の7　第520条の2から前条までの規定は，指図証券を目的とする質権の設定について準用する．

（指図証券の弁済の場所）

第520条の8　指図証券の弁済は，債務者の現在の住所においてしなければならない．

（指図証券の提示と履行遅滞）

第520条の9　指図証券の債務者は，その債務の履行について期限の定めがあるときであっても，その期限が到来した後に所持人がその証券を提示してその履行の請求をした時から遅滞の責任を負う．

（指図証券の債務者の調査の権利等）

第520条の10　指図証券の債務者は，その証券の所持人並びにその署名及び押印の真偽を調査する権利を有するが，その義務を負わない．ただし，債務者に悪意又は重大な過失があるときは，その弁済は，無効とする．

（指図証券の喪失）

第520条の11　指図証券は，非訟事件手続法（平成23年法律第51号）第100条に規定する公示催告手続によって無効とすることができる．

（指図証券喪失の場合の権利行使方法）

第520条の12　金銭その他の物又は有価証券の給付を目的とする指図証券の所持人がその指図証券を喪失した場合において，非訟事件手続法第114条に規定する公示催告の申立てをしたときは，その債務者に，その債務の目的物を供託させ，又は相当の担保を供してその指図証券の趣旨に従い履行をさせることができる．

####　第2款　記名式所持人払証券

（記名式所持人払証券の譲渡）

第520条の13　記名式所持人払証券（債権者を指名する記載がされている証券であって，その所持人に弁済をすべき旨が付記されているものをいう．以下同じ．）の譲渡は，その証券を交付しなければ，その効力を生じない．

（記名式所持人払証券の所持人の権利の推定）

第520条の14　記名式所持人払証券の所持人は，証券上の権利を適法に有するものと推定する．

（記名式所持人払証券の善意取得）

第520条の15　何らかの事由により記名式所持人払証券の占有を失った者がある場合において，その所持人が前条の規定によりその権利を証明するときは，その所持人は，その証券を返還する義務を負わない．ただし，その所持人

が悪意又は重大な過失によりその証券を取得したときは、この限りでない。

（記名式所持人払証券の譲渡における債務者の抗弁の制限）

第520条の16　記名式所持人払証券の債務者は、その証券に記載した事項及びその証券の性質から当然に生ずる結果を除き、その証券の譲渡前の債権者に対抗することができた事由をもって善意の譲受人に対抗することができない。

（記名式所持人払証券の質入れ）

第520条の17　第520条の13から前条までの規定は、記名式所持人払証券を目的とする質権の設定について準用する。

（指図証券の規定の準用）

第520条の18　第520条の8から第520条の12までの規定は、記名式所持人払証券について準用する。

第3款　その他の記名証券

第520条の19　① 債権者を指名する記載がされている証券であって指図証券及び記名式所持人払証券以外のものは、債権の譲渡又はこれを目的とする質権の設定に関する方式に従い、かつ、その効力をもってのみ、譲渡し、又は質権の目的とすることができる。

② 第520条の11及び第520条の12の規定は、前項の証券について準用する。

第4款　無記名証券

第520条の20　第2款（記名式所持人払証券）の規定は、無記名証券について準用する。

第2章　契　約

第1節　総　則
第1款　契約の成立
（契約の締結及び内容の自由）

第521条　① 何人も、法令に特別の定めがある場合を除き、契約をするかどうかを自由に決定することができる。

② 契約の当事者は、法令の制限内において、契約の内容を自由に決定することができる。

（契約の成立と方式）

第522条　① 契約は、契約の内容を示してその締結を申し入れる意思表示（以下「申込み」という。）に対して相手方が承諾をしたときに成立する。

② 契約の成立には、法令に特別の定めがある場合を除き、書面の作成その他の方式を具備することを要しない。

（承諾の期間の定めのある申込み）

第523条　① 承諾の期間を定めてした申込みは、撤回することができない。ただし、申込者が撤回をする権利を留保したときは、この限りでない。

② 申込者が前項の申込みに対して同項の期間内に承諾の通知を受けなかったときは、その申込みは、その効力を失う。

（遅延した承諾の効力）

第524条　申込者は、遅延した承諾を新たな申込みとみなすことができる。

（承諾の期間の定めのない申込み）

第525条　① 承諾の期間を定めないでした申込みは、申込者が承諾の通知を受けるのに相当な期間を経過するまでは、撤回することができない。ただし、申込者が撤回をする権利を留保したときは、この限りでない。

② 対話者に対してした前項の申込みは、同項の規定にかかわらず、その対話が継続している間は、いつでも撤回することができる。

③ 対話者に対してした第1項の申込みに対して対話が継続している間に申込者が承諾の通知を受けなかったときは、その申込みは、その効力を失う。ただし、申込者が対話の終了後もその申込みが効力を失わない旨を表示したときは、この限りでない。

（申込者の死亡等）

第526条　申込者が申込みの通知を発した後に死亡し、意思能力を有しない常況にある者となり、又は行為能力の制限を受けた場合において、申込者がその事実が生じたとすればその申込みは効力を有しない旨の意思を表示していたとき、又はその相手方が承諾の通知を発するまでにその事実が生じたことを知ったときは、その申込みは、その効力を有しない。

（承諾の通知を必要としない場合における契約の成立時期）

第527条　申込者の意思表示又は取引上の慣習により承諾の通知を必要としない場合には、契約は、承諾の意思表示と認めるべき事実があった時に成立する。

（申込みに変更を加えた承諾）

第528条　承諾者が、申込みに条件を付し、その他変更を加えてこれを承諾したときは、その申込みの拒絶とともに新たな申込みをしたものとみなす。

（懸賞広告）

第529条　ある行為をした者に一定の報酬を与える旨を広告をした者（以下「懸賞広告者」という。）は、その行為をした者がその広告を知っていたかどうかにかかわらず、その者に対してその報酬を与える義務を負う。

（指定した行為をする期間の定めのある懸賞広告）

第529条の2　①　懸賞広告者は，その指定した行為をする期間を定めてした広告を撤回することができない．ただし，その広告において撤回をする権利を留保したときは，この限りでない．

②　前項の広告は，その期間内に指定した行為を完了する者がないときは，その効力を失う．

（指定した行為をする期間の定めのない懸賞広告）

第529条の3　懸賞広告者は，その指定した行為を完了する者がない間は，その指定した行為をする期間を定めないでした広告を撤回することができる．ただし，その広告中に撤回をしない旨を表示したときは，この限りでない．

（懸賞広告の撤回の方法）

第530条　①　前の広告と同一の方法による広告の撤回は，これを知らない者に対しても，その効力を有する．

②　広告の撤回は，前の広告と異なる方法によっても，することができる．ただし，その撤回は，これを知った者に対してのみ，その効力を有する．

（懸賞広告の報酬を受ける権利）

第531条　①　広告に定めた行為をした者が数人あるときは，最初にその行為をした者のみが報酬を受ける権利を有する．

②　数人が同時に前項の行為をした場合には，各自が等しい割合で報酬を受ける権利を有する．ただし，報酬がその性質上分割に適しないとき，又は広告において1人のみがこれを受けるものとしたときは，抽選でこれを受ける者を定める．

③　前2項の規定は，広告中にこれと異なる意思を表示したときは，適用しない．

（優等懸賞広告）

第532条　①　広告に定めた行為をした者が数人ある場合において，その優等者のみに報酬を与えるべきときは，その広告は，応募の期間を定めたときに限り，その効力を有する．

②　前項の場合において，応募者中いずれの者の行為が優等であるかは，広告中に定めた者が判定し，広告中に判定をする者を定めなかったときは懸賞広告者が判定する．

③　応募者は，前項の判定に対して異議を述べることができない．

④　前条第2項の規定は，数人の行為が同等と判定された場合について準用する．

　　　第2款　契約の効力
（同時履行の抗弁）

第533条　双務契約の当事者の一方は，相手方がその債務の履行（債務の履行に代わる損害賠償の債務の履行を含む．）を提供するまでは，自己の債務の履行を拒むことができる．ただし，相手方の債務が弁済期にないときは，この限りでない．

第534条　削除
第535条　削除

（債務者の危険負担等）

第536条　①　当事者双方の責めに帰することができない事由によって債務を履行することができなくなったときは，債権者は，反対給付の履行を拒むことができる．

②　債権者の責めに帰すべき事由によって債務を履行することができなくなったときは，債権者は，反対給付の履行を拒むことができない．この場合において，債務者は，自己の債務を免れたことによって利益を得たときは，これを債権者に償還しなければならない．

（第三者のためにする契約）

第537条　①　契約により当事者の一方が第三者に対してある給付をすることを約したときは，その第三者は，債務者に対して直接にその給付を請求する権利を有する．

②　前項の契約は，その成立の時に第三者が現に存しない場合又は第三者が特定していない場合であっても，そのためにその効力を妨げられない．

③　第1項の場合において，第三者の権利は，その第三者が債務者に対して同項の契約の利益を享受する意思を表示した時に発生する．

（第三者の権利の確定）

第538条　①　前条の規定により第三者の権利が発生した後は，当事者は，これを変更し，又は消滅させることができない．

②　前条の規定により第三者の権利が発生した後に，債務者がその第三者に対する債務を履行しない場合には，同条第1項の契約の相手方は，その第三者の承諾を得なければ，契約を解除することができない．

（債務者の抗弁）

第539条　債務者は，第537条第1項の契約に基づく抗弁をもって，その契約の利益を受ける第三者に対抗することができる．

　　　第3款　契約上の地位の移転

第539条の2　契約の当事者の一方が第三者との間で契約上の地位を譲渡する旨の合意をした場合において，その契約の相手方がその譲渡を承諾したときは，契約上の地位は，その第三者に移転する．

　　　第4款　契約の解除
（解除権の行使）

第540条　①　契約又は法律の規定により当事

者の一方が解除権を有するときは、その解除は、相手方に対する意思表示によってする.

② 前項の意思表示は、撤回することができない.

（催告による解除）

第541条　当事者の一方がその債務を履行しない場合において、相手方が相当の期間を定めてその履行の催告をし、その期間内に履行がないときは、相手方は、契約の解除をすることができる. ただし、その期間を経過した時における債務の不履行がその契約及び取引上の社会通念に照らして軽微であるときは、この限りでない.

（催告によらない解除）

第542条　① 次に掲げる場合には、債権者は、前条の催告をすることなく、直ちに契約の解除をすることができる.

1　債務の全部の履行が不能であるとき.

2　債務者がその債務の全部の履行を拒絶する意思を明確に表示したとき.

3　債務の一部の履行が不能である場合又は債務者がその債務の一部の履行を拒絶する意思を明確に表示した場合において、残存する部分のみでは契約をした目的を達することができないとき.

4　契約の性質又は当事者の意思表示により、特定の日時又は一定の期間内に履行をしなければ契約をした目的を達することができない場合において、債務者が履行をしないでその時期を経過したとき.

5　前各号に掲げる場合のほか、債務者がその債務の履行をせず、債権者が前条の催告をしても契約をした目的を達するのに足りる履行がされる見込みがないことが明らかであるとき.

② 次に掲げる場合には、債権者は、前条の催告をすることなく、直ちに契約の一部の解除をすることができる.

1　債務の一部の履行が不能であるとき.

2　債務者がその債務の一部の履行を拒絶する意思を明確に表示したとき.

（債権者の責めに帰すべき事由による場合）

第543条　債務の不履行が債権者の責めに帰すべき事由によるものであるときは、債権者は、前2条の規定による契約の解除をすることができない.

（解除権の不可分性）

第544条　① 当事者の一方が数人ある場合には、契約の解除は、その全員から又はその全員に対してのみ、することができる.

② 前項の場合において、解除権が当事者のう

ちの1人について消滅したときは、他の者についても消滅する.

（解除の効果）

第545条　① 当事者の一方がその解除権を行使したときは、各当事者は、その相手方を原状に復させる義務を負う. ただし、第三者の権利を害することはできない.

② 前項本文の場合において、金銭を返還するときは、その受領の時から利息を付さなければならない.

③ 第1項本文の場合において、金銭以外の物を返還するときは、その受領の時以後に生じた果実をも返還しなければならない.

④ 解除権の行使は、損害賠償の請求を妨げない.

（契約の解除と同時履行）

第546条　第533条の規定は、前条の場合について準用する.

（催告による解除権の消滅）

第547条　解除権の行使について期間の定めがないときは、相手方は、解除権を有する者に対し、相当の期間を定めて、その期間内に解除をするかどうかを確答すべき旨の催告をすることができる. この場合において、その期間内に解除の通知を受けないときは、解除権は、消滅する.

（解除権者の故意による目的物の損傷等による解除権の消滅）

第548条　解除権を有する者が故意若しくは過失によって契約の目的物を著しく損傷し、若しくは返還することができなくなったとき、又は加工若しくは改造によってこれを他の種類の物に変えたときは、解除権は、消滅する. ただし、解除権を有する者がその解除権を有することを知らなかったときは、この限りでない.

第5款　定型約款

（定型約款の合意）

第548条の2　① 定型取引（ある特定の者が不特定多数の者を相手方として行う取引であって、その内容の全部又は一部が画一的であることがその双方にとって合理的なものをいう. 以下同じ.）を行うことの合意（次条において「定型取引合意」という.）をした者は、次に掲げる場合には、定型約款（定型取引において、契約の内容とすることを目的としてその特定の者により準備された条項の総体をいう. 以下同じ.）の個別の条項についても合意をしたものとみなす.

1　定型約款を契約の内容とする旨の合意をしたとき.

2　定型約款を準備した者（以下「定型約款

準備者」という。）があらかじめその定型約款を契約の内容とする旨を相手方に表示していたとき.

② 前項の規定にかかわらず，同項の条項のうち，相手方の権利を制限し，又は相手方の義務を加重する条項であって，その定型取引の態様及びその実情並びに取引上の社会通念に照らして第1条第2項に規定する基本原則に反して相手方の利益を一方的に害すると認められるものについては，合意をしなかったものとみなす.

（定型約款の内容の表示）

第548条の3 ① 定型取引を行い，又は行おうとする定型約款準備者は，定型取引合意の前又は定型取引合意の後相当の期間内に相手方から請求があった場合には，遅滞なく，相当な方法でその定型約款の内容を示さなければならない. ただし，定型約款準備者が既に相手方に対して定型約款を記載した書面を交付し，又はこれを記録した電磁的記録を提供していたときは，この限りでない.

② 定型約款準備者が定型取引合意の前において前項の請求を拒んだときは，前条の規定は，適用しない. ただし，一時的な通信障害が発生した場合その他正当な事由がある場合は，この限りでない.

（定型約款の変更）

第548条の4 ① 定型約款準備者は，次に掲げる場合には，定型約款の変更をすることにより，変更後の定型約款の条項について合意があったものとみなし，個別に相手方と合意をすることなく契約の内容を変更することができる.

1　定型約款の変更が，相手方の一般の利益に適合するとき.

2　定型約款の変更が，契約をした目的に反せず，かつ，変更の必要性，変更後の内容の相当性，この条の規定により定型約款の変更をすることがある旨の定めの有無及びその内容その他の変更に係る事情に照らして合理的なものであるとき.

② 定型約款準備者は，前項の規定による定型約款の変更をするときは，その効力発生時期を定め，かつ，定型約款を変更する旨及び変更後の定型約款の内容並びにその効力発生時期をインターネットの利用その他の適切な方法により周知しなければならない.

③ 第1項第2号の規定による定型約款の変更は，前項の効力発生時期が到来するまでに同項の規定による周知をしなければ，その効力を生じない.

④ 第548条の2第2項の規定は，第1項の規定による定型約款の変更については，適用しない.

第2節　贈　与

（贈　与）

第549条 贈与は，当事者の一方がある財産を無償で相手方に与える意思を表示し，相手方が受諾をすることによって，その効力を生ずる.

（書面によらない贈与の解除）

第550条 書面によらない贈与は，各当事者が解除をすることができる. ただし，履行の終わった部分については，この限りでない.

（贈与者の引渡義務等）

第551条 ① 贈与者は，贈与の目的である物又は権利を，贈与の目的として特定した時の状態で引き渡し，又は移転することを約したものと推定する.

② 負担付贈与については，贈与者は，その負担の限度において，売主と同じく担保の責任を負う.

（定期贈与）

第552条 定期の給付を目的とする贈与は，贈与者又は受贈者の死亡によって，その効力を失う.

（負担付贈与）

第553条 負担付贈与については，この節に定めるもののほか，その性質に反しない限り，双務契約に関する規定を準用する.

（死因贈与）

第554条 贈与者の死亡によって効力を生ずる贈与については，その性質に反しない限り，遺贈に関する規定を準用する.

第3節　売　買

第1款　総　則

（売　買）

第555条 売買は，当事者の一方がある財産権を相手方に移転することを約し，相手方がこれに対してその代金を支払うことを約することによって，その効力を生ずる.

（売買の一方の予約）

第556条 ① 売買の一方の予約は，相手方が売買を完結する意思を表示した時から，売買の効力を生ずる.

② 前項の意思表示について期間を定めなかったときは，予約者は，相手方に対し，相当の期間を定めて，その期間内に売買を完結するかどうかを確答すべき旨の催告をすることができる. この場合において，相手方がその期間内に確答をしないときは，売買の一方の予約は，その効力を失う.

（手　付）

第557条 ① 買主が売主に手付を交付したときは，買主はその手付を放棄し，売主はその倍

額を現実に提供して,契約の解除をすることができる.ただし,その相手方が契約の履行に着手した後は,この限りでない.

② 第545条第4項の規定は,前項の場合には,適用しない.

（売買契約に関する費用）

第558条 売買契約に関する費用は,当事者双方が等しい割合で負担する.

（有償契約への準用）

第559条 この節の規定は,売買以外の有償契約について準用する.ただし,その有償契約の性質がこれを許さないときは,この限りでない.

第2款 売買の効力

（権利移転の対抗要件に係る売主の義務）

第560条 売主は,買主に対し,登記,登録その他の売買の目的である権利の移転についての対抗要件を備えさせる義務を負う.

（他人の権利の売買における売主の義務）

第561条 他人の権利（権利の一部が他人に属する場合におけるその権利の一部を含む.）を売買の目的としたときは,売主は,その権利を取得して買主に移転する義務を負う.

（買主の追完請求権）

第562条 ① 引き渡された目的物が種類,品質又は数量に関して契約の内容に適合しないものであるときは,買主は,売主に対し,目的物の修補,代替物の引渡し又は不足分の引渡しによる履行の追完を請求することができる.ただし,売主は,買主に不相当な負担を課するものでないときは,買主が請求した方法と異なる方法による履行の追完をすることができる.

② 前項の不適合が買主の責めに帰すべき事由によるものであるときは,買主は,同項の規定による履行の追完の請求をすることができない.

（買主の代金減額請求権）

第563条 ① 前条第1項本文に規定する場合において,買主が相当の期間を定めて履行の追完の催告をし,その期間内に履行の追完がないときは,買主は,その不適合の程度に応じて代金の減額を請求することができる.

② 前項の規定にかかわらず,次に掲げる場合には,買主は,同項の催告をすることなく,直ちに代金の減額を請求することができる.

1 履行の追完が不能であるとき.

2 売主が履行の追完を拒絶する意思を明確に表示したとき.

3 契約の性質又は当事者の意思表示により,特定の日時又は一定の期間内に履行をしなければ契約をした目的を達することができない場合において,売主が履行の追完をしないで

その時期を経過したとき.

4 前3号に掲げる場合のほか,買主が前項の催告をしても履行の追完を受ける見込みがないことが明らかであるとき.

③ 第1項の不適合が買主の責めに帰すべき事由によるものであるときは,買主は,前2項の規定による代金の減額の請求をすることができない.

（買主の損害賠償請求及び解除権の行使）

第564条 前2条の規定は,第415条の規定による損害賠償の請求並びに第541条及び第542条の規定による解除権の行使を妨げない.

（移転した権利が契約の内容に適合しない場合における売主の担保責任）

第565条 前3条の規定は,売主が買主に移転した権利が契約の内容に適合しないものである場合（権利の一部が他人に属する場合においてその権利の一部を移転しないときを含む.）について準用する.

（目的物の種類又は品質に関する担保責任の期間の制限）

第566条 売主が種類又は品質に関して契約の内容に適合しない目的物を買主に引き渡した場合において,買主がその不適合を知った時から1年以内にその旨を売主に通知しないときは,買主は,その不適合を理由として,履行の追完の請求,代金の減額の請求,損害賠償の請求及び契約の解除をすることができない.ただし,売主が引渡しの時にその不適合を知り,又は重大な過失によって知らなかったときは,この限りでない.

（目的物の滅失等についての危険の移転）

第567条 ① 売主が買主に目的物（売買の目的として特定したものに限る.以下この条において同じ.）を引き渡した場合において,その引渡しがあった時以後にその目的物が当事者双方の責めに帰することができない事由によって滅失し,又は損傷したときは,買主は,その滅失又は損傷を理由として,履行の追完の請求,代金の減額の請求,損害賠償の請求及び契約の解除をすることができない.この場合において,買主は,代金の支払を拒むことができない.

② 売主が契約の内容に適合する目的物をもって,その引渡しの債務の履行を提供したにもかかわらず,買主がその履行を受けることを拒み,又は受けることができない場合において,その履行の提供があった時以後に当事者双方の責めに帰することができない事由によってその目的物が滅失し,又は損傷したときも,前項と同様とする.

（競売における担保責任等）

第568条 ① 民事執行法その他の法律の規定に基づく競売（以下この条において単に「競売」という。）における買受人は，第541条及び第542条の規定並びに第563条（第565条において準用する場合を含む。）の規定により，債務者に対し，契約の解除をし，又は代金の減額を請求することができる．

② 前項の場合において，債務者が無資力であるときは，買受人は，代金の配当を受けた債権者に対し，その代金の全部又は一部の返還を請求することができる．

③ 前2項の場合において，債務者が物若しくは権利の不存在を知りながら申し出なかったとき，又は債権者がこれを知りながら競売を請求したときは，買受人は，これらの者に対し，損害賠償の請求をすることができる．

④ 前3項の規定は，競売の目的物の種類又は品質に関する不適合については，適用しない．

（債権の売主の担保責任）

第569条 ① 債権の売主が債務者の資力を担保したときは，契約の時における資力を担保したものと推定する．

② 弁済期に至らない債権の売主が債務者の将来の資力を担保したときは，弁済期における資力を担保したものと推定する．

（抵当権等がある場合の買主による費用の償還請求）

第570条 買い受けた不動産について契約の内容に適合しない先取特権，質権又は抵当権が存していた場合において，買主が費用を支出してその不動産の所有権を保存したときは，買主は，売主に対し，その費用の償還を請求することができる．

第571条 削除

（担保責任を負わない旨の特約）

第572条 売主は，第562条第1項本文又は第565条に規定する場合における担保の責任を負わない旨の特約をしたときであっても，知りながら告げなかった事実及び自ら第三者のために設定し又は第三者に譲り渡した権利については，その責任を免れることができない．

（代金の支払期限）

第573条 売買の目的物の引渡しについて期限があるときは，代金の支払についても同一の期限を付したものと推定する．

（代金の支払場所）

第574条 売買の目的物の引渡しと同時に代金を支払うべきときは，その引渡しの場所において支払わなければならない．

（果実の帰属及び代金の利息の支払）

第575条 ① まだ引き渡されていない売買の目的物が果実を生じたときは，その果実は，売主に帰属する．

② 買主は，引渡しの日から，代金の利息を支払う義務を負う．ただし，代金の支払について期限があるときは，その期限が到来するまでは，利息を支払うことを要しない．

（権利を取得することができない等のおそれがある場合の買主による代金の支払の拒絶）

第576条 売買の目的について権利を主張する者があることその他の事由により，買主がその買い受けた権利の全部若しくは一部を取得することができず，又は失うおそれがあるときは，買主は，その危険の程度に応じて，代金の全部又は一部の支払を拒むことができる．ただし，売主が相当の担保を供したときは，この限りでない．

（抵当権等の登記がある場合の買主による代金の支払の拒絶）

第577条 ① 買い受けた不動産について契約の内容に適合しない抵当権の登記があるときは，買主は，抵当権消滅請求の手続が終わるまで，その代金の支払を拒むことができる．この場合において，売主は，買主に対し，遅滞なく抵当権消滅請求をすべき旨を請求することができる．

② 前項の規定は，買い受けた不動産について契約の内容に適合しない先取特権又は質権の登記がある場合について準用する．

（売主による代金の供託の請求）

第578条 前2条の場合においては，売主は，買主に対して代金の供託を請求することができる．

第3款 買戻し

（買戻しの特約）

第579条 不動産の売主は，売買契約と同時にした買戻しの特約により，買主が支払った代金（別段の合意をした場合にあっては，その合意により定めた金額．第583条第1項において同じ．）及び契約の費用を返還して，売買の解除をすることができる．この場合において，当事者が別段の意思を表示しなかったときは，不動産の果実と代金の利息とは相殺したものとみなす．

（買戻しの期間）

第580条 ① 買戻しの期間は，10年を超えることができない．特約でこれより長い期間を定めたときは，その期間は，10年とする．

② 買戻しについて期間を定めたときは，その後にこれを伸長することができない．

③ 買戻しについて期間を定めなかったときは，

5年以内に買戻しをしなければならない.

（買戻しの特約の対抗力）

第581条 ① 売買契約と同時に買戻しの特約を登記したときは,買戻しは,第三者に対抗することができる.

② 前項の登記がされた後に第605条の2第1項に規定する対抗要件を備えた賃借人の権利は,その残存期間中1年を超えない期間に限り,売主に対抗することができる. ただし,売主を害する目的で賃貸借をしたときは,この限りでない.

（買戻権の代位行使）

第582条 売主の債権者が第423条の規定により売主に代わって買戻しをしようとするときは,買主は,裁判所において選任した鑑定人の評価に従い,不動産の現在の価額から売主が返還すべき金額を控除した残額に達するまで売主の債務を弁済し,なお残余があるときはこれを売主に返還して,買戻権を消滅させることができる.

（買戻しの実行）

第583条 ① 売主は,第580条に規定する期間内に代金及び契約の費用を提供しなければ,買戻しをすることができない.

② 買主又は転得者が不動産について費用を支出したときは,売主は,第196条の規定に従い,その償還をしなければならない. ただし,有益費については,裁判所は,売主の請求により,その償還について相当の期限を許与することができる.

（共有持分の買戻特約付売買）

第584条 不動産の共有者の1人が買戻しの特約を付してその持分を売却した後に,その不動産の分割又は競売があったときは,売主は,買主が受け,若しくは受けるべき部分又は代金について,買戻しをすることができる. ただし,売主に通知をしないでした分割及び競売は,売主に対抗することができない.

第585条 ① 前条の場合において,買主が不動産の競売における買受人となったときは,売主は,競売の代金及び第583条に規定する費用を支払って買戻しをすることができる. この場合において,売主は,その不動産の全部の所有権を取得する.

② 他の共有者が分割を請求したことにより買主が競売における買受人となったときは,売主は,その持分のみについて買戻しをすることはできない.

第4節　交換

第586条 ① 交換は,当事者が互いに金銭の所有権以外の財産権を移転することを約すること

によって,その効力を生ずる.

② 当事者の一方が他の権利とともに金銭の所有権を移転することを約した場合におけるその金銭については,売買の代金に関する規定を準用する.

第5節　消費貸借

（消費貸借）

第587条 消費貸借は,当事者の一方が種類,品質及び数量の同じ物をもって返還をすることを約して相手方から金銭その他の物を受け取ることによって,その効力を生ずる.

（書面でする消費貸借等）

第587条の2 ① 前条の規定にかかわらず,書面でする消費貸借は,当事者の一方が金銭その他の物を引き渡すことを約し,相手方がその受け取った物と種類,品質及び数量の同じ物をもって返還をすることを約することによって,その効力を生ずる.

② 書面でする消費貸借の借主は,貸主から金銭その他の物を受け取るまで,契約の解除をすることができる. この場合において,貸主は,その契約の解除によって損害を受けたときは,借主に対し,その賠償を請求することができる.

③ 書面でする消費貸借は,借主が貸主から金銭その他の物を受け取る前に当事者の一方が破産手続開始の決定を受けたときは,その効力を失う.

④ 消費貸借がその内容を記録した電磁的記録によってされたときは,その消費貸借は,書面によってされたものとみなして,前3項の規定を適用する.

（準消費貸借）

第588条 金銭その他の物を給付する義務を負う者がある場合において,当事者がその物を消費貸借の目的とすることを約したときは,消費貸借は,これによって成立したものとみなす.

（利息）

第589条 ① 貸主は,特約がなければ,借主に対して利息を請求することができない.

② 前項の特約があるときは,貸主は,借主が金銭その他の物を受け取った日以後の利息を請求することができる.

（貸主の引渡義務等）

第590条 ① 第551条の規定は,前条第1項の特約のない消費貸借について準用する.

② 前条第1項の特約の有無にかかわらず,貸主から引き渡された物が種類又は品質に関して契約の内容に適合しないものであるときは,借主は,その物の価額を返還することができる.

（返還の時期）

第591条 ① 当事者が返還の時期を定めな

かったときは,貸主は,相当の期間を定めて返還の催告をすることができる.

② 借主は,返還の時期の定めの有無にかかわらず,いつでも返還をすることができる.

③ 当事者が返還の時期を定めた場合において,貸主は,借主がその時期の前に返還をしたことによって損害を受けたときは,借主に対し,その賠償を請求することができる.

（価額の償還）

第592条 借主が貸主から受け取った物と種類,品質及び数量の同じ物をもって返還をすることができなくなったときは,その時における物の価額を償還しなければならない.ただし,第402条第2項に規定する場合は,この限りでない.

第6節 使用貸借

（使用貸借）

第593条 使用貸借は,当事者の一方がある物を引き渡すことを約し,相手方がその受け取った物について無償で使用及び収益をして契約が終了したときに返還をすることを約することによって,その効力を生ずる.

（借用物受取り前の貸主による使用貸借の解除）

第593条の2 貸主は,借主が借用物を受け取るまで,契約の解除をすることができる.ただし,書面による使用貸借については,この限りでない.

（借主による使用及び収益）

第594条 ① 借主は,契約又はその目的物の性質によって定まった用法に従い,その物の使用及び収益をしなければならない.

② 借主は,貸主の承諾を得なければ,第三者に借用物の使用又は収益をさせることができない.

③ 借主が前2項の規定に違反して使用又は収益をしたときは,貸主は,契約の解除をすることができる.

（借用物の費用の負担）

第595条 ① 借主は,借用物の通常の必要費を負担する.

② 第583条第2項の規定は,前項の通常の必要費以外の費用について準用する.

（貸主の引渡義務等）

第596条 第551条の規定は,使用貸借について準用する.

（期間満了等による使用貸借の終了）

第597条 ① 当事者が使用貸借の期間を定めたときは,使用貸借は,その期間が満了することによって終了する.

② 当事者が使用貸借の期間を定めなかった場

合において,使用及び収益の目的を定めたときは,使用貸借は,借主がその目的に従い使用及び収益を終えることによって終了する.

③ 使用貸借は,借主の死亡によって終了する.

（使用貸借の解除）

第598条 ① 貸主は,前条第2項に規定する場合において,同項の目的に従い借主が使用及び収益をするのに足りる期間を経過したときは,契約の解除をすることができる.

② 当事者が使用貸借の期間並びに使用及び収益の目的を定めなかったときは,貸主は,いつでも契約の解除をすることができる.

③ 借主は,いつでも契約の解除をすることができる.

（借主による収去等）

第599条 ① 借主は,借用物を受け取った後にこれに附属させた物がある場合において,使用貸借が終了したときは,その附属させた物を収去する義務を負う.ただし,借用物から分離することができない物又は分離するのに過分の費用を要するものについては,この限りでない.

② 借主は,借用物を受け取った後にこれに附属させた物を収去することができる.

③ 借主は,借用物を受け取った後にこれに生じた損傷がある場合において,使用貸借が終了したときは,その損傷を原状に復する義務を負う.ただし,その損傷が借主の責めに帰することができない事由によるものであるときは,この限りでない.

（損害賠償及び費用の償還の請求権についての期間の制限）

第600条 ① 契約の本旨に反する使用又は収益によって生じた損害の賠償及び借主が支出した費用の償還は,貸主が返還を受けた時から1年以内に請求しなければならない.

② 前項の損害賠償の請求権については,貸主が返還を受けた時から1年を経過するまでの間は,時効は,完成しない.

第7節 賃貸借

第1款 総則

（賃貸借）

第601条 賃貸借は,当事者の一方がある物の使用及び収益を相手方にさせることを約し,相手方がこれに対してその賃料を支払うこと及び引渡しを受けた物を契約が終了したときに返還することを約することによって,その効力を生ずる.

（短期賃貸借）

第602条 処分の権限を有しない者が賃貸借をする場合には,次の各号に掲げる賃貸借は,それぞれ当該各号に定める期間を超えること

ができない. 契約でこれより長い期間を定め
たときであっても, その期間は, 当該各号に定
める期間とする.

1 樹木の栽植又は伐採を目的とする山林の
　賃貸借　10年
2 前号に掲げる賃貸借以外の土地の賃貸借
　5年
3 建物の賃貸借　3年
4 動産の賃貸借　6箇月

（短期賃貸借の更新）
第603条　前条に定める期間は, 更新すること
ができる. ただし, その期間満了前, 土地につ
いては1年以内, 建物については3箇月以内,
動産については1箇月以内に, その更新をし
なければならない.

（賃貸借の存続期間）
第604条　① 賃貸借の存続期間は, 50年を超え
ることができない. 契約でこれより長い期間
を定めたときであっても, その期間は, 50年と
する.

② 賃貸借の存続期間は, 更新することができ
る. ただし, その期間は, 更新の時から50年
を超えることができない.

**　　第2款　賃貸借の効力**
（不動産賃貸借の対抗力）
第605条　不動産の賃貸借は, これを登記した
ときは, その不動産について物権を取得した者
その他の第三者に対抗することができる.

（不動産の賃貸人たる地位の移転）
第605条の2　① 前条, 借地借家法（平成3年
法律第90号）第10条又は第31条その他の
法令の規定による賃貸借の対抗要件を備えた
場合において, その不動産が譲渡されたときは,
その不動産の賃貸人たる地位は, その譲受人に
移転する.

② 前項の規定にかかわらず, 不動産の譲渡人
及び譲受人が, 賃貸人たる地位を譲渡人に留保
する旨及びその不動産を譲受人が譲渡人に賃
貸する旨の合意をしたときは, 賃貸人たる地位
は, 譲受人に移転しない. この場合において,
譲渡人と譲受人又はその承継人との間の賃貸
借が終了したときは, 譲渡人に留保されていた
賃貸人たる地位は, 譲受人又はその承継人に移
転する.

③ 第1項又は前項後段の規定による賃貸人た
る地位の移転は, 賃貸物である不動産について
所有権の移転の登記をしなければ, 賃借人に対
抗することができない.

④ 第1項又は第2項後段の規定により賃貸人
たる地位が譲受人又はその承継人に移転した
ときは, 第608条の規定による費用の償還に

係る債務及び第622条の2第1項の規定によ
る同項に規定する敷金の返還に係る債務は, 譲
受人又はその承継人が承継する.

（合意による不動産の賃貸人たる地位の移転）
第605条の3　不動産の譲渡人が賃貸人である
ときは, その賃貸人たる地位は, 賃借人の承諾
を要しないで, 譲渡人と譲受人との合意により,
譲受人に移転させることができる. この場合
においては, 前条第3項及び第4項の規定を
準用する.

（不動産の賃借人による妨害の停止の請求等）
第605条の4　不動産の賃借人は, 第605条の
2第1項に規定する対抗要件を備えた場合に
おいて, 次の各号に掲げるときは, それぞれ当
該各号に定める請求をすることができる.

1 その不動産の占有を第三者が妨害してい
　るとき　その第三者に対する妨害の停止の請
　求
2 その不動産を第三者が占有しているとき
　その第三者に対する返還の請求

（賃貸人による修繕等）
第606条　① 賃貸人は, 賃貸物の使用及び収益
に必要な修繕をする義務を負う. ただし, 賃借
人の責めに帰すべき事由によってその修繕が
必要となったときは, この限りでない.

② 賃貸人が賃貸物の保存に必要な行為をしよ
うとするときは, 賃借人は, これを拒むことが
できない.

（賃借人の意思に反する保存行為）
第607条　賃貸人が賃借人の意思に反して保
存行為をしようとする場合において, そのため
に賃借人が賃借をした目的を達することがで
きなくなるときは, 賃借人は, 契約の解除をす
ることができる.

（賃借人による修繕）
第607条の2　賃借物の修繕が必要である場合
において, 次に掲げるときは, 賃借人は, その修
繕をすることができる.

1 賃借人が賃貸人に修繕が必要である旨を
　通知し, 又は賃貸人がその旨を知ったにもか
　かわらず, 賃貸人が相当の期間内に必要な修
　繕をしないとき.
2 急迫の事情があるとき.

（賃借人による費用の償還請求）
第608条　① 賃借人は, 賃借物について賃貸人
の負担に属する必要費を支出したときは, 賃貸
人に対し, 直ちにその償還を請求することがで
きる.

② 賃借人が賃借物について有益費を支出した
ときは, 賃貸人は, 賃貸借の終了の時に, 第196
条第2項の規定に従い, その償還をしなけれ

ばならない．ただし，裁判所は，賃借人の請求により，その償還について相当の期限を許与することができる．

（減収による賃料の減額請求）

第609条 耕作又は牧畜を目的とする土地の賃借人は，不可抗力によって賃料より少ない収益を得たときは，その収益の額に至るまで，賃料の減額を請求することができる．

（減収による解除）

第610条 前条の場合において，同条の賃借人は，不可抗力によって引き続き2年以上賃料より少ない収益を得たときは，契約の解除をすることができる．

（賃借物の一部滅失等による賃料の減額等）

第611条 ① 賃借物の一部が滅失その他の事由により使用及び収益をすることができなくなった場合において，それが賃借人の責めに帰することができない事由によるものであるときは，賃料は，その使用及び収益をすることができなくなった部分の割合に応じて，減額される．

② 賃借物の一部が滅失その他の事由により使用及び収益をすることができなくなった場合において，残存する部分のみでは賃借人が賃借をした目的を達することができないときは，賃借人は，契約の解除をすることができる．

（賃借権の譲渡及び転貸の制限）

第612条 ① 賃借人は，賃貸人の承諾を得なければ，その賃借権を譲り渡し，又は賃借物を転貸することができない．

② 賃借人が前項の規定に違反して第三者に賃借物の使用又は収益をさせたときは，賃貸人は，契約の解除をすることができる．

（転貸の効果）

第613条 ① 賃借人が適法に賃借物を転貸したときは，転借人は，賃貸人と賃借人との間の賃貸借に基づく賃借人の債務の範囲を限度として，賃貸人に対して転貸借に基づく債務を直接履行する義務を負う．この場合においては，賃料の前払をもって賃貸人に対抗することができない．

② 前項の規定は，賃貸人が賃借人に対してその権利を行使することを妨げない．

③ 賃借人が適法に賃借物を転貸した場合には，賃貸人は，賃借人との間の賃貸借を合意により解除したことをもって転借人に対抗することができない．ただし，その解除の当時，賃貸人が賃借人の債務不履行による解除権を有していたときは，この限りでない．

（賃料の支払時期）

第614条 賃料は，動産，建物及び宅地については毎月末に，その他の土地については毎年末に，支払わなければならない．ただし，収穫の季節があるものについては，その季節の後に遅滞なく支払わなければならない．

（賃借人の通知義務）

第615条 賃借物が修繕を要し，又は賃借物について権利を主張する者があるときは，賃借人は，遅滞なくその旨を賃貸人に通知しなければならない．ただし，賃貸人が既にこれを知っているときは，この限りでない．

（賃借人による使用及び収益）

第616条 第594条第1項の規定は，賃貸借について準用する．

　　第3款　賃貸借の終了

（賃借物の全部滅失等による賃貸借の終了）

第616条の2 賃借物の全部が滅失その他の事由により使用及び収益をすることができなくなった場合には，賃貸借は，これによって終了する．

（期間の定めのない賃貸借の解約の申入れ）

第617条 ① 当事者が賃貸借の期間を定めなかったときは，各当事者は，いつでも解約の申入れをすることができる．この場合においては，次の各号に掲げる賃貸借は，解約の申入れの日からそれぞれ当該各号に定める期間を経過することによって終了する．

1　土地の賃貸借　1年

2　建物の賃貸借　3箇月

3　動産及び貸席の賃貸借　1日

② 収穫の季節がある土地の賃貸借については，その季節の後次の耕作に着手する前に，解約の申入れをしなければならない．

（期間の定めのある賃貸借の解約をする権利の留保）

第618条 当事者が賃貸借の期間を定めた場合であっても，その一方又は双方がその期間内に解約をする権利を留保したときは，前条の規定を準用する．

（賃貸借の更新の推定等）

第619条 ① 賃貸借の期間が満了した後賃借人が賃借物の使用又は収益を継続する場合において，賃貸人がこれを知りながら異議を述べないときは，従前の賃貸借と同一の条件で更に賃貸借をしたものと推定する．この場合において，各当事者は，第617条の規定により解約の申入れをすることができる．

② 従前の賃貸借について当事者が担保を供していたときは，その担保は，期間の満了によって消滅する．ただし，第622条の2第1項に規定する敷金については，この限りでない．

（賃貸借の解除の効力）

第620条　賃貸借の解除をした場合には,その解除は,将来に向かってのみその効力を生ずる。この場合においては,損害賠償の請求を妨げない。

（賃借人の原状回復義務）

第621条　賃借人は,賃借物を受け取った後にこれに生じた損傷（通常の使用及び収益によって生じた賃借物の損耗並びに賃借物の経年変化を除く。以下この条において同じ。）がある場合において,賃貸借が終了したときは,その損傷を原状に復する義務を負う。ただし,その損傷が賃借人の責めに帰することができない事由によるものであるときは,この限りでない。

（使用貸借の規定の準用）

第622条　第597条第1項,第599条第1項及び第2項並びに第600条の規定は,賃貸借について準用する。

　　第4款　敷　金

第622条の2　①　賃貸人は,敷金（いかなる名目によるかを問わず,賃料債務その他の賃貸借に基づいて生ずる賃借人の賃貸人に対する金銭の給付を目的とする債務を担保する目的で,賃借人が賃貸人に交付する金銭をいう。以下この条において同じ。）を受け取っている場合において,次に掲げるときは,賃借人に対し,その受け取った敷金の額から賃貸借に基づいて生じた賃借人の賃貸人に対する金銭の給付を目的とする債務の額を控除した残額を返還しなければならない。

1　賃貸借が終了し,かつ,賃貸物の返還を受けたとき。

2　賃借人が適法に賃借権を譲り渡したとき。

②　賃貸人は,賃借人が賃貸借に基づいて生じた金銭の給付を目的とする債務を履行しないときは,敷金をその債務の弁済に充てることができる。この場合において,賃借人は,賃貸人に対し,敷金をその債務の弁済に充てることを請求することができない。

　　第8節　雇　用

（雇　用）

第623条　雇用は,当事者の一方が相手方に対して労働に従事することを約し,相手方がこれにその報酬を与えることを約することによって,その効力を生ずる。

（報酬の支払時期）

第624条　①　労働者は,その約した労働を終わった後でなければ,報酬を請求することができない。

②　期間によって定めた報酬は,その期間を経過した後に,請求することができる。

（履行の割合に応じた報酬）

第624条の2　労働者は,次に掲げる場合には,既にした履行の割合に応じて報酬を請求することができる。

1　使用者の責めに帰することができない事由によって労働に従事することができなくなったとき。

2　雇用が履行の中途で終了したとき。

（使用者の権利の譲渡の制限等）

第625条　①　使用者は,労働者の承諾を得なければ,その権利を第三者に譲り渡すことができない。

②　労働者は,使用者の承諾を得なければ,自己に代わって第三者を労働に従事させることができない。

③　労働者が前項の規定に違反して第三者を労働に従事させたときは,使用者は,契約の解除をすることができる。

（期間の定めのある雇用の解除）

第626条　①　雇用の期間が5年を超え,又はその終期が不確定であるときは,当事者の一方は,5年を経過した後,いつでも契約の解除をすることができる。

②　前項の規定により契約の解除をしようとする者は,それが使用者であるときは3箇月前,労働者であるときは2週間前に,その予告をしなければならない。

（期間の定めのない雇用の解約の申入れ）

第627条　①　当事者が雇用の期間を定めなかったときは,各当事者は,いつでも解約の申入れをすることができる。この場合において,雇用は,解約の申入れの日から2週間を経過することによって終了する。

②　期間によって報酬を定めた場合には,使用者からの解約の申入れは,次期以後についてすることができる。ただし,その解約の申入れは,当期の前半にしなければならない。

③　6箇月以上の期間によって報酬を定めた場合には,前項の解約の申入れは,3箇月前にしなければならない。

（やむを得ない事由による雇用の解除）

第628条　当事者が雇用の期間を定めた場合であっても,やむを得ない事由があるときは,各当事者は,直ちに契約の解除をすることができる。この場合において,その事由が当事者の一方の過失によって生じたものであるときは,相手方に対して損害賠償の責任を負う。

（雇用の更新の推定等）

第629条　①　雇用の期間が満了した後労働者が引き続きその労働に従事する場合において,使用者がこれを知りながら異議を述べないと

きは、従前の雇用と同一の条件で更に雇用をしたものと推定する。この場合において、各当事者は、第627条の規定により解約の申入れをすることができる。

② 従前の雇用について当事者が担保を供していたときは、その担保は、期間の満了によって消滅する。ただし、身元保証金については、この限りでない。

（雇用の解除の効力）

第630条 第620条の規定は、雇用について準用する。

（使用者についての破産手続の開始による解約の申入れ）

第631条 使用者が破産手続開始の決定を受けた場合には、雇用に期間の定めがあるときであっても、労働者又は破産管財人は、第627条の規定により解約の申入れをすることができる。この場合において、各当事者は、相手方に対し、解約によって生じた損害の賠償を請求することができない。

第9節 請負

（請　負）

第632条 請負は、当事者の一方がある仕事を完成することを約し、相手方がその仕事の結果に対してその報酬を支払うことを約することによって、その効力を生ずる。

（報酬の支払時期）

第633条 報酬は、仕事の目的物の引渡しと同時に、支払わなければならない。ただし、物の引渡しを要しないときは、第624条第1項の規定を準用する。

（注文者が受ける利益の割合に応じた報酬）

第634条 次に掲げる場合において、請負人が既にした仕事の結果のうち可分な部分の給付によって注文者が利益を受けるときは、その部分を仕事の完成とみなす。この場合において、請負人は、注文者が受ける利益の割合に応じて報酬を請求することができる。

1　注文者の責めに帰することができない事由によって仕事を完成することができなくなったとき。

2　請負が仕事の完成前に解除されたとき。

第635条 削除

（請負人の担保責任の制限）

第636条 請負人が種類又は品質に関して契約の内容に適合しない仕事の目的物を注文者に引き渡したとき（その引渡しを要しない場合にあっては、仕事が終了した時に仕事の目的物が種類又は品質に関して契約の内容に適合しないとき）は、注文者は、注文者の供した材料の性質又は注文者の与えた指図によって生

じた不適合を理由として、履行の追完の請求、報酬の減額の請求、損害賠償の請求及び契約の解除をすることができない。ただし、請負人がその材料又は指図が不適当であることを知りながら告げなかったときは、この限りでない。

（目的物の種類又は品質に関する担保責任の期間の制限）

第637条 ① 前条本文に規定する場合において、注文者がその不適合を知った時から1年以内にその旨を請負人に通知しないときは、注文者は、その不適合を理由として、履行の追完の請求、報酬の減額の請求、損害賠償の請求及び契約の解除をすることができない。

② 前項の規定は、仕事の目的物を注文者に引き渡した時（その引渡しを要しない場合にあっては、仕事が終了した時）において、請負人が同項の不適合を知り、又は重大な過失によって知らなかったときは、適用しない。

第638条 削除

第639条 削除

第640条 削除

（注文者による契約の解除）

第641条 請負人が仕事を完成しない間は、注文者は、いつでも損害を賠償して契約の解除をすることができる。

（注文者についての破産手続の開始による解除）

第642条 ① 注文者が破産手続開始の決定を受けたときは、請負人又は破産管財人は、契約の解除をすることができる。ただし、請負人による契約の解除については、仕事を完成した後は、この限りでない。

② 前項に規定する場合において、請負人は、既にした仕事の報酬及びその中に含まれていない費用について、破産財団の配当に加入することができる。

③ 第1項の場合には、契約の解除によって生じた損害の賠償は、破産管財人が契約の解除をした場合における請負人に限り、請求することができる。この場合において、請負人は、その損害賠償について、破産財団の配当に加入する。

第10節 委任

（委　任）

第643条 委任は、当事者の一方が法律行為をすることを相手方に委託し、相手方がこれを承諾することによって、その効力を生ずる。

（受任者の注意義務）

第644条 受任者は、委任の本旨に従い、善良な管理者の注意をもって、委任事務を処理する義務を負う。

（復受任者の選任等）

第644条の2　① 受任者は,委任者の許諾を得たとき,又はやむを得ない事由があるときでなければ,復受任者を選任することができない.

② 代理権を付与する委任において,受任者が代理権を有する復受任者を選任したときは,復受任者は,委任者に対して,その権限の範囲内において,受任者と同一の権利を有し,義務を負う.

（受任者による報告）

第645条　受任者は,委任者の請求があるときは,いつでも委任事務の処理の状況を報告し,委任が終了した後は,遅滞なくその経過及び結果を報告しなければならない.

（受任者による受取物の引渡し等）

第646条　① 受任者は,委任事務を処理するに当たって受け取った金銭その他の物を委任者に引き渡さなければならない. その収取した果実についても,同様とする.

② 受任者は,委任者のために自己の名で取得した権利を委任者に移転しなければならない.

（受任者の金銭の消費についての責任）

第647条　受任者は,委任者に引き渡すべき金額又はその利益のために用いるべき金額を自己のために消費したときは,その消費した日以後の利息を支払わなければならない. この場合において,なお損害があるときは,その賠償の責任を負う.

（受任者の報酬）

第648条　① 受任者は,特約がなければ,委任者に対して報酬を請求することができない.

② 受任者は,報酬を受けるべき場合には,委任事務を履行した後でなければ,これを請求することができない. ただし,期間によって報酬を定めたときは,第624条第2項の規定を準用する.

③ 受任者は,次に掲げる場合には,既にした履行の割合に応じて報酬を請求することができる.

1　委任者の責めに帰することができない事由によって委任事務の履行をすることができなくなったとき.

2　委任が履行の中途で終了したとき.

（成果等に対する報酬）

第648条の2　① 委任事務の履行により得られる成果に対して報酬を支払うことを約した場合において,その成果が引渡しを要するときは,報酬は,その成果の引渡しと同時に,支払わなければならない.

② 第634条の規定は,委任事務の履行により得られる成果に対して報酬を支払うことを約した場合について準用する.

（受任者による費用の前払請求）

第649条　委任事務を処理するについて費用を要するときは,委任者は,受任者の請求により,その前払をしなければならない.

（受任者による費用等の償還請求等）

第650条　① 受任者は,委任事務を処理するのに必要と認められる費用を支出したときは,委任者に対し,その費用及び支出の日以後におけるその利息の償還を請求することができる.

② 受任者は,委任事務を処理するのに必要と認められる債務を負担したときは,委任者に対し,自己に代わってその弁済をすることを請求することができる. この場合において,その債務が弁済期にないときは,委任者に対し,相当の担保を供させることができる.

③ 受任者は,委任事務を処理するため自己に過失なく損害を受けたときは,委任者に対し,その賠償を請求することができる.

（委任の解除）

第651条　① 委任は,各当事者がいつでもその解除をすることができる.

② 前項の規定により委任の解除をした者は,次に掲げる場合には,相手方の損害を賠償しなければならない. ただし,やむを得ない事由があったときは,この限りでない.

1　相手方に不利な時期に委任を解除したとき.

2　委任者が受任者の利益（専ら報酬を得ることによるものを除く.）をも目的とする委任を解除したとき.

（委任の解除の効力）

第652条　第620条の規定は,委任について準用する.

（委任の終了事由）

第653条　委任は,次に掲げる事由によって終了する.

1　委任者又は受任者の死亡

2　委任者又は受任者が破産手続開始の決定を受けたこと.

3　受任者が後見開始の審判を受けたこと.

（委任の終了後の処分）

第654条　委任が終了した場合において,急迫の事情があるときは,受任者又はその相続人若しくは法定代理人は,委任者又はその相続人若しくは法定代理人が委任事務を処理することができるに至るまで,必要な処分をしなければならない.

（委任の終了の対抗要件）

第655条　委任の終了事由は,これを相手方に通知したとき,又は相手方がこれを知っていたときでなければ,これをもってその相手方に対

抗することができない.

（準委任）

第656条　この節の規定は,法律行為でない事務の委託について準用する.

　　第11節　寄　託

（寄　託）

第657条　寄託は,当事者の一方がある物を保管することを相手方に委託し,相手方がこれを承諾することによって,その効力を生ずる.

（寄託物受取り前の寄託者による寄託の解除等）

第657条の2　①　寄託者は,受寄者が寄託物を受け取るまで,契約の解除をすることができる.この場合において,受寄者は,その契約の解除によって損害を受けたときは,寄託者に対し,その賠償を請求することができる.

②　無報酬の受寄者は,寄託物を受け取るまで,契約の解除をすることができる.ただし,書面による寄託については,この限りでない.

③　受寄者（無報酬で寄託を受けた場合にあっては,書面による寄託の受寄者に限る.）は,寄託物を受け取るべき時期を経過したにもかかわらず,寄託者が寄託物を引き渡さない場合において,相当の期間を定めてその引渡しの催告をし,その期間内に引渡しがないときは,契約の解除をすることができる.

（寄託物の使用及び第三者による保管）

第658条　①　受寄者は,寄託者の承諾を得なければ,寄託物を使用することができない.

②　受寄者は,寄託者の承諾を得たとき,又はやむを得ない事由があるときでなければ,寄託物を第三者に保管させることができない.

③　再受寄者は,寄託者に対して,その権限の範囲内において,受寄者と同一の権利を有し,義務を負う.

（無報酬の受寄者の注意義務）

第659条　無報酬の受寄者は,自己の財産に対するのと同一の注意をもって,寄託物を保管する義務を負う.

（受寄者の通知義務等）

第660条　①　寄託物について権利を主張する第三者が受寄者に対して訴えを提起し,又は差押え,仮差押え若しくは仮処分をしたときは,受寄者は,遅滞なくその事実を寄託者に通知しなければならない.ただし,寄託者が既にこれを知っているときは,この限りでない.

②　第三者が寄託物について権利を主張する場合であっても,受寄者は,寄託者の指図がない限り,寄託者に対しその寄託物を返還しなければならない.ただし,受寄者が前項の通知をした場合又は同項ただし書の規定によりその通

知を要しない場合において,その寄託物をその第三者に引き渡すべき旨を命ずる確定判決（確定判決と同一の効力を有するものを含む.）があったときであって,その第三者にその寄託物を引き渡したときは,この限りでない.

③　受寄者は,前項の規定により寄託者に対して寄託物を返還しなければならない場合には,寄託者にその寄託物を引き渡したことによって第三者に損害が生じたときであっても,その賠償の責任を負わない.

（寄託者による損害賠償）

第661条　寄託者は,寄託物の性質又は瑕疵によって生じた損害を受寄者に賠償しなければならない.ただし,寄託者が過失なくその性質若しくは瑕疵を知らなかったとき,又は受寄者がこれを知っていたときは,この限りでない.

（寄託者による返還請求等）

第662条　①　当事者が寄託物の返還の時期を定めたときであっても,寄託者は,いつでもその返還を請求することができる.

②　前項に規定する場合において,受寄者は,寄託者がその時期の前に返還を請求したことによって損害を受けたときは,寄託者に対し,その賠償を請求することができる.

（寄託物の返還の時期）

第663条　①　当事者が寄託物の返還の時期を定めなかったときは,受寄者は,いつでもその返還をすることができる.

②　返還の時期の定めがあるときは,受寄者は,やむを得ない事由がなければ,その期限前に返還をすることができない.

（寄託物の返還の場所）

第664条　寄託物の返還は,その保管をすべき場所でしなければならない.ただし,受寄者が正当な事由によってその物を保管する場所を変更したときは,その現在の場所で返還をすることができる.

（損害賠償及び費用の償還の請求権についての期間の制限）

第664条の2　①　寄託物の一部滅失又は損傷によって生じた損害の賠償及び受寄者が支出した費用の償還は,寄託者が返還を受けた時から1年以内に請求しなければならない.

②　前項の損害賠償の請求権については,寄託者が返還を受けた時から1年を経過するまでの間は,時効は,完成しない.

（委任の規定の準用）

第665条　第646条から第648条まで,第649条並びに第650条第1項及び第2項の規定は,寄託について準用する.

（混合寄託）

第665条の2 ① 複数の者が寄託した物の種類及び品質が同一である場合には、受寄者は、各寄託者の承諾を得たときに限り、これらを混合して保管することができる。

② 前項の規定に基づき受寄者が複数の寄託者からの寄託物を混合して保管したときは、寄託者は、その寄託した物と同じ数量の物の返還を請求することができる。

③ 前項に規定する場合において、寄託物の一部が滅失したときは、寄託者は、混合して保管されている総寄託物に対するその寄託した物の割合に応じた数量の物の返還を請求することができる。この場合においては、損害賠償の請求を妨げない。

（消費寄託）

第666条 ① 受寄者が契約により寄託物を消費することができる場合には、受寄者は、寄託された物と種類、品質及び数量の同じ物をもって返還しなければならない。

② 第590条及び第592条の規定は、前項に規定する場合について準用する。

③ 第591条第2項及び第3項の規定は、預金又は貯金に係る契約により金銭を寄託した場合について準用する。

第12節 組合

（組合契約）

第667条 ① 組合契約は、各当事者が出資をして共同の事業を営むことを約することによって、その効力を生ずる。

② 出資は、労務をその目的とすることができる。

（他の組合員の債務不履行）

第667条の2 ① 第533条及び第536条の規定は、組合契約については、適用しない。

② 組合員は、他の組合員が組合契約に基づく債務の履行をしないことを理由として、組合契約を解除することができない。

（組合員の1人についての意思表示の無効等）

第667条の3 組合員の1人について意思表示の無効又は取消しの原因があっても、他の組合員の間においては、組合契約は、その効力を妨げられない。

（組合財産の共有）

第668条 各組合員の出資その他の組合財産は、総組合員の共有に属する。

（金銭出資の不履行の責任）

第669条 金銭を出資の目的とした場合において、組合員がその出資をすることを怠ったときは、その利息を支払うほか、損害の賠償をしなければならない。

（業務の決定及び執行の方法）

第670条 ① 組合の業務は、組合員の過半数をもって決定し、各組合員がこれを執行する。

② 組合の業務の決定及び執行は、組合契約の定めるところにより、1人又は数人の組合員又は第三者に委任することができる。

③ 前項の委任を受けた者（以下「業務執行者」という。）は、組合の業務を決定し、これを執行する。この場合において、業務執行者が数人あるときは、組合の業務は、業務執行者の過半数をもって決定し、各業務執行者がこれを執行する。

④ 前項の規定にかかわらず、組合の業務については、総組合員の同意によって決定し、又は総組合員が執行することを妨げない。

⑤ 組合の常務は、前各項の規定にかかわらず、各組合員又は各業務執行者が単独で行うことができる。ただし、その完了前に他の組合員又は業務執行者が異議を述べたときは、この限りでない。

（組合の代理）

第670条の2 ① 各組合員は、組合の業務を執行する場合において、組合員の過半数の同意を得たときは、他の組合員を代理することができる。

② 前項の規定にかかわらず、業務執行者があるときは、業務執行者のみが組合員を代理することができる。この場合において、業務執行者が数人あるときは、各業務執行者は、業務執行者の過半数の同意を得たときに限り、組合員を代理することができる。

③ 前2項の規定にかかわらず、各組合員又は各業務執行者は、組合の常務を行うときは、単独で組合員を代理することができる。

（委任の規定の準用）

第671条 第644条から第650条までの規定は、組合の業務を決定し、又は執行する組合員について準用する。

（業務執行組合員の辞任及び解任）

第672条 ① 組合契約の定めるところにより1人又は数人の組合員に業務の決定及び執行を委任したときは、その組合員は、正当な事由がなければ、辞任することができない。

② 前項の組合員は、正当な事由がある場合に限り、他の組合員の一致によって解任することができる。

（組合員の組合の業務及び財産状況に関する検査）

第673条 各組合員は、組合の業務の決定及び執行をする権利を有しないときであっても、その業務及び組合財産の状況を検査することができる。

（組合員の損益分配の割合）

第674条 ① 当事者が損益分配の割合を定めなかったときは，その割合は，各組合員の出資の価額に応じて定める．

② 利益又は損失についてのみ分配の割合を定めたときは，その割合は，利益及び損失に共通であるものと推定する．

（組合の債権者の権利の行使）

第675条 ① 組合の債権者は，組合財産についてその権利を行使することができる．

② 組合の債権者は，その選択に従い，各組合員に対して損失分担の割合又は等しい割合でその権利を行使することができる．ただし，組合の債権者がその債権の発生の時に各組合員の損失分担の割合を知っていたときは，その割合による．

（組合員の持分の処分及び組合財産の分割）

第676条 ① 組合員は，組合財産についてその持分を処分したときは，その処分をもって組合及び組合と取引をした第三者に対抗することができない．

② 組合員は，組合財産である債権について，その持分についての権利を単独で行使することができない．

③ 組合員は，清算前に組合財産の分割を求めることができない．

（組合財産に対する組合員の債権者の権利の行使の禁止）

第677条 組合員の債権者は，組合財産についてその権利を行使することができない．

（組合員の加入）

第677条の2 ① 組合員は，その全員の同意によって，又は組合契約の定めるところにより，新たに組合員を加入させることができる．

② 前項の規定により組合の成立後に加入した組合員は，その加入前に生じた組合の債務については，これを弁済する責任を負わない．

（組合員の脱退）

第678条 ① 組合契約で組合の存続期間を定めなかったとき，又はある組合員の終身の間組合が存続すべきことを定めたときは，各組合員は，いつでも脱退することができる．ただし，やむを得ない事由がある場合を除き，組合に不利な時期に脱退することができない．

② 組合の存続期間を定めた場合であっても，各組合員は，やむを得ない事由があるときは，脱退することができる．

第679条 前条の場合のほか，組合員は，次に掲げる事由によって脱退する．

1 死亡

2 破産手続開始の決定を受けたこと．

3 後見開始の審判を受けたこと．

4 除名

（組合員の除名）

第680条 組合員の除名は，正当な事由がある場合に限り，他の組合員の一致によってすることができる．ただし，除名した組合員にその旨を通知しなければ，これをもってその組合員に対抗することができない．

（脱退した組合員の責任等）

第680条の2 ① 脱退した組合員は，その脱退前に生じた組合の債務について，従前の責任の範囲内でこれを弁済する責任を負う．この場合において，債権者が全部の弁済を受けない間は，脱退した組合員は，組合に担保を供させ，又は組合に対して自己に免責を得させることを請求することができる．

② 脱退した組合員は，前項に規定する組合の債務を弁済したときは，組合に対して求償権を有する．

（脱退した組合員の持分の払戻し）

第681条 ① 脱退した組合員と他の組合員との間の計算は，脱退の時における組合財産の状況に従ってしなければならない．

② 脱退した組合員の持分は，その出資の種類を問わず，金銭で払い戻すことができる．

③ 脱退の時にまだ完了していない事項については，その完了後に計算をすることができる．

（組合の解散事由）

第682条 組合は，次に掲げる事由によって解散する．

1 組合の目的である事業の成功又はその成功の不能

2 組合契約で定めた存続期間の満了

3 組合契約で定めた解散の事由の発生

4 総組合員の同意

（組合の解散の請求）

第683条 やむを得ない事由があるときは，各組合員は，組合の解散を請求することができる．

（組合契約の解除の効力）

第684条 第620条の規定は，組合契約について準用する．

（組合の清算及び清算人の選任）

第685条 ① 組合が解散したときは，清算は，総組合員が共同して，又はその選任した清算人がこれをする．

② 清算人の選任は，組合員の過半数で決する．

（清算人の業務の決定及び執行の方法）

第686条 第670条第3項から第5項まで並びに第670条の2第2項及び第3項の規定は，清算人について準用する．

（組合員である清算人の辞任及び解任）

第687条　第672条の規定は,組合契約の定めるところにより組合員の中から清算人を選任した場合について準用する.

(清算人の職務及び権限並びに残余財産の分割方法)

第688条　① 清算人の職務は,次のとおりとする.

1　現務の結了

2　債権の取立て及び債務の弁済

3　残余財産の引渡し

② 清算人は,前項各号に掲げる職務を行うために必要な一切の行為をすることができる.

③ 残余財産は,各組合員の出資の価額に応じて分割する.

第13節　終身定期金

(終身定期金契約)

第689条　終身定期金契約は,当事者の一方が,自己,相手方又は第三者の死亡に至るまで,定期に金銭その他の物を相手方又は第三者に給付することを約することによって,その効力を生ずる.

(終身定期金の計算)

第690条　終身定期金は,日割りで計算する.

(終身定期金契約の解除)

第691条　① 終身定期金債務者が終身定期金の元本を受領した場合において,その終身定期金の給付を怠り,又はその他の義務を履行しないときは,相手方は,元本の返還を請求することができる.この場合において,相手方は,既に受け取った終身定期金の中からその元本の利息を控除した残額を終身定期金債務者に返還しなければならない.

② 前項の規定は,損害賠償の請求を妨げない.

(終身定期金契約の解除と同時履行)

第692条　第533条の規定は,前条の場合について準用する.

(終身定期金債権の存続の宣告)

第693条　① 終身定期金債務者の責めに帰すべき事由によって第689条に規定する死亡が生じたときは,裁判所は,終身定期金債権者又はその相続人の請求により,終身定期金債権が相当の期間存続することを宣告することができる.

② 前項の規定は,第691条の権利の行使を妨げない.

(終身定期金の遺贈)

第694条　この節の規定は,終身定期金の遺贈について準用する.

第14節　和　解

(和　解)

第695条　和解は,当事者が互いに譲歩をしてその間に存する争いをやめることを約することによって,その効力を生ずる.

(和解の効力)

第696条　当事者の一方が和解によって争いの目的である権利を有するものと認められ,又は相手方がこれを有しないものと認められた場合において,その当事者の一方が従来その権利を有していなかった旨の確証又は相手方がこれを有していた旨の確証が得られたときは,その権利は,和解によってその当事者の一方に移転し,又は消滅したものとする.

第3章　事務管理

(事務管理)

第697条　① 義務なく他人のために事務の管理を始めた者(以下この章において「管理者」という.)は,その事務の性質に従い,最も本人の利益に適合する方法によって,その事務の管理(以下「事務管理」という.)をしなければならない.

② 管理者は,本人の意思を知っているとき,又はこれを推知することができるときは,その意思に従って事務管理をしなければならない.

(緊急事務管理)

第698条　管理者は,本人の身体,名誉又は財産に対する急迫の危害を免れさせるために事務管理をしたときは,悪意又は重大な過失があるのでなければ,これによって生じた損害を賠償する責任を負わない.

(管理者の通知義務)

第699条　管理者は,事務管理を始めたことを遅滞なく本人に通知しなければならない.ただし,本人が既にこれを知っているときは,この限りでない.

(管理者による事務管理の継続)

第700条　管理者は,本人又はその相続人若しくは法定代理人が管理をすることができるに至るまで,事務管理を継続しなければならない.ただし,事務管理の継続が本人の意思に反し,又は本人に不利であることが明らかであるときは,この限りでない.

(委任の規定の準用)

第701条　第645条から第647条までの規定は,事務管理について準用する.

(管理者による費用の償還請求等)

第702条　① 管理者は,本人のために有益な費用を支出したときは,本人に対し,その償還を請求することができる.

② 第650条第2項の規定は,管理者が本人のために有益な債務を負担した場合について準用する.

③ 管理者が本人の意思に反して事務管理をし

たときは,本人が現に利益を受けている限度においてのみ,前2項の規定を適用する.

第4章　不当利得

（不当利得の返還義務）

第703条　法律上の原因なく他人の財産又は労務によって利益を受け,そのために他人に損失を及ぼした者（以下この章において「受益者」という.）は,その利益の存する限度において,これを返還する義務を負う.

（悪意の受益者の返還義務等）

第704条　悪意の受益者は,その受けた利益に利息を付して返還しなければならない. この場合において,なお損害があるときは,その賠償の責任を負う.

（債務の不存在を知ってした弁済）

第705条　債務の弁済として給付をした者は,その時において債務の存在しないことを知っていたときは,その給付したものの返還を請求することができない.

（期限前の弁済）

第706条　債務者は,弁済期にない債務の弁済として給付をしたときは,その給付したものの返還を請求することができない. ただし,債務者が錯誤によってその給付をしたときは,債権者は,これによって得た利益を返還しなければならない.

（他人の債務の弁済）

第707条　① 債務者でない者が錯誤によって債務の弁済をした場合において,債権者が善意で証書を滅失させ若しくは損傷し,担保を放棄し,又は時効によってその債権を失ったときは,その弁済をした者は,返還の請求をすることができない.

② 前項の規定は,弁済をした者から債務者に対する求償権の行使を妨げない.

（不法原因給付）

第708条　不法な原因のために給付をした者は,その給付したものの返還を請求することができない. ただし,不法な原因が受益者についてのみ存したときは,この限りでない.

第5章　不法行為

（不法行為による損害賠償）

第709条　故意又は過失によって他人の権利又は法律上保護される利益を侵害した者は,これによって生じた損害を賠償する責任を負う.

（財産以外の損害の賠償）

第710条　他人の身体,自由若しくは名誉を侵害した場合又は他人の財産権を侵害した場合のいずれであるかを問わず,前条の規定により

損害賠償の責任を負う者は,財産以外の損害に対しても,その賠償をしなければならない.

（近親者に対する損害の賠償）

第711条　他人の生命を侵害した者は,被害者の父母,配偶者及び子に対しては,その財産権が侵害されなかった場合においても,損害の賠償をしなければならない.

（責任能力）

第712条　未成年者は,他人に損害を加えた場合において,自己の行為の責任を弁識するに足りる知能を備えていなかったときは,その行為について賠償の責任を負わない.

第713条　精神上の障害により自己の行為の責任を弁識する能力を欠く状態にある間に他人に損害を加えた者は,その賠償の責任を負わない. ただし,故意又は過失によって一時的にその状態を招いたときは,この限りでない.

（責任無能力者の監督義務者等の責任）

第714条　① 前2条の規定により責任無能力者がその責任を負わない場合において,その責任無能力者を監督する法定の義務を負う者は,その責任無能力者が第三者に加えた損害を賠償する責任を負う. ただし,監督義務者がその義務を怠らなかったとき,又はその義務を怠らなくても損害が生ずべきであったときは,この限りでない.

② 監督義務者に代わって責任無能力者を監督する者も,前項の責任を負う.

（使用者等の責任）

第715条　① ある事業のために他人を使用する者は,被用者がその事業の執行について第三者に加えた損害を賠償する責任を負う. ただし,使用者が被用者の選任及びその事業の監督について相当の注意をしたとき,又は相当の注意をしても損害が生ずべきであったときは,この限りでない.

② 使用者に代わって事業を監督する者も,前項の責任を負う.

③ 前2項の規定は,使用者又は監督者から被用者に対する求償権の行使を妨げない.

（注文者の責任）

第716条　注文者は,請負人がその仕事について第三者に加えた損害を賠償する責任を負わない. ただし,注文又は指図についてその注文者に過失があったときは,この限りでない.

（土地の工作物等の占有者及び所有者の責任）

第717条　① 土地の工作物の設置又は保存に瑕疵があることによって他人に損害を生じたときは,その工作物の占有者は,被害者に対してその損害を賠償する責任を負う. ただし,占有者が損害の発生を防止するのに必要な注意

をしたときは,所有者がその損害を賠償しなければならない.

② 前項の規定は,竹木の栽植又は支持に瑕疵がある場合について準用する.

③ 前2項の場合において,損害の原因について他にその責任を負う者があるときは,占有者又は所有者は,その者に対して求償権を行使することができる.

（動物の占有者等の責任）

第718条 ① 動物の占有者は,その動物が他人に加えた損害を賠償する責任を負う. ただし,動物の種類及び性質に従い相当の注意をもってその管理をしたときは,この限りでない.

② 占有者に代わって動物を管理する者も,前項の責任を負う.

（共同不法行為者の責任）

第719条 ① 数人が共同の不法行為によって他人に損害を加えたときは,各自が連帯してその損害を賠償する責任を負う. 共同行為者のうちいずれの者がその損害を加えたかを知ることができないときも,同様とする.

② 行為者を教唆した者及び幇助した者は,共同行為者とみなして,前項の規定を適用する.

（正当防衛及び緊急避難）

第720条 ① 他人の不法行為に対し,自己又は第三者の権利又は法律上保護される利益を防衛するため,やむを得ず加害行為をした者は,損害賠償の責任を負わない. ただし,被害者から不法行為をした者に対する損害賠償の請求を妨げない.

② 前項の規定は,他人の物から生じた急迫の危難を避けるためその物を損傷した場合について準用する.

（損害賠償請求権に関する胎児の権利能力）

第721条 胎児は,損害賠償の請求権については,既に生まれたものとみなす.

（損害賠償の方法,中間利息の控除及び過失相殺）

第722条 ① 第417条及び第417条の2の規定は,不法行為による損害賠償について準用する.

② 被害者に過失があったときは,裁判所は,これを考慮して,損害賠償の額を定めることができる.

（名誉毀損における原状回復）

第723条 他人の名誉を毀損した者に対しては,裁判所は,被害者の請求により,損害賠償に代えて,又は損害賠償とともに,名誉を回復するのに適当な処分を命ずることができる.

（不法行為による損害賠償請求権の消滅時効）

第724条 不法行為による損害賠償の請求権

は,次に掲げる場合には,時効によって消滅する.

1 被害者又はその法定代理人が損害及び加害者を知った時から3年間行使しないとき.

2 不法行為の時から20年間行使しないとき.

（人の生命又は身体を害する不法行為による損害賠償請求権の消滅時効）

第724条の2 人の生命又は身体を害する不法行為による損害賠償請求権の消滅時効についての前条第1号の規定の適用については,同号中「3年間」とあるのは,「5年間」とする.

◆ 第4編 親 族 ◆

第1章 総 則

（親族の範囲）

第725条 次に掲げる者は,親族とする.

1 六親等内の血族

2 配偶者

3 三親等内の姻族

（親等の計算）

第726条 ① 親等は,親族間の世代数を数えて,これを定める.

② 傍系親族の親等を定めるには,その1人又はその配偶者から同一の祖先にさかのぼり,その祖先から他の1人に下るまでの世代数による.

（縁組による親族関係の発生）

第727条 養子と養親及びその血族との間においては,養子縁組の日から,血族間におけるのと同一の親族関係を生ずる.

（離婚等による姻族関係の終了）

第728条 ① 姻族関係は,離婚によって終了する.

② 夫婦の一方が死亡した場合において,生存配偶者が姻族関係を終了させる意思を表示したときも,前項と同様とする.

（離縁による親族関係の終了）

第729条 養子及びその配偶者並びに養子の直系卑属及びその配偶者と養親及びその血族との親族関係は,離縁によって終了する.

（親族間の扶け合い）

第730条 直系血族及び同居の親族は,互いに扶け合わなければならない.

第2章 婚 姻

第1節 婚姻の成立

第1款 婚姻の要件

（婚姻適齢）

第731条 婚姻は,18歳にならなければ,することができない.

（重婚の禁止）

第732条 配偶者のある者は,重ねて婚姻をす

ることができない.

第733条　削除　　〔令4法102, 令6・4・1施行〕
（近親者間の婚姻の禁止）

第734条　① 直系血族又は三親等内の傍系血族の間では, 婚姻をすることができない. ただし, 養子と養方の傍系血族との間では, この限りでない.

② 第817条の9の規定により親族関係が終了した後も, 前項と同様とする.
（直系姻族間の婚姻の禁止）

第735条　直系姻族の間では, 婚姻をすることができない. 第728条又は第817条の9の規定により姻族関係が終了した後も, 同様とする.
（養親子等の間の婚姻の禁止）

第736条　養子若しくはその配偶者又は養子の直系卑属若しくはその配偶者と養親又はその直系尊属との間では, 第729条の規定により親族関係が終了した後でも, 婚姻をすることができない.

第737条　削除
（成年被後見人の婚姻）

第738条　成年被後見人が婚姻をするには, その成年後見人の同意を要しない.
（婚姻の届出）

第739条　① 婚姻は, 戸籍法（昭和22年法律第224号）の定めるところにより届け出ることによって, その効力を生ずる.

② 前項の届出は, 当事者双方及び成年の証人2人以上が署名した書面で, 又はこれらの者から口頭で, しなければならない.
（婚姻の届出の受理）

第740条　婚姻の届出は, その婚姻が第731条, 第732条, 第734条から第736条まで及び前条第2項の規定その他の法令の規定に違反しないことを認めた後でなければ, 受理することができない.　　〔令4法102, 令6・4・1施行〕
（外国に在る日本人間の婚姻の方式）

第741条　外国に在る日本人間で婚姻をしようとするときは, その国に駐在する日本の大使, 公使又は領事にその届出をすることができる. この場合において, 前2条の規定を準用する.

　　第2款　婚姻の無効及び取消し
（婚姻の無効）

第742条　婚姻は, 次に掲げる場合に限り, 無効とする.

　1　人違いその他の事由によって当事者間に婚姻をする意思がないとき.

　2　当事者が婚姻の届出をしないとき. ただし, その届出が第739条第2項に定める方式を欠くだけであるときは, 婚姻は, そのためにその効力を妨げられない.

（婚姻の取消し）

第743条　婚姻は, 次条, 第745条及び第747条の規定によらなければ, 取り消すことができない.　　〔令4法102, 令6・4・1施行〕
（不適法な婚姻の取消し）

第744条　① 第731条, 第732条及び第734条から第736条までの規定に違反した婚姻は, 各当事者, その親族又は検察官から, その取消しを家庭裁判所に請求することができる. ただし, 検察官は, 当事者の一方が死亡した後は, これを請求することができない.

② 第732条の規定に違反した婚姻については, 前項の配偶者も, その取消しを請求することができる.　　〔令4法102, 令6・4・1施行〕
（不適齢者の婚姻の取消し）

第745条　① 第731条の規定に違反した婚姻は, 不適齢者が適齢に達したときは, その取消しを請求することができない.

② 不適齢者は, 適齢に達した後, なお3箇月間は, その婚姻の取消しを請求することができる. ただし, 適齢に達した後に追認をしたときは, この限りでない.

第746条　削除　　〔令4法102, 令6・4・1施行〕
（詐欺又は強迫による婚姻の取消し）

第747条　① 詐欺又は強迫によって婚姻をした者は, その婚姻の取消しを家庭裁判所に請求することができる.

② 前項の規定による取消権は, 当事者が, 詐欺を発見し, 若しくは強迫を免れた後3箇月を経過し, 又は追認をしたときは, 消滅する.
（婚姻の取消しの効力）

第748条　① 婚姻の取消しは, 将来に向かってのみその効力を生ずる.

② 婚姻の時においてその取消しの原因があることを知らなかった当事者が, 婚姻によって財産を得たときは, 現に利益を受けている限度において, その返還をしなければならない.

③ 婚姻の時においてその取消しの原因があることを知っていた当事者は, 婚姻によって得た利益の全部を返還しなければならない. この場合において, 相手方が善意であったときは, これに対して損害を賠償する責任を負う.
（離婚の規定の準用）

第749条　第728条第1項, 第766条から第769条まで, 第790条第1項ただし書並びに第819条第2項, 第3項, 第5項及び第六項の規定は, 婚姻の取消しについて準用する.

　　第2節　婚姻の効力
（夫婦の氏）

第750条　夫婦は, 婚姻の際に定めるところに従い, 夫又は妻の氏を称する.

（生存配偶者の復氏等）

第751条 ① 夫婦の一方が死亡したときは,生存配偶者は,婚姻前の氏に復することができる.

② 第769条の規定は,前項及び第728条第2項の場合について準用する.

（同居,協力及び扶助の義務）

第752条 夫婦は同居し,互いに協力し扶助しなければならない.

第753条 削除

（夫婦間の契約の取消権）

第754条 夫婦間でした契約は,婚姻中,いつでも,夫婦の一方からこれを取り消すことができる. ただし,第三者の権利を害することはできない.

第3節 夫婦財産制
第1款 総則
（夫婦の財産関係）

第755条 夫婦が,婚姻の届出前に,その財産について別段の契約をしなかったときは,その財産関係は,次款に定めるところによる.

（夫婦財産契約の対抗要件）

第756条 夫婦が法定財産制と異なる契約をしたときは,婚姻の届出までにその登記をしなければ,これを夫婦の承継人及び第三者に対抗することができない.

第757条 削除

（夫婦の財産関係の変更の制限等）

第758条 ① 夫婦の財産関係は,婚姻の届出後は,変更することができない.

② 夫婦の一方が,他の一方の財産を管理する場合において,管理が失当であったことによってその財産を危うくしたときは,他の一方は,自らその管理をすることを家庭裁判所に請求することができる.

③ 共有財産については,前項の請求とともに,その分割を請求することができる.

（財産の管理者の変更及び共有財産の分割の対抗要件）

第759条 前条の規定又は第755条の契約の結果により,財産の管理者を変更し,又は共有財産の分割をしたときは,その登記をしなければ,これを夫婦の承継人及び第三者に対抗することができない.

第2款 法定財産制
（婚姻費用の分担）

第760条 夫婦は,その資産,収入その他一切の事情を考慮して,婚姻から生ずる費用を分担する.

（日常の家事に関する債務の連帯責任）

第761条 夫婦の一方が日常の家事に関して第三者と法律行為をしたときは,他の一方は,これによって生じた債務について,連帯してその責任を負う. ただし,第三者に対し責任を負わない旨を予告した場合は,この限りでない.

第762条 ① 夫婦の一方が婚姻前から有する財産及び婚姻中自己の名で得た財産は,その特有財産（夫婦の一方が単独で有する財産をいう.）とする.

② 夫婦のいずれに属するか明らかでない財産は,その共有に属するものと推定する.

第4節 離婚
第1款 協議上の離婚
（協議上の離婚）

第763条 夫婦は,その協議で,離婚をすることができる.

（婚姻の規定の準用）

第764条 第738条,第739条及び第747条の規定は,協議上の離婚について準用する.

（離婚の届出の受理）

第765条 ① 離婚の届出は,その離婚が前条において準用する第739条第2項の規定及び第819条第1項の規定その他の法令の規定に違反しないことを認めた後でなければ,受理することができない.

② 離婚の届出が前項の規定に違反して受理されたときであっても,離婚は,そのためにその効力を妨げられない.

（離婚後の子の監護に関する事項の定め等）

第766条 ① 父母が協議上の離婚をするときは,子の監護をすべき者,父又は母と子との面会及びその他の交流,子の監護に要する費用の分担その他の子の監護について必要な事項は,その協議で定める. この場合においては,子の利益を最も優先して考慮しなければならない.

② 前項の協議が調わないとき,又は協議をすることができないときは,家庭裁判所が,同項の事項を定める.

③ 家庭裁判所は,必要があると認めるときは,前2項の規定による定めを変更し,その他子の監護について相当な処分を命ずることができる.

④ 前3項の規定によっては,監護の範囲外では,父母の権利義務に変更を生じない.

（離婚による復氏等）

第767条 ① 婚姻によって氏を改めた夫又は妻は,協議上の離婚によって婚姻前の氏に復する.

② 前項の規定により婚姻前の氏に復した夫又は妻は,離婚の日から3箇月以内に戸籍法の定めるところにより届け出ることによって,離婚の際に称していた氏を称することができる.

（財産分与）

第768条 ① 協議上の離婚をした者の一方は,

相手方に対して財産の分与を請求することができる.

② 前項の規定による財産の分与について, 当事者間に協議が調わないとき, 又は協議をすることができないときは, 当事者は, 家庭裁判所に対して協議に代わる処分を請求することができる. ただし, 離婚の時から2年を経過したときは, この限りでない.

③ 前項の場合には, 家庭裁判所は, 当事者双方がその協力によって得た財産の額その他一切の事情を考慮して, 分与をさせるべきかどうか並びに分与の額及び方法を定める.

（離婚による復氏の際の権利の承継）
第769条 ① 婚姻によって氏を改めた夫又は妻が, 第897条第1項の権利を承継した後, 協議上の離婚をしたときは, 当事者その他の関係人の協議で, その権利を承継すべき者を定めなければならない.

② 前項の協議が調わないとき, 又は協議をすることができないときは, 同項の権利を承継すべき者は, 家庭裁判所がこれを定める.

　　第2款　裁判上の離婚
（裁判上の離婚）
第770条 ① 夫婦の一方は, 次に掲げる場合に限り, 離婚の訴えを提起することができる.
　1　配偶者に不貞な行為があったとき.
　2　配偶者から悪意で遺棄されたとき.
　3　配偶者の生死が3年以上明らかでないとき.
　4　配偶者が強度の精神病にかかり, 回復の見込みがないとき.
　5　その他婚姻を継続し難い重大な事由があるとき.

② 裁判所は, 前項第1号から第4号までに掲げる事由がある場合であっても, 一切の事情を考慮して婚姻の継続を相当と認めるときは, 離婚の請求を棄却することができる.

（協議上の離婚の規定の準用）
第771条 第766条から第769条までの規定は, 裁判上の離婚について準用する.

第3章　親　子

第1節　実　子
（嫡出の推定）
第772条 ① 妻が婚姻中に懐胎した子は, 当該婚姻における夫の子と推定する. 女が婚姻前に懐胎した子であって, 婚姻が成立した後に生まれたものも, 同様とする.

② 前項の場合において, 婚姻の成立の日から200日以内に生まれた子は, 婚姻前に懐胎したものと推定し, 婚姻の成立の日から200日を経過した後又は婚姻の解消若しくは取消しの

日から300日以内に生まれた子は, 婚姻中に懐胎したものと推定する.

③ 第1項の場合において, 女が子を懐胎した時から子の出生の時までの間に2以上の婚姻をしていたときは, その子は, その出生の直近の婚姻における夫の子と推定する.

④ 前3項の規定により父が定められた子について, 第774条の規定によりその父の嫡出であることが否認された場合における前項の規定の適用については, 同項中「直近の婚姻」とあるのは, 「直近の婚姻（第774条の規定により子がその嫡出であることが否認された夫との間の婚姻を除く.）」とする.
〔令4法102, 令6・4・1施行〕

（父を定めることを目的とする訴え）
第773条 第732条の規定に違反して婚姻をした女が出産した場合において, 前条の規定によりその子の父を定めることができないときは, 裁判所が, これを定める.
〔令4法102, 令6・4・1施行〕

（嫡出の否認）
第774条 ① 第772条の規定により子の父が定められる場合において, 父又は子は, 子が嫡出であることを否認することができる.

② 前項の規定による子の否認権は, 親権を行う母, 親権を行う養親又は未成年後見人が, 子のために行使することができる.

③ 第1項に規定する場合において, 母は, 子が嫡出であることを否認することができる. ただし, その否認権の行使が子の利益を害することが明らかなときは, この限りでない.

④ 第772条第3項の規定により子の父が定められる場合において, 子の懐胎の時から出生の時までの間に母と婚姻していた者であって, 子の父以外のもの（以下「前夫」という.）は, 子が嫡出であることを否認することができる. ただし, その否認権の行使が子の利益を害することが明らかなときは, この限りでない.

⑤ 前項の規定による否認権を行使し, 第772条第4項の規定により読み替えられた同条第3項の規定により新たに子の父と定められた者は, 第1項の規定にかかわらず, 子が自らの嫡出であることを否認することができない.
〔令4法102, 令6・4・1施行〕

（嫡出否認の訴え）
第775条 ① 次の各号に掲げる否認権は, それぞれ当該各号に定める者に対する嫡出否認の訴えによって行う.
　1　父の否認権　子又は親権を行う母
　2　子の否認権　父
　3　母の否認権　父

4　前夫の否認権　父及び子又は親権を行う母

②　前項第1号又は第4号に掲げる否認権を親権を行う母に対し行使しようとする場合において、親権を行う母がないときは、家庭裁判所は、特別代理人を選任しなければならない。

〔令4法102, 令6・4・1施行〕

（嫡出の承認）

第776条　父又は母は、子の出生後において、その嫡出であることを承認したときは、それぞれその否認権を失う。

〔令4法102, 令6・4・1施行〕

（嫡出否認の訴えの出訴期間）

第777条　次の各号に掲げる否認権の行使に係る嫡出否認の訴えは、それぞれ当該各号に定める時から3年以内に提起しなければならない。

1　父の否認権　父が子の出生を知った時
2　子の否認権　その出生の時
3　母の否認権　その出生の時
4　前夫の否認権　前夫が子の出生を知った時

〔令4法102, 令6・4・1施行〕

第778条　第772条第3項の規定により父が定められた子について第774条の規定により嫡出であることが否認されたときは、次の各号に掲げる否認権の行使に係る嫡出否認の訴えは、前条の規定にかかわらず、それぞれ当該各号に定める時から1年以内に提起しなければならない。

1　第772条第4項の規定により読み替えられた同条第3項の規定により新たに子の父と定められた者の否認権　新たに子の父と定められた者が当該子に係る嫡出否認の裁判が確定したことを知った時
2　子の否認権　子が前号の裁判が確定したことを知った時
3　母の否認権　母が第1号の裁判が確定したことを知った時
4　前夫の否認権　前夫が第1号の裁判が確定したことを知った時

〔令4法102, 令6・4・1施行〕

第778条の2　①　第777条（第2号に係る部分に限る。）又は前条（第2号に係る部分に限る。）の期間の満了前6箇月以内の間に親権を行う母、親権を行う養親及び未成年後見人がないときは、子は、母若しくは養親の親権停止の期間が満了し、親権喪失若しくは親権停止の審判の取消しの審判が確定し、若しくは親権が回復された時、新たに養子縁組が成立した時又は未成年後見人が就職した時から6箇月を経過するまでの間は、嫡出否認の訴えを提起す

ることができる。

②　子は、その父と継続して同居した期間（当該期間が2以上あるときは、そのうち最も長い期間）が3年を下回るときは、第777条（第2号に係る部分に限る。）及び前条（第2号に係る部分に限る。）の規定にかかわらず、21歳に達するまでの間、嫡出否認の訴えを提起することができる。ただし、子の否認権の行使が父による養育の状況に照らして父の利益を著しく害するときは、この限りでない。

③　第774条第2項の規定は、前項の場合には、適用しない。

④　第777条（第4号に係る部分に限る。）及び前条（第4号に係る部分に限る。）に掲げる否認権の行使に係る嫡出否認の訴えは、子が成年に達した後は、提起することができない。

〔令4法102, 令6・4・1施行〕

（子の監護に要した費用の償還の制限）

第778条の3　第774条の規定により嫡出であることが否認された場合であっても、子は、父であった者が支出した子の監護に要した費用を償還する義務を負わない。

〔令4法102, 令6・4・1施行〕

（相続の開始後に新たに子と推定された者の価額の支払請求権）

第778条の4　相続の開始後、第774条の規定により否認権が行使され、第772条第4項の規定により読み替えられた同条第3項の規定により新たに被相続人がその父と定められた者が相続人として遺産の分割を請求しようとする場合において、他の共同相続人が既にその分割その他の処分をしていたときは、当該相続人の遺産分割の請求は、価額のみによる支払の請求により行うものとする。

〔令4法102, 令6・4・1施行〕

（認　知）

第779条　嫡出でない子は、その父又は母がこれを認知することができる。

（認知能力）

第780条　認知をするには、父又は母が未成年者又は成年被後見人であるときであっても、その法定代理人の同意を要しない。

（認知の方式）

第781条　①　認知は、戸籍法の定めるところにより届け出ることによってする。

②　認知は、遺言によっても、することができる。

（成年の子の認知）

第782条　成年の子は、その承諾がなければ、これを認知することができない。

（胎児又は死亡した子の認知）

第783条　①　父は、胎内に在る子でも、認知す

ることができる．この場合においては，母の承諾を得なければならない．

② 前項の子が出生した場合において，第772条の規定によりその子の父が定められるときは，同項の規定による認知は，その効力を生じない．

③ 父又は母は，死亡した子でも，その直系卑属があるときに限り，認知することができる．この場合において，その直系卑属が成年者であるときは，その承諾を得なければならない．
〔令4法102，令6・4・1施行〕

（認知の効力）

第784条 認知は，出生の時にさかのぼってその効力を生ずる．ただし，第三者が既に取得した権利を害することはできない．

（認知の取消しの禁止）

第785条 認知をした父又は母は，その認知を取り消すことができない．

（認知の無効の訴え）

第786条 次の各号に掲げる者は，それぞれ当該各号に定める時（第783条第1項の規定による認知がされた場合にあっては，子の出生の時）から7年以内に限り，認知について反対の事実があることを理由として，認知の無効の訴えを提起することができる．ただし，第3号に掲げる者について，その認知の無効の主張が子の利益を害することが明らかなときは，この限りでない．

1　子又はその法定代理人　子又はその法定代理人が認知を知った時

2　認知をした者　認知の時

3　子の母　子の母が認知を知った時

② 子は，その子を認知した者と認知後に継続して同居した期間（当該期間が2以上あるときは，そのうち最も長い期間）が3年を下回るときは，前項（第1号に係る部分に限る．）の規定にかかわらず，21歳に達するまでの間，認知の無効の訴えを提起することができる．ただし，子による認知の無効の主張が認知をした者による養育の状況に照らして認知をした者の利益を著しく害するときは，この限りでない．

③ 前項の規定は，同項に規定する子の法定代理人が第1項の認知の無効の訴えを提起する場合には，適用しない．

④ 第1項及び第2項の規定により認知が無効とされた場合であっても，子は，認知をした者が支出した子の監護に要した費用を償還する義務を負わない．〔令4法102，令6・4・1施行〕

（認知の訴え）

第787条 子，その直系卑属又はこれらの者の

法定代理人は，認知の訴えを提起することができる．ただし，父又は母の死亡の日から3年を経過したときは，この限りでない．

（認知後の子の監護に関する事項の定め等）

第788条 第766条の規定は，父が認知する場合について準用する．

（準　正）

第789条 ① 父が認知した子は，その父母の婚姻によって嫡出子の身分を取得する．

② 婚姻中父母が認知した子は，その認知の時から，嫡出子の身分を取得する．

③ 前2項の規定は，子が既に死亡していた場合について準用する．

（子の氏）

第790条 ① 嫡出である子は，父母の氏を称する．ただし，子の出生前に父母が離婚したときは，離婚の際における父母の氏を称する．

② 嫡出でない子は，母の氏を称する．

（子の氏の変更）

第791条 ① 子が父又は母と氏を異にする場合には，子は，家庭裁判所の許可を得て，戸籍法の定めるところにより届け出ることによって，その父又は母の氏を称することができる．

② 父又は母が氏を改めたことにより子が父母と氏を異にする場合には，子は，父母の婚姻中に限り，前項の許可を得ないで，戸籍法の定めるところにより届け出ることによって，その父母の氏を称することができる．

③ 子が15歳未満であるときは，その法定代理人が，これに代わって，前2項の行為をすることができる．

④ 前3項の規定により氏を改めた未成年の子は，成年に達した時から1年以内に戸籍法の定めるところにより届け出ることによって，従前の氏に復することができる．

第2節　養　子

第1款　縁組の要件

（養親となる者の年齢）

第792条 20歳に達した者は，養子をすることができる．

（尊属又は年長者を養子とすることの禁止）

第793条 尊属又は年長者は，これを養子とすることができない．

（後見人が被後見人を養子とする縁組）

第794条 後見人が被後見人（未成年被後見人及び成年被後見人をいう．以下同じ．）を養子とするには，家庭裁判所の許可を得なければならない．後見人の任務が終了した後，まだその管理の計算が終わらない間も，同様とする．

（配偶者のある者が未成年者を養子とする縁組）

第795条　配偶者のある者が未成年者を養子とするには、配偶者とともにしなければならない。ただし、配偶者の嫡出である子を養子とする場合又は配偶者がその意思を表示することができない場合は、この限りでない。

（配偶者のある者の縁組）

第796条　配偶者のある者が縁組をするには、その配偶者の同意を得なければならない。ただし、配偶者とともに縁組をする場合又は配偶者がその意思を表示することができない場合は、この限りでない。

（15歳未満の者を養子とする縁組）

第797条　① 養子となる者が15歳未満であるときは、その法定代理人が、これに代わって、縁組の承諾をすることができる。

② 法定代理人が前項の承諾をするには、養子となる者の父母でその監護をすべき者であるものが他にあるときは、その同意を得なければならない。養子となる者の父母で親権を停止されているものがあるときも、同様とする。

（未成年者を養子とする縁組）

第798条　未成年者を養子とするには、家庭裁判所の許可を得なければならない。ただし、自己又は配偶者の直系卑属を養子とする場合は、この限りでない。

（婚姻の規定の準用）

第799条　第738条及び第739条の規定は、縁組について準用する。

（縁組の届出の受理）

第800条　縁組の届出は、その縁組が第792条から前条までの規定その他の法令の規定に違反しないことを認めた後でなければ、受理することができない。

（外国に在る日本人間の縁組の方式）

第801条　外国に在る日本人間で縁組をしようとするときは、その国に駐在する日本の大使、公使又は領事に縁組の届出をすることができる。この場合においては、第799条において準用する第739条の規定及び前条の規定を準用する。

**　第2款　縁組の無効及び取消し**

（縁組の無効）

第802条　縁組は、次に掲げる場合に限り、無効とする。

　1　人違いその他の事由によって当事者間に縁組をする意思がないとき。

　2　当事者が縁組の届出をしないとき。ただし、その届出が第799条において準用する第739条第2項に定める方式を欠くだけであるときは、縁組は、そのためにその効力を妨げられない。

（縁組の取消し）

第803条　縁組は、次条から第808条までの規定によらなければ、取り消すことができない。

（養親が20歳未満の者である場合の縁組の取消し）

第804条　第792条の規定に違反した縁組は、養親又はその法定代理人から、その取消しを家庭裁判所に請求することができる。ただし、養親が、20歳に達した後6箇月を経過し、又は追認をしたときは、この限りでない。

（養子が尊属又は年長者である場合の縁組の取消し）

第805条　第793条の規定に違反した縁組は、各当事者又はその親族から、その取消しを家庭裁判所に請求することができる。

（後見人と被後見人との間の無許可縁組の取消し）

第806条　① 第794条の規定に違反した縁組は、養子又はその実方の親族から、その取消しを家庭裁判所に請求することができる。ただし、管理の計算が終わった後、養子が追認をし、又は6箇月を経過したときは、この限りでない。

② 前項ただし書の追認は、養子が、成年に達し、又は行為能力を回復した後にしなければ、その効力を生じない。

③ 養子が、成年に達せず、又は行為能力を回復しない間に、管理の計算が終わった場合には、第1項ただし書の期間は、養子が、成年に達し、又は行為能力を回復した時から起算する。

（配偶者の同意のない縁組等の取消し）

第806条の2　① 第796条の規定に違反した縁組は、縁組の同意をしていない者から、その取消しを家庭裁判所に請求することができる。ただし、その者が、縁組を知った後6箇月を経過し、又は追認をしたときは、この限りでない。

② 詐欺又は強迫によって第796条の同意をした者は、その縁組の取消しを家庭裁判所に請求することができる。ただし、その者が、詐欺を発見し、若しくは強迫を免れた後6箇月を経過し、又は追認をしたときは、この限りでない。

（子の監護をすべき者の同意のない縁組等の取消し）

第806条の3　① 第797条第2項の規定に違反した縁組は、縁組の同意をしていない者から、その取消しを家庭裁判所に請求することができる。ただし、その者が追認をしたとき、又は養子が15歳に達した後6箇月を経過し、若しくは追認をしたときは、この限りでない。

② 前条第2項の規定は、詐欺又は強迫によって第797条第2項の同意をした者について準用する。

（養子が未成年者である場合の無許可縁組の取消し）

第807条　第798条の規定に違反した縁組は,養子,その実方の親族又は養子に代わって縁組の承諾をした者から,その取消しを家庭裁判所に請求することができる.ただし,養子が,成年に達した後6箇月を経過し,又は追認をしたときは,この限りでない.

（婚姻の取消し等の規定の準用）

第808条　①　第747条及び第748条の規定は,縁組について準用する.この場合において,第747条第2項中「3箇月」とあるのは,「6箇月」と読み替えるものとする.

②　第769条及び第816条の規定は,縁組の取消しについて準用する.

第3款　縁組の効力
（嫡出子の身分の取得）

第809条　養子は,縁組の日から,養親の嫡出子の身分を取得する.

（養子の氏）

第810条　養子は,養親の氏を称する.ただし,婚姻によって氏を改めた者については,婚姻の際に定めた氏を称すべき間は,この限りでない.

第4款　離縁
（協議上の離縁等）

第811条　①　縁組の当事者は,その協議で,離縁をすることができる.

②　養子が15歳未満であるときは,その離縁は,養親と養子の離縁後にその法定代理人となるべき者との協議でこれをする.

③　前項の場合において,養子の父母が離婚しているときは,その協議で,その一方を養子の離縁後にその親権者となるべき者と定めなければならない.

④　前項の協議が調わないとき,又は協議をすることができないときは,家庭裁判所は,同項の父若しくは母又は養親の請求によって,協議に代わる審判をすることができる.

⑤　第2項の法定代理人となるべき者がないときは,家庭裁判所は,養子の親族その他の利害関係人の請求によって,養子の離縁後にその未成年後見人となるべき者を選任する.

⑥　縁組の当事者の一方が死亡した後に生存当事者が離縁をしようとするときは,家庭裁判所の許可を得て,これをすることができる.

（夫婦である養親と未成年者との離縁）

第811条の2　養親が夫婦である場合において未成年者と離縁をするには,夫婦が共にしなければならない.ただし,夫婦の一方がその意思を表示することができないときは,この限りでない.

（婚姻の規定の準用）

第812条　第738条,第739条及び第747条の規定は,協議上の離縁について準用する.この場合において,同条第2項中「3箇月」とあるのは,「6箇月」と読み替えるものとする.

（離縁の届出の受理）

第813条　①　離縁の届出は,その離縁が前条において準用する第739条第2項の規定並びに第811条及び第811条の2の規定その他の法令の規定に違反しないことを認めた後でなければ,受理することができない.

②　離縁の届出が前項の規定に違反して受理されたときであっても,離縁は,そのためにその効力を妨げられない.

（裁判上の離縁）

第814条　①　縁組の当事者の一方は,次に掲げる場合に限り,離縁の訴えを提起することができる.

1　他の一方から悪意で遺棄されたとき.

2　他の一方の生死が3年以上明らかでないとき.

3　その他縁組を継続し難い重大な事由があるとき.

②　第770条第2項の規定は,前項第1号及び第2号に掲げる場合について準用する.

（養子が15歳未満である場合の離縁の訴えの当事者）

第815条　養子が15歳に達しない間は,第811条の規定により養親と離縁の協議をすることができる者から,又はこれに対して,離縁の訴えを提起することができる.

（離縁による復氏等）

第816条　①　養子は,離縁によって縁組前の氏に復する.ただし,配偶者とともに養子をした養親の一方のみと離縁をした場合は,この限りでない.

②　縁組の日から7年を経過した後に前項の規定により縁組前の氏に復した者は,離縁の日から3箇月以内に戸籍法の定めるところにより届け出ることによって,離縁の際に称していた氏を称することができる.

（離縁による復氏の際の権利の承継）

第817条　第769条の規定は,離縁について準用する.

第5款　特別養子
（特別養子縁組の成立）

第817条の2　①　家庭裁判所は,次条から第817条の7までに定める要件があるときは,養親となる者の請求により,実方の血族との親族関係が終了する縁組（以下この款において「特別養子縁組」という.）を成立させることができる.

②　前項に規定する請求をするには,第794条又は第798条の許可を得ることを要しない.

（養親の夫婦共同縁組）
第817条の3 ① 養親となる者は, 配偶者のある者でなければならない.
② 夫婦の一方は, 他の一方が養親とならないときは, 養親となることができない. ただし, 夫婦の一方が他の一方の嫡出である子（特別養子縁組以外の縁組による養子を除く.）の養親となる場合は, この限りでない.
（養親となる者の年齢）
第817条の4 25歳に達しない者は, 養親となることができない. ただし, 養親となる夫婦の一方が25歳に達していない場合においても, その者が20歳に達しているときは, この限りでない.
（養子となる者の年齢）
第817条の5 ① 第817条の2に規定する請求の時に15歳に達している者は, 養子となることができない. 特別養子縁組が成立するまでに18歳に達した者についても, 同様とする.
② 前項前段の規定は, 養子となる者が15歳に達する前から引き続き養親となる者に監護されている場合において, 15歳に達するまでに第817条の2に規定する請求がされなかったことについてやむを得ない事由があるときは, 適用しない.
③ 養子となる者が15歳に達している場合においては, 特別養子縁組の成立には, その者の同意がなければならない.
（父母の同意）
第817条の6 特別養子縁組の成立には, 養子となる者の父母の同意がなければならない. ただし, 父母がその意思を表示することができない場合又は父母による虐待, 悪意の遺棄その他養子となる者の利益を著しく害する事由がある場合は, この限りでない.
（子の利益のための特別の必要性）
第817条の7 特別養子縁組は, 父母による養子となる者の監護が著しく困難又は不適当であることその他特別の事情がある場合において, 子の利益のため特に必要があると認めるときに, これを成立させるものとする.
（監護の状況）
第817条の8 ① 特別養子縁組を成立させるには, 養親となる者が養子となる者を6箇月以上の期間監護した状況を考慮しなければならない.
② 前項の期間は, 第817条の2に規定する請求の時から起算する. ただし, その請求前の監護の状況が明らかであるときは, この限りでない.
（実方との親族関係の終了）
第817条の9 養子と実方の父母及びその血族

との親族関係は, 特別養子縁組によって終了する. ただし, 第817条の3第2項ただし書に規定する他の一方及びその血族との親族関係については, この限りでない.
（特別養子縁組の離縁）
第817条の10 ① 次の各号のいずれにも該当する場合において, 養子の利益のため特に必要があると認めるときは, 家庭裁判所は, 養子, 実父母又は検察官の請求により, 特別養子縁組の当事者を離縁させることができる.
1 養親による虐待, 悪意の遺棄その他養子の利益を著しく害する事由があること.
2 実父母が相当の監護をすることができること.
② 離縁は, 前項の規定による場合のほか, これをすることができない.
（離縁による実方との親族関係の回復）
第817条の11 養子と実父母及びその血族との間においては, 離縁の日から, 特別養子縁組によって終了した親族関係と同一の親族関係を生ずる.

第4章　親権

第1節　総則
（親権者）
第818条 ① 成年に達しない子は, 父母の親権に服する.
② 子が養子であるときは, 養親の親権に服する.
③ 親権は, 父母の婚姻中は, 父母が共同して行う. ただし, 父母の一方が親権を行うことができないときは, 他の一方が行う.
（離婚又は認知の場合の親権者）
第819条 ① 父母が協議上の離婚をするときは, その協議で, その一方を親権者と定めなければならない.
② 裁判上の離婚の場合には, 裁判所は, 父母の一方を親権者と定める.
③ 子の出生前に父母が離婚した場合には, 親権は, 母が行う. ただし, 子の出生後に, 父母の協議で, 父を親権者と定めることができる.
④ 父が認知した子に対する親権は, 父母の協議で父を親権者と定めたときに限り, 父が行う.
⑤ 第1項, 第3項又は前項の協議が調わないとき, 又は協議をすることができないときは, 家庭裁判所は, 父又は母の請求によって, 協議に代わる審判をすることができる.
⑥ 子の利益のため必要があると認めるときは, 家庭裁判所は, 子の親族の請求によって, 親権者を他の一方に変更することができる.
第2節　親権の効力
（監護及び教育の権利義務）
第820条 親権を行う者は, 子の利益のために

子の監護及び教育をする権利を有し, 義務を負う.

（子の人格の尊重等）

第821条 親権を行う者は, 前条の規定による監護及び教育をするに当たっては, 子の人格を尊重するとともに, その年齢及び発達の程度に配慮しなければならず, かつ, 体罰その他の子の心身の健全な発達に有害な影響を及ぼす言動をしてはならない.

（居所の指定）

第822条 子は, 親権を行う者が指定した場所に, その居所を定めなければならない.

（職業の許可）

第823条 ① 子は, 親権を行う者の許可を得なければ, 職業を営むことができない.

② 親権を行う者は, 第6条第2項の場合には, 前項の許可を取り消し, 又はこれを制限することができる.

（財産の管理及び代表）

第824条 親権を行う者は, 子の財産を管理し, かつ, その財産に関する法律行為についてその子を代表する. ただし, その子の行為を目的とする債務を生ずべき場合には, 本人の同意を得なければならない.

（父母の一方が共同の名義でした行為の効力）

第825条 父母が共同して親権を行う場合において, 父母の一方が, 共同の名義で, 子に代わって法律行為をし又は子がこれをすることに同意したときは, その行為は, 他の一方の意思に反したときであっても, そのためにその効力を妨げられない. ただし, 相手方が悪意であったときは, この限りでない.

（利益相反行為）

第826条 ① 親権を行う父又は母とその子との利益が相反する行為については, 親権を行う者は, その子のために特別代理人を選任することを家庭裁判所に請求しなければならない.

② 親権を行う者が数人の子に対して親権を行う場合において, その1人と他の子との利益が相反する行為については, 親権を行う者は, その一方のために特別代理人を選任することを家庭裁判所に請求しなければならない.

（財産の管理における注意義務）

第827条 親権を行う者は, 自己のためにするのと同一の注意をもって, その管理権を行わなければならない.

（財産の管理の計算）

第828条 子が成年に達したときは, 親権を行った者は, 遅滞なくその管理の計算をしなければならない. ただし, その子の養育及び財産の管理の費用は, その子の財産の収益と相殺し

たものとみなす.

第829条 前条ただし書の規定は, 無償で子に財産を与える第三者が反対の意思を表示したときは, その財産については, これを適用しない.

（第三者が無償で子に与えた財産の管理）

第830条 ① 無償で子に財産を与える第三者が, 親権を行う父又は母にこれを管理させない意思を表示したときは, その財産は, 父又は母の管理に属しないものとする.

② 前項の財産につき父母が共に管理権を有しない場合において, 第三者が管理者を指定しなかったときは, 家庭裁判所は, 子, その親族又は検察官の請求によって, その管理者を選任する.

③ 第三者が管理者を指定したときであっても, その管理者の権限が消滅し, 又はこれを改任する必要がある場合において, 第三者が更に管理者を指定しないときも, 前項と同様とする.

④ 第27条から第29条までの規定は, 前2項の場合について準用する.

（委任の規定の準用）

第831条 第654条及び第655条の規定は, 親権を行う者が子の財産を管理する場合及び前条の場合について準用する.

（財産の管理について生じた親子間の債権の消滅時効）

第832条 ① 親権を行った者とその子との間に財産の管理について生じた債権は, その管理権が消滅した時から5年間これを行使しないときは, 時効によって消滅する.

② 子がまだ成年に達しない間に管理権が消滅した場合において子に法定代理人がないときは, 前項の期間は, その子が成年に達し, 又は後任の法定代理人が就職した時から起算する.

（子に代わる親権の行使）

第833条 親権を行う者は, その親権に服する子に代わって親権を行う.

第3節 親権の喪失

（親権喪失の審判）

第834条 父又は母による虐待又は悪意の遺棄があるときその他父又は母による親権の行使が著しく困難又は不適当であることにより子の利益を著しく害するときは, 家庭裁判所は, 子, その親族, 未成年後見人, 未成年後見監督人又は検察官の請求により, その父又は母について, 親権喪失の審判をすることができる. ただし, 2年以内にその原因が消滅する見込みがあるときは, この限りでない.

（親権停止の審判）

第834条の2 ① 父又は母による親権の行使が困難又は不適当であることにより子の利益を

害するときは, 家庭裁判所は, 子, その親族, 未成年後見人, 未成年後見監督人又は検察官の請求により, その父又は母について, 親権停止の審判をすることができる.

② 家庭裁判所は, 親権停止の審判をするときは, その原因が消滅するまでに要すると見込まれる期間, 子の心身の状態及び生活の状況その他一切の事情を考慮して, 2年を超えない範囲内で, 親権を停止する期間を定める.

(管理権喪失の審判)

第835条　父又は母による管理権の行使が困難又は不適当であることにより子の利益を害するときは, 家庭裁判所は, 子, その親族, 未成年後見人, 未成年後見監督人又は検察官の請求により, その父又は母について, 管理権喪失の審判をすることができる.

(親権喪失, 親権停止又は管理権喪失の審判の取消し)

第836条　第834条本文, 第834条の2第1項又は前条に規定する原因が消滅したときは, 家庭裁判所は, 本人又はその親族の請求によって, それぞれ親権喪失, 親権停止又は管理権喪失の審判を取り消すことができる.

(親権又は管理権の辞任及び回復)

第837条　① 親権を行う父又は母は, やむを得ない事由があるときは, 家庭裁判所の許可を得て, 親権又は管理権を辞することができる.

② 前項の事由が消滅したときは, 父又は母は, 家庭裁判所の許可を得て, 親権又は管理権を回復することができる.

第5章　後見

第1節　後見の開始

第838条　後見は, 次に掲げる場合に開始する.

1　未成年者に対して親権を行う者がないとき, 又は親権を行う者が管理権を有しないとき.

2　後見開始の審判があったとき.

第2節　後見の機関

第1款　後見人

(未成年後見人の指定)

第839条　① 未成年者に対して最後に親権を行う者は, 遺言で, 未成年後見人を指定することができる. ただし, 管理権を有しない者は, この限りでない.

② 親権を行う父母の一方が管理権を有しないときは, 他の一方は, 前項の規定により未成年後見人の指定をすることができる.

(未成年後見人の選任)

第840条　① 前条の規定により未成年後見人となるべき者がないときは, 家庭裁判所は, 未成年被後見人又はその親族その他の利害関係

人の請求によって, 未成年後見人を選任する. 未成年後見人が欠けたときも, 同様とする.

② 未成年後見人がある場合においても, 家庭裁判所は, 必要があると認めるときは, 前項に規定する者若しくは未成年後見人の請求により又は職権で, 更に未成年後見人を選任することができる.

③ 未成年後見人を選任するには, 未成年被後見人の年齢, 心身の状態並びに生活及び財産の状況, 未成年後見人となる者の職業及び経歴並びに未成年被後見人との利害関係の有無 (未成年後見人となる者が法人であるときは, その事業の種類及び内容並びにその法人及びその代表者と未成年被後見人との利害関係の有無), 未成年被後見人の意見その他一切の事情を考慮しなければならない.

(父母による未成年後見人の選任の請求)

第841条　父若しくは母が親権若しくは管理権を辞し, 又は父若しくは母について親権喪失, 親権停止若しくは管理権喪失の審判があったことによって未成年後見人を選任する必要が生じたときは, その父又は母は, 遅滞なく未成年後見人の選任を家庭裁判所に請求しなければならない.

第842条　削除

(成年後見人の選任)

第843条　① 家庭裁判所は, 後見開始の審判をするときは, 職権で, 成年後見人を選任する.

② 成年後見人が欠けたときは, 家庭裁判所は, 成年被後見人若しくはその親族その他の利害関係人の請求により又は職権で, 成年後見人を選任する.

③ 成年後見人が選任されている場合においても, 家庭裁判所は, 必要があると認めるときは, 前項に規定する者若しくは成年後見人の請求により, 又は職権で, 更に成年後見人を選任することができる.

④ 成年後見人を選任するには, 成年被後見人の心身の状態並びに生活及び財産の状況, 成年後見人となる者の職業及び経歴並びに成年被後見人との利害関係の有無 (成年後見人となる者が法人であるときは, その事業の種類及び内容並びにその法人及びその代表者と成年被後見人との利害関係の有無), 成年被後見人の意見その他一切の事情を考慮しなければならない.

(後見人の辞任)

第844条　後見人は, 正当な事由があるときは, 家庭裁判所の許可を得て, その任務を辞することができる.

(辞任した後見人による新たな後見人の選任の請求)

第845条　後見人がその任務を辞したことによって新たに後見人を選任する必要が生じたときは,その後見人は,遅滞なく新たな後見人の選任を家庭裁判所に請求しなければならない.
　（後見人の解任）
第846条　後見人に不正な行為,著しい不行跡その他後見の任務に適しない事由があるときは,家庭裁判所は,後見監督人,被後見人若しくはその親族若しくは検察官の請求により又は職権で,これを解任することができる.
　（後見人の欠格事由）
第847条　次に掲げる者は,後見人となることができない.
　1　未成年者
　2　家庭裁判所で免ぜられた法定代理人,保佐人又は補助人
　3　破産者
　4　被後見人に対して訴訟をし,又はした者並びにその配偶者及び直系血族
　5　行方の知れない者
　　　第2款　後見監督人
　（未成年後見監督人の指定）
第848条　未成年後見人を指定することができる者は,遺言で,未成年後見監督人を指定することができる.
　（後見監督人の選任）
第849条　家庭裁判所は,必要があると認めるときは,被後見人,その親族若しくは後見人の請求により又は職権で,後見監督人を選任することができる.
　（後見監督人の欠格事由）
第850条　後見人の配偶者,直系血族及び兄弟姉妹は,後見監督人となることができない.
　（後見監督人の職務）
第851条　後見監督人の職務は,次のとおりとする.
　1　後見人の事務を監督すること.
　2　後見人が欠けた場合に,遅滞なくその選任を家庭裁判所に請求すること.
　3　急迫の事情がある場合に,必要な処分をすること.
　4　後見人又はその代表する者と被後見人との利益が相反する行為について被後見人を代表すること.
　（委任及び後見人の規定の準用）
第852条　第644条,第654条,第655条,第844条,第846条,第847条,第861条第2項及び第862条の規定は後見監督人について,第840条第3項及び第857条の2の規定は未成年後見監督人について,第843条第4項,第859条の2及び第859条の3の規定は成年後

見監督人について準用する.
　　　第3節　後見の事務
　（財産の調査及び目録の作成）
第853条　① 後見人は,遅滞なく被後見人の財産の調査に着手し,1箇月以内に,その調査を終わり,かつ,その目録を作成しなければならない. ただし,この期間は,家庭裁判所において伸長することができる.
　② 財産の調査及びその目録の作成は,後見監督人があるときは,その立会いをもってしなければ,その効力を生じない.
　（財産の目録の作成前の権限）
第854条　後見人は,財産の目録の作成を終わるまでは,急迫の必要がある行為のみをする権限を有する. ただし,これをもって善意の第三者に対抗することができない.
　（後見人の被後見人に対する債権又は債務の申出義務）
第855条　① 後見人が,被後見人に対し,債権を有し,又は債務を負う場合において,後見監督人があるときは,財産の調査に着手する前に,これを後見監督人に申し出なければならない.
　② 後見人が,被後見人に対し債権を有することを知ってこれを申し出ないときは,その債権を失う.
　（被後見人が包括財産を取得した場合についての準用）
第856条　前3条の規定は,後見人が就職した後被後見人が包括財産を取得した場合について準用する.
　（未成年被後見人の身上の監護に関する権利義務）
第857条　未成年後見人は,第820条から第823条までに規定する事項について,親権を行う者と同一の権利義務を有する. ただし,親権を行う者が定めた教育の方法及び居所を変更し,営業を許可し,その許可を取り消し,又はこれを制限するには,未成年後見監督人があるときは,その同意を得なければならない.
　（未成年後見人が数人ある場合の権限の行使等）
第857条の2　① 未成年後見人が数人あるときは,共同してその権限を行使する.
　② 未成年後見人が数人あるときは,家庭裁判所は,職権で,その一部の者について,財産に関する権限のみを行使すべきことを定めることができる.
　③ 未成年後見人が数人あるときは,家庭裁判所は,職権で,財産に関する権限について,各未成年後見人が単独で又は数人の未成年後見人が事務を分掌して,その権限を行使すべきことを定めることができる.

④ 家庭裁判所は, 職権で, 前二項の規定による定めを取り消すことができる.

⑤ 未成年後見人が数人あるときは, 第三者の意思表示は, その一人に対してすれば足りる.

（成年被後見人の意思の尊重及び身上の配慮）

第858条 成年後見人は, 成年被後見人の生活, 療養看護及び財産の管理に関する事務を行うに当たっては, 成年被後見人の意思を尊重し, かつ, その心身の状態及び生活の状況に配慮しなければならない.

（財産の管理及び代表）

第859条 ① 後見人は, 被後見人の財産を管理し, かつ, その財産に関する法律行為について被後見人を代表する.

② 第824条ただし書の規定は, 前項の場合について準用する.

（成年後見人が数人ある場合の権限の行使等）

第859条の2 ① 成年後見人が数人あるときは, 家庭裁判所は, 職権で, 数人の成年後見人が, 共同して又は事務を分掌して, その権限を行使すべきことを定めることができる.

② 家庭裁判所は, 職権で, 前項の規定による定めを取り消すことができる.

③ 成年後見人が数人あるときは, 第三者の意思表示は, その1人に対してすれば足りる.

（成年被後見人の居住用不動産の処分についての許可）

第859条の3 成年後見人は, 成年被後見人に代わって, その居住の用に供する建物又はその敷地について, 売却, 賃貸, 賃貸借の解除又は抵当権の設定その他これらに準ずる処分をするには, 家庭裁判所の許可を得なければならない.

（利益相反行為）

第860条 第826条の規定は, 後見人について準用する. ただし, 後見監督人がある場合は, この限りでない.

（成年後見人による郵便物等の管理）

第860条の2 ① 家庭裁判所は, 成年後見人がその事務を行うに当たって必要があると認めるときは, 成年後見人の請求により, 信書の送達の事業を行う者に対し, 期間を定めて, 成年被後見人に宛てた郵便物又は民間事業者による信書の送達に関する法律（平成14年法律第99号）第2条第3項に規定する信書便物（次条において「郵便物等」という.）を成年後見人に配達すべき旨を嘱託することができる.

② 前項に規定する嘱託の期間は, 6箇月を超えることができない.

③ 家庭裁判所は, 第1項の規定による審判があった後事情に変更を生じたときは, 成年被後見人, 成年後見人若しくは成年後見監督人の請求により又は職権で, 同項に規定する嘱託を取り消し, 又は変更することができる. ただし, その変更の審判においては, 同項の規定による審判において定められた期間を伸長することができない.

④ 成年後見人の任務が終了したときは, 家庭裁判所は, 第1項に規定する嘱託を取り消さなければならない.

第860条の3 ① 成年後見人は, 成年被後見人に宛てた郵便物等を受け取ったときは, これを開いて見ることができる.

② 成年後見人は, その受け取った前項の郵便物等で成年後見人の事務に関しないものは, 速やかに成年被後見人に交付しなければならない.

③ 成年被後見人は, 成年後見人に対し, 成年後見人が受け取った第1項の郵便物等（前項の規定により成年被後見人に交付されたものを除く.）の閲覧を求めることができる.

（支出金額の予定及び後見の事務の費用）

第861条 ① 後見人は, その就職の初めにおいて, 被後見人の生活, 教育又は療養看護及び財産の管理のために毎年支出すべき金額を予定しなければならない.

② 後見人が後見の事務を行うために必要な費用は, 被後見人の財産の中から支弁する.

（後見人の報酬）

第862条 家庭裁判所は, 後見人及び被後見人の資力その他の事情によって, 被後見人の財産の中から, 相当な報酬を後見人に与えることができる.

（後見の事務の監督）

第863条 ① 後見監督人又は家庭裁判所は, いつでも, 後見人に対し後見の事務の報告若しくは財産の目録の提出を求め, 又は後見の事務若しくは被後見人の財産の状況を調査することができる.

② 家庭裁判所は, 後見監督人, 被後見人若しくはその親族その他の利害関係人の請求により又は職権で, 被後見人の財産の管理その他後見の事務について必要な処分を命ずることができる.

（後見監督人の同意を要する行為）

第864条 後見人が, 被後見人に代わって営業若しくは第13条第1項各号に掲げる行為をし, 又は未成年被後見人がこれをすることに同意するには, 後見監督人があるときは, その同意を得なければならない. ただし, 同項第1号に掲げる元本の領収については, この限りでない.

第865条 ① 後見人が, 前条の規定に違反して

し又は同意を与えた行為は，被後見人又は後見人が取り消すことができる．この場合においては，第20条の規定を準用する．

② 前項の規定は，第121条から第126条までの規定の適用を妨げない．

（被後見人の財産等の譲受けの取消し）

第866条 ① 後見人が被後見人の財産又は被後見人に対する第三者の権利を譲り受けたときは，被後見人は，これを取り消すことができる．この場合においては，第20条の規定を準用する．

② 前項の規定は，第121条から第126条までの規定の適用を妨げない．

（未成年後見人に代わる親権の行使）

第867条 ① 未成年後見人は，未成年被後見人に代わって親権を行う．

② 第853条から第857条まで及び第861条から前条までの規定は，前項の場合について準用する．

（財産に関する権限のみを有する未成年後見人）

第868条 親権を行う者が管理権を有しない場合には，未成年後見人は，財産に関する権限のみを有する．

（委任及び親権の規定の準用）

第869条 第644条及び第830条の規定は，後見について準用する．

　第4節 後見の終了

（後見の計算）

第870条 後見人の任務が終了したときは，後見人又はその相続人は，2箇月以内にその管理の計算（以下「後見の計算」という．）をしなければならない．ただし，この期間は，家庭裁判所において伸長することができる．

第871条 後見の計算は，後見監督人があるときは，その立会いをもってしなければならない．

（未成年被後見人と未成年後見人等との間の契約等の取消し）

第872条 ① 未成年被後見人が成年に達した後後見の計算の終了前に，その者と未成年後見人又はその相続人との間でした契約は，その者が取り消すことができる．その者が未成年後見人又はその相続人に対してした単独行為も，同様とする．

② 第20条及び第121条から第126条までの規定は，前項の場合について準用する．

（返還金に対する利息の支払等）

第873条 ① 後見人が被後見人に返還すべき金額及び被後見人が後見人に返還すべき金額には，後見の計算が終了した時から，利息を付さなければならない．

② 後見人は，自己のために被後見人の金銭を消

費したときは，その消費の時から，これに利息を付さなければならない．この場合において，なお損害があるときは，その賠償の責任を負う．

（成年被後見人の死亡後の成年後見人の権限）

第873条の2 成年後見人は，成年被後見人が死亡した場合において，必要があるときは，成年被後見人の相続人の意思に反することが明らかなときを除き，相続人が相続財産を管理することができるに至るまで，次に掲げる行為をすることができる．ただし，第3号に掲げる行為をするには，家庭裁判所の許可を得なければならない．

1 相続財産に属する特定の財産の保存に必要な行為

2 相続財産に属する債務（弁済期が到来しているものに限る．）の弁済

3 その死体の火葬又は埋葬に関する契約の締結その他相続財産の保存に必要な行為（前2号に掲げる行為を除く．）

（委任の規定の準用）

第874条 第654条及び第655条の規定は，後見について準用する．

（後見に関して生じた債権の消滅時効）

第875条 ① 第832条の規定は，後見人又は後見監督人と被後見人との間において後見に関して生じた債権の消滅時効について準用する．

② 前項の消滅時効は，第872条の規定により法律行為を取り消した場合には，その取消しの時から起算する．

第6章　保佐及び補助

第1節　保　佐

（保佐の開始）

第876条 保佐は，保佐開始の審判によって開始する．

（保佐人及び臨時保佐人の選任等）

第876条の2 ① 家庭裁判所は，保佐開始の審判をするときは，職権で，保佐人を選任する．

② 第843条第2項から第4項まで及び第844条から第847条までの規定は，保佐人について準用する．

③ 保佐人又はその代表する者と被保佐人との利益が相反する行為については，保佐人は，臨時保佐人の選任を家庭裁判所に請求しなければならない．ただし，保佐監督人がある場合は，この限りでない．

（保佐監督人）

第876条の3 ① 家庭裁判所は，必要があると認めるときは，被保佐人，その親族若しくは保佐人の請求により又は職権で，保佐監督人を選任することができる．

② 第644条, 第654条, 第655条, 第843条第4項, 第844条, 第846条, 第847条, 第850条, 第851条, 第859条の2, 第859条の3, 第861条第2項及び第862条の規定は保佐人について準用する. この場合において, 第851条第4号中「被後見人を代表する」とあるのは, 「被保佐人を代表し, 又は被保佐人がこれをすることに同意する」と読み替えるものとする.

（保佐人に代理権を付与する旨の審判）

第876条の4 ① 家庭裁判所は, 第11条本文に規定する者又は保佐人若しくは保佐監督人の請求によって, 被保佐人のために特定の法律行為について保佐人に代理権を付与する旨の審判をすることができる.

② 本人以外の者の請求によって前項の審判をするには, 本人の同意がなければならない.

③ 家庭裁判所は, 第1項に規定する者の請求によって, 同項の審判の全部又は一部を取り消すことができる.

（保佐の事務及び保佐人の任務の終了等）

第876条の5 ① 保佐人は, 保佐の事務を行うに当たっては, 被保佐人の意思を尊重し, かつ, その心身の状態及び生活の状況に配慮しなければならない.

② 第644条, 第859条の2, 第859条の3, 第861条第2項, 第862条及び第863条の規定は保佐の事務について, 第824条ただし書の規定は保佐人が前条第1項の代理権を付与する旨の審判に基づき被保佐人を代表する場合について準用する.

③ 第654条, 第655条, 第870条, 第871条及び第873条の規定は保佐人の任務が終了した場合について, 第832条の規定は保佐人又は保佐監督人と被保佐人との間において保佐に関して生じた債権について準用する.

第2節　補　助

（補助の開始）

第876条の6 補助は, 補助開始の審判によって開始する.

（補助人及び臨時補助人の選任等）

第876条の7 ① 家庭裁判所は, 補助開始の審判をするときは, 職権で, 補助人を選任する.

② 第843条第2項から第4項まで及び第844条から第847条までの規定は, 補助人について準用する.

③ 補助人又はその代表する者と被補助人との利益が相反する行為については, 補助人は, 臨時補助人の選任を家庭裁判所に請求しなければならない. ただし, 補助監督人がある場合は, この限りでない.

（補助監督人）

第876条の8 ① 家庭裁判所は, 必要があると認めるときは, 被補助人, その親族若しくは補助人の請求により又は職権で, 補助監督人を選任することができる.

② 第644条, 第654条, 第655条, 第843条第4項, 第844条, 第846条, 第847条, 第850条, 第851条, 第859条の2, 第859条の3, 第861条第2項及び第862条の規定は, 補助監督人について準用する. この場合において, 第851条第4号中「被後見人を代表する」とあるのは, 「被補助人を代表し, 又は被補助人がこれをすることに同意する」と読み替えるものとする.

（補助人に代理権を付与する旨の審判）

第876条の9 ① 家庭裁判所は, 第15条第1項本文に規定する者又は補助人若しくは補助監督人の請求によって, 被補助人のために特定の法律行為について補助人に代理権を付与する旨の審判をすることができる.

② 第876条の4第2項及び第3項の規定は, 前項の審判について準用する.

（補助の事務及び補助人の任務の終了等）

第876条の10 ① 第644条, 第859条の2, 第859条の3, 第861条第2項, 第862条, 第863条及び第876条の5第1項の規定は補助の事務について, 第824条ただし書の規定は補助人が前条第1項の代理権を付与する旨の審判に基づき被補助人を代表する場合について準用する.

② 第654条, 第655条, 第870条, 第871条及び第873条の規定は補助人の任務が終了した場合について, 第832条の規定は補助人又は補助監督人と被補助人との間において補助に関して生じた債権について準用する.

第7章　扶　養

（扶養義務者）

第877条 ① 直系血族及び兄弟姉妹は, 互いに扶養をする義務がある.

② 家庭裁判所は, 特別の事情があるときは, 前項に規定する場合のほか, 三親等内の親族間においても扶養の義務を負わせることができる.

③ 前項の規定による審判があった後事情に変更を生じたときは, 家庭裁判所は, その審判を取り消すことができる.

（扶養の順位）

第878条 扶養をする義務のある者が数人ある場合において, 扶養をすべき者の順序について, 当事者間に協議が調わないとき, 又は協議をすることができないときは, 家庭裁判所が, これを定める. 扶養を受ける権利のある者が数人ある場合において, 扶養義務者の資力がそ

の全員を扶養するのに足りないときの扶養を受けるべき者の順序についても,同様とする.

（扶養の程度又は方法）

第879条 扶養の程度又は方法について,当事者間に協議が調わないとき,又は協議をすることができないときは,扶養権利者の需要,扶養義務者の資力その他一切の事情を考慮して,家庭裁判所が,これを定める.

（扶養に関する協議又は審判の変更又は取消し）

第880条 扶養をすべき者若しくは扶養を受けるべき者の順序又は扶養の程度若しくは方法について協議又は審判があった後事情に変更を生じたときは,家庭裁判所は,その協議又は審判の変更又は取消しをすることができる.

（扶養請求権の処分の禁止）

第881条 扶養を受ける権利は,処分することができない.

◆ 第5編 相 続 ◆

第1章 総 則

（相続開始の原因）

第882条 相続は,死亡によって開始する.

（相続開始の場所）

第883条 相続は,被相続人の住所において開始する.

（相続回復請求権）

第884条 相続回復の請求権は,相続人又はその法定代理人が相続権を侵害された事実を知った時から5年間行使しないときは,時効によって消滅する.相続開始の時から20年を経過したときも,同様とする.

（相続財産に関する費用）

第885条 相続財産に関する費用は,その財産の中から支弁する.ただし,相続人の過失によるものは,この限りでない.

第2章 相続人

（相続に関する胎児の権利能力）

第886条 ① 胎児は,相続については,既に生まれたものとみなす.

② 前項の規定は,胎児が死体で生まれたときは,適用しない.

（子及びその代襲者等の相続権）

第887条 ① 被相続人の子は,相続人となる.

② 被相続人の子が,相続の開始以前に死亡したとき,又は第891条の規定に該当し,若しくは廃除によって,その相続権を失ったときは,その者の子がこれを代襲して相続人となる.ただし,被相続人の直系卑属でない者は,この

限りでない.

③ 前項の規定は,代襲者が,相続の開始以前に死亡し,又は第891条の規定に該当し,若しくは廃除によって,その代襲相続権を失った場合について準用する.

第888条 削除

（直系尊属及び兄弟姉妹の相続権）

第889条 ① 次に掲げる者は,第887条の規定により相続人となるべき者がない場合には,次に掲げる順序の順位に従って相続人となる.

1 被相続人の直系尊属.ただし,親等の異なる者の間では,その近い者を先にする.

2 被相続人の兄弟姉妹

② 第887条第2項の規定は,前項第2号の場合について準用する.

（配偶者の相続権）

第890条 被相続人の配偶者は,常に相続人となる.この場合において,第887条又は前条の規定により相続人となるべき者があるときは,その者と同順位とする.

（相続人の欠格事由）

第891条 次に掲げる者は,相続人となることができない.

1 故意に被相続人又は相続について先順位若しくは同順位にある者を死亡するに至らせ,又は至らせようとしたために,刑に処せられた者

2 被相続人の殺害されたことを知って,これを告発せず,又は告訴しなかった者.ただし,その者に是非の弁別がないとき,又は殺害者が自己の配偶者若しくは直系血族であったときは,この限りでない.

3 詐欺又は強迫によって,被相続人が相続に関する遺言をし,撤回し,取り消し,又は変更することを妨げた者

4 詐欺又は強迫によって,被相続人に相続に関する遺言をさせ,撤回させ,取り消させ,又は変更させた者

5 相続に関する被相続人の遺言書を偽造し,変造し,破棄し,又は隠匿した者

（推定相続人の廃除）

第892条 遺留分を有する推定相続人（相続が開始した場合に相続人となるべき者をいう.以下同じ.）が,被相続人に対して虐待をし,若しくはこれに重大な侮辱を加えたとき,又は推定相続人にその他の著しい非行があったときは,被相続人は,その推定相続人の廃除を家庭裁判所に請求することができる.

（遺言による推定相続人の廃除）

第893条 被相続人が遺言で推定相続人を廃除する意思を表示したときは,遺言執行者は,その遺言が効力を生じた後,遅滞なく,その推

定相続人の廃除を家庭裁判所に請求しなければならない. この場合において, その推定相続人の廃除は, 被相続人の死亡の時にさかのぼってその効力を生ずる.

（推定相続人の廃除の取消し）

第894条 ① 被相続人は, いつでも, 推定相続人の廃除の取消しを家庭裁判所に請求することができる.

② 前条の規定は, 推定相続人の廃除の取消しについて準用する.

（推定相続人の廃除に関する審判確定前の遺産の管理）

第895条 ① 推定相続人の廃除又はその取消しの請求があった後その審判が確定する前に相続が開始したときは, 家庭裁判所は, 親族, 利害関係人又は検察官の請求によって, 遺産の管理について必要な処分を命ずることができる. 推定相続人の廃除の遺言があったときも, 同様とする.

② 第27条から第29条までの規定は, 前項の規定により家庭裁判所が遺産の管理人を選任した場合について準用する.

第3章　相続の効力

第1節　総　則

（相続の一般的効力）

第896条 相続人は, 相続開始の時から, 被相続人の財産に属した一切の権利義務を承継する. ただし, 被相続人の一身に専属したものは, この限りでない.

（祭祀に関する権利の承継）

第897条 ① 系譜, 祭具及び墳墓の所有権は, 前条の規定にかかわらず, 慣習に従って祖先の祭祀を主宰すべき者が承継する. ただし, 被相続人の指定に従って祖先の祭祀を主宰すべき者があるときは, その者が承継する.

② 前項本文の場合において慣習が明らかでないときは, 同項の権利を承継すべき者は, 家庭裁判所が定める.

（相続財産の保存）

第897条の2 ① 家庭裁判所は, 利害関係人又は検察官の請求によって, いつでも, 相続財産の管理人の選任その他の相続財産の保存に必要な処分を命ずることができる. ただし, 相続人が1人である場合においてその相続人が相続の単純承認をしたとき, 相続人が数人ある場合において遺産の全部の分割がされたとき, 又は第952条第1項の規定により相続財産の清算人が選任されているときは, この限りでない.

② 第27条から第29条までの規定は, 前項の規定により家庭裁判所が相続財産の管理人を選任した場合について準用する.

（共同相続の効力）

第898条 ① 相続人が数人あるときは, 相続財産は, その共有に属する.

② 相続財産について共有に関する規定を適用するときは, 第900条から第902条までの規定により算定した相続分をもって各相続人の共有持分とする.

第899条 各共同相続人は, その相続分に応じて被相続人の権利義務を承継する.

（共同相続における権利の承継の対抗要件）

第899条の2 ① 相続による権利の承継は, 遺産の分割によるものかどうかにかかわらず, 次条及び第901条の規定により算定した相続分を超える部分については, 登記, 登録その他の対抗要件を備えなければ, 第三者に対抗することができない.

② 前項の権利が債権である場合において, 次条及び第901条の規定により算定した相続分を超えて当該債権を承継した共同相続人が当該債権に係る遺言の内容（遺産の分割により当該債権を承継した場合にあっては, 当該債権に係る遺産の分割の内容）を明らかにして債務者にその承継の通知をしたときは, 共同相続人の全員が債務者に通知をしたものとみなして, 同項の規定を適用する.

第2節　相続分

（法定相続分）

第900条 同順位の相続人が数人あるときは, その相続分は, 次の各号の定めるところによる.

1　子及び配偶者が相続人であるときは, 子の相続分及び配偶者の相続分は, 各2分の1とする.

2　配偶者及び直系尊属が相続人であるときは, 配偶者の相続分は, 3分の2とし, 直系尊属の相続分は, 3分の1とする.

3　配偶者及び兄弟姉妹が相続人であるときは, 配偶者の相続分は, 4分の3とし, 兄弟姉妹の相続分は, 4分の1とする.

4　子, 直系尊属又は兄弟姉妹が数人あるときは, 各自の相続分は, 相等しいものとする. ただし, 父母の一方のみを同じくする兄弟姉妹の相続分は, 父母の双方を同じくする兄弟姉妹の相続分の2分の1とする.

（代襲相続人の相続分）

第901条 ① 第887条第2項又は第3項の規定により相続人となる直系卑属の相続分は, その直系卑属が受けるべきであったものと同じとする. ただし, 直系卑属が数人あるときは, その各自の直系卑属が受けるべきであった部分について, 前条の規定に従ってその相続分を定める.

② 前項の規定は，第889条第2項の規定により兄弟姉妹の子が相続人となる場合について準用する．

（遺言による相続分の指定）

第902条 ① 被相続人は，前2条の規定にかかわらず，遺言で，共同相続人の相続分を定め，又はこれを定めることを第三者に委託することができる．

② 被相続人が，共同相続人中の1人若しくは数人の相続分のみを定め，又はこれを第三者に定めさせたときは，他の共同相続人の相続分は，前2条の規定により定める．

（相続分の指定がある場合の債権者の権利の行使）

第902条の2 被相続人が相続開始の時において有した債務の債権者は，前条の規定による相続分の指定がされた場合であっても，各共同相続人に対し，第900条及び第901条の規定により算定した相続分に応じてその権利を行使することができる．ただし，その債権者が共同相続人の1人に対してその指定された相続分に応じた債務の承継を承認したときは，この限りでない．

（特別受益者の相続分）

第903条 ① 共同相続人中に，被相続人から，遺贈を受け，又は婚姻若しくは養子縁組のため若しくは生計の資本として贈与を受けた者があるときは，被相続人が相続開始の時において有した財産の価額にその贈与の価額を加えたものを相続財産とみなし，第900条から第902条までの規定により算定した相続分の中からその遺贈又は贈与の価額を控除した残額をもってその者の相続分とする．

② 遺贈又は贈与の価額が，相続分の価額に等しく，又はこれを超えるときは，受遺者又は受贈者は，その相続分を受けることができない．

③ 被相続人が前2項の規定と異なった意思を表示したときは，その意思に従う．

④ 婚姻期間が20年以上の夫婦の一方である被相続人が，他の一方に対し，その居住の用に供する建物又はその敷地について遺贈又は贈与をしたときは，当該被相続人は，その遺贈又は贈与について第1項の規定を適用しない旨の意思を表示したものと推定する．

第904条 前条に規定する贈与の価額は，受贈者の行為によって，その目的である財産が滅失し，又はその価格の増減があったときであっても，相続開始の時においてなお原状のままであるものとみなしてこれを定める．

（寄与分）

第904条の2 ① 共同相続人中に，被相続人の

事業に関する労務の提供又は財産上の給付，被相続人の療養看護その他の方法により被相続人の財産の維持又は増加について特別の寄与をした者があるときは，被相続人が相続開始の時において有した財産の価額から共同相続人の協議で定めたその者の寄与分を控除したものを相続財産とみなし，第900条から第902条までの規定により算定した相続分に寄与分を加えた額をもってその者の相続分とする．

② 前項の協議が調わないとき，又は協議をすることができないときは，家庭裁判所は，同項に規定する寄与をした者の請求により，寄与の時期，方法及び程度，相続財産の額その他一切の事情を考慮して，寄与分を定める．

③ 寄与分は，被相続人が相続開始の時において有した財産の価額から遺贈の価額を控除した残額を超えることができない．

④ 第2項の請求は，第907条第2項の規定による請求があった場合又は第910条に規定する請求があった場合にすることができる．

（期間経過後の遺産の分割における相続分）

第904条の3 前3条の規定は，相続開始の時から10年を経過した後にする遺産の分割については，適用しない．ただし，次の各号のいずれかに該当するときは，この限りでない．

1 相続開始の時から10年を経過する前に，相続人が家庭裁判所に遺産の分割の請求をしたとき．

2 相続開始の時から始まる10年の期間の満了前6箇月以内の間に，遺産の分割を請求することができないやむを得ない事由が相続人にあった場合において，その事由が消滅した時から6箇月を経過する前に，当該相続人が家庭裁判所に遺産の分割の請求をしたとき．

（相続分の取戻権）

第905条 ① 共同相続人の1人が遺産の分割前にその相続分を第三者に譲り渡したときは，他の共同相続人は，その価額及び費用を償還して，その相続分を譲り受けることができる．

② 前項の権利は，1箇月以内に行使しなければならない．

第3節　遺産の分割

（遺産の分割の基準）

第906条 遺産の分割は，遺産に属する物又は権利の種類及び性質，各相続人の年齢，職業，心身の状態及び生活の状況その他一切の事情を考慮してこれをする．

（遺産の分割前に遺産に属する財産が処分された場合の遺産の範囲）

第906条の2 ① 遺産の分割前に遺産に属する財産が処分された場合であっても，共同相続人

は，その全員の同意により，当該処分された財産が遺産の分割時に遺産として存在するものとみなすことができる．

② 前項の規定にかかわらず，共同相続人の1人又は数人により同項の財産が処分されたときは，当該共同相続人については，同項の同意を得ることを要しない．

（遺産の分割の協議又は審判）

第907条 ① 共同相続人は，次条第1項の規定により被相続人が遺言で禁じた場合又は同条第2項の規定により分割をしない旨の契約をした場合を除き，いつでも，その協議で，遺産の全部又は一部の分割をすることができる．

② 遺産の分割について，共同相続人間に協議が調わないとき，又は協議をすることができないときは，各共同相続人は，その全部又は一部の分割を家庭裁判所に請求することができる．ただし，遺産の一部を分割することにより他の共同相続人の利益を害するおそれがある場合におけるその一部の分割については，この限りでない．

（遺産の分割の方法の指定及び遺産の分割の禁止）

第908条 ① 被相続人は，遺言で，遺産の分割の方法を定め，若しくはこれを定めることを第三者に委託し，又は相続開始の時から5年を超えない期間を定めて，遺産の分割を禁ずることができる．

② 共同相続人は，5年以内の期間を定めて，遺産の全部又は一部について，その分割をしない旨の契約をすることができる．ただし，その期間の終期は，相続開始の時から10年を超えることができない．

③ 前項の契約は，5年以内の期間を定めて更新することができる．ただし，その期間の終期は，相続開始の時から10年を超えることができない．

④ 前条第2項本文の場合において特別の事由があるときは，家庭裁判所は，5年以内の期間を定めて，遺産の全部又は一部について，その分割を禁ずることができる．ただし，その期間の終期は，相続開始の時から10年を超えることができない．

⑤ 家庭裁判所は，5年以内の期間を定めて前項の期間を更新することができる．ただし，その期間の終期は，相続開始の時から10年を超えることができない．

（遺産の分割の効力）

第909条 遺産の分割は，相続開始の時にさかのぼってその効力を生ずる．ただし，第三者の権利を害することはできない．

（遺産の分割前における預貯金債権の行使）

第909条の2 各共同相続人は，遺産に属する預貯金債権のうち相続開始の時の債権額の3分の1に第900条及び第901条の規定により算定した当該共同相続人の相続分を乗じた額（標準的な当面の必要生計費，平均的な葬式の費用の額その他の事情を勘案して預貯金債権の債務者ごとに法務省令で定める額を限度とする．）については，単独でその権利を行使することができる．この場合において，当該権利の行使をした預貯金債権については，当該共同相続人が遺産の一部の分割によりこれを取得したものとみなす．

（相続の開始後に認知された者の価額の支払請求権）

第910条 相続の開始後認知によって相続人となった者が遺産の分割を請求しようとする場合において，他の共同相続人が既にその分割その他の処分をしたときは，価額のみによる支払の請求権を有する．

（共同相続人間の担保責任）

第911条 各共同相続人は，他の共同相続人に対して，売主と同じく，その相続分に応じて担保の責任を負う．

（遺産の分割によって受けた債権についての担保責任）

第912条 ① 各共同相続人は，その相続分に応じ，他の共同相続人が遺産の分割によって受けた債権について，その分割の時における債務者の資力を担保する．

② 弁済期に至らない債権及び停止条件付きの債権については，各共同相続人は，弁済をすべき時における債務者の資力を担保する．

（資力のない共同相続人がある場合の担保責任の分担）

第913条 担保の責任を負う共同相続人中に償還をする資力のない者があるときは，その償還することができない部分は，求償者及び他の資力のある者が，それぞれその相続分に応じて分担する．ただし，求償者に過失があるときは，他の共同相続人に対して分担を請求することができない．

（遺言による担保責任の定め）

第914条 前3条の規定は，被相続人が遺言で別段の意思を表示したときは，適用しない．

第4章　相続の承認及び放棄

第1節　総　則

（相続の承認又は放棄をすべき期間）

第915条 ① 相続人は，自己のために相続の開始があったことを知った時から3箇月以内に，

相続について，単純若しくは限定の承認又は放棄をしなければならない．ただし，この期間は，利害関係人又は検察官の請求によって，家庭裁判所において伸長することができる．

② 相続人は，相続の承認又は放棄をする前に，相続財産の調査をすることができる．

第916条 相続人が相続の承認又は放棄をしないで死亡したときは，前条第1項の期間は，その者の相続人が自己のために相続の開始があったことを知った時から起算する．

第917条 相続人が未成年者又は成年被後見人であるときは，第915条第1項の期間は，その法定代理人が未成年者又は成年被後見人のために相続の開始があったことを知った時から起算する．

（相続人による管理）

第918条 相続人は，その固有財産におけるのと同一の注意をもって，相続財産を管理しなければならない．ただし，相続の承認又は放棄をしたときは，この限りでない．

（相続の承認及び放棄の撤回及び取消し）

第919条 ① 相続の承認及び放棄は，第915条第1項の期間内でも，撤回することができない．

② 前項の規定は，第1編（総則）及び前編（親族）の規定により相続の承認又は放棄の取消しをすることを妨げない．

③ 前項の取消権は，追認をすることができる時から6箇月間行使しないときは，時効によって消滅する．相続の承認又は放棄の時から10年を経過したときも，同様とする．

④ 第2項の規定により限定承認又は相続の放棄の取消しをしようとする者は，その旨を家庭裁判所に申述しなければならない．

第2節 相続の承認

第1款 単純承認

（単純承認の効力）

第920条 相続人は，単純承認をしたときは，無限に被相続人の権利義務を承継する．

（法定単純承認）

第921条 次に掲げる場合には，相続人は，単純承認をしたものとみなす．

1 相続人が相続財産の全部又は一部を処分したとき．ただし，保存行為及び第602条に定める期間を超えない賃貸をすることは，この限りでない．

2 相続人が第915条第1項の期間内に限定承認又は相続の放棄をしなかったとき．

3 相続人が，限定承認又は相続の放棄をした後であっても，相続財産の全部若しくは一部を隠匿し，私にこれを消費し，又は悪意でこれを相続財産の目録中に記載しなかったとき．

ただし，その相続人が相続の放棄をしたことによって相続人となった者が相続の承認をした後は，この限りでない．

第2款 限定承認

（限定承認）

第922条 相続人は，相続によって得た財産の限度においてのみ被相続人の債務及び遺贈を弁済すべきことを留保して，相続の承認をすることができる．

（共同相続人の限定承認）

第923条 相続人が数人あるときは，限定承認は，共同相続人の全員が共同してのみこれをすることができる．

（限定承認の方式）

第924条 相続人は，限定承認をしようとするときは，第915条第1項の期間内に，相続財産の目録を作成して家庭裁判所に提出し，限定承認をする旨を申述しなければならない．

（限定承認をしたときの権利義務）

第925条 相続人が限定承認をしたときは，その被相続人に対して有した権利義務は，消滅しなかったものとみなす．

（限定承認者による管理）

第926条 ① 限定承認者は，その固有財産におけるのと同一の注意をもって，相続財産の管理を継続しなければならない．

② 第645条，第646条並びに第650条第1項及び第2項の規定は，前項の場合について準用する．

（相続債権者及び受遺者に対する公告及び催告）

第927条 ① 限定承認者は，限定承認をした後5日以内に，すべての相続債権者（相続財産に属する債務の債権者をいう．以下同じ．）及び受遺者に対し，限定承認をしたこと及び一定の期間内にその請求の申出をすべき旨を公告しなければならない．この場合において，その期間は，2箇月を下ることができない．

② 前項の規定による公告には，相続債権者及び受遺者がその期間内に申出をしないときは弁済から除斥されるべき旨を付記しなければならない．ただし，限定承認者は，知れている相続債権者及び受遺者を除斥することができない．

③ 限定承認者は，知れている相続債権者及び受遺者には，各別にその申出の催告をしなければならない．

④ 第1項の規定による公告は，官報に掲載してする．

（公告期間満了前の弁済の拒絶）

第928条 限定承認者は，前条第1項の期間の満了前には，相続債権者及び受遺者に対して弁

済を拒むことができる.

（公告期間満了後の弁済）

第929条　第927条第1項の期間が満了した後は,限定承認者は,相続財産をもって,その期間内に同項の申出をした相続債権者その他知れている相続債権者に,それぞれその債権額の割合に応じて弁済をしなければならない.ただし,優先権を有する債権者の権利を害することはできない.

（期限前の債務等の弁済）

第930条　① 限定承認者は,弁済期に至らない債権であっても,前条の規定に従って弁済をしなければならない.

② 条件付きの債権又は存続期間の不確定な債権は,家庭裁判所が選任した鑑定人の評価に従って弁済をしなければならない.

（受遺者に対する弁済）

第931条　限定承認者は,前2条の規定に従って各相続債権者に弁済をした後でなければ,受遺者に弁済をすることができない.

（弁済のための相続財産の換価）

第932条　前3条の規定に従って弁済をするにつき相続財産を売却する必要があるときは,限定承認者は,これを競売に付さなければならない.ただし,家庭裁判所が選任した鑑定人の評価に従い相続財産の全部又は一部の価額を弁済して,その競売を止めることができる.

（相続債権者及び受遺者の換価手続への参加）

第933条　相続債権者及び受遺者は,自己の費用で,相続財産の競売又は鑑定に参加することができる.この場合においては,第260条第2項の規定を準用する.

（不当な弁済をした限定承認者の責任等）

第934条　① 限定承認者は,第927条の公告若しくは催告をすることを怠り,又は同条第1項の期間内に相続債権者若しくは受遺者に弁済をしたことによって他の相続債権者若しくは受遺者に弁済をすることができなくなったときは,これによって生じた損害を賠償する責任を負う.第929条から第931条までの規定に違反して弁済をしたときも,同様とする.

② 前項の規定は,情を知って不当に弁済を受けた相続債権者又は受遺者に対する他の相続債権者又は受遺者の求償を妨げない.

③ 第724条の規定は,前2項の場合について準用する.

（公告期間内に申出をしなかった相続債権者及び受遺者）

第935条　第927条第1項の期間内に同項の申出をしなかった相続債権者及び受遺者で限定承認者に知れなかったものは,残余財産についてのみその権利を行使することができる.ただし,相続財産について特別担保を有する者は,この限りでない.

（相続人が数人ある場合の相続財産の清算人）

第936条　① 相続人が数人ある場合には,家庭裁判所は,相続人の中から,相続財産の清算人を選任しなければならない.

② 前項の相続財産の清算人は,相続人のために,これに代わって,相続財産の管理及び債務の弁済に必要な一切の行為をする.

③ 第926条から前条までの規定は,第1項の相続財産の清算人について準用する.この場合において,第927条第1項中「限定承認をした後5日以内」とあるのは,「その相続財産の清算人の選任があった後10日以内」と読み替えるものとする.

（法定単純承認の事由がある場合の相続債権者）

第937条　限定承認をした共同相続人の1人又は数人について第921条第1号又は第3号に掲げる事由があるときは,相続債権者は,相続財産をもって弁済を受けることができなかった債権額について,当該共同相続人に対し,その相続分に応じて権利を行使することができる.

第3節　相続の放棄

（相続の放棄の方式）

第938条　相続の放棄をしようとする者は,その旨を家庭裁判所に申述しなければならない.

（相続の放棄の効力）

第939条　相続の放棄をした者は,その相続に関しては,初めから相続人とならなかったものとみなす.

（相続の放棄をした者による管理）

第940条　① 相続の放棄をした者は,その放棄の時に相続財産に属する財産を現に占有しているときは,相続人又は第952条第1項の相続財産の清算人に対して当該財産を引き渡すまでの間,自己の財産におけるのと同一の注意をもって,その財産を保存しなければならない.

② 第645条,第646条並びに第650条第1項及び第2項の規定は,前項の場合について準用する.

第5章　財産分離

（相続債権者又は受遺者の請求による財産分離）

第941条　① 相続債権者又は受遺者は,相続開始の時から3箇月以内に,相続人の財産の中から相続財産を分離することを家庭裁判所に請求することができる.相続財産が相続人の固有財産と混合しない間は,その期間の満了後

も，同様とする．

② 家庭裁判所が前項の請求によって財産分離を命じたときは，その請求をした者は，5日以内に，他の相続債権者及び受遺者に対し，財産分離の命令があったこと及び一定の期間内に配当加入の申出をすべき旨を公告しなければならない．この場合において，その期間は，2箇月を下ることができない．

③ 前項の規定による公告は，官報に掲載してする．

（財産分離の効力）

第942条 財産分離の請求をした者及び前条第2項の規定により配当加入の申出をした者は，相続財産について，相続人の債権者に先立って弁済を受ける．

（財産分離の請求後の相続財産の管理）

第943条 ① 財産分離の請求があったときは，家庭裁判所は，相続財産の管理について必要な処分を命ずることができる．

② 第27条から第29条までの規定は，前項の規定により家庭裁判所が相続財産の管理人を選任した場合について準用する．

（財産分離の請求後の相続人による管理）

第944条 ① 相続人は，単純承認をした後でも，財産分離の請求があったときは，以後，その固有財産におけるのと同一の注意をもって，相続財産の管理をしなければならない．ただし，家庭裁判所が相続財産の管理人を選任したときは，この限りでない．

② 第645条から第647条まで並びに第650条第1項及び第2項の規定は，前項の場合について準用する．

（不動産についての財産分離の対抗要件）

第945条 財産分離は，不動産については，その登記をしなければ，第三者に対抗することができない．

（物上代位の規定の準用）

第946条 第304条の規定は，財産分離の場合について準用する．

（相続債権者及び受遺者に対する弁済）

第947条 ① 相続人は，第941条第1項及び第2項の期間の満了前には，相続債権者及び受遺者に対して弁済を拒むことができる．

② 財産分離の請求があったときは，相続人は，第941条第2項の期間の満了後に，相続財産をもって，財産分離の請求又は配当加入の申出をした相続債権者及び受遺者に，それぞれその債権額の割合に応じて弁済をしなければならない．ただし，優先権を有する債権者の権利を害することはできない．

③ 第930条から第934条までの規定は，前項の場合について準用する．

（相続人の固有財産からの弁済）

第948条 財産分離の請求をした者及び配当加入の申出をした者は，相続財産をもって全部の弁済を受けることができなかった場合に限り，相続人の固有財産についてその権利を行使することができる．この場合においては，相続人の債権者は，その者に先立って弁済を受けることができる．

（財産分離の請求の防止等）

第949条 相続人は，その固有財産をもって相続債権者若しくは受遺者に弁済をし，又はこれに相当の担保を供して，財産分離の請求を防止し，又はその効力を消滅させることができる．ただし，相続人の債権者が，これによって損害を受けるべきことを証明して，異議を述べたときは，この限りでない．

（相続人の債権者の請求による財産分離）

第950条 ① 相続人が限定承認をすることができる間又は相続財産が相続人の固有財産と混合しない間は，相続人の債権者は，家庭裁判所に対して財産分離の請求をすることができる．

② 第304条，第925条，第927条から第934条まで，第943条から第945条まで及び第948条の規定は，前項の場合について準用する．ただし，第927条の公告及び催告は，財産分離の請求をした債権者がしなければならない．

第6章 相続人の不存在

（相続財産法人の成立）

第951条 相続人のあることが明らかでないときは，相続財産は，法人とする．

（相続財産の清算人の選任）

第952条 ① 前条の場合には，家庭裁判所は，利害関係人又は検察官の請求によって，相続財産の清算人を選任しなければならない．

② 前項の規定により相続財産の清算人を選任したときは，家庭裁判所は，遅滞なく，その旨及び相続人があるならば一定の期間内にその権利を主張すべき旨を公告しなければならない．この場合において，その期間は，6箇月を下ることができない．

（不在者の財産の管理人に関する規定の準用）

第953条 第27条から第29条までの規定は，前条第1項の相続財産の清算人（以下この章において単に「相続財産の清算人」という．）について準用する．

（相続財産の清算人の報告）

第954条 相続財産の清算人は，相続債権者又は受遺者の請求があるときは，その請求をした者に相続財産の状況を報告しなければならない．

（相続財産法人の不成立）

第955条　相続人のあることが明らかになったときは，第951条の法人は，成立しなかったものとみなす．ただし，相続財産の清算人がその権限内でした行為の効力を妨げない．
（相続財産の清算人の代理権の消滅）
第956条　① 相続財産の清算人の代理権は，相続人が相続の承認をした時に消滅する．
② 前項の場合には，相続財産の清算人は，遅滞なく相続人に対して清算に係るの計算をしなければならない．
（相続債権者及び受遺者に対する弁済）
第957条　① 第952条第2項の公告があったときは，相続財産の清算人は，全ての相続債権者及び受遺者に対し，2箇月以上の期間を定めて，その期間内にその請求の申出をすべき旨を公告しなければならない．この場合において，その期間は，同項の規定により相続人が権利を主張すべき期間として家庭裁判所が公告した期間内に満了するものでなければならない．
② 第927条第2項から第4項まで及び第928条から第935条まで（第932条ただし書を除く．）の規定は，前項の場合について準用する．
（権利を主張する者がない場合）
第958条　第952条第2項の期間内に相続人としての権利を主張する者がないときは，相続人並びに相続財産の清算人に知れなかった相続債権者及び受遺者は，その権利を行使することができない．
（特別縁故者に対する相続財産の分与）
第958条の2　① 前条の場合において，相当と認めるときは，家庭裁判所は，被相続人と生計を同じくしていた者，被相続人の療養看護に努めた者その他被相続人と特別の縁故があった者の請求によって，これらの者に，清算後残存すべき相続財産の全部又は一部を与えることができる．
② 前項の請求は，第952条第2項の期間の満了後3箇月以内にしなければならない．
（残余財産の国庫への帰属）
第959条　前条の規定により処分されなかった相続財産は，国庫に帰属する．この場合においては，第956条第2項の規定を準用する．

第7章　遺言

第1節　総則
（遺言の方式）
第960条　遺言は，この法律に定める方式に従わなければ，することができない．
（遺言能力）
第961条　15歳に達した者は，遺言をすることができる．

第962条　第5条，第9条，第13条及び第17条の規定は，遺言については，適用しない．
第963条　遺言者は，遺言をする時においてその能力を有しなければならない．
（包括遺贈及び特定遺贈）
第964条　遺言者は，包括又は特定の名義で，その財産の全部又は一部を処分することができる．
（相続人に関する規定の準用）
第965条　第886条及び第891条の規定は，受遺者について準用する．
（被後見人の遺言の制限）
第966条　① 被後見人が，後見の計算の終了前に，後見人又はその配偶者若しくは直系卑属の利益となるべき遺言をしたときは，その遺言は，無効とする．
② 前項の規定は，直系血族，配偶者又は兄弟姉妹が後見人である場合には，適用しない．
第2節　遺言の方式
第1款　普通の方式
（普通の方式による遺言の種類）
第967条　遺言は，自筆証書，公正証書又は秘密証書によってしなければならない．ただし，特別の方式によることを許す場合は，この限りでない．
（自筆証書遺言）
第968条　① 自筆証書によって遺言をするには，遺言者が，その全文，日付及び氏名を自書し，これに印を押さなければならない．
② 前項の規定にかかわらず，自筆証書にこれと一体のものとして相続財産（第997条第1項に規定する場合における同項に規定する権利を含む．）の全部又は一部の目録を添付する場合には，その目録については，自書することを要しない．この場合において，遺言者は，その目録の毎葉（自書によらない記載がその両面にある場合にあっては，その両面）に署名し，印を押さなければならない．
③ 自筆証書（前項の目録を含む．）中の加除その他の変更は，遺言者が，その場所を指示し，これを変更した旨を付記して特にこれに署名し，かつ，その変更の場所に印を押さなければ，その効力を生じない．
（公正証書遺言）
第969条　① 公正証書によって遺言をするには，次に掲げる方式に従わなければならない．
1　証人2人以上の立会いがあること．
2　遺言者が遺言の趣旨を公証人に口授すること．
3　公証人が，遺言者の口述を筆記し，これを遺言者及び証人に読み聞かせ，又は閲覧させること．

4 遺言者及び証人が, 筆記の正確なことを承認した後, 各自これに署名し, 印を押すこと. ただし, 遺言者が署名することができない場合は, 公証人がその事由を付記して, 署名に代えることができる.

5 公証人が, その証書は前各号に掲げる方式に従って作ったものである旨を付記して, これに署名し, 印を押すこと.

〔=箇所:削除, 令5法53, 施行2年6月内〕

② 前項の公正証書は, 公証人法 (明治41年法律第53号) の定めるところにより作成するものとする.

③ 第1項第1号の証人については, 公証人法第30条に規定する証人とみなし, 同法の規定 (同法第35条第3項の規定を除く.) を適用する. 〔令5法53, 施行2年6月内〕

(公正証書遺言の方式の特則)

第969条の2 ① 口がきけない者が公正証書によって遺言をする場合には, 遺言者は, 公証人及び証人の前で, 遺言の趣旨を通訳人の通訳により申述し, 又は自書して, 前条第1項第2号の口授に代えなければならない.

② 公証人は, 前項に定める方式に従って公正証書を作ったときは, その旨をその証書に記載し, 又は記録しなければならない.

〔令5法53, 施行2年6月内〕

(秘密証書遺言)

第970条 ① 秘密証書によって遺言をするには, 次に掲げる方式に従わなければならない.

1 遺言者が, その証書に署名し, 印を押すこと.

2 遺言者が, その証書を封じ, 証書に用いた印章をもってこれに封印すること.

3 遺言者が, 公証人1人及び証人2人以上の前に封書を提出して, 自己の遺言書である旨並びにその筆者の氏名及び住所を申述すること.

4 公証人が, その証書を提出した日付及び遺言者の申述を封紙に記載した後, 遺言者及び証人とともにこれに署名し, 印を押すこと.

② 第968条第3項の規定は, 秘密証書による遺言について準用する.

(方式に欠ける秘密証書遺言の効力)

第971条 秘密証書による遺言は, 前条に定める方式に欠けるものがあっても, 第968条に定める方式を具備しているときは, 自筆証書による遺言としてその効力を有する.

(秘密証書遺言の方式の特則)

第972条 ① 口がきけない者が秘密証書によって遺言をする場合には, 遺言者は, 公証人及び証人の前で, その証書は自己の遺言書である旨並びにその筆者の氏名及び住所を通訳人の通訳により申述し, 又は封紙に自書して, 第

970条第1項第3号の申述に代えなければならない.

② 前項の場合において, 遺言者が通訳人の通訳により申述したときは, 公証人は, その旨を封紙に記載しなければならない.

③ 第1項の場合において, 遺言者が封紙に自書したときは, 公証人は, その旨を封紙に記載して, 第970条第1項第4号に規定する申述の記載に代えなければならない.

(成年被後見人の遺言)

第973条 ① 成年被後見人が事理を弁識する能力を一時回復した時において遺言をするには, 医師2人以上の立会いがなければならない.

② 遺言に立ち会った医師は, 遺言者が遺言をする時において精神上の障害により事理を弁識する能力を欠く状態になかった旨を遺言書に付記して, これに署名し, 印を押さなければならない. ただし, 秘密証書による遺言にあっては, その封紙にその旨の記載をし, 署名し, 印を押さなければならない.

(証人及び立会人の欠格事由)

第974条 次に掲げる者は, 遺言の証人又は立会人となることができない.

1 未成年者

2 推定相続人及び受遺者並びにこれらの配偶者及び直系血族

3 公証人の配偶者, 四親等内の親族, 書記及び使用人

(共同遺言の禁止)

第975条 遺言は, 2人以上の者が同一の証書ですることができない.

第2款 特別の方式

(死亡の危急に迫った者の遺言)

第976条 ① 疾病その他の事由によって死亡の危急に迫った者が遺言をしようとするときは, 証人3人以上の立会いをもって, その1人に遺言の趣旨を口授して, これをすることができる. この場合においては, その口授を受けた者が, これを筆記して, 遺言者及び他の証人に読み聞かせ, 又は閲覧させ, 各証人がその筆記の正確なことを承認した後, これに署名し, 印を押さなければならない.

② 口がきけない者が前項の規定により遺言をする場合には, 遺言者は, 証人の前で, 遺言の趣旨を通訳人の通訳により申述して, 同項の口授に代えなければならない.

③ 第1項後段の遺言者又は他の証人が耳が聞こえない者である場合には, 遺言の趣旨の口授又は申述を受けた者は, 同項後段に規定する筆記した内容を通訳人の通訳によりその遺言者

又は他の証人に伝えて,同項後段の読み聞かせに代えることができる.

④ 前3項の規定によりした遺言は,遺言の日から20日以内に,証人の1人又は利害関係人から家庭裁判所に請求してその確認を得なければ,その効力を生じない.

⑤ 家庭裁判所は,前項の遺言が遺言者の真意に出たものであるとの心証を得なければ,これを確認することができない.

(伝染病隔離者の遺言)

第977条 伝染病のため行政処分によって交通を断たれた場所に在る者は,警察官1人及び証人1人以上の立会いをもって遺言書を作ることができる.

(在船者の遺言)

第978条 船舶中に在る者は,船長又は事務員1人及び証人2人以上の立会いをもって遺言書を作ることができる.

(船舶遭難者の遺言)

第979条 ① 船舶が遭難した場合において,当該船舶中に在って死亡の危急に迫った者は,証人2人以上の立会いをもって口頭で遺言をすることができる.

② 口がきけない者が前項の規定により遺言をする場合には,遺言者は,通訳人の通訳によりこれをしなければならない.

③ 前2項の規定に従ってした遺言は,証人が,その趣旨を筆記し,これに署名し,印を押し,かつ,証人の1人又は利害関係人から遅滞なく家庭裁判所に請求してその確認を得なければ,その効力を生じない.

④ 第976条第5項の規定は,前項の場合について準用する.

(遺言関係者の署名及び押印)

第980条 第977条及び第978条の場合には,遺言者,筆者,立会人及び証人は,各自遺言書に署名し,印を押さなければならない.

(署名又は押印が不能の場合)

第981条 第977条から第979条までの場合において,署名又は印を押すことのできない者があるときは,立会人又は証人は,その事由を付記しなければならない.

(普通の方式による遺言の規定の準用)

第982条 第968条第3項及び第973条から第975条までの規定は,第976条から前条までの規定による遺言について準用する.

(特別の方式による遺言の効力)

第983条 第976条から前条までの規定によりした遺言は,遺言者が普通の方式によって遺言をすることができるようになった時から6箇月間生存するときは,その効力を生じない.

(外国に在る日本人の遺言の方式)

第984条 日本の領事の駐在する地に在る日本人が公正証書又は秘密証書によって遺言をしようとするときは,公証人の職務は,領事が行う.この場合においては,第970条第1項第4号の規定にかかわらず,遺言者及び証人は,同号の印を押すことを要しない.

〔令5法53,施行2年6月内〕

第3節　遺言の効力

(遺言の効力の発生時期)

第985条 ① 遺言は,遺言者の死亡の時からその効力を生ずる.

② 遺言に停止条件を付した場合において,その条件が遺言者の死亡後に成就したときは,遺言は,条件が成就した時からその効力を生ずる.

(遺贈の放棄)

第986条 ① 受遺者は,遺言者の死亡後,いつでも,遺贈の放棄をすることができる.

② 遺贈の放棄は,遺言者の死亡の時にさかのぼってその効力を生ずる.

(受遺者に対する遺贈の承認又は放棄の催告)

第987条 遺贈義務者(遺贈の履行をする義務を負う者をいう.以下この節において同じ.)その他の利害関係人は,受遺者に対し,相当の期間を定めて,その期間内に遺贈の承認又は放棄をすべき旨の催告をすることができる.この場合において,受遺者がその期間内に遺贈義務者に対してその意思を表示しないときは,遺贈を承認したものとみなす.

(受遺者の相続人による遺贈の承認又は放棄)

第988条 受遺者が遺贈の承認又は放棄をしないで死亡したときは,その相続人は,自己の相続権の範囲内で,遺贈の承認又は放棄をすることができる.ただし,遺言者がその遺言に別段の意思を表示したときは,その意思に従う.

(遺贈の承認及び放棄の撤回及び取消し)

第989条 ① 遺贈の承認及び放棄は,撤回することができない.

② 第919条第2項及び第3項の規定は,遺贈の承認及び放棄について準用する.

(包括受遺者の権利義務)

第990条 包括受遺者は,相続人と同一の権利義務を有する.

(受遺者による担保の請求)

第991条 受遺者は,遺贈が弁済期に至らない間は,遺贈義務者に対して相当の担保を請求することができる.停止条件付きの遺贈についてその条件の成否が未定である間も,同様とする.

(受遺者による果実の取得)

第992条 受遺者は,遺贈の履行を請求することができる時から果実を取得する.ただし,遺

（遺贈義務者による費用の償還請求）

第993条 ① 第299条の規定は，遺贈義務者が遺言者の死亡後に遺贈の目的物について費用を支出した場合について準用する．

② 果実を収取するために支出した通常の必要費は，果実の価格を超えない限度で，その償還を請求することができる．

（受遺者の死亡による遺贈の失効）

第994条 ① 遺贈は，遺言者の死亡以前に受遺者が死亡したときは，その効力を生じない．

② 停止条件付きの遺贈については，受遺者がその条件の成就前に死亡したときも，前項と同様とする．ただし，遺言者がその遺言に別段の意思を表示したときは，その意思に従う．

（遺贈の無効又は失効の場合の財産の帰属）

第995条 遺贈が，その効力を生じないとき，又は放棄によってその効力を失ったときは，受遺者が受けるべきであったものは，相続人に帰属する．ただし，遺言者がその遺言に別段の意思を表示したときは，その意思に従う．

（相続財産に属しない権利の遺贈）

第996条 遺贈は，その目的である権利が遺言者の死亡の時において相続財産に属しなかったときは，その効力を生じない．ただし，その権利が相続財産に属するかどうかにかかわらず，これを遺贈の目的としたものと認められるときは，この限りでない．

第997条 ① 相続財産に属しない権利を目的とする遺贈が前条ただし書の規定により有効であるときは，遺贈義務者は，その権利を取得して受遺者に移転する義務を負う．

② 前項の場合において，同項に規定する権利を取得することができないとき，又はこれを取得するについて過分の費用を要するときは，遺贈義務者は，その価額を弁償しなければならない．ただし，遺言者がその遺言に別段の意思を表示したときは，その意思に従う．

（遺贈義務者の引渡義務）

第998条 遺贈義務者は，遺贈の目的である物又は権利を，相続開始の時（その後に当該物又は権利について遺贈の目的として特定した場合にあっては，その特定した時）の状態で引き渡し，又は移転する義務を負う．ただし，遺言者がその遺言に別段の意思を表示したときは，その意思に従う．

（遺贈の物上代位）

第999条 ① 遺言者が，遺贈の目的物の滅失若しくは変造又はその占有の喪失によって第三者に対して償金を請求する権利を有するとき

は，その権利を遺贈の目的としたものと推定する．

② 遺贈の目的物が，他の物と付合し，又は混和した場合において，遺言者が第243条から第245条までの規定により合成物又は混和物の単独所有者又は共有者となったときは，その全部の所有権又は持分を遺贈の目的としたものと推定する．

第1000条 削除

（債権の遺贈の物上代位）

第1001条 ① 債権を遺贈の目的とした場合において，遺言者が弁済を受け，かつ，その受け取った物がなお相続財産中に在るときは，その物を遺贈の目的としたものと推定する．

② 金銭を目的とする債権を遺贈の目的とした場合においては，相続財産中にその債権額に相当する金銭がないときであっても，その金額を遺贈の目的としたものと推定する．

（負担付遺贈）

第1002条 ① 負担付遺贈を受けた者は，遺贈の目的の価額を超えない限度においてのみ，負担した義務を履行する責任を負う．

② 受遺者が遺贈の放棄をしたときは，負担の利益を受けるべき者は，自ら受遺者となることができる．ただし，遺言者がその遺言に別段の意思を表示したときは，その意思に従う．

（負担付遺贈の受遺者の免責）

第1003条 負担付遺贈の目的の価額が相続の限定承認又は遺留分回復の訴えによって減少したときは，受遺者は，その減少の割合に応じて，その負担した義務を免れる．ただし，遺言者がその遺言に別段の意思を表示したときは，その意思に従う．

第4節 遺言の執行

（遺言書の検認）

第1004条 ① 遺言書の保管者は，相続の開始を知った後，遅滞なく，これを家庭裁判所に提出して，その検認を請求しなければならない．遺言書の保管者がない場合において，相続人が遺言書を発見した後も，同様とする．

② 前項の規定は，公正証書による遺言については，適用しない．

③ 封印のある遺言書は，家庭裁判所において相続人又はその代理人の立会いがなければ，開封することができない．

（過 料）

第1005条 前条の規定により遺言書を提出することを怠り，その検認を経ないで遺言を執行し，又は家庭裁判所外においてその開封をした者は，5万円以下の過料に処する．

（遺言執行者の指定）

第1006条 ① 遺言者は，遺言で，1人又は数人

の遺言執行者を指定し，又はその指定を第三者に委託することができる．

② 遺言執行者の指定の委託を受けた者は，遅滞なく，その指定をして，これを相続人に通知しなければならない．

③ 遺言執行者の指定の委託を受けた者がその委託を辞そうとするときは，遅滞なくその旨を相続人に通知しなければならない．

（遺言執行者の任務の開始）

第1007条　① 遺言執行者が就職を承諾したときは，直ちにその任務を行わなければならない．

② 遺言執行者は，その任務を開始したときは，遅滞なく，遺言の内容を相続人に通知しなければならない．

（遺言執行者に対する就職の催告）

第1008条　相続人その他の利害関係人は，遺言執行者に対し，相当の期間を定めて，その期間内に就職を承諾するかどうかを確答すべき旨の催告をすることができる．この場合において，遺言執行者が，その期間内に相続人に対して確答をしないときは，就職を承諾したものとみなす．

（遺言執行者の欠格事由）

第1009条　未成年者及び破産者は，遺言執行者となることができない．

（遺言執行者の選任）

第1010条　遺言執行者がないとき，又はなくなったときは，家庭裁判所は，利害関係人の請求によって，これを選任することができる．

（相続財産の目録の作成）

第1011条　① 遺言執行者は，遅滞なく，相続財産の目録を作成して，相続人に交付しなければならない．

② 遺言執行者は，相続人の請求があるときは，その立会いをもって相続財産の目録を作成し，又は公証人に，これを作成させなければならない．

（遺言執行者の権利義務）

第1012条　① 遺言執行者は，遺言の内容を実現するため，相続財産の管理その他遺言の執行に必要な一切の行為をする権利義務を有する．

② 遺言執行者がある場合には，遺贈の履行は，遺言執行者のみが行うことができる．

③ 第644条，第645条から第647条まで及び第650条の規定は，遺言執行者について準用する．

（遺言の執行の妨害行為の禁止）

第1013条　① 遺言執行者がある場合には，相続人は，相続財産の処分その他遺言の執行を妨げるべき行為をすることができない．

② 前項の規定に違反してした行為は，無効とする．ただし，これをもって善意の第三者に対

抗することができない．

③ 前2項の規定は，相続人の債権者（相続債権者を含む．）が相続財産についてその権利を行使することを妨げない．

（特定財産に関する遺言の執行）

第1014条　① 前3条の規定は，遺言が相続財産のうち特定の財産に関する場合には，その財産についてのみ適用する．

② 遺産の分割の方法の指定として遺産に属する特定の財産を共同相続人の1人又は数人に承継させる旨の遺言（以下「特定財産承継遺言」という．）があったときは，遺言執行者は，当該共同相続人が第899条の2第1項に規定する対抗要件を備えるために必要な行為をすることができる．

③ 前項の財産が預貯金債権である場合には，遺言執行者は，同項に規定する行為のほか，その預金又は貯金の払戻しの請求及びその預金又は貯金に係る契約の解約の申入れをすることができる．ただし，解約の申入れについては，その預貯金債権の全部が特定財産承継遺言の目的である場合に限る．

④ 前2項の規定にかかわらず，被相続人が遺言で別段の意思を表示したときは，その意思に従う．

（遺言執行者の行為の効果）

第1015条　遺言執行者がその権限内において遺言執行者であることを示してした行為は，相続人に対して直接にその効力を生ずる．

（遺言執行者の復任権）

第1016条　① 遺言執行者は，自己の責任で第三者にその任務を行わせることができる．ただし，遺言者がその遺言に別段の意思を表示したときは，その意思に従う．

② 前項本文の場合において，第三者に任務を行わせることについてやむを得ない事由があるときは，遺言執行者は，相続人に対してその選任及び監督についての責任のみを負う．

（遺言執行者が数人ある場合の任務の執行）

第1017条　① 遺言執行者が数人ある場合には，その任務の執行は，過半数で決する．ただし，遺言者がその遺言に別段の意思を表示したときは，その意思に従う．

② 各遺言執行者は，前項の規定にかかわらず，保存行為をすることができる．

（遺言執行者の報酬）

第1018条　① 家庭裁判所は，相続財産の状況その他の事情によって遺言執行者の報酬を定めることができる．ただし，遺言者がその遺言に報酬を定めたときは，この限りでない．

② 第648条第2項及び第3項並びに第648条

48 民法（1007条〜1018条）相続

民法

の 2 の規定は, 遺言執行者が報酬を受けるべき場合について準用する.

（遺言執行者の解任及び辞任）

第 1019 条　① 遺言執行者がその任務を怠ったときその他正当な事由があるときは, 利害関係人は, その解任を家庭裁判所に請求することができる.

② 遺言執行者は, 正当な事由があるときは, 家庭裁判所の許可を得て, その任務を辞することができる.

（委任の規定の準用）

第 1020 条　第 654 条及び第 655 条の規定は, 遺言執行者の任務が終了した場合について準用する.

（遺言の執行に関する費用の負担）

第 1021 条　遺言の執行に関する費用は, 相続財産の負担とする. ただし, これによって遺留分を減ずることができない.

第 5 節　遺言の撤回及び取消し

（遺言の撤回）

第 1022 条　遺言者は, いつでも, 遺言の方式に従って, その遺言の全部又は一部を撤回することができる.

（前の遺言と後の遺言との抵触等）

第 1023 条　① 前の遺言が後の遺言と抵触するときは, その抵触する部分については, 後の遺言で前の遺言を撤回したものとみなす.

② 前項の規定は, 遺言が遺言後の生前処分その他の法律行為と抵触する場合について準用する.

（遺言書又は遺贈の目的物の破棄）

第 1024 条　遺言者が故意に遺言書を破棄したときは, その破棄した部分については, 遺言を撤回したものとみなす. 遺言者が故意に遺贈の目的物を破棄したときも, 同様とする.

（撤回された遺言の効力）

第 1025 条　前三条の規定により撤回された遺言は, その撤回の行為が, 撤回され, 取り消され, 又は効力を生じなくなるに至ったときであっても, その効力を回復しない. ただし, その行為が錯誤, 詐欺又は強迫による場合は, この限りでない.

（遺言の撤回権の放棄の禁止）

第 1026 条　遺言者は, その遺言を撤回する権利を放棄することができない.

（負担付遺贈に係る遺言の取消し）

第 1027 条　負担付遺贈を受けた者がその負担した義務を履行しないときは, 相続人は, 相当の期間を定めてその履行の催告をすることができる. この場合において, その期間内に履行がないときは, その負担付遺贈に係る遺言の取消しを家庭裁判所に請求することができる.

┌─────────────────────────────┐
│　**第 8 章　配偶者の居住の権利**　│
└─────────────────────────────┘

第 1 節　配偶者居住権

（配偶者居住権）

第 1028 条　① 被相続人の配偶者 (以下この章において単に「配偶者」という.) は, 被相続人の財産に属した建物に相続開始の時に居住していた場合において, 次の各号のいずれかに該当するときは, その居住していた建物 (以下この節において「居住建物」という.) の全部について無償で使用及び収益をする権利 (以下この章において「配偶者居住権」という.) を取得する. ただし, 被相続人が相続開始の時に居住建物を配偶者以外の者と共有していた場合にあっては, この限りでない.

1　遺産の分割によって配偶者居住権を取得するものとされたとき.

2　配偶者居住権が遺贈の目的とされたとき.

② 居住建物が配偶者の財産に属することとなった場合であっても, 他の者がその共有持分を有するときは, 配偶者居住権は, 消滅しない.

③ 第 903 条第 4 項の規定は, 配偶者居住権の遺贈について準用する.

（審判による配偶者居住権の取得）

第 1029 条　遺産の分割の請求を受けた家庭裁判所は, 次に掲げる場合に限り, 配偶者が配偶者居住権を取得する旨を定めることができる.

1　共同相続人間に配偶者が配偶者居住権を取得することについて合意が成立しているとき.

2　配偶者が家庭裁判所に対して配偶者居住権の取得を希望する旨を申し出た場合において, 居住建物の所有者の受ける不利益の程度を考慮してもなお配偶者の生活を維持するために特に必要があると認めるとき (前号に掲げる場合を除く.).

（配偶者居住権の存続期間）

第 1030 条　配偶者居住権の存続期間は, 配偶者の終身の間とする. ただし, 遺産の分割の協議若しくは遺言に別段の定めがあるとき, 又は家庭裁判所が遺産の分割の審判において別段の定めをしたときは, その定めるところによる.

（配偶者居住権の登記等）

第 1031 条　① 居住建物の所有者は, 配偶者 (配偶者居住権を取得した配偶者に限る. 以下この節において同じ.) に対し, 配偶者居住権の設定の登記を備えさせる義務を負う.

② 第 605 条の規定は配偶者居住権について, 第 605 条の 4 の規定は配偶者居住権の設定の登記を備えた場合について準用する.

（配偶者による使用及び収益）

第1032条　① 配偶者は,従前の用法に従い,善良な管理者の注意をもって,居住建物の使用及び収益をしなければならない. ただし,従前居住の用に供していなかった部分について,これを居住の用に供することを妨げない.

② 配偶者居住権は,譲渡することができない.

③ 配偶者は,居住建物の所有者の承諾を得なければ,居住建物の改築若しくは増築をし,又は第三者に居住建物の使用若しくは収益をさせることができない.

④ 配偶者が第1項又は前項の規定に違反した場合において,居住建物の所有者が相当の期間を定めてその是正の催告をし,その期間内に是正がされないときは,居住建物の所有者は,当該配偶者に対する意思表示によって配偶者居住権を消滅させることができる.

　（居住建物の修繕等）

第1033条　① 配偶者は,居住建物の使用及び収益に必要な修繕をすることができる.

② 居住建物の修繕が必要である場合において,配偶者が相当の期間内に必要な修繕をしないときは,居住建物の所有者は,その修繕をすることができる.

③ 居住建物が修繕を要するとき（第1項の規定により配偶者が自らその修繕をするときを除く.）,又は居住建物について権利を主張する者があるときは,配偶者は,居住建物の所有者に対し,遅滞なくその旨を通知しなければならない. ただし,居住建物の所有者が既にこれを知っているときは,この限りでない.

　（居住建物の費用の負担）

第1034条　① 配偶者は,居住建物の通常の必要費を負担する.

② 第583条第2項の規定は,前項の通常の必要費以外の費用について準用する.

　（居住建物の返還等）

第1035条　① 配偶者は,配偶者居住権が消滅したときは,居住建物の返還をしなければならない. ただし,配偶者が居住建物について共有持分を有する場合は,居住建物の所有者は,配偶者居住権が消滅したことを理由としては,居住建物の返還を求めることができない.

② 第599条第1項及び第2項並びに第621条の規定は,前項本文の規定により配偶者が相続の開始後に附属させた物がある居住建物又は相続の開始後に生じた損傷がある居住建物の返還をする場合について準用する.

　（使用貸借及び賃貸借の規定の準用）

第1036条　第597条第1項及び第3項,第600条,第613条並びに第616条の2の規定は,配偶者居住権について準用する.

第2節　配偶者短期居住権

　（配偶者短期居住権）

第1037条　① 配偶者は,被相続人の財産に属した建物に相続開始の時に無償で居住していた場合には,次の各号に掲げる区分に応じてそれぞれ当該各号に定める日までの間,その居住していた建物（以下この節において「居住建物」という.）の所有権を相続又は遺贈により取得した者（以下この節において「居住建物取得者」という.）に対し,居住建物について無償で使用する権利（居住建物の一部のみを無償で使用していた場合にあっては,その部分について無償で使用する権利. 以下この節において「配偶者短期居住権」という.）を有する. ただし,配偶者が,相続開始の時において居住建物に係る配偶者居住権を取得したとき,又は第891条の規定に該当し若しくは廃除によってその相続権を失ったときは,この限りでない.

　1　居住建物について配偶者を含む共同相続人間で遺産の分割をすべき場合　遺産の分割により居住建物の帰属が確定した日又は相続開始の時から6箇月を経過する日のいずれか遅い日

　2　前号に掲げる場合以外の場合　第3項の申入れの日から6箇月を経過する日

② 前項本文の場合においては,居住建物取得者は,第三者に対する居住建物の譲渡その他の方法により配偶者の居住建物の使用を妨げてはならない.

③ 居住建物取得者は,第1項第1号に掲げる場合を除くほか,いつでも配偶者短期居住権の消滅の申入れをすることができる.

　（配偶者による使用）

第1038条　① 配偶者（配偶者短期居住権を有する配偶者に限る. 以下この節において同じ.）は,従前の用法に従い,善良な管理者の注意をもって,居住建物の使用をしなければならない.

② 配偶者は,居住建物取得者の承諾を得なければ,第三者に居住建物の使用をさせることができない.

③ 配偶者が前2項の規定に違反したときは,居住建物取得者は,当該配偶者に対する意思表示によって配偶者短期居住権を消滅させることができる.

　（配偶者居住権の取得による配偶者短期居住権の消滅）

第1039条　配偶者が居住建物に係る配偶者居住権を取得したときは,配偶者短期居住権は,消滅する.

（居住建物の返還等）

第1040条 ① 配偶者は，前条に規定する場合を除き，配偶者短期居住権が消滅したときは，居住建物の返還をしなければならない．ただし，配偶者が居住建物について共有持分を有する場合は，居住建物取得者は，配偶者短期居住権が消滅したことを理由としては，居住建物の返還を求めることができない．

② 第599条第1項及び第2項並びに第621条の規定は，前項本文の規定により配偶者が相続の開始後に附属させた物がある居住建物又は相続の開始後に生じた損傷がある居住建物の返還をする場合に準用する．

（使用貸借等の規定の準用）

第1041条 第597条第3項，第600条，第616条の2，第1032条第2項，第1033条及び第1034条の規定は，配偶者短期居住権について準用する．

第9章 遺留分

（遺留分の帰属及びその割合）

第1042条 ① 兄弟姉妹以外の相続人は，遺留分として，次条第1項に規定する遺留分を算定するための財産の価額に，次の各号に掲げる区分に応じてそれぞれ当該各号に定める割合を乗じた額を受ける．

1 直系尊属のみが相続人である場合　3分の1

2 前号に掲げる場合以外の場合　2分の1

② 相続人が数人ある場合には，前項各号に定める割合は，これらに第900条及び第901条の規定により算定したその各自の相続分を乗じた割合とする．

（遺留分を算定するための財産の価額）

第1043条 ① 遺留分を算定するための財産の価額は，被相続人が相続開始の時において有した財産の価額にその贈与した財産の価額を加えた額から債務の全額を控除した額とする．

② 条件付きの権利又は存続期間の不確定な権利は，家庭裁判所が選任した鑑定人の評価に従って，その価格を定める．

第1044条 ① 贈与は，相続開始前の1年間にしたものに限り，前条の規定によりその価額を算入する．当事者双方が遺留分権利者に損害を加えることを知って贈与をしたときは，1年前の日より前にしたものについても，同様とする．

② 第904条の規定は，前項に規定する贈与の価額について準用する．

③ 相続人に対する贈与についての第1項の規定の適用については，同項中「1年」とあるの

は「10年」と，「価額」とあるのは「価額（婚姻若しくは養子縁組のため又は生計の資本として受けた贈与の価額に限る．）」とする．

第1045条 ① 負担付贈与がされた場合における第1043条第1項に規定する贈与した財産の価額は，その目的の価額から負担の価額を控除した額とする．

② 不相当な対価をもってした有償行為は，当事者双方が遺留分権利者に損害を加えることを知ってしたものに限り，当該対価を負担の価額とする負担付贈与とみなす．

（遺留分侵害額の請求）

第1046条 ① 遺留分権利者及びその承継人は，受遺者（特定財産承継遺言により財産を承継し又は相続分の指定を受けた相続人を含む．以下この章において同じ．）又は受贈者に対し，遺留分侵害額に相当する金銭の支払を請求することができる．

② 遺留分侵害額は，第1042条の規定による遺留分から第1号及び第2号に掲げる額を控除し，これに第3号に掲げる額を加算して算定する．

1 遺留分権利者が受けた遺贈又は第903条第1項に規定する贈与の価額

2 第900条から第902条まで，第903条及び第904条の規定により算定した相続分に応じて遺留分権利者が取得すべき遺産の価額

3 被相続人が相続開始の時において有した債務のうち，第899条の規定により遺留分権利者が承継する債務（次条第3項において「遺留分権利者承継債務」という．）の額

（受遺者又は受贈者の負担額）

第1047条 ① 受遺者又は受贈者は，次の各号の定めるところに従い，遺贈（特定財産承継遺言による財産の承継又は相続分の指定による遺産の取得を含む．以下この章において同じ．）又は贈与（遺留分を算定するための財産の価額に算入されるものに限る．以下この章において同じ．）の目的の価額（受遺者又は受贈者が相続人である場合にあっては，当該価額から第1042条の規定による遺留分として当該相続人が受けるべき額を控除した額）を限度として，遺留分侵害額を負担する．

1 受遺者と受贈者とがあるときは，受遺者が先に負担する．

2 受遺者が複数あるとき，又は受贈者が複数ある場合においてその贈与が同時にされたものであるときは，受遺者又は受贈者がその目的の価額の割合に応じて負担する．ただし，遺言者がその遺言に別段の意思を表示したときは，その意思に従う．

3 受贈者が複数あるとき（前号に規定する場合を除く。）は，後の贈与に係る受贈者から順次前の贈与に係る受贈者が負担する．

② 第904条，第1043条第2項及び第1045条の規定は，前項に規定する遺贈又は贈与の目的の価額について準用する．

③ 前条第1項の請求を受けた受遺者又は受贈者は，遺留分権利者承継債務について弁済その他の債務を消滅させる行為をしたときは，消滅した債務の額の限度において，遺留分権利者に対する意思表示によって第1項の規定により負担する債務を消滅させることができる．この場合において，当該行為によって遺留分権利者に対して取得した求償権は，消滅した当該債務の額の限度において消滅する．

④ 受遺者又は受贈者の無資力によって生じた損失は，遺留分権利者の負担に帰する．

⑤ 裁判所は，受遺者又は受贈者の請求により，第1項の規定により負担する債務の全部又は一部の支払につき相当の期限を許与することができる．

（遺留分侵害額請求権の期間の制限）

第1048条 遺留分侵害額の請求権は，遺留分権利者が，相続の開始及び遺留分を侵害する贈与又は遺贈があったことを知った時から1年間行使しないときは，時効によって消滅する．相続開始の時から10年を経過したときも，同様とする．

（遺留分の放棄）

第1049条 ① 相続の開始前における遺留分の放棄は，家庭裁判所の許可を受けたときに限り，その効力を生ずる．

② 共同相続人の1人のした遺留分の放棄は，他の各共同相続人の遺留分に影響を及ぼさない．

第10章　特別の寄与

第1050条 ① 被相続人に対して無償で療養看護その他の労務の提供をしたことにより被相続人の財産の維持又は増加について特別の寄与をした被相続人の親族（相続人，相続の放棄をした者及び第891条の規定に該当し又は廃除によってその相続権を失った者を除く．以下この条において「特別寄与者」という．）は，相続の開始後，相続人に対し，特別寄与者の寄与に応じた額の金銭（以下この条において「特別寄与料」という．）の支払を請求することができる．

② 前項の規定による特別寄与料の支払について，当事者間に協議が調わないとき，又は協議をすることができないときは，特別寄与者は，

家庭裁判所に対して協議に代わる処分を請求することができる．ただし，特別寄与者が相続の開始及び相続人を知った時から6箇月を経過したとき，又は相続開始の時から1年を経過したときは，この限りでない．

③ 前項本文の場合には，家庭裁判所は，寄与の時期，方法及び程度，相続財産の額その他一切の事情を考慮して，特別寄与料の額を定める．

④ 特別寄与料の額は，被相続人が相続開始の時において有した財産の価額から遺贈の価額を控除した残額を超えることができない．

⑤ 相続人が数人ある場合には，各相続人は，特別寄与料の額に第900条から第902条までの規定により算定した当該相続人の相続分を乗じた額を負担する．

附　則（昭22·12·22法222）（抄）

第1条 この法律は，昭和23年1月1日から，これを施行する．

第3条 この附則で，新法とは，この法律による改正後の民法をいい，旧法とは，従前の民法をいい，応急措置法とは，昭和22年法律第74号をいう．

第4条 新法は，別段の規定のある場合を除いては，新法施行前に生じた事項にもこれを適用する．但し，旧法及び応急措置法によつて生じた効力を妨げない．

第8条 新法施行前にした婚姻が旧法によつて取り消すことができる場合でも，その取消の原因である事項が新法に定めてないときは，その婚姻は，これを取り消すことができない．

第25条 ① 応急措置法施行前に開始した相続に関しては，第2項の場合を除いて，なお，旧法を適用する．

② 応急措置法施行前に家督相続が開始し，新法施行後に旧法によれば家督相続人を選定しなければならない場合には，その相続に関しては，新法を適用する．但し，その相続の開始が入夫婚姻の取消，入夫の離婚又は養子縁組の取消によるときは，その相続は，財産の相続に関しては開始しなかつたものとみなし，第28条の規定を準用する．

附　則（平29·6·2法44）〔債権法改正関係〕

（施行期日）

第1条 この法律は，公布の日から起算して3年を超えない範囲内において政令で定める日から施行する．ただし，次の各号に掲げる規定は，当該各号に定める日から施行する．

1 附則第37条の規定　公布の日

2 附則第33条第3項の規定　公布の日から起算して1年を超えない範囲内において政令で定める日

3　附則第21条第2項及び第3項の規定　公布の日から起算して2年9月を超えない範囲内において政令で定める日

（意思能力に関する経過措置）

第2条　この法律による改正後の民法（以下「新法」という。）第3条の2の規定は，この法律の施行の日（以下「施行日」という。）前にされた意思表示については，適用しない。

（行為能力に関する経過措置）

第3条　施行日前に制限行為能力者（新法第13条第1項第10号に規定する制限行為能力者をいう。以下この条において同じ。）が他の制限行為能力者の法定代理人としてした行為については，同項及び新法第102条の規定にかかわらず，なお従前の例による。

（無記名債権に関する経過措置）

第4条　施行日前に生じたこの法律による改正前の民法（以下「旧法」という。）第86条第3項に規定する無記名債権（その原因である法律行為が施行日前にされたものを含む。）については，なお従前の例による。

（公序良俗に関する経過措置）

第5条　施行日前にされた法律行為については，新法第90条の規定にかかわらず，なお従前の例による。

（意思表示に関する経過措置）

第6条　①　施行日前にされた意思表示については，新法第93条，第95条，第96条第2項及び第3項並びに第98条の2の規定にかかわらず，なお従前の例による。

②　施行日前に通知が発せられた意思表示については，新法第97条の規定にかかわらず，なお従前の例による。

（代理に関する経過措置）

第7条　①　施行日前に代理権の発生原因が生じた場合（代理権授与の表示がされた場合を含む。）におけるその代理については，附則第3条に規定するもののほか，なお従前の例による。

②　施行日前に無権代理人が代理人として行為をした場合におけるその無権代理人の責任については，新法第117条（新法第118条において準用する場合を含む。）の規定にかかわらず，なお従前の例による。

（無効及び取消しに関する経過措置）

第8条　①　施行日前に無効な行為に基づく債務の履行として給付がされた場合におけるその給付を受けた者の原状回復の義務については，新法第121条の2（新法第872条第2項において準用する場合を含む。）の規定にかかわらず，なお従前の例による。

②　施行日前に取り消すことができる行為がされた場合におけるその行為の追認（法定追認を含む。）については，新法第122条，第124条及び第125条（これらの規定を新法第872条第2項において準用する場合を含む。）の規定にかかわらず，なお従前の例による。

（条件に関する経過措置）

第9条　新法第130条第2項の規定は，施行日前にされた法律行為については，適用しない。

（時効に関する経過措置）

第10条　①　施行日前に債権が生じた場合（施行日以後に債権が生じた場合であって，その原因である法律行為が施行日前にされたときを含む。以下同じ。）におけるその債権の消滅時効の援用については，新法第145条の規定にかかわらず，なお従前の例による。

②　施行日前に旧法第147条に規定する時効の中断の事由又は旧法第158条から第161条までに規定する時効の停止の事由が生じた場合におけるこれらの事由の効力については，なお従前の例による。

③　新法第151条の規定は，施行日前に権利についての協議を行う旨の合意が書面でされた場合（その合意の内容を記録した電磁的記録（新法第151条第4項に規定する電磁的記録をいう。附則第33条第2項において同じ。）によってされた場合を含む。）におけるその合意については，適用しない。

④　施行日前に債権が生じた場合におけるその債権の消滅時効の期間については，なお従前の例による。

（債権を目的とする質権の対抗要件に関する経過措置）

第11条　施行日前に設定契約が締結された債権を目的とする質権の対抗要件については，新法第364条の規定にかかわらず，なお従前の例による。

（指図債権に関する経過措置）

第12条　施行日前に生じた旧法第365条に規定する指図債権（その原因である法律行為が施行日前にされたものを含む。）については，なお従前の例による。

（根抵当権に関する経過措置）

第13条　①　施行日前に設定契約が締結された根抵当権の被担保債権の範囲については，新法第398条の2第3項及び第398条の3第2項の規定にかかわらず，なお従前の例による。

②　新法第398条の7第3項の規定は，施行日前に締結された債務の引受けに関する契約については，適用しない。

③　施行日前に締結された更改の契約に係る根

抵当権の移転については, 新法第398条の7第4項の規定にかかわらず, なお従前の例による.

(債権の目的に関する経過措置)

第14条　施行日前に債権が生じた場合におけるその債務者の注意義務については, 新法第400条の規定にかかわらず, なお従前の例による.

第15条　① 施行日前に利息が生じた場合におけるその利息を生ずべき債権に係る法定利率については, 新法第404条の規定にかかわらず, なお従前の例による.

② 新法第404条第4項の規定により法定利率に初めて変動があるまでの各期における同項の規定の適用については, 同項中「この項の規定により法定利率に変動があった期のうち直近のもの(以下この項において「直近変動期」という.)」とあるのは「民法の一部を改正する法律(平成29年法律第44号)の施行後最初の期」と, 「直近変動期における法定利率」とあるのは「年3パーセント」とする.

第16条　施行日前に債権が生じた場合における選択債権の不能による特定については, 新法第410条の規定にかかわらず, なお従前の例による.

(債務不履行の責任等に関する経過措置)

第17条　① 施行日前に債務が生じた場合(施行日以後に債務が生じた場合であって, その原因である法律行為が施行日前にされたときを含む. 附則第25条第1項において同じ.)におけるその債務不履行の責任等については, 新法第412条第2項, 第412条の2から第413条の2まで, 第415条, 第416条第2項, 第418条及び第422条の2の規定にかかわらず, なお従前の例による.

② 新法第417条の2(新法第722条第1項において準用する場合を含む.)の規定は, 施行日前に生じた将来において取得すべき利益又は負担すべき費用についての損害賠償請求権については, 適用しない.

③ 施行日前に債務者が遅滞の責任を負った場合における遅延損害金を生ずべき債権に係る法定利率については, 新法第419条第1項の規定にかかわらず, なお従前の例による.

④ 施行日前にされた旧法第420条第1項に規定する損害賠償の額の予定に係る合意及び旧法第421条に規定する金銭でないものを損害の賠償に充てるべき旨の予定に係る合意については, なお従前の例による.

(債権者代位権に関する経過措置)

第18条　① 施行日前に旧法第423条第1項に規定する債務者に属する権利が生じた場合におけるその権利に係る債権者代位権については, なお従前の例による.

② 新法第423条の7の規定は, 施行日前に生じた同条に規定する譲渡人が第三者に対して有する権利については, 適用しない.

(詐害行為取消権に関する経過措置)

第19条　施行日前に旧法第424条第1項に規定する債務者が債権者を害することを知ってした法律行為がされた場合におけるその行為に係る詐害行為取消権については, なお従前の例による.

(不可分債権, 不可分債務, 連帯債権及び連帯債務に関する経過措置)

第20条　① 施行日前に生じた旧法第428条に規定する不可分債権(その原因である法律行為が施行日前にされたものを含む.)については, なお従前の例による.

② 施行日前に生じた旧法第430条に規定する不可分債務及び旧法第432条に規定する連帯債務(これらの原因である法律行為が施行日前にされたものを含む.)については, なお従前の例による.

③ 新法第432条から第435条の2までの規定は, 施行日前に生じた新法第432条に規定する債権(その原因である法律行為が施行日前にされたものを含む.)については, 適用しない.

(保証債務に関する経過措置)

第21条　① 施行日前に締結された保証契約に係る保証債務については, なお従前の例による.

② 保証人になろうとする者は, 施行日前においても, 新法第465条の6第1項(新法第465条の8第1項において準用する場合を含む.)の公正証書の作成を嘱託することができる.

③ 公証人は, 前項の規定による公正証書の作成の嘱託があった場合には, 施行日前においても, 新法第465条の6第2項及び第465条の7(これらの規定を新法第465条の8第1項において準用する場合を含む.)の規定の例により, その作成をすることができる.

(債権の譲渡に関する経過措置)

第22条　施行日前に債権の譲渡の原因である法律行為がされた場合におけるその債権の譲渡については, 新法第466条から第469条までの規定にかかわらず, なお従前の例による.

(債務の引受けに関する経過措置)

第23条　新法第470条から第472条の4までの規定は, 施行日前に締結された債務の引受けに関する契約については, 適用しない.

(記名式所持人払債権に関する経過措置)

第24条 施行日前に生じた旧法第471条に規定する記名式所持人払債権（その原因である法律行為が施行日前にされたものを含む．）については，なお従前の例による．

（弁済に関する経過措置）
第25条 ① 施行日前に債務が生じた場合におけるその債務の弁済については，次項に規定するもののほか，なお従前の例による．

② 施行日前に弁済がされた場合におけるその弁済の充当については，新法第488条から第491条までの規定にかかわらず，なお従前の例による．

（相殺に関する経過措置）
第26条 ① 施行日前にされた旧法第505条第2項に規定する意思表示については，なお従前の例による．

② 施行日前に債権が生じた場合におけるその債権を受働債権とする相殺については，新法第509条の規定にかかわらず，なお従前の例による．

③ 施行日前の原因に基づいて債権が生じた場合におけるその債権を自働債権とする相殺（差押えを受けた債権を受働債権とするものに限る．）については，新法第511条の規定にかかわらず，なお従前の例による．

④ 施行日前に相殺の意思表示がされた場合におけるその相殺の充当については，新法第512条及び第512条の2の規定にかかわらず，なお従前の例による．

（更改に関する経過措置）
第27条 施行日前に旧法第513条に規定する更改の契約が締結された更改については，なお従前の例による．

（有価証券に関する経過措置）
第28条 新法第520条の2から第520条の20までの規定は，施行日前に発行された証券については，適用しない．

（契約の成立に関する経過措置）
第29条 ① 施行日前に契約の申込みがされた場合におけるその申込み及びこれに対する承諾については，なお従前の例による．

② 施行日前に通知が発せられた契約の申込みについては，新法第526条の規定にかかわらず，なお従前の例による．

③ 施行日前にされた懸賞広告については，新法第529条から第530条までの規定にかかわらず，なお従前の例による．

（契約の効力に関する経過措置）
第30条 ① 施行日前に締結された契約に係る同時履行の抗弁及び危険負担については，なお従前の例による．

② 新法第537条第2項及び第538条第2項の規定は，施行日前に締結された第三者のためにする契約については，適用しない．

（契約上の地位の移転に関する経過措置）
第31条 新法第539条の2の規定は，施行日前にされた契約上の地位を譲渡する旨の合意については，適用しない．

（契約の解除に関する経過措置）
第32条 施行日前に契約が締結された場合におけるその契約の解除については，新法第541条から第543条まで，第545条第3項及び第548条の規定にかかわらず，なお従前の例による．

（定型約款に関する経過措置）
第33条 ① 新法第548条の2から第548条の4までの規定は，施行日前に締結された定型取引（新法第548条の2第1項に規定する定型取引をいう．）に係る契約についても，適用する．ただし，旧法の規定によって生じた効力を妨げない．

② 前項の規定は，同項に規定する契約の当事者の一方（契約又は法律の規定により解除権を現に行使することができる者を除く．）により反対の意思の表示が書面でされた場合（その内容を記録した電磁的記録によってされた場合を含む．）には，適用しない．

③ 前項に規定する反対の意思の表示は，施行日前にしなければならない．

（贈与等に関する経過措置）
第34条 ① 施行日前に贈与，売買，消費貸借（旧法第589条に規定する消費貸借の予約を含む．），使用貸借，賃貸借，雇用，請負，委任，寄託又は組合の各契約が締結された場合におけるこれらの契約及びこれらの契約に付随する買戻しその他の特約については，なお従前の例による．

② 前項の規定にかかわらず，新法第604条第2項の規定は，施行日前に賃貸借契約が締結された場合において施行日以後にその契約の更新に係る合意がされるときにも適用する．

③ 第1項の規定にかかわらず，新法第605条の4の規定は，施行日前に不動産の賃貸借契約が締結された場合において施行日以後にその不動産の占有を第三者が妨害し，又はその不動産を第三者が占有しているときにも適用する．

（不法行為等に関する経過措置）
第35条 ① 旧法第724条後段（旧法第934条第3項（旧法第936条第3項，第947条第3項，第950条第2項及び第957条第2項において準用する場合を含む．）において準用する

場合を含む.）に規定する期間がこの法律の施行の際既に経過していた場合におけるその期間の制限については，なお従前の例による．

② 新法第724条の2の規定は，不法行為による損害賠償請求権の旧法第724条前段に規定する時効がこの法律の施行の際既に完成していた場合については，適用しない．

（遺言執行者の復任権及び報酬に関する経過措置）

第36条 ① 施行日前に遺言執行者となった者の旧法第1016条第2項において準用する旧法第105条に規定する責任については，なお従前の例による．

② 施行日前に遺言執行者となった者の報酬については，新法第1018条第2項において準用する新法第648条第3項及び第648条の2の規定にかかわらず，なお従前の例による．

（政令への委任）

第37条 この附則に規定するもののほか，この法律の施行に関し必要な経過措置は，政令で定める．

附　則（平30・6・20法59）（抄）〔成年年齢関係〕

（施行期日）

第1条 この法律は，平成34年4月1日から施行する．ただし，附則第26条の規定は，公布の日から施行する．

（成年に関する経過措置）

第2条 この法律による改正後の民法（以下「新法」という．）第4条の規定は，この法律の施行の日（以下「施行日」という．）以後に18歳に達する者について適用し，この法律の施行の際に20歳以上の者の成年に達した時については，なお従前の例による．

② この法律の施行の際に18歳以上20歳未満の者（次項に規定する者を除く．）は，施行日において成年に達するものとする．

③ 施行日前に婚姻をし，この法律による改正前の民法（次条第3項において「旧法」という．）第753条の規定により成年に達したものとみなされた者については，この法律の施行後も，なお従前の例により当該婚姻の時に成年に達したものとみなす．

（婚姻に関する経過措置）

第3条 ① 施行日前にした婚姻の取消し（女が適齢に達していないことを理由とするものに限る．）については，新法第731条及び第745条の規定にかかわらず，なお従前の例による．

② この法律の施行の際に16歳以上18歳未満の女は，新法第731条の規定にかかわらず，婚姻をすることができる．

③ 前項の規定による婚姻については，旧法第737条，第740条（旧法第741条において準用する場合を含む．）及び第753条の規定は，なおその効力を有する．

（縁組に関する経過措置）

第4条 施行日前にした縁組の取消し（養親となる者が成年に達していないことを理由とするものに限る．）については，新法第4条，第792条及び第804条の規定並びに附則第2条第2項の規定にかかわらず，なお従前の例による．

（罰則に関する経過措置）

第25条 施行日前にした行為及び附則第13条の規定によりなお従前の例によることとされる場合における施行日以後にした行為に対する罰則の適用については，なお従前の例による．

（政令への委任）

第26条 この附則に規定するもののほか，この法律の施行に関し必要な経過措置は，政令で定める．

附　則（平30・7・13法72）（抄）〔相続関係〕

（施行期日）

第1条 この法律は，公布の日から起算して1年を超えない範囲内において政令で定める日から施行する．ただし，次の各号に掲げる規定は，当該各号に定める日から施行する．

1　附則第30条及び第31条の規定　公布の日

2　第1条中民法第968条，第970条第2項及び第982条の改正規定並びに附則第6条の規定　公布の日から起算して6月を経過した日

3　第1条中民法第998条，第1000条及び第1025条ただし書の改正規定並びに附則第7条及び第9条の規定　民法の一部を改正する法律（平成29年法律第44号）の施行の日

4　第2条並びに附則第10条，第13条，第14条，第17条，第18条及び第23条から第26条までの規定　公布の日から起算して2年を超えない範囲内において政令で定める日

5　第3条中家事事件手続法第3条の11及び第3条の14の改正規定並びに附則第11条第1項の規定　人事訴訟法等の一部を改正する法律（平成30年法律第20号）の施行の日又はこの法律の施行の日のいずれか遅い日

（民法の一部改正に伴う経過措置の原則）

第2条 この法律の施行の日（以下「施行日」という．）前に開始した相続については，この

附則に特別の定めがある場合を除き，なお従前の例による．

（共同相続における権利の承継の対抗要件に関する経過措置）

第3条　第1条の規定による改正後の民法（以下「新民法」という．）第899条の2の規定は，施行日前に開始した相続に関し遺産の分割による債権の承継がされた場合において，施行日以後にその承継の通知がされるときにも，適用する．

（夫婦間における居住用不動産の遺贈又は贈与に関する経過措置）

第4条　新民法第903条第4項の規定は，施行日前にされた遺贈又は贈与については，適用しない．

（遺産の分割前における預貯金債権の行使に関する経過措置）

第5条　①　新民法第909条の2の規定は，施行日前に開始した相続に関し，施行日以後に預貯金債権が行使されるときにも，適用する．

②　施行日から附則第1条第3号に定める日の前日までの間における新民法第909条の2の規定の適用については，同条中「預貯金債権のうち」とあるのは，「預貯金債権（預金口座又は貯金口座に係る預金又は貯金に係る債権をいう．以下同じ．）のうち」とする．

（自筆証書遺言の方式に関する経過措置）

第6条　附則第1条第2号に掲げる規定の施行の日前にされた自筆証書遺言については，新民法第968条第2項及び第3項の規定にかかわらず，なお従前の例による．

（遺贈義務者の引渡義務等に関する経過措置）

第7条　①　附則第1条第3号に掲げる規定の施行の日（以下「第3号施行日」という．）前にされた遺贈に係る遺贈義務者の引渡義務については，新民法第998条の規定にかかわらず，なお従前の例による．

②　第1条の規定による改正前の民法第1000条の規定は，第3号施行日前にされた第三者の権利の目的である財産の遺贈については，なおその効力を有する．

（遺言執行者の権利義務等に関する経過措置）

第8条　①　新民法第1007条第2項及び第1012条の規定は，施行日前に開始した相続に関し，施行日以後に遺言執行者となる者にも，適用する．

②　新民法第1014条第2項から第4項までの規定は，施行日前にされた特定の財産に関する遺言に係る遺言執行者によるその執行については，適用しない．

③　施行日前にされた遺言に係る遺言執行者の

復任権については，新民法第1016条の規定にかかわらず，なお従前の例による．

（撤回された遺言の効力に関する経過措置）

第9条　第3号施行日前に撤回された遺言の効力については，新民法第1025条ただし書の規定にかかわらず，なお従前の例による．

（配偶者の居住の権利に関する経過措置）

第10条　①　第2条の規定による改正後の民法（次項において「第4号新民法」という．）第1028条から第1041条までの規定は，次項に定めるものを除き，附則第1条第4号に掲げる規定の施行の日（以下この条において「第4号施行日」という．）以後に開始した相続について適用し，第4号施行日前に開始した相続については，なお従前の例による．

②　第4号新民法第1028条から第1036条までの規定は，第4号施行日前にされた遺贈については，適用しない．

（政令への委任）

第31条　この附則に規定するもののほか，この法律の施行に関し必要な経過措置は，政令で定める．

49　民法施行法（抄）

（明31・6・21 法律第11号，明31・7・16 施行，
最終改正：令5・6・14 法律第53号）

第1章　通　　則

第4条　削除

第5条　①　証書ハ左ノ場合ニ限リ確定日付アルモノトス

1　公正証書ナルトキハ其日付ヲ以テ確定日付トス

2　登記所又ハ公証人役場ニ於テ私署証書ニ日付アル印章ヲ押捺シタルトキハ其印章ノ日付ヲ以テ確定日付トス

3　私署証書ノ署名者中ニ死亡シタル者アルトキハ其死亡ノ日ヨリ確定日付アルモノトス

4　確定日付アル証書中ニ私署証書ヲ引用シタルトキハ其証書ノ日付ヲ以テ引用シタル私署証書ノ確定日付トス

5　官庁又ハ公署ニ於テ私署証書ニ或事項ヲ記入シ之ニ日付ヲ記載シタルトキハ其日付ヲ以テ其証書ノ確定日付トス

6　郵便認司（郵便法（昭和22年法律第165号）第59条第1項ニ規定スル郵便認司ヲ謂フ）ガ同法第58条第1項ニ規定スル内容証明ノ取扱ニ係ル認証ヲ為シタルトキハ同号ノ規定ニ従ヒテ記載シタル日付ヲ以テ確定日付トス

②　指定公証人（公証人法（明治41年法律第53号）第7条第1項ニ規定スル指定公証人ヲ謂フ以下之ニ同ジ）ガ其設ケタル公証人役場ニ於テ請求ニ基キ法務省令ノ定ムル方法ニ依リ電磁的記録（電子的方式，磁気的方式其他人ノ知覚ヲ以テ認識

スルコト能ハザル方式（以下電磁的方式ト称ス）ニ依リ作ラルル記録ニシテ電子計算機ニ依ル情報処理ノ用ニ供セラルルモノヲ謂フ以下之ニ同ジ）ニ記録セラレタル情報ニ日付ヲ内容トスル情報（以下日付情報ト称ス）ヲ電磁的方式ニ依リ付シタルトキハ当該電磁的記録ニ記録セラレタル情報ハ確定日付アル証書ト看做ス但公務員ガ職務上作成シタル電磁的記録以外ノモノニ付シタルトキニ限ルトス

③　前項ノ場合ニ於テハ日付情報ノ日付ヲ以テ確定日付トス

第11条　本法ハ民法施行ノ日ヨリ之ヲ施行ス

第2章　総則編ニ関スル規定（略）

第3章　物権編ニ関スル規定

第35条　慣習上物権ト認メタル権利ニシテ民法施行前ニ発生シタルモノト雖モ其施行ノ後ハ民法其他ノ法律ニ定ムルモノニ非サレバ物権タル効力ヲ有セス

第36条　民法ニ定メタル物権ハ民法施行前ニ発生シタルモノト雖モ其施行ノ日ヨリ民法ニ定メタル効力ヲ有スル

50　一般社団法人及び一般財団法人に関する法律（抄）

（平18・6・2法律第48号,平20・12・1施行,最終改正：令5・6・14法律第53号）

第1章　総　則

第1節　通　則
（趣　旨）

第1条　一般社団法人及び一般財団法人の設立,組織,運営及び管理については,他の法律に特別の定めがある場合を除くほか,この法律の定めるところによる.

（定　義）

第2条　この法律において,次の各号に掲げる用語の意義は,当該各号に定めるところによる.

1　一般社団法人等　一般社団法人又は一般財団法人をいう.

2　大規模一般社団法人　最終事業年度（各事業年度に係る第123条第2項に規定する計算書類につき第126条第2項の承認（第127条前段に規定する場合にあっては,第124条第3項の承認）を受けた場合における当該各事業年度のうち最も遅いものをいう.）に係る貸借対照表（第127条前段に規定する場合にあっては,同条の規定により定時社員総会に報告された貸借対照表をいい,一般社団法人の成立後最初の定時社員総会までの間においては,第123条第1項の貸借対照表をいう.）の負債の部に計上した額の合計額が200億円以上である一般社団法人をいう.

3　大規模一般財団法人　最終事業年度（各事業年度に係る第199条において準用する第123条第2項に規定する計算書類につき第199条において準用する第126条第2項の承認（第199条において準用する第127条前段に規定する場合にあっては,第199条において準用する第124条第3項の承認）を受けた場合における当該各事業年度のうち最も遅いものをいう.）に係る貸借対照表（第199条において準用する第127条前段に規定する場合にあっては,同条の規定により定時評議員会に報告された貸借対照表をいい,一般財団法人の成立後最初の定時評議員会までの間においては,第199条において準用する第123条第1項の貸借対照表をいう.）の負債の部に計上した額の合計額が200億円以上である一般財団法人をいう.

4　子法人　一般社団法人又は一般財団法人がその経営を支配している法人として法務省令で定めるものをいう.

5　吸収合併　一般社団法人又は一般財団法人が他の一般社団法人又は一般財団法人とする合併であって,合併により消滅する法人の権利義務の全部を合併後存続する法人に承継させるものをいう.

6　新設合併　二以上の一般社団法人又は一般財団法人がする合併であって,合併により消滅する法人の権利義務の全部を合併により設立する法人に承継させるものをいう.

7　公告方法　一般社団法人又は一般財団法人が公告（この法律又は他の法律の規定により官報に掲載する方法によりしなければならないものとされているものを除く.）をする方法をいう.

（法人格）

第3条　一般社団法人及び一般財団法人は,法人とする.

（住　所）

第4条　一般社団法人及び一般財団法人の住所は,その主たる事務所の所在地にあるものとする.

第2節　法人の名称
（名　称）

第5条　①　一般社団法人又は一般財団法人は,その種類に従い,その名称中に一般社団法人又は一般財団法人という文字を用いなければならない.

②　一般社団法人は,その名称中に,一般財団法人であると誤認されるおそれのある文字を用いてはならない.

③　一般財団法人は,その名称中に,一般社団法人であると誤認されるおそれのある文字を用いてはならない.

第3節　商法の規定の不適用

第9条　商法（明治32年法律第48号）第11条から第15条まで及び第19条から第24条までの規定は,一般社団法人及び一般財団法人については,適用しない.

第2章　一般社団法人

第1節　設　立
第1款　定款の作成
（定款の作成）

第10条　①　一般社団法人を設立するには,その社員になろうとする者（以下「設立時社員」という.）が,共同して定款を作成し,その全員がこれに署名し,又は記名押印しなければならない.

②　前項の定款は,電磁的記録（電子的方式,磁気的方式その他の人の知覚によっては認識することができない方式で作られる記録であって,電子計算機による情報処理の用に供されるものとして法務省令で定めるものをいう.第298条の2第3項を除き,

以下同じ．）をもって作成することができる．この場合において，当該電磁的記録に記録された情報については，法務省令で定める署名又は記名押印に代わる措置をとらなければならない．

〔令5法53,施行5年内〕

（定款の記載又は記録事項）

第11条 ① 一般社団法人の定款には，次に掲げる事項を記載し，又は記録しなければならない．

1　目的
2　名称
3　主たる事務所の所在地
4　設立時社員の氏名又は名称及び住所
5　社員の資格の得喪に関する規定
6　公告方法
7　事業年度

② 社員に剰余金又は残余財産の分配を受ける権利を与える旨の定款の定めは，その効力を有しない．

　　第5款　一般社団法人の成立

第22条 一般社団法人は，その主たる事務所の所在地において設立の登記をすることによって成立する．

　第2節　社　員
　　第1款　総　則

（経費の負担）

第27条 社員は，定款で定めるところにより，一般社団法人に対し，経費を支払う義務を負う．

（任意退社）

第28条 ① 社員は，いつでも退社することができる．ただし，定款で別段の定めをすることを妨げない．

② 前項ただし書の規定による定款の定めがある場合であっても，やむを得ない事由があるときは，社員は，いつでも退社することができる．

（法定退社）

第29条 前条の場合のほか，社員は，次に掲げる事由によって退社する．

1　定款で定めた事由の発生
2　総社員の同意
3　死亡又は解散
4　除名

（除　名）

第30条 ① 社員の除名は，正当な事由があるときに限り，社員総会の決議によってすることができる．この場合において，一般社団法人は，当該社員に対し，当該社員総会の日から1週間前までにその旨を通知し，かつ，社員総会において弁明する機会を与えなければならない．

② 除名は，除名した社員にその旨を通知しなければ，これをもって当該社員に対抗することができない．

　第3節　機　関
　　第1款　社員総会

（社員総会の権限）

第35条 ① 社員総会は，この法律に規定する事項及び一般社団法人の組織，運営，管理その他一般社団法人に関する一切の事項について決議をすることができる．

② 前項の規定にかかわらず，理事会設置一般社団法人においては，社員総会は，この法律に規定する事項及び定款で定めた事項に限り，決議をすることができる．

③ 前2項の規定にかかわらず，社員総会は，社員に剰余金を分配する旨の決議をすることができない．

④ この法律の規定により社員総会の決議を必要とする事項について，理事，理事会その他の社員総会

以外の機関が決定することができることを内容とする定款の定めは，その効力を有しない．

（議決権の数）

第48条 ① 社員は，各1個の議決権を有する．ただし，定款で別段の定めをすることを妨げない．

② 前項ただし書の規定にかかわらず，社員総会において決議をする事項の全部につき社員が議決権を行使することができない旨の定款の定めは，その効力を有しない．

（社員総会の決議）

第49条 ① 社員総会の決議は，定款に別段の定めがある場合を除き，総社員の議決権の過半数を有する社員が出席し，出席した当該社員の議決権の過半数をもって行う．

② 前項の規定にかかわらず，次に掲げる社員総会の決議は，総社員の半数以上であって，総社員の議決権の3分の2（これを上回る割合を定款で定めた場合にあっては，その割合）以上に当たる多数をもって行わなければならない．

1　第30条第1項の社員総会
2　第70条第1項の社員総会（監事を解任する場合に限る．）
3　第113条第1項の社員総会
4　第146条の社員総会
5　第147条の社員総会
6　第148条第3号及び第150条の社員総会
7　第247条，第251条第1項及び第257条の社員総会

③ 理事会設置一般社団法人においては，社員総会は，第38条第1項第2号に掲げる事項以外の事項については，決議をすることができない．ただし，第55条第1項若しくは第2項に規定する者の選任又は第109条第2項の会計監査人の出席を求めることについては，この限りでない．

　　第2款　社員総会以外の機関の設置

（社員総会以外の機関の設置）

第60条 ① 一般社団法人には，1人又は2人以上の理事を置かなければならない．

② 一般社団法人は，定款の定めによって，理事会，監事又は会計監査人を置くことができる．

（監事の設置義務）

第61条 理事会設置一般社団法人及び会計監査人設置一般社団法人は，監事を置かなければならない．

（会計監査人の設置義務）

第62条 大規模一般社団法人は，会計監査人を置かなければならない．

　　第3款　役員等の選任及び解任

（選　任）

第63条 ① 役員（理事及び監事をいう．以下この款において同じ．）及び会計監査人は，社員総会の決議によって選任する．

② 前項の決議をする場合には，法務省令で定めるところにより，役員が欠けた場合又はこの法律若しくは定款で定めた役員の員数を欠くこととなるときに備えて補欠の役員を選任することができる．

（一般社団法人と役員等との関係）

第64条 一般社団法人と役員及び会計監査人との関係は，委任に関する規定に従う．

　　第4款　理　事

（業務の執行）

第76条 ① 理事は，定款に別段の定めがある場合を除き，一般社団法人（理事会設置一般社団法人を除

く，以下この条において同じ.）の業務を執行する.
② 理事が2人以上ある場合には，一般社団法人の業務は，定款に別段の定めがある場合を除き，理事の過半数をもって決定する.
③ 前項の場合には，理事は，次に掲げる事項についての決定を各理事に委任することができない.
1 従たる事務所の設置，移転及び廃止
2 第38条第1項各号に掲げる事項
3 理事の職務の執行が法令及び定款に適合することを確保するための体制その他一般社団法人の業務の適正を確保するために必要なものとして法務省令で定める体制の整備
4 第114条第1項の規定による定款の定めに基づく第111条第1項の責任の免除
④ 大規模一般社団法人においては，理事は，前項第3号に掲げる事項を決定しなければならない.

（一般社団法人の代表）
第77条 ① 理事は，一般社団法人を代表する. ただし，他に代表理事その他一般社団法人を代表する者を定めた場合は，この限りでない.
② 前項本文の理事が2人以上ある場合には，理事は，各自，一般社団法人を代表する.
③ 一般社団法人（理事会設置一般社団法人を除く.）は，定款，定款の定めに基づく理事の互選又は社員総会の決議によって，理事の中から代表理事を定めることができる.
④ 代表理事は，一般社団法人の業務に関する一切の裁判上又は裁判外の行為をする権限を有する.
⑤ 前項の権限に加えた制限は，善意の第三者に対抗することができない.

（代表者の行為についての損害賠償責任）
第78条 一般社団法人は，代表理事その他の代表者がその職務を行うについて第三者に加えた損害を賠償する責任を負う.

（表見代表理事）
第82条 一般社団法人は，代表理事以外の理事に理事長その他一般社団法人を代表する権限を有するものと認められる名称を付した理事がした行為について，善意の第三者に対してその責任を負う.

（忠実義務）
第83条 理事は，法令及び定款並びに社員総会の決議を遵守し，一般社団法人のため忠実にその職務を行わなければならない.

第5款 理事会
（理事会の権限等）
第90条 ① 理事会は，すべての理事で組織する.
② 理事会は，次に掲げる職務を行う.
1 理事会設置一般社団法人の業務執行の決定
2 理事の職務の執行の監督
3 代表理事の選定及び解職
③ 理事会は，理事の中から代表理事を選定しなければならない.
④ 理事会は，次に掲げる事項その他の重要な業務執行の決定を理事に委任することができない.
1 重要な財産の処分及び譲受け
2 多額の借財
3 重要な使用人の選任及び解任
4 従たる事務所その他の重要な組織の設置，変更及び廃止
5 理事の職務の執行が法令及び定款に適合することを確保するための体制その他一般社団法人の業

務の適正を確保するために必要なものとして法務省令で定める体制の整備
6 第114条第1項の規定による定款の定めに基づく第111条第1項の責任の免除
⑤ 大規模一般社団法人である理事会設置一般社団法人においては，理事会は，前項第5号に掲げる事項を決定しなければならない.

第6款 監事
（監事の権限）
第99条 ① 監事は，理事の職務の執行を監査する. この場合において，監事は，法務省令で定めるところにより，監査報告を作成しなければならない.
② 監事は，いつでも，理事及び使用人に対して事業の報告を求め，又は監事設置一般社団法人の業務及び財産の状況の調査をすることができる.
③ 監事は，その職務を行うため必要があるときは，監事設置一般社団法人の子法人に対して事業の報告を求め，又はその子法人の業務及び財産の状況の調査をすることができる.
④ 前項の子法人は，正当な理由があるときは，同項の報告又は調査を拒むことができる.

第7款 会計監査人
（会計監査人の権限等）
第107条 ① 会計監査人は，次条の定めるところにより，一般社団法人の計算書類（第123条第2項に規定する計算書類をいう. 第117条第2項第1号イにおいて同じ.）及びその附属明細書を監査する. この場合において，会計監査人は，法務省令で定めるところにより，会計監査報告を作成しなければならない.

第5節 基金
第1款 基金を引き受ける者の募集
（基金を引き受ける者の募集等に関する定款の定め）
第131条 一般社団法人（一般社団法人の成立前にあっては，設立時社員. 次条から第134条まで（第133条第1項第1号を除く.）及び第136条第1号において同じ.）は，基金（この款の規定により一般社団法人に拠出された金銭その他の財産であって，当該一般社団法人が拠出者に対してこの法律及び当該一般社団法人と当該拠出者との間の合意の定めるところに従い返還義務（金銭以外の財産については，拠出時の当該財産の価額に相当する金銭の返還義務）を負うものをいう. 以下同じ.）を引き受ける者の募集をすることができる旨を定款で定めることができる. この場合においては，次に掲げる事項を定款で定めなければならない.
1 基金の拠出者の権利に関する規定
2 基金の返還の手続
（募集事項の決定）
第132条 ① 一般社団法人は，前条の募集をしようとするときは，その都度，次に掲げる事項（以下この款において「募集事項」という.）を定めなければならない.
1 募集に係る基金の総額
2 金銭以外の財産を拠出の目的とするときは，その旨並びに当該財産の内容及びその価額
3 基金の拠出に係る金銭の払込み又は前号の財産の給付の期日又はその期間
② 設立時社員は，募集事項を定めようとするときは，その全員の同意を得なければならない.

第8節 解散
（解散の事由）
第148条 一般社団法人は，次に掲げる事由によっ

て解散する.

1 定款で定めた存続期間の満了
2 定款で定めた解散の事由の発生
3 社員総会の決議
4 社員が欠けたこと.
5 合併（合併により当該一般社団法人が消滅する場合に限る.）
6 破産手続開始の決定
7 第261条第1項又は第268条の規定による解散を命ずる裁判

（休眠一般社団法人のみなし解散）
第149条 ① 休眠一般社団法人（一般社団法人であって,当該一般社団法人に関する登記が最後にあった日から5年を経過したものをいう. 以下この条において同じ.）は,法務大臣が休眠一般社団法人に対し2月以内に法務省令で定めるところによりその主たる事務所の所在地を管轄する登記所に事業を廃止していない旨の届出をすべき旨を官報に公告した場合において,その届出をしないときは,その2箇月の期間の満了の時に,解散したものとみなす. ただし,当該期間内に当該休眠一般社団法人に関する登記がされたときは,この限りでない.
② 登記所は,前項の規定による公告があったときは,休眠一般社団法人に対し,その旨の通知を発しなければならない.

第3章 一般財団法人

第1節 設 立
第1款 定款の作成
（定款の作成）
第152条 ① 一般財団法人を設立するには,設立者（設立者が2人以上あるときは,その全員）が定款を作成し,これに署名し,又は記名押印しなければならない.
② 設立者は,遺言で,次条第1項各号に掲げる事項及び第154条に規定する事項を定めて一般財団法人を設立する意思を表示することができる. この場合においては,遺言執行者は,当該遺言の効力が生じた後,遅滞なく,当該遺言で定めた事項を記載した定款を作成し,これに署名し,又は記名押印しなければならない.
③ 第10条第2項の規定は,前2項の定款について準用する.

（定款の記載又は記録事項）
第153条 ① 一般財団法人の定款には,次に掲げる事項を記載し,又は記録しなければならない.

1 目的
2 名称
3 主たる事務所の所在地
4 設立者の氏名又は名称及び住所
5 設立に際して設立者（設立者が2人以上あるときは,各設立者）が拠出をする財産及びその価額
6 設立時評議員（一般財団法人の設立に際して評議員となる者をいう. 以下同じ.）,設立時理事（一般財団法人の設立に際して理事となる者をいう. 以下この節及び第319条第2項において同じ.）及び設立時監事（一般財団法人の設立に際して監事となる者をいう. 以下この節,第254条第7号及び同項において同じ.）の選任に関する事項
7 設立しようとする一般財団法人が会計監査人設置一般財団法人（会計監査人を置く一般財団法人

又はこの法律の規定により会計監査人を置かなければならない一般財団法人をいう. 以下同じ.）であるときは,設立時会計監査人（一般財団法人の設立に際して会計監査人となる者をいう. 以下この節及び第319条第2項第6号において同じ.）の選任に関する事項
8 評議員の選任及び解任の方法
9 公告方法
10 事業年度
② 前項第5号の財産の価額の合計額は,300万円を下回ってはならない.
③ 次に掲げる定款の定めは,その効力を有しない.

1 第1項第8号の方法として,理事又は理事会が評議員を選任し,又は解任する旨の定款の定め
2 設立者に剰余金又は残余財産の分配を受ける権利を与える旨の定款の定め

第154条 前条第1項各号に掲げる事項のほか,一般財団法人の定款には,この法律の規定により定款の定めがなければその効力を生じない事項及びその他の事項でこの法律の規定に違反しないものを記載し,又は記録することができる.

（定款の認証）
第155条 第152条第1項及び第2項の定款は,公証人の認証を受けなければ,その効力を生じない.

（定款の備置き及び閲覧等）
第156条 ① 設立者（一般財団法人の成立後にあっては,当該一般財団法人）は,定款を設立者が定めた場所（一般財団法人の成立後にあっては,その主たる事務所及び従たる事務所）に備え置かなければならない.

第2款 財産の拠出
（財産の拠出の履行）
第157条 ① 設立者（第152条第2項の場合にあっては,遺言執行者. 以下この条,第161条第2項,第166条から第168条まで,第200条第2項,第319条第3項及び第7章において同じ.）は,第155条の公証人の認証の後遅滞なく,第153条第1項第5号に規定する拠出に係る金銭の全額を払い込み,又は同号に規定する拠出に係る金銭以外の財産の全部を給付しなければならない. ただし,設立者が定めたとき（設立者が2人以上あるときは,その全員の同意があるとき）は,登記,登録その他権利の設定又は移転を第三者に対抗するために必要な行為は,一般財団法人の成立後にすることを妨げない.
② 前項の規定による払込みは,設立者が定めた銀行等の払込みの取扱いの場所においてしなければならない.

第6款 一般財団法人の成立
（一般財団法人の成立）
第163条 一般財団法人は,その主たる事務所の所在地において設立の登記をすることによって成立する.

第2節 機 関
第1款 機関の設置
（機関の設置）
第170条 ① 一般財団法人は,評議員,評議員会,理事,理事会及び監事を置かなければならない.
② 一般財団法人は,定款の定めによって,会計監査人を置くことができる.

（会計監査人の設置義務）
第171条 大規模一般財団法人は,会計監査人を置かなければならない.

第2款　評議員等の選任及び解任
（一般財団法人と評議員等との関係）

第172条　① 一般財団法人と評議員,理事,監事及び会計監査人との関係は,委任に関する規定に従う.

② 理事は,一般財団法人の財産のうち一般財団法人の目的である事業を行うために不可欠なものとして定款で定めた基本財産があるときは,定款で定めるところにより,これを維持しなければならず,かつ,これについて一般財団法人の目的である事業を行うことを妨げることとなる処分をしてはならない.

第3節　評議員及び評議員会
（評議員会の権限等）

第178条　① 評議員会は,すべての評議員で組織する.

② 評議員会は,この法律に規定する事項及び定款で定めた事項に限り,決議をすることができる.

③ この法律の規定により評議員会の決議を必要とする事項について,理事,理事会その他の評議員会以外の機関が決定することができることを内容とする定款の定めは,その効力を有しない.

第5節　事業の譲渡

第201条　一般財団法人が事業の全部の譲渡をするには,評議員会の決議によらなければならない.

第6節　解散
（解散の事由）

第202条　① 一般財団法人は,次に掲げる事由によって解散する.

1　定款で定めた存続期間の満了
2　定款で定めた解散の事由の発生
3　基本財産の滅失その他の事由による一般財団法人の目的である事業の成功の不能
4　合併（合併により当該一般財団法人が消滅する場合に限る.）
5　破産手続開始の決定
6　第261条第1項又は第268条の規定による解散を命ずる裁判

② 一般財団法人は,前項各号に掲げる事由のほか,ある事業年度及びその翌事業年度に係る貸借対照表上の純資産額がいずれも300万円未満となった場合においても,当該翌事業年度に関する定時評議員会の終結の時に解散する.

③ 新設合併により設立する一般財団法人は,前項に規定する場合のほか,第199条において準用する第123条第1項の貸借対照表及びその成立の日の属する事業年度に係る貸借対照表上の純資産額がいずれも300万円未満となった場合においても,当該事業年度に関する定時評議員会の終結の時に解散する.

第4章　清　算

第1節　清算の開始
（清算の開始原因）

第206条　一般社団法人又は一般財団法人は,次に掲げる場合には,この章の定めるところにより,清算をしなければならない.

1　解散した場合（第148条第5号又は第202条第1項第4号に掲げる事由によって解散した場合及び破産手続開始の決定により解散した場合であって当該破産手続が終了していない場合を除く.）
2　設立の無効の訴えに係る請求を認容する判決が確定した場合
3　設立の取消しの訴えに係る請求を認容する判決

が確定した場合

第6章　雑　則

第4節　登　記
第1款　総　則
（登記の効力）

第299条　① この法律の規定により登記すべき事項は,登記の後でなければ,これをもって善意の第三者に対抗することができない.登記の後であっても,第三者が正当な事由によってその登記があることを知らなかったときは,同様とする.

② 故意又は過失によって不実の事項を登記した者は,その事項が不実であることをもって善意の第三者に対抗することができない.

第7章　罰　則（略）

51　〔動産債権譲渡特例法〕動産及び債権の譲渡の対抗要件に関する民法の特例等に関する法律（抄）

（平10・6・12法律第104号,平10・10・1施行,最終改正:令3・5・19法律第37号）

第1章　総　則

（趣　旨）

第1条　この法律は,法人がする動産及び債権の譲渡の対抗要件に関し民法（明治29年法律第89号）の特例等を定めるものとする.

（定　義）

第2条　① この法律において「登記事項」とは,この法律の規定により登記すべき事項をいう.

② この法律において「延長登記」とは,次条第2項に規定する動産譲渡登記又は第4条第2項に規定する債権譲渡登記若しくは第14条第1項に規定する質権設定登記の存続期間を延長する登記をいう.

③ この法律において「抹消登記」とは,次条第2項に規定する動産譲渡登記又は第4条第2項に規定する債権譲渡登記若しくは第14条第1項に規定する質権設定登記を抹消する登記をいう.

（動産の譲渡の対抗要件の特例等）

第3条　① 法人が動産（当該動産につき,倉荷証券,船荷証券又は複合運送証券が作成されているものを除く.以下同じ.）を譲渡した場合において,当該動産の譲渡につき動産譲渡登記ファイルに譲渡の登記がされたときは,当該動産について,民法第178条の引渡しがあったものとみなす.

② 代理人によって占有されている動産の譲渡につき前項に規定する登記（以下「動産譲渡登記」という.）がされ,その譲受人に対して当該動産の引渡しを請求した場合において,当該代理人が本人に対して当該請求につき異議があれば相当の期間内にこれを述べるべき旨を遅滞なく催告し,本人がその期間内に異議を述べなかったときは,当該代理人は,その譲受人として登記されている者に当該動産を引き渡し,それによって本人に損害が生じたときであって

も，その賠償の責任を負わない．

③ 前二項の規定は，当該動産の譲渡に係る第10条第1項第2号に掲げる事由に基づいてされた動産譲渡登記の抹消登記について準用する．この場合において，前項中「譲受人」とあるのは，「譲渡人」と読み替えるものとする．

（債権の譲渡の対抗要件の特例等）

第4条 ① 法人が債権（金銭の支払を目的とするものであって，民法第3編第1章第4節の規定により譲渡されるものに限る．以下同じ．）を譲渡した場合において，当該債権の譲渡につき債権譲渡登記ファイルに譲渡の登記がされたときは，当該債権の債務者以外の第三者については，同法第467条の規定による確定日付のある証書による通知があったものとみなす．この場合においては，当該登記の日付をもって確定日付とする．

② 前項に規定する登記（以下「債権譲渡登記」という．）がされた場合において，当該債権の譲渡及びその譲渡につき債権譲渡登記がされたことについて，譲渡人若しくは譲受人が当該債務者に第11条第2項に規定する登記事項証明書を交付して通知をし，又は当該債務者が承諾をしたときは，当該債務者についても，前項と同様とする．

③ 前二項に規定する場合においては，民法第466条の6第3項，第468条第1項並びに第469条第1項及び第2項の規定は，前項に規定する場合に限り適用する．この場合において，同法第466条の6第3項中「譲渡人が次条」とあるのは「譲渡人若しくは譲受人が動産及び債権の譲渡の対抗要件に関する民法の特例等に関する法律（平成10年法律第104号）第4条第2項」と，「同条」とあるのは「同項」とする．

④ 第1項及び第2項の規定は当該債権の譲渡に係る第10条第1項第2号に掲げる事由に基づいてされた債権譲渡登記の抹消登記について，民法第468条第1項並びに第469条第1項及び第2項の規定はこの項において準用する第2項に規定する場合について，それぞれ準用する．この場合において，同法第468条第1項中「対抗要件具備時」とあるのは「動産及び債権の譲渡の対抗要件に関する民法の特例等に関する法律第4条第4項において準用する同条第2項に規定する通知又は承諾がされた時（以下「対抗要件具備時」という．）」と，同項並びに同法第469条第1項及び第2項中「譲渡人」とあるのは「譲受人」と，「譲受人」とあるのは「譲渡人」と読み替えるものとする．

第2章　動産譲渡登記及び債権譲渡登記等

（動産譲渡登記）

第7条 ① 指定法務局等に，磁気ディスク（これに準ずる方法により一定の事項を確実に記録することができる物を含む．次条第1項及び第12条第1項において同じ．）をもって調製する動産譲渡登記ファイルを備える．

② 動産譲渡登記は，譲渡人及び譲受人の申請により，動産譲渡登記ファイルに，次に掲げる事項を記録することによって行う．

1　譲渡人の商号又は名称及び本店又は主たる事務所

2　譲受人の氏名及び住所（法人にあっては，商号又は名称及び本店又は主たる事務所）

3　譲渡人又は譲受人の本店又は主たる事務所が外国にあるときは，日本における営業所又は事務所

4　動産譲渡登記の登記原因及びその日付

5　譲渡に係る動産を特定するために必要な事項で法務省令で定めるもの

6　動産譲渡登記の存続期間

7　登記番号

8　登記の年月日

③ 前項第6号の存続期間は，10年を超えることができない．ただし，10年を超えて存続期間を定めるべき特別の事由がある場合は，この限りでない．

④ 動産譲渡登記（以下この項において「旧登記」という．）がされた譲渡に係る動産につき譲受人が更に譲渡をし，旧登記の存続期間の満了前に動産譲渡登記（以下この項において「新登記」という．）がされた場合において，新登記の存続期間が満了する日が旧登記の存続期間が満了する日の後に到来するときは，当該動産については，旧登記の存続期間は，新登記の存続期間が満了する日まで延長されたものとみなす．

⑤ 動産譲渡登記がされた譲渡に係る動産につき譲受人が更に譲渡をし，当該動産譲渡登記の存続期間の満了前に民法第178条の引渡しがされた場合（第3条第1項の規定により同法第178条の引渡しがあったものとみなされる場合を除く．）には，当該動産については，当該動産譲渡登記の存続期間は，無期限とみなす．

（債権譲渡登記）

第8条 ① 指定法務局等に，磁気ディスクをもって調製する債権譲渡登記ファイルを備える．

② 債権譲渡登記は，譲渡人及び譲受人の申請により，債権譲渡登記ファイルに，次に掲げる事項を記録することによって行う．

1　前条第2項第1号から第3号まで，第7号及び第8号に掲げる事項

2　債権譲渡登記の登記原因及びその日付

3　譲渡に係る債権（既に発生した債権のみを譲渡する場合に限る．第10条第3項第3号において同じ．）の総額

4　譲渡に係る債権を特定するために必要な事項で法務省令で定めるもの

5　債権譲渡登記の存続期間

③ 前項第5号の存続期間は，次の各号に掲げる区分に応じ，それぞれ当該各号に定める期間を超えることができない．ただし，当該期間を超えて存続期間を定めるべき特別の事由がある場合は，この限りでない．

1　譲渡に係る債権の債務者のすべてが特定している場合　50年

2　前号に掲げる場合以外の場合　10年

④ 債権譲渡登記（以下この項において「旧登記」という．）がされた譲渡に係る債権につき譲受人が更に譲渡をし，旧登記の存続期間の満了前に債権譲渡登記（以下この項において「新登記」という．）がされた場合において，新登記の存続期間が満了する日が旧登記の存続期間が満了する日の後に到来するときは，当該債権については，旧登記の存続期間は，新登記の存続期間が満了する日まで延長されたものとみなす．

⑤ 債権譲渡登記がされた譲渡に係る債権につき譲受人が更に譲渡をし，当該債権譲渡登記の存続期間の満了前に民法第467条の規定による通知又は承諾がされた場合（第4条第1項の規定により同法

第467条の規定による通知があったものとみなされる場合を除く．）には，当該債権については，当該債権譲渡登記の存続期間は，無期限とみなす．

（登記事項概要証明書等の交付）

第11条　① 何人も，指定法務局等の登記官に対し，動産譲渡登記ファイル又は債権譲渡登記ファイルに記録されている登記事項の概要（動産譲渡登記ファイル又は債権譲渡登記ファイルに記録されている事項のうち，第7条第2項第5号，第8条第2項第4号及び前条第3項第2号に掲げる事項を除いたものをいう．次条第2項及び第3項において同じ．）を証明した書面（第21条第1項において「登記事項概要証明書」という．）の交付を請求することができる．

② 次に掲げる者は，指定法務局等の登記官に対し，動産の譲渡又は債権の譲渡について，動産譲渡登記ファイル又は債権譲渡登記ファイルに記録されている事項を証明した書面（第21条第1項において「登記事項証明書」という．）の交付を請求することができる．

1　譲渡に係る動産又は譲渡に係る債権の譲渡人又は譲受人

2　譲渡に係る動産を差し押さえた債権者その他の当該動産の譲渡につき利害関係を有する者として政令で定めるもの

3　譲渡に係る債権の債務者その他の当該債権の譲渡につき利害関係を有する者として政令で定めるもの

4　譲渡に係る動産又は譲渡に係る債権の譲渡人の使用人

（登記事項概要ファイルへの記録等）

第12条　① 本店等所在地法務局等に，磁気ディスクをもって調製する動産譲渡登記事項概要ファイル及び債権譲渡登記事項概要ファイルを備える．

② 動産譲渡登記若しくは債権譲渡登記又は抹消登記をした登記官は，本店等所在地法務局等に対し，当該登記をした旨その他当該登記に係る登記事項の概要のうち法務省令で定めるものを通知しなければならない．

③ 前項の規定による通知を受けた本店等所在地法務局等の登記官は，遅滞なく，通知を受けた登記事項の概要のうち法務省令で定めるものを譲渡人の動産譲渡登記事項概要ファイル又は債権譲渡登記事項概要ファイル（次条第1項及び第18条において「登記事項概要ファイル」と総称する．）に記録しなければならない．

（債権質への準用）

第14条　① 第4条（第3項を除く．）及び第8条の規定並びに第5条，第6条及び第9条から前条までの規定中債権の譲渡に係る部分は法人が債権を目的として質権を設定した場合において当該債権の設定につき債権譲渡登記ファイルに記録された質権の設定の登記（以下「質権設定登記」という．）について，民法第468条第1項の規定はこの項において準用する第4条第2項に規定する場合について，それぞれ準用する．〔後略〕

第3章　補　則（略）

52　利息制限法（抄）

（昭29・5・15法律第100号，昭29・6・15施行，最終改正：平18・12・20法律第115号）

第1章　利息等の制限

（利息の制限）

第1条　金銭を目的とする消費貸借における利息の契約は，その利息が次の各号に掲げる場合に応じ当該各号に定める利率により計算した金額を超えるときは，その超過部分について，無効とする．

1　元本の額が10万円未満の場合　年2割

2　元本の額が10万円以上100万円未満の場合　年1割8分

3　元本の額が100万円以上の場合　年1割5分

（利息の天引き）

第2条　利息の天引きをした場合において，天引額が債務者の受領額を元本として前条に規定する利率により計算した金額を超えるときは，その超過部分は，元本の支払に充てたものとみなす．

（みなし利息）

第3条　前2条の規定の適用については，金銭を目的とする消費貸借に関し債権者の受ける元本以外の金銭は，礼金，割引金，手数料，調査料その他いかなる名義をもってするかを問わず，利息とみなす．ただし，契約の締結及び債務の弁済の費用は，この限りでない．

（賠償額の予定の制限）

第4条　① 金銭を目的とする消費貸借上の債務の不履行による賠償額の予定は，その賠償額の元本に対する割合が第1条に規定する率の1.46倍を超えるときは，その超過部分について，無効とする．

② 前項の規定の適用については，違約金は，賠償額の予定とみなす．

53　貸金業法（抄）

（昭58・5・13法律第32号，昭58・11・1施行，最終改正：令5・6・16法律第63号）

第1章　総　則

（目　的）

第1条　この法律は，貸金業が我が国の経済社会において果たす役割にかんがみ，貸金業を営む者について登録制度を実施し，その事業に対し必要な規制を行うとともに，貸金業者の組織する団体を認可する制度を設け，その適正な活動を促進するほか，指定信用情報機関の制度を設けることにより，貸金業を営む者の業務の適正な運営の確保及び資金需要者等の利益の保護を図るとともに，国民経済の適切な運営に資することを目的とする．

第4章　雑　則

（高金利を定めた金銭消費貸借契約の無効）

第42条　① 貸金業を営む者が業として行う金銭を

目的とする消費貸借の契約（手形の割引，売渡担保その他これらに類する方法によつて金銭を交付する契約を含む。）において，年109.5パーセント（2月29日を含む1年については年109.8パーセントとし，1日当たりについては0.3パーセントとする。）を超える割合による利息（債務の不履行について予定される賠償額を含む。）の契約をしたときは，当該消費貸借の契約は，無効とする。

② 出資の受入れ，預り金及び金利等の取締りに関する法律第5条の4第1項から第4項までの規定は，前項の利息の契約について準用する。

54 消費者契約法 (抄)

（平12・5・12法律第61号，平13・4・1施行，最終改正：令5・6・16法律第63号）

第1章 総 則

（目 的）
第1条 この法律は，消費者と事業者との間の情報の質及び量並びに交渉力の格差に鑑み，事業者の一定の行為により消費者が誤認し，又は困惑した場合等について契約の申込み又はその承諾の意思表示を取り消すことができることとするとともに，事業者の損害賠償の責任を免除する条項その他の消費者の利益を不当に害することとなる条項の全部又は一部を無効とするほか，消費者の被害の発生又は拡大を防止するため適格消費者団体が事業者等に対し差止請求をすることができることとすることにより，消費者の利益の擁護を図り，もって国民生活の安定向上と国民経済の健全な発展に寄与することを目的とする。

（定 義）
第2条 ① この法律において「消費者」とは，個人（事業として又は事業のために契約の当事者となる場合におけるものを除く。）をいう。

② この法律（第43条第2項第2号を除く。）において「事業者」とは，法人その他の団体及び事業として又は事業のために契約の当事者となる場合における個人をいう。

③ この法律において「消費者契約」とは，消費者と事業者との間で締結される契約をいう。

④ この法律において「適格消費者団体」とは，不特定かつ多数の消費者の利益のためにこの法律の規定による差止請求権を行使するのに必要な適格性を有する法人である消費者団体（消費者基本法（昭和43年法律第78号）第8条の消費者団体をいう。以下同じ。）として第13条の定めるところにより内閣総理大臣の認定を受けた者をいう。

（事業者及び消費者の努力）
第3条 ① 事業者は，次に掲げる措置を講ずるよう努めなければならない。

1 消費者契約の条項を定めるに当たっては，消費者の権利義務その他の消費者契約の内容が，その解釈について疑義が生じない明確なもので，かつ，消費者にとって平易なものになるよう配慮すること。

2 消費者契約の締結について勧誘をするに際しては，消費者の理解を深めるために，物品，権利，役務

その他の消費者契約の目的となるものの性質に応じ，事業者が知ることができた個々の消費者の年齢，心身の状態，知識及び経験を総合的に考慮した上で，消費者の権利義務その他の消費者契約の内容についての必要な情報を提供すること。

3 民法（明治29年法律第89号）第548条の2第1項に規定する定型取引合意に該当する消費者契約の締結について勧誘をするに際しては，消費者が同項に規定する定型約款の内容を容易に知り得る状態に置く措置を講じているときを除き，消費者が同法第548条の3第1項に規定する請求を行うために必要な情報を提供すること。

4 消費者の求めに応じて，消費者契約により定められた当該消費者が有する解除権の行使に関して必要な情報を提供すること。

② 消費者は，消費者契約を締結するに際しては，事業者から提供された情報を活用し，消費者の権利義務その他の消費者契約の内容について理解するよう努めるものとする。

第2章 消費者契約

第1節 消費者契約の申込み又はその承諾の意思表示の取消し

（消費者契約の申込み又はその承諾の意思表示の取消し）
第4条 ① 消費者は，事業者が消費者契約の締結について勧誘をするに際し，当該消費者に対して次の各号に掲げる行為をしたことにより当該各号に定める誤認をし，それによって当該消費者契約の申込み又はその承諾の意思表示をしたときは，これを取り消すことができる。

1 重要事項について事実と異なることを告げること。当該告げられた内容が事実であるとの誤認

2 物品，権利，役務その他の当該消費者契約の目的となるものに関し，将来におけるその価額，将来において当該消費者が受け取るべき金額その他の将来における変動が不確実な事項につき断定的判断を提供すること。当該提供された断定的判断の内容が確実であるとの誤認

② 消費者は，事業者が消費者契約の締結について勧誘をするに際し，当該消費者に対して重要事項又は当該重要事項に関連する事項について当該消費者の利益となる旨を告げ，かつ，当該重要事項について当該消費者の不利益となる事実（当該告知により当該事実が存在しないと消費者が通常考えるべきものに限る。）を故意又は重大な過失によって告げなかったことにより，当該事実が存在しないとの誤認をし，それによって当該消費者契約の申込み又はその承諾の意思表示をしたときは，これを取り消すことができる。ただし，当該事業者が当該消費者に対し当該事実を告げようとしたにもかかわらず，当該消費者がこれを拒んだときは，この限りでない。

③ 消費者は，事業者が消費者契約の締結について勧誘をするに際し，当該消費者に対して次に掲げる行為をしたことにより困惑し，それによって当該消費者契約の申込み又はその承諾の意思表示をしたときは，これを取り消すことができる。

1 当該事業者に対し，当該消費者が，その住居又はその業務を行っている場所から退去すべき旨の意思を示したにもかかわらず，それらの場所から退

去しないこと．

2　当該事業者が当該消費者契約の締結について勧誘をしている場所から当該消費者が退去する旨の意思を示したにもかかわらず，その場所から当該消費者を退去させないこと．

3　当該消費者に対し，当該消費者契約の締結について勧誘をすることを告げずに，当該消費者が任意に退去することが困難な場所であることを知りながら，当該消費者をその場所に同行し，その場所において当該消費者契約の締結について勧誘をすること．

4　当該消費者が当該消費者契約の締結について勧誘を受けている場所において，当該消費者が当該消費者契約を締結するか否かについて相談を行うために電話その他の内閣府令で定める方法によって当該事業者以外の者と連絡する旨の意思を示したにもかかわらず，威迫する言動を交えて，当該消費者が当該方法によって連絡することを妨げること．

5　当該消費者が，社会生活上の経験が乏しいことから，次に掲げる事項に対する願望の実現に過大な不安を抱いていることを知りながら，その不安をあおり，裏付けとなる合理的な根拠がある場合その他の正当な理由がある場合でないのに，物品，権利，役務その他の当該消費者契約の目的となるものが当該願望を実現するために必要である旨を告げること．

イ　進学，就職，結婚，生計その他の社会生活上の重要な事項

ロ　容姿，体型その他の身体の特徴又は状況に関する重要な事項

6　当該消費者が，社会生活上の経験が乏しいことから，当該消費者契約の締結について勧誘を行う者に対して恋愛感情その他の好意の感情を抱き，かつ，当該勧誘を行う者も当該消費者に対して同様の感情を抱いているものと誤信していることを知りながら，これに乗じ，当該消費者契約を締結しなければ当該勧誘を行う者との関係が破綻することになる旨を告げること．

7　当該消費者が，加齢又は心身の故障によりその判断力が著しく低下していることから，生計，健康その他の事項に関しその現在の生活の維持に過大な不安を抱いていることを知りながら，その不安をあおり，裏付けとなる合理的な根拠がある場合その他の正当な理由がある場合でないのに，当該消費者契約を締結しなければその現在の生活の維持が困難となる旨を告げること．

8　当該消費者に対し，霊感その他の合理的に実証することが困難な特別な能力による知見として，当該消費者又はその親族の生命，身体，財産その他の重要な事項について，そのままでは現在生じ，若しくは将来生じ得る重大な不利益を回避することができないとの不安をあおり，又はそのような不安を抱いていることに乗じて，その重大な不利益を回避するためには，当該消費者契約を締結することが必要不可欠である旨を告げること．

9　当該消費者が当該消費者契約の申込み又はその承諾の意思表示をする前に，当該消費者契約を締結したならば負うこととなる義務の内容の全部若しくは一部を実施し，又は当該消費者契約の目的物の現状を変更し，その実施又は変更前の原状の回復を著しく困難にすること．

10　前号に掲げるもののほか，当該消費者が当該消費者契約の申込み又はその承諾の意思表示をする前に，当該事業者が調査，情報の提供，物品の調達その他の当該消費者契約の締結を目指した事業活動を実施した場合において，当該事業活動が当該消費者からの特別の求めに応じたものであったことその他の取引上の社会通念に照らして正当な理由がある場合でないのに，当該事業活動が当該消費者のために実施したものである旨及び当該事業活動の実施により生じた損失の補償を請求する旨を告げること．

④　消費者は，事業者が消費者契約の締結について勧誘をするに際し，物品，権利，役務その他の当該消費者契約の目的となるものの分量，回数又は期間（以下この項において「分量等」という．）が当該消費者にとっての通常の分量等（消費者契約の目的となるものの内容及び取引条件並びに事業者がその締結について勧誘をする際の消費者の生活の状況及びこれについての当該消費者の認識に照らして当該消費者契約の目的となるものの分量等として通常想定される分量等をいう．以下この項において同じ．）を著しく超えるものであることを知っていた場合において，その勧誘により当該消費者契約の申込み又はその承諾の意思表示をしたときは，これを取り消すことができる．事業者が消費者契約の締結について勧誘をするに際し，消費者が既に当該消費者契約の目的となるものと同種のものを目的とする消費者契約（以下この項において「同種契約」という．）を締結し，当該同種契約の目的となるものの分量等と当該消費者契約の目的となるものの分量等とを合算した分量等が当該消費者にとっての通常の分量等を著しく超えるものであることを知っていた場合において，その勧誘により当該消費者契約の申込み又はその承諾の意思表示をしたときも，同様とする．

⑤　第1項第1号及び第2項の「重要事項」とは，消費者契約に係る次に掲げる事項（同項の場合にあっては，第3号に掲げるものを除く．）をいう．

1　物品，権利，役務その他の当該消費者契約の目的となるものの質，用途その他の内容であって，消費者の当該消費者契約を締結するか否かについての判断に通常影響を及ぼすべきもの

2　物品，権利，役務その他の当該消費者契約の目的となるものの対価その他の取引条件であって，消費者の当該消費者契約を締結するか否かについての判断に通常影響を及ぼすべきもの

3　前2号に掲げるもののほか，物品，権利，役務その他の当該消費者契約の目的となるものが当該消費者の生命，身体，財産その他の重要な利益についての損害又は危険を回避するために通常必要であると判断される事情

⑥　前項から第4項までの規定による消費者契約の申込み又はその承諾の意思表示の取消しは，これをもって善意でかつ過失がない第三者に対抗することができない．

（媒介の委託を受けた第三者及び代理人）

第5条　①　前条の規定は，事業者が第三者に対し，当該事業者と消費者との間における消費者契約の締結について媒介をすることの委託（以下この項において単に「委託」という．）をし，当該委託を受けた第三者（その第三者から委託（2以上の段階にわたる委託を含む．）を受けた者を含む．以下「受

託者等」という。）が消費者に対して同条第1項から第4項までに規定する行為をした場合について準用する。この場合において、同条第2項ただし書中「当該事業者」とあるのは、「当該事業者又は次条第1項に規定する受託者等」と読み替えるものとする。

② 消費者契約の締結に係る消費者の代理人（復代理人（2以上の段階にわたり復代理人として選任された者を含む。）を含む。以下同じ。）、事業者の代理人及び受託者等の代理人は、前条第1項から第4項まで（前項において準用する場合を含む。次条から第7条までにおいて同じ。）の規定の適用については、それぞれ消費者、事業者及び受託者等とみなす。

（解釈規定）

第6条 第4条第1項から第4項までの規定は、これらの項に規定する消費者契約の申込み又はその承諾の意思表示に対する民法第96条の規定の適用を妨げるものと解してはならない。

（取消権を行使した消費者の返還義務）

第6条の2 民法第121条の2第1項の規定にかかわらず、消費者契約に基づく債務の履行として給付を受けた消費者は、第4条第1項から第4項までの規定により当該消費者契約の申込み又はその承諾の意思表示を取り消した場合において、給付を受けた当時その意思表示が取り消すことができるものであることを知らなかったときは、当該消費者契約によって現に利益を受けている限度において、返還の義務を負う。

（取消権の行使期間等）

第7条 ① 第4条第1項から第4項までの規定による取消権は、追認をすることができる時から1年間（同条第3項第8号に係る取消権については、3年間）行わないときは、時効によって消滅する。当該消費者契約の締結の時から5年（同号に係る取消権については、10年）を経過したときも、同様とする。

② 会社法（平成17年法律第86号）その他の法律により request株式若しくは出資の引受け又は基金の拠出が消費者契約としてされた場合には、当該株式若しくは出資の引受け又は基金の拠出に係る意思表示については、第4条第1項から第4項までの規定によりその取消しをすることができない。

第2節　消費者契約の条項の無効

（事業者の損害賠償の責任を免除する条項等の無効）

第8条 ① 次に掲げる消費者契約の条項は、無効とする。

1 事業者の債務不履行により消費者に生じた損害を賠償する責任の全部を免除し、又は当該事業者にその責任の有無を決定する権限を付与する条項

2 事業者の債務不履行（当該事業者、その代表者又はその使用する者の故意又は重大な過失によるものに限る。）により消費者に生じた損害を賠償する責任の一部を免除し、又は当該事業者にその責任の限度を決定する権限を付与する条項

3 消費者契約における事業者の債務の履行に際してされた当該事業者の不法行為により消費者に生じた損害を賠償する責任の全部を免除し、又は当該事業者にその責任の有無を決定する権限を付与

する条項

4 消費者契約における事業者の債務の履行に際してされた当該事業者の不法行為（当該事業者、その代表者又はその使用する者の故意又は重大な過失によるものに限る。）により消費者に生じた損害を賠償する責任の一部を免除し、又は当該事業者にその責任の限度を決定する権限を付与する条項

② 前項第1号又は第2号に掲げる条項のうち、消費者契約が有償契約である場合において、引き渡された目的物が種類又は品質に関して契約の内容に適合しないとき（当該消費者契約が請負契約である場合には、請負人が種類又は品質に関して契約の内容に適合しない仕事の目的物を注文者に引き渡したとき（その引渡しを要しない場合には、仕事が終了した時に仕事の目的物が種類又は品質に関して契約の内容に適合しないとき）。以下この項において同じ。）に、これにより消費者に生じた損害を賠償する事業者の責任を免除し、又は当該事業者にその責任の有無若しくは限度を決定する権限を付与するものについては、次に掲げる場合に該当するときは、前項の規定は、適用しない。

1 当該消費者契約において、引き渡された目的物が種類又は品質に関して契約の内容に適合しないときに、当該事業者が履行の追完をする責任又は不適合の程度に応じた代金若しくは報酬の減額をする責任を負うこととされている場合

2 当該消費者と当該事業者の委託を受けた他の事業者との間の契約又は当該事業者と他の事業者との間の消費者のためにする契約で、当該消費者契約の締結に先立って又はこれと同時に締結されたものにおいて、引き渡された目的物が種類又は品質に関して契約の内容に適合しないときに、当該他の事業者が、その目的物が種類又は品質に関して契約の内容に適合しないことにより当該消費者に生じた損害を賠償する責任の全部若しくは一部を負い、又は履行の追完をする責任を負うこととされている場合

③ 事業者の債務不履行（当該事業者、その代表者又はその使用する者の故意又は重大な過失によるものを除く。）又は消費者契約における事業者の債務の履行に際してされた当該事業者の不法行為（当該事業者、その代表者又はその使用する者の故意又は重大な過失によるものを除く。）により消費者に生じた損害を賠償する責任の一部を免除する消費者契約の条項であって、当該条項において事業者、その代表者又はその使用する者の重大な過失を除く過失による行為にのみ適用されることを明らかにしていないものは、無効とする。

（消費者の解除権を放棄させる条項等の無効）

第8条の2 事業者の債務不履行により生じた消費者の解除権を放棄させ、又は当該事業者にその解除権の有無を決定する権限を付与する消費者契約の条項は、無効とする。

（事業者に対し後見開始の審判等による解除権を付与する条項の無効）

第8条の3 事業者に対し、消費者が後見開始、保佐開始又は補助開始の審判を受けたことのみを理由とする解除権を付与する消費者契約（消費者が事業者に対し物品、権利、役務その他の消費者契約の目的となるものを提供することとされているも

のを除く.）の条項は,無効とする.

（消費者が支払う損害賠償の額を予定する条項等の無効等）

第9条 ① 次の各号に掲げる消費者契約の条項は,当該各号に定める部分について,無効とする.

1 当該消費者契約の解除に伴う損害賠償の額を予定し,又は違約金を定める条項であって,これらを合算した額が,当該条項において設定された解除の事由,時期等の区分に応じ,当該消費者契約と同種の消費者契約の解除に伴い当該事業者に生ずべき平均的な損害の額を超えるもの 当該超える部分

2 当該消費者契約に基づき支払うべき金銭の全部又は一部を消費者が支払期日（支払回数が二以上である場合には,それぞれの支払期日.以下この号において同じ.）までに支払わない場合における損害賠償の額を予定し,又は違約金を定める条項であって,これらを合算した額が,支払期日の翌日からその支払をする日までの期間について,その日数に応じ,当該支払期日に支払うべき額から当該支払期日に支払うべき額のうち既に支払われた額を控除した額に年14.6パーセントの割合を乗じて計算した額を超えるもの 当該超える部分

② 事業者は,消費者に対し,消費者契約の解除に伴う損害賠償の額を予定し,又は違約金を定める条項に基づき損害賠償又は違約金の支払を請求する場合において,当該消費者から説明を求められたときは,損害賠償の額の予定又は違約金の算定の根拠（第12条の4において「算定根拠」という.）の概要を説明するよう努めなければならない.

（消費者の利益を一方的に害する条項の無効）

第10条 消費者の不作為をもって当該消費者が新たな消費者契約の申込み又はその承諾の意思表示をしたものとみなす条項その他の法令中の公の秩序に関しない規定の適用による場合に比して消費者の権利を制限し又は消費者の義務を加重する消費者契約の条項であって,民法第1条第2項に規定する基本原則に反して消費者の利益を一方的に害するものは,無効とする.

第3節 補 則

（他の法律の適用）

第11条 ① 消費者契約の申込み又はその承諾の意思表示の取消し及び消費者契約の条項の効力については,この法律の規定によるほか,民法及び商法（明治32年法律第48号）の規定による.

② 消費者契約の申込み又はその承諾の意思表示の取消し及び消費者契約の条項の効力について民法及び商法以外の他の法律に別段の定めがあるときは,その定めるところによる.

第3章 差止請求

第1節 差止請求権等

（差止請求権）

第12条 ① 適格消費者団体は,事業者,受託者等若しくは事業者の代理人若しくは受託者等の代理人（以下この項及び第43条第2項第1号において「事業者等」と総称する.）が,消費者契約の締結について勧誘をするに際し,不特定かつ多数の消費者に対して第4条第1項から第4項までに規定する行為（同条第2項に規定する行為にあっては,同項ただ

し書の場合に該当するものを除く.次項において同じ.）を現に行い又は行うおそれがあるときは,その事業者等に対し,当該行為の停止若しくは予防又は当該行為に供した物の廃棄若しくは除去その他の当該行為の停止若しくは予防に必要な措置をとることを請求することができる.ただし,民法及び商法以外の他の法律の規定によれば当該行為を理由として当該消費者契約を取り消すことができないときは,この限りでない.

② 適格消費者団体は,次の各号に掲げる者が,消費者契約の締結について勧誘をするに際し,不特定かつ多数の消費者に対して第1項から第4項までに規定する行為を現に行い又は行うおそれがあるときは,当該各号に定める者に対し,当該各号に掲げる者に対する是正の指示又は教唆の停止その他の当該行為の停止又は予防に必要な措置をとることを請求することができる.この場合においては,前項ただし書の規定を準用する.

1 受託者等 当該受託者等に対して委託（2以上の段階にわたる委託を含む.）をした事業者又は他の受託者等

2 事業者の代理人又は受託者等の代理人 当該代理人を自己の代理人とする事業者若しくは受託者等又はこれらの他の代理人

③ 適格消費者団体は,事業者又はその代理人が,消費者契約を締結するに際し,不特定かつ多数の消費者との間で第8条から第10条までに規定する消費者契約の条項（第8条第1項第1号又は第2号に掲げる消費者契約の条項にあっては,同条第2項の場合に該当するものを除く.次項及び第12条の3第1項において同じ.）を含む消費者契約の申込み又はその承諾の意思表示を現に行い又は行うおそれがあるときは,その事業者又はその代理人に対し,当該行為の停止若しくは予防又は当該行為に供した物の廃棄若しくは除去その他の当該行為の停止若しくは予防に必要な措置をとることを請求することができる.ただし,民法及び商法以外の他の法律の規定によれば当該消費者契約の条項が無効とされないときは,この限りでない.

④ 適格消費者団体は,事業者の代理人が,消費者契約を締結するに際し,不特定かつ多数の消費者との間で第8条から第10条までに規定する消費者契約の条項を含む消費者契約の申込み又はその承諾の意思表示を現に行い又は行うおそれがあるときは,当該代理人を自己の代理人とする事業者又は他の代理人に対し,当該代理人に対する是正の指示又は教唆の停止その他の当該行為の停止又は予防に必要な措置をとることを請求することができる.この場合においては,前項ただし書の規定を準用する.

第2節 適格消費者団体

第1款 適格消費者団体の認定等

（適格消費者団体の認定）

第13条 ① 差止請求関係業務（不特定かつ多数の消費者の利益のために差止請求権を行使する業務並びに当該業務の遂行に必要な消費者の被害に関する情報の収集並びに消費者の被害の防止及び救済に資する差止請求権の行使の結果に関する情報の収集及び提供に係る業務をいう.以下同じ.）を行おうとする者は,内閣総理大臣の認定を受けなければならない.

第4章　雑　則

（適用除外）
第48条　この法律の規定は，労働契約については，適用しない．

55〔電子消費者契約民法特例法〕電子消費者契約に関する民法の特例に関する法律

（平13・6・29法律第95号，平13・12・25施行，最終改正：平29・6・2法律第45号）

（趣　旨）
第1条　この法律は，消費者が行う電子消費者契約の申込み又はその承諾の意思表示について特定の錯誤があった場合に関し民法（明治29年法律第89号）の特例を定めるものとする．
（定　義）
第2条　① この法律において「電子消費者契約」とは，消費者と事業者との間で電磁的方法により電子計算機の映像面を介して締結される契約であって，事業者又はその委託を受けた者が当該映像面に表示する手続に従って消費者がその使用する電子計算機を用いて送信することによってその申込み又はその承諾の意思表示を行うものをいう．
② この法律において「消費者」とは，個人（事業として又は事業のために契約の当事者となる場合におけるものを除く．）をいい，「事業者」とは，法人その他の団体及び事業として又は事業のために契約の当事者となる場合における個人をいう．
③ この法律において「電磁的方法」とは，電子情報処理組織を使用する方法その他の情報通信の技術を利用する方法をいう．
（電子消費者契約に関する民法の特例）
第3条　民法第95条第3項の規定は，消費者が行う電子消費者契約の申込み又はその承諾の意思表示について，その意思表示が同条第1項第1号に掲げる錯誤に基づくものであって，その錯誤が法律行為の目的及び取引上の社会通念に照らして重要なものであり，かつ，次のいずれかに該当するときは，適用しない．ただし，当該電子消費者契約の相手方である事業者（その委託を受けた者を含む．以下同じ．）が，当該申込み又はその承諾の意思表示に際して，電磁的方法によりその映像面を介して，その消費者の申込み若しくは承諾の意思表示を行う意思の有無について確認を求める措置を講じた場合又はその消費者から当該事業者に対して当該措置を講ずる必要がない旨の意思の表明があった場合は，この限りでない．
1　消費者がその使用する電子計算機を用いて送信した時に当該事業者との間で電子消費者契約の申込み又はその承諾の意思表示を行う意思がなかったとき．
2　消費者がその使用する電子計算機を用いて送信した時に当該電子消費者契約の申込み又はその承諾の意思表示と異なる内容の意思表示を行う意思があったとき．

56　特定商取引に関する法律（抄）

（昭51・6・4法律第57号，昭51・12・3施行，最終改正：令5・6・16法律第63号）

第1章　総　則

（目　的）
第1条　この法律は，特定商取引（訪問販売，通信販売及び電話勧誘販売に係る取引，連鎖販売取引，特定継続的役務提供に係る取引，業務提供誘引販売取引並びに訪問購入に係る取引をいう．以下同じ．）を公正にし，及び購入者等が受けることのある損害の防止を図ることにより，購入者等の利益を保護し，あわせて商品等の流通及び役務の提供を適正かつ円滑にし，もって国民経済の健全な発展に寄与することを目的とする．

第2章　訪問販売，通信販売及び電話勧誘販売

第1節　定　義
第2条　① この章及び第58条の18第1項において「訪問販売」とは，次に掲げるものをいう．
1　販売業者又は役務の提供の事業を営む者（以下「役務提供事業者」という．）が営業所，代理店その他の主務省令で定める場所（以下「営業所等」という．）以外の場所において，売買契約の申込みを受け，若しくは売買契約を締結して行う商品若しくは特定権利の販売又は役務を有償で提供する契約（以下「役務提供契約」という．）の申込みを受け，若しくは役務提供契約を締結して行う役務の提供
2　販売業者又は役務提供事業者が，営業所等において，営業所等以外の場所において呼び止めて営業所等に同行させた者その他政令で定める方法により誘引した者（以下「特定顧客」という．）から売買契約の申込みを受け，若しくは特定顧客と売買契約を締結して行う商品若しくは特定権利の販売又は特定顧客から役務提供契約の申込みを受け，若しくは特定顧客と役務提供契約を締結して行う役務の提供
② この章及び第58条の19において「通信販売」とは，販売業者又は役務提供事業者が郵便その他の主務省令で定める方法（以下「郵便等」という．）により売買契約又は役務提供契約の申込みを受けて行う商品若しくは特定権利の販売又は役務の提供であって電話勧誘販売に該当しないものをいう．
③ この章及び第58条の20第1項において「電話勧誘販売」とは，販売業者又は役務提供事業者が，電話をかけ又は政令で定める方法により電話をかけさせ，その電話において行う売買契約又は役務提供契約の締結についての勧誘（以下「電話勧誘行為」という．）により，その相手方（以下「電話勧誘顧客」という．）から売買契約の申込みを郵便等により受け，若しくは電話勧誘顧客と当該売買契約を郵便等により締結して行う商品若しくは特定権利の販売又は電話勧誘顧客から当該役務提供契約の申込みを郵便等により受け，若しくは電話勧

誘顧客と当該役務提供契約を郵便等により締結して行う役務の提供をいう.

④ この章並びに第58条の19第1号及び第67条第1項において「特定権利」とは,次に掲げる権利をいう.

1 施設を利用し又は役務の提供を受ける権利のうち国民の日常生活に係る取引において販売されるものであつて政令で定めるもの

2 社債その他の金銭債権

3 株式会社の株式,合同会社,合名会社若しくは合資会社の社員の持分若しくはその他の社団法人の社員権又は外国法人の社員権でこれらの権利の性質を有するもの

第2節 訪問販売

（訪問販売における氏名等の明示）

第3条 販売業者又は役務提供事業者は,訪問販売をしようとするときは,その勧誘に先立つて,その相手方に対し,販売業者又は役務提供事業者の氏名又は名称,売買契約又は役務提供契約の締結について勧誘をする目的である旨及び当該勧誘に係る商品若しくは権利又は役務の種類を明らかにしなければならない.

（契約を締結しない旨の意思を表示した者に対する勧誘の禁止等）

第3条の2 ① 販売業者又は役務提供事業者は,訪問販売をしようとするときは,その相手方に対し,勧誘を受ける意思があることを確認するよう努めなければならない.

② 販売業者又は役務提供事業者は,訪問販売に係る売買契約又は役務提供契約を締結しない旨の意思を表示した者に対し,当該売買契約又は当該役務提供契約の締結について勧誘をしてはならない.

（訪問販売における書面の交付）

第4条 ① 販売業者又は役務提供事業者は,営業所等以外の場所において商品若しくは特定権利につき売買契約の申込みを受け,若しくは役務につき役務提供契約の申込みを受けたとき又は営業所等において特定顧客から商品若しくは特定権利につき売買契約の申込みを受け,若しくは役務につき役務提供契約の申込みを受けたときは,直ちに,主務省令で定めるところにより,次の事項についてその申込みの内容を記載した書面をその申込みをした者に交付しなければならない. ただし,その申込みを受けた際その売買契約又は役務提供契約を締結した場合においては,この限りでない.

1 商品若しくは権利又は役務の種類

2 商品若しくは権利の販売価格又は役務の対価

3 商品若しくは権利の代金又は役務の対価の支払の時期及び方法

4 商品の引渡時期若しくは権利の移転時期又は役務の提供時期

5 第9条第1項の規定による売買契約若しくは役務提供契約の申込みの撤回又は売買契約若しくは役務提供契約の解除に関する事項（同条第2項から第7項までの規定に関する事項（第26条第2項,第4項又は第5項の規定の適用がある場合にあつては,当該各項の規定に関する事項を含む.）を含む.）

6 前各号に掲げるもののほか,主務省令で定める事項

② 販売業者又は役務提供事業者は,前項の規定による書面の交付に代えて,政令で定めるところにより,

当該申込みをした者の承諾を得て,当該書面に記載すべき事項を電磁的方法（電子情報処理組織を使用する方法その他の情報通信の技術を利用する方法であつて主務省令で定めるものをいう. 以下同じ.）により提供することができる. この場合において,当該販売業者又は当該役務提供事業者は,当該書面を交付したものとみなす.

③ 前項前段の規定による書面に記載すべき事項の電磁的方法（主務省令で定める方法を除く.）により提供は,当該申込みをした者の使用に係る電子計算機に備えられたファイルへの記録がされた時に当該申込みをした者に到達したものとみなす.

第5条 ① 販売業者又は役務提供事業者は,次の各号のいずれかに該当するときは,次項に規定する場合を除き,遅滞なく（前条第1項ただし書に規定する場合に該当するときは,直ちに）,主務省令で定めるところにより,同条第1項各号の事項（同項第5号の事項については,売買契約又は役務提供契約の解除に関する事項に限る.）についてその売買契約又は役務提供契約の内容を明らかにする書面を購入者又は役務の提供を受ける者に交付しなければならない.

1 営業所等以外の場所において,商品若しくは特定権利につき売買契約を締結したとき又は役務につき役務提供契約を締結したとき（営業所等において特定顧客以外の顧客から申込みを受け,営業所等以外の場所において売買契約又は役務提供契約を締結したときを除く.）.

2 営業所等以外の場所において商品若しくは特定権利又は役務につき売買契約又は役務提供契約の申込みを受け,営業所等においてその売買契約又は役務提供契約を締結したとき.

3 営業所等において,特定顧客と商品若しくは特定権利につき売買契約を締結したとき又は役務につき役務提供契約を締結したとき.

② 販売業者又は役務提供事業者は,前項各号のいずれかに該当する場合において,その売買契約又は役務提供契約を締結した際に,商品を引き渡し,若しくは特定権利を移転し,又は役務を提供し,かつ,商品若しくは特定権利の代金又は役務の対価の全部を受領したときは,直ちに,主務省令で定めるところにより,前条第1項第1号及び第2号の事項並びに同項第5号の事項のうち売買契約又は役務提供契約の解除に関する事項その他主務省令で定める事項を記載した書面を購入者又は役務の提供を受ける者に交付しなければならない.

③ 前条第2項及び第3項の規定は,前2項の規定による書面の交付について準用する. この場合において,同条第2項及び第3項中「申込みをした者」とあるのは,「購入者又は役務の提供を受ける者」と読み替えるものとする.

第6条 ① 販売業者又は役務提供事業者は,訪問販売に係る売買契約若しくは役務提供契約の締結について勧誘をするに際し,又は訪問販売に係る売買契約若しくは役務提供契約の申込みの撤回若しくは解除を妨げるため,次の事項につき,不実のことを告げる行為をしてはならない.

1 商品の種類及びその性能若しくは品質又は権利若しくは役務の種類及びこれらの内容その他これらに類するものとして主務省令で定める事項

2 商品若しくは権利の販売価格又は役務の対価

　3　商品若しくは権利の代金又は役務の対価の支払の時期及び方法

　4　商品の引渡時期若しくは権利の移転時期又は役務の提供時期

　5　当該売買契約若しくは当該役務提供契約の申込みの撤回又は当該売買契約若しくは当該役務提供契約の解除に関する事項（第9条第1項から第7項までの規定に関する事項（第26条第2項，第4項又は第5項の規定の適用がある場合にあつては，当該各項の規定に関する事項を含む。）

　6　顧客が当該売買契約又は当該役務提供契約の締結を必要とする事情に関する事項

　7　前各号に掲げるもののほか，当該売買契約又は当該役務提供契約に関する事項であつて，顧客又は購入者若しくは役務の提供を受ける者の判断に影響を及ぼすこととなる重要なもの

② 販売業者又は役務提供事業者は，訪問販売に係る売買契約又は役務提供契約の締結について勧誘をするに際し，前項第1号から第5号までに掲げる事項につき，故意に事実を告げない行為をしてはならない。

③ 販売業者又は役務提供事業者は，訪問販売に係る売買契約若しくは役務提供契約を締結させ，又は訪問販売に係る売買契約若しくは役務提供契約の申込みの撤回若しくは解除を妨げるため，人を威迫して困惑させてはならない。

④ 販売業者又は役務提供事業者は，訪問販売に係る売買契約又は役務提供契約の締結について勧誘をするためのものであることを告げずに営業所等以外の場所において呼び止めて同行させることその他政令で定める方法により誘引した者に対し，公衆の出入りする場所以外の場所において，当該売買契約又は当該役務提供契約の締結について勧誘をしてはならない。

（訪問販売における契約の申込みの撤回等）

第9条　① 販売業者若しくは役務提供事業者が営業所等以外の場所において商品若しくは特定権利若しくは役務につき売買契約若しくは役務提供契約の申込みを受けた販売業者若しくは役務提供事業者が営業所等において特定顧客から商品若しくは特定権利若しくは役務につき売買契約若しくは役務提供契約の申込みを受けた場合におけるその申込みをした者を販売業者若しくは役務提供事業者が営業所等以外の場所において商品若しくは特定権利若しくは役務につき売買契約若しくは役務提供契約を締結した場合（営業所等において申込みを受け，営業所等以外の場所において売買契約又は役務提供契約を締結した場合を除く。）若しくは販売業者若しくは役務提供事業者が営業所等において特定顧客と商品若しくは特定権利若しくは役務につき売買契約若しくは役務提供契約を締結した場合におけるその購入者若しくは役務の提供を受ける者（以下この条から第9条の3までにおいて「申込者等」という。）は，書面又は電磁的記録（電子的方式，磁気的方式その他人の知覚によつては認識することができない方式で作られる記録であつて，電子計算機による情報処理の用に供されるものをいう。以下同じ。）によりその申込みの撤回又はその売買契約若しくは役務提供契約の解除（以下この条において「申込みの撤回等」という。）を行うことができる。ただし，申込者等が第5条第1項又は第2項の書面を受領した日（その日前に第4

条第1項の書面を受領した場合にあつては，その書面を受領した日）から起算して8日を経過した場合（申込者等が，販売業者若しくは役務提供事業者が第6条第1項の規定に違反して申込みの撤回等に関する事項につき不実のことを告げる行為をしたことにより当該告げられた内容が事実であるとの誤認をし，又は販売業者若しくは役務提供事業者が同条第3項の規定に違反して威迫したことにより困惑し，これらによつて当該期間を経過するまでに申込みの撤回等を行わなかつた場合には，当該申込者等が，当該販売業者又は役務提供事業者が主務省令で定めるところにより当該売買契約又は当該役務提供契約の申込みの撤回等を行うことができる旨を記載して交付した書面を受領した日から起算して8日を経過した場合）においては，この限りでない。

② 申込みの撤回等は，当該申込みの撤回等に係る書面又は電磁的記録による通知を発した時に，その効力を生ずる。

③ 申込みの撤回等があつた場合においては，販売業者又は役務提供事業者は，その申込みの撤回等に伴う損害賠償又は違約金の支払を請求することができない。

④ 申込みの撤回等があつた場合において，その売買契約に係る商品の引渡し又は権利の移転が既にされているときは，その引取り又は返還に要する費用は，販売業者の負担とする。

⑤ 販売業者又は役務提供事業者は，商品若しくは特定権利の売買契約又は役務提供契約につき申込みの撤回等があつた場合には，既に当該売買契約に基づき引き渡された商品が使用され若しくは当該権利が行使され又は当該役務提供契約に基づき役務が提供されたときにおいても，申込者等に対し，当該商品の使用により得られた利益若しくは当該権利の行使により得られた利益に相当する金銭又は当該役務提供契約に係る役務の対価その他の金銭の支払を請求することができない。

⑥ 役務提供事業者は，役務提供契約につき申込みの撤回等があつた場合において，当該役務提供契約に関連して金銭を受領しているときは，申込者等に対し，速やかに，これを返還しなければならない。

⑦ 役務提供契約又は特定権利の売買契約の申込者等は，その役務提供契約若しくは売買契約につき申込みの撤回等を行つた場合において，当該役務提供契約又は当該特定権利に係る役務の提供に伴い申込者等の土地又は建物その他の工作物の現状が変更されたときは，当該役務提供事業者又は当該特定権利の販売業者に対し，その原状回復に必要な措置を無償で講ずることを請求することができる。

⑧ 前各項の規定に反する特約で申込者等に不利なものは，無効とする。

（通常必要とされる分量を著しく超える商品の売買契約等の申込みの撤回等）

第9条の2　① 申込者等は，次に掲げる契約に該当する売買契約若しくは役務提供契約の申込みの撤回又は売買契約若しくは役務提供契約の解除（以下この条において「申込みの撤回等」という。）を行うことができる。ただし，申込者等に当該契約の締結を必要とする特別の事情があつたときは，この限りでない。

　1　その日常生活において通常必要とされる分量を著しく超える商品若しくは特定権利（第2条第4項第1号に掲げるものに限る。次号において同

じ.）の売買契約又はその日常生活において通常必要とされる回数, 期間若しくは分量を著しく超えて役務の提供を受ける役務提供契約

2 当該販売業者又は役務提供事業者が, 当該売買契約若しくは役務提供契約に基づく債務を履行することにより申込者等にとつて当該売買契約に係る商品若しくは特定権利と同種の商品若しくは特定権利の分量がその日常生活において通常必要とされる分量を著しく超えることとなること若しくは当該役務提供契約に係る役務と同種の役務の提供を受ける回数若しくは期間若しくはその分量がその日常生活において通常必要とされる回数, 期間若しくは分量を著しく超えることとなることを知り, 若しくは申込者等にとつて当該売買契約に係る商品若しくは特定権利と同種の商品若しくは特定権利の分量がその日常生活において通常必要とされる分量を著しく超えていること若しくは当該役務提供契約に係る役務と同種の役務の提供を受ける回数若しくは期間若しくはその分量がその日常生活において通常必要とされる回数, 期間若しくは分量を著しく超えていることを知りながら, 申込みを受け, 又は締結した売買契約又は役務提供契約

② 前項の規定による権利は, 当該売買契約又は当該役務提供契約の締結の時から1年以内に行使しなければならない.

③ 前条第3項から第8項までの規定は, 第1項の規定による申込みの撤回等に準用する. この場合において, 同条第8項中「前各項」とあるのは, 「次条第1項及び第2項並びに同条第3項において準用する第3項から前項まで」と読み替えるものとする.

（訪問販売における契約の申込み又はその承諾の意思表示の取消し）
第9条の3 ① 申込者等は, 販売業者又は役務提供事業者が訪問販売に係る売買契約又は役務提供契約の締結について勧誘をするに際し次の各号に掲げる行為をしたことにより, 当該各号に定める誤認をし, それによつて当該売買契約若しくは当該役務提供契約の申込み又はその承諾の意思表示をしたときは, これを取り消すことができる.

1 第6条第1項の規定に違反して不実のことを告げる行為　当該告げられた内容が事実であるとの誤認

2 第6条第2項の規定に違反して故意に事実を告げない行為　当該事実が存在しないとの誤認

② 前項の規定による訪問販売に係る売買契約若しくは役務提供契約の申込み又はその承諾の意思表示の取消しは, これをもつて善意でかつ過失がない第三者に対抗することができない.

③ 第1項の規定は, 同項に規定する訪問販売に係る売買契約若しくは役務提供契約の申込み又はその承諾の意思表示に対する民法（明治29年法律第89号）第96条の規定の適用を妨げるものと解してはならない.

④ 第1項の規定による取消権は, 追認をすることができる時から1年間行わないときは, 時効によつて消滅する. 当該売買契約又は当該役務提供契約の締結の時から5年を経過したときも, 同様とする.

⑤ 民法第121条の2第1項の規定にかかわらず, 訪問販売に係る売買契約又は役務提供契約に基づく債務の履行として給付を受けた申込者等は, 第1項の

規定により当該売買契約若しくは当該役務提供契約の申込み又はその承諾の意思表示を取り消した場合において, 給付を受けた当時その意思表示が取り消すことができるものであることを知らなかつたときは, 当該売買契約又は当該役務提供契約によつて現に利益を受けている限度において, 返還の義務を負う.

（訪問販売における契約の解除等に伴う損害賠償等の額の制限）
第10条 ① 販売業者又は役務提供事業者は, 第5条第1項各号のいずれかに該当する売買契約又は役務提供契約の締結をした場合において, その売買契約又はその役務提供契約が解除されたときは, 損害賠償額の予定又は違約金の定めがあるときにおいても, 次の各号に掲げる場合に応じ当該各号に定める額にこれに対する法定利率による遅延損害金の額を加算した金額を超える額の金銭の支払を購入者又は役務の提供を受ける者に対して請求することができない.

1 当該商品又は当該権利が返還された場合　当該商品の通常の使用料の額又は当該権利の行使により通常得られる利益に相当する額（当該商品又は当該権利の販売価格に相当する額から当該商品又は当該権利の返還された時における価額を控除した額が通常の使用料の額又は当該権利の行使により通常得られる利益に相当する額を超えるときは, その額）

2 当該商品又は当該権利が返還されない場合　当該商品又は当該権利の販売価格に相当する額

3 当該役務提供契約の解除が当該役務の提供の開始後である場合　提供された当該役務の対価に相当する額

4 当該契約の解除が当該商品の引渡し若しくは当該権利の移転又は当該役務の提供の開始前である場合　契約の締結及び履行のために通常要する費用の額

② 販売業者又は役務提供事業者は, 第5条第1項各号のいずれかに該当する売買契約又は役務提供契約の締結をした場合において, その売買契約についての代金又はその役務提供契約についての対価の全部又は一部の支払の義務が履行されない場合（売買契約又は役務提供契約が解除された場合を除く.）には, 損害賠償額の予定又は違約金の定めがあるときにおいても, 当該商品若しくは当該権利の販売価格又は当該役務の対価に相当する額から既に支払われた当該商品若しくは当該権利の代金又は当該役務の対価の額を控除した額にこれに対する法定利率による遅延損害金の額を加算した金額を超える額の金銭の支払を購入者又は役務の提供を受ける者に対して請求することができない.

　　　第3節　通信販売
（通信販売についての広告）
第11条 販売業者又は役務提供事業者は, 通信販売をする場合の商品若しくは特定権利の販売条件又は役務の提供条件について広告をするときは, 主務省令で定めるところにより, 当該商品若しくは当該権利又は当該役務に関する次の事項を表示しなければならない. ただし, 当該広告に, 請求により, これらの事項を記載した書面を遅滞なく交付し, 又はこれらの事項を記録した電磁的記録を遅滞なく提供する旨の表示をする場合には, 販売業者又は役務提供事業者は, 主務省令で定めるところにより, これらの事項の一部を表示しないことが

56 特定商取引に関する法律（9条の3〜11条）

できる.

1 商品若しくは権利の販売価格又は役務の対価（販売価格に商品の送料が含まれない場合には，販売価格及び商品の送料）

2 商品若しくは権利の代金又は役務の対価の支払の時期及び方法

3 商品の引渡時期若しくは権利の移転時期又は役務の提供時期

4 商品若しくは特定権利の売買契約又は役務提供契約に係る申込みの期間に関する定めがあるときは，その旨及びその内容

5 商品若しくは特定権利の売買契約又は役務提供契約の申込みの撤回又は解除に関する事項（第15条の3第1項ただし書に規定する特約がある場合にはその内容を，第26条第2項の規定の適用がある場合には同項の規定に関する事項を含む.）

6 前各号に掲げるもののほか，主務省令で定める事項

（誇大広告等の禁止）

第12条 販売業者又は役務提供事業者は，通信販売をする場合の商品若しくは特定権利の販売条件又は役務の提供条件について広告をするときは，当該商品の性能又は当該権利若しくは当該役務の内容，当該商品若しくは当該権利の売買契約又は当該役務の役務提供契約の申込みの撤回又は解除に関する事項（第15条の3第1項ただし書に規定する特約がある場合には，その内容を含む.）その他の主務省令で定める事項について，著しく事実に相違する表示をし，又は実際のものよりも著しく優良であり，若しくは有利であると人を誤認させるような表示をしてはならない.

（承諾をしていない者に対する電子メール広告の提供の禁止等）

第12条の3 ① 販売業者又は役務提供事業者は，次に掲げる場合を除き，通信販売をする場合の商品若しくは特定権利の販売条件又は役務の提供条件について，その相手方となる者の承諾を得ないで電子メール広告（当該広告に係る通信文その他の情報を電磁的方法により送信し，これを当該広告の相手方の使用に係る電子計算機の映像面に表示されるようにする方法により行う広告をいう. 以下同じ.）をしてはならない.

1 相手方となる者の請求に基づき，通信販売をする場合の商品若しくは特定権利の販売条件又は役務の提供条件に係る電子メール広告（以下この節において「通信販売電子メール広告」という.）をするとき.

2 当該販売業者の販売する商品若しくは特定権利若しくは当該役務提供事業者の提供する役務につき売買契約若しくは役務提供契約の申込みをした者又はこれらにつき売買契約若しくは役務提供契約を締結した者に対し，主務省令で定める方法により当該申込み若しくは当該契約の内容又は当該契約の履行に関する事項を通知する場合において，主務省令で定めるところにより通信販売電子メール広告をするとき.

3 前2号に掲げるもののほか，通常通信販売電子メール広告の提供を受ける者の利益を損なうおそれがないと認められる場合として主務省令で定める場合において，通信販売電子メール広告をするとき.

② 前項に規定する承諾を得，又は同項第1号に規定

する請求を受けた販売業者又は役務提供事業者は，当該通信販売電子メール広告の相手方から通信販売電子メール広告の提供を受けない旨の意思の表示を受けたときは，当該相手方に対し，通信販売電子メール広告をしてはならない. ただし，当該意思の表示を受けた後に再び通信販売電子メール広告をすることにつき当該相手方から請求を受け，又は当該相手方の承諾を得た場合には，この限りでない.

（特定申込みを受ける際の表示）

第12条の6 ① 販売業者又は役務提供事業者は，当該販売業者若しくは当該役務提供事業者若しくはそれらの委託を受けた者が定める様式の書面により顧客が行う通信販売に係る売買契約の申込み又は役務提供契約の申込み又は当該販売業者若しくは当該役務提供事業者若しくはそれらの委託を受けた者が電子情報処理組織を使用する方法その他の情報通信の技術を利用する方法により顧客の使用に係る電子計算機の映像面に表示する手続に従つて顧客が行う通信販売に係る売買契約若しくは役務提供契約の申込み（以下「特定申込み」と総称する.）を受ける場合には，当該特定申込みに係る書面又は手続が表示される映像面に，次に掲げる事項を表示しなければならない.

1 当該売買契約に基づいて販売する商品若しくは特定権利又は当該役務提供契約に基づいて提供する役務の分量

2 当該売買契約又は当該役務提供契約に係る第11条第1号から第5号までに掲げる事項

② 販売業者又は役務提供事業者は，特定申込みに係る書面又は手続が表示される映像面において，次に掲げる表示をしてはならない.

1 当該書面の送付が当該手続に従つた情報の送信が通信販売に係る売買契約又は役務提供契約の申込みとなることにつき，人を誤認させるような表示

2 前項各号に掲げる事項につき，人を誤認させるような表示

（通信販売における承諾等の通知）

第13条 ① 販売業者又は役務提供事業者は，商品若しくは特定権利又は役務につき売買契約又は役務提供契約の申込みをした者から当該商品の引渡し若しくは当該権利の移転又は当該役務の提供に先立つて当該商品若しくは当該権利の代金又は当該役務の対価の全部又は一部を受領することとする通信販売をする場合において，郵便等により当該商品若しくは当該権利又は当該役務につき売買契約又は役務提供契約の申込みを受け，かつ，当該商品若しくは当該権利の代金又は当該役務の対価の全部又は一部を受領したときは，遅滞なく，主務省令で定めるところにより，その申込みを承諾する旨又は承諾しない旨（その受領前にその申込みを承諾する旨又は承諾しない旨をその申込みをした者に通知している場合には，その旨）その他の主務省令で定める事項をその者に書面により通知しなければならない. ただし，当該商品若しくは当該権利の代金又は当該役務の対価の全部又は一部を受領した後遅滞なく当該商品を送付し，若しくは当該権利を移転し，又は当該役務を提供したときは，この限りでない.

（通信販売における契約の解除等）

第15条の3 ① 通信販売をする場合の商品又は特定権利の販売条件について広告をした販売業者が

当該商品若しくは当該特定権利の売買契約の申込みを受けた場合におけるその申込みをした者又は売買契約を締結した場合におけるその購入者（次項において単に「購入者」という。）は、その売買契約に係る商品の引渡し又は特定権利の移転を受けた日から起算して8日を経過するまでの間は、その売買契約の申込みの撤回又はその売買契約の解除（以下この条において「申込みの撤回等」という。）を行うことができる。ただし、当該販売業者が申込みの撤回等についての特約を当該広告に表示していた場合（当該売買契約が電子消費者契約に関する民法の特例に関する法律（平成13年法律第95号）第2条第1項に規定する電子消費者契約に該当する場合その他主務省令で定める場合にあつては、当該広告に表示し、かつ、広告に表示する方法以外の方法であつて主務省令で定める方法により表示していた場合）には、この限りでない。

② 申込みの撤回等があつた場合において、その売買契約に係る商品の引渡し又は特定権利の移転が既にされているときは、その引取り又は返還に要する費用は、購入者の負担とする。

（通信販売における契約の申込みの意思表示の取消し）

第15条の4 ① 特定申込みをした者は、販売業者又は役務提供事業者が当該特定申込みを受けるに際し次の各号に掲げる行為をしたことにより、当該各号に定める誤認をし、それによつて当該特定申込みの意思表示をしたときは、これを取り消すことができる。

1 第12条の6第1項の規定に違反して不実の表示をする行為　当該表示が事実であるとの誤認

2 第12条の6第1項の規定に違反して表示をしない行為　当該表示がされていない事項が存在しないとの誤認

3 第12条の6第2項第1号に掲げる表示をする行為　同号に規定する書面の送付又は手続に従つた情報の送信が通信販売に係る売買契約又は役務提供契約の申込みとならないとの誤認

4 第12条の6第2項第2号に掲げる表示をする行為　同条第1項各号に掲げる事項についての誤認

② 第9条の3第2項から第5項までの規定は、前項の規定による特定申込みの意思表示の取消しについて準用する。

第4節　電話勧誘販売

（電話勧誘販売における氏名等の明示）

第16条 販売業者又は役務提供事業者は、電話勧誘販売をしようとするときは、その勧誘に先立つて、その相手方に対し、販売業者又は役務提供事業者の氏名又は名称及びその勧誘を行う者の氏名並びに商品若しくは権利又は役務の種類並びにその電話が売買契約又は役務提供契約の締結について勧誘をするためのものであることを告げなければならない。

（契約を締結しない旨の意思を表示した者に対する勧誘の禁止）

第17条 販売業者又は役務提供事業者は、電話勧誘販売に係る売買契約又は役務提供契約を締結しない旨の意思を表示した者に対し、当該売買契約又は当該役務提供契約の締結について勧誘をしてはならない。

（電話勧誘販売における書面の交付）

第18条 ① 販売業者又は役務提供事業者は、電話勧

誘行為により、電話勧誘顧客から商品若しくは特定権利につき当該売買契約の申込みを郵便等により受け、又は役務につき当該役務提供契約の申込みを郵便等により受けたときは、遅滞なく、主務省令で定めるところにより、その申込みについての内容を記載した書面をその申込みをした者に交付しなければならない。ただし、その申込みを受けた際その売買契約又は役務提供契約を締結した場合には、この限りでない。

1 商品若しくは権利又は役務の種類

2 商品若しくは権利の販売価格又は役務の対価

3 商品若しくは権利の代金又は役務の対価の支払の時期及び方法

4 商品の引渡時期若しくは権利の移転時期又は役務の提供時期

5 第24条第1項の規定による売買契約若しくは役務提供契約の申込みの撤回又は売買契約若しくは役務提供契約の解除に関する事項（同条第2項から第7項までの規定に関する事項（第26条第2項、第4項又は第5項の規定の適用がある場合にあつては、当該各項の規定に関する事項を含む。）を含む。）

6 前各号に掲げるもののほか、主務省令で定める事項

② 販売業者又は役務提供事業者は、前項の規定による書面の交付に代えて、政令で定めるところにより、当該申込みをした者の承諾を得て、当該書面に記載すべき事項を電磁的方法により提供することができる。この場合において、当該販売業者又は当該役務提供事業者は、当該書面を交付したものとみなす。

③ 前項前段の規定による書面の交付に係る電磁的方法（主務省令で定める方法を除く。）による提供は、当該申込みをした者の使用に係る電子計算機に備えられたファイルへの記録がされた時に当該申込みをした者に到達したものとみなす。

第19条 ① 販売業者又は役務提供事業者は、次の各号のいずれかに該当するときは、次項に規定する場合を除き、遅滞なく、主務省令で定めるところにより、前条第1項各号の事項（同項第5号の事項については、売買契約又は役務提供契約の解除に関する事項に限る。）についての売買契約又は役務提供契約の内容を明らかにする書面を購入者又は役務の提供を受ける者に交付しなければならない。

1 電話勧誘行為により、電話勧誘顧客と商品若しくは特定権利につき当該売買契約を郵便等により締結したとき又は役務につき当該役務提供契約を郵便等により締結したとき。

2 電話勧誘行為により電話勧誘顧客から商品若しくは特定権利につき当該売買契約又は当該役務提供契約の申込みを郵便等により受け、その売買契約又は役務提供契約を締結したとき。

② 販売業者又は役務提供事業者は、前項第2号に該当する場合において、その売買契約又は役務提供契約を締結した際に、商品を引き渡し、若しくは特定権利を移転し、又は役務を提供し、かつ、商品若しくは特定権利の代金又は役務の対価の全部を受領したときは、直ちに、主務省令で定めるところにより、前条第1項第1号及び第2号の事項並びに同項第5号の事項のうち売買契約又は役務提供契約の解除に関する事項その他主務省令で定める事項を記載した書面を購入者又は役務の提供を受ける者に交付しなければならない。

③ 前条第2項及び第3項の規定は、前2項の規定に

よる書面の交付について準用する．この場合において，同条第2項及び第3項中「申込みをした者」とあるのは，「購入者又は役務の提供を受ける者」と読み替えるものとする．

（禁止行為）

第21条 ① 販売業者又は役務提供事業者は，電話勧誘販売に係る売買契約若しくは役務提供契約の締結について勧誘をするに際し，又は電話勧誘販売に係る売買契約若しくは役務提供契約の申込みの撤回若しくは解除を妨げるため，次の事項につき，不実のことを告げる行為をしてはならない．

1　商品の種類及びその性能若しくは品質又は権利若しくは役務の種類及びこれらの内容その他これらに類するものとして主務省令で定める事項

2　商品若しくは権利の販売価格又は役務の対価

3　商品若しくは権利の代金又は役務の対価の支払の時期及び方法

4　商品の引渡時期若しくは権利の移転時期又は役務の提供時期

5　当該売買契約若しくは当該役務提供契約の申込みの撤回又は当該売買契約若しくは当該役務提供契約の解除に関する事項（第24条第1項から第7項までの規定に関する事項（第26条第2項，第4項又は第5項の規定の適用がある場合にあつては，当該各項の規定に関する事項を含む．）を含む．）

6　電話勧誘販売が当該売買契約又は当該役務提供契約の締結を必要とする事情に関する事項

7　前各号に掲げるもののほか，当該売買契約又は当該役務提供契約に関する事項であつて，電話勧誘顧客又は購入者若しくは役務の提供を受ける者の判断に影響を及ぼすこととなる重要なもの

② 販売業者又は役務提供事業者は，電話勧誘販売に係る売買契約又は役務提供契約の締結について勧誘をするに際し，前項第1号から第5号までに掲げる事項につき，故意に事実を告げない行為をしてはならない．

③ 販売業者又は役務提供事業者は，電話勧誘販売に係る売買契約若しくは役務提供契約を締結させ，又は電話勧誘販売に係る売買契約若しくは役務提供契約の申込みの撤回若しくは解除を妨げるため，人を威迫して困惑させてはならない．

（電話勧誘販売における契約の申込みの撤回等）

第24条 ① 販売業者若しくは役務提供事業者が電話勧誘行為により電話勧誘顧客から商品若しくは特定権利若しくは役務につき当該売買契約若しくは当該役務提供契約の申込みを郵便等により受けた場合におけるその申込みをした者又は販売業者若しくは役務提供事業者が電話勧誘行為により電話勧誘顧客と商品若しくは特定権利若しくは役務につき当該売買契約若しくは当該役務提供契約を郵便等により締結した場合におけるその購入者若しくは役務の提供を受ける者（以下この条から第24条の3までにおいて「申込者等」という．）は，書面又は電磁的記録によりその売買契約若しくは役務提供契約の申込みの撤回又はその売買契約若しくは役務提供契約の解除（以下この条において「申込みの撤回等」という．）を行うことができる．ただし，申込者等が第19条第1項第1号又は第2項の書面を受領した日（その日前に第18条第1項の書面を受領した場合にあつては，その書面を受領した日）から起算して8日を経過した場合（申込者等が，販売業者若しくは役務提供事業者が第21条第1

項の規定に違反して申込みの撤回等に関する事項につき不実のことを告げる行為をしたことにより当該告げられた内容が事実であるとの誤認をし，又は販売業者若しくは役務提供事業者が同条第3項の規定に違反して威迫したことにより困惑し，これらによつて当該期間を経過するまでに申込みの撤回等を行わなかつた場合には，当該申込者等が，当該販売業者又は当該役務提供事業者が主務省令で定めるところにより当該売買契約又は当該役務提供契約の申込みの撤回等を行うことができる旨を記載して交付した書面を受領した日から起算して8日を経過した場合）においては，この限りでない．

（通常必要とされる分量を著しく超える商品の売買契約等の申込みの撤回等）

第24条の2 ① 申込者等は，次に掲げる契約に該当する売買契約又は役務提供契約の申込みの撤回又は売買契約若しくは役務提供契約の解除（以下この条において「申込みの撤回等」という．）を行うことができる．ただし，申込者等に当該契約の締結を必要とする特別の事情があつたときは，この限りでない．

1　その日常生活において通常必要とされる分量を著しく超える商品若しくは特定権利（第2条第4項第1号に掲げるものに限る．次号において同じ．）の売買契約又はその日常生活において通常必要とされる回数，期間若しくは分量を著しく超えて役務の提供を受ける役務提供契約

2　当該販売業者又は役務提供事業者が，当該売買契約若しくは役務提供契約に基づく債務を履行することにより申込者等にとつて当該売買契約に係る商品若しくは特定権利と同種の商品若しくは特定権利の分量がその日常生活において通常必要とされる分量を著しく超えることとなること若しくは当該役務提供契約に係る役務と同種の役務の提供を受ける回数若しくは期間若しくはその分量がその日常生活において通常必要とされる回数，期間若しくは分量を著しく超えることとなることを知り，又は申込者等にとつて当該売買契約に係る商品若しくは特定権利と同種の商品若しくは特定権利の分量がその日常生活において通常必要とされる分量を既に著しく超えていること若しくは当該役務提供契約に係る役務と同種の役務の提供を受ける回数若しくは期間若しくはその分量がその日常生活において通常必要とされる回数，期間若しくは分量を既に著しく超えていることを知りながら，申込みを受け，又は締結した売買契約又は役務提供契約

② 前項の規定による権利は，当該売買契約又は当該役務提供契約の締結の時から1年以内に行使しなければならない．

③ 前条第3項から第8項までの規定は，第1項の規定による申込みの撤回等について準用する．この場合において，同条第8項中「前各項」とあるのは，「次条第1項及び第2項並びに同条第3項において準用する第3項から前項まで」と読み替えるものとする．

（電話勧誘販売における契約の申込み又はその承諾の意思表示の取消し）

第24条の3 ① 申込者等は，販売業者又は役務提供事業者が電話勧誘販売に係る売買契約又は役務提供契約の締結について勧誘をするに際し次の各号に掲げる行為をしたことにより，当該各号に定める

誤認をし,それによつて当該売買契約若しくは当該役務提供契約の申込み又はその承諾の意思表示をしたときは,これを取り消すことができる.

1 第21条第1項の規定に違反して不実のことを告げる行為 当該告げられた内容が事実であるとの誤認

2 第21条第2項の規定に違反して故意に事実を告げない行為 当該事実が存在しないとの誤認

② 第9条の3第2項から第5項までの規定は,前項の規定による電話勧誘販売に係る売買契約若しくは役務提供契約の申込み又はその承諾の意思表示の取消しについて準用する.

（電話勧誘販売における契約の解除等に伴う損害賠償等の額の制限）

第25条 ① 販売業者又は役務提供事業者は,第19条第1項各号のいずれかに該当する売買契約又は役務提供契約の締結をした場合において,その売買契約又はその役務提供契約が解除されたときは,損害賠償額の予定又は違約金の定めがあるときにおいても,次の各号に掲げる場合に応じ当該各号に定める額にこれに対する法定利率による遅延損害金の額を加算した金額を超える額の金銭の支払を購入者又は役務の提供を受ける者に対して請求することができない.

1 当該商品又は当該権利が返還された場合 当該商品の通常の使用料の額又は当該権利の行使により通常得られる利益に相当する額（当該商品又は当該権利の販売価格に相当する額から当該商品又は当該権利の返還された時における価額を控除した額が通常の使用料の額又は当該権利の行使により通常得られる利益に相当する額を超えるときは,その額）

2 当該商品又は当該権利が返還されない場合 当該商品又は当該権利の販売価格に相当する額

3 当該役務提供契約の解除が当該役務の提供の開始後である場合 提供された当該役務の対価に相当する額

4 当該売買契約の解除が当該商品の引渡し若しくは当該権利の移転又は当該役務の提供の開始前である場合 契約の締結及び履行のために通常要する費用の額

② 販売業者又は役務提供事業者は,第19条第1項各号のいずれかに該当する売買契約又は役務提供契約の締結をした場合において,その売買契約についての代金又はその役務提供契約についての対価の全部又は一部の支払の義務が履行されていない場合（売買契約又は役務提供契約が解除された場合を除く.）には,損害賠償額の予定又は違約金の定めがあるときにおいても,当該商品若しくは当該権利の販売価格又は当該役務の対価に相当する額から既に支払われた当該商品若しくは当該権利の代金又は当該役務の対価の額を控除した額にこれに対する法定利率による遅延損害金の額を加算した金額を超える額の金銭の支払を購入者又は役務の提供を受ける者に対して請求することができない.

第5節 雑則

第3章 連鎖販売取引(略)

第4章 特定継続的役務提供(略)

第5章 業務提供誘引販売取引(略)

第5章の2 訪問購入

（定義）

第58条の4 この章及び第58条の24第1項において「訪問購入」とは,物品の購入を業として営む者（以下「購入業者」という.）が営業所等以外の場所において,売買契約の申込みを受け,又は売買契約を締結して行う物品（当該売買契約の相手方の利益を損なうおそれがないと認められる物品又はこの章の規定の適用を受けることとされた場合に流通が著しく害されるおそれがあると認められる物品であつて,政令で定めるものを除く.以下この章,同項及び第67条第1項において同じ.）の購入をいう.

（訪問購入における契約の申込みの撤回等）

第58条の14 ① 購入業者が営業所等以外の場所において物品につき売買契約の申込みを受けた場合におけるその申込みをした者又は購入業者が営業所等以外の場所において物品につき売買契約を締結した場合（営業所等において申込みを受け,営業所等以外の場所において売買契約を締結した場合を除く.）におけるその売買契約の相手方（以下この条及び次条において「申込者等」という.）は,書面又は電磁的記録によりその売買契約の申込みの撤回又はその売買契約の解除（以下この条において「申込みの撤回等」という.）を行うことができる.ただし,申込者等が第58条の8第1項又は第2項の書面を受領した日（その日前に第58条の7第1項の書面を受領した場合にあつては,その書面を受領した日）から起算して8日を経過した場合（申込者等が,購入業者が第58条の10第1項の規定に違反して申込みの撤回等に関する事項につき不実のことを告げる行為をしたことにより当該告げられた内容が事実であるとの誤認をし,又は購入業者が同条第3項の規定に違反して威迫したことにより困惑し,これらによつて当該期間を経過するまでに申込みの撤回等を行わなかつた場合には,当該申込者等が,当該購入業者が主務省令で定めるところにより当該売買契約の申込みの撤回等を行うことができる旨を記載して交付した書面を受領した日から起算して8日を経過した場合）においては,この限りでない.

② 申込みの撤回等は,当該申込みの撤回等に係る書面又は電磁的記録による通知を発した時に,その効力を生ずる.

③ 申込者等である売買契約の相手方は,第1項の規定による売買契約の解除をもつて,第三者に対抗することができる.ただし,第三者が善意であり,かつ,過失がないときは,この限りでない.

④ 申込みの撤回等があつた場合においては,購入業者は,その申込みの撤回等に伴う損害賠償又は違約金の支払を請求することができない.

⑤ 申込みの撤回等があつた場合において,その売買契約に係る代金の支払が既にされているときは,その代金の返還に要する費用及びその利息は,購入業者の負担とする.

⑥ 前各項の規定に反する特約で申込者等に不利なものは,無効とする.

第5章の3 差止請求権（略）

第6章 雑 則（略）

57 割賦販売法（抄）

（昭 36・7・1 法律第 159 号，昭 36・12・1 施行，
最終改正：令 4・6・17 法律第 68 号）

第1章 総 則

（目的及び運用上の配慮）

第1条 ① この法律は，割賦販売等に係る取引の公正の確保，購入者等が受けることのある損害の防止及びクレジットカード番号等の適切な管理等に必要な措置を講ずることにより，割賦販売等に係る取引の健全な発達を図るとともに，購入者等の利益を保護し，あわせて割賦販売等の流通及び役務の提供を円滑にし，もつて国民経済の発展に寄与することを目的とする．

② この法律の運用にあたつては，割賦販売等を行なう中小商業者の事業の安定及び振興に留意しなければならない．

（定 義）

第2条 ① この法律において「割賦販売」とは，次に掲げるものをいう．

1 購入者から商品若しくは権利の代金を，又は役務の提供を受ける者から役務の対価を2月以上の期間にわたり，かつ，3回以上に分割して受領すること（購入者又は役務の提供を受ける者をして販売業者又は役務の提供の事業を営む者（以下「役務提供事業者」という．）の指定する銀行その他預金の受入れを業とする者に対し，2月以上の期間にわたり3回以上預金させた後，その預金のうちから商品若しくは権利の代金又は役務の対価を受領することを含む．）を条件として指定商品若しくは指定権利を販売し，又は指定役務を提供すること．

2 それを提示し若しくは通知して，又はそれと引換えに，商品若しくは権利を購入し，又は有償で役務の提供を受けることができるカードその他の物又は番号，記号その他の符号（以下この項及び次項，次条並びに第29条の2において「カード等」という．）をこれにより商品若しくは権利を購入しようとする者又は役務の提供を受けようとする者（以下この項及び次項，次条，第4条の2（第29条の4第1項において準用する場合を含む．），第29条の2並びに第38条において「利用者」という．）に交付し又は付与し，あらかじめ定められた時期ごとに，そのカード等の提示若しくは通知を受けて，又はそれと引換えに当該利用者に販売した商品若しくは権利の代金又は当該利用者に提供する役務の対価の合計額を基礎としてあらかじめ定められた方法により算定して得た金額を当該利用者から受領することを条件として，指定商品若しくは指定権利を販売し又は指定役務を提供すること．

② この法律において「ローン提携販売」とは，次に掲げるものをいう．

1 カード等を利用者に交付し又は付与し，当該利用者がそのカード等を提示し若しくは通知して，又はそれと引換えに購入した商品若しくは権利の代金又は提供を受ける役務の対価に充てるためにする金銭の借入れで，2月以上の期間にわたり，かつ，3回以上に分割して返還することを条件とするものに係る購入者又は役務の提供を受ける者の債務の保証（業として保証を行う者に当該債務の保証を委託することを含む．）をして，指定商品若しくは指定権利を販売し，又は指定役務を提供すること．

2 カード等を利用者に交付し又は付与し，当該利用者がそのカード等を提示し若しくは通知して，又はそれと引換えに購入した商品若しくは権利の代金又は提供を受ける役務の対価に充てるためにする金銭の借入れで，あらかじめ定められた時期ごとに，その借入金の合計額を基礎としてあらかじめ定められた方法により算定して得た金額を返済することを条件とするものに係る当該利用者の債務の保証（業として保証を行う者に当該債務の保証を委託することを含む．）をして，そのカード等の提示若しくは通知を受けて，又はそれと引換えに指定商品若しくは指定権利を販売し又は指定役務を提供すること．

③ この法律において「包括信用購入あつせん」とは，次に掲げるものをいう．

1 それを提示し若しくは通知して，又はそれと引換えに，特定の販売業者から商品若しくは権利を購入し，又は特定の役務提供事業者から有償で役務の提供を受けることができるカードその他の物又は番号，記号その他の符号（以下この項及び次項，第3章第1節並びに第35条の16において「カード等」という．）をこれにより商品若しくは権利を購入しようとする者又は役務の提供を受けようとする者（以下この項，同節，同章第3節，同条，第3章の4第2節，第41条及び第41条の2において「利用者」という．）に交付し又は付与し，当該利用者がそのカード等を提示し若しくは通知して，又はそれと引換えに特定の販売業者から商品若しくは権利を購入し，又は特定の役務提供事業者から役務の提供を受けるときは，当該販売業者又は当該役務提供事業者に当該指定商品若しくは当該権利の代金又は当該役務の対価に相当する額の交付（当該販売業者又は当該役務提供事業者以外の者を通じた当該販売業者又は当該役務提供事業者への交付を含む．）をするとともに，当該利用者から当該代金又は当該対価に相当する額をあらかじめ定められた時期までに受領すること（当該利用者が当該販売業者から商品若しくは権利を購入する契約を締結し，又は当該役務提供事業者から役務の提供を受ける契約を締結した時から2月を超えない範囲内においてあらかじめ定められた時期までに受領することを除く．）．

2 カード等を利用者に交付し又は付与し，当該利用者がそのカード等を提示し若しくは通知して，又はそれと引換えに特定の販売業者から商品若しくは権利を購入し，又は特定の役務提供事業者から役務の提供を受けるときは，当該販売業者又は当該役務提供事業者に当該商品若しくは当該権利の代金又は当該役務の対価に相当する額の交付（当該販売業者又は当該役務提供事業者以外の者を通じた当該販売業者又は当該役務提供事業者への交付を含む．）をするとともに，当該利用者から

あらかじめ定められた時期ごとに当該商品若しくは当該権利の代金又は当該役務の対価の合計額を基礎としてあらかじめ定められた方法により算定して得た金額を受領すること.

④ この法律において「個別信用購入あつせん」とは、カード等を利用することなく、特定の販売業者が行う購入者への商品若しくは指定権利の販売又は特定の役務提供事業者が行う役務の提供を受ける者への役務の提供を条件として、当該商品若しくは当該指定権利の代金又は当該役務の対価の全部又は一部に相当する金額の当該販売業者又は当該役務提供事業者への交付（当該販売業者又は当該役務提供事業者以外の者を通じた当該販売業者又は当該役務提供事業者への交付を含む。）をするとともに、当該購入者又は当該役務の提供を受ける者からあらかじめ定められた時期までに当該金額を受領すること（当該購入者又は当該役務の提供を受ける者が当該販売業者から商品若しくは指定権利を購入する契約を締結し、又は当該役務提供事業者から役務の提供を受ける契約を締結した時から2月を超えない範囲内においてあらかじめ定められた時期までに受領することを除く。）をいう.

⑤ この法律において「指定商品」とは、定型的な条件で販売するのに適する商品であつて政令で定めるものをいい、「指定権利」とは、施設を利用し又は役務の提供を受ける権利のうち国民の日常生活に係る取引において販売されるものであつて政令で定めるものをいい、「指定役務」とは、次項、第35条の3の61、第35条の3の62、第41条及び第41条の2を除き、国民の日常生活に係る取引において有償で提供される役務であつて政令で定めるものをいう.

⑥ この法律において「前払式特定取引」とは、次の各号に掲げる取引で、当該各号に定める者に対する商品の引渡し又は政令で定める役務（以下この項、第35条の3の61、第35条の3の62、第41条及び第41条の2において「指定役務」という。）の提供に先立つてその者から当該指定商品の代金又は当該指定役務の対価の全部又は一部を2月以上の期間にわたり、かつ、3回以上に分割して受領するものをいう.

1　商品の売買の取次ぎ　購入者

2　指定役務の提供又は指定役務の提供をすること若しくは指定役務の提供を受けることの取次ぎ　当該指定役務の提供を受ける者

第2章　割賦販売

第1節　総則
（情報通信の技術を利用する方法）

第4条の2　割賦販売業者は、第3条第2項若しくは第3項又は前条各項の規定による書面の交付に代えて、政令で定めるところにより、当該利用者又は購入者若しくは役務の提供を受ける者の承諾を得て、当該書面に記載すべき事項を電子情報処理組織を使用する方法その他の情報通信の技術を利用する方法であつて経済産業省令・内閣府令で定めるもの（以下「電磁的方法」という。）により提供することができる。この場合において、当該割賦販売業者は、当該書面を交付したものとみなす.

（契約の解除等の制限）

第5条　① 割賦販売業者は、割賦販売の方法により指定商品若しくは指定権利を販売する契約又は指定役務を提供する契約について賦払金（第2条第1項第2号に規定する割賦販売の方法により指定商品若しくは指定権利を販売する契約又は指定役務を提供する契約で、弁済金。以下この項において同じ。）の支払の義務が履行されない場合において、20日以上の相当の期間を定めてその支払を書面で催告し、その期間内にその義務が履行されないときでなければ、賦払金の支払の遅滞を理由として、契約を解除し、又は支払時期の到来していない賦払金の支払を請求することができない.

② 前項の規定に反する特約は、無効とする.

（契約の解除等に伴う損害賠償等の額の制限）

第6条　① 割賦販売業者は、第2条第1項第1号に規定する割賦販売の方法により指定商品若しくは指定権利を販売する契約又は指定役務を提供する契約が解除された場合（第3項及び第4項に規定する場合を除く。）には、損害賠償額の予定又は違約金の定めがあるときにおいても、次の各号に掲げる場合に応じ当該各号に定める額にこれに対する法定利率による遅延損害金の額を加算した金額を超える額の金銭の支払を購入者又は役務の提供を受ける者に対して請求することができない.

1　当該商品又は当該権利が返還された場合　当該商品の通常の使用料の額又は当該権利の行使により通常得られる利益に相当する額（当該商品又は当該権利の割賦販売価格に相当する額から当該商品又は当該権利の返還された時における価額を控除した額が通常の使用料の額又は当該権利の行使により通常得られる利益に相当する額を超えるときは、その額）

2　当該商品又は当該権利が返還されない場合　当該商品又は当該権利の割賦販売価格に相当する額

3　当該商品又は当該権利を販売する契約又は当該役務を提供する契約の解除が当該商品の引渡し若しくは当該権利の移転又は当該役務の提供の開始前である場合（次号に掲げる場合を除く。）　契約の締結及び履行のために通常要する費用の額

4　当該役務が特定商取引に関する法律（昭和51年法律第57号）第41条第2項に規定する特定継続的役務に該当する場合であつて、当該役務を提供する契約の同法第49条第1項の規定に基づく解除が当該役務の提供の開始前である場合　契約の締結及び履行のために通常要する費用の額として当該役務ごとに同条第2項第2号の政令で定める額

5　当該役務を提供する契約の解除が当該役務の提供の開始後である場合（次号に掲げる場合を除く。）　提供された当該役務の対価に相当する額に、当該役務の割賦提供価格に相当する額から当該役務の現金提供価格に相当する額を控除した額を加算した額

6　当該役務が特定商取引に関する法律第41条第2項に規定する特定継続的役務に該当する場合であつて、当該役務を提供する契約の同法第49条第1項の規定に基づく解除が当該役務の提供の開始後である場合　次の額を合算した額

イ　提供された当該役務の対価に相当する額に、当該役務の割賦提供価格に相当する額から当該役務の現金提供価格に相当する額を控除した額を加算した額

ロ　当該役務を提供する契約の解除によつて通常

生ずる損害の額として当該役務ごとに同条第2項第1号ロの政令で定める額

② 割賦販売業者は，前項の契約について賦払金の支払の義務が履行されない場合（契約が解除された場合を除く．）には，損害賠償額の予定又は違約金の定めがあるときにおいても，当該商品若しくは当該権利の割賦販売価格又は当該役務の割賦提供価格に相当する額から既に支払われた賦払金の額を控除した額にこれに対する法定利率による遅延損害金の額を加算した金額を超える額の金銭の支払を購入者又は役務の提供を受ける者に対して請求することができない．

③ 割賦販売業者は，第2条第1項第1号に規定する割賦販売の方法により指定商品若しくは指定権利を販売する契約又は指定役務を提供する契約が特定商取引に関する法律第37条第2項に規定する連鎖販売契約に該当する場合であつて，当該契約が同法第40条の2第1項の規定により解除された場合には，損害賠償額の予定又は違約金の定めがあるときにおいても，契約の締結及び履行のために通常要する費用の額（次の各号のいずれかに該当する場合にあつては，当該額に当該各号に掲げる場合に応じ当該各号に定める額を加算した額）にこれに対する法定利率による遅延損害金の額を加算した金額を超える額の金銭の支払を購入者又は役務の提供を受ける者に対して請求することができない．

1 当該連鎖販売契約の解除が当該連鎖販売取引に伴う特定商取引に関する法律第33条第1項に規定する特定負担（次号，第35条の3の11及び第35条の3の14において「特定負担」という．）に係る商品の引渡し又は権利の移転後である場合 次の額を合算した額

イ 引渡しがされた当該商品又は移転がされた当該権利（当該販売契約に基づき販売が行われた商品又は権利に限り，特定商取引に関する法律第40条の2第2項の規定により当該商品又は当該権利に係る同項に規定する商品販売契約が解除されたものを除く．）の割賦販売価格に相当する額

ロ 提供された特定商取引に関する法律第33条第1項に規定する特定利益（第35条の3の14において「特定利益」という．）その他の金品（同法第40条の2第2項の規定により解除された同項に規定する商品販売契約に係る商品又は権利に係るものに限る．）に相当する額

2 当該連鎖販売契約の解除が当該連鎖販売取引に伴う特定負担に係る役務の提供開始後である場合 提供された当該役務（当該連鎖販売契約に基づき提供されたものに限る．）の対価に相当する額に，当該役務の割賦提供価格に相当する額から当該役務の現金提供価格に相当する額を控除した額を加算した額

④ 割賦販売業者は，第2条第1項第1号に規定する割賦販売の方法により指定商品又は指定権利を販売する契約が特定商取引に関する法律第40条の2第2項に規定する商品販売契約に該当する場合であつて，当該契約が同項の規定により解除された場合には，損害賠償額の予定又は違約金の定めがあるときにおいても，次の各号に掲げる場合に応じ当該各号に定める額にこれに対する法定利率による遅延損害金の額を加算した金額を超える額の金銭の支払を購入者に対して請求することができない．

1 当該商品若しくは当該権利が返還された場合又は当該商品販売契約の解除が当該商品の引渡し若しくは当該権利の移転前である場合 当該商品又は当該権利の現金販売価格の10分の1に相当する額に，当該商品又は当該権利の割賦販売価格に相当する額から当該商品又は当該権利の現金販売価格に相当する額を控除した額を加算した額

2 当該商品又は当該権利が返還されない場合 当該商品又は当該権利の割賦販売価格に相当する額

（所有権に関する推定）

第7条 第2条第1項第1号に規定する割賦販売の方法により販売された指定商品（耐久性を有するものとして政令で定めるものに限る．）の所有権は，賦払金の全部の支払の義務が履行される時までは，割賦販売業者に留保されたものと推定する．

第3章 信用購入あつせん

第1節 包括信用購入あつせん

第1款 業務

（契約の解除等の制限）

第30条の2の4 ① 包括信用購入あつせん業者は，包括信用購入あつせん関係受領契約であつて次の各号に掲げる包括信用購入あつせんに係るものについて当該各号に定める支払分又は弁済金の支払の義務が履行されない場合において，20日以上の相当な期間を定めてその支払を書面（当該購入者又は役務の提供を受ける者の承諾を得て，当該書面に記載すべき事項を電磁的方法により提供する場合にあつては，電磁的記録）により催告し，その期間内にその義務が履行されないときでなければ，支払分又は弁済金の支払の遅滞を理由として，契約を解除し，又は支払時期の到来していない支払分若しくは弁済金の支払を請求することができない．

1 第2条第3項第1号に規定する包括信用購入あつせん 前条第1項第2号の支払分

2 第2条第3項第2号に規定する包括信用購入あつせん 前条第3項第2号の弁済金

② 前項の規定に反する特約は，無効とする．

（契約の解除等に伴う損害賠償等の額の制限）

第30条の3 ① 包括信用購入あつせん業者は，包括信用購入あつせん関係受領契約であつて第2条第3項第1号に規定する包括信用購入あつせんに係るものが解除された場合には，損害賠償額の予定又は違約金の定めがあるときにおいても，当該契約に係る支払総額に相当する額にこれに対する法定利率による遅延損害金の額を加算した金額を超える額の金銭の支払を購入者又は役務の提供を受ける者に対して請求することができない．

② 包括信用購入あつせん業者は，前項の契約について第30条の2の3第1項第2号の支払分の支払の義務が履行されない場合（契約が解除された場合を除く．）には，損害賠償額の予定又は違約金の定めがあるときにおいても，当該契約に係る支払総額に相当する額から既に支払われた同号の支払分の額を控除した額にこれに対する法定利率による遅延損害金の額を加算した金額を超える額の金銭の支払を購入者又は役務の提供を受ける者に対して請求することができない．

（包括信用購入あつせん業者に対する抗弁）

第30条の4 ① 購入者又は役務の提供を受ける者は，第2条第3項第1号に規定する包括信用購入あ

つせんに係る購入又は受領の方法により購入した商品若しくは指定権利は指定権利又は役務に係る第30条の2の3第1項第2号の支払分の支払の請求を受けたときは，当該商品若しくは当該指定権利の販売につきそれを販売した包括信用購入あつせん関係販売業者又は当該役務の提供につきそれを提供する包括信用購入あつせん関係役務提供事業者に対して生じている事由をもつて，当該支払の請求をする包括信用購入あつせん業者に対抗することができる．

② 前項の規定に反する特約であつて購入者又は役務の提供を受ける者に不利なものは，無効とする．

③ 第1項の規定による対抗をする購入者又は役務の提供を受ける者は，その対抗を受けた包括信用購入あつせん業者からその対抗に係る同項の事由の内容を記載した書面の提出を求められたときは，その書面を提出するよう努めなければならない．

④ 前3項の規定は，第1項の支払分の支払であつて政令で定める金額に満たない支払総額に係るものは，適用しない．

第2節　個別信用購入あつせん
第1款　業　務
（個別信用購入あつせん関係受領契約の申込みの撤回等）

第35条の3の10 ① 次の各号に掲げる場合において，当該各号に定める者（以下この条において「申込者等」という．）は，書面により，申込みの撤回等（次の各号の個別信用購入あつせん関係販売契約若しくは個別信用購入あつせん関係役務提供契約に係る個別信用購入あつせん関係受領契約の申込みの撤回又は次の各号の個別信用購入あつせん関係販売契約若しくは個別信用購入あつせん関係役務提供契約に係る個別信用購入あつせん関係受領契約の解除をいう．以下この条において同じ．）を行うことができる．ただし，前条第3項の書面を受領した日（その日前に同条第1項の書面を受領した場合にあつては，当該書面を受領した日）から起算して8日を経過したとき（申込者等が，個別信用購入あつせん関係販売業者若しくは個別信用購入あつせん関係役務提供事業者又は個別信用購入あつせん業者が個別信用購入あつせん関係販売契約若しくは個別信用購入あつせん関係役務提供契約に係る個別信用購入あつせん関係受領契約の締結について勧誘をするに際し，若しくは申込みの撤回等を妨げるため，申込みの撤回等に関する事項につき不実のことを告げる行為をしたことにより当該告げられた内容が事実であるとの誤認をし，又は個別信用購入あつせん関係販売業者若しくは個別信用購入あつせん関係役務提供事業者若しくは個別信用購入あつせん業者が個別信用購入あつせん関係販売契約若しくは個別信用購入あつせん関係役務提供契約に係る個別信用購入あつせん関係受領契約を締結させ，若しくは申込みの撤回等を妨げるため，威迫したことにより困惑し，これらによつて当該期間を経過するまでに申込みの撤回等を行わなかつた場合には，当該申込者等が，当該個別信用購入あつせん関係販売業者若しくは当該個別信用購入あつせん関係役務提供事業者又は当該個別信用購入あつせん業者が経済産業省令・内閣府令で定めるところにより申込みの撤回等を行うことができる旨を記載して交付した書面を受領した日から起算して8日を経過したとき）は，この限りでない．

1 個別信用購入あつせん関係販売業者又は個別信用購入あつせん関係役務提供事業者が営業所等以外の場所において個別信用購入あつせん関係販売契約又は個別信用購入あつせん関係役務提供契約の申込みを受けた場合　当該申込みをした者

2 個別信用購入あつせん関係販売業者又は個別信用購入あつせん関係役務提供事業者が営業所等において個別信用購入あつせん関係特定顧客から個別信用購入あつせん関係販売契約又は個別信用購入あつせん関係役務提供契約の申込みを受けた場合　当該申込みをした者

3 個別信用購入あつせん関係販売業者又は個別信用購入あつせん関係役務提供事業者が個別信用購入あつせん関係電話勧誘顧客から当該個別信用購入あつせん関係販売契約又は当該個別信用購入あつせん関係役務提供契約の申込みを郵便等により受けた場合　当該申込みをした者

4 個別信用購入あつせん関係販売業者又は個別信用購入あつせん関係役務提供事業者が営業所等以外の場所において個別信用購入あつせん関係販売契約又は個別信用購入あつせん関係役務提供契約を締結した場合（個別信用購入あつせん関係販売業者又は個別信用購入あつせん関係役務提供事業者の営業所等において当該契約の申込みを受けた場合を除く．）　当該契約の相手方

5 個別信用購入あつせん関係販売業者又は個別信用購入あつせん関係役務提供事業者が営業所等において個別信用購入あつせん関係特定顧客と個別信用購入あつせん関係販売契約又は個別信用購入あつせん関係役務提供契約を締結した場合　当該契約の相手方

6 個別信用購入あつせん関係販売業者又は個別信用購入あつせん関係役務提供事業者が個別信用購入あつせん関係電話勧誘顧客と当該個別信用購入あつせん関係販売契約又は当該個別信用購入あつせん関係役務提供契約を郵便等により締結した場合　当該契約の相手方

② 申込みの撤回等は，前項本文の書面を発した時に，その効力を生ずる．

③ 申込みの撤回等があつた場合においては，個別信用購入あつせん業者は，当該申込みの撤回等に伴う損害賠償又は違約金の支払を請求することができない．

④ 個別信用購入あつせん業者は，第1項本文の書面を受領した時には，直ちに，個別信用購入あつせん関係販売業者又は個別信用購入あつせん関係役務提供事業者にその旨を通知しなければならない．

⑤ 申込者等が申込みの撤回等を行つた場合には，当該申込みの撤回等に係る第1項本文の書面を発する時において現に効力を有する個別信用購入あつせん関係販売契約若しくは個別信用購入あつせん関係役務提供契約の申込み又は個別信用購入あつせん関係販売契約若しくは個別信用購入あつせん関係役務提供契約は，当該申込者等が当該書面を発した時に，撤回されたものとみなし，又は解除されたものとみなす．ただし，当該申込者等が当該書面において反対の意思を表示しているときは，この限りでない．

⑥ 前項本文の規定により個別信用購入あつせん関係販売契約若しくは個別信用購入あつせん関係役務提供契約の申込みが撤回され，又は個別信用購入あつせん関係販売契約若しくは個別信用購入あつ

せん関係役務提供契約が解除されたものとみなされた場合においては、個別信用購入あっせん関係販売業者又は個別信用購入あっせん関係役務提供事業者は、当該契約の申込みの撤回又は当該契約の解除に伴う損害賠償又は違約金の支払を請求することができない。

⑦ 個別信用購入あっせん業者は、申込みの撤回等があり、かつ、第5項本文の規定により個別信用購入あっせん関係販売契約若しくは個別信用購入あっせん関係役務提供契約の申込みが撤回され、又は個別信用購入あっせん関係販売契約若しくは個別信用購入あっせん関係役務提供契約が解除されたものとみなされた場合には、既に商品若しくは権利の代金又は役務の対価の全部又は一部に相当する金額の個別信用購入あっせん関係販売業者又は個別信用購入あっせん関係役務提供事業者への交付をしたときにおいても、申込者等に対し、当該個別信用購入あっせん関係販売業者又は当該個別信用購入あっせん関係役務提供事業者に対して交付をした当該商品若しくは権利の代金又は役務の対価の全部又は一部に相当する金額その他当該個別信用購入あっせんにより得られた利益に相当する金銭の支払を請求することができない。

⑧ 個別信用購入あっせん関係販売業者又は個別信用購入あっせん関係役務提供事業者は、第5項本文の規定により個別信用購入あっせん関係販売契約若しくは個別信用購入あっせん関係役務提供契約の申込みが撤回され、又は個別信用購入あっせん関係販売契約若しくは個別信用購入あっせん関係役務提供契約が解除されたものとみなされた場合において、個別信用購入あっせん業者から既に商品若しくは権利の代金又は役務の対価の全部又は一部に相当する金額の交付を受けたときは、当該個別信用購入あっせん業者に対し、当該交付を受けた商品若しくは権利の代金又は役務の対価の全部又は一部に相当する金額を返還しなければならない。

⑨ 個別信用購入あっせん業者は、申込みの撤回等があり、かつ、第5項本文の規定により個別信用購入あっせん関係販売契約若しくは個別信用購入あっせん関係役務提供契約の申込みが撤回され、又は個別信用購入あっせん関係販売契約若しくは個別信用購入あっせん関係役務提供契約が解除されたものとみなされた場合において、申込者等から当該個別信用購入あっせん関係受領契約に関連して金銭を受領しているときは、当該申込者等に対し、速やかに、これを返還しなければならない。

⑩ 第5項本文の規定により個別信用購入あっせん関係販売契約の申込みが撤回され、又は個別信用購入あっせん関係販売契約が解除されたものとみなされた場合において、その個別信用購入あっせん関係販売契約に係る商品の引渡し又は権利の移転が既にされているときは、その引取り又は返還に要する費用は、個別信用購入あっせん関係販売業者の負担とする。

⑪ 個別信用購入あっせん関係販売業者又は個別信用購入あっせん関係役務提供事業者は、第5項本文の規定により第1項第1号若しくは第2号の個別信用購入あっせん関係販売契約若しくは個別信用購入あっせん関係役務提供契約の申込みが撤回され、又は同項第4号若しくは第5号の個別信用購入あっせん関係販売契約若しくは個別信用購入あっせん関係役務提供契約が解除されたものとみなされ

た場合には、既に当該個別信用購入あっせん関係販売契約に基づき引き渡された商品が使用され若しくは指定権利の行使により施設が利用され若しくは役務が提供され又は当該個別信用購入あっせん関係役務提供契約に基づき役務が提供されたときに、同項第1号、第2号、第4号又は第5号に定める者に対し、その商品の使用により得られた利益若しくは当該権利の行使により得られた利益に相当する金銭又は当該個別信用購入あっせん関係役務提供契約に係る役務の対価その他の金銭の支払を請求することができない。

⑫ 個別信用購入あっせん関係役務提供事業者又は個別信用購入あっせん関係販売業者は、第5項本文の規定により第1項第3号の個別信用購入あっせん関係役務提供契約若しくは個別信用購入あっせん関係販売契約であって指定権利を販売するものの申込みが撤回され、又は同項第6号の個別信用購入あっせん関係役務提供契約若しくは個別信用購入あっせん関係販売契約であって指定権利を販売するものが解除されたものとみなされたときは、既に当該個別信用購入あっせん関係役務提供契約に基づき役務が提供され又は当該権利の行使により施設が利用され又は役務が提供されたときにおいても、同項第3号又は第6号に定める者に対し、当該個別信用購入あっせん関係役務提供契約に係る役務の対価その他の金銭又は当該権利の行使により得られた利益に相当する金銭の支払を請求することができない。

⑬ 個別信用購入あっせん関係役務提供事業者は、第5項本文の規定により個別信用購入あっせん関係役務提供契約の申込みが撤回され、又は個別信用購入あっせん関係役務提供契約が解除されたものとみなされた場合において、当該個別信用購入あっせん関係役務提供契約に関連して金銭（個別信用購入あっせん業者から交付されたものを除く。）を受領しているときは、申込者等に対し、速やかに、これを返還しなければならない。

⑭ 個別信用購入あっせん関係役務提供契約又は個別信用購入あっせんに係る販売の方法により指定権利を販売する契約における申込者等は、その個別信用購入あっせん関係役務提供契約又は個別信用購入あっせんに係る販売の方法により指定権利を販売する契約につき第5項本文の規定により契約の申込みが撤回され、又は契約が解除されたものとみなされた場合において、当該個別信用購入あっせん関係役務提供契約又は当該個別信用購入あっせんに係る販売の方法により指定権利を販売する契約に係る役務の提供に伴い申込者等の土地又は建物その他の工作物の現状が変更されたときは、当該個別信用購入あっせん関係役務提供事業者又は当該個別信用購入あっせん関係販売業者に対し、その原状回復に必要な措置を無償で講ずることを請求することができる。

⑮ 第1項から第3項まで、第5項から第7項まで及び第9項から前項までの規定に反する特約であって申込者等に不利なものは、無効とする。

第35条の3の11 ① 個別信用購入あっせん関係販売業者又は個別信用購入あっせん関係役務提供事業者が特定連鎖販売個人契約等であって個別信用購入あっせん関係販売契約若しくは個別信用購入あっせん関係役務提供契約に該当するものの申込みを受けた場合における当該申込みをした者又は

特定連鎖販売個人契約等であつて個別信用購入あつせん関係販売契約若しくは個別信用購入あつせん関係役務提供契約に該当するものを締結した場合における当該契約の相手方（以下この条において「申込者等」という。）は、次に掲げる場合を除き、書面により、その特定連鎖販売個人契約等であつて個別信用購入あつせん関係販売契約若しくは個別信用購入あつせん関係役務提供契約に該当するものに係る個別信用購入あつせん関係受領契約の申込みの撤回又はその特定連鎖販売個人契約等であつて個別信用購入あつせん関係販売契約若しくは個別信用購入あつせん関係役務提供契約に該当するものに係る個別信用購入あつせん関係受領契約の解除を行うことができる。

1　特定連鎖販売個人契約であつて個別信用購入あつせん関係販売契約又は個別信用購入あつせん関係役務提供契約に該当するものの申込者等が第35条の3の9第3項の書面を受領した日（その日前に同条第1項の書面を受領した場合にあつては、当該書面を受領した日）から起算して20日を経過したとき（その特定連鎖販売個人契約に係る特定負担が再販売をする商品の購入についてのものである場合において、同条第3項の書面を受領した日がその特定連鎖販売個人契約に基づき購入したその商品につき最初の引渡しを受けた日前の日となる場合には、その引渡しを受けた日から起算して20日を経過したとき。ただし、申込者等が、個別信用購入あつせん関係販売業者若しくは個別信用購入あつせん関係役務提供事業者若しくは個別信用購入あつせん業者若しくは特定商取引に関する法律第33条第2項に規定する統括者（以下「統括者」という。）、同法第33条の2に規定する勧誘者（以下「勧誘者」という。）若しくは同条に規定する一般連鎖販売業者（以下「一般連鎖販売業者」という。）がその統括者の統括する一連の連鎖販売業に係る特定連鎖販売個人契約であつて個別信用購入あつせん関係販売契約若しくは個別信用購入あつせん関係役務提供契約に該当するものに係る個別信用購入あつせん関係受領契約の締結について勧誘をするに際し、若しくは申込みの撤回等（その連鎖販売業に係る特定連鎖販売個人契約であつて個別信用購入あつせん関係販売契約若しくは個別信用購入あつせん関係役務提供契約に該当するものに係る個別信用購入あつせん関係受領契約の申込みの撤回又はその連鎖販売業に係る特定連鎖販売個人契約であつて個別信用購入あつせん関係販売契約若しくは個別信用購入あつせん関係役務提供契約に該当するものに係る個別信用購入あつせん関係受領契約の解除をいう。以下この号において同じ。）を妨げるため、申込みの撤回等に関する事項につき不実のことを告げる行為をしたことにより当該告げられた内容が事実であるとの誤認をし、又は個別信用購入あつせん関係販売業者若しくは個別信用購入あつせん関係役務提供事業者若しくは個別信用購入あつせん業者若しくは統括者、勧誘者若しくは一般連鎖販売業者がその統括者の統括する一連の連鎖販売業に係る特定連鎖販売個人契約であつて個別信用購入あつせん関係販売契約若しくは個別信用購入あつせん関係役務提供契約に該当するものに係る個別信用購入あつせん関係受領契約を締結させ、若しくは申込みの撤回等を妨げるため、威迫したことに

より困惑し、これらによつて当該期間を経過するまでに申込みの撤回等を行わなかつた場合には、当該申込者等が、当該個別信用購入あつせん関係販売業者若しくは当該個別信用購入あつせん関係役務提供事業者若しくは当該個別信用購入あつせん業者又は当該統括者、当該勧誘者若しくは当該一般連鎖販売業者が経済産業省令・内閣府令で定めるところにより申込みの撤回等を行うことができる旨を記載して交付した書面を受領した日から起算して20日を経過したとき。

2　特定継続的役務提供等契約であつて個別信用購入あつせん関係役務提供契約又は個別信用購入あつせん関係販売契約に該当するものの申込者等が第35条の3の9第3項の書面を受領した日（その日前に同条第1項の書面を受領した場合にあつては、当該書面を受領した日）から起算して8日を経過したとき。ただし、申込者等が、個別信用購入あつせん関係役務提供事業者若しくは個別信用購入あつせん関係販売業者若しくは個別信用購入あつせん業者が特定継続的役務提供等契約であつて個別信用購入あつせん関係役務提供契約若しくは個別信用購入あつせん関係販売契約に該当するものに係る個別信用購入あつせん関係受領契約の締結について勧誘をするに際し、若しくは申込みの撤回等（特定継続的役務提供等契約であつて個別信用購入あつせん関係役務提供契約若しくは個別信用購入あつせん関係販売契約に該当するものに係る個別信用購入あつせん関係受領契約の申込みの撤回又は特定継続的役務提供等契約であつて個別信用購入あつせん関係役務提供契約若しくは個別信用購入あつせん関係販売契約に該当するものに係る個別信用購入あつせん関係受領契約の解除をいう。以下この号において同じ。）を妨げるため、申込みの撤回等に関する事項につき不実のことを告げる行為をしたことにより当該告げられた内容が事実であるとの誤認をし、又は個別信用購入あつせん関係役務提供事業者若しくは個別信用購入あつせん関係販売業者若しくは個別信用購入あつせん業者が特定継続的役務提供等契約であつて個別信用購入あつせん関係役務提供契約若しくは個別信用購入あつせん関係販売契約に該当するものに係る個別信用購入あつせん関係受領契約を締結させ、若しくは申込みの撤回等を妨げるため、威迫したことにより困惑し、これらによつて当該期間を経過するまでに申込みの撤回等を行わなかつた場合には、当該申込者等が、当該個別信用購入あつせん関係役務提供事業者若しくは当該個別信用購入あつせん関係販売業者若しくは当該個別信用購入あつせん業者が経済産業省令・内閣府令で定めるところにより申込みの撤回等を行うことができる旨を記載して交付した書面を受領した日から起算して8日を経過したとき。

3　業務提供誘引販売個人契約であつて個別信用購入あつせん関係販売契約又は個別信用購入あつせん関係役務提供契約に該当するものの申込者等が第35条の3の9第3項の書面を受領した日（その日前に同条第1項の書面を受領した場合にあつては、当該書面を受領した日）から起算して20日を経過したとき。ただし、申込者等が、個別信用購入あつせん関係販売業者若しくは個別信用購入あつせん関係役務提供事業者若しくは個別信用購入あつせん業者が業務提供誘引販売個人契約であつ

て個別信用購入あつせん関係販売契約若しくは個別信用購入あつせん関係役務提供契約に該当するものに係る個別信用購入あつせん関係受領契約の締結について勧誘をするに際し，若しくは申込みの撤回等（その業務提供誘引販売個人契約であつて個別信用購入あつせん関係販売契約若しくは個別信用購入あつせん関係役務提供契約に該当するものに係る個別信用購入あつせん関係受領契約の申込みはその業務提供誘引販売個人契約であつて個別信用購入あつせん関係販売契約若しくは個別信用購入あつせん関係役務提供契約に該当するものに係る個別信用購入あつせん関係受領契約の解除をいう。以下この号において同じ。）を妨げるため，申込みの撤回等に関する事項につき不実のことを告げる行為をしたことにより当該告げられた内容が事実であるとの誤認をし，又は個別信用購入あつせん関係販売業者若しくは個別信用購入あつせん関係役務提供事業者若しくは個別信用購入あつせん業者が業務提供誘引販売個人契約であつて個別信用購入あつせん関係販売契約若しくは個別信用購入あつせん関係役務提供契約に該当するものに係る個別信用購入あつせん関係受領契約を締結させ，若しくは申込みの撤回等を妨げるため，威迫したことにより困惑し，これらによつて当該期間を経過するまでに申込みの撤回等を行わなかつた場合には，当該申込者等が，当該個別信用購入あつせん関係販売業者若しくは個別信用購入あつせん関係役務提供事業者又は当該個別信用購入あつせん業者が経済産業省令・内閣府令で定めるところにより申込みの撤回等を行うことができる旨を記載して交付した書面を受領した日から起算して 20 日を経過したとき。

（通常必要とされる分量を著しく超える商品の販売契約等に係る個別信用購入あつせん関係受領契約の申込みの撤回等）

第35条の3の12 ① 第35条の3の10第1項各号に掲げる場合において，当該各号に定める者（以下この条において「申込者等」という。）は，当該各号の個別信用購入あつせん関係受領契約又は個別信用購入あつせん関係役務提供契約であつて特定商取引に関する法律第9条の2第1項各号又は第24条の2第1項各号に掲げる契約に該当するもの（以下この条において「特定契約」という。）に係る個別信用購入あつせん関係受領契約の申込み又は特定契約に係る個別信用購入あつせん関係受領契約の解除（以下この条において「申込みの撤回等」という。）を行うことができる。ただし，申込者等に当該特定契約の締結を必要とする特別の事情があつたときは，この限りでない。

② 前項の規定による権利は，当該個別信用購入あつせん関係受領契約の締結の時から 1 年以内に行使しなければならない。

③ 申込みの撤回等があつた場合においては，個別信用購入あつせん業者は，当該申込みの撤回等に伴う損害賠償又は違約金の支払を請求することができない。

④ 個別信用購入あつせん業者は，申込みの撤回等があつた場合には，既に商品若しくは権利の代金又は役務の対価の全部又は一部に相当する金額の個別信用購入あつせん関係販売業者又は個別信用購入あつせん関係役務提供事業者への交付をしたときにおいても，申込者等に対し，当該個別信用購入あ

つせん関係販売業者又は当該個別信用購入あつせん関係役務提供事業者に対して交付をした当該個別信用購入あつせん関係役務提供事業者に対して交付をした当該個別信用購入あつせん関係役務提供事業者に対して交付をした当該個別信用購入あつせん関係販売業者又は当該個別信用購入あつせん関係役務提供事業者に対して交付をした当該個別信用購入あつせん関係販売業者又は当該個別信用購入あつせん業者は権利の代金又は役務の対価の全部又は一部に相当する金額その他当該個別信用購入あつせんにより得られた利益に相当する金銭の支払を請求することができない。ただし，申込みの撤回等があつた時前に特定商取引に関する法律第9条第1項，第9条の2第1項，第24条第1項又は第24条の2第1項の規定により当該特定契約の申込みが撤回され，又は当該特定契約が解除された場合は，この限りでない。

⑤ 個別信用購入あつせん関係販売業者又は個別信用購入あつせん関係役務提供事業者は，申込みの撤回等があつた場合において，個別信用購入あつせん業者から既に商品若しくは権利の代金又は役務の対価の全部又は一部に相当する金額の交付を受けたときは，当該個別信用購入あつせん業者に対し，当該交付を受けた商品若しくは権利の代金又は役務の対価の全部又は一部に相当する金額を返還しなければならない。ただし，申込みの撤回等があつた時前に特定商取引に関する法律第9条第1項，第9条の2第1項，第24条第1項又は第24条の2第1項の規定により当該特定契約の申込みが撤回され，又は当該特定契約が解除された場合は，この限りでない。

⑥ 個別信用購入あつせん業者は，申込みの撤回等があつた場合において，申込者等から当該個別信用購入あつせん関係受領契約に関連して金銭を受領しているときは，当該申込者等に対し，速やかに，これを返還しなければならない。

⑦ 申込みの撤回等があつた時以後，特定商取引に関する法律第9条第1項，第9条の2第1項，第24条第1項又は第24条の2第1項の規定により当該特定契約の申込みが撤回され又は当該特定契約が解除された場合においては，同法第9条第6項（同法第9条の2第3項において準用する場合を含む。）及び第24条第6項（同法第24条の2第3項において準用する場合を含む。）の規定の適用については，同法第9条第6項及び第24条第6項中「金銭」とあるのは，「金銭（割賦販売法第35条の3の2第1項に規定する個別信用購入あつせん業者から交付されたものを除く。）」とする。

⑧ 第1項から第4項まで及び第6項の規定に反する特約であつて申込者等に不利なものは，無効とする。

（個別信用購入あつせん関係受領契約の申込み又はその承諾の意思表示の取消し）

第35条の3の13 ① 購入者又は役務の提供を受ける者は，個別信用購入あつせん関係販売業者又は個別信用購入あつせん関係役務提供事業者が訪問販売に係る個別信用購入あつせん関係販売契約若しくは個別信用購入あつせん関係役務提供契約に係る個別信用購入あつせん関係受領契約又は電話勧誘販売に係る個別信用購入あつせん関係販売契約若しくは個別信用購入あつせん関係役務提供契約に係る個別信用購入あつせん関係受領契約の締結について勧誘をするに際し，次に掲げる事項につき不実のことを告げる行為をしたことにより当該告げられた内容が事実であるとの誤認をし，又は第1号から第5号までに掲げる事項につき故意に事実を告げない行為をしたことにより当該事実が存在しないとの誤認をし，これらによつて当該契約の申込み又はその承諾の意思表示をしたときは，これを

取り消すことができる.

1　購入者又は役務の提供を受ける者の支払総額

2　個別信用購入あつせんに係る各回ごとの商品若しくは権利の代金又は役務の対価の全部又は一部の支払分の額並びにその支払の時期及び方法

3　商品の種類及びその性能若しくは品質又は権利若しくは役務の種類及びこれらの内容その他これらに類するものとして特定商取引に関する法律第6条第1項第1号又は第21条第1項第1号に規定する主務省令で定める事項のうち,購入者又は役務の提供を受ける者の判断に影響を及ぼすこととなる重要なもの

4　商品の引渡時期若しくは権利の移転時期又は役務の提供時期

5　個別信用購入あつせん関係受領契約若しくは個別信用購入あつせん関係販売契約若しくは個別信用購入あつせん関係役務提供契約の申込みの撤回又は個別信用購入あつせん関係受領契約若しくは個別信用購入あつせん関係販売契約若しくは個別信用購入あつせん関係役務提供契約の解除に関する事項（第35条の3の10第1項から第3項まで,第5項から第7項まで及び第九項から第14項までの規定に関する事項を含む.）

6　前各号に掲げるもののほか,当該個別信用購入あつせん関係受領契約又は当該個別信用購入あつせん関係販売契約若しくは当該個別信用購入あつせん関係役務提供契約に関する事項であつて,購入者又は役務の提供を受ける者の判断に影響を及ぼすこととなる重要なもの

② 購入者又は役務の提供を受ける者が前項の規定により個別信用購入あつせん関係販売契約又は個別信用購入あつせん関係役務提供契約に係る個別信用購入あつせん関係受領契約の申込み又はその承諾の意思表示を取り消し,かつ,当該個別信用購入あつせん関係販売契約又は当該個別信用購入あつせん関係役務提供契約が取消しその他の事由により初めから無効である場合には,当該個別信用購入あつせん業者は,当該購入者又は当該役務の提供を受ける者に対し,個別信用購入あつせん関係販売業者又は個別信用購入あつせん関係役務提供事業者に対してした商品若しくは指定権利の代金又は役務の対価の全部又は一部に相当する金額の支払を請求することができない.

③ 前項の場合において,個別信用購入あつせん関係販売業者又は個別信用購入あつせん関係役務提供事業者は,個別信用購入あつせん業者に対し,当該交付を受けた商品若しくは指定権利の代金又は役務の対価の全部又は一部に相当する金額を返還しなければならない.

④ 第2項の場合において,購入者又は役務の提供を受ける者は,個別信用購入あつせん関係受領契約に関連して個別信用購入あつせん業者に対して金銭を支払つているときは,その返還を請求することができる.

⑤ 第1項の規定による個別信用購入あつせん関係受領契約の申込み又はその承諾の意思表示の取消しは,これをもつて善意でかつ過失がない第三者に対抗することができない.

⑥ 第1項の規定は,同項に規定する個別信用購入あつせん関係受領契約の申込み又はその承諾の意思表示に対する民法（明治29年法律第89号）第96条の規定の適用を妨げるものと解してはならない.

⑦ 第1項の規定による取消権は,追認をすることができる時から1年間行わないときは,時効によつて消滅する.当該個別信用購入あつせん関係受領契約の締結の時から5年を経過したときも,同様とする.

第35条の3の14 ① 購入者は役務の提供を受ける者は,統括者,勧誘者若しくは一般連鎖販売業者が特定連鎖販売個人契約であつて個別信用購入あつせん関係販売契約若しくは個別信用購入あつせん関係役務提供契約に該当するものに係る個別信用購入あつせん関係受領契約の締結について勧誘をするに際し,次に掲げる事項につき不実のことを告げる行為をしたことにより当該告げられた内容が事実であるとの誤認をし,又は統括者若しくは勧誘者が当該契約の締結について勧誘をするに際し,第1号から第6号までに掲げる事項につき故意に事実を告げない行為をしたことにより当該事実が存在しないとの誤認をし,これらによつて当該契約の申込み又はその承諾の意思表示をしたときは,これを取り消すことができる.

1　購入者又は役務の提供を受ける者の支払総額

2　個別信用購入あつせんに係る各回ごとの商品若しくは権利の代金又は役務の対価の全部又は一部の支払分の額並びにその支払の時期及び方法

3　商品の種類及びその性能若しくは品質又は施設を利用し若しくは役務の提供を受ける権利若しくは役務の種類及びこれらの内容その他これらに類するものとして特定商取引に関する法律第34条第1項第1号に規定する主務省令で定める事項のうち,購入者又は役務の提供を受ける者の判断に影響を及ぼすこととなる重要なもの

4　当該連鎖販売取引に伴う特定負担に関する事項

5　個別信用購入あつせん関係受領契約若しくは個別信用購入あつせん関係販売契約若しくは個別信用購入あつせん関係役務提供契約の申込みの撤回又は個別信用購入あつせん関係受領契約若しくは個別信用購入あつせん関係販売契約若しくは個別信用購入あつせん関係役務提供契約の解除に関する事項（第35条の3の11第1項から第5項まで,第7項から第9項まで及び第11項から第14項までの規定に関する事項を含む.）

6　特定利益に関する事項

7　前各号に掲げるもののほか,当該個別信用購入あつせん関係受領契約又は当該個別信用購入あつせん関係販売契約若しくは当該個別信用購入あつせん関係役務提供契約に関する事項であつて,購入者又は役務の提供を受ける者の判断に影響を及ぼすこととなる重要なもの

第35条の3の15 ① 役務の提供を受ける者又は購入者は個別信用購入あつせん関係役務提供事業者又は個別信用購入あつせん関係販売業者が特定継続的役務提供等契約であつて個別信用購入あつせん関係役務提供契約又は個別信用購入あつせん関係販売契約に該当するものに係る個別信用購入あつせん関係受領契約の締結について勧誘をするに際し,次に掲げる事項につき不実のことを告げる行為をしたことにより当該告げられた内容が事実であるとの誤認をし,又は第1号から第6号までに掲げる事項につき故意に事実を告げない行為をしたことにより当該事実が存在しないとの誤認をし,これらによつて当該契約の申込み又はその承諾の意思表示をしたときは,これを取り消すことができる.

1　役務の提供を受ける者又は購入者の支払総額

2 個別信用購入あつせんに係る各回ごとの役務の対価又は権利の代金の全部又は一部の支払分の額並びにその支払の時期及び方法

3 役務又は役務の提供を受ける権利の種類及びこれらの内容又は効果（権利の場合にあつては、当該権利に係る役務の効果）その他これらに類するものとして特定商取引に関する法律第44条第1項第1号に規定する主務省令で定める事項のうち、役務の提供を受ける者又は購入者の判断に影響を及ぼすこととなる重要なもの

4 役務の提供又は権利の行使による役務の提供に際し当該役務の提供を受ける者又は当該権利の購入者が購入する必要のある商品がある場合には、その商品の種類及びその性能又は品質その他これらに類するものとして特定商取引に関する法律第44条第2項に規定する主務省令で定める事項のうち、役務の提供を受ける者又は購入者の判断に影響を及ぼすこととなる重要なもの

5 役務の提供期間又は権利の行使により受けることができる役務の提供期間

6 個別信用購入あつせん関係受領契約若しくは個別信用購入あつせん関係役務提供契約若しくは個別信用購入あつせん関係販売契約の申込みの撤回又は個別信用購入あつせん関係受領契約若しくは個別信用購入あつせん関係役務提供契約若しくは個別信用購入あつせん関係販売契約の解除に関する事項（第35条の3の11第1項から第5項まで、第7項から第9項まで及び第11項から第14項までの規定に関する事項を含む。）

7 前各号に掲げるもののほか、当該個別信用購入あつせん関係受領契約又は当該個別信用購入あつせん関係役務提供契約若しくは当該個別信用購入あつせん関係販売契約に関する事項であつて、役務の提供を受ける者又は購入者の判断に影響を及ぼすこととなる重要なもの

第35条の3の16 ① 購入者又は役務の提供を受ける者は、個別信用購入あつせん関係販売業者又は個別信用購入あつせん関係役務提供事業者が業務提供誘引販売個人契約であつて個別信用購入あつせん関係販売契約又は個別信用購入あつせん関係役務提供契約に該当するものに係る個別信用購入あつせん関係受領契約の締結について勧誘をするに際し、次に掲げる事項につき不実のことを告げる行為をしたことにより当該告げられた内容が事実であるとの誤認をし、又は第1号から第6号までに掲げる事項につき故意に事実を告げない行為をしたことにより当該事実が存在しないとの誤認をし、これらによつて当該契約の申込み又はその承諾の意思表示をしたときは、これを取り消すことができる。

1 購入者又は役務の提供を受ける者の支払総額

2 個別信用購入あつせんに係る各回ごとの商品若しくは権利の代金又は役務の対価の全部又は一部の支払分の額並びにその支払の時期及び方法

3 商品の種類及びその性能若しくは品質又は施設を利用し若しくは役務の提供を受ける権利若しくは役務の種類及びこれらの内容その他これらに類するものとして特定商取引に関する法律第52条第1項第1号に規定する主務省令で定める事項のうち、購入者又は役務の提供を受ける者の判断に影響を及ぼすこととなる重要なもの

4 当該業務提供誘引販売取引に伴う特定商取引に関する法律第51条第1項に規定する特定負担に

関する事項

5 個別信用購入あつせん関係受領契約若しくは個別信用購入あつせん関係販売契約若しくは個別信用購入あつせん関係役務提供契約の申込みの撤回又は個別信用購入あつせん関係受領契約若しくは個別信用購入あつせん関係販売契約若しくは個別信用購入あつせん関係役務提供契約の解除に関する事項（第35条の3の11第1項から第5項まで、第7項から第9項まで及び第11項から第14項までの規定に関する事項を含む。）

6 その業務提供誘引販売業に係る特定商取引に関する法律第51条第1項に規定する業務提供利益に関する事項

7 前各号に掲げるもののほか、当該個別信用購入あつせん関係受領契約又は当該個別信用購入あつせん関係受領契約若しくは当該個別信用購入あつせん関係役務提供契約に関する事項であつて、購入者又は役務の提供を受ける者の判断に影響を及ぼすこととなる重要なもの

（契約の解除等の制限）

第35条の3の17 ① 個別信用購入あつせん業者は、個別信用購入あつせん関係受領契約について第35条の3の8第3号に定める支払分の支払の義務が履行されない場合において、20日以上の相当な期間を定めてその支払を書面で催告し、その期間内にその義務が履行されないときでなければ、支払分の支払の遅滞を理由として、契約を解除し、又は支払期限の到来していない支払分の支払を請求することができない。

② 前項の規定に反する特約は、無効とする。

（契約の解除等に伴う損害賠償等の額の制限）

第35条の3の18 ① 個別信用購入あつせん業者は、個別信用購入あつせん関係受領契約が解除された場合（第35条の3の10第1項本文、第35条の3の11第1項、第2項若しくは第3項本文又は第35条の3の12第1項本文の規定により解除された場合を除く。）には、損害賠償額の予定又は違約金の定めがあるときにおいても、当該契約に係る支払総額に相当する額にこれに対する法定利率による遅延損害金の額を加算した金額を超える額の金銭の支払を購入者又は役務の提供を受ける者に対して請求することができない。

② 個別信用購入あつせん業者は、前項の契約について第35条の3の8第3号の支払分の支払の義務が履行されない場合（契約が解除された場合を除く。）には、損害賠償額の予定又は違約金の定めがあるときにおいても、当該契約に係る支払総額に相当する額から既に支払われた同号の支払分を控除した額にこれに対する法定利率による遅延損害金の額を加算した金額を超える額の金銭の支払を購入者又は役務の提供を受ける者に対して請求することができない。

（個別信用購入あつせん業者に対する抗弁）

第35条の3の19 ① 購入者又は役務の提供を受ける者は、個別信用購入あつせん関係役務提供契約に係る第35条の3の8第3号の支払分の支払の請求を受けたときは、当該契約に係る個別信用購入あつせん関係販売業者又は個別信用購入あつせん関係役務提供事業者に対して生じている事由をもつて、当該支払の請求をする個別信用購入あつせん業者に対抗することができる。

② 前項の規定に反する特約であつて購入者又は役務の提供を受ける者に不利なものは,無効とする.
③ 第1項の規定による対抗をする購入者又は役務の提供を受ける者は,その対抗を受けた個別信用購入あつせん業者からその対抗に係る同項の事由の内容を記載した書面の提出を求められたときは,その書面を提出するよう努めなければならない.
④ 前3項の規定は,第1項の支払分の支払であつて政令で定める金額に満たない支払総額に係るものについては,適用しない.

58　借地借家法(抄)

(平3・10・4法律第90号,平4・8・1施行,
最終改正:令5・6・14法律第53号)

第1章　総　則

(趣　旨)
第1条　この法律は,建物の所有を目的とする地上権及び土地の賃借権の存続期間,効力等並びに建物の賃貸借の契約の更新,効力等に関し特別の定めをするとともに,借地条件の変更等の裁判手続に関し必要な事項を定めるものとする.
(定　義)
第2条　この法律において,次の各号に掲げる用語の意義は,当該各号に定めるところによる.
1　借地権　建物の所有を目的とする地上権又は土地の賃借権をいう.
2　借地権者　借地権を有する者をいう.
3　借地権設定者　借地権者に対して借地権を設定している者をいう.
4　転借地権　建物の所有を目的とする土地の賃借権で借地権者が設定しているものをいう.
5　転借地権者　転借地権を有する者をいう.

第2章　借　地

第1節　借地権の存続期間等
(借地権の存続期間)
第3条　借地権の存続期間は,30年とする.ただし,契約でこれより長い期間を定めたときは,その期間とする.
(借地権の更新後の期間)
第4条　当事者が借地契約を更新する場合においては,その期間は,更新の日から10年(借地権の設定後の最初の更新にあつては,20年)とする.ただし,当事者がこれより長い期間を定めたときは,その期間とする.
(借地契約の更新請求等)
第5条　① 借地権の存続期間が満了する場合において,借地権者が契約の更新を請求したときは,建物がある場合に限り,前条の規定によるもののほか,従前の契約と同一の条件で契約を更新したものとみなす.ただし,借地権設定者が遅滞なく異議を述べたときは,この限りでない.
② 借地権の存続期間が満了した後,借地権者が土地の使用を継続するときも,建物がある場合に限り,前項と同様とする.

③ 転借地権が設定されている場合においては,転借地権者がする土地の使用の継続を借地権者がする土地の使用の継続とみなして,借地権者と借地権設定者との間について前項の規定を適用する.
(借地契約の更新拒絶の要件)
第6条　前条の規定は,借地権設定者及び借地権者(転借地権者を含む.以下この条において同じ.)が土地の使用を必要とする事情のほか,借地に関する従前の経過及び土地の利用状況並びに借地権設定者が土地の明渡しの条件として又は土地の明渡しと引換えに借地権者に対して財産上の給付をする旨の申出をした場合におけるその申出を考慮して,正当の事由があると認められる場合でなければ,述べることができない.
(建物の再築による借地権の期間の延長)
第7条　① 借地権の存続期間が満了する前に建物の滅失(借地権者又は転借地権者による取壊しを含む.以下同じ.)があつた場合において,借地権者が残存期間を超えて存続すべき建物を築造したときは,その建物を築造するにつき借地権設定者の承諾がある場合に限り,借地権は,承諾があつた日又は建物が築造された日のいずれか早い日から20年間存続する.ただし,残存期間がこれより長いとき,又は当事者がこれより長い期間を定めたときは,その期間による.
② 借地権者が借地権設定者に対し残存期間を超えて存続すべき建物を新たに築造する旨を通知した場合において,借地権設定者がその通知を受けた後2月以内に異議を述べなかつたときは,その建物を築造するにつき前項の規定による借地権設定者の承諾があつたものとみなす.ただし,契約の更新の後(同項の規定により借地権の存続期間が延長された場合にあつては,借地権の当初の存続期間が満了すべき日の後.次条及び第18条において同じ.)に通知があつた場合においては,この限りでない.
③ 転借地権が設定されている場合においては,転借地権者がする建物の築造を借地権者がする建物の築造とみなして,借地権者と借地権設定者との間について第1項の規定を適用する.
(借地契約の更新後の建物の滅失による解約等)
第8条　① 契約の更新の後に建物の滅失があつた場合においては,借地権者は,地上権の放棄又は土地の賃借の解約の申入れをすることができる.
② 前項に規定する場合において,借地権者が借地権設定者の承諾を得ないで残存期間を超えて存続すべき建物を築造したときは,借地権設定者は,地上権の消滅の請求又は土地の賃借の解約の申入れをすることができる.
③ 前2項の場合においては,借地権は,地上権の放棄若しくは消滅の請求又は土地の賃貸借の解約の申入れがあつた日から3月を経過することによつて消滅する.
④ 第1項に規定する地上権の放棄又は土地の賃貸借の解約の申入れをする権利は,第2項に規定する地上権の消滅の請求又は土地の賃貸借の解約の申入れをする権利を制限する場合に限り,制限することができる.
⑤ 転借地権が設定されている場合においては,転借地権者がする建物の築造を借地権者がする建物の築造とみなして,借地権者と借地権設定者との間について第2項の規定を適用する.
(強行規定)

第9条 この節の規定に反する特約で借地権者に不利なものは，無効とする．

第2節 借地権の効力
（借地権の対抗力）

第10条 ① 借地権は，その登記がなくても，土地の上に借地権者が登記されている建物を所有するときは，これをもって第三者に対抗することができる．

② 前項の場合において，建物の滅失があっても，借地権者が，その建物を特定するために必要な事項，その滅失があった日及び建物を新たに築造する旨を土地の上の見やすい場所に掲示するときは，借地権は，なお同項の効力を有する．ただし，建物の滅失があった日から2年を経過した後にあっては，その前に建物を新たに築造し，かつ，その建物につき登記した場合に限る．

（地代等増減請求権）

第11条 ① 地代又は土地の借賃（以下この条及び次条において「地代等」という．）が，土地に対する租税その他の公課の増減により，土地の価格の上昇若しくは低下その他の経済事情の変動により，又は近傍類似の土地の地代等に比較して不相当となったときは，契約の条件にかかわらず，当事者は，将来に向かって地代等の額の増減を請求することができる．ただし，一定の期間地代等を増額しない旨の特約がある場合には，その定めに従う．

② 地代等の増額について当事者間に協議が調わないときは，その請求を受けた者は，増額を正当とする裁判が確定するまでは，相当と認める額の地代等を支払うことをもって足りる．ただし，その裁判が確定した場合において，既に支払った額に不足があるときは，その不足額に年1割の割合による支払期後の利息を付してこれを支払わなければならない．

③ 地代等の減額について当事者間に協議が調わないときは，その請求を受けた者は，減額を正当とする裁判が確定するまでは，相当と認める額の地代等の支払を請求することができる．ただし，その裁判が確定した場合において，既に支払を受けた額が正当とされた地代等の額を超えるときは，その超過額に年1割の割合による受領の時からの利息を付してこれを返還しなければならない．

（借地権設定者の先取特権）

第12条 ① 借地権設定者は，弁済期の到来した最後の2年分の地代等について，借地権者がその土地において所有する建物の上に先取特権を有する．

② 前項の先取特権は，地上権又は土地の賃貸借の登記をすることによって，その効力を保存する．

③ 第1項の先取特権は，他の権利に対して優先する効力を有する．ただし，共益費用，不動産保存及び不動産工事の先取特権並びに地上権又は土地の賃貸借の登記より前に登記された質権及び抵当権には後れる．

④ 前3項の規定は，転借地権者がその土地において所有する建物について準用する．

（建物買取請求権）

第13条 ① 借地権の存続期間が満了した場合において，契約の更新がないときは，借地権者は，借地権設定者に対し，建物その他借地権者が権原により土地に附属させた物を時価で買い取るべきことを請求することができる．

② 前項の場合において，建物が借地権の存続期間が満了する前に借地権設定者の承諾を得ないで残存期間を超えて存続すべきものとして新たに築造さ

れたものであるときは，裁判所は，借地権設定者の請求により，代金の全部又は一部の支払につき相当の期限を許与することができる．

③ 前2項の規定は，借地権の存続期間が満了した場合における転借地権者と借地権設定者との間について準用する．

（第三者の建物買取請求権）

第14条 第三者が賃借権の目的である土地の上の建物その他借地権者が権原によって土地に附属させた物を取得した場合において，借地権設定者が賃借権の譲渡又は転貸を承諾しないときは，その第三者は，借地権設定者に対し，建物その他借地権者が権原によって土地に附属させた物を時価で買い取るべきことを請求することができる．

（自己借地権）

第15条 ① 借地権を設定する場合においては，他の者と共に有することとなるときに限り，借地権設定者が自らその借地権を有することを妨げない．

② 借地権が借地権設定者に帰した場合であっても，他の者と共にその借地権を有するときは，その借地権は，消滅しない．

（強行規定）

第16条 第10条，第13条及び第14条の規定に反する特約で借地権者又は転借地権者に不利なものは，無効とする．

第3節 借地条件の変更等
（借地条件の変更及び増改築の許可）

第17条 ① 建物の種類，構造，規模又は用途を制限する旨の借地条件がある場合において，法令による土地利用の規制の変更，付近の土地の利用状況の変化その他の事情の変更により現に借地権を設定するにおいてはその借地条件と異なる建物の所有を目的とすることが相当であるにもかかわらず，借地条件の変更につき当事者間に協議が調わないときは，裁判所は，当事者の申立てにより，その借地条件を変更することができる．

② 増改築を制限する旨の借地条件がある場合において，土地の通常の利用上相当とすべき増改築につき当事者間に協議が調わないときは，裁判所は，借地権者の申立てにより，その増改築についての借地権設定者の承諾に代わる許可を与えることができる．

③ 裁判所は，前2項の裁判をする場合において，当事者間の利益の衡平を図るため必要があるときは，他の借地条件を変更し，財産上の給付を命じ，その他相当の処分をすることができる．

④ 裁判所は，前3項の裁判をするには，借地権の残存期間，土地の状況，借地に関する従前の経過その他一切の事情を考慮しなければならない．

⑤ 転借地権が設定されている場合において，必要があるときは，裁判所は，転借地権者の申立てにより，転借地権とともに借地権につき第1項から第3項までの裁判をすることができる．

⑥ 裁判所は，特に必要がないと認める場合を除き，第1項から第3項まで又は前項の裁判をする前に鑑定委員会の意見を聴かなければならない．

（借地契約の更新後の建物の再築の許可）

第18条 ① 契約の更新の後において，借地権者が残存期間を超えて存続すべき建物を新たに築造することにつきやむを得ない事情があるにもかかわらず，借地権設定者がその建物の築造を承諾しないときは，借地権設定者が地上権の消滅の請求又は土地の賃貸借の解約の申入れをすることができない旨を

定めた場合を除き, 裁判所は, 借地権設定者の申立てにより, 借地権設定者の承諾に代わる許可を与えることができる. この場合において, 当事者間の利益の衡平を図るため必要があるときは, 延長すべき借地権の期間として第7条第1項の規定による期間と異なる期間を定め, 借地条件を変更し, 財産上の給付を命じ, その他相当の処分をすることができる.

② 裁判所は, 前項の裁判をするには, 建物の状況, 建物の滅失があった場合には滅失に至った事情, 借地に関する従前の経過, 借地権設定者及び借地権者 (転借地権者を含む.) が土地の使用を必要とする事情その他一切の事情を考慮しなければならない.

③ 前条第5項及び第6項の規定は, 第1項の裁判をする場合に準用する.

(土地の賃借権の譲渡又は転貸の許可)

第19条 ① 借地権者が賃借権の目的である土地の上の建物を第三者に譲渡しようとする場合において, その第三者が賃借権を取得し, 又は転借をしても借地権設定者に不利となるおそれがないにもかかわらず, 借地権設定者がその賃借権の譲渡又は転貸を承諾しないときは, 裁判所は, 借地権者の申立てにより, 借地権設定者の承諾に代わる許可を与えることができる. この場合において, 当事者間の利益の衡平を図るため必要があるときは, 賃借権の譲渡若しくは転貸を条件とする借地条件の変更を命じ, 又はその許可を財産上の給付に係らしめることができる.

② 裁判所は, 前項の裁判をするには, 賃借権の残存期間, 借地に関する従前の経過, 賃借権の譲渡又は転貸を必要とする事情その他一切の事情を考慮しなければならない.

③ 第1項の申立てがあった場合において, 裁判所が定める期間内に借地権設定者が自ら建物の譲渡及び賃借権の譲渡又は転貸を受ける旨の申立てをしたときは, 裁判所は, 同項の規定にかかわらず, 相当の対価及び転貸の条件を定めて, これを命ずることができる. この裁判においては, 当事者双方に対し, その義務を同時に履行すべきことを命ずることができる.

④ 前項の申立ては, 第1項の申立てが取り下げられたとき, 又は不適法として却下されたときは, その効力を失う.

⑤ 第3項の裁判があった後は, 第1項又は第3項の申立ては, 当事者の合意がある場合でなければ取り下げることができない.

⑥ 裁判所は, 特に必要がないと認める場合を除き, 第1項又は第3項の裁判をする前に鑑定委員会の意見を聴かなければならない.

⑦ 前各項の規定は, 転借地権が設定されている場合における転借地権者と借地権設定者との間について準用する. ただし, 借地権設定者が第3項の申立てをするには, 借地権者の承諾を得なければならない.

(建物競売等の場合における土地の賃借権の譲渡の許可)

第20条 ① 第三者が賃借権の目的である土地の上の建物を競売又は公売により取得した場合において, その第三者が賃借権を取得しても借地権設定者に不利となるおそれがないにもかかわらず, 借地権設定者がその賃借権の譲渡を承諾しないときは, 裁判所は, その第三者の申立てにより, 借地権設定者の承諾に代わる許可を与えることができる. この場合において, 当事者間の利益の衡平を図るため必

要があるときは, 借地条件を変更し, 又は財産上の給付を命ずることができる.

② 前条第2項から第6項までの規定は, 前項の申立てがあった場合に準用する.

③ 第1項の申立ては, 建物の代金を支払った後2月以内に限り, することができる.

④ 民事調停法 (昭和26年法律第222号) 第19条の規定は, 同条に規定する期間内に第1項の申立てをした場合に準用する.

⑤ 前各項の規定は, 転借地権者から競売又は公売により建物を取得した第三者と借地権設定者との間について準用する. ただし, 借地権設定者が第2項において準用する前条第3項の申立てをするには, 借地権者の承諾を得なければならない.

(強行規定)

第21条 第17条から第19条までの規定に反する特約で借地権者又は転借地権者に不利なものは, 無効とする.

第4節 定期借地権等

(定期借地権)

第22条 ① 存続期間を50年以上として借地権を設定する場合においては, 第9条及び第16条の規定にかかわらず, 契約の更新 (更新の請求及び土地の使用の継続によるものを含む. 次条第1項において同じ.) 及び建物の築造による存続期間の延長がなく, 並びに第13条の規定による買取りの請求をしないこととする旨を定めることができる. この場合においては, その特約は, 公正証書による等書面によってしなければならない.

② 前項前段の特約がその内容を記録した電磁的記録 (電子的方式, 磁気的方式その他人の知覚によっては認識することができない方式で作られる記録であって, 電子計算機による情報処理の用に供されるものをいう. 以下同じ.) によってされたときは, その特約は, 書面によってされたものとみなして, 同項後段の規定を適用する. 〔令5法53, 施行5年内〕

(事業用定期借地権等)

第23条 ① 専ら事業の用に供する建物 (居住の用に供するものを除く. 次項において同じ.) の所有を目的とし, かつ, 存続期間を30年以上50年未満として借地権を設定する場合においては, 第9条及び第16条の規定にかかわらず, 契約の更新及び建物の築造による存続期間の延長がなく, 並びに第13条の規定による買取りの請求をしないこととする旨を定めることができる.

② 専ら事業の用に供する建物の所有を目的とし, かつ, 存続期間を10年以上30年未満として借地権を設定する場合には, 第3条から第8条まで, 第13条及び第18条の規定は, 適用しない.

③ 前2項に規定する借地権の設定を目的とする契約は, 公正証書によってしなければならない.

(建物譲渡特約付借地権)

第24条 ① 借地権を設定する場合 (前条第2項に規定する借地権を設定する場合を除く.) においては, 第9条の規定にかかわらず, 借地権を消滅させるため, その設定後30年以上を経過した日に借地権の目的である土地の上の建物を借地権設定者に相当の対価で譲渡する旨を定めることができる.

② 前項の特約により借地権が消滅した場合において, その借地権者又は建物の賃借人でその消滅後建物の使用を継続しているものが請求をしたときは, 請求の時にその建物につきその借地権者又は建物

の賃借人と借地権設定者との間で期間の定めのない賃貸借（借地権者が請求をした場合において、借地権の残存期間があるときは、その残存期間を存続期間とする賃貸借）がされたものとみなす。この場合において、建物の借賃は、当事者の請求により、裁判所が定める。

③ 第1項の特約がある場合において、借地権者又は建物の賃借人と借地権設定者との間でその建物につき第38条第1項の規定による賃貸借契約をしたときは、前項の規定にかかわらず、その定めに従う。

（一時使用目的の借地権）
第25条　第3条から第8条まで、第13条、第17条、第18条及び第22条から前条までの規定は、臨時設備の設置その他一時使用のために借地権を設定したことが明らかな場合には、適用しない。

第3章 借　家

第1節　建物賃貸借契約の更新等
（建物賃貸借契約の更新等）
第26条　① 建物の賃貸借について期間の定めがある場合において、当事者が期間の満了の1年前から6月前までの間に相手方に対して更新をしない旨の通知又は条件を変更しなければ更新をしない旨の通知をしなかったときは、従前の契約と同一の条件で契約を更新したものとみなす。ただし、その期間は、定めがないものとする。

② 前項の通知をした場合であっても、建物の賃貸借の期間が満了した後建物の賃借人が使用を継続する場合において、建物の賃貸人が遅滞なく異議を述べなかったときは、同項と同様とする。

③ 建物の転貸借がされている場合においては、建物の転借人がする建物の使用の継続を建物の賃借人がする建物の使用の継続とみなして、建物の賃借人と賃貸人との間について前項の規定を適用する。

（解約による建物賃貸借の終了）
第27条　① 建物の賃貸人が賃貸借の解約の申入れをした場合においては、建物の賃貸借は、解約の申入れの日から6月を経過することによって終了する。
② 前条第2項及び第3項の規定は、建物の賃貸借が解約の申入れによって終了した場合に準用する。

（建物賃貸借契約の更新拒絶等の要件）
第28条　建物の賃貸人による第26条第1項の通知又は建物の賃貸借の解約の申入れは、建物の賃貸人及び賃借人（転借人を含む。以下この条において同じ。）が建物の使用を必要とする事情のほか、建物の賃貸借に関する従前の経過、建物の利用状況及び建物の現況並びに建物の賃貸人が建物の明渡しの条件として又は建物の明渡しと引換えに建物の賃借人に対して財産上の給付をする旨の申出をした場合におけるその申出を考慮して、正当の事由があると認められる場合でなければ、することができない。

（建物賃貸借の期間）
第29条　① 期間を1年未満とする建物の賃貸借は、期間の定めがない建物の賃貸借とみなす。
② 民法（明治29年法律第89号）第604条の規定は、建物の賃貸借については、適用しない。

（強行規定）
第30条　この節の規定に反する特約で建物の賃借人に不利なものは、無効とする。

第2節　建物賃貸借の効力
（建物賃貸借の対抗力等）

第31条　建物の賃貸借は、その登記がなくても、建物の引渡しがあったときは、その後その建物について物権を取得した者に対し、その効力を生ずる。

（借賃増減請求権）
第32条　① 建物の借賃が、土地若しくは建物に対する租税その他の負担の増減により、土地若しくは建物の価格の上昇若しくは低下その他の経済事情の変動により、又は近傍同種の建物の借賃に比較して不相当となったときは、契約の条件にかかわらず、当事者は、将来に向かって建物の借賃の額の増減を請求することができる。ただし、一定の期間建物の借賃を増額しない旨の特約がある場合には、その定めに従う。

② 建物の借賃の増額について当事者間に協議が調わないときは、その請求を受けた者は、増額を正当とする裁判が確定するまでは、相当と認める額の建物の借賃を支払うことをもって足りる。ただし、その裁判が確定した場合において、既に支払った額に不足があるときは、その不足額に年1割の割合による支払期後の利息を付してこれを支払わなければならない。

③ 建物の借賃の減額について当事者間に協議が調わないときは、その請求を受けた者は、減額を正当とする裁判が確定するまでは、相当と認める額の建物の借賃の支払を請求することができる。ただし、その裁判が確定した場合において、既に支払を受けた額が正当とされた建物の借賃の額を超えるときは、その超過額に年1割の割合による受領の時からの利息を付してこれを返還しなければならない。

（造作買取請求権）
第33条　① 建物の賃貸人の同意を得て建物に付加した畳、建具その他の造作がある場合には、建物の賃借人は、建物の賃貸借が期間の満了又は解約の申入れによって終了するときに、建物の賃貸人に対し、その造作を時価で買い取るべきことを請求することができる。建物の賃貸人から買い受けた造作についても、同様とする。

② 前項の規定は、建物の賃貸借が期間の満了又は解約の申入れによって終了する場合における建物の転借人と賃貸人との間について準用する。

（建物賃貸借終了の場合における転借人の保護）
第34条　① 建物の転貸借がされている場合において、建物の賃貸借が期間の満了又は解約の申入れによって終了するときは、建物の賃貸人は、建物の転借人にその旨の通知をしなければ、その終了を建物の転借人に対抗することができない。

② 建物の賃貸人が前項の通知をしたときは、建物の転貸借は、その通知がされた日から6月を経過することによって終了する。

（借地上の建物の賃借人の保護）
第35条　① 借地権の目的である土地の上の建物につき賃貸借がされている場合において、借地権の存続期間の満了によって建物の賃借人が土地を明け渡すべきときは、建物の賃借人が借地権の存続期間が満了することをその1年前までに知らなかった場合に限り、裁判所は、建物の賃借人の請求により、建物の賃借人がこれを知った日から1年を超えない範囲内において、土地の明渡しにつき相当の期限を許与することができる。

② 前項の規定により裁判所が期限の許与をしたときは、建物の賃貸借は、その期限が到来することによって終了する。

（居住用建物の賃貸借の承継）

第36条　① 居住の用に供する建物の賃借人が相続人なしに死亡した場合において，その当時婚姻又は縁組の届出をしていないが，建物の賃借人と事実上夫婦又は養親子と同様の関係にあった同居者があるときは，その同居者は，建物の賃借人の権利義務を承継する．ただし，相続人なしに死亡したことを知った後1月以内に建物の賃貸人に反対の意思を表示したときは，この限りでない．

② 前項本文の場合においては，建物の賃貸借関係に基づき生じた債権又は債務は，同項の規定により建物の賃借人の権利義務を承継した者に帰属する．

（強行規定）

第37条　第31条，第34条及び第35条の規定に反する特約で建物の賃借人又は転借人に不利なものは，無効とする．

第3節　定期建物賃貸借等

（定期建物賃貸借）

第38条　① 期間の定めがある建物の賃貸借をする場合においては，公正証書による等書面によって契約をするときに限り，第30条の規定にかかわらず，契約の更新がないこととする旨を定めることができる．この場合には，第29条第1項の規定を適用しない．

② 前項の規定による建物の賃貸借の契約がその内容を記録した電磁的記録によってされたときは，その契約は，書面によってされたものとみなして，同項の規定を適用する．

③ 第1項の規定による建物の賃貸借をしようとするときは，建物の賃貸人は，あらかじめ，建物の賃借人に対し，同項の規定による建物の賃貸借は契約の更新がなく，期間の満了により当該建物の賃貸借は終了することについて，その旨を記載した書面を交付して説明しなければならない．

④ 建物の賃貸人は，前項の規定による書面の交付に代えて，政令で定めるところにより，建物の賃借人の承諾を得て，当該書面に記載すべき事項を電磁的方法（電子情報処理組織を使用する方法その他の情報通信の技術を利用する方法であって法務省令で定めるものをいう．）により提供することができる．この場合において，当該建物の賃貸人は，当該書面を交付したものとみなす．

⑤ 建物の賃貸人が第3項の規定による説明をしなかったときは，契約の更新がないこととする旨の定めは，無効とする．

⑥ 第1項の規定による建物の賃貸借において，期間が1年以上である場合には，建物の賃貸人は，期間の満了の1年前から6月前までの間（以下この項において「通知期間」という．）に建物の賃借人に対し期間の満了により建物の賃貸借が終了する旨の通知をしなければ，その終了を建物の賃借人に対抗することができない．ただし，建物の賃貸人が通知期間の経過後建物の賃借人に対しその旨の通知をした場合においては，その通知の日から6月を経過した後は，この限りでない．

⑦ 第1項の規定による居住の用に供する建物の賃貸借（床面積（建物の一部分を賃貸借の目的とする場合にあっては，当該一部分の床面積）が200平方メートル未満の建物に係るものに限る．）において，転勤，療養，親族の介護その他のやむを得ない事情により，建物の賃借人が建物を自己の生活の本拠として使用することが困難となったときは，建物の

賃借人は，建物の賃貸借の解約の申入れをすることができる．この場合においては，建物の賃貸借は，解約の申入れの日から1月を経過することによって終了する．

⑧ 前2項の規定に反する特約で建物の賃借人に不利なものは，無効とする．

⑨ 第32条の規定は，第1項の規定による建物の賃貸借において，借賃の改定に係る特約がある場合には，適用しない．

（取壊し予定の建物の賃貸借）

第39条　① 法令又は契約により一定の期間を経過した後に建物を取り壊すべきことが明らかな場合において，建物の賃貸借をするときは，第30条の規定にかかわらず，建物を取り壊すこととなる時に賃貸借が終了する旨を定めることができる．

② 前項の規定は，同項の建物を取り壊すべき事由を記載した書面によってしなければならない．

③ 第1項の特約がその内容及び前項に規定する事由を記録した電磁的記録によってされたときは，その特約は，同項の書面によってされたものとみなして，同項の規定を適用する．

（一時使用目的の建物の賃貸借）

第40条　この章の規定は，一時使用のために建物の賃貸借をしたことが明らかな場合には，適用しない．

附　則　（抄）

（経過措置の原則）

第4条　この法律の規定は，この附則に特別の定めがある場合を除き，この法律の施行前に生じた事項にも適用する．ただし，附則第2条の規定による廃止前の建物保護に関する法律，借地法及び借家法の規定により生じた効力を妨げない．

（借地上の建物の朽廃に関する経過措置）

第5条　この法律の施行前に設定された借地権について，その借地権の目的である土地の上の建物の朽廃による消滅に関しては，なお従前の例による．

（借地契約の更新に関する経過措置）

第6条　この法律の施行前に設定された借地権に係る契約の更新に関しては，なお従前の例による．

（建物の再築による借地権の期間の延長に関する経過措置）

第7条　① この法律の施行前に設定された借地権について，その借地権の目的である土地の上の建物の滅失後の建物の築造による借地権の期間の延長に関してはなお，従前の例による．

② 第8条の規定は，この法律の施行前に設定された借地権については，適用しない．

（借地権の対抗力に関する経過措置）

第8条　第10条第2項の規定は，この法律の施行前に借地権の目的である土地の上の建物の滅失があった場合には，適用しない．

（借地買取請求権に関する経過措置）

第9条　① 第13条第2項の規定は，この法律の施行前に設定された借地権については，適用しない．

② 第13条第3項の規定は，この法律の施行前に設定された転借地権については，適用しない．

（借地条件の変更の裁判に関する経過措置）

第10条　この法律の施行前にした申立てに係る借地条件の変更の裁判の事件については，なお従前の例による．

（借地契約の更新後の建物の再築の許可の裁判に関する経過措置）

第11条　第18条の規定は，この法律の施行前に設定された借地権については，適用しない．

58 借地借家法（36条〜40条）

（建物賃貸借契約の更新拒絶等に関する経過措置）

第12条　この法律の施行前にされた建物の賃貸借契約の更新の拒絶の通知及び解約の申入れに関しては、なお従前の例による。

（造作買取請求権に関する経過措置）

第13条　第33条第2項の規定は、この法律の施行前にされた建物の転貸借については、適用しない。

（借地上の建物の賃借人の保護に関する経過措置）

第14条　第35条の規定は、この法律の施行前に又は施行後1年以内に借地権の存続期間が満了する場合には、適用しない。

59　失火ノ責任ニ関スル法律

（明32・3・8法律第40号，明32・3・28施行）

民法第709条ノ規定ハ失火ノ場合ニハ之ヲ適用セス但シ失火者ニ重大ナル過失アリタルトキハ此ノ限ニ在ラス

60　製造物責任法（PL法）

（平6・7・1法律第85号，平7・7・1施行，
最終改正：平29・6・2法律第45号）

（目　的）

第1条　この法律は、製造物の欠陥により人の生命、身体又は財産に係る被害が生じた場合における製造業者等の損害賠償の責任について定めることにより、被害者の保護を図り、もって国民生活の安定向上と国民経済の健全な発展に寄与することを目的とする。

（定　義）

第2条　①　この法律において「製造物」とは、製造又は加工された動産をいう。

②　この法律において「欠陥」とは、当該製造物の特性、その通常予見される使用形態、その製造業者等が当該製造物を引き渡した時期その他の当該製造物に係る事情を考慮して、当該製造物が通常有すべき安全性を欠いていることをいう。

③　この法律において「製造業者等」とは、次のいずれかに該当する者をいう。

1　当該製造物を業として製造、加工又は輸入した者（以下単に「製造業者」という。）

2　自ら当該製造物の製造業者として当該製造物にその氏名、商号、商標その他の表示（以下「氏名等の表示」という。）をした者又は当該製造物にその製造業者と誤認させるような氏名等の表示をした者

3　前号に掲げる者のほか、当該製造物の製造、加工、輸入又は販売に係る形態その他の事情からみて、当該製造物にその実質的な製造業者と認めることができる氏名等の表示をした者

（製造物責任）

第3条　製造業者等は、その製造、加工、輸入又は前条第3項第2号若しくは第3号の氏名等の表示をした製造物であって、その引き渡したものの欠陥により他人の生命、身体又は財産を侵害したときは、

これによって生じた損害を賠償する責めに任ずる。ただし、その損害が当該製造物についてのみ生じたときは、この限りでない。

（免責事由）

第4条　前条の場合において、製造業者等は、次の各号に掲げる事項を証明したときは、同条に規定する賠償の責めに任じない。

1　当該製造物をその製造業者等が引き渡した時における科学又は技術に関する知見によっては、当該製造物にその欠陥があることを認識することができなかったこと。

2　当該製造物が他の製造物の部品又は原材料として使用された場合において、その欠陥が専ら当該他の製造物の製造業者が行った設計に関する指示に従ったことにより生じ、かつ、その欠陥が生じたことにつき過失がないこと。

（消滅時効）

第5条　①　第3条に規定する損害賠償の請求権は、次に掲げる場合には、時効によって消滅する。

1　被害者又はその法定代理人が損害及び賠償義務者を知った時から3年間行使しないとき。

2　その製造業者等が当該製造物を引き渡した時から10年を経過したとき。

②　人の生命又は身体を侵害した場合における損害賠償の請求権の消滅時効についての前項第1号の規定の適用については、同号中「3年間」とあるのは、「5年間」とする。

③　第1項第2号の期間は、身体に蓄積した場合に人の健康を害することとなる物質による損害又は一定の潜伏期間が経過した後に症状が現れる損害については、その損害が生じた時から起算する。

（民法の適用）

第6条　製造物の欠陥による製造業者等の損害賠償の責任については、この法律の規定によるほか、民法（明治29年法律第89号）の規定による。

61　自動車損害賠償保障法（抄）

（昭30・7・29法律第97号，昭30・8・5施行，
最終改正：令5・6・16法律第63号）

第2章　自動車損害賠償責任

（自動車損害賠償責任）

第3条　自己のために自動車を運行の用に供する者は、その運行によって他人の生命又は身体を害したときは、これによって生じた損害を賠償する責に任ずる。ただし、自己及び運転者が自動車の運行に関し注意を怠らなかったこと、被害者又は運転者以外の第三者に故意又は過失があったこと並びに自動車に構造上の欠陥又は機能の障害がなかったことを証明したときは、この限りでない。

62　任意後見契約に関する法律（抄）

（平 11・12・8 法律第 150 号，平 12・4・1 施行，
最終改正：平 23・5・25 法律第 53 号）

（趣　旨）

第1条　この法律は，任意後見契約の方式，効力等に関し特別の定めをするとともに，任意後見人に対する監督に関し必要な事項を定めるものとする.

（定　義）

第2条　この法律において，次の各号に掲げる用語の意義は，当該各号の定めるところによる.

1　任意後見契約　委任者が，受任者に対し，精神上の障害により事理を弁識する能力が不十分な状況における自己の生活，療養看護及び財産の管理に関する事務の全部又は一部を委託し，その委託に係る事務について代理権を付与する委任契約であって，第4条第1項の規定により任意後見監督人が選任された時からその効力を生ずる旨の定めのあるものをいう.

2　本人　任意後見契約の委任者をいう.

3　任意後見受任者　第4条第1項の規定により任意後見監督人が選任される前における任意後見契約の受任者をいう.

4　任意後見人　第4条第1項の規定により任意後見監督人が選任された後における任意後見契約の受任者をいう.

（任意後見契約の方式）

第3条　任意後見契約は，法務省令で定める様式の公正証書によってしなければならない.

（任意後見監督人の選任）

第4条　① 任意後見契約が登記されている場合において，精神上の障害により本人の事理を弁識する能力が不十分な状況にあるときは，家庭裁判所は，本人，配偶者，四親等内の親族又は任意後見受任者の請求により，任意後見監督人を選任する. ただし，次に掲げる場合は，この限りでない.

1　本人が未成年者であるとき.

2　本人が成年被後見人，被保佐人又は被補助人である場合において，当該本人に係る後見，保佐又は補助を継続することが本人の利益のため特に必要であると認めるとき.

3　任意後見受任者が次に掲げる者であるとき.

イ　民法（明治29年法律第89号）第847条各号（第四号を除く.）に掲げる者

ロ　本人に対して訴訟をし，又はした者及びその配偶者並びに直系血族

ハ　不正な行為，著しい不行跡その他任意後見人の任務に適しない事由がある者

② 前項の規定により任意後見監督人を選任する場合において，本人が成年被後見人，被保佐人又は被補助人であるときは，家庭裁判所は，当該本人に係る後見開始，保佐開始又は補助開始の審判（以下「後見開始の審判等」と総称する.）を取り消さなければならない.

③ 第1項の規定により本人以外の者の請求により任意後見監督人を選任するには，あらかじめ本人の同意がなければならない. ただし，本人がその意思を表示することができないときは，この限りでない.

④ 任意後見監督人が欠けた場合には，家庭裁判所は，

本人，その親族若しくは任意後見人の請求により，又は職権で，任意後見監督人を選任する.

⑤ 任意後見監督人が選任されている場合においても，家庭裁判所は，必要があると認めるときは，前項に掲げる者の請求により，又は職権で，更に任意後見監督人を選任することができる.

（任意後見監督人の欠格事由）

第5条　任意後見受任者又は任意後見人の配偶者，直系血族及び兄弟姉妹は，任意後見監督人となることができない.

（本人の意思の尊重等）

第6条　任意後見人は，第2条第1号に規定する委託に係る事務（以下「任意後見人の事務」という.）を行うに当たっては，本人の意思を尊重し，かつ，その心身の状態及び生活の状況に配慮しなければならない.

（任意後見監督人の職務等）

第7条　① 任意後見監督人の職務は，次のとおりとする.

1　任意後見人の事務を監督すること.

2　任意後見人の事務に関し，家庭裁判所に定期的に報告をすること.

3　急迫の事情がある場合に，任意後見人の代理権の範囲内において必要な処分をすること.

4　任意後見人又はその代表する者と本人との利益が相反する行為について本人を代表すること.

（任意後見人の解任）

第8条　任意後見人に不正な行為，著しい不行跡その他その任務に適しない事由があるときは，家庭裁判所は，任意後見監督人，本人，その親族又は検察官の請求により，任意後見人を解任することができる.

（任意後見契約の解除）

第9条　① 第4条第1項の規定により任意後見監督人が選任される前においては，本人又は任意後見受任者は，いつでも，公証人の認証を受けた書面によって，任意後見契約を解除することができる.

② 第4条第1項の規定により任意後見監督人が選任された後においては，本人又は任意後見人は，正当な事由がある場合に限り，家庭裁判所の許可を得て，任意後見契約を解除することができる.

（後見，保佐及び補助との関係）

第10条　① 任意後見契約が登記されている場合には，家庭裁判所は，本人の利益のため特に必要があると認めるときに限り，後見開始の審判等をすることができる.

② 前項の場合における後見開始の審判等の請求は，任意後見受任者，任意後見人又は任意後見監督人もすることができる.

③ 第4条第1項の規定により任意後見監督人が選任された後において本人が後見開始の審判等を受けたときは，任意後見契約は終了する.

Ⅲ 商 事 法

63 商 法（抄）

（明 32・3・9 法律第 48 号，明 32・6・16 施行，
最終改正：平 30・5・25 法律第 29 号）

◆ 第1編 総 則 ◆

第1章 通 則

（趣旨等）
第1条 ① 商人の営業，商行為その他商事について
は，他の法律に特別の定めがあるものを除くほか，
この法律の定めるところによる．
② 商事に関し，この法律に定めがない事項について
は商慣習に従い，商慣習がないときは，民法（明治
29 年法律第 89 号）の定めるところによる．
（公法人の商行為）
第2条 公法人が行う商行為については，法令に別
段の定めがある場合を除き，この法律の定めるとこ
ろによる．
（一方的商行為）
第3条 ① 当事者の一方のために商行為となる行為
については，この法律をその双方に適用する．
② 当事者の一方が2人以上ある場合において，その
1人のために商行為となる行為については，この法
律をその全員に適用する．

第2章 商 人

（定 義）
第4条 ① この法律において「商人」とは，自己の
名をもって商行為をすることを業とする者をいう．
② 店舗その他これに類似する設備によって物品を
販売することを業とする者又は鉱業を営む者は，商
行為を行うことを業としない者であっても，これを
商人とみなす．
（小商人）
第7条 第5条，前条，次章，第11条第2項，第15条
第2項，第17条第2項前段，第5章及び第22条の
規定は，小商人（商人のうち，法務省令で定めるそ
の営業のために使用する財産の価額が法務省令で
定める金額を超えないものをいう．）については，
適用しない．

第3章 商業登記

（登記の効力）
第9条 ① この編の規定により登記すべき事項は，
登記の後でなければ，これをもって善意の第三者に
対抗することができない．登記の後であっても，第
三者が正当な事由によってその登記があることを
知らなかったときは，同様とする．
② 故意又は過失によって不実の事項を登記した者
は，その事項が不実であることをもって善意の第三
者に対抗することができない．

第4章 商 号

（商号の選定）
第11条 ① 商人（会社及び外国会社を除く．以下
この編において同じ．）は，その氏，氏名その他の名
称をもってその商号とすることができる．
② 商人は，その商号の登記をすることができる．
（他の商人と誤認させる名称等の使用の禁止）
第12条 ① 何人も，不正の目的をもって，他の商人
であると誤認されるおそれのある名称又は商号を
使用してはならない．
② 前項の規定に違反する名称又は商号の使用に
よって営業上の利益を侵害され，又は侵害されるお
それがある商人は，その営業上の利益を侵害する者
又は侵害するおそれがある者に対し，その侵害の停
止又は予防を請求することができる．
（自己の商号の使用を他人に許諾した商人の責任）
第14条 自己の商号を使用して営業又は事業を行
うことを他人に許諾した商人は，当該商人が当該営
業を行うものと誤認して当該他人と取引をした者
に対し，当該他人と連帯して，当該取引によって生
じた債務を弁済する責任を負う．

第5章 商業帳簿

第19条 ① 商人の会計は，一般に公正妥当と認めら
れる会計の慣行に従うものとする．
② 商人は，その営業のために使用する財産について，
法務省令で定めるところにより，適時に，正確な商
業帳簿（会計帳簿及び貸借対照表をいう．以下こ
の条において同じ．）を作成しなければならない．
③ 商人は，帳簿閉鎖の時から10年間，その商業帳簿
及びその営業に関する重要な資料を保存しなけれ
ばならない．
④ 裁判所は，申立てにより又は職権で，訴訟の当事
者に対し，商業帳簿の全部又は一部の提出を命ずる
ことができる．

第6章 商業使用人

（支配人）
第20条 商人は，支配人を選任し，その営業所にお
いて，その営業を行わせることができる．
（支配人の代理権）
第21条 ① 支配人は，商人に代わってその営業に関
する一切の裁判上又は裁判外の行為をする権限を
有する．
② 支配人は，他の使用人を選任し，又は解任するこ
とができる．
③ 支配人の代理権に加えた制限は，善意の第三者に
対抗することができない．
（表見支配人）
第24条 商人の営業所の営業の主任者であること
を示す名称を付した使用人は，当該営業所の営業に
関し，一切の裁判外の行為をする権限を有するもの
とみなす．ただし，相手方が悪意であったときは，
この限りでない．

◆ 第2編　商行為 ◆

第1章　総　　則

（絶対的商行為）

第501条　次に掲げる行為は, 商行為とする.

1　利益を得て譲渡する意思をもってする動産, 不動産若しくは有価証券の有償取得又はその取得したものの譲渡を目的とする行為

2　他人から取得する動産又は有価証券の供給契約及びその履行のためにする有償取得を目的とする行為

3　取引所においてする取引

4　手形その他の商業証券に関する行為

（営業的商行為）

第502条　次に掲げる行為は, 営業としてするときは, 商行為とする. ただし, 専ら賃金を得る目的で物を製造し, 又は労務に従事する者の行為は, この限りでない.

1　賃貸する意思をもってする動産若しくは不動産の有償取得若しくは賃借又はその取得し若しくは賃借したものの賃貸を目的とする行為

2　他人のためにする製造又は加工に関する行為

3　電気又はガスの供給に関する行為

4　運送に関する行為

5　作業又は労務の請負

6　出版, 印刷又は撮影に関する行為

7　客の来集を目的とする場屋における取引

8　両替その他の銀行取引

9　保険

10　寄託の引受け

11　仲立ち又は取次ぎに関する行為

12　商行為の代理の引受け

13　信託の引受け

（附属的商行為）

第503条　① 商人がその営業のためにする行為は, 商行為とする.

② 商人の行為は, その営業のためにするものと推定する.

（商行為の代理）

第504条　商行為の代理人が本人のためにすることを示さないでこれをした場合であっても, その行為は, 本人に対してその効力を生ずる. ただし, 相手方が, 代理人が本人のためにすることを知らなかったときは, 代理人に対して履行の請求をすることを妨げない.

（商行為の委任）

第505条　商行為の受任者は, 委任の本旨に反しない範囲内において, 委任を受けていない行為をすることができる.

（商行為の委任による代理権の消滅事由の特例）

第506条　商行為の委任による代理権は, 本人の死亡によっては, 消滅しない.

第507条　削除

（隔地者間における契約の申込み）

第508条　① 商人である隔地者の間において承諾の期間を定めないで契約の申込みを受けた者が相当の期間内に承諾の通知を発しなかったときは, その申込みは, その効力を失う.

② 民法第524条の規定は, 前項の場合について準用する.

（契約の申込みを受けた者の諾否通知義務）

第509条　① 商人が平常取引をする者からその営業の部類に属する契約の申込みを受けたときは, 遅滞なく, 契約の申込みに対する諾否の通知を発しなければならない.

② 商人が前項の通知を発することを怠ったときは, その商人は, 同項の契約の申込みを承諾したものとみなす.

（契約の申込みを受けた者の物品保管義務）

第510条　商人がその営業の部類に属する契約の申込みを受けた場合において, その申込みとともに受け取った物品があるときは, その申込みを拒絶したときであっても, 申込者の費用をもってその物品を保管しなければならない. ただし, その物品の価額がその費用を償うのに足りないとき, 又は商人がその保管によって損害を受けるときは, この限りでない.

（多数当事者間の債務の連帯）

第511条　① 数人の者がその1人又は全員のために商行為となる行為によって債務を負担したときは, その債務は, 各自が連帯して負担する.

② 保証人がある場合において, 債務が主たる債務者の商行為によって生じたものであるとき, 又は保証が商行為であるときは, 主たる債務者及び保証人が各別の行為によって債務を負担したときであっても, その債務は, 各自が連帯して負担する.

（報酬請求権）

第512条　商人がその営業の範囲内において他人のために行為をしたときは, 相当な報酬を請求することができる.

（利息請求権）

第513条　① 商人間において金銭の消費貸借をしたときは, 貸主は, 法定利息を請求することができる.

② 商人がその営業の範囲内において他人のために金銭の立替えをしたときは, その立替えの日以後の法定利息を請求することができる.

第514条　削除

（契約による質物の処分の禁止の適用除外）

第515条　民法第349条の規定は, 商行為によって生じた債権を担保するために設定した質権については, 適用しない.

（債務の履行の場所）

第516条　商行為によって生じた債務の履行をすべき場所がその行為の性質又は当事者の意思表示によって定まらないときは, 特定物の引渡しはその行為の時にその物が存在した場所において, その他の債務の履行は債権者の現在の営業所（営業所がない場合にあっては, その住所）において, それぞれしなければならない.

第517条から第520条まで　削除

（商人間の留置権）

第521条　商人間においてその双方のために商行為となる行為によって生じた債権が弁済期にあるときは, 債権者は, その債権の弁済を受けるまで, その債務者との間における商行為によって自己の占有に属した債務者の所有する物又は有価証券を留置することができる. ただし, 当事者の別段の意思表示があるときは, この限りでない.

第522条及び第523条　削除

第2章　売　　買

（売主による目的物の供託及び競売）

第 524 条　① 商人間の売買において，買主がその目的物の受領を拒み，又はこれを受領することができないときは，売主は，その物を供託し，又は相当の期間を定めて催告をした後に競売に付することができる．この場合において，売主がその物を供託し，又は競売に付したときは，遅滞なく，買主に対してその旨の通知を発しなければならない．

② 損傷その他の事由による価格の低落のおそれがある物は，前項の催告をしないで競売に付することができる．

③ 前 2 項の規定により売買の目的物を競売に付したときは，売主は，その代価を供託しなければならない．ただし，その代価の全部又は一部を代金に充当することを妨げない．

（定期売買の履行遅滞による解除）

第 525 条　商人間の売買において，売買の性質又は当事者の意思表示により，特定の日時又は一定の期間内に履行をしなければ契約をした目的を達することができない場合において，当事者の一方が履行をしないでその時期を経過したときは，相手方は，直ちにその履行の請求をした場合を除き，契約の解除をしたものとみなす．

（買主による目的物の検査及び通知）

第 526 条　① 商人間の売買において，買主は，その売買の目的物を受領したときは，遅滞なく，その物を検査しなければならない．

② 前項に規定する場合において，買主は，同項の規定による検査により売買の目的物が種類，品質又は数量に関して契約の内容に適合しないことを発見したときは，直ちに売主に対してその旨の通知を発しなければ，その不適合を理由とする履行の追完の請求，代金の減額の請求，損害賠償の請求及び契約の解除をすることができない．売買の目的物が種類又は品質に関して契約の内容に適合しないことを直ちに発見することができない場合において，買主が 6 箇月以内にその不適合を発見したときも，同様とする．

③ 前項の規定は，売買の目的物が種類，品質又は数量に関して契約の内容に適合しないことにつき売主が悪意であった場合には，適用しない．

（買主による目的物の保管及び供託）

第 527 条　① 前条第 1 項に規定する場合においては，買主は，契約の解除をしたときであっても，売主の費用をもって売買の目的物を保管し，又は供託しなければならない．ただし，その物について減失又は損傷のおそれがあるときは，裁判所の許可を得てその物を競売に付し，かつ，その代価を保管し，又は供託しなければならない．

② 前項ただし書の許可に係る事件は，同項の売買の目的物の所在地を管轄する地方裁判所が管轄する．

③ 第 1 項の規定により買主が売買の目的物を競売に付したときは，売主に対してその旨の通知を発しなければならない．

④ 前 3 項の規定は，売主及び買主の営業所（営業所がない場合にあっては，その住所）が同一の市町村の区域内にある場合には，適用しない．

第 528 条　前条の規定は，売主から買主に引き渡した物品が注文した物品と異なる場合における当該売主から買主に引き渡した物品及び売主から買主に引き渡した物品の数量が注文した数量を超過した場合における当該超過した部分の数量の物品について準用する．

第 3 章　交互計算

（交互計算）

第 529 条　交互計算は，商人間又は商人と商人でない者との間で平常取引をする場合において，一定の期間内の取引から生ずる債権及び債務の総額について相殺をし，その残額の支払をすることを約することによって，その効力を生ずる．

第 4 章　匿名組合

（匿名組合契約）

第 535 条　匿名組合契約は，当事者の一方が相手方の営業のために出資をし，その営業から生ずる利益を分配することを約することによって，その効力を生ずる．

（匿名組合員の出資及び権利義務）

第 536 条　① 匿名組合員の出資は，営業者の財産に属する．

② 匿名組合員は，金銭その他の財産のみをその出資の目的とすることができる．

③ 匿名組合員は，営業者の業務を執行し，又は営業者を代表することができない．

④ 匿名組合員は，営業者の行為について，第三者に対して権利及び義務を有しない．

第 5 章　仲立営業

（定　義）

第 543 条　この章において「仲立人」とは，他人間の商行為の媒介をすることを業とする者をいう．

第 6 章　問屋営業

（定　義）

第 551 条　この章において「問屋」とは，自己の名をもって他人のために物品の販売又は買入れをすることを業とする者をいう．

（問屋の権利義務）

第 552 条　① 問屋は，他人のためにした販売又は買入れにより，相手方に対して，自ら権利を取得し，義務を負う．

② 問屋と委託者との間の関係については，この章に定めるもののほか，委任及び代理に関する規定を準用する．

第 7 章　運送取扱営業

（定義等）

第 559 条　① この章において「運送取扱人」とは，自己の名をもって物品運送の取次ぎをすることを業とする者をいう．

② 運送取扱人については，この章に別段の定めがある場合を除き，第 551 条に規定する問屋に関する規定を準用する．

（運送取扱人の責任）

第 560 条　運送取扱人は，運送品の受取から荷受人への引渡しまでの間にその運送品が減失若しくは損傷し，若しくはその減失若しくは損傷の原因が生じ，又は運送品が延着したときは，これによって生じた損害を賠償する責任を負う．ただし，運送取扱人がその運送品の受取，保管及び引渡し，運送人

の選択その他の運送の取次ぎについて注意を怠らなかったことを証明したときは、この限りでない。

第8章　運送営業

第1節　総則

第569条　この法律において、次の各号に掲げる用語の意義は、当該各号に定めるところによる。
1　運送人　陸上運送、海上運送又は航空運送の引受けをすることを業とする者をいう。
2　陸上運送　陸上における物品又は旅客の運送をいう。
3　海上運送　第684条に規定する船舶（第747条に規定する非航海船を含む。）による物品又は旅客の運送をいう。
4　航空運送　航空法（昭和27年法律第231号）第2条第1項に規定する航空機による物品又は旅客の運送をいう。

第2節　物品運送

（物品運送契約）
第570条　物品運送契約は、運送人が荷送人からある物品を受け取りこれを運送して荷受人に引き渡すことを約し、荷送人がその結果に対してその運送賃を支払うことを約することによって、その効力を生ずる。

第3節　旅客運送

（旅客運送契約）
第589条　旅客運送契約は、運送人が旅客を運送することを約し、相手方がその結果に対してその運送賃を支払うことを約することによって、その効力を生ずる。

第9章　寄託

第1節　総則

（受寄者の注意義務）
第595条　商人がその営業の範囲内において寄託を受けた場合には、報酬を受けないときであっても、善良な管理者の注意をもって、寄託物を保管しなければならない。

（場屋営業者の責任）
第596条　①　旅館、飲食店、浴場その他の客の来集を目的とする場屋における取引をすることを業とする者（以下この節において「場屋営業者」という。）は、客から寄託を受けた物品の滅失又は損傷については、不可抗力によるものであったことを証明しなければ、損害賠償の責任を免れることができない。
②　客が寄託していない物品であっても、場屋の中に携帯した物品が、場屋営業者が注意を怠ったことによって滅失し、又は損傷したときは、場屋営業者は、損害賠償の責任を負う。
③　客が場屋の中に携帯した物品につき責任を負わない旨を表示したときであっても、場屋営業者は、前2項の責任を免れることができない。

◆ 第3編　海　商 ◆

第1章　船　舶

第1節　総則
（定義）

第684条　この編（第747条を除く。）において「船舶」とは、商行為をする目的で航海の用に供する船舶（端舟その他ろかいのみをもって運転し、又は主としてろかいをもって運転する舟を除く。）をいう。

第2節　船舶の所有
第1款　総則
（船舶所有者の責任）
第690条　船舶所有者は、船長その他の船員がその職務を行うについて故意又は過失によって他人に加えた損害を賠償する責任を負う。

第2章　船　長

（船長の代理権）
第708条　①　船長は、船籍港外においては、次に掲げる行為を除き、船舶所有者に代わって航海のために必要な一切の裁判上又は裁判外の行為をする権限を有する。
1　船舶について抵当権を設定すること。
2　借財をすること。
②　船長の代理権に加えた制限は、善意の第三者に対抗することができない。
（船長の責任）
第713条　船長は、海員がその職務を行うについて故意又は過失により他人に加えた損害を賠償する責任を負う。ただし、船長が海員の監督について注意を怠らなかったことを証明したときは、この限りでない。

第7章　海上保険

（定義等）
第815条　①　この章において「海上保険契約」とは、損害保険契約のうち、保険者（営業として保険の引受けを行うものに限る。以下この章において同じ。）が航海に関する事故によって生ずることのある損害を填補することを約するものをいう。
②　海上保険契約については、この章に別段の定めがある場合を除き、保険法（平成20年法律第56号）第2章第1節から第4節まで及び第6節並びに第5章の規定を適用する。

64　会　社　法（抄）

（平17・7・26法律第86号、平18・5・1施行、
最終改正：令5・6・14法律第53号）

◆ 第1編　総　則 ◆

第1章　通　則

（趣旨）
第1条　会社の設立、組織、運営及び管理については、他の法律に特別の定めがある場合を除くほか、この法律の定めるところによる。
（定義）
第2条　この法律において、次の各号に掲げる用語の意義は、当該各号に定めるところによる。
1　会社　株式会社、合名会社、合資会社又は合同会

社をいう．
2　外国会社　外国の法令に準拠して設立された法人その他の外国の団体であって，会社と同種のもの又は会社に類似するものをいう．
3　子会社　会社がその総株主の議決権の過半数を有する株式会社その他の当該会社がその経営を支配している法人として法務省令で定めるものをいう．
3の2　子会社等　次のいずれかに該当する者をいう．
イ　子会社
ロ　会社以外の者がその経営を支配している法人として法務省令で定めるもの
4　親会社　株式会社を子会社とする会社その他の当該株式会社の経営を支配している法人として法務省令で定めるものをいう．
4の2　親会社等　次のいずれかに該当する者をいう．
イ　親会社
ロ　株式会社の経営を支配している者（法人であるものを除く．）として法務省令で定めるもの
5　公開会社　その発行する全部又は一部の株式の内容として譲渡による当該株式の取得について株式会社の承認を要する旨の定款の定めを設けていない株式会社をいう．
6　大会社　次に掲げる要件のいずれかに該当する株式会社をいう．
イ　最終事業年度に係る貸借対照表（第439条第1項に規定する場合にあっては，同条の規定により定時株主総会に報告された貸借対照表をいい，株式会社の成立後最初の定時株主総会までの間においては，第435条第1項の貸借対照表をいう．ロにおいて同じ．）に資本金として計上した額が5億円以上であること．
ロ　最終事業年度に係る貸借対照表の負債の部に計上した額の合計額が200億円以上であること．
7　取締役会設置会社　取締役会を置く株式会社又はこの法律の規定により取締役会を置かなければならない株式会社をいう．
8　会計参与設置会社　会計参与を置く株式会社をいう．
9　監査役設置会社　監査役を置く株式会社（その監査役の監査の範囲を会計に関するものに限定する旨の定款の定めがあるものを除く．）又はこの法律の規定により監査役を置かなければならない株式会社をいう．
10　監査役会設置会社　監査役会を置く株式会社又はこの法律の規定により監査役会を置かなければならない株式会社をいう．
11　会計監査人設置会社　会計監査人を置く株式会社又はこの法律の規定により会計監査人を置かなければならない株式会社をいう．
11の2　監査等委員会設置会社　監査等委員会を置く株式会社をいう．
12　指名委員会等設置会社　指名委員会，監査委員会及び報酬委員会（以下「指名委員会等」という．）を置く株式会社をいう．
13　種類株式発行会社　剰余金の配当その他の第108条第1項各号に掲げる事項について内容の異なる二以上の種類の株式を発行する株式会社をいう．
14　種類株主総会　種類株主（種類株式発行会社におけるある種類の株式の株主をいう．以下同じ．）の総会をいう．

15　社外取締役　株式会社の取締役であって，次に掲げる要件のいずれにも該当するものをいう．
イ　当該株式会社又はその子会社の業務執行取締役（株式会社の第363条第1項各号に掲げる取締役及び当該株式会社の業務を執行したその他の取締役をいう．以下同じ．）若しくは執行役又は支配人その他の使用人（以下「業務執行取締役等」という．）でなく，かつ，その就任の前10年間当該株式会社又はその子会社の業務執行取締役等であったことがないこと．
ロ　その就任の前10年内のいずれかの時において当該株式会社又はその子会社の取締役，会計参与（会計参与が法人であるときは，その職務を行うべき社員）又は監査役であったことがある者（業務執行取締役等であったことがあるものを除く．）にあっては，当該取締役，会計参与又は監査役への就任の前10年間当該株式会社又はその子会社の業務執行取締役等であったことがないこと．
ハ　当該株式会社の親会社等（自然人であるものに限る．）又は親会社等の取締役若しくは執行役若しくは支配人その他の使用人でないこと．
ニ　当該株式会社の親会社等の子会社等（当該株式会社及びその子会社を除く．）の業務執行取締役等でないこと．
ホ　当該株式会社の取締役若しくは執行役若しくは支配人その他の重要な使用人又は親会社等（自然人であるものに限る．）の配偶者又は二親等内の親族でないこと．
16　社外監査役　株式会社の監査役であって，次に掲げる要件のいずれにも該当するものをいう．
イ　その就任の前10年間当該株式会社又はその子会社の取締役，会計参与（会計参与が法人であるときは，その職務を行うべき社員．ロにおいて同じ．）若しくは執行役又は支配人その他の使用人であったことがないこと．
ロ　その就任の前10年内のいずれかの時において当該株式会社又はその子会社の取締役，会計参与若しくは執行役又は支配人その他の使用人であったことがある者にあっては，当該監査役への就任の前10年間当該株式会社又はその子会社の取締役，会計参与若しくは執行役又は支配人その他の使用人であったことがないこと．
ハ　当該株式会社の親会社等（自然人であるものに限る．）又は親会社等の取締役，監査役若しくは執行役若しくは支配人その他の使用人でないこと．
ニ　当該株式会社の親会社等の子会社等（当該株式会社及びその子会社を除く．）の業務執行取締役等でないこと．
ホ　当該株式会社の取締役若しくは支配人その他の重要な使用人又は親会社等（自然人であるものに限る．）の配偶者又は二親等内の親族でないこと．
17　譲渡制限株式　株式会社がその発行する全部又は一部の株式の内容として譲渡による当該株式の取得について当該株式会社の承認を要する旨の定めを設けている場合における当該株式をいう．
18　取得請求権付株式　株式会社がその発行する全部又は一部の株式の内容として株主が当該株式会社に対して当該株式の取得を請求することができる旨の定めを設けている場合における当該株式をいう．

19 取得条項付株式　株式会社がその発行する全部又は一部の株式の内容として当該株式会社が一定の事由が生じたことを条件として当該株式を取得することができる旨の定めを設けている場合における当該株式をいう.

20 単元株式数　株式会社がその発行する株式について,一定の数の株式をもって株主が株主総会又は種類株主総会において1個の議決権を行使することができる一単元の株式とする旨の定款の定めを設けている場合における当該一定の数をいう.

21 新株予約権　株式会社に対して行使することにより当該株式会社の株式の交付を受けることができる権利をいう.

22 新株予約権付社債　新株予約権を付した社債をいう.

23 社債　この法律の規定により会社が行う割当てにより発生する当該会社を債務者とする金銭債権であって,第676条各号に掲げる事項についての定めに従い償還されるものをいう.

24 最終事業年度　各事業年度に係る第435条第2項に規定する計算書類につき第438条第2項の承認(第439条前段に規定する場合にあっては,第436条第3項の承認)を受けた場合における当該各事業年度のうち最も遅いものをいう.

25 配当財産　株式会社が剰余金の配当をする場合における配当する財産をいう.

26 組織変更　次のイ又はロに掲げる会社がその組織を変更することにより当該イ又はロに定める会社となることをいう.
　イ　株式会社　合名会社,合資会社又は合同会社
　ロ　合名会社,合資会社又は合同会社　株式会社

27 吸収合併　会社が他の会社とする合併であって,合併により消滅する会社の権利義務の全部を合併後存続する会社に承継させるものをいう.

28 新設合併　二以上の会社がする合併であって,合併により消滅する会社の権利義務の全部を合併により設立する会社に承継させるものをいう.

29 吸収分割　株式会社又は合同会社がその事業に関して有する権利義務の全部又は一部を分割後他の会社に承継させることをいう.

30 新設分割　一又は二以上の株式会社又は合同会社がその事業に関して有する権利義務の全部又は一部を分割により設立する会社に承継させることをいう.

31 株式交換　株式会社がその発行済株式(株式会社が発行している株式をいう.以下同じ.)の全部を他の株式会社又は合同会社に取得させることをいう.

32 株式移転　一又は二以上の株式会社がその発行済株式の全部を新たに設立する株式会社に取得させることをいう.

32の2 株式交付　株式会社が他の株式会社をその子会社(法務省令で定めるものに限る.第774条の3第2項において同じ.)とするために当該他の株式会社の株式を譲り受け,当該株式会社の譲渡人に対して当該株式の対価として当該株式会社の株式を交付することをいう.

33 公告方法　会社(外国会社を含む.)が公告(この法律又は他の法律の規定により官報に掲載する方法によりしなければならないものとされているものを除く.)をする方法をいう.

34 電子公告　公告方法のうち,電磁的方法(電子情報処理組織を使用する方法その他の情報通信の技術を利用する方法であって法務省令で定めるものをいう.以下同じ.)により不特定多数の者が公告すべき内容である情報の提供を受けることができる状態に置く措置であって法務省令で定めるものをとる方法をいう.

(法人格)
第3条　会社は,法人とする.
(住　所)
第4条　会社の住所は,その本店の所在地にあるものとする.
(商行為)
第5条　会社(外国会社を含む.次条第1項,第8条及び第9条において同じ.)がその事業としてする行為及びその事業のためにする行為は,商行為とする.

第2章　会社の商号

(商　号)
第6条　① 会社は,その名称を商号とする.
② 会社は,株式会社,合名会社,合資会社又は合同会社の種類に従い,それぞれその商号中に株式会社,合名会社,合資会社又は合同会社という文字を用いなければならない.
③ 会社は,その商号中に,他の種類の会社であると誤認されるおそれのある文字を用いてはならない.
(会社と誤認させる名称等の使用の禁止)
第7条　会社でない者は,その名称又は商号中に,会社であると誤認されるおそれのある文字を用いてはならない.
第8条　① 何人も,不正の目的をもって,他の会社であると誤認されるおそれのある名称又は商号を使用してはならない.
② 前項の規定に違反する名称又は商号の使用によって営業上の利益を侵害され,又は侵害されるおそれがある会社は,その営業上の利益を侵害する者又は侵害するおそれがある者に対し,その侵害の停止又は予防を請求することができる.
(自己の商号の使用を他人に許諾した会社の責任)
第9条　自己の商号を使用して事業又は営業を行うことを他人に許諾した会社は,当該会社が当該事業を行うものと誤認して当該他人と取引をした者に対し,当該他人と連帯して,当該取引によって生じた債務を弁済する責任を負う.

第3章　会社の使用人等

第1節　会社の使用人
(支配人)
第10条　会社(外国会社を含む.以下この編において同じ.)は,支配人を選任し,その本店又は支店において,その事業を行わせることができる.
(支配人の代理権)
第11条　① 支配人は,会社に代わってその事業に関する一切の裁判上又は裁判外の行為をする権限を有する.
② 支配人は,他の使用人を選任し,又は解任することができる.
③ 支配人の代理権に加えた制限は,善意の第三者に対抗することができない.
(支配人の競業の禁止)

第12条　① 支配人は，会社の許可を受けなければ，次に掲げる行為をしてはならない．

1　自ら営業を行うこと．

2　自己又は第三者のために会社の事業の部類に属する取引をすること．

3　他の会社又は商人（会社を除く．第24条において同じ．）の使用人となること．

4　他の会社の取締役，執行役員又は業務を執行する社員となること．

② 支配人が前項の規定に違反して同項第2号に掲げる行為をしたときは，当該行為によって支配人又は第三者が得た利益の額は，会社に生じた損害の額と推定する．

　（表見支配人）

第13条　会社の本店又は支店の事業の主任者であることを示す名称を付した使用人は，当該本店又は支店の事業に関し，一切の裁判外の行為をする権限を有するものとみなす．ただし，相手方が悪意であったときは，この限りでない．

　第2節　会社の代理商

　（通知義務）

第16条　代理商（会社のためにその平常の事業の部類に属する取引の代理又は媒介をする者で，その会社の使用人でないものをいう．以下この節において同じ．）は，取引の代理又は媒介をしたときは，遅滞なく，会社に対して，その旨の通知を発しなければならない．

　（代理商の留置権）

第20条　代理商は，取引の代理又は媒介をしたことによって生じた債権の弁済期が到来しているときは，その弁済を受けるまでは，会社のために当該代理商が占有する物又は有価証券を留置することができる．ただし，当事者が別段の意思表示をしたときは，この限りでない．

第4章　事業の譲渡をした場合の競業の禁止等

　（譲渡会社の競業の禁止）

第21条　① 事業を譲渡した会社（以下この章において「譲渡会社」という．）は，当事者の別段の意思表示がない限り，同一の市町村（特別区を含むものとし，地方自治法（昭和22年法律第67号）第252条の19第1項の指定都市にあっては，区又は総合区．以下この項において同じ．）の区域内及びこれに隣接する市町村の区域内においては，その事業を譲渡した日から20年間は，同一の事業を行ってはならない．

② 譲渡会社が同一の事業を行わない旨の特約をした場合には，その特約は，その事業を譲渡した日から30年の期間内に限り，その効力を有する．

③ 前2項の規定にかかわらず，譲渡会社は，不正の競争の目的をもって同一の事業を行ってはならない．

　（譲渡会社の商号を使用した譲受会社の責任等）

第22条　① 事業を譲り受けた会社（以下この章において「譲受会社」という．）が譲渡会社の商号を引き続き使用する場合には，その譲受会社も，譲渡会社の事業によって生じた債務を弁済する責任を負う．

② 前項の規定は，事業を譲り受けた後，遅滞なく，譲受会社がその本店の所在地において譲渡会社の債務を弁済する責任を負わない旨を登記した場合には，適用しない．事業を譲り受けた後，遅滞なく，譲受会社及び譲渡会社から第三者に対しその旨の通

知をした場合において，その通知を受けた第三者についても，同様とする．

③ 譲受会社が第1項の規定により譲渡会社の債務を弁済する責任を負う場合には，譲渡会社の責任は，事業を譲渡した日後2年以内に請求又は請求の予告をしない債権者に対しては，その期間を経過した時に消滅する．

④ 第1項に規定する場合において，譲渡会社の事業によって生じた債権について，譲受会社にした弁済は，弁済者が善意でかつ重大な過失がないときは，その効力を有する．

　（譲受会社による債務の引受け）

第23条　① 譲受会社が譲渡会社の商号を引き続き使用しない場合においても，譲渡会社の事業によって生じた債務を引き受ける旨の広告をしたときは，譲渡会社の債権者は，その譲受会社に対して弁済の請求をすることができる．

② 譲受会社が前項の規定により譲渡会社の債務を弁済する責任を負う場合には，譲渡会社の責任は，同項の広告があった日後2年以内に請求又は請求の予告をしない債権者に対しては，その期間を経過した時に消滅する．

　（詐害事業譲渡に係る譲受会社に対する債務の履行の請求）

第23条の2　① 譲渡会社が譲受会社に承継されない債務の債権者（以下この条において「残存債権者」という．）を害することを知って事業を譲渡した場合には，残存債権者は，その譲受会社に対して，承継した財産の価額を限度として，当該債務の履行を請求することができる．ただし，その譲受会社が事業の譲渡の効力が生じた時において残存債権者を害することを知らなかったときは，この限りでない．

② 譲受会社が前項の規定により同項の債務を履行する責任を負う場合には，当該責任は，譲渡会社が残存債権者を害することを知って事業を譲渡したことを知った時から2年以内に請求又は請求の予告をしない残存債権者に対しては，その期間を経過した時に消滅する．事業の譲渡の効力が生じた日から10年を経過したときも，同様とする．

③ 譲渡会社について破産手続開始の決定，再生手続開始の決定又は更生手続開始の決定があったときは，残存債権者は，譲受会社に対して第1項の規定による請求をする権利を行使することができない．

◆　第2編　株式会社　◆

第1章　設　立

　第1節　総　則

第25条　① 株式会社は，次に掲げるいずれかの方法により設立することができる．

1　次節から第8節までに規定するところにより，発起人が設立時発行株式（株式会社の設立に際して発行する株式をいう．以下同じ．）の全部を引き受ける方法

2　次節，第3節，第39条及び第6節から第9節までに規定するところにより，発起人が設立時発行株式を引き受けるほか，設立時発行株式を引き受ける者の募集をする方法

② 各発起人は，株式会社の設立に際し，設立時発行株式を1株以上引き受けなければならない．

第2節　定款の作成
（定款の作成）

第26条 ① 株式会社を設立するには、発起人が定款を作成し、その全員がこれに署名し、又は記名押印しなければならない。

② 前項の定款は、電磁的記録（電子的方式、磁気的方式その他人の知覚によっては認識することができない方式で作られる記録であって、電子計算機による情報処理の用に供されるものとして法務省令で定めるものをいう。第886条の2第3項、第886条の3及び第906条の2第3項を除き、以下同じ。）をもって作成することができる。この場合において、当該電磁的記録に記録された情報については、法務省令で定める署名又は記名押印に代わる措置をとらなければならない。〔令5法53、施行5年内〕

（定款の記載又は記録事項）

第27条 株式会社の定款には、次に掲げる事項を記載し、又は記録しなければならない。

1　目的
2　商号
3　本店の所在地
4　設立に際して出資される財産の価額又はその最低額
5　発起人の氏名又は名称及び住所

第28条 株式会社を設立する場合には、次に掲げる事項は、第26条第1項の定款に記載し、又は記録しなければ、その効力を生じない。

1　金銭以外の財産を出資する者の氏名又は名称、当該財産及びその価額並びにその者に対して割り当てる設立時発行株式の数（設立しようとする株式会社が種類株式発行会社である場合にあっては、設立時発行株式の種類及び種類ごとの数。第32条第1項第1号において同じ。）
2　株式会社の成立後に譲り受けることを約した財産及びその価額並びにその譲渡人の氏名又は名称
3　株式会社の成立により発起人が受ける報酬その他の特別の利益及びその発起人の氏名又は名称
4　株式会社の負担する設立に関する費用（定款の認証の手数料その他株式会社に損害を与えるおそれがないものとして法務省令で定めるものを除く。）

第29条 第27条各号及び前条各号に掲げる事項のほか、株式会社の定款には、この法律の規定により定款の定めがなければその効力を生じない事項及びその他の事項でこの法律の規定に違反しないものを記載し、又は記録することができる。

（定款の認証）

第30条 ① 第26条第1項の定款は、公証人の認証を受けなければ、その効力を生じない。

② 前項の公証人の認証を受けた定款は、株式会社の成立前は、第33条第7項若しくは第9項又は第37条第1項若しくは第2項の規定による場合を除き、これを変更することができない。

第3節　出資
（設立時発行株式に関する事項の決定）

第32条 ① 発起人は、株式会社の設立に際して次に掲げる事項（定款に定めがある事項を除く。）を定めようとするときは、その全員の同意を得なければならない。

1　発起人が割当てを受ける設立時発行株式の数
2　前号の設立時発行株式と引換えに払い込む金銭の額
3　成立後の株式会社の資本金及び資本準備金の額

に関する事項

② 設立しようとする株式会社が種類株式発行会社である場合において、前項第1号の設立時発行株式が第108条第3項前段の規定による定款の定めがあるものであるときは、発起人は、その全員の同意を得て、当該設立時発行株式の内容を定めなければならない。

（定款の記載又は記録事項に関する検査役の選任）

第33条 ① 発起人は、定款に第28条各号に掲げる事項についての記載又は記録があるときは、第30条第1項の公証人の認証の後遅滞なく、当該事項を調査させるため、裁判所に対し、検査役の選任の申立てをしなければならない。

② 前項の申立てがあった場合には、裁判所は、これを不適法として却下する場合を除き、検査役を選任しなければならない。

③ 裁判所は、前項の検査役を選任した場合には、成立後の株式会社が当該検査役に対して支払う報酬の額を定めることができる。

④ 第2項の検査役は、必要な調査を行い、当該調査の結果を記載し、又は記録した書面又は電磁的記録（法務省令で定めるものに限る。）を裁判所に提供して報告をしなければならない。

⑤ 裁判所は、前項の報告について、その内容を明瞭にし、又はその根拠を確認するため必要があると認めるときは、第2項の検査役に対し、更に前項の報告を求めることができる。

⑥ 第2項の検査役は、第4項の報告をしたときは、発起人に対し、同項の書面の写しを交付し、又は同項の電磁的記録に記録された事項を法務省令で定める方法により提供しなければならない。

⑦ 裁判所は、第4項の報告を受けた場合において、第28条各号に掲げる事項（第2項の検査役の調査を経ていないものを除く。）を不当と認めたときは、これを変更する決定をしなければならない。

⑧ 発起人は、前項の決定により第28条各号に掲げる事項の全部又は一部が変更された場合には、当該決定の確定後1週間以内に限り、その設立時発行株式の引受けに係る意思表示を取り消すことができる。

⑨ 前項に規定する場合には、発起人は、その全員の同意によって、第7項の決定の確定後1週間以内に限り、当該決定により変更された事項についての定めを廃止する定款の変更をすることができる。

⑩ 前各項の規定は、次の各号に掲げる場合には、当該各号に定める事項については、適用しない。

1　第28条第1号及び第2号の財産（以下この章において「現物出資財産等」という。）について定款に記載され、又は記録された価額の総額が500万円を超えない場合　同条第1号及び第2号に掲げる事項
2　現物出資財産等のうち、市場価格のある有価証券（金融商品取引法（昭和23年法律第25号）第2条第1項に規定する有価証券をいい、同条第2項の規定により有価証券とみなされる権利を含む。以下同じ。）について定款に記載され、又は記録された価額が当該有価証券の市場価格として法務省令で定める方法により算定されるものを超えない場合　当該現物出資財産等についての第28条第1号又は第2号に掲げる事項
3　現物出資財産等について定款に記載され、又は記録された価額が相当であることについて弁護士、弁護士法人、弁護士・外国法事務弁護士共同法人、

公認会計士（外国公認会計士（公認会計士法（昭和23年法律第103号）第16条の2第5項に規定する外国公認会計士をいう。以下同じ。）を含む。以下同じ。），監査法人，税理士又は税理士法人の証明（現物出資財産等が不動産である場合にあっては，当該証明及び不動産鑑定士の鑑定評価。以下この項において同じ。）を受けた場合　第28条第1号又は第2号に掲げる事項（当該証明を受けた現物出資財産に係るものに限る。）

⑪　次に掲げる者は，前項第3号に規定する証明をすることができない。

1　発起人

2　第28条第2号の財産の譲渡人

3　設立時取締役（第38条第1項に規定する設立時取締役をいう。）又は設立時監査役（同条第3項第2号に規定する設立時監査役をいう。）

4　業務の停止の処分を受け，その停止の期間を経過しない者

5　弁護士法人，弁護士・外国法事務弁護士共同法人，監査法人又は税理士法人であって，その社員の半数以上が第1号から第3号までに掲げる者のいずれかに該当するもの

（出資の履行）

第34条　①　発起人は，設立時発行株式の引受け後遅滞なく，その引き受けた設立時発行株式につき，その出資に係る金銭の全額を払い込み，又はその出資に係る金銭以外の財産の全部を給付しなければならない。ただし，発起人全員の同意があるときは，登記，登録その他権利の設定又は移転を第三者に対抗するために必要な行為は，株式会社の成立後にすることを妨げない。

②　前項の規定による払込みは，発起人が定めた銀行等（銀行法（昭和56年法律第59号）第2条第1項に規定する銀行をいう。第703条第1項において同じ。），信託会社（信託業法（平成16年法律第154号）第2条第2項に規定する信託会社をいう。以下同じ。）その他これに準ずるものとして法務省令で定めるものをいう。以下同じ。）の払込みの取扱いの場所においてしなければならない。

（設立時発行株式の株主となる権利の譲渡）

第35条　前条第1項の規定による払込み又は給付（以下この章において「出資の履行」という。）をすることにより設立時発行株式の株主となる権利の譲渡は，成立後の株式会社に対抗することができない。

（設立時発行株式の株主となる権利の喪失）

第36条　①　発起人のうち出資の履行をしていないものがある場合には，発起人は，当該出資の履行をしていない発起人に対して，期日を定め，その期日までに当該出資の履行をしなければならない旨を通知しなければならない。

②　前項の規定による通知は，同項に規定する期日の2週間前までにしなければならない。

③　第1項の規定による通知を受けた発起人は，同項に規定する期日までに出資の履行をしないときは，当該出資の履行をすることにより設立時発行株式の株主となる権利を失う。

（発行可能株式総数の定め等）

第37条　①　発起人は，株式会社が発行することができる株式の総数（以下「発行可能株式総数」という。）を定款で定めていない場合には，株式会社の成立の時までに，その全員の同意によって，定款を

変更して発行可能株式総数の定めを設けなければならない。

②　発起人は，発行可能株式総数を定款で定めている場合には，株式会社の成立の時までに，その全員の同意によって，発行可能株式総数についての定款の変更をすることができる。

③　設立時発行株式の総数は，発行可能株式総数の4分の1を下ることができない。ただし，設立しようとする株式会社が公開会社でない場合は，この限りでない。

第4節　設立時役員等の選任及び解任

（設立時役員等の選任）

第38条　①　発起人は，出資の履行が完了した後，遅滞なく，設立時取締役（株式会社の設立に際して取締役となる者をいう。以下同じ。）を選任しなければならない。

②　設立しようとする株式会社が監査等委員会設置会社である場合には，前項の規定による設立時取締役の選任は，設立時監査等委員（株式会社の設立に際して監査等委員（監査等委員会の委員をいう。以下同じ。）となる者をいう。以下同じ。）である設立時取締役とそれ以外の設立時取締役とを区別してしなければならない。

③　次の各号に掲げる場合には，発起人は，出資の履行が完了した後，遅滞なく，当該各号に定める者を選任しなければならない。

1　設立しようとする株式会社が会計参与設置会社である場合　設立時会計参与（株式会社の設立に際して会計参与となる者をいう。以下同じ。）

2　設立しようとする株式会社が監査役設置会社（監査役の監査の範囲を会計に関するものに限定する旨の定款の定めがある株式会社を含む。）である場合　設立時監査役（株式会社の設立に際して監査役となる者をいう。以下同じ。）

3　設立しようとする株式会社が会計監査人設置会社である場合　設立時会計監査人（株式会社の設立に際して会計監査人となる者をいう。以下同じ。）

④　定款で設立時取締役（設立しようとする株式会社が監査等委員会設置会社である場合にあっては，設立時監査等委員である設立時取締役以外の設立時取締役。以下この項において同じ。），設立時会計参与，設立時監査役又は設立時会計監査人として定められた者は，出資の履行が完了した時に，それぞれ設立時取締役，設立時会計参与，設立時監査役又は設立時会計監査人に選任されたものとみなす。

第39条　①　設立しようとする株式会社が取締役会設置会社である場合には，設立時取締役は，3人以上でなければならない。

②　設立しようとする株式会社が監査役会設置会社である場合には，設立時監査役は，3人以上でなければならない。

③　設立しようとする株式会社が監査等委員会設置会社である場合には，設立時監査等委員である設立時取締役は，3人以上でなければならない。

（設立時役員等の選任の方法）

第40条　①　設立時役員等の選任は，発起人の議決権の過半数をもって決定する。

②　前項の場合には，発起人は，出資の履行をした設立時発行株式1株につき1個の議決権を有する。ただし，単元株式数を定款で定めている場合には，

一単元の設立時発行株式につき1個の議決権を有する.

第5節　設立時取締役等による調査

第46条　① 設立時取締役(設立しようとする株式会社が監査役設置会社である場合にあっては,設立時取締役及び設立時監査役.以下この条において同じ.)は,その選任後遅滞なく,次に掲げる事項を調査しなければならない.

1　第33条第10項第1号又は第2号に掲げる場合における現物出資財産等(同号に掲げる場合にあっては,同号の有価証券に限る.)について定款に記載され,又は記録された価額が相当であること.

2　第33条第10項第3号に規定する証明が相当であること.

3　出資の履行が完了していること.

4　前3号に掲げる事項のほか,株式会社の設立の手続が法令又は定款に違反していないこと.

② 設立時取締役は,前項の規定による調査により,同項各号に掲げる事項について法令若しくは定款に違反し,又は不当な事項があると認めるときは,発起人にその旨を通知しなければならない.

第6節　設立時代表取締役等の選定等

(設立時代表取締役の選定等)

第47条　① 設立時取締役は,設立しようとする株式会社が取締役会設置会社(指名委員会等設置会社を除く.)である場合には,設立時取締役(設立しようとする株式会社が監査等委員会設置会社である場合にあっては,設立時監査等委員である設立時取締役を除く.)の中から株式会社の設立に際して代表取締役(株式会社を代表する取締役となる者.以下同じ.)となる者(以下「設立時代表取締役」という.)を選定しなければならない.

② 設立時取締役は,株式会社の成立の時までの間,設立時代表取締役を解職することができる.

③ 前2項の規定による設立時代表取締役の選定及び解職は,設立時取締役の過半数をもって決定する.

第7節　株式会社の成立

(株式会社の成立)

第49条　株式会社は,その本店の所在地において設立の登記をすることによって成立する.

(株式の引受人の権利)

第50条　① 発起人は,株式会社の成立の時に,出資の履行をした設立時発行株式の株主となる.

② 前項の規定により株主となる権利の譲渡は,成立後の株式会社に対抗することができない.

(引受けの無効又は取消しの制限)

第51条　① 民法(明治29年法律第89号)第93条第1項ただし書及び第94条第1項の規定は,設立時発行株式の引受けに係る意思表示については,適用しない.

② 発起人は,株式会社の成立後は,錯誤,詐欺又は強迫を理由として設立時発行株式の引受けの取消しをすることができない.

第8節　発起人等の責任等

(出資された財産等の価額が不足する場合の責任)

第52条　① 株式会社の成立の時における現物出資財産等の価額が当該現物出資財産等について定款に記載され,又は記録された価額(定款の変更があった場合にあっては,変更後の価額)に著しく不足するときは,発起人及び設立時取締役は,当該株式会社に対し,連帯して,当該不足額を支払う義務を負う.

② 前項の規定にかかわらず,次に掲げる場合には,発起人(第28条第1号の財産を給付した者又は同条第2号の財産の譲渡人を除く.第2号において同じ.)及び設立時取締役は,現物出資財産等について同項の義務を負わない.

1　第28条第1号又は第2号に掲げる事項について第33条第2項の検査役の調査を経た場合

2　当該発起人又は設立時取締役がその職務を行うについて注意を怠らなかったことを証明した場合

③ 第1項に規定する場合には,第33条第10項第3号に規定する証明をした者(以下この項において「証明者」という.)は,第1項の義務を負う者と連帯して,同項の不足額を支払う義務を負う.ただし,当該証明者が当該証明をするについて注意を怠らなかったことを証明した場合は,この限りでない.

(出資の履行を仮装した場合の責任等)

第52条の2　① 発起人は,次の各号に掲げる場合には,株式会社に対し,当該各号に定める行為をする義務を負う.

1　第34条第1項の規定による払込みを仮装した場合 払込みを仮装した出資に係る金銭の全額の支払

2　第34条第1項の規定による給付を仮装した場合 給付を仮装した出資に係る金銭以外の財産の全部の給付(株式会社が当該給付に代えて当該財産の価額に相当する金銭の支払を請求した場合にあっては,当該金銭の全額の支払)

② 前項各号に掲げる場合には,発起人がその出資の履行を仮装することに関与した発起人又は設立時取締役として法務省令で定める者は,株式会社に対し,当該各号に規定する支払をする義務を負う.ただし,その者(当該出資の履行を仮装したものを除く.)がその職務を行うについて注意を怠らなかったことを証明した場合は,この限りでない.

③ 発起人が第1項各号に規定する支払をする義務を負う場合において,前項に規定する者が同項の義務を負うときは,これらの者は,連帯債務者とする.

④ 発起人は,第1項各号に掲げる場合には,当該各号に定める支払若しくは給付又は第2項の規定による支払がされた後でなければ,出資の履行を仮装した設立時発行株式について,設立時株主(第65条第1項に規定する設立時株主をいう.次項において同じ.)及び株主の権利を行使することができない.

⑤ 前項の設立時発行株式又はその株主となる権利を譲り受けた者は,当該設立時発行株式についての設立時株主及び株主の権利を行使することができる.ただし,その者に悪意又は重大な過失があるときは,この限りでない.

(発起人等の損害賠償責任)

第53条　① 発起人,設立時取締役又は設立時監査役は,株式会社の設立についてその任務を怠ったときは,当該株式会社に対し,これによって生じた損害を賠償する責任を負う.

② 発起人,設立時取締役又は設立時監査役がその職務を行うについて悪意又は重大な過失があったときは,当該発起人,設立時取締役又は設立時監査役は,これによって第三者に生じた損害を賠償する責任を負う.

(発起人等の連帯責任)

第54条　発起人,設立時取締役又は設立時監査役が株式会社又は第三者に生じた損害を賠償する責任

を負う場合において，他の発起人，設立時取締役又は設立時監査役も当該損害を賠償する責任を負うときは，これらの者は，連帯債務者とする．
（責任の免除）
第55条 第52条第1項の規定により発起人又は設立時取締役の負う義務，第52条の2第1項の規定により発起人の負う義務，同条第2項の規定により発起人又は設立時取締役の負う義務及び第53条第1項の規定により発起人，設立時取締役又は設立時監査役の負う責任は，総株主の同意がなければ，免除することができない．
（株式会社不成立の場合の責任）
第56条 株式会社が成立しなかったときは，発起人は，連帯して，株式会社の設立に関してした行為についてその責任を負い，株式会社の設立に関して支出した費用を負担する．

第9節 募集による設立
第1款 設立時発行株式を引き受ける者の募集
（設立時発行株式を引き受ける者の募集）
第57条 ① 発起人は，この款の定めるところにより，設立時発行株式を引き受ける者の募集をする旨を定めることができる．
② 発起人は，前項の募集をする旨を定めようとするときは，その全員の同意を得なければならない．
（設立時募集株式に関する事項の決定）
第58条 ① 発起人は，前条第1項の募集をしようとするときは，その都度，設立時募集株式（前項の募集に応じて設立時発行株式の引受けの申込みをした者に対して割り当てる設立時発行株式をいう．以下この節において同じ．）について次に掲げる事項を定めなければならない．
1 設立時募集株式の数（設立しようとする株式会社が種類株式発行会社である場合にあっては，その種類及び種類ごとの数．以下この款において同じ．）
2 設立時募集株式の払込金額（設立時募集株式1株と引換えに払い込む金銭の額をいう．以下この款において同じ．）
3 設立時募集株式と引換えにする金銭の払込みの期日又はその期間
4 一定の日までに設立の登記がされない場合において，設立時募集株式の引受けの取消しをすることができることとするときは，その旨及びその一定の日
② 発起人は，前項各号に掲げる事項を定めようとするときは，その全員の同意を得なければならない．
③ 設立時募集株式の払込金額その他の前条第1項の募集の条件は，当該募集（設立しようとする株式会社が種類株式発行会社である場合にあっては，種類及び当該募集）ごとに，均等に定めなければならない．
（設立時募集株式の申込み）
第59条 ① 発起人は，第57条第1項の募集に応じて設立時募集株式の引受けの申込みをしようとする者に対し，次に掲げる事項を通知しなければならない．
1 定款の認証の年月日及びその認証をした公証人の氏名
2 第27条各号，第28条各号，第32条第1項各号及び前条第1項各号に掲げる事項
3 発起人が出資した財産の価額
4 第63条第1項の規定による払込みの取扱いの場所
5 前各号に掲げるもののほか，法務省令で定める

事項
（設立時募集株式の割当て）
第60条 ① 発起人は，申込者の中から設立時募集株式の割当てを受ける者を定め，かつ，その者に割り当てる設立時募集株式の数を定めなければならない．この場合において，発起人は，当該申込者に割り当てる設立時募集株式の数を，前条第3項第2号の数よりも減少することができる．
（設立時募集株式の引受け）
第62条 次の各号に掲げる者は，当該各号に定める設立時募集株式の数について設立時募集株式の引受人となる．
1 申込者 発起人の割り当てた設立時募集株式の数
2 前条の契約により設立時募集株式の総数を引き受けた者 その者が引き受けた設立時募集株式の数
（設立時募集株式の払込金額の払込み）
第63条 ① 設立時募集株式の引受人は，第58条第1項第3号の期日又は同号の期間内に，発起人が定めた銀行等の払込みの取扱いの場所において，それぞれの設立時募集株式の払込金額の全額の払込みを行わなければならない．
② 前項の規定による払込みをすることにより設立時発行株式の株主となる権利の譲渡は，成立後の株式会社に対抗することができない．
③ 設立時募集株式の引受人は，第1項の規定による払込みをしないときは，当該払込みをすることにより設立時募集株式の株主となる権利を失う．
（払込金の保管証明）
第64条 ① 第57条第1項の募集をした場合には，発起人は，第34条第1項及び前条第1項の規定による払込みをした銀行等に対し，これらの規定により払い込まれた金額に相当する金銭の保管に関する証明書の交付を請求することができる．
② 前項の証明書を交付した銀行等は，当該証明書の記載が事実と異なること又は第34条第1項若しくは前条第1項の規定により払い込まれた金銭の返還に関する制限があることをもって成立後の株式会社に対抗することができない．

第2款 創立総会等
（創立総会の招集）
第65条 ① 第57条第1項の募集をする場合には，発起人は，第58条第1項第3号の期日又は同号の期間の末日のうち最も遅い日以後，遅滞なく，設立時株主（第50条第1項又は第102条第2項の規定により株式の株主となる者をいう．以下同じ．）の総会（以下「創立総会」という．）を招集しなければならない．
② 発起人は，前項に規定する場合において，必要があると認めるときは，いつでも，創立総会を招集することができる．
（創立総会の権限）
第66条 創立総会は，この節に規定する事項及び株式会社の設立の廃止，創立総会の終結その他株式会社の設立に関する事項に限り，決議をすることができる．
第3款 設立に関する事項の報告
第87条 ① 発起人は，株式会社の設立に関する事項を創立総会に報告しなければならない．
第4款 設立時取締役等の選任及び解任
（設立時取締役等の選任）
第88条 ① 第57条第1項の募集をする場合には，設立時取締役，設立時会計参与，設立時監査役又は

設立時会計監査人の選任は,創立総会の決議によって行わなければならない.
② 設立しようとする株式会社が監査等委員会設置会社である場合には,前項の規定による設立時取締役の選任は,設立時監査等委員である設立時取締役とそれ以外の設立時取締役とを区別してしなければならない.

第5款　設立時取締役等による調査
（設立時取締役等による調査）
第93条 ① 設立時取締役（設立しようとする株式会社が監査役設置会社である場合にあっては,設立時取締役及び設立時監査役.以下この条において同じ.）は,その選任後遅滞なく,次に掲げる事項を調査しなければならない.
1 第33条第10項第1号又は第2号に掲げる場合における現物出資財産等（同号に掲げる場合にあっては,同号の有価証券に限る.）について定款に記載され,又は記録された価額が相当であること.
2 第33条第10項第3号に規定する証明が相当であること.
3 発起人による出資の履行及び第63条第1項の規定による払込みが完了していること.
4 前3号に掲げる事項のほか,株式会社の設立の手続が法令又は定款に違反していないこと.
② 設立時取締役は,前項の規定による調査の結果を創立総会に報告しなければならない.
③ 設立時取締役は,創立総会において,設立時株主から第1項の規定による調査に関する事項について説明を求められた場合には,当該事項について必要な説明をしなければならない.

第6款　定款の変更
（創立総会における定款の変更）
第96条 第30条第2項の規定にかかわらず,創立総会においては,その決議によって,定款の変更をすることができる.
（設立時発行株式の引受けの取消し）
第97条 創立総会において,第28条各号に掲げる事項を変更する定款の変更の決議をした場合には,当該創立総会においてその変更に反対した設立時株主は,当該決議後2週間以内に限り,その設立時発行株式の引受けに係る意思表示を取り消すことができる.

第2章　株　式

第1節　総　則
（株主の責任）
第104条 株主の責任は,その有する株式の引受価額を限度とする.
（株主の権利）
第105条 ① 株主は,その有する株式につき次に掲げる権利その他の法律の規定により認められた権利を有する.
1 剰余金の配当を受ける権利
2 残余財産の分配を受ける権利
3 株主総会における議決権
② 株主に前項第1号及び第2号に掲げる権利の全部を与えない旨の定款の定めは,その効力を有しない.
（共有者による権利の行使）
第106条 株式が二以上の者の共有に属するときは,共有者は,当該株式についての権利を行使する者1人を定め,株式会社に対し,その者の氏名又は名称

を通知しなければ,当該株式についての権利を行使することができない.ただし,株式会社が当該権利を行使することに同意した場合は,この限りでない.
（株式の内容についての特別の定め）
第107条 ① 株式会社は,その発行する全部の株式の内容として次に掲げる事項を定めることができる.
1 譲渡による当該株式の取得について当該株式会社の承認を要すること.
2 当該株式について,株主が当該株式会社に対してその取得を請求することができること.
3 当該株式について,当該株式会社が一定の事由が生じたことを条件としてこれを取得することができること.
② 株式会社は,全部の株式の内容として次の各号に掲げる事項を定めるときは,当該各号に定める事項を定款で定めなければならない.
1 譲渡による当該株式の取得について当該株式会社の承認を要すること 次に掲げる事項
イ 当該株式を譲渡により取得することについて当該株式会社の承認を要する旨
ロ 一定の場合においては株式会社が第136条又は第137条第1項の承認をしたものとみなすときは,その旨及び当該一定の場合
2 当該株式について,株主が当該株式会社に対してその取得を請求することができること 次に掲げる事項
イ 株主が当該株式会社に対して当該株主の有する株式を取得することを請求することができる旨
ロ イの株式1株を取得するのと引換えに当該株主に対して当該株式会社の社債（新株予約権付社債についてのものを除く.）を交付するときは,当該社債の種類（第681条第1号に規定する種類をいう.以下この編において同じ.）及び種類ごとの各社債の金額の合計額又はその算定方法
ハ イの株式1株を取得するのと引換えに当該株主に対して当該株式会社の新株予約権（新株予約権付社債に付されたものを除く.）を交付するときは,当該新株予約権の内容及び数又はその算定方法
ニ イの株式1株を取得するのと引換えに当該株主に対して当該株式会社の新株予約権付社債を交付するときは,当該新株予約権付社債についてのロに規定する事項及び当該新株予約権付社債に付された新株予約権についてのハに規定する事項
ホ イの株式1株を取得するのと引換えに当該株主に対して当該株式会社の株式等（株式,社債及び新株予約権をいう.以下同じ.）以外の財産を交付するときは,当該財産の内容及び数若しくは額又はこれらの算定方法
ヘ 株主が当該株式会社に対して当該株式を取得することを請求することができる期間
3 当該株式について,当該株式会社が一定の事由が生じたことを条件としてこれを取得することができること 次に掲げる事項
イ 一定の事由が生じた日に当該株式会社がその株式を取得する旨及びその事由
ロ 当該株式会社が別に定める日が到来することをもってイの事由が生じるときは,その旨
ハ イの事由が生じた日にイの株式の一部を取得することとするときは,その旨及び取得する株式の一部の決定の方法

ニ イの株式1株を取得するのと引換えに当該株主に対して当該株式会社の社債(新株予約権付社債についてのものを除く。)を交付するときは、当該社債の種類及び種類ごとの各社債の金額の合計額又はその算定方法

ホ イの株式1株を取得するのと引換えに当該株主に対して当該株式会社の新株予約権(新株予約権付社債に付されたものを除く。)を交付するときは、当該新株予約権の内容及び数又はその算定方法

ヘ イの株式1株を取得するのと引換えに当該株主に対して当該株式会社の新株予約権付社債を交付するときは、当該新株予約権付社債についてのニに規定する事項及び当該新株予約権付社債に付された新株予約権についてのホに規定する事項

ト イの株式1株を取得するのと引換えに当該株主に対して当該株式会社の株式等以外の財産を交付するときは、当該財産の内容及び数若しくは額又はこれらの算定方法

(異なる種類の株式)

第108条 ① 株式会社は、次に掲げる事項について異なる定めをした内容の異なる2以上の種類の株式を発行することができる。ただし、指名委員会等設置会社及び公開会社は、第9号に掲げる事項についての定めがある種類の株式を発行することができない。

1 剰余金の配当
2 残余財産の分配
3 株主総会において議決権を行使することができる事項
4 譲渡による当該種類の株式の取得について当該株式会社の承認を要すること。
5 当該種類の株式について、株主が当該株式会社に対してその取得を請求することができること。
6 当該種類の株式について、当該株式会社が一定の事由が生じたことを条件としてこれを取得することができること。
7 当該種類の株式について、当該株式会社が株主総会の決議によってその全部を取得すること。
8 株主総会(取締役会設置会社にあっては株主総会又は取締役会、清算人会設置会社(第478条第8項に規定する清算人会設置会社をいう。以下この条において同じ。)にあっては株主総会又は清算人会)において決議すべき事項のうち、当該決議のほか、当該種類の株式の種類株主を構成員とする種類株主総会の決議があることを必要とするもの
9 当該種類の株式の種類株主を構成員とする種類株主総会において取締役(監査等委員会設置会社にあっては、監査等委員である取締役又はそれ以外の取締役。次項第9号及び第112条第1項において同じ。)又は監査役を選任すること。

② 株式会社は、次の各号に掲げる事項について内容の異なる二以上の種類の株式を発行する場合には、当該各号に定める事項及び発行可能種類株式総数を定款で定めなければならない。

1 剰余金の配当 当該種類の株主に交付する配当財産の価額の決定の方法、剰余金の配当をする条件その他剰余金の配当に関する取扱いの内容
2 残余財産の分配 当該種類の株主に交付する残余財産の価額の決定の方法、当該残余財産の種類

その他残余財産の分配に関する取扱いの内容

3 株主総会において議決権を行使することができる事項 次に掲げる事項

イ 株主総会において議決権を行使することができる事項

ロ 当該種類の株式につき議決権の行使の条件を定めるときは、その条件

4 譲渡による当該種類の株式の取得について当該株式会社の承認を要すること 当該種類の株式についての前条第2項第1号に定める事項

5 当該種類の株式について、株主が当該株式会社に対してその取得を請求することができること 次に掲げる事項

イ 当該種類の株式についての前条第2項第2号に定める事項

ロ 当該種類の株式1株を取得するのと引換えに当該株主に対して当該株式会社の他の株式を交付するときは、当該他の株式の種類及び種類ごとの数又はその算定方法

6 当該種類の株式について、当該株式会社が一定の事由が生じたことを条件としてこれを取得することができること 次に掲げる事項

イ 当該種類の株式についての前条第2項第3号に定める事項

ロ 当該種類の株式1株を取得するのと引換えに当該株主に対して当該株式会社の他の株式を交付するときは、当該他の株式の種類及び種類ごとの数又はその算定方法

7 当該種類の株式について、当該株式会社が株主総会の決議によってその全部を取得すること 次に掲げる事項

イ 第171条第1項第1号に規定する取得対価の価額の決定の方法

ロ 当該株主総会の決議をすることができるか否かについての条件を定めるときは、その条件

8 株主総会(取締役会設置会社にあっては株主総会又は取締役会、清算人会設置会社にあっては株主総会又は清算人会)において決議すべき事項のうち、当該決議のほか、当該種類の株式の種類株主を構成員とする種類株主総会の決議があることを必要とする事項

イ 当該種類株主総会の決議があることを必要とする事項

ロ 当該種類株主総会の決議を必要とする条件を定めるときは、その条件

9 当該種類の株式の種類株主を構成員とする種類株主総会において取締役又は監査役を選任すること 次に掲げる事項

イ 当該種類株主を構成員とする種類株主総会において取締役又は監査役を選任すること及び選任する取締役又は監査役の数

ロ イの定めにより選任することができる取締役又は監査役の全部又は一部を他の種類株主と共同して選任することとするときは、当該他の種類株主と共同して選任する取締役又は監査役の数

ハ イ又はロに掲げる事項を変更する条件があるときは、その条件及びその条件が成就した場合における変更後のイ又はロに掲げる事項

ニ イからハまでに掲げるもののほか、法務省令で定める事項

(株主の平等)

第109条　① 株式会社は,株主を,その有する株式の内容及び数に応じて,平等に取り扱わなければならない.

② 前項の規定にかかわらず,公開会社でない株式会社は,第105条第1項各号に掲げる権利に関する事項について,株主ごとに異なる取扱いを行う旨を定款で定めることができる.

③ 前項の規定による定款の定めがある場合には,同項の株主が有する株式を同項の権利に関する事項について内容の異なる種類の株式とみなして,この編及び第5編の規定を適用する.

（定款の変更の手続の特則）

第110条　定款を変更してその発行する全部の株式の内容として第107条第1項第3号に掲げる事項についての定款の定めを設け,又は当該事項についての定款の変更（当該事項についての定款の定めを廃止するものを除く.）をしようとする場合（株式会社が種類株式発行会社である場合を除く.）には,株主全員の同意を得なければならない.

（発行可能株式総数）

第113条　① 株式会社は,定款を変更して発行可能株式総数についての定めを廃止することができない.

② 定款を変更して発行可能株式総数を減少するときは,変更後の発行可能株式総数は,当該定款の変更が効力を生じた時における発行済株式の総数を下ることができない.

③ 次に掲げる場合には,当該定款の変更後の発行可能株式総数は,当該定款の変更が効力を生じた時における発行済株式の総数の4倍を超えることができない.

1　公開会社が定款を変更して発行可能株式総数を増加する場合

2　公開会社でない株式会社が定款を変更して公開会社となる場合

④ 新株予約権（第236条第1項第4号の期間の初日が到来していないものを除く.）の新株予約権者が第282条第1項の規定により取得することとなる株式の数は,発行可能株式総数から自己株式（自己株式（株式会社が有する自己の株式をいう.以下同じ.）を除く.）の総数を控除して得た数を超えてはならない.

（議決権制限株式の発行数）

第115条　種類株式発行会社が公開会社である場合において,株主総会において議決権を行使することができる事項について制限のある種類の株式（以下この条において「議決権制限株式」という.）の数が発行済株式の総数の2分の1を超えるに至ったときは,株式会社は,直ちに,議決権制限株式の数を発行済株式の総数の2分の1以下にするための必要な措置をとらなければならない.

（反対株主の株式買取請求）

第116条　① 次の各号に掲げる場合には,反対株主は,株式会社に対し,自己の有する当該各号に定める株式を公正な価格で買い取ることを請求することができる.

1　その発行する全部の株式の内容として第107条第1項第1号に掲げる事項についての定めを設ける定款の変更をする場合　全部の株式

2　ある種類の株式の内容として第108条第1項第4号又は第7号に掲げる事項についての定めを設ける定款の変更をする場合　第111条第2項各号に規定する株式

3　次に掲げる行為をする場合において,ある種類の株式（第322条第2項の規定による定款の定めがあるものに限る.）を有する種類株主に損害を及ぼすおそれがあるとき　当該種類の株式

イ　株式の併合又は株式の分割

ロ　第185条に規定する株式無償割当て

ハ　単元株式数についての定款の変更

ニ　当該株式会社の株式を引き受ける者の募集（第202条第1項各号に掲げる事項を定めるものに限る.）

ホ　当該株式会社の新株予約権を引き受ける者の募集（第241条第1項各号に掲げる事項を定めるものに限る.）

ヘ　第277条に規定する新株予約権無償割当て

② 前項に規定する「反対株主」とは,次の各号に掲げる場合における当該各号に定める株主をいう.

1　前項各号の行為をするために株主総会（種類株主総会を含む.）の決議を要する場合　次に掲げる株主

イ　当該株主総会に先立って当該行為に反対する旨を当該株式会社に対し通知し,かつ,当該株主総会において当該行為に反対した株主（当該株主総会において議決権を行使することができるものに限る.）

ロ　当該株主総会において議決権を行使することができない株主

2　前項に規定する場合以外の場合　すべての株主

③ 第1項各号の行為をしようとする株式会社は,当該行為が効力を生ずる日（以下この条及び次条において「効力発生日」という.）の20日前までに,同項各号に定める株式の株主に対し,当該行為をする旨を通知しなければならない.

④ 前項の規定による通知は,公告をもってこれに代えることができる.

⑤ 第1項の規定による請求（以下この節において「株式買取請求」という.）は,効力発生日の20日前の日から効力発生日の前日までの間に,その株式買取請求に係る株式の数（種類株式発行会社にあっては,株式の種類及び種類ごとの数）を明らかにしてしなければならない.

⑥ 株券が発行されている株式について株式買取請求をしようとするときは,当該株式の株主は,株式会社に対し,当該株式に係る株券を提出しなければならない.ただし,当該株券について第223条の規定による請求をした者については,この限りでない.

⑦ 株式買取請求をした株主は,株式会社の承諾を得た場合に限り,その株式買取請求を撤回することができる.

⑧ 株式会社が第1項各号の行為を中止したときは,株式買取請求は,その効力を失う.

⑨ 第133条の規定は,株式買取請求に係る株式については,適用しない.

（株式の価格の決定等）

第117条　① 株式買取請求があった場合において,株式の価格の決定について,株主と株式会社との間に協議が調ったときは,株式会社は,効力発生日から60日以内にその支払をしなければならない.

② 株式の価格の決定について,効力発生日から30日以内に協議が調わないときは,株主又は株式会社は,その期間の満了の日後30日以内に,裁判所に対し,価格の決定の申立てをすることができる.

③ 前条第7項の規定にかかわらず,前項に規定する

場合において，効力発生日から60日以内に同項の申立てがないときは，株主は，いつでも，株式買取請求を撤回することができる．

⑥ 株式買取請求に係る株式の買取りは，効力発生日に，その効力を生ずる．

⑦ 株券発行会社（その株式（種類株式発行会社にあっては，全部の種類の株式）に係る株券を発行する旨の定款の定めがある株式会社をいう．以下同じ．）は，株券が発行されている株式について株式買取請求があったときは，株券と引換えに，その株式買取請求に係る株式の代金を支払わなければならない．

（株主等の権利の行使に関する利益の供与）
第120条 ① 株式会社は，何人に対しても，株主の権利，当該株式会社に係る適格旧株主（第847条の2第9項に規定する適格旧株主をいう．）の権利又は当該株式会社の最終完全親会社等（第847条の3第1項に規定する最終完全親会社等をいう．）の株主の権利の行使に関し，財産上の利益の供与（当該株式会社又はその子会社の計算においてするものに限る．以下この条において同じ．）をしてはならない．

② 株式会社が特定の株主に対して無償で財産上の利益の供与をしたときは，当該株式会社は，株主の権利の行使に関し，財産上の利益の供与をしたものと推定する．株式会社が特定の株主に対して有償で財産上の利益の供与をした場合において，当該株式会社又はその子会社の受けた利益が当該財産上の利益に比して著しく少ないときも，同様とする．

③ 株式会社が第1項の規定に違反して財産上の利益の供与をしたときは，当該利益の供与を受けた者は，これを当該株式会社又はその子会社に返還しなければならない．この場合において，当該利益の供与を受けた者は，当該株式会社又はその子会社に対して当該利益と引換えに給付をしたものがあるときは，その返還を受けることができる．

④ 株式会社が第1項の規定に違反して財産上の利益の供与をしたときは，当該利益の供与をすることに関与した取締役（指名委員会等設置会社にあっては，執行役を含む．以下この項において同じ．）として法務省令で定める者は，当該株式会社に対して，連帯して，供与した利益の価額に相当する額を支払う義務を負う．ただし，その者（当該利益の供与をした取締役を除く．）がその職務を行うについて注意を怠らなかったことを証明した場合は，この限りでない．

⑤ 前項の義務は，総株主の同意がなければ，免除することができない．

第2節　株主名簿
（株主名簿）
第121条 株式会社は，株主名簿を作成し，これに次に掲げる事項（以下「株主名簿記載事項」という．）を記載し，又は記録しなければならない．
1 株主の氏名又は名称及び住所
2 前号の株主の有する株式の数（種類株式発行会社にあっては，株式の種類及び種類ごとの数）
3 第1号の株主が株式を取得した日
4 株式会社が株券発行会社である場合には，第2号の株式（株券が発行されているものに限る．）に係る株券の番号

（株主名簿管理人）
第123条 株式会社は，株主名簿管理人（株式会社

に代わって株主名簿の作成及び備置きその他の株主名簿に関する事務を行う者をいう．以下同じ．）を置く旨を定款で定め，当該事務を行うことを委託することができる．

（基準日）
第124条 ① 株式会社は，一定の日（以下この章において「基準日」という．）を定めて，基準日において株主名簿に記載され，又は記録されている株主（以下この条において「基準日株主」という．）をその権利を行使することができる者と定めることができる．

② 基準日を定める場合には，株式会社は，基準日株主が行使することができる権利（基準日から3箇月以内に行使するものに限る．）の内容を定めなければならない．

③ 株式会社は，基準日を定めたときは，当該基準日の2週間前までに，当該基準日及び前項の規定により定めた事項を公告しなければならない．ただし，定款に当該基準日及び当該事項について定めがあるときは，この限りでない．

④ 基準日株主が行使することができる権利が株主総会又は種類株主総会における議決権である場合には，株式会社は，当該基準日後に株式を取得した者の全部又は一部を当該権利を行使することができる者と定めることができる．ただし，当該株式の基準日株主の権利を害することができない．

⑤ 第1項から第3項までの規定は，第149条第1項に規定する登録株式質権者について準用する．

（株主名簿の備置き及び閲覧等）
第125条 ① 株式会社は，株主名簿をその本店（株主名簿管理人がある場合にあっては，その営業所）に備え置かなければならない．

② 株主及び債権者は，株式会社の営業時間内は，いつでも，次に掲げる請求をすることができる．この場合においては，当該請求の理由を明らかにしてしなければならない．
1 株主名簿が書面をもって作成されているときは，当該書面の閲覧又は謄写の請求
2 株主名簿が電磁的記録をもって作成されているときは，当該電磁的記録に記録された事項を法務省令で定める方法により表示したものの閲覧又は謄写の請求

③ 株式会社は，前項の請求があったときは，次のいずれかに該当する場合を除き，これを拒むことができない．
1 当該請求を行う株主又は債権者（以下この項において「請求者」という．）がその権利の確保又は行使に関する調査以外の目的で請求を行ったとき．
2 請求者が当該株式会社の業務の遂行を妨げ，又は株主の共同の利益を害する目的で請求を行ったとき．
3 請求者が株主名簿の閲覧又は謄写によって知り得た事実を利益を得て第三者に通報するため請求を行ったとき．
4 請求者が，過去2年以内において，株主名簿の閲覧又は謄写によって知り得た事実を利益を得て第三者に通報したことがあるものであるとき．

④ 株式会社の親会社社員は，その権利を行使するため必要があるときは，裁判所の許可を得て，当該株式会社の株主名簿について第2項各号に掲げる請求をすることができる．この場合においては，当該請求の理由を明らかにしてしなければならない．

⑤ 前項の親会社社員について第3項各号のいずれかに規定する事由があるときは、裁判所は、前項の許可をすることができない。
（株主に対する通知等）
第126条　① 株式会社が株主に対してする通知又は催告は、株主名簿に記載し、又は記録した当該株主の住所（当該株主が別に通知又は催告を受ける場所又は連絡先を当該株式会社に通知した場合にあっては、その場所又は連絡先）にあてて発すれば足りる。
② 前項の通知又は催告は、その通知又は催告が通常到達すべきであった時に、到達したものとみなす。
　第3節　株式の譲渡等
　　第1款　株式の譲渡
（株式の譲渡）
第127条　株主は、その有する株式を譲渡することができる。
（株券発行会社の株式の譲渡）
第128条　① 株券発行会社の株式の譲渡は、当該株式に係る株券を交付しなければ、その効力を生じない。ただし、自己株式の処分による株式の譲渡については、この限りでない。
② 株券の発行前にした譲渡は、株券発行会社に対し、その効力を生じない。
（株式の譲渡の対抗要件）
第130条　① 株式の譲渡は、その株式を取得した者の氏名又は名称及び住所を株主名簿に記載し、又は記録しなければ、株式会社その他の第三者に対抗することができない。
② 株券発行会社における前項の規定の適用については、同項中「株式会社その他の第三者」とあるのは、「株式会社」とする。
（権利の推定等）
第131条　① 株券の占有者は、当該株券に係る株式についての権利を適法に有するものと推定する。
② 株券の交付を受けた者は、当該株券に係る株式についての権利を取得する。ただし、その者に悪意又は重大な過失があるときは、この限りでない。
（親会社株式の取得の禁止）
第135条　① 子会社は、その親会社である株式会社の株式（以下この款において「親会社株式」という。）を取得してはならない。
② 前項の規定は、次に掲げる場合には、適用しない。
　1　他の会社（外国会社を含む。）の事業の全部を譲り受ける場合において当該他の会社の有する親会社株式を譲り受ける場合
　2　合併後消滅する会社から親会社株式を承継する場合
　3　吸収分割により他の会社から親会社株式を承継する場合
　4　新設分割により他の会社から親会社株式を承継する場合
　5　前各号に掲げるもののほか、法務省令で定める場合
③ 子会社は、相当の時期にその有する親会社株式を処分しなければならない。
　　第2款　株式の譲渡に係る承認手続
（株主からの承認の請求）
第136条　譲渡制限株式の株主は、その有する譲渡制限株式を他人（当該譲渡制限株式を発行した株式会社を除く。）に譲り渡そうとするときは、当該株式会社に対し、当該他人が当該譲渡制限株式を取

得することについて承認をするか否かの決定をすることを請求することができる。
（株式取得者からの承認の請求）
第137条　① 譲渡制限株式を取得した株式取得者は、株式会社に対し、当該譲渡制限株式を取得したことについて承認をするか否かの決定をすることを請求することができる。
② 前項の規定による請求は、利害関係人の利益を害するおそれがないものとして法務省令で定める場合を除き、その取得した株式の株主として株主名簿に記載され、若しくは記録された者又はその相続人その他の一般承継人と共同してしなければならない。
（譲渡等の承認の決定等）
第139条　① 株式会社が第136条又は第137条第1項の承認をするか否かの決定をするには、株主総会（取締役会設置会社にあっては、取締役会）の決議によらなければならない。ただし、定款に別段の定めがある場合は、この限りでない。
② 株式会社は、前項の決定をしたときは、譲渡等承認請求をした者（以下この款において「譲渡等承認請求者」という。）に対し、当該決定の内容を通知しなければならない。
（株式会社又は指定買取人による買取り）
第140条　① 株式会社は、第138条第1号ハ又は第2号ハの請求を受けた場合において、第136条又は第137条第1項の承認をしない旨の決定をしたときは、当該譲渡等承認請求に係る譲渡制限株式（以下この款において「対象株式」という。）を買い取らなければならない。この場合においては、次に掲げる事項を定めなければならない。
　1　対象株式を買い取る旨
　2　株式会社が買い取る対象株式の数（種類株式発行会社にあっては、対象株式の種類及び種類ごとの数）
② 前項各号に掲げる事項の決定は、株主総会の決議によらなければならない。
③ 第1項の規定にかかわらず、同項に規定する場合には、株式会社は、対象株式の全部又は一部を買い取る者（以下この款において「指定買取人」という。）を指定することができる。
（売買価格の決定）
第144条　① 第141条第1項の規定による通知があった場合には、第140条第1項第2号の対象株式の売買価格は、株式会社と譲渡等承認請求者との協議によって定める。
② 株式会社又は譲渡等承認請求者は、第141条第1項の規定による通知があった日から20日以内に、裁判所に対し、売買価格の決定の申立てをすることができる。
③ 裁判所は、前項の決定をするには、譲渡等承認請求の時における株式会社の資産状態その他一切の事情を考慮しなければならない。
④ 第1項の規定にかかわらず、第2項の期間内に同項の申立てがあったときは、当該申立てにより裁判所が定めた額をもって第140条第1項第2号の対象株式の売買価格とする。
⑤ 第1項の規定にかかわらず、第2項の期間内に同項の申立てがないとき（当該期間内に第1項の協議が調った場合を除く。）は、1株当たり純資産額に第140条第1項第2号の対象株式の数を乗じて得た額をもって当該対象株式の売買価格とする。
⑥ 第141条第2項の規定による供託をした場合に

おいて，第140条第1項第2号の対象株式の売買価格が確定したときは，株式会社は，供託した金銭に相当する額を限度として，売買代金の全部又は一部を支払ったものとみなす．

（株式会社が承認をしたとみなされる場合）
第145条　次に掲げる場合には，株式会社は，第136条又は第137条第1項の承認をする旨の決定をしたものとみなす．ただし，株式会社と譲渡等承認請求者との合意により別段の定めをしたときは，この限りでない．
　1　株式会社が第136条又は第137条第1項の規定による請求の日から2週間（これを下回る期間を定款で定めた場合にあっては，その期間）以内に第139条第2項の規定による通知をしなかった場合
　2　株式会社が第139条第2項の規定による通知の日から40日（これを下回る期間を定款で定めた場合にあっては，その期間）以内に第141条第1項の規定による通知をしなかった場合（指定買取人が第139条第2項の規定による通知の日から10日（これを下回る期間を定款で定めた場合にあっては，その期間）以内に第142条第1項の規定による通知をした場合を除く．）
　3　前2号に掲げる場合のほか，法務省令で定める場合

第3款　株式の質入れ
（株式の質入れ）
第146条　①　株主は，その有する株式に質権を設定することができる．
②　株券発行会社の株式の質入れは，当該株式に係る株券を交付しなければ，その効力を生じない．

（株式の質入れの対抗要件）
第147条　①　株式の質入れは，その質権者の氏名又は名称及び住所を株主名簿に記載し，又は記録しなければ，株式会社その他の第三者に対抗することができない．
②　前項の規定にかかわらず，株券発行会社の株式の質権者は，継続して当該株式に係る株券を占有しなければ，その質権をもって株券発行会社その他の第三者に対抗することができない．
③　民法第364条の規定は，株式については，適用しない．

（株式の質入れの効果）
第151条　①　株式会社が次に掲げる行為をした場合には，株式を目的とする質権は，当該行為によって当該株式の株主が受けることのできる金銭等（金銭その他の財産をいう．以下同じ．）について存在する．
　1　第167条第1項の規定による取得請求権付株式の取得
　2　第170条第1項の規定による取得条項付株式の取得
　3　第173条第1項の規定による第171条第1項に規定する全部取得条項付種類株式の取得
　4　株式の併合
　5　株式の分割
　6　第185条に規定する株式無償割当て
　7　第277条に規定する新株予約権無償割当て
　8　剰余金の配当
　9　残余財産の分配
　10　組織変更
　11　合併（合併により当該株式会社が消滅する場合に限る．）
　12　株式交換
　13　株式移転
　14　株式の取得（第1号から第3号までに掲げる行為を除く．）
第154条　①　登録株式質権者は，第151条第1項の金銭等（金銭に限る．）又は同条第2項の金銭を受領し，他の債権者に先立って自己の債権の弁済に充てることができる．

第4節　株式会社による自己の株式の取得
第1款　総則
第155条　株式会社は，次に掲げる場合に限り，当該株式会社の株式を取得することができる．
　1　第107条第2項第3号イの事由が生じた場合
　2　第138条第1号ハ又は第2号ハの請求があった場合
　3　次条第1項の決議があった場合
　4　第166条第1項の規定による請求があった場合
　5　第171条第1項の決議があった場合
　6　第176条第1項の規定による請求をした場合
　7　第192条第1項の規定による請求があった場合
　8　第197条第3項各号に掲げる事項を定めた場合
　9　第234条第4項各号（第235条第2項において準用する場合を含む．）に掲げる事項を定めた場合
　10　他の会社（外国会社を含む．）の事業の全部を譲り受ける場合において当該他の会社が有する当該株式会社の株式を取得する場合
　11　合併後消滅する会社から当該株式会社の株式を承継する場合
　12　吸収分割をする会社から当該株式会社の株式を承継する場合
　13　前各号に掲げる場合のほか，法務省令で定める場合
第2款　株主との合意による取得
第1目　総則
（株式の取得に関する事項の決定）
第156条　①　株式会社が株主との合意により当該株式会社の株式を有償で取得するには，あらかじめ，株主総会の決議によって，次に掲げる事項を定めなければならない．ただし，第3号の期間は，1年を超えることができない．
　1　取得する株式の数（種類株式発行会社にあっては，株式の種類及び種類ごとの数）
　2　株式を取得するのと引換えに交付する金銭等（当該株式会社の株式等を除く．以下この款において同じ．）の内容及びその総額
　3　株式を取得することができる期間
②　前項の規定は，前条第1号及び第2号並びに第4号から第13号までに掲げる場合には，適用しない．
第2目　特定の株主からの取得
（特定の株主からの取得）
第160条　①　株式会社は，第156条第1項各号に掲げる事項の決定に併せて，同項の株主総会の決議によって，第158条第1項の規定による通知を特定の株主に対して行う旨を定めることができる．
②　株式会社は，前項の規定による決定をしようとするときは，法務省令で定める時までに，株主（種類株式発行会社にあっては，取得する株式の種類の種類株主）に対し，次項の規定による請求をすることができる旨を通知しなければならない．
③　前項の特定の株主は，第1項の特定の株主に自己をも加えたものを同項の株主総会の議案とすることを，法務省令で定める時までに，請求することができる．
④　第1項の特定の株主は，第156条第1項の株主総

会において議決権を行使することができない。ただし、第1項の特定の株主以外の株主の全部が当該株主総会において議決権を行使することができない場合は、この限りでない。

⑤　第1項の特定の株主を定めた場合における第158条第1項の規定の適用については、同項中「株主（種類株式発行会社にあっては、取得する株式の種類の種類株主）」とあるのは、「第160条第1項の特定の株主」とする。

（市場価格のある株式の取得の特則）
第161条　前条第2項及び第3項の規定は、取得する株式が市場価格のある株式である場合において、当該株式1株を取得するのと引換えに交付する金銭等の額が当該株式1株の市場価格として法務省令で定める方法により算定されるものを超えないときは、適用しない。

（相続人等からの取得の特則）
第162条　第160条第2項及び第3項の規定は、株式会社が株主の相続人その他の一般承継人からその相続その他の一般承継により取得した当該株式会社の株式を取得する場合には、適用しない。ただし、次のいずれかに該当する場合は、この限りでない。
1　株式会社が公開会社である場合
2　当該相続人その他の一般承継人が株主総会又は種類株主総会において当該株式について議決権を行使した場合

（子会社からの株式の取得）
第163条　株式会社がその子会社の有する当該株式会社の株式を取得する場合における第156条第1項の規定の適用については、同項中「株主総会（取締役会設置会社にあっては、取締役会）」とする。この場合においては、第157条から第160条までの規定は、適用しない。

　　　第3目　市場取引等による株式の取得
第165条　①　第157条から第160条までの規定は、株式会社が市場において行う取引又は金融商品取引法第27条の2第6項に規定する公開買付けの方法（以下この条において「市場取引等」という。）により当該株式会社の株式を取得する場合には、適用しない。
②　取締役会設置会社は、市場取引等により当該株式会社の株式を取得することを取締役会の決議によって定めることができる旨を定款で定めることができる。
③　前項の規定による定款の定めを設けた場合における第156条第1項の規定の適用については、同項中「株主総会」とあるのは、「株主総会（第165条第1項に規定する場合にあっては、株主総会又は取締役会）」とする。

　　第3款　取得請求権付株式及び取得条項付株式の取得
　　　第1目　取得請求権付株式の取得の請求
（取得の請求）
第166条　①　取得請求権付株式の株主は、株式会社に対して、当該株主の有する取得請求権付株式を取得することを請求することができる。ただし、当該取得請求権付株式を取得するのと引換えに第107条第2項第2号ロからホまでに規定する財産を交付する場合において、これらの財産の帳簿価額が当該請求の日における第461条第2項の分配可能額を超えているときは、この限りでない。

　　　第2目　取得条項付株式の取得

（取得する日の決定）
第168条　①　第107条第2項第3号ロに掲げる事項についての定めがある場合には、株式会社は、同号ロの日を株主総会（取締役会設置会社にあっては、取締役会）の決議によって定めなければならない。ただし、定款に別段の定めがある場合は、この限りでない。

　　第4款　全部取得条項付種類株式の取得
（全部取得条項付種類株式の取得に関する決定）
第171条　①　全部取得条項付種類株式（第108条第1項第7号に掲げる事項についての定めがある種類の株式をいう。以下この款において同じ。）を発行した種類株式発行会社は、株主総会の決議によって、全部取得条項付種類株式の全部を取得することができる。この場合においては、当該株主総会の決議によって、次に掲げる事項を定めなければならない。
1　全部取得条項付種類株式を取得するのと引換えに金銭等を交付するときは、当該金銭等（以下この条において「取得対価」という。）についての次に掲げる事項
イ　当該取得対価が当該株式会社の株式であるときは、当該株式の種類及び種類ごとの数又はその数の算定方法
ロ　当該取得対価が当該株式会社の社債（新株予約権付社債についてのものを除く。）であるときは、当該社債の種類及び種類ごとの各社債の金額の合計額又はその算定方法
ハ　当該取得対価が当該株式会社の新株予約権（新株予約権付社債に付されたものを除く。）であるときは、当該新株予約権の内容及び数又はその算定方法
ニ　当該取得対価が当該株式会社の新株予約権付社債であるときは、当該新株予約権付社債についての社債の種類及び種類ごとの各社債の金額の合計額又はその算定方法並びに当該新株予約権付社債に付された新株予約権についてのハに規定する事項
ホ　当該取得対価が当該株式会社の株式等以外の財産であるときは、当該財産の内容及び数若しくは額又はこれらの算定方法
2　前号に規定する場合には、全部取得条項付種類株式の株主に対する取得対価の割当てに関する事項
3　株式会社が全部取得条項付種類株式を取得する日（以下この款において「取得日」という。）
②　前項第2号に掲げる事項についての定めは、株主（当該株式会社を除く。）の有する全部取得条項付種類株式の数に応じて取得対価を割り当てることを内容とするものでなければならない。
③　取締役は、第1項の株主総会において、全部取得条項付種類株式の全部を取得することを必要とする理由を説明しなければならない。

　　第6款　株式の消却
第178条　①　株式会社は、自己株式を消却することができる。この場合においては、消却する自己株式の数（種類株式発行会社にあっては、自己株式の種類及び種類ごとの数）を定めなければならない。
②　取締役会設置会社においては、前項後段の規定による決定は、取締役会の決議によらなければならない。

　第4節の2　特別支配株主の株式等売渡請求
（株式等売渡請求）
第179条　①　株式会社の特別支配株主（株式会社の

総株主の議決権の10分の9（これを上回る割合を当該株式会社の定款で定めた場合にあっては、その割合）以上を当該株式会社以外の者及び当該者が発行済株式の全部を有する株式会社その他これに準ずるものとして法務省令で定める法人（以下この条及び次条第1項において「特別支配株主完全子法人」という。）が有している場合における当該者をいう。以下同じ。）は、当該株式会社の株主（当該株式会社及び当該特別支配株主を除く。）の全員に対し、その有する当該株式会社の株式の全部を当該特別支配株主に売り渡すことを請求することができる。ただし、特別支配株主完全子法人に対しては、その請求をしないことができる。

② 特別支配株主は、前項の規定による請求（以下この章及び第846条の2第2項第1号において「株式売渡請求」という。）をするときは、併せて、その株式売渡請求に係る株式を発行している株式会社（以下「対象会社」という。）の新株予約権の新株予約権者（対象会社及び当該特別支配株主を除く。）の全員に対し、その有する対象会社の新株予約権の全部を当該特別支配株主に売り渡すことを請求することができる。ただし、特別支配株主完全子法人に対しては、その請求をしないことができる。

③ 特別支配株主は、新株予約権付社債に付された新株予約権について前項の規定による請求（以下「新株予約権売渡請求」という。）をするときは、併せて、新株予約権付社債についての社債の全部を当該特別支配株主に売り渡すことを請求しなければならない。ただし、当該新株予約権付社債に付された新株予約権について別段の定めがある場合は、この限りでない。

（株式等売渡請求の方法）
第179条の2 ① 株式売渡請求は、次に掲げる事項を定めてしなければならない。

1 特別支配株主完全子法人に対して株式売渡請求をしないこととするときは、その旨及び当該特別支配株主完全子法人の名称

2 株式売渡請求によりその有する対象会社の株式を売り渡す株主（以下「売渡株主」という。）に対して当該株式（以下この章において「売渡株式」という。）の対価として交付する金銭の額又はその算定方法

3 売渡株主に対する前号の金銭の割当てに関する事項

4 株式売渡請求に併せて新株予約権売渡請求（その新株予約権売渡請求に係る新株予約権が新株予約権付社債に付されたものである場合における前条第3項の規定による請求を含む。以下同じ。）をするときは、その旨及び次に掲げる事項

イ 特別支配株主完全子法人に対して新株予約権売渡請求をしないこととするときは、その旨及び当該特別支配株主完全子法人の名称

ロ 新株予約権売渡請求によりその有する対象会社の新株予約権を売り渡す新株予約権者（以下「売渡新株予約権者」という。）に対して当該新株予約権（当該新株予約権が新株予約権付社債に付されたものである場合において、前条第3項の規定による請求をするときは、当該新株予約権付社債についての社債を含む。以下この条において「売渡新株予約権」という。）の対価として交付する金銭の額又はその算定方法

ハ 売渡新株予約権者に対するロの金銭の割当て

に関する事項

5 特別支配株主が売渡株式（株式売渡請求に併せて新株予約権売渡請求をする場合にあっては、売渡株式及び売渡新株予約権。以下「売渡株式等」という。）を取得する日（以下この節において「取得日」という。）

6 前各号に掲げるもののほか、法務省令で定める事項

③ 第1項第3号に掲げる事項についての定めは、売渡株主の有する売渡株式の数（前項に規定する定めがある場合にあっては、各種類の売渡株式の数）に応じて金銭を交付することを内容とするものでなければならない。

（対象会社の承認）
第179条の3 ① 特別支配株主は、株式売渡請求（株式売渡請求に併せて新株予約権売渡請求をする場合にあっては、株式売渡請求及び新株予約権売渡請求。以下「株式等売渡請求」という。）をしようとするときは、対象会社に対し、その旨及び前条第1項各号に掲げる事項を通知し、その承認を受けなければならない。

② 対象会社は、特別支配株主が株式売渡請求に併せて新株予約権売渡請求をしようとするときは、新株予約権売渡請求のみを承認することはできない。

③ 取締役会設置会社が第1項の承認をするか否かの決定をするには、取締役会の決議によらなければならない。

④ 対象会社は、第1項の承認をするか否かの決定をしたときは、特別支配株主に対し、当該決定の内容を通知しなければならない。

第5節　株式の併合等
第1款　株式の併合
（株式の併合）
第180条 ① 株式会社は、株式の併合をすることができる。

② 株式会社は、株式の併合をしようとするときは、その都度、株主総会の決議によって、次に掲げる事項を定めなければならない。

1 併合の割合

2 株式の併合がその効力を生ずる日（以下この款において「効力発生日」という。）

3 株式会社が種類株式発行会社である場合には、併合する株式の種類

4 効力発生日における発行可能株式総数

③ 前項第4号の発行可能株式総数は、効力発生日における発行済株式の総数の4倍を超えることができない。ただし、株式会社が公開会社でない場合は、この限りでない。

④ 取締役は、第2項の株主総会において、株式の併合をすることを必要とする理由を説明しなければならない。

第2款　株式の分割
（株式の分割）
第183条 ① 株式会社は、株式の分割をすることができる。

② 株式会社は、株式の分割をしようとするときは、その都度、株主総会（取締役会設置会社にあっては、取締役会）の決議によって、次に掲げる事項を定めなければならない。

1 株式の分割により増加する株式の総数の株式の分割前の発行済株式（種類株式発行会社にあっては、第3号の種類の発行済株式）の総数に対する

割合及び当該株式の分割に係る基準日

2　株式の分割の効力を生ずる日

3　株式会社が種類株式発行会社である場合には，分割する株式の種類

第3款　株式無償割当て

（株式無償割当て）

第185条　株式会社は，株主（種類株式発行会社にあっては，ある種類の種類株主）に対して新たに払込みをさせないで当該株式会社の株式の割当て（以下この款において「株式無償割当て」という．）をすることができる．

第6節　単元株式数

第1款　総則

（単元株式数）

第188条　①　株式会社は，その発行する株式について，一定の数の株式をもって株主が株主総会又は種類株主総会において1個の議決権を行使することができる一単元の株式とする旨を定款で定めることができる．

（単元未満株式についての権利の制限等）

第189条　①　単元株式数に満たない数の株式（以下「単元未満株式」という．）を有する株主（以下「単元未満株主」という．）は，その有する単元未満株式について，株主総会及び種類株主総会において議決権を行使することができない．

②　株式会社は，単元未満株主が当該単元未満株式について次に掲げる権利以外の権利の全部又は一部を行使することができない旨を定款で定めることができる．

1　第171条第1項第1号に規定する取得対価の交付を受ける権利

2　株式会社による取得条項付株式の取得と引換えに金銭等の交付を受ける権利

3　第185条に規定する株式無償割当てを受ける権利

4　第192条第1項の規定により単元未満株式を買い取ることを請求する権利

5　残余財産の分配を受ける権利

6　前各号に掲げるもののほか，法務省令で定める権利

③　株券発行会社は，単元未満株式に係る株券を発行しないことができる旨を定款で定めることができる．

第2款　単元未満株主の買取請求

（単元未満株式の買取りの請求）

第192条　①　単元未満株主は，株式会社に対し，自己の有する単元未満株式を買い取ることを請求することができる．

②　前項の規定による請求は，その請求に係る単元未満株式の数（種類株式発行会社にあっては，単元未満株式の種類及び種類ごとの数）を明らかにしてしなければならない．

③　第1項の規定による請求をした単元未満株主は，株式会社の承諾を得た場合に限り，当該請求を撤回することができる．

第3款　単元未満株主の売渡請求

（単元未満株主の売渡請求）

第194条　①　株式会社は，単元未満株主が当該株式会社に対して単元未満株式売渡請求（単元未満株主が有する単元未満株式の数と併せて単元株式数となる数の株式を当該単元未満株主に売り渡すことを請求することをいう．以下この条において同じ．）をすることができる旨を定款で定めることができる．

②　単元未満株式売渡請求は，当該単元未満株主に売

り渡す単元未満株式の数（種類株式発行会社にあっては，単元未満株式の種類及び種類ごとの数）を明らかにしてしなければならない．

③　単元未満株式売渡請求を受けた株式会社は，当該単元未満株式売渡請求を受けた時に前項の単元未満株式の数に相当する数の株式を有しない場合を除き，自己株式を当該単元未満株主に売り渡さなければならない．

第8節　募集株式の発行等

第1款　募集事項の決定等

（募集事項の決定）

第199条　①　株式会社は，その発行する株式又はその処分する自己株式を引き受ける者の募集をしようとするときは，その都度，募集株式（当該募集に応じてこれらの株式の引受けの申込みをした者に対して割り当てる株式をいう．以下この節において同じ．）について次に掲げる事項を定めなければならない．

1　募集株式の数（種類株式発行会社にあっては，募集株式の種類及び数．以下この節において同じ．）

2　募集株式の払込金額（募集株式1株と引換えに払い込む金銭又は給付する金銭以外の財産の額をいう．以下この節において同じ．）又はその算定方法

3　金銭以外の財産を出資の目的とするときは，その旨並びに当該財産の内容及び価額

4　募集株式と引換えにする金銭の払込み又は前号の財産の給付の期日又はその期間

5　株式を発行するときは，増加する資本金及び資本準備金に関する事項

②　前項各号に掲げる事項（以下この節において「募集事項」という．）の決定は，株主総会の決議によらなければならない．

③　第1項第2号の払込金額が募集株式を引き受ける者に特に有利な金額である場合には，取締役は，前項の株主総会において，当該払込金額でその者の募集をすることを必要とする理由を説明しなければならない．

④　種類株式発行会社において，第1項第1号の募集株式の種類が譲渡制限株式であるときは，当該種類の株式に関する募集事項の決定は，当該種類の株式を引き受ける者の募集について当該種類の株式の種類株主を構成員とする種類株主総会の決議を要しない旨の定款の定めがある場合を除き，当該種類株主総会の決議がなければ，その効力を生じない．ただし，当該種類株主総会において議決権を行使することができる種類株主が存しない場合は，この限りでない．

⑤　募集事項は，第1項の募集ごとに，均等に定めなければならない．

（募集事項の決定の委任）

第200条　①　前条第2項及び第4項の規定にかかわらず，株主総会においては，その決議によって，募集事項の決定を取締役（取締役会設置会社にあっては，取締役会）に委任することができる．この場合においては，その委任に基づいて募集事項の決定をすることができる募集株式の数の上限及び払込金額の下限を定めなければならない．

②　前項の払込金額の下限が募集株式を引き受ける者に特に有利な金額である場合には，取締役は，同項の株主総会において，当該払込金額でその者の募集をすることを必要とする理由を説明しなければ

ならない.

③ 第1項の決議は，前条第1項第4号の期間（同号の期間を定めた場合にあっては，その期間の末日）が当該決議の日から1年以内の日である同項の募集についてのみその効力を有する.

④ 種類株式発行会社において，第1項の募集株式の種類が譲渡制限株式であるときは，当該種類の株式に関する募集事項の決定の委任は，当該種類の株式について前条第4項の定款の定めがある場合を除き，当該種類の株式の種類株主を構成員とする種類株主総会の決議がなければ，その効力を生じない．ただし，当該種類株主総会において議決権を行使することができる種類株主が存しない場合は，この限りでない.

（公開会社における募集事項の決定の特則）

第201条 ① 第199条第3項に規定する場合を除き，公開会社における同条第2項の規定の適用については，同項中「株主総会」とあるのは，「取締役会」とする．この場合においては，前条の規定は，適用しない.

② 前項の規定により読み替えて適用する第199条第2項の取締役会の決議によって募集事項を定める場合において，市場価格のある株式を引き受ける者の募集をするときは，同条第1項第2号に掲げる事項に代えて，公正な価額による払込みを実現するために適当な払込金額の決定の方法を定めることができる.

③ 公開会社は，第1項の規定により読み替えて適用する第199条第2項の取締役会の決議によって募集事項を定めたときは，同条第1項第4号の期間（同号の期間を定めた場合にあっては，その期間の初日）の2週間前までに，株主に対し，当該募集事項（前項の規定により払込金額の決定の方法を定めた場合にあっては，その方法を含む．以下この節において同じ．）を通知しなければならない.

④ 前項の規定による通知は，公告をもってこれに代えることができる.

⑤ 第3項の規定は，株式会社が募集事項について同項に規定する期日の2週間前までに金融商品取引法第4条第1項から第3項までの届出をしている場合その他の株主の保護に欠けるおそれがないものとして法務省令で定める場合には，適用しない.

（株主に株式の割当てを受ける権利を与える場合）

第202条 ① 株式会社は，第199条第1項の募集において，株主に株式の割当てを受ける権利を与えることができる．この場合においては，募集事項のほか，次に掲げる事項を定めなければならない.

1 株主に対し，申込みをすることにより当該株式会社の募集株式（種類株式発行会社にあっては，当該株主の有する種類の株式と同一の種類のもの）の割当てを受ける権利を与える旨

2 前号の募集株式の引受けの申込みの期日

② 前項の場合には，同項第1号の株主（当該株式会社を除く．）は，その有する株式の数に応じて募集株式の割当てを受ける権利を有する．ただし，当該株主が割当てを受ける募集株式の数に1株に満たない端数があるときは，これを切り捨てるものとする.

③ 第1項各号に掲げる事項を定める場合には，募集事項及び同項各号に掲げる事項は，次の各号に掲げる場合の区分に応じ，当該各号に定める方法によって定めなければならない.

1 当該募集事項及び第1項各号に掲げる事項を取

締役の決定によって定めることができる旨の定款の定めがある場合（次号に掲げる場合を除く．）取締役の決定

2 当該募集事項及び第1項各号に掲げる事項を取締役会の決議によって定めることができる旨の定款の定めがある場合（次号に掲げる場合を除く．）取締役会の決議

3 株式会社が公開会社である場合　取締役会の決議

4 第1号に掲げる場合以外の場合　株主総会の決議

（取締役の報酬等に係る募集事項の決定の特則）

第202条の2 ① 金融商品取引法第2条第16項に規定する金融商品取引所に上場されている株式を発行している株式会社は，定款又は株主総会の決議による第361条第1項第3号に掲げる事項についての定めに従いその発行する株式又はその処分する自己株式を引き受ける者の募集をするときは，第199条第1項第2号及び第4号に掲げる事項を定めることを要しない．この場合において，当該株式会社は，募集株式について次に掲げる事項を定めなければならない.

1 取締役の報酬等（第361条第1項に規定する報酬等をいう．第236条第3項第1号において同じ．）として当該募集株式に係る株式の発行又は自己株式の処分をするものであり，募集株式と引換えにする金銭の払込み又は第199条第1項第3号の財産の給付を要しない旨

2 募集株式を割り当てる日（以下この節において「割当日」という．）

第2款　募集株式の割当て

（募集株式の申込み）

第203条 ① 株式会社は，第199条第1項の募集に応じて募集株式の引受けの申込みをしようとする者に対し，次に掲げる事項を通知しなければならない.

1 株式会社の商号

2 募集事項

3 金銭の払込みをすべきときは，払込みの取扱いの場所

4 前3号に掲げるもののほか，法務省令で定める事項

（募集株式の割当て）

第204条 ① 株式会社は，申込者の中から募集株式の割当てを受ける者を定め，かつ，その者に割り当てる募集株式の数を定めなければならない．この場合において，株式会社は，当該申込者に割り当てる募集株式の数を，前条第2項第2号の数よりも減少することができる.

② 募集株式が譲渡制限株式である場合には，前項の規定による決定は，株主総会（取締役会設置会社にあっては，取締役会）の決議によらなければならない．ただし，定款に別段の定めがある場合は，この限りでない.

（募集株式の引受け）

第206条 次の各号に掲げる者は，当該各号に定める募集株式の数について募集株式の引受人となる.

1 申込者　株式会社の割り当てた募集株式の数

2 前条第1項の契約により募集株式の総数を引き受けた者　その者が引き受けた募集株式の数

（公開会社における募集株式の割当て等の特則）

第206条の2 ① 公開会社は，募集株式の引受人について，第1項に掲げる数の第2号に掲げる数に対する割合が2分の1を超える場合には，第199条第1項第4号の期日（同号の期間を定めた場合にあっ

ては, その期間の初日) の 2 週間前までに, 株主に対し, 当該引受人 (以下この項及び第 4 項において「特定引受人」という.) の氏名又は名称及び住所, 当該特定引受人についての第 1 号に掲げる数その他の法務省令で定める事項を通知しなければならない. ただし, 当該特定引受人が当該公開会社の親会社等である場合又は第 202 条の規定により株主に株式の割当てを受ける権利を与えた場合は, この限りでない.

1 当該引受人 (その子会社等を含む.) がその引き受けた募集株式の株主となった場合に有することとなる議決権の数

2 当該募集株式の引受人の全員がその引き受けた募集株式の株主となった場合における総株主の議決権の数

② 前項の規定による通知は, 公告をもってこれに代えることができる.

③ 第 1 項の規定にかかわらず, 株式会社が同項の事項について同項に規定する期日の 2 週間前までに金融商品取引法第 4 条第 1 項から第 3 項までの届出をしている場合その他の株主の保護に欠けるおそれがないものとして法務省令で定める場合には, 第 1 項の規定による通知は, することを要しない.

④ 総株主 (この項の株主総会において議決権を行使することができない株主を除く.) の議決権の 10 分の 1 (これを下回る割合を定款で定めた場合にあっては, その割合) 以上の議決権を有する株主が第 1 項の規定による通知又は第 2 項の公告の日 (前項の場合にあっては, 法務省令で定める日) から 2 週間以内に特定引受人 (その子会社等を含む. 以下この項において同じ.) による募集株式の引受けに反対する旨を公開会社に対し通知したときは, 当該公開会社は, 第 1 項に規定する期日の前日までに, 株主総会の決議によって, 当該特定引受人に対する募集株式の割当て又は当該特定引受人との間の第 205 条第 1 項の契約の承認を受けなければならない. ただし, 当該公開会社の財産の状況が著しく悪化している場合において, 当該公開会社の事業の継続のため緊急の必要があるときは, この限りでない.

⑤ 第 309 条第 1 項の規定にかかわらず, 前項の株主総会の決議は, 議決権を行使することができる株主の議決権の過半数 (3 分の 1 以上の割合を定款で定めた場合にあっては, その割合以上) を有する株主が出席し, 出席した当該株主の議決権の過半数 (これを上回る割合を定款で定めた場合にあっては, その割合以上) をもって行わなければならない.

第 3 款　金銭以外の財産の出資

第 207 条 ① 株式会社は, 第 199 条第 1 項第 3 号に掲げる事項を定めたときは, 募集事項の決定の後遅滞なく, 同号の財産 (以下この節において「現物出資財産」という.) の価額を調査させるため, 裁判所に対し, 検査役の選任の申立てをしなければならない.

第 4 款　出資の履行等
(出資の履行)

第 208 条 ① 募集株式の引受人 (現物出資財産を給付する者を除く.) は, 第 199 条第 1 項第 4 号の期日又は同項第 4 号の期間内に, 株式会社が定めた銀行等の払込みの取扱いの場所において, それぞれの募集株式の払込金額の全額を払い込まなければならない.

② 募集株式の引受人 (現物出資財産を給付する者

に限る.) は, 第 199 条第 1 項第 4 号の期日又は同項の期間内に, それぞれの募集株式の払込金額の全額に相当する現物出資財産を給付しなければならない.

③ 募集株式の引受人は, 第 1 項の規定による払込み又は前項の規定による給付 (以下この款において「出資の履行」という.) をする債務と株式会社に対する債権とを相殺することができない.

④ 出資の履行をすることにより募集株式の株主となる権利の譲渡は, 株式会社に対抗することができない.

⑤ 募集株式の引受人は, 出資の履行をしないときは, 当該出資の履行をすることにより募集株式の株主となる権利を失う.

(株主となる時期等)

第 209 条 ① 募集株式の引受人は, 次の各号に掲げる場合には, 当該各号に定める日に, 出資の履行をした募集株式の株主となる.

1 第 199 条第 1 項第 4 号の期日を定めた場合 当該期日

2 第 199 条第 1 項第 4 号の期間を定めた場合 出資の履行をした日

② 募集株式の引受人は, 第 213 条の 2 第 1 項各号に掲げる場合には, 当該各号に定める支払若しくは給付又は第 213 条の 3 第 1 項の規定による支払がされた後でなければ, 出資の履行を仮装した募集株式について, 株主の権利を行使することができない.

③ 前項の募集株式を譲り受けた者は, 当該募集株式についての株主の権利を行使することができる. ただし, その者に悪意又は重大な過失があるときは, この限りでない.

④ 第 1 項の規定にかかわらず, 第 202 条の 2 第 1 項後段の規定による同項各号に掲げる事項についての募集株式の引受人は, 割当日に, その引き受けた募集株式の株主となる.

第 5 款　募集株式の発行等をやめることの請求

第 210 条 次に掲げる場合において, 株主が不利益を受けるおそれがあるときは, 株主は, 株式会社に対し, 第 199 条第 1 項の募集に係る株式の発行又は自己株式の処分をやめることを請求することができる.

1 当該株式の発行又は自己株式の処分が法令又は定款に違反する場合

2 当該株式の発行又は自己株式の処分が著しく不公正な方法により行われる場合

第 6 款　募集に係る責任等
(引受けの無効又は取消しの制限)

第 211 条 ① 民法第 93 条ただし書及び第 94 条第 1 項の規定は, 募集株式の引受けの申込み及び割当て並びに第 205 条第 1 項の契約に係る意思表示については, 適用しない.

② 募集株式の引受人は, 第 209 条第 1 項の規定により株主となった日から 1 年を経過した後又はその株式について権利を行使した後は, 錯誤, 詐欺又は強迫を理由として募集株式の引受けの取消しをすることができない.

(不公正な払込金額で株式を引き受けた者等の責任)

第 212 条 ① 募集株式の引受人は, 次の各号に掲げる場合には, 株式会社に対し, 当該各号に定める額を支払う義務を負う.

1 取締役 (指名委員会等設置会社にあっては, 取

締役又は執行役）と通じて著しく不公正な払込金額で募集株式を引き受けた場合　当該払込金額と当該募集株式の公正な価額との差額に相当する金額

2　第209条第1項の規定により募集株式の株主となった時におけるその給付した現物出資財産の価額がこれについて定められた第199条第1項第3号の価額に著しく不足する場合　当該不足額

② 前項第2号に掲げる場合において，現物出資財産を給付した募集株式の引受人が当該現物出資財産の価額がこれについて定められた第199条第1項第3号の価額に著しく不足することにつき善意でかつ重大な過失がないときは，募集株式の引受けの申込み又は第205条第1項の契約に係る意思表示を取り消すことができる。

（出資された財産等の価額が不足する場合の取締役等の責任）

第213条　① 前条第1項第2号に掲げる場合には，次に掲げる者（以下この条において「取締役等」という。）は，株式会社に対し，同号に定める額を支払う義務を負う。

1　当該募集株式の引受人の募集に関する職務を行った業務執行取締役（指名委員会等設置会社にあっては，執行役。以下この号において同じ。）その他当該募集株式の引受人の募集に関する職務を行った業務執行取締役の行う業務の執行に職務上関与した者として法務省令で定めるもの

2　現物出資財産の価額の決定に関する株主総会の決議があったときは，当該株主総会に議案を提案した取締役として法務省令で定めるもの

3　現物出資財産の価額の決定に関する取締役会の決議があったときは，当該取締役会に議案を提案した取締役（指名委員会等設置会社にあっては，取締役又は執行役）として法務省令で定めるもの

② 前項の規定にかかわらず，次に掲げる場合には，取締役等は，現物出資財産について同項の義務を負わない。

1　現物出資財産の価額について第207条第2項の検査役の調査を経た場合

2　当該取締役等がその職務を行うについて注意を怠らなかったことを証明した場合

③ 第1項に規定する場合には，第207条第9項第4号に規定する証明をした者（以下この号において「証明者」という。）は，株式会社に対し前条第1項第2号に定める額を支払う義務を負う。ただし，当該証明者が当該証明をするについて注意を怠らなかったことを証明したときは，この限りでない。

④ 募集株式の引受人がその給付した現物出資財産についての前条第1項第2号に定める額を支払う義務を負う場合において，次の各号に掲げる者が当該現物出資財産について当該各号に定める義務を負うときは，これらの者は，連帯債務者とする。

1　取締役等　第1項の義務

2　証明者　前項本文の義務

（出資の履行を仮装した募集株式の引受人の責任）

第213条の2　① 募集株式の引受人は，次の各号に掲げる場合には，株式会社に対し，当該各号に定める行為をする義務を負う。

1　第208条第1項の規定による払込みを仮装した場合　払込みを仮装した払込金額の全額の支払

2　第208条第2項の規定による給付を仮装した場合　給付を仮装した現物出資財産の給付（株式会社が当該給付に代えて当該現物出資財産の価額に相当する金銭の支払を請求した場合にあっては，

当該金銭の全額の支払）

② 前項の規定により募集株式の引受人の負う義務は，総株主の同意がなければ，免除することができない。

（出資の履行を仮装した場合の取締役等の責任）

第213条の3　① 前条第1項各号に掲げる場合には，募集株式の引受人が出資の履行を仮装することに関与した取締役（指名委員会等設置会社にあっては，執行役を含む。）として法務省令で定める者は，株式会社に対し，当該各号に規定する支払をする義務を負う。ただし，その者（当該出資の履行を仮装したものを除く。）がその職務を行うについて注意を怠らなかったことを証明した場合は，この限りでない。

② 募集株式の引受人が前条第1項各号に規定する支払をする義務を負う場合において，前項に規定する者が同項の義務を負うときは，これらの者は，連帯債務者とする。

**　　第9節　株　券**

**　　　第1款　総　則**

（株券を発行する旨の定款の定め）

第214条　株式会社は，その株式（種類株式発行会社にあっては，全部の種類の株式）に係る株券を発行する旨を定款で定めることができる。

（株券の発行）

第215条　① 株券発行会社は，株式を発行した日以後遅滞なく，当該株式に係る株券を発行しなければならない。

④ 前3項の規定にかかわらず，公開会社でない株券発行会社は，株主から請求がある時までは，これらの規定の株券を発行しないことができる。

**　　　第3款　株券喪失登録**

（株券喪失登録簿）

第221条　株券発行会社（株式会社がその株式（種類株式発行会社にあっては，全部の種類の株式）に係る株券を発行する旨の定款の定めを廃止する定款の変更をした日の翌日から起算して1年を経過していない場合における当該株式会社を含む。以下この款（第223条，第227条及び第228条第2項を除く。）において同じ。）は，株券喪失登録簿を作成し，これに次に掲げる事項（以下この款において「株券喪失登録簿記載事項」という。）を記載し，又は記録しなければならない。

1　第223条の規定による請求に係る株券（第218条第2項又は第219条第3項の規定により無効となった株券及び株式の発行又は自己株式の処分の無効の訴えに係る請求を認容する判決が確定した場合における当該株式会社に係る株券を含む。以下この款（第228条を除く。）において同じ。）の番号

2　前号の株券を喪失した者の氏名又は名称及び住所

3　第1号の株券に係る株式の株主又は登録株式質権者として株主名簿に記載され，又は記録されている者（以下この款において「名義人」という。）の氏名又は名称及び住所

4　第1号の株券につき前3号に掲げる事項を記載し，又は記録した日（以下この款において「株券喪失登録日」という。）

第3章　新株予約権

第1節　総則

（新株予約権の内容）

第236条　① 株式会社が新株予約権を発行するときは，次に掲げる事項を当該新株予約権の内容としなければならない．

1　当該新株予約権の目的である株式の数（種類株式発行会社にあっては，株式の種類及び種類ごとの数）又はその数の算定方法

2　当該新株予約権の行使に際して出資される財産の価額又はその算定方法

3　金銭以外の財産を当該新株予約権の行使に際してする出資の目的とするときは，その旨並びに当該財産の内容及び価額

4　当該新株予約権を行使することができる期間

5　当該新株予約権の行使により株式を発行する場合における増加する資本金及び資本準備金に関する事項

6　譲渡による当該新株予約権の取得について当該株式会社の承認を要することとするときは，その旨

7　当該新株予約権について，当該株式会社が一定の事由が生じたことを条件としてこれを取得することができることとするときは，次に掲げる事項

イ　一定の事由が生じた日に当該株式会社がその新株予約権を取得する旨及びその事由

ロ　当該株式会社が別に定める日が到来することをもってイの事由とするときは，その旨

ハ　イの事由が生じた日にイの新株予約権の一部を取得することとするときは，その旨及び取得する新株予約権の一部の決定の方法

ニ　イの新株予約権を取得するのと引換えに当該新株予約権の新株予約権者に対して当該株式会社の株式を交付するときは，当該株式の数（種類株式発行会社にあっては，株式の種類及び種類ごとの数）又はその算定方法

ホ　イの新株予約権を取得するのと引換えに当該新株予約権の新株予約権者に対して当該株式会社の社債（新株予約権付社債についてのものを除く．）を交付するときは，当該社債の種類及び種類ごとの各社債の金額の合計額又はその算定方法

ヘ　イの新株予約権を取得するのと引換えに当該新株予約権の新株予約権者に対して当該株式会社の他の新株予約権（新株予約権付社債に付されたものを除く．）を交付するときは，当該他の新株予約権の内容及び数又はその算定方法

ト　イの新株予約権を取得するのと引換えに当該新株予約権の新株予約権者に対して当該株式会社の新株予約権付社債を交付するときは，当該新株予約権付社債についてのホに規定する事項及び当該新株予約権付社債に付された新株予約権についてのヘに規定する事項

チ　イの新株予約権を取得するのと引換えに当該新株予約権の新株予約権者に対して当該株式会社の株式等以外の財産を交付するときは，当該財産の内容及び数若しくは額又はこれらの算定方法

8　当該株式会社が次のイからホまでに掲げる行為をする場合において，当該新株予約権の新株予約権者に当該イからホまでに定める株式会社の新株予約権を交付することとするときは，その旨及び

その条件

イ　合併（合併により当該株式会社が消滅する場合に限る．）　合併後存続する株式会社又は合併により設立する株式会社

ロ　吸収分割　吸収分割をする株式会社がその事業に関して有する権利義務の全部又は一部を承継する株式会社

ハ　新設分割　新設分割により設立する株式会社

ニ　株式交換　株式交換をする株式会社の発行済株式の全部を取得する株式会社

ホ　株式移転　株式移転により設立する株式会社

9　新株予約権を行使した新株予約権者に交付する株式の数に1株に満たない端数がある場合において，これを切り捨てるものとするときは，その旨

10　当該新株予約権（新株予約権付社債に付されたものを除く．）に係る新株予約権証券を発行することとするときは，その旨

11　前号に規定する場合において，新株予約権者が第290条の規定による請求の全部又は一部をすることができないこととするときは，その旨

第2節　新株予約権の発行

第1款　募集事項の決定等

（募集事項の決定）

第238条　① 株式会社は，その発行する新株予約権を引き受ける者の募集をしようとするときは，その都度，募集新株予約権（当該募集に応じて当該新株予約権の引受けの申込みをした者に対して割り当てる新株予約権をいう．以下この章において同じ．）について次に掲げる事項（以下この節において「募集事項」という．）を定めなければならない．

1　募集新株予約権の内容及び数

2　募集新株予約権と引換えに金銭の払込みを要しないこととする場合には，その旨

3　前号に規定する場合以外の場合には，募集新株予約権の払込金額（募集新株予約権1個と引換えに払い込む金銭の額をいう．以下この章において同じ．）又はその算定方法

4　募集新株予約権を割り当てる日（以下この節において「割当日」という．）

5　募集新株予約権と引換えにする金銭の払込みの期日を定めるときは，その期日

6　募集新株予約権が新株予約権付社債に付されたものである場合には，第676条各号に掲げる事項

7　前号に規定する場合において，同号の募集新株予約権付社債に付された募集新株予約権についての第118条第1項，第179条第2項，第777条第1項，第787条第1項又は第808条第1項の規定による請求の方法につき別段の定めをするときは，その定め

② 募集事項の決定は，株主総会の決議によらなければならない．

（募集事項の決定の委任）

第239条　① 前条第2項及び第4項の規定にかかわらず，株主総会においては，その決議によって，募集事項の決定を取締役（取締役会設置会社にあっては，取締役会）に委任することができる．この場合においては，次に掲げる事項を定めなければならない．

1　この委任に基づいて募集事項の決定をすることができる募集新株予約権の内容及び数の上限

2　前号の募集新株予約権につき金銭の払込みを要しないこととする場合には，その旨

3　前号に規定する場合以外の場合には，募集新株

（欄外）64　会社法（236条～239条）株式会社

会社

予約権の払込金額の下限
　　　（公開会社における募集事項の決定の特則）
第240条　①　第238条第3項各号に掲げる場合を除き，公開会社における同条第2項の規定の適用については，同項中「株主総会」とあるのは，「取締役会」とする．この場合においては，前条の規定は，適用しない．
　　　（株主に新株予約権の割当てを受ける権利を与える場合）
第241条　①　株式会社は，第238条第1項の募集において，株主に新株予約権の割当てを受ける権利を与えることができる．この場合においては，募集事項のほか，次に掲げる事項を定めなければならない．
　1　株主に対し，次条第2項の申込みをすることにより当該株式会社の募集新株予約権（種類株式発行会社にあっては，その目的である株式の種類が当該株主の有する種類の株式と同一の種類のもの）の割当てを受ける権利を与える旨
　2　前号の募集新株予約権の引受けの申込みの期日
　②　前項の場合には，同項第1号の株主（当該株式会社を除く．）は，その有する株式の数に応じて募集新株予約権の割当てを受ける権利を有する．ただし，当該株主が割当てを受ける募集新株予約権の数に一に満たない端数があるときは，これを切り捨てるものとする．
　　　第2款　募集新株予約権の割当て
　　　（募集新株予約権の申込み）
第242条　①　株式会社は，第238条第1項の募集に応じて募集新株予約権の引受けの申込みをしようとする者に対し，次に掲げる事項を通知しなければならない．
　1　株式会社の商号
　2　募集事項
　3　新株予約権の行使に際して金銭の払込みをすべきときは，払込みの取扱いの場所
　4　前3号に掲げるもののほか，法務省令で定める事項
　　　（募集新株予約権の割当て）
第243条　①　株式会社は，申込者の中から募集新株予約権の割当てを受ける者を定め，かつ，その者に割り当てる募集新株予約権の数を定めなければならない．この場合において，株式会社は，当該申込者に割り当てる募集新株予約権の数を，前条第2項第2号の数よりも減少することができる．
　②　次に掲げる場合には，前項の規定による決定は，株主総会（取締役会設置会社にあっては，取締役会）の決議によらなければならない．ただし，定款に別段の定めがある場合は，この限りでない．
　1　募集新株予約権の目的である株式の全部又は一部が譲渡制限株式である場合
　2　募集新株予約権が譲渡制限新株予約権（新株予約権であって，譲渡による当該新株予約権の取得について株式会社の承認を要する旨の定めがあるものをいう．以下この章において同じ．）である場合
　　　（新株予約権者となる日）
第245条　①　次の各号に掲げる者は，割当日に，当該各号に定める募集新株予約権の新株予約権者となる．
　1　申込者　株式会社の割り当てた募集新株予約権
　2　第244条第1項の契約により募集新株予約権の総数を引き受けた者　その者が引き受けた募集新

株予約権
　②　募集新株予約権が新株予約権付社債に付されたものである場合には，前項の規定により募集新株予約権の新株予約権者となる者は，当該募集新株予約権を付した新株予約権付社債についての社債の社債権者となる．
　　　第4節　新株予約権の譲渡等
　　　第1款　新株予約権の譲渡
　　　（新株予約権の譲渡）
第254条　①　新株予約権者は，その有する新株予約権を譲渡することができる．
　②　前項の規定にかかわらず，新株予約権付社債に付された新株予約権のみを譲渡することはできない．ただし，当該新株予約権付社債についての社債が消滅したときは，この限りでない．
　③　新株予約権付社債についての社債のみを譲渡することはできない．ただし，当該新株予約権付社債に付された新株予約権が消滅したときは，この限りでない．
　　　（証券発行新株予約権の譲渡）
第255条　①　証券発行新株予約権の譲渡は，当該証券発行新株予約権に係る新株予約権証券を交付しなければ，その効力を生じない．ただし，自己新株予約権（株式会社が有する自己の新株予約権をいう．以下この章において同じ．）の処分による証券発行新株予約権の譲渡については，この限りでない．
　②　証券発行新株予約権付社債に付された新株予約権の譲渡は，当該証券発行新株予約権付社債に係る新株予約権付社債券を交付しなければ，その効力を生じない．ただし，自己新株予約権付社債（株式会社が有する自己の新株予約権付社債をいう．以下この条及び次条において同じ．）の処分による当該自己新株予約権付社債に付された新株予約権の譲渡については，この限りでない．
　　　（新株予約権の譲渡の対抗要件）
第257条　①　新株予約権の譲渡は，その新株予約権を取得した者の氏名又は名称及び住所を新株予約権原簿に記載し，又は記録しなければ，株式会社その他の第三者に対抗することができない．
　②　記名式の新株予約権証券が発行されている証券発行新株予約権及び記名式の新株予約権証券が発行されている証券発行新株予約権付社債に付された新株予約権についての前項の規定の適用については，同項中「株式会社その他の第三者」とあるのは，「株式会社」とする．
　③　第1項の規定は，無記名新株予約権及び無記名新株予約権付社債に付された新株予約権については，適用しない．
　　　（権利の推定等）
第258条　①　新株予約権証券の占有者は，当該新株予約権証券に係る証券発行新株予約権についての権利を適法に有するものと推定する．
　②　新株予約権証券の交付を受けた者は，当該新株予約権証券に係る証券発行新株予約権についての権利を取得する．ただし，その者に悪意又は重大な過失があるときは，この限りでない．
　③　新株予約権付社債券の占有者は，当該新株予約権付社債券に係る証券発行新株予約権付社債に付された新株予約権についての権利を適法に有するものと推定する．
　④　新株予約権付社債券の交付を受けた者は，当該新株予約権付社債券に係る証券発行新株予約権付社

債に付された新株予約権についての権利を取得する．ただし，その者に悪意又は重大な過失があるときは，この限りでない．

第7節　新株予約権の行使
第1款　総則
（新株予約権の行使）
第280条　① 新株予約権の行使は，次に掲げる事項を明らかにしてしなければならない．
1　その行使に係る新株予約権の内容及び数
2　新株予約権を行使する日
② 証券発行新株予約権を行使しようとするときは，当該証券発行新株予約権に係る新株予約権証券を株式会社に提出しなければならない．ただし，当該新株予約権証券が発行されていないときは，この限りでない．
③ 証券発行新株予約権付社債に付された新株予約権を行使しようとする場合には，当該新株予約権の新株予約権者は，当該新株予約権を付した新株予約権付社債に係る新株予約権付社債券を株式会社に提示しなければならない．この場合において，当該株式会社は，当該新株予約権付社債券に当該証券発行新株予約権付社債に付された新株予約権が消滅した旨を記載しなければならない．

（新株予約権の行使に際しての払込み）
第281条　① 金銭を新株予約権の行使に際してする出資の目的とするときは，新株予約権者は，前条第1項第2号の日に，株式会社が定めた銀行等の払込みの取扱いの場所において，その行使に係る新株予約権についての第236条第1項第2号の価額の全額を払い込まなければならない．
② 金銭以外の財産を新株予約権の行使に際してする出資の目的とするときは，新株予約権者は，前条第1項第2号の日に，その行使に係る新株予約権についての第236条第1項第3号の財産を給付しなければならない．この場合において，当該財産の価額が同項第2号の価額に足りないときは，前項の払込みの取扱いの場所においてその差額に相当する金銭を払い込まなければならない．
③ 新株予約権者は，第1項の規定による払込み又は前項の規定による給付をする債務と株式会社に対する債権とを相殺することができない．

（株主となる時期等）
第282条　① 新株予約権を行使した新株予約権者は，当該新株予約権を行使した日に，当該新株予約権の目的である株式の株主となる．
② 新株予約権を行使した新株予約権者であって第286条の2第1項各号に掲げる者に該当するものは，当該各号に定める支払若しくは給付又は第286条の3第1項の規定による支払がされた後でなければ，第286条の2第1項各号の払込み又は給付が仮装された新株予約権の目的である株式について，株主の権利を行使することができない．
③ 前項の株式を譲り受けた者は，当該株式についての株主の権利を行使することができる．ただし，その者に悪意又は重大な過失があるときは，この限りでない．

```
┌─────────────────────┐
│   第4章　機　関     │
└─────────────────────┘
```

第1節　株主総会及び種類株主総会等
第1款　株主総会
（株主総会の権限）

第295条　① 株主総会は，この法律に規定する事項及び株式会社の組織，運営，管理その他株式会社に関する一切の事項について決議をすることができる．
② 前項の規定にかかわらず，取締役会設置会社においては，株主総会は，この法律に規定する事項及び定款で定めた事項に限り，決議をすることができる．
③ この法律の規定により株主総会の決議を必要とする事項について，取締役，執行役，取締役会その他の株主総会以外の機関が決定することができることを内容とする定款の定めは，その効力を有しない．

（株主総会の招集）
第296条　① 定時株主総会は，毎事業年度の終了後一定の時期に招集しなければならない．
② 株主総会は，必要がある場合には，いつでも，招集することができる．
③ 株主総会は，次条第4項の規定により招集する場合を除き，取締役が招集する．

（株主による招集の請求）
第297条　① 総株主の議決権の100分の3（これを下回る割合を定款で定めた場合にあっては，その割合）以上の議決権を6箇月（これを下回る期間を定款で定めた場合にあっては，その期間）前から引き続き有する株主は，取締役に対し，株主総会の目的である事項（当該株主が議決権を行使することができる事項に限る．）及び招集の理由を示して，株主総会の招集を請求することができる．
② 公開会社でない株式会社における前項の規定の適用については，同項中「6箇月（これを下回る期間を定款で定めた場合にあっては，その期間）前から引き続き有する」とあるのは，「有する」とする．
③ 第1項の株主総会の目的である事項について議決権を行使することができない株主が有する議決権の数は，同項の総株主の議決権の数に算入しない．
④ 次に掲げる場合には，第1項の規定による請求をした株主は，裁判所の許可を得て，株主総会を招集することができる．
1　第1項の規定による請求の後遅滞なく招集の手続が行われない場合
2　第1項の規定による請求があった日から8週間（これを下回る期間を定款で定めた場合にあっては，その期間）以内の日を株主総会の日とする株主総会の招集の通知が発せられない場合

（株主総会の招集の決定）
第298条　① 取締役（前条第4項の規定により株主が株主総会を招集する場合にあっては，当該株主．次項本文及び次条から第302条までにおいて同じ．）は，株主総会を招集する場合には，次に掲げる事項を定めなければならない．
1　株主総会の日時及び場所
2　株主総会の目的である事項があるときは，当該事項
3　株主総会に出席しない株主が書面によって議決権を行使することができることとするときは，その旨
4　株主総会に出席しない株主が電磁的方法によって議決権を行使することができることとするときは，その旨
5　前各号に掲げるもののほか，法務省令で定める事項
② 取締役は，株主（株主総会において決議をすることができる事項の全部につき議決権を行使することができない株主を除く．次条から第302条まで

において同じ.）の数が1,000人以上である場合には，前項第3号に掲げる事項を定めなければならない．ただし，当該株式会社が金融商品取引法第2条第16項に規定する金融商品取引所に上場されている株式を発行している株式会社であって法務省令で定めるものである場合は，この限りでない.

③ 取締役会設置会社における前項の規定の適用については，同項中「株主総会において決議をすることができる事項」とあるのは，「前項第2号に掲げる事項」とする.

④ 取締役会設置会社においては，前条第4項の規定により株主が株主総会を招集するときを除き，第1項各号に掲げる事項の決定は，取締役会の決議によらなければならない.

（株主総会の招集の通知）

第299条　① 株主総会を招集するには，取締役は，株主総会の日の2週間（前条第1項第3号又は第4号に掲げる事項を定めたときを除き，公開会社でない株式会社にあっては，1週間（当該株式会社が取締役会設置会社以外の株式会社である場合において，これを下回る期間を定款で定めた場合にあっては，その期間））前までに，株主に対してその通知を発しなければならない.

② 次に掲げる場合には，前項の通知は，書面でしなければならない.

　1　前条第1項第3号又は第4号に掲げる事項を定めた場合

　2　株式会社が取締役会設置会社である場合

③ 取締役は，前項の書面による通知の発出に代えて，政令で定めるところにより，株主の承諾を得て，電磁的方法により通知を発することができる．この場合において，当該取締役は，同項の書面による通知を発したものとみなす.

④ 前2項の通知には，前条第1項各号に掲げる事項を記載し，又は記録しなければならない.

（招集手続の省略）

第300条　前条の規定にかかわらず，株主総会は，株主の全員の同意があるときは，招集の手続を経ることなく開催することができる．ただし，第298条第1項第3号又は第4号に掲げる事項を定めた場合は，この限りでない.

（株主総会参考書類及び議決権行使書面の交付等）

第301条　① 取締役は，第298条第1項第3号に掲げる事項を定めた場合には，第299条第1項の通知に際して，法務省令で定めるところにより，株主に対し，議決権の行使について参考となるべき事項を記載した書類（以下この節において「株主総会参考書類」という．）及び株主が議決権を行使するための書面（以下この節において「議決権行使書面」という．）を交付しなければならない.

② 取締役は，第299条第3項の承諾をした株主に対し同項の電磁的方法による通知を発するときは，前項の規定による株主総会参考書類及び議決権行使書面の交付に代えて，これらの書類に記載すべき事項を電磁的方法により提供することができる．ただし，株主の請求があったときは，これらの書類を当該株主に交付しなければならない.

第302条　① 取締役は，第298条第1項第4号に掲げる事項を定めた場合には，第299条第1項の通知に際して，法務省令で定めるところにより，株主に対し，株主総会参考書類を交付しなければならない.

② 取締役は，第299条第3項の承諾をした株主に対

し同項の電磁的方法による通知を発するときは，前項の規定による株主総会参考書類の交付に代えて，当該株主総会参考書類に記載すべき事項を電磁的方法により提供することができる．ただし，株主の請求があったときは，株主総会参考書類を当該株主に交付しなければならない.

③ 取締役は，第1項に規定する場合には，第299条第3項の承諾をした株主に対する同項の電磁的方法による通知に際して，法務省令で定めるところにより，株主に対し，議決権行使書面に記載すべき事項を当該電磁的方法により提供しなければならない.

④ 取締役は，第1項に規定する場合において，第299条第3項の承諾をしていない株主から株主総会の日の1週間前までに議決権行使書面に記載すべき事項の電磁的方法による提供の請求があったときは，法務省令で定めるところにより，直ちに，当該株主に対し，当該事項を電磁的方法により提供しなければならない.

（株主提案権）

第303条　① 株主は，取締役に対し，一定の事項（当該株主が議決権を行使することができる事項に限る．次項において同じ．）を株主総会の目的とすることを請求することができる.

② 前項の規定にかかわらず，取締役会設置会社においては，総株主の議決権の100分の1（これを下回る割合を定款で定めた場合にあっては，その割合）以上の議決権又は300個（これを下回る数を定款で定めた場合にあっては，その個数）以上の議決権を6箇月（これを下回る期間を定款で定めた場合にあっては，その期間）前から引き続き有する株主に限り，取締役に対し，一定の事項を株主総会の目的とすることを請求することができる．この場合において，その請求は，株主総会の日の8週間（これを下回る期間を定款で定めた場合にあっては，その期間）前までにしなければならない.

③ 公開会社でない取締役会設置会社における前項の規定の適用については，同項中「6箇月（これを下回る期間を定款で定めた場合にあっては，その期間）前から引き続き有する」とあるのは，「有する」とする.

④ 第2項の一定の事項について議決権を行使することができない株主が有する議決権の数は，同項の総株主の議決権の数に算入しない.

第304条　株主は，株主総会において，株主総会の目的である事項（当該株主が議決権を行使することができる事項に限る．次条第1項において同じ．）につき議案を提出することができる．ただし，当該議案が法令若しくは定款に違反する場合又は実質的に同一の議案につき株主総会において総株主（当該議案について議決権を行使することができない株主を除く．）の議決権の10分の1（これを下回る割合を定款で定めた場合にあっては，その割合）以上の賛成を得られなかった日から3年を経過していない場合は，この限りでない.

第305条　① 株主は，取締役に対し，株主総会の日の8週間（これを下回る期間を定款で定めた場合にあっては，その期間）前までに，株主総会の目的である事項につき当該株主が提出しようとする議案の要領を株主に通知すること（第299条第2項又は第3項の通知をする場合にあっては，その通知に記載し，又は記録すること）を請求することができる．ただし，取締役会設置会社においては，総株主

の議決権の100分の1（これを下回る割合を定款で定めた場合にあっては、その割合）以上の議決権又は300個（これを下回る数を定款で定めた場合にあっては、その個数）以上の議決権を6箇月（これを下回る期間を定款で定めた場合にあっては、その期間）前から引き続き有する株主に限り、当該請求をすることができる。

② 公開会社でない取締役会設置会社における前項ただし書の規定の適用については、同項ただし書中「6箇月（これを下回る期間を定款で定めた場合にあっては、その期間）前から引き続き有する」とあるのは、「有する」とする。

③ 第1項の株主総会の目的である事項について議決権を行使することができない株主が有する議決権の数は、同項ただし書の総株主の議決権の数に算入しない。

④ 取締役会設置会社の株主が第1項の規定による請求をする場合において、当該株主が提出しようとする議案の数が10を超えるときは、前3項の規定は、10を超える数に相当することとなる数の議案については、適用しない。この場合において、当該株主が提出しようとする次の各号に掲げる議案の数については、当該各号に定めるところによる。

1 取締役、会計参与、監査役又は会計監査人（次号において「役員等」という。）の選任に関する議案　当該議案の数にかかわらず、これを1の議案とみなす。

2 役員等の解任に関する議案　当該議案の数にかかわらず、これを1の議案とみなす。

3 会計監査人を再任しないことに関する議案　当該議案の数にかかわらず、これを1の議案とみなす。

4 定款の変更に関する2以上の議案　当該2以上の議案について異なる議決がされたとすれば当該議決の内容が相互に矛盾する可能性がある場合には、これらを1の議案とみなす。

⑤ 前項後段の10を超える数に相当することとなる数の議案は、取締役がこれを定める。ただし、第1項の規定による請求をした株主が当該請求と併せて当該株主が提出しようとする2以上の議案の全部又は一部につき議案相互間の優先順位を定めている場合には、取締役は、当該優先順位に従い、これを定めるものとする。

⑥ 第1項から第3項までの規定は、第1項の議案が法令若しくは定款に違反する場合又は実質的に同一の議案につき株主総会において総株主（当該議案について議決権を行使することができない株主を除く。）の議決権の10分の1（これを下回る割合を定款で定めた場合にあっては、その割合）以上の賛成を得られなかった日から3年を経過していない場合には、適用しない。

（株主総会の招集手続等に関する検査役の選任）

第306条　① 株式会社又は総株主（株主総会において決議をすることができる事項の全部につき議決権を行使することができない株主を除く。）の議決権の100分の1（これを下回る割合を定款で定めた場合にあっては、その割合）以上の議決権を有する株主は、株主総会に係る招集の手続及び決議の方法を調査させるため、当該株主総会に先立ち、裁判所に対し、検査役の選任の申立てをすることができる。

③ 前2項の規定による検査役の選任の申立てがあった場合には、裁判所は、これを不適法として却下

する場合を除き、検査役を選任しなければならない。

⑤ 第3項の検査役は、必要な調査を行い、当該調査の結果を記載し、又は記録した書面又は電磁的記録（法務省令で定めるものに限る。）を裁判所に提供して報告をしなければならない。

（裁判所による株主総会招集等の決定）

第307条　① 裁判所は、前条第5項の報告があった場合において、必要があると認めるときは、取締役に対し、次に掲げる措置の全部又は一部を命じなければならない。

1 一定の期間内に株主総会を招集すること。

2 前条第5項の調査の結果を株主に通知すること。

第308条　① 株主（株式会社がその総株主の議決権の4分の1以上を有することその他の事由を通じて株式会社がその経営を実質的に支配することが可能な関係にあるものとして法務省令で定める株主を除く。）は、株主総会において、その有する株式1株につき1個の議決権を有する。ただし、単元株式数を定款で定めている場合には、一単元の株式につき1個の議決権を有する。

② 前項の規定にかかわらず、株式会社は、自己株式については、議決権を有しない。

（株主総会の決議）

第309条　① 株主総会の決議は、定款に別段の定めがある場合を除き、議決権を行使することができる株主の議決権の過半数を有する株主が出席し、出席した当該株主の議決権の過半数をもって行う。

② 前項の規定にかかわらず、次に掲げる株主総会の決議は、当該株主総会において議決権を行使することができる株主の議決権の過半数（3分の1以上の割合を定款で定めた場合にあっては、その割合以上）を有する株主が出席し、出席した当該株主の議決権の3分の2（これを上回る割合を定款で定めた場合にあっては、その割合）以上に当たる多数をもって行わなければならない。この場合においては、当該決議の要件に加えて、一定の数以上の株主の賛成を要する旨その他の要件を定款で定めることを妨げない。

1 第140条第2項及び第5項の株主総会

2 第156条第1項の株主総会（第160条第1項の特定の株主を定める場合に限る。）

3 第171条第1項及び第175条第1項の株主総会

4 第180条第2項の株主総会

5 第199条第2項、第200条第1項、第202条第3項第4号、第204条第2項及び第205条第2項の株主総会

6 第238条第2項、第239条第1項、第241条第3項第4号、第243条第2項及び第244条第3項の株主総会

7 第339条第1項の株主総会（第342条第3項から第5項までの規定により選任された取締役（監査等委員である取締役を除く。）を解任する場合又は監査等委員である取締役若しくは監査役を解任する場合に限る。）

8 第425条第1項の株主総会

9 第447条第1項の株主総会（次のいずれにも該当する場合に限る。）

イ 定時株主総会において第447条第1項各号に掲げる事項を定めること。

ロ 第447条第1項第1号の額がイの定時株主総会の日（第439条前段に規定する場合にあって

は,第 436 条第 3 項の承認があった日）における欠損の額として法務省令で定める方法により算定される額を超えないこと.

10 第 454 条第 4 項の株主総会（配当財産が金銭以外の財産であり,かつ,株主に対して同項第 1 号に規定する金銭分配請求権を与えないこととする場合に限る.）

11 第 6 章から第 8 章までの規定により株主総会の決議を要する場合における当該株主総会

12 第 5 編の規定により株主総会の決議を要する場合における当該株主総会

③ 前 2 項の規定にかかわらず,次に掲げる株主総会（種類株式発行会社の株主総会を除く.）の決議は,当該株主総会において議決権を行使することができる株主の半数以上（これを上回る割合を定款で定めた場合にあっては,その割合以上）であって,当該株主の議決権の 3 分の 2 (これを上回る割合を定款で定めた場合にあっては,その割合）以上に当たる多数をもって行わなければならない.

1 その発行する全部の株式の内容として譲渡による当該株式の取得について当該株式会社の承認を要する旨の定款の定めを設ける定款の変更を行う株主総会

2 第 783 条第 1 項の株主総会（合併により消滅する株式会社又は株式交換をする株式会社が公開会社であり,かつ,当該株式会社の株主に対して交付する金銭等の全部又は一部が譲渡制限株式等（同条第 3 項に規定する譲渡制限株式等をいう.次項において同じ.）である場合における当該株主総会に限る.）

3 第 804 条第 1 項の株主総会（合併又は株式移転をする株式会社が公開会社であり,かつ,当該株式会社の株主に対して交付する金銭等の全部又は一部が譲渡制限株式等である場合における当該株主総会に限る.）

④ 前 3 項の規定にかかわらず,第 109 条第 2 項の規定による定款の定めについての定款の変更（当該定款の定めを廃止するものを除く.）を行う株主総会の決議は,総株主の半数以上（これを上回る割合を定款で定めた場合にあっては,その割合以上）であって,当該株主の議決権の 4 分の 3 (これを上回る割合を定款で定めた場合にあっては,その割合）以上に当たる多数をもって行わなければならない.

⑤ 取締役会設置会社においては,株主総会は,第 298 条第 1 項第 2 号に掲げる事項以外の事項については,決議をすることができない.ただし,第 316 条第 1 項若しくは第 2 項に規定する者の選任又は第 398 条第 2 項の会計監査人の出席を求めることについては,この限りでない.

（議決権の代理行使）

第 310 条 ① 株主は,代理人によってその議決権を行使することができる.この場合においては,当該株主又は代理人は,代理権を証明する書面を株式会社に提出しなければならない.

② 前項の代理権の授与は,株主総会ごとにしなければならない.

③ 第 1 項の株主又は代理人は,代理権を証明する書面の提出に代えて,政令で定めるところにより,株式会社の承諾を得て,当該書面に記載すべき事項を電磁的方法により提供することができる.この場合において,当該株主又は代理人は,当該書面を提出したものとみなす.

④ 株主が第 299 条第 3 項の承諾をした者である場合には,株式会社は,正当な理由がなければ,前項の承諾をすることを拒んではならない.

⑤ 株式会社は,株主総会に出席することができる代理人の数を制限することができる.

⑥ 株式会社は,株主総会の日から 3 箇月間,代理権を証明する書面及び第 3 項の電磁的方法により提供された事項が記録された電磁的記録をその本店に備え置かなければならない.

⑦ 株主（前項の株主総会において決議をした事項の全部につき議決権を行使することができない株主を除く.次条第 4 項及び第 312 条第 5 項において同じ.）は,株式会社の営業時間内は,いつでも,次に掲げる請求をすることができる.この場合においては,当該請求の理由を明らかにしてしなければならない.

1 代理権を証明する書面の閲覧又は謄写の請求

2 前項の電磁的記録に記録された事項を法務省令で定める方法により表示したものの閲覧又は謄写の請求

⑧ 株式会社は,前項の請求があったときは,次のいずれかに該当する場合を除き,これを拒むことができない.

1 当該請求を行う株主（以下この項において「請求者」という.）がその権利の確保又は行使に関する調査以外の目的で請求を行ったとき.

2 請求者が当該株式会社の業務の遂行を妨げ,又は株主の共同の利益を害する目的で請求を行ったとき.

3 請求者が代理権を証明する書面の閲覧若しくは謄写又は前項第 2 号の電磁的記録に記録された事項を法務省令で定める方法により表示したものの閲覧若しくは謄写によって知り得た事実を利益を得て第三者に通報するため請求を行ったとき.

4 請求者が,過去 2 年以内において,代理権を証明する書面の閲覧若しくは謄写又は前項第 2 号の電磁的記録に記録された事項を法務省令で定める方法により表示したものの閲覧若しくは謄写によって知り得た事実を利益を得て第三者に通報したことがあるものであるとき.

（書面による議決権の行使）

第 311 条 ① 書面による議決権の行使は,議決権行使書面に必要な事項を記載し,法務省令で定める時までに当該記載をした議決権行使書面を株式会社に提出して行う.

② 前項の規定により書面によって行使した議決権の数は,出席した株主の議決権の数に算入する.

③ 株式会社は,株主総会の日から 3 箇月間,第 1 項の規定により提出された議決権行使書面をその本店に備え置かなければならない.

④ 株主は,株式会社の営業時間内は,いつでも,第 1 項の規定により提出された議決権行使書面の閲覧又は謄写の請求をすることができる.この場合においては,当該請求の理由を明らかにしてしなければならない.

⑤ 株式会社は,前項の請求があったときは,次のいずれかに該当する場合を除き,これを拒むことができない.

1 当該請求を行う株主（以下この項において「請求者」という.）がその権利の確保又は行使に関する調査以外の目的で請求を行ったとき.

2 請求者が当該株式会社の業務の遂行を妨げ,又

は株主の共同の利益を害する目的で請求を行ったとき.

3　請求者が第1項の規定により提出された議決権行使書面の閲覧又は謄写によって知り得た事実を利益を得て第三者に通報するため請求を行ったとき.

4　請求者が, 過去2年以内において, 第1項の規定により提出された議決権行使書面の閲覧又は謄写によって知り得た事実を利益を得て第三者に通報したことがあるものであるとき.

（電磁的方法による議決権の行使）

第312条　① 電磁的方法による議決権の行使は, 政令で定めるところにより, 株式会社の承諾を得て, 法務省令で定める時までに議決権行使書面に記載すべき事項を, 電磁的方法により当該株式会社に提供して行う.

② 株主が第299条第3項の承諾をした者である場合には, 株式会社は, 正当な理由がなければ, 前項の承諾をすることを拒んではならない.

③ 第1項の規定により電磁的方法によって行使した議決権の数は, 出席した株主の議決権の数に算入する.

（議決権の不統一行使）

第313条　① 株主は, その有する議決権を統一しないで行使することができる.

② 取締役会設置会社においては, 前項の株主は, 株主総会の日の3日前までに, 取締役会設置会社に対してその有する議決権を統一しないで行使する旨及びその理由を通知しなければならない.

③ 株式会社は, 第1項の株主が他人のために株式を有する者でないときは, 当該株主が同項の規定によりその有する議決権を統一しないで行使することを拒むことができる.

（取締役等の説明義務）

第314条　取締役, 会計参与, 監査役及び執行役は, 株主総会において, 株主から特定の事項について説明を求められた場合には, 当該事項について必要な説明をしなければならない. ただし, 当該事項が株主総会の目的である事項に関しないものである場合, その説明をすることにより株主の共同の利益を著しく害する場合その他正当な理由がある場合として法務省令で定める場合は, この限りでない.

（議長の権限）

第315条　① 株主総会の議長は, 当該株主総会の秩序を維持し, 議事を整理する.

② 株主総会の議長は, その命令に従わない者その他当該株主総会の秩序を乱す者を退場させることができる.

（株主総会に提出された資料等の調査）

第316条　① 株主総会においては, その決議によって, 取締役, 会計参与, 監査役, 監査役会及び会計監査人が当該株主総会に提出し, 又は提供した資料を調査する者を選任することができる.

② 第297条の規定により招集された株主総会においては, その決議によって, 会社の業務及び財産の状況を調査する者を選任することができる.

（延期又は続行の決議）

第317条　株主総会においてその延期又は続行について決議があった場合には, 第298条及び第299条の規定は, 適用しない.

（議事録）

第318条　① 株主総会の議事については, 法務省令で定めるところにより, 議事録を作成しなければならない.

② 株式会社は, 株主総会の日から10年間, 前項の議事録をその本店に備え置かなければならない.

③ 株式会社は, 株主総会の日から5年間, 第1項の議事録の写しをその支店に備え置かなければならない. ただし, 当該議事録が電磁的記録をもって作成されている場合であって, 支店における次項第2号に掲げる請求に応じることを可能とするための措置として法務省令で定めるものをとっているときは, この限りでない.

④ 株主及び債権者は, 株式会社の営業時間内は, いつでも, 次に掲げる請求をすることができる.

1　第1項の議事録が書面をもって作成されているときは, 当該書面又は当該書面の写しの閲覧又は謄写の請求

2　第1項の議事録が電磁的記録をもって作成されているときは, 当該電磁的記録に記録された事項を法務省令で定める方法により表示したものの閲覧又は謄写の請求

⑤ 株式会社の親会社社員は, その権利を行使するため必要があるときは, 裁判所の許可を得て, 第1項の議事録について前項各号に掲げる請求をすることができる.

（株主総会の決議の省略）

第319条　① 取締役又は株主が株主総会の目的である事項について提案をした場合において, 当該提案につき株主（当該事項について議決権を行使することができるものに限る.）の全員が書面又は電磁的記録により同意の意思表示をしたときは, 当該提案を可決する旨の株主総会の決議があったものとみなす.

② 株式会社は, 前項の規定により株主総会の決議があったものとみなされた日から10年間, 同項の書面又は電磁的記録をその本店に備え置かなければならない.

③ 株主及び債権者は, 株式会社の営業時間内は, いつでも, 次に掲げる請求をすることができる.

1　前項の書面の閲覧又は謄写の請求

2　前項の電磁的記録に記録された事項を法務省令で定める方法により表示したものの閲覧又は謄写の請求

④ 株式会社の親会社社員は, その権利を行使するため必要があるときは, 裁判所の許可を得て, 第2項の書面又は電磁的記録について前項各号に掲げる請求をすることができる.

⑤ 第1項の規定により定時株主総会の目的である事項のすべてについての提案を可決する旨の株主総会の決議があったものとみなされた場合には, その時に当該定時株主総会が終結したものとみなす.

（株主総会への報告の省略）

第320条　取締役が株主の全員に対して株主総会に報告すべき事項を通知した場合において, 当該事項を株主総会に報告することを要しないことにつき株主の全員が書面又は電磁的記録により同意の意思表示をしたときは, 当該事項の株主総会への報告があったものとみなす.

第3款　電子提供措置

（電子提供措置をとる旨の定款の定め）

第325条の2　株式会社は, 取締役が株主総会（種類株主総会を含む.）の招集の手続を行うときは, 次に掲げる資料（以下この款において「株主総会

参考書類等」という．）の内容である情報について，電子提供措置（電磁的方法により株主総会を招集する場合にあっては，ある種類の株主に限る．）が情報の提供を受けることができる状態に置く措置であって，法務省令で定めるものをいう．以下この条，第911条第3項第12号の2及び第976条第19号において同じ．）をとる旨を定款で定めることができる．この場合において，その定款には，電子提供措置をとる旨を定めれば足りる．

1　株主総会参考書類
2　議決権行使書面
3　第437条の計算書類及び事業報告
4　第444条第6項の連結計算書類
（電子提供措置）

第325条の3　① 電子提供措置をとる旨の定款の定めがある株式会社の取締役は，第299条第2項各号に掲げる場合には，株主総会の日の3週間前の日又は同条第1項の通知を発した日のいずれか早い日（以下この款において「電子提供措置開始日」という．）から株主総会の日後3箇月を経過する日までの間（以下この款において「電子提供措置期間」という．），次に掲げる事項に係る情報について継続して電子提供措置をとらなければならない．

1　第298条第1項各号に掲げる事項
2　第301条第1項に規定する場合には，株主総会参考書類及び議決権行使書面に記載すべき事項
3　第302条第1項に規定する場合には，株主総会参考書類に記載すべき事項
4　第305条第1項の規定による請求があった場合には，同項の議案の概要
5　株式会社が取締役会設置会社である場合において，取締役が定時株主総会を招集するときは，第437条の計算書類及び事業報告に記載され，又は記録された事項
6　株式会社が会計監査人設置会社（取締役会設置会社に限る．）である場合において，取締役が定時株主総会を招集するときは，第444条第6項の連結計算書類に記載され，又は記録された事項
7　前各号に掲げる事項を修正したときは，その旨及び修正前の事項

② 前項の規定にかかわらず，取締役が第299条第1項の通知に際して株主に対し議決権行使書面を交付するときは，議決権行使書面に記載すべき事項に係る情報については，前項の規定により電子提供措置をとることを要しない．

③ 第1項の規定にかかわらず，金融商品取引法第24条第1項の規定によりその発行する株式について有価証券報告書を内閣総理大臣に提出しなければならない株式会社が，電子提供措置開始日までに第1項各号に掲げる事項（定時株主総会に係るものに限り，議決権行使書面に記載すべき事項を除く．）を記載した有価証券報告書（添付書類及びこれらの訂正報告書を含む．）の提出の手続を同法第27条の30の2に規定する開示用電子情報処理組織（以下この条において単に「開示用電子情報処理組織」という．）を使用して行う場合には，当該事項に係る情報については，同項の規定により電子提供措置をとることを要しない．

第2節　株主総会以外の機関の設置
（株主総会以外の機関の設置）

第326条　① 株式会社には，1人又は2人以上の取締役を置かなければならない．

② 株式会社は，定款の定めによって，取締役会，会計参与，監査役，監査役会，会計監査人，監査等委員会又は指名委員会等を置くことができる．
（取締役会等の設置義務等）

第327条　① 次に掲げる株式会社は，取締役会を置かなければならない．
1　公開会社
2　監査役会設置会社
3　監査等委員会設置会社
4　指名委員会等設置会社

② 取締役会設置会社（監査等委員会設置会社及び指名委員会等設置会社を除く．）は，監査役を置かなければならない．ただし，公開会社でない会計参与設置会社については，この限りでない．

③ 会計監査人設置会社（監査等委員会設置会社及び指名委員会等設置会社を除く．）は，監査役を置かなければならない．

④ 監査等委員会設置会社及び指名委員会等設置会社は，監査役を置いてはならない．

⑤ 監査等委員会設置会社及び指名委員会等設置会社は，会計監査人を置かなければならない．

⑥ 指名委員会等設置会社は，監査等委員会を置いてはならない．
（社外取締役の設置義務）

第327条の2　監査役会設置会社（公開会社であり，かつ，大会社であるものに限る．）であって金融商品取引法第24条第1項の規定によりその発行する株式について有価証券報告書を内閣総理大臣に提出しなければならないものは，社外取締役を置かなければならない．
（大会社における監査役会等の設置義務）

第328条　① 大会社（公開会社でないもの，監査等委員会設置会社及び指名委員会等設置会社を除く．）は，監査役会及び会計監査人を置かなければならない．

② 公開会社でない大会社は，会計監査人を置かなければならない．

第3節　役員及び会計監査人の選任及び解任
第1款　選任
（選任）

第329条　① 役員（取締役，会計参与及び監査役をいう．以下この節，第371条第4項及び第394条第3項において同じ．）及び会計監査人は，株主総会の決議によって選任する．

② 監査等委員会設置会社においては，前項の規定による取締役の選任は，監査等委員である取締役とそれ以外の取締役とを区別してしなければならない．

③ 第1項の決議をする場合には，法務省令で定めるところにより，役員（監査等委員会設置会社にあっては，監査等委員である取締役若しくはそれ以外の取締役又は会計参与．以下この項において同じ．）が欠けた場合又はこの法律若しくは定款で定めた役員の員数を欠くこととなるときに備えて補欠の役員を選任することができる．
（株式会社と役員等との関係）

第330条　株式会社と役員及び会計監査人との関係は，委任に関する規定に従う．
（取締役の資格等）

第331条　① 次に掲げる者は，取締役となることができない．
1　法人
2　削除

3　この法律若しくは一般社団法人及び一般財団法人に関する法律（平成18年法律第48号）の規定に違反し、又は金融商品取引法第197条、第197条の2第1項から第10号の3まで若しくは第13号から第15号まで、第198条第8号、第199条、第200条第1号から第12号の2まで、第20号若しくは第21号、第203条第3項若しくは第205条第1号から第6号まで、第19号若しくは第20号の罪、民事再生法（平成11年法律第225号）第255条、第256条、第258条から第260条まで若しくは第262条の罪、外国倒産処理手続の承認援助に関する法律（平成12年法律第129号）第65条、第66条、第68条若しくは第69条の罪、会社更生法（平成14年法律第154号）第266条、第267条、第269条から第271条まで若しくは第273条の罪若しくは破産法（平成16年法律第75号）第265条、第266条、第268条から第272条まで若しくは第274条の罪を犯し、刑に処せられ、その執行を終わり、又はその執行を受けることがなくなった日から2年を経過しない者

4　前号に規定する法律の規定以外の法令の規定に違反し、拘禁刑以上の刑に処せられ、その執行を終わるまで又はその執行を受けることがなくなるまでの者（刑の執行猶予中の者を除く。）

② 株式会社は、取締役が株主でなければならない旨を定款で定めることができない。ただし、公開会社でない株式会社においては、この限りでない。

③ 監査等委員である取締役は、監査等委員会設置会社若しくはその子会社の業務執行取締役若しくは支配人その他の使用人又は当該子会社の会計参与（会計参与が法人であるときは、その職務を行うべき社員）若しくは執行役を兼ねることができない。

④ 指名委員会等設置会社の取締役は、当該指名委員会等設置会社の支配人その他の使用人を兼ねることができない。

⑤ 取締役会設置会社においては、取締役は、3人以上でなければならない。

⑥ 監査等委員会設置会社においては、監査等委員である取締役は、3人以上で、その過半数は、社外取締役でなければならない。　　〔令4法68,施行3年内〕

（取締役の任期）

第332条 ① 取締役の任期は、選任後2年以内に終了する事業年度のうち最終のものに関する定時株主総会の終結の時までとする。ただし、定款又は株主総会の決議によって、その任期を短縮することを妨げない。

② 前項の規定は、公開会社でない株式会社（監査等委員会設置会社及び指名委員会等設置会社を除く。）において、定款によって、同項の任期を選任後10年以内に終了する事業年度のうち最終のものに関する定時株主総会の終結の時まで伸長することを妨げない。

③ 監査等委員会設置会社の取締役（監査等委員であるものを除く。）についての第1項の規定の適用については、同項中「2年」とあるのは、「1年」とする。

④ 監査等委員である取締役の任期については、第1項ただし書の規定は、適用しない。

⑤ 第1項本文の規定は、定款によって、任期の満了前に退任した監査等委員である取締役の補欠として選任された監査等委員である取締役の任期を退任した監査等委員である取締役の任期の満了する

時までとすることを妨げない。

⑥ 指名委員会等設置会社の取締役についての第1項の規定の適用については、同項中「2年」とあるのは、「1年」とする。

（会計参与の資格等）

第333条 ① 会計参与は、公認会計士若しくは監査法人又は税理士若しくは税理士法人でなければならない。

② 会計参与に選任された監査法人又は税理士法人は、その社員の中から会計参与の職務を行うべき者を選定し、これを株式会社に通知しなければならない。この場合においては、次項各号に掲げる者を選定することはできない。

③ 次に掲げる者は、会計参与となることができない。

1　株式会社又はその子会社の取締役、監査役若しくは執行役又は支配人その他の使用人

2　業務の停止の処分を受け、その停止の期間を経過しない者

3　税理士法（昭和26年法律第237号）第43条の規定により同法第2条第2項に規定する税理士業務を行うことができない者

（会計参与の任期）

第334条 ① 第332条（第4項及び第5項を除く。次項において同じ。）の規定は、会計参与の任期について準用する。

② 前項において準用する第332条の規定にかかわらず、会計参与設置会社が会計参与を置く旨の定款の定めを廃止する定款の変更をした場合には、会計参与の任期は、当該定款の変更の効力が生じた時に満了する。

（監査役の資格等）

第335条 ① 第331条第1項及び第2項並びに第331条の2の規定は、監査役について準用する。

② 監査役は、株式会社若しくはその子会社の取締役若しくは支配人その他の使用人又は当該子会社の会計参与（会計参与が法人であるときは、その職務を行うべき社員）若しくは執行役を兼ねることができない。

③ 監査役会設置会社においては、監査役は、3人以上で、そのうち半数以上は、社外監査役でなければならない。

（監査役の任期）

第336条 ① 監査役の任期は、選任後4年以内に終了する事業年度のうち最終のものに関する定時株主総会の終結の時までとする。

② 前項の規定は、公開会社でない株式会社において、定款によって、同項の任期を選任後10年以内に終了する事業年度のうち最終のものに関する定時株主総会の終結の時まで伸長することを妨げない。

③ 第1項の規定は、定款によって、任期の満了前に退任した監査役の補欠として選任された監査役の任期を退任した監査役の任期の満了する時までとすることを妨げない。

（会計監査人の資格等）

第337条 ① 会計監査人は、公認会計士又は監査法人でなければならない。

② 会計監査人に　選任された監査法人は、その社員の中から会計監査人の職務を行うべき者を選定し、これを株式会社に通知しなければならない。この場合においては、次項第2号に掲げる者を選定することはできない。

③ 次に掲げる者は、会計監査人となることができな

い.
　1　公認会計士法の規定により，第435条第2項に規定する計算書類について監査をすることができない者
　2　株式会社の子会社若しくはその取締役，会計参与，監査役若しくは執行役から公認会計士若しくは監査法人の業務以外の業務により継続的な報酬を受けている者又はその配偶者
　3　監査法人でその社員の半数以上が前号に掲げる者であるもの
　　（会計監査人の任期）
第338条　① 会計監査人の任期は，選任後1年以内に終了する事業年度のうち最終のものに関する定時株主総会の終結の時までとする.
　② 会計監査人は，前項の定時株主総会において別段の決議がされなかったときは，当該定時株主総会において再任されたものとみなす.
　③ 前2項の規定にかかわらず，会計監査人設置会社が会計監査人を置く旨の定款の定めを廃止する定款の変更をした場合には，会計監査人の任期は，当該定款の変更の効力が生じた時に満了する.
　　　第2款　解　任
　　　（解　任）
第339条　① 役員及び会計監査人は，いつでも，株主総会の決議によって解任することができる.
　② 前項の規定により解任された者は，その解任について正当な理由がある場合を除き，株式会社に対し，解任によって生じた損害の賠償を請求することができる.
　　（監査役等による会計監査人の解任）
第340条　① 監査役は，会計監査人が次のいずれかに該当するときは，その会計監査人を解任することができる.
　1　職務上の義務に違反し，又は職務を怠ったとき.
　2　会計監査人としてふさわしくない非行があったとき.
　3　心身の故障のため，職務の執行に支障があり，又はこれに堪えないとき.
　② 前項の規定による解任は，監査役が2人以上ある場合には，監査役の全員の同意によって行わなければならない.
　③ 第1項の規定により会計監査人を解任したときは，監査役（監査役が2人以上ある場合にあっては，監査役の互選によって定めた監査役）は，その旨及び解任の理由を解任後最初に招集される株主総会に報告しなければならない.
　　　第3款　選任及び解任の手続に関する特則
　　　（役員の選任及び解任の株主総会の決議）
第341条　第309条第1項の規定にかかわらず，役員を選任し，又は解任する株主総会の決議は，議決権を行使することができる株主の議決権の過半数（3分の1以上の割合を定款で定めた場合にあっては，その割合以上）を有する株主が出席し，出席した当該株主の議決権の過半数（これを上回る割合を定款で定めた場合にあっては，その割合以上）をもって行わなければならない.
　　（累積投票による取締役の選任）
第342条　① 株主総会の目的である事項が2人以上の取締役（監査等委員会設置会社にあっては，監査等委員である取締役又はそれ以外の取締役.以下この条において同じ.）の選任である場合には，株主（取締役の選任について議決権を行使すること

ができる株主に限る.以下この条において同じ.）は，定款に別段の定めがあるときを除き，株式会社に対し，次項から第5項までに規定するところにより取締役を選任すべきことを請求することができる.
　② 前項の規定による請求は，同項の株主総会の日の5日前までにしなければならない.
　③ 第308条第1項の規定にかかわらず，第1項の規定による請求があった場合には，取締役の選任の決議については，株主は，その有する株式1株（単元株式数を定款で定めている場合にあっては，一単元の株式）につき，当該株主総会において選任する取締役の数と同数の議決権を有する.この場合においては，株主は，1人のみに投票し，又は2人以上に投票して，その議決権を行使することができる.
　④ 前項の場合には，投票の最多数を得た者から順次取締役に選任されるものとする.
　⑤ 前2項に定めるもののほか，第1項の規定による請求があった場合における取締役の選任に関し必要な事項は，法務省令で定める.
　⑥ 前条の規定は，前3項に規定するところにより選任された取締役の解任の決議については，適用しない.
　　（監査等委員である取締役等の選任等についての意見の陳述）
第342条の2　① 監査等委員である取締役は，株主総会において，監査等委員である取締役の選任若しくは解任又は辞任について意見を述べることができる.
　② 監査等委員である取締役を辞任した者は，辞任後最初に招集される株主総会に出席して，辞任した旨及びその理由を述べることができる.
　③ 取締役は，前項の者に対し，同項の株主総会を招集する旨及び第298条第1項第1号に掲げる事項を通知しなければならない.
　④ 監査等委員会が選定する監査等委員は，株主総会において，監査等委員である取締役以外の取締役の選任若しくは解任又は辞任について監査等委員会の意見を述べることができる.
　　（監査役の選任に関する監査役の同意等）
第343条　① 取締役は，監査役がある場合において，監査役の選任に関する議案を株主総会に提出するには，監査役（監査役が2人以上ある場合にあっては，その過半数）の同意を得なければならない.
　② 監査役は，取締役に対し，監査役の選任を株主総会の目的とすること又は監査役の選任に関する議案を株主総会に提出することを請求することができる.
　　（会計監査人の選任等に関する議案の内容の決定）
第344条　① 監査役設置会社においては，株主総会に提出する会計監査人の選任及び解任並びに会計監査人を再任しないことに関する議案の内容は，監査役が決定する.
　　（監査等委員である取締役の選任に関する監査等委員会の同意等）
第344条の2　① 取締役は，監査等委員会がある場合において，監査等委員である取締役の選任に関する議案を株主総会に提出するには，監査等委員会の同意を得なければならない.
　② 監査等委員会は，取締役に対し，監査等委員である取締役の選任を株主総会の目的とすること又は監査等委員である取締役の選任に関する議案を株

主総会に提出することを請求することができる.

③ 第341条の規定は,監査等委員である取締役の解任の決議については,適用しない.

（会計参与等の選任等についての意見の陳述）

第345条 ① 会計参与は,株主総会において,会計参与の選任若しくは解任又は辞任について意見を述べることができる.

② 会計参与を辞任した者は,辞任後最初に招集される株主総会に出席して,辞任した旨及びその理由を述べることができる.

（役員等に欠員を生じた場合の措置）

第346条 ① 役員（監査等委員会設置会社にあっては,監査等委員である取締役若しくはそれ以外の取締役又は会計参与.以下この条において同じ.）が欠けた場合又はこの法律若しくは定款で定めた役員の員数が欠けた場合には,任期の満了又は辞任により退任した役員は,新たに選任された役員（次項の一時役員の職務を行うべき者を含む.）が就任するまで,なお役員としての権利義務を有する.

② 前項に規定する場合において,裁判所は,必要があると認めるときは,利害関係人の申立てにより,一時役員の職務を行うべき者を選任することができる.

③ 裁判所は,前項の一時役員の職務を行うべき者を選任した場合には,株式会社がその者に対して支払う報酬の額を定めることができる.

④ 会計監査人が欠けた場合又は定款で定めた会計監査人の員数が欠けた場合において,遅滞なく会計監査人が選任されないときは,監査役は,一時会計監査人の職務を行うべき者を選任しなければならない.

⑤ 第337条及び第340条の規定は,前項の一時会計監査人の職務を行うべき者について準用する.

⑥ 監査役会設置会社における第4項の規定の適用については,同項中「監査役」とあるのは,「監査役会」とする.

⑦ 監査等委員会設置会社における第4項の規定の適用については,同項中「監査役」とあるのは,「監査等委員会」とする.

⑧ 指名委員会等設置会社における第4項の規定の適用については,同項中「監査役」とあるのは,「監査委員会」とする.

　　第4節　取締役

（業務の執行）

第348条 ① 取締役は,定款に別段の定めがある場合を除き,株式会社（取締役会設置会社を除く.以下この条において同じ.）の業務を執行する.

② 取締役が2人以上ある場合には,株式会社の業務は,定款に別段の定めがある場合を除き,取締役の過半数をもって決定する.

③ 前項の場合には,取締役は,次に掲げる事項についての決定を各取締役に委任することができない.

1　支配人の選任及び解任

2　支店の設置,移転及び廃止

3　第298条第1項各号（第325条において準用する場合を含む.）に掲げる事項

4　取締役の職務の執行が法令及び定款に適合することを確保するための体制その他株式会社の業務並びに当該株式会社及びその子会社から成る企業団の業務の適正を確保するために必要なものとして法務省令で定める体制の整備

5　第426条第1項の規定による定款の定めに基づく第423条第1項の責任の免除

④ 大会社においては,取締役は,前項第4号に掲げる事項を決定しなければならない.

（業務の執行の社外取締役への委託）

第348条の2 ① 株式会社（指名委員会等設置会社を除く.）が社外取締役を置いている場合において,当該株式会社と取締役との利益が相反する状況にあるとき,その他取締役が当該株式会社の業務を執行することにより株主の利益を損なうおそれがあるときは,当該株式会社は,その都度,取締役の決定（取締役会設置会社にあっては,取締役会の決議）によって,当該株式会社の業務を執行することを社外取締役に委託することができる.

② 指名委員会等設置会社と執行役との利益が相反する状況にあるとき,その他執行役が指名委員会等設置会社の業務を執行することにより株主の利益を損なうおそれがあるときは,当該指名委員会等設置会社は,その都度,取締役会の決議によって,当該指名委員会等設置会社の業務を執行することを社外取締役に委託することができる.

③ 前2項の規定により委託された業務の執行は,第2条第15号イに規定する株式会社の業務の執行に該当しないものとする.ただし,社外取締役が業務執行取締役（指名委員会等設置会社にあっては,執行役）の指揮命令により当該委託された業務を執行したときは,この限りでない.

（株式会社の代表）

第349条 ① 取締役は,株式会社を代表する.ただし,他に代表取締役その他株式会社を代表する者を定めた場合は,この限りでない.

② 前項本文の取締役が2人以上ある場合には,取締役は,各自,株式会社を代表する.

③ 株式会社（取締役会設置会社を除く.）は,定款,定款の定めに基づく取締役の互選又は株主総会の決議によって,取締役の中から代表取締役を定めることができる.

④ 代表取締役は,株式会社の業務に関する一切の裁判上又は裁判外の行為をする権限を有する.

⑤ 前項の権限に加えた制限は,善意の第三者に対抗することができない.

（代表者の行為についての損害賠償責任）

第350条 株式会社は,代表取締役その他の代表者がその職務を行うについて第三者に加えた損害を賠償する責任を負う.

（代表取締役に欠員を生じた場合の措置）

第351条 ① 代表取締役が欠けた場合又は定款で定めた代表取締役の員数が欠けた場合には,任期の満了又は辞任により退任した代表取締役は,新たに選定された代表取締役（次項の一時代表取締役の職務を行うべき者を含む.）が就任するまで,なお代表取締役としての権利義務を有する.

② 前項に規定する場合において,裁判所は,必要があると認めるときは,利害関係人の申立てにより,一時代表取締役の職務を行うべき者を選任することができる.

③ 裁判所は,前項の一時代表取締役の職務を行うべき者を選任した場合には,株式会社がその者に対して支払う報酬の額を定めることができる.

（取締役の職務を代行する者の権限）

第352条 ① 民事保全法（平成元年法律第91号）第56条に規定する仮処分命令により選任された取締役又は代表取締役の職務を代行する者は,仮処分

命令に別段の定めがある場合を除き，株式会社の常務に属しない行為をするには，裁判所の許可を得なければならない．

② 前項の規定に違反して行った取締役又は代表取締役の職務を代行する者の行為は，無効とする．ただし，株式会社は，これをもって善意の第三者に対抗することができない．

（株式会社と取締役との間の訴えにおける会社の代表）

第353条 第349条第4項の規定にかかわらず，株式会社が取締役（取締役であった者を含む．以下この条において同じ．）に対し，又は取締役が株式会社に対して訴えを提起する場合には，株主総会は，当該訴えについて株式会社を代表する者を定めることができる．

（表見代表取締役）

第354条 株式会社は，代表取締役以外の取締役に社長，副社長その他株式会社を代表する権限を有するものと認められる名称を付した場合には，当該取締役がした行為について，善意の第三者に対してその責任を負う．

（忠実義務）

第355条 取締役は，法令及び定款並びに株主総会の決議を遵守し，株式会社のため忠実にその職務を行わなければならない．

（競業及び利益相反取引の制限）

第356条 ① 取締役は，次に掲げる場合には，株主総会において，当該取引につき重要な事実を開示し，その承認を受けなければならない．

1 取締役が自己又は第三者のために株式会社の事業の部類に属する取引をしようとするとき．

2 取締役が自己又は第三者のために株式会社と取引をしようとするとき．

3 株式会社が取締役の債務を保証することその他取締役以外の者との間において株式会社と当該取締役との利益が相反する取引をしようとするとき．

② 民法第108条の規定は，前項の承認を受けた同項第2号又は第3号の取引については，適用しない．

（取締役の報告義務）

第357条 ① 取締役は，株式会社に著しい損害を及ぼすおそれのある事実があることを発見したときは，直ちに，当該事実を株主（監査役設置会社にあっては，監査役）に報告しなければならない．

（業務の執行に関する検査役の選任）

第358条 ① 株式会社の業務の執行に関し，不正の行為又は法令若しくは定款に違反する重大な事実があることを疑うに足りる事由があるときは，次に掲げる株主は，当該株式会社の業務及び財産の状況を調査させるため，裁判所に対し，検査役の選任の申立てをすることができる．

1 総株主（株主総会において決議をすることができる事項の全部につき議決権を行使することができない株主を除く．）の議決権の100分の3（これを下回る割合を定款で定めた場合にあっては，その割合）以上の議決権を有する株主

2 発行済株式（自己株式を除く．）の100分の3（これを下回る割合を定款で定めた場合にあっては，その割合）以上の数の株式を有する株主

② 前項の申立てがあった場合には，裁判所は，これを不適法として却下する場合を除き，検査役を選任しなければならない．

③ 裁判所は，前項の検査役を選任した場合には，株

式会社が当該検査役に対して支払う報酬の額を定めることができる．

④ 第2項の検査役は，その職務を行うため必要があるときは，株式会社の子会社の業務及び財産の状況を調査することができる．

⑤ 第2項の検査役は，必要な調査を行い，当該調査の結果を記載し，又は記録した書面又は電磁的記録（法務省令で定めるものに限る．）を裁判所に提供して報告をしなければならない．

⑥ 裁判所は，前項の報告について，その内容を明瞭にし，又はその根拠を確認するため必要があると認めるときは，第2項の検査役に対し，更に前項の報告を求めることができる．

⑦ 第2項の検査役は，第5項の報告をしたときは，株式会社及び検査役の選任の申立てをした株主に対し，同項の書面の写しを交付し，又は同項の電磁的記録に記録された事項を法務省令で定める方法により提供しなければならない．

（裁判所による株主総会招集等の決定）

第359条 ① 裁判所は，前条第5項の報告があった場合において，必要があると認めるときは，取締役に対し，次に掲げる措置の全部又は一部を命じなければならない．

1 一定の期間内に株主総会を招集すること．

2 前条第5項の調査の結果を株主に通知すること．

② 裁判所が前項第1号に掲げる措置を命じた場合には，取締役は，前条第5項の報告の内容を同号の株主総会において開示しなければならない．

③ 前項に規定する場合には，取締役（監査役設置会社にあっては，取締役及び監査役）は，前条第5項の報告の内容を調査し，その結果を第1項第1号の株主総会に報告しなければならない．

（株主による取締役の行為の差止め）

第360条 ① 6箇月（これを下回る期間を定款で定めた場合にあっては，その期間）前から引き続き株式を有する株主は，取締役が株式会社の目的の範囲外の行為その他法令若しくは定款に違反する行為をし，又はこれらの行為をするおそれがある場合において，当該行為によって当該株式会社に著しい損害が生ずるおそれがあるときは，当該取締役に対し，当該行為をやめることを請求することができる．

② 公開会社でない株式会社における前項の規定の適用については，同項中「6箇月（これを下回る期間を定款で定めた場合にあっては，その期間）前から引き続き株式を有する株主」とあるのは，「株主」とする．

③ 監査役設置会社，監査等委員会設置会社又は指名委員会等設置会社における第1項の規定の適用については，同項中「著しい損害」とあるのは，「回復することができない損害」とする．

（取締役の報酬等）

第361条 ① 取締役の報酬，賞与その他の職務執行の対価として株式会社から受ける財産上の利益（以下この章において「報酬等」という．）についての次に掲げる事項は，定款に当該事項を定めていないときは，株主総会の決議によって定める．

1 報酬等のうち額が確定しているものについては，その額

2 報酬等のうち額が確定していないものについては，その具体的な算定方法

3 報酬等のうち当該株式会社の募集株式（第199条第1項に規定する募集株式をいう．以下この項

及び第409条第3項において同じ.）については,当該募集株式の数（種類株式発行会社にあっては,募集株式の種類及び種類ごとの数）の上限その他法務省令で定める事項

4 報酬等のうち当該株式会社の募集新株予約権（第238条第1項に規定する募集新株予約権をいう. 以下この項及び第409条第3項において同じ.）については,当該募集新株予約権の数の上限その他法務省令で定める事項

5 報酬等のうち次のイ又はロに掲げるものと引換えにする払込みに充てるための金銭については,当該イ又はロに定める事項

イ 当該株式会社の募集株式 取締役が引き受ける当該募集株式の数（種類株式発行会社にあっては,募集株式の種類及び種類ごとの数）の上限その他法務省令で定める事項

ロ 当該株式会社の募集新株予約権 取締役が引き受ける当該募集新株予約権の数の上限その他法務省令で定める事項

6 報酬等のうち金銭でないもの（当該株式会社の募集株式及び募集新株予約権を除く.）については,その具体的な内容

② 監査等委員会設置会社においては,前項各号に掲げる事項は,監査等委員である取締役とそれ以外の取締役とを区別して定めなければならない.

③ 監査等委員である各取締役の報酬等について定款の定め又は株主総会の決議がないときは,当該報酬等は,第1項の報酬等の範囲内において,監査等委員である取締役の協議によって定める.

④ 第1項各号に掲げる事項を定め,又はこれを改定する議案を株主総会に提出した取締役は,当該株主総会において,当該事項を相当とする理由を説明しなければならない.

⑤ 監査等委員である取締役は,株主総会において,監査等委員である取締役の報酬等について意見を述べることができる.

⑥ 監査等委員会が選定する監査等委員は,株主総会において,監査等委員である取締役以外の取締役の報酬等について監査等委員会の意見を述べることができる.

⑦ 次に掲げる株式会社の取締役会は,取締役（監査等委員である取締役を除く. 以下この項において同じ.）の報酬等の内容として定款又は株主総会の決議による第1項各号に掲げる事項についての定めがある場合には,当該定めに基づく取締役の個人別の報酬等の内容についての決定に関する方針として法務省令で定める事項を決定しなければならない. ただし,取締役の個人別の報酬等の内容が定款又は株主総会の決議により定められているときは,この限りでない.

1 監査役会設置会社（公開会社であり,かつ,大会社であるものに限る.）であって,金融商品取引法第24条第1項の規定によりその発行する株式について有価証券報告書を内閣総理大臣に提出しなければならないもの

2 監査等委員会設置会社

第5節　取締役会
第1款　権限等
（取締役会の権限）

第362条 ① 取締役会は,すべての取締役で組織する.

② 取締役会は,次に掲げる職務を行う.

1 取締役会設置会社の業務執行の決定

2 取締役の職務の執行の監督

3 代表取締役の選定及び解職

③ 取締役会は,取締役の中から代表取締役を選定しなければならない.

④ 取締役会は,次に掲げる事項その他の重要な業務執行の決定を取締役に委任することができない.

1 重要な財産の処分及び譲受け

2 多額の借財

3 支配人その他の重要な使用人の選任及び解任

4 支店その他の重要な組織の設置,変更及び廃止

5 第676条第1号に掲げる事項その他の社債を引き受ける者の募集に関する重要な事項として法務省令で定める事項

6 取締役の職務の執行が法令及び定款に適合することを確保するための体制その他株式会社の業務並びに当該株式会社及びその子会社から成る企業集団の業務の適正を確保するために必要なものとして法務省令で定める体制の整備

7 第426条第1項の規定による定款の定めに基づく第423条第1項の責任の免除

⑤ 大会社である取締役会設置会社においては,取締役会は,前項第6号に掲げる事項を決定しなければならない.

（取締役会設置会社の取締役の権限）

第363条 ① 次に掲げる取締役は,取締役会設置会社の業務を執行する.

1 代表取締役

2 代表取締役以外の取締役であって,取締役会の決議によって取締役会設置会社の業務を執行する取締役として選定されたもの

② 前項各号に掲げる取締役は,3箇月に1回以上,自己の職務の執行の状況を取締役会に報告しなければならない.

（取締役会設置会社と取締役との間の訴えにおける会社の代表）

第364条 第353条に規定する場合には,取締役会は,同条の規定による株主総会の定めがある場合を除き,同条の訴えについて取締役会設置会社を代表する者を定めることができる.

（競業及び取締役会設置会社との取引等の制限）

第365条 ① 取締役会設置会社における第356条の規定の適用については,同条第1項中「株主総会」とあるのは,「取締役会」とする.

② 取締役会設置会社においては,第356条第1項各号の取引をした取締役は,当該取引後,遅滞なく,当該取引についての重要な事実を取締役会に報告しなければならない.

第2款　運営
（招集権者）

第366条 ① 取締役会は,各取締役が招集する. ただし,取締役会を招集する取締役を定款又は取締役会で定めたときは,その取締役が招集する.

② 前項ただし書に規定する場合には,同項ただし書の規定により定められた取締役（以下この章において「招集権者」という.）以外の取締役は,招集権者に対し,取締役会の目的である事項を示して,取締役会の招集を請求することができる.

③ 前項の規定による請求があった日から5日以内に,その請求があった日から2週間以内の日を取締役会の日とする取締役会の招集の通知が発せられない場合には,その請求をした取締役は,取締役会を招集することができる.

（株主による招集の請求）

第367条 ① 取締役会設置会社（監査役設置会社、監査等委員会設置会社及び指名委員会等設置会社を除く．）の株主は、取締役が取締役会設置会社の目的の範囲外の行為その他法令若しくは定款に違反する行為をし、又はこれらの行為をするおそれがあると認めるときは、取締役会の招集を請求することができる．

② 前項の規定による請求は、取締役（前条第1項ただし書に規定する場合にあっては、招集権者）に対し、取締役会の目的である事項を示して行わなければならない．

③ 前条第3項の規定は、第1項の規定による請求があった場合について準用する．

④ 第1項の規定による請求を行った株主は、当該請求に基づき招集され、又は前項において準用する前条第3項により招集した取締役会に出席し、意見を述べることができる．

（招集手続）

第368条 ① 取締役会を招集する者は、取締役会の日の1週間（これを下回る期間を定款で定めた場合にあっては、その期間）前までに、各取締役（監査役設置会社にあっては、各取締役及び各監査役）に対してその通知を発しなければならない．

② 前項の規定にかかわらず、取締役会は、取締役（監査役設置会社にあっては、取締役及び監査役）の全員の同意があるときは、招集の手続を経ることなく開催することができる．

（取締役会の決議）

第369条 ① 取締役会の決議は、議決に加わることができる取締役の過半数（これを上回る割合を定款で定めた場合にあっては、その割合以上）が出席し、その過半数（これを上回る割合を定款で定めた場合にあっては、その割合以上）をもって行う．

② 前項の決議について特別の利害関係を有する取締役は、議決に加わることができない．

③ 取締役会の議事については、法務省令で定めるところにより、議事録を作成し、議事録が書面をもって作成されているときは、出席した取締役及び監査役は、これに署名し、又は記名押印しなければならない．

④ 前項の議事録が電磁的記録をもって作成されている場合における当該電磁的記録に記録された事項については、法務省令で定める署名又は記名押印に代わる措置をとらなければならない．

⑤ 取締役会の決議に参加した取締役であって第3項の議事録に異議をとどめないものは、その決議に賛成したものと推定する．

（取締役会の決議の省略）

第370条 取締役会設置会社は、取締役が取締役会の決議の目的である事項について提案をした場合において、当該提案につき取締役（当該事項について議決に加わることができるものに限る．）の全員が書面又は電磁的記録により同意の意思表示をしたとき（監査役設置会社にあっては、監査役が当該提案について異議を述べたときを除く．）は、当該提案を可決する旨の取締役会の決議があったものとみなす旨を定款で定めることができる．

（議事録等）

第371条 ① 取締役会設置会社は、取締役会の日（前条の規定により取締役会の決議があったものとみなされた日を含む．）から10年間、第369条第3項の議事録又は前条の意思表示を記載し、若しくは記録した書面又は電磁的記録（以下この条において「議事録等」という．）をその本店に備え置かなければならない．

② 株主は、その権利を行使するため必要があるときは、株式会社の営業時間内は、いつでも、次に掲げる請求をすることができる．

1 前項の議事録等が書面をもって作成されているときは、当該書面の閲覧又は謄写の請求

2 前項の議事録等が電磁的記録をもって作成されているときは、当該電磁的記録に記録された事項を法務省令で定める方法により表示したものの閲覧又は謄写の請求

③ 監査役設置会社、監査等委員会設置会社又は指名委員会等設置会社における前項の規定の適用については、同項中「株式会社の営業時間内は、いつでも」とあるのは、「裁判所の許可を得て」とする．

④ 取締役会設置会社の債権者は、役員又は執行役の責任を追及するため必要があるときは、裁判所の許可を得て、当該取締役会設置会社の議事録等について第2項各号に掲げる請求をすることができる．

⑤ 前項の規定は、取締役会設置会社の親会社社員がその権利を行使するため必要があるときについて準用する．

⑥ 裁判所は、第3項において読み替えて適用する第2項各号に掲げる請求又は第4項（前項において準用する場合を含む．）の請求（第3項においては、この項において同じ．）の請求に係る閲覧又は謄写をすることにより、当該取締役会設置会社又はその親会社若しくは子会社に著しい損害を及ぼすおそれがあると認めるときは、第3項において読み替えて適用する第2項の許可又は第4項の許可をすることができない．

（取締役会への報告の省略）

第372条 ① 取締役、会計参与、監査役又は会計監査人が取締役（監査役設置会社にあっては、取締役及び監査役）の全員に対して取締役会に報告すべき事項を通知したときは、当該事項を取締役会へ報告することを要しない．

② 前項の規定は、第363条第2項の規定による報告については、適用しない．

③ 指名委員会等設置会社についての前2項の規定の適用については、第1項中「監査役又は会計監査人」とあるのは「会計監査人又は執行役」と、「取締役（監査役設置会社にあっては、取締役及び監査役）」とあるのは「取締役」と、前項中「第363条第2項」とあるのは「第417条第4項」とする．

（特別取締役による取締役会の決議）

第373条 ① 第369条第1項の規定にかかわらず、取締役会設置会社（指名委員会等設置会社を除く．）が次に掲げる要件のいずれにも該当する場合（監査等委員会設置会社にあっては、第399条の13第5項に規定する場合又は同条第6項による定款の定めがある場合を除く．）には、取締役会は、第362条第4項第1号及び第2号又は第399条の13第4項第1号及び第2号に掲げる事項についての取締役会の決議については、あらかじめ選定した3人以上の取締役（以下この章において「特別取締役」という．）のうち、議決に加わることができるものの過半数（これを上回る割合を取締役会で定めた場合にあっては、その割合以上）が出席し、その過半数（これを上回る割合を取締役会で定めた場合にあっては、その割合以上）をもって行うこ

とができる旨を定めることができる.
1　取締役の数が6人以上であること.
2　取締役のうち1人以上が社外取締役であること.
② 前項の規定による特別取締役による議決の定めがある場合には,特別取締役以外の取締役は,第362条第4項第1号及び第2号又は第399条の13第4項第1号及び第2号に掲げる事項の決定を行う取締役会に出席することを要しない.この場合における第366条第1項本文及び第368条の規定の適用については,第366条第1項本文中「各取締役」とあるのは「各特別取締役(第373条第1項に規定する特別取締役をいう.第368条において同じ.)」と,第368条第1項中「定款」とあるのは「取締役会」と,「各取締役」とあるのは「各特別取締役」と,同条第2項中「取締役(」とあるのは「特別取締役(」と,「取締役及び」とあるのは「特別取締役及び」とする.
③ 特別取締役の互選によって定められた者は,前項の取締役会の決議後,遅滞なく,当該決議の内容を特別取締役以外の取締役に報告しなければならない.
④ 第366条(第1項本文を除く.),第367条,第369条第1項,第370条及び第399条の14の規定は,第2項の取締役会については,適用しない.

第6節　会計参与
(会計参与の権限)
第374条　① 会計参与は,取締役と共同して,計算書類(第435条第2項に規定する計算書類をいう.以下この章において同じ.)及びその附属明細書,臨時計算書類(第441条第1項に規定する臨時計算書類をいう.以下この章において同じ.)並びに連結計算書類(第444条第1項に規定する連結計算書類をいう.第396条第1項において同じ.)を作成する.この場合において,会計参与は,法務省令で定めるところにより,会計参与報告を作成しなければならない.
② 会計参与は,いつでも,次に掲げるものの閲覧及び謄写をし,又は取締役及び支配人その他の使用人に対して会計に関する報告を求めることができる.
1　会計帳簿又はこれに関する資料が書面をもって作成されているときは,当該書面
2　会計帳簿又はこれに関する資料が電磁的記録をもって作成されているときは,当該電磁的記録に記録された事項を法務省令で定める方法により表示したもの
③ 会計参与は,その職務を行うため必要があるときは,会計参与設置会社の子会社に対して会計に関する報告を求め,又は会計参与設置会社若しくはその子会社の業務及び財産の状況の調査をすることができる.
④ 前項の子会社は,正当な理由があるときは,同項の報告又は調査を拒むことができる.
⑤ 会計参与は,その職務を行うに当たっては,第333条第3項第2号又は第3号に掲げる者を使用してはならない.
⑥ 指名委員会等設置会社における第1項及び第2項の規定の適用については,第1項中「取締役」とあるのは「執行役」と,第2項中「取締役及び」とあるのは「執行役及び取締役並びに」とする.
(会計参与の報告義務)
第375条　① 会計参与は,その職務を行うに際して取締役の職務の執行に関し不正の行為又は法令若しくは定款に違反する重大な事実があることを発

見したときは,遅滞なく,これを株主(監査役設置会社にあっては,監査役)に報告しなければならない.
(取締役会への出席)
第376条　① 取締役会設置会社の会計参与(会計参与が監査法人又は税理士法人である場合にあっては,その職務を行うべき社員.以下この条において同じ.)は,第436条第3項,第441条第3項又は第444条第5項の承認をする取締役会に出席しなければならない.この場合において,会計参与は,必要があると認めるときは,意見を述べなければならない.
(株主総会における意見の陳述)
第377条　① 第374条第1項に規定する書類の作成に関する事項について会計参与が取締役と意見を異にするときは,会計参与(会計参与が監査法人又は税理士法人である場合にあっては,その職務を行うべき社員)は,株主総会において意見を述べることができる.
② 指名委員会等設置会社における前項の規定の適用については,同項中「取締役」とあるのは,「執行役」とする.
(会計参与による計算書類等の備置き等)
第378条　① 会計参与は,次の各号に掲げるものを,当該各号に定める期間,法務省令で定めるところにより,当該会計参与が定めた場所に備え置かなければならない.
1　各事業年度に係る計算書類及びその附属明細書並びに会計参与報告　定時株主総会の日の1週間(取締役会設置会社にあっては,2週間)前の日(第319条第1項の場合にあっては,同項の提案があった日)から5年間
2　臨時計算書類及び会計参与報告　臨時計算書類を作成した日から5年間
(会計参与の報酬等)
第379条　① 会計参与の報酬等は,定款にその額を定めていないときは,株主総会の決議によって定める.
② 会計参与が2人以上ある場合において,各会計参与の報酬等について定款の定め又は株主総会の決議がないときは,当該報酬等は,前項の報酬等の範囲内において,会計参与の協議によって定める.
③ 会計参与(会計参与が監査法人又は税理士法人である場合にあっては,その職務を行うべき社員)は,株主総会において,会計参与の報酬等について意見を述べることができる.
第7節　監査役
(監査役の権限)
第381条　① 監査役は,取締役(会計参与設置会社にあっては,取締役及び会計参与)の職務の執行を監査する.この場合において,監査役は,法務省令で定めるところにより,監査報告を作成しなければならない.
② 監査役は,いつでも,取締役及び会計参与並びに支配人その他の使用人に対して事業の報告を求め,又は監査役設置会社の業務及び財産の状況の調査をすることができる.
③ 監査役は,その職務を行うため必要があるときは,監査役設置会社の子会社に対して事業の報告を求め,又はその子会社の業務及び財産の状況の調査をすることができる.
④ 前項の子会社は,正当な理由があるときは,同項の報告又は調査を拒むことができる.
(取締役への報告義務)
第382条　監査役は,取締役が不正の行為をし,若し

くは当該行為をするおそれがあると認めるとき，又は法令若しくは定款に違反する事実若しくは著しく不当な事実があると認めるときは，遅滞なく，その旨を取締役（取締役会設置会社にあっては，取締役会）に報告しなければならない．

（取締役会への出席義務等）

第383条　① 監査役は，取締役会に出席し，必要があると認めるときは，意見を述べなければならない．ただし，監査役が2人以上ある場合において，第373条第1項の規定による特別取締役による議決の定めがあるときは，監査役の互選によって，監査役の中から特に同条第2項の取締役会に出席する監査役を定めることができる．

② 監査役は，前条に規定する場合において，必要があると認めるときは，取締役（第366条第1項ただし書に規定する場合にあっては，招集権者）に対し，取締役会の招集を請求することができる．

③ 前項の規定による請求があった日から5日以内に，その請求があった日から2週間以内の日を取締役会の日とする取締役会の招集の通知が発せられない場合は，その請求をした監査役は，取締役会を招集することができる．

④ 前2項の規定は，第373条第2項の取締役会については，適用しない．

（株主総会に対する報告義務）

第384条　監査役は，取締役が株主総会に提出しようとする議案，書類その他法務省令で定めるものを調査しなければならない．この場合において，法令若しくは定款に違反し，又は著しく不当な事項があると認めるときは，その調査の結果を株主総会に報告しなければならない．

（監査役による取締役の行為の差止め）

第385条　① 監査役は，取締役が監査役設置会社の目的の範囲外の行為その他法令若しくは定款に違反する行為をし，又はこれらの行為をするおそれがある場合において，当該行為によって当該監査役設置会社に著しい損害が生ずるおそれがあるときは，当該取締役に対し，当該行為をやめることを請求することができる．

② 前項の場合において，裁判所が仮処分をもって同項の取締役に対し，その行為をやめることを命ずるときは，担保を立てさせないものとする．

（監査役設置会社と取締役との間の訴えにおける会社の代表等）

第386条　① 第349条第4項，第353条及び第364条の規定にかかわらず，次の各号に掲げる場合には，当該各号の訴えについては，監査役が監査役設置会社を代表する．

1　監査役設置会社が取締役（取締役であった者を含む．以下この条において同じ．）に対し，又は取締役が監査役設置会社に対して訴えを提起する場合

2　株式交換等完全親会社（第849条第2項第1号に規定する株式交換等完全親会社をいう．次項第3号において同じ．）である監査役設置会社がその株式交換等完全子会社（第847条の2第1項に規定する株式交換等完全子会社をいう．次項第3号において同じ．）の取締役，執行役（執行役であった者を含む．以下この条において同じ．）又は清算人（清算人であった者を含む．以下この条において同じ．）の責任（第847条の2第1項各号に掲げる行為の効力が生じた時までにその原因と

なった事実が生じたものに限る．）を追及する訴えを提起する場合

3　最終完全親会社等（第847条の3第1項に規定する最終完全親会社等をいう．次項第4号において同じ．）である監査役設置会社がその完全子会社等（同条第2項第2号に規定する完全子会社等をいい，同条第3項の規定により当該完全子会社等とみなされるものを含む．次項第4号において同じ．）である株式会社の取締役，執行役又は清算人に対して特定責任追及の訴え（同条第1項に規定する特定責任追及の訴えをいう．）を提起する場合

（監査役の報酬等）

第387条　① 監査役の報酬等は，定款にその額を定めていないときは，株主総会の決議によって定める．

② 監査役が2人以上ある場合において，各監査役の報酬等について定款の定め又は株主総会の決議がないときは，当該報酬等は，前項の報酬等の範囲内において，監査役の協議によって定める．

③ 監査役は，株主総会において，監査役の報酬等について意見を述べることができる．

（費用等の請求）

第388条　監査役がその職務の執行について監査役設置会社（監査役の監査の範囲を会計に関するものに限定する旨の定款の定めがある株式会社を含む．）に対して次に掲げる請求をしたときは，当該監査役設置会社は，当該請求に係る費用又は債務が当該監査役の職務の執行に必要でないことを証明した場合を除き，これを拒むことができない．

1　費用の前払の請求

2　支出した費用及び支出の日以後におけるその利息の償還の請求

3　負担した債務の債権者に対する弁済（当該債務が弁済期にない場合にあっては，相当の担保の提供）の請求

（定款の定めによる監査範囲の限定）

第389条　① 公開会社でない株式会社（監査役会設置会社及び会計監査人設置会社を除く．）は，第381条第1項の規定にかかわらず，その監査役の監査の範囲を会計に関するものに限定する旨を定款で定めることができる．

② 前項の規定による定款の定めがある株式会社の監査役は，法務省令で定めるところにより，監査報告を作成しなければならない．

③ 前項の監査役は，取締役が株主総会に提出しようとする会計に関する議案，書類その他の法務省令で定めるものを調査し，その調査の結果を株主総会に報告しなければならない．

④ 第2項の監査役は，いつでも，次に掲げるものの閲覧及び謄写をし，又は取締役及び会計参与並びに支配人その他の使用人に対して会計に関する報告を求めることができる．

1　会計帳簿又はこれに関する資料が書面をもって作成されているときは，当該書面

2　会計帳簿又はこれに関する資料が電磁的記録をもって作成されているときは，当該電磁的記録に記録された事項を法務省令で定める方法により表示したもの

⑤ 第2項の監査役は，その職務を行うため必要があるときは，株式会社の子会社に対して会計に関する報告を求め，又は株式会社若しくはその子会社の業務及び財産の状況の調査をすることができる．

⑥ 前項の子会社は，正当な理由があるときは，同項の規定による報告又は調査を拒むことができる.

⑦ 第381条から第386条までの規定は，第1項の規定による定款の定めがある株式会社については，適用しない.

第8節　監査役会
第1款　権限等
第390条① 監査役会は，すべての監査役で組織する.

② 監査役会は，次に掲げる職務を行う. ただし，第3号の決定は，監査役の権限の行使を妨げることはできない.

1 監査報告の作成

2 常勤の監査役の選定及び解職

3 監査の方針，監査役会設置会社の業務及び財産の状況の調査の方法その他の監査役の職務の執行に関する事項の決定

③ 監査役会は，監査役の中から常勤の監査役を選定しなければならない.

④ 監査役は，監査役会の求めがあるときは，いつでもその職務の執行の状況を監査役会に報告しなければならない.

第2款　運営
（招集権者）
第391条　監査役会は，各監査役が招集する.

（招集手続）
第392条① 監査役会を招集するには，監査役は，監査役会の日の1週間（これを下回る期間を定款で定めた場合にあっては，その期間）前までに，各監査役に対してその通知を発しなければならない.

② 前項の規定にかかわらず，監査役会は，監査役の全員の同意があるときは，招集の手続を経ることなく開催することができる.

（監査役会の決議）
第393条① 監査役会の決議は，監査役の過半数をもって行う.

② 監査役会の議事については，法務省令で定めるところにより，議事録を作成し，議事録が書面をもって作成されているときは，出席した監査役は，これに署名し，又は記名押印しなければならない.

③ 前項の議事録が電磁的記録をもって作成されている場合における当該電磁的記録に記録された事項については，法務省令で定める署名又は記名押印に代わる措置をとらなければならない.

④ 監査役会の決議に参加した監査役であって第2項の議事録に異議をとどめないものは，その決議に賛成したものと推定する.

（監査役会への報告の省略）
第395条　取締役，会計参与，監査役又は会計監査人が監査役の全員に対して監査役会に報告すべき事項を通知したときは，当該事項を監査役会へ報告することを要しない.

第9節　会計監査人
（会計監査人の権限等）
第396条① 会計監査人は，次章の定めるところにより，株式会社の計算書類及びその附属明細書，臨時計算書類並びに連結計算書類を監査する. この場合において，会計監査人は，法務省令で定めるところにより，会計監査報告を作成しなければならない.

② 会計監査人は，いつでも，次に掲げるものの閲覧及び謄写をし，又は取締役及び会計参与並びに支配人その他の使用人に対し，会計に関する報告を求めることができる.

1 会計帳簿又はこれに関する資料が書面をもって作成されているときは，当該書面

2 会計帳簿又はこれに関する資料が電磁的記録をもって作成されているときは，当該電磁的記録に記録された事項を法務省令で定める方法により表示したもの

③ 会計監査人は，その職務を行うため必要があるときは，会計監査人設置会社の子会社に対して会計に関する報告を求め，又は会計監査人設置会社若しくはその子会社の業務及び財産の状況の調査をすることができる.

④ 前項の子会社は，正当な理由があるときは，同項の報告又は調査を拒むことができる.

⑤ 会計監査人は，その職務を行うに当たっては，次のいずれかに該当する者を使用してはならない.

1 第337条第3項第1号又は第2号に掲げる者

2 会計監査人設置会社又はその子会社の取締役，会計参与，監査役若しくは執行役又は支配人その他の使用人である者

3 会計監査人設置会社又はその子会社から公認会計士又は監査法人の業務以外の業務により継続的な報酬を受けている者

⑥ 指名委員会等設置会社における第2項の規定の適用については，同項中「取締役」とあるのは，「執行役，取締役」とする.

（監査役に対する報告）
第397条① 会計監査人は，その職務を行うに際して取締役の職務の執行に関し不正の行為又は法令若しくは定款に違反する重大な事実があることを発見したときは，遅滞なく，これを監査役に報告しなければならない.

② 監査役は，その職務を行うため必要があるときは，会計監査人に対し，その監査に関する報告を求めることができる.

（定時株主総会における会計監査人の意見の陳述）
第398条① 第396条第1項に規定する書類が法令又は定款に適合するかどうかについて会計監査人が監査役と意見を異にするときは，会計監査人（会計監査人が監査法人である場合にあっては，その職務を行うべき社員. 次項において同じ.）は，定時株主総会に出席して意見を述べることができる.

② 定時株主総会において会計監査人の出席を求める決議があったときは，会計監査人は，定時株主総会に出席して意見を述べなければならない.

（会計監査人の報酬等の決定に関する監査役の関与）
第399条① 取締役は，会計監査人又は一時会計監査人の職務を行うべき者の報酬等を定める場合には，監査役（監査役が2人以上ある場合にあっては，その過半数）の同意を得なければならない.

第9節の2　監査等委員会
第1款　権限等
（監査等委員会の権限等）
第399条の2① 監査等委員会は，全ての監査等委員で組織する.

② 監査等委員は，取締役でなければならない.

③ 監査等委員会は，次に掲げる職務を行う.

1 取締役（会計参与設置会社にあっては，取締役及び会計参与）の職務の執行の監査及び監査報告の作成

2 株主総会に提出する会計監査人の選任及び解任並びに会計監査人を再任しないことに関する議案の内容の決定

会社

3 第342条の2第4項及び第361条第6項に規定する監査等委員会の意見の決定

④ 監査等委員がその職務の執行（監査等委員会の職務の執行に関するものに限る。以下この項において同じ。）について監査等委員会に対して次に掲げる請求をしたときは、当該監査等委員会設置会社は、当該請求に係る費用又は債務が当該監査等委員の職務の執行に必要でないことを証明した場合を除き、これを拒むことができない。

1 費用の前払の請求

2 支出をした費用及び支出の日以後におけるその利息の償還の請求

3 負担した債務の債権者に対する弁済（当該債務が弁済期にない場合にあっては、相当の担保の提供）の請求

（監査等委員会による調査）

第399条の3 ① 監査等委員会が選定する監査等委員は、いつでも、取締役（会計参与設置会社にあっては、取締役及び会計参与）及び支配人その他の使用人に対し、その職務の執行に関する事項の報告を求め、又は監査等委員会設置会社の業務及び財産の状況の調査をすることができる。

② 監査等委員会が選定する監査等委員は、監査等委員会の職務を執行するため必要があるときは、監査等委員会設置会社の子会社に対して事業の報告を求め、又はその子会社の業務及び財産の状況の調査をすることができる。

③ 前項の子会社は、正当な理由があるときは、同項の報告又は調査を拒むことができる。

④ 第1項及び第2項の監査等委員は、当該各項の報告の徴収又は調査に関する事項についての監査等委員会の決議があるときは、これに従わなければならない。

（取締役会への報告義務）

第399条の4 監査等委員は、取締役が不正の行為をし、若しくは当該行為をするおそれがあると認めるとき、又は法令若しくは定款に違反する事実若しくは著しく不当な事実があると認めるときは、遅滞なく、その旨を取締役会に報告しなければならない。

（株主総会に対する報告義務）

第399条の5 監査等委員は、取締役が株主総会に提出しようとする議案、書類その他法務省令で定めるものについて法令若しくは定款に違反し、又は著しく不当な事項があると認めるときは、その旨を株主総会に報告しなければならない。

（監査等委員による取締役の行為の差止め）

第399条の6 ① 監査等委員は、取締役が監査等委員会設置会社の目的の範囲外の行為その他法令若しくは定款に違反する行為をし、又はこれらの行為をするおそれがある場合において、当該行為によって当該監査等委員会設置会社に著しい損害が生ずるおそれがあるときは、当該取締役に対し、当該行為をやめることを請求することができる。

② 前項の場合において、裁判所が仮処分をもって同項の取締役に対し、その行為をやめることを命ずるときは、担保を立てさせないものとする。

（監査等委員会設置会社と取締役との間の訴えにおける会社の代表等）

第399条の7 ① 第349条第4項、第353条及び第364条の規定にかかわらず、監査等委員会設置会社が取締役（取締役であった者を含む。以下この条において同じ。）に対し、又は取締役が監査等委員

会設置会社に対して訴えを提起する場合には、当該訴えについては、次の各号に掲げる場合の区分に応じ、当該各号に定める者が監査等委員会設置会社を代表する。

1 監査等委員が当該訴えに係る訴訟の当事者である場合 取締役会が定める者（株主総会が当該訴えについて監査等委員会設置会社を代表する者を定めた場合にあっては、その者）

2 前号に掲げる場合以外の場合 監査等委員会が選定する監査等委員

第2款 運営

（招集権者）

第399条の8 監査等委員会は、各監査等委員が招集する。

（招集手続等）

第399条の9 ① 監査等委員会を招集するには、監査等委員は、監査等委員会の日の1週間（これを下回る期間を定款で定めた場合にあっては、その期間）前までに、各監査等委員に対してその通知を発しなければならない。

② 前項の規定にかかわらず、監査等委員会は、監査等委員の全員の同意があるときは、招集の手続を経ることなく開催することができる。

③ 取締役（会計参与設置会社にあっては、取締役及び会計参与）は、監査等委員会の要求があったときは、監査等委員会に出席し、監査等委員会が求めた事項について説明をしなければならない。

（監査等委員会の決議）

第399条の10 ① 監査等委員会の決議は、議決に加わることができる監査等委員の過半数が出席し、その過半数をもって行う。

② 前項の決議について特別の利害関係を有する監査等委員は、議決に加わることができない。

③ 監査等委員会の議事については、法務省令で定めるところにより、議事録を作成し、議事録が書面をもって作成されているときは、出席した監査等委員は、これに署名し、又は記名押印しなければならない。

④ 前項の議事録が電磁的記録をもって作成されている場合における当該電磁的記録に記録された事項については、法務省令で定める署名又は記名押印に代わる措置をとらなければならない。

⑤ 監査等委員会の決議に参加した監査等委員であって第3項の議事録に異議をとどめないものは、その決議に賛成したものと推定する。

第3款 監査等委員会設置会社の取締役会の権限等

（監査等委員会設置会社の取締役会の権限）

第399条の13 ① 監査等委員会設置会社の取締役会は、第362条の規定にかかわらず、次に掲げる職務を行う。

1 次に掲げる事項その他監査等委員会設置会社の業務執行の決定

イ 経営の基本方針

ロ 監査等委員会の職務の執行のため必要なものとして法務省令で定める事項

ハ 取締役の職務の執行が法令及び定款に適合することを確保するための体制その他株式会社の業務並びに当該株式会社及びその子会社から成る企業集団の業務の適正を確保するために必要なものとして法務省令で定める体制の整備

2 取締役の職務の執行の監督

3 代表取締役の選定及び解職

② 監査等委員会設置会社の取締役会は、前項第1号イからハまでに掲げる事項を決定しなければならない。

③ 監査等委員会設置会社の取締役会は、取締役（監査等委員である取締役を除く。）の中から代表取締役を選定しなければならない。

④ 監査等委員会設置会社の取締役会は、次に掲げる事項その他の重要な業務執行の決定を取締役に委任することができない。

1 重要な財産の処分及び譲受け

2 多額の借財

3 支配人その他の重要な使用人の選任及び解任

4 支店その他の重要な組織の設置、変更及び廃止

5 第676条第1号に掲げる事項その他の社債を引き受ける者の募集に関する重要な事項として法務省令で定める事項

6 第426条第1項の規定による定款の定めに基づく第423条第1項の責任の免除

⑤ 前項の規定にかかわらず、監査等委員会設置会社の取締役の過半数が社外取締役である場合には、当該監査等委員会設置会社の取締役会は、その決議によって、重要な業務執行の決定を取締役に委任することができる。ただし、次に掲げる事項については、この限りでない。

1 第136条又は第137条第1項の決定及び第140条第4項の規定による指定

2 第165条第3項において読み替えて適用する第156条第1項各号に掲げる事項の決定

3 第262条又は第263条第1項に掲げる事項の決定

4 第298条第1項各号に掲げる事項の決定

5 株主総会に提出する議案（会計監査人の選任及び解任並びに会計監査人を再任しないことに関するものを除く。）の内容の決定

6 第348条の2第1項の規定による委託

7 第361条第7項の規定による同項の事項の決定

8 第365条第1項において読み替えて適用する第356条第1項の承認

9 第366条第1項ただし書の規定による取締役会を招集する取締役の決定

10 第399条の7第1項第1号の規定による監査等委員会設置会社を代表する者の決定

11 前項第6号に掲げる事項

12 補償契約（第430条の2第1項に規定する補償契約をいう。第416条第4項第14号において同じ。）の内容の決定

13 役員等賠償責任保険契約（第430条の3第1項に規定する役員等賠償責任保険契約をいう。第416条第4項第15号において同じ。）の内容の決定

14 第436条第3項、第441条第3項及び第444条第5項の承認

15 第454条第5項において読み替えて適用する同条第1項の規定により定めなければならないとされる事項の決定

16 第467条第1項各号に掲げる行為に係る契約（当該監査等委員会設置会社の株主総会の決議による承認を要しないものを除く。）の内容の決定

17 合併契約（当該監査等委員会設置会社の株主総会の決議による承認を要しないものを除く。）の内容の決定

18 吸収分割契約（当該監査等委員会設置会社の株主総会の決議による承認を要しないものを除く。）の内容の決定

19 新設分割計画（当該監査等委員会設置会社の株主総会の決議による承認を要しないものを除く。）の内容の決定

20 株式交換契約（当該監査等委員会設置会社の株主総会の決議による承認を要しないものを除く。）の内容の決定

21 株式移転計画の内容の決定

22 株式交付計画（当該監査等委員会設置会社の株主総会の決議による承認を要しないものを除く。）の内容の決定

⑥ 前2項の規定にかかわらず、監査等委員会設置会社は、取締役会の決議によって重要な業務執行（前項各号に掲げる事項を除く。）の決定の全部又は一部を取締役に委任することができる旨を定款で定めることができる。

（監査等委員会による取締役会の招集）

第399条の14 監査等委員会設置会社においては、招集権者の定めがある場合であっても、監査等委員会が選定する監査等委員は、取締役会を招集することができる。

第10節　指名委員会等及び執行役

第1款　委員の選定、執行役の選任等

（委員の選定等）

第400条 ① 指名委員会、監査委員会又は報酬委員会の各委員会（以下この条、次条及び第911条第3項第23号ロにおいて単に「各委員会」という。）は、委員3人以上で組織する。

② 各委員会の委員は、取締役の中から、取締役会の決議によって選定する。

③ 各委員会の委員の過半数は、社外取締役でなければならない。

④ 監査委員会の委員（以下「監査委員」という。）は、指名委員会等設置会社若しくはその子会社の執行役若しくは業務執行取締役又は指名委員会等設置会社の子会社の会計参与（会計参与が法人であるときは、その職務を行うべき社員）若しくは支配人その他の使用人を兼ねることができない。

（委員の解職等）

第401条 ① 各委員会の委員は、いつでも、取締役会の決議によって解職することができる。

② 前条第1項に規定する各委員会の委員の員数（定款で4人以上の員数を定めたときは、その員数）が欠けた場合には、任期の満了又は辞任により退任した委員は、新たに選定された委員（次項の一時委員の職務を行うべき者を含む。）が就任するまで、なお委員としての権利義務を有する。

③ 前項に規定する場合において、裁判所は、必要があると認めるときは、利害関係人の申立てにより、一時委員の職務を行うべき者を選任することができる。

④ 裁判所は、前項の一時委員の職務を行うべき者を選任した場合には、指名委員会等設置会社がその者に対して支払う報酬の額を定めることができる。

（執行役の選任等）

第402条 ① 指名委員会等設置会社には、1人又は2人以上の執行役を置かなければならない。

② 執行役は、取締役会の決議によって選任する。

③ 指名委員会等設置会社と執行役との関係は、委任に関する規定に従う。

④ 第331条第1項及び第331条の2の規定は、執行

役について準用する.

⑤ 株式会社は, 執行役が株主でなければならない旨を定款で定めることができない. ただし, 公開会社でない指名委員会等設置会社については, この限りでない.

⑥ 執行役は, 取締役を兼ねることができる.

⑦ 執行役の任期は, 選任後1年以内に終了する事業年度のうち最終のものに関する定時株主総会の終結後最初に招集される取締役会の終結の時までとする. ただし, 定款によって, その任期を短縮することを妨げない.

⑧ 前項の規定にかかわらず, 指名委員会等設置会社が指名委員会等を置く旨の定款の定めを廃止する定款の変更をした場合には, 執行役の任期は, 当該定款の変更の効力が生じた時に満了する.

(執行役の解任等)

第403条 ① 執行役は, いつでも, 取締役会の決議によって解任することができる.

② 前項の規定により解任された執行役は, その解任について正当な理由がある場合を除き, 指名委員会等設置会社に対し, 解任によって生じた損害の賠償を請求することができる.

③ 第401条第2項から第4項までの規定は, 執行役が欠けた場合又は定款で定めた執行役の員数が欠けた場合について準用する.

第2款 指名委員会等の権限等

(指名委員会等の権限等)

第404条 ① 指名委員会は, 株主総会に提出する取締役 (会計参与設置会社にあっては, 取締役及び会計参与) の選任及び解任に関する議案の内容を決定する.

② 監査委員会は, 次に掲げる職務を行う.

　1 執行役等 (執行役及び取締役をいい, 会計参与設置会社にあっては, 執行役, 取締役及び会計参与をいう. 以下この節において同じ.) の職務の執行の監査及び監査報告の作成

　2 株主総会に提出する会計監査人の選任及び解任並びに会計監査人を再任しないことに関する議案の内容の決定

③ 報酬委員会は, 第361条第1項並びに第379条第1項及び第2項の規定にかかわらず, 執行役等の個人別の報酬等の内容を決定する. 執行役が指名委員会等設置会社の支配人その他の使用人を兼ねているときは, 当該支配人その他の使用人の報酬等の内容についても, 同様とする.

④ 委員がその職務の執行 (当該委員が所属する指名委員会等の職務の執行に関するものに限る. 以下この項において同じ.) について指名委員会等設置会社に対して次に掲げる請求をしたときは, 当該指名委員会等設置会社は, 当該請求に係る費用又は債務が当該委員の職務の執行に必要でないことを証明した場合を除き, これを拒むことができない.

　1 費用の前払の請求

　2 支出をした費用及び支出の日以後におけるその利息の償還の請求

　3 負担した債務の債権者に対する弁済 (当該債務が弁済期にない場合にあっては, 相当の担保の提供) の請求

(監査委員会による調査)

第405条 ① 監査委員会が選定する監査委員は, いつでも, 執行役等及び支配人その他の使用人に対し, その職務の執行に関する事項の報告を求め, 又は指

名委員会等設置会社の業務及び財産の状況の調査をすることができる.

② 監査委員会が選定する監査委員は, 監査委員会の職務を執行するため必要があるときは, 指名委員会等設置会社の子会社に対して事業の報告を求め, 又はその子会社の業務及び財産の状況の調査をすることができる.

③ 前項の子会社は, 正当な理由があるときは, 同項の報告又は調査を拒むことができる.

④ 第1項及び第2項の監査委員は, 当該各項の報告の徴収又は調査に関する事項についての監査委員会の決議があるときは, これに従わなければならない.

(監査委員会への報告義務)

第406条 監査委員は, 執行役又は取締役が不正の行為をし, 若しくは当該行為をするおそれがあると認めるとき, 又は法令若しくは定款に違反する事実若しくは著しく不当な事実があると認めるときは, 遅滞なく, その旨を取締役会に報告しなければならない.

(監査委員による執行役等の行為の差止め)

第407条 ① 監査委員は, 執行役又は取締役が指名委員会等設置会社の目的の範囲外の行為その他法令若しくは定款に違反する行為をし, 又はこれらの行為をするおそれがある場合において, 当該行為によって当該指名委員会等設置会社に著しい損害が生ずるおそれがあるときは, 当該執行役又は取締役に対し, 当該行為をやめることを請求することができる.

② 前項の場合において, 裁判所が仮処分をもって同項の執行役又は取締役に対し, その行為をやめることを命ずるときは, 担保を立てさせないものとする.

(指名委員会等設置会社と執行役又は取締役との間の訴えにおける会社の代表)

第408条 ① 第420条第3項において準用する第349条第4項の規定並びに第353条及び第364条の規定にかかわらず, 指名委員会等設置会社が執行役 (執行役であった者を含む. 以下この条において同じ.) 若しくは取締役 (取締役であった者を含む. 以下この条において同じ.) に対し, 又は執行役若しくは取締役が指名委員会等設置会社に対して訴えを提起する場合には, 当該訴えについては, 次の各号に掲げる場合の区分に応じ, 当該各号に定める者が指名委員会等設置会社を代表する.

　1 監査委員が当該訴えに係る訴訟の当事者である場合 取締役会が定める者 (株主総会が当該訴えについて指名委員会等設置会社を代表する者を定めた場合にあっては, その者)

　2 前号に掲げる場合以外の場合 監査委員会が選定する監査委員

(報酬委員会による報酬の決定の方法等)

第409条 ① 報酬委員会は, 執行役等の個人別の報酬等の内容に係る決定に関する方針を定めなければならない.

② 報酬委員会は, 第404条第3項の規定による決定をするには, 前項の方針に従わなければならない.

③ 報酬委員会は, 次の各号に掲げるものを執行役等の個人別の報酬等とする場合には, その内容として, 当該各号に定める事項について決定しなければならない. ただし, 会計参与の個人別の報酬等は, 第1号に掲げるものでなければならない.

　1 額が確定しているもの 個人別の額

2　額が確定していないもの　個人別の具体的な算定方法

3　当該株式会社の募集株式　当該募集株式の数（種類株式発行会社にあっては，募集株式の種類及び種類ごとの数）その他法務省令で定める事項

4　当該募集新株予約権　当該募集新株予約権の数その他法務省令で定める事項

5　次のイ又はロに掲げるものと引換えにする払込みに充てるための金銭　当該イ又はロに定める事項

イ　当該株式会社の募集株式　執行役等が引き受ける当該募集株式の数（種類株式発行会社にあっては，募集株式の種類及び種類ごとの数）その他法務省令で定める事項

ロ　当該株式会社の募集新株予約権　執行役等が引き受ける当該募集新株予約権の数その他法務省令で定める事項

6　金銭でないもの（当該株式会社の募集株式及び募集新株予約権を除く．）個人別の具体的な内容

第3款　指名委員会等の運営

（招集権者）

第410条　指名委員会等は，当該指名委員会等の各委員が招集する．

（招集手続等）

第411条　① 指名委員会等を招集するには，その委員は，指名委員会等の日の1週間（これを下回る期間を取締役会で定めた場合にあっては，その期間）前までに，当該指名委員会等の各委員に対してその通知を発しなければならない．

② 前項の規定にかかわらず，指名委員会等は，当該指名委員会等の委員の全員の同意があるときは，招集の手続を経ることなく開催することができる．

③ 執行役等は，指名委員会等の要求があったときは，当該指名委員会等に出席し，当該指名委員会等が求めた事項について説明をしなければならない．

（指名委員会等の決議）

第412条　① 指名委員会等の決議は，議決に加わることができるその委員の過半数（これを上回る割合を取締役会で定めた場合にあっては，その割合以上）が出席し，その過半数（これを上回る割合を取締役会で定めた場合にあっては，その割合以上）をもって行う．

② 前項の決議について特別の利害関係を有する委員は，議決に加わることができない．

③ 指名委員会等の議事については，法務省令で定めるところにより，議事録を作成し，議事録が書面をもって作成されているときは，出席した委員は，これに署名し，又は記名押印しなければならない．

④ 前項の議事録が電磁的記録をもって作成されている場合における当該電磁的記録に記録された事項については，法務省令で定める署名又は記名押印に代わる措置をとらなければならない．

⑤ 指名委員会等の決議に参加した委員であって第3項の議事録に異議をとどめないものは，その決議に賛成したものと推定する．

第4款　指名委員会等設置会社の取締役の権限等

（指名委員会等設置会社の取締役の権限）

第415条　指名委員会等設置会社の取締役は，この法律又はこの法律に基づく命令に別段の定めがある場合を除き，指名委員会等設置会社の業務を執行することができない．

（指名委員会等設置会社の取締役会の権限）

第416条　① 指名委員会等設置会社の取締役会は，第362条の規定にかかわらず，次に掲げる職務を行う

1　次に掲げる事項その他指名委員会等設置会社の業務執行の決定

イ　経営の基本方針

ロ　監査委員会の職務の執行のため必要なものとして法務省令で定める事項

ハ　執行役が2人以上ある場合における執行役の職務の分掌及び指揮命令の関係その他の執行役相互の関係に関する事項

ニ　次条第2項の規定による取締役会の招集の請求を受ける取締役

ホ　執行役の職務の執行が法令及び定款に適合することを確保するための体制その他の指名委員会等設置会社の業務並びに当該株式会社及びその子会社から成る企業集団の業務の適正を確保するために必要なものとして法務省令で定める体制の整備

2　執行役の職務の執行の監督

② 指名委員会等設置会社の取締役会は，前項第1号イからホまでに掲げる事項を決定しなければならない．

③ 指名委員会等設置会社の取締役会は，第1項各号に掲げる職務の執行を取締役に委任することができない．

④ 指名委員会等設置会社の取締役会は，その決議によって，指名委員会等設置会社の業務執行の決定を執行役に委任することができる．ただし，次に掲げる事項については，この限りでない．

1　第136条又は第137条第1項の決定及び第140条第4項の規定による指定

2　第165条第3項において読み替えて適用する第156条第1項各号に掲げる事項の決定

3　第262条又は第263条第1項の決定

4　第298条第1項各号に掲げる事項の決定

5　株主総会に提出する議案（取締役，会計参与及び会計監査人の選任及び解任並びに会計監査人を再任しないことに関するものを除く．）の内容の決定

6　第348条の2第2項の規定による委託

7　第365条第1項において読み替えて適用する第356条第1項（第419条第2項において読み替えて準用する場合を含む．）の承認

8　第366条第1項ただし書の規定による取締役会を招集する取締役の決定

9　第400条第2項の規定による委員の選定及び第401条第1項の規定による委員の解職

10　第402条第2項の規定による執行役の選任及び第403条第1項の規定による執行役の解任

11　第408条第1項第1号の規定による指名委員会等設置会社を代表する者の決定

12　第420条第1項前段の規定による代表執行役の選定及び同条第2項の規定による代表執行役の解職

13　第426条第1項の規定による定款の定めに基づく第423条第1項の責任の免除

14　補償契約の内容の決定

15　役員等賠償責任保険契約の内容の決定

16　第436条第3項，第441条第3項及び第444条第5項の承認

17　第454条第5項において読み替えて適用する同

条第1項の規定により定めなければならないとされる事項の決定

18　第467条第1項各号に掲げる行為に係る契約（当該指名委員会等設置会社の株主総会の決議による承認を要しないものを除く。）の内容の決定

19　合併契約（当該指名委員会等設置会社の株主総会の決議による承認を要しないものを除く。）の内容の決定

20　吸収分割契約（当該指名委員会等設置会社の株主総会の決議による承認を要しないものを除く。）の内容の決定

21　新設分割計画（当該指名委員会等設置会社の株主総会の決議による承認を要しないものを除く。）の内容の決定

22　株式交換契約（当該指名委員会等設置会社の株主総会の決議による承認を要しないものを除く。）の内容の決定

23　株式移転計画の内容の決定

24　株式交付計画（当該指名委員会等設置会社の株主総会の決議による承認を要しないものを除く。）の内容の決定

（指名委員会等設置会社の取締役会の運営）

第417条　① 指名委員会等設置会社においては、招集権者の定めがある場合であっても、指名委員会等がその委員の中から選定する者は、取締役会を招集することができる。

② 執行役は、前条第1項第1号ニの取締役に対し、取締役会の目的である事項を示して、取締役会の招集を請求することができる。この場合において、当該請求があった日から5日以内に、当該請求があった日から2週間以内の日を取締役会の日とする取締役会の招集の通知が発せられないときは、当該執行役は、取締役会を招集することができる。

③ 指名委員会等がその委員の中から選定する者は、遅滞なく、当該指名委員会等の職務の執行の状況を取締役会に報告しなければならない。

④ 執行役は、3箇月に1回以上、自己の職務の執行の状況を取締役会に報告しなければならない。この場合において、執行役は、代理人（他の執行役に限る。）により当該報告をすることができる。

⑤ 執行役は、取締役会の要求があったときは、取締役会に出席し、取締役会が求めた事項について説明をしなければならない。

第5款　執行役の権限等

（執行役の権限）

第418条　執行役は、次に掲げる職務を行う。

1　第416条第4項の規定による取締役会の決議によって委任を受けた指名委員会等設置会社の業務の執行の決定

2　指名委員会等設置会社の業務の執行

（執行役の監査委員に対する報告義務等）

第419条　① 執行役は、指名委員会等設置会社に著しい損害を及ぼすおそれのある事実を発見したときは、直ちに、当該事実を監査委員に報告しなければならない。

② 第355条、第356条及び第365条第2項の規定は、執行役について準用する。この場合において、第356条第1項中「株主総会」とあるのは「取締役会」と、第365条第2項中「取締役会設置会社においては、第356条第1項各号」とあるのは「第356条第1項各号」と読み替えるものとする。

③ 第357条の規定は、指名委員会等設置会社につい

ては、適用しない。

（代表執行役）

第420条　① 取締役会は、執行役の中から代表執行役を選定しなければならない。この場合において、執行役が1人のときは、その者が代表執行役に選定されたものとする。

② 代表執行役は、いつでも、取締役会の決議によって解職することができる。

（表見代表執行役）

第421条　指名委員会等設置会社は、代表執行役以外の執行役に社長、副社長その他指名委員会等設置会社を代表する権限を有するものと認められる名称を付した場合には、当該執行役がした行為について、善意の第三者に対してその責任を負う。

（株主による執行役の行為の差止め）

第422条　① 6箇月（これを下回る期間を定款で定めた場合にあっては、その期間）前から引き続き株式を有する株主は、執行役が指名委員会等設置会社の目的の範囲外の行為その他法令若しくは定款に違反する行為をし、又はこれらの行為をするおそれがある場合において、当該行為によって当該指名委員会等設置会社に回復することができない損害が生ずるおそれがあるときは、当該執行役に対し、当該行為をやめることを請求することができる。

② 公開会社でない指名委員会等設置会社における前項の規定の適用については、同項中「6箇月（これを下回る期間を定款で定めた場合にあっては、その期間）前から引き続き株式を有する株主」とあるのは、「株主」とする。

第11節　役員等の損害賠償責任

（役員等の株式会社に対する損害賠償責任）

第423条　① 取締役、会計参与、監査役、執行役又は会計監査人（以下この章において「役員等」という。）は、その任務を怠ったときは、株式会社に対し、これによって生じた損害を賠償する責任を負う。

② 取締役又は執行役が第356条第1項（第419条第2項において準用する場合を含む。以下この項において同じ。）の規定に違反して第356条第1項第1号の取引をしたときは、当該取引によって取締役、執行役又は第三者が得た利益の額は、前項の損害の額と推定する。

③ 第356条第1項第2号又は第3号（これらの規定を第419条第2項において準用する場合を含む。）の取引によって株式会社に損害が生じたときは、次に掲げる取締役又は執行役は、その任務を怠ったものと推定する。

1　第356条第1項（第419条第2項において準用する場合を含む。）の取締役又は執行役

2　株式会社が当該取引をすることを決定した取締役又は執行役

3　当該取引に関する取締役会の承認の決議に賛成した取締役（指名委員会等設置会社において、当該取引が指名委員会等設置会社と取締役との間の取引又は指名委員会等設置会社と取締役との利益が相反する取引である場合に限る。）

④ 前項の規定は、第356条第1項第2号又は第3号に掲げる場合において、同項の取締役（監査等委員であるものを除く。）が当該取引につき監査等委員会の承認を受けたときは、適用しない。

（株式会社に対する損害賠償責任の免除）

第424条　前条第1項の責任は、総株主の同意がなければ、免除することができない。

（責任の一部免除）

第425条　① 前条の規定にかかわらず，第423条第1項の責任は，当該役員等が職務を行うにつき善意でかつ重大な過失がないときは，賠償の責任を負う額から次に掲げる額の合計額（第427条第1項において「最低責任限度額」という。）を控除して得た額を限度として，株主総会（株式会社に最終完全親会社等（第847条の3第1項に規定する最終完全親会社等をいう。以下この節において同じ。）がある場合において，当該責任が特定責任（第847条の3第4項に規定する特定責任をいう。以下この節において同じ。）であるときにあっては，当該株式会社及び当該最終完全親会社等の株主総会。以下この条において同じ。）の決議によって免除することができる。

1　当該役員等がその在職中に株式会社から職務執行の対価として受け，又は受けるべき財産上の利益の1年間当たりの額に相当する額として法務省令で定める方法により算定される額に，次のイからハまでに掲げる役員等の区分に応じ，当該イからハまでに定める数を乗じて得た額

イ　代表取締役又は代表執行役　6

ロ　代表取締役以外の取締役（業務執行取締役等であるものに限る。）又は代表執行役以外の執行役　4

ハ　取締役（イ及びロに掲げるものを除く。），会計参与，監査役又は会計監査人　2

2　当該役員等が当該株式会社の新株予約権を引き受けた場合（第238条第3項第6号に掲げる場合に限る。）における当該新株予約権に関する財産上の利益に相当する額として法務省令で定める方法により算定される額

② 前項の場合には，取締役（株式会社に最終完全親会社等がある場合において，同項の規定により免除しようとする責任が特定責任であるときにあっては，当該株式会社及び当該最終完全親会社等の取締役）は，同項の株主総会において次に掲げる事項を開示しなければならない。

1　責任の原因となった事実及び賠償の責任を負う額

2　前項の規定により免除することができる額の限度及びその算定の根拠

3　責任を免除すべき理由及び免除額

③ 監査役設置会社，監査等委員会設置会社又は指名委員会等設置会社においては，取締役（これらの会社に最終完全親会社等がある場合において，第1項の規定により免除しようとする責任が特定責任であるときにあっては，当該株式会社及び当該最終完全親会社等の取締役）は，第423条第1項の責任の免除（取締役（監査等委員又は監査委員であるものを除く。）及び執行役の責任の免除に限る。）に関する議案を株主総会に提出するには，次の各号に掲げる株式会社の区分に応じ，当該各号に定める者の同意を得なければならない。

1　監査役設置会社　監査役（監査役が2人以上ある場合にあっては，各監査役）

2　監査等委員会設置会社　各監査等委員

3　指名委員会等設置会社　各監査委員

（取締役等による免除に関する定款の定め）

第426条　① 第424条の規定にかかわらず，監査役設置会社（取締役が2人以上ある場合に限る。），監査等委員会設置会社又は指名委員会等設置会社は，

第423条第1項の責任について，当該役員等が職務を行うにつき善意でかつ重大な過失がない場合において，責任の原因となった事実の内容，当該役員等の職務の執行の状況その他の事情を勘案して特に必要と認めるときは，前条第1項の規定により免除することができる額を限度として取締役（当該責任を負う取締役を除く。）の過半数の同意（取締役会設置会社にあっては，取締役会の決議）によって免除することができる旨を定款で定めることができる。

② 前条第3項の規定は，定款を変更して前項の規定による定款の定め（取締役（監査等委員又は監査委員であるものを除く。）及び執行役の責任を免除することができる旨の定めに限る。）を設ける議案を株主総会に提出する場合，同項の規定による定款の定めに基づく責任の免除（取締役（監査等委員又は監査委員であるものを除く。）及び執行役の責任の免除に限る。）についての取締役の同意を得る場合及び当該責任の免除に関する議案を取締役会に提出する場合について準用する。この場合において，同条第3項中「取締役（これらの会社に最終完全親会社等がある場合において，第1項の規定により免除しようとする責任が特定責任であるときにあっては，当該会社及び当該最終完全親会社等の取締役）」とあるのは，「取締役」と読み替えるものとする。

③ 第1項の規定による定款の定めに基づいて役員等の責任を免除する旨の同意（取締役会設置会社にあっては，取締役会の決議）を行ったときは，取締役は，遅滞なく，前条第2項各号に掲げる事項及び責任を免除することに異議がある場合には一定の期間内に当該異議を述べるべき旨を公告し，又は株主に通知しなければならない。ただし，当該期間は，1箇月を下ることができない。

④ 公開会社でない株式会社における前項の規定の適用については，同項中「公告し，又は株主に通知し」とあるのは，「株主に通知し」とする。

⑤ 株式会社に最終完全親会社等がある場合において，第3項の規定による公告又は通知（特定責任の免除に係るものに限る。）がされたときは，当該最終完全親会社等の取締役は，遅滞なく，前条第2項各号に掲げる事項及び責任を免除することに異議がある場合には一定の期間内に当該異議を述べるべき旨を公告し，又は株主に通知しなければならない。ただし，当該期間は，1箇月を下ることができない。

⑥ 公開会社でない最終完全親会社等における前項の規定の適用については，同項中「公告し，又は株主に通知し」とあるのは，「株主に通知し」とする。

⑦ 総株主（第3項の責任を負う役員等であるものを除く。）の議決権の100分の3（これを下回る割合を定款で定めた場合にあっては，その割合）以上の議決権を有する株主が同項の期間内に同項の異議を述べたとき（株式会社に最終完全親会社等がある場合において，同項の規定による定款の定めに基づき免除しようとする責任が特定責任であるときにあっては，当該株式会社の総株主（第3項の責任を負う役員等であるものを除く。）の議決権の100分の3（これを下回る割合を定款で定めた場合にあっては，その割合）以上の議決権を有する株主又は当該最終完全親会社等の総株主（第3項の責任を負う役員等であるものを除く。）の議決権の

100分の3（これを下回る割合を定款で定めた場合にあっては、その割合）以上の議決権を有する株主が第3項又は第5項の期間内に当該各項の異議を述べたとき）は、株式会社は、第1項の規定による定款の定めに基づく免除をしてはならない。

⑧　前条第4項及び第5項の規定は、第1項の規定による定款の定めに基づき責任を免除した場合について準用する。

（責任限定契約）

第427条　①　第424条の規定にかかわらず、株式会社は、取締役（業務執行取締役等であるものを除く。）、会計参与、監査役又は会計監査人（以下この条及び第911条第3項第25号において「非業務執行取締役等」という。）の第423条第1項の責任について、当該非業務執行取締役等が職務を行うにつき善意でかつ重大な過失がないときは、定款で定めた額の範囲内であらかじめ株式会社が定めた額と最低責任限度額とのいずれか高い額を限度とする旨の契約を非業務執行取締役等と締結することができる旨を定款で定めることができる。

②　前項の契約を締結した非業務執行取締役等が当該株式会社の業務執行取締役等に就任したときは、当該契約は、将来に向かってその効力を失う。

④　第1項の契約を締結した株式会社が、当該契約の相手方である非業務執行取締役等が任務を怠ったことにより損害を受けたことを知ったときは、その後最初に招集される株主総会（当該株式会社に最終完全親会社等がある場合において、当該損害が特定責任に係るものであるときにあっては、当該株式会社及び当該最終完全親会社等の株主総会）において次に掲げる事項を開示しなければならない。

1　第425条第2項第1号及び第2号に掲げる事項
2　当該契約の内容及び当該契約を締結した理由
3　第423条第1項の損害のうち、当該非業務執行取締役等が賠償する責任を負わないとされた額

⑤　第425条第4項及び第5項の規定は、非業務執行取締役等が第1項の契約によって同項に規定する限度を超える部分について損害を賠償する責任を負わないとされた場合について準用する。

（取締役が自己のためにした取引に関する特則）

第428条　①　第356条第1項第2号（第419条第2項において準用する場合を含む。）の取引（自己のためにした取引に限る。）をした取締役又は執行役の第423条第1項の責任は、任務を怠ったことが当該取締役又は執行役の責めに帰することができない事由によるものであることをもって免れることができない。

②　前3条の規定は、前項の責任については、適用しない。

（役員等の第三者に対する損害賠償責任）

第429条　①　役員等がその職務を行うについて悪意又は重大な過失があったときは、当該役員等は、これによって第三者に生じた損害を賠償する責任を負う。

②　次の各号に掲げる者が、当該各号に定める行為をしたときも、前項と同様とする。ただし、その者が当該行為をすることについて注意を怠らなかったことを証明したときは、この限りでない。

1　取締役及び執行役　次に掲げる行為
イ　株式、新株予約権、社債若しくは新株予約権付社債を引き受ける者の募集をする際に通知しなければならない重要な事項についての虚偽の通

知又は当該募集のための当該株式会社の事業その他の事項に関する説明に用いた資料についての虚偽の記載若しくは記録
ロ　計算書類及び事業報告並びにこれらの附属明細書並びに臨時計算書類に記載し、又は記録すべき重要な事項についての虚偽の記載又は記録
ハ　虚偽の登記
ニ　虚偽の公告（第440条第3項に規定する措置を含む。）

2　会計参与　計算書類及びその附属明細書、臨時計算書類並びに会計参与報告に記載し、又は記録すべき重要な事項についての虚偽の記載又は記録
3　監査役、監査等委員及び監査委員　監査報告に記載し、又は記録すべき重要な事項についての虚偽の記載又は記録
4　会計監査人　会計監査報告に記載し、又は記録すべき重要な事項についての虚偽の記載又は記録

（役員等の連帯責任）

第430条　役員等が株式会社又は第三者に生じた損害を賠償する責任を負う場合において、他の役員等も当該損害を賠償する責任を負うときは、これらの者は、連帯債務者とする。

第12節　補償契約及び役員等のために締結される保険契約

（補償契約）

第430条の2　①　株式会社が、役員等に対して次に掲げる費用等の全部又は一部を当該株式会社が補償することを約する契約（以下この条において「補償契約」という。）の内容の決定をするには、株主総会（取締役会設置会社にあっては、取締役会）の決議によらなければならない。

1　当該役員等が、その職務の執行に関し、法令の規定に違反したことが疑われ、又は責任の追及に係る請求を受けたことに対処するために支出する費用
2　当該役員等が、その職務の執行に関し、第三者に生じた損害を賠償する責任を負う場合における次に掲げる損失
イ　当該損害を当該役員等が賠償することにより生ずる損失
ロ　当該損害の賠償に関する紛争について当事者間に和解が成立したときは、当該役員等が当該和解に基づく金銭を支払うことにより生ずる損失

②　株式会社は、補償契約を締結している場合であっても、当該補償契約に基づき、次に掲げる費用等を補償することができない。

1　前項第1号に掲げる費用のうち通常要する費用の額を超える部分
2　当該株式会社が前項第2号の損害を賠償するとすれば当該役員等が当該株式会社に対して第423条第1項の責任を負う場合には、同号に掲げる損失のうち当該責任に係る部分
3　役員等がその職務を行うにつき悪意又は重大な過失があったことにより前項第2号の責任を負う場合には、同号に掲げる損失の全部

③　補償契約に基づき第1項第1号に掲げる費用を補償した株式会社が、当該役員等が自己若しくは第三者の不正な利益を図り、又は当該株式会社に損害を加える目的で同号の職務を執行したことを知ったときは、当該役員等に対し、補償した金額に相当する金銭を返還することを請求することができる。

④　取締役会設置会社においては、補償契約に基づく

補償をした取締役及び当該補償を受けた取締役は，遅滞なく，当該補償についての重要な事実を取締役会に報告しなければならない．

⑤　前項の規定は，執行役について準用する．この場合において，同項中「取締役会設置会社においては，補償契約」とあるのは，「補償契約」と読み替えるものとする．

⑥　第356条第1項及び第365条第2項（これらの規定を第419条第2項において準用する場合を含む．）第423条第3項並びに第428条第1項の規定は，株式会社と取締役又は執行役との間の補償契約については，適用しない．

⑦　民法第108条の規定は，第1項の決議によってその内容が定められた前項の補償契約の締結については，適用しない．

（役員等のために締結される保険契約）

第430条の3　①　株式会社が，保険者との間で締結する保険契約のうち役員等がその職務の執行に関し責任を負うこと又は当該責任の追及に係る請求を受けることによって生ずることのある損害を保険者が塡補することを約するものであって，役員等を被保険者とするもの（当該保険契約を締結することにより被保険者である役員等の職務の執行の適正性が著しく損なわれるおそれがないものとして法務省令で定めるものを除く．第3項ただし書において「役員等賠償責任保険契約」という．）の内容の決定をするには，株主総会（取締役会設置会社にあっては，取締役会）の決議によらなければならない．

②　第356条第1項及び第365条第2項（これらの規定を第419条第2項において準用する場合を含む．）並びに第423条第3項の規定は，株式会社が保険者との間で締結する保険契約のうち役員等がその職務の執行に関し責任を負うこと又は当該責任の追及に係る請求を受けることによって生ずることのある損害を保険者が塡補することを約するものであって，取締役又は執行役を被保険者とするものの締結については，適用しない．

③　民法第108条の規定は，前項の保険契約の締結については，適用しない．ただし，当該契約が役員等賠償責任保険契約である場合には，第1項の決議によってその内容が定められたときに限る．

第5章　計算等

第1節　会計の原則

第431条　株式会社の会計は，一般に公正妥当と認められる企業会計の慣行に従うものとする．

第2節　会計帳簿等

第1款　会計帳簿

（会計帳簿の作成及び保存）

第432条　①　株式会社は，法務省令で定めるところにより，適時に，正確な会計帳簿を作成しなければならない．

②　株式会社は，会計帳簿の閉鎖の時から10年間，その会計帳簿及びその事業に関する重要な資料を保存しなければならない．

（会計帳簿の閲覧等の請求）

第433条　①　総株主（株主総会において決議をすることができる事項の全部につき議決権を行使することができない株主を除く．）の議決権の100分の3（これを下回る割合を定款で定めた場合にあって

は，その割合）以上の議決権を有する株主又は発行済株式（自己株式を除く．）の100分の3（これを下回る割合を定款で定めた場合にあっては，その割合）以上の数の株式を有する株主は，株式会社の営業時間内は，いつでも，次に掲げる請求をすることができる．この場合においては，当該請求の理由を明らかにしてしなければならない．

1　会計帳簿又はこれに関する資料が書面をもって作成されているときは，当該書面の閲覧又は謄写の請求

2　会計帳簿又はこれに関する資料が電磁的記録をもって作成されているときは，当該電磁的記録に記録された事項を法務省令で定める方法により表示したものの閲覧又は謄写の請求

②　前項の請求があったときは，株式会社は，次のいずれかに該当すると認められる場合を除き，これを拒むことができない．

1　当該請求を行う株主（以下この項において「請求者」という．）がその権利の確保又は行使に関する調査以外の目的で請求を行ったとき．

2　請求者が当該株式会社の業務の遂行を妨げ，株主の共同の利益を害する目的で請求を行ったとき．

3　請求者が当該株式会社の業務と実質的に競争関係にある事業を営み，又はこれに従事するものであるとき．

4　請求者が会計帳簿又はこれに関する資料の閲覧又は謄写によって得た事実を利益を得て第三者に通報するため請求したとき．

5　請求者が，過去2年以内において，会計帳簿又はこれに関する資料の閲覧又は謄写によって知り得た事実を利益を得て第三者に通報したことがあるものであるとき．

③　株式会社の親会社社員は，その権利を行使するため必要があるときは，裁判所の許可を得て，会計帳簿又はこれに関する資料について第1項各号に掲げる請求をすることができる．この場合においては，当該請求の理由を明らかにしてしなければならない．

④　前項の親会社社員について第2項各号のいずれかに規定する事由があるときは，裁判所は，前項の許可をすることができない．

（会計帳簿の提出命令）

第434条　裁判所は，申立てにより又は職権で，訴訟の当事者に対し，会計帳簿の全部又は一部の提出を命ずることができる．

第2款　計算書類等

（計算書類等の作成及び保存）

第435条　①　株式会社は，法務省令で定めるところにより，その成立の日における貸借対照表を作成しなければならない．

②　株式会社は，法務省令で定めるところにより，各事業年度に係る計算書類（貸借対照表，損益計算書その他株式会社の財産及び損益の状況を示すために必要かつ適当なものとして法務省令で定めるものをいう．以下この章において同じ．）及び事業報告並びにこれらの附属明細書を作成しなければならない．

③　計算書類及び事業報告並びにこれらの附属明細書は，電磁的記録をもって作成することができる．

④　株式会社は，計算書類を作成した時から10年間，当該計算書類及びその附属明細書を保存しなければならない．

（計算書類等の監査等）

第436条 ① 監査役設置会社（監査役の監査の範囲を会計に関するものに限定する旨の定款の定めがある株式会社を含み，会計監査人設置会社を除く.）においては，前条第2項の計算書類及び事業報告並びにこれらの附属明細書は，法務省令で定めるところにより，監査役の監査を受けなければならない.

② 会計監査人設置会社においては，次の各号に掲げるものは，法務省令で定めるところにより，当該各号に定める者の監査を受けなければならない.

1 前条第2項の計算書類及びその附属明細書 監査役（監査等委員会設置会社にあっては監査等委員会，指名委員会等設置会社にあっては監査委員会）及び会計監査人

2 前条第2項の事業報告及びその附属明細書 監査役（監査等委員会設置会社にあっては監査等委員会，指名委員会等設置会社にあっては監査委員会）

③ 取締役会設置会社においては，前条第2項の計算書類及び事業報告並びにこれらの附属明細書（第1項又は前項の規定の適用がある場合にあっては，第1項又は前項の監査を受けたもの）は，取締役会の承認を受けなければならない.

（計算書類等の株主への提供）

第437条 取締役会設置会社においては，取締役は，定時株主総会の招集の通知に際して，法務省令で定めるところにより，株主に対し，前条第3項の承認を受けた計算書類及び事業報告（同条第1項又は第2項の規定の適用がある場合にあっては，監査報告又は会計監査報告を含む.）を提供しなければならない.

（計算書類等の定時株主総会への提出等）

第438条 ① 次の各号に掲げる株式会社においては，取締役は，当該各号に定める計算書類及び事業報告を定時株主総会に提出し，又は提供しなければならない.

1 第436条第1項に規定する監査役設置会社（取締役会設置会社を除く.）　第436条第1項の監査を受けた計算書類及び事業報告

2 会計監査人設置会社（取締役会設置会社を除く.）　第436条第2項の監査を受けた計算書類及び事業報告

3 取締役会設置会社　第436条第3項の承認を受けた計算書類及び事業報告

4 前3号に掲げるもの以外の株式会社　第435条第2項の計算書類及び事業報告

② 前項の規定により提出され，又は提供された計算書類は，定時株主総会の承認を受けなければならない.

③ 取締役は，第1項の規定により提出され，又は提供された事業報告の内容を定時株主総会に報告しなければならない.

（会計監査人設置会社の特則）

第439条 会計監査人設置会社については，第436条第3項の承認を受けた計算書類が法令及び定款に従い株式会社の財産及び損益の状況を正しく表示しているものとして法務省令で定める要件に該当する場合には，前条第2項の規定は，適用しない.この場合においては，取締役は，当該計算書類の内容を定時株主総会に報告しなければならない.

（計算書類の公告）

第440条 ① 株式会社は，法務省令で定めるところにより，定時株主総会の終結後遅滞なく，貸借対照表（大会社にあっては，貸借対照表及び損益計算書）を公告しなければならない.

② 前項の規定にかかわらず，その公告方法が第939条第1項第1号又は第2号に掲げる方法である株式会社は，前項に規定する貸借対照表の要旨を公告することで足りる.

（臨時計算書類）

第441条 ① 株式会社は，最終事業年度の直後の事業年度に属する一定の日（以下この項において「臨時決算日」という.）における当該株式会社の財産の状況を把握するため，法務省令で定めるところにより，次に掲げるもの（以下「臨時計算書類」という.）を作成することができる.

1 臨時決算日における貸借対照表

2 臨時決算日の属する事業年度の初日から臨時決算日までの期間に係る損益計算書

② 第436条第1項に規定する監査役設置会社又は会計監査人設置会社においては，臨時計算書類は，法務省令で定めるところにより，監査役又は会計監査人（監査等委員会設置会社にあっては監査等委員会及び会計監査人，指名委員会等設置会社にあっては監査委員会及び会計監査人）の監査を受けなければならない.

③ 取締役会設置会社においては，臨時計算書類（前項の規定の適用がある場合にあっては，同項の監査を受けたもの）は，取締役会の承認を受けなければならない.

④ 次の各号に掲げる株式会社においては，当該各号に定める臨時計算書類は，株主総会の承認を受けなければならない.ただし，臨時計算書類が法令及び定款に従い株式会社の財産及び損益の状況を正しく表示しているものとして法務省令で定める要件に該当する場合は，この限りでない.

1 第436条第1項に規定する監査役設置会社又は会計監査人設置会社（いずれも取締役会設置会社を除く.）　第2項の監査を受けた臨時計算書類

2 取締役会設置会社　前項の承認を受けた臨時計算書類

3 前2号に掲げるもの以外の株式会社　第1項の臨時計算書類

（計算書類等の備置き及び閲覧等）

第442条 ① 株式会社は，次の各号に掲げるもの（以下この条において「計算書類等」という.）を，当該各号に定める期間，その本店に備え置かなければならない.

1 各事業年度に係る計算書類及び事業報告並びにこれらの附属明細書（第436条第1項又は第2項の規定の適用がある場合にあっては，監査報告又は会計監査報告を含む.）　定時株主総会の日の1週間（取締役会設置会社にあっては，2週間）前の日（第319条第1項の場合にあっては，同項の提案があった日）から5年間

2 臨時計算書類（前条第2項の規定の適用がある場合にあっては，監査報告又は会計監査報告を含む.）　臨時計算書類を作成した日から5年間

③ 株主及び債権者は，株式会社の営業時間内は，いつでも，次に掲げる請求をすることができる.ただし，第2号又は第4号に掲げる請求をするには，当該株式会社の定めた費用を支払わなければならない.

1 計算書類等が書面をもって作成されているときは，当該書面又は当該書面の写しの閲覧の請求

2 前号の書面の謄本又は抄本の交付の請求

3　計算書類等が電磁的記録をもって作成されているときは,当該電磁的記録に記録された事項を法務省令で定める方法により表示したものの閲覧の請求

4　前号の電磁的記録に記録された事項を電磁的方法であって株式会社の定めたものにより提供することの請求又はその事項を記載した書面の交付の請求

④　株式会社の親会社社員は,その権利を行使するため必要があるときは,裁判所の許可を得て,当該株式会社の計算書類等について前項各号に掲げる請求をすることができる.ただし,同項第2号又は第4号に掲げる請求をするには,当該株式会社の定めた費用を支払わなければならない.

（計算書類等の提出命令）

第443条　裁判所は,申立てにより又は職権で,訴訟の当事者に対し,計算書類及びその附属明細書の全部又は一部の提出を命ずることができる.

第3款　連結計算書類

第444条　①　会計監査人設置会社は,法務省令で定めるところにより,各事業年度に係る連結計算書類（当該会計監査人設置会社及びその子会社から成る企業集団の財産及び損益の状況を示すために必要かつ適当なものとして法務省令で定めるものをいう.以下同じ.）を作成することができる.

②　連結計算書類は,電磁的記録をもって作成することができる.

③　事業年度の末日において大会社であって金融商品取引法第24条第1項の規定により有価証券報告書を内閣総理大臣に提出しなければならないものは,当該事業年度に係る連結計算書類を作成しなければならない.

④　連結計算書類は,法務省令で定めるところにより,監査役（監査等委員会設置会社にあっては監査等委員会,指名委員会等設置会社にあっては監査委員会）及び会計監査人の監査を受けなければならない.

⑤　会計監査人設置会社が取締役会設置会社である場合には,前項の監査を受けた連結計算書類は,取締役会の承認を受けなければならない.

⑥　会計監査人設置会社が取締役会設置会社である場合には,取締役は,定時株主総会の招集の通知に際して,法務省令で定めるところにより,株主に対し,前項の承認を受けた連結計算書類を提供しなければならない.

⑦　次の各号に掲げる会計監査人設置会社においては,取締役は,当該各号に定める連結計算書類を定時株主総会に提出し,又は提供しなければならない.この場合においては,当該各号に定める連結計算書類の内容及び第4項の監査の結果を定時株主総会に報告しなければならない.

1　取締役会設置会社である会計監査人設置会社　第5項の承認を受けた連結計算書類

2　前号に掲げるもの以外の会計監査人設置会社　第4項の監査を受けた連結計算書類

第3節　資本金の額等

第1款　総　則

（資本金の額及び準備金の額）

第445条　①　株式会社の資本金の額は,この法律に別段の定めがある場合を除き,設立又は株式の発行に際して株主となる者が当該株式会社に対して払込み又は給付をした財産の額とする.

②　前項の払込み又は給付に係る額の2分の1を超えない額は,資本金として計上しないことができる.

③　前項の規定により資本金として計上しないこととした額は,資本準備金として計上しなければならない.

④　剰余金の配当をする場合には,株式会社は,法務省令で定めるところにより,当該剰余金の配当により減少する剰余金の額に10分の1を乗じて得た額を資本準備金又は利益準備金（以下「準備金」と総称する.）として計上しなければならない.

（剰余金の額）

第446条　株式会社の剰余金の額は,第1号から第4号までに掲げる額の合計額から第5号から第7号までに掲げる額の合計額を減じて得た額とする.

1　最終事業年度の末日におけるイ及びロに掲げる額の合計額からハからホまでに掲げる額の合計額を減じて得た額

イ　資産の額

ロ　自己株式の帳簿価額の合計額

ハ　負債の額

ニ　資本金及び準備金の額の合計額

ホ　ハ及びニに掲げるもののほか,法務省令で定める各勘定科目に計上した額の合計額

2　最終事業年度の末日後に自己株式の処分をした場合における当該自己株式の対価の額から当該自己株式の帳簿価額を控除して得た額

3　最終事業年度の末日後に資本金の額の減少をした場合における当該減少額（次条第1項第2号の額を除く.）

4　最終事業年度の末日後に準備金の額の減少をした場合における当該減少額（第448条第1項第2号の額を除く.）

5　最終事業年度の末日後に第178条第1項の規定により自己株式の消却をした場合における当該自己株式の帳簿価額

6　最終事業年度の末日後に剰余金の配当をした場合における次に掲げる額の合計額

イ　第454条第1項第1号の配当財産の帳簿価額の総額（同条第4項第1号に規定する金銭分配請求権を行使した株主に割り当てた当該配当財産の帳簿価額を除く.）

ロ　第454条第4項第1号に規定する金銭分配請求権を行使した株主に交付した金銭の額の合計額

ハ　第456条に規定する基準未満株式の株主に支払った金銭の額の合計額

7　前2号に掲げるもののほか,法務省令で定める各勘定科目に計上した額の合計額

第2款　資本金の額の減少等

第1目　資本金の額の減少等

（資本金の額の減少）

第447条　①　株式会社は,資本金の額を減少することができる.この場合においては,株主総会の決議によって,次に掲げる事項を定めなければならない.

1　減少する資本金の額

2　減少する資本金の額の全部又は一部を準備金とするときは,その旨及び準備金とする額

3　資本金の額の減少がその効力を生ずる日

②　前項第1号の額は,同項第3号の日における資本金の額を超えてはならない.

（準備金の額の減少）

第448条　①　株式会社は,準備金の額を減少することができる.この場合においては,株主総会の決議

によって，次に掲げる事項を定めなければならない．
1　減少する準備金の額
2　減少する準備金の額の全部又は一部を資本金とするときは，その旨及び資本金とする額
3　準備金の額の減少がその効力を生ずる日
② 前項第1号の額は，同項第3号の日における準備金の額を超えてはならない．

（債権者の異議）
第449条 ① 株式会社が資本金又は準備金（以下この条において「資本金等」という．）の額を減少する場合（減少する準備金の額の全部を資本金とする場合を除く．）には，当該株式会社の債権者は，当該株式会社に対し，資本金等の額の減少について異議を述べることができる．ただし，準備金の額のみを減少する場合であって，次のいずれにも該当するときは，この限りでない．
1　定時株主総会において前条第1項各号に掲げる事項を定めること．
2　前条第1項第1号の額が前号の定時株主総会の日（第439条前段に規定する場合にあっては，第436条第3項の承認があった日）における欠損の額として法務省令で定める方法により算定される額を超えないこと．
② 前項の規定により株式会社の債権者が異議を述べることができる場合には，当該株式会社は，次に掲げる事項を官報に公告し，かつ，知れている債権者には，各別にこれを催告しなければならない．ただし，第3号の期間は，1箇月を下ることができない．
1　当該資本金等の額の減少の内容
2　当該株式会社の計算書類に関する事項として法務省令で定めるもの
3　債権者が一定の期間内に異議を述べることができる旨
③ 前項の規定にかかわらず，株式会社が同項の規定による公告を，官報のほか，第939条第1項の規定による定款の定めに従い，同項第2号又は第3号に掲げる公告方法によりするときは，前項の規定による各別の催告は，することを要しない．
④ 債権者が第2項第3号の期間内に異議を述べなかったときは，当該債権者は，当該資本金等の額の減少について承認をしたものとみなす．
⑤ 債権者が第2項第3号の期間内に異議を述べたときは，株式会社は，当該債権者に対し，弁済し，若しくは相当の担保を提供し，又は当該債権者に弁済を受けさせることを目的として信託会社等（信託会社及び信託業務を営む金融機関（金融機関の信託業務の兼営等に関する法律（昭和18年法律第43号）第1条第1項の認可を受けた金融機関をいう．）をいう．以下同じ．）に相当の財産を信託しなければならない．ただし，当該資本金等の額の減少をしても当該債権者を害するおそれがないときは，この限りでない．
⑥ 次の各号に掲げるものは，当該各号に定める日にその効力を生ずる．ただし，第2項から前項までの規定による手続が終了していないときは，この限りでない．
1　資本金の額の減少　第447条第1項第3号の日
2　準備金の額の減少　第448条第1項第3号の日
⑦ 株式会社は，前項各号に定める日前は，いつでも当該日を変更することができる．

**　　第2目　資本金の額の増加等**
（資本金の額の増加）

第450条 ① 株式会社は，剰余金の額を減少して，資本金の額を増加することができる．この場合においては，次に掲げる事項を定めなければならない．
1　減少する剰余金の額
2　資本金の額の増加がその効力を生ずる日
② 前項各号に掲げる事項の決定は，株主総会の決議によらなければならない．
③ 第1項第1号の額は，同項第2号の日における剰余金の額を超えてはならない．

（準備金の額の増加）
第451条 ① 株式会社は，剰余金の額を減少して，準備金の額を増加することができる．この場合においては，次に掲げる事項を定めなければならない．
1　減少する剰余金の額
2　準備金の額の増加がその効力を生ずる日
② 前項各号に掲げる事項の決定は，株主総会の決議によらなければならない．
③ 第1項第1号の額は，同項第2号の日における剰余金の額を超えてはならない．

**　　第3目　剰余金についてのその他の処分**
第452条 株式会社は，株主総会の決議によって，損失の処理，任意積立金の積立てその他の剰余金の処分（前目に定めるもの及び剰余金の配当その他株式会社の財産を処分するものを除く．）をすることができる．この場合においては，当該剰余金の処分の額その他の法務省令で定める事項を定めなければならない．

**　第4節　剰余金の配当**
（株主に対する剰余金の配当）
第453条 株式会社は，その株主（当該株式会社を除く．）に対し，剰余金の配当をすることができる．

（剰余金の配当に関する事項の決定）
第454条 ① 株式会社は，前条の規定による剰余金の配当をしようとするときは，その都度，株主総会の決議によって，次に掲げる事項を定めなければならない．
1　配当財産の種類（当該株式会社の株式等を除く．）及び帳簿価額の総額
2　株主に対する配当財産の割当てに関する事項
3　当該剰余金の配当がその効力を生ずる日
③ 第1項第2号に掲げる事項についての定めは，株主（当該株式会社及び前項第1号の種類の株式の株主を除く．）の有する株式の数（前項第2号に掲げる事項についての定めがある場合にあっては，各種類の株式の数）に応じて配当財産を割り当てることを内容とするものでなければならない．
④ 配当財産が金銭以外の財産であるときは，株式会社は，株主総会の決議によって，次に掲げる事項を定めることができる．ただし，第1号の期間の末日は，第1項第3号の日以前の日でなければならない．
1　株主に対して金銭分配請求権（当該配当財産に代えて金銭を交付することを株式会社に対して請求する権利をいう．以下この章において同じ．）を与えるときは，その旨及び金銭分配請求権を行使することができる期間
2　一定の数未満の数の株式を有する株主に対して配当財産の割当てをしないこととするときは，その旨及びその数
⑤ 取締役会設置会社は，一事業年度の途中において1回に限り取締役会の決議によって剰余金の配当（配当財産が金銭であるものに限る．以下この項において「中間配当」という．）をすることができる

旨を定款で定めることができる．この場合における中間配当についての第1項の規定の適用については，同項中「株主総会」とあるのは，「取締役会」とする．

（金銭分配請求権の行使）

第455条 ① 前条第4項第1号に規定する場合には，株式会社は，同号の期間の末日の20日前までに，株主に対し，同号に掲げる事項を通知しなければならない．

② 株式会社は，金銭分配請求権を行使した株主に対し，当該株主が割当てを受けた配当財産に代えて，当該配当財産の価額に相当する金銭を支払わなければならない．この場合においては，次の各号に掲げる場合の区分に応じ，当該各号に定める額をもって当該配当財産の価額とする．

1 当該配当財産が市場価格のある財産である場合　当該配当財産の市場価格として法務省令で定める方法により算定される額

2 前号に掲げる場合以外の場合　株式会社の申立てにより裁判所が定める額

（配当財産の交付の方法等）

第457条 ① 配当財産（第455条第2項の規定により支払う金銭及び前条の規定により支払う金銭を含む．以下この条において同じ．）は，株主名簿に記載し，又は記録した株主（登録株式質権者を含む．以下この条において同じ．）の住所又は株主が株式会社に通知した場所（第3項において「住所等」という．）において，これを交付しなければならない．

（適用除外）

第458条 第453条から前条までの規定は，株式会社の純資産額が300万円を下回る場合には，適用しない．

第5節　剰余金の配当等を決定する機関の特則

（剰余金の配当等を取締役会が決定する旨の定款の定め）

第459条 ① 会計監査人設置会社（取締役（監査等委員会設置会社にあっては，監査等委員である取締役以外の取締役）の任期の末日が選任後1年以内に終了する事業年度のうち最終のものに関する定時株主総会の終結の日後の日であるもの及び監査役設置会社であって監査役設置会社でないものを除く．）は，次に掲げる事項を取締役会（第2項に掲げる事項については第436条第3項の取締役会に限る．）が定めることができる旨を定款で定めることができる．

1 第160条第1項の規定による決定をする場合以外の場合における第156条第1項各号に掲げる事項

2 第449条第1項第2号に該当する場合における第448条第1項第1号及び第3号に掲げる事項

3 第452条後段の事項

4 第454条第1項各号及び同条第4項各号に掲げる事項．ただし，配当財産が金銭以外の財産であり，かつ，株主に対して金銭分配請求権を与えないこととする場合を除く．

② 前項の規定による定款の定めは，最終事業年度に係る計算書類が法令及び定款に従い株式会社の財産及び損益の状況を正しく表示しているものとして法務省令で定める要件に該当する場合に限り，その効力を有する．

③ 第1項の規定による定款の定めがある場合における第449条第1項第1号の規定の適用については，同号中「定時株主総会」とあるのは，「定時株主総会又は第436条第3項の取締役会」とする．

（株主の権利の制限）

第460条 ① 前条第1項の規定による定款の定めがある場合には，株式会社は，同項各号に掲げる事項を株主総会の決議によっては定めない旨を定款で定めることができる．

② 前項の規定による定款の定めは，最終事業年度に係る計算書類が法令及び定款に従い株式会社の財産及び損益の状況を正しく表示しているものとして法務省令で定める要件に該当する場合に限り，その効力を有する．

第6節　剰余金の配当等に関する責任

（配当等の制限）

第461条 ① 次に掲げる行為により株主に対して交付する金銭等（当該株式会社の株式を除く．以下この節において同じ．）の帳簿価額の総額は，当該行為がその効力を生ずる日における分配可能額を超えてはならない．

1 第138条第1号ハ又は第2号ハの請求に応じて行う当該株式会社の株式の買取り

2 第156条第1項の規定による決定に基づく当該株式会社の株式の取得（第163条に規定する場合又は第165条第1項に規定する場合における当該株式会社による株式の取得に限る．）

3 第157条第1項の規定による決定に基づく当該株式会社の株式の取得

4 第173条第1項の規定による当該株式会社の株式の取得

5 第176条第1項の規定による請求に基づく当該株式会社の株式の買取り

6 第197条第3項の規定による当該株式会社の株式の買取り

7 第234条第4項（第235条第2項において準用する場合を含む．）の規定による当該株式会社の株式の買取り

8 剰余金の配当

② 前項に規定する「分配可能額」とは，第1号及び第2号に掲げる額の合計額から第3号から第6号までに掲げる額の合計額を減じて得た額をいう（以下この節において同じ．）．

1 剰余金の額

2 臨時計算書類につき第441条第4項の承認（同項ただし書に規定する場合にあっては，同条第3項の承認）を受けた場合における次に掲げる額

イ 第441条第1項第2号の期間の利益の額として法務省令で定める各勘定科目に計上した額の合計額

ロ 第441条第1項第2号の期間内に自己株式を処分した場合における当該自己株式の対価の額

3 自己株式の帳簿価額

4 最終事業年度の末日後に自己株式を処分した場合における当該自己株式の対価の額

5 第2号に規定する場合における第441条第1項第2号の期間の損失の額として法務省令で定める各勘定科目に計上した額の合計額

6 前3号に掲げるもののほか，法務省令で定める各勘定科目に計上した額の合計額

（剰余金の配当等に関する責任）

第462条 ① 前条第1項の規定に違反して株式会社が同項各号に掲げる行為をした場合には，当該行為により金銭等の交付を受けた者並びに当該行為に関する職務を行った業務執行者（業務執行取締役

（指名委員会等設置会社にあっては,執行役.以下この項において同じ.）その他当該業務執行取締役の行う業務の執行に職務上関与した者として法務省令で定めるものをいう.以下この節において同じ.）及び当該行為が次の各号に掲げるものである場合における当該各号に定める者は,当該株式会社に対し,連帯して,当該金銭等の交付を受けた者が交付を受けた金銭等の帳簿価額に相当する金銭を支払う義務を負う.

1　前条第1項第2号に掲げる行為　次に掲げる者
　イ　第156条第1項の規定による決定に係る株主総会の決議があった場合（当該決議によって定められた同項第2号の金銭等の総額が当該決議の日における分配可能額を超える場合に限る.）における当該株主総会に係る総会議案提案取締役（当該株主総会に議案を提案した取締役として法務省令で定めるものをいう.以下この項において同じ.）
　ロ　第156条第1項の規定による決定に係る取締役会の決議があった場合（当該決議によって定められた同項第2号の金銭等の総額が当該決議の日における分配可能額を超える場合に限る.）における当該取締役会に係る取締役会議案提案取締役（当該取締役会に議案を提案した取締役（指名委員会等設置会社にあっては,取締役又は執行役）として法務省令で定めるものをいう.以下この項において同じ.）

2　前条第1項第3号に掲げる行為　次に掲げる者
　イ　第157条第1項の規定による決定に係る株主総会の決議があった場合（当該決議によって定められた同項第3号の総額が当該決議の日における分配可能額を超える場合に限る.）における当該株主総会に係る総会議案提案取締役
　ロ　第157条第1項の規定による決定に係る取締役会の決議があった場合（当該決議によって定められた同項第3号の総額が当該決議の日における分配可能額を超える場合に限る.）における当該取締役会に係る取締役会議案提案取締役

3　前条第1項第4号に掲げる行為　第171条第1項の株主総会（当該株主総会の決議によって定められた同項第1号に規定する取得対価の総額が当該決議の日における分配可能額を超える場合における当該株主総会に限る.）に係る総会議案提案取締役

4　前条第1項第6号に掲げる行為　次に掲げる者
　イ　第197条第3項後段の規定による決定に係る株主総会の決議があった場合（当該決議によって定められた同項第2号の総額が当該決議の日における分配可能額を超える場合に限る.）における当該株主総会に係る総会議案提案取締役
　ロ　第197条第3項後段の規定による決定に係る取締役会の決議があった場合（当該決議によって定められた同項第2号の総額が当該決議の日における分配可能額を超える場合に限る.）における当該取締役会に係る取締役会議案提案取締役

5　前条第1項第7号に掲げる行為　次に掲げる者
　イ　第234条第4項後段（第235条第2項において準用する場合を含む.）の規定による決定に係る株主総会の決議があった場合（当該決議によって定められた第234条第4項第2号（第235条第2項において準用する場合を含む.）の総額が当該決議の日における分配可能額を超え

る場合に限る.）における当該株主総会に係る総会議案提案取締役
　ロ　第234条第4項後段（第235条第2項において準用する場合を含む.）の規定による決定に係る取締役会の決議があった場合（当該決議によって定められた第234条第4項第2号（第235条第2項において準用する場合を含む.）の総額が当該決議の日における分配可能額を超える場合に限る.）における当該取締役会に係る取締役会議案提案取締役

6　前条第1項第8号に掲げる行為　次に掲げる者
　イ　第454条第1項の規定による決定に係る株主総会の決議があった場合（当該決議によって定められた配当財産の帳簿価額が当該決議の日における分配可能額を超える場合に限る.）における当該株主総会に係る総会議案提案取締役
　ロ　第454条第1項の規定による決定に係る取締役会の決議があった場合（当該決議によって定められた配当財産の帳簿価額が当該決議の日における分配可能額を超える場合に限る.）における当該取締役会に係る取締役会議案提案取締役

② 前項の規定にかかわらず,業務執行者及び同項各号に定める者は,その職務を行うについて注意を怠らなかったことを証明したときは,同項の義務を負わない.

③ 第1項の規定により業務執行者及び同項各号に定める者の負う義務は,免除することができない.ただし,前条第1項各号に掲げる行為の時における分配可能額を限度として当該義務を免除することについて株主全員の同意がある場合は,この限りでない.

（株主に対する求償権の制限等）
第463条　① 前条第1項に規定する場合において,株式会社が第461条第1項各号に掲げる行為により株主に対して交付した金銭等の帳簿価額の総額が当該行為がその効力を生じた日における分配可能額を超えることにつき善意の株主は,当該株主が交付を受けた金銭等について,前条第1項の金銭を支払った業務執行者及び同項各号に定める者からの求償の請求に応ずる義務を負わない.

② 前条第1項に規定する場合には,株式会社の債権者は,同項の規定により義務を負う株主に対し,その交付を受けた金銭等の帳簿価額（当該帳簿価額が当該債権者の株式会社に対して有する債権額を超える場合にあっては,当該債権額）に相当する金銭を支払わせることができる.

（欠損が生じた場合の責任）
第465条　① 株式会社が次の各号に掲げる行為をした場合において,当該行為をした日の属する事業年度（その事業年度の直前の事業年度が最終事業年度でないときは,その事業年度の直前の事業年度）に係る計算書類につき第438条第2項の承認（第439条前段に規定する場合にあっては,第436条第3項の承認）を受けた時における第461条第2項第3号,第4号及び第6号に掲げる額の合計額が同項第1号に掲げる額を超えるときは,当該各号に掲げる行為に関する職務を行った業務執行者は,当該株式会社に対し,連帯して,その超過額（当該超過額が当該各号に定める額を超える場合にあっては,当該各号に定める額）を支払う義務を負う.ただし,当該業務執行者がその職務を行うについて注意を怠らなかったことを証明した場合は,この限りでない.

1 第138条第1号ハ又は第2号ハの請求に応じて行う当該株式会社の株式の買取り　当該株式の買取りにより株主に対して交付した金銭等の帳簿価額の総額

2 第156条第1項の規定による決定に基づく当該株式会社の株式の取得（第163条に規定する場合又は第165条第1項に規定する場合における当該株式会社による株式の取得に限る.）　当該株式の取得により株主に対して交付した金銭等の帳簿価額の総額

3 第157条第1項の規定による決定に基づく当該株式会社の株式の取得　当該株式の取得により株主に対して交付した金銭等の帳簿価額の総額

4 第167条第1項の規定による当該株式会社の株式の取得　当該株式の取得により株主に対して交付した金銭等の帳簿価額の総額

5 第170条第1項の規定による当該株式会社の株式の取得　当該株式の取得により株主に対して交付した金銭等の帳簿価額の総額

6 第173条第1項の規定による当該株式会社の株式の取得　当該株式の取得により株主に対して交付した金銭等の帳簿価額の総額

7 第176条第1項の規定による請求に基づく当該株式会社の株式の買取り　当該株式の買取りにより株主に対して交付した金銭等の帳簿価額の総額

8 第197条第3項の規定による当該株式会社の株式の買取り　当該株式の買取りにより株主に対して交付した金銭等の帳簿価額の総額

9 次のイ又はロに掲げる規定による当該株式会社の株式の買取り　当該株式の買取りによりイ又はロに定める者に対して交付した金銭等の帳簿価額の総額
イ 第234条第4項　同条第1項各号に定める者
ロ 第235条第1項において準用する第234条第4項　株主

10 剰余金の配当（次のイからハまでに掲げるものを除く.）　当該剰余金の配当についての第446条第6号イからハまでに掲げる額の合計額
イ 定時株主総会（第439条前段に規定する場合にあっては，定時株主総会又は第436条第3項の取締役会）において第454条第1項各号に掲げる事項を定める場合における剰余金の配当
ロ 第447条第1項各号に掲げる事項を定めるための株主総会において第454条第1項各号に掲げる事項を定める場合（同項第1号の額（第456条の規定により基準未満株式の株主に支払う金銭があるときは，その額を合算した額）が第447条第1項第1号の額を超えない場合であって，同項第2号に掲げる事項についての定めがない場合に限る.）における剰余金の配当
ハ 第448条第1項各号に掲げる事項を定めるための株主総会において第454条第1項各号に掲げる事項を定める場合（同項第1号の額（第456条の規定により基準未満株式の株主に支払う金銭があるときは，その額を合算した額）が第448条第1項第1号の額を超えない場合であって，同項第2号に掲げる事項についての定めがない場合に限る.）における剰余金の配当

② 前項の義務は，総株主の同意がなければ，免除することができない.

第6章　定款の変更

第466条　株式会社は，その成立後，株主総会の決議によって，定款を変更することができる.

第7章　事業の譲渡等

（事業譲渡等の承認等）
第467条　① 株式会社は，次に掲げる行為をする場合には，当該行為がその効力を生ずる日（以下この章において「効力発生日」という.）の前日までに，株主総会の決議によって，当該行為に係る契約の承認を受けなければならない.
1 事業の全部の譲渡
2 事業の重要な一部の譲渡（当該譲渡により譲り渡す資産の帳簿価額が当該株式会社の総資産額として法務省令で定める方法により算定される額の5分の1（これを下回る割合を定款で定めた場合にあっては，その割合）を超えないものを除く.）
2の2 その子会社の株式又は持分の全部又は一部の譲渡（次のいずれにも該当する場合における譲渡に限る.）
イ 当該譲渡により譲り渡す株式又は持分の帳簿価額が当該株式会社の総資産額として法務省令で定める方法により算定される額の5分の1（これを下回る割合を定款で定めた場合にあっては，その割合）を超えるとき.
ロ 当該株式会社が，効力発生日において当該子会社の議決権の総数の過半数の議決権を有しないとき.
3 他の会社（外国会社その他の法人を含む.次条において同じ.）の事業の全部の譲受け
4 事業の全部の賃貸，事業の全部の経営の委任，他人と事業上の損益の全部を共通にする契約その他これらに準ずる契約の締結，変更又は解約
5 当該株式会社（第25条第1項各号に掲げる方法により設立したものに限る.以下この号において同じ.）の成立後2年以内におけるその成立前から存在する財産であってその事業のために継続して使用するものの取得.ただし，イに掲げる額のロに掲げる額に対する割合が5分の1（これを下回る割合を当該株式会社の定款で定めた場合にあっては，その割合）を超えない場合を除く.
イ 当該財産の対価として交付する財産の帳簿価額の合計額
ロ 当該株式会社の純資産額として法務省令で定める方法により算定される額

（事業譲渡等の承認を要しない場合）
第468条　① 前条の規定は，同条第1項第1号から第4号までに掲げる行為（以下この章において「事業譲渡等」という.）に係る契約の相手方が当該事業譲渡等をする株式会社の特別支配会社（ある株式会社の総株主の議決権の10分の9（これを上回る割合を当該株式会社の定款で定めた場合にあっては，その割合）以上を他の会社及び当該他の会社が発行済株式の全部を有する株式会社その他これに準ずるものとして法務省令で定める法人が有している場合における当該他の会社をいう.以下同じ.）である場合には，適用しない.
② 前条の規定は，同条第1項第3号に掲げる行為をする場合において，第1号に掲げる額の第2号に掲

げる額に対する割合が5分の1（これを下回る割合を定款で定めた場合にあっては，その割合）を超えないときは，適用しない．

1　当該他の会社の事業の全部の対価として交付する財産の帳簿価額の合計額

2　当該株式会社の純資産額として法務省令で定める方法により算定される額

③　前項に規定する場合において，法務省令で定める数の株式（前条第1項の株主総会において議決権を行使することができるものに限る．）を有する株主が次条第3項の規定による通知又は同条第4項の公告の日から2週間以内に前条第1項第3号に掲げる行為に反対する旨を当該行為をする会社に対し通知したときは，当該株式会社は，効力発生日の前日までに，株主総会の決議によって，当該行為に係る契約の承認を受けなければならない．

（反対株主の株式買取請求）

第469条　①　事業譲渡等をする場合（次に掲げる場合を除く．）には，反対株主は，事業譲渡等をする株式会社に対し，自己の有する株式を公正な価格で買い取ることを請求することができる．

1　第467条第1項第1号に掲げる行為をする場合において，同項の株主総会の決議と同時に第471条第3号の株主総会の決議がされたとき．

2　前条第2項に規定する場合（同条第3項に規定する場合を除く．）

（株式の価格の決定等）

第470条　①　株式買取請求があった場合において，株式の価格の決定について，株主と事業譲渡等をする株式会社との間に協議が調ったときは，当該株式会社は，効力発生日から60日以内にその支払をしなければならない．

②　株式の価格の決定について，効力発生日から30日以内に協議が調わないときは，株主又は前項の株式会社は，その期間の満了の日後30日以内に，裁判所に対し，価格の決定の申立てをすることができる．

③　前条第7項の規定にかかわらず，前項に規定する場合において，効力発生日から60日以内に同項の申立てがないときは，その期間の満了後は，株主は，いつでも，株式買取請求を撤回することができる．

④　第1項の株式会社は，裁判所の決定した価格に対する同項の期間の満了の日後の法定利率による利息をも支払わなければならない．

⑤　第1項の株式会社は，株式の価格の決定があるまでは，株主に対し，当該株式会社が公正な価格と認める額を支払うことができる．

⑥　株式買取請求に係る株式の買取りは，効力発生日に，その効力を生ずる．

⑦　株券発行会社は，株券が発行されている株式について株式買取請求があったときは，株券と引換えに，その株式買取請求に係る株式の代金を支払わなければならない．

第8章　解　散

（解散の事由）

第471条　株式会社は，次に掲げる事由によって解散する．

1　定款で定めた存続期間の満了

2　定款で定めた解散の事由の発生

3　株主総会の決議

4　合併（合併により当該株式会社が消滅する場合に限る．）

5　破産手続開始の決定

6　第824条第1項又は第833条第1項の規定による解散を命ずる裁判

（株式会社の継続）

第473条　株式会社は，第471条第1号から第3号までに掲げる事由によって解散した場合（前条第1項の規定により解散したものとみなされた場合を含む．）には，次章の規定による清算が結了するまで（同項の規定により解散したものとみなされた場合にあっては，解散したものとみなされた後3年以内に限る．），株主総会の決議によって，株式会社を継続することができる．

第9章　清　算

第1節　総　則

第1款　清算の開始

（清算の開始原因）

第475条　株式会社は，次に掲げる場合には，この章の定めるところにより，清算をしなければならない．

1　解散した場合（第471条第4号に掲げる事由によって解散した場合及び破産手続開始の決定により解散した場合であって当該破産手続が終了していない場合を除く．）

2　設立の無効の訴えに係る請求を認容する判決が確定した場合

3　株式移転の無効の訴えに係る請求を認容する判決が確定した場合

（清算株式会社の能力）

第476条　前条の規定により清算をする株式会社（以下「清算株式会社」という．）は，清算の目的の範囲内において，清算が結了するまではなお存続するものとみなす．

第2款　清算株式会社の機関

第1目　株主総会以外の機関の設置

第477条　①　清算株式会社には，1人又は2人以上の清算人を置かなければならない．

②　清算株式会社は，定款の定めによって，清算人会，監査役又は監査役会を置くことができる．

③　監査役会を置く旨の定款の定めがある清算株式会社は，清算人会を置かなければならない．

④　第475条各号に掲げる場合に該当することとなった時において公開会社又は大会社であった清算株式会社は，監査役を置かなければならない．

⑤　第475条各号に掲げる場合に該当することとなった時において監査等委員会設置会社であった清算株式会社にあっては，従前の規定の適用があるものにおいては，監査等委員である取締役が監査役となる．

⑥　第475条各号に掲げる場合に該当することとなった時において指名委員会等設置会社であった清算株式会社であって，第4項の規定の適用があるものにおいては，監査委員が監査役となる．

⑦　第4章第2節の規定は，清算株式会社については，適用しない．

第3目　清算人の職務等

（清算人の職務）

第481条　清算人は，次に掲げる職務を行う．

1　現務の結了

2　債権の取立て及び債務の弁済

3　残余財産の分配

◆ 第3編　持分会社 ◆

第1章　設　立

（定款の作成）

第575条 ① 合名会社，合資会社又は合同会社（以下「持分会社」と総称する。）を設立するには，その社員になろうとする者が定款を作成し，その全員がこれに署名し，又は記名押印しなければならない。

② 前項の定款は，電磁的記録をもって作成することができる。この場合において，当該電磁的記録に記録された情報については，法務省令で定める署名又は記名押印に代わる措置をとらなければならない。

（定款の記載又は記録事項）

第576条 ① 持分会社の定款には，次に掲げる事項を記載し，又は記録しなければならない。

1　目的

2　商号

3　本店の所在地

4　社員の氏名又は名称及び住所

5　社員が無限責任社員又は有限責任社員のいずれであるかの別

6　社員の出資の目的（有限責任社員にあっては，金銭等に限る。）及びその価額又は評価の標準

② 設立しようとする持分会社が合名会社である場合には，前項第5号に掲げる事項として，その社員の全部を無限責任社員とする旨を記載し，又は記録しなければならない。

③ 設立しようとする持分会社が合資会社である場合には，第1項第5号に掲げる事項として，その社員の一部を無限責任社員とし，その他の社員を有限責任社員とする旨を記載し，又は記録しなければならない。

④ 設立しようとする持分会社が合同会社である場合には，第1項第5号に掲げる事項として，その社員の全部を有限責任社員とする旨を記載し，又は記録しなければならない。

第577条 前条に規定するもののほか，持分会社の定款には，この法律の規定により定款の定めがなければその効力を生じない事項及びその他の事項でこの法律の規定に違反しないものを記載し，又は記録することができる。

（合同会社の設立時の出資の履行）

第578条 設立しようとする持分会社が合同会社である場合には，当該合同会社の社員になろうとする者は，定款の作成後，合同会社の設立の登記をする時までに，その出資に係る金銭の全額を払い込み，又はその出資に係る金銭以外の財産の全部を給付しなければならない。ただし，合同会社の社員になろうとする者全員の同意があるときは，登記，登録その他権利の設定又は移転を第三者に対抗するために必要な行為は，合同会社の成立後にすることを妨げない。

（持分会社の成立）

第579条 持分会社は，その本店の所在地において設立の登記をすることによって成立する。

第2章　社　員

第1節　社員の責任等

（社員の責任）

第580条 ① 社員は，次に掲げる場合には，連帯して，持分会社の債務を弁済する責任を負う。

1　当該持分会社の財産をもってその債務を完済することができない場合

2　当該持分会社の財産に対する強制執行がその効を奏しなかった場合（社員が，当該持分会社に弁済をする資力があり，かつ，強制執行が容易であることを証明した場合を除く。）

② 有限責任社員は，その出資の価額（既に持分会社に対し履行した出資の価額を除く。）を限度として，持分会社の債務を弁済する責任を負う。

（社員の抗弁）

第581条 ① 社員が持分会社の債務を弁済する責任を負う場合には，社員は，持分会社が主張することができる抗弁をもって当該持分会社の債権者に対抗することができる。

② 前項に規定する場合において，持分会社がその債権者に対して相殺権，取消権又は解除権を有するときは，これらの権利の行使によって持分会社がその債務を免れるべき限度において，社員は，当該債権者に対して債務の履行を拒むことができる。

（社員の出資に係る責任）

第582条 ① 社員が金銭を出資の目的とした場合において，その出資をすることを怠ったときは，当該社員は，その利息を支払うほか，損害の賠償をしなければならない。

② 社員が債権を出資の目的とした場合において，当該債権の債務者が弁済期に弁済をしなかったときは，当該社員は，その弁済をする責任を負う。この場合においては，その利息を支払うほか，損害の賠償をしなければならない。

（社員の責任を変更した場合の特則）

第583条 ① 有限責任社員が無限責任社員となった場合には，当該無限責任社員となった者は，その者が無限責任社員となる前に生じた持分会社の債務についても，無限責任社員としてこれを弁済する責任を負う。

② 有限責任社員（合同会社の社員を除く。）が出資の価額を減少した場合であっても，当該有限責任社員は，その旨の登記をする前に生じた持分会社の債務については，従前の責任の範囲内でこれを弁済する責任を負う。

③ 無限責任社員が有限責任社員となった場合であっても，その旨の登記をする前に生じた持分会社の債務については，無限責任社員として当該債務を弁済する責任を負う。

④ 前2項の責任は，前2項の登記後2年以内に請求又は請求の予告をしない持分会社の債権者に対しては，当該登記後2年を経過した時に消滅する。

第2節　持分の譲渡等

（持分の譲渡）

第585条 ① 社員は，他の社員の全員の承諾がなければ，その持分の全部又は一部を他人に譲渡することができない。

② 前項の規定にかかわらず，業務を執行しない有限責任社員は，業務を執行する社員の全員の承諾があるときは，その持分の全部又は一部を他人に譲渡することができる。

③ 第637条の規定にかかわらず，業務を執行しない有限責任社員の持分の譲渡に伴い定款の変更を生ずるときは，その持分の譲渡による定款の変更は，

業務を執行する社員の全員の同意によってすることができる。

④ 前3項の規定は，定款で別段の定めをすることを妨げない。

（持分の全部の譲渡をした社員の責任）

第586条 ① 持分の全部を他人に譲渡した社員は，その旨の登記をする前に生じた持分会社の債務について，従前の責任の範囲内でこれを弁済する責任を負う。

② 前項の責任は，同項の登記後2年以内に請求又は請求の予告をしない持分会社の債権者に対しては，当該登記後2年を経過した時に消滅する。

第587条 ① 持分会社は，その持分の全部又は一部を譲り受けることができない。

② 持分会社が当該持分会社の持分を取得した場合には，当該持分は，当該持分会社がこれを取得した時に，消滅する。

第3節 誤認行為の責任

（無限責任社員であると誤認させる行為等をした有限責任社員の責任）

第588条 ① 合資会社の有限責任社員が自己を無限責任社員であると誤認させる行為をしたときは，当該有限責任社員は，その誤認に基づいて合資会社と取引をした者に対し，無限責任社員と同一の責任を負う。

② 合資会社又は合同会社の有限責任社員がその責任の限度を誤認させる行為（前項の行為を除く。）をしたときは，当該有限責任社員は，その誤認に基づいて合資会社又は合同会社と取引をした者に対し，その誤認させた責任の範囲内で当該合資会社又は合同会社の債務を弁済する責任を負う。

（社員であると誤認させる行為をした者の責任）

第589条 ① 合名会社又は合資会社の社員でない者が自己を無限責任社員であると誤認させる行為をしたときは，当該社員でない者は，その誤認に基づいて合名会社又は合資会社と取引をした者に対し，無限責任社員と同一の責任を負う。

② 合資会社又は合同会社の社員でない者が自己を有限責任社員であると誤認させる行為をしたときは，当該社員でない者は，その誤認に基づいて合資会社又は合同会社と取引をした者に対し，その誤認させた責任の範囲内で当該合資会社又は合同会社の債務を弁済する責任を負う。

第3章 管 理

第1節 総 則

（業務の執行）

第590条 ① 社員は，定款に別段の定めがある場合を除き，持分会社の業務を執行する。

② 社員が2人以上ある場合には，持分会社の業務は，定款に別段の定めがある場合を除き，社員の過半数をもって決定する。

③ 前項の規定にかかわらず，持分会社の常務は，各社員が単独で行うことができる。ただし，その完了前に他の社員が異議を述べた場合は，この限りでない。

（業務を執行する社員を定款で定めた場合）

第591条 ① 業務を執行する社員を定款で定めた場合において，業務を執行する社員が2人以上あるときは，持分会社の業務は，定款に別段の定めがある場合を除き，業務を執行する社員の過半数をもって決定する。この場合における前条第3項の規定の

適用については，同項中「社員」とあるのは，「業務を執行する社員」とする。

② 前項の規定にかかわらず，同項に規定する場合には，支配人の選任及び解任は，社員の過半数をもって決定する。ただし，定款で別段の定めをすることを妨げない。

③ 業務を執行する社員を定款で定めた場合において，その業務を執行する社員の全員が退社したときは，当該定款の定めは，その効力を失う。

④ 業務を執行する社員を定款で定めた場合には，その業務を執行する社員は，正当な事由がなければ，辞任することができない。

⑤ 前項の業務を執行する社員は，正当な事由がある場合に限り，他の社員の一致によって解任することができる。

⑥ 前2項の規定は，定款で別段の定めをすることを妨げない。

（社員の持分会社の業務及び財産状況に関する調査）

第592条 ① 業務を執行する社員を定款で定めた場合には，各社員は，持分会社の業務を執行する権利を有しないときであっても，その業務及び財産の状況を調査することができる。

第2節 業務を執行する社員

（業務を執行する社員と持分会社との関係）

第593条 ① 業務を執行する社員は，善良な管理者の注意をもって，その職務を行う義務を負う。

② 業務を執行する社員は，法令及び定款を遵守し，持分会社のため忠実にその職務を行わなければならない。

③ 業務を執行する社員は，持分会社又は他の社員の請求があるときは，いつでもその職務の執行の状況を報告し，その職務が終了した後は，遅滞なくその経過及び結果を報告しなければならない。

④ 民法第646条から第650条までの規定は，業務を執行する社員と持分会社との関係について準用する。この場合において，同法第646条第1項，第648条第2項，第648条の2，第649条及び第650条中「委任事務」とあるのは「その職務」と，同法第648条第3項第1号中「委任事務」とあり，及び同項第2号中「委任」とあるのは「前項の職務」と読み替えるものとする。

⑤ 前2項の規定は，定款で別段の定めをすることを妨げない。

（競業の禁止）

第594条 ① 業務を執行する社員は，当該社員以外の社員の全員の承認を受けなければ，次に掲げる行為をしてはならない。ただし，定款に別段の定めがある場合は，この限りでない。

1 自己又は第三者のために持分会社の事業の部類に属する取引をすること。

2 持分会社の事業と同種の事業を目的とする会社の取締役，執行役又は業務を執行する社員となること。

② 業務を執行する社員が前項の規定に違反して同項第1号に掲げる行為をしたときは，当該行為によって当該業務を執行する社員又は第三者が得た利益の額は，持分会社に生じた損害の額と推定する。

（利益相反取引の制限）

第595条 ① 業務を執行する社員は，次に掲げる場合には，当該取引について当該社員以外の社員の過半数の承認を受けなければならない。ただし，定款に別段の定めがある場合は，この限りでない。

1　業務を執行する社員が自己又は第三者のために持分会社と取引をしようとするとき.
2　持分会社が業務を執行する社員の債務を保証することその他社員でない者との間において持分会社と当該社員との利益が相反する取引をしようとするとき.

② 民法第108条の規定は, 前項の承認を受けた同項各号の取引については, 適用しない.

(業務を執行する社員の持分会社に対する損害賠償責任)

第596条　業務を執行する社員は, その任務を怠ったときは, 持分会社に対し, 連帯して, これによって生じた損害を賠償する責任を負う.

(業務を執行する有限責任社員の第三者に対する損害賠償責任)

第597条　業務を執行する有限責任社員がその職務を行うについて悪意又は重大な過失があったときは, 当該有限責任社員は, 連帯して, これによって第三者に生じた損害を賠償する責任を負う.

(法人が業務を執行する社員である場合の特則)

第598条　① 法人が業務を執行する社員である場合には, 当該法人は, 当該業務を執行する社員の職務を行うべき者を選任し, その者の氏名及び住所を他の社員に通知しなければならない.

② 第593条から前条までの規定は, 前項の規定により選任された社員の職務を行うべき者について準用する.

(持分会社の代表)

第599条　① 業務を執行する社員は, 持分会社を代表する. ただし, 他に持分会社を代表する社員その他持分会社を代表する者を定めた場合は, この限りでない.

② 前項本文の業務を執行する社員が2人以上ある場合には, 業務を執行する社員は, 各自, 持分会社を代表する.

③ 持分会社は, 定款又は定款の定めに基づく社員の互選によって, 業務を執行する社員の中から持分会社を代表する社員を定めることができる.

④ 持分会社を代表する社員は, 持分会社の業務に関する一切の裁判上又は裁判外の行為をする権限を有する.

⑤ 前項の権限に加えた制限は, 善意の第三者に対抗することができない.

(持分会社を代表する社員等の行為についての損害賠償責任)

第600条　持分会社は, 持分会社を代表する社員その他の代表者がその職務を行うについて第三者に加えた損害を賠償する責任を負う.

(持分会社と社員との間の訴えにおける会社の代表)

第601条　第599条第4項の規定にかかわらず, 持分会社が社員に対し, 又は社員が持分会社に対して訴えを提起する場合において, 当該訴えについて持分会社を代表する者(当該社員を除く.)が存しないときは, 当該社員以外の社員の過半数をもって, 当該訴えについて持分会社を代表する者を定めることができる.

第602条　第599条第1項の規定にかかわらず, 社員が持分会社に対して社員の責任を追及する訴えの提起を請求した場合において, 持分会社が当該請求の日から60日以内に当該訴えを提起しないときは, 当該請求をした社員は, 当該訴えについて持分会社を代表することができる. ただし, 当該訴えが

当該社員若しくは第三者の不正な利益を図り又は当該持分会社に損害を加えることを目的とする場合は, この限りでない.

第4章　社員の加入及び退社

第1節　社員の加入

(社員の加入)

第604条　① 持分会社は, 新たに社員を加入させることができる.

② 持分会社の社員の加入は, 当該社員に係る定款の変更をした時に, その効力を生ずる.

③ 前項の規定にかかわらず, 合同会社が新たに社員を加入させる場合において, 新たに社員となろうとする者が同項の定款の変更をした時にその出資に係る払込み又は給付の全部又は一部を履行していないときは, その者は, 当該払込み又は給付を完了した時に, 合同会社の社員となる.

(加入した社員の責任)

第605条　持分会社の成立後に加入した社員は, その加入前に生じた持分会社の債務についても, これを弁済する責任を負う.

第2節　社員の退社

(任意退社)

第606条　① 持分会社の存続期間を定款で定めなかった場合又はある社員の終身の間持分会社が存続することを定款で定めた場合には, 各社員は, 事業年度の終了の時において退社をすることができる. この場合においては, 各社員は, 6箇月前までに持分会社に退社の予告をしなければならない.

② 前項の規定は, 定款で別段の定めをすることを妨げない.

③ 前2項の規定にかかわらず, 各社員は, やむを得ない事由があるときは, いつでも退社をすることができる.

(法定退社)

第607条　① 社員は, 前条, 第609条第1項, 第642条第2項及び第845条の場合のほか, 次に掲げる事由によって退社する.

1　定款で定めた事由の発生
2　総社員の同意
3　死亡
4　合併(合併により当該法人である社員が消滅する場合に限る.)
5　破産手続開始の決定
6　解散(前2号に掲げる事由によるものを除く.)
7　後見開始の審判を受けたこと.
8　除名

② 持分会社は, その社員が前項第5号から第7号までに掲げる事由の全部又は一部によっては退社しない旨を定めることができる.

(相続及び合併の場合の特則)

第608条　① 持分会社は, その社員が死亡した場合又は合併により消滅した場合における当該社員の相続人その他の一般承継人が当該社員の持分を承継する旨を定款で定めることができる.

(持分の差押債権者による退社)

第609条　① 社員の持分を差し押さえた債権者は, 事業年度の終了時において当該社員を退社させることができる. この場合においては, 当該債権者は, 6箇月前までに持分会社及び当該社員にその予告をしなければならない.

② 前項後段の予告は，同項の社員が，同項の債権者に対し，弁済し，又は相当の担保を提供したときは，その効力を失う．

③ 第1項後段の予告をした同項の債権者は，裁判所に対し，持分の払戻しの請求権の保全に関し必要な処分をすることを申し立てることができる．

（退社に伴う持分の払戻し）

第611条 ① 退社した社員は，その出資の種類を問わず，その持分の払戻しを受けることができる．ただし，第608条第1項及び第2項の規定により当該社員の一般承継人が社員となった場合は，この限りでない．

② 退社した社員と持分会社との間の計算は，退社の時における持分会社の財産の状況に従ってしなければならない．

③ 退社した社員の持分は，その出資の種類を問わず，金銭で払い戻すことができる．

④ 退社の時にまだ完了していない事項については，その完了後に計算をすることができる．

⑤ 社員が除名により退社した場合における第2項及び前項の規定の適用については，これらの規定中「退社の時」とあるのは，「除名の訴えを提起した時」とする．

⑥ 前項に規定する場合には，持分会社は，除名の訴えを提起した日後の法定利率による利息をも支払わなければならない．

⑦ 社員の持分の差押えは，持分の払戻しを請求する権利に対しても，その効力を有する．

（退社した社員の責任）

第612条 ① 退社した社員は，その登記をする前に生じた持分会社の債務について，従前の責任の範囲内でこれを弁済する責任を負う．

② 前項の責任は，同項の登記後2年以内に請求又は請求の予告をしない持分会社の債権者に対しては，当該登記後2年を経過した時に消滅する．

（商号変更の請求）

第613条 持分会社がその商号中に退社した社員の氏若しくは氏名又は名称を用いているときは，当該退社した社員は，当該持分会社に対し，その氏若しくは氏名又は名称の使用をやめることを請求することができる．

第5章　計算等

第1節　会計の原則

第614条 持分会社の会計は，一般に公正妥当と認められる企業会計の慣行に従うものとする．

第4節　資本金の額の減少

第620条 ① 持分会社は，損失のてん補のために，その資本金の額を減少することができる．

② 前項の規定により減少する資本金の額は，損失の額として法務省令で定める方法により算定される額を超えることができない．

第5節　利益の配当

（利益の配当）

第621条 ① 社員は，持分会社に対し，利益の配当を請求することができる．

② 持分会社は，利益の配当を請求する方法その他の利益の配当に関する事項を定款で定めることができる．

③ 社員の持分の差押えは，利益の配当を請求する権利に対しても，その効力を有する．

（社員の損益分配の割合）

第622条 ① 損益分配の割合について定款の定めがないときは，その割合は，各社員の出資の価額に応じて定める．

② 利益又は損失の一方についてのみ分配の割合についての定めを定款で定めたときは，その割合は，利益及び損失の分配に共通であるものと推定する．

（有限責任社員の利益の配当に関する責任）

第623条 ① 持分会社が利益の配当により有限責任社員に対して交付した金銭等の帳簿価額（以下この項において「配当額」という．）が当該利益の配当をする日における利益額（持分会社の利益の額として法務省令で定める額を超える場合には，当該利益の配当を受けた有限責任社員は，当該持分会社に対し，連帯して，当該配当額に相当する金銭を支払う義務を負う．

第6節　出資の払戻し

第624条 ① 社員は，持分会社に対し，既に出資として払込み又は給付をした金銭等の払戻し（以下この編において「出資の払戻し」という．）を請求することができる．この場合において，当該金銭等が金銭以外の財産であるときは，当該財産の価額に相当する金銭の払戻しを請求することを妨げない．

② 持分会社は，出資の払戻しを請求する方法その他の出資の払戻しに関する事項を定款で定めることができる．

③ 社員の持分の差押えは，出資の払戻しを請求する権利に対しても，その効力を有する．

第7節　合同会社の計算等に関する特則

第1款　計算書類の閲覧に関する特則

第625条 合同会社の債権者は，当該合同会社の営業時間内は，いつでも，その計算書類（作成した日から5年以内のものに限る．）について第618条第1項各号に掲げる請求をすることができる．

第2款　資本金の額の減少に関する特則

（出資の払戻し又は持分の払戻しを行う場合の資本金の額の減少）

第626条 ① 合同会社は，第620条第1項の場合のほか，出資の払戻し又は持分の払戻しのために，その資本金の額を減少することができる．

② 前項の規定により出資の払戻しのために減少する資本金の額は，第632条第2項に規定する出資払戻額から出資の払戻しをする日における剰余金額を控除して得た額を超えてはならない．

③ 第1項の規定により持分の払戻しのために減少する資本金の額は，第635条第1項に規定する持分払戻額から持分の払戻しをする日における剰余金額を控除して得た額を超えてはならない．

④ 前2項に規定する「剰余金額」とは，第1号に掲げる額から第2号から第4号までに掲げる額の合計額を減じて得た額をいう（第4款及び第5款において同じ．）．

　1　資産の額

　2　負債の額

　3　資本金の額

　4　前2号に掲げるもののほか，法務省令で定める各勘定科目に計上した額の合計額

（債権者の異議）

第627条 ① 合同会社が資本金の額を減少する場合には，当該合同会社の債権者は，当該合同会社に対し，資本金の額の減少について異議を述べることが

できる．

② 前項に規定する場合には，合同会社は，次に掲げる事項を官報に公告し，かつ，知れている債権者には，各別にこれを催告しなければならない．ただし，第2号の期間は，1箇月を下ることができない．

1　当該資本金の額の減少の内容

2　債権者が一定の期間内に異議を述べることができる旨

④ 債権者が第2項第2号の期間内に異議を述べなかったときは，当該債権者は，当該資本金の額の減少について承認をしたものとみなす．

⑤ 債権者が第2項第2号の期間内に異議を述べたときは，合同会社は，当該債権者に対し，弁済し，若しくは相当の担保を提供し，又は当該債権者に弁済を受けさせることを目的として信託会社等に相当の財産を信託しなければならない．ただし，当該資本金の額の減少をしても当該債権者を害するおそれがないときは，この限りでない．

⑥ 資本金の額の減少は，前各項の手続が終了した日に，その効力を生ずる．

第3款　利益の配当に関する特則
（利益の配当の制限）
第628条　合同会社は，利益の配当により社員に対して交付する金銭等の帳簿価額（以下この款において「配当額」という．）が当該利益の配当をする日における利益額を超える場合には，当該利益の配当をすることができない．この場合においては，合同会社は，第621条第1項の規定による請求を拒むことができる．

（利益の配当に関する責任）
第629条　① 合同会社が前条の規定に違反して利益の配当をした場合には，当該利益の配当に関する業務を執行した社員は，当該合同会社に対し，当該利益の配当を受けた社員と連帯して，当該配当額に相当する金銭を支払う義務を負う．ただし，当該業務を執行した社員がその職務を行うについて注意を怠らなかったことを証明した場合は，この限りでない．

② 前項の義務は，免除することができない．ただし，利益の配当をした日における利益額を限度として当該義務を免除することについて総社員の同意がある場合は，この限りでない．

（社員に対する求償権の制限等）
第630条　① 前条第1項に規定する場合において，利益の配当を受けた社員は，配当額が利益の配当をした日における利益額を超えることにつき善意であるときは，当該配当額について，当該利益の配当に関する業務を執行した社員からの求償の請求に応ずる義務を負わない．

② 前条第1項に規定する場合には，合同会社の債権者は，利益の配当を受けた社員に対し，配当額（当該配当額が当該債権者の合同会社に対して有する債権額を超える場合にあっては，当該債権額）に相当する金銭を支払わせることができる．

（欠損が生じた場合の責任）
第631条　① 合同会社が利益の配当をした場合において，当該利益の配当をした日の属する事業年度の末日に欠損額（合同会社の欠損の額として法務省令で定める方法により算定される額をいう．以下この項において同じ．）が生じたときは，当該利益の配当に関する業務を執行した社員は，当該合同会社に対し，当該利益の配当を受けた社員と連帯して，その欠損額（当該欠損額が配当額を超えるときは，

当該配当額）を支払う義務を負う．ただし，当該業務を執行した社員がその職務を行うについて注意を怠らなかったことを証明した場合は，この限りでない．

② 前項の義務は，総社員の同意がなければ，免除することができない．

第4款　出資の払戻しに関する特則
（出資の払戻しの制限）
第632条　① 第624条第1項の規定にかかわらず，合同会社の社員は，定款を変更してその出資の価額を減少する場合を除き，同項前段の規定による請求をすることができない．

② 合同会社が出資の払戻しにより社員に対して交付する金銭等の帳簿価額（以下この款において「出資払戻額」という．）が，第624条第1項前段の規定による請求をした日における剰余金額（第626条第1項の資本金の額の減少をした場合にあっては，その減少をした後の剰余金額．以下この款において同じ．）又は前項の出資の価額を減少した額のいずれか少ない額を超える場合には，当該出資の払戻しをすることができない．この場合においては，合同会社は，第624条第1項前段の規定による請求を拒むことができる．

（出資の払戻しに関する社員の責任）
第633条　① 合同会社が前条の規定に違反して出資の払戻しをした場合には，当該出資の払戻しに関する業務を執行した社員は，当該合同会社に対し，当該出資の払戻しを受けた社員と連帯して，当該出資払戻額に相当する金銭を支払う義務を負う．ただし，当該業務を執行した社員がその職務を行うについて注意を怠らなかったことを証明した場合は，この限りでない．

② 前項の義務は，免除することができない．ただし，出資の払戻しをした日における剰余金額を限度として当該義務を免除することについて総社員の同意がある場合は，この限りでない．

（社員に対する求償権の制限等）
第634条　① 前条第1項に規定する場合において，出資の払戻しを受けた社員は，出資払戻額が出資の払戻しをした日における剰余金額を超えることにつき善意であるときは，当該出資払戻額について，当該出資の払戻しに関する業務を執行した社員からの求償の請求に応ずる義務を負わない．

② 前条第1項に規定する場合には，合同会社の債権者は，出資の払戻しを受けた社員に対し，出資払戻額（当該出資払戻額が当該債権者の合同会社に対して有する債権額を超える場合にあっては，当該債権額）に相当する金銭を支払わせることができる．

第5款　退社に伴う持分の払戻しに関する特則
（債権者の異議）
第635条　① 合同会社が持分の払戻しにより社員に対して交付する金銭等の帳簿価額（以下この款において「持分払戻額」という．）が当該持分の払戻しをする日における剰余金額を超える場合には，当該合同会社の債権者は，当該合同会社に対し，持分の払戻しについて異議を述べることができる．

② 前項に規定する場合には，合同会社は，次に掲げる事項を官報に公告し，かつ，知れている債権者には，各別にこれを催告しなければならない．ただし，第2号の期間は，1箇月（持分払戻額が当該合同会社の純資産額として法務省令で定める方法により算定される額を超える場合にあっては，2箇月）を

64 会社法（628条〜635条）持分会社

会社

下ることができない.

1 当該剰余金額を超える持分の払戻しの内容

2 債権者が一定の期間内に異議を述べることができる旨

④ 債権者が第2項第2号の期間内に異議を述べなかったときは,当該債権者は,当該持分の払戻しについて承認をしたものとみなす.

⑤ 債権者が第2項第2号の期間内に異議を述べたときは,合同会社は,当該債権者に対し,弁済し,若しくは相当の担保を提供し,又は当該債権者に弁済を受けさせることを目的として信託会社等に相当の財産を信託しなければならない. ただし,持分払戻額が当該合同会社の純資産額として法務省令で定める方法により算定される額を超えない場合において,当該持分の払戻しをしても当該債権者を害するおそれがないときは,この限りでない.

（業務を執行する社員の責任）

第636条 ① 合同会社が前条の規定に違反して持分の払戻しをした場合には,当該持分の払戻しに関する業務を執行した社員は,当該合同会社に対し,当該持分の払戻しを受けた社員と連帯して,当該持分払戻額に相当する金銭を支払う義務を負う. ただし,持分の払戻しに関する業務を執行した社員がその職務を行うについて注意を怠らなかったことを証明した場合は,この限りでない.

② 前項の義務は,免除することができない. ただし,持分の払戻しをした時における剰余金額を限度として当該義務を免除することについて総社員の同意がある場合は,この限りでない.

◆ **第4編 社 債** ◆

第1章 総 則

（募集社債に関する事項の決定）

第676条 会社は,その発行する社債を引き受ける者の募集をしようとするときは,その都度,募集社債（当該募集に応じて当該社債の引受けの申込みをした者に対して割り当てる社債をいう. 以下この編において同じ.）について次に掲げる事項を定めなければならない.

1 募集社債の総額

2 各募集社債の金額

3 募集社債の利率

4 募集社債の償還の方法及び期限

5 利息支払の方法及び期限

6 社債券を発行するときは,その旨

7 社債権者が第698条の規定による請求の全部又は一部をすることができないこととするときは,その旨

7の2 社債管理者を定めないこととするときは,その旨

8 社債管理者が社債権者集会の決議によらずに第706条第1項第2号に掲げる行為をすることができることとするときは,その旨

8の2 社債管理補助者を定めることとするときは,その旨

9 各募集社債の払込金額（各募集社債と引換えに払い込む金銭の額をいう. 以下この章において同じ.）若しくはその最低金額又はこれらの算定方法

10 募集社債と引換えにする金銭の払込みの期日

11 一定の日までに募集社債の総額について割当て

を受ける者を定めていない場合において,募集社債の全部を発行しないこととするときは,その旨及びその一定の日

12 前各号に掲げるもののほか,法務省令で定める事項

（募集社債の申込み）

第677条 ① 会社は,前条の募集に応じて募集社債の引受けの申込みをしようとする者に対し,次に掲げる事項を通知しなければならない.

1 会社の商号

2 当該募集に係る前条各号に掲げる事項

3 前2号に掲げるもののほか,法務省令で定める事項

② 前条の募集に応じて募集社債の引受けの申込みをする者は,次に掲げる事項を記載した書面を会社に交付しなければならない.

1 申込みをする者の氏名又は名称及び住所

2 引き受けようとする募集社債の金額及び金額ごとの数

3 会社が前条第9号の最低金額を定めたときは,希望する払込金額

③ 前項の申込みをする者は,同項の書面の交付に代えて,政令で定めるところにより,会社の承諾を得て,同項の書面に記載すべき事項を電磁的方法により提供することができる. この場合において,当該申込みをした者は,同項の書面を交付したものとみなす.

④ 第1項の規定は,会社が同項各号に掲げる事項を記載した金融商品取引法第2条第10項に規定する目論見書を第1項の申込みをしようとする者に対して交付している場合その他募集社債の引受けの申込みをしようとする者の保護に欠けるおそれがないものとして法務省令で定める場合には,適用しない.

⑤ 会社は,第1項各号に掲げる事項について変更があったときは,直ちに,その旨及び当該変更があった事項を第2項の申込みをした者（以下この章において「申込者」という.）に通知しなければならない.

⑥ 会社が申込者に対してする通知又は催告は,第2項第1号の住所（当該申込者が別に通知又は催告を受ける場所又は連絡先を当該会社に通知した場合にあっては,その場所又は連絡先）にあてて発すれば足りる.

⑦ 前項の通知又は催告は,その通知又は催告が通常到達すべきであった時に,到達したものとみなす.

（募集社債の割当て）

第678条 ① 会社は,申込者の中から募集社債の割当てを受ける者を定め,かつ,その者に割り当てる募集社債の金額及び金額ごとの数を定めなければならない. この場合において,会社は,当該申込者に割り当てる募集社債の金額ごとの数を,前条第2項第2号の数よりも減少することができる.

② 会社は,第676条第10号の期日の前日までに,申込者に対し,当該申込者に割り当てる募集社債の金額及び金額ごとの数を通知しなければならない.

（社債の譲渡の対抗要件）

第688条 ① 社債の譲渡は,その社債を取得した者の氏名又は名称及び住所を社債原簿に記載し,又は記録しなければ,社債発行会社その他の第三者に対抗することができない.

② 当該社債について社債券を発行する旨の定めがある場合における前項の規定の適用については,同

項中「社債発行会社その他の第三者」とあるのは，「社債発行会社」とする．

③ 前2項の規定は，無記名社債については，適用しない．

（権利の推定等）

第689条 ① 社債券の占有者は，当該社債券に係る社債についての権利を適法に有するものと推定する．

② 社債券の交付を受けた者は，当該社債券に係る社債についての権利を取得する．ただし，その者に悪意又は重大な過失があるときは，この限りでない．

第2章　社債管理者

（社債管理者の設置）

第702条 会社は，社債を発行する場合には，社債管理者を定め，社債権者のために，弁済の受領，債権の保全その他の社債の管理を行うことを委託しなければならない．ただし，各社債の金額が1億円以上である場合その他社債権者の保護に欠けるおそれがないものとして法務省令で定める場合は，この限りでない．

（社債管理者の資格）

第703条 社債管理者は，次に掲げる者でなければならない．

1 銀行

2 信託会社

3 前2号に掲げるもののほか，これらに準ずるものとして法務省令で定める者

（社債管理者の義務）

第704条 ① 社債管理者は，社債権者のために，公平かつ誠実に社債の管理を行わなければならない．

② 社債管理者は，社債権者に対し，善良な管理者の注意をもって社債の管理を行わなければならない．

（社債管理者の権限等）

第705条 ① 社債管理者は，社債権者のために社債に係る債権の弁済を受け，又は社債に係る債権の実現を保全するために必要な一切の裁判上又は裁判外の行為をする権限を有する．

② 社債管理者が前項の弁済を受けた場合には，社債権者は，その社債管理者に対し，社債の償還額及び利息の支払を請求することができる．この場合において，社債券を発行する旨の定めがあるときは，社債権者は，社債券と引換えに当該償還額の支払を，利札と引換えに当該利息の支払を請求しなければならない．

第706条 ① 社債管理者は，社債権者集会の決議によらなければ，次に掲げる行為をしてはならない．ただし，第2号に掲げる行為については，第676条第8号に掲げる事項についての定めがあるときは，この限りでない．

1 当該社債の全部についてするその支払の猶予，その債務若しくはその債務の不履行によって生じた責任の免除又は和解（次号に掲げる行為を除く．）

2 当該社債の全部についてする訴訟行為又は破産手続，再生手続，更生手続若しくは特別清算に関する手続に属する行為（前条第1項の行為を除く．）

④ 社債管理者は，その管理の委託を受けた社債につき第1項各号に掲げる行為をするために必要があるときは，裁判所の許可を得て，社債発行会社の業務及び財産の状況を調査することができる．

第2章の2　社債管理補助者

（社債管理補助者の設置）

第714条の2 会社は，第702条ただし書に規定する場合には，社債管理補助者を定め，社債権者のために，社債の管理の補助を行うことを委託することができる．ただし，当該社債が担保付社債である場合は，この限りでない．

（社債管理補助者の権限等）

第714条の4 ① 社債管理補助者は，社債権者のために次に掲げる行為をする権限を有する．

1 破産手続参加，再生手続参加又は更生手続参加

2 強制執行又は担保権の実行の手続における配当要求

3 第499条第1項の期間内に債権の申出をすること．

② 社債管理補助者は，第714条の2の規定による委託に係る契約に定める範囲内において，社債権者のために次に掲げる行為をする権限を有する．

1 社債に係る債権の弁済を受けること．

2 第705条第1項の行為（前項各号及び前号に掲げる行為を除く．）

3 第706条第1項各号に掲げる行為

4 社債発行会社が社債の総額について期限の利益を喪失することとなる行為

③ 前項の場合において，社債管理補助者は，社債権者集会の決議によらなければ，次に掲げる行為をしてはならない．

1 前項第2号に掲げる行為であって，次に掲げるもの

イ 当該社債の全部についてするその支払の請求

ロ 当該社債の全部に係る債権に基づく強制執行，仮差押え又は仮処分

ハ 当該社債の全部についてする訴訟行為又は破産手続，再生手続，更生手続若しくは特別清算に関する手続に属する行為（イ及びロに掲げる行為を除く．）

2 前項第3号及び第4号に掲げる行為

④ 社債管理補助者は，第714条の2の規定による委託に係る契約に従い，社債の管理に関する事項を社債権者に報告し，又は社債権者がこれを知ることができるようにする措置をとらなければならない．

⑤ 第705条第2項及び第3項の規定は，第2項第1号に掲げる行為をする権限を有する社債管理補助者について準用する．

第3章　社債権者集会

（社債権者集会の構成）

第715条 社債権者は，社債の種類ごとに社債権者集会を組織する．

（社債権者集会の権限）

第716条 社債権者集会は，この法律に規定する事項及び社債権者の利害に関する事項について決議をすることができる．

（社債権者集会の招集）

第717条 ① 社債権者集会は，必要がある場合には，いつでも，招集することができる．

② 社債権者集会は，次項又は次条第3項の規定により招集する場合を除き，社債発行会社又は社債管理者が招集する．

③ 次に掲げる場合には、社債管理補助者は、社債権者集会を招集することができる.
1 次条第1項の規定による請求があった場合
2 第714条の7において準用する第711条第1項の社債権者集会の同意を得るため必要がある場合

（社債権者集会の決議）
第724条 ① 社債権者集会において決議をする事項を可決するには、出席した議決権者（議決権を行使することができる社債権者をいう。以下この章において同じ.）の議決権の総額の2分の1を超える議決権を有する者の同意がなければならない.
② 前項の規定にかかわらず、社債権者集会において次に掲げる事項を可決するには、議決権者の議決権の総額の5分の1以上で、かつ、出席した議決権者の議決権の総額の3分の2以上の議決権を有する者の同意がなければならない.
1 第706条第1項各号に掲げる行為に関する事項
2 第706条第1項、第714条の4第3項（同条第2項第3号に掲げる行為に係る部分に限る.）、第736条第1項、第737条第1項ただし書及び第738条の規定により社債権者集会の決議を必要とする事項
③ 社債権者集会は、第719条第2号に掲げる事項以外の事項については、決議をすることができない.

（社債権者集会の決議の執行）
第737条 ① 社債権者集会の決議は、次の各号に掲げる場合の区分に応じ、当該各号に定める者が執行する。ただし、社債権者集会の決議によって別に社債権者集会の決議を執行する者を定めたときは、この限りでない.
1 社債管理者がある場合 社債管理者
2 社債管理補助者がある場合において、社債管理補助者の権限に属する行為に関する事項を可決する旨の社債権者集会の決議があったとき 社債管理補助者
3 前2号に掲げる場合以外の場合 代表社債権者
② 第705条第1項から第3項まで、第708条及び第709条の規定は、代表社債権者又は前号ただし書の規定により定められた社債権者集会の決議を執行する者（以下この章において「決議執行者」という。）が社債権者集会の決議を執行する場合について準用する.

◆　第5編　組織変更、合併、会社分割、株式交換、株式移転及び株式交付　◆

第1章　組織変更

第1節　通　則
（組織変更計画の作成）
第743条　会社は、組織変更をすることができる。この場合においては、組織変更計画を作成しなければならない.
第2節　株式会社の組織変更
（株式会社の組織変更計画）
第744条 ① 株式会社が組織変更をする場合には、当該株式会社は、組織変更計画において、次に掲げる事項を定めなければならない.
1 組織変更後の持分会社（以下この編において「組織変更後持分会社」という。）が合名会社、合

資会社又は合同会社のいずれであるかの別
2 組織変更後持分会社の目的、商号及び本店の所在地
3 組織変更後持分会社の社員についての次に掲げる事項
イ 当該社員の氏名又は名称及び住所
ロ 当該社員が無限責任社員又は有限責任社員のいずれであるかの別
ハ 当該社員の出資の価額
4 前2号に掲げるもののほか、組織変更後持分会社の定款で定める事項
5 組織変更後持分会社が組織変更に際して組織変更をする株式会社の株主に対してその株式に代わる金銭等（組織変更後持分会社の持分を除く。以下この号及び次号において同じ。）を交付するときは、当該金銭等についての次に掲げる事項
イ 当該金銭等が組織変更後持分会社の社債であるときは、当該社債の種類（第107条第2項第2号ロに規定する社債の種類をいう。以下この編において同じ。）及び種類ごとの各社債の金額の合計額又はその算定方法
ロ 当該金銭等が組織変更後持分会社の社債以外の財産であるときは、当該財産の内容及び数若しくは額又はこれらの算定方法
6 前号に規定する場合には、組織変更をする株式会社の株主（組織変更をする株式会社を除く。）に対する同号の金銭等の割当てに関する事項
7 組織変更をする株式会社が新株予約権を発行しているときは、組織変更後持分会社が組織変更に際して当該新株予約権の新株予約権者に対して交付する当該新株予約権に代わる金銭の額又はその算定方法
8 前号に規定する場合には、組織変更をする株式会社の新株予約権の新株予約権者に対する同号の金銭の割当てに関する事項
9 組織変更がその効力を生ずる日（以下この章において「効力発生日」という。）
② 組織変更後持分会社が合名会社であるときは、前項第3号ロに掲げる事項として、その社員の全部を無限責任社員とする旨を定めなければならない.
③ 組織変更後持分会社が合資会社であるときは、第1項第3号ロに掲げる事項として、その社員の一部を無限責任社員とし、その他の社員を有限責任社員とする旨を定めなければならない.
④ 組織変更後持分会社が合同会社であるときは、第1項第3号ロに掲げる事項として、その社員の全部を有限責任社員とする旨を定めなければならない.
（株式会社の組織変更の効力の発生等）
第745条 ① 組織変更をする株式会社は、効力発生日に、持分会社となる.
② 組織変更をする株式会社は、効力発生日に、前条第1項第2号から第4号までに掲げる事項についての定めに従い、当該事項に係る定款の変更をしたものとみなす.
③ 組織変更をする株式会社の株主は、効力発生日に、前条第1項第3号に掲げる事項についての定めに従い、組織変更後持分会社の社員となる.
④ 前条第1項第5号イに掲げる事項についての定めがある場合には、組織変更をする株式会社の株主は、効力発生日に、同項第6号に掲げる事項についての定めに従い、同項第5号イの社債の社債権者となる.

⑤ 組織変更をする株式会社の新株予約権は,効力発生日に,消滅する.

⑥ 前各項の規定は,第779条の規定による手続が終了していない場合又は組織変更を中止した場合には,適用しない.

第2章　合　併

第1節　通　則

（合併契約の締結）

第748条　会社は,他の会社と合併をすることができる.この場合においては,合併をする会社は,合併契約を締結しなければならない.

第2節　吸収合併

第1款　株式会社が存続する吸収合併

（株式会社が存続する吸収合併契約）

第749条　① 会社が吸収合併をする場合において,吸収合併後存続する会社（以下この編において「吸収合併存続会社」という.）が株式会社であるときは,吸収合併契約において,次に掲げる事項を定めなければならない.

1　株式会社である吸収合併存続会社（以下この編において「吸収合併存続株式会社」という.）及び吸収合併により消滅する会社（以下この編において「吸収合併消滅会社」という.）の商号及び住所

2　吸収合併存続株式会社が吸収合併に際して株式会社である吸収合併消滅会社（以下この編において「吸収合併消滅株式会社」という.）の株主又は持分会社である吸収合併消滅会社（以下この編において「吸収合併消滅持分会社」という.）の社員に対してその株式又は持分に代わる金銭等を交付するときは,当該金銭等についての次に掲げる事項

イ　当該金銭等が吸収合併存続株式会社の株式であるときは,当該株式の数（種類株式発行会社にあっては,株式の種類及び種類ごとの数）又はその数の算定方法並びに当該吸収合併存続株式会社の資本金及び準備金の額に関する事項

ロ　当該金銭等が吸収合併存続株式会社の社債（新株予約権付社債についてのものを除く.）であるときは,当該社債の種類及び種類ごとの各社債の金額の合計額又はその算定方法

ハ　当該金銭等が吸収合併存続株式会社の新株予約権（新株予約権付社債に付されたものを除く.）であるときは,当該新株予約権の内容及び数又はその算定方法

ニ　当該金銭等が吸収合併存続株式会社の新株予約権付社債であるときは,当該新株予約権付社債についてのロに規定する事項及び当該新株予約権付社債に付された新株予約権についてのハに規定する事項

ホ　当該金銭等が吸収合併存続株式会社の株式以外の財産であるときは,当該財産の内容及び数若しくは額又はこれらの算定方法

3　前号に規定する場合には,吸収合併消滅株式会社の株主（吸収合併消滅株式会社及び吸収合併存続株式会社を除く.）又は吸収合併消滅持分会社の社員（吸収合併存続株式会社を除く.）に対する同号の金銭等の割当てに関する事項

4　吸収合併消滅株式会社が新株予約権を発行しているときは,吸収合併存続株式会社が吸収合併に際して当該新株予約権の新株予約権者に対して交付する当該新株予約権に代わる当該吸収合併存続株式会社の新株予約権又は金銭についての次に掲げる事項

イ　当該吸収合併消滅株式会社の新株予約権の新株予約権者に対して吸収合併存続株式会社の新株予約権を交付するときは,当該新株予約権の内容及び数又はその算定方法

ロ　イに規定する場合において,イの吸収合併消滅株式会社の新株予約権が新株予約権付社債に付された新株予約権であるときは,吸収合併存続株式会社が当該新株予約権付社債についての社債に係る債務を承継する旨並びにその承継に係る社債の種類及び種類ごとの各社債の金額の合計額又はその算定方法

ハ　当該吸収合併消滅株式会社の新株予約権の新株予約権者に対して金銭を交付するときは,当該金銭の額又はその算定方法

5　前号に規定する場合には,吸収合併消滅株式会社の新株予約権の新株予約権者に対する同号の吸収合併存続株式会社の新株予約権又は金銭の割当てに関する事項

6　吸収合併がその効力を生ずる日（以下この節において「効力発生日」という.）

③ 第1項に規定する場合には,同項第3号に掲げる事項についての定めは,吸収合併消滅株式会社の株主（吸収合併消滅株式会社及び吸収合併存続株式会社並びに前項第1号の種類の株式の株主を除く.）の有する株式の数（前項第2号に掲げる事項についての定めがある場合にあっては,各種類の株式の数）に応じて金銭等を交付することを内容とするものでなければならない.

（株式会社が存続する吸収合併の効力の発生等）

第750条　① 吸収合併存続会社は,効力発生日に,吸収合併消滅会社の権利義務を承継する.

② 吸収合併消滅会社の吸収合併による解散は,吸収合併の登記の後でなければ,これをもって第三者に対抗することができない.

④ 吸収合併消滅株式会社の新株予約権は,効力発生日に,消滅する.

⑤ 前条第1項第4号イに規定する場合には,吸収合併消滅株式会社の新株予約権の新株予約権者は,効力発生日に,同項第5号に掲げる事項についての定めに従い,同項第4号イの吸収合併存続株式会社の新株予約権の新株予約権者となる.

⑥ 前各項の規定は,第789条（第1項第3号及び第2項第3号を除き,第793条第2項において準用する場合を含む.）若しくは第799条の規定による手続が終了していない場合又は吸収合併を中止した場合には,適用しない.

第2款　持分会社が存続する吸収合併

（持分会社が存続する吸収合併契約）

第751条　① 会社が吸収合併をする場合において,吸収合併存続会社が持分会社であるときは,吸収合併契約において,次に掲げる事項を定めなければならない.

1　持分会社である吸収合併存続会社（以下この節において「吸収合併存続持分会社」という.）及び吸収合併消滅会社の商号及び住所

2　吸収合併消滅株式会社の株主又は吸収合併消滅持分会社の社員が吸収合併に際して吸収合併存続持分会社の社員となるときは,次のイからハまで

に掲げる吸収合併存続持分会社の区分に応じ，当該イからハまでに定める事項

イ　合名会社　当該社員の氏名又は名称及び住所並びに出資の価額

ロ　合資会社　当該社員の氏名又は名称及び住所，当該社員が無限責任社員又は有限責任社員のいずれであるかの別並びに当該社員の出資の価額

ハ　合同会社　当該社員の氏名又は名称及び住所並びに出資の価額

3　吸収合併存続持分会社が吸収合併に際して吸収合併消滅株式会社の株主又は吸収合併消滅持分会社の社員に対してその株式又は持分に代わる金銭等（吸収合併存続持分会社の持分を除く。）を交付するときは，当該金銭等についての次に掲げる事項

イ　当該金銭等が吸収合併存続持分会社の社債であるときは，当該社債の種類及び種類ごとの各社債の金額の合計額又はその算定方法

ロ　当該金銭等が吸収合併存続持分会社の社債以外の財産であるときは，当該財産の内容及び数若しくは額又はこれらの算定方法

4　前号に規定する場合には，吸収合併消滅株式会社の株主（吸収合併消滅株式会社及び吸収合併存続持分会社を除く。）又は吸収合併消滅持分会社の社員（吸収合併存続持分会社を除く。）に対する同号の金銭等の割当てに関する事項

5　吸収合併消滅株式会社が新株予約権を発行しているときは，吸収合併存続持分会社が吸収合併に際して当該新株予約権の新株予約権者に対して交付する当該新株予約権に代わる金銭の額又はその算定方法

6　前号に規定する場合には，吸収合併消滅株式会社の新株予約権の新株予約権者に対する同号の金銭の割当てに関する事項

7　効力発生日

③　第1項に規定する場合には，同項第4号に掲げる事項についての定めは，吸収合併消滅株式会社の株主（吸収合併消滅株式会社及び吸収合併存続持分会社並びに前項第1号の種類の株式の株主を除く。）の有する株式の数（前項第2号に掲げる事項についての定めがある場合にあっては，各種類の株式の数）に応じて金銭等を交付することを内容とするものでなければならない。

（持分会社が存続する吸収合併の効力の発生等）

第752条　①　吸収合併存続持分会社は，効力発生日に，吸収合併消滅会社の権利義務を承継する。

②　吸収合併消滅会社の吸収合併による解散は，吸収合併の登記の後でなければ，これをもって第三者に対抗することができない。

第3節　新設合併

第1款　株式会社を設立する新設合併

（株式会社を設立する新設合併契約）

第753条　①　二以上の会社が新設合併をする場合において，新設合併により設立する会社（以下この編において「新設合併設立会社」という。）が株式会社であるときは，新設合併契約において，次に掲げる事項を定めなければならない。

1　新設合併により消滅する会社（以下この編において「新設合併消滅会社」という。）の商号及び住所

2　株式会社である新設合併設立会社（以下この編において「新設合併設立株式会社」という。）の

目的，商号，本店の所在地及び発行可能株式総数

3　前号に掲げるもののほか，新設合併設立株式会社の定款で定める事項

4　新設合併設立株式会社の設立時取締役の氏名

5　次のイからハまでに掲げる場合の区分に応じ，当該イからハまでに定める事項

イ　新設合併設立株式会社が会計参与設置会社である場合　新設合併設立株式会社の設立時会計参与の氏名又は名称

ロ　新設合併設立株式会社が監査役設置会社（監査役の監査の範囲を会計に関するものに限定する旨の定款の定めがある株式会社を含む。）である場合　新設合併設立株式会社の設立時監査役の氏名

ハ　新設合併設立株式会社が会計監査人設置会社である場合　新設合併設立株式会社の設立時会計監査人の氏名又は名称

6　新設合併設立株式会社が新設合併に際して株式会社である新設合併消滅会社（以下この編において「新設合併消滅株式会社」という。）の株主又は持分会社である新設合併消滅会社（以下この編において「新設合併消滅持分会社」という。）の社員に対して交付するその株式又は持分に代わる当該新設合併設立株式会社の株式の数（種類株式発行会社にあっては，株式の種類及び種類ごとの数）又はその数の算定方法並びに当該新設合併設立株式会社の資本金及び準備金の額に関する事項

7　新設合併消滅株式会社の株主（新設合併消滅株式会社を除く。）又は新設合併消滅持分会社の社員に対する前号の株式の割当てに関する事項

8　新設合併設立株式会社が新設合併に際して新設合併消滅株式会社の株主又は新設合併消滅持分会社の社員に対してその株式又は持分に代わる当該新設合併設立株式会社の社債等を交付するときは，当該社債等についての次に掲げる事項

イ　当該社債等が新設合併設立株式会社の社債（新株予約権付社債についてのものを除く。）であるときは，当該社債の種類及び種類ごとの各社債の金額の合計額又はその算定方法

ロ　当該社債等が新設合併設立株式会社の新株予約権（新株予約権付社債に付されたものを除く。）であるときは，当該新株予約権の内容及び数又はその算定方法

ハ　当該社債等が新設合併設立株式会社の新株予約権付社債であるときは，当該新株予約権付社債についてのイに規定する事項及び当該新株予約権付社債に付された新株予約権についてのロに規定する事項

9　前号に規定する場合には，新設合併消滅株式会社の株主（新設合併消滅株式会社を除く。）又は新設合併消滅持分会社の社員に対する同号の社債等の割当てに関する事項

10　新設合併消滅株式会社が新株予約権を発行しているときは，新設合併設立株式会社が新設合併に際して当該新株予約権の新株予約権者に対して交付する当該新株予約権に代わる当該新設合併設立株式会社の新株予約権又は金銭についての次に掲げる事項

イ　当該新設合併消滅株式会社の新株予約権の新株予約権者に対して新設合併設立株式会社の新株予約権を交付するときは，当該新株予約権の内容及び数又はその算定方法

ロ イに規定する場合において，イの新設合併消滅株式会社の新株予約権が新株予約権付社債に付された新株予約権であるときは，新設合併設立株式会社が当該新株予約権付社債についての社債に係る債務を承継する旨並びにその承継に係る社債の種類及び種類ごとの各社債の金額の合計額又はその算定方法

ハ 当該新設合併消滅株式会社の新株予約権の新株予約権者に対して金銭を交付するときは，当該金銭の額又はその算定方法

11 前号に規定する場合には，新設合併消滅株式会社の新株予約権の新株予約権者に対する同号の新設合併設立株式会社の新株予約権又は金銭の割当てに関する事項

④ 第1項に規定する場合には，同項第7号に掲げる事項についての定めは，新設合併消滅株式会社の株主（新設合併消滅株式会社及び前項第1号の種類の株式の株主を除く．）の有する株式の数（前項第2号に掲げる事項についての定めがある場合にあっては，各種類の株式の数）に応じて新設合併設立株式会社の株式を交付することを内容とするものでなければならない．

⑤ 前2項の規定は，第1項第9号に掲げる事項について準用する．この場合において，前2項中「新設合併設立株式会社の株式」とあるのは，「新設合併設立株式会社の社債等」と読み替えるものとする．

（株式会社を設立する新設合併の効力の発生等）
第754条 ① 新設合併設立株式会社は，その成立の日に，新設合併消滅株式会社の権利義務を承継する．

② 前条第1項に規定する場合には，新設合併消滅株式会社の株主又は新設合併消滅持分会社の社員は，新設合併設立株式会社の成立の日に，同項第7号に掲げる事項についての定めに従い，同項第6号の株式の株主となる．

第2款 持分会社を設立する新設合併
（持分会社を設立する新設合併契約）
第755条 ① 二以上の会社が新設合併をする場合において，新設合併設立会社が持分会社であるときは，新設合併契約において，次に掲げる事項を定めなければならない．

1 新設合併消滅会社の商号及び住所

2 持分会社である新設合併設立会社（以下この編において「新設合併設立持分会社」という．）が合名会社，合資会社又は合同会社のいずれであるかの別

3 新設合併設立持分会社の目的，商号及び本店の所在地

4 新設合併設立持分会社の社員についての次に掲げる事項

イ 当該社員の氏名又は名称及び住所

ロ 当該社員が無限責任社員又は有限責任社員のいずれであるかの別

ハ 当該社員の出資の価額

5 前2号に掲げるもののほか，新設合併設立持分会社の定款で定める事項

6 新設合併設立持分会社が新設合併に際して新設合併消滅会社の株主又は新設合併消滅持分会社の社員に対してその株式又は持分に代わる当該新設合併設立持分会社の社債を交付するときは，当該社債の種類及び種類ごとの各社債の金額の合計額又はその算定方法

7 前号に規定する場合には，新設合併消滅株式会

社の株主（新設合併消滅株式会社を除く．）又は新設合併消滅持分会社の社員に対する同号の社債の割当てに関する事項

8 新設合併消滅株式会社が新株予約権を発行しているときは，新設合併設立持分会社が新設合併に際して当該新株予約権の新株予約権者に対して交付する当該新株予約権に代わる金銭の額又はその算定方法

9 前号に規定する場合には，新設合併消滅株式会社の新株予約権の新株予約権者に対する同号の金銭の割当てに関する事項

（持分会社を設立する新設合併の効力の発生等）
第756条 ① 新設合併設立持分会社は，その成立の日に，新設合併消滅会社の権利義務を承継する．

② 前条第1項に規定する場合には，新設合併消滅株式会社の株主又は新設合併消滅持分会社の社員は，新設合併設立持分会社の成立の日に，同項第4号に掲げる事項についての定めに従い，当該新設合併設立持分会社の社員となる．

③ 新設合併消滅株式会社の新株予約権は，新設合併設立持分会社の成立の日に，消滅する．

第3章　会社分割

第1節 吸収分割
第1款 通　則
（吸収分割契約の締結）
第757条 会社（株式会社又は合同会社に限る．）は，吸収分割をすることができる．この場合においては，当該会社がその事業に関して有する権利義務の全部又は一部を当該会社から承継する会社（以下この編において「吸収分割承継会社」という．）との間で，吸収分割契約を締結しなければならない．

第2款 株式会社に権利義務を承継させる吸収分割
（株式会社に権利義務を承継させる吸収分割契約）
第758条 会社が吸収分割をする場合において，吸収分割承継会社が株式会社であるときは，吸収分割契約において，次に掲げる事項を定めなければならない．

1 吸収分割をする会社（以下この編において「吸収分割会社」という．）及び株式会社である吸収分割承継会社（以下この編において「吸収分割承継株式会社」という．）の商号及び住所

2 吸収分割承継株式会社が吸収分割により吸収分割会社から承継する資産，債務，雇用契約その他の権利義務（株式会社である吸収分割会社（以下この編において「吸収分割株式会社」という．）及び吸収分割承継株式会社の株式並びに吸収分割株式会社の新株予約権に係る義務を除く．）に関する事項

3 吸収分割により吸収分割株式会社又は吸収分割承継株式会社の株式を吸収分割承継株式会社に承継させるときは，当該株式に関する事項

4 吸収分割承継株式会社が吸収分割に際して吸収分割会社に対してその事業に関する権利義務の全部又は一部に代わる金銭等を交付するときは，当該金銭等の次に掲げる事項

イ 当該金銭等が吸収分割承継株式会社の株式であるときは，当該株式の数（種類株式発行会社にあっては，株式の種類及び種類ごとの数）又はその数の算定方法並びに当該吸収分割承継株式会

欄外：64 会社法（754条〜758条）組織変更、合併、会社分割、株式交換、株式移転及び株式交付　会社

社の資本金及び準備金の額に関する事項

ロ　当該金銭等が吸収分割承継株式会社の社債（新株予約権付社債についてのものを除く。）であるときは、当該社債の種類及び種類ごとの各社債の金額の合計額又はその算定方法

ハ　当該金銭等が吸収分割承継株式会社の新株予約権（新株予約権付社債に付されたものを除く。）であるときは、当該新株予約権の内容及び数又はその算定方法

ニ　当該金銭等が吸収分割承継株式会社の新株予約権付社債であるときは、当該新株予約権付社債についてのロに規定する事項及び当該新株予約権付社債に付された新株予約権についてのハに規定する事項

ホ　当該金銭等が吸収分割承継株式会社の株式等以外の財産であるときは、当該財産の内容及び数若しくは額又はこれらの算定方法

5　吸収分割承継株式会社が吸収分割に際して吸収分割株式会社の新株予約権の新株予約権者に対して当該新株予約権に代わる当該吸収分割承継株式会社の新株予約権を交付するときは、当該新株予約権についての次に掲げる事項

イ　当該吸収分割承継株式会社の新株予約権の交付を受ける吸収分割株式会社の新株予約権の新株予約権者の有する新株予約権（以下この編において「吸収分割契約新株予約権」という。）の内容

ロ　吸収分割契約新株予約権の新株予約権者に対して交付する吸収分割承継株式会社の新株予約権の内容及び数又はその算定方法

ハ　吸収分割契約新株予約権が新株予約権付社債に付された新株予約権であるときは、吸収分割承継株式会社が当該新株予約権付社債についての社債に係る債務を承継する旨並びにその承継に係る社債の種類及び種類ごとの各社債の金額の合計額又はその算定方法

6　前号に規定する場合には、吸収分割契約新株予約権の新株予約権者に対する同号の吸収分割承継株式会社の新株予約権の割当てに関する事項

7　吸収分割がその効力を生ずる日（以下この節において「効力発生日」という。）

8　吸収分割株式会社が効力発生日に次に掲げる行為をするときは、その旨

イ　第171条第1項の規定による株式の取得（同項第1号に規定する取得対価が吸収分割承継株式会社の株式（吸収分割株式会社が吸収分割をする前から有するものを除き、吸収分割承継株式会社の株式に準ずるものとして法務省令で定めるものを含む。ロにおいて同じ。）のみであるものに限る。）

ロ　剰余金の配当（配当財産が吸収分割承継株式会社の株式のみであるものに限る。）

（株式会社に権利義務を承継させる吸収分割の効力の発生等）

第759条　① 吸収分割承継株式会社は、効力発生日に、吸収分割契約の定めに従い、吸収分割株式会社の権利義務を承継する。

② 前項の規定にかかわらず、第789条第1項第2号（第793条第2項において準用する場合を含む。次項において同じ。）の規定により異議を述べることができる吸収分割株式会社の債権者であって、第789条第2項（第3号を除き、第793条第2項において準

用する場合を含む。次項において同じ。）の各別の催告を受けなかったもの（第789条第3項（第793条第2項において準用する場合を含む。）に規定する場合にあっては、不法行為によって生じた債務の債権者であるものに限る。次項において同じ。）は、吸収分割契約において吸収分割後に吸収分割会社に対して債務の履行を請求することができないものとされているときであっても、吸収分割会社に対して、吸収分割会社が効力発生日に有していた財産の価額を限度として、当該債務の履行を請求することができる。

③ 第1項の規定にかかわらず、第789条第1項第2号の規定により異議を述べることができる吸収分割会社の債権者であって、同条第2項の各別の催告を受けなかったものは、吸収分割契約において吸収分割後に吸収分割承継株式会社に対して債務の履行を請求することができないものとされているときであっても、吸収分割承継株式会社に対して、承継した財産の価額を限度として、当該債務の履行を請求することができる。

④ 第1項の規定にかかわらず、吸収分割会社が吸収分割承継株式会社に承継されない債務の債権者（以下この条において「残存債権者」という。）を害することを知って吸収分割をした場合には、残存債権者は、吸収分割承継株式会社に対して、承継した財産の価額を限度として、当該債務の履行を請求することができる。ただし、吸収分割承継株式会社が吸収分割の効力が生じた時において残存債権者を害することを知らなかったときは、この限りでない。

⑤ 前項の規定は、前条第8号に掲げる事項についての定めがある場合には、適用しない。

⑥ 吸収分割承継株式会社が第4項の規定により同項の債務を履行する責任を負う場合には、当該責任は、吸収分割会社が残存債権者を害することを知って吸収分割をしたことを知った時から2年以内に請求又は請求の予告をしない残存債権者に対しては、その期間を経過した時に消滅する。効力発生日から10年を経過したときも、同様とする。

第3款　持分会社に権利義務を承継させる吸収分割

（持分会社に権利義務を承継させる吸収分割契約）

第760条　会社が吸収分割をする場合において、吸収分割承継会社が持分会社であるときは、吸収分割契約において、次に掲げる事項を定めなければならない。

1　吸収分割会社及び持分会社である吸収分割承継会社（以下この節において「吸収分割承継持分会社」という。）の商号及び住所

2　吸収分割承継持分会社が吸収分割により吸収分割会社から承継する資産、債務、雇用契約その他の権利義務（吸収分割株式会社の株式及び新株予約権に係る義務を除く。）に関する事項

3　吸収分割により吸収分割株式会社の株式を吸収分割承継持分会社に承継させるときは、当該株式に関する事項

4　吸収分割会社が吸収分割に際して吸収分割承継持分会社の社員となるときは、次のイからハまでに掲げる吸収分割承継持分会社の区分に応じ、当該イからハまでに定める事項

イ　合名会社　当該社員の氏名又は名称及び住所並びに出資の価額

ロ　合資会社　当該社員の氏名又は名称及び住所、

当該社員が無限責任社員又は有限責任社員のいずれであるかの別並びに当該社員の出資の価額
ハ　合同会社　当該社員の氏名又は名称及び住所並びに出資の価額
5　吸収分割承継持分会社が吸収分割に際して吸収分割会社に対してその事業に関する権利義務の全部又は一部に代わる金銭等（吸収分割承継持分会社の持分を除く。）を交付するときは，当該金銭等についての次に掲げる事項
イ　当該金銭等が吸収分割承継持分会社の社債であるときは，当該社債の種類及び種類ごとの各社債の金額の合計額又はその算定方法
ロ　当該金銭等が吸収分割承継持分会社の社債以外の財産であるときは，当該財産の内容及び数若しくは額又はこれらの算定方法
6　効力発生日
7　吸収分割株式会社が効力発生日に次に掲げる行為をするときは，その旨
イ　第171条第1項の規定による株式の取得（同項第1号に規定する取得対価が吸収分割承継持分会社の持分（吸収分割株式会社が吸収分割をする前から有するものを除き，吸収分割承継持分会社の持分に準ずるものとして法務省令で定めるものを含む。ロにおいて同じ。）のみであるものに限る。）
ロ　剰余金の配当（配当財産が吸収分割承継持分会社の持分のみであるものに限る。）
（持分会社に権利義務を承継させる吸収分割の効力の発生等）
第761条　① 吸収分割承継持分会社は，効力発生日に，吸収分割契約の定めに従い，吸収分割会社の権利義務を承継する。
② 前項の規定にかかわらず，第789条第1項第2号（第793条第2項において準用する場合を含む。次項において同じ。）の規定により異議を述べることができる吸収分割会社の債権者であって，第789条第2項（第3号を除き，第793条第2項において準用する場合を含む。次項において同じ。）の各別の催告を受けなかったもの（第789条第3項（第793条第2項において準用する場合を含む。）に規定する場合にあっては，不法行為によって生じた債務の債権者であるものに限る。次項において同じ。）は，吸収分割契約において吸収分割後に吸収分割会社に対して債務の履行を請求することができないものとされているときであっても，吸収分割承継持分会社に対して，吸収分割会社が効力発生日に有していた財産の価額を限度として，当該債務の履行を請求することができる。
③ 第1項の規定にかかわらず，第789条第1項第2号の規定により異議を述べることができる吸収分割会社の債権者であって，同条第2項の各別の催告を受けなかったものは，吸収分割契約において吸収分割後に吸収分割承継持分会社に対して債務の履行を請求することができないものとされているときであっても，吸収分割承継持分会社に対して，承継した財産の価額を限度として，当該債務の履行を請求することができる。
④ 第1項の規定にかかわらず，吸収分割会社が吸収分割承継持分会社に承継されない債務の債権者（以下この条において「残存債権者」という。）を害することを知って吸収分割をした場合には，残存債権者は，吸収分割承継持分会社に対して，承継し

た財産の価額を限度として，当該債務の履行を請求することができる。ただし，吸収分割承継持分会社が吸収分割の効力が生じた時において残存債権者を害することを知らなかったときは，この限りでない。
⑤ 前項の規定は，前条第7号に掲げる事項についての定めがある場合には，適用しない。
⑥ 吸収分割承継持分会社が第4項の規定により同項の債務を履行する責任を負う場合には，当該責任は，吸収分割会社が残存債権者を害することを知って吸収分割をしたことを知った時から2年以内に請求又は請求の予告をしない残存債権者に対しては，その期間を経過した時に消滅する。効力発生日から10年を経過したときも，同様とする。
第2節　新設分割
第1款　通則
（新設分割計画の作成）
第762条　① 一又は二以上の株式会社又は合同会社は，新設分割をすることができる。この場合においては，新設分割計画を作成しなければならない。
② 二以上の株式会社又は合同会社が共同して新設分割をする場合には，当該二以上の株式会社又は合同会社は，共同して新設分割計画を作成しなければならない。
第2款　株式会社を設立する新設分割
（株式会社を設立する新設分割計画）
第763条　① 一又は二以上の株式会社又は合同会社が新設分割をする場合において，新設分割により設立する会社（以下この編において「新設分割設立会社」という。）が株式会社であるときは，新設分割計画において，次に掲げる事項を定めなければならない。
1　株式会社である新設分割設立会社（以下この編において「新設分割設立株式会社」という。）の目的，商号，本店の所在地及び発行可能株式総数
2　前号に掲げるもののほか，新設分割設立株式会社の定款で定める事項
3　新設分割設立株式会社の設立時取締役の氏名
4　次のイからハまでに掲げる場合の区分に応じ，当該イからハまでに定める事項
イ　新設分割設立株式会社が会計参与設置会社である場合　新設分割設立株式会社の設立時会計参与の氏名又は名称
ロ　新設分割設立株式会社が監査役設置会社（監査役の監査の範囲を会計に関するものに限定する旨の定款の定めがある株式会社を含む。）である場合　新設分割設立株式会社の設立時監査役の氏名
ハ　新設分割設立株式会社が会計監査人設置会社である場合　新設分割設立株式会社の設立時会計監査人の氏名又は名称
5　新設分割設立株式会社が新設分割により新設分割をする会社（以下この編において「新設分割会社」という。）から承継する資産，債務，雇用契約その他の権利義務（株式会社である新設分割会社（以下この編において「新設分割株式会社」という。）の株式及び新株予約権に係る義務を除く。）に関する事項
6　新設分割設立株式会社が新設分割に際して新設分割会社に対して交付するその事業に関する権利義務の全部又は一部に代わる当該新設分割設立株式会社の株式の数（種類株式発行会社にあっては，株式の種類及び種類ごとの数）又はその数の算定

方法並びに当該新設分割設立株式会社の資本金及び準備金の額に関する事項

7　二以上の株式会社又は合同会社が共同して新設分割をするときは、新設分割会社に対する前号の株式の割当てに関する事項

8　新設分割設立株式会社が新設分割に際して新設分割会社に対してその事業に関する権利義務の全部又は一部に代わる当該新設分割設立株式会社の社債等を交付するときは、当該社債等についての次に掲げる事項

イ　当該社債等が新設分割設立株式会社の社債（新株予約権付社債についてのものを除く。）であるときは、当該社債の種類及び種類ごとの各社債の金額の合計額又はその算定方法

ロ　当該社債等が新設分割設立株式会社の新株予約権（新株予約権付社債に付されたものを除く。）であるときは、当該新株予約権の内容及び数又はその算定方法

ハ　当該社債等が新設分割設立株式会社の新株予約権付社債であるときは、当該新株予約権付社債についてのイに規定する事項及び当該新株予約権付社債に付された新株予約権についてのロに規定する事項

9　前号に規定する場合において、二以上の株式会社又は合同会社が共同して新設分割をするときは、新設分割会社に対する同号の社債等の割当てに関する事項

10　新設分割設立株式会社が新設分割に際して新設分割会社の新株予約権の新株予約権者に対して当該新株予約権に代わる当該新設分割設立株式会社の新株予約権を交付するときは、当該新株予約権についての次に掲げる事項

イ　当該新設分割設立株式会社の新株予約権の交付を受ける新設分割会社の新株予約権者の有する新株予約権（以下この編において「新設分割計画新株予約権」という。）の内容

ロ　新設分割計画新株予約権の新株予約権者に対して交付する新設分割設立株式会社の新株予約権の内容及び数又はその算定方法

ハ　新設分割計画新株予約権が新株予約権付社債に付された新株予約権であるときは、新設分割設立株式会社が当該新株予約権付社債についての社債に係る債務を承継する旨並びにその承継に係る社債の種類及び種類ごとの各社債の金額の合計額又はその算定方法

11　前号に規定する場合には、新設分割計画新株予約権の新株予約権者に対する同号の新設分割設立株式会社の新株予約権の割当てに関する事項

12　新設分割株式会社が新設分割設立株式会社の成立の日に次に掲げる行為をするときは、その旨

イ　第171条第1項の規定による株式の取得（同項第1号に規定する取得対価が新設分割設立株式会社の株式（これに準ずるものとして法務省令で定めるものを含む。ロにおいて同じ。）のみであるものに限る。）

ロ　剰余金の配当（配当財産が新設分割設立株式会社の株式のみであるものに限る。）

（株式会社を設立する新設分割の効力の発生等）

第764条　①　新設分割設立株式会社は、その成立の日に、新設分割計画の定めに従い、新設分割会社の権利義務を承継する。

②　前項の規定にかかわらず、第810条第1項第2号（第813条第2項において準用する場合を含む。次項において同じ。）の規定により異議を述べることができる新設分割会社の債権者であって、第810条第2項（第3号を除く。第813条第2項において準用する場合を含む。次項において同じ。）の各別の催告を受けなかったもの（第810条第3項（第813条第2項において準用する場合を含む。）に規定する場合にあっては、不法行為によって生じた債務の債権者であるものに限る。次項において同じ。）は、新設分割計画において新設分割後に新設分割会社に対して債務の履行を請求することができないものとされているときであっても、新設分割会社に対して、新設分割設立株式会社の成立の日に有していた財産の価額を限度として、当該債務の履行を請求することができる。

③　第1項の規定にかかわらず、第810条第1項第2号の規定により異議を述べることができる新設分割会社の債権者であって、同条第2項の各別の催告を受けなかったものは、新設分割計画において新設分割後に新設分割設立株式会社に対して債務の履行を請求することができないものとされているときであっても、新設分割設立株式会社に対して、承継した財産の価額を限度として、当該債務の履行を請求することができる。

④　第1項の規定にかかわらず、新設分割会社が新設分割設立株式会社に承継されない債務の債権者（以下この条において「残存債権者」という。）を害することを知って新設分割をした場合には、残存債権者は、新設分割設立株式会社に対して、承継した財産の価額を限度として、当該債務の履行を請求することができる。

⑤　前項の規定は、前条第1項第12号に掲げる事項についての定めがある場合には、適用しない。

⑥　新設分割設立株式会社が第4項の規定により同項の債務を履行する責任を負う場合には、当該責任は、新設分割会社が残存債権者を害することを知って新設分割をしたことを知った時から2年以内に請求又は請求の予告をしない残存債権者に対しては、その期間を経過した時に消滅する。新設分割設立株式会社の成立の日から10年を経過したときも、同様とする。

第3款　持分会社を設立する新設分割

（持分会社を設立する新設分割計画）

第765条　①　一又は二以上の株式会社又は合同会社が新設分割をする場合において、新設分割設立会社が持分会社であるときは、新設分割計画において、次に掲げる事項を定めなければならない。

1　持分会社である新設分割設立会社（以下この編において「新設分割設立持分会社」という。）が合名会社、合資会社又は合同会社のいずれであるかの別

2　新設分割設立持分会社の目的、商号及び本店の所在地

3　新設分割設立持分会社の社員についての次に掲げる事項

イ　当該社員の名称及び住所

ロ　当該社員が無限責任社員又は有限責任社員のいずれであるかの別

ハ　当該社員の出資の価額

4　前2号に掲げるもののほか、新設分割設立持分会社の定款で定める事項

5　新設分割設立持分会社が新設分割により新設分割会社から承継する資産,債務,雇用契約その他の権利義務（新設分割株式会社の株式及び新株予約権に係る義務を除く.）に関する事項

6　新設分割設立持分会社が新設分割に際して新設分割会社に対してその事業に関する権利義務の全部又は一部に代わる当該新設分割設立持分会社の社債を交付するときは,当該社債の種類及び種類ごとの各社債の金額の合計額又はその算定方法

7　前号に規定する場合において,二以上の株式会社又は合同会社が共同して新設分割をするときは,新設分割会社に対する同号の社債の割当てに関する事項

8　新設分割株式会社が新設分割設立持分会社の成立の日に次に掲げる行為をするときは,その旨
　イ　第171条第1項の規定による株式の取得（同項第1号に規定する取得対価が新設分割設立持分会社の持分（これに準ずるものとして法務省令で定めるものを含む.ロにおいて同じ.）のみであるものに限る.）
　ロ　剰余金の配当（配当財産が新設分割設立持分会社の持分のみであるものに限る.）

（持分会社を設立する新設分割の効力の発生等）
第766条　①　新設分割設立持分会社は,その成立の日に,新設分割計画の定めに従い,新設分割会社の権利義務を承継する.
②　前項の規定にかかわらず,第810条第1項第2号（第813条第2項において準用する場合を含む.次項において同じ.）の規定により異議を述べることができる新設分割会社の債権者であって,第810条第2項（第3号を除き,第813条第2項において準用する場合を含む.次項において同じ.）の各別の催告を受けなかったもの（第810条第3項（第813条第2項において準用する場合を含む.）に規定する場合にあっては,不法行為によって生じた債務の債権者であるものに限る.次項において同じ.）は,新設分割計画において新設分割後に新設分割会社に対して債務の履行を請求することができないものとされているときであっても,新設分割会社に対して,新設分割会社が新設分割設立持分会社の成立の日に有していた財産の価額を限度として,当該債務の履行を請求することができる.
③　第1項の規定にかかわらず,第810条第1項第2号の規定により異議を述べることができる新設分割会社の債権者であって,同条第2項の各別の催告を受けなかったものは,新設分割計画において新設分割後に新設分割設立持分会社に対して債務の履行を請求することができないものとされているときであっても,新設分割設立持分会社に対して,承継した財産の価額を限度として,当該債務の履行を請求することができる.
④　第1項の規定にかかわらず,新設分割会社が新設分割設立持分会社に承継されない債務の債権者（以下この条において「残存債権者」という.）を害することを知って新設分割をした場合には,残存債権者は,新設分割設立持分会社に対して,承継した財産の価額を限度として,当該債務の履行を請求することができる.
⑤　前項の規定は,前条第1項第8号に掲げる事項についての定めがある場合には,適用しない.
⑥　新設分割設立持分会社が第4項の規定により同項の債務を履行する責任を負う場合には,当該責任

は,新設分割会社が残存債権者を害することを知って新設分割をしたことを知った時から2年以内に請求又は請求の予告をしない残存債権者に対しては,その期間を経過した時に消滅する.新設分割設立持分会社の成立の日から10年を経過したときも,同様とする.

第4章　株式交換及び株式移転

第1節　株式交換
第1款　通　則
（株式交換契約の締結）
第767条　株式会社は,株式交換をすることができる.この場合においては,当該株式会社の発行済株式の全部を取得する会社（株式会社又は合同会社に限る.以下この編において「株式交換完全親会社」という.）との間で,株式交換契約を締結しなければならない.
第2款　株式会社に発行済株式を取得させる株式交換
（株式会社に発行済株式を取得させる株式交換契約）
第768条　①　株式会社が株式交換をする場合において,株式交換完全親会社が株式会社であるときは,株式交換契約において,次に掲げる事項を定めなければならない.
1　株式交換をする株式会社（以下この編において「株式交換完全子会社」という.）及び株式会社である株式交換完全親会社（以下この編において「株式交換完全親株式会社」という.）の商号及び住所
2　株式交換完全親株式会社が株式交換に際して株式交換完全子会社の株主に対してその株式に代わる金銭等を交付するときは,当該金銭等についての次に掲げる事項
　イ　当該金銭等が株式交換完全親株式会社の株式であるときは,当該株式の数（種類株式発行会社にあっては,株式の種類及び種類ごとの数）又はその数の算定方法並びに当該株式交換完全親株式会社の資本金又は準備金の額に関する事項
　ロ　当該金銭等が株式交換完全親株式会社の社債（新株予約権付社債についてのものを除く.）であるときは,当該社債の種類及び種類ごとの各社債の金額の合計額又はその算定方法
　ハ　当該金銭等が株式交換完全親株式会社の新株予約権（新株予約権付社債に付されたものを除く.）であるときは,当該新株予約権の内容及び数又はその算定方法
　ニ　当該金銭等が株式交換完全親株式会社の新株予約権付社債であるときは,当該新株予約権付社債についてのロに規定する事項及び当該新株予約権付社債に付された新株予約権についてのハに規定する事項
　ホ　当該金銭等が株式交換完全親株式会社の株式等以外の財産であるときは,当該財産の内容及び数若しくは額又はその算定方法
3　前号に規定する場合には,株式交換完全子会社の株主（株式交換完全親株式会社を除く.）に対する同号の金銭等の割当てに関する事項
4　株式交換完全親株式会社が株式交換に際して株式交換完全子会社の新株予約権の新株予約権者に対して当該新株予約権に代わる当該株式交換完全親株式会社の新株予約権を交付するときは,当該

64 会社法 (769条〜773条) 組織変更、合併、会社分割、株式交換、株式移転及び株式交付

新株予約権についての次に掲げる事項

イ 当該株式交換完全親株式会社の新株予約権の交付を受ける株式交換完全子会社の新株予約権の新株予約権者の有する新株予約権（以下この編において「株式交換契約新株予約権」という。）の内容

ロ 株式交換契約新株予約権の新株予約権者に対して交付する株式交換完全親株式会社の新株予約権の内容及びその算定方法

ハ 株式交換契約新株予約権が新株予約権付社債に付された新株予約権であるときは、株式交換完全親株式会社が当該新株予約権付社債についての社債に係る債務を承継する旨並びにその承継に係る社債の種類及び種類ごとの各社債の金額の合計額又はその算定方法

5 前号に規定する場合には、株式交換契約新株予約権の新株予約権者に対する同号の株式交換完全親株式会社の新株予約権の割当てに関する事項

6 株式交換がその効力を生ずる日（以下この節において「効力発生日」という。）

③ 第1項に規定する場合には、同項第3号に掲げる事項についての定めは、株式交換完全子会社の株主（株式交換完全親株式会社及び前項第1号の種類の株式の株主を除く。）の有する株式の数（前項第2号に掲げる事項についての定めがある場合にあっては、各種類の株式の数）に応じて金銭等を交付することを内容とするものでなければならない。

（株式会社に発行済株式を取得させる株式交換の効力の発生等）

第769条 ① 株式交換完全親株式会社は、効力発生日に、株式交換完全子会社の発行済株式（株式交換完全親株式会社の有する株式交換完全子会社の株式を除く。）の全部を取得する。

② 前項の場合には、株式交換完全親株式会社が株式交換完全子会社の株式（譲渡制限株式に限り、当該株式交換完全親株式会社が効力発生日前から有するものを除く。）を取得したことについて、株式交換完全子会社が第137条第1項の承認をしたものとみなす。

第3款 合同会社に発行済株式を取得させる株式交換

（合同会社に発行済株式を取得させる株式交換契約）

第770条 ① 株式会社が株式交換をする場合において、株式交換完全親会社が合同会社であるときは、株式交換契約において、次に掲げる事項を定めなければならない。

1 株式交換完全子会社及び合同会社である株式交換完全親会社（以下この編において「株式交換完全親合同会社」という。）の商号及び住所

2 株式交換完全子会社の株主が株式交換に際して株式交換完全親合同会社の社員となるときは、当該社員の氏名又は名称及び住所並びに出資の価額

3 株式交換完全子会社が株式交換に際して株式交換完全子会社の株主に対してその株式に代わる金銭等（株式交換完全親合同会社の持分を除く。）を交付するときは、当該金銭等についての次に掲げる事項

イ 当該金銭等が当該株式交換完全親合同会社の社債であるときは、当該社債の種類及び種類ごとの各社債の金額の合計額又はその算定方法

ロ 当該金銭等が当該株式交換完全親合同会社の社債以外の財産であるときは、当該財産の内容及び数若しくは額又はこれらの算定方法

4 前号に規定する場合には、株式交換完全子会社の株主（株式交換完全親合同会社を除く。）に対する同号の金銭等の割当てに関する事項

5 効力発生日

（合同会社に発行済株式を取得させる株式交換の効力の発生等）

第771条 ① 株式交換完全親合同会社は、効力発生日に、株式交換完全子会社の発行済株式（株式交換完全親合同会社の有する株式交換完全子会社の株式を除く。）の全部を取得する。

② 前項の場合には、株式交換完全親合同会社が株式交換完全子会社の株式（譲渡制限株式に限り、当該株式交換完全親合同会社が効力発生日前から有するものを除く。）を取得したことについて、当該株式交換完全子会社が第137条第1項の承認をしたものとみなす。

第2節 株式移転

（株式移転計画の作成）

第772条 ① 一又は二以上の株式会社は、株式移転をすることができる。この場合においては、株式移転計画を作成しなければならない。

② 二以上の株式会社が共同して株式移転をする場合には、当該二以上の株式会社は、共同して株式移転計画を作成しなければならない。

（株式移転計画）

第773条 ① 一又は二以上の株式会社が株式移転をする場合には、株式移転計画において、次に掲げる事項を定めなければならない。

1 株式移転により設立する株式会社（以下この編において「株式移転設立完全親会社」という。）の目的、商号、本店の所在地及び発行可能株式総数

2 前号に掲げるもののほか、株式移転設立完全親会社の定款で定める事項

3 株式移転設立完全親会社の設立時取締役の氏名

4 次のイからハまでに掲げる場合の区分に応じ、当該イからハまでに定める事項

イ 株式移転設立完全親会社が会計参与設置会社である場合 株式移転設立完全親会社の設立時会計参与の氏名又は名称

ロ 株式移転設立完全親会社が監査役設置会社（監査役の監査の範囲を会計に関するものに限定する旨の定款の定めがある株式会社を含む。）である場合 株式移転設立完全親会社の設立時監査役の氏名

ハ 株式移転設立完全親会社が会計監査人設置会社である場合 株式移転設立完全親会社の設立時会計監査人の氏名又は名称

5 株式移転設立完全親会社が株式移転に際して株式移転をする株式会社（以下この編において「株式移転完全子会社」という。）の株主に対して交付するその株式に代わる当該株式移転設立完全親会社の株式の数（種類株式発行会社にあっては、株式の種類及び種類ごとの数）又はその数の算定方法並びに当該株式移転設立完全親会社の資本金及び準備金の額に関する事項

6 株式移転完全子会社の株主に対する前号の株式の割当てに関する事項

7 株式移転設立完全親会社が株式移転に際して株式移転完全子会社の株主に対してその株式に代わる当該株式移転設立完全親会社の社債等を交付するときは、当該社債等についての次に掲げる事項

会社

イ 当該社債等が株式移転設立完全親会社の社債（新株予約権付社債についてのものを除く.）であるときは,当該社債の種類及び種類ごとの各社債の金額の合計額又はその算定方法

ロ 当該社債等が株式移転設立完全親会社の新株予約権（新株予約権付社債に付されたものを除く.）であるときは,当該新株予約権の内容及び数又はその算定方法

ハ 当該社債等が株式移転設立完全親会社の新株予約権付社債であるときは,当該新株予約権付社債についてのイに規定する事項及び当該新株予約権付社債に付された新株予約権についてのロに規定する事項

8 前号に規定する場合には,株式移転完全子会社の株主に対する同号の社債等の割当てに関する事項

9 株式移転設立完全親会社が株式移転に際して株式移転完全子会社の新株予約権者に対して当該新株予約権に代わる当該株式移転設立完全親会社の新株予約権を交付するときは,当該新株予約権についての次に掲げる事項

イ 当該株式移転設立完全親会社の新株予約権の交付を受ける株式移転完全子会社の新株予約権の新株予約権者の有する新株予約権（以下この編において「株式移転計画新株予約権」という.）の内容

ロ 株式移転計画新株予約権の新株予約権者に対して交付する株式移転設立完全親会社の新株予約権の内容及び数又はその算定方法

ハ 株式移転計画新株予約権が新株予約権付社債に付された新株予約権であるときは,株式移転設立完全親会社が当該新株予約権付社債についての社債に係る債務を承継する旨並びにその承継に係る社債の種類及び種類ごとの各社債の金額の合計額又はその算定方法

10 前号に規定する場合には,株式移転計画新株予約権の新株予約権者に対する同号の株式移転設立完全親会社の新株予約権の割当てに関する事項

④ 第1項に規定する場合には,同項第6号に掲げる事項についての定めは,株式移転完全子会社の株主（前項第1号の種類の株式の株主を除く.）の有する株式の数（前項第2号に掲げる事項についての定めがある場合にあっては,各種類の株式の数）に応じて株式移転設立完全親会社の株式を交付することを内容とするものでなければならない.

（株式移転の効力の発生等）

第774条 ① 株式移転設立完全親会社は,その成立の日に,株式移転完全子会社の発行済株式の全部を取得する.

② 株式移転完全子会社の株主は,株式移転設立完全親会社の成立の日に,前条第1項第6号に掲げる事項についての定めに従い,同項第5号の株式の株主となる.

第4章の2　株式交付

（株式交付計画の作成）

第774条の2 株式会社は,株式交付をすることができる.この場合においては,株式交付計画を作成しなければならない.

（株式交付計画）

第774条の3 ① 株式会社が株式交付をする場合には,株式交付計画において,次に掲げる事項を定め

なければならない.

1 株式交付子会社（株式交付親会社（株式交付をする株式会社をいう.以下同じ.）が株式交付に際して譲り受ける株式を発行する株式会社をいう.以下同じ.）の商号及び住所

2 株式交付親会社が株式交付に際して譲り受ける株式交付子会社の株式の数（株式交付子会社が種類株式発行会社である場合にあっては,株式の種類及び種類ごとの数）の下限

3 株式交付親会社が株式交付に際して株式交付子会社の株式の譲渡人に対して当該株式の対価として交付する株式交付親会社の株式の数（種類株式発行会社にあっては,株式の種類及び種類ごとの数）又はその数の算定方法並びに当該株式交付親会社の資本金及び準備金の額に関する事項

4 株式交付子会社の株式の譲渡人に対する前号の株式交付親会社の株式の割当てに関する事項

5 株式交付親会社が株式交付に際して株式交付子会社の株式の譲渡人に対して当該株式の対価として金銭等（株式交付親会社の株式を除く.以下この号及び次号において同じ.）を交付するときは,当該金銭等についての次に掲げる事項

イ 当該金銭等が株式交付親会社の社債（新株予約権付社債についてのものを除く.）であるときは,当該社債の種類及び種類ごとの各社債の金額の合計額又はその算定方法

ロ 当該金銭等が株式交付親会社の新株予約権（新株予約権付社債に付されたものを除く.）であるときは,当該新株予約権の内容及び数又はその算定方法

ハ 当該金銭等が株式交付親会社の新株予約権付社債であるときは,当該新株予約権付社債についてのイに規定する事項及び当該新株予約権付社債に付された新株予約権についてのロに規定する事項

ニ 当該金銭等が株式交付親会社の社債及び新株予約権以外の財産であるときは,当該財産の内容及び数若しくは額又はこれらの算定方法

6 前号に規定する場合には,株式交付子会社の株式の譲渡人に対する同号の金銭等の割当てに関する事項

7 株式交付親会社が株式交付に際して株式交付子会社の株式と併せて株式交付子会社の新株予約権（新株予約権付社債に付されたものを除く.）又は新株予約権付社債（以下「新株予約権等」と総称する.）を譲り受けるときは,当該新株予約権等の内容及び数又はその算定方法

8 前号に規定する場合において,株式交付親会社が株式交付に際して株式交付子会社の新株予約権等の譲渡人に対して当該新株予約権等の対価として金銭等を交付するときは,当該金銭等についての次に掲げる事項

イ 当該金銭等が株式交付親会社の株式であるときは,当該株式の数（種類株式発行会社にあっては,株式の種類及び種類ごとの数）又はその数の算定方法並びに当該株式交付親会社の資本金及び準備金の額に関する事項

ロ 当該金銭等が株式交付親会社の社債（新株予約権付社債についてのものを除く.）であるときは,当該社債の種類及び種類ごとの各社債の金額の合計額又はその算定方法

ハ 当該金銭等が株式交付親会社の新株予約権

（新株予約権付社債に付されたものを除く。）であるときは、当該新株予約権の内容及び数又はその算定方法

二 当該金銭等が株式交付親会社の新株予約権付社債であるときは、当該新株予約権付社債についてのロに規定する事項及び当該新株予約権付社債に付された新株予約権についてのハに規定する事項

ホ 当該金銭等が株式交付親会社の株式等以外の財産であるときは、当該財産の内容及び数若しくは額又はこれらの算定方法

9 前号に規定する場合には、株式交付子会社の新株予約権等の譲渡人に対する同号の金銭等の割当てに関する事項

10 株式交付子会社の株式及び新株予約権等の譲渡しの申込みに関する事項

11 株式交付がその効力を生ずる日（以下この章において「効力発生日」という。）

② 前項に規定する場合には、同項第2号に掲げる事項についての定めは、株式交付親会社の子会社となる数を内容とするものでなければならない。

④ 第1項に規定する場合には、同項第4号に掲げる事項についての定めは、株式交付子会社の株式の譲渡人（前項第1号の種類の株式の譲渡人を除く。）が株式交付親会社に譲り渡す株式交付子会社の株式の数（前項第2号に掲げる事項についての定めがある場合にあっては、各種類の株式の数）に応じて株式交付親会社の株式を交付することを内容とするものでなければならない。

（株式交付子会社の株式の譲渡しの申込み）

第774条の4 ① 株式交付親会社は、株式交付子会社の株式の譲渡しの申込みをしようとする者に対し、次に掲げる事項を通知しなければならない。

1 株式交付親会社の商号

2 株式交付計画の内容

3 前2号に掲げるもののほか、法務省令で定める事項

② 株式交付子会社の株式の譲渡しの申込みをする者は、前条第1項第10号の期日までに、次に掲げる事項を記載した書面を株式交付親会社に交付しなければならない。

1 申込みをする者の氏名又は名称及び住所

2 譲り渡そうとする株式交付子会社の株式の数（株式交付子会社が種類株式発行会社である場合にあっては、株式の種類及び種類ごとの数）

④ 第1項の規定は、株式交付親会社が同項各号に掲げる事項を記載した金融商品取引法第2条第10項に規定する目論見書の第1項の申込みをしようとする者に対して交付している場合その他株式交付子会社の株式の譲渡しの申込みをしようとする者の保護に欠けるおそれがないものとして法務省令で定める場合には、適用しない。

⑥ 株式交付親会社が申込者に対してする通知又は催告は、第2項第1号の住所（当該申込者が別に通知又は催告を受ける場所又は連絡先を当該株式交付親会社に通知した場合にあっては、その場所又は連絡先）に宛てて発すれば足りる。

⑦ 前項の通知又は催告は、その通知又は催告が通常到達すべきであった時に、到達したものとみなす。

（株式交付親会社が譲り受ける株式交付子会社の株式の割当て）

第774条の5 ① 株式交付親会社は、申込者の中から当該株式交付親会社が株式交付子会社の株式を譲り受ける者を定め、かつ、その者に割り当てる当該株式交付親会社が譲り受ける株式交付子会社の株式の数（株式交付子会社が種類株式発行会社である場合にあっては、株式の種類ごとの数。以下この条において同じ。）を定めなければならない。この場合において、株式交付親会社は、申込者に割り当てる当該株式の数の合計が第774条の3第1項第2号の下限の数を下回らない範囲内で、当該株式の数を、前条第2項第2号の数よりも減少することができる。

② 株式交付親会社は、効力発生日の前日までに、申込者に対し、当該申込者から当該株式交付親会社が譲り受ける株式交付子会社の株式の数を通知しなければならない。

（株式交付子会社の株式の譲渡しの申込み及び株式交付親会社が譲り受ける株式交付子会社の株式の割当てに関する特則）

第774条の6 前2条の規定は、株式交付子会社の株式を譲り渡そうとする者が、株式交付親会社が株式交付に際して譲り受ける株式交付子会社の株式の総数の譲渡しを行う契約を締結する場合には、適用しない。

（株式交付子会社の株式の譲渡し）

第774条の7 ① 次の各号に掲げる者は、当該各号に定める株式交付子会社の株式の数について株式交付における株式交付子会社の株式の譲渡人となる。

1 申込者 第774条の5第2項の規定により通知を受けた株式交付子会社の株式の数

2 前条の契約により株式交付親会社が株式交付に際して譲り受ける株式交付子会社の株式の総数を譲り渡すことを約した者 その者が譲り渡すことを約した株式交付子会社の株式の数

② 前項各号の規定により株式交付子会社の株式の譲渡人となった者は、効力発生日に、それぞれ当該各号に定める数の株式交付子会社の株式を株式交付親会社に給付しなければならない。

（株式交付子会社の株式の譲渡しの無効又は取消しの制限）

第774条の8 ① 民法第93条第1項ただし書及び第94条第1項の規定は、第774条の4第2項の申込み、第774条の5第1項の規定による割当て及び第774条の6の契約に係る意思表示については、適用しない。

② 株式交付における株式交付子会社の株式の譲渡人は、第774条の4第2項の規定により株式交付親会社の株式の株主となった日から1年を経過した後又はその株式について権利を行使した後は、錯誤、詐欺又は強迫を理由として株式交付子会社の株式の譲渡しの取消しをすることができない。

（株式交付の効力の発生等）

第774条の11 ① 株式交付親会社は、効力発生日に、第774条の7第2項（第774条の9において準用する場合を含む。）の規定による給付を受けた株式交付子会社の株式及び新株予約権等を譲り受ける。

② 第774条の7第2項の規定による給付をした株式交付子会社の株式の譲渡人は、効力発生日に、第774条の3第1項第4号に掲げる事項についての定めに従い、同項第3号の株式交付親会社の株式の株主となる。

第5章　組織変更, 合併, 会社分割, 株式交換, 株式移転及び株式交付の手続

第1節　組織変更の手続
第1款　株式会社の手続
（組織変更計画に関する書面等の備置き及び閲覧等）

第775条　① 組織変更をする株式会社は, 組織変更計画備置開始日から組織変更がその効力を生ずる日（以下この節において「効力発生日」という。）までの間, 組織変更計画の内容その他法務省令で定める事項を記載し, 又は記録した書面又は電磁的記録をその本店に備え置かなければならない。

② 前項に規定する「組織変更計画備置開始日」とは, 次に掲げる日のいずれか早い日をいう。

1 組織変更計画について組織変更をする株式会社の総株主の同意を得た日

2 組織変更をする株式会社が新株予約権を発行しているときは, 第777条第3項の規定による通知の日又は同条第4項の公告の日のいずれか早い日

3 第779条第2項の規定による公告の日又は同項の規定による催告の日のいずれか早い日

③ 組織変更をする株式会社の株主及び債権者は, 当該株式会社に対して, その営業時間内は, いつでも, 次に掲げる請求をすることができる。ただし, 第2号又は第4号に掲げる請求をするには, 当該株式会社の定めた費用を支払わなければならない。

1 第1項の書面の閲覧の請求

2 第1項の書面の謄本又は抄本の交付の請求

3 第1項の電磁的記録に記録された事項を法務省令で定める方法により表示したものの閲覧の請求

4 第1項の電磁的記録に記録された事項を電磁的方法であって第1項の定めたものにより提供することの請求又はその事項を記載した書面の交付の請求

（株式会社の組織変更計画の承認等）

第776条　① 組織変更をする株式会社は, 効力発生日の前日までに, 組織変更計画について当該株式会社の総株主の同意を得なければならない。

② 組織変更をする株式会社は, 効力発生日の20日前までに, その登録株式質権者及び登録新株予約権質権者に対し, 組織変更をする旨を通知しなければならない。

③ 前項の規定による通知は, 公告をもってこれに代えることができる。

（債権者の異議）

第779条　① 組織変更をする株式会社の債権者は, 当該株式会社に対し, 組織変更について異議を述べることができる。

② 組織変更をする株式会社は, 次に掲げる事項を官報に公告し, かつ, 知れている債権者には, 各別にこれを催告しなければならない。ただし, 第3号の期間は, 1箇月を下ることができない。

1 組織変更をする旨

2 組織変更をする株式会社の計算書類（第435条第2項に規定する計算書類をいう。以下この章において同じ。）に関する事項として法務省令で定めるもの

3 債権者が一定の期間内に異議を述べることができる旨

③ 前項の規定にかかわらず, 組織変更をする株式会社が同項の規定による公告を, 官報のほか, 第939条第1項の規定による定款の定めに従い, 同項第2号又は第3号に掲げる公告方法によりするときは, 前項の規定による各別の催告は, することを要しない。

④ 債権者が第2項第3号の期間内に異議を述べなかったときは, 当該債権者は, 当該組織変更について承認をしたものとみなす。

⑤ 債権者が第2項第3号の期間内に異議を述べたときは, 組織変更をする株式会社は, 当該債権者に対し, 弁済し, 若しくは相当の担保を提供し, 又は当該債権者に弁済を受けさせることを目的として信託会社等に相当の財産を信託しなければならない。ただし, 当該組織変更をしても当該債権者を害するおそれがないときは, この限りでない。

第2節　吸収合併等の手続
第1款　吸収合併消滅会社, 吸収分割会社及び株式交換完全子会社の手続
第1目　株式会社の手続
（吸収合併契約等に関する書面等の備置き及び閲覧等）

第782条　① 次の各号に掲げる株式会社（以下この目において「消滅株式会社等」という。）は, 吸収合併契約等備置開始日から吸収合併, 吸収分割又は株式交換（以下この節において「吸収合併等」という。）がその効力を生ずる日（以下この節において「効力発生日」という。）後6箇月を経過する日（吸収合併消滅株式会社にあっては, 効力発生日）までの間, 当該各号に定めるもの（以下この目において「吸収合併契約等」という。）の内容その他法務省令で定める事項を記載し, 又は記録した書面又は電磁的記録をその本店に備え置かなければならない。

1 吸収合併消滅株式会社　吸収合併契約

2 吸収分割株式会社　吸収分割契約

3 株式交換完全子会社　株式交換契約

③ 消滅株式会社等の株主及び債権者（株式交換完全子会社にあっては, 株主及び新株予約権者）は, 消滅株式会社等に対して, その営業時間内は, いつでも, 次に掲げる請求をすることができる。ただし, 第2号又は第4号に掲げる請求をするには, 当該消滅株式会社等の定めた費用を支払わなければならない。

1 第1項の書面の閲覧の請求

2 第1項の書面の謄本又は抄本の交付の請求

3 第1項の電磁的記録に記録された事項を法務省令で定める方法により表示したものの閲覧の請求

4 第1項の電磁的記録に記録された事項を電磁的方法であって消滅株式会社等の定めたものにより提供することの請求又はその事項を記載した書面の交付の請求

（吸収合併契約等の承認等）

第783条　① 消滅株式会社等は, 効力発生日の前日までに, 株主総会の決議によって, 吸収合併契約等の承認を受けなければならない。

② 前項の規定にかかわらず, 吸収合併消滅株式会社又は株式交換完全子会社が種類株式発行会社でない場合において, 吸収合併消滅株式会社又は株式交換完全子会社の株主に対して交付する金銭等（以下この条及び次条第1項において「合併対価等」という。）の全部又は一部が持分等（持分会社の持分その他これに準ずるものとして法務省令で定めるものをいう。以下この条において同じ。）である

ときは、吸収合併契約又は株式交換契約について吸収合併消滅株式会社又は株式交換完全子会社の総株主の同意を得なければならない。

（吸収合併契約等の承認を要しない場合）

第784条　① 前条第1項の規定は、吸収合併存続会社、吸収分割承継会社又は株式交換完全親会社（以下この目において「存続会社等」という。）が消滅株式会社等の特別支配会社である場合には、適用しない。ただし、吸収合併又は株式交換における合併対価等の全部又は一部が譲渡制限株式等である場合であって、消滅株式会社等が公開会社であり、かつ、種類株式発行会社でないときは、この限りでない。
② 前条第2項の規定は、吸収分割により吸収分割承継会社に承継させる資産の帳簿価額の合計額が吸収分割株式会社の総資産額として法務省令で定める方法により算定された額の5分の1（これを下回る割合を吸収分割株式会社の定款で定めた場合にあっては、その割合）を超えない場合には、適用しない。

（吸収合併等をやめることの請求）

第784条の2　次に掲げる場合において、消滅株式会社等の株主が不利益を受けるおそれがあるときは、消滅株式会社等の株主は、消滅株式会社等に対し、吸収合併等をやめることを請求することができる。ただし、前条第2項に規定する場合は、この限りでない。
1　当該吸収合併等が法令又は定款に違反する場合
2　前条第1項本文に規定する場合において、第749条第1項第2号若しくは第3号、第751条第1項第3号若しくは第4号、第758条第4号、第760条第4号若しくは第5号、第768条第1項第2号若しくは第3号又は第770条第1項第3号若しくは第4号に掲げる事項が消滅株式会社等又は存続会社等の財産の状況その他の事情に照らして著しく不当であるとき。

（反対株主の株式買取請求）

第785条　① 吸収合併等をする場合（次に掲げる場合を除く。）には、反対株主は、消滅株式会社等に対し、自己の有する株式を公正な価格で買い取ることを請求することができる。
1　第783条第2項に規定する場合
2　第784条第2項に規定する場合

（債権者の異議）

第789条　① 次の各号に掲げる場合には、当該各号に定める債権者は、消滅株式会社等に対し、吸収合併等について異議を述べることができる。
1　吸収合併をする場合　吸収合併消滅株式会社の債権者
2　吸収分割をする場合　吸収分割後吸収分割株式会社に対して債務の履行（当該債務の保証人として吸収分割承継会社と連帯して負担する保証債務の履行を含む。）を請求することができない吸収分割株式会社の債権者（第758条第8号又は第760条第7号に掲げる事項についての定めがある場合にあっては、吸収分割株式会社の債権者）
3　株式交換契約新株予約権が新株予約権付社債に付された新株予約権である場合　当該新株予約権付社債についての社債権者
④ 債権者が第2項第4号の期間内に異議を述べなかったときは、当該債権者は、当該吸収合併等について承認をしたものとみなす。
⑤ 債権者が第2項第4号の期間内に異議を述べたときは、消滅株式会社等は、当該債権者に対し、弁済

し、若しくは相当の担保を提供し、又は当該債権者に弁済を受けさせることを目的として信託会社等に相当の財産を信託しなければならない。ただし、当該吸収合併等をしても当該債権者を害するおそれがないときは、この限りでない。

第2目　持分会社の手続

第793条　① 次に掲げる行為をする持分会社は、効力発生日の前日までに、吸収合併契約等について当該持分会社の総社員の同意を得なければならない。ただし、定款に別段の定めがある場合は、この限りでない。
1　吸収合併（吸収合併により当該持分会社が消滅する場合に限る。）
2　吸収分割（当該持分会社（合同会社に限る。）がその事業に関して有する権利義務の全部を他の会社に承継させる場合に限る。）

第2款　吸収合併存続会社、吸収分割承継会社及び株式交換完全親会社の手続

第1目　株式会社の手続

（吸収合併契約等の承認）

第795条　① 存続株式会社等は、効力発生日の前日までに、株主総会の決議によって、吸収合併契約等の承認を受けなければならない。
② 次に掲げる場合には、取締役は、前項の株主総会において、その旨を説明しなければならない。
1　吸収合併存続株式会社又は吸収分割承継株式会社が承継する吸収合併消滅株式会社又は吸収分割株式会社の債務の額として法務省令で定める額（次号において「承継債務額」という。）が吸収合併存続株式会社又は吸収分割承継株式会社が承継する吸収合併消滅株式会社又は吸収分割株式会社の資産の額として法務省令で定める額（同号において「承継資産額」という。）を超える場合
2　吸収合併存続株式会社又は吸収分割承継株式会社が吸収合併消滅株式会社の株主、吸収合併消滅持分会社の社員又は吸収分割会社に対して交付する金銭等（吸収合併存続株式会社又は吸収分割承継株式会社の株式等を除く。）の帳簿価額が承継資産額から承継債務額を控除して得た額を超える場合
3　株式交換完全親株式会社が株式交換完全子会社の株主に対して交付する金銭等（株式交換完全親株式会社の株式等を除く。）の帳簿価額が株式交換完全親株式会社が取得する株式交換完全子会社の株式の額として法務省令で定める額を超える場合
③ 承継する吸収合併消滅会社の資産に吸収合併存続株式会社又は吸収分割承継株式会社の株式が含まれる場合には、取締役は、第1項の株主総会において、当該株式に関する事項を説明しなければならない。

（吸収合併契約等の承認を要しない場合等）

第796条　① 前条第1項から第3項までの規定は、吸収合併消滅会社、吸収分割会社又は株式交換完全子会社（以下この目において「消滅会社等」という。）が存続株式会社等の特別支配会社である場合には、適用しない。ただし、吸収合併消滅株式会社若しくは株式交換完全子会社の株主、吸収合併消滅持分会社の社員又は吸収分割会社に対して交付する金銭等の全部又は一部が存続株式会社等の譲渡制限株式である場合であって、存続株式会社等が公開会社でないときは、この限りでない。
② 前条第1項から第3項までの規定は、第1号に掲げる額の第2号に掲げる額に対する割合が5分の1

（これを下回る割合を存続株式会社等の定款で定めた場合にあっては、その割合）を超えない場合には、適用しない。ただし、同条第2項各号に掲げる場合又は前項ただし書に規定する場合は、この限りでない。

1 次に掲げる額の合計額

イ 吸収合併消滅株式会社若しくは株式交換完全子会社の株主、吸収合併消滅持分会社の社員又は吸収合併消滅持分会社の社員又は吸収株式交換完全子会社の株主（以下この号において「消滅会社等の株主等」という。）に対して交付する存続株式会社等の株式の数に1株当たり純資産額を乗じて得た額

ロ 消滅株式会社等の株主等に対して交付する存続株式会社等の社債、新株予約権又は新株予約権付社債の帳簿価額の合計額

ハ 消滅株式会社等の株主等に対して交付する存続株式会社等の株式等以外の財産の帳簿価額の合計額

2 存続株式会社等の純資産額として法務省令で定める方法により算定される額

③ 前項本文に規定する場合において、法務省令で定める数の株式（前条第1項の株主総会において議決権を行使することができるものに限る。）を有する株主が第797条第3項の規定による通知又は同条第4項の公告の日から2週間以内に吸収合併に反対する旨を存続株式会社等に対し通知したときは、当該存続株式会社等は、効力発生日の前日までに、株主総会の決議によって、吸収合併契約等の承認を受けなければならない。

（反対株主の株式買取請求）

第797条 ① 吸収合併等をする場合には、反対株主は、存続株式会社等に対し、自己の有する株式を公正な価格で買い取ることを請求することができる。ただし、第796条第2項本文に規定する場合（第795条第2項各号に掲げる場合及び第796条第1項ただし書及び第3項に規定する場合を除く。）は、この限りでない。

（債権者の異議）

第799条 ① 次の各号に掲げる場合には、当該各号に定める債権者は、存続株式会社等に対し、吸収合併等について異議を述べることができる。

1 吸収合併をする場合 吸収合併存続株式会社の債権者

2 吸収分割をする場合 吸収分割承継株式会社の債権者

3 株式交換をする場合において、株式交換完全子会社の株主に対して交付する金銭等が株式交換完全親株式会社の株式その他これに準ずるものとして法務省令で定めるもの以外のものである場合又は第768条第1項第4号ハに規定する場合 株式交換完全親株式会社の債権者

（消滅会社等の株主等に対して交付する金銭等が存続株式会社等の親会社株式である場合の特則）

第800条 ① 第135条第1項の規定にかかわらず、吸収合併消滅株式会社若しくは株式交換完全子会社、吸収分割消滅持分会社の社員又は吸収分割会社（以下この項において「消滅会社等の株主等」という。以下この条において同じ。）に対して交付する金銭等の全部又は一部が存続株式会社等の親会社株式（同条第1項に規定する親会社株式をいう。以下この条において同じ。）である場合には、当該存続株式会社等は、吸収合併等に際して消滅会社等の株主等に対して交付する当該親会社株式の総数を超えない範囲に

おいて当該親会社株式を取得することができる。

② 第135条第3項の規定にかかわらず、前項の存続株式会社等は、効力発生日までの間は、存続株式会社等の親会社株式を保有することができる。ただし、吸収合併等を中止したときは、この限りでない。

第3節 新設合併等の手続

第1款 新設合併消滅会社、新設分割会社及び株式移転完全子会社の手続

第1目 株式会社の手続

（新設合併契約等の承認）

第804条 ① 消滅株式会社等は、株主総会の決議によって、新設合併契約等の承認を受けなければならない。

② 前項の規定にかかわらず、新設合併設立会社が持分会社である場合には、新設合併契約について新設合併消滅株式会社の総株主の同意を得なければならない。

（新設分割計画の承認を要しない場合）

第805条 前条第1項の規定は、新設分割により新設分割設立会社に承継させる資産の帳簿価額の合計額が新設分割株式会社の総資産額として法務省令で定める方法により算定される額の5分の1（これを下回る割合を新設分割株式会社の定款で定めた場合にあっては、その割合）を超えない場合には、適用しない。

（反対株主の株式買取請求）

第806条 ① 新設合併等をする場合（次に掲げる場合を除く。）には、反対株主は、消滅株式会社等に対し、自己の有する株式を公正な価格で買い取ることを請求することができる。

1 第804条第2項に規定する場合

2 第805条に規定する場合

（債権者の異議）

第810条 ① 次の各号に掲げる場合には、当該各号に定める債権者は、消滅株式会社等に対し、新設合併等について異議を述べることができる。

1 新設合併をする場合 新設合併消滅株式会社の債権者

2 新設分割をする場合 新設分割後新設分割株式会社に対して債務の履行（当該債務の保証人として新設分割設立会社と連帯して負担する保証債務の履行を含む。）を請求することができない新設分割株式会社の債権者（第763条第1項第12号又は第765条第1項第8号に掲げる事項についての定めがある場合にあっては、新設分割株式会社の債権者）

3 株式移転計画新株予約権が新株予約権付社債に付された新株予約権である場合 当該新株予約権付社債についての社債権者

④ 債権者が第2項第4号の期間内に異議を述べなかったときは、当該債権者は、当該新設合併等について承認をしたものとみなす。

⑤ 債権者が第2項第4号の期間内に異議を述べたときは、消滅株式会社等は、当該債権者に対し、弁済し、若しくは相当の担保を提供し、又は当該債権者に弁済を受けさせることを目的として信託会社等に相当の財産を信託しなければならない。ただし、当該新設合併等をしても当該債権者を害するおそれがないときは、この限りでない。

第2目 持分会社の手続

第813条 ① 次に掲げる行為をする持分会社は、新設合併契約等について当該持分会社の総社員の同

意を得なければならない。ただし、定款に別段の定めがある場合は、この限りでない。
1 新設合併
2 新設分割（当該持分会社（合同会社に限る。）がその事業に関して有する権利義務の全部を他の会社に承継させる場合に限る。）
　　　　第2款　新設合併設立会社、新設分割設立会社及び株式移転設立完全親会社の手続
　　　　　第1目　株式会社の手続
　　（株式会社の設立の特則）
第814条　① 第2編第1章（第27条（第4号及び第5号を除く。）、第29条、第31条、第37条第3項、第39条、第6節及び第49条を除く。）の規定は、新設合併設立株式会社、新設分割設立株式会社又は株式移転設立完全親会社（以下この目において「設立株式会社」という。）の設立については、適用しない。
② 設立株式会社の定款は、消滅会社等が作成する。
　　　　　第2目　持分会社の手続
　　（持分会社の設立の特則）
第816条　① 第575条及び第578条の規定は、新設合併設立持分会社又は新設分割設立持分会社（次項において「設立持分会社」という。）の設立については、適用しない。
② 設立持分会社の定款は、消滅会社等が作成する。
　　　第4節　株式交付の手続
　　（株式交付計画に関する書面等の備置き及び閲覧等）
第816条の2　① 株式交付親会社は、株式交付計画備置開始日から株式交付がその効力を生ずる日（以下この節において「効力発生日」という。）後6箇月を経過する日までの間、株式交付計画の内容その他法務省令で定める事項を記載し、又は記録した書面又は電磁的記録をその本店に備え置かなければならない。
③ 株式交付親会社の株主（株式交付に際して株式交付子会社の株式及び新株予約権等の譲渡人に対して交付する金銭等（株式交付親会社の株式を除く。）が株式交付親会社の株式に準ずるものとして法務省令で定めるものである場合以外の場合にあっては、株主及び債権者）は、株式交付親会社に対して、その営業時間内は、いつでも、次に掲げる請求をすることができる。ただし、第2号又は第4号に掲げる請求をするには、当該株式交付親会社の定めた費用を支払わなければならない。
1 第1項の書面の閲覧の請求
2 第1項の書面の謄本又は抄本の交付の請求
3 第1項の電磁的記録に記録された事項を法務省令で定める方法により表示したものの閲覧の請求
4 第1項の電磁的記録に記録された事項を電磁的方法であって株式交付親会社の定めたものにより提供することの請求又はその事項を記載した書面の交付の請求
　　（株式交付計画の承認等）
第816条の3　① 株式交付親会社は、効力発生日の前日までに、株主総会の決議によって、株式交付計画の承認を受けなければならない。
② 株式交付親会社が効力発生日に株式交付子会社の株式及び新株予約権等の譲渡人に対して交付する金銭等（株式交付親会社の株式等を除く。）の帳簿価額が株式交付親会社が譲り受ける株式交付子会社の株式及び新株予約権等の額として法務省令で定める額を

超える場合には、取締役は、前項の株主総会において、その旨を説明しなければならない。
　　（株式交付計画の承認を要しない場合等）
第816条の4　① 前条第1項及び第2項の規定は、第1号に掲げる額の第2号に掲げる額に対する割合が5分の1（これを下回る割合を株式交付親会社の定款で定めた場合にあっては、その割合）を超えない場合には、適用しない。ただし、同項に規定する場合は株式交付親会社が公開会社でない場合は、この限りでない。
1 次に掲げる額の合計額
イ 株式交付子会社の株式及び新株予約権等の譲渡人に対して交付する株式交付親会社の株式の数に1株当たり純資産額を乗じて得た額
ロ 株式交付子会社の株式及び新株予約権等の譲渡人に対して交付する株式交付親会社の社債、新株予約権又は新株予約権付社債の帳簿価額の合計額
ハ 株式交付子会社の株式及び新株予約権等の譲渡人に対して交付する株式交付親会社の株式等以外の財産の帳簿価額の合計額
2 株式交付親会社の純資産額として法務省令で定める方法により算定される額
② 前項本文に規定する場合において、法務省令で定める数の株式（前条第1項の株主総会において議決権を行使することができるものに限る。）を有する当該株式交付親会社の株主が第816条の6第3項の規定による通知又は同条第4項の公告の日から2週間以内に株式交付に反対する旨を株式交付親会社に対し通知したときは、当該株式交付親会社は、効力発生日の前日までに、株主総会の決議によって、株式交付計画の承認を受けなければならない。
　　（株式交付をやめることの請求）
第816条の5　株式交付が法令又は定款に違反する場合において、株式交付親会社の株主が不利益を受けるおそれがあるときは、株式交付親会社の株主は、株式交付親会社に対し、株式交付をやめることを請求することができる。ただし、前条第1項本文に規定する場合（同項ただし書又は同条第2項に規定する場合を除く。）は、この限りでない。
　　（反対株主の株式買取請求）
第816条の6　① 株式交付をする場合には、反対株主は、株式交付親会社に対し、自己の有する株式を公正な価格で買い取ることを請求することができる。ただし、第816条の4第1項本文に規定する場合（同項ただし書又は同条第2項に規定する場合を除く。）は、この限りでない。
② 前項に規定する「反対株主」とは、次の各号に掲げる場合における当該各号に定める株主をいう。
1 株式交付をするために株主総会（種類株主総会を含む。）の決議を要する場合　次に掲げる株主
イ 当該株主総会に先立って当該株式交付に反対する旨を当該株式交付親会社に対し通知し、かつ、当該株主総会において当該株式交付に反対した株主（当該株主総会において議決権を行使することができるものに限る。）
ロ 当該株主総会において議決権を行使することができない株主
2 前号に掲げる場合以外の場合　全ての株主
③ 株式交付親会社は、効力発生日の20日前までに、その株主に対し、株式交付をする旨並びに株式交付子会社の商号及び住所を通知しなければならない。

④ 次に掲げる場合には、前項の規定による通知は、公告をもってこれに代えることができる.
1　株式交付親会社が公開会社である場合
2　株式交付親会社が第816条の3第1項の株主総会の決議によって株式交付計画の承認を受けた場合
⑤ 第1項の規定による請求（以下この節において「株式買取請求」という.）は、効力発生日の20日前の日から効力発生日の前日までの間に、その株式買取請求に係る株式の数（種類株式発行会社にあっては、株式の種類及び種類ごとの数）を明らかにしてしなければならない.
⑥ 株券が発行されている株式について株式買取請求をしようとするときは、当該株式の株主は、株式交付親会社に対し、当該株式に係る株券を提出しなければならない. ただし、当該株券について第223条の規定による請求をした者については、この限りでない.
⑦ 株式買取請求をした株主は、株式交付親会社の承諾を得た場合に限り、その株式買取請求を撤回することができる.
⑧ 株式交付を中止したときは、株式買取請求は、その効力を失う.
⑨ 第133条の規定は、株式買取請求に係る株式については、適用しない.
（債権者の異議）
第816条の8 ① 株式交付に際して株式交付子会社の株式及び新株予約権等の譲渡人に対して交付する金銭等（株式交付親会社の株式を除く.）が株式交付親会社の株式に準ずるものとして法務省令で定めるものである場合以外の場合には、株式交付親会社の債権者は、株式交付親会社に対し、株式交付について異議を述べることができる.
② 前項の規定により株式交付親会社の債権者が異議を述べることができる場合には、株式交付親会社は、次に掲げる事項を官報に公告し、かつ、知れている債権者には、各別にこれを催告しなければならない. ただし、第4号の期間は、1箇月を下ることができない.
1　株式交付をする旨
2　株式交付子会社の商号及び住所
3　株式交付親会社及び株式交付子会社の計算書類に関する事項として法務省令で定めるもの
4　債権者が一定の期間内に異議を述べることができる旨
③ 前項の規定にかかわらず、株式交付親会社が同項の規定による公告を、官報のほか、第939条第1項の規定による定款の定めに従い、同項第2号又は第3号に掲げる公告方法によりするときは、前項の規定による各別の催告は、することを要しない.
④ 債権者が第2項第4号の期間内に異議を述べなかったときは、当該債権者は、当該株式交付について承認をしたものとみなす.
⑤ 債権者が第2項第4号の期間内に異議を述べたときは、株式交付親会社は、当該債権者に対し、弁済し、若しくは相当の担保を提供し、又は当該債権者に弁済を受けさせることを目的として信託会社等に相当の財産を信託しなければならない. ただし、当該株式交付をしても当該債権者を害するおそれがないときは、この限りでない.
（株式交付に関する書面等の備置き及び閲覧等）
第816条の10 ① 株式交付親会社は、効力発生日後

遅滞なく、株式交付に際して株式交付親会社が譲り受けた株式交付子会社の株式の数その他の株式交付に関する事項として法務省令で定める事項を記載し、又は記録した書面又は電磁的記録を作成しなければならない.
② 株式交付親会社は、効力発生日から6箇月間、前項の書面又は電磁的記録をその本店に備え置かなければならない.
③ 株式交付親会社の株主（株式交付に際して株式交付子会社の株式及び新株予約権等の譲渡人に対して交付する金銭等（株式交付親会社の株式を除く.）が株式交付親会社の株式に準ずるものとして法務省令で定めるもののみである場合以外の場合にあっては、株主及び債権者）は、株式交付親会社に対して、その営業時間内は、いつでも、次に掲げる請求をすることができる. ただし、第2号又は第4号に掲げる請求をするには、当該株式交付親会社の定めた費用を支払わなければならない.
1　前項の書面の閲覧の請求
2　前項の書面の謄本又は抄本の交付の請求
3　前項の電磁的記録に記録された事項を法務省令で定める方法により表示したものの閲覧の請求
4　前項の電磁的記録に記録された事項を法務省令で定める方法であって株式交付親会社の定めたものにより提供することの請求又はその事項を記載した書面の交付の請求

◆ 第6編　外国会社（略）◆

◆ 第7編　雑則 ◆

第1章　会社の解散命令等

第1節　会社の解散命令
（会社の解散命令）
第824条 ① 裁判所は、次に掲げる場合において、公益を確保するため会社の存立を許すことができないと認めるときは、法務大臣又は株主、社員、債権者その他の利害関係人の申立てにより、会社の解散を命ずることができる.
1　会社の設立が不法な目的に基づいてされたとき.
2　会社が正当な理由がないのにその成立の日から1年以内にその事業を開始せず、又は引き続き1年以上その事業を休止したとき.
3　業務執行取締役、執行役又は業務を執行する社員が、法令若しくは定款で定める会社の権限を逸脱し若しくは濫用する行為又は刑罰法令に触れる行為をした場合において、法務大臣から書面による警告を受けたにもかかわらず、なお継続的に又は反覆して当該行為をしたとき.
② 株主、社員、債権者その他の利害関係人が前項の申立てをしたときは、裁判所は、会社の申立てにより、同項の申立てをした者に対し、相当の担保を立てるべきことを命ずることができる.
③ 会社は、前項の規定による申立てをするには、第1項の申立てが悪意によるものであることを疎明しなければならない.
④ 民事訴訟法（平成8年法律第109号）第75条第5項及び第7項並びに第76条から第80条までの規定は、第2項の規定により第1項の申立てについて立てるべき担保について準用する.

（会社の財産に関する保全処分）

第825条 ① 裁判所は，前条第1項の申立てがあった場合には，法務大臣若しくは株主，社員，債権者その他の利害関係人の申立てにより又は職権で，同項の申立てにつき決定があるまでの間，会社の財産に関し，管理人による管理を命ずる処分（次項において「管理命令」という．）その他の必要な保全処分を命ずることができる．

② 裁判所は，管理命令をする場合には，当該管理命令において，管理人を選任しなければならない．

③ 裁判所は，法務大臣若しくは株主，社員，債権者その他の利害関係人の申立てにより又は職権で，前項の管理人を解任することができる．

④ 裁判所は，第2項の管理人を選任した場合には，会社が当該管理人に対して支払う報酬の額を定めることができる．

⑤ 第2項の管理人は，裁判所が監督する．

⑥ 裁判所は，第2項の管理人に対し，会社の財産の状況の報告をし，かつ，その管理の計算をすることを命ずることができる．

⑦ 民法第644条，第646条，第647条及び第650条の規定は，第2項の管理人について準用する．この場合において，同法第646条，第647条及び第650条中「委任者」とあるのは，「会社」と読み替えるものとする．

第2章　訴　訟

第1節　会社の組織に関する訴え

（会社の組織に関する行為の無効の訴え）

第828条 ① 次の各号に掲げる行為の無効は，当該各号に定める期間に，訴えをもってのみ主張することができる．

1 会社の設立　会社の成立の日から2年以内

2 株式会社の成立後における株式の発行　株式の発行の効力が生じた日から6箇月以内（公開会社でない株式会社にあっては，株式の発行の効力が生じた日から1年以内）

3 自己株式の処分　自己株式の処分の効力が生じた日から6箇月以内（公開会社でない株式会社にあっては，自己株式の処分の効力が生じた日から1年以内）

4 新株予約権（当該新株予約権が新株予約権付社債に付されたものである場合にあっては，当該新株予約権付社債）の発行　新株予約権の発行の効力が生じた日から6箇月以内（公開会社でない株式会社にあっては，新株予約権の発行の効力が生じた日から1年以内）

5 株式会社における資本金の額の減少　資本金の額の減少の効力が生じた日から6箇月以内

6 会社の組織変更　組織変更の効力が生じた日から6箇月以内

7 会社の吸収合併　吸収合併の効力が生じた日から6箇月以内

8 会社の新設合併　新設合併の効力が生じた日から6箇月以内

9 会社の吸収分割　吸収分割の効力が生じた日から6箇月以内

10 会社の新設分割　新設分割の効力が生じた日から6箇月以内

11 株式会社の株式交換　株式交換の効力が生じた

12 株式会社の株式移転　株式移転の効力が生じた日から6箇月以内

13 株式会社の株式交付　株式交付の効力が生じた日から6箇月以内

② 次の各号に掲げる行為の無効の訴えは，当該各号に定める者に限り，提起することができる．

1 前項第1号に掲げる行為　設立する株式会社の株主等（株主，取締役又は清算人（監査役設置会社にあっては株主，取締役，監査役又は清算人，指名委員会等設置会社にあっては株主，取締役，執行役又は清算人）をいう．以下この節において同じ．）又は設立する持分会社の社員等（社員又は清算人をいう．以下この項において同じ．）

2 前項第2号に掲げる行為　当該株式会社の株主等

3 前項第3号に掲げる行為　当該株式会社の株主等

4 前項第4号に掲げる行為　当該株式会社の株主等又は新株予約権者

5 前項第5号に掲げる行為　当該株式会社の株主等，破産管財人又は資本金の額の減少について承認をしなかった債権者

6 前項第6号に掲げる行為　当該行為の効力が生じた日において組織変更をする会社の株主等若しくは社員等であった者又は組織変更後の会社の株主，社員等，破産管財人若しくは組織変更について承認をしなかった債権者

7 前項第7号に掲げる行為　当該行為の効力が生じた日において吸収合併をする会社の株主等若しくは社員等であった者又は吸収合併後存続する会社の株主，社員等，破産管財人若しくは吸収合併について承認をしなかった債権者

8 前項第8号に掲げる行為　当該行為の効力が生じた日において新設合併をする会社の株主等若しくは社員等であった者又は新設合併により設立する会社の株主，社員等，破産管財人若しくは新設合併について承認をしなかった債権者

9 前項第9号に掲げる行為　当該行為の効力が生じた日において吸収分割契約をした会社の株主等若しくは社員等であった者又は吸収分割契約をした会社の株主，社員等，破産管財人若しくは吸収分割について承認をしなかった債権者

10 前項第10号に掲げる行為　当該行為の効力が生じた日において新設分割をする会社の株主等若しくは社員等であった者又は新設分割をする会社若しくは新設分割により設立する会社の株主等，社員等，破産管財人若しくは新設分割について承認をしなかった債権者

11 前項第11号に掲げる行為　当該行為の効力が生じた日において株式交換契約をした会社の株主等若しくは社員等であった者又は株式交換契約をした会社の株主等，社員等，破産管財人若しくは株式交換について承認をしなかった債権者

12 前項第12号に掲げる行為　当該行為の効力が生じた日において株式移転をする株式会社の株主等であった者又は株式移転により設立する株式会社の株主等，破産管財人若しくは株式移転について承認をしなかった債権者

13 前項第13号に掲げる行為　当該行為の効力が生じた日において株式交付親会社の株主等であった者，株式交付に際して株式交付親会社に株式交付子会社の株式若しくは新株予約権等を譲り渡した者又は株式交付親会社の株主等，破産管財人若

しくは株式交付について承認をしなかった債権者（新株発行等の不存在の確認の訴え）

第829条　次に掲げる行為については，当該行為が存在しないことの確認を，訴えをもって請求することができる．

1　株式会社の成立後における株式の発行
2　自己株式の処分
3　新株予約権の発行

（株主総会等の決議の不存在又は無効の確認の訴え）

第830条　①　株主総会若しくは種類株主総会又は創立総会若しくは種類創立総会（以下この節及び第937条第1項第1号トにおいて「株主総会等」という．）の決議については，決議が存在しないことの確認を，訴えをもって請求することができる．

②　株主総会等の決議については，決議の内容が法令に違反することを理由として，決議が無効であることの確認を，訴えをもって請求することができる．

（株主総会等の決議の取消しの訴え）

第831条　①　次の各号に掲げる場合には，株主等（当該各号の株主総会等が創立総会又は種類創立総会である場合にあっては，株主等，設立時株主，設立時取締役又は設立時監査役）は，株主総会等の決議の日から3箇月以内に，訴えをもって当該決議の取消しを請求することができる．当該決議の取消しにより株主（当該決議が創立総会の決議である場合にあっては，設立時株主）又は取締役（監査等委員会設置会社にあっては，監査等委員である取締役又はそれ以外の取締役．以下この項において同じ．），監査役若しくは清算人（当該決議が株主総会又は種類株主総会の決議である場合にあっては第346条第1項（第479条第4項において準用する場合を含む．）の規定により取締役，監査役又は清算人としての権利義務を有する者を含み，当該決議が創立総会の決議又は種類創立総会の決議である場合にあっては設立時取締役（設立しようとする株式会社が監査等委員会設置会社である場合にあっては，設立時監査等委員である設立時取締役又はそれ以外の設立時取締役）又は設立時監査役を含む．）となる者も，同様とする．

1　株主総会等の招集の手続又は決議の方法が法令若しくは定款に違反し，又は著しく不公正なとき．
2　株主総会等の決議の内容が定款に違反するとき．
3　株主総会等の決議について特別の利害関係を有する者が議決権を行使したことによって，著しく不当な決議がされたとき．

②　前項の訴えの提起があった場合において，株主総会等の招集の手続又は決議の方法が法令又は定款に違反するときであっても，裁判所は，その違反する事実が重大でなく，かつ，決議に影響を及ぼさないものであると認めるときは，同項の規定による請求を棄却することができる．

（持分会社の設立の取消しの訴え）

第832条　次の各号に掲げる場合には，当該各号に定める者は，持分会社の成立の日から2年以内に，訴えをもって持分会社の設立の取消しを請求することができる．

1　社員が民法その他の法律の規定により設立に係る意思表示を取り消すことができるとき　当該社員
2　社員がその債権者を害することを知って持分会社を設立したとき　当該債権者

（会社の解散の訴え）

第833条　①　次に掲げる場合において，やむを得な

い事由があるときは，総株主（株主総会において決議をすることができる事項の全部につき議決権を行使することができない株主を除く．）の議決権の10分の1（これを下回る割合を定款で定めた場合にあっては，その割合）以上の議決権を有する株主又は発行済株式（自己株式を除く．）の10分の1（これを下回る割合を定款で定めた場合にあっては，その割合）以上の数の株式を有する株主は，訴えをもって株式会社の解散を請求することができる．

1　株式会社が業務の執行において著しく困難な状況に至り，当該株式会社に回復することができない損害が生じ，又は生ずるおそれがあるとき．
2　株式会社の財産の管理又は処分が著しく失当で，当該株式会社の存立を危うくするとき．

②　やむを得ない事由がある場合には，持分会社の社員は，訴えをもって持分会社の解散を請求することができる．

（担保提供命令）

第836条　①　会社の組織に関する訴えであって，株主又は設立時株主が提起することができるものについては，裁判所は，被告の申立てにより，当該会社の組織に関する訴えを提起した株主又は設立時株主に対し，相当の担保を立てるべきことを命ずることができる．ただし，当該株主が取締役，監査役，執行役若しくは清算人であるとき，又は当該設立時株主が設立時取締役若しくは設立時監査役であるときは，この限りでない．

②　前項の規定は，会社の組織に関する訴えであって，債権者又は株式交付に際して株式交付親会社に株式交付子会社の株式若しくは新株予約権等を譲り渡した者が提起することができるものについて準用する．

③　被告は，第1項（前項において準用する場合を含む．）の申立てをするには，原告の訴えの提起が悪意によるものであることを疎明しなければならない．

（認容判決の効力が及ぶ者の範囲）

第838条　会社の組織に関する訴えに係る請求を認容する確定判決は，第三者に対してもその効力を有する．

（無効又は取消しの判決の効力）

第839条　会社の組織に関する訴え（第834条第1号から第12号の2まで，第18号及び第19号に掲げる訴えに限る．）に係る請求を認容する判決が確定したときは，当該判決において無効とされ，又は取り消された行為（当該行為によって会社が設立された場合にあっては当該設立を含み，当該行為に際して株式又は新株予約権が交付された場合にあっては当該株式又は新株予約権を含む．）は，将来に向かってその効力を失う．

（新株発行の無効判決の効力）

第840条　①　新株発行の無効の訴えに係る請求を認容する判決が確定したときは，当該株式会社は，当該判決の確定時における当該株式に係る株主に対し，払込みを受けた金額又は給付を受けた財産の給付の時における当該価額に相当する金銭を支払わなければならない．この場合において，当該株式会社が株券発行会社であるときは，当該株式会社は，当該株主に対し，当該金銭の支払をするのと引換えに，当該株式に係る旧株券（前条の規定により効力を失った株式に係る株券をいう．以下この節において同じ．）を返還することを請求することができる．

②　前項の金銭の金額が同項の判決が確定した時に

おける会社財産の状況に照らして著しく不相当であるときは、裁判所は、同項前段の株式会社又は株主の申立てにより、当該金額の増減を命ずることができる。

③ 前項の申立ては、同項の判決が確定した日から6箇月以内にしなければならない。

④ 第1項前段に規定する場合には、同項前段の株式を目的とする質権は、同項の金銭について存在する。

⑤ 第1項前段に規定する場合には、前項の質権者是登録株式質権者は、第1項前段の株式会社から同項の金銭を受領し、他の債権者に先立って自己の債権の弁済に充てることができる。

⑥ 前項の債権の弁済期が到来していないときは、同項の登録株式質権者は、第1項前段の株式会社に同項の金銭に相当する金額を供託させることができる。この場合において、質権は、その供託金について存在する。

（自己株式の処分の無効判決の効力）
第841条 ① 自己株式の処分の無効の訴えに係る請求を認容する判決が確定したときは、当該株式会社は、当該判決の確定時における当該自己株式に係る株主に対し、払込みを受けた金額又は給付を受けた財産の給付の時における価額に相当する金銭を支払わなければならない。この場合において、当該株式会社が株券発行会社であるときは、当該株式会社は、当該株主に対し、当該金銭の支払をするのと引換えに、当該自己株式に係る旧株券を返還することを請求することができる。

② 前条第2項から第6項までの規定は、前項の場合について準用する。この場合において、同条第4項中「株式」とあるのは、「自己株式」と読み替えるものとする。

（新株予約権発行の無効判決の効力）
第842条 ① 新株予約権の発行の無効の訴えに係る請求を認容する判決が確定したときは、当該株式会社は、当該判決の確定時における当該新株予約権に係る新株予約権者に対し、払込みを受けた金額又は給付を受けた財産の給付の時における価額に相当する金銭を支払わなければならない。この場合において、当該新株予約権に係る新株予約権証券（当該新株予約権が新株予約権付社債に付されたものである場合にあっては、当該新株予約権付社債に係る新株予約権付社債券。以下この項において同じ。）を発行しているときは、当該株式会社は、当該新株予約権者に対し、当該金銭の支払をするのと引換えに、第839条の規定により効力を失った新株予約権に係る新株予約権証券を返還することを請求することができる。

② 第840条第2項から第6項までの規定は、前項の場合について準用する。この場合において、同条第2項中「株主」とあるのは「新株予約権者」と、同条第4項中「株式」とあるのは「新株予約権」と、同条第5項及び第6項中「登録株式質権者」とあるのは「登録新株予約権質権者」と読み替えるものとする。

（合併又は会社分割の無効判決の効力）
第843条 ① 次の各号に掲げる行為の無効の訴えに係る請求を認容する判決が確定したときは、当該行為をした会社は、当該行為の効力が生じた日後に当該各号に定める会社が負担した債務について、連帯して弁済する責任を負う。

1 会社の吸収合併　吸収合併後存続する会社

2 会社の新設合併　新設合併により設立する会社

3 会社の吸収分割　吸収分割をする会社がその事業に関して有する権利義務の全部又は一部を当該会社から承継する会社

4 会社の新設分割　新設分割により設立する会社

② 前項に規定する場合には、同項各号に掲げる行為の効力が生じた日後に当該各号に定める会社が取得した財産は、当該行為をした会社の共有に属する。ただし、同項第4号に掲げる行為を一の会社がした場合には、同号に定める会社が取得した財産は、当該行為をした一の会社に属する。

③ 第1項及び前項本文に規定する場合には、各会社の第1項の債務の負担部分及び前項本文の財産の共有持分は、各会社の協議によって定める。

④ 各会社の第1項の債務の負担部分又は第2項本文の財産の共有持分について、前項の協議が調わないときは、裁判所は、各会社の申立てにより、第1項各号に掲げる行為の効力が生じた時における各会社の財産の額その他一切の事情を考慮して、これを定める。

（株式交換又は株式移転の無効判決の効力）
第844条 ① 株式会社の株式交換又は株式移転の無効の訴えに係る請求を認容する判決が確定した場合において、株式交換又は株式移転をする株式会社（以下この条において「旧完全子会社」という。）の発行済株式の全部を取得する株式会社（以下この条において「旧完全親会社」という。）が当該株式交換又は株式移転に際して当該旧完全親会社の株式（以下この条において「旧完全親会社株式」という。）を交付したときは、当該旧完全親会社は、当該判決の確定時における当該旧完全親会社に係る株主に対し、当該株式交換又は株式移転の際に当該旧完全親会社株式の交付を受けた者が有していた旧完全子会社の株式（以下この条において「旧完全子会社株式」という。）を交付しなければならない。この場合において、旧完全親会社が株券発行会社であるときは、当該旧完全親会社は、当該株主に対し、当該旧完全子会社株式に係る旧株券を返還することを請求することができる。

② 前項前段に規定する場合には、旧完全親会社株式を目的とする質権は、旧完全子会社株式について存在する。

③ 前項の質権の質権者が登録株式質権者であるときは、第1項前段の旧完全親会社は遅滞なく、旧完全子会社に対し、当該登録株式質権者についての第148条各号に掲げる事項を通知しなければならない。

④ 前項の規定による通知を受けた旧完全子会社は、その株主名簿に同項の登録株式質権者の質権の目的である株式に係る株主名簿記載事項を記載し、又は記録した場合には、直ちに、当該株主名簿に当該登録株式質権者についての第148条各号に掲げる事項を記載し、又は記録しなければならない。

⑤ 第3項に規定する場合において、同項の旧完全子会社が株券発行会社であるときは、旧完全親会社は、登録株式質権者に対し、第2項の旧完全子会社株式に係る株券を引き渡さなければならない。ただし、第1項前段の株主が旧完全子会社株式の交付を受けるために旧完全親会社株式に係る旧株券を提出しなければならない場合において、旧株券の提出があるまでの間は、この限りでない。

（株式交付の無効判決の効力）

第844条の2　① 株式会社の株式交付の無効の訴えに係る請求を認容する判決が確定した場合において、株式交付親会社が当該株式交付に際して当該株式交付親会社の株式（以下この条において「旧株式交付親会社株式」という。）を交付したときは、当該株式交付親会社は、当該判決の確定時における当該旧株式交付親会社株式に係る株主に対し、当該株式交付の際に当該旧株式交付親会社株式の交付を受けた者から給付を受けた株式交付子会社の株式及び新株予約権等（以下この条において「旧株式交付子会社株式等」という。）を返還しなければならない。この場合において、株式交付親会社が株券発行会社であるときは、当該株式交付親会社は、当該株主に対し、当該旧株式交付子会社株式等を返還するのと引換えに、当該旧株式交付親会社株式に係る旧株券を返還することを請求することができる。

② 前項前段に規定する場合には、旧株式交付親会社株式を目的とする質権は、旧株式交付子会社株式等について存在する。

（持分会社の設立の無効又は取消しの判決の効力）

第845条　持分会社の設立の無効又は取消しの訴えに係る請求を認容する判決が確定した場合において、その無効又は取消しの原因が一部の社員のみにあるときは、他の社員の全員の同意によって、当該持分会社を継続することができる。この場合においては、当該原因がある社員は、退社したものとみなす。

（原告が敗訴した場合の損害賠償責任）

第846条　会社の組織に関する訴えを提起した原告が敗訴した場合において、原告に悪意又は重大な過失があったときは、原告は、被告に対し、連帯して損害を賠償する責任を負う。

第1節の2　売渡株式等の取得の無効の訴え

（売渡株式等の取得の無効の訴え）

第846条の2　① 株式等売渡請求に係る売渡株式等の全部の取得の無効は、取得日（第179条の2第1項第5号に規定する取得日をいう。以下この条において同じ。）から6箇月以内（対象会社が公開会社でない場合にあっては、当該取得日から1年以内）に、訴えをもってのみ主張することができる。

② 前項の訴え（以下この節において「売渡株式等の取得の無効の訴え」という。）は、次に掲げる者に限り、提起することができる。

1 取得日において売渡株主（株式売渡請求に併せて新株予約権売渡請求がされた場合にあっては、売渡株主又は売渡新株予約権者。第846条の5第1項において同じ。）であった者

2 取得日において対象会社の取締役（監査役設置会社にあっては取締役又は監査役、指名委員会等設置会社にあっては取締役又は執行役。以下この号において同じ。）であった者又は対象会社の取締役若しくは清算人

（被告）

第846条の3　売渡株式等の取得の無効の訴えについては、特別支配株主を被告とする。

（認容判決の効力が及ぶ者の範囲）

第846条の4　売渡株式等の取得の無効の訴えに係る請求を認容する確定判決は、第三者に対してもその効力を有する。

（無効の判決の効力）

第846条の8　売渡株式等の取得の無効の訴えに係る請求を認容する判決が確定したときは、当該判決において無効とされた売渡株式等の全部の取得は、将来に向かってその効力を失う。

（原告が敗訴した場合の損害賠償責任）

第846条の9　売渡株式等の取得の無効の訴えを提起した原告が敗訴した場合において、原告に悪意又は重大な過失があったときは、原告は、被告に対し、連帯して損害を賠償する責任を負う。

第2節　株式会社における責任追及等の訴え

（株主による責任追及等の訴え）

第847条　① 6箇月（これを下回る期間を定款で定めた場合にあっては、その期間）前から引き続き株式を有する株主（第189条第2項の定款の定めによりその権利を行使することができない単元未満株主を除く。）は、株式会社に対し、書面その他の法務省令で定める方法により、発起人、設立時取締役、設立時監査役、役員等（第423条第1項に規定する役員等をいう。）若しくは清算人（以下この節において「発起人等」という。）の責任を追及する訴え、第102条の2第1項、第212条第1項若しくは第285条第1項の規定による支払を求める訴え、第120条第3項の利益の返還を求める訴え又は第213条の2第1項若しくは第286条の2第1項の規定による支払若しくは給付を求める訴え（以下この節において「責任追及等の訴え」という。）の提起を請求することができる。ただし、責任追及等の訴えが当該株主若しくは第三者の不正な利益を図り又は当該株式会社に損害を加えることを目的とする場合は、この限りでない。

② 公開会社でない株式会社における前項の規定の適用については、同項中「6箇月（これを下回る期間を定款で定めた場合にあっては、その期間）前から引き続き株式を有する株主」とあるのは、「株主」とする。

③ 株式会社が第1項の規定による請求の日から60日以内に責任追及等の訴えを提起しないときは、当該請求をした株主は、株式会社のために、責任追及等の訴えを提起することができる。

④ 株式会社は、第1項の規定による請求の日から60日以内に責任追及等の訴えを提起しない場合において、当該請求をした株主又は同項の発起人等から請求を受けたときは、当該請求をした者に対し、遅滞なく、責任追及等の訴えを提起しない理由を書面その他の法務省令で定める方法により通知しなければならない。

⑤ 第1項及び第3項の規定にかかわらず、同項の期間の経過により株式会社に回復することができない損害が生ずるおそれがある場合には、第1項の株主は、株式会社のために、直ちに責任追及等の訴えを提起することができる。ただし、同項ただし書に規定する場合は、この限りでない。

（旧株主による責任追及等の訴え）

第847条の2　① 次の各号に掲げる行為の効力が生じた日の6箇月（これを下回る期間を定款で定めた場合にあっては、その期間）前から当該日まで引き続き株式会社の株主であった者（第189条第2項の定款の定めによりその権利を行使することができない単元未満株主であった者を除く。以下この条において「旧株主」という。）は、当該株式会社の株主でなくなった場合であっても、当該各号に定めるときは、当該株式会社（第2号に定める場合

にあっては，同号の吸収合併後存続する株式会社，以下この節において「株式交換等完全子会社」という．）に対し，書面その他の法務省令で定める方法により，責任追及等の訴え（次の各号に掲げる行為の効力が生じた時までにその原因となった事実が生じた責任又は義務に係るものに限る．以下この条において同じ．）の提起を請求することができる．ただし，責任追及等の訴えが当該旧株主若しくは第三者の不正な利益を図り又は当該株式交換等完全子会社若しくは次の各号の完全親会社（特定の株式会社の発行済株式の全部を有する株式会社その他これと同等のものとして法務省令で定める株式会社をいう．以下この条において同じ．）に損害を加えることを目的とする場合は，この限りでない．

1 当該株式会社の株式交換又は株式移転 当該株式交換又は株式移転により当該株式会社の完全親会社の株式を取得し，引き続き当該株式を有するとき．

2 当該株式会社が吸収合併により消滅する会社となる吸収合併 当該吸収合併により，吸収合併後存続する株式会社の完全親会社の株式を取得し，引き続き当該株式を有するとき．

② 公開会社でない株式会社における前項の規定の適用については，同項中「次の各号に掲げる行為の効力が生じた日の6箇月（これを下回る期間を定款で定めた場合にあっては，その期間）前から当該日まで引き続き」とあるのは，「次の各号に掲げる行為の効力が生じた日において」とする．

③ 旧株主が第1項各号の完全親会社の株主でなくなった場合であっても，次に掲げるときは，株式交換等完全子会社に対し，書面その他の法務省令で定める方法により，責任追及等の訴えの提起を請求することができる．ただし，責任追及等の訴えが当該旧株主若しくは第三者の不正な利益を図り又は当該株式交換等完全子会社若しくは次の各号の株式を発行している株式会社に損害を加えることを目的とする場合は，この限りでない．

1 当該完全親会社の株式交換又は株式移転により当該完全親会社の完全親会社の株式を取得し，引き続き当該株式を有するとき．

2 当該完全親会社が合併により消滅する会社となる合併により，合併により設立する株式会社又は合併後存続する株式会社若しくはその完全親会社の株式を取得し，引き続き当該株式を有するとき．

④ 前項の規定は，同項第1号（この項又は次項において準用する場合を含む．以下この項において同じ．）に掲げる場合において，旧株主が同号の株式の株主でなくなったときについて準用する．

⑤ 第3項の規定は，同項第2号（前項又はこの項において準用する場合を含む．以下この項において同じ．）に掲げる場合において，旧株主が同号の株式の株主でなくなったときについて準用する．この場合において，第3項（前項又はこの項において準用する場合を含む．）中「当該完全親会社」とあるのは，「合併により設立する株式会社又は合併後存続する株式会社若しくはその完全親会社」と読み替えるものとする．

⑥ 株式交換等完全子会社が第1項又は第3項（前2項において準用する場合を含む．以下この条において同じ．）の規定による請求（以下この条において「提訴請求」という．）の日から60日以内に責

任追及等の訴えを提起しないときは，当該提訴請求をした旧株主は，株式交換等完全子会社のために，責任追及等の訴えを提起することができる．

⑦ 株式交換等完全子会社は，提訴請求の日から60日以内に責任追及等の訴えを提起しない場合において，当該請求をした旧株主又は当該提訴請求に係る責任追及等の訴えの被告となることとなる発起人等から請求を受けたときは，当該請求をした者に対し，遅滞なく，責任追及等の訴えを提起しない理由を書面その他の法務省令で定める方法により通知しなければならない．

⑧ 第1項，第3項及び第6項の規定にかかわらず，同項の期間の経過により株式交換等完全子会社に回復することができない損害が生ずるおそれがある場合には，提訴請求をすることができる旧株主は，株式交換等完全子会社のために，直ちに責任追及等の訴えを提起することができる．

⑨ 株式交換等完全子会社に係る適格旧株主（第1項本文又は第3項本文の規定によれば提訴請求をすることができる旧株主をいう．以下この節において同じ．）がある場合において，第1項各号に掲げる行為の効力が生じた時までにその原因となった事実が生じた責任又は義務を免除するときは第55条，第102条の2第2項，第103条第3項，第120条第5項，第213条の2第2項，第286条の2第2項，第424条（第486条第4項において準用する場合を含む．），第462条第3項ただし書，第464条第2項及び第465条第2項の規定の適用については，これらの規定中「総株主」とあるのは，「総株主及び第847条の2第9項に規定する適格旧株主の全員」とする．

（最終完全親会社等の株主による特定責任追及の訴え）

第847条の3 ① 6箇月（これを下回る期間を定款で定めた場合にあっては，その期間）前から引き続き株式会社の最終完全親会社等（当該株式会社の完全親会社等であって，その完全親会社等がないものをいう．以下この条において同じ．）の総株主（株主総会において決議をすることができる事項の全部につき議決権を行使することができない株主を除く．）の議決権の100分の1（これを下回る割合を定款で定めた場合にあっては，その割合）以上の議決権を有する株主又は当該最終完全親会社等の発行済株式（自己株式を除く．）の100分の1（これを下回る割合を定款で定めた場合にあっては，その割合）以上の数の株式を有する株主は，当該株式会社に対し，書面その他の法務省令で定める方法により，特定責任に係る責任追及等の訴え（以下この節において「特定責任追及の訴え」という．）の提起を請求することができる．ただし，次のいずれかに該当する場合は，この限りでない．

1 特定責任追及の訴えが当該株主若しくは第三者の不正な利益を図り又は当該株式会社若しくは当該最終完全親会社等に損害を加えることを目的とする場合

2 当該特定責任の原因となった事実によって当該最終完全親会社等に損害が生じていない場合

② 前項に規定する「完全親会社等」とは，次に掲げる株式会社をいう．

1 完全親会社

2 株式会社の発行済株式の全部を他の株式会社及びその完全子会社等（株式会社がその株式又は持

分の全部を有する法人をいう。以下この条及び第849条第3項において同じ。）又は他の株式会社の完全子会社等が有する場合における当該他の株式会社（完全子会社を除く．）

③ 前項第2号の場合において、同号の他の株式会社及びその完全子会社等又は他の株式会社の完全子会社等が他の法人の株式又は持分の全部を有する場合における当該他の法人は、当該他の株式会社の完全子会社等とみなす．

④ 第1項に規定する「特定責任」とは、当該株式会社の発起人等の責任の原因となった事実が生じた日において最終完全親会社等及びその完全子会社等（前項の規定により当該完全子会社等とみなされるものを含む．次項及び第849条第3項において同じ．）における当該株式会社の株式の帳簿価額が当該最終完全親会社等の総資産額として法務省令で定める方法により算定される額の5分の1（これを下回る割合を定款で定めた場合にあっては、その割合）を超える場合における当該発起人等の責任をいう（第10項及び同条第7項において同じ．）．

⑤ 最終完全親会社等が、発起人等の責任の原因となった事実が生じた日において最終完全親会社等であった株式会社をその完全子会社等としたものである場合には、前項の規定の適用については、当該最終完全親会社等であった株式会社を同項の最終完全親会社等とみなす．

⑥ 公開会社でない最終完全親会社等における第1項の規定の適用については、同項中「6箇月（これを下回る期間を定款で定めた場合にあっては、その期間）前から引き続き株式会社」とあるのは、「株式会社」とする．

⑦ 株式会社が第1項の規定による請求の日から60日以内に特定責任追及の訴えを提起しないときは、当該請求をした最終完全親会社等の株主は、株式会社のために、特定責任追及の訴えを提起することができる．

⑧ 株式会社は、第1項の規定による請求の日から60日以内に特定責任追及の訴えを提起しない場合において、当該請求をした最終完全親会社等の株主又は当該請求に係る特定責任追及の訴えの被告となることとなる発起人等から請求を受けたときは、当該請求をした者に対し、遅滞なく、特定責任追及の訴えを提起しない理由を書面その他の法務省令で定める方法により通知しなければならない．

⑨ 第1項及び第7項の規定にかかわらず、同項の期間の経過により株式会社に回復することができない損害が生ずるおそれがある場合には、第1項に規定する株主は、株式会社のために、直ちに特定責任追及の訴えを提起することができる．ただし、同項ただし書に規定する場合は、この限りでない．

⑩ 株式会社に最終完全親会社等がある場合において、当該特定責任を免除するときにおける第55条、第103条第3項、第120条第5項、第424条（第486条第4項において準用する場合を含む．）、第462条第3項ただし書、第464条第2項及び第465条第2項の規定の適用については、これらの規定中「総株主」とあるのは、「総株主及び株式会社の第847条の3第1項に規定する最終完全親会社等の総株主」とする．

（訴訟参加）

第849条 ① 株主等又は株式会社等は、共同訴訟人として、又は当事者の一方を補助するため、責任追

及等の訴え（適格旧株主にあっては第847条の2第1項各号に掲げる行為の効力が生じた時までにその原因となった事実が生じた責任又は義務に係るものに限り、最終完全親会社等の株主にあっては特定責任追及の訴えに限る．）に係る訴訟に参加することができる．ただし、不当に訴訟手続を遅延させることとなるとき、又は裁判所に対し過大な事務負担を及ぼすこととなるときは、この限りでない．

（株主でなくなった者の訴訟追行）

第851条 ① 責任追及等の訴えを提起した株主又は第849条第1項の規定により共同訴訟人として当該責任追及等の訴えに係る訴訟に参加した株主が当該訴訟の係属中に株主でなくなった場合であっても、次に掲げるときは、その者が、訴訟を追行することができる．

1 その者が当該株式会社の株式交換又は株式移転により当該株式会社の完全親会社の株式を取得したとき．

2 その者が当該株式会社が合併により消滅する会社となる合併により、合併により設立する株式会社又は合併後存続する株式会社若しくはその完全親会社の株式を取得したとき．

② 前項の規定は、同項第1号（この項又は次項において準用する場合を含む．）に掲げる場合において、前項の株主が同項の訴訟の係属中に当該株式会社の完全親会社の株式の株主でなくなったときについて準用する．この場合において、同項又は次項において準用する場合を含む．）中「当該株式会社」とあるのは、「当該完全親会社」と読み替えるものとする．

③ 第1項の規定は、同項第2号（前項又はこの項において準用する場合を含む．）に掲げる場合において、第1項の株主が同項の訴訟の係属中に合併により設立する株式会社又は合併後存続する株式会社若しくはその完全親会社の株式の株主でなくなったときについて準用する．この場合において、同項（前項又はこの項において準用する場合を含む．）中「当該株式会社」とあるのは、「合併により設立する株式会社又は合併後存続する株式会社若しくはその完全親会社」と読み替えるものとする．

（費用等の請求）

第852条 ① 責任追及等の訴えを提起した株主等が勝訴（一部勝訴を含む．）した場合において、当該責任追及等の訴えに係る訴訟に関し、必要な費用（訴訟費用を除く．）を支出したとき又は弁護士、弁護士法人若しくは弁護士・外国法事務弁護士共同法人に報酬を支払うべきときは、当該株式会社等に対し、その費用の額の範囲内又はその報酬額の範囲内で相当と認められる額の支払を請求することができる．

② 責任追及等の訴えを提起した株主等が敗訴した場合であっても、悪意があったときを除き、当該株主等は、当該株式会社等に対し、これによって生じた損害を賠償する義務を負わない．

③ 前2項の規定は、第849条第1項の規定により同項の訴訟に参加した株主等について準用する．

第3節　株式会社の役員の解任の訴え

（株式会社の役員の解任の訴え）

第854条 ① 役員（第329条第1項に規定する役員をいう．以下この節において同じ．）の職務の執行に関し不正の行為又は法令若しくは定款に違反する重大な事実があったにもかかわらず、当該役員を

解任する旨の議案が株主総会において否決されたとき又は解任する旨の株主総会の決議が第323条の規定によりその効力を生じないときは、次に掲げる株主は、当該株主総会の日から30日以内に、訴えをもって当該役員の解任を請求することができる。

1 総株主（次に掲げる株主を除く。）の議決権の100分の3（これを下回る割合を定款で定めた場合にあっては、その割合）以上の議決権を6箇月（これを下回る期間を定款で定めた場合にあっては、その期間）前から引き続き有する株主（次に掲げる株主を除く。）

イ 当該役員を解任する旨の議案について議決権を行使することができない株主

ロ 当該請求に係る役員である株主

2 発行済株式（次に掲げる株主の有する株式を除く。）の100分の3（これを下回る割合を定款で定めた場合にあっては、その割合）以上の数の株式を6箇月（これを下回る期間を定款で定めた場合にあっては、その期間）前から引き続き有する株主（次に掲げる株主を除く。）

イ 当該株式会社である株主

ロ 当該請求に係る役員である株主

② 公開会社でない株式会社における前項各号の規定の適用については、これらの規定中「6箇月（これを下回る期間を定款で定めた場合にあっては、その期間）前から引き続き有する」とあるのは、「有する」とする。

（被 告）

第855条 前条第1項の訴え（次条及び第937条第1項第1号ヌにおいて「株式会社の役員の解任の訴え」という。）については、当該株式会社及び前条第1項の役員を被告とする。

第5節 持分会社の社員の除名の訴え等
（持分会社の社員の除名の訴え）

第859条 持分会社の社員（以下この条及び第861条第1号において「対象社員」という。）について次に掲げる事由があるときは、当該持分会社は、対象社員以外の社員の過半数の決議に基づき、訴えをもって対象社員の除名を請求することができる。

1 出資の義務を履行しないこと。

2 第594条第1項（第598条第2項において準用する場合を含む。）の規定に違反したこと。

3 業務を執行するに当たって不正の行為をし、又は業務を執行する権利がないのに業務の執行に関与したこと。

4 持分会社を代表するに当たって不正の行為をし、又は代表権がないのに持分会社を代表して行為をしたこと。

5 前各号に掲げるもののほか、重要な義務を尽くさないこと。

（持分会社の業務を執行する社員の業務執行権又は代表権の消滅の訴え）

第860条 持分会社の業務を執行する社員（以下この条及び次条第2号において「対象業務執行社員」という。）について次に掲げる事由があるときは、当該持分会社は、対象業務執行社員以外の社員の過半数の決議に基づき、訴えをもって対象業務執行社員の業務を執行する権利又は代表権の消滅を請求することができる。

1 前条各号に掲げる事由があるとき。

2 持分会社の業務を執行し、又は持分会社を代表

することに著しく不適任なとき。

第4章 登 記

第1節 総 則
（通 則）

第907条 この法律の規定により登記すべき事項（第938条第3項の保全処分の登記に係る事項を除く。）は、当事者の申請又は裁判所書記官の嘱託により、商業登記法（昭和38年法律第125号）の定めるところに従い、商業登記簿にこれを登記する。

（登記の効力）

第908条 ① この法律の規定により登記すべき事項は、登記の後でなければ、これをもって善意の第三者に対抗することができない。登記の後であっても、第三者が正当な事由によってその登記があることを知らなかったときは、同様とする。

② 故意又は過失によって不実の事項を登記した者は、その事項が不実であることをもって善意の第三者に対抗することができない。

（変更の登記及び消滅の登記）

第909条 この法律の規定により登記した事項に変更が生じ、又はその事項が消滅したときは、当事者は、遅滞なく、変更の登記又は消滅の登記をしなければならない。

第2節 会社の登記
（株式会社の設立の登記）

第911条 ① 株式会社の設立の登記は、その本店の所在地において、次に掲げる日のいずれか遅い日から2週間以内にしなければならない。

1 第46条第1項による調査が終了した日（設立しようとする株式会社が指名委員会等設置会社である場合にあっては、設立時代表執行役が同条第3項の規定による通知を受けた日）

2 発起人が定めた日

② 前項の規定にかかわらず、第57条第1項の募集をする場合には、前項の登記は、次に掲げる日のいずれか遅い日から2週間以内にしなければならない。

1 創立総会の終結の日

2 第84条の種類創立総会の決議をしたときは、当該決議の日

3 第97条の創立総会の決議をしたときは、当該決議の日から2週間を経過した日

4 第100条第1項の種類創立総会の決議をしたときは、当該決議の日から2週間を経過した日

5 第101条第1項の決議をしたときは、当該決議の日

③ 第1項の登記においては、次に掲げる事項を登記しなければならない。

1 目的

2 商号

3 本店及び支店の所在場所

4 株式会社の存続期間又は解散の事由についての定款の定めがあるときは、その定め

5 資本金の額

6 発行可能株式総数

7 発行する株式の内容（種類株式発行会社にあっては、発行可能種類株式総数及び発行する各種類の株式の内容）

8 単元株式数についての定款の定めがあるときは、その単元株式数

9 発行済株式の総数並びにその種類及び種類ごと

の数
10　株券発行会社であるときは,その旨
11　株主名簿管理人を置いたときは,その氏名又は名称及び住所並びに営業所
12　新株予約権を発行したときは,次に掲げる事項
　イ　新株予約権の数
　ロ　第236条第1項第1号から第4号まで（ハに規定する場合にあっては,第2号を除く。）に掲げる事項
　ハ　第236条第3項各号に掲げる事項を定めたときは,その定め
　ニ　ロ及びハに掲げる事項のほか,新株予約権の行使の条件を定めたときは,その条件
　ホ　第236条第1項第7号及び第238条第1項第2号に掲げる事項
　ヘ　第238条第1項第3号に掲げる事項を定めたときは,募集新株予約権（同項に規定する募集新株予約権をいう。以下ヘにおいて同じ。）の払込金額（同号に規定する払込金額をいう。以下ヘにおいて同じ。）募集新株予約権の払込金額の算定方法を定めた場合において,登記の申請の時までに募集新株予約権の払込金額が確定していないときは,当該算定方法）
12の2　第325条の2の規定による電子提供措置をとる旨の定款の定めがあるときは,その定め
13　取締役（監査等委員会設置会社の取締役を除く。）の氏名
14　代表取締役の氏名及び住所（第23号に規定する場合を除く。）
15　取締役会設置会社であるときは,その旨
16　会計参与設置会社であるときは,その旨並びに会計参与の氏名又は名称及び第378条第1項の場所
17　監査役設置会社（監査役の範囲を会計に関するものに限定する旨の定款の定めがある株式会社を含む。）であるときは,その旨及び次に掲げる事項
　イ　監査役の監査の範囲を会計に関するものに限定する旨の定款の定めがある株式会社であるときは,その旨
　ロ　監査役の氏名
18　監査役会設置会社であるときは,その旨及び監査役のうち社外監査役であるものについて社外監査役である旨
19　会計監査人設置会社であるときは,その旨及び会計監査人の氏名又は名称
20　第346条第4項の規定により選任された一時会計監査人の職務を行うべき者を置いたときは,その氏名又は名称
21　第373条第1項の規定による特別取締役による議決の定めがあるときは,次に掲げる事項
　イ　第373条第1項の規定による特別取締役による議決の定めがある旨
　ロ　特別取締役の氏名
　ハ　取締役のうち社外取締役であるものについて,社外取締役である旨
22　監査等委員会設置会社であるときは,その旨及び次に掲げる事項
　イ　監査等委員である取締役及びそれ以外の取締役の氏名
　ロ　取締役のうち社外取締役であるものについて,社外取締役である旨

　ハ　第399条の13第6項の規定による重要な業務執行の決定の取締役への委任についての定款の定めがあるときは,その旨
23　指名委員会等設置会社であるときは,その旨及び次に掲げる事項
　イ　取締役のうち社外取締役であるものについて,社外取締役である旨
　ロ　各委員会の委員及び執行役の氏名
　ハ　代表執行役の氏名及び住所
24　第426条第1項の規定による取締役,会計参与,監査役,執行役又は会計監査人の責任の免除についての定款の定めがあるときは,その定め
25　第427条第1項の規定による非業務執行取締役等が負う責任の限度に関する契約の締結についての定款の定めがあるときは,その定め
26　第440条第3項の規定による措置をとることとするときは,同条第1項に規定する貸借対照表の内容である情報について不特定多数の者がその提供を受けるために必要な事項であって法務省令で定めるもの
27　第939条第1項の規定による公告方法についての定款の定めがあるときは,その定め
28　前号の定款の定めが電子公告を公告方法とする旨のものであるときは,次に掲げる事項
　イ　電子公告により公告すべき内容である情報について不特定多数の者がその提供を受けるために必要な事項であって法務省令で定めるもの
　ロ　第939条第3項後段の規定による定款の定めがあるときは,その定め
29　第27号の定款の定めがないときは,第939条第4項の規定により官報に掲載する方法を公告方法とする旨

第5章　公　告

第1節　総　則
（会社の公告方法）
第939条　①　会社は,公告方法として,次に掲げる方法のいずれかを定款で定めることができる.
1　官報に掲載する方法
2　時事に関する事項を掲載する日刊新聞紙に掲載する方法
3　電子公告
②　外国会社は,公告方法として,前項各号に掲げる方法のいずれかを定めることができる.
③　会社又は外国会社が第1項第3号に掲げる方法を公告方法とする旨を定める場合には,電子公告を公告方法とする旨を定めれば足りる.この場合においては,事故その他やむを得ない事由によって電子公告による公告をすることができない場合の公告方法として,同項第1号又は第2号に掲げる方法のいずれかを定めることができる.
④　第1項又は第2項の規定による定めがない会社又は外国会社の公告方法は,第1項第1号の方法とする.
（電子公告の公告期間等）
第940条　①　株式会社又は持分会社が電子公告によりこの法律の規定による公告をする場合には,次の各号に掲げる公告の区分に応じ,当該各号に定める日までの間,継続して電子公告による公告をしなければならない.
1　この法律の規定により特定の日の一定の期間前

に公告しなければならない場合における当該公告 当該特定の日

2 第440条第1項の規定による公告 同項の定時株主総会の終結の日後5年を経過する日

3 公告に定める期間内に異議を述べることができる旨の公告 当該期間を経過する日

4 前3号に掲げる公告以外の公告 当該公告の開始後1箇月を経過する日

② 外国会社が電子公告により第819条第1項の規定による公告をする場合には，同項の手続の終結の日後5年を経過する日までの間，継続して電子公告による公告をしなければならない.

③ 前2項の規定にかかわらず，これらの規定により電子公告による公告をしなければならない期間（以下この章において「公告期間」という．）中公告の中断（不特定多数の者が提供を受けることができる状態に置かれた情報がその状態に置かれないこととなったこと又はその情報がその状態に置かれた後改変されたことをいう．以下この項において同じ．）が生じた場合において，次のいずれにも該当するときは，その公告の中断は，当該公告の効力に影響を及ぼさない.

1 公告の中断が生ずることにつき会社が善意でかつ重大な過失がないこと又は会社に正当な事由があること．

2 公告の中断が生じた時間の合計が公告期間の10分の1を超えないこと．

3 会社が公告の中断が生じたことを知った後速やかにその旨，公告の中断が生じた時間及び公告の中断の内容を当該公告に付して公告したこと．

第2節 電子公告調査機関

（電子公告調査）

第941条 この法律又は他の法律の規定による公告（第440条第1項の規定による公告を除く．以下この節において同じ．）を電子公告によりしようとする会社は，公告期間中，当該公告の内容である情報が不特定多数の者が提供を受けることができる状態に置かれているかどうかについて，法務省令で定めるところにより，法務大臣の登録を受けた者（以下この節において「調査機関」という．）に対し，調査を行うことを求めなければならない.

（調査の義務等）

第946条 ① 調査機関は，電子公告調査を行うことを求められたときは，正当な理由がある場合を除き，電子公告調査を行わなければならない.

② 調査機関は，公正に，かつ，法務省令で定める方法により電子公告調査を行わなければならない.

③ 調査を行う機関は，法務省令で定めるところにより，電子公告調査を行うことを求めた者（以下この節において「調査委託者」という．）のその他の法務省令で定める事項を法務大臣に報告しなければならない.

④ 調査機関は，電子公告調査の後遅滞なく，調査委託者に対して，法務省令で定めるところにより，当該電子公告調査の結果を通知しなければならない.

◆ **第8編 罰 則** ◆

（取締役等の特別背任罪）

第960条 ① 次に掲げる者が，自己若しくは第三者の利益を図り又は株式会社に損害を加える目的で，その任務に背く行為をし，当該株式会社に財産上の

損害を加えたときは，10年以下の拘禁刑若しくは1000万円以下の罰金に処し，又はこれを併科する.

1 発起人

2 設立時取締役又は設立時監査役

3 取締役，会計参与，監査役又は執行役

4 民事保全法第56条に規定する仮処分命令により選任された取締役，監査役又は執行役の職務を代行する者

5 第346条第2項，第351条第2項又は第401条第3項（第403条第3項及び第420条第3項において準用する場合を含む．）の規定により選任された一時取締役（監査等委員会設置会社にあっては，監査等委員である取締役又はそれ以外の取締役），会計参与，監査役，代表取締役，委員（指名委員会，監査委員会又は報酬委員会の委員をいう．），執行役又は代表執行役の職務を行うべき者

6 支配人

7 事業に関するある種類又は特定の事項の委任を受けた使用人

8 検査役

② 次に掲げる者が，自己若しくは第三者の利益を図り又は清算株式会社に損害を加える目的で，その任務に背く行為をし，当該清算株式会社に財産上の損害を加えたときも，前項と同様とする.

1 清算株式会社の清算人

2 民事保全法第56条に規定する仮処分命令により選任された清算株式会社の清算人の職務を代行する者

3 第479条第4項において準用する第346条第2項又は第483条第6項において準用する第351条第2項の規定により選任された一時清算人又は代表清算人の職務を行うべき者

4 清算人代理

5 監督委員

6 調査委員 〔令4法68，施行3年内〕

（取締役等の贈収賄罪）

第967条 ① 次に掲げる者が，その職務に関し，不正の請託を受けて，財産上の利益を収受し，又はその要求若しくは約束をしたときは，5年以下の拘禁刑又は500万円以下の罰金に処する.

1 第960条第1項各号又は第2項各号に掲げる者

2 第961条に規定する者

3 会計監査人又は第346条第4項の規定により選任された一時会計監査人の職務を行うべき者

② 前項の利益を供与し，又はその申込み若しくは約束をした者は，3年以下の拘禁刑又は300万円以下の罰金に処する. 〔令4法68，施行3年内〕

（株主等の権利の行使に関する贈収賄罪）

第968条 ① 次に掲げる事項に関し，不正の請託を受けて，財産上の利益を収受し，又はその要求若しくは約束をした者は，5年以下の拘禁刑又は500万円以下の罰金に処する.

1 株主総会若しくは種類株主総会，創立総会若しくは種類創立総会，社債権者集会又は債権者集会における発言又は議決権の行使

2 第210条若しくは第247条，第297条第1項若しくは第4項，第303条第1項若しくは第2項，第304条，第305条第1項若しくは第306条第1項若しくは第2項（これらの規定を第325条において準用する場合を含む．），第358条第1項，第360条第1項若しくは第2項（これらの規定を第482条第4項において準用する場合を含む．），第422

条第1項若しくは第2項，第426条第7項，第433条第1項若しくは第479条第2項に規定する株主の権利の行使，第511条第1項若しくは第522条第1項に規定する株主若しくは債権者の権利の行使又は第547条第1項若しくは第3項に規定する債権者の権利の行使

3　社債の総額（償還済みの額を除く。）の10分の1以上に当たる社債を有する社債権者の権利の行使

4　第828条第1項，第829条から第831条まで，第833条第1項，第847条第3項若しくは第5項，第847条の2第6項若しくは第8項，第847条の3第7項若しくは第9項，第853条，第854条又は第858条に規定する訴えの提起（株主等（第847条の4第2項に規定する株主等をいう。次号において同じ。），株式会社の債権者又は新株予約権若しくは新株予約権付社債を有する者がするものに限る。）

5　第849条第1項の規定による株主等の訴訟参加

② 前項の利益を供与し，又はその申込み若しくは約束をした者も，同項と同様とする。

〔令4法68，施行3年内〕

（株主等の権利の行使に関する利益供与の罪）
第970条　① 第960条第1項第3号から第6号までに掲げる者又はその他の株式会社の使用人が，株主の権利，当該株式会社に係る適格旧株主（第847条の2第9項に規定する適格旧株主をいう。第3項において同じ。）の権利又は当該株式会社の最終完全親会社等（第847条の3第1項に規定する最終完全親会社等をいう。第3項において同じ。）の株主の権利の行使に関し，当該株式会社又はその子会社の計算において財産上の利益を供与したときは，3年以下の拘禁刑又は300万円以下の罰金に処する。

② 情を知って，前項の利益の供与を受け，又は第三者にこれを供与させた者も，同項と同様とする。

③ 株主の権利，株式会社に係る適格旧株主の権利又は株式会社の最終完全親会社等の株主の権利の行使に関し，当該株式会社又はその子会社の計算において第1項の利益を自己又は第三者に供与することを同項に規定する者に要求した者も，同項と同様とする。

④ 前2項の罪を犯した者が，その実行について第1項に規定する者に対し威迫の行為をしたときは，5年以下の拘禁刑又は500万円以下の罰金に処する。

⑤ 前3項の罪を犯した者には，情状により，拘禁刑及び罰金を併科することができる。

⑥ 第1項の罪を犯した者が自首したときは，その刑を減軽し，又は免除することができる。

〔令4法68，施行3年内〕

（両罰規定）
第975条　法人の代表者又は法人若しくは人の代理人，使用人その他の従業者が，その法人又は人の業務に関し，前2条の違反行為をしたときは，行為者を罰するほか，その法人又は人に対しても，各本条の罰金刑を科する。

65 保 険 法（抄）

（平20・6・6法律第56号，平22・4・1施行，
最終改正：平29・6・2法律第45号）

第1章　総　則

（趣　旨）
第1条　保険に係る契約の成立，効力，履行及び終了については，他の法令に定めるもののほか，この法律の定めるところによる。

（定　義）
第2条　この法律において，次の各号に掲げる用語の意義は，当該各号に定めるところによる。

1　保険契約　保険契約，共済契約その他いかなる名称であるかを問わず，当事者の一方が一定の事由が生じたことを条件として財産上の給付（生命保険契約及び傷害疾病定額保険契約にあっては，金銭の支払に限る。以下「保険給付」という。）を行うことを約し，相手方がこれに対して当該一定の事由の発生の可能性に応じたものとして保険料（共済掛金を含む。以下同じ。）を支払うことを約する契約をいう。

2　保険者　保険契約の当事者のうち，保険給付を行う義務を負う者をいう。

3　保険契約者　保険契約の当事者のうち，保険料を支払う義務を負う者をいう。

4　被保険者　次のイからハまでに掲げる保険契約の区分に応じ，当該イからハまでに定める者をいう。
イ　損害保険契約　損害保険契約によりてん補することとされる損害を受ける者
ロ　生命保険契約　その者の生存又は死亡に関し保険者が保険給付を行うこととなる者
ハ　傷害疾病定額保険契約　その者の傷害又は疾病（以下「傷害疾病」という。）に基づき保険者が保険給付を行うこととなる者

5　保険金受取人　保険給付を受ける者として生命保険契約又は傷害疾病定額保険契約で定めるものをいう。

6　損害保険契約　保険契約のうち，保険者が一定の偶然の事故によって生ずることのある損害をてん補することを約するものをいう。

7　傷害疾病損害保険契約　損害保険契約のうち，保険者が人の傷害疾病によって生ずることのある損害（当該傷害疾病が生じた者が受けるものに限る。）をてん補することを約するものをいう。

8　生命保険契約　保険契約のうち，保険者が人の生存又は死亡に関し一定の保険給付を行うことを約するもの（傷害疾病定額保険契約に該当するものを除く。）をいう。

9　傷害疾病定額保険契約　保険契約のうち，保険者が人の傷害疾病に基づき一定の保険給付を行うことを約するものをいう。

第2章　損害保険

第1節　成立
（損害保険契約の目的）
第3条　損害保険契約は，金銭に見積もることが

きる利益に限り，その目的とすることができる.

（告知義務）

第4条 保険契約者又は被保険者になる者は，損害保険契約の締結に際し，損害保険契約によりてん補することとされる損害の発生の可能性（以下この章において「危険」という.）に関する重要な事項のうち保険者になる者が告知を求めたもの（第28条第1項及び第29条第1項において「告知事項」という.）について，事実の告知をしなければならない.

（強行規定）

第7条 第4条の規定に反する特約で保険契約者又は被保険者に不利なもの及び第5条第2項の規定に反する特約で保険契約者に不利なものは，無効とする.

第2節 効力

（第三者のためにする損害保険契約）

第8条 被保険者が損害保険契約の当事者以外の者であるときは，当該被保険者は，当然に当該損害保険契約の利益を享受する.

（保険価額の減少）

第10条 損害保険契約の締結後に保険価額が著しく減少したときは，保険契約者は，保険者に対し，将来に向かって，保険金額又は約定保険価額については減少後の保険価額に至るまでの減額を，保険料についてはその減額後の保険金額に対応する保険料に至るまでの額をそれぞれ請求することができる.

（危険の減少）

第11条 損害保険契約の締結後に危険が著しく減少したときは，保険契約者は，保険者に対し，将来に向かって，保険料について，減少後の当該危険に対応する保険料に至るまでの減額を請求することができる.

第3節 保険給付

（損害の発生及び拡大の防止）

第13条 保険契約者及び被保険者は，保険事故が発生したことを知ったときは，これによる損害の発生及び拡大の防止に努めなければならない.

（保険者の免責）

第17条 保険者は，保険契約者又は被保険者の故意又は重大な過失によって生じた損害をてん補する責任を負わない．戦争その他の変乱によって生じた損害についても，同様とする.

② 責任保険契約（損害保険契約のうち，被保険者が損害賠償の責任を負うことによって生ずることのある損害をてん補するものをいう．以下同じ.）に関する前項の規定の適用については，同項中「故意又は重大な過失」とあるのは，「故意」とする.

（損害額の算定）

第18条 損害保険契約によりてん補すべき損害の額（以下この章において「てん補損害額」という.）は，その損害が生じた地及び時における価額によって算定する.

② 約定保険価額があるときは，てん補損害額は，当該約定保険価額によって算定する．ただし，当該約定保険価額が価額を著しく超えるときは，てん補損害額は，当該価額によって算定する.

（重複保険）

第20条 ① 損害保険契約によりてん補すべき損害について他の損害保険契約がこれをてん補することとなっている場合においても，保険者は，てん補

損害額の全額（前条に規定する場合にあっては，同条の規定により算定した額の全額）について，保険給付を行う義務を負う.

② 二以上の損害保険契約の各保険者が行うべき保険給付の額の合計額がてん補損害額（各損害保険契約に基づいて算定したてん補損害額が異なるときは，そのうち最も高い額．以下この項において同じ.）を超える場合において，保険者の1人が自己の負担部分（他の損害保険契約がないとする場合における各保険者が行うべき保険給付の額のその合計額に対する割合をてん補損害額に乗じて得た額をいう．以下この項において同じ.）を超えて保険給付を行い，これにより共同の免責を得たときは，当該保険者は，自己の負担部分を超える部分に限り，他の保険者に対し，各自の負担部分について求償権を有する.

（責任保険契約についての先取特権）

第22条 ① 責任保険契約の被保険者に対して当該責任保険契約の保険事故に係る損害賠償請求権を有する者は，保険給付を請求する権利について先取特権を有する.

② 被保険者は，前項の損害賠償請求権に係る債務について弁済をした金額又は当該損害賠償請求権を有する者の承諾があった金額の限度においてのみ，保険者に対して保険給付を請求する権利を行使することができる.

③ 責任保険契約に基づき保険給付を請求する権利は，譲り渡し，質権の目的とし，又は差し押さえることができない．ただし，次に掲げる場合は，この限りでない.

1 第1項の損害賠償請求権を有する者に譲り渡し，又は当該損害賠償請求権に関して差し押さえる場合

2 前項の規定により被保険者が保険給付を請求する権利を行使することができる場合

（残存物代位）

第24条 保険者は，保険の目的物の全部が滅失した場合において，保険給付を行ったときは，当該保険給付の額の保険価額（約定保険価額があるときは，当該約定保険価額）に対する割合に応じて，当該保険の目的物に関して被保険者が有する所有権その他の物権について当然に被保険者に代位する.

（請求権代位）

第25条 ① 保険者は，保険給付を行ったときは，次に掲げる額のうちいずれか少ない額を限度として，保険事故による損害が生じたことにより被保険者が取得する債権（債務の不履行その他の理由により債権の一部をてん補する損害保険契約においては，当該債権を含む．以下この条において「被保険者債権」という.）について当然に被保険者に代位する.

1 当該保険者が行った保険給付の額

2 被保険者債権の額（前号に掲げる額がてん補損害額に不足するときは，被保険者債権の額から当該不足額を控除した残額）

② 前項の場合において，同項第1号に掲げる額がてん補損害額に不足するときは，被保険者は，被保険者債権のうち同項の規定により代位した部分を除いた部分について，当該代位に係る保険者の債権に先立って弁済を受ける権利を有する.

第4節 終了

（保険契約者による解除）

第27条　保険契約者は，いつでも損害保険契約を解除することができる．

（告知義務違反による解除）

第28条　① 保険者は，保険契約者又は被保険者が，告知事項について，故意又は重大な過失により事実の告知をせず，又は不実の告知をしたときは，損害保険契約を解除することができる．

② 保険者は，前項の規定にかかわらず，次に掲げる場合には，損害保険契約を解除することができない．

1　損害保険契約の締結の時において，保険者が前項の事実を知り，又は過失によって知らなかったとき．

2　保険者のために保険契約の締結の媒介を行うことができる者（保険者のために保険契約の締結の代理を行うことができる者を除く．以下「保険媒介者」という．）が，保険契約者又は被保険者が前項の事実の告知をすることを妨げたとき．

3　保険媒介者が，保険契約者又は被保険者に対し，前項の事実の告知をせず，又は不実の告知をすることを勧めたとき．

③ 前項第2号及び第3号の規定は，当該各号に規定する保険媒介者の行為がなかったとしても保険契約者又は被保険者が第1項の事実の告知をせず，又は不実の告知をしたと認められる場合には，適用しない．

④ 第1項の規定による解除権は，保険者が同項の規定による解除の原因があることを知った時から1箇月間行使しないときは，消滅する．損害保険契約の締結の時から5年を経過したときも，同様とする．

（危険増加による解除）

第29条　① 損害保険契約の締結後に危険増加（告知事項についての危険が高くなり，損害保険契約で定められている保険料が当該危険を計算の基礎として算出される保険料に不足する状態になることをいう．以下この条及び第31条第2項第2号において同じ．）が生じた場合において，保険料を当該危険増加に対応した額に変更するとしたならば当該損害保険契約を継続することができるときであっても，保険者は，次に掲げる要件のいずれにも該当する場合には，当該損害保険契約を解除することができる．

1　当該危険増加に係る告知事項について，その内容に変更が生じたときは保険契約者又は被保険者が保険者に遅滞なくその旨の通知をすべき旨が当該損害保険契約で定められていること．

2　保険契約者又は被保険者が故意又は重大な過失により遅滞なく前号の通知をしなかったこと．

② 前条第4項の規定は，前項の規定による解除権について準用する．この場合において，同条第4項中「損害保険契約の締結の時」とあるのは，「次条第1項に規定する危険増加が生じた時」と読み替えるものとする．

（重大事由による解除）

第30条　保険者は，次に掲げる事由がある場合には，損害保険契約を解除することができる．

1　保険契約者又は被保険者が，保険者に当該損害保険契約に基づく保険給付を行わせることを目的として損害を生じさせ，又は生じさせようとしたこと．

2　被保険者が，当該損害保険契約に基づく保険給付の請求について詐欺を行い，又は行おうとしたこと．

3　前2号に掲げるもののほか，保険者の保険契約者又は被保険者に対する信頼を損ない，当該損害保険契約の存続を困難とする重大な事由

（解除の効力）

第31条　① 損害保険契約の解除は，将来に向かってのみその効力を生ずる．

② 保険者は，次の各号に掲げる規定により損害保険契約の解除をした場合には，当該各号に定める損害をてん補する責任を負わない．

1　第28条第1項　解除がされた時までに発生した保険事故による損害．ただし，同項の事実に基づかずに発生した保険事故による損害については，この限りでない．

2　第29条第1項　解除に係る危険増加が生じた時から解除がされた時までに発生した保険事故による損害．ただし，当該危険増加をもたらした事由に基づかずに発生した保険事故による損害については，この限りでない．

3　前条　同条各号に掲げる事由が生じた時から解除がされた時までに発生した保険事故による損害

（保険料の返還の制限）

第32条　保険者は，次に掲げる場合には，保険料を返還する義務を負わない．

1　保険契約者又は被保険者の詐欺又は強迫を理由として損害保険契約に係る意思表示を取り消した場合

2　損害保険契約が第5条第1項の規定により無効とされる場合．ただし，保険者が保険事故の発生を知って当該損害保険契約の申込み又はその承諾をしたときは，この限りでない．

第3章　生命保険

第1節　成　立

（告知義務）

第37条　保険契約者又は被保険者になる者は，生命保険契約の締結に際し，保険事故（被保険者の死亡又は一定の時点における生存をいう．以下この章において同じ．）の発生の可能性（以下この章において「危険」という．）に関する重要な事項のうち保険者になる者が告知を求めたもの（第55条第1項及び第56条第1項において「告知事項」という．）について，事実の告知をしなければならない．

（被保険者の同意）

第38条　生命保険契約の当事者以外の者を被保険者とする死亡保険契約（保険者が被保険者の死亡に関し保険給付を行うことを約する生命保険契約をいう．以下この章において同じ．）は，当該被保険者の同意がなければ，その効力を生じない．

第2節　効　力

（第三者のためにする生命保険契約）

第42条　保険金受取人が生命保険契約の当事者以外の者であるときは，当該保険金受取人は，当然に当該生命保険契約の利益を享受する．

（保険金受取人の変更）

第43条　① 保険契約者は，保険事故が発生するまでは，保険金受取人の変更をすることができる．

② 保険金受取人の変更は，保険者に対する意思表示によってする．

③ 前項の意思表示は，その通知が保険者に到達したときは，当該通知を発した時にさかのぼってその効力を生ずる．ただし，その到達前に行われた保険

給付の効力を妨げない.

（保険金受取人の死亡）

第46条　保険金受取人が保険事故の発生前に死亡したときは,その相続人の全員が保険金受取人となる.

第3節　保険給付
（保険者の免責）

第51条　死亡保険契約の保険者は,次に掲げる場合には,保険給付を行う責任を負わない. ただし,第3号に掲げる場合には,被保険者を故意に死亡させた保険金受取人以外の保険金受取人に対する責任については,この限りでない.

1　被保険者が自殺をしたとき.
2　保険契約者が被保険者を故意に死亡させたとき（前号に掲げる場合を除く.）.
3　保険金受取人が被保険者を故意に死亡させたとき（前2号に掲げる場合を除く.）.
4　戦争その他の変乱によって被保険者が死亡したとき.

第4節　終　了
（保険料積立金の払戻し）

第63条　保険者は,次に掲げる事由により生命保険契約が終了した場合の保険者に対し,当該終了の時における保険料積立金（受領した保険料の総額のうち,当該生命保険契約に係る保険給付に充てるべきものとして,保険料又は保険給付の額を定めるための予定死亡率,予定利率その他の計算の基礎を用いて算出される金額に相当する部分をいう.）を払い戻さなければならない. ただし,保険者が保険給付を行う責任を負うときは,この限りでない.

1　第51条各号（第2号を除く.）に規定する事由
2　保険者の責任が開始する前における第54条又は第58条第2項の規定による解除
3　第56条第1項の規定による解除
4　第96条第1項の規定による解除又は同条第2項の規定による当該生命保険契約の失効

（保険料の返還の制限）

第64条　保険者は,次に掲げる場合には,保険料を返還する義務を負わない.

1　保険契約者,被保険者又は保険金受取人の詐欺又は強迫を理由として生命保険契約に係る意思表示を取り消した場合
2　死亡保険契約が第39条第1項の規定により無効とされる場合. ただし,保険者が保険事故の発生を知って当該死亡保険契約の申込み又はその承諾をしたときは,この限りでない.

第4章　傷害疾病定額保険

第1節　成　立
（告知義務）

第66条　保険契約者又は被保険者になる者は,傷害疾病定額保険契約の締結に際し,給付事由（傷害疾病による治療,死亡その他の保険給付を行う要件として傷害疾病定額保険契約で定める事由をいう. 以下この章において同じ.）の発生の可能性（以下この章において「危険」という.）に関する重要な事項のうち保険者になる者が告知を求めたもの（第84条第1項及び第85条第1項において「告知事項」という.）について,事実の告知をしなければならない.

（被保険者の同意）

第67条　① 傷害疾病定額保険契約の当事者以外の者を被保険者とする傷害疾病定額保険契約は,当該被保険者の同意がなければ,その効力を生じない. ただし,被保険者（被保険者の死亡に関する保険給付にあっては,被保険者又はその相続人）が保険金受取人である場合は,この限りでない.

② 前項ただし書の規定は,給付事由が傷害疾病による死亡のみである傷害疾病定額保険契約については,適用しない.

66 手 形 法（抄）

（昭7・7・15 法律第 20 号,昭9・1・1 施行,
最終改正：令5・6・14 法律第 53 号）

◆ 第1編　為替手形 ◆

第1章　為替手形ノ振出及方式

第1条　為替手形ニハ左ノ事項ヲ記載スペシ

1　証券ノ文言中ニ其ノ証券ノ作成ニ用フル語ヲ以テ記載スル為替手形ナルコトヲ示ス文字
2　一定ノ金額ヲ支払フベキ旨ノ単純ナル委託
3　支払ヲ為スベキ者（支払人）ノ名称
4　満期ノ表示
5　支払ヲ為スベキ地ノ表示
6　支払ヲ受ケ又ハ之ヲ受クル者ヲ指図スル者ノ名称
7　手形ノ振出ス日及地ノ表示
8　手形ヲ振出ス者（振出人）ノ署名

第2条　① 前条ニ掲グル事項ノ何レカヲ欠ク証券ハ為替手形タル効力ヲ有セズ但シ次ノ数項ニ規定スル場合ハ此ノ限ニ在ラズ

② 満期ノ記載ナキ為替手形ハ之ヲ一覧払ノモノト看做ス

③ 支払人ノ名称ニ附記シタル地ハ特別ノ表示ナキ限リ之ヲ支払地ニシテ且支払人ノ住所地タルモノト看做ス

④ 振出地ノ記載ナキ為替手形ハ振出人ノ名称ニ附記シタル地ニ於テ之ヲ振出シタルモノト看做ス

第6条　① 為替手形ノ金額ヲ文字及数字ヲ以テ記載シタル場合ニ於テ其ノ金額ニ差異アルトキハ文字ヲ以テ記載シタル金額ヲ手形金額トス

② 為替手形ノ金額ヲ文字ヲ以テ又ハ数字ヲ以テ重複シテ記載シタル場合ニ於テ其ノ金額ニ差異アルトキハ最小金額ヲ手形金額トス

第7条　① 為替手形ニ手形債務ノ負担ニ付キ行為能力ナキ者ノ署名,偽造ノ署名,仮設人ノ署名若ハ其ノ他ノ事由ニ因リ為替手形ノ署名者若ハ其ノ本人ニ義務ヲ負ハシムルコト能ハザル署名アル場合ト雖モ他ノ署名者ノ債務ハ之ガ為其ノ効力ヲ妨ゲラルルコトナシ

第8条　代理権ヲ有セザル者ガ代理人トシテ為替手形ニ署名シタルトキハ自ラ其ノ手形ニ因リ義務ヲ負フ其ノ者ガ支払ヲ為シタルトキハ本人ト同一ノ権利ヲ有ス権限ヲ超エタル代理人ニ付亦同ジ

第9条　① 振出人ハ引受及支払ヲ担保ス

② 振出人ハ引受ヲ担保セザル旨ヲ記載スルコトヲ

得支払ヲ担保セザル旨ノ一切ノ文言ハ之ヲ記載セザルモノト看做ス

第10条 未完成ニテ振出シタル為替手形ニ予メ為シタル合意ト異ル補充ヲ為シタル場合ニ於テハ其ノ違反ハ之ヲ以テ所持人ニ対抗スルコトヲ得ズ但シ所持人ガ悪意又ハ重大ナル過失ニ因リ為替手形ヲ取得シタルトキハ此ノ限ニ在ラズ

第2章　裏　　書

第11条 ① 為替手形ハ指図式ニテ振出サザルトキト雖モ裏書ニ依リテ之ヲ譲渡スコトヲ得

② 振出人ガ為替手形ニ「指図禁止」ノ文字又ハ之ト同一ノ意義ヲ有スル文言ヲ記載シタルトキハ其ノ証券ハ民法(明治29年法律第89号)第3編第1章第4節ノ規定ニ依リ債権ノ譲渡ニ関スル方式ニ従ヒ且其ノ効力ヲ以テノミ之ヲ譲渡スコトヲ得

③ 裏書ハ引受ヲ為シタル又ハ為サザル支払人、振出人其ノ他ノ債務者ニ対シテモ之ヲ為スコトヲ得此等ノ者ハ更ニ手形ヲ裏書スルコトヲ得

第12条 ① 裏書ハ単純ナルコトヲ要ス裏書ニ附シタル条件ハ之ヲ記載セザルモノト看做ス

② 一部ノ裏書ハ之ヲ無効トス

③ 持参人ニ対スル裏書ハ白地式裏書ト同一ノ効力ヲ有ス

第13条 ① 裏書ハ為替手形又ハ之ト結合シタル紙片(補箋)ニ之ヲ記載シ裏書人署名スルコトヲ要ス

② 裏書ハ被裏書人ヲ指定セズシテ之ヲ為シ又ハ単ニ裏書人ノ署名ノミヲ以テ之ヲ為スコトヲ得(白地式裏書)此ノ後ノ場合ニ於テハ裏書ハ為替手形ノ裏面又ハ補箋ニ之ヲ為スニ非ザレバ其ノ効力ヲ有セズ

第14条 ① 裏書ハ為替手形ヨリ生ズル一切ノ権利ヲ移転ス

② 裏書ガ白地式ナルトキハ所持人ハ

1 自己ノ名称又ハ他人ノ名称ヲ以テ白地ヲ補充スルコトヲ得

2 白地式ニ依リ又ハ他人ヲ表示シテ更ニ手形ヲ裏書スルコトヲ得

3 白地ヲ補充セズ且裏書ヲ為サズシテ手形ヲ第三者ニ譲渡スコトヲ得

第15条 ① 裏書人ハ反対ノ文言ナキ限リ引受及支払ヲ担保ス

② 裏書人ハ新ナル裏書ヲ禁ズルコトヲ得此ノ場合ニ於テハ其ノ裏書人ハ手形ノ爾後ノ被裏書人ニ対シ担保ノ責ヲ負フコトナシ

第16条 ① 為替手形ノ占有者ガ裏書ノ連続ニ依リ其ノ権利ヲ証明スルトキハ之ヲ適法ノ所持人ト看做ス最後ノ裏書ガ白地式ナル場合ニ於テモ亦同ジ抹消シタル裏書ハ此ノ関係ニ於テハ之ヲ記載セザルモノト看做ス白地式裏書ニ次デ他ノ裏書アルトキハ其ノ裏書ヲ為シタル者ハ白地式裏書ニ因リテ手形ヲ取得シタルモノト看做ス

② 事由ノ何タルヲ問ハズ為替手形ノ占有ヲ失ヒタル者アル場合ニ於テ所持人ガ前項ノ規定ニ依リ其ノ権利ヲ証明スルトキハ手形ヲ返還スル義務ヲ負フコトナシ但シ所持人ガ悪意又ハ重大ナル過失ニ因リ之ヲ取得シタルトキハ此ノ限ニ在ラズ

第17条 為替手形ニ依リ請求ヲ受ケタル者ハ振出人其ノ他所持人ノ前者ニ対スル人的関係ニ基ク抗弁ヲ以テ所持人ニ対抗スルコトヲ得ズ但シ所持人ガ其ノ債務者ヲ害スルコトヲ知リテ手形ヲ取得シタルトキハ此ノ限ニ在ラズ

第3章　引　　受

第21条 為替手形ノ所持人又ハ単ナル占有者ハ満期ニ至ル迄引受ヲ為シ支払人ニ其ノ住所ニ於テ之ヲ呈示スルコトヲ得

第28条 ① 支払人ハ引受ニ因リ満期ニ於テ為替手形ノ支払ヲ為ス義務ヲ負フ

② 支払ナキ場合ニ於テハ所持人ハ第48条及第49条ノ規定ニ依リテ請求スルコトヲ得ベキ一切ノ金額ニ付引受人ニ対シ為替手形ヨリ生ズル直接ノ請求権ヲ有ス所持人ガ振出人ナルトキト雖モ亦同ジ

第4章　保　　証

第30条 ① 為替手形ノ支払ハ其ノ金額ノ全部又ハ一部ニ付保証ニ依リ之ヲ担保スルコトヲ得

② 第三者ハ前項ノ保証ヲ為スコトヲ得手形ニ署名シタル者ト雖モ亦同ジ

第32条 ① 保証人ハ保証セラレタル者ト同一ノ責任ヲ負フ

② 保証ガ其ノ担保シタル債務ガ方式ノ瑕疵ヲ除キ他ノ如何ナル事由ニ因リテ無効ナルトキト雖モ之ヲ有効トス

③ 保証人ガ為替手形ノ支払ヲ為シタルトキハ保証セラレタル者及其ノ者ノ為替手形上ノ債務者ニ対シ為替手形ヨリ生ズル権利ヲ取得ス

第5章　満　　期

第33条 ① 為替手形ハ左ノ何レカトシテ之ヲ振出スコトヲ得

1 一覧払

2 一覧後定期払

3 日附後定期払

4 確定日払

② 前項ト異ル満期又ハ分割払ノ為替手形ハ之ヲ無効トス

第6章　支　　払

第38条 ① 確定日払、日附後定期払又ハ一覧後定期払ノ為替手形ノ所持人ハ支払ヲ為スベキ日又ハ之ニ次グ二取引日内ニ支払ノ為手形ヲ呈示スルコトヲ要ス

② 手形交換所ニ於ケル為替手形ノ呈示ハ支払ノ為ノ呈示タル効力ヲ有ス

第39条 ① 支払人ハ支払ヲ為スニ当リ支払人ニ対シ手形ニ受取ヲ証スル記載ヲ為シテ之ヲ交付スベキコトヲ請求スルコトヲ得

② 所持人ハ一部支払ヲ拒ムコトヲ得ズ

③ 一部支払ノ場合ニ於テハ支払人ハ其ノ支払アリタル旨ノ手形上ノ記載及受取証書ノ交付ヲ請求スルコトヲ得

第40条 ① 為替手形ノ所持人ハ満期前ニハ其ノ支払ヲ受クルコトヲ要セズ

② 満期前ニ支払ヲ為ス支払人ハ自己ノ危険ニ於テ之ヲ為スモノトス

③ 満期ニ於テ支払ヲ為ス者ハ悪意又ハ重大ナル過失ナキ限リ其ノ責ヲ免ル此ノ者ハ裏書ノ連続ノ整否ヲ調査スル義務アルモ裏書人ノ署名ヲ調査スル義務ナシ

第10章　変　造

第69条　為替手形ノ文言ノ変造ノ場合ニ於テハ其ノ変造後ノ署名者ハ変造シタル文言ニ従ヒテ責任ヲ負ヒ変造前ノ署名者ハ原文言ニ従ヒテ責任ヲ負フ

◆ 第2編　約束手形 ◆

第75条　約束手形ニハ左ノ事項ヲ記載スベシ
1　証券ノ文言中ニ其ノ証券ノ作成ニ用フル語ヲ以テ記載スル約束手形ナルコトヲ示ス文字
2　一定ノ金額ヲ支払フベキ旨ノ単純ナル約束
3　満期ノ表示
4　支払ヲ為スベキ地ノ表示
5　支払ヲ受ケ又ハ之ヲ受ケ又ハ之ヲ受クル者ヲ指図スル者ノ名称
6　手形ヲ振出ス日及ヒ地ノ表示
7　手形ヲ振出ス者（振出人）ノ署名

第76条　① 前条ニ掲グル事項ノ何レカヲ欠ク証券ハ小切手タル効力ヲ有セズ但シ次ノ数項ニ規定スル場合ハ此ノ限ニ在ラズ
② 満期ノ記載ナキ約束手形ハ之ヲ一覧払ヒモノト看做ス
③ 振出地ノ特別ノ表示ナキ限リ之ヲ支払地ニシテ且振出人ノ住所地タルモノト看做ス
④ 振出地ノ記載ナキ約束手形ハ振出人ノ名称ニ附記シタル地ニ於テ之ヲ振出シタルモノト看做ス

67　小切手法（抄）

（昭 8・7・29 法律第 57 号，昭 9・1・1 施行，
最終改正：平 29・6・2 法律第 45 号）

第1章　小切手ノ振出及方式

第1条　小切手ニハ左ノ事項ヲ記載スベシ
1　証券ノ文言中ニ其ノ証券ノ作成ニ用フル語ヲ以テ記載スル小切手ナルコトヲ示ス文字
2　一定ノ金額ヲ支払フベキ旨ノ単純ナル委託
3　支払ヲ為スベキ者（支払人）ノ名称
4　支払ヲ為スベキ地ノ表示
5　小切手ヲ振出ス日及ヒ地ノ表示
6　小切手ヲ振出ス者（振出人）ノ署名

第2条　① 前条ニ掲グル事項ノ何レカヲ欠ク証券ハ小切手タル効力ヲ有セズ但シ次ノ数項ニ規定スル場合ハ此ノ限ニ在ラズ
② 支払人ノ名称ニ附記シタル地ハ特別ノ表示ナキ限リ之ヲ支払地ト看做ス支払人ノ名称ニ数箇ノ地ノ附記アルトキハ小切手ハ初頭ニ記載シアル地ニ於テ之ヲ支払フベキモノトス
③ 前項ニ記載其ノ他何等ナル表示ナキ小切手ハ振出地ニ於テ之ヲ支払フベキモノトス
④ 振出地ノ記載ナキ小切手ハ振出人ノ名称ニ附記シタル地ニ於テ之ヲ振出シタルモノト看做ス

第3条　小切手ハ呈示ノ時ニ於テ振出人ノ処分シ得ル資金アル銀行ニ宛テ且振出人ヲシテ資金ヲ小切手ニ依リ処分スルコトヲ得シムル明示又ハ黙示ノ契約ニ従ヒ之ヲ振出スベキモノトス但シ此ノ

規定ニ従ハザルトキト雖モ証券ノ小切手タル効力ヲ妨グズ

第4条　小切手ハ引受ヲ為スコトヲ得ズ小切手ニ為シタル引受ノ記載ハ之ヲ為サザルモノト看做ス

第2章　譲　渡

第14条　① 記名式又ハ指図式ノ小切手ハ裏書ニ依リテ之ヲ譲渡スコトヲ得
② 記名式小切手ニシテ「指図禁止」ノ文字又ハト同一ノ意義ヲ有スル文言ヲ記載シタルモノハ民法（明治 29 年法律第 89 号）第 3 編第 1 章第 4 節ノ規定ニ依ル債権ノ譲渡ニ関スル方式ニ従ヒ且其ノ効力ヲ以テノミ之ヲ譲渡スコトヲ得
③ 裏書ハ振出人其ノ他ノ債務者ニ対シテモ之ヲ為スコトヲ得此等ノ者ハ更ニ小切手ヲ裏書スルコトヲ得

68　金融商品取引法（抄）

（昭 23・4・13 法律第 25 号，昭 23・5・6 施行，
最終改正：令 5・6・14 法律第 53 号）

第1章　総　則

（目　的）
第1条　この法律は，企業内容等の開示の制度を整備するとともに，金融商品取引業を行う者に関し必要な事項を定め，金融商品取引所の適切な運営を確保すること等により，有価証券の発行及び金融商品等の取引等を公正にし，有価証券の流通を円滑にするほか，資本市場の機能の十全な発揮による金融商品等の公正な価格形成等を図り，もつて国民経済の健全な発展及び投資者の保護に資することを目的とする。

（定　義）
第2条　① この法律において「有価証券」とは，次に掲げるものをいう。
1　国債証券
2　地方債証券
3　特別の法律により法人の発行する債券（次号及び第 11 号に掲げるものを除く。）
4　資産の流動化に関する法律（平成 10 年法律第105 号）に規定する特定社債券
5　社債券（相互会社の社債券を含む。以下同じ。）
6　特別の法律により設立された法人の発行する出資証券（次号，第 8 号及び第 11 号に掲げるものを除く。）
7　協同組織金融機関の優先出資に関する法律（平成 5 年法律第 44 号。以下「優先出資法」という。）に規定する優先出資証券
8　資産の流動化に関する法律に規定する優先出資証券又は新優先出資引受権を表示する証券
9　株券又は新株予約権証券
10　投資信託及び投資法人に関する法律（昭和 26年法律第 198 号）に規定する投資信託又は外国投資信託の受益証券
11　投資信託及び投資法人に関する法律に規定する投資証券，新投資口予約権証券若しくは投資法人債券又は外国投資証券

12 貸付信託の受益証券

13 資産の流動化に関する法律に規定する特定目的信託の受益証券

14 信託法（平成18年法律第108号）に規定する受益証券発行信託の受益証券

15 法人が事業に必要な資金を調達するために発行する約束手形のうち、内閣府令で定めるもの

16 抵当証券法（昭和6年法律第15号）に規定する抵当証券

17 外国又は外国の者の発行する証券又は証書で第1号から第9号まで又は第12号から前号までに掲げる証券又は証書の性質を有するもの（次号に掲げるものを除く。）

18 外国の者の発行する証券又は証書で銀行業を営む者その他の金銭の貸付けを業として行う者の貸付債権を信託する信託の受益権又はこれに類する権利を表示するもののうち、内閣府令で定めるもの

19 金融商品市場において金融商品市場を開設する者の定める基準及び方法に従い第21項第3号に掲げる取引に係る権利、外国金融商品市場（第8項第3号ロに規定する外国金融商品市場をいう。以下この号において同じ。）において行う取引であつて第21項第3号に掲げる取引と類似の取引（金融商品（第24項第3号の3に掲げるものに限る。）又は金融指標（当該金融商品の価格及びこれに基づいて算出した数値に限る。）に係るものを除く。）に係る権利又は金融商品市場及び外国金融商品市場によらないで行う第22項第3号若しくは第4号に掲げる取引に係る権利（以下「オプション」という。）を表示する証券又は証書

20 前各号に掲げる証券又は証書の預託を受けた者が当該証券又は証書の発行された国以外の国において発行する証券又は証書で、当該預託を受けた証券又は証書に係る権利を表示するもの

21 前2号に掲げるもののほか、流通性その他の事情を勘案し、公益又は投資者の保護を確保することが必要と認められるものとして政令で定める証券又は証書

③ この法律において、「有価証券の募集」とは、新たに発行される有価証券の取得の申込みの勧誘（これに類するものとして内閣府令で定めるもの（次項において「取得勧誘類似行為」という。）を含む。以下「取得勧誘」という。）のうち、当該取得勧誘が第1項各号に掲げる有価証券又は前項の規定により有価証券とみなされる有価証券表示権利、特定電子記録債権若しくは同項各号に掲げる権利（電子情報処理組織を用いて移転することができる財産的価値（電子機器その他の物に電子的方法により記録されるものに限る。）に表示される場合（流通性その他の事情を勘案して内閣府令で定める場合を除く。）に限る。以下「電子記録移転権利」という。）（次項及び第6項、第2条の3第4項及び第5項並びに第23条の13第4項において「第一項有価証券」という。）に係るものである場合にあつては第1号及び第2号に掲げる場合、当該取得勧誘が前項の規定により有価証券とみなされる同項各号に掲げる権利（電子記録移転権利を除く。次項、第2条の3第4項及び第5項並びに第23条の13第4項において「第二項有価証券」という。）に係るものである場合にあつては第3号に

掲げる場合に該当するものをいい、「有価証券の私募」とは、取得勧誘であつて有価証券の募集に該当しないものをいう。

1 多数の者（適格機関投資家（有価証券に対する投資に係る専門的知識及び経験を有する者として内閣府令で定める者をいう。以下同じ。）が含まれる場合であつて、当該有価証券がその取得者である適格機関投資家から適格機関投資家以外の者に譲渡されるおそれが少ないものとして政令で定める場合に該当するときは、当該適格機関投資家を除く。）を相手方として行う場合として政令で定める場合（特定投資家のみを相手方とする場合を除く。）

2 前号に掲げる場合のほか、次に掲げる場合のいずれにも該当しない場合

イ 適格機関投資家のみを相手方として行う場合であつて、当該有価証券がその取得者から適格機関投資家以外の者に譲渡されるおそれが少ないものとして政令で定める場合

ロ 特定投資家のみを相手方として行う場合であつて、次に掲げる要件の全てに該当するとき（イに掲げる場合を除く。）

(1) 当該取得勧誘の相手方が国、日本銀行及び適格機関投資家以外の者である場合にあつては、金融商品取引業者等（第34条に規定する金融商品取引業者等をいう。次項、第4条第1項第4号及び第3項、第27条の32の2及び第27条の34の2において同じ。）が顧客からの委託により又は自己のために当該取得勧誘を行うこと。

(2) 当該取得勧誘がその取得者から特定投資家等（特定投資家又は非居住者（外国為替及び外国貿易法（昭和24年法律第228号）第6条第1項第6号に規定する非居住者をいい、政令で定める者に限る。）をいう。以下同じ。）以外の者に譲渡されるおそれが少ないものとして政令で定める場合に該当すること。

ハ 前号に掲げる場合並びにイ及びロに掲げる場合以外の場合（当該有価証券と種類を同じくする有価証券の発行及び勧誘の状況等を勘案して政令で定める要件に該当する場合を除く。）であつて、当該有価証券が多数の者に所有されるおそれが少ないものとして政令で定める場合

3 その取得勧誘に応じることにより相当程度多数の者が当該取得勧誘に係る有価証券を所有することとなる場合として政令で定める場合

④ この法律において「有価証券の売出し」とは、既に発行された有価証券の売付けの申込み又はその買付けの申込みの勧誘（取得勧誘類似行為に該当するものその他内閣府令で定めるものを除く。以下「売付け勧誘等」という。）のうち、当該売付け勧誘等が第一項有価証券に係るものである場合にあつては第1号及び第2号に掲げる場合、当該売付け勧誘等が第二項有価証券に係るものである場合にあつては第3号に掲げる場合に該当するもの（取引所金融商品市場における有価証券の売買及びこれに準ずる取引その他の政令で定める有価証券の取引に係るものを除く。）をいう。

1 多数の者（適格機関投資家が含まれる場合であつて、当該有価証券がその取得者である適格機関投資家から適格機関投資家以外の者に譲渡されるおそれが少ないものとして政令で定める場合に該当するときは、当該適格機関投資家を除く。）を相

手方として行う場合として政令で定める場合（特定投資家のみを相手方とする場合を除く.）

2　前号に掲げる場合のほか，次に掲げる場合のいずれにも該当しない場合

イ　適格機関投資家のみを相手方として行う場合であつて，当該有価証券がその取得者から適格機関投資家以外の者に譲渡されるおそれが少ないものとして政令で定める場合

ロ　特定投資家のみを相手方として行う場合であつて，次に掲げる要件の全てに該当するとき（イに掲げる場合を除く.）.

(1)　当該売付け勧誘等の相手方が国，日本銀行及び適格機関投資家以外の者である場合にあつては，金融商品取引業者等が顧客からの委託により又は自己のために当該売付け勧誘等を行うこと.

(2)　当該有価証券がその取得者から特定投資家等以外の者に譲渡されるおそれが少ないものとして政令で定める場合に該当すること.

ハ　前号に掲げる場合並びにイ及びロに掲げる場合以外の場合（当該有価証券と種類を同じくする有価証券の発行及び勧誘の状況等を勘案して政令で定める要件に該当する場合を除く.）であつて，当該有価証券が多数の者に所有されるおそれが少ないものとして政令で定める場合

3　その売付け勧誘等に応じることにより相当程度多数の者が当該売付け勧誘等に係る有価証券を所有することとなる場合として政令で定める場合

⑤　この法律において，「発行者」とは，有価証券を発行し，又は発行しようとする者（内閣府令で定める有価証券については，内閣府令で定める者）をいうものとし，証券又は証書に表示されるべき権利以外の権利で第2項の規定により有価証券とみなされるものについては，権利の種類ごとに内閣府令で定める者が内閣府令で定める時に当該権利を有価証券として発行するものとみなす.

⑧　この法律において「金融商品取引業」とは，次に掲げる行為（その内容等を勘案し，投資者の保護のため支障を生ずることがないと認められるものとして政令で定めるもの及び銀行，優先出資法第2条第1項に規定する協同組織金融機関（以下「協同組織金融機関」という.）その他政令で定める金融機関が行う第12号，第14号，第15号又は第28条第8項各号に掲げるものを除く.）のいずれかを業として行うことをいう.

1　有価証券の売買（デリバティブ取引に該当するものを除く. 以下同じ.），市場デリバティブ取引（金融商品（第24項第3号の3に掲げるものに限る.）又は金融指標（当該金融商品の価格及びこれに基づいて算出した数値に限る.）に係る市場デリバティブ取引（以下「商品関連市場デリバティブ取引」という.）を除く.）又は外国市場デリバティブ取引（有価証券の売買にあつては，第10号に掲げるものを除く.）

2　有価証券の売買，市場デリバティブ取引又は外国市場デリバティブ取引の媒介，取次ぎ（有価証券等清算取次ぎを除く.）又は代理（有価証券の売買の媒介，取次ぎ又は代理にあつては，第10号に掲げるものを除く.）

3　次に掲げる取引の委託の媒介，取次ぎ又は代理

イ　取引所金融商品市場における有価証券の売買又は市場デリバティブ取引

ロ　外国金融商品市場（取引所金融商品市場に類似する市場で外国に所在するものをいう. 以下同じ.）における有価証券の売買又は外国市場デリバティブ取引

4　店頭デリバティブ取引又はその媒介，取次ぎ（有価証券等清算取次ぎを除く.）若しくは代理（以下「店頭デリバティブ取引等」という.）

5　有価証券等清算取次ぎ

6　有価証券の募集若しくは売出し又は私募若しくは特定投資家向け売付け勧誘等に際し，第6項各号に掲げるもののいずれかを行うことをいう.）

7　有価証券（次に掲げるものに限る.）の募集又は私募

イ　第1項第10号に規定する投資信託の受益証券のうち，投資信託及び投資法人に関する法律第2条第1項に規定する委託者指図型投資信託の受益権に係るもの

ロ　第1項第10号に規定する外国投資信託の受益証券

ハ　第1項第16号に掲げる有価証券

ニ　第1項第17号に掲げる有価証券のうち，同項第16号に掲げる有価証券の性質を有するもの

ホ　イ若しくはロに掲げる有価証券に表示されるべき権利又はハ若しくはニに掲げる有価証券のうち内閣府令で定めるものに表示されるべき権利であつて，第2項の規定により有価証券とみなされるもの

ヘ　第2項の規定により有価証券とみなされる同項第5号又は第6号に掲げる権利

ト　イからヘまでに掲げるもののほか，政令で定める有価証券

8　有価証券の売出し又は特定投資家向け売付け勧誘等

9　有価証券の募集若しくは売出しの取扱い又は私募若しくは特定投資家向け売付け勧誘等の取扱い

10　有価証券の売買又はその媒介，取次ぎ若しくは代理であつて，電子情報処理組織を使用して，同時に多数の者を一方の当事者又は各当事者として次に掲げる売買価格の決定方法又はこれに類似する方法により行うもの（取り扱う有価証券の種類等に照らして取引所金融商品市場又は店頭売買有価証券市場（第67条第2項に規定する店頭売買有価証券市場をいう.）以外において行うことが投資者保護のため適当でないと認められるものとして政令で定めるものを除く.）

イ　競売買の方法（有価証券の売買高が政令で定める基準を超えない場合に限る.）

ロ　金融商品取引所に上場されている有価証券について，当該金融商品取引所が開設する取引所金融商品市場における当該有価証券の売買価格を用いる方法

ハ　第67条の11第1項の規定により登録を受けた有価証券（以下「店頭売買有価証券」という.）について，当該登録を行う認可金融商品取引業協会が公表する当該有価証券の売買価格を用いる方法

ニ　顧客の間の交渉に基づく価格を用いる方法

ホ　イからニまでに掲げるもののほか，内閣府令で定める方法

11　当事者の一方が相手方に対して次に掲げるものに関し，口頭，文書（新聞，雑誌，書籍その他不特定

多数の者に販売することを目的として発行されるもので、不特定多数の者により随時に購入可能なものを除く。）の他の方法により助言を行うことを約し、相手方がそれに対し報酬を支払うことを約する契約（以下「投資顧問契約」という。）を締結し、当該投資顧問契約に基づき、助言を行うこと。

イ 有価証券の価値等（有価証券の価値、有価証券関連オプション（金融商品市場において金融商品市場を開設する者の定める基準及び方法に従い行う第28条第8項第3号ハに掲げる取引に係る権利、外国金融商品市場において行う取引であつて同号ハに掲げる取引と類似の取引に係る権利又は金融商品市場若しくは外国金融商品市場によらないで行う同項第4号ハ若しくはニに掲げる取引に係る権利をいう。）の対価の額又は有価証券指標（有価証券の価格若しくは利率その他これに準ずるものとして内閣府令で定めるもの又はこれらに基づいて算出した数値をいう。）の動向をいう。

ロ 金融商品の価値等（金融商品（第24項第3号の3に掲げるものにあつては、金融商品取引所に上場されているものに限る。）の価値、オプションの対価の額又は金融指標（同号に掲げる金融商品に係るものにあつては、金融商品取引所に上場されているものに限る。）の動向をいう。以下同じ。）の分析に基づく投資判断（投資の対象となる有価証券の種類、銘柄、数及び価格並びに売買の別、方法及び時期についての判断又は行うべきデリバティブ取引の内容及び時期についての判断をいう。以下同じ。）

12 次に掲げる契約を締結し、当該契約に基づき、金融商品の価値等の分析に基づく投資判断に基づいて有価証券又はデリバティブ取引に係る権利に対する投資として、金銭その他の財産の運用（その指図を含む。以下同じ。）を行うこと。

イ 投資信託及び投資法人に関する法律第2条第13項に規定する登録投資法人と同法第188条第1項第4号に規定する資産の運用に係る委託契約

ロ イに掲げるもののほか、当事者の一方が、相手方から、金融商品の価値等の分析に基づく投資判断の全部又は一部を一任されるとともに、当該投資判断に基づき当該相手方のため投資を行うのに必要な権限を委任されることを内容とする契約（以下「投資一任契約」という。）

13 投資顧問契約又は投資一任契約の締結の代理又は媒介

14 金融商品の価値等の分析に基づく投資判断に基づいて有価証券又はデリバティブ取引に係る権利に対する投資として、第1項第10号に掲げる有価証券に表示される権利その他の政令で定める権利を有する者から拠出を受けた金銭その他の財産の運用を行うこと（第12号に掲げる行為に該当するものを除く。）。

15 金融商品の価値等の分析に基づく投資判断に基づいて主として有価証券又はデリバティブ取引に係る権利に対する投資として、次に掲げる権利その他政令で定める権利を有する者から政令で定める権利を有する者から拠出を受けた金銭その他の財産の運用を行うこと（第12号及び前号に掲げる行為に該当するものを除く。）。

イ 第1項第14号に掲げる有価証券又は同項第17号に掲げる有価証券（同項第14号に掲げる有価証券の性質を有するものに限る。）に表示される権利

ロ 第2項第1号又は第2号に掲げる権利

ハ 第2項第5号又は第6号に掲げる権利

16 その行う第1号から第10号までに掲げる行為に関して、顧客から金銭、第1項各号に掲げる証券若しくは証書又は電子記録移転権利の預託を受けること（商品関連市場デリバティブ取引についての第2号、第3号又は第5号に掲げる行為を行う場合にあつては、これらの行為に関して、顧客から商品（第24項第3号の3に掲げるものをいう。以下この条において同じ。）又は寄託された商品に関して発行された証券若しくは証書の預託を受けることを含む。）。

17 社債、株式等の振替に関する法律（平成13年法律第75号）第2条第1項に規定する社債等の振替を行うために口座の開設を受けて社債等の振替を行うこと。

18 前各号に掲げる行為に類するものとして政令で定める行為

⑩ この法律において「目論見書」とは、有価証券の募集若しくは売出し、第4条第2項に規定する適格機関投資家取得有価証券一般勧誘（有価証券の売出しに該当するものを除く。）又は同条第3項に規定する特定投資家等取得有価証券一般勧誘（有価証券の売出しに該当するものを除く。）のために当該有価証券の発行者の事業その他の事項に関する説明を記載する文書であつて、相手方に交付し、又は相手方からの交付の請求があつた場合に交付するものをいう。

⑯ この法律において「金融商品取引所」とは、第80条第1項の規定により内閣総理大臣の免許を受けて金融商品市場を開設する金融商品会員制法人又は株式会社をいう。

第2章　企業内容等の開示

（募集又は売出しの届出）

第4条 ① 有価証券の募集（特定組織再編成発行手続を含む。第13条及び第15条第2項から第6項までを除き、以下この章及び次章において同じ。）又は有価証券の売出し（次項に規定する適格機関投資家取得有価証券一般勧誘及び第3項に規定する特定投資家等取得有価証券一般勧誘に該当するものを除き、特定組織再編成交付手続を含む。以下この項において同じ。）は、発行者が当該有価証券の募集又は売出しに関し内閣総理大臣に届出をしているものでなければ、することができない。ただし、次の各号のいずれかに該当するものについては、この限りでない。

1 有価証券の募集又は売出しの相手方が当該有価証券に係る次条第1項各号に掲げる事項に関する情報を既に取得し、又は容易に取得することができる場合として政令で定める場合における当該有価証券の募集又は売出し

2 有価証券の募集又は売出しに係る組織再編成発行手続又は組織再編成交付手続のうち、次に掲げる場合のいずれかに該当するものがある場合における当該有価証券の募集又は売出し（前号に掲げるものを除く。）

イ　組織再編成対象会社が発行者である株券（新株予約権証券その他の政令で定める有価証券。）に関して開示が行われている場合に該当しない場合

ロ　組織再編成発行手続に係る新たに発行される有価証券又は組織再編成交付手続に係る既に発行された有価証券に関して開示が行われている場合

3　その有価証券に関して開示が行われている場合における当該有価証券の売出し（前2号に掲げるものを除く。）

4　外国で既に発行された有価証券又はこれに準ずる有価証券として政令で定める有価証券の売出し（金融商品取引業者等が行うものに限る。）のうち、国内における当該有価証券に係る売買価格に関する情報を容易に取得することができることその他の政令で定める要件を満たすもの（前3号に掲げるものを除く。）

5　発行価額又は売出価額の総額が1億円未満の有価証券の募集又は売出しで内閣府令で定めるもの（前各号に掲げるものを除く。）

（有価証券届出書の提出）

第5条　①　前条第1項から第3項までの規定による有価証券の募集又は売出し（特定有価証券（その投資者の投資判断に重要な影響を及ぼす情報その他の発行者が行う資産の運用その他これに類似する事業に関する情報である有価証券として政令で定めるものをいう。以下この項、第5項、第10項及び第11項、第7条第4項、第24条並びに第24条の7第1項において同じ。）に係る有価証券の募集及び売出しを除く。以下この項及び次項において同じ。）に係る届出をしようとする発行者は、その者が会社（外国会社を含む。第50条の2第9項、第66条の40第5項及び第156条の3第2項第3号を除き、以下同じ。）である場合（当該有価証券（特定有価証券を除く。以下この項から第4項までにおいて同じ。）の発行により会社を設立する場合を含む。）においては、内閣府令で定めるところにより、次に掲げる事項を記載した届出書を内閣総理大臣に提出しなければならない。ただし、当該有価証券の発行価格の決定前に募集をする必要がある場合その他の内閣府令で定める場合には、第1号のうち発行価格その他の内閣府令で定める事項を記載しないで提出することができる。

1　当該募集又は売出しに関する事項

2　当該会社の商号、当該会社の属する企業集団（当該会社及び当該会社が他の会社の議決権の過半数を所有していることその他の当該会社と密接な関係を有する者として内閣府令で定める要件に該当する者（内閣府令で定める会社その他の団体に限る。）の集団をいう。以下同じ。）及び当該会社の経理の状況その他事業の内容に関する重要な事項その他の公益又は投資者保護のため必要かつ適当なものとして内閣府令で定める事項

（届出書類の写しの金融商品取引所等への提出）

第6条　次の各号に掲げる有価証券の発行者は、第4条第1項から第3項までの規定による届出をしたときは、遅滞なく、前条第1項及び第13項の規定による届出書類の写しを当該各号に掲げる者に提出しなければならない。

1　金融商品取引所に上場されている有価証券　当該金融商品取引所

2　流通状況が前号に掲げる有価証券に準ずるものとして政令で定める有価証券　政令で定める認可金融商品取引業協会

（虚偽記載等のある届出書の提出会社の役員等の賠償責任）

第22条　①　有価証券届出書のうちに重要な事項について虚偽の記載があり、又は記載すべき重要な事項若しくは誤解を生じさせないために必要な重要な事実の記載が欠けているときは、第21条第1項第1号及び第3号に掲げる者は、当該記載が虚偽であり、又は欠けていることを知らないで、当該有価証券届出書の届出者が発行者である有価証券を募集若しくは売出しによらないで取得した者又は処分した者に対し、記載が虚偽であり、又は欠けていることにより生じた損害を賠償する責めに任ずる。

②　第21条第2項第1号及び第2号の規定は、前項に規定する賠償の責めに任ずべき者について準用する。

（有価証券報告書の提出）

第24条　①　有価証券の発行者である会社は、その会社が発行者である有価証券（特定有価証券を除く。次の各号を除き、以下この条において同じ。）が次に掲げる有価証券のいずれかに該当する場合には、内閣府令で定めるところにより、事業年度ごとに、当該会社の商号、当該会社の属する企業集団及び当該会社の経理の状況その他事業の内容に関する重要な事項その他の公益又は投資者保護のため必要かつ適当なものとして内閣府令で定める事項を記載した報告書（以下「有価証券報告書」という。）を、内国会社にあつては当該事業年度経過後3月以内（やむを得ない理由により当該期間内に提出できないと認められる場合には、内閣府令で定めるところにより、あらかじめ内閣総理大臣の承認を受けた期間内）、外国会社にあつては公益又は投資者保護のため必要かつ適当なものとして政令で定める期間内に、内閣総理大臣に提出しなければならない。ただし、当該有価証券が第3号に掲げる有価証券（株券その他の政令で定める有価証券に限る。）に該当する場合においてその発行者である会社（報告書提出開始年度（当該有価証券の募集又は売出しにつき第4条第1項本文、第2項本文若しくは第3項本文又は第23条の8第1項本文若しくは第2項の規定の適用を受けることとなつた日の属する事業年度をいい、当該報告書提出開始年度が複数あるときは、その直近のものをいう。）終了後5年を経過している場合に該当する会社に限る。）の当該事業年度の末日及び当該事業年度の開始の日前4年以内に開始した事業年度全ての末日における当該有価証券の所有者の数が政令で定めるところにより計算した数に満たない場合であつて有価証券報告書を提出しなくても公益又は投資者保護に欠けることがないものとして内閣府令で定めるところにより内閣総理大臣の承認を受けたとき、当該有価証券が第4号に掲げる有価証券に該当する場合において当該発行者である会社の資本金の額が当該事業年度の末日において5億円未満（当該有価証券が第2条第2項の規定により有価証券とみなされる有価証券投資事業権利等又は電子記録移転権利である場合にあつては、当該会社の資本金の額として政令で定めるものの額が当該事業年度の末日において政令で定める額未満）であるとき、及び当該事業年度の末日における当該有価証券の所有者

の数が政令で定める数に満たないとき、並びに当該
有価証券が第3号又は第4号に掲げる有価証券に
該当する場合において有価証券報告書を提出しな
くても公益又は投資者保護に欠けることがないも
のとして政令で定めるところにより内閣総理大臣
の承認を受けたときは、この限りでない。

1 金融商品取引所に上場されている有価証券（特
定上場有価証券を除く。）

2 流通状況が前号に掲げる有価証券に準ずるもの
として政令で定める有価証券（流通状況が特定上
場有価証券に準ずるものとして政令で定める有価
証券を除く。）

3 その募集又は売出しにつき第4条第1項本文、
第2項本文若しくは第3項本文又は第23条の8
第1項本文若しくは第2項の規定の適用を受けた
有価証券（前2号に掲げるものを除く。）

4 当該会社が発行する有価証券（株券、第2条第2
項の規定により有価証券とみなされる有価証券投
資事業権利等及び電子記録移転権利その他の政令
で定める有価証券に限る。）で、当該事業年度又は
当該事業年度の開始の日前4年以内に開始した事
業年度のいずれかの末日におけるその所有者の数
が政令で定める数以上（当該有価証券が第2項の規
定により有価証券とみなされる有価証券投資事業
権利等又は電子記録移転権利である場合にあつて
は、当該事業年度の末日におけるその所有者の数
が政令で定める数以上）であるもの（前3号に掲
げるものを除く。）

（虚偽記載のある有価証券報告書の提出会社の役
員等の賠償責任）

第24条の4 第22条の規定は、有価証券報告書の
うちに重要な事項について虚偽の記載があり、又は
記載すべき重要な事項若しくは誤解を生じさせな
いために必要な重要な事実の記載が欠けている場
合について準用する。この場合において、同条第1
項中「有価証券を募集若しくは売出しによらない
で取得した者」とあるのは、「有価証券を取得した
者」と読み替えるものとする。

（四半期報告書の提出）

第24条の4の7 ① 第24条第1項の規定による有
価証券報告書を提出しなければならない会社（第
23条の3第4項の規定により当該有価証券報告書
を提出した会社を含む。次項において同じ。）のう
ち、第24条第1項に掲げる有価証券の発行
者である会社その他の政令で定めるもの（以下こ
の項及び次項において「上場会社等」という。）は、
その事業年度が3月を超える場合は、内閣府令で定
めるところにより、当該事業年度の期間を3月ごと
に区分した各期間（政令で定める期間を除く。以
下同じ。）ごとに、当該会社の属する企業集団の経
理の状況その他の公益又は投資者保護のため必要
かつ適当なものとして内閣府令で定める事項（以
下この項において「四半期報告書記載事項」とい
う。）を記載した報告書（以下「四半期報告書」と
いう。）を、当該各期間経過後45日以内の内閣府令
で定める期間内（やむを得ない理由により当該期間内
に提出できないと認められる場合には、内閣府令
で定めるところにより、あらかじめ内閣総理大臣の承
認を受けた期間内）に、内閣総理大臣に提出しなけ
ればならない。この場合において、上場会社等のう
ち内閣府令で定める事業を行う会社は、四半期報告
書記載事項のほか、当該会社の経理の状況その他の

公益又は投資者保護のため必要かつ適当なものと
して内閣府令で定める事項を記載した四半期報告
書を、当該各期間経過後60日以内の政令で定める
期間内（やむを得ない理由により当該期間内に提
出できないと認められる場合には、内閣府令で定め
る期間内）に、内閣総理大臣に提出しなければ
ならない。

（半期報告書及び臨時報告書の提出）

第24条の5 ① 第24条第1項の規定による有価証
券報告書を提出しなければならない会社（第23条
の3第4項の規定により有価証券報告書を提出し
た会社を含む。第4項において同じ。）のうち、第
24条の4の7第1項の規定により四半期報告書を
提出しなければならない会社（同条第2項の規定
により四半期報告書を提出した会社を含む。第3
項において同じ。）以外の会社は、その事業年度が6
月を超える場合には、内閣府令で定めるところによ
り、事業年度ごとに、当該事業年度が開始した日以
後6月間の当該会社の属する企業集団及び当該会社
の経理の状況その他事業の内容に関する重要な事
項その他の公益又は投資者保護のため必要かつ
適当なものとして内閣府令で定める事項を記載し
た報告書（以下「半期報告書」という。）を、当該
期間経過後3月以内（やむを得ない理由により当
該期間内に提出できないと認められる場合には、内
閣府令で定めるところにより、あらかじめ内閣総理
大臣の承認を受けた期間内）に、内閣総理大臣に提
出しなければならない。

第2章の2 公開買付けに関する開示

第1節 発行者以外の者による株券等の公開買付け

（発行者以外の者による株券等の公開買付け）

第27条の2 ① その株券、新株予約権付社債券その
他の有価証券で政令で定めるもの（以下この章及
び第27条の30の11（第5項を除く。）において
「株券等」という。）について有価証券報告書を提
出しなければならない発行者又は特定上場有価証
券（流通状況が前号に準ずるものとして政令で定
めるものを含み、株券等に限る。）の発行者の株券
等につき、当該発行者以外の者が行う買付け等（株
券等の買付けその他の有償の譲受けをいい、これに
類するものとして政令で定めるものを含む。以下
この節において同じ。）であつて次のいずれかに該
当するものは、公開買付けによらなければならない。
ただし、適用除外買付け等（新株予約権（会社法第
277条の規定により割り当てられるものであつて、
当該新株予約権が行使されることが確保されるこ
とにより公開買付けによらないで取得されても投
資者の保護のため支障を生ずることがないと認め
られるものとして内閣府令で定めるものを除く。
以下この項において同じ。）を有する者が当該新株
予約権を行使することにより行う株券等の買付け
等、株券等の買付け等を行う者がその者の特別関係
者（第7項第1号に掲げる者のうち内閣府令で定
めるものに限る。）から行う株券等の買付け等その
他政令で定める株券等の買付け等をいう。第4号
において同じ。）は、この限りでない。

1 取引所金融商品市場外における株券等の買付け
等（取引所金融商品市場における有価証券の売買

等に準ずるものとして政令で定める取引による株券等の買付け等及び著しく少数の者から買付け等を行うものとして政令で定める場合における株券等の買付け等を除く。）の後におけるその者の所有（これに準ずるものとして政令で定める場合を含む。以下この節において同じ。）に係る株券等の株券等所有割合（その者に特別関係者（第7項第1号に掲げる者については、内閣府令で定める者を除く。）がある場合にあつては、その株券等所有割合を加算したもの。以下この項において同じ。）が100分の5を超える場合における当該株券等の買付け等

2　取引所金融商品市場外における株券等の買付け等（取引所金融商品市場における有価証券の売買等に準ずるものとして政令で定める取引による株券等の買付け等を除く。第4号において同じ。）であつて著しく少数の者から株券等の買付け等を行うものとして政令で定める場合における株券等の買付け等の後におけるその者の所有に係る株券等の株券等所有割合が3分の1を超える場合における当該株券等の買付け等

3　取引所金融商品市場における有価証券の売買等であつて競売買の方法以外の方法による有価証券の売買等として内閣総理大臣が定めるもの（以下この項において「特定売買等」という。）による買付け等による株券等の買付け等の後におけるその者の所有に係る株券等の株券等所有割合が3分の1を超える場合における特定売買等による当該株券等の買付け等

4　6月を超えない範囲内において政令で定める期間内に政令で定める割合を超える株券等の取得を株券等の買付け等又は新規発行取得（株券等の発行者が新たに発行する株券等の取得をいう。以下この号において同じ。）により行う場合（株券等の買付け等により行う場合にあつては、政令で定める割合を超える株券等の買付け等を特定売買等による買付け等又は取引所金融商品市場外における株券等の買付け等（公開買付けによるもの及び適用除外買付け等を除く。）により行うときに限る。）であつて、当該買付け等又は新規発行取得の後におけるその者の所有に係る株券等の株券等所有割合が3分の1を超えるときにおける当該株券等の買付け等（前3号に掲げるものを除く。）

5　当該株券等につき公開買付けが行われている場合において、当該株券等の発行者以外の者（その者の所有に係る株券等の株券等所有割合が3分の1を超える者に限る。）が6月を超えない範囲内において政令で定める期間内に政令で定める割合を超える株券等の買付け等を行うときにおける当該株券等の買付け等（前各号に掲げるものを除く。）

6　その他前各号に掲げる株券等の買付け等に準ずるものとして政令で定める株券等の買付け等

（公開買付けによらない買付け等の禁止）
第27条の5　公開買付者等は、公開買付期間（公開買付開始公告を行つた日から公開買付けによる買付け等の期間の末日までをいい、当該期間を延長した場合には、延長した期間を含む。以下この節において同じ。）中においては、公開買付けによらないで当該公開買付けに係る株券等の発行者の株券等の買付け等を行つてはならない。ただし、次に掲げ

る場合は、この限りでない。

1　当該株券等の発行者の株券等の買付け等を公開買付けによらないで行う旨の契約を公開買付開始公告を行う前に締結している場合で公開買付届出書において当該契約があること及びその内容を明らかにしている場合

2　第27条の2第7項第1号に掲げる者（同項第2号に掲げる者に該当するものを除く。）が、内閣府令で定めるところにより、同項第2号に掲げる者に該当しない旨の申出を内閣総理大臣に行つた場合

3　その他政令で定める場合

第6章　有価証券の取引等に関する規制

（不正行為の禁止）
第157条　何人も、次に掲げる行為をしてはならない。

1　有価証券の売買その他の取引又はデリバティブ取引等について、不正の手段、計画又は技巧をすること。

2　有価証券の売買その他の取引又はデリバティブ取引について、重要な事項について虚偽の表示があり、又は誤解を生じさせないために必要な重要な事実の表示が欠けている文書その他の表示を使用して金銭その他の財産を取得すること。

3　有価証券の売買その他の取引又はデリバティブ取引を誘引する目的をもつて、虚偽の相場を利用すること。

（風説の流布、偽計、暴行又は脅迫の禁止）
第158条　何人も、有価証券の募集、売出し若しくは売買その他の取引若しくはデリバティブ取引等のため、又は有価証券等（有価証券若しくはオプション又はデリバティブ取引に係る金融商品（有価証券を除く。）若しくは金融指標をいう。第168条第1項、第173条第1項及び第197条第2項第1号において同じ。）の相場の変動を図る目的をもつて、風説を流布し、偽計を用い、又は暴行若しくは脅迫をしてはならない。

（相場操縦行為等の禁止）
第159条　①　何人も、有価証券の売買（金融商品取引所が上場する有価証券、店頭売買有価証券又は取扱有価証券の売買に限る。以下この条において同じ。）若しくはデリバティブ取引又は店頭デリバティブ取引（金融商品取引所が上場する金融商品、店頭売買有価証券、取扱有価証券（これらの価格又は利率等に基づき算出される金融指標を含む。）又は金融商品取引所が上場する金融指標に係るものに限る。以下この条において同じ。）のうちいずれかの取引が繁盛に行われていると他人に誤解させる目的その他のこれらの取引の状況に関し他人に誤解を生じさせる目的をもつて、次に掲げる行為をしてはならない。

1　権利の移転を目的としない仮装の有価証券の売買、市場デリバティブ取引（第2条第21項第1号に掲げる取引に限る。）又は店頭デリバティブ取引（同条第22項第1号に掲げる取引に限る。）をすること。

2　金銭の授受を目的としない仮装の市場デリバティブ取引（第2条第21項第2号及び第4号から第5号までに掲げる取引に限る。）又は店頭デ

リバティブ取引（同条第22項第2号，第5号及び第6号に掲げる取引に限る．）をすること，

3　オプションの付与又は取得を目的としない仮装の市場デリバティブ取引（第2条第21項第3号に掲げる取引に限る．）又は店頭デリバティブ取引（同条第22項第3号及び第4号に掲げる取引に限る．）をすること．

4　自己のする売付け（商品にあつては市場デリバティブ取引（第2条第21項第1号に掲げる取引に限る．）による売付けに限り，有価証券及び商品以外の金融商品にあつては同号又は同条第22項第1号に掲げる取引による売付けに限る．）と同時期に，それと同価格において，他人が当該金融商品を買い付けること（商品にあつては市場デリバティブ取引（同条第21項第1号に掲げる取引に限る．）により買い付けることに限り，有価証券及び商品以外の金融商品にあつては同号又は同条第22項第1号に掲げる取引により買い付けることに限る．）をあらかじめその者と通謀の上，当該売付けをすること．

5　自己のする買付け（商品にあつては市場デリバティブ取引（第2条第21項第1号に掲げる取引に限る．）による買付けに限り，有価証券及び商品以外の金融商品にあつては同号又は同条第22項第1号に掲げる取引による買付けに限る．）と同時期に，それと同価格において，他人が当該金融商品を売り付けること（商品にあつては市場デリバティブ取引（同条第21項第1号に掲げる取引に限る．）により売り付けることに限り，有価証券及び商品以外の金融商品にあつては同号又は同条第22項第1号に掲げる取引により売り付けることに限る．）をあらかじめその者と通謀の上，当該買付けをすること．

6　市場デリバティブ取引（第2条第21項第2号に掲げる取引に限る．）又は店頭デリバティブ取引（同条第22項第2号に掲げる取引に限る．）の申込みと同時期に，当該取引の約定数値と同一の約定数値において，他人が当該取引の相手方となることをあらかじめその者と通謀の上，当該取引の申込みをすること．

7　市場デリバティブ取引（第2条第21項第3号に掲げる取引に限る．）又は店頭デリバティブ取引（同条第22項第3号及び第4号に掲げる取引に限る．）の申込みと同時期に，当該取引の対価の額と同一の対価の額において，他人が当該取引の相手方となることをあらかじめその者と通謀の上，当該取引の申込みをすること．

8　市場デリバティブ取引（第2条第21項第4号から第5号までに掲げる取引に限る．）又は店頭デリバティブ取引（同条第22項第5号及び第6号に掲げる取引に限る．）の申込みと同時期に，当該取引の条件と同一の条件において，他人が当該取引の相手方となることをあらかじめその者と通謀の上，当該取引の申込みをすること．

9　前各号に掲げる行為の委託等又は受託等をすること．

② 何人も，有価証券の売買，市場デリバティブ取引又は店頭デリバティブ取引（以下この条において「有価証券売買等」をいう．）のうちいずれかの取引を誘引する目的をもつて，次に掲げる行為をしてはならない．

1　有価証券売買等が繁盛であると誤解させ，又は

取引所金融商品市場における上場金融商品等（金融商品取引所が上場する金融商品，金融指標又はオプションをいう．以下この条において同じ．）若しくは店頭売買有価証券市場における店頭売買有価証券の相場を変動させるべき一連の有価証券売買等又はその申込み，委託等若しくは受託等をすること．

2　取引所金融商品市場における上場金融商品等又は店頭売買有価証券市場における店頭売買有価証券の相場が自己又は他人の操作によつて変動するべき旨を流布すること．

3　有価証券売買等を行うにつき，重要な事項について虚偽であり，又は誤解を生じさせるべき表示を故意にすること．

③ 何人も，政令で定めるところに違反して，取引所金融商品市場における上場金融商品等又は店頭売買有価証券市場における店頭売買有価証券の相場をくぎ付けし，固定し，又は安定させる目的をもつて，一連の有価証券売買等又はその申込み，委託等若しくは受託等をしてはならない．

（相場操縦行為等による賠償責任）
第160条 ① 前条の規定に違反した者は，当該違反行為により形成された金融商品，金融指標若しくはオプションに係る価格，約定数値若しくは対価の額により，当該金融商品，金融指標若しくはオプションについて，取引所金融商品市場における有価証券の売買，市場デリバティブ取引又は店頭売買有価証券市場における有価証券の売買若しくは取扱有価証券の売買（以下この項において「取引所金融商品市場等における有価証券の売買等」という．）をし，又はその委託をした者が当該取引所金融商品市場等における有価証券の売買等又は委託につき受けた損害を賠償する責任を負う．

② 前項の規定による賠償の請求権は，請求権者が前条の規定に違反する行為があつたことを知つた時から1年間又は当該行為があつた時から3年間，これを行わないときは，時効によつて消滅する．

（金融商品取引業者等の自己計算取引等の制限）
第161条 ① 内閣総理大臣は，金融商品取引業者等若しくは取引所取引許可業者が自己の計算において行う有価証券の売買を制限し，又は金融商品取引業者等若しくは取引所取引許可業者の行う過当な数量の売買であつて取引所金融商品市場若しくは店頭売買有価証券市場の秩序を害すると認められるものを制限するため，公益又は投資者保護のため必要かつ適当であると認める事項を内閣府令で定めることができる．

② 前項の規定は，市場デリバティブ取引及び店頭デリバティブ取引について準用する．

③ 内閣総理大臣は，商品取引参加者が自己の計算において行う商品関連市場デリバティブ取引を制限し，又はその行う過当な数量の取引であつて取引所金融商品市場の秩序を害すると認められるものを制限するため，公益又は投資者保護のため必要かつ適当であると認める事項を内閣府令で定めることができる．

（信用取引等における金銭の預託）
第161条の2 ① 信用取引その他の内閣府令で定める取引については，金融商品取引業者は，内閣府令で定めるところにより，顧客から，当該取引に係る有価証券の時価に内閣総理大臣が有価証券の売買その他の取引の公正を確保することを考慮して定

める率を乗じた額を下らない額の金銭の預託を受けなければならない.

② 前項の金銭は,内閣府令で定めるところにより,有価証券をもつて充てることができる.

（空売り及び逆指値注文の禁止）

第162条 ① 何人も,政令で定めるところに違反して,次に掲げる行為をしてはならない.

1 有価証券を有しないで若しくは有価証券を借り入れて（これらに準ずる場合として政令で定める場合を含む.）その売付けをすること又は当該売付けの委託等若しくは受託等をすること.

2 有価証券の相場が委託当時の相場より騰貴して自己の指値以上となつたときには直ちにその買付けをし,又は有価証券の相場が委託当時の相場より下落して自己の指値以下となつたときには直ちにその売付けをすべき旨の委託等をすること.

② 前項第2号の規定は,第2条第21項第2号及び第3号に規定する取引について準用する.この場合において,同項第2号の取引にあつては前項第2号中「有価証券」とあるのは「約定数値」と,「騰貴して」とあるのは「上昇して」と,「その買付けをし」とあるのは「現実数値が約定数値を上回つた場合に金銭を受領する立場の当事者となる取引をし」と,「下落して」とあるのは「低下して」と,「その売付けをすべき」とあるのは「現実数値が約定数値を下回つた場合に金銭を受領する立場の当事者となる取引をすべき」と,同条第21項第3号の取引にあつては前項第2号中「有価証券」とあるのは「オプション」と,「その買付けをし」とあるのは「オプションを取得する立場の当事者となり」と,「その売付けをすべき」とあるのは「オプションを付与する立場の当事者となるべき」と読み替えるものとする.

（上場等株券等の発行者が行うその売買に関する規制）

第162条の2 内閣総理大臣は,金融商品取引所に上場されている株券,店頭売買有価証券に該当する株券その他政令で定める有価証券（以下この条において「上場等株券等」という.）の発行者が行う会社法第156条第1項（同法第163条及び第165条第3項の規定により読み替えて適用する場合を含む.）若しくは第199条第1項（処分する自己株式を引き受ける者を募集しようとする場合に限る.）の規定（これらに相当するものとして政令で定める法令の規定を含む.）又はこれらに相当する外国の法令の規定（当該発行者が外国の者である場合に限る.）による上場等株券等の売買若しくはその委託等,信託会社等が信託契約に基づいて上場等株券等の発行者の計算において行うこれらの取引の委託等又は金融商品取引業者若しくは取引所取引許可業者が行うこれらの取引の受託等その他の内閣府令で定めるものについて,取引所金融商品市場又は店頭売買有価証券市場における上場等株券等の相場を操縦する行為を防止するため,上場等株券等の取引の公正の確保のため必要かつ適当であると認める事項を内閣府令で定めることができる.

（上場会社等の役員等による特定有価証券等の売買等の報告の提出）

第163条 ① 第2条第1項第5号,第7号,第9号又は第11号に掲げる有価証券（政令で定めるものを除く.）で金融商品取引所に上場されているもの,店頭売買有価証券又は取扱有価証券に該当するものその他政令で定める有価証券の発行者（以下この条から第166条まで及び第167条の2第1項において「上場会社等」という.）の役員（投資信託及び投資法人に関する法律第2条第12項に規定する投資法人である上場会社等（第166条において「上場投資法人等」という.）の資産運用会社（同法第2条第21項に規定する資産運用会社をいう.第166条において同じ.）の役員を含む.及び第165条までにおいて同じ.）及び主要株主（自己又は他人（仮設人を含む.）の名義をもつて総株主等の議決権の100分の10以上の議決権（取得又は保有の態様その他の事情を勘案して内閣府令で定めるものを除く.）を保有している株主をいう.以下この条から第166条までにおいて同じ.）は,自己の計算において当該上場会社等の第2条第1項第5号,第7号,第9号若しくは第11号に掲げる有価証券（政令で定めるものを除く.）その他の政令で定める有価証券（以下この条から第166条までにおいて「特定有価証券」という.）又は当該上場会社等の特定有価証券に係るオプションを表示する同項第19号に掲げる有価証券その他の政令で定める有価証券（以下この項において「関連有価証券」という.）に係る買付け等（特定有価証券又は関連有価証券（以下この条から第166条まで,第167条の2第1項,第175条の2及び第197条の2第14号において「特定有価証券等」という.）の買付けその他の取引で政令で定めるものをいう.以下この条,次条及び第165条の2において同じ.）又は売付け等（特定有価証券等の売付けその他の取引で政令で定めるものをいう.以下この条から第165条の2までにおいて同じ.）をした場合（当該役員又は主要株主が委託者又は受益者である信託の受託者が当該上場会社等の特定有価証券等に係る買付け等又は売付け等をする場合であつて内閣府令で定める場合を含む.以下この条及び次条において同じ.）には,内閣府令で定めるところにより,その売買その他の取引（以下この条,次条及び第165条の2において「売買等」という.）に関する報告書を売買等があつた日の属する月の翌月15日までに,内閣総理大臣に提出しなければならない.ただし,買付け等又は売付け等の態様その他の事情を勘案して内閣府令で定める場合は,この限りでない.

② 前項に規定する役員又は主要株主が,当該上場会社等の特定有価証券等に係る買付け等又は売付け等を金融商品取引業者等又は取引所取引許可業者に委託等をして行つた場合においては,同項に規定する報告書は,当該金融商品取引業者等又は取引所取引許可業者を経由して提出するものとする.当該買付け等又は売付け等の相手方が金融商品取引業者等又は取引所取引許可業者であるときも,同様とする.

（上場会社等の役員等の短期売買利益の返還）

第164条 ① 上場会社等の役員又は主要株主がその職務又は地位により取得した秘密を不当に利用することを防止するため,その者が当該上場会社等の特定有価証券等について,自己の計算においてそれに係る買付け等をした後6月以内に売付け等をし,又は売付け等をした後6月以内に買付け等をして利益を得た場合においては,当該上場会社等は,その利益を上場会社等に提供すべきことを請求する

ことができる.

② 当該上場会社等の株主（保険契約者である社員,出資者又は投資主（投資信託及び投資法人に関する法律第2条第16項に規定する投資主をいい, 同条第25項に規定する外国投資法人の社員を含む.）を含む. 以下この項において同じ.）が上場会社等に対し前項の規定による請求を行うべき旨を要求した日の後60日以内に上場会社等が同項の規定による請求を行わない場合においては, 当該株主は, 上場会社等に代位して, その請求を行うことができる.

③ 前2項の規定により上場会社等の役員又は主要株主に対して請求する権利は, 利益の取得があつた日から2年間行わないときは, 消滅する.

④ 内閣総理大臣は, 前条の報告書の記載に基づき, 上場会社等の役員又は主要株主が第1項の利益を得たamong場合において, 報告書のうち当該利益に係る部分（以下この条において「利益関係書類」という.）の写しを当該役員又は主要株主に送付し, 当該役員又は主要株主から, 当該利益関係書類に関し次項に定める期間内に同項の申立てがないときは, 当該利益関係書類の写しを当該上場会社等に送付するものとする. ただし, 内閣総理大臣が, 当該利益関係書類の写しを当該役員若しくは主要株主又は当該上場会社等に送付する前において, 第1項の利益が当該上場会社等に提供されたことを知つた場合は, この限りでない.

⑤ 前項本文の規定により上場会社等の役員又は主要株主に利益関係書類の写しが送付された場合において, 当該役員又は主要株主は, 当該利益関係書類の写しに記載された当該売買等を行つていないと認めるときは, 当該利益関係書類の写しを受領した日から起算して20日以内に, 内閣総理大臣に, その旨の申立てをすることができる.

⑥ 前項の規定により, 当該役員又は主要株主から当該利益関係書類の写しに記載された内容の売買等を行つていない旨の申立てがあつた場合には, 第4項本文の規定の適用については, 当該申立てに係る部分は, 内閣総理大臣に対する前条第1項の規定による報告書に記載がなかつたものとみなす.

⑦ 内閣総理大臣は, 第4項の規定に基づき上場会社等に利益関係書類の写しを送付した場合には, 当該利益関係書類の写しを当該送付の日より起算して30日を経過した日から第3項に規定する請求権が消滅する日まで（請求権が消滅する日前において内閣総理大臣が第1項の利益が当該上場会社等に提供されたことを知つた場合には, 当該知つた日まで）公衆の縦覧に供するものとする. ただし, 内閣総理大臣が, 当該利益関係書類の写しを公衆の縦覧に供する前において, 第1項の利益が当該上場会社等に提供されたことを知つた場合は, この限りでない.

⑧ 前各項の規定は, 主要株主が買付け等をし, 又は売付け等をしたいずれかの時期において主要株主でない場合その他の内閣府令で定める場合における当該買付け等若しくは売付け等の態様その他の事情を勘案して内閣府令で定める場合においては, 適用しない.

⑨ 第4項において, 内閣総理大臣が上場会社等の役員又は主要株主が第1項の利益を得ていると認める場合における当該利益の算定の方法については, 内閣府令で定める.

（会社関係者の禁止行為）

第166条 ① 次の各号に掲げる者（以下この条において「会社関係者」という.）であつて, 上場会社等に係る業務等に関する重要事実（当該上場会社等の子会社に係る会社関係者（当該上場会社等に係る会社関係者に該当する者を除く.）については, 当該子会社の業務等に関する重要事実であつて, 次項第5号から第8号までに規定するものに限る. 以下同じ.）を当該各号に定めるところにより知つたものは, 当該業務等に関する重要事実の公表がされた後でなければ, 当該上場会社等の特定有価証券等に係る売買その他の有償の譲渡若しくは譲受け, 合併若しくは分割による承継（合併又は分割により継承させ, 又は承継をいう.）をし, 又はデリバティブ取引（以下この条, 第167条の2第1項, 第175条の2第1項及び第197条の2第14号において「売買等」という.）をしてはならない. 当該上場会社等に係る業務等に関する重要事実を次の各号に定めるところにより知つた会社関係者であつて, 当該各号に掲げる会社関係者でなくなつた後1年以内のものについても, 同様とする.

1 当該上場会社等（当該上場会社等の親会社及び子会社並びに当該上場会社等が上場投資法人等である場合における当該上場投資法人等の資産運用会社及びその特定関係法人を含む. 以下この項において同じ.）の役員（会計参与が法人であるときは, その社員）, 代理人, 使用人その他の従業者（以下この条及び次条において「役員等」という.）　その者の職務に関し知つたとき.

2 当該上場会社等の会社法第433条第1項に定める権利を有する株主若しくは優先出資法に規定する普通出資者のうちこれに類する権利を有するものとして内閣府令で定める者又は同条第3項に定める権利を有する社員（これらの株主, 普通出資者又は社員は株主の所在者, 普通出資者又は社員（法人でない団体で代表者又は管理人の定めのあるものを含む. 以下この条及び次条において同じ.）であるときはその役員等を, これらの株主, 普通出資者又は社員が法人以外の者であるときはその代理人又は使用人を含む.）当該権利の行使に関し知つたとき.

2の2 当該上場会社等の投資主（投資信託及び投資法人に関する法律第2条第16項に規定する投資主をいう. 以下この号において同じ.）又は同法第128条の3第2項において準用する会社法第433条第1項に定める権利を有する投資主（これらの投資主が法人であるときはその役員等を, これらの投資主が法人以外の者であるときはその代理人又は使用人を含む.）　投資信託及び投資法人に関する法律第128条の3第1項に定める権利又は同条第2項において準用する会社法第433条第3項に定める権利の行使に関し知つたとき.

3 当該上場会社等に対する法令に基づく権限を有する者　当該権限の行使に関し知つたとき.

4 当該上場会社等と契約を締結している者又は締結の交渉をしている者（その者が法人であるときはその役員等を, その者が法人以外の者であるときはその代理人又は使用人を含む.）であつて, 当該上場会社等の役員等以外のもの　当該契約の締結若しくはその交渉又は履行に関し知つたとき.

5 第2号, 第2号の2又は前号に掲げる者であつて法人であるものの役員等（その者が役員等である当該法人の他の役員等が, それぞれ第2号, 第2号の2又は前号に定めるところにより当該上場会社

社等に係る業務等に関する重要事実を知つた場合におけるその者に限る。）　その者の職務に関し知つたとき。

② 前項に規定する業務等に関する重要事実とは、次に掲げる事実（第1号、第2号、第5号、第6号、第9号、第10号、第12号及び第13号に掲げる事実にあつては、投資者の投資判断に及ぼす影響が軽微なものとして内閣府令で定める基準に該当するものを除く。）をいう。

1 当該上場会社等（上場投資法人等を除く。以下この号から第8号までにおいて同じ。）の業務執行を決定する機関が次に掲げる事項を行うことについての決定をしたこと又は当該機関が当該決定（公表がされたものに限る。）に係る事項を行わないことを決定したこと。
　イ 会社法第199条第1項に規定する株式会社の発行する株式若しくはその処分する自己株式を引き受ける者（協同組織金融機関が発行する優先出資を引き受ける者を含む。）の募集（処分する自己株式を引き受ける者の募集を行う場合にあつては、これに相当する外国の法令の規定（当該上場会社等が外国会社である場合に限る。以下この条において同じ。）によるものを含む。）又は同法第238条第1項に規定する募集新株予約権を引き受ける者の募集
　ロ 資本金の額の減少
　ハ 資本準備金又は利益準備金の額の減少
　ニ 会社法第156条第1項（同法第163条及び第165条第3項の規定により読み替えて適用する場合を含む。）の規定又はこれらに相当する外国の法令の規定（当該上場会社等が外国会社である場合に限る。以下この条において同じ。）による自己の株式の取得
　ホ 株式無償割当て又は新株予約権無償割当て
　ヘ 株式（優先出資法に規定する優先出資を含む。）の分割
　ト 剰余金の配当
　チ 株式交換
　リ 株式移転
　ヌ 株式交付
　ル 合併
　ヲ 会社の分割
　ワ 事業の全部又は一部の譲渡又は譲受け
　カ 解散（合併による解散を除く。）
　ヨ 新製品又は新技術の企業化
　タ 業務上の提携その他のイからヨまでに掲げる事項に準ずる事項として政令で定める事項
2 当該上場会社等に次に掲げる事実が発生したこと。
　イ 災害に起因する損害又は業務遂行の過程で生じた損害
　ロ 主要株主の異動
　ハ 特定有価証券又は特定有価証券に係るオプションの上場の廃止又は登録の取消しの原因となる事実
　ニ イからハまでに掲げる事実に準ずる事実として政令で定める事実
3 当該上場会社等の売上高、経常利益若しくは純利益（以下この条において「売上高等」という。）若しくは第1号トに規定する配当又は当該上場会社等の属する企業集団の売上高等について、公表がされた直近の予想値（当該予想値がない場合は、

公表がされた前事業年度の実績値）に比較して当該上場会社等が新たに算出した予想値又は当事業年度の決算において差異（投資者の投資判断に及ぼす影響が重要なものとして内閣府令で定める基準に該当するものに限る。）が生じたこと。
4 前3号に掲げる事実を除き、当該上場会社等の運営、業務又は財産に関する重要な事実であつて投資者の投資判断に著しい影響を及ぼすもの
5 当該上場会社等の子会社の業務執行を決定する機関が当該子会社について次に掲げる事項を行うことについての決定をしたこと又は当該機関が当該決定（公表がされたものに限る。）に係る事項を行わないことを決定したこと。
　イ 株式交換
　ロ 株式移転
　ハ 株式交付
　ニ 合併
　ホ 会社の分割
　ヘ 事業の全部又は一部の譲渡又は譲受け
　ト 解散（合併による解散を除く。）
　チ 新製品又は新技術の企業化
　リ 業務上の提携その他のイからチまでに掲げる事項に準ずる事項として政令で定める事項
6 当該上場会社等の子会社に次に掲げる事実が発生したこと。
　イ 災害に起因する損害又は業務遂行の過程で生じた損害
　ロ イに掲げる事実に準ずる事実として政令で定める事実
7 当該上場会社等の子会社（第2条第1項第5号、第7号又は第9号に掲げる有価証券で金融商品取引所に上場されているものの発行者その他の内閣府令で定めるものに限る。）の売上高等について、公表がされた直近の予想値（当該予想値がない場合は、公表がされた前事業年度の実績値）に比較して当該子会社が新たに算出した予想値又は当事業年度の決算において差異（投資者の投資判断に及ぼす影響が重要なものとして内閣府令で定める基準に該当するものに限る。）が生じたこと。
8 前3号に掲げる事実を除き、当該上場会社等の子会社の運営、業務又は財産に関する重要な事実であつて投資者の投資判断に著しい影響を及ぼすもの
9 当該上場会社等（上場投資法人等に限る。次号から第14号までにおいて同じ。）の業務執行を決定する機関が次に掲げる事項を行うことについての決定をしたこと又は当該機関が当該決定（公表がされたものに限る。）に係る事項を行わないことを決定したこと。
　イ 資産の運用に係る委託契約の締結又はその解約
　ロ 投資信託及び投資法人に関する法律第82条第1項に規定する投資法人の発行する投資口を引き受ける者の募集
　ハ 投資信託及び投資法人に関する法律第80条の2第1項（同法第80条の5第2項の規定により読み替えて適用する場合を含む。）の規定による自己の投資口の取得
　ニ 投資信託及び投資法人に関する法律第88条の13に規定する新投資口予約権無償割当て
　ホ 投資口の分割
　ヘ 金銭の分配

ト　合併

チ　解散（合併による解散を除く.）

リ　イからチまでに掲げる事項に準ずる事項として政令で定める事項

10　当該上場会社等に次に掲げる事実が発生したこと.

イ　災害に起因する損害又は業務遂行の過程で生じた損害

ロ　特定有価証券又は特定有価証券に係るオプションの上場の廃止又は登録の取消しの原因となる事実

ハ　イ又はロに掲げる事実に準ずる事実として政令で定める事実

11　当該上場会社等の営業収益，経常利益若しくは純利益（第4項第2号において「営業収益等」という.）又は第9号へに規定する分配について，公表された直近の予想値（当該予想値がない場合は，公表された前営業期間（投資信託及び投資法人に関する法律第129条第2項に規定する営業期間をいう.以下この号において同じ.）の実績値）に比較して当該上場会社等が新たに算出した予想値又は当営業期間の決算において差異（投資者の投資判断に及ぼす影響が重要なものとして内閣府令で定める基準に該当するものに限る.）が生じたこと.

12　当該上場会社等の資産運用会社の業務執行を決定する機関が当該資産運用会社について次に掲げる事項を行うことについての決定をしたこと又は当該機関が当該決定（公表がされたものに限る.）に係る事項を行わないことを決定したこと.

イ　当該上場会社等から委託を受けて行う資産の運用であつて，当該上場会社等による特定資産（投資信託及び投資法人に関する法律第2条第1項に規定する資産（第5項第2号において同じ.）の取得若しくは譲渡又は貸借が行われることとなるもの

ロ　当該上場会社等と締結した資産の運用に係る委託契約の解約

ハ　株式交換

ニ　株式移転

ホ　株式交付

ヘ　合併

ト　解散（合併による解散を除く.）

チ　イからトまでに掲げる事項に準ずる事項として政令で定める事項

13　当該上場会社等の資産運用会社に次に掲げる事実が発生したこと.

イ　第52条第1項の規定による第29条の登録の取消し，同項の規定による当該上場会社等の委託を受けて行う資産の運用に係る業務の停止の処分その他これらに準ずる行政庁による法令に基づく処分

ロ　特定関係法人の異動

ハ　主要株主の異動

ニ　イからハまでに掲げる事実に準ずる事実として政令で定める事実

14　第9号から前号までに掲げる事実を除き，当該上場会社等の運営，業務又は財産に関する重要な事実であつて投資者の投資判断に著しい影響を及ぼすもの

③　会社関係者（第1項後段に規定する者を含む.以下この項において同じ.）から当該会社関係者が

第1項各号に定めるところにより知つた同項に規定する業務等に関する重要事実の伝達を受けた者（同項各号に掲げる者であつて，当該各号に定めるところにより当該業務等に関する重要事実を知つたものを除く.）又は職務上当該伝達を受けた者が所属する法人の他の役員等であつて，その者の職務に関し当該業務等に関する重要事実を知つたものは，当該業務等に関する重要事実の公表がされた後でなければ，当該上場会社等の特定有価証券等に係る売買等をしてはならない.

（公開買付者等関係者の禁止行為）

第167条　①　次の各号に掲げる者（以下この条において「公開買付者等関係者」という.）であつて，第27条の2第1項に規定する株券等で金融商品取引所に上場されているもの，店頭売買有価証券若しくは取扱有価証券に該当するもの（以下この条において「上場等株券等」という.）の同項に規定する公開買付け（同項本文の規定の適用を受ける場合に限る.）若しくはこれに準ずる行為として政令で定めるもの又は第27条の22の2第1項に規定する公開買付け（以下この条において「公開買付け等」という.）をする者（以下この条及び次条第2項において「公開買付者等」という.）の公開買付け等の実施に関する事実又は公開買付け等の中止に関する事実を当該各号に定めるところにより知つたものは，当該公開買付け等の実施に関する事実又は公開買付け等の中止に関する事実の公表がされた後でなければ，公開買付け等の実施に関する事実に係る場合にあつては当該公開買付け等に係る上場等株券等又は当該公開買付け等に係る会社の発行する株券若しくは新株予約権付社債券その他の政令で定める有価証券（以下この条において「特定株券等」という.）又は当該特定株券等に係るオプションを表示する第2条第1項第19号に掲げる有価証券その他の政令で定める有価証券（以下この項において「関連株券等」という.）に係る買付け等（特定株券等又は関連株券等（以下この条，次条第2項，第175条の2及び第197条の2第15号において「株券等」という.）の買付けその他の取引で政令で定めるものをいう.以下この条，次条第2項，第175条の2第2項及び第197条の2第15号において同じ.）をしてはならず，公開買付け等の中止に関する事実に係る場合にあつては当該公開買付け等に係る株券等の売付け等（株券等の売付けその他の取引で政令で定めるものをいう.以下この条，次条第2項，第175条の2第2項及び第197条の2第15号において同じ.）をしてはならない.当該公開買付け等の実施に関する事実又は公開買付け等の中止に関する事実を次の各号に定めるところにより知つた公開買付者等関係者であつて，当該各号に掲げる公開買付者等関係者でなくなつた後6月以内のものについても，同様とする.

1　当該公開買付者等（その者が法人であるときは，その親会社を含む.以下この項において同じ.）の役員等（当該公開買付者等が法人以外の者であるときは，その代理人又は使用人）その者の職務に関し知つたとき.

2　当該公開買付者等の会社法第433条第1項に定める権利を有する株主又は同条第3項に定める権利を有する社員（当該株主又は社員が法人であるときはその役員等を，当該株主又は社員が法人以

外の者であるときはその代理人又は使用人を含む.）　当該権利の行使に関し知つたとき.

3　当該公開買付者等に対する法令に基づく権限を有する者　当該権限の行使に関し知つたとき.

4　当該公開買付者等と契約を締結している者又は締結の交渉をしている者（その者が法人であるときはその役員等を, その者が法人以外の者であるときはその代理人又は使用人を含む.）であつて, 当該公開買付者等が法人であるときはその役員等以外のもの, その者が法人以外の者であるときはその代理人又は使用人以外のもの　当該契約の締結若しくはその交渉又は履行に関し知つたとき.

5　当該公開買付け等（上場株券等の第27条の22の2第1項に規定する公開買付けを除く.）に係る上場等株券等の発行者（その役員等を含む.）当該公開買付者等からの伝達により知つたとき（当該役員等にあつては, その者の職務に関し当該公開買付者等からの伝達により知つたとき.）.

6　第2号, 第4号又は前号に掲げる者であつて法人であるものの役員等（その者が役員等である当該法人の他の役員等が, それぞれ第2号, 第4号又は前号に定めるところにより当該公開買付者等の公開買付け等の実施に関する事実又は公開買付け等の中止に関する事実を知つた場合におけるその者に限る.）　その者の職務に関し知つたとき.

（未公表の重要事実の伝達等の禁止）
第167条の2　①　上場会社等に係る第166条第1項に規定する会社関係者（同項後段に規定する者を含む.）であつて, 当該上場会社等に係る同項に規定する業務等に関する重要事実を同項各号に定めるところにより知つたものは, 他人に対し, 当該業務等に関する重要事実について同項の公表がされたこととなる前に当該上場会社等の特定有価証券等に係る売買等をさせることにより当該他人に利益を得させ, 又は当該他人の損失の発生を回避させる目的をもつて, 当該業務等に関する重要事実を伝達し, 又は当該売買等をすることを勧めてはならない.

②　公開買付者等に係る前条第1項に規定する公開買付者等関係者（同項後段に規定する者を含む.）であつて, 当該公開買付者等の公開買付け等事実を同項各号に定めるところにより知つたものは, 他人に対し, 当該公開買付け等事実について同項の公表がされたこととなる前に, 同項に規定する公開買付け等の実施に関する事実に係る場合にあつては当該公開買付け等に係る株券等に係る買付け等をさせ, 又は同項に規定する公開買付け等の中止に関する事実に係る場合にあつては当該公開買付け等に係る株券等に係る売付け等をさせることにより当該他人に利益を得させ, 又は当該他人の損失の発生を回避させる目的をもつて, 当該公開買付け等事実を伝達し, 又は当該買付け等若しくは当該売付け等をすることを勧めてはならない.

Ⅳ　民事手続法

69　民事訴訟法

（平 8・6・26 法律第 109 号，平 10・1・1 施行，
最終改正：令 5・5・17 法律第 28 号）

［目　次］
第1編　総　則
　第1章　通　則（第1条-第3条）
　第2章　裁判所
　　第1節　日本の裁判所の管轄権（第3条の2-第3条の12）
　　第2節　管轄（第4条-第22条）
　　第3節　裁判所職員の除斥及び忌避（第23条-第27条）
　第3章　当事者
　　第1節　当事者能力及び訴訟能力（第28条-第37条）
　　第2節　共同訴訟（第38条-第41条）
　　第3節　訴訟参加（第42条-第53条）
　　第4節　訴訟代理人及び補佐人（第54条-第60条）
　第4章　訴訟費用
　　第1節　訴訟費用の負担（第61条-第74条）
　　第2節　訴訟費用の担保（第75条-第81条）
　　第3節　訴訟上の救助（第82条-第86条）
　第5章　訴訟手続
　　第1節　訴訟の審理等（第87条-第92条）
　　第2節　専門委員等
　　　第1款　専門委員（第92条の2-第92条の7）
　　　第2款　知的財産に関する事件における裁判所調査官
　　　　の事務等（第92条の8-第92条の9）
　　第3節　期日及び期間（第93条-第97条）
　　第4節　送　達
　　　第1款　総則（第98条-第100条）
　　　第2款　書類の送達（第101条-第108条）
　　　第3款　電磁的記録の送達（第109条-第109条の4）
　　　第4款　公示送達（第110条-第113条）
　　第5節　裁判（第114条-第123条）
　　第6節　訴訟手続の中断及び中止（第124条-第132条）
　　第6章　訴えの提起前における証拠収集の処分等（第132
　　　条の2-第132条の9）
　　第7章　電子情報処理組織による申立て等（第132条の10
　　　-第132条の13）
　　第8章　当事者に対する住所，氏名等の秘匿（第133条-第1
　　　33条の4）
　第2編　第一審の訴訟手続
　第1章　訴　え（第134条-第147条）
　第2章　計画審理（第147条の2・第147条の3）
　第3章　口頭弁論及びその準備
　　第1節　口頭弁論（第148条-第160条の2）
　　第2節　準備書面等（第161条-第163条）
　　第3節　争点及び証拠の整理手続
　　　第1款　準備的口頭弁論（第164条-第167条）
　　　第2款　弁論準備手続（第168条-第174条）
　　　第3款　書面による準備手続（第175条-第178条）
　第4章　証　拠
　　第1節　総　則（第179条-第189条）
　　第2節　証人尋問（第190条-第206条）
　　第3節　当事者尋問（第207条-第211条）
　　第4節　鑑　定（第212条-第218条）
　　第5節　書　証（第219条-第231条）
　　第5節の2　電磁的記録に記録された情報の内容に係る証
　　　拠調べ（第231条の2-第231条の3）
　　第6節　検　証（第232条-第233条）
　　第7節　証拠保全（第234条-第242条）
　第5章　判　決（第243条-第260条）
　第6章　裁判によらない訴訟の完結（第261条-第267条の2）
　第7章　大規模訴訟に関する特則（第268条-第269条の2）
　第8章　簡易裁判所の訴訟手続に関する特則（第270条-第

　　280条）
第3編　上　訴
　第1章　控　訴（第281条-第310条の2）
　第2章　上　告（第311条-第327条）
　第3章　抗　告（第328条-第337条）
第4編　再　審（第338条-第349条）
第5編　手形訴訟及び小切手訴訟に関する特則（第350条-第
　　367条）
第6編　少額訴訟に関する特則（第368条-第381条）
第7編　法定審理期間訴訟手続に関する特則（第381条の2-
　　第381条の8）
第8編　督促手続
　第1章　総　則（第382条-第396条）
　第2章　電子情報処理組織による督促手続の特則（第397
　　条-第402条）
第9編　執行停止（第403条-第405条）

［令4法48,施行4年内］

◆　第1編　総　則　◆

第1章　通　則

（趣　旨）

第1条　民事訴訟に関する手続については，他
の法令に定めるもののほか，この法律の定める
ところによる．

（裁判所及び当事者の責務）

第2条　裁判所は，民事訴訟が公正かつ迅速に
行われるように努め，当事者は，信義に従い誠
実に民事訴訟を追行しなければならない．

（最高裁判所規則）

第3条　この法律に定めるもののほか，民事訴
訟に関する手続に関し必要な事項は，最高裁判
所規則で定める．

第2章　裁判所

第1節　日本の裁判所の管轄権

（被告の住所等による管轄権）

第3条の2　① 裁判所は，人に対する訴えにつ
いて，その住所が日本国内にあるとき，住所が
ない場合又は住所が知れない場合にはその居
所が日本国内にあるとき，居所がない場合又は
居所が知れない場合には訴えの提起前に日本
国内に住所を有していたとき（日本国内に最
後に住所を有していた後に外国に住所を有し
ていたときを除く．）は，管轄権を有する．

② 裁判所は，大使，公使その他外国に在って
その国の裁判権からの免除を享有する日本人に
対する訴えについて，前項の規定にかかわらず，
管轄権を有する．

③ 裁判所は，法人その他の社団又は財団に対
する訴えについて，その主たる事務所又は営業
所が日本国内にあるとき，事務所若しくは営業
所がない場合又はその所在地が知れない場合
には代表者その他の主たる業務担当者の住所
が日本国内にあるときは，管轄権を有する．

**民
訴**

（契約上の債務に関する訴え等の管轄権）

第3条の3 次の各号に掲げる訴えは，それぞれ当該各号に定めるときは，日本の裁判所に提起することができる．

1　契約上の債務の履行の請求を目的とする訴え又は契約上の債務に関して行われた事務管理若しくは生じた不当利得に係る請求，契約上の債務の不履行による損害賠償の請求その他契約上の債務に関する請求を目的とする訴え　契約において定められた当該債務の履行地が日本国内にあるとき，又は契約において選択された地の法によれば当該債務の履行地が日本国内にあるとき．

2　手形又は小切手による金銭の支払の請求を目的とする訴え手形又は小切手の支払地が日本国内にあるとき．

3　財産権上の訴え　請求の目的が日本国内にあるとき，又は当該訴えが金銭の支払を請求するものである場合には差し押さえることができる被告の財産が日本国内にあるとき（その財産の価額が著しく低いときを除く．）．

4　事務所又は営業所を有する者に対する訴えでその事務所又は営業所における業務に関するもの当該事務所又は営業所が日本国内にあるとき．

5　日本において事業を行う者（日本において取引を継続してする外国会社（会社法（平成17年法律第86号）第2条第2号に規定する外国会社をいう．）を含む．）に対する訴え当該訴えがその者の日本における業務に関するものであるとき．

6　船舶債権その他船舶を担保とする債権に基づく訴え船舶が日本国内にあるとき．

7　会社その他の社団又は財団に関する訴えで次に掲げるもの社団又は財団が法人である場合にはそれが日本の法令により設立されたものであるとき，法人でない場合にはその主たる事務所又は営業所が日本国内にあるとき．

イ　会社その他の社団からの社員若しくは社員であった者に対する訴え，社員からの社員若しくは社員であった者に対する訴え又は社員であった者からの社員に対する訴えで，社員としての資格に基づくもの

ロ　社団又は財団からの役員又は役員であった者に対する訴えで役員としての資格に基づくもの

ハ　会社からの発起人若しくは発起人であった者又は検査役若しくは検査役であった者に対する訴えで発起人又は検査役としての資格に基づくもの

ニ　会社その他の社団の債権者からの社員又は社員であった者に対する訴えで社員としての資格に基づくもの

8　不法行為に関する訴え　不法行為があった地が日本国内にあるとき（外国で行われた加害行為の結果が日本国内で発生した場合において，日本国内におけるその結果の発生が通常予見することのできないものであったときを除く．）．

9　船舶の衝突その他海上の事故に基づく損害賠償の訴え　損害を受けた船舶が最初に到達した地が日本国内にあるとき．

10　海難救助に関する訴え　海難救助があった地又は救助された船舶が最初に到達した地が日本国内にあるとき．

11　不動産に関する訴え　不動産が日本国内にあるとき．

12　相続権若しくは遺留分に関する訴え又は遺贈その他死亡によって効力を生ずべき行為に関する訴え　相続開始の時における被相続人の住所が日本国内にあるとき，住所がない場合又は住所が知れない場合には相続開始の時における被相続人の居所が日本国内にあるとき，居所がない場合又は居所が知れない場合には被相続人が相続開始の前に日本国内に住所を有していたとき（日本国内に最後に住所を有していた後に外国に住所を有していたときを除く．）．

13　相続債権その他相続財産の負担に関する訴えで前号に掲げる訴えに該当しないもの同号に定めるとき．

（消費者契約及び労働関係に関する訴えの管轄権）

第3条の4 ① 消費者（個人（事業として又は事業のために契約の当事者となる場合におけるものを除く．）をいう．以下同じ．）と事業者（法人その他の社団又は財団及び事業として又は事業のために契約の当事者となる場合における個人をいう．以下同じ．）との間で締結される契約（労働契約を除く．以下「消費者契約」という．）に関する消費者からの事業者に対する訴えは，訴えの提起の時又は消費者契約の締結の時における消費者の住所が日本国内にあるときは，日本の裁判所に提起することができる．

② 労働契約の存否その他の労働関係に関する事項について個々の労働者と事業主との間に生じた民事に関する紛争（以下「個別労働関係民事紛争」という．）に関する労働者からの事業主に対する訴えは，個別労働関係民事紛争に係る労働契約における労務の提供の地（その地が定まっていない場合にあっては，労働者

を雇い入れた事業所の所在地）が日本国内にあるときは，日本の裁判所に提起することができる．

③ 消費者契約に関する事業者からの消費者に対する訴え及び個別労働関係民事紛争に関する事業主からの労働者に対する訴えについては，前条の規定は，適用しない．

（管轄権の専属）

第3条の5 ① 会社法第7編第2章に規定する訴え（同章第4節及び第6節に規定するものを除く．），一般社団法人及び一般財団法人に関する法律（平成18年法律第48号）第6章第2節に規定する訴えその他これらの法令以外の日本の法令により設立された社団又は財団に関する訴えでこれらに準ずるものの管轄権は，日本の裁判所に専属する．

② 登記又は登録に関する訴えの管轄権は，登記又は登録をすべき地が日本国内にあるときは，日本の裁判所に専属する．

③ 知的財産権（知的財産基本法（平成14年法律第122号）第2条第2項に規定する知的財産権をいう．）のうち設定の登録により発生するものの存否又は効力に関する訴えの管轄権は，その登録が日本においてされたものであるときは，日本の裁判所に専属する．

（併合請求における管轄権）

第3条の6 一の訴えで数個の請求をする場合において，日本の裁判所が一の請求について管轄権を有し，他の請求について管轄権を有しないときは，当該一の請求と他の請求との間に密接な関連があるときに限り，日本の裁判所にその訴えを提起することができる．ただし，数人からの又は数人に対する訴えについては，第38条前段に定める場合に限る．

（管轄権に関する合意）

第3条の7 ① 当事者は，合意により，いずれの国の裁判所に訴えを提起することができるかについて定めることができる．

② 前項の合意は，一定の法律関係に基づく訴えに関し，かつ，書面でしなければ，その効力を生じない．

③ 第1項の合意がその内容を記録した電磁的記録（電子的方式，磁気的方式その他の人の知覚によっては認識することができない方式で作られる記録であって，電子計算機による情報処理の用に供されるものをいう．以下同じ．）によってされたときは，その合意は，書面によってされたものとみなして，前項の規定を適用する．

④ 外国の裁判所にのみ訴えを提起することができる旨の合意は，その裁判所が法律上又は事実上裁判権を行うことができないときは，これ

を援用することができない．

⑤ 将来において生ずる消費者契約に関する紛争を対象とする第1項の合意は，次に掲げる場合に限り，その効力を有する．

1 消費者契約の締結の時において消費者が住所を有していた国の裁判所に訴えを提起することができる旨の合意（その国の裁判所にのみ訴えを提起することができる旨の合意については，次号に掲げる場合を除き，その国以外の国の裁判所にも訴えを提起することを妨げない旨の合意とみなす．）であるとき．

2 消費者が当該合意に基づき合意された国の裁判所に訴えを提起したとき，又は事業者が日本若しくは外国の裁判所に訴えを提起した場合において，消費者が当該合意を援用したとき．

⑥ 将来において生ずる個別労働関係民事紛争を対象とする第1項の合意は，次に掲げる場合に限り，その効力を有する．

1 労働契約の終了の時にされた合意であって，その時における労務の提供の地がある国の裁判所に訴えを提起することができる旨を定めたもの（その国の裁判所にのみ訴えを提起することができる旨の合意については，次号に掲げる場合を除き，その国以外の国の裁判所にも訴えを提起することを妨げない旨の合意とみなす．）であるとき．

2 労働者が当該合意に基づき合意された国の裁判所に訴えを提起したとき，又は事業主が日本若しくは外国の裁判所に訴えを提起した場合において，労働者が当該合意を援用したとき．

（応訴による管轄権）

第3条の8 被告が日本の裁判所が管轄権を有しない旨の抗弁を提出しないで本案について弁論をし，又は弁論準備手続において申述をしたときは，裁判所は，管轄権を有する．

（特別の事情による訴えの却下）

第3条の9 裁判所は，訴えについて日本の裁判所が管轄権を有することとなる場合（日本の裁判所にのみ訴えを提起することができる旨の合意に基づき訴えが提起された場合を除く．）においても，事案の性質，応訴による被告の負担の程度，証拠の所在地その他の事情を考慮して，日本の裁判所が審理及び裁判をすることが当事者間の衡平を害し，又は適正かつ迅速な審理の実現を妨げることとなる特別の事情があると認めるときは，その訴えの全部又は一部を却下することができる．

（管轄権が専属する場合の適用除外）

第3条の10 第3条の2から第3条の4まで

及び第３条の６から前条までの規定は,訴えについて法令に日本の裁判所の管轄権の専属に関する定めがある場合には,適用しない.

（職権証拠調べ）

第３条の11　裁判所は,日本の裁判所の管轄権に関する事項について,職権で証拠調べをすることができる.

（管轄権の標準時）

第３条の12　日本の裁判所の管轄権は,訴えの提起の時を標準として定める.

**　　第２節　管　轄**

（普通裁判籍による管轄）

第４条　① 訴えは,被告の普通裁判籍の所在地を管轄する裁判所の管轄に属する.

② 人の普通裁判籍は,住所により,日本国内に住所がないとき又は住所が知れないときは居所により,日本国内に居所がないとき又は居所が知れないときは最後の住所により定まる.

③ 大使,公使その他外国に在ってその国の裁判権からの免除を享有する日本人が前項の規定により普通裁判籍を有しないときは,その者の普通裁判籍は,最高裁判所規則で定める地にあるものとする.

④ 法人その他の社団又は財団の普通裁判籍は,その主たる事務所又は営業所により,事務所又は営業所がないときは代表者その他の主たる業務担当者の住所により定まる.

⑤ 外国の社団又は財団の普通裁判籍は,前項の規定にかかわらず,日本における主たる事務所又は営業所により,日本国内に事務所又は営業所がないときは日本における代表者その他の主たる業務担当者の住所により定まる.

⑥ 国の普通裁判籍は,訴訟について国を代表する官庁の所在地により定まる.

（財産権上の訴え等についての管轄）

第５条　次の各号に掲げる訴えは,それぞれ当該各号に定める地を管轄する裁判所に提起することができる.

１ 財産権上の訴え
　　義務履行地

２ 手形又は小切手による金銭の支払の請求を目的とする訴え
　　手形又は小切手の支払地

３ 船員に対する財産権上の訴え
　　船舶の船籍の所在地

４ 日本国内に住所（法人にあっては,事務所又は営業所.以下この号において同じ.）がない者又は住所が知れない者に対する財産権上の訴え
　　請求若しくはその担保の目的又は差し押さえることができる被告の財産の所在地

５ 事務所又は営業所を有する者に対する訴えでその事務所又は営業所における業務に関するもの
　　当該事務所又は営業所の所在地

６ 船舶所有者その他船舶を利用する者に対する船舶又は航海に関する訴え
　　船舶の船籍の所在地

７ 船舶債権その他船舶を担保とする債権に基づく訴え
　　船舶の所在地

８ 会社その他の社団又は財団に関する訴えで次に掲げるもの
　　社団又は財団の普通裁判籍の所在地

イ 会社その他の社団からの社員若しくは社員であった者に対する訴え,社員からの社員若しくは社員であった者に対する訴え又は社員であった者からの社員に対する訴えで,社員としての資格に基づくもの

ロ 社団又は財団からの役員又は役員であった者に対する訴えで役員としての資格に基づくもの

ハ 会社からの発起人若しくは発起人であった者又は検査役若しくは検査役であった者に対する訴えで発起人又は検査役としての資格に基づくもの

ニ 会社その他の社団の債権者からの社員又は社員であった者に対する訴えで社員としての資格に基づくもの

９ 不法行為に関する訴え
　　不法行為があった地

10 船舶の衝突その他海上の事故に基づく損害賠償の訴え
　　損害を受けた船舶が最初に到達した地

11 海難救助に関する訴え
　　海難救助があった地又は救助された船舶が最初に到達した地

12 不動産に関する訴え
　　不動産の所在地

13 登記又は登録に関する訴え
　　登記又は登録をすべき地

14 相続権若しくは遺留分に関する訴え又は遺贈その他死亡によって効力を生ずべき行為に関する訴え
　　相続開始の時における被相続人の普通裁判籍の所在地

15 相続債権その他相続財産の負担に関する訴えで前号に掲げる訴えに該当しないもの
　　同号に定める地

（特許権等に関する訴え等の管轄）

第６条　① 特許権,実用新案権,回路配置利用権又はプログラムの著作物についての著作者

の権利に関する訴え（以下「特許権等に関する訴え」という．）について，前2条の規定によれば次の各号に掲げる裁判所が管轄権を有すべき場合には，その訴えは，それぞれ当該各号に定める裁判所の管轄に専属する．

1　東京高等裁判所，名古屋高等裁判所，仙台高等裁判所又は札幌高等裁判所の管轄区域内に所在する地方裁判所
　　東京地方裁判所

2　大阪高等裁判所，広島高等裁判所，福岡高等裁判所又は高松高等裁判所の管轄区域内に所在する地方裁判所
　　大阪地方裁判所

② 特許権等に関する訴えについて，前2条の規定により前項各号に掲げる裁判所の管轄区域内に所在する簡易裁判所が管轄権を有する場合には，それぞれ当該各号に定める裁判所にも，その訴えを提起することができる．

③ 第1項第2号に定める裁判所が第一審としてした特許権等に関する訴えについての終局判決に対する控訴は，東京高等裁判所の管轄に専属する．ただし，第20条の2第1項の規定により移送された訴訟に係る訴えについての終局判決に対する控訴については，この限りでない．

（意匠権等に関する訴えの管轄）

第6条の2　意匠権，商標権，著作者の権利（プログラムの著作物についての著作者の権利を除く．），出版権，著作隣接権若しくは育成者権に関する訴え又は不正競争（不正競争防止法（平成5年法律第47号）第2条第1項に規定する不正競争又は家畜遺伝資源に係る不正競争の防止に関する法律（令和2年法律第22号）第2条第3項に規定する不正競争をいう．）による営業上の利益の侵害に係る訴えについて，第4条又は第5条の規定により次の各号に掲げる裁判所が管轄権を有する場合には，それぞれ当該各号に定める裁判所にも，その訴えを提起することができる．

1　前条第1項第1号に掲げる裁判所（東京地方裁判所を除く．）　東京地方裁判所

2　前条第1項第2号に掲げる裁判所（大阪地方裁判所を除く．）　大阪地方裁判所

（併合請求における管轄）

第7条　一の訴えで数個の請求をする場合には，第4条から前条まで（第6条第3項を除く．）の規定により一の請求について管轄権を有する裁判所にその訴えを提起することができる．ただし，数人からの又は数人に対する訴えについては，第38条前段に定める場合に限る．

（訴訟の目的の価額の算定）

第8条　① 裁判所法（昭和22年法律第59号）の規定により管轄が訴訟の目的の価額により定まるときは，その価額は，訴えで主張する利益によって算定する．

② 前項の価額を算定することができないとき，又は極めて困難であるときは，その価額は140万円を超えるものとみなす．

（併合請求の場合の価額の算定）

第9条　① 一の訴えで数個の請求をする場合には，その価額を合算したものを訴訟の目的の価額とする．ただし，その訴えで主張する利益が各請求について共通である場合におけるその各請求については，この限りでない．

② 果実，損害賠償，違約金又は費用の請求が訴訟の附帯の目的であるときは，その価額は，訴訟の目的の価額に算入しない．

（管轄裁判所の指定）

第10条　① 管轄裁判所が法律上又は事実上裁判権を行うことができないときは，その裁判所の直近上級の裁判所は，申立てにより，決定で，管轄裁判所を定める．

② 裁判所の管轄区域が明確でないため管轄裁判所が定まらないときは，関係のある裁判所に共通する直近上級の裁判所は，申立てにより，決定で，管轄裁判所を定める．

③ 前2項の決定に対しては，不服を申し立てることができない．

（管轄裁判所の特例）

第10条の2　前節の規定により日本の裁判所が管轄権を有する訴えについて，この法律の他の規定又は他の法令の規定により管轄裁判所が定まらないときは，その訴えは，最高裁判所規則で定める地を管轄する裁判所の管轄に属する．

（管轄の合意）

第11条　① 当事者は，第一審に限り，合意により管轄裁判所を定めることができる．

② 前項の合意は，一定の法律関係に基づく訴えに関し，かつ，書面でしなければ，その効力を生じない．

③ 第1項の合意がその内容を記録した電磁的記録によってされたときは，その合意は，書面によってされたものとみなして，前項の規定を適用する．

（応訴管轄）

第12条　被告が第一審裁判所において管轄違いの抗弁を提出しないで本案について弁論をし，又は弁論準備手続において申述をしたときは，その裁判所は，管轄権を有する．

（専属管轄の場合の適用除外等）

第13条　① 第4条第1項，第5条，第6条第2

項,第6条の2,第7条及び前2条の規定は,訴えについて法令に専属管轄の定めがある場合には,適用しない.

② 特許権等に関する訴えについて,第7条又は前2条の規定によれば第6条第1項各号に定める裁判所が管轄権を有すべき場合には,前項の規定にかかわらず,第7条又は前2条の規定により,その裁判所は,管轄権を有する.

（職権証拠調べ）

第14条 裁判所は,管轄に関する事項について,職権で証拠調べをすることができる.

（管轄の標準時）

第15条 裁判所の管轄は,訴えの提起の時を標準として定める.

（管轄違いの場合の取扱い）

第16条 ① 裁判所は,訴訟の全部又は一部がその管轄に属しないと認めるときは,申立てにより又は職権で,これを管轄裁判所に移送する.

② 地方裁判所は,訴訟がその管轄区域内の簡易裁判所の管轄に属する場合においても,相当と認めるときは,前項の規定にかかわらず,申立てにより又は職権で,訴訟の全部又は一部について自ら審理及び裁判をすることができる.ただし,訴訟がその簡易裁判所の専属管轄（当事者が第11条の規定により合意で定めたものを除く.）に属する場合は,この限りでない.

（遅滞を避ける等のための移送）

第17条 第一審裁判所は,訴訟がその管轄に属する場合においても,当事者及び尋問を受けるべき証人の住所,使用すべき検証物の所在地その他の事情を考慮して,訴訟の著しい遅滞を避け,又は当事者間の衡平を図るため必要があると認めるときは,申立てにより又は職権で,訴訟の全部又は一部を他の管轄裁判所に移送することができる.

（簡易裁判所の裁量移送）

第18条 簡易裁判所は,訴訟がその管轄に属する場合においても,相当と認めるときは,申立てにより又は職権で,訴訟の全部又は一部をその所在地を管轄する地方裁判所に移送することができる.

（必要的移送）

第19条 ① 第一審裁判所は,訴訟がその管轄に属する場合においても,当事者の申立て及び相手方の同意があるときは,訴訟の全部又は一部を申立てに係る地方裁判所又は簡易裁判所に移送しなければならない.ただし,移送により著しく訴訟手続を遅滞させることとなるとき,又はその申立てが,簡易裁判所からその所在地を管轄する地方裁判所への移送の申立て以外のものであって,被告が本案について弁論を

し,若しくは弁論準備手続において申述をした後にされたものであるときは,この限りでない.

② 簡易裁判所は,その管轄に属する不動産に関する訴訟につき被告の申立てがあるときは,訴訟の全部又は一部をその所在地を管轄する地方裁判所に移送しなければならない.ただし,その申立ての前に被告が本案について弁論をした場合は,この限りでない.

（専属管轄の場合の移送の制限）

第20条 ① 前3条の規定は,訴訟がその属する裁判所の専属管轄（当事者が第11条の規定により合意で定めたものを除く.）に属する場合には,適用しない.

② 特許権等に関する訴えに係る訴訟について,第17条又は前条第1項の規定によれば第6条第1項各号に定める裁判所に移送すべき場合には,前項の規定にかかわらず,第17条又は前条第1項の規定を適用する.

（特許権等に関する訴え等に係る訴訟の移送）

第20条の2 ① 第6条第1項各号に定める裁判所は,特許権等に関する訴えに係る訴訟が同項の規定によりその管轄に専属する場合においても,当該訴訟において審理すべき専門技術的事項を欠くことその他の事情により著しい損害又は遅滞を避けるため必要があると認めるときは,申立てにより又は職権で,訴訟の全部又は一部を第4条,第5条若しくは第11条の規定により管轄権を有すべき地方裁判所又は第19条第1項の規定によれば移送を受けるべき地方裁判所に移送することができる.

② 東京高等裁判所は,第6条第3項の控訴が提起された場合において,その控訴審において審理すべき専門技術的事項を欠くことその他の事情により著しい損害又は遅滞を避けるため必要があると認めるときは,申立てにより又は職権で,訴訟の全部又は一部を大阪高等裁判所に移送することができる.

（即時抗告）

第21条 移送の決定及び移送の申立てを却下した決定に対しては,即時抗告をすることができる.

（移送の裁判の拘束力等）

第22条 ① 確定した移送の裁判は,移送を受けた裁判所を拘束する.

② 移送を受けた裁判所は,更に事件を他の裁判所に移送することができない.

③ 移送の裁判が確定したときは,訴訟は,初めから移送を受けた裁判所に係属していたものとみなす.

　　第3節 裁判所職員の除斥及び忌避

（裁判官の除斥）

第23条 ① 裁判官は,次に掲げる場合には,その職務の執行から除斥される. ただし,第6号に掲げる場合にあっては,他の裁判所の嘱託により受託裁判官としてその職務を行うことを妨げない.

1 裁判官又はその配偶者若しくは配偶者であった者が,事件の当事者であるとき,又は事件について当事者と共同権利者,共同義務者若しくは償還義務者の関係にあるとき.

2 裁判官が当事者の四親等内の血族,三親等内の姻族若しくは同居の親族であるとき,又はあったとき.

3 裁判官が当事者の後見人,後見監督人,保佐人,保佐監督人,補助人又は補助監督人であるとき.

4 裁判官が事件について証人又は鑑定人となったとき.

5 裁判官が事件について当事者の代理人又は補佐人であるとき,又はあったとき.

6 裁判官が事件について仲裁判断に関与し,又は不服を申し立てられた前審の裁判に関与したとき.

② 前項に規定する除斥の原因があるときは,裁判所は,申立てにより又は職権で,除斥の裁判をする.

(裁判官の忌避)

第24条 ① 裁判官について裁判の公正を妨げるべき事情があるときは,当事者は,その裁判官を忌避することができる.

② 当事者は,裁判官の面前において弁論をし,又は弁論準備手続において申述をしたときは,その裁判官を忌避することができない. ただし,忌避の原因があることを知らなかったとき,又は忌避の原因がその後に生じたときは,この限りでない.

(除斥又は忌避の裁判)

第25条 ① 合議体の構成員である裁判官及び地方裁判所の1人の裁判官の除斥又は忌避についてはその裁判官の所属する裁判所が,簡易裁判所の裁判官の除斥又は忌避についてはその裁判所の所在地を管轄する地方裁判所が,決定で,裁判をする.

② 地方裁判所における前項の裁判は,合議体でする.

③ 裁判官は,その除斥又は忌避についての裁判に関与することができない.

④ 除斥又は忌避を理由があるとする決定に対しては,不服を申し立てることができない.

⑤ 除斥又は忌避を理由がないとする決定に対しては,即時抗告をすることができる.

(訴訟手続の停止)

第26条 除斥又は忌避の申立てがあったときは,その申立てについての決定が確定するまで訴訟手続を停止しなければならない. ただし,急速を要する行為については,この限りでない.

(裁判所書記官への準用)

第27条 この節の規定は,裁判所書記官について準用する. この場合においては,裁判は,裁判所書記官の所属する裁判所がする.

第3章　当事者

第1節　当事者能力及び訴訟能力

(原則)

第28条 当事者能力,訴訟能力及び訴訟無能力者の法定代理は,この法律に特別の定めがある場合を除き,民法(明治29年法律第89号)その他の法令に従う. 訴訟行為をするのに必要な授権についても,同様とする.

(法人でない社団等の当事者能力)

第29条 法人でない社団又は財団で代表者又は管理人の定めがあるものは,その名において訴え,又は訴えられることができる.

(選定当事者)

第30条 ① 共同の利益を有する多数の者で前条の規定に該当しないものは,その中から,全員のために原告又は被告となるべき1人又は数人を選定することができる.

② 訴訟の係属の後,前項の規定により原告又は被告となるべき者を選定したときは,他の当事者は,当然に訴訟から脱退する.

③ 係属中の訴訟の原告又は被告と共同の利益を有する者で当事者でないものは,その原告又は被告を自己のためにも原告又は被告となるべき者として選定することができる.

④ 第1項又は前項の規定により原告又は被告となるべき者を選定した者(以下「選定者」という.)は,その選定を取り消し,又は選定された当事者(以下「選定当事者」という.)を変更することができる.

⑤ 選定当事者のうち死亡その他の事由によりその資格を喪失した者があるときは,他の選定当事者において全員のために訴訟行為をすることができる.

(未成年者及び成年被後見人の訴訟能力)

第31条 未成年者及び成年被後見人は,法定代理人によらなければ,訴訟行為をすることができない. ただし,未成年者が独立して法律行為をすることができる場合は,この限りでない.

(被保佐人,被補助人及び法定代理人の訴訟行為の特則)

第32条 ① 被保佐人,被補助人(訴訟行為をすることにつきその補助人の同意を得ること

を要するものに限る．次項及び第40条第4項において同じ．）又は後見人その他の法定代理人が相手方の提起した訴え又は上訴について訴訟行為をするには，保佐人若しくは保佐監督人，補助人若しくは補助監督人又は後見監督人の同意その他の授権を要しない．

② 被保佐人，被補助人又は後見人その他の法定代理人が次に掲げる訴訟行為をするには，特別の授権がなければならない．

1 訴えの取下げ，和解，請求の放棄若しくは認諾又は第48条（第50条第3項及び第51条において準用する場合を含む．）の規定による脱退

2 控訴，上告又は第318条第1項の申立ての取下げ

3 第360条（第367条第2項，第378条第2項及び第381条の7第2項において準用する場合を含む．）の規定による異議の取下げ又はその取下げについての同意

〔令4法48, 施行4年内〕

（外国人の訴訟能力の特則）

第33条　外国人は，その本国法によれば訴訟能力を有しない場合であっても，日本法によれば訴訟能力を有すべきときは，訴訟能力者とみなす．

（訴訟能力等を欠く場合の措置等）

第34条　① 訴訟能力，法定代理権又は訴訟行為をするのに必要な授権を欠くときは，裁判所は，期間を定めて，その補正を命じなければならない．この場合において，遅滞のため損害を生ずるおそれがあるときは，裁判所は，一時訴訟行為をさせることができる．

② 訴訟能力，法定代理権又は訴訟行為をするのに必要な授権を欠く者がした訴訟行為は，これらを有するに至った当事者又は法定代理人の追認により，行為の時にさかのぼってその効力を生ずる．

③ 前2項の規定は，選定当事者が訴訟行為をする場合について準用する．

（特別代理人）

第35条　① 法定代理人がない場合又は法定代理人が代理権を行うことができない場合において，未成年者又は成年被後見人に対し訴訟行為をしようとする者は，遅滞のため損害を受けるおそれがあることを疎明して，受訴裁判所の裁判長に特別代理人の選任を申し立てることができる．

② 裁判所は，いつでも特別代理人を改任することができる．

③ 特別代理人が訴訟行為をするには，後見人と同一の授権がなければならない．

（法定代理権の消滅の通知）

第36条　① 法定代理権の消滅は，本人又は代理人から相手方に通知しなければ，その効力を生じない．

② 前項の規定は，選定当事者の選定の取消し又は変更について準用する．

（法人の代表者等への準用）

第37条　この法律中法定代理及び法定代理人に関する規定は，法人の代表者及び法人でない社団又は財団でその名において訴え，又は訴えられることができるものの代表者又は管理人について準用する．

第2節　共同訴訟

（共同訴訟の要件）

第38条　訴訟の目的である権利又は義務が数人について共通であるとき，又は同一の事実上及び法律上の原因に基づくときは，その数人は，共同訴訟人として訴え，又は訴えられることができる．訴訟の目的である権利又は義務が同種であって事実上及び法律上同種の原因に基づくときも，同様とする．

（共同訴訟人の地位）

第39条　共同訴訟人の1人の訴訟行為，共同訴訟人の1人に対する相手方の訴訟行為及び共同訴訟人の1人について生じた事項は，他の共同訴訟人に影響を及ぼさない．

（必要的共同訴訟）

第40条　① 訴訟の目的が共同訴訟人の全員について合一にのみ確定すべき場合には，その1人の訴訟行為は，全員の利益においてのみその効力を生ずる．

② 前項に規定する場合には，共同訴訟人の1人に対する相手方の訴訟行為は，全員に対してその効力を生ずる．

③ 第1項に規定する場合において，共同訴訟人の1人について訴訟手続の中断又は中止の原因があるときは，その中断又は中止は，全員についてその効力を生ずる．

④ 第32条第1項の規定は，第1項に規定する場合において，共同訴訟人の1人が提起した上訴について他の共同訴訟人である被保佐人若しくは被補助人又は他の共同訴訟人の後見人その他の法定代理人のすべき訴訟行為について準用する．

（同時審判の申出がある共同訴訟）

第41条　① 共同被告の一方に対する訴訟の目的である権利と共同被告の他方に対する訴訟の目的である権利とが法律上併存し得ない関係にある場合において，原告の申出があったときは，弁論及び裁判は，分離しないでしなければならない．

② 前項の申出は，控訴審の口頭弁論の終結の

時までにしなければならない.

③ 第1項の場合において, 各共同被告に係る控訴事件が同一の控訴裁判所に各別に係属するときは, 弁論及び裁判は, 併合してしなければならない.

第3節　訴訟参加

（補助参加）

第42条　訴訟の結果について利害関係を有する第三者は, 当事者の一方を補助するため, その訴訟に参加することができる.

（補助参加の申出）

第43条　① 補助参加の申出は, 参加の趣旨及び理由を明らかにして, 補助参加により訴訟行為をすべき裁判所にしなければならない.

② 補助参加の申出は, 補助参加人としてすることができる訴訟行為とともにすることができる.

（補助参加についての異議等）

第44条　① 当事者が補助参加について異議を述べたときは, 裁判所は, 補助参加の許否について, 決定で, 裁判をする. この場合においては, 補助参加人は, 参加の理由を疎明しなければならない.

② 前項の異議は, 当事者がこれを述べないで弁論をし, 又は弁論準備手続において申述をした後は, 述べることができない.

③ 第1項の裁判に対しては, 即時抗告をすることができる.

（補助参加人の訴訟行為等）

第45条　① 補助参加人は, 訴訟について, 攻撃又は防御の方法の提出, 異議の申立て, 上訴の提起, 再審の訴えの提起その他一切の訴訟行為をすることができる. ただし, 補助参加の時における訴訟の程度に従いすることができないものは, この限りでない.

② 補助参加人の訴訟行為は, 被参加人の訴訟行為と抵触するときは, その効力を有しない.

③ 補助参加人は, 補助参加について異議があった場合においても, 補助参加を許さない裁判が確定するまでの間は, 訴訟行為をすることができる.

④ 補助参加人の訴訟行為は, 補助参加を許さない裁判が確定した場合においても, 当事者が援用したときは, その効力を有する.

⑤ 次に掲げる請求に関する規定の適用については, 補助参加人（当事者が前条第1項の異議を述べた場合において補助参加を許す裁判が確定したもの及び当事者が同条第2項の規定により異議を述べることができなくなったものに限る.）を当事者とみなす.

1 非電磁的訴訟記録（第91条第1項に規定する非電磁的訴訟記録をいう.）の閲覧若し

くは謄写, その正本, 謄本若しくは抄本の交付又はその複製（第92条第1項において「非電磁的訴訟記録の閲覧等」という.）の請求

2 電磁的訴訟記録（第91条の2第1項に規定する電磁的訴訟記録をいう.）の閲覧若しくは複写又はその内容の全部若しくは一部を証明した書面の交付若しくはその内容の全部若しくは一部を証明した電磁的記録の提供（第92条第1項において「電磁的訴訟記録の閲覧等」という.）の請求

3 第91条の3に規定する訴訟に関する事項を証明した書面の交付又は当該事項を証明した電磁的記録の提供の請求

〔令4法48, 施行4年内〕

（補助参加人に対する裁判の効力）

第46条　補助参加に係る訴訟の裁判は, 次に掲げる場合を除き, 補助参加人に対してもその効力を有する.

1 前条第1項ただし書の規定により補助参加人が訴訟行為をすることができなかったとき.

2 前条第2項の規定により補助参加人の訴訟行為が効力を有しなかったとき.

3 被参加人が補助参加人の訴訟行為を妨げたとき.

4 被参加人が補助参加人のすることができない訴訟行為を故意又は過失によってしなかったとき.

（独立当事者参加）

第47条　① 訴訟の結果によって権利が害されることを主張する第三者又は訴訟の目的の全部若しくは一部が自己の権利であることを主張する第三者は, その訴訟の当事者の双方又は一方を相手方として, 当事者としてその訴訟に参加することができる.

② 前項の規定による参加の申出は, 書面でしなければならない.

③ 前項の書面は, 当事者双方に送達しなければならない.

④ 第40条第1項から第3項までの規定は第1項の訴訟の当事者及び同項の規定によりその訴訟に参加した者について, 第43条の規定は同項の規定による参加の申出について準用する.

（訴訟脱退）

第48条　前条第1項の規定により自己の権利を主張するため訴訟に参加した者がある場合には, 参加前の原告又は被告は, 相手方の承諾を得て訴訟から脱退することができる. この場合において, 判決は, 脱退した当事者に対してもその効力を有する.

（権利承継人の訴訟参加の場合における時効の完成猶予等）

第49条①　訴訟の係属中その訴訟の目的である権利の全部又は一部を譲り受けたことを主張する者が第47条第1項の規定により訴訟参加をしたときは、時効の完成猶予に関しては、当該訴訟の係属の初めに、裁判上の請求があったものとみなす。

②　前項に規定する場合には、その参加は、訴訟の係属の初めに遡って法律上の期間の遵守の効力を生ずる。

（義務承継人の訴訟引受け）

第50条①　訴訟の係属中第三者がその訴訟の目的である義務の全部又は一部を承継したときは、裁判所は、当事者の申立てにより、決定で、その第三者に訴訟を引き受けさせることができる。

②　裁判所は、前項の決定をする場合には、当事者及び第三者を審尋しなければならない。

③　第41条第1項及び第3項並びに前2条の規定は、第1項の規定により訴訟を引き受けさせる決定があった場合について準用する。

（義務承継人の訴訟参加及び権利承継人の訴訟引受け）

第51条　第47条から第49条までの規定は訴訟の係属中その訴訟の目的である義務の全部又は一部を承継したことを主張する第三者の訴訟参加について、前条の規定は訴訟の係属中第三者がその訴訟の目的である権利の全部又は一部を譲り受けた場合について準用する。

（共同訴訟参加）

第52条①　訴訟の目的が当事者の一方及び第三者について合一にのみ確定すべき場合には、その第三者は、共同訴訟人としてその訴訟に参加することができる。

②　第43条並びに第47条第2項及び第3項の規定は、前項の規定による参加の申出について準用する。

（訴訟告知）

第53条①　当事者は、訴訟の係属中、参加することができる第三者にその訴訟の告知をすることができる。

②　訴訟告知を受けた者は、更に訴訟告知をすることができる。

③　訴訟告知は、その理由及び訴訟の程度を記載した書面を裁判所に提出してしなければならない。

④　訴訟告知を受けた者が参加しなかった場合においても、第46条の規定の適用については、参加することができた時に参加したものとみなす。

第4節　訴訟代理人及び補佐人

（訴訟代理人の資格）

第54条①　法令により裁判上の行為をすることができる代理人のほか、弁護士でなければ訴訟代理人となることができない。ただし、簡易裁判所においては、その許可を得て、弁護士でない者を訴訟代理人とすることができる。

②　前項の許可は、いつでも取り消すことができる。

（訴訟代理権の範囲）

第55条①　訴訟代理人は、委任を受けた事件について、反訴、参加、強制執行、仮差押え及び仮処分に関する訴訟行為をし、かつ、弁済を受領することができる。

②　訴訟代理人は、次に掲げる事項については、特別の委任を受けなければならない。

1　反訴の提起

2　訴えの取下げ、和解、請求の放棄若しくは認諾又は第48条（第50条第3項及び第51条において準用する場合を含む。）の規定による脱退

3　控訴、上告若しくは第318条第1項の申立て又はこれらの取下げ

4　第360条（第367条第2項、第378条第2項及び第381条の7第2項において準用する場合を含む。）の規定による異議の取下げ又はその取下げについての同意

5　代理人の選任

③　訴訟代理権は、制限することができない。ただし、弁護士でない訴訟代理人については、この限りでない。

④　前3項の規定は、法令により裁判上の行為をすることができる代理人の権限を妨げない。

〔令4法48、施行4年内〕

（個別代理）

第56条①　訴訟代理人が数人あるときは、各自当事者を代理する。

②　当事者が前項の規定と異なる定めをしても、その効力を生じない。

（当事者による更正）

第57条　訴訟代理人の事実に関する陳述は、当事者が直ちに取り消し、又は更正したときは、その効力を生じない。

（訴訟代理権の不消滅）

第58条①　訴訟代理権は、次に掲げる事由によっては、消滅しない。

1　当事者の死亡又は訴訟能力の喪失

2　当事者である法人の合併による消滅

3　当事者である受託者の信託に関する任務の終了

4　法定代理人の死亡、訴訟能力の喪失又は代理権の消滅若しくは変更

②　一定の資格を有する者で自己の名で他人のために訴訟の当事者となるものの訴訟代理人

の代理権は,当事者の死亡その他の事由による資格の喪失によっては,消滅しない.

③ 前項の規定は,選定当事者が死亡その他の事由により資格を喪失した場合について準用する.

（法定代理の規定の準用）

第59条　第34条第1項及び第2項並びに第36条第1項の規定は,訴訟代理について準用する.

（補佐人）

第60条　① 当事者又は訴訟代理人は,裁判所の許可を得て,補佐人とともに出頭することができる.

② 前項の許可は,いつでも取り消すことができる.

③ 補佐人の陳述は,当事者又は訴訟代理人が直ちに取り消し,又は更正しないときは,当事者又は訴訟代理人が自らしたものとみなす.

第4章　訴訟費用

第1節　訴訟費用の負担

（訴訟費用の負担の原則）

第61条　訴訟費用は,敗訴の当事者の負担とする.

（不必要な行為があった場合等の負担）

第62条　裁判所は,事情により,勝訴の当事者に,その権利の伸張若しくは防御に必要でない行為によって生じた訴訟費用又は行為の時における訴訟の程度において相手方の権利の伸張若しくは防御に必要であった行為によって生じた訴訟費用の全部又は一部を負担させることができる.

（訴訟を遅滞させた場合の負担）

第63条　当事者が適切な時期に攻撃若しくは防御の方法を提出しないことにより,又は期日若しくは期間の不遵守その他当事者の責めに帰すべき事由により訴訟を遅滞させたときは,裁判所は,その当事者に,その勝訴の場合においても,遅滞によって生じた訴訟費用の全部又は一部を負担させることができる.

（一部敗訴の場合の負担）

第64条　一部敗訴の場合における各当事者の訴訟費用の負担は,裁判所が,その裁量で定める.ただし,事情により,当事者の一方に訴訟費用の全部を負担させることができる.

（共同訴訟の場合の負担）

第65条　① 共同訴訟人は,等しい割合で訴訟費用を負担する.ただし,裁判所は,事情により,共同訴訟人に連帯して訴訟費用を負担させ,又は他の方法により負担させることができる.

② 裁判所は,前項の規定にかかわらず,権利の伸張又は防御に必要でない行為をした当事者に,その行為によって生じた訴訟費用を負担させることができる.

（補助参加の場合の負担）

第66条　第61条から前条までの規定は,補助参加についての異議によって生じた訴訟費用の補助参加人とその異議を述べた当事者との間における負担の関係及び補助参加によって生じた訴訟費用の補助参加人と相手方との間における負担の関係について準用する.

（訴訟費用の負担の裁判）

第67条　① 裁判所は,事件を完結する裁判において,職権で,その審級における訴訟費用の全部について,その負担の裁判をしなければならない.ただし,事情により,事件の一部又は中間の争いに関する裁判において,その費用についての負担の裁判をすることができる.

② 上級の裁判所が本案の裁判を変更する場合には,訴訟の総費用について,その負担の裁判をしなければならない.事件の差戻し又は移送を受けた裁判所がその事件を完結する裁判をする場合も,同様とする.

（和解の場合の負担）

第68条　当事者が裁判所において和解をした場合において,和解の費用又は訴訟費用の負担について特別の定めをしなかったときは,その費用は,各自が負担する.

（法定代理人等の費用償還）

第69条　① 法定代理人,訴訟代理人,裁判所書記官又は執行官が故意又は重大な過失により無益な訴訟費用を生じさせたときは,受訴裁判所は,申立てにより又は職権で,これらの者に対し,その費用額の償還を命ずることができる.

② 前項の規定は,法定代理人又は訴訟代理人として訴訟行為をした者が,その代理権又は訴訟行為をするのに必要な授権があることを証明することができず,かつ,追認を得ることができなかった場合において,その訴訟行為によって生じた訴訟費用について準用する.

③ 第1項（前項において準用する場合を含む.）の規定による決定に対しては,即時抗告をすることができる.

（無権代理人の費用負担）

第70条　前条第2項に規定する場合において,裁判所が訴えを却下したときは,訴訟費用は,代理人として訴訟行為をした者の負担とする.

（訴訟費用額の確定手続）

第71条　① 訴訟費用の負担の額は,その裁判が執行力を生じた後に,申立てにより,第一審裁判所の裁判所書記官が定める.

② 前項の申立ては,訴訟費用の負担の裁判が確定した日から10年以内にしなければならない.

③ 第1項の場合において,当事者双方が訴訟

費用を負担するときは，最高裁判所規則で定める場合を除き，各当事者の負担すべき費用は，その対当額について相殺があったものとみなす．

④ 第1項の申立てに関する処分は，相当と認める方法で告知することによって，その効力を生ずる．

⑤ 前項の処分に対する異議の申立ては，その告知を受けた日から1週間の不変期間内にしなければならない．

⑥ 前項の異議の申立ては，執行停止の効力を有する．

⑦ 裁判所は，第1項の規定による額を定める処分に対する異議の申立てを理由があると認める場合において，訴訟費用の負担の額を定めるべきときは，自らその額を定めなければならない．

⑧ 第5項の異議の申立てについての決定に対しては，即時抗告をすることができる．

〔令4法48,施行4年内〕

（和解の場合の費用額の確定手続）

第72条 当事者が裁判所において和解をした場合において，和解の費用又は訴訟費用の負担を定め，その額を定めなかったときは，その額は，申立てにより，第一審裁判所（第275条の和解にあっては，和解が成立した裁判所）の裁判所書記官が定める．この場合においては，前条第2項から第8項までの規定を準用する．

〔令4法48,施行4年内〕

（訴訟が裁判及び和解によらないで完結した場合等の取扱い）

第73条 ① 訴訟が裁判及び和解によらないで完結したときは，申立てにより，第一審裁判所は決定で訴訟費用の負担を命じ，その裁判所の裁判所書記官はその決定が執行力を生じた後にその負担の額を定めなければならない．補助参加の申出の取下げ又は補助参加についての異議の取下げがあった場合も，同様とする．

② 第61条から第66条まで及び第71条第8項の規定は前項の申立てについての決定について，同条第2項の規定は前項の申立てについて，同条第3項及び第4項の規定は前項の申立てに関する裁判所書記官の処分について，同条第5項から第8項までの規定はその処分に対する異議の申立てについて，それぞれ準用する．この場合において，同条第2項中「訴訟費用の負担の裁判が確定した」とあるのは，「訴訟が完結した」と読み替えるものとする．

〔令4法48,施行4年内〕

（費用額の確定処分の更正）

第74条 ① 第71条第1項，第72条又は前条第

1項の規定による額を定める処分に計算違い，誤記その他これらに類する明白な誤りがあるときは，裁判所書記官は，申立てにより又は職権で，いつでもその処分を更正することができる．

② 第71条第4項から第6項まで及び第8項の規定は，前項の規定による更正の処分及びこれに対する異議の申立てについて準用する．

③ 第1項に規定する額を定める処分に対し適法な異議の申立てがあったときは，前項の異議の申立ては，することができない．

〔令4法48,施行4年内〕

第2節 訴訟費用の担保

（担保提供命令）

第75条 ① 原告が日本国内に住所，事務所及び営業所を有しないときは，裁判所は，被告の申立てにより，決定で，訴訟費用の担保を立てるべきことを原告に命じなければならない．その担保に不足を生じたときも，同様とする．

② 前項の規定は，金銭の支払の請求の一部について争いがない場合において，その額が担保として十分であるときは，適用しない．

③ 被告は，担保を立てるべき事由があることを知った後に本案について弁論をし，又は弁論準備手続において申述をしたときは，第1項の申立てをすることができない．

④ 第1項の申立てをした被告は，原告が担保を立てるまで応訴を拒むことができる．

⑤ 裁判所は，第1項の決定において，担保の額及び担保を立てるべき期間を定めなければならない．

⑥ 担保の額は，被告が全審級において支出すべき訴訟費用の総額を標準として定める．

⑦ 第1項の申立てについての決定に対しては，即時抗告をすることができる．

（担保提供の方法）

第76条 担保を立てるには，担保を立てることを命じた裁判所の所在地を管轄する地方裁判所の管轄区域内の供託所に金銭又は裁判所が相当と認める有価証券（社債，株式等の振替に関する法律（平成13年法律第75号）第278条第1項に規定する振替債を含む．次条において同じ．）を供託する方法その他最高裁判所規則で定める方法によらなければならない．ただし，当事者が特別の契約をしたときは，その契約による．

（担保物に対する被告の権利）

第77条 被告は，訴訟費用に関し，前条の規定により供託した金銭又は有価証券について，他の債権者に先立ち弁済を受ける権利を有する．

（担保不提供の効果）

第78条 原告が担保を立てるべき期間内にこ

れを立てないときは，裁判所は，口頭弁論を経ないで，判決で，訴えを却下することができる．ただし，判決前に担保を立てたときは，この限りでない．

（担保の取消し）
第79条 ① 担保を立てた者が担保の事由が消滅したことを証明したときは，裁判所は，申立てにより，担保の取消しの決定をしなければならない．

② 担保を立てた者が担保の取消しについて担保権利者の同意を得たことを証明したときも，前項と同様とする．

③ 訴訟の完結後，裁判所書記官が，担保を立てた者の申立てにより，担保権利者に対し，一定の期間内にその権利を行使すべき旨を催告し，担保権利者がその行使をしないときは，担保の取消しについて担保権利者の同意があったものとみなす．

④ 第1項及び第2項の規定による決定に対しては，即時抗告をすることができる．
〔令4法48，施行4年内〕

（担保の変換）
第80条 裁判所は，担保を立てた者の申立てにより，決定で，その担保の変換を命ずることができる．ただし，その担保を契約によって他の担保に変換することを妨げない．

（他の法令による担保への準用）
第81条 第75条第4項，第5項及び第7項並びに第76条から前条までの規定は，他の法令により訴えの提起について立てるべき担保について準用する．

第3節 訴訟上の救助
（救助の付与）
第82条 ① 訴訟の準備及び追行に必要な費用を支払う資力がない者又はその支払により生活に著しい支障を生ずる者に対しては，裁判所は，申立てにより，訴訟上の救助の決定をすることができる．ただし，勝訴の見込みがないとはいえないときに限る．

② 訴訟上の救助の決定は，審級ごとにする．

（救助の効力等）
第83条 ① 訴訟上の救助の決定は，その定めるところに従い，訴訟及び強制執行について，次に掲げる効力を有する．

1 裁判費用並びに執行官の手数料及びその職務の執行に要する費用の支払の猶予

2 裁判所において付添いを命じた弁護士の報酬及び費用の支払の猶予

3 訴訟費用の担保の免除

② 訴訟上の救助の決定は，これを受けた者のためにのみその効力を有する．

③ 裁判所は，訴訟の承継人に対し，決定で，猶予した費用の支払を命ずる．

（救助の決定の取消し）
第84条 訴訟上の救助の決定を受けた者が第82条第1項本文に規定する要件を欠くことが判明し，又はこれを欠くに至ったときは，訴訟記録の存する裁判所は，利害関係人の申立てにより又は職権で，決定により，いつでも訴訟上の救助の決定を取り消し，猶予した費用の支払を命ずることができる．

（猶予された費用等の取立方法）
第85条 訴訟上の救助の決定を受けた者に支払を猶予した費用は，これを負担することとされた相手方から直接に取り立てることができる．この場合において，弁護士又は執行官は，報酬又は手数料及び費用について，訴訟上の救助の決定を受けた者に代わり，第71条第1項，第72条又は第73条第1項の申立て及び強制執行をすることができる．

（即時抗告）
第86条 この節に規定する決定に対しては，即時抗告をすることができる．

第5章 訴訟手続

第1節 訴訟の審理等
（口頭弁論の必要性）
第87条 ① 当事者は，訴訟について，裁判所において口頭弁論をしなければならない．ただし，決定で完結すべき事件については，裁判所が，口頭弁論をすべきか否かを定める．

② 前項ただし書の規定により口頭弁論をしない場合には，裁判所は，当事者を審尋することができる．

③ 前2項の規定は，特別の定めがある場合には，適用しない．

（映像と音声の送受信による通話の方法による口頭弁論等）
第87条の2 ① 裁判所は，相当と認めるときは，当事者の意見を聴いて，最高裁判所規則で定めるところにより，裁判所及び当事者双方が映像と音声の送受信により相手の状態を相互に認識しながら通話をすることができる方法によって，口頭弁論の期日における手続を行うことができる．

② 裁判所は，相当と認めるときは，当事者の意見を聴いて，最高裁判所規則で定めるところにより，裁判所及び当事者双方が音声の送受信により同時に通話をすることができる方法によって，審尋の期日における手続を行うことができる．

③ 前2項の期日に出頭しないでその手続に関

与した当事者は,その期日に出頭したものとみなす.

〔令4法48,施行2年内〕

（受命裁判官による審尋）

第88条 裁判所は,審尋をする場合には,受命裁判官にこれを行わせることができる.

（和解の試み等）

第89条 ① 裁判所は,訴訟がいかなる程度にあるかを問わず,和解を試み,又は受命裁判官若しくは受託裁判官に和解を試みさせることができる.

② 裁判所は,相当と認めるときは,当事者の意見を聴いて,最高裁判所規則で定めるところにより,裁判所及び当事者双方が音声の送受信により同時に通話をすることができる方法によって,和解の期日における手続を行うことができる.

③ 前項の期日に出頭しないで同項の手続に関与した当事者は,その期日に出頭したものとみなす.

④ 第148条,第150条,第154条及び第155条の規定は,和解の手続について準用する.

⑤ 受命裁判官又は受託裁判官が和解の試みを行う場合には,第2項の規定並びに前項において準用する第148条,第154条及び第155条の規定による裁判所及び裁判長の職務は,その裁判官が行う.

〔令4法48,施行4年内〕

（訴訟手続に関する異議権の喪失）

第90条 当事者が訴訟手続に関する規定の違反を知り,又は知ることができた場合において,遅滞なく異議を述べないときは,これを述べる権利を失う.ただし,放棄することができないものについては,この限りでない.

（非電磁的訴訟記録の閲覧等）

第91条 ① 何人も,裁判所書記官に対し,非電磁的訴訟記録（訴訟記録中次条第1項に規定する電磁的訴訟記録を除いた部分をいう.以下この条において同じ.）の閲覧を請求することができる.

② 公開を禁止した口頭弁論に係る非電磁的訴訟記録については,当事者及び利害関係を疎明した第三者に限り,前項の規定による請求をすることができる.非電磁的訴訟記録中第264条の和解条項案に係る部分,第265条第1項の規定による和解条項の定めに係る部分及び第267条第1項に規定する和解（口頭弁論の期日において成立したものを除く.）に係る部分についても,同様とする.

③ 当事者及び利害関係を疎明した第三者は,裁判所書記官に対し,非電磁的訴訟記録の謄写又はその正本,謄本若しくは抄本の交付を請求することができる.

④ 前項の規定は,非電磁的訴訟記録中の録音テープ又はビデオテープ（これらに準ずる方法により一定の事項を記録した物を含む.）に関しては,適用しない.この場合において,これらの物について当事者又は利害関係を疎明した第三者の請求があるときは,裁判所書記官は,その複製を許さなければならない.

⑤ 非電磁的訴訟記録の閲覧,謄写及び複製の請求は,非電磁的訴訟記録の保存又は裁判所の執務に支障があるときは,することができない.

〔令4法48,施行4年内〕

（電磁的訴訟記録の閲覧等）

第91条の2 ① 何人も,裁判所書記官に対し,最高裁判所規則で定めるところにより,電磁的訴訟記録（訴訟記録中この法律その他の法令の規定により裁判所の使用に係る電子計算機（入出力装置を含む.以下同じ.）に備えられたファイル（次項及び第3項,次条並びに第109条の3第1項第2号を除き,以下単に「ファイル」という.）に記録された事項（第132条の7及び第133条の2第5項において「ファイル記録事項」という.）に係る部分をいう.以下同じ.）の内容を最高裁判所規則で定める方法により表示したものの閲覧を請求することができる.

② 当事者及び利害関係を疎明した第三者は,裁判所書記官に対し,電磁的訴訟記録に記録されている事項について,最高裁判所規則で定めるところにより,最高裁判所規則で定める電子情報処理組織（裁判所の使用に係る電子計算機と手続の相手方の使用に係る電子計算機とを電気通信回線で接続した電子情報処理組織をいう.以下同じ.）を使用してその者の使用に係る電子計算機に備えられたファイルに記録する方法その他の最高裁判所規則で定める方法による複写を請求することができる.

③ 当事者及び利害関係を疎明した第三者は,裁判所書記官に対し,最高裁判所規則で定めるところにより,電磁的訴訟記録に記録されている事項の全部若しくは一部を記載した書面であって裁判所書記官が最高裁判所規則で定める方法により当該書面の内容が電磁的訴訟記録に記録されている事項と同一であることを証明したものを交付し,又は当該事項の全部若しくは一部を記録した電磁的記録であって裁判所書記官が最高裁判所規則で定める方法により当該電磁的記録の内容が電磁的訴訟記録に記録されている事項と同一であることを証明したものを最高裁判所規則で定める電子情報処理組織を使用してその者の使用に係る電子計算機に備えられたファイルに記録する方

法その他の最高裁判所規則で定める方法により提供することを請求することができる.

④ 前条第2項及び第5項の規定は、第1項及び第2項の規定による電磁的訴訟記録に係る閲覧及び複写の請求について準用する.

〔令4法48,施行4年内〕

（訴訟に関する事項の証明）

<u>第91条の3</u>　当事者及び利害関係を疎明した第三者は、裁判所書記官に対し、最高裁判所規則で定めるところにより、訴訟に関する事項を記載した書面であって裁判所書記官が最高裁判所規則で定める方法により当該事項を証明したものを交付し、又は当該事項を記録した電磁的記録であって裁判所書記官が最高裁判所規則で定める方法により当該事項を証明したものを最高裁判所規則で定める電子情報処理組織を使用してその者の使用に係る電子計算機に備えられたファイルに記録する方法その他の最高裁判所規則で定める方法により提供することを請求することができる.

〔令4法48,施行4年内〕

（秘密保護のための閲覧等の制限）

第92条　① 次に掲げる事由につき疎明があった場合には、裁判所は、当該当事者の申立てにより、決定で、当該訴訟記録中当該秘密が記載され、又は記録された部分に係る訴訟記録の閲覧等（非電磁的訴訟記録の閲覧等又は電磁的訴訟記録の閲覧等をいう. 第133条第3項において同じ.）（以下この条において「秘密記載部分の閲覧等」という.）の請求をすることができる者を当事者に限ることができる.

1　訴訟記録中に当事者の私生活についての重大な秘密が記載され、又は記録されており、かつ、第三者が秘密記載部分の閲覧等を行うことにより、その当事者が社会生活を営むのに著しい支障を生ずるおそれがあること.

2　訴訟記録中に当事者が保有する営業秘密（不正競争防止法第2条第6項に規定する営業秘密をいう. 以下同じ.）が記載され、又は記録されていること.

② 前項の申立てがあったときは、その申立てについての裁判が確定するまで、第三者は、秘密記載部分の閲覧等の請求をすることができない.

③ 秘密記載部分の閲覧等の請求をしようとする第三者は、訴訟記録の存する裁判所に対し、第1項に規定する要件を欠くこと又はこれを欠くに至ったことを理由として、同項の決定の取消しの申立てをすることができる.

④ 第1項の申立てを却下した裁判及び前項の申立てについての裁判に対しては、即時抗告を

することができる.

⑤ 第1項の決定を取り消す裁判は、確定しなければその効力を生じない.

⑥ 第1項の申立て（同項第1号に掲げる事由があることを理由とするものに限る. 次項及び第8項において同じ.）があった場合において、当該申立て後に第三者がその訴訟への参加をしたときは、裁判所書記官は、当該申立てをした当事者に対し、その参加後直ちに、その参加があった旨を通知しなければならない. ただし、当該申立てを却下する裁判が確定したときは、この限りでない.

⑦ 前項本文の場合において、裁判所書記官は、同項の規定による通知があった日から2週間を経過する日までの間、その参加をした者に第1項の申立てに係る秘密記載部分の閲覧等をさせてはならない. ただし、第133条の2第2項の申立てがされたときは、この限りでない.

⑧ 前2項の規定は、第6項の参加をした者に第1項の申立てに係る秘密記載部分の閲覧等をさせることについて同項の申立てをした当事者の全ての同意があるときは、適用しない.

⑨ 裁判所は、第1項の申立て（同項第2号に掲げる事由があることを理由とするものに限る. 次項において同じ.）があった場合において、当該申立てに係る営業秘密がその訴訟の追行の目的以外の目的で使用され、又は当該営業秘密が開示されることにより、当該営業秘密に基づく当事者の事業活動に支障を生ずるおそれがあり、これを防止するため特に必要があると認めるときは、電磁的訴訟記録中当該営業秘密が記録された部分につき、その内容を書面に出力し、又はこれを他の記録媒体に記録するとともに、当該部分を電磁的訴訟記録から消去する措置その他の当該営業秘密の安全管理のために必要かつ適切なものとして最高裁判所規則で定める措置を講ずることができる.

⑩ 前項の規定による電磁的訴訟記録から消去する措置が講じられた場合において、その後に第1項の申立てを却下する裁判が確定したとき、又は当該申立てに係る決定を取り消す裁判が確定したときは、裁判所書記官は、当該営業秘密が記載され、又は記録された部分をファイルに記録しなければならない.

〔令4法48,施行4年内〕

第2節　専門委員等

第1款　専門委員

（専門委員の関与）

第92条の2　① 裁判所は、争点若しくは証拠の整理又は訴訟手続の進行に関し必要な事項の協議をするに当たり、訴訟関係を明瞭にし、又

は訴訟手続の円滑な進行を図るため必要があると認めるときは，当事者の意見を聴いて，決定で，専門的な知見に基づく説明を聴くために専門委員を手続に関与させることができる．この場合において，専門委員の説明は，裁判長が書面により又は口頭弁論若しくは弁論準備手続の期日において口頭でさせなければならない．

② 専門委員は，前項の規定による書面による説明に代えて，最高裁判所規則で定めるところにより，当該書面に記載すべき事項を最高裁判所規則で定める電子情報処理組織を使用してファイルに記録する方法又は当該書面に記載すべき事項に係る電磁的記録を記録した記録媒体を提出する方法により説明を行うことができる．

③ 裁判所は，証拠調べをするに当たり，訴訟関係又は証拠調べの結果の趣旨を明瞭にするため必要があると認めるときは，当事者の意見を聴いて，決定で，証拠調べの期日において専門的な知見に基づく説明を聴くために専門委員を手続に関与させることができる．この場合において，証人若しくは当事者本人の尋問又は鑑定人質問の期日において専門委員に説明をさせるときは，裁判長は，当事者の同意を得て，訴訟関係又は証拠調べの結果の趣旨を明瞭にするために必要な事項について専門委員が証人，当事者本人又は鑑定人に対し直接に問いを発することを許すことができる．

④ 裁判所は，和解を試みるに当たり，必要があると認めるときは，当事者の同意を得て，決定で，当事者双方が立ち会うことができる和解を試みる期日において専門的な知見に基づく説明を聴くために専門委員を手続に関与させることができる． 〔令4法48, 施行4年内〕

（音声の送受信による通話の方法による専門委員の関与）

第92条の3 裁判所は，前条第1項，第3項及び第4項の規定により専門委員を手続に関与させる場合において，相当と認めるときは，当事者の意見を聴いて，同条第1項，第3項及び第4項の期日において，最高裁判所規則で定めるところにより，裁判所及び当事者双方が専門委員との間で音声の送受信により同時に通話をすることができる方法によって，専門委員に同条第1項，第3項及び第4項の説明又は発問をさせることができる． 〔令4法48, 施行4年内〕

（専門委員の関与の決定の取消し）

第92条の4 裁判所は，相当と認めるときは，申立てにより又は職権で，専門委員を手続に関与させる決定を取り消すことができる．ただし，当事者双方の申立てがあるときは，これを取り消さなければならない．

（専門委員の指定及び任免等）

第92条の5 ① 専門委員の員数は，各事件について1人以上とする．

② 第92条の2の規定により手続に関与させる専門委員は，当事者の意見を聴いて，裁判所が各事件について指定する．

③ 専門委員は，非常勤とし，その任免に関し必要な事項は，最高裁判所規則で定める．

④ 専門委員には，別に法律で定めるところにより手当を支給し，並びに最高裁判所規則で定める額の旅費，日当及び宿泊料を支給する．

（専門委員の除斥及び忌避）

第92条の6 ① 第23条から第25条まで（同条第2項を除く．）の規定は，専門委員について準用する．

② 専門委員について除斥又は忌避の申立てがあったときは，その専門委員は，その申立てについての決定が確定するまでその申立てがあった事件の手続に関与することができない．

（受命裁判官等の権限）

第92条の7 受命裁判官又は受託裁判官が第92条の2第1項，第3項及び第4項の手続を行う場合には，同条から第92条の4まで及び第92条の5第2項の規定による裁判所及び裁判長の職務は，その裁判官が行う．ただし，第92条の2第3項の手続を行う場合には，専門委員を手続に関与させる決定，その決定の取消し及び専門委員の指定は，受訴裁判所がする． 〔令4法48, 施行4年内〕

第2款 知的財産に関する事件における裁判所調査官の事務等

（知的財産に関する事件における裁判所調査官の事務）

第92条の8 裁判所は，必要があると認めるときは，高等裁判所又は地方裁判所において知的財産に関する事件の審理及び裁判に関して調査を行う裁判所調査官に，当該事件において次に掲げる事務を行わせることができる．この場合において，当該裁判所調査官は，裁判長の命を受けて，当該事務を行うものとする．

1 次に掲げる期日又は手続において，訴訟関係を明瞭にするため，事実上及び法律上の事項に関し，当事者に対して問いを発し，又は立証を促すこと．

イ 口頭弁論又は審尋の期日

ロ 争点又は証拠の整理を行うための手続

ハ 文書若しくは電磁的記録の提出義務又は検証の目的の提示義務の有無を判断するた

めの手続

ニ　争点又は証拠の整理に係る事項その他訴訟手続の進行に関し必要な事項についての協議を行うための手続

2　証拠調べの期日において,証人,当事者本人又は鑑定人に対し直接に問いを発すること.

3　和解を試みる期日において,専門的な知見に基づく説明をすること.

4　裁判官に対し,事件につき意見を述べること.

〔令4法48,施行4年内〕

(知的財産に関する事件における裁判所調査官の除斥及び忌避)

第92条の9　①　第23条から第25条までの規定は,前条の事務を行う裁判所調査官について準用する.

②　前条の事務を行う裁判所調査官について除斥又は忌避の申立てがあったときは,その裁判所調査官は,その申立てについての決定が確定するまでその申立てがあった事件に関与することができない.

第3節　期日及び期間

(期日の指定及び変更)

第93条　①　期日の指定及び変更は,申立てにより又は職権で,裁判長が行う.

②　期日は,やむを得ない場合に限り,日曜日その他の一般の休日に指定することができる.

③　口頭弁論及び弁論準備手続の期日の変更は,顕著な事由がある場合に限り許す.ただし,最初の期日の変更は,当事者の合意がある場合にもできる.

④　前項の規定にかかわらず,弁論準備手続を経た口頭弁論の期日の変更は,やむを得ない事由がある場合でなければ,許すことができない.

〔令4法48,施行4年内〕

(期日の呼出し)

第94条　①　期日の呼出しは,次の各号のいずれかに掲げる方法その他相当と認める方法によってする.

1　ファイルに記録された電子呼出状(裁判所書記官が,最高裁判所規則で定めるところにより,裁判長が指定した期日に出頭すべき旨を告知するために出頭すべき者において出頭すべき日時及び場所を記録して作成した電磁的記録をいう.次項及び第256条第3項において同じ.)を出頭すべき者に対して送達する方法

2　当該事件について出頭した者に対して期日の告知をする方法

②　裁判所書記官は,電子呼出状を作成したときは,最高裁判所規則で定めるところにより,これをファイルに記録しなければならない.

③　第1項各号に規定する方法以外の方法による期日の呼出しをしたときは,期日に出頭しない当事者,証人又は鑑定人に対し,法律上の制裁その他期日の不遵守による不利益を帰することができない.ただし,これらの者が期日の呼出しを受けた旨を記載した書面を提出したときは,この限りでない.

〔令4法48,施行4年内〕

(期間の計算)

第95条　①　期間の計算については,民法の期間に関する規定に従う.

②　期間を定める裁判において始期を定めなかったときは,期間は,その裁判が効力を生じた時から進行を始める.

③　期間の末日が日曜日,土曜日,国民の祝日に関する法律(昭和23年法律第178号)に規定する休日,1月2日,1月3日又は12月29日から12月31日までの日に当たるときは,期間は,その翌日に満了する.

(期間の伸縮及び付加期間)

第96条　①　裁判所は,法定の期間又はその定めた期間を伸長し,又は短縮することができる.ただし,不変期間については,この限りでない.

②　不変期間については,裁判所は,遠隔の地に住所又は居所を有する者のために付加期間を定めることができる.

(訴訟行為の追完)

第97条　①　当事者が裁判所の使用に係る電子計算機の故障その他の責めに帰することができない事由により不変期間を遵守することができなかった場合には,その事由が消滅した後1週間以内に限り,不変期間内にすべき訴訟行為の追完をすることができる.ただし,外国に在る当事者については,この期間は,2月とする.

②　前項の期間については,前条第1項本文の規定は,適用しない　　〔令4法48,施行4年内〕

第4節　送　達

第1款　総　則

〔令4法48,施行4年内〕

(職権送達の原則等)

第98条　①　送達は,特別の定めがある場合を除き,職権でする.

②　送達に関する事務は,裁判所書記官が取り扱う.

(訴訟無能力者等に対する送達)

第99条　①　訴訟無能力者に対する送達は,その法定代理人にする.

②　数人が共同して代理権を行うべき場合には,送達は,その1人にすれば足りる.

③　刑事施設に収容されている者に対する送達は,刑事施設の長にする.

〔令4法48,施行4年内〕

（送達報告書）

第100条 ① 送達をした者は,書面を作成し,送達に関する事項を記載して,これを裁判所に提出しなければならない.

② 前項の場合において,送達をした者は,同項の規定による書面の提出に代えて,最高裁判所規則で定めるところにより,当該書面に記載すべき事項を最高裁判所規則で定める電子情報処理組織を使用してファイルに記録し,又は当該書面に記載すべき事項に係る電磁的記録を記録した記録媒体を提出することができる.この場合において,当該送達をした者は,同項の書面を提出したものとみなす.

〔令4法48,施行4年内〕

第2款 書類の送達

（送達実施機関）

第101条 ① 書類の送達は,特別の定めがある場合を除き,郵便又は執行官によってする.

② 郵便による送達にあっては,郵便の業務に従事する者を送達をする者とする.

〔令4法48,施行4年内〕

（裁判所書記官による送達）

第102条 裁判所書記官は,その所属する裁判所の事件について出頭した者に対しては,自ら書類の送達をすることができる.

〔令4法48,施行4年内〕

（交付送達の原則）

第102条の2 書類の送達は,特別の定めがある場合を除き,送達を受けるべき者に送達すべき書類を交付してする.

〔令4法48,施行4年内〕

（送達場所）

第103条 ① 書類の送達は,送達を受けるべき者の住所,居所,営業所又は事務所（以下この款において「住所等」という.）においてする.ただし,法定代理人に対する書類の送達は,本人の営業所又は事務所においてもすることができる.

② 前項に定める場所が知れないとき,又はその場所において送達をするのに支障があるときは,書類の送達は,送達を受けるべき者が雇用,委任その他の法律上の行為に基づき就業する他人の住所等（以下「就業場所」という.）においてすることができる.送達を受けるべき者（次条第1項に規定する者を除く.）が就業場所において書類の送達を受ける旨の申述をしたときも,同様とする.

〔令4法48,施行4年内〕

（送達場所等の届出）

第104条 ① 当事者,法定代理人又は訴訟代理人は,書類の送達を受けるべき場所（日本国内に限る.）を受訴裁判所に届け出なければならない.この場合においては,送達受取人をも届け出ることができる.

② 前項前段の規定による届出があった場合には,書類の送達は,前条の規定にかかわらず,その届出に係る場所においてする.

③ 第1項前段の規定による届出をしない者で次の各号に掲げる送達を受けたものに対するその後の書類の送達は,前条の規定にかかわらず,それぞれ当該各号に定める場所においてする.

1 前条の規定による送達 その送達をした場所

2 次条後段の規定による送達のうち郵便の業務に従事する者が日本郵便株式会社の営業所（郵便の業務を行うものに限る.第106条第1項後段において同じ.）においてするもの及び同項後段の規定による送達 その送達において送達をすべき場所とされていた場所

3 第107条第1項第1号の規定による送達 その送達において宛先とした場所

〔令4法48,施行4年内〕

（出会送達）

第105条 前2条の規定にかかわらず,送達を受けるべき者で日本国内に住所等を有することが明らかでないもの（前条第1項前段の規定による届出をした者を除く.）に対する書類の送達は,その者に出会った場所においてすることができる.日本国内に住所等を有することが明らかな者又は同項前段の規定による届出をした者が書類の送達を受けることを拒まないときも,同様とする.

〔令4法48,施行4年内〕

（補充送達及び差置送達）

第106条 ① 就業場所以外の書類の送達をすべき場所において送達を受けるべき者に出会わないときは,使用人その他の従業者又は同居者であって,書類の受領について相当のわきまえのあるものに書類を交付することができる.郵便の業務に従事する者が日本郵便株式会社の営業所において書類を交付すべきときも,同様とする.

② 就業場所（第104条第1項前段の規定による届出に係る場所が就業場所である場合を含む.）において送達を受けるべき者に出会わない場合において,第103条第2項の他人又はその法定代理人若しくは使用人その他の従業者であって,書類の受領について相当のわきまえのあるものが書類の交付を受けることを拒

まないときは、これらの者に書類を交付することができる。

③ 送達を受けるべき者又は第1項前段の規定により書類の交付を受けるべき者が正当な理由なくこれを受けることを拒んだときは、書類の送達をすべき場所に書類を差し置くことができる。　　〔令4法48, 施行4年内〕

（書留郵便等に付する送達）

第107条 ① 前条の規定により送達をすることができない場合（第109条の2の規定により送達をすることができる場合を除く。）には、裁判所書記官は、次の各号に掲げる区分に応じ、それぞれ当該各号に定める場所に宛てて、書類を書留郵便又は民間事業者による信書の送達に関する法律（平成14年法律第99号）第2条第6項に規定する一般信書便事業者若しくは同条第9項に規定する特定信書便事業者の提供する同条第2項に規定する信書便の役務のうち書留郵便に準ずるものとして最高裁判所規則で定めるもの（次項及び第3項において「書留郵便等」という。）に付して発送することができる。

1　第103条の規定による送達をすべき場合
　　同条第1項に定める場所

2　第104条第2項の規定による送達をすべき場合
　　同項の場所

3　第104条第3項の規定による送達をすべき場合
　　同項の場所（その場所が就業場所である場合にあっては、訴訟記録に表れたその者の住所等）

② 前項第2号又は第3号の規定により書類を書留郵便等に付して発送した場合には、その後に送達すべき書類は、同項第2号又は第3号に定める場所に宛てて、書留郵便等に付して発送することができる。

③ 前2項の規定により書類を書留郵便等に付して発送した場合には、その発送の時に、送達があったものとみなす。
　　〔令4法48, 施行4年内〕

（外国における書類の送達）

第108条 外国においてすべき書類の送達は、裁判長がその国の管轄官庁又はその国に駐在する日本の大使、公使若しくは領事に嘱託してする。　　〔令4法48, 施行4年内〕

第3款　電磁的記録の送達

（電磁的記録に記録された事項を出力した書面による送達）

第109条 電磁的記録の送達は、特別の定めがある場合を除き、前款の定めるところにより、

この法律その他の法令の規定によりファイルに記録された送達すべき電磁的記録（以下この節において単に「送達すべき電磁的記録」という。）に記録されている事項を出力することにより作成した書面によってする。
　　〔令4法48, 施行4年内〕

（電子情報処理組織による送達）

第109条の2 ① 電磁的記録の送達は、前条の規定にかかわらず、最高裁判所規則で定めるところにより、送達すべき電磁的記録に記録されている事項につき次条第1項第1号の閲覧又は同項第2号の記録をすることができる措置をとるとともに、送達を受けるべき者に対し、最高裁判所規則で定める電子情報処理組織を使用して当該措置がとられた旨の通知を発する方法によりすることができる。ただし、当該送達を受けるべき者が当該方法により送達を受ける旨の最高裁判所規則で定める方式による届出をしている場合に限る。

② 前項ただし書の届出をする場合には、最高裁判所規則で定めるところにより、同項本文の通知を受ける連絡先を受訴裁判所に届け出なければならない。この場合においては、送達受取人をも届け出ることができる。

③ 第1項本文の通知は、前項の規定により届け出られた連絡先に宛てて発するものとする。
　　〔令4法48, 施行4年内〕

（電子情報処理組織による送達の効力発生の時期）

第109条の3 ① 前条第1項の規定による送達は、次に掲げる時のいずれか早い時に、その効力を生ずる。

1　送達を受けるべき者が送達すべき電磁的記録に記録されている事項を最高裁判所規則で定める方法により表示をしたものの閲覧をした時

2　送達を受けるべき者が送達すべき電磁的記録に記録されている事項についてその使用に係る電子計算機に備えられたファイルへの記録をした時

3　前条第1項本文の通知が発せられた日から1週間を経過した時

② 送達を受けるべき者がその責めに帰することができない事由によって前項第1号の閲覧又は同項第2号の記録をすることができない期間は、同項第3号の期間に算入しない。
　　〔令4法48, 施行4年内〕

（電子情報処理組織による送達を受ける旨の届出をしなければならない者に関する特例）

第109条の4 ① 第109条の2第1項ただし書の規定にかかわらず、第132条の11第1項各

号に掲げる者に対する第109条の2第1項の規定による送達は，その者が同項ただし書の届出をしていない場合であってもすることができる．この場合においては，同項本文の通知を発することを要しない．

② 前項の規定により送達をする場合における前条の規定の適用については，同条第1項第3号中「通知が発せられた」とあるのは，「措置がとられた」とする．〔令4法48, 施行4年内〕

第4款 公示送達
（公示送達の要件）

第110条 ① 次に掲げる場合には，裁判所書記官は，申立てにより，公示送達をすることができる．

1 当事者の住所，居所その他送達をすべき場所が知れない場合（第109条の2の規定により送達をすることができる場合を除く．）

2 第107条第1項の規定により送達をすることができない場合

3 外国においてすべき書類の送達について，第108条の規定によることができず，又はこれによっても送達をすることができないと認めるべき場合

4 第108条の規定により外国の管轄官庁に嘱託を発した後6月を経過してもその送達を証する書面の送付がない場合

② 前項の場合において，裁判所は，訴訟の遅滞を避けるため必要があると認めるときは，申立てがないときであっても，裁判所書記官に公示送達をすべきことを命ずることができる．

③ 同一の当事者に対する2回目以降の公示送達は，職権でする．ただし，第1項第4号に掲げる場合は，この限りでない．
〔令4法48, 施行4年内〕

（公示送達の方法）

第111条 公示送達は，次の各号に掲げる区分に応じ，それぞれ当該各号に定める事項を最高裁判所規則で定める方法により不特定多数の者が閲覧することができる状態に置く措置をとるとともに，当該事項が記載された書面を裁判所の掲示場に掲示し，又は当該事項を裁判所に設置した電子計算機の映像面に表示したものの閲覧をすることができる状態に置く措置をとることによってする．

1 書類の公示送達 裁判所書記官が送達すべき書類を保管し，いつでも送達を受けるべき者に交付すべきこと．

2 電磁的記録の公示送達 裁判所書記官が，送達すべき電磁的記録に記録された事項につき，いつでも送達を受けるべき者に第109条の書面を交付し，又は第109条の2第1項本

文の規定による措置をとるとともに，同項本文の通知を発すべきこと．
〔令4法48, 施行4年内〕

（公示送達の効力発生の時期）

第112条 ① 公示送達は，前条の規定による措置を開始した日から2週間を経過することによって，その効力を生ずる．ただし，第110条第3項の公示送達は，前条の規定による措置を開始した日の翌日にその効力を生ずる．

② 外国においてすべき送達についてした公示送達にあっては，前項の期間は，6週間とする．

③ 前2項の期間は，短縮することができない．
〔令4法48, 施行4年内〕

（公示送達による意思表示の到達）

第113条 訴訟の当事者が相手方の所在を知ることができない場合において，相手方に対する公示送達がされた書類又は電磁的記録に，その相手方に対しその訴訟の目的である請求又は防御の方法に関する意思表示をする旨の記載又は記録があるときは，その意思表示は，第111条の規定による措置を開始した日から2週間を経過した時に，相手方に到達したものとみなす．この場合においては，民法第98条第3項ただし書の規定を準用する．
〔令4法48, 施行4年内〕

第5節 裁判
（既判力の範囲）

第114条 ① 確定判決は，主文に包含するものに限り，既判力を有する．

② 相殺のために主張した請求の成立又は不成立の判断は，相殺をもって対抗した額について既判力を有する．

（確定判決等の効力が及ぶ者の範囲）

第115条 ① 確定判決は，次に掲げる者に対してその効力を有する．

1 当事者

2 当事者が他人のために原告又は被告となった場合のその他人

3 前2号に掲げる者の口頭弁論終結後の承継人

4 前3号に掲げる者のために請求の目的物を所持する者

② 前項の規定は，仮執行の宣言について準用する．

（判決の確定時期）

第116条 ① 判決は，控訴若しくは上告（第327条第1項（第380条第2項において準用する場合を含む．）の上告を除く．）の提起，第318条第1項の申立て又は第357条（第367条第2項において準用する場合を含む．），第378条第1項若しくは第381条の7第1項の規定による異議の申立てについて定めた期間の満了前には，確定しないものとする．

② 判決の確定は, 前項の期間内にした控訴の提起, 同項の上告の提起又は同項の申立てにより, 遮断される. 〔令4法48, 施行4年内〕

(定期金による賠償を命じた確定判決の変更を求める訴え)

第117条 ① 口頭弁論終結前に生じた損害につき定期金による賠償を命じた確定判決について, 口頭弁論終結後に, 後遺障害の程度, 賃金水準その他の損害額の算定の基礎となった事情に著しい変更が生じた場合には, その判決の変更を求める訴えを提起することができる. ただし, その訴えの提起の日以後に支払期限が到来する定期金に係る部分に限る.

② 前項の訴えは, 第一審裁判所の管轄に専属する.

(外国裁判所の確定判決の効力)

第118条 外国裁判所の確定判決は, 次に掲げる要件のすべてを具備する場合に限り, その効力を有する.

1 法令又は条約により外国裁判所の裁判権が認められること.

2 敗訴の被告が訴訟の開始に必要な呼出し若しくは命令の送達 (公示送達その他これに類する送達を除く.) を受けたこと又はこれを受けなかったが応訴したこと.

3 判決の内容及び訴訟手続が日本における公の秩序又は善良の風俗に反しないこと.

4 相互の保証があること.

(決定及び命令の告知)

第119条 決定及び命令は, 相当と認める方法で告知することによって, その効力を生ずる.

(訴訟指揮に関する裁判の取消し)

第120条 訴訟の指揮に関する決定及び命令は, いつでも取り消すことができる.

(裁判所書記官の処分に対する異議)

第121条 裁判所書記官の処分に対する異議の申立てについては, その裁判所書記官の所属する裁判所が, 決定で, 裁判をする.

(判決に関する規定の準用)

第122条 決定及び命令には, その性質に反しない限り, 判決に関する規定を準用する.

(判事補の権限)

第123条 判決以外の裁判は, 判事補が単独ですることができる.

第6節　訴訟手続の中断及び中止

(訴訟手続の中断及び受継)

第124条 ① 次の各号に掲げる事由があるときは, 訴訟手続は, 中断する. この場合においては, それぞれ当該各号に定める者は, 訴訟手続を受け継がなければならない.

1 当事者の死亡

相続人, 相続財産管理人その他法令によ

り訴訟を続行すべき者

2 当事者である法人の合併による消滅

合併によって設立された法人又は合併後存続する法人

3 当事者の訴訟能力の喪失又は法定代理人の死亡若しくは代理権の消滅

法定代理人又は訴訟能力を有するに至った当事者

4 次のイからハまでに掲げる者の信託に関する任務の終了　当該イからハまでに定める者

イ 当事者である受託者　新たな受託者又は信託財産管理者若しくは信託財産法人管理人

ロ 当事者である信託財産管理者又は信託財産法人管理人　新たな受託者又は新たな信託財産管理者若しくは新たな信託財産法人管理人

ハ 当事者である信託管理人　受益者又は新たな信託管理人

5 一定の資格を有する者で自己の名で他人のために訴訟の当事者となるものの死亡その他の事由による資格の喪失

同一の資格を有する者

6 選定当事者の全員の死亡その他の事由による資格の喪失

選定者の全員又は新たな選定当事者

② 前項の規定は, 訴訟代理人がある間は, 適用しない.

③ 第1項第1号に掲げる事由がある場合においても, 相続人は, 相続の放棄をすることができる間は, 訴訟手続を受け継ぐことができない.

④ 第1項第2号の規定は, 合併をもって相手方に対抗することができない場合には, 適用しない.

⑤ 第1項第3号の法定代理人が保佐人又は補助人である場合にあっては, 同号の規定は, 次に掲げるときには, 適用しない.

1 被保佐人又は被補助人が訴訟行為をすることについて保佐人又は補助人の同意を得ることを要しないとき.

2 被保佐人又は被補助人が前号に規定する同意を得ることを要する場合において, その同意を得ているとき.

第125条 ① 所有者不明土地管理命令 (民法第264条の2第1項に規定する所有者不明土地管理命令をいう. 以下この項及び次項において同じ.) が発せられたときは, 当該所有者不明土地管理命令の対象とされた土地又は共有持分及び当該所有者不明土地管理命令の効力が及ぶ動産並びにその管理, 処分その他の事由により所有者不明土地管理人 (同条第4項に規定する所有者不明土地管理人をいう. 以

下この項及び次項において同じ.）が得た財産（以下この項及び次項において「所有者不明土地等」という.）に関する訴訟手続で当該所有者不明土地等の所有者（その共有持分を有する者を含む. 同項において同じ.）を当事者とするものは,中断する. この場合においては,所有者不明土地管理人は,訴訟手続を受け継ぐことができる.

② 所有者不明土地管理命令が取り消されたときは,所有者不明土地管理人を当事者とする所有者不明土地等に関する訴訟手続は,中断する. この場合においては,所有者不明土地等の所有者は,訴訟手続を受け継がなければならない.

③ 第1項の規定は所有者不明建物管理命令（民法第264条の8第1項に規定する所有者不明建物管理命令をいう. 以下この項において同じ.）が発せられた場合について,前項の規定は所有者不明建物管理命令が取り消された場合について準用する.

（相手方による受継の申立て）

第126条 訴訟手続の受継の申立ては,相手方もすることができる.

（受継の通知）

第127条 訴訟手続の受継の申立てがあった場合には,裁判所は,相手方に通知しなければならない.

（受継についての裁判）

第128条 ① 訴訟手続の受継の申立てがあった場合には,裁判所は,職権で調査し,理由がないと認めるときは,決定で,その申立てを却下しなければならない.

② 第255条（第374条第2項において準用する場合を含む. 以下この項において同じ.）の規定による第255条第1項に規定する電子判決書又は電子調書の送達後に中断した訴訟手続の受継の申立てがあった場合には,その判決をした裁判所は,その申立てについて裁判をしなければならない. 〔令4法48,施行4年内〕

（職権による続行命令）

第129条 当事者が訴訟手続の受継の申立てをしない場合においても,裁判所は,職権で,訴訟手続の続行を命ずることができる.

（裁判所の職務執行不能による中止）

第130条 天災その他の事由によって裁判所が職務を行うことができないときは,訴訟手続は,その事由が消滅するまで中止する.

（当事者の故障による中止）

第131条 ① 当事者が不定期間の故障により訴訟手続を続行することができないときは,裁判所は,決定で,その中止を命ずることができる.

② 裁判所は,前項の決定を取り消すことができる.

（中断及び中止の効果）

第132条 ① 判決の言渡しは,訴訟手続の中断中であっても,することができる.

② 訴訟手続の中断又は中止があったときは,期間は,進行を停止する. この場合においては,訴訟手続の受継の通知又はその続行の時から,新たに全期間の進行を始める.

第6章 訴えの提起前における証拠収集の処分等

（訴えの提起前における照会）

第132条の2 ① 訴えを提起しようとする者が訴えの被告となるべき者に対し訴えの提起を予告する通知（以下この章において「予告通知」という.）を書面でした場合には,その予告通知をした者（以下この章において「予告通知者」という.）は,その予告通知を受けた者（以下この章において「被予告通知者」という.）に対し,その予告通知をした日から4月以内に限り,訴えの提起前に,訴えを提起した場合の主張又は立証を準備するために必要であることが明らかな事項について,相当の期間を定めて,書面により,又は被予告通知者の選択により書面若しくは電磁的方法（電子情報処理組織を使用する方法その他の情報通信の技術を利用する方法であって最高裁判所規則で定めるものをいう. 以下同じ.）のいずれかにより回答するよう,書面により照会をすることができる. ただし,その照会が次の各号のいずれかに該当するときは,この限りでない.

1 第163条第1項各号のいずれかに該当する照会

2 相手方又は第三者の私生活についての秘密に関する事項についての照会であって,これに回答することにより,その相手方又は第三者が社会生活を営むのに支障を生ずるおそれがあるもの

3 相手方又は第三者の営業秘密に関する事項についての照会

② 前項第2号に規定する第三者の私生活についての秘密又は同項第3号に規定する第三者の営業秘密に関する事項についての照会については,相手方がこれに回答することをその第三者が承諾した場合には,これらの規定は,適用しない.

③ 予告通知の書面には,提起しようとする訴えに係る請求の要旨及び紛争の要点を記載しなければならない.

④ 予告通知をする者は,第1項の規定による書面による予告通知に代えて,当該予告通知を受ける者の承諾を得て,電磁的方法により予告

通知をすることができる. この場合において, 当該予告通知をする者は,同項の規定による書面による予告通知をしたものとみなす.

⑤ 予告通知者は,第1項の規定による書面による照会に代えて,被予告通知者の承諾を得て,電磁的方法により照会をすることができる.

⑥ 被予告通知者(第1項の規定により書面又は電磁的方法のいずれかにより回答するよう照会を受けたものを除く.)は,同項の規定による書面による回答に代えて,予告通知者の承諾を得て,電磁的方法により回答をすることができる. この場合において,被予告通知者は,同項の規定による書面による回答をしたものとみなす.

⑦ 第1項の照会は,既にした予告通知と重複する予告通知に基づいては,することができない.　〔令4法48,施行4年内〕

第132条の3 ① 被予告通知者は,予告通知者に対し,当該予告通知者がした予告通知の書面に記載された前条第3項の請求の要旨及び紛争の要点に対する答弁の要旨を記載した書面でその予告通知に対する返答をしたときは,予告通知者に対し,その予告通知がされた日から4月以内に限り,訴えの提起前に,訴えが提起された場合の主張又は立証を準備するために必要であることが明らかな事項について,相当の期間を定めて,書面により,又は予告通知者の選択により書面若しくは電磁的方法のいずれかにより回答するよう,書面により照会をすることができる.

② 前条第1項ただし書,第2項及び第4項から第6項までの規定は,前項の場合について準用する. この場合において,同条第4項中「書面による予告通知」とあるのは「書面による返答」と,「電磁的方法により予告通知」とあるのは「電磁的方法により返答」と読み替えるものとする.

③ 第1項の照会は,既にされた予告通知と重複する予告通知に対する返答に基づいては,することができない.　〔令4法48,施行4年内〕

(訴えの提起前における証拠収集の処分)

第132条の4 ① 裁判所は,予告通知者又は前条第1項の返答をした被予告通知者の申立てにより,当該予告通知に係る訴えが提起された場合の立証に必要であることが明らかな証拠となるべきものについて,申立人がこれを自ら収集することが困難であると認められるときは,その予告通知又は返答の相手方(以下この章において単に「相手方」という.)の意見を聴いて,訴えの提起前に,その収集に係る次に掲げる処分をすることができる. ただし,その

収集に要すべき時間又は嘱託を受けるべき者の負担が不相当なものとなることその他の事情により,相当でないと認めるときは,この限りでない.

1 文書(第231条に規定する物件を含む. 以下この章において同じ.)の所持者にその文書の送付を嘱託し,又は電磁的記録を利用する権限を有する者にその電磁的記録の送付を嘱託すること.

2 必要な調査を官庁若しくは公署,外国の官庁若しくは公署又は学校,商工会議所,取引所その他の団体(次条第1項第2号において「官公署等」という.)に嘱託すること.

3 専門的な知識経験を有する者にその専門的な知識経験に基づく意見の陳述を嘱託すること.

4 執行官に対し,物の形状,占有関係その他の現況について調査を命ずること.

② 前項の処分の申立ては,予告通知がされた日から4月の不変期間内にしなければならない. ただし,その期間の経過後にその申立てをすることについて相手方の同意があるときは,この限りでない.

③ 第1項の処分の申立ては,既にした予告通知と重複する予告通知又はこれに対する返答に基づいては,することができない.

④ 裁判所は,第1項の処分をした後において,同項ただし書に規定する事情により相当でないと認められるに至ったときは,その処分を取り消すことができる.　〔令4法48,施行4年内〕

(証拠収集の処分の管轄裁判所等)

第132条の5 ① 次の各号に掲げる処分の申立ては,それぞれ当該各号に定める地を管轄する地方裁判所にしなければならない.

1 前条第1項第1号の処分の申立て　申立人若しくは相手方の普通裁判籍の所在地又は文書を所持する者若しくは電磁的記録を利用する権限を有する者の居所

2 前条第1項第2号の処分の申立て　申立人若しくは相手方の普通裁判籍の所在地又は調査の嘱託を受けるべき官公署等の所在地

3 前条第1項第3号の処分の申立て　申立人若しくは相手方の普通裁判籍の所在地又は特定の物につき意見の陳述の嘱託がされるべき場合における当該特定の物の所在地

4 前条第1項第4号の処分の申立て　調査に係る物の所在地

② 第16条第1項,第21条及び第22条の規定は,前項の処分の申立てに係る事件について準用する.　〔令4法48,施行4年内〕

(証拠収集の処分の手続等)

第132条の6 ① 裁判所は,第132条の4第1

項第1号から第3号までの処分をする場合には，嘱託を受けた者が文書若しくは電磁的記録の送付，調査結果の報告又は意見の陳述をすべき期間を定めなければならない．

② 第132条の4第1項第2号の嘱託若しくは同項第4号の命令に係る調査結果の報告又は同項第3号の嘱託に係る意見の陳述は，書面でしなければならない．

③ 第132条の4第1項第2号若しくは第3号の嘱託を受けた者又は同項第4号の命令を受けた者（以下この項において「嘱託等を受けた者」という．）は，前項の規定による書面による調査結果の報告又は意見の陳述に代えて，最高裁判所規則で定めるところにより，当該書面に記載すべき事項を最高裁判所規則で定める電子情報処理組織を使用してファイルに記録する方法又は当該事項に係る電磁的記録を記録した記録媒体を提出する方法による調査結果の報告又は意見の陳述を行うことができる．この場合において，当該嘱託等を受けた者は，同項の規定による書面による調査結果の報告又は意見の陳述をしたものとみなす．

④ 裁判所は，第132条の4第1項の処分に基づいて文書若しくは電磁的記録の送付，調査結果の報告又は意見の陳述がされたときは，申立人及び相手方にその旨を通知しなければならない．この場合において，送付に係る文書若しくは電磁的記録を記録した記録媒体又は調査結果の報告若しくは意見の陳述に係る書面若しくは電磁的記録を記録した記録媒体については，第132条の13の規定は，適用しない．

⑤ 裁判所は，次条の定める手続による申立人及び相手方の利用に供するため，前項に規定する通知を発した日から1月間，送付に係る文書若しくは電磁的記録又は調査結果の報告若しくは意見の陳述に係る書面若しくは電磁的記録を保管しなければならない．

⑥ 第180条第1項の規定は第132条の4第1項の処分について，第184条第1項の規定は第132条の4第1項第1号から第3号までの処分について，第213条の規定は同号の処分について，第231条の3第2項の規定は第132条の4第1項第1号の処分について，それぞれ準用する． 〔令4法48，施行4年内〕

（事件の記録の閲覧等）

第132条の7 第91条（第2項を除く．）の規定は非電磁的証拠収集処分記録の閲覧等（第132条の4第1項の処分の申立てに係る事件の記録（ファイル記録事項に係る部分を除く．）の閲覧若しくは謄写，その正本，謄本若しくは抄本の交付又はその複製をいう．第133

条第3項において同じ．）の請求について，第91条の2の規定は電磁的証拠収集処分記録の閲覧等（第132条の4第1項の処分の申立てに係る事件の記録中ファイル記録事項に係る部分の閲覧若しくは複写又はファイル記録事項の全部若しくは一部を証明した書面の交付若しくはファイル記録事項の全部若しくは一部を証明した電磁的記録の提供をいう．第133条第3項において同じ．）の請求について，第91条の3の規定は第132条の4第1項の処分の申立てに係る事件に関する事項を証明した書面の交付又は当該事項を証明した電磁的記録の提供の請求について，それぞれ準用する．この場合において，第91条第1項及び第91条の2第1項中「何人も」とあるのは「申立人及び相手方は」と，第91条第3項，第91条の2第2項及び第3項並びに第91条の3中「当事者及び利害関係を疎明した第三者」とあるのは「申立人及び相手方」と，第91条第4項中「当事者又は利害関係を疎明した第三者」とあるのは「申立人又は相手方」と読み替えるものとする． 〔令4法48，施行4年内〕

（不服申立ての不許）

第132条の8 第132条の4第1項の処分についての裁判に対しては，不服を申し立てることができない．

（証拠収集の処分に係る裁判に関する費用の負担）

第132条の9 第132条の4第1項の処分の申立てについての裁判に関する費用は，申立人の負担とする．

第7章　電子情報処理組織による申立て等

（電子情報処理組織による申立て等）

第132条の10 ① 民事訴訟に関する手続における申立てその他の申述（以下「申立て等」という．）のうち，当該申立て等に関するこの法律その他の法令の規定により書面等（書面，書類，文書，謄本，抄本，正本，副本，複本その他文字，図形等人の知覚によって認識することができる情報が記載された紙その他の有体物をいう．以下この章において同じ．）をもってするものとされているものであって，裁判所に対してするもの（当該裁判所の裁判長，受命裁判官，受託裁判官又は裁判所書記官に対してするものを含む．）については，当該法令の規定にかかわらず，最高裁判所規則で定めるところにより，最高裁判所規則で定める電子情報処理組織を使用して当該書面等に記載すべき事項をファイルに記録する方法により行うことができる．

② 前項の方法によりされた申立て等（以下この条において「電子情報処理組織を使用する申立て等」という.）については，当該申立て等を書面等をもってするものとして規定した申立て等に関する法令の規定に規定する書面等をもってされたものとみなして，当該法令その他の当該申立て等に関する法令の規定を適用する.

③ 電子情報処理組織を使用する申立て等は，当該電子情報処理組織を使用する申立て等に係る事項がファイルに記録された時に，当該裁判所に到達したものとみなす.

④ 第1項の場合において，当該申立て等に関する他の法令の規定により署名等（署名，記名，押印その他氏名又は名称を書面等に記載することをいう. 以下この項において同じ.）をすることとされているものについては，当該申立て等をする者は，当該法令の規定にかかわらず，当該署名等に代えて，最高裁判所規則で定めるところにより，氏名又は名称を明らかにする措置を講じなければならない.

⑤ 電子情報処理組織を使用する申立て等がされたときは，当該電子情報処理組織を使用する申立て等に係る送達は，当該電子情報処理組織を使用する申立て等に係る法令の規定にかかわらず，当該電子情報処理組織を使用する申立て等によりファイルに記録された事項に係る電磁的記録の送達によってする.

⑥ 前項の方法により行われた電子情報処理組織を使用する申立て等に係る送達については，当該電子情報処理組織を使用する申立て等に関する法令の規定に規定する送達の方法により行われたものとみなして，当該送達に関する法令その他の当該電子情報処理組織を使用する申立て等に関する法令の規定を適用する.

〔令4法48, 施行4年内〕

（電子情報処理組織による申立て等の特例）

第132条の11 ① 次の各号に掲げる者は，それぞれ当該各号に定める事件の申立て等をするときは，前条第1項の方法により，これを行わなければならない. ただし，口頭ですることができる申立て等について，口頭でするときは，この限りでない.

1 訴訟代理人のうち委任を受けたもの（第54条第1項ただし書の許可を得て訴訟代理人となったものを除く.） 当該委任を受けた事件

2 国の利害に関係のある訴訟についての法務大臣の権限等に関する法律（昭和22年法律第194号）第2条，第5条第1項，第6条第2項，第6条の2第4項若しくは第5項，

第6条の3第4項若しくは第5項又は第7条第3項の規定による指定を受けた者 当該指定の対象となった事件

3 地方自治法（昭和22年法律第67号）第153条第1項の規定による委任を受けた職員 当該委任を受けた事件

② 前項各号に掲げる者は，第109条の2第1項ただし書の届出をしなければならない.

③ 第1項の規定は，同項各号に掲げる者が裁判所の使用に係る電子計算機の故障その他の責めに帰することができない事由により，電子情報処理組織を使用する方法により申立て等を行うことができない場合には，適用しない.

〔令4法48, 施行4年内〕

（書面等による申立て等）

第132条の12 ① 申立て等が書面等により行われたとき（前条第1項の規定に違反して行われたときを除く.）は，裁判所書記官は，当該書面等に記載された事項（次の各号に掲げる場合における当該各号に定める事項を除く.）をファイルに記録しなければならない. ただし，当該事項をファイルに記録することにつき困難な事情があるときは，この限りでない.

1 当該申立て等に係る書面等について，当該申立て等とともに第92条第1項の申立て（同項第2号に掲げる事由があることを理由とするものに限る.）がされた場合において，当該書面等に記載された営業秘密がその訴訟の追行の目的以外の目的で使用され，又は当該営業秘密が開示されることにより，当該営業秘密に基づく当事者の事業活動に支障を生ずるおそれがあり，これを防止するため裁判所が特に必要があると認めるとき（当該同項の申立てが却下されたとき又は当該同項の申立てに係る決定を取り消す裁判が確定したときを除く.） 当該書面等に記載された営業秘密

2 書面等により第133条第2項の規定による届出があった場合 当該書面等に記載された事項

3 当該申立て等に係る書面等について，当該申立て等とともに第133条の2第2項の申立てがされた場合において，裁判所が必要があると認めるとき（当該同項の申立てが却下されたとき又は当該同項の申立てに係る決定を取り消す裁判が確定したときを除く.） 当該書面等に記載された同項に規定する秘匿事項記載部分

② 前項の規定によりその記載された事項がファイルに記録された書面等による申立て等に係る送達は，当該申立て等に係る法令の規定

にかかわらず，同項の規定によりファイルに記録された事項に係る電磁的記録の送達をもって代えることができる．

③　前項の方法により行われた申立て等に係る送達については，当該申立て等に関する法令の規定に規定する送達の方法により行われたものとみなして，当該送達に関する法令その他の当該申立て等に関する法令の規定を適用する．
〔令4法48, 施行4年内〕

（書面等に記録された事項のファイルへの記録等）

第132条の13　裁判所書記官は，前条第1項に規定する申立て等に係る書面等のほか，民事訴訟に関する手続においてこの法律その他の法令の規定に基づき裁判所に提出された書面等又は電磁的記録を記録した記録媒体に記載され，又は記録されている事項（次の各号に掲げる場合における当該各号に定める事項を除く．）をファイルに記録しなければならない．ただし，当該事項をファイルに記録することにつき困難な事情があるときは，この限りでない．
1　当該書面等又は当該記録媒体について，これらの提出とともに第92条第1項の申立て（同項第2号に掲げる事由があることを理由とするものに限る．）がされた場合において，当該書面等若しくは当該記録媒体に記載され，若しくは記録された営業秘密がその訴訟の追行の目的以外の目的で使用され，又は当該営業秘密が開示されることにより，当該営業秘密に基づく当事者の事業活動に支障を生ずるおそれがあり，これを防止するため裁判所が特に必要があると認めるとき（当該申立てが却下されたとき又は当該申立てに係る決定を取り消す裁判が確定したときを除く．）　当該書面等若しくは当該記録媒体に記載され，又は記録された営業秘密
2　当該記録媒体を提出する方法により次条第2項の規定による届出があった場合　当該記録媒体に記録された事項
3　当該書面等又は当該記録媒体について，これらの提出とともに第133条の2第2項の申立てがされた場合において，裁判所が必要があると認めるとき（当該申立てが却下されたとき又は当該申立てに係る決定を取り消す裁判が確定したときを除く．）　当該書面等又は当該記録媒体に記載され，又は記録された同項に規定する秘匿事項記載部分
4　第133条の3第1項の規定による決定があった場合において，裁判所が必要があると認めるとき（当該決定を取り消す裁判が確定したときを除く．）　当該決定に係る書面等及び電磁的記録を記録した記録媒体に記載され，又は記録された事項　〔令4法48, 施行4年内〕

第8章　当事者に対する住所，氏名等の秘匿

（申立人の住所，氏名等の秘匿）

第133条　①　申立て等をする者又はその法定代理人の住所，居所その他その通常所在する場所（以下この項及び次項において「住所等」という．）の全部又は一部が当事者に知られることによって当該申立て等をする者又は当該法定代理人が社会生活を営むのに著しい支障を生ずるおそれがあることにつき疎明があった場合には，裁判所は，申立てにより，決定で，住所等の全部又は一部を秘匿する旨の裁判をすることができる．申立て等をする者又はその法定代理人の氏名その他当該者を特定するに足りる事項（次項において「氏名等」という．）についても，同様とする．

②　前項の申立てをするときは，同項の申立て等をする者又はその法定代理人（以下この章において「秘匿対象者」という．）の住所等又は氏名等（次条第2項において「秘匿事項」という．）その他最高裁判所規則で定める事項を書面その他最高裁判所規則で定める方法により届け出なければならない．

③　第1項の申立てがあったときは，その申立てについての裁判が確定するまで，当該申立てに係る秘匿対象者以外の者は，訴訟記録等（訴訟記録又は第132条の4第1項の処分の申立てに係る事件の記録をいう．以下この章において同じ．）中前項の規定による届出に係る部分（次条において「秘匿事項届出部分」という．）について訴訟記録等の閲覧等（訴訟記録の閲覧等，非電磁的証拠収集処分記録の閲覧等又は電磁的証拠収集処分記録の閲覧等をいう．以下この章において同じ．）の請求をすることができない．

④　第1項の申立てを却下した裁判に対しては，即時抗告をすることができる．

⑤　裁判所は，秘匿対象者の住所又は氏名について第1項の決定（以下この章において「秘匿決定」という．）をする場合には，当該秘匿決定において，当該秘匿対象者の住所又は氏名に代わる事項を定めなければならない．この場合において，その事項を当該事件並びにその事件についての反訴，参加，強制執行，仮差押え及び仮処分に関する手続において記載し，又は記録したときは，この法律その他の法令の規定の適用については，当該秘匿対象者の住所又は氏名を記載し，又は記録したものとみなす．

〔令4法48, 施行4年内〕
（秘匿決定があった場合における閲覧等の制限の特則）

第133条の2 ① 秘匿決定があった場合には, 秘匿事項届出部分に係る訴訟記録等の閲覧等の請求をすることができる者を当該秘匿決定に係る秘匿対象者に限る.

② 前項の場合において, 裁判所は, 申立てにより, 決定で, 訴訟記録等中秘匿事項届出部分以外のものであって秘匿事項又は秘匿事項を推知することができる事項が記載され, 又は記録された部分（以下この条において「秘匿事項記載部分」という.）に係る訴訟記録等の閲覧等の請求をすることができる者を当該秘匿決定に係る秘匿対象者に限ることができる.

③ 前項の申立てがあったときは, その申立てについての裁判が確定するまで, 当該秘匿決定に係る秘匿対象者以外の者は, 当該秘匿事項記載部分に係る訴訟記録等の閲覧等の請求をすることができない.

④ 第2項の申立てを却下した裁判に対しては, 即時抗告をすることができる.

⑤ 裁判所は, 第2項の申立てがあった場合において, 必要があると認めるときは, 電磁的訴訟記録等（電磁的訴訟記録又は第132条の4第1項の処分の申立てに係る事件の記録中ファイル記録事項に係る部分をいう. 以下この項及び次項において同じ.）中当該秘匿事項記載部分につき, その内容を書面に出力し, 又はこれを他の記録媒体に記録するとともに, 当該部分を電磁的訴訟記録等から消去する措置その他の当該秘匿事項記載部分の安全管理のために必要かつ適切なものとして最高裁判所規則で定める措置を講ずることができる.

⑥ 前項の規定による電磁的訴訟記録等から消去する措置が講じられた場合において, その後に第2項の申立てを却下する裁判が確定したとき, 又は当該申立てに係る決定を取り消す裁判が確定したときは, 裁判所書記官は, 当該秘匿事項記載部分をファイルに記録しなければならない. 〔令4法48, 施行4年内〕

（送達をすべき場所等の調査嘱託があった場合における閲覧等の制限の特則）

第133条の3 ① 裁判所は, 当事者又はその法定代理人に対して送達をするため, その者の住所, 居所その他送達をすべき場所についての調査を嘱託した場合において, 当該嘱託に係る調査結果の報告が記載され, 又は記録された書面又は電磁的記録が閲覧されることにより, 当事者又はその法定代理人が社会生活を営むのに著しい支障を生ずるおそれがあることが明ら

かであると認めるときは, 決定で, 当該書面又は電磁的記録及びこれに基づいてされた送達に関する第100条の書面又は電磁的記録その他これに類する書面又は電磁的記録に係る訴訟記録等の閲覧等の請求をすることができる者を当該当事者又は当該法定代理人に限ることができる. 当事者又はその法定代理人を特定するため, その者の氏名その他当該者を特定するに足りる事項についての調査を嘱託した場合についても, 同様とする.

② 前条第5項及び第6項の規定は, 前項の規定による決定があった場合について準用する. 〔令4法48, 施行4年内〕

（秘匿決定の取消し等）

第133条の4 ① 秘匿決定, 第133条の2第2項の決定又は前条第1項の決定（次項及び第7項において「秘匿決定等」という.）に係る者以外の者は, 訴訟記録等の存する裁判所に対し, その要件を欠くこと又はこれを欠くに至ったことを理由として, その決定の取消しの申立てをすることができる.

② 秘匿決定等に係る者以外の当事者は, 秘匿決定等がある場合であっても, 自己の攻撃又は防御に実質的な不利益を生ずるおそれがあるときは, 訴訟記録等の存する裁判所の許可を得て, 第133条の2第1項若しくは第2項又は前条第1項の規定により訴訟記録等の閲覧等の制限される部分につきその請求をすることができる.

③ 裁判所は, 前項の規定による許可の申立てがあった場合において, その原因となる事実につき疎明があったときは, これを許可しなければならない.

④ 裁判所は, 第1項の取消し又は第2項の許可の裁判をするときは, 次の各号に掲げる区分に従い, それぞれ当該各号に定める者の意見を聴かなければならない.

　1　秘匿決定又は第133条の2第2項の決定に係る裁判をするとき　当該決定に係る秘匿対象者

　2　前条の決定に係る裁判をするとき　当該決定に係る当事者又は法定代理人

⑤ 第1項の取消しの申立てについての裁判及び第2項の許可の申立てについての裁判に対しては, 即時抗告をすることができる.

⑥ 第1項の取消し及び第2項の許可の裁判は, 確定しなければその効力を生じない.

⑦ 第2項の許可の裁判があったときは, その許可の申立てに係る当事者又はその法定代理人, 訴訟代理人若しくは補佐人は, 正当な理由なく, その許可により得られた情報を, 当該手

続の追行の目的以外の目的のために利用し、又は秘匿決定等に係る者以外の者に開示してはならない. 〔令4法48, 施行4年内〕

◆ 第2編 第一審の訴訟手続 ◆

第1章 訴 え

（訴え提起の方式）

第134条 ① 訴えの提起は，訴状を裁判所に提出してしなければならない.

② 訴状には，次に掲げる事項を記載しなければならない.

1 当事者及び法定代理人

2 請求の趣旨及び原因

（証書真否確認の訴え）

第134条の2 確認の訴えは，法律関係を証する書面の成立の真否を確定するためにも提起することができる.

（将来の給付の訴え）

第135条 将来の給付を求める訴えは，あらかじめその請求をする必要がある場合に限り，提起することができる.

（請求の併合）

第136条 数個の請求は，同種の訴訟手続による場合に限り，一の訴えですることができる.

（裁判長の訴状審査権）

第137条 ① 訴状が第134条第2項の規定に違反する場合には，裁判長は，相当の期間を定め，その期間内に不備を補正すべきことを命じなければならない. 民事訴訟費用等に関する法律（昭和46年法律第40号）の規定に従い訴えの提起の手数料を納付しない場合も，同様とする.

② 前項の場合において，原告が不備を補正しないときは，裁判長は，命令で，訴状を却下しなければならない.

③ 前項の命令に対しては，即時抗告をすることができる. 〔令4法48, ＝箇所：削除, 施行4年内〕

（訴えの提起の手数料の納付がない場合の訴状却下）

第137条の2 ① 民事訴訟費用等に関する法律（昭和46年法律第40号）の規定に従い訴えの提起の手数料を納付しない場合には，裁判所書記官は，相当の期間を定め，その期間内に当該手数料を納付すべきことを命ずる処分をしなければならない.

② 前項の処分は，相当と認める方法で告知することによって，その効力を生ずる.

③ 第1項の処分に対する異議の申立ては，その告知を受けた日から1週間の不変期間内にしなければならない.

④ 前項の異議の申立ては，執行停止の効力を有する.

⑤ 裁判所は，第3項の異議の申立てがあった場合において，第1項の処分において納付を命じた額を超える額の訴えの提起の手数料を納付すべきと認めるときは，相当の期間を定め，その期間内に当該額を納付すべきことを命じなければならない.

⑥ 第1項又は前項の場合において，原告が納付を命じられた手数料を納付しないときは，裁判長は，命令で，訴状を却下しなければならない.

⑦ 前項の命令に対しては，即時抗告をすることができる. ただし，即時抗告をした者が，その者において相当と認める訴訟の目的の価額に応じて算出される民事訴訟費用等に関する法律の規定による訴えの提起の手数料を納付しないときは，この限りでない.

⑧ 前項ただし書の場合には，原裁判所は，その即時抗告を却下しなければならない.

⑨ 前項の規定による決定に対しては，不服を申し立てることができない. 〔令4法48, 施行4年内〕

（訴状の送達）

第138条 ① 訴状は，被告に送達しなければならない.

② 第137条の規定は，訴状の送達をすることができない場合（訴状の送達に必要な費用を予納しない場合を含む.）について準用する. 〔令4法48, 施行4年内〕

（口頭弁論期日の指定）

第139条 訴えの提起があったときは，裁判長は，口頭弁論の期日を指定し，当事者を呼び出さなければならない.

（口頭弁論を経ない訴えの却下）

第140条 訴えが不適法でその不備を補正することができないときは，裁判所は，口頭弁論を経ないで，判決で，訴えを却下することができる.

（呼出費用の予納がない場合の訴えの却下）

第141条 ① 裁判所は，民事訴訟費用等に関する法律の規定に従い当事者に対する期日の呼出しに必要な費用の予納を相当の期間を定めて原告に命じた場合において，その予納がないときは，被告に異議がない場合に限り，決定で，訴えを却下することができる.

② 前項の決定に対しては，即時抗告をすることができる.

（重複する訴えの提起の禁止）

第142条 裁判所に係属する事件については，当事者は，更に訴えを提起することができない.

（訴えの変更）

第143条 ① 原告は、請求の基礎に変更がない限り、口頭弁論の終結に至るまで、請求又は請求の原因を変更することができる。ただし、これにより著しく訴訟手続を遅滞させることとなるときは、この限りでない。

② 請求の変更は、書面でしなければならない。

③ 前項の書面は、相手方に送達しなければならない。

④ 裁判所は、請求又は請求の原因の変更を不当であると認めるときは、申立てにより又は職権で、その変更を許さない旨の決定をしなければならない。

（選定者に係る請求の追加）

第144条 ① 第30条第3項の規定による原告となるべき者の選定があった場合には、その者は、口頭弁論の終結に至るまで、その選定者のために請求の追加をすることができる。

② 第30条第3項の規定による被告となるべき者の選定があった場合には、口頭弁論の終結に至るまで、その選定者に係る請求の追加をすることができる。

③ 前条第1項ただし書及び第2項から第4項までの規定は、前2項の請求の追加について準用する。

（中間確認の訴え）

第145条 ① 裁判が訴訟の進行中に争いとなっている法律関係の成立又は不成立に係るときは、当事者は、請求を拡張して、その法律関係の確認の判決を求めることができる。ただし、その確認の請求が他の裁判所の専属管轄（当事者が第11条の規定により合意で定めたものを除く。）に属するときは、この限りでない。

② 前項の訴訟が係属する裁判所が第6条第1項各号に定める裁判所である場合において、前項の確認の請求が同条第1項の規定により他の裁判所の専属管轄に属するときは、前項ただし書の規定は、適用しない。

③ 日本の裁判所が管轄権の専属に関する規定により第1項の確認の請求について管轄権を有しないときは、当事者は、同項の確認の判決を求めることができない。

④ 第143条第2項及び第3項の規定は、第1項の規定による請求の拡張について準用する。

（反　訴）

第146条 ① 被告は、本訴の目的である請求又は防御の方法と関連する請求を目的とする場合に限り、口頭弁論の終結に至るまで、本訴の係属する裁判所に反訴を提起することができる。ただし、次に掲げる場合は、この限りでない。

1 反訴の目的である請求が他の裁判所の専属管轄（当事者が第11条の規定により合意で定めたものを除く。）に属するとき。

2 反訴の提起により著しく訴訟手続を遅滞させることとなるとき。

② 本訴の係属する裁判所が第6条第1項各号に定める裁判所である場合において、反訴の目的である請求が同項の規定により他の裁判所の専属管轄に属するときは、前項第1号の規定は、適用しない。

③ 日本の裁判所が反訴の目的である請求について管轄権を有しない場合には、被告は、本訴の目的である請求又は防御の方法と密接に関連する請求を目的とする場合に限り、第1項の規定による反訴を提起することができる。ただし、日本の裁判所が管轄権の専属に関する規定により反訴の目的である請求について管轄権を有しないときは、この限りでない。

④ 反訴については、訴えに関する規定による。

（裁判上の請求による時効の完成猶予等）

第147条 訴えが提起されたとき、又は第143条第2項（第144条第3項及び第145条第4項において準用する場合を含む。）の書面が裁判所に提出されたときは、その時に時効の完成猶予又は法律上の期間の遵守のために必要な裁判上の請求があったものとする。

第2章　計画審理

（訴訟手続の計画的進行）

第147条の2 裁判所及び当事者は、適正かつ迅速な審理の実現のため、訴訟手続の計画的な進行を図らなければならない。

（審理の計画）

第147条の3 ① 裁判所は、審理すべき事項が多数であり又は錯そうしているなど事件が複雑であることその他の事情によりその適正かつ迅速な審理を行うため必要があると認められるときは、当事者双方と協議をし、その結果を踏まえて審理の計画を定めなければならない。

② 前項の審理の計画においては、次に掲げる事項を定めなければならない。

1 争点及び証拠の整理を行う期間

2 証人及び当事者本人の尋問を行う期間

3 口頭弁論の終結及び判決の言渡しの予定時期

③ 第1項の審理の計画においては、前項各号に掲げる事項のほか、特定の事項についての攻撃又は防御の方法を提出すべき期間その他の訴訟手続の計画的な進行上必要な事項を定めることができる。

④ 裁判所は、審理の現状及び当事者の訴訟追行の状況その他の事情を考慮して必要があると認めるときは、当事者双方と協議をし、その

結果を踏まえて第1項の審理の計画を変更することができる.

第3章　口頭弁論及びその準備

第1節　口頭弁論

（裁判長の訴訟指揮権）

第148条　① 口頭弁論は,裁判長が指揮する.

② 裁判長は,発言を許し,又はその命令に従わない者の発言を禁ずることができる.

（釈明権等）

第149条　① 裁判長は,口頭弁論の期日又は期日外において,訴訟関係を明瞭にするため,事実上及び法律上の事項に関し,当事者に対して問いを発し,又は立証を促すことができる.

② 陪席裁判官は,裁判長に告げて,前項に規定する処置をすることができる.

③ 当事者は,口頭弁論の期日又は期日外において,裁判長に対して必要な発問を求めることができる.

④ 裁判長又は陪席裁判官が,口頭弁論の期日外において,攻撃又は防御の方法に重要な変更を生じ得る事項について第1項又は第2項の規定による処置をしたときは,その内容を相手方に通知しなければならない.

（訴訟指揮等に対する異議）

第150条　当事者が,口頭弁論の指揮に関する裁判長の命令又は前条第1項若しくは第2項の規定による裁判長若しくは陪席裁判官の処置に対し,異議を述べたときは,裁判所は,決定で,その異議について裁判をする.

（釈明処分）

第151条　① 裁判所は,訴訟関係を明瞭にするため,次に掲げる処分をすることができる.

1 当事者本人又はその法定代理人に対し,口頭弁論の期日に出頭することを命ずること.

2 口頭弁論の期日において,当事者のため事務を処理し,又は補助する者で裁判所が相当と認めるものに陳述をさせること.

3 訴訟書類若しくは訴訟において引用した文書その他の物件で当事者の所持するもの又は訴訟においてその記録された情報の内容を引用した電磁的記録で当事者が利用する権限を有するものを提出させること.

4 当事者又は第三者の提出した文書その他の物件を裁判所に留め置くこと.

5 検証をし,又は鑑定を命ずること.

6 調査を嘱託すること.

② 前項の規定による電磁的記録の提出は,最高裁判所規則で定めるところにより,電磁的記録を記録した記録媒体を提出する方法又は最高裁判所規則で定める電子情報処理組織を使用する方法により行う.

③ 第1項の規定により提出された文書及び前項の規定により提出された電磁的記録については,第132条の13の規定は,適用しない.

④ 第1項に規定する検証,鑑定及び調査の嘱託については,証拠調べに関する規定を準用する.　　〔令4法48,施行4年内〕

（口頭弁論の併合等）

第152条　① 裁判所は,口頭弁論の制限,分離若しくは併合を命じ,又はその命令を取り消すことができる.

② 裁判所は,当事者を異にする事件について口頭弁論の併合を命じた場合において,その前に尋問をした証人について,尋問の機会がなかった当事者が尋問の申出をしたときは,その尋問をしなければならない.

（口頭弁論の再開）

第153条　裁判所は,終結した口頭弁論の再開を命ずることができる.

（通訳人の立会い等）

第154条　① 口頭弁論に関与する者が日本語に通じないとき,又は耳が聞こえない者若しくは口がきけない者であるときは,通訳人を立ち会わせる.ただし,耳が聞こえない者又は口がきけない者には,文字で問い,又は陳述をさせることができる.

② 裁判所は,相当と認めるときは,当事者の意見を聴いて,最高裁判所規則で定めるところにより,裁判所及び当事者双方が通訳人との間で映像と音声の送受信により相手の状態を相互に認識しながら通話をすることができる方法によって,通訳人に通訳をさせることができる.この場合において,当該方法によることにつき困難な事情があるときは,裁判所及び当事者双方が通訳人との間で音声の送受信により同時に通話をすることができる方法によってすることができる.

③ 鑑定人に関する規定は,通訳人について準用する.　　〔令4法48,施行4年内〕

（弁論能力を欠く者に対する措置）

第155条　① 裁判所は,訴訟関係を明瞭にするために必要な陳述をすることができない当事者,代理人又は補佐人の陳述を禁じ,口頭弁論の続行のため新たな期日を定めることができる.

② 前項の規定により陳述を禁じた場合において,必要があると認めるときは,裁判所は,弁護士の付添いを命ずることができる.

（攻撃防御方法の提出時期）

第156条　攻撃又は防御の方法は,訴訟の進行状況に応じ適切な時期に提出しなければならない.

（審理の計画が定められている場合の攻撃防御方法の提出期間）

第156条の2　第147条の3第1項の審理の計画に従った訴訟手続の進行上必要があると認めるときは，裁判長は，当事者の意見を聴いて，特定の事項についての攻撃又は防御の方法を提出すべき期間を定めることができる．

（時機に後れた攻撃防御方法の却下等）

第157条　① 当事者が故意又は重大な過失により時機に後れて提出した攻撃又は防御の方法については，これにより訴訟の完結を遅延させることとなると認めたときは，裁判所は，申立てにより又は職権で，却下の決定をすることができる．

② 攻撃又は防御の方法でその趣旨が明瞭でないものについて当事者が必要な釈明をせず，又は釈明をすべき期日に出頭しないときも，前項と同様とする．

（審理の計画が定められている場合の攻撃防御方法の却下）

第157条の2　第147条の3第3項又は第156条の2（第170条第5項において準用する場合を含む．）の規定により特定の事項についての攻撃又は防御の方法を提出すべき期間が定められている場合において，当事者がその期間の経過後に提出した攻撃又は防御の方法については，これにより審理の計画に従った訴訟手続の進行に著しい支障を生ずるおそれがあると認めたときは，裁判所は，申立てにより又は職権で，却下の決定をすることができる．ただし，その当事者がその期間内に当該攻撃又は防御の方法を提出することができなかったことについて相当の理由があることを疎明したときは，この限りでない．

（訴訟等の陳述の擬制）

第158条　原告又は被告が最初にすべき口頭弁論の期日に出頭せず，又は出頭したが本案の弁論をしないときは，裁判所は，その者が提出した訴状又は答弁書その他の準備書面に記載した事項を陳述したものとみなし，出頭した相手方に弁論をさせることができる．

（自白の擬制）

第159条　① 当事者が口頭弁論において相手方の主張した事実を争うことを明らかにしない場合には，その事実を自白したものとみなす．ただし，弁論の全趣旨により，その事実を争ったものと認めるべきときは，この限りでない．

② 相手方の主張した事実を知らない旨の陳述をした者は，その事実を争ったものと推定する．

③ 第1項の規定は，当事者が口頭弁論の期日に出頭しない場合について準用する．ただし，

その当事者が公示送達による呼出しを受けたものであるときは，この限りでない．

（口頭弁論に係る電子調書の作成等）

第160条　① 裁判所書記官は，口頭弁論について，期日ごとに，最高裁判所規則で定めるところにより，電子調書（期日又は期日外における手続の方式，内容及び経過等の記録及び公証をするためにこの法律その他の法令の規定により裁判所書記官が作成する電磁的記録をいう．以下同じ．）を作成しなければならない．

② 裁判所書記官は，前項の規定により電子調書を作成したときは，最高裁判所規則で定めるところにより，これをファイルに記録しなければならない．

③ 前項の規定によりファイルに記録された電子調書の内容に当事者その他の関係人が異議を述べたときは，最高裁判所規則で定めるところにより，その異議があった旨を明らかにする措置を講じなければならない．

④ 口頭弁論の方式に関する規定の遵守は，第2項の規定によりファイルに記録された電子調書によってのみ証明することができる．ただし，当該電子調書が滅失したときは，この限りでない．　　　　〔令4法48，施行4年内〕

（口頭弁論に係る電子調書の更正）

第160条の2　① 前条第2項の規定によりファイルに記録された電子調書の内容に計算違い，誤記その他これらに類する明白な誤りがあるときは，裁判所書記官は，申立てにより又は職権で，いつでも更正することができる．

② 前項の規定による更正の処分は，最高裁判所規則で定めるところにより，その旨をファイルに記録してしなければならない．

③ 第71条第4項，第5項及び第8項の規定は，第1項の規定による更正の処分又は同項の申立てを却下する処分及びこれらに対する異議の申立てについて準用する．

〔令4法48，施行4年内〕

第2節　準備書面等
（準備書面）

第161条　① 口頭弁論は，書面で準備しなければならない．

② 準備書面には，次に掲げる事項を記載する．

　1 攻撃又は防御の方法

　2 相手方の請求及び攻撃又は防御の方法に対する陳述

③ 相手方が在廷していない口頭弁論においては，次の各号のいずれかに該当する準備書面に記載した事実でなければ，主張することができない．

　1 相手方に送達された準備書面

2　相手方からその準備書面を受領した旨を記載した書面が提出された場合における当該準備書面

3　相手方が第91条の2第1項の規定により準備書面の閲覧をし，又は同条第2項の規定により準備書面の複写をした場合における当該準備書面　　　　〔令4法48,施行4年内〕

（準備書面等の提出期間）

第162条　① 裁判長は，答弁書若しくは特定の事項に関する主張を記載した準備書面の提出又は特定の事項に関する証拠の申出をすべき期間を定めることができる．

② 前項の規定により定めた期間の経過後に準備書面の提出又は証拠の申出をする当事者は，裁判所に対し，その期間を遵守することができなかった理由を説明しなければならない．

〔令4法48,施行4年内〕

（当事者照会）

第163条　① 当事者は，訴訟の係属中，相手方に対し，主張又は立証を準備するために必要な事項について，相当の期間を定めて，書面により，又は相手方の選択により書面若しくは電磁的方法のいずれかにより回答するよう，書面により照会をすることができる．ただし，その照会が次の各号のいずれかに該当するときは，この限りでない．

1　具体的又は個別的でない照会

2　相手方を侮辱し，又は困惑させる照会

3　既にした照会と重複する照会

4　意見を求める照会

5　相手方が回答するために不相当な費用又は時間を要する照会

6　第196条又は第197条の規定により証言を拒絶することができる事項と同様の事項についての照会

② 当事者は，前項の規定による書面による照会に代えて，相手方の承諾を得て，電磁的方法により照会をすることができる．

③ 相手方（第1項の規定により書面又は電磁的方法のいずれかにより回答するよう照会を受けたものを除く．）は，同項の規定による書面による回答に代えて，当事者の承諾を得て，電磁的方法により回答することができる．

〔令4法48,施行4年内〕

第3節　争点及び証拠の整理手続

第1款　準備的口頭弁論

（準備的口頭弁論の開始）

第164条　裁判所は，争点及び証拠の整理を行うため必要があると認めるときは，この款に定めるところにより，準備的口頭弁論を行うことができる．

（証明すべき事実の確認等）

第165条　① 裁判所は，準備的口頭弁論を終了するに当たり，その後の証拠調べにより証明すべき事実を当事者との間で確認するものとする．

② 裁判長は，相当と認めるときは，準備的口頭弁論を終了するに当たり，当事者に準備的口頭弁論における争点及び証拠の整理の結果を要約した書面を提出させることができる．

（当事者の不出頭等による終了）

第166条　当事者が期日に出頭せず，又は第162条第1項の規定により定められた期間内に準備書面の提出若しくは証拠の申出をしないときは，裁判所は，準備的口頭弁論を終了することができる．　〔令4法48,施行4年内〕

（準備的口頭弁論終了後の攻撃防御方法の提出）

第167条　準備的口頭弁論の終了後に攻撃又は防御の方法を提出した当事者は，相手方の求めがあるときは，相手方に対し，準備的口頭弁論の終了前にこれを提出することができなかった理由を説明しなければならない．

第2款　弁論準備手続

（弁論準備手続の開始）

第168条　裁判所は，争点及び証拠の整理を行うため必要があると認めるときは，当事者の意見を聴いて，事件を弁論準備手続に付することができる．

（弁論準備手続の期日）

第169条　① 弁論準備手続は，当事者双方が立ち会うことができる期日において行う．

② 裁判所は，相当と認める者の傍聴を許すことができる．ただし，当事者が申し出た者については，手続を行うのに支障を生ずるおそれがあると認める場合を除き，その傍聴を許さなければならない．

（弁論準備手続における訴訟行為等）

第170条　① 裁判所は，当事者に準備書面を提出させることができる．

② 裁判所は，弁論準備手続の期日において，証拠の申出に関する裁判その他の口頭弁論の期日外においてすることができる裁判，文書（第231条に規定する物件を含む．）の証拠調べ，第231条の2第1項に規定する電磁的記録に記録された情報の内容に係る証拠調べ並びに第186条第2項，第205条第3項（第278条第2項において準用する場合を含む．），第215条第4項（第278条第2項において準用する場合を含む．）及び第218条第3項の提示をすることができる．

③ 裁判所は，相当と認めるときは，当事者の意見を聴いて，最高裁判所規則で定めるところに

より，裁判所及び当事者双方が音声の送受信により同時に通話をすることができる方法によって，弁論準備手続の期日における手続を行うことができる．

④ 前項の期日に出頭しないで同項の手続に関与した当事者は，その期日に出頭したものとみなす．

⑤ 第148条から第151条まで，第152条第1項，第153条から第159条まで，第162条，第165条及び第166条の規定は，弁論準備手続について準用する． 〔令4法48，施行4年内〕

（受命裁判官による弁論準備手続）

第171条 ① 裁判所は，受命裁判官に弁論準備手続を行わせることができる．

② 弁論準備手続を受命裁判官が行う場合には，前2条の規定による裁判所及び裁判長の職務（前条第2項に規定する裁判を除く．）は，その裁判官が行う．ただし，同条第5項において準用する第150条の規定による異議についての裁判及び同項において準用する第157条の2の規定による却下についての裁判は，受訴裁判所がする．

③ 弁論準備手続を行う受命裁判官は，第186条第1項の規定による調査の嘱託，鑑定の嘱託，文書（第231条に規定する物件を含む．）を提出してする書証の申出及び電磁的記録を提出してする証拠調べの申出並びに文書（第229条第2項及び第231条に規定する物件を含む．）及び電磁的記録の送付の嘱託についての裁判をすることができる．
〔令4法48，施行4年内〕

（弁論準備手続に付する裁判の取消し）

第172条 裁判所は，相当と認めるときは，申立てにより又は職権で，弁論準備手続に付する裁判を取り消すことができる．ただし，当事者双方の申立てがあるときは，これを取り消さなければならない．

（弁論準備手続の結果の陳述）

第173条 当事者は，口頭弁論において，弁論準備手続の結果を陳述しなければならない．

（弁論準備手続終結後の攻撃防御方法の提出）

第174条 第167条の規定は，弁論準備手続の終結後に攻撃又は防御の方法を提出した当事者について準用する．

**　　第3款　書面による準備手続**

（書面による準備手続の開始）

第175条 裁判所は，当事者が遠隔の地に居住しているときその他相当と認めるときは，当事者の意見を聴いて，事件を書面による準備手続（当事者の出頭なしに準備書面の提出等により争点及び証拠の整理をする手続をいう．以下

同じ．）に付することができる．
〔令4法48．＝箇所削除，施行4年内〕

（書面による準備手続の方法等）

第176条 ① 裁判長は，書面による準備手続を行う場合には，第162条第1項に規定する期間を定めなければならない．

② 裁判所は，書面による準備手続を行う場合において，必要があると認めるときは，最高裁判所規則で定めるところにより，裁判所及び当事者双方が音声の送受信により同時に通話をすることができる方法によって，争点及び証拠の整理に関する事項その他口頭弁論の準備のため必要な事項について，当事者双方と協議をすることができる．この場合においては，協議の結果を裁判所書記官に記録させることができる．

③ 第149条，第150条及び第165条第2項の規定は，書面による準備手続について準用する．
〔令4法48，施行4年内〕

（受命裁判官による書面による準備手続）

第176条の2 ① 裁判所は，受命裁判官に書面による準備手続を行わせることができる．

② 書面による準備手続を受命裁判官が行う場合には，前条の規定による裁判所及び裁判長の職務は，その裁判官が行う．ただし，同条第3項において準用する第150条の規定による異議についての裁判は，受訴裁判所がする．
〔令4法48，施行4年内〕

（証明すべき事実の確認）

第177条 裁判所は，書面による準備手続の終結後の口頭弁論の期日において，その後の証拠調べによって証明すべき事実を当事者との間で確認するものとする．

（書面による準備手続終結後の攻撃防御方法の提出）

第178条 書面による準備手続を終結した事件について，口頭弁論の期日において，第176条第3項において準用する第165条第2項の書面に記載した事項の陳述がされ，又は前条の規定による確認がされた後に攻撃又は防御の方法を提出した当事者は，相手方の求めがあるときは，相手方に対し，その陳述又は確認前にこれを提出することができなかった理由を説明しなければならない．
〔令4法48，施行4年内〕

┌─────── 第4章　証　拠 ───────┐

第1節　総　則

（証明することを要しない事実）

第179条 裁判所において当事者が自白した事実及び顕著な事実は，証明することを要しない．

（証拠の申出）

第180条 ① 証拠の申出は, 証明すべき事実を特定してしなければならない.

② 証拠の申出は, 期日前においてもすることができる.

（証拠調べを要しない場合）

第181条 ① 裁判所は, 当事者が申し出た証拠で必要でないと認めるものは, 取り調べることを要しない.

② 証拠調べについて不定期間の障害があるときは, 裁判所は, 証拠調べをしないことができる.

（集中証拠調べ）

第182条 証人及び当事者本人の尋問は, できる限り, 争点及び証拠の整理が終了した後に集中して行わなければならない.

（当事者の不出頭の場合の取扱い）

第183条 証拠調べは, 当事者が期日に出頭しない場合においても, することができる.

（外国における証拠調べ）

第184条 ① 外国においてすべき証拠調べは, その国の管轄官庁又はその国に駐在する日本の大使, 公使若しくは領事に嘱託してしなければならない.

② 外国においてした証拠調べは, その国の法律に違反する場合であっても, この法律に違反しないときは, その効力を有する.

（裁判所外における証拠調べ）

第185条 ① 裁判所は, 相当と認めるときは, 裁判所外において証拠調べをすることができる. この場合においては, 合議体の構成員に命じ, 又は地方裁判所若しくは簡易裁判所に嘱託して証拠調べをさせることができる.

② 前項に規定する嘱託により職務を行う受託裁判官は, 他の地方裁判所又は簡易裁判所において証拠調べをすることを相当と認めるときは, 更に証拠調べの嘱託をすることができる.

③ 裁判所（第1項の規定により職務を行う受命裁判官及び前2項に規定する嘱託により職務を行う受託裁判官を含む.）は, 相当と認めるときは, 当事者の意見を聴いて, 最高裁判所規則で定めるところにより, 映像と音声の送受信により相手の状態を相互に認識しながら通話をすることができる方法によって, 第1項の規定による証拠調べの手続を行うことができる. 〔令4法48, 施行4年内〕

（調査の嘱託）

第186条 ① 裁判所は, 必要な調査を官庁若しくは公署, 外国の官庁若しくは公署又は学校, 商工会議所, 取引所その他の団体に嘱託することができる.

② 裁判所は, 当事者に対し, 前項の嘱託に係る調査の結果の提示をしなければならない. 〔令4法48, 施行4年内〕

（参考人等の審尋）

第187条 ① 裁判所は, 決定で完結すべき事件について, 参考人又は当事者本人を審尋することができる. ただし, 参考人については, 当事者が申し出た者に限る.

② 前項の規定による審尋は, 相手方がある事件については, 当事者双方が立ち会うことができる審尋の期日においてしなければならない.

③ 裁判所は, 相当と認めるときは, 最高裁判所規則で定めるところにより, 映像と音声の送受信により相手の状態を相互に認識しながら通話をすることができる方法によって, 参考人を審尋することができる. この場合において, 当事者双方に異議がないときは, 裁判所及び当事者双方と参考人とが音声の送受信により同時に通話をすることができる方法によって, 参考人を審尋することができる.

④ 前項の規定は, 当事者本人を審尋する場合について準用する. 〔令4法48, 施行4年内〕

（疎明）

第188条 疎明は, 即時に取り調べることができる証拠によってしなければならない.

（過料の裁判の執行）

第189条 ① この章の規定による過料の裁判は, 検察官の命令で執行する. この命令は, 執行力のある債務名義と同一の効力を有する.

② 過料の裁判の執行は, 民事執行法（昭和54年法律第4号）その他強制執行の手続に関する法令の規定に従ってする. ただし, 執行をする前に裁判の送達をすることを要しない.

③ 刑事訴訟法（昭和23年法律第131号）第7編第2章（第511条及び第513条第6項から第8項までを除く.）の規定は, 過料の裁判の執行について準用する. この場合において, 同条第1項中「者若しくは裁判の執行の対象となるもの」とあるのは「者」と, 「裁判の執行の対象となるもの若しくは裁判」とあるのは「裁判」と読み替えるものとする.

④ 過料の裁判の執行があった後に当該裁判（以下この項において「原裁判」という.）に対して即時抗告があった場合において, 抗告裁判所が当該即時抗告を理由があると認めて原裁判を取り消して更に過料の裁判をしたときは, その金額の限度において当該過料の裁判の執行があったものとみなす. この場合において, 原裁判の執行によって得た金額が当該過料の金額を超えるときは, その超過額は, これを還付しなければならない.

第2節　証人尋問
（証人義務）
第190条　裁判所は,特別の定めがある場合を除き,何人でも証人として尋問することができる.

（公務員の尋問）
第191条　① 公務員又は公務員であった者を証人として職務上の秘密について尋問する場合には,裁判所は,当該監督官庁（衆議院若しくは参議院の議員又はその職にあった者については その院,内閣総理大臣その他の国務大臣又はその職にあった者については内閣）の承認を得なければならない.
② 前項の承認は,公共の利益を害し,又は公務の遂行に著しい支障を生ずるおそれがある場合を除き,拒むことができない.

（不出頭に対する過料等）
第192条　① 証人が正当な理由なく出頭しないときは,裁判所は,決定で,これによって生じた訴訟費用の負担を命じ,かつ,10万円以下の過料に処する.
② 前項の決定に対しては,即時抗告をすることができる.

（不出頭に対する罰金等）
第193条　① 証人が正当な理由なく出頭しないときは,10万円以下の罰金又は拘留に処する.
② 前項の罪を犯した者には,情状により,罰金及び拘留を併科することができる.

（勾　引）
第194条　① 裁判所は,正当な理由なく出頭しない証人の勾引を命ずることができる.
② 刑事訴訟法中勾引に関する規定は,前項の勾引について準用する.

（受命裁判官等による証人尋問）
第195条　裁判所は,次に掲げる場合に限り,受命裁判官又は受託裁判官に裁判所外で証人の尋問をさせることができる.
1　証人が受訴裁判所に出頭する義務がないとき,又は正当な理由により出頭することができないとき.
2　証人が受訴裁判所に出頭するについて不相当な費用又は時間を要するとき.
3　現場において証人を尋問することが事実を発見するために必要であるとき.
4　当事者に異議がないとき.

（証言拒絶権）
第196条　証言が証人又は証人と次に掲げる関係を有する者が刑事訴追を受け,又は有罪判決を受けるおそれがある事項に関するときは,証人は,証言を拒むことができる.証言がこれらの者の名誉を害すべき事項に関するときも,同様とする.

1　配偶者,四親等内の血族若しくは三親等内の姻族の関係にあり,又はあったこと.
2　後見人と被後見人の関係にあること.

第197条　① 次に掲げる場合には,証人は,証言を拒むことができる.
1　第191条第1項の場合
2　医師,歯科医師,薬剤師,医薬品販売業者,助産師,弁護士（外国法事務弁護士を含む.）,弁理士,弁護人,公証人,宗教,祈祷若しくは祭祀の職にある者又はこれらの職にあった者が職務上知り得た事実で黙秘すべきものについて尋問を受ける場合
3　技術又は職業の秘密に関する事項について尋問を受ける場合
② 前項の規定は,証人が黙秘の義務を免除された場合には,適用しない.

（証言拒絶の理由の疎明）
第198条　証言拒絶の理由は,疎明しなければならない.

（証言拒絶についての裁判）
第199条　① 第197条第1項第1号の場合を除き,証言拒絶の当否については,受訴裁判所が,当事者を審尋して,決定で,裁判をする.
② 前項の裁判に対しては,当事者及び証人は,即時抗告をすることができる.

（証言拒絶に対する制裁）
第200条　第192条及び第193条の規定は,証言拒絶を理由がないとする裁判が確定した後に証人が正当な理由なく証言を拒む場合について準用する.

（宣　誓）
第201条　① 証人には,特別の定めがある場合を除き,宣誓をさせなければならない.
② 16歳未満の者又は宣誓の趣旨を理解することができない者を証人として尋問する場合には,宣誓をさせることができない.
③ 第196条の規定に該当する証人で証言拒絶の権利を行使しないものを尋問する場合には,宣誓をさせないことができる.
④ 証人は,自己又は自己と第196条各号に掲げる関係を有する者に著しい利害関係のある事項について尋問を受けるときは,宣誓を拒むことができる.
⑤ 第198条及び第199条の規定は証人が宣誓を拒む場合について,第192条及び第193条の規定は宣誓拒絶を理由がないとする裁判が確定した後に証人が正当な理由なく宣誓を拒む場合について準用する.

（尋問の順序）
第202条　① 証人の尋問は,その尋問の申出をした当事者,他の当事者,裁判長の順序である.

② 裁判長は,適当と認めるときは,当事者の意見を聴いて,前項の順序を変更することができる.

③ 当事者が前項の規定による変更について異議を述べたときは,裁判所は,決定で,その異議について裁判をする.

（書類等に基づく陳述の禁止）

第203条 証人は,書類その他の物に基づいて陳述することができない.ただし,裁判長の許可を受けたときは,この限りでない.

〔令4法48,施行4年内〕

（付添い）

第203条の2 ① 裁判長は,証人の年齢又は心身の状態その他の事情を考慮し,証人が尋問を受ける場合に著しく不安又は緊張を覚えるおそれがあると認めるときは,その不安又は緊張を緩和するのに適当であり,かつ,裁判長若しくは当事者の尋問若しくは証人の陳述を妨げ,又はその陳述の内容に不当な影響を与えるおそれがないと認める者を,その証人の陳述中,証人に付き添わせることができる.

② 前項の規定により証人に付き添うこととされた者は,その証人の陳述中,裁判長若しくは当事者の尋問若しくは証人の陳述を妨げ,又はその陳述の内容に不当な影響を与えるような言動をしてはならない.

③ 当事者が,第1項の規定による裁判長の処置に対し,異議を述べたときは,裁判所は,決定で,その異議について裁判をする.

（遮へいの措置）

第203条の3 ① 裁判長は,事案の性質,証人の年齢又は心身の状態,証人と当事者本人又はその法定代理人との関係（証人がこれらの者が行った犯罪により害を被った者であることを含む.次条第2号において同じ.）その他の事情により,証人が当事者本人又はその法定代理人の面前（同条に規定する方法による場合を含む.）において陳述するときは圧迫を受け精神の平穏を著しく害されるおそれがあると認める場合であって,相当と認めるときは,その当事者本人又は法定代理人とその証人との間で,一方から又は相互に相手の状態を認識することができないようにするための措置をとることができる.

② 裁判長は,事案の性質,証人が犯罪により害を被った者であること,証人の年齢,心身の状態又は名誉に対する影響その他の事情を考慮し,相当と認めるときは,傍聴人とその証人との間で,相互に相手の状態を認識することができないようにするための措置をとることができる.

③ 前条第3項の規定は,前2項の規定による裁判長の処置について準用する.

（映像等の送受信による通話の方法による尋問）

第204条 裁判所は,次に掲げる場合であって,相当と認めるときは,最高裁判所規則で定めるところにより,映像と音声の送受信により相手の状態を相互に認識しながら通話をすることができる方法によって,証人の尋問をすることができる.

1 証人の住所,年齢又は心身の状態その他の事情により,証人が受訴裁判所に出頭することが困難であると認める場合

2 事案の性質,証人の年齢又は心身の状態,証人と当事者本人又はその法定代理人との関係その他の事情により,証人が裁判長及び当事者が証人を尋問するために在席する場所において陳述するときは圧迫を受け精神の平穏を著しく害されるおそれがあると認める場合

3 当事者に異議がない場合

〔令4法48,施行4年内〕

（尋問に代わる書面の提出）

第205条 ① 裁判所は,当事者に異議がない場合であって,相当と認めるときは,証人の尋問に代え,書面の提出をさせることができる.

② 証人は,前項の規定による書面の提出に代えて,最高裁判所規則で定めるところにより,当該書面に記載すべき事項を最高裁判所規則で定める電子情報処理組織を使用してファイルに記録し,又は当該書面に記載すべき事項に係る電磁的記録を記録した記録媒体を提出することができる.この場合において,当該証人は,同項の書面を提出したものとみなす.

③ 裁判所は,当事者に対し,第1項の書面に記載された事項又は前項の規定によりファイルに記録された事項若しくは同項の記録媒体に記録された事項の提示をしなければならない.

〔令4法48,施行4年内〕

（受命裁判官等の権限）

第206条 受命裁判官又は受託裁判官が証人尋問をする場合には,裁判所及び裁判長の職務は,その裁判官が行う.ただし,第202条第3項の規定による異議についての裁判は,受訴裁判所がする.

第3節 当事者尋問

（当事者本人の尋問）

第207条 ① 裁判所は,申立てにより又は職権で,当事者本人を尋問することができる.この場合においては,その当事者に宣誓をさせることができる.

② 証人及び当事者本人の尋問を行うときは,まず証人の尋問をする.ただし,適当と認める

ときは,当事者の意見を聴いて,まず当事者本人の尋問をすることができる.

（不出頭等の効果）

第208条　当事者本人を尋問する場合において,その当事者が,正当な理由なく,出頭せず,又は宣誓若しくは陳述を拒んだときは,裁判所は,尋問事項に関する相手方の主張を真実と認めることができる.

（虚偽の陳述に対する過料）

第209条　① 宣誓した当事者が虚偽の陳述をしたときは,裁判所は,決定で,10万円以下の過料に処する.

② 前項の決定に対しては,即時抗告をすることができる.

③ 第1項の場合において,虚偽の陳述をした当事者が訴訟の係属中その陳述が虚偽であることを認めたときは,裁判所は,事情により,同項の決定を取り消すことができる.

（証人尋問の規定の準用）

第210条　第195条,第201条第2項,第202条から第204条まで及び第206条の規定は,当事者本人の尋問について準用する.

（法定代理人の尋問）

第211条　この法律中当事者本人の尋問に関する規定は,訴訟において当事者を代表する法定代理人について準用する.ただし,当事者本人を尋問することを妨げない.

第4節　鑑定

（鑑定義務）

第212条　① 鑑定に必要な学識経験を有する者は,鑑定をする義務を負う.

② 第196条又は第201条第4項の規定により証言又は宣誓を拒むことができる者と同一の地位にある者及び同条第2項に規定する者は,鑑定人となることができない.

（鑑定人の指定）

第213条　鑑定人は,受訴裁判所,受命裁判官又は受託裁判官が指定する.

（忌避）

第214条　① 鑑定人について誠実に鑑定をすることを妨げるべき事情があるときは,当事者は,その鑑定人が鑑定事項について陳述をする前に,これを忌避することができる.鑑定人が陳述をした場合であっても,その後に,忌避の原因が生じ,又は当事者がその原因があることを知ったときは,同様とする.

② 忌避の申立ては,受訴裁判所,受命裁判官又は受託裁判官にしなければならない.

③ 忌避を理由があるとする決定に対しては,不服を申し立てることができない.

④ 忌避を理由がないとする決定に対しては,

即時抗告をすることができる.

（鑑定人の陳述の方式等）

第215条　① 裁判長は,鑑定人に,書面又は口頭で,意見を述べさせることができる.

② 前項の鑑定人は,同項の規定により書面で意見を述べることに代えて,最高裁判所規則で定めるところにより,当該書面に記載すべき事項を最高裁判所規則で定める電子情報処理組織を使用してファイルに記録する方法又は当該書面に記載すべき事項に係る電磁的記録を記録した記録媒体を提出する方法により意見を述べることができる.この場合において,鑑定人は,同項の規定により書面で意見を述べたものとみなす.

③ 裁判所は,鑑定人に意見を述べさせた場合において,当該意見の内容を明瞭にし,又はその根拠を確認するため必要があると認めるときは,申立てにより又は職権で,鑑定人に更に意見を述べさせることができる.

④ 裁判所は,当事者に対し,第1項の書面に記載された事項又は第2項の規定によりファイルに記録された事項若しくは同項の記録媒体に記録された事項の提示をしなければならない.
〔令4法48,施行4年内〕

（鑑定人質問）

第215条の2　① 裁判所は,鑑定人に口頭で意見を述べさせる場合には,鑑定人が意見の陳述をした後に,鑑定人に対し質問をすることができる.

② 前項の質問は,裁判長,その鑑定の申出をした当事者,他の当事者の順序でする.

③ 裁判長は,適当と認めるときは,当事者の意見を聴いて,前項の順序を変更することができる.

④ 当事者が前項の規定による変更について異議を述べたときは,裁判所は,決定で,その異議について裁判をする.

（映像等の送受信による通話の方法による陳述）

第215条の3　裁判所は,鑑定人に口頭で意見を述べさせる場合において,鑑定人が遠隔の地に居住しているときその他相当と認めるときは,最高裁判所規則で定めるところにより,隔地者が映像と音声の送受信により相手の状態を相互に認識しながら通話をすることができる方法によって,意見を述べさせることができる.
〔令4法48,=箇所:削除,施行4年内〕

（受命裁判官等の権限）

第215条の4　受命裁判官又は受託裁判官が鑑定人に意見を述べさせる場合には,裁判所及び裁判長の職務は,その裁判官が行う.ただし,第215条の2第4項の規定による異議につい

ての裁判は, 受訴裁判所がする.

（証人尋問の規定の準用）

第 216 条　第 191 条の規定は公務員又は公務員であった者に鑑定人として職務上の秘密について意見を述べさせる場合について, 第 197 条から第 199 条までの規定は鑑定人が鑑定を拒む場合について, 第 201 条第 1 項の規定は鑑定人に宣誓をさせる場合について, 第 192 条及び第 193 条の規定は鑑定人が正当な理由なく出頭しない場合, 鑑定人が宣誓を拒む場合及び鑑定拒絶を理由がないとする裁判が確定した後に鑑定人が正当な理由なく鑑定を拒む場合について準用する.

（鑑定証人）

第 217 条　特別の学識経験により知り得た事実に関する尋問については, 証人尋問に関する規定による.

（鑑定の嘱託）

第 218 条　① 裁判所は, 必要があると認めるときは, 官庁若しくは公署, 外国の官庁若しくは公署又は相当の設備を有する法人に鑑定を嘱託することができる. この場合においては, 宣誓に関する規定を除き, この節の規定を準用する.
② 前項の場合において, 裁判所は, 必要があると認めるときは, 官庁, 公署又は法人の指定した者に鑑定の結果を記載し, 又は記録した書面又は電磁的記録の説明をさせることができる.
③ 第 1 項の場合において, 裁判所は, 当事者に対し, 同項の嘱託に係る鑑定の結果の提示をしなければならない.　　〔令 4 法 48, 施行 4 年内〕

第 5 節　書　証
（書証の申出）

第 219 条　書証の申出は, 文書を提出し, 又は文書の所持者にその提出を命ずることを申し立ててしなければならない.

（文書提出義務）

第 220 条　次に掲げる場合には, 文書の所持者は, その提出を拒むことができない.
1　当事者が訴訟において引用した文書を自ら所持するとき.
2　挙証者が文書の所持者に対しその引渡し又は閲覧を求めることができるとき.
3　文書が挙証者の利益のために作成され, 又は挙証者と文書の所持者との間の法律関係について作成されたとき.
4　前 3 号に掲げる場合のほか, 文書が次に掲げるもののいずれにも該当しないとき.
イ　文書の所持者又は文書の所持者と第 196 条各号に掲げる関係を有する者についての同条に規定する事項が記載されている文書
ロ　公務員の職務上の秘密に関する文書でその提出により公共の利益を害し, 又は公務の遂行に著しい支障を生ずるおそれがあるもの
ハ　第 197 条第 1 項第 2 号に規定する事実又は同項第 3 号に規定する事項で, 黙秘の義務が免除されていないものが記載されている文書
ニ　専ら文書の所持者の利用に供するための文書（国又は地方公共団体が所持する文書にあっては, 公務員が組織的に用いるものを除く.）
ホ　刑事事件に係る訴訟に関する書類若しくは少年の保護事件の記録又はこれらの事件において押収されている文書

（文書提出命令の申立て）

第 221 条　① 文書提出命令の申立ては, 次に掲げる事項を明らかにしてしなければならない.
1　文書の表示
2　文書の趣旨
3　文書の所持者
4　証明すべき事実
5　文書の提出義務の原因
② 前条第 4 号に掲げる場合であることを文書の提出義務の原因とする文書提出命令の申立ては, 書証の申出を文書提出命令の申立てによってする必要がある場合でなければ, することができない.

（文書の特定のための手続）

第 222 条　① 文書提出命令の申立てをする場合において, 前条第 1 項第 1 号又は第 2 号に掲げる事項を明らかにすることが著しく困難であるときは, その申立ての時においては, これらの事項に代えて, 文書の所持者がその申立てに係る文書を識別することができる事項を明らかにすれば足りる. この場合においては, 裁判所に対し, 文書の所持者に当該文書についての同項第 1 号又は第 2 号に掲げる事項を明らかにすることを求めるよう申し出なければならない.
② 前項の規定による申出があったときは, 裁判所は, 文書提出命令の申立てに理由がないことが明らかな場合を除き, 文書の所持者に対し, 同項後段の事項を明らかにすることを求めることができる.

（文書提出命令等）

第 223 条　① 裁判所は, 文書提出命令の申立てを理由があると認めるときは, 決定で, 文書の所持者に対し, その提出を命ずる. この場合において, 文書に取り調べる必要がないと認める部分又は提出の義務があると認めることができない部分があるときは, その部分を除いて, 提出を命ずることができる.

② 裁判所は,第三者に対して文書の提出を命じようとする場合には,その第三者を審尋しなければならない.

③ 裁判所は,公務員の職務上の秘密に関する文書について第220条第4号に掲げる場合であることを文書の提出義務の原因とする文書提出命令の申立てがあった場合には,その申立てに理由がないことが明らかなときを除き,当該文書が同号ロに掲げる文書に該当するかうかについて,当該監督官庁(衆議院又は参議院の議員の職務上の秘密に関する文書についてはその院,内閣総理大臣その他の国務大臣の職務上の秘密に関する文書については内閣.以下この条において同じ.)の意見を聴かなければならない.この場合において,当該監督官庁は,当該文書が同号ロに掲げる文書に該当する旨の意見を述べるときは,その理由を示さなければならない.

④ 前項の場合において,当該監督官庁が当該文書の提出により次に掲げるおそれがあることを理由として当該文書が第220条第4号ロに掲げる文書に該当する旨の意見を述べたときは,裁判所は,その意見について相当の理由があると認めるに足りない場合に限り,文書の所持者に対し,その提出を命ずることができる.

1 国の安全が害されるおそれ,他国若しくは国際機関との信頼関係が損なわれるおそれ又は他国若しくは国際機関との交渉上不利益を被るおそれ

2 犯罪の予防,鎮圧又は捜査,公訴の維持,刑の執行その他の公共の安全と秩序の維持に支障を及ぼすおそれ

⑤ 第3項前段の場合において,当該監督官庁は,当該文書の所持者以外の第三者の技術又は職業の秘密に関する事項に係る記載がされている文書について意見を述べようとするときは,第220条第4号ロに掲げる文書に該当する旨の意見を述べようとするときを除き,あらかじめ,当該第三者の意見を聴くものとする.

⑥ 裁判所は,文書提出命令の申立てに係る文書が第220条第4号イからニまでに掲げる文書のいずれかに該当するかどうかの判断をするため必要があると認めるときは,文書の所持者にその提示をさせることができる.この場合においては,何人も,その提示された文書の開示を求めることができない.

⑦ 文書提出命令の申立てについての決定に対しては,即時抗告をすることができる.

（当事者が文書提出命令に従わない場合等の効果）

第224条 ① 当事者が文書提出命令に従わないときは,裁判所は,当該文書の記載に関する相手方の主張を真実と認めることができる.

② 当事者が相手方の使用を妨げる目的で提出の義務がある文書を滅失させ,その他これを使用することができないようにしたときも,前項と同様とする.

③ 前2項に規定する場合において,相手方が,当該文書の記載に関して具体的な主張をすること及び当該文書により証明すべき事実を他の証拠により証明することが著しく困難であるときは,裁判所は,その事実に関する相手方の主張を真実と認めることができる.

（第三者が文書提出命令に従わない場合の過料）

第225条 ① 第三者が文書提出命令に従わないときは,裁判所は,決定で,20万円以下の過料に処する.

② 前項の決定に対しては,即時抗告をすることができる.

（文書送付の嘱託）

第226条 書証の申出は,第219条の規定にかかわらず,文書の所持者にその文書の送付を嘱託することを申し立ててすることができる.ただし,当事者が法令により文書の正本又は謄本の交付を求めることができる場合は,この限りでない.

（文書の留置等）

第227条 ① 裁判所は,必要があると認めるときは,提出又は送付に係る文書を留め置くことができる.

② 提出又は送付に係る文書については,第132条の13の規定は,適用しない.

〔令4法48,施行4年内〕

（文書の成立）

第228条 ① 文書は,その成立が真正であることを証明しなければならない.

② 文書は,その方式及び趣旨により公務員が職務上作成したものと認めるべきときは,真正に成立した公文書と推定する.

③ 公文書の成立の真否について疑いがあるときは,裁判所は,職権で,当該官庁又は公署に照会をすることができる.

④ 私文書は,本人又はその代理人の署名又は押印があるときは,真正に成立したものと推定する.

⑤ 第2項及び第3項の規定は,外国の官庁又は公署の作成に係るものと認めるべき文書について準用する.

（筆跡等の対照による証明）

第229条 ① 文書の成立の真否は,筆跡又は印影の対照によっても,証明することができる.

② 第219条,第223条,第224条第1項及び第

2項，第226条並びに第227条第1項の規定は，対照の用に供すべき筆跡又は印影を備える文書その他の物件の提出又は送付について準用する．

③　対照をするのに適当な相手方の筆跡がないときは，裁判所は，対照の用に供すべき文字の筆記を相手方に命ずることができる．

④　相手方が正当な理由なく前項の規定による決定に従わないときは，裁判所は，文書の成立の真否に関する挙証者の主張を真実と認めることができる．書体を変えて筆記したときも，同様とする．

⑤　第三者が正当な理由なく第2項において準用する第223条第1項の規定による提出の命令に従わないときは，裁判所は，決定で，10万円以下の過料に処する．

⑥　前項の決定に対しては，即時抗告をすることができる．〔令4法48，施行4年内〕

（文書の成立の真正を争った者に対する過料）

第230条　①　当事者又はその代理人が故意又は重大な過失により真実に反して文書の成立の真正を争ったときは，裁判所は，決定で，10万円以下の過料に処する．

②　前項の決定に対しては，即時抗告をすることができる．

③　第1項の場合において，文書の成立の真正を争った当事者又は代理人が訴訟の係属中その文書の成立が真正であることを認めたときは，裁判所は，事情により，同項の決定を取り消すことができる．

（文書に準ずる物件への準用）

第231条　この節の規定は，図面，写真，録音テープ，ビデオテープその他の情報を表すために作成された物件で文書でないものについて準用する．

第5節の2　電磁的記録に記録された情報の内容に係る証拠調べ

（電磁的記録に記録された情報の内容に係る証拠調べの申出）

第231条の2　①　電磁的記録に記録された情報の内容に係る証拠調べの申出は，当該電磁的記録を提出し，又は当該電磁的記録を利用する権限を有する者にその提出を命ずることを申し立ててしなければならない．

②　前項の規定による電磁的記録の提出は，最高裁判所規則で定めるところにより，電磁的記録を記録した記録媒体を提出する方法又は最高裁判所規則で定める電子情報処理組織を使用する方法により行う．〔令4法48，施行4年内〕

（書証の規定の準用等）

第231条の3　①　第220条から第228条まで（同条第4項を除く．）及び第230条の規定は，前条第1項の証拠調べについて準用する．この場合において，第220条，第221条第1項第3号，第222条，第223条第1項及び第4項から第6項まで並びに第226条中「文書の所持者」とあるのは「電磁的記録を利用する権限を有する者」と，第220条第1号中「文書を自ら所持する」とあるのは「電磁的記録を利用する権限を自ら有する」と，同条第2号中「引渡し」とあるのは「提供」と，同条第4号ニ中「所持する文書」とあるのは「利用する権限を有する電磁的記録」と，同号ホ中「書類」とあるのは「電磁的記録」と，「文書」とあるのは「記録媒体に記録された電磁的記録」と，第221条（見出しを含む．），第222条，第223条の見出し，同条第1項，第3項，第6項及び第7項，第224条の見出し及び第1項並びに第225条の見出し及び同条第1項中「文書提出命令」とあるのは「電磁的記録提出命令」と，第224条第1項及び第3項中「文書の記載」とあるのは「電磁的記録に記録された情報の内容」と，第226条中「第219条」とあるのは「第231条の2第1項」と，同条ただし書中「文書の正本又は謄本の交付」とあるのは「電磁的記録に記録された情報の内容の全部を証明した書面の交付又は当該情報の内容の全部を証明した電磁的記録の提供」と，第227条中「文書」とあるのは「電磁的記録を記録した記録媒体」と，第228条第2項中「公文書」とあるのは「もの」と，同条第3項中「公文書」とあるのは「公務所又は公務員が作成すべき電磁的記録」と読み替えるものとする．

②　前項において準用する第223条第1項の命令に係る電磁的記録の提出及び前項において準用する第226条の嘱託に係る電磁的記録の送付は，最高裁判所規則で定めるところにより，当該電磁的記録を記録した記録媒体を提出し，若しくは送付し，又は最高裁判所規則で定める電子情報処理組織を使用する方法により行う．〔令4法48，施行4年内〕

第6節　検　証

（検証の目的の提示等）

第232条　①　第219条，第223条，第224条，第226条及び第227条第1項の規定は，検証の目的の提示又は送付について準用する．

②　第三者が正当な理由なく前項において準用する第223条第1項の規定による提示の命令に従わないときは，裁判所は，決定で，20万円以下の過料に処する．

③ 前項の決定に対しては，即時抗告をすることができる。　　〔令4法48, 施行4年内〕
（映像等の送受信による方法による検証）
第232条の2　裁判所は，当事者に異議がない場合であって，相当と認めるときは，最高裁判所規則で定めるところにより，映像と音声の送受信により検証の目的の状態を認識することができる方法によって，検証をすることができる。　　〔令4法48, 施行4年内〕
（検証の際の鑑定）
第233条　裁判所又は受命裁判官若しくは受託裁判官は，検証をするに当たり，必要があると認めるときは，鑑定を命ずることができる。

第7節　証拠保全
（証拠保全）
第234条　裁判所は，あらかじめ証拠調べをしておかなければその証拠を使用することが困難となる事情があると認めるときは，申立てにより，この章の規定に従い，証拠調べをすることができる。
（管轄裁判所等）
第235条　① 訴えの提起後における証拠保全の申立ては，その証拠を使用すべき審級の裁判所にしなければならない。ただし，最初の口頭弁論の期日が指定され，又は事件が弁論準備手続若しくは書面による準備手続に付された後口頭弁論の終結に至るまでの間は，受訴裁判所にしなければならない。
② 訴えの提起前における証拠保全の申立ては，尋問を受けるべき者，文書を所持する者若しくは電磁的記録を利用する権限を有する者の居所又は検証物の所在地を管轄する地方裁判所又は簡易裁判所にしなければならない。
③ 急迫の事情がある場合には，訴えの提起後であっても，前項の地方裁判所又は簡易裁判所に証拠保全の申立てをすることができる。　　〔令4法48, 施行4年内〕
（相手方の指定ができない場合の取扱い）
第236条　証拠保全の申立ては，相手方を指定することができない場合においても，することができる。この場合においては，裁判所は，相手方となるべき者のために特別代理人を選任することができる。
（職権による証拠保全）
第237条　裁判所は，必要があると認めるときは，訴訟の係属中，職権で，証拠保全の決定をすることができる。
（不服申立ての不許）
第238条　証拠保全の決定に対しては，不服を申し立てることができない。
（受命裁判官による証拠調べ）

第239条　第235条第1項ただし書の場合には，裁判所は，受命裁判官に証拠調べをさせることができる。
（期日の呼出し）
第240条　証拠調べの期日には，申立人及び相手方を呼び出さなければならない。ただし，急速を要する場合は，この限りでない。
（証拠保全の費用）
第241条　証拠保全に関する費用は，訴訟費用の一部とする。
（口頭弁論における再尋問）
第242条　証拠保全の手続において尋問をした証人について，当事者が口頭弁論における尋問の申出をしたときは，裁判所は，その尋問をしなければならない。

第5章 判　決

（終局判決）
第243条　① 裁判所は，訴訟が裁判をするのに熟したときは，終局判決をする。
② 裁判所は，訴訟の一部が裁判をするのに熟したときは，その一部について終局判決をすることができる。
③ 前項の規定は，口頭弁論の併合を命じた数個の訴訟中その一が裁判をするのに熟した場合及び本訴又は反訴が裁判をするのに熟した場合について準用する。
第244条　裁判所は，当事者の双方又は一方が口頭弁論の期日に出頭せず，又は弁論をしないで退廷をした場合において，審理の現状及び当事者の訴訟追行の状況を考慮して相当と認めるときは，終局判決をすることができる。ただし，当事者の一方が口頭弁論の期日に出頭せず，又は弁論をしないで退廷をした場合には，出頭した相手方の申出があるときに限る。
（中間判決）
第245条　裁判所は，独立した攻撃又は防御の方法その他中間の争いについて，裁判をするのに熟したときは，中間判決をすることができる。請求の原因及び数額について争いがある場合におけるその原因についても，同様とする。
（判決事項）
第246条　裁判所は，当事者が申し立てていない事項について，判決をすることができない。
（自由心証主義）
第247条　裁判所は，判決をするに当たり，口頭弁論の全趣旨及び証拠調べの結果をしん酌して，自由な心証により，事実についての主張を真実と認めるべきか否かを判断する。
（損害額の認定）
第248条　損害が生じたことが認められる場

合において，損害の性質上その額を立証することが極めて困難であるときは，裁判所は，口頭弁論の全趣旨及び証拠調べの結果に基づき，相当な損害額を認定することができる．

（直接主義）

第249条 ① 判決は，その基本となる口頭弁論に関与した裁判官がする．

② 裁判官が代わった場合には，当事者は，従前の口頭弁論の結果を陳述しなければならない．

③ 単独の裁判官が代わった場合又は合議体の裁判官の過半数が代わった場合において，その前に尋問をした証人について，当事者が更に尋問の申出をしたときは，裁判所は，その尋問をしなければならない．

（判決の発効）

第250条 判決は，言渡しによってその効力を生ずる．

（言渡期日）

第251条 ① 判決の言渡しは，口頭弁論の終結の日から2月以内にしなければならない．ただし，事件が複雑であるときその他特別の事情があるときは，この限りでない．

② 判決の言渡しは，当事者が在廷しない場合においても，することができる．

（電子判決書）

第252条 ① 裁判所は，判決の言渡しをするときは，最高裁判所規則で定めるところにより，次に掲げる事項を記録した電磁的記録（以下「電子判決書」という．）を作成しなければならない．

1　主文
2　事実
3　理由
4　口頭弁論の終結の日
5　当事者及び法定代理人
6　裁判所

② 前項の規定による事実の記録においては，請求を明らかにし，かつ，主文が正当であることを示すのに必要な主張を摘示しなければならない．　　　　　〔令4法48，施行4年内〕

（言渡しの方式）

第253条 ① 判決の言渡しは，前条第1項の規定により作成された電子判決書に基づいてする．

② 裁判所は，前項の規定により判決の言渡しをした場合には，最高裁判所規則で定めるところにより，言渡しに係る電子判決書をファイルに記録しなければならない．　　　〔令4法48，施行4年内〕

（言渡しの方式の特則）

第254条 ① 次に掲げる場合において，原告の

請求を認容するときは，判決の言渡しは，前条の規定にかかわらず，電子判決書に基づかないですることができる．

1　被告が口頭弁論において原告の主張した事実を争わず，その他何らの防御の方法をも提出しない場合

2　被告が公示送達による呼出しを受けたにもかかわらず口頭弁論の期日に出頭しない場合（被告の提出した準備書面が口頭弁論において陳述されたものとみなされた場合を除く．）

② 裁判所は，前項の規定により判決の言渡しをしたときは，電子判決書の作成に代えて，裁判所書記官に，当事者及び法定代理人，主文，請求並びに理由の要旨を，判決の言渡しをした口頭弁論期日の電子調書に記録させなければならない．　　　　　〔令4法48，施行4年内〕

（電子判決書等の送達）

第255条 ① 電子判決書（第253条第2項の規定によりファイルに記録されたものに限る．次項，第285条，第2項，第357条，第378条第1項及び第381条の7第1項において同じ．）又は前条第2項の規定により当事者及び法定代理人，主文，請求並びに理由の要旨が記録された電子調書（第160条第2項の規定によりファイルに記録されたものに限る．次項，第261条第5項，第285条，第357条及び第378条第1項において同じ．）は，当事者に送達しなければならない．

② 前項に規定する送達は，次に掲げる方法のいずれかによってする．

1　電子判決書又は電子調書に記録されている事項を記載した書面であって裁判所書記官が最高裁判所規則で定める方法により当該書面の内容が当該電子判決書又は当該電子調書に記録されている事項と同一であることを証明したものの送達

2　第109条の2の規定による送達
　　　　　〔令4法48，施行4年内〕

（変更の判決）

第256条 ① 裁判所は，判決に法令の違反があることを発見したときは，その言渡し後1週間以内に限り，変更の判決をすることができる．ただし，判決が確定したとき，又は判決を変更するため事件につき更に弁論をする必要があるときは，この限りでない．

② 変更の判決は，口頭弁論を経ないでする．

③ 電子呼出状（第94条第2項の規定によりファイルに記録されたものに限る．）により前項の判決の言渡期日の呼出しを行う場合においては，次の各号に掲げる送達の区分に応じ，

それぞれ当該各号に定める時に, その送達が
あったものとみなす.

1　第109条の規定による送達　同条の規定
により作成した書面を送達すべき場所に宛て
て発した時

2　第109条の2の規定による送達　同条第1
項本文の通知が発せられた時
〔令4法48, 施行4年内〕

(判決の更正決定)

第257条　① 判決に計算違い, 誤記その他これ
らに類する明白な誤りがあるときは, 裁判所は,
申立てにより又は職権で, いつでも更正決定を
することができる.

② 前項の更正決定に対しては, 即時抗告をす
ることができる. ただし, 判決に対し適法な控
訴があったときは, この限りでない.

③ 第1項の申立てを不適法として却下した決
定に対しては, 即時抗告をすることができる.
ただし, 判決に対し適法な控訴があったときは,
この限りでない.　　〔令4法48, 施行4年内〕

(裁判の脱漏)

第258条　① 裁判所が請求の一部について裁
判を脱漏したときは, 訴訟は, その請求の部分
については, なおその裁判所に係属する.

② 訴訟費用の負担の裁判を脱漏したときは,
裁判所は, 申立てにより又は職権で, その訴訟
費用の負担について, 決定で, 裁判をする. こ
の場合においては, 第61条から第66条まで
の規定を準用する.

③ 前項の決定に対しては, 即時抗告をするこ
とができる.

④ 第2項の規定による訴訟費用の負担の裁判
は, 本案判決に対し適法な控訴があったときは,
その効力を失う. この場合においては, 控訴裁
判所は, 訴訟の総費用について, その負担の裁
判をする.

(仮執行の宣言)

第259条　① 財産権上の請求に関する判決に
ついては, 裁判所は, 必要があると認めるとき
は, 申立てにより又は職権で, 担保を立てて, 又
は立てないで仮執行をすることができること
を宣言することができる.

② 手形又は小切手による金銭の支払の請求及
びこれに附帯する法定利率による損害賠償の
請求に関する判決については, 裁判所は, 職権
で, 担保を立てないで仮執行をすることができ
ることを宣言しなければならない. ただし, 裁
判所が相当と認めるときは, 仮執行を担保を立
てることに係らしめることができる.

③ 裁判所は, 申立てにより又は職権で, 担保を
立てて仮執行を免れることができることを宣

言することができる.

④ 仮執行の宣言は, 判決の主文に掲げなけれ
ばならない. 前項の規定による宣言について
も, 同様とする.

⑤ 仮執行の宣言の申立てについて裁判をしな
かったとき, 又は職権で仮執行の宣言をすべき
場合においてこれをしなかったときは, 裁判所
は, 申立てにより又は職権で, 補充の決定をす
る. 第3項の申立てについて裁判をしなかっ
たときも, 同様とする.

⑥ 第76条, 第77条, 第79条及び第80条の規
定は, 第1項から第3項までの担保について
準用する.

(仮執行の宣言の失効及び原状回復等)

第260条　① 仮執行の宣言は, その宣言又は本
案判決を変更する判決の言渡しにより, 変更の
限度においてその効力を失う.

② 本案判決を変更する場合には, 裁判所は, 被
告の申立てにより, その判決において, 仮執行
の宣言に基づき被告が給付したものの返還及
び仮執行により又はこれを免れるために被告
が受けた損害の賠償を原告に命じなければな
らない.

③ 仮執行の宣言のみを変更したときは, 後に
本案判決を変更する判決について, 前項の規定
を適用する.

第6章　裁判によらない訴訟の完結

(訴えの取下げ)

第261条　① 訴えは, 判決が確定するまで, そ
の全部又は一部を取り下げることができる.

② 訴えの取下げは, 相手方が本案について準
備書面を提出し, 弁論準備手続において申述を
し, 又は口頭弁論をした後にあっては, 相手方
の同意を得なければ, その効力を生じない. た
だし, 本訴の取下げがあった場合における反訴
の取下げについては, この限りでない.

③ 訴えの取下げは, 書面でしなければならない.

④ 前項の規定にかかわらず, 口頭弁論, 弁論準
備手続又は和解の期日 (以下この章において
「口頭弁論等の期日」という.) において訴え
の取下げをするときは, 口頭ですることを妨げ
ない. この場合において, 裁判所書記官は, そ
の期日の電子調書に訴えの取下げがされた旨
を記録しなければならない.

⑤ 第2項本文の場合において, 訴えの取下げ
が書面でされたときはその書面を, 訴えの取下
げが口頭弁論等の期日において口頭でされた
とき (相手方がその期日に出頭したときを除
く.) は前項の規定により訴えの取下げがされ
た旨が記録された電子調書を相手方に送達し

なければならない。

⑥ 訴えの取下げの書面の送達を受けた日から2週間以内に相手方が異議を述べないときは、訴えの取下げに同意したものとみなす。訴えの取下げが口頭弁論等の期日において口頭でされた場合において、相手方がその期日に出頭したときは訴えの取下げがあった日から、相手方がその期日に出頭しなかったときは前項の規定による送達があった日から2週間以内に相手方が異議を述べないときも、同様とする。

〔令4法48,施行4年内〕

(訴えの取下げの効果)

第262条 ① 訴訟は、訴えの取下げがあった部分については、初めから係属していなかったものとみなす。

② 本案について終局判決があった後に訴えを取り下げた者は、同一の訴えを提起することができない。

(訴えの取下げの擬制)

第263条 当事者双方が、口頭弁論若しくは弁論準備手続の期日に出頭せず、又は弁論若しくは弁論準備手続における申述をしないで退廷若しくは退席をした場合において、1月以内に期日指定の申立てをしないときは、訴えの取下げがあったものとみなす。当事者双方が、連続して2回、口頭弁論若しくは弁論準備手続の期日に出頭せず、又は弁論若しくは弁論準備手続における申述をしないで退廷若しくは退席をしたときも、同様とする。

(和解条項案の書面による受諾)

第264条 ① 当事者の一方が出頭することが困難であると認められる場合において、その当事者があらかじめ裁判所又は受命裁判官若しくは受託裁判官から提示された和解条項案を受諾する旨の書面を提出し、他の当事者が口頭弁論等の期日に出頭してその和解条項案を受諾したときは、当事者間に和解が調ったものとみなす。

② 当事者双方が出頭することが困難であると認められる場合において、当事者双方があらかじめ裁判所又は受命裁判官若しくは受託裁判官から和解が成立すべき日時を定めて提示された和解条項案を受諾する旨の書面を提出し、その日時が経過したときは、その日時に、当事者間に和解が調ったものとみなす。

〔令4法48,施行4年内〕

(裁判所等が定める和解条項)

第265条 ① 裁判所又は受命裁判官若しくは受託裁判官は、当事者の共同の申立てがあるときは、事件の解決のために適当な和解条項を定めることができる。

② 前項の申立ては、書面でしなければならない。この場合においては、その書面に同項の和解条項に服する旨を記載しなければならない。

③ 第1項の規定による和解条項の定めは、口頭弁論等の期日における告知その他相当と認める方法による告知によってする。

④ 当事者は、前項の告知前に限り、第1項の申立てを取り下げることができる。この場合においては、相手方の同意を得ることを要しない。

⑤ 第3項の告知が当事者双方にされたときは、当事者間に和解が調ったものとみなす。

(請求の放棄又は認諾)

第266条 ① 請求の放棄又は認諾は、口頭弁論等の期日においてする。

② 請求の放棄又は認諾をする旨の書面を提出した当事者が口頭弁論等の期日に出頭しないときは、裁判所又は受命裁判官若しくは受託裁判官は、その旨の陳述をしたものとみなすことができる。

(和解等に係る電子調書の効力)

第267条 ① 裁判所書記官が、和解又は請求の放棄若しくは認諾について電子調書を作成し、これをファイルに記録したときは、その記録は、確定判決と同一の効力を有する。

② 前項の規定によりファイルに記録された電子調書は、当事者に送達しなければならない。この場合においては、第255条第2項の規定を準用する。 〔令4法48,施行4年内〕

(和解等に係る電子調書の更正決定)

第267条の2 ① 前条第1項の規定によりファイルに記録された電子調書につきその内容に計算違い、誤記その他これらに類する明白な誤りがあるときは、裁判所は、申立てにより又は職権で、いつでも更正決定をすることができる。

② 前項の更正決定に対しては、即時抗告をすることができる。

③ 第1項の申立てを不適法として却下した決定に対しては、即時抗告をすることができる。

〔令4法48,施行4年内〕

第7章 大規模訴訟等に関する特則

(大規模訴訟に係る事件における受命裁判官による証人等の尋問)

第268条 裁判所は、大規模訴訟（当事者が著しく多数で、かつ、尋問すべき証人又は当事者本人が著しく多数である訴訟をいう。）に係る事件について、当事者に異議がないときは、受命裁判官に裁判所内で証人又は当事者本人の尋問をさせることができる。

(大規模訴訟に係る事件における合議体の構成)

第269条 ① 地方裁判所においては,前条に規定する事件について,5人の裁判官の合議体で審理及び裁判をする旨の決定をその合議体ですることができる.

② 前項の場合には,判事補は,同時に3人以上合議体に加わり,又は裁判長となることができない.

（特許権等に関する訴えに係る事件における合議体の構成）

第269条の2 ① 第6条第1項各号に定める裁判所においては,特許権等に関する訴えに係る事件について,5人の裁判官の合議体で審理及び裁判をする旨の決定をその合議体ですることができる. ただし,第20条の2第1項の規定により移送された訴訟に係る事件については,この限りでない.

② 前条第2項の規定は,前項の場合について準用する.

第8章 簡易裁判所の訴訟手続に関する特則

（手続の特色）

第270条 簡易裁判所においては,簡易な手続により迅速に紛争を解決するものとする.

（口頭による訴えの提起）

第271条 訴えは,口頭で提起することができる.

（訴えの提起において明らかにすべき事項）

第272条 訴えの提起においては,請求の原因に代えて,紛争の要点を明らかにすれば足りる.

（任意の出頭による訴えの提起等）

第273条 当事者双方は,任意に裁判所に出頭し,訴訟について口頭弁論をすることができる. この場合においては,訴えの提起は,口頭の陳述によってする.

（反訴の提起に基づく移送）

第274条 ① 被告が反訴で地方裁判所の管轄に属する請求をした場合において,相手方の申立てがあるときは,簡易裁判所は,決定で,本訴及び反訴を地方裁判所に移送しなければならない. この場合においては,第22条の規定を準用する.

② 前項の決定に対しては,不服を申し立てることができない.

（訴え提起前の和解）

第275条 ① 民事上の争いについては,当事者は,請求の趣旨及び原因並びに争いの実情を表示して,相手方の普通裁判籍の所在地を管轄する簡易裁判所に和解の申立てをすることができる.

② 前項の和解が調わない場合において,和解の期日に出頭した当事者双方の申立てがあるときは,裁判所は,直ちに訴訟の弁論を命ずる.

この場合においては,和解の申立てをした者は,その申立てをした時に,訴えを提起したものとみなし,和解の費用は,訴訟費用の一部とする.

③ 申立人又は相手方が第1項の和解の期日に出頭しないときは,裁判所は,和解が調わないものとみなすことができる.

④ 第1項の和解については,第264条及び第265条の規定は,適用しない.

（和解に代わる決定）

第275条の2 ① 金銭の支払の請求を目的とする訴えについては,裁判所は,被告が口頭弁論において原告の主張した事実を争わず,その他何らの防御の方法をも提出しない場合において,被告の資力その他の事情を考慮して相当であると認めるときは,原告の意見を聴いて,第3項の期間の経過時から5年を超えない範囲内において,当該請求に係る金銭の支払について,その時期の定め若しくは分割払の定めをし,又はこれと併せて,その時期の定めに従い支払をしたとき,若しくはその分割払の定めによる期限の利益を次項の規定による定めにより失うことなく支払をしたときは訴え提起後の遅延損害金の支払義務を免除する旨の定めをして,当該請求に係る金銭の支払を命ずる決定をすることができる.

② 前項の分割払の定めをするときは,被告が支払を怠った場合における期限の利益の喪失についての定めをしなければならない.

③ 第1項の決定に対しては,当事者は,その決定の告知を受けた日から2週間の不変期間内に,その決定をした裁判所に異議を申し立てることができる.

④ 前項の期間内に異議の申立てがあったときは,第1項の決定は,その効力を失う.

⑤ 第3項の期間内に異議の申立てがないときは,第1項の決定は,裁判上の和解と同一の効力を有する.

（準備書面の省略等）

第276条 ① 口頭弁論は,書面で準備することを要しない.

② 相手方が準備をしなければ陳述をすることができないと認めるべき事項は,前項の規定にかかわらず,書面で準備し,又は口頭弁論前直接に相手方に通知しなければならない.

③ 前項に規定する事項は,相手方が在廷していない口頭弁論においては,次の各号のいずれかに該当する準備書面に記載し,又は同項の規定による通知をしたものでなければ,主張することができない.

1 相手方に送達された準備書面

2 相手方からその準備書面を受領した旨を

記載した書面が提出された場合における当該準備書面

3 相手方が第91条の2第1項の規定により準備書面の閲覧をし、又は同条第2項の規定により準備書面の複写をした場合における当該準備書面 〔令4法48, 施行4年内〕

(続行期日における陳述の擬制)

第277条 第158条の規定は、原告又は被告が口頭弁論の続行の期日に出頭せず、又は出頭したが本案の弁論をしない場合について準用する。

(映像等の送受信による通話の方法による尋問)

第277条の2 裁判所は、相当と認めるときは、最高裁判所規則で定めるところにより、映像と音声の送受信により相手の状態を相互に認識しながら通話をすることができる方法によって、証人又は当事者本人の尋問をすることができる。 〔令4法48, 施行4年内〕

(尋問等に代わる書面の提出)

第278条 ① 裁判所は、相当と認めるときは、証人若しくは当事者本人の尋問又は鑑定人の意見の陳述に代え、書面の提出をさせることができる。

② 第205条第2項及び第3項の規定は前項の規定による証人又は当事者本人の尋問に代わる書面の提出について、第215条第2項及び第4項の規定は前項の規定による鑑定人の意見の陳述に代わる書面の提出について、それぞれ準用する。 〔令4法48, 施行4年内〕

(司法委員)

第279条 ① 裁判所は、必要があると認めるときは、和解を試みるについて司法委員に補助をさせ、又は司法委員を審理に立ち会わせて事件につきその意見を聴くことができる。

② 司法委員の員数は、各事件について1人以上とする。

③ 司法委員は、毎年あらかじめ地方裁判所の選任した者の中から、事件ごとに裁判所が指定する。

④ 前項の規定により選任される者の資格、員数その他同項の選任に関し必要な事項は、最高裁判所規則で定める。

⑤ 司法委員には、最高裁判所規則で定める額の旅費、日当及び宿泊料を支給する。

(電子判決書の記録事項)

第280条 第252条第1項の規定により同項第2号の事実及び同項第3号の理由を記録する場合には、請求の趣旨及び原因の要旨、その原因の有無並びに請求を排斥する理由である抗弁の要旨を記録すれば足りる。 〔令4法48, 施行4年内〕

◆ **第3編 上 訴** ◆

第1章 控 訴

(控訴をすることができる判決等)

第281条 ① 控訴は、地方裁判所が第一審としてした終局判決又は簡易裁判所の終局判決に対してすることができる。ただし、終局判決後、当事者双方が共に上告をする権利を留保して控訴をしない旨の合意をしたときは、この限りでない。

② 第11条第2項及び第3項の規定は、前項の合意について準用する。

(訴訟費用の負担の裁判に対する控訴の制限)

第282条 訴訟費用の負担の裁判に対しては、独立して控訴をすることができない。

(控訴裁判所の判断を受ける裁判)

第283条 終局判決前の裁判は、控訴裁判所の判断を受ける。ただし、不服を申し立てることができない裁判及び抗告により不服を申し立てることができる裁判は、この限りでない。

(控訴権の放棄)

第284条 控訴をする権利は、放棄することができる。

(控訴期間)

第285条 控訴は、電子判決書又は第254条第2項の規定により当事者及び法定代理人、主文、請求並びに理由の要旨が記録された電子調書の送達を受けた日から2週間の不変期間内に提起しなければならない。ただし、その期間前に提起した控訴の効力を妨げない。 〔令4法48, 施行4年内〕

(控訴提起の方式)

第286条 ① 控訴の提起は、控訴状を第一審裁判所に提出してしなければならない。

② 控訴状には、次に掲げる事項を記載しなければならない。

1 当事者及び法定代理人

2 第一審判決の表示及びその判決に対して控訴をする旨

(第一審裁判所による控訴の却下)

第287条 ① 控訴が不適法でその不備を補正することができないことが明らかであるときは、第一審裁判所は、決定で、控訴を却下しなければならない。

② 前項の決定に対しては、即時抗告をすることができる。

(裁判長の控訴状審査権等)

第288条 第137条の規定は控訴状が第286条第2項の規定に違反する場合について、第137条の2の規定は民事訴訟費用等に関する

法律の規定に従い控訴の提起の手数料を納付しない場合について，それぞれ準用する.

〔令4法48, 施行4年内〕

（控訴状の送達）

第289条　控訴状は，被控訴人に送達しなければならない.

② 第137条の規定は，控訴状の送達をすることができない場合（控訴状の送達に必要な費用を予納しない場合を含む.）について準用する.

（口頭弁論を経ない控訴の却下）

第290条　控訴が不適法でその不備を補正することができないときは，控訴裁判所は，口頭弁論を経ないで，判決で，控訴を却下することができる.

（呼出費用の予納がない場合の控訴の却下）

第291条　① 控訴裁判所は，民事訴訟費用等に関する法律の規定に従い当事者に対する期日の呼出しに必要な費用の予納を相当の期間を定めて控訴人に命じた場合において，その予納がないときは，決定で，控訴を却下することができる.

② 前項の決定に対しては，即時抗告をすることができる.

（控訴の取下げ）

第292条　① 控訴は，控訴審の終局判決があるまで，取り下げることができる.

② 第261条第3項及び第4項，第262条第1項並びに第263条の規定は，控訴の取下げについて準用する.　〔令4法48, 施行4年内〕

（附帯控訴）

第293条　① 被控訴人は，控訴権が消滅した後であっても，口頭弁論の終結に至るまで，附帯控訴をすることができる.

② 附帯控訴は，控訴の取下げがあったとき，又は不適法として控訴の却下があったときは，その効力を失う. ただし，控訴の要件を備えるものは，独立した控訴とみなす.

③ 附帯控訴については，控訴に関する規定による. ただし，附帯控訴の提起は，附帯控訴状を控訴裁判所に提出してすることができる.

（第一審判決についての仮執行の宣言）

第294条　控訴裁判所は，第一審判決について不服の申立てがない部分に限り，申立てにより，決定で，仮執行の宣言をすることができる.

（仮執行に関する裁判に対する不服申立て）

第295条　仮執行に関する控訴審の裁判に対しては，不服を申し立てることができない. ただし，前条の申立てを却下する決定に対しては，即時抗告をすることができる.

（口頭弁論の範囲等）

第296条　① 口頭弁論は，当事者が第一審判決

の変更を求める限度においてのみ，これをする.

② 当事者は，第一審における口頭弁論の結果を陳述しなければならない.

（第一審の訴訟手続の規定の準用）

第297条　前編第1章から第7章までの規定は，特別の定めがある場合を除き，控訴審の訴訟手続について準用する. ただし，第269条の規定は，この限りでない.

（第一審の訴訟行為の効力等）

第298条　① 第一審においてした訴訟行為は，控訴審においてもその効力を有する.

② 第167条の規定は，第一審において準備的口頭弁論を終了し，又は弁論準備手続を終結した事件につき控訴審で攻撃又は防御の方法を提出した当事者について，第178条の規定は，第一審において書面による準備手続を終結した事件につき同条の陳述又は確認がされた場合において控訴審で攻撃又は防御の方法を提出した当事者について準用する.

（第一審の管轄違いの主張の制限）

第299条　① 控訴審においては，当事者は，第一審裁判所が管轄権を有しないことを主張することができない. ただし，専属管轄（当事者が第11条の規定により合意で定めたものを除く.）については，この限りでない.

② 前項の第一審裁判所が第6条第1項各号に定める裁判所である場合において，当該訴訟が同項の規定により他の裁判所の専属管轄に属するときは，前項ただし書の規定は，適用しない.

（反訴の提起等）

第300条　① 控訴審においては，反訴の提起は，相手方の同意がある場合に限り，することができる.

② 相手方が異議を述べないで反訴の本案について弁論をしたときは，反訴の提起に同意したものとみなす.

③ 前2項の規定は，選定者に係る請求の追加について準用する.

（攻撃防御方法の提出等の期間）

第301条　① 裁判長は，当事者の意見を聴いて，攻撃若しくは防御の方法の提出，請求若しくは請求の原因の変更，反訴の提起又は選定者に係る請求の追加をすべき期間を定めることができる.

② 前項の規定により定められた期間の経過後に同項に規定する訴訟行為をする当事者は，裁判所に対し，その期間内にこれをすることができなかった理由を説明しなければならない.

（控訴棄却）

第302条　① 控訴裁判所は，第一審判決を相当とするときは，控訴を棄却しなければならない.

② 第一審判決がその理由によれば不当である場合においても，他の理由により正当であるときは，控訴を棄却しなければならない．

（控訴権の濫用に対する制裁）

第303条 ① 控訴裁判所は，前条第1項の規定により控訴を棄却する場合において，控訴人が訴訟の完結を遅延させることのみを目的として控訴を提起したものと認めるときは，控訴人に対し，控訴の提起の手数料として納付すべき金額の10倍以下の金銭の納付を命ずることができる．

② 前項の規定による裁判は，判決の主文に掲げなければならない．

③ 第1項の規定による裁判は，本案判決を変更する判決の言渡しにより，その効力を失う．

④ 上告裁判所は，上告を棄却する場合においても，第1項の規定による裁判を変更することができる．

⑤ 第189条の規定は，第1項の規定による裁判について準用する．

（第一審判決の取消し及び変更の範囲）

第304条 第一審判決の取消し及び変更は，不服申立ての限度においてのみ，これをすることができる．

（第一審判決が不当な場合の取消し）

第305条 控訴裁判所は，第一審判決を不当とするときは，これを取り消さなければならない．

（第一審の判決の手続が違法な場合の取消し）

第306条 第一審の判決の手続が法律に違反したときは，控訴裁判所は，第一審判決を取り消さなければならない．

（事件の差戻し）

第307条 控訴裁判所は，訴えを不適法として却下した第一審判決を取り消す場合には，事件を第一審裁判所に差し戻さなければならない．ただし，事件につき更に弁論をする必要がないときは，この限りでない．

第308条 ① 前条本文に規定する場合のほか，控訴裁判所が第一審判決を取り消す場合において，事件につき更に弁論をする必要があるときは，これを第一審裁判所に差し戻すことができる．

② 第一審裁判所における訴訟手続が法律に違反したことを理由として事件を差し戻したときは，その訴訟手続は，これによって取り消されたものとみなす．

（第一審の管轄違いを理由とする移送）

第309条 控訴裁判所は，事件が管轄違いであることを理由として第一審判決を取り消すときは，判決で，事件を管轄裁判所に移送しなければならない．

（控訴審の判決における仮執行の宣言）

第310条 控訴裁判所は，金銭の支払の請求（第259条第2項の請求を除く．）に関する判決については，申立てがあるときは，不必要と認める場合を除き，担保を立てないで仮執行をすることができることを宣言しなければならない．ただし，控訴裁判所が相当と認めるときは，仮執行を担保を立てることに係らしめることができる．

（特許権等に関する訴えに係る控訴事件における合議体の構成）

第310条の2 第6条第1項各号に定める裁判所が第一審としてした特許権等に関する訴えについての終局判決に対する控訴が提起された東京高等裁判所においては，当該控訴に係る事件について，5人の裁判官の合議体で審理及び裁判をする旨の決定をその合議体ですることができる．ただし，第20条の2第1項の規定により移送された訴訟に係る訴えについての終局判決に対する控訴に係る事件については，この限りでない．

第2章 上 告

（上告裁判所）

第311条 ① 上告は，高等裁判所が第二審又は第一審としてした終局判決に対しては最高裁判所に，地方裁判所が第二審としてした終局判決に対しては高等裁判所にすることができる．

② 第281条第1項ただし書の場合には，地方裁判所の判決に対しては最高裁判所に，簡易裁判所の判決に対しては高等裁判所に，直ちに上告をすることができる．

（上告の理由）

第312条 ① 上告は，判決に憲法の解釈の誤りがあることその他憲法の違反があることを理由とするときに，することができる．

② 上告は，次に掲げる事由があることを理由とするときも，することができる．ただし，第4号に掲げる事由については，第34条第2項（第59条において準用する場合を含む．）の規定による追認があったときは，この限りでない．

1 法律に従って判決裁判所を構成しなかったこと．

2 法律により判決に関与することができない裁判官が判決に関与したこと．

2の2 日本の裁判所の管轄権の専属に関する規定に違反したこと．

3 専属管轄に関する規定に違反したこと（第6条第1項各号に定める裁判所が第一審の終局判決をした場合において当該訴訟が同項の規定により他の裁判所の専属管轄に属す

るときを除く.).

4　法定代理権,訴訟代理権又は代理人が訴訟行為をするのに必要な授権を欠いたこと.

5　口頭弁論の公開の規定に違反したこと.

6　判決に理由を付せず,又は理由に食違いがあること.

③　高等裁判所にする上告は,判決に影響を及ぼすことが明らかな法令の違反があることを理由とするときも,することができる.

（控訴の規定の準用）

第313条　前章の規定は,特別の定めがある場合を除き,上告及び上告審の訴訟手続について準用する.

（上告提起の方式等）

第314条　①　上告の提起は,上告状を原裁判所に提出してしなければならない.

②　前条において準用する第288条及び第289条第2項の規定による裁判長の職権は,原裁判所の裁判長が行う.

（上告の理由の記載）

第315条　①　上告状に上告の理由の記載がないときは,上告人は,最高裁判所規則で定める期間内に,上告理由書を原裁判所に提出しなければならない.

②　上告の理由は,最高裁判所規則で定める方式により記載しなければならない.

（原裁判所による上告の却下）

第316条　①　次の各号に該当することが明らかであるときは,原裁判所は,決定で,上告を却下しなければならない.

1　上告が不適法でその不備を補正することができないとき.

2　前条第1項の規定に違反して上告理由書を提出せず,又は上告の理由の記載が同条第2項の規定に違反しているとき.

②　前項の決定に対しては,即時抗告をすることができる.

（上告裁判所による上告の却下等）

第317条　①　前条第1項各号に掲げる場合には,上告裁判所は,決定で,上告を却下することができる.

②　上告裁判所である最高裁判所は,上告の理由が明らかに第312条第1項及び第2項に規定する事由に該当しない場合には,決定で,上告を棄却することができる.

（上告受理の申立て）

第318条　①　上告をすべき裁判所が最高裁判所である場合には,最高裁判所は,原判決に最高裁判所の判例（これがない場合にあっては,大審院又は上告裁判所若しくは控訴裁判所である高等裁判所の判例）と相反する判断があ

る事件その他の法令の解釈に関する重要な事項を含むものと認められる事件について,申立てにより,決定で,上告審として事件を受理することができる.

②　前項の申立て（以下「上告受理の申立て」という.）においては,第312条第1項及び第2項に規定する事由を理由とすることができない.

③　第1項の場合において,最高裁判所は,上告受理の申立ての理由中に重要でないと認めるものがあるときは,これを排除することができる.

④　第1項の決定があった場合には,上告があったものとみなす.この場合においては,第320条の規定の適用については,上告受理の申立ての理由中前項の規定により排除されたもの以外のものを上告の理由とみなす.

⑤　第313条から第315条まで及び第316条第1項の規定は,上告受理の申立てについて準用する.

（口頭弁論を経ない上告の棄却）

第319条　上告裁判所は,上告状,上告理由書,答弁書その他の書類により,上告を理由がないと認めるときは,口頭弁論を経ないで,判決で,上告を棄却することができる.

（調査の範囲）

第320条　上告裁判所は,上告の理由に基づき,不服の申立てがあった限度においてのみ調査をする.

（原判決の確定した事実の拘束）

第321条　①　原判決において適法に確定した事実は,上告裁判所を拘束する.

②　第311条第2項の規定による上告があった場合には,上告裁判所は,原判決における事実の確定が法律に違反したことを理由として,その判決を破棄することができない.

（職権調査事項についての適用除外）

第322条　前2条の規定は,裁判所が職権で調査すべき事項には,適用しない.

（仮執行の宣言）

第323条　上告裁判所は,原判決について不服の申立てがない部分に限り,申立てにより,決定で,仮執行の宣言をすることができる.

（最高裁判所への移送）

第324条　上告裁判所である高等裁判所は,最高裁判所規則で定める事由があるときは,決定で,事件を最高裁判所に移送しなければならない.

（破棄差戻し等）

第325条　①　第312条第1項又は第2項に規定する事由があるときは,上告裁判所は,原判決を破棄し,次条の場合を除き,事件を原裁判所に差し戻し,又はこれと同等の他の裁判所に

移送しなければならない．高等裁判所が上告裁判所である場合において，判決に影響を及ぼすことが明らかな法令の違反があるときも，同様とする．

② 上告裁判所である最高裁判所は，第312条第1項又は第2項に規定する事由がない場合であっても，判決に影響を及ぼすことが明らかな法令の違反があるときは，原判決を破棄し，次条の場合を除き，事件を原裁判所に差し戻し，又はこれと同等の他の裁判所に移送することができる．

③ 前2項の規定により差戻し又は移送を受けた裁判所は，新たな口頭弁論に基づき裁判をしなければならない．この場合において，上告裁判所が破棄の理由とした事実上及び法律上の判断は，差戻し又は移送を受けた裁判所を拘束する．

④ 原判決に関与した裁判官は，前項の裁判に関与することができない．

（破棄自判）
第326条 次に掲げる場合には，上告裁判所は，事件について裁判をしなければならない．

1 確定した事実について憲法その他の法令の適用を誤ったことを理由として判決を破棄する場合において，事件がその事実に基づき裁判をするのに熟するとき．

2 事件が裁判所の権限に属しないことを理由として判決を破棄するとき．

（特別上告）
第327条 ① 高等裁判所が上告審としてした終局判決に対しては，その判決に憲法の解釈の誤りがあることその他憲法の違反があることを理由とするときに限り，最高裁判所に更に上告をすることができる．

② 前項の上告及びその上告審の訴訟手続には，その性質に反しない限り，第二審又は第一審の終局判決に対する上告及びその上告審の訴訟手続に関する規定を準用する．この場合において，第321条第1項中「原判決」とあるのは，「地方裁判所が第二審としてした終局判決（第311条第2項の規定による上告があった場合にあっては，簡易裁判所の終局判決）」と読み替えるものとする．

第3章 抗 告

（抗告をすることができる裁判）
第328条 ① 口頭弁論を経ないで訴訟手続に関する申立てを却下した決定又は命令に対しては，抗告をすることができる．

② 決定又は命令により裁判をすることができない事項について決定又は命令がされたとき

は，これに対して抗告をすることができる．

（受命裁判官等の裁判に対する不服申立て）
第329条 ① 受命裁判官又は受託裁判官の裁判に対して不服がある当事者は，受訴裁判所に異議の申立てをすることができる．ただし，その裁判が受訴裁判所の裁判であるとした場合に抗告をすることができるものであるときに限る．

② 抗告は，前項の申立てについての裁判に対してすることができる．

③ 最高裁判所又は高等裁判所が受訴裁判所である場合における第1項の規定の適用については，同項ただし書中「受訴裁判所」とあるのは，「地方裁判所」とする．

（再抗告）
第330条 抗告裁判所の決定に対しては，その決定に憲法の解釈の誤りがあることその他憲法の違反があること，又は決定に影響を及ぼすことが明らかな法令の違反があることを理由とするときに限り，更に抗告をすることができる．

（控訴又は上告の規定の準用）
第331条 抗告及び抗告裁判所の訴訟手続には，その性質に反しない限り，第1章の規定を準用する．ただし，前条の抗告及びこれに関する訴訟手続には，前章の規定中第二審又は第一審の終局判決に対する上告及びその上告審の訴訟手続に関する規定を準用する．

（即時抗告期間）
第332条 即時抗告は，裁判の告知を受けた日から1週間の不変期間内にしなければならない．

（原裁判所等による更正）
第333条 原裁判をした裁判所又は裁判長は，抗告を理由があると認めるときは，その裁判を更正しなければならない．

（原裁判の執行停止）
第334条 ① 抗告は，即時抗告に限り，執行停止の効力を有する．

② 抗告裁判所又は原裁判をした裁判所若しくは裁判官は，抗告について決定があるまで，原裁判の執行の停止その他必要な処分を命ずることができる．

（口頭弁論に代わる審尋）
第335条 抗告裁判所は，抗告について口頭弁論をしない場合には，抗告人その他の利害関係人を審尋することができる．

（特別抗告）
第336条 ① 地方裁判所及び簡易裁判所の決定及び命令で不服を申し立てることができないもの並びに高等裁判所の決定及び命令に対しては，その裁判に憲法の解釈の誤りがあることその他憲法の違反があることを理由とするとき

に,最高裁判所に特に抗告をすることができる.
② 前項の抗告は,裁判の告知を受けた日から5日の不変期間内にしなければならない.
③ 第1項の抗告及びこれに関する訴訟手続には,その性質に反しない限り,第327条第1項の上告及びその上告審の訴訟手続に関する規定並びに第334条第2項の規定を準用する.

(許可抗告)
第337条 ① 高等裁判所の決定及び命令(第330条の抗告及び次項の申立てについての決定及び命令を除く.)に対しては,前条第1項の規定による場合のほか,その高等裁判所が次項の規定により許可したときに限り,最高裁判所に特に抗告をすることができる.ただし,その裁判が地方裁判所の裁判であるとした場合に抗告をすることができるものであるときに限る.
② 前項の高等裁判所は,同項の裁判について,最高裁判所の判例(これがない場合にあっては,大審院又は上告裁判所若しくは抗告裁判所である高等裁判所の判例)と相反する判断がある場合その他の法令の解釈に関する重要な事項を含むと認められる場合には,申立てにより,決定で,抗告を許可しなければならない.
③ 前項の申立てにおいては,前条第1項に規定する事由を理由とすることはできない.
④ 第2項の規定による許可があった場合には,第1項の抗告があったものとみなす.
⑤ 最高裁判所は,裁判に影響を及ぼすことが明らかな法令の違反があるときは,原裁判を破棄することができる.
⑥ 第313条,第315条及び前条第2項の規定は第2項の申立てについて,第318条第3項の規定は第2項の規定による許可をする場合について,同条第4項後段及び前条第3項の規定は第2項の規定による許可があった場合について準用する.

◆ **第4編　再　審** ◆

(再審の事由)
第338条 ① 次に掲げる事由がある場合には,確定した終局判決に対し,再審の訴えをもって,不服を申し立てることができる.ただし,当事者が控訴若しくは上告によりその事由を主張したとき,又はこれを知りながら主張しなかったときは,この限りでない.
1 法律に従って判決裁判所を構成しなかったこと.
2 法律により判決に関与することができない裁判官が判決に関与したこと.
3 法定代理権,訴訟代理権又は代理人が訴訟

行為をするのに必要な授権を欠いたこと.
4 判決に関与した裁判官が事件について職務に関する罪を犯したこと.
5 刑事上罰すべき他人の行為により,自白をするに至ったこと又は判決に影響を及ぼすべき攻撃若しくは防御の方法を提出することを妨げられたこと.
6 判決の証拠となった文書その他の物件が偽造され若しくは変造されたものであったこと又は判決の証拠となった電磁的記録が不正に作られたものであったこと.
〔令4法48,施行4年内〕
7 証人,鑑定人,通訳人又は宣誓した当事者若しくは法定代理人の虚偽の陳述が判決の証拠となったこと.
8 判決の基礎となった民事若しくは刑事の判決その他の裁判又は行政処分が後の裁判又は行政処分により変更されたこと.
9 判決に影響を及ぼすべき重要な事項について判断の遺脱があったこと.
10 不服の申立てに係る判決が前に確定した判決と抵触すること.
② 前項第4号から第7号までに掲げる事由がある場合においては,罰すべき行為について,有罪の判決若しくは過料の裁判が確定したとき,又は証拠がないという理由以外の理由により有罪の確定判決若しくは過料の確定裁判を得ることができないときに限り,再審の訴えを提起することができる.
③ 控訴審において事件につき本案判決をしたときは,第一審の判決に対し再審の訴えを提起することができない.

第339条 判決の基本となる裁判について前条第1項に規定する事由がある場合(同項第4号から第7号までに掲げる事由がある場合にあっては,同条第2項に規定する場合に限る.)には,その裁判に対し独立した不服申立ての方法を定めているときにおいても,その事由を判決に対する再審の理由とすることができる.

(管轄裁判所)
第340条 ① 再審の訴えは,不服の申立てに係る判決をした裁判所の管轄に専属する.
② 審級を異にする裁判所が同一の事件についてした判決に対する再審の訴えは,上級の裁判所が併せて管轄する.

(再審の訴訟手続)
第341条 再審の訴訟手続には,その性質に反しない限り,各審級における訴訟手続に関する規定を準用する.

(再審期間)
第342条 ① 再審の訴えは,当事者が判決の確

定した後再審の事由を知った日から30日の不変期間内に提起しなければならない.

② 判決が確定した日（再審の事由が判決の確定した後に生じた場合にあっては，その事由が発生した日）から5年を経過したときは，再審の訴えを提起することができない.

③ 前2項の規定は，第338条第1項第3号に掲げる事由のうち代理権を欠いたこと及び同項第10号に掲げる事由を理由とする再審の訴えには，適用しない.

（再審の訴状の記載事項）

第343条 再審の訴状には，次に掲げる事項を記載しなければならない.

1 当事者及び法定代理人

2 不服の申立てに係る判決の表示及びその判決に対して再審を求める旨

3 不服の理由

（不服の理由の変更）

第344条 再審の訴えを提起した当事者は，不服の理由を変更することができる.

（再審の訴えの却下等）

第345条 ① 裁判所は，再審の訴えが不適法である場合には，決定で，これを却下しなければならない.

② 裁判所は，再審の事由がない場合には，決定で，再審の請求を棄却しなければならない.

③ 前項の決定が確定したときは，同一の事由を不服の理由として，更に再審の訴えを提起することができない.

（再審開始の決定）

第346条 ① 裁判所は，再審の事由がある場合には，再審開始の決定をしなければならない.

② 裁判所は，前項の決定をする場合には，相手方を審尋しなければならない.

（即時抗告）

第347条 第345条第1項及び第2項並びに前条第1項の決定に対しては，即時抗告をすることができる.

（本案の審理及び裁判）

第348条 ① 裁判所は，再審開始の決定が確定した場合には，不服申立ての限度で，本案の審理及び裁判をする.

② 裁判所は，前項の場合において，判決を正当とするときは，再審の請求を棄却しなければならない.

③ 裁判所は，前項の場合を除き，判決を取り消した上，更に裁判をしなければならない.

（決定又は命令に対する再審）

第349条 ① 即時抗告をもって不服を申し立てることができる決定又は命令で確定したものに対しては，再審の申立てをすることができる.

② 第338条から前条までの規定は，前項の申立てについて準用する.

◆ 第5編 手形訴訟及び小切手訴訟に関する特則 ◆

（手形訴訟の要件）

第350条 ① 手形による金銭の支払の請求及びこれに附帯する法定利率による損害賠償の請求を目的とする訴えについては，手形訴訟による審理及び裁判を求めることができる.

② 手形訴訟による審理及び裁判を求める旨の申述は，訴状に記載してしなければならない.

（反訴の禁止）

第351条 手形訴訟においては，反訴を提起することができない.

（証拠調べの制限）

第352条 ① 手形訴訟においては，証拠調べは，書証及び電磁的記録に記録された情報の内容に係る証拠調べに限りすることができる.

② 文書の提出の命令若しくは送付の嘱託又は第231条の3第1項において準用する第223条に規定する命令若しくは同項において準用する第226条に規定する嘱託は，することができない. 対照の用に供すべき筆跡又は印影を備える物件の提出の命令又は送付の嘱託についても，同様とする.

③ 文書若しくは電磁的記録の成立の真否又は手形の提示に関する事実については，申立てにより，当事者本人を尋問することができる.

④ 証拠調べの嘱託は，することができない. 第186条第1項の規定による調査の嘱託についても，同様とする.

⑤ 前各項の規定は，裁判所が職権で調査すべき事項には，適用しない. 〔令4法48, 施行4年内〕

（通常の手続への移行）

第353条 ① 原告は，口頭弁論の終結に至るまで，被告の承諾を要しないで，訴訟を通常の手続に移行させる旨の申述をすることができる.

② 訴訟は，前項の申述があった時に，通常の手続に移行する.

③ 前項の場合には，裁判所は，直ちに，被告に対し，訴訟が通常の手続に移行する旨の通知をしなければならない. ただし，第1項の申述が被告の出頭した期日において口頭でされたものであるときは，その通知をすることを要しない.

④ 第2項の場合には，手形訴訟のため既に指定した期日は，通常の手続のために指定したものとみなす. 〔令4法48, 施行4年内〕

（口頭弁論の終結）

第354条　裁判所は,被告が口頭弁論において原告が主張した事実を争わず,その他何らの防御の方法をも提出しない場合には,前条第3項の規定による通知をする前であっても,口頭弁論を終結することができる.
〔令4法48,施行4年内〕

（口頭弁論を経ない訴えの却下）

第355条　① 請求の全部又は一部が手形訴訟による審理及び裁判をすることができないものであるときは,裁判所は,口頭弁論を経ないで,判決で,訴えの全部又は一部を却下することができる.

② 前項の場合において,原告が電子判決書の送達を受けた日から2週間以内に同項の請求について通常の手続により訴えを提起したときは,第147条の規定の適用については,その訴えの提起は,前の訴えの提起の時にしたものとみなす.　　　　　　　　　〔令4法48,施行4年内〕

（控訴の禁止）

第356条　手形訴訟の終局判決に対しては,控訴をすることができない. ただし,前条第1項の判決を除き,訴えを却下した判決に対しては,この限りでない.

（異議の申立て）

第357条　手形訴訟の終局判決に対しては,訴えを却下した判決を除き,電子判決書又は第254条第2項の規定により当事者及び法定代理人,主文,請求並びに理由の要旨が記録された電子調書の送達を受けた日から2週間の不変期間内に,その判決をした裁判所に異議を申し立てることができる. ただし,その期間前に申し立てた異議の効力を妨げない.
〔令4法48,施行4年内〕

（異議申立権の放棄）

第358条　異議を申し立てる権利は,その申立て前に限り,放棄することができる.

（口頭弁論を経ない異議の却下）

第359条　異議が不適法でその不備を補正することができないときは,裁判所は,口頭弁論を経ないで,判決で,異議を却下することができる.

（異議の取下げ）

第360条　① 異議は,通常の手続による第一審の終局判決があるまで,取り下げることができる.

② 異議の取下げは,相手方の同意を得なければ,その効力を生じない.

③ 第261条第3項から第6項まで,第262条第1項及び第263条の規定は,異議の取下げについて準用する.　　　　〔令4法48,施行4年内〕

（異議後の手続）

第361条　適法な異議があったときは,訴訟は,口頭弁論の終結前の程度に復する. この場合においては,通常の手続によりその審理及び裁判をする.

（異議後の判決）

第362条　① 前条の規定によってすべき判決が手形訴訟の判決と符合するときは,裁判所は,手形訴訟の判決を認可しなければならない. ただし,手形訴訟の判決の手続が法律に違反したものであるときは,この限りでない.

② 前項の規定により手形訴訟の判決を認可する場合を除き,前条の規定によってすべき判決においては,手形訴訟の判決を取り消さなければならない.

（異議後の判決における訴訟費用）

第363条　① 異議を却下し,又は手形訴訟においてした訴訟費用の負担の裁判を認可する場合には,裁判所は,異議の申立てがあった後の訴訟費用の負担について裁判をしなければならない.

② 第258条第4項の規定は,手形訴訟の判決に対し適法な異議の申立てがあった場合について準用する.

（事件の差戻し）

第364条　控訴裁判所は,異議を不適法として却下した第一審判決を取り消す場合には,事件を第一審裁判所に差し戻さなければならない. ただし,事件につき更に弁論をする必要がないときは,この限りでない.

（訴え提起前の和解の手続から手形訴訟への移行）

第365条　第275条第2項後段の規定により提起があったものとみなされる訴えについては,手形訴訟による審理及び裁判を求める旨の申述は,同項前段の申立ての際にしなければならない.

（督促手続から手形訴訟への移行）

第366条　① 第395条又は第398条第1項（第402条第2項において準用する場合を含む.）の規定により提起があったものとみなされる訴えについては,手形訴訟による審理及び裁判を求める旨の申述は,支払督促の申立ての際にしなければならない.

② 第391条第1項の規定による仮執行の宣言があったときは,前項の申述は,なかったものとみなす. 〔令4法48,＝箇所:削除,施行4年内〕

（小切手訴訟）

第367条　① 小切手による金銭の支払の請求及びこれに附帯する法定利率による損害賠償の請求を目的とする訴えについては,小切手訴訟による審理及び裁判を求めることができる.

② 第350条第2項及び第351条から前条までの規定は,小切手訴訟に関して準用する.

◆◆ **第6編　少額訴訟に関する特則** ◆◆

（少額訴訟の要件等）

第368条 ① 簡易裁判所においては，訴訟の目的の価額が60万円以下の金銭の支払の請求を目的とする訴えについて，少額訴訟による審理及び裁判を求めることができる．ただし，同一の簡易裁判所において同一の年に最高裁判所規則で定める回数を超えてこれを求めることができない．

② 少額訴訟による審理及び裁判を求める旨の申述は，訴えの提起の際にしなければならない．

③ 前項の申述をするには，当該訴えを提起する簡易裁判所においてその年に少額訴訟による審理及び裁判を求めた回数を届け出なければならない．

（反訴の禁止）

第369条 少額訴訟においては，反訴を提起することができない．

（一期日審理の原則）

第370条 ① 少額訴訟においては，特別の事情がある場合を除き，最初にすべき口頭弁論の期日において，審理を完了しなければならない．

② 当事者は，前項の期日前又はその期日において，すべての攻撃又は防御の方法を提出しなければならない．ただし，口頭弁論が続行されたときは，この限りでない．

（証拠調べの制限）

第371条 証拠調べは，即時に取り調べることができる証拠に限りすることができる．

（証人等の尋問）

第372条 ① 証人の尋問は，宣誓をさせないですることができる．

② 証人又は当事者本人の尋問は，裁判官が相当と認める順序でする．

③ 裁判所は，相当と認めるときは，最高裁判所規則で定めるところにより，裁判所及び当事者双方と証人が音声の送受信により同時に通話をすることができる方法によって，証人を尋問することができる．

（通常の手続への移行）

第373条 ① 被告は，訴訟を通常の手続に移行させる旨の申述をすることができる．ただし，被告が最初にすべき口頭弁論の期日において弁論をし，又はその期日が終了した後は，この限りでない．

② 訴訟は，前項の申述があった時に，通常の手続に移行する．

③ 次に掲げる場合には，裁判所は，訴訟を通常の手続により審理及び裁判をする旨の決定をしなければならない．

1　第368条第1項の規定に違反して少額訴訟による審理及び裁判を求めたとき．

2　第368条第3項の規定によってすべき届出を相当の期間を定めて命じた場合において，その届出がないとき．

3　公示送達によらなければ被告に対する最初にすべき口頭弁論の期日の呼出しをすることができないとき．

4　少額訴訟により審理及び裁判をするのを相当でないと認めるとき．

④ 前項の決定に対しては，不服を申し立てることができない．

⑤ 訴訟が通常の手続に移行したときは，少額訴訟のため既に指定した期日は，通常の手続のために指定したものとみなす．

（判決の言渡し）

第374条 ① 判決の言渡しは，相当でないと認める場合を除き，口頭弁論の終結後直ちにする．

② 前項の場合には，判決の言渡しは，電子判決書に基づかないですることができる．この場合には，第254条第2項及び第255条の規定を準用する．　〔令4法48，施行4年内〕

（判決による支払の猶予）

第375条 ① 裁判所は，請求を認容する判決をする場合において，被告の資力その他の事情を考慮して特に必要があると認めるときは，判決の言渡しの日から3年を超えない範囲内において，認容する請求に係る金銭の支払について，その時期の定め若しくは分割払の定めをし，又はこれと併せて，その時期の定めに従い支払をしたとき，若しくはその分割払の定めによる期限の利益を次項の規定による定めにより失うことなく支払をしたときは訴え提起後の遅延損害金の支払義務を免除する旨の定めをすることができる．

② 前項の分割払の定めをするときは，被告が支払を怠った場合における期限の利益の喪失についての定めをしなければならない．

③ 前2項の規定による定めに関する裁判に対しては，不服を申し立てることができない．

（仮執行の宣言）

第376条 ① 請求を認容する判決については，裁判所は，職権で，担保を立てて，又は立てないで仮執行をすることができることを宣言しなければならない．

② 第76条，第77条，第79条及び第80条の規定は，前項の担保について準用する．

（控訴の禁止）

第377条 少額訴訟の終局判決に対しては，控訴をすることができない．

（異　議）

第378条 ① 少額訴訟の終局判決に対しては, 電子判決書又は第254条第2項（第374条第2項において準用する場合を含む.）の規定により当事者及び法定代理人, 主文, 請求並びに理由の要旨が記録された電子調書の送達を受けた日から2週間の不変期間内に, その判決をした裁判所に異議を申し立てることができる. ただし, その期間前に申し立てた異議の効力を妨げない.

② 第358条から第360条までの規定は, 前項の異議について準用する.

〔令4法48, 施行4年内〕

（異議後の審理及び裁判）

第379条 ① 適法な異議があったときは, 訴訟は, 口頭弁論の終結前の程度に復する. この場合においては, 通常の手続によりその審理及び裁判をする.

② 第362条, 第363条, 第369条, 第372条第2項及び第375条の規定は, 前項の審理及び裁判について準用する.

（異議後の判決に対する不服申立て）

第380条 ① 第378条第2項において準用する第359条又は前条第1項の規定によってした終局判決に対しては, 控訴をすることができない.

② 第327条の規定は, 前項の終局判決について準用する.

（過　料）

第381条 ① 少額訴訟による審理及び裁判を求めた者が第368条第3項の回数について虚偽の届出をしたときは, 裁判所は, 決定で, 10万円以下の過料に処する.

② 前項の決定に対しては, 即時抗告をすることができる.

③ 第189条の規定は, 第1項の規定による過料の裁判について準用する.

◆ **第7編　法定審理期間訴訟手続に関する特則** ◆

（法定審理期間訴訟手続の要件）

第381条の2 ① 当事者は, 裁判所に対し, 法定審理期間訴訟手続による審理及び裁判を求める旨の申出をすることができる. ただし, 次に掲げる訴えに関しては, この限りでない.

1　消費者契約に関する訴え

2　個別労働関係民事紛争に関する訴え

② 当事者の双方が前項の申出をした場合には, 裁判所は, 事案の性質, 訴訟追行による当事者の負担の程度その他の事情に鑑み, 法定審理期間訴訟手続により審理及び裁判をすることが当事者間の衡平を害し, 又は適正な審理の実現を妨げると認めるときを除き, 訴訟を法定審理

期間訴訟手続により審理及び裁判をする旨の決定をしなければならない. 当事者の一方が同項の申出をした場合において, 相手方がその法定審理期間訴訟手続による審理及び裁判をすることに同意したときも, 同様とする.

③ 第1項の申出及び前項後段の同意は, 書面でしなければならない. ただし, 口頭弁論又は弁論準備手続の期日においては, 口頭ですることを妨げない.

④ 訴訟が法定審理期間訴訟手続に移行したときは, 通常の手続のために既に指定した期日は, 法定審理期間訴訟手続のために指定したものとみなす.

〔令4法48, 施行4年内〕

（法定審理期間訴訟手続の審理）

第381条の3 ① 前条第2項の決定があったときは, 裁判長は, 当該決定の日から2週間以内の間において口頭弁論又は弁論準備手続の期日を指定しなければならない.

② 裁判長は, 前項の期日において, 当該期日から6月以内の間において当該事件に係る口頭弁論を終結する期日を指定するとともに, 口頭弁論を終結する日から1月以内の間において判決言渡しをする期日を指定しなければならない.

③ 前条第2項の決定があったときは, 当事者は, 第1項の期日から5月（裁判所が当事者双方の意見を聴いて, これより短い期間を定めた場合には, その期間）以内に, 攻撃又は防御の方法を提出しなければならない.

④ 裁判所は, 前項の期間が満了するまでに, 当事者双方との間で, 争点及び証拠の整理の結果に基づいて, 法定審理期間訴訟手続の判決において判断すべき事項を確認するものとする.

⑤ 法定審理期間訴訟手続における証拠調べは, 第1項の期日から6月（裁判所が当事者双方の意見を聴いて, これより短い期間を定めた場合には, その期間）以内にしなければならない.

⑥ 法定審理期間訴訟手続における期日の変更は, 第93条第3項の規定にかかわらず, やむを得ない事由がある場合でなければ, 許すことができない.

〔令4法48, 施行4年内〕

（通常の手続への移行）

第381条の4 ① 次に掲げる場合には, 裁判所は, 訴訟を通常の手続により審理及び裁判をする旨の決定をしなければならない.

1　当事者の双方又は一方が訴訟を通常の手続に移行させる旨の申出をしたとき.

2　提出された攻撃又は防御の方法及び審理の現状に照らして法定審理期間訴訟手続により審理及び裁判をするのが困難であると認めるとき.

② 前項の決定に対しては,不服を申し立てることができない.

③ 訴訟が通常の手続に移行したときは,法定審理期間訴訟手続のため既に指定した期日は,通常の手続のために指定したものとみなす.
〔令4法48,施行4年内〕

(法定審理期間訴訟手続の電子判決書)

第381条の5　法定審理期間訴訟手続の電子判決書には,事実として,請求の趣旨及び原因並びにその他の攻撃又は防御の方法の要旨を記録するものとし,理由として,第381条の3第4項の規定により当事者双方との間で確認した事項に係る判断の内容を記録するものとする.
〔令4法48,施行4年内〕

(控訴の禁止)

第381条の6　法定審理期間訴訟手続の終局判決に対しては,控訴をすることができない.ただし,訴えを却下した判決に対しては,この限りでない.
〔令4法48,施行4年内〕

(異 議)

第381条の7　① 法定審理期間訴訟手続の終局判決に対しては,訴えを却下した判決を除き,電子判決書の送達を受けた日から2週間の不変期間内に,その判決をした裁判所に異議を申し立てることができる.ただし,その期間前に申し立てた異議の効力を妨げない.

② 第358条から第360条まで及び第364条の規定は,前項の異議について準用する.
〔令4法48,施行4年内〕

(異議後の審理及び裁判)

第381条の8　① 適法な異議があったときは,訴訟は,口頭弁論の終結前の程度に復する.この場合においては,通常の手続によりその審理及び裁判をする.

② 前項の異議の申立ては,執行停止の効力を有する.

③ 裁判所は,異議後の判決があるまで,法定審理期間訴訟手続の終局判決の執行の停止その他必要な処分を命ずることができる.

④ 第362条及び第363条の規定は,第1項の審理及び裁判について準用する.
〔令4法48,施行4年内〕

◆ **第8編　督促手続** ◆
〔令4法48,施行4年内〕

第1章　総　則

(支払督促の要件)

第382条　金銭その他の代替物又は有価証券の一定の数量の給付を目的とする請求については,裁判所書記官は,債権者の申立てにより,

支払督促を発することができる.ただし,日本において公示送達によらないでこれを送達することができる場合に限る.

(支払督促の申立て)

第383条　① 支払督促の申立ては,債務者の普通裁判籍の所在地を管轄する簡易裁判所の裁判所書記官に対してする.

② 次の各号に掲げる請求についての支払督促の申立ては,それぞれ当該各号に定める地を管轄する簡易裁判所の裁判所書記官に対してもすることができる.

1　事務所又は営業所を有する者に対する請求でその事務所又は営業所における業務に関するもの
　　当該事務所又は営業所の所在地

2　手形又は小切手による金銭の支払の請求及びこれに附帯する請求
　　手形又は小切手の支払地

(訴えに関する規定の準用)

第384条　支払督促の申立てには,その性質に反しない限り,訴えに関する規定を準用する.

(申立ての却下)

第385条　① 支払督促の申立てが第382条若しくは第383条の規定に違反するとき,又は申立ての趣旨から請求に理由がないことが明らかなときは,その申立てを却下しなければならない.請求の一部につき支払督促を発することができない場合におけるその一部についても,同様とする.

② 前項の規定による処分は,相当と認める方法で告知することによって,その効力を生ずる.

③ 前項の処分に対する異議の申立ては,その告知を受けた日から1週間の不変期間内にしなければならない.

④ 前項の異議の申立てについての裁判に対しては,不服を申し立てることができない.

(支払督促の発付等)

第386条　① 支払督促は,債務者を審尋しないで発する.

② 債務者は,支払督促に対し,これを発した裁判所書記官の所属する簡易裁判所に督促異議の申立てをすることができる.

(電子支払督促の記録事項)

第387条　① 裁判所書記官は,支払督促を発するときは,最高裁判所規則で定めるところにより,電子支払督促(次に掲げる事項を記録し,かつ,債務者がその送達を受けた日から2週間以内に督促異議の申立てをしないときは債権者の申立てにより仮執行の宣言をする旨を併せて記録した電磁的記録をいう.以下この章において同じ.)を作成しなければならない.

1　第382条の給付を命ずる旨
2　請求の趣旨及び原因
3　当事者及び法定代理人

② 裁判所書記官は、前項の規定により電子支払督促を作成したときは、最高裁判所規則で定めるところにより、これをファイルに記録しなければならない。　〔令4法48, 施行4年内〕

（電子支払督促の送達）

第388条 ① 電子支払督促（前条第2項の規定によりファイルに記録されたものに限る。以下この章において同じ。）は、債務者に送達しなければならない。

② 支払督促の効力は、債務者に送達された時に生ずる。

③ 債権者が申し出た場所に債務者の住所、居所、営業所若しくは事務所又は就業場所がないため、電子支払督促を送達することができないときは、裁判所書記官は、その旨を債権者に通知しなければならない。この場合において、債権者が通知を受けた日から2月の不変期間内にその申出に係る場所以外の送達をすべき場所の申出をしないときは、支払督促の申立てを取り下げたものとみなす。　〔令4法48, 施行4年内〕

（支払督促の更正）

第389条 ① 第74条第1項及び第2項の規定は、支払督促について準用する。

② 仮執行の宣言後に適法な督促異議の申立てがあったときは、前項において準用する第74条第1項の規定による更正の処分に対する異議の申立ては、することができない。

（仮執行の宣言前の督促異議）

第390条 仮執行の宣言前に適法な督促異議の申立てがあったときは、支払督促は、その督促異議の限度で効力を失う。

（仮執行の宣言）

第391条 ① 債務者が電子支払督促の送達を受けた日から2週間以内に督促異議の申立てをしないときは、裁判所書記官は、債権者の申立てにより、電子支払督促に手続の費用額を併せて記録して仮執行の宣言をしなければならない。ただし、その宣言前に督促異議の申立てがあったときは、この限りでない。

② 仮執行の宣言は、最高裁判所規則で定めるところにより、電子支払督促に記録し、これを当事者に送達しなければならない。ただし、債権者の同意があるときは、当該債権者に対しては、当該記録をした電子支払督促に記録された事項を出力することにより作成した書面を送付することをもって、送達に代えることができる。

③ 第385条第2項及び第3項の規定は、第1項の申立てを却下する処分及びこれに対する異議の申立てについて準用する。

④ 前項の異議の申立てについての裁判に対しては、即時抗告をすることができる。

⑤ 第260条及び第388条第2項の規定は、第1項の仮執行の宣言について準用する。　〔令4法48, 施行4年内〕

（期間の徒過による支払督促の失効）

第392条 債権者が仮執行の宣言の申立てをすることができる時から30日以内にその申立てをしないときは、支払督促は、その効力を失う。

（仮執行の宣言後の督促異議）

第393条 仮執行の宣言を付した電子支払督促の送達を受けた日から2週間の不変期間を経過したときは、債務者は、その支払督促に対し、督促異議の申立てをすることができない。　〔令4法48, 施行4年内〕

（督促異議の却下）

第394条 ① 簡易裁判所は、督促異議を不適法であると認めるときは、督促異議に係る請求が地方裁判所の管轄に属する場合においても、決定で、その督促異議を却下しなければならない。

② 前項の決定に対しては、即時抗告をすることができる。

（督促異議の申立てによる訴訟への移行）

第395条 適法な督促異議の申立てがあったときは、督促異議に係る請求については、その目的の価額に従い、支払督促の申立ての時に、支払督促を発した裁判所書記官の所属する簡易裁判所又はその所在地を管轄する地方裁判所に訴えの提起があったものとみなす。この場合においては、督促手続の費用は、訴訟費用の一部とする。

（支払督促の効力）

第396条 仮執行の宣言を付した支払督促に対し督促異議の申立てがないとき、又は督促異議の申立てを却下する決定が確定したときは、支払督促は、確定判決と同一の効力を有する。

第2章　電子情報処理組織による督促手続の特則

（電子情報処理組織による支払督促の申立て）

第397条 この章の規定による督促手続を取り扱う裁判所として最高裁判所規則で定める簡易裁判所（次条第1項及び第399条において「指定簡易裁判所」という。）の裁判所書記官に対しては、第383条の規定による場合のほか、同条に規定する簡易裁判所が別に最高裁判所規則で定める簡易裁判所である場合にも、最高裁判所規則で定めるところにより、最高裁

判所規則で定める電子情報処理組織を使用する方法により支払督促の申立てをすることができる. 〔令4法48, 施行4年内〕

第398条 ① 指定簡易裁判所の裁判所書記官に対してされた支払督促の申立てに係る督促手続における支払督促に対し適法な督促異議の申立てがあったときは, 督促異議に係る請求については, その目的の価額に従い, 当該支払督促の申立ての時に, 第383条に規定する簡易裁判所で支払督促を発した裁判所書記官の所属するもの若しくは前条の別に最高裁判所規則で定める簡易裁判所又はその所在地を管轄する地方裁判所に訴えの提起があったものとみなす.

② 前項の場合において, 同項に規定する簡易裁判所又は地方裁判所が二以上あるときは, 督促異議に係る請求については, これらの裁判所中に第383条第1項に規定する簡易裁判所又はその所在地を管轄する地方裁判所がある場合にはその裁判所に, その裁判所がない場合には同条第2項第1号に定める地を管轄する簡易裁判所又はその所在地を管轄する地方裁判所に訴えの提起があったものとみなす.

③ 前項の規定にかかわらず, 債権者が, 最高裁判所規則で定めるところにより, 第1項に規定する簡易裁判所又は地方裁判所のうち, 一の簡易裁判所又は地方裁判所を指定したときは, その裁判所に訴えの提起があったものとみなす. 〔令4法48, 施行4年内〕

（電子情報処理組織による送達の効力発生の時期）
第399条 第109条の3の規定にかかわらず, 送達を受けるべき債権者の同意があるときは, 指定簡易裁判所の裁判所書記官に対してされた支払督促の申立てに係る督促手続に関する第109条の2第1項の規定による送達は, 同項の通知が当該債権者に対して発せられた時に, その効力を生ずる. 〔令4法48, 施行4年内〕

第400条〜第402条 削除 〔令4法48, 施行4年内〕

◆ **第9編 執行停止** ◆

（執行停止の裁判）
第403条 ① 次に掲げる場合には, 裁判所は, 申立てにより, 決定で, 担保を立てさせて, 若しくは立てさせないで強制執行の一時の停止を命じ, 又はこれとともに, 担保を立てて強制執行の開始若しくは続行をすべき旨を命じ, 若しくは担保を立てさせて既にした執行処分の取

消しを命ずることができる. ただし, 強制執行の開始又は続行をすべき旨の命令は, 第3号から第6号までに掲げる場合に限り, することができる.

1 第327条第1項（第380条第2項において準用する場合を含む. 次条において同じ.）の上告又は再審の訴えの提起があった場合において, 不服の理由として主張した事情が法律上理由があるとみえ, 事実上の点につき疎明があり, かつ, 執行により償うことができない損害が生ずるおそれがあることにつき疎明があったとき.

2 仮執行の宣言を付した判決に対する上告の提起又は上告受理の申立てがあった場合において, 原判決の破棄の原因となるべき事情及び執行により償うことができない損害を生ずるおそれがあることにつき疎明があったとき.

3 仮執行の宣言を付した判決に対する控訴の提起又は仮執行の宣言を付した支払督促に対する督促異議の申立て（次号の控訴の提起及び督促異議の申立てを除く.）があった場合において, 原判決若しくは支払督促の取消し若しくは変更の原因となるべき事情がないとはいえないこと又は執行により著しい損害を生ずるおそれがあることにつき疎明があったとき.

4 手形又は小切手による金銭の支払の請求及びこれに附帯する法定利率による損害賠償の請求について, 仮執行の宣言を付した判決に対する控訴の提起又は仮執行の宣言を付した支払督促に対する督促異議の申立てがあった場合において, 原判決又は支払督促の取消し又は変更の原因となるべき事情につき疎明があったとき.

5 仮執行の宣言を付した手形訴訟若しくは小切手訴訟の判決に対する異議の申立て又は仮執行の宣言を付した少額訴訟の判決に対する異議の申立てがあった場合において, 原判決の取消し又は変更の原因となるべき事情につき疎明があったとき.

6 第117条第1項の訴えの提起があった場合において, 変更のため主張した事情が法律上理由があるとみえ, かつ, 事実上の点につき疎明があったとき.

② 前項に規定する申立てについての裁判に対しては, 不服を申し立てることができない.

（原裁判所による裁判）
第404条 ① 第327条第1項の上告の提起, 仮執行の宣言を付した判決に対する上告の提起若しくは上告受理の申立て又は仮執行の宣言を付した判決に対する控訴の提起があった場

合において,訴訟記録が原裁判所に存するとき
は,その裁判所が,前条第1項に規定する申立
てについての裁判をする.

② 前項の規定は,仮執行の宣言を付した支払
督促に対する督促異議の申立てがあった場合
について準用する.

(担保の提供)
第405条 ① この編の規定により担保を立て
る場合において,供託をするには,担保を立て
るべきことを命じた裁判所又は執行裁判所の
所在地を管轄する地方裁判所の管轄区域内の
供託所にしなければならない.

② 第76条,第77条,第79条及び第80条の規
定は,前項の担保について準用する.

<u>附 則</u>（略）

70　民事訴訟規則（抄）

（平8・12・17最高裁判所規則第5号,平10・1・1施行,
最終改正：令4・11・7最高裁判所規則第17号）

◆ 第1編　総　則 ◆

第1章　通　則

(申立て等の方式)
第1条 ① 申立てその他の申述は,特別の定めがあ
る場合を除き,書面又は口頭ですることができる.

② 口頭で申述をするには,裁判所書記官の面前で陳
述をしなければならない.この場合においては,裁
判所書記官は,調書を作成し,記名押印しなければな
らない.

(当事者が裁判所に提出すべき書面の記載事項)
第2条 ① 訴状,準備書面その他の当事者又は代理
人が裁判所に提出すべき書面には,次に掲げる事項
を記載し,当事者又は代理人が記名押印するものと
する.

　1 当事者の氏名又は名称及び住所並びに代理人の
　　氏名及び住所

　2 事件の表示

　3 附属書類の表示

　4 年月日

　5 裁判所の表示

第2章　裁　判　所

第2節　裁判所職員の除斥,忌避及び回避
(除斥又は忌避の申立ての方式等・法第23条等)
第10条 ① 裁判官に対する除斥又は忌避の申立て
は,その原因を明示して,裁判官の所属する裁判所
にしなければならない.

② 前項の申立ては,期日においてする場合を除き,
書面でしなければならない.

(除斥又は忌避についての裁判官の意見陳述・法第
25条)
第11条 裁判官は,その除斥又は忌避の申立てにつ

いて意見を述べることができる.

(裁判官の回避)
第12条 裁判官は,法第23条（裁判官の除斥）第
1項又は第24条（裁判官の忌避）第1項に規定す
る場合には,監督権を有する裁判所の許可を得て,
回避することができる.

第3章　当　事　者

第4節　訴訟代理人
(訴訟代理権の証明等・法第54条等)
第23条 ① 訴訟代理人の権限は,書面で証明しなけ
ればならない.

第4章　訴訟費用（略）

第5章　訴訟手続

第6節　訴訟手続の中断
(訴訟手続の受継の申立ての方式・法第124条等)
第51条 ① 訴訟手続の受継の申立ては,書面でしな
ければならない.

② 前項の書面には,訴訟手続を受け継ぐ者が法第
124条（訴訟手続の中断及び受継）第1項各号に定
める者であることを明らかにする資料を添付しな
ければならない.

第6章　訴えの提起前における証拠収集の処分等（略）

第7章　当事者に対する住所,氏名等の秘匿（略）

◆ 第2編　第一審の訴訟手続 ◆

第1章　訴　え

(訴状の記載事項・法第134条)
第53条 ① 訴状には,請求の趣旨及び請求の原因
（請求を特定するのに必要な事実をいう.）を記載
するほか,請求を理由づける事実を具体的に記載し,
かつ,立証を要する事由ごとに,当該事実に関連す
る事実で重要なもの及び証拠を記載しなければな
らない.

② 訴状に事実についての主張を記載するには,でき
る限り,請求を理由づける事実についての主張と当
該事実に関連する事実についての主張とを区別し
て記載しなければならない.

③ 攻撃又は防御の方法を記載した訴状は,準備書面
を兼ねるものとする.

(訴状の添付書類)
第55条 ① 次の各号に掲げる事件の訴状には,それ
ぞれ当該各号に定める書類を添付しなければなら
ない.

　1 不動産に関する事件　登記事項証明書

　2 手形又は小切手に関する事件　手形又は小切手
　　の写し

② 前項に規定するほか,訴状には,立証を要する事
由につき,証拠となるべき文書の写し（以下「書証
の写し」という.）で重要なものを添付しなければな
らない.

第2章　口頭弁論及びその準備

第1節　口頭弁論

（最初の口頭弁論期日の指定・法第139条）

第60条 ① 訴えが提起されたときは、裁判長は、速やかに、口頭弁論の期日を指定しなければならない。ただし、事件を弁論準備手続に付する場合（付することについて当事者に異議がないときに限る。）又は書面による準備手続に付する場合は、この限りでない。

② 前項の期日は、特別の事由がある場合を除き、訴えが提起された日から30日以内の日に指定しなければならない。

（口頭弁論調書の形式的記載事項・法第160条）

第66条 ① 口頭弁論の調書には、次に掲げる事項を記載しなければならない。

1　事件の表示
2　裁判官及び裁判所書記官の氏名
3　立ち会った検察官の氏名
4　出頭した当事者、代理人、補佐人及び通訳人の氏名
5　弁論の日時及び場所
6　弁論を公開したこと又は公開しなかったときはその旨及びその理由

② 前項の調書には、裁判所書記官が記名押印し、裁判長が認印しなければならない。

（口頭弁論調書の実質的記載事項・法第160条）

第67条 ① 口頭弁論の調書には、弁論の要領を記載し、特に、次に掲げる事項を明確にしなければならない。

1　訴えの取下げ、和解、請求の放棄及び認諾並びに自白
2　法第147条の3（審理の計画）第1項の審理の計画が同項の規定により定められ、又は同条第4項の規定により変更されたときは、その定められ、又は変更された内容
3　証人、当事者本人及び鑑定人の陳述
4　証人、当事者本人及び鑑定人の宣誓の有無並びに証人及び鑑定人に宣誓をさせなかった理由
5　検証の結果
6　裁判長が記載を命じた事項及び当事者の請求により記載を許した事項
7　書面を作成しないでした裁判
8　裁判の言渡し

第3章　証　拠

第1節　総　則

（証拠の申出・法第180条）

第99条 ① 証拠の申出は、証明すべき事実及びこれと証拠との関係を具体的に明示してしなければならない。

第2節　証人尋問

（宣誓・法第201条）

第112条 ① 証人の宣誓は、尋問の前にさせなければならない。ただし、特別の事由があるときは、尋問の後にさせることができる。

② 宣誓は、起立して厳粛に行わなければならない。

③ 裁判長は、証人に宣誓書を朗読させ、かつ、これに署名押印させなければならない。証人が宣誓書を朗読することができないときは、裁判長は、裁判所書記官にこれを朗読させなければならない。

④ 裁判長は、相当と認めるときは、前項前段の規定にかかわらず、同項前段に規定する署名押印に代えて、宣誓書に宣誓の趣旨を理解した旨の記載をさせることができる。

⑤ 前2項の宣誓書には、良心に従って真実を述べ、何事も隠さず、また、何事も付け加えないことを誓う旨を記載しなければならない。

（尋問の順序・法第202条）

第113条 ① 当事者による証人の尋問は、次の順序による。

1　尋問の申出をした当事者の尋問（主尋問）
2　相手方の尋問（反対尋問）
3　尋問の申出をした当事者の再度の尋問（再主尋問）

（質問の制限）

第114条 ① 次の各号に掲げる尋問は、それぞれ当該各号に定める事項について行うものとする。

1　主尋問
　立証すべき事項及びこれに関連する事項
2　反対尋問
　主尋問に現れた事項及びこれに関連する事項並びに証言の信用性に関する事項
3　再主尋問
　反対尋問に現れた事項及びこれに関連する事項

第4章　判　決

（判決書・法第253条）

第157条 ① 判決書には、判決をした裁判官が署名押印しなければならない。

② 合議体の裁判官が判決書に署名押印することに支障があるときは、他の裁判官が判決書にその事由を付記して署名押印しなければならない。

第5章　裁判によらない訴訟の完結（略）

第6章　削　除

第7章　簡易裁判所の訴訟手続に関する特則（略）

◆　第3編　上　訴　（略）　◆

◆　第4編　再　審　（略）　◆

◆　第5編　手形訴訟及び小切手訴訟に関する特則　（略）　◆

（一期日審理の原則）

第214条 手形訴訟においては、やむを得ない事由がある場合を除き、最初にすべき口頭弁論の期日において、審理を完了しなければならない。

◆　第6編　少額訴訟に関する特則　◆

（手続の教示）

第222条 ① 裁判所書記官は、当事者に対し、少額訴訟における最初にすべき口頭弁論の期日の呼出しの際に、少額訴訟による審理及び裁判の手続の内容

を説明した書面を交付しなければならない.

② 裁判官は,前項の期日の冒頭において,当事者に対し,次に掲げる事項を説明しなければならない.

1　証拠調べは,即時に取り調べることができる証拠に限りすることができること.

2　被告は,訴訟を通常の手続に移行させる旨の申述をすることができるが,被告が最初にすべき口頭弁論の期日において弁論をし,又はその期日が終了した後は,この限りでないこと.

3　少額訴訟の終局判決に対しては,判決書又は判決書に代わる調書の送達を受けた日から2週間の不変期間内に,その判決をした裁判所に異議を申し立てることができること.

(少額訴訟を求め得る回数・法第368条)

第223条　法第368条(少額訴訟の要件等)第1項ただし書の最高裁判所規則で定める回数は,10回とする.

71　人事訴訟法(抄)

(平15・7・16法律第109号,平16・4・1施行,最終改正:令5・6・14法律第53号)

第1章　総　則

第1節　通　則

(趣　旨)

第1条　この法律は,人事訴訟に関する手続について,民事訴訟法(平成8年法律第109号)の特例等を定めるものとする.

(定　義)

第2条　この法律において「人事訴訟」とは,次に掲げる訴えその他の身分関係の形成又は存否の確認を目的とする訴え(以下「人事に関する訴え」という.)に係る訴訟をいう.

1　婚姻の無効及び取消しの訴え,離婚の訴え,協議上の離婚の無効及び取消しの訴え並びに婚姻関係の存否の確認の訴え

2　嫡出否認の訴え,認知の訴え,認知の無効及び取消しの訴え,民法(明治29年法律第89号)第773条の規定により父を定めることを目的とする訴え並びに実親子関係の存否の確認の訴え

3　養子縁組の無効及び取消しの訴え,離縁の訴え,協議上の離縁の無効及び取消しの訴え並びに養親子関係の存否の確認の訴え

第2節　裁判籍

第2款　管　轄

(人事に関する訴えの管轄)

第4条　① 人事に関する訴えは,当該訴えに係る身分関係の当事者が普通裁判籍を有する地又はその死亡の時にこれを有した地を管轄する家庭裁判所の管轄に専属する.

② 前項の規定による管轄裁判所が定まらないときは,人事に関する訴えは,最高裁判所規則で定める地を管轄する家庭裁判所の管轄に専属する.

(併合請求における管轄)

第5条　数人からの又は数人に対する一の人事に関する訴えで数個の身分関係の形成又は存否の確認を目的とする数個の請求をする場合には,前条の規定にかかわらず,同条の規定により一の請求について管轄権を有する家庭裁判所にその訴えを提起することができる.ただし,民事訴訟法第38条前段に定める場合に限る.

(遅滞を避ける等のための移送)

第7条　家庭裁判所は,人事訴訟がその管轄に属する人の住所その他の事情を考慮して,訴訟の著しい遅滞を避け,又は当事者間の衡平を図るため必要があると認めるときは,申立てにより又は職権で,当該人事訴訟の全部又は一部を他の管轄裁判所に移送することができる.

第3款　参与員

(参与員)

第9条　① 家庭裁判所は,必要があると認めるときは,参与員を審理又は和解の試みに立ち会わせて事件につきその意見を聴くことができる.

② 参与員の員数は,各事件について1人以上とする.

③ 参与員は,毎年あらかじめ家庭裁判所の選任した者の中から,事件ごとに家庭裁判所が指定する.

④ 前項の規定により選任される者の資格,員数その他同項の選任に関し必要な事項は,最高裁判所規則で定める.

⑤ 参与員には,最高裁判所規則で定める額の旅費,日当及び宿泊料を支給する.

⑥ 家庭裁判所は,第1項の規定により参与員を審理又は和解の試みに立ち会わせる場合において,相当と認めるときは,当事者の意見を聴いて,最高裁判所規則で定めるところにより,家庭裁判所及び当事者双方が参与員との間で音声の送受信により同時に通話をすることができる方法によって,参与員に,審理又は和解の試みに立ち会わせ,当該期日における行為をさせることができる.

〔令5法53,令8・5・24までに施行〕

第3節　当事者

(被告適格)

第12条　① 人事に関する訴えであって当該訴えに係る身分関係の当事者の一方が提起するものにおいては,特別の定めがある場合を除き,他の一方を被告とする.

② 人事に関する訴えであって当該訴えに係る身分関係の当事者以外の者が提起するものにおいては,特別の定めがある場合を除き,当該身分関係の当事者の双方を被告とし,その一方が死亡した後は,他の一方を被告とする.

③ 前2項の規定により当該訴えの被告とすべき者が死亡し,被告とすべき者がないときは,検察官を被告とする.

(人事訴訟における訴訟能力等)

第13条　① 人事訴訟の訴訟手続における訴訟行為については,民法第5条第1項及び第2項,第9条,第13条並びに第17条並びに民事訴訟法第31条並びに第32条第1項(同法第40条第4項において準用する場合を含む.)及び第2項の規定は,適用しない.

② 訴訟行為につき行為能力の制限を受けた者が前項の訴訟行為をしようとする場合において,必要があると認めるときは,裁判長は,申立てにより,弁護士を訴訟代理人に選任することができる.

③ 訴訟行為につき訴訟能力の制限を受けた者が前項の申立てをしない場合においても,裁判長は,弁護士を訴訟代理人に選任すべき旨を命じ,又は職権で弁護士を訴訟代理人に選任することができる.

④　前2項の規定により裁判長が訴訟代理人に選任した弁護士に対し当該訴訟行為につき行為能力の制限を受けた者が支払うべき報酬の額は、裁判所が相当と認める額とする。

第14条　①　人事に関する訴えの原告又は被告となるべき者が成年被後見人であるときは、その成年後見人は、成年被後見人のために訴え、又は訴えられることができる。ただし、その成年後見人が当該訴えに係る訴訟の相手方となるときは、この限りでない。

②　前項ただし書の場合には、成年後見監督人が、成年被後見人のために訴え、又は訴えられることができる。

（利害関係人の訴訟参加）

第15条　①　検察官を被告とする人事訴訟において、訴訟の結果により相続権を害される第三者（以下「利害関係人」という。）を当該人事訴訟に参加させることが必要であると認めるときは、裁判所は、被告を補助させるため、決定で、その利害関係人を当該人事訴訟に参加させることができる。

②　裁判所は、前項の決定をするに当たっては、あらかじめ、当事者及び利害関係人の意見を聴かなければならない。

③　民事訴訟法第43条第1項の申出又は第1項の決定により検察官を被告とする人事訴訟に参加した利害関係人については、同法第45条第2項の規定は、適用しない。

④　前項の利害関係人については、民事訴訟法第40条第1項から第3項まで（同項については、訴訟手続の中止に関する部分に限る。）の規定を準用する。

⑤　裁判所は、第1項の決定を取り消すことができる。

　　第5節　訴訟手続

（関連請求の併合等）

第17条　①　人事訴訟に係る請求と当該請求の原因である事実によって生じた損害の賠償に関する請求とは、民事訴訟法第136条の規定にかかわらず、一の訴えですることができる。この場合において、当該人事訴訟に係る請求について管轄権を有する家庭裁判所は、当該損害の賠償に関する請求に係る訴訟について自ら審理及び裁判をすることができる。

②　人事訴訟に係る請求の原因である事実によって生じた損害の賠償に関する請求を目的とする訴えは、前項に規定する場合のほか、既に当該人事訴訟の係属する家庭裁判所にも提起することができる。この場合においては、同項後段の規定を準用する。

③　第8条第2項の規定は、前項の場合における同項の人事訴訟に係る事件及び同項の損害の賠償に関する請求に係る事件について準用する。

（訴えの変更及び反訴）

第18条　①　人事訴訟に関する手続においては、民事訴訟法第143条第1項及び第4項、第146条第1項並びに第300条の規定にかかわらず、第一審又は控訴審の口頭弁論の終結に至るまで、原告は、請求又は請求の原因を変更することができ、被告は、反訴を提起することができる。

②　日本の裁判所が請求の変更による変更後の人事訴訟に係る請求について管轄権を有しない場合には、原告は、変更後の人事訴訟に係る請求が変更前の人事訴訟に係る請求と同一の身分関係についての形成又は存否の確認を目的とするときに限り、前項の規定により、請求を変更することができる。

③　日本の裁判所が反訴の目的である次の各号に掲げる請求について管轄権を有しない場合には、被告は、それぞれ当該各号に定める場合に限り、第1項の規定による反訴を提起することができる。

1　人事訴訟に係る請求　本訴の目的である人事訴訟に係る請求と同一の身分関係の形成又は存否の確認を目的とする請求とする場合

2　人事訴訟に係る請求の原因である事実によって生じた損害の賠償に関する請求　既に日本の裁判所に当該人事訴訟が係属する場合

（民事訴訟法の規定の適用除外）

第19条　①　人事訴訟の訴訟手続においては、民事訴訟法第157条、第157条の2、第159条第1項、第207条第2項、第208条、第224条、第229条第4項及び第244条の規定並びに同法第179条の規定中裁判所において当事者が自白した事実に関する部分は、適用しない。

②　人事訴訟における訴訟の目的については、民事訴訟法第266条から第267条の2までの規定は、適用しない。　　　　　　〔令4法48、施行4年内〕

（職権探知）

第20条　人事訴訟においては、裁判所は、当事者が主張しない事実をしん酌し、かつ、職権で証拠調べをすることができる。この場合においては、裁判所は、その事実及び証拠調べの結果について当事者の意見を聴かなければならない。

（当事者尋問等の公開停止）

第22条　①　人事訴訟における当事者本人若しくは法定代理人（以下この項及び次項において「当事者等」という。）又は証人が当該人事訴訟の目的である身分関係の形成又は存否の確認の基礎となる事項であって自己の私生活上の重大な秘密に係るものについて尋問を受ける場合においては、裁判所は、裁判官の全員一致により、その当事者等又は証人が公開の法廷で当該事項について陳述をすることにより社会生活を営むのに著しい支障を生ずることが明らかであることから当該事項について十分な陳述をすることができず、かつ、当該陳述を欠くことにより他の証拠のみによっては当該身分関係の形成又は存否の確認のための適正な裁判をすることができないと認めるときは、決定で、当該事項の尋問を公開しないで行うことができる。

②　裁判所は、前項の決定をするに当たっては、あらかじめ、当事者等及び証人の意見を聴かなければならない。

③　裁判所は、第1項の規定により当該事項の尋問を公開しないで行うときは、公衆を退廷させる前に、その旨を理由とともに言い渡さなければならない。当該事項の尋問が終了したときは、再び公衆を入廷させなければならない。

（確定判決の効力が及ぶ者の範囲）

第24条　①　人事訴訟の確定判決は、民事訴訟法第115条第1項の規定にかかわらず、第三者に対してもその効力を有する。

②　民法第732条の規定に違反したことを理由として婚姻の取消しの請求がされた場合におけるその請求を棄却した確定判決は、前項の配偶者に対しては、前項の規定にかかわらず、その前婚の配偶者がその請求に係る訴訟に参加したときに限り、その効力を有する。

（判決確定後の人事に関する訴えの提起の禁止）

第25条　①　人事訴訟の判決（訴えを不適法として

却下した判決を除く．次項において同じ.）が確定した後は，原告は，当該人事訴訟において請求又は請求の原因を変更することにより主張することができた事実に基づいて同一の身分関係についての人事に関する訴えを提起することができない．

② 人事訴訟の判決が確定した後は，被告は，当該人事訴訟において反訴を提起することにより主張することができた事実に基づいて同一の身分関係についての人事に関する訴えを提起することができない．

第2章　婚姻関係訴訟の特例

第2節　附帯処分等
（附帯処分についての裁判等）

第32条 ① 裁判所は，申立てにより，夫婦の一方が他の一方に対して提起した婚姻の取消し又は離婚の訴えに係る請求を容認する判決において，子の監護者の指定その他の子の監護に関する処分，財産の分与に関する処分又は厚生年金保険法（昭和29年法律第115号）第78条の2第2項の規定による処分（以下「附帯処分」と総称する.）についての裁判をしなければならない．

② 前項の場合においては，裁判所は，同項の判決において，当事者に対し，子の引渡し又は金銭の支払その他の財産上の給付その他の給付を命ずることができる．

③ 前項の規定は，裁判所が婚姻の取消し又は離婚の訴えに係る請求を認容する判決において親権者の指定についての裁判をする場合について準用する．

④ 裁判所は，第1項の子の監護者の指定その他の子の監護に関する処分についての裁判又は前項の親権者の指定についての裁判をするに当たっては，子が15歳以上であるときは，その子の陳述を聴かなければならない．

（事実の調査）

第33条 裁判所は，前条第1項の附帯処分についての裁判又は同条第3項の親権者の指定についての裁判をするに当たっては，事実の調査をすることができる．

（家庭裁判所調査官による事実の調査）

第34条 ① 裁判所は，家庭裁判所調査官に事実の調査をさせることができる．

第3節　和解並びに請求の放棄及び認諾

第37条 ① 離婚の訴えに係る訴訟における和解（これにより離婚がされるものに限る．以下この条において同じ.）並びに請求の放棄及び認諾については，第19条第2項の規定にかかわらず，民事訴訟法第266条（第2項中請求の認諾に関する部分を除く.），第267条第1項及び第267条の2の規定を適用する．ただし，請求の認諾については，第32条第1項の附帯処分についての裁判又は同条第3項の親権者の指定についての裁判をすることを要しない場合に限る．　〔令4法48.施行4年内〕

第37条 ① 離婚の訴えに係る訴訟における和解（これにより離婚がされるものに限る．以下この条において同じ.）並びに請求の放棄及び認諾については，第19条第2項の規定にかかわらず，民事訴訟法第266条（第2項中請求の認諾に関する部分を除く.），第267条及び第267条の2の規定を適用する．ただし，請求の認諾については，

第32条第1項の附帯処分についての裁判又は同条第3項の親権者の指定についての裁判をすることを要しない場合に限る．　〔令5法53.施行5年内〕

第3章　実親子関係訴訟の特例

（嫡出否認の訴えの当事者等）

第41条 ① 父が子の出生前に死亡したとき又は民法第777条（第1号に係る部分に限る．）若しくは第778条（第1号に係る部分に限る．）に定める期間内に嫡出否認の訴えを提起しないで死亡したときは，その子のために相続権を害される者その他父の3親等内の血族は，父の死亡の日から1年以内に限り，嫡出否認の訴えを提起することができる．

② 父が嫡出否認の訴えを提起した後に死亡した場合には，前項の規定により嫡出否認の訴えを提起することができる者は，父の死亡の日から6月以内に訴訟手続を受け継ぐことができる．この場合においては，民事訴訟法第124条第1項後段の規定は，

③ 民法第774条第4項に規定する前夫は，同法第775条第1項（第4号に係る部分に限る．）の規定により嫡出否認の訴えを提起する場合においては，子の懐胎の時から出生の時までの間に，当該前夫との婚姻の解消又は取消しの後に母と婚姻していた者（父を除く.）がいるときは，その嫡出否認の訴えに併合してそれらの者を被告とする嫡出否認の訴えを提起しなければならない．

④ 前項の規定により併合して提起された嫡出否認の訴えの弁論及び裁判は，それぞれ分離しないでしなければならない．　〔令4法102.令6・4・1施行〕

（認知の訴えの当事者等）

第44条 ① 認知の訴えにおいては，父又は母を被告とし，その者が死亡した後は，検察官を被告とする．

② 第26条第2項の規定は，前項の規定により父又は母を当該訴えの被告とする場合においてその者が死亡したときについて準用する．

③ 子が認知の訴えを提起した後に死亡した場合には，その直系卑属又はその法定代理人は，民法第787条ただし書に定める期間が経過した後，子の死亡の日から6月以内に訴訟手続を受け継ぐことができる．この場合においては，民事訴訟法第124条第1項後段の規定は，適用しない．

　〔令4法102.令6・4・1施行〕

（父を定めることを目的とする訴えの当事者等）

第45条 ① 子，母，母の前婚の配偶者又はその後婚の配偶者は，民法第773条の規定により父を定めることを目的とする訴えを提起することができる．

② 次の各号に掲げる者が提起する前項の訴えにおいては，それぞれ当該各号に定める者を被告とし，これらの者が死亡した後は，検察官を被告とする．

　1 子又は母　母の前婚の配偶者及びその後婚の配偶者（その一方が死亡した後は，他の一方）

　2 母の前婚の配偶者　母の後婚の配偶者

　3 母の後婚の配偶者　母の前婚の配偶者

③ 第26条の規定は，前項の規定により同項各号に定める者を当該訴えの被告とする場合においてこれらの者が死亡したときについて準用する．

　〔令4法102.令6・4・1施行〕

第4章　養子縁組関係訴訟の特例(略)

72　民事執行法(抄)

(昭54·3·30法律第4号,昭55·10·1施行,
最終改正：令5·6·14法律第53号)

第1章　総　則

（趣　旨）

第1条　強制執行,担保権の実行としての競売及び民法（明治29年法律第89号）,商法（明治32年法律第48号）その他の法律の規定による換価のための競売並びに債務者の財産状況の調査（以下「民事執行」と総称する.）については,他の法令に定めるもののほか,この法律の定めるところによる.

（執行機関）

第2条　民事執行は,申立てにより,裁判所又は執行官が行う.

（執行裁判所）

第3条　裁判所が行う民事執行に関してはこの法律の規定により執行処分を行うべき裁判所をもつて,執行官が行う執行処分に関してはその執行官の所属する地方裁判所をもつて執行裁判所とする.

（任意的口頭弁論）

第4条　執行裁判所のする裁判は,口頭弁論を経ないですることができる.

（審　尋）

第5条　執行裁判所は,執行処分をするに際し,必要があると認めるときは,利害関係を有する者その他参考人を審尋することができる.

（執行官等の職務執行の確保）

第6条　① 執行官は,職務の執行に際し抵抗を受けるときは,その抵抗を排除するために,威力を用い,又は警察上の援助を求めることができる.ただし,第64条の2第5項（第188条において準用する場合を含む.）の規定に基づく職務の執行については,この限りでない.

（立会人）

第7条　執行官又は執行裁判所の命令により民事執行に関する職務を行う者（以下「執行官等」という.）は,人の住居に立ち入つて職務を執行するに際し,住居主,その代理人又は同居の親族若しくは使用人その他の従業者で相当のわきまえのあるものに出会わないときは,市町村の職員,警察官その他証人として相当と認められる者を立ち会わせなければならない.執行官が前条第1項の規定により威力を用い,又は警察上の援助を受けるときも,同様とする.

（休日又は夜間の執行）

第8条　① 執行官等は,日曜日その他の一般の休日又は午後7時から翌日の午前7時までの間に人の住居に立ち入つて職務を執行するには,執行裁判所の許可を受けなければならない.

（執行抗告）

第10条　① 民事執行の手続に関する裁判に対しては,特別の定めがある場合に限り,執行抗告をする

ことができる.

② 執行抗告は,裁判の告知を受けた日から1週間の不変期間内に,抗告状を原裁判所に提出してしなければならない.

③ 抗告状に執行抗告の理由の記載がないときは,抗告人は,抗告状を提出した日から1週間以内に,執行抗告の理由書を原裁判所に提出しなければならない.

（執行異議）

第11条　① 執行裁判所の執行処分で執行抗告をすることができないものに対しては,執行裁判所に執行異議を申し立てることができる.執行官の執行処分及びその遅怠に対しても,同様とする.

（取消決定等に対する執行抗告）

第12条　① 民事執行の手続を取り消す旨の決定に対しては,執行抗告をすることができる.民事執行の手続を取り消す執行官の処分に対する執行異議の申立てを却下する裁判又は執行官に民事執行の手続の取消しを命ずる決定に対しても,同様とする.

② 前項の規定により執行抗告をすることができる裁判は,確定しなければその効力を生じない.

（専属管轄）

第19条　この法律に規定する裁判所の管轄は,専属とする.

（民事訴訟法の準用）

第20条　特別の定めがある場合を除き,民事執行の手続に関しては,その性質に反しない限り,民事訴訟法第1編から第4編までの規定（同法第87条の2の規定を除く.）を準用する.

〔令4法48,施行2年内〕

（民事訴訟法の準用）

第20条　特別の定めがある場合を除き,民事執行の手続に関しては,その性質に反しない限り,民事訴訟法第1編から第4編までの規定（同法第71条第2項,第91条の2,第92条第9項及び第10項,第92条の2第2項,第94条,第100条第2項,第1編第5章第4節第3款,第111条,第7章,第133条の2第5項及び第6項,第133条の3第2項,第151条第3項,第160条第2項,第185条第3項,第205条第2項,第215条第2項,第227条第2項並びに第232条の2の規定を除く.）を準用する.この場合において,別表第1の上欄に掲げる同法の規定中同表の中欄に掲げる字句は,それぞれ同表の下欄に掲げる字句に読み替えるものとする.　〔令4法48,施行4年内〕

（民事訴訟法の準用）

第20条　特別の定めがある場合を除き,民事執行の手続に関しては,その性質に反しない限り,民事訴訟法第1編から第4編までの規定を準用する.この場合において,同法第109条の4第1項中「第132条の11第1項各号」とあるのは,「民事執行法第19条の3第1項各号（同法第19条の6において読み替えて準用する場合を含む.）」と読み替えるものとする.

〔令5法53,施行5年内〕

第2章　強制執行

第1節　総則
（債務名義）
第22条　強制執行は、次に掲げるもの（以下「債務名義」という。）により行う。
1　確定判決
2　仮執行の宣言を付した判決
3　抗告によらなければ不服を申し立てることができない裁判（確定しなければその効力を生じない裁判にあつては、確定したものに限る。）
3の2　仮執行の宣言を付した損害賠償命令
3の3　仮執行の宣言を付した届出債権支払命令
4　仮執行の宣言を付した支払督促
4の2　訴訟費用、和解の費用若しくは非訟事件（他の法令の規定により非訟事件手続法（平成23年法律第51号）の規定を準用することとされる事件を含む。）、家事事件若しくは国際的な子の奪取の民事上の側面に関する条約の実施に関する法律（平成25年法律第48号）第29条に規定する子の返還に関する事件の手続の費用の負担の額を定める裁判所書記官の処分又は第42条第4項に規定する執行費用及び返還すべき金銭の額を定める裁判所書記官の処分（後者の処分にあつては、確定したものに限る。）
5　金銭の一定の額の支払又はその他の代替物若しくは有価証券の一定の数量の給付を目的とする請求について公証人が作成した公正証書で、債務者が直ちに強制執行に服する旨の陳述が記載され、又は記録されているもの（以下「執行証書」という。）　〔令5法53、施行2年6月内〕
6　確定した執行判決のある外国裁判所の判決（家事事件における裁判を含む。第24条において同じ。）
6の2　確定した執行決定のある仲裁判断
6の3　<u>確定した執行等認可決定のある仲裁法（平成15年法律第138号）第48条に規定する暫定保全措置命令</u>　〔令5法15、施行1年内〕

> 6の3　<u>確定した執行等認可決定のある仲裁法（平成15年法律第138号）第50条に規定する暫定保全措置命令</u>　〔令5法53、施行5年内〕

6の4　<u>確定した執行決定のある国際和解合意</u>
〔令5法16、調停に関するシンガポール条約が効力を生ずる日に施行〕
6の5　<u>確定した執行決定のある特定和解</u>
　　　　　　　　　　　〔令5法17、施行1年内〕
7　確定判決と同一の効力を有するもの（第3号に掲げる裁判を除く。）
（強制執行をすることができる者の範囲）
第23条　① 執行証書以外の債務名義による強制執行は、次に掲げる者に対し、又はその者のためにすることができる。
1　債務名義に表示された当事者
2　債務名義に表示された当事者が他人のために当事者となつた場合のその他人
3　前2号に掲げる者の債務名義成立後の承継人（前条第1号、第2号又は第6号に掲げる債務名義にあつては口頭弁論終結後の承継人、同条第3号の2に掲げる債務名義又は同条第7号に掲げる債

務名義のうち損害賠償命令に係るものにあつては審理終結後の承継人）
② 執行証書による強制執行は、執行証書に表示された当事者又は執行証書作成後のその承継人に対し、若しくはこれらの者のためにすることができる。
③ 第1項に規定する債務名義による強制執行は、同項各号に掲げる者のために請求の目的物を所持する者に対しても、することができる。
（外国裁判所の判決の執行判決）
第24条　① 外国裁判所の判決についての執行判決を求める訴えは、債務者の普通裁判籍の所在地を管轄する地方裁判所（家事事件における裁判に係るものにあつては、家庭裁判所。以下この項において同じ。）が管轄し、この普通裁判籍がないときは、請求の目的又は差し押さえることができる債務者の財産の所在地を管轄する地方裁判所が管轄する。
（強制執行の実施）
第25条　強制執行は、執行文の付された債務名義の正本（<u>債務名義に係る電磁的記録がファイルに記録されたものである場合にあつては記録事項証明書、債務名義が電磁的記録をもつて作成された執行証書である場合にあつては公証人法（明治41年法律第53号）第44条第1項第2号の書面又は同項第3号の電磁的記録。以下同じ。</u>）に基づいて実施する。ただし、少額訴訟における確定判決又は仮執行の宣言を付した少額訴訟の判決若しくは支払督促により、これに表示された当事者に対し、又はその者のためにする強制執行は、その債務名義の正本に基づいて実施する。　〔令5法53、施行2年6月内〕
（執行文の付与）
第26条　① 執行文は、申立てにより、執行証書以外の債務名義については事件の記録の存する裁判所の裁判所書記官が、執行証書についてはその原本（<u>執行証書が電磁的記録をもつて作成されている場合にあつては、当該電磁的記録</u>）を保存する公証人が付与する。
② 執行文の付与は、債権者が債務者に対しその債務名義により強制執行をすることができる場合に、<u>次の各号に掲げる区分に応じ、それぞれ当該各号に定める方法により行う。</u>
1　<u>債務名義に係る電磁的記録がファイルに記録されたものである場合における執行文の付与　債権者が債務者に対しその債務名義により強制執行をすることができる旨を当該電磁的記録に併せて記録する方法</u>
2　<u>債務名義が電磁的記録をもつて作成された執行証書である場合における執行文の付与　債権者が債務者に対しその債務名義により強制執行をすることができる旨を当該電磁的記録に併せて記録するとともに、その旨を当該債務名義に係る公証人法第44条第1項第2号の書面の末尾に付記し、又はその旨を当該債務名義に係る同項第3号の電磁的記録に併せて記録する方法</u>
3　<u>前2号に掲げる場合以外の場合における執行文の付与　債権者が債務者に対しその債務名義により強制執行をすることができる旨を債務名義の正本の末尾に付記する方法</u>
　　　　　　　　　　〔令5法53、施行2年6月内〕
第27条　① 請求が債権者の証明すべき事実の到来に係る場合においては、執行文は、債権者がその事実の到来したことを証する文書又は電磁的記録を提出したときに限り、付与することができる。

② 債務名義に表示された当事者以外の者を債権者又は債務者とする執行文は、その者に対し、又はその者のためにする強制執行をすることができる場合に裁判所書記官若しくは公証人に明白であるとき、又は債権者がそのことを証する文書若しくは電磁的記録を提出したときに限り、付与することができる。
〔令5法53,令8・5・24までに施行〕

（反対給付又は他の給付の不履行に係る場合の強制執行）

第31条 ① 債務者の給付が反対給付と引換えにすべきものである場合においては、強制執行は、債権者が反対給付又はその提供のあつたことを証明したときに限り、開始することができる。

② 債務者の給付が、他の給付について強制執行の目的を達することができない場合に、他の給付に代えてすべきものであるときは、強制執行は、債権者が他の給付について強制執行の目的を達することができなかつたことを証明したときに限り、開始することができる。

（執行文の付与等に関する異議の申立て）

第32条 ① 執行文の付与の申立てに関する処分に対しては、裁判所書記官の処分にあつてはその裁判所書記官の所属する裁判所に、公証人の処分にあつてはその公証人の役場の所在地を管轄する地方裁判所に異議を申し立てることができる。

② 執行文の付与に対し、異議の申立てがあつたときは、裁判所は、異議についての裁判をするまでの間、担保を立てさせ、若しくは立てさせないで強制執行の停止を命じ、又は担保を立てさせてその続行を命ずることができる。急迫の事情があるときは、裁判長も、これらの処分を命ずることができる。

④ 前項に規定する裁判に対しては、不服を申し立てることができない。

⑤ 前各項の規定は、第28条第2項の規定による少額訴訟における確定判決又は仮執行の宣言を付した少額訴訟の判決若しくは支払督促の正本又は記録事項証明書の交付について準用する。
〔令4法48,施行4年内〕

（執行文付与の訴え）

第33条 ① 第27条第1項又は第2項に規定する文書若しくは電磁的記録の提出をすることができないときは、債権者は、執行文（同条第3項の規定により付与されるものを除く。）の付与を求めるために、執行文付与の訴えを提起することができる。
〔令5法53,令8・5・24までに施行〕

（執行文付与に対する異議の訴え）

第34条 ① 第27条の規定により執行文が付与された場合において、債権者の証明すべき事実の到来したこと又は債務名義に表示された当事者以外の者に対し、若しくはその者のために強制執行をすることができることについて異議のある債務者は、その執行文の付された債務名義の正本に基づく強制執行の不許を求めるために、執行文付与に対する異議の訴えを提起することができる。

（請求異議の訴え）

第35条 ① 債務名義（第22条第2号又は第3号の2から第4号までに掲げる債務名義で確定前のものを除く。以下この項において同じ。）に係る請求権の存在又は内容について異議のある債務者は、その債務名義による強制執行の不許を求めるために、請求異議の訴えを提起することができる。裁判以外の債務名義の成立について異議のある債務者も、同様とする。

② 確定判決についての異議の事由は、口頭弁論の終結後に生じたものに限る。

（執行文付与に対する異議の訴え等に係る執行停止の裁判）

第36条 ① 執行文付与に対する異議の訴え又は請求異議の訴えの提起があつた場合において、異議のため主張した事情が法律上理由があるとみえ、かつ、事実上の点について疎明があつたときは、受訴裁判所は、申立てにより、終局判決において次条第1項の裁判をするまでの間、担保を立てさせ、若しくは立てさせないで強制執行の停止を命じ、又はこれとともに、担保を立てさせて強制執行の続行を命じ、若しくは担保を立てさせて既にした執行処分の取消しを命ずることができる。急迫の事情があるときは、裁判長も、これらの処分を命ずることができる。

（第三者異議の訴え）

第38条 ① 強制執行の目的物について所有権その他目的物の譲渡又は引渡しを妨げる権利を有する第三者は、債権者に対し、その強制執行の不許を求めるために、第三者異議の訴えを提起することができる。

（強制執行の停止）

第39条 ① 強制執行は、次に掲げる文書の提出があつたときは、停止しなければならない。

1　債務名義（執行証書を除く。）若しくは仮執行の宣言を取り消す旨又は強制執行を許さない旨を記載した執行力のある裁判の正本又は記録事項証明書

2　債務名義に係る和解、認諾、調停又は労働審判の効力がないことを宣言する確定判決の正本又は記録事項証明書

3　第22条第2号から第4号の2までに掲げる債務名義が訴えの取下げその他の事由により効力を失つたことを証する調書の正本その他の裁判所書記官の作成した文書

4　強制執行をしない旨又はその申立てを取り下げる旨を記載した裁判上の和解の調書の正本又は電子調書（民事訴訟法第160条第1項に規定する電子調書をいう。第167条の2第1項第4号において同じ。）の記録事項証明書

4の2　強制執行をしない旨又はその申立てを取り下げる旨を記載した調停の調書又は労働審判法（平成16年法律第45号）第21条第4項の規定により裁判上の和解と同一の効力を有する労働審判の審判書若しくは同法第20条第7項の調書の正本

5　強制執行を免れるための担保を立てたことを証する文書

6　強制執行の停止及び執行処分の取消しを命ずる旨を記載した裁判の正本又は記録事項証明書

7　強制執行の一時の停止を命ずる旨を記載した裁判の正本又は記録事項証明書

8　債権者が、債務名義の成立後に、弁済を受け、又は弁済の猶予を承諾した旨を記載した文書
〔令4法48,施行4年内〕

（強制執行の停止）

第39条 ① 強制執行は、次に掲げる文書又は電磁的記録の提出があつたときは、停止しなければならない。

1　債務名義（執行証書を除く。）若しくは仮執

行の宣言を取り消す旨又は強制執行を許さない旨を記載した執行力のある裁判の正本又は記録事項証明書

2　債務名義に係る和解，認諾，調停又は労働審判の効力がないことを宣言する確定判決の正本又は記録事項証明書

3　第22条第2号から第4号の2までに掲げる債務名義が訴えの取下げその他の事由により効力を失つたことを証する調書の正本その他の裁判所書記官の作成した文書

4　強制執行をしない旨又はその申立てを取り下げる旨を記載した裁判上の和解又は調停の調書の正本又は電子調書の記録事項証明書

4の2　強制執行をしない旨又はその申立てを取り下げる旨を記載した裁判上の和解と同一の効力を有する労働審判の審判書若しくは電子審判書（労働審判法（平成16年法律第45号）第20条第3項に規定する電子審判書をいう。）又はこれらの作成に代えて口頭で告知する方法により行われた労働審判の主文及び理由の要旨を記載し，若しくは記録した調書若しくは電子調書の正本又は記録事項証明書

5　強制執行を免れるための担保を立てたことを証する文書又は電磁的記録

6　強制執行の停止及び執行処分の取消しを命ずる旨を記載した裁判の正本又は記録事項証明書

7　強制執行の一時の停止を命ずる旨を記載した裁判の正本又は記録事項証明書

8　債権者が，債務名義の成立後に，弁済を受け，又は弁済の猶予を承諾した旨を記載し，又は記録した文書又は電磁的記録

〔令5法53，施行5年内〕

第2節　金銭の支払を目的とする債権についての強制執行

第1款　不動産に対する強制執行

第1目　通　則

（不動産執行の方法）

第43条　① 不動産（登記することができない土地の定着物を除く。以下この節において同じ。）に対する強制執行（以下「不動産執行」という。）は，強制競売又は強制管理の方法により行う。これらの方法は，併用することができる。

② 金銭の支払を目的とする債権についての強制執行については，不動産の共有持分，登記された地上権及び永小作権並びにこれらの権利の共有持分は，不動産とみなす。

（執行裁判所）

第44条　① 不動産執行については，その所在地（前条第2項の規定により不動産とみなされるものにあつては，その登記をすべき地）を管轄する地方裁判所が，執行裁判所として管轄する。

第2目　強制競売

（開始決定等）

第45条　① 執行裁判所は，強制競売の手続を開始するには，強制競売の開始決定をし，その開始決定において，債権者のために不動産を差し押さえる旨を宣言しなければならない。

② 前項の開始決定は，債務者に送達しなければならない。

③ 強制競売の申立てを却下する裁判に対しては，執行抗告をすることができる。

（差押えの効力）

第46条　① 差押えの効力は，強制競売の開始決定が債務者に送達された時に生ずる。ただし，差押えの登記がその開始決定の送達前にされたときは，登記がされた時に生ずる。

② 差押えは，債務者が通常の用法に従つて不動産を使用し，又は収益することを妨げない。

（二重開始決定）

第47条　① 強制競売又は担保権の実行としての競売（以下この節において「競売」という。）の開始決定がされた不動産について強制競売の申立てがあつたときは，執行裁判所は，更に強制競売の開始決定をするものとする。

② 先の開始決定に係る強制競売若しくは競売の申立てが取り下げられたとき，又は先の開始決定に係る強制競売若しくは競売の手続が取り消されたときは，執行裁判所は，後の強制競売の開始決定に基づいて手続を続行しなければならない。

⑥ 先の開始決定に係る強制競売又は競売の手続が停止されたときは，執行裁判所は，申立てにより，後の強制競売の開始決定（配当要求の終期までにされた申立てに係るものに限る。）に基づいて手続を続行する旨の裁判をすることができる。ただし，先の開始決定に係る強制競売又は競売の手続が取り消されたとすれば，第62条第1項第2号に掲げる事項について変更が生ずるときは，この限りでない。

⑦ 前項の申立てを却下する決定に対しては，執行抗告をすることができる。

（現況調査）

第57条　① 執行裁判所は，執行官に対し，不動産の形状，占有関係その他の現況について調査を命じなければならない。

（評　価）

第58条　① 執行裁判所は，評価人を選任し，不動産の評価を命じなければならない。

（売却に伴う権利の消滅等）

第59条　① 不動産の上に存する先取特権，使用及び収益をしない旨の定めのある質権並びに抵当権は，売却により消滅する。

② 前項の規定により消滅する権利を有する者，差押債権者又は仮差押債権者に対抗することができない不動産に係る権利の取得は，売却によりその効力を失う。

（売却基準価額の決定等）

第60条　① 執行裁判所は，評価人の評価に基づいて，不動産の売却の額の基準となるべき価額（以下「売却基準価額」という。）を定めなければならない。

③ 買受けの申出の額は，売却基準価額からその10分の2に相当する額を控除した価額（以下「買受可能価額」という。）以上でなければならない。

（電子物件明細書）

第62条　① 裁判所書記官は，不動産の売却をするには，最高裁判所規則で定めるところにより，あらかじめ次に掲げる事項を記録した電磁的記録を作成し，これをファイルに記録しなければならない。

1　不動産の表示

2　不動産に係る権利の取得及び仮処分の執行で売却によりその効力を失わないもの

3　売却により設定されたものとみなされる地上権の概要

② 裁判所書記官は，電子物件明細書（前項の規定によりファイルに記録された電磁的記録をいう。以

下この項及び第71条第7号において同じ.)に記録されている事項を出力することにより作成した書面を執行裁判所に備え置いて一般の閲覧に供する措置,当該事項を裁判所に設置した電子計算機の映像面に表示したものの閲覧をすることができる状態に置く措置又は不特定多数の者が当該電子物件明細書の内容の提供を受けることができるものとして最高裁判所規則で定める措置を講じなければならない.　　　　　　〔令5法53,施行5年内〕

(売却の方法及び公告)

第64条　① 不動産の売却は,裁判所書記官の定める売却の方法により行う.

② 不動産の売却は,入札又は競り売りのほか,最高裁判所規則で定める.

(暴力団員等に該当しないこと等の陳述)

第65条の2　不動産の買受けの申出は,次の各号のいずれにも該当しない旨を買受けの申出をしようとする者(その者に法定代理人がある場合にあつては当該法定代理人,その者が法人である場合にあつてはその代表者)が最高裁判所規則で定めるところにより陳述しなければ,することができない.

1　買受けの申出をしようとする者(その者が法人である場合にあつては,その役員)が暴力団員による不当な行為の防止等に関する法律(平成3年法律第77号)第2条第6号に規定する暴力団員(以下この号において「暴力団員」という.)又は暴力団員でなくなつた日から5年を経過しない者(以下この目において「暴力団員等」という.)であること.

2　自己の計算において当該買受けの申出をさせようとする者(その者が法人である場合にあつては,その役員)が暴力団員等であること.

(買受けの申出の保証)

第66条　不動産の買受けの申出をしようとする者は,最高裁判所規則で定めるところにより,執行裁判所が定める額及び方法による保証を提供しなければならない.

(次順位買受けの申出)

第67条　最高価買受申出人に次いで高額の買受けの申出をした者は,その買受けの申出の額が,買受可能価額以上で,かつ,最高価買受申出人の申出の額から買受けの申出の保証の額を控除した額以上である場合に限り,売却の実施の終了までに,執行官に対し,最高価買受申出人に係る売却許可決定が第80条第1項の規定により効力を失うときは,自己の買受けの申出について売却を許可すべき旨の申出(以下「次順位買受けの申出」という.)をすることができる.

(債務者の買受けの申出の禁止)

第68条　債務者は,買受けの申出をすることができない.

(調査の嘱託)

第68条の4　① 執行裁判所は,最高価買受申出人(その者が法人である場合にあつては,その役員.以下この項において同じ.)が暴力団員に該当するか否かについて,必要な調査を執行裁判所の所在地を管轄する都道府県警察に嘱託しなければならない.ただし,最高価買受申出人が暴力団員等に該当しないと認めるべき事情があるものとして最高裁判所規則で定める場合は,この限りでない.

② 執行裁判所は,自己の計算において最高価買受出人に買受けの申出をさせた者があると認める場合には,当該買受けの申出をさせた者(その者が法人である場合にあつては,その役員.以下この項において同じ.)が暴力団員に該当するか否かについて,必要な調査を執行裁判所の所在地を管轄する都道府県警察に嘱託しなければならない.ただし,買受けの申出をさせた者が暴力団員等に該当しないと認めるべき事情があるものとして最高裁判所規則で定める場合は,この限りでない.

(売却決定)

第69条　① 執行裁判所は,売却の許可又は不許可の決定をしなければならない.

② 前項の決定は,最高裁判所規則で定めるところにより,電子調書(第20条において準用する民事訴訟法第122条において準用する同法第252条第1項の規定により作成される電磁的記録をいう.第190条第1項第3号において同じ.)を作成してしなければならない.　　　〔令5法53,施行5年内〕

(売却不許可事由)

第71条　執行裁判所は,次に掲げる事由があると認めるときは,売却不許可決定をしなければならない.

5　最高価買受申出人又は自己の計算において最高価買受申出人に買受けの申出をさせた者が次のいずれかに該当すること.

イ　暴力団員等(買受けの申出がされた時に暴力団員等であつた者を含む.)

ロ　法人でその役員のうちに暴力団員等に該当する者があるもの(買受けの申出がされた時にその役員のうちに暴力団員等に該当する者があつたものを含む.)

7　売却基準価額若しくは一括売却の決定,電子物件明細書の作成又はこれらの手続に重大な誤りがあること.

8　売却の手続に重大な誤りがあること.
　　　　　　　　　　　　　　　〔令5法53,施行5年内〕

(代金の納付)

第78条　① 売却許可決定が確定したときは,買受人は,裁判所書記官の定める期限までに代金を執行裁判所に納付しなければならない.

(不動産の取得の時期)

第79条　買受人は,代金を納付した時に不動産を取得する.

(代金不納付の効果)

第80条　① 買受人が代金を納付しないときは,売却許可決定は,その効力を失う.この場合においては,買受人は,第66条の規定により提供した保証の返還を請求することができない.

(法定地上権)

第81条　土地及びその上にある建物が債務者の所有に属する場合において,その土地又は建物の差押えがあり,その売却により所有者を異にするに至つたときは,その建物について,地上権が設定されたものとみなす.この場合においては,地代は,当事者の請求により,裁判所が定める.

(引渡命令)

第83条　① 執行裁判所は,代金を納付した買受人の申立てにより,債務者又は不動産の占有者に対し,不動産を買受人に引き渡すべき旨を命ずることができる.ただし,事件の記録上買受人に対抗することができる権原により占有していると認められる者に対しては,この限りでない.

(売却代金の配当等の実施)

第84条　① 執行裁判所は,代金の納付があつた場

合には、次項に規定する場合を除き、<u>電子配当表</u><u>（次条第3項に規定する電子配当表であつて、同条第5項の規定によりファイルに記録されたものをいう。）</u>に基づいて配当を実施しなければならない.
　　　　　　　　　　　　　　[令5法53, 施行5年内]

（配当等を受けるべき債権者の範囲）

第87条 ① 売却代金の配当等を受けるべき債権者は、次に掲げる者とする.

1　差押債権者（配当要求の終期までに強制競売又は一般の先取特権の実行としての競売の申立てをした差押債権者に限る.）

2　配当要求の終期までに配当要求をした債権者

3　差押え（最初の強制競売の開始決定に係る差押えをいう. 次号において同じ.）の登記前に登記された仮差押えの債権者

4　差押えの登記前に登記（民事保全法第53条第2項に規定する仮処分による仮登記を含む.）がされた先取特権（第1号又は第2号に掲げる債権者が有する一般の先取特権を除く.）、質権又は抵当権で売却により消滅するものを有する債権者（その抵当権に係る抵当証券の所持人を含む.）

（配当異議の申出）

第89条 ① <u>電子配当表</u>に<u>記録</u>された各債権者の債権又は配当の額について不服のある債権者及び債務者は、異議の申出（以下「配当異議の申出」という.）をすることができる.
　　　　　　　　　　　　　　[令5法53, 施行5年内]

（配当異議の訴え等）

第90条 ① 配当異議の申出をした債権者及び執行力のある債務名義の正本を有しない債権者に対し配当異議の申出をした債務者は、配当異議の訴えを提起しなければならない.

　　　　第3目　強制管理

（開始決定等）

第93条 ① 執行裁判所は、強制管理の手続を開始するには、強制管理の開始決定をし、その開始決定において、債権者のために不動産を差し押さえる旨を宣言し、かつ、債務者に対し収益の処分を禁止し、及び債務者が賃貸料の請求権その他の当該不動産の収益に係る給付を求める権利（以下「給付請求権」という.）の目的となる給付をする義務を負う者（以下「給付義務者」という.）に対しその給付の目的物を管理人に交付すべき旨を命じなければならない.

　　　　第3款　動産に対する強制執行

（動産執行の開始等）

第122条 ① 動産（登記することができない土地の定着物、土地から分離する前の天然果実で1月以内に収穫することが確実であるもの及び裏書の禁止されている有価証券以外の有価証券を含む. 以下この節、次章及び第4章において同じ.）に対する強制執行（以下「動産執行」という.）は、執行官の目的物に対する差押えにより開始する.

② 動産執行においては、執行官は、差押債権者のためにその債権及び執行費用の弁済を受領することができる.

（債務者の占有する動産の差押え）

第123条 ① 債務者の占有する動産の差押えは、執行官がその動産を占有して行う.

（二重差押えの禁止及び事件の併合）

第125条 ① 執行官は、差押物又は仮差押えの執行をした動産を更に差し押さえることができない.

② 差押えを受けた債務者に対しその差押えの場所について更に動産執行の申立てがあつた場合においては、執行官は、まだ差し押さえていない動産があるときはこれを差し押さえ、差し押さえるべき動産がないときはその旨を明らかにして、その動産執行事件と先の動産執行事件とを併合しなければならない. 仮差押えの執行を受けた債務者に対しその執行の場所について更に動産執行の申立てがあつたときも、同様とする.

（差押えの効力が及ぶ範囲）

第126条　差押えの効力は、差押物から生ずる天然の産出物に及ぶ.

（差押物の引渡命令）

第127条 ① 差押物を第三者が占有することとなつたときは、執行裁判所は、差押債権者の申立てにより、その第三者に対し、差押物を執行官に引き渡すべき旨を命ずることができる.

（超過差押えの禁止等）

第128条 ① 動産の差押えは、差押債権者の債権及び執行費用の弁済に必要な限度を超えてはならない.

② 差押えの後にその差押えが前項の限度を超えることが明らかとなつたときは、執行官は、その超える限度において差押えを取り消さなければならない.

（剰余を生ずる見込みのない場合の差押えの禁止等）

第129条 ① 差し押さえるべき動産の売得金の額が手続費用の額を超える見込みがないときは、執行官は、差押えをしてはならない.

（売却の見込みのない差押物の差押えの取消し）

第130条　差押物について相当な方法による売却の実施をしてもなお売却の見込みがないときは、執行官は、その差押物の差押えを取り消すことができる.

（差押禁止動産）

第131条　次に掲げる動産は、差し押さえてはならない.

1　債務者等の生活に欠くことができない衣服、寝具、家具、台所用具、畳及び建具

2　債務者等の1月間の生活に必要な食料及び燃料

3　標準的な世帯の2月間の必要生計費を勘案して政令で定める額の金銭

4　主として自己の労力により農業を営む者の農業に欠くことができない農具、肥料、労役の用に供する家畜及びその飼料並びに次の収穫まで農業を続行するために欠くことができない種子その他これに類する農産物

5　主として自己の労力により漁業を営む者の水産物の採捕又は養殖に欠くことができない漁網その他の漁具、えさ及び稚魚その他これに類する水産物

6　技術者、職人、労務者その他主として自己の知的又は肉体的な労働により職業又は営業に従事する者（前2号に規定する者を除く.）のその業務に欠くことができない器具その他の物（商品を除く.）

7　実印その他の印で職業又は生活に欠くことができないもの

8　仏像、位牌その他礼拝又は祭祀に直接供するため欠くことができない物

9　債務者に必要な系譜、日記、商業帳簿及びこれらに類する書類

10　債務者又はその親族が受けた勲章その他の名誉を表章する物

11　債務者等の学校その他の教育施設における学習に必要な書類及び器具

13　債務者等に必要な義手、義足その他の身体の補

足に供する物

（差押禁止動産の範囲の変更）
第132条　① 執行裁判所は，申立てにより，債務者及び債権者の生活の状況その他の事情を考慮して，差押えの全部若しくは一部の取消しを命じ，又は前条各号に掲げる動産の差押えを許すことができる．
② 事情の変更があつたときは，執行裁判所は，申立てにより，前項の規定により差押えが取り消された動産の差押えを許し，又は同項の規定による差押えの全部若しくは一部の取消しを命ずることができる．

（先取特権者等の配当要求）
第133条　先取特権又は質権を有する者は，その権利を証する文書又は電磁的記録を提出して，配当要求をすることができる．　〔令5法53,施行5年内〕

（売却の方法）
第134条　執行官は，差押物を売却するには，入札又は競り売りのほか，最高裁判所規則で定める方法によらなければならない．

第4款　債権及びその他の財産権に対する強制執行

第1目　債権執行等

（債権執行の開始）
第143条　金銭の支払又は船舶若しくは動産の引渡しを目的とする債権（動産執行の目的となる有価証券が発行されている債権を除く．以下この節において「債権」という．）に対する強制執行（第167条の2第2項に規定する少額訴訟債権執行を除く．以下この節において「債権執行」という．）は，執行裁判所の差押命令により開始する．

（差押命令）
第145条　① 執行裁判所は，差押命令において，債務者に対し債権の取立てその他の処分を禁止し，かつ，第三債務者に対し債務者への弁済を禁止しなければならない．
② 差押命令は，債務者及び第三債務者を審尋しないで発する．
③ 差押命令は，債務者及び第三債務者に送達しなければならない．
④ 裁判所書記官は，差押命令を送達するに際し，債務者に対し，最高裁判所規則で定めるところにより，第153条第1項又は第2項の規定による当該差押命令の取消しの申立てをすることができる旨その他最高裁判所規則で定める事項を教示しなければならない．
⑤ 差押えの効力は，差押命令が第三債務者に送達された時に生ずる．
⑥ 差押命令の申立てについての裁判に対しては，執行抗告をすることができる．
⑦ 執行裁判所は，債務者に対する差押命令の送達をすることができない場合には，差押債権者に対し，相当の期間を定め，その期間内に債務者の住所，居所その他差押命令について書類の送達をすべき場所の申出（第20条において準用する民事訴訟法第110条第1項各号に掲げる場合にあつては，公示送達の申立て．次項において同じ．）をすべきことを命ずることができる．
⑧ 執行裁判所は，前項の申出を命じた場合において，差押債権者が同項の申出をしないときは，差押命令を取り消すことができる．　〔令5法53,施行5年内〕

（差押えの範囲）
第146条　① 執行裁判所は，差し押さえるべき債権

の全部について差押命令を発することができる．
② 差し押さえた債権の価額が差押債権者の債権及び執行費用の額を超えるときは，執行裁判所は，他の債権を差し押さえてはならない．

（第三債務者の陳述の催告）
第147条　① 差押債権者の申立てがあるときは，裁判所書記官は，差押命令を送達するに際し，第三債務者に対し，差押命令の送達の日から2週間以内に差押えに係る債権の存否その他の最高裁判所規則で定める事項について陳述すべき旨を催告しなければならない．
② 第三債務者は，前項の規定による催告に対して，故意又は過失により，陳述をしなかつたとき，又は不実の陳述をしたときは，これによつて生じた損害を賠償する責めに任ずる．

（債権証書の引渡し）
第148条　① 差押えに係る債権について証書があるときは，債務者は，差押債権者に対し，その証書を引き渡さなければならない．

（継続的給付の差押え）
第151条　給料その他継続的給付に係る債権に対する差押えの効力は，差押債権者の債権及び執行費用の額を限度として，差押えの後に受けるべき給付に及ぶ．

（扶養義務等に係る定期金債権を請求する場合の特例）
第151条の2　① 債権者が次に掲げる義務に係る確定期限の定めのある定期金債権を有する場合において，その一部に不履行があるときは，第30条第1項の規定にかかわらず，当該定期金債権のうち確定期限が到来していないものについても，債権執行を開始することができる．
　1　民法第752条の規定による夫婦間の協力及び扶助の義務
　2　民法第760条の規定による婚姻から生ずる費用の分担の義務
　3　民法第766条（同法第749条，第771条及び第788条において準用する場合を含む．）の規定による子の監護に関する義務
　4　民法第877条から第880条までの規定による扶養の義務
② 前項の規定により開始する債権執行においては，各定期金債権について，その確定期限の到来後に弁済期が到来する給料その他継続的給付に係る債権のみを差し押さえることができる．

（差押禁止債権）
第152条　① 次に掲げる債権については，その支払期に受けるべき給付の4分の3に相当する部分（その額が標準的な世帯の必要生計費を勘案して政令で定める額を超えるときは，政令で定める額に相当する部分）は，差し押さえてはならない．
　1　債務者が国及び地方公共団体以外の者から生計を維持するために支給を受ける継続的給付に係る債権
　2　給料，賃金，俸給，退職年金及び賞与並びにこれらの性質を有する給与に係る債権
② 退職手当及びその性質を有する給与に係る債権については，その給付の4分の3に相当する部分は，差し押さえてはならない．
③ 債権者が前条第1項各号に掲げる義務に係る金銭債権（金銭の支払を目的とする債権をいう．以下同じ．）を請求する場合における前2項の規定の

適用については、前２項中「４分の３」とあるのは、「２分の１」とする。

（差押禁止債権の範囲の変更）

第153条　① 執行裁判所は、申立てにより、債務者及び債権者の生活の状況その他の事情を考慮して、差押命令の全部若しくは一部を取り消し、又は前条の規定により差し押さえてはならない債権の部分について差押命令を発することができる。

② 事情の変更があつたときは、執行裁判所は、申立てにより、前項の規定により差押命令が取り消された債権を差し押さえ、又は同項の規定による差押命令の全部若しくは一部を取り消すことができる。

（配当要求）

第154条　① 執行力のある債務名義の正本を有する債権者及び文書又は電磁的記録により先取特権を有することを証明した債権者は、配当要求をすることができる。

② 前項の配当要求があつたときは、その旨を記録した裁判所書記官により作成された電磁的記録（ファイルに記録されたものに限る。）は、第三債務者に送達しなければならない。

③ 配当要求を却下する裁判に対しては、執行抗告をすることができる。　　　　　〔令５法53、施行５年内〕

（差押債権者の金銭債権の取立て）

第155条　① 金銭債権を差し押さえた債権者は、債務者に対して差押命令が送達された日から１週間を経過したときは、その債権を取り立てることができる。ただし、差押債権者の債権及び執行費用の額を超えて支払を受けることができない。

（第三債務者の供託）

第156条　① 第三債務者は、差押えに係る金銭債権（差押命令により差し押さえられた金銭債権に限る。以下この条及び第161条の２において同じ。）の全額に相当する金銭を債務の履行地の供託所に供託することができる。

（取立訴訟）

第157条　① 差押債権者が第三債務者に対し差し押さえた債権に係る給付を求める訴え（以下「取立訴訟」という。）を提起したときは、受訴裁判所は、第三債務者の申立てにより、他の債権者で訴状の送達の時までにその債権を差し押さえたものに対し、共同訴訟人として原告に参加すべきことを命ずることができる。

（転付命令）

第159条　① 執行裁判所は、差押債権者の申立てにより、支払に代えて券面額で差し押さえられた金銭債権を差押債権者に転付する命令（以下「転付命令」という。）を発することができる。

（転付命令の効力）

第160条　転付命令が効力を生じた場合においては、差押債権者の債権及び執行費用は、転付命令に係る金銭債権が存する限り、その券面額で、転付命令が第三債務者に送達された時に弁済されたものとみなす。

（譲渡命令等）

第161条　① 差し押さえられた債権が、条件付若しくは期限付であるとき、又は反対給付に係ることその他の事由によりその取立てが困難であるときは、執行裁判所は、差押債権者の申立てにより、その債権を執行裁判所が定めた価額で支払に代えて差押債権者に譲渡する命令（以下「譲渡命令」という。）、取立てに代えて、執行裁判所の定める方法に

よりその債権の売却を執行官に命ずる命令（以下「売却命令」という。）又は管理人を選任してその債権の管理を命ずる命令（以下「管理命令」という。）その他相当な方法による換価を命ずる命令（第167条の10第１項において「譲渡命令等」と総称する。）を発することができる。

（配当等を受けるべき債権者の範囲）

第165条　配当等を受けるべき債権者は、次に掲げる時までに差押え、仮差押えの執行又は配当要求をした債権者とする。

1　第三債務者が第156条第１項から第３項までの規定による供託をした時

2　取立訴訟の訴状が第三債務者に送達された時

3　売却命令により執行官が売得金の交付を受けた時

4　動産引渡請求権の差押えの場合にあつては、執行官がその動産の引渡しを受けた時

（その他の財産権に対する強制執行）

第167条　① 不動産、船舶、動産及び債権以外の財産権（以下この条において「その他の財産権」という。）に対する強制執行については、特別の定めがあるもののほか、債権執行の例による。

第２目　少額訴訟債権執行

（少額訴訟債権執行の開始等）

第167条の２　① 次に掲げる少額訴訟に係る債務名義による金銭債権に対する強制執行は、前目の定めるところにより裁判所が行うほか、第２条の規定にかかわらず、申立てにより、この目の定めるところにより裁判所書記官が行う。

1　少額訴訟における確定判決

2　仮執行の宣言を付した少額訴訟の判決

② 前項の規定により裁判所書記官が行う同項の強制執行（以下この目において「少額訴訟債権執行」という。）は、裁判所書記官の差押処分により開始する。

第５款　扶養義務等に係る金銭債権についての強制執行の特例

（扶養義務等に係る金銭債権についての間接強制）

第167条の15　① 第151条の２第１項各号に掲げる義務に係る金銭債権についての強制執行は、前各款の規定により行うほか、債権者の申立てがあるときは、執行裁判所が第172条第１項に規定する方法により行う。ただし、債務者が、支払能力を欠くためにその金銭債権に係る債務を弁済することができないとき、又はその債務を弁済することによってその生活が著しく窮迫するときは、この限りでない。

第３節　金銭の支払を目的としない請求権についての強制執行

（不動産の引渡し等の強制執行）

第168条　① 不動産等（不動産又は人の居住する船舶等をいう。以下この条及び次条において同じ。）の引渡し又は明渡しの強制執行は、執行官が債務者の不動産等に対する占有を解いて債権者にその占有を取得させる方法により行う。

（動産の引渡しの強制執行）

第169条　① 第168条第１項に規定する動産以外の動産（有価証券を含む。）の引渡しの強制執行は、執行官が債務者からこれを取り上げて債権者に引き渡す方法により行う。

（目的物を第三者が占有する場合の引渡しの強制執行）

第170条　① 第三者が強制執行の目的物を占有している場合においてその物を債務者に引き渡すべき

義務を負つているときは,物の引渡しの強制執行は,執行裁判所が,債務者の第三者に対する引渡請求権を差し押さえ,請求権の行使を債権者に許す旨の命令を発する方法により行う.

（代替執行）

第171条 次の各号に掲げる強制執行は,執行裁判所がそれぞれ当該各号に定める旨を命ずる方法により行う.

1 作為を目的とする債務についての強制執行 債務者の費用で第三者に当該作為をさせること.

2 不作為を目的とする債務についての強制執行 債務者の費用で,債務者がした行為の結果を除去し又は将来のため適当な処分をすべきこと.

（間接強制）

第172条 ① 作為又は不作為を目的とする債務で前条第1項の強制執行ができないものについての強制執行は,執行裁判所が,債務者に対し,遅延の期間に応じ,又は相当と認める一定の期間内に履行しないときは直ちに,債務の履行を確保するために相当と認める一定の額の金銭を債権者に支払うべき旨を命ずる方法により行う.

第173条 ① 第168条第1項,第169条第1項,第170条第1項及び第171条第1項に規定する強制執行は,それぞれ第168条から第171条までの規定により行うほか,債権者の申立てがあるときは,執行裁判所が前条第1項に規定する方法により行う.この場合においては,同条第2項から第5項までの規定を準用する.

（子の引渡しの強制執行）

第174条 ① 子の引渡しの強制執行は,次の各号に掲げる方法のいずれかにより行う.

1 執行裁判所が決定により執行官に子の引渡しを実施させる方法

2 第172条第1項に規定する方法

② 前項第1号に掲げる方法による強制執行の申立ては,次の各号のいずれかに該当するときでなければすることができない.

1 第172条第1項の規定による決定が確定した日から2週間を経過したとき（当該決定において定められた債務を履行すべき一定の期間の経過がこれにより後である場合にあつては,その期間を経過したとき）.

2 前項第2号に掲げる方法による強制執行を実施しても,債務者が子の監護を解く見込みがあるとは認められないとき.

3 子の急迫の危険を防止するため直ちに強制執行をする必要があるとき.

③ 執行裁判所は,第1項第1号の規定による決定をする場合には,債務者を審尋しなければならない.ただし,子に急迫した危険があるときその他の審尋をすることにより強制執行の目的を達することができない事情があるときは,この限りでない.

④ 執行裁判所は,第1項第1号の規定による決定において,執行官に対し,債務者による子の監護を解くために必要な行為をすべきことを命じなければならない.

（執行官の権限等）

第175条 ① 執行官は,債務者による子の監護を解くために必要な行為として,債務者に対し説得を行うほか,債務者の住居その他債務者の占有する場所において,次に掲げる行為をすることができる.

1 その場所に立ち入り,子を捜索すること.この

場合において,必要があるときは,閉鎖した戸を開くため必要な処分をすること.

2 債権者若しくはその代理人と子を面会させ,又は債権者若しくはその代理人と債務者を面会させること.

3 その場所に債権者又はその代理人を立ち入らせること.

② 執行官は,子の心身に及ぼす影響,当該場所及びその周囲の状況その他の事情を考慮して相当と認めるときは,前項に規定する場所以外の場所においても,債務者による子の監護を解くために必要な行為として,当該場所の占有者の同意を得て又は次項の規定による許可を受けて,前項各号に掲げる行為をすることができる.

③ 執行裁判所は,子の住居が第1項に規定する場所以外の場所である場合において,債務者と当該場所の占有者との関係,当該占有者の私生活又は業務に与える影響その他の事情を考慮して相当と認めるときは,債権者の申立てにより,当該占有者の同意に代わる許可をすることができる.

④ 執行官は,前項の規定による許可を受けて第1項各号に掲げる行為をするときは,職務の執行に当たり,当該許可を受けたことを証する文書を提示しなければならない.

⑤ 第1項又は第2項の規定による債務者による子の監護を解くために必要な行為は,債権者が第1項又は第2項に規定する場所に出頭した場合に限り,することができる.

⑥ 執行裁判所は,債権者が第1項又は第2項に規定する場所に出頭することができない場合であつても,その代理人が第1項又は第2項に規定する場所に出頭することが,当該代理人と子との関係,当該代理人の知識及び経験その他の事情に照らして子の利益の保護のために相当と認めるときは,前項の規定にかかわらず,債権者の申立てにより,当該代理人が当該場所に出頭した場合においても,第1項又は第2項の規定による債務者による子の監護を解くために必要な行為をすることができる旨の決定をすることができる.

（意思表示の擬制）

第177条 ① 意思表示をすべきことを債務者に命ずる判決その他の裁判が確定し,又は和解,認諾,調停若しくは労働審判に係る債務名義が成立したときは,債務者は,その確定又は成立の時に意思表示をしたものとみなす.ただし,債務者の意思表示が,債権者の証明すべき事実の到来に係るときは第27条第1項の規定により執行文が付与された時に,反対給付との引換え又は債務の履行その他の債務者の証明すべき事実のないことに係るときは次項又は第3項の規定により執行文が付与された時に意思表示をしたものとみなす.

第3章 担保権の実行としての競売等

（不動産担保権の実行の方法）

第180条 不動産（登記することができない土地の定着物を除き,第43条第2項の規定により不動産とみなされるものを含む.以下この章において同じ.）を目的とする担保権（以下この章において「不動産担保権」という.）の実行は,次に掲げる方法であつて債権者が選択したものにより行う.

1 担保不動産競売（競売による不動産担保権の実

行をいう．以下この章において同じ．）の方法

2 担保不動産収益執行（不動産から生ずる収益を被担保債権の弁済に充てる方法による不動産担保権の実行をいう．以下この章において同じ．）の方法

（不動産担保権の実行の開始）

第181条 ① 不動産担保権の実行は，第1号の申立て又は第2号の文書若しくは電磁的記録の提出があつたときに限り，開始する．

1 担保権の登記（仮登記を除く．）がされた不動産についての不動産担保権の実行の申立て

2 次に掲げるいずれかの文書又は電磁的記録

イ 担保権の存在を証する確定判決若しくは家事事件手続法第75条の審判又はこれらと同一の効力を有するものの謄本又は記録事項証明書

ロ 担保権の存在を証する公証人法第43条第1項第1号の公正証書の謄本，同項第2号の書面（公正証書に記載されている事項の全部を出力したものに限る．）又は同項第3号の電磁的記録（公正証書に記載されている事項の全部を記録したものに限る．）

ハ 一般の先取特権にあつては，その存在を証する文書又は電磁的記録

② 抵当証券の所持人が不動産担保権の実行の申立てをするには，抵当証券を提出しなければならない．

③ 担保権について承継があつた後不動産担保権の実行の申立てをする場合には，相続その他の一般承継にあつてはその承継を証する文書を，その他の承継にあつてはその承継を証する裁判の謄本その他の公文書を提出しなければならない．

④ 不動産担保権の実行の開始決定がされたときは，裁判所書記官は，開始決定の送達に際し，不動産担保権の実行の申立てにおいて提出された前3項に規定する文書の目録及び第1項第4号に掲げる文書の写しを相手方に送付しなければならない．

1 第1項第1号の申立てがあつた旨の表示又は不動産担保権の実行の申立てにおいて提出された同項第2号に掲げる文書若しくは電磁的記録の標目

2 不動産担保権の実行の申立てにおいて提出された前2項に規定する文書又は電磁的記録の標目

〔令5法53，施行2年6月内〕

（不動産担保権の実行の開始）

第181条 ① 不動産担保権の実行は，第1号の申立て又は第2号の文書若しくは電磁的記録の提出があつたときに限り，開始する．

1 担保権の登記（仮登記を除く．）がされた不動産についての不動産担保権の実行の申立て

2 次に掲げるいずれかの文書又は電磁的記録

イ 担保権の存在を証する確定判決若しくは家事事件手続法第75条の審判又はこれらと同一の効力を有するものの謄本又は記録事項証明書

ロ 担保権の存在を証する公証人が作成した公証人法第43条第1項第1号の公正証書の謄本，同項第2号の書面（公正証書に記載されている事項の全部を出力したものに限る．）又は同項第3号の電磁的記録（公正証書に記載されている事項の全部を記録したものに限る．）

ハ 一般の先取特権にあつては，その存在を証する文書又は電磁的記録

② 抵当証券の所持人が不動産担保権の実行の申立てをするには，抵当証券を提出しなければならない．

③ 担保権について承継があつた後不動産担保権の実行の申立てをする場合には，相続その他の一般承継にあつてはその承継を証する文書又は電磁的記録を，その他の承継にあつてはその承継を証する裁判の謄本その他の公文書（電磁的記録をもつて作成されている場合における当該電磁的記録を含む．）を提出しなければならない．

④ 不動産担保権の実行の開始決定がされたときは，裁判所書記官は，開始決定の送達に際し，次に掲げる事項を記録した電磁的記録を相手方に送付しなければならない．この場合において，不動産担保権の実行の申立てにおいて第1項第2号ハに掲げる文書又は電磁的記録が提出されたときは，併せて，当該文書又は当該電磁的記録に記載され，又は記録されている事項であつてファイルに記録されているものに係る電磁的記録を相手方に送付しなければならない．

1 第1項第1号の申立てがあつた旨の表示又は不動産担保権の実行の申立てにおいて提出された同項第2号に掲げる文書若しくは電磁的記録の標目

2 不動産担保権の実行の申立てにおいて提出された前2項に規定する文書又は電磁的記録の標目

〔令5法53，施行5年内〕

（開始決定に対する執行抗告等）

第182条 不動産担保権の実行の開始決定に対する執行抗告又は執行異議の申立てにおいては，債務者又は不動産の所有者（不動産とみなされるものにあつては，その権利者．以下同じ．）は，担保権の不存在又は消滅を理由とすることができる．

（不動産担保権の実行の手続の停止）

第183条 ① 不動産担保権の実行の手続は，第1号の申立て又は第2号の文書（同号ハにあつては，文書又は電磁的記録）の提出があつたときは，停止しなければならない．

1 担保権の登記の抹消がされた不動産についての不動産担保権の実行の手続の停止の申立て

2 次に掲げるいずれかの文書（ハにあつては，文書又は電磁的記録）

イ 担保権のないことを証する確定判決（確定判決と同一の効力を有するものを含む．ロにおいて同じ．）の謄本又は記録事項証明書

ロ 第181条第1項第1号の登記を抹消すべき旨を命じ，又は同項第2号イに掲げる裁判若しくはこれと同一の効力を有するものを取り消し，若しくはその効力がないことを宣言する確定判決の謄本又は記録事項証明書

ハ 担保権の実行をしない旨，その実行の申立てを取り下げる旨又は債権者が担保権によつて担保される債権の弁済を受け，若しくはその債権の弁済の猶予をした旨を記載した裁判上の和解の調書その他の公文書の謄本（公文書が電磁的記録をもつて作成されている場合にあつては，当該電磁的記録に記録されている事項の全部を記録した電磁的記録）〔令5法53，施行2年6月内〕

（代金の納付による不動産取得の効果）

第184条 担保不動産競売における代金の納付による買受人の不動産の取得は，担保権の不存在又は消滅により妨げられない．

（動産競売の要件）

第190条 ① 動産を目的とする担保権の実行としての競売（以下「動産競売」という。）は，次に掲げる場合に限り，開始する．

1 債権者が執行官に対し当該動産を提出した場合

2 債権者が執行官に対し当該動産の占有者が差押えを承諾することを証する文書又は電磁的記録を提出した場合

3 債権者が執行官に対し次項の許可の決定書の謄本又は電子決定書（第20条において準用する民事訴訟法第122条において準用する同法第253条第2項の規定によりファイルに記録されたものに限る．）の記録事項証明書を提出し，かつ，第192条において準用する第123条第2項の規定による捜索に先立って又はこれと同時に当該許可の決定が債務者に送達された場合

② 執行裁判所は，担保権の存在を証する文書又は電磁的記録を提出した債権者の申立てがあったときは，当該担保権についての動産競売の開始を許可することができる．ただし，当該動産が第123条第2項に規定する場所又は容器にない場合は，この限りでない．

③ 前項の許可の決定は，債務者に送達しなければならない．

④ 第2項の申立てについての裁判に対しては，執行抗告をすることができる． 〔令5法53，施行5年内〕

第4章 債務者の財産状況の調査

第1節 財産開示手続

（管 轄）

第196条 この節の規定による債務者の財産の開示に関する手続（以下「財産開示手続」という．）については，債務者の普通裁判籍の所在地を管轄する地方裁判所が，執行裁判所として管轄する．

（実施決定）

第197条 ① 執行裁判所は，次の各号のいずれかに該当するときは，執行力のある債務名義の正本を有する金銭債権の債権者の申立てにより，債務者について，財産開示手続を実施する旨の決定をしなければならない．ただし，当該執行力のある債務名義の正本に基づく強制執行を開始することができないときは，この限りでない．

1 強制執行又は担保権の実行における配当等の手続（申立ての日より6月以上前に終了したものを除く．）において，申立人が当該金銭債権の完全な弁済を得ることができなかったとき．

2 知れている財産に対する強制執行を実施しても，申立人が当該金銭債権の完全な弁済を得られないことの疎明があったとき．

② 執行裁判所は，次の各号のいずれかに該当するときは，債務者の財産について一般の先取特権を有することを証する文書又は電磁的記録を提出した債権者の申立てにより，当該債務者について，財産開示手続を実施する旨の決定をしなければならない．

1 強制執行又は担保権の実行における配当等の手続（申立ての日より6月以上前に終了したものを除く．）において，申立人が当該先取特権の被担保債権の完全な弁済を得ることができなかったとき．

2 知れている財産に対する担保権の実行を実施しても，申立人が前号の被担保債権の完全な弁済を得られないことの疎明があったとき．

③ 前2項の規定にかかわらず，債務者（債務者に法定代理人がある場合にあっては当該法定代理人，債務者が法人である場合にあってはその代表者，第1号において同じ．）が前2項の申立ての日前3年以内に財産開示期日（財産を開示すべき期日をいう．以下同じ．）においてその財産について陳述をしたものであるときは，財産開示手続を実施する旨の決定をすることができない．ただし，次の各号に掲げる事由のいずれかがある場合は，この限りでない．

1 債務者が当該財産開示期日において一部の財産を開示しなかったとき．

2 債務者が当該財産開示期日の後に新たに財産を取得したとき．

3 当該財産開示期日の後に債務者と使用者との雇用関係が終了したとき． 〔令5法53，施行5年内〕

（財産開示期日）

第199条 ① 開示義務者（前条第2項第2号に掲げる者をいう．以下同じ．）は，財産開示期日に出頭し，債務者の財産（第131条第1号又は第2号に掲げる動産を除く．）について陳述しなければならない．

② 前項の陳述においては，陳述の対象となる財産について，第2章第2節の規定による強制執行は前章の規定による担保権の実行の申立てをするのに必要となる事項その他申立人に開示する必要があるものとして最高裁判所規則で定める事項を明示しなければならない．

第2節 第三者からの情報取得手続

（管 轄）

第204条 この節の規定による債務者の財産に係る情報の取得に関する手続（以下「第三者からの情報取得手続」という．）については，債務者の普通裁判籍の所在地を管轄する地方裁判所が，この普通裁判籍がないときはこの節の規定により情報の提供を命じられるべき者の所在地を管轄する地方裁判所が，執行裁判所として管轄する．

（債務者の不動産に係る情報の取得）

第205条 ① 執行裁判所は，次の各号のいずれかに該当するときは，それぞれ当該各号に定める者の申立てにより，法務省令で定める登記所に対し，債務者が所有権の登記名義人である土地又は建物その他これらに準ずるものとして法務省令で定めるものに対する強制執行又は担保権の実行の申立てをするのに必要となる事項として最高裁判所規則で定めるものについて情報の提供をすべき旨を命じなければならない．ただし，第1号に掲げる場合において，同号に規定する執行力のある債務名義の正本に基づく強制執行を開始することができないときは，この限りでない．

（債務者の給与債権に係る情報の取得）

第206条 ① 執行裁判所は，第197条第1項各号のいずれかに該当するときは，第151条の2第1項各号に掲げる義務に係る請求権又は人の生命若しくは身体の侵害による損害賠償請求権について執行力のある債務名義の正本を有する債権者の申立てにより，次の各号に掲げる者であって最高裁判所規則で定めるところにより当該債権者が選択したものに対し，それぞれ当該各号に定める事項について情報の提供をすべき旨を命じなければならない．ただし，当該執行力のある債務名義の正本に基づく強制執行を開始することができないときは，この限りでない．

（債務者の預貯金債権等に係る情報の取得）

第207条 ① 執行裁判所は，第197条第1項各号のいずれかに該当するときは，執行力のある債務名義の正本を有する金銭債権の債権者の申立てにより，次の各号に掲げる者であつて最高裁判所規則で定めるところにより当該債権者が選択したものに対し，それぞれ当該各号に定める事項について情報の提供をすべき旨を命じなければならない。ただし，当該執行力のある債務名義の正本に基づいて強制執行を開始することができないときは，この限りでない。

（情報の提供の方法等）

第208条 ① 第205条第1項，第206条第1項又は前条第1項若しくは第2項の申立てを認容する決定により命じられた情報の提供は，執行裁判所に対し，書面でしなければならない。

② 前項の情報の提供がされたときは，執行裁判所は，最高裁判所規則で定めるところにより，申立人に同項の書面の写しを送付し，かつ，債務者に対し，同項に規定する決定に基づいてその財産に関する情報の提供がされた旨を通知しなければならない。

（第三者からの情報取得手続に係る事件に関する情報の目的外利用の制限）

第210条 ① 申立人は，第三者からの情報取得手続において得られた債務者の財産に関する情報を，当該債務者に対する債権をその本旨に従つて行使する目的以外の目的のために利用し，又は提供してはならない。

② 前条第1項第2号若しくは第3号又は第2項第2号に掲げる者であつて，第三者からの情報取得手続に係る事件の記録中の同項第1項の情報の提供に関する部分の情報を得たものは，当該情報を当該事件の債務者に対する債権をその本旨に従つて行使する目的以外の目的のために利用し，又は提供してはならない。

第5章　罰　則

（陳述等拒絶の罪）

第213条 ① 次の各号のいずれかに該当する者は，6月以下の拘禁刑又は50万円以下の罰金に処する。

1 売却基準価額の決定に関し，執行裁判所の呼出しを受けた審尋の期日において，正当な理由なく，出頭せず，若しくは陳述を拒み，又は虚偽の陳述をした者

2 第57条第2項（第121条（第189条（第195条の規定によりその例によることとされる場合を含む。）において準用する場合を含む。）及び第188条（第195条の規定によりその例によることとされる場合を含む。）において準用する場合を含む。）の規定による執行官の質問又は文書の提出の要求に対し，正当な理由なく，陳述をせず，若しくは文書の提示を拒み，又は虚偽の陳述をし，若しくは虚偽の記載をした文書を提示した者

3 第65条の2（第188条（第195条の規定によりその例によることとされる場合を含む。）において準用する場合を含む。）の規定により陳述すべき事項について虚偽の陳述をした者

4 第168条第2項の規定による執行官の質問又は文書の提出の要求に対し，正当な理由なく，陳述をせず，若しくは文書の提示を拒み，又は虚偽の陳述をし，若しくは虚偽の記載をした文書を提示した

債務者又は同項に規定する不動産等を占有する第三者

5 執行裁判所の呼出しを受けた財産開示期日において，正当な理由なく，出頭せず，又は宣誓を拒んだ開示義務者

6 第199条第7項において準用する民事訴訟法第201条第1項の規定により財産開示期日において宣誓した開示義務者であつて，正当な理由なく第199条第1項から第4項までの規定により陳述すべき事項について陳述をせず，又は虚偽の陳述をしたもの　　〔令4法68,施行3年内〕

73　破　産　法（抄）

（平16・6・2法律第75号, 平17・1・1施行,
最終改正：令5・6・14法律第53号）

第1章　総　則

（目　的）

第1条 この法律は，支払不能又は債務超過にある債務者の財産等の清算に関する手続を定めること等により，債権者その他の利害関係人の利益及び債務者と債権者との間の権利関係を適切に調整し，もつて債務者の財産等の適正かつ公平な清算を図るとともに，債務者について経済生活の再生の機会の確保を図ることを目的とする。

（定　義）

第2条 ① この法律において「破産手続」とは，次章以下（第12章を除く。）に定めるところにより，債務者の財産又は相続財産若しくは信託財産を清算する手続をいう。

② この法律において「破産事件」とは，破産手続に係る事件をいう。

③ この法律において「破産裁判所」とは，破産事件が係属している地方裁判所をいう。

④ この法律において「破産者」とは，債務者であって，第30条第1項の規定により破産手続開始の決定がされているものをいう。

⑤ この法律において「破産債権」とは，破産者に対し破産手続開始前の原因に基づいて生じた財産上の請求権（第97条各号に掲げる債権を含む。）であって，財団債権に該当しないものをいう。

⑥ この法律において「破産債権者」とは，破産債権を有する債権者をいう。

⑦ この法律において「財団債権」とは，破産手続によらないで破産財団から随時弁済を受けることができる債権をいう。

⑧ この法律において「財団債権者」とは，財団債権を有する債権者をいう。

⑨ この法律において「別除権」とは，破産手続開始の時において破産財団に属する財産につき特別の先取特権，質権又は抵当権を有する者がこれらの権利の目的である財産について第65条第1項の規定により行使することができる権利をいう。

⑩ この法律において「別除権者」とは，別除権を有する者をいう。

⑪ この法律において「支払不能」とは，債務者が，支払能力を欠くために，その債務のうち弁済期にあ

るものにつき，一般的かつ継続的に弁済することができない状態（信託財産の破産については，受託者が，信託財産による支払能力を欠くために，信託財産責任負担債務（信託法（平成18年法律第108号）第2条第9項に規定する信託財産責任負担債務をいう．以下同じ．）のうち弁済期にあるものにつき，一般的かつ継続的に弁済することができない状態）をいう．

⑭　この法律において「破産財団」とは，破産者の財産又は相続財産若しくは信託財産であって，破産手続において破産管財人にその管理及び処分をする権利が専属するものをいう．

（外国人の地位）
第3条　外国人又は外国法人は，破産手続，第12章第1節の規定による免責手続（以下「免責手続」という．）及び同章第2節の規定による手続（以下この章において「破産手続等」と総称する．）に関し，日本人又は日本法人と同一の地位を有する．

（破産事件の管轄）
第4条　この法律の規定による破産手続開始の申立ては，債務者が個人である場合には日本国内に営業所，住所，居所又は財産を有するときに限り，法人その他の社団又は財団である場合には日本国内に営業所，事務所又は財産を有するときに限り，することができる．

②　民事訴訟法（平成8年法律第109号）の規定により裁判上の請求をすることができる債権は，日本国内にあるものとみなす．

第5条　①　破産事件は，債務者が，営業者であるときはその主たる営業所の所在地，営業者で外国に主たる営業所を有するものであるときは日本におけるその主たる営業所の所在地，営業者でないとき又は営業者であっても営業所を有しないときはその普通裁判籍の所在地を管轄する地方裁判所が管轄する．

②　前項の規定による管轄裁判所がないときは，破産事件は，債務者の財産の所在地（債権については，裁判上の請求をすることができる地）を管轄する地方裁判所が管轄する．

（専属管轄）
第6条　この法律に規定する裁判所の管轄は，専属とする．

（任意的口頭弁論等）
第8条　①　破産手続等に関する裁判は，口頭弁論を経ないですることができる．

②　裁判所は，職権で，破産手続等に係る事件に関して必要な調査をすることができる．

（不服申立て）
第9条　破産手続等に関する裁判につき利害関係を有する者は，この法律に特別の定めがある場合に限り，当該裁判に対し即時抗告をすることができる．その期間は，裁判の公告があった場合には，その公告が効力を生じた日から起算して2週間とする．

（公告等）
第10条　①　この法律の規定による公告は，官報に掲載してする．

②　公告は，掲載があった日の翌日に，その効力を生ずる．

③　この法律の規定により送達をしなければならない場合には，公告をもって，これに代えることができる．ただし，この法律の規定により公告及び送達をしなければならない場合は，この限りでない．

（民事訴訟法の準用）
第13条　特別の定めがある場合を除き，破産手続等に関しては，その性質に反しない限り，民事訴訟法第1編から第4編までの規定（同法第87条の2の規定を除く．）を準用する．　〔令4法48，施行2年内〕

（民事訴訟法の準用）
第13条　特別の定めがある場合を除き，破産手続等に関しては，その性質に反しない限り，民事訴訟法第1編から第4編までの規定（同法第71条第2項，第91条の2，第92条第9項及び第10項，第92条の2第2項，第94条，第100条第2項，第1編第5章第4節第3款，第111条，第1編第7章，第133条の2第5項及び第6項，第133条の3第2項，第151条第3項，第160条第2項，第185条第3項，第205条第2項，第215条第2項，第227条第2項並びに第232条の2の規定を除く．）を準用する．この場合において，別表式の上欄に掲げる同法の規定中同表の中欄に掲げる字句は，それぞれ同表の下欄に掲げる字句に読み替えるものとする．　　〔令4法48，施行4年内〕

（民事訴訟法の準用）
第13条　特別の定めがある場合を除き，破産手続等に関しては，その性質に反しない限り，民事訴訟法第1編から第4編までの規定を準用する．この場合において，同法第132条の11第1項第1号中「第54条第1項ただし書の許可を得て訴訟代理人となったものを除く．）」とあるのは「弁護士に限る．）又は破産管財人，保全管理人，破産管財人代理若しくは保全管理人代理として選任を受けた者」と，「当該委任」と，同項第2号中「第2条」とあるのは「当該委任又は選任」と，「当該委任又は選任」と，同項第2号中「第2条」とあるのは「第9条において準用する同法第2条」と読み替えるものとする．　〔令5法53，施行5年内〕

第2章　破産手続の開始

第1節　破産手続開始の申立て
（破産手続開始の原因）
第15条　①　債務者が支払不能にあるときは，裁判所は，第30条第1項の規定に基づき，申立てにより，決定で，破産手続を開始する．

②　債務者が支払を停止したときは，支払不能にあるものと推定する．

（法人の破産手続開始の原因）
第16条　①　債務者が法人である場合に関する前条第1項の規定の適用については，同項中「支払不能」とあるのは，「支払不能又は債務超過（債務者が，その債務につき，その財産をもって完済することができない状態をいう．）」とする．

②　前項の規定は，存立中の合名会社及び合資会社には，適用しない．

（破産手続開始の申立て）
第18条　①　債権者又は債務者は，破産手続開始の申立てをすることができる．

②　債権者が破産手続開始の申立てをするときは，その有する債権の存在及び破産手続開始の原因となる事実を疎明しなければならない．

（費用の予納）
第22条　①　破産手続開始の申立てをするときは，申

立人は,破産手続の費用として裁判所の定める金額を予納しなければならない.

② 費用の予納に関する決定に対しては,即時抗告をすることができる.

(費用の仮支弁)

第23条 裁判所は,申立人の資力,破産財団となるべき財産の状況その他の事情を考慮して,申立人及び利害関係人の利益の保護のため特に必要と認めるときは,破産手続の費用を仮に国庫から支弁することができる.職権で破産手続開始の決定をした場合も,同様とする.

(他の手続の中止命令等)

第24条 ① 裁判所は,破産手続開始の申立てがあった場合において,必要があると認めるときは,利害関係人の申立てにより又は職権で,破産手続開始の申立てにつき決定があるまでの間,次に掲げる手続又は処分の中止を命ずることができる.ただし,第1号に掲げる手続又は第6号に掲げる処分についてはその手続の申立人である債権者又はその処分を行う者に不当な損害を及ぼすおそれがない場合に限り,第5号に掲げる責任制限手続については責任制限手続開始の決定がされていない場合に限る.

(包括的禁止命令)

第25条 ① 裁判所は,破産手続開始の申立てがあった場合において,前条第1項第1号又は第6号の規定による中止の命令によっては破産手続の目的を十分に達成することができないおそれがあると認めるべき特別の事情があるときは,利害関係人の申立てにより又は職権で,破産手続開始の申立てにつき決定があるまでの間,全ての債権者に対し,債務者の財産に対する強制執行等及び国税滞納処分(国税滞納処分の例による処分を含み,交付要求を除く.以下同じ.)の禁止を命ずることができる.ただし,事前に,又はこれと同時に,債務者の主要な財産に関し第28条第1項の規定による保全処分をした場合又は第91条第2項に規定する保全管理命令をした場合に限る.

(債務者の財産に関する保全処分)

第28条 ① 裁判所は,破産手続開始の申立てがあった場合には,利害関係人の申立てにより又は職権で,破産手続開始の申立てにつき決定があるまでの間,債務者の財産に関し,その財産の処分禁止の仮処分その他の必要な保全処分を命ずることができる.

第2節　破産手続開始の決定

(破産手続開始の決定)

第30条 ① 裁判所は,破産手続開始の申立てがあった場合において,破産手続開始の原因となる事実があると認めるときは,次の各号のいずれかに該当する場合を除き,破産手続開始の決定をする.

1 破産手続の費用の予納がないとき(第23条第1項前段の規定によりその費用を仮に国庫から支弁する場合を除く.).

2 不当な目的で破産手続開始の申立てがされたとき,その他申立てが誠実にされたものでないとき.

② 前項の決定は,その決定の時から,効力を生ずる.

(破産手続開始の決定と同時に定めるべき事項等)

第31条 ① 裁判所は,破産手続開始の決定と同時に,1人又は数人の破産管財人を選任し,かつ,次に掲げる事項を定めなければならない.

1 破産債権の届出をすべき期間

2 破産者の財産状況を報告するために招集する債権者集会(第4項,第136条第2項及び第3項並

びに第158条において「財産状況報告集会」という.)の期日

3 破産債権の調査をするための期間(第116条第2項の場合にあっては,破産債権の調査をするための期日)

④ 第1項第2号の規定にかかわらず,裁判所は,知れている破産債権者の数その他の事情を考慮して財産状況報告集会を招集することを相当でないと認めるときは,同号の期日を定めないことができる.

(破産手続開始の公告等)

第32条 ① 裁判所は,破産手続開始の決定をしたときは,直ちに,次に掲げる事項を公告しなければならない.

1 破産手続開始の決定の主文

2 破産管財人の氏名又は名称

3 前条第1項の規定により定めた期間又は期日

第3節　破産手続開始の効果

第1款　通則

(破産財団の範囲)

第34条 ① 破産者が破産手続開始の時において有する一切の財産(日本国内にあるかどうかを問わない.)は,破産財団とする.

② 破産者が破産手続開始前に生じた原因に基づいて行うことがある将来の請求権は,破産財団に属する.

(法人の存続の擬制)

第35条 他の法律の規定により破産手続開始の決定によって解散した法人又は解散した法人で破産手続開始の決定を受けたものは,破産手続による清算の目的の範囲内において,破産手続が終了するまで存続するものとみなす.

(破産者の居住に関する制限)

第37条 ① 破産者は,その申立てにより裁判所の許可を得なければ,その居住地を離れることができない.

(破産者等の説明義務)

第40条 ① 次に掲げる者は,破産管財人若しくは第144条第2項に規定する債権者委員会の請求又は債権者集会の決議に基づく請求があったときは,破産に関し必要な説明をしなければならない.ただし,第5号に掲げる者については,裁判所の許可がある場合に限る.

1 破産者

2 破産者の代理人

3 破産者が法人である場合のその理事,取締役,執行役,監事,監査役及び清算人

4 前号に掲げる者に準ずる者

5 破産者の従業者(第2号に掲げる者を除く.)

(破産者の重要財産開示義務)

第41条 破産者は,破産手続開始の決定後遅滞なく,その所有する不動産,現金,有価証券,預貯金その他裁判所が指定する財産の内容を記載した書面を裁判所に提出しなければならない.

(他の手続の失効等)

第42条 ① 破産手続開始の決定があった場合には,破産財団に属する財産に対する強制執行,仮差押え,仮処分,一般の先取特権の実行,企業担保権の実行又は外国租税滞納処分で,破産債権若しくは財団債権に基づくもの又は破産債権若しくは財団債権を被担保債権とするものは,することができない.

② 前項に規定する場合には,同項に規定する強制執行,仮差押え,仮処分,一般の先取特権の実行及び企業担保権の実行の手続並びに外国租税滞納処分で,破産財団に属する財産に対して既にされているも

のは,破産財団に対してはその効力を失う.ただし,同項に規定する強制執行又は一般の先取特権の実行(以下この条において「強制執行又は先取特権の実行」という.)の手続については,破産管財人において破産財団のためにその手続を続行することを妨げない.

（破産財団に関する訴えの取扱い）
第44条　① 破産手続開始の決定があったときは,破産者を当事者とする破産財団に関する訴訟手続は,中断する.
② 破産管財人は,前項の規定により中断した訴訟手続のうち破産債権に関しないものを受け継ぐことができる.この場合においては,受継の申立ては,相手方もすることができる.

（債権者代位訴訟及び詐害行為取消訴訟の取扱い）
第45条　① 民法(明治29年法律第89号)第423条第1項,第423条の7第1項又は第424条第1項の規定により破産債権者又は財団債権者の提起した訴訟が破産手続開始当時係属するときは,その訴訟手続は,中断する.
② 破産管財人は,前項の規定により中断した訴訟手続を受け継ぐことができる.この場合においては,受継の申立ては,相手方もすることができる.

第2款　破産手続開始の効果
（開始後の法律行為の効力）
第47条　① 破産者が破産手続開始後に破産財団に属する財産に関してした法律行為は,破産手続の関係においては,その効力を主張することができない.
② 破産者が破産手続開始の日にした法律行為は,破産手続開始後にしたものと推定する.

（開始後の権利取得の効力）
第48条　① 破産手続開始後に破産財団に属する財産に関して破産者の法律行為によらないで権利を取得しても,その取得は,破産手続の関係においては,その効力を主張することができない.

（開始後の破産者に対する弁済の効力）
第50条　① 破産手続開始後に,その事実を知らないで破産者にした弁済は,破産手続の関係においても,その効力を主張することができる.
② 破産手続開始後に,その事実を知って破産者にした弁済は,破産財団が受けた利益の限度においてのみ,破産手続の関係において,その効力を主張することができる.

（善意又は悪意の推定）
第51条　前2条の規定の適用については,第32条第1項の規定による公告の前においてはその事実を知らなかったものと推定し,当該公告の後においてはその事実を知っていたものと推定する.

（双務契約）
第53条　① 双務契約について破産者及びその相手方が破産手続開始の時において共にまだその履行を完了していないときは,破産管財人は,契約の解除をし,又は破産者の債務を履行して相手方の債務の履行を請求することができる.
② 前項の場合には,相手方は,破産管財人に対し,相当の期間を定め,その期間内に契約の解除をするか,又は債務の履行を請求するかを確答すべき旨を催告することができる.この場合において,破産管財人がその期間内に確答をしないときは,契約の解除をしたものとみなす.
③ 前項の規定は,相手方又は破産管財人が民法第631条前段の規定により解約の申入れをすることが

できる場合又は同法第642条第1項前段の規定により契約の解除をすることができる場合について準用する.
第54条　① 前条第1項又は第2項の規定により契約の解除があった場合には,相手方は,損害の賠償について破産債権者としてその権利を行使することができる.
② 前項に規定する場合において,相手方は,破産者の受けた反対給付が破産財団中に現存するときは,その返還を請求することができ,現存しないときは,その価額について財団債権者としてその権利を行使することができる.

（継続的給付を目的とする双務契約）
第55条　① 破産者に対して継続的給付の義務を負う双務契約の相手方は,破産手続開始の申立て前の給付に係る破産債権について弁済がないことを理由としては,破産手続開始後は,その義務の履行を拒むことができない.
② 前項の双務契約の相手方が破産手続開始の申立て後破産者の破産手続開始前にした給付に係る請求権(一定期間ごとに債権額を算定すべき継続的給付については,申立ての日の属する期間内の給付に係る請求権を含む.)は,財団債権とする.
③ 前2項の規定は,労働契約には,適用しない.

（賃貸借契約等）
第56条　① 第53条第1項及び第2項の規定は,賃借権その他の使用及び収益を目的とする権利を設定する契約について破産者の相手方が当該権利につき登記,登録その他の第三者に対抗することができる要件を備えている場合には,適用しない.
② 前項に規定する場合には,相手方の有する請求権は,財団債権とする.

第3款　取戻権
第62条　破産手続の開始は,破産者に属しない財産を破産財団から取り戻す権利(第64条及び第78条第2項第13号において「取戻権」という.)に影響を及ぼさない.

（代償的取戻権）
第64条　① 破産者(保全管理人が選任されている場合にあっては,保全管理人)が破産手続開始後に取戻権の目的である財産を譲り渡した場合には,当該財産について取戻権を有する者は,反対給付の請求権の移転を請求することができる.破産管財人が取戻権の目的である財産を譲り渡した場合も,同様とする.
② 前項の場合において,破産管財人が反対給付を受けたときは,同項の取戻権を有する者は,破産財団が反対給付として受けた財産の給付を請求することができる.

第4款　別除権
（別除権）
第65条　① 別除権は,破産手続によらないで,行使することができる.
② 前項の別除権(特別の先取特権,質権又は抵当権をいう.以下この項において同じ.)の目的である財産が破産管財人による任意売却その他の事由により破産財団に属しないこととなった場合において当該担保権はなお存続するときにおける当該担保権を有する者も,その目的である財産について別除権を有する.

（留置権の取扱い）

第66条 ① 破産手続開始の時において破産財団に属する財産につき存する商法又は会社法の規定による留置権は，破産財団に対しては特別の先取特権とみなす．

② 前項の特別の先取特権は，民法その他の法律の規定による他の特別の先取特権に後れる．

③ 第1項に規定するものを除き，破産手続開始の時において破産財団に属する財産につき存する留置権は，破産財団に対してはその効力を失う．

第5款 相殺権

（相殺権）

第67条 ① 破産債権者は，破産手続開始の時において破産者に対して債務を負担するときは，破産手続によらないで，相殺をすることができる．

② 破産債権者の有する債権が破産手続開始の時において期限付若しくは解除条件付であるとき，又は第103条第2項第1号に掲げるものであるときでも，破産債権者が前項の規定により相殺をすることを妨げない．破産債権者の負担する債務が期限付若しくは条件付であるとき，又は将来の請求権に関するものであるときも，同様とする．

（相殺の禁止）

第71条 ① 破産債権者は，次に掲げる場合には，相殺をすることができない．

1 破産手続開始後に破産財団に対して債務を負担したとき．

2 支払不能になった後に契約によって負担する債務を専ら破産債権をもってする相殺に供する目的で破産者の財産の処分を内容とする契約を破産者との間で締結し，又は破産者に対して債務を負担する者の債務を引き受けることを内容とする契約を締結することにより破産者に対して債務を負担した場合であって，当該契約の締結の当時，支払不能であったことを知っていたとき．

3 支払の停止があった後に破産者に対して債務を負担した場合であって，その負担の当時，支払の停止があったことを知っていたとき．ただし，当該支払の停止があった時において支払不能でなかったときは，この限りでない．

4 破産手続開始の申立てがあった後に破産者に対して債務を負担した場合であって，その負担の当時，破産手続開始の申立てがあったことを知っていたとき．

② 前項第2号から第4号までの規定は，これらの規定に規定する債務の負担が次の各号に掲げる原因のいずれかに基づく場合には，適用しない．

1 法定の原因

2 支払不能であったこと又は支払の停止若しくは破産手続開始の申立てがあったことを破産債権者が知った時より前に生じた原因

3 破産手続開始の申立てがあった時より1年以上前に生じた原因

第72条 ① 破産者に対して債務を負担する者は，次に掲げる場合には，相殺をすることができない．

1 破産手続開始後に他人の破産債権を取得したとき．

2 支払不能になった後に破産債権を取得した場合であって，その取得の当時，支払不能であったことを知っていたとき．

3 支払の停止があった後に破産債権を取得した場合であって，その取得の当時，支払の停止があったことを知っていたとき．ただし，当該支払の停止があった時において支払不能でなかったときは，

この限りでない．

4 破産手続開始の申立てがあった後に破産債権を取得した場合であって，その取得の当時，破産手続開始の申立てがあったことを知っていたとき．

② 前項第2号から第4号までの規定は，これらの規定に規定する破産債権の取得が次の各号に掲げる原因のいずれかに基づく場合には，適用しない．

1 法定の原因

2 支払不能であったこと又は支払の停止若しくは破産手続開始の申立てがあったことを破産者に対して債務を負担する者が知った時より前に生じた原因

3 破産手続開始の申立てがあった時より1年以上前に生じた原因

4 破産者に対して債務を負担する者と破産者との間の契約

第3章 破産手続の機関

第1節 破産管財人

第1款 破産管財人の選任及び監督

（破産管財人の選任）

第74条 ① 破産管財人は，裁判所が選任する．

② 法人は，破産管財人となることができる．

第2款 破産管財人の権限等

（破産管財人の権限）

第78条 ① 破産手続開始の決定があった場合には，破産財団に属する財産の管理及び処分をする権利は，裁判所が選任した破産管財人に専属する．

② 破産管財人が次に掲げる行為をするには，裁判所の許可を得なければならない．

1 不動産に関する物権，登記すべき日本船舶又は外国船舶の任意売却

2 鉱業権，漁業権，公共施設等運営権，樹木採取権，漁港水面施設運営権，特許権，実用新案権，意匠権，商標権，回路配置利用権，育成者権，著作権又は著作隣接権の任意売却

3 営業又は事業の譲渡

4 商品の一括売却

5 借財

6 第238条第2項の規定による相続の放棄の承認，第243条において準用する同項の規定による包括遺贈の放棄の承認又は第244条第1項の規定による特定遺贈の放棄

7 動産の任意売却

8 債権又は有価証券の譲渡

9 第53条第1項の規定による履行の請求

10 訴えの提起

11 和解又は仲裁合意（仲裁法（平成15年法律第138号）第2条第1項に規定する仲裁合意をいう．）

12 権利の放棄

13 財団債権，取戻権又は別除権の承認

14 別除権の目的である財産の受戻し

15 その他裁判所の指定する行為

〔令5法34,施行1年内〕

（破産財団の管理）

第79条 破産管財人は，就職の後直ちに破産財団に属する財産の管理に着手しなければならない．

（当事者適格）

第80条 破産財団に関する訴えについては，破産管財人を原告又は被告とする．

第2節　保全管理人
（保全管理命令）

第91条 ① 裁判所は，破産手続開始の申立てがあった場合において，債務者（法人である場合に限る。以下この節，第148条第4項及び第152条第2項において同じ。）の財産の管理又は処分が失当であるとき，その他債務者の財産の確保のために特に必要があると認めるときは，利害関係人の申立てにより又は職権で，破産手続開始の申立てにつき決定があるまでの間，債務者の財産に関し，保全管理人による管理を命ずる処分をすることができる．

（保全管理人の権限）

第93条 ① 保全管理命令が発せられたときは，債務者の財産（日本国内にあるかどうかを問わない。）の管理及び処分をする権利は，保全管理人に専属する．ただし，保全管理人が債務者の常務に属しない行為をするには，裁判所の許可を得なければならない．
② 前項ただし書の許可を得ないでした行為は，無効とする．ただし，これをもって善意の第三者に対抗することができない．
③ 第78条第2項から第6項までの規定は，保全管理人について準用する．

第4章　破産債権

第1節　破産債権者の権利
（優先的破産債権）

第98条 ① 破産財団に属する財産につき一般の先取特権その他一般の優先権がある破産債権（次条第1項に規定する劣後的破産債権及び同条第2項に規定する約定劣後破産債権を除く．以下「優先的破産債権」という。）は，他の破産債権に優先する．

（劣後的破産債権等）

第99条 ① 次に掲げる債権（以下「劣後的破産債権」という。）は，他の破産債権（次項に規定する約定劣後破産債権を除く．）に後れる．
1　第97条第1号から第7号までに掲げる請求権
2　破産手続開始後に期限が到来すべき確定期限付債権で無利息のもののうち，破産手続開始の時から期限に至るまでの期間の年数（その期間に1年に満たない端数があるときは，これを切り捨てるものとする．）に応じた債権に対する破産手続開始の時における法定利率による利息の額に相当する部分
3　破産手続開始後に期限が到来すべき不確定期限付債権で無利息のもののうち，その債権額と破産手続開始の時における評価額との差額に相当する部分
4　金額及び存続期間が確定している定期金債権のうち，各定期金につき第2号の規定に準じて算定される額の合計額（その額を各定期金の合計額から控除した額が破産手続開始の時における法定利率によりその定期金に相当する利息を生ずべき元本額を超えるときは，その超過額を加算した額）に相当する部分

（破産債権の行使）

第100条 ① 破産債権は，この法律に特別の定めがある場合を除き，破産手続によらなければ，行使することができない．

（給料の請求権等の弁済の許可）

第101条 ① 優先的破産債権である給料の請求権又は退職手当の請求権について届出をした破産債権者が，これらの破産債権の弁済を受けなければその生活の維持を図るのに困難を生ずるおそれがあるときは，裁判所は，最初に第195条第1項に規定する最後配当，第204条第1項に規定する簡易配当，第208条第1項に規定する同意配当又は第209条第1項に規定する中間配当の許可があるまでの間，破産管財人の申立てにより又は職権で，その全部又は一部の弁済をすることを許可することができる．ただし，その弁済により優先的破産債権又は他の先順位若しくは同順位の優先的破産債権を有する者の利益を害するおそれがないときに限る．

（破産管財人による相殺）

第102条 破産管財人は，破産財団に属する債権をもって破産債権と相殺することが破産債権者の一般の利益に適合するときは，裁判所の許可を得て，その相殺をすることができる．

（破産債権者の手続参加）

第103条 ① 破産債権者は，その有する破産債権をもって破産手続に参加することができる．
② 前項の場合において，破産債権の額は，次に掲げる債権の区分に従い，それぞれ当該各号に定める額とする．
1　次に掲げる債権　破産手続開始の時における評価額
　イ　金銭の支払を目的としない債権
　ロ　金銭債権で，その額が不確定であるもの又はその額を外国の通貨をもって定めたもの
　ハ　金額又は存続期間が不確定である定期金債権
2　前号に掲げる債権以外の債権　債権額
③ 破産債権が期限付債権でその期限が破産手続開始後に到来すべきものであるときは，その破産債権は，破産手続開始の時において弁済期が到来したものとみなす．
④ 破産債権が破産手続開始の時において条件付債権又は将来の請求権であるときでも，当該破産債権者は，その破産債権をもって破産手続に参加することができる．

（別除権者等の手続参加）

第108条 ① 別除権者は，当該別除権に係る第65条第2項に規定する担保権によって担保される債権については，その別除権の行使によって弁済を受けることができない債権の額についてのみ，破産債権者としてその権利を行使することができる．ただし，当該担保権によって担保される債権の全部又は一部が破産手続開始後に担保されないこととなった場合には，その債権の当該全部又は一部の額について，破産債権者としてその権利を行使することを妨げない．
② 破産財団に属しない破産者の財産につき特別の先取特権，質権若しくは抵当権を有する者又は破産者につき更に破産手続開始の決定があった場合における破産財団に属する財産について破産債権を有する者も，前項と同様とする．

第2節　破産債権の届出
（破産債権の届出）

第111条 ① 破産手続に参加しようとする破産債権者は，第31条第1項第1号又は第3項の規定により定められた破産債権の届出をすべき期間（以下「債権届出期間」という。）内に，次に掲げる事項を裁判所に届け出なければならない．
1　各破産債権の額及び原因
2　優先的破産債権であるときは，その旨

3 劣後的破産債権又は約定劣後破産債権であるときは,その旨

4 自己に対する配当額の合計額が最高裁判所規則で定める額に満たない場合においても配当金を受領する意思があるときは,その旨

5 前各号に掲げるもののほか,最高裁判所規則で定める事項

② 別除権者は,前項各号に掲げる事項のほか,次に掲げる事項を届け出なければならない.

1 別除権の目的である財産

2 別除権の行使によって弁済を受けることができないと見込まれる債権の額

(一般調査期間経過後又は一般調査期日終了後の届出等)

第112条 ① 破産債権者がその責めに帰することができない事由によって第31条第1項第3号の期間(以下「一般調査期間」という.)の経過又は同号の期日(以下「一般調査期日」という.)の終了までに破産債権の届出をすることができなかった場合には,その事由が消滅した後1月以内に限り,その届出をすることができる.

第3節 破産債権の調査及び確定
第1款 通則
(破産債権の調査の方法)

第116条 ① 裁判所による破産債権の調査は,次款の規定により,破産管財人が作成した認否書並びに破産債権者及び破産者の書面による異議に基づいてする.

第2款 書面による破産債権の調査
(特別調査期間における調査)

第119条 ① 裁判所は,債権届出期間の経過後,一般調査期間の満了前又は一般調査期日の終了前にその届出があり,又は届出事項の変更があった破産債権について,その調査をするための期間(以下「特別調査期間」という.)を定めなければならない.ただし,当該破産債権について,破産管財人が第117条第3項の規定により提出された認否書に同条第1項各号に掲げる事項の全部若しくは一部について認否を記載している場合又は一般調査期日において調査をすることについて破産管財人及び破産債権者の異議がない場合は,この限りでない.

③ 第1項本文又は前項の場合には,特別調査期間に関する費用は,当該破産債権を有する者の負担とする.

第4款 破産債権の確定
(異議等のない破産債権の確定)

第124条 ① 第117条第1項各号(第4号を除く.)に掲げる事項は,破産債権の調査において,破産管財人が認め,かつ,届出をした破産債権者が一般調査期間内若しくは一般調査期間内又は一般調査期日若しくは特別調査期日において異議を述べなかったときは,確定する.

② 裁判所書記官は,最高裁判所規則で定めるところにより,破産債権の調査の結果を電子破産債権者表に記録しなければならない.

③ 第1項の規定により確定した事項についての電子破産債権者表の記録は,破産債権者の全員に対して確定判決と同一の効力を有する.

〔令5法53,施行5年内〕

第4節 債権者集会及び債権者委員会
第1款 債権者集会
(債権者集会の招集)

第135条 ① 裁判所は,次の各号に掲げる者のいず

れかの申立てがあった場合には,債権者集会を招集しなければならない.ただし,知れている破産債権者の数その他の事情を考慮して債権者集会を招集することを相当でないと認めるときは,この限りでない.

1 破産管財人

2 第144条第2項に規定する債権者委員会

3 知れている破産債権者の総債権について裁判所が評価した額の10分の1以上に当たる破産債権を有する破産債権者

第2款 債権者委員会
(債権者委員会)

第144条 (略)

第5章 財団債権

(財団債権となる請求権)

第148条 ① 次に掲げる請求権は,財団債権とする.

1 破産債権者の共同の利益のためにする裁判上の費用の請求権

2 破産財団の管理,換価及び配当に関する費用の請求権

3 破産手続開始前の原因に基づいて生じた租税等の請求権(共助対象外国租税の請求権及び第97条第5号に掲げる請求権を除く.)であって,破産手続開始当時,まだ納期限の到来していないもの又は納期限から1年(その期間中に包括的禁止命令が発せられたことにより国税滞納処分をすることができない期間がある場合には,当該期間を除く.)を経過していないもの

4 破産財団に関し破産管財人がした行為によって生じた請求権

5 事務管理又は不当利得により破産手続開始後に破産財団に対して生じた請求権

6 委任の終了又は代理権の消滅の後,急迫の事情があるためにした行為によって破産手続開始後に破産財団に対して生じた請求権

7 第53条第1項の規定により破産管財人が債務の履行をする場合において相手方が有する請求権

② 破産管財人が負担付遺贈の履行を受けたときは,その負担した義務の相手方が有する当該負担の利益に相当するべき請求権は,遺贈の目的の価額を超えない限度において,財団債権とする.

(使用人の給料等)

第149条 ① 破産手続開始前3月間の破産者の使用人の給料の請求権は,財団債権とする.

② 破産手続の終了前に退職した破産者の使用人の退職手当の請求権(当該請求権の全額が破産債権であるとした場合に劣後的破産債権となるべき部分を除く.)は,退職前3月間の給料の総額(その総額が破産手続開始前3月間の給料の総額より少ない場合にあっては,破産手続開始前3月間の給料の総額)に相当する額を財団債権とする.

(財団債権の取扱い)

第151条 財団債権は,破産債権に先立って,弁済する.

(破産財団不足の場合の弁済方法等)

第152条 ① 破産財団が財団債権の総額を弁済するのに足りないことが明らかになった場合における財団債権は,法令に定める優先権にかかわらず,債権額の割合により弁済する.ただし,財団債権を被担保債権とする留置権,特別の先取特権,質権又は抵当権の効力を妨げない.

第6章　破産財団の管理

第1節　破産者の財産状況の調査
（財産の価額の評定等）
第153条　① 破産管財人は，破産手続開始後遅滞なく，破産財団に属する一切の財産につき，破産手続開始の時における価額を評定しなければならない．この場合においては，破産者をその評定に立ち会わせることができる．

第2節　否認権
（破産債権者を害する行為の否認）
第160条　① 次に掲げる行為（担保の供与又は債務の消滅に関する行為を除く．）は，破産手続開始後，破産財団のために否認することができる．
　1　破産者が破産債権者を害することを知ってした行為．ただし，これによって利益を受けた者が，その行為の当時，破産債権者を害することを知らなかったときは，この限りでない．
　2　破産者が支払の停止又は破産手続開始の申立て（以下この節において「支払の停止等」という．）があった後にした破産債権者を害する行為．ただし，これによって利益を受けた者が，その行為の当時，支払の停止等があったこと及び破産債権者を害することを知っていたときは，この限りでない．
② 破産者がした債務の消滅に関する行為であって，債権者の受けた給付の価額が当該行為によって消滅した債務の額より過大であるものは，前項各号に掲げる要件のいずれかに該当するときは，破産手続開始後，その消滅した債務の額に相当する部分以外の部分に限り，破産財団のために否認することができる．
③ 破産者が支払の停止等があった後又はその前6月以内にした無償行為及びこれと同視すべき有償行為は，破産手続開始後，破産財団のために否認することができる．

（相当の対価を得てした財産の処分行為の否認）
第161条　① 破産者が，その有する財産を処分する行為をした場合において，その行為の相手方から相当の対価を取得しているときは，その行為は，次に掲げる要件のいずれにも該当する場合に限り，破産手続開始後，破産財団のために否認することができる．
　1　当該行為が，不動産の金銭への換価その他の当該処分による財産の種類の変更により，破産者において隠匿，無償の供与その他の破産債権者を害することとなる処分（以下「隠匿等の処分」という．）をするおそれを現に生じさせるものであること．
　2　破産者が，当該行為の当時，対価として取得した金銭その他の財産について，隠匿等の処分をする意思を有していたこと．
　3　相手方が，当該行為の当時，破産者が前号の隠匿等の処分をする意思を有していたことを知っていたこと．

（特定の債権者に対する担保の供与等の否認）
第162条　① 次に掲げる行為（既存の債務についてされた担保の供与又は債務の消滅に関する行為に限る．）は，破産手続開始後，破産財団のために否認することができる．
　1　破産者が支払不能になった後又は破産手続開始の申立てがあった後にした行為．ただし，債権者

が，その行為の当時，次のイ又はロに掲げる区分に応じ，それぞれ当該イ又はロに定める事実を知っていた場合に限る．
　イ　当該行為が支払不能になった後にされたものである場合　支払不能であったこと又は支払の停止があったこと．
　ロ　当該行為が破産手続開始の申立てがあった後にされたものである場合　破産手続開始の申立てがあったこと．
　2　破産者の義務に属せず，又はその時期が破産者の義務に属しない行為であって，支払不能になる前30日以内にされたもの．ただし，債権者がその行為の当時他の破産債権者を害することを知らなかったときは，この限りでない．
② 前項第1号の規定の適用については，次に掲げる場合には，債権者は，同号に掲げる行為の当時，同号イ又はロに掲げる区分に応じ，それぞれ当該イ又はロに定める事実（同号イに掲げる場合にあっては，支払不能であったこと及び支払の停止があったこと）を知っていたものと推定する．
　1　債権者が前条第2項各号に掲げる者のいずれかである場合
　2　前項第1号に掲げる行為が破産者の義務に属せず，又はその方法若しくは時期が破産者の義務に属しないものである場合
③ 第1項各号の規定の適用については，支払の停止（破産手続開始の申立て前1年以内のものに限る．）があった後は，支払不能であったものと推定する．

（否認権行使の効果）
第167条　① 否認権の行使は，破産財団を原状に復させる．

（相手方の債権の回復）
第169条　第162条第1項に規定する行為が否認された場合において，相手方がその受けた給付を返還し，又はその価額を償還したときは，相手方の債権は，これによって原状に復する．

（否認権の行使）
第173条　① 否認権は，訴え，否認の請求又は抗弁によって，破産管財人が行使する．

第3節　法人の役員の責任の追及等
（役員の責任の査定の申立て等）
第178条　① 裁判所は，法人である債務者について破産手続開始の決定があった場合において，必要があると認めるときは，破産管財人の申立てにより又は職権で，決定で，役員の責任に基づく損害賠償請求権の査定の裁判（以下この節において「役員責任査定決定」という．）をすることができる．

第7章　破産財団の換価

第1節　通則
（換価の方法）
第184条　① 第78条第2項第1号及び第2号に掲げる財産の換価は，これらの規定により任意売却をする場合を除き，民事執行法その他強制執行の手続に関する法令の規定によってする．
② 破産管財人は，民事執行法その他強制執行の手続に関する法令の規定により，別除権の目的である財産の換価をすることができる．この場合においては，別除権者は，その換価を拒むことができない．

第2節　担保権の消滅
（担保権消滅の許可の申立て）

第186条 ① 破産手続開始の時において破産財団に属する財産につき担保権（特別の先取特権，質権，抵当権又は商法若しくは会社法の規定による留置権をいう．以下この節において同じ．）が存する場合において，当該財産を任意に売却して当該担保権を消滅させることが破産債権者の一般の利益に適合するときは，破産管財人は，裁判所に対し，当該財産を任意に売却し，次の各号に掲げる区分に応じてそれぞれ当該各号に定める額に相当する金銭が裁判所に納付されることにより当該財産につき存するすべての担保権を消滅させることについての許可の申立てをすることができる．ただし，当該担保権を有する者の利益を不当に害することとなると認められるときは，この限りでない．

1 破産管財人が，売却によってその相手方から取得することができる金銭（売買契約の締結及び履行のために要する費用のうち破産財団から現に支出し又は将来支出すべき実費の額並びに当該財産の譲渡に課されるべき消費税額等（当該消費税額及びこれを課税標準として課されるべき地方消費税額をいう．以下この節において同じ．）に相当する額であって，当該売買契約において相手方の負担とされるものに相当する金銭を除く．以下この節において「売得金」という．）を破産財団に組み入れようとする場合 売得金の額から破産財団に組み入れようとする金銭（以下この節において「組入金」という．）の額を控除した額

2 前号に掲げる場合以外の場合 売得金の額

第8章 配　当

第1節 通　則
（配当の方法等）
第193条 ① 破産債権者は，この章の定めるところに従い，破産財団から，配当を受けることができる．
（配当の順位等）
第194条 ① 配当の順位は，破産債権間においては次に掲げる順位に，第1号の優先的破産債権間においては第98条第2項に規定する優先順位による．
1 優先的破産債権
2 前号，次号及び第4号に掲げるもの以外の破産債権
3 劣後的破産債権
4 約定劣後破産債権

第2節 最後配当
（最後配当）
第195条 ① 破産管財人は，一般調査期間の経過後又は一般調査期日の終了後であって破産財団に属する財産の換価の終了後においては，第217条第1項に規定する場合を除き，遅滞なく，届出をした破産債権者に対し，この節の規定による配当（以下この章及び次章において「最後配当」という．）をしなければならない．
（破産債権の除斥等）
第198条 ① 異議等のある破産債権（第129条第1項に規定するものを除く．）について最後配当の手続に参加するには，当該異議等のある破産債権を有する破産債権者が，前条第1項の規定による公告が効力を生じた日又は届出をした破産債権者に対する同条第3項の規定による届出があった日から起算して2週間以内に，破産管財人に対し，当該異議等のある破産債権の確定に関する破産債権査定申立てに係る査定の手続，破産債権査

定異議の訴えに係る訴訟手続又は第127条第1項の規定による受継があった訴訟手続が係属していることを証明しなければならない．

第5節 中間配当
（中間配当）
第209条 ① 破産管財人は，一般調査期間の経過後又は一般調査期日の終了後であって破産財団に属する財産の換価の終了前において，配当をするのに適当な破産財団に属する金銭があると認めるときは，最後配当に先立って，届出をした破産債権者に対し，この節の規定による配当（以下この節において「中間配当」という．）をすることができる．
（解除条件付債権者の取扱い）
第212条 ① 解除条件付債権である破産債権については，相当の担保を供しなければ，中間配当を受けることができない．
② 前項の破産債権について，その条件が最後配当に関する除斥期間内に成就しないときは，同項の規定により供した担保は，その効力を失う．
（配当額の寄託）
第214条 ① 中間配当を行おうとする破産管財人は，次に掲げる破産債権に対する配当額を寄託しなければならない．
4 停止条件付債権又は将来の請求権である破産債権
5 解除条件付債権である破産債権であって，第212条第1項の規定による担保が供されていないもの
③ 第1項第3号又は第4号の規定により当該各号に掲げる破産債権に対する配当額を寄託した場合において，当該破産債権を有する破産債権者又は別除権者（準別除権者を含む．）が第198条第2項の規定に適合しなかったこと又は同条第3項（同条第5項において準用する場合を含む．）に規定する事項につき証明をしなかったことにより最後配当の手続に参加することができなかったときは，破産管財人は，その寄託した配当額の最後配当を他の破産債権者に対してしなければならない．
④ 第1項第5号の規定により同号に掲げる破産債権に対する配当額を寄託した場合において，当該破産債権の条件が最後配当に関する除斥期間内に成就しないときは，破産管財人は，その寄託した配当額を当該破産債権を有する破産債権者に支払わなければならない．

第6節 追加配当
第215条 ① 第201条第7項の規定による配当額の通知を発した後（簡易配当にあっては第205条において準用する第200条第1項に規定する期間を経過した後，同意配当にあっては第208条第1項の規定による許可があった後），新たに配当に充てることができる相当の財産があることが確認されたときは，破産管財人は，裁判所の許可を得て，最後配当，簡易配当又は同意配当とは別に，届出をした破産債権者に対し，この条の規定による配当（以下この条において「追加配当」という．）をしなければならない．破産手続終結の決定があった後であっても，同様とする．

第9章 破産手続の終了

（破産手続開始の決定と同時にする破産手続廃止の決定）

第216条　① 裁判所は,破産財団をもって破産手続の費用を支弁するのに不足すると認めるときは,破産手続開始の決定と同時に,破産手続廃止の決定をしなければならない.

（破産手続開始の決定後の破産手続廃止の決定）

第217条　① 裁判所は,破産手続開始の決定があった後,破産財団をもって破産手続の費用を支弁するのに不足すると認めるときは,破産管財人の申立てにより又は職権で,破産手続廃止の決定をしなければならない. この場合においては,裁判所は,債権者集会の期日において破産債権者の意見を聴かなければならない.

（破産債権者の同意による破産手続廃止の決定）

第218条　① 裁判所は,次の各号に掲げる要件のいずれかに該当する破産者の申立てがあったときは,破産手続廃止の決定をしなければならない.

1　破産手続を廃止することについて,債権届出期間内に届出をした破産債権者の全員の同意を得ているとき.

2　前号の同意をしない破産債権者がある場合において,当該破産債権者に対して裁判所が相当と認める担保を供しているとき. ただし,破産財団から当該担保を供した場合には,破産財団から当該担保を供したことについて,他の届出をした破産債権者の同意を得ているときに限る.

第12章　免責手続及び復権

第1節　免責手続
（免責許可の申立て）

第248条　① 個人である債務者（破産手続開始の決定後にあっては,破産者. 第4項を除き,以下この節において同じ.）は,破産手続開始の申立てがあった日から破産手続開始の決定が確定した日以後1月を経過する日までの間に,破産裁判所に対し,免責許可の申立てをすることができる.

④ 債務者が破産手続開始の申立てをした場合には,当該申立てと同時に免責許可の申立てをしたものとみなす. ただし,当該債務者が破産手続開始の申立ての際に反対の意思を表示しているときは,この限りでない.

（免責許可の決定の要件等）

第252条　① 裁判所は,破産者について,次の各号に掲げる事由のいずれにも該当しない場合には,免責許可の決定をする.

1　債権者を害する目的で,破産財団に属し,又は属すべき財産の隠匿,損壊,債権者に不利益な処分その他の破産財団の価値を不当に減少させる行為をしたこと.

2　破産手続の開始を遅延させる目的で,著しく不利益な条件で債務を負担し,又は信用取引により商品を買い入れてこれを著しく不利益な条件で処分したこと.

3　特定の債権者に対する債務について,当該債権者に特別の利益を与える目的又は他の債権者を害する目的で,担保の供与又は債務の消滅に関する行為であって,債務者の義務に属せず,又はその方法若しくは時期が債務者の義務に属しないものをしたこと.

4　浪費又は賭博その他の射幸行為をしたことによって著しく財産を減少させ,又は過大な債務を負担したこと.

（免責許可の決定の効力等）

第253条　① 免責許可の決定が確定したときは,破産者は,破産債権による配当を除き,破産債権について,その責任を免れる. ただし,次に掲げる請求権については,この限りでない.

1　租税等の請求権（共助対象外国租税の請求権を除く.）

2　破産者が悪意で加えた不法行為に基づく損害賠償請求権

3　破産者が故意又は重大な過失により加えた人の生命又は身体を害する不法行為に基づく損害賠償請求権（前号に掲げる請求権を除く.）

第2節　復権
（復権）

第255条　① 破産者は,次に掲げる事由のいずれかに該当する場合には,復権する. 次条第1項の復権の決定が確定したときも,同様とする.

1　免責許可の決定が確定したとき.

2　第218条第1項の規定による破産手続廃止の決定が確定したとき.

3　再生計画認可の決定が確定したとき.

4　破産者が,破産手続開始の決定後,第265条の罪について有罪の確定判決を受けることなく10年を経過したとき.

③ 免責取消しの決定又は再生計画取消しの決定が確定したときは,第1項第1号又は第3号の規定による復権は,将来に向かってその効力を失う.

第14章　罰　則

（詐欺破産罪）

第265条　① 破産手続開始の前後を問わず,債権者を害する目的で,次の各号のいずれかに該当する行為をした者は,債務者（相続財産の破産にあっては相続財産,信託財産の破産にあっては信託財産. 次項において同じ.）について破産手続開始の決定が確定したときは,10年以下の拘禁刑若しくは1,000万円以下の罰金に処し,又はこれを併科する. 情を知って,第4号に掲げる行為の相手方となった者も,破産手続開始の決定が確定したときは,同様とする.

1　債務者の財産（相続財産の破産にあっては相続財産に属する財産,信託財産の破産にあっては信託財産に属する財産. 以下この条において同じ.）を隠匿し,又は損壊する行為

2　債務者の財産の譲渡又は債務の負担を仮装する行為

3　債務者の財産の現状を改変して,その価格を減損する行為

4　債務者の財産を債権者の不利益に処分し,又は債権者に不利益な債務を債務者が負担する行為

〔令4法68,施行3年内〕

74 民事再生法 (抄)

（平11·12·22法律第225号，平12·4·1施行，
最終改正：令5·6·14法律第53号）

第1章 総則

（目的）
第1条 この法律は，経済的に窮境にある債務者について，その債権者の多数の同意を得，かつ，裁判所の認可を受けた再生計画を定めること等により，当該債務者とその債権者との間の民事上の権利関係を適切に調整し，もって当該債務者の事業又は経済生活の再生を図ることを目的とする．

（定義）
第2条 この法律において，次の各号に掲げる用語の意義は，それぞれ当該各号に定めるところによる．
　1 再生債権者 経済的に窮境にある債務者であって，その者について，再生手続開始の申立てがされ，再生手続開始の決定がされ，又は再生計画が遂行されているものをいう．
　2 再生債務者等 管財人が選任されていない場合にあっては再生債務者，管財人が選任されている場合にあっては管財人をいう．
　3 再生計画 再生債務者の権利の全部又は一部を変更する条項その他の第154条に規定する条項を定めた計画をいう．
　4 再生手続 次章以下に定めるところにより，再生計画を定める手続をいう．

（再生事件の管轄）
第4条 ① この法律の規定による再生手続開始の申立ては，債務者が個人である場合には日本国内に営業所，住所，居所又は財産を有するときに限り，法人その他の社団又は財団である場合には日本国内に営業所，事務所又は財産を有するときに限り，することができる．

第5条 ① 再生事件は，再生債務者が，営業者であるときはその主たる営業所の所在地，営業者で外国に主たる営業所を有するものであるときは日本におけるその主たる営業所の所在地，営業者でないとき又は営業者であっても営業所を有しないときはその普通裁判籍の所在地を管轄する地方裁判所が管轄する．

（専属管轄）
第6条 この法律に規定する裁判所の管轄は，専属とする．

第2章 再生手続の開始

第1節 再生手続開始の申立て
（再生手続開始の申立て）
第21条 ① 債務者に破産手続開始の原因となる事実の生ずるおそれがあるときは，債務者は，裁判所に対し，再生手続開始の申立てをすることができる．債務者が事業の継続に著しい支障を来すことなく弁済期にある債務を弁済することができないときも，同様とする．
② 前項前段に規定する場合には，債権者も，再生手続開始の申立てをすることができる．

（疎明）
第23条 ① 再生手続開始の申立てをするときは，再生手続開始の原因となる事実を疎明しなければならない．

（他の手続の中止命令等）
第26条 ① 裁判所は，再生手続開始の申立てがあった場合において，必要があると認めるときは，利害関係人の申立てにより又は職権で，再生手続開始の申立てにつき決定があるまでの間，次に掲げる手続又は処分の中止を命ずることができる．

（再生債権に基づく強制執行等の包括的禁止命令）
第27条 ① 裁判所は，再生手続開始の申立てがあった場合において，前条第1項の規定による中止の命令によっては再生手続開始の目的を十分に達成することができないおそれがあると認めるべき特別の事情があるときは，利害関係人の申立てにより又は職権で，再生手続開始の申立てにつき決定があるまでの間，全ての再生債権者に対し，再生債務者の財産に対する再生債権に基づく強制執行等及び再生債権に基づく外国租税滞納処分の禁止を命ずることができる．ただし，事前に又は同時に，再生債務者の主要な財産に関し第30条第1項の規定による保全処分をした場合又は第54条第1項の規定若しくは第79条第1項の規定による処分をした場合に限る．

（仮差押え，仮処分その他の保全処分）
第30条 ① 裁判所は，再生手続開始の申立てがあった場合には，利害関係人の申立てにより又は職権で，再生手続開始の申立てにつき決定があるまでの間，再生債務者の業務及び財産に関し，仮差押え，仮処分その他の必要な保全処分を命ずることができる．

（担保権の実行手続の中止命令）
第31条 ① 裁判所は，再生手続開始の申立てがあった場合において，再生債権者の一般の利益に適合し，かつ，競売申立人に不当な損害を及ぼすおそれがないものと認めるときは，利害関係人の申立てにより又は職権で，相当の期間を定めて，第53条第1項に規定する再生債務者の財産につき存する担保権の実行手続の中止を命ずることができる．ただし，その担保権によって担保される債権が共益債権又は一般優先債権であるときは，この限りでない．

第2節 再生手続開始の決定
（再生手続開始の決定）
第33条 ① 裁判所は，第21条に規定する要件を満たす再生手続開始の申立てがあったときは，第25条の規定によりこれを棄却する場合を除き，再生手続開始の決定をする．
② 前項の決定は，その決定の時から，効力を生ずる．

（再生手続開始と同時に定めるべき事項）
第34条 ① 裁判所は，再生手続開始の決定と同時に，再生債権の届出をすべき期間及び再生債権の調査をするための期間を定めなければならない．

（再生債務者の地位）
第38条 ① 再生債務者は，再生手続が開始された後も，その業務を遂行し，又はその財産（日本国内にあるかどうかを問わない．第66条及び第81条第1項において同じ．）を管理し，若しくは処分する権利を有する．
② 再生手続が開始された場合には，再生債務者は，債権者に対し，公平かつ誠実に，前項の権利を行使し，再生手続を追行する義務を負う．
③ 前2項の規定は，第64条第1項の規定による処分がされた場合には，適用しない．

（他の手続の中止等）

第39条①　再生手続開始の決定があったときは,破産手続開始,再生手続開始若しくは特別清算開始の申立て,再生債務者の財産に対する再生債権に基づく強制執行等若しくは再生債権に基づく外国租税滞納処分又は再生債権に基づく財産開示手続若しくは第三者からの情報取得手続の申立てはすることができず,破産手続,再生債務者の財産に対して既にされている再生債権に基づく強制執行等の手続及び再生債権に基づく外国租税滞納処分並びに再生債権に基づく財産開示手続及び第三者からの情報取得手続は中止し,特別清算手続はその効力を失う.

（訴訟手続の中断等）

第40条①　再生手続開始の決定があったときは,再生債務者の財産関係の訴訟手続のうち再生債権に関するものは,中断する.

②　前項に規定する訴訟手続について,第107条第1項,第109条第2項（第113条第2項後段において準用する場合を含む.）又は第213条第5項（第219条第2項において準用する場合を含む.）の規定による受継があるまでに再生手続が終了したときは,再生債務者は,当然訴訟手続を受継する.

（債権者代位訴訟等の取扱い）

第40条の2（破産法45条と同旨）

（再生債務者等の行為の制限）

第41条①　裁判所は,再生手続開始後において,必要があると認めるときは,再生債務者等が次に掲げる行為をするには裁判所の許可を得なければならないものとすることができる.

1　財産の処分
2　財産の譲受け
3　借財
4　第49条第1項の規定による契約の解除
5　訴えの提起
6　和解又は仲裁合意（仲裁法（平成15年法律第138号）第2条第1項に規定する仲裁合意をいう.）
7　権利の放棄
8　共益債権,一般優先債権又は第52条に規定する取戻権の承認
9　別除権の目的である財産の受戻し
10　その他裁判所の指定する行為

②　前項の許可を得ないでした行為は,無効とする.ただし,これをもって善意の第三者に対抗することができない.

（営業等の譲渡）

第42条①　再生手続開始後において,再生債務者等が次に掲げる行為をするには,裁判所の許可を得なければならない.この場合において,裁判所は,当該再生債務者の事業の再生のために必要であると認める場合に限り,許可をすることができる.

1　再生債務者の営業又は事業の全部又は重要な一部の譲渡

（開始後の権利取得）

第44条（破産法48条と同旨）

（双務契約）

第49条①　双務契約について再生債務者及びその相手方が再生手続開始の時において共にまだその履行を完了していないときは,再生債務者等は,契約の解除をし,又は再生債務者の債務を履行して相手方の債務の履行を請求することができる.

④　第1項の規定により再生債務者の債務の履行を請求

する場合において,相手方が有する請求権は,共益債権とする.

⑤　破産法第54条の規定は,第1項の規定による契約の解除があった場合について準用する.この場合において,同条第1項中「破産債権者」とあるのは「再生債権者」と,同条第2項中「破産者」とあるのは「再生債務者」と,「破産財団」とあるのは「再生債務者財産」と,「財団債権者」とあるのは「共益債権者」と読み替えるものとする.

（取戻権）

第52条（破産法62条と同旨）

（別除権）

第53条①　再生手続開始の時において再生債務者の財産につき存する担保権（特別の先取特権,質権,抵当権又は商法若しくは会社法の規定による留置権をいう.第3項において同じ.）を有する者は,その目的である財産について,別除権を有する.

②　別除権は,再生手続によらないで,行使することができる.

第3章　再生手続の機関

第1節　監督委員

（監督命令）

第54条①　裁判所は,再生手続開始の申立てがあった場合において,必要があると認めるときは,利害関係人の申立てにより又は職権で,監督委員による監督を命ずる処分をすることができる.

②　裁判所は,前項の処分（以下「監督命令」という.）をする場合には,当該監督命令において,1人又は数人の監督委員を選任し,かつ,その同意を得なければ再生債務者がすることができない行為を指定しなければならない.

③　法人は,監督委員となることができる.

第2節　調査委員

（調査命令）

第62条①　裁判所は,再生手続開始の申立てがあった場合において,必要があると認めるときは,利害関係人の申立てにより又は職権で,調査委員による調査を命ずる処分をすることができる.

②　裁判所は,前項の処分（以下「調査命令」という.）をする場合には,当該調査命令において,1人又は数人の調査委員を選任し,かつ,調査委員が調査すべき事項及び裁判所に対して調査の結果の報告をすべき期間を定めなければならない.

第3節　管財人

（管理命令）

第64条①　裁判所は,再生債務者（法人である場合に限る.以下この項において同じ.）の財産の管理又は処分が失当であるとき,その他再生債務者の事業の再生のために特に必要があると認めるときは,利害関係人の申立てにより又は職権で,再生手続の開始の決定と同時に又はその決定後,再生債務者の業務及び財産に関し,管財人による管理を命ずる処分をすることができる.

②　裁判所は,前項の処分（以下「管理命令」という.）をする場合には,当該管理命令において,1人又は数人の管財人を選任しなければならない.

（管財人の権限）

第66条　管理命令が発せられた場合には,再生債務者の業務の遂行並びに財産の管理及び処分をする権利は,裁判所が選任した管財人に専属する.

第4節　保全管理人
（保全管理命令）
第79条　① 裁判所は、再生手続開始の申立てがあった場合において、再生債務者（法人である場合に限る。以下この節において同じ。）の財産の管理又は処分が失当であるとき、その他再生債務者の事業の継続のために特に必要があると認めるときは、利害関係人の申立てにより又は職権で、再生手続開始の申立てにつき決定があるまでの間、再生債務者の業務及び財産に関し、保全管理人による管理を命ずる処分をすることができる。この場合においては、第64条第3項の規定を準用する。

② 裁判所は、前項の処分（以下「保全管理命令」という。）をする場合には、当該保全管理命令において、1人又は数人の保全管理人を選任しなければならない。

第4章　再生債権

第1節　再生債権者の権利
（再生債権となる請求権）
第84条　① 再生債務者に対し再生手続開始前の原因に基づいて生じた財産上の請求権（共益債権又は一般優先債権であるものを除く。次項において同じ。）は、再生債権とする。

② 次に掲げる請求権も、再生債権とする。
1　再生手続開始後の利息の請求権
2　再生手続開始後の不履行による損害賠償及び違約金の請求権
3　再生手続参加の費用の請求権

（再生債権の弁済の禁止）
第85条　① 再生債権については、再生手続開始後は、この法律に特別の定めがある場合を除き、再生計画の定めるところによらなければ、弁済をし、弁済を受け、その他これを消滅させる行為（免除を除く。）をすることができない。

② 再生債務者を主要な取引先とする中小企業者が、その有する再生債権の弁済を受けなければ、事業の継続に著しい支障を来すおそれがあるときは、裁判所は、再生計画認可の決定が確定する前でも、再生債務者等の申立てにより又は職権で、その全部又は一部の弁済をすることを許可することができる。

⑤ 少額の再生債権を早期に弁済することにより再生手続を円滑に進行することができるとき、又は少額の再生債権を早期に弁済しなければ再生債務者の事業の継続に著しい支障を来すときは、裁判所は、再生計画認可の決定が確定する前でも、再生債務者等の申立てにより、その弁済をすることを許可することができる。

（再生債権者の手続参加）
第86条　① 再生債権者は、その有する再生債権をもって再生手続に参加することができる。

（別除権者の手続参加）
第88条　別除権者は、当該別除権に係る第53条第1項に規定する担保権によって担保される債権については、その別除権の行使によって弁済を受けることができない債権の部分についてのみ、再生債権者として、その権利を行うことができる。ただし、当該担保権によって担保される債権の全部又は一部が再生手続開始後に担保されないこととなった場合には、その債権の当該全部又は一部について、再生債権者として、その権利を行うことを妨げない。

（相殺権）
第92条　① 再生債権者が再生手続開始当時再生債務者に対して債務を負担する場合において、債権及び債務の双方が第94条第1項に規定する債権届出期間の満了前に相殺に適するようになったときは、再生債権者は、当該債権届出期間内に限り、再生計画の定めるところによらないで、相殺をすることができる。債務が期限付であるときも、同様とする。

② 再生債権者が再生手続開始当時再生債務者に対して負担する債務が賃料債務である場合には、再生債権者は、再生手続開始後にその弁済期が到来すべき賃料債務（前項の債権届出期間の満了後にその弁済期が到来すべきものを含む。次項において同じ。）については、再生手続開始の時における賃料の6月分に相当する額を限度として、前項の債権届出期間内に限り、再生計画の定めるところによらないで、相殺をすることができる。

③ 前項に規定する場合において、再生債権者が、再生手続開始後にその弁済期が到来すべき賃料債務について、再生手続開始後の弁済期に弁済をしたときは、再生債権者が有する敷金の返還請求権は、再生手続開始の時における賃料の6月分に相当する額（同項の規定により相殺をする場合には、相殺により免れる賃料債務の額を控除した額）の範囲内におけるその弁済額を限度として、共益債権とする。

（相殺の禁止）
第93条　（破産法71条と同旨）
第93条の2　（破産法72条と同旨）

第2節　再生債権の届出
（届　出）
第94条　① 再生手続に参加しようとする再生債権者は、第34条第1項の規定により定められた再生債権の届出をすべき期間（以下「債権届出期間」という。）内に、各債権について、その内容及び原因、約定劣後再生債権であるときはその旨、議決権の額その他最高裁判所規則で定める事項を裁判所に届け出なければならない。

② 別除権者は、前項に規定する事項のほか、別除権の目的である財産及び別除権の行使によって弁済を受けることができないと見込まれる債権の額を届け出なければならない。

第3節　再生債権の調査及び確定
（再生債権の調査）
第100条　裁判所による再生債権の調査は、前条第2項に規定する事項について、再生債務者等が作成した認否書並びに再生債権者及び再生債務者（管財人が選任されている場合に限る。）の書面による異議に基づいてする。

（再生債権の調査の結果）
第104条　① 再生債権の調査において、再生債務者等が認め、かつ、調査期間内に届出再生債権者の異議がなかったときは、その再生債権の内容又は議決権の額（第101条第3項の規定により認否書に記載された再生債権にあっては、その内容）は、確定する。

③ 第1項の規定により確定した再生債権については、電子再生債権者表の記録は、再生債権者の全員に対して確定判決と同一の効力を有する。

〔令5法53. 施行5年内〕

第5章　共益債権，一般優先債権及び開始後債権

（共益債権となる請求権）
第119条　次に掲げる請求権は，共益債権とする．
1　再生債権者の共同の利益のためにする裁判上の費用の請求権
2　再生手続開始後の再生債務者の業務，生活並びに財産の管理及び処分に関する費用の請求権
3　再生計画の遂行に関する費用の請求権（再生手続終了後に生じたものを除く．）
4　第61条第1項（第63条，第78条及び第83条第1項において準用する場合を含む．），第90条の2第5項，第91条第1項，第112条，第117条第4項及び第223条第9項（第244条において準用する場合を含む．）の規定により支払うべき費用，報酬及び報償金の請求権
5　再生債務者財産に関し再生債務者等が再生手続開始後にした資金の借入れその他の行為によって生じた請求権
6　事務管理又は不当利得により再生手続開始後に再生債務者に対して生じた請求権
7　再生債務者のために支出すべきやむを得ない費用の請求権で，再生手続開始後に生じたもの（前各号に掲げるものを除く．）
（共益債権の取扱い）
第121条　①　共益債権は，再生手続によらないで，随時弁済する．
②　共益債権は，再生債権に先立って，弁済する．
（一般優先債権）
第122条　①　一般の先取特権その他一般の優先権がある債権（共益債権であるものを除く．）は，一般優先債権とする．
②　一般優先債権は，再生手続によらないで，随時弁済する．

第6章　再生債務者の財産の調査及び確保

第1節　再生債務者の財産状況の調査
（財産の価額の評定等）
第124条　①　再生債務者等は，再生手続開始後（管財人については，その就職の後）遅滞なく，再生債務者に属する一切の財産につき再生手続開始の時における価額を評定しなければならない．
第2節　否認権
（再生債権者を害する行為の否認）
第127条　①　次に掲げる行為（担保の供与又は債務の消滅に関する行為を除く．）は，再生手続開始後，再生債務者財産のために否認することができる．
1　再生債務者が再生債権者を害することを知ってした行為．ただし，これによって利益を受けた者が，その行為の当時，再生債権者を害することを知らなかったときは，この限りでない．
2　再生債務者が支払の停止又は再生手続開始，破産手続開始若しくは特別清算開始の申立て（以下この節において「支払の停止等」という．）があった後にした再生債権者を害する行為．ただし，これによって利益を受けた者が，その行為の当時，支払の停止等があったこと及び再生債権者を害することを知らなかったときは，この限りでない．
②　再生債務者がした債務の消滅に関する行為で

あって，債権者の受けた給付の価額が当該行為によって消滅した債務の額より過大であるものは，前項各号に掲げる要件のいずれかに該当するときは，再生手続開始後，その消滅した債務の額に相当する部分以外の部分に限り，再生債務者財産のために否認することができる．
③　再生債務者が支払の停止等があった後又はその前6月以内にした無償行為及びこれと同視すべき有償行為は，再生手続開始後，再生債務者財産のために否認することができる．
（相当の対価を得てした財産の処分行為の否認）
第127条の2　（破産法161条と同旨）
（否認権の行使）
第135条　①　否認権は，訴え又は否認の請求によって，否認権限を有する監督委員又は管財人が行う．
③　第1項に規定する方法によるほか，管財人は，抗弁によっても，否認を行うことができる．
第4節　担保権の消滅
（担保権消滅の許可等）
第148条　①　再生手続開始の時において再生債務者の財産につき第53条第1項に規定する担保権（以下この条，次条及び第152条において「担保権」という．）が存する場合において，当該財産が再生債務者の事業の継続に欠くことのできないものであるときは，再生債務者等は，裁判所に対し，当該財産の価額に相当する金銭を裁判所に納付して当該財産につき存するすべての担保権を消滅させることについての許可の申立てをすることができる．

第7章　再生計画

第1節　再生計画の条項
（再生計画の条項）
第154条　①　再生計画においては，次に掲げる事項に関する条項を定めなければならない．
1　全部又は一部の再生債権者の権利の変更
2　共益債権及び一般優先債権の弁済
3　知れている開始後債権があるときは，その内容
（再生計画による権利の変更）
第155条　①　再生計画による権利の変更の内容は，再生債権者の間では平等でなければならない．ただし，不利益を受ける再生債権者の同意がある場合又は少額の再生債権若しくは第84条第2項に掲げる請求権について別段の定めをし，その他これらの者の間に差を設けても衡平を害しない場合は，この限りでない．
第3節　再生計画案の決議
（決議に付する旨の決定）
第169条　①　再生計画案の提出があったときは，裁判所は，次の各号のいずれかに該当する場合を除き，当該再生計画案を決議に付する旨の決定をする．
1　一般調査期間が終了していないとき．
2　財産状況報告集会における再生債務者等による報告又は第125条第1項の報告書の提出がないとき．
3　裁判所が再生計画案について第174条第2項各号（第3号を除く．）に掲げる要件のいずれかに該当するものと認めるとき．
4　第191条第2号の規定により再生手続を廃止するとき．
第4節　再生計画の認可等
（再生計画の認可又は不認可の決定）
第174条　①　再生計画案が可決された場合には，裁

判所は,次項の場合を除き,再生計画認可の決定をする.

② 裁判所は,次の各号のいずれかに該当する場合には,再生計画不認可の決定をする.

1 再生手続又は再生計画が法律の規定に違反し,かつ,その不備を補正することができないものであるとき.ただし,再生手続が法律の規定に違反する場合において,当該違反の程度が軽微であるときは,この限りでない.

2 再生計画が遂行される見込みがないとき.

3 再生計画の決議が不正の方法によって成立するに至ったとき.

4 再生計画の決議が再生債権者の一般の利益に反するとき.

(再生計画の効力発生の時期)

第176条 再生計画は,認可の決定の確定により,効力を生ずる.

(再生計画の効力範囲)

第177条 ① 再生計画は,再生債務者,すべての再生債権者及び再生のために債務を負担し,又は担保を提供する者のために,かつ,それらの者に対して効力を有する.

② 再生計画は,別除権者が有する第53条第1項に規定する担保権,再生債権者が再生債務者の保証人その他再生債務者と共に債務を負担する者に対して有する権利及び再生債務者以外の者が再生債権者のために提供した担保に影響を及ぼさない.

(再生債権の免責)

第178条 ① 再生計画認可の決定が確定したときは,再生計画の定め又はこの法律の規定によって認められた権利を除き,再生債務者は,すべての再生債権について,その責任を免れる.ただし,再生手続開始前の罰金等については,この限りでない.

(届出再生債権者等の権利の変更)

第179条 ① 再生計画認可の決定が確定したときは,届出再生債権者及び第101条第3項の規定により認否書に記載された再生債権を有する再生債権者の権利は,再生計画の定めに従い,変更される.

② 前項に規定する再生債権者は,その有する債権が確定している場合に限り,再生計画の定めによって認められた権利を行使することができる.

(中止した手続等の失効)

第184条 再生計画認可の決定が確定したときは,第39条第1項の規定により中止した手続又は処分は,その効力を失う.ただし,同条第2項の規定により続行された手続又は処分については,この限りでない.

第8章　再生計画認可後の手続

(再生計画の遂行)

第186条 ① 再生計画認可の決定が確定したときは,再生債務者等は,速やかに,再生計画を遂行しなければならない.

② 前項に規定する場合において,監督委員が選任されているときは,当該監督委員は,再生債務者の再生計画の遂行を監督する.

(再生手続の終結)

第188条 ① 裁判所は,再生計画認可の決定が確定したときは,監督委員又は管財人が選任されている場合を除き,再生手続終結の決定をしなければならない.

② 裁判所は,監督委員が選任されている場合において,再生計画が遂行されたとき又は再生計画認可の決定が確定した後3年を経過したときは,再生債務者若しくは監督委員の申立てにより又は職権で,再生手続終結の決定をしなければならない.

③ 裁判所は,管財人が選任されている場合において,再生計画が遂行されたとき,又は再生計画が遂行されることが確実であると認めるに至ったときは,再生債務者若しくは管財人の申立てにより又は職権で,再生手続終結の決定をしなければならない.

第10章　住宅資金貸付債権に関する特則

(定　義)

第196条 この章,第12章及び第13章において,次の各号に掲げる用語の意義は,それぞれ当該各号に定めるところによる.

1 住宅 個人である再生債務者が所有し,自己の居住の用に供する建物であって,その床面積の2分の1以上に相当する部分が専ら自己の居住の用に供されるものをいう.ただし,当該建物が二以上ある場合には,これらの建物のうち,再生債務者が主として居住の用に供する一の建物に限る.

2 住宅の敷地 住宅の用に供されている土地又は当該土地に設定されている地上権をいう.

3 住宅資金貸付債権 住宅の建設若しくは購入に必要な資金(住宅の用に供する土地又は借地権の取得に必要な資金を含む.)又は住宅の改良に必要な資金の貸付けに係る分割払の定めのある再生債権であって,当該債権又は当該債権に係る債務の保証人(保証を業とする者に限る.以下「保証会社」という.)の主たる債務者に対する求償権を担保するための抵当権が住宅に設定されているものをいう.

4 住宅資金特別条項 住宅資金貸付債権の有する住宅資金貸付債権の全部又は一部を,第199条第1項から第4項までの規定するところにより変更する再生計画の条項をいう.

5 住宅資金貸付契約 住宅資金貸付債権に係る資金の貸付契約をいう.

(抵当権の実行手続の中止命令等)

第197条 ① 裁判所は,再生手続開始の申立てがあった場合において,住宅資金特別条項を定めた再生計画の認可の見込みがあると認めるときは,再生債務者の申立てにより,相当の期間を定めて,住宅又は再生債務者が有する住宅の敷地に設定されている前条第3号に規定する抵当権の実行手続の中止を命ずることができる.

② 第31条第2項から第6項までの規定は,前項の規定による中止の命令について準用する.

③ 裁判所は,再生債務者が再生手続開始後に住宅資金貸付債権の一部を弁済しなければ住宅資金貸付契約の定めにより当該住宅資金貸付債権の全部又は一部について期限の利益を喪失することとなる場合において,住宅資金特別条項を定めた再生計画の認可の見込みがあると認めるときは,再生計画認可の決定が確定する前でも,再生債務者の申立てにより,その弁済をすることを許可することができる.

(住宅資金特別条項を定めることができる場合等)

第198条 ① 住宅資金貸付債権(民法第499条の規定により住宅資金貸付債権を有する者に代位した再生債権者(弁済をするについて正当な利益を有

していた者に限る．）が当該代位により有するもの
を除く．）については，再生計画において，住宅資金
特別条項を定めることができる．ただし，住宅の上
に第53条第1項に規定する担保権（第196条第3
号に規定する抵当権を除く．）が存するとき，又は
住宅以外の不動産にも同号に規定する抵当権が設
定されている場合において当該不動産の上に同項
に規定する担保権で当該抵当権に後れるものが存
するときは，この限りでない．

第13章　小規模個人再生及び給与所得者等再生に関する特則

第1節　小規模個人再生

（手続開始の要件等）

第221条　① 個人である債務者のうち，将来におい
て継続的に又は反復して収入を得る見込みがあり，
かつ，再生債権の総額（住宅資金貸付債権の額，別
除権の行使によって弁済を受けることができると
見込まれる再生債権の額及び再生手続開始前の罰
金等の額を除く．）が5,000万円を超えないものは，
この節に規定する特則の適用を受ける再生手続
（以下「小規模個人再生」という．）を行うことを
求めることができる．

第2節　給与所得者等再生

（手続開始の要件等）

第239条　① 第221条第1項に規定する債務者のうち，
給与又はこれに類する定期的な収入を得る見込
みがある者であって，かつ，その額の変動の幅が小
さいと見込まれるものは，この節に規定する特則の
適用を受ける再生手続（以下「給与所得者等再生」
という．）を行うことを求めることができる．

第14章　再生手続と破産手続との間の移行

第1節　破産手続から再生手続への移行

（破産管財人による再生手続開始の申立て）

第246条　① 破産管財人は，破産者に再生手続開始
の原因となる事実があるときは，裁判所（破産事件
を取り扱う1人の裁判官又は裁判官の合議体をい
う．以下この条において同じ．）の許可を得て，当
該破産者について再生手続開始の申立てをするこ
とができる．

第2節　再生手続から破産手続への移行

（再生手続終了前の破産手続開始の申立て等）

第249条　① 再生手続開始前の再生債務者について
再生手続開始の決定の取消し，再生手続廃止若しく
は再生計画不認可の決定又は再生計画取消しの決
定（再生手続の終了前にされた申立てに基づくも
のに限る．以下この条において同じ．）があった場
合には，第39条第1項の規定にかかわらず，当該決
定の確定前においても，再生裁判所に当該再生債務
者についての破産手続開始の申立てをすることが
できる．破産手続開始後の再生債務者について再
生計画認可の決定の確定により破産手続が効力を
失った後に第193条若しくは第194条の規定によ
る再生手続廃止又は再生計画取消しの決定があっ
た場合も，同様とする．

（再生手続の終了に伴う職権による破産手続開始の決定）

第250条　① 破産手続開始前の再生債務者について
再生手続開始の申立ての棄却，再生手続廃止，再生
計画不認可又は再生計画取消しの決定が確定した
場合において，裁判所は，当該再生債務者に破産手
続開始の原因となる事実があると認めるときは，職
権で，破産法に従い，破産手続開始の決定をするこ
とができる．

V 刑 事 法

75 刑 法

（明40・4・24法律第45号,明41・10・1施行,
最終改正：令5・6・23法律第66号）

［目 次］
第1編 総則
　第1章 通則（第1条-第8条）
　第2章 刑（第9条-第21条）
　第3章 期間計算（第22条-第24条）
　第4章 刑の執行猶予（第25条-第27条の7）
　第5章 仮釈放（第28条-第30条）
　第6章 刑の時効及び刑の消滅（第31条-第34条の2）
　第7章 犯罪の不成立及び刑の減免（第35条-第42条）
　第8章 未遂罪（第43条-第44条）
　第9章 併合罪（第45条-第55条）
　第10章 累 犯（第56条-第59条）
　第11章 共 犯（第60条-第65条）
　第12章 酌量減軽（第66条・第67条）
　第13章 加重減軽の方法（第68条-第72条）
第2編 罪
　第1章 削除［皇室に対する罪］（73条-76条）
　第2章 内乱に関する罪（第77条-第80条）
　第3章 外患に関する罪（第81条-第89条）
　第4章 国交に関する罪（第90条-第94条）
　第5章 公務の執行を妨害する罪（第95条-第96条の6）
　第6章 逃走の罪（第97条-第102条）
　第7章 犯人蔵匿及び証拠隠滅の罪（第103条-第105条の2）
　第8章 騒乱の罪（第106条・第107条）
　第9章 放火及び失火の罪（第108条-第118条）
　第10章 出水及び水利に関する罪（第119条-第123条）
　第11章 往来を妨害する罪（第124条-第129条）
　第12章 住居を侵す罪（第130条-第132条）
　第13章 秘密を侵す罪（第133条-第135条）
　第14章 あへん煙に関する罪（第136条-第141条）
　第15章 飲料水に関する罪（第142条-第147条）
　第16章 通貨偽造の罪（第148条-第153条）
　第17章 文書偽造の罪（第154条-第161条の2）
　第18章 有価証券偽造の罪（第162条-第163条）
　第18章の2 支払用カード電磁的記録に関する罪（第163条の2-第163条の5）
　第19章 印章偽造の罪（第164条-第168条）
　第19章の2 不正指令電磁的記録に関する罪（第168条の2-第168条の3）
　第20章 偽証の罪（第169条-第171条）
　第21章 虚偽告訴の罪（第172条-第173条）
　第22章 わいせつ,不同意性交等及び重婚の罪（第174条-第184条）
　第23章 賭博及び富くじに関する罪（第185条-第187条）
　第24章 礼拝所及び墳墓に関する罪（第188条-第192条）
　第25章 汚職の罪（第193条-第198条）
　第26章 殺人の罪（第199条-第203条）
　第27章 傷害の罪（第204条-第208条の2）
　第28章 過失傷害の罪（第209条-第211条）
　第29章 堕胎の罪（第212条-第216条）
　第30章 遺棄の罪（第217条-第219条）
　第31章 逮捕及び監禁の罪（第220条・第221条）
　第32章 脅迫の罪（第222条-第223条）
　第33章 略取,誘拐及び人身売買の罪（第224条-第229条）
　第34章 名誉に対する罪（第230条-第232条）
　第35章 信用及び業務に対する罪（第233条-第234条の2）
　第36章 窃盗及び強盗の罪（第235条-第245条）
　第37章 詐欺及び恐喝の罪（第246条-第251条）
　第38章 横領の罪（第252条-第255条）
　第39章 盗品等に関する罪（第256条・第257条）

◆ 第1編 総 則 ◆

第1章 通 則

（国内犯）

第1条 ① この法律は,日本国内において罪を犯したすべての者に適用する.

② 日本国外にある日本船舶又は日本航空機内において罪を犯した者についても,前項と同様とする.

（すべての者の国外犯）

第2条 この法律は,日本国外において次に掲げる罪を犯したすべての者に適用する.

1 削除

2 第77条から第79条まで（内乱,予備及び陰謀,内乱等幇助）の罪

3 第81条（外患誘致）,第82条（外患援助）,第87条（未遂罪）及び第88条（予備及び陰謀）の罪

4 第148条（通貨偽造及び行使等）の罪及びその未遂罪

5 第154条（詔書偽造等）,第155条（公文書偽造等）,第157条（公正証書原本不実記載等）,第158条（偽造公文書行使等）及び公務所又は公務員によって作られるべき電磁的記録に係る第161条の2（電磁的記録不正作出及び供用）の罪

6 第162条（有価証券偽造等）及び第163条（偽造有価証券行使等）の罪

7 第163条の2から第163条の5まで（支払用カード電磁的記録不正作出等,不正電磁的記録カード所持,支払用カード電磁的記録不正作出準備,未遂罪）の罪

8 第164条から第166条まで（御璽偽造及び不正使用等,公印偽造及び不正使用等,公記号偽造及び不正使用等）の罪並びに第164条第2項,第165条第2項及び第166条第2項の罪の未遂罪

（国民の国外犯）

第3条 この法律は,日本国外において次に掲げる罪を犯した日本国民に適用する.

1 第108条（現住建造物等放火）及び第109条第1項（非現住建造物等放火）の罪,これらの規定の例により処断すべき罪並びにこれらの罪の未遂罪

2 第119条（現住建造物等浸害）の罪

3 第159条から第161条まで（私文書偽造等,虚偽診断書等作成,偽造私文書等行使）及び前条第5号に規定する電磁的記録以外の電磁的記録に係る第161条の2の罪

4　第167条（私印偽造及び不正使用等）の罪及び同条第2項の罪の未遂罪

5　第176条，第177条及び第179条から第181条まで（不同意わいせつ，不同意性交等，監護者わいせつ及び監護者性交等，未遂罪，不同意わいせつ等致死傷）並びに第184条（重婚）の罪

6　第198条（贈賄）の罪

7　第199条（殺人）の罪及びその未遂罪

8　第204条（傷害）及び第205条（傷害致死）の罪

9　第214条から第216条まで（業務上堕胎及び同致死傷，不同意堕胎，不同意堕胎致死傷）の罪

10　第218条（保護責任者遺棄等）の罪及び同条の罪に係る第219条（遺棄等致死傷）の罪

11　第220条（逮捕及び監禁）及び第221条（逮捕等致死傷）の罪

12　第224条から第228条まで（未成年者略取及び誘拐，営利目的等略取及び誘拐，身の代金目的略取等，所在国外移送目的略取及び誘拐，人身売買，被略取者等所在国外移送，被略取者引渡し等，未遂罪）の罪

13　第230条（名誉毀損）の罪

14　第235条から第236条まで（窃盗，不動産侵奪，強盗），第238条から第240条まで（事後強盗，昏酔強盗，強盗致死傷），第241条第1項及び第3項（強盗・不同意性交等及び同致死）並びに第243条（未遂罪）の罪

15　第246条から第250条まで（詐欺，電子計算機使用詐欺，背任，準詐欺，恐喝，未遂罪）の罪

16　第253条（業務上横領）の罪

17　第256条第2項（盗品譲受け等）の罪

（国民以外の者の国外犯）

第3条の2　この法律は，日本国外において日本国民に対して次に掲げる罪を犯した日本国民以外の者に適用する。

1　第176条，第177条及び第179条から第181条まで（不同意わいせつ，不同意性交等，監護者わいせつ及び監護者性交等，未遂罪，不同意わいせつ等致死傷）の罪

2　第199条（殺人）の罪及びその未遂罪

3　第204条（傷害）及び第205条（傷害致死）の罪

4　第220条（逮捕及び監禁）及び第221条（逮捕等致死傷）の罪

5　第224条から第228条まで（未成年者略取及び誘拐，営利目的等略取及び誘拐，身の代金目的略取等，所在国外移送目的略取及び誘拐，人身売買，被略取者等所在国外移送，被略取者引渡し等，未遂罪）の罪

6　第236条（強盗），第238条から第240条まで（事後強盗，昏酔強盗，強盗致死傷）並びに第241条第1項及び第3項（強盗・不同意性交等及び同致死）（同条第1項の罪を除く。）の未遂罪

（公務員の国外犯）

第4条　この法律は，日本国外において次に掲げる罪を犯した日本国の公務員に適用する。

1　第101条（看守者等による逃走援助）の罪及びその未遂罪

2　第156条（虚偽公文書作成等）の罪

3　第193条（公務員職権濫用），第195条第2項（特別公務員暴行陵虐）及び第197条から第197条の4まで（収賄，受託収賄及び事前収賄，第三者供賄，加重収賄及び事後収賄，あっせん収賄）の罪並びに第195条第2項の罪に係る第196条（特別公務員職権濫用等致死傷）の罪

（条約による国外犯）

第4条の2　第2条から前条までに規定するもののほか，この法律は，日本国外において，第2編の罪であって条約により日本国外において犯したときであっても罰すべきものとされているものを犯したすべての者に適用する。

（外国判決の効力）

第5条　外国において確定裁判を受けた者であっても，同一の行為について更に処罰することを妨げない。ただし，犯人が既に外国において言い渡された刑の全部又は一部の執行を受けたときは，刑の執行を減軽し，又は免除する。

（刑の変更）

第6条　犯罪後の法律によって刑の変更があったときは，その軽いものによる。

（定　義）

第7条　①　この法律において「公務員」とは，国又は地方公共団体の職員その他法令により公務に従事する議員，委員その他の職員をいう。
②　この法律において「公務所」とは，官公庁その他公務員が職務を行う所をいう。

第7条の2　この法律において「電磁的記録」とは，電子的方式，磁気的方式その他人の知覚によっては認識することができない方式で作られる記録であって，電子計算機による情報処理の用に供されるものをいう。

（他の法令の罪に対する適用）

第8条　この編の規定は，他の法令の罪についても，適用する。ただし，その法令に特別の規定があるときは，この限りでない。

第2章　刑

（刑の種類）

第9条　死刑, 拘禁刑, 罰金, 拘留及び科料を主刑とし, 没収を付加刑とする.
〔令4法67, 施行3年内〕

（刑の軽重）

第10条　① 主刑の軽重は, 前条に規定する順序による. <u>ただし, 無期の禁錮と有期の懲役とでは禁錮を重い刑とし, 有期の禁錮の長期が有期の懲役の長期の2倍を超えるときも, 禁錮を重い刑とする.</u>

② 同種の刑は, 長期の長いもの又は多額の多いものを重い刑とし, 長期又は多額が同じであるときは, 短期の長いもの又は寡額の多いものを重い刑とする.

③ 2個以上の死刑又は長期若しくは多額及び短期若しくは寡額が同じである同種の刑は, 犯情によってその軽重を定める.
〔令4法67, ＝箇所:削除, 施行3年内〕

（死刑）

第11条　① 死刑は, 刑事施設内において, 絞首して執行する.

② 死刑の言渡しを受けた者は, その執行に至るまで刑事施設に拘置する.

（拘禁刑）

第12条　① <u>拘禁刑は, 無期及び有期とし, 有期拘禁刑は, 1月以上20年以下とする.</u>

② <u>拘禁刑は, 刑事施設に拘置する.</u>

③ <u>拘禁刑に処せられた者には, 改善更生を図るため, 必要な作業を行わせ, 又は必要な指導を行うことができる.</u>〔令4法67, 施行3年内〕

第13条　<u>削除</u>〔令4法67, 施行3年内〕

（有期拘禁刑の加減の限度）

第14条　① <u>死刑又は無期拘禁刑を減軽して有期拘禁刑とする場合においては, その長期を30年とする.</u>

② <u>有期拘禁刑を加重する場合においては30年にまで上げることができ, これを減軽する場合においては1月未満に下げることができる.</u>
〔令4法67, 施行3年内〕

（罰金）

第15条　罰金は, 1万円以上とする. ただし, これを減軽する場合においては, 1万円未満に下げることができる.

（拘留）

第16条　① 拘留は, 1日以上30日未満とし, 刑事施設に拘置する.

② <u>拘留に処せられた者には, 改善更生を図るため, 必要な作業を行わせ, 又は必要な指導を行うことができる.</u>〔令4法67, 施行3年内〕

（科料）

第17条　科料は, 1,000円以上1万円未満とする.

（労役場留置）

第18条　① 罰金を完納することができない者は, 1日以上2年以下の期間, 労役場に留置する.

② 科料を完納することができない者は, 1日以上30日以下の期間, 労役場に留置する.

③ 罰金を併科した場合又は罰金と科料とを併科した場合における留置の期間は, 3年を超えることができない. 科料を併科した場合における留置の期間は, 60日を超えることができない.

④ 罰金又は科料の言渡しをするときは, その言渡しとともに, 罰金又は科料を完納することができない場合における留置の期間を定めて言い渡さなければならない.

⑤ 罰金については裁判が確定した後30日以内, 科料については裁判が確定した後10日以内は, 本人の承諾がなければ留置の執行をすることができない.

⑥ 罰金又は科料の一部を納付した者についての留置の日数は, その残額を留置1日の割合に相当する金額で除して得た日数（その日数に1日未満の端数を生じるときは, これを1日とする.）とする.

（没収）

第19条　① 次に掲げる物は, 没収することができる.

1　犯罪行為を組成した物

2　犯罪行為の用に供し, 又は供しようとした物

3　犯罪行為によって生じ, 若しくはこれによって得た物又は犯罪行為の報酬として得た物

4　前号に掲げる物の対価として得た物

② 没収は, 犯人以外の者に属しない物に限り, これをすることができる. ただし, 犯人以外の者に属する物であっても, 犯罪の後にその者が情を知って取得したものであるときは, これを没収することができる.

（追徴）

第19条の2　前条第1項第3号又は第4号に掲げる物の全部又は一部を没収することができないときは, その価額を追徴することができる.

（没収の制限）

第20条　拘留又は科料のみに当たる罪については, 特別の規定がなければ, 没収を科することができない. ただし, 第19条第1項第1号に掲げる物の没収については, この限りでない.

（未決勾留日数の本刑算入）

第21条　未決勾留の日数は, その全部又は一部を本刑に算入することができる.

第3章　期間計算

（期間の計算）

第22条　月又は年によって期間を定めたとき

は, 暦に従って計算する.

（刑期の計算）

第23条 ① 刑期は, 裁判が確定した日から起算する.

② 拘禁されていない日数は, 裁判が確定した後であっても, 刑期に算入しない.

（受刑等の初日及び釈放）

第24条 ① 受刑の初日は, 時間にかかわらず, 1日として計算する. 時効期間の初日についても, 同様とする.

② 刑期が終了した場合における釈放は, その終了の日の翌日に行う.

第4章　刑の執行猶予

（刑の全部の執行猶予）

第25条 ① 次に掲げる者が3年以下の拘禁刑又は50万円以下の罰金の言渡しを受けたときは, 情状により, 裁判が確定した日から1年以上5年以下の期間, その刑の全部の執行を猶予することができる.

1 前に拘禁刑以上の刑に処せられたことがない者

2 前に拘禁刑以上の刑に処せられたことがあっても, その執行を終わった日又はその執行の免除を得た日から5年以内に拘禁刑以上の刑に処せられたことがない者

② 前に拘禁刑に処せられたことがあってもその刑の全部の執行を猶予された者が2年以下の拘禁刑の言渡しを受け, 情状に特に酌量すべきものがあるときも, 前項と同様とする. ただし, この項本文の規定により刑の全部の執行を猶予されて, 次条第1項の規定により保護観察に付せられ, その期間内に更に罪を犯した者については, この限りでない.

〔令4法67, 施行3年内〕

（刑の全部の執行猶予中の保護観察）

第25条の2 ① 前条第1項の場合においては猶予の期間中保護観察に付することができ, 同条第2項の場合においては猶予の期間中保護観察に付する.

② 前項の規定により付せられた保護観察は, 行政官庁の処分によって仮に解除することができる.

③ 前項の規定により保護観察を仮に解除されたときは, 前条第2項ただし書及び第26条の2第2号の規定の適用については, その処分を取り消されるまでの間は, 保護観察に付せられなかったものとみなす.

（刑の全部の執行猶予の必要的取消し）

第26条 次に掲げる場合においては, 刑の全部の執行猶予の言渡しを取り消さなければな

らない. ただし, 第3号の場合において, 猶予の言渡しを受けた者が第25条第1項第2号に掲げる者であるとき, 又は次条第3号に該当するときは, この限りでない.

1 猶予の期間内に更に罪を犯して拘禁刑以上の刑に処せられ, その刑の全部について執行猶予の言渡しがないとき.

2 猶予の言渡し前に犯した他の罪について拘禁刑以上の刑に処せられ, その刑の全部について執行猶予の言渡しがないとき.

3 猶予の言渡し前に他の罪について拘禁刑以上の刑に処せられたことが発覚したとき.

〔令4法67, 施行3年内〕

（刑の全部の執行猶予の裁量的取消し）

第26条の2 次に掲げる場合においては, 刑の全部の執行猶予の言渡しを取り消すことができる.

1 猶予の期間内に更に罪を犯し, 罰金に処せられたとき.

2 第25条の2第1項の規定により保護観察に付せられた者が遵守すべき事項を遵守せず, その情状が重いとき.

3 猶予の言渡し前に他の罪について拘禁刑に処せられ, その刑の全部の執行を猶予されたことが発覚したとき.

〔令4法67, 施行3年内〕

（刑の全部の執行猶予の取消しの場合における他の刑の執行猶予の取消し）

第26条の3 前2条の規定により拘禁刑の全部の執行猶予の言渡しを取り消したときは, 執行猶予中の他の拘禁刑（次条第2項後段又は第27条の7第2項後段の規定によりその執行を猶予されているものを除く. 次条第6項, 第27条の6及び第27条の7第6項において同じ.）についても, その猶予の言渡しを取り消さなければならない.

〔令4法67, 施行3年内〕

（刑の全部の執行猶予の猶予期間経過の効果）

第27条 ① 刑の全部の執行猶予の言渡しを取り消されることなくその猶予の期間を経過したときは, 刑の言渡しは, 効力を失う.

② 前項の規定にかかわらず, 刑の全部の執行猶予の期間内に更に犯した罪（罰金以上の刑に当たるものに限る.）について公訴の提起がされているときは, 同項の刑の言渡しは, 当該期間が経過した日から第4項又は第5項の規定によりこの項後段の規定による刑の全部の執行猶予の言渡しが取り消されることがなくなるまでの間（以下この項及び次項において「効力継続期間」という.）, 引き続きその効力を有するものとする. この場合においては, 当

該刑については，当該効力継続期間はその全部の執行猶予の言渡しがされているものとみなす．

③ 前項前段の規定にかかわらず，効力継続期間における次に掲げる規定の適用については，同項の刑の言渡しは，効力を失っているものとみなす．

1 第25条，第26条，第26条の2，次条第1項及び第3項，第27条の4（第3号に係る部分に限る．）並びに第34条の2の規定

2 人の資格に関する法令の規定

④ 第2項前段の場合において，当該罪について拘禁刑以上の刑に処せられ，その刑の全部について執行猶予の言渡しがないときは，同項後段の規定による刑の全部の執行猶予の言渡しを取り消さなければならない．ただし，当該罪が同項前段の猶予の期間の経過後に犯した罪と併合罪として処断された場合において，犯情その他の情状を考慮して相当でないと認めるときは，この限りでない．

⑤ 第2項前段の場合において，当該罪について罰金に処せられたときは，同項後段の規定による刑の全部の執行猶予の言渡しを取り消すことができる．

⑥ 前2項の規定により刑の全部の執行猶予の言渡しを取り消したときは，執行猶予中の他の拘禁刑についても，その猶予の言渡しを取り消さなければならない．　　〔令4法67，施行3年内〕

（刑の一部の執行猶予）

第27条の2 ① 次に掲げる者が3年以下の拘禁刑の言渡しを受けた場合において，犯情の軽重及び犯人の境遇その他の情状を考慮して，再び犯罪をすることを防ぐために必要であり，かつ，相当であると認められるときは，1年以上5年以下の期間，その刑の一部の執行を猶予することができる．

1 前に拘禁刑以上の刑に処せられたことがない者

2 前に拘禁刑に処せられたことがあっても，その刑の全部の執行を猶予された者

3 前に拘禁刑以上の刑に処せられたことがあっても，その執行を終わった日又はその執行の免除を得た日から5年以内に拘禁刑以上の刑に処せられたことがない者

② 前項の規定によりその刑の一部の執行を猶予された刑については，そのうち執行が猶予されなかった部分の期間を執行し，当該部分の期間の執行を終わった日又はその執行を受けることがなくなった日から，その猶予の期間を起算する．

③ 前項の規定にかかわらず，その刑のうち執行が猶予されなかった部分の期間の執行を終

わり，又はその執行を受けることがなくなった時において他に執行すべき拘禁刑があるときは，第1項の規定による猶予の期間は，その執行すべき拘禁刑の執行を終わった日又はその執行を受けることがなくなった日から起算する．　　〔令4法67，施行3年内〕

（刑の一部の執行猶予中の保護観察）

第27条の3 ① 前条第1項の場合においては，猶予の期間中保護観察に付することができる．

② 前項の規定により付せられた保護観察は，行政官庁の処分によって仮に解除することができる．

③ 前項の規定により保護観察を仮に解除されたときは，第27条の5第2号の規定の適用については，その処分を取り消されるまでの間は，保護観察に付せられなかったものとみなす．

（刑の一部の執行猶予の必要的取消し）

第27条の4 次に掲げる場合においては，刑の一部の執行猶予の言渡しを取り消さなければならない．ただし，第3号の場合において，猶予の言渡しを受けた者が第27条の2第1項第3号に掲げる者であるときは，この限りでない．

1 猶予の言渡し後に更に罪を犯し，拘禁刑以上の刑に処せられたとき．

2 猶予の言渡し前に犯した他の罪について拘禁刑以上の刑に処せられたとき．

3 猶予の言渡し前に他の罪について拘禁刑以上の刑に処せられ，その刑の全部について執行猶予の言渡しがないことが発覚したとき．　　〔令4法67，施行3年内〕

（刑の一部の執行猶予の裁量的取消し）

第27条の5 次に掲げる場合においては，刑の一部の執行猶予の言渡しを取り消すことができる．

1 猶予の言渡し後に更に罪を犯し，罰金に処せられたとき．

2 第27条の3第1項の規定により保護観察に付せられた者が遵守すべき事項を遵守しなかったとき．

（刑の一部の執行猶予の取消しの場合における他の刑の執行猶予の取消し）

第27条の6 前2条の規定により刑の一部の執行猶予の言渡しを取り消したときは，執行猶予中の他の拘禁刑についても，その猶予の言渡しを取り消さなければならない．　　〔令4法67，施行3年内〕

（刑の一部の執行猶予の猶予期間経過の効果）

第27条の7 ① 刑の一部の執行猶予の言渡しを取り消されることなくその猶予の期間を経過したときは，その拘禁刑を執行が猶予されなかった部分の期間を刑期とする拘禁刑に減軽

する．この場合においては，当該部分の期間の執行を終わった日又はその執行を受けることがなくなった日において，刑の執行を受け終わったものとする．

② 前項の規定にかかわらず，刑の一部の執行猶予の言渡し後その猶予の期間を経過するまでに更に犯した罪（罰金以上の刑に当たるものに限る．）について公訴の提起がされているときは，当該期間が経過した日から第4項又は第5項の規定によりこの項後段の規定による刑の一部の執行猶予の言渡しが取り消されることがなくなるまでの間（以下この項及び次項において「効力継続期間」という．），前項前段の規定による減軽は，されないものとする．この場合においては，同項の刑については，当該効力継続期間は当該猶予された部分の刑の執行猶予の言渡しがされているものとみなす．

③ 前項前段の規定にかかわらず，効力継続期間における次に掲げる規定の適用については，同項の刑は，第1項前段の規定による減軽がされ，同項後段に規定する日にその執行を受け終わったものとみなす．

1 第25条第1項（第2号に係る部分に限る．），第27条の2第1項（第3号に係る部分に限る．）及び第3項，第27条の4，第27条の5，第34条の2並びに第56条第1項の規定

2 人の資格に関する法令の規定

④ 第2項前段の場合において，当該罪について拘禁刑以上の刑に処せられたときは，同項後段の規定による刑の一部の執行猶予の言渡しを取り消さなければならない．ただし，当該罪が同項前段の猶予の期間の経過後に犯した罪と併合罪として処断された場合において，犯情その他の情状を考慮して相当でないと認めるときは，この限りでない．

⑤ 第2項前段の場合において，当該罪について罰金に処せられたときは，同項後段の規定による刑の一部の執行猶予の言渡しを取り消すことができる．

⑥ 前2項の規定により刑の一部の執行猶予の言渡しを取り消したときは，執行猶予中の他の拘禁刑についても，その猶予の言渡しを取り消さなければならない．　〔令4法67, 施行3年内〕

第5章　仮釈放

（仮釈放）
第28条 拘禁刑に処せられた者に改悛の状があるときは，有期刑についてはその刑期の3分の1を，無期刑については10年を経過した後，行政官庁の処分によって仮に釈放することができる．　　　　　〔令4法67, 施行3年内〕

（仮釈放の取消し等）
第29条 ① 次に掲げる場合においては，仮釈放の処分を取り消すことができる．

1 仮釈放中に更に罪を犯し，罰金以上の刑に処せられたとき．

2 仮釈放前に犯した他の罪について罰金以上の刑に処せられたとき．

3 仮釈放前に他の罪について罰金以上の刑に処せられた者に対し，その刑の執行をすべきとき．

4 仮釈放中に遵守すべき事項を遵守しなかったとき．

② 刑の一部の執行猶予の言渡しを受け，その刑について仮釈放の処分を受けた場合において，当該仮釈放中に当該執行猶予の言渡しを取り消されたときは，その処分は，効力を失う．

③ 仮釈放の処分を取り消したとき，又は前項の規定により仮釈放の処分が効力を失ったときは，仮釈放中の日数は，刑期に算入しない．

（仮出場）
第30条 ① 拘留に処せられた者は，情状により，いつでも，行政官庁の処分によって仮に出場を許すことができる．

② 罰金又は科料を完納することができないため留置された者も，前項と同様とする．

第6章　刑の時効及び刑の消滅

（刑の時効）
第31条 刑（死刑を除く．）の言渡しを受けた者は，時効によりその執行の免除を得る．

（時効の期間）
第32条 時効は，刑の言渡しが確定した後，次の期間その執行を受けないことによって完成する．

1 無期拘禁刑については30年

2 10年以上の有期拘禁刑については20年

3 3年以上10年未満の拘禁刑については10年

4 3年未満の拘禁刑については5年

5 罰金については3年

6 拘留，科料及び没収については1年
　　　　　　　　　　　　　〔令4法67, 施行3年内〕

（時効の停止）
第33条 ① 時効は，法令により執行を猶予し，又は停止した期間内は，進行しない．

② 拘禁刑，罰金，拘留及び科料の時効は，刑の言渡しを受けた者が国外にいる場合には，その国外にいる期間は，進行しない．

（時効の中断）
第34条 ① 拘禁刑及び拘留の時効は，刑の言

渡しを受けた者をその執行のために拘束することによって中断する.

② 罰金,科料及び没収の時効は,執行行為をすることによって中断する.　〔令4法67,施行3年内〕

（刑の消滅）

第34条の2　① 拘禁刑以上の刑の執行を終わり又はその執行の免除を得た者が罰金以上の刑に処せられないで10年を経過したときは,刑の言渡しは,効力を失う. 罰金以下の刑の執行を終わり又はその執行の免除を得た者が罰金以上の刑に処せられないで5年を経過したときも,同様とする.

② 刑の免除の言渡しを受けた者が,その言渡しが確定した後,罰金以上の刑に処せられないで2年を経過したときは,刑の免除の言渡しは,効力を失う.　〔令4法67,施行3年内〕

第7章　犯罪の不成立及び刑の減免

（正当行為）

第35条　法令又は正当な業務による行為は,罰しない.

（正当防衛）

第36条　① 急迫不正の侵害に対して,自己又は他人の権利を防衛するため,やむを得ずにした行為は,罰しない.

② 防衛の程度を超えた行為は,情状により,その刑を減軽し,又は免除することができる.

（緊急避難）

第37条　① 自己又は他人の生命,身体,自由又は財産に対する現在の危難を避けるため,やむを得ずにした行為は,これによって生じた害が避けようとした害の程度を超えなかった場合に限り,罰しない. ただし,その程度を超えた行為は,情状により,その刑を減軽し,又は免除することができる.

② 前項の規定は,業務上特別の義務がある者には,適用しない.

（故　意）

第38条　① 罪を犯す意思がない行為は,罰しない. ただし,法律に特別の規定がある場合は,この限りでない.

② 重い罪に当たるべき行為をしたのに,行為の時にその重い罪に当たることとなる事実を知らなかった者は,その重い罪によって処断することはできない.

③ 法律を知らなかったとしても,そのことによって,罪を犯す意思がなかったとすることはできない. ただし,情状により,その刑を減軽することができる.

（心神喪失及び心神耗弱）

第39条　① 心神喪失者の行為は,罰しない.

② 心神耗弱者の行為は,その刑を減軽する.

第40条　削除

（責任年齢）

第41条　14歳に満たない者の行為は,罰しない.

（自首等）

第42条　① 罪を犯した者が捜査機関に発覚する前に自首したときは,その刑を減軽することができる.

② 告訴がなければ公訴を提起することができない罪について,告訴をすることができる者に対して自己の犯罪事実を告げ,その措置にゆだねたときも,前項と同様とする.

第8章　未遂罪

（未遂減免）

第43条　犯罪の実行に着手してこれを遂げなかった者は,その刑を減軽することができる. ただし,自己の意思により犯罪を中止したときは,その刑を減軽し,又は免除する.

（未遂罪）

第44条　未遂を罰する場合は,各本条で定める.

第9章　併合罪

（併合罪）

第45条　確定裁判を経ていない2個以上の罪を併合罪とする. ある罪について拘禁刑以上の刑に処する確定裁判があったときは,その罪とその裁判が確定する前に犯した罪とに限り,併合罪とする.　〔令4法67,施行3年内〕

（併科の制限）

第46条　① 併合罪のうちの1個の罪について死刑に処するときは,他の刑を科さない. ただし,没収は,この限りでない.

② 併合罪のうちの1個の罪について無期拘禁刑に処するときも,他の刑を科さない. ただし,罰金,科料及び没収は,この限りでない.
　〔令4法67,施行3年内〕

（有期拘禁刑の加重）

第47条　併合罪のうちの2個以上の罪について有期拘禁刑に処するときは,その最も重い罪について定めた刑の長期にその2分の1を加えたものを長期とする. ただし,それぞれの罪について定めた刑の長期の合計を超えることはできない.
　〔令4法67,施行3年内〕

（罰金の併科等）

第48条　① 罰金と他の刑とは,併科する. ただし,第46条第1項の場合は,この限りでない.

② 併合罪のうちの2個以上の罪について罰金

に処するときは,それぞれの罪について定めた罰金の多額の合計以下で処断する.

（没収の付加）

第49条　①　併合罪のうちの重い罪について没収を科さない場合であっても,他の罪について没収の事由があるときは,これを付加することができる.

②　2個以上の没収は,併科する.

（余罪の処理）

第50条　併合罪のうちに既に確定裁判を経た罪とまだ確定裁判を経ていない罪とがあるときは,確定裁判を経ていない罪について更に処断する.

（併合罪に係る2個以上の刑の執行）

第51条　①　併合罪について2個以上の裁判があったときは,その刑を併せて執行する.ただし,死刑を執行すべきときは,没収を除き,他の刑を執行せず,無期拘禁刑を執行すべきときは,罰金,科料及び没収を除き,他の刑を執行しない.

②　前項の場合における有期拘禁刑の執行は,その最も重い罪について定めた刑の長期にその2分の1を加えたものを超えることができない.　　　　　〔令4法67,施行3年内〕

（一部に大赦があった場合の措置）

第52条　併合罪について処断された者がその一部の罪につき大赦を受けたときは,他の罪について改めて刑を定める.

（拘留及び科料の併科）

第53条　①　拘留又は科料と他の刑とは,併科する.ただし,第46条の場合は,この限りでない.

②　2個以上の拘留又は科料は,併科する.

（1個の行為が2個以上の罪名に触れる場合等の処理）

第54条　①　1個の行為が2個以上の罪名に触れ,又は犯罪の手段若しくは結果である行為が他の罪名に触れるときは,その最も重い刑により処断する.

②　第49条第2項の規定は,前項の場合にも,適用する.

第55条　削除

第10章　累　犯

（再　犯）

第56条　①　拘禁刑に処せられた者がその執行を終わった日又はその執行の免除を得た日から5年以内に更に罪を犯した場合において,その者を有期拘禁刑に処するときは,再犯とする.

②　死刑に処せられた者がその執行の免除を得

た日又は減刑により拘禁刑に減軽されてその執行を終わった日若しくはその執行の免除を得た日から5年以内に更に罪を犯した場合において,その者を有期拘禁刑に処するときも,前項と同様とする.

③　<u>併合罪について処断された者が,その併合罪のうちに懲役に処すべき罪があったのに,その罪が最も重い罪でなかったため懲役に処せられなかったものであるときは,再犯に関する規定の適用については,懲役に処せられたものとみなす.</u>　〔令4法67,＝箇所:削除,施行3年内〕

（再犯加重）

第57条　再犯の刑は,その罪について定めた拘禁刑の長期の2倍以下とする.

〔令4法67,施行3年内〕

第58条　削除

（3犯以上の累犯）

第59条　3犯以上の者についても,再犯の例による.

第11章　共　犯

（共同正犯）

第60条　2人以上共同して犯罪を実行した者は,すべて正犯とする.

（教　唆）

第61条　①　人を教唆して犯罪を実行させた者には,正犯の刑を科する.

②　教唆者を教唆した者についても,前項と同様とする.

（幇　助）

第62条　①　正犯を幇助した者は,従犯とする.

②　従犯を教唆した者には,従犯の刑を科する.

（従犯減軽）

第63条　従犯の刑は,正犯の刑を減軽する.

（教唆及び幇助の処罰の制限）

第64条　拘留又は科料のみに処すべき罪の教唆者及び従犯は,特別の規定がなければ,罰しない.

（身分犯の共犯）

第65条　①　犯人の身分によって構成すべき犯罪行為に加功したときは,身分のない者であっても,共犯とする.

②　身分によって特に刑の軽重があるときは,身分のない者には通常の刑を科する.

第12章　酌量減軽

（酌量減軽）

第66条　犯罪の情状に酌量すべきものがあるときは,その刑を減軽することができる.

（法律上の加減と酌量減軽）

第67条　法律上刑を加重し,又は減軽する場

合であっても,酌量減軽をすることができる.

第13章　加重減軽の方法

(法律上の減軽の方法)

第68条　法律上刑を減軽すべき1個又は2個以上の事由があるときは,次の例による.

1　死刑を減軽するときは,<u>無期又は10年以上の拘禁刑</u>とする.

2　<u>無期拘禁刑</u>を減軽するときは,7年以上の<u>有期拘禁刑</u>とする.

3　<u>有期拘禁刑</u>を減軽するときは,その長期及び短期の2分の1を減ずる.

4　罰金を減軽するときは,その多額及び寡額の2分の1を減ずる.

5　拘留を減軽するときは,その長期の2分の1を減ずる.

6　科料を減軽するときは,その多額の2分の1を減ずる.　　〔令4法67,施行3年内〕

(法律上の減軽と刑の選択)

第69条　法律上刑を減軽すべき場合において,各本条に2個以上の刑名があるときは,まず適用する刑を定めて,その刑を減軽する.

(端数の切捨て)

第70条　<u>拘禁刑</u>又は拘留を減軽することにより1日に満たない端数が生じたときは,これを切り捨てる.　　〔令4法67,施行3年内〕

(酌量減軽の方法)

第71条　酌量減軽をするときも,第68条及び前条の例による.

(加重減軽の順序)

第72条　同時に刑を加重し,又は減軽するときは,次の順序による.

1　再犯加重
2　法律上の減軽
3　併合罪の加重
4　酌量減軽

◆ 第2編　罪 ◆

第1章　削除 [皇室に対する罪]

第73条～第76条　削除

第2章　内乱に関する罪

(内乱)

第77条　① 国の統治機構を破壊し,又はその領土において国権を排除して権力を行使し,その他憲法の定める統治の基本秩序を壊乱することを目的として暴動をした者は,内乱の罪とし,次の区別に従って処断する.

1　首謀者は,死刑又は無期<u>拘禁刑</u>に処する.

2　謀議に参与し,又は群衆を指揮した者は無期又は3年以上の<u>拘禁刑</u>に処し,その他諸般の職務に従事した者は1年以上10年以下の<u>拘禁刑</u>に処する.

3　付和随行し,その他単に暴動に参加した者は,3年以下の<u>拘禁刑</u>に処する.

② 前項の罪の未遂は,罰する.ただし,同項第3号に規定する者については,この限りでない.　　〔令4法67,施行3年内〕

(予備及び陰謀)

第78条　内乱の予備又は陰謀をした者は,1年以上10年以下の<u>拘禁刑</u>に処する.　　〔令4法67,施行3年内〕

(内乱等幇助)

第79条　兵器,資金若しくは食糧を供給し,又はその他の行為により,前2条の罪を幇助した者は,7年以下の<u>拘禁刑</u>に処する.　　〔令4法67,施行3年内〕

(自首による刑の免除)

第80条　前2条の罪を犯した者であっても,暴動に至る前に自首したときは,その刑を免除する.

第3章　外患に関する罪

(外患誘致)

第81条　外国と通謀して日本国に対し武力を行使させた者は,死刑に処する.

(外患援助)

第82条　日本国に対して外国から武力の行使があったときに,これに加担して,その軍務に服し,その他これに軍事上の利益を与えた者は,死刑又は無期若しくは2年以上の<u>拘禁刑</u>に処する.　　〔令4法67,施行3年内〕

第83条～第86条　削除

(未遂罪)

第87条　第81条及び第82条の罪の未遂は,罰する.

(予備及び陰謀)

第88条　第81条又は第82条の罪の予備又は陰謀をした者は,1年以上10年以下の<u>拘禁刑</u>に処する.　　〔令4法67,施行3年内〕

第89条　削除

第4章　国交に関する罪

第90条及び第91条　削除

(外国国章損壊等)

第92条　① 外国に対して侮辱を加える目的で,その国の国旗その他の国章を損壊し,除去し,又は汚損した者は,2年以下の<u>拘禁刑</u>又は20万円以下の罰金に処する.

② 前項の罪は,外国政府の請求がなければ公訴を提起することができない.　　〔令4法67,施行3年内〕

（私戦予備及び陰謀）

第93条 外国に対して私的に戦闘行為をする目的で，その予備又は陰謀をした者は，3月以上5年以下の拘禁刑に処する．ただし，自首した者は，その刑を免除する．
〔令4法67，施行3年内〕

（中立命令違反）

第94条 外国が交戦している際に，局外中立に関する命令に違反した者は，3年以下の拘禁刑又は50万円以下の罰金に処する．
〔令4法67，施行3年内〕

第5章 公務の執行を妨害する罪

（公務執行妨害及び職務強要）

第95条 ① 公務員が職務を執行するに当たり，これに対して暴行又は脅迫を加えた者は，3年以下の拘禁刑又は50万円以下の罰金に処する．

② 公務員に，ある処分をさせ，若しくはさせないため，又はその職を辞させるために，暴行又は脅迫を加えた者も，前項と同様とする．
〔令4法67，施行3年内〕

（封印等破棄）

第96条 公務員が施した封印若しくは差押えの表示を損壊し，又はその他の方法によりその封印若しくは差押えの表示に係る命令若しくは処分を無効にした者は，3年以下の拘禁刑若しくは250万円以下の罰金に処し，又はこれを併科する．
〔令4法67，施行3年内〕

（強制執行妨害目的財産損壊等）

第96条の2 強制執行を妨害する目的で，次の各号のいずれかに該当する行為をした者は，3年以下の拘禁刑若しくは250万円以下の罰金に処し，又はこれを併科する．情を知って，第3号に規定する譲渡又は権利の設定の相手方となった者も，同様とする．

1 強制執行を受け，若しくは受けるべき財産を隠匿し，損壊し，若しくはその譲渡を仮装し，又は債務の負担を仮装する行為

2 強制執行を受け，又は受けるべき財産について，その現状を改変して，価格を減損し，又は強制執行の費用を増大させる行為

3 金銭執行を受けるべき財産について，無償その他の不利益な条件で，譲渡をし，又は権利の設定をする行為 〔令4法67，施行3年内〕

（強制執行行為妨害等）

第96条の3 ① 偽計又は威力を用いて，立入り，占有者の確認その他の強制執行の行為を妨害した者は，3年以下の拘禁刑若しくは250万円以下の罰金に処し，又はこれを併科する．

② 強制執行の申立てをさせず又はその申立てを取り下げさせる目的で，申立権者又はその代理人に対して暴行又は脅迫を加えた者も，前項と同様とする．

（強制執行関係売却妨害）

第96条の4 偽計又は威力を用いて，強制執行において行われ，又は行われるべき売却の公正を害すべき行為をした者は，3年以下の拘禁刑若しくは250万円以下の罰金に処し，又はこれを併科する． 〔令4法67，施行3年内〕

（加重封印等破棄等）

第96条の5 報酬を得，又は得させる目的で，人の債務に関して，第96条から前条までの罪を犯した者は，5年以下の拘禁刑若しくは500万円以下の罰金に処し，又はこれを併科する．
〔令4法67，施行3年内〕

（公契約関係競売等妨害）

第96条の6 ① 偽計又は威力を用いて，公の競売又は入札で契約を締結するためのものの公正を害すべき行為をした者は，3年以下の拘禁刑若しくは250万円以下の罰金に処し，又はこれを併科する．

② 公正な価格を害し又は不正な利益を得る目的で，談合した者も，前項と同様とする．
〔令4法67，施行3年内〕

第6章 逃走の罪

（逃 走）

第97条 法令により拘禁された者が逃走したときは，3年以下の拘禁刑に処する．
〔令4法67，施行3年内〕

（加重逃走）

第98条 前条に規定する者が拘禁場若しくは拘束のための器具を損壊し，暴行若しくは脅迫をし，又は2人以上通謀して，逃走したときは，3月以上5年以下の拘禁刑に処する．
〔令4法67，施行3年内〕

（被拘禁者奪取）

第99条 法令により拘禁された者を奪取した者は，3月以上5年以下の拘禁刑に処する．
〔令4法67，施行3年内〕

（逃走援助）

第100条 ① 法令により拘禁された者を逃走させる目的で，器具を提供し，その他逃走を容易にすべき行為をした者は，3年以下の拘禁刑に処する．

② 前項の目的で，暴行又は脅迫をした者は，3月以上5年以下の拘禁刑に処する．
〔令4法67，施行3年内〕

（看守者等による逃走援助）

第101条 法令により拘禁された者を看守し又は護送する者がその拘禁された者を逃走さ

せたときは，1年以上10年以下の拘禁刑に処する． 〔令4法67，施行3年内〕

（未遂罪）

第102条 この章の罪の未遂は，罰する．

第7章　犯人蔵匿及び証拠隠滅の罪

（犯人蔵匿等）

第103条 罰金以上の刑に当たる罪を犯した者又は拘禁中に逃走した者を蔵匿し，又は隠避させた者は，3年以下の拘禁刑又は30万円以下の罰金に処する． 〔令4法67，施行3年内〕

（証拠隠滅等）

第104条 他人の刑事事件に関する証拠を隠滅し，偽造し，若しくは変造し，又は偽造若しくは変造の証拠を使用した者は，3年以下の拘禁刑又は30万円以下の罰金に処する．
〔令4法67，施行3年内〕

（親族による犯罪に関する特例）

第105条 前2条の罪については，犯人又は逃走した者の親族がこれらの者の利益のために犯したときは，その刑を免除することができる．

（証人等威迫）

第105条の2 自己若しくは他人の刑事事件の捜査若しくは審判に必要な知識を有すると認められる者又はその親族に対し，当該事件に関して，正当な理由がないのに面会を強請し，又は強談威迫の行為をした者は，2年以下の拘禁刑又は30万円以下の罰金に処する．
〔令4法67，施行3年内〕

第8章　騒乱の罪

（騒　乱）

第106条 多衆で集合して暴行又は脅迫をした者は，騒乱の罪とし，次の区別に従って処断する．

1 首謀者は，1年以上10年以下の拘禁刑に処する．

2 他人を指揮し，又は他人に率先して勢いを助けた者は，6月以上7年以下の拘禁刑に処する．

3 付和随行した者は，10万円以下の罰金に処する． 〔令4法67，施行3年内〕

（多衆不解散）

第107条 暴行又は脅迫をするため多衆が集合した場合において，権限のある公務員から解散の命令を3回以上受けたにもかかわらず，なお解散しなかったときは，首謀者は3年以下の拘禁刑に処し，その他の者は10万円以下の罰金に処する． 〔令4法67，施行3年内〕

第9章　放火及び失火の罪

（現住建造物等放火）

第108条 放火して，現に人が住居に使用し又は現に人がいる建造物，汽車，電車，艦船又は鉱坑を焼損した者は，死刑又は無期若しくは5年以上の拘禁刑に処する．
〔令4法67，施行3年内〕

（非現住建造物等放火）

第109条 ① 放火して，現に人が住居に使用せず，かつ，現に人がいない建造物，艦船又は鉱坑を焼損した者は，2年以上の有期拘禁刑に処する．

② 前項の物が自己の所有に係るときは，6月以上7年以下の拘禁刑に処する．ただし，公共の危険を生じなかったときは，罰しない．
〔令4法67，施行3年内〕

（建造物等以外放火）

第110条 ① 放火して，前2条に規定する物以外の物を焼損し，よって公共の危険を生じさせた者は，1年以上10年以下の拘禁刑に処する．

② 前項の物が自己の所有に係るときは，1年以下の拘禁刑又は10万円以下の罰金に処する．
〔令4法67，施行3年内〕

（延　焼）

第111条 ① 第109条第2項又は前条第2項の罪を犯し，よって第108条又は第109条第1項に規定する物に延焼させたときは，3月以上10年以下の拘禁刑に処する．

② 前条第2項の罪を犯し，よって同条第1項に規定する物に延焼させたときは，3年以下の拘禁刑に処する． 〔令4法67，施行3年内〕

（未遂罪）

第112条 第108条及び第109条第1項の罪の未遂は，罰する．

（予　備）

第113条 第108条又は第109条第1項の罪を犯す目的で，その予備をした者は，2年以下の拘禁刑に処する．ただし，情状により，その刑を免除することができる．
〔令4法67，施行3年内〕

（消火妨害）

第114条 火災の際に，消火用の物を隠匿し，若しくは損壊し，又はその他の方法により，消火を妨害した者は，1年以上10年以下の拘禁刑に処する． 〔令4法67，施行3年内〕

（差押え等に係る自己の物に関する特例）

第115条 第109条第1項及び第110条第1項に規定する物が自己の所有に係るものであっても，差押えを受け，物権を負担し，賃貸し，配偶者居住権が設定され，又は保険に付したものである場合において，これを焼損したときは，他人の物を焼損した者の例による．

（失　火）

第116条　①　失火により，第108条に規定する物又は他人の所有に係る第109条に規定する物を焼損した者は，50万円以下の罰金に処する．
②　失火により，第109条に規定する物であって自己の所有に係るもの又は第110条に規定する物を焼損し，よって公共の危険を生じさせた者も，前項と同様とする．

（激発物破裂）

第117条　①　火薬，ボイラーその他の激発すべき物を破裂させて，第108条に規定する物又は他人の所有に係る第109条に規定する物を損壊した者は，放火の例による．第109条に規定する物であって自己の所有に係るもの又は第110条に規定する物を損壊し，よって公共の危険を生じさせた者も，同様とする．
②　前項の行為が過失によるときは，失火の例による．

（業務上失火等）

第117条の2　第116条又は前条第1項の行為が業務上必要な注意を怠ったことによるとき，又は重大な過失によるときは，3年以下の拘禁刑又は150万円以下の罰金に処する．

〔令4法67，施行3年内〕

（ガス漏出等及び同致死傷）

第118条　①　ガス，電気又は蒸気を漏出させ，流出させ，又は遮断し，よって人の生命，身体又は財産に危険を生じさせた者は，3年以下の拘禁刑又は10万円以下の罰金に処する．
②　ガス，電気又は蒸気を漏出させ，流出させ，又は遮断し，よって人を死傷させた者は，傷害の罪と比較して，重い刑により処断する．

〔令4法67，施行3年内〕

第10章　出水及び水利に関する罪

（現住建造物等浸害）

第119条　出水させて，現に人が住居に使用し又は現に人がいる建造物，汽車，電車又は鉱坑を浸害した者は，死刑又は無期若しくは3年以上の拘禁刑に処する．

〔令4法67，施行3年内〕

（非現住建造物等浸害）

第120条　①　出水させて，前条に規定する物以外の物を浸害し，よって公共の危険を生じさせた者は，1年以上10年以下の拘禁刑に処する．
②　浸害した物が自己の所有に係るときは，その物が差押えを受け，物権を負担し，賃貸し，配偶者居住権が設定され，又は保険に付したものである場合に限り，前項の例による．

〔令4法67，施行3年内〕

（水防妨害）

第121条　水害の際に，水防用の物を隠匿し，

若しくは損壊し，又はその他の方法により，水防を妨害した者は，1年以上10年以下の拘禁刑に処する．

〔令4法67，施行3年内〕

（過失建造物等浸害）

第122条　過失により出水させて，第119条に規定する物を浸害した者又は第120条に規定する物を浸害し，よって公共の危険を生じさせた者は，20万円以下の罰金に処する．

（水利妨害及び出水危険）

第123条　堤防を決壊させ，水門を破壊し，その他水利の妨害となるべき行為又は出水させるべき行為をした者は，2年以下の拘禁刑又は20万円以下の罰金に処する．

〔令4法67，施行3年内〕

第11章　往来を妨害する罪

（往来妨害及び同致死傷）

第124条　①　陸路，水路又は橋を損壊し，又は閉塞して往来の妨害を生じさせた者は，2年以下の拘禁刑又は20万円以下の罰金に処する．
②　前項の罪を犯し，よって人を死傷させた者は，傷害の罪と比較して，重い刑により処断する．

〔令4法67，施行3年内〕

（往来危険）

第125条　①　鉄道若しくはその標識を損壊し，又はその他の方法により，汽車又は電車の往来の危険を生じさせた者は，2年以上の有期拘禁刑に処する．
②　灯台若しくは浮標を損壊し，又はその他の方法により，艦船の往来の危険を生じさせた者も，前項と同様とする．

〔令4法67，施行3年内〕

（汽車転覆等及び同致死）

第126条　①　現に人がいる汽車又は電車を転覆させ，又は破壊した者は，無期又は3年以上の拘禁刑に処する．
②　現に人がいる艦船を転覆させ，沈没させ，又は破壊した者も，前項と同様とする．
③　前2項の罪を犯し，よって人を死亡させた者は，死刑又は無期拘禁刑に処する．

〔令4法67，施行3年内〕

（往来危険による汽車転覆等）

第127条　第125条の罪を犯し，よって汽車若しくは電車を転覆させ，若しくは破壊し，又は艦船を転覆させ，沈没させ，若しくは破壊した者も，前条の例による．

（未遂罪）

第128条　第124条第1項，第125条並びに第126条第1項及び第2項の罪の未遂は，罰する．

（過失往来危険）

第129条　①　過失により，汽車，電車若しくは

艦船の往来の危険を生じさせ、又は汽車若しくは電車を転覆させ、若しくは破壊し、若しくは艦船を転覆させ、沈没させ、若しくは破壊した者は、30万円以下の罰金に処する.

② その業務に従事する者が前項の罪を犯したときは、3年以下の拘禁刑又は50万円以下の罰金に処する.　〔令4法67, 施行3年内〕

第12章　住居を侵す罪

（住居侵入等）

第130条　正当な理由がないのに、人の住居若しくは人の看守する邸宅、建造物若しくは艦船に侵入し、又は要求を受けたにもかかわらずこれらの場所から退去しなかった者は、3年以下の拘禁刑又は10万円以下の罰金に処する.

〔令4法67, 施行3年内〕

第131条　削除

（未遂罪）

第132条　第130条の罪の未遂は、罰する.

第13章　秘密を侵す罪

（信書開封）

第133条　正当な理由がないのに、封をしてある信書を開けた者は、1年以下の拘禁刑又は20万円以下の罰金に処する.

〔令4法67, 施行3年内〕

（秘密漏示）

第134条　① 医師、薬剤師、医薬品販売業者、助産師、弁護士、弁護人、公証人又はこれらの職にあった者が、正当な理由がないのに、その業務上取り扱ったことについて知り得た人の秘密を漏らしたときは、6月以下の拘禁刑又は10万円以下の罰金に処する.

② 宗教、祈祷若しくは祭祀の職にある者又はこれらの職にあった者が、正当な理由がないのに、その業務上取り扱ったことについて知り得た人の秘密を漏らしたときも、前項と同様とする.

〔令4法67, 施行3年内〕

（親告罪）

第135条　この章の罪は、告訴がなければ公訴を提起することができない.

第14章　あへん煙に関する罪

（あへん煙輸入等）

第136条　あへん煙を輸入し、製造し、販売し、又は販売の目的で所持した者は、6月以上7年以下の拘禁刑に処する.

〔令4法67, 施行3年内〕

（あへん煙吸食器具輸入等）

第137条　あへん煙を吸食する器具を輸入し、製造し、販売し、又は販売の目的で所持した者

は、3月以上5年以下の拘禁刑に処する.

〔令4法67, 施行3年内〕

（税関職員によるあへん煙輸入等）

第138条　税関職員が、あへん煙又はあへん煙を吸食するための器具を輸入し、又はこれらの輸入を許したときは、1年以上10年以下の拘禁刑に処する.　〔令4法67, 施行3年内〕

（あへん煙吸食及び場所提供）

第139条　① あへん煙を吸食した者は、3年以下の拘禁刑に処する.

② あへん煙の吸食のため建物又は室を提供して利益を図った者は、6月以上7年以下の拘禁刑に処する.　〔令4法67, 施行3年内〕

（あへん煙等所持）

第140条　あへん煙又はあへん煙を吸食するための器具を所持した者は、1年以下の拘禁刑に処する.　〔令4法67, 施行3年内〕

（未遂罪）

第141条　この章の罪の未遂は、罰する.

第15章　飲料水に関する罪

（浄水汚染）

第142条　人の飲料に供する浄水を汚染し、よって使用することができないようにした者は、6月以下の拘禁刑又は10万円以下の罰金に処する.　〔令4法67, 施行3年内〕

（水道汚染）

第143条　水道により公衆に供給する飲料の浄水又はその水源を汚染し、よって使用することができないようにした者は、6月以上7年以下の拘禁刑に処する.　〔令4法67, 施行3年内〕

（浄水毒物等混入）

第144条　人の飲料に供する浄水に毒物その他人の健康を害すべき物を混入した者は、3年以下の拘禁刑に処する.

〔令4法67, 施行3年内〕

（浄水汚染等致死傷）

第145条　前3条の罪を犯し、よって人を死傷させた者は、傷害の罪と比較して、重い刑により処断する.

（水道毒物等混入及び同致死）

第146条　水道により公衆に供給する飲料の浄水又はその水源に毒物その他人の健康を害すべき物を混入した者は、2年以上の有期拘禁刑に処する. よって人を死亡させた者は、死刑又は無期若しくは5年以上の拘禁刑に処する.

〔令4法67, 施行3年内〕

（水道損壊及び閉塞）

第147条　公衆の飲料に供する浄水の水道を損壊し、又は閉塞した者は、1年以上10年以下の拘禁刑に処する.　〔令4法67, 施行3年内〕

第16章 通貨偽造の罪

（通貨偽造及び行使等）

第148条 ① 行使の目的で，通用する貨幣，紙幣又は銀行券を偽造し，又は変造した者は，無期又は3年以上の拘禁刑に処する．

〔令4法67, 施行3年内〕

② 偽造又は変造の貨幣，紙幣又は銀行券を行使し，又は行使の目的で人に交付し，若しくは輸入した者も，前項と同様とする．

（外国通貨偽造及び行使等）

第149条 ① 行使の目的で，日本国内に流通している外国の貨幣，紙幣又は銀行券を偽造し，又は変造した者は，2年以上の有期拘禁刑に処する．

② 偽造又は変造の外国の貨幣，紙幣又は銀行券を行使し，又は行使の目的で人に交付し，若しくは輸入した者も，前項と同様とする．

〔令4法67, 施行3年内〕

（偽造通貨等収得）

第150条 行使の目的で，偽造又は変造の貨幣，紙幣又は銀行券を収得した者は，3年以下の拘禁刑に処する． 〔令4法67, 施行3年内〕

（未遂罪）

第151条 前3条の罪の未遂は，罰する．

（収得後知情行使等）

第152条 貨幣，紙幣又は銀行券を収得した後に，それが偽造又は変造のものであることを知って，これを行使し，又は行使の目的で人に交付した者は，その額面価格の3倍以下の罰金又は科料に処する．ただし，2,000円以下にすることはできない．

（通貨偽造等準備）

第153条 貨幣，紙幣又は銀行券の偽造又は変造の用に供する目的で，器械又は原料を準備した者は，3月以上5年以下の拘禁刑に処する．

〔令4法67, 施行3年内〕

第17章 文書偽造の罪

（詔書偽造等）

第154条 ① 行使の目的で，御璽，国璽若しくは御名を使用して詔書その他の文書を偽造し，又は偽造した御璽，国璽若しくは御名を使用して詔書その他の文書を偽造した者は，無期又は3年以上の拘禁刑に処する．

② 御璽若しくは国璽を押し又は御名を署した詔書その他の文書を変造した者も，前項と同様とする． 〔令4法67, 施行3年内〕

（公文書偽造等）

第155条 ① 行使の目的で，公務所若しくは公務員の印章若しくは署名を使用して公務所若しくは公務員の作成すべき文書若しくは図画を偽造し，又は偽造した公務所若しくは公務員の印章若しくは署名を使用して公務所若しくは公務員の作成すべき文書若しくは図画を偽造した者は，1年以上10年以下の拘禁刑に処する．

② 公務所又は公務員が押印し又は署名した文書又は図画を変造した者も，前項と同様とする．

③ 前2項に規定するもののほか，公務所若しくは公務員の作成すべき文書若しくは図画を偽造し，又は公務所若しくは公務員が作成した文書若しくは図画を変造した者は，3年以下の拘禁刑又は20万円以下の罰金に処する．

〔令4法67, 施行3年内〕

（虚偽公文書作成等）

第156条 公務員が，その職務に関し，行使の目的で，虚偽の文書若しくは図画を作成し，又は文書若しくは図画を変造したときは，印章又は署名の有無により区別して，前2条の例による．

（公正証書原本不実記載等）

第157条 ① 公務員に対し虚偽の申立てをして，登記簿，戸籍簿その他の権利若しくは義務に関する公正証書の原本に不実の記載をさせ，又は権利若しくは義務に関する公正証書の原本として用いられる電磁的記録に不実の記録をさせた者は，5年以下の拘禁刑又は50万円以下の罰金に処する．

② 公務員に対し虚偽の申立てをして，免状，鑑札又は旅券に不実の記載をさせた者は，1年以下の拘禁刑又は20万円以下の罰金に処する．

③ 前2項の罪の未遂は，罰する．

〔令4法67, 施行3年内〕

（偽造公文書行使等）

第158条 ① 第154条から前条までの文書若しくは図画を行使し，又は前条第1項の電磁的記録を公正証書の原本としての用に供した者は，その文書若しくは図画を偽造し，若しくは変造し，虚偽の文書若しくは図画を作成し，又は不実の記載若しくは記録をさせた者と同一の刑に処する．

② 前項の罪の未遂は，罰する．

（私文書偽造等）

第159条 ① 行使の目的で，他人の印章若しくは署名を使用して権利，義務若しくは事実証明に関する文書若しくは図画を偽造し，又は偽造した他人の印章若しくは署名を使用して権利，義務若しくは事実証明に関する文書若しくは図画を偽造した者は，3月以上5年以下の拘禁刑に処する．

② 他人が押印し又は署名した権利，義務又は事実証明に関する文書又は図画を変造した者

も，前項と同様とする．

③ 前二項に規定するもののほか，権利，義務又は事実証明に関する文書又は図画を偽造し，又は変造した者は，1 年以下の拘禁刑又は 10 万円以下の罰金に処する．

〔令 4 法 67, 施行 3 年内〕

（虚偽診断書等作成）

第 160 条 医師が公務所に提出すべき診断書，検案書又は死亡証書に虚偽の記載をしたときは，3 年以下の拘禁刑又は 30 万円以下の罰金に処する．　　〔令 4 法 67, 施行 3 年内〕

（偽造私文書等行使）

第 161 条 前 2 条の文書又は図画を行使した者は，その文書若しくは図画を偽造し，若しくは変造し，又は虚偽の記載をした者と同一の刑に処する．

② 前項の罪の未遂は，罰する．

（電磁的記録不正作出及び供用）

第 161 条の 2 ① 人の事務処理を誤らせる目的で，その事務処理の用に供する権利，義務又は事実証明に関する電磁的記録を不正に作った者は，5 年以下の拘禁刑又は 50 万円以下の罰金に処する．

② 前項の罪が公務所又は公務員により作られるべき電磁的記録に係るときは，10 年以下の拘禁刑又は 100 万円以下の罰金に処する．

③ 不正に作られた権利，義務又は事実証明に関する電磁的記録を，第 1 項の目的で，人の事務処理の用に供した者は，その電磁的記録を不正に作った者と同一の刑に処する．

④ 前項の罪の未遂は，罰する．

〔令 4 法 67, 施行 3 年内〕

第 18 章　有価証券偽造の罪

（有価証券偽造等）

第 162 条 ① 行使の目的で，公債証書，官庁の証券，会社の株券その他の有価証券を偽造し，又は変造した者は，3 月以上 10 年以下の拘禁刑に処する．

② 行使の目的で，有価証券に虚偽の記入をした者も，前項と同様とする．

〔令 4 法 67, 施行 3 年内〕

（偽造有価証券行使等）

第 163 条 ① 偽造若しくは変造の有価証券又は虚偽の記入がある有価証券を行使し，又は行使の目的で人に交付し，若しくは輸入した者は，3 月以上 10 年以下の拘禁刑に処する．

② 前項の罪の未遂は，罰する．

〔令 4 法 67, 施行 3 年内〕

第 18 章の 2　支払用カード電磁的記録に関する罪

（支払用カード電磁的記録不正作出等）

第 163 条の 2 ① 人の財産上の事務処理を誤らせる目的で，その事務処理の用に供する電磁的記録であって，クレジットカードその他の代金又は料金の支払用のカードを構成するものを不正に作った者は，10 年以下の拘禁刑又は 100 万円以下の罰金に処する．預貯金の引出用のカードを構成する電磁的記録を不正に作った者も，同様とする．

② 不正に作られた前項の電磁的記録を，同項の目的で，人の財産上の事務処理の用に供した者も，同項と同様とする．

③ 不正に作られた第 1 項の電磁的記録をその構成部分とするカードを，同項の目的で，譲り渡し，貸し渡し，又は輸入した者も，同項と同様とする．　　〔令 4 法 67, 施行 3 年内〕

（不正電磁的記録カード所持）

第 163 条の 3 前条第 1 項の目的で，同条第 3 項のカードを所持した者は，5 年以下の拘禁刑又は 50 万円以下の罰金に処する．

〔令 4 法 67, 施行 3 年内〕

（支払用カード電磁的記録不正作出準備）

第 163 条の 4 ① 第 163 条の 2 第 1 項の犯罪行為の用に供する目的で，同項の電磁的記録の情報を取得した者は，3 年以下の拘禁刑又は 50 万円以下の罰金に処する．情を知って，その情報を提供した者も，同様とする．

② 不正に取得された第 163 条の 2 第 1 項の電磁的記録の情報を，前項の目的で保管した者も，同項と同様とする．

③ 第 1 項の目的で，器械又は原料を準備した者も，同項と同様とする．

〔令 4 法 67, 施行 3 年内〕

（未遂罪）

第 163 条の 5 第 163 条の 2 及び前条第 1 項の罪の未遂は，罰する．

第 19 章　印章偽造の罪

（御璽偽造及び不正使用等）

第 164 条 ① 行使の目的で，御璽，国璽又は御名を偽造した者は，2 年以上の有期拘禁刑に処する．

② 御璽，国璽若しくは御名を不正に使用し，又は偽造した御璽，国璽若しくは御名を使用した者も，前項と同様とする．

〔令 4 法 67, 施行 3 年内〕

（公印偽造及び不正使用等）

第 165 条 ① 行使の目的で，公務所又は公務員

の印章又は署名を偽造した者は,3月以上5年以下の拘禁刑に処する.

② 公務所若しくは公務員の印章若しくは署名を不正に使用し,又は偽造した公務所若しくは公務員の印章若しくは署名を使用した者も,前項と同様とする. 〔令4法67,施行3年内〕

（公記号偽造及び不正使用等）
第166条 ① 行使の目的で,公務所の記号を偽造した者は,3年以下の拘禁刑に処する.

② 公務所の記号を不正に使用し,又は偽造した公務所の記号を使用した者も,前項と同様とする. 〔令4法67,施行3年内〕

（私印偽造及び不正使用）
第167条 ① 行使の目的で,他人の印章又は署名を偽造した者は,3年以下の拘禁刑に処する.

② 他人の印章若しくは署名を不正に使用し,又は偽造した印章若しくは署名を使用した者も,前項と同様とする. 〔令4法67,施行3年内〕

（未遂罪）
第168条 第164条第2項,第165条第2項,第166条第2項及び前条第2項の罪の未遂は,罰する.

第19章の2 不正指令電磁的記録に関する罪

（不正指令電磁的記録作成等）
第168条の2 ① 正当な理由がないのに,人の電子計算機における実行の用に供する目的で,次に掲げる電磁的記録その他の記録を作成し,又は提供した者は,3年以下の拘禁刑又は50万円以下の罰金に処する.

1 人が電子計算機を使用するに際してその意図に沿うべき動作をさせず,又はその意図に反する動作をさせるべき不正な指令を与える電磁的記録

2 前号に掲げるもののほか,同号の不正な指令を記述した電磁的記録その他の記録

② 正当な理由がないのに,前項第一号に掲げる電磁的記録を人の電子計算機における実行の用に供した者も,同項と同様とする.

③ 前項の罪の未遂は,罰する. 〔令4法67,施行3年内〕

（不正指令電磁的記録取得等）
第168条の3 正当な理由がないのに,前条第1項の目的で,同項各号に掲げる電磁的記録その他の記録を取得し,又は保管した者は,2年以下の拘禁刑又は30万円以下の罰金に処する. 〔令4法67,施行3年内〕

第20章 偽証の罪

（偽 証）

第169条 法律により宣誓した証人が虚偽の陳述をしたときは,3月以上10年以下の拘禁刑に処する. 〔令4法67,施行3年内〕

（自白による刑の減免）
第170条 前条の罪を犯した者が,その証言をした事件について,その裁判が確定する前又は懲戒処分が行われる前に自白したときは,その刑を減軽し,又は免除することができる.

（虚偽鑑定等）
第171条 法律により宣誓した鑑定人,通訳人又は翻訳人が虚偽の鑑定,通訳又は翻訳をしたときは,前2条の例による.

第21章 虚偽告訴の罪

（虚偽告訴等）
第172条 人に刑事又は懲戒の処分を受けさせる目的で,虚偽の告訴,告発その他の申告をした者は,3月以上10年以下の拘禁刑に処する. 〔令4法67,施行3年内〕

（自白による刑の減免）
第173条 前条の罪を犯した者が,その申告をした事件について,その裁判が確定する前又は懲戒処分が行われる前に自白したときは,その刑を減軽し,又は免除することができる.

第22章 わいせつ,不同意性交等及び重婚の罪

（公然わいせつ）
第174条 公然とわいせつな行為をした者は,6月以下の拘禁刑若しくは30万円以下の罰金又は拘留若しくは科料に処する. 〔令4法67,施行3年内〕

（わいせつ物頒布等）
第175条 ① わいせつな文書,図画,電磁的記録に係る記録媒体その他の物を頒布し,又は公然と陳列した者は,2年以下の拘禁刑若しくは250万円以下の罰金若しくは科料に処し,又は拘禁刑及び罰金を併科する.電気通信の送信によりわいせつな電磁的記録その他の記録を頒布した者も,同様とする.

② 有償で頒布する目的で,前項の物を所持し,又は同項の電磁的記録を保管した者も,同項と同様とする. 〔令4法67,施行3年内〕

（不同意わいせつ）
第176条 ① 次に掲げる行為又は事由その他これらに類する行為又は事由により,同意しない意思を形成し,表明し若しくは全うすることが困難な状態にさせ又はその状態にあることに乗じて,わいせつな行為をした者は,婚姻関係の有無にかかわらず,6月以上10年以下の拘禁刑に処する.

1 暴行若しくは脅迫を用いること又はそれ

らを受けたこと.

2　心身の障害を生じさせること又はそれがあること.

3　アルコール若しくは薬物を摂取させること又はそれらの影響があること.

4　睡眠その他の意識が明瞭でない状態にさせること又はその状態にあること.

5　同意しない意思を形成し,表明し又は全うすることいとまがないこと.

6　予想と異なる事態に直面させて恐怖させ,若しくは驚愕させること又はその事態に直面して恐怖し,若しくは驚愕していること.

7　虐待に起因する心理的反応を生じさせること又はそれがあること.

8　経済的又は社会的関係上の地位に基づく影響力によって受ける不利益を憂慮させること又はそれを憂慮していること.

② 行為がわいせつなものではないとの誤信をさせ,若しくは行為をする者について人違いをさせ,又はそれらの誤信若しくは人違いをしていることに乗じて,わいせつな行為をした者も,前項と同様とする.

③ 16歳未満の者に対し,わいせつな行為をした者(当該16歳未満の者が13歳以上である場合については,その者が生まれた日より5年以上前の日に生まれた者に限る.)も,第1項と同様とする.

(不同意性交等)

第177条　① 前条第1項各号に掲げる行為又は事由その他これらに類する行為又は事由により,同意しない意思を形成し,表明し若しくは全うすることが困難な状態にさせ又はその状態にあることに乗じて,性交,肛門性交,口腔性交又は膣若しくは肛門に身体の一部(陰茎を除く.)若しくは物を挿入する行為であってわいせつなもの(以下この条及び第179条第2項において「性交等」という.)をした者は,婚姻関係の有無にかかわらず,5年以上の有期拘禁刑に処する.

② 行為がわいせつなものではないとの誤信をさせ,若しくは行為をする者について人違いをさせ,又はそれらの誤信若しくは人違いをしていることに乗じて,性交等をした者も,前項と同様とする.

③ 16歳未満の者に対し,性交等をした者(当該16歳未満の者が13歳以上である場合については,その者が生まれた日より5年以上前の日に生まれた者に限る.)も,第1項と同様とする.

第178条　削除

(監護者わいせつ及び監護者性交等)

第179条　① 18歳未満の者に対し,その者を現に監護する者であることによる影響力があることに乗じてわいせつな行為をした者は,第176条第1項の例による.

② 18歳未満の者に対し,その者を現に監護する者であることによる影響力があることに乗じて性交等をした者は,第177条第1項の例による.

(未遂罪)

第180条　第176条,第177条及び前条の罪の未遂は,罰する.

(不同意わいせつ等致死傷)

第181条　① 第176条若しくは第179条第1項の罪又はこれらの罪の未遂罪を犯し,よって人を死傷させた者は,無期又は3年以上の拘禁刑に処する.

② 第177条若しくは第179条第2項の罪又はこれらの罪の未遂罪を犯し,よって人を死傷させた者は,無期又は6年以上の拘禁刑に処する.

〔令4法67,施行3年内〕

(16歳未満の者に対する面会要求等)

第182条　① わいせつの目的で,16歳未満の者に対し,次の各号に掲げるいずれかの行為をした者(当該16歳未満の者が13歳以上である場合については,その者が生まれた日より5年以上前の日に生まれた者に限る.)は,1年以下の拘禁刑又は50万円以下の罰金に処する.

1　威迫し,偽計を用い又は誘惑して面会を要求すること.

2　拒まれたにもかかわらず,反復して面会を要求すること.

3　金銭その他の利益を供与し,又はその申込み若しくは約束をして面会を要求すること.

② 前項の罪を犯し,よってわいせつの目的で当該16歳未満の者と面会をした者は,2年以下の拘禁刑又は100万円以下の罰金に処する.

③ 16歳未満の者に対し,次の各号に掲げるいずれかの行為(第2号に掲げる行為については,当該行為をさせることがわいせつなものであるものに限る.)を要求した者(当該16歳未満の者が13歳以上である場合については,その者が生まれた日より5年以上前の日に生まれた者に限る.)は,1年以下の拘禁刑又は50万円以下の罰金に処する.

1　性交,肛門性交又は口腔性交をする姿態をとってその映像を送信すること.

2　前号に掲げるもののほか,膣又は肛門に身体の一部(陰茎を除く.)又は物を挿入し又は挿入される姿態,性的な部位(性器若しくは肛門若しくはこれらの周辺部,臀部又は胸

部をいう．以下この号において同じ．）を触り又は触られる姿態，性的な部位を露出した姿態その他の姿態をとってその映像を送信すること．

（淫行勧誘）

第183条　営利の目的で，淫行の常習のない女子を勧誘して姦淫させた者は，3年以下の拘禁刑又は30万円以下の罰金に処する．

〔令4法67, 施行3年内〕

（重　婚）

第184条　配偶者のある者が重ねて婚姻をしたときは，2年以下の拘禁刑に処する．その相手方となって婚姻をした者も，同様とする．

〔令4法67, 施行3年内〕

第23章　賭博及び富くじに関する罪

（賭　博）

第185条　賭博をした者は，50万円以下の罰金又は科料に処する．ただし，一時の娯楽に供する物を賭けたにとどまるときは，この限りでない．

（常習賭博及び賭博場開張等図利）

第186条　① 常習として賭博をした者は，3年以下の拘禁刑に処する．

② 賭博場を開張し，又は博徒を結合して利益を図った者は，3月以上5年以下の拘禁刑に処する．

〔令4法67, 施行3年内〕

（富くじ発売等）

第187条　① 富くじを発売した者は，2年以下の拘禁刑又は150万円以下の罰金に処する．

② 富くじ発売の取次ぎをした者は，1年以下の拘禁刑又は100万円以下の罰金に処する．

③ 前2項に規定するもののほか，富くじを授受した者は，20万円以下の罰金又は科料に処する．

〔令4法67, 施行3年内〕

第24章　礼拝所及び墳墓に関する罪

（礼拝所不敬及び説教等妨害）

第188条　① 神祠，仏堂，墓所その他の礼拝所に対し，公然と不敬な行為をした者は，6月以下の拘禁刑又は10万円以下の罰金に処する．

② 説教，礼拝又は葬式を妨害した者は，1年以下の拘禁刑又は10万円以下の罰金に処する．

〔令4法67, 施行3年内〕

（墳墓発掘）

第189条　墳墓を発掘した者は，2年以下の拘禁刑に処する．

〔令4法67, 施行3年内〕

（死体損壊等）

第190条　死体，遺骨，遺髪又は棺に納めてある物を損壊し，遺棄し，又は領得した者は，3年以下の拘禁刑に処する．

（墳墓発掘死体損壊等）

第191条　第189条の罪を犯して，死体，遺骨，遺髪又は棺に納めてある物を損壊し，遺棄し，又は領得した者は，3月以上5年以下の拘禁刑に処する．

〔令4法67, 施行3年内〕

（変死者密葬）

第192条　検視を経ないで変死者を葬った者は，10万円以下の罰金又は科料に処する．

第25章　汚職の罪

（公務員職権濫用）

第193条　公務員がその職権を濫用して，人に義務のないことを行わせ，又は権利の行使を妨害したときは，2年以下の拘禁刑に処する．

〔令4法67, 施行3年内〕

（特別公務員職権濫用）

第194条　裁判，検察若しくは警察の職務を行う者又はこれらの職務を補助する者がその職権を濫用して，人を逮捕し，又は監禁したときは，6月以上10年以下の拘禁刑に処する．

〔令4法67, 施行3年内〕

（特別公務員暴行陵虐）

第195条　① 裁判，検察若しくは警察の職務を行う者又はこれらの職務を補助する者が，その職務を行うに当たり，被告人，被疑者その他の者に対して暴行又は陵辱若しくは加虐の行為をしたときは，7年以下の拘禁刑に処する．

② 法令により拘禁された者を看守し又は護送する者がその拘禁された者に対して暴行又は陵辱若しくは加虐の行為をしたときも，前項と同様とする．　〔令4法67, 施行3年内〕

（特別公務員職権濫用等致死傷）

第196条　前2条の罪を犯し，よって人を死傷させた者は，傷害の罪と比較して，重い刑により処断する．

（収賄，受託収賄及び事前収賄）

第197条　① 公務員が，その職務に関し，賄賂を収受し，又はその要求若しくは約束をしたときは，5年以下の拘禁刑に処する．この場合において，請託を受けたときは，7年以下の拘禁刑に処する．

② 公務員になろうとする者が，その担当すべき職務に関し，請託を受けて，賄賂を収受し，又はその要求若しくは約束をしたときは，公務員となった場合において，5年以下の拘禁刑に処する．　〔令4法67, 施行3年内〕

（第三者供賄）

第197条の2　公務員が，その職務に関し，請託を受けて，第三者に賄賂を供与させ，又はその供与の要求若しくは約束をしたときは，5年以下の拘禁刑に処する．　〔令4法67, 施行3年内〕

（加重収賄及び事後収賄）

第197条の3 ① 公務員が前２条の罪を犯し，よって不正な行為をし，又は相当の行為をしなかったときは，１年以上の有期拘禁刑に処する．

② 公務員が，その職務上不正な行為をしたこと又は相当の行為をしなかったことに関し，賄賂を収受し，若しくはその要求若しくは約束をし，又は第三者にこれを供与させ，若しくはその供与の要求若しくは約束をしたときも，前項と同様とする．

③ 公務員であった者が，その在職中に請託を受けて職務上不正な行為をしたこと又は相当の行為をしなかったことに関し，賄賂を収受し，又はその要求若しくは約束をしたときは，５年以下の拘禁刑に処する．

〔令４法67，施行３年内〕

（あっせん収賄）

第197条の4 公務員が請託を受け，他の公務員に職務上不正な行為をさせるように，又は相当の行為をさせないようにあっせんをすること又はしたことの報酬として，賄賂を収受し，又はその要求若しくは約束をしたときは，５年以下の拘禁刑に処する．

〔令４法67，施行３年内〕

（没収及び追徴）

第197条の5 犯人又は情を知った第三者が収受した賄賂は，没収する．その全部又は一部を没収することができないときは，その価額を追徴する．

（贈 賄）

第198条 第197条から第197条の４までに規定する賄賂を供与し，又はその申込み若しくは約束をした者は，３年以下の拘禁刑又は250万円以下の罰金に処する．

〔令４法67，施行３年内〕

第26章 殺人の罪

（殺 人）

第199条 人を殺した者は，死刑又は無期若しくは５年以上の拘禁刑に処する．

〔令４法67，施行３年内〕

第200条 削除

（予 備）

第201条 第199条の罪を犯す目的で，その予備をした者は，２年以下の拘禁刑に処する．ただし，情状により，その刑を免除することができる．

〔令４法67，施行３年内〕

（自殺関与及び同意殺人）

第202条 人を教唆し若しくは幇助して自殺させ，又は人をその嘱託を受け若しくはその承諾を得て殺した者は，６月以上７年以下の拘禁

刑に処する．

〔令４法67，施行３年内〕

（未遂罪）

第203条 第199条及び前条の罪の未遂は，罰する．

第27章 傷害の罪

（傷 害）

第204条 人の身体を傷害した者は，15年以下の拘禁刑又は50万円以下の罰金に処する．

〔令４法67，施行３年内〕

（傷害致死）

第205条 身体を傷害し，よって人を死亡させた者は，３年以上の有期拘禁刑に処する．

〔令４法67，施行３年内〕

（現場助勢）

第206条 前２条の犯罪が行われるに当たり，現場において勢いを助けた者は，自ら人を傷害しなくても，１年以下の拘禁刑又は10万円以下の罰金若しくは科料に処する．

〔令４法67，施行３年内〕

（同時傷害の特例）

第207条 ２人以上で暴行を加えて人を傷害した場合において，それぞれの暴行による傷害の軽重を知ることができず，又はその傷害を生じさせた者を知ることができないときは，共同して実行した者でなくても，共犯の例による．

（暴 行）

第208条 暴行を加えた者が人を傷害するに至らなかったときは，２年以下の拘禁刑若しくは30万円以下の罰金又は拘留若しくは科料に処する．

〔令４法67，施行３年内〕

（凶器準備集合及び結集）

第208条の2 ① ２人以上の者が他人の生命，身体又は財産に対し共同して害を加える目的で集合した場合において，凶器を準備して又はその準備があることを知って集合した者は，２年以下の拘禁刑又は30万円以下の罰金に処する．

② 前項の場合において，凶器を準備して又はその準備があることを知って人を集合させた者は，３年以下の拘禁刑に処する．

〔令４法67，施行３年内〕

第28章 過失傷害の罪

（過失傷害）

第209条 ① 過失により人を傷害した者は，30万円以下の罰金又は科料に処する．

② 前項の罪は，告訴がなければ公訴を提起することができない．

（過失致死）

第210条 過失により人を死亡させた者は，50

万円以下の罰金に処する.

（業務上過失致死傷等）

第211条　業務上必要な注意を怠り，よって人を死傷させた者は，5年以下の拘禁刑又は100万円以下の罰金に処する．重大な過失により人を死傷させた者も，同様とする．

〔令4法67, 施行3年内〕

第29章　堕胎の罪

（堕　胎）

第212条　妊娠中の女子が薬物を用い，又はその他の方法により，堕胎したときは，1年以下の拘禁刑に処する．　〔令4法67, 施行3年内〕

（同意堕胎及び同致死傷）

第213条　女子の嘱託を受け，又はその承諾を得て堕胎させた者は，2年以下の拘禁刑に処する．よって女子を死傷させた者は，3月以上5年以下の拘禁刑に処する．

〔令4法67, 施行3年内〕

（業務上堕胎及び同致死傷）

第214条　医師，助産師，薬剤師又は医薬品販売業者が女子の嘱託を受け，又はその承諾を得て堕胎させたときは，3月以上5年以下の拘禁刑に処する．よって女子を死傷させたときは，6月以上7年以下の拘禁刑に処する．

〔令4法67, 施行3年内〕

（不同意堕胎）

第215条　①　女子の嘱託を受けないで，又はその承諾を得ないで堕胎させた者は，6月以上7年以下の拘禁刑に処する．

②　前項の罪の未遂は，罰する．

〔令4法67, 施行3年内〕

（不同意堕胎致死傷）

第216条　前条の罪を犯し，よって女子を死傷させた者は，傷害の罪と比較して，重い刑により処断する．

第30章　遺棄の罪

（遺　棄）

第217条　老年，幼年，身体障害又は疾病のために扶助を必要とする者を遺棄した者は，1年以下の拘禁刑に処する．

〔令4法67, 施行3年内〕

（保護責任者遺棄等）

第218条　老年者，幼年者，身体障害者又は病者を保護する責任のある者がこれらの者を遺棄し，又はその生存に必要な保護をしなかったときは，3月以上5年以下の拘禁刑に処する．

〔令4法67, 施行3年内〕

（遺棄等致死傷）

第219条　前2条の罪を犯し，よって人を死傷

させた者は，傷害の罪と比較して，重い刑により処断する．

第31章　逮捕及び監禁の罪

（逮捕及び監禁）

第220条　不法に人を逮捕し，又は監禁した者は，3月以上7年以下の拘禁刑に処する．

〔令4法67, 施行3年内〕

（逮捕等致死傷）

第221条　前条の罪を犯し，よって人を死傷させた者は，傷害の罪と比較して，重い刑により処断する．

第32章　脅迫の罪

（脅　迫）

第222条　①　生命，身体，自由，名誉又は財産に対し害を加える旨を告知して人を脅迫した者は，2年以下の拘禁刑又は30万円以下の罰金に処する．

②　親族の生命，身体，自由，名誉又は財産に対し害を加える旨を告知して人を脅迫した者も，前項と同様とする．　〔令4法67, 施行3年内〕

（強　要）

第223条　①　生命，身体，自由，名誉若しくは財産に対し害を加える旨を告知して脅迫し，又は暴行を用いて，人に義務のないことを行わせ，又は権利の行使を妨害した者は，3年以下の拘禁刑に処する．

②　親族の生命，身体，自由，名誉又は財産に対し害を加える旨を告知して脅迫し，人に義務のないことを行わせ，又は権利の行使を妨害した者も，前項と同様とする．

③　前2項の罪の未遂は，罰する．

〔令4法67, 施行3年内〕

第33章　略取, 誘拐及び人身売買の罪

（未成年者略取及び誘拐）

第224条　未成年者を略取し，又は誘拐した者は，3月以上7年以下の拘禁刑に処する．

〔令4法67, 施行3年内〕

（営利目的等略取及び誘拐）

第225条　営利，わいせつ，結婚又は生命若しくは身体に対する加害の目的で，人を略取し，又は誘拐した者は，1年以上10年以下の拘禁刑に処する．　〔令4法67, 施行3年内〕

（身の代金目的略取等）

第225条の2　①　近親者その他略取され又は誘拐された者の安否を憂慮する者の憂慮に乗じてその財物を交付させる目的で，人を略取し，又は誘拐した者は，無期又は3年以上の拘禁刑に処する．

② 人を略取し又は誘拐した者が近親者その他略取され又は誘拐された者の安否を憂慮する者の憂慮に乗じて、その財物を交付させ、又はこれを要求する行為をしたときも、前項と同様とする。　　　　　　　　〔令4法67、施行3年内〕

（所在国外移送目的略取及び誘拐）

第226条　所在国外に移送する目的で、人を略取し、又は誘拐した者は、2年以上の有期拘禁刑に処する。　　　　　　　〔令4法67、施行3年内〕

（人身売買）

第226条の2　① 人を買い受けた者は、3月以上5年以下の拘禁刑に処する。

② 未成年者を買い受けた者は、3月以上7年以下の拘禁刑に処する。

③ 営利、わいせつ、結婚又は生命若しくは身体に対する加害の目的で、人を買い受けた者は、1年以上10年以下の拘禁刑に処する。

④ 人を売り渡した者も、前項と同様とする。

⑤ 所在国外に移送する目的で、人を売買した者は、2年以上の有期拘禁刑に処する。　　　　　　　　　　　　　〔令4法67、施行3年内〕

（被略取者等所在国外移送）

第226条の3　略取され、誘拐され、又は売買された者を所在国外に移送した者は、2年以上の有期拘禁刑に処する。　　〔令4法67、施行3年内〕

（被略取者引渡し等）

第227条　① 第224条、第225条又は前3条の罪を犯した者を幇助する目的で、略取され、誘拐され、又は売買された者を引き渡し、収受し、輸送し、蔵匿し、又は隠避させた者は、3月以上5年以下の拘禁刑に処する。

② 第225条の2第1項の罪を犯した者を幇助する目的で、略取され又は誘拐された者を引き渡し、収受し、輸送し、蔵匿し、又は隠避させた者は、1年以上10年以下の拘禁刑に処する。

③ 営利、わいせつ又は生命若しくは身体に対する加害の目的で、略取され、誘拐され、又は売買された者を引き渡し、収受し、輸送し、又は蔵匿した者は、6月以上7年以下の拘禁刑に処する。

④ 第225条の2第1項の目的で、略取され又は誘拐された者を収受した者は、2年以上の有期拘禁刑に処する。略取され又は誘拐された者を収受した者が近親者その他略取され又は誘拐された者の安否を憂慮する者の憂慮に乗じて、その財物を交付させ、又はこれを要求する行為をしたときも、同様とする。　　　　　　　　　　〔令4法67、施行3年内〕

（未遂罪）

第228条　第224条、第225条、第225条の2第1項、第226条から第226条の3まで並び

に前条第1項から第3項まで及び第4項前段の罪の未遂は、罰する。

（解放による刑の減軽）

第228条の2　第225条の2又は第227条第2項若しくは第4項の罪を犯した者が、公訴が提起される前に、略取され又は誘拐された者を安全な場所に解放したときは、その刑を減軽する。

（身の代金目的略取等予備）

第228条の3　第225条の2第1項の罪を犯す目的で、その予備をした者は、2年以下の拘禁刑に処する。ただし、実行に着手する前に自首した者は、その刑を減軽し、又は免除する。　　　　　　　　　　〔令4法67、施行3年内〕

（親告罪）

第229条　第224条の罪及び同条の罪を幇助する目的で犯した第227条第1項の罪並びにこれらの罪の未遂罪は、告訴がなければ公訴を提起することができない。

第34章　名誉に対する罪

（名誉毀損）

第230条　① 公然と事実を摘示し、人の名誉を毀損した者は、その事実の有無にかかわらず、3年以下の拘禁刑又は50万円以下の罰金に処する。

② 死者の名誉を毀損した者は、虚偽の事実を摘示することによってした場合でなければ、罰しない。　　　　　　　〔令4法67、施行3年内〕

（公共の利害に関する場合の特例）

第230条の2　① 前条第1項の行為が公共の利害に関する事実に係り、かつ、その目的が専ら公益を図ることにあったと認める場合には、事実の真否を判断し、真実であることの証明があったときは、これを罰しない。

② 前項の規定の適用については、公訴が提起されるに至っていない人の犯罪行為に関する事実は、公共の利害に関する事実とみなす。

③ 前条第1項の行為が公務員又は公選による公務員の候補者に関する事実に係る場合には、事実の真否を判断し、真実であることの証明があったときは、これを罰しない。

（侮　辱）

第231条　事実を摘示しなくても、公然と人を侮辱した者は、1年以下の拘禁刑若しくは30万円以下の罰金又は拘留若しくは科料に処する。　　　　　　　　　〔令4法67、施行3年内〕

（親告罪）

第232条　① この章の罪は、告訴がなければ公訴を提起することができない。

② 告訴をすることができる者が天皇、皇后、太皇太后、皇太后又は皇嗣であるときは内閣総理

大臣が, 外国の君主又は大統領であるときはその国の代表者がそれぞれ代わって告訴を行う.

第 35 章　信用及び業務に対する罪

（信用毀損及び業務妨害）

第 233 条　虚偽の風説を流布し, 又は偽計を用いて, 人の信用を毀損し, 又はその業務を妨害した者は, 3 年以下の拘禁刑又は 50 万円以下の罰金に処する.　〔令 4 法 67, 施行 3 年内〕

（威力業務妨害）

第 234 条　威力を用いて人の業務を妨害した者も, 前条の例による.

（電子計算機損壊等業務妨害）

第 234 条の 2　① 人の業務に使用する電子計算機若しくはその用に供する電磁的記録を損壊し, 若しくは人の業務に使用する電子計算機に虚偽の情報若しくは不正な指令を与え, 又はその他の方法により, 電子計算機に使用目的に沿うべき動作をさせず, 又は使用目的に反する動作をさせて, 人の業務を妨害した者は, 5 年以下の拘禁刑又は 100 万円以下の罰金に処する.

② 前項の罪の未遂は, 罰する.

〔令 4 法 67, 施行 3 年内〕

第 36 章　窃盗及び強盗の罪

（窃　盗）

第 235 条　他人の財物を窃取した者は, 窃盗の罪とし, 10 年以下の拘禁刑又は 50 万円以下の金に処する.　〔令 4 法 67, 施行 3 年内〕

（不動産侵奪）

第 235 条の 2　他人の不動産を侵奪した者は, 10 年以下の拘禁刑に処する.

〔令 4 法 67, 施行 3 年内〕

（強　盗）

第 236 条　① 暴行又は脅迫を用いて他人の財物を強取した者は, 強盗の罪とし, 5 年以上の有期拘禁刑に処する.

② 前項の方法により, 財産上不法の利益を得, 又は他人にこれを得させた者も, 同項と同様とする.　〔令 4 法 67, 施行 3 年内〕

（強盗予備）

第 237 条　強盗の罪を犯す目的で, その予備をした者は, 2 年以下の拘禁刑に処する.

〔令 4 法 67, 施行 3 年内〕

（事後強盗）

第 238 条　窃盗が, 財物を得てこれを取り返されることを防ぎ, 逮捕を免れ, 又は罪跡を隠滅するために, 暴行又は脅迫をしたときは, 強盗として論ずる.

（昏酔強盗）

第 239 条　人を昏酔させてその財物を盗取した者は, 強盗として論ずる.

（強盗致死傷）

第 240 条　強盗が, 人を負傷させたときは無期又は 6 年以上の拘禁刑に処し, 死亡させたときは死刑又は無期拘禁刑に処する.

〔令 4 法 67, 施行 3 年内〕

（強盗・不同意性交等及び同致死）

第 241 条　① 強盗の罪若しくはその未遂罪を犯した者が第 177 条の罪若しくはその未遂罪をも犯したとき, 又は同条の罪若しくはその未遂罪を犯した者が強盗の罪若しくはその未遂罪をも犯したときは, 無期又は 7 年以上の拘禁刑に処する.

② 前項の場合のうち, その犯した罪がいずれも未遂罪であるときは, 人を死傷させたときを除き, その刑を減軽することができる. ただし, 自己の意思によりいずれかの犯罪を中止したときは, その刑を減軽し, 又は免除する.

③ 第 1 項の罪に当たる行為により人を死亡させた者は, 死刑又は無期拘禁刑に処する.

〔令 4 法 67, 施行 3 年内〕

（他人の占有等に係る自己の財物）

第 242 条　自己の財物であっても, 他人が占有し, 又は公務所の命令により他人が看守するものであるときは, この章の罪については, 他人の財物とみなす.

（未遂罪）

第 243 条　第 235 条から第 236 条まで, 第 238 条から第 240 条まで及び第 241 条第 3 項の罪の未遂は, 罰する.

（親族間の犯罪に関する特例）

第 244 条　① 配偶者, 直系血族又は同居の親族との間で第 235 条の罪, 第 235 条の 2 の罪又はこれらの罪の未遂罪を犯した者は, その刑を免除する.

② 前項に規定する親族以外の親族との間で犯した同項に規定する罪は, 告訴がなければ公訴を提起することができない.

③ 前 2 項の規定は, 親族でない共犯については, 適用しない.

（電　気）

第 245 条　この章の罪については, 電気は, 財物とみなす.

第 37 章　詐欺及び恐喝の罪

（詐　欺）

第 246 条　① 人を欺いて財物を交付させた者は, 10 年以下の拘禁刑に処する.

② 前項の方法により, 財産上不法の利益を得, 又は他人にこれを得させた者も, 同項と同様とする.　〔令 4 法 67, 施行 3 年内〕

（電子計算機使用詐欺）

第246条の2　前条に規定するもののほか，人の事務処理に使用する電子計算機に虚偽の情報若しくは不正な指令を与えて財産権の得喪若しくは変更に係る不実の電磁的記録を作り，又は財産権の得喪若しくは変更に係る虚偽の電磁的記録を人の事務処理の用に供して，財産上不法の利益を得，又は他人にこれを得させた者は，10年以下の拘禁刑に処する．
〔令4法67，施行3年内〕

（背　任）

第247条　他人のためにその事務を処理する者が，自己若しくは第三者の利益を図り又は本人に損害を加える目的で，その任務に背く行為をし，本人に財産上の損害を加えたときは，5年以下の拘禁刑又は50万円以下の罰金に処する．
〔令4法67，施行3年内〕

（準詐欺）

第248条　未成年者の知慮浅薄又は人の心神耗弱に乗じて，その財物を交付させ，又は財産上不法の利益を得，若しくは他人にこれを得させた者は，10年以下の拘禁刑に処する．
〔令4法67，施行3年内〕

（恐　喝）

第249条　①　人を恐喝して財物を交付させた者は，10年以下の拘禁刑に処する．
②　前項の方法により，財産上不法の利益を得，又は他人にこれを得させた者も，同項と同様とする．
〔令4法67，施行3年内〕

（未遂罪）

第250条　この章の罪の未遂は，罰する．

（準　用）

第251条　第242条，第244条及び第245条の規定は，この章の罪について準用する．

第38章　横領の罪

（横　領）

第252条　①　自己の占有する他人の物を横領した者は，5年以下の拘禁刑に処する．
②　自己の物であっても，公務所から保管を命ぜられた場合において，これを横領した者も，前項と同様とする．
〔令4法67，施行3年内〕

（業務上横領）

第253条　業務上自己の占有する他人の物を横領した者は，10年以下の拘禁刑に処する．
〔令4法67，施行3年内〕

（遺失物等横領）

第254条　遺失物，漂流物その他占有を離れた他人の物を横領した者は，1年以下の拘禁刑又は10万円以下の罰金若しくは科料に処する．
〔令4法67，施行3年内〕

（準　用）

第255条　第244条の規定は，この章の罪について準用する．

第39章　盗品等に関する罪

（盗品譲受け等）

第256条　①　盗品その他財産に対する罪に当たる行為によって領得された物を無償で譲り受けた者は，3年以下の拘禁刑に処する．
②　前項に規定する物を運搬し，保管し，若しくは有償で譲り受け，又はその有償の処分のあっせんをした者は，10年以下の拘禁刑及び50万円以下の罰金に処する．
〔令4法67，施行3年内〕

（親族等の間の犯罪に関する特例）

第257条　①　配偶者との間又は直系血族，同居の親族若しくはこれらの者の配偶者との間で前条の罪を犯した者は，その刑を免除する．
②　前項の規定は，親族でない共犯については，適用しない．

第40章　毀棄及び隠匿の罪

（公用文書等毀棄）

第258条　公務所の用に供する文書又は電磁的記録を毀棄した者は，3月以上7年以下の拘禁刑に処する．　〔令4法67，施行3年内〕

（私用文書等毀棄）

第259条　権利又は義務に関する他人の文書又は電磁的記録を毀棄した者は，5年以下の拘禁刑に処する．　〔令4法67，施行3年内〕

（建造物等損壊及び同致死傷）

第260条　他人の建造物又は艦船を損壊した者は，5年以下の拘禁刑に処する．よって人を死傷させた者は，傷害の罪と比較して，重い刑により処断する．　〔令4法67，施行3年内〕

（器物損壊等）

第261条　前3条に規定するもののほか，他人の物を損壊し，又は傷害した者は，3年以下の拘禁刑又は30万円以下の罰金若しくは科料に処する．　〔令4法67，施行3年内〕

（自己の物の損壊等）

第262条　自己の物であっても，差押えを受け，物権を負担し，賃貸し，又は配偶者居住権が設定されたものを損壊し，又は傷害したときは，前3条の例による．

（境界損壊）

第262条の2　境界標を損壊し，移動し，若しくは除去し，又はその他の方法により，土地の境界を認識することができないようにした者は，5年以下の拘禁刑又は50万円以下の罰金に処する．　〔令4法67，施行3年内〕

（信書隠匿）

第263条　他人の信書を隠匿した者は，6月以下の拘禁刑又は10万円以下の罰金若しくは科料に処する．　〔令4法67, 施行3年内〕

（親告罪）

第264条　第259条，第261条及び前条の罪は，告訴がなければ公訴を提起することができない．

76　〔自動車運転死傷行為処罰法〕
自動車の運転により人を死傷させる行為等の処罰に関する法律
（平25・11・27法律第86号, 平26・5・20施行, 最終改正：令5・6・16法律第56号）

（定　義）

第1条　①　この法律において「自動車」とは，道路交通法（昭和35年法律第105号）第2条第1項第9号に規定する自動車及び同項第10号に規定する原動機付自転車をいう．

②　この法律において「無免許運転」とは，法令の規定による運転の免許を受けている者又は道路交通法第107条の2の規定により国際運転免許証若しくは外国運転免許証で運転することができるとされている者でなければ運転することができないこととされている自動車を当該免許を受けないで（法令の規定により当該免許の効力が停止されている場合を含む．）又は当該国際運転免許証若しくは外国運転免許証を所持しないで（同法第88条第1項第2号から第4号までのいずれかに該当する場合又は本邦に上陸（住民基本台帳法（昭和42年法律第81号）に基づき住民基本台帳に記録されている者が出入国管理及び難民認定法（昭和26年政令第319号）第60条第1項の確認，同法第26条第1項の規定による再入国の許可（同法第26条の2第1項（日本国との平和条約に基づき日本国の国籍を離脱した者等の出入国管理に関する特例法（平成3年法律第71号）第23条第2項において準用する場合を含む．）の規定により出入国管理及び難民認定法第26条第1項の規定による再入国の許可を受けたものとみなされる場合を含む．）又は出入国管理及び難民認定法第61条の2の15第1項の規定による難民旅行証明書の交付を受けて出国し，当該出国の日から3月に満たない期間内に再び本邦に上陸した場合における当該上陸を除く．）をした日から起算して滞在期間が1年を超えている場合を含む．），道路（道路交通法第2条第1項第1号に規定する道路をいう．）において，運転することをいう．　〔令5法56, 施行1年内〕

（危険運転致死傷）

第2条　次に掲げる行為を行い，よって，人を負傷させた者は15年以下の拘禁刑に処し，人を死亡させた者は1年以上の有期拘禁刑に処する．

1　アルコール又は薬物の影響により正常な運転が困難な状態で自動車を走行させる行為

2　その進行を制御することが困難な高速度で自動車を走行させる行為

3　その進行を制御する技能を有しないで自動車を

走行させる行為

4　人又は車の通行を妨害する目的で，走行中の自動車の直前に進入し，その他通行中の人又は車に著しく接近し，かつ，重大な交通の危険を生じさせる速度で自動車を運転する行為

5　車の通行を妨害する目的で，走行中の車（重大な交通の危険が生じることとなる速度で走行中のものに限る．）の前方で停止し，その他これに著しく接近することとなる方法で自動車を運転する行為

6　高速自動車国道（高速自動車国道法（昭和32年法律第79号）第4条第1項に規定する道路をいう．）又は自動車専用道路（道路法（昭和27年法律第180号）第48条の4に規定する自動車専用道路をいう．）において，自動車の通行を妨害する目的で，走行中の自動車の前方で停止し，その他これに著しく接近することとなる方法で自動車を運転することにより，走行中の自動車に停止又は徐行（自動車が直ちに停止することができるような速度で進行することをいう．）をさせる行為

7　赤色信号又はこれに相当する信号を殊更に無視し，かつ，重大な交通の危険を生じさせる速度で自動車を運転する行為

8　通行禁止道路（道路標識若しくは道路標示により，又はその他法令の規定により自動車の通行が禁止されている道路又はその部分であって，これを通行することが人又は車に交通の危険を生じさせるものとして政令で定めるものをいう．）を通行し，かつ，重大な交通の危険を生じさせる速度で自動車を運転する行為　〔令4法68, 施行3年内〕

第3条　①　アルコール又は薬物の影響により，その走行中に正常な運転に支障が生じるおそれがある状態で，自動車を運転し，よって，そのアルコール又は薬物の影響により正常な運転が困難な状態に陥り，人を負傷させた者は12年以下の拘禁刑に処し，人を死亡させた者は15年以下の拘禁刑に処する．

②　自動車の運転に支障を及ぼすおそれがある病気として政令で定めるものの影響により，その走行中に正常な運転に支障が生じるおそれがある状態で，自動車を運転し，よって，その病気の影響により正常な運転が困難な状態に陥り，人を死傷させた者も，前項と同様とする．　〔令4法68, 施行3年内〕

（過失運転致死傷アルコール等影響発覚免脱）

第4条　アルコール又は薬物の影響によりその走行中に正常な運転に支障が生じるおそれがある状態で自動車を運転した者が，運転上必要な注意を怠り，よって人を死傷させた場合において，その運転の時のアルコール又は薬物の影響の有無又は程度が発覚することを免れる目的で，更にアルコール又は薬物を摂取すること，その場を離れて身体に保有するアルコール又は薬物の濃度を減少させることその他の影響の有無又は程度が発覚することを免れるべき行為をしたときは，12年以下の拘禁刑に処する．　〔令4法68, 施行3年内〕

（過失運転致死傷）

第5条　自動車の運転上必要な注意を怠り，よって人を死傷させた者は，7年以下の拘禁刑又は100万円以下の罰金に処する．ただし，その傷害が軽いときは，情状により，その刑を免除することができる．　〔令4法68, 施行3年内〕

（無免許運転による加重）

第6条　①　第2条（第3号を除く．）の罪を犯した

者（人を負傷させた者に限る。）が，その罪を犯した時に無免許運転をしたものであるときは，6月以上の有期拘禁刑に処する．

② 第3条の罪を犯した者が，その罪を犯した時に無免許運転をしたものであるときは，人を負傷させた者は15年以下の拘禁刑に処し，人を死亡させた者は6月以上の有期拘禁刑に処する．

③ 第4条の罪を犯した者が，その罪を犯した時に無免許運転をしたものであるときは，15年以下の拘禁刑に処する．

④ 前条の罪を犯した者が，その罪を犯した時に無免許運転をしたものであるときは，10年以下の拘禁刑に処する．

〔令4法68,施行3年内〕

附　則　抄

（施行期日）
第1条　この法律は，公布の日から起算して6月を超えない範囲内において政令で定める日から施行する．

77　〔組織的犯罪処罰法〕
組織的な犯罪の処罰及び犯罪収益の規制等に関する法律（抄）
（平11・8・18法律第136号，平12・2・1施行，最終改正：令5・6・23法律第67号）

第1章　総　則

（目　的）
第1条　この法律は，組織的な犯罪が平穏かつ健全な社会生活を著しく害し，及び犯罪による収益がこの種の犯罪を助長するとともに，これを用いた事業活動への干渉が健全な経済活動に重大な悪影響を与えることに鑑み，並びに国際的な組織犯罪の防止に関する国際連合条約を実施するため，組織的に行われた殺人等の行為に対する処罰を強化し，犯罪による収益の隠匿及び収受並びにこれを用いた法人等の事業経営の支配を目的とする行為を処罰するとともに，犯罪による収益に係る没収及び追徴の特例等について定めることを目的とする．

（定　義）
第2条　① この法律において「団体」とは，共同の目的を有する多数人の継続的結合体であって，その目的又は意思を実現する行為の全部又は一部が組織（指揮命令に基づき，あらかじめ定められた任務の分担に従って構成員が一体として行動する人の結合体をいう．以下同じ．）により反復して行われるものをいう．

第2章　組織的な犯罪の処罰及び犯罪収益の没収等

（組織的な殺人等）
第3条　① 次の各号に掲げる罪に当たる行為が，団体の活動（団体の意思決定に基づく行為であって，その効果又はこれによる利益が当該団体に帰属するものをいう．以下同じ．）として，当該各号に掲げる行為を実行するための組織により行われたときは，その罪を犯した者は，当該各号に定める刑に処する．

1　刑法（明治40年法律第45号）第96条（封印等破棄）の罪　5年以下の拘禁刑若しくは500万円以下の罰金又はこれらの併科

2　刑法第96条の2（強制執行妨害目的財産損壊等）の罪　5年以下の拘禁刑若しくは500万円以下の罰金又はこれらの併科

3　刑法第96条の3（強制執行行為妨害等）の罪　5年以下の拘禁刑若しくは500万円以下の罰金又はこれらの併科

4　刑法第96条の4（強制執行関係売却妨害）の罪　5年以下の拘禁刑若しくは500万円以下の罰金又はこれらの併科

5　刑法第186条第1項（常習賭博）の罪　5年以下の拘禁刑

6　刑法第186条第2項（賭博場開張等図利）の罪　3月以上7年以下の拘禁刑

7　刑法第199条（殺人）の罪　死刑又は無期若しくは6年以上の拘禁刑

8　刑法第220条（逮捕及び監禁）の罪　3月以上10年以下の拘禁刑

9　刑法第223条第1項又は第2項（強要）の罪　5年以下の拘禁刑

10　刑法第225条の2（身の代金目的略取等）の罪　無期又は5年以上の拘禁刑

11　刑法第233条（信用毀損及び業務妨害）の罪　5年以下の拘禁刑又は50万円以下の罰金

12　刑法第234条（威力業務妨害）の罪　5年以下の拘禁刑又は50万円以下の罰金

13　刑法第246条（詐欺）の罪　1年以上の有期拘禁刑

14　刑法第249条（恐喝）の罪　1年以上の有期拘禁刑

15　刑法第260条前段（建造物等損壊）の罪　7年以下の拘禁刑

② 団体に不正権益（団体の威力に基づく一定の地域又は分野における支配力であって，当該団体の構成員による犯罪その他の不正な行為により当該団体又はその構成員が継続的に利益を得ることを容易にすべきものをいう．以下この項及び第6条の2第2項において同じ．）を得させ，又は団体の不正権益を維持し，若しくは拡大する目的で，前項各号（第5号，第6号及び第13号を除く．）に掲げる罪を犯した者も，同項と同様とする．

〔令4法68,施行3年内〕

（組織的な殺人等の予備）
第6条　① 次の各号に掲げる罪で，これに当たる行為が，団体の活動として，当該行為を実行するための組織により行われるものを犯す目的で，その予備をした者は，当該各号に定める刑に処する．ただし，実行に着手する前に自首した者は，その刑を減軽し，又は免除する．

1　刑法第199条（殺人）の罪　5年以下の拘禁刑

2　刑法第225条（営利目的等略取及び誘拐）の罪（営利の目的によるものに限る．）　2年以下の拘禁刑

〔令4法68,施行3年内〕

② 第3条第2項に規定する目的で，前項各号に掲げる罪の予備をした者も，同項と同様とする．

（テロリズム集団その他の組織的犯罪集団による実行準備行為を伴う重大犯罪遂行の罪）
第6条の2　① 次の各号に掲げる罪に当たる行為で，テロリズム集団その他の組織的犯罪集団（団体のうち，その結合関係の基礎としての共同の目的が別

表第3に掲げる罪を実行することにあるものをいう．次項において同じ．）の団体の活動として，当該行為を実行するための組織により行われるものの遂行を2人以上で計画した者は，その計画をした者のいずれかによりその計画に基づき資金又は物品の手配，関係場所の下見その他の計画をした犯罪を実行するための準備行為が行われたときは，当該各号に定める刑に処する．ただし，実行に着手する前に自首した者は，その刑を減軽し，又は免除する．

1　別表第4に掲げる罪のうち，死刑又は無期若しくは長期10年を超える拘禁刑が定められているもの　5年以下の拘禁刑

2　別表第4に掲げる罪のうち，長期4年以上10年以下の拘禁刑が定められているもの　2年以下の拘禁刑

② 前項各号に掲げる罪に当たる行為で，テロリズム集団その他の組織的犯罪集団に不正権益を得させ，又はテロリズム集団その他の組織的犯罪集団の不正権益を維持し，若しくは拡大する目的で行われるものの遂行を2人以上で計画した者も，その計画をした者のいずれかによりその計画に基づき資金又は物品の手配，関係場所の下見その他の計画をした犯罪を実行するための準備行為が行われたときは，同項と同様とする．

③ 別表第4に掲げる罪のうち告訴がなければ公訴を提起することができないものに係る前2項の罪は，告訴がなければ公訴を提起することができない．

④ 第1項及び第2項の罪に係る事件についての刑事訴訟法（昭和23年法律第131号）第198条第1項の規定による取調べその他の捜査を行うに当たっては，その適正の確保に十分に配慮しなければならない．　　　　　〔令4法68, 施行3年内〕

78　覚醒剤取締法（抄）

（昭26・6・30法律第252号, 昭26・7・30施行,
最終改正：令4・6・17法律第68号）

第3章　禁止及び制限

（輸入及び輸出の禁止）

第13条　何人も，覚醒剤を輸入し，又は輸出してはならない．

（所持の禁止）

第14条　① 覚醒剤製造業者，覚醒剤施用機関の開設者及び管理者，覚醒剤施用機関において診療に従事する医師，覚醒剤研究者並びに覚醒剤施用機関において診療に従事する医師又は覚醒剤研究者から施用のため交付を受けた者のほかは，何人も，覚醒剤を所持してはならない．

② 次の各号のいずれかに該当する場合には，前項の規定は適用しない．

1　覚醒剤製造業者，覚醒剤施用機関の管理者，覚醒剤施用機関において診療に従事する医師又は覚醒剤研究者の業務上の補助者がその業務のために覚醒剤を所持する場合

2　覚醒剤製造業者が覚醒剤施用機関若しくは覚醒剤研究者に覚醒剤を譲り渡し，又は覚醒剤の保管換をする場合において，郵便若しくは民間事業者

による信書の送達に関する法律（平成14年法律第99号）第2条第2項に規定する信書便（第24条第5項及び第30条の7第10項において「信書便」という．）が物の運送の業務に従事する者がその業務を行う必要上覚醒剤を所持する場合

3　覚醒剤施用機関において診療に従事する医師から施用のため交付を受ける者の看護に当たる者がその者のために覚醒剤を所持する場合

4　法令に基づいてする行為につき覚醒剤を所持する場合

（使用の禁止）

第19条　次に掲げる場合のほかは，何人も，覚醒剤を使用してはならない．

1　覚醒剤製造業者が製造のため使用する場合

2　覚醒剤施用機関において診療に従事する医師又は覚醒剤研究者が施用のため使用する場合

3　覚醒剤研究者が研究のため使用する場合

4　覚醒剤施用機関において診療に従事する医師又は覚醒剤研究者から施用のため交付を受けた者が施用する場合

5　法令に基づいてする行為につき使用する場合

第8章　罰　則

第41条の2　① 覚醒剤を，みだりに，所持し，譲り渡し，又は譲り受けた者（第42条第5号に該当する者を除く．）は，10年以下の拘禁刑に処する．

② 営利の目的で前項の罪を犯した者は，1年以上の有期拘禁刑に処し，又は情状により1年以上の有期拘禁刑及び500万円以下の罰金に処する．

③ 前2項の未遂罪は，罰する．

〔令4法68, 施行3年内〕

79　軽　犯　罪　法（抄）

（昭23・5・1法律第39号, 昭23・5・2施行,
最終改正：昭48・10・1法律第105号）

第1条　左の各号の一に該当する者は，これを拘留又は科料に処する．

1　人が住んでおらず，且つ，看守していない邸宅，建物又は船舶の内に正当な理由がなくてひそんでいた者

2　正当な理由がなくて刃物，鉄棒その他人の生命を害し，又は人の身体に重大な害を加えるのに使用されるような器具を隠して携帯していた者

3　正当な理由がなくて合かぎ，のみ，ガラス切りその他他人の邸宅又は建物に侵入するのに使用されるような器具を隠して携帯していた者

4　生計の途がないのに，働く能力がありながら職業に就く意思を有せず，且つ，一定の住居を持たない者で諸方をうろついたもの

5　公共の会堂，劇場，飲食店，ダンスホールその他公共の娯楽場において，入場者に対して，又は汽車，電車，乗合自動車，船舶，飛行機その他公共の乗物の中で乗客に対して著しく粗野又は乱暴な言動で迷惑をかけた者

6　正当な理由がなくて他人の標灯又は街路その他公衆の通行し，若しくは集合する場所に設けられた灯火を消した者

7　みだりに船又はいかだを水路に放置し，その他水路の交通を妨げるような行為をした者

8 風水害, 地震, 火事, 交通事故, 犯罪の発生その他の変事に際し, 正当な理由がなく, 現場に出入するについて公務員若しくはこれを援助する者の指示に従うことを拒み, 又は公務員から援助を求められたのにかかわらずこれに応じなかつた者
9 相当の注意をしないで, 建物, 森林その他燃えるような物の附近で火をたき, 又はガソリンその他引火し易い物の附近で火気を用いた者
10 相当の注意をしないで, 銃砲又は火薬類, ボイラーその他の爆発する物を使用し, 又はもてあそんだ者
11 相当の注意をしないで, 他人の身体又は物件に害を及ぼす虞のある場所に物を投げ, 注ぎ, 又は発射した者
12 人畜に害を加える性癖のあることの明らかな犬その他の鳥獣類を正当な理由がなくて解放し, 又はその監守を怠つてこれを逃がした者
13 公共の場所において多数の人に対して著しく粗野若しくは乱暴な言動で迷惑をかけ, 又は威勢を示して汽車, 電車, 乗合自動車, 船舶その他の公共の乗物, 演劇その他の催し若しくは割当物資の配給を待ち, 若しくはこれらの乗物若しくは催しの切符を買い, 若しくは割当物資の配給に関する証票を得るため待つている公衆の列に割り込み, 若しくはその列を乱した者
14 公務員の制止をきかずに, 人声, 楽器, ラジオなどの音を異常に大きく出して静穏を害し近隣に迷惑をかけた者
15 官公職, 位階勲等, 学位その他法令により定められた称号若しくは外国におけるこれに準ずるものを詐称し, 又は資格がないのにかかわらず, 法令により定められた制服若しくは勲章, 記章その他の標章若しくはこれらに似せて作つた物を用いた者
16 虚構の犯罪又は災害の事実を公務員に申し出た者
17 質入又は古物の売買若しくは交換に関する帳簿に, 法令により記載すべき氏名, 住居, 職業その他の事項につき虚偽の申立をして不実の記載をさせた者
18 自己の占有する場所内に, 老幼, 不具若しくは傷病のため扶助を必要とする者又は人の死体若しくは死胎のあることを知りながら, 速やかにこれを公務員に申し出なかつた者
19 正当な理由がなくて変死体又は死胎の現場を変えた者
20 公衆の目に触れるような場所で公衆にけん悪の情を催させるような仕方でしり, もも その他身体の一部をみだりに露出した者
21 削除
22 こじきをし, 又はこじきをさせた者
23 正当な理由がなくて人の住居, 浴場, 更衣室, 便所その他人が通常衣服をつけないでいるような場所をひそかにのぞき見た者
24 公私の儀式に対して悪戯などでこれを妨害した者
25 川, みぞその他の水路の流通を妨げるような行為をした者
26 街路又は公園その他公衆の集合する場所で, たんつばを吐き, 又は大小便をし, 若しくはこれをさせた者
27 公共の利益に反してみだりにごみ, 鳥獣の死体

28 他人の進路に立ちふさがつて, 若しくはその身辺に群がつて立ち退こうとせず, 又は不安若しくは迷惑を覚えさせるような仕方で他人につきまとつた者
29 人の身体に対して害を加えることを共謀した者の誰かがその共謀に係る行為の予備行為をした場合における共謀者
30 人畜に対して犬その他の動物をけしかけ, 又は馬若しくは牛を驚かせて逃げ走らせた者
31 他人の業務に対して悪戯などでこれを妨害した者
32 入ることを禁じた場所又は他人の田畑に正当な理由がなくて入つた者
33 みだりに他人の家屋その他の工作物にはり札をし, 若しくは他人の看板, 禁札その他の標示物を取り除き, 又はこれらの工作物若しくは標示物を汚した者
34 公衆に対して物を販売し, 若しくは頒布し, 又は役務を提供するにあたり, 人を欺き, 又は誤解させるような事実を挙げて広告した者

その他の汚物又は廃物を棄てた者

80 ストーカー行為等の規制等に関する法律(抄)

(平12・5・24法律第81号, 平12・11・24施行, 最終改正:令5・6・16法律第63号)

(目 的)
第1条 この法律は, ストーカー行為を処罰する等ストーカー行為等について必要な規制を行うとともに, その相手方に対する援助の措置等を定めることにより, 個人の身体, 自由及び名誉に対する危害の発生を防止し, あわせて国民の生活の安全と平穏に資することを目的とする.

(定 義)
第2条 ① この法律において「つきまとい等」とは, 特定の者に対する恋愛感情その他の好意の感情又はそれが満たされなかつたことに対する怨恨の感情を充足する目的で, 当該特定の者又はその配偶者, 直系若しくは同居の親族その他当該特定の者と社会生活において密接な関係を有する者に対し, 次の各号のいずれかに掲げる行為をすることをいう.
1 つきまとい, 待ち伏せし, 進路に立ちふさがり, 住居, 勤務先, 学校その他その現に所在する場所若しくは通常所在する場所(以下「住居等」という.)の付近において見張りをし, 住居等に押し掛け, 又は住居等の付近をみだりにうろつくこと.
2 その行動を監視していると思わせるような事項を告げ, 又はその知り得る状態に置くこと.
3 面会, 交際その他の義務のないことを行うことを要求すること.
4 著しく粗野又は乱暴な言動をすること.
5 電話をかけて何も告げず, 又は拒まれたにもかかわらず, 連続して, 電話をかけ, 文書を送付し, ファクシミリ装置を用いて送信し, 若しくは電子メールの送信等をすること.
6 汚物, 動物の死体その他の著しく不快又は嫌悪の情を催させるような物を送付し, 又はその知り得る状態に置くこと.
7 その名誉を害する事項を告げ, 又はその知り得

る状態に置くこと.

8 その性的羞恥心を害する事項を告げ若しくはその知り得る状態に置き,その性的羞恥心を害する文書,図画,電磁的記録（電子的方式,磁気的方式その他人の知覚によっては認識することができない方式で作られる記録であって,電子計算機による情報処理の用に供されるものをいう. 以下この号において同じ.）に係る記録媒体その他の物を送付し若しくはその知り得る状態に置き,又はその性的羞恥心を害する電磁的記録その他の記録を送信し若しくはその知り得る状態に置くこと.

② 前項第5号の「電子メールの送信等」とは,次の各号のいずれかに掲げる行為（電話をかけること及びファクシミリ装置を用いて送信することを除く.）をいう.

1 電子メールその他のその受信をする者を特定して情報を伝達するために用いられる電気通信（電気通信事業法（昭和59年法律第86号）第2条第1号に規定する電気通信をいう. 次号において同じ.）の送信を行うこと.

2 前号に掲げるもののほか,特定の個人がその入力する情報を電気通信を利用して第三者に閲覧させることに付随して,その第三者が当該個人に対し情報を伝達することができる機能が提供されるものの当該機能を利用する行為をすること.

③ この法律において「位置情報無承諾取得等」とは,特定の者に対する恋愛感情その他の好意の感情又はそれが満たされなかったことに対する怨恨の感情を充足する目的で,当該特定の者又はその配偶者,直系若しくは同居の親族その他当該特定の者と社会生活において密接な関係を有する者に対し,次の各号のいずれかに掲げる行為をすることをいう.

1 その承諾を得ないで,その所持する位置情報記録・送信装置（当該装置の位置に係る位置情報（地理空間情報活用推進基本法（平成19年法律第63号）第2条第1項第1号に規定する位置情報をいう. 以下この号において同じ.）を記録し,又は送信する機能を有する装置で政令で定めるものをいう. 以下この号及び次号において同じ.）（同号に規定する行為がされた位置情報記録・送信装置を含む.）により当該位置情報に係る位置情報記録・送信装置の位置に係る位置情報を政令で定める方法により取得すること.

2 その承諾を得ないで,その所持する物に位置情報記録・送信装置を取り付けること,位置情報記録・送信装置を取り付けた物を交付することその他その移動に伴い位置情報記録・送信装置を移動し得る状態にする行為として政令で定める行為をすること.

④ この法律において「ストーカー行為」とは,同一の者に対し,つきまとい等（第1項第1号から第4号まで及び第5号（電子メールの送信等に係る部分に限る.）に掲げる行為については,身体の安全,住居等の平穏若しくは名誉が害され,又は行動の自由が著しく害される不安を覚えさせるような方法により行われる場合に限る.）又は位置情報無承諾取得等を反復してすることをいう.

（罰　則）

第18条　ストーカー行為をした者は,1年以下の拘禁刑又は100万円以下の罰金に処する.

〔令4法68,施行3年内〕

第19条　①　禁止命令等（第5条第1項第1号

に係るものに限る. 以下同じ.）に違反してストーカー行為をした者は,2年以下の拘禁刑又は200万円以下の罰金に処する.

②　前項に規定するもののほか,禁止命令等に違反してつきまとい等又は位置情報無承諾取得等をすることにより,ストーカー行為をした者も,同項と同様とする.

〔令4法68,施行3年内〕

第20条　前条に規定するもののほか,禁止命令等に違反した者は,6月以下の拘禁刑又は50万円以下の罰金に処する.

〔令4法68,施行3年内〕

81　刑事訴訟法

（昭23・7・10法律第131号,昭24・1・1施行,
最終改正：令5・6・23法律第67号）

〔目　次〕

第1編　総　則（第1条）
　第1章　裁判所の管轄（第2条-第19条）
　第2章　裁判所職員の除斥及び忌避（第20条-第26条）
　第3章　訴訟能力（第27条-第29条）
　第4章　弁護及び補佐（第30条-第42条）
　第5章　裁　判（第43条-第46条）
　第6章　書類及び送達（第47条-第54条）
　第7章　期　間（第55条・第56条）
　第8章　被告人の召喚,勾引及び勾留（第57条-第98条の11）　〔令5法28,施行1年内〕

　第8章　被告人の召喚,勾引及び勾留（第57条-第98条の24）　〔令5法28,施行5年内〕

　第9章　押収及び捜索（第99条-第127条）
　第10章　検　証（第128条-第142条）
　第11章　証人尋問（第143条-第164条）
　第12章　鑑　定（第165条-第174条）
　第13章　通訳及び翻訳（第175条-第178条）
　第14章　証拠保全（第179条-第180条）
　第15章　訴訟費用（第181条-第188条）
　第16章　費用の補償（第188条の2-第188条の7）
第2編　第一審
　第1章　捜　査（第189条-第246条）
　第2章　公　訴（第247条-第270条）
　第3章　公　判
　　第1節　公判準備及び公判手続（第271条-第316条）
　　第2節　争点及び証拠の整理手続
　　　第1款　公判前整理手続
　　　　第1目　通　則（第316条の2-第316条の12）
　　　　第2目　争点及び証拠の整理（第316条の13-第316条の24）
　　　　第3目　証拠開示に関する裁定（第316条の25-第316条の27）
　　　第2款　期日間整理手続（第316条の28）
　　　第3款　公判手続の特例（第316条の29-第316条の32）
　　第3節　被害者参加（第316条の33-第316条の39）
　　第4節　証　拠（第317条-第328条）
　　第5節　公判の裁判（第329条-第350条）
　第4章　証拠収集等への協力及び訴追に関する合意
　　第1節　合意及び協議の手続（第350条の2-第350条の6）
　　第2節　公判手続の特例（第350条の7-第350条の9）
　　第3節　合意の終了（第350条の10-第350条の12）
　　第4節　合意の履行の確保（第350条の13-第350条の15）
　第5章　即決裁判手続
　　第1節　即決裁判手続の申立て（第350条の16・第350条の17）
　　第2節　公判準備及び公判手続の特例（第350条の18-第350条の26）

第3節　証拠の特例（第350条の27）
第4節　公判の裁判の特例（第350条の28・第350条の29）
第3編　上　訴
　第1章　通　則（第351条-第371条）
　第2章　控　訴（第372条-第404条）
　第3章　上　告（第405条-第418条）
　第4章　抗　告（第419条-第434条）
第4編　再　審（第435条-第453条）
第5編　非常上告（第454条-第460条）
第6編　略式手続（第461条-第470条）
第7編　裁判の執行
　第1章　裁判の執行の手続（第471条-第506条）
　第2章　裁判の執行に関する調査（第507条-第516条）

◆　第1編　総　則　◆

第1条〔刑事訴訟法の目的〕 この法律は，刑事事件につき，公共の福祉の維持と個人の基本的人権の保障とを全うしつつ，事案の真相を明らかにし，刑罰法令を適正且つ迅速に適用実現することを目的とする．

第1章　裁判所の管轄

第2条〔土地管轄〕 ① 裁判所の土地管轄は，犯罪地又は被告人の住所，居所若しくは現在地による．

② 国外に在る日本船舶内で犯した罪については，前項に規定する地の外，その船舶の船籍の所在地又は犯罪後その船舶の寄泊した地による．

③ 国外に在る日本航空機内で犯した罪については，第1項に規定する地の外，犯罪後その航空機の着陸（着水を含む．）した地による．

第3条〔事物管轄を異にする関連事件の併合管轄〕 ① 事物管轄を異にする数個の事件が関連するときは，上級の裁判所は，併せてこれを管轄することができる．

② 高等裁判所の特別権限に属する事件と他の事件とが関連するときは，高等裁判所は，併せてこれを管轄することができる．

第4条〔事物管轄を異にする関連事件の分離〕 事物管轄を異にする数個の関連事件が上級の裁判所に属する場合において，併せて審判することを必要としないものがあるときは，上級の裁判所は，決定で管轄権を有する下級の裁判所にこれを移送することができる．

第5条〔関連事件の審判の併合〕 ① 数個の関連事件が各別に上級の裁判所及び下級の裁判所に係属するときは，事物管轄にかかわらず，上級の裁判所は，決定で下級の裁判所の管轄に属する事件を併せて審判することができる．

② 高等裁判所の特別権限に属する事件が高等裁判所に係属し，これと関連する事件が下級の裁判所に係属するときは，高等裁判所は，決定で下級の裁判所の管轄に属する事件を併せて審判することができる．

第6条〔土地管轄を異にする関連事件の併合管轄〕 土地管轄を異にする数個の事件が関連するときは，1個の事件につき管轄権を有する裁判所は，併せて他の事件を管轄することができる．但し，他の法律の規定により特定の裁判所の管轄に属する事件は，これを管轄することができない．

第7条〔土地管轄を異にする関連事件の分離〕 土地管轄を異にする数個の関連事件が同一裁判所に係属する場合において，併せて審判することを必要としないものがあるときは，その裁判所は，決定で管轄権を有する他の裁判所にこれを移送することができる．

第8条〔関連事件の審判の併合〕 ① 数個の関連事件が各別に事物管轄を同じくする数個の裁判所に係属するときは，各裁判所は，検察官又は被告人の請求により，決定でこれを一の裁判所に併合することができる．

② 前項の場合において各裁判所の決定が一致しないときは，各裁判所に共通する直近上級の裁判所は，検察官又は被告人の請求により，決定で事件を一の裁判所に併合することができる．

第9条〔関連事件〕 ① 数個の事件は，左の場合に関連するものとする．

　1　1人が数罪を犯したとき．

　2　数人が共に同一又は別個の罪を犯したとき．

　3　数人が通謀して各別に罪を犯したとき．

② 犯人蔵匿の罪，証憑湮滅の罪，偽証の罪，虚偽の鑑定通訳の罪及び贓物に関する罪とその本犯の罪とは，共に犯したものとみなす．

第10条〔同一事件と数個の訴訟係属〕 ① 同一事件が事物管轄を異にする数個の裁判所に係属するときは，上級の裁判所が，これを審判する．

② 上級の裁判所は，検察官又は被告人の請求により，決定で管轄権を有する下級の裁判所にその事件を審判させることができる．

第11条〔同前〕 ① 同一事件が事物管轄を同じくする数個の裁判所に係属するときは，最初に公訴を受けた裁判所が，これを審判する．

② 各裁判所に共通する直近上級の裁判所は，検察官又は被告人の請求により，決定で後に公訴を受けた裁判所にその事件を審判させることができる．

第12条〔管轄区域外の職務執行〕 ① 裁判所は，事実発見のため必要があるときは，管轄区域外で職務を行うことができる．

② 前項の規定は，受命裁判官にこれを準用する．

第13条〔管轄違いと訴訟手続の効力〕 訴訟手続は，管轄違の理由によつては，その効力を失わない．

第14条〔管轄違いと要急処分〕① 裁判所は, 管轄権を有しないときでも, 急速を要する場合には, 事実発見のため必要な処分をすることができる.

② 前項の規定は, 受命裁判官にこれを準用する.

第15条〔管轄指定の請求〕検察官は, 左の場合には, 関係のある第一審裁判所に共通する直近上級の裁判所に管轄指定の請求をしなければならない.

1 裁判所の管轄区域が明らかでないため管轄裁判所が定まらないとき.

2 管轄違を言い渡した裁判が確定した事件について他に管轄裁判所がないとき.

第16条〔同前〕法律による管轄裁判所がないとき, 又はこれを知ることができないときは, 検事総長は, 最高裁判所に管轄指定の請求をしなければならない.

第17条〔管轄移転の請求〕① 検察官は, 左の場合には, 直近上級の裁判所に管轄移転の請求をしなければならない.

1 管轄裁判所が法律上の理由又は特別の事情により裁判権を行うことができないとき.

2 地方の民心, 訴訟の状況その他の事情により裁判の公平を維持することができない虞があるとき.

② 前項各号の場合には, 被告人も管轄移転の請求をすることができる.

第18条〔同前〕犯罪の性質, 地方の民心その他の事情により管轄裁判所が審判をするときは公安を害する虞があると認める場合には, 検事総長は, 最高裁判所に管轄移転の請求をしなければならない.

第19条〔事件の移送〕① 裁判所は, 適当と認めるときは, 検察官若しくは被告人の請求により又は職権で, 決定を以て, その管轄に属する事件を事物管轄を同じくする他の管轄裁判所に移送することができる.

② 移送の決定は, 被告事件につき証拠調を開始した後は, これをすることができない.

③ 移送の決定又は移送の請求を却下する決定に対しては, その決定により著しく利益を害される場合に限り, その事由を疎明して, 即時抗告をすることができる.

第2章　裁判所職員の除斥及び忌避

第20条〔除斥の原因〕裁判官は, 次に掲げる場合には, 職務の執行から除斥される.

1 裁判官が被害者であるとき.

2 裁判官が被告人又は被害者の親族であるとき, 又はあつたとき.

3 裁判官が被告人又は被害者の法定代理人,

後見監督人, 保佐人, 保佐監督人, 補助人又は補助監督人であるとき.

4 裁判官が事件について証人又は鑑定人となつたとき.

5 裁判官が事件について被告人の代理人, 弁護人又は補佐人となつたとき.

6 裁判官が事件について検察官又は司法警察員の職務を行つたとき.

7 裁判官が事件について第266条第2号の決定, 略式命令, 前審の裁判, 第398条乃至第400条, 第412条若しくは第413条の規定により差し戻し, 若しくは移送された場合における原判決又はこれらの裁判の基礎となつた取調べに関与したとき. ただし, 受託裁判官として関与した場合は, この限りでない.

第21条〔忌避の原因, 忌避申立権者〕① 裁判官が職務の執行から除斥されるべきとき, 又は不公平な裁判をする虞があるときは, 検察官又は被告人は, これを忌避することができる.

② 弁護人は, 被告人のため忌避の申立をすることができる. 但し, 被告人の明示した意思に反することはできない.

第22条〔忌避申立ての時期〕事件について請求又は陳述をした後には, 不公平な裁判をする虞があることを理由として裁判官を忌避することはできない. 但し, 忌避の原因があることを知らなかつたとき, 又は忌避の原因がその後に生じたときは, この限りでない.

第23条〔忌避申立てに対する決定〕① 合議体の構成員である裁判官が忌避されたときは, その裁判官所属の裁判所が, 決定をしなければならない. この場合において, その裁判所が地方裁判所であるときは, 合議体で決定をしなければならない.

② 地方裁判所の1人の裁判官又は家庭裁判所の裁判官が忌避されたときはその裁判官所属の裁判所が, 簡易裁判所の裁判官が忌避されたときは管轄地方裁判所が, 合議体で決定をしなければならない. ただし, 忌避された裁判官が忌避の申立を理由があるものとするときは, その決定があつたものとみなす.

③ 忌避された裁判官は, 前2項の決定に関与することができない.

④ 裁判所が忌避された裁判官の退去により決定をすることができないときは, 直近上級の裁判所が, 決定をしなければならない.

第24条〔忌避申立てに対する簡易却下手続〕① 訴訟を遅延させる目的のみでされたことの明らかな忌避の申立は, 決定でこれを却下しなければならない. この場合には, 前条第3項の規定を適用しない. 第22条の規定に違反し,

刑訴

又は裁判所の規則で定める手続に違反してされた忌避の申立を却下する場合も，同様である．

② 前項の場合には，忌避された受命裁判官，地方裁判所の1人の裁判官又は家庭裁判所若しくは簡易裁判所の裁判官は，忌避の申立てを却下する裁判をすることができる．

第25条〔即時抗告〕忌避の申立を却下する決定に対しては，即時抗告をすることができる．

第26条〔裁判所書記官の除斥・忌避〕① この章の規定は，第20条第7号の規定を除いて，裁判所書記にこれを準用する．

② 決定は，裁判所書記所属の裁判所がこれをしなければならない．但し，第24条第1項の場合には，裁判所書記の附属する受命裁判官が，忌避の申立を却下する裁判をすることができる．

第3章 訴訟能力

第27条〔法人と訴訟行為の代表〕① 被告人又は被疑者が法人であるときは，その代表者が，訴訟行為についてこれを代表する．

② 数人が共同して法人を代表する場合にも，訴訟行為については，各自が，これを代表する．

第28条〔意思無能力者と訴訟行為の代理〕刑法（明治40年法律第45号）第39条又は第41条の規定を適用しない罪に当たる事件について，被告人又は被疑者が意思能力を有しないときは，その法定代理人（2人以上あるときは，各自．以下同じ．）が，訴訟行為についてこれを代理する．

第29条〔特別代理人〕① 前2条の規定により被告人を代表し，又は代理する者がないときは，検察官の請求により又は職権で，特別代理人を選任しなければならない．

② 前2条の規定により被疑者を代表し，又は代理する者がない場合において，検察官，司法警察員は利害関係人の請求があつたときも，前項と同様である．

③ 特別代理人は，被告人又は被疑者を代表し又は代理して訴訟行為をする者ができるまで，その任務を行う．

第4章 弁護及び補佐

第30条〔弁護人選任の時期，選任権者〕① 被告人又は被疑者は，何時でも弁護人を選任することができる．

② 被告人又は被疑者の法定代理人，保佐人，配偶者，直系の親族及び兄弟姉妹は，独立して弁護人を選任することができる．

第31条〔弁護人の資格，特別弁護人〕① 弁護人は，弁護士の中からこれを選任しなければな

らない．

② 簡易裁判所又は地方裁判所においては，裁判所の許可を得たときは，弁護士でない者を弁護人に選任することができる．ただし，地方裁判所においては，他に弁護士の中から選任された弁護人がある場合に限る．

第31条の2〔弁護士会への弁護人選任の申出〕① 弁護人を選任しようとする被告人又は被疑者は，弁護士会に対し，弁護人の選任の申出をすることができる．

② 弁護士会は，前項の申出を受けた場合は，速やかに，所属する弁護士の中から弁護人となろうとする者を紹介しなければならない．

③ 弁護士会は，前項の弁護人となろうとする者がないときは，当該申出をした者に対し，速やかに，その旨を通知しなければならない．同項の規定により紹介した弁護士が被告人又は被疑者がした弁護人の選任の申込みを拒んだときも，同様とする．

第32条〔選任の効力〕① 公訴の提起前にした弁護人の選任は，第一審においてもその効力を有する．

② 公訴の提起後における弁護人の選任は，審級ごとにこれをしなければならない．

第33条〔主任弁護人〕被告人に数人の弁護人があるときは，裁判所の規則で，主任弁護人を定めなければならない．

第34条〔主任弁護人の権限〕前条の規定による主任弁護人の権限については，裁判所の規則の定めるところによる．

第35条〔弁護人の数の制限〕裁判所は，裁判所の規則の定めるところにより，被告人又は被疑者の弁護人の数を制限することができる．但し，被告人の弁護人については，特別の事情のあるときに限る．

第36条〔請求による被告人の国選弁護人選任〕被告人が貧困その他の事由により弁護人を選任することができないときは，裁判所は，その請求により，被告人のため弁護人を附しなければならない．但し，被告人以外の者が選任した弁護人がある場合は，この限りでない．

第36条の2〔資力申告書の提出〕この法律により弁護人を要する場合を除いて，被告人が前条の請求をするには，資力申告書（その者に属する現金，預金その他政令で定めるこれらに準ずる資産の合計額（以下「資力」という．）及びその内訳を申告する書面をいう．以下同じ．）を提出しなければならない．

第36条の3〔私選弁護人選任申出の前置〕① この法律により弁護人を要する場合を除いて，その資力が基準額（標準的な必要生計費

を勘案して一般に弁護人の報酬及び費用を賄うに足りる額として政令で定める額をいう。以下同じ。）以上である被告人が第36条の請求をするには、あらかじめ、その請求をする裁判所の所在地を管轄する地方裁判所の管轄区域内に在る弁護士会に第31条の2第1項の申出をしていなければならない。

② 前項の規定により第31条の2第1項の申出を受けた弁護士会は、同条第3項の規定による通知をしたときは、前項の地方裁判所又は当該被告事件が係属する裁判所に対し、その旨を通知しなければならない。

第37条〔職権による被告人の国選弁護人選任〕 左の場合に被告人に弁護人がないときは、裁判所は、職権で弁護人を附することができる。

1 被告人が未成年者であるとき。

2 被告人が年齢70年以上の者であるとき。

3 被告人が耳の聞えない者又は口のきけない者であるとき。

4 被告人が心神喪失者又は心神耗弱者である疑があるとき。

5 その他必要と認めるとき。

第37条の2〔請求による被疑者の国選弁護人選任〕 ① 被疑者に対して勾留状が発せられている場合において、被疑者が貧困その他の事由により弁護人を選任することができないときは、裁判官は、その請求により、被疑者のため弁護人を付さなければならない。ただし、被疑者以外の者が選任した弁護人がある場合又は被疑者が釈放された場合は、この限りでない。

② 前項の請求は、勾留を請求された被疑者も、これをすることができる。

第37条の3〔選任請求の手続〕 ① 前条第1項の請求をするには、資力申告書を提出しなければならない。

② その資力が基準額以上である被疑者が前条第1項の請求をするには、あらかじめ、その勾留の請求を受けた裁判官の所属する裁判所の所在地を管轄する地方裁判所の管轄区域内に在る弁護士会に第31条の2第1項の申出をしていなければならない。

③ 前項の規定により第31条の2第1項の申出を受けた弁護士会は、同条第3項の規定による通知をしたときは、前項の地方裁判所に対し、その旨を通知しなければならない。

第37条の4〔職権による被疑者の国選弁護人選任〕 裁判官は、被疑者に対して勾留状が発せられ、かつ、これに弁護人がない場合において、精神上の障害その他の事由により弁護人を必要とするかどうかを判断することが困難である疑いがある被疑者について必要があると認

めるときは、職権で弁護人を付することができる。ただし、被疑者が釈放された場合は、この限りでない。

第37条の5〔複数の弁護人の選任〕 裁判官は、死刑又は無期拘禁刑に当たる事件について第37条の2第1項又は前条の規定により弁護人を付する場合又は付した場合において、特に必要があると認めるときは、職権で更に弁護人1人を付することができる。ただし、被疑者が釈放された場合は、この限りでない。

〔令4法67、施行3年内〕

第38条〔選任資格、旅費等の請求〕 ① この法律の規定に基づいて裁判所若しくは裁判長又は裁判官が付すべき弁護人は、弁護士の中からこれを選任しなければならない。

② 前項の規定により選任された弁護人は、旅費、日当、宿泊料及び報酬を請求することができる。

第38条の2〔選任の効力の終期〕 裁判官による弁護人の選任は、被疑者がその選任に係る事件について釈放されたときは、その効力を失う。ただし、その釈放が勾留の執行停止によるときは、この限りでない。

第38条の3〔国選弁護人の解任〕 ① 裁判所は、次の各号のいずれかに該当すると認めるときは、裁判所若しくは裁判長又は裁判官が付した弁護人を解任することができる。

1 第30条の規定により弁護人が選任されたことその他の事由により弁護人を付する必要がなくなつたとき。

2 被告人と弁護人との利益が相反する状況にあり弁護人にその職務を継続させることが相当でないとき。

3 心身の故障その他の事由により、弁護人が職務を行うことができず、又は職務を行うことが困難となつたとき。

4 弁護人がその任務に著しく反したことによりその職務を継続させることが相当でないとき。

5 弁護人に対する暴行、脅迫その他の被告人の責めに帰すべき事由により弁護人にその職務を継続させることが相当でないとき。

② 弁護人を解任するには、あらかじめ、その意見を聴かなければならない。

③ 弁護人を解任するに当つては、被告人の権利を不当に制限することがないようにしなければならない。

④ 公訴の提起前は、裁判官が付した弁護人の解任は、裁判官がこれを行う。この場合においては、前3項の規定を準用する。

**第38条の4〔虚偽の資力申立書の提出に対す

る制裁〕裁判所又は裁判官の判断を誤らせる目的で，その資力について虚偽の記載のある資力申告書を提出した者は，10万円以下の過料に処する．

第39条〔被告人・被疑者との接見交通〕① 身体の拘束を受けている被告人又は被疑者は，弁護人又は弁護人を選任することができる者の依頼により弁護人となろうとする者（弁護士でない者にあつては，第31条第2項の許可があつた後に限る．）と立会人なくして接見し，又は書類若しくは物の授受をすることができる．

② 前項の接見又は授受については，法令（裁判所の規則を含む．以下同じ．）で，被告人又は被疑者の逃亡，罪証の隠滅又は戒護に支障のある物の授受を防ぐため必要な措置を規定することができる．

③ 検察官，検察事務官又は司法警察職員（司法警察員及び司法巡査をいう．以下同じ．）は，捜査のため必要があるときは，公訴の提起前に限り，第1項の接見又は授受に関し，その日時，場所及び時間を指定することができる．但し，その指定は，被疑者が防禦の準備をする権利を不当に制限するようなものであつてはならない．

第40条〔弁護人の書類・証拠物の閲覧・謄写〕① 弁護人は，公訴の提起後は，裁判所において，訴訟に関する書類及び証拠物を閲覧し，且つ謄写することができる．但し，証拠物を謄写するについては，裁判長の許可を受けなければならない．

② 前項の規定にかかわらず，第157条の6第4項に規定する記録媒体は，謄写することができない．

第41条〔弁護人の独立行為権〕弁護人は，この法律に特別の定のある場合に限り，独立して訴訟行為をすることができる．

第42条〔補佐人〕① 被告人の法定代理人，保佐人，配偶者，直系の親族及び兄弟姉妹は，何時でも補佐人となることができる．

② 補佐人となるには，審級ごとにその旨を届け出なければならない．

③ 補佐人は，被告人の明示した意思に反しない限り，被告人がすることのできる訴訟行為をすることができる．但し，この法律に特別の定のある場合は，この限りでない．

第5章　裁　判

第43条〔判決・決定・命令〕① 判決は，この法律に特別の定のある場合を除いては，口頭弁論に基いてこれをしなければならない．

② 決定又は命令は，口頭弁論に基いてこれをすることを要しない．

③ 決定又は命令をするについて必要がある場合には，事実の取調をすることができる．

④ 前項の取調は，合議体の構成員にこれをさせ，又は地方裁判所，家庭裁判所若しくは簡易裁判所の裁判官にこれを嘱託することができる．

第44条〔裁判の理由〕① 裁判には，理由を附しなければならない．

② 上訴を許さない決定又は命令には，理由を附することを要しない．但し，第428条第2項の規定により異議の申立をすることができる決定については，この限りでない．

第45条〔判事補の権限〕判決以外の裁判は，判事補が1人でこれをすることができる．

第46条〔裁判書・謄本・抄本の請求〕被告人その他訴訟関係人は，自己の費用で，裁判書又は裁判を記載した調書の謄本又は抄本の交付を請求することができる．

第6章　書類及び送達

第47条〔訴訟書類の公開禁止〕訴訟に関する書類は，公判の開廷前には，これを公にしてはならない．但し，公益上の必要その他の事由があつて，相当と認められる場合は，この限りでない．

第48条〔公判調書の作成・整理〕① 公判期日における訴訟手続については，公判調書を作成しなければならない．

② 公判調書には，裁判所の規則の定めるところにより，公判期日における審判に関する重要な事項を記載しなければならない．

③ 公判調書は，各公判期日後速かに，遅くとも判決を宣告するまでにこれを整理しなければならない．ただし，判決を宣告する公判期日の調書は当該公判期日後7日以内に，公判期日から判決を宣告する日までの期間が10日に満たない場合における当該公判期日の調書は当該公判期日後10日以内（判決を宣告する日までの期間が3日に満たないときは，当該判決を宣告する公判期日後7日以内）に，整理すれば足りる．

第49条〔被告人の公判調書閲覧権〕被告人に弁護人がないときは，公判調書は，裁判所の規則の定めるところにより，被告人も，これを閲覧することができる．被告人は，読むことができないとき，又は目の見えないときは，公判調書の朗読を求めることができる．

第50条〔公判調書未整理の場合の当事者の権利〕① 公判調書が次回の公判期日までに整理されなかつたときは，裁判所書記は，検察官，被告人又は弁護人の請求により，次回の公判期日において又はその期日までに，前回の公判期

日における証人の供述の要旨を告げなければならない。この場合において，請求をした検察官，被告人又は弁護人が証人の供述の要旨の正確性につき異議を申し立てたときは，その旨を調書に記載しなければならない。

② 被告人及び弁護人の出頭なくして開廷した公判期日の公判調書が，次回の公判期日までに整理されなかつたときは，裁判所書記は，次回の公判期日において又はその期日までに，出頭した被告人又は弁護人に前回の公判期日における審理に関する重要な事項を告げなければならない。

第51条〔公判調書の記載に対する異議申立て〕① 検察官，被告人又は弁護人は，公判調書の記載の正確性につき異議を申し立てることができる。異議の申立があつたときは，その旨を調書に記載しなければならない。

② 前項の異議の申立ては，遅くとも当該審級における最終の公判期日後14日以内にこれをしなければならない。ただし，第48条第3項ただし書の規定により判決を宣告する公判期日後に整理された調書については，整理ができた日から14日以内にこれをすることができる。

第52条〔公判調書の証明力〕公判期日における訴訟手続で公判調書に記載されたものは，公判調書のみによつてこれを証明することができる。

第53条〔訴訟記録の閲覧〕① 何人も，被告事件の終結後，訴訟記録を閲覧することができる。但し，訴訟記録の保存又は裁判所若しくは検察庁の事務に支障のあるときは，この限りでない。

② 弁論の公開を禁止した事件の訴訟記録又は一般の閲覧に適しないものとしてその閲覧が禁止された訴訟記録は，前項の規定にかかわらず，訴訟関係人は閲覧につき正当な理由があつて特に訴訟記録の保管者の許可を受けた者でなければ，これを閲覧することができない。

③ 日本国憲法第82条第2項但書に掲げる事件については，閲覧を禁止することはできない。

④ 訴訟記録の保管及びその閲覧の手数料については，別に法律でこれを定める。

第53条の2〔情報公開法等の適用除外〕① 訴訟に関する書類及び押収物については，行政機関の保有する情報の公開に関する法律（平成11年法律第42号）及び独立行政法人等の保有する情報の公開に関する法律（平成13年法律第140号）の規定は，適用しない。

② 訴訟に関する書類及び押収物に記録されている個人情報については，個人情報の保護に関する法律（平成15年法律第57号）第5章

4節の規定は，適用しない。

③ 訴訟に関する書類については，公文書等の管理に関する法律（平成21年法律第66号）第2章の規定は，適用しない。この場合において，訴訟に関する書類についての同法第4章の規定の適用については，同法第14条第1項中「国の機関（行政機関を除く。以下この条において同じ。）」とあり，及び同法第16条第1項第3号中「国の機関（行政機関を除く。）」とあるのは，「国の機関」とする。

④ 押収物については，公文書等の管理に関する法律の規定は，適用しない。

第54条〔送達〕書類の送達については，裁判所の規則に特別の定めのある場合を除いては，民事訴訟に関する法令の規定（民事訴訟法（平成8年法律第109号）第100条第2項並びに第1編第5章第4節第3款及び第4款の規定を除く。）を準用する。

〔令4法48,施行4年内〕

第7章 期 間

第55条〔期間の計算〕① 期間の計算については，時で計算するものは，即時からこれを起算し，日，月又は年で計算するものは，初日を算入しない。但し，時効期間の初日は，時間を論じないで1日としてこれを計算する。

② 月及び年は，暦に従つてこれを計算する。

③ 期間の末日が日曜日，土曜日，国民の祝日に関する法律（昭和23年法律第178号）に規定する休日，1月2日，1月3日又は12月29日から12月31日までの日に当たるときは，これを期間に算入しない。ただし，時効期間については，この限りでない。

第56条〔法定期間の延長〕① 法定の期間は，裁判所の規則の定めるところにより，訴訟行為をすべき者の住居又は事務所の所在地と裁判所又は検察庁の所在地との距離及び交通通信の便否に従い，これを延長することができる。

② 前項の規定は，宣告した裁判に対する上訴の提起期間には，これを適用しない。

第8章 被告人の召喚，勾引及び勾留

第57条〔召喚〕裁判所は，裁判所の規則で定める相当の猶予期間を置いて，被告人を召喚することができる。

第58条〔勾引〕裁判所は，次の場合には，被告人を勾引することができる。

1 被告人が定まつた住居を有しないとき。

2 被告人が，正当な理由がなく，召喚に応じないとき，又は応じないおそれがあるとき。

第59条〔勾引の効力〕勾引した被告人は，裁

判所に引致した時から24時間以内にこれを釈放しなければならない．但し，その時間内に勾留状が発せられたときは，この限りでない．

第60条〔勾留の要件，期間・期間の更新〕① 裁判所は，被告人が罪を犯したことを疑うに足りる相当な理由がある場合で，左の各号の一にあたるときは，これを勾留することができる．

1　被告人が定まつた住居を有しないとき．

2　被告人が罪証を隠滅すると疑うに足りる相当な理由があるとき．

3　被告人が逃亡し又は逃亡すると疑うに足りる相当な理由があるとき．

② 勾留の期間は，公訴の提起があつた日から2箇月とする．特に継続の必要がある場合においては，具体的にその理由を附した決定で，1箇月ごとにこれを更新することができる．但し，第89条第1号，第3号，第4号又は第6号にあたる場合を除いては，更新は，1回に限るものとする．

③ 30万円（刑法，暴力行為等処罰に関する法律（大正15年法律第60号）及び経済関係罰則の整備に関する法律（昭和19年法律第4号）の罪以外の罪については，当分の間，2万円）以下の罰金，拘留又は科料に当たる事件については，被告人が定まつた住居を有しない場合に限り，第1項の規定を適用する．

第61条〔勾留質問〕被告人の勾留は，被告人に対し被告事件を告げこれに関する陳述を聴いた後でなければ，これをすることができない．但し，被告人が逃亡した場合は，この限りでない．

第62条〔令状〕被告人の召喚，勾引又は勾留は，召喚状，勾引状又は勾留状を発してこれをしなければならない．

第63条〔召喚状の方式〕召喚状には，被告人の氏名及び住居，罪名，出頭すべき年月日時及び場所並びに正当な理由がなく出頭しないときは勾引状を発することがある旨その他裁判所の規則で定める事項を記載し，裁判長又は受命裁判官が，これに記名押印しなければならない．

第64条〔勾引状・勾留状の方式〕① 勾引状又は勾留状には，被告人の氏名及び住居，罪名，公訴事実の要旨，引致すべき場所又は勾留すべき刑事施設，有効期間及びその期間経過後は執行に着手することができず令状はこれを返還しなければならない旨並びに発付の年月日その他裁判所の規則で定める事項を記載し，裁判長又は受命裁判官が，これに記名押印しなければならない．

② 被告人の氏名が明らかでないときは，人相，体格その他被告人を特定するに足りる事項で被告人を指示することができる．

③ 被告人の住居が明らかでないときは，これを記載することを要しない．

第65条〔召喚の手続〕① 召喚状は，これを送達する．

② 被告人から期日に出頭する旨を記載した書面を差し出し，又は出頭した被告人に対し口頭で次回の出頭を命じたときは，召喚状を送達した場合と同一の効力を有する．口頭で出頭を命じた場合には，その旨を調書に記載しなければならない．

③ 裁判所に近接する刑事施設にいる被告人に対しては，刑事施設職員（刑事施設の長又はその指名する刑事施設の職員をいう．以下同じ．）に通知してこれを召喚することができる．この場合には，被告人が刑事施設職員から通知を受けた時に召喚状の送達があつたものとみなす．

第66条〔勾引の嘱託〕① 裁判所は，被告人の現在地の地方裁判所，家庭裁判所又は簡易裁判所の裁判官に被告人の勾引を嘱託することができる．

② 受託裁判官は，受託の権限を有する他の地方裁判所，家庭裁判所又は簡易裁判所の裁判官に転嘱することができる．

③ 受託裁判官は，受託事項について権限を有しないときは，受託の権限を有する他の地方裁判所，家庭裁判所又は簡易裁判所の裁判官に嘱託を移送することができる．

④ 嘱託又は移送を受けた裁判官は，勾引状を発しなければならない．

⑤ 第64条の規定は，前項の勾引状についてこれを準用する．この場合においては，勾引状に嘱託によつてこれを発する旨を記載しなければならない．

第67条〔嘱託による勾引の手続〕① 前条の場合には，嘱託によつて勾引状を発した裁判官は，被告人を引致した時から24時間以内にその人違でないかどうかを取り調べなければならない．

② 被告人が人違でないときは，速やかに且つ直接これを指定された裁判所に送致しなければならない．この場合には，嘱託によつて勾引状を発した裁判官は，被告人が指定された裁判所に到着すべき期間を定めなければならない．

③ 前項の場合には，第59条の期間は，被告人が指定された裁判所に到着した時からこれを起算する．

第68条〔出頭命令・同行命令，勾引〕裁判所は，必要があるときは，指定の場所に被告人の出頭又は同行を命ずることができる．被告人が正当な理由がなくこれに応じないときは，その場

所に勾引することができる．この場合には，第59条の期間は，被告人をその場所に引致した時からこれを起算する．

第69条〔裁判長の権限〕 裁判長は，急速を要する場合には，第57条乃至第62条，第65条，第66条及び前条に規定する処分をし，又は合議体の構成員にこれをさせることができる．

第70条〔勾引状・勾留状の執行〕 ① 勾引又は勾留状は，検察官の指揮によつて，検察事務官又は司法警察職員がこれを執行する．但し，急速を要する場合には，裁判長，受命裁判官又は地方裁判所，家庭裁判所若しくは簡易裁判所の裁判官は，その執行を指揮することができる．
② 刑事施設にいる被告人に対して発せられた勾留状は，検察官の指揮によつて，刑事施設職員がこれを執行する．

第71条〔勾引状・勾留状の管轄区域外における執行・執行の嘱託〕 検察事務官又は司法警察職員は，必要があるときは，管轄区域外で，勾引状若しくは勾留状を執行し，又はその地の検察事務官若しくは司法警察職員にその執行を求めることができる．

第72条〔被告人の所在捜査，勾引状・勾留状の執行の嘱託〕 ① 被告人の現在地が判らないときは，裁判長は，検事長にその捜査及び勾引状又は勾留状の執行を嘱託することができる．
② 嘱託を受けた検事長は，その管内の検察官に捜査及び勾引状又は勾留状の執行の手続をさせなければならない．

第73条〔勾引状・勾留状の執行手続〕 ① 勾引状を執行するには，これを被告人に示した上，できる限り速やかに且つ直接，指定された裁判所その他の場所に引致しなければならない．第66条第4項の勾引状については，これを発した裁判官に引致しなければならない．
② 勾留状を執行するには，これを被告人に示した上，できる限り速やかに，かつ，直接，指定された刑事施設に引致しなければならない．
③ 勾引状又は勾留状を所持しないためこれを示すことができない場合において，急速を要するときは，前2項の規定にかかわらず，被告人に対し公訴事実の要旨及び令状が発せられている旨を告げて，その執行をすることができる．但し，令状は，できる限り速やかにこれを示さなければならない．

第74条〔護送中の仮留置〕 勾引状又は勾留状の執行を受けた被告人を護送する場合において必要があるときは，仮に最寄りの刑事施設にこれを留置することができる．

第75条〔勾引された被告人の留置〕 勾引状の執行を受けた被告人を引致した場合において

必要があるときは，これを刑事施設に留置することができる．

第76条〔勾引された被告人と公訴事実・弁護人選任権の告知〕 ① 被告人を勾引したときは，直ちに被告人に対し，公訴事実の要旨及び弁護人を選任することができる旨並びに貧困その他の事由により自ら弁護人を選任することができないときは弁護人の選任を請求することができる旨を告げなければならない．ただし，被告人に弁護人があるときは，公訴事実の要旨を告げれば足りる．
② 前項の規定により弁護人を選任することができる旨を告げるに当たつては，弁護士，弁護士法人（弁護士・外国法事務弁護士共同法人を含む．以下同じ．）又は弁護士会を指定して弁護人の選任を申し出ることができる旨及びその申出先を教示しなければならない．
③ 第1項の告知及び前項の教示は，合議体の構成員又は裁判所書記官にこれをさせることができる．
④ 第66条第4項の規定により勾引状を発した場合には，第1項の告知及び第2項の教示は，その勾引状を発した裁判官がこれをしなければならない．ただし，裁判所書記官にその告知及び教示をさせることができる．

第77条〔勾留と弁護人選任権等の告知〕 ① 被告人を勾留するには，被告人に対し，弁護人を選任することができる旨及び貧困その他の事由により自ら弁護人を選任することができないときは弁護人の選任を請求することができる旨を告げなければならない．ただし，被告人に弁護人があるときは，この限りでない．
② 前項の規定により弁護人を選任することができる旨を告げるに当たつては，勾留された被告人は弁護士，弁護士法人又は弁護士会を指定して弁護人の選任を申し出ることができる旨及びその申出先を教示しなければならない．
③ 第61条ただし書の場合には，被告人を勾留した後直ちに，第1項に規定する事項及び公訴事実の要旨を告げるとともに，前項に規定する事項を教示しなければならない．ただし，被告人に弁護人があるときは，公訴事実の要旨を告げれば足りる．
④ 前条第3項の規定は，第1項の告知，第2項の教示並びに前項の告知及び教示についてこれを準用する．

第78条〔弁護人選任の申出〕 ① 勾引又は勾留された被告人は，裁判所又は刑事施設の長若しくはその代理者に弁護士，弁護士法人又は弁護士会を指定して弁護人の選任を申し出ることができる．ただし，被告人に弁護人があると

きは, この限りでない.

② 前項の申出を受けた裁判所又は刑事施設の長若しくはその代理者は, 直ちに被告人の指定した弁護士, 弁護士法人又は弁護士会にその旨を通知しなければならない. 被告人が2人以上の弁護士又は2以上の弁護士法人若しくは弁護士会を指定して前項の申出をしたときは, そのうちの1人の弁護士又は1の弁護士法人若しくは弁護士会にこれを通知すれば足りる.

第79条〔勾留と弁護人等への通知〕 被告人を勾留したときは, 直ちに弁護人にその旨を通知しなければならない. 被告人に弁護人がないときは, 被告人の法定代理人, 保佐人, 配偶者, 直系の親族及び兄弟姉妹のうち被告人の指定する者1人にその旨を通知しなければならない.

第80条〔勾留と接見交通〕 勾留されている被告人は, 第39条第1項に規定する者以外の者と, 法令の範囲内で, 接見し, 又は書類若しくは物の授受をすることができる. 勾引状により刑事施設に留置されている被告人も, 同様である.

第81条〔接見交通の制限〕 裁判所は, 逃亡し又は罪証を隠滅すると疑うに足りる相当な理由があるときは, 検察官の請求により又は職権で, 勾留されている被告人と第39条第1項に規定する者以外の者との接見を禁じ, 又はこれと授受すべき書類その他の物を検閲し, その授受を禁じ, 若しくはこれを差し押えることができる. 但し, 糧食の授受を禁じ, 又はこれを差し押えることはできない.

第82条〔勾留理由開示の請求〕 ① 勾留されている被告人は, 裁判所に勾留の理由の開示を請求することができる.

② 勾留されている被告人の弁護人, 法定代理人, 保佐人, 配偶者, 直系の親族, 兄弟姉妹その他利害関係人も, 前項の請求をすることができる.

③ 前2項の請求は, 保釈, 勾留の執行停止若しくは勾留の取消があつたとき, 又は勾留状の効力が消滅したときは, その効力を失う.

第83条〔勾留理由開示の手続〕 ① 勾留の理由の開示は, 公開の法廷でこれをしなければならない.

② 法廷は, 裁判官及び裁判所書記が列席してこれを開く.

③ 被告人及びその弁護人が出頭しないときは, 開廷することはできない. 但し, 被告人の出頭については, 被告人が病気その他やむを得ない事由によつて出頭することができず且つ被告人に異議がないとき, 弁護人の出頭については, 被告人に異議がないときは, この限りでない.

第84条〔勾留理由開示の方式〕 ① 法廷において, 裁判長は, 勾留の理由を告げなければならない.

② 検察官又は被告人及び弁護人並びにこれらの者以外の請求者は, 意見を述べることができる. 但し, 裁判長は, 相当と認めるときは, 意見の陳述に代え意見を記載した書面を差し出すべきことを命ずることができる.

第85条〔勾留理由開示と受命裁判官〕 勾留の理由の開示は, 合議体の構成員にこれをさせることができる.

第86条〔勾留理由開示請求の競合〕 同一の勾留について第82条の請求が二以上ある場合には, 勾留の理由の開示は, 最初の請求についてこれを行う. その他の請求は, 勾留の理由の開示が終つた後, 決定でこれを却下しなければならない.

第87条〔勾留の取消し〕 ① 勾留の理由又は勾留の必要がなくなつたときは, 裁判所は, 検察官, 勾留されている被告人若しくはその弁護人, 法定代理人, 保佐人, 配偶者, 直系の親族若しくは兄弟姉妹の請求により, 又は職権で, 決定を以て勾留を取り消さなければならない.

② 第82条第3項の規定は, 前項の請求についてこれを準用する.

第88条〔保釈の請求〕 ① 勾留されている被告人又はその弁護人, 法定代理人, 保佐人, 配偶者, 直系の親族若しくは兄弟姉妹は, 保釈の請求をすることができる.

② 第82条第3項の規定は, 前項の請求についてこれを準用する.

第89条〔必要的保釈〕 保釈の請求があつたときは, 次の場合を除いては, これを許さなければならない.

1 被告人が死刑又は無期若しくは短期1年以上の拘禁刑に当たる罪を犯したものであるとき.

2 被告人が前に死刑又は無期若しくは長期10年を超える拘禁刑に当たる罪につき有罪の宣告を受けたことがあるとき.

3 被告人が常習として長期3年以上の拘禁刑に当たる罪を犯したものであるとき.

4 被告人が罪証を隠滅すると疑うに足りる相当な理由があるとき.

5 被告人が, 被害者その他事件の審判に必要な知識を有すると認められる者若しくはその親族の身体若しくは財産に害を加え又はこれらの者を畏怖させる行為をすると疑うに足りる相当な理由があるとき.

6 被告人の氏名又は住居が分からないとき.

〔令4法67, 施行3年内〕

第90条〔職権保釈〕 裁判所は, 保釈された場

合に被告人が逃亡又は罪証を隠滅するおそれの程度のほか、身体の拘束の継続により被告人が受ける健康上、経済上、社会生活上又は防御の準備上の不利益の程度その他の事情を考慮し、適当と認めるときは、職権で保釈を許すことができる。

第91条〔不当に長い拘禁と勾留の取消し・保釈〕①　勾留による拘禁が不当に長くなつたときは、裁判所は、第88条に規定する者の請求により、又は職権で、決定を以て勾留を取り消し、又は保釈を許さなければならない。

②　第82条第3項の規定は、前項の請求についてこれを準用する。

第92条〔保釈・勾留取消し決定と検察官の意見〕①　裁判所は、保釈を許す決定又は保釈の請求を却下する決定をするには、検察官の意見を聴かなければならない。

②　検察官の請求による場合を除いて、勾留を取り消す決定をするときも、前項と同様である。但し、急速を要する場合は、この限りでない。

第93条〔保釈保証金額、保釈の条件〕①　保釈を許す場合には、保証金額を定めなければならない。

②　保証金額は、犯罪の性質及び情状、証拠の証明力並びに被告人の性格及び資産を考慮して、被告人の出頭を保証するに足りる相当な金額でなければならない。

③　保釈を許す場合には、被告人の住居を制限し、その他適当と認める条件を付することができる。

④　裁判所は、前項の規定により被告人の住居を制限する場合において、必要と認めるときは、裁判所の許可を受けないでその指定する期間を超えて当該住居を離れてはならない旨の条件を付することができる。

⑤　前項の期間は、被告人の生活の状況その他の事情を考慮して指定する。

⑥　第4項の許可をする場合には、同項の住居を離れることを必要とする理由その他の事情を考慮して、当該住居を離れることができる期間を指定しなければならない。

⑦　裁判所は、必要と認めるときは、前項の期間を延長することができる。

⑧　裁判所は、第4項の許可を受けた被告人について、同項の住居を離れることができる期間として指定された期間の終期まで当該住居を離れる必要がなくなつたと認めるときは、当該期間を短縮することができる。

第94条〔保釈の手続〕①　保釈を許す決定は、保証金の納付があつた後でなければ、これを執行することができない。

②　裁判所は、保釈請求者でない者に保証金を納めることを許すことができる。

③　裁判所は、有価証券又は裁判所の適当と認める被告人以外の者の差し出した保証書を以て保証金に代えることを許すことができる。

第95条〔勾留の執行停止〕①　裁判所は、適当と認めるときは、決定で、勾留されている被告人を親族、保護団体その他の者に委託し、又は被告人の住居を制限して、勾留の執行を停止することができる。この場合においては、適当と認める条件を付することができる。

②　前項前段の決定をする場合には、勾留の執行停止をする期間を指定することができる。

③　前項の期間を指定するに当たつては、その終期を日時をもつて指定するとともに、当該日時に出頭すべき場所を指定しなければならない。

④　裁判所は、必要と認めるときは、第2項の期間を延長することができる。この場合においては、前項の規定を準用する。

⑤　裁判所は、期間を指定されて勾留の執行停止をされた被告人について、当該期間の終期として指定された日時まで勾留の執行停止を継続する必要がなくなつたと認めるときは、当該期間を短縮することができる。この場合においては、第3項の規定を準用する。

⑥　第93条第4項から第8項までの規定は、第1項前段の規定により被告人の住居を制限する場合について準用する。

第95条の2　期間を指定されて勾留の執行停止をされた被告人が、正当な理由がなく、当該期間の終期として指定された日時に、出頭すべき場所として指定された場所に出頭しないときは、2年以下の拘禁刑に処する。

第95条の3　①　裁判所の許可を受けないで指定された期間を超えて制限された住居を離れてはならない旨の条件を付されて勾留の執行停止をされた被告人が、当該条件に係る住居を離れ、当該許可を受けないで、正当な理由がなく、当該期間を超えて当該住居に帰着しないときは、2年以下の拘禁刑に処する。

②　前項の被告人が、裁判所の許可を受けて同項の住居を離れ、正当な理由がなく、当該住居を離れることができる期間として指定された期間を超えて当該住居に帰着しないときも、同項と同様とする。

第95条の4　①　裁判所は、被告人の逃亡を防止し、又は公判期日への出頭を確保するため必要があると認めるときは、保釈を許す決定又は第95条第1項前段の決定を受けた被告人に対し、その住居、労働又は通学の状況、身分関係

その他のその変更が被告人が逃亡すると疑うに足りる相当な理由の有無の判断に影響を及ぼす生活上又は身分上の事項として裁判所の定めるものについて，次に掲げるところに従つて報告をすることを命ずることができる．

1　裁判所の指定する時期に，当該時期における当該事項について報告をすること．

2　当該事項に変更が生じたときは，速やかに，その変更の内容について報告をすること．

② 裁判所は，前項の場合において，必要と認めるときは，同項の被告人に対し，同項の規定による報告を裁判所の指定する日時及び場所に出頭してすることを命ずることができる．

③ 裁判所は，第1項の規定による報告があつたときはその旨及びその報告の内容を，同項（第1号に係る部分に限る．）の規定による報告がなかつたとき又は同項（第2号に係る部分に限る．）の規定による報告がなかつたことを知つたときはその旨及びその状況を，それぞれ速やかに検察官に通知しなければならない．

第96条〔保釈・勾留の執行停止の取消し，保証金の没取〕 ① 裁判所は，次の各号のいずれかに該当する場合には，検察官の請求により，又は職権で，決定で，保釈又は勾留の執行停止を取り消すことができる．

1　被告人が，召喚を受け正当な理由がなく出頭しないとき．

2　被告人が逃亡し又は逃亡すると疑うに足りる相当な理由があるとき．

3　被告人が罪証を隠滅し又は罪証を隠滅すると疑うに足りる相当な理由があるとき．

4　被告人が，被害者その他事件の審判に必要な知識を有すると認められる者若しくはその親族の身体若しくは財産に害を加え若しくは加えようとし，又はこれらの者を畏怖させる行為をしたとき．

5　被告人が，正当な理由がなく前条第1項の規定による報告をせず，又は虚偽の報告をしたとき．

6　被告人が住居の制限その他裁判所の定めた条件に違反したとき．

② 前項の規定により保釈を取り消す場合には，裁判所は，決定で，保証金の全部又は一部を没取することができる．

③ 保釈を取り消された者が，第98条の2の規定による命令を受け正当な理由がなく出頭しないとき，又は逃亡したときも，前項と同様とする．

④ 拘禁刑以上の刑に処する判決（拘禁刑の全部の執行猶予の言渡しをしないものに限る．以下同じ．）の宣告を受けた後，保釈又は勾留の執行停止をされている被告人が逃亡したときは，裁判所は，検察官の請求により，又は職権で，決定で，保釈又は勾留の執行停止を取り消さなければならない．

⑤ 前項の規定により保釈を取り消す場合には，裁判所は，決定で，保証金の全部又は一部を没取しなければならない．

⑥ 保釈を取り消された者が，第98条の2の規定による命令を受け正当な理由がなく出頭しない場合又は逃亡した場合において，その者が拘禁刑以上の刑に処する判決の宣告を受けた者であるときは，裁判所は，決定で，保証金の全部又は一部を没取しなければならない．ただし，第4項の規定により保釈を取り消された者が逃亡したときは，この限りでない．

⑦ 保釈された者が，拘禁刑以上の刑に処する判決又は拘留に処する判決の宣告を受けた後，第343条の2（第404条（第414条において準用する場合を含む．第98条の17第1項第2号及び第4号において同じ．）において準用する場合を含む．）の規定による命令を受け正当な理由がなく出頭しないとき又は逃亡したとき（保釈されている場合及び保釈を取り消された後，逃亡した場合を除く．）は検察官の請求により又は職権で，刑の執行のため呼出しを受け正当な理由がなく出頭しないときは検察官の請求により，決定で，保証金の全部又は一部を没取しなければならない．

第97条〔上訴と勾留に関する決定〕 ① 上訴の提起期間内の事件でまだ上訴の提起がないものについて，勾留の期間を更新し，勾留を取り消し，又は保釈若しくは勾留の執行停止をし，若しくはこれを取り消すべき場合には，原裁判所が，その決定をしなければならない．

② 上訴中の事件で訴訟記録が上訴裁判所に到達していないものについて前項の決定をすべき裁判所は，裁判所の規則の定めるところによる．

③ 前2項の規定は，勾留の理由の開示をすべき場合にこれを準用する．

第98条〔保釈・勾留の執行停止の取消し等の場合の収容手続〕 ① 保釈若しくは勾留の執行停止を取り消す決定があつたとき，又は勾留の執行停止の期間が満了したときは，検察事務官，司法警察職員又は刑事施設職員は，検察官の指揮により，勾留状の謄本及び保釈若しくは勾留の執行停止を取り消す決定の謄本又は期間を指定した勾留の執行停止の決定の謄本を被告人に示してこれを刑事施設に収容しなければならない．

② 前項の書面を所持しないためこれを示すことができない場合において，急速を要するとき

は，同項の規定にかかわらず，検察官の指揮により，被告人に対し保釈若しくは勾留の執行停止が取り消された旨又は勾留の執行停止の期間が満了した旨を告げて，これを刑事施設に収容することができる．ただし，その書面は，できる限り速やかにこれを示さなければならない．

③　第71条の規定は，前2項の規定による収容についてこれを準用する．

第98条の2　検察官は，保釈又は勾留の執行停止を取り消す決定があつた場合において，被告人が刑事施設に収容されていないときは，被告人に対し，指定する日時及び場所に出頭することを命ずることができる．

第98条の3　保釈又は勾留の執行停止を取り消され，検察官から出頭を命ぜられた被告人が，正当な理由がなく，指定された日時及び場所に出頭しないときは，2年以下の拘禁刑に処する．

第98条の4　①　裁判所は，保釈を許し，又は勾留の執行停止をする場合において，必要と認めるときは，適当と認める者を，その同意を得て監督者として選任することができる．

②　裁判所は，前項の同意を得るに当たつては，あらかじめ，監督者として選任する者に対し，次項及び第4項に規定する監督者の責務並びに第98条の8第2項，第98条の11及び第98条の18第3項の規定による監督保証金の没取の制度を理解させるために必要な事項を説明しなければならない．

③　監督者は，被告人の逃亡を防止し，及び公判期日への出頭を確保するために必要な監督をするものとする．

④　裁判所は，監督者に対し，次の各号に掲げる事項のいずれか又は全てを命ずるものとする．

　1　被告人が召喚を受けたときその他この法律又は他の法律の規定により被告人が出頭しなければならないときは，その出頭すべき日時及び場所に，被告人と共に出頭すること．

　2　被告人の住居，労働又は通学の状況，身分関係その他のその変更が被告人が逃亡すると疑うに足りる相当な理由の有無の判断に影響を及ぼす生活上又は身分上の事項として裁判所の定めるものについて，次に掲げるところに従つて報告をすること．

　イ　裁判所の指定する時期に，当該時期における当該事項について報告をすること．

　ロ　当該事項に変更が生じたときは，速やかに，その変更の内容について報告をすること．

〔令5法28，施行1年内〕

第98条の5　①　監督者を選任する場合には，監督保証金額を定めなければならない．

②　監督保証金額は，監督者として選任する者の資産及び被告人との関係その他の事情を考慮して，前条第4項の規定により命ずる事項及び被告人の出頭を保証するに足りる相当な金額でなければならない．

〔令5法28，施行1年内〕

第98条の6　①　監督者を選任した場合には，保釈を許す決定は，第94条第1項の規定にかかわらず，保証金及び監督保証金の納付があつた後でなければ，執行することができない．

②　監督者を選任した場合には，第95条第1項前段の決定は，監督保証金の納付があつた後でなければ，執行することができない．

③　第94条第2項及び第3項の規定は，監督保証金の納付について準用する．この場合において，同条第2項中「保釈請求者でない者」とあるのは「監督者でない者（被告人を除く．）」と，同条第3項中「被告人」とあるのは「被告人及び監督者」と読み替えるものとする．

〔令5法28，施行1年内〕

第98条の7　①　裁判所は，監督者を選任した場合において，被告人の召喚がされたときその他この法律又は他の法律の規定により被告人が指定の日時及び場所に出頭しなければならないこととされたときは，速やかに，監督者に対し，その旨並びに当該日時及び場所を通知しなければならない．

②　裁判所は，第98条の4第4項（第1号に係る部分に限る．）の規定による出頭があつたときはその旨を，同項（第2号に係る部分に限る．）の規定による報告があつたときはその旨及びその報告の内容を，同項（第1号に係る部分に限る．）の規定による出頭若しくは同項（第2号イに係る部分に限る．）の規定による報告がなかつたとき又は同項（第2号ロに係る部分に限る．）の規定による報告がなかつたことを知つたときはその旨及びその状況を，それぞれ速やかに検察官に通知しなければならない．

〔令5法28，施行1年内〕

第98条の8　①　裁判所は，次の各号のいずれかに該当すると認めるときは，検察官の請求により，又は職権で，監督者を解任することができる．

　1　監督者が，正当な理由がなく，第98条の4第4項の規定による命令に違反したとき．

　2　心身の故障その他の事由により，監督者が第98条の4第4項の規定により命ぜられた事項をすることができない状態になつたとき．

　3　監督者から解任の申出があつたとき．

②　前項（第1号に係る部分に限る．）の規定により監督者を解任する場合には，裁判所は，決定で，監督保証金の全部又は一部を没取する

ことができる．　〔令5法28,施行1年内〕

第98条の9　① 裁判所は，監督者を解任した場合又は監督者が死亡した場合には，決定で，保釈又は勾留の執行停止を取り消さなければならない．

② 裁判所は，前項に規定する場合において，相当と認めるときは，次の各号に掲げる場合の区分に応じ，当該各号に定める措置をとることができる．この場合においては，同項の規定は，適用しない．

　1　被告人が保釈されている場合　新たに適当と認める者を監督者として選任し，又は保証金額を増額すること．

　2　被告人が勾留の執行停止をされている場合　新たに適当と認める者を監督者として選任すること．

③ 裁判所は，前項前段の規定により監督者を選任する場合には，監督保証金を納付すべき期限を指定しなければならない．

④ 裁判所は，やむを得ない事由があると認めるときは，前項の期限を延長することができる．

⑤ 裁判所は，第3項の期限までに監督保証金の納付がなかつたときは，監督者を解任しなければならない．

⑥ 裁判所は，第2項前段（第1号に係る部分に限る．次項において同じ．）の規定により監督者を選任する場合において，相当と認めるときは，保証金額を減額することができる．

⑦ 裁判所は，第2項前段の規定により保証金額を増額する場合には，増額分の保証金を納付すべき期限を指定しなければならない．この場合においては，第4項の規定を準用する．

⑧ 第94条第2項及び第3項の規定は，前項に規定する場合における増額分の保証金の納付について準用する．この場合において，同条第2項中「保釈請求者」とあるのは，「被告人」と読み替えるものとする．

⑨ 裁判所は，第7項の期限までに増額分の保証金の納付がなかつたときは，決定で，保釈を取り消さなければならない．

　〔令5法28,施行1年内〕

第98条の10　① 被告人は，第98条の8第1項第2号に該当すること又は監督者が死亡したことを知つたときは，速やかに，その旨を裁判所に届け出なければならない．

② 裁判所は，前項の規定による届出がなかつたときは，検察官の請求により，又は職権で，決定で，保釈又は勾留の執行停止を取り消すことができる．

③ 前項の規定により保釈を取り消す場合には，裁判所は，決定で，保証金の全部又は一部を没

取することができる．　〔令5法28,施行1年内〕

第98条の11　監督者が選任されている場合において，第96条第1項（第1号，第2号及び第5号（第95条の4第2項の規定による出頭をしなかつたことにより適用される場合に限る．）に係る部分に限る．）の規定により保釈又は勾留の執行停止を取り消すときは，裁判所は，決定で，監督保証金の全部又は一部を没取することができる．　〔令5法28,施行1年内〕

第98条の12　① 裁判所は，保釈を許す場合において，被告人が国外に逃走することを防止するため，その位置及び当該位置に係る時刻を把握する必要があると認めるときは，被告人に対し，位置測定端末（人の身体に装着される電子計算機であつて，人工衛星から発射される信号その他これを補完する信号（第3項第1号において「人工衛星信号等」という．）を用いて行う当該電子計算機の位置及び当該位置に係る時刻の測定（以下「位置測定」という．）に用いられるものをいう．以下同じ．）をその身体に装着することを命ずることができる．

② 裁判所は，前項の規定による命令（以下「位置測定端末装着命令」という．）をするときは，飛行場又は港湾施設の周辺の区域その他の位置測定端末装着命令を受けた者が本邦から出国する際に立ち入ることとなる区域であつて，当該者が所在してはならない区域（以下「所在禁止区域」という．）を定めるものとする．

③ 位置測定端末は，次に掲げる機能及び構造を有するものでなければならない．

　1　位置測定のために必要な人工衛星信号等を受信する機能

　2　次に掲げる事由の発生を検知する機能

　イ　位置測定端末が装着された者の身体から離れたこと．

　ロ　位置測定に関して行われる信号の送受信（以下「位置測定通信」という．）であつて位置測定端末に係るものが途絶するおそれがある事由として裁判所の規則で定めるもの

　ハ　ロに掲げる事由がなくなつたこと．

　ニ　イからハまでに掲げるもののほか，位置測定端末を装着された者の本邦からの出国を防止し，又はその位置を把握するために位置測定端末において検知すべき事由として裁判所の規則で定めるもの

　3　前号に掲げる事由の発生が検知されたときは，直ちに，かつ，自動的に，位置測定端末を装着された者に当該事由の発生を知らせるとともに，第5項の閲覧設備において当該事由の発生を確認するために必要な信号を，直接

に又は次項の位置測定設備を経由して，第5項の閲覧設備に送信する機能

4 人の身体に装着された場合において，その全部又は一部を損壊することなく当該人の身体から取り外すことを困難とする構造

5 前各号に掲げるもののほか，位置測定に関して必要な機能又は構造として裁判所の規則で定めるもの

④ 位置測定においては，次に掲げる機能を有する電気通信設備であつて裁判所の規則で定めるもの（第1号及び第98条の15第1項において「位置測定設備」という。）を使用するものとする。

1 次に掲げる事由の発生を検知する機能

イ 位置測定端末が所在禁止区域内に所在すること。

ロ 位置測定通信であつて位置測定設備に係るものが途絶するおそれがある事由として裁判所の規則で定めるもの

ハ ロに掲げる事由がなくなつたこと。

ニ イからハまでに掲げるもののほか，位置測定端末を装着された者の本邦からの出国を防止し，又はその位置を把握するために位置測定設備において検知すべき事由として裁判所の規則で定めるもの

2 前号に掲げる事由の発生が検知されたときは，直ちに，かつ，自動的に，位置測定端末を装着された者に当該事由の発生を知らせるとともに，次項の閲覧設備において当該事由の発生を確認するために必要な信号を同項の閲覧設備に送信する機能

⑤ 位置測定においては，裁判所が端末位置情報（位置測定により得られた位置測定端末の位置及び当該位置に係る時刻に関する情報をいう。以下同じ。）を表示して閲覧すること及び第3項第3号又は前項第2号の信号を受信することにより次に掲げる事由の発生を確認することができる機能を有する電気通信設備（以下「閲覧設備」という。）を使用するものとする。

1 第3項第2号イに掲げる事由

2 前項第1号イに掲げる事由

3 第3項第2号ロ又は前項第1号ロに掲げる事由

4 第3項第2号ハ又は前項第1号ハに掲げる事由

5 第3項第2号ニ又は前項第1号ニに掲げる事由　　〔令5法28，施行5年内〕

第98条の13　① 位置測定端末は，裁判所の指揮によつて，裁判所書記官その他の裁判所の職員が位置測定端末装着命令を受けた者の身体に装着するものとする。

② 位置測定端末装着命令がされたときは，保釈を許す決定は，前項の規定による位置測定端末の装着をした後でなければ，執行することができない。

第98条の14　① 位置測定端末装着命令を受けた者は，次に掲げる事項を遵守しなければならない。

1 所在禁止区域内に所在しないこと。

2 位置測定端末を自己の身体に装着し続けること。

3 次に掲げる行為をしないこと。

イ 自己の身体に装着された位置測定端末を損壊する行為

ロ 位置測定通信に障害を与える行為

ハ イ及びロに掲げるもののほか，位置測定端末による位置測定端末装着命令を受けた者の位置の把握に支障を生じさせるおそれがある行為として裁判所の規則で定めるもの

4 裁判所の定める方法により，位置測定端末の充電その他の位置測定端末の機能の維持に必要な管理をすること。

5 自己の身体に装着された位置測定端末において位置測定通信のうち裁判所の規則で定めるものが行われていないことを知つたときは，遅滞なく，裁判所に対し，当該位置測定端末の損壊又は機能の障害の有無及び程度，電池の残量，自己の現在地その他の位置測定通信の回復に必要な措置を講ずるため必要な事項として裁判所の規則で定めるものを報告すること。

② 裁判所は，位置測定通信の回復その他の位置測定端末を用いて行う位置測定端末装着命令を受けた者の位置の把握に必要な措置を講ずるため必要があると認めるときは，当該者に対し，裁判所の指定する日時及び場所に出頭することを命ずることができる。

〔令5法28，施行5年内〕

第98条の15　① 裁判所は，やむを得ない理由により必要があると認めるときは，位置測定端末装着命令を受けた者に対し，期間を指定して，所在禁止区域内に所在することを許可することができる。この場合において，当該期間内に当該所在禁止区域内に所在することについては，前条第1項（第1号に係る部分に限る。）の規定は，適用せず，裁判所は，位置測定設備による第98条の12第4項第1号イに掲げる事由の発生の検知を停止するものとする。

② 前項前段の期間は，その始期及び終期を日時をもつて指定しなければならない。

③ 裁判所は, 必要と認めるときは, 第1項前段の期間を延長することができる.

④ 裁判所は, 第1項前段の規定による許可を受けた者について, 所在禁止区域内に所在することができる期間の終期として指定された日時まで当該所在禁止区域内に所在する必要がなくなつたと認めるときは, 当該期間を短縮することができる.

⑤ 第2項の規定は, 前2項の規定による期間の延長又は短縮をする場合について準用する. この場合において, 第2項中「始期及び終期」とあるのは, 「終期」と読み替えるものとする.

⑥ 裁判所は, やむを得ない理由により必要があると認めるときは, 位置測定端末装着命令を受けた者に対し, 期間を指定して, 位置測定端末を自己の身体に装着しないでいることを許可することができる.

⑦ 前項の規定による許可は, 当該許可を受けた者の身体から位置測定端末を取り外した後でなければ, その効力を生じない.

⑧ 第6項の規定による許可を受けた者の身体に装着された位置測定端末は, 裁判所の指揮によつて, 裁判所書記官その他の裁判所の職員が取り外すものとする.

⑨ 前条第1項 (第2号から第5号までに係る部分に限る.) の規定は, 第6項の期間内は適用しない.

⑩ 第6項の期間を指定するに当たつては, その終期を日時をもつて指定するとともに, 当該日時において位置測定端末を装着するために出頭すべき場所を指定しなければならない.

⑪ 裁判所は, 必要と認めるときは, 第6項の期間を延長することができる. この場合においては, 前項の規定を準用する.

⑫ 裁判所は, 第6項の規定による許可を受けた者について, 位置測定端末を自己の身体に装着しないでいることができる期間の終期として指定された日時まで位置測定端末を自己の身体に装着しないでいる必要がなくなつたと認めるときは, 当該期間を短縮することができる. この場合においては, 第10項の規定を準用する. 〔令5法28, 施行5年内〕

第98条の16　① 位置測定端末を装着させる必要がなくなつたときは, 裁判所は, 検察官, 位置測定端末装着命令を受けた者若しくは弁護人の請求により, 又は職権で, 決定で, 位置測定端末装着命令を取り消さなければならない. この場合においては, できる限り速やかに, 位置測定端末装着命令を取り消された者の身体から位置測定端末を取り外さなければならない.

② 前条第8項の規定は, 前項後段の規定による位置測定端末の取り外しについて準用する. 〔令5法28, 施行5年内〕

第98条の17　① 位置測定端末装着命令は, 次に掲げる場合には, その効力を失う.

1 保釈が取り消された場合において, 第98条第1項又は第2項の規定により刑事施設に収容されたとき.

2 拘禁刑以上の刑に処する判決の宣告があつた場合において, 第343条第2項前段 (第404条において準用する場合を含む. 第98条の20第5項第2号において同じ.) において準用する第98条第1項又は第2項の規定により刑事施設に収容されたとき.

3 拘禁刑以上の刑に処する判決又は拘留に処する判決の宣告があつた場合において, 当該判決に係る刑の執行が開始されたとき.

4 無罪, 免訴, 刑の免除, 刑の全部の執行猶予, 公訴棄却 (第338条第4号 (第404条において準用する場合を含む.) による場合を除く.), 罰金若しくは科料の裁判又は勾留を取り消す裁判の告知があつたとき.

5 勾留状が効力を失つたとき (第3号の判決が確定した場合及び前号に掲げる場合を除く.).

② 前項の規定により位置測定端末装着命令が効力を失つたときは, できる限り速やかに, 位置測定端末装着命令が効力を失つた者の身体から位置測定端末を取り外さなければならない.

③ 第98条の15第8項の規定は, 前項の規定による位置測定端末の取り外しについて準用する.

④ 裁判所は, 前項において準用する第98条の15第8項の規定にかかわらず, 第2項の規定により刑事施設に収容された者の身体から位置測定端末を取り外すときは, 刑事施設職員を指揮してこれをさせることができる. 〔令5法28, 施行5年内〕

第98条の18　① 裁判所は, 位置測定端末装着命令を受けた被告人が次の各号のいずれかに該当すると認めるときは, 検察官の請求により, 又は職権で, 決定で, 保釈を取り消すことができる.

1 第98条の15第1項前段の規定による許可を受けないで, 正当な理由がなく, 所在禁止区域内に所在したとき.

2 第98条の15第6項の規定による許可を受けないで, 正当な理由がなく, 位置測定端末を自己の身体から取り外し, 又は装着しなかつたとき.

3 正当な理由がなく，第98条の14第1項第3号イからハまでのいずれかに掲げる行為をしたとき．

4 正当な理由がなく，第98条の14第1項（第4号に係る部分に限る．）の規定による管理をしなかつたとき．

5 正当な理由がなく第98条の14第1項（第5号に係る部分に限る．）の規定による報告をせず，又は虚偽の報告をしたとき．

6 第98条の14第2項の日時及び場所を指定され，正当な理由がなく，当該日時及び場所に出頭しないとき．

② 前項の規定により保釈を取り消す場合には，裁判所は，決定で，保証金の全部又は一部を没取することができる．

③ 監督者が選任されている場合において，第1項（第2号（位置測定端末を自己の身体に装着しないでいることができる期間の終期として指定された日時に，当該日時において位置測定端末を装着するために出頭すべき場所として指定された場所に出頭しなかつたことにより適用される場合に限る．）及び第6号に係る部分に限る．）の規定により保釈を取り消すときは，裁判所は，決定で，監督保証金の全部又は一部を没取することができる．

〔令5法28, 施行5年内〕

第98条の19 裁判所は，位置測定端末装着命令を受けた被告人について，次の各号のいずれかに該当すると認めるときは，検察官の請求により，又は職権で，当該被告人を勾引することができる．ただし，明らかに勾引の必要がないと認めるときは，この限りでない．

1 閲覧設備において第98条の12第5項第1号又は第2号に掲げる事由の発生を確認したとき．

2 閲覧設備において第98条の12第5項第3号に掲げる事由の発生を確認した後，裁判所の規則で定める時間を経過するまでの間に，同項第4号に掲げる事由の発生を確認することができず，かつ，第98条の14第1項（第5号に係る部分に限る．）の規定による報告がなかつたとき． 〔令5法28, 施行5年内〕

第98条の20 ① 裁判所は，閲覧設備において第98条の12第5項第1号から第5号までのいずれかに掲げる事由の発生を確認したときは，直ちにその旨を検察官に通知しなければならない．

② 裁判所は，閲覧設備において第98条の12第5項第1号から第3号まで又は第5号のいずれかに掲げる事由の発生を確認したときは，当該事由の発生に係る位置測定端末の端末位

置情報を表示して閲覧することができる．ただし，同項第3号に掲げる事由の発生を確認した場合にあつては当該事由の発生を検知する前のものに限り，同項第5号に掲げる事由の発生を確認した場合にあつては当該事由ごとに裁判所の規則で定める時前のものに限る．

③ 検察官は，第1項の規定による通知を受けたときは，裁判所の許可を受けて，前項の規定の例により端末位置情報を表示して閲覧することができる．

④ 裁判所が第66条第1項の規定により前条の規定による勾引を嘱託した場合においては，受託裁判官所属の裁判所の所在地を管轄する検察庁の検察官も，裁判所又は受託裁判官の許可を受けて，第2項の規定の例により端末位置情報を表示して閲覧することができる．

⑤ 検察官，検察事務官又は司法警察職員（前項に規定する場合にあつては，受託裁判官所属の裁判所の所在地を管轄する検察庁の検察官若しくは検察事務官又は当該検察庁の所在地において職務を行うことができる司法警察職員を含む．）は，位置測定端末装着命令を受けた者について，次の各号のいずれかに該当する場合において，必要と認めるときは，裁判所（同項に規定する場合にあつては，裁判所又は受託裁判官）の許可を受けて，当該者に係る端末位置情報を表示して閲覧することができる．

1 勾引状を執行するとき．

2 第98条第1項又は第2項（これらの規定を第343条第1項前段において準用する場合を含む．次条第3項第2号において同じ．）の規定により刑事施設に収容するとき．

⑥ 裁判所は，位置測定端末その他の位置測定の用に供される電気通信設備の保守点検，修理その他の管理のために必要な限度において，当該位置測定端末の端末位置情報を表示して閲覧し，又は当該管理のために必要と認める者に表示させて閲覧させることができる．

〔令5法28, 施行5年内〕

第98条の21 ① 裁判所は，自ら第98条の19各号に掲げる事由を把握することが困難であるときは，あらかじめ，同条の規定による勾引に関する権限を裁判所の規則で定める裁判所の裁判官に委任することができる．この場合において，裁判所は，当該勾引に関し，適当と認める条件を付することができる．

② 前項の規定による委任を受けた裁判官（以下この条において「受任裁判官」という．）は，第98条の19の規定による勾引に関し裁判所又は裁判長と同一の権限を有する．

③ 次の各号に掲げる場合には，当該各号に定

める者は,必要と認めるときは,受任裁判官(受任裁判官が第66条第1項の規定により第98条の19の規定による勾引を嘱託した場合にあつては,受任裁判官又は受託裁判官)の許可を受けて,位置測定端末装着命令を受けた者に係る端末位置情報を表示して閲覧することができる.

1　勾引状を執行する場合　受任裁判官所属の裁判所に対応する検察庁の検察官若しくは検察事務官,当該検察庁の所在地において職務を行うことができる司法警察職員,当該執行を指揮する検察官又は当該執行をする検察事務官若しくは司法警察職員

2　第98条第1項又は第2項の規定により刑事施設に収容する場合　受任裁判官所属の裁判所に対応する検察庁の検察官若しくは検察事務官,当該検察庁の所在地において職務を行うことができる司法警察職員,当該収容を指揮する検察官又は当該収容をする検察事務官若しくは司法警察職員

④　受任裁判官は,前条第6項の規定による処分をすることができる.

〔令5法28,施行5年内〕

第98条の22　端末位置情報の閲覧は,第98条の20第2項から第6項まで,前条第3項及び第4項並びに第489条の2の場合を除き,してはならない.　〔令5法28,施行5年内〕

第98条の23　裁判長は,急速を要する場合には,第98条の19及び第98条の20の規定による処分をし,又は合議体の構成員にこれをさせることができる.　〔令5法28,施行5年内〕

第98条の24　①　位置測定端末装着命令を受けた者が,次の各号のいずれかに該当するときは,1年以下の拘禁刑に処する.

1　第98条の15第1項前段の規定による許可を受けないで,正当な理由がなく,所在禁止区域内に所在したとき.

2　第98条の15第6項の規定による許可を受けないで,正当な理由がなく,位置測定端末を自己の身体から取り外し,又は装着しなかつたとき.

3　正当な理由がなく,第98条の14第1項第3号イからハまでのいずれかに掲げる行為をしたとき.

②　位置測定端末装着命令を受けた者が,次の各号のいずれかに該当するときは,6月以下の拘禁刑に処する.

1　正当な理由がなく第98条の14第1項(第5号に係る部分に限る.)の規定による報告をせず,又は虚偽の報告をしたとき.

2　第98条の14第2項の日時及び場所を指定され,正当な理由がなく,当該日時及び場所に出頭しないとき.　〔令5法28,施行5年内〕

第9章　押収及び捜索

第99条〔差押え,提出命令〕①　裁判所は,必要があるときは,証拠物又は没収すべき物と思料するものを差し押えることができる.但し,特別の定のある場合は,この限りでない.

②　差し押さえるべき物が電子計算機であるときは,当該電子計算機に電気通信回線で接続している記録媒体であつて,当該電子計算機で作成若しくは変更をした電磁的記録又は当該電子計算機で変更若しくは消去をすることができることとされている電磁的記録を保管するために使用されていると認めるに足りる状況にあるものから,その電磁的記録を当該電子計算機又は他の記録媒体に複写した上,当該電子計算機又は当該他の記録媒体を差し押さえることができる.

③　裁判所は,差し押えるべき物を指定し,所有者,所持者又は保管者にその物の提出を命ずることができる.

第99条の2　裁判所は,必要があるときは,記録命令付差押え(電磁的記録を保管する者その他電磁的記録を利用する権限を有する者に命じて必要な電磁的記録を記録媒体に記録させ,又は印刷させた上,当該記録媒体を差し押さえることをいう.以下同じ.)をすることができる.

第100条〔郵便物等の押収〕①　裁判所は,被告人から発し,又は被告人に対して発した郵便物,信書便物又は電信に関する書類で法令の規定に基づき通信事務を取り扱う者が保管し,又は所持するものを差し押え,又は提出させることができる.

②　前項の規定に該当しない郵便物,信書便物又は電信に関する書類で法令の規定に基づき通信事務を取り扱う者が保管し,又は所持するものは,被告事件に関係があると認めるに足りる状況のあるものに限り,これを差し押え,又は提出させることができる.

③　前2項の規定による処分をしたときは,その旨を発信人又は受信人に通知しなければならない.但し,通知によつて審理が妨げられる虞がある場合は,この限りでない.

第101条〔領置〕被告人その他の者が遺留した物又は所有者,所持者若しくは保管者が任意に提出した物は,これを領置することができる.

第102条〔捜索〕①　裁判所は,必要があるときは,被告人の身体,物又は住居その他の場所に就き,捜索をすることができる.

② 被告人以外の者の身体, 物又は住居その他の場所については, 押収すべき物の存在を認めるに足りる状況のある場合に限り, 捜索をすることができる.

第103条〔公務上秘密と押収拒絶権〕公務員又は公務員であつた者が保管し, 又は所持する物について, 本人又は当該公務所から職務上の秘密に関するものであることを申し立てたときは, 当該監督官庁の承諾がなければ, 押収をすることはできない. 但し, 当該監督官庁は, 国の重大な利益を害する場合を除いては, 承諾を拒むことができない.

第104条〔同前〕① 左に掲げる者が前条の申立をしたときは, 第1号に掲げる者についてはその院, 第2号に掲げる者については内閣の承諾がなければ, 押収をすることはできない.

1　衆議院若しくは参議院の議員又はその職に在つた者

2　内閣総理大臣その他の国務大臣又はその職に在つた者

② 前項の場合において, 衆議院, 参議院又は内閣は, 国の重大な利益を害する場合を除いては, 承諾を拒むことができない.

第105条〔業務上秘密と押収拒絶権〕医師, 歯科医師, 助産師, 看護師, 弁護士（外国法事務弁護士を含む.）, 弁理士, 公証人, 宗教の職に在る者又はこれらの職に在つた者は, 業務上委託を受けたため, 保管し, 又は所持する物で他人の秘密に関するものについては, 押収を拒むことができる. 但し, 本人が承諾した場合, 押収の拒絶が被告人のためのみにする権利の濫用と認められる場合（被告人が本人である場合を除く.）その他裁判所の規則で定める事由がある場合は, この限りでない.

第106条〔差押状・捜索状〕公判廷外における差押え, 記録命令付差押え又は捜索は, 差押状, 記録命令付差押状又は捜索状を発してこれをしなければならない.

第107条〔差押状・捜索状の方式〕① 差押状, 記録命令付差押状又は捜索状には, 被告人の氏名, 罪名, 差し押さえるべき物, 記録させ若しくは印刷させるべき電磁的記録及びこれを記録させ若しくは印刷させるべき者又は捜索すべき場所, 身体若しくは物, 有効期間及びその期間経過後は執行に着手することができず令状はこれを返還しなければならない旨並びに発付の年月日その他裁判所の規則で定める事項を記載し, 裁判長が, これに記名押印しなければならない.

② 第99条第2項の規定による処分をするときは, 前項の差押状に, 同項に規定する事項の

ほか, 差し押さえるべき電子計算機に電気通信回線で接続している記録媒体であつて, その電磁的記録を複写すべきものの範囲を記載しなければならない.

③ 第64条第2項の規定は, 第1項の差押状, 記録命令付差押状又は捜索状についてこれを準用する.

第108条〔差押状・捜索状の執行〕① 差押状, 記録命令付差押状又は捜索状は, 検察官の指揮によつて, 検察事務官又は司法警察職員がこれを執行する. ただし, 裁判所が被告人の保護のため必要があると認めるときは, 裁判長は, 裁判所書記官又は司法警察職員にその執行を命ずることができる.

② 裁判所は, 差押状, 記録命令付差押状又は捜索状の執行に関し, その執行をする者に対し書面で適当と認める指示をすることができる.

③ 前項の指示は, 合議体の構成員にこれをさせることができる.

④ 第71条の規定は, 差押状, 記録命令付差押状又は捜索状の執行についてこれを準用する.

第109条〔執行の補助〕検察事務官又は裁判所書記官は, 差押状, 記録命令付差押状又は捜索状の執行について必要があるときは, 司法警察職員に補助を求めることができる.

第110条〔令状の呈示〕差押状, 記録命令付差押状又は捜索状は, 処分を受ける者にこれを示さなければならない.

第110条の2　差し押さえるべき物が電磁的記録に係る記録媒体であるときは, 差押状の執行をする者は, その差押えに代えて次に掲げる処分をすることができる. 公判廷で差押えをする場合も, 同様である.

1　差し押さえるべき記録媒体に記録された電磁的記録を他の記録媒体に複写し, 印刷し, 又は移転した上, 当該他の記録媒体を差し押さえること.

2　差押えを受ける者に差し押さえるべき記録媒体に記録された電磁的記録を他の記録媒体に複写させ, 印刷させ, 又は移転させた上, 当該他の記録媒体を差し押さえること.

第111条〔押収・捜索と必要な処分〕① 差押状, 記録命令付差押状又は捜索状の執行については, 錠をはずし, 封を開き, その他必要な処分をすることができる. 公判廷で差押え, 記録命令付差押え又は捜索をする場合も, 同様である.

② 前項の処分は, 押収物についても, これをすることができる.

第111条の2　差し押さえるべき物が電磁的記録に係る記録媒体であるときは, 差押状又は捜索状の執行をする者は, 処分を受ける者に対し,

電子計算機の操作その他の必要な協力を求めることができる．公判廷で差押え又は捜索をする場合も，同様である．

第112条〔執行中の出入禁止〕① 差押状，記録命令付差押状又は捜索状の執行中は，何人に対しても，許可を得ないでその場所に出入りすることを禁止することができる．

② 前項の禁止に従わない者は，これを退去させ，又は執行が終わるまでこれに看守者を付することができる．

第113条〔当事者の立会い〕① 検察官，被告人又は弁護人は，差押状，記録命令付差押状又は捜索状の執行に立ち会うことができる．ただし，身体の拘束を受けている被告人は，この限りでない．

② 差押状，記録命令付差押状又は捜索状の執行をする者は，あらかじめ，執行の日時及び場所を前項の規定により立ち会うことができる者に通知しなければならない．ただし，これらの者があらかじめ裁判所に立ち会わない意思を明示した場合及び急速を要する場合は，この限りでない．

③ 裁判所は，差押状又は捜索状の執行について必要があるときは，被告人をこれに立ち会わせることができる．

第114条〔責任者の立会い〕① 公務所内で差押状，記録命令付差押状又は捜索状の執行をするときは，その長又はこれに代わるべき者に通知してその処分に立ち会わせなければならない．

② 前項の規定による場合を除いて，人の住居又は人の看守する邸宅，建造物若しくは船舶内で差押え又は捜索状の執行をするときは，住居主若しくは看守者又はこれらの者に代わるべき者をこれに立ち会わせなければならない．これらの者を立ち会わせることができないときは，隣人又は地方公共団体の職員を立ち会わせなければならない．

第115条〔女子の身体捜索と立会い〕女子の身体について捜索状の執行をする場合には，成年の女子をこれに立ち会わせなければならない．但し，急速を要する場合は，この限りでない．

第116条〔夜間の押収・捜索〕① 日出前，日没後には，令状に夜間でも執行することができる旨の記載がなければ，差押状，記録命令付差押状又は捜索状の執行のため，人の住居又は人の看守する邸宅，建造物若しくは船舶内に入ることはできない．

② 日没前に差押状又は捜索状の執行に着手したときは，日没後でも，その処分を継続することができる．

第117条〔同前〕次に掲げる場所で差押状，記録命令付差押状又は捜索状の執行をするについては，前条第一項に規定する制限によることを要しない．

1　賭博，富くじ又は風俗を害する行為に常用されるものと認められる場所

2　旅館，飲食店その他夜間でも公衆が出入りすることができる場所．ただし，公開した時間内に限る．

第118条〔執行の中止と必要な措置〕差押状，記録命令付差押状又は捜索状の執行を中止する場合において必要があるときは，執行が終わるまでその場所を閉鎖し，又は看守者を置くことができる．

第119条〔捜索証明書の交付〕捜索をした場合において証拠物又は没収すべきものがないときは，捜索を受けた者の請求により，その旨の証明書を交付しなければならない．

第120条〔押収品目録の交付〕押収をした場合には，その目録を作り，所有者，所持者若しくは保管者（第110条の2の規定による処分を受けた者を含む．）又はこれらの者に代わるべき者に，これを交付しなければならない．

第121条〔押収物の保管・廃棄〕① 運搬又は保管に不便な押収物については，看守者を置き，又は所有者その他の者に，その承諾を得て，これを保管させることができる．

② 危険を生ずる虞がある押収物は，これを廃棄することができる．

③ 前2項の処分は，裁判所が特別の指示をした場合を除いては，差押状の執行をした者も，これをすることができる．

第122条〔押収物の売却・代価保管〕没収することができる押収物で滅失若しくは破損の虞があるもの又は保管に不便なものについては，これを売却してその代価を保管することができる．

第123条〔押収物の還付，仮還付〕① 押収物で留置の必要がないものは，被告事件の終結を待たないで，決定でこれを還付しなければならない．

② 押収物は，所有者，所持者，保管者又は差出人の請求により，決定で仮にこれを還付することができる．

③ 押収物が第110条の2の規定により電磁的記録を移転し，又は移転させた上差し押さえた記録媒体で留置の必要がないものである場合において，差押えを受けた者と当該記録媒体の所有者，所持者又は保管者とが異なるときは，被告事件の終結を待たないで，決定で，当該差押えを受けた者に対し，当該記録媒体を交付し，又は当該電磁的記録の複写を許さなければな

らない.

④ 前3項の決定をするについては,検察官及び被告人又は弁護人の意見を聴かなければならない.

第124条〔押収贓物の被害者還付〕① 押収した贓物で留置の必要がないものは,被害者に還付すべき理由が明らかなときに限り,被告事件の終結を待たないで,検察官及び被告人又は弁護人の意見を聴き,決定でこれを被害者に還付しなければならない.

② 前項の規定は,民事訴訟の手続に従い,利害関係人がその権利を主張することを妨げない.

第125条〔受命裁判官・受託裁判官〕① 押収又は捜索は,合議体の構成員にこれをさせ,又はこれをすべき地の地方裁判所,家庭裁判所若しくは簡易裁判所の裁判官にこれを嘱託することができる.

② 受託裁判官は,受託の権限を有する他の地方裁判所,家庭裁判所又は簡易裁判所の裁判官に転嘱することができる.

③ 受託裁判官は,受託事項について権限を有しないときは,受託の権限を有する他の地方裁判所,家庭裁判所又は簡易裁判所の裁判官に嘱託を移送することができる.

④ 受命裁判官又は受託裁判官がする押収又は捜索については,裁判所がする押収又は捜索に関する規定を準用する. 但し,第100条第3項の通知は,裁判所がこれをしなければならない.

第126条〔勾引状・勾留状の執行と被告人の捜索〕検察事務官又は司法警察職員は,勾引状又は勾留状を執行する場合において必要があるときは,人の住居又は人の看守する邸宅,建造物若しくは船舶内に入り,被告人の捜索をすることができる. この場合には,捜索状は,これを必要としない.

第127条〔同前〕第111条,第112条,第114条及び第118条の規定は,前条の規定により検察事務官又は司法警察職員がする捜索についてこれを準用する. 但し,急速を要する場合は,第114条第2項の規定によることを要しない.

第10章　検　証

第128条〔検証〕裁判所は,事実発見のため必要があるときは,検証することができる.

第129条〔検証と必要な処分〕検証については,身体の検査,死体の解剖,墳墓の発掘,物の破壊その他必要な処分をすることができる.

第130条〔夜間の検証〕① 日出前,日没後には,住居主若しくは看守者又はこれらの者に代るべき者の承諾がなければ,検証のため,人の

住居又は人の看守する邸宅,建造物若しくは船舶内に入ることはできない. 但し,日出後では検証の目的を達することができない虞がある場合は,この限りでない.

② 日没前検証に着手したときは,日没後でもその処分を継続することができる.

③ 第117条に規定する場所については,第1項に規定する制限によることを要しない.

第131条〔身体検査に関する注意,女子の身体検査と立会い〕① 身体の検査については,これを受ける者の性別,健康状態その他の事情を考慮した上,特にその方法に注意し,その者の名誉を害しないように注意しなければならない.

② 女子の身体を検査する場合には,医師又は成年の女子をこれに立ち会わせなければならない.

第132条〔身体検査のための召喚〕裁判所は,身体の検査のため,被告人以外の者を裁判所又は指定の場所に召喚することができる.

第133条〔出頭拒否と過料・費用賠償〕① 前条の規定により召喚を受けた者が正当な理由がなく出頭しないときは,決定で,10万円以下の過料に処し,かつ,出頭しないために生じた費用の賠償を命ずることができる.

② 前項の決定に対しては,即時抗告をすることができる.

第134条〔出頭拒否と刑罰〕① 第132条の規定により召喚を受け正当な理由がなく出頭しない者は,10万円以下の罰金又は拘留に処する.

② 前項の罪を犯した者には,情状により,罰金及び拘留を併科することができる.

第135条〔出頭拒否と再度の召喚・勾引〕第132条の規定による召喚に応じない者は,更にこれを召喚し,又はこれを勾引することができる.

第136条〔召喚・勾引に関する準用規定〕第62条,第63条及び第65条の規定は,第132条及び前条の規定による召喚について,第62条,第64条,第66条,第67条,第70条,第71条及び第73条第1項の規定は,前条の規定による勾引についてこれを準用する.

第137条〔身体検査の拒否と過料・費用賠償〕① 被告人又は被告人以外の者が正当な理由がなく身体の検査を拒んだときは,決定で,10万円以下の過料に処し,かつ,その拒絶により生じた費用の賠償を命ずることができる.

② 前項の決定に対しては,即時抗告をすることができる.

第138条〔身体検査の拒否と刑罰〕① 正当な理由がなく身体の検査を拒んだ者は,10万円以下の罰金又は拘留に処する.

② 前項の罪を犯した者には,情状により,罰金

及び拘留を併科することができる.

第139条〔身体検査の直接強制〕裁判所は, 身体の検査を拒む者を過料に処し, 又はこれに刑を科しても, その効果がないと認めるときは, そのまま, 身体の検査を行うことができる.

第140条〔身体検査の強制に関する訓示規定〕裁判所は, 第137条の規定により過料を科し, 又は前条の規定により身体の検査をするにあたつては, あらかじめ, 検察官の意見を聴き, 且つ, 身体の検査を受ける者の異議の理由を知るため適当な努力をしなければならない.

第141条〔検証の補助〕検証をするについて必要があるときは, 司法警察職員に補助をさせることができる.

第142条〔準用規定〕第111条の2から第114条まで, 第118条及び第125条の規定は, 検証についてこれを準用する.

第11章　証人尋問

第143条〔証人の資格〕裁判所は, この法律に特別の定のある場合を除いては, 何人でも証人としてこれを尋問することができる.

第143条の2〔証人の召喚〕裁判所は, 裁判所の規則で定める相当の猶予期間を置いて, 証人を召喚することができる.

第144条〔公務上秘密と証人資格〕公務員又は公務員であつた者が知り得た事実について, 本人又は当該公務所から職務上の秘密に関するものであることを申し立てたときは, 当該監督官庁の承諾がなければ証人としてこれを尋問することはできない. 但し, 当該監督官庁は, 国の重大な利益を害する場合を除いては, 承諾を拒むことができない.

第145条〔同前〕① 左に掲げる者が前条の申立をしたときは, 第1号に掲げる者についてはその院, 第2号に掲げる者については内閣の承諾がなければ, 証人としてこれを尋問することはできない.

1　衆議院若しくは参議院の議員又はその職に在つた者

2　内閣総理大臣その他の国務大臣又はその職に在つた者

② 前項の場合において, 衆議院, 参議院又は内閣は, 国の重大な利益を害する場合を除いては, 承諾を拒むことができない.

第146条〔自己の刑事責任と証言拒絶権〕何人も, 自己が刑事訴追を受け, 又は有罪判決を受ける虞のある証言を拒むことができる.

第147条〔近親者の刑事責任と証言拒絶権〕何人も, 左に掲げる者が刑事訴追を受け, 又は有罪判決を受ける虞のある証言を拒むことが

できる.

1　自己の配偶者, 三親等内の血族若しくは二親等内の姻族又は自己とこれらの親族関係があつた者

2　自己の後見人, 後見監督人又は保佐人

3　自己を後見人, 後見監督人又は保佐人とする者

第148条〔同前の例外〕共犯又は共同被告人の1人又は数人に対し前条の関係がある者でも, 他の共犯又は共同被告人のみに関する事項については, 証言を拒むことはできない.

第149条〔業務上秘密と証言拒絶権〕医師, 歯科医師, 助産師, 看護師, 弁護士（外国法事務弁護士を含む.）, 弁理士, 公証人, 宗教の職に在る者又はこれらの職に在つた者は, 業務上委託を受けたため知り得た事実で他人の秘密に関するものについては, 証言を拒むことができる. 但し, 本人が承諾した場合, 証言の拒絶が被告人のためのみにする権利の濫用と認められる場合（被告人が本人である場合を除く.）その他裁判所の規則で定める事由がある場合は, この限りでない.

第150条〔出頭義務違反と過料・費用賠償〕① 召喚を受けた証人が正当な理由がなく出頭しないときは, 決定で, 10万円以下の過料に処し, かつ, 出頭しないために生じた費用の賠償を命ずることができる.

② 前項の決定に対しては, 即時抗告をすることができる.

第151条〔出頭義務違反と刑罰〕証人として召喚を受け正当な理由がなく出頭しない者は, 1年以下の拘禁刑又は30万円以下の罰金に処する.　　　　　　〔令4法67, 施行3年内〕

第152条〔不出頭証人に対する再召喚・勾引〕裁判所は, 証人が, 正当な理由がなく, 召喚に応じないとき, 又は応じないおそれがあるときは, その証人を勾引することができる.

第153条〔準用規定〕第62条, 第63条及び第65条の規定は, 証人の召喚について, 第62条, 第64条, 第66条, 第67条, 第70条, 第71条及び第73条第1項の規定は, 証人の勾引についてこれを準用する.

第153条の2〔証人の留置〕勾引状の執行を受けた証人を護送する場合又は引致した場合において必要があるときは, 一時最寄の警察署その他の適当な場所にこれを留置することができる.

第154条〔宣誓〕証人には, この法律に特別の定のある場合を除いて, 宣誓をさせなければならない.

第155条〔宣誓無能力〕① 宣誓の趣旨を理解

刑訴

することができない者は、宣誓をさせないで、これを尋問しなければならない.

② 前項に掲げる者が宣誓をしたときでも、その供述は、証言としての効力を妨げられない.

第156条〔推測事項の証言〕 ① 証人には、その実験した事実により推測した事項を供述させることができる.

② 前項の供述は、鑑定に属するものでも、証言としての効力を妨げられない.

第157条〔当事者の立会権・尋問権〕 ① 検察官、被告人又は弁護人は、証人の尋問に立ち会うことができる.

② 証人尋問の日時及び場所は、あらかじめ、前項の規定により尋問に立ち会うことができる者にこれを通知しなければならない. 但し、これらの者があらかじめ裁判所に立ち会わない意思を明示したときは、この限りでない.

③ 第1項に規定する者は、証人の尋問に立ち会つたときは、裁判長に告げて、その証人を尋問することができる.

第157条の2〔証人尋問開始前における刑事免責の請求・決定〕 ① 検察官は、証人が刑事訴追を受け、又は有罪判決を受けるおそれのある事項についての尋問を予定している場合であつて、当該事項についての証言の重要性、関係する犯罪の軽重及び情状その他の事情を考慮し、必要と認めるときは、あらかじめ、裁判所に対し、当該証人尋問を次に掲げる条件により行うことを請求することができる.

1　尋問に応じてした供述及びこれに基づいて得られた証拠は、証人が当該証人尋問においてした行為が第161条又は刑法第169条の罪に当たる場合に当該行為に係るこれらの罪に係る事件において用いるときを除き、証人の刑事事件において、これらを証人に不利益な証拠とすることができないこと.

2　第146条の規定にかかわらず、自己が刑事訴追を受け、又は有罪判決を受けるおそれのある証言を拒むことができないこと.

② 裁判所は、前項の請求を受けたときは、その証人に尋問すべき事項に証人が刑事訴追を受け、又は有罪判決を受けるおそれのある事項が含まれないと明らかに認められる場合を除き、当該証人尋問を同項各号に掲げる条件により行う旨の決定をするものとする.

第157条の3〔証人尋問開始後における刑事免責の請求・決定〕 ① 検察官は、証人が刑事訴追を受け、又は有罪判決を受けるおそれのある事項について証言を拒んだと認める場合であつて、当該事項についての証言の重要性、関係する犯罪の軽重及び情状その他の事情を考慮

し、必要と認めるときは、裁判所に対し、それ以後の当該証人尋問を前条第1項各号に掲げる条件により行うことを請求することができる.

② 裁判所は、前項の請求を受けたときは、その証人が証言を拒んでいないとした場合において又はその証人に尋問すべき事項に証人が刑事訴追を受け、若しくは有罪判決を受けるおそれのある事項が含まれないと明らかに認められる場合を除き、それ以後の当該証人尋問を前条第1項各号に掲げる条件により行う旨の決定をするものとする.

第157条の4〔証人への付添い〕 ① 裁判所は、証人を尋問する場合において、証人の年齢、心身の状態その他の事情を考慮し、証人が著しく不安又は緊張を覚えるおそれがあると認めるときは、検察官及び被告人又は弁護人の意見を聴き、その不安又は緊張を緩和するのに適当であり、かつ、裁判官若しくは訴訟関係人の尋問若しくは証人の供述を妨げ、又はその供述の内容に不当な影響を与えるおそれがないと認める者を、その証人の供述中、証人に付き添わせることができる.

② 前項の規定により証人に付き添うこととされた者は、その証人の供述中、裁判官若しくは訴訟関係人の尋問若しくは証人の供述を妨げ、又はその供述の内容に不当な影響を与えるような言動をしてはならない.

第157条の5〔証人尋問の際の証人の遮へい〕 ① 裁判所は、証人を尋問する場合において、犯罪の性質、証人の年齢、心身の状態、被告人との関係その他の事情により、証人が被告人の面前（次条第1項及び第2項に規定する方法による場合を含む.）において供述するときは圧迫を受け精神の平穏を著しく害されるおそれがあると認める場合であつて、相当と認めるときは、検察官及び被告人又は弁護人の意見を聴き、被告人とその証人との間で、一方から又は相互に相手の状態を認識することができないようにするための措置を採ることができる. ただし、被告人から証人の状態を認識することができないようにするための措置については、弁護人が出頭している場合に限り、採ることができる.

② 裁判所は、証人を尋問する場合において、犯罪の性質、証人の年齢、心身の状態、名誉に対する影響その他の事情を考慮し、相当と認めるときは、検察官及び被告人又は弁護人の意見を聴き、傍聴人とその証人との間で、相互に相手の状態を認識することができないようにするための措置を採ることができる.

第157条の6〔ビデオリンク方式による証人尋

問〕① 裁判所は,次に掲げる者を証人として尋問する場合において,相当と認めるときは,検察官及び被告人又は弁護人の意見を聴き,裁判官及び訴訟関係人が証人を尋問するために在席する場所以外の場所であつて,同一構内(これらの者が在席する場所と同一の構内をいう。次項において同じ。)にあるものにその証人を在席させ,映像と音声の送受信により相手の状態を相互に認識しながら通話をすることができる方法によつて,尋問することができる。

1　刑法第176条,第177条,第179条,第181条若しくは第182条の罪,同法第225条若しくは第226条の2第3項の罪(わいせつ又は結婚の目的に係る部分に限る。以下この号において同じ。),同法第227条第1項(同法第225条又は第226条の2第3項の罪を犯した者を幇助する目的に係る部分に限る。)若しくは第3項(わいせつの目的に係る部分に限る。)の罪若しくは同法第241条第1項若しくは第3項の罪又はこれらの罪の未遂罪の被害者

2　児童福祉法(昭和22年法律第164号)第60条第1項の罪若しくは同法第34条第1項第9号に係る同法第60条第2項の罪,児童買春,児童ポルノに係る行為等の規制及び処罰並びに児童の保護等に関する法律(平成11年法律第52号)第4条から第8条までの罪又は性的な姿態を撮影する行為等の処罰及び押収物に記録された性的な姿態の影像に係る電磁的記録の消去等に関する法律(令和5年法律第67号)第2条から第6条までの罪の被害者

3　前2号に掲げる者のほか,犯罪の性質,証人の年齢,心身の状態,被告人との関係その他の事情により,裁判官及び訴訟関係人が証人を尋問するために在席する場所において供述するときは圧迫を受け精神の平穏を著しく害されるおそれがあると認められる者

② 裁判所は,証人を尋問する場合において,次に掲げる場合であつて,相当と認めるときは,検察官及び被告人又は弁護人の意見を聴き,同一構内以外にある場所であつて裁判所の規則で定めるものに証人を在席させ,映像と音声の送受信により相手の状態を相互に認識しながら通話をすることができる方法によつて,尋問することができる。

1　犯罪の性質,証人の年齢,心身の状態,被告人との関係その他の事情により,証人が同一構内に出頭するときは精神の平穏を著しく害されるおそれがあると認めるとき。

2　同一構内への出頭に伴う移動に際し,証人の身体若しくは財産に害を加え又は証人を畏怖させ若しくは困惑させる行為がなされるおそれがあると認めるとき。

3　同一構内への出頭後の移動に際し尾行その他の方法で証人の住居,勤務先その他その通常所在する場所が特定されることにより,証人若しくはその親族の身体若しくは財産に害を加え又はこれらの者を畏怖させ若しくは困惑させる行為がなされるおそれがあると認めるとき。

4　証人が遠隔地に居住し,その年齢,職業,健康状態その他の事情により,同一構内に出頭することが著しく困難であると認めるとき。

③ 前2項に規定する方法により証人尋問を行う場合(前項第4号の規定による場合を除く。)において,裁判所は,その証人が後の刑事手続において同一の事実につき再び証人として供述を求められることがあると思料する場合であつて,証人の同意があるときは,検察官及び被告人又は弁護人の意見を聴き,その証人の尋問及び供述並びにその状況を記録媒体(映像及び音声を同時に記録することができるものに限る。)に記録することができる。

④ 前項の規定により証人の尋問及び供述並びにその状況を記録した記録媒体は,訴訟記録に添付して調書の一部とするものとする。

第158条〔証人の裁判所外への喚問・所在尋問,当事者の権利〕 ① 裁判所は,証人の重要性,年齢,職業,健康状態その他の事情と事案の軽重とを考慮した上,検察官及び被告人又は弁護人の意見を聴き,必要と認めるときは,裁判所外にこれを召喚し,又はその現在場所でこれを尋問することができる。

② 前項の場合には,裁判所は,あらかじめ,検察官,被告人及び弁護人に,尋問事項を知る機会を与えなければならない。

③ 検察官,被告人又は弁護人は,前項の尋問事項に附加して,必要な事項の尋問を請求することができる。

第159条〔同前〕 ① 裁判所は,検察官,被告人又は弁護人が前条の証人尋問に立ち会わなかつたときは,立ち会わなかつた者に,証人の供述の内容を知る機会を与えなければならない。

② 前項の証人の供述が被告人に予期しなかつた著しい不利益なものである場合には,被告人又は弁護人は,更に必要な事項の尋問を請求することができる。

③ 裁判所は,前項の請求を理由がないものと認めるときは,これを却下することができる。

第160条〔宣誓証言の拒絶と過料・費用賠償〕

① 証人が正当な理由がなく宣誓又は証言を拒んだときは，決定で，10万円以下の過料に処し，かつ，その拒絶により生じた費用の賠償を命ずることができる．

② 前項の決定に対しては，即時抗告をすることができる．

第161条〔宣誓証言の拒絶と刑罰〕正当な理由がなく宣誓又は証言を拒んだ者は，1年以下の拘禁刑又は30万円以下の罰金に処する．

〔令4法67，施行3年内〕

第162条〔同行命令・勾引〕裁判所は，必要があるときは，決定で指定の場所に証人の同行を命ずることができる．証人が正当な理由がなく同行に応じないときは，これを勾引することができる．

第163条〔受命裁判官・受託裁判官〕① 裁判所外で証人を尋問すべきときは，合議体の構成員にこれをさせ，又は証人の現在地の地方裁判所，家庭裁判所若しくは簡易裁判所の裁判官にこれを嘱託することができる．

② 受託裁判官は，受託の権限を有する他の地方裁判所，家庭裁判所又は簡易裁判所の裁判官に転嘱することができる．

③ 受託裁判官は，受託事項について権限を有しないときは，受託の権限を有する他の地方裁判所，家庭裁判所又は簡易裁判所の裁判官に嘱託を移送することができる．

④ 受命裁判官又は受託裁判官は，証人の尋問に関し，裁判所又は裁判長に属する処分をすることができる．但し，第150条及び第160条の決定は，裁判所もこれをすることができる．

⑤ 第158条第2項及び第3項並びに第159条に規定する手続は，前項の規定にかかわらず，裁判所がこれをしなければならない．

第164条〔証人の旅費・日当・宿泊料〕① 証人は，旅費，日当及び宿泊料を請求することができる．但し，正当な理由がなく宣誓又は証言を拒んだ者は，この限りでない．

② 証人は，あらかじめ旅費，日当又は宿泊料の支給を受けた場合において，正当な理由がなく，出頭せず又は宣誓若しくは証言を拒んだときは，その支給を受けた費用を返納しなければならない．

第12章 鑑 定

第165条〔鑑定〕裁判所は，学識経験のある者に鑑定を命ずることができる．

第166条〔宣誓〕鑑定人には，宣誓をさせなければならない．

第167条〔鑑定留置，留置状〕① 被告人の心神又は身体に関する鑑定をさせるについて必要があるときは，裁判所は，期間を定め，病院その他の相当な場所に被告人を留置することができる．

② 前項の留置は，鑑定留置状を発してこれをしなければならない．

③ 第1項の留置につき必要があるときは，裁判所は，被告人を収容すべき病院その他の場所の管理者の申出により，又は職権で，司法警察職員に被告人の看守を命ずることができる．

④ 裁判所は，必要があるときは，留置の期間を延長し又は短縮することができる．

⑤ 勾留に関する規定は，この法律に特別の定のある場合を除いては，第1項の留置についてこれを準用する．但し，保釈に関する規定は，この限りでない．

⑥ 第1項の留置は，未決勾留日数の算入については，これを勾留とみなす．

第167条の2〔鑑定留置と勾留の執行停止〕① 勾留中の被告人に対し鑑定留置状が執行されたときは，被告人が留置されている間，勾留は，その執行を停止されたものとする．

② 前項の場合において，前条第1項の処分が取り消され又は留置の期間が満了したときは，第98条の規定を準用する．

第168条〔鑑定と必要な処分，鑑定許可状〕① 鑑定人は，鑑定について必要がある場合には，裁判所の許可を受けて，人の住居若しくは人の看守する邸宅，建造物若しくは船舶内に入り，身体を検査し，死体を解剖し，墳墓を発掘し，又は物を破壊することができる．

② 裁判所は，前項の許可をするには，被告人の氏名，罪名及び立ち入るべき場所，検査すべき身体，解剖すべき死体，発掘すべき墳墓又は破壊すべき物並びに鑑定人の氏名その他裁判所の規則で定める事項を記載した許可状を発して，これをしなければならない．

③ 裁判所は，身体の検査に関し，適当と認める条件を附することができる．

④ 鑑定人は，第1項の処分を受ける者に許可状を示さなければならない．

⑤ 前3項の規定は，鑑定人が公判廷でする第1項の処分については，これを適用しない．

⑥ 第131条，第137条，第138条及び第140条の規定は，鑑定人の第1項の規定によつてする身体の検査についてこれを準用する．

第169条〔受命裁判官〕裁判所は，合議体の構成員に鑑定について必要な処分をさせることができる．但し，第167条第1項に規定する処分については，この限りでない．

第170条〔当事者の立会い〕検察官及び弁護人は，鑑定に立ち会うことができる．この場合

には，第157条第2項の規定を準用する.

第171条〔準用規定〕前章の規定は，勾引に関する規定を除いて，鑑定についてこれを準用する.

第172条〔裁判官に対する身体検査の請求〕

① 身体の検査を受ける者が，鑑定人の第168条第1項の規定によつてする身体の検査を拒んだ場合には，鑑定人は，裁判官にその者の身体の検査を請求することができる.

② 前項の請求を受けた裁判官は，第10章の規定に準じ身体の検査をすることができる.

第173条〔鑑定料，鑑定必要費用等〕① 鑑定人は，旅費，日当及び宿泊料の外，鑑定料を請求し，及び鑑定に必要な費用の支払又は償還を受けることができる.

② 鑑定人は，あらかじめ鑑定に必要な費用の支払を受けた場合において，正当な理由がなく，出頭せず又は宣誓若しくは鑑定を拒んだときは，その支払を受けた費用を返納しなければならない.

第174条〔鑑定証人〕特別の知識によつて知り得た過去の事実に関する尋問については，この章の規定によらないで，前章の規定を適用する.

第13章　通訳及び翻訳

第175条〔通訳〕国語に通じない者に陳述をさせる場合には，通訳人に通訳をさせなければならない.

第176条〔同前〕耳の聞えない者又は口のきけない者に陳述をさせる場合には，通訳人に通訳をさせることができる.

第177条〔翻訳〕国語でない文字又は符号は，これを翻訳させることができる.

第178条〔準用規定〕前章の規定は，通訳及び翻訳についてこれを準用する.

第14章　証拠保全

第179条〔証拠保全の請求・手続〕① 被告人，被疑者又は弁護人は，あらかじめ証拠を保全しておかなければその証拠を使用することが困難な事情があるときは，第1回の公判期日前に限り，裁判官に押収，捜索，検証，証人の尋問又は鑑定の処分を請求することができる.

② 前項の請求を受けた裁判官は，その処分に関し，裁判所又は裁判長と同一の権限を有する.

第180条〔当事者の書類・証拠物の閲覧・謄写権〕① 検察官及び弁護人は，裁判所において，前条第1項の処分に関する書類及び証拠物を閲覧し，且つ謄写することができる. 但し，弁護人が証拠物の謄写をするについては，裁判官の許可を受けなければならない.

② 前項の規定にかかわらず，第157条の6第4

項に規定する記録媒体は，謄写することができない.

③ 被告人又は被疑者は，裁判官の許可を受け，裁判所において，第1項の書類及び証拠物を閲覧することができる. ただし，被告人又は被疑者に弁護人があるときは，この限りでない.

第15章　訴訟費用

第181条〔被告人等の訴訟費用負担〕① 刑の言渡をしたときは，被告人に訴訟費用の全部又は一部を負担させなければならない. 但し，被告人が貧困のため訴訟費用を納付することのできないことが明らかであるときは，この限りでない.

② 被告人の責に帰すべき事由によつて生じた費用は，刑の言渡をしない場合にも，被告人にこれを負担させることができる.

③ 検察官のみが上訴を申し立てた場合において，上訴が棄却されたとき，又は上訴の取下げがあつたときは，上訴に関する訴訟費用は，これを被告人に負担させることができない. ただし，被告人の責めに帰すべき事由によつて生じた費用については，この限りでない.

④ 公訴が提起されなかつた場合において，被疑者の責めに帰すべき事由により生じた費用があるときは，被疑者にこれを負担させることができる.

第182条〔共犯の訴訟費用〕共犯の訴訟費用は，共犯人に，連帯して，これを負担させることができる.

第183条〔告訴人等の訴訟費用負担〕① 告訴，告発又は請求により公訴の提起があつた事件について被告人が無罪又は免訴の裁判を受けた場合において，告訴人，告発人又は請求人に故意又は重大な過失があつたときは，その者に訴訟費用を負担させることができる.

② 告訴，告発又は請求があつた事件について公訴が提起されなかつた場合において，告訴人，告発人又は請求人に故意又は重大な過失があつたときも，前項と同様とする.

第184条〔上訴等の取下げと訴訟費用負担〕検察官以外の者が上訴又は再審若しくは正式裁判の請求を取り下げた場合には，その者に上訴，再審又は正式裁判に関する費用を負担させることができる.

第185条〔被告人負担の裁判〕裁判によつて訴訟手続が終了する場合において，被告人に訴訟費用を負担させるときは，職権でその裁判をしなければならない. この裁判に対しては，本案の裁判について上訴があつたときに限り，不服を申し立てることができる.

第186条〔第三者負担の裁判〕裁判によつて訴訟手続が終了する場合において，被告人以外の者に訴訟費用を負担させるときは，職権で別にその決定をしなければならない．この決定に対しては，即時抗告をすることができる．

第187条〔裁判によらない訴訟手続終了の場合の訴訟費用〕裁判によらないで訴訟手続が終了する場合において，訴訟費用を負担させるときは，最終に事件の係属した裁判所が，職権でその決定をしなければならない．この決定に対しては，即時抗告をすることができる．

第187条の2〔公訴の提起がなされなかつた場合の訴訟費用〕公訴が提起されなかつた場合において，訴訟費用を負担させるときは，検察官の請求により，裁判所が決定をもつてこれを行う．この決定に対しては，即時抗告をすることができる．

第188条〔負担額の算定〕訴訟費用の負担を命ずる裁判にその額を表示しないときは，執行の指揮をすべき検察官が，これを算定する．

第16章　費用の補償

第188条の2〔無罪判決と費用の補償〕①　無罪の判決が確定したときは，国は，当該事件の被告人であつた者に対し，その裁判に要した費用の補償をする．ただし，被告人であつた者の責めに帰すべき事由によつて生じた費用については，補償をしないことができる．

②　被告人であつた者が，捜査又は審判を誤らせる目的で，虚偽の自白をし，又は他の有罪の証拠を作ることにより，公訴の提起を受けるに至つたものと認められるときは，前項の補償の全部又は一部をしないことができる．

③　第188条の5第1項の規定による補償の請求がされている場合には，第188条の4の規定により補償される費用については，第1項の補償をしない．

第188条の3〔費用補償の請求・裁判〕①　前条第1項の補償は，被告人であつた者の請求により，無罪の判決をした裁判所が，決定をもつてこれを行う．

②　前項の請求は，無罪の判決が確定した後6箇月以内にこれをしなければならない．

③　補償に関する決定に対しては，即時抗告をすることができる．

第188条の4〔検察官上訴と費用の補償〕検察官のみが上訴をした場合において，上訴が棄却され又は取り下げられて当該上訴に係る原裁判が確定したときは，これによつて無罪の判決が確定した場合を除き，国は，当該事件の被告人又は被告人であつた者に対し，上訴によりその審級において生じた費用の補償をする．ただし，被告人又は被告人であつた者の責めに帰すべき事由によつて生じた費用については，補償をしないことができる．

第188条の5〔検察官上訴と費用補償の手続〕①　前条の補償は，被告人又は被告人であつた者の請求により，当該上訴裁判所であつた最高裁判所又は高等裁判所が，決定をもつてこれを行う．

②　前項の請求は，当該上訴に係る原裁判が確定した後2箇月以内にこれをしなければならない．

③　補償に関する決定で高等裁判所がしたものに対しては，第428条第2項の異議の申立てをすることができる．この場合には，即時抗告に関する規定をも準用する．

第188条の6〔補償費用の範囲〕①　第188条の2第1項又は第188条の4の規定により補償される費用の範囲は，被告人若しくは被告人であつた者又はそれらの者の弁護人であつた者が公判準備及び公判期日に出頭するに要した旅費，日当及び宿泊料並びに弁護人であつた者に対する報酬に限るものとし，その額に関しては，刑事訴訟費用に関する法律の規定中，被告人又は被告人であつた者については証人，弁護人であつた者については弁護人に関する規定を準用する．

②　裁判所は，公判準備又は公判期日に出頭した弁護人が2人以上あつたときは，事件の性質，審理の状況その他の事情を考慮して，前項の弁護人であつた者の旅費，日当及び宿泊料を主任弁護人その他一部の弁護人に係るものに限ることができる．

第188条の7〔刑事補償法の準用〕補償の請求その他補償に関する手続，補償と他の法律による損害賠償との関係，補償を受ける権利の譲渡又は差押え及び被告人又は被告人であつた者の相続人に対する補償については，この法律に特別の定めがある場合のほか，刑事補償法（昭和25年法律第1号）第1条に規定する補償の例による．

◆　第2編　第一審　◆

第1章　捜　査

第189条〔一般司法警察職員と捜査権限〕①　警察官は，それぞれ，他の法律又は国家公安委員会若しくは都道府県公安委員会の定めるところにより，司法警察職員として職務を行う．

②　司法警察職員は，犯罪があると思料するときは，犯人及び証拠を捜査するものとする．

第190条〔特別司法警察職員〕森林, 鉄道その他特別の事項について司法警察職員として職務を行うべき者及びその職務の範囲は, 別に法律でこれを定める.

第191条〔検察官・検察事務官と捜査権限〕
① 検察官は, 必要と認めるときは, 自ら犯罪を捜査することができる.
② 検察事務官は, 検察官の指揮を受け, 捜査をしなければならない.

第192条〔捜査に関する協力〕検察官と都道府県公安委員会及び司法警察職員とは, 捜査に関し, 互に協力しなければならない.

第193条〔検察官の司法警察職員に対する指示・指揮〕① 検察官は, その管轄区域により, 司法警察職員に対し, その捜査に関し, 必要な一般的指示をすることができる. この場合における指示は, 捜査を適正にし, その他公訴の遂行を全うするために必要な事項に関する一般的な準則を定めることによつて行うものとする.
② 検察官は, その管轄区域により, 司法警察職員に対し, 捜査の協力を求めるため必要な一般的指揮をすることができる.
③ 検察官は, 自ら犯罪を捜査する場合において必要があるときは, 司法警察職員を指揮して捜査の補助をさせることができる.
④ 前3項の場合において, 司法警察職員は, 検察官の指示又は指揮に従わなければならない.

第194条〔司法警察職員に対する懲戒・罷免の訴追〕① 検事総長, 検事長又は検事正は, 司法警察職員が正当な理由がなく検察官の指示又は指揮に従わない場合において必要と認めるときは, 警察官たる司法警察職員については, 国家公安委員会又は都道府県公安委員会に, 警察官たる者以外の司法警察職員については, その者を懲戒し又は罷免する権限を有する者に, それぞれ懲戒又は罷免の訴追をすることができる.
② 国家公安委員会, 都道府県公安委員会又は警察官たる者以外の司法警察職員を懲戒若しくは罷免する権限を有する者は, 前項の訴追が理由のあるものと認めるときは, 別に法律の定めるところにより, 訴追を受けた者を懲戒し又は罷免しなければならない.

第195条〔検察官・検察事務官の管轄区域外における職務執行〕検察官及び検察事務官は, 捜査のため必要があるときは, 管轄区域外で職務を行うことができる.

第196条〔捜査関係者に対する訓示規定〕検察官, 検察事務官及び司法警察職員並びに弁護人その他職務上捜査に関係のある者は, 被疑者その他の者の名誉を害しないように注意し, 且つ, 捜査の妨げとならないように注意しなければならない.

第197条〔捜査に必要な取調べ〕① 捜査については, その目的を達するため必要な取調をすることができる. 但し, 強制の処分は, この法律に特別の定のある場合でなければ, これをすることができない.
② 捜査については, 公務所又は公私の団体に照会して必要な事項の報告を求めることができる.
③ 検察官, 検察事務官又は司法警察員は, 差押え又は記録命令付差押えをするため必要があるときは, 電気通信を行うための設備を他人の通信の用に供する事業を営む者又は自己の業務のために不特定若しくは多数の者の通信を媒介することのできる電気通信を行うための設備を設置している者に対し, その業務上記録している電気通信の送信元, 送信先, 通信日時その他の通信履歴の電磁的記録のうち必要なものを特定し, 30日を超えない期間を定めて, これを消去しないよう, 書面で求めることができる. この場合において, 当該電磁的記録について差押え又は記録命令付差押えをする必要がないと認めるに至つたときは, 当該求めを取り消さなければならない.
④ 前項の規定により消去しないよう求める期間については, 特に必要があるときは, 30日を超えない範囲内で延長することができる. ただし, 消去しないよう求める期間は, 通じて60日を超えることができない.
⑤ 第2項又は第3項の規定による求めを行う場合において, 必要があるときは, みだりにこれらに関する事項を漏らさないよう求めることができる.

第198条〔被疑者の出頭要求・取調べ〕① 検察官, 検察事務官又は司法警察職員は, 犯罪の捜査をするについて必要があるときは, 被疑者の出頭を求め, これを取り調べることができる. 但し, 被疑者は, 逮捕又は勾留されている場合を除いては, 出頭を拒み, 又は出頭後, 何時でも退去することができる.
② 前項の取調に際しては, 被疑者に対し, あらかじめ, 自己の意思に反して供述をする必要がない旨を告げなければならない.
③ 被疑者の供述は, これを調書に録取することができる.
④ 前項の調書は, これを被疑者に閲覧させ, 又は読み聞かせて, 誤がないかどうかを問い, 被疑者が増減変更の申立をしたときは, その供述を調書に記載しなければならない.

⑤ 被疑者が, 調書に誤のないことを申し立てたときは, これに署名押印することを求めることができる. 但し, これを拒絶した場合は, この限りでない.

第199条〔逮捕状による逮捕の要件〕 ① 検察官, 検察事務官又は司法警察職員は, 被疑者が罪を犯したことを疑うに足りる相当な理由があるときは, 裁判官のあらかじめ発する逮捕状により, これを逮捕することができる. ただし, 30万円（刑法, 暴力行為等処罰に関する法律及び経済関係罰則の整備に関する法律の罪以外の罪については, 当分の間, 2万円）以下の罰金, 拘留又は科料に当たる罪については, 被疑者が定まつた住居を有しない場合又は正当な理由がなく前条の規定による出頭の求めに応じない場合に限る.

② 裁判官は, 被疑者が罪を犯したことを疑うに足りる相当な理由があると認めるときは, 検察官又は司法警察員（警察官たる司法警察員については, 国家公安委員会又は都道府県公安委員会が指定する警部以上の者に限る. 次項及び第201条の2第1項において同じ.）の請求により, 前項の逮捕状を発する. ただし, 明らかに逮捕の必要がないと認めるときは, この限りでない.

③ 検察官又は司法警察員は, 第1項の逮捕状を請求する場合において, 同一の犯罪事実についてその被疑者に対し前に逮捕状の請求又はその発付があつたときは, その旨を裁判所に通知しなければならない.

第200条〔逮捕状の方式〕 ① 逮捕状には, 被疑者の氏名及び住居, 罪名, 被疑事実の要旨, 引致すべき官公署その他の場所, 有効期間及びその期間経過後は逮捕をすることができず令状はこれを返還しなければならない旨並びに発付の年月日その他裁判所の規則で定める事項を記載し, 裁判官が, これに記名押印しなければならない.

② 第64条第2項及び第3項の規定は, 逮捕状についてこれを準用する.

第201条〔逮捕状による逮捕の手続〕 ① 逮捕状により被疑者を逮捕するには, 逮捕状を被疑者に示さなければならない.

② 第73条第3項の規定は, 逮捕状により被疑者を逮捕する場合にこれを準用する.

第201条の2 ① 検察官又は司法警察員は, 次に掲げる者の個人特定事項（氏名及び住所その他の個人を特定させることとなる事項をいう. 以下同じ.）について, 必要と認めるときは, 第199条第2項本文の請求と同時に, 裁判官に対し, 被疑者に示すものとして, 当該個人

特定事項の記載がない逮捕状の抄本その他の逮捕状に代わるものの交付を請求することができる.

1 次に掲げる事件の被害者等
 イ 刑法第176条, 第177条, 第179条, 第181条若しくは第182条の罪, 同法第225条若しくは第226条の2第3項の罪（わいせつ又は結婚の目的に係る部分に限る. 以下このイにおいて同じ.）, 同法第227条第1項（同法第225条又は第226条の2第3項の罪を犯した者を幇助する目的に係る部分に限る.）若しくは第3項（わいせつの目的に係る部分に限る.）の罪若しくは同法第241条第1項若しくは第3項の罪又はこれらの罪の未遂罪に係る事件
 ロ 児童福祉法第60条第1項の罪若しくは同法第34条第1項第9号に係る同法第60条第2項の罪, 児童買春, 児童ポルノに係る行為等の規制及び処罰並びに児童の保護等に関する法律第4条から第8条までの罪又は性的な姿態を撮影する行為等の処罰及び押収物に記録された性的な姿態の影像に係る電磁的記録の消去等に関する法律第2条から第6条までの罪に係る事件
 ハ イ及びロに掲げる事件のほか, 犯行の態様, 被害の状況その他の事情により, 被害者の個人特定事項が被疑者に知られることにより次に掲げるおそれがあると認められる事件
 (1) 被害者等（被害者又は被害者が死亡した場合若しくはその心身に重大な故障がある場合におけるその配偶者, 直系の親族若しくは兄弟姉妹をいう. 以下同じ.）の名誉又は社会生活の平穏が著しく害されるおそれ
 (2) (1)に掲げるもののほか, 被害者若しくはその親族の身体若しくは財産に害を加え又はこれらの者を畏怖させ若しくは困惑させる行為がなされるおそれ
2 前号に掲げる者のほか, 個人特定事項が被疑者に知られることにより次に掲げるおそれがあると認められる者
 イ その者の名誉又は社会生活の平穏が著しく害されるおそれ
 ロ イに掲げるもののほか, その者若しくはその親族の身体若しくは財産に害を加え又はこれらの者を畏怖させ若しくは困惑させる行為がなされるおそれ

② 裁判官は, 前項の規定による請求を受けた場合において, 第199条第2項の規定により逮捕状を発するときは, これと同時に, 被疑者

に示すものとして、当該請求に係る個人特定事項を明らかにしない方法により被疑事実の要旨を記載した逮捕状の抄本その他の逮捕状に代わるものを交付するものとする。ただし、当該請求に係る者が前項第1号又は第2号に掲げる者に該当しないことが明らかなときは、この限りでない。

③ 前項の規定による逮捕状に代わるものの交付があつたときは、前条第1項の規定にかかわらず、逮捕状により被疑者を逮捕するに当たり、当該逮捕状に代わるものを被疑者に示すことができる。

④ 第2項の規定による逮捕状に代わるものの交付があつた場合において、当該逮捕状に代わるものを所持しないためこれを示すことができない場合であつて、急速を要するときは、前条第1項の規定及び同条第2項において準用する第73条第3項の規定にかかわらず、被疑者に対し、逮捕状に記載された個人特定事項のうち当該逮捕状に代わるものに記載がないものを明らかにしない方法により被疑事実の要旨を告げるとともに、逮捕状が発せられている旨を告げて、逮捕状により被疑者を逮捕することができる。ただし、当該逮捕状に代わるものは、できる限り速やかに示さなければならない。

第202条〔検察官・司法警察員への引致〕 検察事務官又は司法巡査が逮捕状により被疑者を逮捕したときは、直ちに、検察事務官はこれを検察官に、司法巡査はこれを司法警察員に引致しなければならない。

第203条〔司法警察員の手続、検察官送致の時間の制限〕 ① 司法警察員は、逮捕状により被疑者を逮捕したとき、又は逮捕状により逮捕された被疑者を受け取つたときは、直ちに犯罪事実の要旨及び弁護人を選任することができる旨を告げた上、弁解の機会を与え、留置の必要がないと思料するときは直ちにこれを釈放し、留置の必要があると思料するときは被疑者が身体を拘束された時から48時間以内に書類及び証拠物とともにこれを検察官に送致する手続をしなければならない。

② 前項の場合において、被疑者に弁護人の有無を尋ね、弁護人があるときは、弁護人を選任することができる旨は、これを告げることを要しない。

③ 司法警察員は、第1項の規定により弁護人を選任することができる旨を告げるに当たつては、被疑者に対し、弁護士、弁護士法人又は弁護士会を指定して弁護人の選任を申し出ることができる旨及びその申出先を教示しなければならない。

④ 司法警察員は、第1項の規定により弁護人を選任することができる旨を告げるに当たつては、被疑者に対し、引き続き勾留を請求された場合において貧困その他の事由により自ら弁護人を選任することができないときは裁判官に対して弁護人の選任を請求することができる旨並びに裁判官に対して弁護人の選任を請求するには資力申告書を提出しなければならない旨及びその資力が基準額以上であるときは、あらかじめ、弁護士会(第37条の3第2項の規定により第31条の2第1項の申出をすべき弁護士会をいう。)に弁護人の選任の申出をしていなければならない旨を教示しなければならない。

⑤ 第1項の時間の制限内に送致の手続をしないときは、直ちに被疑者を釈放しなければならない。

第204条〔検察官の手続・勾留請求の時間の制限〕 ① 検察官は、逮捕状により被疑者を逮捕したとき、又は逮捕状により逮捕された被疑者(前条の規定により送致された被疑者を除く。)を受け取つたときは、直ちに犯罪事実の要旨及び弁護人を選任することができる旨を告げた上、弁解の機会を与え、留置の必要がないと思料するときは直ちにこれを釈放し、留置の必要があると思料するときは被疑者が身体を拘束された時から48時間以内に裁判官に被疑者の勾留を請求しなければならない。但し、その時間の制限内に公訴を提起したときは、勾留の請求をすることを要しない。

② 検察官は、前項の規定により弁護人を選任することができる旨を告げるに当たつては、被疑者に対し、弁護士、弁護士法人又は弁護士会を指定して弁護人の選任を申し出ることができる旨及びその申出先を教示しなければならない。

③ 検察官は、第1項の規定により弁護人を選任することができる旨を告げるに当たつては、被疑者に対し、引き続き勾留を請求された場合において貧困その他の事由により自ら弁護人を選任することができないときは裁判官に対して弁護人の選任を請求することができる旨並びに裁判官に対して弁護人の選任を請求するには資力申告書を提出しなければならない旨及びその資力が基準額以上であるときは、あらかじめ、弁護士会(第37条の3第2項の規定により第31条の2第1項の申出をすべき弁護士会をいう。)に弁護人の選任の申出をしていなければならない旨を教示しなければならない。

④ 第1項の時間の制限内に勾留の請求又は公

訴の提起をしないときは，直ちに被疑者を釈放しなければならない．

⑤ 前条第2項の規定は，第1項の場合にこれを準用する．

第205条〔司法警察員から送致を受けた検察官の手続・勾留請求の時間の制限〕① 検察官は，第203条の規定により送致された被疑者を受け取つたときは，弁解の機会を与え，留置の必要がないと思料するときは直ちにこれを釈放し，留置の必要があると思料するときは被疑者を受け取つた時から24時間以内に裁判官に被疑者の勾留を請求しなければならない．

② 前項の時間の制限は，被疑者が身体を拘束された時から72時間を超えることができない．

③ 前2項の時間の制限内に公訴を提起したときは，勾留の請求をすることを要しない．

④ 第1項及び第2項の時間の制限内に勾留の請求又は公訴の提起をしないときは，直ちに被疑者を釈放しなければならない．

第206条〔制限時間の不遵守と免責〕① 検察官又は司法警察員がやむを得ない事情によつて前条の時間の制限に従うことができなかつたときは，検察官は，裁判官にその事由を疎明して，被疑者の勾留を請求することができる．

② 前項の請求を受けた裁判官は，その遅延がやむを得ない事由に基く正当なものであると認める場合でなければ，勾留状を発することができない．

第207条〔被疑者の勾留〕① 前3条の規定による勾留の請求を受けた裁判官は，その処分に関し裁判所又は裁判長と同一の権限を有する．但し，保釈については，この限りでない．

② 前項の裁判官は，勾留を請求された被疑者に被疑事件を告げる際に，被疑者に対し，弁護人を選任することができる旨及び貧困その他の事由により自ら弁護人を選任することができないときは弁護人の選任を請求することができる旨を告げなければならない．ただし，被疑者に弁護人があるときは，この限りでない．

③ 前項の規定により弁護人を選任することができる旨を告げるに当つては，勾留された被疑者は弁護士，弁護士法人又は弁護士会を指定して弁護人の選任を申し出ることができる旨及びその申出先を教示しなければならない．

④ 第2項の規定により弁護人の選任を請求することができる旨を告げるに当つては，弁護人の選任を請求するには資力申告書を提出しなければならない旨及びその資力が基準額以上であるときは，あらかじめ，弁護士会（第37条の3第2項の規定により第31条の2第1項の申出をすべき弁護士会をいう．）に弁護人の選任の申出をしていなければならない旨を教示しなければならない．

⑤ 裁判官は，第1項の勾留の請求を受けたときは，速やかに勾留状を発しなければならない．ただし，勾留の理由がないと認めるとき，及び前条第2項の規定により勾留状を発することができないときは，勾留状を発しないで，直ちに被疑者の釈放を命じなければならない．

第207条の2① 検察官は，第201条の2第1項第1号又は第2号に掲げる者の個人特定事項について，必要と認めるときは，前条第1項の勾留の請求と同時に，裁判官に対し，勾留を請求された被疑者に被疑事件を告げるに当つては当該個人特定事項を明らかにしない方法によること及び被疑者に示すものとして当該個人特定事項の記載がない勾留状の抄本その他の勾留状に代わるものを交付することを請求することができる．

② 裁判官は，前項の規定による請求を受けたときは，勾留を請求された被疑者に被疑事件を告げるに当つては，当該請求に係る個人特定事項を明らかにしない方法によるとともに，前条第5項本文の規定により勾留状を発するときは，これと同時に，被疑者に示すものとして，当該個人特定事項を明らかにしない方法により被疑事実の要旨を記載した勾留状の抄本その他の勾留状に代わるものを交付するものとする．ただし，当該請求に係る者が第201条の2第1項第1号又は第2号に掲げる者に該当しないことが明らかなときは，この限りでない．

第207条の3① 裁判官は，前条第2項の規定による措置をとつた場合において，次の各号のいずれかに該当すると認めるときは，被疑者又は弁護人の請求により，当該措置に係る個人特定事項の全部又は一部を被疑者に通知する旨の裁判をしなければならない．

1　イ又はロに掲げる個人特定事項の区分に応じ，当該イ又はロに定める場合であるとき．
　イ　被害者の個人特定事項　当該措置に係る事件に係る罪が第201条の2第1項第1号イ及びロに規定するものに該当せず，かつ，当該措置に係る事件が同号ハに掲げるものに該当しないとき．
　ロ　被害者以外の者の個人特定事項　当該措置に係る者が第201条の2第1項第2号に掲げる者に該当しないとき．

2　当該措置により被疑者の防御に実質的な不利益を生ずるおそれがあるとき．

② 裁判官は，前項の請求について裁判をするときは，検察官の意見を聴かなければならない．

③ 裁判官は, 第1項の裁判 (前条第2項の規定による措置に係る個人特定事項の一部を被疑者に通知する旨のものに限る.) をしたときは, 速やかに, 検察官に対し, 被疑者に示すものとして, 当該個人特定事項 (当該裁判により通知することとされたものを除く.) を明らかにしない方法により被疑事実の要旨を記載した勾留状の抄本その他の勾留状に代わるものを交付するものとする.

④ 第70条第1項本文及び第2項の規定は, 第1項の裁判の執行について準用する.

⑤ 第1項の裁判を執行するには, 前条第2項の規定による措置に係る個人特定事項の全部について当該裁判があつた場合にあつては勾留状を, 当該個人特定事項の一部について当該裁判があつた場合にあつては第3項の勾留状に代わるものを, 被疑者に示さなければならない.

第208条〔起訴前の勾留期間, 期間の延長〕
① 第207条の規定により被疑者を勾留した事件につき, 勾留の請求をした日から10日以内に公訴を提起しないときは, 検察官は, 直ちに被疑者を釈放しなければならない.

② 裁判官は, やむを得ない事由があると認めるときは, 検察官の請求により, 前項の期間を延長することができる. この期間の延長は, 通じて10日を超えることができない.

第208条の2〔勾留期間の再延長〕 裁判官は, 刑法第2編第2章乃至第4章又は第8章の罪にあたる事件については, 検察官の請求により, 前条第2項の規定により延長された期間を更に延長することができる. この期間の延長は, 通じて5日を超えることができない.

第208条の3 期間を指定されて勾留の執行停止をされた被疑者が, 正当な理由がなく, 当該期間の終期として指定された日時に, 出頭すべき場所として指定された場所に出頭しないときは, 2年以下の拘禁刑に処する.

第208条の4 ① 裁判所の許可を受けないで指定された期間を超えて制限された住居を離れてはならない旨の条件を付されて勾留の執行停止をされた被疑者が, 当該条件に係る住居を離れ, 当該許可を受けないで, 正当な理由がなく, 当該期間を超えて当該住居に帰着しないときは, 2年以下の拘禁刑に処する.

② 前項の被疑者が, 裁判所の許可を受けて同項の住居を離れ, 正当な理由がなく, 当該住居を離れることができる期間として指定された期間を超えて当該住居に帰着しないときも, 同項と同様とする.

第208条の5 勾留の執行停止を取り消され,

検察官から出頭を命ぜられた被疑者が, 正当な理由がなく, 指定された日時及び場所に出頭しないときは, 2年以下の拘禁刑に処する.

第209条〔逮捕状の逮捕に関する準用規定〕 第74条, 第75条及び第78条の規定は, 逮捕状による逮捕についてこれを準用する.

第210条〔緊急逮捕〕 ① 検察官, 検察事務官又は司法警察職員は, 死刑又は無期若しくは長期3年以上の拘禁刑に当たる罪を犯したことを疑うに足りる<u>十分</u>な理由がある場合で, 急速を要し, 裁判官の逮捕状を求めることができないときは, その理由を告げて被疑者を逮捕することができる. この場合には, 直ちに裁判官の逮捕状を求める手続をしなければならない. 逮捕状が発せられないときは, 直ちに被疑者を釈放しなければならない.

② 第200条の規定は, 前項の逮捕状についてこれを準用する. 〔令4法67, 施行3年内〕

第211条〔緊急逮捕と準用規定〕 前条の規定により被疑者が逮捕された場合には, 第199条の規定により被疑者が逮捕された場合に関する規定を準用する.

第212条〔現行犯人・準現行犯人〕 ① 現に罪を行い, 又は現に罪を行い終つた者を現行犯人とする.

② 左の各号の一にあたる者が, 罪を行い終つてから間がないと明らかに認められるときは, これを現行犯人とみなす.

1　犯人として追呼されているとき.

2　贓物又は明らかに犯罪の用に供したと思われる兇器その他の物を所持しているとき.

3　身体又は被服に犯罪の顕著な証跡があるとき.

4　誰何されて逃走しようとするとき.

第213条〔現行犯逮捕〕 現行犯人は, 何人でも, 逮捕状なくしてこれを逮捕することができる.

第214条〔一般人による現行犯逮捕と被逮捕者の引渡し〕 検察官, 検察事務官及び司法警察職員以外の者は, 現行犯人を逮捕したときは, 直ちにこれを地方検察庁若しくは区検察庁の検察官又は司法警察職員に引き渡さなければならない.

第215条〔現行犯人を受け取った司法巡査の手続〕 ① 司法巡査は, 現行犯人を受け取つたときは, 速やかにこれを司法警察員に引致しなければならない.

② 司法巡査は, 犯人を受け取つた場合には, 逮捕者の氏名, 住居及び逮捕の事由を聴き取らなければならない. 必要があるときは, 逮捕者に対しともに官公署に行くことを求めることができる.

第216条〔現行犯逮捕と準用規定〕現行犯人が逮捕された場合には，第199条の規定により被疑者が逮捕された場合に関する規定を準用する．

第217条〔軽微事件と現行犯逮捕〕30万円（刑法，暴力行為等処罰に関する法律及び経済関係罰則の整備に関する法律の罪以外の罪については，当分の間，2万円）以下の罰金，拘留又は科料に当たる罪の現行犯については，犯人の住居若しくは氏名が明らかでない場合又は犯人が逃亡するおそれがある場合に限り，第213条から前条までの規定を適用する．

第218条〔令状による差押え・捜索・検証〕① 検察官，検察事務官又は司法警察職員は，犯罪の捜査をするについて必要があるときは，裁判官の発する令状により，差押え，記録命令付差押え，捜索又は検証をすることができる．この場合において，身体の検査は，身体検査令状によらなければならない．

② 差し押さえるべき物が電子計算機であるときは，当該電子計算機に電気通信回線で接続している記録媒体であつて，当該電子計算機で作成若しくは変更をした電磁的記録又は当該電子計算機で変更若しくは消去をすることができることとされている電磁的記録を保管するために使用されていると認めるに足りる状況にあるものから，その電磁的記録を当該電子計算機又は他の記録媒体に複写した上，当該電子計算機又は当該他の記録媒体を差し押さえることができる．

③ 身体の拘束を受けている被疑者の指紋若しくは足型を採取し，身長若しくは体重を測定し，又は写真を撮影するには，被疑者を裸にしない限り，第1項の令状によることを要しない．

④ 第1項の令状は，検察官，検察事務官又は司法警察員の請求により，これを発する．

⑤ 検察官，検察事務官又は司法警察員は，身体検査令状の請求をするには，身体の検査を必要とする理由及び身体の検査を受ける者の性別，健康状態その他裁判所の規則で定める事項を示さなければならない．

⑥ 裁判官は，身体の検査に関し，適当と認める条件を附することができる．

第219条〔差押え等の令状の方式〕① 前条の令状には，被疑者若しくは被告人の氏名，罪名，差し押さえるべき物，記録させ若しくは印刷させるべき電磁的記録及びこれを記録させ若しくは印刷させるべき者，捜索すべき場所，身体若しくは物，検証すべき場所若しくは物又は検査すべき身体及び身体の検査に関する条件，有効期間及びその期間経過後は差押え，記録命令

付差押え，捜索又は検証に着手することができず令状はこれを返還しなければならない旨並びに発付の年月日その他裁判所の規則で定める事項を記載し，裁判官が，これに記名押印しなければならない．

② 前条第2項の場合には，同条の令状に，前項に規定する事項のほか，差し押さえるべき電子計算機に電気通信回線で接続している記録媒体であつて，その電磁的記録を複写すべきものの範囲を記載しなければならない．

③ 第64条第2項の規定は，前条の令状について準用する．

第220条〔令状によらない差押え・捜索・検証〕① 検察官，検察事務官又は司法警察職員は，第199条の規定により被疑者を逮捕する場合又は現行犯人を逮捕する場合において必要があるときは，左の処分をすることができる．第210条の規定により被疑者を逮捕する場合において必要があるときも，同様である．

1 人の住居又は人の看守する邸宅，建造物若しくは船舶内に入り被疑者の捜索をすること．

2 逮捕の現場で差押，捜索又は検証をすること．

② 前項後段の場合において逮捕状が得られなかつたときは，差押物は，直ちにこれを還付しなければならない．第123条第3項の規定は，この場合についてこれを準用する．

③ 第1項の処分をするには，令状は，これを必要としない．

④ 第1項第2号及び前項の規定は，検察事務官又は司法警察職員が勾引状又は勾留状を執行する場合にこれを準用する．被疑者に対して発せられた勾引状又は勾留状を執行する場合には，第1項第1号の規定をも準用する．

第221条〔領置〕検察官，検察事務官又は司法警察職員は，被疑者その他の者が遺留した物又は所有者，所持者若しくは保管者が任意に提出した物は，これを領置することができる．

第222条〔押収・捜索・検証に関する準用規定，検証の時間的制限，被疑者の立会い，身体検査を拒否した者に対する制裁〕① 第99条第1項，第100条，第102条から第105条まで，第110条から第112条まで，第114条，第115条及び第118条から第124条までの規定は，検察官，検察事務官又は司法警察職員が第218条，第220条及び前条の規定によつてする押収又は捜索について，第110条，第111条の2，第112条，第114条，第118条，第129条，第131条及び第137条から第140条までの規定は，検察官，検察事務官又は司法警察職員が第218条又は第220条の規定によつてする検証についてこれを準用する．ただし，司法巡査は，

第122条から第124条までに規定する処分をすることができない.

② 第220条の規定により被疑者を捜索する場合において急速を要するときは,第114条第2項の規定によることを要しない.

③ 第116条及び第117条の規定は,検察官,検察事務官又は司法警察職員が第218条の規定によつてする差押え,記録命令付差押え又は捜索について,これを準用する.

④ 日出前,日没後には,令状に夜間でも検証をすることができる旨の記載がなければ,検察官,検察事務官又は司法警察職員は,第218条の規定によつてする検証のため,人の住居又は人の看守する邸宅,建造物若しくは船舶内に入ることができない. 但し,第117条に規定する場所については,この限りでない.

⑤ 日没前検証に着手したときは,日没後でもその処分を継続することができる.

⑥ 検察官,検察事務官又は司法警察職員は,第218条の規定により差押,捜索又は検証をするについて必要があるときは,被疑者をこれに立ち会わせることができる.

⑦ 第1項の規定により,身体の検査を拒んだ者を過料に処し,又はこれに賠償を命ずべきときは,裁判所にその処分を請求しなければならない.

第222条の2〔電気通信の傍受を行う強制処分〕通信の当事者のいずれの同意も得ないで電気通信の傍受を行う強制の処分については,別に法律で定めるところによる.

第223条〔第三者の任意出頭・取調べ・鑑定等の嘱託〕① 検察官,検察事務官又は司法警察職員は,犯罪の捜査をするについて必要があるときは,被疑者以外の者の出頭を求め,これを取り調べ,又はこれに鑑定,通訳若しくは翻訳を嘱託することができる.

② 第198条第1項但書及び第3項乃至第5項の規定は,前項の場合にこれを準用する.

第224条〔鑑定の嘱託と鑑定留置の請求〕① 前条第1項の規定により鑑定を嘱託する場合において第167条第1項に規定する処分を必要とするときは,検察官,検察事務官又は司法警察員は,裁判官にその処分を請求しなければならない.

② 裁判官は,前項の請求を相当と認めるときは,第167条の場合に準じてその処分をしなければならない. この場合には,第167条の2の規定を準用する.

③ 第207条の2及び第207条の3の規定は,第1項の請求について準用する. この場合において,第207条の2中「勾留を」とあるのは「第167条第1項に規定する処分を」と,

同条並びに第207条の3第3項及び第5項中「勾留状」とあるのは「鑑定留置状」と,第207条の2第2項中「前条第5項本文の規定により」とあるのは「第224条第2項前段の規定により第167条の場合に準じて」と読み替えるものとする.

第224条の2 第207条の2第2項の規定による勾留状に代わるものの交付があつた場合における前条第2項後段において準用する第167条の2第2項において準用する第98条の規定の適用については,同条第1項中「勾留状の謄本」とあるのは,「第207条の2第2項本文の勾留状に代わるもの」とする.

第225条〔鑑定受託者と必要な処分,鑑定処分許可状〕① 第223条第1項の規定による鑑定の嘱託を受けた者は,裁判官の許可を受けて,第168条第1項に規定する処分をすることができる.

② 前項の許可の請求は,検察官,検察事務官又は司法警察員からこれをしなければならない.

③ 裁判官は,前項の請求を相当と認めるときは,許可状を発しなければならない.

④ 第168条第2項乃至第4項及び第6項の規定は,前項の許可状についてこれを準用する.

第226条〔証人尋問の請求〕犯罪の捜査に欠くことのできない知識を有すると明らかに認められる者が,第223条第1項の規定による取調に対して,出頭又は供述を拒んだ場合には,第1回の公判期日前に限り,検察官は,裁判官にその者の証人尋問を請求することができる.

第227条〔同前〕① 第223条第1項の規定による検察官,検察事務官又は司法警察職員の取調べに際して任意の供述をした者が,公判期日においては前にした供述と異なる供述をするおそれがあり,かつ,その者の供述が犯罪の証明に欠くことができないと認められる場合には,第1回の公判期日前に限り,検察官は,裁判官にその者の証人尋問を請求することができる.

② 前項の請求をするには,検察官は,証人尋問を必要とする理由及びそれが犯罪の証明に欠くことができないものであることを疎明しなければならない.

第228条〔証人尋問〕① 前2条の請求を受けた裁判官は,証人の尋問に関し,裁判所又は裁判長と同一の権限を有する.

② 裁判官は,捜査に支障を生ずる虞がないと認めるときは,被告人,被疑者又は弁護人を前項の尋問に立ち会わせることができる.

第229条〔検視〕① 変死者又は変死の疑のある死体があるときは,その所在地を管轄する地

方検察庁又は区検察庁の検察官は，検視をしなければならない．

② 検察官は，検察事務官又は司法警察員に前項の処分をさせることができる．

第230条〔告訴権者〕犯罪により害を被つた者は，告訴をすることができる．

第231条〔同前〕① 被害者の法定代理人は，独立して告訴をすることができる．

② 被害者が死亡したときは，その配偶者，直系の親族又は兄弟姉妹は，告訴をすることができる．但し，被害者の明示した意思に反することはできない．

第232条〔同前〕被害者の法定代理人が被疑者であるとき，被疑者の配偶者であるとき，又は被疑者の四親等内の血族若しくは三親等内の姻族であるときは，被害者の親族は，独立して告訴をすることができる．

第233条〔同前〕① 死者の名誉を毀損した罪については，死者の親族又は子孫は，告訴をすることができる．

② 名誉を毀損した罪について被害者が告訴をしないで死亡したときも，前項と同様である．但し，被害者の明示した意思に反することはできない．

第234条〔告訴権者の指定〕親告罪について告訴をすることができる者がない場合には，検察官は，利害関係人の申立により告訴をすることができる者を指定することができる．

第235条〔親告罪の告訴期間〕親告罪の告訴は，犯人を知つた日から6箇月を経過したときは，これをすることができない．ただし，刑法第232条第2項の規定により外国の代表者が行う告訴及び日本国に派遣された外国の使節に対する同法第230条又は第231条の罪につきその使節が行う告訴については，この限りでない．

第236条〔告訴期間の独立〕告訴をすることができる者が数人ある場合には，1人の期間の徒過は，他の者に対しその効力を及ぼさない．

第237条〔告訴の取消し〕① 告訴は，公訴の提起があるまでこれを取り消すことができる．

② 告訴の取消をした者は，更に告訴をすることができない．

③ 前2項の規定は，請求を待つて受理すべき事件についての請求についてこれを準用する．

第238条〔告訴の不可分〕① 親告罪について共犯の1人又は数人に対してした告訴又はその取消は，他の共犯に対しても，その効力を生ずる．

② 前項の規定は，告発又は請求を待つて受理すべき事件についての告発若しくは請求又は

その取消についてこれを準用する．

第239条〔告発〕① 何人でも，犯罪があると思料するときは，告発をすることができる．

② 官吏又は公吏は，その職務を行うことにより犯罪があると思料するときは，告発をしなければならない．

第240条〔代理人による告訴・告訴取消し〕告訴は，代理人によりこれをすることができる．告訴の取消についても，同様である．

第241条〔告訴・告発の方式〕① 告訴又は告発は，書面又は口頭で検察官又は司法警察員にこれをしなければならない．

② 検察官又は司法警察員は，口頭による告訴又は告発を受けたときは調書を作らなければならない．

第242条〔告訴・告発を受けた司法警察員の手続〕司法警察員は，告訴又は告発を受けたときは，速やかにこれに関する書類及び証拠物を検察官に送付しなければならない．

第243条〔準用規定〕前2条の規定は，告訴又は告発の取消について準用する．

第244条〔外国代表者等の告訴の特別方式〕刑法第232条第2項の規定により外国の代表者が行う告訴又はその取消は，第241条及び前条の規定にかかわらず，外務大臣にこれをすることができる．日本国に派遣された外国の使節に対する刑法第230条又は第231条の罪につきその使節が行う告訴又はその取消も，同様である．

第245条〔自首〕第241条及び第242条の規定は，自首についてこれを準用する．

第246条〔司法警察員から検察官への事件の送致〕司法警察員は，犯罪の捜査をしたときは，この法律に特別の定のある場合を除いては，速やかに書類及び証拠物とともに事件を検察官に送致しなければならない．但し，検察官が指定した事件については，この限りでない．

第2章 公訴

第247条〔国家訴追主義〕公訴は，検察官がこれを行う．

第248条〔起訴便宜主義〕犯人の性格，年齢及び境遇，犯罪の軽重及び情状並びに犯罪後の情況により訴追を必要としないときは，公訴を提起しないことができる．

第249条〔公訴の効力の人的範囲〕公訴は，検察官の指定した被告人以外の者にその効力を及ぼさない．

第250条〔公訴時効期間〕① 時効は，人を死亡させた罪であつて拘禁刑に当たるものについては，次に掲げる期間を経過することによつ

て完成する.

1 無期拘禁刑に当たる罪については30年

2 長期20年の拘禁刑に当たる罪については20年

3 前2号に掲げる罪以外の罪については10年

② 時効は, 人を死亡させた罪であつて拘禁刑以上の刑に当たるもの以外の罪については, 次に掲げる期間を経過することによつて完成する.

1 死刑に当たる罪については25年

2 無期拘禁刑に当たる罪については15年

3 長期15年以上の拘禁刑に当たる罪については10年

4 長期15年未満の拘禁刑に当たる罪については7年

5 長期10年未満の拘禁刑に当たる罪については5年

6 長期5年未満の拘禁刑又は罰金に当たる罪については3年

7 拘留又は科料に当たる罪については1年

③ 前項の規定にかかわらず, 次の各号に掲げる罪についての時効は, 当該各号に定める期間を経過することによつて完成する.

1 刑法第181条の罪（人を負傷させたときに限る.）若しくは同法第241条第1項の罪又は盗犯等の防止及び処分に関する法律（昭和5年法律第9号）第4条の罪（同項の罪に係る部分に限る.）20年

2 刑法第177条若しくは第179条第2項の罪又はこれらの罪の未遂罪 15年

3 刑法第176条若しくは第179条第1項の罪若しくはこれらの罪の未遂罪又は児童福祉法第60条第1項の罪（自己を相手方として淫行をさせる行為に係るものに限る.）12年

④ 前2項の規定にかかわらず, 前項各号に掲げる罪について, その被害者が犯罪行為が終わつた時に18歳未満である場合における時効は, 当該各号に定める期間に当該犯罪行為が終わつた時から当該被害者が18歳に達する日までの期間に相当する期間を加算した期間を経過することによつて完成する.

〔令4法67, 施行3年内〕

第251条〔時効期間の標準となる刑〕二以上の主刑を併科し, 又は二以上の主刑中その一を科すべき罪については, その重い刑に従つて, 前条の規定を適用する.

第252条〔同前〕刑法により刑を加重し, 又は減軽すべき場合には, 加重し, 又は減軽しない刑に従つて, 第250条の規定を適用する.

第253条〔公訴時効の起算点〕① 時効は, 犯罪行為が終つた時から進行する.

② 共犯の場合には, 最終の行為が終つた時から, すべての共犯に対して時効の期間を起算する.

第254条〔公訴の提起と時効の停止〕① 時効は, 当該事件についてした公訴の提起によつてその進行を停止し, 管轄違又は公訴棄却の裁判が確定した時からその進行を始める.

② 共犯の1人に対してした公訴の提起による時効の停止は, 他の共犯に対してその効力を有する. この場合において, 停止した時効は, 当該事件についてした裁判が確定した時からその進行を始める.

第255条〔その他の理由による時効の停止〕

① 犯人が国外にいる場合又は犯人が逃げ隠れているため有効に起訴状の謄本の送達若しくは略式命令の告知ができなかつた場合には, 時効は, その国外にいる期間又は逃げ隠れている期間その進行を停止する.

② 犯人が国外にいること又は犯人が逃げ隠れているため有効に起訴状の謄本の送達若しくは略式命令の告知ができなかつたことの証明に必要な事項は, 裁判所の規則でこれを定める.

第256条〔起訴状, 訴因, 罰条〕① 公訴の提起は, 起訴状を提出してこれをしなければならない.

② 起訴状には, 左の事項を記載しなければならない.

1 被告人の氏名その他被告人を特定するに足りる事項

2 公訴事実

3 罪名

③ 公訴事実は, 訴因を明示してこれを記載しなければならない. 訴因を明示するには, できる限り日時, 場所及び方法を以て罪となるべき事実を特定してこれをしなければならない.

④ 罪名は, 適用すべき罰条を示してこれを記載しなければならない. 但し, 罰条の記載の誤は, 被告人の防禦に実質的な不利益を生ずる虞がない限り, 公訴提起の効力に影響を及ぼさない.

⑤ 数個の訴因及び罰条は, 予備的に又は択一的にこれを記載することができる.

⑥ 起訴状には, 裁判官に事件につき予断を生ぜしめる虞のある書類その他の物を添附し, 又はその内容を引用してはならない.

第256条の2 検察官は, 公訴の提起と同時に, 被告人に送達するものとして, 起訴状の謄本を裁判所に提出しなければならない. ただし, やむを得ない事情があるときは, 公訴の提起後速やかにこれを提出すれば足りる.

第257条〔公訴の取消し〕公訴は, 第一審の判決があるまでこれを取り消すことができる.

第258条〔他の管轄への事件送致〕検察官は,

事件がその所属検察庁の対応する裁判所の管轄に属しないものと思料するときは、書類及び証拠物とともにその事件を管轄裁判所に対応する検察庁の検察官に送致しなければならない。

第259条〔被疑者に対する不起訴処分の告知〕検察官は、事件につき公訴を提起しない処分をした場合において、被疑者の請求があるときは、速やかにその旨をこれに告げなければならない。

第260条〔告訴人・告発人・請求人に対する起訴・不起訴等の通知〕検察官は、告訴、告発又は請求のあつた事件について、公訴を提起し、又はこれを提起しない処分をしたときは、速やかにその旨を告訴人、告発人又は請求人に通知しなければならない。公訴を取り消し、又は事件を他の検察庁の検察官に送致したときも、同様である。

第261条〔告訴人・告発人・請求人に対する不起訴理由の告知〕検察官は、告訴、告発又は請求のあつた事件について公訴を提起しない処分をした場合において、告訴人、告発人又は請求人の請求があるときは、速やかに告訴人、告発人又は請求人にその理由を告げなければならない。

第262条〔裁判上の準起訴手続・付審判の請求〕①　刑法第193条から第196条まで又は破壊活動防止法（昭和27年法律第240号）第45条若しくは無差別大量殺人行為を行つた団体の規制に関する法律（平成11年法律第147号）第42条若しくは第43条の罪について告訴又は告発をした者は、検察官の公訴を提起しない処分に不服があるときは、その検察官所属の検察庁の所在地を管轄する地方裁判所に事件を裁判所の審判に付することを請求することができる。

②　前項の請求は、第260条の通知を受けた日から7日以内に、請求書を公訴を提起しない処分をした検察官に差し出してこれをしなければならない。

第263条〔請求の取下げ〕①　前条第1項の請求は、第266条の決定があるまでこれを取り下げることができる。

②　前項の取下をした者は、その事件について更に前条第1項の請求をすることができない。

第264条〔公訴提起の義務〕検察官は、第262条第1項の請求を理由があるものと認めるときは、公訴を提起しなければならない。

第265条〔裁判上の準起訴手続の審判〕①　第262条第1項の請求についての審理及び裁判は、合議体でこれをしなければならない。

②　裁判所は、必要があるときは、合議体の構成員に事実の取調をさせ、又は地方裁判所若しく

は簡易裁判所の裁判官にこれを嘱託することができる。この場合には、受命裁判官及び受託裁判官は、裁判所又は裁判長と同一の権限を有する。

第266条〔請求棄却の決定・付審判の決定〕裁判所は、第262条第1項の請求を受けたときは、左の区別に従い、決定をしなければならない。

1　請求が法令上の方式に違反し、若しくは請求権の消滅後にされたものであるとき、又は請求が理由のないときは、請求を棄却する。

2　請求が理由のあるときは、事件を管轄地方裁判所の審判に付する。

第267条〔公訴提起の擬制〕前条第2号の決定があつたときは、その事件について公訴の提起があつたものとみなす。

第267条の2〔付審判決定の通知〕裁判所は、第266条第2号の決定をした場合において、同一の事件について、検察審査会法（昭和23年法律第147号）第2条第1項第1号に規定する審査を行う検察審査会又は同法第41条の6第1項の起訴議決をした検察審査会（同法第41条の9第1項の規定により公訴の提起及びその維持に当たる者が指定された後は、その者）があるときは、これに当該決定をした旨を通知しなければならない。

第268条〔公訴の維持と指定弁護士〕①　裁判所は、第266条第2号の規定により事件がその裁判所の審判に付されたときは、その事件について公訴の維持にあたる者を弁護士の中から指定しなければならない。

②　前項の指定を受けた弁護士は、事件について公訴を維持するため、裁判の確定に至るまで検察官の職務を行う。但し、検察事務官及び司法警察職員に対する捜査の指揮は、検察官に嘱託してこれをしなければならない。

③　前項の規定により検察官の職務を行う弁護士は、これを法令により公務に従事する職員とみなす。

④　裁判所は、第1項の指定を受けた弁護士がその職務を行うに適さないと認めるときその他特別の事情があるときは、何時でもその指定を取り消すことができる。

⑤　第1項の指定を受けた弁護士には、政令で定める額の手当を給する。

第269条〔請求者に対する費用賠償の決定〕裁判所は、第262条第1項の請求を棄却する場合又はその請求の取下があつた場合には、決定で、請求者に、その請求に関する手続によつて生じた費用の全部又は一部の賠償を命ずることができる。この決定に対しては、即時抗告をすることができる。

第270条〔検察官の書類・証拠物閲覧・謄写権〕
① 検察官は，公訴の提起後は，訴訟に関する書類及び証拠物を閲覧し，且つ謄写することができる．
② 前項の規定にかかわらず，第157条の6第4項に規定する記録媒体は，謄写することができない．

第3章　公　判

第1節　公判準備及び公判手続

第271条〔起訴状謄本の送達，不送達と公訴提起の失効〕① 裁判所は，公訴の提起があつたときは，遅滞なく起訴状の謄本を被告人に送達しなければならない．
② 公訴の提起があつた日から2箇月以内に起訴状の謄本が送達されないときは，公訴の提起は，さかのぼつてその効力を失う．

第271条の2 ① 検察官は，起訴状に記載された次に掲げる者の個人特定事項について，必要と認めるときは，裁判所に対し，前条第1項の規定による起訴状の謄本の送達により当該個人特定事項が被告人に知られないようにするための措置をとることを求めることができる．
1 次に掲げる事件の被害者
イ 刑法第176条，第177条，第179条，第181条若しくは第182条の罪，同法第225条若しくは第226条の2第3項の罪（わいせつ又は結婚の目的に係る部分に限る．以下このイにおいて同じ．），同法第227条第1項（同法第225条又は第226条の2第3項の罪を犯した者を幇助する目的に係る部分に限る．）若しくは第3項（わいせつの目的に係る部分に限る．）の罪若しくは同法第241条第1項若しくは第3項の罪又はこれらの罪の未遂罪に係る事件
ロ 児童福祉法第60条第1項の罪若しくは同法第34条第1項第9号に係る同法第60条第2項の罪，児童買春，児童ポルノに係る行為等の規制及び処罰並びに児童の保護等に関する法律第4条から第8条までの罪又は性的な姿態を撮影する行為等の処罰及び押収物に記録された性的な姿態の影像に係る電磁的記録の消去等に関する法律第2条から第6条までの罪に係る事件
ハ イ及びロに掲げる事件のほか，犯行の態様，被害の状況その他の事情により，被害者の個人特定事項が被告人に知られることにより次に掲げるおそれがあると認められる事件
(1) 被害者等の名誉又は社会生活の平穏が著しく害されるおそれ
(2) (1)に掲げるもののほか，被害者若しくはその親族の身体若しくは財産に害を加え又はこれらの者を畏怖させ若しくは困惑させる行為がなされるおそれ
2 前号に掲げる者のほか，個人特定事項が被告人に知られることにより次に掲げるおそれがあると認められる者
イ その者の名誉又は社会生活の平穏が著しく害されるおそれ
ロ イに掲げるもののほか，その者若しくはその親族の身体若しくは財産に害を加え又はこれらの者を畏怖させ若しくは困惑させる行為がなされるおそれ
② 前項の規定による求めは，公訴の提起において，裁判所に対し，起訴状とともに，被告人に送達するものとして，当該求めに係る個人特定事項の記載がない起訴状の抄本その他の起訴状の謄本に代わるもの（以下「起訴状抄本等」という．）を提出して行わなければならない．
③ 前項の場合には，起訴状抄本等については，その公訴事実を第256条第3項に規定する公訴事実とみなして，同項の規定を適用する．この場合において，同項中「できる限り日時，場所及び方法を以て罪となるべき事実」とあるのは，「罪となるべき事実」とする．
④ 裁判所は，第2項の規定による起訴状抄本等の提出があつたときは，前条第1項の規定にかかわらず，遅滞なく起訴状抄本等を被告人に送達しなければならない．この場合において，第255条及び前条第2項中「起訴状の謄本」とあるのは，「起訴状抄本等」とする．

第271条の3 ① 検察官は，前条第2項の規定により起訴状抄本等を提出する場合において，被告人に弁護人があるときは，裁判所に対し，弁護人に送達するものとして，起訴状の謄本を提出しなければならない．
② 裁判所は，前項の規定による起訴状の謄本の提出があつたときは，遅滞なく，弁護人に対し，起訴状に記載された個人特定事項のうち起訴状抄本等に記載がないものを被告人に知らせてはならない旨の条件を付して起訴状の謄本を送達しなければならない．
③ 検察官は，第1項に規定する場合において，前項の規定による措置によつては，前条第1項第1号ハ(1)若しくは第2号イに規定する名誉若しくは社会生活の平穏が著しく害されること又は同項第1号ハ(2)若しくは第2号ロに規定する行為を防止できないおそれがあると認めるときは，裁判所に対し，起訴状の謄本に代えて弁護人に送達するものとして，起訴状抄本等を提出することができる．

刑訴

④ 裁判所は，前項の規定による起訴状抄本等の提出があつたときは，遅滞なく，弁護人に対し，起訴状抄本等を送達しなければならない．

第271条の4 ① 裁判所は，第271条の2第2項の規定による起訴状抄本等の提出があつた後に弁護人が選任されたときは，速やかに，検察官にその旨を通知しなければならない．

② 検察官は，前項の規定による通知を受けたときは，速やかに，裁判所に対し，弁護人に送達するものとして，起訴状の謄本を提出しなければならない．

③ 裁判所は，前項の規定による起訴状の謄本の提出があつたときは，遅滞なく，弁護人に対し，起訴状に記載された個人特定事項のうち起訴状抄本等に記載がないものを被告人に知らせてはならない旨の条件を付して起訴状の謄本を送達しなければならない．

④ 検察官は，第2項に規定する場合において，前項の規定による措置によつては，第271条の2第1項第1号ハ(1)若しくは第2号イに規定する名誉若しくは社会生活の平穏が著しく害されること又は同項第1号ハ(2)若しくは第2号ロに規定する行為を防止できないおそれがあると認めるときは，裁判所に対し，起訴状の謄本に代えて弁護人に送達するものとして，起訴状抄本等を提出することができる．

⑤ 裁判所は，前項の規定による起訴状抄本等の提出があつたときは，遅滞なく，弁護人に対し，起訴状抄本等を送達しなければならない．

第271条の5 ① 裁判所は，第271条の2第4項の規定による措置をとつた場合において，次の各号のいずれかに該当すると認めるときは，被告人又は弁護人の請求により，当該措置に係る個人特定事項の全部又は一部を被告人に通知する旨の決定をしなければならない．

1 イ又はロに掲げる個人特定事項の区分に応じ，当該イ又はロに定める場合であるとき．
　イ 被害者の個人特定事項　当該措置に係る事件に係る罪が第271条の2第1項第1号イ及びロに規定するものに該当せず，かつ，当該措置に係る事件が同号ハに掲げるものに該当しないとき．
　ロ 被害者以外の者の個人特定事項　当該措置に係る者が第271条の2第1項第2号に掲げる者に該当しないとき．

2 当該措置により被告人の防御に実質的な不利益を生ずるおそれがあるとき．

② 裁判所は，第271条の3第4項又は前条第5項の規定による措置をとつた場合において，次の各号のいずれかに該当すると認めるときは，被告人又は弁護人の請求により，弁護人に対し，

当該措置に係る個人特定事項を被告人に知らせてはならない旨の条件を付して当該個人特定事項の全部又は一部を通知する旨の決定をしなければならない．

1 第271条の3第2項又は前条第3項の規定による措置によつて，第271条の2第1項第1号ハ(1)及び第2号イに規定する名誉又は社会生活の平穏が著しく害されること並びに同項第1号ハ(2)及び第2号ロに規定する行為を防止できるとき．

2 当該措置により被告人の防御に実質的な不利益を生ずるおそれがあるとき．

③ 裁判所は，前2項の請求について決定をするときは，検察官の意見を聴かなければならない．

④ 第1項又は第2項の決定に係る通知は，裁判所が，当該決定により通知することとした個人特定事項を記載した書面によりするものとする．

⑤ 第1項又は第2項の請求についてした決定に対しては，即時抗告をすることができる．

第271条の6 ① 裁判所は，第271条の3第1項又は第271条の4第2項の規定による起訴状の謄本の提出があつた事件について，起訴状に記載された個人特定事項のうち起訴状抄本等に記載がないもの（前条第1項の決定により通知することとされたものを除く．以下この条及び第271条の8第1項において同じ．）が第271条の2第1項第1号又は第2号に掲げる者のものに該当すると認める場合において，検察官及び弁護人の意見を聴き，相当と認めるときは，弁護人が第40条第1項の規定により訴訟に関する書類又は証拠物を閲覧又は謄写するに当たり，これらに記載され又は記録されている当該個人特定事項を被告人に知らせてはならない旨の条件を付し，又は被告人に知らせる時期若しくは方法を指定することができる．ただし，当該個人特定事項に係る者の供述の証明力の判断に資するような被告人その他の関係者との利害関係の有無を確かめることができなくなるときその他の被告人の防御に実質的な不利益を生ずるおそれがあるときは，この限りでない．

② 裁判所は，第271条の3第3項又は第271条の4第4項の規定による起訴状抄本等の提出があつた事件について，起訴状に記載された個人特定事項のうち起訴状抄本等に記載がないものが第271条の2第1項第1号又は第2号に掲げる者のものに該当すると認める場合において，検察官及び弁護人の意見を聴き，相当と認めるときは，弁護人が第40条第1項の

規定により訴訟に関する書類又は証拠物を閲覧又は謄写するについて、これらのうち当該個人特定事項が記載され若しくは記録されている部分の閲覧若しくは謄写を禁じ、又は当該個人特定事項を被告人に知らせてはならない旨の条件を付し、若しくは被告人に知らせる時期若しくは方法を指定することができる。ただし、当該個人特定事項に係る者の供述の証明力の判断に資するような被告人その他の関係者との利害関係の有無を確かめることができなくなるときその他の被告人の防御に実質的な不利益を生ずるおそれがあるときは、この限りでない。

③ 裁判所は、第1項本文に規定する事件について、起訴状に記載された個人特定事項のうち起訴状抄本等に記載がないものが第271条の2第1項第1号又は第2号に掲げる者のものに該当すると認める場合において、弁護人から第46条の規定による請求があつた場合であつて、検察官及び弁護人の意見を聴き、相当と認めるときは、弁護人に裁判書又は裁判を記載した調書の謄本又は抄本を交付するに当たり、これらに記載されている当該個人特定事項を被告人に知らせてはならない旨の条件を付し、又は被告人に知らせる時期若しくは方法を指定することができる。ただし、当該個人特定事項に係る者の供述の証明力の判断に資するような被告人その他の関係者との利害関係の有無を確かめることができなくなるときその他の被告人の防御に実質的な不利益を生ずるおそれがあるときは、この限りでない。

④ 裁判所は、第2項本文に規定する事件について、起訴状に記載された個人特定事項のうち起訴状抄本等に記載がないものが第271条の2第1項第1号又は第2号に掲げる者のものに該当すると認める場合において、弁護人から第46条の規定による請求があつた場合であつて、検察官及び弁護人の意見を聴き、相当と認めるときは、裁判書若しくは裁判を記載した調書の抄本であつて当該個人特定事項の記載がないものを交付し、又は弁護人に裁判書若しくは裁判を記載した調書の謄本若しくは抄本を交付するに当たり、当該個人特定事項を被告人に知らせてはならない旨の条件を付し、若しくは被告人に知らせる時期若しくは方法を指定することができる。ただし、当該個人特定事項に係る者の供述の証明力の判断に資するような被告人その他の関係者との利害関係の有無を確かめることができなくなるときその他の被告人の防御に実質的な不利益を生ずるおそれがあるときは、この限りでない。

⑤ 裁判所は、第271条の2第2項の規定による起訴状抄本等の提出があつた事件について、起訴状に記載された個人特定事項のうち起訴状抄本等に記載がないものが同条第1項第1号又は第2号に掲げるものに該当すると認める場合において、被告人その他訴訟関係人（検察官及び弁護人を除く。）から第46条の規定による請求があつた場合であつて、検察官及び当該請求をした被告人その他訴訟関係人の意見を聴き、相当と認めるときは、裁判書又は裁判を記載した調書の抄本であつて当該個人特定事項の記載がないものを交付することができる。ただし、当該個人特定事項に係る者の供述の証明力の判断に資するような被告人その他の関係者との利害関係の有無を確かめることができなくなるときその他の被告人の防御に実質的な不利益を生ずるおそれがあるときは、この限りでない。

⑥ 裁判所は、前項本文に規定する事件について、起訴状に記載された個人特定事項のうち起訴状抄本等に記載がないものが第271条の2第1項第1号又は第2号に掲げるものに該当すると認める場合において、検察官及び被告人の意見を聴き、相当と認めるときは、被告人が第49条の規定により公判調書を閲覧し又はその朗読を求めるについて、このうち当該個人特定事項が記載され若しくは記録されている部分の閲覧を禁じ、又は当該部分の朗読の求めを拒むことができる。ただし、当該個人特定事項に係る者の供述の証明力の判断に資するような被告人その他の関係者との利害関係の有無を確かめることができなくなるときその他の被告人の防御に実質的な不利益を生ずるおそれがあるときは、この限りでない。

第271条の7 ① 裁判所は、第271条の3第2項、第271条の4第3項、第271条の5第2項若しくは前条第1項から第4項までの規定により付した条件に弁護人が違反したとき、又は同条第1項から第4項までの規定による時期若しくは方法の指定に弁護人が従わなかつたときは、弁護士である弁護人については当該弁護士の所属する弁護士会又は日本弁護士連合会に通知し、適当な処置をとるべきことを請求することができる。

② 前項の規定による請求を受けた者は、そのとつた処置をその請求をした裁判所に通知しなければならない。

第271条の8 ① 裁判所（第1号及び第4号にあつては裁判長及び合議体の構成員を、第2号及び第3号にあつては第66条第4項の裁判官並びに裁判長及び合議体の構成員を含み、

第5号にあつては裁判官とする．）は，第271条の2第2項の規定による起訴状抄本等の提出があつた事件について，起訴状に記載された個人特定事項のうち起訴状抄本等に記載がないものが同条第1項第1号又は第2号に掲げる者のものに該当すると認めるとき，相当と認めるときは，次に掲げる措置をとることができる．

1　当該個人特定事項を明らかにしない方法により第61条の規定による被告事件の告知をすること．

2　勾引状又は勾留状を発する場合において，これと同時に，被告人に示すものとして，当該個人特定事項を明らかにしない方法により公訴事実の要旨を記載した勾引状の抄本その他の勾引状に代わるもの又は勾留状の抄本その他の勾留状に代わるものを交付すること．

3　当該個人特定事項を明らかにしない方法により第76条第1項の規定による公訴事実の要旨の告知をし，又はこれをさせること．

4　当該個人特定事項を明らかにしない方法により第77条第3項の規定による公訴事実の要旨の告知をし，又はこれをさせること．

5　当該個人特定事項を明らかにしない方法により第280条第2項の規定による被告事件の告知をすること．

② 前項（第2号に係る部分に限る．）の規定による勾引状に代わるものの交付があつた場合における第73条第1項及び第3項の規定の適用については，同条第1項前段中「これ」とあり，同条第3項中「勾引状又は勾留状」とあり，及び同項ただし書中「令状」とあるのは「第271条の8第1項第2号の勾引状に代わるもの」と，同項中「公訴事実の要旨及び」とあるのは「勾引状に記載された個人特定事項のうち第271条の8第1項第2号の勾引状に代わるものに公訴事実がないものを明らかにしない方法により公訴事実の要旨を告げるとともに，」とする．

③ 第1項（第2号に係る部分に限る．）の規定による勾留状に代わるものの交付があつた場合における第73条第2項及び第3項の規定の適用については，同条第2項中「これ」とあり，同条第3項中「勾引状又は勾留状」とあり，及び同項ただし書中「令状」とあるのは「第271条の8第1項第2号の勾留状に代わるもの」と，同項中「公訴事実の要旨及び」とあるのは「勾留状に記載された個人特定事項のうち第271条の8第1項第2号の勾留状に代わるものに記載がないものを明らかにしない方法により公訴事実の要旨を告げるととも

に，」とする．

④ 裁判長又は合議体の構成員は，第1項（第2号に係る部分に限る．）の規定による勾留状に代わるものの交付があつた場合又は第207条の2第2項の規定による勾留状に代わるものの交付があつた場合において，勾留に記載された個人特定事項のうちこれらの勾留状に代わるものに記載がないもの（第271条の5第1項の決定又は第207条の3第1項の裁判により通知することとされたものを除く．）が第271条の2第1項第1号又は第2号に掲げる者のものに該当すると認める場合であつて，検察官及び弁護人の意見を聴き，相当と認めるときは，勾留の理由の開示をするに当たり，当該個人特定事項を明らかにしない方法により被告事件を告げることができる．

⑤ 第1項（第2号に係る部分に限る．）の規定による勾留状に代わるものの交付があつた場合又は第207条の2第2項の規定による勾留状に代わるものの交付があつた場合における第98条の規定の適用については，同条第1項中「勾留状の膳本」とあるのは，「第271条の8第1項第2号の勾留状に代わるもの又は第207条の2第2項本文の勾留状に代わるもの」とする．

⑥ 前項の規定は，第1項（第2号に係る部分に限る．）の規定による勾留状に代わるものの交付があつた場合又は第207条の2第2項の規定による勾留状に代わるものの交付があつた場合であつて，第167条の2第2項に規定するときにおける同項において準用する第98条の規定の適用について準用する．

第272条〔弁護人選任権等の告知〕 ① 裁判所は，公訴の提起があつたときは，遅滞なく被告人に対し，弁護人を選任することができる旨及び貧困その他の事由により弁護人を選任することができないときは弁護人の選任を請求することができる旨を知らせなければならない．但し，被告人に弁護人があるときは，この限りでない．

② 裁判所は，この法律により弁護人を要する場合を除いて，前項の規定により弁護人の選任を請求することができる旨を知らせるに当つては，弁護人の選任を請求するには資力申告書を提出しなければならない旨及びその資力が基準額以上であるときは，あらかじめ，弁護士会（第36条の3第1項の規定により第31条の2第1項の申出をすべき弁護士会をいう．）に弁護人の選任の申出をしていなければならない旨を教示しなければならない．

第273条〔公判期日の指定，召喚・通知〕 ① 裁

判長は,公判期日を定めなければならない.

② 公判期日には,被告人を召喚しなければならない.

③ 公判期日は,これを検察官,弁護人及び補佐人に通知しなければならない.

第274条〔召喚状送達の擬制〕裁判所の構内にいる被告人に対し公判期日を通知したときは,召喚状の送達があつた場合と同一の効力を有する.

第275条〔期日と送達との間の猶予期間〕第1回の公判期日と被告人に対する召喚状の送達との間には,裁判所の規則で定める猶予期間を置かなければならない.

第276条〔公判期日の変更〕① 裁判所は,検察官,被告人若しくは弁護人の請求により又は職権で,公判期日を変更することができる.

② 公判期日を変更するには,裁判所の規則の定めるところにより,あらかじめ,検察官及び被告人又は弁護人の意見を聴かなければならない.但し,急速を要する場合は,この限りでない.

③ 前項但書の場合には,変更後の公判期日において,まず,検察官及び被告人又は弁護人に対し,異議を申し立てる機会を与えなければならない.

第277条〔不当な期日変更に対する救済〕裁判所がその権限を濫用して公判期日を変更したときは,訴訟関係人は,最高裁判所の規則又は訓令の定めるところにより,司法行政監督上の措置を求めることができる.

第278条〔不出頭と診断書の提出〕公判期日に召喚を受けた者が病気その他の事由によつて出頭することができないときは,裁判所の規則の定めるところにより,医師の診断書その他の資料を提出しなければならない.

第278条の2　保釈又は勾留の執行停止をされた被告人が,召喚を受け正当な理由がなく公判期日に出頭しないときは,2年以下の拘禁刑に処する.

第278条の3〔検察官・弁護人に対する出頭・在廷命令〕① 裁判所は,必要と認めるときは,検察官又は弁護人に対し,公判準備又は公判期日に出頭し,かつ,これらの手続が行われている間在席又は在廷することを命ずることができる.

② 裁判長は,急速を要する場合には,前項に規定する命令をし,又は合議体の構成員にこれをさせることができる.

③ 前2項の規定による命令を受けた検察官又は弁護人が正当な理由がなくこれに従わないときは,決定で,10万円以下の過料に処し,かつ,その命令に従わないために生じた費用の賠償を命ずることができる.

④ 前項の決定に対しては,即時抗告をすることができる.

⑤ 裁判所は,第3項の決定をしたときは,検察官については当該検察官を指揮監督する権限を有する者に対し,弁護士である弁護人については当該弁護士の所属する弁護士会又は日本弁護士連合会に通知し,適当な処置をとるべきことを請求しなければならない.

⑥ 前項の規定による請求を受けた者は,そのとつた処置を裁判所に通知しなければならない.

第279条〔裁判所の公務所等に対する照会〕裁判所は,検察官,被告人若しくは弁護人の請求により又は職権で,公務所又は公私の団体に照会して必要な事項の報告を求めることができる.

第280条〔勾留に関する処分〕① 公訴の提起があつた後第1回の公判期日までは,勾留に関する処分は,裁判官がこれを行う.

② 第199条若しくは第210条の規定により逮捕され,又は現行犯人として逮捕された被疑者でまだ勾留されていないものについて第204条又は第205条の時間の制限内に公訴の提起があつた場合には,裁判官は,速やかに,被告事件を告げ,これに関する陳述を聴き,勾留状を発しないときは,直ちにその釈放を命じなければならない.

③ 前2項の裁判官は,その処分に関し,裁判所又は裁判長と同一の権限を有する.

第281条〔期日外の証人尋問〕証人については,裁判所は,第158条に掲げる事項を考慮した上,検察官及び被告人又は弁護人の意見を聴き必要と認めるときに限り,公判期日外においてこれを尋問することができる.

第281条の2〔被告人の退席〕裁判所は,公判期日外における証人尋問に被告人が立ち会つた場合において,証人が被告人の面前(第157条の5第1項に規定する措置を採る場合並びに第157条の6第1項及び第2項に規定する方法による場合を含む.)においては圧迫を受け充分な供述をすることができないと認めるときは,弁護人が立ち会つている場合に限り,検察官及び弁護人の意見を聴き,その証人の供述中被告人を退席させることができる.この場合には,供述終了後被告人に証言の要旨を告知し,その証人を尋問する機会を与えなければならない.

第281条の3〔開示された証拠の管理〕弁護人は,検察官において被告事件の審理の準備のために閲覧又は謄写の機会を与えた証拠に係る複製等(複製その他証拠の全部又は一部をそ

のまま記録した物及び書面をいう．以下同じ．）を適正に管理し，その保管をみだりに他人にゆだねてはならない．

第 281 条の 4〔開示された証拠の目的外使用の禁止〕① 被告人若しくは弁護人（第 440 条に規定する弁護人を含む．）又はこれらであった者は，検察官において被告事件の審理の準備のために閲覧又は謄写の機会を与えた証拠に係る複製等を，次に掲げる手続又はその準備に使用する目的以外の目的で，人に交付し，又は提示し，若しくは電気通信回線を通じて提供してはならない．

1　当該被告事件の審理その他の当該被告事件に係る裁判のための審理

2　当該被告事件に関する次に掲げる手続

イ　第 1 編第 16 章の規定による費用の補償の手続

ロ　第 349 条第 1 項の請求があつた場合の手続

ハ　第 350 条の請求があつた場合の手続

ニ　上訴権回復の請求の手続

ホ　再審の請求の手続

ヘ　非常上告の手続

ト　第 500 条第 1 項の申立ての手続

チ　第 502 条の申立ての手続

リ　刑事補償法の規定による補償の請求の手続

② 前項の規定に違反した場合の措置については，被告人の防御権を踏まえ，複製等の内容，行為の目的及び態様，関係人の名誉，その私生活又は業務の平穏を害されているかどうか，当該複製等に係る証拠が公判期日において取り調べられたものであるかどうか，その取調べの方法その他の事情を考慮するものとする．

第 281 条の 5〔開示された証拠の目的外使用の罪〕① 被告人又は被告人であった者が，検察官において被告事件の審理の準備のために閲覧又は謄写の機会を与えた証拠に係る複製等を，前条第 1 項各号に掲げる手続又はその準備に使用する目的以外の目的で，人に交付し，又は提示し，若しくは電気通信回線を通じて提供したときは，1 年以下の拘禁刑又は 50 万円以下の罰金に処する．

② 弁護人（第 440 条に規定する弁護人を含む．以下この項において同じ．）又は弁護人であった者が，検察官において被告事件の審理の準備のために閲覧又は謄写の機会を与えた証拠に係る複製等を，対価として財産上の利益その他の利益を得る目的で，人に交付し，又は提示し，若しくは電気通信回線を通じて提供したときも，前項と同様とする．

〔令 4 法 67, 施行 3 年内〕

第 281 条の 6〔連日的開廷の確保〕① 裁判所

は，審理に 2 日以上を要する事件については，できる限り，連日開廷し，継続して審理を行わなければならない．

② 訴訟関係人は，期日を厳守し，審理に支障を来さないようにしなければならない．

第 282 条〔公判廷〕① 公判期日における取調は，公判廷でこれを行う．

② 公判廷は，裁判官及び裁判所書記が列席し，且つ検察官が出席してこれを開く．

第 283 条〔被告人たる法人と代理人の出頭〕被告人が法人である場合には，代理人を出頭させることができる．

第 284 条〔軽微事件における出頭義務の免除・代理人の出頭〕50 万円（刑法，暴力行為等処罰に関する法律及び経済関係罰則の整備に関する法律の罪以外の罪については，当分の間，5 万円）以下の罰金又は科料に当たる事件については，被告人は，公判期日に出頭することを要しない．ただし，被告人は，代理人を出頭させることができる．

第 285 条〔被告人の出頭義務とその免除〕① 拘留に当たる事件の被告人は，判決の宣告をする場合には，公判期日に出頭しなければならない．その他の場合には，裁判所は，被告人の出頭がその権利の保護のため重要でないと認めるときは，被告人に対し公判期日に出頭しないことを許すことができる．

② 長期 3 年以下の拘禁刑又は 50 万円（刑法，暴力行為等処罰に関する法律及び経済関係罰則の整備に関する法律の罪以外の罪については，当分の間，5 万円）を超える罰金に当たる事件の被告人は，第 291 条の手続をする場合及び判決の宣告をする場合には，公判期日に出頭しなければならない．その他の場合には，前項後段の例による．

〔令 4 法 67, 施行 3 年内〕

第 286 条〔被告人の出頭と開廷要件〕前 3 条に規定する場合の外，被告人が公判期日に出頭しないときは，開廷することはできない．

第 286 条の 2〔出頭拒否と公判手続〕被告人が出頭しなければ開廷することができない場合において，勾留されている被告人が，公判期日に召喚を受け，正当な理由がなく出頭を拒否し，刑事施設職員による引致を著しく困難にしたときは，裁判所は，被告人が出頭しないでも，その期日の公判手続を行うことができる．

第 287 条〔被告人の身体の不拘束〕① 公判廷においては，被告人の身体を拘束してはならない．但し，被告人が暴力を振い又は逃亡を企てた場合は，この限りでない．

② 被告人の身体を拘束しない場合にも，これ

刑訴

に看守者を附することができる.

第288条〔被告人の在廷義務, 法廷警察権〕
① 被告人は, 裁判長の許可がなければ, 退廷することができない.
② 裁判長は, 被告人を在廷させるため, 又は法廷の秩序を維持するため相当な処分をすることができる.

第289条〔必要的弁護〕① 死刑又は無期若しくは長期3年を超える拘禁刑に当たる事件を審理する場合には, 弁護人がなければ開廷することはできない.
② 弁護人がなければ開廷することができない場合において, 弁護人が出頭しないとき若しくは在廷しなくなつたとき, 又は弁護人がないときは, 裁判長は, 職権で弁護人を付さなければならない.
③ 弁護人がなければ開廷することができない場合において, 弁護人が出頭しないおそれがあるときは, 裁判所は, 職権で弁護人を付することができる.　　〔令4法67, 施行3年内〕

第290条〔任意的国選弁護〕第37条各号の場合に弁護人が出頭しないときは, 裁判所は, 職権で弁護人を附することができる.

第290条の2〔公開の法廷での被害者特定事項の秘匿〕① 裁判所は, 次に掲げる事件を取り扱う場合において, 当該事件の被害者等若しくは当該被害者の法定代理人又はこれらの者から委託を受けた弁護士から申出があるときは, 被告人又は弁護人の意見を聴き, 相当と認めるときは, 被害者特定事項(氏名及び住所その他の当該事件の被害者を特定させることとなる事項をいう. 以下同じ.)を公開の法廷で明らかにしない旨の決定をすることができる.
1 刑法第176条, 第177条, 第179条, 第181条若しくは第182条の罪, 同法第225条若しくは第226条の2第3項の罪(わいせつ又は結婚の目的に係る部分に限る. 以下この号において同じ.), 同法第227条第1項(同法第225条又は第226条の2第3項の罪を犯した者を幇助する目的に係る部分に限る.)若しくは第3項(わいせつの目的に係る部分に限る.)の罪若しくは同法第241条第1項若しくは第3項の罪又はこれらの罪の未遂罪に係る事件
2 児童福祉法第60条第1項の罪若しくは同法第34条第1項第9号に係る同法第60条第2項の罪, 児童買春, 児童ポルノに係る行為等の規制及び処罰並びに児童の保護等に関する法律第4条から第8条までの罪又は性的な姿態を撮影する行為等の処罰及び押収物に記録された性的な姿態の影像に係る電磁的

記録の消去等に関する法律第2条から第6条までの罪に係る事件
3 前2号に掲げる事件のほか, 犯行の態様, 被害の状況その他の事情により, 被害者特定事項が公開の法廷で明らかにされることにより被害者等の名誉又は社会生活の平穏が著しく害されるおそれがあると認められる事件
② 前項の申出は, あらかじめ, 検察官にしなければならない. この場合において, 検察官は, 意見を付して, これを裁判所に通知するものとする.
③ 裁判所は, 第1項に定めるもののほか, 犯行の態様, 被害の状況その他の事情により, 被害者特定事項が公開の法廷で明らかにされることにより被害者若しくはその親族の身体若しくは財産に害を加え又はこれらの者を畏怖させ若しくは困惑させる行為がなされるおそれがあると認められる事件を取り扱う場合において, 検察官及び被告人又は弁護人の意見を聴き, 相当と認めるときは, 被害者特定事項を公開の法廷で明らかにしない旨の決定をすることができる.
④ 裁判所は, 第1項又は前項の決定をした事件について, 被害者特定事項を公開の法廷で明らかにしないことが相当でないと認めるに至つたとき, 第312条の規定により罰条が撤回若しくは変更されたため第1項第1号若しくは第2号に掲げる事件に該当しなくなつたとき若しくは同項第3号に掲げる事件若しくは前項に規定する事件に該当しないと認めるに至つたときは, 決定で, 第1項又は前項の決定を取り消さなければならない.

第290条の3〔公判廷における特定事項秘匿措置〕① 裁判所は, 次に掲げる場合において, 証人, 鑑定人, 通訳人, 翻訳人又は供述録取書等(供述書, 供述を録取した書面で供述者の署名若しくは押印のあるもの又は映像若しくは音声を記録することができる記録媒体であつて供述を記録したものをいう. 以下同じ.)の供述者(以下この項において「証人等」という.)から申出があるときは, 検察官及び被告人又は弁護人の意見を聴き, 相当と認めるときは, 証人等特定事項(氏名及び住所その他の当該証人等を特定させることとなる事項をいう. 以下同じ.)を公開の法廷で明らかにしない旨の決定をすることができる.
1 証人等特定事項が公開の法廷で明らかにされることにより証人等若しくはその親族の身体若しくは財産に害を加え又はこれらの者を畏怖させ若しくは困惑させる行為がなされるおそれがあると認めるとき.

2　前号に掲げる場合のほか，証人等特定事項が公開の法廷で明らかにされることにより証人等の名誉又は社会生活の平穏が著しく害されるおそれがあると認めるとき．

② 裁判所は，前項の決定をした事件について，証人等特定事項を公開の法廷で明らかにしないことが相当でないと認めるに至つたときは，決定で，同項の決定を取り消さなければならない．

第291条〔冒頭手続〕 ① 検察官は，まず，起訴状を朗読しなければならない．

② 第290条の2第1項又は第3項の決定があつたときは，前項の起訴状の朗読は，被害者特定事項を明らかにしない方法でこれを行うものとする．この場合においては，検察官は，被告人に起訴状を示さなければならない．

③ 前条第1項の決定があつた場合における第1項の起訴状の朗読についても，前項と同様とする．この場合において，同項中「被害者特定事項」とあるのは，「証人等特定事項」とする．

④ 第271条の2第4項の規定による措置がとられた場合においては，第2項後段（前項前段の規定により第2項後段と同様とすることとされる場合を含む．以下この項において同じ．）の規定は，当該措置に係る個人特定事項の全部又は一部について第271条の5第1項の決定があつた場合に限り，適用する．この場合において，第2項後段中「起訴状」とあるのは，「第271条の2第4項の規定による措置に係る個人特定事項の全部について第271条の5第1項の決定があつた場合にあつては起訴状を，第271条の2第4項の規定による措置に係る個人特定事項の一部について当該決定があつた場合にあつては起訴状抄本等及び第271条の5第4項に規定する書面」とする．

⑤ 裁判長は，第1項の起訴状の朗読が終わつた後，被告人に対し，終始沈黙し，又は個々の質問に対し陳述を拒むことができる旨その他裁判所の規則で定める被告人の権利を保護するため必要な事項を告げた上，被告人及び弁護人に対し，被告事件について陳述する機会を与えなければならない．

第291条の2〔簡易公判手続の決定〕 被告人が，前条第5項の手続に際し，起訴状に記載された訴因について有罪である旨を陳述したときは，裁判所は，検察官，被告人及び弁護人の意見を聴き，有罪である旨の陳述のあつた訴因に限り，簡易公判手続によつて審判をする旨の決定をすることができる．ただし，死刑又は無期若しくは短期1年以上の拘禁刑に当たる事件については，この限りでない．

〔令4法67，施行3年内〕

第291条の3〔簡易公判手続決定の取消し〕 裁判所は，前条の決定があつた事件が簡易公判手続によることができないものであり，又はこれによることが相当でないものであると認めるときは，その決定を取り消さなければならない．

第292条〔証拠調べ〕 証拠調べは，第291条の手続が終つた後，これを行う．ただし，次節第1款に定める公判前整理手続において争点及び証拠の整理のために行う手続については，この限りでない．

第292条の2〔被害者等による意見の陳述〕

① 裁判所は，被害者等又は当該被害者の法定代理人から，被害に関する心情その他の被告事件に関する意見の陳述の申出があるときは，公判期日において，その意見を陳述させるものとする．

② 前項の規定による意見の陳述の申出は，あらかじめ，検察官にしなければならない．この場合において，検察官は，意見を付して，これを裁判所に通知するものとする．

③ 裁判長又は陪席の裁判官は，被害者等又は当該被害者の法定代理人が意見を陳述した後，その趣旨を明確にするため，これらの者に質問することができる．

④ 訴訟関係人は，被害者等又は当該被害者の法定代理人が意見を陳述した後，その趣旨を明確にするため，裁判長に告げて，これらの者に質問することができる．

⑤ 裁判長は，被害者等若しくは当該被害者の法定代理人の意見の陳述又は訴訟関係人の被害者等若しくは当該被害者の法定代理人に対する質問が既にした陳述若しくは質問と重複するとき，又は事件に関係のない事項にわたるときその他相当でないときは，これを制限することができる．

⑥ 第157条の4，第157条の5並びに第157条の6第1項及び第2項の規定は，第1項の規定による意見の陳述について準用する．

⑦ 裁判所は，審理の状況その他の事情を考慮して，相当でないと認めるときは，意見の陳述に代え意見を記載した書面を提出させ，又は意見の陳述をさせないことができる．

⑧ 前項の規定により書面が提出された場合には，裁判長は，公判期日において，その旨を明らかにしなければならない．この場合において，裁判長は，相当と認めるときは，その書面を朗読し，又はその要旨を告げることができる．

⑨ 第1項の規定による陳述又は第7項の規定による書面は，犯罪事実の認定のための証拠とすることができない．

第293条〔弁論〕① 証拠調が終つた後、検察官は、事実及び法律の適用について意見を陳述しなければならない.

② 被告人及び弁護人は、意見を陳述することができる.

第294条〔訴訟指揮権〕公判期日における訴訟の指揮は、裁判長がこれを行う.

第295条〔尋問・陳述の制限〕① 裁判長は、訴訟関係人のする尋問又は陳述が既にした尋問若しくは陳述と重複するとき、又は事件に関係のない事項にわたるときその他相当でないときは、訴訟関係人の本質的な権利を害しない限り、これを制限することができる. 訴訟関係人の被告人に対する供述を求める行為についても同様である.

② 裁判長は、証人、鑑定人、通訳人又は翻訳人を尋問する場合において、証人、鑑定人、通訳人若しくは翻訳人若しくはこれらの親族の身体若しくは財産に害を加え又はこれらの者を畏怖させ若しくは困惑させる行為がなされるおそれがあり、これらの者の住居、勤務先その他その通常所在する場所が特定される事項が明らかにされたならば証人、鑑定人、通訳人又は翻訳人が十分な供述をすることができないと認めるときは、当該事項についての尋問を制限することができる. ただし、検察官のする尋問を制限することにより犯罪の証明に重大な支障を生ずるおそれがあるとき、又は被告人若しくは弁護人のする尋問を制限することにより被告人の防御に実質的な不利益を生ずるおそれがあるときは、この限りでない.

③ 裁判長は、第290条の2第1項又は第3項の決定があつた場合において、訴訟関係人のする尋問又は陳述が被害者特定事項にわたるときは、これを制限することにより、犯罪の証明に重大な支障を生ずるおそれがある場合又は被告人の防御に実質的な不利益を生ずるおそれがある場合を除き、当該尋問又は陳述を制限することができる. 訴訟関係人の被告人に対する供述を求める行為についても、同様とする.

④ 第290条の3第1項の決定があつた場合における訴訟関係人のする尋問若しくは陳述又は訴訟関係人の被告人に対する供述を求める行為についても、前項と同様とする. この場合において、同項中「被害者特定事項」とあるのは、「証人等特定事項」とする.

⑤ 裁判所は、前各項の規定による命令を受けた検察官又は弁護士である弁護人がこれに従わなかつた場合には、検察官については当該検察官を指揮監督する権限を有する者に、弁護士である弁護人については当該弁護士の所属す

る弁護士会又は日本弁護士連合会に通知し、適当な処置をとるべきことを請求することができる.

⑥ 前項の規定による請求を受けた者は、そのとつた処置を裁判所に通知しなければならない.

第296条〔検察官の冒頭陳述〕証拠調のはじめに、検察官は、証拠により証明すべき事実を明らかにしなければならない. 但し、証拠とすることができず、又は証拠としてその取調を請求する意思のない資料に基いて、裁判所に事件について偏見又は予断を生ぜしめる虞のある事項を述べることはできない.

第297条〔証拠調べの範囲・順序・方法の予定とその変更〕① 裁判所は、検察官及び被告人又は弁護人の意見を聴き、証拠調の範囲、順序及び方法を定めることができる.

② 前項の手続は、合議体の構成員にこれをさせることができる.

③ 裁判所は、適当と認めるときは、何時でも、検察官及び被告人又は弁護人の意見を聴き、第1項の規定により定めた証拠調の範囲、順序又は方法を変更することができる.

第298条〔証拠調べの請求、職権による証拠調べ〕① 検察官、被告人又は弁護人は、証拠調を請求することができる.

② 裁判所は、必要と認めるときは、職権で証拠調をすることができる.

第299条〔証拠調べの請求、職権による証拠調べと当事者の権利〕① 検察官、被告人又は弁護人が証人、鑑定人、通訳人又は翻訳人の尋問を請求するについては、あらかじめ、相手方に対し、その氏名及び住居を知る機会を与えなければならない. 証拠書類又は証拠物の取調を請求するについては、あらかじめ、相手方にこれを閲覧する機会を与えなければならない. 但し、相手方に異議のないときは、この限りでない.

② 裁判所が職権で証拠調の決定をするについては、検察官及び被告人又は弁護人の意見を聴かなければならない.

第299条の2〔証人等の身体・財産への加害行為等の防止のための安全配慮〕検察官又は弁護人は、前条第1項の規定により証人、鑑定人、通訳人若しくは翻訳人の氏名及び住居を知る機会を与え又は証拠書類若しくは証拠物を閲覧する機会を与えるに当たり、証人、鑑定人、通訳人若しくは翻訳人若しくは証拠書類若しくは証拠物にその氏名が記載され若しくは記録されている者若しくはこれらの親族の身体若しくは財産に害を加え又はこれらの者を畏怖させ若しくは困惑させる行為がなされるおそ

れがあると認めるときは，相手方に対し，その旨を告げ，これらの者の住居，勤務先その他の通常所在する場所が特定される事項が，犯罪の証明若しくは犯罪の捜査又は被告人の防御に関し必要がある場合を除き，関係者（被告人を含む．）に知られないようにすることその他これらの者の安全が脅かされることがないように配慮することを求めることができる．

第299条の3〔証拠開示の際の被害者特定事項の秘匿要請〕 検察官は，第299条第1項の規定により証人の氏名及び住居を知る機会を与え又は証拠書類若しくは証拠物を閲覧する機会を与えるに当たり，被害者特定事項が明らかにされることにより，被害者等の名誉若しくは社会生活の平穏が著しく害されるおそれがあると認めるとき，又は被害者若しくはその親族の身体若しくは財産に害を加え若しくはこれらの者を畏怖させ若しくは困惑させる行為がなされるおそれがあると認めるときは，弁護人に対し，その旨を告げ，被害者特定事項が，被告人の防御に関し必要がある場合を除き，被告人その他の者に知られないようにすることを求めることができる．ただし，第271条の2第2項の規定により起訴状抄本等を提出した場合を除き，被告人に知られないようにすることを求めることについては，被害者特定事項のうち起訴状に記載された事項以外のものに限る．

第299条の4〔検察官の証人等の氏名及び住居の開示に関する措置〕 ① 検察官は，第299条第1項の規定により証人，鑑定人，通訳人又は翻訳人の氏名及び住居を知る機会を与えるべき場合において，その者若しくはその親族の身体若しくは財産に害を加え又はこれらの者を畏怖させ若しくは困惑させる行為がなされるおそれがあると認めるときは，弁護人に対し，当該氏名及び住居を知る機会を与えた上で，当該氏名又は住居を被告人に知らせてはならない旨の条件を付し，又は被告人に知らせる時期若しくは方法を指定することができる．ただし，その証人，鑑定人，通訳人又は翻訳人の供述の証明力の判断に資するような被告人その他の関係者との利害関係の有無を確かめることができなくなるときその他の被告人の防御に実質的な不利益を生ずるおそれがあるときは，この限りでない．

② 第299条第1項の規定により証人の氏名及び住居を知る機会を与えるべき場合において，第271条の2第2項の規定により起訴状抄本等を提出した場合又は第312条の2第2項の規定により訴因変更等請求書面抄本等（同項に規定する訴因変更等請求書面抄本等をいう．

以下この条及び次条第2項第1号において同じ．）を提出した場合（第312条第1項の請求を却下する決定があつた場合を除く．第7項において同じ．）であつて，当該氏名又は住居が起訴状に記載された個人特定事項のうち起訴状抄本等に記載がないもの又は訴因変更等請求書面（第312条第4項に規定する訴因変更等請求書面をいう．以下この条及び同号において同じ．）に記載された個人特定事項のうち訴因変更等請求書面抄本等に記載がないもの（いずれも第271条の5第1項（第312条の2第4項において読み替えて準用する場合を含む．）の決定により通知することとされたものを除く．第7項及び同号において同じ．）に該当し，かつ，第271条の2第1項第1号又は第2号に掲げる者のものに該当すると認めるときも，前項と同様とする．この場合において，同項ただし書中「証人，鑑定人，通訳人又は翻訳人」とあるのは，「証人」とする．

③ 検察官は，第1項本文の場合において，同項本文の規定による措置によつては同項本文に規定する行為を防止できないおそれがあると認めるとき（被告人に弁護人がないときを含む．）は，その証人，鑑定人，通訳人又は翻訳人の供述の証明力の判断に資するような被告人その他の関係者との利害関係の有無を確かめることができなくなる場合その他の被告人の防御に実質的な不利益を生ずるおそれがある場合を除き，被告人及び弁護人に対し，その証人，鑑定人，通訳人又は翻訳人の氏名又は住居を知る機会を与えないことができる．この場合において，被告人又は弁護人に対し，氏名にあつてはこれに代わる呼称を，住居にあつてはこれに代わる連絡先を知る機会を与えなければならない．

④ 第299条第1項の規定により証人の氏名及び住居を知る機会を与えるべき場合において，第271条の3第3項又は第271条の4第4項（これらの規定を第312条の2第4項において準用する場合を含む．第9項において同じ．）の規定により起訴状抄本等又は訴因変更等請求書面抄本等を提出した場合（第312条第1項の請求を却下する決定があつた場合を除く．第9項において同じ．）であつて，当該氏名又は住居が起訴状に記載された個人特定事項のうち起訴状抄本等に記載がないもの又は訴因変更等請求書面に記載された個人特定事項のうち訴因変更等請求書面抄本等に記載がないもの（いずれも第271条の5第1項又は第2項（これらの規定を第312条の2第4項において準用する場合を含む．）の決定によ

り通知することとされたものを除く．第9項において同じ．）に該当し，かつ，第271条の2第1項第1号又は第2号に掲げる者のものに該当すると認めるときも，前項と同様とする．この場合において，同項中「証人，鑑定人，通訳人又は翻訳人の供述」とあるのは「証人の供述」と，「その証人，鑑定人，通訳人又は翻訳人の氏名」とあるのは「当該氏名」とする．

⑤ 第2項前段に規定する場合において，被告人に弁護人がないときも，第3項と同様とする．この場合において，同項中「証人，鑑定人，通訳人又は翻訳人の供述」とあるのは「証人の供述」と，「その証人，鑑定人，通訳人又は翻訳人の氏名」とあるのは「当該氏名」とする．

⑥ 検察官は，第299条第1項の規定により証拠書類又は証拠物を閲覧する機会を与えるべき場合において，証拠書類若しくは証拠物に氏名若しくは住居が記載され若しくは記録されている者であつて検察官が証人，鑑定人，通訳人若しくは翻訳人として尋問を請求するもの若しくは供述録取書等の供述者（以下この項及び第8項において「検察官請求証人等」という．）若しくは検察官請求証人等の親族の身体若しくは財産に害を加え又はこれらの者を畏怖させ若しくは困惑させる行為がなされるおそれがあると認めるときは，弁護人に対し，証拠書類又は証拠物を閲覧する機会を与えた上で，その検察官請求証人等の氏名又は住居を被告人に知らせてはならない旨の条件を付し，又は被告人に知らせる時期若しくは方法を指定することができる．ただし，その検察官請求証人等の供述の証明力の判断に資するような被告人その他の関係者との利害関係の有無を確かめることができなくなるときその他の被告人の防御に実質的な不利益を生ずるおそれがあるときは，この限りでない．

⑦ 第299条第1項の規定により証拠書類又は証拠物を閲覧する機会を与えるべき場合において，第271条の2第2項の規定により起訴状抄本等を提出した場合又は第312条の2第2項の規定により訴因変更等請求書面抄本等を提出した場合であつて，起訴状に記載された個人特定事項のうち起訴状抄本等に記載がないもの又は訴因変更等請求書面に記載された個人特定事項のうち訴因変更等請求書面抄本等に記載がないものが第271条の2第1項第1号又は第2号に掲げる者のものに該当すると認めるときも，前項と同様とする．この場合において，同項中「その検察官請求証人等の氏名又は住居」とあるのは「これらに記載され又は記録されているこれらの個人特定事項」

と，同項ただし書中「その検察官請求証人等」とあるのは「これらの個人特定事項に係る証人」とする．

⑧ 検察官は，第6項本文の場合において，同項本文の規定による措置によつては同項本文に規定する行為を防止できないおそれがあると認めるとき（被告人に弁護人がないときを含む．）は，その検察官請求証人等の供述の証明力の判断に資するような被告人その他の関係者との利害関係の有無を確かめることができなくなる場合その他の被告人の防御に実質的な不利益を生ずるおそれがある場合を除き，被告人及び弁護人に対し，証拠書類又は証拠物のうちその検察官請求証人等の氏名又は住居が記載され又は記録されている部分について閲覧する機会を与えないことができる．この場合において，被告人又は弁護人に対し，氏名にあつてはこれに代わる呼称を，住居にあつてはこれに代わる連絡先を知る機会を与えなければならない．

⑨ 第299条第1項の規定により証拠書類又は証拠物を閲覧する機会を与えるべき場合において，第271条の3第3項又は第271条の4第4項の規定により起訴状抄本等又は訴因変更等請求書面抄本等を提出した場合であつて，起訴状に記載された個人特定事項のうち起訴状抄本等に記載がないもの又は訴因変更等請求書面に記載された個人特定事項のうち訴因変更等請求書面抄本等に記載がないものが第271条の2第1項第1号又は第2号に掲げる者のものに該当すると認めるときも，前項と同様とする．この場合において，同項中「その検察官請求証人等の供述」とあるのは「これらの個人特定事項に係る証人の供述」と，「その検察官請求証人等の氏名又は住居」とあるのは「これらの個人特定事項」とする．

⑩ 第7項前段に規定する場合において，被告人に弁護人がないときも，第8項と同様とする．この場合において，同項中「その検察官請求証人等の供述」とあるのは「これらの個人特定事項に係る証人の供述」と，「その検察官請求証人等の氏名又は住居」とあるのは「これらの個人特定事項」とする．

⑪ 検察官は，前各項の規定による措置をとつたときは，速やかに，裁判所にその旨を通知しなければならない．

第299条の5〔裁判所による検察官の開示措置に対する裁定〕 ① 裁判所は，検察官が前条第1項，第3項，第6項又は第8項の規定による措置をとつた場合において，次の各号のいずれかに該当すると認めるときは，被告人又は弁護

人の請求により，決定で，当該措置の全部又は一部を取り消さなければならない．

1 当該措置に係る者若しくはその親族の身体若しくは財産に害を加え又はこれらの者を畏怖させ若しくは困惑させる行為がなされるおそれがないとき．

2 当該措置により，当該措置に係る者の供述の証明力の判断に資するような被告人その他の関係者との利害関係の有無を確かめることができなくなるときその他の被告人の防御に実質的な不利益を生ずるおそれがあるとき．

3 検察官のとつた措置が前条第3項又は第8項の規定によるものである場合において，同条第1項本文又は第6項本文の規定による措置によつて第1号に規定する行為を防止できるとき．

② 検察官が前条第2項，第4項，第5項，第7項，第9項又は第10項の規定による措置をとつた場合において，次の各号のいずれかに該当すると認めるときも，前項と同様とする．

1 当該措置に係る氏名若しくは住居又は個人特定事項が起訴状に記載された個人特定事項のうち起訴状抄本等に記載がないもの又は訴因変更等請求書面に記載された個人特定事項のうち訴因変更等請求書面抄本等に記載がないもの（第312条第1項の請求を却下する決定があつた場合における当該請求に係るものを除く．）に該当しないとき．

2 イ又はロに掲げる個人特定事項の区分に応じ，当該イ又はロに定める場合であるとき．

イ 被害者の個人特定事項 当該措置に係る事件に係る罪が第271条の2第1項第1号イ及びロに規定するものに該当せず，かつ，当該措置に係る事件が同号ハに掲げるものに該当しないとき．

ロ 被害者以外の者の個人特定事項 当該措置に係る者が第271条の2第1項第2号に掲げる者に該当しないとき．

3 検察官のとつた措置が前条第4項，第5項，第9項又は第10項の規定によるものである場合において，当該措置に係る個人特定事項が第271条の5第2項（第312条の2第4項において準用する場合を含む．）の決定により通知することとされたものに該当するとき．

4 当該措置により，当該措置に係る者の供述の証明力の判断に資するような被告人その他の関係者との利害関係の有無を確かめることができなくなるときその他の被告人の防御に実質的な不利益を生ずるおそれがあるとき．

5 検察官のとつた措置が前条第4項，第5項，第9項又は第10項の規定によるものである場合において，同条第2項又は第7項の規定による措置によつて第271条の2第1項第1号ハ(1)及び第2号イに規定する名誉又は社会生活の平穏が著しく害されること並びに同項第1号ハ(2)及び第2号ロに規定する行為を防止できるとき．

③ 裁判所は，第1項第2号又は第3号に該当すると認めて検察官がとつた措置の全部又は一部を取り消す場合において，同項第1号に規定する行為がなされるおそれがあると認めるときは，弁護人に対し，当該措置に係る者の氏名又は住居を被告人に知らせてはならない旨の条件を付し，又は被告人に知らせる時期若しくは方法を指定することができる．ただし，当該条件を付し，又は当該時期若しくは方法の指定をすることにより，当該措置に係る者の供述の証明力の判断に資するような被告人その他の関係者との利害関係の有無を確かめることができなくなるときその他の被告人の防御に実質的な不利益を生ずるおそれがあるときは，この限りでない．

④ 第2項第3号から第5号までに該当すると認めて検察官がとつた措置の全部又は一部を取り消す場合において，第271条の2第1項第1号ハ(1)若しくは第2号イに規定する名誉若しくは社会生活の平穏が著しく害されるおそれ又は同項第1号ハ(2)若しくは第2号ロに規定する行為がなされるおそれがあると認めるときも，前項と同様とする．この場合において，同項中「者の氏名又は住居」とあるのは，「個人特定事項」とする．

⑤ 裁判所は，第1項又は第2項の請求について決定をするときは，検察官の意見を聴かなければならない．

⑥ 第1項又は第2項の請求についてした決定（第3項又は第4項の規定により条件を付し，又は時期若しくは方法を指定する裁判を含む．）に対しては，即時抗告をすることができる．

第299条の6〔訴訟に関する書類，証拠物及び公判調書の閲覧制限〕裁判所は，検察官がとつた第299条の4第1項若しくは第6項の規定による措置に係る者若しくは裁判所がとつた前条第3項の規定による措置に係る者若しくはこれらの親族の身体若しくは財産に害を加え又はこれらの者を畏怖させ若しくは困惑させる行為がなされるおそれがあると認める場合において，検察官及び弁護人の意見を聴き，相当と認めるときは，弁護人が第40条第1項の規定により訴訟に関する書類又は証拠物を

閲覧し又は謄写するに当たり，これらに記載され又は記録されている当該措置に係る者の氏名又は住居を被告人に知らせてはならない旨の条件を付し，又は被告人に知らせる時期若しくは方法を指定することができる．ただし，当該措置に係る者の供述の証明力の判断に資するような被告人その他の関係者との利害関係の有無を確かめることができなくなるときその他の被告人の防御に実質的な不利益を生ずるおそれがあるときは，この限りでない．

② 裁判所は，検察官がとつた第299条の4第3項若しくは第8項の規定による措置に係る者若しくはその親族の身体若しくは財産に害を加え又はこれらの者を畏怖させ若しくは困惑させる行為がなされるおそれがあると認める場合において，検察官及び弁護人の意見を聴き，相当と認めるときは，弁護人が第40条第1項の規定により訴訟に関する書類又は証拠物を閲覧し又は謄写するについて，これらのうち当該措置に係る者の氏名若しくは住居が記載され若しくは記録されている部分の閲覧若しくは謄写を禁じ，又は当該氏名若しくは住居を被告人に知らせてはならない旨の条件を付し，若しくは被告人に知らせる時期若しくは方法を指定することができる．ただし，当該措置に係る者の供述の証明力の判断に資するような被告人その他の関係者との利害関係の有無を確かめることができなくなるときその他の被告人の防御に実質的な不利益を生ずるおそれがあるときは，この限りでない．

③ 裁判所は，検察官がとつた第299条の4第1項若しくは第6項の規定による措置に係る者若しくは裁判所がとつた前条第3項の規定による措置に係る者若しくはこれらの親族の身体若しくは財産に害を加え又はこれらの者を畏怖させ若しくは困惑させる行為がなされるおそれがあると認める場合において，弁護人から第46条の規定による請求があつた場合であつて，検察官及び弁護人の意見を聴き，相当と認めるときは，弁護人に裁判書又は裁判を記載した調書の謄本又は抄本を交付するに当り，これらに記載されている当該措置に係る者の氏名又は住居を被告人に知らせてはならない旨の条件を付し，又は被告人に知らせる時期若しくは方法を指定することができる．ただし，当該措置に係る者の供述の証明力の判断に資するような被告人その他の関係者との利害関係の有無を確かめることができなくなるときその他の被告人の防御に実質的な不利益を生ずるおそれがあるときは，この限りでない．

④ 裁判所は，検察官がとつた第299条の4第3項若しくは第8項の規定による措置に係る者若しくはその親族の身体若しくは財産に害を加え又はこれらの者を畏怖させ若しくは困惑させる行為がなされるおそれがあると認める場合において，弁護人から第46条の規定による請求があつた場合であつて，検察官及び弁護人の意見を聴き，相当と認めるときは，裁判書若しくは裁判を記載した調書の抄本であつて当該措置に係る者の氏名若しくは住居の記載がないものを交付し，又は弁護人に裁判書若しくは裁判を記載した調書の謄本若しくは抄本を交付するに当たり，当該氏名若しくは住居を被告人に知らせてはならない旨の条件を付し，若しくは被告人に知らせる時期若しくは方法を指定することができる．ただし，当該措置に係る者の供述の証明力の判断に資するような被告人その他の関係者との利害関係の有無を確かめることができなくなるときその他の被告人の防御に実質的な不利益を生ずるおそれがあるときは，この限りでない．

⑤ 裁判所は，検察官がとつた第299条の4第1項，第3項，第6項若しくは第8項の規定による措置に係る者若しくは裁判所がとつた前条第3項の規定による措置に係る者若しくはこれらの親族の身体若しくは財産に害を加え又はこれらの者を畏怖させ若しくは困惑させる行為がなされるおそれがあると認める場合において，被告人その他訴訟関係人（検察官及び弁護人を除く．）から第46条の規定による請求があつた場合であつて，検察官及び当該請求をした被告人その他訴訟関係人の意見を聴き，相当と認めるときは，裁判書又は裁判を記載した調書の抄本であつて当該措置に係る者の氏名又は住居の記載がないものを交付することができる．ただし，当該措置に係る者の供述の証明力の判断に資するような被告人その他の関係者との利害関係の有無を確かめることができなくなるときその他の被告人の防御に実質的な不利益を生ずるおそれがあるときは，この限りでない．

⑥ 裁判所は，検察官がとつた第299条の4第1項，第3項，第6項若しくは第8項の規定による措置に係る者若しくは裁判所がとつた前条第3項の規定による措置に係る者若しくはこれらの親族の身体若しくは財産に害を加え又はこれらの者を畏怖させ若しくは困惑させる行為がなされるおそれがあると認める場合において，検察官及び被告人の意見を聴き，相当と認めるときは，被告人が第49条の規定により公判調書を閲覧し又はその朗読を求めるについて，このうち当該措置に係る者の氏名若し

くは住居が記載され若しくは記録されている部分の閲覧を禁じ、又は当該部分の朗読の求めを拒むことができる。ただし、当該措置に係る者の供述の証明力の判断に資するような被告人その他の関係者との利害関係の有無を確かめることができなくなるときその他の被告人の防御に実質的な不利益を生ずるおそれがあるときは、この限りでない。

第299条の7〔弁護人の違反に対する処置請求〕 ① 検察官は、第299条の4第1項、第2項、第6項若しくは第7項の規定により付した条件に弁護人が違反したとき、又はこれらの規定による時期若しくは方法の指定に弁護人が従わなかつたときは、弁護士である弁護人については当該弁護士の所属する弁護士会又は日本弁護士連合会に通知し、適当な処置をとるべきことを請求することができる。

② 裁判所は、第299条の5第3項若しくは第4項若しくは前条第1項から第4項までの規定により付した条件に弁護人が違反したとき、又はこれらの規定による時期若しくは方法の指定に弁護人が従わなかつたときは、弁護士である弁護人については当該弁護士の所属する弁護士会又は日本弁護士連合会に通知し、適当な処置をとるべきことを請求することができる。

③ 前2項の規定による請求を受けた者は、そのとつた処置をその請求をした検察官又は裁判所に通知しなければならない。

第300条〔証拠調べ請求の義務〕 第321条第1項第2号後段の規定により証拠とすることができる書面については、検察官は、必ずその取調を請求しなければならない。

第301条〔自白と証拠調べ請求の制限〕 第322条及び第324条第1項の規定により証拠とすることができる被告人の供述が自白である場合には、犯罪事実に関する他の証拠が取り調べられた後でなければ、その取調を請求することはできない。

第301条の2〔取調べ等の録音・録画と記録媒体の証拠調べ請求義務〕 ① 次に掲げる事件については、検察官は、第322条第1項の規定により証拠とすることができる書面であつて、当該事件についての第198条第1項の規定による取調べ（逮捕又は勾留されている被疑者の取調べに限る。第3項において同じ。）又は第203条第1項、第204条第1項若しくは第205条第1項（第211条及び第216条においてこれらの規定を準用する場合を含む。第3項において同じ。）の弁解の機会に際して作成され、かつ、被告人に不利益な事実の承認を内容とするものの取調べを請求した場合において、被告人又は弁護人が、その取調べの請求に関し、その承認が任意にされたものでない疑いがあることを理由として異議を述べたときは、その承認が任意にされたものであることを証明するため、当該書面が作成された取調べ又は弁解の機会の開始から終了に至るまでの間における被告人の供述及びその状況を第4項の規定により記録した記録媒体の取調べを請求しなければならない。ただし、同項各号のいずれかに該当することにより同項の規定による記録が行われなかつたことその他やむを得ない事情によつて当該記録媒体が存在しないときは、この限りでない。

1 死刑又は無期拘禁刑に当たる罪に係る事件

2 短期1年以上の拘禁刑に当たる罪であつて故意の犯罪行為により被害者を死亡させたものに係る事件

3 司法警察員が送致し又は送付した事件以外の事件（前2号に掲げるものを除く。）

② 検察官が前項の規定に違反して同項に規定する記録媒体の取調べを請求しないときは、裁判所は、決定で、同項に規定する書面の取調べの請求を却下しなければならない。

③ 前2項の規定は、第1項各号に掲げる事件について、第324条第1項において準用する第322条第1項の規定により証拠とすることができる被告人以外の者の供述であつて、当該事件についての第198条第1項の規定による取調べ又は第203条第1項、第204条第1項若しくは第205条第1項の弁解の機会に際してされた被告人の供述（被告人に不利益な事実の承認を内容とするものに限る。）をその内容とするものを証拠とすることに関し、被告人又は弁護人が、その承認が任意にされたものでない疑いがあることを理由として異議を述べた場合にこれを準用する。

④ 検察官又は検察事務官は、第1項各号に掲げる事件（同項第3号に掲げる事件のうち、関連する事件が送致され又は送付されているものであつて、司法警察員が現に捜査していることその他の事情に照らして司法警察員が送致し又は送付することが見込まれるものを除く。）について、逮捕若しくは勾留されている被疑者を第198条第1項の規定により取り調べるとき又は被疑者に対し第204条第1項若しくは第205条第1項（第211条及び第216条においてこれらの規定を準用する場合を含む。）の規定により弁解の機会を与えるときは、次の各号のいずれかに該当する場合を除き、被疑者の供述及びその状況を録音及び録画を同

時に行う方法により記録媒体に記録しておかなければならない．司法警察職員が，第1項第1号又は第2号に掲げる事件について，逮捕若しくは勾留されている被疑者を第198条第1項の規定により取り調べるとき又は被疑者に対し第203条第1項（第211条及び第216条において準用する場合を含む．）の規定により弁解の機会を与えるときも，同様とする．

1　記録に必要な機器の故障その他のやむを得ない事情により，記録をすることができないとき．

2　被疑者が記録を拒んだことその他の被疑者の言動により，記録をしたならば被疑者が十分な供述をすることができないと認めるとき．

3　当該事件が暴力団員による不当な行為の防止等に関する法律（平成3年法律第77号）第3条の規定により都道府県公安委員会の指定を受けた暴力団の構成員による犯罪に係るものであると認めるとき．

4　前2号に掲げるもののほか，犯罪の性質，関係者の言動，被疑者がその構成員である団体の性格その他の事情に照らし，被疑者の供述及びその状況が明らかにされた場合には被疑者若しくはその親族の身体若しくは財産に害を加え又はこれらの者を畏怖させ若しくは困惑させる行為がなされるおそれがあることにより，記録をしたならば被疑者が十分な供述をすることができないと認めるとき．

〔令4法67, 施行3年内〕

第302条〔捜査記録の一部について証拠調べの請求〕第321条乃至第323条又は第326条の規定により証拠とすることができる書面が捜査記録の一部であるときは，検察官は，できる限り他の部分と分離してその取調を請求しなければならない．

第303条〔公判準備の結果と証拠調べの必要〕公判準備においてした証人その他の者の尋問，検証，押収及び捜索の結果を記載した書面並びに押収した物については，裁判所は，公判期日において証拠書類又は証拠物としてこれを取り調べなければならない．

第304条〔人的証拠に対する証拠調べの方式〕

① 証人，鑑定人，通訳人又は翻訳人は，裁判長又は陪席の裁判官が，まず，これを尋問する．

② 検察官又は被告人若しくは弁護人は，前項の尋問が終った後，裁判長に告げて，その証人，鑑定人，通訳人又は翻訳人を尋問することができる．この場合において，その証人，鑑定人，通訳人又は翻訳人の取調が，検察官，被告人又は弁護人の請求にかかるものであるときは，請求をした者が，先に尋問する．

③ 裁判所は，適当と認めるときは，検察官及び被告人又は弁護人の意見を聴き，前2項の尋問の順序を変更することができる．

第304条の2〔被告人の退廷〕裁判所は，証人を尋問する場合において，証人が被告人の面前（第157条の5第1項に規定する措置を採る場合並びに第157条の6第1項及び第2項に規定する方法による場合を含む．）においては圧迫を受け充分な供述をすることができないと認めるときは，弁護人が出頭している場合に限り，検察官及び弁護人の意見を聴き，その証人の供述中被告人を退廷させることができる．この場合には，供述終了後被告人を入廷させ，これに証言の要旨を告知し，その証人を尋問する機会を与えなければならない．

第305条〔証拠書類に対する証拠調べの方式〕

① 検察官，被告人又は弁護人の請求により，証拠書類の取調べをするについては，裁判長は，その取調べを請求した者にこれを朗読させなければならない．ただし，裁判長は，自らこれを朗読し，又は陪席の裁判官若しくは裁判所書記官にこれを朗読させることができる．

② 裁判所が職権で証拠書類の取調べをするについては，裁判長は，自らその書類を朗読し，又は陪席の裁判官若しくは裁判所書記官にこれを朗読させなければならない．

③ 第290条の2第1項又は第3項の決定があつたときは，前2項の規定による証拠書類の朗読は，被害者特定事項を明らかにしない方法でこれを行うものとする．

④ 第290条の3第1項の決定があつた場合における第1項又は第2項の規定による証拠書類の朗読についても，前項と同様とする．この場合において，同項中「被害者特定事項」とあるのは，「証人等特定事項」とする．

⑤ 第157条の6第4項の規定により記録媒体がその一部とされた調書の取調べについては，第1項又は第2項の規定による朗読に代えて，当該記録媒体を再生するものとする．ただし，裁判長は，検察官及び被告人又は弁護人の意見を聴き，相当と認めるときは，当該記録媒体の再生に代えて，当該調書の取調べを請求した者，陪席の裁判官若しくは裁判所書記官に当該調書に記録された供述の内容を告げさせ，又は自らこれを告げることができる．

⑥ 裁判所は，前項の規定により第157条の6第4項に規定する記録媒体を再生する場合において，必要と認めるときは，検察官及び被告人又は弁護人の意見を聴き，第157条の5に規定する措置を採ることができる．

第306条〔証拠物に対する証拠調べの方式〕
① 検察官、被告人又は弁護人の請求により、証拠物の取調をするについては、裁判長は、請求をした者をしてこれを示させなければならない。但し、裁判長は、自らこれを示し、又は陪席の裁判官若しくは裁判所書記にこれを示させることができる。
② 裁判所が職権で証拠物の取調をするについては、裁判長は、自らこれを訴訟関係人に示し、又は陪席の裁判官若しくは裁判所書記にこれを示させなければならない。

第307条〔書面の意義が証拠となる場合の証拠調べの方式〕 証拠物中書面の意義が証拠となるものの取調をするについては、前条の規定による外、第305条の規定による。

第307条の2〔簡易公判手続〕 第291条の2の決定があつた事件については、第296条、第297条、第300条乃至第302条及び第304条乃至前条の規定は、これを適用せず、証拠調は、公判期日において、適当と認める方法でこれを行うことができる。

第308条〔証明力を争う権利〕 裁判所は、検察官及び被告人又は弁護人に対し、証拠の証明力を争うために必要とする適当な機会を与えなければならない。

第309条〔証拠調べに関する異議申立て、裁判長の処分に対する異議申立て〕 ① 検察官、被告人又は弁護人は、証拠調に関し異議を申し立てることができる。
② 検察官、被告人又は弁護人は、前項に規定する場合の外、裁判長の処分に対して異議を申し立てることができる。
③ 裁判所は、前2項の申立について決定をしなければならない。

第310条〔証拠調べを終った証拠の提出〕 証拠調を終つた証拠書類又は証拠物は、遅滞なくこれを裁判所に提出しなければならない。但し、裁判所の許可を得たときは、原本に代え、その謄本を提出することができる。

第311条〔被告人の黙秘権・供述拒否権、任意の供述〕 ① 被告人は、終始沈黙し、又は個々の質問に対し、供述を拒むことができる。
② 被告人が任意に供述をする場合には、裁判長は、何時でも必要とする事項につき被告人の供述を求めることができる。
③ 陪席の裁判官、検察官、弁護人、共同被告人又はその弁護人は、裁判長に告げて、前項の供述を求めることができる。

第312条〔起訴状の変更〕 ① 裁判所は、検察官の請求があるときは、公訴事実の同一性を害しない限度において、起訴状に記載された訴因又は罰条の追加、撤回又は変更を許さなければならない。
② 裁判所は、審理の経過に鑑み適当と認めるときは、訴因又は罰条を追加又は変更すべきことを命ずることができる。
③ 第1項の請求は、書面を提出してしなければならない。
④ 検察官は、第1項の請求と同時に、被告人に送達するものとして、前項の書面（以下「訴因変更等請求書面」という。）の謄本を裁判所に提出しなければならない。
⑤ 裁判所は、前項の規定による訴因変更等請求書面の謄本の提出があつたときは、遅滞なくこれを被告人に送達しなければならない。
⑥ 第3項の規定にかかわらず、被告人が在廷する公判廷においては、第1項の請求は、口頭ですることができる。この場合においては、第4項の規定は、適用しない。
⑦ 裁判所は、訴因又は罰条の追加又は変更により被告人の防御に実質的な不利益を生ずるおそれがあると認めるときは、被告人又は弁護人の請求により、決定で、被告人に十分な防御の準備をさせるため必要な期間公判手続を停止しなければならない。

第312条の2 ① 検察官は、訴因変更等請求書面に記載された第271条の2第1項第1号又は第2号に掲げる者の個人特定事項について、必要と認めるときは、裁判所に対し、前条第5項の規定による訴因変更等請求書面の謄本の送達により当該個人特定事項が被告人に知られないようにするための措置をとることを求めることができる。
② 前項の規定による求めは、裁判所に対し、訴因変更等請求書面とともに、被告人に送達するものとして、当該求めに係る個人特定事項の記載がない訴因変更等請求書面の抄本その他の訴因変更等請求書面の謄本に代わるもの（以下この条において「訴因変更等請求書面抄本等」という。）を提出して行わなければならない。
③ 裁判所は、前項の規定による訴因変更等請求書面抄本等の提出があつたときは、前条第5項の規定にかかわらず、遅滞なく訴因変更等請求書面抄本等を被告人に送達しなければならない。
④ 第271条の3から第271条の8までの規定は、第2項の規定による訴因変更等請求書面抄本等の提出がある場合について準用する。この場合において、第271条の3第3項中「前条第1項第1号ハ(1)」とあるのは「第271条の2第1項第1号ハ(1)」と、第271条の5

第1項中「第271条の2第4項」とあるのは「第312条の2第3項」と，第271条の6第5項及び第271条の8第1項中「同条第1項第1号」とあるのは「第271条の2第1項第1号」と読み替えるものとする．

第313条〔弁論の分離・併合・再開〕 ① 裁判所は，適当と認めるときは，検察官，被告人若しくは弁護人の請求により又は職権で，決定を以て，弁論を分離し若しくは併合し，又は終結した弁論を再開することができる．

② 裁判所は，被告人の権利を保護するため必要があるときは，裁判所の規則の定めるところにより，決定を以て弁論を分離しなければならない．

第313条の2〔併合事件における弁護人選任の効力〕 ① この法律の規定に基づいて裁判所若しくは裁判長又は裁判官が付した弁護人の選任は，弁論が併合された事件についてもその効力を有する．ただし，裁判所がこれと異なる決定をしたときは，この限りでない．

② 前項ただし書の決定をするには，あらかじめ，検察官及び被告人又は弁護人の意見を聴かなければならない．

第314条〔公判手続の停止〕 ① 被告人が心神喪失の状態に在るときは，検察官及び弁護人の意見を聴き，決定で，その状態の続いている間公判手続を停止しなければならない．但し，無罪，免訴，刑の免除又は公訴棄却の裁判をすべきことが明らかな場合には，被告人の出頭を待たないで，直ちにその裁判をすることができる．

② 被告人が病気のため出頭することができないときは，検察官及び弁護人の意見を聴き，決定で，出頭することができるまで公判手続を停止しなければならない．但し，第284条及び第285条の規定により代理人を出頭させた場合は，この限りでない．

③ 犯罪事実の存否の証明に欠くことのできない証人が病気のため公判期日に出頭することができないときは，公判期日外においてその取調をするのを適当と認める場合の外，決定で，出頭することができるまで公判手続を停止しなければならない．

④ 前3項の規定により公判手続を停止するには，医師の意見を聴かなければならない．

第315条〔公判手続の更新〕 開廷後裁判官がかわつたときは，公判手続を更新しなければならない．但し，判決の宣告をする場合は，この限りでない．

第315条の2〔簡易公判手続の決定の取消しと公判手続の更新〕 第291条の2の決定が取り消されたときは，公判手続を更新しなければな

らない．但し，検察官及び被告人又は弁護人に異議がないときは，この限りでない．

第316条〔合議制事件と1人の裁判官の手続の効力〕 地方裁判所において1人の裁判官のした訴訟手続は，被告事件が合議体で審判すべきものであつた場合にも，その効力を失わない．

第2節　争点及び証拠の整理手続

第1款　公判前整理手続

第1目　通則

第316条の2〔公判前整理手続の決定と方法〕 ① 裁判所は，充実した公判の審理を継続的，計画的かつ迅速に行うため必要があると認めるときは，検察官，被告人若しくは弁護人の請求により又は職権で，第1回公判期日前に，決定で，事件の争点及び証拠を整理するための公判準備として，事件を公判前整理手続に付することができる．

② 前項の決定又は同項の請求を却下する決定をするには，裁判所の規則の定めるところにより，あらかじめ，検察官及び被告人又は弁護人の意見を聴かなければならない．

③ 公判前整理手続は，この款に定めるところにより，訴訟関係人を出頭させて陳述させ，又は訴訟関係人に書面を提出させる方法により，行うものとする．

第316条の3〔公判前整理手続の目的〕 ① 裁判所は，充実した公判の審理を継続的，計画的かつ迅速に行うことができるよう，公判前整理手続において，十分な準備が行われるようにするとともに，できる限り早期にこれを終結させるように努めなければならない．

② 訴訟関係人は，充実した公判の審理を継続的，計画的かつ迅速に行うことができるよう，公判前整理手続において，相互に協力するとともに，その実施に関し，裁判所に進んで協力しなければならない．

第316条の4〔必要的弁護〕 ① 公判前整理手続においては，被告人に弁護人がなければその手続を行うことができない．

② 公判前整理手続において被告人に弁護人がないときは，裁判長は，職権で弁護人を付さなければならない．

第316条の5〔公判前整理手続の内容〕 公判前整理手続においては，次に掲げる事項を行うことができる．

1　訴因又は罰条を明確にさせること．

2　訴因又は罰条の追加，撤回又は変更を許すこと．

3　第271条の5第1項又は第2項（これらの規定を第312条の2第4項において準用する場合を含む．）の請求について決定をす

ること.

4 公判期日においてすることを予定している主張を明らかにさせて事件の争点を整理すること.

5 証拠調べの請求をさせること.

6 前号の請求に係る証拠について，その立証趣旨，尋問事項等を明らかにさせること.

7 証拠調べの請求に関する意見（証拠書類について第326条の同意をするかどうかの意見を含む.）を確かめること.

8 証拠調べをする決定又は証拠調べの請求を却下する決定をすること.

9 証拠調べをする決定をした証拠について，その取調べの順序及び方法を定めること.

10 証拠調べに関する異議の申立てに対して決定をすること.

11 第3目の定めるところにより証拠開示に関する裁定をすること.

12 第316条の33第1項の規定による被告事件の手続への参加の申出に対する決定又は当該決定を取り消す決定をすること.

13 公判期日を定め，又は変更することその他公判手続の進行上必要な事項を定めること.

第316条の6〔公判前整理手続期日の決定と変更〕 ① 裁判長は，訴訟関係人を出頭させて公判前整理手続をするときは，公判前整理手続期日を定めなければならない.

② 公判前整理手続期日は，これを検察官，被告人及び弁護人に通知しなければならない.

③ 裁判長は，検察官，被告人若しくは弁護人の請求により又は職権で，公判前整理手続期日を変更することができる. この場合においては，裁判所の規則の定めるところにより，あらかじめ，検察官及び被告人又は弁護人の意見を聴かなければならない.

第316条の7〔公判前整理手続の出席者〕 公判前整理手続期日に検察官又は弁護人が出頭しないときは，その期日の手続を行うことができない.

第316条の8〔職権による弁護人の選任〕 ① 弁護人が公判前整理手続期日に出頭しないとき，又は在席しなくなつたときは，裁判長は，職権で弁護人を付さなければならない.

② 弁護人が公判前整理手続期日に出頭しないおそれがあるときは，裁判所は，職権で弁護人を付することができる.

第316条の9〔被告人の出席〕 ① 被告人は，公判前整理手続期日に出頭することができる.

② 裁判所は，必要と認めるときは，被告人に対し，公判前整理手続期日に出頭することを求めることができる.

③ 裁判長は，被告人を出頭させて公判前整理手続をする場合には，被告人が出頭する最初の公判前整理手続期日において，まず，被告人に対し，終始沈黙し，又は個々の質問に対し陳述を拒むことができる旨を告知しなければならない.

第316条の10〔質問等による被告人の意思確認〕 裁判所は，弁護人の陳述又は弁護人が提出する書面について被告人の意思を確かめる必要があると認めるときは，公判前整理手続期日において被告人に対し質問を発し，及び弁護人に対し被告人と連署した書面の提出を求めることができる.

第316条の11〔受命裁判官〕 裁判所は，合議体の構成員に命じ，公判前整理手続（第316条の5第2号，第3号，第8号及び第10号から第12号までの決定を除く.）をさせることができる. この場合において，受命裁判官は，裁判所又は裁判長と同一の権限を有する.

第316条の12〔公判前整理手続調書の作成〕 ① 公判前整理手続期日には，裁判所書記官を立ち会わせなければならない.

② 公判前整理手続期日における手続については，裁判所の規則の定めるところにより，公判前整理手続調書を作成しなければならない.

第2目 争点及び証拠の整理

第316条の13〔検察官による証明予定事実の提示と証拠調べ請求〕 ① 検察官は，事件が公判前整理手続に付されたときは，その証明予定事実（公判期日において証拠により証明しようとする事実をいう. 以下同じ.）を記載した書面を，裁判所に提出し，及び被告人又は弁護人に送付しなければならない. この場合においては，当該書面には，証拠とすることができず，又は証拠としてその取調べを請求する意思のない資料に基づいて，裁判所に事件について偏見又は予断を生じさせるおそれのある事項を記載することができない.

② 検察官は，前項の証明予定事実を証明するために用いる証拠の取調べを請求しなければならない.

③ 前項の規定により証拠の取調べを請求するについては，第299条第1項の規定は適用しない.

④ 裁判所は，検察官及び被告人又は弁護人の意見を聴いた上で，第1項の書面の提出及び送付並びに第2項の請求の期限を定めるものとする.

第316条の14〔検察官請求証拠の必要的開示〕 ① 検察官は，前条第2項の規定により取調べを請求した証拠（以下「検察官請求証拠」と

いう．）については，速やかに，被告人又は弁護人に対し，次の各号に掲げる証拠の区分に応じ，当該各号に定める方法による開示をしなければならない．

1　証拠書類又は証拠物　当該証拠書類又は証拠物を閲覧する機会（弁護人に対しては，閲覧し，かつ，謄写する機会）を与えること．

2　証人，鑑定人，通訳人又は翻訳人　その氏名及び住居を知る機会を与え，かつ，その者の供述録取書等のうち，その者が公判期日において供述すると思料する内容が明らかになるもの（当該供述録取書等が存在しないとき，又はこれを閲覧させることが相当でないと認めるときにあつては，その者が公判期日において供述すると思料する内容の要旨を記載した書面）を閲覧する機会（弁護人に対しては，閲覧し，かつ，謄写する機会）を与えること．

② 検察官は，前項の規定による証拠の開示をした後，被告人又は弁護人から請求があつたときは，速やかに，被告人又は弁護人に対し，検察官が保管する証拠の一覧表の交付をしなければならない．

③ 前項の一覧表には，次の各号に掲げる証拠の区分に応じ，証拠ごとに，当該各号に定める事項を記載しなければならない．

1　証拠物　品名及び数量

2　供述を録取した書面で供述者の署名又は押印のあるもの　当該書面の標目，作成の年月日及び供述者の氏名

3　証拠書類（前号に掲げるものを除く．）当該証拠書類の標目，作成の年月日及び作成者の氏名

④ 前項の規定にかかわらず，検察官は，同項の規定により第2項の一覧表に記載すべき事項であつて，これを記載することにより次に掲げるおそれがあると認めるものは，同項の一覧表に記載しないことができる．

1　人の身体若しくは財産に害を加え又は人を畏怖させ若しくは困惑させる行為がなされるおそれ

2　人の名誉又は社会生活の平穏が著しく害されるおそれ

3　犯罪の証明又は犯罪の捜査に支障を生ずるおそれ

⑤ 検察官は，第2項の規定により一覧表の交付をした後，証拠を新たに保管するに至つたときは，速やかに，被告人又は弁護人に対し，当該新たに保管するに至つた証拠の一覧表の交付をしなければならない．この場合においては，前2項の規定を準用する．

第316条の15〔検察官請求証拠の証明力を判断するための証拠（類型証拠）の開示〕① 検察官は，前条第1項の規定による開示をした証拠以外の証拠であつて，次の各号に掲げる証拠の類型のいずれかに該当し，かつ，特定の検察官請求証拠の証明力を判断するために重要であると認められるものについて，被告人又は弁護人から開示の請求があつた場合において，その重要性の程度その他の被告人の防御の準備のために当該開示をすることの必要性の程度並びに当該開示によつて生じるおそれのある弊害の内容及び程度を考慮し，相当と認めるときは，速やかに，同項第1号に定める方法による開示をしなければならない．この場合において，検察官は，必要と認めるときは，開示の時期若しくは方法を指定し，又は条件を付することができる．

1　証拠物

2　第321条第2項に規定する裁判所又は裁判官の検証の結果を記載した書面

3　第321条第3項に規定する書面又はこれに準ずる書面

4　第321条第4項に規定する書面又はこれに準ずる書面

5　次に掲げる者の供述録取書等

イ　検察官が証人として尋問を請求した者

ロ　検察官が取調べを請求した供述録取書等の供述者であつて，当該供述録取書等が第326条の同意がされない場合には，検察官が証人として尋問を請求することを予定しているもの

6　前号に掲げるもののほか，被告人以外の者の供述録取書等であつて，検察官が特定の検察官請求証拠により直接証明しようとする事実の有無に関する供述を内容とするもの

7　被告人の供述録取書等

8　取調べ状況の記録に関する準則に基づき，検察官，検察事務官又は司法警察職員が職務上作成することを義務付けられている書面であつて，身体の拘束を受けている者の取調べに関し，その年月日，時間，場所その他の取調べの状況を記録したもの（被告人又はその共犯として身体を拘束され若しくは公訴を提起された者であつて第5号イ若しくはロに掲げるものに係るものに限る．）

9　検察官請求証拠である証拠物の押収手続記録書面（押収手続の記録に関する準則に基づき，検察官，検察事務官又は司法警察職員が職務上作成することを義務付けられている書面であつて，証拠物の押収に関し，その押収者，押収の年月日，押収場所その他の押収の状況を記録したものをいう．次項及び第3項第2

号イにおいて同じ.）

② 前項の規定による開示をすべき証拠物の押収手続記録書面（前条第1項又は前項の規定による開示をしたものを除く.）について，被告人又は弁護人から開示の請求があった場合において，当該証拠物により特定の検察官請求証拠の証明力を判断するために当該開示をすることの必要性の程度並びに当該開示によって生じるおそれのある弊害の内容及び程度を考慮し，相当と認めるときも，同項と同様とする.

③ 被告人又は弁護人は，前2項の開示の請求をするときは，次の各号に掲げる開示の請求の区分に応じ，当該各号に定める事項を明らかにしなければならない.

1　第1項の開示の請求　次に掲げる事項
イ　第1項各号に掲げる証拠の類型及び開示の請求に係る証拠を識別するに足りる事項
ロ　事案の内容，特定の検察官請求証拠に対応する証明予定事実，開示の請求に係る証拠と当該検察官請求証拠との関係その他の事情に照らし，当該開示の請求に係る証拠が当該検察官請求証拠の証明力を判断するために重要であることその他の被告人の防御の準備のために当該開示が必要である理由

2　前項の開示の請求　次に掲げる事項
イ　開示の請求に係る押収手続記録書面を識別するに足りる事項
ロ　第1項の規定による開示をすべき証拠物と特定の検察官請求証拠との関係その他の事情に照らし，当該証拠物により当該検察官請求証拠の証明力を判断するために当該開示が必要である理由

第316条の16〔検察官請求証拠に対する被告人・弁護人の意見表明〕① 被告人又は弁護人は，第316条の13第1項の書面の送付を受け，かつ，第316条の14第1項並びに前条第1項及び第2項の規定による開示をすべき証拠の開示を受けたときは，検察官請求証拠について，第326条の同意をするかどうか又はその取調べの請求に関し異議がないかどうかの意見を明らかにしなければならない.

② 裁判所は，検察官及び被告人又は弁護人の意見を聴いた上で，前項の意見を明らかにすべき期限を定めることができる.

第316条の17〔被告人・弁護人による主張の明示と証拠調べ請求〕① 被告人又は弁護人は，第316条の13第1項の書面の送付を受け，かつ，第316条の14第1項並びに第316条の15第1項及び第2項の規定による開示をすべき証拠の開示を受けた場合において，その証明予定事実その他の公判期日においてすることを予定している事実上及び法律上の主張があるときは，裁判所及び検察官に対し，これを明らかにしなければならない. この場合においては，第316条の13第1項後段の規定を準用する.

② 被告人又は弁護人は，前項の証明予定事実があるときは，これを証明するために用いる証拠の取調べを請求しなければならない. この場合においては，第316条の13第3項の規定を準用する.

③ 裁判所は，検察官及び被告人又は弁護人の意見を聴いた上で，第1項の主張を明らかにすべき期限及び前項の請求の期限を定めることができる.

第316条の18〔被告人・弁護人請求証拠の開示〕被告人又は弁護人は，前条第2項の規定により取調べを請求した証拠については，速やかに，検察官に対し，次の各号に掲げる証拠の区分に応じ，当該各号に定める方法による開示をしなければならない.

1　証拠書類又は証拠物　当該証拠書類又は証拠物を閲覧し，かつ，謄写する機会を与えること.

2　証人，鑑定人，通訳人又は翻訳人　その氏名及び住居を知る機会を与え，かつ，その者の供述録取書等のうち，その者が公判期日において供述すると思料する内容が明らかになるもの（当該供述録取書等が存在しないとき，又はこれを閲覧させることが相当でないと認めるときにあっては，その者が公判期日において供述すると思料する内容の要旨を記載した書面）を閲覧し，かつ，謄写する機会を与えること.

第316条の19〔被告人・弁護人請求証拠に対する検察官の意見表明〕① 検察官は，前条の規定による開示をすべき証拠の開示を受けたときは，第316条の17第2項の規定により被告人又は弁護人が取調べを請求した証拠について，第326条の同意をするかどうか又はその取調べの請求に関し異議がないかどうかの意見を明らかにしなければならない.

② 裁判所は，検察官及び被告人又は弁護人の意見を聴いた上で，前項の意見を明らかにすべき期限を定めることができる.

第316条の20〔被告人・弁護人の主張に関連する証拠（主張関連証拠）の開示〕① 検察官は，第316条の14第1項並びに第316条の15第1項及び第2項の規定による開示をした証拠以外の証拠であつて，第316条の17第1項の主張に関連すると認められるものについて，被告人又は弁護人から開示の請求があつた場合において，その関連性の程度その他の被告人

の防御の準備のために当該開示をすることの必要性の程度並びに当該開示によつて生じるおそれのある弊害の内容及び程度を考慮し、相当と認めるときは、速やかに、第316条の14第1項第1号に定める方法による開示をしなければならない。この場合において、検察官は、必要と認めるときは、開示の時期若しくは方法を指定し、又は条件を付することができる。

② 被告人又は弁護人は、前項の開示の請求をするときは、次に掲げる事項を明らかにしなければならない。

1 開示の請求に係る証拠を識別するに足りる事項

2 第316条の17第1項の主張と開示の請求に係る証拠との関連性その他の被告人の防御の準備のために当該開示が必要である理由

第316条の21〔検察官による証明予定事実の追加・変更〕 ① 検察官は、第316条の13から前条まで（第316条の14第5項を除く。）に規定する手続が終わつた後、その証明予定事実を追加し又は変更する必要があると認めるときは、速やかに、その追加し又は変更すべき証明予定事実を記載した書面を、裁判所に提出し、及び被告人又は弁護人に送付しなければならない。この場合において、第316条の13第1項後段の規定を準用する。

② 検察官は、その証明予定事実を証明するために用いる証拠の取調べの請求を追加する必要があると認めるときは、速やかに、その追加すべき証拠の取調べを請求しなければならない。この場合において、第316条の13第3項の規定を準用する。

③ 裁判所は、検察官及び被告人又は弁護人の意見を聴いた上で、第1項の書面の提出及び送付並びに前項の請求の期限を定めることができる。

④ 第316条の14第1項、第316条の15及び第316条の16の規定は、第2項の規定により検察官が取調べを請求した証拠についてこれを準用する。

第316条の22〔被告人・弁護人による主張の追加・変更〕 ① 被告人又は弁護人は、第316条の13から第316条の20まで（第316条の14第5項を除く。）に規定する手続が終わつた後、第316条の17第1項の主張を追加し又は変更する必要があると認めるときは、速やかに、裁判所及び検察官に対し、その追加し又は変更すべき主張を明らかにしなければならない。この場合において、第316条の13第1項後段の規定を準用する。

② 被告人又は弁護人は、その証明予定事実を証明するために用いる証拠の取調べの請求を追加する必要があると認めるときは、速やかに、その追加すべき証拠の取調べを請求しなければならない。この場合においては、第316条の13第3項の規定を準用する。

③ 裁判所は、検察官及び被告人又は弁護人の意見を聴いた上で、第1項の主張を明らかにすべき期限及び前項の請求の期限を定めることができる。

④ 第316条の18及び第316条の19の規定は、第2項の規定により被告人又は弁護人が取調べを請求した証拠についてこれを準用する。

⑤ 第316条の20の規定は、第1項の追加又は変更すべき主張に関連すると認められる証拠についてこれを準用する。

第316条の23〔証人等の保護のため配慮〕 ① 第299条の2及び第299条の3の規定は、検察官又は弁護人がこの目の規定による証拠の開示をする場合についてこれを準用する。

② 第299条の4の規定は、検察官が第316条の14第1項（第316条の21第4項において準用する場合を含む。）の規定による証拠の開示をすべき場合についてこれを準用する。

③ 第299条の5から第299条の7までの規定は、検察官が前項において準用する第299条の4第1項から第10項までの規定による措置をとつた場合についてこれを準用する。

第316条の24〔争点及び証拠の整理結果の確認〕 裁判所は、公判前整理手続を終了するに当たり、検察官及び被告人又は弁護人との間で、事件の争点及び証拠の整理の結果を確認しなければならない。

第3目 証拠開示に関する裁定

第316条の25〔開示方法等の指定〕 ① 裁判所は、証拠の開示の必要性の程度並びに証拠の開示によつて生じるおそれのある弊害の内容及び程度その他の事情を考慮して、必要と認めるときは、第316条の14第1項（第316条の21第4項において準用する場合を含む。）の規定による開示をすべき証拠については検察官の請求により、第316条の18（第316条の22第4項において準用する場合を含む。）の規定による開示をすべき証拠については被告人又は弁護人の請求により、決定で、当該証拠の開示の時期若しくは方法を指定し、又は条件を付することができる。

② 裁判所は、前項の請求について決定をするときは、相手方の意見を聴かなければならない。

③ 第1項の請求についてした決定に対しては、即時抗告をすることができる。

第316条の26〔開示命令〕 ① 裁判所は、検察

官が第316条の14第1項若しくは第316条の15第1項若しくは第2項（第316条の21第4項においてこれらの規定を準用する場合を含む．）若しくは第316条の20第1項（第316条の22第5項において準用する場合を含む．）の規定による開示をすべき証拠を開示していないと認めるとき，又は被告人若しくは弁護人が第316条の18（第316条の22第4項において準用する場合を含む．）の規定による開示をすべき証拠を開示していないと認めるときは，相手方の請求により，決定で，当該証拠の開示を命じなければならない．この場合において，裁判所は，開示の時期若しくは方法を指定し，又は条件を付することができる．

② 裁判所は，前項の請求について決定をするときは，相手方の意見を聴かなければならない．

③ 第1項の請求についてした決定に対しては，即時抗告をすることができる．

第316条の27〔証拠及び証拠の標目の提示命令〕① 裁判所は，第316条の25第1項又は前条第1項の請求について決定をするに当たり，必要があると認めるときは，検察官，被告人又は弁護人に対し，当該請求に係る証拠の提示を命ずることができる．この場合においては，裁判所は，何人にも，当該証拠の閲覧又は謄写をさせることができない．

② 裁判所は，被告人又は弁護人がする前条第1項の請求について決定をするに当たり，必要があると認めるときは，検察官に対し，その保管する証拠であつて，裁判所の指定する範囲に属するものの標目を記載した一覧表の提示を命ずることができる．この場合においては，裁判所は，何人にも，当該一覧表の閲覧又は謄写をさせることができない．

③ 第1項の規定は第316条の25第3項又は前条第3項の即時抗告が係属する抗告裁判所について，前項の規定は同条第3項の即時抗告が係属する抗告裁判所について，それぞれ準用する．

第2款 期日間整理手続

第316条の28〔期日間整理手続の決定と進行〕① 裁判所は，審理の経過に鑑み必要と認めるときは，検察官，被告人若しくは弁護人の請求により又は職権で，第一回公判期日後に，決定で，事件の争点及び証拠を整理するための公判準備として，事件を期日間整理手続に付することができる．

② 期日間整理手続については，前款（第316条の2第1項及び第316条の9第3項を除く．）の規定を準用する．この場合において，検察官，被告人又は弁護人が前項の決定前に取

調べを請求している証拠については，期日間整理手続において取調べを請求した証拠とみなし，第316条の6から第316条の10まで及び第316条の12中「公判前整理手続期日」とあるのは「期日間整理手続期日」と，同条第2項中「公判前整理手続調書」とあるのは「期日間整理手続調書」と読み替えるものとする．

第3款 公判手続の特例

第316条の29〔必要的弁護〕公判前整理手続又は期日間整理手続に付された事件を審理する場合には，第289条第1項に規定する事件に該当しないときであつても，弁護人がなければ開廷することができない．

第316条の30〔被告人・弁護人による冒頭陳述〕公判前整理手続に付された事件については，被告人又は弁護人は，証拠により証明すべき事実その他の事実上及び法律上の主張があるときは，第296条の手続に引き続き，これを明らかにしなければならない．この場合においては，同条ただし書の規定を準用する．

第316条の31〔公判前及び期日間整理手続の結果の顕出〕① 公判前整理手続に付された事件については，裁判所は，裁判所の規則の定めるところにより，前条の手続が終わつた後，公判期日において，当該公判前整理手続の結果を明らかにしなければならない．

② 期日間整理手続に付された事件については，裁判所は，裁判所の規則の定めるところにより，その手続が終わつた後，公判期日において，当該期日間整理手続の結果を明らかにしなければならない．

第316条の32〔公判前及び期日間整理手続終了後の証拠調べ請求の制限〕① 公判前整理手続又は期日間整理手続に付された事件については，検察官及び被告人又は弁護人は，第298条第1項の規定にかかわらず，やむを得ない事由によつて公判前整理手続又は期日間整理手続において請求することができなかつたものを除き，当該公判前整理手続又は期日間整理手続が終わつた後には，証拠調べを請求することができない．

② 前項の規定は，裁判所が，必要と認めるときに，職権で証拠調べをすることを妨げるものではない．

第3節 被害者参加

第316条の33〔被告事件の手続への被害者参加〕① 裁判所は，次に掲げる罪に係る被告事件の被害者等若しくは当該被害者の法定代理人又はこれらの者から委託を受けた弁護士から，被告事件の手続への参加の申出があるときは，被告人又は弁護人の意見を聴き，犯罪の性

質,被告人との関係その他の事情を考慮し,相当と認めるときは,決定で,当該被害者等又は当該被害者の法定代理人の被告事件の手続への参加を許すものとする.

1 故意の犯罪行為により人を死傷させた罪

2 刑法第176条,第177条,第179条,第211条,第220条又は第224条から第227条までの罪

3 前号に掲げる罪のほか,その犯罪行為にこれらの罪の犯罪行為を含む罪(第1号に掲げる罪を除く.)

4 自動車の運転により人を死傷させる行為等の処罰に関する法律(平成25年法律第86号)第4条,第5条又は第6条第3項若しくは第4項の罪

5 第1号から第3号までに掲げる罪の未遂罪

② 前項の申出は,あらかじめ,検察官にしなければならない.この場合において,検察官は,意見を付して,これを裁判所に通知するものとする.

③ 裁判所は,第1項の規定により被告事件の手続への参加を許された者(以下「被害者参加人」という.)が当該被告事件の被害者等若しくは当該被害者の法定代理人に該当せず若しくは該当しなくなつたことが明らかになつたとき,又は第312条の規定により罰条が撤回若しくは変更されたため当該被告事件が同項各号に掲げる罪に係るものに該当しなくなつたときは,決定で,同項の決定を取り消さなければならない.犯罪の性質,被告人との関係その他の事情を考慮して被告事件の手続への参加を認めることが相当でないと認めるに至つたときも,同様とする.

第316条の34〔被害者参加人・委託弁護士の公判期日への出席〕 ① 被害者参加人又はその委託を受けた弁護士は,公判期日に出席することができる.

② 公判期日は,これを被害者参加人に通知しなければならない.

③ 裁判所は,被害者参加人又はその委託を受けた弁護士が多数である場合において,必要があると認めるときは,これらの者の全員又はその一部に対し,その中から,公判期日に出席する代表者を選定するよう求めることができる.

④ 裁判所は,審理の状況,被害者参加人又はその委託を受けた弁護士の数その他の事情を考慮して,相当でないと認めるときは,公判期日の全部又は一部への出席を許さないことができる.

⑤ 前各項の規定は,公判準備において証人の尋問又は検証が行われる場合について準用する.

第316条の35〔被害者参加人・委託弁護士による被害者への質問〕 被害者参加人又はその委託を受けた弁護士は,検察官に対し,当該被告事件についてのこの法律の規定による検察官の権限の行使に関し,意見を述べることができる.この場合において,検察官は,当該権限を行使し又は行使しないこととしたときは,必要に応じ,当該意見を述べた者に対し,その理由を説明しなければならない.

第316条の36〔被害者参加人・委託弁護士による情状事項に関する証人尋問〕 ① 裁判所は,証人を尋問する場合において,被害者参加人又はその委託を受けた弁護士から,その者がその証人を尋問することの申出があるときは,被告人又は弁護人の意見を聴き,審理の状況,申出に係る尋問事項の内容,申出をした者の数その他の事情を考慮し,相当と認めるときは,情状に関する事項(犯罪事実に関するものを除く.)についての当該証人の供述の証明力を争うために必要な事項について,申出をした者がその証人を尋問することを許すものとする.

② 前項の申出は,検察官の尋問が終わつた後(検察官の尋問がないときは,被告人又は弁護人の尋問が終わつた後)直ちに,尋問事項を明らかにして,検察官にしなければならない.この場合において,検察官は,当該事項について自ら尋問する場合を除き,意見を付して,これを裁判所に通知するものとする.

③ 裁判長は,第295条第1項から第4項までに規定する場合のほか,被害者参加人又はその委託を受けた弁護士のする尋問が第1項に規定する事項以外の事項にわたるときは,これを制限することができる.

第316条の37〔被害者参加人・委託弁護士による意見陳述のための被告人質問〕 ① 裁判所は,被害者参加人又はその委託を受けた弁護士から,その者が被告人に対して第311条第2項の供述を求めるための質問を発することの申出があるときは,被告人又は弁護人の意見を聴き,被害者参加人又はその委託を受けた弁護士がこの法律の規定による意見の陳述をするために必要があると認める場合であつて,審理の状況,申出に係る質問をする事項の内容,申出をした者の数その他の事情を考慮し,相当と認めるときは,申出をした者が被告人に対してその質問を発することを許すものとする.

② 前項の申出は,あらかじめ,質問をする事項を明らかにして,検察官にしなければならない.この場合において,検察官は,当該事項について自ら供述を求める場合を除き,意見を付して,

刑訴

これを裁判所に通知するものとする.

③　裁判長は,第295条第1項,第3項及び第4項に規定する場合のほか,被害者参加人又はその委託を受けた弁護士のする質問が第1項に規定する意見の陳述をするために必要がある事項に関係のない事項にわたるときは,これを制限することができる.

第316条の38〔被害者参加人・委託弁護士による弁論としての意見陳述〕　①　裁判所は,被害者参加人又はその委託を受けた弁護士から,事実又は法律の適用について意見を陳述することの申出がある場合において,審理の状況,申出をした者の数その他の事情を考慮し,相当と認めるときは,公判期日において,第293条第1項の規定による検察官の意見の陳述の後に,訴因として特定された事実の範囲内で,申出をした者がその意見を陳述することを許すものとする.

②　前項の申出は,あらかじめ,陳述する意見の要旨を明らかにして,検察官にしなければならない.この場合において,検察官は,意見を付して,これを裁判所に通知するものとする.

③　裁判長は,第295条第1項,第3項及び第4項に規定する場合のほか,被害者参加人又はその委託を受けた弁護士の意見の陳述が第1項に規定する範囲を超えるときは,これを制限することができる.

④　第1項の規定による陳述は,証拠とはならないものとする.

第316条の39〔被害者参加人への付添い,遮へいの措置〕　①　裁判所は,被害者参加人が第316条の34第1項（同条第5項において準用する場合を含む.第4項において同じ.）の規定により公判期日又は公判準備に出席する場合において,被害者参加人の年齢,心身の状態その他の事情を考慮し,被害者参加人が著しく不安又は緊張を覚えるおそれがあると認めるときは,検察官及び被告人又は弁護人の意見を聴き,その不安又は緊張を緩和するのに適当であり,かつ,裁判官若しくは訴訟関係人の尋問若しくは被告人に対する供述を求める行為若しくは訴訟関係人がする陳述を妨げ,又はその陳述の内容に不当な影響を与えるおそれがないと認める者を,被害者参加人に付き添わせることができる.

②　前項の規定により被害者参加人に付き添うこととされた者は,裁判官若しくは訴訟関係人の尋問若しくは被告人に対する供述を求める行為若しくは訴訟関係人がする陳述を妨げ,又はその陳述の内容に不当な影響を与えるような言動をしてはならない.

③　裁判所は,第1項の規定により被害者参加人に付き添うこととされた者が,裁判官若しくは訴訟関係人の尋問若しくは被告人に対する供述を求める行為若しくは訴訟関係人がする陳述を妨げ,又はその陳述の内容に不当な影響を与えるおそれがあると認めるに至つたときその他その者を被害者参加人に付き添わせることが相当でないと認めるに至つたときは,決定で,同項の決定を取り消すことができる.

④　裁判所は,被害者参加人が第316条の34第1項の規定により公判期日又は公判準備に出席する場合において,犯罪の性質,被害者参加人の年齢,心身の状態,被告人との関係その他の事情により,被害者参加人が被告人の面前において在席,尋問,質問又は陳述をするときは圧迫を受け精神の平穏を著しく害されるおそれがあると認める場合であつて,相当と認めるときは,検察官及び被告人又は弁護人の意見を聴き,弁護人が出頭している場合に限り,被告人とその被害者参加人との間で,被告人から被害者参加人の状態を認識することができないようにするための措置を採ることができる.

⑤　裁判所は,被害者参加人が第316条の34第1項の規定により公判期日に出席する場合において,犯罪の性質,被害者参加人の年齢,心身の状態,名誉に対する影響その他の事情を考慮し,相当と認めるときは,検察官及び被告人又は弁護人の意見を聴き,傍聴人とその被害者参加人との間で,相互に相手の状態を認識することができないようにするための措置を採ることができる.

第4節　証　拠

第317条〔証拠裁判主義〕　事実の認定は,証拠による.

第318条〔自由心証主義〕　証拠の証明力は,裁判官の自由な判断に委ねる.

第319条〔自白の証拠能力・証明力〕　①　強制,拷問又は脅迫による自白,不当に長く抑留又は拘禁された後の自白その他任意にされたものでない疑のある自白は,これを証拠とすることができない.

②　被告人は,公判廷における自白であると否とを問わず,その自白が自己に不利益な唯一の証拠である場合には,有罪とされない.

③　前2項の自白には,起訴された犯罪について有罪であることを自認する場合を含む.

第320条〔伝聞証拠と証拠能力の制限〕　①　第321条乃至第328条に規定する場合を除いては,公判期日における供述に代えて書面を証拠とし,又は公判期日外における他の者の供述を内容とする供述を証拠とすることはできない.

② 第291条の2の決定があつた事件の証拠については、前項の規定は、これを適用しない。但し、検察官、被告人又は弁護人が証拠とすることに異議を述べたものについては、この限りでない。

第321条〔被告人以外の者の供述書・供述録取書の証拠能力〕① 被告人以外の者が作成した供述書又はその者の供述を録取した書面で供述者の署名若しくは押印のあるものは、次に掲げる場合に限り、これを証拠とすることができる。

1　裁判官の面前（第157条の6第1項及び第2項に規定する方法による場合を含む。）における供述を録取した書面については、その供述者が死亡、精神若しくは身体の故障、所在不明若しくは国外にいるため公判準備若しくは公判期日において供述することができないとき、又は供述者が公判準備若しくは公判期日において前の供述と異なつた供述をしたとき。

2　検察官の面前における供述を録取した書面については、その供述者が死亡、精神若しくは身体の故障、所在不明若しくは国外にいるため公判準備若しくは公判期日において供述することができないとき、又は公判準備若しくは公判期日において前の供述と相反するか若しくは実質的に異なつた供述をしたとき。ただし、公判準備又は公判期日における供述よりも前の供述を信用すべき特別の情況の存するときに限る。

3　前2号に掲げる書面以外の書面については、供述者が死亡、精神若しくは身体の故障、所在不明又は国外にいるため公判準備又は公判期日において供述することができず、かつ、その供述が犯罪事実の存否の証明に欠くことができないものであるとき。ただし、その供述が特に信用すべき情況の下にされたものであるときに限る。

② 被告人以外の者の公判準備若しくは公判期日における供述を録取した書面又は裁判所若しくは裁判官の検証の結果を記載した書面は、前項の規定にかかわらず、これを証拠とすることができる。

③ 検察官、検察事務官又は司法警察職員の検証の結果を記載した書面は、その供述者が公判期日において証人として尋問を受け、その真正に作成されたものであることを供述したときは、第1項の規定にかかわらず、これを証拠とすることができる。

④ 鑑定の経過及び結果を記載した書面で鑑定人の作成したものについても、前項と同様である。

第321条の2〔ビデオリンク方式による証人尋問調書の証拠能力〕① 被告事件の公判準備若しくは公判期日における手続以外の刑事手続又は他の事件の刑事手続において第157条の6第1項又は第2項に規定する方法によりされた証人の尋問及び供述並びにその状況を記録した記録媒体がその一部とされた調書は、前条第1項の規定にかかわらず、証拠とすることができる。この場合において、裁判所は、その調書を取り調べた後、訴訟関係人に対し、その供述者を証人として尋問する機会を与えなければならない。

② 前項の規定により調書を取り調べる場合においては、第305条第5項ただし書の規定は、適用しない。

③ 第1項の規定により取り調べられた調書に記録された証人の供述は、第295条第1項前段並びに前条第1項第1号及び第2号の適用については、被告事件の公判期日においてされたものとみなす。

第321条の3① 第1号に掲げる者の供述及びその状況を録音及び録画を同時に行う方法により記録した記録媒体（その供述がされた聴取の開始から終了に至るまでの間における供述及びその状況を記録したものに限る。）は、その供述が第2号に掲げる措置が特に採られた情況の下にされたものであると認める場合であつて、聴取に至るまでの情況その他の事情を考慮し相当と認めるときは、第321条第1項の規定にかかわらず、証拠とすることができる。この場合において、裁判所は、その記録媒体を取り調べた後、訴訟関係人に対し、その供述者を証人として尋問する機会を与えなければならない。

1　次に掲げる者

イ　刑法第176条、第177条、第179条、第181条若しくは第182条の罪、同法第225条若しくは第226条の2第3項の罪（わいせつ又は結婚の目的に係る部分に限る。以下このイにおいて同じ。）、同法第227条第1項（同法第225条又は第226条の2第3項の罪を犯した者を幇助する目的に係る部分に限る。）若しくは第3項（わいせつの目的に係る部分に限る。）の罪若しくは同法第241条第1項若しくは第3項の罪又はこれらの罪の未遂罪の被害者

ロ　児童福祉法第60条第1項の罪若しくは同法第34条第1項第9号に係る同法第60条第2項の罪、児童買春、児童ポルノに係る行為等の規制及び処罰並びに児童の保護等に関する法律第4条から第8条までの罪又

は性的な姿態を撮影する行為等の処罰及び押収物に記録された性的な姿態の影像に係る電磁的記録の消去等に関する法律第2条から第6条までの罪の被害者

ハ イ及びロに掲げる者のほか，犯罪の性質，供述者の年齢，心身の状態，被告人との関係その他の事情により，更に公判準備又は公判期日において供述するときは精神の平穏を著しく害されるおそれがあると認められる者

2 　次に掲げる措置

イ 供述者の年齢，心身の状態その他の特性に応じ，供述者の不安又は緊張を緩和することその他の供述者が十分な供述をするために必要な措置

ロ 供述者の年齢，心身の状態その他の特性に応じ，誘導をできる限り避けることその他の供述の内容に不当な影響を与えないようにするために必要な措置

② 前項の規定により取り調べられた記録媒体に記録された供述者の供述は，第295条第1項前段の規定の適用については，被告事件の公判期日においてされたものとみなす。

第322条〔被告人の供述書・供述録取書の証拠能力〕① 被告人が作成した供述書又は被告人の供述を録取した書面で被告人の署名若しくは押印のあるものは，その供述が被告人に不利益な事実の承認を内容とするものであるとき，又は特に信用すべき情況の下にされたものであるときに限り，これを証拠とすることができる。但し，被告人に不利益な事実の承認を内容とする書面は，その承認が自白でない場合においても，第319条の規定に準じ，任意にされたものでない疑があると認めるときは，これを証拠とすることができない。

② 被告人の公判準備又は公判期日における供述を録取した書面は，その供述が任意にされたものであると認めるときに限り，これを証拠とすることができる。

第323条〔その他の書面の証拠能力〕 第321条から前条までに掲げる書面以外の書面は，次に掲げるものに限り，これを証拠とすることができる。

1 　戸籍謄本，公正証書謄本その他公務員（外国の公務員を含む。）がその職務上証明することができる事実についてその公務員の作成した書面

2 　商業帳簿，航海日誌その他業務の通常の過程において作成された書面

3 　前2号に掲げるもののほか特に信用すべき情況の下に作成された書面

第324条〔伝聞供述の証拠能力〕① 被告人以外の者の公判準備又は公判期日における供述で被告人の供述をその内容とするものについては，第322条の規定を準用する。

② 被告人以外の者の公判準備又は公判期日における供述で被告人以外の者の供述をその内容とするものについては，第321条第1項第3号の規定を準用する。

第325条〔供述の任意性に関する調査〕 裁判所は，第321条から前条までの規定により証拠とすることができる書面又は供述であつても，あらかじめ，その書面に記載された供述又は公判準備若しくは公判期日における供述の内容となつた他の者の供述が任意にされたものかどうかを調査した後でなければ，これを証拠とすることができない。

第326条〔当事者の同意と書面・供述の証拠能力〕① 検察官及び被告人が証拠とすることに同意した書面又は供述は，その書面が作成され又は供述のされたときの情況を考慮し相当と認めるときに限り，第321条乃至前条の規定にかかわらず，これを証拠とすることができる。

② 被告人が出頭しないでも証拠調を行うことができる場合において，被告人が出頭しないときは，前項の同意があつたものとみなす。但し，代理人又は弁護人が出頭したときは，この限りでない。

第327条〔合意による書面の証拠能力〕 裁判所は，検察官及び被告人又は弁護人が合意の上，文書の内容又は公判期日に出頭すれば供述することが予想されるその供述の内容を書面に記載して提出したときは，その文書又は供述すべき者を取り調べないでも，その書面を証拠とすることができる。この場合においても，その書面の証明力を争うことを妨げない。

第328条〔証明力を争うための証拠〕 第321条乃至第324条の規定により証拠とすることができない書面又は供述であつても，公判準備又は公判期日における被告人，証人その他の者の供述の証明力を争うためには，これを証拠とすることができる。

第5節　公判の裁判

第329条〔管轄違いの判決〕 被告事件が裁判所の管轄に属しないときは，判決で管轄違の言渡をしなければならない。但し，第266条第2号の規定により地方裁判所の審判に付された事件については，管轄違の言渡をすることはできない。

第330条〔管轄違い言渡しの例外〕 高等裁判所は，その特別権限に属する事件として公訴の提起があつた場合において，その事件が下級の

裁判所の管轄に属するものと認めるときは、前条の規定にかかわらず、決定で管轄裁判所にこれを移送しなければならない.

第331条〔同前〕① 裁判所は、被告人の申立がなければ、土地管轄について、管轄違の言渡をすることができない.

② 管轄違の申立は、被告事件につき証拠調を開始した後は、これをすることができない.

第332条〔地方裁判所への移送の決定〕簡易裁判所は、地方裁判所において審判するのを相当と認めるときは、決定で管轄地方裁判所にこれを移送しなければならない.

第333条〔刑の言渡しの判決、刑の執行猶予の言渡し〕① 被告事件について犯罪の証明があつたときは、第334条の場合を除いては、判決で刑の言渡をしなければならない.

② 刑の執行猶予は、刑の言渡しと同時に、判決でその言渡しをしなければならない. 猶予の期間中保護観察に付する場合も、同様とする.

第334条〔刑の免除の判決〕被告事件について刑を免除するときは、判決でその旨の言渡をしなければならない.

第335条〔有罪判決に示すべき理由〕① 有罪の言渡をするには、罪となるべき事実、証拠の標目及び法令の適用を示さなければならない.

② 法律上犯罪の成立を妨げる理由又は刑の加重減免の理由となる事実が主張されたときは、これに対する判断を示さなければならない.

第336条〔無罪の判決〕被告事件が罪とならないとき、又は被告事件について犯罪の証明がないときは、判決で無罪の言渡をしなければならない.

第337条〔免訴の判決〕左の場合には、判決で免訴の言渡をしなければならない.

　1　確定判決を経たとき.

　2　犯罪後の法令により刑が廃止されたとき.

　3　大赦があつたとき.

　4　時効が完成したとき.

第338条〔公訴棄却の判決〕左の場合には、判決で公訴を棄却しなければならない.

　1　被告人に対して裁判権を有しないとき.

　2　第340条の規定に違反して公訴が提起されたとき.

　3　公訴の提起があつた事件について、更に同一裁判所に公訴が提起されたとき.

　4　公訴提起の手続がその規定に違反したため無効であるとき.

第339条〔公訴棄却の決定〕① 左の場合には、決定で公訴を棄却しなければならない.

　1　第271条第2項の規定により公訴の提起がその効力を失つたとき.

　2　起訴状に記載された事実が真実であつても、何らの罪となるべき事実を包含していないとき.

　3　公訴が取り消されたとき.

　4　被告人が死亡し、又は被告人たる法人が存続しなくなつたとき.

　5　第10条又は第11条の規定により審判してはならないとき.

② 前項の決定に対しては、即時抗告をすることができる.

第340条〔公訴取消しによる公訴棄却と再起訴の要件〕公訴の取消による公訴棄却の決定が確定したときは、公訴の取消後犯罪事実につきあらたに重要な証拠を発見した場合に限り、同一事件について更に公訴を提起することができる.

第341条〔被告人の陳述を聴かない判決〕被告人が陳述をせず、許可を受けないで退廷し、又は秩序維持のため裁判長から退廷を命ぜられたときは、その陳述を聴かないで判決をすることができる.

第342条〔判決の宣告〕判決は、公判廷において、宣告によりこれを告知する.

第342条の2　拘禁刑以上の刑に処する判決の宣告を受けた者は、裁判所の許可を受けなければ本邦から出国してはならない.

〔令5法28、施行2年内〕

第342条の3　拘禁刑以上の刑に処する判決の宣告を受けた者又はその弁護人、法定代理人、保佐人、配偶者、直系の親族若しくは兄弟姉妹は、前条の許可の請求をすることができる.

〔令5法28、施行2年内〕

第342条の4　① 裁判所は、前条の請求があつた場合において、本邦から出国することを許すべき特別の事情があると認めるときは、決定で、国外にいることができる期間を指定して、第342条の2の許可をすることができる. ただし、出入国管理及び難民認定法（昭和26年政令第319号. 以下「入管法」という.）第40条に規定する収容令書又は入管法第51条に規定する退去強制令書の発付を受けている者については、この限りでない.

② 裁判所は、前項本文に規定する特別の事情の有無を判断するに当たつては、第342条の2の許可がされた場合に拘禁刑以上の刑に処する判決の宣告を受けた者が同項の規定により指定する期間内に本邦に帰国せず又は上陸しないこととなるおそれの程度のほか、本邦から出国することができないことによりその者が受ける不利益の程度その他の事情を考慮するものとする.

③ 裁判所は，前条の請求について決定をするときは，検察官の意見を聴かなければならない．

④ 裁判所は，必要と認めるときは，第1項本文の期間を延長することができる．

⑤ 裁判所は，第342条の2の許可を受けた者について，国外にいることができる期間として指定された期間（以下「指定期間」という．）の終期まで国外にいる必要がなくなつたと認めるときは，当該指定期間を短縮することができる． 〔令5法28, 施行2年内〕

第342条の5 ① 裁判所は，第342条の2の許可をする場合には，帰国等保証金額を定めなければならない．ただし，保釈を許す決定を受けた被告人について，同条の許可をするときは，この限りでない．

② 帰国等保証金額は，宣告された判決に係る刑名及び刑期，当該判決の宣告を受けた者の性格，生活の本拠及び資産，その者が外国人である場合にあつてはその在留資格（入管法第2条の2第1項に規定する在留資格をいう．）の内容その他の事情を考慮して，その者が前条第1項の規定により指定される期間内に本邦に帰国し又は上陸することを保証するに足りる相当な金額でなければならない．

③ 裁判所は，第342条の2の許可をする場合には，その許可を受ける者の渡航先を制限し，その他適当と認める条件を付することができる． 〔令5法28, 施行2年内〕

第342条の6 ① 第342条の2の許可は，帰国等保証金額が定められたときは，帰国等保証金の納付があつた時にその効力を生ずる．

② 第94条第2項及び第3項の規定は，帰国等保証金の納付について準用する．この場合において，同条第2項中「保釈請求者」とあるのは「第342条の3の請求をした者」と，同条第3項中「被告人」とあるのは「拘禁刑以上の刑に処する判決の宣告を受けた者」と読み替えるものとする． 〔令5法28, 施行2年内〕

第342条の7 ① 裁判所は，第342条の2の許可を受けた者が，入管法第40条に規定する収容令書又は入管法第51条に規定する退去強制令書の発付を受けたときは，決定で，当該許可を取り消さなければならない．

② 裁判所は，次の各号のいずれかに該当すると認めるときは，検察官の請求により，又は職権で，決定で，第342条の2の許可を取り消すことができる．

1 第342条の2の許可を受けた者が，正当な理由がなく，指定期間内に本邦に帰国せず又は上陸しないと疑うに足りる相当な理由があるとき．

2 第342条の2の許可を受けた者が渡航先の制限その他裁判所の定めた条件に違反したとき．

③ 前項の規定により第342条の2の許可を取り消す場合には，裁判所は，決定で，帰国等保証金（第94条第1項の保証金が納付されている場合にあつては，当該保証金．次項において同じ．）の全部又は一部を没取することができる．

④ 第342条の2の許可を受けた者が，正当な理由がなく，指定期間内に本邦に帰国せず又は上陸しなかつたときは，裁判所は，検察官の請求により，又は職権で，決定で，帰国等保証金の全部又は一部を没取することができる． 〔令5法28, 施行2年内〕

第342条の8 ① 裁判所は，拘禁刑以上の刑に処する判決の宣告を受けた被告人が第342条の2の許可を受けないで本邦から出国し若しくは出国しようとしたとき，同条の許可を受けた被告人について前条第2項の規定により当該許可が取り消されたとき，又は第342条の2の許可を受けた被告人が正当な理由がなく指定期間内に本邦に帰国せず若しくは上陸しなかつたときは，検察官の請求により，又は職権で，次の各号に掲げる場合の区分に応じ，当該各号に定める決定をすることができる．

1 当該被告人について勾留状が発せられていない場合 勾留する決定

2 当該被告人が保釈されている場合 保釈を取り消す決定

3 当該被告人が勾留の執行停止をされている場合 勾留の執行停止を取り消す決定

② 前項（第2号に係る部分に限る．）の規定により保釈を取り消す場合には，裁判所は，決定で，保証金の全部又は一部を没取することができる． 〔令5法28, 施行2年内〕

第343条〔拘禁刑以上の刑の宣告と保釈等の失効〕① 拘禁刑以上の刑に処する判決の宣告があつたときは，保釈又は勾留の執行停止は，その効力を失う．

② 前項の場合には，新たに保釈又は勾留の執行停止の決定がないときに限り，第98条及び第271条の8第5項（第312条の2第4項において準用する場合を含む．以下この項において同じ．）の規定を準用する．この場合において，第271条の8第5項中「第1項（」とあるのは，「第271条の8第1項（」と読み替えるものとする． 〔令4法67, 施行3年内〕

第343条の2 検察官は，拘禁刑以上の刑に処する判決の宣告により保釈又は勾留の執行停止がその効力を失つた場合において，被告人が

刑事施設に収容されていないときは,被告人に対し,指定する日時及び場所に出頭することを命ずることができる.

第343条の3　前条の規定による命令を受けた被告人が,正当な理由がなく,指定された日時及び場所に出頭しないときは,2年以下の拘禁刑に処する.

第344条〔拘禁刑以上の刑の宣告後における勾留期間等〕　① 拘禁刑以上の刑に処する判決の宣告があつた後は,第60条第2項ただし書及び第89条の規定は,これを適用しない.

② 拘禁刑以上の刑に処する判決の宣告があつた後は,第90条の規定による保釈を許すには,同条に規定する不利益その他の不利益の程度が著しく高い場合でなければならない.ただし,保釈された場合に被告人が逃亡するおそれの程度が高くないと認めるに足りる相当な理由があるときは,この限りでない.

〔令4法67,施行3年内〕

第345条〔無罪等の宣告と勾留状の失効〕　無罪,免訴,刑の免除,刑の全部の執行猶予,公訴棄却（第338条第4号による場合を除く.）,罰金又は科料の裁判の告知があつたときは,勾留状は,その効力を失う.

第345条の2　① 裁判所は,罰金の裁判（その刑の執行猶予の言渡しをしないものに限る.以下同じ.）の告知を受けた被告人について,当該裁判の確定後に罰金を完納することができないこととなるおそれがあると認めるときは,勾留状を発する場合を除き,検察官の請求により,又は職権で,決定で,裁判所の許可を受けなければ本邦から出国してはならないことを命ずるものとする.

② 前項の被告人について,保釈を許し,又は勾留の執行停止をする場合において,罰金の裁判の確定後に罰金を完納することができないこととなるおそれがあると認めるときも,同項と同様とする.

〔令5法28,施行2年内〕

第345条の3　第342条の3から第342条の8までの規定は,前条の許可について準用する.この場合において,次の表の上欄に掲げる規定中同表の中欄に掲げる字句は,それぞれ同表の下欄に掲げる字句に読み替えるものとする.

第342条の3,第342条の4第2項,第342条の6第2項及び第342条の8第1項	拘禁刑以上の刑に処する判決の宣告	第345条の2の規定による決定
第342条の5第2項	当該判決の宣告	
第342条の5第2項	宣告された判決に係る刑名及び刑期	告知された裁判に係る罰金の金額及び罰金を完納することができない場合における留置の期間
第342条の6第2項	第342条の3	第345条の3において読み替えて準用する第342条の3
第342条の8第1項	とき,ときは	場合,場合において,当該決定に係る罰金の裁判の確定後に罰金を完納することができないこととなるおそれがあると認めるとき

〔令5法28,施行2年内〕

第345条の4　① 裁判所は,第345条の2の規定による決定の理由がなくなつたと認めるときは,検察官,当該決定を受けた者若しくはその弁護人,法定代理人,保佐人,配偶者,直系の親族若しくは兄弟姉妹の請求により,又は職権で,決定で,当該決定を取り消さなければならない.

② 裁判所は,検察官の請求による場合を除いて,前項の規定による決定をするときは,あらかじめ,検察官の意見を聴かなければならない.

〔令5法28,施行2年内〕

第346条〔没収の言渡しのない押収物〕　押収した物について,没収の言渡しがないときは,押収を解く言渡があつたものとする.

第347条〔押収物還付の言渡し〕　① 押収した贓物で被害者に還付すべき理由が明らかなものは,これを被害者に還付する言渡をしなければならない.

② 贓物の対価として得た物について,被害者から交付の請求があつたときは,前項の例による.

③ 仮に還付した物について,別段の言渡がないときは,還付の言渡があつたものとする.

④ 前3項の規定は,民事訴訟の手続に従い,利害関係人がその権利を主張することを妨げない.

第348条〔仮納付の判決〕　① 裁判所は,罰金,科料又は追徴を言い渡す場合において,判決の確定を待つてはその執行をすることができず,又はその執行をするのに著しい困難を生ずる

虞があると認めるときは，検察官の請求により又は職権で，被告人に対し，仮に罰金，科料又は追徴に相当する金額を納付すべきことを命ずることができる．

② 仮納付の裁判は，刑の言渡と同時に，判決でその言渡をしなければならない．

③ 仮納付の裁判は，直ちにこれを執行することができる．

第349条〔刑の執行猶予取消しの手続〕① 刑の執行猶予の言渡しを取り消すべき場合には，検察官は，刑の言渡しを受けた者の現在地又は最後の住所地を管轄する地方裁判所，家庭裁判所又は簡易裁判所に対しその請求をしなければならない．

② 刑法第26条の2第2号又は第27条の5第2号の規定により刑の執行猶予の言渡しを取り消すべき場合には，前項の請求は，保護観察所の長の申出に基づいてこれをしなければならない．

③ 刑法第27条第4項若しくは第5項又は第27条の7第4項若しくは第5項の規定により刑の執行猶予の言渡しを取り消すべき場合には，第1項の請求は，同法第27条第2項前段に規定する刑の全部の執行猶予の期間内又は同法第27条の7第2項前段に規定する刑の一部の執行猶予の言渡し後その猶予の期間を経過するまでに更に犯した罪であつて当該請求の理由に係るものについて罰金以上の刑に処する裁判が確定した日から2箇月を経過した後は，これをすることができない．

〔令4法67，施行3年内〕

第349条の2〔同前〕① 前条の請求があつたときは，裁判所は，猶予の言渡を受けた者又はその代理人の意見を聴いて決定をしなければならない．

② 前項の場合において，その請求が刑法第26条の2第2号又は第27条の5第2号の規定による猶予の言渡しの取消しを求めるものであつて，猶予の言渡しを受けた者の請求があるときは，口頭弁論を経なければならない．

③ 第1項の決定をするについて口頭弁論を経る場合には，猶予の言渡を受けた者は，弁護人を選任することができる．

④ 第1項の決定をするについて口頭弁論を経る場合には，検察官は，裁判所の許可を得て，保護観察官に意見を述べさせることができる．

⑤ 第1項の決定に対しては，即時抗告をすることができる．

第350条〔併合罪中大赦を受けない罪について更に刑を定める手続〕刑法第52条の規定により刑を定むべき場合には，検察官は，その

犯罪事実について最終の判決をした裁判所にその請求をしなければならない．この場合には，前条第1項及び第5項の規定を準用する．

第4章　証拠収集等への協力及び訴追に関する合意

第1節　合意及び協議の手続

第350条の2〔合意の内容・対象犯罪〕① 検察官は，特定犯罪に係る事件の被疑者又は被告人が特定犯罪に係る他人の刑事事件（以下単に「他人の刑事事件」という．）について一又は二以上の第1号に掲げる行為をすることにより得られる証拠の重要性，関係する犯罪の軽重及び情状，当該関係する犯罪の関連性の程度その他の事情を考慮して，必要と認めるときは，被疑者又は被告人との間で，被疑者又は被告人が当該他人の刑事事件について一又は二以上の同号に掲げる行為をし，かつ，検察官が被疑者又は被告人の当該事件について一又は二以上の第2号に掲げる行為をすることを内容とする合意をすることができる．

1　次に掲げる行為

イ　第198条第1項又は第223条第1項の規定による検察官，検察事務官又は司法警察員の取調べに際して真実の供述をすること．

ロ　証人として尋問を受ける場合において真実の供述をすること．

ハ　検察官，検察事務官又は司法警察職員による証拠の収集に関し，証拠の提出その他の必要な協力をすること（イ及びロに掲げるものを除く．）．

2　次に掲げる行為

イ　公訴を提起しないこと．

ロ　公訴を取り消すこと．

ハ　特定の訴因及び罰条により公訴を提起し，又はこれを維持すること．

ニ　特定の訴因若しくは罰条の追加若しくは撤回又は特定の訴因若しくは罰条への変更を請求すること．

ホ　第293条第1項の規定による意見の陳述において，被告人に特定の刑を科すべき旨の意見を陳述すること．

ヘ　即決裁判手続の申立てをすること．

ト　略式命令の請求をすること．

② 前項に規定する「特定犯罪」とは，次に掲げる罪（死刑又は無期拘禁刑に当たるものを除く．）をいう．

1　刑法第96条から第96条の6まで若しくは第155条の罪，同条の例により処断すべき罪，同法第157条の罪，同法第158条の罪（同法第155条の罪，同条の例により処断す

べき罪又は同法第157条第1項若しくは第2項の罪に係るものに限る．）又は同法第159条から第163条の5まで，第197条から第197条の4まで，第198条，第246条から第250条まで若しくは第252条から第254条までの罪

2 組織的な犯罪の処罰及び犯罪収益の規制等に関する法律（平成11年法律第136号．以下「組織的犯罪処罰法」という．）第3条第1項第1号から第4号まで，第13号若しくは第14号に掲げる罪に係る同条の罪，同項第13号若しくは第14号に掲げる罪に係る同条の罪の未遂罪又は組織的犯罪処罰法第10条若しくは第11条の罪

3 前2号に掲げるもののほか，租税に関する法律，私的独占の禁止及び公正取引の確保に関する法律（昭和22年法律第54号）又は金融商品取引法（昭和23年法律第25号）の罪その他の財政経済関係犯罪として政令で定めるもの

4 次に掲げる法律の罪

イ 爆発物取締罰則（明治17年太政官布告第32号）

ロ 大麻取締法（昭和23年法律第124号）

ハ 覚醒剤取締法（昭和26年法律第252号）

ニ 麻薬及び向精神薬取締法（昭和28年法律第14号）

ホ 武器等製造法（昭和28年法律第145号）

ヘ あへん法（昭和29年法律第71号）

ト 銃砲刀剣類所持等取締法（昭和33年法律第6号）

チ 国際的な協力の下に規制薬物に係る不正行為を助長する行為等の防止を図るための麻薬及び向精神薬取締法等の特例等に関する法律（平成3年法律第94号）

5 刑法第103条，第104条若しくは第105条の2の罪又は組織的犯罪処罰法第7条の罪（同条第1項第1号から第3号までに掲げる者に係るものに限る．）若しくは組織的犯罪処罰法第7条の2の罪（いずれも前各号に掲げる罪を本犯の罪とするものに限る．）

③ 第1項の合意には，被疑者若しくは被告人がする同項第1号に掲げる行為又は検察官がする同項第2号に掲げる行為に付随する事項その他の合意の目的を達するため必要な事項をその内容として含めることができる．

〔令4法67,施行3年内〕

第350条の3〔弁護人の同意，合意内容書面の作成〕 ① 前条第1項の合意をするには，弁護人の同意がなければならない．

② 前条第1項の合意は，検察官，被疑者又は被告人及び弁護人が連署した書面により，その内容を明らかにしてするものとする．

第350条の4〔合意のための協議主体〕 第350条の2第1項の合意をするため必要な協議は，検察官と被疑者又は被告人及び弁護人との間で行うものとする．ただし，被疑者又は被告人及び弁護人に異議がないときは，協議の一部を弁護人のみとの間で行うことができる．

第350条の5〔協議における被疑者・被告人に対する供述の求め〕 ① 前条の協議において，検察官は，被疑者又は被告人に対し，他人の刑事事件について供述を求めることができる．この場合においては，第198条第2項の規定を準用する．

② 被疑者又は被告人が前条の協議においてした供述は，第350条の2第1項の合意が成立しなかつたときは，これを証拠とすることができない．

③ 前項の規定は，被疑者又は被告人が当該協議においてした行為が刑法第103条，第104条若しくは第172条の罪又は組織的犯罪処罰法第7条第1項第1号若しくは第2号に掲げる者に係る同条の罪に当たる場合において，これらの罪に係る事件において用いるときは，これを適用しない．

第350条の6〔司法警察員との事前協議〕 ① 検察官は，司法警察員が送致し若しくは送付した事件又は司法警察員が現に捜査していると認める事件について，その被疑者との間で第350条の4の協議を行おうとするときは，あらかじめ，司法警察員と協議しなければならない．

② 検察官は，第350条の4の協議に係る他人の刑事事件について司法警察員が現に捜査していることその他の事情を考慮して，当該他人の刑事事件の捜査のため必要と認めるときは，前条第1項の規定により供述を求めることその他の当該協議における必要な行為を司法警察員にさせることができる．この場合において，司法警察員は，検察官の個別の授権の範囲内で，検察官が第350条の2第1項の合意の内容とすることを提案する同項第2号に掲げる行為の内容の提示をすることができる．

第2節 公判手続の特例

第350条の7〔合意した被告人の事件における検察官の合意内容書面等の取調べ請求義務〕 ① 検察官は，被疑者との間でした第350条の2第1項の合意がある場合において，当該合意に係る被疑者の事件について公訴を提起したときは，第291条の手続が終わつた後（事件が公判前整理手続に付された場合にあつては，

その時後）遅滞なく，証拠として第350条の3第2項の書面（以下「合意内容書面」という。）の取調べを請求しなければならない．被告事件について，公訴の提起後に被告人との間で第350条の2第1項の合意をしたときも，同様とする．

② 前項の規定により合意内容書面の取調べを請求する場合において，当該合意の当事者が第350条の10第2項の規定により当該合意から離脱する旨の告知をしているときは，検察官は，あわせて，同項の書面の取調べを請求しなければならない．

③ 第1項の規定により合意内容書面の取調べを請求した後に，当該合意の当事者が第350条の10第2項の規定により当該合意から離脱する旨の告知をしたときは，検察官は，遅滞なく，同項の書面の取調べを請求しなければならない．

第350条の8〔他人の刑事被告事件における検察官の合意内容書面等の取調べ請求義務〕 被告人以外の者の供述録取書等であって，その者が第350条の2第1項の合意に基づいて作成したもの又は同項の合意に基づいてされた供述を録取し若しくは記録したものについて，検察官，被告人若しくは弁護人が取調べを請求し，又は裁判所が職権でこれを取り調べることとしたときは，検察官は，遅滞なく，合意内容書面の取調べを請求しなければならない．この場合においては，前条第2項及び第3項の規定を準用する．

第350条の9〔同前〕 検察官，被告人若しくは弁護人が証人尋問を請求し，又は裁判所が職権で証人尋問を行うこととした場合において，その証人となるべき者との間で当該証人尋問についてした第350条の2第1項の合意があるときは，検察官は，遅滞なく，合意内容書面の取調べを請求しなければならない．この場合においては，第350条の7第3項の規定を準用する．

第3節　合意の終了

第350条の10〔合意からの離脱〕 ① 次の各号に掲げる事由があるときは，当該各号に定める者は，第350条の2第1項の合意から離脱することができる．

1 第350条の2第1項の合意の当事者が当該合意に違反したとき　その相手方

2 次に掲げる事由　被告人

イ 検察官が第350条の2第1項第2号ニに係る同項の合意に基づいて訴因又は罰条の追加，撤回又は変更を請求した場合において，裁判所がこれを許さなかつたとき．

ロ 検察官が第350条の2第1項第2号ホに係る同項の合意に基づいて第293条第1項の規定による意見の陳述において被告人に特定の刑を科すべき旨の意見を陳述した事件について，裁判所がその刑より重い刑の言渡しをしたとき．

ハ 検察官が第350条の2第1項第2号ヘに係る同項の合意に基づいて即決裁判手続の申立てをした事件について，裁判所がこれを却下する決定（第350条の22第3号又は第4号に掲げる場合に該当することを理由とするものに限る．）をし，又は第350条の25第1項第3号若しくは第4号に該当すること（同号については，被告人が起訴状に記載された訴因について有罪である旨の陳述と相反するか又は実質的に異なつた供述をしたことにより同号に該当する場合を除く．）となつたことを理由として第350条の22の決定を取り消したとき．

ニ 検察官が第350条の2第1項第2号トに係る同項の合意に基づいて略式命令の請求をした事件について，裁判所が第463条第1項若しくは第2項の規定により通常の規定に従い審判をすることとし，又は検察官が第465条第1項の規定により正式裁判の請求をしたとき．

3 次に掲げる事由　検察官

イ 被疑者又は被告人が第350条の4の協議においてした他人の刑事事件についての供述の内容が真実でないことが明らかになつたとき．

ロ 第1号に掲げるもののほか，被疑者若しくは被告人が第350条の2第1項の合意に基づいてした供述の内容が真実でないこと又は被疑者若しくは被告人が同項の合意に基づいて提出した証拠が偽造若しくは変造されたものであることが明らかになつたとき．

② 前項の規定による離脱は，その理由を記載した書面により，当該離脱に係る合意の相手方に対し，当該合意から離脱する旨の告知をして行うものとする．

第350条の11〔検察審査会の議決による不起訴合意の失効〕 検察官が第350条の2第1項第2号イに係る同項の合意に基づいて公訴を提起しない処分をした事件について，検察審査会法第39条の5第1項第1号若しくは第2号の議決又は同法第41条の6第1項の起訴議決があつたときは，当該合意は，その効力を失う．

第350条の12〔不起訴合意の失効による証拠

能力の制限〕① 前条の場合には、当該議決に係る事件について公訴が提起されたときにおいても、被告人が第350条の4の協議においてした供述及び当該合意に基づいてした被告人の行為により得られた証拠並びにこれらに基づいて得られた証拠は、当該被告人の刑事事件において、これらを証拠とすることができない。

② 前項の規定は、次に掲げる場合には、これを適用しない。

1 前条に規定する議決の前に被告人がした行為が、当該合意に違反するものであつたことが明らかになり、又は第350条の10第1項第3号イ若しくはロに掲げる事由に該当することとなつたとき。

2 被告人が当該合意に基づくものとしてした行為又は当該協議においてした行為が第350条の15第1項の罪、刑法第103条、第104条、第169条若しくは第172条の罪又は組織的犯罪処罰法第7条第1項第1号若しくは第2号に掲げる者に係る同条の罪に当たる場合において、これらの罪に係る事件において用いるとき。

3 証拠とすることについて被告人に異議がないとき。

第4節　合意の履行の確保

第350条の13〔検察官による合意違反〕① 検察官が第350条の2第1項第2号イからニまで、ヘ又はトに係る同項の合意（同号ハに係るものについては、特定の訴因及び罰条により公訴を提起する旨のものに限る。）に違反して、公訴を提起し、公訴を取り消さず、異なる訴因及び罰条により公訴を提起し、訴因若しくは罰条の追加、撤回若しくは変更を請求することなく若しくは異なる訴因若しくは罰条の追加若しくは撤回若しくは異なる訴因若しくは罰条への変更を請求して公訴を維持し、又は即決裁判手続の申立て若しくは略式命令の請求を同時にすることなく公訴を提起したときは、判決で当該公訴を棄却しなければならない。

② 検察官が第350条の2第1項第2号ハに係る同項の合意（特定の訴因及び罰条により公訴を維持する旨のものに限る。）に違反して訴因又は罰条の追加又は変更を請求したときは、裁判所は、第312条第1項の規定にかかわらず、これを許してはならない。

第350条の14〔検察官が合意に違反した場合の証拠能力の制限〕① 検察官が第350条の2第1項の合意に違反したときは、被告人が第350条の4の協議においてした供述及び当該合意に基づいてした被告人の行為により得ら

れた証拠は、これらを証拠とすることができない。

② 前項の規定は、当該被告人の刑事事件の証拠とすることについて当該被告人に異議がない場合及び当該被告人以外の者の刑事事件の証拠とすることについてその者に異議がない場合には、これを適用しない。

第350条の15〔虚偽供述等の罪〕① 第350条の2第1項の合意に違反して、検察官、検察事務官又は司法警察職員に対し、虚偽の供述をし又は偽造若しくは変造の証拠を提出した者は、5年以下の拘禁刑に処する。

② 前項の罪を犯した者が、当該合意に係る他人の刑事事件の裁判が確定する前であつて、かつ、当該合意に係る自己の刑事事件の裁判が確定する前に自白したときは、その刑を減軽し、又は免除することができる。

〔令4法67、施行3年内〕

第5章　即決裁判手続

第1節　即決裁判手続の申立て

第350条の16〔申立ての要件と手続〕① 検察官は、公訴を提起しようとする事件について、事案が明白であり、かつ、軽微であること、証拠調べが速やかに終わると見込まれることその他の事情を考慮し、相当と認めるときは、公訴の提起と同時に、書面により即決裁判手続の申立てをすることができる。ただし、死刑又は無期若しくは短期1年以上の拘禁刑に当たる事件については、この限りでない。

② 前項の申立ては、即決裁判手続によることについての被疑者の同意がなければ、これをすることができない。

③ 検察官は、被疑者に対し、前項の同意をするかどうかの確認を求めるときは、これを書面でしなければならない。この場合において、検察官は、被疑者に対し、即決裁判手続を理解させるために必要な事項（被疑者に弁護人がないときは、次条の規定により弁護人を選任することができる旨を含む。）を説明し、通常の規定に従い審判を受けることができる旨を告げなければならない。

④ 被疑者に弁護人がある場合には、第1項の申立ては、被疑者が第2項の同意をするほか、弁護人が即決裁判手続によることについて同意をし又はその意見を留保しているときに限り、これをすることができる。

⑤ 被疑者が第2項の同意をし、及び弁護人が前項の同意をし又はその意見を留保するときは、書面でその旨を明らかにしなければならない。

⑥ 第1項の書面には、前項の書面を添付しな

けばならない。　　〔令4法67, 施行3年内〕

第350条の17〔被疑者の同意確認のための国選弁護人の選任〕① 前条第3項の確認を求められた被疑者が即決裁判手続によることについて同意をするかどうかを明らかにしようとする場合において, 被疑者が貧困その他の事由により弁護人を選任することができないときは, 裁判官は, その請求により, 被疑者のため弁護人を付さなければならない。ただし, 被疑者以外の者が選任した弁護人がある場合は, この限りでない。

② 第37条の3の規定は, 前項の請求をする場合についてこれを準用する。

第2節　公判準備及び公判手続の特例

第350条の18〔職権による国選弁護人の選任〕 即決裁判手続の申立てがあつた場合において, 被告人に弁護人がないときは, 裁判長は, できる限り速やかに, 職権で弁護人を付さなければならない。

第350条の19〔検察官請求証拠の開示〕 検察官は, 即決裁判手続の申立てをした事件について, 被告人又は弁護人に対し, 第299条第1項の規定により証拠書類を閲覧する機会その他の同項に規定する機会を与えるべき場合には, できる限り速やかに, その機会を与えなければならない。

第350条の20〔弁護人に対する同意の確認〕① 裁判所は, 即決裁判手続の申立てがあつた事件について, 弁護人が即決裁判手続によることについてその意見を留保しているとき, 又は即決裁判手続の申立てがあつた後に弁護人が選任されたときは, 弁護人に対し, できる限り速やかに, 即決裁判手続によることについて同意をするかどうかの確認を求めなければならない。

② 弁護人は, 前項の同意をするときは, 書面でその旨を明らかにしなければならない。

第350条の21〔公判期日の指定〕 裁判長は, 即決裁判手続の申立てがあつたときは, 検察官及び被告人又は弁護人の意見を聴いた上で, その申立て後（前条第1項に規定する場合においては, 同項の同意があつた後）, できる限り早い時期の公判期日を定めなければならない。

第350条の22〔即決裁判手続による審判の決定〕 裁判所は, 即決裁判手続の申立てがあつた事件について, 第291条第5項の手続に際し, 被告人が起訴状に記載された訴因について有罪である旨の陳述をしたときは, 次に掲げる場合を除き, 即決裁判手続によつて審判をする旨の決定をしなければならない。

1 第350条の16第2項又は第4項の同意が撤回されたとき。

2 第350条の20第1項に規定する場合において, 同項の同意がされなかつたとき, 又はその同意が撤回されたとき。

3 前2号に掲げるもののほか, 当該事件が即決裁判手続によることができないものであると認めるとき。

4 当該事件が即決裁判手続によることが相当でないものであると認めるとき。

第350条の23〔必要的弁護〕 前条の手続を行う公判期日及び即決裁判手続による公判期日については, 弁護人がないときは, これを開くことができない。

第350条の24〔公判審理の方式〕① 第350条の22の決定のための審理及び即決裁判手続による審判については, 第284条, 第285条, 第296条, 第297条, 第300条から第302条まで及び第304条から第307条までの規定は, これを適用しない。

② 即決裁判手続による証拠調べは, 公判期日において, 適当と認める方法でこれを行うことができる。

第350条の25〔即決裁判手続による審判の決定の取消し〕① 裁判所は, 第350条の22の決定があつた事件について, 次の各号のいずれかに該当することとなつた場合には, 当該決定を取り消さなければならない。

1 判決の言渡し前に, 被告人又は弁護人が即決裁判手続によることについての同意を撤回したとき。

2 判決の言渡し前に, 被告人が起訴状に記載された訴因について有罪である旨の陳述を撤回したとき。

3 前2号に掲げるもののほか, 当該事件が即決裁判手続によることができないものであると認めるとき。

4 当該事件が即決裁判手続によることが相当でないものであると認めるとき。

② 前項の規定により第350条の22の決定が取り消されたときは, 公判手続を更新しなければならない。ただし, 検察官及び被告人又は弁護人に異議がないときは, この限りでない。

第350条の26〔公訴取消後の再起訴制限の緩和〕 即決裁判手続の申立てを却下する決定（第350条の22第3号又は第4号に掲げる場合に該当することを理由とするものを除く。）があつた事件について, 当該決定後, 証拠調べが行われることなく公訴が取り消された場合において, 公訴の取消しによる公訴棄却の決定が確定したときは, 第340条の規定にかかわらず, 同一事件について更に公訴を提起することができる。前条第1項第1号, 第2号又は

第4号のいずれかに該当すること（同号について は，被告人が起訴状に記載された訴因について有罪である旨の陳述と相反するか又は実質的に異なつた供述をしたことにより同号に該当する場合に限る．）となつたことを理由として第350条の22の決定が取り消された事件について，当該取消しの決定後，証拠調べが行われることなく公訴が取り消された場合において，公訴の取消しによる公訴棄却の決定が確定したときも，同様とする．

第3節　証拠の特例

第350条の27〔伝聞法則の適用除外〕 第350条の22の決定があつた事件の証拠については，第320条第1項の規定は，これを適用しない．ただし，検察官，被告人又は弁護人が証拠とすることに異議を述べたものについては，この限りでない．

第4節　公判の裁判の特例

第350条の28〔即日判決の言渡し〕 裁判所は，第350条の22の決定があつた事件については，できる限り，即日判決の言渡しをしなければならない．

第350条の29〔必要的な刑の執行猶予〕 即決裁判手続において拘禁刑の言渡しをする場合には，その刑の全部の執行猶予の言渡しをしなければならない．　　　　〔令4法67，施行3年内〕

◆ **第3編　上　訴** ◆

第1章　通　則

第351条〔検察官・被告人の上訴権〕 ① 検察官又は被告人は，上訴をすることができる．
② 第266条第2号の規定により裁判所の審判に付された事件と他の事件とが併合して審判され，一個の裁判があつた場合には，第268条第2項の規定により検察官の職務を行う弁護士及び当該他の事件の検察官は，その裁判に対し各々独立して上訴をすることができる．

第352条〔検察官・被告人以外の者の抗告権〕 検察官又は被告人以外の者で決定を受けたものは，抗告をすることができる．

第353条〔被告人のための上訴〕 被告人の法定代理人又は保佐人は，被告人のため上訴をすることができる．

第354条〔同前〕 勾留に対しては，勾留の理由の開示があつたときは，その開示の請求をした者も，被告人のため上訴をすることができる．その上訴を棄却する決定に対しても，同様とする．

第355条〔同前〕 原審における代理人又は弁護人は，被告人のため上訴をすることができる．

第356条〔同前〕 前3条の上訴は，被告人の明示した意思に反してこれをすることができない．

第357条〔一部上訴〕 上訴は，裁判の一部に対してこれをすることができる．部分を限らないで上訴をしたときは，裁判の全部に対してしたものとみなす．

第358条〔上訴提起期間〕 上訴の提起期間は，裁判が告知された日から進行する．

第359条〔上訴の放棄・取下げ〕 検察官，被告人又は第352条に規定する者は，上訴の放棄又は取下をすることができる．

第360条〔同前〕 第353条又は第354条に規定する者は，書面による被告人の同意を得て，上訴の放棄又は取下をすることができる．

第360条の2〔上訴放棄の制限〕 死刑又は無期拘禁刑に処する判決に対する上訴は，前2条の規定にかかわらず，これを放棄することができない．　　　　〔令4法67，施行3年内〕

第360条の3〔上訴放棄の手続〕 上訴放棄の申立は，書面でこれをしなければならない．

第361条〔上訴の放棄・取下げと再上訴禁止〕 上訴の放棄又は取下をした者は，その事件について更に上訴をすることができない．上訴の放棄又は取下に同意をした被告人も，同様である．

第362条〔上訴権回復の請求〕 第351条乃至第355条の規定により上訴をすることができる者は，自己又は代人の責に帰することができない事由によつて上訴の提起期間内に上訴をすることができなかつたときは，原裁判所に上訴権回復の請求をすることができる．

第363条〔同前〕 ① 上訴権回復の請求は，事由が止んだ日から上訴の提起期間に相当する期間内にこれをしなければならない．
② 上訴権回復の請求をする者は，その請求と同時に上訴の申立をしなければならない．

第364条〔同前〕 上訴権回復の請求についてした決定に対しては，即時抗告をすることができる．

第365条〔同前〕 上訴権回復の請求があつたときは，原裁判所は，前条の決定をするまで裁判の執行を停止する決定をすることができる．この場合には，被告人に対し勾留状を発することができる．

第366条〔刑事施設にいる被告人に関する特則〕 ① 刑事施設にいる被告人が上訴の提起期間内に上訴の申立書を刑事施設の長又はその代理者に差し出したときは，上訴の提起期間内に上訴をしたものとみなす．
② 被告人が自ら申立書を作ることができないときは，刑事施設の長又はその代理者は，これを代書し，又は所属の職員にこれをさせなければならない．

第367条〔同前〕前条の規定は，刑事施設にいる被告人が上訴の放棄若しくは取下げ又は上訴権回復の請求をする場合にこれを準用する．

第368条〜第371条　削除

第2章　控　訴

第372条〔控訴のできる判決〕控訴は，地方裁判所又は簡易裁判所がした第一審の判決に対してこれをすることができる．

第373条〔控訴提起期間〕控訴の提起期間は，14日とする．

第374条〔控訴提起の方式〕控訴をするには，申立書を第一審裁判所に差し出さなければならない．

第375条〔第一審裁判所による控訴棄却の決定〕控訴の申立が明らかに控訴権の消滅後にされたものであるときは，第一審裁判所は，決定でこれを棄却しなければならない．この決定に対しては，即時抗告をすることができる．

第376条〔控訴趣意書〕① 控訴申立人は，裁判所の規則で定める期間内に控訴趣意書を控訴裁判所に差し出さなければならない．

② 控訴趣意書には，この法律又は裁判所の規則の定めるところにより，必要な疎明資料又は検察官若しくは弁護人の保証書を添附しなければならない．

第377条〔控訴申立理由と控訴趣意書―絶対的控訴理由〕左の事由があることを理由として控訴の申立をした場合には，控訴趣意書に，その事由があることの充分な証明をすることができる旨の検察官又は弁護人の保証書を添附しなければならない．

　1　法律に従つて判決裁判所を構成しなかつたこと．

　2　法令により判決に関与することができない裁判官が判決に関与したこと．

　3　審判の公開に関する規定に違反したこと．

第378条〔同前―絶対的控訴理由〕左の事由があることを理由として控訴の申立をした場合には，控訴趣意書に，訴訟記録及び原裁判所において取り調べた証拠に現われている事実であつてその事由があることを信ずるに足りるものを援用しなければならない．

　1　不法に管轄又は管轄違を認めたこと．

　2　不法に，公訴を受理し，又はこれを棄却したこと．

　3　審判の請求を受けた事件について判決をせず，又は審判の請求を受けない事件について判決をしたこと．

　4　判決に理由を附せず，又は理由にくいちがいがあること．

第379条〔同前―訴訟手続の法令違反〕前2条の場合を除いて，訴訟手続に法令の違反があつてその違反が判決に影響を及ぼすことが明らかであることを理由として控訴の申立をした場合には，控訴趣意書に，訴訟記録及び原裁判所において取り調べた証拠に現われている事実であつて明らかに判決に影響を及ぼすべき法令の違反があることを信ずるに足りるものを援用しなければならない．

第380条〔同前―法令の適用の誤り〕法令の適用に誤があつてその誤が判決に影響を及ぼすことが明らかであることを理由として控訴の申立をした場合には，控訴趣意書に，その誤及びその誤が明らかに判決に影響を及ぼすべきことを示さなければならない．

第381条〔同前―刑の量定不当〕刑の量定が不当であることを理由として控訴の申立をした場合には，控訴趣意書に，訴訟記録及び原裁判所において取り調べた証拠に現われている事実であつて刑の量定が不当であることを信ずるに足りるものを援用しなければならない．

第382条〔同前―事実誤認〕事実の誤認があつてその誤認が判決に影響を及ぼすことが明らかであることを理由として控訴の申立をした場合には，控訴趣意書に，訴訟記録及び原裁判所において取り調べた証拠に現われている事実であつて明らかに判決に影響を及ぼすべき誤認があることを信ずるに足りるものを援用しなければならない．

第382条の2〔同前―弁論終結後の事情〕① やむを得ない事由によつて第一審の弁論終結前に取調を請求することができなかつた証拠によつて証明することのできる事実であつて前2条に規定する控訴申立の理由があることを信ずるに足りるものは，訴訟記録及び原裁判所において取り調べた証拠に現われている事実以外の事実であつても，控訴趣意書にこれを援用することができる．

② 第一審の弁論終結後判決前に生じた事実であつて前2条に規定する控訴申立の理由があることを信ずるに足りるものについても，前項と同様である．

③ 前2項の場合には，控訴趣意書に，その事実を疎明する資料を添附しなければならない．第1項の場合には，やむを得ない事由によつてその証拠の取調を請求することができなかつた旨を疎明する資料をも添附しなければならない．

第383条〔同前―再審事由その他〕左の事由があることを理由として控訴の申立をした場合には，控訴趣意書に，その事由があることを

疎明する資料を添附しなければならない.

1　再審の請求をすることができる場合にあたる事由があること.

2　判決があった後に刑の廃止若しくは変更又は大赦があったこと.

第384条〔控訴申立理由の制限〕控訴の申立は, 第377条乃至第382条及び前条に規定する事由があることを理由とするときに限り, これをすることができる.

第385条〔控訴棄却の決定〕① 控訴の申立が法令上の方式に違反し, 又は控訴権の消滅後にされたものであることが明らかなときは, 控訴裁判所は, 決定でこれを棄却しなければならない.

② 前項の決定に対しては, 第428条第2項の異議の申立をすることができる. この場合には, 即時抗告に関する規定をも準用する.

第386条〔同前〕① 左の場合には, 控訴裁判所は, 決定で控訴を棄却しなければならない.

1　第376条第1項に定める期間内に控訴趣意書を差し出さないとき.

2　控訴趣意書がこの法律若しくは裁判所の規則で定める方式に違反しているとき, 又は控訴趣意書にこの法律若しくは裁判所の規則の定めるところに従い必要な疎明資料若しくは保証書を添附しないとき.

3　控訴趣意書に記載された控訴の申立の理由が, 明らかに第377条乃至第382条及び第383条に規定する事由に該当しないとき.

② 前条第2項の規定は, 前項の決定についてこれを準用する.

第387条〔弁護人の資格〕控訴審では, 弁護士以外の者を弁護人に選任することはできない.

第388条〔弁論能力〕控訴審では, 被告人のためにする弁論は, 弁護人でなければ, これをすることができない.

第389条〔弁論〕公判期日には, 検察官及び弁護人は, 控訴趣意書に基いて弁論をしなければならない.

第390条〔被告人の出頭〕控訴審においては, 被告人は, 公判期日に出頭することを要しない. ただし, 裁判所は, 50万円(刑法, 暴力行為等処罰に関する法律及び経済関係罰則の整備に関する法律の罪以外の罪については, 当分の間, 5万円)以下の罰金又は科料に当たる事件以外の事件について, 被告人の出頭がその権利の保護のため重要であると認めるときは, 被告人の出頭を命ずることができる.

第390条の2　前条の規定にかかわらず, 控訴裁判所は, 拘禁刑以上の刑に当たる罪で起訴されている被告人であつて, 保釈又は勾留の執行停止をされているものについては, 判決を宣告

する公判期日への出頭を命じなければならない. ただし, 重い疾病又は傷害その他やむを得ない事由により被告人が当該公判期日に出頭することが困難であると認めるときは, この限りでない.

第391条〔弁護人の不出頭等と判決〕弁護人が出頭しないとき, 又は弁護人の選任がないときは, この法律により弁護人を要する場合又は決定で弁護人を附した場合を除いては, 検察官の陳述を聴いて判決をすることができる.

第392条〔調査の範囲〕① 控訴裁判所は, 控訴趣意書に包含された事項は, これを調査しなければならない.

② 控訴裁判所は, 控訴趣意書に包含されない事項であつても, 第377条乃至第382条及び第383条に規定する事由に関しては, 職権で調査をすることができる.

第393条〔事実の取調べ〕① 控訴裁判所は, 前条の調査をするについて必要があるときは, 検察官, 被告人若しくは弁護人の請求により又は職権で事実の取調をすることができる. 但し, 第382条の2の疎明があつたものについては, 刑の量定の不当又は判決に影響を及ぼすべき事実の誤認を証明するために欠くことのできない場合に限り, これを取り調べなければならない.

② 控訴裁判所は, 必要があると認めるときは, 職権で, 第一審判決後の刑の量定に影響を及ぼすべき情状につき取調をすることができる.

③ 前2項の取調は, 合議体の構成員にこれをさせ, 又は地方裁判所, 家庭裁判所若しくは簡易裁判所の裁判官にこれを嘱託することができる. この場合には, 受命裁判官及び受託裁判官は, 裁判所又は裁判長と同一の権限を有する.

④ 第1項又は第2項の規定による取調をしたときは, 検察官及び弁護人は, その結果に基いて弁論をすることができる.

第394条〔第一審の証拠の証拠能力〕第一審において証拠とすることができた証拠は, 控訴審においても, これを証拠とすることができる.

第395条〔控訴棄却の判決〕控訴の申立が法令上の方式に違反し, 又は控訴権の消滅後にされたものであるときは, 判決で控訴を棄却しなければならない.

第396条〔同前〕第377条乃至第382条及び第383条に規定する事由がないときは, 判決で控訴を棄却しなければならない.

第397条〔原判決破棄の判決〕① 第377条乃至第382条及び第383条に規定する事由があるときは, 判決で原判決を破棄しなければならない.

② 第393条第2項の規定による取調の結果, 原判決を破棄しなければ明らかに正義に反すると認めるときは, 判決で原判決を破棄することができる.

第398条〔破棄差戻し〕 不法に, 管轄違を言い渡し, 又は公訴を棄却したことを理由として原判決を破棄するときは, 判決で事件を原裁判所に差し戻さなければならない.

第399条〔破棄移送〕 不法に管轄を認めたことを理由として原判決を破棄するときは, 判決で事件を管轄第一審裁判所に移送しなければならない. 但し, 控訴裁判所は, その事件について第一審の管轄権を有するときは, 第一審として審判をしなければならない.

第400条〔破棄差戻し・破棄移送, 破棄自判〕 前2条に規定する理由以外の理由によつて原判決を破棄するときは, 判決で, 事件を原裁判所に差し戻し, 又は原裁判所と同等の他の裁判所に移送しなければならない. 但し, 控訴裁判所は, 訴訟記録並びに原裁判所及び控訴裁判所において取り調べた証拠によつて, 直ちに判決をすることができるものと認めるときは, 被告事件について更に判決をすることができる.

第401条〔共同被告人のための破棄〕 被告人の利益のため原判決を破棄する場合において, 破棄の理由が控訴をした共同被告人に共通であるときは, その共同被告人のためにも原判決を破棄しなければならない.

第402条〔不利益変更の禁止〕 被告人が控訴をし, 又は被告人のため控訴をした事件については, 原判決の刑より重い刑を言い渡すことはできない.

第402条の2 ① 控訴裁判所は, 拘禁刑以上の刑に当たる罪で起訴されている被告人であつて, 保釈又は勾留の執行停止をされているものが判決を宣告する公判期日に出頭しないときは, 次に掲げる判決以外の判決を宣告することができない. ただし, 第390条の2ただし書に規定する場合であつて, 刑の執行のためその者を収容するのに困難を生ずるおそれがないと認めるときは, この限りでない.

1 無罪, 免訴, 刑の免除, 公訴棄却又は管轄違いの言渡しをした原判決に対する控訴を棄却する判決

2 事件を原裁判所に差し戻し, 又は管轄裁判所に移送する判決

3 無罪, 免訴, 刑の免除又は公訴棄却の言渡しをする判決

② 拘禁刑以上の刑に当たる罪で起訴されている被告人であつて, 保釈又は勾留の執行停止を取り消されたものが勾留されていないときも,

前項本文と同様とする. ただし, 被告人が逃亡していることにより勾留することが困難であると見込まれる場合において, 次に掲げる判決について, 速やかに宣告する必要があると認めるときは, この限りでない.

1 公職選挙法（昭和25年法律第100号）第253条の2第1項に規定する刑事事件について, 有罪の言渡し（刑の免除の言渡しを除く. 以下この号において同じ.）をする判決又は有罪の言渡しをした原判決に対する控訴を棄却する判決

2 組織的犯罪処罰法第13条第3項の規定による犯罪被害財産の没収若しくは組織的犯罪処罰法第16条第2項の規定による犯罪被害財産の価額の追徴の言渡しをする判決又はこれらの言渡しをした原判決に対する控訴を棄却する判決

第403条〔公判棄却の決定〕 ① 原裁判所が不法に公訴棄却の決定をしなかつたときは, 決定で公訴を棄却しなければならない.

② 第385条第2項の規定は, 前項の決定についてこれを準用する.

第403条の2〔控訴の制限〕 ① 即決裁判手続においてされた判決に対する控訴の申立ては, 第384条の規定にかかわらず, 当該判決の言渡しにおいて示された罪となるべき事実について第382条に規定する事由があることを理由としては, これをすることができない.

② 原裁判所が即決裁判手続によつて判決をした事件については, 第397条第1項の規定にかかわらず, 控訴裁判所は, 当該判決の言渡しにおいて示された罪となるべき事実について第382条に規定する事由があることを理由としては, 原判決を破棄することができない.

第403条の3 ① 拘禁刑以上の刑に処する判決の宣告を受けた被告人について, 次に掲げる裁判の告知があつたときは, 当該被告人に対しては, 第342条の2の規定は, 適用しない.

1 拘禁刑以上の刑に処する原判決を破棄する判決

2 拘禁刑以上の刑に処する原判決に係る被告事件についての公訴を棄却する決定

② 前項第1号に掲げる判決の宣告があつた場合（第400条ただし書の規定により更に第345条に規定する裁判をした場合を除く.）には, 第342条の8第1項（第1号に係る部分に限り, 第404条において準用する場合を含む.）の規定による決定に係る勾留状は, その効力を失う.

③ 拘禁刑以上の刑に処する判決に対する控訴が棄却されたときは, 第342条の2（第404条

において準用する場合を含む.）の許可は, その効力を失う. 〔令5法28, 施行2年内〕

第403条の4　①　次に掲げる裁判の告知があつたときは, 第345条の2（次条において準用する場合を含む, 以下この項において同じ.）の規定による決定は, その効力を失う.
1　第345条の2の規定による決定に係る罰金の原判決を破棄する判決
2　第345条の2の規定による決定に係る罰金の原判決に係る被告事件についての公訴を棄却する決定
②　前項第1号に掲げる判決の宣告があつた場合（第400条ただし書の規定により更に第345条に規定する裁判をした場合を除く.）には, 第345条の3（次条において準用する場合を含む.）において読み替えて準用する第342条の8第1項（第1号に係る部分に限る.）の規定による決定に係る勾留状は, その効力を失う. 〔令5法28, 施行2年内〕

第404条〔準用規定〕第2編中公判に関する規定は, この法律に特別の定のある場合を除いては, 控訴の審判についてこれを準用する.

╭─────────────────────╮
│　　　第3章　上　告　　　│
╰─────────────────────╯

第405条〔上告のできる判決・上告申立理由〕高等裁判所がした第一審又は第二審の判決に対しては, 左の事由があることを理由として上告の申立をすることができる.
1　憲法の違反があること又は憲法の解釈に誤があること.
2　最高裁判所の判例と相反する判断をしたこと.
3　最高裁判所の判例がない場合に, 大審院若しくは上告裁判所たる高等裁判所の判例又はこの法律施行後の控訴裁判所たる高等裁判所の判例と相反する判断をしたこと.

第406条〔上告審としての事件受理〕最高裁判所は, 前条の規定により上告をすることができる場合以外の場合であつても, 法令の解釈に関する重要な事項を含むものと認められる事件については, その判決確定前に限り, 裁判所の規則の定めるところにより, 自ら上告審としてその事件を受理することができる.

第407条〔上告趣意書〕上告趣意書には, 裁判所の規則の定めるところにより, 上告の申立の理由を明示しなければならない.

第408条〔弁論を経ない上告棄却の判決〕上告裁判所は, 上告趣意書その他の書類によつて, 上告の申立の理由がないことが明らかであると認めるときは, 弁論を経ないで, 判決で上告を棄却することができる.

第409条〔被告人召喚の不要〕上告審においては, 公判期日に被告人を召喚することを要しない.

第410条〔原判決破棄の判決〕①　上告裁判所は, 第405条各号に規定する事由があるときは, 判決で原判決を破棄しなければならない. 但し, 判決に影響を及ぼさないことが明らかな場合は, この限りでない.
②　第405条第2号又は第3号に規定する事由のみがある場合において, 上告裁判所がその判例を変更して原判決を維持するのを相当とするときは, 前項の規定は, これを適用しない.

第411条〔同前〕上告裁判所は, 第405条各号に規定する事由がない場合であつても, 左の事由があつて原判決を破棄しなければ著しく正義に反すると認めるときは, 判決で原判決を破棄することができる.
1　判決に影響を及ぼすべき法令の違反があること.
2　刑の量定が甚しく不当であること.
3　判決に影響を及ぼすべき重大な事実の誤認があること.
4　再審の請求をすることができる場合にあたる事由があること.
5　判決があつた後に刑の廃止若しくは変更又は大赦があつたこと.

第412条〔破棄移送〕不法に管轄を認めたことを理由として原判決を破棄するときは, 判決で事件を管轄控訴裁判所又は管轄第一審裁判所に移送しなければならない.

第413条〔破棄差戻し・破棄移送, 破棄自判〕前条に規定する理由以外の理由によつて原判決を破棄するときは, 判決で, 事件を原裁判所若しくは第一審裁判所に差し戻し, 又はこれらと同等の他の裁判所に移送しなければならない. 但し, 上告裁判所は, 訴訟記録並びに原裁判所及び第一審裁判所において取り調べた証拠によつて, 直ちに判決をすることができるものと認めるときは, 被告事件について更に判決をすることができる.

第413条の2〔上告審における破棄事由の制限〕第一審裁判所が即決裁判手続によつて判決をした事件については, 第411条の規定にかかわらず, 上告裁判所は, 当該判決の言渡しにおいて示された罪となるべき事実について同条第3号に規定する事由があることを理由としては, 原判決を破棄することができない.

第414条〔準用規定〕前章の規定は, この法律に特別の定のある場合を除いては, 上告の審判についてこれを準用する.

第415条〔訂正の判決〕①　上告裁判所は, そ

の判決の内容に誤のあることを発見したときは，検察官，被告人又は弁護人の申立により，判決でこれを訂正することができる．

② 前項の申立は，判決の宣告があつた日から10日以内にこれをしなければならない．

③ 上告裁判所は，適当と認めるときは，第1項に規定する者の申立により，前項の期間を延長することができる．

第416条〔同前〕 訂正の判決は，弁論を経ないでもこれをすることができる．

第417条〔訂正申立ての棄却〕 ① 上告裁判所は，訂正の判決をしないときは，速やかに決定で申立を棄却しなければならない．

② 訂正の判決に対しては，第415条第1項の申立をすることはできない．

第418条〔上告判決の確定〕 上告裁判所の判決は，宣告があつた日から第415条の期間を経過したとき，又はその期間内に同条第1項の申立があつた場合には訂正の判決若しくは申立を棄却する決定があつたときに，確定する．

第4章 抗 告

第419条〔抗告のできる決定〕 抗告は，特に即時抗告をすることができる旨の規定がある場合の外，裁判所のした決定に対してこれをすることができる．但し，この法律に特別の定のある場合は，この限りでない．

第420条〔判決前の決定に対する抗告〕 ① 裁判所の管轄又は訴訟手続に関し判決前にした決定に対しては，この法律に特に即時抗告をすることができる旨の規定がある場合を除いては，抗告をすることはできない．

② 前項の規定は，勾留，保釈，押収又は押収物の還付に関する決定及び鑑定のためにする留置に関する決定については，これを適用しない．

③ 勾留に対しては，前項の規定にかかわらず，犯罪の嫌疑がないことを理由として抗告をすることはできない．

第421条〔通常抗告の期間〕 抗告は，即時抗告を除いては，何時でもこれをすることができる．但し，原決定を取り消しても実益がないようになつたときは，この限りでない．

第422条〔即時抗告の提起期間〕 即時抗告の提起期間は，3日とする．

第423条〔抗告の手続〕 ① 抗告をするには，申立書を原裁判所に差し出さなければならない．

② 原裁判所は，抗告を理由があるものと認めるときは，決定を更正しなければならない．抗告の全部又は一部を理由がないと認めるときは，申立書を受け取つた日から3日以内に意見書を添えて，これを抗告裁判所に送付しなけ

ればならない．

第424条〔通常抗告と執行停止〕 ① 抗告は，即時抗告を除いては，裁判の執行を停止する効力を有しない．但し，原裁判所は，決定で，抗告の裁判があるまで執行を停止することができる．

② 抗告裁判所は，決定で裁判の執行を停止することができる．

第425条〔即時抗告の執行停止の効力〕 即時抗告の提起期間内及びその申立があつたときは，裁判の執行は，停止される．

第426条〔抗告に対する決定〕 ① 抗告の手続がその規定に違反したとき，又は抗告が理由のないときは，決定で抗告を棄却しなければならない．

② 抗告が理由のあるときは，決定で原決定を取り消し，必要がある場合には，更に裁判をしなければならない．

第427条〔再抗告の禁止〕 抗告裁判所の決定に対しては，抗告をすることはできない．

第428条〔高等裁判所の決定に対する抗告の禁止，抗告に代わる異議申立て〕 ① 高等裁判所の決定に対しては，抗告をすることはできない．

② 即時抗告をすることができる旨の規定がある決定並びに第419条及び第420条の規定により抗告をすることができる決定で高等裁判所がしたものに対しては，その高等裁判所に異議の申立をすることができる．

③ 前項の異議の申立については，抗告に関する規定を準用する．即時抗告をすることができる旨の規定がある決定に対する異議の申立に関しては，即時抗告に関する規定をも準用する．

第429条〔準抗告〕 ① 裁判官が次に掲げる裁判をした場合において，不服がある者は，簡易裁判所の裁判官がした裁判に対しては管轄地方裁判所に，その他の裁判官がした裁判に対してはその裁判官所属の裁判所にその裁判の取消し又は変更を請求することができる．

1 忌避の申立てを却下する裁判

2 勾留，保釈，押収又は押収物の還付に関する裁判

3 鑑定のため留置を命ずる裁判

4 証人，鑑定人，通訳人又は翻訳人に対して過料又は費用の賠償を命ずる裁判

5 身体の検査を受ける者に対して過料又は費用の賠償を命ずる裁判

② 第420条第3項の規定は，前項の請求についてこれを準用する．

③ 第207条の2第2項（第224条第3項において読み替えて準用する場合を含む．）の規定による措置に関する裁判に対しては，当該措置

に係る者が第201条の2第1項第1号又は第2号に掲げる者に該当しないことを理由として第1項の請求をすることができない.

④ 第1項の請求を受けた地方裁判所又は家庭裁判所は,合議体で決定をしなければならない.

⑤ 第1項第4号又は第5号の裁判の取消し又は変更の請求は,その裁判のあつた日から3日以内にしなければならない.

⑥ 前項の請求期間内及びその請求があつたときは,裁判の執行は,停止される.

第430条〔同前〕① 検察官又は検察事務官のした第39条第3項の処分又は押収若しくは押収物の還付に関する処分に不服がある者は,その検察官又は検察事務官が所属する検察庁の対応する裁判所にその処分の取消又は変更を請求することができる.

② 司法警察職員のした前項の処分に不服がある者は,司法警察職員の職務執行地を管轄する地方裁判所又は簡易裁判所にその処分の取消又は変更を請求することができる.

③ 前2項の請求については,行政事件訴訟に関する法令の規定は,これを適用しない.

第431条〔準抗告の手続〕前2条の請求をするには,請求書を管轄裁判所に差し出さなければならない.

第432条〔同前〕第424条,第426条及び第427条の規定は,第429条及び第430条の請求があつた場合にこれを準用する.

第433条〔特別抗告〕① この法律により不服を申し立てることができない決定又は命令に対しては,第405条に規定する事由があることを理由とする場合に限り,最高裁判所に特に抗告をすることができる.

② 前項の抗告の提起期間は,5日とする.

第434条〔同前〕第423条,第424条及び第426条の規定は,この法律に特別の定のある場合を除いては,前条第1項の抗告についてこれを準用する.

◆ **第4編　再　審** ◆

第435条〔再審を許す判決・再審の理由〕再審の請求は,左の場合において,有罪の言渡をした確定判決に対して,その言渡を受けた者の利益のために,これをすることができる.

1 原判決の証拠となつた証拠書類又は証拠物が確定判決により偽造又は変造であつたことが証明されたとき.

2 原判決の証拠となつた証言,鑑定,通訳又は翻訳が確定判決により虚偽であつたことが証明されたとき.

3 有罪の言渡を受けた者を誣告した罪が確

定判決により証明されたとき.但し,誣告により有罪の言渡を受けたときに限る.

4 原判決の証拠となつた裁判が確定裁判により変更されたとき.

5 特許権,実用新案権,意匠権又は商標権を害した罪により有罪の言渡をした事件について,その権利の無効の審決が確定したとき,又は無効の判決があつたとき.

6 有罪の言渡を受けた者に対して無罪若しくは免訴を言い渡し,刑の言渡を受けた者に対して刑の免除を言い渡し,又は原判決において認めた罪より軽い罪を認めるべき明らかな証拠をあらたに発見したとき.

7 原判決に関与した裁判官,原判決の証拠となつた証拠書類の作成に関与した裁判官又は原判決の証拠となつた書面を作成し若しくは供述をした検察官,検察事務官若しくは司法警察職員が被告事件について職務に関する罪を犯したことが確定判決により証明されたとき.但し,原判決をした前に裁判官,検察官,検察事務官又は司法警察職員に対して公訴の提起があつた場合には,原判決をした裁判所がその事実を知らなかつたときに限る.

第436条〔同前〕① 再審の請求は,左の場合において,控訴又は上告を棄却した確定判決に対して,その言渡を受けた者の利益のために,これをすることができる.

1 前条第1号又は第2号に規定する事由があるとき.

2 原判決又はその証拠となつた証拠書類の作成に関与した裁判官について前条第7号に規定する事由があるとき.

② 第一審の確定判決に対して再審の請求をした事件について再審の判決があつた後は,控訴棄却の判決に対しては,再審の請求をすることはできない.

③ 第一審又は第二審の確定判決に対して再審の請求をした事件について再審の判決があつた後は,上告棄却の判決に対しては,再審の請求をすることはできない.

第437条〔確定判決に代わる証明〕前2条の規定に従い,確定判決により犯罪が証明されたことを再審の請求の理由とすべき場合において,確定判決を得ることができないときは,その事実を証明して再審の請求をすることができる.但し,証拠がないという理由によつて確定判決を得ることができないときは,この限りでない.

第438条〔管轄〕再審の請求は,原判決をした裁判所がこれを管轄する.

第439条〔再審請求権者〕① 再審の請求は,

左の者がこれをすることができる.

1　検察官

2　有罪の言渡を受けた者

3　有罪の言渡を受けた者の法定代理人及び保佐人

4　有罪の言渡を受けた者が死亡し, 又は心神喪失の状態に在る場合には, その配偶者, 直系の親族及び兄弟姉妹

② 第435条第7号又は第436条第1項第2号に規定する事由による再審の請求は, 有罪の言渡を受けた者がその罪を犯させた場合には, 検察官でなければこれをすることができない.

第440条〔弁護人選任〕① 検察官以外の者は, 再審の請求をする場合には, 弁護人を選任することができる.

② 前項の規定による弁護人の選任は, 再審の判決があるまでその効力を有する.

第441条〔再審請求の時期〕再審の請求は, 刑の執行が終り, 又はその執行を受けることがないようになつたときでも, これをすることができる.

第442条〔執行停止の効力〕再審の請求は, 刑の執行を停止する効力を有しない. 但し, 管轄裁判所に対応する検察庁の検察官は, 再審の請求についての裁判があるまで刑の執行を停止することができる.

第443条〔再審請求の取下げ〕① 再審の請求は, これを取り下げることができる.

② 再審の請求を取り下げた者は, 同一の理由によつては, 更に再審の請求をすることができない.

第444条〔刑事施設にいる被告人に関する特則〕第366条の規定は, 再審の請求及びその取下について準用する.

第445条〔事実の取調べ〕再審の請求を受けた裁判所は, 必要があるときは, 合議体の構成員に再審の請求の理由について, 事実の取調をさせ, 又は地方裁判所, 家庭裁判所若しくは簡易裁判所の裁判官にこれを嘱託することができる. この場合には, 受命裁判官及び受託裁判官は, 裁判所又は裁判長と同一の権限を有する.

第446条〔再審請求棄却の決定〕再審の請求が法令上の方式に違反し, 又は請求権の消滅後にされたものであるときは, 決定でこれを棄却しなければならない.

第447条〔同前〕① 再審の請求が理由のないときは, 決定でこれを棄却しなければならない.

② 前項の決定があつたときは, 何人も, 同一の理由によつては, 更に再審の請求をすることはできない.

第448条〔再審開始の決定〕① 再審の請求が

理由のあるときは, 再審開始の決定をしなければならない.

② 再審開始の決定をしたときは, 決定で刑の執行を停止することができる.

第449条〔再審請求の競合と請求棄却の決定〕① 控訴を棄却した確定判決とその判決によつて確定した第一審の判決とに対して再審の請求があつた場合において, 第一審裁判所が再審の判決をしたときは, 控訴裁判所は, 決定で再審の請求を棄却しなければならない.

② 第一審又は第二審の判決に対する上告を棄却した判決とその判決によつて確定した第一審又は第二審の判決とに対して再審の請求があつた場合において, 第一審裁判所又は控訴裁判所が再審の判決をしたときは, 上告裁判所は, 決定で再審の請求を棄却しなければならない.

第450条〔即時抗告〕第446条, 第447条第1項, 第448条第1項又は前条第1項の決定に対しては, 即時抗告をすることができる.

第451条〔再審の審判〕① 裁判所は, 再審開始の決定が確定した事件については, 第449条の場合を除いては, その審級に従い, 更に審判をしなければならない.

② 左の場合には, 第314条第1項本文及び第339条第1項第4号の規定は, 前項の審判にこれを適用しない.

1　死亡者又は回復の見込がない心神喪失者のために再審の請求がされたとき.

2　有罪の言渡を受けた者が, 再審の判決がある前に, 死亡し, 又は心神喪失の状態に陥りその回復の見込がないとき.

③ 前項の場合には, 被告人の出頭がなくても, 審判をすることができる. 但し, 弁護人が出頭しなければ開廷することはできない.

④ 第2項の場合において, 再審の請求をした者が弁護人を選任しないときは, 裁判長は, 職権で弁護人を附しなければならない.

第452条〔不利益変更の禁止〕再審においては, 原判決の刑より重い刑を言い渡すことはできない.

第453条〔無罪判決の公示〕再審において無罪の言渡をしたときは, 官報及び新聞紙に掲載して, その判決を公示しなければならない.

◆ 第5編　非常上告 ◆

第454条〔非常上告理由〕検事総長は, 判決が確定した後その事件の審判が法令に違反したことを発見したときは, 最高裁判所に非常上告をすることができる.

第455条〔申立ての方式〕非常上告をするには, その理由を記載した申立書を最高裁判所に

差し出さなければならない.

第456条〔公判期日〕公判期日には,検察官は,申立書に基いて陳述をしなければならない.

第457条〔棄却の判決〕非常上告が理由のないときは,判決でこれを棄却しなければならない.

第458条〔破棄の判決〕非常上告が理由のあるときは,左の区別に従い,判決をしなければならない.

　1　原判決が法令に違反したときは,その違反した部分を破棄する.但し,原判決が被告人のため不利益であるときは,これを破棄して,被告事件について更に判決をする.

　2　訴訟手続が法令に違反したときは,その違反した手続を破棄する.

第459条〔破棄判決の効力〕非常上告の判決は,前条第1号但書の規定によりされたものを除いては,その効力を被告人に及ぼさない.

第460条〔調査の範囲,事実の取調べ〕①　裁判所は,申立書に包含された事項に限り,調査をしなければならない.

②　裁判所は,裁判所の管轄,公訴の受理及び訴訟手続に関しては,事実の取調をすることができる.この場合には,第393条第3項の規定を準用する.

◆◆◆　**第6編　略式手続**　◆◆◆

第461条〔略式命令〕簡易裁判所は,検察官の請求により,その管轄に属する事件について,公判前,略式命令で,100万円以下の罰金又は科料を科することができる.この場合には,刑の執行猶予をし,没収を科し,その他付随の処分をすることができる.

第461条の2〔略式手続についての説明と被疑者の異議の有無の確認〕①　検察官は,略式命令の請求に際し,被疑者に対し,あらかじめ,略式手続を理解させるために必要な事項を説明し,通常の規定に従い審判を受けることができる旨を告げた上,略式手続によることについて異議がないかどうかを確かめなければならない.

②　被疑者は,略式手続によることについて異議がないときは,書面でその旨を明らかにしなければならない.

第462条〔略式命令の請求〕①　略式命令の請求は,公訴の提起と同時に,書面でこれをしなければならない.

②　前項の書面には,前条第2項の書面を添附しなければならない.

第462条の2〔検察官の合意内容書面等の差出し義務〕①　検察官は,略式命令の請求をする場合において,その事件について被告人との間でした第350条の2第1項の合意があるときは,当該請求と同時に,合意内容書面を裁判所に差し出さなければならない.

②　前項の規定により合意内容書面を裁判所に差し出した後,裁判所が略式命令をする前に,当該合意の当事者が第350条の10第2項の規定により当該合意から離脱する旨の告知をしたときは,検察官は,遅滞なく,同項の書面をその裁判所に差し出さなければならない.

第463条〔通常の審判〕①　第462条の請求があつた場合において,その事件が略式命令をすることができないものであり,又はこれをすることが相当でないものであると思料するときは,通常の規定に従い,審判をしなければならない.

②　検察官が,第461条の2に定める手続をせず,又は第462条第2項に違反して略式命令を請求したときも,前項と同様である.

③　裁判所は,前2項の規定により通常の規定に従い審判をするときは,直ちに検察官にその旨を通知しなければならない.

④　検察官は,前項の規定による通知を受けたときは,速やかに,裁判所に対し,被告人に送達するものとして,起訴状の謄本を提出しなければならない.

⑤　第1項及び第2項の場合には,第271条及び第271条の2の規定の適用があるものとする.この場合において,第271条第1項中「公訴の提起」とあるのは「第463条第4項の規定による起訴状の謄本の提出」と,同条第2項中「公訴の提起が」とあるのは「第463条第3項の規定による通知が」と,第271条の2第2項中「公訴の提起において,裁判所に対し,起訴状とともに」とあるのは「第463条第3項の規定による通知を受けた後速やかに,裁判所に対し」とする.

⑥　前項において読み替えて適用する第271条の2第2項の規定による起訴状抄本等の提出は,第338条（第4号に係る部分に限る.）の規定の適用については,公訴の提起においてされたものとみなす.

第463条の2〔公訴提起の失効〕①　前条の場合を除いて,略式命令の請求があつた日から4箇月以内に略式命令が被告人に告知されないときは,公訴の提起は,さかのぼつてその効力を失う.

②　前項の場合には,裁判所は,決定で,公訴を棄却しなければならない.略式命令が既に検察官に告知されているときは,略式命令を取り消した上,その決定をしなければならない.

③　前項の決定に対しては,即時抗告をするこ

とができる.

第464条〔略式命令の方式〕略式命令には,罪となるべき事実,適用した法令,科すべき刑及び附随の処分並びに略式命令の告知があつた日から14日以内に正式裁判の請求をすることができる旨を示さなければならない.

第465条〔正式裁判の請求〕① 略式命令を受けた者又は検察官は,その告知を受けた日から14日以内に正式裁判の請求をすることができる.

② 正式裁判の請求は,略式命令をした裁判所に,書面でこれをしなければならない. 正式裁判の請求があつたときは,裁判所は,速やかにその旨を検察官又は略式命令を受けた者に通知しなければならない.

第466条〔正式裁判請求の取下げ〕正式裁判の請求は,第一審の判決があるまでこれを取り下げることができる.

第467条〔上訴に関する規定の準用〕第353条,第355条乃至第357条,第359条,第360条及び第361条乃至第365条の規定は,正式裁判の請求又はその取下についてこれを準用する.

第468条〔正式裁判請求の棄却,通常の審判〕① 正式裁判の請求が法令上の方式に違反し,又は請求権の消滅後にされたものであるときは,決定でこれを棄却しなければならない. この決定に対しては,即時抗告をすることができる.

② 正式裁判の請求を適法とするときは,通常の規定に従い,審判をしなければならない.

③ 前項の場合においては,略式命令に拘束されない.

④ 検察官は,第2項の規定により通常の規定に従い審判をすることとされた場合において,起訴状に記載された第271条の2第1項第1号又は第2号に掲げる者の個人特定事項について,必要と認めるときは,裁判所に対し,当該個人特定事項が被告人に知られないようにするための措置をとることを求めることができる.

⑤ 前項の規定による求めは,第271条の2第1項の規定による求めとみなして,同条第2項の規定を適用する. この場合において,同項中「公訴の提起において,裁判所に対し,起訴状とともに」とあるのは,「速やかに,裁判所に対し」とする.

⑥ 第463条第6項の規定は,前項において読み替えて適用する第271条の2第2項の規定による起訴状抄本等の提出について準用する.

第469条〔略式命令の失効〕① 正式裁判の請求により判決をしたときは,略式命令は,その効力を失う.

② 略式命令が効力を失つたときは,第345条の2の規定による決定及び第345条の3において読み替えて準用する第342条の8第1項（第1号に係る部分に限る.）の規定による決定に係る勾留状は,その効力を失う.

〔令5法28,施行2年内〕

第470条〔略式命令の効力〕略式命令は,正式裁判の請求期間の経過又はその請求の取下により,確定判決と同一の効力を生ずる. 正式裁判の請求を棄却する裁判が確定したときも,同様である.

◆ **第7編　裁判の執行** ◆

第1章　裁判の執行の手続

第471条〔裁判の確定と執行〕裁判は,この法律に特別の定のある場合を除いては,確定した後これを執行する.

第472条〔執行指揮〕① 裁判の執行は,その裁判をした裁判所に対応する検察庁の検察官がこれを指揮する. 但し,第70条第1項但書の場合,第108条第1項但書の場合その他その性質上裁判所又は裁判官が指揮すべき場合は,この限りでない.

② 上訴の裁判又は上訴の取下により下級の裁判所の裁判を執行する場合には,上級裁判所に対応する検察庁の検察官がこれを指揮する. 但し,訴訟記録が下級の裁判所又はその裁判所に対応する検察庁に在るときは,その裁判所に対応する検察庁の検察官が,これを指揮する.

第473条〔執行指揮の方式〕裁判の執行の指揮は,書面でこれをし,これに裁判書又は裁判を記載した調書の謄本又は抄本を添えなければならない. 但し,刑の執行を指揮する場合を除いては,裁判書の原本,謄本若しくは抄本又は裁判を記載した調書の謄本若しくは抄本に認印して,これをすることができる.

第474条〔刑の執行の順序〕二以上の主刑の執行は,罰金及び科料を除いては,その重いものを先にする. 但し,検察官は,重い刑の執行を停止して,他の刑の執行をさせることができる.

第475条〔死刑の執行〕① 死刑の執行は,法務大臣の命令による.

② 前項の命令は,判決確定の日から6箇月以内にこれをしなければならない. 但し,上訴権回復若しくは再審の請求,非常上告又は恩赦の出願若しくは申出がされその手続が終了するまでの期間及び共同被告人であつた者に対する判決が確定するまでの期間は,これをその期

間に算入しない.

第476条〔同前〕法務大臣が死刑の執行を命じたときは,5日以内にその執行をしなければならない.

第477条〔死刑執行と立会い〕① 死刑は,検察官,検察事務官及び刑事施設の長又はその代理者の立会いの上,これを執行しなければならない.

② 検察官又は刑事施設の長の許可を受けた者でなければ,刑場に入ることはできない.

第478条〔執行始末書〕死刑の執行に立ち会つた検察事務官は,執行始末書を作り,検察官及び刑事施設の長又はその代理者とともに,これに署名押印しなければならない.

第479条〔死刑執行の停止〕① 死刑の言渡を受けた者が心神喪失の状態に在るときは,法務大臣の命令によつて執行を停止する.

② 死刑の言渡を受けた女子が懐胎しているときは,法務大臣の命令によつて執行を停止する.

③ 前2項の規定により死刑の執行を停止した場合には,心神喪失の状態が回復した後又は出産の後に法務大臣の命令がなければ,執行することはできない.

④ 第475条第2項の規定は,前項の命令についてこれを準用する.この場合において,判決確定の日とあるのは,心神喪失の状態が回復した日又は出産の日と読み替えるものとする.

第479条の2　拘禁刑以上の刑に処する判決の宣告を受けた者に対して,刑法第11条第2項の規定による拘置若しくは拘禁刑の執行が開始されたとき,又は当該判決に係る刑の執行を受けることがなくなつたときは,当該者に対しては,第342条の2(第404条(第414条において準用する場合を含む.以下この章において同じ.)において準用する場合を含む.第485条の2において同じ.)の規定は,適用しない.　〔令5法28,施行2年内〕

第480条〔自由刑の必要的執行停止〕拘禁刑又は拘留の言渡を受けた者が心神喪失の状態にあるときは,刑の言渡をした裁判所に対応する検察庁の検察官又は刑の言渡を受けた者の現在地を管轄する地方検察庁の検察官の指揮によつて,その状態が回復するまで執行を停止する.　〔令4法67,施行3年内〕

第481条〔同前〕① 前条の規定により刑の執行を停止した場合には,検察官は,刑の言渡を受けた者を監護義務者又は地方公共団体の長に引き渡し,病院その他の適当な場所に入れさせなければならない.

② 刑の執行を停止された者は,前項の処分があるまでこれを刑事施設に留置し,その期間を

刑期に算入する.

第482条〔自由刑の裁量的執行停止〕拘禁刑又は拘留の言渡を受けた者について次に掲げる事由があるときは,刑の言渡をした裁判所に対応する検察庁の検察官又は刑の言渡を受けた者の現在地を管轄する地方検察庁の検察官の指揮によつて執行を停止することができる.

1　刑の執行によつて,著しく健康を害するとき,又は生命を保つことのできないおそれがあるとき.

2　年齢70年以上であるとき.

3　受胎後150日以上であるとき.

4　出産後60日を経過しないとき.

5　刑の執行によつて回復することのできない不利益を生ずるおそれがあるとき.

6　祖父母又は父母が年齢70年以上又は重病若しくは不具で,他にこれを保護する親族がないとき.

7　子又は孫が幼年で,他にこれを保護する親族がないとき.

8　その他重大な事由があるとき.

〔令4法67,施行3年内〕

第483条〔訴訟費用負担の裁判の執行停止〕第500条に規定する申立の期間内及びその申立があつたときは,訴訟費用の負担を命ずる裁判の執行は,その申立についての裁判が確定するまで停止される.

第483条の2　拘禁刑以上の刑に処する判決が確定した後における第342条の2から第342条の7まで(これらの規定を第404条において準用する場合を含む.以下この条において同じ.)の規定の適用については,次の表の上欄に掲げる規定中同表の中欄に掲げる字句は,それぞれ同表の下欄に掲げる字句とし,第342条の5第1項ただし書の規定は,適用しない.

第342条の2,第342条の4,第342条の5第1項及び第3項,第342条の6第2項において読み替えて準用する第94条第2項並びに第342条の7第1項及び第3項	裁判所	拘禁刑以上の刑に処する判決の言渡をした裁判所
第342条の3	その弁護人	その
第342条の6第	第342条	第483条の2に

81 刑事訴訟法（484条〜489条の2）裁判の執行

刑訴

2項	の3	おいて読み替えて適用する第342条の3（第404条（第414条において準用する場合を含む。）において準用する場合を含む。）
第342条の6第2項において読み替えて準用する第94条第3項	裁判所は	拘禁刑以上の刑に処する判決の言渡しをした裁判所は
	裁判所の	その裁判所の
第342条の7第1項	第342条の2	第342条の2（第404条（第414条において準用する場合を含む。）において準用する場合を含む。以下この条において同じ。）
第342条の7第2項	裁判所は	拘禁刑以上の刑に処する判決の言渡しをした裁判所は
第342条の7第2項第2号	裁判所	当該許可をした裁判所
第342条の7第4項	裁判所は、検察官の請求により、又は職権で	拘禁刑以上の刑に処する判決の言渡しをした裁判所は、検察官の請求により

〔令5法28, 施行2年内〕

第484条〔執行のための呼出し〕 死刑, 拘禁刑又は拘留の言渡しを受けた者が拘禁されていないときは, 検察官は, 執行のため, 出頭すべき日時及び場所を指定してこれを呼び出さなければならない. 呼出しに応じないときは, 収容状を発しなければならない.
〔令4法67, 施行3年内〕

第484条の2 前条前段の規定による呼出しを受けた者が, 正当な理由がなく, 指定された日時及び場所に出頭しないときは, 2年以下の拘禁刑に処する.

第485条〔収容状の発付〕 死刑, 拘禁刑又は拘留の言渡しを受けた者が逃亡したとき, 又は逃亡するおそれがあるときは, 検察官は, 直ちに収容状を発し, 又は司法警察員にこれを発せし

めることができる. 〔令4法67, 施行3年内〕

第485条の2 拘禁刑以上の刑に処する判決の宣告を受けた者が次の各号のいずれかに該当するときは, 検察官は, 当該判決が確定した後, 直ちに収容状を発付し, 又は司法警察員にこれを発付させることができる.
1 第342条の2の許可を受けないで本邦から出国し又は出国しようとしたとき.
2 第342条の2の許可が取り消されたとき.
3 第342条の2の許可を受け, 正当な理由がなく, 指定期間内に本邦に帰国せず又は上陸しなかつたとき. 〔令5法28, 施行2年内〕

第486条〔検事長に対する収容の請求〕 ① 死刑, 拘禁刑又は拘留の言渡しを受けた者の現在地が分からないときは, 検察官は, 検事長にその者の刑事施設への収容を請求することができる.
② 請求を受けた検事長は, その管内の検察官に収容状を発せしめなければならない.
〔令4法67, 施行3年内〕

第487条〔収容状の方式〕 収容状には, 刑の言渡しを受けた者の氏名, 住居, 年齢, 刑名, 刑期その他収容に必要な事項を記載し, 検察官又は司法警察員が, これに記名押印しなければならない.

第488条〔収容状の効力〕 収容状は, 勾引状と同一の効力を有する.

第489条〔収容状の執行〕 収容状の執行については, 勾引状の執行に関する規定を準用する.

第489条の2 ① 拘禁刑以上の刑に処する判決又は拘留に処する判決が確定した後における第98条の12から第98条の17まで及び第98条の20の規定の適用については, 第98条の12第5項, 第98条の14第1項第4号及び第2項, 第98条の15第1項, 第3項, 第4項, 第6項, 第11項及び第12項, 第98条の16第1項, 第98条の17第4項並びに第98条の20第1項, 第3項及び第6項中「裁判所」とあるのは「拘禁刑以上の刑に処する判決又は拘留に処する判決の言渡しをした裁判所」と, 第98条の13第1項及び第98条の15第8項中「裁判所の指揮」とあるのは「拘禁刑以上の刑に処する判決又は拘留に処する判決の言渡しをした裁判所の指揮」と, 第98条の14第1項第5号中「裁判所に」とあるのは「拘禁刑以上の刑に処する判決又は拘留に処する判決の言渡しをした裁判所に」とし, 第98条の12第1項及び第2項並びに第98条の20第2項, 第4項及び第5項の規定は, 適用しない.
② 収容状の執行を指揮する検察官又はその執行をする検察事務官若しくは司法警察職員は,

位置測定端末装着命令を受けた者について, 収容状の執行をする場合において, 必要と認めるときは, 拘禁刑以上の刑に処する判決又は拘留に処する判決の言渡しをした裁判所が受けて, 当該者に係る端末位置情報を表示して閲覧することができる.

③ 拘禁刑以上の刑に処する判決又は拘留に処する判決の言渡しをした裁判所は, 自ら第98条の20第1項の規定による通知をすることが困難であるときは, あらかじめ, 当該通知及び端末位置情報の閲覧の許可に関する権限を裁判所の規則で定める裁判所の裁判官に委任することができる. この場合において, 次に掲げる者は, 必要と認めるときは, 委任を受けた裁判官の許可を受けて, 前項の規定による端末位置情報の閲覧をすることができる.

1　委任を受けた裁判官所属の裁判所に対応する検察庁の検察官若しくは検察事務官又は当該検察庁の所在地において職務を行うことができる司法警察職員

2　収容状の執行を指揮する検察官又は当該執行をする検察事務官若しくは司法警察職員
〔令5法28, 施行5年内〕

第490条〔財産刑等の執行〕① 罰金, 科料, 没収, 追徴, 過料, 没取, 訴訟費用, 費用賠償又は仮納付の裁判は, 検察官の命令によつてこれを執行する. この命令は, 執行力のある債務名義と同一の効力を有する.

② 前項の裁判の執行は, 民事執行法 (昭和54年法律第4号) その他強制執行の手続に関する法令の規定に従つてする. ただし, 執行前に裁判の送達をすることを要しない.

第491条〔相続財産に対する執行〕没収又は租税その他の公課若しくは専売に関する法令の規定により言い渡した罰金若しくは追徴は, 刑の言渡しを受けた者が判決の確定した後死亡した場合には, 相続財産についてこれを執行することができる.

第492条〔合併後の法人に対する執行〕法人に対して罰金, 科料, 没収又は追徴を言い渡した場合に, その法人が判決の確定した後合併によつて消滅したときは, 合併の後存続する法人又は合併によつて設立された法人に対して執行することができる.

第492条の2　罰金に相当する金額について仮納付の裁判の執行があつたときは, 第345条の2 (第404条において準用する場合を含む. 第494条の3, 第494条の5 (第3号を除く.), 第494条の6, 第494条の8第1項, 第494条の12第1項及び第494条の14において同じ.) の規定による決定及び第345条の3 (第404条において準用する場合を含む. 第494条の2において同じ.) において読み替えて準用する第342条の8第1項 (第1号に係る部分に限る.) の規定による決定に係る効力は, その効力を失う. 〔令5法28, 施行2年内〕

第493条〔仮納付の執行の調整〕① 第一審と第二審とにおいて, 仮納付の裁判があつた場合に, 第一審の仮納付の裁判について既に執行があつたときは, その執行は, これを第二審の仮納付の裁判で納付を命ぜられた金額の限度において, 第二審の仮納付の裁判についての執行とみなす.

② 前項の場合において, 第一審の仮納付の裁判の執行によつて得た金額が第二審の仮納付の裁判で納付を命ぜられた金額を超えるときは, その超過額は, これを還付しなければならない.

第494条〔仮納付の執行と本刑の執行〕① 仮納付の裁判の執行があつた後に, 罰金, 科料又は追徴の裁判が確定したときは, その金額の限度において刑の執行があつたものとみなす.

② 前項の場合において, 仮納付の裁判の執行によつて得た金額が罰金, 科料又は追徴の金額を超えるときは, その超過額は, これを還付しなければならない.

第494条の2　罰金の裁判が確定した後における第345条の3において準用する第342条の3から第342条の7までの規定及び第345条の4 (これらの規定を第404条において準用する場合を含む. 以下この条において同じ.) の規定の適用については, 次の表の上欄に掲げる規定中同表の中欄に掲げる字句は, それぞれ同表の下欄に掲げる字句とし, 第345条の3において準用する第342条の5第1項ただし書の規定は, 適用しない.

第345条の3において読み替えて準用する第342条の3及び第342条の4第2項	第345条の2の規定	第345条の2 (第404条 (第414条において準用する場合を含む.) において準用する場合を含む.) の規定
第345条の3において読み替えて準用する第342条の3及び第345条の4第1項	その弁護人.	その
第345条の3に	裁判所	第345条の2

おいて準用する第342条の4並びに第342条の5第1項及び第3項並びに第345条の3において読み替えて準用する第342条の6第2項において読み替えて準用する第94条第2項		（第404条（第414条において準用する場合を含む。）において準用する場合を含む。）の規定による決定をした裁判所
第345条の3において読み替えて準用する第342条の5第2項及び第342条の6第2項	第345条の2	第345条の2（第404条（第414条において準用する場合を含む。）において準用する場合を含む。）
第345条の3において読み替えて準用する第342条の6第2項	第345条の3	第345条の2において読み替えて適用する第345条の3（第404条（第414条において準用する場合を含む。）において準用する場合を含む。）
第345条の3において読み替えて準用する第342条の6第2項において読み替えて準用する第94条第3項	裁判所は	第345条の2（第404条（第414条において準用する場合を含む。）において準用する場合を含む。）の規定による決定をした裁判所は
	裁判所の	その裁判所の
第345条の3において準用する第342条の7第1項及び第345条の4第1項	裁判所	第345条の2（第404条（第414条において準用する場合を含む。）において準用する場合を含む。以下この条において同じ。）の規定による決定をした裁判所

第345条の3において準用する第342条の7第2項	裁判所は	第345条の2の規定による決定をした裁判所は
第345条の3において準用する第342条の7第2項第2号	裁判所	当該許可をした裁判所
第345条の3において準用する第342条の7第3項及び第345条の4第2項	裁判所	第345条の2の規定による決定をした裁判所
第345条の3において準用する第342条の7第4項	裁判所は、検察官の請求により、又は職権で	第345条の2の規定による決定をした裁判所は、検察官の請求により

〔令5法28, 施行2年内〕

第494条の3　罰金の裁判を告知した裁判所は、当該裁判が確定した者について、罰金を完納することができないおそれがあると認めるとき（その者が受けた第345条の2の規定による決定が効力を失っていないときを除く。）は、拘置状を発する場合を除き、検察官の請求により、決定で、裁判所の許可を受けなければ本邦から出国してはならないことを命ずるものとする。

〔令5法28, 施行2年内〕

第494条の4　第342条の3から第342条の7まで（第342条の5第1項ただし書を除く。）の規定は前条の許可について、第345条の4の規定は前条の規定による決定について、それぞれ準用する。この場合において、次の表の上欄に掲げる規定中同表の中欄に掲げる字句は、それぞれ同表の下欄に掲げる字句に読み替えるものとする。

第342条の3, 第342条の4第2項及び第342条の6第2項	拘禁刑以上の刑に処する判決の宣告	第494条の3の規定による決定
第342条の5第2項	当該判決の宣告	
第342条の3及び第345条の4第1項	その弁護人,	その
第342条の4,第342条の5第1	裁判所	第494条の3の規定による決定

項及び第3項, 第342条の6第2項において読み替えて準用する第94条第2項, 第342条の7第1項及び第3項並びに第345条の4		をした裁判所
第342条の5第2項	宣告された判決に係る刑名及び刑期	告知された裁判に係る罰金の金額及び罰金を完納することができない場合における留置の期間
第342条の6第2項	第342条の3	第494条の4において読み替えて準用する第342条の3
第342条の6第2項において読み替えて準用する第94条第3項	裁判所は	第494条の3の規定による決定をした裁判所は
	裁判所の	その裁判所の
第342条の7第2項	裁判所は	第494条の3の規定による決定をした裁判所は
第342条の7第2項第2号	裁判所	当該許可をした裁判所
第342条の7第4項	裁判所は, 検察官の請求により, 又は職権で	第494条の3の規定による決定をした裁判所は, 検察官の請求により

〔令5法28, 施行2年内〕

第494条の5　第345条の2又は第494条の3の規定による決定をした裁判所は, 罰金の裁判が確定した者で, 次の各号のいずれかに該当するものについて, 罰金を完納することができないこととなるおそれがあると認めるときは, 検察官の請求により, 当該裁判が確定した後30日を経過するまでの間, その者を刑事施設に拘置することができる.

1　第345条の2又は第494条の3の規定による決定を受けた者であつて, 裁判所の許可を受けないで本邦から出国し又は出国しようとしたもの

2　第345条の2又は第494条の3の許可を取り消された者

3　正当な理由がなく, 指定期間内に本邦に帰国せず又は上陸しなかつた者

4　前3号に掲げる者のほか, 第345条の2又は第494条の3の規定による決定を受けた者であつて, 逃亡し又は逃亡すると疑うに足りる相当な理由があるもの

〔令5法28, 施行2年内〕

第494条の6　前条の規定による拘置は, 第345条の2又は第494条の3の規定による決定を受けた者に対し理由を告げこれに関する陳述を聴いた後でなければ, することができない. ただし, その者が逃亡した場合は, この限りでない.

〔令5法28, 施行2年内〕

第494条の7　①　第494条の5の規定による拘置は, 拘置状を発してしなければならない.
②　第64条, 第70条（第1項ただし書を除く.）, 第71条, 第72条, 第73条第2項及び第3項並びに第74条の規定（これらの規定のうち勾留に関する部分に限る.）は, 拘置状について準用する. この場合において, 次の表の上欄に掲げる規定中同表の中欄に掲げる字句は, それぞれ同表の下欄に掲げる字句に読み替えるものとする.

第64条第1項及び第3項, 第70条第2項, 第72条第1項, 第73条第2項及び第3項並びに第74条	被告人	第345条の2（第404条（第414条において準用する場合を含む.）において準用する場合を含む.）又は第494条の3の規定による決定を受けた者
第64条第1項	罪名, 公訴事実の要旨	罰金の裁判を告知した裁判所, 当該裁判が確定した日, 当該裁判に係る罰金の金額, 罰金を完納することができない場合における留置の期間
	勾留すべき	拘置すべき
	裁判長又は受命裁判官	裁判長
第64条第2項	被告人の	第345条の2（第404条（第

	414条において準用する場合を含む.）において準用する場合を含む.）又は第494条の3の規定による決定を受けた者の
被告人を	その者を
第73条第3項	公訴事実の要旨	罰金が完納されていない旨

〔令5法28, 施行2年内〕

第494条の8 ① 第345条の2又は第494条の3の規定による決定を受けた者を拘置したときは, その法定代理人, 保佐人, 配偶者, 直系の親族及び兄弟姉妹のうちその決定を受けた者の指定する者1人にその旨を通知しなければならない.

② 第69条, 第82条から第87条まで, 第92条第2項及び第95条の規定並びに第96条第1項（第2号及び第6号に係る部分に限る.）, 第98条及び第98条の2の規定（これらの規定のうち勾留の執行停止に関する部分に限る.）は, 第494条の5の規定による拘置について準用する. この場合において, 次の表の上欄に掲げる規定中同表の中欄に掲げる字句は, それぞれ同表の下欄に掲げる字句に読み替えるものとする.

第69条	第57条乃至第62条, 第65条, 第66条及び前条	第494条の5から第494条の7まで及び第494条の12第1項
第82条第1項及び第2項, 第87条第1項並びに第95条第5項	被告人	者
第82条第1項, 第87条第1項, 第95条第1項, 第4項及び第5項並びに第96条第1項	裁判所	第494条の5の規定による拘置をした裁判所
第82条第2項及び第87条第1項	弁護人, 法定代理人	法定代理人
第83条第3項	被告人及びそ	拘置されてい

項	の弁護人	る者
第83条第3項ただし書	被告人の	その者の
	被告人が	その者が
	被告人に異議がないとき, 弁護人の出頭については, 被告人に異議がないとき	その者に異議がないとき
第84条第2項	被告人及び弁護人並びにこれらの	拘置されているこの者及びその
第92条第2項	も, 前項と同様である	は, 検察官の意見を聴かなければならない
第95条第1項	被告人を	者を
	被告人の	拘置されている者の
第95条第6項	被告人	拘置の執行停止をされる者
第96条第1項第2号及び第6号	被告人	拘置の執行停止をされている者
第98条第1項及び第2項	被告人	拘置の執行停止を取り消された者又は拘置の執行停止の期間が満了した者
第98条の2	被告人が	拘置の執行停止を取り消された者が
	被告人に	その者に

〔令5法28, 施行2年内〕

第494条の9 期間を指定されて拘置の執行停止をされた者が, 正当な理由がなく, 当該期間の終期として指定された日時に, 出頭すべき場所として指定された場所に出頭しないときは, 2年以下の拘禁刑に処する.

〔令5法28, 施行2年内〕

第494条の10 ① 第494条の5の規定による拘置をした裁判所の許可を受けないで指定された期間を超えて制限された住居を離れてはならない旨の条件を付されて拘置の執行停止をされた者が, 当該条件に係る住居を離れ, 当該許可を受けないで, 正当な理由がなく, 当該期間を超えて当該住居に帰着しないときは, 2年以下の拘禁刑に処する.

② 前項の者が, 第494条の5の規定による拘

置をした裁判所の許可を受けて同項の住居を離れ，正当な理由がなく，当該住居を離れることができる期間として指定された期間を超えて当該住居に帰着しないときも，同項と同様とする．

〔令5法28, 施行2年内〕

第494条の11　拘置の執行停止を取り消され，検察官から出頭を命ぜられた者が，正当な理由がなく，指定された日時及び場所に出頭しないときは，2年以下の拘禁刑に処する．

〔令5法28, 施行2年内〕

第494条の12　① 第345条の2又は第494条の3の規定による決定をした裁判所は，第494条の6に規定する手続のため必要があると認めるときは，検察官の請求により，又は職権で，決定で，当該第345条の2又は第494条の3の規定による決定を受けた者に対し，指定する日時及び場所に出頭することを命ずることができる．

② 前項の規定による決定をした裁判所は，当該決定を受けた者が，正当な理由がなく，これに応じないとき，又は応じないおそれがあるときは，その者を同項の規定により指定した場所に勾引することができる．

③ 第59条，第62条，第64条，第66条，第67条，第69条，第70条第1項，第71条，第72条，第73条第1項及び第3項，第74条並びに第75条の規定（これらの規定のうち勾引に関する部分に限る．）は，前項の規定による勾引について準用する．この場合において，次の表の上欄に掲げる規定中同表の中欄に掲げる字句は，それぞれ同表の下欄に掲げる字句に読み替えるものとする．

第59条，第62条，第64条第1項及び第3項，第67条第1項及び第3項，第72条第1項，第73条第1項及び第3項，第74条並びに第75条	被告人	第345条の2（第404条（第414条において準用する場合を含む．）において準用する場合を含む．）又は第494条の3の規定による決定を受けた者
第59条	裁判所	指定した場所
第59条ただし書	勾留状	拘置状
第64条第1項	罪名，公訴事実の要旨	罰金の裁判を告知した裁判所，当該裁判が確定した日，当該裁判に係る罰金の金額，罰金を完納することができない場合における留置の期間
	裁判長又は受命裁判官	裁判長
第64条第2項	被告人の	第345条の2（第404条（第414条において準用する場合を含む．）において準用する場合を含む．）又は第494条の3の規定による決定を受けた者の
	被告人を	その者を
第66条第1項	裁判所は	第494条の12第1項の規定による決定をした裁判所は
	被告人の現在地	第345条の2（第404条（第414条において準用する場合を含む．）において準用する場合を含む．）又は第494条の3の規定による決定を受けた者の現在地
	被告人の勾引	その者の勾引
第67条第2項	被告人が人違	第345条の2（第404条（第414条において準用する場合を含む．）において準用する場合を含む．）又は第494条の3の規定による決定を受けた者が人違
	被告人が指定された	その者が指定された
第69条	第57条	第59条，第62

乃至第62条，第65条，第66条及び前条	条，第66条及び第494条の12第2項
第73条第3項	公訴事実の要旨	罰金が完納されていない旨

〔令5法28，施行2年内〕

第494条の13　拘置の日数は，その1日を，刑法第18条第6項に規定する留置1日の割合に相当する金額に換算し，全部本刑に算入する。

〔令5法28，施行2年内〕

第494条の14　次の各号のいずれかに該当するときは，第345条の2又は第494条の3の規定による決定及び拘置状は，その効力を失う。

1　罰金が完納されたとき。

2　罰金について労役場留置の執行が開始されたとき。

3　拘置の日数が罰金の金額（未決勾留の日数が罰金に算入され若しくは通算された場合又は罰金の一部が納付された場合にあつては，当該金額から算入又は通算がされた金額及び納付された罰金の金額の合計額を控除した残額）を刑法第18条第6項に規定する留置1日の割合に相当する金額で除して得た日数（その日数に1日未満の端数を生じるときは，これを1日とする。）を超えることとなつたとき。

4　罰金の執行を受けることがなくなつたとき。　　〔令5法28，施行2年内〕

第495条〔未決勾留日数の法定通算〕①　上訴の提起期間中の未決勾留の日数は，上訴申立後の未決勾留の日数を除き，全部これを本刑に通算する。

②　上訴申立後の未決勾留の日数は，左の場合には，全部これを本刑に通算する。

1　検察官が上訴を申し立てたとき。

2　検察官以外の者が上訴を申し立てた場合においてその上訴審において原判決が破棄されたとき。

③　前2項の規定による通算については，未決勾留の1日を刑期の1日又は金額の4,000円に折算する。

④　上訴裁判所が原判決を破棄した後の未決勾留は，上訴中の未決勾留日数に準じて，これを通算する。

第496条〔没収物の処分〕没収物は，検察官がこれを処分しなければならない。

第497条〔没収物の交付〕①　没収を執行した後3箇月以内に，権利を有する者が没収物の交付を請求したときは，検察官は，破壊し，又は廃棄すべき物を除いては，これを交付しなければならない。

②　没収物を処分した後前項の請求があつた場合には，検察官は，公売によつて得た代価を交付しなければならない。

第498条〔偽造・変造部分の表示〕①　偽造し，又は変造された物を返還する場合には，偽造又は変造の部分をその物に表示しなければならない。

②　偽造し，又は変造された物が押収されていないときは，これを提出させて，前項に規定する手続をしなければならない。但し，その物が公務所に属するときは，偽造又は変造の部分を公務所に通知して相当な処分をさせなければならない。

第498条の2①　不正に作られた電磁的記録又は没収された電磁的記録に係る記録媒体を返還し，又は交付する場合には，当該電磁的記録を消去し，又は当該電磁的記録が不正に利用されないようにする処分をしなければならない。

②　不正に作られた電磁的記録に係る記録媒体が公務所に属する場合において，当該電磁的記録に係る記録媒体が押収されていないときは，不正に作られた部分を公務所に通知して相当な処分をさせなければならない。

第499条〔還付不能と公告〕①　押収物の還付を受けるべき者の所在が判らないため，又はその他の事由によつて，その物を還付することができない場合には，検察官は，その旨を政令で定める方法によつて公告しなければならない。

②　第222条第1項において準用する第123条第1項若しくは第124条第1項の規定又は第220条の第2項の規定により押収物を還付しようとするときも，前項と同様とする。この場合において，同項中「検察官」とあるのは，「検察官又は司法警察員」とする。

③　前2項の規定による公告をした日から6箇月以内に還付の請求がないときは，その物は，国庫に帰属する。

④　前項の期間内でも，価値のない物は，これを廃棄し，保管に不便な物は，これを公売してその代価を保管することができる。

第499条の2①　前条第1項の規定は第123条第3項の規定による交付又は複写について，前条第2項の規定は第220条第2項及び第222条第1項において準用する第123条第3項の規定による交付又は複写について，それぞれ準用する。

②　前項において準用する前条第1項又は第2項の規定による公告をした日から6箇月以内

に前項の交付又は複写の請求がないときは，その交付をし，又は複写をさせることを要しない．

第500条〔訴訟費用執行免除の申立て〕① 訴訟費用の負担を命ぜられた者は，貧困のためにこれを完納することができないときは，裁判所の規則の定めるところにより，訴訟費用の全部又は一部について，その裁判の執行の免除の申立てをすることができる．

② 前項の申立は，訴訟費用の負担を命ずる裁判が確定した後20日以内にこれをしなければならない．

第500条の2〔訴訟費用概算額の予納〕 被告人又は被疑者は，検察官に訴訟費用の概算額の予納をすることができる．

第500条の3〔訴訟費用の裁判の執行・予納金の充当〕① 検察官は，訴訟費用の裁判を執行する場合において，前条の規定による予納がされた金額があるときは，その予納がされた金額から当該訴訟費用の額に相当する金額を控除し，当該金額を当該訴訟費用の納付に充てる．

② 前項の規定により予納がされた金額から訴訟費用の額に相当する金額を控除して残余があるときは，その残余の額は，その予納をした者の請求により返還する．

第500条の4〔予納金の返還〕 次の各号のいずれかに該当する場合には，第500条の2の規定による予納がされた金額は，その予納をした者の請求により返還する．

1　第38条の2の規定により弁護人の選任が効力を失つたとき．

2　訴訟手続が終了する場合において，被告人に訴訟費用の負担を命ずる裁判がなされなかつたとき．

3　訴訟費用の負担を命ぜられた者が，訴訟費用の全部について，その裁判の執行の免除を受けたとき．

第501条〔裁判の解釈を求める申立て〕 刑の言渡を受けた者は，裁判の解釈について疑があるときは，言渡をした裁判所に裁判の解釈を求める申立をすることができる．

第502条〔執行に関する意義の申立て〕 裁判の執行を受ける者又はその法定代理人若しくは保佐人は，執行に関し検察官のした処分（次章の規定によるものを除く．）を不当とするときは，言渡しをした裁判所に異議の申立てをすることができる．

第503条〔申立ての取下げ〕① 第500条及び前2条の申立ては，決定があるまでこれを取り下げることができる．

② 第366条の規定は，第500条及び前2条の申立て及びその取下げについてこれを準用する．

第504条〔即時抗告〕 第500条，第501条及び第502条の申立てについてした決定に対しては，即時抗告をすることができる．

第505条〔労役場留置の執行〕 罰金又は科料を完納することができない場合における労役場留置の執行については，刑の執行に関する規定を準用する．

第506条〔執行費用の負担〕 第490条第1項の裁判の執行の費用は，執行を受ける者の負担とし，民事執行法その他強制執行の手続に関する法令の規定に従い，執行と同時にこれを取り立てなければならない．

第2章　裁判の執行に関する調査

第507条 検察官及び検察事務官は，裁判の執行に関する調査のため必要があるときは，管轄区域外で職務を行うことができる．

第508条〔裁判の執行に関する公務所等への照会〕① 検察官又は裁判所若しくは裁判官は，裁判の執行に関して，その目的を達するため必要な調査をすることができる．ただし，強制の処分は，この法律に特別の定めがある場合でなければ，これをすることができない．

② 検察官又は裁判所若しくは裁判官は，裁判の執行に関しては，公務所又は公私の団体に照会して必要な事項の報告を求めることができる．

第509条① 検察官は，裁判の執行に関して必要があると認めるときは，裁判官の発する令状により，差押え，記録命令付差押え，捜索又は検証をすることができる．この場合において，身体の検査は，身体検査令状によらなければならない．

② 差し押さえるべき物が電子計算機であるときは，当該電子計算機に電気通信回線で接続している記録媒体であつて，当該電子計算機で作成若しくは変更をした電磁的記録又は当該電子計算機で変更若しくは消去をすることができることとされている電磁的記録を保管するために使用されていると認めるに足りる状況にあるものから，その電磁的記録を当該電子計算機又は他の記録媒体に複写した上，当該電子計算機又は当該他の記録媒体を差し押さえることができる．

③ 第1項の令状は，検察官の請求により，これを発する．

④ 検察官は，第1項の身体検査令状の請求をするには，身体の検査を必要とする理由及び身体の検査を受ける者の性別，健康状態その他裁判所の規則で定める事項を示さなければならない．

⑤　裁判官は，身体の検査に関し，適当と認める条件を付することができる．

第510条　①　前条第1項の令状には，裁判の執行を受ける者の氏名，差し押さえるべき物，記録させ若しくは印刷させるべき電磁的記録及びこれを記録させ若しくは印刷させるべき者，捜索すべき場所，身体若しくは物，検証すべき場所若しくは物又は検査すべき身体及び身体の検査に関する条件，有効期間及びその期間経過後は差押え，記録命令付差押え，捜索又は検証に着手することができず令状はこれを返還しなければならない旨並びに発付の年月日その他裁判所の規則で定める事項を記載し，裁判官が，これに記名押印しなければならない．

②　前条第2項の場合には，同条第1項の令状に，前項に規定する事項のほか，差し押さえるべき電子計算機に電気通信回線で接続している記録媒体であつて，その電磁的記録を複写すべきものの範囲を記載しなければならない．

③　第64条第2項の規定は，前条第1項の令状について準用する．この場合において，第64条第2項中「被告人の」とあるのは「裁判の執行を受ける者の」と，「被告人を」とあるのは「その者を」と読み替えるものとする．

第511条　①　裁判所又は裁判官は，裁判の執行に関して必要があると認めるときは，令状を発して，差押え，記録命令付差押え，捜索又は検証をすることができる．この場合において，身体の検査は，身体検査令状によらなければならない．

②　差し押さえるべき物が電子計算機であるときは，当該電子計算機に電気通信回線で接続している記録媒体であつて，当該電子計算機で作成若しくは変更をした電磁的記録又は当該電子計算機で変更若しくは消去をすることができることとされている電磁的記録を保管するために使用されていると認めるに足りる状況にあるものから，その電磁的記録を当該電子計算機又は他の記録媒体に複写した上，当該電子計算機又は当該他の記録媒体を差し押さえることができる．

③　前条の規定は，第1項の令状について準用する．この場合において，同条第1項中「裁判官」とあるのは「裁判長又は裁判官」と，同条第2項中「前条第2項」とあるのは「次条第2項」と読み替えるものとする．

第512条　検察官又は裁判所若しくは裁判官は，裁判の執行を受ける者その他の者が遺留した物又は所有者，所持者若しくは保管者が任意に提出した物は，これを領置することができる．

第513条　①　第99条第1項，第100条，第102条から第105条まで，第110条，第110条の2前段，第111条第1項前段及び第2項，第111条の2前段，第112条，第114条，第115条，第118条から第120条まで，第121条第1項及び第2項，第123条第1項から第3項まで並びに第222条第6項の規定は，検察官が第509条及び前条の規定によつてする押収又は捜索について，第110条，第111条の2前段，第112条，第114条，第118条，第129条，第131条，第137条から第140条まで及び第222条第4項から第7項までの規定は，検察官が第509条の規定によつてする検証について，それぞれ準用する．この場合において，第99条第1項中「証拠物又は没収すべき物」とあり，及び第119条中「証拠物又は没収すべきもの」とあるのは「裁判の執行を受ける者若しくは裁判の執行の対象となるものの所在若しくは状況に関する資料，裁判の執行を受ける者の資産に関する資料，裁判の執行の対象となるもの若しくは裁判の執行を受ける者の財産を管理するために使用されている物又は第490条第2項の規定によりその規定に従うこととされる民事執行法その他強制執行の手続に関する法令の規定により金銭の支払を目的とする債権についての強制執行の目的となる物若しくはそれ以外の物であつて当該強制執行の手続において執行官による取上げの対象となるべきもの」と，第100条第1項，第102条，第105条ただし書及び第137条第1項中「被告人」とあり，並びに第222条第6項中「被疑者」とあるのは「裁判の執行を受ける者」と，第100条第2項並びに第123条第1項及び第3項中「被告事件」とあり，並びに第100条第3項ただし書中「審理」とあるのは「裁判の執行」と，第222条第7項中「第1項」とあるのは「第513条第1項において読み替えて準用する第137条第1項」と読み替えるものとする．

②　第116条及び第117条の規定は，検察官が第509条の規定によつてする差押え，記録命令付差押え又は捜索について準用する．

③　検察官は，第490条第2項の規定によりその規定に従うこととされる民事執行法その他強制執行の手続に関する法令の規定による手続において必要があると認めるときは，執行官に押収物を提出することができる．

④　前項の規定による提出をしたときは，押収を解く処分があつたものとする．この場合において，当該押収物は，還付することを要しない．

⑤　前2項の規定は，民事訴訟の手続に従い，利

害関係人がその権利を主張することを妨げない.

⑥ 第99条第1項, 第100条, 第102条から第105条まで, 第108条第1項から第3項まで, 第109条, 第110条, 第110条の2前段, 第111条第1項前段及び第2項, 第111条の2前段, 第112条, 第113条第3項, 第114条, 第115条, 第118条から第121条まで, 第123条第1項から第3項まで並びに第125条の規定は, 裁判所又は裁判官が前2条の規定によつてする押収又は捜索について, 第108条第1項から第3項まで, 第109条, 第110条, 第111条の2前段, 第112条, 第113条第3項, 第114条, 第118条, 第125条第1項から第3項まで及び第4項本文, 第129条, 第131条, 第137条から第140条まで並びに第222条第4項及び第5項の規定は, 裁判所又は裁判官が第511条の規定によつてする検証について, それぞれ準用する. この場合において, 第99条第1項中「証拠物又は没収すべき物」とあり, 及び第119条中「証拠物又は没収すべきもの」とあるのは「裁判の執行を受ける者若しくは裁判の執行の対象となるものの所在若しくは状況に関する資料又は裁判の執行の対象となるものを管理するために使用されている物」と, 第100条第1項, 第102条, 第105条ただし書, 第108条第1項ただし書, 第113条第3項及び第137条第1項中「被告人」とあるのは「裁判の執行を受ける者」と, 第100条第2項並びに第123条第1項及び第3項中「被告事件」とあり, 並びに第100条第3項ただし書中「審理」とあるのは「裁判の執行」と, 第125条第4項ただし書中「裁判所」とあるのは「裁判所又は第513条第6項において準用する第1項の規定による嘱託をした裁判官」と, 第222条第4項中「検察官, 検察事務官又は司法警察職員」とあるのは「検証状を執行する者」と読み替えるものとする.

⑦ 第116条及び第117条の規定は, 裁判所又は裁判官が第511条の規定によつてする差押え, 記録命令付差押え又は捜索について準用する.

⑧ 第71条の規定は, 第511条第1項の令状の執行について準用する.

⑨ 第499条第1項, 第3項及び第4項の規定は, 第1項及び第6項において読み替えて準用する第123条第1項の規定による押収物の還付について準用する. この場合において, 第499条第3項中「前2項」とあるのは, 「第513条第9項において準用する第1項」と読み替えるものとする.

⑩ 第499条第1項の規定は, 第1項及び第6項において読み替えて準用する第123条第3項の規定による交付又は複写について準用する.

⑪ 前項において準用する第499条第1項の規定による公告をした日から6箇月以内に前項の交付又は複写の請求がないときは, その交付をし, 又は複写をさせることを要しない.

第514条　検察官又は裁判所若しくは裁判官は, 裁判の執行に関して必要があると認めるときは, 裁判の執行を受ける者その他の者の出頭を求め, 質問をし, 又は裁判の執行を受ける者以外の者に鑑定, 通訳若しくは翻訳を嘱託することができる.

第515条　① 前条の規定による鑑定の嘱託を受けた者は, 裁判官の許可を受けて, 第168条第1項に規定する処分をすることができる.

② 検察官が前条の規定による鑑定の嘱託をした場合においては, 前項の許可の請求は, 検察官からこれをしなければならない.

③ 裁判官は, 前項の請求を相当と認めるとき, 又は裁判所若しくは裁判官が鑑定を嘱託した場合において第1項の許可をするときは, 許可状を発しなければならない.

④ 第131条, 第137条, 第138条, 第140条及び第168条第2項から第4項までの規定は, 第1項の許可及び前項の許可状について準用する. この場合において, 第137条第1項中「被告人」とあるのは「裁判の執行を受ける者」と, 第168条第2項中「被告人の氏名, 罪名」とあるのは「裁判の執行を受ける者の氏名」と読み替えるものとする.

第516条　検察官は, 検察事務官に第508条第1項本文の調査又は同条第2項, 第509条, 第512条若しくは第514条の処分をさせることができる.

附 則（略）

82　刑事訴訟規則（抄）

（昭23・12・1最高裁規則第32号, 昭24・1・1施行, 最終改正：令3・12・22最高裁規則第3号）

◆ **第2編　第一審** ◆

第1章　捜　査

（逮捕状請求書の記載要件）

第142条　① 逮捕状の請求書には, 次に掲げる事項その他逮捕状に記載することを要する事項及び逮捕状発付の要件たる事項を記載しなければならない.

1　被疑者の氏名, 年齢, 職業及び住居
2　罪名及び被疑事実の要旨
3　被疑者の逮捕を必要とする事由
4　請求者の官公職氏名
5　請求者が警察官たる司法警察員であるときは, 法第199条第2項の規定による指定を受けた者である旨
6　7日を超える有効期間を必要とするときは, その旨及び事由
7　逮捕状を数通必要とするときは, その旨及び事由
8　同一の犯罪事実又は現に捜査中である他の犯罪事実についてその被疑者に対し前に逮捕状の請求又はその発付があつたときは, その旨及びその犯罪事実
②　被疑者の氏名が明らかでないときは, 人相, 体格その他被疑者を特定するに足りる事項でこれを指定しなければならない.
③　被疑者の年齢, 職業又は住居が明らかでないときは, その旨を記載すれば足りる.

（差押え等の令状請求書の記載要件・法第218条）
第155条　①　差押え, 記録命令付差押え, 捜索又は検証のための令状の請求書には, 次に掲げる事項を記載しなければならない.
1　差し押さえるべき物, 記録させ若しくは印刷させるべき電磁的記録及びこれを記録させ若しくは印刷させるべき者又は捜索し若しくは検証すべき場所, 身体若しくは物
2　請求者の官公職氏名
3　被疑者又は被告人の氏名（被疑者又は被告人が法人であるときは, その名称）
4　罪名及び犯罪事実の要旨
5　7日を超える有効期間を必要とするときは, その旨及び事由
6　法第218条第2項の場合には, 差し押さえるべき電子計算機に電気通信回線で接続している記録媒体であつて, その電磁的記録を複写すべきものの範囲
7　日出前又は日没後に差押え, 記録命令付差押え, 捜索又は検証をする必要があるときは, その旨及び事由
②　身体検査令状の請求書には, 前項に規定する事項のほか, 法第218条第5項に規定する事項を記載しなければならない.
③　被疑者又は被告人の氏名又は名称が明らかでないときは, その旨を記載すれば足りる.

第3章　公　判

（証拠調の請求の方式・法第298条）
第189条　①　証拠調の請求は, 証拠と証明すべき事実との関係を具体的に明示して, これをしなければならない.
②　証拠書類その他の書面の一部の取調を請求するには, 特にその部分を明確にしなければならない.
③　裁判所は, 必要と認めるときは, 証拠調の請求をする者に対し, 前2項に定める事項を明らかにする書面の提出を命ずることができる.
④　前各項の規定に違反してされた証拠調の請求は, これを却下することができる.

（人定質問）
第196条　裁判長は, 検察官の起訴状の朗読に先だち, 被告人に対し, その人違でないことを確めるに

足りる事項を問わなければならない.
（被告人の権利保護のための告知事項・法第291条）
第197条　①　裁判長は, 起訴状の朗読が終つた後, 被告人に対し, 終始沈黙し又個々の質問に対し陳述を拒むことができる旨の外, 陳述をすることもできる旨及び陳述をすれば自己に不利益な証拠ともなり又利益な証拠ともなるべき旨を告げなければならない.
②　裁判長は, 必要と認めるときは, 被告人に対し, 前項に規定する事項の外, 被告人が充分に理解していないと思料される被告人保護のための権利を説明しなければならない.

（証拠調の順序）
第199条　①　証拠調については, まず, 検察官が取調を請求した証拠で事件の審判に必要と認めるすべてのものを取り調べ, これが終つた後, 被告人又は弁護人が取調を請求した証拠で事件の審判に必要と認めるものを取り調べる. 但し, 相当と認めるときは, 随時必要とする証拠を取り調べることができる.
②　前項の証拠調が終つた後においても, 必要があるときは, 更に証拠を取り調べることを妨げない.

（証人尋問の順序・法第304条）
第199条の2　①　訴訟関係人がまず証人を尋問するときは, 次の順序による.
1　証人の尋問を請求した者の尋問（主尋問）
2　相手方の尋問（反対尋問）
3　証人の尋問を請求した者の再度の尋問（再主尋問）
②　訴訟関係人は, 裁判長の許可を受けて, 更に尋問することができる.

（主尋問・法第304条等）
第199条の3　①　主尋問は, 立証すべき事項及びこれに関連する事項について行う.
②　主尋問においては, 証人の供述の証明力を争うために必要な事項についても尋問することができる.
③　主尋問においては, 誘導尋問をしてはならない. ただし, 次の場合には, 誘導尋問をすることができる.
1　証人の身分, 経歴, 交友関係等で, 実質的な尋問に入るに先だつて明らかにする必要のある準備的な事項に関するとき.
2　訴訟関係人に争のないことが明らかな事項に関するとき.
3　証人の記憶が明らかでない事項についてその記憶を喚起するため必要があるとき.
4　証人が主尋問者に対して敵意又は反感を示すとき.
5　証人が証言を避けようとする事項に関するとき.
6　証人が前の供述と相反するか又は実質的に異なる供述をした場合において, その供述した事項に関するとき.
7　その他誘導尋問を必要とする特別の事情があるとき.
④　誘導尋問をするについては, 書面の朗読その他証人の供述に不当な影響を及ぼすおそれのある方法を避けるように注意しなければならない.
⑤　裁判長は, 誘導尋問を相当でないと認めるときは, これを制限することができる.

（反対尋問・法第304条等）
第199条の4　①　反対尋問は, 主尋問に現われた事項及びこれに関連する事項並びに証人の供述の証明力を争うために必要な事項について行う.
②　反対尋問は, 特段の事情のない限り, 主尋問終了後直ちに行わなければならない.
③　反対尋問においては, 必要があるときは, 誘導尋

問をすることができる.

④ 裁判長は,誘導尋問を相当でないと認めるときは,これを制限することができる.

(反対尋問の機会における新たな事項の尋問・法第304条)

第199条の5 ① 証人の尋問を請求した者の相手方は,裁判長の許可を受けたときは,反対尋問の機会に,自己の主張を支持する新たな事項についても尋問することができる.

② 前項の規定による尋問は,同項の事項についての主尋問とみなす.

(供述の証明力を争うために必要な事項の尋問・法第304条)

第199条の6 証人の供述の証明力を争うために必要な事項の尋問は,証人の観察,記憶又は表現の正確性等証言の信用性に関する事項及び証人の利害関係,偏見,予断等証人の信用性に関する事項について行う.ただし,みだりに証人の名誉を害する事項に及んではならない.

(再主尋問・法第304条等)

第199条の7 ① 再主尋問は,反対尋問に現われた事項及びこれに関連する事項について行う.

② 再主尋問については,主尋問の例による.

③ 第199条の5の規定は,再主尋問の場合に準用する.

(補充尋問・法第304条)

第199条の8 裁判長又は陪席の裁判官がまず証人を尋問した後にする訴訟関係人の尋問については,証人の尋問を請求した者,相手方の区別に従い,前六条の規定を準用する.

(職権による証人の補充尋問・法第304条)

第199条の9 裁判所が職権で証人を取り調べる場合において,裁判長又は陪席の裁判官が尋問した後,訴訟関係人が尋問するときは,反対尋問の例による.

(書面又は物の提示・法第304条等)

第199条の10 ① 訴訟関係人は,書面又は物に関しその成立,同一性その他これに準ずる事項について証人を尋問する場合において必要があるときは,その書面又は物を示すことができる.

② 前項の書面又は物が証拠調を終つたものでないときは,あらかじめ,相手方にこれを閲覧する機会を与えなければならない.ただし,相手方に異議がないときは,この限りでない.

(記憶喚起のための書面等の提示・法第304条等)

第199条の11 ① 訴訟関係人は,証人の記憶が明らかでない事項についてその記憶を喚起するため必要があるときは,裁判長の許可を受けて,書面(供述を録取した書面を除く.)又は物を示して尋問することができる.

② 前項の規定による尋問については,書面の内容が証人の供述に不当な影響を及ぼすことのないように注意しなければならない.

③ 第1項の場合には,前条第2項の規定を準用する.

(図面等の利用・法第304条等)

第199条の12 ① 訴訟関係人は,証人の供述を明確にするため必要があるときは,裁判長の許可を受けて,図面,写真,模型,装置等を利用して尋問することができる.

② 前項の場合には,第199条の10第2項の規定を準用する.

(証人尋問の方法・法第304条等)

第199条の13 ① 訴訟関係人は,証人を尋問するに当つては,できる限り個別的かつ具体的で簡潔な尋問によらなければならない.

② 訴訟関係人は,次に掲げる尋問をしてはならない.ただし,第2号から第4号までの尋問については,正当な理由がある場合は,この限りでない.

1　威嚇的又は侮辱的な尋問

2　すでにした尋問と重複する尋問

3　意見を求め又は議論にわたる尋問

4　証人が直接経験しなかつた事実についての尋問

(関連性の明示・法第295条)

第199条の14 ① 訴訟関係人は,立証すべき事項又は主尋問若しくは反対尋問に現れた事項に関連する事項について尋問する場合には,その関連性が明らかになるような尋問をすることその他の方法により,裁判所にその関連性を明らかにしなければならない.

② 証人の観察,記憶若しくは表現の正確性その他の証言の信用性に関する事項又は証人の利害関係,偏見,予断その他の証人の信用性に関連する事項について尋問する場合も,前項と同様とする.

(釈明等)

第208条 ① 裁判長は,必要と認めるときは,訴訟関係人に対し,釈明を求め,又は立証を促すことができる.

② 陪席の裁判官は,裁判長に告げて,前項に規定する処置をすることができる.

③ 訴訟関係人は,裁判長に対し,釈明のための発問を求めることができる.

83　少　年　法(抄)

(昭23・7・15法律第168号,昭24・1・1施行,最終改正:令5・6・23法律第67号)

[目　次]
第1章　総　則(第1条・第2条)
第2章　少年の保護事件
　第1節　通　則(第3条-第5条の3)
　第2節　通告,警察官の調査等(第6条-第7条)
　第3節　調査及び審判(第8条-第31条の2)
　第4節　抗　告(第32条-第39条)
第3章　少年の刑事事件
　第1節　通　則(第40条)
　第2節　手　続(第41条-第50条)
　第3節　処　分(第51条-第60条)
第4章　記事等の掲載の禁止(第61条)
第5章　特定少年の特例
　第1節　保護事件の特例(第62条-第66条)
　第2節　刑事事件の特例(第67条)
　第3節　記事等の掲載の禁止の特例(第68条)

第1章　総　則

(この法律の目的)

第1条 この法律は,少年の健全な育成を期し,非行のある少年に対して性格の矯正及び環境の調整に関する保護処分を行うとともに,少年の刑事事件について特別の措置を講ずることを目的とする.

(定　義)

第2条 ① この法律において「少年」とは,20歳に満たない者をいう.

② この法律において「保護者」とは,少年に対して法律上監護教育の義務ある者及び少年を現に監護

する者をいう.

第2章 少年の保護事件

第1節 通 則

（審判に付すべき少年）

第3条 ① 次に掲げる少年は, これを家庭裁判所の審判に付する.

1 罪を犯した少年

2 14歳に満たないで刑罰法令に触れる行為をした少年

3 次に掲げる事由があつて, その性格又は環境に照して, 将来, 罪を犯し, 又は刑罰法令に触れる行為をする虞のある少年

イ 保護者の正当な監督に服しない性癖のあること.

ロ 正当な理由がなく家庭に寄り附かないこと.

ハ 犯罪性のある人若しくは不道徳な人と交際し, 又はいかがわしい場所に出入すること.

ニ 自己又は他人の徳性を害する行為をする性癖のあること.

② 家庭裁判所は, 前項第2号に掲げる少年及び同項第3号に掲げる少年で14歳に満たない者については, 都道府県知事又は児童相談所長から送致を受けたときに限り, これを審判に付することができる.

（管 轄）

第5条 ① 保護事件の管轄は, 少年の行為地, 住所, 居所又は現在地による.

② 家庭裁判所は, 保護の適正を期するため特に必要があると認めるときは, 決定をもつて, 事件を他の管轄家庭裁判所に移送することができる.

③ 家庭裁判所は, 事件がその管轄に属しないと認めるときは, 決定をもつて, これを管轄家庭裁判所に移送しなければならない.

（被害者等による記録の閲覧及び謄写）

第5条の2 ① 裁判所は, 第3条第1項第1号又は第2号に掲げる少年に係る保護事件について, 第21条の決定があつた後, 最高裁判所規則の定めるところにより当該保護事件の被害者等（被害者又はその法定代理人若しくは被害者が死亡した場合若しくはその心身に重大な故障がある場合におけるその配偶者, 直系の親族若しくは兄弟姉妹をいう. 以下同じ.）又は被害者等から委託を受けた弁護士から, その保管する当該保護事件の記録（家庭裁判所が専ら当該少年の保護の必要性を判断するために収集したもの及び家庭裁判所調査官が家庭裁判所による当該少年の保護の必要性の判断に資するよう作成し又は収集したものを除く.）の閲覧又は謄写の申出があるときは, 閲覧又は謄写を求める理由が正当でないと認める場合及び少年の健全な育成に対する影響, 事件の性質, 調査又は審判の状況その他の事情を考慮して閲覧又は謄写をさせることが相当でないと認める場合を除き, 申出をした者にその閲覧又は謄写をさせるものとする.

② 前項の申出は, その申出に係る保護事件を終局させる決定が確定した後3年を経過したときは, することができない.

③ 第1項の規定により記録の閲覧又は謄写をした者は, 正当な理由がないのに閲覧又は謄写により知り得た少年の氏名その他少年の身上に関する事項を漏らしてはならず, かつ, 閲覧又は謄写により知り得た事項をみだりに用いて, 少年の健全な育成を妨げ, 関係人の名誉若しくは生活の平穏を害し, 又は調査若しくは審判に支障を生じさせる行為をしてはならない.

第2節 通告, 警察官の調査等

（通 告）

第6条 ① 家庭裁判所の審判に付すべき少年を発見した者は, これを家庭裁判所に通告しなければならない.

② 警察官又は保護者は, 第3条第1項第3号に掲げる少年について, 直接これを家庭裁判所に送致し, 又は通告するよりも, 先づ児童福祉法（昭和22年法律第164号）による措置にゆだねるのが適当であると認めるときは, その少年を直接児童相談所に通告することができる.

（警察官等の調査）

第6条の2 ① 警察官は, 客観的な事情から合理的に判断して, 第3条第1項第2号に掲げる少年であると疑うに足りる相当の理由のある者を発見した場合において, 必要があるときは, 事件について調査をすることができる.

② 前項の調査は, 少年の情操の保護に配慮しつつ, 事案の真相を明らかにし, もつて少年の健全な育成のための措置に資することを目的として行うものとする.

③ 警察官は, 国家公安委員会規則の定めるところにより, 少年の心理その他の特性に関する専門的な知識を有する警察職員（警察官を除く.）に調査（第6条の5第1項の処分を除く.）をさせることができる.

（調査における付添人）

第6条の3 少年及び保護者は, 前条第1項の調査に関し, いつでも, 弁護士である付添人を選任することができる.

（呼出し, 質問, 報告の要求）

第6条の4 ① 警察官は, 調査をするについて必要があるときは, 少年, 保護者又は参考人を呼び出し, 質問することができる.

② 前項の質問に当たつては, 強制にわたることがあつてはならない.

③ 警察官は, 調査について, 公務所又は公私の団体に照会して必要な事項の報告を求めることができる.

（押収, 捜索, 検証, 鑑定嘱託）

第6条の5 ① 警察官は, 第3条第1項第2号に掲げる少年に係る事件の調査をするについて必要があるときは, 押収, 捜索, 検証又は鑑定の嘱託をすることができる.

② 刑事訴訟法（昭和23年法律第131号）中, 司法警察職員の行う押収, 捜索, 検証及び鑑定の嘱託に関する規定（同法第224条を除く.）は, 前項の場合に, これを準用する. この場合において, これらの規定中「司法警察員」とあるのは「司法警察員たる警察官」と, 「司法巡査」とあるのは「司法巡査たる警察官」と読み替えるほか, 同法第499条第1項中「検察官」とあるのは「警視総監若しくは道府県警察本部長又は警察署長」と, 「政令」とあるのは「国家公安委員会規則」と, 同条第3項中「国庫」とあるのは「当該都道府県警察又は警察署の属する都道府県」と読み替えるものとする.

（警察官の送致等）

第6条の6 ① 警察官は, 調査の結果, 次の各号のいずれかに該当するときは, 当該調査に係る書類とともに事件を児童相談所長に送致しなければならない.

1 第3条第1項第2号に掲げる少年に係る事件に

ついて，その少年の行為が次に掲げる罪に係る刑罰法令に触れるものであると思料するとき．
　イ　故意の犯罪行為により被害者を死亡させた罪
　ロ　イに掲げるもののほか，死刑又は無期若しくは短期2年以上の拘禁刑に当たる罪
　2　前号に掲げるもののほか，第3条第1項第2号に掲げる少年に係る事件について，家庭裁判所の審判に付することが適当であると思料するとき．
② 警察官は，前項の規定により児童相談所長に送致した事件について，児童福祉法第27条第1項第4号の措置がとられた場合において，証拠物があるときは，これを家庭裁判所に送付しなければならない．
③ 警察官は，第1項の規定により事件を送致した場合を除き，児童福祉法第25条第1項の規定により調査に係る少年を児童相談所に通告するときは，国家公安委員会規則の定めるところにより，児童相談所に対し，同法による措置をとるについて参考となる当該調査の概要及び結果を通知するものとする．
〔令4法68，施行3年内〕

（都道府県知事又は児童相談所長の送致）
第6条の7　① 都道府県知事又は児童相談所長は，前条第1項（第1号に係る部分に限る．）の規定により送致を受けた事件については，児童福祉法第27条第1項第4号の措置をとらなければならない．ただし，調査の結果，その必要がないと認められるときは，この限りでない．
② 都道府県知事又は児童相談所長は，児童福祉法の適用がある少年について，たまたま，その行動の自由を制限し，又はその自由を奪うような強制的措置を必要とするときは，同法第33条，第33条の2及び第47条の規定により認められる場合を除き，これを家庭裁判所に送致しなければならない．

（家庭裁判所調査官の報告）
第7条　① 家庭裁判所調査官は，家庭裁判所の審判に付すべき少年を発見したときは，これを裁判官に報告しなければならない．
② 家庭裁判所調査官は，前項の報告に先だち，少年及び保護者について，事情を調査することができる．

　第3節　調査及び審判
（事件の調査）
第8条　① 家庭裁判所は，第6条第1項の通告又は前条第1項の報告により，審判に付すべき少年があると思料するときは，事件について調査しなければならない．検察官，司法警察員，警察官，都道府県知事又は児童相談所長から家庭裁判所の審判に付すべき少年事件の送致を受けたときも，同様とする．
② 家庭裁判所は，家庭裁判所調査官に命じて，少年，保護者又は参考人の取調その他の必要な調査を行わせることができる．

（調査の方針）
第9条　前条の調査は，なるべく，少年，保護者又は関係人の行状，経歴，素質，環境等について，医学，心理学，教育学，社会学その他の専門的智識特に少年鑑別所の鑑別の結果を活用して，これを行うように努めなければならない．

（被害者等の申出による意見の聴取）
第9条の2　家庭裁判所は，最高裁判所規則の定めるところにより第3条第1項第1号又は第2号に掲げる少年に係る事件の被害者等から，被害に関する心情その他の事件に関する意見の陳述の申出があるときは，自らこれを聴取し，又は家庭裁判所調査官に命じてこれを聴取させるものとする．ただし，

事件の性質，調査又は審判の状況その他の事情を考慮して，相当でないと認めるときは，この限りでない．

（付添人）
第10条　① 少年並びにその保護者，法定代理人，保佐人，配偶者，直系の親族及び兄弟姉妹は，家庭裁判所の許可を受けて，付添人を選任することができる．ただし，弁護士を付添人に選任するには，家庭裁判所の許可を要しない．
② 保護者は，家庭裁判所の許可を受けて，付添人となることができる．

第11条　① 家庭裁判所は，事件の調査又は審判について必要があると認めるときは，少年又は保護者に対して，呼出状を発して，その呼出しをすることができる．
② 家庭裁判所は，少年又は保護者が，正当な理由がなく，前項の規定による呼出しに応じないとき，又は応じないおそれがあるときは，その少年又は保護者に対して，同行状を発して，その同行をすることができる．

（証人尋問・鑑定・通訳・翻訳）
第14条　① 家庭裁判所は，証人を尋問し，又は鑑定，通訳若しくは翻訳を命ずることができる．
② 刑事訴訟法中，裁判所の行う証人尋問，鑑定，通訳及び翻訳に関する規定は，保護事件の性質に反しない限り，前項の場合に，これを準用する．

（検証，押収，捜索）
第15条　① 家庭裁判所は，検証，押収又は捜索をすることができる．
② 刑事訴訟法中，裁判所の行う検証，押収及び捜索に関する規定は，保護事件の性質に反しない限り，前項の場合に，これを準用する．

（援助，協力）
第16条　① 家庭裁判所は，調査及び観察のため，警察官，保護観察官，保護司，児童福祉司（児童福祉法第12条の3第2項第6号に規定する児童福祉司をいう．第26条第1項において同じ．）又は児童委員に対して，必要な援助をさせることができる．
② 家庭裁判所は，その職務を行うについて，公務所，公私の団体，学校，病院その他に対して，必要な協力を求めることができる．

（観護の措置）
第17条　① 家庭裁判所は，審判を行うため必要があるときは，決定をもつて，次に掲げる観護の措置をとることができる．
　1　家庭裁判所調査官の観護に付すること．
　2　少年鑑別所に送致すること．
② 同行された少年については，観護の措置は，遅くとも，到着のときから24時間以内に，これを行わなければならない．検察官又は司法警察員から勾留又は逮捕された少年の送致を受けたときも，同様である．
③ 第1項第2号の措置においては，少年鑑別所に収容する期間は，2週間を超えることができない．ただし，特に継続の必要があるときは，決定をもつて，これを更新することができる．
④ 前項ただし書の規定による更新は，1回を超えて行うことができない．ただし，第3条第1項第1号に掲げる少年に係る拘禁刑以上の刑に当たる罪の事件でその非行事実（犯行の動機，態様及び結果その他の当該犯罪に密接に関連する重要な事実を含む．以下同じ．）の認定に関し証人尋問，鑑定若し

くは検証を行うことを決定したもの又はこれを行つたものについて，少年を収容しなければ審判に著しい支障が生じるおそれがあると認めるに足りる相当の理由がある場合には，その更新は，更に2回を限度として，行うことができる．

⑤ 第3項ただし書の規定にかかわらず，検察官から再び送致を受けた事件が先に第1項第2号の措置がとられ，又は勾留状が発せられた事件であるときは，収容の期間は，これを更新することができない．

⑥ 裁判官が第43条第1項の請求により，第1項第1号の措置をとつた場合において，事件が家庭裁判所に送致されたときは，その措置は，これを第1項第1号の措置とみなす．

⑦ 裁判官が第43条第1項の請求により第1項第2号の措置をとつた場合において，事件が家庭裁判所に送致されたときは，その措置は，これを第1項第2号の措置とみなす．この場合には，第3項の期間は，家庭裁判所が事件の送致を受けた日から，これを起算する．

⑧ 観護の措置は，決定をもつて，これを取り消し，又は変更することができる．

⑨ 第1項第2号の措置については，収容の期間は，通じて8週間を超えることができない．ただし，その収容の期間が通じて4週間を超えることとなる決定を行うときは，第4項ただし書に規定する事由がなければならない．

⑩ 裁判長は，急速を要する場合には，第1項及び第8項の処分を，し，又は合議体の構成員にこれをさせることができる．　　　　　　〔令4法68,施行3年内〕

（異議の申立て）
第17条の2 ① 少年，その法定代理人又は付添人は，前条第1項第2号又は第3項ただし書の決定に対して，保護事件の係属する家庭裁判所に異議の申立てをすることができる．ただし，付添人は，選任者である保護者の明示した意思に反して，異議の申立てをすることができない．

② 前項の異議の申立ては，審判に付すべき事由がないことを理由としてすることができない．

③ 第1項の異議の申立てについては，家庭裁判所は，合議体で決定をしなければならない．この場合において，その決定には，原決定に関与した裁判官は，関与することができる．

④ 第32条の3，第33条及び第34条の規定は，第1項の異議の申立てがあつた場合について準用する．この場合において，第33条第2項中「取り消し，事件を原裁判所に差し戻し，又は他の家庭裁判所に移送しなければならない」とあるのは，「取り消し，必要があるときは，更に裁判をしなければならない」と読み替えるものとする．

（特別抗告）
第17条の3 ① 第35条第1項の規定は，前条第3項の決定について準用する．この場合において，第35条第1項中「2週間」とあるのは，「5日」と読み替えるものとする．

② 前条第4項及び第32条の2の規定は，前項の規定による抗告があつた場合について準用する．

（少年鑑別所送致の場合の仮収容）
第17条の4 ① 家庭裁判所は，第17条第1項第2号の措置をとつた場合において，直ちに少年鑑別所に収容することが著しく困難であると認める事情があるときは，決定をもつて，少年を仮に最寄りの少年院又は刑事施設の特に区別した場所に収容す

ることができる．ただし，その期間は，収容した時から72時間を超えることができない．

② 裁判長は，急速を要する場合は，前項の処分をし，又は合議体の構成員にこれをさせることができる．

③ 第1項の規定による収容の期間は，これを第17条第1項第2号の措置による少年鑑別所に収容した期間とみなし，同条第3項の期間は，少年院又は刑事施設に収容した日から，これを起算する．

④ 裁判官が第43条第1項の請求のあつた事件につき，第1項の収容をした場合において，事件が家庭裁判所に送致されたときは，その収容は，これを第1項の規定による収容とみなす．

（児童福祉法の措置）
第18条 ① 家庭裁判所は，調査の結果，児童福祉法による措置を相当と認めるときは，決定をもつて，事件を権限を有する都道府県知事又は児童相談所長に送致しなければならない．

② 第6条の7第2項の規定により，都道府県知事又は児童相談所長から送致を受けた少年については，決定をもつて，期限を付して，これに対してとるべき保護の方法その他の措置を指示して，事件を権限を有する都道府県知事又は児童相談所長に送致することができる．

（審判を開始しない旨の決定）
第19条 ① 家庭裁判所は，調査の結果，審判に付することができず，又は審判に付するのが相当でないと認めるときは，審判を開始しない旨の決定をしなければならない．

② 家庭裁判所は，調査の結果，本人が20歳以上であることが判明したときは，前項の規定にかかわらず，決定をもつて，事件を管轄地方裁判所に対応する検察庁の検察官に送致しなければならない．

（検察官への送致）
第20条 ① 家庭裁判所は，拘禁刑以上の刑に当たる罪の事件について，調査の結果，その罪質及び情状に照らして刑事処分を相当と認めるときは，決定をもつて，これを管轄地方裁判所に対応する検察庁の検察官に送致しなければならない．

② 前項の規定にかかわらず，家庭裁判所は，故意の犯罪行為により被害者を死亡させた罪の事件であつて，その罪を犯すとき16歳以上の少年に係るものについては，同項の決定をしなければならない．ただし，調査の結果，犯行の動機及び態様，犯行後の情況，少年の性格，年齢，行状及び環境その他の事情を考慮し，刑事処分以外の措置を相当と認めるときは，この限りでない．　　〔令4法68,施行3年内〕

（審判開始の決定）
第21条 家庭裁判所は，調査の結果，審判を開始するのが相当であると認めるときは，その旨の決定をしなければならない．

（審判の方式）
第22条 ① 審判は，懇切を旨として，和やかに行うとともに，非行のある少年に対し自己の非行について内省を促すものとしなければならない．

② 審判は，これを公開しない．

③ 審判の指揮は，裁判長が行う．

（検察官の関与）
第22条の2 ① 家庭裁判所は，第3条第1項第1号に掲げる少年に係る事件であつて，死刑又は無期若しくは長期3年を超える拘禁刑に当たる罪のものにおいて，その非行事実を認定するための審判の手続に検察官が関与する必要があると認めるときは，

決定をもつて、審判に検察官を出席させることができる.

② 家庭裁判所は、前項の決定をするには、検察官の申出がある場合を除き、あらかじめ、検察官の意見を聴かなければならない.

③ 検察官は、第1項の決定があつた事件において、その非行事実の認定に資するため必要な限度で、最高裁判所規則の定めるところにより、事件の記録及び証拠物を閲覧し及び謄写し、審判の手続（事件を終局させる決定の告知を含む.）に立ち会い、少年及び証人その他の関係人に発問し、並びに意見を述べることができる. 〔令4法68, 施行3年内〕

（国選付添人）

第22条の3 ① 家庭裁判所は、前条第1項の決定をした場合において、少年に弁護士である付添人がないときは、弁護士である付添人を付さなければならない.

② 家庭裁判所は、第3条第1項第1号に掲げる少年に係る事件であつて前条第1項に規定する罪のもの又は第3条第1項第2号に掲げる少年に係る事件であつて前条第1項に規定する罪に係る刑罰法令に触れるものについて、第17条第1項第2号の措置がとられており、かつ、少年に弁護士である付添人がない場合において、事案の内容、保護者の有無その他の事情を考慮し、審判の手続に弁護士である付添人が関与する必要があると認めるときは、弁護士である付添人を付することができる.

③ 前2項の規定により家庭裁判所が付すべき付添人は、最高裁判所規則の定めるところにより、選任するものとする.

④ 前項（第22条の5第4項において準用する場合を含む.）の規定により選任された付添人は、旅費、日当、宿泊料及び報酬を請求することができる.

（被害者等による少年審判の傍聴）

第22条の4 ① 家庭裁判所は、最高裁判所規則の定めるところにより第3条第1項第1号に掲げる少年に係る事件であつて次に掲げる罪のもの又は同項第2号に掲げる少年（12歳に満たないで刑罰法令に触れる行為をした少年を除く. 次項において同じ.）に係る事件であつて次に掲げる罪に係る刑罰法令に触れるもの（いずれも被害者を傷害した場合にあつては、これにより生命に重大な危険を生じさせたときに限る.）の被害者等から、審判期日における審判の傍聴の申出がある場合において、少年の年齢及び心身の状態、事件の性質、審判の状況その他の事情を考慮して、少年の健全な育成を妨げるおそれがなく相当と認めるときは、その申出をした者に対し、これを傍聴することを許すことができる.

1 故意の犯罪行為により被害者を死傷させた罪

2 刑法（明治40年法律第45号）第211条（業務上過失致死傷等）の罪

3 自動車の運転により人を死傷させる行為等の処罰に関する法律（平成25年法律第86号）第4条、第5条又は第6条第3項若しくは第4項の罪

② 家庭裁判所は、前項の規定により第3条第1項第2号に掲げる少年に係る事件の被害者等に審判の傍聴を許すか否かを判断するに当たつては、同号に掲げる少年が、一般に、精神的に特に未成熟であることを十分考慮しなければならない.

③ 家庭裁判所は、第1項の規定により審判の傍聴を許す場合において、傍聴する者の年齢、心身の状態その他の事情を考慮し、その者が著しく不安又は緊

張を覚えるおそれがあると認めるときは、その不安又は緊張を緩和するのに適当であり、かつ、審判を妨げ、又はこれに不当な影響を与えるおそれがないと認める者を、傍聴する者に付き添わせることができる.

④ 裁判長は、第1項の規定により審判を傍聴する者及び前項の規定によりこの者に付き添う者の座席の位置、審判を行う場所における裁判所職員の配置等を定めるに当たつては、少年の心身に及ぼす影響に配慮しなければならない.

⑤ 第5条の2第3項の規定は、第1項の規定により審判を傍聴した者又は第3項の規定によりこの者に付き添つた者について、準用する.

（弁護士である付添人からの意見の聴取等）

第22条の5 ① 家庭裁判所は、前条第1項の規定により審判の傍聴を許すには、あらかじめ、弁護士である付添人の意見を聴かなければならない.

② 家庭裁判所は、前項の場合において、少年に弁護士である付添人がないときは、弁護士である付添人を付さなければならない.

③ 少年に弁護士である付添人がない場合であつて、最高裁判所規則の定めるところにより少年及び保護者がこれを必要としない旨の意思を明示したときは、前2項の規定は適用しない.

④ 第22条の3第3項の規定は、第2項の規定により家庭裁判所が付すべき付添人について、準用する.

（被害者等に対する説明）

第22条の6 ① 家庭裁判所は、最高裁判所規則の定めるところにより第3条第1項第1号又は第2号に掲げる少年に係る事件の被害者等から申出がある場合において、少年の健全な育成を妨げるおそれがなく相当と認めるときは、最高裁判所規則の定めるところにより、その申出をした者に対し、審判期日における審判の状況を説明するものとする.

② 前項の申出は、その申出に係る事件を終局させる決定が確定した後3年を経過したときは、することができない.

③ 第5条の2第3項の規定は、第1項の規定により説明を受けた者について、準用する.

（審判開始後保護処分に付しない場合）

第23条 ① 家庭裁判所は、審判の結果、第18条又は第20条にあたる場合であると認めるときは、それぞれ、所定の決定をしなければならない.

② 家庭裁判所は、審判の結果、保護処分に付することができず又は保護処分に付する必要がないと認めるときは、その旨の決定をしなければならない.

③ 第19条第2項の規定は、家庭裁判所の審判の結果、本人が20歳以上であることが判明した場合に準用する.

（保護処分の決定）

第24条 ① 家庭裁判所は、前条の場合を除いて、審判を開始した事件につき、決定をもつて、次に掲げる保護処分をしなければならない. ただし、決定の時に14歳に満たない少年に係る事件については、特に必要と認める場合に限り、第3号の保護処分をすることができる.

1 保護観察所の保護観察に付すること.

2 児童自立支援施設又は児童養護施設に送致すること.

3 少年院に送致すること.

② 前項第1号及び第3号の保護処分においては、保護観察所の長をして、家庭その他の環境調整に関す

る措置を行わせることができる.

（没　取）

第24条の2　① 家庭裁判所は,第3条第1項第1号及び第2号に掲げる少年について,第18条,第19条,第23条第2項又は前条第1項の決定をする場合には,決定をもつて,次に掲げる物を没取することができる.

1　刑罰法令に触れる行為を組成した物

2　刑罰法令に触れる行為に供し,又は供しようとした物

3　刑罰法令に触れる行為から生じ,若しくはこれによつて得た物又は刑罰法令に触れる行為の報酬として得た物

4　前号に記載した物の対価として得た物

② 家庭裁判所は,前項に規定する少年について,第18条,第19条,第23条第2項又は前条第1項の決定をする場合には,決定をもつて,次に掲げる物を没取することができる.

1　私事性的画像記録の提供等による被害の防止に関する法律（平成26年法律第126号）第3条第1項から第3項までの規定に触れる行為を組成し,若しくは当該行為の用に供した私事性的画像記録（同法第2条第1項に規定する私事性的画像記録をいう.）が記録されている物若しくはこれを複写した物又は当該行為を組成し,若しくは当該行為の用に供した私事性的画像記録物（同法第2条第2項に規定する私事性的画像記録物をいう.）を複写した物

2　性的な姿態を撮影する行為等の処罰及び押収物に記録された性的な姿態の影像に係る電磁的記録の消去等に関する法律（令和5年法律第67号）第2条第1項又は第6条第1項の規定に触れる行為により生じた物を複写した物

③ 没取は,その物が本人以外の者に属しないときに限る. ただし,刑罰法令に触れる行為の後,本人以外の者が情を知つて第1項の物を取得し,又は前項の物を保有するに至つたときは,本人以外の者に属する場合であつても,これを没取することができる.

（家庭裁判所調査官の観察）

第25条　① 家庭裁判所は,第24条第1項の保護処分を決定するため必要があると認めるときは,決定をもつて,相当の期間,家庭裁判所調査官の観察に付することができる.

② 家庭裁判所は,前項の観察とあわせて,次に掲げる措置をとることができる.

1　遵守事項を定めてその履行を命ずること.

2　条件を附けて保護者に引き渡すこと.

3　適当な施設,団体又は個人に補導を委託すること.

（保護者に対する措置）

第25条の2　家庭裁判所は,必要があると認めるときは,保護者に対し,少年の監護に関する責任を自覚させ,その非行を防止するため,調査又は審判において,自ら訓戒,指導その他の適当な措置をとり,又は家庭裁判所調査官に命じてこれらの措置をとらせることができる.

（決定の執行）

第26条　① 家庭裁判所は,第17条第1項第2号,第17条の4第1項並びに第24条第1項第2号及び第3号の決定をしたときは,家庭裁判所調査官,裁判所書記官,法務事務官,法務教官,警察官,保護観察官又は児童福祉司をして,その決定を執行させることができる.

② 家庭裁判所は,第17条第1項第2号,第17条の4第1項並びに第24条第1項第2号及び第3号の決定を執行するため必要があるときは,少年に対して,呼出状を発して,その呼出しをすることができる.

③ 家庭裁判所は,少年が,正当な理由がなく,前項の規定による呼出しに応じないとき,又は応じないおそれがあるときは,その少年に対して,同行状を発して,その同行をすることができる.

④ 家庭裁判所は,少年が保護のため緊急を要する状態にあつて,その福祉上必要であると認めるときは,前項の規定にかかわらず,その少年に対して,同行状を発して,その同行をすることができる.

⑤ 第13条の規定は,前2項の同行状について,これを準用する.

⑥ 裁判長は,急速を要する場合には,第1項の処分をし,又は合議体の構成員にこれをさせることができる.

（少年鑑別所収容の一時継続）

第26条の2　家庭裁判所は,第17条第1項第2号の措置がとられている事件について,第18条,第19条,第20条第1項,第23条第2項又は第24条第1項の決定をする場合において,必要と認めるときは,決定をもつて,少年を引き続き相当期間少年鑑別所に収容することができる. ただし,その期間は,7日を超えることはできない.

（同行状の執行の場合の仮収容）

第26条の3　第24条第1項第3号の決定を受けた少年に対して第26条第3項又は第4項の同行状を執行する場合において,必要があるときは,その少年を仮に最寄の少年院又は少年鑑別所に収容することができる.

（保護処分の取消し）

第27条の2　① 保護処分の継続中,本人に対し審判権がなかつたこと,又は14歳に満たない少年について,都道府県知事若しくは児童相談所長から送致の手続がなかつたにもかかわらず,保護処分をしたことを認め得る明らかな資料を新たに発見したときは,保護処分をした家庭裁判所は,決定をもつて,その保護処分を取り消さなければならない.

② 保護処分が終了した後においても,審判に付すべき事由の存在が認められないにもかかわらず保護処分をしたことを認め得る明らかな資料を新たに発見したときは,前項と同様とする. ただし,本人が死亡した場合は,この限りでない.

③ 保護観察所,児童自立支援施設,児童養護施設又は少年院の長は,保護処分の継続中の者について,第1項の事由があることを疑うに足りる資料を発見したときは,保護処分をした家庭裁判所に,その旨の通知をしなければならない.

④ 第18条第1項及び第19条第2項の規定は,家庭裁判所が,第1項の規定により,保護処分を取り消した場合に準用する.

⑤ 家庭裁判所は,第1項の規定により,少年院に収容中の者の保護処分を取り消した場合において,必要があると認めるときは,決定をもつて,その者を引き続き少年院に収容することができる. 但し,その期間は,3日を超えることはできない.

⑥ 前3項に定めるもののほか,第1項及び第2項の規定による第24条第1項の保護処分の取消しの事件の手続は,その性質に反しない限り,同項の保護処分に係る事件の手続の例による.

（報告と意見の提出）

第28条　家庭裁判所は、第24条又は第25条の決定をした場合において、施設、団体、個人、保護観察所、児童福祉施設又は少年院に対して、少年に関する報告又は意見の提出を求めることができる。

（被害者等に対する通知）
第31条の2　① 家庭裁判所は、第3条第1項第1号又は第2号に掲げる少年に係る事件を終局させる決定をした場合において、最高裁判所規則の定めるところにより当該事件の被害者等から申出があるときは、その申出をした者に対し、次に掲げる事項を通知するものとする。ただし、その通知をすることが少年の健全な育成を妨げるおそれがあり相当でないと認められるものについては、この限りでない。

1　少年及びその法定代理人の氏名及び住居（法定代理人が法人である場合においては、その名称又は商号及び主たる事務所又は本店の所在地）

2　決定の年月日、主文及び理由の要旨

② 前項の申出は、同項に規定する決定が確定した後3年を経過したときは、することができない。

③ 第5条の2第3項の規定は、第1項の規定により通知を受けた者について、準用する。

　第4節　抗告
（抗告）
第32条　保護処分の決定に対しては、決定に影響を及ぼす法令の違反、重大な事実の誤認又は処分の著しい不当を理由とするときに限り、少年、その法定代理人又は付添人は、2週間以内に、抗告をすることができる。ただし、付添人は、選任者である保護者の明示した意思に反して、抗告をすることができない。

（抗告裁判所の調査の範囲）
第32条の2　① 抗告裁判所は、抗告の趣意に含まれている事項に限り、調査をするものとする。

② 抗告裁判所は、抗告の趣意に含まれていない事項であつても、抗告の理由となる事由に関しては、職権で調査をすることができる。

（抗告裁判所の事実の取調べ）
第32条の3　① 抗告裁判所は、決定をするについて必要があるときは、事実の取調べをすることができる。

② 前項の取調べは、合議体の構成員にさせ、又は家庭裁判所の裁判官に嘱託することができる。

（抗告受理の申立て）
第32条の4　① 検察官は、第22条の2第1項の決定がされた場合において、保護処分に付さない決定又は保護処分の決定に対し、同項の決定があつた事件の非行事実の認定に関し、決定に影響を及ぼす法令の違反又は重大な事実の誤認があることを理由とするときに限り、高等裁判所に対し、2週間以内に、抗告審として事件を受理すべきことを申し立てることができる。

② 前項の規定による申立て（以下「抗告受理の申立て」という。）は、申立書を原裁判所に差し出してしなければならない。この場合において、原裁判所は、速やかにこれを高等裁判所に送付しなければならない。

③ 高等裁判所は、抗告受理の申立てがされた場合において、抗告審として事件を受理するのを相当と認めるときは、これを受理することができる。この場合においては、その旨の決定をしなければならない。

④ 高等裁判所は、前項の決定をする場合において、抗告受理の申立ての理由中に重要でないと認めるものがあるときは、これを排除することができる。

⑤ 第3項の決定は、高等裁判所が原裁判所から第2項の申立書の送付を受けた日から2週間以内にしなければならない。

⑥ 第3項の決定があつた場合には、抗告があつたものとみなす。この場合において、第32条の2の規定の適用については、抗告受理の申立ての理由中第4項の規定により排除されたもの以外のものを抗告の趣意とみなす。

（抗告審における国選付添人）
第32条の5　① 前条第3項の決定があつた場合において、少年に弁護士である付添人がないときは、抗告裁判所は、弁護士である付添人を付さなければならない。

② 抗告裁判所は、第22条の3第2項に規定する事件（家庭裁判所において第17条第1項第2号の措置がとられたものに限る。）について、少年に弁護士である付添人がなく、かつ、事案の内容、保護者の有無その他の事情を考慮し、抗告審の審理に弁護士である付添人が関与する必要があると認めるときは、弁護士である付添人を付することができる。

（抗告審の裁判）
第33条　① 抗告の手続がその規定に違反したとき、又は抗告が理由のないときは、決定をもつて、抗告を棄却しなければならない。

② 抗告が理由のあるときは、決定をもつて、原決定を取り消して、事件を原裁判所に差し戻し、又は他の家庭裁判所に移送しなければならない。

（執行の停止）
第34条　抗告は、執行を停止する効力を有しない。但し、原裁判所又は抗告裁判所は、決定をもつて、執行を停止することができる。

（再抗告）
第35条　① 抗告裁判所のした第33条の決定に対しては、憲法に違反し、若しくは憲法の解釈に誤りがあること、又は最高裁判所若しくは控訴裁判所である高等裁判所の判例と相反する判断をしたことを理由とする場合に限り、少年、その法定代理人又は付添人から、最高裁判所に対し、2週間以内に、特に抗告をすることができる。ただし、付添人は、選任者である保護者の明示した意思に反して、抗告をすることができない。

② 第32条の2、第32条の3、第32条の5第2項及び第32条の6から前条までの規定は、前項の場合に、これを準用する。この場合において、第33条第2項中「取り消して、事件を原裁判所に差し戻し、又は他の家庭裁判所に移送しなければならない」とあるのは、「取り消さなければならない。この場合には、家庭裁判所の決定を取り消して、事件を家庭裁判所に差し戻し、又は他の家庭裁判所に移送することができる」と読み替えるものとする。

第3章　少年の刑事事件

　第1節　通則
（準拠法例）
第40条　少年の刑事事件については、この法律で定めるものの外、一般の例による。

　第2節　手続
（司法警察員の送致）
第41条　司法警察員は、少年の被疑事件について捜査を遂げた結果、罰金以下の刑にあたる犯罪の嫌疑があるものと思料するときは、これを家庭裁判所に

送致しなければならない．犯罪の嫌疑がない場合でも，家庭裁判所の審判に付すべき事由があると思料するときは，同様である．

（検察官の送致）
第42条 ① 検察官は，少年の被疑事件について捜査を遂げた結果，犯罪の嫌疑があるものと思料するときは，第45条第5号本文に規定する場合を除いて，これを家庭裁判所に送致しなければならない．犯罪の嫌疑がない場合でも，家庭裁判所の審判に付すべき事由があると思料するときは，同様である．
② 前項の場合においては，刑事訴訟法の規定に基づく裁判官による被疑者についての弁護人の選任は，その効力を失う．

（勾留に代る措置）
第43条 ① 検察官は，少年の被疑事件においては，裁判官に対して，勾留の請求に代え，第17条第1項の措置を請求することができる．但し，第17条第1項第1号の措置は，家庭裁判所の裁判官に対して，これを請求しなければならない．
② 前項の請求を受けた裁判官は，第17条第1項の措置に関して，家庭裁判所と同一の権限を有する．
③ 検察官は，少年の被疑事件においては，やむを得ない場合でなければ，裁判官に対して，勾留を請求することはできない．

（勾留に代る措置の効力）
第44条 ① 裁判官が前条第1項の請求に基いて第17条第1項第1号の措置をとつた場合においては，検察官は，捜査を遂げた結果，事件を家庭裁判所に送致しないときは，直ちに，裁判官に対して，その措置の取消を請求しなければならない．
② 裁判官が前条第1項の請求に基いて第17条第1項第2号の措置をとるときは，令状を発してこれをしなければならない．
③ 前項の措置の効力は，その請求をした日から10日とする．

（検察官へ送致後の取扱い）
第45条 家庭裁判所が，第20条第1項の規定によつて事件を検察官に送致したときは，次の例による．
1 第17条第1項第1号の措置は，その少年の事件が再び家庭裁判所に送致された場合を除いて，検察官が事件の送致を受けた日から10日以内に公訴が提起されないときは，その効力を失う．公訴が提起されたときは，裁判所は，検察官の請求により，又は職権をもつて，いつでも，これを取り消すことができる．
2 前号の措置の継続中，勾留状が発せられたときは，その措置は，これによつて，その効力を失う．
3 第1項の措置は，その少年が満20歳に達した後でも，引き続きその効力を有する．
4 第17条第1項第2号の措置は，これを裁判官のした勾留とみなし，その期間は，検察官が事件の送致を受けた日から，これを起算する．この場合において，その事件が先に勾留状の発せられた事件であるときは，この期間は，これを延長することができない．
5 検察官は，家庭裁判所から送致を受けた事件について，公訴を提起するに足りる犯罪の嫌疑があると思料するときは，公訴を提起しなければならない．ただし，送致を受けた事件の一部について公訴を提起するに足りる犯罪の嫌疑がないか，又は犯罪の情状等に影響を及ぼすべき新たな事情を発見したため，訴追を相当でないと思料するとき

は，この限りでない．送致後の情況により訴追を相当でないと思料するときも，同様である．
6 第10条第1項の規定により選任された弁護士である付添人は，これを弁護人とみなす．
7 第4号の規定により第17条第1項第2号の措置が裁判官のした勾留とみなされる場合には，勾留状が発せられているものとみなして，刑事訴訟法中，裁判官による被疑者についての弁護人の選任に関する規定を適用する．

第45条の2 前条第1号から第4号まで及び第7号の規定は，家庭裁判所が，第19条第2項又は第23条第3項の規定により，事件を検察官に送致した場合について準用する．

（保護処分等の効力）
第46条 ① 罪を犯した少年に対して第24条第1項の保護処分がなされたときは，審判を経た事件について，刑事訴追をし，又は家庭裁判所の審判に付することができない．
② 第22条の2第1項の決定がされた場合において，同項の決定があつた事件について，審判に付すべき事由の存在が認められない又は保護処分に付する必要がないことを理由とした保護処分に付さない旨の決定が確定したときは，その事件についても，前項と同様とする．
③ 第1項の規定は，第27条の2第1項の規定による保護処分の取消しの決定が確定した事件については，適用しない．ただし，当該事件につき同条第6項の規定によりその例によることとされる第22条の2第1項の決定がされた場合であつて，その取消しの理由が審判に付すべき事由の存在が認められないことであるときは，この限りでない．

（時効の停止）
第47条 ① 第8条第1項前段の場合においては第21条の決定があつてから，第8条第1項後段の場合においては送致を受けてから，保護処分の決定が確定するまで，公訴の時効は，その進行を停止する．
② 前項の規定は，第21条の決定又は送致の後，本人が満20歳に達した事件についても，これを適用する．

（勾 留）
第48条 ① 勾留状は，やむを得ない場合でなければ，少年に対して，これを発することはできない．
② 少年を勾留する場合には，少年鑑別所にこれを拘禁することができる．
③ 本人が満20歳に達した後でも，引き続き前項の規定によることができる．

（取扱いの分離）
第49条 ① 少年の被疑者又は被告人は，他の被疑者又は被告人と分離して，なるべく，その接触を避けなければならない．
② 少年に対する被告事件は，他の被告事件と関連する場合にも，審理に妨げない限り，その手続を分離しなければならない．
③ 刑事施設，留置施設及び海上保安留置施設においては，少年（刑事収容施設及び被収容者等の処遇に関する法律（平成17年法律第50号）第2条第4号の受刑者（同条第7号の未決拘禁者としての地位を有するものを除く．）を除く．）を20歳以上の者と分離して収容しなければならない．
〔令4法68. 施行3年内〕

（審理の方針）
第50条 少年に対する刑事事件の審理は，第9条の趣旨に従つて，これを行わなければならない．

第3節　処分
（死刑と無期拘禁刑の緩和）
第51条 ① 罪を犯すとき18歳に満たない者に対しては，死刑をもって処断すべきときは，無期拘禁刑を科する．

② 罪を犯すとき18歳に満たない者に対しては，無期拘禁刑をもって処断すべきときであっても，有期拘禁刑を科することができる．この場合において，その刑は，10年以上20年以下において言い渡す．　　〔令4法68,施行3年内〕

（不定期刑）
第52条 ① 少年に対して有期拘禁刑をもって処断すべきときは，処断すべき刑の範囲内において，長期を定めるとともに，長期の2分の1（長期が10年を下回るときは，長期から5年を減じた期間．次項において同じ．）を下回らない範囲内において短期を定めて，これを言い渡す．この場合において，長期は15年，短期は10年を超えることはできない．

② 前項の短期については，同項の規定にかかわらず，少年の改善更生の可能性その他の事情を考慮し特に必要があるときは，処断すべき刑の短期の2分の1を下回らず，かつ，長期の2分の1を下回らない範囲内において，これを定めることができる．この場合においては，刑法第14条第2項の規定を準用する．

③ 刑の執行猶予の言渡しをする場合には，前2項の規定は，これを適用しない．　〔令4法68,施行3年内〕

（少年鑑別所収容中の日数）
第53条 第17条第1項第2号の措置がとられた場合においては，少年鑑別所に収容中の日数は，これを未決勾留の日数とみなす．

（換刑処分の禁止）
第54条 少年に対しては，労役場留置の言渡しをしない．

（家庭裁判所への移送）
第55条 裁判所は，事実審理の結果，少年の被告人を保護処分に付するのが相当であると認めるときは，決定をもって，事件を家庭裁判所に移送しなければならない．

（拘禁刑の執行）
第56条 ① 拘禁刑の言渡しを受けた少年（第3項の規定により少年院において刑の執行を受ける者を除く．）に対しては，特に設けた刑事施設又は留置施設若しくは留置施設内の特に分界を設けた場所において，その刑を執行する．

② 本人が26歳に達するまでは，前項の規定による執行を継続することができる．

③ 拘禁刑の言渡しを受けた16歳に満たない少年に対しては，刑法第12条第2項の規定にかかわらず，16歳に達するまでの間，少年院において，その刑を執行することができる．この場合において，その少年には，矯正教育を授ける．　〔令4法68,施行3年内〕

（刑の執行と保護処分）
第57条 保護処分の継続中，拘禁刑又は拘留の刑が確定したときは，先に刑を執行する．拘禁刑又は拘留の刑が確定してその執行前保護処分がなされたときも，同様である．　〔令4法68,施行3年内〕

（仮釈放）
第58条 ① 少年のとき拘禁刑の言渡しを受けた者については，次の期間を経過した後，仮釈放をすることができる．

1　無期拘禁刑については7年
2　第51条第2項の規定により言い渡した有期拘禁刑については，その刑期の3分の1
3　第52条第1項又は同条第1項及び第2項の規定により言い渡した拘禁刑については，その短期の3分の1

② 第51条第1項の規定により無期拘禁刑の言渡しを受けた者については，前項第1号の規定は適用しない．　　　　　　　　〔令4法68,施行3年内〕

（仮釈放期間の終了）
第59条 ① 少年のとき無期拘禁刑の言渡しを受けた者が，仮釈放後，その処分を取り消されないで10年を経過したときは，刑の執行を受け終わったものとする．

② 少年のとき第51条第2項又は第52条第1項若しくは同条第1項及び第2項の規定により有期拘禁刑の言渡しを受けた者が，仮釈放後，その処分を取り消されないで仮釈放前に刑の執行を受けた期間と同一の期間又は第51条第2項の刑期若しくは第52条第1項の長期を経過したときは，そのいずれか早い時期において，刑の執行を受け終わったものとする．　〔令4法68,施行3年内〕

（人の資格に関する法令の適用）
第60条 ① 少年のとき犯した罪により刑に処せられてその執行を受け終り，又は執行の免除を受けた者は，人の資格に関する法令の適用については，将来に向かって刑の言渡しを受けなかったものとみなす．

② 少年のとき犯した罪について刑に処せられた者で刑の執行猶予の言渡しを受けた者は，その猶予期間中，刑の執行を受け終ったものとみなして，前項の規定を適用する．

③ 前項の場合において，刑の執行猶予の言渡しを取り消されたときは，人の資格に関する法令の適用については，その取り消されたとき，刑の言渡しがあったものとみなす．

第4章　記事等の掲載の禁止

第61条 家庭裁判所の審判に付された少年又は少年のとき犯した罪により公訴を提起された者については，氏名，年齢，職業，住居，容ぼう等によりその者が当該事件の本人であることを推知することができるような記事又は写真を新聞紙その他の出版物に掲載してはならない．

第5章　特定少年の特例

第1節　保護事件の特例
（検察官への送致についての特例）
第62条 ① 家庭裁判所は，特定少年（18歳以上の少年をいう．以下同じ．）に係る事件については，第20条の規定にかかわらず，調査の結果，その罪質及び情状に照らして刑事処分を相当と認めるときは，決定をもって，これを管轄地方裁判所に対応する検察庁の検察官に送致しなければならない．

② 前項の規定にかかわらず，家庭裁判所は，特定少年に係る次に掲げる事件については，同項の決定をしなければならない．ただし，調査の結果，犯行の動機，態様及び結果，犯行後の情況，特定少年の性格，年齢，行状及び環境その他の事情を考慮し，刑事処分以外の措置を相当と認めるときは，この限りでない．

1　故意の犯罪行為により被害者を死亡させた罪の事件であって，その罪を犯すとき16歳以上の少年

に係るもの

2　死刑又は無期若しくは短期1年以上の拘禁刑に当たる罪の事件であつて特定少年に係るもの（前号に該当するものを除く。）

〔令4法68, 施行3年内〕

第63条　① 家庭裁判所は, 公職選挙法（昭和25年法律第100号. 他の法律において準用する場合を含む。）及び政治資金規正法（昭和23年法律第194号）に規定する罪の事件（次項に規定する場合に係る同項に規定する罪の事件を除く。）であつて, その罪を犯すとき特定少年に係るものについて, 前条第1項の規定により検察官に送致するかどうかを決定するに当たつては, 選挙の公正の確保等を考慮して行わなければならない.

② 家庭裁判所は, 公職選挙法第247条の罪又は同法第251条の2第1項各号に掲げる者が犯した同項に規定する罪, 同法第251条の3第1項の組織的選挙運動管理者等が犯した同項に規定する罪若しくは同法第251条の4第1項各号に掲げる者が犯した同項に規定する罪の事件であつて, その罪を犯すとき特定少年に係るものについて, その罪質が選挙の公正の確保に重大な支障を及ぼすと認める場合には, 前条第1項の規定にかかわらず, 同項の決定をしなければならない. この場合においては, 同条第2項ただし書の規定を準用する.

（保護処分についての特例）

第64条　① 第24条第1項の規定にかかわらず, 家庭裁判所は, 第23条の場合を除いて, 審判を開始した事件につき, 少年が特定少年である場合には, 犯情の軽重を考慮して相当な限度を超えない範囲内において, 決定をもつて, 次の各号に掲げる保護処分のいずれかをしなければならない. ただし, 罰金以下の刑に当たる罪の事件については, 第1号の保護処分に限り, これをすることができる.

1　6月の保護観察所の保護観察に付すること.

2　2年の保護観察所の保護観察に付すること.

3　少年院に送致すること.

② 前項第2号の保護観察においては, 第66条第1項に規定する場合に, 同項の決定により少年院に収容することができるものとし, 家庭裁判所は, 同号の保護処分をするときは, その決定と同時に, 1年以下の範囲内において犯情の軽重を考慮して同項の決定により少年院に収容することができる期間を定めなければならない.

③ 家庭裁判所は, 第1項第3号の保護処分をするときは, その決定と同時に, 3年以下の範囲内において犯情の軽重を考慮して少年院に収容する期間を定めなければならない.

④ 勾留され又は第17条第1項第2号の措置がとられた特定少年については, 未決勾留の日数は, その全部又は一部を, 前2項の規定により定める期間に算入することができる.

⑤ 第1項の保護処分においては, 保護観察所の長をして, 家庭その他の環境調整に関する措置を行わせることができる.

（この法律の適用関係）

第65条　① 第3条第1項（第3号に係る部分に限る。）の規定は, 特定少年については, 適用しない.

② 第12条, 第26条第4項及び第26条の2第3項は, 特定少年である少年の保護事件（第26条の4第1項の規定による保護処分に係る事件を除く。）については, 適用しない.

③ 第27条の2第5項の規定は, 少年院に収容中の者について, 前条第1項第2号又は第3号の保護処分を取り消した場合には, 適用しない.

第2節　刑事事件の特例

第67条　① 第41条及び第43条第3項の規定は, 特定少年の被疑事件（同項の規定については, 第20条第1項又は第62条第1項の決定があつたものに限る。）については, 適用しない.

② 第48条第1項並びに第49条第1項及び第3項の規定は, 特定少年の被疑事件（第20条第1項又は第62条第1項の決定があつたものに限る。）の被疑者及び特定少年である被告人については, 適用しない.

③ 第49条第2項の規定は, 特定少年に対する被告事件については, 適用しない.

④ 第52条, 第54条並びに第56条第1項及び第2項の規定は, 特定少年については, 適用しない.

⑤ 第58条及び第59条の規定は, 特定少年のとき刑の言渡しを受けた者については, 適用しない.

⑥ 第60条の規定は, 特定少年のとき犯した罪により刑に処せられた者については, 適用しない.

⑦ 特定少年である少年の刑事事件に関する次の表の上欄に掲げるこの法律の規定の適用については, これらの規定中同表の中欄に掲げる字句は, 同表の下欄に掲げる字句とする.

第45条	第20条第1項	第62条第1項
第45条の3第1項及び第46条第1項	第24条第1項	第64条第1項

第3節　記事等の掲載の禁止の特例

第68条　第61条の規定は, 特定少年のとき犯した罪により公訴を提起された場合における同条の記事又は写真については, 適用しない. ただし, 当該罪に係る事件について刑事訴訟法第461条の請求がされた場合（同法第463条第1項若しくは第2項又は第468条第2項の規定により通常の規定に従い審判をすることとなつた場合を除く。）は, この限りでない.

第6章　雑　則（略）

〔令5法53, 施行5年内〕

84　犯罪被害者等基本法（抄）

（平16・12・8法律第161号, 平17・4・1施行, 最終改正：平27・9・11法律第66号）

第1章　総　則

（目　的）

第1条　この法律は, 犯罪被害者等のための施策に関し, 基本理念を定め, 並びに国, 地方公共団体及び国民の責務を明らかにするとともに, 犯罪被害者等のための施策の基本となる事項を定めること等により, 犯罪被害者等のための施策を総合的かつ計画的に推進し, もつて犯罪被害者等の権利利益の保護

を図ることを目的とする.

（定　義）

第2条　① この法律において「犯罪等」とは,犯罪及びこれに準ずる心身に有害な影響を及ぼす行為をいう.

② この法律において「犯罪被害者等」とは,犯罪により害を被った者及びその家族又は遺族をいう.

③ この法律において「犯罪被害者等のための施策」とは,犯罪被害者等が,その受けた被害を回復し,又は軽減し,再び平穏な生活を営むことができるよう支援し,及び犯罪被害者等がその被害に係る刑事に関する手続に適切に関与することができるようにするための施策をいう.

（基本理念）

第3条　① すべて犯罪被害者等は,個人の尊厳が重んぜられ,その尊厳にふさわしい処遇を保障される権利を有する.

② 犯罪被害者等のための施策は,被害の状況及び原因,犯罪被害者等が置かれている状況その他の事情に応じて適切に講ぜられるものとする.

③ 犯罪被害者等のための施策は,犯罪被害者等が,被害を受けたときから再び平穏な生活を営むことができるようになるまでの間,必要な支援等を途切れることなく受けることができるよう,講ぜられるものとする.

第2章　基本的施策

（相談及び情報の提供等）

第11条　国及び地方公共団体は,犯罪被害者等が日常生活又は社会生活を円滑に営むことができるようにするため,犯罪被害者等が直面している各般の問題について相談に応じ,必要な情報の提供及び助言を行い,犯罪被害者等の援助に精通している者を

紹介する等必要な施策を講ずるものとする.

（損害賠償の請求についての援助等）

第12条　国及び地方公共団体は,犯罪被害者等による被害に係る損害賠償の請求の適切かつ円滑な実現を図るため,犯罪被害者等の行う損害賠償の請求についての援助,当該損害賠償の請求についてその被害に係る刑事に関する手続との有機的な連携を図るための制度の拡充等必要な施策を講ずるものとする.

（給付金の支給に係る制度の充実等）

第13条　国及び地方公共団体は,犯罪被害者等が受けた被害による経済的負担の軽減を図るため,犯罪被害者等に対する給付金の支給に係る制度の充実等必要な施策を講ずるものとする.

（刑事に関する手続への参加の機会を拡充するための制度の整備等）

第18条　国及び地方公共団体は,犯罪被害者等がその被害に係る刑事に関する手続に適切に関与することができるようにするため,刑事に関する手続の進捗状況等に関する情報の提供,刑事に関する手続への参加の機会を拡充するための制度の整備等必要な施策を講ずるものとする.

（保護,捜査,公判等の過程における配慮等）

第19条　国及び地方公共団体は,犯罪被害者等の保護,その被害に係る刑事事件の捜査又は公判等の過程において,名誉又は生活の平穏その他犯罪被害者等の人権に十分な配慮がなされ,犯罪被害者等の負担が軽減されるよう,犯罪被害者等の心身の状況,その置かれている環境等に関する理解を深めるための訓練又は啓発,専門的知識又は技能を有する職員の配置,必要な施設の整備等必要な施策を講ずるものとする.

第3章　犯罪被害者等施策推進会議(略)

84 犯罪被害者等基本法（2条〜19条）

Ⅵ　社　会　法

85　労働基準法（抄）

（昭22・4・7法律第49号，
最終改正：令4・6・17法律第68号）

［目　次］
　第1章　総　則（第1条−第12条）
　第2章　労働契約（第13条−第23条）
　第3章　賃　金（第24条−第31条）
　第4章　労働時間，休憩，休日及び年次有給休暇（第32
　　　　　条−第41条の2）
　第5章　安全及び衛生（第42条−第55条）
　第6章　年少者（第56条−第64条）
　第6章の2　妊産婦等（第64条の2−第68条）
　第7章　技能者の養成（第69条−第74条）
　第8章　災害補償（第75条−第88条）
　第9章　就業規則（第89条−第93条）
　第10章　寄宿舎（第94条−第96条の3）
　第11章　監督機関（第97条−第105条）
　第12章　雑　則（第105条の2−第116条）
　第13章　罰　則（第117条−第121条）

第1章　総　則

（労働条件の原則）

第1条　① 労働条件は，労働者が人たるに値する生活を営むための必要を充たすべきものでなければならない．

② この法律で定める労働条件の基準は最低のものであるから，労働関係の当事者は，この基準を理由として労働条件を低下させてはならないことはもとより，その向上を図るように努めなければならない．

（労働条件の決定）

第2条　① 労働条件は，労働者と使用者が，対等の立場において決定すべきものである．

② 労働者及び使用者は，労働協約，就業規則及び労働契約を遵守し，誠実に各々その義務を履行しなければならない．

（均等待遇）

第3条　使用者は，労働者の国籍，信条又は社会的身分を理由として，賃金，労働時間その他の労働条件について，差別的取扱をしてはならない．

（男女同一賃金の原則）

第4条　使用者は，労働者が女性であることを理由として，賃金について，男性と差別的取扱いをしてはならない．

（強制労働の禁止）

第5条　使用者は，暴行，脅迫，監禁その他精神又は身体の自由を不当に拘束する手段によって，労働者の意思に反して労働を強制してはならない．

（中間搾取の排除）

第6条　何人も，法律に基いて許される場合の外，業として他人の就業に介入して利益を得てはならない．

（公民権行使の保障）

第7条　使用者は，労働者が労働時間中に，選挙権その他公民としての権利を行使し，又は公の職務を執行するために必要な時間を請求した場合においては，拒んではならない．但し，権利の行使又は公の職務の執行に妨げがない限り，請求された時刻を変更することができる．

第8条　削除

（定　義）

第9条　この法律で「労働者」とは，職業の種類を問わず，事業又は事務所（以下「事業」という．）に使用される者で，賃金を支払われる者をいう．

第10条　この法律で使用者とは，事業主又は事業の経営担当者その他その事業の労働者に関する事項について，事業主のために行為をするすべての者をいう．

第11条　この法律で賃金とは，賃金，給料，手当，賞与その他名称の如何を問わず，労働の対償として使用者が労働者に支払うすべてのものをいう．

第12条　① この法律で平均賃金とは，これを算定すべき事由の発生した日以前3箇月間にその労働者に対し支払われた賃金の総額を，その期間の総日数で除した金額をいう．ただし，その金額は，次の各号の一によって計算した金額を下つてはならない．

　1　賃金が，労働した日若しくは時間によって算定され，又は出来高払制その他の請負制によって定められた場合においては，賃金の総額をその期間中に労働した日数で除した金額の100分の60

　2　賃金の一部が，月，週その他一定の期間によって定められた場合においては，その部分の総額をその期間の総日数で除した金額と前号の金額の合算額

② 前項の期間は，賃金締切日がある場合においては，直前の賃金締切日から起算する．

③ 前2項に規定する期間中に，次の各号のいずれかに該当する期間がある場合においては，その日数及びその期間中の賃金は，前2項の期間及び賃金の総額から控除する．

　1　業務上負傷し，又は疾病にかかり療養のために休業した期間

　2　産前産後の女性が第65条の規定によって休業した期間

　3　使用者の責めに帰すべき事由によって休業した期間

　4　育児休業，介護休業等育児又は家族介護を行う労働者の福祉に関する法律（平成3年法律第76号）第2条第1号に規定する育児休業又は同条第2号に規定する介護休業（同法第61条第3項（同条第6項において準用する場合を含む．）に規定する介護をするための休業を含む．第39条第10項において同じ．）をした期間

　5　試みの使用期間

④ 第1項の賃金の総額には，臨時に支払われた賃金及び3箇月を超える期間ごとに支払われる賃金並びに通貨以外のもので支払われた賃金で一定の範囲に属しないものは算入しない．

⑤ 賃金が通貨以外のもので支払われる場合，第1項の賃金の総額に算入すべきものの範囲及び評価に関し必要な事項は，厚生労働省令で定める．

⑥ 雇入後3箇月に満たない者については，第1項の期間は，雇入後の期間とする．

⑦ 日日雇い入れられる者については，その従事する事業又は職業について，厚生労働大臣の定める金額を平均賃金とする．

⑧ 第1項乃至第6項によって算定し得ない場合の平均賃金は，厚生労働大臣の定めるところによる．

第2章　労働契約

（この法律違反の契約）

第13条　この法律で定める基準に達しない労働条件を定める労働契約は、その部分については無効とする。この場合において、無効となつた部分は、この法律で定める基準による。

第3章　賃　金

（賃金の支払）

第24条　① 賃金は、通貨で、直接労働者に、その全額を支払わなければならない。ただし、法令若しくは労働協約に別段の定めがある場合又は厚生労働省令で定める賃金について確実な支払の方法で厚生労働省令で定めるものによる場合には、通貨以外のもので支払い、また、法令に別段の定めがある場合又は当該事業場の労働者の過半数で組織する労働組合があるときはその労働組合、労働者の過半数で組織する労働組合がないときは労働者の過半数を代表する者との書面による協定がある場合においては、賃金の一部を控除して支払うことができる。

② 賃金は、毎月1回以上、一定の期日を定めて支払わなければならない。ただし、臨時に支払われる賃金、賞与その他これに準ずるもので厚生労働省令で定める賃金（第89条において「臨時の賃金等」という。）については、この限りでない。

（非常時払）

第25条　使用者は、労働者が出産、疾病、災害その他厚生労働省令で定める非常の場合の費用に充てるために請求する場合においては、支払期日前であつても、既往の労働に対する賃金を支払わなければならない。

（休業手当）

第26条　使用者の責に帰すべき事由による休業の場合においては、使用者は、休業期間中当該労働者に、その平均賃金の100分の60以上の手当を支払わなければならない。

（出来高払制の保障給）

第27条　出来高払制その他の請負制で使用する労働者については、使用者は、労働時間に応じ一定額の賃金の保障をしなければならない。

（最低賃金）

第28条　賃金の最低基準に関しては、最低賃金法（昭和34年法律第137号）の定めるところによる。

第29条〜第31条　削除

第4章　労働時間、休憩、休日及び年次有給休暇

（時間外及び休日の労働）

第36条　① 使用者は、当該事業場に、労働者の過半数で組織する労働組合がある場合においてはその労働組合、労働者の過半数で組織する労働組合がない場合においては労働者の過半数を代表する者との書面による協定をし、厚生労働省令で定めるところによりこれを行政官庁に届け出た場合においては、第32条から第32条の5まで若しくは第40条の労働時間（以下この条において「労働時間」という。）又は前条の休日（以下この条において「休日」という。）に関する規定にかかわらず、その協定で定めるところによつて労働時間を延長し、又は休日に労働させることができる。

② 前項の協定においては、次に掲げる事項を定めるものとする。

1　この条の規定により労働時間を延長し、又は休日に労働させることができることとされる労働者の範囲

2　対象期間（この条の規定により労働時間を延長し、又は休日に労働させることができる期間をいい、1年間に限るものとする。第4号及び第6項第3号において同じ。）

3　労働時間を延長し、又は休日に労働させることができる場合

4　対象期間における1日、1箇月及び1年のそれぞれの期間について労働時間を延長して労働させることができる時間又は労働させることができる休日の日数

5　労働時間の延長及び休日の労働を適正なものとするために必要な事項として厚生労働省令で定める事項

③ 前項第4号の労働時間を延長して労働させることができる時間は、当該事業場の業務量、時間外労働の動向その他の事情を考慮して通常予見される時間外労働の範囲内において、限度時間を超えない時間に限る。

④ 前項の限度時間は、1箇月について45時間及び1年について360時間（第32条の4第1項第2号の対象期間として3箇月を超える期間を定めて同条の規定により労働させる場合にあつては、1箇月について42時間及び1年について320時間）とする。

⑤ 第1項の協定においては、第2項各号に掲げるもののほか、当該事業場における通常予見することのできない業務量の大幅な増加等に伴い臨時的に第3項の限度時間を超えて労働させる必要がある場合において、1箇月について労働時間を延長して労働させ、及び休日において労働させることができる時間（第2項第4号に関して協定した時間を含め100時間未満の範囲内に限る。）並びに1年について労働時間を延長して労働させることができる時間（同号に関して協定した時間を含め720時間を超えない範囲内に限る。）を定めることができる。この場合において、第1項の協定に、併せて第2項第2号の対象期間において労働時間を延長して労働させる時間が1箇月について45時間（第32条の4第1項第2号の対象期間として3箇月を超える期間を定めて同条の規定により労働させる場合にあつては、1箇月について42時間）を超えることができる月数（1年について6箇月以内に限る。）を定めなければならない。

⑥ 使用者は、第1項の協定で定めるところによつて労働時間を延長して労働させ、又は休日において労働させる場合であつても、次の各号に掲げる時間について、当該各号に定める要件を満たすものとしなければならない。

1　坑内労働その他厚生労働省令で定める健康上特に有害な業務について、1日について労働時間を延長して労働させた時間　2時間を超えないこと。

2　1箇月について労働時間を延長して労働させ、及び休日において労働させた時間　100時間未満であること。

3　対象期間の初日から1箇月ごとに区分した各期間に当該各期間の直前の1箇月、2箇月、3箇月、4箇月及び5箇月の期間を加えたそれぞれの期間における労働時間を延長して労働させ、及び休日において労働させた時間の1箇月当たりの平均時間

80時間を超えないこと.

⑦ 労使委員会は, 労働時間の延長及び休日の労働を適正なものとするため, 第1項の協定で定める労働時間の延長及び休日の労働について留意すべき事項, 当該労働時間の延長に係る割増賃金の率その他の必要な事項について, 労働者の健康, 福祉, 時間外労働の動向その他の事情を考慮して指針を定めることができる.

⑧ 第1項の協定をする使用者及び労働組合又は労働者の過半数を代表する者は, 当該協定で労働時間の延長及び休日の労働を定めるに当たり, 当該協定の内容が前項の指針に適合したものとなるようにしなければならない.

⑨ 行政官庁は, 第7項の指針に関し, 第1項の協定をする使用者及び労働組合又は労働者の過半数を代表する者に対し, 必要な助言及び指導を行うことができる.

⑩ 前項の助言及び指導を行うに当たつては, 労働者の健康が確保されるよう特に配慮しなければならない.

⑪ 第3項から第5項まで及び第6項（第2号及び第3号に係る部分に限る.）の規定は, 新たな技術, 商品又は役務の研究開発に係る業務については適用しない.

86　〔男女雇用機会均等法〕
雇用の分野における男女の均等な機会及び待遇の確保等に関する法律（抄）

（昭47・7・1法律第113号, 昭47・7・1施行,
最終改正：令4・6・17法律第68号）

第1章　総　則

（目　的）

第1条　この法律は, 法の下の平等を保障する日本国憲法の理念にのつとり雇用の分野における男女の均等な機会及び待遇の確保を図るとともに, 女性労働者の就業に関して妊娠中及び出産後の健康の確保を図る等の措置を推進することを目的とする.

（基本的理念）

第2条　① この法律においては, 労働者が性別により差別されることなく, また, 女性労働者にあつては母性を尊重されつつ, 充実した職業生活を営むことができるようにすることをその基本的理念とする.

② 事業主並びに国及び地方公共団体は, 前項に規定する基本的理念に従つて, 労働者の職業生活の充実が図られるように努めなければならない.

（啓発活動）

第3条　国及び地方公共団体は, 雇用の分野における男女の均等な機会及び待遇の確保等について国民の関心と理解を深めるとともに, 特に, 雇用の分野における男女の均等な機会及び待遇の確保を妨げている諸要因の解消を図るため, 必要な啓発活動を行うものとする.

（男女雇用機会均等対策基本方針）

第4条　① 厚生労働大臣は, 雇用の分野における男女の均等な機会及び待遇の確保等に関する施策の基本となるべき方針（以下「男女雇用機会均等対策基本方針」という.）を定めるものとする.

② 男女雇用機会均等対策基本方針に定める事項は, 次のとおりとする.

1　男性労働者及び女性労働者のそれぞれの職業生活の動向に関する事項

2　雇用の分野における男女の均等な機会及び待遇の確保について講じようとする施策の基本となるべき事項

③ 男女雇用機会均等対策基本方針は, 男性労働者及び女性労働者のそれぞれの労働条件, 意識及び就業の実態等を考慮して定められなければならない.

④ 厚生労働大臣は, 男女雇用機会均等対策基本方針を定めるに当たつては, あらかじめ, 労働政策審議会の意見を聴くほか, 都道府県知事の意見を求めるものとする.

⑤ 厚生労働大臣は, 男女雇用機会均等対策基本方針を定めたときは, 遅滞なく, その概要を公表するものとする.

⑥ 前2項の規定は, 男女雇用機会均等対策基本方針の変更について準用する.

第2章　雇用の分野における男女の均等な機会及び待遇の確保等

第1節　性別を理由とする差別の禁止等

（性別を理由とする差別の禁止）

第5条　事業主は, 労働者の募集及び採用について, その性別にかかわりなく均等な機会を与えなければならない.

第6条　事業主は, 次に掲げる事項について, 労働者の性別を理由として, 差別的取扱いをしてはならない.

1　労働者の配置（業務の配分及び権限の付与を含む.）, 昇進, 降格及び教育訓練

2　住宅資金の貸付けその他これに準ずる福利厚生の措置であつて厚生労働省令で定めるもの

3　労働者の職種及び雇用形態の変更

4　退職の勧奨, 定年及び解雇並びに労働契約の更新

（性別以外の事由を要件とする措置）

第7条　事業主は, 募集及び採用並びに前条各号に掲げる事項に関する措置であつて労働者の性別以外の事由を要件とするもののうち, 措置の要件を満たす男性及び女性の比率その他の事情を勘案して実質的に性別を理由とする差別となるおそれがある措置として厚生労働省令で定めるものについては, 当該措置の対象となる業務の性質に照らして当該措置の実施が当該業務の遂行上特に必要である場合, 事業の運営の状況に照らして当該措置の実施が雇用管理上特に必要である場合その他の合理的な理由がある場合でなければ, これを講じてはならない.

（女性労働者に係る措置に関する特例）

第8条　前3条の規定は, 事業主が, 雇用の分野における男女の均等な機会及び待遇の支障となつている事情を改善することを目的として女性労働者に関して行う措置を講ずることを妨げるものではない.

（婚姻, 妊娠, 出産等を理由とする不利益取扱いの禁止等）

第9条　① 事業主は, 女性労働者が婚姻し, 妊娠し, 又は出産したことを退職理由として予定する定めをしてはならない.

② 事業主は, 女性労働者が婚姻したことを理由として, 解雇してはならない.

③ 事業主は、その雇用する女性労働者が妊娠したこと、出産したこと、労働基準法（昭和22年法律第49号）第65条第1項による休業を請求し、又は同項若しくは同条第2項の規定による休業をしたことその他の妊娠又は出産に関する事由であつて厚生労働省令で定めるものを理由として、当該女性労働者に対して解雇その他不利益な取扱いをしてはならない。

④ 妊娠中の女性労働者及び出産後1年を経過しない女性労働者に対してなされた解雇は、無効とする。ただし、事業主が当該解雇が前項に規定する事由を理由とする解雇でないことを証明したときは、この限りでない。

（指　針）

第10条 ① 厚生労働大臣は、第5条から第7条まで及び前条第1項から第3項までの規定に定める事項に関し、事業主が適切に対処するために必要な指針（次項において「指針」という。）を定めるものとする。

② 第4条第4項及び第5項の規定は指針の策定及び変更について準用する。この場合において、同条第4項中「聴くほか、都道府県知事の意見を求める」とあるのは、「聴く」と読み替えるものとする。

第2節　事業主の講ずべき措置等

（職場における性的な言動に起因する問題に関する雇用管理上の措置等）

第11条 ① 事業主は、職場において行われる性的な言動に対するその雇用する労働者の対応により当該労働者がその労働条件につき不利益を受け、又は当該性的な言動により当該労働者の就業環境が害されることのないよう、当該労働者からの相談に応じ、適切に対応するために必要な体制の整備その他の雇用管理上必要な措置を講じなければならない。

② 事業主は、労働者が前項の相談を行つたこと又は事業主による当該相談への対応に協力した際に事実を述べたことを理由として、当該労働者に対して解雇その他不利益な取扱いをしてはならない。

③ 事業主は、他の事業主から当該事業主の講ずる第1項の措置の実施に関し必要な協力を求められた場合には、これに応ずるように努めなければならない。

④ 厚生労働大臣は、前3項の規定に基づき事業主が講ずべき措置等に関して、その適切かつ有効な実施を図るために必要な指針（次項において「指針」という。）を定めるものとする。

⑤ 第4条第4項及び第5項の規定は、指針の策定及び変更について準用する。この場合において、同条第4項中「聴くほか、都道府県知事の意見を求める」とあるのは、「聴く」と読み替えるものとする。

（妊娠中及び出産後の健康管理に関する措置）

第12条 事業主は、厚生労働省令で定めるところにより、その雇用する女性労働者が母子保健法（昭和40年法律第141号）の規定による保健指導又は健康診査を受けるために必要な時間を確保することができるようにしなければならない。

第13条 ① 事業主は、その雇用する女性労働者が前条の保健指導又は健康診査に基づく指導事項を守ることができるようにするため、勤務時間の変更、勤務の軽減等必要な措置を講じなければならない。

② 厚生労働大臣は、前項の規定に基づき事業主が講ずべき措置に関して、その適切かつ有効な実施を図るために必要な指針（次項において「指針」という。）を定めるものとする。

③ 第4条第4項及び第5項の規定は、指針の策定及び変更について準用する。この場合において、同条第4項中「聴くほか、都道府県知事の意見を求める」とあるのは、「聴く」と読み替えるものとする。

第3節　事業主に対する国の援助

第14条 国は、雇用の分野における男女の均等な機会及び待遇が確保されることを促進するため、事業主が雇用の分野における男女の均等な機会及び待遇の確保の支障となつている事情を改善することを目的とする次に掲げる措置を講じ、又は講じようとする場合には、当該事業主に対し、相談その他の援助を行うことができる。

1　その雇用する労働者の配置その他雇用に関する状況の分析

2　前号の分析に基づき雇用の分野における男女の均等な機会及び待遇の確保の支障となつている事情を改善するに当たつて必要となる措置に関する計画の作成

3　前号の計画で定める措置の実施

4　前3号の措置を実施するために必要な体制の整備

5　前各号の措置の実施状況の開示

87　労働組合法（抄）

（昭24・6・1 法律第174号，昭24・6・10 施行，
最終改正：令5・6・14 法律第53号）

〔目　次〕
第1章　総　則（第1条-第4条）
第2章　労働組合（第5条-第13条の13）
第3章　労働協約（第14条-第18条）
第4章　労働委員会
　第1節　設置、任務及び所掌事務並びに組織等（第19条-第26条）
　第2節　不当労働行為事件の審査の手続（第27条-第27条の18）
　第3節　訴　訟（第27条の19-第27条の21）
　第4節　雑　則（第27条の22-第27条の26）
第5章　罰　則（第28条-第33条）

第1章　総　則

（目　的）

第1条 ① この法律は、労働者が使用者との交渉において対等の立場に立つことを促進することにより労働者の地位を向上させること、労働者がその労働条件について交渉するために自ら代表者を選出することその他の団体行動を行うために自主的に労働組合を組織し、団結することを擁護すること並びに使用者と労働者との関係を規制する労働協約を締結するための団体交渉をすること及びその手続を助成することを目的とする。

② 刑法（明治40年法律第45号）第35条の規定は、労働組合の団体交渉その他の行為であつて前項に掲げる目的を達成するためにした正当なものについて適用があるものとする。但し、いかなる場合においても、暴力の行使は、労働組合の正当な行為と解釈されてはならない。

（労働組合）

第2条 この法律で「労働組合」とは、労働者が主体となつて自主的に労働条件の維持改善その他経済的地位の向上を図ることを主たる目的として組

織する団体又はその連合団体をいう．但し，左の各号の一に該当するものは，この限りでない．

1　役員，雇入解雇昇進其又は異動に関して直接の権限を持つ監督的地位にある労働者，使用者の労働関係についての計画と方針とに関する機密の事項に接し，そのためにその職務上の義務と責任とが当該労働組合の組合員としての誠意と責任とに直接にてい触する監督的地位にある労働者その他使用者の利益を代表する者の参加を許すもの

2　団体の運営のための経費の支出につき使用者の経理上の援助を受けるもの．但し，労働者が労働時間中に時間又は賃金を失うことなく使用者と協議し，又は交渉することを使用者が許すことを妨げるものではなく，且つ，厚生資金又は経済上の不幸若しくは災厄を防止し，若しくは救済するための支出に実際に用いられる福利その他の基金に対する使用者の寄附及び最小限の広さの事務所の供与を除くものとする．

3　共済事業その他福利事業のみを目的とするもの

4　主として政治運動又は社会運動を目的とするもの

（労働者）

第3条　この法律で「労働者」とは，職業の種類を問わず，賃金，給料その他これに準ずる収入によつて生活する者をいう．

第4条　削除

第2章　労働組合

（労働組合として設立されたものの取扱）

第5条　① 労働組合は，労働委員会に証拠を提出して第2条及び第2項の規定に適合することを立証しなければ，この法律に規定する手続に参与する資格を有せず，且つ，この法律に規定する救済を与えられない．但し，第7条第1号の規定に基く個々の労働者に対する保護を否定する趣旨に解釈されるべきではない．

② 労働組合の規約には，左の各号に掲げる規定を含まなければならない．

1　名称

2　主たる事務所の所在地

3　連合団体である労働組合以外の労働組合（以下「単位労働組合」という．）の組合員は，その労働組合のすべての問題に参与する権利及び均等の取扱を受ける権利を有すること．

4　何人も，いかなる場合においても，人種，宗教，性別，門地又は身分によつて組合員たる資格を奪われないこと．

5　単位労働組合にあつては，その役員は，組合員の直接無記名投票により選挙されること，及び連合団体である労働組合又は全国的の規模をもつ労働組合にあつては，その役員は，単位労働組合の組合員又はその組合員の直接無記名投票により選挙された代議員の直接無記名投票により選挙されること．

6　総会は，少くとも毎年1回開催すること．

7　すべての財源及び使途，主要な寄附者の氏名並びに現在の経理状況を示す会計報告は，組合員によつて委嘱された職業的に資格がある会計監査人による正確であることの証明書とともに，少くとも毎年1回組合員に公表されること．

8　同盟罷業は，組合員又は組合員の直接無記名投票により選挙された代議員の直接無記名投票の過半数による決定を経なければ開始しないこと．

9　単位労働組合にあつては，その規約は，組合員の直接無記名投票による過半数の支持を得なければ改正しないこと，及び連合団体又は全国的規模をもつ労働組合にあつては，その規約は，単位労働組合の組合員又はその組合員の直接無記名投票により選挙された代議員の直接無記名投票による過半数の支持を得なければ改正しないこと．

（交渉権限）

第6条　労働組合の代表者又は労働組合の委任を受けた者は，労働組合又は組合員のために使用者又はその団体と労働協約の締結その他の事項に関して交渉する権限を有する．

（不当労働行為）

第7条　使用者は，次の各号に掲げる行為をしてはならない．

1　労働者が労働組合の組合員であること，労働組合に加入し，若しくはこれを結成しようとしたこと若しくは労働組合の正当な行為をしたことの故をもつて，その労働者を解雇し，その他これに対して不利益な取扱いをすること又は労働者が労働組合に加入せず，若しくは労働組合から脱退することを雇用条件とすること．ただし，労働組合が特定の工場事業場に雇用される労働者の過半数を代表する場合において，その労働者がその労働組合の組合員であることを雇用条件とする労働協約を締結することを妨げるものではない．

2　使用者が雇用する労働者の代表者と団体交渉をすることを正当な理由がなくて拒むこと．

3　労働者が労働組合を結成し，若しくは運営することを支配し，若しくはこれに介入すること又は労働組合の運営のための経費の支払につき経理上の援助を与えること．ただし，労働者が労働時間中に時間又は賃金を失うことなく使用者と協議し，又は交渉することを使用者が許すことを妨げるものではなく，かつ，厚生資金又は経済上の不幸若しくは災厄を防止し，若しくは救済するための支出に実際に用いられる福利その他の基金に対する使用者の寄附及び最小限の広さの事務所の供与を除くものとする．

4　労働者が労働委員会に対し使用者がこの条の規定に違反した旨の申立てをしたこと若しくは中央労働委員会に対し第27条の12第1項の規定による命令に対する再審査の申立てをしたこと又は労働委員会がこれらの申立てに係る調査若しくは審問をし，若しくは当事者に和解を勧め，若しくは労働関係調整法（昭和21年法律第25号）による労働争議の調整をする場合に労働者が証拠を提示し，若しくは発言をしたことを理由として，その労働者を解雇し，その他これに対して不利益な取扱いをすること．

（損害賠償）

第8条　使用者は，同盟罷業その他の争議行為であつて正当なものによつて損害を受けたことの故をもつて，労働組合又はその組合員に対し賠償を請求することができない．

（基金の流用）

第9条　労働組合は，共済事業その他福利事業のために特設した基金を他の目的のために流用しようとするときは，総会の決議を経なければならない．

（解　散）

第10条　労働組合は，左の事由によつて解散する．

1 規約で定めた解散事由の発生
2 組合員又は構成団体の4分の3以上の多数による総会の決議

（法人である労働組合）
第11条 ① この法律の規定に適合する旨の労働委員会の証明を受けた労働組合は，その主たる事務所の所在地において登記することによつて法人となる．
② この法律に規定するものの外，労働組合の登記に関して必要な事項は，政令で定める．
③ 労働組合に関して登記すべき事項は，登記した後でなければ第三者に対抗することができない．

（代表者）
第12条 ① 法人である労働組合には，1人又は数人の代表者を置かなければならない．
② 代表者が数人ある場合において，規約に別段の定めがないときは，法人である労働組合の事務は，代表者の過半数で決する．

第3章　労働協約

（労働協約の効力の発生）
第14条 労働組合と使用者又はその団体との間の労働条件その他に関する労働協約は，書面に作成し，両当事者が署名し，又は記名押印することによつてその効力を生ずる．

（労働協約の期間）
第15条 ① 労働協約には，3年をこえる有効期間の定をすることができない．
② 3年をこえる有効期間の定をした労働協約は，3年の有効期間の定をした労働協約とみなす．
③ 有効期間の定がない労働協約は，当事者の一方が，署名し，又は記名押印した文書によつて相手方に予告して，解約することができる．一定の期間を定める労働協約であつて，その期間の経過後も期限を定めず効力を存続する旨の定があるものについて，その期間の経過後も，同様とする．
④ 前項の予告は，解約しようとする日の少くとも90日前にしなければならない．

（基準の効力）
第16条 労働協約に定める労働条件その他の労働者の待遇に関する基準に違反する労働契約の部分は，無効とする．この場合において無効となつた部分は，基準の定めるところによる．労働契約に定がない部分についても，同様とする．

（一般的拘束力）
第17条 一の工場事業場に常時使用される同種の労働者の4分の3以上の数の労働者が一の労働協約の適用を受けるに至つたときは，当該工場事業場に使用される他の同種の労働者に関しても，当該労働協約が適用されるものとする．

（地域的の一般的拘束力）
第18条 ① 一の地域において従業する同種の労働者の大部分が一の労働協約の適用を受けるに至つたときは，当該労働協約の当事者の双方又は一方の申立てに基づき，労働委員会の決議により，厚生労働大臣又は都道府県知事は，当該地域において従業する他の同種の労働者及びその使用者も当該労働協約（第2項の規定により修正があつたものを含む．）の適用を受けるべきことの決定をすることができる．
② 労働委員会は，前項の決議をする場合において，当該労働協約に不適当な部分があると認めたとき

は，これを修正することができる．
③ 第1項の決定は，公告によつてする．

第4章　労働委員会

第1節　設置，任務及び所掌事務並びに組織等
（労働委員会）
第19条 ① 労働委員会は，使用者を代表する者（以下「使用者委員」という．），労働者を代表する者（以下「労働者委員」という．）及び公益を代表する者（以下「公益委員」という．）各同数をもつて組織する．
② 労働委員会は，中央労働委員会及び都道府県労働委員会とする．
③ 労働委員会に関する事項は，この法律に定めるものの外，政令で定める．

（中央労働委員会）
第19条の2 ① 国家行政組織法（昭和23年法律第120号）第3条第2項の規定に基づいて，厚生労働大臣の所轄の下に，中央労働委員会を置く．
② 中央労働委員会は，労働者が団結することを擁護し，及び労働関係の公正な調整を図ることを任務とする．
③ 中央労働委員会は，前項の任務を達成するため，第5条，第11条，第18条及び第26条の規定による事務，不当労働行為事件の審査（第7条，次節及び第3節の規定による事件の処理をいう．以下同じ．）に関する事務，労働争議のあつせん，調停及び仲裁に関する事務並びに労働関係調整法第35条の2及び第35条の3の規定による事務その他法律（法律に基づく命令を含む．）に基づき中央労働委員会に属させられた事務をつかさどる．

88　労働関係調整法（抄）

（昭21・9・27法律第25号，昭21・10・13施行，最終改正：平26・6・13法律第69号）

第1章　総　　則

第1条 この法律は，労働組合法と相俟つて，労働関係の公正な調整を図り，労働争議を予防し，又は解決して，産業の平和を維持し，もつて経済の興隆に寄与することを目的とする．
第2条 労働関係の当事者は，互に労働関係を適正化するやうに，労働協約中に，常に労働関係の調整を図るための正規の機関の設置及びその運営に関する事項を定めるやうに，且つ労働争議が発生したときは，誠意をもつて自主的にこれを解決するやうに，特に努力しなければならない．
第3条 政府は，労働関係に関する主張が一致しない場合に，労働関係の当事者が，これを自主的に調整することに対し助力を与へ，労働関係調整法によつて争議行為をできるだけ防止することに努めなければならない．
第4条 この法律は，労働関係の当事者が，直接の協議又は団体交渉によつて，労働条件その他労働関係に関する事項を定め，又は労働関係に関する主張の不一致を調整することを妨げるものでないとともに，又，労働関係の当事者が，かかる努力をする責務

を免除するものではない.

第5条　この法律によつて労働関係の調整をなす場合には, 当事者及び労働委員会その他の関係機関は, できるだけ適宜の方法を講じて, 事件の迅速な処理を図らなければならない.

第6条　この法律において労働争議とは, 労働関係の当事者間において, 労働関係に関する主張が一致しないで, そのために争議行為が発生してゐる状態又は発生する虞がある状態をいふ.

第7条　この法律において争議行為とは, 同盟罷業, 怠業, 作業所閉鎖その他労働関係の当事者が, その主張を貫徹することを目的として行ふ行為及びこれに対抗する行為であつて, 業務の正常な運営を阻害するものをいふ.

第8条　① この法律において公益事業とは, 次に掲げる事業であつて, 公衆の日常生活に欠くことのできないものをいう.
1　運輸事業
2　郵便, 信書便又は電気通信の事業
3　水道, 電気又はガスの供給の事業
4　医療又は公衆衛生の事業

② 内閣総理大臣は, 前項の事業の外, 国会の承認を経て, 業務の停廃が国民経済を著しく阻害し, 又は公衆の日常生活を著しく危くする事業を, 1年以内の期間を限り, 公益事業として指定することができる.

③ 内閣総理大臣は, 前項の規定によつて公益事業の指定をしたときは, 遅滞なくこれを, 官報に告示する外, 新聞, ラヂオ等適宜の方法により, 公表しなければならない.

第8条の2　① 中央労働委員会及び都道府県労働委員会に, その行う労働争議の調停又は仲裁に参与させるため, 中央労働委員会にあつては厚生労働大臣が, 都道府県労働委員会にあつては都道府県知事がそれぞれ特別調整委員を置くことができる.

② 中央労働委員会に置かれる特別調整委員は, 厚生労働大臣が, 都道府県労働委員会に置かれる特別調整委員は, 都道府県知事が任命する.

③ 特別調整委員は, 使用者を代表する者, 労働者を代表する者及び公益を代表する者とする.

④ 特別調整委員のうち, 使用者を代表する者は使用者団体の推薦に基づいて, 労働者を代表する者は労働組合の推薦に基づいて, 公益を代表する者は当該労働委員会の使用者を代表する委員（行政執行法人の労働関係に関する法律（昭和23年法律第257号）第25条に規定する行政執行法人担当使用者委員（次条において「行政執行法人担当使用者委員」という.）を除く.）及び労働者を代表する委員（同法第25条に規定する行政執行法人担当労働者委員（次条において「行政執行法人担当労働者委員」という.）を除く.）の同意を得て, 任命されるものとする.

⑤ 特別調整委員は, 政令で定めるところにより, その職務を行ふために要する費用の弁償を受けることができる.

⑥ 特別調整委員に関する事項は, この法律に定めるものの外, 政令でこれを定める.

第8条の3　中央労働委員会が第10条のあつせん員候補者の委嘱及びその名簿の作成, 第12条第1項ただし書の労働委員会の同意, 第18条第4号の労働委員会の決議その他政令で定める事務を処理する場合には, これらの事務の処理には, 使用者を代表する委員のうち行政執行法人担当使用者委員

以外の委員（第21条第1項において「一般企業担当使用者委員」という.）, 労働者を代表する委員のうち行政執行法人担当労働者委員以外の委員（第21条第1項において「一般企業担当労働者委員」という.）並びに公益を代表する委員のうち会長があらかじめ指名する10人の委員及び会長（第21条第1項及び第31条の2において「一般企業担当公益委員」という.）のみが参与する. この場合において, 中央労働委員会の事務の処理に関し必要な事項は, 政令で定める.

第9条　争議行為が発生したときは, その当事者は, 直ちにその旨を労働委員会又は都道府県知事に届け出なければならない.

第2章　斡　旋 (略)
第3章　調　停 (略)
第4章　仲　裁 (略)
第4章の2　緊急調整 (略)
第5章　争議行為の制限禁止等

第36条　工場事業場における安全保持の施設の正常な維持又は運行を停廃し, 又はこれを妨げる行為は, 争議行為としてでもこれをなすことはできない.

第37条　① 公益事業に関する事件につき関係当事者が争議行為をするには, その争議行為をしようとする日の少なくとも10日前までに, 労働委員会及び厚生労働大臣又は都道府県知事にその旨を通知しなければならない.

② 緊急調整の決定があつた公益事業に関する事件については, 前項の規定による通知は, 第38条に規定する期間を経過した後でなければこれをすることができない.

第38条　緊急調整の決定をなした旨の公表があつたときは, 関係当事者は, 公表の日から50日間は, 争議行為をなすことができない.

第39条　① 第37条の規定の違反があつた場合においては, その争議行為について責任のある使用者若しくはその団体, 労働者の団体又はその他の者若しくはその団体は, これを10万円以下の罰金に処する.

② 前項の規定は, そのものが, 法人であるときは, 理事, 取締役, 執行役その他法人の業務を執行する役員に, 法人でない団体であるときは, 代表者その他業務を執行する役員にこれを適用する.

③ 1個の争議行為に関し科料する罰金の総額は, 10万円を超えることはできない.

④ 法人, 法人でない使用者又は労働者の組合, 争議団等の団体であつて解散したものに, 第1項の規定を適用するについては, その団体は, なほ存続するものとみなす.

第40条　① 第38条の規定の違反があつた場合においては, その違反行為について責任のある使用者若しくはその団体, 労働者の団体又はその他の者若しくはその団体は, これを20万円以下の罰金に処する.

② 前条第2項から第4項までの規定は, 前項の場合に準用する. この場合において同条第3項中「10万円」とあるのは, 「20万円」と読み替へるものとする.

第41条　削除

第42条　第39条の罪は、労働委員会の請求を待つてこれを論ずる.

第43条　調停又は仲裁をなす場合において、その公正な進行を妨げる者に対しては、調停委員会の委員長又は仲裁委員会の委員長は、これに退場を命ずることができる.

89　労働契約法（抄）

（平19・12・5法律第128号, 平20・3・1施行,
最終改正:平30・7・6法律第71号）

第1編　総　則

（目　的）

第1条　この法律は、労働者及び使用者の自主的な交渉の下で、労働契約が合意により成立し、又は変更されるという合意の原則その他労働契約に関する基本的事項を定めることにより、合理的な労働条件の決定又は変更が円滑に行われるようにすることを通じて、労働者の保護を図りつつ、個別の労働関係の安定に資することを目的とする.

（定　義）

第2条　① この法律において「労働者」とは、使用者に使用されて労働し、賃金を支払われる者をいう.

② この法律において「使用者」とは、その使用する労働者に対して賃金を支払う者をいう.

（労働契約の原則）

第3条　① 労働契約は、労働者及び使用者が対等の立場における合意に基づいて締結し、又は変更すべきものとする.

② 労働契約は、労働者及び使用者が、就業の実態に応じて、均衡を考慮しつつ締結し、又は変更すべきものとする.

③ 労働契約は、労働者及び使用者が仕事と生活の調和にも配慮しつつ締結し、又は変更すべきものとする.

④ 労働者及び使用者は、労働契約を遵守するとともに、信義に従い誠実に、権利を行使し、及び義務を履行しなければならない.

⑤ 労働者及び使用者は、労働契約に基づく権利の行使に当たっては、それを濫用することがあってはならない.

（労働契約の内容の理解の促進）

第4条　① 使用者は、労働者に提示する労働条件及び労働契約の内容について、労働者の理解を深めるようにするものとする.

② 労働者及び使用者は、労働契約の内容（期間の定めのある労働契約に関する事項を含む。）について、できる限り書面により確認するものとする.

（労働者の安全への配慮）

第5条　使用者は、労働契約に伴い、労働者がその生命、身体等の安全を確保しつつ労働することができるよう、必要な配慮をするものとする.

第2章　労働契約の成立及び変更

（労働契約の成立）

第6条　労働契約は、労働者が使用者に使用されて労働し、使用者がこれに対して賃金を支払うことについて、労働者及び使用者が合意することによって成立する.

第7条　労働者及び使用者が労働契約を締結する場合において、使用者が合理的な労働条件が定められている就業規則を労働者に周知させていた場合には、労働契約の内容は、その就業規則で定める労働条件によるものとする. ただし、労働契約において、労働者及び使用者が就業規則の内容と異なる労働条件を合意していた部分については、第12条に該当する場合を除き、この限りでない.

（労働契約の内容の変更）

第8条　労働者及び使用者は、その合意により、労働契約の内容である労働条件を変更することができる.

（就業規則による労働契約の内容の変更）

第9条　使用者は、労働者と合意することなく、就業規則を変更することにより、労働者の不利益に労働契約の内容である労働条件を変更することはできない. ただし、次条の場合は、この限りでない.

第10条　使用者が就業規則の変更により労働条件を変更する場合において、変更後の就業規則を労働者に周知させ、かつ、就業規則の変更が、労働者の受ける不利益の程度、労働条件の変更の必要性、変更後の就業規則の内容の相当性、労働組合等との交渉の状況その他の就業規則の変更に係る事情に照らして合理的なものであるときは、労働契約の内容である労働条件は、当該変更後の就業規則に定めるところによるものとする. ただし、労働契約において、労働者及び使用者が就業規則の変更によっては変更されない労働条件として合意していた部分については、第12条に該当する場合を除き、この限りでない.

（就業規則の変更に係る手続）

第11条　就業規則の変更の手続に関しては、労働基準法（昭和22年法律第49号）第89条及び第90条の定めるところによる.

（就業規則違反の労働契約）

第12条　就業規則で定める基準に達しない労働条件を定める労働契約は、その部分については、無効とする. この場合において、無効となった部分は、就業規則で定める基準による.

（法令及び労働協約と就業規則との関係）

第13条　就業規則が法令又は労働協約に反する場合には、当該反する部分については、第7条、第10条及び前条の規定は、当該法令又は労働協約の適用を受ける労働者との間の労働契約については、適用しない.

第3章　労働契約の継続及び終了（略）

第4章　期間の定めのある労働契約（略）

第5章　雑　則（略）

90　生活保護法（抄）

（昭 25・5・4 法律第 144 号，昭 25・5・4 施行，
最終改正：令 5・5・19 法律第 31 号）

第 1 章　総　則

（この法律の目的）

第 1 条　この法律は，日本国憲法第 25 条に規定する理念に基き，国が生活に困窮するすべての国民に対し，その困窮の程度に応じ，必要な保護を行い，その最低限度の生活を保障するとともに，その自立を助長することを目的とする．

（無差別平等）

第 2 条　すべて国民は，この法律の定める要件を満たす限り，この法律による保護（以下「保護」という．）を，無差別平等に受けることができる．

（最低生活）

第 3 条　この法律により保障される最低限度の生活は，健康で文化的な生活水準を維持することができるものでなければならない．

（保護の補足性）

第 4 条　① 保護は，生活に困窮する者が，その利用し得る資産，能力その他あらゆるものを，その最低限度の生活の維持のために活用することを要件として行われる．

② 民法（明治 29 年法律第 89 号）に定める扶養義務者の扶養及び他の法律に定める扶助は，すべてこの法律による保護に優先して行われるものとする．

③ 前 2 項の規定は，急迫した事由がある場合に，必要な保護を行うことを妨げるものではない．

（この法律の解釈及び運用）

第 5 条　前 4 条に規定するところは，この法律の基本原理であつて，この法律の解釈及び運用は，すべてこの原理に基いてされなければならない．

（用語の定義）

第 6 条　① この法律において「被保護者」とは，現に保護を受けている者をいう．

② この法律において「要保護者」とは，現に保護を受けているといないとにかかわらず，保護を必要とする状態にある者をいう．

③ この法律において「保護金品」とは，保護として給与し，又は貸与される金銭及び物品をいう．

④ この法律において「金銭給付」とは，金銭の給与又は貸与によつて，保護を行うことをいう．

⑤ この法律において「現物給付」とは，物品の給与又は貸与，医療の給付，役務の提供その他金銭給付以外の方法で保護を行うことをいう．

第 2 章　保護の原則

（申請保護の原則）

第 7 条　保護は，要保護者，その扶養義務者又はその他の同居の親族の申請に基いて開始するものとする．但し，要保護者が急迫した状況にあるときは，保護の申請がなくても，必要な保護を行うことができる．

（基準及び程度の原則）

第 8 条　① 保護は，厚生労働大臣の定める基準により測定した要保護者の需要を基とし，そのうち，そ

の者の金銭又は物品で満たすことのできない不足分を補う程度において行うものとする．

② 前項の基準は，要保護者の年齢別，性別，世帯構成別，所在地域別その他保護の種類に応じて必要な事情を考慮した最低限度の生活の需要を満たすに十分なものであつて，且つ，これをこえないものでなければならない．

（必要即応の原則）

第 9 条　保護は，要保護者の年齢別，性別，健康状態等その他の個人又は世帯の実際の必要の相違を考慮して，有効且つ適切に行うものとする．

（世帯単位の原則）

第 10 条　保護は，世帯を単位としてその要否及び程度を定めるものとする．但し，これによりがたいときは，個人を単位として定めることができる．

第 3 章　保護の種類及び範囲

（種　類）

第 11 条　① 保護の種類は，次のとおりとする．

1　生活扶助
2　教育扶助
3　住宅扶助
4　医療扶助
5　介護扶助
6　出産扶助
7　生業扶助
8　葬祭扶助

② 前項各号の扶助は，要保護者の必要に応じ，単給又は併給として行われる．

第 4 章　保護の機関及び実施

（実施機関）

第 19 条　① 都道府県知事，市長及び社会福祉法（昭和 26 年法律第 45 号）に規定する福祉に関する事務所（以下「福祉事務所」という．）を管理する町村長は，次に掲げる者に対して，この法律の定めるところにより，保護を決定し，かつ，実施しなければならない．

1　その管理に属する福祉事務所の所管区域内に居住地を有する要保護者

2　居住地がないか，又は明らかでない要保護者であつて，その管理に属する福祉事務所の所管区域内に現在地を有するもの

② 居住地が明らかである要保護者であつても，その者が急迫した状況にあるときは，その急迫した事由が止むまでは，その者に対する保護は，前項の規定にかかわらず，その者の現在地を所管する福祉事務所を管理する都道府県知事又は市町村長が行うものとする．

③ 第 30 条第 1 項ただし書の規定により被保護者を救護施設，更生施設若しくはその他の適当な施設に入所させ，若しくはこれらの施設に入所を委託し，若しくは私人の家庭に養護を委託した場合又は第 34 条の 2 第 2 項の規定により被保護者に対する次の各号に掲げる介護扶助を当該各号に定める者若しくは施設に委託して行う場合においては，当該入所又は委託の継続中，その者に対して保護を行うべき者は，その者に係る入所又は委託前の居住地又は現在地によつて定めるものとする．

1　居宅介護（第 15 条の 2 第 2 項に規定する居宅介護をいう．以下同じ．）（特定施設入居者生活介

90 生活保護法（21条～26条）

護（同項に規定する特定施設入居者生活介護をいう。）に限る。）　居宅介護を行う者

2　施設介護（第15条の2第4項に規定する施設介護をいう。以下同じ。）　介護老人福祉施設（介護保険法第8条第27項に規定する介護老人福祉施設をいう。）

3　介護予防（第15条の2第5項に規定する介護予防をいう。以下同じ。）（介護予防特定施設入居者生活介護（同項に規定する介護予防特定施設入居者生活介護をいう。）に限る。）　介護予防を行う者

④　前3項の規定により保護を行うべき者（以下「保護の実施機関」という。）は、保護の決定及び実施に関する事務の全部又は一部を、その管理に属する行政庁に限り、委任することができる。

⑤　保護の実施機関は、保護の決定及び実施に関する事務の一部を、政令の定めるところにより、他の保護の実施機関に委託して行うことを妨げない。

⑥　福祉事務所を設置しない町村の長（以下「町村長」という。）は、その町村の区域内において特に急迫した事由により放置することができない状況にある要保護者に対して、応急的処置として、必要な保護を行うものとする。

⑦　町村長は、保護の実施機関又は福祉事務所の長（以下「福祉事務所長」という。）が行う保護事務の執行を適切ならしめるため、次に掲げる事項を行うものとする。

1　要保護者を発見し、又は被保護者の生計その他の状況の変動を発見した場合において、速やかに、保護の実施機関又は福祉事務所長にその旨を通報すること。

2　第24条第10項の規定により保護の開始又は変更の申請を受け取つた場合において、これを保護の実施機関に送付すること。

3　保護の実施機関又は福祉事務所長から求められた場合において、被保護者等に対して、保護金品を交付すること。

4　保護の実施機関又は福祉事務所長から求められた場合において、要保護者に関する調査を行うこと。

（補助機関）

第21条　社会福祉法に定める社会福祉主事は、この法律の施行について、都道府県知事又は市町村長の事務の執行を補助するものとする。

（民生委員の協力）

第22条　民生委員法（昭和23年法律第198号）に定める民生委員は、この法律の施行について、市町村長、福祉事務所長又は社会福祉主事の事務の執行に協力するものとする。

（申請による保護の開始及び変更）

第24条　①　保護の開始を申請する者は、厚生労働省令で定めるところにより、次に掲げる事項を記載した申請書を保護の実施機関に提出しなければならない。ただし、当該申請書を作成することができない特別の事情があるときは、この限りでない。

1　要保護者の氏名及び住所又は居所

2　申請者が要保護者と異なるときは、申請者の氏名及び住所又は居所並びに要保護者との関係

3　保護を受けようとする理由

4　要保護者の資産及び収入の状況（生業若しくは就労又は求職活動の状況、扶養義務者の扶養の状況及び他の法律に定める扶助の状況を含む。以下同じ。）

5　その他要保護者の保護の要否、種類、程度及び方法を決定するために必要な事項として厚生労働省令で定める事項

②　前項の申請書には、要保護者の保護の要否、種類、程度及び方法を決定するために必要な書類として厚生労働省令で定める書類を添付しなければならない。ただし、当該書類を添付することができない特別の事情があるときは、この限りでない。

③　保護の実施機関は、保護の申請があつたときは、保護の要否、種類、程度及び方法を決定し、申請者に対して書面をもつて、これを通知しなければならない。

④　前項の書面には、決定の理由を付さなければならない。

⑤　第3項の通知は、申請のあつた日から14日以内にしなければならない。ただし、扶養義務者の資産及び収入の状況の調査に日時を要する場合その他特別な理由がある場合には、これを30日まで延ばすことができる。

⑥　保護の実施機関は、前項ただし書の規定により同項本文に規定する期間内に第3項の通知をしなかつたときは、同項の書面にその理由を明示しなければならない。

⑦　保護の申請をしてから30日以内に第3項の通知がないときは、申請者は、保護の実施機関が申請を却下したものとみなすことができる。

⑧　保護の実施機関は、知れたる扶養義務者が民法の規定による扶養義務を履行していないと認められる場合において、保護の開始の決定をしようとするときは、厚生労働省令で定めるところにより、あらかじめ、当該扶養義務者に対して書面をもつて厚生労働省令で定める事項を通知しなければならない。ただし、あらかじめ通知することが適当でない場合として厚生労働省令で定める場合は、この限りでない。

⑨　第1項から第7項までの規定は、第7条に規定する者からの保護の変更の申請について準用する。

⑩　保護の開始又は変更の申請は、町村長を経由してすることもできる。町村長は、申請を受け取つたときは、5日以内に、その申請に、要保護者に対する扶養義務者の有無、資産及び収入の状況その他保護に関する決定をするについて参考となるべき事項を記載した書面を添えて、これを保護の実施機関に送付しなければならない。

（職権による保護の開始及び変更）

第25条　①　保護の実施機関は、要保護者が急迫した状況にあるときは、すみやかに、職権をもつて保護の種類、程度及び方法を決定し、保護を開始しなければならない。

②　保護の実施機関は、常に、被保護者の生活状態を調査し、保護の変更を必要とすると認めるときは、速やかに、職権をもつてその決定を行い、書面をもつて、これを被保護者に通知しなければならない。前条第4項の規定は、この場合に準用する。

③　町村長は、要保護者が特に急迫した事由により放置することができない状況にあるときは、すみやかに、職権をもつて第19条第6項に規定する保護を行わなければならない。

（保護の停止及び廃止）

第26条　保護の実施機関は、被保護者が保護を必要としなくなつたときは、速やかに、保護の停止又は廃止を決定し、書面をもつて、これを被保護者に通

知しなければならない．第28条第5項又は第62条第3項の規定により保護の停止又は廃止をするときは，同様とする．

（指導及び指示）

第27条　① 保護の実施機関は，被保護者に対して，生活の維持，向上その他保護の目的達成に必要な指導又は指示をすることができる．

② 前項の指導又は指示は，被保護者の自由を尊重し，必要の最小限度に止めなければならない．

③ 第1項の規定は，被保護者の意に反して，指導又は指示を強制し得るものと解釈してはならない．

（相談及び助言）

第27条の2　保護の実施機関は，第55条の7第1項に規定する被保護者就労支援事業及び第55条の8第1項に規定する被保護者健康管理支援事業を行うほか，要保護者から求めがあったときは，要保護者の自立を助長するために，要保護者からの相談に応じ，必要な助言をすることができる．

（報告，調査及び検診）

第28条　① 保護の実施機関は，保護の決定若しくは実施又は第77条若しくは第78条（第3項を除く．次項及び次条第1項において同じ．）の規定の施行のため必要があると認めるときは，要保護者の資産及び収入の状況，健康状態その他の事項を調査するために，厚生労働省令で定めるところにより，当該要保護者に対して，報告を求め，若しくは当該職員に，当該要保護者の居住の場所に立ち入り，これらの事項を調査させ，又は当該要保護者に対して，保護の実施機関の指定する医師若しくは歯科医師の検診を受けるべき旨を命ずることができる．

② 保護の実施機関は，保護の決定若しくは実施又は第77条若しくは第78条の規定の施行のため必要があると認めるときは，保護の開始又は変更の申請書及びその添付書類の内容を調査するために，厚生労働省令で定めるところにより，要保護者の扶養義務者若しくはその他の同居の親族又は保護の開始若しくは変更の申請の当時要保護者若しくはこれらの者であった者に対して，報告を求めることができる．

③ 第1項の規定によって立入調査を行う当該職員は，厚生労働省令で定めるところにより，その身分を示す証票を携帯し，かつ，関係人の請求があるときは，これを提示しなければならない．

④ 第1項の規定による立入調査の権限は，犯罪捜査のために認められたものと解してはならない．

⑤ 保護の実施機関は，要保護者が第1項の規定による報告をせず，若しくは虚偽の報告をし，若しくは立入調査を拒み，妨げ，若しくは忌避し，又は医師若しくは歯科医師の検診を受けるべき旨の命令に従わないときは，保護の開始若しくは変更の申請を却下し，又は保護の変更，停止若しくは廃止をすることができる．

（資料の提供等）

第29条　① 保護の実施機関及び福祉事務所長は，保護の決定若しくは実施又は第77条若しくは第78条の規定の施行のために必要があると認めるときは，次の各号に掲げる者の当該各号に定める事項につき，官公署，日本年金機構若しくは国民年金法（昭和34年法律第141号）第3条第2項に規定する共済組合等（次項において「共済組合等」という．）に対し，必要な書類の閲覧若しくは資料の提供を求め，又は銀行，信託会社，次の各号に掲げる者の

雇主その他の関係人に，報告を求めることができる．

1　要保護者又は被保護者であった者　氏名及び住所又は居所，資産及び収入の状況，健康状態，他の保護の実施機関における保護の決定及び実施の状況その他政令で定める事項（被保護者であった者にあっては，氏名及び住所又は居所，健康状態並びに他の保護の実施機関における保護の決定及び実施の状況を除き，保護を受けていた期間における事項に限る．）

2　前号に掲げる者の扶養義務者　氏名及び住所又は居所，資産及び収入の状況その他政令で定める事項（被保護者であった者の扶養義務者にあっては，氏名及び住所又は居所を除き，当該被保護者であった者が保護を受けていた期間における事項に限る．）

② 別表第1の上欄に掲げる官公署の長，日本年金機構又は共済組合等は，それぞれ同表の下欄に掲げる情報につき，保護の実施機関又は福祉事務所長から前項の規定による求めがあったときは，速やかに，当該情報を記載し，若しくは記録した書類を閲覧させ，又は資料の提供を行うものとする．

（行政手続法の適用除外）

第29条の2　この章の規定による処分については，行政手続法（平成5年法律第88号）第3章（第12条及び第14条を除く．）の規定は，適用しない．

第10章　被保護者の権利及び義務

（不利益変更の禁止）

第56条　被保護者は，正当な理由がなければ，既に決定された保護を，不利益に変更されることがない．

（公課禁止）

第57条　被保護者は，保護金品及び進学準備給付金を標準として租税その他の公課を課せられることがない．

（差押禁止）

第58条　被保護者は，既に給与を受けた保護金品及び進学準備給付金又はこれらを受ける権利を差し押えられることがない．

（譲渡禁止）

第59条　保護又は就労自立給付金若しくは進学準備給付金の支給を受ける権利は，譲り渡すことができない．

（生活上の義務）

第60条　被保護者は，常に，能力に応じて勤労に励み，自ら，健康の保持及び増進に努め，収入，支出その他生計の状況を適切に把握するとともに支出の節約を図り，その他生活の維持及び向上に努めなければならない．

（届出の義務）

第61条　被保護者は，収入，支出その他生計の状況について変動があったとき，又は居住地若しくは世帯の構成に異動があったときは，すみやかに，保護の実施機関又は福祉事務所長にその旨を届け出なければならない．

（指示等に従う義務）

第62条　① 被保護者は，保護の実施機関が，第30条第1項ただし書の規定により，被保護者を救護施設，更生施設，日常生活支援住居施設若しくはその他の適当な施設に入所させ，若しくはこれらの施設に入所を委託し，若しくは私人の家庭に養護を委託して保護を行うことを決定したとき，又は第27条の規

定により,被保護者に対し,必要な指導又は指示をしたときは,これに従わなければならない.

② 保護施設を利用する被保護者は,第46条の規定により定められたその保護施設の管理規程に従わなければならない.

③ 保護の実施機関は,被保護者が前2項の規定による義務に違反したときは,保護の変更,停止又は廃止をすることができる.

④ 保護の実施機関は,前項の規定により保護の変更,停止又は廃止の処分をする場合には,当該被保護者に対して弁明の機会を与えなければならない.この場合においては,あらかじめ,当該処分をしようとする理由,弁明をすべき日時及び場所を通知しなければならない.

⑤ 第3項の規定による処分については,行政手続法第3章(第12条及び第14条を除く.)の規定は,適用しない.

(費用返還義務)
第63条 被保護者が,急迫の場合等において資力があるにもかかわらず,保護を受けたときは,保護に要する費用を支弁した都道府県又は市町村に対して,すみやかに,その受けた保護金品に相当する金額の範囲内において保護の実施機関の定める額を返還しなければならない.

第11章　不服申立て

(審査庁)
第64条 第19条第4項の規定により市町村長が保護の決定及び実施に関する事務の全部又は一部をその管理に属する行政庁に委任した場合における当該事務に関する処分並びに第55条の4第2項(第55条の5第2項において準用する場合を含む.第66条第1項において同じ.)の規定により市町村長が就労自立給付金又は進学準備給付金の支給に関する事務の全部又は一部をその管理に属する行政庁に委任した場合における当該事務に関する処分についての審査請求は,都道府県知事に対してするものとする.

(審査請求と訴訟との関係)
第69条 この法律の規定に基づき保護の実施機関又は支給機関がした処分の取消しの訴えは,当該処分についての審査請求に対する裁決を経た後でなければ,提起することができない.

第12章　費　用(略)

第13章　雑　則(略)

Ⅶ　経　済　法

91　〔独占禁止法〕
私的独占の禁止及び公正取引の
確保に関する法律（抄）

（昭 22·4·14 法律第 54 号，
最終改正：令 5·6·16 法律第 63 号）

第1章　総　則

第1条　この法律は，私的独占，不当な取引制限及び不公正な取引方法を禁止し，事業支配力の過度の集中を防止して，結合，協定等の方法による生産，販売，価格，技術その他一切の事業活動の不当な拘束を排除することにより，公正且つ自由な競争を促進し，事業者の創意を発揮させ，事業活動を盛んにし，雇傭及び国民実所得の水準を高め，以て，一般消費者の利益を確保するとともに，国民経済の民主的で健全な発達を促進することを目的とする．

第2条　① この法律において「事業者」とは，商業，工業，金融業その他の事業を行う者をいう．事業者の利益のためにする行為を行う役員，従業員，代理人その他の者は，次項又は第3章の規定の適用については，これを事業者とみなす．

② この法律において「事業者団体」とは，事業者としての共通の利益を増進することを主たる目的とする二以上の事業者の結合体又はその連合体をいい，次に掲げる形態のものを含む．ただし，二以上の事業者の結合体又はその連合体であつて，資本又は構成事業者の出資を有し，営利を目的として商業，工業，金融業その他の事業を営むことを主たる目的とし，かつ，現にその事業を営んでいるものを含まないものとする．

1　二以上の事業者が社員（社員に準ずるものを含む．）である社団法人その他の社団

2　二以上の事業者が理事又は管理人の任免，業務の執行又はその存立を支配している財団法人その他の財団

3　二以上の事業者を組合員とする組合又は契約による二以上の事業者の結合体

③ この法律において「役員」とは，理事，取締役，執行役，業務を執行する社員，監事若しくは監査役若しくはこれらに準ずる者，支配人又は本店若しくは支店の事業の主任者をいう．

④ この法律において「競争」とは，二以上の事業者がその通常の事業活動の範囲内において，かつ，当該事業活動の施設又は態様に重要な変更を加えることなく次に掲げる行為をし，又はすることができる状態をいう．

1　同一の需要者に同種又は類似の商品又は役務を供給すること

2　同一の供給者から同種又は類似の商品又は役務の供給を受けること

⑤ この法律において「私的独占」とは，事業者が，単独に，又は他の事業者と結合し，若しくは通謀し，その他いかなる方法をもつてするかを問わず，他の

事業者の事業活動を排除し，又は支配することにより，公共の利益に反して，一定の取引分野における競争を実質的に制限することをいう．

⑥ この法律において「不当な取引制限」とは，事業者が，契約，協定その他何らの名義をもつてするかを問わず，他の事業者と共同して対価を決定し，維持し，若しくは引き上げ，又は数量，技術，製品，設備若しくは取引の相手方を制限する等相互にその事業活動を拘束し，又は遂行することにより，公共の利益に反して，一定の取引分野における競争を実質的に制限することをいう．

⑦ この法律において「独占的状態」とは，同種の商品（当該同種の商品に係る通常の事業活動の施設又は態様に重要な変更を加えることなく供給することができる商品を含む．）（以下この項において「一定の商品」という．）並びにこれとその機能及び効用が著しく類似している他の商品で国内において供給されたもの（輸出されたものを除く．）の価額（当該商品に直接課される租税の額に相当する額を控除した額とする．）又は国内において供給された同種の役務の価額（当該役務の提供を受ける者に当該役務に関して課される租税の額に相当する額を控除した額とする．）の政令で定める最近の1年間における合計額が1,000億円を超える場合における当該一定の商品又は役務に係る一定の事業分野において，次に掲げる市場構造及び市場における弊害があることをいう．

1　当該1年間において，一の事業者の事業分野占拠率（当該一定の商品並びにこれとその機能及び効用が著しく類似している他の商品で国内において供給されたもの（輸出されたものを除く．）又は国内において供給された当該役務の数量（数量によることが適当でない場合にあつては，これらの価額とする．以下この号において同じ．）のうち当該事業者が供給した当該一定の商品並びにこれとその機能及び効用が著しく類似している他の商品又は役務の数量の占める割合をいう．以下この号において同じ．）が2分の1を超え，又は二の事業者のそれぞれの事業分野占拠率の合計が4分の3を超えていること．

2　他の事業者が当該事業分野に属する事業を新たに営むことを著しく困難にする事情があること．

3　当該事業者の供給する当該一定の商品又は役務につき，相当の期間，需給の変動及びその供給に要する費用の変動に照らして，価格の上昇が著しく，又はその低下がきん少であり，かつ，当該事業者がその期間次のいずれかに該当していること．

イ　当該事業者の属する政令で定める業種における標準的な政令で定める種類の利益率を著しく超える率の利益を得ていること．

ロ　当該事業者の属する事業分野における事業者の標準的な販売費及び一般管理費に比し著しく過大と認められる販売費及び一般管理費を支出していること．

⑧ 経済事情が変化して国内における生産業者の出荷の状況及び卸売物価に著しい変動が生じたときは，これらの事情を考慮して，前項の金額につき政令で別段の定めをするものとする．

⑨ この法律において「不公正な取引方法」とは，次の各号のいずれかに該当する行為をいう．

1　正当な理由がないのに，競争者と共同して，次のいずれかに該当する行為をすること．

イ　ある事業者に対し，供給を拒絶し，又は供給に係る商品若しくは役務の数量若しくは内容を制限すること．

ロ　他の事業者に，ある事業者に対する供給を拒絶させ，又は供給に係る商品若しくは役務の数量若しくは内容を制限させること．

2　不当に，地域又は相手方により差別的な対価をもつて，商品又は役務を継続して供給することであつて，他の事業者の事業活動を困難にさせるおそれがあるもの

3　正当な理由がないのに，商品又は役務をその供給に要する費用を著しく下回る対価で継続して供給することであつて，他の事業者の事業活動を困難にさせるおそれがあるもの

4　自己の供給する商品を購入する相手方に，正当な理由がないのに，次のいずれかに掲げる拘束の条件を付けて，当該商品を供給すること．

イ　相手方に対しその販売する当該商品の販売価格を定めてこれを維持させることその他相手方の当該商品の販売価格の自由な決定を拘束すること．

ロ　相手方の販売する当該商品を購入する事業者の当該商品の販売価格を定めて相手方をして当該事業者にこれを維持させることその他相手方をして当該事業者の当該商品の販売価格の自由な決定を拘束させること．

5　自己の取引上の地位が相手方に優越していることを利用して，正常な商慣習に照らして不当に，次のいずれかに該当する行為をすること．

イ　継続して取引する相手方（新たに継続して取引しようとする相手方を含む．ロにおいて同じ．）に対して，当該取引に係る商品又は役務以外の商品又は役務を購入させること．

ロ　継続して取引する相手方に対して，自己のために金銭，役務その他の経済上の利益を提供させること．

ハ　取引の相手方からの取引に係る商品の受領を拒み，取引の相手方から取引に係る商品を受領した後当該商品を当該取引の相手方に引き取らせ，取引の相手方に対して取引の対価の支払を遅らせ，若しくはその額を減じ，その他取引の相手方に不利益となるように取引の条件を設定し，若しくは変更し，又は取引を実施すること．

6　前各号に掲げるもののほか，次のいずれかに該当する行為であつて，公正な競争を阻害するおそれがあるもののうち，公正取引委員会が指定するもの

イ　不当に他の事業者を差別的に取り扱うこと．

ロ　不当な対価をもつて取引すること．

ハ　不当に競争者の顧客を自己と取引するように誘引し，又は強制すること．

ニ　相手方の事業活動を不当に拘束する条件をもつて取引すること．

ホ　自己の取引上の地位を不当に利用して相手方と取引すること．

ヘ　自己又は自己が株主若しくは役員である会社と国内において競争関係にある他の事業者とその取引の相手方との取引を不当に妨害し，又は当該事業者が会社である場合において，その会社の株主若しくは役員をその会社の不利益となる行為をするように，不当に誘引し，唆し，若しくは強制すること．

第2章　私的独占及び不当な取引制限

第3条　事業者は，私的独占又は不当な取引制限をしてはならない．

第4条および第5条　削除

第6条　事業者は，不当な取引制限又は不公正な取引方法に該当する事項を内容とする国際的協定又は国際的契約をしてはならない．

第7条　①　第3条又は前条の規定に違反する行為があるときは，公正取引委員会は，第8章第2節に規定する手続に従い，事業者に対し，当該行為の差止め，事業の一部の譲渡その他これらの規定に違反する行為を排除するために必要な措置を命ずることができる．

②　公正取引委員会は，第3条又は前条の規定に違反する行為が既になくなつている場合においても，特に必要があると認めるときは，第8章第2節に規定する手続に従い，次に掲げる者に対し，当該行為が既になくなつている旨の周知措置その他当該行為が排除されたことを確保するために必要な措置を命ずることができる．ただし，当該行為がなくなつた日から7年を経過したときは，この限りでない．

1　当該行為をした事業者

2　当該行為をした事業者が法人である場合において，当該法人が合併により消滅したときにおける合併後存続し，又は合併により設立された法人

3　当該行為をした事業者が法人である場合において，当該法人から分割により当該行為に係る事業の全部又は一部を承継した法人

4　当該行為をした事業者から当該行為に係る事業の全部又は一部を譲り受けた事業者

第7条の2　①　事業者が，不当な取引制限又は不当な取引制限に該当する事項を内容とする国際的協定若しくは国際的契約であつて，商品若しくは役務の対価に係るもの又は商品若しくは役務の供給量若しくは購入量，市場占有率若しくは取引の相手方を実質的に制限することによりその対価に影響することとなるものをしたときは，公正取引委員会は，第8章第2節に規定する手続に従い，当該事業者に対し，第1号から第3号までに掲げる額の合計額に100分の10を乗じて得た額及び第4号に掲げる額の合算額に相当する額の課徴金を国庫に納付することを命じなければならない．ただし，その額が100万円未満であるときは，その納付を命ずることができない．

1　当該違反行為（商品又は役務を供給することに係るものに限る．以下この号において同じ．）に係る一定の取引分野において当該事業者及びその特定非違反供給子会社等が供給した当該商品又は役務（当該事業者に当該特定非違反供給子会社等が供給したもの及び当該事業者又は当該特定非違反供給子会社等が当該事業者の供給子会社等に供給したものを除く．）並びに当該一定の取引分野において当該事業者又は当該特定非違反供給子会社等が当該事業者の供給子会社等に供給した当該商品又は役務（当該供給子会社等（違反供給子会社等又は特定非違反供給子会社等である場合に限る．）が他の者に当該商品又は役務を供給するために当該事業者又は当該特定非違反供給子会社等から供給を受けたものを除く．）の政令で定める方法により算定した，当該違反行為に係る実行期

経済

間における売上額

2　当該違反行為（商品又は役務の供給を受けることに係るものに限る．以下この号において同じ．）に係る一定の取引分野において当該事業者及びその特定非違反購入子会社等が供給を受けた当該商品又は役務（当該事業者から当該特定非違反購入子会社等が供給を受けたもの及び当該事業者又は当該特定非違反購入子会社等が当該事業者の購入子会社等から供給を受けたものを含む．）並びに当該一定の取引分野において当該事業者及び当該特定非違反購入子会社等が当該事業者の購入子会社等から供給を受けた当該商品又は役務（当該購入子会社等（違反購入子会社等又は特定非違反購入子会社等である場合に限る．）が他の者から供給を受けて当該事業者又は当該特定非違反購入子会社等に供給したものを除く．）の政令で定める方法により算定した当該違反行為に係る実行期間における購入額

3　当該違反行為に係る商品又は役務の全部又は一部の製造，販売，管理その他の当該商品又は役務に密接に関連する業務として政令で定めるものであつて，当該事業者及びその完全子会社等（当該違反行為をしていないものに限る．次号において同じ．）が行つたものの対価の額に相当する額として政令で定める方法により算定した額

4　当該違反行為に係る商品若しくは役務を他の者（当該事業者の供給子会社等並びに当該供給行為をした他の事業者及びその供給子会社等を除く．）に供給しないこと又は他の者（当該事業者の購入子会社等並びに当該論拠行為をした他の事業者及びその購入子会社等を除く．）から当該商品若しくは役務の供給を受けないことに関し，手数料，報酬その他名目のいかんを問わず，当該事業者及びその完全子会社等が得た金銭その他の財産上の利益に相当する額として政令で定める方法により算定した額

②　前項の場合において，当該事業者が次の各号のいずれかに該当する者（その者の一又は二以上の子会社等が当該各号のいずれにも該当しない場合を除く．）であるときは，同項中「100分の10」とあるのは，「100分の4」とする．

1　資本金の額又は出資の総額が3億円以下の会社並びに常時使用する従業員の数が300人以下の会社及び個人であつて，製造業，建設業，運輸業その他の業種（次号から第4号までに掲げる業種及び第5号の政令で定める業種を除く．）に属する事業を主たる事業として営むもの

2　資本金の額又は出資の総額が1億円以下の会社並びに常時使用する従業員の数が100人以下の会社及び個人であつて，卸売業（第5号の政令で定める業種を除く．）に属する事業を主たる事業として営むもの

3　資本金の額又は出資の総額が5000万円以下の会社並びに常時使用する従業員の数が100人以下の会社及び個人であつて，サービス業（第5号の政令で定める業種を除く．）に属する事業を主たる事業として営むもの

4　資本金の額又は出資の総額が5000万円以下の会社並びに常時使用する従業員の数が50人以下の会社及び個人であつて，小売業（次号の政令で定める業種を除く．）に属する事業を主たる事業として営むもの

5　資本金の額又は出資の総額がその業種ごとに政令で定める金額以下の会社並びに常時使用する従業員の数がその業種ごとに政令で定める数以下の会社及び個人であつて，その政令で定める業種に属する事業を主たる事業として営むもの

6　協業組合その他の特別の法律により協同して事業を行うことを主たる目的として設立された組合（組合の連合会を含む．）のうち，政令で定めるところにより，前各号に定める業種ごとに当該各号に定める規模に相当する規模のもの

③　第1項の規定により課徴金の納付を命ずる場合において，当該事業者が公正取引委員会又は当該違反行為の事件について第47条第2項の規定により指定された審査官その他の当該違反事件の調査に関する事務に従事する職員による当該違反行為に係る課徴金の計算の基礎となるべき事実に係る事実の報告又は資料の提出の求めに応じなかつたときは，公正取引委員会は，当該事業者に係る実行期間のうち当該事実の報告又は資料の提出が行われず課徴金の計算の基礎となるべき事実を把握することができない期間における第1項各号に掲げる額を，当該事業者，その特定非違反供給子会社等若しくは特定非違反購入子会社等が当該違反行為に係る商品若しくは役務を供給する他の事業者若しくは当該商品若しくは役務の供給を受ける他の事業者から入手した資料その他の資料を用いて，公正取引委員会が定める合理的な方法により推計して，課徴金の納付を命ずることができる．

第3章　事業者団体

第8条　事業者団体は，次の各号のいずれかに該当する行為をしてはならない．

1　一定の取引分野における競争を実質的に制限すること．

2　第6条に規定する国際的協定又は国際的契約をすること．

3　一定の事業分野における現在又は将来の事業者の数を制限すること．

4　構成事業者（事業者団体の構成員である事業者をいう．以下同じ．）の機能又は活動を不当に制限すること．

5　事業者に不公正な取引方法に該当する行為をさせるようにすること．

第8条の2　①　前条の規定に違反する行為があるときは，公正取引委員会は，第8章第2節に規定する手続に従い，事業者団体に対し，当該行為の差止め，当該団体の解散その他当該行為の排除に必要な措置を命ずることができる．

②　第7条第2項の規定は，前条の規定に違反する行為に準用する．

③　公正取引委員会は，事業者団体に対し，第1項又は前項において準用する第7条第2項に規定する措置を命ずる場合において，特に必要があると認めるときは，第8章第2節に規定する手続に従い，当該団体の役員若しくは管理人又はその構成事業者（事業者の利益のためにする行為を行う役員，従業員，代理人その他の者が構成事業者である場合には，当該事業者を含む．第26条第1項において同じ．）に対しても，第1項又は前項において準用する第7条第2項に規定する措置を確保するために必要な措置を命ずることができる．

第8条の3 第2条の2（第14項を除く.）,第7条の2,第7条の4（第4項第2号及び第3号を除く.）,第7条の5,第7条の6並びに第7条の8第1項,第2項及び第6項の規定は,第8条第1号（不当な取引制限に相当する行為をする場合に限る.）又は第2号（不当な取引制限に該当する事項を内容とする国際的協定又は国際的契約をする場合に限る.）の規定に違反する行為が行われた場合について準用する.この場合において,次の表の上欄に掲げる規定中同表の中欄に掲げる字句は,それぞれ同表の下欄に掲げる字句に読み替えるものとする.

第2条の2第2項	この章	この章（第8条の3において読み替えて準用する第7条の4第4項第1号を除く.）
第2条の2第4項	第7条の2第1項又は第7条の9第1項若しくは第2項に規定する違反行為のうちいずれかの違反行為（第13項及び第14項を除き,	第8条の3に規定する違反行為（
	事業者	事業者団体の構成事業者（事業者の利益のためにする行為を行う役員,従業員,代理人その他の者が構成事業者である場合にあつては,当該事業者を含む.以下この章において「特定事業者」という.）
第2条の2第5項	事業者	事業者団体
	をしたもの	の実行としての事業活動をしたもの
第2条の2第6項	事業者	事業者団体
	をしていないもの	の実行としての事業活動をしていないもの
第2条の2第7項	事業者と	事業者団体の特定事業者と
	事業者から	特定事業者から
第2条の2第8項	事業者	事業者団体の特定事業者
第2条の2第9項	事業者	事業者団体
	をしたもの	の実行としての事業活動をしたもの
第2条の2第10項	事業者	事業者団体
	をしていないもの	の実行としての事業活動をしていないもの
第2条の2第11項	事業者と	事業者団体の特定事業者と
	事業者から	特定事業者から
第2条の2第12項	第7条の2第1項又は第7条の9第1項若しくは第2項	第8条の3
	事業者	事業者団体の特定事業者
第2条の2第13項	第7条の2第1項又は第7条の9第1項に規定する違反行為をした	違反行為をした事業者団体の
	事業者	特定事業者
第2条の2第15項	事業者	事業者団体の特定事業者
第7条の2第1項各号列記以外の部分	事業者が	事業者団体が
	事業者に	事業者団体の特定事業者に
第7条の2第1項各号	事業者	特定事業者
第7条の2第1項第3号	をしていない	の実行としての事業活動をしていない
第7条の2第1項第4号	違反行為をした	違反行為をした事業者団体の
第7条の2第2項及び第3項	当該事業者	当該特定事業者
第7条の4第1項各号列記以外の部分	事業者	特定事業者
第7条の4第1項第1号	違反行為をした	違反行為をした事業者団体の
	事業者	特定事業者
第7条の4第1項第2号	をしていない	の実行としての事業活動をしていない
	事業者	特定事業者
第7条の4第2項各号列記以外の部分	前2条	同条
第7条の4第2項第1号から第4号まで	事業者	事業者団体の特定事業者
第7条の4第2項第5号	をしていない	の実行としての事業活動をしていない
第7条の4第3項各号列記以外の部分	事業者	特定事業者
第7条の4第3項	をしていない	の実行としての事業活動をしていない

第3号		
第7条の4第4項各号列記以外の部分	第7条の2第1項に規定する違反行為をした	第8条第1号（不当な取引制限に相当する行為をする場合に限る。）又は第2号（不当な取引制限に該当する事項を内容とする国際的協定又は国際的契約をする場合に限る。）の規定に違反する行為をした事業者団体
	事業者	特定事業者
	第1号に該当し、かつ、第2号又は第3号のいずれかに該当する	第1号に該当する
第7条の4第1項	事業者	特定事業者
	子会社等	子会社等（特定事業者の子会社（第2条の2第2項に規定する子会社をいう。）若しくは親会社（同項に規定する親会社をいう。この号において同じ。）又は当該特定事業者と親会社が同一である他の会社をいう。）
第7条の4第5項及び第6項	事業者	特定事業者
第7条の4第7項	事業者	特定事業者
	した違反行為	行つた同項第1号に規定する事実の報告及び資料の提出
第7条の5第1項各号列記以外の部分	行つた事業者	行つた特定事業者
	報告等事業者	特定報告等事業者
第7条の5第1項第1号ロ	報告等事業者	特定報告等事業者
第7条の5第1項第2号	事業者	特定事業者
第7条の5第1項、第4項、第6項、第7項及び第9項から第11項まで	報告等事業者	特定報告等事業者
第7条の6（第4号を除く。）	事業者	特定事業者
第7条の6第4号	事業者がした	事業者団体がした
	当該事業者	当該特定事業者

	他の事業者	他の特定事業者
	（当該事業者	（当該特定事業者
	及び当該事業者	及び当該特定事業者
	一以上の事業者	一以上の特定事業者
	以外の事業者	以外の特定事業者
	をする	の実行としての事業活動を行う
	をやめる	の実行としての事業活動をやめる
第7条の8第1項	同条、第7条の3	同条
	，第7条の5第3項又は前条第1項	又は第7条の5第3項
第7条の8第2項	第7条の2、第7条の3	第7条の2
	，第7条の5第3項又は前条第1項	又は第7条の5第3項

第3章の2　独占的状態

第8条の4 ① 独占的状態があるときは、公正取引委員会は、第8章第2節に規定する手続に従い、事業者に対し、事業の一部の譲渡その他当該商品又は役務について競争を回復させるために必要な措置を命ずることができる。ただし、当該措置により、当該事業者につき、その供給する商品若しくは役務の供給に要する費用の著しい上昇をもたらす程度に事業の規模が縮小し、経理が不健全になり、又は国際競争力の維持が困難になると認められる場合及び当該商品又は役務について競争を回復するに足りると認められる他の措置が講ぜられる場合は、この限りでない。
② 公正取引委員会は、前項の措置を命ずるに当たつては、次の各号に掲げる事項に基づき、当該事業者及び関連事業者の事業活動の円滑な遂行並びに当該事業者に雇用されている者の生活の安定について配慮しなければならない。
1 資産及び収支その他の経理の状況
2 役員及び従業員の状況
3 工場、事業場及び事務所の位置その他の立地条件
4 事業設備の状況
5 特許権、商標権その他の無体財産権の内容及び技術上の特質
6 生産、販売等の能力及び状況
7 資金、原材料等の取得の能力及び状況
8 商品又は役務の供給及び流通の状況

第4章　株式の保有、役員の兼任、合併、分割、株式移転及び事業の譲受け

第9条 ① 他の国内の会社の株式（社員の持分を含む。以下同じ。）を所有することにより事業支配力が過度に集中することとなる会社は、これを設立してはならない。
② 会社（外国会社を含む。以下同じ。）は、他の国内の会社の株式を取得し、又は所有することにより

国内において事業支配力が過度に集中することとなる会社となつてはならない.

③ 前2項において「事業支配力が過度に集中すること」とは, 会社及び子会社その他当該会社が株式の所有により事業活動を支配している他の国内の会社の総合的事業規模が相当数の事業分野にわたつて著しく大きいこと, これらの会社の資金に係る取引に起因する他の事業者に対する影響力が著しく大きいこと又はこれらの会社が相互に関連性のある相当数の事業分野においてそれぞれ有力な地位を占めていることにより, 国民経済に大きな影響を及ぼし, 公正かつ自由な競争の促進の妨げとなることをいう.

④ 次に掲げる会社は, 当該会社及びその子会社の総資産の額(公正取引委員会規則で定める方法による資産の合計金額をいう. 以下この項において同じ.)で国内の会社に係るものを公正取引委員会規則で定める方法により合計した額が, それぞれ当該各号に掲げる金額を下回らない範囲内において政令で定める金額を超える場合には, 毎事業年度終了の日から3月以内に, 公正取引委員会規則で定めるところにより, 当該会社及びその子会社の事業に関する報告書を公正取引委員会に提出しなければならない. ただし, 当該会社が他の会社の子会社である場合は, この限りでない.

1 子会社の株式の取得価額(最終の貸借対照表において付した価額が当該価額と異なるときは, その価額)の合計額の当該会社の総資産の額に対する割合が100分の50を超える会社(次号において「持株会社」という.)　6,000億円

2 銀行業, 保険業又は第一種金融商品取引業(金融商品取引法(昭和23年法律第25号)第28条第1項に規定する第一種金融商品取引業をいう. 次条第3項及び第4項において同じ.)を営む会社(持株会社を除く.)　8兆円

3 前2号に掲げる会社以外の会社　2兆円

⑤ 前2項において「子会社」とは, 会社がその総株主の議決権(株主総会において決議をすることができる事項の全部につき議決権を行使することができない株式についての議決権を除き, 会社法第879条第3項の規定により議決権を有するものとみなされる株式についての議決権を含む. 以下この条から第11条まで, 第22条第3号及び第70条の4第1項において同じ.)の過半数を有する他の国内の会社をいう. この場合において, 会社及びその一若しくは二以上の子会社又は会社の一若しくは二以上の子会社がその総株主の議決権の過半数を有する他の国内の会社は, 当該会社の子会社とみなす.

⑥ 前項の場合において, 会社が有する議決権並びに会社及びその一若しくは二以上の子会社又は会社の一若しくは二以上の子会社が有する議決権は, 社債, 株式等の振替に関する法律第147条第1項又は第148条第1項の規定により発行者に対抗することができない株式に係る議決権を含むものとする.

⑦ 新たに設立された会社は, 当該会社がその設立時において第4項に規定する場合に該当するときは, 公正取引委員会規則で定めるところにより, その設立の日から30日以内に, その旨を公正取引委員会に届け出なければならない.

第10条 ① 会社は, 他の会社の株式を取得し, 又は所有することにより, 一定の取引分野における競争を実質的に制限することとなる場合には, 当該株式を取得し, 又は所有してはならず, 及び不公正な取引方法により他の会社の株式を取得し, 又は所有してはならない.

② 会社であつて, その国内売上高(国内において供給された商品及び役務の価額の最終事業年度における合計額として公正取引委員会規則で定めるものをいう. 以下同じ.)と当該会社が属する企業結合集団(会社及び当該会社並びに当該会社の親会社であつて他の会社の子会社でないもの及び当該親会社の子会社(当該会社及び当該会社の子会社を除く.)から成る集団をいう. 以下同じ.)に属する当該会社以外の会社(会社, 組合(外国における組合に相当するものを含む. 以下この条において同じ.)その他これらに類似する事業体をいう. 以下この条において同じ.)の国内売上高を公正取引委員会規則で定める方法により合計した額(以下「国内売上高合計額」という.)が200億円を下回らない範囲内において政令で定める金額を超えるもの(以下この条において「株式取得会社」という.)は, 他の会社であつて, その国内売上高と当該他の会社の子会社の国内売上高を公正取引委員会規則で定める方法により合計した額が50億円を下回らない範囲内において政令で定める金額を超えるもの(以下この条において「株式発行会社」という.)の株式の取得をしようとする場合(金銭又は有価証券の信託に係る株式について, 自己が, 委託者若しくは受益者となり議決権を行使することができる場合又は議決権の行使について受託者に指図を行うことができる場合において, 受託者に株式発行会社の株式の取得をさせようとする場合を含む.)において, 当該株式取得会社が当該取得の後において所有することとなる当該株式発行会社の株式に係る議決権の数と, 当該株式取得会社の属する企業結合集団に属する当該株式取得会社以外の会社等(第4項において「当該株式取得会社以外の会社等」という.)が所有する当該株式発行会社の株式に係る議決権の数とを合計した議決権の数の当該株式発行会社の総株主の議決権の数に占める割合が, 100分の20を下回らない範囲内において政令で定める数値(複数の数値を定めた場合にあつては, 政令で定めるところにより, それぞれの数値)を超えることとなるときは, 公正取引委員会規則で定めるところにより, あらかじめ当該株式の取得に関する計画を公正取引委員会に届け出なければならない. ただし, あらかじめ届出を行うことが困難である場合として公正取引委員会規則で定める場合は, この限りでない.

③ 前項の場合において, 当該株式取得会社が当該取得の後において所有することとなる当該株式発行会社の株式に係る議決権には, 金銭又は有価証券の信託に係る株式(委託者又は受益者が行使し, 又はその行使について受託者に指図を行うことができるものに限る.), 当該株式取得会社が銀行業又は保険業を営む会社(保険業を営む会社にあつては, 公正取引委員会規則で定める会社を除く. 次項並びに次条第1項及び第2項において同じ.)であり, かつ, 他の国内の会社(銀行業又は保険業を営む会社その他公正取引委員会規則で定める会社を除く. 次項並びに次条第1項及び第2項において同じ.)の株式の取得をしようとする場合における当該株式取得会社が当該取得の後におい

91 〔独占禁止法〕（10条）

て所有することとなる株式に係る議決権及び当該株式取得会社が第一種金融商品取引業を営む会社であり，かつ，業務として株式の取得をしようとする場合における当該株式取得会社が当該取得の後において所有することとなる株式に係る議決権を含まないものとし，金銭又は有価証券の信託に係る株式に係る議決権で，自己が，委託者若しくは受益者として行使し，又はその行使について指図を行うことができるもの（公正取引委員会規則で定める議決権を除く。次項において同じ。）及び社債，株式等の振替に関する法律第147条第1項又は第148条第1項の規定により発行者に対抗することができない株式に係る議決権を含むものとする。

④ 第2項の場合において，当該株式取得会社以外の会社等が所有する当該株式発行会社の株式に係る議決権には，金銭又は有価証券の信託に係る株式に係る議決権（委託者又は受益者が行使し，又はその行使について受託者に指図を行うことができるものに限る。），当該株式取得会社以外の会社等が銀行業又は保険業を営む会社である場合における当該株式取得会社以外の会社等が所有する他の国内の会社の株式に係る議決権及び当該株式取得会社以外の会社等が第一種金融商品取引業を営む会社である場合における当該株式取得会社以外の会社等が業務として所有する株式に係る議決権を含まないものとし，金銭又は有価証券の信託に係る株式に係る議決権で，自己が，委託者若しくは受益者として行使し，又はその行使について指図を行うことができるもの及び社債，株式等の振替に関する法律第147条第1項又は第148条第1項の規定により発行者に対抗することができない株式に係る議決権を含むものとする。

⑤ 会社の子会社である組合（民法（明治29年法律第89号）第667条第1項に規定する組合契約によつて成立する組合，投資事業有限責任組合契約に関する法律（平成10年法律第90号）第2条第2項に規定する投資事業有限責任組合（次条第1項第4号において単に「投資事業有限責任組合」という。）及び有限責任事業組合契約に関する法律（平成17年法律第40号）第2条に規定する有限責任事業組合並びに外国の法令に基づいて設立された団体であつてこれらの組合に類似するもの（以下この項において「特定組合類似団体」という。）に限る。以下この項において同じ。）の組合員（特定組合類似団体の構成員を含む。以下この項において同じ。）が組合財産（特定組合類似団体の財産を含む。以下この項において同じ。）として株式発行会社の株式の取得をしようとする場合（金銭又は有価証券の信託に係る株式について，会社の子会社である組合の組合員の全員が，委託者若しくは受益者となり議決権を行使することができる場合又は議決権の行使について受託者に指図を行うことができる場合において，受託者に株式発行会社の株式の取得をさせようとする場合を含む。）には，当該組合の親会社（当該組合に二以上の組合の親会社がある場合にあつては，当該組合の親会社のうち他のすべての親会社の子会社であるものをいう。以下この項において同じ。）が，そのすべての株式の取得をしようとするものとみなして，会社の子会社である組合の組合財産に株式発行会社の株式が属する場合（会社の子会社である組合の組合財産に属する金銭又は有価証券の信託に係る株式について，当該組合の組合員の全員が，委託者若しくは受益者となり議決権を行使することができる場合又は議決権の行使について受託者に指図を行うことができる場合を含む。）には，当該組合の親会社が，そのすべての株式を所有するものとみなして，第2項の規定を適用する。

⑥ 第2項及び前項の「子会社」とは，会社がその総株主の議決権の過半数を有する株式会社その他の当該会社がその経営を支配している会社等として公正取引委員会規則で定めるものをいう。

⑦ 第2項及び第5項の「親会社」とは，会社等の経営を支配している会社として公正取引委員会規則で定めるものをいう。

⑧ 第2項の規定による届出を行つた会社は，届出受理の日から30日を経過するまでは，当該届出に係る株式の取得をしてはならない。ただし，公正取引委員会は，その必要があると認める場合には，当該期間を短縮することができる。

⑨ 公正取引委員会は，第17条の2第1項の規定により当該届出に係る株式の取得に関し必要な措置を命じようとする場合には，前項本文に規定する30日の期間又は同項ただし書の規定により短縮された期間（公正取引委員会が株式取得会社に対してそれぞれの期間内に公正取引委員会規則で定めるところにより必要な報告，情報又は資料の提出（以下この項において「報告等」という。）を求めた場合には，前項の届出受理の日から120日を経過した日と全ての報告等を受理した日から90日を経過した日とのいずれか遅い日までの期間）（以下この項において「通知期間」という。）内に，株式取得会社に対し，第50条第1項の規定による通知をしなければならない。ただし，次に掲げる場合は，この限りでない。

1 当該届出に係る株式の取得に関する計画のうち，第1項の規定に照らして重要な事項が当該計画において行われることとされている期限までに行われなかつた場合

2 当該届出に係る株式の取得に関する計画のうち，重要な事項につき虚偽の記載があつた場合

3 当該届出に係る株式の取得に関し，第48条の2の規定による通知をした場合において，第48条の3第1項に規定する期間内に，同項の規定の申請がなかつたとき。

4 当該届出に係る株式の取得に関し，第48条の2の規定による通知をした場合において，第48条の3第1項の規定による認定の申請に係る取下げがあつたとき。

5 当該届出に係る株式の取得に関し，第48条の2の規定による通知をした場合において，第48条の3第1項の規定による認定の申請について同条第6項の規定による決定があつたとき。

6 当該届出に係る株式の取得に関し，第48条の5第1項（第1号に係る部分に限る。）の規定による第48条の3第3項の認定（同条第8項の規定による変更の認定を含む。）の取消しがあつた場合

7 当該届出に係る株式の取得に関し，第48条の5第1項（第2号に係る部分に限る。）の規定による第48条の3第3項の認定（同条第8項の規定による変更の認定を含む。）の取消しがあつた場合

⑩ 前項第1号の規定に該当する場合において，公正

取引委員会は，第17条の2第1項の規定により当該届出に係る株式の取得に関し必要な措置を命じようとするときは，同号の期限から起算して1年以内に前項本文の通知をしなければならない．

⑪　第9項第3号の規定に該当する場合において，公正取引委員会は，第17条の2第1項の規定により当該届出に係る株式の取得に関し必要な措置を命じようとするときは，通知期間に60日を加算した期間内に，第9項本文の通知をしなければならない．

⑫　第9項第4号の規定に該当する場合において，公正取引委員会は，第17条の2第1項の規定により当該届出に係る株式の取得に関し必要な措置を命じようとするときは，通知期間に，第48条の2の規定による通知の日から同号の取下げがあつた日までの期間に相当する期間を加算した期間内に，第9項本文の通知をしなければならない．

⑬　第9項第5号の規定に該当する場合において，公正取引委員会は，第17条の2第1項の規定により当該届出に係る株式の取得に関し必要な措置を命じようとするときは，通知期間に90日を加算した期間内に，第9項本文の通知をしなければならない．

⑭　第9項第6号の規定に該当する場合において，公正取引委員会は，第17条の2第1項の規定により当該届出に係る株式の取得に関し必要な措置を命じようとするときは，第48条の5第1項の規定による決定の日から起算して1年以内に第九項本文の通知をしなければならない．

第11条　①　銀行業又は保険業を営む会社は，他の国内の会社の議決権をその総株主の議決権の100分の5（保険業を営む会社にあつては，100分の10．次項において同じ．）を超えて有することとなる場合には，その議決権を取得し，又は保有してはならない．ただし，公正取引委員会規則で定めるところによりあらかじめ公正取引委員会の認可を受けた場合及び次の各号のいずれかに該当する場合は，この限りでない．

1　担保権の行使又は代物弁済の受領により株式を取得し，又は所有することにより議決権を取得し，又は保有する場合

2　他の国内の会社が自己の株式の取得を行つたことにより，その総株主の議決権に占める所有する株式に係る議決権の割合が増加した場合

3　金銭又は有価証券の信託に係る信託財産として株式を取得し，又は所有することにより議決権を取得し，又は保有する場合

4　投資事業有限責任組合の有限責任組合員（以下この号において「有限責任組合員」という．）となり，組合財産として株式を取得し，又は所有することにより議決権を取得し，又は保有する場合．ただし，有限責任組合員が議決権を行使することができる場合，議決権の行使について有限責任組合員が投資事業有限責任組合の無限責任組合員に指図を行うことができる場合及び当該議決権を有することとなつた日から政令で定める期間を超えて

5　民法第667条第1項に規定する組合契約で会社に対する投資事業を営むことを約するものによつて成立する組合（1人又は数人の組合員にその業務の執行を委任しているものに限る．）の組合員（業務の執行を委任された者を除く．以下この号において「非業務執行組合員」という．）となり，組合財産として株式を取得し，又は所有すること

により議決権を取得し，又は保有する場合．ただし，非業務執行組合員が議決権を行使することができる場合，議決権の行使について非業務執行組合員が業務の執行を委任された者に指図を行うことができる場合及び当該議決権を有することとなつた日から政令で定める期間を超えて当該議決権を保有する場合を除く．

6　前各号に掲げる場合のほか，他の国内の会社の事業活動を拘束するおそれがない場合として公正取引委員会規則で定める場合

②　前項第1号から第3号まで及び第6号の場合（同項第3号の場合にあつては，当該議決権を取得し，又は保有する者以外の委託者又は受益者が議決権を行使することができる場合及び議決権の行使について当該委託者又は受益者が受託者に指図を行うことができる場合を除く．）において，他の国内の会社の議決権をその総株主の議決権の100分の5を超えて有することとなつた日から1年を超えて当該議決権を保有しようとするときは，公正取引委員会規則で定めるところにより，あらかじめ公正取引委員会の認可を受けなければならない．この場合における公正取引委員会の認可は，同項第3号の場合を除き，銀行業又は保険業を営む会社が当該議決権を速やかに処分することを条件としなければならない．

③　公正取引委員会は，前2項の認可をしようとするときは，あらかじめ内閣総理大臣に協議しなければならない．

④　前項の内閣総理大臣の権限は，金融庁長官に委任する．

第12条　削除

第13条　①　会社の役員又は従業員（継続して会社の業務に従事する者であつて，役員以外の者をいう．以下この条において同じ．）は，他の会社の役員の地位を兼ねることにより一定の取引分野における競争を実質的に制限することとなる場合には，当該役員の地位を兼ねてはならない．

②　会社は，不公正な取引方法により，自己と国内において競争関係にある他の会社に対し，自己の役員がその会社の役員若しくは従業員の地位を兼ね，又は自己の従業員がその会社の役員の地位を兼ねることを認めるべきことを強制してはならない．

第14条　会社以外の者は，会社の株式を取得し，又は所有することにより一定の取引分野における競争を実質的に制限することとなる場合には，当該株式を取得し，又は所有してはならず，及び不公正な取引方法により会社の株式を取得し，又は所有してはならない．

第15条　①　会社は，次の各号のいずれかに該当する場合には，合併をしてはならない．

1　当該合併によつて一定の取引分野における競争を実質的に制限することとなる場合

2　当該合併が不公正な取引方法によるものである場合

②　会社は，合併をしようとする場合において，当該合併をしようとする会社（以下この条において「合併会社」という．）のうち，いずれか一の会社に係る国内売上高合計額が200億円を下回らない範囲内において政令で定める金額を超え，かつ，他のいずれか一の会社に係る国内売上高合計額が50億円を下回らない範囲内において政令で定める金額を超えるときは，公正取引委員会規則で定めるとこ

ろにより，あらかじめ当該合併に関する計画を公正取引委員会に届け出なければならない．ただし，すべての合併会社が同一の企業結合集団に属する場合は，この限りでない．

③ 第10条第8項から第14項までの規定は，前項の規定による届出に係る合併の制限及び公正取引委員会がする第17条の2第1項の規定による命令について準用する．この場合において，第10条第8項及び第10項中の規定中「株式の取得」とあるのは「合併」と，同条第9項中「株式の取得」とあるのは「合併」と，「が株式取得会社」とあるのは「が合併会社のうち少なくとも一の会社」と，「，株式取得会社」とあるのは「，合併会社」と読み替えるものとする．

第15条の2 ① 会社は，次の各号のいずれかに該当する場合には，共同新設分割（会社が他の会社と共同してする新設分割をいう．以下同じ．）をし，又は吸収分割をしてはならない．

1　当該共同新設分割又は当該吸収分割によつて一定の取引分野における競争を実質的に制限することとなる場合

2　当該共同新設分割又は当該吸収分割が不公正な取引方法によるものである場合

② 会社は，共同新設分割をしようとする場合において，次の各号のいずれかに該当するときは，公正取引委員会規則で定めるところにより，あらかじめ当該共同新設分割に関する計画を公正取引委員会に届け出なければならない．ただし，すべての共同新設分割をしようとする会社が同一の企業結合集団に属する場合は，この限りでない．

1　当該共同新設分割をしようとする会社のうち，いずれか一の会社（当該共同新設分割で設立する会社にその事業の全部を承継させようとするもの（以下この項において「全部承継会社」という．）に限る．）に係る国内売上高合計額が200億円を下回らない範囲内において政令で定める金額を超え，かつ，他のいずれか一の会社（全部承継会社に限る．）に係る国内売上高合計額が50億円を下回らない範囲内において政令で定める金額を超えるとき．

2　当該共同新設分割をしようとする会社のうち，いずれか一の会社（全部承継会社に限る．）に係る国内売上高合計額が200億円を下回らない範囲内において政令で定める金額を超え，かつ，他のいずれか一の会社（当該共同新設分割で設立する会社にその事業の重要部分を承継させようとするもの（以下この項において「重要部分承継会社」という．）に限る．）の当該承継の対象部分に係る国内売上高が30億円を下回らない範囲内において政令で定める金額を超えるとき．

3　当該共同新設分割をしようとする会社のうち，いずれか一の会社（全部承継会社に限る．）に係る国内売上高合計額が50億円を下回らない範囲内において政令で定める金額を超え，かつ，他のいずれか一の会社（重要部分承継会社に限る．）の当該承継の対象部分に係る国内売上高が100億円を下回らない範囲内において政令で定める金額を超えるとき（前号に該当するときを除く．）．

4　当該共同新設分割をしようとする会社のうち，いずれか一の会社（重要部分承継会社に限る．）の当該承継の対象部分に係る国内売上高が100億円を下回らない範囲内において政令で定める金額を

超え，かつ，他のいずれか一の会社（重要部分承継会社に限る．）の当該承継の対象部分に係る国内売上高が30億円を下回らない範囲内において政令で定める金額を超えるとき．

③ 会社は，吸収分割をしようとする場合において，次の各号のいずれかに該当するときは，公正取引委員会規則で定めるところにより，あらかじめ当該吸収分割に関する計画を公正取引委員会に届け出なければならない．ただし，すべての吸収分割をしようとする会社が同一の企業結合集団に属する場合は，この限りでない．

1　当該吸収分割をしようとする会社のうち，分割をしようとする会社（当該吸収分割でその事業の全部を承継させようとするもの（次号において「全部承継会社」という．）に限る．）に係る国内売上高合計額が200億円を下回らない範囲内において政令で定める金額を超え，かつ，分割によつて事業を承継しようとする会社に係る国内売上高合計額が50億円を下回らない範囲内において政令で定める金額を超えるとき．

2　当該吸収分割をしようとする会社のうち，分割をしようとするいずれか一の会社（全部承継会社に限る．）に係る国内売上高合計額が50億円を下回らない範囲内において政令で定める金額を超え，かつ，分割によつて事業を承継しようとする会社に係る国内売上高合計額が200億円を下回らない範囲内において政令で定める金額を超えるとき（前号に該当するときを除く．）．

3　当該吸収分割をしようとする会社のうち，分割をしようとする会社（当該吸収分割でその事業の重要部分を承継させようとするもの（次号において「重要部分承継会社」という．）に限る．）の当該分割の対象部分に係る国内売上高が100億円を下回らない範囲内において政令で定める金額を超え，かつ，分割によつて事業を承継しようとする会社に係る国内売上高合計額が50億円を下回らない範囲内において政令で定める金額を超えるとき．

4　当該吸収分割をしようとする会社のうち，分割をしようとするいずれか一の会社（重要部分承継会社に限る．）の当該分割の対象部分に係る国内売上高が30億円を下回らない範囲内において政令で定める金額を超え，かつ，分割によつて事業を承継しようとする会社に係る国内売上高合計額が200億円を下回らない範囲内において政令で定める金額を超えるとき（前号に該当するときを除く．）．

④ 第10条第8項から第14項までの規定は，前2項の規定による届出に係る共同新設分割及び吸収分割の制限並びに公正取引委員会がする第17条の2第1項の規定による命令について準用する．この場合において，第10条第8項及び第10項から第14項までの規定中「株式の取得」とあるのは「共同新設分割又は吸収分割」と，同条第9項中「株式の取得」とあるのは「共同新設分割又は吸収分割」と，「が株式取得会社」とあるのは「が共同新設分割をしようとし，又は吸収分割をしようとする会社のうち少なくとも一の会社」と，「，株式取得会社」とあるのは「，共同新設分割をしようとし，又は吸収分割をしようとする会社」と読み替えるものとする．

第15条の3 ① 会社は，次の各号のいずれかに該当

する場合には, 共同株式移転（会社が他の会社と共同してする株式移転をいう. 以下同じ.）をしてはならない.

1　当該共同株式移転によって一定の取引分野における競争を実質的に制限することとなる場合

2　当該共同株式移転が不公正な取引方法によるものである場合

② 会社は, 共同株式移転をしようとする場合において, 当該共同株式移転をしようとする会社のうち, いずれか一の会社に係る国内売上高合計額が200億円を下回らない範囲内において政令で定める金額を超え, かつ, 他のいずれか一の会社に係る国内売上高合計額が50億円を下回らない範囲内において政令で定める金額を超えるときは, 公正取引委員会規則で定めるところにより, あらかじめ当該共同株式移転に関する計画を公正取引委員会に届け出なければならない. ただし, すべての共同株式移転をしようとする会社が同一の企業結合集団に属する場合は, この限りでない.

③ 第10条第8項から第14項までの規定は, 前項の規定による届出に係る共同株式移転の制限及び公正取引委員会がする第17条の2第1項の規定による命令について準用する. この場合において, 第10条第8項及び第10項から第14項までの規定中「株式の取得」とあるのは「共同株式移転」と, 同条第9項中「株式の取得」とあるのは「共同株式移転」と, 「が株式取得会社」とあるのは「が共同株式移転をしようとする会社のうち少なくとも一の会社」と, 「株式取得会社」とあるのは「共同株式移転をしようとする会社」と読み替えるものとする.

第16条　① 会社は, 次に掲げる行為をすることにより, 一定の取引分野における競争を実質的に制限することとなる場合には, 当該行為をしてはならず, 及び不公正な取引方法により次に掲げる行為をしてはならない.

1　他の会社の事業の全部又は重要部分の譲受け

2　他の会社の事業上の固定資産の全部又は重要部分の譲受け

3　他の会社の事業の全部又は重要部分の賃借

4　他の会社の事業の全部又は重要部分についての経営の受任

5　他の会社と事業上の損益全部を共通にする契約の締結

② 会社であつて, その会社に係る国内売上高合計額が200億円を下回らない範囲内において政令で定める金額を超えるものは, 次の各号のいずれかに該当する場合には, 公正取引委員会規則で定めるところにより, あらかじめ事業又は事業上の固定資産（以下この条において「事業等」という.）の譲受けに関する計画を公正取引委員会に届け出なければならない. ただし, 事業等の譲受けをしようとする会社及び当該事業等の譲渡をしようとする会社が同一の企業結合集団に属する場合は, この限りでない.

1　国内売上高が30億円を下回らない範囲内において政令で定める金額を超える他の会社の事業の全部の譲受けをしようとする場合

2　他の会社の事業の重要部分又は事業上の固定資産の全部若しくは重要部分の譲受けをしようとする場合であつて, 当該譲受けの対象部分に係る国内売上高が30億円を下回らない範囲内において

政令で定める金額を超えるとき.

③ 第10条第8項から第14項までの規定は, 前項の規定による届出に係る事業等の譲受けの制限及び公正取引委員会がする第17条の2第1項の規定による命令について準用する. この場合において, 第10条第8項及び第10項から第14項までの規定中「株式の取得」とあるのは「事業又は事業上の固定資産の譲受け」と, 同条第9項中「株式の取得」とあるのは「事業又は事業上の固定資産の譲受け」と, 「株式取得会社」とあるのは「事業又は事業上の固定資産の譲受けをしようとする会社」と読み替えるものとする.

第17条　何らの名義を以てするかを問わず, 第9条から前条までの規定による禁止又は制限を免れる行為をしてはならない.

第17条の2　① 第10条第1項, 第11条第1項, 第15条第1項, 第15条の2第1項, 第15条の3第1項, 第16条第1項又は前条の規定に違反する行為があるときは, 公正取引委員会は, 第8章第2節に規定する手続に従い, 当該行為者に対し, 株式の全部又は一部の処分, 事業の一部の譲渡その他これらの規定に違反する行為を排除するために必要な措置を命ずることができる.

② 第9条第1項若しくは第2項, 第13条, 第14条又は前条の規定に違反する行為があるときは, 公正取引委員会は, 第8章第2節に規定する手続に従い, 当該違反行為者に対し, 株式の全部又は一部の処分, 会社の役員の辞任その他これらの規定に違反する行為を排除するために必要な措置を命ずることができる.

第18条　① 公正取引委員会は, 第15条第2項及び同条第3項において読み替えて準用する第10条第8項の規定に違反して会社が合併した場合においては, 合併の無効の訴えを提起することができる.

② 前項の規定は, 第15条の2第2項及び第3項並びに同条第4項において読み替えて準用する第10条第8項の規定に違反して会社が共同新設分割又は吸収分割をした場合に準用する. この場合において, 前項中「合併の無効の訴え」とあるのは, 「共同新設分割又は吸収分割の無効の訴え」と読み替えるものとする.

③ 第1項の規定は, 第15条の3第2項及び同条第3項において読み替えて準用する第10条第8項の規定に違反して会社が共同株式移転をした場合に準用する. この場合において, 第1項中「合併の無効の訴え」とあるのは, 「共同株式移転の無効の訴え」と読み替えるものとする.

第5章　不公正な取引方法

第19条　事業者は, 不公正な取引方法を用いてはならない.

第20条　① 前条の規定に違反する行為があるときは, 公正取引委員会は, 第8章第2節に規定する手続に従い, 事業者に対し, 当該行為の差止め, 契約条項の削除その他当該行為を排除するために必要な措置を命ずることができる.

② 第7条第2項の規定は, 前条の規定に違反する行為について準用する.

第20条の2　事業者が, 次の各号のいずれかに該当する者であつて, 第19条の規定に違反する行為（第2条第9項第1号に該当するものに限る.）を

91　〔独占禁止法〕（16条～20条の2）

したときは、公正取引委員会は、第8章第2節に規定する手続に従い、当該事業者に対し、当該違反行為期間における、当該違反行為において当該事業者がその供給を拒絶し、又はその供給に係る商品若しくは役務の数量若しくは内容を制限した事業者の競争者に対し供給した同号イに規定する商品又は役務と同一の商品又は役務（同号ロに規定する違反行為にあつては、当該事業者が同号ロに規定する他の事業者（以下この条において「拒絶事業者」という。）に対し供給した同号ロに規定する商品又は役務と同一の商品又は役務（当該拒絶事業者が当該同一の商品又は役務を供給するために必要な商品又は役務を含む。）の供給を拒絶し、又はその供給に係る商品若しくは役務の数量若しくは内容を制限した事業者の競争者に対し当該事業者が供給した当該同一の商品又は役務及び拒絶事業者が当該事業者に供給した当該同一の商品又は役務）の政令で定める方法により算定した売上額に100分の3を乗じて得た額に相当する額の課徴金を国庫に納付することを命じなければならない。ただし、当該事業者が当該違反行為に係る行為について第7条の2第1項（第8条の3において読み替えて準用する場合を含む。次条から第20条の5までにおいて同じ。）若しくは第7条の9第1項若しくは第2項の規定による命令（当該命令が確定している場合に限る。第20条の4及び第20条の5において同じ。）、第7条の4第7項若しくは第7条の7第3項の規定による通知若しくは第63条第2項の規定による決定を受けたとき、又はこの条の規定による課徴金の額が100万円未満であるときは、その納付を命ずることができない。

1　当該違反行為に係る事件についての調査開始日から遡り10年以内に、前条の規定による命令（第2条第9項第1号に係るものに限る。次号において同じ。）又はこの条の規定による命令を受けたことがある者（当該命令が確定している場合に限る。次号において同じ。）

2　当該違反行為に係る事件についての調査開始日から遡り10年以内に、その完全子会社が前条の規定による命令（当該命令の日において当該事業者の完全子会社である場合に限る。）又はこの条の規定による命令（当該命令の日において当該事業者の完全子会社である場合に限る。）を受けたことがある者

第20条の3　事業者が、次の各号のいずれかに該当する者であつて、第19条の規定に違反する行為（第2条第9項第2号に該当するものに限る。）をしたときは、公正取引委員会は、第8章第2節に規定する手続に従い、当該事業者に対し、違反行為期間における、当該違反行為において当該事業者が供給した同号に規定する商品又は役務の政令で定める方法により算定した売上額に100分の3を乗じて得た額に相当する額の課徴金を国庫に納付することを命じなければならない。ただし、当該事業者が当該違反行為に係る行為について第7条の2第1項、第7条の9第1項若しくは第2項若しくは次条の規定による命令（当該命令が確定している場合に限る。）、第7条の4第7項若しくは第7条の7第3項の規定による通知若しくは第63条第2項の規定による決定を受けたとき、又はこの条の規定による課徴金の額が100万円未満であるときは、その納付を命ずることができない。

1　当該違反行為に係る事件についての調査開始日から遡り10年以内に、第20条の規定による命令（第2条第9項第2号に係るものに限る。次号において同じ。）又はこの条の規定による命令を受けたことがある者（当該命令が確定している場合に限る。次号において同じ。）

2　当該違反行為に係る事件についての調査開始日から遡り10年以内に、その完全子会社が第20条の規定による命令（当該命令の日において当該事業者の完全子会社である場合に限る。）又はこの条の規定による命令（当該命令の日において当該事業者の完全子会社である場合に限る。）を受けたことがある者

第20条の4　事業者が、次の各号のいずれかに該当する者であつて、第19条の規定に違反する行為（第2条第9項第3号に該当するものに限る。）をしたときは、公正取引委員会は、第8章第2節に規定する手続に従い、当該事業者に対し、違反行為期間における、当該違反行為において当該事業者が供給した同号に規定する商品又は役務の政令で定める方法により算定した売上額に100分の3を乗じて得た額に相当する額の課徴金を国庫に納付することを命じなければならない。ただし、当該事業者が当該違反行為に係る行為について第7条の2第1項若しくは第7条の9第1項若しくは第2項の規定による命令、第7条の4第7項若しくは第7条の7第3項の規定による通知若しくは第63条第2項の規定による決定を受けたとき、又はこの条の規定による課徴金の額が100万円未満であるときは、その納付を命ずることができない。

1　当該違反行為に係る事件についての調査開始日から遡り10年以内に、第20条の規定による命令（第2条第9項第3号に係るものに限る。次号において同じ。）又はこの条の規定による命令を受けたことがある者（当該命令が確定している場合に限る。次号において同じ。）

2　当該違反行為に係る事件についての調査開始日から遡り10年以内に、その完全子会社が第20条の規定による命令（当該命令の日において当該事業者の完全子会社である場合に限る。）又はこの条の規定による命令（当該命令の日において当該事業者の完全子会社である場合に限る。）を受けたことがある者

第20条の5　事業者が、次の各号のいずれかに該当する者であつて、第19条の規定に違反する行為（第2条第9項第4号に該当するものに限る。）をしたときは、公正取引委員会は、第8章第2節に規定する手続に従い、当該事業者に対し、違反行為期間における、当該違反行為において当該事業者が供給した同号に規定する商品の政令で定める方法により算定した売上額に100分の3を乗じて得た額に相当する額の課徴金を国庫に納付することを命じなければならない。ただし、当該事業者が当該違反行為に係る行為について第7条の2第1項若しくは第7条の9第2項の規定による命令、第7条の4第7項若しくは第7条の7第3項の規定による通知若しくは第63条第2項の規定による決定を受けたとき、又はこの条の規定による課徴金の額が100万円未満であるときは、その納付を命ずることができない。

1　当該違反行為に係る事件についての調査開始日から遡り10年以内に、第20条の規定による命令

（第2条第9項第4号に係るものに限る．次号において同じ．）又はこの条の規定による命令を受けたことがある者（当該命令が確定している場合に限る．次号において同じ．）

2　当該違反行為に係る事件についての調査開始日から遡り10年以内に，その完全子会社が第20条の規定による命令（当該命令の日において当該事業者の完全子会社である場合に限る．）又はこの条の規定による命令（当該命令の日において当該事業者の完全子会社である場合に限る．）を受けたことがある者

第20条の6　事業者が，第19条の規定に違反する行為（第2条第9項第5号に該当するものであつて，継続してするものに限る．）をしたときは，公正取引委員会は，第8章第2節に規定する手続に従い，当該事業者に対し，違反行為期間における，当該違反行為の相手方との間における政令で定める方法により算定した売上額（当該違反行為が商品又は役務の供給を受ける相手方に対するものである場合は当該違反行為の相手方との間における政令で定める方法により算定した購入額とし，当該違反行為の相手方が複数ある場合は当該違反行為のそれぞれの相手方との間における政令で定める方法により算定した売上額又は購入額の合計額とする．）に100分の1を乗じて得た額に相当する額の課徴金を国庫に納付することを命じなければならない．ただし，その額が100万円未満であるときは，その納付を命ずることができない．

第20条の7　第7条の2第3項並びに第7条の8第1項から第4項まで及び第6項の規定は，第20条の2から前条までに規定する違反行為が行われた場合について準用する．この場合において，次の表の上欄に掲げる規定中同表の中欄に掲げる字句は，それぞれ同表の下欄に掲げる字句に読み替えるものとする．

第7条の2第3項	第1項の	第20条の2から第20条の6までの
	実行期間	第18条の2第1項に規定する違反行為期間
	第1項各号に掲げる	第20条の2から第20条の6までに規定する
	当該事業者，その特定非違反供給子会社等若しくは特定非違反購入子会社等	当該事業者
第7条の8第1項	第7条の2第1項	第20条の2から第20条の6までの
	同条，第7条の3，第7条の4第2項若しくは第3項，第7条の5第3項又は前条	これらの規定又は第20条の7において読み替えて準用する第7条の2第3項
第7条の8第2項	第7条の2，第7条の3，第7条の4第2項	第20条の2から第20条の6までの規定又は第20条の7に
	若しくは第3項，第7条の5第3項又は前条第1項	おいて読み替えて準用する第7条の2第3項
第7条の8第3項	第7条の2第1項	第20条の2から第20条の6まで
	並びに当該法人が受けた同項の規定による命令，第7条の4第7項及び前条第3項の規定による通知並びに第63条第2項の規定による決定（以下この項及び次項において「命令等」という．）は，合併後存続し，又は合併により設立された法人がした違反行為及び当該合併後存続し，又は合併により設立された法人が受けた命令等	は，合併後存続し，又は合併により設立された法人がした違反行為
	第7条の2からこの条まで	これらの規定並びに第20条の7において読み替えて準用する第7条の2第3項並びに第1項から次項まで及び第6項
第7条の8第4項	第7条の2第1項	第20条の2から第20条の6までに
	違反行為及び当該法人が受けた命令等	違反行為
	違反行為及び当該特定事業承継子会社等が受けた命令等	違反行為
	同条からこの条まで	これらの規定並びに第20条の7において読み替えて準用する第7条の2第3項並びに第1項からこの項まで及び第6項
	第7条の2第1項中「当該	第20条の2から第20条の6までの規定中「，当該
	特定事業承継子会社等（第7条の8第4項に規定する特定事業承継子会社等をいう．以下この	，特定事業承継子会社等に対し，この条

	項及び同条第1項において同じ。）に対し,この項	
	,第1項	,第20条の7において読み替えて準用する第1項
	受けた特定事業承継子会社等は,同項	受けた特定事業承継子会社等（第20条の7において読み替えて準用する第4項に規定する特定事業承継子会社等をいう。以下この項において同じ。）は,これら
第7条の8第6項	実行期間	第18条の2第1項に規定する違反行為期間

第6章　適用除外

第21条　この法律の規定は,著作権法,特許法,実用新案法,意匠法又は商標法による権利の行使と認められる行為にはこれを適用しない。

第22条　この法律の規定は,次の各号に掲げる要件を備え,かつ,法律の規定に基づいて設立された組合（組合の連合会を含む。）の行為には,これを適用しない。ただし,不公正な取引方法を用いる場合又は一定の取引分野における競争を実質的に制限することにより不当に対価を引き上げることとなる場合は,この限りでない。

1　小規模の事業者又は消費者の相互扶助を目的とすること。

2　任意に設立され,かつ,組合員が任意に加入し,又は脱退することができること。

3　各組合員が平等の議決権を有すること。

4　組合員に対して利益分配を行う場合には,その限度が法令又は定款に定められていること。

第23条　① この法律の規定は,公正取引委員会の指定する商品であつて,その品質が一様であることを容易に識別することができるものを生産し,又は販売する事業者が,当該商品の販売の相手方たる事業者とその商品の再販売価格（その相手方たる事業者又はその相手方たる事業者の販売する当該商品を買い受けて販売する事業者がその商品を販売する価格をいう。以下同じ。）を決定し,これを維持するためにする正当な行為については,これを適用しない。ただし,当該行為が一般消費者の利益を不当に害することとなる場合及びその商品を販売する事業者がする行為にあつてはその商品を生産する事業者の意に反してする場合は,この限りでない。

② 公正取引委員会は,次の各号に該当する場合でなければ,前項の規定による指定をしてはならない。

1　当該商品が一般消費者により日常使用されるものであること。

2　当該商品について自由な競争が行われていること。

③ 第1項の規定による指定は,告示によつてこれを行う。

④ 著作物を発行する事業者又はその発行する物を販売する事業者が,その物の販売の相手方たる事業者とその物の再販売価格を決定し,これを維持するためにする正当な行為についても,第1項と同様とする。

⑤ 第1項又は前項に規定する販売の相手方たる事業者には,次に掲げる法律の規定に基づいて設立された団体を含まないものとする。ただし,第7号及び第10号に掲げる法律の規定に基づいて設立された団体にあつては,事業協同組合,事業協同小組合,協同組合連合会,商工組合又は商工組合連合会が当該事業協同組合,協同組合連合会,商工組合又は商工組合連合会を直接又は間接に構成する者の消費の用に供する第1項又は前項に規定する商品又は前項に規定する物を買い受ける場合に限る。

1　国家公務員法（昭和22年法律第120号）

2　農業協同組合法（昭和22年法律第132号）

3　消費生活協同組合法（昭和23年法律第200号）

4　水産業協同組合法（昭和23年法律第242号）

5　行政執行法人の労働関係に関する法律（昭和23年法律第257号）

6　労働組合法（昭和24年法律第174号）

7　中小企業等協同組合法（昭和24年法律第181号）

8　地方公務員法（昭和25年法律第261号）

9　地方公営企業等の労働関係に関する法律（昭和27年法律第289号）

10　中小企業団体の組織に関する法律（昭和32年法律第185号）

11　国家公務員共済組合法（昭和33年法律第128号）

12　地方公務員等共済組合法（昭和37年法律第152号）

13　森林組合法（昭和53年法律第36号）

⑥ 第1項に規定する事業者は,同項に規定する再販売価格を決定し,これを維持するための契約をしたときは,公正取引委員会規則の定めるところにより,その契約の成立した日から30日以内に,その旨を公正取引委員会に届け出なければならない。ただし,公正取引委員会規則の定める場合は,この限りでない。

第7章　差止請求及び損害賠償

第24条　第8条第5号又は第19条の規定に違反する行為によつてその利益を侵害され,又は侵害されるおそれがある者は,これにより著しい損害を生じ,又は生ずるおそれがあるときは,その利益を侵害する事業者若しくは事業者団体又は侵害するおそれがある事業者若しくは事業者団体に対し,その侵害の停止又は予防を請求することができる。

第25条　① 第3条,第6条又は第19条の規定に違反する行為をした事業者（第6条の規定に違反する行為をした事業者にあつては,当該国際的協定又は国際的契約において,不当な取引制限をし,又は不公正な取引方法を自ら用いた事業者に限る。）及び第8条の規定に違反する行為をした事業者団体は,被害者に対し,損害賠償の責めに任ずる。

② 事業者及び事業者団体は,故意又は過失がなかつたことを証明して,前項に規定する責任を免れることができない。

第26条　① 前条の規定による損害賠償の請求権は,第49条に規定する排除措置命令（排除措置命令がされなかつた場合にあつては,第62条第1項に規定する納付命令（第8条第1号又は第2号の規定に違反する行為をした事業者団体の構成事業者に対するものを除く。））が確定した後でなければ,裁判上主張することができない。

② 前項の請求権は,同項の排除措置命令又は納付命令が確定した日から3年を経過したときは,時効に

よつて消滅する.

第8章　公正取引委員会

第1節　設置, 任務及び所掌事務並びに組織等

第27条 ① 内閣府設置法（平成11年法律第89号）第49条第3項の規定に基づいて, 第1条の目的を達成することを任務とする公正取引委員会を置く.

② 公正取引委員会は, 内閣総理大臣の所轄に属する.

第27条の2 公正取引委員会は, 前条第1項の任務を達成するため, 次に掲げる事務をつかさどる.

1　私的独占の規制に関すること.

2　不当な取引制限の規制に関すること.

3　不公正な取引方法の規制に関すること.

4　独占的状態に係る規制に関すること.

5　所掌事務に係る国際協力に関すること.

6　前各号に掲げるもののほか, 法律（法律に基づく命令を含む.）に基づき, 公正取引委員会に属せられた事務

第28条 公正取引委員会の委員長及び委員は, 独立してその職権を行う.

第29条 ① 公正取引委員会は, 委員長及び委員4人を以て, これを組織する.

② 委員長及び委員は, 年齢が35年以上で, 法律又は経済に関する学識経験のある者のうちから, 内閣総理大臣が, 両議院の同意を得て, これを任命する.

③ 委員長の任免は, 天皇が, これを認証する.

④ 委員長及び委員は, これを官吏とする.

第2節　手　続

第45条 ① 何人も, この法律の規定に違反する事実があると思料するときは, 公正取引委員会に対し, その事実を報告し, 適当な措置をとるべきことを求めることができる.

第46条 ① 公正取引委員会は, 独占的状態に該当する事実があると思料する場合において, 第8条第4項の措置をとることとしたときは, その旨を当該事業者の営む事業に係る主務大臣に通知しなければならない.

第47条 ① 公正取引委員会は, 事件について必要な調査をするため, 次に掲げる処分をすることができる.

1　事件関係人又は参考人に出頭を命じて審尋し, 又はこれらの者から意見若しくは報告を徴すること.

2　鑑定人に出頭を命じて鑑定させること.

3　帳簿書類その他の物件の所持者に対し, 当該物件の提出を命じ, 又は提出物件を留めて置くこと.

4　事件関係人の営業所その他必要な場所に立ち入り, 業務及び財産の状況, 帳簿書類その他の物件を検査すること.

第49条 ① 公正取引委員会は, 第7条第1項若しくは第2項（第8条の2第2項及び第20条第2項において準用する場合を含む.）, 第8条の2第1項若しくは第3項, 第17条の2又は第20条第1項の規定による命令（以下「排除措置命令」という.）をしようとするときは, 当該排除措置命令の名宛人となるべき者について, 意見聴取を行わなければならない.

第50条 ① 公正取引委員会は, 前条の意見聴取を行うに当たつては, 意見聴取を行うべき期日までに相当な期間をおいて, 排除措置命令の名宛人となるべき者に対し, 次に掲げる事項を書面により通知しなければならない.

1　予定される排除措置命令の内容

2　公正取引委員会の認定した事実及びこれに対する法令の適用

3　意見聴取の期日及び場所

4　意見聴取に関する事務を所掌する組織の名称及び所在地

② 前項の書面においては, 次に掲げる事項を教示しなければならない.

1　意見聴取の期日に出頭して意見を述べ, 及び証拠を提出し, 又は意見聴取の期日への出頭に代えて陳述書及び証拠を提出することができること.

2　意見聴取が終結する時までの間, 第52条の規定による証拠の閲覧又は謄写を求めることができること.

第52条 ① 当事者は, 第50条第1項の規定による通知があつた時から意見聴取が終結する時までの間, 公正取引委員会に対し, 当該意見聴取に係る事件についての公正取引委員会の認定した事実を立証する証拠の閲覧又は謄写（謄写については, 当該証拠のうち, 当該当事者若しくはその従業員が提出したもの又は当該当事者若しくはその従業員の供述を録取したものとして公正取引委員会規則で定めるものの謄写に限る. 以下この条において同じ.）を求めることができる. この場合において, 公正取引委員会は, 第三者の利益を害するおそれがあるときその他正当な理由があるときでなければ, その閲覧又は謄写を拒むことができない.

② 前項の規定は, 当事者が, 意見聴取の進行に応じて必要となつた証拠の閲覧又は謄写を更に求めることを妨げない.

③ 公正取引委員会は, 前2項の閲覧又は謄写について日時及び場所を指定することができる.

第54条 ① 指定職員は, 最初の意見聴取の期日の冒頭において, 当該意見聴取に係る事件について第47条第2項の規定により指定された審査官その他の当該事件の調査に関する事務に従事した職員（次項及び第3項並びに第56条第1項において「審査官等」という.）に, 予定される排除措置命令の内容, 公正取引委員会の認定した事実及び第52条第1項に規定する証拠のうち主要なもの並びに公正取引委員会の認定した事実に対する法令の適用を意見聴取の期日に出頭した当事者に対し説明させなければならない.

第59条 ① 公正取引委員会は, 意見聴取の終結後に生じた事情に鑑み必要があると認めるときは, 指定職員に対し, 前条第4項の規定により提出された報告書を返戻して意見聴取の再開を命ずることができる.

第61条 ① 排除措置命令は, 文書によつて行い, 排除措置命令書には, 違反行為を排除し, 又は違反行為が排除されたことを確保するために必要な措置並びに公正取引委員会の認定した事実及びこれに対する法令の適用を示し, 委員長及び第65条第1項の規定による合議に出席した委員がこれに記名押印しなければならない.

② 排除措置命令は, その名あて人に排除措置命令書の謄本を送達することによつて, その効力を生ずる.

第62条 ① 第7条の2第1項（第8条の3において読み替えて準用する場合を含む.）, 第7条の9第1項若しくは第2項又は第20条の2から第20条の6までの規定による命令（以下「納付命令」という.）は, 文書によつて行い, 課徴金納付命令書には, 納付すべき課徴金の額, 課徴金の計算の基礎及

び課徴金に係る違反行為並びに納期限を記載し、委員長及び第65条第1項の規定による合議に出席した委員がこれに記名押印しなければならない.

② 納付命令は、その名宛人に課徴金納付命令書の謄本を送達することによつて、その効力を生ずる.

③ 第1項の課徴金の納期限は、課徴金納付命令書の謄本を発する日から7月を経過した日とする.

④ 第49条から第60条までの規定は、納付命令について準用する. この場合において、第50条第1項第1号中「予定される排除措置命令の内容」とあるのは「納付を命じようとする課徴金の額」と、同項第2号中「公正取引委員会の認定した事実及びこれに対する法令の適用」とあり、及び第52条第1項中「公正取引委員会の認定した事実」とあるのは「課徴金の計算の基礎及び課徴金に係る違反行為」と、第54条第1項中「予定される排除措置命令の内容、公正取引委員会の認定した事実及び第52条第1項に規定する証拠のうち主要なもの並びに公正取引委員会の認定した事実に対する法令の適用」とあるのは「納付を命じようとする課徴金の額、課徴金の計算の基礎及び課徴金に係る違反行為並びに第62条第4項の規定により読み替えて準用する第52条第1項に規定する証拠のうち主要なもの」と読み替えるものとする.

第70条の3 ① 公正取引委員会は、第11条第1項又は第2項の認可をした場合において、その認可の要件である事実が消滅し、又は変更したと認めるときは、決定でこれを取り消し、又は変更することができる.

② 第49条から第60条まで並びに第63条第3項及び第4項の規定は、前項の規定による決定について準用する.

③ 公正取引委員会は、経済事情の変化その他の事由により、排除措置命令又は競争回復措置命令を維持することが不適当であると認めるときは、決定でこれを取り消し、又は変更することができる. ただし、排除措置命令又は競争回復措置命令の名宛人の利益を害することとなる場合は、この限りでない.

④ 第63条第3項及び第4項の規定は、前項の規定による決定について準用する.

第70条の4 ① 裁判所は、緊急の必要があると認めるときは、公正取引委員会の申立てにより、第3条、第6条、第8条、第9条第1項若しくは第2項、第10条第1項、第11条第1項、第13条、第14条、第15条第1項、第15条の2第1項、第16条第1項、第17条又は第19条の規定に違反する疑いのある行為をしている者に対し、当該行為、議決権の行使若しくは会社の役員の業務の執行を一時停止すべきことを命じ、又はその命令を取り消し、若しくは変更することができる.

第9章 訴　訟

第77条 排除措置命令等に係る行政事件訴訟法（昭和37年法律第139号）第3条第1項に規定する抗告訴訟については、公正取引委員会を被告とする.

第85条 次に掲げる訴訟及び事件は、東京地方裁判所の管轄に専属する.

1 排除措置命令等に係る行政事件訴訟法第3条第1項に規定する抗告訴訟

2 第70条の4第1項、第70条の5第1項及び第

2項、第97条並びに第98条に規定する事件

第11章 罰　則

第89条 ① 次の各号のいずれかに該当するものは、5年以下の拘禁刑又は500万円以下の罰金に処する.

1 第3条の規定に違反して私的独占又は不当な取引制限をした者

2 第8条第1項の規定に違反して一定の取引分野における競争を実質的に制限したもの

② 前項の未遂罪は、罰する.　〔令4法68, 施行3年内〕

第95条 ① 法人の代表者又は法人若しくは人の代理人、使用人その他の従業者が、その法人又は人の業務又は財産に関して、次の各号に掲げる規定の違反行為をしたときは、行為者を罰するほか、その法人又は人に対しても、当該各号に定める罰金刑を科する.

1 第89条　5億円以下の罰金刑

2 第90条第3号（第7条第1項又は第8条の2第1項若しくは第3項の規定による命令（第3条又は第8条第1号の規定に違反する行為の差止めを命ずる部分に限る.）に違反した場合を除く.）3億円以下の罰金刑

3 第94条　3億円以下の罰金刑

4 第90条第1号、第2号若しくは第3号（第7条第1項又は第8条の2第1項若しくは第3項の規定による命令（第3条又は第8条第1号の規定に違反する行為の差止めに係る部分に限る.）に違反した場合に限る.）、第91条、第91条の2又は第94条の2　各本条の罰金刑

第95条の2 第89条第1項第1号、第90条第1号若しくは第3号又は第91条の違反があつた場合においては、その違反の計画を知り、その防止に必要な措置を講ぜず、又はその違反行為を知り、その是正に必要な措置を講じなかつた当該法人（第90条第1号又は第3号の違反があつた場合における当該法人で事業者団体に該当するものを除く.）の代表者に対しても、各本条の罰金刑を科する.

第12章 犯則事件の調査等

第101条 ① 公正取引委員会の職員（公正取引委員会の指定を受けた者に限る. 以下この章において「委員会職員」という.）は、犯則事件（第89条から第91条までの罪に係る事件をいう. 以下この章において同じ.）を調査するため必要があるときは、犯則嫌疑者若しくは参考人（以下この項において「犯則嫌疑者等」という.）に対して出頭を求め、犯則嫌疑者等に対して質問し、犯則嫌疑者等が所持し若しくは置き去つた物件を検査し、又は犯則嫌疑者等が任意に提出し若しくは置き去つた物件を領置することができる.

② 委員会職員は、犯則事件の調査について、官公署又は公私の団体に照会して必要な事項の報告を求めることができる.

92　不公正な取引方法

（昭 57・6・18 公正取引委員会告示第 15 号,
昭 57・9・1 施行,
最終改正：平 21・10・28 公正取引委員会告示第 18 号）

（共同の取引拒絶）

① 正当な理由がないのに, 自己と競争関係にある他の事業者（以下「競争者」という.）と共同して, 次の各号のいずれかに掲げる行為をすること.

　1　ある事業者から商品若しくは役務の供給を受けることを拒絶し, 又は供給を受ける商品若しくは役務の数量若しくは内容を制限すること.

　2　他の事業者に, ある事業者から商品若しくは役務の供給を受けることを拒絶させ, 又は供給を受ける商品若しくは役務の数量若しくは内容を制限させること.

（その他の取引拒絶）

② 不当に, ある事業者に対し取引を拒絶し若しくは取引に係る商品若しくは役務の数量若しくは内容を制限し, 又は他の事業者にこれらに該当する行為をさせること.

（差別対価）

③ 私的独占の禁止及び公正取引の確保に関する法律（昭和 22 年法律第 54 号. 以下「法」という.）第 2 条第 9 項第 2 号に該当する行為のほか, 不当に, 地域又は相手方により差別的な対価をもつて, 商品若しくは役務を供給し, 又はこれらの供給を受けること.

（取引条件等の差別取扱い）

④ 不当に, ある事業者に対し取引の条件又は実施について有利な又は不利な取扱いをすること.

（事業者団体における差別取扱い等）

⑤ 事業者団体若しくは共同行為からある事業者を不当に排斥し, 又は事業者団体の内部若しくは共同行為においてある事業者を不当に差別的に取り扱い, その事業者の事業活動を困難にさせること.

（不当廉売）

⑥ 法第 2 条第 9 項第 3 号に該当する行為のほか, 不当に商品又は役務を低い対価で供給し, 他の事業者の事業活動を困難にさせるおそれがあること.

（不当高価購入）

⑦ 不当に商品又は役務を高い対価で購入し, 他の事業者の事業活動を困難にさせるおそれがあること.

（ぎまん的顧客誘引）

⑧ 自己の供給する商品又は役務の内容又は取引条件その他これらの取引に関する事項について, 実際のもの又は競争者に係るものよりも著しく優良又は有利であると顧客に誤認させることにより, 競争者の顧客を自己と取引するように不当に誘引すること.

（不当な利益による顧客誘引）

⑨ 正常な商慣習に照らして不当な利益をもつて, 競争者の顧客を自己と取引するように誘引すること.

（抱き合わせ販売等）

⑩ 相手方に対し, 不当に, 商品又は役務の供給に併せて他の商品又は役務を自己又は自己の指定する事業者から購入させ, その他自己又は自己の指定する事業者と取引するように強制すること.

（排他条件付取引）

⑪ 不当に, 相手方が競争者と取引しないことを条件として当該相手方と取引し, 競争者の取引の機会を減少させるおそれがあること.

（拘束条件付取引）

⑫ 法第 2 条第 9 項第 4 号又は前項に該当する行為のほか, 相手方とその取引の相手方との取引その他相手方の事業活動を不当に拘束する条件をつけて, 当該相手方と取引すること.

（取引の相手方の役員選任への不当干渉）

⑬ 自己の取引上の地位が相手方に優越していることを利用して, 正常な商慣習に照らして不当に, 取引の相手方である会社に対し, 当該会社の役員（法第 2 条第 3 項の役員をいう. 以下同じ.）の選任についてあらかじめ自己の指示に従わせ, 又は自己の承認を受けさせること.

（競争者に対する取引妨害）

⑭ 自己又は自己が株主若しくは役員である会社と国内において競争関係にある他の事業者とその取引の相手方との取引について, 契約の成立の阻止, 契約の不履行の誘引その他いかなる方法をもつてするかを問わず, その取引を不当に妨害すること.

（競争会社に対する内部干渉）

⑮ 自己又は自己が株主若しくは役員である会社と国内において競争関係にある会社の株主又は役員に対し, 株主権の行使, 株式の譲渡, 秘密の漏えいその他いかなる方法をもつてするかを問わず, その会社の不利益となる行為をするように, 不当に誘引し, そそのかし, 又は強制すること.

附　則　（平成 21 年公正取引委員会告示第 18 号）

　この告示は, 私的独占の禁止及び公正取引の確保に関する法律の一部を改正する法律（平成 21 年法律第 51 号）の施行の日（平成 22 年 1 月 1 日）から施行する.

93　特　許　法（抄）

（昭 34・4・13 法律第 121 号, 昭 35・4・1 施行,
最終改正：令 5・6・14 法律第 51 号）

第 1 章　総　則

（目　的）

第 1 条　この法律は, 発明の保護及び利用を図ることにより, 発明を奨励し, もつて産業の発達に寄与することを目的とする.

（定　義）

第 2 条　① この法律で「発明」とは, 自然法則を利用した技術的思想の創作のうち高度のものをいう.

② この法律で「特許発明」とは, 特許を受けている発明をいう.

③ この法律で発明について「実施」とは, 次に掲げる行為をいう.

　1　物（プログラム等を含む. 以下同じ.）の発明にあつては, その物の生産, 使用, 譲渡等（譲渡及び貸渡しをいい, その物がプログラム等である場合には, 電気通信回線を通じた提供を含む. 以下同じ.）, 輸出若しくは輸入又は譲渡等の申出（譲渡等のための展示を含む. 以下同じ.）をする行為

　2　方法の発明にあつては, その方法の使用をする行為

3 物を生産する方法の発明にあつては、前号に掲げるもののほか、その方法により生産した物の使用、譲渡等、輸出若しくは輸入又は譲渡等の申出をする行為

④ この法律で「プログラム等」とは、プログラム（電子計算機に対する指令であつて、一の結果を得ることができるように組み合わされたものをいう。以下この項において同じ。）その他電子計算機による処理の用に供する情報であつてプログラムに準ずるものをいう。

（期間の計算）

第3条 ① この法律又はこの法律に基く命令の規定による期間の計算は、次の規定による。

1 期間の初日は、算入しない。ただし、その期間が午前0時から始まるときは、この限りでない。

2 期間を定めるのに月又は年をもつてしたときは、暦に従う。月又は年の始から期間を起算しないときは、その期間は、最後の月又は年においてその起算日に応当する日の前日に満了する。ただし、最後の月に応当する日がないときは、その月の末日に満了する。

（条約の効力）

第26条 特許に関し条約に別段の定めがあるときは、その規定による。

（特許原簿への登録）

第27条 ① 次に掲げる事項は、特許庁に備える特許原簿に登録する。

1 特許権の設定、存続期間の延長、移転、信託による変更、消滅、回復又は処分の制限

2 専用実施権の設定、保存、移転、変更、消滅又は処分の制限

3 特許権又は専用実施権を目的とする質権の設定、移転、変更、消滅又は処分の制限

4 仮専用実施権の設定、保存、移転、変更、消滅又は処分の制限

② 特許原簿は、その全部又は一部を磁気テープ（これに準ずる方法により一定の事項を確実に記録して置くことができる物を含む。以下同じ。）をもつて調製することができる。

③ この法律に規定するもののほか、登録に関して必要な事項は、政令で定める。

（特許証の交付）

第28条 ① 特許庁長官は、特許権の設定の登録があつたとき、第74条第1項の規定による請求に基づく特許権の移転の登録があつたとき、又は願書に添付した明細書、特許請求の範囲若しくは図面の訂正をすべき旨の決定若しくは審決が確定した場合において、その登録があつたときは、特許権者に対し、特許証を交付する。

② 特許証の再交付については、経済産業省令で定める。

第2章　特許及び特許出願

（特許の要件）

第29条 ① 産業上利用することができる発明をした者は、次に掲げる発明を除き、その発明について特許を受けることができる。

1 特許出願前に日本国内又は外国において公然知られた発明

2 特許出願前に日本国内又は外国において公然実施をされた発明

3 特許出願前に日本国内又は外国において、頒布された刊行物に記載された発明又は電気通信回線を通じて公衆に利用可能となつた発明

② 特許出願前にその発明の属する技術の分野における通常の知識を有する者が前項各号に掲げる発明に基いて容易に発明をすることができたときは、その発明については、同項の規定にかかわらず、特許を受けることができない。

第29条の2 特許出願に係る発明が当該特許出願の日前の他の特許出願又は実用新案登録出願であつて当該特許出願後に第66条第3項の規定により同項各号に掲げる事項を掲載した特許公報（以下「特許掲載公報」という。）の発行若しくは出願公開又は実用新案法（昭和34年法律第123号）第14条第3項の規定により同項各号に掲げる事項を掲載した実用新案公報（以下「実用新案掲載公報」という。）の発行がされたものの願書に最初に添付した明細書、特許請求の範囲若しくは実用新案登録請求の範囲又は図面（第36条の2第2項の外国語書面出願にあつては、同条第1項の外国語書面）に記載された発明又は考案（その発明又は考案をした者が当該特許出願に係る発明の発明者と同一の者である場合におけるその発明又は考案を除く。）と同一であるときは、その発明については、前条第1項の規定にかかわらず、特許を受けることができない。ただし、当該特許出願の時にその出願人と当該他の特許出願又は実用新案登録出願の出願人とが同一の者であるときは、この限りでない。

（発明の新規性の喪失の例外）

第30条 ① 特許を受ける権利を有する者の意に反して第29条第1項各号のいずれかに該当するに至つた発明は、その該当するに至つた日から1年以内にその者がした特許出願に係る発明についての同項及び同条第2項の規定の適用については、同条第1項各号のいずれかに該当するに至らなかつたものとみなす。

② 特許を受ける権利を有する者の行為に起因して第29条第1項各号のいずれかに該当するに至つた発明（発明、実用新案、意匠又は商標に関する公報に掲載されたことにより同項各号のいずれかに該当するに至つたものを除く。）も、その該当するに至つた日から1年以内にその者がした特許出願に係る発明についての同項及び同条第2項の規定の適用については、前項と同様とする。

③ 前項の規定の適用を受けようとする者は、その旨を記載した書面を特許出願と同時に特許庁長官に提出し、かつ、第29条第1項各号のいずれかに該当するに至つた発明が第1項又は前項の規定の適用を受けることができる発明であることを証明する書面（次項において「証明書」という。）を特許出願の日から30日以内に特許庁長官に提出しなければならない。

④ 証明書を提出する者がその責めに帰することができない理由により前項に規定する期間内に証明書を提出することができないときは、同項の規定にかかわらず、その理由がなくなつた日から14日（在外者にあつては、2月）以内でその期間の経過後6月以内にその証明書を特許庁長官に提出することができる。

（特許を受けることができない発明）

第32条 公の秩序、善良の風俗又は公衆の衛生を害するおそれがある発明については、第29条の規定にかかわらず、特許を受けることができない。

（特許を受ける権利）

第33条　① 特許を受ける権利は, 移転することができる.

② 特許を受ける権利は, 質権の目的とすることができない.

③ 特許を受ける権利が共有に係るときは, 各共有者は, 他の共有者の同意を得なければ, その持分を譲渡することができない.

④ 特許を受ける権利が共有に係るときは, 各共有者は, 他の共有者の同意を得なければ, その特許を受ける権利に基づいて取得すべき特許権について, 仮専用実施権を設定し, 又は他人に仮通常実施権を許諾することができない.

第34条　① 特許出願前における特許を受ける権利の承継は, その承継人が特許出願をしなければ, 第三者に対抗することができない.

② 同一の者から承継した同一の特許を受ける権利について同日に二以上の特許出願があったときは, 特許出願人の協議により定めた者以外の者の承継は, 第三者に対抗することができない.

③ 同一の者から承継した同一の発明及び考案についての特許を受ける権利及び実用新案登録を受ける権利について同日に特許出願及び実用新案登録出願があったときも, 前項と同様とする.

④ 特許出願後における特許を受ける権利の承継は, 相続その他の一般承継の場合を除き, 特許庁長官に届け出なければ, その効力を生じない.

⑤ 特許を受ける権利の相続その他の一般承継があったときは, 承継人は, 遅滞なく, その旨を特許庁長官に届け出なければならない.

⑥ 同一の者から承継した同一の特許を受ける権利の承継について同日に二以上の届出があったときは, 届出をした者の協議により定めた者以外の者の届出は, その効力を生じない.

⑦ 第39条第6項及び第7項の規定は, 第2項, 第3項及び前項の場合に準用する.

第34条の2（仮専用実施権）

第34条の3（仮通常実施権）

（職務発明）

第35条　① 使用者, 法人, 国又は地方公共団体（以下「使用者等」という.）は, 従業者, 法人の役員, 国家公務員又は地方公務員（以下「従業者等」という.）がその性質上当該使用者等の業務範囲に属し, かつ, その発明をするに至った行為がその使用者等における従業者等の現在又は過去の職務に属する発明（以下「職務発明」という.）について特許を受けたとき, 又は職務発明について特許を受ける権利を承継した者がその発明について特許を受けたときは, その特許権について通常実施権を有する.

② 従業者等がした発明については, その発明が職務発明である場合を除き, あらかじめ, 使用者等に特許を受ける権利を取得させ, 使用者等に特許権を承継させ, 又は使用者等のため仮専用実施権若しくは専用実施権を設定することを定めた契約, 勤務規則その他の定めの条項は, 無効とする.

③ 従業者等がした職務発明については, 契約, 勤務規則その他の定めにおいてあらかじめ使用者等に特許を受ける権利を取得させることを定めたときは, その特許を受ける権利は, その発生した時から当該使用者等に帰属する.

④ 従業者等は, 契約, 勤務規則その他の定めにより職務発明について使用者等に特許を受ける権利を

取得させ, 使用者等に特許権を承継させ, 若しくは使用者等のため専用実施権を設定したとき, 又は契約, 勤務規則その他の定めにより職務発明について使用者等のため仮専用実施権を設定した場合において, 第34条の2第2項の規定により専用実施権が設定されたものとみなされたときは, 相当の金銭その他の経済上の利益（次項及び第7項において「相当の利益」という.）を受ける権利を有する.

⑤ 契約, 勤務規則その他の定めにおいて相当の利益について定める場合には, 相当の利益の内容を決定するための基準の策定に際して使用者等と従業者等との間で行われる協議の状況, 策定された当該基準の開示の状況, 相当の利益の内容の決定について行われる従業者等からの意見の聴取の状況等を考慮して, その定めたところにより相当の利益を与えることが不合理であると認められるものであってはならない.

⑥ 経済産業大臣は, 発明を奨励するため, 産業構造審議会の意見を聴いて, 前項の規定により考慮すべき状況等に関する事項について指針を定め, これを公表するものとする.

⑦ 相当の利益についての定めがない場合又はその定めたところにより相当の利益を与えることが第5項の規定により不合理であると認められる場合には, 第4項の規定により受けるべき相当の利益の内容は, その発明により使用者等が受けるべき利益の額, その発明に関連して使用者等が行う負担, 貢献及び従業者等の処遇その他の事情を考慮して定めなければならない.

（特許出願）

第36条　① 特許を受けようとする者は, 次に掲げる事項を記載した願書を特許庁長官に提出しなければならない.

1 特許出願人の氏名又は名称及び住所又は居所

2 発明者の氏名及び住所又は居所

第37条　二以上の発明については, 経済産業省令で定める技術的関係を有することにより発明の単一性の要件を満たす一群の発明に該当するときは, 一の願書で特許出願をすることができる.

（共同出願）

第38条　特許を受ける権利が共有に係るときは, 各共有者は, 他の共有者と共同でなければ, 特許出願をすることができない.

（特許出願の放棄又は取下げ）

第38条の5　特許出願人は, その特許出願について仮専用実施権を有する者があるときは, その承諾を得た場合に限り, その特許出願を放棄し, 又は取り下げることができる.

（先願）

第39条　① 同一の発明について異なった日に二以上の特許出願があったときは, 最先の特許出願人のみが特許を受けることができる.

（特許出願等に基づく優先権主張）

第41条　① 特許を受けようとする者は, 次に掲げる場合を除き, その特許出願に係る発明について, その者が特許若しくは実用新案登録を受ける権利を有する特許出願又は実用新案登録出願であって先にされたもの（以下「先の出願」という.）の願書に最初に添付した明細書, 特許請求の範囲若しくは実用新案登録請求の範囲又は図面（先の出願が外国語書面出願である場合にあっては, 外国語書面）に記載された発明に基づいて優先権を主張することが

できる．ただし，先の出願について仮専用実施権を有する者があるときは，その特許出願の際に，その承諾を得ている場合に限る．

1 その特許出願が先の出願の日から1年以内にされたものでない場合（その特許出願が故意に先の出願の日から1年以内にされなかつたものでないと認められる場合であつて，かつ，その特許出願が経済産業省令で定める期間内に経済産業省令で定めるところによりされたものである場合を除く．）

2 先の出願が第44条第1項の規定による特許出願の分割に係る新たな特許出願，第46条第1項若しくは第2項の規定による出願の変更に係る特許出願若しくは第46条の2第1項の規定による実用新案登録に基づく特許出願又は実用新案法第11条第1項において準用するこの法律第44条第1項の規定による実用新案登録出願の分割に係る新たな実用新案登録出願若しくは実用新案法第10条第1項若しくは第2項の規定による出願の変更に係る実用新案登録出願である場合

3 先の出願が，その特許出願の際に，放棄され，取り下げられ，又は却下されている場合

4 先の出願について，その特許出願の際に，査定又は審決が確定している場合

5 先の出願について，その特許出願の際に，実用新案法第14条第2項に規定する設定の登録がされている場合

第3章 審査

（審査官による審査）
第47条 ① 特許庁長官は，審査官に特許出願を審査させなければならない．

② 審査官の資格は，政令で定める．

（特許出願の審査）
第48条の2 特許出願の審査は，その特許出願についての出願審査の請求をまつて行なう．

（出願審査の請求）
第48条の3 特許出願があつたときは，何人も，その日から3年以内に，特許庁長官にその特許出願について出願審査の請求をすることができる．

第3章の2 出願公開

（出願公開）
第64条 特許庁長官は，特許出願の日から1年6月を経過したときは，特許掲載公報の発行をしたものを除き，その特許出願について出願公開をしなければならない．次条第1項に規定する出願公開の請求があつたときも，同様とする．

（出願公開の効果等）
第65条 ① 特許出願人は，出願公開があつた後に特許出願に係る発明の内容を記載した書面を提示して警告をしたときは，その警告後特許権の設定の登録前に業としてその発明を実施した者に対し，その発明が特許発明である場合にその実施に対し受けるべき金銭の額に相当する額の補償金の支払を請求することができる．当該警告をしない場合においても，出願公開がされた特許出願に係る発明であることを知つて特許権の設定の登録前に業としてその発明を実施した者に対しては，同様とする．

② 前項の規定による請求権は，特許権の設定の登録があつた後でなければ，行使することができない．

③ 特許出願人は，その仮専用実施権者又は仮通常実施権者が，その設定行為で定めた範囲内において当該特許出願に係る発明を実施した場合においては，第1項に規定する補償金の支払を請求することができない．

④ 第1項の規定による請求権の行使は，特許権の行使を妨げない．

⑤ 出願公開後に特許出願が放棄され，取り下げられ，若しくは却下されたとき，特許出願について拒絶をすべき旨の査定若しくは審決が確定したとき，第112条第6項の規定により特許権が初めから存在しなかつたものとみなされたとき（更に第112条の2第2項の規定により特許権が初めから存在していたものとみなされたときを除く．），第114条第2項の取消決定が確定したとき，又は第125条ただし書の場合を除き特許を無効にすべき旨の審決が確定したときは，第1項の請求権は，初めから生じなかつたものとみなす．

⑥ 第101条，第104条から第104条の3まで，第105条から第105条の2の12まで，第105条の4から第105条の7まで及び第168条第3項から第6項まで並びに民法（明治29年法律第89号）第719条及び第724条（不法行為）の規定は，第1項の規定による請求権を行使する場合に準用する．この場合において，当該請求権を有する者が特許権の設定の登録前に当該特許出願に係る発明の実施の事実及びその実施をした者を知つたときは，同条第1号中「被害者又はその法定代理人が損害及び加害者を知つた時」とあるのは，「特許権の設定の登録の日」と読み替えるものとする．

第4章 特許権

第1節 特許権

（特許権の設定の登録）
第66条 ① 特許権は，設定の登録により発生する．

② 第107条第1項の規定による第1年から第3年までの各年分の特許料の納付又はその納付の免除若しくは猶予があつたときは，特許権の設定の登録をする．

③ 前項の登録があつたときは，次に掲げる事項を特許公報に掲載しなければならない．ただし，第5号に掲げる事項については，その特許出願について出願公開がされているときは，この限りでない．

1 特許権者の氏名又は名称及び住所又は居所
2 特許出願の番号及び年月日
3 発明者の氏名及び住所又は居所
4 願書に添付した明細書及び特許請求の範囲に記載した事項並びに図面の内容
5 願書に添付した要約書に記載した事項
6 特許番号及び設定の登録の年月日
7 前各号に掲げるもののほか，必要な事項

④ 第64条第3項の規定は，前項の規定により同項第5号の要約書に記載した事項を特許公報に掲載する場合に準用する．

（存続期間）
第67条 ① 特許権の存続期間は，特許出願の日から20年をもつて終了する．

② 前項に規定する存続期間は，特許権の設定の登録が特許出願の日から起算して5年を経過した日又は出願審査の請求があつた日から起算して3年を経過した日のいずれか遅い日（以下「基準日」という．）以後にされたときは，延長登録の出願によ

り延長することができる.

③ 前項の規定により延長することができる期間は, 基準日から特許権の設定の登録の日までの期間に相当する期間から, 次の各号に掲げる期間を合算した期間（これらの期間のうち重複する期間がある場合には, 当該重複する期間を合算した期間を除いた期間）に相当する期間を控除した期間（以下「延長可能期間」という.）を超えない範囲内の期間とする.

1 その特許出願に係るこの法律（第39条第6項及び第50条を除く.）, 実用新案法若しくは工業所有権に関する手続等の特例に関する法律（平成2年法律第30号）又はこれらの法律に基づく命令の規定による通知又は命令（特許庁長官又は審査官が行うものに限る.）があつた場合において当該通知又は命令を受けた場合に執るべき手続が執られたときにおける当該通知又は命令があつた日から当該執るべき手続が執られた日までの期間

2 その特許出願に係るこの法律又はこの法律に基づく命令（次号, 第5号及び第10号において「特許法令」という.）の規定による手続を執るべき期間の延長があつた場合における当該手続を執るべき期間が経過した日から当該手続をした日までの期間

3 その特許出願に係る特許法令の規定による手続であつて当該手続を執るべき期間の定めがあるものについて特許法令の規定により出願人が当該手続を執るべき期間の経過後であつても当該手続を執ることができる場合において当該手続をしたときにおける当該手続を執るべき期間が経過した日から当該手続をした日までの期間

4 その特許出願に係るこの法律若しくは工業所有権に関する手続等の特例に関する法律又はこれらの法律に基づく命令（第8号及び第9号において「特許法関係法令」という.）の規定による処分又は通知について出願人の申出その他の行為により当該処分又は通知を保留した場合における当該申出その他の行為があつた日から当該処分又は通知を保留する理由がなくなつた日までの期間

5 その特許出願に係る特許法令の規定による特許料又は手数料の納付について当該特許料又は手数料の軽減若しくは免除又は納付の猶予の決定があつた場合における当該軽減若しくは免除又は納付の猶予に係る申請があつた日から当該決定があつた日までの期間

6 その特許出願に係る第38条の4第7項の規定による明細書等補完書の取下げがあつた場合における当該明細書等補完書が同条第3項の規定により提出された日から同条第7項の規定により当該明細書等補完書が取り下げられた日までの期間

7 その特許出願に係る拒絶査定不服審判の請求があつた場合における次のイからハまでに掲げる区分に応じて当該イからハまでに定める期間

イ 第159条第3項（第174条第2項において準用する場合を含む.）において準用する第51条の規定による特許をすべき旨の審決があつた場合 拒絶をすべき旨の査定の謄本の送達があつた日から当該審決の謄本の送達があつた日までの期間

ロ 第160条第1項（第174条第2項において準用する場合を含む.）の規定による更に審査に付すべき旨の審決があつた場合 拒絶をすべき旨

の査定の謄本の送達があつた日から当該審決の謄本の送達があつた日までの期間

ハ 第163条第3項において準用する第51条の規定による特許をすべき旨の査定があつた場合 拒絶をすべき旨の査定の謄本の送達があつた日から当該特許をすべき旨の査定の謄本の送達があつた日までの期間

8 その特許出願に係る特許法関係法令の規定による処分について行政不服審査法（平成26年法律第68号）の規定による審査請求に対する裁決が確定した場合における当該審査請求の日から当該裁決の謄本の送達があつた日までの期間

9 その特許出願に係る特許法関係法令の規定による処分について行政事件訴訟法（昭和37年法律第139号）の規定による訴えの判決が確定した場合における当該訴えの提起の日から当該訴えの判決が確定した日までの期間

10 その特許出願に係る特許法令の規定による手続が中断し, 又は中止した場合における当該手続が中断し, 又は中止した期間

④ 第1項に規定する存続期間（第2項の規定により延長されたときは, その延長の期間を加えたもの. 第67条の5第3項ただし書, 第68条の2及び第107条第1項において同じ.）は, その特許発明の実施について安全性の確保等を目的とする法律の規定による許可その他の処分であつて当該処分の目的, 手続からみて当該処分を的確に行うには相当の期間を要するものとして政令で定めるものを受けることが必要であるために, その特許発明の実施をすることができない期間があつたときは, 5年を限度として, 延長登録の出願により延長することができる.

（特許権の効力が及ばない範囲）

第69条 ① 特許権の効力は, 試験又は研究のためにする特許発明の実施には, 及ばない.

② 特許権の効力は, 次に掲げる物には, 及ばない.

1 単に日本国内を通過するに過ぎない船舶若しくは航空機又はこれらに使用する機械, 器具, 装置その他の物

2 特許出願の時から日本国内にある物

③ 二以上の医薬（人の病気の診断, 治療, 処置又は予防のため使用する物をいう. 以下この項において同じ.）を混合することにより製造されるべき医薬の発明又は二以上の医薬を混合して医薬を製造する方法の発明に係る特許権の効力は, 医師又は歯科医師の処方せんにより調剤する行為及び医師又は歯科医師の処方せんにより調剤する医薬には, 及ばない.

（特許発明の技術的範囲）

第70条 ① 特許発明の技術的範囲は, 願書に添付した特許請求の範囲の記載に基づいて定めなければならない.

② 前項の場合においては, 願書に添付した明細書の記載及び図面を考慮して, 特許請求の範囲に記載された用語の意義を解釈するものとする.

③ 前2項においては, 願書に添付した要約書の記載を考慮してはならない.

第71条 ① 特許発明の技術的範囲については, 特許庁に対し, 判定を求めることができる.

（他人の特許発明等との関係）

第72条 特許権者, 専用実施権者又は通常実施権者は, その特許発明がその特許出願の日前の出願に係る他人の特許発明, 登録実用新案若しくは登録意匠

93 特許法（69条～72条）

経済

若しくはこれに類似する意匠を利用するものであるとき，又はその特許権がその特許出願の日前の出願に係る他人の意匠権若しくは商標権と抵触するときは，業としてその特許発明の実施をすることができない．

（共有に係る特許権）
第73条 ① 特許権が共有に係るときは，各共有者は，他の共有者の同意を得なければ，その持分を譲渡し，又はその持分を目的として質権を設定することができない．

② 特許権が共有に係るときは，各共有者は，契約で別段の定をした場合を除き，他の共有者の同意を得ないでその特許発明の実施をすることができる．

③ 特許権が共有に係るときは，各共有者は，他の共有者の同意を得なければ，その特許権について専用実施権を設定し，又は他人に通常実施権を許諾することができない．

（専用実施権）
第77条 ① 特許権者は，その特許権について専用実施権を設定することができる．

② 専用実施権者は，設定行為で定めた範囲内において，業としてその特許発明の実施をする権利を専有する．

③ 専用実施権は，実施の事業とともにする場合，特許権者の承諾を得た場合及び相続その他の一般承継の場合に限り，移転することができる．

④ 専用実施権者は，特許権者の承諾を得た場合に限り，その専用実施権について質権を設定し，又は他人に通常実施権を許諾することができる．

⑤ 第73条の規定は，専用実施権に準用する．

（通常実施権）
第78条 ① 特許権者は，その特許権について他人に通常実施権を許諾することができる．

② 通常実施権者は，この法律の規定により又は設定行為で定めた範囲内において，業としてその特許発明の実施をする権利を有する．

（先使用による通常実施権）
第79条 特許出願に係る発明の内容を知らないで自らその発明をし，又は特許出願に係る発明の内容を知らないでその発明をした者から知得して，特許出願の際現に日本国内においてその発明の実施である事業をしている者又はその事業の準備をしている者は，その実施又は準備をしている発明及び事業の目的の範囲内において，その特許出願に係る特許権について通常実施権を有する．

（不実施の場合の通常実施権の設定の裁定）
第83条 ① 特許発明の実施が継続して3年以上日本国内において適当にされていないときは，その特許発明の実施をしようとする者は，特許権者又は専用実施権者に対し通常実施権の許諾について協議を求めることができる．ただし，その特許発明に係る特許出願の日から4年を経過していないときは，この限りでない．

② 前項の協議が成立せず，又は協議をすることができないときは，その特許発明の実施をしようとする者は，特許庁長官の裁定を請求することができる．

（自己の特許発明の実施をするための通常実施権の設定の裁定）
第92条 ① 特許権者又は専用実施権者は，その特許発明が第72条に規定する場合に該当するときは，同条の他人に対しその特許発明の実施をするための通常実施権又は実用新案権若しくは意匠権につ

いての通常実施権の許諾について協議を求めることができる．

② 前項の協議を求められた第72条の他人は，その協議を求めた特許権者又は専用実施権者に対し，これらの者がその協議により通常実施権又は実用新案権若しくは意匠権についての通常実施権の許諾を受けて実施をしようとする特許発明の範囲内において，通常実施権の許諾について協議を求めることができる．

③ 第1項の協議が成立せず，又は協議をすることができないときは，特許権者又は専用実施権者は，特許庁長官の裁定を請求することができる．

④ 第2項の協議が成立せず，又は協議をすることができない場合において，前項の裁定の請求があつたときは，第72条の他人は，第7項において準用する第84条の規定によりその者が答弁書を提出すべき期間として特許庁長官が指定した期間内に限り，特許庁長官の裁定を請求することができる．

⑤ 特許庁長官は，第3項又は前項の場合において，当該通常実施権を設定することが第72条の他人又は特許権者若しくは専用実施権者の利益を不当に害することとなるときは，当該通常実施権を設定すべき旨の裁定をすることができない．

⑥ 特許庁長官は，前項に規定する場合のほか，第4項の場合において，第3項の裁定の請求について通常実施権を設定すべき旨の裁定をしないときは，当該通常実施権を設定すべき旨の裁定をすることができない．

（公共の利益のための通常実施権の設定の裁定）
第93条 ① 特許発明の実施が公共の利益のため特に必要であるときは，その特許発明の実施をしようとする者は，特許権者又は専用実施権者に対し通常実施権の許諾について協議を求めることができる．

② 前項の協議が成立せず，又は協議をすることができないときは，その特許発明の実施をしようとする者は，経済産業大臣の裁定を請求することができる．

（通常実施権の移転等）
第94条 ① 通常実施権は，第83条第2項，第92条第3項若しくは第4項若しくは前条第2項，実用新案法第22条第3項又は意匠法第33条第3項の裁定による通常実施権を除き，実施の事業とともにする場合，特許権者（専用実施権についての通常実施権にあつては，特許権者及び専用実施権者）の承諾を得た場合及び相続その他の一般承継の場合に限り，移転することができる．

② 通常実施権者は，第83条第2項，第92条第3項若しくは第4項若しくは前条第2項，実用新案法第22条第3項又は意匠法第33条第3項の裁定による通常実施権を除き，特許権者（専用実施権についての通常実施権にあつては，特許権者及び専用実施権者）の承諾を得た場合に限り，その通常実施権について質権を設定することができる．

③ 第83条第2項又は前条第2項の裁定による通常実施権は，実施の事業とともにする場合に限り，移転することができる．

④ 第92条第3項，実用新案法第22条第3項又は意匠法第33条第3項の裁定による通常実施権は，その通常実施権者の当該特許権，実用新案権又は意匠権が実施の事業とともに移転したときはこれらに従つて移転し，その特許権，実用新案権又は意匠権が実施の事業と分離して移転したとき，又は消滅したときは消滅する．

⑤ 第92条第4項の裁定による通常実施権は，その通常実施権者の当該特許権，実用新案権又は意匠権に従つて移転し，その特許権，実用新案権又は意匠権が消滅したときは消滅する．

（質権）

第95条　特許権，専用実施権又は通常実施権を目的として質権を設定したときは，質権者は，契約で別段の定めをした場合を除き，当該特許発明の実施をすることができない．

第96条　特許権，専用実施権又は通常実施権を目的とする質権は，特許権，専用実施権若しくは通常実施権の対価又は特許発明の実施に対して特許権者若しくは専用実施権者が受けるべき金銭その他の物に対しても，行うことができる．ただし，その払渡又は引渡前に差押をしなければならない．

（特許権等の放棄）

第97条　① 特許権者は，専用実施権者又は質権者があるときは，これらの者の承諾を得た場合に限り，その特許権を放棄することができる．

② 専用実施権者は，質権者又は第77条第4項の規定による通常実施権者があるときは，これらの者の承諾を得た場合に限り，その専用実施権を放棄することができる．

③ 通常実施権者は，質権者があるときは，その承諾を得た場合に限り，その通常実施権を放棄することができる．

（登録の効果）

第98条　① 次に掲げる事項は，登録しなければ，その効力を生じない．

1　特許権の移転（相続その他の一般承継によるものを除く．），信託による変更，放棄による消滅又は処分の制限

2　専用実施権の設定，移転（相続その他の一般承継によるものを除く．），変更，消滅（混同又は特許権の消滅によるものを除く．）又は処分の制限

3　特許権又は専用実施権を目的とする質権の設定，移転（相続その他の一般承継によるものを除く．），変更，消滅（混同又は担保する債権の消滅によるものを除く．）又は処分の制限

② 前項各号の相続その他の一般承継の場合は，遅滞なく，その旨を特許庁長官に届け出なければならない．

（通常実施権の対抗力）

第99条　通常実施権は，その発生後にその特許権若しくは専用実施権又はその特許権についての専用実施権を取得した者に対しても，その効力を有する．

第2節　権利侵害

（差止請求権）

第100条　① 特許権者又は専用実施権者は，自己の特許権又は専用実施権を侵害する者又は侵害するおそれがある者に対し，その侵害の停止又は予防を請求することができる．

② 特許権者又は専用実施権者は，前項の規定による請求をするに際し，侵害の行為を組成した物（物を生産する方法の特許発明にあつては，侵害の行為により生じた物を含む．第102条第1項において同じ．）の廃棄，侵害の行為に供した設備の除却その他の侵害の予防に必要な行為を請求することができる．

（侵害とみなす行為）

第101条　次に掲げる行為は，当該特許権又は専用実施権を侵害するものとみなす．

1　特許が物の発明についてされている場合におい

て，業として，その物の生産にのみ用いる物の生産，譲渡等若しくは輸入又は譲渡等の申出をする行為

2　特許が物の発明についてされている場合において，その物の生産に用いる物（日本国内において広く一般に流通しているものを除く．）であつてその発明による課題の解決に不可欠なものにつき，その発明が特許発明であること及びその物がその発明の実施に用いられることを知りながら，業として，その生産，譲渡若しくは輸入又は譲渡等の申出をする行為

3　特許が物の発明についてされている場合において，その物を業としての譲渡等又は輸出のために所持する行為

4　特許が方法の発明についてされている場合において，業として，その方法の使用にのみ用いる物の生産，譲渡等若しくは輸入又は譲渡等の申出をする行為

5　特許が方法の発明についてされている場合において，その方法の使用に用いる物（日本国内において広く一般に流通しているものを除く．）であつてその発明による課題の解決に不可欠なものにつき，その発明が特許発明であること及びその物がその発明の実施に用いられることを知りながら，業として，その生産，譲渡等若しくは輸入又は譲渡等の申出をする行為

6　特許が物を生産する方法の発明についてされている場合において，その方法により生産した物を業としての譲渡等又は輸出のために所持する行為

（損害の額の推定等）

第102条　① 特許権者又は専用実施権者が故意又は過失により自己の特許権又は専用実施権を侵害した者に対しその侵害により自己が受けた損害の賠償を請求する場合において，その者がその侵害の行為を組成した物を譲渡したときは，次の各号に掲げる額の合計額を，特許権者又は専用実施権者が受けた損害の額とすることができる．

1　特許権者又は専用実施権者がその侵害の行為がなければ販売することができた物の単位数量当たりの利益の額に，自己の特許権又は専用実施権を侵害した者が譲渡した物の数量（次号において「譲渡数量」という．）のうち当該特許権者又は専用実施権者の実施の能力に応じた数量（同号において「実施相応数量」という．）を超えない部分（その全部又は一部に相当する数量を当該特許権者又は専用実施権者が販売することができないとする事情があるときは，当該事情に相当する数量（同号において「特定数量」という．）を控除した数量）を乗じて得た額

2　譲渡数量のうち実施相応数量を超える数量又は特定数量がある場合（特許権者又は専用実施権者が，当該特許権者の特許権についての専用実施権の設定若しくは通常実施権の許諾又は当該専用実施権者の専用実施権についての通常実施権の許諾をし得たと認められない場合を除く．）におけるこれらの数量に応じた当該特許権者又は専用実施権に係る特許発明の実施に対し受けるべき金銭の額に相当する額

② 特許権者又は専用実施権者が故意又は過失により自己の特許権又は専用実施権を侵害した者に対しその侵害により自己が受けた損害の賠償を請求する場合において，その者がその侵害の行為により利益を受けているときは，その利益の額は，特許権

者又は専用実施権者が受けた損害の額と推定する。
③　特許権者又は専用実施権者は、故意又は過失により自己の特許権又は専用実施権を侵害した者に対し、その特許発明の実施に対し受けるべき金銭の額に相当する額の金銭を、自己が受けた損害の額としてその賠償を請求することができる。
④　裁判所は、第1項第2号及び前項に規定する特許発明の実施に対し受けるべき金銭の額に相当する額を認定するに当たつては、特許権者又は専用実施権者が、自己の特許権又は専用実施権に係る特許発明の実施の対価について、当該特許権又は専用実施権の侵害があつたことを前提として当該特許権又は専用実施権を侵害した者との間で合意をするとしたならば、当該特許権者又は専用実施権者が得ることとなるその対価を考慮することができる。
⑤　第3項の規定は、同項に規定する金額を超える損害の賠償の請求を妨げない。この場合において、特許権又は専用実施権を侵害した者に故意又は重大な過失がなかつたときは、裁判所は、損害の賠償の額を定めるについて、これを参酌することができる。
（過失の推定）
第103条　他人の特許権又は専用実施権を侵害した者は、その侵害の行為について過失があつたものと推定する。
（生産方法の推定）
第104条　物を生産する方法の発明について特許がされている場合において、その物が特許出願前に日本国内において公然知られた物でないときは、その物と同一の物は、その方法により生産したものと推定する。
（具体的態様の明示義務）
第104条の2　特許権又は専用実施権の侵害に係る訴訟において、特許権者又は専用実施権者が侵害の行為を組成したものとして主張する物又は方法の具体的態様を否認するときは、相手方は、自己の行為の具体的態様を明らかにしなければならない。ただし、相手方において明らかにすることができない相当の理由があるときは、この限りでない。
（特許権者等の権利行使の制限）
第104条の3　①　特許権又は専用実施権の侵害に係る訴訟において、当該特許が特許無効審判により又は当該特許権の存続期間の延長登録が延長登録無効審判により無効にされるべきものと認められるときは、特許権者又は専用実施権者は、相手方に対しその権利を行使することができない。
②　前項の規定による攻撃又は防御の方法については、これが審理を不当に遅延させることを目的として提出されたものと認められるときは、裁判所は、申立てにより又は職権で、却下の決定をすることができる。
③　第123条第2項の規定は、当該特許に係る発明について特許無効審判を請求することができる者以外の者が第1項の規定による攻撃又は防御の方法を提出することを妨げない。
　第3節　特許料
（特許料）
第107条　①　特許権の設定の登録を受ける者又は特許権者は、特許料として、特許権の設定の登録の日から第67条第1項に規定する存続期間（同条第4項の規定により延長されたときは、その延長の期間を加えたもの）の満了までの各年について、1件ご

とに、61,600円を超えない範囲内で政令で定める額に一請求項につき4,800円を超えない範囲内で政令で定める額を加えた額を納付しなければならない。

| 第5章　特許異議の申立て(略) |
| 第6章　審　判(略) |
| 第7章　再　審(略) |
| 第8章　訴　訟(略) |
| 第9章　特許協力条約に基づく国際
　　　　出願に係る特例(略) |
| 第10章　雑　則(略) |
| 第11章　罰　則(略) |

94　著作権法(抄)

（昭45・5・6法律第48号、昭46・1・1施行、
最終改正：令5・6・14法律第53号）

第1章　総　則

第1節　通　則
（目　的）
第1条　この法律は、著作物並びに実演、レコード、放送及び有線放送に関し著作者の権利及びこれに隣接する権利を定め、これらの文化的所産の公正な利用に留意しつつ、著作者等の権利の保護を図り、もつて文化の発展に寄与することを目的とする。
（定　義）
第2条　①　この法律において、次の各号に掲げる用語の意義は、当該各号に定めるところによる。
1　著作物　思想又は感情を創作的に表現したものであつて、文芸、学術、美術又は音楽の範囲に属するものをいう。
2　著作者　著作物を創作する者をいう。
3　実演　著作物を、演劇的に演じ、舞い、演奏し、歌い、口演し、朗詠し、又はその他の方法により演ずること（これらに類する行為で、著作物を演じないが芸能的な性質を有するものを含む。）をいう。
4　実演家　俳優、舞踊家、演奏家、歌手その他実演を行う者及び実演を指揮し、又は演出する者をいう。
5　レコード　蓄音機用音盤、録音テープその他の物に音を固定したもの（音を専ら影像とともに再生することを目的とするものを除く。）をいう。
6　レコード製作者　レコードに固定されている音を最初に固定した者をいう。
7　商業用レコード　市販の目的をもつて製作されるレコードの複製物をいう。
7の2　公衆送信　公衆によつて直接受信されることを目的として無線通信又は有線電気通信の送信（電気通信設備で、その一の部分の設置の場所が他

の部分の設置の場所と同一の構内（その構内が二以上の者の占有に属している場合には、同一の者の占有に属する区域内）にあるものによる送信（プログラムの著作物の送信を除く。）を行うことをいう。

8　放送　公衆送信のうち、公衆によつて同一の内容の送信が同時に受信されることを目的として行う無線通信の送信をいう。

9　放送事業者　放送を業として行う者をいう。

9の2　有線放送　公衆送信のうち、公衆によつて同一の内容の送信が同時に受信されることを目的として行う有線電気通信の送信をいう。

9の3　有線放送事業者　有線放送を業として行う者をいう。

9の4　自動公衆送信　公衆送信のうち、公衆からの求めに応じ自動的に行うもの（放送又は有線放送に該当するものを除く。）をいう。

9の5　送信可能化　次のいずれかに掲げる行為により自動公衆送信し得るようにすることをいう。

イ　公衆の用に供されている電気通信回線に接続している自動公衆送信装置（公衆の用に供する電気通信回線に接続することにより、その記録媒体のうち自動公衆送信の用に供する部分（以下この号において「公衆送信用記録媒体」という。）に記録され、又は当該装置に入力される情報を自動公衆送信する機能を有する装置をいう。以下同じ。）の公衆送信用記録媒体に情報を記録し、情報が記録された記録媒体を当該自動公衆送信装置の公衆送信用記録媒体として加え、若しくは情報が記録された記録媒体を当該自動公衆送信装置の公衆送信用記録媒体に変換し、又は当該自動公衆送信装置に情報を入力すること。

ロ　その公衆送信用記録媒体に情報が記録され、又は当該自動公衆送信装置に情報が入力されている自動公衆送信装置について、公衆の用に供されている電気通信回線への接続（配線、自動公衆送信装置の始動、送受信用プログラムの起動その他の一連の行為により行われる場合には、当該一連の行為のうち最後のものをいう。）を行うこと。

9の6　特定入力型自動公衆送信　放送を受信して同時に、公衆の用に供されている電気通信回線に接続している自動公衆送信装置に情報を入力することにより行う自動公衆送信（当該自動公衆送信のために行う送信可能化を含む。）をいう。

9の7　放送同時配信等　放送番組又は有線放送番組の自動公衆送信（当該自動公衆送信のために行う送信可能化を含む。以下この号において同じ。）のうち、次のイからハまでに掲げる要件を備えるもの（著作権者、出版権者若しくは著作隣接権者（以下「著作権者等」という。）の利益を不当に害するおそれがあるもの又は広く国民が容易に視聴することが困難なものとして総務大臣と協議して定めるもの及び特定入力型自動公衆送信を除く。）をいう。

イ　放送番組の放送又は有線放送番組の有線放送が行われた日から1週間以内（当該放送番組又は有線放送番組が同一の名称の下に一定の間隔で連続して放送され、又は有線放送されるものであつてその間隔が1週間を超えるものである場合には、1月以内でその間隔に応じて文化庁長官が定める期間内）に行われるもの（当該放送又は有線放送が行われるより前に行われるものを

除く。）であること。

ロ　放送番組又は有線放送番組の内容を変更しないで行われるもの（著作権者等から当該自動公衆送信に係る許諾が得られていない部分を表示しないことその他のやむを得ない事情により変更されたものを除く。）であること。

ハ　当該自動公衆送信を受信して行う放送番組又は有線放送番組のデジタル方式の複製を防止し、又は抑止するための措置として文部科学省令で定めるものが講じられているものであること。

9の8　放送同時配信等事業者　人的関係又は資本関係において文化庁長官が定める密接な関係（以下単に「密接な関係」という。）を有する放送事業者又は有線放送事業者から放送番組又は有線放送番組の供給を受けて放送同時配信等を業として行う事業者をいう。

10　映画製作者　映画の著作物の製作に発意と責任を有する者をいう。

10の2　プログラム　電子計算機を機能させて一の結果を得ることができるようにこれに対する指令を組み合わせたものとして表現したものをいう。

10の3　データベース　論文、数値、図形その他の情報の集合物であつて、それらの情報を電子計算機を用いて検索することができるように体系的に構成したものをいう。

11　二次的著作物　著作物を翻訳し、編曲し、若しくは変形し、又は脚色し、映画化し、その他翻案することにより創作した著作物をいう。

12　共同著作物　2人以上の者が共同して創作した著作物であつて、その各人の寄与を分離して個別的に利用することができないものをいう。

13　録音　音を物に固定し、又はその固定物を増製することをいう。

14　録画　影像を連続して物に固定し、又はその固定物を増製することをいう。

15　複製　印刷、写真、複写、録音、録画その他の方法により有形的に再製することをいい、次に掲げるものについては、それぞれ次に掲げる行為を含むものとする。

イ　脚本その他これに類する演劇用の著作物　当該著作物の上演、放送又は有線放送を録音し、又は録画すること。

ロ　建築の著作物　建築に関する図面に従つて建築物を完成すること。

16　上演　演奏（歌唱を含む。以下同じ。）以外の方法により著作物を演ずることをいう。

17　上映　著作物（公衆送信されるものを除く。）を映写幕その他の物に映写することをいい、これに伴つて映画の著作物において固定されている音を再生することを含むものとする。

18　口述　朗読その他の方法により著作物を口頭で伝達すること（実演に該当するものを除く。）をいう。

19　頒布　有償であるか又は無償であるかを問わず、複製物を公衆に譲渡し、又は貸与することをいい、映画の著作物又は映画の著作物において複製されている著作物にあつては、これらの著作物を公衆に提示することを目的として当該映画の著作物の複製物を譲渡し、又は貸与することを含むものとする。

20　技術的保護手段　電子的方法、磁気的方法その他の人の知覚によつては認識することができない方

法（次号及び第22号において「電磁的方法」という。）により、第17条第1項に規定する著作者人格権若しくは著作権、出版権又は第1項に規定する実演家人格権若しくは同条第6項に規定する著作隣接権（以下この号、第30条第1項第2号、第113条第7項並びに第120条の2の第1号及び第4号において「著作権等」という。）を侵害する行為の防止又は抑止（著作権等を侵害する行為の結果に著しい障害を生じさせることによる当該行為の抑止をいう。第30条第1項第2号において同じ。）をする手段（著作権等を有する者の意思に基づくことなく用いられているものを除く。）であつて、著作物、実演、レコード、放送又は有線放送（以下「著作物等」という。）の利用（著作者又は実演家の同意を得ないで行つたとしたならば著作者人格権又は実演家人格権の侵害となるべき行為を含む。）に際し、これに用いられる機器が特定の反応をする信号を記録媒体に記録し、若しくは送信する方式又は当該機器が特定の変換を必要とするよう著作物、実演、レコード若しくは放送若しくは有線放送に係る音若しくは影像を変換して記録媒体に記録し、若しくは送信する方式によるものをいう。

21 技術的利用制限手段 電磁的方法により、著作物等の視聴（プログラムの著作物にあつては、当該著作物を電子計算機において実行する行為を含む。以下この号及び第113条第6項において同じ。）を制限する手段（著作権者等の意思に基づくことなく用いられているものを除く。）であつて、著作物等の視聴に際し、これに用いられる機器が特定の反応をする信号を記録媒体に記録し、若しくは送信する方式又は当該機器が特定の変換を必要とするよう著作物、実演、レコード若しくは放送若しくは有線放送に係る音若しくは影像を変換して記録媒体に記録し、若しくは送信する方式によるものをいう。

22 権利管理情報 第17条第1項に規定する著作者人格権若しくは著作権、出版権又は第89条第1項から第4項までの権利（以下この号において「著作権等」という。）に関する情報であつて、イからハまでのいずれかに該当するもののうち、電磁的方法により著作物、実演、レコード又は放送若しくは有線放送に係る音若しくは影像とともに記録媒体に記録され、又は送信されるもの（著作物等の利用状況の把握、著作物等の利用の許諾に係る事務処理その他の著作権等の管理（電子計算機によるものに限る。）に用いられていないものを除く。）をいう。
イ 著作物等、著作権等を有する者その他政令で定める事項を特定する情報
ロ 著作物等の利用を許諾する場合の利用方法及び条件に関する情報
ハ 他の情報と照合することによりイ又はロに掲げる事項を特定することができることとなる情報

23 著作権等管理事業者 著作権等管理事業法（平成12年法律第131号）第2条第3項に規定する著作権等管理事業者をいう。

24 国内 この法律の施行地をいう。

25 国外 この法律の施行地外の地域をいう。

② この法律にいう「美術の著作物」には、美術工芸品を含むものとする。

③ この法律にいう「映画の著作物」には、映画の効

果に類似する視覚的又は視聴覚的効果を生じさせる方法で表現され、かつ、物に固定されている著作物を含むものとする。

④ この法律にいう「写真の著作物」には、写真の製作方法に類似する方法を用いて表現される著作物を含むものとする。

⑤ この法律にいう「公衆」には、特定かつ多数の者を含むものとする。

⑥ この法律にいう「法人」には、法人格を有しない社団又は財団で代表者又は管理人の定めがあるものを含むものとする。

⑦ この法律において、「上演」、「演奏」又は「口述」には、著作物の上演、演奏又は口述で録音され、又は録画したものを再生すること（公衆送信又は上映に該当するものを除く。）及び著作物の上演、演奏又は口述を電気通信設備を用いて伝達すること（公衆送信に該当するものを除く。）を含むものとする。

⑧ この法律にいう「貸与」には、いずれの名義又は方法をもつてするかを問わず、これと同様の使用の権原を取得させる行為を含むものとする。

⑨ この法律において、第1項第7号の2、第8号、第9号の2、第9号の4、第9号の5、第9号の7若しくは第13号から第19号まで又は前2項に掲げる用語については、それぞれこれらを動詞の語幹として用いる場合を含むものとする。

（著作物の発行）
第3条 ① 著作物は、その性質に応じ公衆の要求を満たすことができる相当程度の部数の複製物が、第21条に規定する権利を有する者若しくはその許諾（第63条第1項の規定による利用の許諾をいう。以下この項、次条第1項、第4条の2及び第63条を除き、以下この章及び次章において同じ。）を得た者又は第79条の出版権の設定を受けた者若しくはその出版権の設定を受けた者からその複製許諾（第80条第3項の規定による複製の許諾をいう。以下同じ。）を得た者によつて作成され、頒布された場合（第26条、第26条の2第1項又は第26条の3に規定する権利を有する者の権利を害しない場合に限る。）において、発行されたものとする。

② 二次的著作物である翻訳物の原著に規定する部数の複製物が第28条の規定により第21条に規定する権利と同一の権利を有する者又はその許諾を得た者によつて作成され、頒布された場合（第28条の規定により第26条、第26条の2第1項又は第26条の3に規定する権利と同一の権利を有する者の権利を害しない場合に限る。）には、その原著作物も、発行されたものとみなす。

③ 著作物がこの法律による保護を受けるとしたならば前2項の権利を有すべき者又はその者からその著作物の利用の承諾を得た者は、それぞれ前2項の権利を有する者又はその許諾を得た者とみなして、前2項の規定を適用する。

（著作物の公表）
第4条 ① 著作物は、発行され、又は第22条から第25条までに規定する権利を有する者若しくはその許諾（第63条第1項の規定による利用の許諾をいう。）を得た者若しくは第79条の出版権の設定を受けた者若しくはその公衆送信許諾（第80条第3項の規定による公衆送信の許諾をいう。以下同じ。）を得た者によつて上演、演奏、上映、公衆送信、口述若しくは展示の方法で公衆に提示された場合

（建築の著作物にあつては、第21条に規定する権利を有する者又はその許諾（第63条第1項の規定による利用の許諾をいう。）を得た者によつて建築された場合を含む。）において、公表されたものとする。

② 著作物は、第23条第1項に規定する権利を有する者又はその許諾を得た者若しくは第79条の設定を受けた者若しくはその公衆送信許諾を得た者によつて送信可能化された場合には、公表されたものとみなす。

③ 二次的著作物である翻訳物が、第28条の規定により第22条から第24条までに規定する権利と同一の権利を有する者若しくはその許諾を得た者によつて上演、演奏、上映、公衆送信若しくは口述の方法で公衆に提示され、又は第28条の規定により第23条第1項に規定する権利と同一の権利を有する者若しくはその許諾を得た者によつて送信可能化された場合には、その原著作物は、公表されたものとみなす。

④ 美術の著作物又は写真の著作物は、第45条第1項に規定する者によつて同項の展示が行われた場合には、公表されたものとみなす。

⑤ 著作物がこの法律による保護を受けるとしたならば第1項から第3項までの権利を有すべき者又はその者からその著作物の利用の承諾を得た者は、それぞれ第1項から第3項までの権利を有する者又はその許諾を得た者とみなして、これらの規定を適用する。

　（レコードの発行）

第4条の2　レコードは、その性質に応じ公衆の要求を満たすことができる相当程度の部数の複製物が、第96条に規定する権利を有する者又はその許諾（第103条において準用する第63条第1項の規定による利用の許諾をいう。第4章第2節及び第3節において同じ。）を得た者によつて作成され、頒布された場合（第97条の2第1項又は第97条の3第1項に規定する権利を有する者の権利を害しない場合に限る。）において、発行されたものとする。

　（条約の効力）

第5条　著作者の権利及びこれに隣接する権利に関し条約に別段の定めがあるときは、その規定による。

　第2節　適用範囲

　（保護を受ける著作物）

第6条　著作物は、次の各号のいずれかに該当するものに限り、この法律による保護を受ける。

　1　日本国民（わが国の法令に基づいて設立された法人及び国内に主たる事務所を有する法人を含む。以下同じ。）の著作物

　2　最初に国内において発行された著作物（最初に国外において発行されたが、その発行の日から30日以内に国内において発行されたものを含む。）

　3　前2号に掲げるもののほか、条約によりわが国が保護の義務を負う著作物

　（保護を受ける実演）

第7条　実演は、次の各号のいずれかに該当するものに限り、この法律による保護を受ける。

　1　国内において行われる実演

　2　次条第1号又は第2号に掲げるレコードに固定された実演

　3　第9条第1号又は第2号に掲げる放送において送信される実演（実演家の承諾を得て送信前に録音され、又は録画されているものを除く。）

　4　第9条の2各号に掲げる有線放送において送信

される実演（実演家の承諾を得て送信前に録音され、又は録画されているものを除く。）

　5　前各号に掲げるもののほか、次のいずれかに掲げる実演

　イ　実演家、レコード製作者及び放送機関の保護に関する国際条約（以下「実演家等保護条約」という。）の締約国において行われる実演

　ロ　次条第3号に掲げるレコードに固定された実演

　ハ　第9条第3号に掲げる放送において送信され、又は録画されているものを除く。）

　6　前各号に掲げるもののほか、次のいずれかに掲げる実演

　イ　実演及びレコードに関する世界知的所有権機関条約（以下「実演・レコード条約」という。）の締約国において行われる実演

　ロ　次条第4号に掲げるレコードに固定された実演

　7　前各号に掲げるもののほか、次のいずれかに掲げる実演

　イ　世界貿易機関の加盟国において行われる実演

　ロ　次条第5号に掲げるレコードに固定された実演

　ハ　第9条第4号に掲げる放送において送信される実演（実演家の承諾を得て送信前に録音され、又は録画されているものを除く。）

　8　前各号に掲げるもののほか、視聴覚的実演に関する北京条約の締約国の国民又は当該締約国に常居所を有する者である実演家に係る実演

　（保護を受けるレコード）

第8条　レコードは、次の各号のいずれかに該当するものに限り、この法律による保護を受ける。

　1　日本国民をレコード製作者とするレコード

　2　レコードでこれに固定されている音が最初に国内において固定されたもの

　3　前2号に掲げるもののほか、次のいずれかに掲げるレコード

　イ　実演家等保護条約の締約国の国民（当該締約国の法令に基づいて設立された法人及び当該締約国に主たる事務所を有する法人を含む。以下同じ。）をレコード製作者とするレコード

　ロ　レコードでこれに固定されている音が最初に実演家等保護条約の締約国において固定されたもの

　4　前3号に掲げるもののほか、次のいずれかに掲げるレコード

　イ　実演・レコード条約の締約国の国民（当該締約国の法令に基づいて設立された法人及び当該締約国に主たる事務所を有する法人を含む。以下同じ。）をレコード製作者とするレコード

　ロ　レコードでこれに固定されている音が最初に実演・レコード条約の締約国において固定されたもの

　5　前各号に掲げるもののほか、次のいずれかに掲げるレコード

　イ　世界貿易機関の加盟国の国民（当該加盟国の法令に基づいて設立された法人及び当該加盟国に主たる事務所を有する法人を含む。以下同じ。）をレコード製作者とするレコード

　ロ　レコードでこれに固定されている音が最初に世界貿易機関の加盟国において固定されたもの

　6　前各号に掲げるもののほか、許諾を得ないレコードの複製からのレコード製作者の保護に関する条約（第121条の2第2号において「レコード

保護条約」という。）により我が国が保護の義務を負うレコード

（保護を受ける放送）

第9条 放送は、次の各号のいずれかに該当するものに限り、この法律による保護を受ける。

1 日本国民である放送事業者の放送

2 国内にある放送設備から行なわれる放送

3 前2号に掲げるもののほか、次のいずれかに掲げる放送

イ 実演家等保護条約の締約国の国民である放送事業者の放送

ロ 実演家等保護条約の締約国にある放送設備から行われる放送

4 前3号に掲げるもののほか、次のいずれかに掲げる放送

イ 世界貿易機関の加盟国の国民である放送事業者の放送

ロ 世界貿易機関の加盟国にある放送設備から行われる放送

（保護を受ける有線放送）

第9条の2 有線放送は、次の各号のいずれかに該当するものに限り、この法律による保護を受ける。

1 日本国民である有線放送事業者の有線放送（放送を受信して行うものを除く。次号において同じ。）

2 国内にある有線放送設備から行われる有線放送

第2章 著作者の権利

第1節 著作物

（著作物の例示）

第10条 ① この法律にいう著作物を例示すると、おおむね次のとおりである。

1 小説、脚本、論文、講演その他の言語の著作物

2 音楽の著作物

3 舞踊又は無言劇の著作物

4 絵画、版画、彫刻その他の美術の著作物

5 建築の著作物

6 地図又は学術的な性質を有する図面、図表、模型その他の図形の著作物

7 映画の著作物

8 写真の著作物

9 プログラムの著作物

② 事実の伝達にすぎない雑報及び時事の報道は、前項第1号に掲げる著作物に該当しない。

③ 第1項第9号に掲げる著作物に対するこの法律による保護は、その著作物を作成するために用いるプログラム言語、規約及び解法に及ばない。この場合において、これらの用語の意義は、次の各号に定めるところによる。

1 プログラム言語 プログラムを表現する手段としての文字その他の記号及びその体系をいう。

2 規約 特定のプログラムにおける前号のプログラム言語の用法についての特別の約束をいう。

3 解法 プログラムにおける電子計算機に対する指令の組合せの方法をいう。

（二次的著作物）

第11条 二次的著作物に対するこの法律による保護は、その原著作物の著作者の権利に影響を及ぼさない。

（編集著作物）

第12条 ① 編集物（データベースに該当するものを除く。以下同じ。）でその素材の選択又は配列に

よつて創作性を有するものは、著作物として保護する。

② 前項の規定は、同項の編集物の部分を構成する著作物の著作者の権利に影響を及ぼさない。

（データベースの著作物）

第12条の2 ① データベースでその情報の選択又は体系的な構成によつて創作性を有するものは、著作物として保護する。

② 前項の規定は、同項のデータベースの部分を構成する著作物の著作者の権利に影響を及ぼさない。

（権利の目的とならない著作物）

第13条 次の各号のいずれかに該当する著作物は、この章の規定による権利の目的となることができない。

1 憲法その他の法令

2 国若しくは地方公共団体の機関、独立行政法人（独立行政法人通則法（平成11年法律第103号）第2条第1項に規定する独立行政法人をいう。以下同じ。）又は地方独立行政法人（地方独立行政法人法（平成15年法律第118号）第2条第1項に規定する地方独立行政法人をいう。以下同じ。）が発する告示、訓令、通達その他これらに類するもの

3 裁判所の判決、決定、命令及び審判並びに行政庁の裁決及び決定で裁判に準ずる手続により行われるもの

4 前3号に掲げるものの翻訳物及び編集物で、国若しくは地方公共団体の機関、独立行政法人又は地方独立行政法人が作成するもの

第2節 著作者

（著作者の推定）

第14条 著作物の原作品に、又は著作物の公衆への提供若しくは提示の際に、その氏名若しくは名称（以下「実名」という。）又はその雅号、筆名、略称その他実名に代えて用いられるもの（以下「変名」という。）として周知のものが著作者名として通常の方法により表示されている者は、その著作物の著作者と推定する。

（職務上作成する著作物の著作者）

第15条 ① 法人その他使用者（以下この条において「法人等」という。）の発意に基づきその法人等の業務に従事する者が職務上作成する著作物（プログラムの著作物を除く。）で、その法人等が自己の著作の名義の下に公表するものの著作者は、その作成の時における契約、勤務規則その他に別段の定めがない限り、その法人等とする。

② 法人等の発意に基づきその法人等の業務に従事する者が職務上作成するプログラムの著作物の著作者は、その作成の時における契約、勤務規則その他に別段の定めがない限り、その法人等とする。

（映画の著作物の著作者）

第16条 映画の著作物の著作者は、その映画の著作物において翻案され、又は複製された小説、脚本、音楽その他の著作物の著作者を除き、制作、監督、演出、撮影、美術等を担当してその映画の著作物の全体的形成に創作的に寄与した者とする。ただし、前条の規定の適用がある場合は、この限りでない。

第3節 権利の内容

第1款 総則

（著作者の権利）

第17条 ① 著作者は、次条第1項、第19条第1項及び第20条第1項に規定する権利（以下「著作者人格権」という。）並びに第21条から第28条までに規定する権利（以下「著作権」という。）を享有する。

② 著作者人格権及び著作権の享有には, いかなる方式の履行をも要しない.

第2款　著作者人格権

(公表権)

第18条　① 著作者は, その著作物でまだ公表されていないもの(その同意を得ないで公表された著作物を含む. 以下この条において同じ.)を公衆に提供し, 又は提示する権利を有する. 当該著作物を原著作物とする二次的著作物についても, 同様とする.

② 著作者は, 次の各号に掲げる場合には, 当該各号に掲げる行為について同意したものと推定する.

1　その著作物でまだ公表されていないものの著作権を譲渡した場合　当該著作物をその著作権の行使により公衆に提供し, 又は提示すること.

2　その美術の著作物又は写真の著作物でまだ公表されていないものの原作品を譲渡した場合　これらの著作物をその原作品による展示の方法で公衆に提示すること.

3　第29条の規定によりその映画の著作物の著作権が映画製作者に帰属した場合　当該著作物をその著作権の行使により公衆に提供し, 又は提示すること.

③ 著作者は, 次の各号に掲げる場合には, 当該各号に掲げる行為について同意したものとみなす.

1　その著作物でまだ公表されていないものを行政機関(行政機関の保有する情報の公開に関する法律(平成11年法律第42号. 以下「行政機関情報公開法」という.)第2条第1項に規定する行政機関をいう. 以下同じ.)に提供した場合(行政機関情報公開法第9条第1項の規定による開示する旨の決定の時までに別段の意思表示をした場合を除く.)　行政機関情報公開法の規定により行政機関の長が当該著作物を公衆に提供し, 又は提示すること(当該著作物に係る歴史公文書等(公文書等の管理に関する法律(平成21年法律第66号. 以下「公文書管理法」という.)第2条第6項に規定する歴史公文書等をいう. 以下同じ.)が行政機関の長から公文書管理法第8条第1項の規定により国立公文書館等(公文書管理法第2条第3項に規定する国立公文書館等をいう. 以下同じ.)に移管された場合(公文書管理法第16条第1項の規定による利用をさせる旨の決定の時までに当該著作物の著作者が別段の意思表示をした場合を除く.)にあつては, 公文書管理法第16条第1項の規定により国立公文書館等の長(公文書管理法第15条第1項に規定する国立公文書館等の長をいう. 以下同じ.)が当該著作物を公衆に提供し, 又は提示することを含む.).

2　その著作物でまだ公表されていないものを独立行政法人等(独立行政法人等の保有する情報の公開に関する法律(平成13年法律第140号. 以下「独立行政法人等情報公開法」という.)第2条第1項に規定する独立行政法人等をいう. 以下同じ.)に提供した場合(独立行政法人等情報公開法第9条第1項の規定による開示する旨の決定の時までに別段の意思表示をした場合を除く.)　独立行政法人等情報公開法の規定により当該独立行政法人等が当該著作物を公衆に提供し, 又は提示すること(当該著作物に係る歴史公文書等が当該独立行政法人等から公文書管理法第11条第4項の規定により国立公文書館等に移管された場合(公文書管理法第16条第1項の規定による利用を

させる旨の決定の時までに当該著作物の著作者が別段の意思表示をした場合を除く.)にあつては, 公文書管理法第16条第1項の規定により国立公文書館等の長が当該著作物を公衆に提供し, 又は提示することを含む.).

3　その著作物でまだ公表されていないものを地方公共団体又は地方独立行政法人に提供した場合(開示する旨の決定の時までに別段の意思表示をした場合を除く.)　情報公開条例(地方公共団体又は地方独立行政法人の保有する情報の公開を請求する住民等の権利について定める当該地方公共団体の条例をいう. 以下同じ.)の規定により当該地方公共団体の機関又は地方独立行政法人が当該著作物を公衆に提供し, 又は提示すること(当該著作物に係る歴史公文書等が当該地方公共団体又は地方独立行政法人から公文書管理条例(地方公共団体又は地方独立行政法人の保有する歴史公文書等の適切な保存及び利用について定める当該地方公共団体の条例をいう. 以下同じ.)に基づき地方公文書館等(歴史公文書等の適切な保存及び利用を図る施設として公文書管理条例が定める施設をいう. 以下同じ.)に移管された場合(公文書管理条例の規定(公文書管理法第16条第1項の規定に相当する規定に限る. 以下この号において同じ.)による利用をさせる旨の決定の時までに当該著作物の著作者が別段の意思表示をした場合を除く.)にあつては, 公文書管理条例の規定により地方公文書館等の長(地方公文書館等が地方公共団体の施設である場合にあつてはその属する地方公共団体の長を, 地方公文書館等が地方独立行政法人の施設である場合にあつてはその施設を設置した地方独立行政法人をいう. 以下同じ.)が当該著作物を公衆に提供し, 又は提示すること.

4　その著作物でまだ公表されていないものを国立公文書館等に提供した場合(公文書管理法第16条第1項の規定による利用をさせる旨の決定の時までに別段の意思表示をした場合を除く.)　同項の規定により国立公文書館等の長が当該著作物を公衆に提供し, 又は提示すること.

5　その著作物でまだ公表されていないものを地方公文書館等に提供した場合(公文書管理条例の規定による利用をさせる旨の決定の時までに別段の意思表示をした場合を除く.)　公文書管理条例の規定により地方公文書館等の長が当該著作物を公衆に提供し, 又は提示すること.

④ 第1項の規定は, 次の各号のいずれかに該当するときは, 適用しない.

1　行政機関情報公開法第5条の規定により行政機関の長が同条第1号ロ若しくはハ若しくは同条第2号ただし書に規定する情報が記録されている著作物でまだ公表されていないものを公衆に提供し, 若しくは提示するとき, 又は行政機関情報公開法第7条の規定により行政機関の長が著作物でまだ公表されていないものを公衆に提供し, 若しくは提示するとき.

2　独立行政法人等情報公開法第5条の規定により独立行政法人等が同条第1号ロ若しくはハ若しくは同条第2号ただし書に規定する情報が記録されている著作物でまだ公表されていないものを公衆に提供し, 若しくは提示するとき, 又は独立行政法人等情報公開法第7条の規定により独立行政法人

等が著作物でまだ公表されていないものを公衆に提供し,若しくは提示するとき.

3 情報公開条例（行政機関情報公開法第13条第2項及び第3項の規定に相当する規定を設けているものに限る. 第5号において同じ.）の規定により地方公共団体の機関又は地方独立行政法人が著作物でまだ公表されていないもの（行政機関情報公開法第5条第1号ロ又は同条第2号ただし書に規定する情報に相当する情報が記録されているものに限る.）を公衆に提供し,又は提示するとき.

4 情報公開条例の規定により地方公共団体の機関又は地方独立行政法人が著作物でまだ公表されていないもの（行政機関情報公開法第5条第1号ハに規定する情報に相当する情報が記録されているものに限る.）を公衆に提供し,又は提示するとき.

5 公文書管理条例の規定に相当する行政機関情報公開法第7条の規定に相当するものにより地方公共団体の機関又は地方独立行政法人が著作物でまだ公表されていないものを公衆に提供し,又は提示するとき.

6 公文書管理法第16条第1項の規定又は国立公文書館等の長が行政機関情報公開法第5条第1号ロ若しくはハ若しくは同条第2号ただし書に規定する情報又は独立行政法人等情報公開法第5条第1号ロ若しくはハ若しくは同条第2号ただし書に規定する情報が記録されている著作物でまだ公表されていないものを公衆に提供し,又は提示するとき.

7 公文書管理条例（公文書管理法第18条第2項及び第4項の規定に相当する規定を設けているものに限る.）の規定により地方公文書館等の長が著作物でまだ公表されていないもの（行政機関情報公開法第5条第1号ロ又は同条第2号ただし書に規定する情報に相当する情報が記録されているものに限る.）を公衆に提供し,又は提示するとき.

8 公文書管理条例の規定により地方公文書館等の長が著作物でまだ公表されていないもの（行政機関情報公開法第5条第1号ハに規定する情報に相当する情報が記録されているものに限る.）を公衆に提供し,又は提示するとき.

（氏名表示権）

第19条 ① 著作者は,その著作物の原作品に,又はその著作物の公衆への提供若しくは提示に際し,その実名若しくは変名を著作者名として表示し,又は著作者名を表示しないこととする権利を有する. その著作物を原著作物とする二次的著作物の公衆への提供又は提示に際しての原著作物の著作者名の表示についても,同様とする.

② 著作物を利用する者は,その著作者の別段の意思表示がない限り,その著作物につきすでに著作者が表示しているところに従つて著作者名を表示することができる.

③ 著作者名の表示は,著作物の利用の目的及び態様に照らし著作者が創作者であることを主張する利益を害するおそれがないと認められるときは,公正な慣行に反しない限り,省略することができる.

（同一性保持権）

第20条 ① 著作者は,その著作物及びその題号の同一性を保持する権利を有し,その意に反してこれらの変更,切除その他の改変を受けないものとする.

② 前項の規定は,次の各号のいずれかに該当する改変については,適用しない.

1 第33条第1項（同条第4項において準用する場合を含む.）,第33条の2第1項,第33条の3第1項又は第34条第1項の規定により著作物を利用する場合における用字又は用語の変更その他の改変で,学校教育の目的上やむを得ないと認められるもの

2 建築物の増築,改築,修繕又は模様替えによる改変

3 特定の電子計算機においては実行し得ないプログラムの著作物を当該電子計算機において実行し得るようにするため,又はプログラムの著作物を電子計算機においてより効果的に実行し得るようにするために必要な改変

4 前3号に掲げるもののほか,著作物の性質並びにその利用の目的及び態様に照らしやむを得ないと認められる改変

第3款 著作権に含まれる権利の種類

（複製権）

第21条 著作者は,その著作物を複製する権利を専有する.

（上演権及び演奏権）

第22条 著作者は,その著作物を,公衆に直接見せ又は聞かせることを目的として（以下「公に」という.）上演し,又は演奏する権利を専有する.

（上映権）

第22条の2 著作者は,その著作物を公に上映する権利を専有する.

（公衆送信権等）

第23条 ① 著作者は,その著作物について,公衆送信（自動公衆送信の場合にあつては,送信可能化を含む.）を行う権利を専有する.

② 著作者は,公衆送信されるその著作物を受信装置を用いて公に伝達する権利を専有する.

（口述権）

第24条 著作者は,その言語の著作物を公に口述する権利を専有する.

（展示権）

第25条 著作者は,その美術の著作物又はまだ発行されていない写真の著作物をこれらの原作品により公に展示する権利を専有する.

（頒布権）

第26条 ① 著作者は,その映画の著作物をその複製物により頒布する権利を専有する.

② 著作者は,映画の著作物において複製されているその著作物を当該映画の著作物の複製物により頒布する権利を専有する.

（譲渡権）

第26条の2 ① 著作者は,その著作物（映画の著作物を除く. 以下この条において同じ.）をその原作品又は複製物（映画の著作物において複製されている著作物にあつては,当該映画の著作物の複製物を除く. 以下この条において同じ.）の譲渡により公衆に提供する権利を専有する.

② 前項の規定は,著作物の原作品又は複製物で次の各号のいずれかに該当するものの譲渡による場合には,適用しない.

1 前項に規定する権利を有する者又はその許諾を得た者により公衆に譲渡された著作物の原作品又は複製物

2 第67条第1項,第67条の3第1項若しくは第69条第1項の規定による裁定又は万国著作権条約の実施に伴う著作権法の特例に関する法律（昭和31年法律第86号）第5条第1項の規定による許

可を受けて公衆に譲渡された著作物の複製物

3 第67条の2第1項の規定の適用を受けて公衆に譲渡された著作物の複製物

4 前項に規定する権利を有する者又はその承諾を得た者により特定かつ少数の者に譲渡された著作物の原作品又は複製物

5 国外において，前項に規定する権利に相当する権利を害することなく，又は同項に規定する権利に相当する権利を有する者若しくはその承諾を得た者により譲渡された著作物の原作品又は複製物

　　　　　　　　　　　〔令5法33,施行3年内〕

（貸与権）

第26条の3 著作者は，その著作物（映画の著作物を除く。）をその複製物（映画の著作物において複製されている著作物にあつては，当該映画の著作物の複製物を除く。）の貸与により公衆に提供する権利を専有する。

（翻訳権，翻案権等）

第27条 著作者は，その著作物を翻訳し，編曲し，若しくは変形し，又は脚色し，映画化し，その他翻案する権利を専有する。

（二次的著作物の利用に関する原著作者の権利）

第28条 二次的著作物の原著作物の著作者は，当該二次的著作物の利用に関し，この款に規定する権利で当該二次的著作物の著作者が有するものと同一の種類の権利を専有する。

**　　　第4款　映画の著作物の著作権の帰属**

第29条 ① 映画の著作物（第15条第1項，次項又は第3項の規定の適用を受けるものを除く。）の著作権は，その著作者が映画製作者に対し当該映画の著作物の製作に参加することを約束しているときは，当該映画製作者に帰属する。

② 専ら放送事業者が放送又は放送同時配信等のための技術的手段として製作する映画の著作物（第15条第1項の規定の適用を受けるものを除く。）の著作権のうち次に掲げる権利は，映画製作者としての当該放送事業者に帰属する。

1 その著作物を放送する権利及び放送されるその著作物について，有線放送し，特定入力型自動公衆送信を行い，又は受信装置を用いて公に伝達する権利

2 その著作物を放送同時配信等する権利及び放送同時配信等されるその著作物を受信装置を用いて公に伝達する権利

3 その著作物を複製し，又はその複製物により放送事業者に頒布する権利

③ 専ら有線放送事業者が有線放送又は放送同時配信等のための技術的手段として製作する映画の著作物（第15条第1項の規定の適用を受けるものを除く。）の著作権のうち次に掲げる権利は，映画製作者としての当該有線放送事業者に帰属する。

1 その著作物を有線放送する権利及び有線放送されるその著作物を受信装置を用いて公に伝達する権利

2 その著作物を放送同時配信等する権利及び放送同時配信等されるその著作物を受信装置を用いて公に伝達する権利

3 その著作物を複製し，又はその複製物により有線放送事業者に頒布する権利

**　　　第5款　著作権の制限**

（私的使用のための複製）

第30条 ① 著作権の目的となつている著作物（以下この款において単に「著作物」という。）は，個人的に又は家庭内その他これに準ずる限られた範囲内において使用すること（以下「私的使用」という。）を目的とするときは，次に掲げる場合を除き，その使用する者が複製することができる。

1 公衆の使用に供することを目的として設置されている自動複製機器（複製の機能を有し，これに関する装置の全部又は主要な部分が自動化されている機器をいう。）を用いて複製する場合

2 技術的保護手段の回避（第2条第1項第20号に規定する信号の除去若しくは改変その他の当該信号の効果を妨げる行為（記録又は送信の方式の変換に伴う技術的な制約によるものを除く。）を行うこと又は同号に規定する特定の変換を必要とするよう変換された著作物，実演，レコード若しくは放送若しくは有線放送に係る音若しくは影像の復元を行うことにより，当該技術的保護手段によつて防止される行為を可能とし，又は当該技術的保護手段によつて抑止される行為の結果に障害を生じないようにすること（著作権等を有する者の意思に基づいて行われるものを除く。）をいう。第113条第7項並びに第120条の2第1号及び第2号において同じ。）により可能となり，又はその結果に障害が生じないようになつた複製を，その事実を知りながら行う場合

3 著作権を侵害する自動公衆送信（国外で行われる自動公衆送信であつて，国内で行われたとしたならば著作権の侵害となるべきものを含む。）を受信して行うデジタル方式の録音又は録画（以下この号及び次項において「特定侵害録音録画」という。）を，特定侵害録音録画であることを知りながら行う場合

4 著作権（第28条に規定する権利（翻訳以外の方法により創作された二次的著作物に係るものに限る。）を除く。以下この号において同じ。）を侵害する自動公衆送信（国外で行われる自動公衆送信であつて，国内で行われたとしたならば著作権の侵害となるべきものを含む。）を受信して行うデジタル方式の複製（録音及び録画を除く。以下この号において同じ。）（当該著作権に係る著作物のうち当該複製がされる部分の占める割合，当該部分が自動公衆送信される際の表示の精度その他の要素に照らし軽微なものを除く。以下この号及び次項において「特定侵害複製」という。）を，特定侵害複製であることを知りながら行う場合（当該著作物の種類及び用途並びに当該特定侵害複製の態様に照らし著作権者の利益を不当に害しないと認められる特別な事情がある場合を除く。）

② 前項第3号及び第4号の規定は，特定侵害録音録画又は特定侵害複製であることを重大な過失により知らないで行う場合を含むものと解釈してはならない。

③ 私的使用を目的として，デジタル方式の録音又は録画の機能を有する機器（放送の業務のための特別の性能その他の私的使用に通常供されない特別の性能を有するもの及び録音機能付きの電話機その他の本来の機能に附属する機能として録音又は録画の機能を有するものを除く。）であつて政令で定めるものにより，当該機器によるデジタル方式の録音又は録画の用に供される記録媒体であつて政令で定めるものに録音又は録画を行う者は，相当な額の補償金を著作権者に支払わなければならない。

94 著作権法（31条）

（図書館等における複製等）

第31条　① 国立国会図書館及び図書，記録その他の資料を公衆の利用に供することを目的とする図書館その他の施設で政令で定めるもの（以下この条及び第104条の10の4第3項において「図書館等」という。）においては，次に掲げる場合には，その営利を目的としない事業として，図書館等の図書，記録その他の資料（次項及び第6項において「図書館資料」という。）を用いて著作物を複製することができる。

1　図書館等の利用者の求めに応じ，その調査研究の用に供するために，公表された著作物の一部分（国等（国若しくは地方公共団体の機関，独立行政法人又は地方独立行政法人が一般に周知させることを目的として作成し，その著作の名義の下に公表する広報資料，調査統計資料，報告書その他これらに類する著作物（次項及び次条第2項において「国等の周知目的資料」という。）その他の著作物の全部の複製物の提供が著作権者の利益を不当に害しないと認められる特別な事情があるものとして政令で定めるものにあつては，その全部）の複製物を1人につき1部提供する場合

2　図書館資料の保存のため必要がある場合

3　他の図書館等の求めに応じ，絶版その他これに準ずる理由により一般に入手することが困難な図書館資料（以下この条において「絶版等資料」という。）の複製物を提供する場合

② 特定図書館等においては，その営利を目的としない事業として，当該特定図書館等の利用者（あらかじめ当該特定図書館等にその氏名及び連絡先その他文部科学省令で定める情報（次項第3号及び第8項第1号において「利用者情報」という。）を登録している者に限る。第4項及び第104条の10の4第4項において同じ。）の求めに応じ，その調査研究の用に供するために，公表された著作物の一部分（国等の周知目的資料その他の著作物の全部の公衆送信が著作権者の利益を不当に害しないと認められる特別な事情があるものとして政令で定めるものにあつては，その全部）について，次に掲げる行為を行うことができる。ただし，当該著作物の種類（著作権者若しくはその許諾を得た者又は第79条の出版権の設定を受けた者若しくはその公衆送信許諾を得た者による当該著作物の公衆送信（放送又は有線放送を除き，自動公衆送信の場合にあつては送信可能化を含む。第104条の10の4第4項において同じ。）の実施状況を含む。第104条の10の4第4項において同じ。）及び用途並びに当該特定図書館等が行う公衆送信の態様に照らし著作権者の利益を不当に害することとなる場合は，この限りでない。

1　図書館資料を用いて次号の公衆送信のために必要な複製を行うこと。

2　図書館資料の原本又は複製物を用いて公衆送信を行うこと（当該公衆送信を受信して作成された電磁的記録（電子的方式，磁気的方式その他人の知覚によつては認識することができない方式で作られる記録であつて，電子計算機による情報処理の用に供されるものをいう。以下同じ。）による著作物の提供又は提示を防止し，又は抑止するための措置として文部科学省令で定める措置を講じて行うものに限る。）。

③ 前項に規定する特定図書館等とは，図書館等であつて次に掲げる要件を備えるものをいう。

1　前項の規定による公衆送信に関する業務を適正に実施するための責任者が置かれていること。

2　前項の規定による公衆送信に関する業務に従事する職員に対し，当該業務を適正に実施するための研修を行つていること。

3　利用者情報を適切に管理するために必要な措置を講じていること。

4　前項の規定による公衆送信のために作成された電磁的記録に係る情報が同項に定める目的以外の目的のために利用されることを防止し，又は抑止するために必要な措置として文部科学省令で定める措置を講じていること。

5　前各号に掲げるもののほか，前項の規定による公衆送信に関する業務を適正に実施するために必要な措置として文部科学省令で定める措置を講じていること。

④ 第2項の規定により公衆送信された著作物を受信した特定図書館等の利用者は，その調査研究の用に供するために必要と認められる限度において，当該著作物を複製することができる。

⑤ 第2項の規定により著作物の公衆送信を行う場合には，第3項に規定する特定図書館等を設置する者は，相当な額の補償金を当該著作物の著作権者に支払わなければならない。

⑥ 第1項各号に掲げる場合のほか，国立国会図書館においては，図書館資料の原本を公衆の利用に供することによる当該原本の滅失，損傷若しくは汚損を避けるために当該原本に代えて公衆の利用に供するため，又は絶版等資料に係る著作物を次項若しくは第8項の規定により自動公衆送信（送信可能化を含む。次項において同じ。）に用いるため，電磁的記録を作成する場合には，必要と認められる限度において，当該図書館資料に係る著作物を記録媒体に記録することができる。

⑦ 国立国会図書館は，絶版等資料に係る著作物について，図書館等又はこれに類する外国の施設で政令で定めるものにおいて公衆に提示することを目的とする場合には，前項の規定により記録媒体に記録された当該著作物の複製物を用いて自動公衆送信を行うことができる。この場合において，当該図書館等においては，その営利を目的としない事業として，次に掲げる行為を行うことができる。

1　当該図書館等の利用者の求めに応じ，当該利用者が自ら利用するために必要と認められる限度において，自動公衆送信された当該著作物の複製物を作成し，当該複製物を提供すること。

2　自動公衆送信された当該著作物を受信装置を用いて公に伝達すること（当該著作物の伝達を受ける者から料金（いずれの名義をもつてするかを問わず，著作物の提供又は提示につき受ける対価をいう。第9項第2号及び第38条において同じ。）を受けない場合に限る。）。

⑧ 国立国会図書館は，次に掲げる要件を満たすときは，特定絶版等資料に係る著作物について，第6項の規定により記録媒体に記録された当該著作物の複製物を用いて，自動公衆送信（当該自動公衆送信を受信して行う当該著作物のデジタル方式の複製を防止し，又は抑止するための措置として文部科学省令で定める措置を講じて行うものに限る。以下この項及び次項において同じ。）を行うことができる。

1　当該自動公衆送信が，当該著作物をあらかじめ

国立国会図書館に利用者情報を登録している者（次号において「事前登録者」という。）の用に供することを目的とするものであること．

2　当該自動公衆送信を受信しようとする者が当該自動公衆送信を受信する際に事前登録者であることを識別するための措置を講じていること．

⑨　前項の規定による自動公衆送信を受信した者は，次に掲げる行為を行うことができる．

1　自動公衆送信された当該著作物を自ら利用するために必要と認められる限度において複製すること．

2　次のイ又はロに掲げる場合の区分に応じ，当該イ又はロに定める者に従つて，自動公衆送信された当該著作物を受信装置を用いて公に伝達すること．

イ　個人的に又は家庭内において当該著作物が閲覧される場合の表示の大きさと同等のものとして政令で定める大きさ以下の大きさで表示する場合　営利を目的とせず，かつ，当該著作物の伝達を受ける者から料金を受けずに行うこと．

ロ　イに掲げる場合以外の場合　公共の用に供される施設であつて，国，地方公共団体又は一般社団法人若しくは一般財団法人その他の営利を目的としない法人が設置するもののうち，自動公衆送信された著作物の公の伝達を適正に行うために必要な法に関する知識を有する職員が置かれているものにおいて，営利を目的とせず，かつ，当該著作物の伝達を受ける者から料金を受けずに行うこと．

⑩　第8項の特定絶版等資料とは，第6項の規定により記録媒体に記録された著作物に係る絶版等資料のうち，著作権者若しくはその許諾を得た者又は第79条の出版権の設定を受けた者若しくはその複製許諾若しくは公衆送信許諾を得た者の申出を受けて，国立国会図書館の館長が当該申出のあつた日から起算して3月以内に絶版等資料に該当しなくなる蓋然性が高いと認めた資料を除いたものをいう．

⑪　前項の申出は，国立国会図書館の館長に対し，当該申出に係る絶版等資料が当該申出のあつた日から起算して3月以内に絶版等資料に該当しなくなる蓋然性が高いことを疎明する資料を添えて行うものとする．

（引　用）

第32条　①　公表された著作物は，引用して利用することができる．この場合において，その引用は，公正な慣行に合致するものであり，かつ，報道，批評，研究その他の引用の目的上正当な範囲内で行なわれるものでなければならない．

②　国等の周知目的資料は，説明の材料として新聞紙，雑誌その他の刊行物に転載することができる．ただし，これを禁止する旨の表示がある場合は，この限りでない．

（教科用図書等への掲載）

第33条　①　公表された著作物は，学校教育の目的上必要と認められる限度において，教科用図書（学校教育法（昭和22年法律第26号）第34条第1項（同法第49条，第49条の8，第62条，第70条第1項及び第82条において準用する場合を含む．）に規定する教科用図書をいう．以下同じ．）に掲載することができる．

②　前項の規定により著作物を教科用図書に掲載する者は，その旨を著作者に通知するとともに，同項の規

定の趣旨，著作物の種類及び用途，通常の使用料の額その他の事情を考慮して文化庁長官が定める算出方法により算出した額の補償金を著作権者に支払わなければならない．

③　文化庁長官は，前項の算出方法を定めたときは，これをインターネットの利用その他の適切な方法により公表するものとする．

④　前3項の規定は，高等学校（中等教育学校の後期課程を含む．）の通信教育用学習図書及び教科用図書に係る教師用指導書（当該教科用図書を発行する者の発行に係るものに限る．）への著作物の掲載について準用する．

（教科用拡大図書等の作成のための複製等）

第33条の3　①　教科用図書に掲載された著作物は，視覚障害，発達障害その他の障害により教科用図書に掲載された著作物を使用することが困難な児童又は生徒の学習の用に供するため，当該教科用図書に用いられている文字，図形等の拡大その他の当該児童又は生徒が当該著作物を使用するために必要な方式により複製することができる．

②　前項の規定により複製する教科用の図書その他の複製物（点字により複製するものを除き，当該教科用図書に掲載された著作物の全部又は相当部分を複製するものに限る．以下この項において「教科用拡大図書等」という．）を作成しようとする者は，あらかじめ当該教科用図書を発行する者にその旨を通知するとともに，営利を目的として当該教科用拡大図書等を頒布する場合にあつては，第33条第2項に規定する補償金の額に準じて文化庁長官が定める算出方法により算出した額の補償金を当該著作物の著作権者に支払わなければならない．

③　文化庁長官は，前項の算出方法を定めたときは，これをインターネットの利用その他の適切な方法により公表するものとする．

④　障害のある児童及び生徒のための教科用特定図書等の普及の促進等に関する法律（平成20年法律第81号）第5条第1項又は第2項の規定により教科用図書に掲載された著作物に係る電磁的記録の提供を行う者は，その提供のために必要と認められる限度において，当該著作物を利用することができる．

（学校教育番組の放送等）

第34条　①　公表された著作物は，学校教育の目的上必要と認められる限度において，学校教育に関する法令の定める教育課程の基準に準拠した学校向けの放送番組又は有線放送番組において放送し，有線放送し，地域限定特定入力型自動公衆送信（特定入力型自動公衆送信のうち，専ら当該放送に係る放送対象地域（放送法（昭和25年法律第132号）第91条第2項第2号に規定する放送対象地域をいい，これが定められていない放送にあつては，電波法（昭和25年法律第131号）第14条第3項第2号に規定する放送区域をいう．）において受信されることを目的として行われるものをいう．以下同じ．）を行い，又は放送同時配信等（放送事業者，有線放送事業者又は放送同時配信等事業者が行うものに限る．第38条第3項，第39条並びに第40条第2項及び第3項において同じ．）を行い，及び当該放送番組用又は有線放送番組用の教材に掲載することができる．

②　前項の規定により著作物を利用する者は，その旨を著作者に通知するとともに，相当な額の補償金を著作権者に支払わなければならない．

（学校その他の教育機関における複製等）

第35条 ① 学校その他の教育機関（営利を目的として設置されているものを除く。）において教育を担任する者及び授業を受ける者は、その授業の過程における利用に供することを目的とする場合には、その必要と認められる限度において、公表された著作物を複製し、若しくは公衆送信（自動公衆送信の場合にあつては、送信可能化を含む。以下この条において同じ。）を行い、又は公表された著作物であつて公衆送信されるものを受信装置を用いて公に伝達することができる。ただし、当該著作物の種類及び用途並びに当該複製の部数及び当該複製、公衆送信又は伝達の態様に照らし著作権者の利益を不当に害することとなる場合は、この限りでない。

② 前項の規定により公衆送信を行う場合には、同項の教育機関を設置する者は、相当な額の補償金を著作権者に支払わなければならない。

③ 前項の規定は、公表された著作物について、第1項の教育機関における授業の過程において、当該授業を直接受ける者に対して当該著作物をその原作品若しくは複製物を提供し、若しくは提示して利用する場合又は当該著作物を第38条第1項の規定により上演し、演奏し、上映し、若しくは口述して利用する場合において、当該授業が行われる場所以外の場所において当該授業を同時に受ける者に対して公衆送信を行うときには、適用しない。

（試験問題としての複製等）

第36条 ① 公表された著作物については、入学試験その他人の学識技能に関する試験又は検定の目的上必要と認められる限度において、当該試験又は検定の問題として複製し、又は公衆送信（放送又は有線放送を除き、自動公衆送信の場合にあつては送信可能化を含む。次項において同じ。）を行うことができる。ただし、当該著作物の種類及び用途並びに当該公衆送信の態様に照らし著作権者の利益を不当に害することとなる場合は、この限りでない。

② 営利を目的として前項の複製又は公衆送信を行う者は、通常の使用料の額に相当する額の補償金を著作権者に支払わなければならない。

（視覚障害者等のための複製等）

第37条 ① 公表された著作物は、点字により複製することができる。

② 公表された著作物については、電子計算機を用いて点字を処理する方式により、記録媒体に記録し、又は公衆送信（放送又は有線放送の場合にあつては送信可能化を含む。次項において同じ。）を行うことができる。

③ 視覚障害その他の障害により視覚による表現の認識が困難な者（以下この項及び第102条第4項において「視覚障害者等」という。）の福祉に関する事業を行う者で政令で定めるものは、公表された著作物であつて、視覚によりその表現が認識される方式（視覚及び他の知覚により認識される方式を含む。）により公衆に提供され、又は提示されているもの（当該著作物以外の著作物で、当該著作物において複製されているものその他の当該著作物と一体として公衆に提供され、又は提示されているものを含む。以下この項及び同条第4項において「視覚著作物」という。）について、専ら視覚障害者等で当該方式によつては当該視覚著作物を利用することが困難な者の用に供するために必要と認められる限度において、当該視覚著作物に係る文字を音

声にすることその他当該視覚障害者等が利用するために必要な方式により、複製し、又は公衆送信を行うことができる。ただし、当該視覚障害者等について、著作権者又はその許諾を得た者若しくは第79条の出版権の設定を受けた者若しくはその複製許諾若しくは公衆送信許諾を得た者により、当該方式による公衆への提供又は提示が行われている場合は、この限りでない。

（聴覚障害者等のための複製等）

第37条の2 聴覚障害者その他聴覚による表現の認識に障害のある者（以下この条及び次条第5項において「聴覚障害者等」という。）の福祉に関する事業を行う者で次の各号に掲げる利用の区分に応じて政令で定めるものは、公表された著作物であつて、聴覚によりその表現が認識される方式（聴覚及び他の知覚により認識される方式を含む。）により公衆に提供され、又は提示されているもの（当該著作物以外の著作物で、当該著作物において複製されているものその他の当該著作物と一体として公衆に提供され、又は提示されているものを含む。以下この条において「聴覚著作物」という。）について、専ら聴覚障害者等で当該方式によつては当該聴覚著作物を利用することが困難な者の用に供するために必要と認められる限度において、それぞれ当該各号に掲げる利用を行うことができる。ただし、当該聴覚著作物について、著作権者又はその許諾を得た者若しくは第79条の出版権の設定を受けた者若しくはその複製許諾若しくは公衆送信許諾を得た者により、当該聴覚障害者等が利用するために必要な方式による公衆への提供又は提示が行われている場合は、この限りでない。

1 当該聴覚著作物に係る音声について、これを文字にすることその他当該聴覚障害者等が利用するために必要な方式により、複製し、又は自動公衆送信（送信可能化を含む。）を行うこと。

2 専ら当該聴覚障害者等向けの貸出しの用に供するため、複製すること（当該聴覚著作物に係る音声を文字にすることその他の当該聴覚障害者等が利用するために必要な方式による当該音声の複製と併せて行うものに限る。）。

（営利を目的としない上演等）

第38条 ① 公表された著作物は、営利を目的とせず、かつ、聴衆又は観衆から料金を受けない場合には、公に上演し、演奏し、上映し、又は口述することができる。ただし、当該上演、演奏、上映又は口述について実演家又は口述を行う者に対し報酬が支払われる場合は、この限りでない。

② 放送される著作物は、営利を目的とせず、かつ、聴衆又は観衆から料金を受けない場合には、有線放送し、又は地域限定特定入力型自動公衆送信を行うことができる。

③ 放送され、有線放送され、特定入力型自動公衆送信が行われ、又は放送同時配信等（放送又は有線放送が終了した後に開始されるものを除く。）が行われる著作物は、営利を目的とせず、かつ、聴衆又は観衆から料金を受けない場合には、受信装置を用いて公に伝達することができる。通常の家庭用受信装置を用いてする場合も、同様とする。

④ 公表された著作物（映画の著作物を除く。）は、営利を目的とせず、かつ、その複製物の貸与を受ける者から料金を受けない場合には、その複製物（映画の著作物において複製されている著作物にあつ

ては, 当該映画の著作物の複製物を除く.) の貸与により公衆に提供することができる.

⑤ 映画フィルムその他の視聴覚資料を公衆の利用に供することを目的とする視聴覚教育施設その他の施設 (営利を目的として設置されているものを除く.) で政令で定めるもの及び聴覚障害者等の福祉に関する事業を行う者で前条の政令で定めるもの (同条第2号に係るものに限り, 営利を目的として当該事業を行うものを除く.) は, 公表された映画の著作物を, その複製物の貸与を受ける者から料金を受けない場合には, その複製物の貸与により頒布することができる. この場合において, 当該頒布を行う者は, 当該映画の著作物又は当該映画の著作物において複製されている著作物につき第26条に規定する権利を有する者 (第28条の規定により第26条に規定する権利と同一の権利を有する者を含む.) に相当する額の補償金を支払わなければならない.

(時事問題に関する論説の転載等)

第39条　① 新聞紙又は雑誌に掲載して発行された政治上, 経済上又は社会上の時事問題に関する論説 (学術的な性質を有するものを除く.) は, 他の新聞紙若しくは雑誌に転載し, 又は放送し, 有線放送し, 地域限定特定入力型自動公衆送信を行い, 若しくは放送同時配信等を行うことができる. ただし, これらの利用を禁止する旨の表示がある場合は, この限りでない.

② 前項の規定により放送され, 有線放送され, 地域限定特定入力型自動公衆送信が行われ, 又は放送同時配信等が行われる論説は, 受信装置を用いて公に伝達することができる.

(公開の演説等の利用)

第40条　① 公開して行われた政治上の演説又は陳述並びに裁判手続及び行政審判手続 (行政庁の行う審判その他裁判に準ずる手続をいう. 第41条の2及び第42条の2において同じ.) における公開の陳述は, 同一の著作者のものを編集して利用する場合を除き, いずれの方法によるかを問わず, 利用することができる.

② 国若しくは地方公共団体の機関, 独立行政法人又は地方独立行政法人において行われた公開の演説又は陳述は, 前項の規定によるものを除き, 報道の目的上正当と認められる場合には, 新聞紙若しくは雑誌に掲載し, 又は放送し, 有線放送し, 地域限定特定入力型自動公衆送信を行い, 若しくは放送同時配信等を行うことができる.

③ 前項の規定により放送され, 有線放送され, 地域限定特定入力型自動公衆送信が行われ, 又は放送同時配信等が行われる演説又は陳述は, 受信装置を用いて公に伝達することができる.

〔令4法48, 施行4年内〕

(時事の事件の報道のための利用)

第41条　写真, 映画, 放送その他の方法によつて時事の事件を報道する場合には, 当該事件を構成し, 又は当該事件の過程において見られ, 若しくは聞かれる著作物は, 報道の目的上正当な範囲内において, 複製し, 及び当該事件の報道に伴つて利用することができる.

(立法又は行政の目的のための内部資料としての複製等)

第42条　著作物は, 立法又は行政の目的のために内部資料として必要と認められる場合には, その必要

と認められる限度において, 複製し, 又は当該内部資料を利用する者との間で公衆送信を行い, 若しくは受信装置を用いて公に伝達することができる. ただし, 当該著作物の種類及び用途並びにその複製の部数及び当該複製, 公衆送信又は伝達の態様に照らし著作権者の利益を不当に害することとなる場合は, この限りでない.

(行政機関情報公開法等による開示のための利用)

第42条の3　行政機関の長, 独立行政法人等又は地方公共団体の機関若しくは地方独立行政法人は, 行政機関情報公開法, 独立行政法人等情報公開法又は情報公開条例の規定により著作物を公衆に提供し, 又は提示することを目的とする場合には, それぞれ行政機関情報公開法第14条第1項 (同項の規定に基づく政令の規定を含む.) に規定する方法, 独立行政法人等情報公開法第15条第1項 (同項の規定に基づき当該独立行政法人等が定める方法 (行政機関情報公開法第14条第1項の規定に基づく政令で定める方法以外のものを除く.) 又は情報公開条例で定める方法 (行政機関情報公開法第14条第1項 (同項の規定に基づく政令の規定を含む.) に規定する方法以外のものを除く.) により開示するために必要と認められる限度において, 当該著作物を利用することができる.

(公文書管理法等による保存等のための利用)

第42条の4　① 国立公文書館等の長又は地方公文書館等の長は, 公文書管理法第15条第1項の規定又は公文書管理条例の規定 (同項の規定に相当する規定に限る.) により歴史公文書等を保存することを目的とする場合には, 必要と認められる限度において, 当該歴史公文書等に係る著作物を複製することができる.

② 国立公文書館等の長又は地方公文書館等の長は, 公文書管理法第16条第1項の規定又は公文書管理条例の規定 (同項の規定に相当する規定に限る.) により著作物を公衆に提供し, 又は提示することを目的とする場合には, それぞれ公文書管理法第19条 (同条の規定に基づく政令の規定を含む. 以下この項において同じ.) に規定する方法又は公文書管理条例で定める方法 (同条に規定する方法以外のものを除く.) により利用をさせるために必要と認められる限度において, 当該著作物を利用することができる.

(国立国会図書館法によるインターネット資料及びオンライン資料の収集のための複製)

第43条　① 国立国会図書館の館長は, 国立国会図書館法 (昭和23年法律第5号) 第25条の3第1項の規定により同項に規定するインターネット資料 (以下この条において「インターネット資料」という.) 又は同法第25条の4第3項の規定により同項に規定するオンライン資料を収集するために必要と認められる限度において, 当該インターネット資料又は当該オンライン資料に係る著作物を国立国会図書館の使用に係る記録媒体に記録することができる.

② 次の各号に掲げる者は, 当該各号に掲げる資料を提供するために必要と認められる限度において, 当該各号に掲げる資料に係る著作物を複製することができる.

1 国立国会図書館法第24条及び第24条の2に規定する者　同法第25条の3第3項の求めに応じ提供するインターネット資料

2　国立国会図書館法第24条及び第24条の2に規定する者以外の者　同法第25条の4第1項の規定により提供する同項に規定するオンライン資料

（美術の著作物等の原作品の所有者による展示）

第45条　① 美術の著作物若しくは写真の著作物の原作品の所有者又はその同意を得た者は，これらの著作物をその原作品により公に展示することができる．

② 前項の規定は，美術の著作物の原作品を街路，公園その他一般公衆に開放されている屋外の場所又は建造物の外壁その他一般公衆の見やすい屋外の場所に恒常的に設置する場合には，適用しない．

（公開の美術の著作物等の利用）

第46条　美術の著作物でその原作品が前条第2項に規定する屋外の場所に恒常的に設置されているもの又は建築の著作物は，次に掲げる場合を除き，いずれの方法によるかを問わず，利用することができる．

1　彫刻を増製し，又はその増製物の譲渡により公衆に提供する場合

2　建築の著作物を建築により複製し，又はその複製物の譲渡により公衆に提供する場合

3　前条第2項に規定する屋外の場所に恒常的に設置するために複製する場合

4　専ら美術の著作物の複製物の販売を目的として複製し，又はその複製物を販売する場合

（美術の著作物等の展示に伴う複製等）

第47条　① 美術の著作物又は写真の著作物の原作品により，第25条に規定する権利を害することなく，これらの著作物を公に展示する者（以下この条において「原作品展示者」という．）は，観覧者のためにこれらの著作物（以下この条及び第47条の6第2項第1号において「展示著作物」という．）の解説若しくは紹介をすることを目的とする小冊子に当該展示著作物を掲載し，又は次項の規定により展示著作物を上映し，若しくは当該展示著作物について自動公衆送信（送信可能化を含む．同項及び同号において同じ．）を行うために必要と認められる限度において，当該展示著作物を複製することができる．ただし，当該展示著作物の種類及び用途並びに当該複製の部数及び態様に照らし著作権者の利益を不当に害することとなる場合は，この限りでない．

② 原作品展示者は，観覧者のために展示著作物の解説又は紹介をすることを目的とする場合には，その必要と認められる限度において，当該展示著作物を上映し，又は当該展示著作物について自動公衆送信を行うことができる．ただし，当該展示著作物の種類及び用途並びに当該上映又は自動公衆送信の態様に照らし著作権者の利益を不当に害することとなる場合は，この限りでない．

③ 原作品展示者及びこれに準ずる者として政令で定めるものは，展示著作物の所在に関する情報を公衆に提供するために必要と認められる限度において，当該展示著作物について複製し，又は公衆送信（自動公衆送信の場合にあつては，送信可能化を含む．）を行うことができる．ただし，当該展示著作物の種類及び用途並びに当該複製又は公衆送信の態様に照らし著作権者の利益を不当に害することとなる場合は，この限りでない．

（美術の著作物等の譲渡等の申出に伴う複製等）

第47条の2　美術の著作物又は写真の著作物の原作品又は複製物の所有者その他のこれらの譲渡又は貸与の権原を有する者が，第26条の2第1項又は

第26条の3に規定する権利を害することなく，その原作品又は複製物を譲渡し，又は貸与しようとする場合には，当該権原を有する者又はその委託を受けた者は，その申出の用に供するため，これらの著作物について，複製又は公衆送信（自動公衆送信の場合にあつては，送信可能化を含む．）（当該複製により作成される複製物を用いて行うこれらの著作物の複製又は当該公衆送信を受信して行うこれらの著作物の複製を防止し，又は抑止するための措置その他の著作権者の利益を不当に害しないための措置として政令で定める措置を講じて行うものに限る．）を行うことができる．

（プログラムの著作物の複製物の所有者による複製等）

第47条の3　① プログラムの著作物の複製物の所有者は，自ら当該著作物を電子計算機において実行するために必要と認められる限度において，当該著作物を複製することができる．ただし，当該実行に係る複製物の使用につき，第113条第5項の規定が適用される場合は，この限りでない．

② 前項の複製物の所有者が当該複製物（同項の規定により作成された複製物を含む．）のいずれかについて滅失以外の事由により所有権を有しなくなつた後には，その者は，当該著作権者の別段の意思表示がない限り，その他の複製物を保存してはならない．

（電子計算機における著作物の利用に付随する利用等）

第47条の4　① 電子計算機における利用（情報通信の技術を利用する方法による利用を含む．以下この条において同じ．）に供される著作物は，次に掲げる場合その他これらと同様に当該著作物の電子計算機における利用を円滑又は効率的に行うために当該電子計算機における利用に付随する利用に供することを目的とする場合には，その必要と認められる限度において，いずれの方法によるかを問わず，利用することができる．ただし，当該著作物の種類及び用途並びに当該利用の態様に照らし著作権者の利益を不当に害することとなる場合は，この限りでない．

1　電子計算機において，著作物を当該著作物の複製物を用いて利用する場合又は無線通信若しくは有線電気通信の送信がされる著作物を当該送信を受信して利用する場合において，これらの利用のための当該電子計算機による情報処理の過程において，当該情報処理を円滑又は効率的に行うために当該著作物を当該電子計算機の記録媒体に記録するとき．

2　自動公衆送信装置を他人の自動公衆送信の用に供することを業として行う者が，当該他人の自動公衆送信の遅滞若しくは障害を防止し，又は送信可能化された著作物の自動公衆送信を中継するための送信を効率的に行うために，これらの自動公衆送信のために送信可能化された著作物を記録媒体に記録する場合

3　情報通信の技術を利用する方法により情報を提供する場合において，当該提供を円滑又は効率的に行うための準備に必要な電子計算機による情報処理を行うことを目的として記録媒体への記録又は翻案をする場合

② 電子計算機における利用に供される著作物は，次に掲げる場合その他これらと同様に当該著作物の電子計算機における利用を行うことができる状態

を維持し，又は当該状態に回復することを目的とする場合には，その必要と認められる限度において，いずれの方法によるかを問わず，利用することができる．ただし，当該著作物の種類及び用途並びに当該利用の態様に照らし著作権者の利益を不当に害することとなる場合は，この限りでない．

1　記録媒体を内蔵する機器の保守又は修理を行うために当該機器に内蔵する記録媒体（以下この号及び次号において「内蔵記録媒体」という．）に記録されている著作物を当該内蔵記録媒体以外の記録媒体に一時的に記録し，及び当該保守又は修理の後に，当該内蔵記録媒体に記録する場合

2　記録媒体を内蔵する機器をこれと同様の機能を有する機器と交換するためにその内蔵記録媒体に記録されている著作物を当該内蔵記録媒体以外の記録媒体に一時的に記録し，及び当該internetの機能を有する機器の内蔵記録媒体に記録する場合

3　自動公衆送信装置を他人の自動公衆送信の用に供することを業として行う者が，当該自動公衆送信装置により送信可能化された著作物の複製物が滅失し，又は毀損した場合の復旧の用に供するために当該著作物を記録媒体に記録するとき．

（電子計算機による情報処理及びその結果の提供に付随する軽微利用等）

第47条の5　①　電子計算機を用いた情報処理により新たな知見又は情報を創出することによつて著作物の利用の促進に資するため次の各号に掲げる行為を行う者（当該行為の一部を行う者を含み，当該行為を政令で定める基準に従つて行う者に限る．）は，公衆への提供等（公衆への提供又は提示をいい，送信可能化を含む．以下この条及び次条第2項第2号において「公衆提供等著作物」という．）（公表された著作物又は送信可能化された著作物に限る．）について，当該各号に掲げる行為の目的上必要と認められる限度において，当該行為に付随して，いずれの方法によるかを問わず，利用（当該公衆提供等著作物のうちその利用に供される部分の占める割合，その利用に供される部分の量，その利用に供される際の表示の精度その他の要素に照らし軽微なものに限る．以下この条において「軽微利用」という．）を行うことができる．ただし，当該公衆提供等著作物に係る公衆への提供等が著作権を侵害するものであること（国外で行われた公衆への提供等にあつては，国内で行われたとしたならば著作権の侵害となるべきものであること）を知りながら当該軽微利用を行う場合その他当該公衆提供等著作物の種類及び用途並びに当該軽微利用の態様に照らし著作権者の利益を不当に害することとなる場合は，この限りでない．

1　電子計算機を用いて，検索により求める情報（以下この号において「検索情報」という．）が記録された著作物の題号又は著作者名，送信可能化された検索情報に係る送信元識別符号（自動公衆送信の送信元を識別するための文字，番号，記号その他の符号をいう．第113条第2項及び第4項において同じ．）その他の検索情報の特定又は所在に関する情報を検索し，及びその結果を提供すること．

2　電子計算機による情報解析を行い，及びその結果を提供すること．

3　前2号に掲げるもののほか，電子計算機による

情報処理により，新たな知見又は情報を創出し，及びその結果を提供する行為であつて，国民生活の利便性の向上に寄与するものとして政令で定めるもの

②　前項各号に掲げる行為の準備を行う者（当該行為の準備のための情報の収集，整理及び提供を政令で定める基準に従つて行う者に限る．）は，公衆提供等著作物について，同項の規定による軽微利用の準備のために必要と認められる限度において，複製若しくは公衆送信（自動公衆送信の場合にあつては，送信可能化を含む．以下この項及び次条第2項第2号において同じ．）を行い，又はその複製物による頒布を行うことができる．ただし，当該公衆提供等著作物の種類及び用途並びに当該複製又は頒布の部数及び当該複製，公衆送信又は頒布の態様に照らし著作権者の利益を不当に害することとなる場合は，この限りでない．

（翻訳，翻案等による利用）

第47条の6　①　次の各号に掲げる規定により著作物を利用することができる場合には，当該規定の例により当該各号に定める方法による利用を行うことができる．

1　第30条第1項，第33条第1項（同条第4項において準用する場合を含む．），第34条第1項，第35条第1項又は前条第2項　翻訳，編曲，変形又は翻案

2　第31条第1項（第1号に係る部分に限る．），第2項，第4項，第7項（第1号に係る部分に限る．）若しくは第9項（第1号に係る部分に限る．），第32条，第36条第1項，第37条第1項若しくは第2項，第40条第2項又は第41条から第42条の2まで　翻訳

3　第33条の2第1項，第33条の3第1項又は第47条　変形又は翻案

4　第37条第3項　翻訳，変形又は翻案

5　第37条の2　翻訳又は翻案

6　第47条第1項　翻案

②　前項の規定により創作された二次的著作物は，当該二次的著作物の原著作物を同項各号に掲げる規定（次の各号に掲げる二次的著作物にあつては，当該各号に掲げる規定を含む．以下この項及び第48条第3項第2号において同じ．）により利用することができる場合には，原著作物の著作者その他の当該二次的著作物の利用に関して第28条に規定する権利を有する者との関係において，当該二次的著作物を前項各号に掲げる規定に規定する著作物に該当するものとみなして，当該各号に掲げる規定による利用を行うことができる．

1　第47条第1項の規定により同条第2項の規定による展示著作物の上映又は自動公衆送信を行うために当該展示著作物を複製することができる場合に，前項の規定により創作された二次的著作物　同条第2項

2　前条第2項の規定により公衆提供等著作物について複製，公衆送信又はその複製物による頒布を行うことができる場合に，前項の規定により創作された二次的著作物　同条第1項

（複製権の制限により作成された複製物の譲渡）

第47条の7　第30条第2項，第30条の3，第30条の4，第31条第1項（第1号に係る部分に限る．以下この条において同じ．）若しくは第7項（第1号に係る部分に限る．以下この条において同

じ．），第32条，第33条第1項（同条第4項において準用する場合を含む．），第33条の2第1項，第33条の3第1項若しくは第4項，第34条第1項，第35条第1項，第36条第1項，第37条，第37条の2（第2号を除く．以下この条において同じ．），第39条第1項，第40条第1項若しくは第2項，第41条，第41条の2第1項，第42条，第42条の2第1項，第42条の3，第42条の4第2項，第46条，第47条第1項若しくは第2項，第47条の2，第47条の4又は第47条の5の規定により複製することができる著作物は，これらの規定の適用を受けて作成された複製物（第31条第1項若しくは第7項，第36条第1項，第42条の2第1項又は第42条の4第2項の規定に係る場合にあつては，映画の著作物の複製物（映画の著作物において複製されている著作物にあつては，当該映画の著作物の複製物を含む．以下この条において同じ．）を除く．）の譲渡により公衆に提供することができる．ただし，第30条の3，第31条第1項若しくは第7項，第33条の2第1項，第33条の3第1項若しくは第4項，第35条第1項，第37条第3項，第37条の2，第41条，第41条の2第1項，第42条，第42条の2第1項，第42条の3，第42条の4第2項，第47条第1項若しくは第3項，第47条の2，第47条の4若しくは第47条の5の規定の適用を受けて作成された著作物の複製物（第31条第1項若しくは第7項，第41条の2第1項，第46条又は第42条の2第1項の，規定に係る場合にあつては，映画の著作物の複製物を除く．）を第30条の3，第31条第1項若しくは第7項，第33条の2第1項，第33条の3第1項若しくは第4項，第35条第1項，第37条第3項，第37条の2，第41条，第41条の2第1項，第42条，第42条の2第1項，第42条の3，第42条の4第2項，第47条第1項若しくは第3項，第47条の2，第47条の4若しくは第47条の5に定める目的以外の目的のために公衆に譲渡する場合又は第30条の4の規定の適用を受けて作成された著作物の複製物を当該著作物に表現された思想若しくは感情を自ら享受し若しくは他人に享受させる目的のために公衆に譲渡する場合は，この限りでない．

（出所の明示）

第48条 ① 次の各号に掲げる場合には，当該各号に規定する著作物の出所を，その複製又は利用の態様に応じ合理的と認められる方法及び程度により，明示しなければならない．

1　第32条，第33条第1項（同条第4項において準用する場合を含む．），第33条の2第1項，第33条の3第1項，第37条第3項，第41条第2項，第42条，第42条の2第1項又は第47条第1項の規定により著作物を複製する場合

2　第34条第1項，第37条第3項，第37条の2，第39条第1項，第40条第1項若しくは第2項，第47条第2項若しくは第3項又は第47条の2の規定により著作物を利用する場合

3　第32条又は第42条の規定により著作物を複製以外の方法により利用する場合又は第35条第1項，第36条第1項，第38条第1項，第41条，第41条の2第2項，第42条の2第2項，第46条若しくは第47条の5第1項の規定により著作物を利用する場合において，その出所を明示する慣行があるとき．

② 前項の出所の明示に当たつては，これに伴い著作者名が明らかになる場合及び当該著作物が無名のものである場合を除き，当該著作物につき表示されている著作者名を示さなければならない．

③ 次の各号に掲げる場合には，前2項の規定の例により，当該各号に規定する二次的著作物の原著作物の出所を明示しなければならない．

1　第40条第1項，第46条又は第47条の5第1項の規定により創作された二次的著作物をこれらの規定により利用する場合

2　第47条の6第1項の規定により創作された二次的著作物を同条第2項の規定の適用を受けて同条第1項各号に掲げる規定により利用する場合

（複製物の目的外使用等）

第49条 ① 次に掲げる者は，第21条の複製を行つたものとみなす．

1　第30条第1項，第30条の3，第31条第1項第1号，第2項第1号，第4項，第7項第1号若しくは第9項第1号，第33条の2第1項，第33条の3第1項若しくは第4項，第35条第1項，第37条第3項，第37条の2の本文（同条第2号に係る場合にあつては，同号．次項第1号において同じ．），第41条，第41条の2第1項，第42条，第42条の2第1項，第42条の3，第42条の4，第43条第2項，第44条第1項から第3項まで，第47条第1項若しくは第3項，第47条の2又は第47条の5第1項に定める目的以外の目的のために，これらの規定の適用を受けて作成された著作物の複製物（次項第1号又は第2号の複製物に該当するものを除く．）を頒布し，又は当該複製物によつて当該著作物の公衆への提示（送信可能化を含む．以下同じ．）を行つた者

2　第30条の4の規定の適用を受けて作成された著作物の複製物（次項第3号の複製物に該当するものを除く．）を用いて，当該著作物に表現された思想又は感情を自ら享受し又は他人に享受させる目的のために，いずれの方法によるかを問わず，当該著作物を利用した者

3　第44条第4項の規定に違反して同項の録音物又は録画物を保存した放送事業者，有線放送事業者又は放送同時配信等事業者

4　第47条の3第1項の規定の適用を受けて作成された著作物の複製物（次項第4号の複製物に該当するものを除く．）を頒布し，又は当該複製物によつて当該著作物の公衆への提示を行つた者

5　第47条の3第2項の規定に違反して同項の複製物（次項第4号の複製物に該当するものを除く．）を保存した者

6　第47条の4又は第47条の5第2項に定める目的以外の目的のために，これらの規定の適用を受けて作成された著作物の複製物（次項第6号又は第7号の複製物に該当するものを除く．）を用いて，いずれの方法によるかを問わず，当該著作物を利用した者

② 次に掲げる者は，当該二次的著作物の原著作物につき第27条の翻訳，編曲，変形又は翻案で，当該二次的著作物につき第21条の複製を，それぞれ行つたものとみなす．

1　第30条第1項，第31条第1項第1号，第2項第1号，第4項，第7項第1号若しくは第9項第1号，第33条の2第1項，第33条の3第1項，第35条第1項，第37条第3項，第37条の2本文，第41条，第41条の2第1項，第42条，第42条の2第1項

又は第47条第1項若しくは第3項に定める目的以外の目的のために，第47条の6第2項の規定の適用を受けて同条第1項各号に掲げるこれらの規定により作成された二次的著作物の複製物を頒布し，又は当該複製物によつて当該二次的著作物の公衆への提示を行つた者

2 第30条の3又は第47条の5第1項に定める目的以外の目的のために，これらの規定の適用を受けて作成された二次的著作物を頒布し，又は当該複製物によつて当該二次的著作物の公衆への提示を行つた者

3 第30条の4の規定の適用を受けて作成された二次的著作物の複製物を用いて，当該二次的著作物に表現された思想又は感情を自ら享受し又は他人に享受させる目的のために，いずれの方法によるかを問わず，当該二次的著作物を利用した者

4 第47条の6第2項の規定の適用を受けて第47条の3第1項の規定により作成された二次的著作物の複製物を頒布し，又は当該複製物によつて当該二次的著作物の公衆への提示を行つた者

5 第47条の3第2項の規定に違反して前号の複製物を保存した者

6 第47条の4に定める目的以外の目的のために，同条の規定の適用を受けて作成された二次的著作物の複製物を用いて，いずれの方法によるかを問わず，当該二次的著作物を利用した者

7 第47条の5第2項に定める目的以外の目的のために，第47条の6第2項の規定の適用を受けて第47条の5第2項の規定により作成された二次的著作物の複製物を用いて，いずれの方法によるかを問わず，当該二次的著作物を利用した者

（著作者人格権との関係）

第50条 この款の規定は，著作者人格権に影響を及ぼすものと解釈してはならない．

第4節　保護期間

（保護期間の原則）

第51条 ① 著作権の存続期間は，著作物の創作の時に始まる．

② 著作権は，この節に別段の定めがある場合を除き，著作者の死後（共同著作物にあつては，最終に死亡した著作者の死後，次条第1項において同じ．）70年を経過するまでの間，存続する．

（無名又は変名の著作物の保護期間）

第52条 ① 無名又は変名の著作物の著作権は，その著作物の公表後70年を経過するまでの間，存続する．ただし，その存続期間の満了前にその著作者の死後70年を経過していると認められる無名又は変名の著作物の著作権は，その著作者の死後70年を経過したと認められる時において，消滅したものとする．

② 前項の規定は，次の各号のいずれかに該当するときは，適用しない．

1 変名の著作物における著作者の変名がその者のものとして周知のものであるとき．

2 前項の期間内に第75条第1項の実名の登録があつたとき．

3 著作者が前項の期間内にその実名又は周知の変名を著作者名として表示してその著作物を公表したとき．

（団体名義の著作物の保護期間）

第53条 ① 法人その他の団体が著作の名義を有する著作物の著作権は，その著作物の公表後70年

（その著作物がその創作後70年以内に公表されなかつたときは，その創作後70年）を経過するまでの間，存続する．

② 前項の規定は，法人その他の団体が著作の名義を有する著作物である著作者である個人が同項の期間内にその実名又は周知の変名を著作者名として表示してその著作物を公表したときは，適用しない．

③ 第15条第2項の規定により法人その他の団体が著作者である著作物の著作権の存続期間に関しては，第1項の著作物に該当する著作物以外の著作物についても，当該団体が著作の名義を有するものとみなして同項の規定を適用する．

（映画の著作物の保護期間）

第54条 ① 映画の著作物の著作権は，その著作物の公表後70年（その著作物がその創作後70年以内に公表されなかつたときは，その創作後70年）を経過するまでの間，存続する．

② 映画の著作物の著作権がその存続期間の満了により消滅したときは，当該映画の著作物の利用に関するその原著作物の著作権は，当該映画の著作物の著作権とともに消滅したものとする．

③ 前2条の規定は，映画の著作物の著作権については，適用しない．

第55条 削除

（継続的刊行物等の公表の時）

第56条 ① 第52条第1項，第53条第1項及び第54条第1項の公表の時は，冊，号又は回を追つて公表する著作物については，毎冊，毎号又は毎回の公表の時によるものとし，一部分ずつを逐次公表して完成する著作物については，最終部分の公表の時によるものとする．

② 一部分ずつを逐次公表して完成する著作物については，継続すべき部分が直近の公表の時から3年を経過しても公表されないときは，すでに公表されたもののうちの最終の部分をもつて前項の最終部分とみなす．

（保護期間の計算方法）

第57条 第51条第2項，第52条第1項，第53条第1項又は第54条第1項の場合において，著作者の死後70年又は著作物の公表後70年若しくは創作後70年の期間の終期を計算するときは，著作者が死亡した日又は著作物が公表され若しくは創作された日のそれぞれ属する年の翌年から起算する．

（保護期間の特例）

第58条 文学的及び美術的著作物の保護に関するベルヌ条約により創設された国際同盟の加盟国，著作権に関する世界知的所有権機関条約の締約国又は世界貿易機関の加盟国である外国をその本国とする文学的若しくは美術的著作物の保護に関するベルヌ条約，著作権に関する世界知的所有権機関条約又は世界貿易機関を設立するマラケシュ協定に基づいて本国とする著作物（第6条第1号に該当するものを除く．）で，その本国において定められる著作権の存続期間が第51条から第54条までに定める著作権の存続期間より短いものについては，その本国において定められる著作権の存続期間による．

第5節　著作者人格権の一身専属性等

（著作者人格権の一身専属性）

第59条 著作者人格権は，著作者の一身に専属し，譲渡することができない．

（著作者が存しなくなつた後における人格的利益の保護）

第60条 著作物を公衆に提供し，又は提示する者は，その著作物の著作者が存しなくなつた後においても，著作者が存しているとしたならばその著作者人格権の侵害となるべき行為をしてはならない．ただし，その行為の性質及び程度，社会的事情の変動その他によりその行為が当該著作者の意を害しないと認められる場合は，この限りでない．

第6節 著作権の譲渡及び消滅
（著作権の譲渡）
第61条 ① 著作権は，その全部又は一部を譲渡することができる．

② 著作権を譲渡する契約において，第27条又は第28条に規定する権利が譲渡の目的として特掲されていないときは，これらの権利は，譲渡した者に留保されたものと推定する．

（相続人の不存在の場合等における著作権の消滅）
第62条 ① 著作権は，次に掲げる場合には，消滅する．
1 著作権者が死亡した場合において，その著作権が民法（明治29年法律第89号）第959条（残余財産の国庫への帰属）の規定により国庫に帰属すべきこととなるとき．
2 著作権者である法人が解散した場合において，その著作権が一般社団法人及び一般財団法人に関する法律（平成18年法律第48号）第239条第3項（残余財産の国庫への帰属）その他これに準ずる法律の規定により国庫に帰属すべきこととなるとき．

② 第54条第2項の規定は，映画の著作物の著作権が前項の規定により消滅した場合について準用する．

第7節 権利の行使
（著作物の利用の許諾）
第63条 ① 著作権者は，他人に対し，その著作物の利用を許諾することができる．

② 前項の許諾を得た者は，その許諾に係る利用方法及び条件の範囲内において，その許諾に係る著作物を利用することができる．

③ 利用権（第1項の許諾に係る著作物を前項の規定により利用することができる権利をいう．次条において同じ．）は，著作権者の承諾を得ない限り，譲渡することができない．

④ 著作物の放送又は有線放送についての第1項の許諾は，契約に別段の定めがない限り，当該著作物の録音又は録画の許諾を含まないものとする．

⑤ 著作物の放送又は有線放送及び放送同時配信等について許諾（第1項の許諾をいう．以下この項において同じ．）を行うことができる者が，特定放送事業者等（放送事業者又は有線放送事業者のうち，放送同時配信等を業として行い，又はその者と密接な関係を有する放送同時配信等事業者が業として行う放送同時配信等のために放送番組若しくは有線放送番組を供給しており，かつ，その事実を周知するための措置として，文化庁長官が定める方法により，放送同時配信等が行われている放送番組又は有線放送番組の名称，その放送又は有線放送の時間帯その他の放送同時配信等の実施状況に関する情報として文化庁長官が定める情報を公表しているものをいう．以下この項において同じ．）に対し，当該特定放送事業者等の放送番組又は有線放送番組における著作物の利用の許諾を行つた放送又は有線放送番組における著作物の利用の許諾を行つた場合には，当該許諾に際して別段の意思表示をした場合を除き，当該許諾には当該著作物の放送同時配信等（当該特定放送事業者等と密接な関係を有する放送同時配信等事業者が当該放送番組又は有線放送番

組の供給を受けて行うものを含む．）の許諾を含むものと推定する．

⑥ 著作物の送信可能化について第1項の許諾を得た者が，その許諾に係る利用方法及び条件（送信可能化の回数又は送信可能化に用いる自動公衆送信装置に係るものを除く．）の範囲内において複製し又は他の自動公衆送信装置を用いて行う当該著作物の送信可能化については，第23条第1項の規定は，適用しない．

（利用権の対抗力）
第63条の2 利用権は，当該利用権に係る著作物の著作権を取得した者その他の第三者に対抗することができる．

（共同著作物の著作者人格権の行使）
第64条 ① 共同著作物の著作者人格権は，著作者全員の合意によらなければ，行使することができない．

② 共同著作物の各著作者は，信義に反して前項の合意の成立を妨げることができない．

③ 共同著作物の著作者は，そのうちからその著作者人格権を代表して行使する者を定めることができる．

④ 前項の権利を代表して行使する者の代表権に加えられた制限は，善意の第三者に対抗することができない．

（共有著作権の行使）
第65条 ① 共同著作物の著作権その他共有に係る著作権（以下この条において「共有著作権」という．）については，各共有者は，他の共有者の同意を得なければ，その持分を譲渡し，又は質権の目的とすることができない．

② 共有著作権は，その共有者全員の合意によらなければ，行使することができない．

③ 前2項の場合において，各共有者は，正当な理由がない限り，第1項の同意を拒み，又は前項の合意を妨げることができない．

④ 前条第3項及び第4項の規定は，共有著作権の行使について準用する．

（質権の目的となつた著作権）
第66条 ① 著作権は，これを目的として質権を設定した場合においても，設定行為に別段の定めがない限り，著作権者が行使するものとする．

② 著作権を目的とする質権は，当該著作権の譲渡又は当該著作権に係る著作物の利用につき著作権者が受けるべき金銭その他の物（出版権の設定の対価を含む．）に対しても，行なうことができる．ただし，これらの支払又は引渡し前に，これらを受ける権利を差し押えることを必要とする．

第8節 裁定による著作物の利用
（著作権者不明等の場合における著作物の利用）
第67条 ① 公表された著作物又は相当期間にわたり公衆に提供され，若しくは提示されている事実が明らかである著作物（以下この条及び第67条の3第2項において「公表著作物等」という．）を利用しようとする者は，次の各号のいずれにも該当するときは，文化庁長官の裁定を受け，かつ，通常の使用料の額に相当するものとして文化庁長官が定める額の補償金を著作権者のために供託して，<u>当該裁定の定めるところにより，当該公表著作物等を利用することができる</u>．

1 <u>権利者情報（著作権者の氏名又は名称及び住所又は居所その他著作権者と連絡するために必要な情報をいう．以下この号において同じ．）を取得するための措置として文化庁長官が定めるものを</u>

とり，かつ，当該措置により取得した権利者情報その他その保有する全ての権利者情報に基づき著作権者と連絡するための措置をとつたにもかかわらず，著作権者と連絡することができなかつたこと．

2　著作者が当該公表著作物等の出版その他の利用を廃絶しようとしていることが明らかでないこと．

［令5法33, 施行3年内］

（裁定申請中の著作物の利用）

第67条の2　① 申請者は，当該申請に係る著作物の利用方法を勘案して文化庁長官が定める額の担保金を供託した場合には，裁定又は裁定をしない処分を受けるまでの間（裁定又は裁定をしない処分を受けるまでの間に著作権者と連絡をすることができるに至つたときは，当該連絡をすることができるに至つた時までの間），当該申請に係る利用方法と同一の方法により，当該申請に係る著作物を利用することができる．ただし，当該著作物の著作者が当該著作物の出版その他の利用を廃絶しようとしていることが明らかであるときは，この限りでない．

② 国等が前項の規定により著作物を利用しようとするときは，同項の規定にかかわらず，同項の規定による供託を要しない．

③ 第1項の規定により作成した著作物の複製物には，同項の規定の適用を受けて作成された複製物である旨及び裁定の申請をした年月日を表示しなければならない．

④ 第1項の規定により著作物を利用する者（以下「申請中利用者」という．）（国等を除く．次項において同じ．）が裁定を受けたときは，前条第1項の規定にかかわらず，第1項の規定のうち第1項の規定により供託された担保金の額に相当する額（当該担保金の額が当該補償金の額を超えるときは，当該額）については，同条第1項の規定による供託を要しない．

⑤ 申請中利用者は，裁定をしない処分を受けたとき（当該処分を受けるまでの間に著作権者と連絡をすることができるに至つた場合を除く．）は，当該処分を受けた時までの間における第1項の規定による著作物の利用に係る使用料の額に相当するものとして文化庁長官が定める額の補償金を著作権者のために供託しなければならない．この場合において，同項の規定により供託された担保金の額のうち当該補償金の額に相当する額（当該補償金の額が当該担保金の額を超えるときは，当該額）については，当該補償金を供託したものとみなす．

⑥ 申請中利用者（国等に限る．）は，裁定をしない処分を受けた後に著作権者と連絡をすることができるに至つたときは，当該処分を受けた時までの間における第1項の規定による著作物の利用に係る使用料の額に相当するものとして文化庁長官が定める額の補償金を著作権者に支払わなければならない．

⑦ 申請中利用者は，裁定又は裁定をしない処分を受けるまでの間に著作権者と連絡をすることができるに至つたときは，当該連絡をすることができるに至つた時までの間における第1項の規定による著作物の利用に係る使用料の額に相当する額の補償金を著作権者に支払わなければならない．

⑧ 第4項，第5項又は前項の場合において，著作権者は，前条第1項又はこの条第5項若しくは前項の補償金を受ける権利に関し，第1項の規定により供託された担保金から弁済を受けることができる．

⑨ 第1項の規定により担保金を供託した者は，当該担保金の額が前項の規定により著作権者が弁済を受けることができる額を超えることとなつたときは，政令で定めるところにより，その全部又は一部を取り戻すことができる．

⑩ 文化庁長官は，申請中利用者から裁定の申請を取り下げる旨の申出があつたときは，裁定をしない処分をするものとする．この場合において，前条第6項の規定は，適用しない．　　［令5法33, 施行3年内］

（著作物の放送等）

第68条　① 公表された著作物を放送し，又は放送同時配信等しようとする放送事業者又は放送同時配信等事業者は，次の各号のいずれにも該当するときは，文化庁長官の裁定を受け，かつ，通常の使用料の額に相当するものとして文化庁長官が定める額の補償金を支払つて，その著作物を放送し，又は放送同時配信等することができる．

1　著作権者に対し放送又は放送同時配信等の許諾につき協議を求めたが，その協議が成立せず，又はその協議をすることができないこと．

2　著作者が当該著作物の放送，放送同時配信等その他の利用を廃絶しようとしていることが明らかでないこと．

3　著作権者がその著作物の放送又は放送同時配信等の許諾を与えないことについてやむを得ない事情があると認められないこと．　　［令5法33, 施行3年内］

（商業用レコードへの録音等）

第69条　① 商業用レコードが最初に国内において販売され，かつ，その最初の販売の日から3年を経過した場合において，当該商業用レコードに著作権者の許諾を得て録音されている音楽の著作物を録音して他の商業用レコードを製作しようとする者は，次の各号のいずれにも該当するときは，文化庁長官の裁定を受け，かつ，通常の使用料の額に相当するものとして文化庁長官が定める額の補償金を著作権者に支払つて，当該録音又は譲渡による公衆への提供をすることができる．

1　著作権者に対し録音又は譲渡による公衆への提供の許諾につき協議を求めたが，その協議が成立せず，又はその協議をすることができないこと．

2　著作者が当該音楽の著作物の録音その他の利用を廃絶しようとしていることが明らかでないこと．

② 前条第3項及び第4項の規定は，前項の裁定について準用する．　　［令5法33, 施行3年内］

（裁定に関する事項の政令への委任）

第70条　第67条から前条までに規定するもののほか，この節に定める裁定に関し必要な事項は，政令で定める．　　［令5法33, 施行3年内］

第10節　登録

（実名の登録）

第75条　① 無名又は変名で公表された著作物の著作者は，現にその著作権を有するかどうかにかかわらず，その著作物についてその実名の登録を受けることができる．

② 著作者は，その遺言で指定する者により，死後において前項の登録を受けることができる．

③ 実名の登録がされている者は，当該登録に係る著作物の著作者と推定する．

（第1発行年月日等の登録）

第76条　① 著作権者又は無名若しくは変名の著作物の発行者は，その著作物について第1発行年月日

の登録又は第1公表年月日の登録を受けることができる.

② 第1発行年月日の登録又は第1公表年月日の登録がされている著作物については,これらの登録に係る年月日において最初の発行又は最初の公表があつたものと推定する.

（創作年月日の登録）

第76条の2 ① プログラムの著作物の著作者は,その著作物について創作年月日の登録を受けることができる.ただし,その著作物の創作後6月を経過した場合は,この限りでない.

② 前項の登録がされている著作物については,その登録に係る年月日において創作があつたものと推定する.

（著作権の登録）

第77条　次に掲げる事項は,登録しなければ,第三者に対抗することができない.

1　著作権の移転若しくは信託による変更又は処分の制限

2　著作権を目的とする質権の設定,移転,変更若しくは消滅(混同又は著作権若しくは担保する債権の消滅によるものを除く.)又は処分の制限

（プログラムの著作物の登録に関する特例）

第78条の2　プログラムの著作物に係る登録については,この節の規定によるほか,別に法律で定めるところによる.

第3章　出版権

（出版権の設定）

第79条　① 第21条又は第23条第1項に規定する権利を有する者(以下この章において「複製権等保有者」という.)は,その著作物について,文書若しくは図画として出版すること(電子計算機を用いてその映像面に文書又は図画として表示されるようにする方式により記録媒体に記録し,当該記録媒体に記録された当該著作物の複製物により頒布することを含む.次条第2項及び第81条第1号において「出版行為」という.)又は当該方式により記録媒体に記録された当該著作物の複製物を用いて公衆送信(放送又は有線放送を除き,自動公衆送信の場合にあつては送信可能化を含む.以下この章において同じ.)を行うこと(次条第2項及び第81条第2号において「公衆送信行為」という.)を引き受ける者に対し,出版権を設定することができる.

② 複製権等保有者は,その複製権又は公衆送信権を目的とする質権が設定されているときは,当該質権を有する者の承諾を得た場合に限り,出版権を設定することができるものとする.

（出版権の内容）

第80条　① 出版権者は,設定行為で定めるところにより,その出版権の目的である著作物について,次に掲げる権利の全部又は一部を専有する.

1　頒布の目的をもつて,原作のまま印刷その他の機械的又は化学的方法により文書又は図画として複製する権利(原作のまま前条第1項に規定する方式により記録媒体に記録された電磁的記録として複製する権利を含む.)

2　原作のまま前条第1項に規定する方式により記録媒体に記録された当該著作物の複製物を用いて公衆送信する権利

② 出版権の存続期間中に当該著作物の著作者が死

亡したとき,又は,設定行為に別段の定めがある場合を除き,出版権の設定後最初の出版行為等又は公衆送信行為(第83条第2項及び第84条第3項において「出版行為等」という.)があつた日から3年を経過したときは,複製権等保有者は,前項の規定にかかわらず,当該著作物につき,全集その他の編集物(その著作者の著作物のみを編集したものに限る.)に収録して複製し,又は公衆送信を行うことができる.

③ 出版権者は,複製権等保有者の承諾を得た場合に限り,他人に対し,その出版権の目的である著作物の複製又は公衆送信を許諾することができる.

（出版の義務）

第81条　出版権者は,次の各号に掲げる区分に応じ,その出版権の目的である著作物につき当該各号に定める義務を負う.ただし,設定行為に別段の定めがある場合は,この限りでない.

1　前条第1項第1号に掲げる権利に係る出版権者(次条において「第1号出版権者」という.)　次に掲げる義務

イ　複製権等保有者からその著作物を複製するために必要な原稿その他の原品若しくはこれに相当する物の引渡し又は当該著作物に係る電磁的記録の提供を受けた日から6月以内に当該著作物について出版行為を行う義務

ロ　当該著作物について慣行に従い継続して出版行為を行う義務

2　前条第1項第2号に掲げる権利に係る出版権者(次条第1項第2号及び第104条の10の3第2号ロにおいて「第2号出版権者」という.)　次に掲げる義務

イ　複製権等保有者からその著作物について公衆送信を行うために必要な原稿その他の原品若しくはこれに相当する物の引渡し又は当該著作物に係る電磁的記録の提供を受けた日から6月以内に当該著作物について公衆送信行為を行う義務

ロ　当該著作物について慣行に従い継続して公衆送信行為を行う義務

（著作物の修正増減）

第82条　① 著作者は,次に掲げる場合には,正当な範囲内において,その著作物に修正又は増減を加えることができる.

1　その著作物を第1号出版権者が改めて複製する場合

2　その著作物について第2号出版権者が公衆送信を行う場合

② 第1号出版権者は,その出版権の目的である著作物を改めて複製しようとするときは,その都度,あらかじめ著作者にその旨を通知しなければならない.

（出版権の存続期間）

第83条　① 出版権の存続期間は,設定行為で定めるところによる.

② 出版権は,その存続期間につき設定行為に定めがないときは,その設定後最初の出版行為等があつた日から3年を経過した日において消滅する.

（出版権の消滅の請求）

第84条　① 出版権者が第81条第1号(イに係る部分に限る.)又は第2号(イに係る部分に限る.)の義務に違反したときは,複製権等保有者は,出版権者に通知してそれぞれ第80条第1項第1号又は第2号に掲げる権利に係る出版権を消滅させるこ

とができる.

② 出版権者が第81条第1号（ロに係る部分に限る.）又は第2号（ロに係る部分に限る.）の義務に違反した場合において，複製権等保有者が3月以上の期間を定めてその履行を催告したにもかかわらず，その期間内にその履行がされないときは，複製権等保有者は，出版権者に通知してそれぞれ第80条第1項第1号又は第2号に掲げる権利に係る出版権を消滅させることができる.

③ 複製権等保有者である著作者は，その著作物の内容が自己の確信に適合しなくなつたときは，その著作物の出版行為等を廃絶するために，出版権者に通知してその出版権を消滅させることができる. ただし，当該廃絶により出版権者に通常生ずべき損害をあらかじめ賠償しない場合は，この限りでない.

（出版権の譲渡等）
第87条　出版権は，複製権等保有者の承諾を得た場合に限り，その全部又は一部を譲渡し，又は質権の目的とすることができる.

（出版権の登録）
第88条　① 次に掲げる事項は，登録しなければ，第三者に対抗することができない.
1　出版権の設定，移転，変更若しくは消滅（混同又は複製権若しくは公衆送信権の消滅によるものを除く.）又は処分の制限
2　出版権を目的とする質権の設定，移転，変更若しくは消滅（混同又は担保する債権の消滅によるものを除く.）又は処分の制限
② 第78条（第3項を除く.）の規定は，前項の登録について準用する. この場合において，同条第1項，第2項，第4項，第8項及び第9項中「著作権登録原簿」とあるのは，「出版権登録原簿」と読み替えるものとする.

第4章　著作隣接権

第1節　総　則

（著作隣接権）
第89条　① 実演家は，第90条の2第1項及び第90条の3第1項に規定する権利（以下「実演家人格権」という.）並びに第91条第1項，第92条第1項，第92条の2第1項，第95条の2第1項及び第95条の3第1項に規定する権利並びに第94条の2及び第95条の3第3項に規定する報酬並びに第95条第1項に規定する二次使用料を受ける権利を享有する.

② レコード製作者は，第96条，第96条の2，第97条の2第1項及び第97条の3第1項に規定する権利並びに第97条第1項に規定する二次使用料及び第97条の3第3項に規定する報酬を受ける権利を享有する.

③ 放送事業者は，第98条から第100条までに規定する権利を享有する.

④ 有線放送事業者は，第100条の2から第100条の5までに規定する権利を享有する.

⑤ 前各項の権利の享有には，いかなる方式の履行をも要しない.

⑥ 第1項から第4項までの権利（実演家人格権並びに第1項及び第2項の報酬及び二次使用料を受ける権利を除く.）は，著作隣接権という.

（著作者の権利と著作隣接権との関係）
第90条　この章の規定は，著作者の権利に影響を及ぼすものと解釈してはならない.

第2節　実演家の権利

（氏名表示権）
第90条の2　① 実演家は，その実演の公衆への提供又は提示に際し，その氏名若しくはその芸名その他氏名に代えて用いられるものを実演家名として表示し，又は実演家名を表示しないこととする権利を有する.

② 実演を利用する者は，その実演家の別段の意思表示がない限り，その実演につき既に実演家が表示しているところに従つて実演家名を表示することができる.

③ 実演家名の表示は，実演の利用の目的及び態様に照らし実演家がその実演の実演家であることを主張する利益を害するおそれがないと認められるとき又は公正な慣行に反しないと認められるときは，省略することができる.

④ 第1項の規定は，次の各号のいずれかに該当するときは，適用しない.
1　行政機関情報公開法，独立行政法人等情報公開法又は情報公開条例の規定により行政機関の長，独立行政法人等又は地方公共団体の機関若しくは地方独立行政法人が実演を公衆に提供し，又は提示する場合において，当該実演につき既にその実演家が表示しているところに従つて実演家名を表示するとき.
2　行政機関情報公開法第六条第2項の規定，独立行政法人等情報公開法第六条第2項の規定又は情報公開条例の規定で行政機関情報公開法第6条第2項の規定に相当するものにより行政機関の長，独立行政法人等又は地方公共団体の機関若しくは地方独立行政法人が実演を公衆に提供し，又は提示する場合において，当該実演の実演家名の表示を省略することとなるとき.
3　公文書管理法第16条第1項の規定又は公文書管理条例の規定（同項の規定に相当する規定に限る.）により国立公文書館等の長又は地方公文書館等の長が実演を公衆に提供し，又は提示する場合において，当該実演につき既にその実演家が表示しているところに従つて実演家名を表示するとき.

（同一性保持権）
第90条の3　① 実演家は，その実演の同一性を保持する権利を有し，自己の名誉又は声望を害するその実演の変更，切除その他の改変を受けないものとする.
② 前項の規定は，実演の性質並びにその利用の目的及び態様に照らしやむを得ないと認められる改変又は公正な慣行に反しないと認められる改変については，適用しない.

（録音権及び録画権）
第91条　① 実演家は，その実演を録音し，又は録画する権利を専有する.
② 前項に規定する権利を有する者の許諾を得て映画の著作物において録音され，又は録画された実演については，これを録音物（音を専ら影像とともに再生することを目的とするものを除く.）に録音する場合を除き，適用しない.

（放送権及び有線放送権）
第92条　① 実演家は，その実演を放送し，又は有線放送する権利を専有する.
② 前項の規定は，次に掲げる場合には，適用しない.
1　放送される実演を有線放送する場合
2　次に掲げる実演を放送し，又は有線放送する場合

イ 前条第1項に規定する権利を有する者の許諾を得て録音され，又は録画されている実演

ロ 第91条第2項で同項の録音物以外の物に録音され，又は録画されているもの

（送信可能化権）

第92条 ① 実演家は，その実演を送信可能化する権利を専有する．

② 前項の規定は，次に掲げる実演については，適用しない．

1 第91条第1項に規定する権利を有する者の許諾を得て録画されている実演

2 第91条第2項の実演で同項の録音物以外の物に録音され，又は録画されているもの

（放送等のための固定）

第93条 ① 実演の放送について第92条第1項に規定する権利を有する者の許諾を得た放送事業者は，その実演を放送及び放送同時配信等のために録音し，又は録画することができる．ただし，契約に別段の定めがある場合及び当該許諾に係る放送番組と異なる内容の放送番組に使用する目的で録音し，又は録画する場合は，この限りでない．

② 次に掲げる者は，第91条第1項の録音又は録画を行つたものとみなす．

1 前項の規定により作成された録音物又は録画物を放送若しくは放送同時配信等の目的以外の目的又は同項ただし書に規定する目的のために使用し，又は提供した者

2 前項の規定により作成された録音物又は録画物の提供を受けた放送事業者又は放送同時配信等事業者で，これらを更に他の放送事業者又は放送同時配信等のために提供したもの

（放送のための固定物等による放送）

第93条の2 ① 第92条第1項に規定する権利を有する者がその実演の放送を許諾したときは，契約に別段の定めがない限り，当該実演は，当該許諾に係る放送のほか，次に掲げる放送において放送することができる．

1 当該許諾を得た放送事業者が前条第1項の規定により作成した録音物又は録画物を用いてする放送

2 当該許諾を得た放送事業者からその者が前条第1項の規定により作成した録音物又は録画物の提供を受けてする放送

3 当該許諾を得た放送事業者から当該許諾に係る放送番組の供給を受けてする放送（前号の放送を除く．）

② 前項の場合において，同項各号に掲げる放送において実演が放送されたときは，当該各号に規定する放送事業者は，相当な額の報酬を当該実演に係る第92条第1項に規定する権利を有する者に支払わなければならない．

（放送される実演の有線放送）

第94条の2 有線放送事業者は，放送される実演を有線放送した場合（営利を目的とせず，かつ，聴衆又は観衆から料金（いずれの名義をもつてするかを問わず，実演の提示につき受ける対価をいう．第95条第1項において同じ．）を受けない場合を除く．）には，当該実演（著作隣接権の存続期間内のものに限り，第92条第2項第2号に掲げるものを除く．）に係る実演家に相当な額の報酬を支払わなければならない．

（商業用レコードの二次使用）

第95条 ① 放送事業者及び有線放送事業者（以下この条及び第97条第1項において「放送事業者等」という．）は，第91条第1項に規定する権利を有する者の許諾を得て実演が録音されている商業用レコードを用いた放送又は有線放送を行つた場合（営利を目的とせず，かつ，聴衆から料金を受けずに，当該放送を受信して同時に有線放送を行つた場合を除く．）には，当該実演（第7条第1号から第6号までに掲げる実演で著作隣接権の存続期間内のものに限る．次項から第4項までにおいて同じ．）に係る実演家に二次使用料を支払わなければならない．

② 前項の規定は，実演家等保護条約の締約国については，当該締約国であつて，実演家等保護条約第16条1（a）(i)の規定に基づき実演家等保護条約第12条の規定を適用しないこととしている国以外の国の国民をレコード製作者とするレコードに固定されている実演に係る実演家について適用する．

③ 第8条第1号に掲げるレコードについて実演家等保護条約の締約国により与えられる実演家等保護条約第12条の規定による保護の期間が第1項の規定により実演家が保護を受ける期間より短いときは，当該締約国の国民をレコード製作者とするレコードに固定されている実演に係る実演家が同項の規定により保護を受ける期間は，第8条第1号に掲げるレコードについて当該締約国により与えられる実演家等保護条約第12条の規定による保護の期間による．

④ 第1項の規定は，実演・レコード条約の締約国（実演家等保護条約の締約国を除く．）であつて，実演・レコード条約第15条(3)の規定により留保を付している国の国民をレコード製作者とするレコードに固定されている実演に係る実演家については，当該留保の範囲に制限して適用する．

⑤ 第1項の二次使用料を受ける権利は，国内において実演を業とする者の相当数を構成員とする団体（その連合体を含む．）でその同意を得て文化庁長官が指定するものがあるときは，当該団体によつてのみ行使することができる．

⑥ 文化庁長官は，次に掲げる要件を備える団体でなければ，前項の指定をしてはならない．

1 営利を目的としないこと．

2 その構成員が任意に加入し，又は脱退することができること．

3 その構成員の議決権及び選挙権が平等であること．

4 第1項の二次使用料を受ける権利を有する者（以下この条において「権利者」という．）のためにその権利を行使する業務をみずから適確に遂行するに足りる能力を有すること．

⑦ 第5項の団体は，権利者から申込みがあつたときは，その者のためにその権利を行使することを拒んではならない．

⑧ 第5項の団体は，前項の申込みがあつたときは，権利者のために自己の名をもつてその権利に関する裁判上又は裁判外の行為を行う権限を有する．

⑨ 文化庁長官は，第5項の団体に対し，政令で定めるところにより，第1項の二次使用料に係る業務に関して報告をさせ，若しくは帳簿，書類その他の資料の提出を求め，又はその業務の執行方法の改善のため必要な勧告をすることができる．

⑩ 第5項の団体が同項の規定により権利者のために請求することができる二次使用料の額は，毎年，

当該団体と放送事業者等又はその団体との間において協議して定めるものとする.

⑪　前項の協議が成立しないときは, その当事者は, 政令で定めるところにより, 同項の二次使用料の額について文化庁長官の裁定を求めることができる.

⑫　第67条第7項(第1号に係る部分に限る.)及び第8項, 第68条第3項, 第70条, 第71条(第2号に係る部分に限る.)並びに第72条から第74条までの規定は, 前項の裁定及び二次使用料について準用する. この場合において, 第67条第7項中「申請者」とあり, 及び第68条第3項中「著作隣接者」とあるのは「当事者」と, 第67条第7項第1号中「第5項各号に掲げる事項及び当該裁定に係る著作物の利用につき定めた補償金の額」とあり, 及び同条第8項中「その旨及び次に掲げる事項」とあるのは「その旨」と, 第72条第1項中「著作物を利用する者」とあるのは「第95条第1項の放送事業者等」と, 「著作権者」とあるのは「同条第5項の団体」と, 第74条中「著作権者」とあるのは「第95条第5項の団体」と読み替えるものとする.

⑬　私的独占の禁止及び公正取引の確保に関する法律の規定は, 第10項の協議による定め及びこれに基づいてする行為については, 適用しない. ただし, 不公正な取引方法を用いる場合及び関連事業者の利益を不当に害することとなる場合は, この限りでない.

⑭　第5項から前項までに定めるもののほか, 第1項の二次使用料の支払及び第5項の団体に関し必要な事項は, 政令で定める.〔令5法33, 施行3年内〕

（譲渡権）

第95条の2 ①　実演家は, その実演をその録音物又は録画物の譲渡により公衆に提供する権利を専有する.

②　前項の規定は, 次に掲げる実演については, 適用しない.

1　第91条第1項に規定する権利を有する者の許諾を得て録画されている実演

2　前条第2項の実演で同項の録音物以外の物に録音され, 又は録画されているもの

③　第1項の規定は, 実演(前項各号に掲げるものを除く. 以下この条において同じ.)の録音物又は録画物で次の各号のいずれかに該当するものの譲渡による場合には, 適用しない.

1　第1項に規定する権利を有する者又はその許諾を得た者により公衆に譲渡された実演の録音物又は録画物

2　第103条において準用する第67条第1項又は第76条の2第1項の規定による裁定を受けて公衆に譲渡された実演の録音物又は録画物

3　第103条において準用する第67条の2第1項の規定の適用を受けて公衆に譲渡された実演の録音物又は録画物

4　第1項に規定する権利を有する者又はその承諾を得た者により特定かつ少数の者に譲渡された実演の録音物又は録画物

5　国外において, 第1項に規定する権利に相当する権利を害することなく, 又は同項に規定する権利に相当する権利を有する者若しくはその承諾を得た者により譲渡された実演の録音物又は録画物〔令5法33, 施行3年内〕

（貸与権等）

第95条の3 ①　実演家は, その実演をそれが録音さ

れている商業用レコードの貸与により公衆に提供する権利を専有する.

②　前項の規定は, 最初に販売された日から起算して1月以上12月を超えない範囲内において政令で定める期間を経過した商業用レコード(複製されているレコードのすべてが当該商業用レコードと同一であるものを含む. 以下「期間経過商業用レコード」という.)の貸与による場合には, 適用しない.

③　商業用レコードの公衆への貸与を営業とする者(以下「貸レコード業者」という.)は, 期間経過商業用レコードの貸与により実演を公衆に提供した場合には, 当該実演(著作隣接権の存続期間内のものに限る.)に係る実演家に相当な額の報酬を支払わなければならない.

④　第95条第5項から第14項までの規定は, 前項の報酬を受ける権利について準用する. この場合において, 同条第10項中「放送事業者等」とあり, 及び同条第12項中「第95条第1項の放送事業者等」とあるのは, 「第95条の3第3項の貸レコード業者」と読み替えるものとする.

⑤　第1項に規定する権利を有する者の許諾に係る使用料を受ける権利は, 前項において準用する第95条第5項の団体によつてのみ行使することができる.

⑥　第95条第7項から第14項までの規定は, 前項の場合について準用する. この場合においては, 第4項後段の規定を準用する.

第3節　レコード製作者の権利

（複製権）

第96条　レコード製作者は, そのレコードを複製する権利を専有する.

（送信可能化権）

第96条の2　レコード製作者は, そのレコードを送信可能化する権利を専有する.

（商業用レコードの二次使用）

第97条 ①　放送事業者等は, 商業用レコードを用いた放送又は有線放送を行つた場合(営利を目的とせず, かつ, 聴衆又は観衆から料金(いずれの名義をもつてするかを問わず, レコードに係る音の提示につき受ける対価をいう.)を受けずに, 当該放送を受信して同時に有線放送を行つた場合を除く.)には, そのレコード(第8条第1号から第4号までに掲げるレコードで著作隣接権の存続期間内のものに限る.)に係るレコード製作者に二次使用料を支払わなければならない.

②　第95条第2項及び第4項の規定は, 前項に規定するレコード製作者について準用し, 同条第3項の規定は, 前項の規定により保護を受ける期間について準用する. この場合において, 同条第2項から第4項までの規定中「国民をレコード製作者とするレコードに固定されている実演に係る実演家」とあるのは「国民であるレコード製作者」と, 同条第3項中「実演家が保護を受ける期間」とあるのは「レコード製作者が保護を受ける期間」と読み替えるものとする.

③　第1項の二次使用料を受ける権利は, 国内において商業用レコードの製作を業とする者の相当数を構成員とする団体(その連合体を含む.)でその同意を得て文化庁長官が指定するものがあるときは, 当該団体によつてのみ行使することができる.

④　第95条第6項から第14項までの規定は, 第1項の二次使用料及び前項の団体について準用する.

（譲渡権）

左欄側注：94 著作権法（97条の2〜102条）

第97条の2　①　レコード製作者は,そのレコードを
その複製物の譲渡により公衆に提供する権利を専
有する.
②　前項の規定は,レコードの複製物で次の各号のい
ずれかに該当するものの譲渡による場合には,適用
しない.
1　前項に規定する権利を有する者又はその許諾を
得た者により公衆に譲渡されたレコードの複製物
2　第103条において準用する第67条第1項又は
第67条の3第1項の規定による裁定を受けて公
衆に譲渡されたレコードの複製物
3　第103条において準用する第67条の2第1項
の規定の適用を受けて公衆に譲渡されたレコード
の複製物
4　前項に規定する権利を有する者又はその承諾を
得た者により特定かつ少数の者に譲渡されたレ
コードの複製物
5　国外において,前項に規定する権利に相当する
権利を害することなく,又は同項に規定する権利
に相当する権利を有する者若しくはその承諾を得
た者により譲渡されたレコードの複製物
　　　　　　　　　　　〔令5法33,施行3年内〕
（貸与権等）
第97条の3　①　レコード製作者は,そのレコードを
それが複製されている商業用レコードの貸与によ
り公衆に提供する権利を専有する.
第4節　放送事業者の権利
（複製権）
第98条　放送事業者は,その放送又はこれを受信し
て行なう有線放送を受信して,その放送に係る音又
は影像を録音し,録画し,又は写真その他これに類
似する方法により複製する権利を専有する.
（再放送権及び有線放送権）
第99条　①　放送事業者は,その放送を受信してこれ
を再放送し,又は有線放送する権利を専有する.
②　前項の規定は,放送を受信して有線放送を行なう
者が法令の規定により行なわなければならない有
線放送については,適用しない.
（送信可能化権）
第99条の2　①　放送事業者は,その放送又はこれを
受信して行う有線放送を受信して,その放送を送信
可能化する権利を専有する.
②　前項の規定は,放送を受信して自動公衆送信を行
う者が法令の規定により行わなければならない自動
公衆送信に係る送信可能化については,適用しない.
（テレビジョン放送の伝達権）
第100条　放送事業者は,そのテレビジョン放送又は
これを受信して行なう有線放送を受信して,影像
を拡大する特別の装置を用いてその放送を公に伝
達する権利を専有する.
第5節　有線放送事業者の権利
（複製権）
第100条の2　有線放送事業者は,その有線放送を
受信して,その有線放送に係る音又は影像を録音し,
録画し,又は写真その他これに類似する方法により
複製する権利を専有する.
（放送権及び再有線放送権）
第100条の3　有線放送事業者は,その有線放送を
受信してこれを放送し,又は再有線放送する権利を
専有する.
（送信可能化権）
第100条の4　有線放送事業者は,その有線放送を

受信してこれを送信可能化する権利を専有する.
（有線テレビジョン放送の伝達権）
第100条の5　有線放送事業者は,その有線テレビ
ジョン放送を受信して,影像を拡大する特別の装置
を用いてその有線放送を公に伝達する権利を専有
する.
第6節　保護期間
（実演,レコード,放送又は有線放送の保護期間）
第101条　①　著作隣接権の存続期間は,次に掲げる
時に始まる.
1　実演に関しては,その実演を行つた時
2　レコードに関しては,その音を最初に固定した時
3　放送に関しては,その放送を行つた時
4　有線放送に関しては,その有線放送を行つた時
②　著作隣接権の存続期間は,次に掲げる時をもつて
満了する.
1　実演に関しては,その実演が行われた日の属す
る年の翌年から起算して70年を経過した時
2　レコードに関しては,その発行が行われた日の
属する年の翌年から起算して70年（その音が最
初に固定された日の属する年の翌年から起算して
70年を経過する時までの間に発行されなかつたと
きは,その音が最初に固定された日の属する年の
翌年から起算して70年）を経過した時
3　放送に関しては,その放送が行われた日の属す
る年の翌年から起算して50年を経過した時
4　有線放送に関しては,その有線放送が行われた
日の属する年の翌年から起算して50年を経過し
た時
第7節　実演家人格権の一身専属性等
（実演家人格権の一身専属性）
第101条の2　実演家人格権は,実演家の一身に専
属し,譲渡することができない.
（実演家の死後における人格的利益の保護）
第101条の3　実演を公衆に提供し,又は提示する
者は,その実演の実演家の死後においても,実演家
が生存しているとしたならばその実演家人格権の
侵害となるべき行為をしてはならない.ただし,そ
の行為の性質及び程度,社会的事情の変動その他に
よりその行為が当該実演家の意を害しないと認め
られる場合は,この限りでない.
第8節　権利の制限,譲渡及び行使等並びに登録
（著作隣接権の制限）
第102条　①　第30条第1項（第4号を除く.第9
項第1号において同じ.）,第30条の2から第32条
まで,第35条,第36条,第37条第3項,第37条の
2（第1号を除く.次項において同じ.）,第38条第
2項及び第4項,第41条から第43条まで,第44条
（第2項を除く.）,第46条から第47条の2まで,第
47条の4並びに第47条の5の規定は,著作隣接権
の目的となつている実演,レコード,放送又は有線
放送の利用について,第30条第3項及び第47条
の7の規定は,著作隣接権の目的となつている
実演又はレコードの利用について準用し,第33条
から第33条の3までの規定は,著作隣接権の目的
となつている放送又は有線放送の利用について準
用し,第44条第2項の規定は,著作隣接権の目的と
なつている実演,レコード又は有線放送の利用につ
いて準用する.この場合において,第30条第1項
第3号中「自動公衆送信（国外で行われる自動公
衆送信」とあるのは「送信可能化（国外で行われ
る送信可能化」と,「含む.）」とあるのは「含む.）

に係る自動公衆送信」と，第44条第1項中「第23条第1項」とあるのは「第92条第1項，第92条の2第1項，第96条の2，第99条第1項又は第100条の3」と，同条第2項中「第23条第1項」とあるのは「第92条第1項又は第100条の3」と，同条第3項中「第23条第1項」とあるのは「第92条の2第1項又は第96条の2」と読み替えるものとする．

第5章　著作権等の制限による利用に係る補償金

第1節　私的録音録画補償金
（私的録音録画補償金を受ける権利の行使）

第104条の2 ① 第30条第3項（第102条第1項において準用する場合を含む．以下この節において同じ．）の補償金（以下この節において「私的録音録画補償金」という．）を受ける権利は，私的録音録画補償金を受ける権利を有する者（次項及び次条第4号において「権利者」という．）のためにその権利を行使することを目的とする団体であつて，次に掲げる私的録音録画補償金の区分ごとに全国を通じて一個に限りその同意を得て文化庁長官が指定するものがあるときは，それぞれ当該指定を受けた団体（以下この節において「指定管理団体」という．）によつてのみ行使することができる．

1 私的使用を目的として行われる録音（専ら録画とともに行われるものを除く．次条第2号イ及び第104条の4において「私的録音」という．）に係る私的録音録画補償金

2 私的使用を目的として行われる録画（専ら録音とともに行われるものを含む．次条第2号ロ及び第104条の4において「私的録画」という．）に係る私的録音録画補償金

② 指定管理団体は，権利者のために自己の名をもつて私的録音録画補償金を受ける権利に関する裁判上又は裁判外の行為を行う権限を有する．

第6章　裁定による利用に係る指定補償金管理機関及び登録確認機関（略）

〔令5法33,施行3年内〕

第7章　紛争処理

〔令5法33,施行3年内〕

（著作権紛争解決あつせん委員）

第105条 ① この法律に規定する権利に関する紛争につきあつせんによりその解決を図るため，文化庁に著作権紛争解決あつせん委員（以下この章において「委員」という．）を置く．

② 委員は，文化庁長官が，著作権又は著作隣接権に係る事項に関し学識経験を有する者のうちから，事件ごとに3人以内を委嘱する．

（あつせんの申請）

第106条 この法律に規定する権利に関し紛争が生じたときは，当事者は，文化庁長官に対し，あつせんの申請をすることができる．

第8章　権利侵害

〔令5法33,施行3年内〕

（差止請求権）

第112条 ① 著作者，著作権者，出版権者，実演家又は著作隣接権者は，その著作者人格権，著作権，出版権，著作隣接権又は著作隣接権を侵害する者又は侵害するおそれがある者に対し，その侵害の停止又は予防を請求することができる．

② 著作者，著作権者，出版権者，実演家又は著作隣接権者は，前項の規定による請求をするに際し，侵害の行為を組成した物，侵害の行為によつて作成された物又は専ら侵害の行為に供された機械若しくは器具の廃棄その他の侵害の停止又は予防に必要な措置を請求することができる．

（侵害とみなす行為）

第113条 ① 次に掲げる行為は，当該著作者人格権，著作権，出版権，実演家人格権又は著作隣接権を侵害する行為とみなす．

1 国内において頒布する目的をもつて，輸入の時において国内で作成したとしたならば著作者人格権，著作権，出版権，実演家人格権又は著作隣接権の侵害となるべき行為によつて作成された物を輸入する行為

2 著作者人格権，著作権，出版権，実演家人格権又は著作隣接権を侵害する行為によつて作成された物（前号の輸入に係る物を含む．）を，情を知つて，頒布し，頒布の目的をもつて所持し，若しくは頒布する旨の申出をし，又は業として輸出し，若しくは業としての輸出の目的をもつて所持する行為

② 送信識別符号又は送信元識別符号以外の符号その他の情報であつてその提供が送信元識別符号の提供と同一若しくは類似の効果を有するもの（以下この項及び次項において「送信元識別符号等」という．）の提供により侵害著作物等（第28条に規定する権利（翻訳以外の方法により創作された二次的著作物に係るものに限る．）を除く．以下この項及び次項において同じ．），出版権又は著作隣接権を侵害して送信可能化された著作物等をいい，国外で行われる送信可能化であつて国内で行われたとしたならばこれらの権利の侵害となるべきものが行われた著作物等を含む．以下この項及び次項において同じ．）の他人による利用を容易にする行為（同項において「侵害著作物等利用容易化」という．）であつて，第1号に掲げるウェブサイト等（同項及び第119条第2項第4号において「侵害著作物等利用容易化ウェブサイト等」という．）において又は第2号に掲げるプログラム（次項及び同条第2項第5号において「侵害著作物等利用容易化プログラム」という．）を用いて行うものは，当該行為に係る著作物等が侵害著作物等であることを知つていた場合又は知ることができたと認めるに足りる相当の理由がある場合には，当該侵害著作物等に係る著作権，出版権又は著作隣接権を侵害する行為とみなす．

1 次に掲げるウェブサイト等

イ 当該ウェブサイト等において，侵害著作物等に係る送信元識別符号等（以下この条及び第119条第2項において「侵害送信元識別符号等」という．）の利用を促す文言が表示されていること，侵害送信元識別符号等が強調されていることその他の当該ウェブサイト等における侵害送信元識別符号等の提供の態様に照らし，公衆を侵害著作物等に殊更に誘導するものであると認められ

〔令5法33,施行3年内〕

94 著作権法（104条の2〜113条）

るウェブサイト等

ロ イに掲げるもののほか、当該ウェブサイト等において提供されている侵害送信元識別符号等の数、当該数が当該ウェブサイト等において提供されている送信元識別符号等の総数に占める割合、当該侵害送信元識別符号等の利用に資する分類又は整理の状況その他の当該ウェブサイト等における侵害送信元識別符号等の提供の状況に照らし、主として公衆による侵害著作物等の利用のために用いられるものであると認められるウェブサイト等

二 次に掲げるプログラム

イ 当該プログラムによる送信元識別符号等の提供に際し、侵害送信元識別符号等の利用を促す文言が表示されていること、侵害送信元識別符号等が強調されていることその他の当該プログラムによる侵害送信元識別符号等の提供の態様に照らし、公衆を侵害著作物等に殊更に誘導するものであると認められるプログラム

ロ イに掲げるもののほか、当該プログラムにより提供されている侵害送信元識別符号等の数、当該数が当該プログラムにより提供されている送信元識別符号等の総数に占める割合、当該侵害送信元識別符号等の利用に資する分類又は整理の状況その他の当該プログラムによる侵害送信元識別符号等の提供の状況に照らし、主として公衆による侵害著作物等の利用のために用いられるものであると認められるプログラム

③ 侵害著作物等利用容易化ウェブサイト等の公衆への提示を行っている者(当該侵害著作物等利用容易化ウェブサイト等と侵害著作物等利用容易化ウェブサイト等以外の相当数のウェブサイト等とを包括しているウェブサイト等において、単に当該公衆への提示の機会を提供しているに過ぎない者(著作権者等からの当該侵害著作物等利用容易化ウェブサイト等において提供されている侵害送信元識別符号等の削除に関する請求に正当な理由なく応じない状態が相当期間にわたり継続していることその他の著作権者等の利益を不当に害すると認められる特別な事情がある場合を除く。)又は侵害著作物等利用容易化プログラムの公衆への提供等を行っている者(当該公衆への提供等のために用いられているウェブサイト等とそれ以外の相当数のウェブサイト等とを包括しているウェブサイト等又は当該侵害著作物等利用容易化プログラム及び侵害著作物等利用容易化プログラム以外の相当数のプログラムの公衆への提供等のために用いられているウェブサイト等において、単に当該侵害著作物等利用容易化プログラムの公衆への提供等の機会を提供しているに過ぎない者(著作権者等からの当該侵害著作物等利用容易化プログラムにより提供されている侵害送信元識別符号等の削除に関する請求に正当な理由なく応じない状態が相当期間にわたり継続していることその他の著作権者等の利益を不当に害すると認められる特別な事情がある場合を除く。)を除く。)が、当該侵害著作物等利用容易化ウェブサイト等において又は当該侵害著作物等利用容易化プログラムを用いて他人による侵害著作物等利用容易化に係る送信元識別符号等の提供が行われている場合であつて、かつ、当該送信元識別符号等に係る著作物等が侵害著作物等であることを知つている場合又は

知ることができたと認めるに足りる相当の理由がある場合において、当該侵害著作物等利用容易化を防止する措置を講ずることが技術的に可能であるにもかかわらず当該措置を講じない行為は、当該侵害著作物等に係る著作権、出版権又は著作隣接権を侵害する行為とみなす。

④ 前二項に規定するウェブサイト等とは、送信元識別符号のうちインターネットにおいて個々の電子計算機を識別するために用いられる部分が共通するウェブページ(インターネットを利用した情報の閲覧の用に供される電磁的記録で文部科学省令で定めるものをいう。以下この項において同じ。)の集合物(当該集合物の一部を構成する複数のウェブページであつて、ウェブページ相互の関係その他の事情に照らし公衆への提示が一体的に行われているものと認められるものとして政令で定める要件に該当するものを含む。)をいう。

⑤ プログラムの著作物の著作権を侵害する行為によつて作成された複製物(当該複製物の所有者によつて第47条の3第1項の規定により作成された複製物並びに第1項第1号の輸入に係るプログラムの著作物の複製物及び当該複製物の所有者によつて同条第1項の規定により作成された複製物を含む。)を業務上電子計算機において使用する行為は、これらの複製物を使用する権原を取得した時に情を知つていた場合に限り、当該著作権を侵害する行為とみなす。

⑥ 技術的利用制限手段の回避(技術的利用制限手段により制限されている著作物等の視聴を当該技術的利用制限手段の効果を妨げることにより可能とすること(著作権者等の意思に基づいて行われる場合を除く。)をいう。次項並びに第120条の2第1号及び第2号において同じ。)を行う行為は、技術的利用制限手段に係る研究又は技術の開発の目的上正当な範囲内で行われる場合その他著作権者等の利益を不当に害しない場合を除き、当該技術的利用制限手段に係る著作権、出版権又は著作隣接権を侵害する行為とみなす。

⑦ 技術的保護手段の回避又は技術的利用制限手段の回避を行うことをその機能とする指令符号(電子計算機に対する指令であつて、当該指令のみによつて一の結果を得ることができるものをいう。)を公衆に譲渡し、若しくは貸与し、公衆への譲渡若しくは貸与の目的をもつて製造し、輸入し、若しくは所持し、若しくは公衆の使用に供し、又は公衆送信し、若しくは送信可能化する行為は、当該技術的保護手段に係る著作権等又は当該技術的利用制限手段に係る著作権、出版権若しくは著作隣接権を侵害する行為とみなす。

⑧ 次に掲げる行為は、当該権利管理情報に係る著作者人格権、著作権、出版権、実演家人格権又は著作隣接権を侵害する行為とみなす。

1 権利管理情報として虚偽の情報を故意に付加する行為

2 権利管理情報を故意に除去し、又は改変する行為(記録又は送信の方式の変換に伴う技術的な制約による場合その他の著作物又は実演等の利用の目的及び態様に照らしやむを得ないと認められる場合を除く。)

3 前2号の行為が行われた著作物若しくは実演等の複製物を、情を知つて、頒布し、若しくは頒布の目的をもつて輸入し、若しくは所持し、又は当該著

作物若しくは実演等を情を知つて公衆送信し，若しくは送信可能化する権利
⑨ 第94条の2，第95条の3第3項若しくは第97条の3第3項に規定する報酬又は第95条第1項若しくは第97条第1項に規定する二次使用料を受ける権利は，前項の規定の適用については，著作隣接権とみなす．この場合において，前条中「著作隣接権者」とあるのは「著作隣接権者（次条第9項の規定により著作隣接権とみなされる権利を有する者を含む．）」と，同条第1項中「著作隣接権を」とあるのは「著作隣接権（同項の規定により著作隣接権とみなされる権利を含む．）を」とする．
⑩ 国内において頒布することを目的とする商業用レコード（以下この項において「国内頒布目的商業用レコード」という．）を自ら発行し，又は他の者に発行させている著作権者又は著作隣接権者が，当該国内頒布目的商業用レコードと同一の商業用レコードであつて，専ら国外において頒布することを目的とするもの（以下この項において「国外頒布目的商業用レコード」という．）を国外において自ら発行し，又は他の者に発行させている場合において，情を知つて，当該国外頒布目的商業用レコードを国内において頒布する目的をもつて輸入する行為又は当該国外頒布目的商業用レコードを国内において頒布し，若しくは国内において頒布する目的をもつて所持する行為は，当該国外頒布目的商業用レコードが国内で頒布されることとなり当該国内頒布目的商業用レコードの発行により当該著作権者又は著作隣接権者の得ることが見込まれる利益が不当に害されることとなる場合に限り，それらの著作権又は著作隣接権を侵害する行為とみなす．ただし，国内において最初に発行された日から起算して7年を超えない範囲内において政令で定める期間を経過した国内頒布目的商業用レコードと同一の国外頒布目的商業用レコードを輸入する行為又は当該国外頒布目的商業用レコードを国内において頒布し，若しくは国内において頒布する目的をもつて所持する行為については，この限りでない．
⑪ 著作者の名誉又は声望を害する方法によりその著作物を利用する行為は，その著作者人格権を侵害する行為とみなす．

（善意者に係る譲渡権の特例）
第113条の2 著作物の原作品若しくは複製物（映画の著作物の複製物（映画の著作物において複製されている著作物にあつては，当該映画の著作物の複製物を含む．）を除く．以下この条において同じ．），実演の録音物若しくは録画物又はレコードの複製物の譲渡を受けた時において，前条第1項若しくは複製物，実演の録音物若しくは録画物又はレコードの複製物がそれぞれ第26条の2第2項各号，第95条の2第3項各号又は第97条の2第2項各号のいずれかに該当するものであることを知らず，かつ，知らないことにつき過失がない者が当該著作物の原作品若しくは複製物，実演の録音物若しくは録画物又はレコードの複製物を公衆に譲渡する行為は，第26条の2第1項，第95条の2第1項又は第97条の2第1項に規定する権利を侵害する行為でないものとみなす．

（損害の額の推定等）
第114条 ① 著作権者等が故意又は過失により自己の著作権，出版権又は著作隣接権を侵害した者（以下この項において「侵害者」という．）に対しその

侵害により自己が受けた損害の賠償を請求する場合において，侵害者がその侵害の行為によつて作成された物（第1号において「侵害作成物」という．）を譲渡し，又はその侵害の行為を組成する公衆送信（自動公衆送信の場合にあつては，送信可能化を含む．同号において「侵害組成公衆送信」という．）を行つたときは，次の各号に掲げる額の合計額を，著作権者等が受けた損害の額とすることができる．
1 譲渡等数量（侵害者が譲渡した侵害作成物及び侵害者が行つた侵害組成公衆送信を公衆が受信して作成した著作物又は実演等の複製物（以下この号において「侵害受信複製物」という．）の数量をいう．次号において同じ．）のうち販売等相応数量（当該著作権者等が当該侵害作成物又は当該侵害受信複製物を販売するとした場合にその販売のために必要な行為を行う能力に応じた数量をいう．同号において同じ．）を超えない部分（その全部又は一部に相当する数量を当該著作権者等が販売することができないとする事情があるときは，当該事情に相当する数量（同号において「特定数量」という．）を控除した数量）に，著作権者等がその侵害の行為がなければ販売することができた物の単位数量当たりの利益の額を乗じて得た額
2 譲渡等数量のうち販売等相応数量を超える数量又は特定数量がある場合（著作権者等が，その著作権，出版権又は著作隣接権の行使を し得たと認められない場合を除く．）におけるこれらの数量に応じた当該著作権，出版権又は著作隣接権の行使につき受けるべき金額に相当する額
② 著作権者，出版権者又は著作隣接権者が故意又は過失によりその著作権，出版権又は著作隣接権を侵害した者に対しその侵害により自己が受けた損害の賠償を請求する場合において，その者がその侵害の行為により利益を受けているときは，その利益の額は，当該著作権者，出版権者又は著作隣接権者が受けた損害の額と推定する．
③ 著作権者，出版権者又は著作隣接権者は，故意又は過失によりその著作権，出版権又は著作隣接権を侵害した者に対し，その著作権，出版権又は著作隣接権の行使につき受けるべき金銭の額に相当する額を自己が受けた損害の額として，その賠償を請求することができる．
④ 著作権者又は著作隣接権者は，前項の規定によりその著作権又は著作隣接権を侵害した者に対し損害の賠償を請求する場合において，その著作権又は著作隣接権が著作権等管理事業法第2条第1項に規定する管理委託契約に基づき著作権等管理事業者が管理するものであるときは，当該著作権等管理事業者が定める同法第13条第1項に規定する使用料規程のうちその侵害の行為に係る著作物等の利用の態様について適用されるべき規定により算出したその著作権又は著作隣接権に係る著作物等の使用料の額（当該額の算出方法が複数あるときは，当該複数の算出方法により算出した額のうち最も高い額）をもつて，前項に規定する金銭の額とすることができる．
⑤ 裁判所は，第1項第2号及び第3項に規定する著作権，出版権又は著作隣接権の行使につき受けるべき金銭の額に相当する額を認定するに当たつては，著作権者等が，自己の著作権，出版権又は著作隣接権の侵害があつたことを前提として当該著作権，出

版権又は著作隣接権を侵害した者との間でこれらの権利の行使の対価についての合意をするとしたならば、当該著作権者等が得ることとなるその対価を考慮することができる。

⑥ 第3項の規定は、同項に規定する金額を超える損害の賠償の請求を妨げない。この場合において、著作権、出版権又は著作隣接権を侵害した者に故意又は重大な過失がなかつたときは、裁判所は、損害の賠償の額を定めるについて、これを参酌することができる。

（具体的態様の明示義務）

第114条の2 著作者人格権、著作権、出版権、実演家人格権又は著作隣接権の侵害に係る訴訟において、著作者、著作権者、出版権者、実演家又は著作隣接権者が侵害の行為を組成したもの又は侵害の行為の具体的態様を否認するときは、相手方は、自己の行為の具体的態様を明らかにしなければならない。ただし、相手方において明らかにすることができない相当の理由があるときは、この限りでない。

（書類の提出等）

第114条の3 ① 裁判所は、著作者人格権、著作権、出版権、実演家人格権又は著作隣接権の侵害に係る訴訟においては、当事者の申立てにより、当事者に対し、当該侵害の行為について立証するため、又は当該侵害の行為による損害の計算をするため必要な書類又はその電磁的記録の提出を命ずることができる。ただし、その書類の所持者又はその電磁的記録を利用する権限を有する者においてその提出を拒むことについて正当な理由があるときは、この限りでない。

② 裁判所は、前項本文の申立てに係る書類若しくは電磁的記録が同項本文の書類若しくは電磁的記録に該当するかどうか又は同項ただし書に規定する正当な理由があるかどうかの判断をするため必要があると認めるときは、書類の所持者又は電磁的記録を利用する権限を有する者にその提示をさせることができる。この場合においては、何人も、その提示された書類又は電磁的記録の開示を求めることができない。

③ 裁判所は、前項の場合において、第1項本文の申立てに係る書類若しくは電磁的記録が同項本文の書類若しくは電磁的記録に該当するかどうか又は同項ただし書に規定する正当な理由があるかどうかについて前項後段の書類又は電磁的記録を開示してその意見を聴くことが必要であると認めるときは、当事者等（当事者（法人である場合にあつては、その代表者）又は当事者の代理人（訴訟代理人及び補佐人を除く。）、使用人その他の従業者をいう。第114条の6第1項において同じ。）、訴訟代理人又は補佐人に対し、当該書類又は当該電磁的記録を開示することができる。

④ 裁判所は、第2項の場合において、同項後段の書類又は電磁的記録を開示して専門的な知見に基づく説明を聴くことが必要であると認めるときは、当事者の同意を得て、民事訴訟法（平成8年法律第109号）第1編第5章第2節第1款に規定する専門委員に対し、当該書類又は当該電磁的記録を開示することができる。

⑤ 前各項の規定は、著作者人格権、著作権、出版権、実演家人格権又は著作隣接権の侵害に係る訴訟における当該侵害の行為について立証するため必要

な検証の目的の提示について準用する。

〔－箇所：令4法48、施行4年内、＝箇所：削除：令5法53、令8・5・24までに施行〕

（名誉回復等の措置）

第115条 著作者又は実演家は、故意又は過失によりその著作者人格権又は実演家人格権を侵害した者に対し、損害の賠償に代えて、又は損害の賠償とともに、著作者又は実演家であることを確保し、又は訂正その他著作者若しくは実演家の名誉若しくは声望を回復するために適当な措置を請求することができる。

（著作者又は実演家の死後における人格的利益の保護のための措置）

第116条 ① 著作者又は実演家の死後においては、その遺族（死亡した著作者又は実演家の配偶者、子、父母、孫、祖父母又は兄弟姉妹をいう。以下この条において同じ。）は、当該著作者又は実演家について第60条又は第101条の3の規定に違反する行為をする者又はするおそれがある者に対し第112条の請求を、故意又は過失により著作者人格権又は実演家人格権を侵害する行為又は第60条若しくは第101条の3の規定に違反する行為をした者に対し前条の請求をすることができる。

② 前項の請求をすることができる遺族の順位は、同項に規定する順序とする。ただし、著作者又は実演家が遺言によりその順位を別に定めた場合は、その順序とする。

③ 著作者又は実演家は、遺言により、遺族に代えて第1項の請求をすることができる者を指定することができる。この場合において、その指定を受けた者は、当該著作者又は実演家の死亡の日の属する年の翌年から起算して70年を経過した後（その経過する時に遺族が存する場合にあつては、その存しなくなつた後）においては、第1項の請求をすることができない。

（共同著作物等の権利侵害）

第117条 ① 共同著作物の各著作者又は各著作権者は、他の著作者又は他の著作権者の同意を得ないで、第112条の規定による請求又はその著作権の侵害に係る自己の持分に対する損害の賠償の請求若しくは自己の持分に応じた不当利得の返還の請求をすることができる。

② 前項の規定は、共有に係る著作権又は著作隣接権の侵害について準用する。

（無名又は変名の著作物に係る権利の保全）

第118条 ① 無名又は変名の著作物の発行者は、その著作物の著作者又は著作権者のために、自己の名をもつて、第112条、第115条若しくは第116条第1項の請求又はその著作物の著作者人格権若しくは著作権の侵害に係る損害の賠償の請求若しくは不当利得の返還の請求を行なうことができる。ただし、著作者の変名がその者のものとして周知のものである場合及び第75条第1項の実名の登録があつた場合は、この限りでない。

② 無名又は変名の著作物の複製物にその実名又は周知の変名が著作者名として通常の方法により表示されている者は、その著作物の発行者と推定する。

第9章 罰 則（略）

〔令5法33、施行3年内〕

VIII 国 際 法

95 国際連合憲章 (抄)

1945(昭20)・6・26 署名, 10・24 発効
(昭31・12・19 条約第 26 号, 最終改正:昭48・9・24)

われら連合国の人民は,

われらの一生のうちに二度まで言語に絶する悲哀を人類に与えた戦争の惨害から将来の世代を救い,

基本的人権と人間の尊厳及び価値と男女及び大小各国の同権とに関する信念をあらためて確認し,

正義と条約その他の国際法の源泉から生ずる義務の尊重とを維持することができる条件を確立し,

一層大きな自由の中で社会的進歩と生活水準の向上とを促進することを

並びに, このために,

寛容を実行し, 且つ, 善良な隣人として互いに平和に生活し,

国際の平和及び安全を維持するためにわれらの力を合わせ,

共同の利益の場合を除く外は武力を用いないことを原則の受諾と方法の設定によって確保し,

すべての人民の経済的及び社会的発達を促進するために国際機構を用いることを決意して,

これらの目的を達成するために, われらの努力を結集することに決定した.

よって, われらの各自の政府は, サン・フランシスコ市に会合し, 全権委任状を示してそれが良好妥当であると認められた代表者を通じて, この国際連合憲章に同意したので, ここに国際連合という国際機構を設ける.

第 1 章　目的及び原則

第1条
国際連合の目的は, 次のとおりである.
1 国際の平和及び安全を維持すること. そのために, 平和に対する脅威の防止及び除去と侵略行為その他の平和の破壊の鎮圧とのため有効な集団的措置をとること並びに平和を破壊するに至る虞のある国際的の紛争又は事態の調整または解決を平和的手段によって且つ正義及び国際法の原則に従って実現すること.
2 人民の同権及び自決の原則の尊重に基礎をおく諸国間の友好関係を発展させること並びに世界平和を強化するために他の適当な措置をとること.
3 経済的, 社会的, 文化的または人道的性質を有する国際問題を解決することについて, 並びに人種, 性, 言語または宗教による差別なくすべての者のために人権及び基本的自由を尊重するように助長奨励することについて, 国際協力を達成すること.
4 これらの共通の目的の達成に当たって諸国の行動を調和するための中心となること.

第2条
この機構及びその加盟国は, 第 1 条に掲げる目的を達成するに当たっては, 次の原則に従って行動しなければならない.

1 この機構は, そのすべての加盟国の主権平等の原則に基礎をおいている.
2 すべての加盟国は, 加盟国の地位から生ずる権利及び利益を加盟国のすべてに保障するために, この憲章に従って負っている義務を誠実に履行しなければならない.
3 すべての加盟国は, その国際紛争を平和的手段によって国際の平和及び安全並びに正義を危うくしないように解決しなければならない.
4 すべての加盟国は, その国際関係において, 武力による威嚇又は武力の行使を, いかなる国の領土保全又は政治的独立に対するものも, また, 国際連合の目的と両立しない他のいかなる方法によるものも慎まなければならない.
5 すべての加盟国は, 国際連合がこの憲章に従ってとるいかなる行動についても国際連合にあらゆる援助を与え, 且つ, 国際連合の防止行動又は強制行動の対象となっているいかなる国に対しても援助の供与を慎まなければならない.
6 この機構は, 国際連合加盟国ではない国が, 国際の平和及び安全の維持に必要な限り, これらの原則に従って行動することを確保しなければならない.
7 この憲章のいかなる規定も, 本質上いずれかの国の国内管轄権内にある事項に干渉する権限を国際連合に与えるものではなく, また, その事項をこの憲章に基く解決に付託することを加盟国に要求するものでもない. 但し, この原則は, 第 7 章に基く強制措置の適用を妨げるものではない.

第 2 章　加盟国の地位

第3条
国際連合の原加盟国は, サン・フランシスコにおける国際機構に関する連合国会議に参加した国又はさきに 1942 年 1 月 1 日の連合国宣言に署名した国で, この憲章に署名し, 且つ, 第 110 条に従ってこれを批准するものをいう.

第4条
1 国際連合における加盟国の地位は, この憲章に掲げる義務を受諾し, 且つ, この機構によってこの義務を履行する能力及び意思があると認められる他のすべての平和愛好国に開放されている.
2 前記の国が国際連合加盟国となることの承認は, 安全保障理事会の勧告に基いて, 総会の決定によって行われる.

第5条
安全保障理事会の防止行動または強制行動の対象となった国際連合加盟国に対しては, 総会が, 安全保障理事会の勧告に基づいて, 加盟国としての権利及び特権の行使を停止することができる. これらの権利及び特権の行使は, 安全保障理事会が回復することができる.

第6条
この憲章に掲げる原則に執拗に違反した国際連合加盟国は, 総会が, 安全保障理事会の勧告に基づいて, この機構から除名することができる.

第 3 章　機　関

第7条
1 国際連合の主要機関として, 総会, 安全保障理事会, 経済社会理事会, 信託統治理事会, 国際司法裁判所及び事務局を設ける.

2 必要と認められる補助機関は、この憲章に従って設けることができる.

第8条
国際連合は、その主要機関及び補助機関に男女がいかなる地位にも平等の条件で参加する資格があることについて、いかなる制限も設けてはならない.

第4章 総会

【構 成】
第9条
1 総会は、すべての国際連合加盟国で構成する.
2 各加盟国は、総会において5人以下の代表者を有するものとする.

【任務及び権限】
第10条
総会は、この憲章の範囲内にある問題若しくは事項又はこの憲章に規定する機関の権限及び任務に関する問題若しくは事項を討議し、並びに、第12条に規定する場合を除く外、このような問題又は事項について国際連合加盟国若しくは安全保障理事会又はこの両者に対して勧告をすることができる.

第11条
1 総会は、国際の平和及び安全の維持についての協力に関する一般原則を、軍備縮小及び軍備規制を律する原則も含めて、審議し、並びにこのような原則について国際連合加盟国若しくは安全保障理事会又はこの両者に対して勧告をすることができる.
2 総会は、国際連合加盟国若しくは安全保障理事会によって、又は第35条2に従い国際連合加盟国でない国によって総会に付託される国際の平和及び安全の維持に関するいかなる問題も討議し、並びに、第12条に規定する場合を除く外、このような問題について国際連合加盟国若しくは安全保障理事会あるいはこの両者に対して勧告をすることができる. このような問題で行動を必要とするものは、討議の前または後に、総会によって安全保障理事会に付託されなければならない.
3 総会は、国際の平和及び安全を危くする虞のある事態について、安全保障理事会の注意を促すことができる.
4 本条に掲げる総会の権限は、第10条の一般的範囲を制限するものではない.

第12条
1 安全保障理事会がこの憲章によって与えられた任務をいずれかの紛争または事態について遂行している間は、総会は、安全保障理事会が要請しない限り、この紛争又は事態について、いかなる勧告もしてはならない.
2 事務総長は、国際の平和及び安全の維持に関する事項で安全保障理事会が取り扱っているものを、その同意を得て、会期ごとに総会に対して通告しなければならない. 事務総長は、安全保障理事会がその事項を取り扱うことをやめた場合にも、直ちに、総会又は、総会が閉会中でないときは、国際連合加盟国に対して同様に通告しなければならない.

第13条
1 総会は、次の目的のために研究を発議し、及び勧告をする.
a 政治的分野において国際協力を促進すること並びに国際法の漸新的発達及び法典化を奨励すること.
b 経済的、社会的、文化的、教育的及び保健的分野

において国際協力を促進すること並びに人種、性、言語又は宗教による差別なくすべての者のために人権及び基本的自由を実現するように援助すること.
2 前記の1bに掲げる事項に関する総会の他の責任、任務及び権限は、第9章及び第10章に掲げる.

第14条
第12条の規定を留保して、総会は、起因にかかわりなく、一般的福祉または諸国間の友好関係を害する虞があると認めるいかなる事態についても、これを平和的に調整するための措置を勧告することができる. この事態には、国際連合の目的及び原則を定めるこの憲章の規定の違反から生ずる事態が含まれる.

第15条〜第17条 （略）

【表 決】
第18条
1 総会の各構成国は、1個の投票権を有する.
2 重要問題に関する総会の決定は、出席し且つ投票する構成国の3分の2の多数によって行われる. 重要問題には、国際の平和及び安全の維持に関する勧告、安全保障理事会の非常任理事国の選挙、経済社会理事会の理事国の選挙、第86条1cによる信託統治理事会の理事国の選挙、新加盟国の国際連合への加盟の承認、加盟国としての権利及び特権の停止、加盟国の除名、信託統治制度の運用に関する問題並びに予算問題が含まれる.
3 その他の問題に関する決定は、3分の2の多数によって決定されるべき問題の新たな部類の決定を含めて、出席し且つ投票する構成国の過半数によって行われる.

第19条
この機構に対する分担金の支払が延滞している国際連合加盟国は、その延滞金の額がその時までの満2年間にその国から支払われるべきであった分担金の額に等しいか又はこれをこえるときは、総会で投票権を有しない. 但し、総会は、支払いの不履行がこのような加盟国にとってやむを得ない事情によると認めるときは、その加盟国に投票を許すことができる.

【手 続】
第20条
総会は、年次通常会期として、また、必要がある場合に特別会期として会合する. 特別会期は、安全保障理事会の要請又は国際連合加盟国の過半数の要請があったとき、事務総長が招集する.

第21条
総会は、その手続規則を採択する. 総会は、その議長を会期ごとに選挙する.

第22条
総会は、その任務の遂行に必要と認める補助機関を設けることができる.

第5章 安全保障理事会

【構 成】
第23条
1 安全保障理事会は、15の国際連合加盟国で構成する. 中華民国、フランス、ソヴィエト社会主義共和国連邦、グレート・ブリテン及び北部アイルランド連合王国及びアメリカ合衆国は、安全保障理事会の常任理事国となる. 総会は、第一に国際の平和及び安全の維持とこの機構のその他の目的とに対する国際連合加盟国の貢献に、更に衡平な地理的分配に特に妥当な考慮を払って、安全保障理事会の非常任

理事国となる他の10の国際連合加盟国を選挙する.

2　安全保障理事会の非常任理事国は, 2年の任期で選挙される. 安全保障理事会の理事国の定数が11から15に増加された後の第1回の非常任理事国の選挙では, 追加の4理事国のうち2理事国は, 1年の任期で選ばれる. 退任理事国は, 引き続いて再選される資格はない.

3　安全保障理事会の各理事国は, 1人の代表を有する.

【任務及び権限】

第24条

1　国際連合の迅速且つ有効な行動を確保するために, 国際連合加盟国は, 国際の平和及び安全の維持に関する主要な責任を安全保障理事会に負わせるものとし, 且つ, 安全保障理事会がこの責任に基く義務を果すに当って加盟国に代って行動することに同意する.

2　前記の義務を果すに当たっては, 安全保障理事会は, 国際連合の目的及び原則に従って行動しなければならない. この義務を果すために安全保障理事会に与えられる特定の権限は, 第6章, 第7章, 第8章及び第12章で定める.

3　安全保障理事会は, 年次報告を, また, 必要があるときは特別報告を総会に審議のため提出しなければならない.

第25条

国際連合加盟国は, 安全保障理事会の決定をこの憲章に従って受諾し且つ履行することに同意する.

第26条

世界の人的及び経済的資源を軍備のために転用することを最も少くして国際の平和及び安全の確立及び維持を促進するために, 安全保障理事会は, 軍備規制の方式を確立するため国際連合加盟国に提出される計画を, 第47条に掲げる軍事参謀委員会の援助を得て, 作成する責任を負う.

【表決】

第27条

1　安全保障理事会の各理事国は, 1個の投票権を有する.

2　手続事項に関する安全保障理事会の決定は, 9理事国の賛成投票によって行われる.

3　その他のすべての事項に関する安全保障理事会の決定は, 常任理事国の同意投票を含む9理事国の賛成投票によって行われる. 但し, 第6章及び第52条3に基く決定については, 紛争当事国は, 投票を棄権しなければならない.

【手続】

第28条

1　安全保障理事会は, 継続して任務を行うことができるように組織する. このために, 安全保障理事会の各理事国は, この機構の所在地に常に代表者をおかなければならない.

2　安全保障理事会は, 定期会議を開く. この会議においては, 各理事国は, 希望すれば, 閣員または特に指名する他の代表者によって代表されることができる.

3　安全保障理事会は, その事業を最も容易にすると認めるこの機構の所在地以外の場所で, 会議を開くことができる.

第29条

安全保障理事会は, その任務の遂行に必要と認める補助機関を設けることができる.

第30条

安全保障理事会は, 議長を選定する方法を含むその手続規則を採択する.

第31条

安全保障理事会の理事国でない国際連合加盟国は, 安全保障理事会に付託された問題について, 理事会がこの加盟国の利害に特に影響があると認めるときはいつでも, この問題の討議に投票権なしで参加することができる.

第32条

安全保障理事会の理事国でない国際連合加盟国又は国際連合加盟国でない国は, 安全保障理事会の審議中の紛争の当事者であるときは, この紛争に関する討議に投票権なしで参加するように勧誘されなければならない. 安全保障理事会は, 国際連合加盟国でない国の参加のために公正と認める条件を定める.

第6章　紛争の平和的解決

第33条

1　いかなる紛争でも継続が国際の平和及び安全の維持を危うくする虞のあるものについては, その当事者は, まず第一に, 交渉, 審査, 仲介, 調停, 仲裁裁判, 司法的解決, 地域的機関又は地域的取極の利用その他当事者が選ぶ平和的手段による解決を求めなければならない.

2　安全保障理事会は, 必要と認めるときは, 当事者に対して, その紛争を前記の手段によって解決するように要請する.

第34条

安全保障理事会は, いかなる紛争についても, 国際的摩擦に導き又は紛争を発生させる虞のあるいかなる事態についても, その紛争または事態の継続が国際の平和及び安全の維持を危うくする虞があるかどうかを決定するために調査することができる.

第35条

1　国際連合加盟国は, いかなる紛争についても, 第34条に掲げる性質のいかなる事態についても, 安全保障理事会又は総会の注意を促すことができる.

2　国際連合加盟国でない国は, 自国が当事者であるいかなる紛争についても, この憲章に定める平和的解決の義務をこの紛争についてあらかじめ受諾すれば, 安全保障理事会又は総会の注意を促すことができる.

3　本条に基いて注意を促された事項に関する総会の手続は, 第11条及び第12条の規定に従うものとする.

第36条

1　安全保障理事会は, 第33条に掲げる性質の紛争又は同様の性質の事態のいかなる段階においても, 適当な調整の手続又は方法を勧告することができる.

2　安全保障理事会は, 当事者が既に採用した紛争解決の手続を考慮に入れなければならない.

3　本条に基いて勧告をするに当っては, 安全保障理事会は, 法律的紛争が国際司法裁判所規程の規定に従い当事者によって原則として同裁判所に付託されなければならないことも考慮に入れなければならない.

第37条

1　第33条に掲げる性質の紛争の当事者は, 同条に示す手段によってこの紛争を解決することができなかったときは, これを安全保障理事会に付託しなければならない.

2　安全保障理事会は，紛争の継続が国際の平和及び安全の維持を危うくする虞が実際にあると認めるときは，第36条に基く行動をとるか，適当と認める解決条件を勧告するかのいずれかを決定しなければならない．

第38条

第33条から第37条までの規定にかかわらず，安全保障理事会は，いかなる紛争についても，すべての紛争当事者が要請すれば，その平和的解決のためにこの当事者に対して勧告をすることができる．

第7章　平和に対する脅威，平和の破壊及び侵略行為に関する行動

第39条

安全保障理事会は，平和に対する脅威，平和の破壊又は侵略行為の存在を決定し，並びに，国際の平和及び安全を維持し又は回復するために，勧告をし，又は第41条及び第42条に従っていかなる措置をとるかを決定する．

第40条

事態の悪化を防ぐため，第39条の規定により勧告をし，又は措置を決定する前に，安全保障理事会は，必要又は望ましいと認める暫定措置に従ううように関係当事者に要請することができる．この暫定措置は，関係当事者の権利，請求権又は地位を害するものではない．安全保障理事会は，関係当事者がこの暫定措置に従わなかったときは，そのことに妥当な考慮を払わなければならない．

第41条

安全保障理事会は，その決定を実施するために，兵力の使用を伴わないいかなる措置を使用すべきかを決定することができ，且つ，この措置を適用するように国際連合加盟国に要請することができる．この措置は，経済関係及び鉄道，航海，航空，郵便，電信，無線通信その他の運輸通信の手段の全部又は一部の中断並びに外交関係の断絶を含むことができる．

第42条

安全保障理事会は，第41条に定める措置では不充分であろうと認め，又は不充分なことが判明したと認めるときは，国際の平和及び安全の維持又は回復に必要な空軍，海軍または陸軍の行動をとることができる．この行動は，国際連合加盟国の空軍，海軍又は陸軍による示威，封鎖その他の行動を含むことができる．

第43条

1　国際の平和及び安全の維持に貢献するため，すべての国際連合加盟国は，安全保障理事会の要請に基き且つ一又は二以上の特別協定に従って，国際の平和及び安全の維持に必要な兵力，援助及び便益を安全保障理事会に利用させることを約束する．この便益には，通過の権利が含まれる．

2　前記の協定は，兵力の数及び種類，その出動準備程度及び一般的配置並びに提供されるべき便益及び援助の性質を規定する．

3　前記の協定は，安全保障理事会の発議によって，なるべくすみやかに交渉する．この協定は，安全保障理事会と加盟国との間又は安全保障理事会と加盟国群との間に締結され，且つ，署名国によって各自の憲法上の手続に従って批准されなければならない．

第44条

安全保障理事会は，兵力を用いることに決定したときは，理事会に代表されていない加盟国に対して第43条に基いて負った義務の履行として兵力を提供するように要請する前に，その加盟国が希望すれば，その加盟国の兵力中の割当部隊の使用に関する安全保障理事会の決定に参加するようにその加盟国を勧誘しなければならない．

第45条

国際連合が緊急の軍事措置をとることができるようにするために，加盟国は，合同の国際的強制行動のため国内空軍割当部隊を直ちに利用に供することができるように保持しなければならない．これらの割当部隊の数量及び出動準備程度並びにその合同行動の計画は，第43条に掲げる一又は二以上の特別協定の定める範囲内で，軍事参謀委員会の援助を得て安全保障理事会が決定する．

第46条

兵力使用の計画は，軍事参謀委員会の援助を得て安全保障理事会が作成する．

第47条

1　国際の平和及び安全の維持のための安全保障理事会の軍事的要求，理事会の自由に任された兵力の使用及び指揮，軍備規制並びに可能な軍備縮小に関するすべての問題について理事会に助言及び援助を与えるために，軍事参謀委員会を設ける．

2　軍事参謀委員会は，安全保障理事会の常任理事国の参謀総長又はその代表者で構成する．この委員会に常任委員として代表されていない国際連合加盟国は，委員会の責任の有効な遂行のため委員会の事業へのその国の参加が必要であるときは，委員会によってこれと提携するように勧誘されなければならない．

3　軍事参謀委員会は，安全保障理事会の下で，理事会の自由に任された兵力の戦略的指導について責任を負う．この兵力の指揮に関する問題は，後に解決する．

4　軍事参謀委員会は，安全保障理事会の許可を得て，且つ，適当な地域的機関と協議した後に，地域的小委員会を設けることができる．

第48条

1　国際の平和及び安全の維持のための安全保障理事会の決定を履行するのに必要な行動は，安全保障理事会が定めるところに従って国際連合加盟国の全部または一部によってとられる．

2　前記の国際連合加盟国は，国際連合によって直接に，また，国際連合加盟国が参加している適当な国際機関におけるこの加盟国の行動によって履行される．

第49条

国際連合加盟国は，安全保障理事会が決定した措置を履行するに当たって，共同して相互援助を与えなければならない．

第50条

安全保障理事会がある国に対して防止措置又は強制措置をとったときは，他の国でこの措置の履行から生ずる特別の経済問題に自国が当面したと認めるものは，国際連合加盟国であるかどうかを問わず，この問題の解決について安全保障理事会と協議する権利を有する．

第51条

この憲章のいかなる規定も，国際連合加盟国に対して武力攻撃が発生した場合には，安全保障理事会が国際の平和及び安全の維持に必要な措置をとるま

での間, 個別的又は集団的自衛の固有の権利を害するものではない. この自衛権の行使に当って加盟国がとった措置は, 直ちに安全保障理事会に報告しなければならない. また, この措置は, 安全保障理事会が国際の平和及び安全の維持または回復のために必要と認める行動をいつでもとるこの憲章に基く権能及び責任に対しては, いかなる影響も及ぼすものではない.

第8章　地域的取極

第52条

1　この憲章のいかなる規定も, 国際の平和及び安全の維持に関する事項で地域的行動に適当なものを処理するための地域的取極又は地域的機関が存在することを妨げるものではない. 但し, この取極又は機関及びその行動が国際連合の目的及び原則と一致することを条件とする.

2　前記の取極を締結し, 又は前記の機関を組織する国際連合加盟国は, 地方的紛争を安全保障理事会に付託する前に, この地域的取極または地域的機関によってこの紛争を平和的に解決するようにあらゆる努力をしなければならない.

3　安全保障理事会は, 関係国の発意に基くものであるか安全保障理事会からの付託によるものであるかを問わず, 前記の地域的取極又は地域的機関による地方的紛争の平和的解決の発達を奨励しなければならない.

4　本条は, 第34条及び第35条の適用をなんら害するものではない.

第53条

1　安全保障理事会は, その権威の下における強制行動のために, 適当な場合には, 前記の地域的取極または地域的機関を利用する. 但し, いかなる強制行動も, 安全保障理事会の許可がなければ, 地域的取極に基いて又は地域的機関によってとられてはならない. もっとも, 本条2に定める敵国のいずれかに対する措置で, 第107条に従って規定されるもの又はこの敵国における侵略政策の再現に備える地域的取極において規定されるものは, 関係政府の要請に基いてこの機構がこの敵国による新たな侵略を防止する責任を負うときまで例外とする.

2　本条1で用いる敵国という語は, 第二次世界大戦中にこの憲章のいずれかの署名国の敵国であった国に適用される.

第54条

安全保障理事会は, 国際の平和及び安全の維持のために地域的取極に基いて又は地域的機関によって開始され又は企図されている活動について, 常に充分に通報されていなければならない.

第9章　経済的及び社会的国際協力

第55条

人民の同権及び自決の原則の尊重に基礎をおく諸国間の平和的且つ友好的関係に必要な安定及び福祉の条件を創造するために, 国際連合は, 次のことを促進しなければならない.

　a　一層高い生活水準, 完全雇用並びに経済的及び社会的の進歩及び発展の条件

　b　経済的, 社会的及び保健的国際問題と関係国際問題の解決並びに文化的及び教育的国際協力

　c　人種, 性, 言語または宗教による差別のないすべての者のための人権及び基本的自由の普遍的な尊重及び遵守

第56条

すべての加盟国は, 第55条に掲げる目的を達成するために, この機構と協力して, 共同及び個別の行動をとることを誓約する.

第57条

1　政府間の協定によって設けられる各種の専門機関で, 経済的, 社会的, 文化的, 教育的及び保健的分野並びに関係分野においてその基本的文書で定めるところにより広い国際的責任を有するものは, 第63条の規定に従って国際連合と連携関係をもたされなければならない.

2　こうして国際連合と連携関係をもたされる前記の機関は, 以下専門機関という.

第58条

この機構は, 専門機関の政策及び活動を調整するために勧告をする.

第59条

この機構は, 適当な場合には, 第55条に掲げる目的の達成に必要な新たな専門機関を設けるために関係国間の交渉を発議する.

第60条

この章に掲げるこの機構の任務を果たす責任は, 総会及び, 総会の権威の下に, 経済社会理事会に課せられる. 理事会は, このために第10章に掲げる権限を有する.

第10章　経済社会理事会

【構　成】

第61条

1　経済社会理事会は, 総会によって選挙される54の国際連合加盟国で構成する.

2　3の規定を留保して, 経済社会理事会の18理事国は, 3年の任期で毎年選挙される. 退任理事国は, 引き続いて再選される資格がある.

3　経済社会理事会の理事国の定数が27から54に増加された後の第1回の選挙では, その年の終わりに任期が終了する9理事国に代って選挙される理事国に加えて, 更に27理事国が選挙される. このようにして選挙された追加の27理事国のうち9理事国の任期は1年の終りに, 他の9理事国の任期は2年の終りに, 総会の定めるところに従って終了する.

4　経済社会理事会の各理事国は, 1人の代表者を有する.

第62条

1　経済社会理事会は, 経済的, 社会的, 文化的, 教育的及び保健的国際事項並びに関係国際事項に関する研究及び報告を行い, または発議し, 並びにこれらの事項に関して総会, 国際連合加盟国及び関係専門機関に勧告をすることができる.

2　理事会は, すべての者のための人権及び基本的自由の尊重及び遵守を助長するために, 勧告をすることができる.

3　理事会は, その権限に属する事項について, 総会に提出するための条約案を作成することができる.

4　理事会は, 国際連合の定める規則に従って, その権限に属する事項について国際会議を招集することができる.

第63条〜第72条　（略）

第11章　非自治地域に関する宣言

第73条

人民がまだ完全に自治を行うに至っていない地域の施政を行う責任を有し、又は引き受ける国際連合加盟国は、この地域の住民の利益が至上のものであるという原則を承認し、且つ、この地域の住民の福祉をこの憲章の確立する国際の平和及び安全の制度内で最高度まで増進する義務並びにそのために次のことを行う義務を神聖な信託として受託する。

a 関係人民の文化を充分に尊重して、この人民の政治的、経済的、社会的及び教育的進歩、公正な待遇並びに虐待からの保護を確保すること。

b 各地域及びその人民の特殊事情並びに人民の進歩の異なる段階に応じて、自治を発達させ、人民の政治的願望に妥当な考慮を払い、且つ、人民の自由な政治制度の斬新的発達について人民を援助すること。

c 国際の平和及び安全を増進すること。

d 本条に掲げる社会的、経済的及び科学的目的を実際に達成するために、建設的な発展措置を促進し、研究を奨励し、且つ、相互に及び適当な場合には専門国際団体と協力すること。

e 第12章及び第13章の適用を受ける地域を除く外、前記の加盟国がそれぞれ責任を負う地域における経済的、社会的及び教育的状態に関する専門的性質の統計その他の資料を、安全保障及び憲法上の考慮から必要な制限に従うことを条件として、情報用として事務総長に定期的に送付すること。

第74条

国際連合加盟国は、また、本章の適用を受ける地域に関するその政策を、その本土に関する政策と同様に、世界の他の地域の利益及び福祉に妥当な考慮を払った上で、社会的、経済的及び商業的事項に関して善隣主義の一般原則に基かせなければならないことに同意する。

第12章　国際信託統治制度

第75条

国際連合は、その権威の下に、国際信託統治制度を設ける。この制度は、今後の個々の協定によってこの制度の下におかれる地域の施政及び監督を目的とする。この地域は、以下信託統治地域という。

第76条

信託統治制度の基本目的は、この憲章の第1条に掲げる国際連合の目的に従って、次のとおりとする。

a 国際の平和及び安全を増進すること。

b 信託統治地域の住民の政治的、経済的、社会的及び教育的進歩を促進すること。各地域及びその人民の特殊事情並びに関係人民が自由に表明した願望に適合するように、且つ、各信託統治協定の条項が規定するところに従って、自治または独立に向っての住民の漸進的発達を促進すること。

c 人種、性、言語または宗教による差別なくすべての者のために人権及び基本的自由を尊重するように奨励し、且つ、世界の人民の相互依存の認識を助長すること。

d 前記の目的の達成を妨げることなく、且つ、第80条の規定を留保して、すべての国際連合加盟国及びその国民のために社会的、経済的及び商業的事項について平等の待遇を確保し、また、その国民のために司法上で平等の待遇を確保すること。

第77条

1 信託統治制度は、次の種類の地域で信託統治協定によってこの制度の下におかれるものに適用する。

a 現に委任統治の下にある地域

b 第二次世界大戦の結果として敵国から分離される地域

c 施政について責任を負う国によって自発的にこの制度の下におかれる地域

2 前記の種類のうちのいずれの地域がいかなる条件で信託統治制度の下におかれるかについては、今後の協定で定める。

第78条

国際連合加盟国の間の関係は、主権平等の原則の尊重を基礎とするから、信託統治制度は、加盟国となった地域には適用しない。

第79条

信託統治制度の下におかれる各地域に関する信託統治の条項は、いかなる変更又は改正をも含めて、直接関係国によって協定され、且つ、第83条及び第85条に規定するところに従って承認されなければならない。この直接関係国は、国際連合加盟国の委任統治の下にある地域の場合には、受任国を含む。

第80条

1 第77条、第79条及び第81条に基いて締結され、各地域を信託統治制度の下に個々の信託統治協定において協定されるところを除き、また、このような協定が締結される時まで、本章の規定は、いずれの国又はいずれの人民のいかなる権利をも、また、国際連合加盟国がそれぞれ当事国となっている現存の国際文書の条項をも、直接又は間接にどのようにも変更するものと解釈してはならない。

2 本条1は、第77条に規定するところに従って委任統治地域及びその他の地域を信託統治制度の下におくための協定の交渉及び締結の遅滞又は延期に対して、根拠を与えるものと解釈してはならない。

第81条

信託統治協定は、各場合において、信託統治地域の施政を行うについての条件を含み、且つ、信託統治地域の施政を行う当局を指定しなければならない。この当局は、以下施政権者といい、一若しくは二以上の国またはこの機構自身であることができる。

第82条

いかなる信託統治協定においても、その協定が適用される信託統治地域の一部又は全部を含む一又は二以上の戦略地区を指定することができる。但し、第43条に基いて締結される特別協定を害してはならない。

第83条

1 戦略地区に関する国際連合のすべての任務は、信託統治協定の条項及びその変更又は改正の承認を含めて、安全保障理事会が行う。

2 第76条に掲げる基本目的は、各戦略地区の人民に適用する。

3 安全保障理事会は、国際連合の信託統治制度に基く任務で戦略地区の政治的、経済的、社会的及び教育的事項に関するものを遂行するために、信託統治理事会の援助を利用する。但し、信託統治協定の規定には従うものとし、また、安全保障の考慮が妨げられてはならない。

第84条

信託統治地域が国際の平和及び安全の維持につい

てその役割を果すようにすることは,施政権者の義務である.このため,施政権者は,この点に関して安全保障理事会に対して負う義務を履行するに当って,また,地方的防衛並びに信託統治地域における法律及び秩序の維持のために,信託統治地域の義勇軍,便益及び援助を利用することができる.

第85条

1　戦略地区として指定されないすべての地区に関する信託統治協定についての国際連合の任務は,この協定の条項及びその変更又は改正の承認を含めて,総会が行う.

2　総会の権威の下に行動する信託統治理事会は,前記の任務の遂行について総会を援助する.

第13章　信託統治理事会

第86条〜第91条　（略）

第14章　国際司法裁判所

第92条

国際司法裁判所は,国際連合の主要な司法機関である.この裁判所は,付属の規程に従って任務を行う.この規定は,常設国際司法裁判所規程を基礎とし,且つ,この憲章と不可分の一体をなす.

第93条

1　すべての国際連合加盟国は,当然に,国際司法裁判所規程の当事国となる.

2　国際連合加盟国でない国は,安全保障理事会の勧告に基いて総会が各場合に決定する条件で国際司法裁判所規程の当事国となることができる.

第94条

1　各国際連合加盟国は,自国が当事者であるいかなる事件においても,国際司法裁判所の裁判に従うことを約束する.

2　事件の一方の当事者が裁判所の与える判決に基いて自国が負う義務を履行しないときは,他方の当事者は,安全保障理事会に訴えることができる.理事会は,必要と認めるときは,判決を執行するために勧告をし,又はとるべき措置を決定することができる.

第95条

この憲章のいかなる規定も,国際連合加盟国が相互の紛争の解決を既に存在し又は将来締結する協定によって他の裁判所に付託することを妨げるものではない.

第96条

1　総会又は安全保障理事会は,いかなる法律問題についても勧告的意見を与えるように国際司法裁判所に要請することができる.

2　国際連合のその他の機関及び専門機関でいずれかの時に総会の許可を得るものは,また,その活動の範囲内において生ずる法律問題について裁判所の勧告的意見を要請することができる.

第15章　事務局

第97条

事務局は,1人の事務総長及びこの機構が必要とする職員からなる.事務総長は,安全保障理事会の勧告に基いて総会が任命する.事務総長は,この機構の行政職員の長である.

第98条

事務総長は,総会,安全保障理事会,経済社会理事

会及び信託統治理事会のすべての会議において事務総長の資格で行動し,且つ,これらの機関から委託される他の任務を遂行する.事務総長は,この機構の事業について総会に年次報告を行う.

第99条

事務総長は,国際の平和及び安全の維持を脅威すると認める事項について,安全保障理事会の注意を促すことができる.

第100条

1　事務総長及び職員は,その任務の遂行に当って,いかなる政府からも又はこの機構外のいかなる他の当局からも指示を求め,又は受けてはならない.事務総長及び職員は,この機構に対してのみ責任を負う国際的職員としての地位を損する虞のあるいかなる行動も慎まなければならない.

2　各国際連合加盟国は,事務総長及び職員の責任のもっぱら国際的な性質を尊重すること並びにこれらの者が責任を果すに当ってこれらの者を左右しようとしないことを約束する.

第101条

1　職員は,総会が設ける規則に従って事務総長が任命する.

2　経済社会理事会,信託統治理事会及び,必要に応じて,国際連合のその他の機関に,適当な職員を常任として配属する.この職員は,事務局の一部をなす.

3　職員の雇用及び勤務条件の決定に当って最も考慮すべきことは,最高水準の能率,能力及び誠実を確保しなければならないことである.職員をなるべく広い地理的基礎に基いて採用することの重要性については,妥当な考慮を払わなければならない.

第16章　雑　則

第102条

1　この憲章が効力を生じた後に国際連合加盟国が締結するすべての条約及びすべての国際協定は,なるべくすみやかに事務局に登録され,且つ,事務局によって公表されなければならない.

2　前記の条約または国際協定で本条1の規定に従って登録されていないものの当事国は,国際連合のいかなる機関に対しても当該条約または協定を援用することができない.

第103条

国際連合加盟国のこの憲章に基く義務と他のいずれかの国際協定に基く義務とが抵触するときはこの憲章に基く義務が優先する.

第104条

この機構は,その任務の遂行及びその目的の達成のために必要な法律上の能力を各加盟国の領域において享有する.

第105条

1　この機構は,その目的の達成に必要な特権及び免除を各加盟国の領域において享有する.

2　これと同様に,国際連合加盟国の代表者及びこの機構の職員は,この機構に関連する自己の任務を独立に遂行するために必要な特権及び免除を享有する.

3　総会は,本条1及び2の適用に関する細目を決定するために勧告をし,又はそのために国際連合加盟国に条約を提案することができる.

第17章　安全保障の過渡的規定

第106条

第43条に掲げる特別協定でそれによって安全保障理事会が第42条に基く責任の遂行を開始することができると認めるものが効力を生ずるまでの間，1943年10月30日にモスコーで署名された4国宣言の当事国及びフランスは，この宣言の第5項の規定に従って，国際の平和及び安全の維持のために必要な共同行動をこの機構に代ってとるために相互に及び必要に応じて他の国際連合加盟国と協議しなければならない．

第107条

この憲章のいかなる規定も，第二次世界大戦中にこの憲章の署名国の敵であった国に関する行動でその行動について責任を有する政府がこの戦争の結果としてとり又は許可したものを無効にし，又は排除するものではない．

第18章　改　正

第108条

この憲章の改正は，総会の構成国の3分の2の多数で採択され，且つ，安全保障理事会のすべての常任理事国を含む国際連合加盟国の3分の2によって各自の憲法上の手続に従って批准された時に，すべての国際連合加盟国に対して効力を生ずる．

第109条

1　この憲章を再審議するための国際連合加盟国の全体会議は，総会の構成国の3分の2の多数及び安全保障理事会の9理事国の投票によって決定される日及び場所で開催することができる．各国際連合加盟国は，この会議において1個の投票権を有する．

2　全体会議の3分の2の多数によって勧告されるこの憲章の変更は，安全保障理事会のすべての常任理事国を含む国際連合加盟国の3分の2によって各自の憲法上の手続に従って批准された時に効力を生ずる．

3　この憲章の効力発生後の総会の第10回年次会期までに全体会議が開催されなかった場合には，これを招集する提案を総会の第10回年次会期の議事日程に加えなければならず，全体会議は，総会の構成国の過半数及び安全保障理事会の7理事国の投票によって決定されたときに開催しなければならない．

第19章　批准及び署名

第110条

1　この憲章は，署名国によって各自の憲法上の手続に従って批准されなければならない．

2　批准書は，アメリカ合衆国政府に寄託される．同政府は，すべての署名国及び，この機構の事務総長が任命された場合には，事務総長に対して各寄託を通告する．

3　この憲章は，中華民国，フランス，ソヴィエト社会主義共和国連邦，グレート・ブリテン及び北部アイルランド連合王国，アメリカ合衆国及びその他の署名国の過半数が批准書を寄託した時に効力を生ずる．批准書寄託調書は，その時にアメリカ合衆国政府が作成し，その謄本をすべての署名国に送付する．

4　この憲章の署名国で憲章が効力を生じた後に批准するものは，各自の批准書の寄託の日に国際連合の原加盟国となる．

第111条

この憲章は，中国語，フランス語，ロシア語，英語及びスペイン語の本文をひとしく正文とし，アメリカ

合衆国政府の記録に寄託しておく．この憲章の認証謄本は，同政府が他の署名国の政府に送付する．

以上の証拠として，連合国政府の代表者は，この憲章に署名した．

1945年6月26日にサン・フランシスコ市で作成した．

96　国際司法裁判所規程（抄）

1945（昭20）・6・26 署名，10・24 発効
（昭29・4・2 条約第2号）

第1条

国際連合の主要な司法機関として国際連合憲章によって設置される国際司法裁判所は，この規程の規定に従って組織され，且つ，任務を遂行する．

第1章　裁判所の構成

第2条

裁判所は，徳望が高く，且つ，各自の国で最高の司法官に任ぜられるのに必要な資格を有する者又は国際法に有能の名のある法律家のうちから，国籍のいかんを問わず，選挙される独立の裁判官の一団で構成する．

第3条

1　裁判所は，15人の裁判官で構成し，そのうちのいずれの2人も，同一国の国民であってはならない．

2　二以上の国の国民と認められることのある者は，裁判所における裁判官の地位については，私権及び公権を通常行使する国の国民とみなす．

第4条〜第21条　（略）

第22条

1　裁判所の所在地は，ヘーグとする．但し，裁判所が望ましいと認める場合に他の地で開廷して任務を遂行することを妨げない．

2　裁判所長及び裁判所書記は，裁判所の所在地に居住しなければならない．

第23条

1　裁判所は，裁判所の休暇中を除く外，常に開廷され，休暇の時期及び期間は，裁判所が定める．

2　裁判所の裁判官は，定期休暇をとる権利を有する．その時期及び期間は，ヘーグと各裁判官の家庭との間の距離を考慮して，裁判所が定める．

3　裁判所の裁判官は，休暇の場合又は病気その他裁判所長が正当と認める重大な事由による故障の場合を除く外，常に裁判所の指示の下にある義務を負う．

第24条

1　この規程に別段の明文規定がある場合を除く外，裁判所は，全員が出席して開廷する．

2　裁判所を構成するために指示の下にある裁判官の数が11人を下らないことを条件として，裁判所規則は，事情に応じ且つ順番に1人又は2人以上の裁判官の出席を免除することができる旨を規定することができる．

3　裁判所を成立させるに足りる裁判官の定足数は，9人とする．

第25条　（略）

第26条

1　裁判所は，特定の部類の事件，たとえば，労働事件並びに通過及び運輸通信に関する事件の処理のために，裁判所が決定するところにより3人以上

の裁判官からなる一又は二以上の部を随時設ける
ことができる.

2　裁判所は,特定の事件の処理のためにいつでも
部を設けることができる. この部を構成する裁判
官の数は,当事者の承認を得て裁判所が決定する.

3　当事者の要請があるときは,事件は,本条に規定
する部が審理し,及び裁判する.

第27条

第26条及び第29条に定める部のいずれかが言い
渡す判決は,裁判所が言い渡したものとみなす.

第28条

第26条及び第29条に定める部は,当事者の同意
を得てヘーグ以外の地で開廷して任務を遂行するこ
とができる.

第29条

事務の迅速な処理のために,裁判所は,当事者の要
請によって簡易手続で事件を審理し,及び裁判をす
ることができる5人の裁判官からなる部を毎年設け
る. なお,出席することができない裁判官に交替す
るために,2人の裁判官を選定する.

第30条

1　裁判所は,その任務を遂行するために規則を定
める. 裁判所は,特に,手続規則を定める.

2　裁判所規則は,裁判所又はその部に投票権なし
で出席する補佐員について規定することができる.

第31条

1　各当事者の国籍裁判官は,裁判所に係属する事
件について出席する権利を有する.

2　裁判所がその裁判官席に当事者の一の国籍裁判
官を有する場合には,他のいずれの当事者も,裁判
官として出席する者1人を選定することができる.
この者は,第4条及び第5条の規定により候補者と
して指名された者のうちから選定されることが
望ましい.

3　裁判所が裁判官席に当事者の国籍裁判官を有し
ない場合には,各当事者は,本条2の規定により裁
判官を選定することができる.

4　本条の規定は,第26条及び第29条の場合に適
用する. この場合には,裁判所長は,部を構成する
裁判官中の1人又は必要があるときは2人に対し
て,関係当事者の国籍裁判官のために,また,国籍
裁判官がないとき又は出席することができないと
きは当事者が特に選定する裁判官のために,席を
譲るように要請しなければならない.

5　多数当事者が同一利害関係にある場合には,そ
の多数当事者は,前記の規定の適用上,一当事者と
みなす. この点に関する疑義は,裁判所の裁判で
決定する.

6　本条2,3及び4の規定によって選定される裁判
官は,この規程の第2条,第17条2,第20条及び
第24条が要求する条件をみたさなければならな
い. これらの裁判官は,その同僚と完全に平等の
条件で裁判に参与する.

第32条　（略）

第33条

裁判所の費用は,総会が定める方法で国際連合が
負担する.

第2章　裁判所の管轄

第34条

1　国のみが,裁判所に係属する事件の当事者とな

ることができる.

2　裁判所は,その規則で定める条件で,裁判所に係
属する事件に関係のある情報を公的国際機関から
請求することができ,また,同機関が自発的に提供
するこのような情報を受領する.

3　公的国際機関の組織文書又はこの文書に基いて
採択される国際条約の解釈が裁判所に係属する事
件において問題となる場合には,裁判所書記は,当
該公的国際機関にその旨を通告し,且つ,すべての
書面手続の謄本を送付する.

第35条

1　裁判所は,この規程の当事国である諸国に開放する.

2　裁判所をその他の国に開放するための条件は,
現行諸条約の特別の規定を留保して,安全保障理
事会が定める. 但し,この条件は,いかなる場合に
も,当事者を裁判所において不平等の地位におく
ものであってはならない.

3　国際連合加盟国でない国が事件の当事者である
場合には,裁判所は,その当事者が裁判所の費用に
ついて負担する額を定める. 但し,この規定は,そ
の国が裁判所の費用を分担しているときは,適用
しない.

第36条

1　裁判所の管轄は,当事者が裁判所に付託するす
べての事件及び国際連合憲章又は現行諸条約に特
に規定するすべての事項に及ぶ.

2　この規程の当事国である国は,次の事項に関す
るすべての法律的紛争についての裁判所の管轄を
同一の義務を受諾する他の国に対する関係におい
て当然に且つ特別の合意なしに義務的であると認
めることを,いつでも宣言することができる.

a　条約の解釈

b　国際法上の問題

c　認定されれば国際義務の違反となるような事実
の存在

d　国際義務の違反に対する賠償の性質又は範囲

3　前記の宣言は,無条件で,多数の国若しくは一定
の国との相互条件で,又は一定の期間を付して行
うことができる.

4　その宣言書は,国際連合事務総長に寄託され,事
務総長は,その謄本を規程の当事国及び裁判所書
記に送付する.

5　常設国際司法裁判所規程第36条に基いて行わ
れた宣言でなお効力を有するものは,この規程の
当事国の間では,宣言が今後存続すべき期間中及
び宣言の条項に従って国際司法裁判所の義務的管
轄を受諾しているものとみなす.

6　裁判所が管轄権を有するかどうかについて争が
ある場合には,裁判所の裁判で決定する.

第37条

現行条約が国際連盟の設けた裁判所又は常設国際
司法裁判所にある事項を付託することを規定してい
る場合には,その事項は,この規程の当事国の間で
は国際司法裁判所に付託される.

第38条

1　裁判所は,付託される紛争を国際法に従って裁
判することを任務とし,次のものを適用する.

a　一般又は特別の国際条約で係争国が明らかに認
めた規則を確立しているもの

b　法として認められた一般慣行の証拠としての国
際慣習

c　文明国が認めた法の一般原則

d 法則決定の補助手段としての裁判上の判決及び諸国の最も優秀な国際法学者の学説．但し，第59条の規定に従うことを条件とする．

2 この規定は，当事者の合意があるときは，裁判所が衡平及び善に基いて裁判をする権限を害するものではない．

第 3 章　手　続

第39条　（略）

第40条

1 裁判所に対する事件の提起は，場合に応じて，特別の合意の通告によって，又は書面の請求によって，裁判所書記にあてて行う．いずれの場合にも，紛争の主題及び当事者が示されていなければならない．

2 裁判所書記は，この請求を直ちにすべての利害関係者に通知する．

3 裁判所書記は，また，事務総長を経て国際連合加盟国に，及び裁判所で裁判を受けることができる国に通告する．

第41条

1 裁判所は，事情によって必要と認めるときは，各当事者のそれぞれの権利を保全するためにとられるべき暫定措置を指示する権限を有する．

2 終結判決があるまでは，指示される措置は，直ちに当事者及び安全保障理事会に通告される．

第42条

1 当事者は，代理人によって代表される．

2 当事者は，裁判所で補佐人又は弁護人の援助を受けることができる．

3 裁判所における当事者の代理人，補佐人及び弁護人は，その職務の独立の遂行に必要な特権及び免除を享有する．

第43条

1 手続は，書面及び口頭の2部分からなる．

2 書面手続とは，申述書，答弁書及び必要があるときは抗弁書並びに援用のためのすべての文書及び書類を裁判所及び当事者に送付することをいう．

3 この送付は，裁判所が定める順序及び期間内において，裁判所書記を経て行う．

4 一方の当事者から提出したすべての書類の認証謄本は，他方の当事者に送付する．

5 口頭手続とは，裁判所が証人，鑑定人，代理人，補佐人及び弁護人から行う聴取をいう．

第44条　（略）

第45条　（略）

第46条

裁判所における弁論は，公開とする．但し，裁判所が別段の決定をするとき，又は両当事者が公開としないことを請求したときは，この限りでない．

第47条〜第52条　（略）

第53条

1 一方の当事者が出廷せず，又はその事件の防禦をしない場合には，他方の当事者は，自己の請求に有利に裁判するように裁判所に要請することができる．

2 裁判所は，この裁判をする前に，裁判所が第36条及び第37条に従って管轄権を有することのみならず，請求が事実上及び法律上充分に根拠をもつことを確認しなければならない．

第54条

1 裁判所の指揮の下に代理人，補佐人及び弁護人が事件の主張を完了したときは，裁判所長は，弁論の終結を言い渡す．

2 裁判官は，判決を議するために退廷する．

3 裁判所の評議は，公開せず，且つ，秘密とする．

第55条

1 すべての問題は，出席した裁判官の過半数で決定する．

2 可否同数のときは，裁判所長又はこれに代る裁判官は，決定投票権を有する．

第56条

1 判決には，その基礎となる理由を掲げる．

2 判決には，裁判に参与した裁判官の氏名を掲げる．

第57条

判決がその全部又は一部について裁判官の全員一致の意見を表明していないときは，いずれの裁判官も，個別の意見を表明する権利を有する．

第58条

判決には，裁判所長及び裁判所書記が署名する．判決は，代理人に正当に通告して公開の法廷で朗読する．

第59条

裁判所の裁判は，当事者間において且つその特定の事件に関してのみ拘束力を有する．

第60条

判決は，終結とし，上訴を許さない．判決の意義又は範囲について争がある場合には，裁判所は，いずれかの当事者の要請によってこれを解釈する．

第61条

1 判決の再審の請求は，決定的要素となる性質をもつ事実で判決があった時に裁判所及び再審請求当事者に知られていなかったものの発見を理由とする場合に限り，行うことができる．但し，その事実を知らなかったことが過失によらなかった場合に限る．

2 再審の手続は，新事実の存在を確認し，この新事実が事件を再審に付すべき性質をもつものであることを認め，且つ，請求がこの理由から許すべきものであることを言い渡す裁判所の判決によって開始する．

3 裁判所は，再審の手続を許す前に，原判決の条項に予め従うべきことを命ずることができる．

4 再審の請求は，新事実の発見の時から遅くとも6箇月以内に行わなければならない．

5 判決の日から10年を経過した後は，いかなる再審の請求も，行うことができない．

第62条

1 事件の裁判によって影響を受けることのある法律的性質の利害関係をもつと認める国は，参加の許可の要請を裁判所に行うことができる．

2 裁判所は，この要請について決定する．

第63条

1 事件に関係する国以外の国が当事国である条約の解釈が問題となる場合には，裁判所書記は，直ちにこれらのすべての国に通告する．

2 この通告を受けた各国は，手続に参加する権利を有するが，この権利を行使した場合には，判決によって与えられる解釈は，その国もひとしく拘束する．

第64条

裁判所が別段の決定をしない限り，各当事者は，各自の費用を負担する．

第4章　勧告的意見

第65条

1　裁判所は、国際連合憲章によって又は同憲章に従って要請することを許可される団体の要請があったときは、いかなる法律問題についても勧告的意見を与えることができる.

2　裁判所の勧告的意見を求める問題は、意見を求める問題の正確な記述を掲げる請求書によって裁判所に提出するものとする. この請求書には、問題を明らかにすることができるすべての書類を添付するものとする.

第66条

1　裁判所書記は、勧告的意見の要請を、裁判所で裁判を受けることができるすべての国に直ちに通告する.

2　裁判所書記は、また、裁判所で裁判を受けることができる国又は国際機関で問題に関する資料を提供することができると裁判所又は、開廷中でないときは、裁判所長が認めるものに対して、裁判所が裁判所長の定める期間内にこの問題に関する陳述書を受理し、又は特に開かれる公開の法廷でこの問題に関する口頭陳述を聴取する用意があることを、特別の且つ直接の通知によって通告する.

3　裁判所で裁判を受けることができる前記の国は、本条2に掲げる特別の通知を受領しなかったときは、陳述書を提出し、又は聴取される希望を表明することができる. 裁判所は、これについて決定する.

4　書面若しくは口頭の陳述又はこの双方の陳述を行った国及び機関は、裁判所又は、開廷中でないときは、裁判所長が各個の事件について決定する形式、範囲及び期間内において、他の国又は機関が行った陳述について意見を述べることを許される. このために、裁判所書記は、前記の書面の陳述を、同様の陳述を行った国及び機関に適当な時期に送付する.

第67条

裁判所は、事務総長並びに直接に関係のある国際連合加盟国、その他の国及び国際機関の代表者に通告した後に、公開の法廷で勧告的意見を発表する.

第68条

勧告の任務の遂行については、以上の外、裁判所は、適用することができると認める範囲内で、係争事件に適用されるこの規程の規定による.

第5章　改　正(略)

第69条, 第70条 (略)

97　世界人権宣言(抄)

(1948(昭23)・12・10 第3回国連総会決議217)

〔前文〕 人類社会のすべての構成員の固有の尊厳と平等で譲ることのできない権利とを承認することは、世界における自由、正義及び平和の基礎であるので、

人権の無視及び軽侮が、人類の良心を踏みにじった野蛮行為をもたらし、言論及び信仰の自由が受けられ、恐怖及び欠乏のない世界の到来が、一般の人々の最高の願望として宣言されたので、

人間が専制と圧迫とに対する最後の手段として反逆に訴えることがないようにするためには、法の支配によって人権を保護することが肝要であるので、

諸国間の友好関係の発展を促進することが、肝要であるので、

国際連合の諸国民は、国際連合憲章において、基本的人権、人間の尊厳及び価値並びに男女の同権についての信念を再確認し、かつ、一層大きな自由のうちで社会的進歩と生活水準の向上とを促進することを決意したので、

加盟国は、国際連合と協力して、人権及び基本的自由の普遍的な尊重及び遵守の促進を達成することを誓約したので、

これらの権利及び自由に対する共通の理解は、この誓約を完全にするためにもっとも重要であるので、

よって、ここに、国際連合総会は、

社会の各個人及び各機関が、この世界人権宣言を常に念頭に置きながら、加盟国自身の人民の間にも、また、加盟国の管轄下にある地域の人民の間にも、これらの権利と自由との尊重を指導及び教育によって促進すること並びにそれらの普遍的かつ効果的な承認と尊守とを国内的及び国際的な漸進的措置によって確保することに努力するように、すべての人民とすべての国とが達成すべき共通の基準として、この世界人権宣言を公布する.

第1条

すべての人間は、生れながらにして自由であり、かつ、尊厳と権利とについて平等である. 人間は、理性と良心とを授けられており、互いに同胞の精神をもって行動しなければならない.

第2条

1　すべて人は、人種、皮膚の色、性、言語、宗教、政治上その他の意見、国民的若しくは社会的出身、財産、門地その他の地位又はこれに類するいかなる事由による差別をも受けることなく、この宣言に掲げるすべての権利と自由とを享有することができる.

2　さらに、個人の属する国又は地域が独立国であると、信託統治地域であると、非自治地域であると、又は他のなんらかの主権制限の下にあるとを問わず、その国又は地域の政治上、管轄上又は国際上の地位に基づくいかなる差別もしてはならない.

第3条

すべて人は、生命、自由及び身体の安全に対する権利を有する.

第4条

何人も、奴隷にされ、又は苦役に服することはない. 奴隷制度及び奴隷売買は、いかなる形においても禁止する.

第5条

何人も、拷問又は残虐な、非人道的な若しくは屈辱的な取扱若しくは刑罰を受けることはない.

第6条

すべて人は、いかなる場所においても、法の下において、人として認められる権利を有する.

第7条

すべての人は、法の下において平等であり、また、いかなる差別もなしに法の平等な保護を受ける権利を有する. すべての人は、この宣言に違反するいかなる差別に対しても、また、そのような差別をそそのかすいかなる行為に対しても、平等な保護を受ける権利を有する.

第8条

すべて人は，憲法又は法律によって与えられた基本的権利を侵害する行為に対し，権限を有する国内裁判所による効果的な救済を受ける権利を有する．

第9条

何人も，ほしいままに逮捕，拘禁，又は追放されることはない．

第10条

すべて人は，自己の権利及び義務並びに自己に対する刑事責任が決定されるに当たっては，独立の公平な裁判所による公正な公開の審理を受けることについて完全に平等の権利を有する．

第11条

1　犯罪の訴追を受けた者は，すべて，自己の弁護に必要なすべての保障を与えられた公開の裁判において法律に従って有罪の立証があるまでは，無罪と推定される権利を有する．

2　何人も，実行の時に国内法又は国際法により犯罪を構成しなかった作為又は不作為のために有罪とされることはない．また，犯罪が行われた時に適用される刑罰より重い刑罰を課せられない．

第12条

何人も，自己の私事，家族，家庭若しくは通信に対して，ほしいままに干渉され，又は名誉及び信用に対して攻撃を受けることはない．人はすべて，このような干渉又は攻撃に対して法の保護を受ける権利を有する．

第13条

1　すべて人は，各国の境界内において自由に移転及び居住する権利を有する．

2　すべて人は，自国その他いずれの国をも立ち去り，及び自国に帰る権利を有する．

第14条

1　すべて人は，迫害を免れるため，他国に避難することを求め，かつ，避難する権利を有する．

2　この権利は，もっぱら非政治犯罪又は国際連合の目的及び原則に反する行為を原因とする訴追の場合には，援用することはできない．

第15条

1　すべて人は，国籍をもつ権利を有する．

2　何人も，ほしいままにその国籍を奪われ，又はその国籍を変更する権利を否認されることはない．

第16条

1　成年の男女は，人種，国籍又は宗教によるいかなる制限をも受けることなく，婚姻し，かつ家庭をつくる権利を有する．成年の男女は，婚姻中及びその解消に際し，婚姻に関し平等の権利を有する．

2　婚姻は，両当事者の自由かつ完全な合意によってのみ成立する．

3　家庭は，社会の自然かつ基礎的な集団単位であって，社会及び国の保護を受ける権利を有する．

第17条

1　すべて人は，単独で又は他の者と共同して財産を所有する権利を有する．

2　何人も，ほしいままに自己の財産を奪われることはない．

第18条

すべて人は，思想，良心及び宗教の自由に対する権利を有する．この権利は，宗教又は信念を変更する自由並びに単独で又は他の者と共同して，公的に又は私的に，布教，行事，礼拝及び儀式によって宗教又は信念を表明する自由を含む．

第19条

すべて人は，意見及び表現の自由に対する権利を有する．この権利は，干渉を受けることなく自己の意見をもつ自由並びにあらゆる手段により，また，国境を越えると否とにかかわりなく，情報及び思想を求め，受け，及び伝える自由を含む．

第20条

1　すべての人は，平和的集会及び結社の自由に対する権利を有する．

2　何人も，結社に属することを強制されない．

第21条

1　すべて人は，直接に又は自由に選出された代表者を通じて，自国の政治に参与する権利を有する．

2　すべて人は，自国においてひとしく公務につく権利を有する．

3　人民の意思は，統治の権力を基礎とならなければならない．この意思は，定期のかつ真正な選挙によって表明されなければならない．この選挙は，平等の普通選挙によるものでなければならず，また，秘密投票又はこれと同等の自由が保障される投票手続によって行われなければならない．

第22条

すべて人は，社会の一員として，社会保障を受ける権利を有し，かつ，国家的努力及び国際的協力により，また，各国の組織及び資源に応じて，自己の尊厳と自己の人格の自由な発展とに欠くことのできない経済的，社会的及び文化的権利を実現する権利を有する．

第23条〜第25条　（略）

第26条

1　すべて人は，教育を受ける権利を有する．教育は，少なくとも初等の及び基礎的の段階においては，無償でなければならない．初等教育は，義務的でなければならない．技術教育及び職業教育は，一般に利用できるものでなければならず，また，高等教育は，能力に応じ，すべての者にひとしく開放されていなければならない．

2　教育は，人格の完全な発展並びに人権及び基本的自由の尊重の強化を目的としなければならない．教育は，すべての国又は人種的若しくは宗教的集団の相互間の理解，寛容及び友好関係を増進し，かつ，平和の維持のため，国際連合の活動を促進するものでなければならない．

3　親は，子に与える教育の種類を選択する優先的権利を有する．

第27条

1　すべて人は，自由に社会の文化生活に参加し，芸術を鑑賞し，及び科学の進歩とその恩恵とにあずかる権利を有する．

2　すべて人は，その創作した科学的，文学的又は美術的作品から生ずる精神的及び物質的利益を保護される権利を有する．

第28条

すべて人は，この宣言に掲げる権利及び自由が完全に実現される社会的及び国際的秩序に対する権利を有する．

第29条

1　すべて人は，その人格の自由かつ完全な発展がその中にあってのみ可能である社会に対して義務を負う．

2　すべて人は，自己の権利及び自由を行使するに当っては，他人の権利及び自由の正当な承認及び尊重を保障すること並びに民主的社会における道

国
際

徳, 公の秩序及び一般の福祉の正当な要求を満たすことをもっぱら目的として法律によって定められた制限にのみ服する.

3　これらの権利及び自由は, いかなる場合にも, 国際連合の目的及び原則に反して行使してはならない.

第30条

この宣言のいかなる規定も, いずれかの国, 集団又は個人に対して, この宣言に掲げる権利及び自由の破壊を目的とする活動に従事し, 又はそのような目的を有する行為を行う権利を認めるものと解釈してはならない.　　　　　　　　　　　　　（外務省仮訳）

98　経済的, 社会的及び文化的権利に関する国際規約

（Ａ規約：社会権規約）（抄）

(1979(昭54)·8·4 条約第 6 号,
1966·12·16 第 21 回国連総会採択)

この規約の締約国は,

国際連合憲章において宣明された原則によれば, 人類社会のすべての構成員の固有の尊厳及び平等のかつ奪い得ない権利を認めることが世界における自由, 正義及び平和の基礎をなすものであることを考慮し,

これらの権利が人間の固有の尊厳に由来することを認め,

世界人権宣言によれば, 自由な人間は恐怖及び欠乏からの自由を享受することであるとの理想は, すべての者がその市民的及び政治的権利とともに経済的, 社会的及び文化的権利を享有することのできる条件が作り出される場合に初めて達成されることになることを認め,

人権及び自由の普遍的な尊重及び遵守を助長すべき義務を国際連合憲章に基づき諸国が負っていることを考慮し,

個人が, 他人に対し及びその属する社会に対して義務を負うこと並びにこの規約において認められる権利の増進及び擁護のために努力する責任を有することを認識して,

次のとおり協定する.

第1部

第1条

1　すべての人民は, 自決の権利を有する. この権利に基づき, すべての人民は, その政治的地位を自由に決定し並びにその経済的, 社会的及び文化的発展を自由に追求する.

2　すべて人民は, 互恵の原則に基づく国際的経済協力から生ずる義務及び国際法上の義務に違反しない限り, 自己のためにその天然の富及び資源を自由に処分することができる. 人民は, いかなる場合にも, その生存のための手段を奪われることはない.

3　この規約の締約国 (非自治地域及び信託統治地域の施政の責任を有する国を含む.) は, 国際連合憲章の規定に従い, 自決の権利が実現されることを促進し及び自決の権利を尊重する.

第2部

第2条

1　この規約の各締約国は, 立法措置その他のすべての適当な方法によりこの規約において認められる権利の完全な実現を漸進的に達成するため, 自国における利用可能な手段を最大限に用いることにより, 個々に又は国際的な援助及び協力, 特に, 経済上及び技術上の援助及び協力を通じて, 行動をとることを約束する.

2　この規約の締約国は, この規約に規定する権利が人種, 皮膚の色, 性, 言語, 宗教, 政治的意見その他の意見, 国民的若しくは社会的出身, 財産, 出生又は他の地位によるいかなる差別もなしに行使されることを保障することを約束する.

3　開発途上にある国は, 人権及び自国の経済の双方に十分な考慮を払い, この規約において認められる経済的権利をどの程度まで外国人に保障するかを決定することができる.

第3条

この規約の締約国は, この規約に定めるすべての経済的, 社会的及び文化的権利の享有について男女に同等の権利を確保することを約束する.

第4条

この規約の締約国は, この規約に合致するものとして国により確保される権利の享受に関し, その権利の性質と両立しており, かつ, 民主的な社会における一般的福祉を増進することを目的としている場合に限り, 法律で定める制限のみをその権利に課すことができることを認める.

第5条

1　この規約のいかなる規定も, 国, 集団又は個人が, この規約において認められる権利若しくは自由を破壊し若しくはこの規約に定める制限の範囲を超えて制限することを目的とする活動に従事し又はそのようなことを目的とする行為を行う権利を有することを意味するものと解することはできない.

2　いずれかの国において法律, 条約, 規則又は慣習によって認められ又は存する基本的人権については, この規約がそれらの権利を認めていないこと又はその認める範囲がより狭いことを理由として, それらの権利を制限し又は侵すことは許されない.

第3部

第6条

1　この規約の締約国は, 労働の権利を認めるものとし, この権利を保障するため適当な措置をとる. この権利には, すべての者が自由に選択し又は承諾する労働によって生計を立てる機会を得る権利を含む.

2　この規約の締約国が1の権利の完全な実現を達成するためとる措置には, 個人に対して基本的な政治的及び経済的自由を保障する条件の下で着実な経済的, 社会的及び文化的発展を実現し並びに完全かつ生産的な雇用を達成するための技術及び職業の指導及び訓練に関する計画, 政策及び方法を含む.

第7条～第12条（略）

第13条

1　この規約の締約国は, 教育についてのすべての者の権利を認める. 締約国は, 教育が人格の完成及び人格の尊厳についての意識の十分な発達を指

向し並びに人権及び基本的自由の尊重を強化すべきことに同意する．更に，締約国は，教育が，すべての者に対し，自由な社会に効果的に参加すること，諸国民の間及び人種的，種族的又は宗教的集団の間の理解，寛容及び友好を促進すること並びに平和の維持のための国際連合の活動を助長することを可能にすべきことに同意する．

2 この規約の締約国は，1の権利の完全な実現を達成するため，次のことを認める．

(a) 初等教育は，義務的なものとし，すべての者に対して無償のものとすること．

(b) 種々の形態の中等教育（技術的及び職業的中等教育を含む．）は，すべての適当な方法により，特に，無償教育の漸進的な導入により，一般的に利用可能であり，かつ，すべての者に対して機会が与えられるものとすること．

(c) 高等教育は，すべての適当な方法により，特に，無償教育の漸進的な導入により，能力に応じ，すべての者に対して均等に機会が与えられるものとすること．

(d) 基礎教育は，初等教育を受けなかった者又はその全課程を修了しなかった者のため，できる限り奨励され又は強化されること．

(e) すべての段階にわたる学校制度の発展を積極的に追求し，適当な奨学金制度を設立し及び教育職員の物質的条件を不断に改善すること．

3 この規約の締約国は，父母及び場合により法定保護者が，公の機関によって設置される学校以外の学校であって国によって定められ又は承認される最低限度の教育上の基準に適合するものを児童のために選択する自由並びに自己の信念に従って児童の宗教的及び道徳的教育を確保する自由を有することを尊重することを約束する．

4 この条のいかなる規定も，個人及び団体が教育機関を設置し及び管理する自由を妨げるものと解してはならない．ただし，常に，1に定める原則が遵守されること及び当該教育機関において行なわれる教育が国によって定められる最低限度の基準に適合することを条件とする．

第14条

この規約の締約国となる時にその本土地域又はその管轄の下にある他の地域において無償の初等義務教育を確保するに至っていない各締約国は，すべての者に対する無償の義務教育の原則をその計画中に定める合理的な期間内に漸進的に実施するための詳細な行動計画を2年以内に作成しかつ採用することを約束する．

第15条

1 この規約の締約国は，すべての者の次の権利を認める．

(a) 文化的な生活に参加する権利

(b) 科学の進歩及びその利用による利益を享受する権利

(c) 自己の科学的，文学的又は芸術的作品により生ずる精神的及び物質的利益が保護されることを享受する権利

2 この規約の締約国が1の権利の完全な実現を達成するためにとる措置には，科学及び文化の保存，発展及び普及に必要な措置を含む．

3 この規約の締約国は，科学研究及び創作活動に不可欠な自由を尊重することを約束する．

4 この規約の締約国は，科学及び文化の分野にお

ける国際的な連絡及び協力を奨励し及び発展させることによって得られる利益を認める．

第4部

第16条

1 この規約の締約国は，この規約において認められる権利の実現のためにとった措置及びこれらの権利の実現についてもたらされた進歩に関する報告をこの部の規定に従って提出することを約束する．

2 (a) すべての報告は，国際連合事務総長に提出するものとし，同事務総長は，この規約による経済社会理事会の審議のため，その写しを同理事会に送付する．

(b) 国際連合事務総長は，また，いずれかの専門機関の加盟国であるこの規約の締約国によって提出される報告又はその一部が当該専門機関の基本文書によりその任務の範囲内にある事項に関連を有するものである場合には，それらの報告又は関係部分の写しを当該専門機関に送付する．

第17条

1 この規約の締約国は，経済社会理事会が締約国及び関係専門機関との協議の後この規約の効力発生の後1年以内に作成する計画に従い，報告を段階的に提出する．

2 報告には，この規約に基づく義務の履行程度に影響を及ぼす要因及び障害を記載することができる．

3 関連情報がこの規約の締約国により国際連合又はいずれかの専門機関に既に提供されている場合には，その情報については，再び提供の必要はなく，提供に係る情報について明確に言及することで足りる． 〈第18条～第23条(略)〉

第18条～第23条 （略）

第24条

この規約のいかなる規定も，この規約に規定されている事項につき，国際連合の諸機関及び専門機関の任務をそれぞれ定めている国際連合憲章及び専門機関の基本文書の規定の適用を妨げるものと解してはならない．

第25条

この規約のいかなる規定も，すべての人民がその天然の富及び資源を十分かつ自由に享受し及び利用する固有の権利を害するものと解してはならない．

第5部

第26条～第31条 （略）

99 市民的及び政治的権利に関する国際規約
（B規約：自由権規約）（抄）

（1979(昭54)・8・4条約第7号，
1966・12・16第21回国連総会採択）

第1部

第1条 （社会権規約と同一）

第2部

第2条

1　この規約の各締約国は、その領域内にあり、かつ、その管轄の下にあるすべての個人に対し、人種、皮膚の色、性、言語、宗教、政治的意見その他の意見、国民的若しくは社会的出身、財産、出生又は他の地位等によるいかなる差別もなしにこの規約において認められる権利を尊重し及び確保することを約束する。

2　この規約の各締約国は、立法措置その他の措置がまだとられていない場合には、この規約において認められる権利を実現するために必要な立法措置その他の措置をとるため、自国の憲法上の手続及びこの規約の規定に従って必要な行動をとることを約束する。

3　この規約の各締約国は、次のことを約束する。

(a)　この規約において認められる権利又は自由を侵害された者が、公的資格で行動する者によりその侵害が行われた場合にも、効果的な救済措置を受けることを確保すること。

(b)　救済措置を求める者の権利が権限のある司法上、行政上若しくは立法上の機関又は国の法制で定める他の権限のある機関によって決定されることを確保すること及び司法上の救済措置の可能性を発展させること。

(c)　救済措置が与えられる場合に権限のある機関によって執行されることを確保すること。

第3条

この規約の締約国は、この規約に定めるすべての市民的及び政治的権利の享有について男女に同等の権利を確保することを約束する。

第4条

1　国民の生存を脅かす公の緊急事態の場合においてその緊急事態の存在が公式に宣言されているときは、この規約の締約国は、事態の緊急性が真に必要とする限度において、この規約に基づく義務に違反する措置をとることができる。ただし、その措置は、当該締約国が国際法に基づき負う他の義務に抵触してはならず、また、人種、皮膚の色、性、言語、宗教又は社会的出身のみを理由とする差別を含んではならない。

2　1の規定は、第6条、第7条、第8条1及び2、第11条、第15条、第16条並びに第18条の規定に違反することを許すものではない。

3　義務に違反する措置をとる権利を行使するこの規約の締約国は、違反した規定及び違反するに至った理由を国際連合事務総長を通じてこの規約の他の締約国に直ちに通知する。更に、違反が終了する日に、同事務総長を通じてその旨通知する

第5条（社会権規約と同一）

第3部

第6条

1　すべての人間は、生命に対する固有の権利を有する。この権利は、法律によって保護される。何人も、恣意的にその生命を奪われない。

2　死刑を廃止していない国においては、死刑は、犯罪が行われた時に効力を有しており、かつ、この規約の規定及び集団殺害犯罪の防止及び処罰に関す

る条約の規定に抵触しない法律により、最も重大な犯罪についてのみ科することができる。この刑罰は、権限のある裁判所が言い渡した確定判決によってのみ執行することができる。

3　生命の剥奪が集団殺害犯罪を構成する場合には、この条のいかなる規定も、この規約の締約国が集団殺害犯罪の防止及び処罰に関する条約の規定に基づいて負う義務を方法のいかんを問わず免れることを許すものではないと了解する。

4　死刑を言い渡されたいかなる者も、特赦又は減刑を求める権利を有する。死刑に対する大赦、特赦又は減刑はすべての場合に与えることができる。

5　死刑は、18歳未満の者が行った犯罪について科してはならず、また、妊娠中の女子に対して執行してはならない。

6　この条のいかなる規定も、この規約の締約国により死刑の廃止を遅らせ又は妨げるために援用されてはならない。

第7条

何人も、拷問又は残虐な、非人道的な若しくは品位を傷つける取扱い若しくは刑罰を受けない。特に、何人も、その自由な同意なしに医学的又は科学的実験を受けない。

第8条

1　何人も、奴隷の状態に置かれない。あらゆる形態の奴隷制度及び奴隷取引は、禁止する。

2　何人も、隷属状態に置かれない。

3　(a)　何人も、強制労働に服することを要求されない。

(b)　(a)の規定は、犯罪に対する刑罰として強制労働を伴う拘禁刑を科することができる国において、権限のある裁判所が刑罰の言渡しにより強制労働をさせることを禁止するものと解してはならない。

(c)　この3の規定の適用上、「強制労働」には、次のものを含まない。

(i)　作業又は役務であって、(b)の規定において言及されておらず、かつ、裁判所の合法的な命令によって拘禁されている者又はその抑留を条件付きで免除されている者に通常要求されるもの

(ii)　軍事的性質の役務及び、良心的兵役拒否が認められている場合には、良心的兵役拒否者が法律によって要求される国民的役務

(iii)　社会の存立又は福祉を脅かす緊急事態又は災害の場合に要求される役務

(iv)　市民としての通常の義務とされる作業又は役務

第9条

1　すべての者は、身体の自由及び安全についての権利を有する。何人も、恣意的に逮捕され又は抑留されない。何人も、法律で定める理由及び手続によらない限り、その自由を奪われない。

2　逮捕される者は、逮捕の時にその理由を告げられるものとし、自己に対する被疑事実を速やかに告げられる。

3　刑事上の罪に問われて逮捕され又は抑留された者は、裁判官又は司法権を行使することが法律によって認められている他の官憲の面前に速やかに連れて行かれるものとし、妥当な期間内に裁判を受ける権利又は釈放される権利を有する。裁判に付される者を抑留することが原則であってはならず、釈放に当たっては、裁判その他の司法上の手続のすべての段階における出頭及び必要な場合における判決の執行のための出頭が保証されることを

条件とすることができる.

4 逮捕又は抑留によって自由を奪われた者は, 裁判所がその抑留が合法的であるかどうかを遅滞なく決定すること及びその抑留が合法的でない場合にはその釈放を命ずることができるように, 裁判所において手続をとる権利を有する.

5 違法に逮捕され又は抑留された者は, 賠償を受ける権利を有する.

第10条

1 自由を奪われたすべての者は, 人道的にかつ人間の固有の尊厳を尊重して, 取り扱われる

2 (a) 被告人は, 例外的な事情がある場合を除くほか有罪の判決を受けた者とは分離されるものとし, 有罪の判決を受けていない者としての地位に相応する別個の取扱いを受ける.

(b) 少年の被告人は, 成人とは分離されるものとし, できる限り速やかに裁判に付される.

3 行刑の制度は, 被拘禁者の矯正及び社会復帰を基本的な目的とする処遇を含む. 少年の犯罪者は, 成人とは分離されるものとし, その年齢及び法的地位に相応する取扱いを受ける.

第11条

何人も, 契約上の義務を履行することができないことのみを理由として拘禁されない.

第12条

1 合法的にいずれかの国の領域内にいるすべての者は, 当該領域内において, 移動の自由及び居住の自由についての権利を有する.

2 すべての者は, いずれの国（自国を含む.）からも自由に離れることができる.

3 1及び2の権利は, いかなる制限も受けない. ただし, その制限が, 法律で定められ, 国の安全, 公の秩序, 公衆の健康若しくは道徳又は他の者の権利及び自由を保護するために必要であり, かつ, この規約において認められる他の権利と両立するものである場合は, この限りでない.

4 何人も, 自国に戻る権利を恣意的に奪われない.

第13条

合法的にこの規約の締約国の領域内にいる外国人は, 法律に基づいて行われた決定によってのみ当該領域から追放することができる. 国の安全のためのやむを得ない理由がある場合を除くほか, 当該外国人は, 自己の追放に反対する理由を提示すること及び権限のある機関又はその機関が特に指名する者によって自己の事案が審査されることが認められるものとし, この為にその機関又はその者に対する代理人の出頭が認められる.

第14条

1 すべての者は, 裁判所の前に平等とする. すべての者は, その刑事上の罪の決定又は民事上の権利及び義務の争いについての決定のため, 法律で設置された, 権限のある, 独立の, かつ, 公平な裁判所による公正な公開審理を受ける権利を有する. 報道機関及び公衆に対しては, 民主的社会における道徳, 公の秩序若しくは国の安全を理由として, 当事者の私生活の利益のため必要な場合において又はその公開が司法の利益を害することとなる特別な状況において裁判所が真に必要があると認める限度で, 裁判の全部又は一部を公開しないことができる. もっとも, 刑事訴訟又は他の訴訟において言い渡される判決は, 少年の利益のために必要がある場合又は当該手続が夫婦間の争い若しくは児童の後見に関するものである場合を除くほか, 公開する.

2 刑事上の罪に問われているすべての者は, 法律に基づいて有罪とされるまでは, 無罪と推定される権利を有する.

3 すべての者は, その刑事上の罪の決定について, 十分平等に, 少なくとも次の保障を受ける権利を有する.

(a) その理解する言語で速やかにかつ詳細にその罪の性質及び理由を告げられること.

(b) 防御の準備のために十分な時間及び便益を与えられ並びに自ら選任する弁護人と連絡すること.

(c) 不当に遅延することなく裁判を受けること.

(d) 自ら出頭して裁判を受け及び, 直接に又は自ら選任する弁護人を通じて, 防御すること. 弁護人がいない場合には, 弁護人を持つ権利を告げられること. 司法の利益のために必要な場合には, 十分な支払手段を有しないときは自らその費用を負担することなく, 弁護人を付されること.

(e) 自己に不利な証人を尋問し又はこれに対し尋問させること並びに自己に不利な証人と同じ条件で自己のための証人の出席及びこれに対する尋問を求めること.

(f) 裁判所において使用される言語を理解すること又は話すことができない場合には, 無料で通訳の援助を受けること.

(g) 自己に不利益な供述又は有罪の自白を強要されないこと.

4 少年の場合には, 手続は, その年齢及びその更生の促進が望ましいことを考慮したものとする.

5 有罪の判決を受けたすべての者は, 法律に基づきその判決及び刑罰を上級の裁判所によって再審理される権利を有する.

6 確定判決によって有罪と決定された場合において, その後に, 新たな事実又は新しく発見された事実により誤審のあったことが決定的に立証されたことを理由としてその有罪の判決が破棄され又は赦免が行われたときは, その有罪の判決の結果刑罰に服した者は, 法律に基づいて補償を受ける. ただし, その知られなかった事実が適当な時に明らかにされなかったことの全部又は一部がその者の責めに帰するものであることが証明される場合は, この限りでない.

7 何人も, それぞれの国の法律及び刑事手続に従って既に確定的に有罪又は無罪の判決を受けた行為について再び裁判され又は処罰されることはない.

第15条

1 何人も, 実行の時に国内法又は国際法により犯罪を構成しなかった作為又は不作為を理由として有罪とされることはない. 何人も, 犯罪が行われた時に適用されていた刑罰よりも重い刑罰を科されない. 犯罪が行われた後により軽い刑罰を科する規定が法律に設けられる場合には, 罪を犯した者は, その利益を受ける.

2 この条のいかなる規定も, 国際社会の認める法の一般原則により実行の時に犯罪とされていた作為又は不作為を理由として裁判しかつ処罰することを妨げるものでない.

第16条

すべての者は, すべての場所において, 法律の前に人として認められる権利を有する.

第17条

何人も, その私生活, 家族, 住居若しくは通信に対して恣意的に若しくは不法に干渉され又は名誉及び信用を不法に攻撃されない.

2 すべての者は,1の干渉又は攻撃に対する法律の保護を受ける権利を有する.

第18条

1 すべての者は,思想,良心及び宗教の自由についての権利を有する. この権利には,自ら選択する宗教又は信念を受け入れ又は有する自由並びに,単独で又は他の者と共同して及び公に又は私的に,礼拝,儀式,行事及び教導によってその宗教又は信念を表明する自由を含む.

2 何人も,自ら選択する宗教又は信念を受け入れ又は有する自由を侵害するおそれのある強制を受けない.

3 宗教又は信念を表明する自由については,法律で定める制限であって公共の安全,公の秩序,公衆の健康若しくは道徳又は他の者の基本的な権利及び自由を保護するために必要なもののみを課することができる.

4 この規約の締約国は父母及び場合により法定保護者が,自己の信念に従って児童の宗教的及び道徳的教育を確保する自由を有することを尊重することを約束する.

第19条

1 すべての者は,干渉されることなく意見を持つ権利を有する.

2 すべての者は,表現の自由についての権利を有する. この権利には,口頭,手書き若しくは印刷,芸術の形態又は自ら選択する他の方法により,国境とのかかわりなく,あらゆる種類の情報及び考えを求め,受け及び伝える自由を含む.

3 2の権利の行使には,特別の義務及び責任を伴う. したがって,この権利の行使については,一定の制限を課することができる. ただし,その制限は,法律によって定められ,かつ,次の目的のために必要とされるものに限る.

(a) 他の者の権利又は信用の尊重

(b) 国の安全,公の秩序又は公衆の健康若しくは道徳の保護

第20条

1 戦争のためのいかなる宣伝も,法律で禁止する.

2 差別,敵意又は暴力の扇動となる国民的,人種的又は宗教的憎悪の唱道は,法律で禁止する.

第21条

平和的な集会の権利は,認められる. この権利の行使については,法律で定める制限であって国の安全若しくは公共の安全,公の秩序,公衆の健康若しくは道徳の保護又は他の者の権利及び自由の保護のため民主的社会において必要なもの以外のいかなる制限も課することができない.

第22条

1 すべての者は,結社の自由についての権利を有する. この権利には,自己の利益の保護のために労働組合を結成し及びこれに加入する権利を含む.

2 1の権利の行使については,法律で定める制限であって国の安全若しくは公共の安全,公の秩序,公衆の健康若しくは道徳の保護又は他の者の権利及び自由の保護のため民主的社会において必要なもの以外のいかなる制限も課することができない. この条の規定は,1の権利の行使につき,軍隊及び警察の構成員に対して合法的な制限を課することを妨げるものではない.

3 この条のいかなる規定も,結社の自由及び団結権の保護に関する1948年の国際労働機関の条約の締約国が,同条約に規定する保障を阻害するような立法措置を講ずること又は同条約に規定する保障を阻害するような方法により法律を適用することを許すものではない.

第23条

1 家族は,社会の自然かつ基礎的な単位であり,社会及び国による保護を受ける権利を有する.

2 婚姻をすることができる年齢の男女が婚姻をしかつ家族を形成する権利は,認められる.

3 婚姻は,両当事者の自由かつ完全な合意なしには成立しない.

4 この規約の締約国は,婚姻中及び婚姻の解消の際に,婚姻に係る配偶者の権利及び責任の平等を確保するため,適当な措置をとる. その解消の場合には,児童に対する必要な保護のため,措置がとられる.

第24条

1 すべての児童は,人種,皮膚の色,性,言語,宗教,国民的若しくは社会的出身,財産又は出生によるいかなる差別もなしに,未成年者としての地位に必要とされる保護の措置であって家族,社会及び国による措置について権利を有する.

2 すべての児童は,出生の後直ちに登録され,かつ,氏名を有する.

3 すべての児童は,国籍を取得する権利を有する.

第25条

すべての市民は,第2条に規定するいかなる差別もなく,かつ,不合理な制限なしに,次のことを行う権利及び機会を有する.

(a) 直接に,又は自由に選んだ代表者を通じて,政治に参与すること.

(b) 普通かつ平等の選挙権に基づき秘密投票により行われ,選挙人の意思の自由な表明を保障する真正な定期的選挙において,投票し及び選挙されること.

(c) 一般的な平等条件の下で自国の公務に携わること.

第26条

すべての者は,法律の前に平等であり,いかなる差別もなしに法律による平等の保護を受ける権利を有する. このため,法律は,あらゆる差別を禁止し及び人種,皮膚の色,性,言語,宗教,政治的意見その他の意見,国民的若しくは社会的出身,財産,出生又は他の地位等のいかなる理由による差別に対しても平等のかつ効果的な保護をすべての者に保障する.

第27条

種族的,宗教的又は言語的少数民族が存在する国において,当該少数民族に属する者は,その集団の他の構成員とともに自己の文化を享有し,自己の宗教を信仰しかつ実践し又は自己の言語を使用する権利を否定されない.

第4部

第28条

1 人権委員会(以下「委員会」という.)を設置する. 委員会は,18人の委員で構成するものとして,この部に定める任務を行う.

〈2,3(略)〉

第29条~第39条 (略)

第40条

1 この規約~の略締約国は,(a)当該締約国についてこの規約が効力を生ずる時から1年以内に,(b)その後は委員会が要請するときに,この規約において認められる権利の実現のためにとった措置及びこれらの権利の享受についてもたらされた進歩

に関する報告を提出することを約束する.

2　すべての報告は, 国際連合事務総長に提出するものとし, 同事務総長は, 検討のため, これらの報告を委員会に送付する. 報告には, この規約の実施に影響を及ぼす要因及び障害が存在する場合には, これらの要因及び障害を記載する.

3　国際連合事務総長は, 委員会との協議の後, 報告に含まれるいずれかの専門機関の権限の範囲内にある事項に関する部分の写しを当該専門機関に送付することができる.

4　委員会は, この規約の締約国の提出する報告を検討する. 委員会は, 委員会の報告及び適当と認める一般的な性格を有する意見を締約国に送付しなければならず, また, この規約の締約国から受領した報告の写しとともに当該一般的な性格を有する意見を経済社会理事会に送付することができる.

5　この規約の締約国は, 4の規定により送付される一般的な性格を有する意見に関する見解を委員会に提示することができる.

第41条

1　この規約の締約国は, この規約に基づく義務が他の締約国によって履行されていない旨を主張するいずれかの締約国からの通報を委員会が受理しかつ検討する権限を有することを認めることを, この条の規定に基づいていつでも宣言することができる. この条の規定に基づく通報は, 委員会の当該権限を自国について認める宣言を行った締約国による通報である場合に限り, 受理しかつ検討することができる. 委員会は, 宣言を行っていない締約国についての通報を受理してはならない. この条の規定により受理される通報は, 次の手続に従って取り扱う.

(a)　この規約の締約国は, 他の締約国がこの規約を実施していないと認める場合には, 書面による通知により, その事態につき当該他の締約国の注意を喚起することができる. 通知を受領する国は, 通知の受領の後3箇月以内に, 当該事態について説明する文書その他の文書を, 通知を送付した国に提供する. その説明には, 当該事態について既にとられ, 現在とっており又は将来とることができる国内的な手続及び救済措置に, 可能かつ適当な範囲において, 言及しなければならない.

(b)　最初の通知の受領の後6箇月以内に当該事案が関係締約国の双方の満足するように調整されない場合には, いずれの一方の締約国も, 委員会及び他方の締約国に対する通告によりこの事案を委員会に付託する権利を有する.

(c)　委員会は, 付託された事案について利用し得るすべての国内的な救済措置がとられかつ尽くされたことを確認した後に限り, 一般的に認められた国際法の原則に従って, 付託された事案を取り扱う. ただし, 救済措置の実施が不当に遅延する場

合は, この限りでない.

(d)　委員会は, この条の規定により通報を検討する場合には, 非公開の会合を開催する.

(e)　(c)の規定に従うことを条件として, 委員会は, この規約において認められる人権及び基本的自由の尊重を基礎として事案を友好的に解決するため, 関係締約国に対してあっ旋を行う.

(f)　委員会は, 付託されたいずれの事案についても, (b)にいう関係締約国に対し, あらゆる関連情報を提供するよう要請することができる.

(g)　(b)にいう関係締約国は, 委員会において事案が検討されている間に代表を出席させる権利を有するものとし, 口頭又は書面により意見を提出する権利を有する.

(h)　委員会は, (b)の通告を受領した日の後12箇月以内に, 報告を提出する. 報告は, 各事案ごとに, 関係締約国に送付する.

(i)　(e)の規定により解決に到達した場合には, 委員会は, 事実及び到達した解決について簡潔に記述したものを報告する.

(ii)　(e)の規定により解決に到達しない場合には, 委員会は, 事実について簡潔に記述したものを報告するものとし, 当該報告に関係締約国の口頭による意見の記録及び書面による意見を添付する.

2　この条の規定は, この規約の10の締約国が1の規定に基づく宣言を行った時に効力を生ずる. 宣言は, 締約国が国際連合事務総長に寄託するものとし, 同事務総長は, その写しを他の締約国に送付する. 宣言は, 同事務総長に対する通告によりいつでも撤回することができる. 撤回は, この条の規定に従って既に送付された通報におけるいかなる事案の検討をも妨げるものではない. 宣言を撤回した締約国による新たな通報は, 同事務総長がその宣言の撤回の通告を受領した後は, 当該締約国が新たな宣言を行わない限り, 受理しない.

第42条

1　(a)　前条の規定により委員会に付託された事案が関係締約国の満足するように解決されない場合には, 委員会は, 関係締約国の事前の同意を得て, 特別調停委員会（以下「調停委員会」という.）を設置することができる. 調停委員会は, この規約の尊重を基礎として当該事案を友好的に解決するため, 関係締約国に対してあっ旋を行う.

(b)　調停委員会は, 関係締約国が容認する5人の者で構成する. 調停委員会の構成について3箇月以内に関係締約国が合意に達しない場合には, 合意が得られない調停委員会の委員については, 委員会の秘密投票により, 3分の2以上の多数による議決で, 委員会の委員の中から選出する.

〈2〜10(略)〉

第43条〜第53条　(略)

◆ 事 項 索 引 ◆

（条文の範囲は法令の抄録部分を含む場合がある．各索引事項に該当する法令は本書の掲載順とした）

◆ あ行 ◆

悪意の抗弁　手17, 小22
あっせん収賄　刑197の4, 256②
あへん煙に関する罪　刑136-141
安全配慮義務　労災5
安全保障　経済安全1, 重要土地1
委員会　国会40-54, 自治138の4. 180の5
遺棄　刑770①②. 814①①. 刑217-219
異議申立て　行訴3③, 刑訴50. 51. 276.
　309. 315の2. 385. 386. 403. 428. 502
育児休業　労基123④
意見公募手続　行手38-45
遺言（イゴン）　法適用37, 民960-1027
意思表示　民93-98の2
意思無能力者　刑訴28
意思能力　民3の2
移送　刑訴12⑤. 13. 15⑦, 民訴16-22.
　274. 309. 324. 325, 民執14, 刑訴4. 7.
　19. 330. 332. 399. 400. 412. 413, 少5
遺贈　民964. 986-1003. 1031-1037.
　1041. 1042
一事不再理　憲39, 刑訴337①
一部上訴　刑訴357
一覧払手形　手2②
一般財団法人　一般法人1-9. 152-333
一般司法警察職員　刑訴189
一般社団法人　一般法人1-151. 206-333
一般職　国公2
一方的商行為　商3
委任　民4②. 73⑥, 自治167②, 民643-
　656, 商505. 506. 648, 会社330
委任命令　民訴73⑥
違約金　民420③. 利息4, 特定商取引
　10. 25. 40①, 割賦6, 民訴9②
入会権　民263. 294
遺留分　民902. 964. 1028, 1042, 1044
淫行勧誘　刑182
印章偽造罪　刑164-168
引致　刑訴73. 202. 215
インターネット　サイバーセキュリティ1
ウイルス作成等　→不正指令電磁的記
　録に関する罪
請負　民632-642
氏（ウジ）　民750. 790. 791. 810
訴えの提起　会社828-860, 民訴133. 271
訴えの取下げ　民訴261-263
訴えの併合　行訴10-12, 民訴7. 9. 136,
　人訴17
訴えの変更　行訴19. 21, 民訴143, 人訴18
裏書　手11, 小14
運送　商502④
運送取扱営業　商502⑪
営業的商行為　商502
永小作権　民270-279, 民執43②
栄典　憲7. 14, 明憲15
営利誘拐罪　刑225
LGBT　LGBT 理解増進法1
縁組　法適用31, 民727. 729. 792-810.
　817の2-817の11
援助　少16
延焼罪　刑111
押収　憲35, 刑訴99-127. 218-222. 420.
　少6の5. 15. 19　夜間の一　刑
　訴116. 117
押収物の還付　刑訴123. 124. 222. 346.

　347. 499
応訴管轄　民訴3の8. 12
往来妨害罪　刑124-129
横領罪　刑252-255
公の営造物　自治244-244の4
公の施設　自治244-244の4
親会社　会社2④
親子　法適用32, 民730. 772-817の11.
　877-881
恩赦　憲7. 73, 明憲16

◆ か行 ◆

外患罪　刑81-88
会計監査人　一般法人60. 62. 64. 107①.
　会社211. 326②. 327⑤. 328. 329. 337-
　340. 344-346. 396-399. 439. 441. 459
会計検査院　憲90, 明憲72
会計参与　会社326②. 327②. 374-380
会計帳簿　会社432-434
解雇　民626-631, 雇均6. 9, 労働7
外交関係　憲73②
外交文書　憲7⑧
介護休業　労基123④
外国移住の自由　憲22②
外国法人　会社2②　→外国法人
外国人　法 適用 35②, 国籍4-10. 18.
　19, 国賠6, 民訴33②
外国判決の効力　民訴118, 民執24①,
　刑
外国法人　民35-37　→外国会社
解散　憲7. 45. 54. 69, 自治178, 民682-
　688, 一般法人148. 149, 会社471, 労組10
開示命令　刑訴316の26
会社分割　会社757-766. 782-816, 独禁
　15の2
解除　民540-548. 550. 587の2②. 593の2.
　610. 657の2
解放減軽　刑228の2
買戻し　民579-585
覚醒剤の所持　覚醒剤14
隔地者　民508
確定判決　民訴114. 115. 117. 267. 338.
　396, 民 執22①⑦, 破124③, 刑訴
　337①. 435-437. 470
確認の訴え　民訴134. 145
学問の自由　憲23
加工　民246
家事債権　民訴761
過失運転致死傷罪　自動車運転致死傷4
過失建造物等浸害罪　刑122
過失傷害の罪　刑209-211
過失致死罪　民418. 722
過剰避難　刑37
過剰防衛　刑36
ガス漏出等及び同致死傷罪　刑118
家族　憲24, 人権B規約23
家庭裁判所　民訴761, 民執33　一の通
　告　少6①
家庭裁判所調査官　少7. 25
株券　会社117⑦. 214-221, 刑162
株式移転　会社232. 772-774. 804-812.
　814. 815, 独禁15の3
株式会社　会社25-481
株式買取請求権　会社116. 192. 469.

　785. 797. 806
株式交換　会社231. 767-771. 782-800
株主総会　会社214. 295-325の3. 830.
　831
株主名簿　会社121-126
仮還付　刑訴123
仮差押え　民執149, 民保26. 39
仮執行宣言　民訴115②. 259. 260. 294.
　310. 323. 376. 391. 396, 民執22④②.
　23. 33②②③. 35
仮釈放　刑訴28. 29, 少58
仮住所　民24
仮出場　刑30
仮処分　民執44, 民149, 破42, 民再26.
　39
仮execution 執行　刑訴348. 493. 494
仮の義務付け　行訴37の5
仮の差止め　行訴37の5
科料　刑17, 軽犯1
仮留置　刑訴74
簡易却下手続　刑訴24①
簡易公判手続　刑訴291の2. 291の3.
　307の2. 315の2. 320②
簡易裁判所　刑訴270-280. 368-381,
　民訴33②①⑥, 刑訴461
管轄　行訴12, 民訴3の2-15. 16②. 20.
　274. 309, 民執3の2-19, 少5, 独
　禁86, 国際裁34-38
管轄違い　刑訴12. 16. 299. 309. 312②③.
　刑訴13-15. 329-331. 378①. 398
環境影響評価　環境基20
環境基準　環境基15
環境基本計画　環境基15
環境への負荷　環境基2①
環境保全の基本理念　環境基3-5
監禁罪　刑220. 221
観護の措置　少17-17の4. 43
監査委員　自治180の5. 195, 会社400④
監査等委員会設置会社　会社2①②.
　327①. 399の7. 399の13
監査の請求　自治12. 75. 98②. 242
監査役　会社2⑨. 326②. 327③. 335③.
　381-395. 427
監査役会　会社326②. 390-395
慣習　民92
慣習法　法適用3, 商1
間接強制　民執167の15. 172. 173
間接差別　雇均7
鑑定　民訴212-218. 233, 刑訴165-173.
　223. 321④, 少6の5. 14　一と必要な
　処分　刑訴168①　一の経過及び結
　果を記載した書面　刑訴321④
鑑定証人　民訴217, 刑訴174
鑑定等の嘱託　民訴218, 刑訴223, 少6
　の5
鑑定留置　刑訴167. 167の2. 224　一の
　請求　刑訴224
監査委員　民再54
観念的競合　刑54
官吏　憲7. 73, 国公1②
関連請求　行訴13. 16-19
議員の定数　公選4, 自治90. 91
期間　民138-143, 民訴95-97, 刑22-24,
　刑訴55. 56
機関訴訟　自治176. 251の5. 252, 行訴
　2. 6. 42. 43

危険運転致死傷罪　自動車運転致死傷2
議事公開の原則　憲57, 自治115
期日　民訴93. 94. 169　→公判期日
期日間整理手続　刑訴316の28-316の32
基準日　会社124
偽託　刑169, 刑訴9②
規則　憲58②. 77, 自治15. 16. 138の4
起訴状　刑訴256. 312　―の変更　刑訴312
起訴便宜主義　刑訴248
起訴前の和解　→裁判上の和解
起訴猶予　刑訴248
寄託　民657-666
既判力　民訴48. 50. 51. 114. 115
忌避　民訴24-27. 92の6. 214, 刑訴21-26
忌避申立て　刑訴21
忌避申立権者　刑訴21
器物損壊　刑261
基本的商行為　商501. 502
基本的人権　憲11. 97, 刑訴1, 人権宣言前文, 人権A規約, 人権B規約
義務付けの訴え　行訴3⑥. 37の2. 37の3
却下　民訴3の9. 78. 137. 140. 141. 157. 157 の 2. 290. 291. 316. 317. 345. 355. 359. 394
求償　国賠1. 2, 民351. 442-445. 472 の 3. 481②. 707②. 715③. 717③
教育を受ける権利　憲26, 人権宣言26, 人権A規約13
共益債権　民再119. 121　→財団債権
共益費用　民306. 307. 329
境界損壊　刑262の2
恐喝罪　刑249
凶器準備集合罪　刑208の2
教唆　刑61. 202
教示　行手15②, 行訴14③. 46
供述拒否権　刑訴311
供述書　刑訴322
行政客体　憲72
強制競売　民執45-92
行政権　憲65. 66
行政事件訴訟　行訴2
強制執行　民414, 民執2-174, 破42, 民再26. 39, 刑96の2　→行政代執行
行政指導　行手2①. 2⑧. 32-36
強制処分認定主義　刑訴197①
行政代執行　―
強制履行　―強制執行
供託　公選92, 民466の2. 466の3. 494-498, 商524. 527, 民訴405, 民執156. 157. 168
共同正犯　刑60
共同訴訟　民訴17, 民訴38-41. 65
共同訴訟参加　民訴52, 民執157
共同抵当　民392. 393
共同被告人　刑訴148. 311. 401. 475
共同不法行為　民719
競売　→「ケイバイ」
強迫　民96
脅迫　民95. 98. 100. 106. 107. 176. 177. 222. 223. 236. 238
脅迫罪　刑222
共犯　刑60-65　身分犯の―　刑65
業務上過失　刑117の2. 129②. 211①
業務上の秘密　刑134, 刑訴105. 149
業務提供誘引販売　割賦35の3の16①
業務妨害罪　刑233-234の2
共有　民249-264. 668. 898. 899, 会社106, 民訴43, 特許73, 著作65
共有物分割　民256-262
強要罪　刑223

虚偽鑑定・通訳罪　刑171, 刑訴9②
虚偽告訴　刑172
虚偽表示　民94
極度額　民398の2. 398の3. 398の5. 398の17. 398の18. 398の21. 398の22. 465の2. 465の5
居住・移転の自由　憲22, 明憲22, 人権宣言13, 人権B規約12
居所　法適用5. 39, 民23, 民訴3の2①. 4
記録命令付差押え　刑訴99の2. 106
緊急事態宣言　新型インフル32
緊急集会　憲54②, 国会99-102の5
緊急逮捕　刑訴210. 211
緊急勅令　明憲8. 70
緊急避難　刑37
金銭債権　民402. 403. 419, 民執143-167
金銭分配請求権　会社454④. 455
禁転得裏書　手15②, 小18②
均等待遇　労基3
国地方係争処理委員会　自治250の7-250の20
虞犯少年　少3
組合　民667-688
クーリングオフ　割賦35の3の10-35の3の12, 特定商取引9. 9の2. 15の2. 24①. 40
刑　―の言渡し　刑訴333　―の加重　刑14. 47. 57. 59, 刑訴252. 335②　―の軽減　刑36-39. 42. 63. 66-72　―の時効　刑31-34　―の執行　刑11-13. 16. 51, 刑訴471-478. 484. 490-494. 505　―の消滅　刑34の2　―の変更　刑6　―の免除　刑訴334　―の量定不当　刑訴381
刑期　刑23
経済的措置　環境基22
警察官　刑訴189, 少6の2-6の5　―の送致等　少6の6
計算書類　会社435②
刑事施設　刑11-13, 刑訴64. 65. 70. 73-75. 78. 80. 366. 367. 477. 481
刑事補償　憲40, 刑訴188の7
継続審理　→集中証拠調べ
競売（ケイバイ）　借地借家20, 商524, 民執45-92. 180-192
軽犯罪　軽犯1
契約　民521-696. 754, 特定商取引9. 9の2. 10. 15の2. 24. 25. 40, 割賦5①. 6. 35の3の10-35の3の12, 商510. 525-527, 破53. 54, 民再49
契約不適合　民562-566
結社の自由　憲21, 明憲29, 人権宣言20, 人権B規約22
決定　行訴3, 民訴87. 119. 122, 刑訴43. 419. 420
検閲　憲21, 刑訴81
減刑　憲7⑥. 73⑦
現行犯　刑訴33, 刑訴212
現行犯逮捕　刑訴213. 214. 216. 217
検疫　防疫9. 36-37の4
検察官　刑191. 247. 316 の 35. 351. 439. 472. 少22の2. 45　―の関与　少22の2　―の司法警察職員に対する指示・指揮　刑訴193　―の送致少42　―の面前における供述を録取した書面　刑訴321①②　―への送致　少20. 45
検察審査会　刑訴267の2
検査役　会社33. 207①. 306. 316. 358
検視　刑192, 刑訴229

現住建造物等侵害　刑119
検証　民訴151. 232. 233, 刑訴128-142. 218-220. 222, 少6の5. 15　夜間の―刑訴130
懸賞広告　民529-532
検証調書　刑訴303. 321②. 321③
原子力委員会　原基4
原子力規制委員会　原基3の2
原子力防災会議　原基3の3
原子炉　原基3④
建造物等損壊　刑260
限定承認　民922-937
現物出資　会社28①. 33. 34. 46. 199. 207. 213
現物配当　会社454①③④
憲法違反　憲81. 98, 裁10, 民訴312. 327①. 336, 刑訴405
権利質　民362-366
権利能力　民3. 34. 35, 会社476
牽連犯　刑54
言論の自由　憲21①, 明憲29, 人権宣言19, 人権B規約19
故意　国賠1, 民709, 刑38
公安委員会　→都道府県公安委員会
合意管轄　民訴3の7. 11. 16②. 20
行為能力　法適用4. 5, 民4-21. 120. 449, 商5. 6
勾引　刑訴194, 刑訴58. 59. 76. 152
勾引状　刑98, 刑訴62. 64. 70-73. 126. 152-154
更改　民438. 513-518
公害　環境基2③
公開会社　会社2⑤
公開買付け　会社165, 金商27の2-27の22の4
公害紛争処理　環境基31
交換　民586
強姦罪　刑177-181. 241
公共の福祉　憲12. 13. 22. 29, 行訴25④. 27③, 民1, 刑訴1
公共の利害に関する場合の特例　刑230の2
拘禁　憲34. 38②. 40
拘禁刑　刑9. 12. 14, 刑訴480. 482. 484-486, 少51. 52. 56-58. 62
後見　法適用35, 民838-875
後見開始の審判　法適用5, 民7. 10. 838②
後見監督人　民848-852, 任意後見4. 5. 7
黄犬（コウケン）契約　労組71
後見人　民839-847, 任意後見2④. 6. 8, 商6
公権力の行使　行手2②, 行審1②, 行訴3①, 国賠1
公告　会社233④. 939-946, 破10
抗告　裁7②, 民訴328-337, 民執10. 182, 刑訴352. 419-434, 少32
抗告訴訟　行訴2. 3
交互尋問　民訴202. 215の2②, 刑訴304, 刑訴規199の2-199の7
合資会社　会社2①. 2⑤. 6. 575
公示送達　民訴110-113
皇室　憲8. 88, 皇室典範
皇室典範　憲2. 5, 皇室典範
公序良俗　法適用42, 民90, 民訴118
更新　民619, 借地借家4-6. 26-29, 刑訴315. 315の2. 350の11②
更正決定　民訴257
公正取引委員会　独禁27-44
公正な競争　独禁1. 2⑨
交戦権　憲9

公訴 刑訴247-270. 338-340, 少45 ――の提起 刑訴256
控訴 民訴281-310の2. 356. 377, 刑訴359-361. 372-404 ――のできる判決 刑訴372
皇族 皇室典範5-15
公訴時効 刑訴250 ――の起算点 刑訴253
公訴事実 刑訴64. 73. 76. 77. 256. 312
控訴趣意書 刑訴376-383. 389. 392
拘置 刑11-13. 16
公聴会 国会51, 行手10
合同会社 会社2①. 22⑥. 6. 575-636
強姦強姦罪 刑241
強盗罪 刑236
高等裁判所 民訴311. 318①. 327. 337②, 刑訴405③
強盗致死傷 刑240
口頭弁論 民訴41①. 41③. 87. 148-178. 256. 290. 296. 319. 325③. 335. 355. 359, 刑訴43
口頭弁論期日 民訴93. 139
口頭弁論調書 民訴160
公判 刑訴271-350, 刑訴規176-222の10
公判期日 刑訴273. 275-278の2. 282
公判準備 刑訴303. 316の2. 321. 322②. 324. 325. 328
公判前整理手続 刑訴316の2-317の27
公判調書 裁48-52
公判廷 刑訴106. 282. 287. 342
公判手続 刑訴314. 315 ――の特例 刑訴316の29-316の32
公布 憲7①. 96②, 国会66, 自治16
公文書 公文書管理
公務員 憲15-17. 99, 国公, 刑7
公務執行妨害罪 刑95-96の3
公訴所 刑7, 刑訴197②
合成会社 会社2①. 22⑥. 6. 575
拷問 憲36, 刑訴319①, 人権宣言5, 人権B規約7
公有財産 自治226. 237-238の7
勾引 刑21, 少43. 48, 刑訴60-62. 70. 73. 82-86. 204-208の2. 280. 495 ――と弁護人選任権等の告知 刑訴77 ――に代る措置 少43 ――の執行停止 刑訴95 ――の取消し 刑訴87 被疑者の―― 刑訴207
拘留 刑16, 軽犯1, 刑訴480-482. 484-486
勾留質問 刑訴61
勾留状 刑訴62. 64. 70-73. 126. 207④. 220④. 345. 365
勾留理由開示 刑訴82. 83
子会社 会社2③. 31. 120. 135. 318. 371. 381. 396. 444, 独禁7の2③. 9. 5①. 51
小切手訴訟 民訴52. 259②. 367. 403①④⑤
国外犯 刑2-4の2 公務員の―― 刑4 国民の―― 刑3 国民以外の者の――刑3の2
国際司法裁判所 国際裁
国政調査権 憲62, 国会103-106
国籍 法適用18. 38, 憲10. 22, 明憲18, 国籍, 人権宣言15
国選付添人 少22の3
国選弁護人 憲法31③, 刑訴36-38の4. 289. 290. 316の4. 316の8. 350の4. 451
告訴 刑訴230-238. 240-244. 260-262 ――の取消 刑訴238
告訴権者 刑訴230-233
告発 刑訴239. 241-243. 260-262

国民主権 憲前文. 1
国民投票 憲96, 憲改
国務大臣 憲7. 63. 66. 68. 74. 75. 99, 明憲55, 国公2③②
小商人 商7
個人の尊厳 憲24, 民2
国旗 国旗国歌
国会 憲41-64, 国会
国家公務員 国公
国家訴追主義 刑訴247
国家賠償 憲17, 国賠
国歌 国旗国歌
国交に関する罪 刑92-94
雇用 法適用12, 民623-631, 労基2②. 13-23, 労組16 →労働契約
婚姻 法適用24-26, 憲24, 民731-771, 人訴2, 人権宣言16, 人権B規約23
昏酔強盗 刑239
混同 民179. 520
混和 民245
困惑 消費契約4③, 特定商取引6③. 21③. 34③. 52②

◆ さ行 ◆

債権 民399-724の2, 動産債権譲渡特, 電子債権, 民執143-167
債権質 民362-366
債権者委員会 破144-147
債権者集会 破135-143
債権者取消権 民424-426
債権譲渡 法適用23, 民466-469, 動産債権譲渡特, 電子債権17-20
再抗告 民訴330. 331, 刑訴427, 少35 ――の禁止 刑訴427
最高裁判所 憲76. 77. 79. 81, 裁5. 6-14の3, 民訴311. 318. 327. 329③. 336. 337, 刑訴16. 18. 405. 406. 433. 454. 455
最高裁判所長官 憲6②, 裁5. 12
財産管理人 民 25-29. 895. 918. 926. 936. 940. 943. 950. 952-958の2
財産刑 破253の3③
財産引受け 会社28②. 33
再主尋問 刑訴規199の2①③. 199の7
罪証隠滅 刑訴60. 81. 89. 96
再審 行訴34, 刑訴338-349, 刑訴規184. 383. 411. 435-453, 国際裁61 ――の理由 刑訴383. 345. 436
再審査 行審6
再生計画 民再154-162. 169-185
再生債権 民再84-113
財団債権 破2⑦. 148-151 →共益債権
再度の考案 民訴333
サイバーセキュリティ サイバーセキュリティ
再犯 刑56. 57. 72①
裁判 憲32. 37. 55. 64. 76. 78, 国会125-129, 民訴114-123. 243-260, 刑訴43-46. 329-350 ――の公開 憲34. 37. 82, 明憲59, 人訴22 ――の執行 刑訴471-507 ――の理由 刑訴44 ――を行う組織 刑訴2, 国公④, 明憲24, 人権B規約9③. 14
裁判員 裁判員8-48
再如加重 刑57. 72①
裁判官 憲64. 76③. 78-80. 99, 裁5, 国公2③③, 民訴23-26, 刑訴20-25. 51①①, 刑訴規76. 77. 79. 82 →弾劾裁判所
裁判書 刑訴46. 473
裁判上の和解 民訴68. 72. 89. 92の2

③. 264. 265. 267. 275, 民執22⑦. 33②⑥. 39①②④
債務超過 破16
債務不履行 民415-422. 541-543, 民執22-174
債務名義 民執22, 刑訴490
裁量処分 行訴30
詐害行為取消権 民424-426
詐欺 民96
先買(サキガイ)権 民905
詐欺罪 刑訴246. 246の2
先取特権 民303-341, 破2⑨, 民執59. 87. 133. 181, 民執53
先日付(サキヒヅケ)小切手 小28②
錯誤 民95, 刑38
差押え 民149, 民執45. 93. 122-132. 143-153. 163, 刑訴99. 218. 220
差押状 刑訴106-118
差押命令 民執143-153. 167. 193②
指図債権 民520の2-520の12, 商516
指図による占有移転 民184
差止請求権 行訴⑦. 37の4, 消費契約12. 12の2. 23, 会社210. 360. 385. 407. 422, 独禁24, 特許100, 著作112
殺人罪 刑199-203
参加的効力 民訴46. 53
参議院 憲42. 46. 54
残余財産 会社105
死因贈与 民554
自衛権 国連憲章51
資格喪失の効力 手16, 小19
敷金 民316. 619②
時機に後れた攻撃防御方法 民訴157①
事業者 消費契約2②, 電子契約特2②, 独禁2①
事業者団体 独禁2②. 8
事業譲渡 一般法人法201, 会社467-470
事業報告 会社435②
死刑 刑9. 11. 31. 46. 51. 68, 刑訴475-479, 少51 ――と無期刑の緩和 少51
事件の配点 少8
時効 自治236, 民144-169, 商522, 刑31-34, 刑訴250-255. 337 ――の援用 民145 ――の完成猶予 自治236, 民147-151. 153. 154. 158-161, 民訴147 ――の更新 民訴236, 民147. 148. 152-154, ――の停止 刑訴254. 255
自己株式 会社155-178
自己契約 民108
事後強盗 刑238
自己借地権 借地借家15
事後設立 会社467①⑤
自殺関与 刑202
持参債務 民484, 商516
事実誤認 刑訴382. 411③
自首 刑42, 刑訴245
事情判決 行訴31
自然人 民3①, 民訴4②
持続的発展が可能な社会 環境基4
地代 民266, 借地借家11
死体損壊 刑190. 191
質権 民342-366, 民執49. 59. 87, 特許95, 著作66①
自治事務 自治②⑧
市町村 自治1
失火 失火
失火罪 刑116. 117の2
執行異議 民執11. 182
執行抗告 民執10. 12. 182
執行停止 行訴25-29, 民訴334. 403

執行役　会社402. 403. 418-422
執行猶予　刑25-27, 刑適333. 350の14
実質的証拠　独禁80
失踪宣告　法適用6, 民30-32
指定買取人　会社140④
指定弁護士　刑訴268①
支配人　会社10-13
自白　憲38, 民訴159. 179, 人訴19, 刑170. 173, 刑訴301. 319. 322　—の証拠能力・証明力　刑訴319
支払地　手1⑤. 2③. 75④. 76③, 小1④. 2③. 2③, 民訴5②
支払停止　破15. 71. 72. 160. 162, 民再127
支払督促　民147①②, 民訴382-388. 391. 396, 民執22④. 25. 33②②③
支払人　手1. 40③, 小1. 3
支払不能　破2①. 15. 71. 72
支払無担保文句　手2. 15①, 小12. 18
支払用カード電磁的記録に関する罪　刑163の2-163の6
事務管理　裁7, 民訴8. 9, 刑訴3. 4
司法警察職員　刑訴39③. 189. 190. 192-194. 196. 199①. 210. 214. 218①. 220. 221. 223
司法権　憲76, 明憲57　—の独立　憲76③. 78
司法巡査　刑訴39③. 202. 215
資本金　会社445. 447. 449. 450
資本準備金　会社445②③. 448. 451
事務管理　法適用14-16, 民697-702
指名委員会等設置会社　会社327①. 408. 415-417
社外監査役　会社2⑯
社外取締役　会社2⑮
借地権　民612, 借地借家2①. 3-25
釈明権　行訴23の2, 民訴149-157の2, 刑訴規208
量定減軽　刑66. 67. 71. 72
社債　会社2㉓. 676-742
社債管理者　会社702-706
集会の自由　憲21, 人権宣言20, 人権B規約21
衆議院　憲7③. 42. 45. 54. 59-61. 67. 69. 70　—の優越　憲59-61. 67, 国会13. 83の3
就業規則　労契7. 9-13
就業時間　→労働時間
終局判決　民訴243. 281. 311. 338. 356
住居侵入罪　刑130. 132. 130. 132
重婚罪　刑184
住所　公選9, 民22-24, 商516, 民訴3の2①. 4②. 103. 105. 110, 破4, 民再4
自由心証主義　民訴247, 刑訴318
終身定期金　民689-694
重大な過失　民95. 520の10. 698, 失火1-, 手10. 16. 40③, 小13. 21, 刑117の2. 211, 刑訴183
集中証拠調べ　民訴182
従犯　刑62-64
従物　民87
住民　自治10-13の2
住民監査請求　自治242
住民訴訟　自治242の2
住民投票　憲95
収用　憲29
収用委員会　自治180の5. 202の2⑤
収賄罪　刑197-197の4
主刑　刑9. 10①
受継　民訴124-129
主権　憲前文. 1, 国連憲章2①
主尋問　民訴202, 刑訴規199の2-199の

5. 199の7
受託裁判官　民訴89. 92の7. 185②. 195. 206. 213. 214. 215の4. 233. 264-266. 329①, 刑訴20. 43. 163. 265. 393. 445
受託収賄　刑197
主張関連証拠　刑訴316の20
出向　行訴14
出訴期間　行訴14
出頭義務　刑訴285
出頭命令　刑訴68
出頭要求　刑訴198
取得時効　民162-165
取得条項付株式　会社2⑲. 107①③. 107②③. 108①⑥. 108②⑥
取得請求権付株式　会社2⑱. 107①②. 107②②. 108①⑤. 108②⑤
主任弁護人　刑訴33. 34
種の保存　環境基14②
主物　民87
受領遅滞　民413
種類株式　会社2⑬. 108. 202. 241. 749. 753. 768. 773
種類株主総会　会社2⑭　→株主総会
種類債権　民401
準委任　民656
準起訴手続　刑訴262-269
準現行犯　刑訴212
準抗告　民訴329②, 刑訴429-431
準占有　民205
準備書面　民訴161. 162. 276
準備手続　民訴168-178　→弁論準備手続
傷害罪　刑204-208の3
少額訴訟　民訴368-381　—債権執行　民執167の2-167の14
消火妨害　刑114
召喚　刑訴57. 132-136. 150-153. 158. 273. 278. 409
慣習法　商1, 手21-29
試用期間　労基12③⑤
条件　民127-134
証言拒絶権　議院証言4, 民訴196. 197, 刑訴146-149
証拠　民訴179-242. 352, 刑訴316の17. 316の25-27. 317-328. 340. 435, 独禁80
証拠隠滅罪　刑104, 刑訴9②
商行為　商3. 501-596
上告　裁7⑪, 民訴311-327, 刑訴405-418　—のできる判決　刑訴405
上告理由　民訴312. 318④. 320, 刑訴405-408
証拠裁判主義　刑訴317
証拠調べ　民訴92の2②. 181-185. 247. 352. 371, 刑訴292. 296-310. 316の5. 316の13. 316の17. 316の21. 316の22. 316の32　—の順序　刑訴規199
使用者　労基10, 労契2②
証書真否確認の訴え　民訴134
商事留置権　商521, 民再148
浄水に関する罪　刑142. 144. 145
少数株主権　会社297. 303②. 305①. 306. 358. 426⑤. 433. 833①
上訴　民訴281-337. 292, 民執10, 刑訴97. 351-367. 372-434
上訴期間　民訴285. 313. 332. 116. 破9, 刑訴358. 373. 414. 421. 422
使用貸借　民593-600
譲渡制限株式　会社2⑰. 134. 136-145
商人　商4. 7. 513. 521. 524-528

証人尋問　民訴190-206. 217. 307. 372, 刑訴143-157. 157の3. 157の4. 179. 226-228. 281. 281の2. 295. 304. 304の2. 316の36, 自治100②, 少14　—の際の証人の遮へい　刑訴157の3　—の順序　刑訴規199の2　—の請求　刑訴226. 227　ビデオリンク方式による—　民訴204②, 刑訴157の4. 292の2⑥. 321の2
証人等威迫　刑105の2
証人の資格　刑訴143
証人への付添い　民訴203の2, 刑訴157の2
少年　少2. 40-60　—の刑事事件　少40-60　—の保護事件　少3-36
消費寄託　民666
消費者　消費契約2, 電子契約特2②
消費者契約　法適用11, 消費契約2③, 民訴3の4①
消費貸借　民587-592, 利息
私用文書等毀棄　刑259
小法廷　裁9. 10
証明方法　刑訴308. 316の15. 316の36. 318. 327. 328　—を争うための証拠　刑訴328
消滅時効　自治236, 民316-169. 508. 724. 724の2. 875, 製造物5, 商522
条約　憲7. 61. 73. 98, 明憲13　—による国外犯　刑4の2
剰余金　会社446. 453-460
職員団体　国公108の2-108の7
職業選択の自由　憲22, 人権A規約6
触法少年　少3. 6の2-6の7
職務質問　警職法2
助言と承認　憲3. 7
除斥　刑927, 民訴23. 25. 26. 92の6. 27, 刑訴20. 26
職権証拠調べ　行訴24, 民訴3の11. 14, 人訴20, 刑訴298②
職権保釈　刑訴90
職権濫用罪　刑193-196
処分　刑手2②, 行審1②, 行訴3②　—の基準　行手12　—の取消しの訴え　行訴3
所有権　民206-264
事理弁識能力　民7. 11. 15
資力申告書　刑訴36の2
新株予約権　会社2㉑. 236-282
新株予約権証券　会社236①⑩
新株予約権付社債　会社2㉒. 236②.
審議会　自治138の4
信義誠実の原則　民1②, 民訴2
信教の自由　憲20, 世界人権宣言18, 人権B規約18
親権　法適用32, 民818-837
親告罪　刑42. 135. 180. 209. 229. 232. 244. 251. 255. 264, 刑訴234. 235. 238　—の告訴期間　刑訴235
審査基準　行手5
審査請求　行審2-4, 行訴3③. 8
人事委員会　自治180の5. 202の2①
人事委員　国公3-18
人事院　国公3③. 4-11
信書隠匿　刑263
心証　民訴247, 刑訴318
信書開封　刑133
審判　刑訴87②. 187. 386①, 民執145②
心神耗弱　刑39, 刑訴37
心神喪失　刑39, 刑訴37. 314. 439. 451. 479
人身売買　刑3. 226の2

申請に対する処分　行手5-11
親族　法適用33. 34, 民725-881, 刑244.
　251. 255
親族相盗例　刑244. 257
身体検査　刑訴129. 131-140. 168. 172.
　218. 219　女子の——　刑訴131
人的抗弁　手17, 小22
審判　少3. 19. 21-24の2
心理留保　民93
水道に関する罪　刑143. 146. 147
水防妨害　刑121
水利妨害　刑123
ストーカー　ストーカー1
請願　憲16, 明憲30. 50, 自治124
請求異議の訴え　民執35-37
請求の基礎　民訴143
請求の原因　民訴133の2②. 143. 245.
　275. 280. 387②
請求の認諾　民訴32. 55. 170⑤. 266.
　267, 人訴19. 37, 民執22⑦. 33②①の
　2. 39①②
制限行為能力者　民20. 21. 120①, 法
　適用4. 5　→訴訟能力
清算人　民685, 会646
政治倫理　国会124の2-124の4
成人　少2　→成年
生存権　憲25, 労基1, 生活保護1. 3
政党　政党助成
性同一性障害　性同一性2, 3
正当行為　刑35, 労組1. 7①. 8
正当な補償　憲29
正当防衛　民720, 刑36
成年　皇室典範22, 民4　→成人
成年後見監督人　民849
成年後見人　民8. 738. 843. 858-859の3,
　人訴14
成年被後見人　法適用5, 民8. 9. 98の
　2. 124②. 738. 778. 780. 917. 973, 民
　訴28. 31. 35, 人訴14
生物多様性　環境基14②
政令　刑7①. 73⑥
責任財産契約　会社427
責任年齢　刑41
責任能力　民39. 41
責問権　民訴90
説教等妨害　刑188②
接見交通　刑訴39③. 80. 81
絶対的控訴理由　刑訴377. 378
絶対的商行為　商501
説明義務　会社314, 民訴167. 174. 178.
　298
設立　一般法人2. 163, 会社25-103. 575-
　579. 911
設立費用　会社28④
設立無効の訴え　会社828
善意取得　民192-194, 会社131①. 258
　②. 689②, 手16, 小21　→即時取得
選挙区　憲47
選挙権　憲44, 公選9. 11, 自治11
宣言　国会97, 民訴201. 208. 216. 372,
　刑169, 刑訴154. 155. 160. 161. 166
宣誓無能力　刑訴155
専属管轄　自治245の8⑦. 252③, 民訴
　3の5. 3の10. 13. 20. 299. 312②③, 人
　訴4, 破6, 民再6, 独禁85-87
選択債権　民406-411
選定当事者　民訴30. 36. 58③. 124①⑥.
　124②
全部取得条項付種類株式　会社108①
　⑦. 108②⑦
専門委員　民訴92の2-92の7

占有改定　民183
占有権　民180-205
占有訴権　民197-202
訴因　刑訴256. 291の2. 312. 316⑤. 350
　の8. 350の11
訴因変更　刑訴312
争議権　憲28, 労組1②. 8
捜査　刑訴189-246
相殺　民439. 469. 505-512の2, 破71,
　民再93. 93の2
捜索　憲35, 刑訴99-127. 218. 220, 少6
　の15　女子の身体——　刑訴115　夜
　間の——　刑訴116. 117
捜索状　刑訴106-118
総辞職　→内閣総辞職
総選挙　憲7④. 54. 70. 79②
相続　法適用36, 民24, 民882-1050, 民
　訴3の②③②
相続回復請求権　民884
相続人　民886-895
相続分　民900-905
相続放棄　民938-940
送達　民訴98-112. 107. 109. 138. 289,
　刑訴54. 65. 271
送致　刑訴203. 246. 258, 少6の7②. 19
　②. 20. 23. 41. 42. 45. 45の2
争点や証拠の整理　刑訴316の13-316
　の24
双方代理　民108
双務契約　民533-536, 破53. 54, 民再49
贈与　民549-554. 1042-1048
騒乱罪　刑106. 107
創立総会　会社65-97
遡及処罰の禁止　憲39, 人権B規約15
即位　皇室典範4. 24
即時抗告　行訴25⑦. 25⑧, 刑訴332.
　334, 破9, 刑訴419. 422. 424-426. 428
　——の執行停止　刑訴425　——の提起
　期間　刑訴422
即時取得　民192-194　→善意取得
組織変更　会社743-745. 775-779
訴状　民訴133. 137. 138. 158. 343
訴訟記録　民訴91. 92, 刑訴52. 53. 378. 379.
　381-382の2　——の閲覧　刑訴53
訴訟告知　手86, 小73, 民訴53
訴訟参加　行訴22. 23. 45, 会社849, 民訴
　42-53, 人訴15
訴訟指揮　民訴93. 148-178, 刑訴294
訴訟上の和解　→裁判上の和解
訴訟代理権　民訴34. 55. 58. 312②④.
　338①③
訴訟代理人　民訴54-59
訴訟脱退　民訴30. 48. 51
訴訟手続の中止　行訴8, 民訴130-132
訴訟手続の中断　民訴124-129. 132, 破
　44, 民再40
訴訟手続の法令違反　刑訴379
訴訟能力　民訴28. 31-33. 34. 58. 124
　①③. 338①③, 人訴13, 刑訴27-29
訴訟費用　行訴35. 45④, 民訴61-74.
　132の9, 刑訴181-188. 500-500の4
即決裁判手続　刑訴350の2-350の14
疎明　民訴188, 民執36①, 破18②, 刑
　訴. 19. 206. 227. 376. 382の2. 383.
　386
損益計算書　会社435②
損害賠償　→賠償
損害賠償額の予定　→賠償額の予定
損失補償　憲29

代位　民304. 350. 372. 392. 393. 422.
　423. 499-504
大会社　会社2⑥
代価弁済　民378
大規模訴訟　民訴268. 269
対抗要件　民177. 178. 467. 469. 560.
　605, 借地借家10①②. 31①
第三者　一供賄　刑197の2　——再審
　の訴え　行訴34　——のためにする
　契約　民537-539
代執行　自治245. 245の3. 245の8, 民
　414②, 民執171, 代執2-6
大赦　憲7⑥. 73⑦, 刑52, 刑訴337③.
　383②. 411⑤
退社　一般法人28. 29, 会社606-613
貸借対照表　会社435
退席　刑訴281の2
代替執行　民414①, 民執171
退廷　刑訴288. 304の2. 341
代表　民43, 一般法人7. 77. 78, 刑訴27
代表執行役　会社420
代表取締役　会社47①. 349①. 362②③
代物弁済　民482
逮捕　憲33. 50, 刑訴194. 220. 221, 刑訴
　199-205. 209-217
大法廷　裁9. 10
逮捕状　刑訴199-201. 210. 220　——の
　方式　刑訴200
代理商　商502①①②
代理占有　民181
多衆不解散　刑107
胎児　民721. 886. 965
建物　民86
建物買取請求権　借地借家13. 14
弾劾裁判所　憲64, 国会125-129
短期賃貸借　民602. 603
団結権　憲28, 国公108の2, 労組1
談合罪　刑96の3
単純承認　民920. 921
男女同一賃金の原則　労基4
地役権　民280-294
チェック・オフ　労基24
地球環境保全　環境基2②. 5. 32
地上権　民265-269の2, 借地借家1-2,
　民執22②
地代　→「ジダイ」
地方公務員　地公
地方自治　憲92-95, 自治
嫡出親子関係　法適用28
中間確認の訴え　民訴145
中間配当　会社454⑤, 破209-214
中間判決　民訴245
忠実義務　会社355, 一般法人83
調査委員　民再62
聴聞　行手13①①. 15-28
跳躍上告　→飛越(トビコシ)上告
直接強制　民414①, 民執43-170
直接審理主義　自治12. 13. 74-83
賃金　憲27, 民執152, 労基11. 24-28
陳述　民訴57. 60. 155. 158. 208. 209,
　刑訴291. 292の2. 298. 350. 350の11
賃貸借　民387. 395. 601-622の2, 借地
　借家1-, 商502①
追加判決　→補充判決
追徴　刑19の2. 197の5, 刑訴348. 490-
　494
追認　民20. 113-117. 119. 122-125, 民
　訴34. 312②
通貨偽造罪　刑148-153

事項索引　た行〜は行

通告　少6
通信の秘密　憲21,明憲26
通信販売　特定商取引2②,11-13.15の2
通信傍受　刑訴222の2
通訳　刑171,刑訴175.176.223,少14
　─及び翻訳　刑訴175-178
付添人　少6の3.10.22の3.25.32の5
罪となるべき事実　刑訴256.335.339
定款　一般法人10.11.152-154,会社27.30.466.576
定期借地権　借地借家22.23
定型約款　民548の2-548の4
停止条件付債権　破67
提出命令　刑訴99.100
訂正の判決　刑訴415-418
抵当権　民369-398の22,民執59.87①④,180-184,破2⑨
抵当権消滅請求　民379-386
定年　憲79⑤.80,雇均8
手形訴訟　民訴350-366
手形要件　手1.2.75.76
適格消費者団体　消費契約12
電気通信の傍受　刑訴222
電子消費者契約　電子契約特2,特定商取引15の2
電磁的記録　刑7の2.157①.158①.161の2.234の2.246の2.258.259,民施5②,会社26②
転抵当　民376.377.398の11
天然果実　民88①.89①,民執93.122
天皇　憲1-8.96.99,明憲1-17
転付命令　民執159.160
伝聞供述　刑訴324
伝聞証拠　刑訴320-328.350の2
電話勧誘販売　特定商取引2②.16-18.21.24.24の2.25
問屋　商551
同意殺人　刑202
登記　法適用13①,民177,一般法人22.163.199
同行状　少11-13.26.26の3
動産　法適用13①,民86②,民執122-142.169.170.190-192
同時死亡の推定　民32の2
当事者参加　民訴47.49.51.52
当事者照会　民訴132の2.132の3.163
当事者尋問　民訴207-211.372
当事者訴訟　行訴4.39-41
同時履行の抗弁権　民533
逃走　刑97-102
到達主義　民97
投票　憲15.47.95.96
盗品等　刑256,刑訴124.212.347
答弁書　民訴158.162.319
特赦　憲7⑥.73⑦
督促手続　民訴382-402
特定継続的役務提供　割賦35の3の15
特別決議　一般法人49②,会社309②
特別抗告　民訴336,刑訴433.434
特別司法警察職員　刑訴190
特別上告　刑訴327
特別職　国公2
特別代理人　民775.826.860,民訴35.236,刑訴29
特別地方公共団体　自治1の3③
特別弁護人　刑訴31
独立当事者参加　民訴47
都市計画　都市計画4
土地管轄　民訴4-6の2,破5,民再5,刑訴2.6.7.331

都道府県　自治
都道府県警察　自治180の9
都道府県公安委員会　自治180の5,180の9
賭博罪　刑185.186
飛越上告　民訴281.311.321②,刑訴406
富くじ発売等　刑187
取消し　民訴3.30-33,民20③④.120-126.743-749.764.785.803-808.812.919.1022-1027,消費契約4-7,民執12.39.183,決議の一　会社831
取消訴訟　行訴3.8-35
取締役　会社215.326①.329①.331.332.348-373.400②.427
取締役会　会社362-373
取立債務　民484
取戻権　民905,破62-64.78,民再52

◆ な行 ◆

内閣　憲3.65-75
内閣総辞職　憲69-71
内閣総理大臣　憲6①.63.66-68.70-72.74.75,国公2③①.18の2-18の7,行訴27
内乱　刑77-80
難民　行手3,入管1.2,61の2.61の2の12,刑訴342の4
二重の危険　憲39,刑訴337①
日常生活に伴う環境への負荷　環境基9①
任意後見契約　任意後見1-3.9
任意的国選弁護　刑訴290
認諾　→請求の認諾
認知　法適用29,国籍3,民779-789,人訴42
根抵当　民398の2-398の22

◆ は行 ◆

売却基準価額　民執60.64
賠償　憲17,国賠,民415-422の2.709-724の2,一般法人78,労組8,独禁25
費用の一　刑 133.137.150.160.222⑦.490
賠償額の予定　民420.421,利息4
配当　民674,会社446.453-461,民執-92.165,破193-215
配当異議訴訟　民執90-92
配当要求　民執49-52.87.154
背任罪　刑247
売買　民555-585,商524-528
破棄移送　民訴309.325,刑訴399.400.412.413
破棄差戻し　民訴325,刑訴398.400.413
破棄自判　民訴326,刑訴400.413
破産管財人　破74-90
破産債権　破2⑤.97-99.100.111-114.116-123.124-134
破産財団　民訴34.44.153.184
破産廃止　破216-219
罰金　刑15,刑訴193.200,刑15,刑訴490-494
罰条　刑訴256.312
判決　憲82,行訴32.33,民訴115.116.243-246.250-258.280.312②⑥,人訴24,刑訴43.44.335.342.350の13.378.397.410.411,国際裁56-60
犯罪被害者　→被害者
判事　裁5
判事補　裁5
反訴　民訴146.261②.274.300.301.351.369,人訴18
反対尋問　民訴202,刑訴304,刑訴規

199の2.199の4.199の5.199の7.199の9
反致　法適用41
犯人隠避　刑103
犯人蔵匿罪　刑103,刑訴9②
飛越上告　→「トビコシジョウコク」
被審者　刑訴124.230.290の2.292の2.316の38.347,少5の2.22の4-22の6.31の2,犯罪被害者2
被害者参加　刑訴316の33-316の39
引受け　民訴50,手21-29
被疑者取調べ　刑訴198
引渡し　民178.182-184,民訴168-170
非現住建造物等侵害　刑120
被告人質問　刑訴311.316の37
非債弁済　民705
非常上告　刑訴454-460
秘密選挙　国公2③⑧
被選挙権　公選10-11の2
非嫡出親子関係　法適用29
必要的共同訴訟　民訴40.52
必要的弁護　刑訴289.316の4.316の29.350の9
必要の保釈　刑訴89
必要費　民196①.608①
被保佐人　民11-14,法適用5,民訴28.32.40④
秘密漏示罪　刑訴92,人訴11
秘密漏示　刑134
表見支配人　商24,会13
表見代表取締役　会354
表見代理　民109.110.112
表現の自由　憲21,明憲29,人権宣言19,人権B規約19
費用の補償　刑訴188の2-188の7
夫婦財産制　法適用26,民755-762
付加刑　刑9
復代理人　民104-106
付合　民242-244
不在者　法適用6,民25-30
不作為の違法確認の訴え　行訴2⑤.37
侮辱罪　刑231
付審判の請求　刑訴262-269
不正指令電磁的記録に関する罪　刑168の2.168の3
附属の商行為　商503
附属明細書　会社435②
附帯控訴　民訴293
附帯上告　民訴313
普通裁判籍　民訴4
普通選挙　憲15③.44
普通地方公共団体　自治1の3
復権　刑7⑥.73⑦,破255
物権　民175-398の22,法適用13
物権法定主義　民175
物上代位　民304.350.372.946
物上保証人　民351.372.501
不定期刑　少52
不統一法国法　法適用38③.40
不動産　法適用13①,民86,民訴3の3⑪.19②,民執43-111.168.180-184
不動産侵奪　刑235の2
不当利得　法適用14-16,民703-708
不当労働行為　労組7
不服申立て　行審1,破9
　─異議申立て,審査請求
不変期間　民訴96.97
不法原因給付　民708
不法行為　法適用17-22,憲17,国賠,民709-724,一般法人78
不法行為地　民訴3の3⑧

扶養　民877-881
不利益処分　行手2④. 2⑧. 12-31, 国公89-92の2
不利益変更の禁止　民訴296. 304. 313, 刑訴402. 414. 452. 402. 452
振出し　手1-10, 小1-13
振出人　手1⑦. 2④. 75⑥. 76④, 小1⑤. 2④
文書閲覧　行手18
文書偽造・変造罪　刑154-161の2
文書提出義務　民訴220
文書提出命令　民訴219. 221-225, 独禁80, 著作114の3
分配可能額　会社461②
墳墓発掘　刑189. 刑訴129. 168
文民　憲66②
ヘイトスピーチ　ヘイトスピーチ1
平均賃金　労基12
併合管轄　民訴3の6
併合罪　刑45-53. 56③. 72③
別除権　破2⑨, 民再53. 88
変更判決　民訴256
弁護士　憲77①, 民訴54. 55. 83. 85. 155②, 刑訴31. 38. 268. 387, 少6の3. 3①. 22の3. 22の5. 32の5. 45⑥
弁護人　憲34. 37③, 刑訴30-41. 76. 77. 188の6. 203. 204. 207. 272, 国際裁42――の書類・証拠物の閲覧・謄写　刑訴40　――の独立行為権　刑訴41
弁護人選任　刑訴30
弁護人選任権の告知　刑訴76. 77. 203. 204. 207. 272
弁済　民474-504　一の充当　民488-491
変死者密葬　刑192
変態設立事項　会社28. 33
弁明　行手13①②. 29-31
弁論　刑訴293. 295. 313　――の分離・併合・再開　刑訴313
弁論終結後の事情　刑訴382の2
弁論準備手続　民訴168-174
放火罪　刑108-113. 115
暴行　刑95. 98. 100. 106. 107. 176. 177. 208. 223. 236. 238
暴行罪　刑208
放射線　原基3⑤
幇助　刑62. 63. 79. 202
法人　民33-37, 一般法人, 会社3, 破35
放送　著作2①⑧. 9. 98-100
法定果実　民88. 89
法定更新　借地借家5. 6. 26. 28
法定充当　民488④-491
法定受託事務　自治2⑨
法定相続分　民900. 901
法定代理人　民5. 6. 824. 859, 民訴31. 32. 58. 211, 刑訴28. 30. 42. 79. 82. 87. 88. 231. 353. 439. 502
法定地上権　民388, 民執81
法定追認　民125
冒頭陳述　刑訴296. 316の30
冒頭手続　刑訴291
法の下の平等　憲14. 24. 44, 人権宣言7, 人権A規約2, 人権B規約2. 26
訪問購入　特定商取引58の4
訪問販売　特定商取引2-4. 6. 9の3. 10
法律行為　法適用7-12, 民90-137, 破47
法令審査権　憲81
法令の適用の誤り　刑訴380
保護観察　刑25②. 25の2. 26の2, 刑訴333, 少24
保護者　少2

保護処分の決定　少24
保佐　民11. 14. 876-876の5
保佐監督人　民876の3
保佐人　法適用35, 民12. 13. 124②. 876の2-876の5, 民訴32, 刑訴30. 42. 79. 82. 87. 88. 353. 439. 502
補佐人　民訴60, 刑訴42, 国際裁42
保釈　刑訴88-94. 96-98. 343
補充尋問　刑訴規199の8
補充判決　民訴258
補助　法適用5, 民15. 18. 876の6-876の10
保証　民446-465の10, 商511, 民執66. 78. 80
補助参加　民訴42-46
補助的商行為　商503
補助人　民16. 124②. 876の10
補正命令　民訴34. 59. 137. 288. 313
保全管理人　会社25. 91-96, 民再79
保全処分　破28
保全請求　刑訴197③
保存行為　民103. 252. 357. 423. 606-607の2. 921. 1017
発起人　会社25②. 27⑤
没取　刑訴96. 490, 少24の2
没収　刑19. 20, 刑訴490-492. 496. 497
本人尋問　→当事者尋問
翻訳　→通訳

◆　ま行　◆

未決勾留日数　刑21, 刑訴167⑥. 495①. 495④
未遂　刑43. 44
未成年後見監督人　民848. 849
身の代金目的略取　刑225の2
身分　憲14. 44, 刑65
無記名債権　民86. 473
無限責任社員　会社576
無権代理　民113-118
無効　民3の2. 90. 93. 94. 119. 131-134. 742. 802, 消費契約8-10
無効等確認の訴え　行訴3④. 36. 38
無罪判決　憲40, 刑訴183. 188の2. 188の3. 314. 336. 345. 453
無担保裏書　手15①, 小18①
名誉毀損罪　法適用19, 民710. 723, 著作115
名誉毀損　憲73⑥, 明憲9, 刑訴119. 336. 349, 刑訴43. 44. 433
免責　破248-254, 民再178
免訴　刑訴183. 314. 337. 345
黙秘権　刑訴311. 198②. 291③, 憲38
持分会社　会社575①
戻裏書　手11③, 小14③
物　民85-89
文言証券　手17, 小22

◆　や行　◆

役員　憲58, 国会16-31, 会329①, 独禁2③
約束手形　手75-78
遺言　→「イゴン」
有益費　民196②. 299②. 391. 583②. 608②
誘拐罪　刑224-228の3
有価証券　民520
有価証券偽造　刑162. 163
有限責任社員　会社576③. 580
有罪判決　刑訴333-335. 435
有償契約　民559

優先的破産債権　破98①, 民再122①②
ユニオンショップ　労組7①
養子　法適用31, 民727. 729. 792-817の11
予算　憲60. 73. 86, 明憲65, 国会51. 57の2. 57の3, 自治210
呼出状　民訴94, 少11①
予備費　憲87

◆　ら行　◆

利益供与　会社120
利益配当　民674
履行遅滞　民412. 413の2. 415. 541. 542
履行不能　民412の2. 413の2. 415. 536. 542①①
離婚　法適用27, 憲24, 民728. 763-771, 人訴2
離婚原因　民770
立法権　憲41, 明憲5
略式手続　民訴461-470
略式命令　刑訴461
流質契約　民349, 商515
留置　刑18. 30, 刑訴74. 75. 153の2. 167. 203-205. 481. 505
留置権　民295-302, 破66, 民再53
理由の差替　刑訴316の15
両院協議会　憲59③. 60②. 61. 67②, 国会84-98
両院制　憲42. 43
良心の自由　憲19
両性の本質的平等　憲24, 民2
領置　刑訴101. 221, 独禁101
両罰規定　独禁95
利率　民404, 商513
臨時計算書類　会社441
類型証拠　刑訴316の15
累犯　刑56-59
令状　刑訴218-220　一の呈示　刑訴107
礼拝所不敬　刑188①
劣後的破産債権　破99①
連結計算書類　会社444
連鎖販売取引　割賦6③, 35の3の14①④
連日的開廷　刑訴281の6
連帯債務　民436-445, 商511
労役場留置　刑訴18, 刑訴505, 少54
労使協定　労基24①
労働委員会　自治180の5②. 202の2③, 労組119-27の18
労働基本権　憲27①. 28
労働協約　労基2②, 労組1①. 6. 14-18, 労調2
労働組合　労組2. 5. 10
労働基準法　自治法12, 労基2②. 13-23, 労組16, 労契
労働時間　憲27②, 労基36
労働者　憲28, 労基9, 労組2, 労契①
ロックアウト　労調7

◆　わ行　◆

わいせつ罪　刑174-176
和解　民695. 696, 民訴68. 72. 89. 92の2③. 264. 265. 267. 275, 人訴19. 37, 民執22⑦. 33②⑥. 39①②④

◆ 法令名略語 ◆

◆ あ行

一般法人　一般社団法人及び一般財団法人に関する法律
LGBT 理解増進法　性的指向及びジェンダーアイデンティティの多様性に関する国民の理解の増進に関する法律

◆ か行

会社　会社法
覚醒剤　覚醒剤取締法
貸金業　貸金業法
割賦　割賦販売法
環境基　環境基本法
議院証言　議院における証人の宣誓及び証言等に関する法律
教基　教育基本法
行審　行政不服審査法
行政情報公開　行政機関の保有する情報の公開に関する法律
行組　国家行政組織法
行訴　行政事件訴訟法
行手　行政手続法
金商　金融商品取引法
刑　刑法
経済安全　経済施策を一体的に講ずることによる安全保障の確保の推進に関する法律
警察　警察法
警職法　警察官職務執行法
刑訴　刑事訴訟法
刑訴規　刑事訴訟規則
軽犯　軽犯罪法
憲　日本国憲法
憲改　日本国憲法の改正手続に関する法律
原基　原子力基本法
建基　建築基準法
小　小切手法
公選　公職選挙法
公文書管理　公文書等の管理に関する法律
雇均　雇用の分野における男女の均等な機会及び待遇の確保等に関する法律
国際裁　国際司法裁判所規程
国際平和支援　国際平和共同対処事態に際して我が国が実施する諸外国の軍隊等に対する協力支援活動等に関する法律

国籍　国籍法
国賠　国家賠償法
国連憲章　国際連合憲章
個人情報　個人情報の保護に関する法律
国会　国会法
国旗国歌　国旗及び国歌に関する法律
国公　国家公務員法

◆ さ行

裁　裁判所法
サイバーセキュリティ　サイバーセキュリティ基本法
裁判員　裁判員の参加する刑事裁判に関する法律
自治　地方自治法
失火　失火ノ責任ニ関スル法律
自動車運転致死傷　自動車の運転により人を死傷させる行為等の処罰に関する法律
自賠　自動車損害賠償保障法
借地借家　借地借家法
重要土地　重要施設周辺及び国境離島等における土地等の利用状況の調査及び利用の規制等に関する法律
少　少年法
商　商法
消費契約　消費者契約法
新型インフル　新型インフルエンザ等対策特別措置法
人規　人事院規則14-7
人権A規約　経済的, 社会的及び文化的権利に関する国際規約
人権宣言　世界人権宣言
人権B規約　市民的及び政治的権利に関する国際規約
人訴　人事訴訟法
ストーカー　ストーカー行為等の規制等に関する法律
生活保護　生活保護法
請願　請願法
製造物　製造物責任法
性同一性　性同一性障害者特例法
政党助成　政党助成法
組織犯罪　組織的な犯罪の処罰及び犯罪収益の規制等に関する法律

◆ た行

代執　行政代執行法
地公　地方公務員法
著作　著作権法

手　手形法
典　皇室典範
電子契約特　電子消費者契約及び電子承諾通知に関する民法の特例に関する法律
動産債権譲渡特　動産及び債権の譲渡の対抗要件に関する民法の特例等に関する法律
特定商取引　特定商取引に関する法律
特定秘密保護　特定秘密の保護に関する法律
都市計画　都市計画法
特許　特許法
独禁　私的独占の禁止及び公正取引の確保に関する法律

◆ な行

内　内閣法
入管　入管法
任意後見　任意後見契約に関する法律

◆ は行

破　破産法
廃棄物　廃棄物の処理及び清掃に関する法律
破防　破壊活動防止法
犯罪被害基　犯罪被害者等基本法
不公告　不公正な取引方法
ヘイトスピーチ　本邦外出身者に対する不当な差別的言動の解消に向けた取組の推進に関する法律
法適用　法の適用に関する通則法
保険　保険法

◆ ま行

民　民法
民再　民事再生法
民施　民法施行法
民執　民事執行法
民訴　民事訴訟法
民訴規　民事訴訟規則
明憲　大日本帝国憲法

◆ ら行

利息　利息制限法
労基　労働基準法
労契　労働契約法
労組　労働組合法
労調　労働関係調整法